全国人民代表大会

—— 年　鉴 ——

【2018年卷】

中国民主法制出版社

图书在版编目(CIP)数据

全国人民代表大会年鉴．2018年卷/宋锐主编．—北京:中国民主法制出版社,2019.9

ISBN 978-7-5162-2021-4

Ⅰ.①全… Ⅱ.①宋… Ⅲ.①全国人民代表大会—2018—年鉴 Ⅳ.①D622-54

中国版本图书馆CIP数据核字(2019)第102133号

责任编辑 陈 偲　　封面设计 聂 强

书名/全国人民代表大会年鉴2018年卷

QUANGUO RENMIN DAIBIAO DAHUI NIANJIAN 2018 NIAN JUAN

作者/宋 锐 主编

出版·发行/中国民主法制出版社

地址/北京市丰台区玉林里7号(100069)

电话/63058790 63056573

传真/63056983

经销/新华书店

开本/16开 880毫米×1230毫米

印张/97 **字数**/2993千字

版本/2019年9月第1版 2019年9月第1次印刷

印刷/永清县金鑫印刷有限公司

书号/ISBN 978-7-5162-2021-4

定价/380.00元

ISBN 978-7-5162-2021-4

全国人民代表大会

2018 年 3 月 5 日，第十三届全国人民代表大会第一次会议在北京人民大会堂开幕，图为大会会场。

（新华社记者　饶爱民摄）

全国人民代表大会

2018 年 3 月 20 日，第十三届全国人民代表大会第一次会议在北京人民大会堂举行闭幕会。中共中央总书记、国家主席、中央军委主席习近平发表重要讲话。

（新华社记者　姚大伟摄）

全国人民代表大会

2018年3月5日，第十三届全国人民代表大会第一次会议在北京人民大会堂开幕。国务院总理李克强作政府工作报告。

（新华社记者　姚大伟摄）

全国人民代表大会

2018年3月20日，第十三届全国人民代表大会第一次会议在北京人民大会堂举行闭幕会。十三届全国人大常委会委员长栗战书主持会议并讲话。

（新华社记者　饶爱民摄）

全国人民代表大会

2018 年 3 月 11 日，第十三届全国人民代表大会第一次会议在北京人民大会堂举行第三次全体会议。受十二届全国人大常委会委托，张德江向大会作全国人大常委会工作报告。

（新华社记者　姚大伟摄）

《全国人民代表大会年鉴》
编辑委员会

《全国人民代表大会年鉴》

编　辑　部

主　编：宋　锐

副主编：陈　勇　　金晴中　　黄朝椿

成　员：万其刚　　翟　炜　　田　威　　赵　燕

李春华　　施祖军　　秦　蓁　　李晓霞

王海冰　　焦艳璐　　庄泽林　　杨　轶

关德录　　臧珊珊　　谢　甦　　王靖祺

程志强　　杨　毅　　雷　珉　　陈芳芳

目　录

第一编　第十三届全国人民代表大会第一次会议

在第十三届全国人民代表大会第一次会议上的讲话 …………………………… 习近平(3)
政府工作报告 ………………………………………………………………………… 李克强(6)
在第十三届全国人民代表大会第一次会议上的讲话 …………………………… 栗战书(17)

第十三届全国人民代表大会第一次会议关于政府工作报告的决议 ……………………… (19)
第十三届全国人民代表大会第一次会议关于 2017 年国民经济和社会
　发展计划执行情况与 2018 年国民经济和社会发展计划的决议 …………………… (19)
关于 2017 年国民经济和社会发展计划执行情况与 2018 年国民经济
　和社会发展计划草案的报告 …………………………………… 国家发展和改革委员会(20)
　　第十三届全国人民代表大会财政经济委员会关于 2017 年国民经济
　　　和社会发展计划执行情况与 2018 年国民经济和社会发展计划
　　　草案的审查结果报告 ……………………………………………………………… (41)
第十三届全国人民代表大会第一次会议关于 2017 年中央和地方预算
　执行情况与 2018 年中央和地方预算的决议 ……………………………………… (44)
关于 2017 年中央和地方预算执行情况与 2018 年中央和地方预算
　草案的报告 ……………………………………………………………………… 财政部(44)
　　第十三届全国人民代表大会财政经济委员会关于 2017 年中央和地方
　　　预算执行情况与 2018 年中央和地方预算草案的审查结果报告 ………………… (55)

中华人民共和国全国人民代表大会公告 ……………………………………………… (58)
中华人民共和国宪法修正案(2018 年 3 月 11 日) …………………………………… (58)
　　关于《中华人民共和国宪法修正案(草案)》的说明 …………………………… 王　晨(61)
　　第十三届全国人民代表大会第一次会议主席团关于《中华人民共和国
　　　宪法修正案(草案)》审议情况的报告(2018 年 3 月 8 日) ………………… (67)
　　第十三届全国人民代表大会第一次会议主席团关于《中华人民共和国
　　　宪法修正案(草案修改稿)》审议情况的报告(2018 年 3 月 10 日) ……… (69)
中华人民共和国宪法(2018 年 3 月 11 日修正文本) ………………………………… (69)
　　附件:中国共产党中央委员会关于修改宪法部分内容的建议 …………………… (81)

中华人民共和国主席令(第三号) …………………………………………………… (84)
中华人民共和国监察法 ……………………………………………………………… (84)
　　关于《中华人民共和国监察法(草案)》的说明 ………………………………… 李建国(90)
　　第十三届全国人民代表大会宪法和法律委员会关于《中华人民共和国
　　　监察法(草案)》审议结果的报告 …………………………………………… (94)
　　第十三届全国人民代表大会宪法和法律委员会关于《中华人民共和国
　　　监察法(草案修改稿)》修改意见的报告 …………………………………… (96)

附件：关于《中华人民共和国监察法(草案)》的说明 …… 李建国(97)
(2017 年 6 月 23 日在第十二届全国人大常委会第二十八次会议上)
全国人民代表大会法律委员会关于《中华人民共和国监察法(草案)》修改情况的汇报 …… 李适时(101)
中华人民共和国监察法(草案二次审议稿) …… (103)

第十三届全国人民代表大会第一次会议关于全国人民代表大会常务委员会工作报告的决议 …… (109)
全国人民代表大会常务委员会工作报告 …… 张德江(109)

第十三届全国人民代表大会第一次会议关于最高人民法院工作报告的决议 …… (117)
最高人民法院工作报告 …… 周 强(117)
第十三届全国人民代表大会第一次会议关于最高人民检察院工作报告的决议 …… (125)
最高人民检察院工作报告 …… 曹建明(125)

第十三届全国人民代表大会第一次会议关于国务院机构改革方案的决定 …… (133)
国务院机构改革方案 …… (133)
关于国务院机构改革方案的说明 …… 王 勇(136)

中华人民共和国全国人民代表大会公告(第二号) …… (141)
中华人民共和国全国人民代表大会公告(第三号) …… (141)
中华人民共和国全国人民代表大会公告(第四号) …… (141)
中华人民共和国全国人民代表大会公告(第五号) …… (142)
中华人民共和国全国人民代表大会公告(第六号) …… (143)
中华人民共和国全国人民代表大会公告(第七号) …… (143)
中华人民共和国全国人民代表大会公告(第八号) …… (144)
中华人民共和国全国人民代表大会公告(第九号) …… (144)

中华人民共和国主席令(第一号) …… (144)
中华人民共和国主席令(第二号) …… (145)

第十三届全国人民代表大会民族委员会主任委员、副主任委员、委员名单 …… (145)
第十三届全国人民代表大会宪法和法律委员会主任委员、副主任委员、委员名单 …… (146)
第十三届全国人民代表大会监察和司法委员会主任委员、副主任委员、委员名单 …… (146)
第十三届全国人民代表大会财政经济委员会主任委员、副主任委员、委员名单 …… (147)
第十三届全国人民代表大会教育科学文化卫生委员会主任委员、副主任委员、委员名单 …… (147)
第十三届全国人民代表大会外事委员会主任委员、副主任委员、委员名单 …… (148)
第十三届全国人民代表大会华侨委员会主任委员、副主任委员、委员名单 …… (148)
第十三届全国人民代表大会环境与资源保护委员会主任委员、副主任委员、委员名单 …… (149)
第十三届全国人民代表大会农业与农村委员会主任委员、副主任委员、委员名单 …… (149)
第十三届全国人民代表大会社会建设委员会主任委员、副主任委员、委员名单 …… (150)

第十三届全国人民代表大会第一次会议表决议案办法 …… (150)
第十三届全国人民代表大会第一次会议选举和决定任命的办法 …… (150)
第十三届全国人民代表大会第一次会议关于设立第十三届全国人民代表大会专门委员会的决定 …… (152)

第十三届全国人民代表大会第一次会议关于第十三届全国人民代表大会专门委员会主任委员、副主任委员、委员人选的表决办法 …………（152）
关于第十三届全国人民代表大会第一次会议代表提出议案处理意见的报告 …………（153）

第十三届全国人民代表大会第一次会议主席团和秘书长名单 …………（162）
第十三届全国人民代表大会第一次会议主席团常务主席名单 …………（163）
第十三届全国人民代表大会第一次会议副秘书长名单 …………（163）

第十三届全国人民代表大会第一次会议议程 …………（163）
第十三届全国人民代表大会第一次会议日程 …………（164）

第二编　特　　辑

一、第五个国家宪法日

习近平在第五个国家宪法日之际作出重要指示强调
弘扬宪法精神　树立宪法权威　使全体人民都成为社会主义法治的忠实崇尚者自觉遵守者坚定捍卫者 …………（169）
在第五个国家宪法日座谈会上的讲话 ………… 栗战书（170）
在第五个国家宪法日座谈会上的主持讲话 ………… 王　晨（174）

开创法治宣传教育新局面 ………… 孙志军（175）
增强宪法意识　坚定宪法自信 ………… 李　飞（176）
推动宪法深入人心 ………… 傅政华（176）
提升青少年宪法法治素养 ………… 朱之文（177）
围绕宪法提供智力支持 ………… 马建堂（178）
丰富社会主义宪法实践 ………… 韩大元（179）
为改革开放提供宪法引领 ………… 高培勇（179）
用法治方式做好地方立法 ………… 高　璇（180）

二、深入学习宣传和贯彻实施宪法座谈会

使全体人民成为宪法的忠实崇尚者自觉遵守者坚定捍卫者 ………… 栗战书（182）
——在深入学习宣传和贯彻实施宪法座谈会上的讲话
忠实履行职责　维护宪法尊严 ………… 杨晓超（185）
坚决贯彻宪法精神　加强宪法实施监督 ………… 李　飞（186）
推动宪法精神深入人心、落地生根 ………… 王晓晖（187）
全方位开展宪法学习宣传教育 ………… 傅政华（188）
把宪法法律教育纳入国民教育体系 ………… 朱之文（189）

三、深入学习贯彻习近平总书记关于坚持和完善人民代表大会制度的重要思想交流会

加强理论武装　增强“四个意识”　推动新时代人大制度和人大工作完善发展 ………… 栗战书（191）

——在深入学习贯彻习近平总书记关于坚持和完善人民代表大会制度的重要思想交流会上的讲话
在深入学习贯彻习近平总书记关于坚持和完善人民代表大会制度的重要思想交流会第一次全体会议上的主持讲话 …… 王　晨(197)
在深入学习贯彻习近平总书记关于坚持和完善人民代表大会制度的重要思想交流会第二次全体会议上的总结讲话 …… 杨振武(198)

坚持和完善人民代表大会制度 …… 李　飞(201)
坚持在学懂弄通做实上下功夫 …… 范照兵(201)
围绕中心服务大局做好地方人大工作 …… 胡亚枫(202)
推动人大工作高质量发展 …… 梁黎明(202)
传承红色基因　坚定制度自信 …… 周　萌(203)
做人大制度的忠实维护者、实践者、推动者 …… 李玉妹(203)
努力做好新时代地方人大工作 …… 唐川平(204)
加强自身建设是搞好人大工作的前提 …… 陈为民(204)
推动新时代人大工作再上新台阶 …… 崔庆朝(205)
保证国家政治生活既充满活力又安定有序 …… 于志刚(205)

第三编　常委会工作安排和会议议程日程

一、常委会工作安排

十三届全国人大常委会立法规划 …… (209)
全国人大常委会 2018 年工作要点 …… (211)
全国人大常委会 2018 年立法工作计划 …… (216)
全国人大常委会 2018 年监督工作计划 …… (219)

二、常委会会议议程日程

第十二届全国人大常委会第三十二次会议议程 …… (224)
第十二届全国人大常委会第三十二次会议日程 …… (224)
第十二届全国人大常委会第三十三次会议议程 …… (225)
第十二届全国人大常委会第三十三次会议日程 …… (225)

第十三届全国人大常委会第一次会议议程 …… (226)
第十三届全国人大常委会第二次会议议程 …… (226)
第十三届全国人大常委会第二次会议日程 …… (227)
第十三届全国人大常委会第三次会议议程 …… (228)
第十三届全国人大常委会第三次会议日程 …… (228)
第十三届全国人大常委会第四次会议议程 …… (230)
第十三届全国人大常委会第四次会议日程 …… (230)
第十三届全国人大常委会第五次会议议程 …… (230)
第十三届全国人大常委会第五次会议日程 …… (231)
第十三届全国人大常委会第六次会议议程 …… (232)
第十三届全国人大常委会第六次会议日程 …… (233)

第十三届全国人大常委会第七次会议议程 …………(235)
第十三届全国人大常委会第七次会议日程 …………(236)

第四编　委员长讲话

在第十二届全国人大常委会第三十二次会议上的讲话 ………… 张德江(241)
在第十二届全国人大常委会第三十三次会议上的讲话 ………… 张德江(243)

在第十三届全国人大常委会第一次会议上的讲话 ………… 栗战书(244)
在第十三届全国人大常委会第二次会议上的讲话 ………… 栗战书(249)
在第十三届全国人大常委会第三次会议上的讲话 ………… 栗战书(251)
在第十三届全国人大常委会第四次会议上的讲话 ………… 栗战书(253)
在第十三届全国人大常委会第五次会议上的讲话 ………… 栗战书(255)
在第十三届全国人大常委会第六次会议上的讲话 ………… 栗战书(257)
在第十三届全国人大常委会第七次会议上的讲话 ………… 栗战书(259)

在第十三届全国人大常委会组成人员履职学习专题讲座上的讲话 ………… 栗战书(261)
在第十三届全国人大常委会第四次会议联组会议上的讲话 ………… 栗战书(264)
在江西与各级人大常委会负责同志座谈时的讲话 ………… 栗战书(267)
在第十三届全国人大常委会第五次会议期间与部分全国人大代表座谈时的讲话 ………… 栗战书(271)
在浙江调研期间的讲话 ………… 栗战书(273)
在第十三届全国人大常委会第六次会议联组会议上的讲话 ………… 栗战书(276)
在第十三届全国人大常委会第六次会议期间与部分全国人大代表座谈时的讲话 ………… 栗战书(278)
在委员长会议组成人员专题学习时的讲话 ………… 栗战书(280)
在云南省与部分全国人大代表和地方人大代表座谈时的讲话 ………… 栗战书(284)
在第十三届全国人大常委会第七次会议联组会议上的讲话 ………… 栗战书(287)

栗战书委员长在国内执法检查和调研座谈时的新闻通稿

栗战书在深入学习宣传和贯彻实施宪法座谈会上强调
普及宪法知识　弘扬宪法精神　使全体人民
　成为宪法的忠实崇尚者自觉遵守者坚定捍卫者 …………(290)
栗战书在十三届全国人大专门委员会负责同志会议上强调
以习近平新时代中国特色社会主义思想为指引
　更好发挥专门委员会在新时代人大工作中的重要作用 …………(291)
栗战书在全国人大常委会大气污染防治法执法检查组第一次全体会议上指出
以法律的武器治理污染　用法治的力量保卫蓝天 …………(291)
栗战书在河南检查大气污染防治法实施情况时强调
深入学习贯彻习近平总书记关于生态文明建设的思想　强化法治提升百姓蓝天幸福感 …………(292)
栗战书在内蒙古检查大气污染防治法实施情况时强调
持之以恒构筑祖国北疆万里绿色长城　厉行法治确保百姓享有更多蓝天白云 …………(293)
栗战书在全国人大常委会大气污染防治法执法检查组第二次全体会议上指出
执法检查要直面问题不搞评功摆好　让法律制度成为不可触碰的高压线 …………(293)
栗战书在江西调研时强调
围绕大局谋划部署推进人大工作　为打好“三大攻坚战”作出应有贡献 …………(294)

栗战书在福建调研时强调
发挥人大在全面依法治国中的重要作用　为改革开放和高质量发展提供法治保障 ……………………（295）
栗战书主持部分全国人大代表座谈会强调
善于从大局和全局上思考问题提出建议　紧扣党中央决策部署履行职责做好工作 ………………（295）
栗战书在浙江就加强地方人大工作调研 ……………………………………………………………（296）
栗战书在深入学习贯彻习近平总书记关于坚持和完善人民代表大会
　制度的重要思想交流会上强调
以习近平新时代中国特色社会主义思想为指导　推动人大制度和人大工作与时俱进完善发展 ……（296）
栗战书主持部分全国人大代表座谈会强调
更好发挥人大代表作用　履行宪法法律赋予职责 …………………………………………………（297）
栗战书在云南开展立法调研时强调
用完备的法治保障人民权益增进民生福祉 …………………………………………………………（298）
栗战书在部分全国人大代表座谈会上强调
依法履职尽责不辜负党和人民重托 …………………………………………………………………（298）

第五编　立法工作

一、法律及有关法律问题和重大问题的决定

中华人民共和国主席令（第四号） ……………………………………………………………………（303）
中华人民共和国人民陪审员法 ………………………………………………………………………（303）
　关于《中华人民共和国人民陪审员法（草案）》的说明 …………………………………… 周　强（305）
　全国人民代表大会宪法和法律委员会关于《中华人民共和国人民陪审员法（草案）》
　　审议结果的报告 ……………………………………………………………………… 周光权（308）
　全国人民代表大会宪法和法律委员会关于《中华人民共和国人民陪审员法（草案二次
　　审议稿）》修改意见的报告 ……………………………………………………………………（309）
中华人民共和国主席令（第五号） ……………………………………………………………………（310）
中华人民共和国英雄烈士保护法 ……………………………………………………………………（310）
　关于《中华人民共和国英雄烈士保护法（草案）》的说明 ………………………………… 许安标（312）
　全国人民代表大会宪法和法律委员会关于《中华人民共和国英雄烈士保护法（草案）》
　　审议结果的报告 ……………………………………………………………………… 胡可明（314）
　全国人民代表大会宪法和法律委员会关于《中华人民共和国英雄烈士保护法（草案二次
　　审议稿）》修改意见的报告 ……………………………………………………………………（316）
中华人民共和国主席令（第六号） ……………………………………………………………………（317）
全国人民代表大会常务委员会关于修改《中华人民共和国国境卫生检疫法》等
　六部法律的决定 ……………………………………………………………………………………（317）
中华人民共和国国境卫生检疫法 ……………………………………………………………………（318）
中华人民共和国进出口商品检验法 …………………………………………………………………（320）
中华人民共和国国防教育法 …………………………………………………………………………（322）
中华人民共和国精神卫生法 …………………………………………………………………………（325）
中华人民共和国反恐怖主义法 ………………………………………………………………………（332）
中华人民共和国国家情报法 …………………………………………………………………………（341）
　关于《〈中华人民共和国森林法〉等7部法律的修正案（草案）》的说明 ……………… 傅政华（343）
　全国人民代表大会宪法和法律委员会关于《〈中华人民共和国森林法〉等7部法律的
　　修正案（草案）》审议结果的报告 ……………………………………………………………（345）

中华人民共和国主席令(第七号) …………(346)
中华人民共和国电子商务法 …………(346)
关于《中华人民共和国电子商务法(草案)》的说明 ………… 吕祖善(353)
全国人民代表大会法律委员会关于《中华人民共和国电子商务法(草案)》修改情况的汇报 ………… 李连宁(355)
全国人民代表大会宪法和法律委员会关于《中华人民共和国电子商务法(草案)》修改情况的汇报 ………… 丛　斌(357)
全国人民代表大会宪法和法律委员会关于《中华人民共和国电子商务法(草案)》审议结果的报告 ………… 徐　辉(360)
全国人民代表大会宪法和法律委员会关于《中华人民共和国电子商务法(草案四次审议稿)》修改意见的报告 …………(361)
中华人民共和国主席令(第八号) …………(362)
中华人民共和国土壤污染防治法 …………(362)
关于《中华人民共和国土壤污染防治法(草案)》的说明 ………… 罗清泉(371)
全国人民代表大会法律委员会关于《中华人民共和国土壤污染防治法(草案)》修改情况的汇报 ………… 谢经荣(373)
全国人民代表大会宪法和法律委员会关于《中华人民共和国土壤污染防治法(草案)》审议结果的报告 ………… 胡可明(374)
全国人民代表大会宪法和法律委员会关于《中华人民共和国土壤污染防治法(草案三次审议稿)》修改意见的报告 …………(377)
中华人民共和国主席令(第九号) …………(378)
全国人民代表大会常务委员会关于修改《中华人民共和国个人所得税法》的决定 …………(378)
中华人民共和国个人所得税法 …………(381)
关于《中华人民共和国个人所得税法修正案(草案)》的说明 ………… 刘　昆(385)
全国人民代表大会宪法和法律委员会关于《中华人民共和国个人所得税法修正案(草案)》审议结果的报告 ………… 徐　辉(386)
全国人民代表大会宪法和法律委员会关于《全国人民代表大会常务委员会关于修改〈中华人民共和国个人所得税法〉的决定(草案)》修改意见的报告 …………(388)
中华人民共和国主席令(第十号) …………(388)
全国人民代表大会常务委员会关于修改《中华人民共和国刑事诉讼法》的决定 …………(389)
中华人民共和国刑事诉讼法 …………(392)
关于《中华人民共和国刑事诉讼法(修正草案)》的说明 ………… 沈春耀(417)
全国人民代表大会宪法和法律委员会关于《中华人民共和国刑事诉讼法(修正草案)》修改情况的汇报 ………… 沈春耀(419)
全国人民代表大会宪法和法律委员会关于《中华人民共和国刑事诉讼法(修正草案)》审议结果的报告 ………… 沈春耀(421)
全国人民代表大会宪法和法律委员会关于《全国人民代表大会常务委员会关于修改〈中华人民共和国刑事诉讼法〉的决定(草案)》修改意见的报告 …………(422)
中华人民共和国主席令(第十一号) …………(423)
中华人民共和国人民法院组织法 …………(423)
关于《中华人民共和国人民法院组织法(修订草案)》的说明 ………… 王胜明(426)
全国人民代表大会宪法和法律委员会关于《中华人民共和国人民法院组织法(修订草案)》修改情况的汇报 ………… 沈春耀(429)
全国人民代表大会宪法和法律委员会关于《中华人民共和国人民法院组织法(修订草案)》审议结果的报告 ………… 沈春耀(430)

全国人民代表大会宪法和法律委员会关于《中华人民共和国人民法院组织法（修订草案三次审议稿）》修改意见的报告 …… (432)
中华人民共和国主席令（第十二号） …… (433)
中华人民共和国人民检察院组织法 …… (433)
关于《中华人民共和国人民检察院组织法（修订草案）》的说明 …… 何晔晖(436)
全国人民代表大会宪法和法律委员会关于《中华人民共和国人民检察院组织法（修订草案）》修改情况的汇报 …… 沈春耀(439)
全国人民代表大会宪法和法律委员会关于《中华人民共和国人民检察院组织法（修订草案）》审议结果的报告 …… 沈春耀(440)
全国人民代表大会宪法和法律委员会关于《中华人民共和国人民检察院组织法（修订草案三次审议稿）》修改意见的报告 …… (442)
中华人民共和国主席令（第十三号） …… (442)
中华人民共和国国际刑事司法协助法 …… (443)
关于《中华人民共和国国际刑事司法协助法（草案）》的说明 …… 傅　莹(450)
全国人民代表大会宪法和法律委员会关于《中华人民共和国国际刑事司法协助法（草案）》审议结果的报告 …… 周光权(452)
全国人民代表大会宪法和法律委员会关于《中华人民共和国国际刑事司法协助法（草案二次审议稿）》修改意见的报告 …… (454)
中华人民共和国主席令（第十四号） …… (454)
中华人民共和国消防救援衔条例 …… (455)
关于《中华人民共和国综合性消防救援队伍消防救援衔条例（草案）》的说明 …… 黄　明(457)
全国人民代表大会宪法和法律委员会关于《中华人民共和国综合性消防救援队伍消防救援衔条例（草案）》审议结果的报告 …… 刘季幸(458)
全国人民代表大会宪法和法律委员会关于《中华人民共和国消防救援衔条例（草案二次审议稿）》修改意见的报告 …… (459)
中华人民共和国主席令（第十五号） …… (460)
全国人民代表大会常务委员会关于修改《中华人民共和国公司法》的决定 …… (460)
中华人民共和国公司法 …… (461)
关于《中华人民共和国公司法修正案（草案）》的说明 …… (478)
全国人民代表大会宪法和法律委员会关于《中华人民共和国公司法修正案（草案）》审议结果的报告 …… (479)
中华人民共和国主席令（第十六号） …… (479)
全国人民代表大会常务委员会关于修改《中华人民共和国野生动物保护法》等十五部法律的决定 …… (480)
中华人民共和国野生动物保护法 …… (482)
中华人民共和国计量法 …… (487)
中华人民共和国大气污染防治法 …… (489)
中华人民共和国残疾人保障法 …… (500)
中华人民共和国妇女权益保障法 …… (506)
中华人民共和国广告法 …… (510)
中华人民共和国节约能源法 …… (517)
中华人民共和国防沙治沙法 …… (523)
中华人民共和国农业机械化促进法 …… (527)
中华人民共和国农产品质量安全法 …… (530)
中华人民共和国循环经济促进法 …… (534)

中华人民共和国旅游法 ……………………………………………………………………………（539）
中华人民共和国环境保护税法 ……………………………………………………………………（547）
中华人民共和国公共图书馆法 ……………………………………………………………………（554）
中华人民共和国船舶吨税法 ………………………………………………………………………（557）
关于《〈中华人民共和国野生动物保护法〉等15部法律的修正案（草案）》的说明 ……… 赵大程（559）
全国人民代表大会宪法和法律委员会关于《〈中华人民共和国野生动物保护法〉等15部法律的修正案（草案）》审议结果的报告 ……………………………………………（563）
中华人民共和国主席令（第十七号） …………………………………………………………（563）
全国人民代表大会常务委员会关于修改《中华人民共和国农村土地承包法》的决定 ……………（564）
中华人民共和国农村土地承包法 …………………………………………………………………（567）
关于《中华人民共和国农村土地承包法修正案（草案）》的说明 …………………… 刘振伟（572）
全国人民代表大会宪法和法律委员会关于《中华人民共和国农村土地承包法修正案（草案）》修改情况的汇报 ………………………………………………………… 胡可明（574）
全国人民代表大会宪法和法律委员会关于《中华人民共和国农村土地承包法修正案（草案）》审议结果的报告 ………………………………………………………… 胡可明（575）
全国人民代表大会宪法和法律委员会关于《全国人民代表大会常务委员会关于修改〈中华人民共和国农村土地承包法〉的决定（草案）》修改意见的报告 ……………（577）
中华人民共和国主席令（第十八号） …………………………………………………………（577）
中华人民共和国耕地占用税法 ……………………………………………………………………（578）
关于《中华人民共和国耕地占用税法（草案）》的说明 ………………………………… 刘 昆（579）
全国人民代表大会宪法和法律委员会关于《中华人民共和国耕地占用税法（草案）》审议结果的报告 ……………………………………………………………… 江必新（581）
全国人民代表大会宪法和法律委员会关于《中华人民共和国耕地占用税法（草案二次审议稿）》修改意见的报告 ……………………………………………………………（582）
中华人民共和国主席令（第十九号） …………………………………………………………（582）
中华人民共和国车辆购置税法 ……………………………………………………………………（582）
关于《中华人民共和国车辆购置税法（草案）》的说明 ………………………………… 刘 昆（584）
全国人民代表大会宪法和法律委员会关于《中华人民共和国车辆购置税法（草案）》审议结果的报告 ……………………………………………………………… 江必新（585）
全国人民代表大会宪法和法律委员会关于《中华人民共和国车辆购置税法（草案二次审议稿）》修改意见的报告 ……………………………………………………………（586）
中华人民共和国主席令（第二十号） …………………………………………………………（586）
中华人民共和国公务员法 …………………………………………………………………………（586）
关于《中华人民共和国公务员法（修订草案）》的说明 ………………………………… 沈春耀（595）
全国人民代表大会宪法和法律委员会关于《中华人民共和国公务员法（修订草案）》审议结果的报告 ……………………………………………………………… 胡可明（597）
全国人民代表大会宪法和法律委员会关于《中华人民共和国公务员法（修订草案二次审议稿）》修改意见的报告 ……………………………………………………………（598）
中华人民共和国主席令（第二十一号） ………………………………………………………（599）
全国人民代表大会常务委员会关于修改《中华人民共和国村民委员会组织法》《中华人民共和国城市居民委员会组织法》的决定 ………………………………………（599）
中华人民共和国村民委员会组织法 ………………………………………………………………（600）
中华人民共和国城市居民委员会组织法 …………………………………………………………（604）
关于《〈中华人民共和国村民委员会组织法〉、〈中华人民共和国城市居民委员会组织法〉修正案（草案）》的说明 …………………………………………………… 黄树贤（605）

全国人民代表大会宪法和法律委员会关于《〈中华人民共和国村民委员会组织法〉、〈中华人民共和国城市居民委员会组织法〉修正案(草案)》审议结果的报告 …………(606)
中华人民共和国主席令(第二十二号) ……………………(606)
全国人民代表大会常务委员会关于修改《中华人民共和国产品质量法》等五部法律的决定 …………(607)
中华人民共和国产品质量法 ……………………(608)
中华人民共和国义务教育法 ……………………(613)
中华人民共和国进出口商品检验法 ……………………(618)
中华人民共和国预算法 ……………………(620)
中华人民共和国食品安全法 ……………………(630)
关于《〈中华人民共和国产品质量法〉等17部法律的修正案(草案)》的说明 …………… 傅政华(648)
全国人民代表大会宪法和法律委员会关于《〈中华人民共和国产品质量法〉等17部法律的修正案(草案)》审议结果的报告……………………(650)
中华人民共和国主席令(第二十三号) ……………………(651)
全国人民代表大会常务委员会关于修改《中华人民共和国电力法》等四部法律的决定 ……………………(651)
中华人民共和国电力法 ……………………(652)
中华人民共和国高等教育法 ……………………(656)
中华人民共和国港口法 ……………………(661)
中华人民共和国企业所得税法 ……………………(666)
中华人民共和国主席令(第二十四号) ……………………(670)
全国人民代表大会常务委员会关于修改《中华人民共和国劳动法》等七部法律的决定 ……………………(670)
中华人民共和国劳动法 ……………………(673)
中华人民共和国老年人权益保障法 ……………………(679)
中华人民共和国环境噪声污染防治法 ……………………(685)
中华人民共和国环境影响评价法 ……………………(689)
中华人民共和国民办教育促进法 ……………………(693)
中华人民共和国民用航空法 ……………………(697)
中华人民共和国职业病防治法 ……………………(713)
中华人民共和国主席令(第二十五号)……………………(722)
全国人民代表大会常务委员会关于修改《中华人民共和国社会保险法》的决定 ……………………(722)
中华人民共和国社会保险法 ……………………(722)

全国人民代表大会常务委员会关于召开第十三届全国人民代表大会第一次会议的决定 …………(729)
全国人民代表大会常务委员会关于实行宪法宣誓制度的决定 ……………………(730)
关于《全国人民代表大会常务委员会关于实行宪法宣誓制度的决定(修订草案)》的说明…………………… 张　勇(731)
全国人民代表大会法律委员会关于《全国人民代表大会常务委员会关于实行宪法宣誓制度的决定(修订草案)》审议结果的报告……………………(732)
全国人民代表大会常务委员会关于延长授权国务院在实施股票发行注册制改革中调整适用《中华人民共和国证券法》有关规定期限的决定 ……………………(732)
关于《关于延长授权国务院在实施股票发行注册制改革中调整适用〈中华人民共和国证券法〉有关规定期限的决定(草案)》的说明 ……………………(733)
全国人民代表大会法律委员会对《关于延长授权国务院在实施股票发行注册制改革中调整适用〈中华人民共和国证券法〉有关规定期限的决定(草案)》审议结果的报告 …………(735)

全国人民代表大会常务委员会关于撤销杨晶同志的国务委员、国务院秘书长职务的决定 ……………(735)
全国人民代表大会常务委员会关于国务院机构改革涉及法律规定的行政机关职责调整问题的决定 ………………………………………………………………………………………(735)
关于《全国人民代表大会常务委员会关于国务院机构改革涉及法律规定的行政机关职责调整问题的决定(草案)》的说明 ………………………………………………… 沈春耀(736)
全国人民代表大会宪法和法律委员会关于《全国人民代表大会常务委员会关于国务院机构改革涉及法律规定的行政机关职责调整问题的决定(草案)》审议结果的报告 ……………………………………………………………………(737)
全国人民代表大会常务委员会关于设立上海金融法院的决定 ………………………………………(738)
对《关于在上海设立金融法院的决定(草案)》的说明 …………………………………… 周　强(738)
全国人民代表大会宪法和法律委员会对《关于在上海设立金融法院的决定(草案)》审议结果的报告 ………………………………………………………………………………(740)
全国人民代表大会常务委员会关于全国人民代表大会宪法和法律委员会职责问题的决定 ………………………………………………………………………………(741)
关于《全国人民代表大会常务委员会关于全国人民代表大会宪法和法律委员会职责问题的决定(草案)》的说明 ………………………………………………… 沈春耀(741)
全国人民代表大会宪法和法律委员会关于《全国人民代表大会常务委员会关于全国人民代表大会宪法和法律委员会职责问题的决定(草案)》审议结果的报告 ………………………………………………………………………………(742)
全国人民代表大会常务委员会关于中国海警局行使海上维权执法职权的决定 ……………………(743)
对《关于中国海警局履行海上维权执法职权的决定(草案)》的说明 ……………………… 王　宁(743)
全国人民代表大会宪法和法律委员会对《关于中国海警局履行海上维权执法职权的决定(草案)》审议结果的报告 ………………………………………………………………(744)
全国人民代表大会常务委员会关于全面加强生态环境保护　依法推动打好污染防治攻坚战的决议 ……………………………………………………………………………(745)
关于《全国人民代表大会常务委员会关于全面加强生态环境保护　依法推动打好污染防治攻坚战的决议(草案)》的说明 ………………………………………………… 高虎城(747)
全国人民代表大会常务委员会关于延长授权国务院在部分地方开展药品上市许可持有人制度试点期限的决定 ……………………………………………………………(748)
国务院关于《全国人民代表大会常务委员会关于授权国务院在部分地方开展药品上市许可持有人制度试点和有关问题的决定》实施情况的报告 ……………………………………(749)
关于《关于延长授权国务院在部分地方开展药品上市许可持有人制度试点期限的决定(草案)》的说明 ………………………………………………………………… 焦　红(753)
全国人民代表大会宪法和法律委员会对《关于延长授权国务院在部分地方开展药品上市许可持有人制度试点期限的决定(草案)》审议结果的报告 ……………………………(753)
全国人民代表大会常务委员会关于专利等知识产权案件诉讼程序若干问题的决定 ………………(754)
关于《关于专利等案件诉讼程序若干问题的决定(草案)》的说明 ……………………… 周　强(754)
全国人民代表大会宪法和法律委员会对《关于专利等案件诉讼程序若干问题的决定(草案)》审议结果的报告 …………………………………………………………………(756)
全国人民代表大会常务委员会关于延长授权国务院在北京市大兴区等三十三个试点县(市、区)行政区域暂时调整实施有关法律规定期限的决定 ……………………………………(756)
对《关于再次延长授权国务院在北京市大兴区等三十三个试点县(市、区)行政区域暂时调整实施有关法律规定期限的决定(草案)》的说明 ……………………………… 陆　昊(757)
全国人民代表大会宪法和法律委员会对《关于再次延长授权国务院在北京市大兴区等三十三个试点县(市、区)行政区域暂时调整实施有关法律规定期限的决定(草案)》

审议结果的报告 …………………………………………………………………………………………… (758)
全国人民代表大会常务委员会关于授权国务院提前下达部分新增地方政府债务限额的决定 ……… (758)
关于提请审议授权提前下达部分新增地方政府债务限额的议案的说明 ………………… 刘　昆(759)
全国人民代表大会财政经济委员会关于《国务院关于提请审议授权提前下达部分新增地方政府债务限额的议案》审议情况的报告 ……………………………………………… (759)
全国人民代表大会常务委员会关于召开第十三届全国人民代表大会第二次会议的决定 ………… (760)

二、全国人大常委会立法工作会议

以新担当新作为书写新时代立法工作新篇章 ……………………………………………… 栗战书(761)
——在全国人大常委会立法工作会议上的讲话
齐心协力担当作为　书写新时代立法工作新篇章 ……………………………………………… (767)
全国人大常委会召开立法工作会议　栗战书出席并讲话
绘就五年立法规划蓝图 …………………………………………………………………………… (768)
——全国人大常委会法工委副主任许安标就十三届全国人大常委会立法规划答记者问

三、全国地方立法工作座谈会

在第二十四次全国地方立法工作座谈会上的讲话 ……………………………………… 栗战书(772)
栗战书在第二十四次全国地方立法工作座谈会上强调
推动地方立法工作与时代同步伐与改革同频率与实践同发展 ……………………………… (778)
加强立法决策量化论证　不断提高立法质量 …………………………………………… 李　飞(779)
在第二十四次全国地方立法工作座谈会上的小结讲话 ………………………………… 沈春耀(782)

第六编　批准公约和条约

全国人民代表大会常务委员会关于批准《中华人民共和国和巴巴多斯引渡条约》的决定 ……… (791)
中华人民共和国和巴巴多斯引渡条约 ……………………………………………………………… (791)
全国人民代表大会外事委员会审议《国务院关于提请审议批准〈中华人民共和国和巴巴多斯引渡条约〉的议案》的报告 ……………………………………………………… (794)
全国人民代表大会常务委员会关于批准《中华人民共和国和格林纳达关于刑事司法协助的条约》的决定 ………………………………………………………………………………… (795)
中华人民共和国和格林纳达关于刑事司法协助的条约 ………………………………………… (795)
全国人民代表大会外事委员会审议《国务院关于提请审议批准〈中华人民共和国和格林纳达关于刑事司法协助的条约〉的议案》的报告 …………………………………… (799)
全国人民代表大会常务委员会关于批准《中华人民共和国和格林纳达引渡条约》的决定 ……… (799)
中华人民共和国和格林纳达引渡条约 ……………………………………………………………… (799)
全国人民代表大会外事委员会审议《国务院关于提请审议批准〈中华人民共和国和格林纳达引渡条约〉的议案》的报告 ……………………………………………………… (803)
全国人民代表大会常务委员会关于批准《上海合作组织反极端主义公约》的决定 …………… (803)

上海合作组织反极端主义公约 …………………………………………………………………… (803)
全国人民代表大会外事委员会审议《国务院关于提请审议批准〈上海合作组织反极端主义公约〉的议案》的报告 ……………………………………………………………… (810)

第七编　监督工作

一、听取和审议专项工作报告

关于2017年度环境状况和环境保护目标完成情况的报告 ……………………………… 李干杰(813)
对2017年度环境状况和环境保护目标完成情况报告的意见和建议 ……………………… (817)
关于构建现代农业体系深化农业供给侧结构性改革工作情况的报告 …………………… 韩长赋(819)
对构建现代农业体系深化农业供给侧结构性改革工作情况报告的意见和建议 ………… (823)
关于华侨权益保护工作情况的报告 ……………………………………………………… 许又声(825)
对华侨权益保护工作情况报告的意见和建议 ………………………………………………… (829)
关于人民陪审员制度改革试点情况的报告 ……………………………………………………… (830)
关于研究处理固体废物污染环境防治法执法检查报告及审议意见情况的报告 ……………… 李干杰(834)
对研究处理固体废物污染环境防治法执法检查报告及审议意见情况报告的意见和建议 ……………………………………………………………………………… (837)
关于推动城乡义务教育一体化发展　提高农村义务教育水平工作情况的报告 ……………… 陈宝生(839)
对推动城乡义务教育一体化发展　提高农村义务教育水平工作情况报告的意见和建议 ……… (844)
关于2017年度国有资产管理情况的综合报告 ……………………………………………………… (846)
关于2017年度金融企业国有资产的专项报告 …………………………………………… 刘　昆(849)
全国人民代表大会常务委员会预算工作委员会、全国人民代表大会财政经济委员会关于金融企业国有资产管理情况的调研报告 ……………………………………… 史耀斌(854)
对2017年度国有资产管理情况综合报告和2017年度金融企业国有资产专项报告的意见和建议 ……………………………………………………………………………… (859)
关于人民法院解决"执行难"工作情况的报告 ………………………………………… 周　强(862)
对人民法院解决"执行难"工作情况报告的意见和建议 ………………………………………… (869)
关于人民检察院加强对民事诉讼和执行活动法律监督工作情况的报告 …………………… 张　军(871)
对人民检察院加强对民事诉讼和执行活动法律监督工作情况报告的意见和建议 ………… (877)
关于《中华人民共和国国民经济和社会发展第十三个五年规划纲要》实施中期评估报告 …… 何立峰(878)
全国人民代表大会财政经济委员会关于《中华人民共和国国民经济和社会发展第十三个五年规划纲要》实施中期评估的调研报告 ……………………………………… 徐绍史(881)
对"十三五"规划纲要实施中期评估报告的意见和建议 ………………………………………… (886)
关于2017年度中央预算执行和其他财政收支审计查出问题整改情况的报告 ……………… 胡泽君(889)
对2017年度中央预算执行和其他财政收支审计查出问题整改情况报告的意见和建议 ……… (896)
关于财政医疗卫生资金分配和使用情况的报告 ……………………………………… 刘　昆(898)
对财政医疗卫生资金分配和使用情况报告的意见和建议 ……………………………………… (902)
关于发展海洋经济加快建设海洋强国工作情况的报告 ……………………………… 何立峰(904)
对发展海洋经济加快建设海洋强国工作情况报告的意见和建议 ……………………………… (907)
关于生育保险和职工基本医疗保险合并实施试点情况的总结报告 ……………………………… (909)
关于全国农村承包土地的经营权和农民住房财产权抵押贷款试点情况的总结报告 ………… (911)
关于农村土地征收、集体经营性建设用地入市、宅基地制度改革试点情况的总结报告 ……… (913)
关于个人所得税专项附加扣除有关情况的报告 ……………………………………… 刘　昆(917)

全国人民代表大会常务委员会法制工作委员会关于 2018 年备案审查工作情况的报告 ……… 沈春耀(919)

二、审查和批准决算，听取和审议计划、预算执行情况和审计工作报告

全国人民代表大会常务委员会关于批准 2017 年中央决算的决议 …………………………………… (924)
关于 2017 年中央决算的报告 …………………………………………………………………………… 刘　昆(924)
全国人民代表大会财政经济委员会关于 2017 年中央决算草案审查结果的报告 ………… 徐绍史(930)
关于 2017 年度中央预算执行和其他财政收支的审计工作报告 ……………………………… 胡泽君(932)
对中央决算报告和审计工作报告的意见和建议 ……………………………………………………… (939)
关于今年以来国民经济和社会发展计划执行情况的报告 ………………………………………… 何立峰(941)
对今年以来国民经济和社会发展计划执行情况报告的意见和建议 ……………………………… (945)
关于今年以来预算执行情况的报告 ………………………………………………………………… 刘　昆(947)
对今年以来预算执行情况报告的意见和建议 ………………………………………………………… (951)

三、检查法律实施情况

全国人民代表大会常务委员会执法检查组关于检查《中华人民共和国种子法》实施情况的报告 ……………………………………………………………………………………………… 张宝文(953)
全国人民代表大会常务委员会执法检查组关于检查《中华人民共和国统计法》实施情况的报告 ……………………………………………………………………………………………… 王东明(957)
统计法执法检查组在听取黑龙江省政府情况汇报会上的讲话提纲 ……………………… 陈　竺(961)
在全国人大常委会统计法执法检查组第一次全体会议上的讲话 ……………………………… 王东明(964)
对检查统计法实施情况报告的意见和建议 ……………………………………………………………… (967)
全国人民代表大会常务委员会执法检查组关于检查《中华人民共和国大气污染防治法》实施情况的报告 ……………………………………………………………………………………………… 栗战书(968)
以法律的武器治理污染　用法治的力量保卫蓝天 ……………………………………………… 栗战书(974)
——在大气污染防治法执法检查组第一次全体会议上的讲话
在大气污染防治法执法检查组第二次全体会议上的讲话 ………………………………………… 栗战书(977)
在山西省政府关于大气污染防治法实施情况汇报会上的讲话 ……………………………… 王　晨(981)
在大气污染防治法执法检查组第三次全体会议上的讲话 ……………………………………… 王　晨(983)
全国人民代表大会常务委员会执法检查组关于检查《中华人民共和国传染病防治法》实施情况的报告 ……………………………………………………………………………………………… 王　晨(986)
在全国人大常委会传染病防治法执法检查组第一次全体会议上的讲话 ……………………… 王　晨(992)
在广东省政府关于传染病防治法实施情况汇报会上的讲话 …………………………………… 王　晨(995)
对检查传染病防治法实施情况报告的意见和建议 ………………………………………………… (998)
全国人民代表大会常务委员会执法检查组关于检查《中华人民共和国防震减灾法》实施情况的报告 …………………………………………………………………………… 艾力更·依明巴海(1000)
对检查防震减灾法实施情况报告的意见和建议 ……………………………………………………… (1005)
全国人民代表大会常务委员会执法检查组关于检查《中华人民共和国农产品质量安全法》实施情况的报告 …………………………………………………………………………… 吉炳轩(1007)
对检查农产品质量安全法实施情况报告的意见和建议 ……………………………………………… (1015)
全国人民代表大会常务委员会执法检查组关于检查《中华人民共和国海洋环境保护法》实施情况的报告 …………………………………………………………………………… 沈跃跃(1017)
在全国人大常委会海洋环境保护法执法检查组第一次全体会议上的讲话 ……………… 王　晨(1022)

在浙江省政府关于海洋环境保护法实施情况汇报会上的讲话 …… 王 晨(1024)
在全国人大常委会海洋环境保护法执法检查组第三次全体会议上的讲话 …… 王 晨(1027)
对检查海洋环境保护法实施情况报告的意见和建议 …… (1029)

四、规范性文件备案审查

国务院行政法规目录 …… (1032)

北京市地方性法规目录 …… (1033)
天津市地方性法规目录 …… (1034)
河北省地方性法规目录 …… (1037)
山西省地方性法规目录 …… (1041)
内蒙古自治区地方性法规目录 …… (1043)
辽宁省地方性法规目录 …… (1047)
吉林省地方性法规目录 …… (1051)
黑龙江省地方性法规目录 …… (1054)
上海市地方性法规目录 …… (1065)
江苏省地方性法规目录 …… (1067)
浙江省地方性法规目录 …… (1075)
安徽省地方性法规目录 …… (1078)
福建省地方性法规目录 …… (1084)
江西省地方性法规目录 …… (1087)
山东省地方性法规目录 …… (1090)
河南省地方性法规目录 …… (1100)
湖北省地方性法规目录 …… (1103)
湖南省地方性法规目录 …… (1107)
广东省地方性法规目录 …… (1110)
广西壮族自治区地方性法规目录 …… (1115)
海南省地方性法规和海南经济特区法规目录 …… (1118)
重庆市地方性法规目录 …… (1120)
四川省地方性法规目录 …… (1122)
贵州省地方性法规目录 …… (1127)
云南省地方性法规目录 …… (1130)
西藏自治区地方性法规目录 …… (1134)
陕西省地方性法规目录 …… (1136)
甘肃省地方性法规目录 …… (1138)
青海省地方性法规目录 …… (1141)
宁夏回族自治区地方性法规目录 …… (1145)
新疆维吾尔自治区地方性法规目录 …… (1148)
深圳经济特区法规目录 …… (1152)
珠海经济特区法规目录 …… (1153)
汕头经济特区法规目录 …… (1154)
厦门经济特区法规目录 …… (1154)

司法解释目录 …… (1155)

五、特别行政区报送备案的法律目录

香港特别行政区法律目录 …………………………………………………………………………………………（1157）
澳门特别行政区法律目录 …………………………………………………………………………………………（1158）

第八编 人事任免

第十二届全国人民代表大会常务委员会第三十二次会议决定任免、批准任免、任免名单 ……………（1161）
第十二届全国人民代表大会常务委员会第三十三次会议决定任免、批准任免、任免名单 ……………（1161）
第十三届全国人民代表大会常务委员会第一次会议决定任免、批准任免、任免名单 …………………（1163）
第十三届全国人民代表大会常务委员会代表资格审查委员会主任委员、副主任委员、委员名单 ……（1164）
第十三届全国人民代表大会常务委员会第二次会议决定任免、批准任免、任免名单 …………………（1164）
第五任全国人民代表大会常务委员会香港特别行政区基本法委员会组成人员名单 ……………………（1166）
第十三届全国人民代表大会常务委员会第三次会议决定任免、批准任免、任免名单 …………………（1166）
全国人民代表大会常务委员会关于接受张荣顺辞去第十三届全国人民代表大会常务委员会委员等
职务的请求的决定 …………………………………………………………………………………………（1168）
第十三届全国人民代表大会常务委员会第五次会议决定任免、批准任免、任免名单 …………………（1169）
第十三届全国人民代表大会常务委员会第六次会议决定任免、批准任免、任免名单 …………………（1170）
第十三届全国人民代表大会常务委员会第七次会议决定任免、批准任免、任免名单 …………………（1172）

第九编 代表工作

一、代表议案审议

全国人民代表大会监察和司法委员会关于第十三届全国人民代表大会
第一次会议主席团交付审议的代表提出的议案审议结果的报告 ………………………………………（1179）
全国人民代表大会财政经济委员会关于第十三届全国人民代表大会
第一次会议主席团交付审议的代表提出的议案审议结果的报告 ………………………………………（1180）
全国人民代表大会外事委员会关于第十三届全国人民代表大会第一次
会议主席团交付审议的代表提出的议案审议结果的报告 ……………………………………………（1182）
全国人民代表大会农业与农村委员会关于第十三届全国人民代表大会
第一次会议主席团交付审议的代表提出的议案审议结果的报告 ………………………………………（1183）
全国人民代表大会宪法和法律委员会关于第十三届全国人民代表大会
第一次会议主席团交付审议的代表提出的议案审议结果的报告 ………………………………………（1185）
全国人民代表大会教育科学文化卫生委员会关于第十三届全国人民代表
大会第一次会议主席团交付审议的代表提出的议案审议结果的报告 …………………………………（1188）
全国人民代表大会华侨委员会关于第十三届全国人民代表大会第一次
会议主席团交付审议的代表提出的议案审议结果的报告 ……………………………………………（1189）
全国人民代表大会环境与资源保护委员会关于第十三届全国人民代表
大会第一次会议主席团交付审议的代表提出的议案审议结果的报告 …………………………………（1190）
全国人民代表大会社会建设委员会关于第十三届全国人民代表大会
第一次会议主席团交付审议的代表提出的议案审议结果的报告 ………………………………………（1192）

二、代表建议办理

以对人民高度负责的精神,扎实做好代表建议办理工作 …… 杨振武(1194)
——在十三届全国人大一次会议代表建议、批评和意见交办会上的讲话
全国人民代表大会常务委员会办公厅关于第十三届全国人民代表大会第一次会议代表建议、批评和意见办理情况的报告 …… 信春鹰(1196)
国务院扶贫开发领导小组办公室关于第十三届全国人民代表大会第一次会议代表建议、批评和意见办理情况的报告 …… 刘永富(1199)

三、代表资格审查

全国人民代表大会常务委员会公告(〔十二届〕第三十号) …… (1202)
第十二届全国人民代表大会常务委员会代表资格审查委员会关于个别第十二届全国人民代表大会代表的代表资格的报告 …… (1202)
全国人民代表大会常务委员会办公厅关于第十三届全国人民代表大会代表选举工作情况的报告 …… 信春鹰(1203)
全国人民代表大会常务委员会公告(〔十二届〕第三十一号) …… (1204)
中华人民共和国第十三届全国人民代表大会代表名单 …… (1205)
第十二届全国人民代表大会常务委员会代表资格审查委员会关于第十三届全国人民代表大会代表的代表资格的审查报告 …… (1221)
全国人民代表大会常务委员会公告(〔十三届〕第一号) …… (1222)
第十三届全国人民代表大会常务委员会代表资格审查委员会关于个别代表的代表资格的报告 …… (1222)
全国人民代表大会常务委员会公告(〔十三届〕第二号) …… (1223)
第十三届全国人民代表大会常务委员会代表资格审查委员会关于个别代表的代表资格的报告 …… (1223)
全国人民代表大会常务委员会公告(〔十三届〕第三号) …… (1223)
第十三届全国人民代表大会常务委员会代表资格审查委员会关于个别代表的代表资格的报告 …… (1224)
全国人民代表大会常务委员会公告(〔十三届〕第四号) …… (1224)
第十三届全国人民代表大会常务委员会代表资格审查委员会关于个别代表的代表资格的报告 …… (1224)

第十编 对外交往

一、委员长国内外事活动

张德江与北欧和波罗的海国家议长举行集体会谈 …… (1229)
张德江会见法国总统马克龙 …… (1229)
张德江会见加蓬参议长米勒布 …… (1230)
张德江与阿拉伯议会议长苏莱米举行会谈 …… (1230)
张德江与智利参议长萨尔迪瓦举行会谈 …… (1230)
张德江会见英国首相特雷莎·梅 …… (1231)
张德江与毛里求斯国民议会议长哈努曼吉会谈 …… (1231)

张德江会见蒙古国家大呼拉尔副主席恩赫阿木格楞 ……………………………………………… (1232)
栗战书会见喀麦隆总统比亚 ……………………………………………… (1232)
栗战书会见美国联邦参议员戴恩斯一行 ……………………………………………… (1232)
栗战书会见纳米比亚总统根哥布 ……………………………………………… (1233)
栗战书会见津巴布韦总统姆南加古瓦 ……………………………………………… (1233)
栗战书分别会见蒙古国总理呼日勒苏赫和奥地利总统范德贝伦 ……………………………………………… (1233)
栗战书会见荷兰首相吕特 ……………………………………………… (1234)
栗战书会见密克罗尼西亚联邦国会议长西米纳 ……………………………………………… (1234)
栗战书会见哈萨克斯坦议会下院副议长伊希姆巴耶娃 ……………………………………………… (1234)
栗战书与爱尔兰众议长奥法乔尔举行会谈 ……………………………………………… (1234)
栗战书会见日本文部科学大臣林芳正 ……………………………………………… (1235)
栗战书会见德国总理默克尔 ……………………………………………… (1235)
栗战书会见黑山议长布拉约维奇 ……………………………………………… (1236)
栗战书会见吉尔吉斯斯坦总统热恩别科夫 ……………………………………………… (1236)
栗战书会见哈萨克斯坦总统纳扎尔巴耶夫 ……………………………………………… (1236)
栗战书分别会见玻利维亚总统莫拉莱斯、希腊议长武齐斯 ……………………………………………… (1236)
栗战书会见南非国民议会事务主席弗罗里克 ……………………………………………… (1237)
栗战书与阿塞拜疆国民议会议长阿萨多夫举行会谈 ……………………………………………… (1237)
栗战书会见尼泊尔总理奥利 ……………………………………………… (1238)
栗战书会见法国总理菲利普 ……………………………………………… (1238)
栗战书与缅甸联邦议会议长兼民族院议长曼温凯丹举行会谈 ……………………………………………… (1238)
栗战书与俄罗斯联邦委员会主席马特维延科举行会谈 ……………………………………………… (1239)
栗战书与日本众议长大岛理森举行会谈 ……………………………………………… (1239)
栗战书会见巴基斯坦参议院主席桑吉拉尼 ……………………………………………… (1240)
栗战书会见马来西亚总理马哈蒂尔 ……………………………………………… (1240)
栗战书会见马里总统凯塔 ……………………………………………… (1240)
栗战书会见马拉维总统穆塔里卡 ……………………………………………… (1241)
栗战书会见赞比亚总统伦古 ……………………………………………… (1241)
栗战书会见赤道几内亚总统奥比昂 ……………………………………………… (1241)
栗战书会见埃塞俄比亚总理阿比 ……………………………………………… (1242)
栗战书会见纳米比亚总统根哥布 ……………………………………………… (1242)
栗战书会见乍得总统代比 ……………………………………………… (1242)
栗战书会见津巴布韦总统姆南加古瓦 ……………………………………………… (1243)
栗战书分别会见委内瑞拉总统马杜罗和乌拉圭副总统、国会主席兼参议长托波兰斯基 …… (1243)
栗战书与乌兹别克斯坦最高会议立法院主席伊斯梅洛夫举行会谈 ……………………………………………… (1243)
栗战书前往越南驻华使馆吊唁陈大光主席逝世 ……………………………………………… (1244)
栗战书会见安哥拉总统洛伦索 ……………………………………………… (1244)
栗战书会见越共中央政治局委员、越南公安部部长苏林 ……………………………………………… (1244)
栗战书会见挪威国王哈拉尔五世 ……………………………………………… (1245)
栗战书会见柬埔寨参议院主席赛冲 ……………………………………………… (1245)
栗战书出席第八届北京香山论坛欢迎晚宴并发表演讲 ……………………………………………… (1245)
栗战书会见日本首相安倍晋三 ……………………………………………… (1246)
栗战书会见萨尔瓦多总统桑切斯 ……………………………………………… (1246)
栗战书分别会见多米尼加总统梅迪纳、巴基斯坦总理伊姆兰·汗 ……………………………………………… (1246)

栗战书与阿联酋联邦国民议会议长古拜希举行会谈 …………………………………………（1247）
栗战书会见俄罗斯总理梅德韦杰夫 ……………………………………………………………（1248）
栗战书会见古巴国务委员会主席兼部长会议主席迪亚斯-卡内尔 ……………………………（1248）
栗战书与葡萄牙议长罗德里格斯举行会谈 ……………………………………………………（1248）
栗战书会见越南祖国阵线中央主席陈青敏 ……………………………………………………（1249）
栗战书与土耳其大国民议会议长耶尔德勒姆举行会谈 ………………………………………（1249）
栗战书与泰国立法议会主席蓬贝举行会谈 ……………………………………………………（1250）
栗战书会见厄瓜多尔总统莫雷诺 ………………………………………………………………（1250）

二、委员长出国访问

栗战书对埃塞俄比亚、莫桑比克和纳米比亚进行正式友好访问 ………………………………（1251）
　栗战书将访问埃塞俄比亚、莫桑比克和纳米比亚 …………………………………………（1251）
　栗战书对埃塞俄比亚进行正式友好访问 ……………………………………………………（1251）
　栗战书会见非盟委员会代理主席夸第 ………………………………………………………（1252）
　栗战书对莫桑比克进行正式友好访问 ………………………………………………………（1252）
　栗战书对纳米比亚进行正式友好访问 ………………………………………………………（1253）
　栗战书委员长访问埃塞俄比亚、莫桑比克、纳米比亚情况的书面报告 ……………………（1254）
栗战书访问朝鲜 …………………………………………………………………………………（1259）
　栗战书将访问朝鲜 ……………………………………………………………………………（1259）
　栗战书会见金正恩 ……………………………………………………………………………（1259）
　栗战书访问朝鲜并出席朝鲜建国70周年庆祝活动 …………………………………………（1260）
　金正恩再次会见栗战书并为中国党政代表团举行欢迎活动 ………………………………（1261）

三、对外定期交流机制

中日（参院）交流机制第7次会议、中日（众院）合作委员会第10次会议 ……………………（1262）
中蒙议会交流机制第2次会议 ……………………………………………………………………（1262）
中欧议会交流机制第41次会议 …………………………………………………………………（1262）
中塞立法机关合作委员会第一次会议 …………………………………………………………（1263）
中法（参议院）交流机制第8次会议 ……………………………………………………………（1263）
中俄议会合作委员会第4次会议 …………………………………………………………………（1263）
中韩议会交流机制第11次会议 …………………………………………………………………（1263）
中加议会交流机制主席会晤（机制框架内）……………………………………………………（1264）
中智议会政治对话委员会第12次会议、中阿议会政治对话委员会第3次会议 ……………（1264）
中肯议会交流机制第一次会议 …………………………………………………………………（1264）
中法（国民议会）交流机制第9次会议 …………………………………………………………（1265）
中英议会交流机制第9次会议 ……………………………………………………………………（1265）
中加议会交流机制第22次会议 …………………………………………………………………（1265）

四、发表的谈话、声明

全国人大外事委员会负责人就美国“2019财年国防授权法案”
　涉华消极内容发表谈话 ………………………………………………………………………（1266）
就美国“2018年对等进入西藏法案”　全国人大外事委员会发表声明 ……………………（1266）

第十一编　专门委员会工作

第十三届全国人民代表大会民族委员会 2018 年工作总结 …………(1271)
第十三届全国人民代表大会宪法和法律委员会 2018 年工作总结 …………(1275)
第十三届全国人民代表大会监察和司法委员会 2018 年工作总结 …………(1282)
第十三届全国人民代表大会财政经济委员会 2018 年工作总结 …………(1285)
第十三届全国人民代表大会教育科学文化卫生委员会 2018 年工作总结 …………(1290)
第十三届全国人民代表大会外事委员会 2018 年工作总结 …………(1295)
第十三届全国人民代表大会华侨委员会 2018 年工作总结 …………(1298)
第十三届全国人民代表大会环境与资源保护委员会 2018 年工作总结 …………(1303)
第十三届全国人民代表大会农业与农村委员会 2018 年工作总结 …………(1309)
第十三届全国人民代表大会社会建设委员会 2018 年工作总结 …………(1313)

第十二编　常委会相关活动

一、制度建设

关于人大预算审查监督重点向支出预算和政策拓展的指导意见 …………(1319)

二、副委员长和秘书长讲话及有关文稿

努力开创公共图书馆事业新局面 ………… 王　晨(1323)
——在宣传贯彻《中华人民共和国公共图书馆法》座谈会上的讲话
在第十二届全国人大教科文卫委员会第四十六次会议上的讲话 ………… 王　晨(1327)
在十三届全国人大宪法和法律委员会第一次全体会议上的讲话 ………… 王　晨(1329)
牢记使命担当　扎实履职尽责 ………… 王　晨(1330)
——在十三届全国人大专职常委座谈会上的讲话
在法工委处级以上干部会议上的讲话 ………… 王　晨(1333)
全面推进建立和实施国有资产管理情况的报告制度 ………… 王　晨(1338)
——在全国人大财经委、全国人大常委会预工委、财政部
举办的国有资产管理情况报告制度座谈会上的讲话
加强立法工作　为改革开放提供有力法治保障 ………… 王　晨(1343)
——在河北法治建设调研座谈会上的讲话
在 2018 中国国际大数据产业博览会开幕式上的讲话 ………… 王　晨(1346)
做好新时代人大预算审查监督重点拓展改革工作 ………… 王　晨(1348)
加强文明交流互鉴　建设更加美好世界 ………… 王　晨(1351)
——在太湖世界文化论坛第五届年会开幕式上的致辞
在第六届中国—中亚合作论坛上的致辞 ………… 王　晨(1352)
在南京大屠杀死难者国家公祭仪式上的讲话 ………… 王　晨(1354)
在第四期少数民族全国人大代表学习班上的讲话 ………… 曹建明(1355)
坚持以人民为中心的发展思想努力实现社会委工作高点起步、良好开局 ………… 张春贤(1360)
现代种业要为现代农业服务 ………… 吉炳轩(1364)
农民当前最需要什么样的良种 ………… 吉炳轩(1367)

种业发展也要现代化 …… 吉炳轩(1369)
改革的内在动力源自思想观念 …… 吉炳轩(1373)
——农业供给侧结构改革的调研与思考(一)
确保粮食安全始终是重中之重 …… 吉炳轩(1375)
——农业供给侧结构改革的调研与思考(二)
富裕农民要多业发展 …… 吉炳轩(1377)
——农业供给侧结构改革的调研与思考(三)
莫让忧虑成忧患 …… 吉炳轩(1381)
——关于环境保护与农产品质量安全的调研与思考(一)
掘水找源　治病求根 …… 吉炳轩(1383)
——关于环境保护与农产品质量安全的调研与思考(二)
垃圾要走变废为宝之路 …… 吉炳轩(1386)
——关于环境保护与农产品质量安全的调研与思考(三)
保护好我们的大地母亲 …… 吉炳轩(1388)
——关于环境保护与农产品质量安全的调研与思考(四)
在全国人大财经工作座谈会上的讲话 …… 陈　竺(1393)
在全国人大财经工作座谈会上的讲话 …… 王东明(1394)
以习近平新时代中国特色社会主义经济思想为统领　扎实做好新时代人大财经工作 …… 王东明(1400)
在2018年第一期全国县级人大常委会主任学习班上的讲话 …… 杨振武(1404)
在十三届全国人大第一期代表学习班上的讲话 …… 杨振武(1409)
在全国省市两级人大常委会负责同志学习班上的总结讲话 …… 杨振武(1412)
在2018年第二期全国县级人大常委会主任学习班上的讲话 …… 杨振武(1415)
在十三届全国人大第二期代表学习班上的讲话 …… 杨振武(1419)
改革开放40年来人民代表大会制度的发展和完善 …… 杨振武(1423)
——在十三届全国人大第三期代表学习班上的报告
深入学习贯彻习近平总书记关于坚持和完善人民代表大会制度的重要思想
推动人民代表大会制度和人大工作完善发展 …… 杨振武(1430)
——在2018年第三期、第四期全国县级人大常委会主任学习班上的讲话
在纪念刘少奇同志诞辰120周年座谈会上的发言 …… 杨振武(1438)
持续强化正风肃纪　推进全面从严治党 …… 杨振武(1439)

第十三编　大事记

一月 …… (1445)
二月 …… (1452)
三月 …… (1455)
四月 …… (1472)
五月 …… (1476)
六月 …… (1480)
七月 …… (1485)
八月 …… (1491)
九月 …… (1495)
十月 …… (1500)
十一月 …… (1506)
十二月 …… (1509)

第十三届全国人民代表大会第一次会议

· 第十三届全国人民代表大会第一次会议

· 特辑

· 常委会工作安排和会议议程日程

· 委员长讲话

· 立法工作

· 批准公约和条约

· 监督工作

· 人事任免

· 代表工作

· 对外交往

· 专门委员会工作

· 常委会相关活动

· 大事记

在第十三届全国人民代表大会第一次会议上的讲话

（2018 年 3 月 20 日）

中华人民共和国主席　习近平

各位代表：

这次大会选举我继续担任中华人民共和国主席，我对各位代表和全国各族人民给予我的信任，表示衷心的感谢！

担任中华人民共和国主席这一崇高职务，使命光荣，责任重大。我将一如既往，忠实履行宪法赋予的职责，忠于祖国，忠于人民，恪尽职守，竭尽全力，勤勉工作，赤诚奉献，做人民的勤务员，接受人民监督，决不辜负各位代表和全国各族人民的信任和重托！

一切国家机关工作人员，无论身居多高的职位，都必须牢记我们的共和国是中华人民共和国，始终要把人民放在心中最高的位置，始终全心全意为人民服务，始终为人民利益和幸福而努力工作。

各位代表！

人民是历史的创造者，人民是真正的英雄。波澜壮阔的中华民族发展史是中国人民书写的！博大精深的中华文明是中国人民创造的！历久弥新的中华民族精神是中国人民培育的！中华民族迎来了从站起来、富起来到强起来的伟大飞跃是中国人民奋斗出来的！

中国人民的特质、禀赋不仅铸就了绵延几千年发展至今的中华文明，而且深刻影响着当代中国发展进步，深刻影响着当代中国人的精神世界。中国人民在长期奋斗中培育、继承、发展起来的伟大民族精神，为中国发展和人类文明进步提供了强大精神动力。

——中国人民是具有伟大创造精神的人民。在几千年历史长河中，中国人民始终辛勤劳作、发明创造，我国产生了老子、孔子、庄子、孟子、墨子、孙子、韩非子等闻名于世的伟大思想巨匠，发明了造纸术、火药、印刷术、指南针等深刻影响人类文明进程的伟大科技成果，创作了诗经、楚辞、汉赋、唐诗、宋词、元曲、明清小说等伟大文艺作品，传承了格萨尔王、玛纳斯、江格尔等震撼人心的伟大史诗，建设了万里长城、都江堰、大运河、故宫、布达拉宫等气势恢弘的伟大工程。今天，中国人民的创造精神正在前所未有地迸发出来，推动我国日新月异向前发展，大踏步走在世界前列。我相信，只要 13 亿多中国人民始终发扬这种伟大创造精神，我们就一定能够创造出一个又一个人间奇迹！

——中国人民是具有伟大奋斗精神的人民。在几千年历史长河中，中国人民始终革故鼎新、自强不息，开发和建设了祖国辽阔秀丽的大好河山，开拓了波涛万顷的辽阔海疆，开垦了物产丰富的广袤粮田，治理了桀骜不驯的千百条大江大河，战胜了数不清的自然灾害，建设了星罗棋布的城镇乡村，发展了门类齐全的产业，形成了多姿多彩的生活。中国人民自古就明白，世界上没有坐享其成的好事，要幸福就要奋斗。今天，中国人民拥有的一切，凝聚着中国人的聪明才智，浸透着中国人的辛勤汗水，蕴涵着中国人的巨大牺牲。我相信，只要 13 亿多中国人民始终发扬这种伟大奋斗精神，我们就一定能够达到创造人民更加美好生活的宏伟目标！

——中国人民是具有伟大团结精神的人民。在几千年历史长河中，中国人民始终团结一心、同舟共济，建立了统一的多民族国家，发展了 56 个民族多元一体、交织交融的融洽民族关系，形成了守望相助的中华民族大家庭。特别是近代以后，在外来侵略寇急祸重的严峻形势下，我国各族人民手挽着手、肩并着肩，英勇奋斗，浴血奋战，打败了一切穷凶极恶的侵略者，捍卫了民族独立和自由，共同书写了中华民族保卫祖国、抵御外侮的壮丽史诗。今天，中国取得的令世人瞩目的发展成就，更是全国各族人民同心同德、同心同向努力的结果。中国人民从亲身经历中深刻认识到，团结就是力量，团结才能前进，一个四分五裂的国家不可能发展进步。我相信，只要 13 亿多中国人民始终发扬这种伟大团结精神，我们就一定能够形成勇往直前、无坚不摧的强大力量！

——中国人民是具有伟大梦想精神的人民。在几千年历史长河中,中国人民始终心怀梦想、不懈追求,我们不仅形成了小康生活的理念,而且秉持天下为公的情怀,盘古开天、女娲补天、伏羲画卦、神农尝草、夸父追日、精卫填海、愚公移山等我国古代神话深刻反映了中国人民勇于追求和实现梦想的执着精神。中国人民相信,山再高,往上攀,总能登顶;路再长,走下去,定能到达。近代以来,实现中华民族伟大复兴成为中华民族最伟大的梦想,中国人民百折不挠、坚忍不拔,以同敌人血战到底的气概、在自力更生的基础上光复旧物的决心、自立于世界民族之林的能力,为实现这个伟大梦想进行了 170 多年的持续奋斗。今天,中国人民比历史上任何时期都更接近、更有信心和能力实现中华民族伟大复兴。我相信,只要 13 亿多中国人民始终发扬这种伟大梦想精神,我们就一定能够实现中华民族伟大复兴!

同志们!有这样伟大的人民,有这样伟大的民族,有这样的伟大民族精神,是我们的骄傲,是我们坚定中国特色社会主义道路自信、理论自信、制度自信、文化自信的底气,也是我们风雨无阻、高歌行进的根本力量!

我国是工人阶级领导的、以工农联盟为基础的人民民主专政的社会主义国家,国家一切权力属于人民。我们必须始终坚持人民立场,坚持人民主体地位,虚心向人民学习,倾听人民呼声,汲取人民智慧,把人民拥护不拥护、赞成不赞成、高兴不高兴、答应不答应作为衡量一切工作得失的根本标准,着力解决好人民最关心最直接最现实的利益问题,让全体中国人民和中华儿女在实现中华民族伟大复兴的历史进程中共享幸福和荣光!

各位代表!

人民有信心,国家才有未来,国家才有力量。中国特色社会主义进入了新时代,勤劳勇敢的中国人民更加自信自尊自强。中国这个古老而又现代的东方大国朝气蓬勃、气象万千,中国特色社会主义道路、理论、制度、文化焕发出强大生机活力,奇迹正在中华大地上不断涌现。我们对未来充满信心。

历史已经并将继续证明,只有社会主义才能救中国,只有坚持和发展中国特色社会主义才能实现中华民族伟大复兴。国内外形势正在发生深刻复杂变化,我国发展仍处于重要战略机遇期。我们具备过去难以想象的良好发展条件,但也面临着许多前所未有的困难和挑战。中国共产党第十九次全国代表大会描绘了决胜全面建成小康社会、开启全面建设社会主义现代化国家新征程、实现中华民族伟大复兴的宏伟蓝图。把蓝图变为现实,是一场新的长征。路虽然还很长,但时间不等人,容不得有半点懈怠。我们决不能安于现状、贪图安逸、乐而忘忧,必须不忘初心、牢记使命、奋发有为,努力创造属于新时代的光辉业绩!

我们要适应我国发展新的历史方位,紧扣我国社会主要矛盾的变化,高举中国特色社会主义伟大旗帜,全面贯彻党的十九大和十九届二中、三中全会精神,坚持以马克思列宁主义、毛泽东思想、邓小平理论、"三个代表"重要思想、科学发展观、新时代中国特色社会主义思想为指导,坚持稳中求进工作总基调,坚持以人民为中心的发展思想,统揽伟大斗争、伟大工程、伟大事业、伟大梦想,统筹推进"五位一体"总体布局,协调推进"四个全面"战略布局,奋力开创新时代中国特色社会主义事业新局面!

我们的目标是,到本世纪中叶把我国建成富强民主文明和谐美丽的社会主义现代化强国。

我们要以更大的力度、更实的措施全面深化改革、扩大对外开放,贯彻新发展理念,推动经济高质量发展,建设现代化经济体系,不断增强我国经济实力、科技实力、综合国力,让社会主义市场经济的活力更加充分地展示出来。

我们要以更大的力度、更实的措施发展社会主义民主,坚持党的领导、人民当家作主、依法治国有机统一,建设社会主义法治国家,推进国家治理体系和治理能力现代化,巩固和发展最广泛的爱国统一战线,确保人民享有更加广泛、更加充分、更加真实的民主权利,让社会主义民主的优越性更加充分地展示出来。

我们要以更大的力度、更实的措施加快建设社会主义文化强国,培育和践行社会主义核心价值观,推动中华优秀传统文化创造性转化、创新性发展,让中华文明的影响力、凝聚力、感召力更加充分地展示出来。

我们要以更大的力度、更实的措施保障和改善民生,加强和创新社会治理,坚决打赢脱贫攻坚战,促进社会公平正义,在幼有所育、学有所教、劳有所得、病有所医、老有所养、住有所居、弱有所扶上不断取得新进展,让实现全体人民共同富裕在广大人民现实生活中更加充分地展示出来。

我们要以更大的力度、更实的措施推进生态文明建设,加快形成绿色生产方式和生活方式,着力解决突出环境问题，使我们的国家天更蓝、山更绿、水更清、环境更优美，让绿水青山就是金山银山的理念在祖国大地上更加充分地展示出来。

我们要坚持党对人民军队的绝对领导，全面贯彻新时代党的强军思想，不断推进政治建军、改革强军、科技兴军、依法治军，加快形成中国特色、世界一流的武装力量体系，构建中国特色现代作战体系，推动人民军队切实担负起党和人民赋予的新时代使命任务。

我们要全面准确贯彻"一国两制"、"港人治港"、"澳人治澳"、高度自治的方针，严格依照宪法和基本法办事，支持特别行政区政府和行政长官依法施政、积极作为，支持香港、澳门融入国家发展大局，增强香港、澳门同胞的国家意识和爱国精神，维护香港、澳门长期繁荣稳定。我们要坚持一个中国原则，坚持"九二共识"，推动两岸关系和平发展，扩大两岸经济文化交流合作，同台湾同胞分享大陆发展的机遇，增进台湾同胞福祉，推进祖国和平统一进程。

维护国家主权和领土完整，实现祖国完全统一，是全体中华儿女共同愿望，是中华民族根本利益所在。在这个民族大义和历史潮流面前，一切分裂祖国的行径和伎俩都是注定要失败的，都会受到人民的谴责和历史的惩罚！中国人民有坚定的意志、充分的信心、足够的能力挫败一切分裂国家的活动！中国人民和中华民族有一个共同信念，这就是：我们伟大祖国的每一寸领土都绝对不能也绝对不可能从中国分割出去！

各位代表！

我们生活的世界充满希望，也充满挑战。中国人民历来富有正义感和同情心，历来把自己的前途命运同各国人民的前途命运紧密联系在一起，始终密切关注和无私帮助仍然生活在战火、动荡、饥饿、贫困中的有关国家的人民，始终愿意尽最大努力为人类和平与发展作出贡献。中国人民这个愿望是真诚的，中国决不会以牺牲别国利益为代价来发展自己，中国发展不对任何国家构成威胁，中国永远不称霸、永远不搞扩张。只有那些习惯于威胁他人的人，才会把所有人都看成是威胁。对中国人民为人类和平与发展作贡献的真诚愿望和实际行动，任何人都不应该误读，更不应该曲解。人间自有公道在！

中国将继续高举和平、发展、合作、共赢的旗帜，始终不渝走和平发展道路、奉行互利共赢的开放战略。中国将继续积极维护国际公平正义，主张世界上的事情应该由各国人民商量着办，不会把自己的意志强加于人。中国将继续积极推进"一带一路"建设，加强同世界各国的交流合作，让中国改革发展造福人类。中国将继续积极参与全球治理体系变革和建设，为世界贡献更多中国智慧、中国方案、中国力量，推动建设持久和平、普遍安全、共同繁荣、开放包容、清洁美丽的世界，让人类命运共同体建设的阳光普照世界！

各位代表！

中国共产党领导是中国特色社会主义最本质的特征，中国共产党是国家最高政治领导力量，是实现中华民族伟大复兴的根本保证。东西南北中，党政军民学，党是领导一切的。全国各党派、各团体、各民族、各阶层、各界人士要紧密团结在党中央周围，增强"四个意识"，坚定"四个自信"，万众一心向前进。

中国共产党要担负起领导人民进行伟大社会革命的历史责任，必须勇于进行自我革命，坚持立党为公、执政为民，深入推进全面从严治党，坚决扫除一切消极腐败现象，始终与人民心心相印、与人民同甘共苦、与人民团结奋斗，永远保持马克思主义执政党本色，永远走在时代前列，永远做中国人民和中华民族的主心骨！

各位代表！

"等闲识得东风面，万紫千红总是春。"在中国共产党领导下，经过近70年奋斗，我们的人民共和国茁壮成长，正以崭新的姿态屹立于世界东方！

新时代属于每一个人，每一个人都是新时代的见证者、开创者、建设者。只要精诚团结、共同奋斗，就没有任何力量能够阻挡中国人民实现梦想的步伐！

我们要乘着新时代的浩荡东风，加满油，把稳舵，鼓足劲，让承载着13亿多中国人民伟大梦想的中华巨轮继续劈波斩浪、扬帆远航，胜利驶向充满希望的明天！

政府工作报告

——2018 年 3 月 5 日在第十三届全国人民代表大会第一次会议上

国务院总理　李克强

各位代表：

现在，我代表国务院，向大会报告过去五年政府工作，对今年工作提出建议，请予审议，并请全国政协委员提出意见。

一、过去五年工作回顾

第十二届全国人民代表大会第一次会议以来的五年，是我国发展进程中极不平凡的五年。面对极其错综复杂的国内外形势，以习近平同志为核心的党中央团结带领全国各族人民砥砺前行，统筹推进"五位一体"总体布局，协调推进"四个全面"战略布局，改革开放和社会主义现代化建设全面开创新局面。党的十九大确立了习近平新时代中国特色社会主义思想的历史地位，制定了决胜全面建成小康社会、夺取新时代中国特色社会主义伟大胜利的宏伟蓝图和行动纲领，具有重大现实意义和深远历史意义。各地区各部门不断增强政治意识、大局意识、核心意识、看齐意识，深入贯彻落实新发展理念，"十二五"规划胜利完成，"十三五"规划顺利实施，经济社会发展取得历史性成就、发生历史性变革。

五年来，经济实力跃上新台阶。国内生产总值从 54 万亿元增加到 82.7 万亿元，年均增长 7.1%，占世界经济比重从 11.4% 提高到 15% 左右，对世界经济增长贡献率超过 30%。财政收入从 11.7 万亿元增加到 17.3 万亿元。居民消费价格年均上涨 1.9%，保持较低水平。城镇新增就业 6600 万人以上，13 亿多人口的大国实现了比较充分就业。

五年来，经济结构出现重大变革。消费贡献率由 54.9% 提高到 58.8%，服务业比重从 45.3% 上升到 51.6%，成为经济增长主动力。高技术制造业年均增长 11.7%。粮食生产能力达到 1.2 万亿斤。城镇化率从 52.6% 提高到 58.5%，8000 多万农业转移人口成为城镇居民。

五年来，创新驱动发展成果丰硕。全社会研发投入年均增长 11%，规模跃居世界第二位。科技进步贡献率由 52.2% 提高到 57.5%。载人航天、深海探测、量子通信、大飞机等重大创新成果不断涌现。高铁网络、电子商务、移动支付、共享经济等引领世界潮流。"互联网 +"广泛融入各行各业。大众创业、万众创新蓬勃发展，日均新设企业由 5 千多户增加到 1 万 6 千多户。快速崛起的新动能，正在重塑经济增长格局、深刻改变生产生活方式，成为中国创新发展的新标志。

五年来，改革开放迈出重大步伐。改革全面发力、多点突破、纵深推进，重要领域和关键环节改革取得突破性进展，主要领域改革主体框架基本确立。简政放权、放管结合、优化服务等改革推动政府职能发生深刻转变，市场活力和社会创造力明显增强。"一带一路"建设成效显著，对外贸易和利用外资结构优化、规模稳居世界前列。

五年来，人民生活持续改善。脱贫攻坚取得决定性进展，贫困人口减少 6800 多万，易地扶贫搬迁 830 万人，贫困发生率由 10.2% 下降到 3.1%。居民收入年均增长 7.4%、超过经济增速，形成世界上人口最多的中等收入群体。出境旅游人次由 8300 万增加到 1 亿 3 千多万。教育事业全面发展。社会养老保险覆盖 9 亿多人，基本医疗保险覆盖 13.5 亿人，织就了世界上最大的社会保障网。人均预期寿命达到 76.7 岁。棚户区住房改造 2600 多万套，农村危房改造 1700 多万户，上亿人喜迁新居。

五年来，生态环境状况逐步好转。制定实施大气、水、土壤污染防治三个"十条"并取得扎实成效。单位国内生产总值能耗、水耗均下降 20% 以上，主要污染物排放量持续下降，重点城市重污染天数减少一半，森林面积增加 1.63 亿亩，沙化土地面积年均缩减近 2000 平方公里，绿色发展呈现可喜局面。

刚刚过去的 2017 年，经济社会发展主要目标任务全面完成并好于预期。国内生产总值增长 6.9%，居民收入增长 7.3%，增速均比上年有所加快；城镇新增就业 1351 万人，失业率为多年来最低；工业增速回升，企业利润增长 21%；财政收入增长

7.4%，扭转了增速放缓态势；进出口增长14.2%，实际使用外资1363亿美元、创历史新高。经济发展呈现出增长与质量、结构、效益相得益彰的良好局面。这是五年来一系列重大政策效应累积，各方面不懈努力、久久为功的结果。

过去五年取得的全方位、开创性成就，发生的深层次、根本性变革，再次令世界瞩目，全国各族人民倍感振奋和自豪。

五年来，我们认真贯彻以习近平同志为核心的党中央决策部署，主要做了以下工作。

（一）坚持稳中求进工作总基调，着力创新和完善宏观调控，经济运行保持在合理区间、实现稳中向好。这些年，世界经济复苏乏力，国际金融市场跌宕起伏，保护主义明显抬头。我国经济发展中结构性问题和深层次矛盾凸显，经济下行压力持续加大，遇到不少两难多难抉择。面对这种局面，我们保持战略定力，坚持不搞"大水漫灌"式强刺激，而是适应把握引领经济发展新常态，统筹稳增长、促改革、调结构、惠民生、防风险，不断创新和完善宏观调控，确立区间调控的思路和方式，加强定向调控、相机调控、精准调控。明确强调只要经济运行在合理区间，就业增加、收入增长、环境改善，就集中精力促改革、调结构、添动力。采取既利当前更惠长远的举措，着力推进供给侧结构性改革，适度扩大总需求，推动实现更高层次的供需动态平衡。经过艰辛努力，我们顶住了经济下行压力、避免了"硬着陆"，保持了经济中高速增长，促进了结构优化，经济长期向好的基本面不断巩固和发展。

坚持实施积极的财政政策和稳健的货币政策。在财政收支矛盾较大情况下，着眼"放水养鱼"、增强后劲，我国率先大幅减税降费。分步骤全面推开营改增，结束了66年的营业税征收历史，累计减税超过2万亿元，加上采取小微企业税收优惠、清理各种收费等措施，共减轻市场主体负担3万多亿元。加强地方政府债务管理，实施地方政府存量债务置换，降低利息负担1.2万亿元。调整财政支出结构，盘活沉淀资金，保障基本民生和重点项目。财政赤字率一直控制在3%以内。货币政策保持稳健中性，广义货币M_2增速呈下降趋势，信贷和社会融资规模适度增长。采取定向降准、专项再贷款等差别化政策，加强对重点领域和薄弱环节支持，小微企业贷款增速高于各项贷款平均增速。改革完善汇率市场化形成机制，保持人民币汇率基本稳定，外汇储备转降为升。妥善应对"钱荒"等金融市场异常波动，规范金融市场秩序，防范化解重点领域风险，守住了不发生系统性风险的底线，维护了国家经济金融安全。

（二）坚持以供给侧结构性改革为主线，着力培育壮大新动能，经济结构加快优化升级。紧紧依靠改革破解经济发展和结构失衡难题，大力发展新兴产业，改造提升传统产业，提高供给体系质量和效率。

扎实推进"三去一降一补"。五年来，在淘汰水泥、平板玻璃等落后产能基础上，以钢铁、煤炭等行业为重点加大去产能力度，中央财政安排1000亿元专项奖补资金予以支持，用于分流职工安置。退出钢铁产能1.7亿吨以上、煤炭产能8亿吨，安置分流职工110多万人。因城施策分类指导，三四线城市商品住宅去库存取得明显成效，热点城市房价涨势得到控制。积极稳妥去杠杆，控制债务规模，增加股权融资，工业企业资产负债率连续下降，宏观杠杆率涨幅明显收窄、总体趋于稳定。多措并举降成本，压减政府性基金项目30%，削减中央政府层面设立的涉企收费项目60%以上，阶段性降低"五险一金"缴费比例，推动降低用能、物流、电信等成本。突出重点加大补短板力度。

加快新旧发展动能接续转换。深入开展"互联网+"行动，实行包容审慎监管，推动大数据、云计算、物联网广泛应用，新兴产业蓬勃发展，传统产业深刻重塑。实施"中国制造2025"，推进工业强基、智能制造、绿色制造等重大工程，先进制造业加快发展。出台现代服务业改革发展举措，服务新业态新模式异军突起，促进了各行业融合升级。深化农业供给侧结构性改革，新型经营主体大批涌现，种植业适度规模经营比重从30%提升到40%以上。采取措施增加中低收入者收入，推动传统消费提档升级、新兴消费快速兴起，网上零售额年均增长30%以上，社会消费品零售总额年均增长11.3%。优化投资结构，鼓励民间投资，发挥政府投资撬动作用，引导更多资金投向强基础、增后劲、惠民生领域。高速铁路运营里程从9000多公里增加到2万5千公里、占世界三分之二，高速公路里程从9.6万公里增加到13.6万公里，新建改建农村公路127万公里，新建民航机场46个，开工重大水利工程122项，完成新一轮农村电网改造，建成全球最大的移动宽带网。五年来，发展新动能迅速壮大，经济增长实现由主要依靠投资、出口拉动转向依靠消费、投资、出口协同拉动，由主要依靠第二产业带动转向依靠三次产业共同带动。这是我们多年想实现而没有实现的重大结构性变革。

推进供给侧结构性改革，必须破除要素市场化配置障碍，降低制度性交易成本。针对长期存在的重审批、轻监管、弱服务问题，我们持续深化"放管服"改革，加快转变政府职能，减少微观管理、直接干预，注重加强宏观调控、市场监管和公共服务。五年来，国务院部门行政审批事项削减44%，非行政许可审批彻底终结，中央政府层面核准的企业投资项目减少 90%，行政审批中介服务事项压减74%，职业资格许可和认定大幅减少。中央政府定价项目缩减 80%，地方政府定价项目缩减 50% 以上。全面改革工商登记、注册资本等商事制度，企业开办时间缩短三分之一以上。创新和加强事中事后监管，实行"双随机、一公开"，随机抽取检查人员和检查对象、及时公开查处结果，提高了监管效能和公正性。推行"互联网 + 政务服务"，实施一站式服务等举措。营商环境持续改善，市场活力明显增强，群众办事更加便利。

（三）坚持创新引领发展，着力激发社会创造力，整体创新能力和效率显著提高。实施创新驱动发展战略，优化创新生态，形成多主体协同、全方位推进的创新局面。扩大科研机构和高校科研自主权，改进科研项目和经费管理，深化科技成果权益管理改革。推进全面创新改革试验，支持北京、上海建设科技创新中心，新设 14 个国家自主创新示范区，带动形成一批区域创新高地。以企业为主体加强技术创新体系建设，涌现一批具有国际竞争力的创新型企业和新型研发机构。深入开展大众创业、万众创新，实施普惠性支持政策，完善孵化体系。各类市场主体达到 9800 多万户，五年增加 70% 以上。国内有效发明专利拥有量增加两倍，技术交易额翻了一番。我国科技创新由跟跑为主转向更多领域并跑、领跑，成为全球瞩目的创新创业热土。

（四）坚持全面深化改革，着力破除体制机制弊端，发展动力不断增强。国资国企改革扎实推进，公司制改革基本完成，兼并重组、压减层级、提质增效取得积极进展。国有企业效益明显好转，去年利润增长 23.5%。深化能源、铁路、盐业等领域改革。放宽非公有制经济市场准入。建立不动产统一登记制度。完善产权保护制度。财税改革取得重大进展，全面推行财政预决算公开，构建以共享税为主的中央和地方收入分配格局，启动中央与地方财政事权和支出责任划分改革，中央对地方一般性转移支付规模大幅增加、专项转移支付项目减少三分之二。基本放开利率管制，建立存款保险制度，推动大中型商业银行设立普惠金融事业部，深化政策性、开发性金融机构改革，强化金融监管协调机制。稳步推进教育综合改革，完善城乡义务教育均衡发展促进机制，改革考试招生制度。建立统一的城乡居民基本养老、医疗保险制度，实现机关事业单位和企业养老保险制度并轨。出台划转部分国有资本充实社保基金方案。实施医疗、医保、医药联动改革，全面推开公立医院综合改革，取消长期实行的药品加成政策，药品医疗器械审批制度改革取得突破。推进农村承包地"三权"分置改革、确权面积超过 80%，改革重要农产品收储制度。完善主体功能区制度，建立生态文明绩效考评和责任追究制度，推行河长制、湖长制，开展省级以下环保机构垂直管理制度改革试点。各领域改革的深化，推动了经济社会持续健康发展。

（五）坚持对外开放的基本国策，着力实现合作共赢，开放型经济水平显著提升。倡导和推动共建"一带一路"，发起创办亚投行，设立丝路基金，一批重大互联互通、经贸合作项目落地。在上海等省市设立 11 个自贸试验区，一批改革试点成果向全国推广。改革出口退税负担机制、退税增量全部由中央财政负担，设立 13 个跨境电商综合试验区，国际贸易"单一窗口"覆盖全国，货物通关时间平均缩短一半以上，进出口实现回稳向好。外商投资由审批制转向负面清单管理，限制性措施削减三分之二。外商投资结构优化，高技术产业占比提高一倍。加大引智力度，来华工作的外国专家增加 40%。引导对外投资健康发展。推进国际产能合作，高铁、核电等装备走向世界。新签和升级 8 个自由贸易协定。沪港通、深港通、债券通相继启动，人民币加入国际货币基金组织特别提款权货币篮子，人民币国际化迈出重要步伐。中国开放的扩大，有力促进了自身发展，给世界带来重大机遇。

（六）坚持实施区域协调发展和新型城镇化战略，着力推动平衡发展，新的增长极增长带加快成长。积极推进京津冀协同发展、长江经济带发展，编制实施相关规划，建设一批重点项目。出台一系列促进西部开发、东北振兴、中部崛起、东部率先发展的改革创新举措。加大对革命老区、民族地区、边疆地区、贫困地区扶持力度，加强援藏援疆援青工作。海洋保护和开发有序推进。实施重点城市群规划，促进大中小城市和小城镇协调发展。绝大多数城市放宽落户限制，居住证制度全面实施，城镇基本公共服务向常住人口覆盖。城乡区域发展协调性显著增强。

（七）坚持以人民为中心的发展思想，着力保障和改善民生，人民群众获得感不断增强。在财力紧张情况下，持续加大民生投入。全面推进精准扶贫、精准脱贫，健全中央统筹、省负总责、市县抓落实的工作机制，中央财政五年投入专项扶贫资金2800多亿元。实施积极的就业政策，重点群体就业得到较好保障。坚持教育优先发展，财政性教育经费占国内生产总值比例持续超过4%。改善农村义务教育薄弱学校办学条件，提高乡村教师待遇，营养改善计划惠及3600多万农村学生。启动世界一流大学和一流学科建设。重点高校专项招收农村和贫困地区学生人数由1万人增加到10万人。加大对各类学校家庭困难学生资助力度，4.3亿人次受益。劳动年龄人口平均受教育年限提高到10.5年。居民基本医保人均财政补助标准由240元提高到450元，大病保险制度基本建立、已有1700多万人次受益，异地就医住院费用实现直接结算，分级诊疗和医联体建设加快推进。持续合理提高退休人员基本养老金。提高低保、优抚等标准，完善社会救助制度，近6000万低保人员和特困群众基本生活得到保障。建立困难和重度残疾人“两项补贴”制度，惠及2100多万人。实施全面两孩政策。强化基层公共文化服务，加快发展文化事业，文化产业年均增长13%以上。全民健身广泛开展，体育健儿勇创佳绩。

（八）坚持人与自然和谐发展，着力治理环境污染，生态文明建设取得明显成效。树立绿水青山就是金山银山理念，以前所未有的决心和力度加强生态环境保护。重拳整治大气污染，重点地区细颗粒物（$PM_{2.5}$）平均浓度下降30%以上。加强散煤治理，推进重点行业节能减排，71%的煤电机组实现超低排放。优化能源结构，煤炭消费比重下降8.1个百分点，清洁能源消费比重提高6.3个百分点。提高燃油品质，淘汰黄标车和老旧车2000多万辆。加强重点流域海域水污染防治，化肥农药使用量实现零增长。推进重大生态保护和修复工程，扩大退耕还林还草还湿，加强荒漠化、石漠化、水土流失综合治理。开展中央环保督察，严肃查处违法案件，强化追责问责。积极推动《巴黎协定》签署生效，我国在应对全球气候变化中发挥了重要作用。

（九）坚持依法全面履行政府职能，着力加强和创新社会治理，社会保持和谐稳定。提请全国人大常委会制定修订法律95部，制定修订行政法规195部，修改废止一大批部门规章。省、市、县政府部门制定公布权责清单。开展国务院大督查和专项督查，对积极作为、成效突出的给予表彰和政策激励，对不作为的严肃问责。创新城乡基层治理。完善信访工作制度。扩大法律援助范围。促进安全生产领域改革发展，事故总量和重特大事故数量持续下降。改革完善食品药品监管，强化风险全程管控。加强地震、特大洪灾等防灾减灾救灾工作，健全分级负责、相互协同的应急机制，最大程度降低了灾害损失。加强国家安全。健全社会治安防控体系，依法打击各类违法犯罪，有力维护了公共安全。

贯彻落实党中央全面从严治党部署，加强党风廉政建设和反腐败斗争。深入开展党的群众路线教育实践活动、“三严三实”专题教育、“两学一做”学习教育，认真落实党中央八项规定精神，持之以恒纠正“四风”，严格执行国务院“约法三章”。严控新建政府性楼堂馆所和财政供养人员总量，“三公”经费大幅压减。加强行政监察和审计监督。坚决查处和纠正违法违规行为，严厉惩处腐败分子，反腐败斗争压倒性态势已经形成并巩固发展。

各位代表！

过去五年，民族、宗教、侨务等工作创新推进。支持民族地区加快发展，民族团结进步事业取得长足进展。积极引导宗教与社会主义社会相适应。海外侨胞和归侨侨眷在国家现代化建设中作出了独特贡献。

过去五年，在党中央、中央军委领导下，强军兴军开创新局面。制定新形势下军事战略方针，召开古田全军政治工作会议，深入推进政治建军、改革强军、科技兴军、依法治军，人民军队实现政治生态重塑、组织形态重塑、力量体系重塑、作风形象重塑。有效遂行海上维权、反恐维稳、抢险救灾、国际维和、亚丁湾护航、人道主义救援等重大任务。各方配合基本完成裁减军队员额30万任务。军事装备现代化水平显著提升，军民融合深度发展。军政军民紧密团结。人民军队面貌焕然一新，在中国特色强军之路上迈出坚实步伐。

过去五年，港澳台工作取得新进展。“一国两制”实践不断丰富和发展，宪法和基本法权威在港澳进一步彰显，内地与港澳交流合作深入推进，港珠澳大桥全线贯通，香港、澳门保持繁荣稳定。坚持一个中国原则和“九二共识”，加强两岸经济文化交流合作，实现两岸领导人历史性会晤。坚决反对和遏制“台独”分裂势力，有力维护了台海和平稳定。

过去五年，中国特色大国外交全面推进。成功举办首届"一带一路"国际合作高峰论坛、亚太经济合作组织领导人非正式会议、二十国集团领导人杭州峰会、金砖国家领导人厦门会晤等重大主场外交。习近平主席等国家领导人出访多国,出席联合国系列峰会、气候变化大会、世界经济论坛、东亚合作领导人系列会议等重大活动,全方位外交布局深入展开。倡导构建人类命运共同体,为全球治理体系变革贡献更多中国智慧。经济外交、人文交流卓有成效。坚定维护国家主权和海洋权益。中国作为负责任大国,在解决国际和地区热点问题上发挥了重要建设性作用,为世界和平与发展作出新的重大贡献。

各位代表!

回顾过去五年,诸多矛盾交织叠加,各种风险挑战接踵而至,国内外很多情况是改革开放以来没有碰到过的,我国改革发展成就实属来之不易。这是以习近平同志为核心的党中央坚强领导的结果,是习近平新时代中国特色社会主义思想科学指引的结果,是全党全军全国各族人民团结奋斗的结果。我代表国务院,向全国各族人民,向各民主党派、各人民团体和各界人士,表示诚挚感谢!向香港特别行政区同胞、澳门特别行政区同胞、台湾同胞和海外侨胞,表示诚挚感谢!向关心和支持中国现代化建设的各国政府、国际组织和各国朋友,表示诚挚感谢!

安不忘危,兴不忘忧。我们清醒认识到,我国仍处于并将长期处于社会主义初级阶段,仍是世界最大发展中国家,发展不平衡不充分的一些突出问题尚未解决。经济增长内生动力还不够足,创新能力还不够强,发展质量和效益不够高,一些企业特别是中小企业经营困难,民间投资增势疲弱,部分地区经济下行压力较大,金融等领域风险隐患不容忽视。脱贫攻坚任务艰巨,农业农村基础仍然薄弱,城乡区域发展和收入分配差距依然较大。重特大安全生产事故时有发生。在空气质量、环境卫生、食品药品安全和住房、教育、医疗、就业、养老等方面,群众还有不少不满意的地方。政府职能转变还不到位。政府工作存在不足,有些改革举措和政策落实不力,一些干部服务意识和法治意识不强、工作作风不实、担当精神不够,形式主义、官僚主义不同程度存在。群众和企业对办事难、乱收费意见较多。一些领域不正之风和腐败问题仍然多发。我们一定要以对国家和人民高度负责的精神,以不畏艰难的勇气、坚忍不拔的意志,尽心竭力做好工作,使人民政府不负人民重托!

二、2018年经济社会发展总体要求和政策取向

今年是全面贯彻党的十九大精神的开局之年,是改革开放40周年,是决胜全面建成小康社会、实施"十三五"规划承上启下的关键一年。做好政府工作,要在以习近平同志为核心的党中央坚强领导下,以马克思列宁主义、毛泽东思想、邓小平理论、"三个代表"重要思想、科学发展观、习近平新时代中国特色社会主义思想为指导,全面深入贯彻党的十九大和十九届二中、三中全会精神,贯彻党的基本理论、基本路线、基本方略,坚持和加强党的全面领导,坚持稳中求进工作总基调,坚持新发展理念,紧扣我国社会主要矛盾变化,按照高质量发展的要求,统筹推进"五位一体"总体布局和协调推进"四个全面"战略布局,坚持以供给侧结构性改革为主线,统筹推进稳增长、促改革、调结构、惠民生、防风险各项工作,大力推进改革开放,创新和完善宏观调控,推动质量变革、效率变革、动力变革,特别在打好防范化解重大风险、精准脱贫、污染防治的攻坚战方面取得扎实进展,引导和稳定预期,加强和改善民生,促进经济社会持续健康发展。

综合分析国内外形势,我国发展面临的机遇和挑战并存。世界经济有望继续复苏,但不稳定不确定因素很多,主要经济体政策调整及其外溢效应带来变数,保护主义加剧,地缘政治风险上升。我国经济正处在转变发展方式、优化经济结构、转换增长动力的攻关期,还有很多坡要爬、坎要过,需要应对可以预料和难以预料的风险挑战。实践表明,中国的发展成就从来都是在攻坚克难中取得的。当前我国物质技术基础更加雄厚,产业体系完备、市场规模巨大、人力资源丰富、创业创新活跃,综合优势明显,有能力有条件实现更高质量、更有效率、更加公平、更可持续的发展。

今年发展主要预期目标是:国内生产总值增长6.5%左右;居民消费价格涨幅3%左右;城镇新增就业1100万人以上,城镇调查失业率5.5%以内,城镇登记失业率4.5%以内;居民收入增长和经济增长基本同步;进出口稳中向好,国际收支基本平衡;单位国内生产总值能耗下降3%以上,主要污染物排放量继续下降;供给侧结构性改革取得实质性进展,宏观杠杆率保持基本稳定,各类风险有序有效防控。

上述主要预期目标,考虑了决胜全面建成小康

社会需要,符合我国经济已由高速增长阶段转向高质量发展阶段实际。从经济基本面和就业吸纳能力看,6.5%左右的增速可以实现比较充分的就业。城镇调查失业率涵盖农民工等城镇常住人口,今年首次把这一指标作为预期目标,以更全面反映就业状况,更好体现共享发展要求。

今年要继续创新和完善宏观调控,把握好宏观调控的度,保持宏观政策连续性稳定性,加强财政、货币、产业、区域等政策协调配合。

积极的财政政策取向不变,要聚力增效。今年赤字率拟按2.6%安排,比去年预算低0.4个百分点;财政赤字2.38万亿元,其中中央财政赤字1.55万亿元,地方财政赤字8300亿元。调低赤字率,主要是我国经济稳中向好、财政增收有基础,也为宏观调控留下更多政策空间。今年全国财政支出21万亿元,支出规模进一步加大。中央对地方一般性转移支付增长10.9%,增强地方特别是中西部地区财力。优化财政支出结构,提高财政支出的公共性、普惠性,加大对三大攻坚战的支持,更多向创新驱动、"三农"、民生等领域倾斜。当前财政状况出现好转,各级政府仍要坚持过紧日子,执守简朴、力戒浮华,严控一般性支出,把宝贵的资金更多用于为发展增添后劲、为民生雪中送炭。

稳健的货币政策保持中性,要松紧适度。管好货币供给总闸门,保持广义货币 M_2、信贷和社会融资规模合理增长,维护流动性合理稳定,提高直接融资特别是股权融资比重。疏通货币政策传导渠道,用好差别化准备金、差异化信贷等政策,引导资金更多投向小微企业、"三农"和贫困地区,更好服务实体经济。

做好今年工作,要认真贯彻习近平新时代中国特色社会主义经济思想,坚持稳中求进工作总基调,把稳和进作为一个整体来把握,注重以下几点。一是大力推动高质量发展。发展是解决我国一切问题的基础和关键。要着力解决发展不平衡不充分问题,围绕建设现代化经济体系,坚持质量第一、效益优先,促进经济结构优化升级。要尊重经济规律,远近结合,确保经济运行在合理区间,实现经济平稳增长和质量效益提高互促共进。二是加大改革开放力度。改革开放是决定当代中国命运的关键一招,也是实现"两个一百年"奋斗目标的关键一招。在新的历史起点上,思想要再解放,改革要再深化,开放要再扩大。充分发挥人民首创精神,鼓励各地从实际出发,敢闯敢试,敢于碰硬,把改革开放不断向前推进。三是抓好决胜全面建成小康社会三大攻坚战。要分别提出工作思路和具体举措,排出时间表、路线图、优先序,确保风险隐患得到有效控制,确保脱贫攻坚任务全面完成,确保生态环境质量总体改善。我们所做的一切工作,都是为了人民。要坚持以人民为中心的发展思想,从我国基本国情出发,尽力而为、量力而行,把群众最关切最烦心的事一件一件解决好,促进社会公平正义和人的全面发展,使人民生活随着国家发展一年比一年更好。

三、对2018年政府工作的建议

今年经济社会发展任务十分繁重。要紧紧抓住大有可为的历史机遇期,统筹兼顾、突出重点,扎实做好各项工作。

(一)深入推进供给侧结构性改革。坚持把发展经济着力点放在实体经济上,继续抓好"三去一降一补",大力简政减税减费,不断优化营商环境,进一步激发市场主体活力,提升经济发展质量。

发展壮大新动能。做大做强新兴产业集群,实施大数据发展行动,加强新一代人工智能研发应用,在医疗、养老、教育、文化、体育等多领域推进"互联网+"。加快发展现代服务业。发展智能产业,拓展智能生活,建设智慧社会。运用新技术、新业态、新模式,大力改造提升传统产业。加强新兴产业统计。加大网络提速降费力度,实现高速宽带城乡全覆盖,扩大公共场所免费上网范围,明显降低家庭宽带、企业宽带和专线使用费,取消流量"漫游"费,移动网络流量资费年内至少降低30%,让群众和企业切实受益,为数字中国、网络强国建设加油助力。

加快制造强国建设。推动集成电路、第五代移动通信、飞机发动机、新能源汽车、新材料等产业发展,实施重大短板装备专项工程,推进智能制造,发展工业互联网平台,创建"中国制造2025"示范区。大幅压减工业生产许可证,强化产品质量监管。全面开展质量提升行动,推进与国际先进水平对标达标,弘扬劳模精神和工匠精神,建设知识型、技能型、创新型劳动者大军,来一场中国制造的品质革命。

继续破除无效供给。坚持用市场化法治化手段,严格执行环保、质量、安全等法规标准,化解过剩产能、淘汰落后产能。今年再压减钢铁产能3000万吨左右,退出煤炭产能1.5亿吨左右,淘汰关停不达标的30万千瓦以下煤电机组。加大"僵尸企业"

破产清算和重整力度，做好职工安置和债务处置。减少无效供给要抓出新成效。

深化“放管服”改革。全面实施全国统一的市场准入负面清单制度。在全国推开“证照分离”改革，重点是照后减证，各类证能减尽减、能合则合，进一步压缩企业开办时间。大幅缩短商标注册周期。工程建设项目审批时间再压减一半。推进企业投资项目承诺制改革试点。全面实施“双随机、一公开”监管，决不允许假冒伪劣滋生蔓延，决不允许执法者吃拿卡要。深入推进“互联网 + 政务服务”，使更多事项在网上办理，必须到现场办的也要力争做到“只进一扇门”、“最多跑一次”。加强政务服务标准化建设。大力推进综合执法机构机制改革，着力解决多头多层重复执法问题。加快政府信息系统互联互通，打通信息孤岛。清理群众和企业办事的各类证明，没有法律法规依据的一律取消。优化营商环境就是解放生产力、提高竞争力，要破障碍、去烦苛、筑坦途，为市场主体添活力，为人民群众增便利。

进一步减轻企业税负。改革完善增值税制度，按照三档并两档方向调整税率水平，重点降低制造业、交通运输等行业税率，提高小规模纳税人年销售额标准。大幅扩展享受减半征收所得税优惠政策的小微企业范围。大幅提高企业新购入仪器设备税前扣除上限。实施企业境外所得综合抵免政策。扩大物流企业仓储用地税收优惠范围。继续实施企业重组土地增值税、契税等到期优惠政策。全年再为企业和个人减税 8000 多亿元，促进实体经济转型升级，着力激发市场活力和社会创造力。

大幅降低企业非税负担。进一步清理规范行政事业性收费，调低部分政府性基金征收标准。继续阶段性降低企业“五险一金”缴费比例。降低电网环节收费和输配电价格，一般工商业电价平均降低 10%。深化收费公路制度改革，降低过路过桥费用。加大中介服务收费清理整顿力度。全年要为市场主体减轻非税负担 3000 多亿元，不合理的坚决取消，过高的坚决降下来，让企业轻装上阵、聚力发展。

(二)加快建设创新型国家。把握世界新一轮科技革命和产业变革大势，深入实施创新驱动发展战略，不断增强经济创新力和竞争力。

加强国家创新体系建设。强化基础研究、应用基础研究和原始创新，启动一批科技创新重大项目，高标准建设国家实验室。鼓励企业牵头实施重大科技项目，支持科研院所、高校与企业融通创新，加快创新成果转化应用。国家科技投入要向民生领域倾斜，加强雾霾治理研究，推进癌症等重大疾病防治攻关，使科技更好造福人民。

落实和完善创新激励政策。改革科技管理制度，科研项目绩效评价要加快从重过程向重结果转变。赋予创新团队和领军人才更大的人财物支配权和技术路线决策权。对承担重大科技攻关任务的科研人员，采取灵活的薪酬制度和奖励措施。探索赋予科研人员科技成果所有权或长期使用权。有悖于激励创新的陈规旧章，要抓紧修改废止；有碍于释放创新活力的繁文缛节，要下决心砍掉。

促进大众创业、万众创新上水平。我国拥有世界上规模最大的人力人才资源，这是创新发展的最大“富矿”。要提供全方位创新创业服务，推进“双创”示范基地建设，鼓励大企业、高校和科研院所等开放创新资源，发展平台经济、共享经济，形成线上线下结合、产学研用协同、大中小企业融合的创新创业格局，打造“双创”升级版。设立国家融资担保基金，支持优质创新型企业上市融资，将创业投资、天使投资税收优惠政策试点范围扩大到全国。深化人才发展体制改革，推动人力资源自由有序流动，支持企业提高技术工人待遇，加大高技能人才激励，鼓励海外留学人员回国创新创业，拓宽外国人才来华绿色通道。集众智汇众力，一定能跑出中国创新“加速度”。

(三)深化基础性关键领域改革。以改革开放 40 周年为重要契机，推动改革取得新突破，不断解放和发展社会生产力。

推进国资国企改革。制定出资人监管权责清单。深化国有资本投资、运营公司等改革试点，赋予更多自主权。继续推进国有企业优化重组和央企股份制改革，加快形成有效制衡的法人治理结构和灵活高效的市场化经营机制，持续瘦身健体，提升主业核心竞争力，推动国有资本做强做优做大。积极稳妥推进混合所有制改革。落实向全国人大常委会报告国有资产管理情况的制度。国有企业要通过改革创新，走在高质量发展前列。

支持民营企业发展。坚持“两个毫不动摇”，坚持权利平等、机会平等、规则平等，全面落实支持非公有制经济发展的政策措施，认真解决民营企业反映的突出问题，坚决破除各种隐性壁垒。构建亲清新型政商关系，健全企业家参与涉企政策制定机制。激发和保护企业家精神，壮大企业家队伍，增强企业家信心，让民营企业在市场经济浪潮中尽显身手。

完善产权制度和要素市场化配置机制。产权制度是社会主义市场经济的基石。要以保护产权、维护契约、统一市场、平等交换、公平竞争为基本导向,完善相关法律法规。对各种侵权行为要依法严肃处理,对产权纠纷申诉案件要依法甄别纠正。强化知识产权保护,实行侵权惩罚性赔偿制度。加快技术、土地等要素价格市场化改革,深化资源类产品和公共服务价格改革,打破行政垄断,防止市场垄断。要用有力的产权保护、顺畅的要素流动,让市场活力和社会创造力竞相迸发。

深化财税体制改革。推进中央与地方财政事权和支出责任划分改革,抓紧制定收入划分改革方案,完善转移支付制度。健全地方税体系,稳妥推进房地产税立法。改革个人所得税。全面实施绩效管理,使财政资金花得其所、用得安全。

加快金融体制改革。改革完善金融服务体系,支持金融机构扩展普惠金融业务,规范发展地方性中小金融机构,着力解决小微企业融资难、融资贵问题。深化多层次资本市场改革,推动债券、期货市场发展。拓展保险市场的风险保障功能。改革金融监管体制。深化利率汇率市场化改革,保持人民币汇率在合理均衡水平上的基本稳定。

推进社会体制改革。深化养老保险制度改革,建立企业职工基本养老保险基金中央调剂制度。深化公立医院综合改革,协调推进医疗价格、人事薪酬、药品流通、医保支付改革,提高医疗卫生服务质量,下大力气解决群众看病就医难题。深入推进教育、文化、体育等改革,充分释放社会领域巨大发展潜力。

健全生态文明体制。改革完善生态环境管理制度,加强自然生态空间用途管制,推行生态环境损害赔偿制度,完善生态补偿机制,以更加有效的制度保护生态环境。

(四)坚决打好三大攻坚战。要围绕完成年度攻坚任务,明确各方责任,强化政策保障,把各项工作做实做好。

推动重大风险防范化解取得明显进展。当前我国经济金融风险总体可控,要标本兼治,有效消除风险隐患。严厉打击非法集资、金融诈骗等违法犯罪活动。加快市场化法治化债转股和企业兼并重组。加强金融机构风险内控。强化金融监管统筹协调,健全对影子银行、互联网金融、金融控股公司等监管,进一步完善金融监管、提升监管效能。防范化解地方政府债务风险。严禁各类违法违规举债、担保等行为。省级政府对本辖区债务负总责,省级以下各级地方政府各负其责,积极稳妥处置存量债务。健全规范的地方政府举债融资机制。今年安排地方专项债券1.35万亿元,比去年增加5500亿元,优先支持在建项目平稳建设,合理扩大专项债券使用范围。我国经济基本面好,政策工具多,完全能够守住不发生系统性风险的底线。

加大精准脱贫力度。今年再减少农村贫困人口1000万以上,完成易地扶贫搬迁280万人。深入推进产业、教育、健康、生态和文化等扶贫,补齐基础设施和公共服务短板,加强东西部扶贫协作和对口支援,注重扶贫同扶志、扶智相结合,激发脱贫内生动力。强化对深度贫困地区支持,中央财政新增扶贫投入及有关转移支付向深度贫困地区倾斜。对老年人、残疾人、重病患者等特定贫困人口,因户因人落实保障措施。攻坚期内脱贫不脱政策,新产生的贫困人口和返贫人口要及时纳入帮扶。加强扶贫资金整合和绩效管理。开展扶贫领域腐败和作风问题专项治理,改进考核监督方式。坚持现行脱贫标准,确保进度和质量,让脱贫得到群众认可、经得起历史检验。

推进污染防治取得更大成效。巩固蓝天保卫战成果,今年二氧化硫、氮氧化物排放量要下降3%,重点地区细颗粒物($PM_{2.5}$)浓度继续下降。推动钢铁等行业超低排放改造。提高污染排放标准,实行限期达标。大力发展清洁能源。开展柴油货车、船舶超标排放专项治理,继续淘汰老旧车。深入推进水、土壤污染防治,今年化学需氧量、氨氮排放量要下降2%。实施重点流域和海域综合治理,全面整治黑臭水体。加大污水处理设施建设力度,完善收费政策。加强固体废弃物和垃圾分类处置,严禁"洋垃圾"入境。加强生态系统保护和修复,全面划定并严守生态保护红线,完成造林1亿亩以上,耕地轮作休耕试点面积增加到3000万亩,加强地下水保护和修复,扩大湿地保护和恢复范围,深化国家公园体制改革试点。严控填海造地。严格环境执法和问责。我们要携手行动,建设天蓝、地绿、水清的美丽中国。

(五)大力实施乡村振兴战略。科学制定规划,健全城乡融合发展体制机制,依靠改革创新壮大乡村发展新动能。

推进农业供给侧结构性改革。促进农林牧渔业和种业创新发展,加快建设现代农业产业园和特色农产品优势区。坚持提质导向,稳定和优化粮食生产。加快消化粮食库存。发展农产品加工业。新增高标准农田8000万亩以上、高效节水灌溉面积

2000 万亩。培育新型经营主体，提高农业科技水平，推进农业机械化全程全面发展，加强面向小农户的社会化服务。鼓励支持返乡农民工、大中专毕业生、科技人员、退役军人和工商企业等从事现代农业建设、发展农村新业态新模式。深入推进"互联网 + 农业"，多渠道增加农民收入，促进农村一二三产业融合发展。

全面深化农村改革。落实第二轮土地承包到期后再延长 30 年的政策。探索宅基地所有权、资格权、使用权分置改革。改进耕地占补平衡管理办法，建立新增耕地指标、城乡建设用地增减挂钩节余指标跨省域调剂机制，所得收益全部用于脱贫攻坚和支持乡村振兴。深化粮食收储、集体产权、集体林权、国有林区林场、农垦、供销社等改革，使农业农村充满生机活力。

推动农村各项事业全面发展。完善农村医疗、教育、文化等公共服务。改善供水、供电、信息等基础设施，新建改建农村公路 20 万公里。稳步开展农村人居环境整治三年行动，推进"厕所革命"和垃圾收集处理。促进农村移风易俗。健全自治、法治、德治相结合的乡村治理体系。大力培育乡村振兴人才。我们要坚持走中国特色社会主义乡村振兴道路，加快实现农业农村现代化。

（六）扎实推进区域协调发展战略。完善区域发展政策，推进基本公共服务均等化，逐步缩小城乡区域发展差距，把各地比较优势和潜力充分发挥出来。

塑造区域发展新格局。加强对革命老区、民族地区、边疆地区、贫困地区改革发展的支持。以疏解北京非首都功能为重点推进京津冀协同发展，高起点规划、高标准建设雄安新区。以生态优先、绿色发展为引领推进长江经济带发展。出台实施粤港澳大湾区发展规划纲要，全面推进内地同香港、澳门互利合作。制定西部大开发新的指导意见，落实东北等老工业基地振兴举措，继续推动中部地区崛起，支持东部地区率先发展。加强对资源型地区经济转型发展的支持。壮大海洋经济，坚决维护国家海洋权益。

提高新型城镇化质量。今年再进城落户 1300 万人，加快农业转移人口市民化。完善城镇规划，优先发展公共交通，健全菜市场、停车场等便民服务设施，加快无障碍设施建设。有序推进"城中村"、老旧小区改造，完善配套设施，鼓励有条件的加装电梯。加强排涝管网、地下综合管廊、海绵城市等建设。新型城镇化的核心在人，要加强精细化服务、人性化管理，使人人都有公平发展机会，让居民生活得方便、舒心。

（七）积极扩大消费和促进有效投资。顺应居民需求新变化扩大消费，着眼调结构增加投资，形成供给结构优化和总需求适度扩大的良性循环。

增强消费对经济发展的基础性作用。推进消费升级，发展消费新业态新模式。将新能源汽车车辆购置税优惠政策再延长三年，全面取消二手车限迁政策。支持社会力量增加医疗、养老、教育、文化、体育等服务供给。创建全域旅游示范区，降低重点国有景区门票价格。推动网购、快递健康发展。对各类侵害消费者权益的行为，要依法惩处、决不姑息。

发挥投资对优化供给结构的关键性作用。今年要完成铁路投资 7320 亿元、公路水运投资 1.8 万亿元左右，水利在建投资规模达到 1 万亿元。重大基础设施建设继续向中西部地区倾斜。实施新一轮重大技术改造升级工程。中央预算内投资安排 5376 亿元，比去年增加 300 亿元。落实鼓励民间投资政策措施，在铁路、民航、油气、电信等领域推出一批有吸引力的项目，务必使民间资本进得来、能发展。

（八）推动形成全面开放新格局。进一步拓展开放范围和层次，完善开放结构布局和体制机制，以高水平开放推动高质量发展。

推进"一带一路"国际合作。坚持共商共建共享，落实"一带一路"国际合作高峰论坛成果。推动国际大通道建设，深化沿线大通关合作。扩大国际产能合作，带动中国制造和中国服务走出去。优化对外投资结构。加大西部、内陆和沿边开放力度，提高边境、跨境经济合作区发展水平，拓展开放合作新空间。

促进外商投资稳定增长。加强与国际通行经贸规则对接，建设国际一流营商环境。全面放开一般制造业，扩大电信、医疗、教育、养老、新能源汽车等领域开放。有序开放银行卡清算等市场，放开外资保险经纪公司经营范围限制，放宽或取消银行、证券、基金管理、期货、金融资产管理公司等外资股比限制，统一中外资银行市场准入标准。实施境外投资者境内利润再投资递延纳税。简化外资企业设立程序，商务备案与工商登记"一口办理"。全面复制推广自贸试验区经验，探索建设自由贸易港，打造改革开放新高地。

巩固外贸稳中向好势头。扩大出口信用保险覆盖面，整体通关时间再压缩三分之一。改革服务贸易发展机制。培育贸易新业态新模式。推动加工贸易向中西部梯度转移。积极扩大进口,办好首届中国国际进口博览会,下调汽车、部分日用消费品等进口关税。我们要以更大力度的市场开放,促进产业升级和贸易平衡发展,为消费者提供更多选择。

促进贸易和投资自由化便利化。中国坚定不移推进经济全球化,维护自由贸易,愿同有关方推动多边贸易谈判进程,早日结束区域全面经济伙伴关系协定谈判,加快亚太自贸区和东亚经济共同体建设。中国主张通过平等协商解决贸易争端,反对贸易保护主义,坚决捍卫自身合法权益。

(九)提高保障和改善民生水平。要在发展基础上多办利民实事、多解民生难事,兜牢民生底线,不断提升人民群众的获得感、幸福感、安全感。

着力促进就业创业。加强全方位公共就业服务,大规模开展职业技能培训,运用"互联网+"发展新就业形态。今年高校毕业生820多万人,再创历史新高,要促进多渠道就业,支持以创业带动就业。扎实做好退役军人安置、管理和保障工作。加大对残疾人等就业困难人员援助力度。扩大农民工就业,全面治理拖欠工资问题。要健全劳动关系协商机制,消除性别和身份歧视,使更加公平、更加充分的就业成为我国发展的突出亮点。

稳步提高居民收入水平。继续提高退休人员基本养老金和城乡居民基础养老金。合理调整社会最低工资标准。完善机关事业单位工资和津补贴制度,向艰苦地区、特殊岗位倾斜。提高个人所得税起征点,增加子女教育、大病医疗等专项费用扣除,合理减负,鼓励人民群众通过劳动增加收入、迈向富裕。

发展公平而有质量的教育。推动城乡义务教育一体化发展,教育投入继续向困难地区和薄弱环节倾斜。切实降低农村学生辍学率,抓紧消除城镇"大班额",着力解决中小学生课外负担重问题。儿童是民族的未来、家庭的希望。要多渠道增加学前教育资源供给,重视对幼儿教师的关心和培养,运用互联网等信息化手段对儿童托育中育儿过程加强监管,一定要让家长放心安心。大力发展职业教育,支持和规范社会力量举办职业教育。推进普及高中阶段教育。以经济社会发展需要为导向,优化高等教育结构,加快"双一流"建设,支持中西部建设有特色、高水平大学。继续实施农村和贫困地区专项招生计划。发展民族教育、特殊教育、继续教育和网络教育。加强师资队伍和师德师风建设。要加快推进教育现代化,办好人民满意的教育,让每个人都有平等机会通过教育改变自身命运、成就人生梦想。

实施健康中国战略。提高基本医保和大病保险保障水平,居民基本医保人均财政补助标准再增加40元,一半用于大病保险。扩大跨省异地就医直接结算范围,把基层医院和外出农民工、外来就业创业人员等全部纳入。加大医护人员培养力度,加强全科医生、儿科医生队伍建设,推进分级诊疗和家庭医生签约服务。继续提高基本公共卫生服务经费人均财政补助标准。坚持预防为主,加强重大疾病防控。改善妇幼保健服务。支持中医药事业传承创新发展。鼓励中西医结合。创新食品药品监管方式,注重用互联网、大数据等提升监管效能,加快实现全程留痕、信息可追溯,让问题产品无处藏身、不法制售者难逃法网,让消费者买得放心、吃得安全。做好北京冬奥会、冬残奥会筹办工作,多渠道增加全民健身场所和设施。人民群众身心健康、向善向上,国家必将生机勃勃、走向繁荣富强。

更好解决群众住房问题。启动新的三年棚改攻坚计划,今年开工580万套。加大公租房保障力度,对低收入住房困难家庭要应保尽保,将符合条件的新就业无房职工、外来务工人员纳入保障范围。坚持房子是用来住的、不是用来炒的定位,落实地方主体责任,继续实行差别化调控,建立健全长效机制,促进房地产市场平稳健康发展。支持居民自住购房需求,培育住房租赁市场,发展共有产权住房。加快建立多主体供给、多渠道保障、租购并举的住房制度,让广大人民群众早日实现安居宜居。

强化民生兜底保障。稳步提高城乡低保、社会救助、抚恤优待等标准。积极应对人口老龄化,发展居家、社区和互助式养老,推进医养结合,提高养老院服务质量。关心帮助农村留守儿童。加强城乡困境儿童保障。做好伤残军人和军烈属优抚工作。加强残疾人康复服务。健全社会救助体系,支持公益慈善事业发展。倾情倾力做好托底工作,不因事难而推诿,不因善小而不为,要让每一个身处困境者都能得到社会的关爱和温暖。

打造共建共治共享社会治理格局。完善基层群众自治制度,加强社区治理。发挥好工会、共青团、妇联等群团组织作用。促进社会组织、专业社会工作、志愿服务健康发展。加强社会信用体系建设。完善公共法律服务体系,落实普法责任制。营造尊重妇女、关爱儿童、尊敬老人、爱护残疾人的良好风尚。完善社会矛盾纠纷多元化解机制。创新信访工作方式,依法及时解决群众合理诉求。严格落实安全生产责任,坚决遏制重特大事故。做好地震、气象、地质等工作,提高防灾减灾救灾能力。推进平安中国建设,严密防范和坚决打击暴力恐怖活动,依法开展扫黑除恶专项斗争,惩治盗抢骗黄赌毒等违法犯罪活动,整治电信网络诈骗、侵犯公民个人信息、网络传销等突出问题,维护国家安全和公共安全。

为人民过上美好生活提供丰富精神食粮。要弘扬中华优秀传统文化,继承革命文化,发展社会主义先进文化,培育和践行社会主义核心价值观。加强思想道德建设和群众性精神文明创建。加快构建中国特色哲学社会科学,繁荣文艺创作,发展新闻出版、广播影视、档案等事业。加强文物保护利用和文化遗产保护传承。建好新型智库。加强互联网内容建设。深入实施文化惠民工程,培育新型文化业态,加快文化产业发展。倡导全民阅读,建设学习型社会。深化中外人文交流,增强中华文化影响力。我们要以中国特色社会主义文化的繁荣兴盛,凝聚起实现民族复兴的磅礴精神力量。

各位代表!

进入新时代,政府工作在新的一年要有新气象新作为。要牢固树立“四个意识”,坚定“四个自信”,坚决维护习近平总书记核心地位,坚决维护党中央权威和集中统一领导,落实全面从严治党要求,加强政府自身建设,深入推进政府职能转变,全面提升履职水平,为人民提供优质高效服务。

全面推进依宪施政、依法行政。严格遵守宪法法律,加快建设法治政府,把政府活动全面纳入法治轨道。坚持严格规范公正文明执法,有权不可任性,用权必受监督。各级政府要依法接受同级人大及其常委会的监督,自觉接受人民政协的民主监督,主动接受社会和舆论监督,认真听取人大代表、政协委员意见,听取民主党派、工商联、无党派人士和各人民团体意见。政府要信守承诺,决不能“新官不理旧账”。全面推进政务公开。推行政府法律顾问制度。坚持科学、民主、依法决策,凡涉及公众利益的重大事项,都要深入听取各方意见包括批评意见。人民政府的所有工作都要体现人民意愿,干得好不好要看实际效果、最终由人民来评判。

全面加强党风廉政建设。推进“两学一做”学习教育常态化制度化,认真开展“不忘初心、牢记使命”主题教育。坚决贯彻落实党中央八项规定及实施细则精神,驰而不息整治“四风”,特别是力戒形式主义、官僚主义。加强审计监督。巩固发展反腐败斗争压倒性态势,把权力关进制度的笼子,坚决惩治各类腐败行为。政府工作人员要廉洁修身,勤勉尽责,自觉接受法律监督、监察监督和人民的监督,干干净净为人民做事,决不辜负人民公仆的称号。

全面提高政府效能。优化政府机构设置和职能配置,深化机构改革,形成职责明确、依法行政的政府治理体系,增强政府公信力和执行力。中国改革发展的一切成就,都是干出来的。对各级政府及其工作人员来说,为人民干事是天职、不干是失职。要完善激励约束、容错纠错机制,旗帜鲜明给积极干事者撑腰鼓劲,对庸政懒政者严肃问责。决不能表态多调门高、行动少落实差,决不允许占着位子不干事。广大干部要提高政治素质和工作本领,求真务实,干字当头,干出实打实的新业绩,干出群众的好口碑,干出千帆竞发、百舸争流的生动局面。

各位代表!

中华民族是一个和睦相处、团结温暖的大家庭。我们要坚持和完善民族区域自治制度,全面贯彻党的民族政策。继续加强对民族地区、人口较少民族发展的支持。组织好广西壮族自治区、宁夏回族自治区成立60周年庆祝活动。加强各民族交往交流交融,让中华民族共同体的根基更加坚实、纽带更加牢固。

我们要全面贯彻党的宗教工作基本方针,坚持我国宗教的中国化方向,促进宗教关系健康和谐,发挥宗教界人士和信教群众在促进经济社会发展中的积极作用。

我们要认真落实侨务政策,维护海外侨胞和归侨侨眷合法权益,为他们在国家现代化建设中发挥独特优势和重要作用创造更好条件,激励海内外中华儿女同心奋斗、共创辉煌。

各位代表!

面对国家安全环境的深刻变化,我们要以党在新时代的强军目标为引领,牢固确立习近平强军思想在国防和军队建设中的指导地位,坚定不移走中国特色强军之路,全面推进练兵备战工作,坚决有力维护国家主权、安全、发展利益。坚持党对军队绝对领导的根本原则和制度,全面深入贯彻军委主席负责制。继续推进国防和军队改革,建设强大稳固的现代边海空防。完善国防动员体系,加强全民国防教育。维护军人军属合法权益,让军人成为全社会尊崇的职业。深入实施军民融合发展战略,深化国防科技工业改革。各级政府要采取更有力的举措,支持国防和军队建设改革,深入开展拥军优属、拥政爱民活动,使军政军民团结始终坚如磐石、始终根深叶茂。

各位代表!

我们要继续全面准确贯彻"一国两制"方针,严格依照宪法和基本法办事。全力支持香港、澳门特别行政区政府和行政长官依法施政,大力发展经济、持续改善民生、有序推进民主、促进社会和谐。支持香港、澳门融入国家发展大局,深化内地与港澳地区交流合作。我们坚信,香港、澳门一定能与祖国内地同发展、共繁荣。

我们要继续贯彻对台工作大政方针,坚持一个中国原则,在"九二共识"基础上推动两岸关系和平发展,推进祖国和平统一进程。坚决维护国家主权和领土完整,绝不容忍任何"台独"分裂图谋和行径。扩大两岸经济文化交流合作,逐步为台湾同胞在大陆学习、创业、就业、生活提供与大陆同胞同等待遇。两岸同根,骨肉相亲。两岸同胞顺应历史大势、共担民族大义,必将共创中华民族伟大复兴的美好未来!

各位代表!

中国与世界各国发展紧密相连、命运休戚与共。我们将始终不渝走和平发展道路,推动构建新型国际关系。积极参与改革完善全球治理,致力于建设开放型世界经济。推进大国协调合作,深化同周边国家睦邻友好和共同发展,加强同发展中国家团结合作。办好博鳌亚洲论坛年会、上海合作组织峰会、中非合作论坛峰会等主场外交。继续为解决国际和地区热点问题发挥负责任大国作用。加强和完善海外利益安全保障体系。中国愿与各国一道,为推动构建人类命运共同体不懈努力!

各位代表!

团结凝聚力量,实干创造未来。我们要更加紧密地团结在以习近平同志为核心的党中央周围,高举中国特色社会主义伟大旗帜,以习近平新时代中国特色社会主义思想为指导,锐意进取,扎实工作,促进经济社会持续健康发展,为决胜全面建成小康社会、夺取新时代中国特色社会主义伟大胜利,为把我国建设成为富强民主文明和谐美丽的社会主义现代化强国、实现中华民族伟大复兴的中国梦作出新的贡献!

在第十三届全国人民代表大会第一次会议上的讲话

（2018年3月20日）

全国人大常委会委员长　栗战书

各位代表:

我完全赞成、坚决拥护习近平主席的重要讲话。习近平主席的重要讲话必将极大激励全国各族人民斗志,必将极大鼓舞我们万众一心胜利走向充满希望的明天!

各位代表!

在这次会议上,习近平同志全票当选为中华人民共和国主席、中华人民共和国中央军事委员会主席,这是近3000名全国人大代表的集体意志,是13亿多全国各族人民的共同心愿。习近平同志是全党拥护、人民爱戴、当之无愧的党的核心、军队统帅、人民领袖,是新时代中国特色社会主义国家的掌舵者、人民的领路人。在以习近平同志为核心的党中央坚强领导下,在习近平新时代中国特色社会主义思想指引下,中国人民完全有信心、有能力实现中华民族伟大复兴的中国梦。

各位代表!

第十三届全国人民代表大会第一次会议已经圆满完成了各项议程。会议完成了宪法修改的崇高任务,审议通过了监察法、国务院机构改革方案,审议批准了政府工作报告和其他报告,选举和决定任命了新一届国家机构领导人员。这是一次高举中国特色社会主义伟大旗帜、全面贯彻习近平新时代中国特色社会主义思想和党的十九大精神的大会,是一次民主、团结、求实、奋进的大会。

过去五年来,在以习近平同志为核心的党中央坚强领导下,在张德江同志主持下,十二届全国人大及其常委会坚决维护以习近平同志为核心的党中央权威和集中统一领导,紧紧围绕党和人民事业的需要履职尽责、勇于担当,人大工作取得历史性成就，社会主义民主法治建设迈出重大步伐，为推动党和国家事业发展作出了重要贡献。这里，我谨代表十三届全国人大及其常委会，向张德江同志，向十二届全国人大常委会全体组成人员，向十二届全国人大代表，致以崇高的敬意！

这次大会选举产生了十三届全国人大常委会，并选举我担任委员长。这是各位代表的信任。我们深感使命光荣、责任重大。我们将同全体代表一道，忠实贯彻党中央决策部署，忠实维护人民利益，忠实履行宪法法律赋予的各项职责，恪尽职守，勤勉工作，决不辜负各位代表的重托！

各位代表！

宪法是国家的根本法，具有最高的法律地位、法律权威、法律效力。宪法同党和国家前途命运息息相关。全国人大及其常委会要忠于宪法、遵守宪法、维护宪法，履行宪法使命，保证宪法实施，为新时代党和国家事业发展提供坚强的宪法保障。

必须坚持宪法确立的国家指导思想不动摇。指导思想是一个政党、一个国家的精神旗帜。习近平新时代中国特色社会主义思想，是我们党长期坚持的指导思想，也是宪法修正案确立的国家指导思想。我们要坚定不移把习近平新时代中国特色社会主义思想贯彻落实到国家政治生活和社会生活之中，筑牢全党全国各族人民团结奋斗的共同思想基础，引领新时代坚持和发展中国特色社会主义伟大实践。

必须坚持宪法确认的中国共产党领导地位不动摇。历史和人民选择了中国共产党，党领导人民制定体现党和人民统一意志的宪法，人民自觉接受宪法确认的党的领导，党自身也在宪法范围内活动，这就是坚持党的领导的历史逻辑、政治逻辑和法理逻辑。坚持党的领导、人民当家作主、依法治国有机统一，最根本是坚持党的领导。

全国人大及其常委会作为人民行使国家权力的机关，要自觉在党中央领导下工作，围绕党中央决策部署依法履职，坚决维护习近平总书记权威和核心地位，坚决维护以习近平同志为核心的党中央权威和集中统一领导，确保党领导人民有效治理国家。

必须坚持宪法确立的国家根本任务、发展道路、奋斗目标不动摇。我国宪法确认了党领导人民进行革命建设改革的成果，是国家和人民始终沿着中国特色社会主义道路前进的根本法治保障。我们要坚定道路自信、理论自信、制度自信、文化自信，适应我国社会主要矛盾变化，更好满足人民日益增长的美好生活需要，朝着建设富强民主文明和谐美丽的社会主义现代化强国不断向前迈进。

必须坚持宪法确立的人民民主专政的国体和人民代表大会制度的政体不动摇。新中国建立以后，中国人民从国家的快速发展变化中越来越清楚地认识到，人民代表大会制度具有无与伦比的优越性和强大生命力。我们必须坚定坚持和完善人民代表大会制度，不断把人民代表大会制度的优势和特点更加充分地发挥好。

各位代表！

党和国家事业蓬勃发展，给人大工作提出了新的更高要求。十三届全国人大及其常委会要认清使命、奋发有为，切实肩负起新时代长期坚持、不断完善人民代表大会制度的崇高使命。要切实增强政治意识、大局意识、核心意识、看齐意识，自觉把党的领导贯穿人大工作始终，切实做到一切重要工作、重要事项都围绕党和国家工作大局开展、在党的领导下进行。要依法行使立法权、监督权、决定权、任免权，敢于担当、善于作为，切实履行好党和人民赋予的光荣职责。要坚持以人民为中心，为人民用权、为人民履职、为人民服务，自觉接受人民监督，更好发挥人大代表作用，使全国人大及其常委会成为全面担负起宪法法律赋予的各项职责的工作机关，成为同人民群众保持密切联系的代表机关。

各位代表！

中国特色社会主义进入了新时代。我们为中华民族迎来了从站起来、富起来到强起来的伟大飞跃而无比振奋，我们为伟大祖国朝着“两个一百年”奋斗目标阔步前进而无比自豪。让我们更加紧密地团结在以习近平同志为核心的党中央周围，高举中国特色社会主义伟大旗帜，深入学习贯彻习近平新时代中国特色社会主义思想，全面贯彻落实党的十九大和十九届一中、二中、三中全会精神，勠力同心，锐意进取，为完成本次会议确定的任务，为决胜全面建成小康社会、夺取新时代中国特色社会主义伟大胜利、实现中华民族伟大复兴的中国梦而努力奋斗！

第十三届全国人民代表大会第一次会议关于政府工作报告的决议

（2018 年 3 月 20 日第十三届全国人民代表大会第一次会议通过）

第十三届全国人民代表大会第一次会议听取和审议了国务院总理李克强所作的政府工作报告。会议高度评价过去五年我国经济社会发展取得的历史性成就、发生的历史性变革，充分肯定国务院过去五年的工作，同意报告提出的 2018 年经济社会发展总体要求、政策取向和对政府工作的建议，决定批准这个报告。

会议号召，全国各族人民更加紧密地团结在以习近平同志为核心的党中央周围，高举中国特色社会主义伟大旗帜，以习近平新时代中国特色社会主义思想为指导，全面贯彻党的十九大和十九届一中、二中、三中全会精神，坚持和加强党的全面领导，坚持稳中求进工作总基调，坚持新发展理念，紧扣我国社会主要矛盾变化，按照高质量发展的要求，统筹推进“五位一体”总体布局和协调推进“四个全面”战略布局，坚持以推进供给侧结构性改革为主线，统筹推进稳增长、促改革、调结构、惠民生、防风险各项工作，大力推进改革开放，创新和完善宏观调控，推动质量变革、效率变革、动力变革，在打好防范化解重大风险、精准脱贫、污染防治三大攻坚战方面取得扎实进展，引导和稳定预期，加强和改善民生，促进经济社会持续健康发展，锐意进取，埋头苦干，为决胜全面建成小康社会、夺取新时代中国特色社会主义伟大胜利，为把我国建设成为富强民主文明和谐美丽的社会主义现代化强国、实现中华民族伟大复兴的中国梦努力奋斗！

第十三届全国人民代表大会第一次会议关于2017 年国民经济和社会发展计划执行情况与 2018 年国民经济和社会发展计划的决议

（2018 年 3 月 20 日第十三届全国人民代表大会第一次会议通过）

第十三届全国人民代表大会第一次会议审查了国务院提出的《关于 2017 年国民经济和社会发展计划执行情况与 2018 年国民经济和社会发展计划草案的报告》及 2018 年国民经济和社会发展计划草案，同意全国人民代表大会财政经济委员会的审查结果报告。会议决定，批准《关于 2017 年国民经济和社会发展计划执行情况与 2018 年国民经济和社会发展计划草案的报告》，批准 2018 年国民经济和社会发展计划。

关于 2017 年国民经济和社会发展计划执行情况与 2018 年国民经济和社会发展计划草案的报告

——2018 年 3 月 5 日在第十三届全国人民代表大会第一次会议上

国家发展和改革委员会

各位代表：

受国务院委托，现将 2017 年国民经济和社会发展计划执行情况与 2018 年国民经济和社会发展计划草案提请十三届全国人大一次会议审议，并请全国政协各位委员提出意见。

一、2017 年国民经济和社会发展计划执行情况

去年以来，面对复杂多变的国际国内形势，在以习近平同志为核心的党中央坚强领导下，各地区各部门不断增强政治意识、大局意识、核心意识、看齐意识，深入学习贯彻习近平新时代中国特色社会主义思想和党的十九大精神，按照中央经济工作会议和《政府工作报告》部署，坚持稳中求进工作总基调，坚定不移贯彻新发展理念，认真执行十二届全国人大五次会议审议批准的 2017 年国民经济和社会发展计划，落实全国人大财政经济委员会的审查意见，坚持以提高发展质量和效益为中心，以推进供给侧结构性改革为主线，统筹推进稳增长、促改革、调结构、惠民生、防风险各项工作，经济运行稳中有进、稳中向好、好于预期，全年经济社会发展主要目标任务较好完成，计划执行情况总体良好。

（一）着力创新和完善宏观调控，经济运行保持在合理区间。扎实开展经济监测预测预警，准确把握国内国际经济形势走势趋势变化，在区间调控基础上加强定向调控、相机调控、精准调控，强化财政、货币、消费、投资等宏观政策的组合运用，保持宏观政策连续性和稳定性，高度重视重点领域风险防控，确保经济平稳运行。

一是经济增长保持在合理区间。国内生产总值 82.7 万亿元，增长 6.9%，符合预期。

财政政策更加积极有效，财政支出结构调整优化，重点项目和民生支出得到有效保障。全国一般公共预算收入 17.26 万亿元，增长 7.4%；财政赤字 2.38 万亿元，与预算持平。货币政策保持稳健中性，流动性基本稳定，社会融资规模和信贷平稳适度增长，采取定向降准、支农支小扶贫再贷款等差别化政策，加大对重点领域和薄弱环节的金融支持力度。12 月末广义货币 M_2 增长 8.2%，社会融资规模存量增长12%。企业效益明显改善，全年规模以上工业企业实现利润 7.52 万亿元，增长 21%，增速比上年加快 12.5 个百分点。

图 1：2017 年各季度国内生产总值和经济增长率

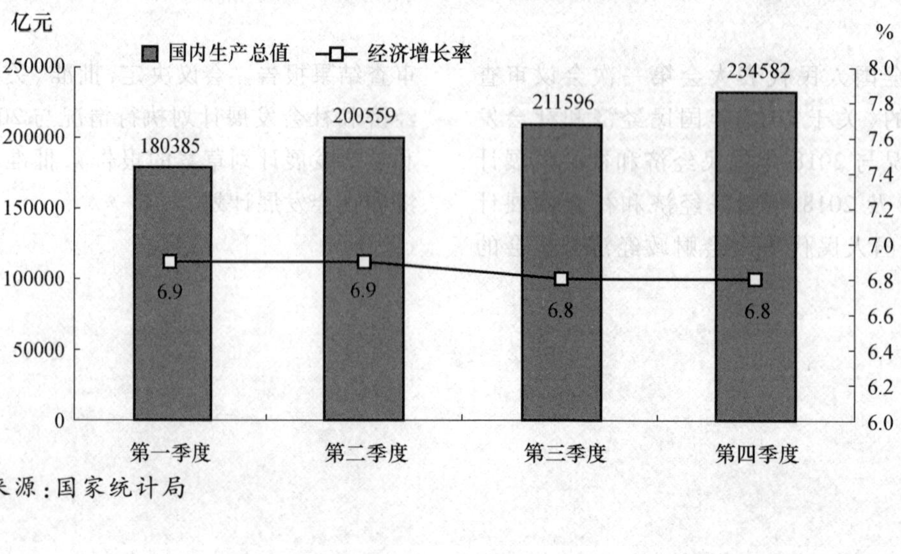

数据来源：国家统计局

图 2:2013—2017 年国内生产总值及其增长速度

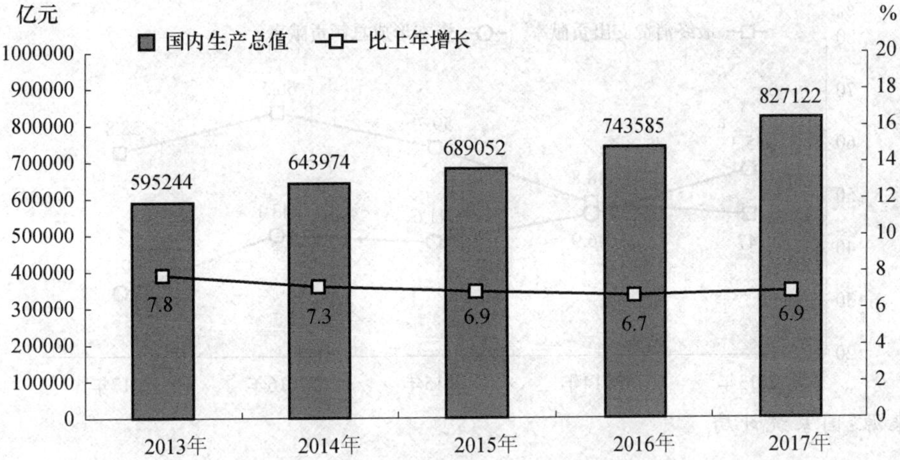

数据来源:国家统计局

消费在经济发展中的基础性作用不断增强,旅游、文化、体育、健康、养老、教育培训等幸福产业服务消费进一步提质扩容,全年社会消费品零售总额增长 10.2%,最终消费支出对经济增长的贡献率达到 58.8%。

专栏 1:幸福产业服务消费提质扩容

加速升级旅游消费	◊ 实施促进乡村旅游发展提质升级行动,支持休闲农业和乡村旅游配套设施建设,改进旅居车准驾管理制度,进一步促进邮轮、游艇旅游发展,推进体育与旅游融合发展。
创新发展文化消费	◊ 支持实体书店建设成为复合式文化场所,稳步推进引导城乡居民扩大文化消费试点工作,开展文化文物单位文化创意产品开发试点,推动数字文化产业发展。
大力促进体育消费	◊ 制定实施马拉松运动、汽车自驾营地运动、自行车运动等专项运动产业发展规划,支持社会力量举办相关大型群众性体育赛事活动。
培育发展健康消费	◊ 支持社会力量发展多层次、多样化医疗卫生服务,推广实施商业健康保险个人所得税税前扣除政策,促进健康旅游。
全面提升养老消费	◊ 提升养老服务质量,进一步降低养老服务机构准入门槛,增加适合老年人吃住行等日常需要的优质产品和服务供给,推动公办养老机构改革,推进国家级医养结合试点地区创新医养结合管理机制和服务模式,实施家政服务提质扩容行动。
持续扩大教育培训消费	◊ 深化国有企业所办教育机构改革,加强教育培训与“双创”的有效衔接,鼓励社会资本参与相关教育培训实践,开展高水平、示范性的中外合作办学。

多措并举扩大有效投资,规范有序推广政府和社会资本合作(PPP)模式,全社会固定资产投资增长 7%。投资结构持续优化,民生、高技术、工业技术改造等领域投资保持较快增长,高技术制造业、装备制造业投资分别增长 17% 和 8.6%。

二是就业形势总体较好。深入落实“十三五”促进就业规划,持续完善更加积极的就业政策体系,就业创业服务不断加强,重点群体就业得到较好保障,高技能人才振兴计划、农民工职业技能提升计划等深入推进。全年城镇新增就业 1351 万人,年末城镇登记失业率 3.90%。

全国居民人均可支配收入达到 25974 元,实际增长 7.3%,高于国内生产总值增速 0.4 个百分点,农村居民收入增长继续快于城镇居民。

三是价格总水平基本稳定。价格监测分析预警调控不断完善。持续加大价格监管和反垄断执法力度。积极应对天然气价格波动等突发情况,开展专项监督检查,有效保供稳价。全年居民消费价格上涨 1.6%。

四是重点领域风险防控稳妥推进。地方政府债务风险防控有序推进,股票、债券、期货、保险市场总体平稳,金融监管统筹协调加强。热点城市房地产市场交易量价变化趋于稳定。国家储备制度进一步健全。强化预期管理,提高政策公开性和透明度,市场信心不断增强。

图 3:2013—2017 年消费和投资对经济增长的贡献率

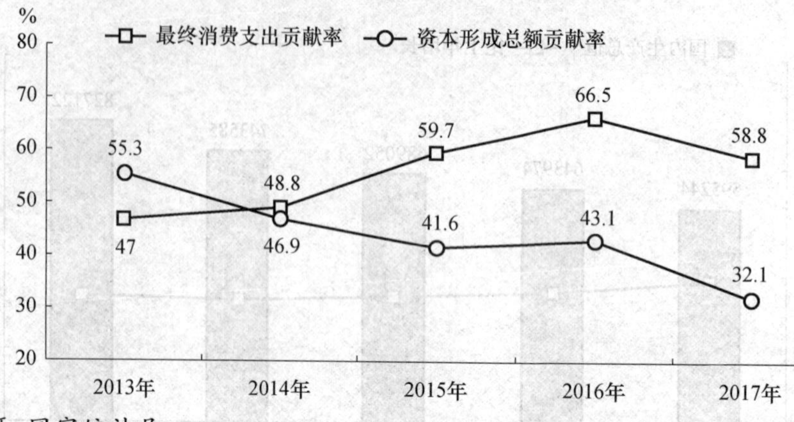

数据来源:国家统计局

图 4:2013—2017 年城镇新增就业人数

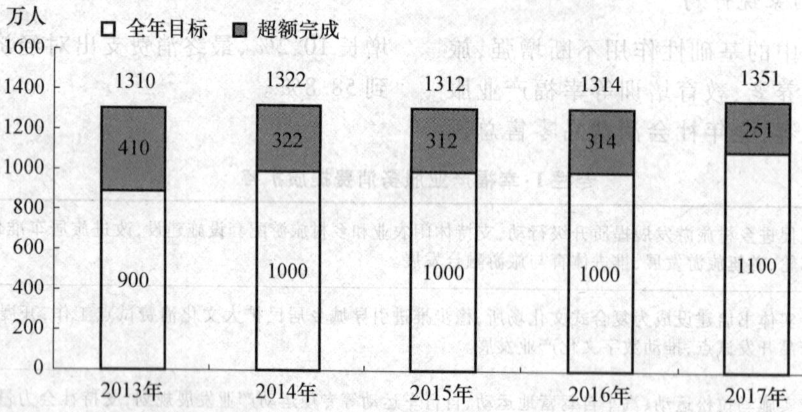

数据来源:人力资源和社会保障部

图 5:2013—2017 年全国居民人均可支配收入及其增长速度

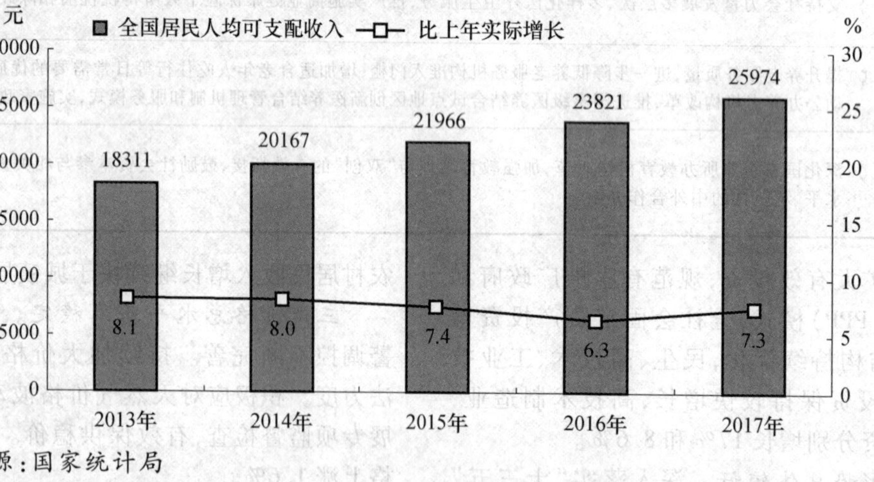

数据来源:国家统计局

(二)深入推进供给侧结构性改革,发展质量和效益不断提升。着力改善供给结构,减少无效供给,扩大有效供给,促进资源配置效率不断提高。

一是"三去一降一补"成效明显。钢铁、煤炭去产能年度目标任务超额完成,"地条钢"全面取缔,淘汰停建缓建煤电产能 6500 万千瓦。人口净流入大中城市住房租赁试点工作加快,房地产库存继续减少,年末商品房待售面积比上年末下降 15.3%。企业杠杆率稳中趋降,年末规模以上工业企业资产负债率为 55.5%,下降 0.6 个百分点。加大减税降费力度,全年为各类市场主体减负超过 1 万亿元。关键领域和薄弱环节补短板工作积极推进,生态环保、基础设施、贫困地区公共服务设施等领域投资保持较快增长,生态保护和环境治理业、水利管理业、农业投资分别增长 23.9%、16.4% 和 16.4%，快于全部投资 16.7 个、9.2 个和 9.2 个百分点。

二是实体经济振兴取得积极进展。制造强国建设迈出坚实步伐，“中国制造 2025”加快落实，制造业创新中心、工业强基、绿色制造、智能制造等重大工程稳步实施，机械装备、石化医药、冶金建材、新材料、轻纺等产业转型升级步伐加快。《国务院关于深化“互联网＋先进制造业”发展工业互联网的指导意见》（国发〔2017〕50 号）出台，新能源汽车推广应用取得显著成效。轨道交通装备、工业机器人等重点领域增强核心竞争力三年行动计划持续推进。“中国品牌日”设立。

三是服务业向高效优质发展迈进。加快发展生产性服务业和生活性服务业，服务业创新发展大纲出台实施，新一轮服务业综合改革试点扎实推进。服务业增加值增长 8%，对经济增长的贡献率达到 58.8%，比上年提高 1.3 个百分点。

图 6：2013—2017 年三次产业增加值占国内生产总值比重

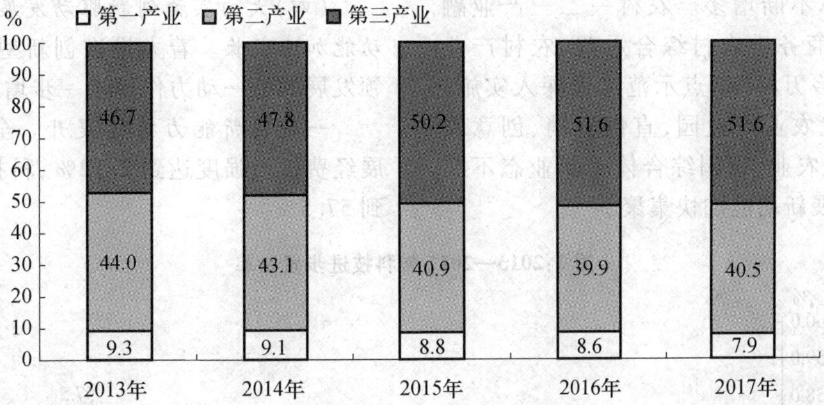

数据来源：国家统计局

四是基础设施保障水平进一步提升。172 项重大水利工程已累计开工 122 项，其中 2017 年新开工 16 项，现代综合交通运输体系加快完善，交通基础设施网络布局不断优化，全年铁路建设完成投资超过 8000 亿元，公路水路完成投资超过 2 万亿元，民航完成投资 825 亿元。多式联运加快发展，集装箱铁水联运量增长 20% 以上。能源生产和消费革命战略全面实施，能源基础设施网络建设统筹推进。

专栏 2：重大基础设施建设

铁路	◇ 铁路投产新线 3038 公里，铁路营业里程达 12.7 万公里，其中高速铁路 2.5 万公里。武汉至九江、宝鸡至兰州、西安至成都、石家庄至济南等高铁及九江经景德镇至衢州等铁路建成通车。
公路	◇ 公路通车里程达到 477 万公里，其中高速公路里程 13.6 万公里。港珠澳大桥全线贯通，基本具备通车条件。
水路	◇ 内河航道里程达 12.7 万公里。长江南京以下 12.5 米深水航道基本建成。全球最大的单体全自动化集装箱码头上海洋山港四期开港运行。
机场	◇ 全国民用运输机场数量达到 229 个。北京新机场、成都新机场加快建设。吉林松原、云南澜沧、贵州遵义等 11 个运输机场建成投运。
能源	◇ 水电、风电、太阳能发电装机分别达到 3.4 亿千瓦、1.6 亿千瓦、1.3 亿千瓦。
水利	◇ 滇中引水等一批重大水利工程开工建设，172 项重大水利工程已累计开工 122 项，在建工程投资规模超过 9000 亿元。
信息	◇ 全面建成光网城市，电信普遍服务试点完成 3.2 万个行政村通光纤任务，全面取消手机国内长途漫游费，4G 用户平均下载速率提高 40%。

（三）积极推进农业供给侧结构性改革，农业农村发展新动能加快培育。农业现代化稳步推进，优质农产品比重持续提升，农业基础进一步夯实。

一是农业结构调整步伐加快。粮食总产量达 6.18 亿吨，籽粒玉米种植面积调减 1984 万亩，粮改饲面积超过 1300 万亩。高标准农田建设大力推进，一批高标准节水农业示范区扎实建设。粮食生产功能区、重要农产品生产保护区和特色农产品优势区建设积极开展。黑土地保护利用、耕地轮作休耕和土壤重金属污染治理试点深入推进，耕地质量得到保护提升。

二是农业农村改革稳步推进。完善稻谷、小

麦最低收购价政策，深化玉米收储制度改革，调整完善棉花、大豆目标价格政策，粮食、棉花库存加快消化，粮棉油糖等大宗农产品市场运行平稳。发挥化肥、农药等农资储备吞吐调节作用，保障农资市场供应充足与价格基本稳定。农村集体产权制度改革稳步开展，农村承包地确权登记完成确权面积 11.1 亿亩。农村土地“三权分置”改革稳妥实施。

三是农村新产业新业态发展壮大。农产品电子商务发展迅速，休闲农业和乡村旅游蓬勃发展，新型农业经营主体不断增多。农村一二三产业融合发展加快，电子商务进农村综合示范、农村产业融合发展“百县千乡万村”试点示范工程深入实施，创建一批国家现代农业产业园，直供直销、创意农业、教育农园、智慧农业、田园综合体等新业态不断涌现，农业农村发展新动能加快集聚。

四是农业农村生产生活条件持续改善。农业节水加快推进，全国新增高效节水灌溉面积 2165 万亩，百万公里农村公路工程深入实施，新建改建农村公路 28.5 万公里，改造贫困农户危房 190.6 万户。农田水利、农村饮水安全巩固提升工程和粮油仓储物流设施、农产品冷链物流设施、公益性农产品批发市场等建设加快推进。中西部农村信息基础设施建设积极推进，县乡村物流网络加快完善。黄河下游滩区居民迁建工作全面开展。

（四）大力实施创新驱动发展战略，经济发展新动能加速成长。着力推进创新型国家建设，创新引领发展的第一动力作用进一步增强。

一是创新能力持续提升。全国研究与试验发展经费投入强度达到 2.12%，科技进步贡献率提高到 57.5%。

图 7：2013—2017 年科技进步贡献率

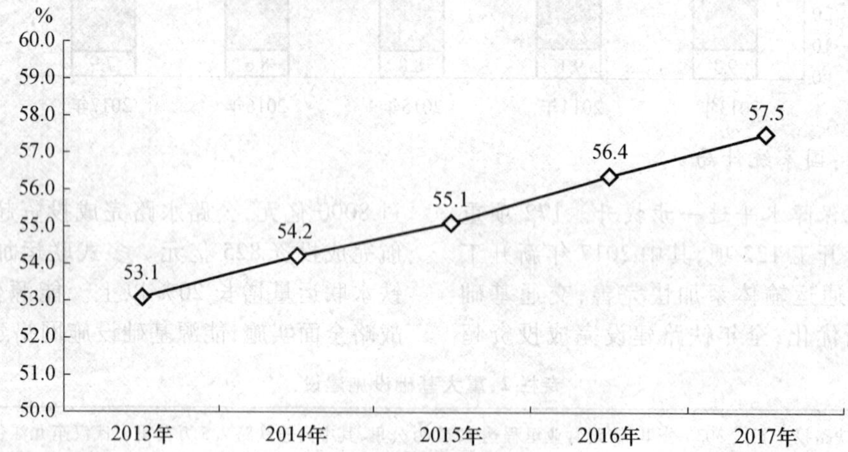

数据来源：科学技术部

一批重大科技成果涌现，“慧眼”卫星成功发射运行，C919 大型客机首飞，量子计算机研制取得重大突破，首艘国产航母顺利下水，海域可燃冰首次试采成功。全面创新改革试验深入推进，169 项先行先试改革举措全面启动，其中 13 项改革举措向全国推广。北京、上海科技创新中心，北京怀柔、上海张江、安徽合肥三个综合性国家科学中心加快建设。国家实验室建设启动，国家重大科技基础设施建设持续推进。国家科技重大专项加速攻坚，“科技创新 2030—重大项目”启动实施。研发费用加计扣除、股权激励和技术入股所得税优惠政策、完善高新技术企业认定办法等进一步落实，17 家国家自主创新示范区、156 家国家高新区形成区域创新发展的核心载体和重要引擎。

二是大众创业万众创新不断深化。《国务院关于强化实施创新驱动发展战略进一步推进大众创业万众创新深入发展的意见》（国发〔2017〕37 号）印发实施。新支持 92 个国家双创示范基地建设，建成 4298 家众创空间、3255 家科技企业孵化器和 400 余家企业加速器，第三届全国双创活动周及“创响中国”巡回接力活动成功举办。全年新登记企业达到 607.4 万户，增长 9.9%，日均新登记企业达到 1.66 万户。

专栏3:重大科技成果

通信	◊ 世界首台超越早期经典计算机的光量子计算机诞生,量子保密通信"京沪干线"全线贯通,北斗卫星开始全球组网。
航天	◊ 天舟一号货运飞船成功发射升空,首颗大型硬X射线调制望远镜卫星"慧眼"成功发射,暗物质粒子探测卫星"悟空"发现疑似暗物质踪迹。
交通	◊ 国产大型客机C919首飞,大型灭火/水上救援水陆两栖飞机AG600首飞,具有完全自主知识产权的中国标准动车组复兴号正式运营。
能源	◊ 我国"人造太阳"(全超导托卡马克核聚变实验装置)创造世界新纪录,海域可燃冰首次试采成功。
生物	◊ 海水稻成功进行测产,中科院推出高产水稻新种质,我国科学家利用化学物质合成完整活性染色体。
海洋	◊ 首艘国产航母下水,新型万吨级驱逐舰首舰下水,国产深海滑翔机"海翼"号下潜6329米刷新世界纪录。

图8:2013—2017年全国日均新登记企业数

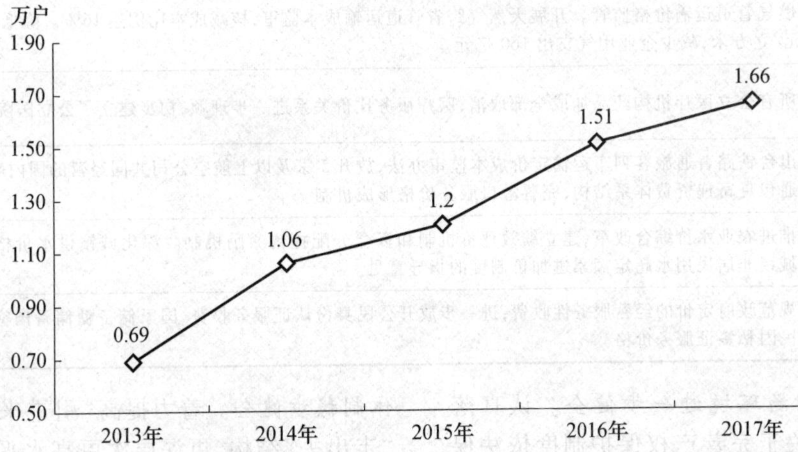

数据来源:国家工商行政管理总局

三是新兴产业蓬勃发展。"十三五"国家战略性新兴产业发展规划全面落实。集成电路、人工智能、大数据、数字经济、新一代信息基础设施、民用空间基础设施、通用航空、新型健康技术惠民等一批重大工程顺利实施。规模以上高技术制造业、工业战略性新兴产业和装备制造业增加值分别增长13.4%、11%和11.3%,比规模以上工业增加值增速快6.8个、4.4个和4.7个百分点。"互联网+"行动深入推进,推动实体经济振兴和加快转型升级。高铁网络、电子商务、共享经济、移动支付、基因检测等走在世界前列。移动宽带用户普及率达到81.4%。全年网上零售额达7.18万亿元,增长32.2%。

(五)全面深化经济体制改革,经济社会发展活力进一步释放。围绕构建有效的市场和有为的政府,持续拓展重要领域、关键环节改革的广度和深度。

一是"放管服"改革深入推进。全年共削减国务院部门行政许可事项和中央指定地方实施行政许可事项127项,市场准入负面清单制度试点扩大至15个省份。国家职业资格目录、政府定价经营服务性收费目录发布实施。"多证合一"改革全面实施,"证照分离"改革试点稳步扩大。出台企业投资项目核准和备案管理办法,集中修订了12部法律法规,核准项目前置要件精简为2项,其他前置审批事项与核准实现并联办理。"双随机、一公开"监管在价格、工商、质检、税务、海关等领域全面推行。政务信息系统整合共享深入推进,初步实现71个部门、32个地方"网络通",16个重点领域"数据通"、"业务通"。

二是国企国资改革积极推进。已分三批在50家国有企业开展混合所有制改革试点。国有企业公司制改革基本完成,中央企业兼并重组步伐加快。国有资本投资、运营公司试点扎实开展,中央企业领导人员分类分层管理制度初步建立。国有资产监管进一步强化。

三是重点行业改革取得新进展。电力体制改革加快推进,电力市场化交易比重提高到26%,增量配电业务改革试点顺利开展。《中共中央国务院关于深化石油天然气体制改革的若干意见》实施,盐业体制改革全面推进。进一步加强垄断行业价格监管的意见出台,政府定价成本监审力度加大。行业协会商会与行政机关脱钩前两批试点全面完成。

四是财税和金融体制改革稳步推进。分领域

推进中央与地方财政事权和支出责任划分改革，预算管理制度改革继续深化，完善增值税制度，扩大水资源税改革试点。国有商业银行和开发性、政策性金融机构改革持续深化，利率汇率市场化改革继续开展，人民币国际化稳妥推进，企业外债登记制管理制度深入落实。国务院金融稳定发展委员会正式成立，金融监管体制改革积极稳妥推进。

五是价格改革继续深化。全面深化价格机制改革的意见出台实施。持续推进能源领域价格改革，完成首轮省级电网输配电价改革，降低非居民用气基准门站价格，天然气全产业链价格监管制度基本建立。公立医院药品加成全部取消，公立医疗机构特需等医疗服务定价稳步放开。交通运输价格改革加快推进。水资源价格改革稳步推进。

专栏 4:重点领域价格改革

电力	◊ 出台跨省跨区专项工程和区域电网输电价格定价规则，建立地方电网、增量配电网配电价格机制。全年降低企业用电成本约 1000 亿元。
天然气	◊ 加强燃气管道运输价格监管。开展天然气跨省管道运输成本监审，核减成本比例达 16%。降低非居民用气门站价格 0.1 元/立方米，减少企业用气支出 160 亿元。
公立医院医疗服务	◊ 全国所有公立医疗机构药品加成全部取消，医疗服务比价关系进一步理顺，初步建立了公立医院新型补偿机制。
交通运输	◊ 制定出台铁路普通旅客列车运输定价成本监审办法，放开 5 家及以上航空公司共同经营的国内航线票价，调整完善邮政普通包裹寄递资费体系结构，完善港口服务价格形成机制。
水资源	◊ 扎实推进农业水价综合改革，建立绩效评价机制和资金分配挂钩激励机制。深化城镇供水价格改革，出台加快建立健全城镇非居民用水超定额累进加价制度的指导意见。
经营服务性收费	◊ 清理规范政府定价的经营服务性收费，进一步放开公民身份认证服务收费、国家储备糖储备肉交易服务价格、代办中国公民因私签证服务价格。

六是公平竞争市场环境进一步健全。认真落实《中共中央国务院关于完善产权保护制度依法保护产权的意见》，配合推进民法典编纂工作，修订出台公安机关办理经济犯罪案件的若干规定。社会信用体系建设加快推进，国务院 60 多个部门签署 4 个守信联合激励备忘录和 29 个失信联合惩戒备忘录，制定奖惩措施超过 100 项。政务诚信体系建设积极推进，政务失信专项治理行动扎实开展。公平竞争审查制度加快推进。知识产权保护力度加大。

（六）以“一带一路”建设为重点，开放型经济新体制稳步健全。着力提高“引进来”水平，持续改善“走出去”结构，更深层次更高水平的全方位开放格局加快形成。

一是“一带一路”建设有力有序有效推进。首届“一带一路”国际合作高峰论坛成功举办。已与 86 个国家和国际组织签署“一带一路”合作文件 101 份。中欧班列累计开行 6637 列，其中 2017 年开行 3673 列。蒙内铁路建成投运，匈塞铁路、中老铁路、中泰铁路开工建设，雅万高铁建设积极推进。中俄原油管道复线工程建成。中白工业园、中泰罗勇工业园等境外园区稳步发展。

专栏 5:“一带一路”建设进展

促进政策沟通	◊ 共建“一带一路”倡议得到 100 多个国家和国际组织的响应和支持，率先实现中东欧 16 国“全覆盖”，与老挝、匈牙利等国签署国别合作规划。
加强设施联通	◊ 陆海天网“四位一体”互联互通体系加快构建，铁路、公路、支点港口、原油和天然气管道、空间信息走廊、跨境光缆等建设取得积极进展，政策、规则、标准“软联通”实现新突破，数字（网上）丝绸之路建设合作国家达到 14 个，已覆盖亚、欧、拉美等多个地区。
加快贸易畅通	◊ 投资经贸合作持续扩大，与沙特等 8 国新签署产能合作文件，已在相关国家建设 75 个境外经贸合作区。自贸区谈判加快推进，海上丝路贸易指数对外发布。
推动资金融通	◊ 金融支持“一带一路”建设总体规划印发实施，多元化投融资支撑体系加快建设。积极增强丝路基金对“一带一路”建设的支持能力，金融机构人民币海外基金业务进展顺利。与沿线 24 个国家和地区央行签订双边本币互换协议，总规模约 1.4 万亿元人民币。
深化民心相通	◊ 推进人文交流合作，累计与相关国家签署了 40 余项科技合作协定和 300 多个文化交流执行计划，在相关国家设立了 35 个海外中国文化中心、140 所孔子学院、135 个孔子课堂、16 个中医药海外中心，建立了 45 个国际联合实验室和国际联合研究中心。

二是对外贸易回稳向好势头巩固发展。全年货物贸易进出口总额 27.79 万亿元，增长 14.2%，扭转了连续两年下降的局面。外贸新业态新模式加快发展。服务贸易发展“十三五”规划印发实施，深入开展服务贸易创新发展试点。全国通关一体化继续推进，降低部分消费品进口关税。

图 9：2013—2017 年货物进出口总额

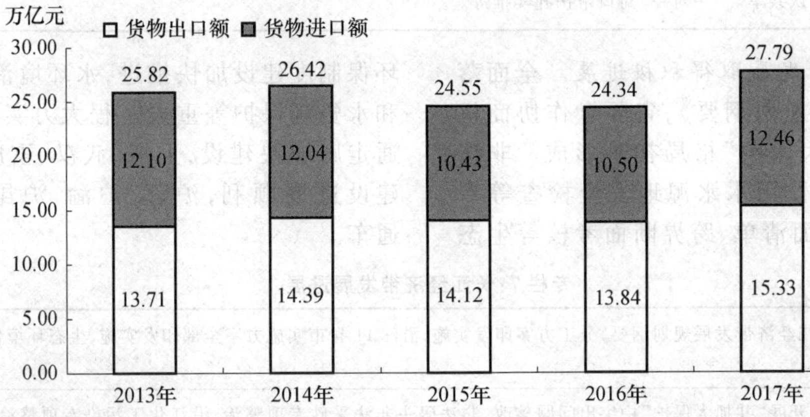

数据来源：海关总署

三是利用外资规模企稳结构优化。扩大对外开放积极利用外资和促进外资增长的政策措施出台，修订外商投资产业指导目录，实施外商投资准入负面清单，内外资公平竞争环境进一步改善。辽宁、浙江、河南、湖北、重庆、四川、陕西等 7 个自贸试验区启动建设。全年实际使用外资 1363 亿美元，创历史新高，高技术制造业和高技术服务业利用外资增长较快，国家级开发区的开放平台作用明显增强。

四是境外投资发展规范有序。制定出台进一步引导和规范境外投资方向的指导意见、企业境外投资管理办法和对外投资备案（核准）报告暂行办法，企业境外投资便利化水平和规范化程度同步提高，企业对外投资更趋理性，主要流向制造业、租赁和商务服务业、批发零售业以及信息传输、软件和信息技术服务业。全年非金融类境外直接投资 1201 亿美元。

（七）深入推进城乡区域协调发展，新增长点增长极增长带加快培育。强化地区间一体联动，提升新型城镇化质量和水平，区域发展格局进一步拓展优化。

一是区域发展协调性增强。对革命老区、民族地区、边疆地区经济社会发展的支持力度进一步加大，沿边开发开放取得重要进展。西部大开发“十三五”规划印发实施，西部地区开发开放水平不断提升，全年新开工重点工程 17 项，总投资 4941 亿元。东北地区经济触底回暖迹象增多，国企改革、民营经济发展、优化营商环境、与东部地区对口合作等加快推进。中部地区发展活力和可持续发展能力不断提升，成为我国经济增长新的支撑。东部地区新动能加快培育壮大，泛珠三角区域合作迈出新步伐。资源枯竭城市转型发展、独立工矿区和城区老工业区改造、采煤沉陷区综合治理等有序推进。国家级新区引领作用进一步显现，临空经济示范区、承接产业转移示范区、产城融合示范区等建设扎实推进。全国海洋经济发展“十三五”规划加快实施。

二是京津冀协同发展迈出重要步伐。雄安新区正式设立。北京城市副中心加快建设。疏解北京非首都功能控增量、疏存量相关政策意见出台实施，一般制造企业、批发市场等疏解项目有序向外疏解转移。京津冀打通“断头路”和“瓶颈路段”扩容工作加快推进，大气污染联防联治取得成效，一批京津冀产业协同发展重大项目建成投产。京津冀产业协同发展基金投入运作。

专栏 6：京津冀协同发展进展

雄安新区	◊ 新区规划编制工作取得重要阶段性成果，规划框架基本成熟。生态环保、植树造林、文化保护等工作先期启动。
北京城市副中心	◊ 相关城市设计和通州区总体规划制定完成，行政办公区一期工程基本建成，北京市级机关及市属行政部门率先启动搬迁。
重点领域率先突破	◊ 京津冀“2 + 26”城市大气污染防治工作方案出台实施，2017 年京津冀区域内 13 个主要城市 $PM_{2.5}$ 平均浓度比 2013 年下降近 40%。北京・沧州生物医药园入驻北京医药企业达到 79 家。

续表

改革创新试点示范	◊ 北京全国科技创新中心加快建设,京津冀系统推进全面创新改革试验 18 项改革措施取得阶段性成果、开始向全国推广,三省市建设众创空间 200 余家。
公共服务共建共享	◊ 成立 12 个高校创新联盟和 7 个高校协同创新中心,组建跨区域医联体,230 多家医院开展临床检验、医学影像检查结果互认共享。"一对一"对口帮扶扎实推进。

三是长江经济带发展取得积极进展。全面落实《长江经济带发展规划纲要》,省际合作协商机制有效运行,"共抓大保护"格局初步形成。非法码头非法采砂整治、饮用水水源地安全检查等专项行动深入开展,负面清单、跨界断面考核等生态环保制度建设加快推进,水环境治理、水生态修复和水资源保护等重大工程大力实施。综合立体交通走廊加快建设,上海、武汉、重庆三大航运中心建设进展顺利,沪蓉、沪渝、沪昆高速公路全线通车。

专栏 7:长江经济带发展进展

健全规划政策体系	◊《长江经济带发展规划纲要》分工方案印发实施,沿江 11 省市实施方案全部印发实施,生态环境保护等专项规划制定出台。
推动生态环境保护	◊ 深入开展"共抓大保护"中突出问题整改、非法码头非法采砂专项整治、沿江化工污染专项整治、入河排污口专项检查、长江沿线饮用水水源地安全专项检查、长江干流岸线保护与利用专项检查等专项行动,应取缔的 959 座非法码头彻底拆除,大部分完成生态复绿。
建设综合交通走廊	◊ 不断提升黄金水道功能,长江南京以下 12.5 米深水航道主体工程完工,中游荆江河段航道整治工程竣工验收。积极推进船型标准化,稳步推进长江集装箱江海直达运输发展,积极推进综合交通网络建设,加快实现区域通关一体化,长江大通关机制进一步完善。
上中下游协同发展	◊ 沿江 11 省市参加的覆盖全域的"1 + 3"长江经济带省际协商合作机制有效运行,在环境保护联防联控、基础设施互联互通、产业协同发展、一体化市场体系建设等方面取得新突破。

四是粤港澳大湾区建设有序推进。《深化粤港澳合作推进大湾区建设框架协议》签署,合作编制粤港澳大湾区发展规划纲要工作加紧推进。国际科技创新中心建设实施方案编制工作顺利开展。港珠澳大桥全线贯通,基本具备通车条件。

五是以人为核心的新型城镇化建设扎实推进。农业转移人口市民化有序推进,户籍制度改革和居住证制度落地实施。全国常住人口城镇化率达到 58.52%,户籍人口城镇化率达到 42.35%,均比上年增加 1 个百分点左右。城镇化空间格局持续优化,长三角、长江中游、成渝、哈长、中原、北部湾等城市群规划加快实施,关中平原、呼包鄂榆等跨省区城市群规划编制完成。以市场化方式规范推进特色小镇和小城镇建设。新型城镇化综合试点取得积极进展。

(八)加强能源资源节约和生态环境保护,绿色发展取得新进展。单位国内生产总值能耗和二氧化碳排放量分别下降 3.7% 和 5.1%,万元国内生产总值用水量下降 5.6%,完成全年目标。

一是生态文明制度体系加快形成。福建、江西、贵州国家生态文明试验区建设稳步推进。健全国家自然资源资产管理体制试点积极推进,浙江、福建、河南、四川开展用能权有偿使用和交易试点。全面实施排污许可制度,全面推行河长制、湖长制进展顺利,扎实推进耕地草原河湖修养生息。生态保护补偿工作取得新进展,纵向补偿力度进一步加大,横向补偿试点范围进一步扩大。《建立国家公园体制总体方案》出台实施,三江源、东北虎豹、大熊猫、祁连山等国家公园体制试点积极推进。

二是主体功能区战略深入实施。《中共中央、国务院关于完善主体功能区战略和制度的若干意见》、全国国土规划纲要印发实施,省级国土规划编制基本完成,新一轮土地利用总体规划编制工作启动,配套政策不断完善。"多规合一"空间规划改革扎实开展。重点生态功能区产业准入负面清单制度深入实施。资源环境承载能力监测预警长效机制建立健全。完成京津冀 3 省(市)、长江经济带 11 省(市)和宁夏回族自治区共 15 省份生态保护红线划定工作。

三是能源资源利用效率继续提高。开展 2016 年度能源消耗总量和强度"双控"目标责任评价考核。落实最严格的水资源管理制度、耕地保护和节约用地制度。矿产资源开发利用制度进一步健全,启动矿业权出让制度改革。培育壮大节能环保产业,加大能效、水效领跑者制度推广力度,加强再生资源规划引导,生产者责任延伸制度不断深化,资源循环利用基地建设启动,重点行业清洁生产评价指标体系编制出台。

图 10:2013—2017 年常住人口城镇化率和户籍人口城镇化率

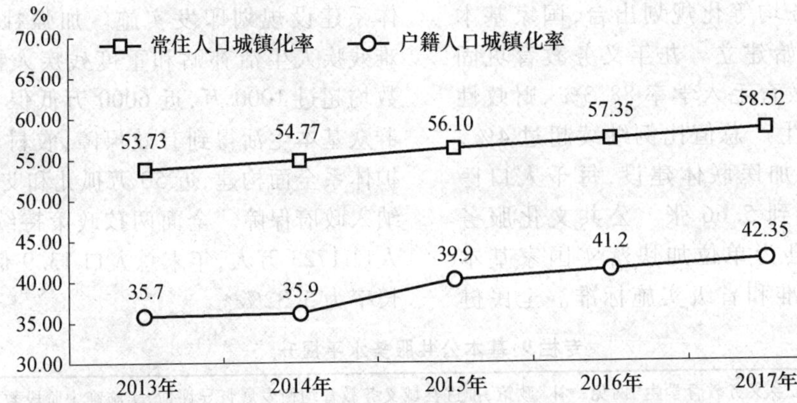

注:2014 年 7 月国务院印发《关于进一步推进户籍制度改革的意见》(国发〔2014〕25 号),自 2015 年起户籍人口城镇化率统计口径作了调整。

数据来源:国家统计局、公安部

四是环境治理和生态保护力度加大。中央环境保护督察实现 31 个省(区、市)全覆盖。大气、水、土壤污染防治三大行动计划深入实施。积极实施具备条件的燃煤机组超低排放改造,累计完成超过 7 亿千瓦。淘汰黄标车和老旧车 300 多万辆。2198 家工业集聚区建成污水集中处理设施。京津风沙源带、岩溶石漠化区、三江源等重点区域山水林田湖草系统治理积极推进,退耕还林还草、天然林资源保护、生物多样性保护等重点工程深入实施,全年营造林面积预计 23496 万亩。重点流域农业面源污染综合治理、农牧交错带已垦草原综合治理和东北黑土地保护试点继续开展。生活垃圾分类制度实施方案出台。

五是应对气候变化工作积极开展。全国碳排放交易体系顺利启动。"十三五"控制温室气体排放工作方案深入落实,开展 2016 年度控制温室气体排放目标责任评价考核。统筹推进低碳发展试点示范,启动气候适应型城市建设试点。积极推动联合国气候变化波恩大会成功达成《斐济实施动力》成果。气候变化南南合作"十百千"项目进展顺利。

(九)着力保障和改善民生,人民生活水平进一步提升。坚持以人民为中心的发展思想,民生领域投入力度持续加大。

一是脱贫攻坚战取得重要进展。中央财政补助地方专项扶贫资金增长 30.3%。安排中央预算内投资 244 亿元、中央财政贷款贴息资金 72.49 亿元用于易地扶贫搬迁。全年实现 1289 万农村贫困人口脱贫,340 万人易地扶贫搬迁建设任务顺利完成,贫困发生率降至 3.1%。聚焦深度贫困地区和特殊贫困人口,产业扶贫、教育扶贫、就业扶贫、科技扶贫、健康扶贫、生态扶贫扎实推进,以工代赈投入力度加强,基础设施和公共服务设施建设支持力度进一步加大。

二是社会保障体系不断健全。养老保险制度顶层设计取得关键性进展,划转部分国有资本充实社保基金实施方案印发实施。城乡居民基本医疗保险制度整合深入推进,异地就医直接结算取得重要突破,所有省级异地就医结算系统、所有统筹地区均与国家异地就医结算系统实现对接。高龄津贴制度已在全国 31 个省份和新疆生产建设兵团实现全覆盖。城镇职工基本养老和城乡居民养老保险参保人数分别达到 4.02 亿人和 5.13 亿人。城镇棚户区住房改造开工 609 万套。

专栏 8:社会保障体系不断健全

社会保险	◊ 基本养老保险基金中央调剂制度方案加快制定。企业年金办法正式出台,职工基本医疗保险个人账户和门诊统筹制度逐步完善。
社会救助	◊ 医疗救助与大病保险在保障对象、支付政策、经办服务、监督管理等方面的制度衔接不断加强。城乡低保统筹发展试点不断推进,城乡低保标准动态调整机制建立健全。
服务能力	◊ 异地就医直接结算加快推进,已有 8499 家定点医疗机构接入国家异地结算系统,覆盖参加基本医保和新农合各类人员,符合规定的省内和跨省异地住院费用实现直接结算。医养结合试点持续推进。
保障水平	◊ 退休人员基本养老金水平平均提高约 5.5%,各级财政对城乡居民医保补助标准提高到年人均 450 元。城乡低保标准分别达到 534.1 元/人·月和 350.9 元/人·月,比上年底提高 8.0%和 12.5%。

三是基本公共服务体系进一步完善。“十三五”推进基本公共服务均等化规划出台，国家基本公共服务清单制度开始建立。九年义务教育巩固率 93.8%，高中阶段教育毛入学率 88.3%，财政性教育经费支出占国内生产总值比例继续超过 4%。全部三级公立医院参加医联体建设，每千人口医疗卫生机构床位数达到 5.66 张。公共文化服务保障法正式实施，以县为单位加快落实国家基本公共文化服务指导标准和省级实施标准。全民健身指南发布，“十三五”国家老龄事业发展和养老体系建设规划印发实施。加强社会兜底保障，困难残疾人生活补贴和重度残疾人护理补贴受益人数均超过 1000 万，近 6000 万低保人员和特殊困难群众基本生活得到有效保障，农村留守儿童关爱保护体系全面构建，近 50 万孤儿和艾滋病毒感染儿童纳入政府保障。全面两孩政策持续推进，全年出生人口 1723 万人，年末总人口 13.9 亿人，人口自然增长率为 5.32‰。

专栏 9：基本公共服务水平提升

公共教育	◊ 统一城乡义务教育学生“两免一补”政策，推进县域义务教育均衡发展督导评估，实施高中阶段教育普及攻坚计划，进一步完善国家资助政策，农村义务教育学生营养改善计划实现国家扶贫开发工作重点县全覆盖。
医疗卫生	◊ 落实国家基本公共卫生服务项目，印发实施防治慢性病中长期规划，推进医联体建设和家庭医生签约服务，完善中医药健康管理服务规范。
社会服务	◊ 细化特困人员认定条件，落实特困人员救助供养政策。推动建立适度普惠的老年人补贴制度，开展居家和社区养老服务改革试点。积极帮扶退役士兵就业创业，推进“阳光安置”。
文化体育	◊ 实施公共文化服务保障法，全面建设基层综合性文化服务中心，深入推进全民阅读，加快推进广播电视节目无线数字化覆盖。推动公共体育场馆免费或低收费对外开放，组织开展公益性全民健身活动。
残疾人服务	◊ 实施第二期特殊教育提升计划，保障家庭经济困难残疾学生 12 年免费教育。781.7 万残疾人得到基本康复服务，89 万户残疾人家庭进行无障碍改造，成年无业重度残疾人单独施保加快推进。

图 11：2013—2017 年年末总人口和人口自然增长率

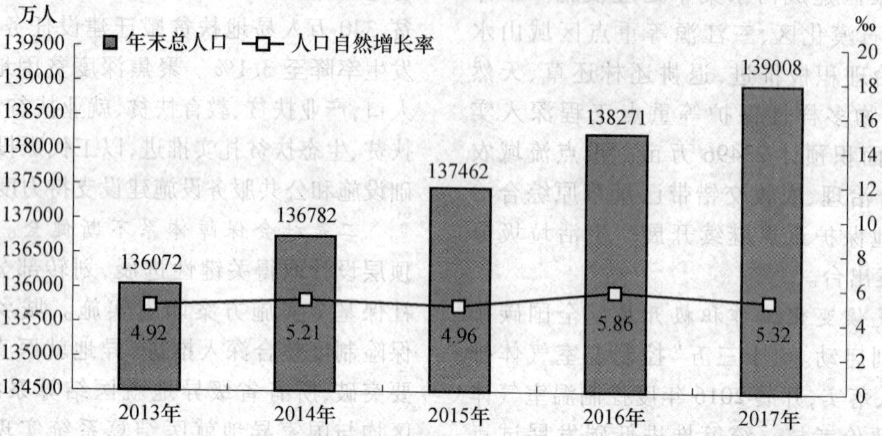

数据来源：国家统计局

从 2017 年经济社会发展情况看，经济增长、就业、价格总水平、国际收支平衡等主要指标保持在合理区间，创新驱动、民生保障等反映发展质量和效益的指标进一步改善，总的完成情况是好的。

19 个约束性指标中，16 个指标完成全年目标，非化石能源占一次能源消费比重、地级及以上城市空气质量优良天数比率、地表水达到或好于Ⅲ类水体比例 3 个指标完成情况与全年目标存在差距。具体情况是：(1)在工业回升带动下，2017 年火电发电量大幅增长，煤炭消费 4 年来首次转为正增长，而 2017 年特别是上半年来水情况较差，水电发电量增速低于往年，因此非化石能源占一次能源消费比重低于全年目标 0.6 个百分点。(2)2017 年工业企业生产回暖，导致污染物排放上升，加上一季度气象条件极为不利，因此地级及以上城市空气质量优良天数比率低于全年目标 1 个百分点。(3)2017 年全国水污染物排放量居高不下，加之平均降水量同比减少，因此地表水达到或好于Ⅲ类水体比例低于全年目标 0.4 个百分点。根据“十三五”规划要求，上述 3 个指标“十三五”期间应累计分别提高 3 个百分点、3.3 个百分点以上和 4 个百分点以上，“十三五”前两年已分别提高 1.7 个、1.3 个和 1.9 个百分点，后三年经过努力，仍有望顺利完成规划目标。

46 个预期性指标中，44 个指标运行情况符合或好于预期。全社会固定资产投资指标和服务贸易进出口额指标运行值与预期值存在一定差距。关于全社会固定资产投资指标，一方面，近几年来，我们坚持贯彻新发展理念，更加注重优化投资结构、提高投资效率，减少投资依赖。2017 年在投资增速低于预期的同时，我国经济依然保持了稳中向好态势，体现了需求结构调整、发展动能转换的成效。另一方面，受投资回报率偏低、市场前景不明朗、营商环境有待进一步改善等影响，民间投资和制造业投资活力不强，导致全社会固定资产投资增速放缓。关于服务贸易进出口额指标，一方面，近几年来，服务贸易结构进一步优化，新兴业态快速发展，服务贸易创新发展取得积极成效，2017 年服务出口增长 10.6%，7 年来首次高于进口增速。另一方面，主要受旅行进出口同比下降、统计口径调整等因素影响，服务贸易进出口额增速放缓，低于年初制定的预期目标。

总的来看，2017 年经济运行稳中向好态势持续发展，决胜全面建成小康社会又向前迈出坚实一步。在国内外经济形势极其错综复杂的情况下，经济社会发展取得这样的成绩来之不易，这是以习近平同志为核心的党中央坚强领导的结果，是习近平新时代中国特色社会主义思想科学指引的结果，是党的十八大以来党中央、国务院一系列重大方针政策和重大举措累积效应的结果，更是全党全国各族人民共同奋斗、各方面工作久久为功的结果。五年来，各地区各部门以习近平新时代中国特色社会主义思想为指引，坚持稳中求进工作总基调，贯彻新发展理念，“十二五”规划胜利完成，“十三五”规划顺利实施。**一是经济实力显著增强**。国内生产总值从 2012 年的 54 万亿元增加到 82.7 万亿元，年均增长 7.1%，对世界经济增长的贡献率超过 30%。**二是发展质量和效益明显提高**。全国一般公共预算收入从 11.7 万亿元增至 17.3 万亿元。全员劳动生产率从人均 7.3 万元提高到 10 万元以上。居民人均可支配收入从 1.7 万元增至 2.6 万元，增速总体快于经济增长，城乡居民收入倍差由 2.88∶1 下降至 2.71∶1。单位国内生产总值能耗降低 20.9%。**三是经济结构发生重大变革**。需求结构“消费超投资”，最终消费对经济增长的贡献率提高了近 4 个百分点。产业结构“三产超二产”，服务业占国民经济的比重不断上升。区域发展格局不断优化，新型城镇化扎实推进，8000 多万农业转移人口成为城镇居民。**四是新旧动能加快接续转换**。供给侧结构性改革扎实推进，有效改善了市场供求关系和企业盈利状况。创新驱动发展战略深入实施，天宫、蛟龙、天眼、悟空、墨子、大飞机等重大科技成果相继问世，新产业新业态新模式层出不穷，传统产业通过改造升级焕发生机。**五是市场主体活力持续释放**。营商环境不断优化，产权保护不断加强，公平竞争市场环境进一步健全。五年来，国务院部门行政审批事项削减 44%，中央层面核准的企业投资项目减少 90%，中央政府定价项目缩减 80%。大众创业万众创新蓬勃发展，全国日均新登记企业从 5400 户上升到 1.66 万户，活跃度保持在 70% 左右，经济社会发展内生动力不断增强。**六是改革开放全面深化**。重要领域和关键环节改革取得突破性进展，主要领域改革主体框架基本确立。“一带一路”倡议由构想逐步变为现实，贸易大国地位更加巩固，利用外资保持稳定增长，我国对世界经济发展的影响力大幅提升。**七是民生福祉得到有效保障**。城镇新增就业 6600 万人以上，脱贫攻坚取得决定性进展，贫困人口减少 6800 多万。覆盖城乡居民的社会保障体系基本建立，基本公共服务均等化程度不断提高。**八是生态环境建设保护力度持续加大**。大气、水、土壤污染防治行动取得明显成效，重点区域 $PM_{2.5}$ 平均浓度下降 30% 左右，生态文明制度体系加快形成，环境状况得到改善。

五年来经济社会发展取得的历史性成就、发生的历史性变革，为党和国家事业取得历史性成就、发生历史性变革提供了重要物质条件，进一步坚定了全党全国各族人民对习近平新时代中国特色社会主义思想的高度认同，进一步凝聚了全党全国各族人民的思想共识，为推动高质量发展奠定了坚实的思想基础。

同时，我们也清醒认识到，**国际环境**仍然错综复杂，世界经济有望继续复苏，但不稳定不确定因素依然很多，主要经济体政策调整对全球产业布局和资本流动带来外溢影响，贸易和投资保护主义上升，地缘政治风险较多。**从国内看**，发展不平衡不充分的一些突出问题尚未解决。**一是经济增长内生动力还不够足**。消费升级面临供给瓶颈制约，汽车、住房两大消费热点趋于平稳，其他消费新增长点暂时难以形成足够支撑，消费增长后劲有待增强。受市场准入限制、上游产能过剩和下游利润空间收窄影响，部分领域投资仍然乏力。**二是实体经济发展仍面临困难**。制度性交易成本仍然较高，原材料、物流等成本压力较大，融资难融资贵问题仍比较突出，一些企业特别是中小企业经营困难。传统产业产能过剩问题尚未根本解决。农业农村基础依然薄弱。**三是营商环境仍待优化**。市场准入中的各类许可仍然较多，部分领域不合理制度规定清理不及时不到位，“玻璃门”、“弹簧门”、“旋转门”依然存在。政务服务的主动性和便利性仍需加强，群众和企业仍受证照多、办事慢之累，改革的获得感还不够强。**四是创新能力不够强**。基础研究、应用基础研究能力比较薄弱，特殊材料、关键零部件、工业母机等“卡脖子”问题仍较突出。创新创业平台有待完善，落实科技成果转化政策还存在一些障碍，公共科技资源对社会的开放共享程度有待提升，对新产业新业态新模式的包容审慎监管仍然经验不足、需要探索。**五是生态环境保护任重道远**。部分区域流域污染仍然较重，大气、水、土壤污染防治都需加大力度，农业农村污染问题突出，生态修复还有不少欠账，完善政策制度体系、补齐体制机制短板还需要长期扎实推进。**六是民生领域还有不少短板**。脱贫攻坚任务艰巨，农村仍有数千万贫困人口，且深度贫困人口占比大，越往后脱贫难度越大。城乡区域发展和收入分配差距依然较大，中低收入群体增收困难。群众在教育、医疗、住房、就业、养老等方面还面临不少难题。教育发展不平衡不协调问题仍然存在，学前教育、职业教育、特殊教育、网络教育、继续教育等仍是薄弱环节。医疗卫生结构布局不合理、基层服务能力不强。住房保障和供应体系仍待健全。高校毕业生、农民工、去产能分流安置职工等重点群体就业压力不减。养老服务供给不足，质量有待提高。**七是金融等领域风险仍较突出**。银行不良贷款、债券市场信用、资本市场波动等风险仍然较高，非法集资等金融犯罪活动时有发生。社会治理、国家安全也面临新的挑战，其他一些突出问题和潜在风险也不容忽视。对这些问题，我们将高度重视，积极调动各方面资源妥善应对，及时化解各类风险隐患，努力实现更高质量、更有效率、更加公平、更可持续的发展。

二、2018年经济社会发展的总体思路、主要目标和政策取向

2018年是贯彻党的十九大精神的开局之年，是改革开放40周年，是决胜全面建成小康社会、实施“十三五”规划承上启下的关键一年。做好2018年经济社会发展工作，**要在以习近平同志为核心的党中央坚强领导下，以马克思列宁主义、毛泽东思想、邓小平理论、“三个代表”重要思想、科学发展观、习近平新时代中国特色社会主义思想为指导，全面深入贯彻党的十九大和十九届二中、三中全会精神，贯彻党的基本理论、基本路线、基本方略，坚持和加强党的全面领导，坚持稳中求进工作总基调，坚持新发展理念，紧扣我国社会主要矛盾变化，按照高质量发展的要求，统筹推进“五位一体”总体布局和协调推进“四个全面”战略布局，坚持以供给侧结构性改革为主线，统筹推进稳增长、促改革、调结构、惠民生、防风险各项工作，大力推进改革开放，创新和完善宏观调控，推动质量变革、效率变革、动力变革，特别在打好防范化解重大风险、精准脱贫、污染防治的攻坚战方面取得扎实进展，引导和稳定预期，加强和改善民生，促进经济社会持续健康发展。**

（一）总体思路。

牢牢把握我国经济已转向高质量发展阶段这一基本特征，围绕贯彻新发展理念、加快建设现代化经济体系，建设创新引领、协同发展的产业体系，统一开放、竞争有序的市场体系，体现效率、促进公平的收入分配体系，彰显优势、协调联动的城乡区域发展体系，资源节约、环境友好的绿色发展体系，多元平衡、安全高效的全面开放体系，切实转变经济发展方式、优化经济结构、转换增长动力，打好三大攻坚战，努力跨越我国经济发展面临的关口，在质的大幅提升中实现量的有效增长，更好满足人民日益增长的美好生活需要。

一是坚持质量第一、效益优先，深化供给侧结构性改革。把提高供给体系质量作为主攻方向，大力破除无效供给，在中高端消费、数字经济、绿色低碳、人力资本服务等领域培育新增长点，支持传统产业优化升级，加快发展现代服务业，促进新旧动能接续转换，推动实现更高层次的供需动态平衡。

二是坚持把准工作的着力点和突破口，加快建设实体经济、科技创新、现代金融、人力资源协同发展的产业体系。强化创新对实体经济的引领和支撑作用，引导资本要素向实体经济特别是高新技术产业和先进制造业集中，充分激发各类经营主体创业创新活力，有效调动科学家、技术人员和其他人才的主动性、积极性和创造性。

三是坚持处理好政府和市场的关系，加快构建市场机制有效、微观主体有活力、宏观调控有度的经济体制。切实发挥市场在资源配置中的决定性作用，着力营造公平竞争市场环境，打通影响企业发展创业的各类堵点痛点难点。聚焦更好发挥政府作用，创新和完善宏观调控，更好发挥国家发展规划的战略导向作用，健全财政、货币、产业、区域等经济政策协调机制。

四是坚持目标导向和问题导向，突出抓重点、补短板、强弱项。着眼决胜全面建成小康社会，扎实推进“十三五”规划中期评估，统筹各方面资源力量，坚决打好三大攻坚战。紧扣社会主要矛盾变化，大力推进实施科教兴国战略、人才强国战略、创新驱动发展战略、乡村振兴战略、区域协调发展战略、可持续发展战略、军民融合发展战略。

（二）主要预期目标。

按照上述要求和思路，综合考虑需要和可能，提出2018年经济社会发展的主要预期目标：

——经济增长保持在合理区间。国内生产总值预期增长6.5%左右。**主要考虑是：一方面**，我国经济已从高速增长阶段转向高质量发展阶段，6.5%左右的经济增速与现阶段我国经济潜在增长率大体一致，体现了不过分追求速度、更加注重提高发展质量和效益的导向。**另一方面**，按照全面建成小康社会的要求，与“十三五”规划目标相衔接，6.5%左右的经济增速符合到2020年国内生产总值比2010年翻一番的目标要求，有利于稳定和引导市场预期。

——经济发展质量和效益不断提升。供给侧结构性改革取得新的进展，制造业优化升级加快推进，战略性新兴产业加快发展，服务业增加值增长7.6%左右，占国内生产总值的比重达到52.2%；消费和投资结构进一步优化，社会消费品零售总额增长10%左右，消费对经济增长的贡献率稳步提高，投资对优化供给结构的关键性作用得到有效发挥；全要素生产率提升，科技进步贡献率达到58.5%，研究与试验发展经费投入强度达到2.16%；宏观杠杆率保持基本稳定，各类风险有序有效防控；单位国内生产总值能耗降低3%以上，单位国内生产总值二氧化碳排放量降低3.9%，主要污染物排放量继续下降。更加重视这些质量、效益和结构指标，体现了推动高质量发展的要求。

——就业形势总体稳定。城镇新增就业1100万人以上，全国城镇调查失业率5.5%以内，城镇登记失业率4.5%以内。**关于新增就业总量**，既包含了2018年高校毕业生和中职毕业生，也考虑了安置化解过剩产能分流人员、退役军人和农民工就业，同时还综合考虑了退休腾退岗位等因素。**关于失业率指标**，今年首次将城镇调查失业率指标纳入预期目标，涵盖了农民工等城镇非户籍人口，能更全面准确反映就业状况，更突出解决当前结构性失业问题、提高就业质量的工作导向，更好体现共享发展要求。城镇调查失业率与城镇登记失业率并行使用，主要是为了平稳过渡。

——价格总水平基本稳定。居民消费价格涨幅3%左右，与去年目标值保持一致。保持价格目标稳定，有利于合理引导市场预期。同时，也考虑到去年的翘尾因素和今年的一些新涨价因素影响，包括前期上涨较快的原材料价格向下游传导、服务业价格上涨等。

——国际收支保持基本平衡。促进进出口稳中向好、外商直接投资总体稳定和境外直接投资平稳有序发展。这不仅是稳定宏观经济的客观需要，也是促进投资贸易结构优化、建设贸易强国、实现高水平对外开放的必然要求。今年世界经济复苏态势有望延续，国际贸易总体上仍会保持增长，我国将举办首届中国国际进口博览会，都有利于保持外贸平稳增长态势。同时，考虑到国际产业竞争更加激烈、针对我国的贸易保护和摩擦可能加剧等因素，保持外资外贸稳定向好仍需付出艰苦努力。

——民生福祉继续增加。再减少农村贫困人口1000万人以上，完成280万人左右易地扶贫搬迁建设任务。城乡居民收入增长与经济增长基本同步。户籍人口城镇化率提高1个百分点。教育、卫生、文化、养老等基本公共服务均等化水平进一步提高，社会保障覆盖面进一步扩大，全民参保计划全面实施。新开工城镇棚户区住房改造580万套。明确这些目标，体现了提高保障和改善民生水平的要求，有利于与全面建成小康社会目标要求相衔接。

（三）宏观经济政策取向。

财政政策、货币政策和产业政策、区域政策等要聚焦推动高质量发展，紧密围绕支持打好三大攻坚战、实现2018年经济社会发展预期目标，贯彻稳中求进工作总基调，正确处理“稳”和“进”的辩证统一关系，加强协同配合，把握好宏观调控的度，坚持在区间调控基础上加强定向调控、相机调控、精准调控，增强宏观调控的针对性、前瞻性和灵活性。

——积极的财政政策取向不变，要聚力增效。2018年赤字率拟按2.6%安排，比去年预算低0.4个百分点；财政赤字2.38万亿元，与去年预算持平；安排地方政府专项债券1.35万亿元，比去年预算增加5500亿元。继续实施减税降费，支持实体经济发展，预计全年再减税8000亿元以上，加上进一步清理各种收费，将减轻企业和个人负担1万亿元以上。进一步发挥好财政政策在促进结构调整和民生保障方面的重要作用，着力调整优化财政支出结构，加大对三大攻坚战的支持，更多向创新驱动、“三农”、民生改善等领域倾斜，严格控制一般性支出。

中央对地方一般性转移支付增长 10.9%，增强地方特别是中西部地区财力。

——稳健的货币政策保持中性，要松紧适度。2018 年社会融资规模存量和广义货币 M_2 预期增速均与 2017 年实际增速基本持平。管好货币供给总闸门，保持货币信贷和社会融资规模合理增长、流动性合理稳定，提高资金周转和服务实体经济的效率。有效引导利率水平，改革完善跨境资本流动监管，保持人民币汇率在合理均衡水平上的基本稳定。疏通货币政策传导渠道，用好差别化准备金、差异化信贷政策等工具，引导资金更多投向小微企业、“三农”和贫困地区。加强对创新驱动发展和新旧动能转换的金融支持，加大对国家重大发展战略、重大改革举措、重大工程建设的资金支持力度。健全货币政策和宏观审慎政策双支柱调控框架，完善金融监管。

——结构性政策要发挥更大作用。产业政策要聚焦服务国家战略、弥补市场失灵，突出导向功能，在人力资本提升、知识产权保护、科技创新激励等方面加大政策支持力度，完善有利于促进产业升级的节能、环保、安全、质量等标准，推动产业迈向中高端水平。区域政策要着力解决区域发展不平衡问题，加快建立区域协调发展新机制，发挥区域比较优势，引导各类要素在区域间有序流动，支持欠发达地区加快发展，推动发达地区转型升级。同时，加大生产、流通、分配、消费各环节结构性改革力度，增强消费对经济发展的基础性作用，强化投资对优化供给结构的关键性作用，促进有效投资特别是民间投资合理增长。

——社会政策要注重解决突出民生问题。坚持以人民为中心的发展思想，坚持在发展中保障和改善民生，按照既尽力而为又量力而行的原则，积极主动回应群众关切，在幼有所育、学有所教、劳有所得、病有所医、老有所养、住有所居、弱有所扶上取得新进展，强化社会政策托底功能，使人民群众有更多获得感、幸福感、安全感。

——改革开放要取得新突破。在保持经济社会大局稳定的前提下，在抓好已出台改革举措落实的同时，以完善产权制度和要素市场化配置为重点，推进国企国资、垄断行业、产权保护、财税金融、社会保障等基础性关键领域改革取得新突破。统筹国内国际两个大局，持续扩大对外开放，大幅放开市场准入，积极利用外资，有序引导规范对外投资，主动参与国际宏观经济政策沟通协调，积极推动国际经济规则调整和构建，加快形成全面开放新格局。

三、对 2018 年经济社会发展主要任务的建议

2018 年，要深入贯彻习近平新时代中国特色社会主义思想，不折不扣落实党的十九大部署的重大方针政策、重大举措和重大任务，按照中央经济工作会议要求，着力抓好 10 方面工作。

（一）持续深化供给侧结构性改革。把发展经济的着力点放在实体经济上，推进中国制造向中国创造转变、中国速度向中国质量转变、制造大国向制造强国转变。

一是推动实体经济转型升级、提质增效。深入实施制造强国战略，开展“中国制造 2025”国家级示范区建设，加快发展创新设计等服务型制造。实施新一轮制造业重大技术改造升级工程和增强制造业核心竞争力三年行动计划，推动轨道交通装备、智能机器人、高端医疗器械和药品等 9 个重点领域关键技术产业化。有力推进质量强国建设，弘扬劳模精神、工匠精神，深入推进质量提升行动和对标达标专项行动，实施新产业标准领航工程，扩大高质量产品、工程和服务供给。大幅压减工业生产许可证，全面推行“一企一证”，对企业多类产品实行一并核查。加快制造业智能化共性技术平台建设，开展重点行业工业互联网集成应用示范。设立“中国制造 2025”产业发展基金。制定出台促进首台（套）重大技术装备示范应用的意见。积极推进新能源汽车、智能网联汽车加快发展。举办“中国品牌日”活动。开展服务业质量提升、服务业标准化发展等专项行动，推动服务业模式创新和跨界融合。全面落实新修订的中小企业促进法。

二是大力培育新动能。推动互联网、大数据、人工智能和实体经济深度融合，在医疗、养老、教育、文化、交通运输、流通、物流等领域，深入推进“互联网+”行动，推进实施新一代人工智能规划。实施新一代信息基础设施建设工程，加快推动第五代移动通信、量子通信等网络前沿技术应用部署，加大网络提速降费力度，引导和规范共享经济良性健康发展，建设一批共享经济示范平台。实施北斗产业园区创新发展专项行动，继续推动通用航空示范区建设。制定出台数字经济发展纲要和促进生物经济发展的政策性文件，组织实施数字经济试点重大工程。设立国家战略性新兴产业发展基金，实施集成电路、新型显示、生物产业倍增、空间信息智能感知等重大工程。

三是继续推进“三去一降一补”。加大“僵尸企业”破产清算和重整力度，综合运用市场化法治化手段，严格执行节能、环保、质量、安全等标准，继续化解钢铁、煤炭、煤电行业过剩产能，淘汰落后产能。今年再压减钢铁产能3000万吨左右，退出煤炭产能1.5亿吨左右，淘汰关停不达标的30万千瓦以下煤电机组。研究提升建筑用钢材标准，着力推进钢铁企业兼并重组，防范已化解的过剩产能复产。统筹做好去产能和保供应，努力实现煤炭供需动态平衡。支持企业多渠道分流安置职工，研究出台推动债务有效处置的政策措施。强化企业资产负债率和资本金约束，深入推进市场化法治化债转股，推动国有企业去杠杆取得扎实进展。因地制宜鼓励农业转移人口等新市民在城镇购房租房。按照三档并两档方向，调整增值税税率水平，重点降低制造业和交通运输业等行业税率，扩大对小微企业的所得税优惠范围。加强对违法违规收费的监管和整治。加大关键领域和薄弱环节补短板力度，精准有效改善供给质量，增强发展后劲。

四是加强水利交通能源等基础设施建设。今年要完成铁路投资7320亿元、公路水运投资1.8万亿元左右，水利在建投资规模达到1万亿元。再开工一批重大水利工程，加强中小河流治理、小型病险水库除险加固等水利薄弱环节建设。加快建设北京至沈阳、商丘经合肥至杭州、郑州至万州高铁，开工建设北京至雄安、和田至若羌等铁路。有序发展高速公路，支持普通国省干线提级改造。进一步完善通江达海、干支衔接的航道网络，提高干线航道通航能力和支线航道等级。积极推进北京、成都、青岛等新机场建设，推进一批枢纽机场改扩建和支线机场项目建设。支持符合条件的城市有序发展城市轨道交通。推动“互联网+”便捷交通建设，提升综合交通服务质量。加快构建便捷高效、绿色安全骨干物流基础设施网络。落实能源生产和消费革命战略，推进能源革命试点示范，开展非化石能源跨越发展行动，构建清洁能源消纳长效机制，加快传统能源清洁高效利用，加强电网、油气管网布局优化和互联互通，增强天然气供给保障能力和油气储备应急能力。

（二）加快建设创新型国家。深入实施创新驱动发展战略，进一步健全创新激励制度，不断提升企业创新力和产业竞争力。

一是加强国家创新体系建设。深入推进全面创新改革试验，尽快形成第二批可复制推广的改革成果。强化战略科技力量，加快落实科技改革政策。扎实推进科技创新中心和综合性国家科学中心建设，加快建设国家实验室和重大科技基础设施。研究设立综合性国家新兴产业创新中心，在若干战略领域建设国家工程研究中心，继续推动国家级制造业创新中心和国家级企业技术中心建设。鼓励领军企业牵头实施重大科技项目，推动科研院所、高校与企业融通创新，发展产学研深度融合的新型研发机构。加大对中小企业创新的支持，落实科研人员股权期权和分红等激励政策，加快推进国家重大科研基础设施、大型科研仪器等科技资源开放共享。

二是加快科技创新突破。制定加强基础研究、应用基础研究和技术创新工程的方案。制定科技重大专项梯次接续方案和重大成果转化及产业化政策。拓展实施国家重大科技项目，突出关键共性技术、前沿引领技术、现代工程技术、颠覆性技术创新，加快雾霾成因与治理研究，推进癌症等重大疾病防治攻关。深入实施人才强国战略，加强战略科技人才、科技领军人才、青年科技人才和高水平创新团队建设，强化高技能人才激励，加大海外高层次人才引进力度。

三是促进大众创业万众创新上水平。发挥大企业、科研院所和高校领军作用，建设创新创业资源共享平台，开展“双创示范基地十强百佳工程”和“创投基金十百千工程”，深入开展小微企业创业创新基地城市示范，鼓励发展创新型创业，促进科技成果转移转化与创新创业有机结合，支持企业、科研院所、高校建立专业化众创空间。将创业投资和天使投资税收优惠政策试点范围扩大到全国，支持引导地方改善小微企业融资环境。构建包容创新的监管制度。办好全国双创活动周、“创响中国”系列活动和各类创新创业赛事，在全社会持续营造浓厚“双创”氛围。

四是深入推进军民融合发展。全面启动国家军民融合重大示范项目建设。推进国家军民融合综合公共服务平台建设和中国军民融合网上线运行。建设国家军民融合创新示范区，开展经济建设项目贯彻国防要求、军民融合发展需求管理、国防知识产权转化应用等试点。启动运行国家国防科技工业军民融合产业投资基金。促进国防科技工业军民融合发展，构建军民融合科技协同创新体系。进一步消除阻碍军民融合的壁垒。构建军民融合统计和评价指标体系。支持国防军工生产能力建设。继续推进空域管理体制改革。

（三）深化基础性关键领域改革。加快建设充分发挥市场作用、更好发挥政府作用的经济体制，着力激发各类市场主体活力。

一是持续扩大“放管服”改革综合成效。深化简政放权，研究制定国务院部门权力和责任清单。在全国推开“证照分离”改革，大幅减少领取营业执照后的各类许可证。推行综合执法改革，全面实行“双随机、一公开”监管，推动跨部门双随机联合检查。加快构建以信用承诺、信息公示为特点的新型监管机制。优化政务服务，改进优化报建审批制度。加强政务服务标准化建设，大力推行“互联网 + 政务服务”，将国务院各部门整合后的政务信息统一接入国家共享平台，试点推进公共数据服务，在更大范围、更多领域推行网上审批。加快建立营商环境评价体系，逐步在全国推行。

二是着力完善产权制度。依法平等保护各类所有制经济产权，推动修改和废止不利于产权平等保护的法律法规，依法甄别纠正产权纠纷申诉案件，推进以产权保护为重要内容的政务诚信建设，营造支持民营企业发展的良好环境。落实激发和保护企业家精神的重点举措，健全企业家参与涉企政策制定机制，建立因政府规划调整、政策变化造成企业合法权益受损的依法依规补偿救济机制。推进知识产权综合管理改革试点。

三是加快要素市场化配置改革。深入推进户籍制度改革及公共服务等相关配套改革。加快完善土地二级市场制度。推动投融资体制改革全面落地，深化企业投资项目审批制度改革，推进企业投资项目承诺制改革试点，建立完善企业投资项目监管执法体系和政府投资项目稽察体系。推进公共资源交易市场化改革，构建公共资源交易数据共享平台体系。开展电力现货交易和天然气配售环节改革试点，推进矿业权出让制度改革，完善并有序放开油气勘查开采体制，制定石油天然气管道运营等重点领域体制机制改革实施方案。加强政府定价成本监审，深化电力、天然气、城镇供水、农业供水、医疗服务、铁路运输等领域垄断环节和公共服务价格改革。

四是构建竞争公平有序的市场体系。全面实施并不断完善全国统一的市场准入负面清单制度，破除歧视性限制和各种隐性障碍，放宽民间资本准入领域。清理废除妨碍统一市场和公平竞争的各种规定和做法，全面推行公平竞争审查制度，强化反垄断执法。建立健全信用法规和标准体系，完善守信联合激励和失信联合惩戒机制，加快推进社会信用体系建设。

五是深化国资国企改革。完善各类国有资产管理体制，以管资本为主加快转变国有资产监管机构职能，改革国有资本授权经营体制。加快国有经济布局优化、结构调整、战略性重组，以资本为纽带促进各类所有制企业优势互补，推动国有资本做强做优做大。积极稳妥推进国有企业股权多元化和混合所有制改革，进一步推动重点领域混合所有制改革试点，培育具有全球竞争力的世界一流企业。深化国有林区林场、农垦改革。

专栏 10：全面深化国资国企改革

国有资产管理体制	◊ 完善国有资产监管体制，以管资本为主推动国有资产监管机构加快职能转变。完善国有资本经营预算制度。
国有资本授权经营体制	◊ 深化国有资本投资、运营公司试点，开展国务院直接授权国有资本投资、运营公司试点，支持和鼓励地方结合实际开展国有资本授权经营体制改革。
国有资本做强做优做大	◊ 建立健全优胜劣汰市场化退出机制，加快处置低效无效国有资产。以市场化手段实现国有资本形态转换。推动国有资本向关系国家安全、国民经济命脉和国计民生的重要行业和关键领域、重点基础设施集中，向前瞻性战略性产业集中，向具有核心竞争力的优势企业集中。选择符合条件的行业，稳步推进中央企业战略性重组。
国有企业混改	◊ 选择具备条件的中央企业推进集团层面股权多元化，积极稳妥推进主业处于充分竞争行业和领域的商业类国有企业混合所有制改革。健全混合所有制企业治理机制，探索特殊管理股制度。系统总结国有控股混合所有制企业员工持股试点经验，扩大试点范围，建立激励约束长效机制。

六是稳妥推进财税和金融体制改革。推进中央与地方财政事权和支出责任划分改革，制定收入划分改革方案。深化预算管理制度改革，提高国有资本经营预算调入一般公共预算比例，全面实施绩效管理，提高财政资金使用效率。推进综合与分类相结合的个人所得税制度改革。健全地方税体系，配合推进房地产税立法。加快金融体制改革，完善金融机构法人治理结构，改革金融监管体制，深化利率和汇率市场化改革，建立目标利率和利率走廊机制，促进多层次资本市场健康发展，提高直接融资尤其是股权融资比重。

（四）坚决打好防范化解重大风险、精准脱贫、污染防治三大攻坚战。调动各方面力量、采取更有力措施，着力提高防范抵御风险能力，着力提高脱贫质量，着力解决突出环境问题。

一是着力防范化解重大风险。加强金融风险

防控，发挥好国务院金融稳定发展委员会的作用，建立健全宏观审慎管理制度和政策框架。有效防范和处置银行不良贷款，强化对影子银行等薄弱环节的监管，稳妥推进互联网金融风险专项整治，严厉打击非法集资、金融诈骗、非法放贷等违法犯罪活动，保护金融消费者权益。切实加强地方政府债务管理，积极稳妥处置存量债务，有效遏制增量，严禁各类违法违规举债、担保等行为。加快完善国家战略物资储备体系。建立健全风险识别和监测预警体系，完善应急处置机制，强化重大政策解读，合理引导市场行为和社会预期，守住不发生系统性风险的底线。

二是扎实推进精准脱贫。制定打好精准脱贫攻坚战三年行动指导意见，大力实施加大深度贫困地区支持力度推动解决区域性整体贫困行动方案。深入推进产业、教育、健康、生态和文化等扶贫，推进贫困村基础设施和公共服务体系建设。坚持扶贫与扶志、扶智相结合，建立健全稳定脱贫、防止返贫长效机制，增强贫困群众和贫困地区自我发展能力，强化对老年人、残疾人、重病患者等特定贫困人口的精准帮扶。加大深度贫困地区以工代赈力度，重点支持"三区三州"贫困乡村中小型公益性基础设施建设。深入实施东西部扶贫协作。加强对扶贫工作的考核监督，严肃查处挪占资金、弄虚作假、数字脱贫等违法违规问题。

三是持续加大污染防治力度。制定实施打好污染防治攻坚战方案和打赢蓝天保卫战行动计划，持续推进大气、水、土壤污染防治。着力解决弃风弃光问题，增加清洁电力供应。进一步优化能源消费结构，稳步推进浅层地能利用、燃煤锅炉节能改造、余热暖民等煤炭消费减量替代重点工程，因地制宜稳妥推进北方地区清洁取暖。推进交通运输结构调整，加快发展多式联运，提升铁路运输比例，继续淘汰老旧车。强化区域联防联控和京津冀等重点区域污染防治，下大力气降低 $PM_{2.5}$ 浓度、减少重污染天数。着力开展清水行动，全面排查集中式饮用水水源保护区，整治城市建成区黑臭水体，加快污水处理设施建设，加强农业面源污染防治。强化土壤污染管控和修复，开展重点地区工矿企业重金属污染耕地风险排查整治。加强固体废弃物和垃圾分类处置，坚决禁止"洋垃圾"入境。继续深化排污许可制度改革，实施工业污染源全面达标排放计划，强化排污者责任，健全环保信用评价、信息强制性披露、严惩重罚等制度，着力解决损害群众健康、社会反映强烈的突出环境问题。

（五）落实乡村振兴战略重大举措。坚持农业农村优先发展，新型城镇化和乡村振兴两手抓，加快形成工农互促、城乡互补、全面融合、共同繁荣的新型工农城乡关系。

一是强化城乡融合发展顶层设计。编制实施国家乡村振兴战略规划，指导各地区编制乡村振兴地方规划，重点强化县域乡村振兴规划编制实施。制定建立健全城乡融合发展体制机制和政策体系的意见措施，积极推进城乡建设统一规划、产业合理布局、基础设施互联互通，加快引导城市资金、技术、人才等现代要素向农业农村流动。

二是全面深化农村改革。巩固和完善农村基本经营制度，深化农村土地制度改革，基本完成承包地确权登记颁证工作，制定第二轮土地承包到期后再延长30年的具体办法。完善农民闲置宅基地和闲置农房政策，探索宅基地所有权、资格权、使用权分置改革。改进耕地占补平衡管理办法。完善农业支持保护制度，在现有200个产粮大县农业大灾保险试点基础上，选择部分产粮大县开展三大粮食作物完全成本保险试点。深化农村集体产权、集体林权、供销社等改革，保障农民财产权益，壮大集体经济。

三是确保国家粮食安全。加快粮食生产功能区、重要农产品生产保护区划定与建设，推进以高标准农田为重点的农业基础设施建设。加大优质粮食工程实施力度，加强安全保障和应急设施建设，完善粮情监测预警和应急供应体系。深化农产品收储制度改革，完善稻谷、小麦最低收购价政策，加快消化粮食库存，健全食糖价格形成机制。改革完善中央储备粮管理体制，推进粮食安全保障立法，全面加强粮食流通监管。整合完善农资储备制度。

四是构建现代农业产业体系、生产体系、经营体系。深入推进农业供给侧结构性改革，加快推进农业由增产导向转向提质导向。开展乡村产业振兴行动，大力发展现代化农林牧渔业，创建一批国家级特色农产品优势区，实施特色优势农产品出口提升行动。推进农业废弃物资源化利用，加强国家农业可持续发展试验示范区建设。支持绿色品种技术生产研发推广，实施现代种业竞争力提升和农产品质量安全提升行动。扩大耕地轮作休耕制度试点。加快研制大型联合收割机、新型高性能拖拉机等先进适用农机装备。深入推进农村一二三产业融合发展，大力发展数字农业、"互联网＋农业"和遥感技术应用，建设国家农村产业融合发展示范园。启动新型农业经营主体培育工程，发展多种形式适度规模经营。加强面向小农户的社会化服务。

五是建设美丽宜居乡村。加快改善农村水利、交通、通信、电网、环保、物流等基础设施,组织实施"百兆乡村"示范,加强农村饮水安全保障。稳步开展农村人居环境整治三年行动,实施农业资源与生态环境保护工程。推进农村"厕所革命",实施农村生态清洁流域建设,梯次推动乡村山水林田路房整体改善。新建改建农村公路20万公里,新增通硬化路建制村5000个。完善农村医疗、教育、文化等公共服务体系。加大对古镇、传统村落、传统建筑等保护力度,提升乡村规划建设水平,防止大拆大建。

(六)贯彻落实区域协调发展战略。加强分类指导,细化区域政策,加大对重点地区的帮扶力度,逐步缩小区域发展差距。

一是大力推进区域协调发展。加大力度支持革命老区、民族地区、边疆地区、贫困地区发展,加快建设交通、水利、能源、通信、物流等重大基础设施。落实和完善支持新疆、西藏和四省藏区经济社会发展政策措施,深入开展对口支援。加大对边民扶持力度,确保边疆巩固、边境安全。加大西部开放力度,制定西部大开发新的指导意见,推进沿边重点开发开放试验区和贵州、宁夏内陆开放型经济试验区建设。深化改革加快东北等老工业基地振兴,全面开展东北地区与东部地区对口合作,引导资源型城市培育发展新动能。发挥优势推动中部地区崛起,加快推进"一中心、四区"建设,制定实施淮河、汉江生态经济带发展规划。创新引领率先实现东部地区优化发展,推动长三角一体化发展和泛珠三角区域合作发展。出台大运河文化带建设总体规划。壮大海洋经济,研究制定坚持海陆统筹加快建设海洋强国的指导意见和实施方案,大力推进海洋经济示范区建设,实施流域环境和近岸海域综合治理,推进海岛海水淡化工程,出台加强科学有效围填海管控的意见。促进国家级新区持续健康发展,有力有序推进临空经济示范区、承接产业转移示范区、产城融合示范区等建设,发挥新引擎、新示范、新样板作用。

二是以疏解北京非首都功能为"牛鼻子"推动京津冀协同发展。高起点规划、高标准建设雄安新区,编制实施雄安新区规划纲要和深化改革扩大开放指导意见,启动建设一批重大项目。加快北京城市副中心建设,稳妥有序推进北京市级机关和市属行政部门搬迁。以疏解北京非首都功能为重点,有序转移人口,保持合理的职业结构。优化京津冀资源配置,推动合作共建特色产业园区,强化区域污染联防联控,建好首都水源涵养功能区与生态环境支撑区,巩固和扩大交通、生态、产业三个重点领域率先突破取得的成效,在社会事业、资源保障等方面取得实质性进展。

三是以生态优先、绿色发展为引领推进长江经济带发展。加快推进水污染治理、水生态修复、水资源保护"三水共治",深入开展非法码头、非法采砂、化工污染等专项治理行动,推进重要支流协同治理。加强断面水质监测预警、流域生态补偿、负面清单管理等制度建设,实施生态修复与环境保护重大工程,加强森林、湿地生态修复和水生生物多样性保护,启动在长江流域水生生物保护区全面禁捕,开展绿色发展试点示范。加快发展江海联运,完善多式联运体系,实施消除铁路瓶颈路段和高速公路未贯通路段工程。

四是积极推动粤港澳大湾区建设。编制实施粤港澳大湾区发展规划纲要,加快建立协调机制,推动基础设施互联互通,构建"极点带动、轴带支撑"网络化空间格局,建设国际科技创新中心和具有国际竞争力的现代产业体系,创新通关模式,提升通关效率,打造宜居宜业宜游的优质生活圈。进一步推动前海、南沙、横琴开发开放,发挥三大平台在大湾区建设中先行先试和辐射带动作用。

五是深入推进以人为核心的新型城镇化。加快实施1亿非户籍人口在城市落户方案,放宽城市落户条件,深入实施"人地钱"配套政策,全面落实居住证制度,鼓励有条件的地方扩大对居住证持有人的公共服务范围并提高服务标准。健全进城落户农民农村土地承包权、集体收益分配权自愿有偿转让机制,探索宅基地使用权自愿有偿退出机制。全面实施城市群规划,提高城市群质量,推进大中小城市网络化建设,有序推进县改市和小城镇、特色小镇健康发展。加快城市排水防涝、地下综合管廊建设,大力发展绿色城市、海绵城市、智慧城市、生态园林城市、人文城市。

(七)切实发挥消费和投资有效作用。扩大居民消费,促进有效投资,形成供给结构优化和总需求适度扩大的良性循环。

一是完善促进消费的体制机制。继续推进实施"十大扩消费行动",支持社会力量进入医疗、养老、教育、文化、体育等领域,推动互联网与养老、医疗、家政、快递等服务业融合发展。大力支持健康产业发展,建设优质养老服务供给体系。推进家政服务提质扩容,推动家政服务从业人员职业化建设。

二是积极壮大消费新增长点。支持新能源汽

车消费，鼓励地方对新能源汽车的购买和通行便利给予支持。扩大汽车平行进口试点范围。鼓励和引导节能、环保、低碳等绿色产品消费。培育壮大智能家居、可穿戴设备等新兴信息消费，推动数字家庭、远程定制、体验分享等新兴消费领域发展。推动数字消费，加快电子商务和实体销售融合发展。加速升级旅游消费，实施入境旅游提升计划，落实带薪休假制度，降低重点国有景区门票价格，提升旅游质量，大力发展全域旅游，推动邮轮经济发展。

三是进一步优化消费环境。规范和引导共享单车等消费新模式科学有序发展。全面取消二手车限迁政策。促进内外销产品“同线同标同质”，促进中华老字号传承发展。建立消费者参与标准化工作的机制。加快推进重要产品追溯体系建设，加强重点行业和领域消费侵权查处，加强市场监管，开展跨领域跨区域联合打假，开展放心消费创建活动。

四是聚焦重点领域优化投资结构。继续发挥政府投资引导作用，安排中央预算内投资 5376 亿元，比上年增加 300 亿元，加大对“三农”、创新驱动、生态环保、民生改善、安全保障能力建设等领域的支持，加强水利、铁路、公路、水运、航空、管道、电网、信息、物流等基础设施网络建设。推动出台政府投资条例。认真落实支持民间投资的政策措施，营造稳定、透明、公平投资环境，支持民间资本进入油气、电信等领域。规范有序推广政府和社会资本合作(PPP)模式，鼓励民间资本参与，利用多种运作方式盘活存量资产，回收资金精准用于补短板、强弱项，形成良性投资循环。

(八)推动形成全面开放新格局。坚持引进来和走出去并重，加快培育国际经济合作和竞争新优势。

一是积极推进“一带一路”建设。落实好“一带一路”国际合作高峰论坛成果，建立健全长效机制。继续推进“一带一路”国际合作及发展战略和规划对接。发挥金融对“一带一路”建设的促进作用。加快推进铁路、公路、通信、电网、港口、产业合作园区、能源基础设施等项目建设，加强政策规则标准三位一体“软联通”。推动中欧班列健康有序发展。推进数字(网上)丝绸之路建设和空间信息走廊建设与应用。深化人文交流合作。加强安全风险防范。

二是扎实推进贸易强国建设。加快提升出口质量和附加值，鼓励高新技术、装备制造、自主品牌产品出口。促进对外贸易平衡，积极扩大进口，下调汽车、部分日用消费品等进口关税。深化服务贸易创新发展试点，增强服务外包示范城市的辐射带动作用。推动外贸转型升级基地、贸易平台和国际营销服务体系建设，支持中西部和东北地区承接加工贸易转移，鼓励发展飞地经济。培育贸易新业态新模式，支持跨境电商等各类新业态健康发展。

三是促进利用外资稳定增长和结构优化。全面实行准入前国民待遇加负面清单管理模式，有序放宽市场准入，扩大金融、电信、教育等领域对外开放，全面放开一般制造业。完善外资相关法律，保护外商投资合法权益。高标准高质量推进自贸试验区建设，赋予自贸试验区更大改革自主权，探索建设中国特色自由贸易港。积极稳妥推进资本市场双向开放。完善全口径跨境融资宏观审慎管理。建立健全全口径外债监管体系，切实有效防范外债风险。

四是引导对外投资平稳有序发展。创新对外投资方式，深化国际产能合作，推进境外经贸合作区建设，以投资带动贸易发展和产业发展。创新投融资机制，便利人民币在贸易投资中的使用，形成人民币国际化新格局。健全境外投资法律法规和监测服务平台。完善对外投资备案报告，实现全口径全过程监管，加强境外投资服务保障。

五是主动参与和推动经济全球化进程。全力办好博鳌亚洲论坛年会、上合组织峰会、中非合作论坛峰会以及首届中国国际进口博览会等主场外交。支持联合国、二十国集团等发挥全球治理主要平台作用，推动亚太经合组织、金砖国家合作机制等发挥作用。不断深化多双边投资经贸合作，支持多边贸易体制，促进高水平的贸易和投资便利化。

(九)提高保障和改善民生水平。大力推进社会领域供给侧结构性改革，着力补齐公共服务短板，努力满足人民日益增长的美好生活需要。

一是提高就业质量和居民收入水平。坚持就业优先战略，落实完善积极就业政策。统筹实施国家高技能人才振兴计划，大规模开展职业技能培训，同步推进产业结构调整和劳动者素质提升。鼓励创业带动就业，落实支持农民工等人员返乡下乡创业新政策。提供全方位公共就业服务，深入实施高校毕业生就业创业促进计划和基层成长计划。稳妥有序做好化解过剩产能过程中的职工安置工作，统筹做好就业困难人员、退役军人等群体就业工作。积极缓解结构性就业矛盾，解决好性别歧视、身份歧视问题。完善工资水平决定机制、增长机制和支付保障机制，推进城乡居民增收和专项激励计划试点，深化收入分配领域配套改革，促进城乡居民收入稳定增长，推动城乡收入差距进一步缩小。

二是推动建立多层次社会保障体系。改革完善基本养老保险制度,提高企业和机关事业单位退休人员基本养老金及城乡居民基础养老金水平,适度提高城乡低保标准和优抚补助标准。开展个人税收递延型商业养老保险试点。分批实施划转部分国有资本充实社保基金。深入推进城乡居民基本医保制度整合,完善城乡居民大病保险制度。巩固完善跨省异地就医住院费用直接结算,进一步扩大联网基层医疗机构范围。提高城乡居民基本医保人均财政补助标准。推进全国统一的社会保险公共服务平台建设。进一步完善城乡社会救助制度和慈善事业制度。持续开展农村危房改造,推动老旧小区改造。

三是不断增强公共产品和服务供给能力。进一步提高基本公共服务均等化水平,制定基本公共服务标准体系指导意见。坚持教育优先发展,深化教育领域综合改革,促进城乡义务教育一体化发展,持续改善薄弱学校基本办学条件,着力解决中小学生课外负担重、“择校热”、“大班额”等突出问题。多渠道增加学前教育资源供给,加强婴幼儿照护和儿童早期教育服务。推进普及高中阶段教育。深化产教融合,拓宽社会力量举办职业教育空间,扩大企业新型学徒制和现代学徒制试点。加快“双一流”建设。发展民族教育、特殊教育、继续教育和网络教育。加强师资队伍和师德师风建设。2018年,九年义务教育巩固率预期目标达到94.2%,高中阶段教育毛入学率预期目标达到88.9%,普通高等教育本专科招生预期目标达到755万人。深入实施健康中国战略,提升全民健康素质。深化医药卫生体制改革,推进分级诊疗,加强基层医疗卫生服务体系和全科医生、儿科医生队伍建设,实施新一轮改善医疗服务计划,提升疑难病症诊治能力,健全药品供应保障制度,支持中医药事业传承创新发展。推进实施食品安全战略。全面放开养老服务市场,推进医养结合,大力推进实施社会服务兜底工程。切实加强妇女、未成年人、残疾人等社会群体权益保护,健全农村留守儿童和妇女、老年人关爱服务体系,加快推进无障碍环境建设。推动实施国家人口发展规划,研究制定国家积极应对人口老龄化中长期规划,进一步完善全面两孩配套政策,健全人口预测预报预警机制。完善公共服务法律体系。贯彻落实公共文化服务保障法,构建现代公共文化服务体系,实施文化惠民工程,推进基层综合性文化服务中心建设,扎实推进国家图书馆国家文献战略储备库等国家级重点文化项目建设。深入推进中华优秀传统文化传承发展。繁荣发展哲学社会科学,建好中国特色新型智库。实施全民健身计划,加强公共体育设施建设和利用,加快发展体育产业。严格落实安全生产责任制,推进防灾减灾救灾体制机制改革,加强社区治理体系建设,健全公共安全体系。

四是加快住房制度改革和长效机制建设。坚持“房子是用来住的,不是用来炒的”定位,继续实施分类调控,因城因地施策,满足自住需求,坚决抑制投机性需求。改革住房公积金制度,研究设立国家住宅政策性金融机构,建立健全促进房地产市场平稳健康发展的长效机制,加快建立多主体供应、多渠道保障、租购并举的住房制度。发展住房租赁市场特别是长期租赁,保护租赁利益相关方合法权益。加大公租房保障力度,对低收入住房困难家庭要应保尽保,将符合条件的新就业无房职工、外来务工人员纳入保障范围。支持北京、上海等城市开展共有产权住房试点。

(十)加大生态文明建设力度。坚持实施可持续发展战略,促进经济发展与生态环境改善良性互动,加快建设美丽中国。

一是建立健全绿色低碳循环发展的经济体系。研究制定推进绿色产业发展的政策措施,壮大节能环保、清洁生产、清洁能源产业。继续实施能源、水、建设用地总量和强度“双控”,开展国家节水行动、重点用能单位“百千万”行动。建立健全用能、用水、碳排放权初始分配和交易制度,深入推进生产者责任延伸制度。推进资源循环利用基地建设、大宗固体废弃物综合利用、农业循环经济发展,继续实施园区循环化改造。完善促进绿色发展的价格政策体系。大力发展绿色金融,积极发行绿色债券。实施环境保护税法。

二是加强生态系统保护。统筹山水林田湖草系统治理,实施重要生态系统保护和修复重大工程。加快生态保护红线、永久基本农田、城镇开发边界三条控制线和城镇空间、农业空间、生态空间划定工作。启动大规模国土绿化行动,推进水土流失综合治理。扩大退耕还林还草,继续实施退牧还草,健全耕地草原森林河流湖泊修养生息制度,适时启动祁连山生态搬迁。深化国土综合整治,推进矿山地质环境恢复治理。

三是加快生态文明体制改革。推动国家生态文明试验区和生态文明先行示范区加快制度创新,改革生态环境监管体制,健全自然资源资产产权制度，加快建设国有自然资源资产管理和自然生态监管机构。健全国土空间开发保护制度，大力实施国土规划和国土综合整治，开展资源环境承载能力监测预警。完善主体功能区配套政策，在浙江、江西、贵州、青海等地开展生态产品价值实现机制试点。全面建立河长制、湖长制。推进国家公园体制配套制度建设，构建以国家公园为主体的自然保护地体系。研究建立市场化、多元化生态补偿机制。

四是积极推行绿色生活方式。推广绿色惠民技术，扩大绿色消费，举办全国节能宣传周和全国低碳日系列活动，推进城市垃圾分类，开展节约型机关、绿色家庭、绿色学校、绿色商场、绿色建筑、绿色生态社区、绿色出行创建活动。

五是积极应对气候变化。加快推进全国碳市场管理制度建设、基础设施建设和能力建设。进一步加强控制温室气体排放相关工作。深化低碳发展试点示范和气候适应型城市建设试点。建设性引导气候变化国际谈判，继续推动气候变化南南合作。

支持香港、澳门融入国家发展大局，以粤港澳大湾区建设、粤港澳合作、泛珠三角区域合作等为重点，深化内地与香港、澳门的投资经贸合作，完善便利香港、澳门居民在内地发展的政策措施。支持香港巩固提升国际金融、航运、贸易三大中心地位，强化全球离岸人民币业务枢纽地位，进一步推动内地和香港在信息、公路、铁路、港口、机场等基础设施领域加强合作。进一步支持澳门建设世界旅游休闲中心、中国与葡语国家商贸合作服务平台，办好澳门国际贸易投资展览会和国际基础设施投资与建设高峰论坛。进一步推进海峡两岸经贸关系发展，扩大两岸经济文化交流合作，逐步为台湾同胞在大陆学习、创业、就业、生活提供与大陆同胞同等的待遇，增进台湾同胞福祉。

各位代表，做好2018年经济社会发展工作意义重大，任务艰巨。我们要更加紧密地团结在以习近平同志为核心的党中央周围，高举中国特色社会主义伟大旗帜，以习近平新时代中国特色社会主义思想为指导，自觉接受全国人大的监督，虚心听取全国政协的意见和建议，凝心聚力、改革创新，真抓实干、攻坚克难，促进经济社会持续健康发展，为决胜全面建成小康社会、开启全面建设社会主义现代化国家新征程打下坚实基础。

第十三届全国人民代表大会财政经济委员会关于2017年国民经济和社会发展计划执行情况与2018年国民经济和社会发展计划草案的审查结果报告

（2018年3月15日第十三届全国人民代表大会第一次会议主席团第五次会议通过）

十三届全国人大一次会议主席团：

第十三届全国人民代表大会第一次会议审查了国务院提出的《关于2017年国民经济和社会发展计划执行情况与2018年国民经济和社会发展计划草案的报告》以及2018年国民经济和社会发展计划草案。在第十二届全国人民代表大会财政经济委员会对计划报告和计划草案初步审查的基础上，第十三届全国人民代表大会财政经济委员会根据各代表团的审查意见，又作了进一步审查。国务院根据审查意见对计划报告作了修改。现将审查结果报告如下。

财政经济委员会认为，2017年国民经济和社会发展计划执行情况总体是好的。面对国内外形势的深刻复杂变化，在以习近平同志为核心的党中央坚强领导下，国务院和地方各级人民政府不断增强“四个意识”，认真学习贯彻习近平新时代中国特色社会主义思想和党的十九大精神，按照党中央决策部署和第十二届全国人大第五次会议的各项决议的要求，坚持稳中求进工作总基调，坚定不移贯彻新发展理念，坚持以提高发展质量和效益为中心，以推进供给侧结构性改革为主线，扎实工作，较好完成全年主要目标任务。经济运行稳中向好，质量和效益继续提升，经济结构加快优化，新动能迅速成长，生态环境状况进一步好转，居民收入增长总体快于经济增长，基本公共服务均等化程度继续提高，决胜全面建成小康社会又向前迈出坚实步伐，成绩来之不易。同时也要看到，世界经济不稳定不确定因素很多，国内发展不平衡不充分的一些突出问题亟待解决，经济社会发展仍面临不少困难和挑战。经济增长内生动力不够足，创新能力不够强，发展质量和效益还不够高，实体经济发展仍面临不少困难，营商环境仍待进一步优化，金融等领域风险隐患不容忽视，脱贫攻坚任务艰巨，城乡区域发展和收入分配差距依然较大，生态环境保护任重道远，群众在食品药品安全、住房、教育、医疗、就业、养老等方面面临不少难题。对此，要高度重视，采取措施努力解决。

财政经济委员会认为，国务院提出的计划报告和 2018 年计划草案，符合党的十九大和中央经济工作会议精神，符合“十三五”规划纲要要求，符合我国经济社会发展实际，指导思想明确，主要目标和工作安排总体可行，建议第十三届全国人民代表大会第一次会议批准国务院提出的《关于 2017 年国民经济和社会发展计划执行情况与 2018 年国民经济和社会发展计划草案的报告》，批准 2018 年国民经济和社会发展计划草案。

财政经济委员会认为，2018 年是全面贯彻党的十九大精神的开局之年，是改革开放 40 周年，是决胜全面建成小康社会、实施“十三五”规划承上启下的关键一年，做好经济社会发展工作意义重大。要在以习近平同志为核心的党中央坚强领导下，以马克思列宁主义、毛泽东思想、邓小平理论、“三个代表”重要思想、科学发展观、习近平新时代中国特色社会主义思想为指导，全面深入贯彻党的十九大和十九届二中、三中全会精神，贯彻党的基本理论、基本路线、基本方略，坚持和加强党的全面领导，坚持稳中求进工作总基调，坚持新发展理念，紧扣我国社会主要矛盾变化，统筹推进“五位一体”总体布局和协调推进“四个全面”战略布局，按照高质量发展的要求，坚持以供给侧结构性改革为主线，统筹推进稳增长、促改革、调结构、惠民生、防风险各项工作，大力推进改革开放，创新和完善宏观调控，推动质量变革、效率变革、动力变革，特别在打好防范化解重大风险、精准脱贫、污染防治的攻坚战方面取得扎实进展，引导和稳定预期，加强和改善民生，促进经济社会持续健康发展。为此，财政经济委员会提出以下建议：

（一）加快实现向高质量发展的根本转变。牢牢把握我国社会主要矛盾发生重大变化和经济已转向高质量发展阶段这一基本特征，紧紧围绕建设现代化经济体系战略目标，努力实现更高质量、更有效率、更加公平、更可持续的发展。坚持质量第一、效益优先，加快建设实体经济、科技创新、现代金融、人力资源协同发展的产业体系，构建市场机制有效、微观主体有活力、宏观调控有度的经济体制。继续深化供给侧结构性改革，坚持用市场化法治化手段推进“三去一降一补”，加大“僵尸企业”破产清算和重整力度。深入实施创新驱动发展战略，完善国家创新体系和制度环境，加大知识产权保护力度，充分激发科技人员的积极性和创造性，促进科技成果转化，不断提升科技进步贡献率和全要素生产率。高度重视实体经济发展中面临的困难和问题，继续大力简政减税减费，推动降低制度性交易成本和生产经营成本。加快发展先进制造业和现代服务业，大力推动传统产业转型升级。推动互联网、大数据、人工智能和实体经济深度融合，促进新动能持续快速成长。全面开展质量提升行动，提高企业质量管理水平。扎实推进“十三五”规划中期评估，切实做好统计法执法检查。加快形成推动高质量发展的指标体系、政策体系、标准体系、统计体系、绩效评价和政绩考核体系。

（二）坚决打好三大攻坚战。建立防范化解重大风险长效机制，坚决守住不发生系统性金融风险的底线。有效控制宏观杠杆率，把握好金融去杠杆的力度和节奏，扎实推动国有企业去杠杆，有效防控居民债务过快增长和房地产市场等领域存在的风险。高度重视地方政府隐性债务风险，有效遏制增量，积极消化存量。抓紧落实金融监管体制各项改革任务，强化综合监管、风险监测预警和应急处置，健全对影子银行、互联网金融、金融控股公司等监管，着力解决金融机构自身杠杆率过高的问题。进一步加大精准脱贫力度，向深度贫困地区聚焦发力，采取多种措施激发贫困人口内生脱贫动力，对特定贫困人口因户因人落实保障措施。全面开展扶贫资金绩效管理，在严格考核监督的同时切实改进督查方式，标本兼治，构建扶贫领域作风建设长效机制。持续加大大气、水、土壤污染防治力度，狠抓污染源头控制和末端排放治理，促使主要污染物排放总量继续明显减少，生态环境质量总体改善。着力加强京津冀等重点地区大气污染治理，进一步加大对水源地和重点流域、农业和生活用地污染防控和治理力度。推进生态保护修复，研究建立市场化、多元化生态补偿机制。加大政策支持力度，壮大节能环保产业。

（三）深入实施乡村振兴和区域协调发展战略。坚持农业农村优先发展，科学制定乡村振兴战略规划，建立健全城乡融合发展体制机制和政策体系。继续推动农村人口有序转移和进城务工人员市民化进程，把乡村振兴和新型城镇化有机结合起来。创新土地流转形式，发展多种形式适度规模经营，培育新型农业经营主体，打造现代化的农产品生产、经营、流通体系，促进小农户和现代农业发展有机衔接。完善承包地"三权分置"制度，探索盘活用好闲置农房和宅基地办法，增加农民财产性收入，提高土地使用效率。坚持质量兴农、绿色兴农，推动农业从产量导向转向质量效益导向。深化粮食收储制度改革，扩大轮作休耕制度试点，保护粮食综合生产能力。进一步加强农村基础设施建设，改善提升农村人居环境。加大对古镇、古村落、古建筑等保护力度。推动区域协调发展，努力促进基本公共服务均等化。加快实施京津冀协同发展战略和长江经济带发展战略，高起点规划、高标准建设雄安新区，积极推进粤港澳大湾区建设。继续推进西部大开发、东北等老工业基地振兴、中部崛起和东部率先发展，把支持革命老区、民族地区、边疆地区、贫困地区加快发展放在更加重要位置，提高新型城镇化质量。

（四）继续提高保障和改善民生水平。坚持就业优先战略和积极就业政策，为进城务工人员、去产能分流职工、高校毕业生、城镇就业困难人员等群体就业和创业做好服务，充分释放创业带动就业的潜力。有效落实带薪休假制度。坚持教育优先、育人为本，发展公平而有质量的教育。优化教育经费支出结构，促进城乡义务教育均衡发展，多渠道增加学前教育资源供给，努力提升农村教育和职业教育质量。积极有效应对人口快速老龄化趋势，加快多层次社会保障体系建设，完善鼓励社会资本进入养老、医疗等领域的政策体系。建立企业职工基本养老保险基金中央调剂制度，加快养老保险全国统筹。深入推进城乡居民基本医保制度整合，深化公立医院改革，扩大跨省异地就医直接结算范围，提高基层医疗机构服务能力和质量。加快建立多主体供给、多渠道保障、租购并举的住房制度，加大公租房保障力度，发展和规范住房租赁特别是长期租赁，依法保护承租人平等享有同产权人一样的公共服务。尽快建立促进房地产市场平稳健康发展的长效机制。

（五）大力推进关键性改革和高水平开放。以完善产权制度和要素市场化配置为重点，积极推动重要领域和关键环节改革取得新突破。处理好政府和市场的关系，坚持使市场在资源配置中起决定性作用，更好发挥政府在宏观调控、公共服务、市场监管、社会管理、生态环境保护中的作用。落实机构改革方案，加快政府职能转变。认真落实产权保护各项措施，依法甄别纠正社会反映强烈的侵害产权案件，推进依法行政，增强政府公信力，进一步营造支持民营企业发展的良好环境，激发和保护企业家精神。加快完善公平竞争的市场环境，坚持权利平等、机会平等、规则平等，破除融资、招投标等方面的限制和各种障碍，继续推进"放管服"改革，全面落实市场准入负面清单制度，加快推进社会信用体系建设。加快国有经济布局优化和结构调整，稳妥推进混合所有制改革，深化国企国资改革，做强做优做大国有资本。加快推进财税体制改革，着力落实税收法定原则。积极稳妥推进金融体制改革和各项政策落实，健全多层次资本市场功能，提高直接融资特别是股权融资比重，增强金融服务实体经济能力。落实好支持小微企业各项政策措施，多渠道破解融资难融资贵问题。全面实行准入前国民待遇加负面清单管理模式，大幅放宽市场准入，高标准高质量推进自由贸易试验区建设，加大西部开放力度，打造具有国际竞争力的营商环境。注重提升出口质量和附加值，积极扩大进口，大力发展服务贸易，妥善应对贸易摩擦。有序引导规范对外投资。积极推进"一带一路"建设，加快形成全面开放新格局。

以上报告，请予审议。

第十三届全国人民代表大会
财　政　经　济　委　员　会
2018 年 3 月 15 日

第十三届全国人民代表大会第一次会议关于2017年中央和地方预算执行情况与2018年中央和地方预算的决议

（2018年3月20日第十三届全国人民代表大会第一次会议通过）

第十三届全国人民代表大会第一次会议审查了国务院提出的《关于2017年中央和地方预算执行情况与2018年中央和地方预算草案的报告》及2018年中央和地方预算草案，同意全国人民代表大会财政经济委员会的审查结果报告。会议决定，批准《关于2017年中央和地方预算执行情况与2018年中央和地方预算草案的报告》，批准2018年中央预算。

关于2017年中央和地方预算执行情况与2018年中央和地方预算草案的报告

——2018年3月5日在第十三届全国人民代表大会第一次会议上

财政部

各位代表：

受国务院委托，现将2017年中央和地方预算执行情况与2018年中央和地方预算草案提请十三届全国人大一次会议审议，并请全国政协各位委员提出意见。

一、2017年中央和地方预算执行情况

2017年，在以习近平同志为核心的党中央坚强领导下，各地区各部门牢固树立政治意识、大局意识、核心意识、看齐意识，以习近平新时代中国特色社会主义思想为指导，全面深入贯彻党的十九大精神，坚持稳中求进工作总基调，坚持新发展理念，坚持以提高发展质量和效益为中心，以推进供给侧结构性改革为主线，严格执行十二届全国人大五次会议审查批准的预算，认真落实全国人大财政经济委员会的审查意见，统筹推进稳增长、促改革、调结构、惠民生、防风险各项工作，经济运行稳中向好态势持续发展，改革开放全面深化，经济结构继续优化，质量效益明显提升，风险管控稳步推进，市场信心显著增强，社会大局保持稳定。中央和地方预算执行情况较好。

（一）2017年一般公共预算收支情况。

1. 全国一般公共预算。

全国一般公共预算收入172566.57亿元，为预算的102.3%，比2016年同口径（下同）增长7.4%。加上使用结转结余及调入资金10138.85亿元（包括中央和地方财政从预算稳定调节基金、政府性基金预算、国有资本经营预算调入资金，以及地方财政使用结转结余资金），收入总量为182705.42亿元。全国一般公共预算支出203330.03亿元，完成预算的104.3%，增长7.7%。加上补充中央预算稳定调节基金3175.39亿元，支出总量为206505.42亿元。收支总量相抵，赤字23800亿元，与预算持平。

2017年全国一般公共预算收入扭转了2012年以来增速放缓态势。一些收入项目超出预算较多，其中，国内增值税超出2677.56亿元，企业所得税超出1875.61亿元，进口货物增值税、消费税和关税超出3086.25亿元。主要是供给侧结构性改革深入推进，经济发展的质量和效益提升，税源相应增加；工业生产者价格指数回升超出预期，直接带动以现价计算的相关税收快速增长；国内外需求回暖，进口商品量价齐增，进口税收增加较多。

2. 中央一般公共预算。

中央一般公共预算收入81119.03亿元,为预算的103.2%,增长7.1%。加上从中央预算稳定调节基金调入1350亿元,从中央政府性基金预算、中央国有资本经营预算调入283.35亿元,收入总量为82752.38亿元。中央一般公共预算支出95076.99亿元(包括本级支出、对地方税收返还和转移支付),完成预算的99.3%,增长5.4%。加上补充中央预算稳定调节基金3175.39亿元,支出总量为98252.38亿元。收支总量相抵,中央财政赤字15500亿元,与预算持平。

主要收入项目执行情况。国内增值税28165.97亿元,为预算的104.9%。国内消费税10225.09亿元,为预算的99.6%。进口货物增值税、消费税15968.56亿元,为预算的120.8%。关税2997.69亿元,为预算的112.7%。企业所得税20422.62亿元,为预算的104.4%。个人所得税7180.71亿元,为预算的111.2%。出口货物退增值税、消费税13870.37亿元,为预算的106.7%。非税收入5424.43亿元,为预算的66.2%。

中央本级支出29858.89亿元,完成预算的100.9%,增长7.5%。主要支出项目执行情况是:一般公共服务支出1271.46亿元,完成预算的100.9%。外交支出519.67亿元,完成预算的95.2%。国防支出10226.35亿元,完成预算的100%。公共安全支出1848.94亿元,完成预算的100.6%。教育支出1548.39亿元,完成预算的101.9%。科学技术支出2826.96亿元,完成预算的99.5%。粮油物资储备支出1597.48亿元,完成预算的108.2%。债务付息支出3779.43亿元,完成预算的100.8%。

中央对地方税收返还和转移支付65218.1亿元,完成预算的99.3%,增长4.5%。其中,税收返还8163.59亿元,完成预算的89.3%,主要是根据全面推开营改增试点后有关税收返还政策据实安排;一般性转移支付35167.9亿元,完成预算的100.4%;专项转移支付21886.61亿元,完成预算的101.9%。一般性转移支付占转移支付总额的比重提高至61.6%,其中,老少边穷地区转移支付增长19.7%,县级基本财力保障机制奖补资金增长9.5%。

2017年中央一般公共预算收入超收2507.38亿元、支出结余668.01亿元,全部转入中央预算稳定调节基金。中央预备费预算500亿元,实际支出60.7亿元,用于大气污染成因与治理攻关等方面,剩余439.3亿元(已包含在上述支出结余668.01亿元中)全部转入中央预算稳定调节基金。2017年末,中央预算稳定调节基金余额4666.05亿元。

3. 地方一般公共预算。

地方一般公共预算收入156665.64亿元,其中,地方一般公共预算本级收入91447.54亿元,增长7.7%;中央对地方税收返还和转移支付收入65218.1亿元。加上地方财政使用结转结余及从地方预算稳定调节基金、政府性基金预算、国有资本经营预算调入资金8505.5亿元,收入总量为165171.14亿元。地方一般公共预算支出173471.14亿元,增长7.7%。收支总量相抵,地方财政赤字8300亿元,与预算持平。

(二)2017年政府性基金预算收支情况。

全国政府性基金收入61462.49亿元,增长34.8%。加上2016年结转收入298.5亿元和地方政府发行专项债券筹集收入8000亿元,全国政府性基金相关收入总量为69760.99亿元。全国政府性基金相关支出60700.22亿元,增长32.7%。

中央政府性基金收入3824.77亿元,为预算的103.2%,增长6.4%。加上2016年结转收入298.5亿元,中央政府性基金收入总量为4123.27亿元。中央政府性基金支出3669.19亿元,完成预算的91.6%,增长9.2%。其中,中央本级支出2683.6亿元,对地方转移支付985.59亿元。中央政府性基金收大于支454.08亿元。其中,结转下年继续使用385.59亿元;单项政府性基金结转超过当年收入30%的部分合计68.49亿元,按规定补充中央预算稳定调节基金。

地方政府性基金本级收入57637.72亿元,增长37.3%,其中国有土地使用权出让收入52059.01亿元,增长40.7%。加上中央政府性基金对地方转移支付收入985.59亿元和地方政府发行专项债券筹集收入8000亿元,地方政府性基金相关收入为66623.31亿元。地方政府性基金相关支出58016.62亿元,增长34.2%,其中国有土地使用权出让收入相关支出51779.63亿元,增长37.1%。

(三)2017年国有资本经营预算收支情况。

国有资本经营预算收入主要根据国有企业上年实现净利润一定比例收取,同时按照收支平衡原则安排相关支出。

全国国有资本经营预算收入2578.69亿元,下降1.2%。全国国有资本经营预算支出2010.93亿元,下降6.7%。

中央国有资本经营预算收入1244.27亿元,为预算的96.5%,下降13%,主要是石油、电力等行业企业2016年经济效益下滑。加上2016年结转收入

128.03亿元，收入总量为1372.3亿元。中央国有资本经营预算支出1001.71亿元，完成预算的86.3%，下降30.9%，主要是2017年国有资本经营预算收入规模下降，同时调入一般公共预算比例提高，支出规模相应减少。其中，中央本级支出766.34亿元，对地方转移支付235.37亿元。向一般公共预算调出257亿元。结转下年支出113.59亿元。

地方国有资本经营预算本级收入1334.42亿元，增长13.2%。加上中央国有资本经营预算对地方转移支付收入235.37亿元，收入总量为1569.79亿元。地方国有资本经营预算支出1244.59亿元，增长2.1%。向一般公共预算调出310.61亿元。

（四）2017年社会保险基金预算收支情况。

全国社会保险基金收入55380.16亿元，为预算的106.9%，增长10.5%。其中，保险费收入39563.61亿元，财政补贴收入12264.49亿元。全国社会保险基金支出48951.67亿元，完成预算的101%，增长12.3%。当年收支结余6428.49亿元，年末滚存结余72037.47亿元。目前全国社会保险基金整体上还有较大结余，但受人口老龄化等因素影响，部分省份企业职工基本养老保险抚养比偏低，基金收支平衡压力较大。

2017年末，中央财政国债余额134770.16亿元，控制在全国人大批准的债务余额限额141408.35亿元以内；地方政府债务余额164706.59亿元，包括一般债务余额103322.35亿元、专项债务余额61384.24亿元，控制在全国人大批准的债务余额限额188174.3亿元以内。

（五）2017年主要财税政策落实和重点财政工作情况。

2017年，财政部门认真落实十二届全国人大五次会议预算决议要求，全面贯彻实施预算法，有效实施积极的财政政策，持续深化财税体制改革，加大重点领域保障力度，支持推进供给侧结构性改革，有力促进了经济社会持续健康发展。

着力实施减税降费政策。密切跟踪营改增试点实施情况，落实并不断完善试点政策，简化增值税税率结构。享受减半征收企业所得税优惠的小型微利企业年应纳税所得额上限由30万元提高到50万元。科技型中小企业研发费用加计扣除比例由50%提高到75%。启动创业投资和天使投资有关税收政策试点。将商业健康保险个人所得税税前扣除试点政策推至全国。继续实施2016年底到期的部分税收优惠政策等。实行上述措施，全年新增减税超过3800亿元。取消、停征或免征房屋转让手续费等43项中央行政事业性收费，降低7项收费标准；取消、停征或减免城市公用事业附加等5项政府性基金，降低2项征收标准；取消工业企业结构调整专项资金。加上地方自主清理的政府性收费，全年涉及减收超过1900亿元。此外，相关部门还出台了清理规范经营服务性收费、推进网络提速降费、降低企业用能成本、推进物流降本增效等措施，全年减轻社会负担超过4400亿元。进一步规范涉企收费行为，创建实施政府性基金和行政事业性收费、政府定价的经营服务性收费目录清单全国“一张网”制度，清单之外一律不得收费，并建立了乱收费举报投诉查处机制。

扎实推进供给侧结构性改革。**落实“三去一降一补”重点任务**。拨付专项奖补资金222亿元，支持钢铁、煤炭行业超额完成2017年化解过剩产能任务，妥善安置分流职工。淘汰停建缓建煤电产能6500万千瓦。拨付资金566.7亿元，支持中央企业处置“僵尸企业”以及解决国有企业“三供一业”等历史遗留问题。完善棚改安置方式，在商品房库存量大的地方积极推行货币化安置。落实和完善企业兼并重组、债权转让核销等相关政策，市场化法治化债转股工作有序推进。进一步优化中央基建投资支出结构，集中用于重大水利工程、新一轮农网改造升级等。规范推行政府和社会资本合作（PPP）模式，民营企业参与率稳步提高。**推进农业供给侧结构性改革**。启动41个国家现代农业产业园创建。实施农业补贴制度改革，突出绿色生态导向。支持完成粮改饲面积超过1300万亩，耕地轮作休耕制度试点1200万亩，重金属污染耕地修复治理242万亩，引导种植结构调整，促进耕地地力保护。完善粮食等重要农产品价格形成机制和收储制度，消化政策性粮棉油库存8501万吨。国家农业信贷担保联盟有限公司和33家省级农业信贷担保公司完成组建，累计为超过4.9万个农业项目提供贷款担保，担保总额442.5亿元，缓解了农业经营主体融资难、融资贵、融资慢问题。在13个粮食主产省选择200个产粮大县，面向适度规模经营农户开展农业大灾保险试点，保障水平提高约90%。推进土地整治，农业综合开发建设高标准农田2500万亩，高效节水灌溉面积新增2165万亩，灾后水利薄弱环节和重大水利基础设施建设有序推进。支持18个省份开展田园综合体建设试点示范。

培育壮大经济发展新动能。加强对公共科技活动的支持，全面落实中央财政科技计划和科研项目资金管理改革举措，运用市场化方式促进科技成果转移转化。深入实施“中国制造2025”,支持智能制造、工业强基、绿色制造工程建设。落实和完善首台(套)重大技术装备保险补偿政策,将新材料纳入首批次应用保险保费补偿范围。发挥国家集成电路产业投资基金等引导作用,促进制造业重点领域加快发展。实施调整后的财政补贴政策,全年推广新能源汽车约80万辆。支持30个城市开展小微企业创业创新基地城市示范,加快国家中小企业发展基金运行,促进大众创业、万众创新蓬勃发展。

大力支持脱贫攻坚。中央财政补助地方专项扶贫资金861亿元,比2016年增长30.3%,农业、教育、医疗、交通等领域也加大了对贫困地区的投入力度。在全国832个国家扶贫开发工作重点县和连片特困地区县全面推开涉农资金整合试点,截至2017年底,实际整合财政涉农资金3286亿元。中央财政安排易地扶贫搬迁贷款贴息,支持地方完成340万建档立卡贫困人口易地扶贫搬迁建设任务。大力推进资产收益扶贫,带动贫困群众增收。脱贫攻坚继续保持良好态势,全年实现1289万农村贫困人口脱贫。

保障和改善民生。**促进教育改革发展**。统一城乡义务教育学生“两免一补”政策,全国约1.43亿义务教育学生获得免学杂费、免费教科书资助,1377万家庭经济困难寄宿生获得生活补助,1400万进城务工农民工随迁子女实现相关教育经费可携带。落实高等教育领域“放管服”改革要求,完善和加强高校经费使用管理,进一步扩大高校办学自主权。博士生国家助学金资助标准提高了3000元。**深化医药卫生体制改革**。全面推开公立医院综合改革,取消了实行60多年的药品加成政策。开展生育保险和职工基本医疗保险合并实施试点。城乡居民基本医疗保险财政补助标准由每人每年420元提高到450元。基本公共卫生服务项目年人均财政补助标准由45元提高到50元。整合公共卫生服务项目,改革资金分配方式。推进基层卫生综合改革。**支持做好就业和社会保障工作**。完善就业创业政策体系,扩大求职创业补贴补助范围,鼓励地方对符合条件的高校毕业生、就业困难人员创业给予一次性补贴。出台划转部分国有资本充实社保基金实施方案。机关事业单位和企业退休人员基本养老金标准提高了约5.5%。整合设立困难群众救助补助资金,由各地统筹用于低保、特困人员救助供养、临时救助、流浪乞讨人员救助、孤儿基本生活保障支出,惠及全国7797万困难群众。提高优抚对象等人员抚恤和生活补助标准,惠及全国860万优抚对象。完善救灾补助政策,大幅提高灾害应急救助等4项中央财政补助标准。**加强基本住房保障**。支持棚户区改造开工609万套,推进公租房配套基础设施建设。中央财政农村危房改造补助资金集中用于低保户、农村分散供养特困人员、贫困残疾人家庭和建档立卡贫困户等4类重点对象,户均补助标准由2016年7500元(贫困地区为8500元)大幅提高至2017年约1.4万元,支持改造农村危房190.6万户。**推动文化体育事业发展**。加快构建现代公共文化服务体系,49863家公益性文化设施向社会免费开放,1257个体育馆向社会免费或低收费开放,城乡公共文化体育基础条件进一步改善。

支持生态环保建设。落实京津冀及周边、长三角、珠三角地区大气污染防治重点任务。启动中央财政支持北方地区冬季清洁取暖试点。支持地方落实水污染、土壤污染防治行动计划。增加国家重点生态功能区转移支付规模,全国享受重点补助的县域达819个。加大祁连山生态环境保护支持力度,推动妥善解决历史遗留问题。开展第二批山水林田湖草生态保护和修复工程试点。推进湿地保护与恢复,落实新一轮退耕还林还草、新一轮草原生态保护补助奖励和天然林保护全覆盖政策,支持全面停止天然林商业性采伐。支持循环经济发展和清洁生产,启动畜禽粪污资源化利用试点。深入开展排污权有偿使用和交易试点。完善流域上下游横向生态保护补偿机制。支持建立国家公园体制试点。

深化财税体制改革。**改进预算管理制度**。清理规范重点支出同财政收支增幅或生产总值挂钩事项,完善重点支出保障机制。财政转移支付结构进一步优化,专项转移支付项目数量减少18项、减至76项。首次在中国政府网、财政部门户网站集中公开中央政府预算、中央部门预算和中央对地方转移支付,公开部门预算的中央部门增加到105个。完善政府预算体系,中央国有资本经营预算调入一般公共预算的比例提高到22%,将新增建设用地土地有偿使用费等3项政府性基金项目转列一般公共预算,取消排污费等以收定支、专款专用的规定。强化预算绩效管理,绩效目标管理范围覆盖中央部门所有一级和二级项目、全部中央对地方专项转移支付,绩效目标随同预算批复和下达,全面开展项目绩效目标执行监控和绩效自评,会同第三方机构开展重点绩效评价,部分绩效自评结果和重点绩效评价结果向全国人大报告并向社会公开。健全政府会计准则体系，开展政府财务报告编制试点。**推进税制改革和税收立法**。完善增值税制度，将增值税税率由四档减至17%、11%和6%三档，取消13%的税率，将农产品等税率从13%降至11%。水资源税改革试点扩大到10个省份。出台个人收入和财产信息系统建设总体方案。配合加快税收立法工作，烟叶税法、船舶吨税法以及环境保护税法实施条例顺利出台，增值税暂行条例修订公布，耕地占用税法、车辆购置税法、资源税法、关税法等立法工作深入开展。**完善财政体制**。分领域推进中央与地方财政事权和支出责任划分改革，出台外交领域改革方案，起草教育、医疗卫生领域改革方案。研究进一步理顺中央与地方收入划分改革总体方案，起草健全地方税体系改革方案。

加强地方政府债务管理。依法规范地方政府举债融资，强化地方政府债务限额管理，全年发行地方政府新增债券1.59万亿元，控制在全国人大批准的2017年新增地方政府债务限额1.63万亿元以内。着力发展项目收益与融资自求平衡的地方政府专项债券品种，启动发行土地储备、政府收费公路专项债券。印发进一步规范地方政府举债融资行为、坚决制止地方以政府购买服务名义违法违规融资等文件，设定“正面清单”和“负面清单”，严禁各种形式的违法违规或变相举债，初步实现对当前地方政府主要违法违规融资行为的监管政策全覆盖。组织核查部分市县和金融机构违法违规融资担保行为，严格依法依规问责处理，相关责任人被给予撤职、行政降级、罚款等处分。公开曝光处理结果，发挥警示教育作用。同时，继续开展地方政府债务风险评估和预警，督促指导地方有效防范政府债务风险。

强化财政监督。组织开展地方预决算公开、扶贫资金使用管理、中央部门财经纪律执行情况、工业企业结构调整专项奖补资金等监督检查，查处违规使用财政资金490多亿元，对相关责任人严肃追责，推动完善制度、规范管理，促进重大财税政策和制度落实。

2017年的财政预算工作，是过去五年财政改革发展实践的重要组成部分。五年来，国家财政实力不断迈上新台阶，财政政策的精准性有效性不断实现新提升，现代财政治理体系和能力建设不断取得新突破，财政在党和国家事业取得历史性成就、发生历史性变革的伟大进程中发挥了积极作用。**一是坚持实施积极的财政政策，促进经济运行保持在合理区间**。全国一般公共预算支出由2012年的12.6万亿元增加到2017年的20.3万亿元，赤字率一直控制在3%以内。全面推开营改增试点，实现增值税对货物和服务全覆盖，征收66年的营业税退出历史舞台，营改增累计减税超过2万亿元。取消、免征、停征或减征1368项政府性基金和行政事业性收费，涉及减收金额3845亿元。积极调整财政支出结构、盘活沉淀资金，保障基本民生和重点项目。**二是坚持推进供给侧结构性改革，推动实现供求关系新的动态均衡**。扎实推进“三去一降一补”，出台实施一批有利于实体经济健康发展的财税政策，促进经济结构优化和新动能加快成长。着眼于提高农业供给质量，进一步完善财政支农政策，支持构建现代农业产业体系、生产体系、经营体系，推动农业农村发展向绿色生态可持续、更加注重满足质的需求转变。深入实施创新驱动发展战略，持续加大财政科技投入力度、优化投入结构、完善支持方式，创新对发展的支撑作用不断增强。**三是坚持深化财税体制改革，现代财政制度建设取得重要阶段性成果**。在推进预算公开、实行中期财政规划管理、完善转移支付制度、加强预算绩效管理等方面，出台实施一系列重大改革举措，现代预算管理制度主体框架基本建立。完善消费税制度，调整征收范围、优化税率结构和改进征税环节。全面推进资源税从价计征改革。加快推进财政事权和支出责任划分改革。合理确定全面推开营改增试点后增值税收入分享比例，中央和地方财力格局总体稳定。**四是坚持保障和改善民生，人民群众获得感不断增强**。深入实施精准扶贫、精准脱贫，中央财政补助地方专项扶贫资金年均增长22.7%。建立城乡统一、重在农村的义务教育经费保障机制，健全家庭经济困难学生资助政策体系。调整完善就业创业政策措施，重点群体和总体就业形势保持稳定。基本医保制度实现全覆盖，大病保险制度基本建立，城乡居民基本养老保险制度实现统一。构建起以低保、特困人员救助供养、临时救助等为主体的社会救助制度体系。连续提高退休人员基本养老金、城乡低保、优抚等标准。全国城镇保障性安居工程开工建设3400多万套，完成农村危房改造1700多万户。**五是坚持推进依法理财，提升财政管理水平**。修改后的预算法颁布施行，出台环境保护税法、资产评估法、政府采购法实施条例等，财税法治建设不断取得新进展。全面推行“双随机、一公开”监管，加大财政监督检查力度。建立规范的地方政府举债融资机制，强化地方政府债务管理，初步形成地方政府债务监督管理制度框架和风险防控体系。现代国库管理体系建设向纵深推进,国债市场化改革、收益率曲线建设取得重要成果,政府采购运行机制不断优化。建立健全财政部和财政系统内控机制,财政核心业务及权力运行的风险管控与监督制衡持续加强。配合推进预算联网监督,中央预算联网监督系统建成并上线运行,省级财政部门全面实现与同级人大联网,主动接受人大监督。

五年来财政改革发展工作取得的成绩,是以习近平同志为核心的党中央坚强领导的结果,是习近平新时代中国特色社会主义思想科学指引的结果,是全国人大、全国政协及代表委员们监督指导的结果,是各地区、各部门以及全国各族人民共同努力的结果。同时,我们也清醒地看到,预算执行和财政工作中还面临一些困难和挑战。主要是:财政收支紧平衡特征明显,部分基层财政运行困难,保工资、保运转、保基本民生面临较大压力;财政支出结构还需进一步优化,支出项目只增不减的固化格局没有根本改变,资金使用碎片化问题亟待破解;预算执行不够均衡,年末结转资金规模较大,部分专项转移支付项目预算执行率偏低;加强财政绩效管理十分紧迫,一些地方、部门和预算单位重分配轻管理,花钱不问效,资金闲置浪费问题严重;财税改革还有不少硬骨头,有的改革需要进一步加快,有的改革举措落地见效需要下更大功夫;一些地方违法违规或变相举债,风险隐患不容忽视。我们高度重视这些问题,将采取有力措施加以解决。

二、2018 年中央和地方预算草案

2018 年是贯彻党的十九大精神的开局之年,是改革开放 40 周年,是决胜全面建成小康社会、实施"十三五"规划承上启下的关键一年,做好预算编制和财政工作意义重大。要适应新时代、聚焦新目标、落实新部署,更好发挥财政在国家治理中的基础和重要支柱作用,推动我国经济在实现高质量发展上不断取得新进展。

(一)2018 年财政收支形势分析。

财政收入方面。2018 年,全面贯彻落实党的十九大精神将对深化改革、促进发展形成新的强大动力,我国经济持续健康发展具有许多有利条件。同时,国际环境和经济发展的不稳定性不确定性因素增多,财政增收也存在一些压力和挑战,主要是价格因素增收作用可能减弱,新老减税降费措施叠加将产生较大减收。**财政支出方面**。各级财政必保支出较多,新增支出需求很大。打好防范化解重大风险、精准脱贫、污染防治的攻坚战,需要优先保障。深化供给侧结构性改革、加快建设创新型国家、实施乡村振兴战略、加强国防和军队现代化建设、推进中国特色大国外交等,都需要重点支持。就业、教育、医疗、居住、养老等民生领域还有不少短板,需要加大投入。综合判断,2018 年财政收入继续保持向好态势与财政支出快速增长并存,预算收支安排依然是紧平衡。各级财政要坚持过紧日子,勤俭节约、艰苦奋斗、精打细算,切实把财政资金用在增强发展后劲、让人民群众过好日子上。

(二)2018 年预算编制和财政工作的指导思想和原则。

2018 年预算编制和财政工作的指导思想是:**在以习近平同志为核心的党中央坚强领导下,以马克思列宁主义、毛泽东思想、邓小平理论、"三个代表"重要思想、科学发展观、习近平新时代中国特色社会主义思想为指导,全面深入贯彻党的十九大和十九届二中、三中全会精神,贯彻党的基本理论、基本路线、基本方略,坚持和加强党的全面领导,坚持稳中求进工作总基调,坚持新发展理念,紧扣我国社会主要矛盾变化,按照高质量发展的要求,统筹推进"五位一体"总体布局和协调推进"四个全面"战略布局,坚持以供给侧结构性改革为主线,继续实施积极的财政政策,增强财政可持续性。继续实施减税降费政策,进一步减轻企业负担;调整优化支出结构,确保对重点领域和项目的支持力度,严控一般性支出,提高财政资金使用效率,着力支持在打好防范化解重大风险、精准脱贫、污染防治的攻坚战方面取得扎实进展,推动解决发展不平衡不充分问题;严格贯彻预算法,牢固树立过紧日子的思想,完善预算管理制度,全面实施绩效管理;建立权责清晰、财力协调、区域均衡的中央和地方财政关系,加快推进基本公共服务均等化,促进经济社会持续健康发展。**

贯彻上述指导思想,要立足于我国经济已转向高质量发展阶段这一基本特征,着重把握好以下原则:**一是继续实施减税降费**。坚持把发展经济的着力点放在实体经济上,结合完善税制,适时出台新的减税降费措施,大力降低实体经济成本。**二是调整优化支出结构**。提高财政支出的公共性和普惠性,严控一般性支出,确保对供给侧结构性改革、脱贫攻坚、生态环保、教育、医疗卫生、国防等领域和重点项目的支持力度。**三是深化财税体制改革**。

按照加快建立现代财政制度的要求，推进中央与地方财政事权和支出责任划分改革，提高预算约束力和透明度，完善税收制度，提升财政资源配置效率。**四是促进区域协调发展**。积极支持实施区域协调发展战略，发挥转移支付促进区域协调发展的作用，加快缩小地区间基本公共服务水平差距，增强困难地区和基层政府保工资、保运转、保基本民生的能力。**五是全面实施绩效管理**。预算安排与绩效管理相结合，将有限的财政资金用在刀刃上，以绩效为导向，严格支出管理，进一步提高资金使用效益。**六是增强财政可持续性**。合理安排收支预算和适当降低赤字率，为今后宏观调控拓展政策空间。坚决制止地方政府违法违规举债行为。做好民生工作，坚持尽力而为、量力而行。

（三）2018 年财政政策。

2018 年，积极的财政政策取向不变，要聚力增效。按照三档并两档的方向，调整增值税税率水平，重点降低制造业、交通运输等行业税率，优化纳税服务。实施个人所得税改革。统一小规模纳税人年销售额标准。再次扩大享受减半征收所得税优惠政策的小微企业范围。将创业投资和天使投资有关税收优惠政策试点范围扩大到全国。对企业新购入 500 万元以下的设备、器具当年一次性在税前扣除。实施企业境外所得综合抵免政策。扩大物流企业仓储用地税收优惠范围。继续实施部分 2017 年到期的税收优惠政策等。实行上述措施，预计全年再减税 8000 多亿元。加上继续阶段性降低企业“五险一金”缴费比例、进一步清理规范政府性基金和行政事业性收费等各种收费，将减轻税费负担 1 万亿元以上。同时，统筹收入、赤字、专项债务和调用预算稳定调节基金，适度扩大财政支出规模，为决胜全面建成小康社会、建设现代化经济体系、提高保障和改善民生水平等提供必要的财力保障。

2018 年主要收支政策：

1. 支持打好三大攻坚战。

支持打好防范化解重大风险攻坚战。坚持标本兼治、疏堵结合、循序渐进，积极防范化解地方政府债务风险。适度增加地方政府专项债券规模，优先支持地方在建项目平稳建设，2018 年安排地方政府专项债券 13500 亿元，比 2017 年增加 5500 亿元。坚决遏制隐性债务增量，积极稳妥处置隐性债务存量，坚持谁举债、谁负责，严格落实地方政府属地管理责任，债务人、债权人依法合理分担风险。

支持打好精准脱贫攻坚战。在现行标准下，按照精准扶贫、精准脱贫基本方略，多渠道筹措资金，瞄准特定贫困群众精准帮扶，进一步向深度贫困地区聚焦发力。中央财政补助地方专项扶贫资金安排 1060.95 亿元，比 2017 年增加 200 亿元，增长 23.2%，增量重点用于“三区三州”等深度贫困地区。加大教育转移支付、重点生态功能区转移支付、中央基建投资等资金渠道向深度贫困地区的倾斜力度。深入推进产业、教育、健康、生态和文化等扶贫，补齐基础设施和公共服务短板。严格按照规定的范围和用途，加快推进贫困县涉农资金实质性整合，全面实施扶贫资金绩效管理，建立完善常态化监管机制，切实管好用好扶贫资金。

支持打好污染防治攻坚战。着力解决突出环境问题，促进生态环境质量总体改善。中央财政安排大气、水、土壤三项污染防治资金合计 405 亿元，比 2017 年增加 64.65 亿元，增长 19%，投入力度是近年来最大的。支持打赢“蓝天保卫战”，重点支持京津冀等地区大气污染防治，继续开展北方地区冬季清洁取暖试点和秸秆综合利用试点，发展清洁能源。加快水污染防治，实施长江经济带生态修复激励政策，支持中西部污水处理厂提质增效，深入开展蓝色海湾整治行动。强化土壤污染管控和修复，支持土壤污染综合防治先行区示范，推进重金属污染耕地修复治理。实施农村环境综合整治，加强污水、垃圾处理设施建设与维护。实施奖补政策，大力推进畜禽粪污资源化利用。推进“厕所革命”。扩大华北地下水超采区综合治理范围。推动构建以国家公园为主体的自然保护地体系。深入开展山水林田湖草生态保护和修复工程试点。继续实施新一轮草原生态保护补助奖励政策，完善天然林保护制度，扩大退耕还林还草，支持启动大规模国土绿化行动，加强森林资源管护，强化湿地保护与恢复。研究建立多元化、市场化生态补偿机制，积极支持生态环境监管体制改革。

2. 深化供给侧结构性改革。

支持制造业优化升级。综合运用财政专项资金、政府投资基金等方式，支持“中国制造 2025”重点领域建设，促进工业与互联网深度融合。继续推动集成电路、新材料等产业发展。降低制造业等行业增值税税率。更好发挥重大技术装备等进口税收政策作用。

促进新动能成长壮大。实施“互联网 + 服务升级”行动，支持传统服务业转型升级和现代服务业加快发展，培育新增长点。延续实施新能源汽车车辆购置税优惠政策，完善补贴政策，加强充电基础设施建设,促进新能源汽车产业做优做强。降低基础电信企业税负,助力新动能成长。

继续推进"三去一降一补"。用好中央财政专项奖补资金,支持钢铁、煤炭行业去产能。推动煤电行业化解过剩产能。加大"僵尸企业"债务重组力度,加快市场化法治化债转股步伐。继续推进解决国有企业历史遗留问题、支持中央企业处置"僵尸企业"和治理特困企业工作。在减税降费的同时,健全收费基金项目动态管理机制和乱收费举报投诉查处机制,防止收费项目反弹。发挥投资对优化供给结构的关键性作用,规范推进PPP,加强资本金管理,完善扶持政策体系,鼓励民间资本参与,切实提高公共服务供给质量。

3. 落实创新驱动发展战略。

推动提升科技创新能力。大力支持公共科技活动,加大对基础研究和应用基础研究的投入力度。加快实施国家科技重大专项、科技创新2030—重大项目。支持组建国家实验室和建设一流科研院所。支持科技资源开放共享。进一步落实科研项目资金管理改革等政策,完善中央财政科技计划管理,支持赋予创新团队和领军人才更大的人财物支配权。加快开展面向目标与结果的财政科技支出绩效评价,提高资金使用效益。推动建立以企业为主体、市场为导向、产学研深度融合的技术创新体系,支持符合条件的企业更多承担国家科技计划项目。充分发挥激励机制作用,加速科技成果向现实生产力转化。

促进创业创新和小微企业发展。深入开展小微企业创业创新基地城市示范,对拓展小微企业融资担保规模、降低担保费用成效明显的地区给予奖励,促进"双创"升级。设立国家融资担保基金,完善普惠金融发展专项资金政策,优化小微企业、"三农"主体融资环境。

4. 支持实施乡村振兴战略。

完善农业支持保护制度。实施"大专项+任务清单"管理,探索建立涉农资金统筹整合长效机制。完善农业补贴制度,增加产粮大县奖励投入。健全农业信贷担保体系和农业风险分担机制,启动实施三大粮食作物完全成本保险试点。

深入推进农业供给侧结构性改革。深化粮食价格形成机制改革,推进稻谷、小麦收储制度改革,完善玉米、大豆市场化收购加补贴机制。继续减少玉米库存,着力消化稻谷库存。扩大耕地轮作休耕制度试点。加大优质粮食工程实施力度。健全绿色农产品生产扶持政策。建立长江流域重点水域禁捕补偿制度。

加快发展现代农业。大力推进高标准农田建设,发展高效节水灌溉,加强灾后水利薄弱环节建设。支持农业科技创新,推动重点品种良种培育、关键农机研发。支持多种形式适度规模经营,健全农业生产社会化服务体系,促进小农户和现代农业发展有机衔接。支持发展地方特色优势主导产业,开展农业全产业链开发创新示范,促进农村一二三产业融合发展。推进农垦、国有林区林场等改革发展。

深化农村综合改革。落实村级组织经费运转保障机制。扶持村集体经济组织发展。推进美丽乡村建设提档升级,更好发挥一事一议财政奖补机制和平台作用,开展农村综合性改革试点试验。

同时,建立健全实施乡村振兴战略财政投入保障制度,加大对农村教育、医疗卫生、文化、基础设施、生态环保等各方面的投入,健全城乡融合发展体制机制。建立新增耕地指标和城乡建设用地增减挂钩节余指标跨省域调剂机制,所得收益全部用于巩固脱贫攻坚成果和支持实施乡村振兴战略。

5. 推动区域协调发展。

提高基本公共服务均等化水平。大幅增加中央对地方一般性转移支付,重点增加均衡性转移支付、老少边穷地区转移支付、民生政策托底保障财力补助等。加大重点领域专项转移支付对发展薄弱地区和财政困难地区的支持力度。继续支持资源枯竭城市转型发展。推进落实兴边富民行动。推动省级财政进一步下沉财力,增强省以下政府基本公共服务保障能力。

支持实施国家重点规划。加强对京津冀协同发展、长江经济带发展的支持。推进实施共建"一带一路"倡议。支持高起点规划、高标准建设雄安新区。推动中西部地区、东北地区、东部地区发挥优势、更好发展。促进粤港澳大湾区发展。

6. 提高保障和改善民生水平。

支持发展公平优质教育。教育投入继续向农村、中西部、贫困地区和薄弱环节倾斜。巩固落实城乡统一、重在农村的义务教育经费保障机制,改善贫困地区义务教育薄弱学校基本办学条件。实施第三期学前教育行动计划,多渠道增加学前教育资源供给。推进高中阶段教育普及攻坚计划。深入实施现代职业教育质量提升计划,促进产教融合、校企合作。支持加快世界一流大学和一流学科建设,推动地方高校深化改革和内涵式发展。加强教师队伍建设,进一步健全学生资助制度。支持和规范社会力量兴办教育。

加强就业和社会保障。落实积极的就业政策，继续安排就业补助资金，促进就业创业。支持大规模开展职业技能培训，统筹做好高校毕业生、农民工、退役军人、就业困难人员等重点群体就业工作。从2018年1月1日起，提高企业和机关事业单位退休人员基本养老金及城乡居民基础养老金水平。落实养老保险制度改革总体方案，出台实施企业职工基本养老保险基金中央调剂制度，推动划转部分国有资本充实社保基金。进一步推进机关事业单位养老保险制度改革。在部分地区开展个人税收递延型商业养老保险试点。稳慎推进工资收入分配制度改革，完善机关事业单位工资和津补贴制度，向艰苦地区、特殊岗位倾斜。按一定比例适当提高城乡居民低保补助水平，适时调整优抚补助标准，加强对特困人员、残疾人等群体的兜底保障。支持做好留守儿童关爱保护工作。

推进健康中国建设。巩固破除以药补医成果，持续深化公立医院综合改革，加强全科医生、儿科医生队伍建设，支持提升医疗服务能力，健全医疗卫生服务体系。全面推进城乡居民医保制度整合，将城乡居民基本医疗保险财政补助标准提高40元（其中20元用于提高大病保险保障水平），达到每人每年490元，相应提高个人缴费比例。将基本公共卫生服务项目年人均财政补助标准再提高5元，达到每人每年55元。推动公立医院强化财务预算管理。扩大跨省异地就医住院费用直接结算范围。支持中医药事业传承创新发展。

完善住房保障机制。支持加快建立多主体供给、多渠道保障、租购并举的住房制度。继续推进保障性安居工程建设，2018年支持新开工各类棚户区改造580万套，加大对公共租赁住房及其配套基础设施建设的支持力度，将符合条件的新就业无房职工、外来务工人员纳入公共租赁住房保障范围。继续支持各地优先开展4类重点对象危房改造，进一步加大对深度贫困地区的倾斜力度。

推动文化繁荣兴盛。完善公共文化服务体系，深入实施文化惠民工程。继续支持博物馆、图书馆、文化馆等公益性文化设施向社会免费开放。加强文物保护利用和文化遗产保护传承。加强传统媒体和新兴媒体深度融合。支持发展社会主义文艺。促进文化产业发展。推动中华文化走出去。支持做好北京冬奥会、冬残奥会筹办工作。

支持平安中国建设。深化司法体制综合配套改革，健全社会治安防控体系，有效维护公共安全。加强社会弱势群体法律援助工作。

支持国防和军队现代化建设，为实现强军梦提供有力支撑。继续支持国防和军队改革。积极支持武警部队调整改革。深化国防科技工业投入改革。深入贯彻军民融合发展战略，研究完善配套政策，落实相关资金保障。

中央基建投资安排5376亿元，比2017年增加300亿元，加大对“三农”、创新驱动、生态环保、民生改善、安全保障能力建设等领域的支持。优化存量结构，减少小、散支出，提高资金使用绩效。

（四）2018年一般公共预算收入预计和支出安排。

1. 中央一般公共预算。

中央一般公共预算收入85357亿元，比2017年执行数同口径（下同）增长5.2%。加上从中央预算稳定调节基金调入2130亿元，从中央政府性基金预算、中央国有资本经营预算调入323亿元，收入总量为87810亿元。中央一般公共预算支出103310亿元，增长8.5%。收支总量相抵，中央财政赤字15500亿元，与2017年持平。中央预算稳定调节基金余额2536.05亿元。中央财政国债余额限额156908.35亿元。

中央一般公共预算支出，分中央本级支出、对地方转移支付、对地方税收返还、中央预备费反映。

（1）中央本级支出32466亿元，增长8.1%。其中：一般公共服务支出1453.88亿元，增长11.6%，主要是为增强中央垂直管理部门履职能力，适当提高公用经费水平。外交支出600.7亿元，增长15.6%。国防支出11069.51亿元，增长8.1%。公共安全支出1991.1亿元，增长5.5%。教育支出1711.22亿元，增长6.5%。科学技术支出3114.84亿元，增长10.1%。粮油物资储备支出1371.5亿元，下降14.1%，主要是政策性粮棉油去库存力度加大，相应减少利息费用补贴支出。债务付息支出4286.52亿元，增长13.4%。2018年中央部门预算是按照现有机构设置和职能编制的，将根据机构改革情况，在预算执行中依据现有预算规模依法依规作相应调整。

（2）对地方转移支付62207亿元，增长9%，增幅为2013年以来最高。

对地方一般性转移支付38994.5亿元，增长10.9%，增强地方特别是中西部地区财力。其中：均衡性转移支付24438.57亿元，增长9.1%（含县级基本财力保障机制奖补资金2462.79亿元，增长10%）；老少边穷地区转移支付2133.33亿元，增长

15.8%；基本养老金转移支付6696.56亿元，增长14.3%；城乡居民医疗保险转移支付2807.91亿元，增长11.8%。

对地方专项转移支付23212.5亿元，增长6.1%。其中：现代职业教育质量提升计划专项资金187.3亿元，增长5.6%；支持地方高校改革发展资金367.32亿元，增长7.8%；就业补助资金468.78亿元，增长6.8%；退役安置补助经费482.19亿元，增长21.2%；困难群众救助补助资金1396.34亿元，增长5.3%；优抚对象补助经费443.62亿元，增长9.7%；公共卫生服务补助资金629.26亿元，增长7.2%；医疗救助补助资金221.13亿元，增长56.7%，主要是支持深度贫困地区提高贫困人口医疗救助水平；农业资源及生态保护补助资金243.6亿元，增长7.6%；中央财政城镇保障性安居工程专项资金1433亿元，增长7.1%。

(3)对地方税收返还8137亿元。

(4)中央预备费500亿元，与2017年预算持平。预备费执行中视情况分别计入中央本级支出和对地方转移支付。

2. 地方一般公共预算。

地方一般公共预算本级收入97820亿元，增长7%。加上中央对地方税收返还和转移支付收入70344亿元、地方财政调入资金400亿元，地方一般公共预算收入总量为168564亿元。地方一般公共预算支出176864亿元，扣除上年使用结转结余及调入资金后增长7.3%。地方财政赤字8300亿元，与2017年持平，通过发行地方政府一般债券弥补。地方政府一般债务余额限额123789.22亿元。

3. 全国一般公共预算。

汇总中央和地方预算，全国一般公共预算收入183177亿元，增长6.1%。加上调入资金2853亿元，收入总量为186030亿元。全国一般公共预算支出209830亿元(含中央预备费500亿元)，扣除上年地方使用结转结余及调入资金后增长7.6%。赤字23800亿元，与2017年持平。赤字率随国内生产总值增长而适当降低，预计为2.6%，比2017年预算降低0.4个百分点，与经济稳中向好、财政运行健康的状况相适应，也为长远发展和宏观调控留下更多政策空间。

(五)2018年政府性基金预算收入预计和支出安排。

中央政府性基金收入3863.04亿元，增长0.2%。加上上年结转收入385.59亿元，中央政府性基金收入总量为4248.63亿元。中央政府性基金支出4247.17亿元，增长15%。其中，中央本级支出3262.71亿元，增长20.5%，主要是铁路建设基金、民航发展基金、彩票公益金等安排支出增加较多；对地方转移支付984.46亿元，下降0.1%。向一般公共预算调出1.46亿元。

地方政府性基金本级收入60301.81亿元，增长4.6%，其中国有土地使用权出让收入54661.7亿元，增长5%。加上中央政府性基金对地方转移支付收入984.46亿元、地方政府专项债务收入13500亿元，地方政府性基金相关收入为74786.27亿元。地方政府性基金相关支出74786.27亿元，增长28.9%，其中国有土地使用权出让收入相关支出66932.08亿元，增长29.3%，主要是对应的专项债务收入大幅增加，相应增加支出安排。地方政府专项债务余额限额86185.08亿元。

汇总中央和地方预算，全国政府性基金收入64164.85亿元，增长4.3%。加上上年结转收入385.59亿元和地方政府专项债务收入13500亿元，全国政府性基金相关收入总量为78050.44亿元。全国政府性基金相关支出78048.98亿元，增长28.5%。

(六)2018年国有资本经营预算收入预计和支出安排。

中央国有资本经营预算收入1376.82亿元，增长5.9%。加上上年结转收入113.59亿元，中央国有资本经营预算收入总量为1490.41亿元。中央国有资本经营预算支出1168.87亿元，增长16.4%。其中，中央本级支出1068.87亿元，增长39%，主要是为支持国有经济结构调整和前瞻性战略性产业发展，适当增加中央企业注资支出；对地方转移支付100亿元，下降57.5%，主要是中央下放企业“三供一业”分离移交补助资金减少。向一般公共预算调出321.54亿元，增长3.6%，调入比例由2017年的22%提高到25%。

地方国有资本经营预算本级收入1460.84亿元，增长9.5%。加上中央国有资本经营预算对地方转移支付收入100亿元，地方国有资本经营预算收入1560.84亿元，下降0.6%。地方国有资本经营预算支出1204.71亿元，下降3.2%。向一般公共预算调出356.13亿元。

汇总中央和地方预算，全国国有资本经营预算收入2837.66亿元，增长7.7%。加上上年结转收入113.59亿元，全国国有资本经营预算收入总量为2951.25亿元。全国国有资本经营预算支出2273.58亿元，增长12.9%。向一般公共预算调出677.67亿元。

（七）2018 年社会保险基金预算收入预计和支出安排。

根据机关事业单位养老保险改革进展，2018 年开始编制中央和地方机关事业单位基本养老保险基金预算，社会保险基金预算首次按中央预算和地方预算分别编制。

中央社会保险基金收入 676.34 亿元，增长 97.4%。其中，保险费收入 318.61 亿元，财政补贴收入 352.9 亿元。中央社会保险基金支出 654.83 亿元，增长 103.9%。本年收支结余 21.51 亿元，年末滚存结余 270.43 亿元。

地方社会保险基金收入 67416.65 亿元，增长 22.5%。其中，保险费收入 48188.87 亿元，财政补贴收入 16631.18 亿元。地方社会保险基金支出 63887.49 亿元，增长 31.4%。本年收支结余 3529.16 亿元，年末滚存结余 76719.85 亿元。

2018 年中央和地方社会保险基金收支增长较多，主要是将机关事业单位基本养老保险基金纳入预算编制范围。

汇总中央和地方预算，全国社会保险基金收入 68092.99 亿元，增长 23%。其中，保险费收入 48507.48 亿元，财政补贴收入 16984.08 亿元。全国社会保险基金支出 64542.32 亿元，增长 31.8%。本年收支结余 3550.67 亿元，年末滚存结余 76990.28 亿元。

需要说明的是，地方预算由地方各级人民政府编制，报同级人民代表大会批准，目前尚在汇总中，本报告中地方收入预计数和支出安排数均为中央财政代编。

根据预算法规定，预算年度开始后，在全国人民代表大会批准本预算草案前，可安排下列支出：上年度结转支出；参照上年同期的预算支出数额安排必须支付的本年度部门基本支出、项目支出，以及对下级政府的转移性支出；法律规定必须履行支付义务的支出，以及用于自然灾害等突发事件处理的支出。根据上述规定，2018 年 1 月中央一般公共预算支出 11291 亿元。其中，中央本级支出 1631 亿元，对地方税收返还和转移支付 9660 亿元。

三、切实做好 2018 年财政改革发展工作

（一）进一步贯彻实施好预算法。

增强预算法治意识，更加严格实施预算法，切实硬化预算约束。出台修改后的预算法实施条例，加快健全预算法配套制度。推动预算编制的科学化和标准化，完善政府收支分类科目，进一步做实部门预算项目库，完善预算支出定额标准，发挥好预算评审作用，充实和完善预算编制内容。加强年度预算与中期财政规划相衔接，与部门职责和工作安排相匹配，增强预算的科学性、合理性、准确性。规范预算之间的衔接关系，将未列入政府性基金目录清单的项目按规定转列一般公共预算统筹使用，继续提高国有资本经营预算调入一般公共预算的比例，避免资金交叉安排。进一步推进预算公开，扩大向人大报送和社会公开的重点支出项目范围，加大监督检查力度，指导和推动地方做好预算公开工作。继续配合推进预算联网监督。做好向全国人大常委会报告财政医疗卫生资金分配和使用管理情况及接受专题询问工作。

（二）加快财税体制改革。

出台基本公共服务领域中央与地方共同财政事权和支出责任划分改革方案，研究制定交通运输、科技、环保等领域财政事权和支出责任划分改革方案。抓紧制定中央与地方收入划分改革方案。深化转移支付制度改革，继续清理规范转移支付项目。完善支持农业转移人口市民化的财政政策体系。继续完善增值税制度，结合改革进程推进增值税立法工作。推进综合与分类相结合的个人所得税制度改革，合理提高基本减除费用标准（即提高个人所得税起征点），增加子女教育、大病医疗等专项费用扣除。做好个人收入和财产信息系统建设工作。健全地方税体系，稳妥推进房地产税立法。落实税收法定原则，加快推进单行税法的立法工作。扩大政府财务报告编制试点范围。建立健全国有资产报告机制，推进落实金融企业国有资产专项报告和国有资产综合报告相关工作。加强改革督察，推动改革举措落地见效。

（三）全面实施绩效管理。

制定全面实施绩效管理的指导性文件。逐步将绩效管理涵盖所有财政资金，并深度融入预算编制、执行、监督全过程。加强重大政策和项目成本效益分析，优化财政资源配置和部门支出结构。强化预算绩效目标管理，优化绩效目标设置，完善绩效目标随同预算批复下达机制。扩大绩效评价范围，建立绩效评价结果与预算安排、政策调整挂钩机制，强化绩效责任硬约束，削减低效无效资金。加大绩效信息公开力度，推进绩效目标、绩效评价结果向人大报送并向社会公开。研究建立地方财政综合绩效评价体系，推动地方财政绩效管理水平整体提升。

（四）加强预算执行管理。

严格执行人大审查批准的预算，非经法定程序，不得调整。必须作出并需要进行预算调整的，应当报本级人大常委会审查批准。坚持严格依法征税，坚决防止收“过头税”等违规行为。规范和加强非税收入管理，切实降低企业非税负担，进一步推进非税收入法治化建设。完善转移支付分配办法，加强预算批复下达管理，加快转移支付下达进度，促进财政资金及时安排使用并发挥效果。加快盘活财政存量资金以及当年难以支出的预算资金，按规定统筹调整用于其他急需资金支持的领域，减少结转结余。严格执行国库集中收付、政府采购和公务卡制度，规范财政专户资金管理，严禁违规将财政资金从国库转入财政专户。进一步完善国债收益率曲线，加强国债市场建设。加强财政库款管理，研究建立财政库底目标余额管理制度。从严控制新设政府投资基金，分类清理整合现有政府投资基金，防止过多过滥。

（五）强化地方政府债务管理。

遵循经济规律，举债要同偿债能力相匹配。开好合法合规举债的“前门”，合理确定分地区地方政府债务限额，稳步推进专项债券管理改革，丰富专项债券品种，合理扩大专项债券使用范围，研究开展地方政府债务管理绩效评价。严堵违法违规举债的“后门”，决不允许在法定限额外违法违规或变相举债。精准制定应对预案，积极稳妥化解地方政府债务风险。督促金融机构审慎合规授信，严格按照企业项目实际，而不是按照政府信用评估融资风险。进一步优化地方债市场化发行管理机制，统筹运用银行间和证券交易所两个市场，推动在商业银行柜台销售地方政府债券，提高地方政府债券流动性。推进地方政府融资平台公司市场化转型。加大督查问责力度，完善政绩考核体系，坚决查处各类违法违规融资担保行为，从严整治举债乱象，终身问责、倒查责任。

（六）进一步严肃财经纪律。

坚持厉行节约，勤俭办一切事业，严禁铺张浪费、大手大脚花钱。加大财政监督检查力度，推动重大财税改革和财税政策落地实施。重点关注扶贫、养老等领域以及对企业补助资金的管理使用情况，坚决查处各种虚报冒领、截留挪用等违反财经纪律的行为，强化责任追究。进一步深化财政内控工作，加强内控执行，着力构建覆盖财政资金分配、管理、使用全流程的内控机制。加大审计问题整改力度，建立健全整改长效机制。

主动接受人大依法监督和政协民主监督，既是财政部门的一项法定职责，更是一项重要政治任务。过去的一年，财政部加强全国“两会”财政解释说明服务，强化与代表委员的日常沟通联络，顺利完成 2780 件全国人大代表建议、1363 件全国政协委员提案的办理答复。新的一年，财政部将为代表委员提供更加精细化、规范化的服务，及时报告财税改革和财政重点工作进展，着力提高建议提案办理质量，坚持不懈地转变作风，不断提高预算管理水平和财政治理能力，更好服务代表委员依法履职。

各位代表，新时代呼唤着新气象新作为。我们要更加紧密地团结在以习近平同志为核心的党中央周围，高举中国特色社会主义伟大旗帜，以习近平新时代中国特色社会主义思想为指导，自觉接受全国人大的监督，虚心听取全国政协的意见和建议，锐意进取，埋头苦干，扎扎实实做好财政预算各项工作，促进经济社会持续健康发展，为实现党的十九大确定的宏伟目标不懈奋斗！

第十三届全国人民代表大会财政经济委员会关于 2017 年中央和地方预算执行情况与 2018 年中央和地方预算草案的审查结果报告

（2018 年 3 月 15 日第十三届全国人民代表大会第一次会议主席团第五次会议通过）

十三届全国人大一次会议主席团：

第十三届全国人民代表大会第一次会议审查了国务院提出的 2017 年全国预算执行情况与 2018 年全国预算草案和《关于 2017 年中央和地方预算

执行情况与 2018 年中央和地方预算草案的报告》。在第十二届全国人民代表大会财政经济委员会对预算草案和预算报告进行初步审查的基础上,第十三届全国人民代表大会财政经济委员会根据各代表团的审查意见,又作了进一步审查。国务院根据审查意见对预算报告作了修改。现将审查结果报告如下。

一、根据国务院报告的 2017 年中央和地方预算执行情况,全国一般公共预算收入 172566 亿元,完成预算的 102.3%,比 2016 年同口径(下同)增长 7.4%,加上使用结转结余及调入资金 10139 亿元,收入总量为 182705 亿元;全国一般公共预算支出 203330 亿元,完成预算的 104.3%,增长 7.7%,加上补充中央预算稳定调节基金 3175 亿元,支出总量为 206505 亿元;收支总量相抵,赤字 23800 亿元,与十二届全国人大五次会议批准的预算持平,赤字率为 2.9%。其中,中央一般公共预算收入 81119 亿元,完成预算的 103.2%,增长 7.1%,加上调入中央预算稳定调节基金 1350 亿元,从中央政府性基金预算、中央国有资本经营预算调入 283 亿元,收入总量为 82752 亿元;中央一般公共预算支出 95077 亿元,完成预算的 99.3%,增长 5.4%,加上补充中央预算稳定调节基金 3175 亿元,支出总量为 98252 亿元;收支总量相抵,中央财政赤字 15500 亿元,与预算持平。中央预算稳定调节基金余额 4666 亿元。2017 年末,中央财政国债余额 134770.16 亿元,控制在全国人大批准的债务余额限额 141408.35 亿元之内。地方政府债务余额 164706.59 亿元,包括一般债务余额 103322.35 亿元、专项债务余额 61384.24 亿元,控制在全国人大批准的债务余额限额 188174.3 亿元以内。

全国政府性基金收入 61462 亿元,完成预算的 130.3%,增长 34.8%,加上结转收入 299 亿元和地方政府发行新增专项债券筹集收入 8000 亿元,全国政府性基金收入总量为 69761 亿元;全国政府性基金支出 60700 亿元,完成预算的 109.4%,增长 32.7%。其中,中央政府性基金收入 3824 亿元,完成预算的 103.2%,增长 6.4%,加上结转收入 299 亿元,中央政府性基金收入总量为 4123 亿元;中央政府性基金支出 3669 亿元,完成预算的 91.6%,增长 9.2%。全国国有资本经营预算收入 2579 亿元,完成预算的 110.3%,下降 1.2%;全国国有资本经营预算支出 2011 亿元,完成预算的 102.5%,下降 6.7%,向一般公共预算调出 568 亿元。其中,中央国有资本经营预算收入 1244 亿元,完成预算的 96.5%,下降 13%,加上结转收入 128 亿元,收入总量为 1372 亿元;中央国有资本经营预算支出 1002 亿元,完成预算的 86.3%,下降 30.9%,向一般公共预算调出 257 亿元。全国社会保险基金收入 55380 亿元,完成预算的 106.9%,增长 10.5%;全国社会保险基金支出 48952 亿元,完成预算的 101%,增长 12.3%;当年收支结余 6428 亿元,年末滚存结余 72037 亿元。预算草案中对执行情况进行了说明。

财政经济委员会认为,2017 年中央和地方预算执行总体情况较好。面对复杂严峻的国内外环境,在以习近平同志为核心的党中央坚强领导下,国务院和地方各级人民政府不断增强“四个意识”,认真学习贯彻习近平新时代中国特色社会主义思想和党的十九大精神,按照党中央决策部署和十二届全国人大五次会议各项决议的要求,贯彻实施预算法,坚持稳中求进工作总基调,贯彻落实新发展理念,以推进供给侧结构性改革为主线,实施积极的财政政策,加大减税降费力度,着力保障脱贫攻坚、生态环保、民生改善等重点领域支出,深化财税体制改革,促进了经济社会持续健康发展,发挥了财政在国家治理中的基础和重要支柱作用。同时,在预算执行和财政管理中还存在一些不容忽视的问题,主要是:财政收支仍处于紧平衡状态,部分基层财政运行困难;预算编制还不够科学准确,预算执行的约束力不够强,支出项目只增不减的固化格局没有根本改变,部分项目执行结果与预算相差较大;一些政策尚未执行到位,一些资金使用绩效不高,存在资金闲置、项目推进缓慢、违规收取部分行政事业性收费问题;部门预算执行中存在通过项目支出列支公用经费和人员经费、年末结转资金规模较大等现象;转移支付管理不够规范,部分专项转移支付项目预算执行率偏低;一些地方存在变相举债和违法违规担保行为,地方政府隐性债务风险不容忽视。这些问题要高度重视,认真研究,采取有效措施切实加以解决。

二、国务院提出的 2018 年中央和地方预算草案,全国一般公共预算收入 183177 亿元,比 2017 年预算执行数(同口径,下同)增长 6.1%,加上调入资金 2853 亿元,收入总量为 186030 亿元;全国一般公共预算支出 209830 亿元,扣除上年地方使用结转结余及调入资金后增长 7.6%;收支总量相抵,赤字 23800 亿元,与上年持平。其中,中央一般公共预算收入 85357 亿元,增长 5.2%,从中央预算稳定调节基金调入 2130 亿元,从中央政府性基金预算、中央国有资本经营预算调入 323 亿元,收入总量为

87810 亿元；中央一般公共预算支出 103310 亿元，增长 8.5%；收支总量相抵，中央财政赤字 15500 亿元，与上年持平；中央财政国债余额限额 156908.35 亿元。地方政府一般债务余额限额 123789.22 亿元。

全国政府性基金收入 64165 亿元，增长 4.3%，加上上年结转收入 386 亿元、地方政府专项债券收入 13500 亿元，收入总量为 78051 亿元；全国政府性基金支出 78049 亿元，增长 28.5%。其中，中央政府性基金收入 3863 亿元，增长 0.2%，加上上年结转收入 386 亿元，收入总量为 4249 亿元，中央政府性基金支出 4247 亿元，增长 15%。地方政府专项债务余额限额 86185.08 亿元。全国国有资本经营预算收入 2837 亿元，增长 7.7%，加上上年结转收入 114 亿元，收入总量为 2951 亿元；全国国有资本经营预算支出 2274 亿元，增长 12.9%，向一般公共预算调出 678 亿元。其中，中央国有资本经营预算收入 1377 亿元，增长 5.9%，加上上年结转收入 114 亿元，收入总量为 1491 亿元；中央国有资本经营预算支出 1169 亿元，增长 16.4%，向一般公共预算调出 322 亿元。全国社会保险基金收入 68093 亿元，增长 23%；全国社会保险基金支出 64542 亿元，增长 31.8%；本年收支结余 3551 亿元，年末滚存结余 76990 亿元。其中，中央社会保险基金收入 676 亿元，增长 97.4%；中央社会保险基金支出 655 亿元，增长 103.9%；本年收支结余 21 亿元，年末滚存结余 270 亿元。

财政经济委员会认为，国务院提出的 2018 年中央和地方预算草案，符合党的十九大和中央经济工作会议精神，贯彻落实党中央重大方针政策和决策部署，坚持稳中求进工作总基调，坚持新发展理念，紧扣我国社会主要矛盾变化，按照高质量发展要求，坚持以供给侧结构性改革为主线，继续实施积极的财政政策，进一步优化财政支出结构，支持打好三大攻坚战，推动解决发展不平衡不充分的问题，促进经济社会持续健康发展。预算草案符合预算法的规定。预算草案总体可行。

财政经济委员会建议，第十三届全国人民代表大会第一次会议批准国务院提出的《关于 2017 年中央和地方预算执行情况与 2018 年中央和地方预算草案的报告》，批准 2018 年中央预算草案，同时批准地方政府一般债务余额限额 123789.22 亿元、地方政府专项债务余额限额 86185.08 亿元。地方各级政府预算依法由本级人民代表大会审查和批准。各省、自治区、直辖市人民政府依照国务院下达的债务限额举借的债务，列入本级预算调整方案，报本级人大常委会依法批准。国务院将地方预算汇总后报全国人民代表大会常务委员会备案。

三、2018 年是全面贯彻党的十九大精神的开局之年，是改革开放 40 周年，是决胜全面建成小康社会、实施“十三五”规划承上启下的关键一年，做好财政预算工作意义重大。要在以习近平同志为核心的党中央坚强领导下，以马克思列宁主义、毛泽东思想、邓小平理论、“三个代表”重要思想、科学发展观、习近平新时代中国特色社会主义思想为指导，全面深入贯彻党的十九大和十九届二中、三中全会精神，坚持和加强党的全面领导，扎实做好各项财政预算工作，圆满完成 2018 年预算，促进经济社会持续健康发展。为此，财政经济委员会提出以下建议：

（一）继续实施积极的财政政策。继续实施减税降费，提高减税降费政策的精准性针对性，进一步优化纳税服务，全面落实各项税收优惠政策，切实增强市场主体的获得感。清理规范各类政府性基金和行政事业性收费项目，取消不合法的收费项目。以供给侧结构性改革为主线，继续推进“三去一降一补”，支持制造业优化升级。优化财政支出结构，提高财政支出的公共性和普惠性。财政资金要向“三农”倾斜，健全投入保障机制，加强顶层设计，加快建立涉农资金统筹整合长效机制，支持实施乡村振兴战略。坚持精准扶贫、精准脱贫，新增扶贫资金要向深度贫困地区倾斜，着力解决深度贫困地区公共服务、基础设施欠缺等问题。加大教育、医疗卫生、社会保障等民生保障投入。加快缩小地区间基本公共服务差距，增强困难地区和基层政府保工资、保运转、保基本民生的能力。要树立过紧日子的思想，严肃财经纪律，采取有效措施，压缩一般性支出，厉行勤俭节约。

（二）认真落实重要改革举措。适应人大预算审查监督重点向支出预算和政策拓展的改革要求，预算决算报告、草案应重点反映贯彻落实党中央重大方针政策和决策部署情况、重大支出政策和税收政策调整变化情况、重大投资项目安排和实施情况等。做好 2018 年向全国人大常委会提交国有资产管理情况综合报告和专项口头报告金融企业国有资产管理情况有关工作。要主动听取人大代表和社会各界意见建议，积极回应各方关切。推进审计管理体制改革，健全完善审计查出问题整改的长效机制。

（三）全面实施预算法。加快修订并出台预算法实施条例。加强财政收入预测，依法组织收入，提高收入质量，严禁收入虚增、空转等行为。树立预算法治意识，严格按照全国人民代表大会批准的预算执行，增强预算的严肃性和约束力。根据机构改革方案，依法做好相关部门预算的批复和变更工作。中央对地方转移支付资金要依法尽早细化到项目和地方，并及时下达。提高预算编制的科学性，完善基本支出定员定额管理，加快推进项目支出标准体系建设。全面实施预算绩效管理，将绩效管理理念、方法和要求嵌入预算管理全过程，提高资金使用绩效。依法严格规范结转结余资金管理。进一步加大预算、决算公开力度。

（四）切实防范地方政府隐性债务风险。要采取果断措施，坚决遏制地方政府隐性债务增量。要抓紧摸清地方政府隐性债务底数，积极稳妥化解隐性债务存量。有关地方要制定应急预案，建立市场化、法治化债务违约处置机制。要剥离融资平台公司政府融资职能，推进地方政府融资平台市场化转型。研究完善地方政府新增债务限额的确定和管理机制。健全监督问责机制，从严整治地方举债乱象，坚决查处违法违规融资行为，终身问责、倒查责任。

（五）深化财税体制改革。积极推动中央与地方财政事权和支出责任划分改革，落实基本公共服务领域共同财政事权和支出责任划分改革方案，加快制定教育、医疗卫生、交通运输等重点领域财政事权和支出责任划分改革方案。尽快研究制定中央与地方收入划分改革总体方案，推动健全地方税体系。做好税收征管体制改革工作。规范转移支付分配和管理。国有资本经营预算中要反映国有企业的运营情况。2018年建立基本养老保险基金中央调剂制度。加快落实划转部分国有资本充实社保基金工作。加快政府会计标准体系建设，积极推进编制政府综合财务报告工作。

（六）加强税收立法工作。2020年前完成落实税收法定原则的改革任务，时间十分紧迫、任务非常艰巨。有关部门要高度重视税收立法工作，加大工作力度，采取有效措施，确保如期完成改革任务。2018年要及时将耕地占用税、车辆购置税、资源税等税收法律草案和税收征收管理法（修改）草案，提请全国人大常委会审议。加快推动综合与分类相结合的个人所得税制改革。做好加快房地产税立法并适时推进改革的相关工作。加快推进增值税等税种立法工作。推进非税收入法治化进程。

以上报告，请予审议。

第十三届全国人民代表大会
财政经济委员会
2018年3月15日

中华人民共和国
全国人民代表大会公告

第一号

中华人民共和国宪法修正案已由中华人民共和国第十三届全国人民代表大会第一次会议于2018年3月11日通过，现予公布施行。

中华人民共和国第十三届全国人民
代表大会第一次会议主席团
2018年3月11日于北京

中华人民共和国宪法修正案

（2018年3月11日第十三届全国人民代表大会第一次会议通过）

第三十二条 宪法序言第七自然段中“在马克思列宁主义、毛泽东思想、邓小平理论和‘三个代表’重要思想指引下”修改为“在马克思列宁主义、毛泽东思想、邓小平理论、‘三个代表’重要思想、科学发展观、习近平新时代中国特色社会主义思想指引下”；“健全社会主义法制”修改为“健全社会主义法治”；在“自力更生，艰苦奋斗”前增写“贯彻新发展理念”；“推动物质文明、政治文明和精神文明协调发展，把我国建设成为富强、民主、文明的社会主义国家”修改为“推动物质文明、政治文明、精神文明、社会文明、生态文明协调发展，把我国建设成为富强民主文明和谐美丽的社会主义现代化强国，实现中华民族伟大复兴”。这一自然段相应修改为：“中国新民主主义革命的胜利和社会主义事业的成就，是中国共产党领导中国各族人民，在马克思列宁主义、毛泽东思想的指引下，坚持真理，修正错误，战胜许多艰难险阻而取得的。我国将长期处于社会主义初级阶段。国家的根本任务是，沿着中国特色社会主义道路，集中力量进行社会主义现代化建设。中国各族人民将继续在中国共产党领导下，在马克思列宁主义、毛泽东思想、邓小平理论、‘三个代表’重要思想、科学发展观、习近平新时代中国特色社会主义思想指引下，坚持人民民主专政，坚持社会主义道路，坚持改革开放，不断完善社会主义的各项制度，发展社会主义市场经济，发展社会主义民主，健全社会主义法治，贯彻新发展理念，自力更生，艰苦奋斗，逐步实现工业、农业、国防和科学技术的现代化，推动物质文明、政治文明、精神文明、社会文明、生态文明协调发展，把我国建设成为富强民主文明和谐美丽的社会主义现代化强国，实现中华民族伟大复兴。”

第三十三条　宪法序言第十自然段中“在长期的革命和建设过程中”修改为“在长期的革命、建设、改革过程中”；“包括全体社会主义劳动者、社会主义事业的建设者、拥护社会主义的爱国者和拥护祖国统一的爱国者的广泛的爱国统一战线”修改为“包括全体社会主义劳动者、社会主义事业的建设者、拥护社会主义的爱国者、拥护祖国统一和致力于中华民族伟大复兴的爱国者的广泛的爱国统一战线”。这一自然段相应修改为：“社会主义的建设事业必须依靠工人、农民和知识分子，团结一切可以团结的力量。在长期的革命、建设、改革过程中，已经结成由中国共产党领导的，有各民主党派和各人民团体参加的，包括全体社会主义劳动者、社会主义事业的建设者、拥护社会主义的爱国者、拥护祖国统一和致力于中华民族伟大复兴的爱国者的广泛的爱国统一战线，这个统一战线将继续巩固和发展。中国人民政治协商会议是有广泛代表性的统一战线组织，过去发挥了重要的历史作用，今后在国家政治生活、社会生活和对外友好活动中，在进行社会主义现代化建设、维护国家的统一和团结的斗争中，将进一步发挥它的重要作用。中国共产党领导的多党合作和政治协商制度将长期存在和发展。”

第三十四条　宪法序言第十一自然段中“平等、团结、互助的社会主义民族关系已经确立，并将继续加强。”修改为：“平等团结互助和谐的社会主义民族关系已经确立，并将继续加强。”

第三十五条　宪法序言第十二自然段中“中国革命和建设的成就是同世界人民的支持分不开的”修改为“中国革命、建设、改革的成就是同世界人民的支持分不开的”；“中国坚持独立自主的对外政策，坚持互相尊重主权和领土完整、互不侵犯、互不干涉内政、平等互利、和平共处的五项原则”后增加“坚持和平发展道路，坚持互利共赢开放战略”；“发展同各国的外交关系和经济、文化的交流”修改为“发展同各国的外交关系和经济、文化交流，推动构建人类命运共同体”。这一自然段相应修改为：“中国革命、建设、改革的成就是同世界人民的支持分不开的。中国的前途是同世界的前途紧密地联系在一起的。中国坚持独立自主的对外政策，坚持互相尊重主权和领土完整、互不侵犯、互不干涉内政、平等互利、和平共处的五项原则，坚持和平发展道路，坚持互利共赢开放战略，发展同各国的外交关系和经济、文化交流，推动构建人类命运共同体；坚持反对帝国主义、霸权主义、殖民主义，加强同世界各国人民的团结，支持被压迫民族和发展中国家争取和维护民族独立、发展民族经济的正义斗争，为维护世界和平和促进人类进步事业而努力。”

第三十六条　宪法第一条第二款“社会主义制度是中华人民共和国的根本制度。”后增写一句，内容为：“中国共产党领导是中国特色社会主义最本质的特征。”

第三十七条　宪法第三条第三款“国家行政机关、审判机关、检察机关都由人民代表大会产生，对它负责，受它监督。”修改为：“国家行政机关、监察机关、审判机关、检察机关都由人民代表大会产生，对它负责，受它监督。”

第三十八条　宪法第四条第一款中“国家保障各少数民族的合法的权利和利益，维护和发展各民族的平等、团结、互助关系。”修改为：“国家保障各少数民族的合法的权利和利益，维护和发展各民族的平等团结互助和谐关系。”

第三十九条　宪法第二十四条第二款中“国家提倡爱祖国、爱人民、爱劳动、爱科学、爱社会主义的公德”修改为“国家倡导社会主义核心价值观，提倡爱祖国、爱人民、爱劳动、爱科学、爱社会主义的公德”。这一款相应修改为:“国家倡导社会主义核心价值观,提倡爱祖国、爱人民、爱劳动、爱科学、爱社会主义的公德,在人民中进行爱国主义、集体主义和国际主义、共产主义的教育,进行辩证唯物主义和历史唯物主义的教育,反对资本主义的、封建主义的和其他的腐朽思想。”

第四十条 宪法第二十七条增加一款,作为第三款:“国家工作人员就职时应当依照法律规定公开进行宪法宣誓。”

第四十一条 宪法第六十二条“全国人民代表大会行使下列职权”中增加一项,作为第七项“(七)选举国家监察委员会主任”,第七项至第十五项相应改为第八项至第十六项。

第四十二条 宪法第六十三条“全国人民代表大会有权罢免下列人员”中增加一项,作为第四项“(四)国家监察委员会主任”,第四项、第五项相应改为第五项、第六项。

第四十三条 宪法第六十五条第四款“全国人民代表大会常务委员会的组成人员不得担任国家行政机关、审判机关和检察机关的职务。”修改为:“全国人民代表大会常务委员会的组成人员不得担任国家行政机关、监察机关、审判机关和检察机关的职务。”

第四十四条 宪法第六十七条“全国人民代表大会常务委员会行使下列职权”中第六项“(六)监督国务院、中央军事委员会、最高人民法院和最高人民检察院的工作”修改为“(六)监督国务院、中央军事委员会、国家监察委员会、最高人民法院和最高人民检察院的工作”;增加一项,作为第十一项“(十一)根据国家监察委员会主任的提请,任免国家监察委员会副主任、委员”,第十一项至第二十一项相应改为第十二项至第二十二项。

宪法第七十条第一款中“全国人民代表大会设立民族委员会、法律委员会、财政经济委员会、教育科学文化卫生委员会、外事委员会、华侨委员会和其他需要设立的专门委员会。”修改为:“全国人民代表大会设立民族委员会、宪法和法律委员会、财政经济委员会、教育科学文化卫生委员会、外事委员会、华侨委员会和其他需要设立的专门委员会。”

第四十五条 宪法第七十九条第三款“中华人民共和国主席、副主席每届任期同全国人民代表大会每届任期相同,连续任职不得超过两届。”修改为:“中华人民共和国主席、副主席每届任期同全国人民代表大会每届任期相同。”

第四十六条 宪法第八十九条“国务院行使下列职权”中第六项“(六)领导和管理经济工作和城乡建设”修改为“(六)领导和管理经济工作和城乡建设、生态文明建设”;第八项“(八)领导和管理民政、公安、司法行政和监察等工作”修改为“(八)领导和管理民政、公安、司法行政等工作”。

第四十七条 宪法第一百条增加一款,作为第二款:“设区的市的人民代表大会和它们的常务委员会,在不同宪法、法律、行政法规和本省、自治区的地方性法规相抵触的前提下,可以依照法律规定制定地方性法规,报本省、自治区人民代表大会常务委员会批准后施行。”

第四十八条 宪法第一百零一条第二款中“县级以上的地方各级人民代表大会选举并且有权罢免本级人民法院院长和本级人民检察院检察长。”修改为:“县级以上的地方各级人民代表大会选举并且有权罢免本级监察委员会主任、本级人民法院院长和本级人民检察院检察长。”

第四十九条 宪法第一百零三条第三款“县级以上的地方各级人民代表大会常务委员会的组成人员不得担任国家行政机关、审判机关和检察机关的职务。”修改为:“县级以上的地方各级人民代表大会常务委员会的组成人员不得担任国家行政机关、监察机关、审判机关和检察机关的职务。”

第五十条 宪法第一百零四条中“监督本级人民政府、人民法院和人民检察院的工作”修改为“监督本级人民政府、监察委员会、人民法院和人民检察院的工作”。这一条相应修改为:“县级以上的地方各级人民代表大会常务委员会讨论、决定本行政区域内各方面工作的重大事项;监督本级人民政府、监察委员会、人民法院和人民检察院的工作;撤销本级人民政府的不适当的决定和命令;撤销下一级人民代表大会的不适当的决议;依照法律规定的权限决定国家机关工作人员的任免;在本级人民代表大会闭会期间,罢免和补选上一级人民代表大会的个别代表。”

第五十一条 宪法第一百零七条第一款“县级以上地方各级人民政府依照法律规定的权限,管理本行政区域内的经济、教育、科学、文化、卫生、体育事业、城乡建设事业和财政、民政、公安、民族事务、司法行政、监察、计划生育等行政工作,发布决定和命令,任免、培训、考核和奖惩行政工作人员。”修改为:“县级以上地方各级人民政府依照法律规定的权限,管理本行政区域内的经济、教育、科学、文化、卫生、体育事业、城乡建设事业和财政、民政、公安、民族事务、司法行政、计划生育等行政工作,发布决定和命令,任免、培训、考核和奖惩行政工作人员。”

第五十二条 宪法第三章“国家机构”中增加一节,作为第七节“监察委员会”;增加五条,分别作为第一百二十三条至第一百二十七条。内容如下:

第七节 监察委员会

第一百二十三条 中华人民共和国各级监察委员会是国家的监察机关。

第一百二十四条 中华人民共和国设立国家监察委员会和地方各级监察委员会。

监察委员会由下列人员组成:

主任,

副主任若干人,

委员若干人。

监察委员会主任每届任期同本级人民代表大会每届任期相同。国家监察委员会主任连续任职不得超过两届。

监察委员会的组织和职权由法律规定。

第一百二十五条 中华人民共和国国家监察委员会是最高监察机关。

国家监察委员会领导地方各级监察委员会的工作,上级监察委员会领导下级监察委员会的工作。

第一百二十六条 国家监察委员会对全国人民代表大会和全国人民代表大会常务委员会负责。地方各级监察委员会对产生它的国家权力机关和上一级监察委员会负责。

第一百二十七条 监察委员会依照法律规定独立行使监察权,不受行政机关、社会团体和个人的干涉。

监察机关办理职务违法和职务犯罪案件,应当与审判机关、检察机关、执法部门互相配合,互相制约。

第七节相应改为第八节,第一百二十三条至第一百三十八条相应改为第一百二十八条至第一百四十三条。

关于《中华人民共和国宪法修正案(草案)》的说明

——2018年3月5日在第十三届全国人民代表大会第一次会议上

全国人大常委会副委员长兼秘书长 王 晨

各位代表:

我受第十二届全国人大常委会委托,作关于《中华人民共和国宪法修正案(草案)》的说明。

一、关于宪法修改的基本考虑

宪法是国家的根本法,是治国安邦的总章程,是党和人民意志的集中体现。党的十八大以来,习近平总书记多次强调,坚持依法治国首先要坚持依宪治国,坚持依法执政首先要坚持依宪执政。宪法修改,是党和国家政治生活中的一件大事,是以习近平同志为核心的党中央从新时代坚持和发展中国特色社会主义全局和战略高度作出的重大决策,是推进全面依法治国、推进国家治理体系和治理能力现代化的重大举措。

第一,我国现行宪法是符合国情、符合实际、符合时代发展要求的好宪法,为改革开放和社会主义现代化建设提供了根本法治保障,必须坚决维护、长期坚持、全面贯彻。

我国现行宪法是根据党的十一届三中全会确定的路线方针政策、于1982年12月4日由五届全国人大五次会议通过并公布施行的。再往前追溯,1982年宪法是对1949年具有临时宪法作用的《中国人民政治协商会议共同纲领》、1954年《中华人民共和国宪法》的继承和发展。

我国宪法以国家根本法的形式,确认了中国共产党领导中国人民进行革命、建设、改革的伟大斗争和根本成就,确立了工人阶级领导的、以工农联盟为基础的人民民主专政的社会主义国家的国体和人民代表大会制度的政体,确定了国家的根本任务、领导核心、指导思想、发展道路、奋斗目标,规定了中国共产党领导的多党合作和政治协商制度、民族区域自治制度以及基层群众自治制度,规定了社会主义法治原则、民主集中制原则、尊重和保障人权原则,等等,反映了我国各族人民共同意志和根本利益。

30多年来的发展历程充分证明,我国宪法有力坚持了中国共产党领导,有力保障了人民当家作主，有力促进了改革开放和社会主义现代化建设，有力推动了社会主义法治国家建设进程，有力维护了国家统一、民族团结、社会稳定，是符合国情、符合实际、符合时代发展要求的好宪法，是充分体现人民共同意志、充分保障人民民主权利、充分维护人民根本利益的好宪法，是推动国家发展进步、保证人民创造幸福生活、保障中华民族实现伟大复兴的好宪法，是我们国家和人民经受住各种困难和风险考验、始终沿着中国特色社会主义道路前进的根本法治保障。我国宪法确立的一系列制度、原则和规则，确定的一系列大政方针，具有显著优势、坚实基础、强大生命力，必须长期坚持、全面贯彻。

第二，宪法只有不断适应新形势、吸纳新经验、确认新成果、作出新规范，才具有持久生命力。

1982 年宪法公布施行后，根据我国改革开放和社会主义现代化建设的实践和发展，在党中央领导下，全国人大于 1988 年、1993 年、1999 年、2004 年先后 4 次对 1982 年宪法即我国现行宪法的个别条款和部分内容作出必要的、也是十分重要的修正，共通过了 31 条宪法修正案。

总的看，4 次宪法修改体现了中国共产党领导人民进行改革开放和社会主义现代化建设的成功经验，体现了中国特色社会主义道路、理论、制度、文化的发展成果。通过 4 次宪法修改，我国宪法在中国特色社会主义伟大实践中紧跟时代步伐，不断与时俱进，有力推动和保障了党和国家事业发展，有力推动和加强了我国社会主义法治建设。

回顾我国宪法制度发展历程，我们愈加感到，我国宪法同党和人民进行的艰苦奋斗和创造的辉煌成就紧密相连，同党和人民开辟的前进道路和积累的宝贵经验紧密相连。我国宪法必须随着党领导人民建设中国特色社会主义实践的发展而不断完善发展。这是我国宪法发展的一个显著特点，也是一条基本规律。由宪法及时确认党和人民创造的伟大成就和宝贵经验，以更好发挥宪法的规范、引领、推动、保障作用，是实践发展的必然要求。

第三，根据新时代坚持和发展中国特色社会主义的新形势新实践，在总体保持我国宪法连续性、稳定性、权威性的基础上，有必要对我国宪法作出适当的修改。

自 2004 年宪法修改以来，党和国家事业又有了许多重要发展变化。特别是党的十八大以来，以习近平同志为核心的党中央团结带领全国各族人民毫不动摇坚持和发展中国特色社会主义，统筹推进“五位一体”总体布局、协调推进“四个全面”战略布局，推进党的建设新的伟大工程，形成一系列治国理政新理念新思想新战略，推动党和国家事业取得历史性成就、发生历史性变革，中国特色社会主义进入了新时代。党的十九大在新的历史起点上对新时代坚持和发展中国特色社会主义作出重大战略部署，提出了一系列重大政治论断，确立了习近平新时代中国特色社会主义思想在全党的指导地位，确定了新的奋斗目标，对党和国家事业发展具有重大指导和引领意义。

在党的十九大文件起草和形成过程中，在全党全国上下学习贯彻党的十九大精神过程中，都有许多单位和同志提出，应该根据党的十九大精神对我国现行宪法作出必要的修改完善，把党和人民在实践中取得的重大理论创新、实践创新、制度创新成果通过国家根本法确认下来，使之成为全国各族人民的共同遵循，成为国家各项事业、各方面工作的活动准则。

党中央决定对宪法进行适当修改，是经过反复考虑、综合方方面面情况作出的，目的是通过修改使我国宪法更好体现人民意志，更好体现中国特色社会主义制度的优势，更好适应推进国家治理体系和治理能力现代化的要求。这对于全面贯彻党的十九大精神、广泛动员和组织全国各族人民为夺取新时代中国特色社会主义伟大胜利而奋斗具有十分重大的意义。

二、关于宪法修改的总体要求和原则

宪法修改是事关全局的重大政治活动和重大立法活动，必须在党中央集中统一领导下进行。党中央确定的这次宪法修改的总体要求是，高举中国特色社会主义伟大旗帜，全面贯彻党的十九大精神，坚持以马克思列宁主义、毛泽东思想、邓小平理论、“三个代表”重要思想、科学发展观、习近平新时代中国特色社会主义思想为指导，坚持党的领导、人民当家作主、依法治国有机统一，把党的十九大确定的重大理论观点和重大方针政策特别是习近平新时代中国特色社会主义思想载入国家根本法，体现党和国家事业发展的新成就新经验新要求，在总体保持我国宪法连续性、稳定性、权威性的基础上推动宪法与时俱进、完善发展，为新时代坚持和发展中国特色社会主义、实现“两个一百年”奋斗目标和中华民族伟大复兴的中国梦提供有力宪法保障。

贯彻和体现上述总体要求，这次宪法修改要遵循以下原则。

一是坚持党对宪法修改的领导。坚持党中央集中统一领导，增强政治意识、大局意识、核心意识、看齐意识，坚定中国特色社会主义道路自信、理论自信、制度自信、文化自信，坚定不移走中国特色社会主义政治发展道路和中国特色社会主义法治道路，把坚持党中央集中统一领导贯穿于宪法修改全过程，确保宪法修改的正确政治方向。

二是严格依法按程序推进宪法修改。宪法第六十四条对宪法修改作出了明确规定。在党中央领导下，通过历次宪法修改实践，已经形成了符合宪法精神、行之有效的修宪工作程序和机制。先形成《中共中央关于修改宪法部分内容的建议（草案）》，经党中央全会审议和通过；再依法形成《中华人民共和国宪法修正案（草案）》，由全国人大常委会提请全国人民代表大会审议和通过。

三是充分发扬民主、广泛凝聚共识。宪法修改关系全局，影响广泛而深远，既要适应党和人民事业发展要求，又要遵循宪法法律发展规律。做好宪法修改工作，必须贯彻科学立法、民主立法、依法立法的要求，充分发扬民主，广泛凝聚共识，注重从政治上、大局上、战略上分析问题，注重从宪法发展的客观规律和内在要求上思考问题。

四是坚持对宪法作部分修改、不作大改。我国现行宪法是一部好宪法。对各方面普遍要求修改、实践证明成熟、具有广泛共识、需要在宪法上予以体现和规范、非改不可的，进行必要的、适当的修改；对不成熟、有争议、有待进一步研究的，不作修改；对可改可不改、可以通过有关法律或者宪法解释予以明确的，原则上不作修改，保持宪法的连续性、稳定性、权威性。

形成中央修宪建议草案稿和宪法修正案（草案）的过程，很好贯彻和遵循了党中央确定的上述总体要求和原则。

三、关于中央修宪建议和宪法修正案（草案）的形成过程

2017年9月29日，习近平总书记主持召开中央政治局会议，决定启动宪法修改工作，对宪法适时作出必要修改。为此，决定成立宪法修改小组，在中共中央政治局常委会领导下开展工作，由张德江同志任组长，栗战书、王沪宁同志任副组长，党中央、全国人大、国务院有关单位、最高人民法院、最高人民检察院等有关方面的负责同志参加。

根据党中央对宪法修改的部署，2017年11月13日，党中央发出征求对修改宪法部分内容意见的通知，请各地区各部门各方面在精心组织讨论、广泛听取意见的基础上提出宪法修改建议。各地区各部门各方面共提交书面报告118份。受党中央委托，中央统战部召开党外人士座谈会，听取各民主党派中央、全国工商联负责人和无党派人士代表的意见和建议。经过梳理，各地区各部门各方面共提出修改意见2639条。宪法修改小组认真贯彻党的十九大精神和党中央确定的总体要求和原则，深入研究、扎实工作，在充分发扬民主、广泛征求意见的基础上，经反复修改形成了中央修宪建议草案稿。

中央政治局常委会会议、中央政治局会议分别审议了中央修宪建议草案稿。12月12日，根据党中央决定，中央办公厅发出通知，就中央修宪建议草案稿下发党内一定范围征求意见。各地区各部门各方面反馈书面报告118份，共提出修改意见230条。党中央还以适当方式征求了党内部分老同志的意见。

12月15日，习近平总书记主持召开党外人士座谈会，当面听取各民主党派中央、全国工商联负责人和无党派人士代表的意见和建议。党外人士提交了书面发言稿10份。

2018年1月2日至3日，根据党中央安排，张德江同志主持召开4场座谈会，分别听取中央和国家机关有关部门党委（党组）负责同志、智库和专家学者、各省区市人大常委会党组负责同志对中央修宪建议草案稿的意见和建议。与会同志提交书面材料52份。

从征求意见的情况看，各地区各部门各方面坚决拥护党中央关于宪法修改的决策部署，一致认同这次修改宪法的总体要求和原则，完全赞成中央修宪建议草案稿，认为中央修宪建议草案稿总体上已经成熟。一致认为这次宪法修改充分体现了党的领导、人民当家作主、依法治国有机统一，体现了党的主张与人民意志有机统一，对推动宪法与时俱进、完善发展，为新时代坚持和发展中国特色社会主义提供有力宪法保障，具有十分重大的意义。一致赞成把科学发展观、习近平新时代中国特色社会主义思想写入宪法序言部分；一致赞成把“中国共产党领导是中国特色社会主义最本质的特征”写进宪法第一章《总纲》条文部分；一致赞成对国家主席任期作出新的规定；一致赞成在宪法第三章《国家机构》中增加一节“监察委员会”，就国家监察委员会和地方各级监察委员会的性质、地位、名称、人员

组成、任期任届、领导体制、工作机制等作出规定；一致赞成对宪法序言和条文部分作出的其他修改，包括充实中国特色社会主义事业总体布局和第二个百年奋斗目标、实现中华民族伟大复兴的内容，完善依法治国和宪法实施举措，充实我国革命、建设、改革发展历程的内容，充实爱国统一战线和民族关系的内容，充实对外政策方面的内容，增加倡导社会主义核心价值观的内容，增加设区的市制定地方性法规的规定，等等。

对各地区各部门各方面的意见和建议，宪法修改小组认真汇总梳理，逐条进行研究，对中央修宪建议草案稿作出进一步修改完善。中央政治局常委会会议和中央政治局会议再次审议了修改后的中央修宪建议草案稿。

2018年1月18日至19日，中国共产党第十九届中央委员会第二次全体会议审议并通过了《中共中央关于修改宪法部分内容的建议》，习近平总书记作了重要讲话，张德江同志就建议草案向全会作了说明。1月26日，中共中央向全国人大常委会提出《中国共产党中央委员会关于修改宪法部分内容的建议》。

1月29日至30日，十二届全国人大常委会召开第三十二次会议，中共中央政治局常委、宪法修改小组副组长栗战书同志受中共中央委托，就中央修宪建议向常委会作了说明。会议讨论了中央修宪建议，一致表示坚决拥护党中央关于宪法修改工作的决策部署，一致赞同党中央确定的这次宪法修改的总体要求和原则，一致认为中央修宪建议是成熟的。受委员长会议委托，全国人大常委会法制工作委员会以中央修宪建议为基础，拟订了《中华人民共和国宪法修正案（草案）》和《全国人民代表大会常务委员会关于提请审议〈中华人民共和国宪法修正案（草案）〉的议案》；经会议审议和表决，决定将宪法修正案（草案）提请十三届全国人大一次会议审议。

四、关于宪法修正案（草案）的具体内容

宪法修正案（草案）提出，对我国现行宪法作出21条修改，其中11条同设立监察委员会有关。具体修改内容如下。

*（一）确立科学发展观、习近平新时代中国特色社会主义思想在国家政治和社会生活中的指导地位。*宪法修正案（草案）将宪法序言第七自然段中“在马克思列宁主义、毛泽东思想、邓小平理论和‘三个代表’重要思想指引下”修改为“在马克思列宁主义、毛泽东思想、邓小平理论、‘三个代表’重要思想、**科学发展观、习近平新时代中国特色社会主义思想**指引下”。同时，在“自力更生，艰苦奋斗”前增写“**贯彻新发展理念**”。主要考虑是：科学发展观是党的十六大以来以胡锦涛同志为主要代表的中国共产党人推进马克思主义中国化的重大成果，党的十八大党章修正案已经将其确立为党的指导思想。习近平新时代中国特色社会主义思想是马克思主义中国化最新成果，是党和人民实践经验和集体智慧的结晶，是中国特色社会主义理论体系的重要组成部分，是全党全国人民为实现中华民族伟大复兴而奋斗的行动指南，是党的十八大以来党和国家事业取得历史性成就、发生历史性变革的根本理论指引，其政治意义、理论意义、实践意义已被实践所充分证明，在全党全国人民中已经形成高度共识。党的十九大党章修正案已经将其确立为党的指导思想。在宪法中把科学发展观、习近平新时代中国特色社会主义思想同马克思列宁主义、毛泽东思想、邓小平理论、“三个代表”重要思想写在一起，确立其在国家政治和社会生活中的指导地位，反映了全国各族人民的共同意愿，体现了党的主张和人民意志的统一，明确了全党全国人民为实现中华民族伟大复兴而奋斗的共同思想基础，具有重大的现实意义和深远的历史意义。

创新、协调、绿色、开放、共享的新发展理念是党的十八大以来以习近平同志为核心的党中央推动我国经济发展实践的理论结晶，是习近平新时代中国特色社会主义经济思想的主要内容，必须长期坚持、不断丰富发展。把“新发展理念”写入宪法，有利于从宪法上确认这一重要理论成果，更好发挥其在决胜全面建成小康社会，开启全面建设社会主义现代化国家新征程中对我国经济发展的重要指导作用。

*（二）调整充实中国特色社会主义事业总体布局和第二个百年奋斗目标的内容。*宪法修正案（草案）将宪法序言第七自然段中“推动物质文明、政治文明和精神文明协调发展，把我国建设成为富强、民主、文明的社会主义国家”修改为“推动物质文明、政治文明、精神文明、**社会文明、生态文明**协调发展，把我国建设成为富强民主文明**和谐美丽**的社会主义**现代化强**国，**实现中华民族伟大复兴**”。与此相适应，在宪法第三章《国家机构》第三节第八十九条第六项“领导和管理经济工作和城乡建设”后面，增加“**生态文明建设**”的内容。主要考虑是：从

物质文明、政治文明和精神文明协调发展到物质文明、政治文明、精神文明、社会文明、生态文明协调发展，是我们党对社会主义建设规律认识的深化，是对中国特色社会主义事业总体布局的丰富和完善。把我国建设成为富强民主文明和谐美丽的社会主义现代化强国，实现中华民族伟大复兴，是党的十九大确立的奋斗目标。作这样的修改，在表述上与党的十九大报告相一致，有利于引领全党全国人民把握规律、科学布局，在新时代不断开创党和国家事业发展新局面，齐心协力为实现"两个一百年"奋斗目标、实现中华民族伟大复兴的中国梦而不懈奋斗。

（三）完善依法治国和宪法实施举措。宪法修正案（草案）将宪法序言第七自然段中"健全社会主义法制"修改为"健全社会主义法**治**"。主要考虑是：从健全社会主义法制到健全社会主义法治，是我们党依法治国理念和方式的新飞跃。作这样的修改，有利于推进全面依法治国，建设中国特色社会主义法治体系，加快实现国家治理体系和治理能力现代化，为党和国家事业发展提供根本性、全局性、稳定性、长期性的制度保障。同时，在宪法第一章《总纲》第二十七条增加一款，作为第三款："**国家工作人员就职时应当依照法律规定公开进行宪法宣誓**。"主要考虑是：全国人民代表大会常务委员会已于2015年7月1日通过了关于实行宪法宣誓制度的决定，不久前全国人大常委会又作了修订，将宪法宣誓制度在宪法中确认下来，有利于促使国家工作人员树立宪法意识、恪守宪法原则、弘扬宪法精神、履行宪法使命，也有利于彰显宪法权威，激励和教育国家工作人员忠于宪法、遵守宪法、维护宪法，加强宪法实施。

（四）充实完善我国革命和建设发展历程的内容。宪法修正案（草案）将宪法序言第十自然段中"在长期的革命和建设过程中"修改为"在长期的革命、建设、**改革**过程中"；将宪法序言第十二自然段中"中国革命和建设的成就是同世界人民的支持分不开的"修改为"中国革命、建设、**改革**的成就是同世界人民的支持分不开的"。作这些修改，党和人民团结奋斗的光辉历程就更加完整。

（五）充实完善爱国统一战线和民族关系的内容。宪法修正案（草案）将宪法序言第十自然段中"包括全体社会主义劳动者、社会主义事业的建设者、拥护社会主义的爱国者和拥护祖国统一的爱国者的广泛的爱国统一战线"修改为"包括全体社会主义劳动者、社会主义事业的建设者、拥护社会主义的爱国者、拥护祖国统一**和致力于中华民族伟大复兴的**爱国者的广泛的爱国统一战线"。主要考虑是：实现中华民族伟大复兴的中国梦已经成为团结海内外中华儿女的最大公约数。实现中国梦，需要凝聚各方面的力量共同奋斗。只有把全体社会主义劳动者、社会主义事业的建设者、拥护社会主义的爱国者、拥护祖国统一和致力于中华民族伟大复兴的爱国者都团结起来、凝聚起来，实现中国梦才能获得强大持久广泛的力量支持。将宪法序言第十一自然段中"平等、团结、互助的社会主义民族关系已经确立，并将继续加强。"修改为："平等团结互助**和谐**的社会主义民族关系已经确立，并将继续加强。"与此相适应，将宪法第一章《总纲》第四条第一款中"维护和发展各民族的平等、团结、互助关系"修改为"维护和发展各民族的平等团结互助**和谐**关系"。主要考虑是：巩固和发展平等团结互助和谐的社会主义民族关系，是党的十八大以来以习近平同志为核心的党中央反复强调的一个重要思想。作这样的修改，有利于铸牢中华民族共同体意识，加强各民族交往交流交融，促进各民族和睦相处、和衷共济、和谐发展。

（六）充实和平外交政策方面的内容。宪法修正案（草案）在宪法序言第十二自然段中"中国坚持独立自主的对外政策，坚持互相尊重主权和领土完整、互不侵犯、互不干涉内政、平等互利、和平共处的五项原则"后增加"**坚持和平发展道路，坚持互利共赢开放战略**"；将"发展同各国的外交关系和经济、文化的交流"修改为"发展同各国的外交关系和经济、文化交流，**推动构建人类命运共同体**"。作这样的修改，有利于正确把握国际形势的深刻变化，顺应和平、发展、合作、共赢的时代潮流，统筹国内国际两个大局、统筹发展安全两件大事，为我国发展拓展广阔的空间、营造良好的外部环境，为维护世界和平、促进共同发展作出更大贡献。

（七）充实坚持和加强中国共产党全面领导的内容。宪法修正案（草案）在宪法第一章《总纲》第一条第二款"社会主义制度是中华人民共和国的根本制度。"后增写一句，内容为："**中国共产党领导是中国特色社会主义最本质的特征**。"主要考虑是：中国共产党是执政党，是国家的最高政治领导力量。中国共产党领导是中国特色社会主义最本质的特征，是中国特色社会主义制度的最大优势。宪法从社会主义制度的本质属性角度对坚持和加强党的全面领导进行规定，有利于在全体人民中强化党的领导意识，有效把党的领导落实到国家工作全过程和各方面，确保党和国家事业始终沿着正确方向前进。

（八）增加倡导社会主义核心价值观的内容。宪法修正案（草案）将宪法第一章《总纲》第二十四条第二款中“国家提倡爱祖国、爱人民、爱劳动、爱科学、爱社会主义的公德”修改为“国家**倡导社会主义核心价值观**，提倡爱祖国、爱人民、爱劳动、爱科学、爱社会主义的公德”。主要考虑是：社会主义核心价值观是当代中国精神的集中体现，凝结着全体人民共同的价值追求。作这样的修改，贯彻了党的十九大精神，有利于在全社会树立和践行社会主义核心价值观，巩固全党全国各族人民团结奋斗的共同思想道德基础。

（九）修改国家主席任职方面的有关规定。宪法修正案（草案）将宪法第三章《国家机构》第七十九条第三款“中华人民共和国主席、副主席每届任期同全国人民代表大会每届任期相同，连续任职不得超过两届”中“**连续任职不得超过两届**”删去。主要考虑是：这次征求意见和在基层调研过程中，许多地区、部门和广大党员干部群众一致呼吁修改宪法中国家主席任职期限的有关规定。党的十八届七中全会和党的十九大召开期间，与会委员代表在这方面的呼声也很强烈。大家一致认为，目前，党章对党的中央委员会总书记、党的中央军事委员会主席，宪法对中华人民共和国中央军事委员会主席，都没有作出“连续任职不得超过两届”的规定。宪法对国家主席的相关规定也采取上述做法，有利于维护以习近平同志为核心的党中央权威和集中统一领导，有利于加强和完善国家领导体制。

（十）增加设区的市制定地方性法规的规定。宪法修正案（草案）在宪法第三章《国家机构》第一百条增加一款，作为第二款：“**设区的市的人民代表大会和它们的常务委员会，在不同宪法、法律、行政法规和本省、自治区的地方性法规相抵触的前提下，可以依照法律规定制定地方性法规，报本省、自治区人民代表大会常务委员会批准后施行。**”增加这一规定，有利于设区的市在宪法法律的范围内，制定体现本行政区域实际的地方性法规，更为有效地加强社会治理、促进经济社会发展，也有利于规范设区的市制定地方性法规的活动。

（十一）增加有关监察委员会的各项规定。为了贯彻和体现深化国家监察体制改革的精神，为成立监察委员会提供宪法依据，宪法修正案（草案）在宪法第三章《国家机构》第六节后增加一节，作为第七节“**监察委员会**”，就国家监察委员会和地方各级监察委员会的性质、地位、名称、人员组成、任期任届、领导体制、工作机制等作出规定。与此相适应，还作了如下修改。（1）将宪法第一章《总纲》第三条第三款中“国家行政机关、审判机关、检察机关都由人民代表大会产生”修改为“国家行政机关、**监察机关**、审判机关、检察机关都由人民代表大会产生”。（2）将宪法第三章《国家机构》第六十五条第四款“全国人民代表大会常务委员会的组成人员不得担任国家行政机关、审判机关和检察机关的职务。”修改为：“全国人民代表大会常务委员会的组成人员不得担任国家行政机关、**监察机关**、审判机关和检察机关的职务。”（3）将宪法第三章《国家机构》第一百零三条第三款“县级以上的地方各级人民代表大会常务委员会的组成人员不得担任国家行政机关、审判机关和检察机关的职务。”修改为：“县级以上的地方各级人民代表大会常务委员会的组成人员不得担任国家行政机关、**监察机关**、审判机关和检察机关的职务。”（4）在宪法第三章《国家机构》第六十二条第六项后增加一项，内容为“**选举国家监察委员会主任**”；在宪法第六十三条第三项后增加一项，内容为“**国家监察委员会主任**”；在宪法第六十七条第六项中增加“**国家监察委员会**”；在第十项后增加一项，内容为“**根据国家监察委员会主任的提请，任免国家监察委员会副主任、委员**”。（5）将宪法第三章《国家机构》第一百零一条第二款中“县级以上的地方各级人民代表大会选举并且有权罢免本级人民法院院长和本级人民检察院检察长”修改为“县级以上的地方各级人民代表大会选举并且有权罢免**本级监察委员会主任**、本级人民法院院长和本级人民检察院检察长”；将宪法第一百零四条中“监督本级人民政府、人民法院和人民检察院的工作”修改为“监督本级人民政府、**监察委员会**、人民法院和人民检察院的工作”。（6）删去宪法第三章《国家机构》第八十九条第八项“领导和管理民政、公安、司法行政和监察等工作”中的“**和监察**”。删去宪法第一百零七条第一款“县级以上地方各级人民政府依照法律规定的权限，管理本行政区域内的经济、教育、科学、文化、卫生、体育事业、城乡建设事业和财政、民政、公安、民族事务、司法行政、监察、计划生育等行政工作”中的“**监察**”。作上述修改，反映了党的十八大以来深化国家监察体制改革的成果，贯彻了党的十九大关于健全党和国家监督体系的部署,也反映了设立国家监察委员会和地方各级监察委员会后,全国人民代表大会及其常务委员会和地方各级人民代表大会及其常务委员会、国务院和地方各级人民政府职权的新变化以及工作的新要求。

关于宪法修正案(草案),这里还需要说明的是,我国现行宪法即1982年宪法公布施行后,全国人大先后4次作出修正,共通过31条宪法修正案,31条宪法修正案单独排序。其中,1988年修正案2条,即第一条和第二条;1993年修正案9条,即第三条至第十一条;1999年修正案6条,即第十二条至第十七条;2004年修正案14条,即第十八条至第三十一条。因此,现在提请本次会议审议的宪法修正案(草案),从第三十二条起排列条序,共21条宪法修正案,即第三十二条至第五十二条。

需要说明的是,在中央修宪建议和宪法修正案(草案)形成过程中,各地区各部门各方面就坚持和加强中国共产党领导、经济建设、政治建设、文化建设、社会建设、生态文明建设、外交工作、国防和军队建设、国家安全、港澳台工作、党的建设等提出了很多很好的修改意见和建议,现在宪法修正案(草案)提出的修改虽然不多,但覆盖面宽、覆盖率高,修改内容在党内外具有广泛的高度的共识。除此之外,各地区各部门各方面还提出了不少修改意见和建议。对每一条意见和建议,党中央都责成宪法修改小组作了认真研究和考虑。这次宪法修改,党中央确定的原则是对宪法作部分修改、不作大改,非改不可的进行必要的、适当的修改。有些修改意见和建议,党章、党的全国代表大会文件、中央全会文件、党中央和国务院文件、有关法律法规已经明确规定和全面阐述的,这次就不再在宪法中表述了。有些修改意见和建议,将来可以通过制定和修改有关法律、行政法规来解决,可以通过宪法解释或者在有关法律案说明、回应性文件中作进一步明确和澄清。有些修改意见和建议,则需要对深化相关领域改革作出决策部署、经过实践检验后再考虑完善宪法有关规定。

2月28日,党的十九届三中全会审议通过的《深化党和国家机构改革方案》提出,将“全国人大法律委员会”更名为“全国人大宪法和法律委员会”。上述调整涉及宪法第七十条中法律委员会名称的规定。根据党中央精神,将这个问题在本次会议审议宪法修正案(草案)时一并考虑。

关于宪法文本问题。为了维护宪法的权威和尊严,保证宪法文本的统一,同时有利于学习宣传和贯彻实施宪法,参照以往做法,建议本次会议通过宪法修正案后,由大会秘书处根据宪法修正案对宪法有关内容作相应的修正,将1982年宪法原文、历次宪法修正案和根据宪法修正案修正的文本(即2018年修正文本)同时予以公布。

《中华人民共和国宪法修正案(草案)》和以上说明,请审议。

第十三届全国人民代表大会第一次会议主席团关于《中华人民共和国宪法修正案(草案)》审议情况的报告

(2018年3月8日第十三届全国人民代表大会第一次会议主席团第二次会议通过)

全国人民代表大会:

3月7日,各代表团全体会议、小组会议审议了《中华人民共和国宪法修正案(草案)》(以下简称修正案草案)。现将审议的总体意见和修改建议报告如下:

一、关于审议的总体意见

代表们一致表示,坚决拥护党中央关于宪法修改的决策部署。一致认为,宪法修改是党中央从新时代坚持和发展中国特色社会主义全局和战略高度作出的重大决策,是全面推进依法治国、推进国家治理体系和治理能力现代化的重大举措。这次宪法修改工作坚持党中央集中统一领导,坚持中国特色社会主义政治发展道路和中国特色社会主义法治道路,充分发扬民主、集思广益,严格依法按程序推进,是以习近平同志为核心的党中央依法治国、依宪治国的生动实践,充分体现了坚持党的领导、人民当家作主、依法治国有机统一，充分体现了中国特色社会主义的政治优势和制度优势，具有坚实的政治基础、法理基础、实践基础和社会基础。这对于全面贯彻党的十九大精神和习近平新时代中国特色社会主义思想，在法治轨道上更好坚持和发展中国特色社会主义，更好发挥宪法的国家根本法作用，实现“两个一百年”奋斗目标和中华民族伟大复兴的中国梦，具有重大而深远的意义。

代表们一致赞同党中央确定的这次宪法修改的总体要求、原则和修正案草案的各项内容。一致认为修正案草案把党的十九大确定的重大理论观点和重大方针政策特别是习近平新时代中国特色社会主义思想载入宪法，体现了党和国家事业发展的新成就新经验新要求，确认了党和人民在实践中取得的重大理论创新、实践创新、制度创新成果，反映了全党全国各族人民的共同愿望。一致赞成把科学发展观、习近平新时代中国特色社会主义思想写入宪法；一致赞成把“中国共产党领导是中国特色社会主义最本质的特征”写进宪法第一章《总纲》第一条；一致赞成对国家主席任职任期作出新的规定；一致赞成关于监察委员会的各项规定；一致赞成对宪法序言和条文部分作出的其他修改。代表们一致认为修正案草案已经成熟，建议本次会议审议通过。

二、关于修正案草案的修改建议

在充分肯定修正案草案的同时，有些代表也提出了一些修改完善的意见建议。总的看，这些意见建议都是积极的、建设性的。大会秘书处对代表们的审议意见和有关方面意见连同之前十二届全国人大常委会第三十二次会议上常委会组成人员提出的意见，一并进行了认真研究。

党的十九届三中全会审议通过的《深化党和国家机构改革方案》提出，将“全国人大法律委员会”更名为“全国人大宪法和法律委员会”。本次会议审议过程中，先后有2952名代表以各种方式提出意见，赞成设立宪法和法律委员会，认为党中央的决定有利于完善全国人大专门委员会的设置，有利于加强宪法实施和监督。由于上述调整涉及宪法第七十条中法律委员会名称的规定，因此，代表们普遍建议，在修正案草案中增加将宪法第七十条第一款中的“法律委员会”的名称修改为“宪法和法律委员会”的内容。大会秘书处经认真研究，赞同上述补充修改内容。同时，综合考虑宪法第六十四条规定和已经形成的符合宪法精神、行之有效的修宪工作程序和机制，结合本次修宪的具体情况，大会秘书处认为，拟补充修改的内容，以不在修正案草案中单列一条为宜，建议在修正案草案中与之最接近的位置来表述拟补充修改的内容，即在修正案草案第四十四条中增加一款，作为第二款：“宪法第七十条第一款中‘全国人民代表大会设立民族委员会、法律委员会、财政经济委员会、教育科学文化卫生委员会、外事委员会、华侨委员会和其他需要设立的专门委员会。’修改为：‘全国人民代表大会设立民族委员会、宪法和法律委员会、财政经济委员会、教育科学文化卫生委员会、外事委员会、华侨委员会和其他需要设立的专门委员会。’”

此外，有些代表还提出了一些其他意见建议，对每一条意见建议，大会秘书处都作了认真研究。这次宪法修改，党中央确定的原则是对宪法作部分修改、不作大改，非改不可的进行必要的、适当的修改。代表们提出的意见建议，在这次宪法修改工作开始后，有的地方、部门和专家也提出过，已经过反复研究、论证。有的内容，已在党章、党的全国代表大会文件、中央全会文件、党中央和国务院文件、有关法律法规中有明确规定和全面阐述，这次就不再在宪法中表述了；有的可以通过宪法解释等有关文件予以明确和澄清，有的需要在有关法律中加以规定，目前以不对宪法有关规定再作修改为宜。

宪法修正案草案修改稿和以上报告，请审议。

第十三届全国人民代表大会
第一次会议主席团
2018年3月8日

第十三届全国人民代表大会第一次会议主席团关于《中华人民共和国宪法修正案（草案修改稿）》审议情况的报告

（2018 年 3 月 10 日第十三届全国人民代表大会第一次会议主席团第三次会议通过）

全国人民代表大会：

3 月 9 日，各代表团对《中华人民共和国宪法修正案（草案修改稿）》（以下简称草案修改稿）进行了审议。代表们一致赞成草案修改稿，赞成在修正案草案第四十四条中增加一款，将宪法第七十条第一款中“法律委员会”的名称修改为“宪法和法律委员会”，认为这一修改是贯彻落实党的十九大和十九届二中、三中全会精神的重要举措，有利于完善全国人大专门委员会的设置，有利于加强宪法实施和监督。

代表们认为，本次会议对宪法修正案草案的审议安排了充足的时间，大家既畅所欲言，又形成统一意志。草案修改稿在认真研究代表意见的基础上作了必要的、适当的修改，对未采纳的意见和建议作出了回应和说明，并通过适当方式向代表作了解释，审议过程很好地发扬了民主，是坚持党的领导、人民当家作主、依法治国有机统一的生动实践，是中国特色社会主义民主政治的生动实践。代表们一致认为，草案修改稿很好体现了党中央关于宪法修改的总体要求和原则，广泛凝聚了各方共识，草案内容已经成熟，一致赞成提请本次大会表决通过。

许多代表提出，宪法的生命在于实施，全面实施宪法是全面依法治国的首要任务。宪法修正案通过后，要加强宪法学习宣传教育，增强全社会特别是公职人员的宪法意识，恪守宪法原则，弘扬宪法精神；要加强宪法实施和监督，严格实施宪法，切实维护宪法权威，把实施宪法提高到一个新水平。

宪法修正案草案建议表决稿和以上报告，请审议。

第十三届全国人民代表大会
第一次会议主席团
2018 年 3 月 10 日

中华人民共和国宪法

（1982 年 12 月 4 日第五届全国人民代表大会第五次会议通过　1982 年 12 月 4 日全国人民代表大会公告公布施行

根据 1988 年 4 月 12 日第七届全国人民代表大会第一次会议通过的《中华人民共和国宪法修正案》、1993 年 3 月 29 日第八届全国人民代表大会第一次会议通过的《中华人民共和国宪法修正案》、1999 年 3 月 15 日第九届全国人民代表大会第二次会议通过的《中华人民共和国宪法修正案》、2004 年 3 月 14 日第十届全国人民代表大会第二次会议通过的《中华人民共和国宪法修正案》和 2018 年 3 月 11 日第十三届全国人民代表大会第一次会议通过的《中华人民共和国宪法修正案》修正）

目　录

序　言
第一章　总　纲
第二章　公民的基本权利和义务
第三章　国家机构
第一节　全国人民代表大会
第二节　中华人民共和国主席
第三节　国　务　院

第四节　中央军事委员会
第五节　地方各级人民代表大会和地方各级人民政府
第六节　民族自治地方的自治机关
第七节　监察委员会
第八节　人民法院和人民检察院
第四章　国旗、国歌、国徽、首都

序　　言

中国是世界上历史最悠久的国家之一。中国各族人民共同创造了光辉灿烂的文化，具有光荣的革命传统。

一八四〇年以后，封建的中国逐渐变成半殖民地、半封建的国家。中国人民为国家独立、民族解放和民主自由进行了前仆后继的英勇奋斗。

二十世纪，中国发生了翻天覆地的伟大历史变革。

一九一一年孙中山先生领导的辛亥革命，废除了封建帝制，创立了中华民国。但是，中国人民反对帝国主义和封建主义的历史任务还没有完成。

一九四九年，以毛泽东主席为领袖的中国共产党领导中国各族人民，在经历了长期的艰难曲折的武装斗争和其他形式的斗争以后，终于推翻了帝国主义、封建主义和官僚资本主义的统治，取得了新民主主义革命的伟大胜利，建立了中华人民共和国。从此，中国人民掌握了国家的权力，成为国家的主人。

中华人民共和国成立以后，我国社会逐步实现了由新民主主义到社会主义的过渡。生产资料私有制的社会主义改造已经完成，人剥削人的制度已经消灭，社会主义制度已经确立。工人阶级领导的、以工农联盟为基础的人民民主专政，实质上即无产阶级专政，得到巩固和发展。中国人民和中国人民解放军战胜了帝国主义、霸权主义的侵略、破坏和武装挑衅，维护了国家的独立和安全，增强了国防。经济建设取得了重大的成就，独立的、比较完整的社会主义工业体系已经基本形成，农业生产显著提高。教育、科学、文化等事业有了很大的发展，社会主义思想教育取得了明显的成效。广大人民的生活有了较大的改善。

中国新民主主义革命的胜利和社会主义事业的成就，是中国共产党领导中国各族人民，在马克思列宁主义、毛泽东思想的指引下，坚持真理，修正错误，战胜许多艰难险阻而取得的。我国将长期处于社会主义初级阶段。国家的根本任务是，沿着中国特色社会主义道路，集中力量进行社会主义现代化建设。中国各族人民将继续在中国共产党领导下，在马克思列宁主义、毛泽东思想、邓小平理论、“三个代表”重要思想、科学发展观、习近平新时代中国特色社会主义思想指引下，坚持人民民主专政，坚持社会主义道路，坚持改革开放，不断完善社会主义的各项制度，发展社会主义市场经济，发展社会主义民主，健全社会主义法治，贯彻新发展理念，自力更生，艰苦奋斗，逐步实现工业、农业、国防和科学技术的现代化，推动物质文明、政治文明、精神文明、社会文明、生态文明协调发展，把我国建设成为富强民主文明和谐美丽的社会主义现代化强国，实现中华民族伟大复兴。

在我国，剥削阶级作为阶级已经消灭，但是阶级斗争还将在一定范围内长期存在。中国人民对敌视和破坏我国社会主义制度的国内外的敌对势力和敌对分子，必须进行斗争。

台湾是中华人民共和国的神圣领土的一部分。完成统一祖国的大业是包括台湾同胞在内的全中国人民的神圣职责。

社会主义的建设事业必须依靠工人、农民和知识分子，团结一切可以团结的力量。在长期的革命、建设、改革过程中，已经结成由中国共产党领导的，有各民主党派和各人民团体参加的，包括全体社会主义劳动者、社会主义事业的建设者、拥护社会主义的爱国者、拥护祖国统一和致力于中华民族伟大复兴的爱国者的广泛的爱国统一战线，这个统一战线将继续巩固和发展。中国人民政治协商会议是有广泛代表性的统一战线组织，过去发挥了重要的历史作用，今后在国家政治生活、社会生活和对外友好活动中，在进行社会主义现代化建设、维护国家的统一和团结的斗争中，将进一步发挥它的重要作用。中国共产党领导的多党合作和政治协商制度将长期存在和发展。

中华人民共和国是全国各族人民共同缔造的统一的多民族国家。平等团结互助和谐的社会主义民族关系已经确立，并将继续加强。在维护民族团结的斗争中，要反对大民族主义，主要是大汉族主义，也要反对地方民族主义。国家尽一切努力，促进全国各民族的共同繁荣。

中国革命、建设、改革的成就是同世界人民的支持分不开的。中国的前途是同世界的前途紧密地联系在一起的。中国坚持独立自主的对外政策，坚持互相尊重主权和领土完整、互不侵犯、互不干涉内政、平等互利、和平共处的五项原则，坚持和平发展道路，坚持互利共赢开放战略，发展同各国的外交关系和经济、文化交流，推动构建人类命运共同体；坚持反对帝国主义、霸权主义、殖民主义，加强同世界各国人民的团结，支持被压迫民族和发展中国家争取和维护民族独立、发展民族经济的正义斗争，为维护世界和平和促进人类进步事业而努力。

本宪法以法律的形式确认了中国各族人民奋斗的成果，规定了国家的根本制度和根本任务，是国家的根本法，具有最高的法律效力。全国各族人民、一切国家机关和武装力量、各政党和各社会团体、各企业事业组织，都必须以宪法为根本的活动准则，并且负有维护宪法尊严、保证宪法实施的职责。

第一章 总 纲

第一条 中华人民共和国是工人阶级领导的、以工农联盟为基础的人民民主专政的社会主义国家。

社会主义制度是中华人民共和国的根本制度。中国共产党领导是中国特色社会主义最本质的特征。禁止任何组织或者个人破坏社会主义制度。

第二条 中华人民共和国的一切权力属于人民。

人民行使国家权力的机关是全国人民代表大会和地方各级人民代表大会。

人民依照法律规定，通过各种途径和形式，管理国家事务，管理经济和文化事业，管理社会事务。

第三条 中华人民共和国的国家机构实行民主集中制的原则。

全国人民代表大会和地方各级人民代表大会都由民主选举产生，对人民负责，受人民监督。

国家行政机关、监察机关、审判机关、检察机关都由人民代表大会产生，对它负责，受它监督。

中央和地方的国家机构职权的划分，遵循在中央的统一领导下，充分发挥地方的主动性、积极性的原则。

第四条 中华人民共和国各民族一律平等。国家保障各少数民族的合法的权利和利益，维护和发展各民族的平等团结互助和谐关系。禁止对任何民族的歧视和压迫，禁止破坏民族团结和制造民族分裂的行为。

国家根据各少数民族的特点和需要，帮助各少数民族地区加速经济和文化的发展。

各少数民族聚居的地方实行区域自治，设立自治机关，行使自治权。各民族自治地方都是中华人民共和国不可分离的部分。

各民族都有使用和发展自己的语言文字的自由，都有保持或者改革自己的风俗习惯的自由。

第五条 中华人民共和国实行依法治国，建设社会主义法治国家。

国家维护社会主义法制的统一和尊严。

一切法律、行政法规和地方性法规都不得同宪法相抵触。

一切国家机关和武装力量、各政党和各社会团体、各企业事业组织都必须遵守宪法和法律。一切违反宪法和法律的行为，必须予以追究。

任何组织或者个人都不得有超越宪法和法律的特权。

第六条 中华人民共和国的社会主义经济制度的基础是生产资料的社会主义公有制，即全民所有制和劳动群众集体所有制。社会主义公有制消灭人剥削人的制度，实行各尽所能、按劳分配的原则。

国家在社会主义初级阶段，坚持公有制为主体、多种所有制经济共同发展的基本经济制度，坚持按劳分配为主体、多种分配方式并存的分配制度。

第七条 国有经济，即社会主义全民所有制经济，是国民经济中的主导力量。国家保障国有经济的巩固和发展。

第八条 农村集体经济组织实行家庭承包经营为基础、统分结合的双层经营体制。农村中的生产、供销、信用、消费等各种形式的合作经济，是社会主义劳动群众集体所有制经济。参加农村集体经济组织的劳动者，有权在法律规定的范围内经营自留地、自留山、家庭副业和饲养自留畜。

城镇中的手工业、工业、建筑业、运输业、商业、服务业等行业的各种形式的合作经济，都是社会主义劳动群众集体所有制经济。

国家保护城乡集体经济组织的合法的权利和利益，鼓励、指导和帮助集体经济的发展。

第九条 矿藏、水流、森林、山岭、草原、荒地、滩涂等自然资源，都属于国家所有，即全民所有；由法律规定属于集体所有的森林和山岭、草原、荒地、滩涂除外。

国家保障自然资源的合理利用，保护珍贵的动物和植物。禁止任何组织或者个人用任何手段侵占或者破坏自然资源。

第十条 城市的土地属于国家所有。

农村和城市郊区的土地，除由法律规定属于国家所有的以外，属于集体所有；宅基地和自留地、自留山，也属于集体所有。

国家为了公共利益的需要，可以依照法律规定对土地实行征收或者征用并给予补偿。

任何组织或者个人不得侵占、买卖或者以其他形式非法转让土地。土地的使用权可以依照法律的规定转让。

一切使用土地的组织和个人必须合理地利用土地。

第十一条 在法律规定范围内的个体经济、私营经济等非公有制经济，是社会主义市场经济的重要组成部分。

国家保护个体经济、私营经济等非公有制经济的合法的权利和利益。国家鼓励、支持和引导非公有制经济的发展，并对非公有制经济依法实行监督和管理。

第十二条 社会主义的公共财产神圣不可侵犯。

国家保护社会主义的公共财产。禁止任何组织或者个人用任何手段侵占或者破坏国家的和集体的财产。

第十三条 公民的合法的私有财产不受侵犯。

国家依照法律规定保护公民的私有财产权和继承权。

国家为了公共利益的需要，可以依照法律规定对公民的私有财产实行征收或者征用并给予补偿。

第十四条 国家通过提高劳动者的积极性和技术水平，推广先进的科学技术，完善经济管理体制和企业经营管理制度，实行各种形式的社会主义责任制，改进劳动组织，以不断提高劳动生产率和经济效益，发展社会生产力。

国家厉行节约，反对浪费。

国家合理安排积累和消费，兼顾国家、集体和个人的利益，在发展生产的基础上，逐步改善人民的物质生活和文化生活。

国家建立健全同经济发展水平相适应的社会保障制度。

第十五条 国家实行社会主义市场经济。

国家加强经济立法，完善宏观调控。

国家依法禁止任何组织或者个人扰乱社会经济秩序。

第十六条 国有企业在法律规定的范围内有权自主经营。

国有企业依照法律规定，通过职工代表大会和其他形式，实行民主管理。

第十七条 集体经济组织在遵守有关法律的前提下，有独立进行经济活动的自主权。

集体经济组织实行民主管理，依照法律规定选举和罢免管理人员，决定经营管理的重大问题。

第十八条 中华人民共和国允许外国的企业和其他经济组织或者个人依照中华人民共和国法律的规定在中国投资，同中国的企业或者其他经济组织进行各种形式的经济合作。

在中国境内的外国企业和其他外国经济组织以及中外合资经营的企业，都必须遵守中华人民共和国的法律。它们的合法的权利和利益受中华人民共和国法律的保护。

第十九条 国家发展社会主义的教育事业，提高全国人民的科学文化水平。

国家举办各种学校，普及初等义务教育，发展中等教育、职业教育和高等教育，并且发展学前教育。

国家发展各种教育设施，扫除文盲，对工人、农民、国家工作人员和其他劳动者进行政治、文化、科学、技术、业务的教育，鼓励自学成才。

国家鼓励集体经济组织、国家企业事业组织和其他社会力量依照法律规定举办各种教育事业。

国家推广全国通用的普通话。

第二十条 国家发展自然科学和社会科学事业，普及科学和技术知识，奖励科学研究成果和技术发明创造。

第二十一条 国家发展医疗卫生事业，发展现代医药和我国传统医药，鼓励和支持农村集体经济组织、国家企业事业组织和街道组织举办各种医疗卫生设施，开展群众性的卫生活动，保护人民健康。

国家发展体育事业，开展群众性的体育活动，增强人民体质。

第二十二条 国家发展为人民服务、为社会主义服务的文学艺术事业、新闻广播电视事业、出版发行事业、图书馆博物馆文化馆和其他文化事业，开展群众性的文化活动。

国家保护名胜古迹、珍贵文物和其他重要历史文化遗产。

第二十三条 国家培养为社会主义服务的各种专业人才，扩大知识分子的队伍，创造条件，充分发挥他们在社会主义现代化建设中的作用。

第二十四条 国家通过普及理想教育、道德教育、文化教育、纪律和法制教育，通过在城乡不同范围的群众中制定和执行各种守则、公约，加强社会主义精神文明的建设。

国家倡导社会主义核心价值观，提倡爱祖国、爱人民、爱劳动、爱科学、爱社会主义的公德，在人民中进行爱国主义、集体主义和国际主义、共产主义的教育，进行辩证唯物主义和历史唯物主义的教育，反对资本主义的、封建主义的和其他的腐朽思想。

第二十五条　国家推行计划生育，使人口的增长同经济和社会发展计划相适应。

第二十六条　国家保护和改善生活环境和生态环境，防治污染和其他公害。

国家组织和鼓励植树造林，保护林木。

第二十七条　一切国家机关实行精简的原则，实行工作责任制，实行工作人员的培训和考核制度，不断提高工作质量和工作效率，反对官僚主义。

一切国家机关和国家工作人员必须依靠人民的支持，经常保持同人民的密切联系，倾听人民的意见和建议，接受人民的监督，努力为人民服务。

国家工作人员就职时应当依照法律规定公开进行宪法宣誓。

第二十八条　国家维护社会秩序，镇压叛国和其他危害国家安全的犯罪活动，制裁危害社会治安、破坏社会主义经济和其他犯罪的活动，惩办和改造犯罪分子。

第二十九条　中华人民共和国的武装力量属于人民。它的任务是巩固国防，抵抗侵略，保卫祖国，保卫人民的和平劳动，参加国家建设事业，努力为人民服务。

国家加强武装力量的革命化、现代化、正规化的建设，增强国防力量。

第三十条　中华人民共和国的行政区域划分如下：

（一）全国分为省、自治区、直辖市；

（二）省、自治区分为自治州、县、自治县、市；

（三）县、自治县分为乡、民族乡、镇。

直辖市和较大的市分为区、县。自治州分为县、自治县、市。

自治区、自治州、自治县都是民族自治地方。

第三十一条　国家在必要时得设立特别行政区。在特别行政区内实行的制度按照具体情况由全国人民代表大会以法律规定。

第三十二条　中华人民共和国保护在中国境内的外国人的合法权利和利益，在中国境内的外国人必须遵守中华人民共和国的法律。

中华人民共和国对于因为政治原因要求避难的外国人，可以给予受庇护的权利。

第二章　公民的基本权利和义务

第三十三条　凡具有中华人民共和国国籍的人都是中华人民共和国公民。

中华人民共和国公民在法律面前一律平等。

国家尊重和保障人权。

任何公民享有宪法和法律规定的权利，同时必须履行宪法和法律规定的义务。

第三十四条　中华人民共和国年满十八周岁的公民，不分民族、种族、性别、职业、家庭出身、宗教信仰、教育程度、财产状况、居住期限，都有选举权和被选举权；但是依照法律被剥夺政治权利的人除外。

第三十五条　中华人民共和国公民有言论、出版、集会、结社、游行、示威的自由。

第三十六条　中华人民共和国公民有宗教信仰自由。

任何国家机关、社会团体和个人不得强制公民信仰宗教或者不信仰宗教，不得歧视信仰宗教的公民和不信仰宗教的公民。

国家保护正常的宗教活动。任何人不得利用宗教进行破坏社会秩序、损害公民身体健康、妨碍国家教育制度的活动。

宗教团体和宗教事务不受外国势力的支配。

第三十七条　中华人民共和国公民的人身自由不受侵犯。

任何公民，非经人民检察院批准或者决定或者人民法院决定，并由公安机关执行，不受逮捕。

禁止非法拘禁和以其他方法非法剥夺或者限制公民的人身自由，禁止非法搜查公民的身体。

第三十八条　中华人民共和国公民的人格尊严不受侵犯。禁止用任何方法对公民进行侮辱、诽谤和诬告陷害。

第三十九条　中华人民共和国公民的住宅不受侵犯。禁止非法搜查或者非法侵入公民的住宅。

第四十条　中华人民共和国公民的通信自由和通信秘密受法律的保护。除因国家安全或者追查刑事犯罪的需要，由公安机关或者检察机关依照法律规定的程序对通信进行检查外，任何组织或者个人不得以任何理由侵犯公民的通信自由和通信秘密。

第四十一条　中华人民共和国公民对于任何国家机关和国家工作人员，有提出批评和建议的权利;对于任何国家机关和国家工作人员的违法失职行为,有向有关国家机关提出申诉、控告或者检举的权利,但是不得捏造或者歪曲事实进行诬告陷害。

对于公民的申诉、控告或者检举,有关国家机关必须查清事实,负责处理。任何人不得压制和打击报复。

由于国家机关和国家工作人员侵犯公民权利而受到损失的人,有依照法律规定取得赔偿的权利。

第四十二条 中华人民共和国公民有劳动的权利和义务。

国家通过各种途径,创造劳动就业条件,加强劳动保护,改善劳动条件,并在发展生产的基础上,提高劳动报酬和福利待遇。

劳动是一切有劳动能力的公民的光荣职责。国有企业和城乡集体经济组织的劳动者都应当以国家主人翁的态度对待自己的劳动。国家提倡社会主义劳动竞赛,奖励劳动模范和先进工作者。国家提倡公民从事义务劳动。

国家对就业前的公民进行必要的劳动就业训练。

第四十三条 中华人民共和国劳动者有休息的权利。

国家发展劳动者休息和休养的设施,规定职工的工作时间和休假制度。

第四十四条 国家依照法律规定实行企业事业组织的职工和国家机关工作人员的退休制度。退休人员的生活受到国家和社会的保障。

第四十五条 中华人民共和国公民在年老、疾病或者丧失劳动能力的情况下,有从国家和社会获得物质帮助的权利。国家发展为公民享受这些权利所需要的社会保险、社会救济和医疗卫生事业。

国家和社会保障残废军人的生活,抚恤烈士家属,优待军人家属。

国家和社会帮助安排盲、聋、哑和其他有残疾的公民的劳动、生活和教育。

第四十六条 中华人民共和国公民有受教育的权利和义务。

国家培养青年、少年、儿童在品德、智力、体质等方面全面发展。

第四十七条 中华人民共和国公民有进行科学研究、文学艺术创作和其他文化活动的自由。国家对于从事教育、科学、技术、文学、艺术和其他文化事业的公民的有益于人民的创造性工作,给以鼓励和帮助。

第四十八条 中华人民共和国妇女在政治的、经济的、文化的、社会的和家庭的生活等各方面享有同男子平等的权利。

国家保护妇女的权利和利益,实行男女同工同酬,培养和选拔妇女干部。

第四十九条 婚姻、家庭、母亲和儿童受国家的保护。

夫妻双方有实行计划生育的义务。

父母有抚养教育未成年子女的义务,成年子女有赡养扶助父母的义务。

禁止破坏婚姻自由,禁止虐待老人、妇女和儿童。

第五十条 中华人民共和国保护华侨的正当的权利和利益,保护归侨和侨眷的合法的权利和利益。

第五十一条 中华人民共和国公民在行使自由和权利的时候,不得损害国家的、社会的、集体的利益和其他公民的合法的自由和权利。

第五十二条 中华人民共和国公民有维护国家统一和全国各民族团结的义务。

第五十三条 中华人民共和国公民必须遵守宪法和法律,保守国家秘密,爱护公共财产,遵守劳动纪律,遵守公共秩序,尊重社会公德。

第五十四条 中华人民共和国公民有维护祖国的安全、荣誉和利益的义务,不得有危害祖国的安全、荣誉和利益的行为。

第五十五条 保卫祖国、抵抗侵略是中华人民共和国每一个公民的神圣职责。

依照法律服兵役和参加民兵组织是中华人民共和国公民的光荣义务。

第五十六条 中华人民共和国公民有依照法律纳税的义务。

第三章 国家机构

第一节 全国人民代表大会

第五十七条 中华人民共和国全国人民代表大会是最高国家权力机关。它的常设机关是全国人民代表大会常务委员会。

第五十八条 全国人民代表大会和全国人民代表大会常务委员会行使国家立法权。

第五十九条 全国人民代表大会由省、自治区、直辖市、特别行政区和军队选出的代表组成。各少数民族都应当有适当名额的代表。

全国人民代表大会代表的选举由全国人民代表大会常务委员会主持。

全国人民代表大会代表名额和代表产生办法由法律规定。

第六十条　全国人民代表大会每届任期五年。

全国人民代表大会任期届满的两个月以前，全国人民代表大会常务委员会必须完成下届全国人民代表大会代表的选举。如果遇到不能进行选举的非常情况，由全国人民代表大会常务委员会以全体组成人员的三分之二以上的多数通过，可以推迟选举，延长本届全国人民代表大会的任期。在非常情况结束后一年内，必须完成下届全国人民代表大会代表的选举。

第六十一条　全国人民代表大会会议每年举行一次，由全国人民代表大会常务委员会召集。如果全国人民代表大会常务委员会认为必要，或者有五分之一以上的全国人民代表大会代表提议，可以临时召集全国人民代表大会会议。

全国人民代表大会举行会议的时候，选举主席团主持会议。

第六十二条　全国人民代表大会行使下列职权：

（一）修改宪法；

（二）监督宪法的实施；

（三）制定和修改刑事、民事、国家机构的和其他的基本法律；

（四）选举中华人民共和国主席、副主席；

（五）根据中华人民共和国主席的提名，决定国务院总理的人选；根据国务院总理的提名，决定国务院副总理、国务委员、各部部长、各委员会主任、审计长、秘书长的人选；

（六）选举中央军事委员会主席；根据中央军事委员会主席的提名，决定中央军事委员会其他组成人员的人选；

（七）选举国家监察委员会主任；

（八）选举最高人民法院院长；

（九）选举最高人民检察院检察长；

（十）审查和批准国民经济和社会发展计划和计划执行情况的报告；

（十一）审查和批准国家的预算和预算执行情况的报告；

（十二）改变或者撤销全国人民代表大会常务委员会不适当的决定；

（十三）批准省、自治区和直辖市的建置；

（十四）决定特别行政区的设立及其制度；

（十五）决定战争和和平的问题；

（十六）应当由最高国家权力机关行使的其他职权。

第六十三条　全国人民代表大会有权罢免下列人员：

（一）中华人民共和国主席、副主席；

（二）国务院总理、副总理、国务委员、各部部长、各委员会主任、审计长、秘书长；

（三）中央军事委员会主席和中央军事委员会其他组成人员；

（四）国家监察委员会主任；

（五）最高人民法院院长；

（六）最高人民检察院检察长。

第六十四条　宪法的修改，由全国人民代表大会常务委员会或者五分之一以上的全国人民代表大会代表提议，并由全国人民代表大会以全体代表的三分之二以上的多数通过。

法律和其他议案由全国人民代表大会以全体代表的过半数通过。

第六十五条　全国人民代表大会常务委员会由下列人员组成：

委员长，

副委员长若干人，

秘书长，

委员若干人。

全国人民代表大会常务委员会组成人员中，应当有适当名额的少数民族代表。

全国人民代表大会选举并有权罢免全国人民代表大会常务委员会的组成人员。

全国人民代表大会常务委员会的组成人员不得担任国家行政机关、监察机关、审判机关和检察机关的职务。

第六十六条　全国人民代表大会常务委员会每届任期同全国人民代表大会每届任期相同，它行使职权到下届全国人民代表大会选出新的常务委员会为止。

委员长、副委员长连续任职不得超过两届。

第六十七条　全国人民代表大会常务委员会行使下列职权：

（一）解释宪法，监督宪法的实施；

（二）制定和修改除应当由全国人民代表大会制定的法律以外的其他法律；

（三）在全国人民代表大会闭会期间，对全国人民代表大会制定的法律进行部分补充和修改，但是不得同该法律的基本原则相抵触；

（四）解释法律；

（五）在全国人民代表大会闭会期间，审查和批准国民经济和社会发展计划、国家预算在执行过程中所必须作的部分调整方案；

（六）监督国务院、中央军事委员会、国家监察委员会、最高人民法院和最高人民检察院的工作；

（七）撤销国务院制定的同宪法、法律相抵触的行政法规、决定和命令；

（八）撤销省、自治区、直辖市国家权力机关制定的同宪法、法律和行政法规相抵触的地方性法规和决议；

（九）在全国人民代表大会闭会期间，根据国务院总理的提名，决定部长、委员会主任、审计长、秘书长的人选；

（十）在全国人民代表大会闭会期间，根据中央军事委员会主席的提名，决定中央军事委员会其他组成人员的人选；

（十一）根据国家监察委员会主任的提请，任免国家监察委员会副主任、委员；

（十二）根据最高人民法院院长的提请，任免最高人民法院副院长、审判员、审判委员会委员和军事法院院长；

（十三）根据最高人民检察院检察长的提请，任免最高人民检察院副检察长、检察员、检察委员会委员和军事检察院检察长，并且批准省、自治区、直辖市的人民检察院检察长的任免；

（十四）决定驻外全权代表的任免；

（十五）决定同外国缔结的条约和重要协定的批准和废除；

（十六）规定军人和外交人员的衔级制度和其他专门衔级制度；

（十七）规定和决定授予国家的勋章和荣誉称号；

（十八）决定特赦；

（十九）在全国人民代表大会闭会期间，如果遇到国家遭受武装侵犯或者必须履行国际间共同防止侵略的条约的情况，决定战争状态的宣布；

（二十）决定全国总动员或者局部动员；

（二十一）决定全国或者个别省、自治区、直辖市进入紧急状态；

（二十二）全国人民代表大会授予的其他职权。

第六十八条　全国人民代表大会常务委员会委员长主持全国人民代表大会常务委员会的工作，召集全国人民代表大会常务委员会会议。副委员长、秘书长协助委员长工作。

委员长、副委员长、秘书长组成委员长会议，处理全国人民代表大会常务委员会的重要日常工作。

第六十九条　全国人民代表大会常务委员会对全国人民代表大会负责并报告工作。

第七十条　全国人民代表大会设立民族委员会、宪法和法律委员会、财政经济委员会、教育科学文化卫生委员会、外事委员会、华侨委员会和其他需要设立的专门委员会。在全国人民代表大会闭会期间，各专门委员会受全国人民代表大会常务委员会的领导。

各专门委员会在全国人民代表大会和全国人民代表大会常务委员会领导下，研究、审议和拟订有关议案。

第七十一条　全国人民代表大会和全国人民代表大会常务委员会认为必要的时候，可以组织关于特定问题的调查委员会，并且根据调查委员会的报告，作出相应的决议。

调查委员会进行调查的时候，一切有关的国家机关、社会团体和公民都有义务向它提供必要的材料。

第七十二条　全国人民代表大会代表和全国人民代表大会常务委员会组成人员，有权依照法律规定的程序分别提出属于全国人民代表大会和全国人民代表大会常务委员会职权范围内的议案。

第七十三条　全国人民代表大会代表在全国人民代表大会开会期间，全国人民代表大会常务委员会组成人员在常务委员会开会期间，有权依照法律规定的程序提出对国务院或者国务院各部、各委员会的质询案。受质询的机关必须负责答复。

第七十四条　全国人民代表大会代表，非经全国人民代表大会会议主席团许可，在全国人民代表大会闭会期间非经全国人民代表大会常务委员会许可，不受逮捕或者刑事审判。

第七十五条　全国人民代表大会代表在全国人民代表大会各种会议上的发言和表决，不受法律追究。

第七十六条　全国人民代表大会代表必须模范地遵守宪法和法律，保守国家秘密，并且在自己参加的生产、工作和社会活动中，协助宪法和法律的实施。

全国人民代表大会代表应当同原选举单位和人民保持密切的联系，听取和反映人民的意见和要求，努力为人民服务。

第七十七条　全国人民代表大会代表受原选举单位的监督。原选举单位有权依照法律规定的程序罢免本单位选出的代表。

第七十八条　全国人民代表大会和全国人民

代表大会常务委员会的组织和工作程序由法律规定。

第二节 中华人民共和国主席

第七十九条 中华人民共和国主席、副主席由全国人民代表大会选举。

有选举权和被选举权的年满四十五周岁的中华人民共和国公民可以被选为中华人民共和国主席、副主席。

中华人民共和国主席、副主席每届任期同全国人民代表大会每届任期相同。

第八十条 中华人民共和国主席根据全国人民代表大会的决定和全国人民代表大会常务委员会的决定，公布法律，任免国务院总理、副总理、国务委员、各部部长、各委员会主任、审计长、秘书长，授予国家的勋章和荣誉称号，发布特赦令，宣布进入紧急状态，宣布战争状态，发布动员令。

第八十一条 中华人民共和国主席代表中华人民共和国，进行国事活动，接受外国使节；根据全国人民代表大会常务委员会的决定，派遣和召回驻外全权代表，批准和废除同外国缔结的条约和重要协定。

第八十二条 中华人民共和国副主席协助主席工作。

中华人民共和国副主席受主席的委托，可以代行主席的部分职权。

第八十三条 中华人民共和国主席、副主席行使职权到下届全国人民代表大会选出的主席、副主席就职为止。

第八十四条 中华人民共和国主席缺位的时候，由副主席继任主席的职位。

中华人民共和国副主席缺位的时候，由全国人民代表大会补选。

中华人民共和国主席、副主席都缺位的时候，由全国人民代表大会补选；在补选以前，由全国人民代表大会常务委员会委员长暂时代理主席职位。

第三节 国务院

第八十五条 中华人民共和国国务院，即中央人民政府，是最高国家权力机关的执行机关，是最高国家行政机关。

第八十六条 国务院由下列人员组成：

总理，

副总理若干人，

国务委员若干人，

各部部长，

各委员会主任，

审计长，

秘书长。

国务院实行总理负责制。各部、各委员会实行部长、主任负责制。

国务院的组织由法律规定。

第八十七条 国务院每届任期同全国人民代表大会每届任期相同。

总理、副总理、国务委员连续任职不得超过两届。

第八十八条 总理领导国务院的工作。副总理、国务委员协助总理工作。

总理、副总理、国务委员、秘书长组成国务院常务会议。

总理召集和主持国务院常务会议和国务院全体会议。

第八十九条 国务院行使下列职权：

（一）根据宪法和法律，规定行政措施，制定行政法规，发布决定和命令；

（二）向全国人民代表大会或者全国人民代表大会常务委员会提出议案；

（三）规定各部和各委员会的任务和职责，统一领导各部和各委员会的工作，并且领导不属于各部和各委员会的全国性的行政工作；

（四）统一领导全国地方各级国家行政机关的工作，规定中央和省、自治区、直辖市的国家行政机关的职权的具体划分；

（五）编制和执行国民经济和社会发展计划和国家预算；

（六）领导和管理经济工作和城乡建设、生态文明建设；

（七）领导和管理教育、科学、文化、卫生、体育和计划生育工作；

（八）领导和管理民政、公安、司法行政等工作；

（九）管理对外事务，同外国缔结条约和协定；

（十）领导和管理国防建设事业；

（十一）领导和管理民族事务，保障少数民族的平等权利和民族自治地方的自治权利；

（十二）保护华侨的正当的权利和利益，保护归侨和侨眷的合法的权利和利益；

（十三）改变或者撤销各部、各委员会发布的不适当的命令、指示和规章；

（十四）改变或者撤销地方各级国家行政机关的不适当的决定和命令；

（十五）批准省、自治区、直辖市的区域划分，批准自治州、县、自治县、市的建置和区域划分；

（十六）依照法律规定决定省、自治区、直辖市的范围内部分地区进入紧急状态；

（十七）审定行政机构的编制，依照法律规定任免、培训、考核和奖惩行政人员；

（十八）全国人民代表大会和全国人民代表大会常务委员会授予的其他职权。

第九十条 国务院各部部长、各委员会主任负责本部门的工作；召集和主持部务会议或者委员会会议、委务会议，讨论决定本部门工作的重大问题。

各部、各委员会根据法律和国务院的行政法规、决定、命令，在本部门的权限内，发布命令、指示和规章。

第九十一条 国务院设立审计机关，对国务院各部门和地方各级政府的财政收支，对国家的财政金融机构和企业事业组织的财务收支，进行审计监督。

审计机关在国务院总理领导下，依照法律规定独立行使审计监督权，不受其他行政机关、社会团体和个人的干涉。

第九十二条 国务院对全国人民代表大会负责并报告工作；在全国人民代表大会闭会期间，对全国人民代表大会常务委员会负责并报告工作。

第四节 中央军事委员会

第九十三条 中华人民共和国中央军事委员会领导全国武装力量。

中央军事委员会由下列人员组成：

主席，

副主席若干人，

委员若干人。

中央军事委员会实行主席负责制。

中央军事委员会每届任期同全国人民代表大会每届任期相同。

第九十四条 中央军事委员会主席对全国人民代表大会和全国人民代表大会常务委员会负责。

第五节 地方各级人民代表大会和地方各级人民政府

第九十五条 省、直辖市、县、市、市辖区、乡、民族乡、镇设立人民代表大会和人民政府。

地方各级人民代表大会和地方各级人民政府的组织由法律规定。

自治区、自治州、自治县设立自治机关。自治机关的组织和工作根据宪法第三章第五节、第六节规定的基本原则由法律规定。

第九十六条 地方各级人民代表大会是地方国家权力机关。

县级以上的地方各级人民代表大会设立常务委员会。

第九十七条 省、直辖市、设区的市的人民代表大会代表由下一级的人民代表大会选举；县、不设区的市、市辖区、乡、民族乡、镇的人民代表大会代表由选民直接选举。

地方各级人民代表大会代表名额和代表产生办法由法律规定。

第九十八条 地方各级人民代表大会每届任期五年。

第九十九条 地方各级人民代表大会在本行政区域内，保证宪法、法律、行政法规的遵守和执行；依照法律规定的权限，通过和发布决议，审查和决定地方的经济建设、文化建设和公共事业建设的计划。

县级以上的地方各级人民代表大会审查和批准本行政区域内的国民经济和社会发展计划、预算以及它们的执行情况的报告；有权改变或者撤销本级人民代表大会常务委员会不适当的决定。

民族乡的人民代表大会可以依照法律规定的权限采取适合民族特点的具体措施。

第一百条 省、直辖市的人民代表大会和它们的常务委员会，在不同宪法、法律、行政法规相抵触的前提下，可以制定地方性法规，报全国人民代表大会常务委员会备案。

设区的市的人民代表大会和它们的常务委员会，在不同宪法、法律、行政法规和本省、自治区的地方性法规相抵触的前提下，可以依照法律规定制定地方性法规，报本省、自治区人民代表大会常务委员会批准后施行。

第一百零一条 地方各级人民代表大会分别选举并且有权罢免本级人民政府的省长和副省长、市长和副市长、县长和副县长、区长和副区长、乡长和副乡长、镇长和副镇长。

县级以上的地方各级人民代表大会选举并且有权罢免本级监察委员会主任、本级人民法院院长和本级人民检察院检察长。选出或者罢免人民检察院检察长，须报上级人民检察院检察长提请该级人民代表大会常务委员会批准。

第一百零二条 省、直辖市、设区的市的人民代表大会代表受原选举单位的监督；县、不设区的市、市辖区、乡、民族乡、镇的人民代表大会代表受选民的监督。

地方各级人民代表大会代表的选举单位和选民有权依照法律规定的程序罢免由他们选出的代表。

第一百零三条　县级以上的地方各级人民代表大会常务委员会由主任、副主任若干人和委员若干人组成，对本级人民代表大会负责并报告工作。

县级以上的地方各级人民代表大会选举并有权罢免本级人民代表大会常务委员会的组成人员。

县级以上的地方各级人民代表大会常务委员会的组成人员不得担任国家行政机关、监察机关、审判机关和检察机关的职务。

第一百零四条　县级以上的地方各级人民代表大会常务委员会讨论、决定本行政区域内各方面工作的重大事项；监督本级人民政府、监察委员会、人民法院和人民检察院的工作；撤销本级人民政府的不适当的决定和命令；撤销下一级人民代表大会的不适当的决议；依照法律规定的权限决定国家机关工作人员的任免；在本级人民代表大会闭会期间，罢免和补选上一级人民代表大会的个别代表。

第一百零五条　地方各级人民政府是地方各级国家权力机关的执行机关，是地方各级国家行政机关。

地方各级人民政府实行省长、市长、县长、区长、乡长、镇长负责制。

第一百零六条　地方各级人民政府每届任期同本级人民代表大会每届任期相同。

第一百零七条　县级以上地方各级人民政府依照法律规定的权限，管理本行政区域内的经济、教育、科学、文化、卫生、体育事业、城乡建设事业和财政、民政、公安、民族事务、司法行政、计划生育等行政工作，发布决定和命令，任免、培训、考核和奖惩行政工作人员。

乡、民族乡、镇的人民政府执行本级人民代表大会的决议和上级国家行政机关的决定和命令，管理本行政区域内的行政工作。

省、直辖市的人民政府决定乡、民族乡、镇的建置和区域划分。

第一百零八条　县级以上的地方各级人民政府领导所属各工作部门和下级人民政府的工作，有权改变或者撤销所属各工作部门和下级人民政府的不适当的决定。

第一百零九条　县级以上的地方各级人民政府设立审计机关。地方各级审计机关依照法律规定独立行使审计监督权，对本级人民政府和上一级审计机关负责。

第一百一十条　地方各级人民政府对本级人民代表大会负责并报告工作。县级以上的地方各级人民政府在本级人民代表大会闭会期间，对本级人民代表大会常务委员会负责并报告工作。

地方各级人民政府对上一级国家行政机关负责并报告工作。全国地方各级人民政府都是国务院统一领导下的国家行政机关，都服从国务院。

第一百一十一条　城市和农村按居民居住地区设立的居民委员会或者村民委员会是基层群众性自治组织。居民委员会、村民委员会的主任、副主任和委员由居民选举。居民委员会、村民委员会同基层政权的相互关系由法律规定。

居民委员会、村民委员会设人民调解、治安保卫、公共卫生等委员会，办理本居住地区的公共事务和公益事业，调解民间纠纷，协助维护社会治安，并且向人民政府反映群众的意见、要求和提出建议。

第六节　民族自治地方的自治机关

第一百一十二条　民族自治地方的自治机关是自治区、自治州、自治县的人民代表大会和人民政府。

第一百一十三条　自治区、自治州、自治县的人民代表大会中，除实行区域自治的民族的代表外，其他居住在本行政区域内的民族也应当有适当名额的代表。

自治区、自治州、自治县的人民代表大会常务委员会中应当有实行区域自治的民族的公民担任主任或者副主任。

第一百一十四条　自治区主席、自治州州长、自治县县长由实行区域自治的民族的公民担任。

第一百一十五条　自治区、自治州、自治县的自治机关行使宪法第三章第五节规定的地方国家机关的职权，同时依照宪法、民族区域自治法和其他法律规定的权限行使自治权，根据本地方实际情况贯彻执行国家的法律、政策。

第一百一十六条　民族自治地方的人民代表大会有权依照当地民族的政治、经济和文化的特点，制定自治条例和单行条例。自治区的自治条例和单行条例，报全国人民代表大会常务委员会批准后生效。自治州、自治县的自治条例和单行条例，报省或者自治区的人民代表大会常务委员会批准后生效，并报全国人民代表大会常务委员会备案。

第一百一十七条 民族自治地方的自治机关有管理地方财政的自治权。凡是依照国家财政体制属于民族自治地方的财政收入,都应当由民族自治地方的自治机关自主地安排使用。

第一百一十八条 民族自治地方的自治机关在国家计划的指导下,自主地安排和管理地方性的经济建设事业。

国家在民族自治地方开发资源、建设企业的时候,应当照顾民族自治地方的利益。

第一百一十九条 民族自治地方的自治机关自主地管理本地方的教育、科学、文化、卫生、体育事业,保护和整理民族的文化遗产,发展和繁荣民族文化。

第一百二十条 民族自治地方的自治机关依照国家的军事制度和当地的实际需要,经国务院批准,可以组织本地方维护社会治安的公安部队。

第一百二十一条 民族自治地方的自治机关在执行职务的时候,依照本民族自治地方自治条例的规定,使用当地通用的一种或者几种语言文字。

第一百二十二条 国家从财政、物资、技术等方面帮助各少数民族加速发展经济建设和文化建设事业。

国家帮助民族自治地方从当地民族中大量培养各级干部、各种专业人才和技术工人。

第七节 监察委员会

第一百二十三条 中华人民共和国各级监察委员会是国家的监察机关。

第一百二十四条 中华人民共和国设立国家监察委员会和地方各级监察委员会。

监察委员会由下列人员组成:

主任,

副主任若干人,

委员若干人。

监察委员会主任每届任期同本级人民代表大会每届任期相同。国家监察委员会主任连续任职不得超过两届。

监察委员会的组织和职权由法律规定。

第一百二十五条 中华人民共和国国家监察委员会是最高监察机关。

国家监察委员会领导地方各级监察委员会的工作,上级监察委员会领导下级监察委员会的工作。

第一百二十六条 国家监察委员会对全国人民代表大会和全国人民代表大会常务委员会负责。地方各级监察委员会对产生它的国家权力机关和上一级监察委员会负责。

第一百二十七条 监察委员会依照法律规定独立行使监察权,不受行政机关、社会团体和个人的干涉。

监察机关办理职务违法和职务犯罪案件,应当与审判机关、检察机关、执法部门互相配合,互相制约。

第八节 人民法院和人民检察院

第一百二十八条 中华人民共和国人民法院是国家的审判机关。

第一百二十九条 中华人民共和国设立最高人民法院、地方各级人民法院和军事法院等专门人民法院。

最高人民法院院长每届任期同全国人民代表大会每届任期相同,连续任职不得超过两届。

人民法院的组织由法律规定。

第一百三十条 人民法院审理案件,除法律规定的特别情况外,一律公开进行。被告人有权获得辩护。

第一百三十一条 人民法院依照法律规定独立行使审判权,不受行政机关、社会团体和个人的干涉。

第一百三十二条 最高人民法院是最高审判机关。

最高人民法院监督地方各级人民法院和专门人民法院的审判工作,上级人民法院监督下级人民法院的审判工作。

第一百三十三条 最高人民法院对全国人民代表大会和全国人民代表大会常务委员会负责。地方各级人民法院对产生它的国家权力机关负责。

第一百三十四条 中华人民共和国人民检察院是国家的法律监督机关。

第一百三十五条 中华人民共和国设立最高人民检察院、地方各级人民检察院和军事检察院等专门人民检察院。

最高人民检察院检察长每届任期同全国人民代表大会每届任期相同,连续任职不得超过两届。

人民检察院的组织由法律规定。

第一百三十六条 人民检察院依照法律规定独立行使检察权,不受行政机关、社会团体和个人的干涉。

第一百三十七条 最高人民检察院是最高检察机关。

最高人民检察院领导地方各级人民检察院和

专门人民检察院的工作，上级人民检察院领导下级人民检察院的工作。

第一百三十八条　最高人民检察院对全国人民代表大会和全国人民代表大会常务委员会负责。地方各级人民检察院对产生它的国家权力机关和上级人民检察院负责。

第一百三十九条　各民族公民都有用本民族语言文字进行诉讼的权利。人民法院和人民检察院对于不通晓当地通用的语言文字的诉讼参与人，应当为他们翻译。

在少数民族聚居或者多民族共同居住的地区，应当用当地通用的语言进行审理；起诉书、判决书、布告和其他文书应当根据实际需要使用当地通用的一种或者几种文字。

第一百四十条　人民法院、人民检察院和公安机关办理刑事案件，应当分工负责，互相配合，互相制约，以保证准确有效地执行法律。

第四章　国旗、国歌、国徽、首都

第一百四十一条　中华人民共和国国旗是五星红旗。

中华人民共和国国歌是《义勇军进行曲》。

第一百四十二条　中华人民共和国国徽，中间是五星照耀下的天安门，周围是谷穗和齿轮。

第一百四十三条　中华人民共和国首都是北京。

中国共产党中央委员会关于修改宪法部分内容的建议

全国人民代表大会常务委员会：

根据新时代坚持和发展中国特色社会主义的新形势新实践，中国共产党中央委员会提出关于修改《中华人民共和国宪法》部分内容的建议如下：

一、宪法序言第七自然段中“在马克思列宁主义、毛泽东思想、邓小平理论和‘三个代表’重要思想指引下”修改为“在马克思列宁主义、毛泽东思想、邓小平理论、‘三个代表’重要思想、科学发展观、习近平新时代中国特色社会主义思想指引下”；“健全社会主义法制”修改为“健全社会主义法治”；在“自力更生，艰苦奋斗”前增写“贯彻新发展理念”；“推动物质文明、政治文明和精神文明协调发展，把我国建设成为富强、民主、文明的社会主义国家”修改为“推动物质文明、政治文明、精神文明、社会文明、生态文明协调发展，把我国建设成为富强民主文明和谐美丽的社会主义现代化强国，实现中华民族伟大复兴”。这一自然段相应修改为：“中国新民主主义革命的胜利和社会主义事业的成就，是中国共产党领导中国各族人民，在马克思列宁主义、毛泽东思想的指引下，坚持真理，修正错误，战胜许多艰难险阻而取得的。我国将长期处于社会主义初级阶段。国家的根本任务是，沿着中国特色社会主义道路，集中力量进行社会主义现代化建设。中国各族人民将继续在中国共产党领导下，在马克思列宁主义、毛泽东思想、邓小平理论、‘三个代表’重要思想、科学发展观、习近平新时代中国特色社会主义思想指引下，坚持人民民主专政，坚持社会主义道路，坚持改革开放，不断完善社会主义的各项制度，发展社会主义市场经济，发展社会主义民主，健全社会主义法治，贯彻新发展理念，自力更生，艰苦奋斗，逐步实现工业、农业、国防和科学技术的现代化，推动物质文明、政治文明、精神文明、社会文明、生态文明协调发展，把我国建设成为富强民主文明和谐美丽的社会主义现代化强国，实现中华民族伟大复兴。”

二、宪法序言第十自然段中“在长期的革命和建设过程中”修改为“在长期的革命、建设、改革过程中”；“包括全体社会主义劳动者、社会主义事业的建设者、拥护社会主义的爱国者和拥护祖国统一的爱国者的广泛的爱国统一战线”修改为“包括全体社会主义劳动者、社会主义事业的建设者、拥护社会主义的爱国者、拥护祖国统一和致力于中华民族伟大复兴的爱国者的广泛的爱国统一战线”。这一自然段相应修改为：“社会主义的建设事业必须依靠工人、农民和知识分子，团结一切可以团结的力量。在长期的革命、建设、改革过程中，已经结成由中国共产党领导的，有各民主党派和各人民团体参加的，包括全体社会主义劳动者、社会主义事业的建设者、拥护社会主义的爱国者、拥护祖国统一和致力于中华民族伟大复兴的爱国者的广泛的爱国统一战线，这个统一战线将继续巩固和发展。中国人民政治协商会议是有广泛代表性的统一战线组织，过去发挥了重要的历史作用，今后在国家政治生活、社会生活和对外友好活动中，在进行社会主义现代化建设、维护国家的统一和团结的斗争中，将进一步发挥它的重要作用。中国共产党领导的多党合作和政治协商制度将长期存在和发展。”

三、宪法序言第十一自然段中“平等、团结、互助的社会主义民族关系已经确立，并将继续加强。”修改为：“平等团结互助和谐的社会主义民族关系已经确立，并将继续加强。”

四、宪法序言第十二自然段中“中国革命和建设的成就是同世界人民的支持分不开的”修改为“中国革命、建设、改革的成就是同世界人民的支持分不开的”；“中国坚持独立自主的对外政策，坚持互相尊重主权和领土完整、互不侵犯、互不干涉内政、平等互利、和平共处的五项原则”后增加“坚持和平发展道路，坚持互利共赢开放战略”；“发展同各国的外交关系和经济、文化的交流”修改为“发展同各国的外交关系和经济、文化交流，推动构建人类命运共同体”。这一自然段相应修改为：“中国革命、建设、改革的成就是同世界人民的支持分不开的。中国的前途是同世界的前途紧密地联系在一起的。中国坚持独立自主的对外政策，坚持互相尊重主权和领土完整、互不侵犯、互不干涉内政、平等互利、和平共处的五项原则，坚持和平发展道路，坚持互利共赢开放战略，发展同各国的外交关系和经济、文化交流，推动构建人类命运共同体；坚持反对帝国主义、霸权主义、殖民主义，加强同世界各国人民的团结，支持被压迫民族和发展中国家争取和维护民族独立、发展民族经济的正义斗争，为维护世界和平和促进人类进步事业而努力。”

五、宪法第一条第二款“社会主义制度是中华人民共和国的根本制度。”后增写一句，内容为：“中国共产党领导是中国特色社会主义最本质的特征。”

六、宪法第三条第三款“国家行政机关、审判机关、检察机关都由人民代表大会产生，对它负责，受它监督。”修改为：“国家行政机关、监察机关、审判机关、检察机关都由人民代表大会产生，对它负责，受它监督。”

七、宪法第四条第一款中“国家保障各少数民族的合法的权利和利益，维护和发展各民族的平等、团结、互助关系。”修改为：“国家保障各少数民族的合法的权利和利益，维护和发展各民族的平等团结互助和谐关系。”

八、宪法第二十四条第二款中“国家提倡爱祖国、爱人民、爱劳动、爱科学、爱社会主义的公德”修改为“国家倡导社会主义核心价值观，提倡爱祖国、爱人民、爱劳动、爱科学、爱社会主义的公德”。这一款相应修改为：“国家倡导社会主义核心价值观，提倡爱祖国、爱人民、爱劳动、爱科学、爱社会主义的公德，在人民中进行爱国主义、集体主义和国际主义、共产主义的教育，进行辩证唯物主义和历史唯物主义的教育，反对资本主义的、封建主义的和其他的腐朽思想。”

九、宪法第二十七条增加一款，作为第三款：“国家工作人员就职时应当依照法律规定公开进行宪法宣誓。”

十、宪法第六十二条“全国人民代表大会行使下列职权”中增加一项，作为第七项“（七）选举国家监察委员会主任”，第七项至第十五项相应改为第八项至第十六项。

十一、宪法第六十三条“全国人民代表大会有权罢免下列人员”中增加一项，作为第四项“（四）国家监察委员会主任”，第四项、第五项相应改为第五项、第六项。

十二、宪法第六十五条第四款“全国人民代表大会常务委员会的组成人员不得担任国家行政机关、审判机关和检察机关的职务。”修改为：“全国人民代表大会常务委员会的组成人员不得担任国家行政机关、监察机关、审判机关和检察机关的职务。”

十三、宪法第六十七条“全国人民代表大会常务委员会行使下列职权”中第六项“（六）监督国务院、中央军事委员会、最高人民法院和最高人民检察院的工作”修改为“（六）监督国务院、中央军事委员会、国家监察委员会、最高人民法院和最高人民检察院的工作”；增加一项，作为第十一项“（十一）根据国家监察委员会主任的提请，任免国家监察委员会副主任、委员”，第十一项至第二十一项相应改为第十二项至第二十二项。

十四、宪法第七十九条第三款“中华人民共和国主席、副主席每届任期同全国人民代表大会每届任期相同，连续任职不得超过两届。”修改为：“中华人民共和国主席、副主席每届任期同全国人民代表大会每届任期相同。”

十五、宪法第八十九条“国务院行使下列职权”中第六项“（六）领导和管理经济工作和城乡建设”修改为“（六）领导和管理经济工作和城乡建设、生态文明建设”；第八项“（八）领导和管理民政、公安、司法行政和监察等工作”修改为“(八)领导和管理民政、公安、司法行政等工作”。

十六、宪法第一百条增加一款,作为第二款:“设区的市的人民代表大会和它们的常务委员会,在不同宪法、法律、行政法规和本省、自治区的地方性法规相抵触的前提下,可以依照法律规定制定地方性法规,报本省、自治区人民代表大会常务委员会批准后施行。”

十七、宪法第一百零一条第二款中“县级以上的地方各级人民代表大会选举并且有权罢免本级人民法院院长和本级人民检察院检察长。”修改为:“县级以上的地方各级人民代表大会选举并且有权罢免本级监察委员会主任、本级人民法院院长和本级人民检察院检察长。”

十八、宪法第一百零三条第三款“县级以上的地方各级人民代表大会常务委员会的组成人员不得担任国家行政机关、审判机关和检察机关的职务。”修改为:“县级以上的地方各级人民代表大会常务委员会的组成人员不得担任国家行政机关、监察机关、审判机关和检察机关的职务。”

十九、宪法第一百零四条中“监督本级人民政府、人民法院和人民检察院的工作”修改为“监督本级人民政府、监察委员会、人民法院和人民检察院的工作”。这一条相应修改为:“县级以上的地方各级人民代表大会常务委员会讨论、决定本行政区域内各方面工作的重大事项;监督本级人民政府、监察委员会、人民法院和人民检察院的工作;撤销本级人民政府的不适当的决定和命令;撤销下一级人民代表大会的不适当的决议;依照法律规定的权限决定国家机关工作人员的任免;在本级人民代表大会闭会期间,罢免和补选上一级人民代表大会的个别代表。”

二十、宪法第一百零七条第一款“县级以上地方各级人民政府依照法律规定的权限,管理本行政区域内的经济、教育、科学、文化、卫生、体育事业、城乡建设事业和财政、民政、公安、民族事务、司法行政、监察、计划生育等行政工作,发布决定和命令,任免、培训、考核和奖惩行政工作人员。”修改为:“县级以上地方各级人民政府依照法律规定的权限,管理本行政区域内的经济、教育、科学、文化、卫生、体育事业、城乡建设事业和财政、民政、公安、民族事务、司法行政、计划生育等行政工作,发布决定和命令,任免、培训、考核和奖惩行政工作人员。”

二十一、宪法第三章“国家机构”中增加一节,作为第七节“监察委员会”;增加五条,分别作为第一百二十三条至第一百二十七条。内容如下:

第七节 监察委员会

第一百二十三条 中华人民共和国各级监察委员会是国家的监察机关。

第一百二十四条 中华人民共和国设立国家监察委员会和地方各级监察委员会。

监察委员会由下列人员组成:

主任,

副主任若干人,

委员若干人。

监察委员会主任每届任期同本级人民代表大会每届任期相同。国家监察委员会主任连续任职不得超过两届。

监察委员会的组织和职权由法律规定。

第一百二十五条 中华人民共和国国家监察委员会是最高监察机关。

国家监察委员会领导地方各级监察委员会的工作,上级监察委员会领导下级监察委员会的工作。

第一百二十六条 国家监察委员会对全国人民代表大会和全国人民代表大会常务委员会负责。地方各级监察委员会对产生它的国家权力机关和上一级监察委员会负责。

第一百二十七条 监察委员会依照法律规定独立行使监察权,不受行政机关、社会团体和个人的干涉。

监察机关办理职务违法和职务犯罪案件,应当与审判机关、检察机关、执法部门互相配合,互相制约。

第七节相应改为第八节,第一百二十三条至第一百三十八条相应改为第一百二十八条至第一百四十三条。

以上建议,请全国人民代表大会常务委员会依照法定程序提出宪法修正案议案,提请第十三届全国人民代表大会第一次会议审议。

中国共产党中央委员会

2018 年 1 月 26 日

中华人民共和国主席令

第三号

《中华人民共和国监察法》已由中华人民共和国第十三届全国人民代表大会第一次会议于 2018 年 3 月 20 日通过，现予公布，自公布之日起施行。

中华人民共和国主席　习近平

2018 年 3 月 20 日

中华人民共和国监察法

（2018 年 3 月 20 日第十三届全国人民代表大会第一次会议通过）

目　　录

第一章　总　　则
第二章　监察机关及其职责
第三章　监察范围和管辖
第四章　监察权限
第五章　监察程序
第六章　反腐败国际合作
第七章　对监察机关和监察人员的监督
第八章　法律责任
第九章　附　　则

第一章　总　　则

第一条　为了深化国家监察体制改革，加强对所有行使公权力的公职人员的监督，实现国家监察全面覆盖，深入开展反腐败工作，推进国家治理体系和治理能力现代化，根据宪法，制定本法。

第二条　坚持中国共产党对国家监察工作的领导，以马克思列宁主义、毛泽东思想、邓小平理论、“三个代表”重要思想、科学发展观、习近平新时代中国特色社会主义思想为指导，构建集中统一、权威高效的中国特色国家监察体制。

第三条　各级监察委员会是行使国家监察职能的专责机关，依照本法对所有行使公权力的公职人员（以下称公职人员）进行监察，调查职务违法和职务犯罪，开展廉政建设和反腐败工作，维护宪法和法律的尊严。

第四条　监察委员会依照法律规定独立行使监察权，不受行政机关、社会团体和个人的干涉。

监察机关办理职务违法和职务犯罪案件，应当与审判机关、检察机关、执法部门互相配合，互相制约。

监察机关在工作中需要协助的，有关机关和单位应当根据监察机关的要求依法予以协助。

第五条　国家监察工作严格遵照宪法和法律，以事实为根据，以法律为准绳；在适用法律上一律平等，保障当事人的合法权益；权责对等，严格监督；惩戒与教育相结合，宽严相济。

第六条　国家监察工作坚持标本兼治、综合治理，强化监督问责，严厉惩治腐败；深化改革、健全法治，有效制约和监督权力；加强法治教育和道德教育，弘扬中华优秀传统文化，构建不敢腐、不能腐、不想腐的长效机制。

第二章　监察机关及其职责

第七条　中华人民共和国国家监察委员会是最高监察机关。

省、自治区、直辖市、自治州、县、自治县、市、市辖区设立监察委员会。

第八条　国家监察委员会由全国人民代表大会产生，负责全国监察工作。

国家监察委员会由主任、副主任若干人、委员若干人组成，主任由全国人民代表大会选举，副主任、委员由国家监察委员会主任提请全国人民代表大会常务委员会任免。

国家监察委员会主任每届任期同全国人民代表大会每届任期相同,连续任职不得超过两届。

国家监察委员会对全国人民代表大会及其常务委员会负责,并接受其监督。

第九条 地方各级监察委员会由本级人民代表大会产生,负责本行政区域内的监察工作。

地方各级监察委员会由主任、副主任若干人、委员若干人组成,主任由本级人民代表大会选举,副主任、委员由监察委员会主任提请本级人民代表大会常务委员会任免。

地方各级监察委员会主任每届任期同本级人民代表大会每届任期相同。

地方各级监察委员会对本级人民代表大会及其常务委员会和上一级监察委员会负责,并接受其监督。

第十条 国家监察委员会领导地方各级监察委员会的工作,上级监察委员会领导下级监察委员会的工作。

第十一条 监察委员会依照本法和有关法律规定履行监督、调查、处置职责:

(一)对公职人员开展廉政教育,对其依法履职、秉公用权、廉洁从政从业以及道德操守情况进行监督检查;

(二)对涉嫌贪污贿赂、滥用职权、玩忽职守、权力寻租、利益输送、徇私舞弊以及浪费国家资财等职务违法和职务犯罪进行调查;

(三)对违法的公职人员依法作出政务处分决定;对履行职责不力、失职失责的领导人员进行问责;对涉嫌职务犯罪的,将调查结果移送人民检察院依法审查、提起公诉;向监察对象所在单位提出监察建议。

第十二条 各级监察委员会可以向本级中国共产党机关、国家机关、法律法规授权或者委托管理公共事务的组织和单位以及所管辖的行政区域、国有企业等派驻或者派出监察机构、监察专员。

监察机构、监察专员对派驻或者派出它的监察委员会负责。

第十三条 派驻或者派出的监察机构、监察专员根据授权,按照管理权限依法对公职人员进行监督,提出监察建议,依法对公职人员进行调查、处置。

第十四条 国家实行监察官制度,依法确定监察官的等级设置、任免、考评和晋升等制度。

第三章 监察范围和管辖

第十五条 监察机关对下列公职人员和有关人员进行监察:

(一)中国共产党机关、人民代表大会及其常务委员会机关、人民政府、监察委员会、人民法院、人民检察院、中国人民政治协商会议各级委员会机关、民主党派机关和工商业联合会机关的公务员,以及参照《中华人民共和国公务员法》管理的人员;

(二)法律、法规授权或者受国家机关依法委托管理公共事务的组织中从事公务的人员;

(三)国有企业管理人员;

(四)公办的教育、科研、文化、医疗卫生、体育等单位中从事管理的人员;

(五)基层群众性自治组织中从事管理的人员;

(六)其他依法履行公职的人员。

第十六条 各级监察机关按照管理权限管辖本辖区内本法第十五条规定的人员所涉监察事项。

上级监察机关可以办理下一级监察机关管辖范围内的监察事项,必要时也可以办理所辖各级监察机关管辖范围内的监察事项。

监察机关之间对监察事项的管辖有争议的,由其共同的上级监察机关确定。

第十七条 上级监察机关可以将其所管辖的监察事项指定下级监察机关管辖,也可以将下级监察机关有管辖权的监察事项指定给其他监察机关管辖。

监察机关认为所管辖的监察事项重大、复杂,需要由上级监察机关管辖的,可以报请上级监察机关管辖。

第四章 监察权限

第十八条 监察机关行使监督、调查职权,有权依法向有关单位和个人了解情况,收集、调取证据。有关单位和个人应当如实提供。

监察机关及其工作人员对监督、调查过程中知悉的国家秘密、商业秘密、个人隐私,应当保密。

任何单位和个人不得伪造、隐匿或者毁灭证据。

第十九条 对可能发生职务违法的监察对象,监察机关按照管理权限,可以直接或者委托有关机关、人员进行谈话或者要求说明情况。

第二十条 在调查过程中,对涉嫌职务违法的被调查人,监察机关可以要求其就涉嫌违法行为作出陈述,必要时向被调查人出具书面通知。

对涉嫌贪污贿赂、失职渎职等职务犯罪的被调查人,监察机关可以进行讯问,要求其如实供述涉嫌犯罪的情况。

第二十一条　在调查过程中，监察机关可以询问证人等人员。

第二十二条　被调查人涉嫌贪污贿赂、失职渎职等严重职务违法或者职务犯罪，监察机关已经掌握其部分违法犯罪事实及证据，仍有重要问题需要进一步调查，并有下列情形之一的，经监察机关依法审批，可以将其留置在特定场所：

（一）涉及案情重大、复杂的；

（二）可能逃跑、自杀的；

（三）可能串供或者伪造、隐匿、毁灭证据的；

（四）可能有其他妨碍调查行为的。

对涉嫌行贿犯罪或者共同职务犯罪的涉案人员，监察机关可以依照前款规定采取留置措施。

留置场所的设置、管理和监督依照国家有关规定执行。

第二十三条　监察机关调查涉嫌贪污贿赂、失职渎职等严重职务违法或者职务犯罪，根据工作需要，可以依照规定查询、冻结涉案单位和个人的存款、汇款、债券、股票、基金份额等财产。有关单位和个人应当配合。

冻结的财产经查明与案件无关的，应当在查明后三日内解除冻结，予以退还。

第二十四条　监察机关可以对涉嫌职务犯罪的被调查人以及可能隐藏被调查人或者犯罪证据的人的身体、物品、住处和其他有关地方进行搜查。在搜查时，应当出示搜查证，并有被搜查人或者其家属等见证人在场。

搜查女性身体，应当由女性工作人员进行。

监察机关进行搜查时，可以根据工作需要提请公安机关配合。公安机关应当依法予以协助。

第二十五条　监察机关在调查过程中，可以调取、查封、扣押用以证明被调查人涉嫌违法犯罪的财物、文件和电子数据等信息。采取调取、查封、扣押措施，应当收集原物原件，会同持有人或者保管人、见证人，当面逐一拍照、登记、编号，开列清单，由在场人员当场核对、签名，并将清单副本交财物、文件的持有人或者保管人。

对调取、查封、扣押的财物、文件，监察机关应当设立专用账户、专门场所，确定专门人员妥善保管，严格履行交接、调取手续，定期对账核实，不得毁损或者用于其他目的。对价值不明物品应当及时鉴定，专门封存保管。

查封、扣押的财物、文件经查明与案件无关的，应当在查明后三日内解除查封、扣押，予以退还。

第二十六条　监察机关在调查过程中，可以直接或者指派、聘请具有专门知识、资格的人员在调查人员主持下进行勘验检查。勘验检查情况应当制作笔录，由参加勘验检查的人员和见证人签名或者盖章。

第二十七条　监察机关在调查过程中，对于案件中的专门性问题，可以指派、聘请有专门知识的人进行鉴定。鉴定人进行鉴定后，应当出具鉴定意见，并且签名。

第二十八条　监察机关调查涉嫌重大贪污贿赂等职务犯罪，根据需要，经过严格的批准手续，可以采取技术调查措施，按照规定交有关机关执行。

批准决定应当明确采取技术调查措施的种类和适用对象，自签发之日起三个月以内有效；对于复杂、疑难案件，期限届满仍有必要继续采取技术调查措施的，经过批准，有效期可以延长，每次不得超过三个月。对于不需要继续采取技术调查措施的，应当及时解除。

第二十九条　依法应当留置的被调查人如果在逃，监察机关可以决定在本行政区域内通缉，由公安机关发布通缉令，追捕归案。通缉范围超出本行政区域的，应当报请有权决定的上级监察机关决定。

第三十条　监察机关为防止被调查人及相关人员逃匿境外，经省级以上监察机关批准，可以对被调查人及相关人员采取限制出境措施，由公安机关依法执行。对于不需要继续采取限制出境措施的，应当及时解除。

第三十一条　涉嫌职务犯罪的被调查人主动认罪认罚，有下列情形之一的，监察机关经领导人员集体研究，并报上一级监察机关批准，可以在移送人民检察院时提出从宽处罚的建议：

（一）自动投案，真诚悔罪悔过的；

（二）积极配合调查工作，如实供述监察机关还未掌握的违法犯罪行为的；

（三）积极退赃，减少损失的；

（四）具有重大立功表现或者案件涉及国家重大利益等情形的。

第三十二条　职务违法犯罪的涉案人员揭发有关被调查人职务违法犯罪行为，查证属实的，或者提供重要线索，有助于调查其他案件的，监察机关经领导人员集体研究，并报上一级监察机关批准，可以在移送人民检察院时提出从宽处罚的建议。

第三十三条　监察机关依照本法规定收集的物证、书证、证人证言、被调查人供述和辩解、视听资料、电子数据等证据材料，在刑事诉讼中可以作为证据使用。

监察机关在收集、固定、审查、运用证据时，应当与刑事审判关于证据的要求和标准相一致。

以非法方法收集的证据应当依法予以排除，不得作为案件处置的依据。

第三十四条　人民法院、人民检察院、公安机关、审计机关等国家机关在工作中发现公职人员涉嫌贪污贿赂、失职渎职等职务违法或者职务犯罪的问题线索，应当移送监察机关，由监察机关依法调查处置。

被调查人既涉嫌严重职务违法或者职务犯罪，又涉嫌其他违法犯罪的，一般应当由监察机关为主调查，其他机关予以协助。

第五章　监察程序

第三十五条　监察机关对于报案或者举报，应当接受并按照有关规定处理。对于不属于本机关管辖的，应当移送主管机关处理。

第三十六条　监察机关应当严格按照程序开展工作，建立问题线索处置、调查、审理各部门相互协调、相互制约的工作机制。

监察机关应当加强对调查、处置工作全过程的监督管理，设立相应的工作部门履行线索管理、监督检查、督促办理、统计分析等管理协调职能。

第三十七条　监察机关对监察对象的问题线索，应当按照有关规定提出处置意见，履行审批手续，进行分类办理。线索处置情况应当定期汇总、通报，定期检查、抽查。

第三十八条　需要采取初步核实方式处置问题线索的，监察机关应当依法履行审批程序，成立核查组。初步核实工作结束后，核查组应当撰写初步核实情况报告，提出处理建议。承办部门应当提出分类处理意见。初步核实情况报告和分类处理意见报监察机关主要负责人审批。

第三十九条　经过初步核实，对监察对象涉嫌职务违法犯罪，需要追究法律责任的，监察机关应当按照规定的权限和程序办理立案手续。

监察机关主要负责人依法批准立案后，应当主持召开专题会议，研究确定调查方案，决定需要采取的调查措施。

立案调查决定应当向被调查人宣布，并通报相关组织。涉嫌严重职务违法或者职务犯罪的，应当通知被调查人家属，并向社会公开发布。

第四十条　监察机关对职务违法和职务犯罪案件，应当进行调查，收集被调查人有无违法犯罪以及情节轻重的证据，查明违法犯罪事实，形成相互印证、完整稳定的证据链。

严禁以威胁、引诱、欺骗及其他非法方式收集证据，严禁侮辱、打骂、虐待、体罚或者变相体罚被调查人和涉案人员。

第四十一条　调查人员采取讯问、询问、留置、搜查、调取、查封、扣押、勘验检查等调查措施，均应当依照规定出示证件，出具书面通知，由二人以上进行，形成笔录、报告等书面材料，并由相关人员签名、盖章。

调查人员进行讯问以及搜查、查封、扣押等重要取证工作，应当对全过程进行录音录像，留存备查。

第四十二条　调查人员应当严格执行调查方案，不得随意扩大调查范围、变更调查对象和事项。

对调查过程中的重要事项，应当集体研究后按程序请示报告。

第四十三条　监察机关采取留置措施，应当由监察机关领导人员集体研究决定。设区的市级以下监察机关采取留置措施，应当报上一级监察机关批准。省级监察机关采取留置措施，应当报国家监察委员会备案。

留置时间不得超过三个月。在特殊情况下，可以延长一次，延长时间不得超过三个月。省级以下监察机关采取留置措施的，延长留置时间应当报上一级监察机关批准。监察机关发现采取留置措施不当的，应当及时解除。

监察机关采取留置措施，可以根据工作需要提请公安机关配合。公安机关应当依法予以协助。

第四十四条　对被调查人采取留置措施后，应当在二十四小时以内，通知被留置人员所在单位和家属，但有可能毁灭、伪造证据，干扰证人作证或者串供等有碍调查情形的除外。有碍调查的情形消失后，应当立即通知被留置人员所在单位和家属。

监察机关应当保障被留置人员的饮食、休息和安全，提供医疗服务。讯问被留置人员应当合理安排讯问时间和时长，讯问笔录由被讯问人阅看后签名。

被留置人员涉嫌犯罪移送司法机关后，被依法判处管制、拘役和有期徒刑的，留置一日折抵管制二日，折抵拘役、有期徒刑一日。

第四十五条　监察机关根据监督、调查结果，依法作出如下处置：

（一）对有职务违法行为但情节较轻的公职人

员，按照管理权限，直接或者委托有关机关、人员，进行谈话提醒、批评教育、责令检查，或者予以诫勉；

（二）对违法的公职人员依照法定程序作出警告、记过、记大过、降级、撤职、开除等政务处分决定；

（三）对不履行或者不正确履行职责负有责任的领导人员，按照管理权限对其直接作出问责决定，或者向有权作出问责决定的机关提出问责建议；

（四）对涉嫌职务犯罪的，监察机关经调查认为犯罪事实清楚，证据确实、充分的，制作起诉意见书，连同案卷材料、证据一并移送人民检察院依法审查、提起公诉；

（五）对监察对象所在单位廉政建设和履行职责存在的问题等提出监察建议。

监察机关经调查，对没有证据证明被调查人存在违法犯罪行为的，应当撤销案件，并通知被调查人所在单位。

第四十六条 监察机关经调查，对违法取得的财物，依法予以没收、追缴或者责令退赔；对涉嫌犯罪取得的财物，应当随案移送人民检察院。

第四十七条 对监察机关移送的案件，人民检察院依照《中华人民共和国刑事诉讼法》对被调查人采取强制措施。

人民检察院经审查，认为犯罪事实已经查清，证据确实、充分，依法应当追究刑事责任的，应当作出起诉决定。

人民检察院经审查，认为需要补充核实的，应当退回监察机关补充调查，必要时可以自行补充侦查。对于补充调查的案件，应当在一个月内补充调查完毕。补充调查以二次为限。

人民检察院对于有《中华人民共和国刑事诉讼法》规定的不起诉的情形的，经上一级人民检察院批准，依法作出不起诉的决定。监察机关认为不起诉的决定有错误的，可以向上一级人民检察院提请复议。

第四十八条 监察机关在调查贪污贿赂、失职渎职等职务犯罪案件过程中，被调查人逃匿或者死亡，有必要继续调查的，经省级以上监察机关批准，应当继续调查并作出结论。被调查人逃匿，在通缉一年后不能到案，或者死亡的，由监察机关提请人民检察院依照法定程序，向人民法院提出没收违法所得的申请。

第四十九条 监察对象对监察机关作出的涉及本人的处理决定不服的，可以在收到处理决定之日起一个月内，向作出决定的监察机关申请复审，复审机关应当在一个月内作出复审决定；监察对象对复审决定仍不服的，可以在收到复审决定之日起一个月内，向上一级监察机关申请复核，复核机关应当在二个月内作出复核决定。复审、复核期间，不停止原处理决定的执行。复核机关经审查，认定处理决定有错误的，原处理机关应当及时予以纠正。

第六章 反腐败国际合作

第五十条 国家监察委员会统筹协调与其他国家、地区、国际组织开展的反腐败国际交流、合作，组织反腐败国际条约实施工作。

第五十一条 国家监察委员会组织协调有关方面加强与有关国家、地区、国际组织在反腐败执法、引渡、司法协助、被判刑人的移管、资产追回和信息交流等领域的合作。

第五十二条 国家监察委员会加强对反腐败国际追逃追赃和防逃工作的组织协调，督促有关单位做好相关工作：

（一）对于重大贪污贿赂、失职渎职等职务犯罪案件，被调查人逃匿到国（境）外，掌握证据比较确凿的，通过开展境外追逃合作，追捕归案；

（二）向赃款赃物所在国请求查询、冻结、扣押、没收、追缴、返还涉案资产；

（三）查询、监控涉嫌职务犯罪的公职人员及其相关人员进出国（境）和跨境资金流动情况，在调查案件过程中设置防逃程序。

第七章 对监察机关和监察人员的监督

第五十三条 各级监察委员会应当接受本级人民代表大会及其常务委员会的监督。

各级人民代表大会常务委员会听取和审议本级监察委员会的专项工作报告，组织执法检查。

县级以上各级人民代表大会及其常务委员会举行会议时，人民代表大会代表或者常务委员会组成人员可以依照法律规定的程序，就监察工作中的有关问题提出询问或者质询。

第五十四条 监察机关应当依法公开监察工作信息，接受民主监督、社会监督、舆论监督。

第五十五条 监察机关通过设立内部专门的监督机构等方式，加强对监察人员执行职务和遵守法律情况的监督，建设忠诚、干净、担当的监察队伍。

第五十六条 监察人员必须模范遵守宪法和法律，忠于职守、秉公执法，清正廉洁、保守秘密；必须具有良好的政治素质，熟悉监察业务，具备运用法律、法规、政策和调查取证等能力,自觉接受监督。

第五十七条 对于监察人员打听案情、过问案件、说情干预的,办理监察事项的监察人员应当及时报告。有关情况应当登记备案。

发现办理监察事项的监察人员未经批准接触被调查人、涉案人员及其特定关系人,或者存在交往情形的,知情人应当及时报告。有关情况应当登记备案。

第五十八条 办理监察事项的监察人员有下列情形之一的,应当自行回避,监察对象、检举人及其他有关人员也有权要求其回避:

(一)是监察对象或者检举人的近亲属的;

(二)担任过本案的证人的;

(三)本人或者其近亲属与办理的监察事项有利害关系的;

(四)有可能影响监察事项公正处理的其他情形的。

第五十九条 监察机关涉密人员离岗离职后,应当遵守脱密期管理规定,严格履行保密义务,不得泄露相关秘密。

监察人员辞职、退休三年内,不得从事与监察和司法工作相关联且可能发生利益冲突的职业。

第六十条 监察机关及其工作人员有下列行为之一的,被调查人及其近亲属有权向该机关申诉:

(一)留置法定期限届满,不予以解除的;

(二)查封、扣押、冻结与案件无关的财物的;

(三)应当解除查封、扣押、冻结措施而不解除的;

(四)贪污、挪用、私分、调换以及违反规定使用查封、扣押、冻结的财物的;

(五)其他违反法律法规、侵害被调查人合法权益的行为。

受理申诉的监察机关应当在受理申诉之日起一个月内作出处理决定。申诉人对处理决定不服的,可以在收到处理决定之日起一个月内向上一级监察机关申请复查,上一级监察机关应当在收到复查申请之日起二个月内作出处理决定,情况属实的,及时予以纠正。

第六十一条 对调查工作结束后发现立案依据不充分或者失实,案件处置出现重大失误,监察人员严重违法的,应当追究负有责任的领导人员和直接责任人员的责任。

第八章 法律责任

第六十二条 有关单位拒不执行监察机关作出的处理决定,或者无正当理由拒不采纳监察建议的,由其主管部门、上级机关责令改正,对单位给予通报批评;对负有责任的领导人员和直接责任人员依法给予处理。

第六十三条 有关人员违反本法规定,有下列行为之一的,由其所在单位、主管部门、上级机关或者监察机关责令改正,依法给予处理:

(一)不按要求提供有关材料,拒绝、阻碍调查措施实施等拒不配合监察机关调查的;

(二)提供虚假情况,掩盖事实真相的;

(三)串供或者伪造、隐匿、毁灭证据的;

(四)阻止他人揭发检举、提供证据的;

(五)其他违反本法规定的行为,情节严重的。

第六十四条 监察对象对控告人、检举人、证人或者监察人员进行报复陷害的;控告人、检举人、证人捏造事实诬告陷害监察对象的,依法给予处理。

第六十五条 监察机关及其工作人员有下列行为之一的,对负有责任的领导人员和直接责任人员依法给予处理:

(一)未经批准、授权处置问题线索,发现重大案情隐瞒不报,或者私自留存、处理涉案材料的;

(二)利用职权或者职务上的影响干预调查工作、以案谋私的;

(三)违法窃取、泄露调查工作信息,或者泄露举报事项、举报受理情况以及举报人信息的;

(四)对被调查人或者涉案人员逼供、诱供,或者侮辱、打骂、虐待、体罚或者变相体罚的;

(五)违反规定处置查封、扣押、冻结的财物的;

(六)违反规定发生办案安全事故,或者发生安全事故后隐瞒不报、报告失实、处置不当的;

(七)违反规定采取留置措施的;

(八)违反规定限制他人出境,或者不按规定解除出境限制的;

(九)其他滥用职权、玩忽职守、徇私舞弊的行为。

第六十六条 违反本法规定,构成犯罪的,依法追究刑事责任。

第六十七条 监察机关及其工作人员行使职权,侵犯公民、法人和其他组织的合法权益造成损害的,依法给予国家赔偿。

第九章 附 则

第六十八条 中国人民解放军和中国人民武

装警察部队开展监察工作，由中央军事委员会根据本法制定具体规定。

第六十九条 本法自公布之日起施行。《中华人民共和国行政监察法》同时废止。

关于《中华人民共和国监察法(草案)》的说明

——2018 年 3 月 13 日在第十三届全国人民代表大会第一次会议上

第十二届全国人大常委会副委员长 李建国

各位代表：

我受第十二届全国人大常委会委托，作关于《中华人民共和国监察法(草案)》的说明。

一、制定监察法的重要意义

(一)制定监察法是贯彻落实党中央关于深化国家监察体制改革决策部署的重大举措

深化国家监察体制改革是以习近平同志为核心的党中央作出的事关全局的重大政治体制改革，是强化党和国家自我监督的重大决策部署。改革的目标是，整合反腐败资源力量，加强党对反腐败工作的集中统一领导，构建集中统一、权威高效的中国特色国家监察体制，实现对所有行使公权力的公职人员监察全覆盖。深化国家监察体制改革是组织创新、制度创新，必须打破体制机制障碍，建立崭新的国家监察机构。制定监察法是深化国家监察体制改革的内在要求和重要环节。党中央对国家监察立法工作高度重视，习近平总书记在党的十八届六中全会和十八届中央纪委五次、六次、七次全会上均对此提出明确要求。中央政治局、中央政治局常务委员会和中央全面深化改革领导小组多次专题研究深化国家监察体制改革、国家监察相关立法问题，确定了制定监察法的指导思想、基本原则和主要内容，明确了国家监察立法工作的方向和时间表、路线图。党的十九大明确提出："制定国家监察法，依法赋予监察委员会职责权限和调查手段，用留置取代'两规'措施。"监察法是反腐败国家立法，是一部对国家监察工作起统领性和基础性作用的法律。制定监察法，贯彻落实党中央关于深化国家监察体制改革决策部署，使党的主张通过法定程序成为国家意志，对于创新和完善国家监察制度，实现立法与改革相衔接，以法治思维和法治方式开展反腐败工作，意义重大、影响深远。

(二)制定监察法是坚持和加强党对反腐败工作的领导，构建集中统一、权威高效的国家监察体系的必然要求

中国共产党领导是中国特色社会主义最本质的特征，是中国特色社会主义制度的最大优势。我们推进各领域改革，都是为了完善和发展中国特色社会主义制度，巩固党的执政基础、提高党的执政能力。以零容忍态度惩治腐败是中国共产党鲜明的政治立场，是党心民心所向，必须始终坚持在党中央统一领导下推进。当前反腐败斗争形势依然严峻复杂，与党风廉政建设和反腐败斗争的要求相比，我国的监察体制机制存在着明显不适应问题。一是监察范围过窄。国家监察体制改革之前，党内监督已经实现全覆盖，而依照行政监察法的规定，行政监察对象主要是行政机关及其工作人员，还没有做到对所有行使公权力的公职人员全覆盖。在我国，党管干部是坚持党的领导的重要原则。作为执政党，我们党不仅管干部的培养、提拔、使用，还必须对干部进行教育、管理、监督，必须对违纪违法的干部作出处理，对党员干部和其他公职人员的腐败行为进行查处。二是反腐败力量分散。国家监察体制改革之前，党的纪律检查机关依照党章党规对党员的违纪行为进行审查，行政监察机关依照行政监察法对行政机关工作人员的违法违纪行为进行监察，检察机关依照刑事诉讼法对国家工作人员职务犯罪行为进行查处，反腐败职能既分别行使，又交叉重叠，没有形成合力。同时，检察机关对职务犯罪案件既行使侦查权，又行使批捕、起诉等权力，缺乏有效监督机制。深化国家监察体制改革，组建党统一领导的反腐败工作机构即监察委员会，就是将行政监察部门、预防腐败机构和检察机关查处贪污贿赂、失职渎职以及预防职务犯罪等部门的工作力量整合起来，把反腐败资源集中起来，把执纪和执法贯通起来，攥指成拳，形成合力。三是体现专责和集中统一不够。制定监察法，明确监察委

员会的性质、地位，明确“各级监察委员会是行使国家监察职能的专责机关”，从而与党章关于“党的各级纪律检查委员会是党内监督专责机关”相呼应，通过国家立法把党对反腐败工作集中统一领导的体制机制固定下来，构建党统一指挥、全面覆盖、权威高效的监督体系，把制度优势转化为治理效能。

（三）制定监察法是总结党的十八大以来反腐败实践经验，为新形势下反腐败斗争提供坚强法治保障的现实需要

党的十八大以来，以习近平同志为核心的党中央坚持反腐败无禁区、全覆盖、零容忍，以雷霆万钧之势，坚定不移“打虎”、“拍蝇”、“猎狐”，不敢腐的目标初步实现，不能腐的笼子越扎越牢，不想腐的堤坝正在构筑。在深入开展反腐败斗争的同时，深化国家监察体制改革试点工作积极推进。根据党中央决策部署，2016年12月，十二届全国人大常委会第二十五次会议通过《全国人民代表大会常务委员会关于在北京市、山西省、浙江省开展国家监察体制改革试点工作的决定》，经过一年多的实践，国家监察体制改革在实践中迈出了坚实步伐，积累了可复制可推广的经验。根据党的十九大精神，在认真总结三省市试点工作经验的基础上，2017年11月，十二届全国人大常委会第三十次会议通过《全国人民代表大会常务委员会关于在全国各地推开国家监察体制改革试点工作的决定》，国家监察体制改革试点工作在全国有序推开，目前，省、市、县三级监察委员会已经全部组建成立。通过国家立法赋予监察委员会必要的权限和措施，将行政监察法已有规定和实践中正在使用、行之有效的措施确定下来，明确监察机关可以采取谈话、讯问、询问、查询、冻结、调取、查封、扣押、搜查、勘验检查、鉴定、留置等措施开展调查。尤其是用留置取代“两规”措施，并规定严格的程序，有利于解决长期困扰我们的法治难题，彰显全面依法治国的决心和自信。改革的深化要求法治保障，法治的实现离不开改革推动。通过制定监察法，把党的十八大以来在推进党风廉政建设和反腐败斗争中形成的新理念新举措新经验以法律形式固定下来，巩固国家监察体制改革成果，保障反腐败工作在法治轨道上行稳致远。

（四）制定监察法是坚持党内监督与国家监察有机统一，坚持走中国特色监察道路的创制之举

权力必须受到制约和监督。在我国，党的机关、人大机关、行政机关、政协机关、监察机关、审判机关、检察机关等，都在党中央统一领导下行使公权力，为人民用权，对人民负责，受人民监督。在我国监督体系中，党内监督和国家监察发挥着十分重要的作用。党内监督是对全体党员尤其是对党员干部实行的监督，国家监察是对所有行使公权力的公职人员实行的监督。我国80%的公务员和超过95%的领导干部是共产党员，这就决定了党内监督和国家监察具有高度的内在一致性，也决定了实行党内监督和国家监察相统一的必然性。这种把二者有机统一起来的监督制度具有鲜明的中国特色。党的十八大以来，党中央坚持全面从严治党，在加大反腐败力度的同时，完善党章党规，实现依规治党，取得历史性成就。完善我国监督体系，既要加强党内监督，又要加强国家监察。深化国家监察体制改革，成立监察委员会，并与党的纪律检查机关合署办公，代表党和国家行使监督权和监察权，履行纪检、监察两项职责，加强对所有行使公权力的公职人员的监督，从而在我们党和国家形成巡视、派驻、监察三个全覆盖的统一的权力监督格局，形成发现问题、纠正偏差、惩治腐败的有效机制，为实现党和国家长治久安走出了一条中国特色监察道路。同时要看到，这次监察体制改革确立的监察制度，也体现了中华民族传统制度文化，是对中国历史上监察制度的一种借鉴，是对当今权力制约形式的一个新探索。制定监察法，就是通过立法方式保证依规治党与依法治国、党内监督与国家监察有机统一，将党内监督同国家机关监督、民主监督、司法监督、群众监督、舆论监督贯通起来，不断提高党和国家的监督效能。

（五）制定监察法是加强宪法实施，丰富和发展人民代表大会制度，推进国家治理体系和治理能力现代化的战略举措

宪法是国家的根本法，是治国安邦的总章程，是党和人民意志的集中体现。在总体保持我国宪法连续性、稳定性、权威性的基础上，十三届全国人大一次会议对宪法作出部分修改，把党和人民在实践中取得的重大理论创新、实践创新、制度创新成果上升为宪法规定，实现了宪法的与时俱进。这次宪法修改的重要内容之一，是增加有关监察委员会的各项规定，对国家机构作出了重要调整和完善。通过完备的法律保证宪法确立的制度得到落实，是宪法实施的重要途径。在本次人民代表大会上，先通过宪法修正案，然后再审议监察法草案，及时将宪法修改所确立的监察制度进一步具体化，是我们党依宪执政、依宪治国的生动实践和鲜明写照。人民代表大会制度是我国的根本政治制度，是坚持党

的领导、人民当家作主、依法治国有机统一的根本政治制度安排。人民行使国家权力的机关是全国人民代表大会和地方各级人民代表大会。监察法草案根据宪法修正案将行使国家监察职能的专责机关纳入国家机构体系,明确监察委员会由同级人大产生,对它负责,受它监督,拓宽了人民监督权力的途径,提高了社会主义民主政治制度化、规范化、法治化水平,丰富和发展了人民代表大会制度的内涵,推动了人民代表大会制度与时俱进,对推进国家治理体系和治理能力现代化具有深远意义。

二、监察法草案起草过程、指导思想和基本思路

按照党中央部署要求,监察法立法工作由中共中央纪律检查委员会牵头抓总,在最初研究深化国家监察体制改革方案的时候即着手考虑将行政监察法修改为国家监察法问题。中央纪委与全国人大常委会、中央统战部、中央政法委员会、中央深化改革领导小组办公室、中央机构编制办公室等有关方面进行了多次沟通。全国人大常委会党组坚决贯彻落实党中央关于深化国家监察体制改革的决策部署,高度重视监察法立法工作。十二届全国人大常委会将监察法起草和审议工作作为最重要的立法工作之一。2016 年 10 月,党的十八届六中全会闭幕后,中央纪委机关会同全国人大常委会法制工作委员会即共同组成国家监察立法工作专班。在前期工作基础上,工作专班进一步开展调研和起草工作,吸收改革试点地区的实践经验,听取专家学者的意见建议,经反复修改完善,形成了监察法草案。

2017 年 6 月 15 日,习近平总书记主持中央政治局常委会会议,审议并原则同意全国人大常委会党组关于监察法草案几个主要问题的请示。2017 年 6 月下旬,十二届全国人大常委会第二十八次会议对监察法草案进行了初次审议。初次审议后,根据党中央同意的相关工作安排,全国人大常委会法制工作委员会将草案送 23 个中央国家机关以及 31 个省、自治区、直辖市人大常委会征求意见;召开专家会,听取了宪法、行政法和刑事诉讼法方面专家学者的意见。2017 年 11 月 7 日至 12 月 6 日,监察法草案在中国人大网全文公开,征求社会公众意见。党的十九大后,根据党的十九大精神和全国人大常委会组成人员的审议意见以及人大代表、政协委员等各方面意见,对草案作了修改完善。2017 年 12 月,十二届全国人大常委会第三十一次会议对监察法草案进行再次审议,认为草案贯彻落实以习近平同志为核心的党中央关于深化国家监察体制改革的重大决策部署,充分吸收了常委会组成人员的审议意见和各方面意见,已经比较成熟,决定将监察法草案提请全国人民代表大会审议。

2018 年 1 月 18 日至 19 日,党的十九届二中全会审议通过了《中共中央关于修改宪法部分内容的建议》。1 月 29 日至 30 日,十二届全国人大常委会第三十二次会议决定将《中华人民共和国宪法修正案(草案)》提请十三届全国人大一次会议审议。监察法草案根据宪法修改精神作了进一步修改。2018 年 1 月 31 日,全国人大常委会办公厅将监察法草案发送十三届全国人大代表。代表们对草案进行了认真研读讨论,总体赞成草案,同时提出了一些修改意见。全国人大法律委员会召开会议,对草案进行了审议,根据全国人大常委会组成人员和代表们提出的意见作了修改,并将修改情况向全国人大常委会委员长会议作了汇报。2018 年 2 月 8 日,习近平总书记主持召开中央政治局常委会会议,听取了全国人大常委会党组的汇报,原则同意《关于〈中华人民共和国监察法(草案)〉有关问题的请示》并作出重要指示。根据党中央指示精神,对草案作了进一步完善。在上述工作基础上,形成了提请本次大会审议的《中华人民共和国监察法(草案)》。

制定监察法的指导思想是,高举中国特色社会主义伟大旗帜,全面贯彻党的十九大精神,坚持以马克思列宁主义、毛泽东思想、邓小平理论、"三个代表"重要思想、科学发展观、习近平新时代中国特色社会主义思想为指导,坚持党的领导、人民当家作主、依法治国有机统一,坚持统筹推进"五位一体"总体布局和协调推进"四个全面"战略布局,加强党对反腐败工作的集中统一领导,实现对所有行使公权力的公职人员监察全覆盖,使依规治党与依法治国、党内监督与国家监察有机统一,推进国家治理体系和治理能力现代化。

按照上述指导思想,监察法立法工作遵循以下思路和原则:一是坚持正确政治方向。严格遵循党中央确定的指导思想、基本原则和改革要求,把坚持和加强党对反腐败工作的集中统一领导作为根本政治原则贯穿立法全过程和各方面。二是坚持与宪法修改保持一致。宪法是国家各种制度和法律法规的总依据。监察法草案相关内容及表述均与本次宪法修改关于监察委员会的各项规定相衔接、相统一。三是坚持问题导向。着力解决我国监

察体制机制中存在的突出问题。四是坚持科学立法、民主立法、依法立法。坚决贯彻落实党中央决策部署,充分吸收各方面意见,认真回应社会关切,严格依法按程序办事,使草案内容科学合理、协调衔接,制定一部高质量的监察法。

三、监察法草案的主要内容

监察法草案分为9章,包括总则、监察机关及其职责、监察范围和管辖、监察权限、监察程序、反腐败国际合作、对监察机关和监察人员的监督、法律责任和附则,共69条。主要内容是:

(一)明确监察工作的指导思想和领导体制

为坚持和加强党对反腐败工作的集中统一领导,草案规定:坚持中国共产党对国家监察工作的领导,以马克思列宁主义、毛泽东思想、邓小平理论、"三个代表"重要思想、科学发展观、习近平新时代中国特色社会主义思想为指导,构建集中统一、权威高效的中国特色国家监察体制。

(二)明确监察工作的原则和方针

关于监察工作的原则。草案规定:监察委员会依照法律规定独立行使监察权,不受行政机关、社会团体和个人的干涉;监察机关办理职务违法和职务犯罪案件,应当与审判机关、检察机关、执法部门互相配合,互相制约;监察机关在工作中需要协助的,有关机关和单位应当根据监察机关的要求依法予以协助。国家监察工作严格遵照宪法和法律,以事实为根据,以法律为准绳,在适用法律上一律平等;权责对等,从严监督;惩戒与教育相结合,宽严相济。

关于监察工作的方针。草案规定:国家监察工作坚持标本兼治、综合治理,强化监督问责,严厉惩治腐败;深化改革、健全法治,有效制约和监督权力;加强法治道德教育,弘扬中华优秀传统文化,构建不敢腐、不能腐、不想腐的长效机制。

(三)明确监察委员会的产生和职责

关于监察委员会的产生。根据本次大会通过的宪法修正案,草案规定:国家监察委员会由全国人民代表大会产生,负责全国监察工作;国家监察委员会由主任、副主任若干人、委员若干人组成,主任由全国人民代表大会选举,副主任、委员由国家监察委员会主任提请全国人民代表大会常务委员会任免;国家监察委员会主任每届任期同全国人民代表大会每届任期相同,连续任职不得超过两届。地方各级监察委员会由本级人民代表大会产生,负责本行政区域内的监察工作;地方各级监察委员会由主任、副主任若干人、委员若干人组成,主任由本级人民代表大会选举,副主任、委员由监察委员会主任提请本级人民代表大会常务委员会任免;地方各级监察委员会主任每届任期同本级人民代表大会每届任期相同。

关于监察委员会的职责。草案规定,监察委员会依照法律规定履行监督、调查、处置职责:一是对公职人员开展廉政教育,对其依法履职、秉公用权、廉洁从政从业以及道德操守情况进行监督检查;二是对涉嫌贪污贿赂、滥用职权、玩忽职守、权力寻租、利益输送、徇私舞弊以及浪费国家资财等职务违法和职务犯罪进行调查;三是对违法的公职人员依法作出政务处分决定;对履行职责不力、失职失责的领导人员进行问责;对涉嫌职务犯罪的,将调查结果移送人民检察院依法审查、提起公诉;向监察对象所在单位提出监察建议。

(四)实现对所有行使公权力的公职人员监察全覆盖

按照深化国家监察体制改革关于实现对所有行使公权力的公职人员监察全覆盖的要求,草案规定,监察机关对下列公职人员和有关人员进行监察:一是中国共产党机关、人民代表大会及其常务委员会机关、人民政府、监察委员会、人民法院、人民检察院、中国人民政治协商会议各级委员会机关、民主党派机关和工商业联合会机关的公务员,以及参照《中华人民共和国公务员法》管理的人员;二是法律、法规授权或者受国家机关依法委托管理公共事务的组织中从事公务的人员;三是国有企业管理人员;四是公办的教育、科研、文化、医疗卫生、体育等单位中从事管理的人员;五是基层群众性自治组织中从事管理的人员;六是其他依法履行公职的人员。

(五)赋予监察机关必要的权限

为保证监察机关有效履行监察职能,草案赋予监察机关必要的权限。一是规定监察机关在调查职务违法和职务犯罪时,可以采取谈话、讯问、询问、查询、冻结、搜查、调取、查封、扣押、勘验检查、鉴定等措施。二是被调查人涉嫌贪污贿赂、失职渎职等严重职务违法或者职务犯罪,监察机关已经掌握其部分违法犯罪事实及证据,仍有重要问题需要进一步调查,并有涉及案情重大、复杂,可能逃跑、自杀,可能串供或者伪造、隐匿、毁灭证据等情形之一的,经监察机关依法审批,可以将其留置在特定场所;留置场所的设置和管理依照国家有关规定执行。三是监察机关需要采取技术调查、通缉、限制出境措施的,经过严格的批准手续,按照规定交有关机关执行。

(六)严格规范监察程序

为保证监察机关正确行使权力,草案在监察程序一章中,对监督、调查、处置工作程序作出严格规定,包括:报案或者举报的处理;问题线索的管理和处置;决定立案调查;搜查、查封、扣押等程序;要求对讯问和重要取证工作全程录音录像;严格涉案财物处理等。

关于留置措施的程序。为了严格规范留置的程序,保护被调查人的合法权益,草案规定:设区的市级以下监察机关采取留置措施,应当报上一级监察机关批准;省级监察机关采取留置措施,应当报国家监察委员会备案;留置时间不得超过三个月,特殊情况下经上一级监察机关批准可延长一次,延长时间不得超过三个月;监察机关发现采取留置措施不当的,应当及时解除。采取留置措施后,除有碍调查的,应当在二十四小时以内,通知被留置人员所在单位和家属。同时,应当保障被留置人员的饮食、休息和安全,提供医疗服务。

(七)加强对监察机关和监察人员的监督

按照"打铁必须自身硬"的要求,草案从以下几个方面加强对监察机关和监察人员的监督:

一是接受人大监督。草案规定:监察机关应当接受本级人民代表大会及其常务委员会的监督;各级人民代表大会常务委员会听取和审议本级监察机关的专项工作报告,组织执法检查;人民代表大会代表或者常务委员会组成人员在本级人民代表大会及其常务委员会举行会议时,可以依照法律规定的程序,就监察工作中的有关问题提出询问或者质询。

二是强化自我监督。草案与党的纪律检查机关监督执纪工作规则相衔接,将实践中行之有效的做法上升为法律规范。草案规定了对打听案情、过问案件、说情干预的报告和登记备案,监察人员的回避,脱密期管理和对监察人员辞职、退休后从业限制等制度。同时规定了对监察机关及其工作人员不当行为的申诉和责任追究制度。草案还明确规定:监察机关应当依法公开监察工作信息,接受民主监督、社会监督、舆论监督。

三是明确监察机关与审判机关、检察机关、执法部门互相配合、互相制约的机制。草案规定:对监察机关移送的案件,人民检察院经审查,认为需要补充核实的,应当退回监察机关补充调查,必要时可以自行补充侦查;对于有刑事诉讼法规定的不起诉的情形的,经上一级人民检察院批准,依法作出不起诉的决定;监察机关在收集、固定、审查、运用证据时,应当与刑事审判关于证据的要求和标准相一致。

四是明确监察机关及其工作人员的法律责任。草案第八章法律责任中规定:监察机关及其工作人员有违反规定发生办案安全事故或者发生安全事故后隐瞒不报、报告失实、处置不当等 9 种行为之一的,对负有责任的领导人员和直接责任人员依法给予处理。草案还规定:监察机关及其工作人员行使职权,侵犯公民、法人和其他组织的合法权益,造成损害的,依法给予国家赔偿。

《中华人民共和国监察法(草案)》和以上说明,请审议。

第十三届全国人民代表大会宪法和法律委员会关于《中华人民共和国监察法(草案)》审议结果的报告

(2018 年 3 月 15 日第十三届全国人民代表大会第一次会议主席团第五次会议通过)

十三届全国人大一次会议主席团:

3 月 13 日下午和 14 日上午,各代表团全体会议、小组会议审议了《中华人民共和国监察法(草案)》。现将审议的总体意见和修改建议报告如下:

一、关于审议的总体意见

代表们一致赞成和拥护制定监察法,认为深化国家监察体制改革是以习近平同志为核心的党中央作出的重大决策部署,是事关全局的重大政治体制改革。制定监察法是深化国家监察体制改革的重要内容和关键环节,通过国家立法把党对反腐败工作的集中统一领导的体制机制固定下来,必将为反腐败工作开创新局面、夺取反腐败斗争压倒性胜利提供坚强法治保证,对于推进国家治理体系和治理能力现代化具有重要的里程碑意义。

代表们一致认为,监察法草案全面贯彻和体现党的十九大精神和党中央深化国家监察体制改革的决策部署,旗帜鲜明地坚持中国共产党对国家监察工作的领导,落实新通过的宪法修正案的规定,明确国家监察机关作为行使国家监察职能、开展反腐败工作专责机关的性质地位和职责,构建集中统一、权威高效的中国特色国家监察体制,扩大监察对象,对所有行使公权力的公职人员监察全覆盖,丰富监察手段,赋予监察机关必要的权限,严格规范监察程序,并加强对监察机关和监察人员的监督。草案坚持问题导向,着力解决反腐败斗争中存在的力量分散、行政监察范围过窄、纪法衔接不畅等突出问题,从党情国情实际出发,实现党内监督与国家监察、依规治党与依法治国有机统一。监察立法是重大的创制性制度安排,彰显了中国特色社会主义道路自信、理论自信、制度自信、文化自信。

代表们普遍认为,深化国家监察体制改革相关立法是一项系统工程,在以习近平同志为核心的党中央坚强领导下,立法工作按照党中央确定的时间表和路线图,积极稳妥推进、有序渐次展开,一年多来,全国人大常委会先后作出《关于在北京市、山西省、浙江省开展国家监察体制改革试点工作的决定》、《关于在全国各地推开国家监察体制改革试点工作的决定》,在认真总结试点工作经验基础上,全国人大常委会对监察法草案进行了两次审议。党中央决定启动宪法修改工作后,监察法立法与宪法修改相衔接、相统一。在本次全国人民代表大会会议上,先表决通过宪法修正案,从而为监察法立法提供有力宪法依据,充分体现了以法治思维、法治方式推进改革,充分体现了党中央依宪治国、依宪执政的坚定决心。监察法立法坚持科学立法、民主立法、依法立法,认真总结试点工作实践经验,充分吸收全国人大代表、常委会组成人员和社会各方面提出的意见建议;常委会工作机构向社会公开征求意见,注意回应社会关切,对草案反复进行修改,不断调整完善。代表们一致赞成监察法草案的指导思想、基本原则和主要内容,一致认为草案的框架合理、思路清晰、内容充实、逻辑严谨,具有很强的针对性和可操作性,已经比较成熟、可行,建议本次会议审议通过。

二、关于草案的修改建议

在充分肯定监察法草案的同时,代表们也提出了一些修改意见建议。总的看,这些意见建议都是积极的、建设性的。宪法和法律委员会于3月14日召开会议,对草案进行了认真审议,对代表提出的修改意见逐条研究。中央纪委负责同志列席了会议。根据各代表团的审议意见以及政协委员和有关方面的意见,对草案进行了修改,主要是:

1. 一些代表提出,草案的不少规定体现了对被调查人的权益保障,建议将保障被调查人合法权益作为一项原则在总则中加以明确。宪法和法律委员会经研究,建议采纳上述意见,将草案第五条修改为:"国家监察工作严格遵照宪法和法律,以事实为根据,以法律为准绳;在适用法律上一律平等,保障当事人的合法权益;权责对等,严格监督;惩戒与教育相结合,宽严相济。"

2. 草案第二十二条第三款规定,留置场所的设置和管理依照国家有关规定执行。有的代表建议,对留置场所的监督也应作出规定。宪法和法律委员会经研究,建议将这一款修改为:"留置场所的设置、管理和监督依照国家有关规定执行。"

3. 草案第四十条第二款中规定,严禁侮辱、打骂、虐待、体罚或者变相体罚被调查人。有的代表建议明确,对被调查人以外的涉案人员,也应适用这一规定。宪法和法律委员会经研究,建议将这一款修改为:"严禁以威胁、引诱、欺骗及其他非法方式收集证据,严禁侮辱、打骂、虐待、体罚或者变相体罚被调查人和涉案人员。"同时,对第六十五条第四项作相应修改。

4. 草案第四十四条第一款规定,对被调查人采取留置措施后,除有碍调查的情形外,应当在二十四小时以内通知被留置人员所在单位和家属。有些代表建议,有碍调查情形消失后,也应当通知被留置人员所在单位和家属。宪法和法律委员会经研究,建议采纳上述意见,在这一款中增加规定:"有碍调查的情形消失后,应当立即通知被留置人员所在单位和家属。"

5. 草案第四十五条第一款规定了监察机关根据监督、调查结果依法作出处置的方式。有的代表提出,该款第四项中规定的"人民检察院依照《中华人民共和国刑事诉讼法》对被调查人采取强制措施”,属于监察机关作出处置之后的程序,建议移至草案第四十七条关于人民检察院对监察机关移送案件的处理中统一规定。宪法和法律委员会经研究,建议采纳上述意见,在草案第四十七条增加一款,作为第一款,规定:“对监察机关移送的案件,人民检察院依照《中华人民共和国刑事诉讼法》对被调查人采取强制措施。”

6. 草案第四十五条第二款规定:“监察机关经调查,对没有证据证明被调查人存在违法犯罪行为的,应当撤销案件。”有的代表提出,监察机关撤销案件,应当通知被调查人所在单位。宪法和法律委员会经研究,建议将这一款修改为:“监察机关经调查,对没有证据证明被调查人存在违法犯罪行为的,应当撤销案件,并通知被调查人所在单位。”

7. 草案第四十七条第二款规定,对监察机关移送的案件,人民检察院经审查,认为需要补充核实的,应当退回监察机关补充调查,必要时可以自行补充侦查。有的代表建议,增加有关退回补充调查时间和次数的限制。宪法和法律委员会经研究,建议在这一款中增加规定:“对于补充调查的案件,应当在一个月内补充调查完毕。补充调查以二次为限。”

8. 草案第四十九条规定,监察对象对监察机关涉及本人的处理决定不服的,可以申请复审和复核。一些代表建议对复审、复核机关作出决定的时限等予以明确。宪法和法律委员会经研究,建议将第四十九条修改为:“监察对象对监察机关作出的涉及本人的处理决定不服的,可以在收到处理决定之日起一个月内,向作出决定的监察机关申请复审,复审机关应当在一个月内作出复审决定;监察对象对复审决定仍不服的,可以在收到复审决定之日起一个月内,向上一级监察机关申请复核,复核机关应当在二个月内作出复核决定。复审、复核期间,不停止原处理决定的执行。复核机关经审查,认定处理决定有错误的,原处理机关应当及时予以纠正。”

9. 草案第六十条规定,监察机关及其工作人员有违反法律法规、侵害被调查人合法权益的行为的,被调查人及其近亲属有权向该机关申诉;申诉人对处理不服的,可以向上一级监察机关申请复查。一些代表建议明确申诉的受理和复查的时限。宪法和法律委员会经研究,建议将第六十条第二款修改为:“受理申诉的监察机关应当在受理申诉之日起一个月内作出处理决定。申诉人对处理不服的,可以在收到处理决定之日起一个月内向上一级监察机关申请复查,上一级监察机关应当在收到复查申请之日起二个月内作出处理决定,情况属实的,及时予以纠正。”

需要说明的是,一些代表还对监察对象的具体范围、派驻或者派出监察机关的权限、监察官的任职资格条件、实施留置措施的规范监管、监察机关与检察机关的工作衔接、加强对监察机关和监察人员监督等提出意见建议。对这些问题,有的在监察法起草审议过程中经过了反复研究,有的可以在修改刑事诉讼法等有关法律时予以解决,有的需要通过制定有关配套规定予以细化,有的还需要在具体实践和有关工作中进一步探索、深化认识,不断总结实践经验,逐步发展完善。

此外,根据代表们的审议意见,还对草案作了一些文字修改。

草案修改稿已按上述意见作了修改,宪法和法律委员会建议经主席团审议通过后,印发各代表团审议。

监察法草案修改稿和以上报告,请审议。

第十三届全国人民代表大会
宪法和法律委员会
2018 年 3 月 15 日

第十三届全国人民代表大会宪法和法律委员会关于《中华人民共和国监察法(草案修改稿)》修改意见的报告

(2018 年 3 月 17 日第十三届全国人民代表大会第一次会议主席团第八次会议通过)

十三届全国人大一次会议主席团:

3 月 16 日上午,各代表团对监察法草案修改稿进行了审议。代表们一致赞成草案修改稿,赞成对草案的各项修改。普遍认为,草案修改稿在认真研究并充分吸收代表们意见的基础上,作了相应修改完善;对未采纳的意见和建议作出了回应,并通过适当方式向代表作了解释,审议过程很好地发扬了民主,广泛凝聚了各方共识。草案内容已经成熟,一致赞成提请本次会议表决通过。有的代表还提出了一些修改意见。宪法和法律委员会于3月16日晚召开会议,对草案修改稿进行认真审议,对代表提出的修改意见进行认真研究。中央纪委机关有关负责同志列席了会议。宪法和法律委员会认为,草案修改稿是可行的,同时,根据代表们的审议意见和有关方面意见,提出以下修改建议:

一、草案修改稿第三十一条规定了对涉嫌职务犯罪的被调查人,监察机关可以在移送人民检察院时提出从宽处罚建议的若干情形。有的代表提出,本条规定的情形,是具备其中的一项即可还是需要同时具备,规定得不是很清楚,建议进一步予以明确。宪法和法律委员会经研究,建议将本条修改为:"涉嫌职务犯罪的被调查人主动认罪认罚,有下列情形之一的,监察机关经领导人员集体研究,并报上一级监察机关批准,可以在移送人民检察院时提出从宽处罚的建议:(一)自动投案,真诚悔罪悔过的;(二)积极配合调查工作,如实供述监察机关还未掌握的违法犯罪行为的;(三)积极退赃,减少损失的;(四)具有重大立功表现或者案件涉及国家重大利益等情形的。"

二、草案修改稿第六十八条规定,中国人民解放军开展监察工作,由中央军事委员会根据本法制定具体规定。有的代表提出,草案应当对人民武装警察部队开展监察工作适用本法问题作出规定。宪法和法律委员会经与中央军委法制局沟通一致,建议将这一条修改为:"中国人民解放军和中国人民武装警察部队开展监察工作,由中央军事委员会根据本法制定具体规定。"

此外,根据代表们的审议意见,还对草案修改稿作了几处文字修改。

草案建议表决稿已按上述意见作了修改,建议经主席团审议通过后,提请本次会议表决。

监察法草案建议表决稿和以上报告,请审议。

第十三届全国人民代表大会
宪法和法律委员会
2018年3月17日

关于《中华人民共和国监察法(草案)》的说明

——2017年6月23日在第十二届全国人大常委会第二十八次会议上

全国人大常委会副委员长 李建国

委员长、各位副委员长、秘书长、各位委员:

我受委员长会议的委托,作关于《中华人民共和国监察法(草案)》的说明。

一、制定监察法的重要意义

深化国家监察体制改革是以习近平同志为核心的党中央作出的重大决策部署,是事关全局的重大政治体制改革,是推进国家治理体系和治理能力现代化的重大举措。根据党中央决策部署,2016年12月,十二届全国人大常委会第二十五次会议通过《关于在北京市、山西省、浙江省开展国家监察体制改革试点工作的决定》,国家监察体制改革在实践中迈出了坚实步伐。将行政监察法修改为国家监察法,是深化国家监察体制改革的重要内容,是全国人大及其常委会承担的重要立法任务。制定监察法,以立法形式将实践证明是行之有效的做法和经验上升为法律,巩固和深化监察体制改革成果,完善和创新国家监察制度,对于实现党中央的决策部署,构建集中统一、权威高效的中国特色监察体系,具有重要意义。

(一)制定监察法是坚持和加强党对反腐败工作集中统一领导的必然要求

中国共产党的领导是中国特色社会主义最本质的特征。我们推进各领域改革,都是为了完善和发展中国特色社会主义,巩固党的执政基础、提高党的执政能力。以零容忍态度惩治腐败是中国共产党鲜明的政治立场,是党心民心所向,必须在党中央统一领导下推进。根据党中央的决策部署,拟组建的监察委员会就是反腐败工作机构,与党的纪律检查机关合署办公,目的是加强党对反腐败工作的集中统一领导,完善党和国家自我监督。而监察法就是反腐败国家立法，制定监察法，为监察委员会履行职责、开展工作提供法治保障，在反腐败工作领域体现了坚持党的领导、人民当家作主、依法治国的有机统一。

（二）制定监察法是坚持问题导向、构建集中统一权威高效监察体系的现实需要

与党风廉政建设和反腐败斗争的要求相比，现有的监察体系存在体制机制不畅的问题。一是监察范围过窄。当前党内监督已经实现全覆盖，而行政监察对象主要是行政机关及其工作人员，还没有做到对行使公权力的公职人员全面覆盖。二是反腐败力量分散。检察机关查处职务犯罪与党的纪律检查机关、行政监察机关职能既分别行使，又交叉重叠，没有形成合力。同时，检察机关作为法律监督机关，对职务犯罪案件既行使侦查权，又行使批捕、起诉等权力，也缺乏有效监督制约。因此，需要整合反腐败工作力量，推进国家监察理念思路、体制机制、方式方法的与时俱进。

（三）制定监察法是坚持走中国特色监察道路的创制之举

在我国，80%的公务员、95%以上的领导人员是共产党员，党内监督和国家监督具有高度内在一致性。国家监察本质上属于党和国家的自我监督，不同于其他形式的外部监督。国家监察机关既不是行政机关也不是司法机关，而是代表党和国家行使监察权的专责机关。监察法区别于刑事诉讼法，监察机关行使的调查权不同于刑事侦查权，监察机关调查职务违法和职务犯罪适用监察法，案件移送检察机关后适用刑事诉讼法。这次监察体制改革确立的监察制度，体现了中华民族传统制度文化，是对中国历史上监察制度的一种借鉴，是从我国国情和实际出发、对当今时代权力制约形式的一个新探索。

（四）制定监察法是推进国家治理体系和治理能力现代化的重大举措

做好监督体系顶层设计，既要加强党的自我监督，又要加强对国家机器的监督。党内监督和国家监察是中国特色国家治理体系的重要组成部分。包括两个方面：一是依规治党，实行纪法分开，以党章党规为尺子，靠严明的纪律管党治党；二是依法治国，依据宪法和法律治国理政。在我国，党的机关、人大机关、行政机关、政协机关以及审判机关、检察机关等，都在党中央统一领导下行使国家公权力，为人民用权，对人民负责，受人民监督。制定监察法，就是要通过制度设计实现对所有行使公权力的公职人员监察全覆盖，体现依规治党与依法治国、党内监督与国家监察有机统一，不断提高党和国家的监督效能，促进国家治理体系和治理能力现代化。

（五）制定监察法是总结党的十八大以来反腐败斗争经验、巩固反腐败斗争成果的制度保障

党的十八大以来，以习近平同志为核心的党中央坚定不移推进全面从严治党，坚持不懈推进党风廉政建设和反腐败斗争，反腐败压倒性态势已经形成。根据党中央决策部署，党的纪律检查机关坚守职责定位，转职能、转方式、转作风；同时，加强对纪检监察干部的管理监督，规范审查程序和工作流程，健全内控机制，对违纪违法、失职失责者严肃处理，取得了一系列创新成果。北京市、山西省、浙江省开展国家监察体制改革试点工作，也取得了积极进展。所有这些，都为改革全面铺开和制定监察法提供了实践基础。改革的本质是组织和制度创新，把党的十八大以来在推进党风廉政建设和反腐败斗争中形成的新理念新举措新经验通过国家法律固定下来，有利于巩固不敢腐、促进不能腐、强化不想腐。

（六）制定监察法是把新形势下深化改革、加强法治和全面从严治党的相关要求有机统一起来的重要制度安排

监察法草案规定的监察权限和措施，体现了加强党和国家自我监督的新要求。坚持宽打窄用，调查手段要宽、调查决策要严，赋予监察委员会必要的权限和措施，细化监察权内涵。把多年来实践证明是行之有效的措施写入法律，明确监察机关运用谈话、讯问、询问、查询、冻结、调取、查封、扣押、搜查、勘验检查、鉴定、留置等措施开展调查。留置作为一种调查措施在监察法中确定下来，并规定严格的程序，有利于解决长期困扰我们的法治难题，彰显全面依法治国的决心和自信。随着我国法律体系的完善，以往的“政纪”均已成为国家立法。因而，新的制度设计用“政务处分”代替“政纪处分”，国家监察机关将依法对职务违法和职务犯罪的公职人员作出处置。

二、监察法草案起草过程和基本思路

党中央对国家监察立法工作高度重视，习近平总书记在党的十八届六中全会和十八届中央纪委五次、六次、七次全会上均对此提出明确要求，中央政治局、中央政治局常务委员会和中央全面深化改

革领导小组多次专题研究深化国家监察体制改革、国家监察相关立法问题，确定了制定监察法的指导思想、基本原则和主要内容，明确了国家监察立法工作的方向和时间表、路线图。

按照党中央部署要求，中央纪委发挥牵头抓总作用，在研究深化国家监察体制改革方案过程中即着手研究将行政监察法修改为国家监察法问题。为此，中央纪委领导同志先后召开20多次会议进行专题研究，提出了监察法草案稿。中央纪委有关负责同志与全国人大常委会、中央统战部、中央政法委、中央深改办、中央编办等有关方面进行了多次沟通。2016年10月，党的十八届六中全会闭幕后，中央纪委机关会同全国人大常委会法制工作委员会即组成国家监察立法工作专班。全国人大常委会党组高度重视监察法立法工作，坚决贯彻落实党中央关于深化国家监察体制改革的决策部署。全国人大常委会将监察法起草和审议工作列为2017年度最重要的立法工作。张德江委员长在十二届全国人大五次会议上所作的全国人大常委会工作报告关于今年的立法工作任务中，第一项就提出要“贯彻落实党中央关于深化国家监察体制改革的决策部署，将行政监察法修改为国家监察法，为构建集中统一、权威高效的国家监察体系提供法治保障”。在前期工作基础上，工作专班进一步开展调研和起草工作，吸收改革试点地区的实践经验，听取部分专家学者的意见建议，经反复修改完善，形成了监察法草案。6月15日，习近平总书记主持中央政治局常委会会议，审议并原则同意全国人大常委会党组关于监察法草案几个主要问题的请示。经委员长会议讨论，决定将监察法草案提请本次常委会会议审议。

监察法起草工作坚持以马克思列宁主义、毛泽东思想、邓小平理论、“三个代表”重要思想、科学发展观为指导，深入学习贯彻习近平总书记系列重要讲话精神和治国理政新理念新思想新战略，遵循以下思路和原则：一是坚持正确政治方向，把加强党对反腐败工作的统一领导作为根本政治原则贯穿立法全过程；二是坚持问题导向，整合监察力量和反腐败力量，着力解决监察范围过窄、反腐败力量分散等问题；三是坚持全面依法治国，将实践证明有效管用的做法纳入法治化轨道，推动有法可依、有法必依；四是坚持信任不能代替监督理念，加强监察机关自我约束和监督制约，从制度上防范权力滥用。

三、监察法草案的主要内容

监察法草案共十章六十七条。第一章总则，明确立法目的、指导思想和监察原则；第二章监察机关，规定监察机关的产生程序和领导体制、派出监察机构、监察官制度；第三章监察范围，明确监察对象和管辖问题；第四章监察职责，规定监察机关的主要职能和职责；第五章监察权限，规定谈话、讯问、搜查、留置等12项调查措施，需要有关机关协助执行的措施和相关证据规则；第六章监察程序，按照工作流程，分别对线索处置、初步核实、立案、调查、处置、移送起诉、申诉程序作出严格规定；第七章反腐败国际合作，规定反腐败国际合作、双边多边合作、追逃追赃和防逃等制度；第八章对监察机关和监察人员的监督，从强化内部监督和接受外部监督两个方面作出较为详细的规定；第九章法律责任，明确有关单位和人员、监察机关及其工作人员的法律责任；第十章附则。主要内容有：

（一）明确党对国家监察工作的领导

为坚持和加强党对反腐败工作的集中统一领导，明确国家监察体制改革的目标任务，草案规定，坚持中国共产党对国家监察工作的领导，构建具有中国特色的国家监察体系，建立集中统一、权威高效的反腐败体制，强化党和国家的自我监督，推进国家治理体系和治理能力现代化。（草案第二条）

（二）创新和完善国家监察体制

为健全反腐败体制机制，提升国家监察权威性和有效性，草案规定，中华人民共和国监察委员会由全国人民代表大会产生，负责全国监察工作，对全国人民代表大会及其常务委员会负责，并接受监督（草案第六条第一款、第四款）。县级以上地方各级监察委员会由本级人民代表大会产生，负责本行政区域内的监察工作，对本级人民代表大会及其常务委员会和上一级监察委员会负责，并接受监督（草案第七条第一款、第四款）。中华人民共和国监察委员会领导地方各级监察委员会的工作，上级监察委员会领导下级监察委员会的工作（草案第八条）。同时，为了增强监察工作的机动性、实效性，规定上级监察机关可以将其所管辖的监察事项指定下级监察机关管辖，也可以将下级监察机关有管辖权的监察事项指定给其他监察机关管辖（草案第十四条第一款）。

（三）实现对公职人员监察全覆盖

按照对所有行使公权力的公职人员进行监督

的改革要求，草案将中国共产党的机关、人大机关、行政机关、政协机关、监察机关、审判机关、检察机关、民主党派和工商联机关的公务员及参照公务员法管理的人员，法律、法规授权或者受国家机关依法委托管理公共事务的组织中从事公务的人员，国有企业管理人员，公办的教育、科研、文化、医疗卫生、体育等单位中从事管理的人员，基层群众性自治组织中从事集体事务管理的人员以及其他依法履行公职的人员，统一纳入监察范围，由监察机关按照管理权限进行监察。（草案第十二条）

（四）明确监察机关主要职能和监督、调查、处置职责

根据国家监察体制改革方案，聚焦反腐败职能定位，草案规定了监察机关主要职能：维护宪法和法律法规；依法监察公职人员行使公权力的情况，调查职务违法和职务犯罪；开展廉政建设和反腐败工作（草案第十五条第一款）。监察机关履行监督、调查、处置职责：一是对公职人员依法履职、秉公用权、廉洁从政从业以及道德操守情况进行监督检查。二是对涉嫌贪污贿赂、滥用职权、玩忽职守、权力寻租、利益输送、徇私舞弊以及浪费国家资财等职务违法和职务犯罪进行调查。三是依据相关法律对违法的公职人员作出政务处分决定；对在行使职权中存在的问题提出监察建议；对履行职责不力、失职失责的领导人员进行问责；对涉嫌职务犯罪的，将调查结果移送检察机关依法直接提起公诉（草案第十六条至第十八条）。

（五）赋予监察机关必要的权限

草案将目前监察机关实际使用的调查措施以国家立法形式固定下来。一是将现行行政监察法规定的查询、复制、冻结、扣留、封存等措施，完善为查询、冻结、搜查、调取、查封、扣押、勘验检查、鉴定等（草案第二十五条至二十八条）。二是将实践中运用的谈话、讯问、询问等措施确定为法定权限（草案第二十一条至二十三条）。三是监察机关在调查涉嫌贪污贿赂、失职渎职等严重职务违法或者职务犯罪中，对已掌握其部分违法犯罪事实及证据，仍有重要问题需要进一步调查的被调查人，经依法审批可以将其留置在特定场所进行调查。这样可以有效防范逃跑、自杀，防止串供或者伪造、销毁、转移、隐匿证据等问题，促使被调查人如实说明问题，也有利于被调查人的安全（草案第二十四条）。四是对需要采取技术调查、限制出境等措施的，经过严格的批准手续，交有关机关执行（草案第二十九条、第三十一条）。

（六）严格规范监察程序

为保证监察机关正确行使权力，草案专设监察程序一章，对监督、调查、处置工作程序作出严格规定，包括问题线索的管理和处置方式；搜查、查封、扣押等程序；要求对讯问和重要取证工作全程录音录像，严格涉案财物处理。草案对采取留置调查措施的，规定了严格的程序和期限：省级监察机关决定采取留置措施，应当报中华人民共和国监察委员会备案，省级以下监察机关采取留置措施，应当报上一级监察机关批准（草案第四十一条第一款）；留置时间不得超过三个月，特殊情况下经批准可延长一次，延长时间不得超过三个月（草案第四十一条第四款）。草案还明确规定，采取留置措施后，除有碍调查的，应当在二十四小时以内，通知被留置人所在单位或家属；同时，应当保障被留置人员的饮食、休息，提供医疗服务（草案第四十一条第一款、第三款）。

（七）加强对监察机关和监察人员的监督

草案从以下几个方面加强对监察机关和监察人员的监督：一是加强人大监督，草案规定，监察机关接受本级人大及其常委会的监督；各级人大常委会可以听取和审议本级监察机关的专项工作报告，并组织执法检查；监察机关应当接受询问或者质询（草案第五十一条）。二是强化自我监督，草案与党的纪律检查机关监督执纪工作规则相衔接，将实践中行之有效的做法上升为法律规范。草案规定了对打听案情、过问案件、说情干预的报告和登记备案，监察人员的回避，脱密期管理和对监察人员辞职、退休后从业限制等制度；同时规定了对监察机关及其工作人员不当行为的申诉和责任追究制度（草案第五十六条至六十条）。三是明确监察机关与检察机关相互配合制约，草案规定，对于监察机关移送的案件，检察机关经审查后，认为需要补充核实的，应当退回监察机关补充调查，必要时可以自行补充侦查；对于证据不足、犯罪行为较轻，或者没有犯罪事实的，应当征求监察机关意见并报经上一级检察机关批准，依法作出不起诉的决定（草案第四十五条）。此外，草案还明确规定，监察机关应当依法公开监察工作信息，接受民主监督、社会监督、舆论监督（草案第五十三条）。

还需要说明的是，按照党中央推进国家监察体制改革的时间表、路线图，监察法要在2018年3月由全国人民代表大会审议通过。本次会议审议后，将根据常委会组成人员和有关方面的意见，对草案进一步修改完善，适时提请全国人大常委会再次审

议并通过提请全国人民代表大会审议的议案，确保2018年3月提请十三届全国人民代表大会第一次会议审议通过。

草案和以上说明是否妥当，请审议。

全国人民代表大会法律委员会关于《中华人民共和国监察法(草案)》修改情况的汇报

——2017年12月22日在第十二届全国人民代表大会常务委员会第三十一次会议上

全国人大法律委员会副主任委员　李适时

全国人民代表大会常务委员会：

深化国家监察体制改革是以习近平同志为核心的党中央作出的重大决策部署，是事关全局的重大政治体制改革，是推进国家治理体系和治理能力现代化的重大举措。党的十九大对深化国家监察体制改革进一步作出部署、提出要求。全国人大常委会认真学习领会、坚决贯彻落实党的十九大决策部署。今年6月，监察法(草案)经全国人大常委会初次审议后，根据党中央同意的相关工作安排，法制工作委员会将草案送23个中央有关部门以及31个省、自治区、直辖市人大常委会征求意见；召开专家会，听取了宪法、行政法和刑事诉讼法方面的专家学者的意见；11月7日，监察法草案在中国人大网全文公开，征求社会公众意见。法制工作委员会对全国人大常委会组成人员的审议意见和各方面意见进行了认真研究，对草案有关内容作了进一步修改完善。法律委员会于11月30日召开会议，根据党的十九大精神、常委会组成人员的审议意见和各方面意见，对草案进行了逐条审议。中央纪委机关有关部门的负责同志列席了会议。12月14日，法律委员会召开会议，再次进行审议。现将监察法(草案)主要问题的修改情况汇报如下：

一、主要修改思路

对草案的主要修改思路：一是全面贯彻落实党的十九大精神。党的十九大报告明确提出：“深化国家监察体制改革，将试点工作在全国推开，组建国家、省、市、县监察委员会，同党的纪律检查机关合署办公，实现对所有行使公权力的公职人员监察全覆盖。制定国家监察法，依法赋予监察委员会职责权限和调查手段，用留置取代‘两规’措施。”中央政治局、中央政治局常委会和中央有关领导小组多次专题研究，提出明确要求。草案修改完善过程中，严格遵循党中央确定的改革思路、原则、举措和制度安排，充分贯彻和体现党中央精神。二是力求保证立法质量，为全国人民代表大会会议顺利通过打好基础。草案的修改完善，要充分发扬民主，广泛听取意见，体现科学立法、民主立法、依法立法精神。我们认真研究常委会组成人员和各方面提出的修改意见，对看得准的、有基本共识的意见尽量吸收，使草案体例科学、脉络清晰、表述准确，同时把握好与其他法律的关系。对于有关方面提出的涉及其他法律规定的问题，将抓紧对刑事诉讼法等有关法律进行研究修改。

二、主要修改内容

(一)监察工作的指导思想和原则

1. 关于监察工作的指导思想。党的十九大确立的习近平新时代中国特色社会主义思想，实现了党和国家指导思想的又一次与时俱进，是全党全国各族人民的行动指南。为此，建议将草案第二条修改为：“坚持中国共产党对国家监察工作的领导，以马克思列宁主义、毛泽东思想、邓小平理论、‘三个代表’重要思想、科学发展观、习近平新时代中国特色社会主义思想为指导，构建集中统一、权威高效的中国特色国家监察体制。”(草案二次审议稿第二条)

2. 关于独立行使监察权。草案第十条对监察机关依法独立行使监察权作了规定。一些常委委员提出，应将这一内容作为监察工作的原则在总则中作出规定，并规定监察机关行使有关职权时与其他机关的关系。经研究，建议将这一规定与第五十二条合并后移至总则，修改为：“监察机关依照法律规定独立行使监察权,不受行政机关、社会团体和个人的干涉。”“监察机关办理职务违法犯罪案件,应当与司法机关互相配合、互相制约。”“监察机关在工作中需要协助的,有关机关和单位应当根据监察机关的要求依法予以协助。”(草案二次审议稿第四条)

(二)监察机关的产生和职责

1. 关于监察委员会的产生。草案第六条、第七条中规定监察委员会副主任、委员由监察委员会主任提请本级人民代表大会任免。中央纪委机关提出,全国人大常委会通过的《关于在北京市、山西省、浙江省开展国家监察体制改革试点工作的决定》和《关于在全国各地推开国家监察体制改革试点工作的决定》,均规定监察委员会副主任、委员由监察委员会主任提请本级人民代表大会常务委员会任免。从试点实践看,这种任免方式比较好,建议对草案作出修改。经研究,建议将这两条中的相关内容修改为:中华人民共和国监察委员会副主任、委员由中华人民共和国监察委员会主任提请全国人民代表大会常务委员会任免,县级以上地方各级监察委员会副主任、委员由监察委员会主任提请本级人民代表大会常务委员会任免(草案二次审议稿第八条第二款、第九条第二款)。

2. 关于监察机关的职责。草案第四章规定了监察机关履行监督、调查、处置的职责。有的常委委员提出,应当增加有关预防腐败职责的规定,并建议将这一章同第二章“监察机关”合并规定。经研究,建议增加监察机关对公职人员开展廉政教育的规定。同时,考虑到第二章“监察机关”与第四章“监察职责”联系紧密,在一章中作规定体例上更合理、更恰当,建议将两章合并作为第二章,将第二章的章名修改为“监察机关及其职责”。(草案二次审议稿第二章、第十一条第一项)

(三)严格规范监察措施

1. 关于留置。草案第二十四条对采取留置措施的条件情形作了规定。草案第四十一条对采取留置措施的决定程序、时限等作了规定。有的常委委员、地方和专家建议对留置场所相关规范进一步予以明确,对通知家属的规定进一步予以完善。经研究,建议增加规定“留置场所的设置和管理依照国家有关规定执行”;增加规定“监察机关发现采取留置措施不当的,应当及时解除。”将草案第四十一条第一款最后一句修改为:“采取留置措施后,除有可能毁灭、伪造证据,干扰证人作证或者串供等有碍调查情形的,应当在二十四小时以内,通知被留置人员所在单位和家属。”将草案第四十一条第三款第一句修改为:“监察机关应当保障被留置人员的饮食、休息和安全,提供医疗服务。”将草案第六十四条第六项修改为:“违反规定发生办案安全事故,或者发生安全事故后隐瞒不报、报告失实、处置不当的”,对负有责任的领导人员和直接责任人员依法给予处理。(草案二次审议稿第二十二条第三款、第四十三条、第四十四条、第六十五条第六项)

2. 关于技术调查措施。有的常委委员、部门和地方建议严格规范技术调查措施的适用范围和批准程序。经研究,建议将草案第二十九条中可以采取技术调查措施的案件范围由“涉嫌重大贪污贿赂、失职渎职等职务犯罪”修改为“涉嫌重大贪污贿赂等职务犯罪”;并增加规定:“对于不需要继续采取技术调查措施的,应当及时解除。”(草案二次审议稿第二十八条)

3. 关于保障被调查人合法权利。根据常委委员、部门、地方和公众意见,建议增加以下规定:一是,“冻结的财产经查明与案件无关的,应当在三日内解除冻结,予以退还”;二是,“搜查女性的身体,应当由女工作人员进行”;三是,“查封、扣押的财物、文件经查明与案件无关的,应当在三日内解除查封、扣押,予以退还”;四是,“监察机关经过调查,对没有证据证明存在违法犯罪行为的,应当撤销案件”。(草案二次审议稿第二十三条第二款、第二十四条第二款、第二十五条第三款、第四十五条第二款)

(四)与检察机关的衔接程序

1. 关于调查结果移送人民检察院提起公诉。根据常委会组成人员、部门和地方的意见,建议将草案第十八条和第四十三条监察机关对涉嫌职务犯罪的,将调查结果移送检察机关“依法直接提起公诉”中的“直接”删去。(草案二次审议稿第十一条第三项、第四十五条第一款第四项)

2. 关于人民检察院依法作出不起诉决定。草案第四十五条中规定,对监察机关移送的案件,检察机关“对于证据不足、犯罪行为较轻,或者没有犯罪事实的,应当征求监察机关意见并报经上一级检察机关批准,依法作出不起诉的决定。”有的常委委员、部门和地方提出,“征求监察机关意见”属内部工作沟通,建议本法不作规定。经研究,建议删去这一规定。(草案二次审议稿第四十七条第三款)

(五)对监察机关和监察人员的监督

1. 关于接受人大监督。草案第五十一条第二款规定:“各级人民代表大会常务委员会可以听取和审议本级监察机关的专项工作报告,并组织执法检查。”一些常委委员建议删去“可以”的表述。经研究,建议修改为:“各级人民代表大会常务委员会听取和审议本级监察机关的专项工作报告,根据需要可以组织执法检查。”(草案二次审议稿第五十三条第二款)

2. 关于加强对监察人员的监督。有的地方提出,为体现“打铁必须自身硬”,自 2014 年以来,中央纪委和省级纪检机关均设立了干部监督室,强化对监察机关工作人员的监督,建议在草案中对此作出明确规定。经研究,建议将草案第五十四条修改为:“监察机关通过设立内部专门的监督机构等方式,加强对监察人员执行职务和遵守法律情况的监督,建设忠诚、干净、担当的监察队伍。”(草案二次审议稿第五十五条)

3. 关于申诉程序。草案第四十七条规定了监察对象对监察机关处理决定不服的申诉程序。有的常委会组成人员、部门和地方建议,明确由哪个机关受理申诉,并细化申诉程序。经研究,建议增加规定:监察对象可以向作出决定的监察机关申请复审;对复审决定仍不服的,可以向上一级监察机关申请复核。(草案二次审议稿第四十九条)

此外,还对草案作了一些文字修改。

草案二次审议稿已按上述意见作了修改。法律委员会认为,监察法草案规定了国家监察体制、监察机关的产生和职责权限以及监察程序等,是规范国家监察工作的基本法律。制定监察法对于落实党的十九大精神,健全党和国家监督体系,坚持和加强党的全面领导,推进国家治理体系和治理能力现代化,具有十分重要的意义。常委会第二十八次会议对监察法(草案)进行了深入审议,听取了中央有关部门,各省、自治区、直辖市人大常委会和各方面人士的意见,目前形成的草案审议稿已比较成熟。法律委员会建议,将草案提请常委会第三十一次会议审议,并由全国人大常委会提出将监察法草案提请全国人民代表大会会议审议的议案。

草案二次审议稿和以上汇报是否妥当,请审议。

全国人民代表大会法律委员会

2017 年 12 月 22 日

中华人民共和国监察法(草案)

(二次审议稿)

目 录

第一章 总 则
第二章 监察机关及其职责
第三章 监察范围和管辖
第四章 监察权限
第五章 监察程序
第六章 反腐败国际合作
第七章 对监察机关和监察人员的监督
第八章 法律责任
第九章 附 则

第一章 总 则

第一条 为了深化国家监察体制改革,加强对公职人员的监督,实现国家监察全面覆盖,深入开展反腐败工作,推进国家治理体系和治理能力现代化,制定本法。

第二条 坚持中国共产党对国家监察工作的领导,以马克思列宁主义、毛泽东思想、邓小平理论、“三个代表”重要思想、科学发展观、习近平新时代中国特色社会主义思想为指导,构建集中统一、权威高效的中国特色国家监察体制。

第三条 各级监察委员会是行使国家监察职能的专责机关,依照本法对所有行使公权力的公职人员进行监察,调查职务违法和职务犯罪,开展廉政建设和反腐败工作,维护宪法和法律的尊严。

第四条 监察机关依照法律规定独立行使监察权,不受行政机关、社会团体和个人的干涉。

监察机关办理职务违法犯罪案件,应当与司法机关互相配合、互相制约。

监察机关在工作中需要协助的,有关机关和单位应当根据监察机关的要求依法予以协助。

第五条 国家监察工作坚持宪法法律至上,以事实为根据,以法律为准绳,在适用法律上一律平等;权责对等,从严监督;惩戒与教育相结合,宽严相济。

第六条 国家监察工作坚持标本兼治，保持高压态势，强化不敢腐的震慑；深化改革、健全法治，有效制约和监督权力，扎牢不能腐的笼子；加强思想道德和法治教育，弘扬中华优秀传统文化，增强不想腐的自觉。

第二章 监察机关及其职责

第七条 中华人民共和国监察委员会是最高国家监察机关。

省、自治区、直辖市、自治州、县、自治县、市、市辖区设立监察委员会。

第八条 中华人民共和国监察委员会由全国人民代表大会产生，负责全国监察工作。

中华人民共和国监察委员会由主任、副主任若干人、委员若干人组成，主任由全国人民代表大会选举，副主任、委员由中华人民共和国监察委员会主任提请全国人民代表大会常务委员会任免。

中华人民共和国监察委员会主任每届任期同全国人民代表大会每届任期相同。

中华人民共和国监察委员会对全国人民代表大会和全国人民代表大会常务委员会负责，并接受监督。

第九条 县级以上地方各级监察委员会由本级人民代表大会产生，负责本行政区域内的监察工作。

县级以上地方各级监察委员会由主任、副主任若干人、委员若干人组成，主任由本级人民代表大会选举，副主任、委员由监察委员会主任提请本级人民代表大会常务委员会任免。

县级以上地方各级监察委员会主任每届任期同本级人民代表大会每届任期相同。

县级以上地方各级监察委员会对本级人民代表大会及其常务委员会和上一级监察委员会负责，并接受监督。

第十条 中华人民共和国监察委员会领导地方各级监察委员会的工作，上级监察委员会领导下级监察委员会的工作。

第十一条 监察机关依照法律履行监督、调查、处置职责：

(一)对公职人员开展廉政教育，对其依法履职、秉公用权、廉洁从政从业以及道德操守情况进行监督检查；

(二)对涉嫌贪污贿赂、滥用职权、玩忽职守、权力寻租、利益输送、徇私舞弊以及浪费国家资财等职务违法和职务犯罪进行调查；

(三)对违法的公职人员依法作出政务处分决定；对履行职责不力、失职失责的领导人员进行问责；对涉嫌职务犯罪的，将调查结果移送人民检察院，依法提起公诉；向监察对象所在单位提出监察建议。

第十二条 各级监察委员会可以向本级中国共产党的机关、国家机关、经法律法规授权或者委托管理公共事务的组织和单位以及所管辖的行政区域、国有企业等派驻或者派出监察机构、监察专员。

监察机构、监察专员对派驻或者派出它的监察机关负责。

第十三条 派驻或者派出的监察机构、监察专员根据授权，按照管理权限依法对有关单位和行政区域的公职人员进行监督，提出监察建议；依法对公职人员进行调查、处置。

第十四条 国家实行监察官制度，依法确定监察官等级设置、任免、考评和晋升等制度。

第三章 监察范围和管辖

第十五条 监察机关对下列公职人员和有关人员进行监察：

(一)中国共产党的机关、人民代表大会及其常务委员会机关、人民政府、监察委员会、人民法院、人民检察院、中国人民政治协商会议各级委员会机关、民主党派各级组织机关和各级工商业联合会机关的公务员，及参照《中华人民共和国公务员法》管理的人员；

(二)法律、法规授权或者受国家机关依法委托管理公共事务的组织中从事公务的人员；

(三)国有企业管理人员；

(四)公办的教育、科研、文化、医疗卫生、体育等单位中从事管理的人员；

(五)基层群众性自治组织中从事集体事务管理的人员；

(六)其他依法履行公职的人员。

第十六条 各级监察机关按照管理权限管辖本辖区内本法第十五条规定的人员所涉监察事项。

上级监察机关可以办理下一级监察机关管辖范围内的监察事项，必要时也可以办理所辖各级监察机关管辖范围内的监察事项。

监察机关之间对监察事项的管辖有争议的，由其共同的上级监察机关确定。

第十七条 上级监察机关可以将其所管辖的

监察事项指定下级监察机关管辖，也可以将下级监察机关有管辖权的监察事项指定给其他监察机关管辖。

监察机关认为所管辖的监察事项重大、复杂，需要由上级监察机关管辖的，可以请求移送上级监察机关管辖。

第四章 监察权限

第十八条 监察机关行使监督、调查职权，有权依法向有关单位和个人了解情况，收集、调取证据。有关单位和个人应当如实提供证据。

监察机关及其工作人员对监督、调查过程中知悉的国家秘密、商业秘密、个人隐私，应当保密。

任何单位和个人不得伪造证据、隐匿证据或者毁灭证据。

第十九条 对可能发生职务违法的公职人员，监察机关按照管理权限，可以直接或者委托有关机关、人员，进行谈话或者要求说明情况。

第二十条 对涉嫌职务违法的被调查人，监察机关可以要求其就涉嫌违法行为作出陈述，必要时向被调查人出具书面通知。

对涉嫌贪污贿赂、失职渎职等职务犯罪的被调查人，监察机关可以进行讯问，要求其如实供述涉嫌犯罪的情况。

第二十一条 在调查过程中，监察机关可以询问证人等人员。

第二十二条 被调查人涉嫌贪污贿赂、失职渎职等严重职务违法或者职务犯罪，监察机关已经掌握其部分违法犯罪事实及证据，仍有重要问题需要进一步调查，并有下列情形之一的，经监察机关依法审批，可以将其留置在特定场所：

(一)涉及案情重大、复杂的；

(二)可能逃跑、自杀的；

(三)可能串供或者伪造、隐匿、毁灭证据的；

(四)可能有其他妨碍调查行为的。

对涉嫌行贿犯罪或者共同职务犯罪的涉案人员，监察机关可以依照前款规定采取留置措施。

留置场所的设置和管理依照国家有关规定执行。

第二十三条 监察机关调查涉嫌贪污贿赂、失职渎职等严重职务违法或者职务犯罪，根据工作需要，可以依照规定查询、冻结涉案单位和个人的存款、汇款、债券、股票、基金份额等财产。有关单位和个人应当配合。

冻结的财产经查明与案件无关的，应当在三日内解除冻结，予以退还。

第二十四条 监察机关可以对涉嫌职务犯罪的被调查人以及可能隐藏被调查人或者犯罪证据的人的身体、物品、住处和其他有关的地方进行搜查。在搜查时，应当出具搜查证件，并有被搜查人或者其家属等见证人在场。

搜查女性的身体，应当由女工作人员进行。

监察机关进行搜查时，可以根据工作需要提请公安机关配合。公安机关应当依法予以协助。

第二十五条 监察机关在调查过程中，可以调取、查封、扣押用以证明被调查人涉嫌违法犯罪的财物、文件和电子数据等信息。采取调取、查封、扣押措施，应当收集原物原件，会同持有人或者保管人、见证人，当面逐一拍照、登记、编号，开列清单，由在场人员当场核对、签名，并将清单副本交财物、文件的持有人或者保管人。

对调取、查封、扣押的财物、文件，监察机关应当设立专用账户、专门场所，确定专门人员妥善保管，严格履行交接、调取手续，定期对账核实，不得毁损或者用于其他目的。对价值不明物品应当及时鉴定，专门封存保管。

查封、扣押的财物、文件经查明与案件无关的，应当在三日内解除查封、扣押，予以退还。

第二十六条 监察机关在调查过程中，可以直接或者指派、聘请具有专门知识、资格的人员在调查人员的主持下进行勘验、检查。勘验、检查的情况应当写成笔录，由参加勘验、检查的人员和见证人签名或者盖章。

第二十七条 监察机关在调查过程中，对于案件中的专门性问题，可以指派、聘请有专门知识的人进行鉴定。鉴定人进行鉴定后，应当写出鉴定意见，并且签名。

第二十八条 监察机关调查涉嫌重大贪污贿赂等职务犯罪，根据需要，经过严格的批准手续，可以采取技术调查措施，按照规定交有关机关执行。

批准决定应当明确采取技术调查措施的种类和适用对象，自签发之日起三个月以内有效；对于复杂、疑难案件，期限届满仍有必要继续采取技术调查措施的，经过批准，有效期可以延长，每次不得超过三个月。对于不需要继续采取技术调查措施的，应当及时解除。

第二十九条 依法应当留置的被调查人如果在逃，监察机关可以决定在本行政区域内通缉，由公安机关发布通缉令，追捕归案。通缉范围超出本行政区域的，应当报请有权决定的上级监察机关决定。

第三十条 监察机关为防止被调查人及相关人员逃匿境外，经省级以上监察机关批准，可以对被调查人及相关人员采取限制出境措施，由公安机关依法执行。对于不需要继续采取限制出境措施的，应当及时解除。

第三十一条 涉嫌职务犯罪的被调查人主动认罪认罚，有自动投案、真诚悔罪悔过，积极配合调查工作、如实供述监察机关还未掌握的违法犯罪行为，积极退赃、减少损失，具有重大立功表现或者案件涉及国家重大利益等情形的，监察机关经集体研究，并报上一级监察机关批准，可以在移送人民检察院时提出从宽处罚的建议。

第三十二条 职务违法犯罪的涉案人员揭发有关被调查人职务违法犯罪行为，查证属实的，或者提供重要线索，有助于调查其他案件的，监察机关经集体研究，并报上一级监察机关批准，可以在移送人民检察院时提出从宽处罚的建议。

第三十三条 监察机关依照本法规定收集的物证、书证、证人证言、被调查人供述和辩解、视听资料、电子数据等证据材料，在刑事诉讼中可以作为证据使用。

监察机关在收集、固定、审查、运用证据时，应当与刑事审判关于证据的要求和标准相一致。

以非法方法收集的证据应当依法予以排除，不得作为案件处置的依据。

第三十四条 人民法院、人民检察院、公安机关、审计机关等国家机关在工作中发现公职人员涉嫌贪污贿赂、失职渎职等职务违法或者职务犯罪的问题线索，应当移送监察机关，由监察机关依法调查处置。

被调查人既涉嫌严重职务违法或者职务犯罪，又涉嫌其他违法犯罪的，一般应当由监察机关为主调查，其他机关予以协助。

第五章 监察程序

第三十五条 监察机关对于报案或者举报，应当接受并按照有关规定处理。对于不属于本机关管辖的，应当移送主管机关处理。

第三十六条 监察机关应当严格按照程序开展工作，建立问题线索处置、调查、审理各部门相互协调、相互制约的工作机制。

监察机关应当加强对调查、处置工作全过程的监督管理，设立相应的工作部门履行线索管理、监督检查、督促办理、统计分析等管理协调职能。

第三十七条 监察机关对监察对象的问题线索，应当按照有关规定提出处置意见，履行审批手续，进行分类办理。线索处置情况应当定期汇总、通报，定期检查、抽查。

第三十八条 需要采取初步核实方式处置问题线索的，监察机关应当依法履行审批程序，成立核查组。初步核实工作结束后，核查组应当撰写初核情况报告，提出处理建议。承办部门应当提出分类处理意见。初核情况报告和分类处理意见报监察机关主要负责人审批。

第三十九条 经过初步核实，对涉嫌职务违法犯罪，需要追究法律责任的，监察机关应当按照规定的权限和程序办理立案手续。

监察机关主要负责人依法批准立案后，应当主持召开专题会议，研究确定调查方案，决定需要采取的调查措施。

立案调查决定应当向被调查人宣布，并通报相关组织。涉嫌严重职务违法或者职务犯罪的，应当通知被调查人家属，并向社会公开发布。

第四十条 监察机关对职务违法和职务犯罪案件，应当进行调查，收集被调查人有无违法犯罪以及情节轻重的证据，查明违法犯罪事实，形成相互印证、完整稳定的证据链。

严禁以威胁、引诱、欺骗及其他非法方式收集证据，严禁侮辱、打骂、虐待、体罚或者变相体罚被调查人。

第四十一条 调查人员采取讯问、询问、留置、搜查、调取、查封、扣押、勘验、检查等调查措施，均应当依照规定出示证件，出具书面通知，由二人以上进行，形成笔录、报告等书面材料，并由相关人员签名、盖章。

调查人员进行讯问以及搜查、查封、扣押等重要取证工作，应当对全过程进行录音录像，留存备查。

第四十二条 调查人员应当严格执行调查方案，不得随意扩大调查范围、变更调查对象和事项。

对调查过程中的重要事项，应当集体研究后按程序请示报告。

第四十三条 监察机关采取留置措施，应当由监察机关领导人员集体研究决定。设区的市级以下监察机关采取留置措施，应当报上一级监察机关批准。省级监察机关采取留置措施，应当报中华人民共和国监察委员会备案。

留置时间不得超过三个月。在特殊情况下，可以延长一次，延长时间不得超过三个月。省级以下监察机关采取留置措施的，延长留置时间应当报上一级监察机关批准。监察机关发现采取留置措施不当的，应当及时解除。

监察机关采取留置措施，可以根据工作需要提请公安机关配合。公安机关应当依法予以协助。

第四十四条　采取留置措施后，除有可能毁灭、伪造证据，干扰证人作证或者串供等有碍调查情形的，应当在二十四小时以内，通知被留置人员所在单位和家属。

监察机关应当保障被留置人员的饮食、休息和安全，提供医疗服务。讯问被留置人员应当合理安排讯问时间和时长，讯问笔录由被讯问人阅看后签名。

被留置人员涉嫌犯罪移送司法机关后，被依法判处管制、拘役和有期徒刑的，留置期限应当折抵刑期。留置一日折抵管制二日，折抵拘役、有期徒刑一日。

第四十五条　监察机关根据监督、调查结果，依法作出如下处置：

（一）对有职务违法行为但情节较轻的公职人员，按照管理权限，直接或者委托有关机关、人员，进行谈话提醒、批评教育、责令检查，或者予以诫勉。

（二）对违法的公职人员依照法定程序作出警告、记过、记大过、降级、撤职、开除等政务处分决定。

（三）对不履行或者不正确履行职责的，按照管理权限对负有责任的领导人员直接作出问责决定，或者向有权作出问责决定的机关提出问责建议。

（四）对被调查人涉嫌职务犯罪，监察机关经调查认为犯罪事实清楚，证据确实、充分的，制作起诉意见书，连同案卷材料、证据一并移送人民检察院，依法提起公诉。人民检察院依法对被调查人采取强制措施。

（五）对监察对象所在单位廉政建设和履行职责存在的问题等提出监察建议。

监察机关经过调查，对没有证据证明存在违法犯罪行为的，应当撤销案件。

第四十六条　监察机关经调查，对违法取得的财物，依法予以没收、追缴或者责令退赔。对涉嫌犯罪取得的财物，应当在移送人民检察院依法提起公诉时随案移送。

第四十七条　对监察机关移送的案件，人民检察院认为犯罪事实已经查清，证据确实、充分，依法应当追究刑事责任的，应当作出起诉决定。

人民检察院经审查后，认为需要补充核实的，应当退回监察机关补充调查，必要时可以自行补充侦查。

人民检察院对于有刑事诉讼法规定的不起诉的情形的，经上一级人民检察院批准，依法作出不起诉的决定。监察机关认为不起诉的决定有错误的，可以要求复议。

第四十八条　监察机关在调查贪污贿赂、失职渎职等职务犯罪案件过程中，被调查人逃匿或者死亡，有必要继续调查的，经省级以上监察机关批准，应当继续调查并作出结论。被调查人逃匿，在通缉一年后不能到案，或者死亡的，由监察机关提请人民检察院依照法定程序，向人民法院提出没收违法所得的申请。

第四十九条　监察对象对监察机关涉及本人的处理决定不服的，可以向作出决定的监察机关申请复审；对复审决定仍不服的，可以向上一级监察机关申请复核。复审、复核期间，不停止原处理决定的执行。复核受理机关审查认定处理决定有错误的，原处理机关应当及时予以纠正。

第六章　反腐败国际合作

第五十条　中华人民共和国监察委员会组织反腐败国际条约实施工作，统筹协调与其他国家、地区、国际组织开展的反腐败国际交流、合作。

第五十一条　中华人民共和国监察委员会组织协调有关方面加强与有关国家、地区、国际组织在反腐败执法、引渡、司法协助、被判刑人的移管、资产追回和信息交流等领域合作。

第五十二条　中华人民共和国监察委员会加强对反腐败国际追逃追赃和防逃工作的组织协调，督促有关单位做好相关工作：

（一）对于重大贪污贿赂、失职渎职等职务犯罪案件，被调查人逃匿到国（境）外，掌握证据比较确凿的，通过开展境外追逃工作，追捕归案；

（二）提请赃款赃物所在国查询、冻结、扣押、没收、追缴、返还涉案资产；

（三）查询、监控涉嫌职务犯罪的公职人员及其相关人员进出国（境）和跨境资金流动情况，在调查案件过程中设置防逃程序。

第七章　对监察机关和监察人员的监督

第五十三条　监察机关应当接受本级人民代

表大会及其常务委员会的监督。

各级人民代表大会常务委员会听取和审议本级监察机关的专项工作报告，根据需要可以组织执法检查。

县级以上各级人民代表大会及其常务委员会举行会议时，人民代表大会代表或者常务委员会组成人员，可以依照法律规定的程序就监察工作中的有关问题提出询问或者质询。

第五十四条　监察机关应当依法公开监察工作信息，接受民主监督、社会监督、舆论监督。

第五十五条　监察机关通过设立内部专门的监督机构等方式，加强对监察人员执行职务和遵守法律情况的监督，建设忠诚、干净、担当的监察队伍。

第五十六条　监察人员必须模范遵守宪法和法律，忠于职守、秉公执法，清正廉洁、保守秘密；必须具有良好的政治素质，熟悉监察业务，具备运用法律、法规、政策和调查取证等能力，自觉接受监督。

第五十七条　对于监察人员打听案情、过问案件、说情干预的，办理监察事项的监察人员应当及时报告。有关情况应当登记备案。

发现办理监察事项的监察人员未经批准接触被调查人、涉案人员及其特定关系人，或者存在交往情形的，知情人应当及时报告。有关情况应当登记备案。

第五十八条　办理监察事项的监察人员有下列情形之一的，应当回避，监察对象、检举人及其他有关人员也有权要求其回避：

（一）是监察对象或者检举人的近亲属的；

（二）担任过本案的证人的；

（三）本人或者他的近亲属与办理的监察事项有利害关系的；

（四）有可能影响监察事项公正处理的其他情形的。

第五十九条　监察机关涉密人员离岗离职后，应当遵守脱密期管理规定，严格履行保密义务，不得泄露相关秘密。

监察人员辞职、退休三年内，不得从事与监察和司法工作相关联且可能发生利益冲突的职业。

第六十条　监察机关及其工作人员有下列行为之一的，被调查人及其近亲属有权向该机关申诉：

（一）留置法定期限届满，不予以解除的；

（二）查封、扣押、冻结与案件无关的财物的；

（三）应当解除查封、扣押、冻结措施而不解除的；

（四）贪污、挪用、私分、调换以及违反规定使用查封、扣押、冻结的财物的；

（五）其他违反法律法规、侵害被调查人合法权益的行为。

受理申诉的监察机关应当及时处理。申诉人对处理不服的，可以向上一级监察机关申请复查，上一级监察机关应当及时处理，情况属实的，予以纠正。

第六十一条　对调查工作结束后发现立案依据不充分或者失实，案件处置出现重大失误，监察人员严重违法的，追究负有责任的领导人员和直接责任人员的责任。

第八章　法律责任

第六十二条　有关单位拒不执行监察机关作出的处理决定，或者无正当理由拒不采纳监察建议的，由其主管部门、上级机关责令改正，对单位给予通报批评；对负有责任的领导人员和直接责任人员依法给予处理。

第六十三条　有关人员违反本法规定，有下列行为之一的，由其所在单位、主管部门、上级机关或者监察机关责令改正，依法给予处理：

（一）不按要求提供有关材料，拒绝、阻碍调查措施实施等拒不配合监察机关调查的；

（二）提供虚假情况，掩盖事实真相的；

（三）串供或者伪造、隐匿、毁灭证据的；

（四）阻止他人揭发检举、提供证据的；

（五）其他违反本法规定的行为，情节严重的。

第六十四条　监察对象对控告人、检举人、证人或者监察人员进行报复陷害的；控告人、检举人、证人捏造事实诬告陷害监察对象的，依法予以处理。

第六十五条　监察机关及其工作人员有下列行为之一的，对负有责任的领导人员和直接责任人员依法给予处理：

（一）未经批准、授权处置问题线索，发现重大案情隐瞒不报，或者私自留存、处理涉案材料的；

（二）利用职权或者职务上的影响干预调查工作、以案谋私的；

（三）违法窃取、泄露调查工作信息，或者泄露举报事项、举报受理情况以及举报人信息的；

（四）对被调查人逼供、诱供，或者侮辱、打骂、虐待、体罚或者变相体罚的；

（五）违反规定处置查封、扣押、冻结财物的；

（六）违反规定发生办案安全事故，或者发生安全事故后隐瞒不报、报告失实、处置不当的；

（七）违反规定采取留置措施的；

（八）违反规定限制他人出境，或者不按规定解除出境限制的；

（九）其他滥用职权、玩忽职守、徇私舞弊行为的。

第六十六条　违反本法规定，构成犯罪的，依法追究刑事责任。

第六十七条　监察机关及其工作人员行使职权，侵犯公民、法人和其他组织的合法权益，造成损害的，依法给予国家赔偿。

第九章　附　则

第六十八条　中国人民解放军开展监察工作，由中央军事委员会根据本法制定具体规定。

第六十九条　本法自　年　月　日起施行。《中华人民共和国行政监察法》同时废止。

第十三届全国人民代表大会第一次会议关于全国人民代表大会常务委员会工作报告的决议

（2018年3月20日第十三届全国人民代表大会第一次会议通过）

第十三届全国人民代表大会第一次会议听取和审议了张德江委员长受第十二届全国人大常委会委托所作的工作报告。会议充分肯定十二届全国人大常委会过去五年的工作，高度评价人大工作取得的历史性成就，同意报告提出的今后一年工作的建议，决定批准这个报告。

会议要求，十三届全国人大常委会要在以习近平同志为核心的党中央坚强领导下，高举中国特色社会主义伟大旗帜，以习近平新时代中国特色社会主义思想为指导，全面贯彻党的十九大和十九届一中、二中、三中全会精神，坚持党的领导、人民当家作主、依法治国有机统一，坚决维护党中央权威和集中统一领导，长期坚持、不断完善人民代表大会制度，依法行使立法权、监督权、决定权、任免权，完善以宪法为核心的中国特色社会主义法律体系，加强对宪法法律实施和国家行政机关、监察机关、审判机关、检察机关工作的监督，加强同人民群众的联系，更好发挥人大代表作用，奋力开创新时代人大工作新局面，为决胜全面建成小康社会、夺取新时代中国特色社会主义伟大胜利、实现中华民族伟大复兴的中国梦作出新贡献。

全国人民代表大会常务委员会工作报告

——2018年3月11日在第十三届全国人民代表大会第一次会议上

第十二届全国人大常委会委员长　张德江

各位代表：

我受十二届全国人大常委会委托，向大会报告工作，请予审议。

一、过去五年的主要工作

过去的五年，是我们党和国家发展进程中极不平凡的五年。以习近平同志为核心的党中央团结带领全国各族人民，统筹推进“五位一体”总体布局，协调推进“四个全面”战略布局，党和国家事业取得历史性成就、发生历史性变革，中国特色社会主义进入了新时代。在以习近平同志为核心的党中央坚强领导下，十二届全国人大常委会全面贯彻落实党的十八大和十九大精神，深入学习贯彻习近平新时代中国特色社会主义思想，坚定坚持党的领导、人民当家作主、依法治国有机统一，坚决维护习近平总书记权威和核心地位，坚决维护以习近平同志为核心的党中央权威和集中统一领导，认真履行宪法法律赋予的职责，全面开创人大工作新局面，人民代表大会制度理论和实践创新取得重大成就，社会主义民主法治建设迈出重大步伐。

五年来，十二届全国人大及其常委会制定法律25件，修改法律127件次，通过有关法律问题和重大问题的决定46件次，作出法律解释9件，立法数量多、分量重、节奏快、效果好。常委会检查26件法律和1件决定的实施情况，听取审议83个工作报告，作出7件决议，开展15次专题询问和22项专题调研，监督机制更加完善，监督实效不断提升。决定批准我国与外国缔结的条约、协定以及加入的国际公约43件，决定和批准任免一批国家机关工作人员。

(一)着力加强重点领域立法，完善以宪法为核心的中国特色社会主义法律体系

审议提出宪法修正案草案。宪法是国家的根本法，是治国安邦的总章程，是党和人民意志的集中体现。以习近平同志为核心的党中央从新时代坚持和发展中国特色社会主义全局和战略高度出发，作出修改宪法的重大决策。党的十九届二中全会审议通过了中共中央关于修改宪法部分内容的建议。十二届全国人大常委会严格依照法定程序推进宪法修改工作，于今年1月召开常委会第三十二次会议，认真讨论中共中央修宪建议，形成宪法修正案草案，提请十三届全国人大一次会议审议。常委会组成人员完全赞成、坚决拥护党中央关于修改宪法的决策部署，一致认为，把党的十九大确定的重大理论观点和重大方针政策特别是习近平新时代中国特色社会主义思想载入国家根本法，对于推动我国宪法与时俱进、完善发展，为新时代坚持和发展中国特色社会主义提供有力宪法保障，具有十分重大而深远的意义。

健全保证宪法实施的法律制度。设立国家宪法日，加强宪法宣传教育，大力弘扬宪法精神。建立宪法宣誓制度，规定国家工作人员就职时公开进行宪法宣誓，庄严承诺忠于宪法、忠于祖国、忠于人民。实施宪法规定的特赦制度，在中国人民抗日战争暨世界反法西斯战争胜利70周年之际，作出对部分服刑罪犯实行特赦的决定。制定国家勋章和国家荣誉称号法，落实宪法规定的国家功勋荣誉表彰制度。制定国歌法，同此前已经施行的国旗法、国徽法一道，维护宪法确立的国家重要象征和标志的尊严。

加快国家安全法治建设。贯彻落实总体国家安全观，保持政治定力，把握立法时机，相继出台国家安全法、反间谍法、反恐怖主义法、境外非政府组织境内活动管理法、网络安全法、国家情报法以及国防交通法、军事设施保护法、核安全法等一批重要法律，为维护国家安全、核心利益和重大利益提供了有力法治保障。

推进编纂民法典和制定民法总则。编纂民法典是新中国几代立法工作者接续奋斗的艰巨任务。本届常委会研究提出“两步走”工作思路：先制定在民法典中起统领作用的民法总则；再编纂各分编，争取到2020年形成统一的民法典。经过常委会3次审议和反复修改，十二届全国人大五次会议通过民法总则，完成民法典开篇之作，为编纂一部具有中国特色、体现时代精神、反映人民意愿的民法典打下坚实基础。目前，民法典各分编的编纂工作正在扎实推进。

加强社会主义市场经济立法。提出贯彻落实税收法定原则的实施意见，明确改革路径和到2020年相关立法工作安排。制定环境保护税法、烟叶税法、船舶吨税法，修改企业所得税法。开展产权保护法律清理工作。修改反不正当竞争法、中小企业促进法、农民专业合作社法、促进科技成果转化法、标准化法、商标法、广告法，制定旅游法、资产评估法等。

用法律推动社会主义核心价值观建设。决定设立烈士纪念日、中国人民抗日战争胜利纪念日、南京大屠杀死难者国家公祭日，审议英雄烈士保护法草案，大力弘扬以爱国主义为核心的伟大民族精神。制定公共文化服务保障法、公共图书馆法、电影产业促进法，改变了我国文化领域立法相对滞后的局面。

为改善民生提供有力法治保障。适应人民日益增长的优美生态环境需要，全面修订环境保护法，相继修改大气污染防治法、水污染防治法、海洋环境保护法、野生动物保护法，建立生态环境和资源保护公益诉讼制度，构建最严格的生态环境保护法律制度。全面修订食品安全法，保障人民群众“舌尖上的安全”。还制定了慈善法、中医药法、反家庭暴力法、特种设备安全法，修改了安全生产法、消费者权益保护法，通过了刑法修正案(九)等。

坚定维护宪法和基本法确立的特别行政区宪制秩序。行使宪法和基本法赋予的权力，作出关于香港特别行政区行政长官普选问题的决定，明确香港特别行政区循序渐进发展民主的方向和基本制度安排。对香港特别行政区基本法第一百零四条作出解释，坚决遏制和反对“港独”行径，捍卫宪法

和基本法权威。批准内地和香港在广深港高铁西九龙站设立口岸实施“一地两检”的合作安排，确认合作安排符合宪法和香港基本法。决定将国歌法列入香港特别行政区基本法附件三、澳门特别行政区基本法附件三，确保该法在香港、澳门得到一体遵循。

科学立法、民主立法、依法立法取得新进展。加强立法组织协调，充分发挥人大及其常委会在立法工作中的主导作用。自2015年起，连续4年提请全国人民代表大会审议重要法律案。建立全国人大专门委员会、常委会工作机构组织起草重要法律草案制度，五年来组织起草或提请审议法律案70件次。充分发挥立法机关在表达、平衡、调整社会利益方面的作用，最大限度凝聚立法共识。出台立法项目征集论证、立法重大利益调整论证咨询、重要立法事项引入第三方评估等工作规范。健全立法专家顾问制度，建立基层立法联系点制度，明确常委会初次审议和继续审议的法律草案都及时向社会公布征求意见，共公布法律草案81件次。从本届常委会通过的第一部法律开始，建立并实施法律案通过前评估制度，使立法更加科学缜密，确保法律规定立得住、行得通、真管用。

（二）着力发挥立法引领和推动作用，确保重大改革于法有据、顺利实施

保证国家监察体制改革依法进行。贯彻党中央关于深化国家监察体制改革的重大决策部署，先后作出在北京市、山西省、浙江省开展改革试点和在全国各地推开的决定，为改革试点工作有序推进提供法律支持。积极做好监察法立法工作，经过两次认真审议和公开征求意见，常委会决定将监察法草案提请本次会议审议。

完善授权决定和改革决定工作机制。针对与现行法律规定不一致、修改法律尚不成熟、需要先行先试的改革举措，依法作出授权决定或改革决定。适时听取审议试点工作情况报告，加强监督和成效评估。对需要继续探索的改革举措，决定延长试点期限或纳入新的试点加以完善。对实践证明行之有效的改革举措，通过修改完善相关法律予以复制推广。五年来，共作出21件授权决定和改革决定，涉及自由贸易试验区、农村集体土地制度、司法体制、国防和军队等方面的一批重大改革。

加强涉及改革的法律立改废释工作。对相关法律不适应改革需要的个别条款，采取统筹修改法律的方式一并作出修改。五年来，共审议通过15个统筹修改法律的决定，涉及修改法律95件次，持续推进行政审批、职业资格认定等方面改革，激发市场和社会活力。落实党中央改革调整生育政策的重大部署，及时作出决议，修改人口与计划生育法。决定废止有关劳动教养的法律规定。对刑法、刑事诉讼法的有关条款作出解释。

（三）着力完善监督工作机制，加强对宪法法律实施和“一府两院”工作的监督

健全执法检查工作机制，改进和完善专题询问。把加强执法检查摆在监督工作突出位置，自2015年以来每年执法检查项目增加到6个。委员长会议组成人员96人次带队进行执法检查，常委会、专门委员会组成人员和全国人大代表约900人次参加执法检查。针对突出问题，深入了解实情，查清问题症结，提出中肯建议，推动整改落实，探索形成包括选题、组织、报告、审议、整改、反馈6个环节的“全链条”工作流程。出台改进完善专题询问的若干意见，要求提出问题切中要害、回答问题实事求是，“一问一答”反映人民群众呼声、回应人民群众关切。五年来，国务院负责同志和有关部门负责同志155人次到会听取意见、回答询问。执法检查和专题询问更有力度、更具权威，更好地起到了增强监督实效、推动改进工作的作用。

创新预算决算审查监督机制。修改预算法，充实加强人大预算决算审查监督的法律规定，推动建立全面规范透明、标准科学、约束有力的预算制度。改进审计查出突出问题整改情况向全国人大常委会报告机制，连续3年听取审议国务院整改情况报告。建立国务院向全国人大常委会报告国有资产管理情况制度，提出人大预算审查监督重点向支出预算和政策拓展的指导意见，完善预算审查前听取人大代表和社会各界意见建议机制，推进人大预算联网监督，实现对预算决算的全口径审查和对预算执行全过程的实时在线监督。

持续加强跟踪监督，推动打好三大攻坚战。聚焦打好防范化解重大风险攻坚战，批准地方政府债务限额，听取审议地方政府债务管理情况报告，强调摸清底数、强化约束，严控增量、化解存量；听取审议中央决算、预算执行、防范金融风险等报告，审查批准年度中央决算及预算调整方案，加强对财政转移支付及科技、水利、教育等重点领域国家财政专项资金使用情况的监督。聚焦打好精准脱贫攻坚战，两次听取审议国务院相关专项报告并开展专题询问，连续5年重点督办代表关于脱贫攻坚的建议共127件，以推动民族地区、革命老区脱贫为重点检查民族区域自治法实施情况，开展赣南等原中央

苏区振兴发展专题调研。聚焦打好污染防治攻坚战，连续检查环境保护法、固体废物污染环境防治法、大气污染防治法等6部环境领域法律实施情况，连续两年听取审议国务院年度环境状况和环保目标完成情况报告，听取审议生态补偿、自然保护区建设、草原生态环境保护等7个专项报告，推动解决突出环境问题。

加强经济工作监督，推动贯彻落实新发展理念。审查批准“十三五”规划纲要，听取审议“十二五”规划纲要实施中期评估报告，每年听取审议计划执行情况报告，推动经济社会发展主要目标和重大任务顺利完成。围绕推进供给侧结构性改革，做大做强实体经济，听取审议制造业转型升级、信息化和工业化深度融合等专项报告；检查产品质量法、促进科技成果转化法、专利法等法律实施情况。围绕推动农业农村优先发展，促进农民持续增收，听取审议新农村建设、农村土地承包、农村金融改革发展、农林科技创新等专项报告；检查农业法、种子法等法律实施情况。围绕促进区域、城乡协调发展，听取审议西部大开发、城镇化建设等专项报告。

综合运用多种监督形式，推动在发展中保障和改善民生。围绕保障人民群众生产生活安全，在食品安全法修订后随即开展执法检查，同年听取审议国务院研究处理执法检查报告及审议意见情况的反馈报告；检查安全生产法、道路交通安全法、网络安全法、消费者权益保护法等法律实施情况，听取审议安全生产、药品管理、传染病防治等专项报告。检查职业教育法、义务教育法、未成年人保护法、老年人权益保障法等法律实施情况，听取审议城乡社保体系建设、医药卫生体制改革、公共文化服务体系建设等专项报告，推动基本公共服务均等化。

加强司法工作监督，维护司法公正。听取审议最高人民法院、最高人民检察院15个专项报告，加强对司法改革、司法公开、行政审判、反贪污贿赂等方面工作的监督，支持和促进司法机关贯彻落实党中央深化司法体制改革重大决策部署，依法公正行使审判权、检察权，提高司法公信力。

履行宪法法律监督职责，健全备案审查制度。落实备案审查衔接联动机制，制定备案审查工作规程，建立全国统一的备案审查信息平台，实行有件必备、有备必审、有错必纠。首次听取审议备案审查工作情况报告。五年来，共接受报送备案的规范性文件4778件，对188件行政法规和司法解释逐一进行主动审查，对地方性法规有重点地开展专项审查，认真研究公民、组织提出的1527件审查建议，对审查中发现与法律相抵触或不适当的问题，督促制定机关予以纠正，保证中央令行禁止，保障宪法法律实施，维护国家法制统一。

（四）着力深化和拓展代表工作，充分发挥代表作用

密切同人大代表、人民群众的联系。建立并落实委员长会议组成人员、常委会委员联系全国人大代表制度，委员长会议组成人员直接联系87名代表，常委会委员直接联系333名代表。拓宽代表参与常委会、专门委员会工作渠道，1500人次参加执法检查、立法调研等活动，1600人次列席常委会会议，实现基层全国人大代表任期内至少列席一次常委会会议的目标。完善常委会、专门委员会重要工作情况向代表通报制度。制定代表密切联系人民群众的实施意见，组织代表开展调研和视察，畅通社情民意表达和反映渠道。

增强代表议案审议和建议办理实效。五年来，十二届全国人大代表共提出2366件议案、41353件建议。常委会每年听取审议各专门委员会关于代表议案审议结果的报告，听取办公厅和有关方面关于代表建议办理情况的报告，并印发全体代表。代表所提议案中，514件议案涉及的59个立法项目已经审议通过，153件议案涉及的12个立法项目正在审议，37件议案涉及的22个监督项目已经组织实施。各承办单位把办理代表建议与转变作风、改进工作结合起来，做到件件有答复、有着落。将代表反映比较集中的860件建议合并归类为91项，交由有关专门委员会重点督办，推动解决了一批关系群众切身利益的重点难点问题。

加强代表思想政治作风建设和履职监督。完善代表学习培训制度，举办22期代表学习班，5520人次参加学习，实现基层全国人大代表任期内至少参加一次履职学习的目标。切实加强代表资格审查工作。支持原选举单位依法监督代表履职和活动，督促代表模范遵守宪法法律，树立人大代表良好形象。

（五）着力推动人大制度完善发展，夯实国家政权建设和党长期执政基础

加强县乡人大工作和建设。在我国的五级人民代表大会中，县乡两级人大地位特殊、作用重要。全国人大常委会组织开展为期两年的专题调研，提出加强县乡人大工作和建设的若干意见，报请党中央批准转发，同步修改地方组织法、选举法、代表

法。地方人大的同志普遍认为,这是多年来推动地方人大建设力度最大的一次,解决了长期制约基层人大工作发展的一些突出难题。我们先后召开县乡人大工作和建设座谈会、经验交流会,集中培训全国2850多个县(区、市)的人大常委会负责同志,并从2017年开始新一轮培训。经过各方面共同努力,县乡人大工作和建设呈现出新气象新风貌。

赋予所有设区的市地方立法权。十二届全国人大三次会议通过关于修改立法法的决定,依法赋予设区的市地方立法权,明确地方立法权限和范围,进一步完善了我国立法体制。现在,享有地方立法权的主体在原有31个省(自治区、直辖市)和49个较大的市的基础上,又增加274个,包括240个设区的市、30个自治州和4个未设区的地级市。3年来,新赋予地方立法权的市、州人大制定地方性法规595件,为加强和创新地方治理提供了有力法治支撑。我们先后召开5次全国地方立法工作座谈会,举办8期立法工作培训班,加强对地方人大立法工作的指导。

维护人民代表大会制度尊严。坚决贯彻党中央决策部署,依法确定辽宁省45名拉票贿选的全国人大代表当选无效;根据宪法精神和有关法律原则,采取创制性办法及时妥善处理辽宁拉票贿选案有关问题。依法主持十三届全国人大代表选举,指导地方人大换届选举有关工作,深刻汲取辽宁拉票贿选案、湖南衡阳破坏选举案教训,严密防范措施,严明纪律规矩,确保选举工作风清气正。

(六)着力加强人大对外交往,服务中国特色大国外交

加强同各国议会友好往来。接待275个外国议会代表团来华访问,组织311个代表团出访。同19个国家议会和各国议会联盟签署21项合作文件,同俄罗斯、美国等21个国家议会和欧洲议会建立交流机制,开展65次交流活动。首次接待北欧和波罗的海七国议会领导人联合访华。积极开展议会多边外交,全国人大常委会委员长出席第四次世界议长大会,首次出席各国议会联盟大会,就消除贫困、促进和平发展、推动国际关系民主化等,提出中国主张、中国倡议。在亚太议会论坛、金砖国家议会论坛、拉美议会等国际和地区议会组织中发挥建设性作用。

发挥人大对外交往独特作用。坚持把推动落实习近平主席重大外交行动成果作为首要任务,增进相互了解和政治互信,扩大民意基础和社会基础。推动有关国家议会支持和批准对华合作文件,加强共建"一带一路"法律保障和政策协调。以民主法治建设为重点加强治国理政经验交流,传播中国声音,讲好人大故事,增进国际社会对中国发展道路和内外政策的理解、认同、支持。针对有关国家在涉及中国核心利益问题上的错误言行,妥善应对、主动发声,坚定维护国家主权、安全、发展利益。

(七)着力推进全国人大及其常委会党的建设,不断提高依法履职能力和水平

贯彻落实党中央全面从严治党战略部署,切实加强全国人大常委会党组建设,发挥把方向、管大局、保落实作用。坚持把政治建设摆在首位,始终在政治立场、政治方向、政治原则、政治道路上同以习近平同志为核心的党中央保持高度一致。五年来,共向党中央请示报告202件次。深入学习、深刻领会习近平新时代中国特色社会主义思想,认真开展党的群众路线教育实践活动和"三严三实"专题教育,推进"两学一做"学习教育常态化制度化,强化理论武装,坚定理想信念,践行根本宗旨。举行常委会党组集体学习58次,举办常委会专题讲座31讲。加强对常委会机关党组的领导,在各专门委员会设立分党组,召开党建工作座谈会,推动全面从严治党在全国人大及其常委会落实落细。

坚持不懈改作风转作风。制定并严格执行常委会党组坚持党的群众路线、加强作风建设的意见和委员长会议组成人员落实中央八项规定办法,坚决反对和纠正"四风"。始终把调查研究作为做好人大工作的基本功,深入基层、深入实际,掌握实情、找准问题,真正了解人民群众所思所盼,使立法、监督等各项工作接地气、聚民意、求实效。贯彻落实习近平总书记重要指示精神,连续4年提出并落实改进全国人民代表大会会风的具体措施。建立常委会组成人员、专门委员会组成人员出席常委会会议情况通报制度。

改进人大新闻舆论和理论研究工作。隆重庆祝全国人民代表大会成立60周年,系统总结实行人民代表大会制度的重要经验。大力宣传国家根本政治制度和民主法治建设成就,及时权威解读重要立法并召开法律宣传贯彻座谈会,不断提高人大工作透明度。成立中国人民代表大会制度理论研究会,加强社会主义民主法治建设理论和实践研究。

全国人大各专门委员会依法履职、积极工作,牵头组织起草一批重要法律草案,组织实施执法检查,深入开展调查研究,做了大量富有成效的工作。全国人大机关自觉接受中央专项巡视监督,全面加

强党的建设，持之以恒正风肃纪，努力建设高素质专业化干部队伍，充分发挥了参谋服务保障作用。地方人大协助全国人大常委会开展执法检查、立法调研、代表服务保障和对外交往等工作，有力推动了人大工作整体水平的提高。

各位代表！

十二届全国人大及其常委会取得的成绩，根本在于以习近平同志为核心的党中央坚强领导，根本在于习近平新时代中国特色社会主义思想科学指引，是全国人大代表、常委会组成人员、各专门委员会组成人员和全国人大机关工作人员扎实工作的结果，是国务院、最高人民法院、最高人民检察院和地方各级人大密切配合的结果，是全国各族人民充分信任和大力支持的结果。在此，我代表十二届全国人大常委会表示崇高的敬意和衷心的感谢！

回顾过去五年的工作，我们清醒地认识到，面对全面依法治国的繁重任务，立法的及时性、系统性、针对性、有效性需要进一步增强，坚决纠正有法不依、执法不严、违法不究现象的力度需要进一步加大，常委会联系代表、代表联系人民群众的深度和广度需要进一步拓展，全国人大及其常委会、专门委员会组织制度和工作制度需要进一步完善。这些都要在今后的工作中切实改进。

二、五年工作的主要体会

党的十八大以来，以习近平同志为核心的党中央高度重视人民代表大会制度建设，全面加强对人大工作的领导，人大工作取得历史性成就。习近平总书记在庆祝全国人民代表大会成立 60 周年大会上发表重要讲话，深刻揭示中国实行人民代表大会制度的历史必然性和重大意义，明确提出坚持和完善人民代表大会制度的基本要求，系统阐述坚定不移走中国特色社会主义政治发展道路的一系列重大原则，是与时俱进完善人民代表大会制度、推进社会主义民主政治建设的纲领性文献。习近平总书记连续 4 年主持中央政治局常委会会议听取全国人大常委会党组工作汇报，多次研究人大工作中的重大问题和重要事项。党中央出台有关党领导立法工作、加强县乡人大工作和建设、健全人大讨论决定重大事项制度、加强人大代表工作等一系列重要文件，为做好新形势下人大工作指明了方向、提供了遵循。在实践中，我们进一步深化了对人民代表大会制度科学内涵和本质特征的认识，进一步深化了对人大工作定位和工作规律的认识。

（一）中国共产党领导是人民代表大会制度的本质要求和最大优势，必须坚定坚持以习近平同志为核心的党中央集中统一领导。中国共产党领导是中国特色社会主义最本质的特征，是中国特色社会主义制度的最大优势。人民代表大会制度是中国共产党和中国人民的伟大创造，是坚持党的领导、人民当家作主、依法治国有机统一的根本政治制度安排。坚持党的领导是人民代表大会制度的本质要求和最大优势，是做好人大工作的根本保证和关键所在。

全国人大及其常委会是在党中央领导下的重要政治机关，必须牢固树立政治意识、大局意识、核心意识、看齐意识，坚决维护习近平总书记权威和核心地位，坚决维护以习近平同志为核心的党中央权威和集中统一领导，把坚持党的领导、人民当家作主、依法治国三者真正打通、有机统一起来，确保人大各项工作都毫不动摇地体现党的领导。要紧紧围绕党和国家工作大局谋划和推进人大工作，凡是党和人民需要的就及时跟进，勇于担当、善于作为，大事要事不畏难、不避险，确保党的主张通过法定程序成为国家意志。要严格执行请示报告制度，定期向党中央报告全面工作情况，主动请示人大工作中的重大问题和重要事项，不折不扣贯彻落实党中央决策部署。

（二）党的指导思想是坚持和完善人民代表大会制度的科学指引和行动指南，必须全面贯彻习近平新时代中国特色社会主义思想。我国建立和实行人民代表大会制度，是马克思主义国家学说同中国具体实际相结合的重要成果。党的十八大以来，习近平总书记围绕坚持和完善人民代表大会制度、发展社会主义民主政治，提出一系列新理念新思想新战略，拓展了人民代表大会制度和社会主义民主政治的科学内涵、基本特征和本质要求，发展了马克思主义国家学说，是习近平新时代中国特色社会主义思想的重要组成部分，为新时代长期坚持、不断完善人民代表大会制度提供了科学理论指导。

全国人大及其常委会必须深入学习贯彻习近平新时代中国特色社会主义思想，深入贯彻落实党的十九大精神，全面贯彻落实党的基本理论、基本路线、基本方略，进一步提升政治站位，强化政治担当，筑牢坚持和完善人民代表大会制度、做好新时代人大工作的思想基础。要弘扬理论联系实际的学风，紧密联系中国特色社会主义发展要求，紧密联系人大制度和人大工作实际，自觉运用马克思主义中国化最新成果指导实践、破解难题，使人大制度和人大工作充满生机活力，更具时代性。

（三）人民代表大会制度是中国人民当家作主的重要途径和最高实现形式，必须切实把人民当家作主落实到国家政治生活和社会生活之中。我国是工人阶级领导的、以工农联盟为基础的人民民主专政的社会主义国家，国家一切权力属于人民。在中国实行人民代表大会制度，是历史的选择，是人民的选择。发展社会主义民主政治就是要体现人民意志、保障人民权益、激发人民创造活力，用制度体系保证人民当家作主。

全国人大及其常委会代表人民行使国家权力，必须坚持人民主体地位，从法律上制度上保证和发展人民当家作主，扩大人民有序政治参与，保证人民依法享有广泛权利和自由。要坚持以人民为中心，通过立法、监督以及办理代表建议等工作，解决突出民生问题，不断增进民生福祉，努力做到民有所呼、我有所应。人大代表是国家权力机关的组成人员，代表人民的利益和意志，依法参加行使国家权力。尊重代表主体地位，是坚持人民主体地位、保证人民当家作主的必然要求。要支持和保障代表依法履职，加强同人大代表、人民群众的联系，为人民用权、为人民履职、为人民服务，自觉接受人民监督。

（四）全面依法治国是中国特色社会主义的本质要求和重要保障，必须充分发挥人大及其常委会在全面推进依法治国中的重要作用。党的十八届四中全会作出我们党历史上第一个关于加强法治建设的专门决定，明确全面推进依法治国总目标是建设中国特色社会主义法治体系，建设社会主义法治国家。把全面依法治国纳入“四个全面”战略布局，对完善和发展中国特色社会主义制度、推进国家治理体系和治理能力现代化具有重大意义。

全国人大及其常委会在社会主义法治国家建设中担负着重要职责，必须坚持依法治国首先要坚持依宪治国，全面贯彻实施宪法，履行宪法监督职责，坚决维护宪法法律尊严。坚持立法先行，立改废释并举，完善以宪法为核心的中国特色社会主义法律体系。坚持立法主动适应改革发展需要，在法治下推进改革、在改革中完善法治。要牢牢抓住提高立法质量这个关键，深入推进科学立法、民主立法、依法立法，以良法促进发展、保障善治。坚持科学立法，核心在于立足中国国情和实际，遵循和体现客观规律，增强立法工作的科学性、协调性和系统性，使制定出来的法律经得起实践和历史的检验。坚持民主立法，核心在于立法为了人民、依靠人民，拓宽人大代表和人民群众参与立法的途径，使每一项立法都符合宪法精神、反映人民意志、得到人民拥护。坚持依法立法，核心在于严格依照法定权限和程序行使立法权，完善立法体制机制，优化立法职权配置，维护国家法制统一。

人大及其常委会监督法律实施和“一府两院”工作，是人民代表大会制度的内在要求和制度安排。必须切实用好宪法法律赋予的监督权，把保证法律正确有效实施作为全面推进依法治国的重要抓手，依法加强对“一府两院”工作的监督，推进依法行政、公正司法。要实行正确监督、有效监督，加大监督力度，增强监督实效。实行正确监督，关键是始终坚持党的领导，严格按照法定职权和法定程序进行监督，既敢于监督又善于监督，正确处理监督与支持的关系，形成加强和改进工作合力。实行有效监督，关键是紧紧围绕党和国家工作大局，强化问题导向，完善监督机制，推动解决人大代表、人民群众普遍关心的突出问题，提升人民群众获得感幸福感安全感。

（五）人民代表大会制度是中国特色社会主义制度的重要组成部分，必须毫不动摇坚持、与时俱进完善人民代表大会制度。中国人民对人民代表大会制度的自信，来源于对中国共产党坚强领导的自信，来源于对中国特色社会主义道路、理论、制度、文化的自信。在党和国家事业发展的历史进程中，人民代表大会制度展现出巨大的政治优势和组织功效。实践充分证明，人民代表大会制度是一套有效保证能干事、干好事、干成事的政治制度。必须坚定不移走中国特色社会主义政治发展道路，坚定人民代表大会制度自信，为党和国家兴旺发达、长治久安提供更加坚实的制度保障。

坚定制度自信，不是自我满足，更不是固步自封。必须按照总结、继承、完善、提高的原则，不断探索和创新立法、监督、代表等工作机制，不断丰富和拓展人大工作的实践特色和时代特色，不断增加和扩大我国根本政治制度的优势和特点。全国人大常委会要密切同地方人大的联系，加强工作指导与支持，拓展工作协同与交流，共同推动人大制度和人大工作与时俱进。

三、今后一年工作的建议

2018 年是全面贯彻落实党的十九大精神的开局之年，也是十三届全国人大及其常委会依法履职的第一年。党的十九大确立了习近平新时代中国特色社会主义思想的历史地位，开启了全面建设社会主义现代化国家新征程，进一步指明了党和国家事业的前进方向，同时对健全人民当家作主制度体系、发展社会主义民主政治作出重大部署，对做好新时代人大工作、深化依法治国实践提出明确要求。人民代表大会制度的未来更加辉煌，全国人大及其常委会的使命更加光荣。

要坚持以习近平新时代中国特色社会主义思想为指导，全面贯彻落实党的十九大和十九届一中、二中、三中全会精神，坚定坚持党的领导、人民当家作主、依法治国有机统一，长期坚持、不断完善人民代表大会制度，全面担负起宪法法律赋予的各项职责，奋力开创新时代人大工作新局面。坚持党对一切工作的领导，坚决维护习近平总书记权威和核心地位，坚决维护以习近平同志为核心的党中央权威和集中统一领导，确保党的路线方针政策和党中央决策部署在人大各项工作中得到贯彻落实。坚持国家一切权力属于人民，加强人民当家作主制度保障，支持和保证人民通过人民代表大会行使国家权力。坚持把实施宪法摆在全面依法治国的突出位置，切实加强宪法实施和监督，切实加强宪法宣传教育，把依法治国、依宪治国工作提高到一个新水平。坚持紧紧围绕党和国家工作大局，依法行使立法权、监督权、决定权、任免权，充分发挥国家根本政治制度优势，保证国家统一高效组织推进各项事业，更好满足人民日益增长的美好生活需要。

十二届全国人大常委会委员长会议原则通过了2018年常委会工作要点和立法、监督工作计划，对今后一年的工作作出初步安排。

一是继续加强立法工作。研究编制十三届全国人大常委会立法规划，统筹安排今后五年立法工作。完善国家机构组织法，修改人民法院组织法、人民检察院组织法、公务员法等。完善建设现代化经济体系的法律制度，加快民法典编纂工作，审议民法典各分编；落实税收法定原则，制定耕地占用税法、车辆购置税法、资源税法等，研究制定房地产税法，修改税收征收管理法；制定外国投资法、电子商务法，修改农村土地承包法、土地管理法等。加强社会、文化、生态等方面立法，制定社区矫正法、基本医疗卫生与健康促进法、土壤污染防治法，修改固体废物污染环境防治法等。修改刑事诉讼法。继续做好授权决定和改革决定相关工作，加强涉及改革的法律立改废释工作，保证改革在法治轨道上顺利推进。

二是继续加强监督工作。围绕推动高质量发展，打好防范化解重大风险、精准脱贫、污染防治三大攻坚战，检查统计法、大气污染防治法、海洋环境保护法、防震减灾法、农产品质量安全法、传染病防治法等法律实施情况，听取审议“十三五”规划纲要实施中期评估报告和加强国有资产管理、推进国家科技重大专项、深化农业供给侧结构性改革、推动城乡义务教育一体化、财政医疗卫生资金分配和使用、华侨权益保护等专项报告，开展地方政府债务、脱贫攻坚等专题调研。继续加强对司法工作的监督，听取审议人民法院解决“执行难”、人民检察院加强民事诉讼和执行活动法律监督等专项报告。加强备案审查制度和能力建设，推进合宪性审查工作，坚决纠正违宪违法行为。

三是继续加强代表工作。健全代表工作各项制度，支持和保障代表依法履职，更好发挥代表作用。加强常委会同代表的联系，拓展代表参与常委会、专门委员会工作的广度和深度。密切代表同人民群众的联系，组织代表开展专题调研、集中视察等活动。认真审议代表议案和办理代表建议，切实提高审议和办理质量。精心制定代表学习计划，实现新一届全国人大代表任期内学习培训全覆盖。加强代表思想政治作风建设和履职管理监督。进一步加强对地方人大立法、监督、讨论决定重大事项等工作的指导。做好人大对外交往、新闻舆论、理论研究、常委会自身建设等工作。

我们相信，在以习近平同志为核心的党中央坚强领导下，在习近平新时代中国特色社会主义思想科学指引下，在全国各族人民大力支持下，新一届全国人大及其常委会一定能够不辱使命、不负重托，谱写新时代人大工作新篇章。

各位代表，伟大梦想鼓舞我们接续奋斗，伟大时代激励我们砥砺前行。让我们更加紧密地团结在以习近平同志为核心的党中央周围，高举中国特色社会主义伟大旗帜，深入学习贯彻习近平新时代中国特色社会主义思想，不忘初心、牢记使命，开拓创新、奋发进取，为决胜全面建成小康社会、夺取新时代中国特色社会主义伟大胜利、实现中华民族伟大复兴的中国梦不懈奋斗！

第十三届全国人民代表大会第一次会议关于最高人民法院工作报告的决议

（2018 年 3 月 20 日第十三届全国人民代表大会第一次会议通过）

第十三届全国人民代表大会第一次会议听取和审议了最高人民法院院长周强所作的工作报告。会议充分肯定最高人民法院过去五年的工作，同意报告提出的 2018 年工作建议，决定批准这个报告。

会议要求，最高人民法院要在以习近平同志为核心的党中央坚强领导下，高举中国特色社会主义伟大旗帜，以习近平新时代中国特色社会主义思想为指导，全面贯彻党的十九大和十九届一中、二中、三中全会精神，坚持和加强党的全面领导，坚持以人民为中心的发展思想，围绕统筹推进“五位一体”总体布局和协调推进“四个全面”战略布局，忠实履行宪法法律赋予的职责，深化司法体制改革，推进平安中国、法治中国建设，加强人民法院过硬队伍建设，充分发挥审判机关职能作用，维护国家政治安全，确保社会大局稳定，促进社会公平正义，保障人民安居乐业，为决胜全面建成小康社会、夺取新时代中国特色社会主义伟大胜利、实现中华民族伟大复兴的中国梦提供有力司法保障。

最高人民法院工作报告

——2018 年 3 月 9 日在第十三届全国人民代表大会第一次会议上

最高人民法院院长　周　强

各位代表：

我代表最高人民法院向大会报告工作，请予审议，并请全国政协各位委员提出意见。

过去五年的主要工作

党的十八大以来的五年，是党和国家事业取得历史性成就、发生历史性变革的五年，也是人民法院工作发生深刻变化、取得重大进展的五年。五年来，在以习近平同志为核心的党中央坚强领导下，最高人民法院坚持以习近平新时代中国特色社会主义思想为指导，全面贯彻落实党的十八大和十九大精神，在全国人民代表大会及其常委会有力监督下，认真落实十二届全国人大历次会议决议，忠实履行宪法法律赋予的职责，紧紧围绕“努力让人民群众在每一个司法案件中感受到公平正义”工作目标，坚持司法为民、公正司法，不断提高审判质量效率、队伍素质能力和司法公信力。2013 至 2017 年，最高人民法院受理案件 82383 件，审结 79692 件，分别比前五年上升 60.6% 和 58.8%，制定司法解释 119 件，发布指导性案例 80 件，加强对全国法院审判工作监督指导；地方各级人民法院受理案件 8896.7 万件，审结、执结 8598.4 万件，结案标的额 20.2 万亿元，同比分别上升 58.6%、55.6% 和 144.6%。通过发挥审判职能，为统筹推进“五位一体”总体布局和协调推进“四个全面”战略布局提供有力司法服务和保障，不断增强人民群众获得感、幸福感、安全感。

一、认真贯彻总体国家安全观，深入推进平安中国建设

各级法院依法惩治刑事犯罪，审结一审刑事案件 548.9 万件，判处罪犯 607 万人，努力保障社会安定有序、人民安居乐业。

严惩危害国家安全、暴力恐怖等犯罪。把维护国家政治安全特别是政权安全、制度安全放在第一位，加大反恐怖反分裂反邪教斗争力度，依法严惩煽动分裂国家、颠覆国家政权等犯罪，切实维护国家安全。会同有关部门出台办理暴力恐怖和宗教

极端刑事案件意见，依法严惩天安门“10·28”、昆明“3·01”等暴恐犯罪，维护社会大局稳定。

严惩贪污贿赂犯罪。坚持“打虎拍蝇”不放松，对腐败犯罪始终保持高压态势，健全职务犯罪案件审判机制，严厉打击和震慑腐败分子。会同最高人民检察院制定办理贪污贿赂案件司法解释，审结贪污贿赂等案件 19.5 万件 26.3 万人，其中，被告人原为省部级以上干部 101 人，厅局级干部 810 人。依法审理周永康、薄熙来、郭伯雄、令计划、苏荣等重大职务犯罪案件，在白恩培案中首次依法适用终身监禁，彰显党中央惩治腐败的坚强决心。依法惩治行贿犯罪，判处罪犯 1.3 万人。依法审理贪污扶贫款、农资补贴等犯罪案件，严惩发生在群众身边的涉农腐败。完善犯罪嫌疑人、被告人逃匿、死亡案件违法所得没收程序，依法审理任润厚等案件，决不让腐败分子在经济上得到好处。依法审理“红通1号”杨秀珠等案件，决不让腐败分子逃脱正义的审判。

严惩严重危害群众生命财产安全犯罪。制定办理盗窃、敲诈勒索、抢夺、抢劫等刑事案件司法解释，审结相关案件 131.5 万件，判处罪犯 153.8 万人。严厉打击黑恶势力犯罪，依法审结刘汉、刘维等 36 人组织、领导、参加黑社会性质组织等案件。严惩重大责任事故、危险驾驶等危害公共安全犯罪，审结相关案件 127.1 万件。积极参与禁毒斗争，审结毒品犯罪案件 57.1 万件。会同有关部门出台维护正常医疗秩序的意见，依法惩治暴力伤医犯罪，保护医务人员和患者合法权益，推动构建和谐医患关系。会同有关部门发布办理传销案件等意见，审结传销、非法经营等经济犯罪案件 28.2 万件，维护良好市场经济秩序。

严惩侵害妇女儿童权益犯罪。加大妇女儿童权益保护力度，会同有关部门出台指导意见，坚决惩治针对妇女儿童的暴力、虐待、性侵害行为，审结相关案件 13.1 万件。制定审理拐卖妇女儿童犯罪案件司法解释，对偷盗婴幼儿等行为依法从严惩处，审结拐卖妇女儿童犯罪案件 4685 件。会同教育部等出台防治校园欺凌的意见，积极开展送法进校园活动，推进平安校园建设。

严惩危害食品药品安全、污染环境犯罪。加大对危害食品药品安全犯罪惩治力度，各级法院审结相关案件 4.2 万件，努力保障人民群众生命健康权和“舌尖上的安全”。制定办理环境污染刑事案件司法解释，依法从严惩治污染环境犯罪，审结相关案件 8.8 万件。

严惩电信网络犯罪。会同有关部门出台办理网络犯罪案件的意见，依法惩治网上造谣、传播淫秽物品等犯罪，依法审理“快播”公司传播淫秽物品牟利等案件，净化网络空间，决不让网络成为法外之地。坚决打击电信网络诈骗犯罪，会同公安部等部门出台适用法律意见，审结徐玉玉被诈骗等案件 1.1 万件。出台办理侵犯公民个人信息案件司法解释，严惩泄露个人信息、非法买卖信息等犯罪行为，维护公民信息安全。

积极参与社会治安综合治理。坚持和发扬“枫桥经验”，大力推广陕西富县“群众说事、法官说法”、江西寻乌法院参与乡村治理等经验。针对审判中发现的新情况新问题，及时提出司法建议，促进社会风险防控。认真落实普法责任制，在审理于欢故意伤害案等社会关注案件中，加强以案释法，既体现法律尺度，又体现司法温度，实现法理情有机融合，让热点案件审判成为全民共享的法治公开课。

二、坚持严格公正司法，加强人权司法保障

坚决纠正和防范冤假错案。坚持实事求是、有错必纠，加强审判监督，以对法律负责、对人民负责、对历史负责的态度，对错案发现一起、纠正一起，再审改判刑事案件 6747 件，其中依法纠正呼格吉勒图案、聂树斌案等重大冤错案件 39 件 78 人，并依法予以国家赔偿，让正义最终得以实现，以纠正错案推动法治进步。深刻汲取教训，出台防范刑事冤假错案指导意见，落实罪刑法定、证据裁判、疑罪从无等原则，对 2943 名公诉案件被告人和 1931 名自诉案件被告人依法宣告无罪，确保无罪的人不受刑事追究、有罪的人受到公正惩罚。

完善人权司法保障措施。认真落实习近平主席特赦令和全国人大常委会决定，依法特赦罪犯 31527 人。落实公开审判、法庭辩论等诉讼制度，切实保障当事人各项诉讼权利。贯彻宽严相济刑事政策，确保该严则严、当宽则宽。严把死刑案件质量关，确保死刑只适用于极少数罪行极其严重的犯罪分子。联合司法部开展刑事案件律师辩护全覆盖试点，开展法律援助值班律师工作。加强涉未成年人案件审判，完善社会调查、轻罪记录封存等机制，积极开展回访帮教工作，未成年人犯罪案件数量连续 5 年下降，有力保护未成年人健康成长。出台加强司法救助意见，发放司法救助金 26.7 亿元，

帮助无法获得有效赔偿的受害人摆脱生活困境，加强权利救济，传递司法温暖。

规范减刑、假释、暂予监外执行工作。制定审理减刑假释案件司法解释，会同有关部门建成统一的减刑假释信息化办案平台，依法公开公正审理相关案件，让“暗箱操作”没有空间。对暂予监外执行罪犯进行全面核查，决定收监执行6470人，决不允许任何人享有法外特权，决不允许对任何人法外开恩。

三、深入贯彻新发展理念，服务保障经济社会持续健康发展

服务供给侧结构性改革。各级法院审结一审商事案件1643.8万件，同比上升53.9%。积极开展破产审判工作，开通全国企业破产重整案件信息网，出台“执行转破产”意见，健全市场主体救治和退出机制，依法稳妥处置“僵尸企业”，审结破产案件1.2万件，重庆钢铁、东北特钢等破产重整案取得良好效果。制定公司法司法解释，规范公司治理，加强股东权利保护。审结买卖合同案件410.6万件，促进公平交易。审结房地产纠纷案件132.1万件，促进房地产市场规范有序发展。

服务经济发展重大战略。出台为我国企业参与境外贸易、投资等提供司法保障16条措施，服务“一带一路”建设。北京、天津、河北法院建立协作机制，服务京津冀协同发展和雄安新区建设。辽宁、吉林、黑龙江法院围绕振兴东北老工业基地提供司法服务。天津、上海、福建、广东等法院围绕服务自贸试验区建设，依法公正高效审理相关案件。

依法防范化解金融风险。出台加强金融审判工作意见，审结借款、保险、证券等案件503万件，维护金融市场秩序。审结全国首例证券支持诉讼等案件，维护中小投资者合法权益。完善融资租赁案件法律适用规则，支持和保障金融服务实体经济。审结民间借贷案件705.9万件，规范民间融资行为。审结互联网金融案件15.2万件，促进互联网金融健康发展。严惩非法集资、内幕交易等金融犯罪，北京等法院审结“e租宝”非法集资案，山东法院审结徐翔等人操纵证券市场案，切实维护金融安全。

加强产权司法保护。产权是社会主义市场经济的基石。出台加强产权司法保护17条意见，依法审理各类涉产权案件，从严惩治损害企业家、创业者合法权益和强买强卖、敲诈勒索等违法犯罪行为，坚决纠正涉产权冤错案件，平等保护各类市场主体合法权益。妥善处理历史形成的产权案件，最高人民法院决定再审3起重大涉产权案件，其中直接提审张文中案、顾雏军案。发布7个保护产权典型案例。出台改善营商环境、平等保护非公有制经济等意见，制定保障企业家创新创业10条具体措施，发布10个平等保护非公有制经济典型案例，依法保护企业家人身自由和财产权利，着力营造保护企业家干事创业的法治环境。

服务创新驱动发展。发布中国知识产权司法保护纲要，充分发挥司法保护知识产权作用，各级法院审结一审知识产权案件68.3万件，促进大众创业、万众创新。探索在知识产权审判中适用惩罚性赔偿措施，着力解决侵权成本低、维权成本高等问题。依法审理“乔丹”商标争议行政纠纷、华为诉美国交互数字公司滥用市场支配地位等案件，维护公平竞争的市场环境。

服务美丽中国建设。出台为长江流域生态文明建设与绿色发展提供司法保障等意见，制定环境公益诉讼等司法解释，审结环境民事案件48.7万件，坚决维护生态环境安全。依法审理生态环境损害赔偿案件1.1万件、检察机关提起的环境公益诉讼案件1383件、社会组织提起的环境公益诉讼案件252件。江苏、浙江、贵州等法院探索实施环境修复司法举措，促进生态保护。宁夏法院审结腾格里沙漠环境污染公益诉讼系列案，责令8家企业投入5.69亿元修复受损生态环境。

服务全面开放新格局。审结涉外民商事案件7.5万件，平等保护中外当事人合法权益，越来越多的外国当事人协议选择中国法院解决纠纷。完善仲裁司法审查程序，支持仲裁在涉外纠纷化解中发挥更大作用。服务海洋强国战略，审结一审海事案件7.2万件，有力维护我国海洋安全和司法主权。依法审理“加百利”轮海难救助合同纠纷案，准确解释国际公约，促进完善海洋法治。加强国际司法交流与合作，办理国际司法协助案件1.5万件，举办中国—东盟大法官（南宁）论坛、中国—中东欧国家最高法院院长（苏州）会议、丝绸之路司法合作（敦煌）论坛等国际司法会议，讲好中国法治故事，传播中国法治声音。

四、坚持以人民为中心的发展思想，努力满足人民群众日益增长的多元司法需求

妥善审理涉民生案件。各级法院审结一审民

事案件 3139.7 万件,同比上升 54.1%。制定关于劳动争议、食品药品纠纷、消费者权益保护等司法解释,审结相关案件 232.5 万件。明确工伤认定标准,保障劳动者合法权益。海南、云南、陕西等法院设立旅游法庭,就地化解旅游纠纷。推广河南、湖南、四川等法院破解农民工讨薪难经验,依法惩处恶意欠薪行为,为农民工追回"血汗钱"294.4 亿元。妥善审理涉及承包地"三权分置"、征地补偿等案件 126.1 万件,促进农村改革发展。妥善审理涉及扶贫、贫困地区产业发展等案件,促进精准扶贫、精准脱贫。

维护婚姻家庭和谐稳定。家庭是社会的细胞,家和万事兴。最高人民法院会同全国妇联等 14 个单位建立家事审判改革联席会议制度,在山西、江苏、贵州、新疆等地 118 个法院开展家事审判方式改革试点,探索建立家事案件冷静期、心理测评服务等制度。依法为老年人追索赡养费,审结相关案件 12.6 万件。制定审理夫妻债务纠纷司法解释,明确夫妻共同债务认定标准,平等保护各方当事人合法权益。全面实施反家庭暴力法,发出人身安全保护令 2154 份,在施暴者和受害者之间筑起"隔离墙",切实维护妇女、儿童、老年人、残疾人的人身安全和人格尊严。审结婚姻家庭案件 854.6 万件,有效化解婚姻家庭纠纷,维护中华民族重视家庭的优良传统,让家庭成为人生的幸福港湾。

妥善化解行政争议。各级法院审结一审行政案件 91.3 万件,同比上升 46.2%,支持、监督行政机关依法履职。通过司法审查支持"放管服"改革,服务法治政府建设。妥善审理征地拆迁等案件,支持城中村、棚户区改造,维护被拆迁人合法权益。配合推进行政机关负责人出庭应诉等工作,坚持依法裁判和协调化解并重,促进行政争议实质性解决。

努力方便群众诉讼。推广安徽合肥"互联网+诉讼服务"经验,全国 86% 的法院建立信息化诉讼服务大厅,为当事人提供线上线下、方便快捷的"一站式"诉讼服务。开发"智慧法院导航系统",实现诉讼服务精准化,让数据多跑路,让群众少跑腿。内蒙古、云南、西藏、青海等法院推广"车载法庭",湖北、重庆、甘肃等法院在山区推广"背包法庭",新疆和兵团法院深入农牧区开展巡回审判,广大法官深入田间地头、草场林区,就地化解纠纷,让司法更加便利人民、贴近群众。制定保障律师执业权利的规定,建立律师服务平台,方便律师参与诉讼。充分运用全国法院远程视频接访系统和网上申诉信访平台,方便群众依法表达诉求。为当事人减免诉讼费 19.9 亿元,会同司法行政机关加强法律援助,确保生活困难的群众打得起官司。

保护港澳台同胞、海外侨胞和归侨侨眷合法权益。审结涉港澳台、涉侨案件 8.1 万件,办理涉港澳台司法协助互助案件 5.8 万件。签署内地与香港相互认可和执行婚姻家庭民事判决等两个安排,拓宽司法协助范围。出台办理接收在台湾地区服刑大陆居民回大陆服刑案件规定等 4 个司法解释和文件,推进两岸司法互助。

加强涉军维权工作。出台维护国防利益和军人军属合法权益意见,推广涉军维权"汤阴经验""信阳模式""鄂豫皖模式",军事法院和地方法院审理破坏军事设施、破坏军婚等案件 6491 件,妥善审理有关解放军和武警部队全面停止有偿服务等案件,服务国防和军队改革与建设,促进军政军民团结。

大力弘扬社会主义核心价值观。与中央宣传部联合开展"用公开促公正,建设核心价值"主题教育活动,在审判工作中培育和践行社会主义核心价值观,充分发挥司法的教育、评价、指引、规范功能。出台医疗损害责任纠纷司法解释,明确医院实施紧急救治免责的具体情形,为医生救死扶伤提供司法保障。依法审理侵犯"狼牙山五壮士"名誉权系列案件,坚决维护英雄形象。依法审理"医生电梯内劝阻吸烟案""朱振彪追赶交通肇事逃逸者案",让维护法律和公共利益的行为受到鼓励,让违反法律和社会公德的行为受到惩戒,让见义勇为者敢为,以公正裁判树立行为规则,引领社会风尚。

五、攻坚克难,"基本解决执行难"取得重大进展

各级法院加大执行工作力度,着力破解执行难,受理执行案件 2224.6 万件,执结 2100 万件,执行到位金额 7 万亿元,同比分别上升 82.4%、74.4% 和 164.1%。

推动形成综合治理执行难工作格局。2016 年 3 月,在全国法院部署"用两到三年时间基本解决执行难",制定工作纲要和实施方案,明确时间表、路线图。地方各级党政机关高度重视执行工作,普遍将解决执行难纳入法治建设重点工作,有效形成解决执行难工作合力。在北京、河南等地多部门共同参与下,北京法院顺利执结全国首例万吨粮食异地执行案。

有效破解查人找物和财产变现难题。与公安部、银监会等 10 多个单位建立网络执行查控系统,通过信息化、网络化、自动化手段查控被执行人及

其财产，共查询案件3910万件次，冻结款项2020.7亿元，极大提高了执行效率。建立全国统一的网络司法拍卖平台，2017年3月上线以来，共进行网络拍卖36.9万次，成交额2545.3亿元，溢价率52%，为当事人节省佣金78亿元，在高风险的司法拍卖领域实现违纪违法零投诉。

不断健全执行管理体制机制。在浙江、广东、广西等地开展审判权和执行权相分离改革试点。建立执行指挥中心，推行执行案件全程信息化管理，四级法院执行指挥体系基本建成，执行管理模式发生重大变革。制定财产保全等15个司法解释和规范执行行为"十个严禁"等33个指导性文件，对群众反映强烈的案件挂牌督办，切实解决消极执行、选择性执行等问题。

强力实施联合信用惩戒。认真落实中央深改组部署，完善失信被执行人信用监督、警示和惩戒机制，建立失信被执行人名单制度，联合国家发改委等60多个单位构建信用惩戒网络，形成多部门、多行业、多手段共同发力的信用惩戒体系。创新工作机制，江西法院建立"法媒银·失信被执行人曝光台"，河北、山西、内蒙古、青海等地法院开展专项行动，有效执结大量案件。全国法院累计公开失信被执行人信息996.1万人次，限制1014.8万人次购买机票，限制391.2万人次乘坐动车和高铁，221.5万人慑于信用惩戒主动履行义务；加大对抗拒执行行为惩治力度，以拒不执行判决裁定罪判处罪犯9824人，"一处失信、处处受限"的信用惩戒格局初步形成，有力促进了社会诚信体系建设。

六、深化司法体制改革，促进审判体系和审判能力现代化

坚决落实党中央决策部署，由最高人民法院牵头的18项改革任务已经完成，全面深化人民法院改革意见提出的65项改革举措全面推开，做成了想了很多年、讲了很多年但没有做成的改革，人民法院司法改革取得重要阶段性成效。

深化法院组织体系改革。按照党中央部署，最高人民法院设立6个巡回法庭。2017年，巡回法庭共审结案件1.2万件，占最高人民法院办案总数的47%，实现最高审判机关重心下移，被群众称为"家门口的最高人民法院"。发挥巡回法庭贴近基层一线、就近化解纠纷的优势，共接待群众来访4.6万人次，最高人民法院本部接待来访总量下降33.2%，助力维护首都社会稳定。推进跨行政区划法院建设，着力解决诉讼"主客场"问题。设立北京、上海、广州知识产权法院和天津、南京、武汉等15个知识产权法庭，有效提升知识产权专业化审判水平。

全面实施立案登记制改革。从2015年5月1日起全面实行立案登记制，变审查立案为登记立案，对依法应当受理的案件，做到有案必立、有诉必理，当场登记立案率超过95%。加强监督，杜绝有案不立、拖延立案问题。依法制裁虚假诉讼，维护正常诉讼秩序。在福建、宁夏等法院开展跨域立案试点，构建当场立案、网上立案、自助立案、跨域立案相结合的立案新格局，让长期以来老百姓反映强烈的"告状难"问题真正成为历史。

全面推进司法责任制等基础性改革。全国法院从211990名法官中遴选产生120138名员额法官，其中最高人民法院遴选产生367名员额法官。积极开展法官助理、书记员职务序列改革，充实审判辅助力量，实现85%以上人员向办案一线集中。完善法官、合议庭办案责任制，改革审判权力运行机制，实现"让审理者裁判，由裁判者负责"，法官对办案质量终身负责，充分激发广大法官的工作积极性和责任感。坚持放权与监督相结合，构建全员全过程的监督管理机制。完善司法人员依法履职保障机制。推进人财物省级统管改革，着力构建新型司法管理体制。

积极推进以审判为中心的刑事诉讼制度改革。会同有关部门出台改革意见，在全国法院试行庭前会议、排除非法证据、法庭调查三项规程，完善刑事诉讼制度。推广浙江温州、四川成都等地经验，推进庭审实质化，完善侦查人员、鉴定人、证人出庭作证机制，依法保障律师阅卷、质证、辩论辩护等权利，发挥庭审在查明事实、认定证据、保护诉权、公正裁判中的决定性作用。上海、贵州高院制定常见犯罪证据标准指引，促进提高刑事案件办案质量。

推进矛盾纠纷多元化解和案件繁简分流。推广四川"眉山经验"、山东"潍坊经验"、安徽"马鞍山经验"，强化诉调对接，充分发挥人民调解作用，引导当事人选择调解、仲裁等方式化解矛盾。联合司法部开展律师调解试点，完善律师调解制度。坚持合法自愿原则，各级法院通过调解方式处理案件1396.1万件。建立全国法院在线调解平台，及时便捷化解纠纷。出台繁简分流指导意见，全国基层法院适用简易程序和小额诉讼程序审结案件3241.6万件。积极推进要素式庭审、令状式文书、示范性诉讼等机制创新，切实提高司法效率。根据全国人大常委会授权，在沈阳、长沙、西安等18个地区开展

刑事速裁和认罪认罚从宽制度改革试点，缩短办案周期，让正义的实现进一步提速。

推进人民陪审员制度改革。根据全国人大常委会授权，在黑龙江、广西、重庆等地50个法院实行人民陪审员制度改革试点，提高陪审员的广泛性和代表性，让人民参与司法、监督司法。完善陪审员参审机制，全国陪审员共参审案件1295.7万件。

七、深入推进智慧法院建设，开放动态透明便民的阳光司法机制基本形成

司法公开取得重大进展。坚持以公开为原则、以不公开为例外，将司法公开覆盖法院工作各领域、各环节。开通审判流程、庭审活动、裁判文书、执行信息四大公开平台，在满足当事人知情权、参与权的同时，自觉接受监督，倒逼法官提升司法能力，让人民群众以看得见的方式感受公平正义，在国内外产生广泛影响。截至今年2月底，中国庭审公开网直播庭审64.6万件，观看量48.5亿人次；中国裁判文书网公开文书4278.3万份，访问量133.4亿人次，用户覆盖210多个国家和地区，成为全球最大的裁判文书资源库。加强网站、微博、微信、客户端等新媒体建设，主动公开司法信息，让司法公正看得见、能评价、受监督。

信息化建设实现跨越发展。大力实施"天平工程"，以网络化、阳光化、智能化为特征的智慧法院初步形成，实现全业务网上办理、全流程依法公开和智能化服务。全国3525个法院和10759个人民法庭全部接入专网，实现"一张网"办公办案，全程留痕，全程接受监督。通过电子诉讼、12368诉讼服务热线等信息化手段，减少群众出行，节约诉讼成本，促进节能减排。

大数据应用持续推进。建成人民法院大数据管理和服务平台，实时汇集全国法院审判执行数据信息，为法官和群众提供智能服务，为党委和政府决策提供科学参考。推进审判领域人工智能研发，"法信""数字图书馆""庭审语音识别"等智能辅助办案平台上线应用，为法官提供类案参照、文书纠错等服务。推进电子卷宗随案生成，提供电子卷宗网上调阅服务。在吉林、浙江、海南等14个省市开展道路交通事故损害赔偿纠纷"网上数据一体化处理"改革试点，实现多部门一网办案，纠纷解决更加便捷。在浙江杭州设立全球首家互联网法院，实现线上证据在线提取、线上纠纷快速审理，探索涉互联网案件审理新模式。

八、坚持全面从严治党、从严治院，建设忠诚干净担当的人民法院队伍

以习近平总书记提出的"五个过硬"要求为目标，大力加强人民法院队伍建设，切实提升正规化、专业化、职业化水平。

加强政治建设。坚决维护以习近平同志为核心的党中央权威和集中统一领导，严守政治纪律和政治规矩，坚决做到维护核心、绝对忠诚、听党指挥、勇于担当。扎实开展党的群众路线教育实践活动、"三严三实"专题教育，推进"两学一做"学习教育常态化制度化，牢固树立"四个意识"，切实增强"四个自信"。加强人民法院党的建设，严肃党内政治生活，以党建带队建促审判。认真接受中央巡视，狠抓整改落实。认真贯彻习近平总书记重要指示精神，深入开展向邹碧华同志学习活动，涌现出以黄志丽、刘黎、郭兴利、方金刚等为代表的一大批先进典型。各级法院共有1777个集体、2739名个人受到中央有关部门表彰奖励。面对繁重的工作任务，广大干警不辞辛劳，无私奉献，85名法官积劳成疾或遭受暴力伤害因公牺牲，他们是共和国审判事业的忠诚卫士，他们用奉献诠释了为民情怀，用生命捍卫了公平正义。

加强司法能力建设。坚持需求导向加强教育培训，各级法院共培训干警241.6万人次。着力培养高层次审判人才，评选209名"全国审判业务专家"。通过西藏拉萨、甘肃舟曲等培训基地，培养双语法官，为少数民族群众诉讼提供更多便利。建立挂职学者、法律研修学者、法律实习生制度，推动完善法治人才培养机制。夯实基层基础，强化经费保障，基层工作条件明显改善。加大对西藏、新疆及四川、云南、甘肃、青海四省藏区法院援助力度。加强对基层法院工作监督指导，帮助基层提高审判质效。

以零容忍态度坚决惩治司法腐败。落实全面从严治党"两个责任"，认真贯彻中央八项规定及实施细则精神，各级法院查处违反中央八项规定精神的干警1011人，对1762名履职不力的法院领导干部严肃问责。严格执行司法巡查、审务督察、防止干预过问案件"两个规定"等制度，持续改进司法作风，严防"四风"问题反弹回潮。加强警示教育，从奚晓明等违纪违法案件中深刻汲取教训。坚持反腐败无禁区、全覆盖、零容忍，最高人民法院查处本院违纪违法干警53人，各级法院查处利用审判执行

权违纪违法干警3338人，其中移送司法机关处理531人。

九、自觉接受监督，不断改进人民法院工作

自觉接受人大监督。最高人民法院认真落实十二届全国人大历次会议上代表提出的意见建议，加强督查督办。向全国人大常委会专题报告全面深化司法改革、深化司法公开、规范司法行为等情况，根据审议意见改进工作。办理代表建议1381件，在加强环境资源审判、维护和谐劳动关系、维护食品药品安全等方面充分采纳代表意见，促进公正司法。邀请全国人大代表视察人民法院87批次，通过旁听庭审、召开座谈会等方式听取代表意见4530人次，不断拓宽监督渠道。

认真接受民主监督。坚持社会主义协商民主，自觉接受人民政协和民主党派、工商联、无党派人士民主监督，积极参加全国政协专题协商等活动，广泛凝聚共识。走访接待全国政协委员620人次，办理政协提案539件，及时采纳各方面提出的意见。

依法接受检察机关诉讼监督。会同最高人民检察院制定死刑复核、民事执行等方面法律监督规定，依法审理检察机关提起的抗诉案件，认真对待检察建议，共同维护司法公正。

广泛接受社会监督。开展特约监督员、特邀咨询员调研座谈、列席审委会等活动360次。通过“院长信箱”等平台，畅通民意沟通渠道。召开新闻发布会117场，主动接受舆论监督。

各位代表，五年来人民法院工作的发展进步，得益于以习近平同志为核心的党中央坚定推进全面依法治国战略部署，得益于党和国家事业取得历史性成就、发生历史性变革的大环境，充分证明中国特色社会主义司法制度具有巨大优越性，中国特色社会主义法治道路越走越宽广，法治中国前景无限光明。这些成绩的取得，根本在于以习近平同志为核心的党中央坚强领导，根本在于习近平新时代中国特色社会主义思想的科学指引，根本在于习近平总书记作为党中央核心和全党核心的掌舵领航。五年来成绩的取得，是全国人大及其常委会有力监督，国务院大力支持，全国政协、各民主党派、工商联、人民团体、无党派人士民主监督，地方各级党政机关、社会各界、全国人大代表、全国政协委员和广大人民群众关心支持帮助的结果。在此，我代表最高人民法院表示衷心的感谢！

我们清醒认识到，人民法院工作还存在不少问题和困难：一是司法理念、司法能力、工作机制等与新时代形势发展和人民群众需求相比还有不小差距。二是司法体制改革仍需进一步深化，一些关联度高、相互配套的改革举措推进不同步，改革的系统性、整体性、协同性有待进一步增强。三是基层基础建设还存在薄弱环节，有的法院队伍断层、人才流失问题较为突出，基层司法能力有待进一步提升，最高人民法院对下监督指导机制还需完善。四是内部监督机制尚待进一步健全，司法作风不正、司法行为不规范问题仍然存在，反腐败斗争形势依然严峻复杂，有的法官徇私枉法、以案谋私，严重损害司法公正。五是人民法院受理案件数量呈逐年攀升态势，一些法院办案压力巨大，有的法官长年超负荷工作，身心状况堪忧。六是司法人员履职保障还需加强，司法环境有待进一步改善。对这些问题和困难，我们将通过深化改革，努力加以解决。

2018年工作建议

2018年，人民法院将坚持以习近平新时代中国特色社会主义思想为指导，坚持党的领导、人民当家作主、依法治国有机统一，坚定不移走中国特色社会主义法治道路，深入贯彻落实党的十九大和十九届一中、二中、三中全会以及中央政法工作会议精神，紧紧围绕统筹推进“五位一体”总体布局和协调推进“四个全面”战略布局，紧紧围绕“努力让人民群众在每一个司法案件中感受到公平正义”工作目标，认真落实本次大会决议，认真学习宣传贯彻宪法修正案，切实履行宪法法律赋予的职责，为经济社会持续健康发展提供有力司法服务和保障。

一是深入学习贯彻习近平新时代中国特色社会主义思想。在全国法院开展全员轮训，持续深入学习党的十九大精神，在学懂弄通做实上下功夫。坚持以习近平新时代中国特色社会主义思想武装头脑、指导实践、推动工作，切实增强“四个意识”，不断坚定“四个自信”，坚决维护以习近平同志为核心的党中央权威和集中统一领导。准确把握新时代中国特色社会主义的新要求，紧密联系实际，狠抓工作落实，确保党中央决策部署在人民法院得到不折不扣贯彻执行。

二是依法惩治犯罪，全力维护国家安全和社会稳定。严厉打击渗透颠覆破坏、暴力恐怖、民族分裂等犯罪活动，依法开展扫黑除恶专项斗争，依法严惩黑恶势力、涉枪涉爆、黄赌毒、传销、拐卖妇女

儿童、电信网络诈骗等犯罪，维护国家长治久安。依法惩治职务犯罪，严惩发生在群众身边的腐败犯罪。认真贯彻国家监察法，推动司法审判与国家监察有机衔接。依法惩治集资诈骗、非法吸收公众存款等涉众型犯罪，维护良好社会秩序。

三是依法审理经济领域各类案件，为经济高质量发展营造良好法治环境。围绕服务供给侧结构性改革和防范化解重大风险、精准脱贫、污染防治三大攻坚战，完善司法政策，依法审理破产重整、金融纠纷、股权纠纷等案件，服务现代化经济体系建设。加大产权司法保护力度，依法保护诚实守信、公平竞争，坚决防止将经济纠纷当作犯罪处理，坚决防止将民事责任变为刑事责任，让企业家专心创业、放心投资、安心经营，让财产更加安全，让权利更有保障。认真落实中央深改组通过的《关于加强知识产权审判领域改革创新若干问题的意见》，完善知识产权诉讼制度，优化科技创新及科技成果转化法治环境。完善环境资源审判机制，促进绿色发展。认真落实中央深改组通过的《关于建立“一带一路”争端解决机制和机构的意见》，加强涉外商事、海事和知识产权审判，设立最高人民法院国际商事审判庭，推进“一带一路”多元化纠纷解决机制建设。加强涉港澳台、涉侨案件审判，积极办理司法协助互助案件。保障区域协调发展战略实施，支持革命老区、民族地区、边疆地区、贫困地区发展，服务雄安新区、自贸试验区、自主创新示范区、粤港澳大湾区建设。

四是坚持司法为民，切实维护人民群众合法权益。积极适应社会主要矛盾新变化，不断提高司法服务保障水平，更好满足人民日益增长的美好生活需要。依法审理涉及教育、就业、医疗、消费、婚姻、养老等案件，加大依法治理欠薪问题力度，促进保障和改善民生。严惩危害食品药品安全犯罪，严格追究违法生产经营者责任。依法审理各类涉农纠纷，充分发挥人民法庭在乡村治理中的作用，服务乡村振兴战略实施。依法审理行政案件，有效化解行政争议。推广一些法院设立涉军维权法庭的做法，依法审理涉军案件，为解放军和武警部队全面停止有偿服务提供司法保障，切实维护国防安全和军人军属合法权益，服务和支持军队改革与建设。坚持和发展“枫桥经验”，完善矛盾纠纷多元化解机制，为人民群众提供线上与线下结合、诉讼与调解对接的司法服务。尊重和保障律师依法履职，共同促进公正司法。积极开展以案释法，大力弘扬社会主义核心价值观。今年是“基本解决执行难”的决战之年，任务十分繁重，人民法院将全力以赴，整体联动，不畏艰难险阻，确保如期实现“基本解决执行难”目标，坚决攻克执行难这一妨碍公平正义、损害人民权益的顽瘴痼疾。

五是深化司法体制改革，完善中国特色社会主义司法制度。坚定不移维护宪法法律权威，落实宪法宣誓制度，坚决同一切违反宪法的行为作斗争。深化司法体制综合配套改革，及时推广上海等先行改革试点地区经验，不断增强改革的系统性、整体性、协同性。全面落实司法责任制，完善违法审判责任认定和追究机制。加快推进以审判为中心的刑事诉讼制度改革。深化认罪认罚从宽制度改革试点。坚持严格公正司法，确保依法独立公正行使审判权。人民法院改革已进入全面配套和纵深推进阶段，我们将不惧困难和挑战，坚持改革不停步，不断释放改革红利，让人民群众对公平正义有更多获得感。

六是持续深化司法公开，加快建设智慧法院。扩大庭审直播、文书上网、审判流程及各类司法信息公开范围，全面拓展司法公开的广度和深度。加强信息化、人工智能与法院工作的深度融合，完善智能审判支持、庭审语音识别、电子卷宗随案生成等智能辅助办案系统。建设世界一流的司法大数据研究院，深度运用审判信息，促进社会治理。将社会主义司法体制优越性与现代科技紧密结合起来，努力创造更高水平的社会主义司法文明。

七是建设过硬队伍，确保公正廉洁司法。始终把政治建设摆在首要位置，扎实开展“不忘初心、牢记使命”主题教育，推动全面从严治党、从严治院向纵深发展。加大教育培训力度，加强法律适用研究，切实提高司法能力。加强基层建设，关心关爱干警，保护法官依法履行法定职责，进一步提升基层司法水平。自觉接受人大监督、民主监督、检察机关诉讼监督和社会监督。坚持反腐败无禁区，以零容忍态度坚决惩治司法腐败，营造风清气正的司法环境。

各位代表，新时代要有新气象新作为。我们要更加紧密团结在以习近平同志为核心的党中央周围，坚持以马克思列宁主义、毛泽东思想、邓小平理论、“三个代表”重要思想、科学发展观、习近平新时代中国特色社会主义思想为指导，坚定不移走中国特色社会主义法治道路，不忘初心、牢记使命，开拓进取、扎实工作，为决胜全面建成小康社会、夺取新时代中国特色社会主义伟大胜利、实现中华民族伟大复兴的中国梦作出新的更大贡献！

第十三届全国人民代表大会第一次会议关于最高人民检察院工作报告的决议

（2018年3月20日第十三届全国人民代表大会第一次会议通过）

第十三届全国人民代表大会第一次会议听取和审议了最高人民检察院检察长曹建明所作的工作报告。会议充分肯定最高人民检察院过去五年的工作，同意报告提出的2018年工作建议，决定批准这个报告。

会议要求，最高人民检察院要在以习近平同志为核心的党中央坚强领导下，高举中国特色社会主义伟大旗帜，以习近平新时代中国特色社会主义思想为指导，全面贯彻党的十九大和十九届一中、二中、三中全会精神，坚持和加强党的全面领导，坚持以人民为中心的发展思想，围绕统筹推进"五位一体"总体布局和协调推进"四个全面"战略布局，忠实履行宪法法律赋予的职责，深化司法体制改革，推进平安中国、法治中国建设，加强人民检察院过硬队伍建设，充分发挥检察机关职能作用，维护国家政治安全，确保社会大局稳定，促进社会公平正义，保障人民安居乐业，为决胜全面建成小康社会、夺取新时代中国特色社会主义伟大胜利、实现中华民族伟大复兴的中国梦提供有力司法保障。

最高人民检察院工作报告

——2018年3月9日在第十三届全国人民代表大会第一次会议上

最高人民检察院检察长　曹建明

各位代表：

现在，我代表最高人民检察院，向大会报告工作，请予审议，并请全国政协各位委员提出意见。

过去五年工作回顾

过去的五年，是党和国家发展进程中极不平凡的五年，也是全面依法治国取得历史性成就的五年。以习近平同志为核心的党中央高度重视检察工作，习近平总书记多次作出重要指示，中央政治局常委会连续4年听取最高人民检察院党组工作汇报，党中央作出一系列重大决策部署，为检察工作指明了前进方向。在以习近平同志为核心的党中央坚强领导下，在全国人大及其常委会有力监督下，全国检察机关全面贯彻党的十八大和十九大精神，以习近平新时代中国特色社会主义思想为指导，认真落实十二届全国人大历次会议决议，紧紧围绕统筹推进"五位一体"总体布局和协调推进"四个全面"战略布局，忠实履行宪法法律赋予的法律监督职责，司法为民、公正司法扎实推进，司法质量、效率和公信力明显提升，人民检察事业取得长足发展。

一、推进平安中国建设，确保国家长治久安、人民安居乐业

我们牢固树立总体国家安全观，依法履行批准逮捕、提起公诉等职责，维护国家安全和社会稳定作用更加彰显。2013年至2017年，全国检察机关共批捕各类刑事犯罪嫌疑人453.1万人，较前五年下降3.4%；起诉717.3万人，较前五年上升19.2%。

坚决维护国家安全。深入开展反分裂反渗透反间谍反邪教斗争，坚决维护国家政治安全特别是政权安全、制度安全。积极投入严厉打击暴恐活动专项行动，从最高人民检察院和浙江、山东、广东等地检察机关多次选派骨干力量赴反恐一线指导、参与办案，北京、云南、新疆等地检察机关依法批捕起诉天安门"10·28"、昆明"3·01"、莎车"7·28"等一批重大暴恐案件。

切实保护公民人身权、财产权、人格权。共起诉故意杀人、绑架、放火等严重暴力犯罪40.5万人,甘肃、浙江等地检察机关依法批捕起诉甘蒙"8·05"系列强奸杀人案、蓝色钱江保姆纵火案等重大恶性案件犯罪嫌疑人。深入推进扫黑除恶、缉枪治爆、禁毒扫黄等专项斗争,起诉刘汉、刘维等为非作歹、欺压百姓的黑社会性质组织犯罪8932人,立案侦查为黑恶势力充当"保护伞"的国家工作人员333人。坚决惩治抢劫、抢夺、盗窃等多发性侵财犯罪,起诉172.4万人。同步介入天津港特别重大火灾爆炸事故等安全生产事故调查,起诉重大责任事故、危险物品肇事等犯罪1.4万人,查处事故背后失职渎职等职务犯罪4368人,较前5年分别上升10.4%和80.1%。起诉侮辱、诽谤、诬告陷害等犯罪1472人,依法保护公民人格尊严。

突出惩治电信网络诈骗犯罪。2016年与公安部、工信部、人民银行等共同发布通告,与公安部共同挂牌督办徐玉玉被诈骗案等62起重大案件,两年来共起诉电信网络诈骗犯罪5.1万人。加强境外司法合作,广东、北京、江苏检察机关提前介入侦查,及时批捕起诉崔培明等130人、张凯闵等85人、邱上岂等61人特大跨境电信网络诈骗案。

坚决惩治涉医犯罪。2013年温岭杀医案发生后,立即部署打击涉医违法犯罪专项行动。2014年起又连续3年与公安部、国家卫生计生委等共同发布意见,坚决惩处涉医犯罪、维护医疗秩序,推进构建和谐医患关系。对暴力伤医案快速反应、挂牌督办。2016年以来共起诉故意伤害医务人员、在医院聚众滋事等犯罪7816人,天津、江苏、黑龙江等地检察机关依法批捕起诉苏英明、赵连生、齐洪生等暴力伤医案。

推进平安校园建设。针对严重危害学生身心健康的欺凌和暴力问题,与中央综治办等共同发布指导意见,推进综合治理,保障校园安全。2016年以来共起诉侵害在校学生的暴力犯罪1万余人。依法惩治"校园贷"涉及的诈骗、敲诈勒索等犯罪。与教育部联合部署"法治进校园"全国巡讲,重庆"莎姐"、武汉"秦雨"、泸州"纳爱"、慈溪"花季关护"、南阳"冬云"等大批优秀检察官团队走进中小学开展法治教育,已巡讲4万余场。

深入推进检察环节社会治安综合治理。突出惩治"村霸"和宗族恶势力犯罪,积极推进乡村治理。突出惩治网络造谣、网络贩枪、网络黄赌毒、侵犯公民个人信息等犯罪,北京、江苏等地检察机关依法起诉"快播"案、"名流汇"网络直播平台聚众吸毒案等案件,促进网络空间治理、维护网络安全。开展核查纠正监外执行罪犯脱管漏管专项检察,对严重违反监管规定或监外执行条件消失的,监督收监执行1.5万人。全面开展检察法律文书释法说理、检察官以案释法,加强典型案件发布和法治宣传。积极推进信访法治化建设,建立律师参与化解和代理涉法涉诉信访案件制度,保障合法合理诉求依照法律规定和程序得到合法合理的结果。

二、坚定不移贯彻新发展理念,服务大局保障民生

我们围绕党和国家工作大局履职尽责,先后制定实施服务全面深化改革、服务经济发展新常态、促进科技创新、保障健康中国建设等11个司法政策指导意见,服务保障经济社会发展能力进一步提升。

主动融入国家重大战略实施,优化营商环境。北京、天津、河北检察机关建立协作机制,服务京津冀协同发展和雄安新区建设。上海等11个自贸试验区所在地检察机关建立一体化协作机制,打造中国特色"自贸检察"。辽宁、吉林、黑龙江检察机关围绕为供给侧结构性改革、国有企业改革发展提供有力司法保障,细化服务东北振兴司法举措。湖北、湖南、江西检察机关加强区域联动,服务长江中游城市群建设。

坚决防范和化解经济金融风险。积极投入互联网金融风险专项整治,起诉破坏金融管理秩序、金融诈骗犯罪14.4万人,是前5年的2.2倍。突出惩治非法吸收公众存款、集资诈骗、传销等涉众型经济犯罪,起诉8.2万人,北京、上海、湖南等地检察机关依法妥善办理"e租宝"、"中晋系"、"善心汇"等重大案件;严厉打击证券期货领域犯罪,广东、山东、上海等地检察机关依法办理马乐案、徐翔案、伊世顿公司操纵期货市场案等重大案件,坚决维护经济金融安全。

加强企业平等保护和产权司法保护。在司法办案中重视完善公有制与非公有制经济平等保护的司法政策,坚持严格规范公正文明司法,坚持"三个慎重"、区分"五个界限",最大限度减少对企业正常生产经营的影响。2016年制定保障和促进非公有制经济健康发展意见,推广湖北"鄂检十条"、湖南"除虫护花"、安徽"问需解难"和福建泉州"亲清护企"等经验,严惩侵犯非公有制企业和非公有制经济人士合法权益犯罪,推动构建亲清新型政商关系。2017年先后发布加强产权司法保护、依法保护

企业家合法权益等政策文件,明确要求对企业因经营不规范引发的问题,严格遵循法不溯及既往、罪刑法定、从旧兼从轻等原则,已过追诉时效的不再追究,罪与非罪不清的按无罪处理。专项部署涉产权刑事申诉案件清理,对赛格集团申诉案等21件案件依法甄别纠正。最高人民检察院成立张文中案、顾雏军案专门办案组,与最高人民法院同步审查,依法提出检察意见。

优化科技创新法治环境。坚持保护知识产权就是保护创新的理念,强化知识产权司法保护,广东、四川、宁夏等30个省区市建成打击侵权假冒执法司法信息共享平台,起诉制售伪劣商品、侵犯知识产权犯罪12万余人,是前五年的2.1倍。连续五年发布保护知识产权年度十大案例,突出打击重点。深入研究科技创新领域新情况,严格区分合法兼职获利、股权分红、科技成果转化收益与利用职权索贿受贿、挪用公款,一般违纪违法与犯罪等界限,尊重和保护社会创造力及发展活力。

加大生态环境司法保护力度,守护绿水青山蓝天。连续4年开展专项立案监督,坚决惩治污染大气、水源、土壤以及进口“洋垃圾”、非法占用耕地、破坏性采矿、盗伐滥伐林木等破坏环境资源犯罪,起诉13.7万人,较前五年上升59.3%。现场督办腾格里沙漠排污案、祁连山破坏环境资源案。与环保部、公安部共同推动环保领域行政执法与刑事司法衔接,挂牌督办垃圾跨省倾倒太湖西山案、静海坑塘污染案等64起重大案件。办理生态环境领域公益诉讼1.3万件,督促5972家企业整改,督促恢复被污染、破坏的耕地、林地、湿地、草原总面积14.3万公顷,索赔治理环境、修复生态等费用4.7亿元。福建、江西、贵州检察机关持续开展专项监督,服务国家生态文明试验区建设。吉林、甘肃、青海、陕西检察机关分别部署长白山、祁连山、三江源、秦岭生态环境保护专项工作。

保障舌尖上的安全。2014年11月牵头制定办理危害药品安全刑事案件的司法解释,2015年12月与食品药品监管总局、公安部等共同制定食品药品行政执法与刑事司法衔接工作办法,从严惩治危害食品药品安全犯罪,从严惩治“黑作坊”、“黑工厂”、“黑市场”,紧盯问题奶粉、地沟油、病死猪肉、非法疫苗等人民群众反映强烈的突出问题,连续4年开展专项立案监督,挂牌督办庞红卫等人非法经营疫苗系列案等986起重大案件;办理食品药品领域公益诉讼731件;起诉制售假药劣药、有毒有害和不符合安全标准的食品等犯罪6.3万人,是前五年的5.7倍。

坚决惩治恶意欠薪。起诉拒不支付劳动报酬犯罪7957人,支持农民工起诉9176件。2017年12月部署农民工讨薪问题专项监督,至春节前,检察机关共支持5566名农民工提起诉讼,帮助追回劳动报酬4605万余元;同时向有关部门发出检察建议370份,督促依法履行职责,帮助2万余名农民工追索被拖欠的劳动报酬3.4亿元,让辛苦一年的农民工兄弟回家过好年。

强化特殊群体和困难群众权益保障,加强司法人文关怀。发布未成年人司法保护八项措施,严惩性侵、拐卖、虐待未成年人犯罪,强化对留守儿童、困境儿童的司法保护。上海、北京检察机关迅速介入,依法办理携程亲子园、红黄蓝幼儿园虐童案等社会关注案件。加强涉罪未成年人教育感化挽救,落实合适成年人到场、社会调查、附条件不起诉、犯罪记录封存等制度,2316名涉嫌轻微犯罪的未成年人经检察官帮教后悔过自新、考上大学。依法保护妇女人身权益,起诉强奸、拐卖、强迫卖淫等犯罪4.3万人。依法惩治家庭暴力犯罪。与全国老龄办等共同健全老年人法律维权机制,严惩欺老虐老骗老案件。与中国残联共同制定维护残疾人合法权益指导意见。对5.1万名陷入生活困境的被害人或其近亲属提供司法救助,发放救助金4.3亿元。

三、坚持有腐必反,坚定不移“打虎”、“拍蝇”、“猎狐”

我们坚决贯彻党中央部署,毫不动摇抓好查办和预防职务犯罪工作,全力配合支持国家监察体制改革,服务反腐败工作大局。

突出查办大案要案。立案侦查职务犯罪254419人,较前五年上升16.4%,为国家挽回经济损失553亿余元。其中,涉嫌职务犯罪的县处级国家工作人员15234人、厅局级2405人。在党中央统一领导下,党的十八大以来,检察机关对周永康、郭伯雄、徐才厚、孙政才、令计划、苏荣等122名原省部级以上干部立案侦查,对周永康、薄熙来、郭伯雄、孙政才、令计划、苏荣等107名原省部级以上干部提起公诉。依法办理衡阳破坏选举案、南充拉票贿选案、辽宁拉票贿选案涉及的职务犯罪。坚持受贿行贿一起查,严肃查办国家工作人员索贿受贿犯罪59593人,严肃查办行贿犯罪37277人,较前五年分别上升6.7%和87%,让利益输送无处遁形,让权钱交易逃脱不了法律制裁。严肃查办不作为、乱作为的渎职侵权犯罪62066人,依法查处“万吨小麦霉变”、“地铁问题电缆”等事件背后的渎职等犯罪。

坚决惩治“小官大贪”和“微腐败”。持续开展查办和预防发生在群众身边、损害群众利益职务犯罪专项工作，在涉农资金管理、征地拆迁、社会保障、扶贫等民生领域查办“蝇贪”62715人。会同国务院扶贫办部署为期5年的集中整治和加强预防扶贫领域职务犯罪专项工作，对易地扶贫搬迁重点工程开展预防监督，部署“精准扶贫、廉洁为民”专题警示教育基层行活动。

坚持不懈开展职务犯罪国际追逃追赃。在中央纪委统一领导下，2014年10月起持续开展专项行动，与相关部门密切协作，加强与有关国家、地区司法合作，已从42个国家和地区劝返、遣返、引渡外逃职务犯罪嫌疑人222人，包括杨秀珠、李华波、王国强、黄玉荣等35名“百名红通人员”。与公安部、人民银行等共同开展预防打击利用离岸公司和地下钱庄转移赃款专项行动。检察机关对任润厚等45起职务犯罪嫌疑人逃匿、死亡案件及时启动没收违法所得程序，决不让腐败分子躲进“避罪天堂”，决不让腐败分子在经济上捞到好处。

加强职务犯罪预防。四级检察院普遍开展惩治和预防职务犯罪年度报告、专题报告、警示教育等工作，深入分析系统性、区域性职务犯罪特点和原因，提出整改、预防建议。持续开展工程建设领域专项预防。提供行贿犯罪档案查询服务，推进社会诚信体系建设。与中国邮政集团公司共同推广江苏泰州预防职务犯罪邮路，“检察蓝”牵手“邮政绿”，将廉政文化送进千家万户。《人民检察官》、《人民的名义》等一批法治作品获得好评。

坚决贯彻党中央关于国家监察体制改革的重大决策部署。深刻领会改革的重大意义，坚决拥护、全力支持配合改革。2017年北京、山西、浙江检察机关先行试点，取得重要经验。其他非试点省区市检察机关立案侦查职务犯罪46032人，同比上升4.7%，确保查办力度不减、节奏不变、尺度不松。全面推开试点后，坚持把思想政治工作做在前面，提高政治站位，坚决服从大局，确保思想不乱、队伍不散、工作不断，促进合编合心合力。四级检察院反贪、反渎和预防部门职能、机构及44151名检察人员已全部按时完成转隶。

四、全面加强对诉讼活动的法律监督，切实维护司法公正

我们强化对刑事、民事、行政诉讼的法律监督，加强人权司法保障，努力让人民群众在每一个司法案件中感受到公平正义。

一批重大冤假错案得到纠正。对受理申诉或办案中发现的“张氏叔侄强奸杀人案”、“沈六斤故意杀人案”、“卢荣新强奸杀人案”、“李松故意杀人案”等18起重大冤错案件，及时提出抗诉或再审检察建议，人民法院均改判无罪。对人民法院再审的聂树斌案、呼格吉勒图案、王力军无证收购玉米案等案件，检察机关同步成立专案组，重新复核证据、明确提出纠正意见，共同纠错。对冤错案件首先深刻反省自己，倒查追究批捕、起诉环节把关不严责任，吸取沉痛教训。颁布履行检察职能纠防冤错案件等系列指导意见，建立刑事申诉案件异地审查等制度。

坚决纠正违法减刑、假释、暂予监外执行。对提请“减假暂”不符合法定条件或程序，以及裁定或决定不当的，监督纠正11.8万人。针对人民群众反映强烈的“以权减刑”、“提钱出狱”等问题，以职务犯罪、金融犯罪、涉黑犯罪为重点，强化对异地调监、计分考核、病情鉴定等环节监督，共监督有关部门对2244名罪犯收监执行，其中原厅局级以上干部121人。

坚持不懈清理久押不决案件。在中央政法委统一领导下，检察机关牵头，对政法各机关羁押3年以上仍未办结的案件集中清理。经政法各机关共同努力，2013年核查出的4459人，至2016年10月全部清理纠正完毕。

监督纠正判处实刑罪犯未执行刑罚的突出问题。针对检察机关发现的一些罪犯被判处实刑后未入狱、流散社会甚至重新犯罪问题，2016年与公安部、司法部等共同开展专项清理，核查出11379人并逐一跟踪监督。现已监督纠正9222人，其中收监执行7162人。对仍逃匿或下落不明的1181人，督促开展追逃。

强化民事行政诉讼监督。对认为确有错误的民事行政生效裁判、调解书提出抗诉2万余件，人民法院已改判、调解、发回重审、和解撤诉1.2万件；提出再审检察建议2.4万件，人民法院已采纳1.6万件。对审判程序中的违法情形提出检察建议8.3万件，对民事执行活动提出检察建议12.4万件。针对民间借贷、企业破产、房屋买卖、驰名商标认定等领域，为谋取不正当利益打“假官司”问题，开展虚假诉讼专项监督，重点监督“规模性造假”和中介服务机构“居间造假”，2016年以来共向人民法院提出抗诉或再审检察建议3877件，对构成犯罪的起诉452人。

坚决惩治司法腐败。注重在诉讼监督中发现执法不严、司法不公背后的职务犯罪，立案侦查以权谋私、贪赃枉法、失职渎职的司法工作人员11560人。

五、锲而不舍抓落实，加速推进司法体制改革

我们牢牢把握改革正确方向，勇于啃硬骨头、闯难关，党中央部署由最高人民检察院承担的29项改革任务全部完成或结项，司法改革呈现全面发力、多点突破、纵深推进的局面。

司法责任制全面实施。检察官、检察辅助人员、司法行政人员分类管理格局基本形成。检察官员额制全面推开，从原有16万名检察官中遴选出员额内检察官8.7万名，入额检察官全部配置在办案一线，实行员额动态管理。落实检察官办案责任制，建立检察官办案组和独任检察官两种办案组织，制定检察官权力清单，检察官在职权范围内依法作出决定、承担责任。与检察人员职务序列相配套的履职保障制度逐步完善。坚持放权不放任，全面开展流程监控和质量评查，全程、同步、动态监督司法办案。入额领导干部带头办理重大疑难复杂案件。1854个检察院开展内设机构改革，一线办案力量普遍增长20%以上。

检察机关提起公益诉讼制度改革取得重大进展。坚决贯彻党中央部署和全国人大常委会决定，2015年7月起在13个省区市860个检察院开展为期两年的试点，办理公益诉讼案件9053件，覆盖生态环境和资源保护、国有资产保护、国有土地使用权出让、食品药品安全等所有授权领域。2017年6月全国人大常委会修改民事诉讼法和行政诉讼法，正式确立检察机关提起公益诉讼制度；2018年3月，与最高人民法院共同发布关于检察公益诉讼案件适用法律若干问题的解释，完善检察公益诉讼制度。2017年7月以来，检察机关又办理公益诉讼案件10925件。这项改革两年间完整经历了顶层设计、法律授权、试点先行、立法保障、全面推开5个阶段，走出了一条具有中国特色的公益司法保护道路。

以审判为中心的刑事诉讼制度改革有力推进。与最高人民法院、公安部等共同制定改革意见。办理刑事案件严格排除非法证据，最高人民检察院发布50个常见罪名批捕、起诉证据指引。充分发挥审前主导和过滤作用，督促侦查机关立案9.8万件、撤案7.7万件，追加逮捕12.4万人、追加起诉14.8万人，对不构成犯罪或证据不足的不批捕62.5万人、不起诉12.1万人，其中因排除非法证据不批捕2864人、不起诉975人，依法纠正“王玉雷故意杀人案”。加强刑事审判活动监督，对认为确有错误的刑事裁判提出抗诉3.5万件，最高人民检察院对“陈满故意杀人案”、“谭新善故意杀人案”等11起重大案件向最高人民法院提出抗诉或再审检察建议。重视律师促进公正司法的重要作用，发布保障律师执业权利规定，更加充分保障律师会见权、阅卷权、调查取证权，推动建立维护律师执业权利快速联动处置机制，监督相关政法机关纠正阻碍律师行使执业权利6981件。

刑事案件速裁程序和认罪认罚从宽制度试点扎实开展。根据全国人大常委会授权决定，2014年6月起在18个城市开展为期两年的刑事案件速裁程序试点，共对5.6万件轻微刑事案件建议适用速裁程序，审查起诉周期由过去平均20天缩短至5天。2016年11月又部署认罪认罚从宽制度试点，人民法院适用该制度审结的刑事案件中，由检察机关建议适用的占98.4%，人民法院对检察机关量刑建议的采纳率为92.1%。

跨行政区划检察院改革试点取得重要成果。2014年上海市检察院第三分院、北京市检察院第四分院挂牌成立后，积极探索跨行政区划管辖范围和办案机制。办理跨地区案件和食品药品、环境资源、知识产权、海事等特殊类型案件843件1332人。

省以下检察院人财物统一管理改革稳步推进。市县检察院检察长由省级党委管理，其他领导班子成员由省级党委或委托地市级党委管理。政法专项编制由省级统一管理。成立省级检察官遴选委员会，统一遴选入额检察官。吉林、广东等19个省份已实现省级财物统一管理，省市县检察院均为省财政部门一级预算单位。

人民监督员制度改革不断深化。人民监督员一律由地市级以上司法行政机关选任和管理，检察机关办理职务犯罪案件的关键环节一律接受监督，参加监督的人民监督员一律由司法行政机关随机抽选，市县检察院办理的案件一律由上一级检察机关组织监督。2014年深化改革以来，人民监督员共监督案件9241件。

司法体制改革和现代科技应用深度结合，大力推进智慧检务建设。2014年建成融办案、管理、监督、统计等功能于一体、四级检察院全联通全覆盖的全国统一大数据办案平台，所有办案一个平台、一个标准、一个程序，实现网上录入、网上管理、网上监督，数据自动生成。建成四级检察院全联通全

覆盖的全国网上信访信息系统、远程视频接访系统,减少人民群众信访奔波劳累之苦。探索人工智能在司法办案中的应用,全面推进智能辅助办案系统以及侦查活动监督平台、案管机器人、智能语音办案平台、出庭一体化平台建设,推动司法办案更加高效规范公正。

六、牢记打铁必须自身硬,坚持从严治检、建设过硬队伍

我们坚决落实习近平总书记"五个过硬"要求,努力建设一支让党放心、人民满意、忠诚可靠、清正廉洁的检察队伍。

*加强政治建设和能力建设。*深入学习贯彻习近平新时代中国特色社会主义思想,扎实开展党的群众路线教育实践活动和"三严三实"专题教育,推进"两学一做"学习教育常态化制度化。自觉接受中央专项巡视监督,坚持不懈整改突出问题,全面加强检察机关党的建设。落实宪法宣誓制度。制定实施检察官岗位素能基本标准,推进大规模、正规化教育培训,最高人民检察院直接调训 3.8 万人次。五年来,涌现出张飚、潘志荣、彭少勇、丁殿勤、王盛等一大批新时代优秀共产党员和模范检察官,特别是包括陈运周、刘宝奇、苏知斌、俞秀成、程然、宾毅、周经发、周会明等全国模范检察官在内的 39 名检察人员为维护公平正义奋斗到生命最后一刻,树立起人民检察为人民的不朽丰碑。

*坚持规范司法永远在路上。*认真贯彻全国人大常委会审议意见,2014 年起连续 4 年开展规范司法行为专项整治,坚决纠正违法扣押冻结涉案财物、暴力取证、不依法听取当事人和律师意见等突出问题。最高人民检察院挂牌督办 193 起司法不规范案件,公开通报典型案例。颁布职务犯罪侦查工作八项禁令、指定居所监视居住监督规定、刑事诉讼涉案财物管理规定。修订完善检察机关司法工作基本规范,发布 9 批 38 个在审查证据、适用法律方面具有指导意义的典型案例,统一和规范办案标准。

*持之以恒正风肃纪,以零容忍态度严惩自身腐败。*严格落实中央八项规定及其实施细则精神,制定实施办法,发布严肃纪律作风 15 条禁令、检察人员八小时外行为禁令。紧盯司法办案,制定领导干部和办案检察官任职回避、加强内部监督防止说情干扰、违法行使职权行为纠正记录通报及责任追究等规定。健全系统内巡视制度,在各省区市党委支持下,提前实现对各省级检察院党组巡视全覆盖。严肃查处违纪违法检察人员 2089 人,其中最高人民检察院 11 人,违反中央八项规定精神 543 人。严肃追究 531 名领导干部失职失察责任。

七、为人民司法,自觉接受人民监督

我们牢固树立监督者更要接受监督的理念,确保检察权始终在法治轨道上公正行使。

*自觉接受人大监督。*认真落实十二届全国人大历次会议精神,及时全面梳理全国人大代表历次审议报告、视察工作、参加座谈时提出的 8587 条意见和建议,印发四级检察院整改落实。向全国人大常委会专题报告反贪污贿赂、刑罚执行监督、规范司法行为、侦查监督、司法改革、公益诉讼等工作,积极配合专项检查和调研,认真落实司法解释备案审查制度。最高人民检察院建立领导班子成员直接联系代表、内设机构直接联系代表团制度,多次分批邀请 1573 名全国人大代表视察工作。全国人大代表提出的 594 件议案、建议全部办结。

*自觉接受民主监督。*积极参加全国政协专题协商会,与全国政协及各民主党派中央、全国工商联健全重大决策咨询、重大问题联合调研等制度,定期通报检察工作情况。邀请民主党派法学专家挂职,注重从民主党派、工商联、无党派人士中选聘特约检察员和专家咨询委员,参与检察决策。邀请政协委员参加执法检查、案件评查。全国政协委员提出的 216 件提案全部办结。

*自觉接受人民法院、公安机关制约。*对人民法院作出无罪判决的公诉案件,全面认真评查剖析,通报典型案例,提高办案质量。对公安机关提请复议复核的不批捕、不起诉案件,更换承办人重新审查,改变原决定 2115 人。

*拓宽人民群众监督渠道。*建设服务群众统一窗口,升级完善全国 12309 检察服务公共平台,全面推进"网上检察院"、"掌上检察院"和检察服务大厅建设。四级检察院已全部实现案件信息公开系统、电子卷宗系统、微博微信新闻客户端、新闻发言人 4 个全覆盖,普遍开展检察开放日活动。高度重视舆论监督,对媒体曝光的于欢故意伤害案等热点敏感案件及时发声、深入调查、依法监督,维护司法公正。

五年来,我们举全系统之力支持革命老区、民族地区、边疆地区、贫困地区检察工作加快发展。先后制定检察援藏 20 条意见、检察援疆 34 条措施、支持赣闽粤原中央苏区检察工作发展 8 条意见,加

大检察业务、人才、教育、文化、科技、资金援助力度。在乌鲁木齐、林芝、呼和浩特建成全国检察机关维汉、藏汉、蒙汉双语培训基地。

五年来,我们努力为实现强军梦提供强有力司法保障,共起诉破坏武器装备、军事设施、军事通信,伪造、变造、买卖武装部队公文、证件、印章,冒充军人招摇撞骗、破坏军婚等涉军犯罪1635人。2016年最高人民检察院与中央军委政法委联合下发文件,进一步加强和完善军地检察协作,服务国防和军队现代化建设、服务军民融合发展,支持军事检察机关依法履职。2017年又专门制定指导意见,依法妥善处理解放军和武警部队全面停止有偿服务相关案件,支持军队改革发展。

五年来,我们深化与港澳台地区司法交流协作,海峡两岸检方主要负责人以适当名义互访,开设二级窗口规范办理两岸司法互助案件,强化惩治跨境犯罪协作,依法妥善办理涉港澳台和涉侨案件,坚决维护港澳台同胞、海外侨胞和归侨侨眷合法权益。

五年来,我们积极融入中国特色大国外交,充分发挥司法对外交往积极作用,服务"一带一路"建设和全面开放新格局。在北京、天津、山东、海南、广西、云南、新疆等省区市党委和政府大力支持下,发展完善国际检察官联合会、上合组织成员国总检察长会议、中国—东盟成员国总检察长会议、国际反贪局联合会等多边机制,发起成立金砖国家总检察长会议机制,建立中越、中哈边境地区检察机关直接合作和定期会晤机制,推动构建人类命运共同体,中国检察"朋友圈"越来越大。特别是2017年成功举办第二十二届国际检察官联合会大会,98个国家及地区的总检察长、司法部长等500多名代表齐聚北京,共同研讨"为公益服务的检察",习近平主席专门致贺信,张德江同志出席开幕式并致辞,中国共产党和中国政府高度重视全面依法治国、重视发挥检察机关公益保护作用引起各国代表强烈反响和热议。最高人民检察院已与95个国家和地区执法司法机关签署145份双边合作协议,在反恐、追逃追赃和打击电信网络犯罪、毒品犯罪等领域紧密合作,2013年以来办理刑事司法协助案件675件。

各位代表,过去五年检察工作的发展进步,最根本的是以习近平同志为核心的党中央掌舵领航,最关键的是习近平新时代中国特色社会主义思想的科学指引,最重要的是党和国家事业发生历史性变革所形成的大环境。五年来,全国人大及其常委会对检察工作有力监督,国务院大力支持,全国政协和各民主党派、工商联、人民团体、无党派人士加强民主监督,地方各级党政机关、社会各界和广大人民群众给予极大关心、支持和帮助。在此,我代表最高人民检察院表示诚挚的感谢!

我们深切体会到,做好检察工作,必须以习近平新时代中国特色社会主义思想为指导,毫不动摇把党的领导落实到检察工作全过程和各方面,坚定不移走中国特色社会主义法治道路;必须紧紧围绕党和国家工作大局履职尽责,肩负起中国特色社会主义事业建设者、捍卫者的职责使命;必须坚持以人民为中心,把人民对美好生活的向往作为奋斗目标,真正做到人民检察为人民;必须牢牢把握国家法律监督机关的宪法定位,敢于监督、善于监督、依法监督、规范监督;必须勇于改革创新,更好发挥中国特色社会主义司法制度优越性。

同时,我们清醒认识到,我们的工作还存在许多不足,也面临不少困难和挑战。一是对社会主要矛盾变化给检察工作带来的机遇挑战,对新时代人民群众在民主、法治、公平、正义、安全、环境等方面日益增长的需要,认识有待进一步提升,措施需要进一步完善,服务经济社会发展、回应人民期待的及时性有效性有待进一步增强;二是检察工作发展不平衡,法律监督职能发挥还不充分,一些地方民事、行政、刑事执行检察工作仍较薄弱,国家监察体制改革和公益诉讼立法使检察职能发生新的变化,需要进一步调整和适应;三是司法责任制改革需要进一步深化,综合配套改革措施不够完善,思想政治工作存在薄弱环节;四是检察队伍素质能力还不能完全适应新时代要求,金融、知识产权、生态环境、信息网络等专业人才缺乏;五是违法违纪、司法不规范等问题时有发生,极少数领导干部和检察人员以案谋私、以案谋钱。我们一定高度重视并认真解决这些问题,决不辜负党和人民的殷切期望。

2018年工作建议

2018年,全国检察机关要在以习近平同志为核心的党中央坚强领导下,以马克思列宁主义、毛泽东思想、邓小平理论、"三个代表"重要思想、科学发展观、习近平新时代中国特色社会主义思想为指导,全面深入贯彻党的十九大和十九届一中、二中、三中全会精神,紧紧围绕维护国家政治安全、确保社会大局稳定、促进社会公平正义、保障人民安居乐业,坚持高质量办案、高标准司法,强化法律监督,推进平安中国、法治中国建设,加强过硬检察队伍和检察工作智能化建设,深化司法体制改革,努力创造安全的政治环境、稳定的社会环境、公正的法治环境、优质的服务环境。

第一,深入学习贯彻习近平新时代中国特色社会主义思想。在全国检察机关开展习近平新时代中国特色社会主义思想大学习大培训,用党的创新理论武装头脑、指导实践。牢固树立"四个意识",坚定"四个自信",坚决维护习近平总书记党中央的核心、全党的核心地位,坚决维护以习近平同志为核心的党中央权威和集中统一领导。深刻领会、牢牢把握关于法治建设、政法工作的新思想,坚持党对检察工作的绝对领导,坚持以人民为中心的发展思想,深化依法治国实践,确保人民检察事业始终沿着正确方向砥砺前行。

第二,坚决维护国家政治安全、维护社会大局稳定。坚持国家利益至上,以人民安全为宗旨,以政治安全为根本,严密防范和坚决打击各种渗透颠覆破坏活动、暴力恐怖活动、民族分裂活动、宗教极端活动。依法开展扫黑除恶专项斗争,严惩黑恶势力犯罪及其"保护伞"。深化缉枪治爆、严打电信网络诈骗犯罪等专项行动,坚决惩治多发性侵财犯罪,推进中小学、幼儿园、医院等重点区域安全风险防控体系建设。运用法律手段维护社会主义核心价值观,依法惩治"黄赌毒"、虐待、遗弃、重婚、家庭暴力等犯罪。依法从严惩治涉军犯罪,加强涉军维权工作,依法妥善办理涉及解放军和武警部队全面停止有偿服务相关案件,坚决维护国防利益、军事利益和军人军属合法权益。运用新时代"枫桥经验",加强检察环节预防和化解社会矛盾机制建设。

第三,努力为经济高质量发展和打好"三大攻坚战"提供法治保障。围绕保障经济高质量发展,服务保障供给侧结构性改革,平等保护各种所有制经济产权,保护科技创新和成果转化。依法甄别纠正产权纠纷申诉案件,坚决防止将经济纠纷当作犯罪处理,坚决防止将民事责任变为刑事责任。围绕打好防范化解重大风险攻坚战,积极投入重大社会稳定风险防范化解专项行动,重点惩治非法集资、网络传销、内幕交易等犯罪。围绕打好污染防治攻坚战,突出惩治破坏生态环境犯罪,推动环境治理、生态修复。围绕打好精准脱贫攻坚战,积极参与扶贫领域腐败和作风问题专项治理,坚决惩治挪用、贪污扶贫资金犯罪。严惩危害农村稳定、侵害农民利益的犯罪,强化对土地承包、土地流转、农房租赁、集体产权改革等领域民事行政诉讼的法律监督,保障乡村振兴战略实施。

第四,聚焦法律监督主业,维护国家法制统一尊严权威。认真学习、带头尊崇、严格实施宪法,坚决维护宪法权威。推动刑事、民事、行政检察工作全面发展,加强人权司法保障,有效防范冤错案件,坚决维护司法公正。全面推进检察机关提起公益诉讼工作,坚决维护国家利益和社会公共利益。加强控告申诉检察工作,深化涉法涉诉信访机制改革,坚决维护群众合法权益。加强未成年人检察工作。加强军事检察等专门检察工作。

第五,坚定改革的政治定力,将改革进行到底。深入贯彻国家监察体制改革部署,积极配合监察机关做好相关工作衔接,与监察机关、审判机关互相配合、互相制约,依法采取强制措施、审查起诉和提起公诉,在依法惩治腐败犯罪中继续发挥重要作用。深化司法体制综合配套改革,全面落实司法责任制,完善检察官员额制,提升改革整体效能。深入推进以审判为中心的刑事诉讼制度改革,深入开展认罪认罚从宽制度改革试点。继续探索跨行政区划检察院改革。加快推进检察院内设机构改革。研究探索反贪职能转隶后的人民监督员制度改革。深入推进智慧检务建设,推动新时代检察工作质量效率变革。

第六,落实全面从严治党要求,坚持从严治检,建设一支政治过硬、本领高强的新时代检察队伍。落实新时代党的建设总要求,把政治建设摆在首位,扎实开展"不忘初心、牢记使命"主题教育。加强专业化建设,培养专业能力、专业精神。坚持把重心放在基层,健全人财物向基层倾斜的政策保障体系,关心爱护基层干部。进一步加大对革命老区、民族地区、边疆地区、贫困地区检察工作支持力度,扎实推进检察援藏援疆工作。加强系统内巡视巡察和检务督察,开展司法规范化大检查,坚决惩治自身腐败,坚决清除害群之马,确保党和人民赋予的权力不被滥用、惩恶扬善的利剑永不蒙尘。

各位代表,中国特色社会主义进入新时代。全国检察机关要更加紧密团结在以习近平同志为核心的党中央周围,高举中国特色社会主义伟大旗帜,以习近平新时代中国特色社会主义思想为指导,全面贯彻党中央各项决策部署,认真落实本次全国人大会议要求,更加自觉接受人大监督、民主监督和社会监督,忠实履行宪法法律赋予的法律监督职责,在新时代中国特色社会主义伟大实践中谱写新的壮丽篇章!

第十三届全国人民代表大会第一次会议关于国务院机构改革方案的决定

（2018 年 3 月 17 日第十三届全国人民代表大会第一次会议通过）

第十三届全国人民代表大会第一次会议听取了国务委员王勇受国务院委托所作的关于国务院机构改革方案的说明，审议了国务院机构改革方案，决定批准这个方案。

会议要求，国务院要坚持党中央集中统一领导，精心组织，周密部署，确保完成国务院机构改革任务。实施机构改革方案需要制定或修改法律的，要及时启动相关程序，依法提请全国人民代表大会常务委员会审议。

国务院机构改革方案

根据党的十九大和十九届三中全会部署，深化党和国家机构改革的总体要求是，全面贯彻党的十九大精神，坚持以马克思列宁主义、毛泽东思想、邓小平理论、“三个代表”重要思想、科学发展观、习近平新时代中国特色社会主义思想为指导，适应新时代中国特色社会主义发展要求，坚持稳中求进工作总基调，坚持正确改革方向，坚持以人民为中心，坚持全面依法治国，以加强党的全面领导为统领，以国家治理体系和治理能力现代化为导向，以推进党和国家机构职能优化协同高效为着力点，改革机构设置，优化职能配置，深化转职能、转方式、转作风，提高效率效能，为决胜全面建成小康社会、开启全面建设社会主义现代化国家新征程、实现中华民族伟大复兴的中国梦提供有力制度保障。

深化国务院机构改革，要着眼于转变政府职能，坚决破除制约使市场在资源配置中起决定性作用、更好发挥政府作用的体制机制弊端，围绕推动高质量发展，建设现代化经济体系，加强和完善政府经济调节、市场监管、社会管理、公共服务、生态环境保护职能，结合新的时代条件和实践要求，着力推进重点领域和关键环节的机构职能优化和调整，构建起职责明确、依法行政的政府治理体系，提高政府执行力，建设人民满意的服务型政府。

这次国务院机构改革的具体方案如下。

一、关于国务院组成部门调整

（一）组建自然资源部。将国土资源部的职责，国家发展和改革委员会的组织编制主体功能区规划职责，住房和城乡建设部的城乡规划管理职责，水利部的水资源调查和确权登记管理职责，农业部的草原资源调查和确权登记管理职责，国家林业局的森林、湿地等资源调查和确权登记管理职责，国家海洋局的职责，国家测绘地理信息局的职责整合，组建自然资源部，作为国务院组成部门。自然资源部对外保留国家海洋局牌子。

不再保留国土资源部、国家海洋局、国家测绘地理信息局。

（二）组建生态环境部。将环境保护部的职责，国家发展和改革委员会的应对气候变化和减排职责，国土资源部的监督防止地下水污染职责，水利部的编制水功能区划、排污口设置管理、流域水环境保护职责，农业部的监督指导农业面源污染治理职责，国家海洋局的海洋环境保护职责，国务院南水北调工程建设委员会办公室的南水北调工程项目区环境保护职责整合，组建生态环境部，作为国务院组成部门。生态环境部对外保留国家核安全局牌子。

不再保留环境保护部。

（三）组建农业农村部。将农业部的职责，以及国家发展和改革委员会的农业投资项目、财政部的农业综合开发项目、国土资源部的农田整治项目、水利部的农田水利建设项目等管理职责整合，组建农业农村部，作为国务院组成部门。

将农业部的渔船检验和监督管理职责划入交通运输部。

不再保留农业部。

（四）组建文化和旅游部。将文化部、国家旅游局的职责整合，组建文化和旅游部，作为国务院组成部门。

不再保留文化部、国家旅游局。

（五）组建国家卫生健康委员会。将国家卫生和计划生育委员会、国务院深化医药卫生体制改革领导小组办公室、全国老龄工作委员会办公室的职责，工业和信息化部的牵头《烟草控制框架公约》履约工作职责，国家安全生产监督管理总局的职业安全健康监督管理职责整合，组建国家卫生健康委员会，作为国务院组成部门。

保留全国老龄工作委员会，日常工作由国家卫生健康委员会承担。民政部代管的中国老龄协会改由国家卫生健康委员会代管。国家中医药管理局由国家卫生健康委员会管理。

不再保留国家卫生和计划生育委员会。不再设立国务院深化医药卫生体制改革领导小组办公室。

（六）组建退役军人事务部。将民政部的退役军人优抚安置职责，人力资源和社会保障部的军官转业安置职责，以及中央军委政治工作部、后勤保障部有关职责整合，组建退役军人事务部，作为国务院组成部门。

（七）组建应急管理部。将国家安全生产监督管理总局的职责，国务院办公厅的应急管理职责，公安部的消防管理职责，民政部的救灾职责，国土资源部的地质灾害防治、水利部的水旱灾害防治、农业部的草原防火、国家林业局的森林防火相关职责，中国地震局的震灾应急救援职责以及国家防汛抗旱总指挥部、国家减灾委员会、国务院抗震救灾指挥部、国家森林防火指挥部的职责整合，组建应急管理部，作为国务院组成部门。

中国地震局、国家煤矿安全监察局由应急管理部管理。公安消防部队、武警森林部队转制后，与安全生产等应急救援队伍一并作为综合性常备应急骨干力量，由应急管理部管理。

不再保留国家安全生产监督管理总局。

（八）重新组建科学技术部。将科学技术部、国家外国专家局的职责整合，重新组建科学技术部，作为国务院组成部门。科学技术部对外保留国家外国专家局牌子。

国家自然科学基金委员会改由科学技术部管理。

（九）重新组建司法部。将司法部和国务院法制办公室的职责整合，重新组建司法部，作为国务院组成部门。

不再保留国务院法制办公室。

（十）优化水利部职责。将国务院三峡工程建设委员会及其办公室、国务院南水北调工程建设委员会及其办公室并入水利部。

不再保留国务院三峡工程建设委员会及其办公室、国务院南水北调工程建设委员会及其办公室。

（十一）优化审计署职责。将国家发展和改革委员会的重大项目稽察、财政部的中央预算执行情况和其他财政收支情况的监督检查、国务院国有资产监督管理委员会的国有企业领导干部经济责任审计和国有重点大型企业监事会的职责划入审计署，构建统一高效审计监督体系。

不再设立国有重点大型企业监事会。

（十二）监察部并入新组建的国家监察委员会。国家预防腐败局并入国家监察委员会。

不再保留监察部、国家预防腐败局。

改革后，除国务院办公厅外，国务院设置组成部门 26 个：

1. 中华人民共和国外交部
2. 中华人民共和国国防部
3. 中华人民共和国国家发展和改革委员会
4. 中华人民共和国教育部
5. 中华人民共和国科学技术部
6. 中华人民共和国工业和信息化部
7. 中华人民共和国国家民族事务委员会
8. 中华人民共和国公安部
9. 中华人民共和国国家安全部
10. 中华人民共和国民政部
11. 中华人民共和国司法部
12. 中华人民共和国财政部
13. 中华人民共和国人力资源和社会保障部
14. 中华人民共和国自然资源部
15. 中华人民共和国生态环境部
16. 中华人民共和国住房和城乡建设部
17. 中华人民共和国交通运输部
18. 中华人民共和国水利部
19. 中华人民共和国农业农村部
20. 中华人民共和国商务部
21. 中华人民共和国文化和旅游部
22. 中华人民共和国国家卫生健康委员会
23. 中华人民共和国退役军人事务部
24. 中华人民共和国应急管理部
25. 中国人民银行

26. 中华人民共和国审计署

根据国务院组织法规定，国务院组成部门的调整和设置，提请全国人民代表大会审议批准。

二、关于国务院其他机构调整

（一）组建国家市场监督管理总局。将国家工商行政管理总局的职责，国家质量监督检验检疫总局的职责，国家食品药品监督管理总局的职责，国家发展和改革委员会的价格监督检查与反垄断执法职责，商务部的经营者集中反垄断执法以及国务院反垄断委员会办公室等职责整合，组建国家市场监督管理总局，作为国务院直属机构。同时，组建国家药品监督管理局，由国家市场监督管理总局管理。

将国家质量监督检验检疫总局的出入境检验检疫管理职责和队伍划入海关总署。

保留国务院食品安全委员会、国务院反垄断委员会，具体工作由国家市场监督管理总局承担。

国家认证认可监督管理委员会、国家标准化管理委员会职责划入国家市场监督管理总局，对外保留牌子。

不再保留国家工商行政管理总局、国家质量监督检验检疫总局、国家食品药品监督管理总局。

（二）组建国家广播电视总局。在国家新闻出版广电总局广播电视管理职责的基础上组建国家广播电视总局，作为国务院直属机构。

不再保留国家新闻出版广电总局。

（三）组建中国银行保险监督管理委员会。将中国银行业监督管理委员会和中国保险监督管理委员会的职责整合，组建中国银行保险监督管理委员会，作为国务院直属事业单位。

将中国银行业监督管理委员会和中国保险监督管理委员会拟订银行业、保险业重要法律法规草案和审慎监管基本制度的职责划入中国人民银行。

不再保留中国银行业监督管理委员会、中国保险监督管理委员会。

（四）组建国家国际发展合作署。将商务部对外援助工作有关职责、外交部对外援助协调等职责整合，组建国家国际发展合作署，作为国务院直属机构。对外援助的具体执行工作仍由有关部门按分工承担。

（五）组建国家医疗保障局。将人力资源和社会保障部的城镇职工和城镇居民基本医疗保险、生育保险职责，国家卫生和计划生育委员会的新型农村合作医疗职责，国家发展和改革委员会的药品和医疗服务价格管理职责，民政部的医疗救助职责整合，组建国家医疗保障局，作为国务院直属机构。

（六）组建国家粮食和物资储备局。将国家粮食局的职责，国家发展和改革委员会的组织实施国家战略物资收储、轮换和管理，管理国家粮食、棉花和食糖储备等职责，以及民政部、商务部、国家能源局等部门的组织实施国家战略和应急储备物资收储、轮换和日常管理职责整合，组建国家粮食和物资储备局，由国家发展和改革委员会管理。

不再保留国家粮食局。

（七）组建国家移民管理局。将公安部的出入境管理、边防检查职责整合，建立健全签证管理协调机制，组建国家移民管理局，加挂中华人民共和国出入境管理局牌子，由公安部管理。

（八）组建国家林业和草原局。将国家林业局的职责，农业部的草原监督管理职责，以及国土资源部、住房和城乡建设部、水利部、农业部、国家海洋局等部门的自然保护区、风景名胜区、自然遗产、地质公园等管理职责整合，组建国家林业和草原局，由自然资源部管理。国家林业和草原局加挂国家公园管理局牌子。

不再保留国家林业局。

（九）重新组建国家知识产权局。将国家知识产权局的职责、国家工商行政管理总局的商标管理职责、国家质量监督检验检疫总局的原产地地理标志管理职责整合，重新组建国家知识产权局，由国家市场监督管理总局管理。

（十）调整全国社会保障基金理事会隶属关系。将全国社会保障基金理事会由国务院管理调整为由财政部管理，作为基金投资运营机构，不再明确行政级别。

（十一）改革国税地税征管体制。将省级和省级以下国税地税机构合并，具体承担所辖区域内各项税收、非税收入征管等职责。国税地税机构合并后，实行以国家税务总局为主与省（区、市）人民政府双重领导管理体制。

国务院组成部门以外的国务院所属机构的调整和设置，将由新组成的国务院审查批准。

关于国务院机构改革方案的说明

——2018 年 3 月 13 日在第十三届全国人民代表大会第一次会议上

国务委员　王　勇

各位代表：

我受国务院委托，根据党的十九届三中全会通过的《深化党和国家机构改革方案》，就国务院机构改革方案向大会作说明，请予审议。

党的十九大对深化机构和行政体制改革作出重要部署，要求统筹考虑各类机构设置，科学配置党政部门及内设机构权力、明确职责。党的十九届三中全会通过了《中共中央关于深化党和国家机构改革的决定》和《深化党和国家机构改革方案》。这次深化党和国家机构改革的总体要求是，全面贯彻党的十九大精神，坚持以马克思列宁主义、毛泽东思想、邓小平理论、“三个代表”重要思想、科学发展观、习近平新时代中国特色社会主义思想为指导，适应新时代中国特色社会主义发展要求，坚持稳中求进工作总基调，坚持正确改革方向，坚持以人民为中心，坚持全面依法治国，以加强党的全面领导为统领，以国家治理体系和治理能力现代化为导向，以推进党和国家机构职能优化协同高效为着力点，改革机构设置，优化职能配置，深化转职能、转方式、转作风，提高效率效能，为决胜全面建成小康社会、开启全面建设社会主义现代化国家新征程、实现中华民族伟大复兴的中国梦提供有力制度保障。

《深化党和国家机构改革方案》就统筹推进党政军群机构改革作出了全面安排部署，深化国务院机构改革是其中的一项重要任务。总的考虑是，着眼于转变政府职能，坚决破除制约使市场在资源配置中起决定性作用、更好发挥政府作用的体制机制弊端，围绕推动高质量发展，建设现代化经济体系，加强和完善政府经济调节、市场监管、社会管理、公共服务、生态环境保护职能，结合新的时代条件和实践要求，着力推进重点领域和关键环节的机构职能优化和调整，构建起职责明确、依法行政的政府治理体系，提高政府执行力，建设人民满意的服务型政府。

这次国务院机构改革的具体内容如下。

一、关于国务院组成部门调整

（一）组建自然资源部。为统一行使全民所有自然资源资产所有者职责，统一行使所有国土空间用途管制和生态保护修复职责，着力解决自然资源所有者不到位、空间规划重叠等问题，实现山水林田湖草整体保护、系统修复、综合治理，方案提出，将国土资源部的职责，国家发展和改革委员会的组织编制主体功能区规划职责，住房和城乡建设部的城乡规划管理职责，水利部的水资源调查和确权登记管理职责，农业部的草原资源调查和确权登记管理职责，国家林业局的森林、湿地等资源调查和确权登记管理职责，国家海洋局的职责，国家测绘地理信息局的职责整合，组建自然资源部，作为国务院组成部门。自然资源部对外保留国家海洋局牌子。其主要职责是，对自然资源开发利用和保护进行监管，建立空间规划体系并监督实施，履行全民所有各类自然资源资产所有者职责，统一调查和确权登记，建立自然资源有偿使用制度，负责测绘和地质勘查行业管理等。

不再保留国土资源部、国家海洋局、国家测绘地理信息局。

（二）组建生态环境部。保护环境是我国的基本国策。为整合分散的生态环境保护职责，统一行使生态和城乡各类污染排放监管与行政执法职责，加强环境污染治理，保障国家生态安全，建设美丽中国，方案提出，将环境保护部的职责，国家发展和改革委员会的应对气候变化和减排职责，国土资源部的监督防止地下水污染职责，水利部的编制水功能区划、排污口设置管理、流域水环境保护职责，农业部的监督指导农业面源污染治理职责，国家海洋局的海洋环境保护职责，国务院南水北调工程建设委员会办公室的南水北调工程项目区环境保护职责整合，组建生态环境部，作为国务院组成部门。生态环境部对外保留国家核安全局牌子。其主要职责是，制定并组织实施生态环境政策、规划和标准，统一负责生态环境监测和执法工作，监督管理污染防治、核与辐射安全，组织开展中央环境保护督察等。

不再保留环境保护部。

（三）组建农业农村部。农业农村农民问题是关系国计民生的根本性问题。为坚持农业农村优先发展，统筹实施乡村振兴战略，推动农业全面升级、农村全面进步、农民全面发展，加快实现农业农村现代化，方案提出，将农业部的职责，以及国家发展和改革委员会、财政部、国土资源部、水利部的有关农业投资项目管理职责整合，组建农业农村部，作为国务院组成部门。其主要职责是，统筹研究和组织实施"三农"工作战略、规划和政策，监督管理种植业、畜牧业、渔业、农垦、农业机械化、农产品质量安全，负责农业投资管理等。

将农业部的渔船检验和监督管理职责划入交通运输部。

不再保留农业部。

（四）组建文化和旅游部。为增强和彰显文化自信，统筹文化事业、文化产业发展和旅游资源开发，提高国家文化软实力和中华文化影响力，推动文化事业、文化产业和旅游业融合发展，方案提出，将文化部、国家旅游局的职责整合，组建文化和旅游部，作为国务院组成部门。其主要职责是，贯彻落实党的宣传文化工作方针政策，研究拟订文化和旅游工作政策措施，统筹规划文化事业、文化产业、旅游业发展，深入实施文化惠民工程，组织实施文化资源普查、挖掘和保护工作，维护各类文化市场包括旅游市场秩序，加强对外文化交流，推动中华文化走出去等。

不再保留文化部、国家旅游局。

（五）组建国家卫生健康委员会。人民健康是民族昌盛和国家富强的重要标志。为推动实施健康中国战略，树立大卫生、大健康理念，把以治病为中心转变到以人民健康为中心，预防控制重大疾病，积极应对人口老龄化，加快老龄事业和产业发展，为人民群众提供全方位全周期健康服务，方案提出，将国家卫生和计划生育委员会、国务院深化医药卫生体制改革领导小组办公室、全国老龄工作委员会办公室的职责，工业和信息化部的牵头《烟草控制框架公约》履约工作职责，国家安全生产监督管理总局的职业安全健康监督管理职责整合，组建国家卫生健康委员会，作为国务院组成部门。其主要职责是，拟订国民健康政策，协调推进深化医药卫生体制改革，组织制定国家基本药物制度，监督管理公共卫生、医疗服务、卫生应急，负责计划生育管理和服务工作，拟订应对人口老龄化、医养结合政策措施等。

保留全国老龄工作委员会，日常工作由国家卫生健康委员会承担。民政部代管的中国老龄协会改由国家卫生健康委员会代管。国家中医药管理局由国家卫生健康委员会管理。

不再保留国家卫生和计划生育委员会。不再设立国务院深化医药卫生体制改革领导小组办公室。

（六）组建退役军人事务部。为维护军人军属合法权益，加强退役军人服务保障体系建设，建立健全集中统一、职责清晰的退役军人管理保障体制，让军人成为全社会尊崇的职业，方案提出，将民政部的退役军人优抚安置职责，人力资源和社会保障部的军官转业安置职责，以及中央军委政治工作部、后勤保障部有关职责整合，组建退役军人事务部，作为国务院组成部门。其主要职责是，拟订退役军人思想政治、管理保障等工作政策法规并组织实施，褒扬彰显退役军人为党、国家和人民牺牲奉献的精神风范和价值导向，负责军队转业干部、复员干部、退休干部、退役士兵的移交安置工作和自主择业退役军人服务管理、待遇保障工作，组织开展退役军人教育培训、优待抚恤等，指导全国拥军优属工作，负责烈士及退役军人荣誉奖励、军人公墓维护以及纪念活动等。

（七）组建应急管理部。我国是灾害多发频发的国家，为防范化解重特大安全风险，健全公共安全体系，整合优化应急力量和资源，推动形成统一指挥、专常兼备、反应灵敏、上下联动、平战结合的中国特色应急管理体制，提高防灾减灾救灾能力，确保人民群众生命财产安全和社会稳定，方案提出，将国家安全生产监督管理总局的职责，国务院办公厅的应急管理职责，公安部的消防管理职责，民政部的救灾职责，国土资源部的地质灾害防治、水利部的水旱灾害防治、农业部的草原防火、国家林业局的森林防火相关职责，中国地震局的震灾应急救援职责以及国家防汛抗旱总指挥部、国家减灾委员会、国务院抗震救灾指挥部、国家森林防火指挥部的职责整合，组建应急管理部，作为国务院组成部门。其主要职责是，组织编制国家应急总体预案和规划，指导各地区各部门应对突发事件工作，推动应急预案体系建设和预案演练。建立灾情报告系统并统一发布灾情，统筹应急力量建设和物资储备并在救灾时统一调度，组织灾害救助体系建设，指导安全生产类、自然灾害类应急救援，承担国家应对特别重大灾害指挥部工作。指导火灾、水旱灾害、地质灾害等防治。负责安全生产综合监督管理和工矿商贸行业安全生产监督管理等。

公安消防部队、武警森林部队转制后，与安全生产等应急救援队伍一并作为综合性常备应急骨干力量，由应急管理部管理，实行专门管理和政策保障，制定符合其自身特点的职务职级序列和管理办法，提高职业荣誉感，保持有生力量和战斗力。

需要说明的是，按照分级负责的原则，一般性灾害由地方各级政府负责，应急管理部代表中央统一响应支援；发生特别重大灾害时，应急管理部作为指挥部，协助中央指定的负责同志组织应急处置工作，保证政令畅通、指挥有效。应急管理部要处理好防灾和救灾的关系，明确与相关部门和地方各自职责分工，建立协调配合机制。

考虑到中国地震局、国家煤矿安全监察局与防灾救灾联系紧密，划由应急管理部管理。

不再保留国家安全生产监督管理总局。

（八）重新组建科学技术部。创新是引领发展的第一动力，是建设现代化经济体系的战略支撑。为更好实施科教兴国战略、人才强国战略、创新驱动发展战略，加强国家创新体系建设，优化配置科技资源，推动建设高端科技创新人才队伍，方案提出，将科学技术部、国家外国专家局的职责整合，重新组建科学技术部，作为国务院组成部门。科学技术部管理国家自然科学基金委员会，对外保留国家外国专家局牌子。其主要职责是，拟订国家创新驱动发展战略方针以及科技发展、基础研究规划和政策并组织实施，统筹推进国家创新体系建设和科技体制改革，组织协调国家重大基础研究和应用基础研究，编制国家重大科技项目规划并监督实施，牵头建立统一的国家科技管理平台和科研项目资金协调、评估、监管机制，负责引进国外智力工作等。

（九）重新组建司法部。全面依法治国是国家治理的一场深刻革命。为贯彻落实全面依法治国基本方略，统筹行政立法、行政执法、法律事务管理和普法宣传，推动政府工作纳入法治轨道，方案提出，将司法部和国务院法制办公室的职责整合，重新组建司法部，作为国务院组成部门。其主要职责是，负责有关法律和行政法规草案起草，负责立法协调和备案审查、解释，综合协调行政执法，指导行政复议应诉，负责普法宣传，负责监狱、戒毒、社区矫正管理，负责律师公证和司法鉴定仲裁管理，承担国家司法协助等。

不再保留国务院法制办公室。

（十）优化水利部职责。考虑到三峡主体工程建设任务已经完成，南水北调东线和中线工程已经竣工，方案提出，将国务院三峡工程建设委员会及其办公室、国务院南水北调工程建设委员会及其办公室并入水利部。

不再保留国务院三峡工程建设委员会及其办公室、国务院南水北调工程建设委员会及其办公室。

（十一）优化审计署职责。改革审计管理体制，保障依法独立行使审计监督权，是健全党和国家监督体系的重要内容。为整合审计监督力量，减少职责交叉分散，避免重复检查和监督盲区，增强监督效能，方案提出，将国家发展和改革委员会的重大项目稽察、财政部的中央预算执行情况和其他财政收支情况的监督检查、国务院国有资产监督管理委员会的国有企业领导干部经济责任审计和国有重点大型企业监事会的职责划入审计署，相应对派出审计监督力量进行整合优化，构建统一高效审计监督体系。审计署负责对国家财政收支和法律法规规定属于审计监督范围的财务收支的真实、合法和效益进行审计监督。

需要说明的是，本次大会已经审议通过了宪法修正案。根据宪法修正案有关规定，设立国家监察委员会。为此，不再保留监察部、国家预防腐败局，监察部、国家预防腐败局并入国家监察委员会。

各位代表，按照上述方案，新组建或重新组建自然资源部、生态环境部、农业农村部、文化和旅游部、国家卫生健康委员会、退役军人事务部、应急管理部、科学技术部、司法部、水利部、审计署；不再保留监察部、国土资源部、环境保护部、农业部、文化部、国家卫生和计划生育委员会；除国务院办公厅外，国务院设置组成部门26个。根据国务院组织法规定，这些机构的调整和设置，请大会审议。

二、关于国务院其他机构调整

（一）组建国家市场监督管理总局。改革市场监管体系，实行统一的市场监管，是建立统一开放竞争有序的现代市场体系的关键环节。为完善市场监管体制，推动实施质量强国战略，营造诚实守信、公平竞争的市场环境，进一步推进市场监管综合执法、加强产品质量安全监管，让人民群众买得放心、用得放心、吃得放心，方案提出，将国家工商行政管理总局的职责，国家质量监督检验检疫总局的职责，国家食品药品监督管理总局的职责，国家发展和改革委员会的价格监督检查与反垄断执法职责，商务部的经营者集中反垄断执法以及国务院反垄断委员会办公室等职责整合，组建国家市场监督管理总局，作为国务院直属机构。其主要职责是，负责市场综合监督管理，统一登记市场主体并建立信息公示和共享机制，组织市场监管综合执法工作，承担反垄断统一执法，规范和维护市场秩序，组织实施质量强国战略，负责工业产品质量安全、食品安全、特种设备安全监管，统一管理计量标准、检验检测、认证认可工作等。

考虑到药品监管的特殊性，单独组建国家药品监督管理局，由国家市场监督管理总局管理。市场监管实行分级管理，药品监管机构只设到省一级，药品经营销售等行为的监管，由市县市场监管部门统一承担。

将国家质量监督检验检疫总局的出入境检验检疫管理职责和队伍划入海关总署。保留国务院食品安全委员会、国务院反垄断委员会，具体工作由国家市场监督管理总局承担。国家认证认可监督管理委员会、国家标准化管理委员会职责划入国家市场监督管理总局，对外保留牌子。

不再保留国家工商行政管理总局、国家质量监督检验检疫总局、国家食品药品监督管理总局。

（二）组建国家广播电视总局。为加强新闻舆论工作，加强对重要宣传阵地的管理，充分发挥广播电视媒体的作用，方案提出，在国家新闻出版广电总局广播电视管理职责的基础上组建国家广播电视总局，作为国务院直属机构。其主要职责是，贯彻党的宣传方针政策，拟订广播电视管理的政策措施并督促落实，统筹规划和指导协调广播电视事业、产业发展，推进广播电视领域的体制机制改革，监管、审查广播电视与网络视听节目内容和质量，负责广播电视节目的进口、收录和管理，协调推动广播电视领域走出去工作等。

不再保留国家新闻出版广电总局。

（三）组建中国银行保险监督管理委员会。金融是现代经济的核心，必须高度重视防控金融风险、保障国家金融安全。为深化金融监管体制改革，解决现行体制存在的监管职责不清晰、交叉监管和监管空白等问题，强化综合监管，优化监管资源配置，更好统筹系统重要性金融机构监管，逐步建立符合现代金融特点、统筹协调监管、有力有效的现代金融监管框架，守住不发生系统性金融风险的底线，方案提出，将中国银行业监督管理委员会和中国保险监督管理委员会的职责整合，组建中国银行保险监督管理委员会，作为国务院直属事业单位。其主要职责是，依照法律法规统一监督管理银行业和保险业，维护银行业和保险业合法、稳健运行，防范和化解金融风险，保护金融消费者合法权益，维护金融稳定。

将中国银行业监督管理委员会和中国保险监督管理委员会拟订银行业、保险业重要法律法规草案和审慎监管基本制度的职责划入中国人民银行。

不再保留中国银行业监督管理委员会、中国保险监督管理委员会。

（四）组建国家国际发展合作署。为充分发挥对外援助作为大国外交的重要手段作用，加强对外援助的战略谋划和统筹协调，推动援外工作统一管理，改革优化援外方式，更好服务国家外交总体布局和共建“一带一路”等，方案提出，将商务部对外援助工作有关职责、外交部对外援助协调等职责整合，组建国家国际发展合作署，作为国务院直属机构。其主要职责是，拟订对外援助战略方针、规划、政策，统筹协调援外重大问题并提出建议，推进援外方式改革，编制对外援助方案和计划，确定对外援助项目并监督评估实施情况等。援外的具体执行工作仍由相关部门按分工承担。

（五）组建国家医疗保障局。为完善统一的城乡居民基本医疗保险制度和大病保险制度，不断提高医疗保障水平，确保医保资金合理使用、安全可控，统筹推进医疗、医保、医药“三医联动”改革，更好保障病有所医，方案提出，将人力资源和社会保障部的城镇职工和城镇居民基本医疗保险、生育保险职责，国家卫生和计划生育委员会的新型农村合作医疗职责，国家发展和改革委员会的药品和医疗服务价格管理职责，民政部的医疗救助职责整合，组建国家医疗保障局，作为国务院直属机构。其主要职责是，拟订医疗保险、生育保险、医疗救助等医疗保障制度的政策、规划、标准并组织实施，监督管理相关医疗保障基金，完善国家异地就医管理和费用结算平台，组织制定和调整药品、医疗服务价格和收费标准，制定药品和医用耗材的招标采购政策并监督实施，监督管理纳入医保范围内的医疗机构相关服务行为和医疗费用等。同时，为提高医保资金的征管效率，将基本医疗保险费、生育保险费交由税务部门统一征收。

（六）组建国家粮食和物资储备局。为加强国家储备的统筹规划，构建统一的国家物资储备体系，强化中央储备粮棉的监督管理，提升国家储备应对突发事件的能力，方案提出，将国家粮食局的职责，国家发展和改革委员会的组织实施国家战略物资收储、轮换和管理，管理国家粮食、棉花和食糖储备等职责，以及民政部、商务部、国家能源局等部门的组织实施战略和应急储备物资收储、轮换和日常管理职责整合，组建国家粮食和物资储备局，由国家发展和改革委员会管理。其主要职责是，根据国家储备总体发展规划和品种目录，组织实施国家战略和应急储备物资的收储、轮换、管理，统一负责储备基础设施的建设与管理，对管理的政府储备、企业储备以及储备政策落实情况进行监督检查，负责粮食流通行业管理和中央储备粮棉行政管理等。

不再保留国家粮食局。

（七）组建国家移民管理局。随着我国综合国力进一步提升，来华工作生活的外国人不断增加，对做好移民管理服务提出新要求。为加强对移民及出入境管理的统筹协调，更好形成移民管理工作合力，方案提出，将公安部的出入境管理、边防检查职责整合，建立健全签证管理协调机制，组建国家移民管理局，加挂中华人民共和国出入境管理局牌子，由公安部管理。其主要职责是，协调拟定移民政策并组织实施，负责出入境管理、口岸证件查验和边民往来管理，负责外国人停留居留和永久居留管理、难民管理、国籍管理，牵头协调"三非"外国人治理和非法移民遣返，负责中国公民因私出入国（境）服务管理，承担移民领域国际合作等。

（八）组建国家林业和草原局。为加大生态系统保护力度，统筹森林、草原、湿地监督管理，加快建立以国家公园为主体的自然保护地体系，保障国家生态安全，方案提出，将国家林业局的职责，农业部的草原监督管理职责，以及国土资源部、住房和城乡建设部、水利部、农业部、国家海洋局等部门的自然保护区、风景名胜区、自然遗产、地质公园等管理职责整合，组建国家林业和草原局，由自然资源部管理。国家林业和草原局加挂国家公园管理局牌子。其主要职责是，监督管理森林、草原、湿地、荒漠和陆生野生动植物资源开发利用和保护，组织生态保护和修复，开展造林绿化工作，管理国家公园等各类自然保护地等。

不再保留国家林业局。

（九）重新组建国家知识产权局。强化知识产权创造、保护、运用，是加快建设创新型国家的重要举措。为解决商标、专利分头管理和重复执法问题，完善知识产权管理体制，方案提出，将国家知识产权局的职责、国家工商行政管理总局的商标管理职责、国家质量监督检验检疫总局的原产地地理标志管理职责整合，重新组建国家知识产权局，由国家市场监督管理总局管理。其主要职责是，负责保护知识产权工作，推动知识产权保护体系建设，负责商标、专利、原产地地理标志的注册登记和行政裁决，指导商标、专利执法工作等。商标、专利执法职责交由市场监管综合执法队伍承担。

（十）调整全国社会保障基金理事会隶属关系。为加强社会保障基金管理和监督，理顺职责关系，保证基金安全和实现保值增值目标，方案提出，将全国社会保障基金理事会由国务院管理调整为由财政部管理，承担基金安全和保值增值的主体责任，作为基金投资运营机构，不再明确行政级别。

（十一）改革国税地税征管体制。将省级和省级以下国税地税机构合并，具体承担所辖区域内的各项税收、非税收入征管等职责。国税地税机构合并后，实行以国家税务总局为主与省（区、市）人民政府双重领导管理体制。

此外，根据形势发展和工作需要，国务院其他一些机构也作了调整。

各位代表，按照上述方案，组建或重新组建国家市场监督管理总局及国家药品监督管理局、国家广播电视总局、中国银行保险监督管理委员会、国家国际发展合作署、国家医疗保障局、国家粮食和物资储备局、国家移民管理局、国家林业和草原局、国家知识产权局等。根据国务院组织法规定，国务院组成部门以外的国务院所属机构的调整和设置，将由新组成的国务院审查批准。

总的看，这次国务院机构改革贯彻落实党的十九大和十九届三中全会精神，落实坚持和加强党的全面领导的要求，适应新时代我国社会主要矛盾变化，聚焦发展所需、基层所盼、民心所向，按照优化协同高效的原则，既立足当前也着眼长远，优化了国务院机构设置和职能配置，理顺了职责关系。改革后，国务院正部级机构减少8个，副部级机构减少7个。通过改革，国务院机构设置更加符合实际、科学合理、更有效率，必将为全面贯彻落实党的十九大部署的各项任务提供有力组织保障。

下一步在机构改革实施工作中，国务院将认真贯彻落实党的十九大和十九届二中、三中全会精神，把思想和行动统一到党中央关于深化党和国家机构改革的决策部署上来，增强"四个意识"，坚定"四个自信"，坚决维护党中央权威和集中统一领导，精心组织，周密部署。抓紧建立工作机制，制定配套措施，排出时间表，逐项抓好落实。要把深化机构改革同简政放权、放管结合、优化服务结合起来，不论是新组建的部门，还是职责调整的部门，都必须进一步转变职能，提高工作效能。各部门主要负责同志要亲自抓、抓到位，做好思想政治工作，严肃改革纪律，确保机构、职责、队伍等按要求及时调整到位，确保思想不乱、工作不断、队伍不散、干劲不减。

各位代表，今年是全面贯彻党的十九大精神的开局之年，是改革开放40周年，是决胜全面建成小康社会、实施“十三五”规划承上启下的关键一年，确保深化党和国家机构改革顺利进行意义重大。我们要高举中国特色社会主义伟大旗帜，紧密团结在以习近平同志为核心的党中央周围，统一思想，统一行动，锐意改革，确保完成国务院机构改革各项任务，为决胜全面建成小康社会、加快推进社会主义现代化、实现中华民族伟大复兴的中国梦而奋斗！

中华人民共和国
全国人民代表大会公告

第二号

第十三届全国人民代表大会第一次会议于2018年3月17日选举习近平为中华人民共和国主席。

现予公告。

中华人民共和国第十三届全国人民代表大会
第一次会议主席团
2018年3月17日于北京

中华人民共和国
全国人民代表大会公告

第三号

第十三届全国人民代表大会第一次会议于2018年3月17日选举习近平为中华人民共和国中央军事委员会主席。

现予公告。

中华人民共和国第十三届全国人民代表大会
第一次会议主席团
2018年3月17日于北京

中华人民共和国
全国人民代表大会公告

第四号

第十三届全国人民代表大会第一次会议于2018年3月17日选举王岐山为中华人民共和国副主席。

现予公告。

中华人民共和国第十三届全国人民代表大会
第一次会议主席团
2018年3月17日于北京

中华人民共和国
全国人民代表大会公告

第五号

第十三届全国人民代表大会常务委员会委员长、副委员长、秘书长已由第十三届全国人民代表大会第一次会议于 2018 年 3 月 17 日选出，第十三届全国人民代表大会常务委员会委员已由第十三届全国人民代表大会第一次会议于 2018 年 3 月 18 日选出。第十三届全国人民代表大会常务委员会委员长、副委员长、秘书长、委员共 175 人。

委员长

栗战书

副委员长

王　晨　　曹建明　　张春贤　　沈跃跃（女）　　吉炳轩
艾力更·依明巴海（维吾尔族）　　万鄂湘　　陈　竺　　王东明
白玛赤林（藏族）　　丁仲礼　　郝明金　　蔡达峰　　武维华

秘书长

杨振武

委　员（按姓名笔划为序）

乃依木·亚森（维吾尔族）　　于志刚　　万卫星　　卫小春
马志武（回族）　　王长河　　王光亚　　王　刚　　王树国
王砚蒙（女，傣族）　　王胜明　　王洪尧　　王宪魁　　王教成　　王超英
王　毅　　乌日图（蒙古族）　　尹中卿　　邓力平　　邓　丽（女）　　邓秀新
邓　凯　　古小玉　　左中一　　龙庄伟（苗族）　　田红旗（女）　　史大刚
白春礼（满族）　　丛　斌　　包信和　　冯　军　　冯忠华
吉狄马加（彝族）　　吕世明　　吕　建　　吕彩霞（女）　　吕　薇（女）　　朱明春
朱静芝（女）　　刘玉亭　　刘远坤（苗族）　　刘季幸　　刘修文　　刘振伟
刘海星　　刘　源　　齐　玉　　江小涓（女）　　许为钢　　许安标
那顺孟和（蒙古族）　　孙其信　　孙建国　　杜小光（白族）　　杜玉波
杜黎明　　杜德印　　李　飞　　李飞跃（侗族）　　李学勇　　李晓东
李钺锋　　李家洋　　李培林　　李　康（女，壮族）　　李　锐（回族）
李静海　　李　巍　　杨成熙　　杨志今　　杨树安　　杨　震
肖怀远　　吴　月（女，黎族）　　吴玉良　　吴立新　　吴　恒　　邱　勇
何毅亭　　冷　溶　　汪鸿雁（女）　　沈春耀　　宋　琨　　张少琴
张　平　　张业遂　　张志军　　张苏军　　张伯军　　张荣顺
张　勇　　张　毅　　陆东福　　陈凤翔　　陈文华
陈　军（女，高山族）　　陈述涛（满族）　　陈国民　　陈斯喜　　陈锡文
陈福利　　姒健敏　　林建华　　欧阳昌琼　　卓新平（土家族）
罗保铭　　罗　毅（布依族）　　周洪宇　　周　敏（女）　　庞丽娟（女）　　郑功成
郑军里（瑶族）　　郑淑娜（女）　　赵龙虎（朝鲜族）　　赵宪庚　　哈尼巴提·沙布开（哈萨克族）
信春鹰（女）　　洛桑江村（藏族）　　姚建年　　贺一诚　　秦顺全　　袁　驷
贾廷安　　夏伟东　　徐延豪　　徐如俊　　徐绍史　　徐显明
徐　辉　　殷一璀（女）　　殷方龙　　翁孟勇　　高友东　　高虎城

郭振华 郭　雷 黄志贤 曹庆华(哈尼族) 曹鸿鸣 龚建明
矫　勇 彭　勃 董中原 韩立平 韩晓武
韩　梅(女,苗族) 景汉朝 程立峰 傅莹(女,蒙古族)
鲁培军 谢广祥 谢经荣 窦树华
嘉木样·洛桑久美·图丹却吉尼玛(藏族) 蔡　昉 鲜铁可 廖晓军
谭耀宗 熊群力

现予公告。

中华人民共和国第十三届全国人民代表大会
第　一　次　会　议　主　席　团
2018 年 3 月 18 日于北京

中华人民共和国
全国人民代表大会公告

第六号

根据中华人民共和国中央军事委员会主席习近平的提名,第十三届全国人民代表大会第一次会议于 2018 年 3 月 18 日决定:

许其亮、张又侠为中华人民共和国中央军事委员会副主席;

魏凤和、李作成、苗华、张升民为中华人民共和国中央军事委员会委员。

现予公告。

中华人民共和国第十三届全国人民代表大会
第　一　次　会　议　主　席　团
2018 年 3 月 18 日于北京

中华人民共和国
全国人民代表大会公告

第七号

第十三届全国人民代表大会第一次会议于 2018 年 3 月 18 日选举杨晓渡为中华人民共和国国家监察委员会主任。

现予公告。

中华人民共和国第十三届全国人民代表大会
第　一　次　会　议　主　席　团
2018 年 3 月 18 日于北京

中华人民共和国
全国人民代表大会公告

第八号

第十三届全国人民代表大会第一次会议于 2018 年 3 月 18 日选举周强为中华人民共和国最高人民法院院长。

现予公告。

中华人民共和国第十三届全国人民代表大会
第 一 次 会 议 主 席 团
2018 年 3 月 18 日于北京

中华人民共和国
全国人民代表大会公告

第九号

第十三届全国人民代表大会第一次会议于 2018 年 3 月 18 日选举张军为中华人民共和国最高人民检察院检察长。

现予公告。

中华人民共和国第十三届全国人民代表大会
第 一 次 会 议 主 席 团
2018 年 3 月 18 日于北京

中华人民共和国主席令

第一号

根据中华人民共和国第十三届全国人民代表大会第一次会议的决定，任命李克强为中华人民共和国国务院总理。

中华人民共和国主席　习近平
2018 年 3 月 18 日

中华人民共和国主席令

第二号

根据中华人民共和国第十三届全国人民代表大会第一次会议的决定：

任命韩正、孙春兰（女）、胡春华、刘鹤为国务院副总理；

任命魏凤和、王勇、王毅、肖捷、赵克志为国务委员；

任命肖捷（兼）为国务院秘书长；

任命王毅（兼）为外交部部长；

任命魏凤和（兼）为国防部部长；

任命何立峰为国家发展和改革委员会主任；

任命陈宝生为教育部部长；

任命王志刚为科学技术部部长；

任命苗圩为工业和信息化部部长；

任命巴特尔（蒙古族）为国家民族事务委员会主任；

任命赵克志（兼）为公安部部长；

任命陈文清为国家安全部部长；

任命黄树贤为民政部部长；

任命傅政华为司法部部长；

任命刘昆为财政部部长；

任命张纪南为人力资源和社会保障部部长；

任命陆昊为自然资源部部长；

任命李干杰为生态环境部部长；

任命王蒙徽为住房和城乡建设部部长；

任命李小鹏为交通运输部部长；

任命鄂竟平为水利部部长；

任命韩长赋为农业农村部部长；

任命钟山为商务部部长；

任命雒树刚为文化和旅游部部长；

任命马晓伟为国家卫生健康委员会主任；

任命孙绍骋为退役军人事务部部长；

任命王玉普为应急管理部部长；

任命易纲为中国人民银行行长；

任命胡泽君（女）为审计署审计长。

中华人民共和国主席　习近平

2018年3月19日

第十三届全国人民代表大会
民族委员会主任委员、副主任委员、
委员名单

（共28名）

（2018年3月19日第十三届全国人民代表大会第一次会议通过）

主任委员

白春礼（满族）

副主任委员

肖怀远　洛桑江村（藏族）　乃依木·亚森（维吾尔族）　丹珠昂奔（藏族）
李　康（女，壮族）　李　锐（回族）　史大刚　那顺孟和（蒙古族）
哈尼巴提·沙布开（哈萨克族）

委　员（按姓名笔划为序）

王砚蒙（女，傣族）　白文奇（蒙古族）　吉狄马加（彝族）　朴松烈（朝鲜族）　刘远坤（苗族）
杜小光（白族）　李飞跃（侗族）　杨成熙　吴　月（女，黎族）　卓新平（土家族）

罗　毅(布依族)　周　敏(女)　郑军里(瑶族)　郭金才　郭振华
曹庆华(哈尼族)　韩梅(女,苗族)　嘉木样·洛桑久美·图丹却吉尼玛(藏族)

第十三届全国人民代表大会宪法和法律委员会主任委员、副主任委员、委员名单

(共19名)

(2018年3月13日第十三届全国人民代表大会第一次会议通过)

主任委员

李　飞

副主任委员

沈春耀　江必新　丛　斌　徐　辉　胡可明　刘季幸
周光权

委　员(按姓名笔划为序排列)

于志刚　王俊峰　闫傲霜(女)　许安标　孙宪忠　吴　浩
张荣顺　张　勇　郑淑娜(女)　钟志明　柴绍良

第十三届全国人民代表大会监察和司法委员会主任委员、副主任委员、委员名单

(共20名)

(2018年3月19日第十三届全国人民代表大会第一次会议通过)

主任委员

吴玉良

副主任委员

王教成　张苏军　王胜明　徐显明　韩晓武　李钺锋
李　伟　刘海星　高友东

委　员(按姓名笔划为序)

王长河　王　峰　叶赞平　朱海仑　刘德培　齐　玉
张立军　陈　勇　韩立平　鲜铁可

第十三届全国人民代表大会财政经济委员会主任委员、副主任委员、委员名单

（共23名）

（2018年3月13日第十三届全国人民代表大会第一次会议通过）

主任委员

徐绍史

副主任委员

刘　源　张　毅　尹中卿　熊群力　谢经荣
乌日图（蒙古族）　刘新华（回族）　郭庆平

委　员（按姓名笔划为序排列）

王　力　王东京　吕　薇（女）　朱明春　庄毓敏（女）　刘修文
孙宝厚　汪　康　欧阳昌琼　周松和　徐如俊　骞芳莉（女）
蔡　玲（女）　蔡继明

第十三届全国人民代表大会教育科学文化卫生委员会主任委员、副主任委员、委员名单

（共32名）

（2018年3月19日第十三届全国人民代表大会第一次会议通过）

主任委员

李学勇

副主任委员

冷　溶　殷方龙　吴　恒　杜玉波　杨树安　李静海
杨志今　刘　谦　张　平　邱　勇

委　员（按姓名笔划为序）

马旭　（满族）　王　铮　王　巍　古小玉　左中一　田红旗（女）
任　鸣　刘云志　李　巍　何　雷　张洪贺　庞丽娟（女）
贾平凹　徐延豪　高红卫　蒋立虹（女，彝族）　韩永进　程恩富
赫　捷　廖昌永　樊代明

第十三届全国人民代表大会外事委员会主任委员、副主任委员、委员名单

（共 21 名）

（2018 年 3 月 19 日第十三届全国人民代表大会第一次会议通过）

主任委员

张业遂

副主任委员

傅　莹（女，蒙古族）　孙建国　张志军　鲁培军　陈凤翔

林建华　徐　科（女）　张伯军　陈国民

委　员（按姓名笔划为序）

王　巍　石香元　刘　健　许立荣　李义虎　何福胜

陈　晋　陈福利　罗　艳（女）　周　弘（女）　夏伟东

第十三届全国人民代表大会华侨委员会主任委员、副主任委员、委员名单

（共 19 名）

（2018 年 3 月 19 日第十三届全国人民代表大会第一次会议通过）

主任委员

王光亚

副主任委员

罗保铭　贾廷安　黄龙云　张少琴　董中原　郭　雷

曹鸿鸣

委　员（按姓名笔划为序）

王树国　王贻芳　王辉忠　叶双瑜　宋　琨　陈云英（女）

陈　立　陈　军（女，高山族）　郑奎城　董传杰　蒋漠祥

第十三届全国人民代表大会环境与资源保护委员会主任委员、副主任委员、委员名单

（共 24 名）

（2018 年 3 月 19 日第十三届全国人民代表大会第一次会议通过）

主任委员

高虎城

副主任委员

王洪尧　陆东福　赵宪庚　龚建明　窦树华　吕彩霞（女）
张守攻　袁　驷

委　员（按姓名笔划为序）

万卫星　王　军　王秀峰　王金南　王　毅
向　巧（女，苗族）　刘绍亮　沈　岩　张光荣　张柏楠
张　通　翁孟勇　矫　勇　程立峰　谭　琳（女）

第十三届全国人民代表大会农业与农村委员会主任委员、副主任委员、委员名单

（共 22 名）

（2018 年 3 月 19 日第十三届全国人民代表大会第一次会议通过）

主任委员

陈锡文

副主任委员

杜德印　王宪魁　廖晓军　李春生　龙庄伟（苗族）　李家洋
刘振伟　王　刚　蔡　昉

委　员（按姓名笔划为序）

王超英　冯忠华　刘玉亭　许为钢　李登海　张沁荣（女）
张烈英　陈平华　周建军　赵立欣（女）　彭　勃　魏后凯

第十三届全国人民代表大会社会建设委员会主任委员、副主任委员、委员名单

（共 24 名）

（2018 年 3 月 19 日第十三届全国人民代表大会第一次会议通过）

主任委员

何毅亭

副主任委员

邓　凯　江小涓（女）　景汉朝　宫蒲光　陈斯喜　李培林

任贤良　姚建年

委　员（按姓名笔划为序）

马　杰（女，回族）　王小云（女）　邓　丽（女）　冯　军　吕世明

江天亮（土家族）　何星亮　汪鸿雁（女）　金红光（朝鲜族）　郑功成　郎友良

孟建民　郭　军（女）　谢国明　詹文龙

第十三届全国人民代表大会第一次会议表决议案办法

（2018 年 3 月 4 日第十三届全国人民代表大会第一次会议主席团第一次会议通过）

根据《中华人民共和国宪法》和有关法律规定，主席团决定：

一、第十三届全国人民代表大会第一次会议表决宪法修正案草案，采用无记名投票方式，以全体代表的三分之二以上赞成票通过。表决时，代表可以表示赞成，可以表示反对，也可以表示弃权。

二、第十三届全国人民代表大会第一次会议表决其他各项议案，采用无记名按表决器方式，以全体代表的过半数赞成票通过。表决时，代表可以表示赞成，可以表示反对，也可以表示弃权。未按表决器的不计入表决票数。如表决器系统在使用中发生故障，改用举手方式表决。

第十三届全国人民代表大会第一次会议选举和决定任命的办法

（2018 年 3 月 17 日第十三届全国人民代表大会第一次会议通过）

根据《中华人民共和国宪法》和有关法律的规定，制定第十三届全国人民代表大会第一次会议选举和决定任命办法。

一、本次会议选举中华人民共和国主席、副主席，选举中华人民共和国中央军事委员会主席，选举第十三届全国人民代表大会常务委员会委员长、

副委员长、秘书长、委员，决定国务院总理的人选，决定国务院副总理、国务委员、各部部长、各委员会主任、中国人民银行行长、审计长、秘书长的人选，决定中华人民共和国中央军事委员会副主席、委员的人选，选举中华人民共和国国家监察委员会主任，选举最高人民法院院长，选举最高人民检察院检察长。

二、中华人民共和国主席、副主席的人选，中华人民共和国中央军事委员会主席的人选，全国人民代表大会常务委员会委员长、副委员长、秘书长、委员的人选，中华人民共和国国家监察委员会主任的人选，最高人民法院院长、最高人民检察院检察长的人选，由主席团提名，经各代表团酝酿协商后，再由主席团根据多数代表的意见确定正式候选人名单。其中，全国人民代表大会常务委员会委员长、副委员长、秘书长、委员的人选，须在代表中提名。

国务院总理的人选，由中华人民共和国主席提名；国务院副总理、国务委员、各部部长、各委员会主任、中国人民银行行长、审计长、秘书长的人选，由国务院总理提名；中华人民共和国中央军事委员会副主席、委员的人选，由中华人民共和国中央军事委员会主席提名。

三、中华人民共和国主席、副主席，中华人民共和国中央军事委员会主席，中华人民共和国国家监察委员会主任，最高人民法院院长，最高人民检察院检察长，进行等额选举。

四、第十三届全国人民代表大会常务委员会组成人员的名额为175名。

委员长、副委员长、秘书长共提名16名，进行等额选举。

委员应选名额为159名，按照不少于8%的差额比例，提名172名，进行差额选举，差额数为13名。

第十三届全国人民代表大会常务委员会委员候选人按姓名笔划排列。

五、本次会议进行选举和决定任命，采用无记名投票方式。选举或者决定的人选获得的赞成票数超过全体代表的半数，始得当选或者通过。

六、本次会议选举和决定任命，印制8张选举票、3张表决票。

8张选举票是：中华人民共和国主席选举票；中华人民共和国副主席选举票；中华人民共和国中央军事委员会主席选举票；全国人民代表大会常务委员会委员长、副委员长、秘书长选举票；全国人民代表大会常务委员会委员选举票；中华人民共和国国家监察委员会主任选举票；最高人民法院院长选举票；最高人民检察院检察长选举票。

3张表决票是：国务院总理人选的表决票；国务院副总理、国务委员、各部部长、各委员会主任、中国人民银行行长、审计长、秘书长人选的表决票；中华人民共和国中央军事委员会副主席、委员人选的表决票。

七、本次会议选举和决定任命，分别在以下三次全体会议上进行：

3月17日举行的第五次全体会议：选举中华人民共和国主席、副主席；选举中华人民共和国中央军事委员会主席；选举全国人民代表大会常务委员会委员长、副委员长、秘书长。

3月18日举行的第六次全体会议：决定国务院总理的人选；决定中华人民共和国中央军事委员会副主席、委员的人选；选举中华人民共和国国家监察委员会主任；选举最高人民法院院长；选举最高人民检察院检察长；选举全国人民代表大会常务委员会委员。

3月19日举行的第七次全体会议：决定国务院副总理、国务委员、各部部长、各委员会主任、中国人民银行行长、审计长、秘书长的人选。

八、在选举和决定任命时，收回的选举票或者表决票等于或者少于发出的选举票或者表决票，选举或者表决有效；多于发出的选举票或者表决票，选举或者表决无效，应重新进行选举或者表决。

九、对选举票上的候选人，代表可以表示赞成，可以表示反对，也可以表示弃权。表示反对的，可以另选他人；表示弃权的，不能另选他人。另选他人姓名模糊不清的，由总监票人进行复核确认后，不计入另选他人票。

对表决票上的人选，代表可以表示赞成，可以表示反对，也可以表示弃权，不能另提人选。

十、在等额选举时，每提1名另选人，必须相应反对1名候选人。另选人数少于或者等于反对的候选人人数的，该选举票有效；否则，该选举票为无效票。

十一、在差额选举全国人民代表大会常务委员会委员时，反对和弃权的候选人总数不得少于差额数13名，否则，该选举票为无效票。如另提人选，则每提1名另选人，必须在反对和弃权13名候选人的基础上，至少再反对1名候选人，否则，该选举票为无效票。

十二、在选举全国人民代表大会常务委员会委员时，如获得全体代表过半数赞成票的候选人超过应选名额时,以获得赞成票多的当选。如获得全体代表过半数赞成票的当选人数少于应选名额时,不足的名额留待第十三届全国人民代表大会第一次会议以后的会议另行选举。

如遇票数相等不能确定当选人时,应当就票数相等的候选人再次投票,以获得赞成票多的当选。再次投票在3月19日举行的第七次全体会议上进行。

十三、本次会议选举和决定任命采用电子选举系统计票。在投票过程中,如电子选举系统出现故障,投票继续进行,投票结束后,在总监票人、监票人监督下,启用备用电子选举系统。

电子选举系统认定为无效票的,由总监票人进行复核确认。

十四、选举票和表决票用汉文和蒙古、藏、维吾尔、哈萨克、朝鲜、彝、壮等7种少数民族文字印制。全国人民代表大会常务委员会委员的选举票,国务院副总理、国务委员、各部部长、各委员会主任、中国人民银行行长、审计长、秘书长人选的表决票,因票面限制,只印汉文,另印少数民族文字对照表,与选举票或者表决票同时发给少数民族代表,以便对照写票。

十五、大会全体会议进行选举或者决定任命时,会场设秘密写票处。

十六、大会设监票人35名,由各代表团在不是候选人或被决定任命的人选的代表中推选。各省、自治区、直辖市代表团,香港、澳门特别行政区代表团,解放军和武警部队代表团,各推选1名。大会设总监票人2名,由主席团在监票人中指定。总监票人、监票人名单由主席团提交大会全体会议决定。总监票人和监票人在主席团领导下,对发票、投票、计票工作进行监督。

计票工作人员由大会秘书处指定。

十七、会场设票箱28个,不设流动票箱;代表须到指定的票箱投票,不得委托他人投票。

十八、投票时,总监票人、监票人先投票,然后其他代表依次投票。

十九、投票结束后,由总监票人报告投票结果,由大会执行主席宣布选举或者表决是否有效。

二十、计票结束后,由总监票人向大会执行主席报告选举或者表决的计票结果,由大会执行主席向大会宣布选举或者表决的结果。

二十一、本办法经第十三届全国人民代表大会第一次会议全体会议通过后施行。

第十三届全国人民代表大会第一次会议关于设立第十三届全国人民代表大会专门委员会的决定

(2018年3月13日第十三届全国人民代表大会第一次会议通过)

根据《中华人民共和国宪法》和有关法律的规定,第十三届全国人民代表大会第一次会议决定:第十三届全国人民代表大会设立民族委员会、宪法和法律委员会、监察和司法委员会、财政经济委员会、教育科学文化卫生委员会、外事委员会、华侨委员会、环境与资源保护委员会、农业与农村委员会、社会建设委员会。

第十三届全国人民代表大会第一次会议关于第十三届全国人民代表大会专门委员会主任委员、副主任委员、委员人选的表决办法

(2018年3月13日第十三届全国人民代表大会第一次会议通过)

根据《中华人民共和国宪法》和有关法律的规定,制定第十三届全国人民代表大会第一次会议关

于第十三届全国人民代表大会专门委员会主任委员、副主任委员、委员人选的表决办法。

一、第十三届全国人民代表大会专门委员会由主任委员、副主任委员若干人、委员若干人组成。其组成人员的人选,由主席团在代表中提名,经各代表团酝酿后,提请全体会议表决。

二、全体会议对专门委员会主任委员、副主任委员、委员的人选名单依次合并表决,采用无记名按表决器方式进行。表决时,代表可以表示赞成,可以表示反对,也可以表示弃权。未按表决器的不计入表决票数。如表决器系统在使用中发生故障,改用举手方式表决。

专门委员会主任委员、副主任委员、委员的人选名单获得全体代表过半数赞成票,始得通过。

表决结束后,由大会执行主席宣布表决结果。

三、表决分别在两次全体会议上进行:

3 月 13 日举行的第四次全体会议:表决第十三届全国人民代表大会宪法和法律委员会、财政经济委员会主任委员、副主任委员、委员的人选。

3 月 19 日举行的第七次全体会议:表决第十三届全国人民代表大会民族委员会、监察和司法委员会、教育科学文化卫生委员会、外事委员会、华侨委员会、环境与资源保护委员会、农业与农村委员会、社会建设委员会主任委员、副主任委员、委员的人选。

四、本办法经第十三届全国人民代表大会第一次会议全体会议通过后施行。

关于第十三届全国人民代表大会第一次会议代表提出议案处理意见的报告

(2018 年 3 月 16 日第十三届全国人民代表大会第一次会议主席团第六次会议通过)

十三届全国人大一次会议主席团:

今年是十三届全国人大任期的第一年。在本次会议上,全国人大代表深入学习贯彻习近平新时代中国特色社会主义思想,认真贯彻落实党的十九大和十九届一中、二中、三中全会精神,坚持党的领导、人民当家作主、依法治国有机统一,依法向大会提出属于全国人大职权范围内的议案。根据大会主席团第一次会议决定的代表提出议案的截止时间,到 3 月 14 日 12 时,大会秘书处共收到代表提出的议案 325 件。其中,有关立法方面的 322 件,有关监督方面的 1 件,有关决定事项方面的 2 件。代表团提出的 12 件,代表联名提出的 313 件。

依法提出议案,是代表行使代表权利的重要途径,也是我国社会主义民主政治的重要方面。大会前,代表们积极参加代表学习活动,深入开展调查研究。会议期间,代表们认真酝酿讨论议案,努力提高议案质量。今年代表提出的议案,绝大多数为法律案。其中涉及制定法律的 174 件,占 54.04%,修改法律的 147 件,占 45.65%。内容主要集中在以下几方面:一是完善国家机构组织法,为深化国家机构改革提供法律支持。提出修改地方组织法、人民法院组织法、人民检察院组织法、法官法、刑事诉讼法等法律。二是适应建设现代化经济体系需要,完善市场经济法律制度。提出制定民法典各分编、商法通则、电子商务法、军民融合促进法、质量促进法、社会信用法等,修改公司法、专利法、商标法、个人所得税法等法律。为防范化解重大金融风险,提出修改商业银行法、证券投资基金法等,就互联网金融监管等提出制定法律的议案。三是切实保障和改善民生,加强和创新社会治理。提出修改老年人权益保障法、妇女权益保障法、职业教育法、道路交通安全法、药品管理法等,就社区矫正、校园安全、学前教育、法律援助、社会救助等提出制定法律的议案。四是发展文化事业和文化产业,培育和践行社会主义核心价值观。提出制定文化产业促进法、文明行为促进法、中国传统村落保护法等法律。五是加强生态文明建设,推动解决突出环境问题。提出修改森林法、野生动物保护法、固体废物污染环境防治法及相关法律,就湿地保护、垃圾分类、土壤污染防治等提出制定法律的议案。同时,在加强法律监督方面,代表提出 1 件议案,要求对环境保护法的实施情况进行执法检查。

根据全国人民代表大会组织法和全国人民代表大会议事规则的规定,大会秘书处对代表提出的议案逐件进行认真分析研究,认为没有需要列入本次会议审议的议案。大会秘书处建议,将代表提出的议案分别交由全国人大有关专门委员会审议。其中,交由宪法和法律委员会审议104件,监察和司法委员会审议21件,财政经济委员会审议68件,教育科学文化卫生委员会审议50件,外事委员会审议1件,华侨委员会审议6件,环境与资源保护委员会审议41件,农业与农村委员会审议13件,社会建设委员会审议21件。有关专门委员会对上述议案进行审议后,向全国人大常委会提出审议结果的报告,经全国人大常委会审议通过后印发第十三届全国人民代表大会第二次会议。

审议全国人民代表大会主席团交付的代表提出的议案,是全国人大各专门委员会的重要职责。为此,大会秘书处提出如下建议:

第一,建议各专门委员会紧紧围绕统筹推进"五位一体"总体布局和协调推进"四个全面"战略布局,按照立法法的有关规定和《立法项目征集和论证工作规范》的要求,把审议代表议案与加强立法项目论证结合起来,深入研究代表议案提出的意见建议,对议案所提立法项目确属必要、立法条件较为成熟的,研究提出列入立法规划或年度立法工作计划的建议,为研究编制十三届全国人大常委会立法规划提供参考。

第二,建议各专门委员会通过多种方式邀请提出议案的代表参与立法论证、调研、座谈、审议、法律案通过前评估等工作,参加有关执法检查、专题调研等活动,列席全国人大常委会会议和专门委员会会议,充分听取、认真研究采纳代表意见,更好发挥代表在立法、监督等工作中的作用。

第三,建议各专门委员会加强与提出议案的代表的联系和沟通,及时通报相关立法、监督工作进展,反馈审议结果和代表意见采纳情况。在审议代表议案的过程中,加强与国务院及其有关部门、国家监察委员会、最高人民法院、最高人民检察院和常委会工作机构的联系,形成工作合力。

第十三届全国人民代表大会
第一次会议秘书处
2018年3月16日

附件

交有关专门委员会审议的议案

(共325件)

一、交宪法和法律委员会审议的104件:

1. **杜延安**等30名代表:关于修改地方各级人民代表大会和地方各级人民政府组织法的议案(第67号);

2. **张琳**等31名代表:关于修改法官法的议案(第139号);

3. **郭军**等31名代表:关于完善人民陪审员法有关内容的议案(第146号);

4. **罗平**等30名代表:关于修改反分裂国家法的议案(第157号);

5. **花蓓**等30名代表:关于修改人民检察院组织法(修订草案)的议案(第158号);

6. **黄超**等31名代表:关于修改法官法的议案(第228号);

7. **莫小峰**等31名代表:关于修改地方各级人民代表大会和地方各级人民政府组织法的议案(第233号);

8. **朱惠英**等30名代表:关于加快制定人民陪审员法的议案(第234号);

9. **朱惠英**等30名代表:关于修改人民法院组织法的议案(第235号);

10. **侯华梅**等30名代表:关于修改立法法部分条款授权国务院跨区域立法权限的议案(第251号);

11. **耿学梅**等30名代表:关于修改地方组织法的议案(第301号);

12. **王玄玉**等43名代表:关于修改国防法的议案(第317号);

13. **赵冬苓**等30名代表:关于修改立法法,健全税收法定原则,完善地方税立法体制的议案(第318号);

14. **陈力**等30名代表:关于制定个人信息保护法的议案(第12号);

15. 海南代表团:关于修改物权法的议案(第13号);

16. **章联生**等31名代表:关于修改物权法的议

案（第 24 号）；

17. **王建军**等 34 名代表：关于修改公司法，完善双重股权结构制度供给的议案（第 29 号）；

18. **孙宪忠**等 30 名代表：关于在民法典物权编中增加“三权分置”制度的议案（第 35 号）；

19. **孙宪忠**等 31 名代表：关于在民法典侵权责任分则中增加人格权保护条文的议案（第 36 号）；

20. **骞芳莉**等 30 名代表：关于网络虚拟财产民法保护立法的议案（第 37 号）；

21. **朱列玉**等 35 名代表：关于制定商法通则的议案（第 38 号）；

22. **陈训华**等 30 名代表：关于修改担保法第二十六条的议案（第 40 号）；

23. **史贵禄**等 37 名代表：关于制定个人信息保护法的议案（第 54 号）；

24. **王玉玲**等 30 名代表：关于制定个人信息保护法的议案（第 70 号）；

25. **王天宇**等 31 名代表：关于修改证券法的议案（第 96 号）；

26. **陈凤珍**等 34 名代表：关于修改担保法的议案（第 99 号）；

27. **尤立增**等 31 名代表：关于修改侵权责任法部分条款，保护未成年人合法权益的议案（第 101 号）；

28. **车捷**等 31 名代表：关于制定商法通则的议案（第 111 号）；

29. **何琳**等 30 名代表：关于修改继承法第八条的议案（第 135 号）；

30. **袁红梅**等 37 名代表：关于制定商法通则的议案（第 162 号）；

31. **高明芹**等 30 名代表：关于修改合同法第 49 条的议案（第 186 号）；

32. **马杰**等 31 名代表：关于修改公司法的议案（第 187 号）；

33. **刘新华**等 30 名代表：关于修改公司法的议案（第 188 号）；

34. **胡建文**等 32 名代表：关于修改公司法的议案（第 201 号）；

35. **王静成**等 35 名代表：关于对侵权责任法进行修正的议案（第 264 号）；

36. **周云杰**等 33 名代表：关于修改公司法相关条款的议案（第 269 号）；

37. **杨震**等 31 名代表：关于民法总则增设无效民事法律行为追认效力条款的议案（第 286 号）；

38. **杨震**等 30 名代表：关于制定商法通则的议案（第 287 号）；

39. **杨震**等 31 名代表：关于制定个人信息保护法的议案（第 288 号）；

40. **杨震**等 31 名代表：关于制定人格权法的议案（第 290 号）；

41. **阎建国**等 30 名代表：关于修改公司法第一百五十一条，解决实践中长期存在的问题的议案（第 296 号）；

42. **杨尚真**等 30 名代表：关于修改公司法相关条款，促进资本市场转型升级健康发展的议案（第 319 号）；

43. **杨尚真**等 30 名代表：关于修改证券法相关条款，促进资本市场转型升级健康发展的议案（第 320 号）；

44. **邓丽**等 30 名代表：关于将制定家庭教育法列入全国人大五年立法规划的议案（第 19 号）；

45. **李刚**等 30 名代表：关于修改人民防空法第五条的议案（第 45 号）；

46. **史贵禄**等 34 名代表：关于制定土壤污染防治法的议案（第 49 号）；

47. **史贵禄**等 37 名代表：关于制定军民融合促进法的议案（第 55 号）；

48. **吴永利**等 30 名代表：关于修改行政处罚法的议案（第 66 号）；

49. **李宗胜**等 31 名代表：关于修改行政强制法的议案（第 112 号）；

50. **杨松**等 31 名代表：关于修改行政复议法的议案（第 119 号）；

51. **郭军**等 31 名代表：关于完善土壤污染防治法有关内容的议案（第 140 号）；

52. **买世蕊**等 33 名代表：关于制定行政程序法的议案（第 202 号）；

53. **莫小峰**等 31 名代表：关于制定刑罚执行法的议案（第 236 号）；

54. **张淑芬**等 30 名代表：关于修改行政处罚法部分条款的议案（第 271 号）；

55. **陈紫萱**等 32 名代表：关于修改行政处罚法有关简易程序罚款限额规定的议案（第 311 号）；

56. **崔玉玲**等 43 名代表：关于进一步修改完善军事设施保护法的议案（第 314 号）；

57. **崔玉玲**等 43 名代表：关于制定非战争军事行动法的议案（第 315 号）；

58. **史贵禄**等 30 名代表：关于制定电子商务法的议案（第 50 号）；

59. **胡季强**等 30 名代表：关于加快完成电子商

务法立法工作的议案(第 97 号);

60. **胡茎**等 32 名代表:关于出台电子商务法的议案(第 98 号);

61. **孔晓艳**等 32 名代表:关于制定个人信用法的议案(第 207 号);

62. **王填**等 30 名代表:关于修改电子商务法(草案)相关条款的议案(第 220 号);

63. **刘庆峰**等 30 名代表:关于制定数据安全保护法的议案(第 259 号);

64. **买世蕊**等 34 名代表:关于制定国家司法救助法的议案(第 205 号);

65. **鲜铁可**等 31 名代表:关于制定刑事被害人救助法的议案(第 256 号);

66. **杨蓉**等 30 名代表:关于在刑法中增加"毒驾"相关条款的议案(第 16 号);

67. **石蓉**等 30 名代表:关于修改刑法第三百四十七条的议案(第 34 号);

68. **王建军**等 33 名代表:关于修改刑法,加重欺诈发行犯罪刑罚力度的议案(第 44 号);

69. **何金英**等 31 名代表:关于修改刑法部分条款,保护未成年人合法权益的议案(第 94 号);

70. **刘文新**等 30 名代表:关于修改完善刑法虐待被监护、被看护人罪内容的议案(第 95 号);

71. 宁夏代表团:关于修改刑法有关条款的议案(第 114 号);

72. **吴胜华**等 31 名代表:关于修改刑法第三百四十条的议案(第 132 号);

73. **韦波**等 30 名代表:关于修改刑法第三百一十三条的议案(第 133 号);

74. **郑坚江**等 30 名代表:关于修改刑法,实现非公有制经济和国有制经济统一定罪与量刑的议案(第 155 号);

75. **陈晶莹**等 31 名代表:关于修改刑法的议案(第 159 号);

76. **陈澄**等 31 名代表:关于修改刑法的议案(第 185 号);

77. **阎志**等 30 名代表:关于完善刑法相关规定,对拐卖儿童违法犯罪进行综合治理的议案(第 190 号);

78. **买世蕊**等 33 名代表:关于修改刑法的议案(第 200 号);

79. **龙翔**等 38 名代表:关于完善刑法,实现维护国格与民族尊严的议案(第 263 号);

80. **张来辉**等 31 名代表:关于修改刑法中拐卖妇女儿童罪量刑标准的议案(第 284 号);

81. **杨震**等 31 名代表:关于在刑法中增设重利罪的议案(第 285 号);

82. **李伟**等 33 名代表:关于修改刑法部分条款,加强民营企业刑法平等的议案(第 293 号);

83. **王巍**等 35 名代表:关于修改刑法的议案(第 309 号);

84. **姜勇**等 37 名代表:关于修改完善刑法有关规定,有效遏制涉军网络谣言,依法维护国防和军队利益的议案(第 316 号);

85. **罗毅**等 30 名代表:关于修改民事诉讼法第一百六十二条的议案(第 32 号);

86. **石蓉**等 30 名代表:关于修改刑事诉讼法第六十一条的议案(第 33 号);

87. **肖胜方**等 36 名代表:关于修改民事诉讼法有关强制执行的规定及增加律师调查令有关条款的议案(第 69 号);

88. **肖胜方**等 33 名代表:关于修改刑事诉讼法中证人出庭的不合理自由裁量决定权规定的议案(第 71 号);

89. **胡季强**等 30 名代表:关于制定强制执行法的议案(第 100 号);

90. 宁夏代表团:关于修改刑事诉讼法的议案(第 115 号);

91. **方燕**等 30 名代表:关于在民事诉讼法中增加"律师调查令"和"诉讼文书送达令"制度的议案(第 126 号);

92. **左文学**等 30 名代表:关于修改刑事诉讼法第七十九条的议案(第 131 号);

93. **石蓉**等 30 名代表:关于修改刑事诉讼法第一百八十七条的议案(第 134 号);

94. **郑坚江**等 30 名代表:关于制定强制执行法的议案(第 136 号);

95. **陈晶莹**等 30 名代表:关于修改刑事诉讼法的议案(第 160 号);

96. **江必新**等 31 名代表:关于制定强制执行法的议案(第 161 号);

97. **刘守民**等 32 名代表:关于修改仲裁法的议案(第 191 号);

98. **买世蕊**等 30 名代表:关于修改民事诉讼法的议案(第 206 号);

99. **李亚兰**等 31 名代表:关于修改仲裁法的议案(第 229 号);

100. **李亚兰**等 31 名代表:关于修改行政诉讼法的议案(第 231 号);

101. **董文琴**等 31 名代表:关于修改仲裁法的

议案(第232号);

102. **李亚兰**等31名代表:关于修改民事诉讼法的议案(第237号);

103. **李晋平**等40名代表:关于进一步完善仲裁制度的议案(第302号);

104. **薛江武**等31名代表:关于授权探索设立跨行政区划法院检察院决定的议案(第289号)。

二、交监察和司法委员会审议的21件:

1. **陈靖**等30名代表:关于修改道路交通安全法的议案(第3号);

2. **张兆安**等30名代表:关于制定人民检察院法律监督法的议案(第10号);

3. **陈鸣波**等30名代表:关于修改道路交通安全法的议案(第11号);

4. 海南代表团:关于制定社区矫正法的议案(第18号);

5. 河北代表团:关于制定社区矫正法的议案(第84号);

6. **胡季强**等30名代表:关于制定司法鉴定法的议案(第85号);

7. **林毅**等31名代表:关于制定警务辅助人员法的议案(第88号);

8. **胡荃**等32名代表:关于出台社区矫正法的议案(第89号);

9. **张富民**等32名代表:关于修改道路交通安全法的议案(第92号);

10. **郑喜兰**等31名代表:关于制定法律援助法的议案(第93号);

11. **元茂荣**等30名代表:关于制定多元化纠纷解决促进法的议案(第129号);

12. **陈林**等30名代表:关于修改人民警察法,深化公安体制改革的议案(第152号);

13. **庞国明**等31名代表:关于修改治安管理处罚法的议案(第153号);

14. **李亚兰**等31名代表:关于修改律师法的议案(第230号);

15. **余梅**等31名代表:关于加快制定国家社区矫正法的议案(第242号);

16. **杨林花**等30名代表:关于修改治安管理处罚法第五十条规定的议案(第248号);

17. **王俊峰**等30名代表:关于制定公共法律服务法的议案(第250号);

18. **李晓东**等30名代表:关于制定看守所法的议案(第257号);

19. **刘蕾**等30名代表:关于修改律师法的议案(第276号);

20. **阎建国**等30名代表:关于制定司法鉴定法,进一步推动司法鉴定行业健康发展的议案(第295号);

21. **李彦平**等30名代表:关于制定矛盾纠纷化解法的议案(第323号)。

三、交财政经济委员会审议的68件:

1. **陈力**等30名代表:关于制定社会信用法的议案(第5号);

2. **籍涛**等31名代表:关于制定社会信用法的议案(第78号);

3. **郑杰**等30名代表:关于制定社会信用法的议案(第145号);

4. **王树江**等46名代表:关于加快全国信用立法的议案(第196号);

5. **刘小兵**等30名代表:关于制定财政法的议案(第9号);

6. **赵冬苓**等30名代表:关于制定财政法的议案(第179号);

7. **李志强**等30名代表:关于修改计量法的议案(第14号);

8. **胡冶**等30名代表:关于修改计量法的议案(第184号);

9. **李志强**等30名代表:关于制定质量促进法的议案(第15号);

10. **陈国鹰**等31名代表:关于制定质量促进法的议案(第21号);

11. **杨帆**等30名代表:关于制定质量促进法的议案(第26号);

12. **法蒂玛**等31名代表:关于制定质量促进法的议案(第56号);

13. **卢庆国**等31名代表:关于制定质量促进法的议案(第79号);

14. **崔根良**等35名代表:关于加快制定质量促进法的议案(第124号);

15. **刘自明**等31名代表:关于制定质量促进法的议案(第193号);

16. **种衍民**等31名代表:关于制定质量促进法的议案(第194号);

17. **肖利平**等31名代表:关于制定国家质量促进法的议案(第244号);

18. **樊芸**等30名代表:关于制定质量促进法的议案(第246号);

19. **梅建华**等30名代表:关于制定质量促进法的议案(第265号);

20. **章联生**等32名代表:关于修改产品质量法的议案(第20号);

21. **曹宝华**等30名代表:关于修改产品质量法的议案(第77号);

22. **闫傲霜**等33名代表:关于制定数字经济法的议案(第25号);

23. **王天宇**等32名代表:关于制定大数据法的议案(第30号);

24. **霍涛**等30名代表:关于制定大数据发展法的议案(第143号);

25. **王天宇**等32名代表:关于修改票据法的议案(第27号);

26. **陈勇彪**等31名代表:关于修改票据法有关条款的议案(第59号);

27. **李寅**等31名代表:关于修改票据法的议案(第274号);

28. **王景武**等34名代表:关于修改商业银行法的议案(第28号);

29. **史贵禄**等32名代表:关于制定物流法的议案(第46号);

30. **吴友胜**等31名代表:关于制定物流业发展促进法的议案(第61号);

31. **史贵禄**等36名代表:关于制定网络贷款管理法的议案(第47号);

32. **徐诺金**等37名代表:关于出台互联网金融监管法的议案(第210号);

33. **阎建国**等30名代表:关于制定互联网金融法,保障我国政治安全、经济安全和网络安全的议案(第291号);

34. **蹇芳莉**等30名代表:关于修改信托法的议案(第48号);

35. **史贵禄**等30名代表:关于制定共享单车管理法的议案(第60号);

36. **张天任**等30名代表:关于加快制定自主品牌促进法的议案(第74号);

37. **白鹤祥**等33名代表:关于制定金融机构破产法的议案(第113号);

38. **白鹤祥**等34名代表:关于制定金融控股公司法的议案(第116号);

39. **龙翔**等31名代表:关于制定社会组织税收管理法的议案(第117号);

40. **陆永泉**等32名代表:关于加快推进修改港口法的议案(第118号);

41. **陈保华**等30名代表:关于加快制定企业权益保护法的议案(第141号);

42. **黄东兵**等30名代表:关于修改企业破产法第五十八条的议案(第142号);

43. **贾大风**等31名代表:关于修改企业破产法的议案(第273号);

44. **王勇**等30名代表:关于修改民用航空法的议案(第144号);

45. **罗平**等30名代表:关于制定空域法的议案(第170号);

46. **赵冬苓**等30名代表:关于修改个人所得税法的议案(第174号);

47. **杨伟军**等42名代表:关于适应新时代铁路改革发展需求,加快推进铁路法修改进程的议案(第175号);

48. **章联生**等33名代表:关于修改铁路法的议案(第245号);

49. **孔晓艳**等30名代表:关于制定企业国有资产交易法的议案(第176号);

50. **马杰**等31名代表:关于制定航天法的议案(第177号);

51. **高明芹**等30名代表:关于修改标准化法的议案(第178号);

52. **刘春香**等31名代表:关于制定国民经济和社会发展计划审批监督法的议案(第180号);

53. **王填**等30名代表:关于修改烟草专卖法的议案(第195号);

54. **买世蕊**等30名代表:关于制定物业管理法,完善业主委员会选举制度的议案(第208号);

55. **买世蕊**等30名代表:关于制定国债法的议案(第209号);

56. **徐诺金**等36名代表:关于出台普惠金融促进法的议案(第211号);

57. **买世蕊**等32名代表:关于制定快递业促进法的议案(第212号);

58. **买世蕊**等31名代表:关于制定彩票法的议案(第213号);

59. **买世蕊**等31名代表:关于制定公益广告促进法的议案(第214号);

60. 云南代表团:关于制定公共资源交易管理法的议案(第238号);

61. **李亚兰**等31名代表:关于制定城市管理法的议案(第239号);

62. **莫小峰**等31名代表:关于修改政府采购法的议案(第240号);

63. **杨莉**等30名代表:关于制定新经济形态流通法的议案(第260号);

64. **潘保春**等30名代表:关于修改商标法的议案(第275号);

65. **张斌**等31名代表:关于修改价格法的议案(第279号);

66. **汪中山**等35名代表:关于修改审计法部分条款的议案(第294号);

67. **樊芸**等30名代表:关于制定网络预约出租汽车管理法的议案(第307号);

68. **李晓林**等30名代表:关于修改证券投资基金法的议案(第321号)。

四、交教育科学文化卫生委员会审议的50件:

1. **阎武**等36名代表:关于制定学前教育法的议案(第41号);

2. **蹇芳莉**等30名代表:关于加快学前教育立法的议案(第42号);

3. **史贵禄**等36名代表:关于制定学前教育管理法的议案(第63号);

4. **陈凤珍**等31名代表:关于制定学前教育法的议案(第105号);

5. **王家娟**等31名代表:关于加快出台学前教育法的议案(第122号);

6. **翁丽芬**等30名代表:关于加快学前教育立法保障的议案(第138号);

7. **徐晓**等30名代表:关于加快制定学前教育法的议案(第165号);

8. **买世蕊**等30名代表:关于制定学前教育法的议案(第216号);

9. **庞丽娟**等34名代表:关于加快推进学前教育法立法进程的议案(第262号);

10. **周洪宇**等30名代表:关于制定学前教育法的议案(第305号);

11. **张淑琴**等30名代表:关于制定学前教育法的议案(第310号);

12. **刘宏艳**等31名代表:关于出台家庭教育法的议案(第123号);

13. **谭琳**等30名代表:关于制定家庭教育法的议案(第225号);

14. **李光宇**等30名代表:关于修改义务教育法,将学前教育纳入义务教育范围的议案(第163号);

15. **宋文新**等34名代表:关于加快推进修改教师法的议案(第164号);

16. **张志勇**等30名代表:关于修改教师法的议案(第169号);

17. **马玉霞**等35名代表:关于修改教师法的议案(第297号);

18. **葛道凯**等31名代表:关于加快修改职业教育法的议案(第197号);

19. **周洪宇**等30名代表:关于修改职业教育法的议案(第304号);

20. **买世蕊**等30名代表:关于制定终身教育法的议案(第217号);

21. **张淑琴**等30名代表:关于制定终身教育法的议案(第312号);

22. **买世蕊**等33名代表:关于制定国家教育考试法的议案(第218号);

23. **高阿莉**等44名代表:关于在教育法中增加健康教育法条的议案(第261号);

24. **周洪宇**等30名代表:关于修改学位条例的议案(第303号);

25. **史贵禄**等31名代表:关于制定人工智能发展法的议案(第68号);

26. **陈瑞爱**等43名代表:关于制定人才发展促进法的议案(第120号);

27. **郑坚江**等30名代表:关于修改专利法的议案(第166号);

28. **王霞**等30名代表:关于修改专利法修订草案的议案(第247号);

29. **霍金花**等31名代表:关于修改科学技术普及法的议案(第300号);

30. **王贻芳**等30名代表:关于制定科技促进法的议案(第324号);

31. **韩再芬**等30名代表:关于制定文化产业促进法的议案(第64号);

32. **祁万利**等31名代表:关于制定文化产业促进法的议案(第104号);

33. 河北代表团:关于制定长城保护法的议案(第108号);

34. **陈保华**等30名代表:关于修改档案法的议案(第137号);

35. **秦春成**等31名代表:关于制定中国传统村落保护法的议案(第226号);

36. **张天培**等41名代表:关于制定传统村落保护发展法的议案(第283号);

37. **章联生**等32名代表:关于修改药品管理法的议案(第23号);

38. **胡季强**等30名代表:关于修改药品管理法

的议案(第106号);

39. **史贵禄**等36名代表:关于制定抗菌药物管理法的议案(第62号);

40. **王威东**等30名代表:关于全国人大出台授权国务院探索建立药品专利链接制度和开展药品专利期补偿制度试点决定的议案(第266号);

41. **胡梅英**等30名代表:关于加快药师法立法进程的议案(第73号);

42. **胡季强**等30名代表:关于加快药师法立法进程的议案(第107号);

43. **牛朝诗**等30名代表:关于加快药师法立法进程的议案(第167号);

44. **郭汶霞**等30名代表:关于加快药师法立法进程的议案(第215号);

45. **温秀玲**等31名代表:关于制定人体器官捐献和移植法的议案(第168号);

46. **胡春莲**等36名代表:关于制定执业护士法的议案(第198号);

47. **张伯礼**等30名代表:关于加快制定国民健康法,垒实健康中国建设基础的议案(第199号);

48. **周洪宇**等30名代表:关于国家实施全面控烟战略,制定公共场所禁烟法,保护人民群众身体健康的议案(第306号);

49. **陈静**等30名代表:关于修改体育法的议案(第65号);

50. **华树成**等31名代表:关于修改国境卫生检疫法的议案(第325号)。

五、交外事委员会审议的1件:

1. **侯胜亮**等31名代表:关于制定国家边界法的议案(第322号)。

六、交华侨委员会审议的6件:

1. **阎武**等34名代表:关于制定华侨权益保护法的议案(第39号);

2. **陈乃科**等31名代表:关于制定华侨权益保护法的议案(第172号);

3. **董传杰**等30名代表:关于制定华侨权益保护法的议案(第173号);

4. **陈文华**等37名代表:关于制定华侨权益保护法的议案(第189号);

5. **戴立忠**等31名代表:关于制定华侨权益保护法的议案(第219号);

6. **郑奎城**等45名代表:关于制定华侨权益保护法的议案(第243号)。

七、交环境与资源保护委员会审议的41件:

1. 海南代表团:关于修改土地管理法的议案(第1号);

2. **李爱青**等30名代表:关于修改土地管理法的议案(第58号);

3. 河北代表团:关于修改土地管理法的议案(第80号);

4. **杨永英**等31名代表:关于修改土地管理法第七十六条的议案(第127号);

5. **买世蕊**等30名代表:关于修改土地管理法的议案(第204号);

6. **于中赤**等34名代表:关于制定湿地保护法的议案(第2号);

7. **周洪宇**等30名代表:关于制定湿地保护法的议案(第299号);

8. 海南代表团:关于制定南极活动与环境保护法的议案(第6号);

9. **王江滨**等30名代表:关于制定南极活动与环境保护法的议案(第270号);

10. **邵志清**等30名代表:关于制定无线电频谱资源管理法的议案(第7号);

11. **王江滨**等30名代表:关于制定无线电频谱资源管理法的议案(第252号);

12. **郭乃硕**等31名代表:关于制定生物安全法的议案(第8号);

13. **唐海龙**等30名代表:关于制定生物安全法的议案(第150号);

14. **郭乃硕**等31名代表:关于制定国家公园法的议案(第17号);

15. **郭乃硕**等35名代表:关于修改可再生能源法的议案(第43号);

16. **史贵禄**等31名代表:关于制定新能源汽车管理法的议案(第53号);

17. **黄迪南**等30名代表:关于修改可再生能源法的议案(第149号);

18. **史贵禄**等33名代表:关于制定商品包装管理法的议案(第51号);

19. **张天任**等30名代表:关于制定资源综合利用法的议案(第76号);

20. **郭乃硕**等36名代表:关于制定资源综合利用法的议案(第110号);

21. **史贵禄**等33名代表:关于制定地下水资源保护法的议案(第52号);

22. **张天任**等30名代表:关于制定生态文明建

设促进法的议案(第 75 号);

23. **胡季强**等 30 名代表:关于修改固体废物污染环境防治法的议案(第 81 号);

24. **张咏梅**等 30 名代表:关于制定垃圾分类法的议案(第 130 号);

25. **里赞**等 31 名代表:关于制定生活垃圾分类处理法的议案(第 192 号);

26. 河北代表团:关于制定绿色建筑法(草案)的议案(第 87 号);

27. **李长庚**等 31 名代表:关于制定乡村清洁法的议案(第 102 号);

28. **陈震宁**等 32 名代表:关于制定长江水环境保护法的议案(第 109 号);

29. **贺懋燮**等 30 名代表:关于制定长江经济带发展促进法的议案(第 148 号);

30. **张兆安**等 30 名代表:关于加快制定长江法的议案(第 151 号);

31. **周洪宇**等 30 名代表:关于制定长江保护法的议案(第 298 号);

32. **秦和**等 31 名代表:关于加快制定长江保护法的议案(第 313 号);

33. **顾军**等 30 名代表:关于制定原子能法的议案(第 147 号);

34. **罗平**等 30 名代表:关于制定海岸带管理法的议案(第 171 号);

35. **陈杰**等 30 名代表:关于制定湖泊保护法的议案(第 181 号);

36. **刘怀平**等 30 名代表:关于修改环境保护法的议案(第 182 号);

37. **李亚兰**等 31 名代表:关于修改环境保护法的议案(第 221 号);

38. **秦光蔚**等 30 名代表:关于耕地质量保护立法的议案(第 183 号);

39. **杨莉**等 30 名代表:关于修改野生动物保护法相关法律条款的议案(第 253 号);

40. **徐晓**等 32 名代表:关于加快制定核损害赔偿法的议案(第 308 号);

41. **杨晶**等 31 名代表:关于开展环境保护法执法检查的议案(第 277 号)。

八、交农业与农村委员会审议的 13 件:

1. 海南代表团:关于修改森林法的议案(第 4 号);

2. **章联生**等 32 名代表:关于修改森林法的议案(第 22 号);

3. **俞学文**等 30 名代表:关于修改森林法的议案(第 83 号);

4. **袁昌选**等 30 名代表:关于修改森林法第三十二条的议案(第 128 号);

5. **李坤**等 30 名代表:关于修改森林法的议案(第 272 号);

6. **陈瑞爱**等 35 名代表:关于制定农村金融法的议案(第 31 号);

7. **乔彬**等 32 名代表:关于出台农产品批发市场法的议案(第 86 号);

8. **郑喜兰**等 31 名代表:关于制定气象灾害防御法的议案(第 91 号);

9. **俞学文**等 30 名代表:关于制定防止虐待动物法的议案(第 90 号);

10. **庞国明**等 30 名代表:关于制定反虐待动物法的议案(第 154 号);

11. **杨林花**等 30 名代表:关于废止乡镇企业法的议案(第 241 号);

12. **罗胜联**等 31 名代表:关于制定动物保护法的议案(第 249 号);

13. **杨莉**等 30 名代表:关于加快渔业法及相关法规修改的议案(第 254 号)。

九、交社会建设委员会审议的 21 件:

1. **杨帆**等 30 名代表:关于加快反校园欺凌法立法的议案(第 57 号);

2. **李素萍**等 31 名代表:关于制定企业民主管理法的议案(第 72 号);

3. **陈凤珍**等 34 名代表:关于制定女职工劳动保护法的议案(第 82 号);

4. **柴会恩**等 31 名代表:关于修改治安管理处罚法部分条款,保护未成年人合法权益的议案(第 103 号);

5. **胡荃**等 33 名代表:关于制定文明行为促进法的议案(第 121 号);

6. **方燕**等 32 名代表:关于修改收养法的议案(第 125 号);

7. **刘艳**等 31 名代表:关于制定未成年人司法的议案(第 156 号);

8. **买世蕊**等 30 名代表:关于修改城市居民委员会组织法的议案(第 203 号);

9. **李亚兰**等 31 名代表:关于修改村民委员会组织法的议案(第 222 号);

10. **李亚兰**等 31 名代表:关于修改老年人权益保障法的议案(第 223 号);

11. **杨克勤**等 33 名代表:关于制定未成年人司

法法的议案(第 224 号);

12. **高莉**等 30 名代表:关于修改和完善妇女权益保障法的议案(第 227 号);

13. **买世蕊**等 30 名代表:关于修改收养法的议案(第 255 号);

14. **刘庆峰**等 30 名代表:关于修改劳动合同法若干条款的议案(第 258 号);

15. **李康**等 30 名代表:关于修改妇女权益保障法的议案(第 267 号);

16. **余瑞玉**等 34 名代表:关于修改未成年人保护法,完善未成年人家庭监护和国家监护的议案(第 268 号);

17. **许振超**等 30 名代表:关于制定职业技能开发法的议案(第 278 号);

18. **郑功成**等 30 名代表:关于制定社会救助法的议案(第 280 号);

19. **郑功成**等 30 名代表:关于修改社会保险法的议案(第 281 号);

20. **郑功成**等 30 名代表:关于制定社会组织法的议案(第 282 号);

21. **姜明**等 30 名代表:关于修改劳动合同法的议案(第 292 号)。

第十三届全国人民代表大会第一次会议主席团和秘书长名单

(2018 年 3 月 4 日第十三届全国人民代表大会第一次会议预备会议通过)

主席团(190 人,按姓名笔划为序)

丁仲礼　丁薛祥　乃依木·亚森(维吾尔族)　于伟国　万卫星
万鄂湘　习近平　马伟明　马逢国　王东明　王东峰
王光亚　王　刚　王志民　王岐山　王沪宁　王国生
王砚蒙(女,傣族)　王宪魁　王　勇　王勇超　王　晨　王银香(女)
王　毅　支月英(女)　尤　权　车　俊　巴音朝鲁(蒙古族)
邓　丽(女)　邓　凯　艾力更·依明巴海(维吾尔族)　左中一　石泰峰
布小林(女,蒙古族)　旦正草(女,藏族)　叶诗文(女)　史大刚
白玛赤林(藏族)　白春礼(满族)　丛　斌　冯淑玲(女,满族)　吉狄马加(彝族)　吉炳轩
吕世明　朱国萍(女)　向　巧(女,苗族)　刘艺良　刘远坤(苗族)　刘　昆
刘海星　刘家义　刘赐贵　刘　鹤　齐　玉
江天亮(土家族)　许为钢　许立荣　许宁生　许其亮　孙志刚
孙春兰(女)　苏嘎尔布(彝族)　杜家毫　杜德印　李　飞
李飞跃(侗族)　李玉妹(女)　李　伟　李纪恒　李克强　李作成
李　希　李学勇　李钺锋　李家俊　李　鸿(女)　李鸿忠
李　斌　李　强　李锦斌　李静海　杨洁篪
杨洪波(白族)　杨振武　杨晓渡　杨　蓉(女)　肖开提·依明(维吾尔族)
肖怀远　肖　捷　吴　月(女,黎族)　吴玉良　吴英杰　邱　勇
何健忠　何毅亭　邹晓东　冷　溶　汪其德　汪　洋
汪鸿雁(女)　沙　沨(女,回族)　沈春耀　沈跃跃(女)　张又侠　张少琴
张升民　张　平　张业遂　张庆伟　张　军　张志军
张　轩(女)　张伯军　张春贤　张晓明　张　毅　陆东福
陈全国　陈求发(苗族)　陈　希　陈　武(壮族)　陈　竺　陈敏尔
陈锡文　陈　豪　武维华　苗　华　林建华　林　铎
罗保铭　罗　萍(女,哈尼族)　罗　毅(布依族)　周　强
郑军里(瑶族)　郑奎城　郑晓松　降巴克珠(藏族)　赵龙虎(朝鲜族)　赵乐际
赵克志　赵宪庚　赵　贺　郝明金　胡和平　胡春华

咸　辉(女,回族)	哈尼巴提·沙布开(哈萨克族)		段春华	信春鹰(女)	娄勤俭
洛桑江村(藏族)	姚建年	贺一诚	骆惠宁	袁　驷	栗战书
夏伟东	徐延豪	徐绍史	徐留平	殷一璀(女)	高红卫
高虎城	郭声琨	黄久生	黄龙云	黄志贤	黄坤明
黄路生	曹建明	曹鸿鸣	雪克来提·扎克尔(维吾尔族)		康志军
鹿心社	彭清华	董中原	蒋超良	韩　正	韩立平
傅　莹(女,蒙古族)		谢伏瞻	谢经荣		
嘉木样·洛桑久美·图丹却吉尼玛(藏族)			赫　捷	蔡达峰	蔡　奇
廖晓军	谭耀宗	魏凤和	魏后凯		

秘书长

王　晨

第十三届全国人民代表大会第一次会议 主席团常务主席名单

（2018 年 3 月 4 日第十三届全国人民代表大会第一次会议主席团第一次会议推选）

栗战书	陈　希	王　晨	曹建明	张春贤	沈跃跃(女)
吉炳轩	艾力更·依明巴海(维吾尔族)		万鄂湘	陈　竺	

第十三届全国人民代表大会第一次会议 副秘书长名单

（2018 年 3 月 4 日第十三届全国人民代表大会第一次会议主席团第一次会议决定）

信春鹰(女)　韩立平　姜信治　李宝荣　张业遂

第十三届全国人民代表大会 第一次会议议程

（2018 年 3 月 4 日第十三届全国人民代表大会第一次会议预备会议通过）

一、审议政府工作报告

二、审查 2017 年国民经济和社会发展计划执行情况与 2018 年国民经济和社会发展计划草案的报告

三、审查 2017 年中央和地方预算执行情况与 2018 年中央和地方预算草案的报告

四、审议全国人民代表大会常务委员会关于提请审议《中华人民共和国宪法修正案(草案)》的议案

五、审议全国人民代表大会常务委员会关于提请审议《中华人民共和国监察法(草案)》的议案

六、审议全国人民代表大会常务委员会工作报告

七、审议最高人民法院工作报告

八、审议最高人民检察院工作报告

九、审议国务院机构改革方案

十、选举和决定任命国家机构组成人员

第十三届全国人民代表大会第一次会议日程

2018 年 3 月 5 日至 3 月 20 日

（2018 年 3 月 4 日第十三届全国人民代表大会第一次会议主席团第一次会议决定）

3 月 5 日（星期一）

上午 9 时 代表大会第一次全体会议（开幕会）

1. 听取国务院总理李克强关于政府工作的报告
2. 审查国务院关于 2017 年国民经济和社会发展计划执行情况与 2018 年国民经济和社会发展计划草案的报告
3. 审查国务院关于 2017 年中央和地方预算执行情况与 2018 年中央和地方预算草案的报告
4. 听取全国人大常委会副委员长兼秘书长王晨关于中华人民共和国宪法修正案草案的说明

下午 3 时 代表团全体会议审议政府工作报告

3 月 6 日（星期二）

上午 9 时 代表小组会议审议政府工作报告

下午 3 时 代表小组会议审议政府工作报告

3 月 7 日（星期三）

上午 9 时 代表团全体会议审议宪法修正案草案

下午 3 时 代表小组会议审议宪法修正案草案

3 月 8 日（星期四）

上午 9 时 代表团全体会议审查计划报告和预算报告，推选监票人

下午 3 时 代表小组会议审查计划报告和预算报告

3 月 9 日（星期五）

上午 9 时 代表小组会议审议宪法修正案草案修改稿，审查计划报告和预算报告

下午 3 时 代表大会第二次全体会议

1. 听取最高人民法院院长周强关于最高人民法院工作的报告
2. 听取最高人民检察院检察长曹建明关于最高人民检察院工作的报告

3 月 10 日（星期六）

上午 9 时 代表团全体会议审议最高人民法院工作报告和最高人民检察院工作报告

下午 3 时 代表小组会议审议最高人民法院工作报告和最高人民检察院工作报告

3 月 11 日（星期日）

上午 9 时 代表团全体会议审议宪法修正案草案建议表决稿，大会关于设立第十三届全国人大专门委员会的决定草案，关于第十三届全国人大专门委员会主任委员、副主任委员、委员人选的表决办法草案；酝酿第十三届全国人大法律委员会、财政经济委员会主任委员、副主任委员、委员的人选

下午 3 时 代表大会第三次全体会议

1. 表决总监票人、监票人名单草案
2. 投票表决中华人民共和国宪法修正案草案
3. 听取全国人大常委会委员长张德江关于全国人民代表大会常务委员会工作的报告

3 月 12 日（星期一）

上午 9 时 代表团全体会议审议全国人大常委会工作报告

下午 3 时 代表小组会议审议全国人大常委会工作报告

3 月 13 日（星期二）

上午 9 时 代表大会第四次全体会议

1. 听取全国人大常委会副委员长李建国关于中华人民共和国监察法草案的说明
2. 听取国务委员王勇关于国务院机构改革方案的说明
3. 表决大会关于设立第十三届全

国人大专门委员会的决定草案

4. 表决大会关于第十三届全国人大专门委员会主任委员、副主任委员、委员人选的表决办法草案

5. 表决第十三届全国人大法律委员会主任委员、副主任委员、委员人选名单草案

6. 表决第十三届全国人大财政经济委员会主任委员、副主任委员、委员人选名单草案

下午3时 代表团全体会议审议监察法草案

3月14日(星期三)

上午9时 代表小组会议审议监察法草案

下午3时 代表团全体会议审议国务院机构改革方案

3月15日(星期四)

大会休息

3月16日(星期五)

上午9时 代表团全体会议审议监察法草案修改稿,关于批准国务院机构改革方案的决定草案,第十三届全国人大一次会议选举和决定任命的办法草案

下午3时 代表团全体会议酝酿协商中华人民共和国主席、副主席的人选,中华人民共和国中央军事委员会主席的人选,全国人大常委会委员长、副委员长、秘书长的人选

3月17日(星期六)

上午9时 代表大会第五次全体会议

1. 表决关于批准国务院机构改革方案的决定草案

2. 表决第十三届全国人大一次会议选举和决定任命的办法草案

3. 选举中华人民共和国主席、副主席

4. 选举中华人民共和国中央军事委员会主席

5. 选举第十三届全国人大常委会委员长、副委员长、秘书长

下午3时 代表团全体会议酝酿国务院总理的人选,中华人民共和国中央军事委员会副主席、委员的人选;酝酿协商国家监察委员会主任、最高人民法院院长、最高人民检察院检察长的人选,全国人大常委会委员的人选

3月18日(星期日)

上午9时 代表大会第六次全体会议

1. 决定国务院总理的人选

2. 决定中华人民共和国中央军事委员会副主席、委员的人选

3. 选举国家监察委员会主任

4. 选举最高人民法院院长

5. 选举最高人民检察院检察长

6. 选举第十三届全国人大常委会委员

下午3时 代表团全体会议酝酿国务院副总理、国务委员、各部部长、各委员会主任、中国人民银行行长、审计长、秘书长的人选,全国人大民族委员会、内务司法委员会、教育科学文化卫生委员会、外事委员会、华侨委员会、环境与资源保护委员会、农业与农村委员会等专门委员会主任委员、副主任委员、委员的人选

3月19日(星期一)

上午9时 代表大会第七次全体会议

1. 决定国务院副总理、国务委员、各部部长、各委员会主任、中国人民银行行长、审计长、秘书长的人选

2. 分别表决全国人大民族委员会、内务司法委员会、教育科学文化卫生委员会、外事委员会、华侨委员会、环境与资源保护委员会、农业与农村委员会等专门委员会主任委员、副主任委员、委员人选名单草案

下午3时 代表团全体会议审议关于政府工作报告、年度计划、年度预算、全国人大常委会工作报告、最高人民法院工作报告、最高人民检察院工作报告的六个决议草案和监察法草案建议表决稿

3月20日(星期二)

上午9时 代表大会第八次全体会议(闭幕会)

1. 表决关于政府工作报告的决议草案

2. 表决中华人民共和国监察法

草案

3. 表决关于 2017 年国民经济和社会发展计划执行情况与 2018 年国民经济和社会发展计划的决议草案
4. 表决关于 2017 年中央和地方预算执行情况与 2018 年中央和地方预算的决议草案
5. 表决关于全国人民代表大会常务委员会工作报告的决议草案
6. 表决关于最高人民法院工作报告的决议草案
7. 表决关于最高人民检察院工作报告的决议草案
8. 中华人民共和国主席讲话
9. 第十三届全国人大常委会委员长讲话

闭　幕

特 辑

· 第十三届全国人民代表大会第一次会议
· 特辑
· 常委会工作安排和会议议程日程
· 委员长讲话
· 立法工作
· 批准公约和条约
· 监督工作
· 人事任免
· 代表工作
· 对外交往
· 专门委员会工作
· 常委会相关活动
· 大事记

一、第五个国家宪法日

习近平在第五个国家宪法日之际作出重要指示强调

弘扬宪法精神　树立宪法权威　使全体人民都成为社会主义法治的忠实崇尚者自觉遵守者坚定捍卫者

栗战书出席“深入学习贯彻实施宪法　坚定不移推进改革开放”座谈会并讲话

人民日报北京12月4日电　在第五个国家宪法日到来之际，中共中央总书记、国家主席、中央军委主席习近平作出重要指示强调，坚持依法治国首先要坚持依宪治国，坚持依法执政首先要坚持依宪执政。我国现行宪法是在党的领导下，在深刻总结我国社会主义革命、建设、改革实践经验基础上制定和不断完善的，实现了党的主张和人民意志的高度统一，具有强大生命力，为改革开放和社会主义现代化建设提供了根本法治保障。党领导人民制定和完善宪法，就是要发挥宪法在治国理政中的重要作用。要用科学有效、系统完备的制度体系保证宪法实施，加强宪法监督，维护宪法尊严，把实施宪法提高到新水平。要在全党全社会深入开展尊崇宪法、学习宪法、遵守宪法、维护宪法、运用宪法的宣传教育活动，弘扬宪法精神，树立宪法权威，使全体人民都成为社会主义法治的忠实崇尚者、自觉遵守者、坚定捍卫者。

全国人大常委会办公厅4日会同中央宣传部、司法部在北京举行“深入学习贯彻实施宪法　坚定不移推进改革开放”座谈会。

中共中央政治局常委、全国人大常委会委员长栗战书出席座谈会并讲话强调，要深入学习贯彻落实习近平总书记关于宪法的重要讲话和指示批示精神，在以习近平同志为核心的党中央集中统一领导下，弘扬宪法精神，维护宪法权威。

栗战书指出，改革开放40年来，宪法有力保障和推动了党和国家事业发展，贯彻实施宪法取得了宝贵经验。一是始终坚持宪法确认的中国共产党领导地位，坚持党对一切工作的领导，保证党领导人民有效治理国家。二是坚持以人民为中心，用制度体系保证人民当家作主，实现人民对美好生活的向往。三是按照宪法确定的国家根本任务、发展道路、奋斗目标，深入贯彻新发展理念，全面建设社会主义现代化强国。四是坚持走中国特色社会主义法治道路，不断深化依法治国实践，提高国家政治和社会生活法治化水平。五是坚定维护国家统一、民族团结、社会稳定。我国现行宪法是符合国情、符合实际、符合时代发展要求的好宪法，必须坚决维护、长期坚持、全面贯彻。

栗战书强调，要以习近平新时代中国特色社会主义思想为指引，贯彻落实习近平总书记关于宪法的重要论述精神，不断完善以宪法为核心的中国特色社会主义法律体系，通过完备的法律规范体系，把文本上的宪法变成实践中的宪法。要加强对宪法法律实施情况的监督检查，推进合宪性审查工作，健全宪法解释机制，切实维护宪法尊严。要树立宪法权威，增强国家公职人员宪法意识，落实好法治宣传教育的制度化安排，创新宪法宣传教育工作，加强宪法理论研究，使宪法深入人心。

中共中央政治局委员、全国人大常委会副委员长王晨传达了习近平总书记重要指示并主持会议。

中央宣传部、全国人大宪法和法律委员会、司法部、教育部、国务院发展研究中心、中国法学会、中国社会科学院有关负责同志和2018年度法治人物候选人代表在座谈会上发言。

中共中央政治局委员、国家监察委员会主任杨晓渡，全国人大常委会副委员长曹建明、万鄂湘、郝明金出席座谈会。

全国人大各专门委员会、全国人大常委会工作委员会负责同志，中央和国家机关有关部门负责同志，部分高校、科研院所和智库专家学者等参加座谈会。

《人民日报》2018 年 12 月 5 日

在第五个国家宪法日座谈会上的讲话

（2018 年 12 月 4 日）

全国人大常委会委员长　栗战书

同志们：

今天，我们举行第五个国家宪法日座谈会，目的是深入学习贯彻习近平新时代中国特色社会主义思想，推动习近平总书记关于贯彻实施宪法重要讲话精神的落实，在以习近平同志为核心的党中央集中统一领导下，弘扬宪法精神，维护宪法尊严，树立宪法权威，把全面实施宪法提高到一个新水平。

宪法是国家的根本法，是治国安邦的总章程。今年的国家宪法日，具有特殊的重要意义。今年是改革开放 40 周年，我国现行的 1982 年宪法，就是根据党的十一届三中全会确定的路线方针政策制定的，并伴随着改革开放事业发展而与时俱进。回顾宪法发展历程，总结宪法实施经验，有利于更好地发挥宪法在新时代推进改革开放和社会主义现代化建设中的重要作用。今年是全面贯彻落实党的十九大精神的开局之年，3 月份召开的十三届全国人大一次会议对现行宪法进行了第五次修改，把党的十九大确定的重大理论观点和重大方针政策特别是习近平新时代中国特色社会主义思想载入国家根本法，体现了党和国家事业发展的新成就新经验新要求。全面准确领会、深入贯彻落实新修改的宪法，对于坚持以习近平同志为核心的党中央集中统一领导，推进国家治理体系和治理能力现代化，具有重大意义。

党的十八大以来，以习近平同志为核心的党中央高度重视宪法在治国理政中的重要地位和作用。习近平总书记在首都各界纪念现行宪法公布施行 30 周年大会、庆祝全国人民代表大会成立 60 周年大会、党的中央全会、中共中央政治局常委会会议、中央政治局会议、中央政治局集体学习等多个重要会议上，就贯彻实施宪法发表一系列重要讲话，对 2014 年的首个国家宪法日活动、“五四宪法”历史资料陈列馆作出重要指示。在今年第五个国家宪法日来临之际，习近平总书记再次作出重要指示：“坚持依法治国首先要坚持依宪治国，坚持依法执政首先要坚持依宪执政。我国现行宪法是在党的领导下，在深刻总结我国社会主义革命、建设、改革实践经验基础上制定和不断完善的，实现了党的主张和人民意志的高度统一，具有强大生命力，为改革开放和社会主义现代化建设提供了根本法治保障。党领导人民制定和完善宪法，就是要发挥宪法在治国理政中的重要作用。要用科学有效、系统完备的制度体系保证宪法实施，加强宪法监督，维护宪法尊严，把实施宪法提高到新水平。要在全党全社会深入开展尊崇宪法、学习宪法、遵守宪法、维护宪法、运用宪法的宣传教育活动，弘扬宪法精神，树立宪法权威，使全体人民都成为社会主义法治的忠实崇尚者、自觉遵守者、坚定捍卫者。”习总书记的重要指示深刻指出了我国宪法的鲜明特点、显著优势和巨大功效，对全面实施宪法、加强宪法宣传教育提出了明确要求。学习好贯彻好习近平总书记关于贯彻实施宪法的一系列重要讲话、重要指示精神，是推动我国宪法理论和实践向前发展、建设社会主义法治国家的根本保证。

回顾我国宪法发展历程，特别是改革开放 40 年来宪法制度的发展完善，我们深刻体会到，宪法同党和国家前途命运息息相关，我国各方面事业发展取得的巨大成就，离不开宪法的保证和推动，我国社会主义民主法治建设取得的巨大成就，也无不闪耀着宪法精神的光辉。在某种意义上讲，1982 年以来的 5 次修宪，就是我国改革开放历史的生动记录。我国现行宪法是符合国情、符合实际、符合时代发展要求的好宪法，必须坚决维护、长期坚持、全面贯彻。

第一，宪法确认和坚持了党的领导。确认和坚持中国共产党领导，是我国宪法最显著的特征，也是我国宪法得到全面贯彻实施的根本保证。宪法回顾了党领导人民取得新民主主义革命胜利和社会主义事业成就的伟大历史贡献，旗帜鲜明地坚持四项基本原则，明确规定中国各族人民将在中国共产党领导下进行社会主义现代化建设。宪法确立的国体、政体、国家基本政治制度、基本经济制度以及一系列大政方针，都是党的主张和人民意志的高度统一。现行宪法施行36年来，我们党领导人民修改宪法，把改革开放历史进程中的重大理论创新、实践创新、制度创新成果通过国家根本法确认下来，把邓小平理论、"三个代表"重要思想、科学发展观、习近平新时代中国特色社会主义思想确立为国家的指导思想，把党立足时代和实践需要提出的新任务、新目标确立为国家的大政方针，把"中国共产党领导是中国特色社会主义最本质的特征"载入宪法总纲，以国家根本法形式确保党总揽全局、协调各方的领导核心地位，确保党的主张通过法定程序成为国家意志，成为党领导人民治理国家的根本准则。

历史和人民选择了中国共产党，党领导人民制定体现党和人民统一意志的宪法，人民自觉接受宪法确认的党的领导，党自身也在宪法范围内活动，这就是坚持党的领导的历史逻辑、政治逻辑和法理逻辑。我们贯彻实施宪法，就是要牢牢把握宪法所确立的中国共产党领导、社会主义制度的本根，毫不动摇坚持党对一切工作的领导，牢固树立政治意识、大局意识、核心意识、看齐意识，坚决维护习近平总书记核心地位，坚决维护党中央权威和集中统一领导，把党的领导贯彻落实到国家政治和社会生活的各个领域，保证党领导人民有效治理国家，保证我国始终沿着中国特色社会主义道路前进。

第二，宪法维护和发展了人民的根本利益。我国宪法是真正的人民宪法。现行宪法是在党的领导下，发扬人民民主、集中人民智慧制定出来的。1982年4月，宪法修改草案交付全国各族人民讨论。之后4个月时间里，全国几亿人参加讨论宪法草案。根据全民讨论提出的意见和建议，对宪法草案作了近百处补充和修改。五届全国人大五次会议召开时，内蒙古呼和浩特市一名普通工人还向全国人大写信，并用自己四分之一的月工资加发了一封电报，提出有关土地利用问题的建议，其中有的意见在通过的宪法中得到了采纳。像这样体现全体人民共同意志的宪法，必然得到全体人民拥护和遵行。

我国宪法规定，国家一切权力属于人民，这是我国国家制度的核心内容和根本准则。宪法确立的各项制度和大政方针，都体现了人民当家作主，都是为了维护和发展人民利益。1982年宪法与1954年宪法在结构上有一个不同，就是将"公民的基本权利和义务"一章放在"国家机构"一章之前，明确规定了人民享有的广泛权利和自由。之后，几次宪法修正案都从不同角度充实、加强了维护和发展人民利益的内容。全国人大及其常委会根据宪法制定了一系列保障和发展公民权利的法律，比如政治领域的选举法、城市居民委员会组织法、村民委员会组织法等，民事领域的民法通则、婚姻法、物权法、著作权法、专利法、侵权责任法等，社会领域的劳动法、劳动合同法、社会保险法、妇女权益保障法、未成年人保护法、老年人权益保障法等，教育文化领域的教育法、义务教育法、职业教育法、高等教育法、公共文化服务保障法等，还有一大批保障人民群众生产生活安全、保障公民环境权益的法律。

宪法规定的公民政治、经济、文化、社会等各方面权利，通过相关法律的制定和实施得到有力保障、充分实现，人民当家作主具体地、现实地体现到了国家政治生活和社会生活之中。我们贯彻实施宪法，就是要坚持以人民为中心，坚持人民主体地位，长期坚持、全面贯彻、不断发展国家根本政治制度、基本政治制度，用制度体系保证人民当家作主，贯彻国家尊重和保障人权的宪法原则，坚持在发展中保障和改善民生，在发展中补齐民生短板、促进社会公平正义，让改革发展成果更多更公平惠及全体人民，实现人民对美好生活的向往。

第三，宪法保障和推动了改革开放不断深化。改革开放是全新的事业，需要在实践中积极探索创新，也需要用法治特别是国家根本法予以规范、引领、推动、保障。1982年宪法和之后的五个修正案，从根本法上明确了国家根本任务、发展道路、奋斗目标，确立了我们党关于改革开放、发展社会主义市场经济的一系列大政方针，有力地破除了束缚生产力发展的体制机制障碍，极大地激发了全社会创造力和发展活力。宪法明确规定国家实行社会主义市场经济，确立了社会主义初级阶段的基本经济制度和分配制度，明确非公有制经济的地位和国家对非公有制经济的方针政策，我国成功实现了从改革开放之前的传统的计划经济体制向社会主义市场经济体制的转变。宪法明确我国始终坚持改革开放的方针，坚持互利共赢开放战略，允许外国企业、其他经济组织或个人依法在我国进行投资、开展合作，保障其合法权利和利益，我国成功实现了从改革开放之初的封闭半封闭到今天全方位开放的伟大转折，中国已经成为世界第二大经济体、第一大货物贸易国、第一大外汇储备国。宪法确认我国农村改革成功经验，规定和完善了农村基本经营制度，保障和推动我国农业生产、农民生活、农村面貌发生巨大变化，我国农村实现了从改革开放之前的温饱不足、贫穷落后向小康的跨越并即将实现全面小康。

今年 3 月宪法第五次修改，明确写入贯彻新发展理念，调整充实了国家事业发展的总体布局、发展目标和指导原则，提出把我国建设成为富强民主文明和谐美丽的社会主义现代化强国，实现中华民族伟大复兴，用根本法的形式确认了国家未来发展的蓝图。我们贯彻实施宪法，就是要团结动员全国各族人民齐心协力踏上社会主义现代化新征程，按照宪法确定的国家发展目标，深入贯彻新发展理念，全面深化改革，持续奋斗，长期奋斗，确保到 2020 年全面建成小康社会，到 2035 年基本实现社会主义现代化，到 2050 年全面建成社会主义现代化强国。

第四，宪法引领社会主义法治建设取得巨大成就。党的十一届三中全会明确提出，为了保障人民民主，必须加强社会主义法制，使民主制度化、法律化，使这种制度和法律具有稳定性、连续性和极大的权威，做到有法可依、有法必依、执法必严、违法必究。1982 年宪法确立了社会主义法制的基本原则。党的十五大提出依法治国基本方略。1999 年对宪法进行的第三次修改，将这一基本方略载入宪法，明确中华人民共和国实行依法治国，建设社会主义法治国家。党的十八大以来，以习近平同志为核心的党中央从关系党和国家长治久安的战略高度来定位法治、布局法治、厉行法治。2014 年党的十八届四中全会把全面依法治国纳入“四个全面”战略布局，坚持依法治国、依法执政、依法行政共同推进，坚持法治国家、法治政府、法治社会一体建设。今年 3 月通过的宪法修正案，完善了全面依法治国和宪法实施举措。40 年来，在党中央领导下，在国家根本法引领下，中国特色社会主义法律体系如期形成并不断完善，社会主义法治国家建设取得历史性成就。目前，共有现行有效法律 269 件、行政法规 750 多件、地方性法规 12000 多件，基本实现了有法可依。法治政府建设进入新阶段，政府科学决策、民主决策、依法决策水平不断提高，严格规范公正文明执法水平不断提升。司法质量、效率和公信力显著提高，人民群众对司法公正的获得感明显增强。从 1986 年到现在，连续开展七个五年普法活动，一以贯之把宪法宣传教育作为重要内容，领导干部运用法治思维和法治方式的能力和水平全面提高，全体人民法治意识不断增强。

宪法是全面依法治国的根本依据，全面实施宪法是全面依法治国的首要任务。我们贯彻实施宪法，就是要坚持走中国特色社会主义法治道路，在党的领导下，紧紧围绕完善和发展中国特色社会主义制度、推进国家治理体系和治理能力现代化，深入贯彻中国特色社会主义法治理论，建设中国特色社会主义法治体系，推进科学立法、严格执法、公正司法、全民守法，不断深化依法治国实践，提高国家政治和社会生活法治化水平。

第五，宪法有力维护了国家统一、民族团结、社会稳定。我国是全国各族人民共同缔造的统一的多民族国家。宪法明确，中央和地方的国家机构职权的划分，遵循在中央的统一领导下，充分发挥地方的主动性、积极性的原则。宪法确认了我国的社会主义民族关系，确立了民族区域自治制度。1984 年，全国人大制定了民族区域自治法。根据宪法和相关法律，我国共建立 155 个民族自治地方，包括 5 个自治区、30 个自治州、120 个自治县（旗），民族区域自治制度得到充分贯彻落实。今年的宪法修正案将“和谐”作为社会主义民族关系的特征写入宪法，促进各民族和睦相处、和衷共济、和谐发展。为解决台湾、香港、澳门问题，实现祖国和平统一，上世纪 80 年代初，邓小平同志提出了“一国两制”的伟大构想。1982 年宪法贯彻落实“一国两制”方针，创造性地规定了特别行政区制度。依据宪法，1990 年全国人大通过了香港特别行政区基本法，决定设立香港特别行政区；1993 年通过了澳门特别行政区基本法，决定设立澳门特别行政区。1997 年和 1999 年，香港、澳门先后回归，中国人民在完成祖国统一大业中取得了重大历史进展，回归后的香港、澳门保持了长期繁荣稳定。贯彻党和国家对台工作大政方针，2005 年，全国人大根据宪法制定反分裂国家法，为反对和遏制“台独”分裂势力分裂国家、促进祖国和平统一提供了有力法律保障。维护国家安全是国家的宪法职责。近年来，全国人大常委会贯彻落实总体国家安全观，加快国家安全法治建设，出台一批国家安全领域的重要法律，为维护国家安全、核心利益和重大利益提供了有力法治保障。

宪法是国家主权的最高法律体现。经历过近代半殖民地半封建社会苦难的中国人民深知，维护国家主权和领土完整、维护民族团结和谐极为重要，极为宝贵。我们贯彻实施宪法，就是要始终坚定维护国家的统一和团结，坚决维护国家主权、安全、发展利益，坚持“一国两制”，推进祖国统一，巩固和发展爱国统一战线，全面贯彻党的民族政策，促进各民族像石榴籽一样紧紧抱在一起。

同志们，党和国家事业的与时俱进、我国宪法的完善发展，要求全面贯彻实施宪法工作必须紧跟时代步伐。在新时代新征程上，我们要坚持党的领导、人民当家作主、依法治国有机统一，切实尊崇宪法，严格实施宪法，为实现“两个一百年”奋斗目标、实现中华民族伟大复兴的中国梦提供更加有力的宪法保障。怎样使宪法深入人民心中，重点要抓好以下几个方面的工作。

*一是坚持以习近平总书记关于宪法的重要论述为根本指引。*党的十八大以来，习近平总书记对宪法作出了一系列重要论述，立意高远、内涵丰富，思想深邃、阐述精辟，是习近平新时代中国特色社会主义思想的重要组成部分。比如，关于宪法的性质、地位和权威，习近平总书记指出，宪法集中体现了党和人民的统一意志和共同愿望，是国家意志的最高表现形式；强调坚持依法治国首先要坚持依宪治国，坚持依法执政首先要坚持依宪执政。关于宪法的发展完善，习近平总书记指出，宪法只有不断适应新形势、吸纳新经验、确认新成果、作出新规范，才具有持久生命力。关于加强宪法实施和监督，习近平总书记强调，全面贯彻实施宪法，是全面依法治国、建设社会主义法治国家的首要任务和基础性工作；强调必须把宣传和树立宪法权威作为全面依法治国的重大事项抓紧抓好，切实在宪法实施和监督上下功夫。关于弘扬宪法精神，习近平总书记指出，宪法的根基在于人民发自内心的拥护，宪法的伟力在于人民出自真诚的信仰；13亿多人民养成人人遵守宪法、维护宪法的观念和习惯，这是一个伟大的力量。这些重要论述涵盖了宪法内容的各个方面，构成了一个完整的宪法理论体系，是新时代推进全面依法治国、依宪治国的强大思想武器、根本行动指南。我们要把习近平总书记关于宪法的重要论述作为学习宣传和贯彻实施宪法的纲领和遵循，切实领会好、贯彻好、落实好。

*二是用科学有效、系统完备的制度体系保证宪法实施。*宪法具有最高的法律地位、法律权威、法律效力，是国家法律法规和各种制度的总依据。通过完备的法律规范体系，把文本上的宪法变成实践中的宪法，是推动宪法实施的基本途径。要紧紧围绕全面依法治国总目标，坚持党对全面依法治国的集中统一领导，加快形成完备的法律规范体系、高效的法治实施体系、严密的法治监督体系、有力的法治保障体系，形成完善的党内法规体系，用科学有效、系统完备的制度体系保证宪法实施。要以宪法为总依据，推进科学立法、严格执法、公正司法、全民守法，把国家各项事业和各项工作纳入全面依法治国、依宪治国轨道。

全国人大及其常委会要坚持党中央对立法工作的集中统一领导，发挥人大及其常委会在立法工作中的主导作用，行使好宪法法律赋予的国家立法权。要紧紧围绕统筹推进“五位一体”总体布局、协调推进“四个全面”战略布局，围绕建设中国特色社会主义法治体系、建设社会主义法治国家，坚持科学立法、民主立法、依法立法，在保证立法质量的前提下加大工作力度、加快立法工作步伐，着力加强民主政治、民生保障、安全、环境等方面的立法，加快推进贯彻新发展理念、实现高质量发展方面的立法，积极做好涉及改革的法律立改废释和授权、决定等工作，不断完善以宪法为核心的中国特色社会主义法律体系，保证宪法确立的制度、原则和规则得到全面实施。

*三是加强宪法监督，维护宪法尊严。*国家机关行使立法权、行政权、监察权、审判权、检察权，是由宪法赋予的，都必须按照宪法确定的原则和程序运行。一切法律法规都以宪法为依据，不得与宪法相抵触。任何组织和个人都必须尊重和维护宪法权威，都必须在宪法范围内活动，都必须依照宪法行使权力、履行职责，都没有超越宪法的特权。今年3月召开的第十三届全国人民代表大会第一次会议决定，将全国人大法律委员会修改为宪法和法律委员会，虽然只增加了三个字，但它凸显了宪法的最高法律地位。

全国人大及其常委会要担负起宪法监督职责，加强对宪法法律实施情况的监督检查，加强对“一府一委两院”工作的监督，支持和督促各国家机关依照宪法法律履行职责。要健全宪法监督机制，推进合宪性审查工作，健全备案审查制度，确保所有法规规章、司法解释和各类规范性文件符合宪法规定、宪法精神。要健全宪法解释机制，加强宪法解释工作，积极回应社会关切，努力实现宪法的稳定性和适应性的统一。

*四要大力弘扬宪法精神，树立宪法权威。*贯彻党的十九大和十九届二中全会精神，在全党全社会深入开展尊崇宪法、学习宪法、遵守宪法、维护宪

法、运用宪法的宣传教育活动,使全体人民成为宪法的忠实崇尚者、自觉遵守者、坚定捍卫者。要抓住党员领导干部这个“关键少数”,落实宪法宣誓制度,把宪法教育纳入党员干部学习教育体系,推动党政机关工作人员有组织地集中学习宪法,切实增强国家公职人员恪守宪法原则、弘扬宪法精神、履行宪法使命的自觉性和坚定性。要继续组织好国家宪法日活动,实施好“七五”普法决议,落实好法治宣传教育的制度化安排,不断创新宪法宣传教育的理念、载体、方式方法,讲好中国宪法故事,使宪法深入人心,内化于心、外化于行。

要加强宪法理论研究。认真学习、研究、阐释习近平总书记关于宪法的重要论述和要求,结合中国近现代历史特别是中国共产党领导人民长期奋斗的光辉历程,结合我国改革开放40年取得的辉煌成就,结合新时代坚持和发展中国特色社会主义的伟大实践,深刻阐释我国宪法发展史、宪法优越性、新时代依宪治国的内涵,丰富和发展中国特色社会主义宪法理论,增强坚持走中国特色社会主义法治道路的自觉性和坚定性。

同志们,习近平总书记深刻指出:“时间越久远,事业越发展,我们就越加感受到宪法的力量。不论过去、现在还是将来,维护宪法权威,就是维护党和人民共同意志的权威;捍卫宪法尊严,就是捍卫党和人民共同意志的尊严;保证宪法实施,就是保证人民根本利益的实现。”有以习近平同志为核心的党中央坚强领导,有全党全国各族人民的坚定信仰、自觉维护、共同实施,我国的这部社会主义宪法、人民的宪法、与时俱进的宪法,一定能够在坚持和发展新时代中国特色社会主义事业中发挥伟大的作用。

《中国人大》2018 年第 23 期

在第五个国家宪法日座谈会上的主持讲话

(2018 年 12 月 4 日)

王　晨

同志们:

宪法是国家的根本法,是治国安邦的总章程,是党和人民意志的集中体现。党的十八大以来,以习近平同志为核心的党中央把实施宪法摆在全面依法治国的突出位置,采取一系列有力措施加强宪法实施和监督,加强宪法宣传教育,维护宪法权威。在纪念改革开放40周年之际,我们迎来了第五个国家宪法日。这也是十三届全国人大一次会议通过宪法修正案后举行的首个国家宪法日活动。党中央高度重视,习近平总书记专门作出重要指示。经党中央批准,今天,全国人大常委会办公厅会同中央宣传部、司法部共同举办第五个国家宪法日座谈会,目的是推动全社会学习贯彻习近平总书记重要指示精神,全面深入学习宣传和贯彻实施宪法,坚定不移推进改革开放。中共中央政治局常委、全国人大常委会委员长栗战书同志出席会议并将作讲话。

出席今天座谈会的领导同志还有:中共中央政治局委员、中央书记处书记、中央纪委副书记、国家监察委员会主任杨晓渡同志,全国人大常委会副委员长曹建明、万鄂湘、郝明金同志。中央宣传部负责同志,全国人大常委会秘书长、副秘书长、机关党组成员,全国人大各专门委员会、常委会各工作委员会主要负责同志,司法部、教育部、国务院发展研究中心、中国社会科学院、中国法学会主要负责同志,最高人民法院、最高人民检察院负责同志,部分高校、科研院所专家学者,2018 年度法治人物候选人代表,部分高校师生等参加会议。

按照座谈会议程安排,首先,我向大家宣读习近平总书记的重要指示。

习近平总书记的重要指示强调,坚持依法治国首先要坚持依宪治国,坚持依法执政首先要坚持依宪执政。我国现行宪法是在党的领导下,在深刻总结我国社会主义革命、建设、改革实践经验基础上制定和不断完善的,实现了党的主张和人民意志的高度统一,具有强大生命力,为改革开放和社会主义现代化建设提供了根本法治保障。党领导人民制定和完善宪法,就是要发挥宪法在治国理政中的重要作用。要用科学有效、系统完备的制度体系保证宪法实施,加强宪法监督,维护宪法尊严,把实施宪法提高到新水平。要在全党全社会深入开展尊崇宪法、学习宪法、遵守宪法、维护宪法、运用宪法的宣传教育活动,弘扬宪法精神,树立宪法权威,使全体人民都成为社会主义法治的忠实崇尚者、自觉遵守者、坚定捍卫者。

同志们,习近平总书记的重要指示,深刻指出了我国宪法的鲜明特点、显著优势和巨大功效,对全面实施宪法、加强宪法宣传教育提出了明确要求。这是继2014年首个国家宪法日活动、2016年设立"五四宪法"历史资料陈列馆之后,习近平总书记第三次专门对宪法贯彻实施和宣传教育工作作出重要指示。我们要深刻学习领会习近平总书记重要指示精神,把习近平总书记关于宪法的一系列重要论述和指示精神作为学习宣传和贯彻实施宪法的引领和遵循,作为新时代推进全面依法治国、依宪治国的思想武器和行动指南,切实学习好、领会好、贯彻好、落实好。

同志们,刚才栗战书委员长作的重要讲话,紧紧围绕学习贯彻习近平总书记重要指示精神,深刻总结了我国宪法在改革开放和社会主义现代化建设中发挥的根本法治保障作用,鲜明指出了贯彻实施宪法必须牢牢把握的重大原则,对深入学习宣传和贯彻实施宪法提出了明确要求。栗战书委员长的讲话坚持以习近平新时代中国特色社会主义思想为指导,贯彻体现了党中央坚持依法治国、依宪治国,推进宪法全面有效实施的决策部署,具有很高的政治站位、理论站位和指导意义。我们要认真学习贯彻习近平总书记关于宪法的重要论述和重要指示精神,学习贯彻栗战书委员长的讲话精神,牢固树立"四个意识",坚决维护习近平总书记的核心地位,坚决维护党中央权威和集中统一领导,弘扬宪法精神,树立宪法自信,维护宪法权威,加强宪法实施和监督,更好发挥宪法在保障和推进新时代深化改革开放和建设社会主义现代化强国中的重要作用,为实现"两个一百年"奋斗目标、实现中华民族伟大复兴的中国梦而不懈奋斗。

开创法治宣传教育新局面

中央宣传部副部长　孙志军

全民普法和守法是依法治国的长期基础性工作。中宣部深入学习贯彻习近平新时代中国特色社会主义思想和党的十九大精神,学习贯彻习近平总书记全面依法治国新理念新思想新战略,不断加大工作力度,努力推进法治宣传教育开创新局面、迈上新台阶。

积极推动宪法精神深入人心、落地生根。要在全社会深入开展尊崇宪法、学习宪法、遵守宪法、维护宪法、运用宪法的宣传教育活动,通过举办报告会和各类群众性活动,编写宪法学习主题图书等多种形式,大力弘扬宪法精神,让宪法家喻户晓、深入人心,为全面贯彻实施宪法提供坚实思想基础、营造良好氛围。要组织各级各类媒体生动鲜活讲述宪法故事,深入宣传宪法的重要地位、作用和贯彻实施的重大意义,深入宣传宪法修改的总体要求和原则,深入宣传宪法修正案的核心要义,深入宣传全党全国各族人民学习和贯彻实施宪法的实际行动,不断增强广大干部群众的宪法意识。要抓住"12·4"国家宪法日这一重要契机,大力组织开展"宪法宣传周"活动,使宪法宣传走入日常生活、走入人民群众,推动在全社会形成宪法学习宣传的热潮。

积极推动社会主义核心价值观入法入规、形成机制。要按照中央印发的《社会主义核心价值观融入法治建设立法修法规划》要求,会同有关部门建立完善社会主义核心价值观融入法治建设立法修法协调机制,形成社会主义核心价值观审查标准,从源头上确保新制定的法律法规符合社会主义核心价值观要求,维护中国特色社会主义法律体系价值导向与内在逻辑的统一与权威,既确保社会主义核心价值观入法入规审查的有效开展,又利于提高立法工作效率,真正让社会主义核心价值观入法入规制度化。要更好发挥法治在解决诚信缺失等道德领域突出问题中的作用,着力健全公民和组织守法信用记录,完善跨部门跨地区跨行业的守信激励和失信惩戒的联动机制,集中开展专项治理,强化有利于诚信建设的法治环境和政策导向,推动形成崇法守信的社会风尚。

积极推动法治宣传教育向基层延伸、守正创新。要推动法治宣传教育进一步向基层延伸、在群众中开展,用好基层法治宣传阵地,扩大法治宣传覆盖面和影响力,开展生动直观的法治宣传教育。要抓住党和国家工作人员、青少年等重点人群开展法治宣传教育。要推进社会主义法治文化建设，加强优秀法治宣传教育产品创作生产。要落实媒体公益普法制度，深化“诚信建设万里行”主题宣传活动，推动形成舆论监督揭露问题、部门地方正面回应问题、采取措施推动解决问题的良性循环，营造“知信、用信、守信”的良好氛围。要适时发布“诚信之星”，强化全社会诚信守法意识。要落实“谁执法谁普法”普法责任制，推行法官、检察官、行政执法人员、律师以案释法制度，把法治宣传教育贯穿执法全过程，让人们在解决问题中学习宪法法律知识。

增强宪法意识　坚定宪法自信

全国人大宪法和法律委员会主任委员　李　飞

党的十九届三中全会决定，为弘扬宪法精神，增强宪法意识，维护宪法权威，加强宪法实施和监督，推进合宪性审查工作，将全国人大法律委员会更名为全国人大宪法和法律委员会。宪法和法律委员会在继续承担统一审议法律草案工作的基础上，增加推动宪法实施、开展宪法解释、推进合宪性审查、加强宪法监督、配合宪法宣传等职责。更名后的第一届宪法和法律委员会组建成立后，我们深感责任重大、使命光荣。

要认真学习领会深刻理解习近平总书记关于宪法的重要论述。习近平新时代中国特色社会主义思想特别是习近平总书记关于宪法的重要论述，尤其是习近平总书记在今天第五个国家宪法日作出的重要指示，为新时代全面依法治国、依宪治国，加强宪法实施和监督，指明了前进方向，提供了根本遵循，具有鲜明的时代特征和实践特色。宪法和法律委员会的头等大事就是在工作中深入学习领会党的十九大和十九届二中、三中全会精神，深入学习领会习近平总书记关于宪法的重要论述，学深悟透，学懂弄通，作为开展工作的根本遵循和行动指南，在尽职履责中坚决贯彻落实。

要深入贯彻落实党的十九大关于加强宪法实施和监督，推进合宪性审查工作的部署。加强宪法实施和监督，推进合宪性审查工作，是宪法和法律委员会的职责，具有很强的政治性、法律性、专业性，我们将始终坚持党的领导，牢记“四个意识”，坚持正确的政治方向，积极稳妥地履行好职责，维护宪法权威。在委员会统一审议法律草案的工作中加强对涉及宪法规定的内容的审查研究，慎重作出合宪性判断；运用宪法规定统一思想认识，凝聚立法共识。宪法和法律委员会将结合我国宪法制定、实施、完善、发展的光辉历程和改革开放四十年的伟大成就，弘扬我国宪法的独特优势和巨大功效，弘扬宪法精神，推动形成国家宪法话语体系。

要带头增强宪法意识，深刻理解宪法精神，坚定宪法自信。宪法和法律委员会要履行好职责，必须带头增强宪法意识。宪法和法律委员会第一次到外地开展集体学习和立法调研的地点，选择在毛主席亲自领导起草新中国第一部宪法草案的诞生地杭州。通过重温学习，我们深感老一辈领导人对于宪法法律的认识对于我们今天的立法工作仍具有鲜明的指导意义，需要在今后的立法工作中认真贯彻落实。宪法和法律委员会要履行好职责，必须深刻理解宪法精神、坚定宪法自信。通过重温我国宪法制定修改过程和巨大贡献，进一步深刻理解了我国宪法的精神，切实提升了宪法自信。以习近平同志为核心的党中央通过修改宪法，确立了“把我国建设成为富强民主文明和谐美丽的社会主义现代化强国，实现中华民族伟大复兴”作为国家发展目标，为国家发展进步指明了前进方向，提供了根本遵循。坚定宪法自信，才能深刻理解我们在革命、建设、改革中取得的令世界瞩目的伟大成就的成因，坚持道路自信、理论自信、制度自信、文化自信。

推动宪法深入人心

司法部部长　傅政华

司法部作为全民普法的主管部门，始终把学习宣传宪法作为全民普法的首要任务，努力在全社会营造尊崇宪法的浓厚氛围。特别是今年3月，十三届全国人大一次会议通过《中华人民共和国宪法修正案》后，重新组建的司法部党组和领导班子以高度的政治责任感，认真贯彻中央决策部署，坚持在全社会普遍开展宪法教育，推动宪法家喻户晓、深入人心。

提高政治站位，切实担负起推动全社会学习宣传宪法的职责使命。司法部把推动全社会尊崇宪法、学习宪法、遵守宪法、维护宪法、运用宪法作为重要政治责任，努力推动全社会普遍开展宪法学习宣传教育。今年3月22日，重新组建后的司法部领导班子专题学习了新的宪法修正案，并就如何推动全社会学习宣传宪法进行了认真研究。司法部、全国普法办会同中宣部等部门在全国部署开展“尊崇宪法、学习宪法、遵守宪法、维护宪法、运用宪法”主题宣传教育活动。全国31个省（区、市）和新疆生产建设兵团、100多家中央国家机关和中央企业都制定了关于深入学习宣传宪法的意见或工作方案。通过精心组织策划，全社会宪法学习宣传产生了良好效果。

抓好“关键少数”，带动和促进全社会宪法学习宣传不断深入。司法部、全国普法办积极推动各地各部门健全完善党委（党组）中心组学法制度和日常学法制度等，组织领导干部带头学习宪法。与有关部门联合在人民大会堂举办了3场宪法学习报告会，组织中央和国家机关干部共2400余人现场听报告。各地各部门积极组织“七五”普法讲师团成员和法学专家，举办宪法学习讲座、专题辅导报告；把宪法学习教育纳入干部教育培训规划，列入干部网络学习必修课，作为国家工作人员学法考法内容，努力推动乡级以上的党政机关工作人员原原本本学习一遍宪法文本。分别会同有关部门制定了宪法进宾馆、进公共交通场所、进万家、中国宪法边疆行等活动方案，组织开展了丰富多彩的宪法宣传教育活动，有效带动了全社会形成学习宣传宪法的热潮。

创新宣传形式，推动宪法学习宣传教育活起来、落下去。在推进宪法学习宣传教育活动中，坚持创新宣传形式，以人民群众喜闻乐见的方式，推动宪法精神走入人民群众、走入日常生活。司法部、全国普法办会同中央电视台连续18年在中央电视台举办年度法治人物颁奖礼。司法部、全国普法办会同有关部门采取有奖征集、委托制作等方式，精心制作了一批微视频、公益广告、动画等宪法宣传品，在中国普法网设置“宪法学习宣传资料”飘窗，汇集各类宪法学习宣传资料，供社会群众免费下载使用。组织开展“我与宪法”优秀微视频征集展播活动，对优秀获奖作品进行全网推送展播。在近期“宪法宣传周”期间，我们于12月2日，会同中宣部在呼和浩特市举办了“宪法宣传周”启动仪式，把宪法宣传与法治乌兰牧骑有机融合，推动各地把宪法宣传融入地方文化，使宪法宣传更加入脑入心。

提升青少年宪法法治素养

教育部副部长　朱之文

在宪法的引领和保障下，教育的基础性、先导性、全局性地位和作用正式确立和巩固，教育事业实现跨越式发展、取得历史性成就，经历了一段波澜壮阔的历史进程，走出了一条中国特色社会主义教育发展道路。

坚持宪法确立的党的领导地位，加强党对教育事业的全面领导。宪法规定中国共产党领导是中国特色社会主义最本质的特征，这是办好教育的根本保证。40年来，党对教育工作的领导持续加强，党的教育方针不断丰富，立德树人根本任务有效落实。不断健全党的领导体制，中央专门成立教育工作领导小组，为教育改革发展提供强力保障，公办普通高等学校全面落实党委领导下的校长负责制。切实把思想政治工作作为生命线贯穿教育教学全过程，努力做到全员、全过程、全方位育人，牢牢掌握学校意识形态工作领导权。推进高校院系、中小学校、民办学校、中外合作办学党组织建设，切实发挥党组织的战斗堡垒作用和共产党员的先锋模范作用。认真落实全面从严治党主体责任和监督责任，着力营造教育系统风清气正的良好政治生态。

坚守宪法的价值追求，坚持以人民为中心发展教育。宪法保障每个人平等受教育权，这是发展教育的根本追求和基本原则。目前，我国已建成世界最大规模的教育体系，整体水平进入世界中上行列，为每个人享有平等受教育机会奠定了坚实基础。加快缩小城乡、区域、校际、群体差距，继2000

年基本普及九年义务教育之后，2008 年实现城乡义务教育全部免除学杂费，全面改造农村义务教育薄弱学校，实施农村义务教育学生营养改善计划、乡村教师支持计划、国家农村和贫困地区专项计划等，盲聋弱智三类残疾儿童义务教育入学率达 90% 以上，学生资助实现所有学段、公办民办学校、家庭经济困难学生全覆盖，社会主义优越性和宪法价值追求在教育领域得到充分体现。

彰显宪法的理论品格，在实践中深化教育改革创新。我国教育改革之所以取得巨大成功，一个十分重要的原因就在于能够在实践中不断探索完善符合中国国情的教育体制机制。40 年来，中央五次召开全国性教育会议，在重要历史关口谋划和推动改革。教育办学体制更趋多元，以政府办学为主体、全社会积极参与、公办和民办共同发展的格局基本形成。管理体制更具活力，中央和地方、政府和学校之间教育职责权限逐步理清。考试招生制度更加科学，由“一考定终身”走向分类考试、综合评价、多元录取。依法治教更加深入，形成以 8 部教育法律为统领，16 部教育行政法规和一批部门规章和地方教育法规规章在内的教育法律制度体系，确保改革始终在法治轨道上推进。

夯实宪法的实施基础，提升青少年宪法法治素养。教育部始终将宪法教育作为青少年法治教育的核心，把以宪法为核心的法治教育纳入国民教育体系，印发《青少年法治教育大纲》，加强教师培训，深化研究阐释，推动宪法教育进课堂、进教材、进头脑。积极探索网络、卡通、“指尖”、文艺、故事、实践普法等青少年喜闻乐见的形式，增强吸引力感染力。

围绕宪法提供智力支持

国务院发展研究中心党组书记　马建堂

在推进新时代改革开放的进程中，必须认认真真学习宪法，不折不扣贯彻宪法。国务院发展研究中心将重点围绕宪法提出的一些重大原则开展研究、建言献策，为深入学习贯彻实施宪法、推进新时代改革开放提供智力支持。

坚持以习近平新时代中国特色社会主义思想为指导。要把学习领会贯彻这一重要思想，与落实中国特色社会主义事业“五位一体”总体布局和“四个全面”战略布局的需要结合起来，与解决新时代社会主要矛盾的需要结合起来，与准确把握新时代改革的总目标、总部署和基本路径、方式方法结合起来，与构建新型国际关系和人类命运共同体的任务结合起来，推出更多有分量的研究成果，更好服务改革开放顶层设计，推动改革开放举措落到实处。

坚持党对改革开放的集中统一领导。坚持党对改革开放的领导，要求我们牢固树立“四个意识”，坚决维护习近平总书记党中央核心、全党核心地位，坚决维护党中央权威和集中统一领导，自觉在思想上政治上行动上与党中央保持高度一致；要求我们坚定全面落实党中央关于改革开放的决策部署；要求我们加强党的建设，提高应对复杂局面、推进改革开放的能力。

坚持社会主义市场经济的正确改革方向。深入推进改革开放，必须牢记全面深化改革的总目标是完善和发展中国特色社会主义制度，推进国家治理体系和治理能力现代化。坚持正确改革方向，要求我们正确处理政府和市场的关系，使市场在资源配置中起决定性作用和更好发挥政府作用，继续推进简政放权，把该还给市场的权力还给市场，把该还给社会的权力还给社会，把该放给地方和基层的权力放给地方和基层，以有效的政府作为，保证市场的有序高效运行。

坚持和完善基本经济制度。坚定不移实行改革开放，就必须毫不动摇地巩固和发展公有制经济，坚持公有制经济主体地位，发挥国有经济主导作用；就必须毫不动摇地鼓励、支持和引导非公有制经济发展，真正把民营经济看成我国经济制度的内在要素，切实把民营经济当作我们党长期执政的重要力量，在市场准入、生产要素使用、市场监管、产权保护等方面，公平对待各类所有制经济。

坚持在开放中推动改革和发展。在贸易保护主义抬头、逆全球化暗潮涌动的大背景下，我们更需要继续坚持对外开放的基本国策，把中国开放的大门越开越大。我们要继续放宽市场准入，稳步推进服务业开放；要加快统一内外资法律法规，确保外资企业准入后在法律政策上享受国民待遇；要继续推进“一带一路”建设，同相关国家一道深化各领域交流合作，为全球提供开放合作的国际平台。

宪法规定了改革开放的总方向，宪法为改革开放提供了法律保障。国务院发展研究中心将认真学习宪法、尊崇宪法、贯彻宪法，把宪法的精神全面落实到政策研究咨询过程中，为更好地推进新时代的改革开放建言献策、贡献力量。

丰富社会主义宪法实践

中国法学会宪法学研究会会长　韩大元

改革开放40年，宪法作为国家的根本法发挥了引导、规范与保障作用，体现了中国宪法的制度特色与优势。特别是，宪法确认了中国共产党的领导地位，明确中国共产党领导是中国特色社会主义最本质特征，丰富了当代社会主义宪法实践。同时，宪法规定人民代表大会制度是国家的根本政治制度，人民的利益是宪法的最高原则，以人民为主体的发展观是宪法的核心价值。“国家尊重和保障人权”凸显了人的主体地位，推动了我国人权事业的发展。

通过宪法凝聚改革的社会共识，为全面推动改革开放提供宪法基础。在改革开放的伟大实践中，宪法与时俱进，形成宪法与改革的良性互动。现行宪法颁行以来的五次修宪史其实也是一部中国的改革开放史，每次改革开放的重大举措是通过宪法修改来完成的。今年，我们通过修宪，将“习近平新时代中国特色社会主义思想”写进宪法，使宪法在新时代具有了更大的适应性，为未来新一轮全面推动改革开放提供了坚实的思想基础。

改革开放的经验告诉我们，宪法宣传教育是推进宪法实施和全面依法治国的重要基础性工作。通过宪法教育，进一步提高全民的宪法意识，特别是大力增强领导干部的宪法观念，牢固树立“宪法法律至上、法律面前人人平等，权由法定，权依法使”的法治观念，强化所有公职人员的宪法忠诚与国家主流价值观的认同。宪法权威的树立，很大程度上取决于领导干部是否依宪办事，是否把权力关进宪法这个笼子里。做好领导干部这个“关键少数”的宪法教育，使之成为尊崇宪法、维护宪法、运用宪法、弘扬宪法精神的模范。

在新时代，做好合宪性审查工作是提升宪法宣传教育实效性，树立宪法权威的重要形式。“宪法的生命在于实施”，生动的宪法实践对弘扬宪法精神，彰显宪法价值最具说服力。在新时代，人们更加期待树立宪法权威，关切生活中发生的宪法问题。党的十九大提出“推进合宪性审查工作”，全国人大宪法和法律委员会已设立，做好合宪性审查工作，积极回应民众的期待是宪法实施的一项重要工作，对于落实十九大精神，增强人们的宪法自信，维护宪法权威具有重大意义。

宪法权威的树立既依赖于有效的宪法监督制度，同时也靠良好的宪法文化。宪法宣传形式是多样化的，但基础与起点是认真阅读宪法文本。我国宪法文本背后蕴含着国家的历史、文化与价值观，承载着人民对美好生活的期待，不仅提倡在宪法日读宪法，而且要把读宪法作为我们的一种生活方式，特别是公职人员凡事找宪法，决策或者履行职责都要问“是否符合宪法”，不说违宪的话，不做违宪的事，让宪法精神入脑入心，融入国家生活的各个领域。

我们要坚定不移地深入学习贯彻实施宪法，坚定不移地推进改革开放，在全社会形成维护宪法、遵守宪法、信仰宪法的文化，为开创依宪治国的新局面而共同努力。

为改革开放提供宪法引领

中国社会科学院副院长　高培勇

我国改革开放以及宪法实施的伟大成就充分表明，全面贯彻实施宪法是坚定不移推进改革开放的最重要的制度机制，是确保改革开放各项任务与措施有力、有序、有效实现的最重要的法律保障。

宪法确认坚持改革开放的国家根本任务。为改革开放事业提供宪法保障，并将坚持改革开放确立为国家根本任务，是我国宪法的一大特色。1982年颁布的宪法就为当时的改革开放措施提供法律认可，打破了观念束缚和体制桎梏，确保各项改革探索的合法性，巩固人民大胆改革、勇于开放的信心。1993 年在宪法修正案中，直接将“坚持改革开放”确立为国家根本任务的重要内容，确保改革开放事业一以贯之的坚持与发展，确保改革开放始终成为中国特色与时代主题。

宪法确认社会主义市场经济体制。我国改革开放的一大特点，就是在坚持社会主义基本经济制度的前提下，根据不断发展的经济社会运行机制和不断提炼的改革开放经验，不断变革和完善经济体制，并且及时得到宪法的确认和保障。1993 年宪法修正案明确规定“国家实行社会主义市场经济”，从而确立了社会主义市场经济这一体制模式的宪法地位。社会主义市场经济体制的依法确立，对我国经济社会的发展、改革开放的推进、社会观念的更新等，均具有十分重要的甚至是革命性的意义。

宪法确认与改革开放进程相适应的所有制形式。在社会主义初级阶段，需坚持公有制为主体、多种所有制经济共同发展的基本经济制度。这一基本经济制度格局，随着改革开放的不断深入和经济社会的不断发展，不断合理化、法治化。宪法有关所有制的规定愈加符合中国实际，愈加契合改革开放目标，由此再进一步确认“公有制经济和非公有制经济都是社会主义市场经济的重要组成部分，都是我国经济社会发展的重要基础”。宪法这些有关各类所有制地位、作用和国家态度的规定，对于发展社会主义市场经济、鼓励和保障民营经济的发展、增强各类所有制形式投资者的安全感与市场信心，具有十分重要的意义与作用。

宪法确认推进改革开放的重大理念和制度创新。创新、协调、绿色、开放、共享的新发展理念是党的十八大以来，以习近平同志为核心的党中央推动我国经济发展实践的理论结晶，必须长期坚持、不断丰富发展。把“新发展理念”写入宪法，不仅有利于从宪法上确认这一重要理论成果，还有利于我们更加科学有效地推进改革开放。

在新时代，改革开放必须依宪进行，必须依靠宪法的规范、保障和引领。只有坚持全面贯彻实施宪法，特别是其中有关改革开放的制度规定，改革开放才能长期化、规范化、制度化、有序化的不断前行，不断深化，成为实现中华民族伟大复兴的必由之路、必经过程和必然选择。

用法治方式做好地方立法

新疆乌鲁木齐市人大常委会法工委主任　高　璇

作为年度法治人物候选人代表参加第五个国家宪法日座谈会，这是对我的极大鼓舞和鞭策。近年来，乌鲁木齐市人大常委会紧紧围绕经济发展、社会稳定和长治久安总目标，充分运用法治方式做好地方立法工作，调整好各种利益关系，从制度层面解决改革发展带来的各种问题，确保党的路线方针政策通过法定程序成为全市各族人民的行为规范，确保宪法法律成为规范和引导全市各族人民的行为准则。

坚持依法立法，把宪法精神落实到地方立法工作各方面。宪法是所有立法活动的根本依据，必须准确把握宪法的核心要义，起草、审议、修改法规案和开展立法调研、研究立法问题，要严格做到依宪立法，确保每一项立法都符合宪法精神，符合人民群众意志。

一是坚持把习近平新时代中国特色社会主义思想的“八个明确”“十四个坚持”准确无误地贯彻到立法工作中；二是严格落实关于加强党领导立法工作的意见，自觉围绕党中央决策部署谋划立法，重大问题积极主动向市委请示报告；三是坚持立法原则不动摇，严守政治规矩，始终把法制统一作为红线，杜绝部门利益法制化。同时，注重对规范性文件做好备案审查，保证我市规范性文件与国家法律的统一。

做好法律实施监督工作，确保宪法法律全面有效实施。认真履行法定职责，综合运用法律监督手段，对“民族团结一家亲”活动开展情况进行调研，促进宗教和睦、民族团结。对贯彻执行预算法情况进行执法检查，听取审议上半年国民经济和社会发展计划以及财政预算执行工作的报告，推动建立健全规范、公开、透明的预算制度。听取审议“七五”普法工作情况专项报告，敦促有关部门落实责任，创新形式，增强实效。

加强法治宣传教育，努力提高全社会法治意

识。市人大常委会高度重视宪法宣传教育，把弘扬宪法精神、普及宪法知识作为常委会工作应有之义和重要抓手。制定了《学习宣传和贯彻实施宪法工作方案》，落实学法制度，把宪法作为学习必修课程；邀请专家进行授课，对宪法修正案、监察法以及相关内容进行专题辅导和解读。通过分批组织人大代表集中培训、参加执法检查等各种形式，进行宪法以及相关法律法规的学习。参加普法宣传在线学习、考试以及“与法同行”宣讲，结合本市“四同四送”活动，在广大结亲户中宣传宪法法律知识。

围绕党中央治疆方略，切实维护好各族群众合法权益。立法工作追求群众满意，实在管用。我们始终坚持开门立法，积极回应群众诉求，加强民生领域立法工作。比如，为维护广大员工合法权益，使劳动关系和谐，我们制定了《企业职工工资集体协商条例》。此外，我们还修订和制定了《大气污染防治条例》《湿地保护条例》《消防安全条例》《绿化管理条例》《燃气管理条例》《居家养老服务条例》等群众关心的法规，均立足于改革发展变化的需求和群众的期盼，得以顺利实施。

二、深入学习宣传和贯彻实施宪法座谈会

使全体人民成为宪法的忠实崇尚者自觉遵守者坚定捍卫者

——在深入学习宣传和贯彻实施宪法座谈会上的讲话

中共中央政治局常委、全国人大常委会委员长　栗战书

（2018 年 3 月 27 日）

今天，我们举行座谈会，主要是学习贯彻《中共中央关于深入学习宣传和贯彻实施〈中华人民共和国宪法〉的意见》（中发〔2018〕10 号），按照党中央的统一部署要求，认真做好学习宣传和贯彻实施宪法各项工作。

刚才，国家监察委、全国人大宪法和法律委、中宣部、司法部、教育部的同志从不同角度，围绕宪法的有关重大理论和实践问题、修改宪法的意义、主要内容和特点、如何学习宣传和实施宪法等先后作了发言，讲得都很好，体现了高度的政治意识、大局意识、核心意识、看齐意识，表达了对以习近平同志为核心的党中央作出修改宪法重大决策的高度认同和拥护。这次座谈会也是一次工作部署会议。5 家单位都在发言中提出了下一步学习宣传、贯彻实施宪法的具体思路和工作考虑，我都同意，希望大家抓好抓实。

在以习近平同志为核心的党中央正确领导下，按照中共中央关于修改宪法的建议，十三届全国人大一次会议高票通过宪法修正案，完成了宪法修改的崇高任务。会议期间，全体代表对修改宪法的认识高度一致，对具体修改内容的认识高度一致，这充分说明，修改宪法是时代所趋、事业所需、民心所向。我国现行宪法是符合国情、符合实际、符合时代发展要求的好宪法，为改革开放和社会主义现代化建设提供了根本法治保障。我国宪法确立的一系列制度、原则和规则，确定的一系列大政方针，具有显著优势、坚实基础、强大生命力，必须长期坚持、全面贯彻。同时，宪法只有不断适应新形势、吸纳新经验、确认新成果、作出新规范，根据新时代新形势新实践作出适当修改，实现与时俱进、完善发展，才具有持久生命力，从而为新时代坚持和发展中国特色社会主义提供有力宪法保障。

宪法修正案有 21 条内容，全面体现了党和人民在实践中取得的重大理论创新成果、实践创新成果、制度创新成果。我们要全面准确领会和把握这次宪法修正案的核心要义、精神实质，深刻理解宪法修正案确立了习近平新时代中国特色社会主义思想在国家政治和社会生活中的指导地位，调整充实了中国特色社会主义事业总体布局和第二个百年奋斗目标的内容，完善了依法治国和宪法实施举措，充实了坚持和加强中国共产党全面领导的内容，调整了国家主席任职方面的规定，增加了有关监察委员会的各项规定，这些修改，更好适应了新时代中国特色社会主义伟大实践，对于进一步加强以习近平同志为核心的党中央集中统一领导，推进国家治理体系和治理能力现代化，具有十分重大的意义和极其深远的影响。

宪法的生命在于实施，宪法的权威也在于实施。修改宪法是为了更好地实施宪法，让文本上的宪法“活起来”“落下去”，充分发挥国家根本法的作用。这里，我就学习宣传和贯彻实施宪法中的 5 个重要问题、学习宣传的主要工作讲些意见。

第一，要把宪法确立的国家指导思想落实到国家政治和社会生活中去。习近平新时代中国特色社会主义思想，是党的十九大确立的我们党必须长期坚持的指导思想，也是这次宪法修正案确认的国家指导思想。这一思想内涵丰富、博大精深，从理论和实践结合上系统回答了新时代坚持和发展什么样的中国特色社会主义、怎样坚持和发展中国特色社会主义等一系列基本问题。党的十八大以来，

党和国家事业取得的历史性成就、发生的历史性变革，充分证明了习近平新时代中国特色社会主义思想的强大理论力量。

将习近平新时代中国特色社会主义思想载入宪法，赋予其最高法律权威和法律效力，对我们党通过宪法实施领导，更好推进依法治国、依法执政，至关重要、影响深远。我们学习宣传和贯彻实施宪法，确保习近平新时代中国特色社会主义思想贯彻落实到国家政治和社会生活之中，就是要把这一思想作为全国各族人民团结奋斗的共同思想基础，用以引领新时代坚持和发展中国特色社会主义的伟大实践；就是要坚持用这一思想为指导，深入贯彻“八个明确”“十四个坚持”，谋划和推进国家各项事业、各方面工作；就是要用这一思想蕴含的世界观、方法论，破解改革发展稳定中的突出矛盾和问题，确保党和国家事业始终沿着正确的方向前进。

第二，要确保党的长期执政和国家长治久安。我国宪法确认了中国共产党的执政地位，确认了党在国家政权结构中总揽全局、协调各方的核心地位，这是我国宪法最显著的特征，也是我国宪法得到全面贯彻实施的根本保证。历史和人民选择了中国共产党，党领导人民制定体现党和人民统一意志的宪法，人民自觉接受宪法确认的党的领导，党自身也在宪法范围内活动，这就是坚持党的领导的历史逻辑、政治逻辑和法理逻辑。

我们学习宣传和贯彻实施宪法，就是要落实宪法确立的中国共产党领导是中国特色社会主义最本质的特征这一重要原则，坚持党对一切工作的领导，维护习近平总书记权威和核心地位，维护以习近平同志为核心的党中央权威和集中统一领导，保证国家政治安全特别是政权安全、制度安全。要把党的领导贯彻落实到国家政治和社会生活的各个领域，实现全党全国各族人民在思想上、政治上、行动上高度统一，确保党的领导核心作用在国家运行机制和各项制度中得到充分体现。要通过实施宪法，把坚持党的领导的制度规范、工作机制转化为国家治理的制度优势，推动党的领导有效落实到国家治理的各个领域、各个环节。要通过实施宪法，进一步强化党的领导的法律权威，增强全国各族人民、一切国家机关和武装力量、各政党和各社会团体、各企业事业组织坚持党的领导、维护党的领导的自觉性。一切弱化、反对、否定党的领导的言论和做法都是从根本上违反宪法的，必须从法律上进行抵制和追究。

第三，要确保宪法确立的国家根本任务、发展道路、奋斗目标的全面贯彻。我国宪法同一些外国宪法相比较，一大特色就是明确规定了国家的根本任务、发展道路、奋斗目标，经济建设、政治建设、文化建设、社会建设、生态文明建设和国家各方面事业，在宪法中都有体现、都有要求。这是我国宪法能够推动国家发展进步、保证人民创造幸福生活、保障中华民族实现伟大复兴的重要原因，也是我们国家和人民能经受住各种困难和风险考验、始终沿着正确道路前进的根本法治保证。

改革开放以来，我国各方面事业发展取得的巨大成就，都离不开宪法的保证和推动。比如，宪法提出“沿着中国特色社会主义道路，集中力量进行社会主义现代化建设”“坚持社会主义道路”“把我国建设成为富强民主文明和谐美丽的社会主义现代化强国，实现中华民族伟大复兴”，等等，凝聚了全国人民在国家发展上的统一意志。宪法还对改革开放和社会主义现代化建设的许多方面作出了规定，党的基本理论、基本路线、基本方略在宪法中都有体现。设立监察委员会，这是为了构建集中统一、权威高效的国家监察体系，目的是实现对所有行使公权力公职人员监察的全覆盖，也体现了全面从严治党的要求。我国宪法对国家发展作出权威性描述，用根本法的形式确认了国家未来发展的蓝图。我们贯彻实施宪法，就是要坚持道路自信、理论自信、制度自信、文化自信，统揽伟大斗争、伟大工程、伟大事业、伟大梦想，按照宪法确定的国家发展目标，持续奋斗，长期奋斗，不断把党和国家事业推向前进。

第四，要在宪法统领下推进全面依法治国。我国宪法确立了社会主义法治的基本原则，明确规定中华人民共和国实行依法治国，建设社会主义法治国家。党的领导是宪法确认的。国家机关行使立法权、行政权、监察权、审判权、检察权，也是由宪法赋予的，都必须按照宪法确定的原则和程序运行。一切法律法规都以宪法为依据，不得与宪法相抵触。任何组织和个人都必须尊重宪法权威，都必须在宪法范围内活动，都必须依照宪法行使权力、履行职责，都没有超越宪法的特权。

党的领导与依宪治国是高度统一的。宪法是党领导人民制定的，是党的主张和人民意志的高度统一，是实现坚持党的领导、人民当家作主、依法治国有机统一的根本依据。只有以宪法为遵循，才能维护党和人民的共同意志，捍卫国家和人民的根本利益，使全面依法治国始终坚持中国特色社会主义法治正确道路；只有以宪法为准绳，才能建设完备的法律规范体系、高效的法治实施体系、严密的法治监督体系、有力的法治保障体系和完善的党内法规体系，不断提高国家治理体系和治理能力现代化水平。我们要把宪法作为全面依法治国的根本依据，在党的领导下，推进科学立法、严格执法、公正司法、全民守法，不断深化依法治国实践，提高国家政治和社会生活法治化水平。

第五，要支持和保证人民当家作主。我国是工人阶级领导的、以工农联盟为基础的人民民主专政的社会主义国家。国家一切权力属于人民。宪法确立了人民当家作主的制度体系，使得我国人民享有的民主，不仅有完整的制度程序，而且有丰富的参与实践，不仅有选举、投票的民主形式，也有决策之前进行充分协商的民主形式，人民不仅有进行民主选举的权利，也有进行民主决策、民主管理、民主监督的权利。我们要坚定不移走中国特色社会主义政治发展道路，长期坚持、不断完善人民代表大会制度，把宪法确立的国家政治制度的特点和优势充分发挥出来，激发和弘扬中国人民的伟大民族精神，实现最广泛、最真实、最管用的民主。要通过各种途径和形式，保证人民管理国家事务，管理经济和文化事业，管理社会事务，保证人民当家作主具体地、现实地体现到中国共产党执政和国家治理中，具体地、现实地体现到党和国家机关各方面、各层级的工作中，具体地、现实地体现到人民对自身利益的实现和发展中。

加强宪法学习宣传教育是实施宪法的重要基础。党的十八大以来，以习近平同志为核心的党中央以前所未有的力度推进全面依法治国进程，把宪法摆在全面依法治国十分突出的位置，采取一系列有力的措施加强宪法宣传教育和全面贯彻实施工作，取得显著成效。我们要按照党中央的统一部署，在全社会开展深入学习宣传和贯彻实施宪法活动，普及宪法知识，弘扬宪法精神，使全体人民成为宪法的忠实崇尚者、自觉遵守者、坚定捍卫者。

一要抓住党员领导干部这个"关键少数"，推动领导干部带头尊崇宪法、学习宪法、遵守宪法、维护宪法、运用宪法。习近平总书记反复强调，领导干部要做尊法学法守法用法的模范。这是全面依法治国的关键，也是加强宪法宣传教育和贯彻实施的关键。这次宪法修改，增加了一个新的内容，就是国家工作人员就职时应当依照法律规定公开进行宪法宣誓。在十三届全国人大一次会议上，习近平主席面对近 3000 名全国人大代表、面对 13 亿多全国人民，庄严进行宪法宣誓，充分体现了尊崇宪法、维护宪法、恪守宪法的高度政治自觉，充分体现了坚持依宪治国、依宪执政的坚定意志和决心，为各级国家工作人员作出了示范和表率。我们要落实宪法宣誓制度，增强国家公职人员恪守宪法原则、弘扬宪法精神、履行宪法使命的自觉性和坚定性。要把宪法法律教育纳入党员干部学习教育体系。特别是乡级以上的党政机关工作人员都应当有组织地集中学习宪法，坚持原原本本、逐章逐条学宪法，真正吃透宪法精神、宪法原则、宪法规定，各级人大、政府、监察委、法院、检察院等国家机关更要把学习宪法作为履行职责的基本功和必修课，真正使党员干部特别是领导干部牢固树立宪法法律至上、法律面前人人平等的法治理念，不断提高运用法治思维和法治方式解决问题的能力和水平，切实做到依法用权、秉公用权。

二要加强宪法理论研究，增强我国宪法的时代特色和实践特色。党的十八大以来，习近平总书记围绕宪法作了一系列重要讲话和指示，推动我国宪法理论和实践达到新的历史高度。我们要认真学习、研究、阐释习近平总书记关于宪法的重要论述和要求，丰富和发展中国特色社会主义宪法理论。宪法研究具有很强的政治性、理论性、科学性、实践性，必须坚定政治方向、提高政治站位，坚持从国情和实际出发，运用辩证的、历史的方法，探寻和把握宪法规律。要认真研究和阐释我国宪法制定、完善、发展的光辉历程，研究和阐释我国宪法的精髓要义、独特优势和巨大功效，使广大干部群众深刻认识我国宪法是我们党领导人民长期奋斗的历史逻辑、理论逻辑、实践逻辑的必然结果。要研究和阐释我国宪法同西方"宪政"的本质区别，坚决抵制和反对鼓吹西方"宪政"概念和模式的错误观点，增强坚持走我们自己的宪法发展道路的自觉性和坚定性。宪法同人民代表大会制度紧密相连。要把宪法研究同人大制度和人大工作理论研究有机结合起来，相互促进，多出成果。

2017 年 5 月 3 日，习近平总书记在考察中国政法大学时发表重要讲话，强调"没有正确的法治理论引领，就不可能有正确的法治实践。""我们有我们的历史文化，有我们的体制机制，有我们的国情，我们的国家治理有其他国家不可比拟的特殊性和复杂性，也有我们自己长期积累的经验和优势，在法学学科体系建设上要有底气、有自信。"广大法学研究者，无论是专门研究宪法学的同志还是研究部门法学的同志，都要贯彻习近平总书记的重要讲话精神,坚持以我国宪法为基本遵循开展法学研究,学术问题可以研究,但不能公开发表违背宪法的言论,始终把握法学理论研究的正确方向。

三要丰富宪法宣传教育形式,使宪法走入日常生活、走入人民群众。2014 年,全国人大常委会以立法形式把每年 12 月 4 日设立为国家宪法日,已连续开展 4 个国家宪法日活动。从 1986 年开始,全国人大常委会先后就加强法治宣传教育作出 7 个决议,一以贯之把宪法宣传教育作为重要内容。我们要继续组织好国家宪法日活动,实施好"七五"普法决议,认真履行普法责任,落实好法治宣传教育的制度化安排。宪法宣传教育一定要提高针对性和实效性,力戒形式主义。要不断创新宣传教育的理念、载体、方式方法,通过灵活多样的手段、喜闻乐见的语言、鲜活生动的事例,把宏大叙事和具象表达结合起来,讲好中国宪法故事,使广大人民群众真正认识到宪法不仅是全体公民必须遵循的行为规范,而且是保障公民权利的法律武器,使宪法深入人心,内化于心、外化于行。要坚持从青少年抓起,把宪法法律教育纳入国民教育体系,引导青少年从小掌握宪法法律知识、树立宪法法律意识,养成尊法守法习惯。要结合不同地区、不同时期、不同群体的特点和需求,分类加强宪法宣传教育:对普通群众,要重点做好宪法序言、总纲的学习宣传,进一步提高人民群众对宪法确认的党的领导和社会主义制度的认同感和坚定性;对少年儿童,要着力培养宪法观念、树立宪法意识;对中学生和大学生,要进一步抓好学习宪法的整体性、系统性,确保一切社会组织和个人都自觉以宪法为根本活动准则。

四要做好解疑释惑的工作。宪法规定的全国人大常委会的第一条职权就是"解释宪法,监督宪法的实施"。十三届全国人大一次会议在原有法律委员会基础上设立宪法和法律委员会,就是要强化宪法在党和国家事业中的地位和作用。要发挥人大作为立法机关的职能作用和权威性、专业性作用,通过主流媒体、国家智库、权威机构进行正面引导,做好解疑释惑工作,积极回应社会关切。对错误和不当言论,该引导的要有效引导,该批驳的要及时批驳,该澄清的要立即澄清,下好先手棋、打好主动仗,牢牢把握主动权和话语权。

同志们,1954 年 6 月 14 日,毛泽东同志在中央人民政府委员会第三十次会议上作关于宪法草案的讲话时说:"用宪法这样一个根本大法的形式,把人民民主和社会主义原则固定下来,使全国人民有一条清楚的轨道,使全国人民感到有一条清楚的明确的和正确的道路可走,就可以提高全国人民的积极性。"习近平总书记深刻指出,"宪法的根基在于人民发自内心的拥护,宪法的伟力在于人民出自真诚的信仰"。十三亿多人民养成人人遵守宪法、维护宪法的观念和习惯,这是一个伟大的力量。在以习近平同志为核心的党中央坚强领导下,体现了人民意志和中国共产党的正确主张的宪法,又由中国共产党领导全体人民保证它的实施,就一定能够在促进我国改革开放和社会主义现代化事业的胜利发展中发挥伟大的作用。

《中国人大》2018 年第 7 期

忠实履行职责　维护宪法尊严

国家监察委员会副主任　杨晓超

十三届全国人大一次会议通过的《中华人民共和国宪法修正案》,把党的十九大确定的重大理论观点和重大方针政策特别是习近平新时代中国特色社会主义思想载入国家根本法,对维护以习近平同志为核心的党中央权威和集中统一领导,对决胜全面建成小康社会、夺取新时代中国特色社会主义伟大胜利、实现中华民族伟大复兴的中国梦具有重大而深远的意义。纪检监察机关将认真贯彻落实党中央部署要求,切实把深入学习宣传和贯彻实施宪法工作抓紧抓好、抓出成效。

第一,深入学习宣传和贯彻实施宪法,必须坚定维护以习近平同志为核心的党中央权威和集中统一领导。宪法修正案进一步明确坚持党对一切工作的领导这一最高政治原则,确立习近平新时代中国特色社会主义思想在国家政治和社会生活中的指导地位,修改国家主席任职方面的有关规定,充分体现了坚持党的领导、人民当家作主、依法治国有机统一。深入学习宣传和贯彻实施宪法,本质上就是贯彻党的主张,贯彻党中央的重大决策部署,坚决维护以习近平同志为核心的党中央权威和集中统一领导。纪委监委作为党内监督、国家监察专责机关,承担着维护党章党规、维护宪法法律的重要任务和职能,在维护习近平总书记核心地位、维护党中央权威和集中统一领导上肩负着特殊使命和重大责任。要把深入学习宣传和贯彻实施宪法作为检验党性强不强、"四个意识"牢不牢的重要实践,落实到监督检查、执纪审查、调查处置、巡视巡察、追责问责各项工作中,以维护宪法权威的实际行动维护以习近平同志为核心的党中央的权威,以捍卫宪法尊严的实际行动捍卫党和人民共同意志的尊严,以保证宪法实施的实际行动保证人民根本利益的实现,推动宪法这一国之根本、法之源泉真正发挥法治保障的重大作用。

第二,深入学习宣传和贯彻实施宪法,必须忠实履行党章和宪法、监察法赋予的重要职责。宪法修正案专门增写监察委员会一节,确立了监察委员会作为国家机构的宪法地位。按照党中央统一部署,十三届全国人大一次会议先通过宪法修正案,再通过监察法,及时将宪法修正案所确立的监察制度进一步具体化,本身就是我们党依宪治国、依宪执政的生动实践和鲜明写照。3 月 23 日,中华人民共和国国家监察委员会正式揭牌。十三届全国人大一次会议通过宪法修正案和监察法,产生国家监察委员会及其领导人员,标志着中国特色国家监察体制已经形成,并对纪检监察机关认真履行党章和宪法、监察法赋予的两项职责提出明确要求。各级纪检监察机关将以深入学习宣传和贯彻实施宪法为契机,深入推进国家监察体制改革,持续深化转职能、转方式、转作风,充分发挥纪委监委合署办公的体制优势,既用党章党规党纪管住党员干部,又依据宪法法律法规对所有行使公权力的公职人员实施监察,实现纪委监督执纪问责和监委监督调查处置相互贯通、全面履行、一体贯彻,实现党内监督与国家机关监督、党的纪律检查与国家监察、依规治党与依法治国有机统一,真正把制度优势转化为治理效能。

第三,深入学习宣传和贯彻实施宪法,必须带头增强宪法意识、尊崇宪法地位、维护宪法权威。3 月 17 日,习近平总书记全票当选中华人民共和国主席、中华人民共和国中央军事委员会主席,进行庄严宪法宣誓,为全党全国树立了光辉典范,充分体现了以习近平同志为核心的党中央坚持依法治国、维护宪法权威的坚定决心。根据全国人大常委会关于宪法宣誓制度的决定,新任国家监委副主任、委员也进行了宪法宣誓。作为一名国家工作人员,必须牢固树立宪法意识,恪守宪法原则,弘扬宪法精神,履行宪法使命。执法者必须忠实于法律,纪检监察机关作为执纪执法机关,要在尊崇宪法、学习宪法、遵守宪法、维护宪法、运用宪法上成为模范、当好表率,对宪法发自内心地拥护、出于真诚地信仰,对宪法法律熟知精通、熟练运用,严格依照宪法法律行使职权,善于以法治思维和法治方式惩治腐败,不断提高反腐败工作规范化法治化水平。要积极回应"谁来监督监察委员会"的社会关切,在党中央坚强领导和监督之下,主动接受人大监督,自觉接受民主监督、司法监督、社会监督和舆论监督,强化自我监督,切实做到忠诚坚定、担当尽责、遵纪守法、清正廉洁,确保党和人民赋予的权力不被滥用、惩恶扬善的利剑永不蒙尘。

坚决贯彻宪法精神　加强宪法实施监督

全国人大宪法和法律委员会主任委员　李　飞

3 月 11 日,十三届全国人大一次会议表决通过宪法修正案。根据宪法修正案,全国人大"法律委员会"更名为"宪法和法律委员会",在继续承担统一审议法律案工作的基础上,增加推动宪法实施、推进合宪性审查、加强宪法监督等职责,这是新时代提出的新任务、新要求。

一、学好用好宪法,坚决把宪法精神贯彻到立法工作的各方面和全过程。习近平总书记指出,宪法规定的是国家的重大制度和重大事项,在国家和社会生活中具有总括性、原则性、纲领性、方向性。宪法是所有立法活动的根本依据,立法活动最首要和最核心的是依宪立法。深入学习、全面掌握宪法的精神和内容是做好立法工作的前提和基础。要以习近平总书记关于宪法的重要讲话精神为指导,聚焦宪法修改的重要内容,准确把握宪法修改的核心要义。要牢固树立宪法意识,无论是审议修改法律案、开展立法调研,还是进行制度设计、研究重大问题,始终坚持以宪法为依据,坚决把宪法精神贯彻到立法工作的各方面和全过程,努力使每一项立法都符合宪法精神。

我们要在立法工作中坚持“四个不动摇”：一要坚持宪法确立的国家指导思想不动摇，坚定不移以习近平新时代中国特色社会主义思想作为统揽立法工作的总纲。二要坚持宪法确认的党的领导地位不动摇，坚决维护以习近平同志为核心的党中央权威和集中统一领导，坚决落实党中央确定的立法目标任务，严格执行重大问题向党中央请示报告制度。三要坚持宪法确立的国家根本任务、发展道路、奋斗目标不动摇，加强重点领域立法，推动法律体系发展完善。四要坚持宪法确立的国体和政体不动摇，坚持和完善人民代表大会这一根本政治制度，健全人大主导立法工作的体制机制，积极推进科学立法、民主立法、依法立法。

二、加快完善以宪法为核心的中国特色社会主义法律体系，通过完备的法律推动宪法实施。在中国特色社会主义法律体系中，宪法居于核心地位，所有的法律都是依据宪法制定的，都是对宪法精神、原则和制度的具体化。通过立法和法律实施，把宪法确立的国家重大制度、重大事项转化为具体法律制度，形成一系列行之有效、相互衔接、相互配合的法律规定，使宪法的精神、原则和规定得以实现和具体化，在国家事业和社会生活各方面得到全面实施。

这次修改宪法，作出了一系列重大制度安排。尽快将这些重大制度安排落实到具体法律中，是贯彻实施宪法的应有之义，也是新时代推进全面依法治国的必然要求。要结合落实党的十九大确定的改革任务，深入贯彻宪法修改精神，抓紧开展相关法律的立改废释工作。要区分轻重缓急，及时调整确定立法规划计划，使体现宪法精神和要求的立法项目要尽快确定和落实。要结合监察法颁布实施，修改完善相关法律；要配合国家机构改革，做好相关法律梳理和修改工作；要聚焦社会主义事业总体布局和奋斗目标，有针对性地开展重点领域立法，加快完善以宪法为核心的中国特色社会主义法律体系，以更加完备的法律推动宪法实施。

三、积极稳妥推进合宪性审查工作，切实维护宪法尊严和权威。党的十八大以来，以习近平同志为核心的党中央高度重视宪法在治国理政中的重要地位和作用，采取一系列有力措施加强宪法实施和监督。贯彻落实党中央要求，全国人大常委会不断加强备案审查制度和能力建设，加快建设全国统一的备案审查信息平台，不断加大监督纠正力度，取得明显成效。

党的十九大进一步提出，加强宪法实施和监督，推进合宪性审查工作，维护宪法权威。推进合宪性审查，要始终坚持党的领导，坚持正确的政治方向，建立健全合宪性审查机制，积极稳妥地推进合宪性审查工作，要以高度负责的政治态度和扎实严谨的工作作风，认真开展审查研究，审慎提出审查意见，努力实现政治效果和法律效果相统一。

推动宪法精神深入人心、落地生根

中央宣传部常务副部长 王晓晖

中宣部认真学习贯彻习近平总书记在党的十九届二中全会、全国两会上的重要讲话精神，学习贯彻十三届全国人大一次会议通过的宪法修正案，深入领会宪法精神，深刻把握核心要义。我们体会，这次宪法修改适应了新时代坚持和发展中国特色社会主义的新形势新实践，是时代大势所趋、事业发展所需、党心民心所向。

一是高举伟大思想旗帜，将习近平新时代中国特色社会主义思想载入宪法，实现了国家指导思想的与时俱进。习近平新时代中国特色社会主义思想是马克思主义中国化的最新成果，是全党全国人民为实现中华民族伟大复兴而奋斗的行动指南，是党的十八大以来党和国家事业取得历史性成就、发生历史性变革的根本理论指引。党的十九大将这一思想写入党章，确立为我们党必须长期坚持的指导思想。这次宪法修改，又把这一思想载入宪法，把党的指导思想转化为国家指导思想，实现了党的主张、国家意志、人民意愿的高度统一，对于进一步巩固全党全国人民团结奋斗的共同思想基础，凝聚同心共筑中国梦的磅礴力量，具有重大而深远的意义。

二是坚持最高政治原则，把“中国共产党领导是中国特色社会主义最本质的特征”载入宪法，巩固了党的执政地位和执政基础。中国共产党的领导是历史的选择、人民的选择，是中国人民不断创造幸福美好生活的根本所在。这次宪法修改，从社会主义本质属性的高度对坚持和加强党的全面领导进行规定，集中体现了党领导人民长期奋斗的历史逻辑、理论逻辑、实践逻辑的有机统一，体现了党的领导、人民当家作主、依法治国的有机统一，对于确保党总揽全局、协调各方的领导核心地位，确保党和国家事业始终沿着正确方向前进，至关重要、影响深远。

三是着眼国家长治久安，在国家主席任职规定上作出调整，实现了党、国家和军队领导体制"三位一体"、高度统一。我国是中国共产党领导的社会主义国家，国家的长治久安有赖于政治领导体制的稳定高效。这次宪法修改，对国家主席任职有关规定作出修改，是健全党和国家领导体制的重大制度设计，是完善中国特色社会主义政治制度的重大改革举措，是维护以习近平同志为核心的党中央权威和集中统一领导的重大政治安排。以这次宪法修改为标志，推动国家发展进步、实现国家长治久安，有了更加坚强的主心骨和更加稳固的定盘星。

党的十九届二中全会以来，中宣部围绕宪法修改的新闻宣传和舆论引导，大力开展正面宣传，深入做好解读阐释，营造了良好舆论氛围。为深化宪法学习宣传教育，推动宪法精神深入人心、落地生根，中宣部已经下发专门意见，对宪法宣传作出全面安排部署，下一步还将会同有关部门组织开展宪法学习宣传教育活动，推动全社会深入学习和贯彻实施宪法。一是加强新闻宣传。组织各级各类媒体，创新方法手段载体，充分发挥网络平台作用，生动鲜活讲述宪法故事，深入宣传宪法的重要地位、作用和贯彻实施的重大意义，深入宣传宪法修改的总体要求和原则，深入宣传宪法修正案的核心要义，深入宣传全党全国各族人民学习和贯彻实施宪法的实际行动，不断增强广大干部群众的宪法意识。二是深入解读阐释。组织中央主要媒体刊播重要言论评论，组织专家学者撰写有分量的理论文章，深入解读阐释宪法修改的重大意义和深远影响，科学解答干部群众关心的问题，把重大的政治问题、法理问题深入浅出地讲清楚、讲透彻。三是突出重点人群。把宪法列入各级党委（党组）理论学习中心组学习计划，把宪法学习教育作为党员干部教育的重要内容，教育引导各级领导干部忠于宪法，带头遵守和维护宪法。把宪法法律教育纳入国民教育体系，广泛深入开展青少年"学宪法 讲宪法"活动，引导青少年从小学习宪法、尊崇宪法。四是覆盖城乡基层。将宪法学习宣传教育同实施"七五"普法规划结合起来，会同有关部门举办报告会，邀请相关部门领导和专家学者在全国开展巡回宣讲，组织村居法律顾问在法律服务中宣传宪法，组织开展"宪法宣传周"活动，等等。通过开展一系列活动，推动宪法精神走入日常生活、走入人民群众，使全体人民成为宪法的忠实崇尚者、自觉遵守者、坚决捍卫者。

全方位开展宪法学习宣传教育

司法部部长、全国普法办主任　傅政华

十三届全国人大一次会议通过的宪法修正案是党中央从新时代坚持和发展中国特色社会主义全局和战略高度作出的重大决策，把党的十九大确定的重大理论观点和重大方针政策特别是习近平新时代中国特色社会主义思想载入国家根本大法，将中国共产党领导是中国特色社会主义的本质特征写入宪法总纲，习近平总书记当选国家主席、中央军委主席后带头进行宪法宣誓，必将促进全党全国各族人民更加紧密地团结在以习近平同志为核心的党中央周围，更好地推进宪法实施，维护宪法权威。我们将提高政治站位，以高度的政治责任感，组织开展好宪法学习宣传教育活动。

一、坚持以习近平新时代中国特色社会主义思想为指导，推动宪法学习宣传教育活动沿着正确方向深入进行。党的十八大以来，习近平总书记高度重视发挥宪法在治国理政中的重要作用，作出一系列重要论述，明确要求加强宪法学习宣传教育，弘扬宪法精神、普及宪法知识，为加强宪法实施和监督营造良好氛围。这次组织开展宪法学习宣传教育活动，就要始终把握好正确的政治方向和舆论导向，深入学习宣传贯彻习近平新时代中国特色社会主义思想，贯彻落实习近平总书记关于宪法学习宣传教育的重要指示精神，深入学习宣传贯彻党的十九大和十九届二中、三中全会精神，深入学习宣传贯彻全国两会精神，贯彻落实中央关于深入开展学习宣传和贯彻实施宪法的有关要求，增强"四个意识”，坚定“四个自信”，坚决维护习近平总书记党中央的核心、全党的核心地位，坚决维护党中央权威和集中统一领导，充分体现和落实坚持党的领导、人民当家作主、依法治国有机统一。

二、紧密结合落实“七五”普法规划和决议，推动领导干部和青少年宪法学习宣传教育扎实开展。领导干部和青少年是“七五”普法的重点对象。要紧紧抓住领导干部这个“关键少数”，着力从健全完善党委（党组）中心组学法、法治培训、依法决策制度等方面，推动领导干部宪法学习宣传教育工作深入开展。我们将联合中宣部、中央和国家机关工作委员会、全国人大常委会办公厅、教育部，邀请相关部门领导、直接参与宪法修改的相关同志、法学专家学者，围绕我国宪法的地位作用和基本内容、这次宪法修改的重大意义和重点内容等，在人民大会堂举办系列报告会，推动中央和国家机关在学习宣传宪法中发挥“头雁”作用。要着力从学校教育、家庭教育、社会教育等不同途径，推动全员、全程、全方位开展青少年宪法学习宣传教育。

三、紧密结合实行“谁执法谁普法”普法责任制，推动宪法学习宣传教育向基层延伸。要按照普法责任制要求，推动国家机关建立健全宪法宣传责任落实机制，把宪法学习宣传教育融入立法、执法、司法实践，推动各级国家机关自觉履行宪法学习宣传教育的职责，真正形成齐抓共管、各负其责的宪法学习宣传教育大格局。结合执法、司法和依法履职实际，向执法对象和社会公众开展宪法宣传，建立法官、检察官、行政执法人员、律师等以案释法制度，把执法、司法和法律服务过程变成宣传宪法法律的过程。坚持日常宣传和集中宣传相结合，推动宪法宣传常态化，推动宪法宣传进乡村、进社区、进学校、进企业、进军营、进网络，组织村居法律顾问在法律服务中宣传宪法，开展免费赠送宪法文本活动。

四、积极创新宣传形式，推动宪法学习宣传教育形成声势彰显实效。宪法学习宣传教育活动要加强社会面上宣传，采取灵活多样的形式和手段，推动媒体不断加大宣传力度，形成宪法学习宣传的声势，营造良好的社会舆论氛围。积极运用“两微一端”等新媒体新技术，组织宪法网上系列谈，通过以案说法等形式，及时推送通俗易懂、群众易于学习掌握的宪法宣传内容。注重把宪法宣传融入到社会主义法治文化建设中，因地制宜建设宪法宣传主题公园、法治宣传教育基地，广泛开展群众性法治文化活动，以生动的事例、鲜活的语言讲述宪法故事，解读宪法精神。积极运用互联网组织开展“我与宪法”微视频征集展播活动，继续深入组织开展百家网站宪法知识竞赛，扩大参与度和覆盖率。精心组织好国家宪法日集中宣传活动，使国家宪法日集中宣传活动成为全体公民学习宣传宪法、弘扬宪法精神、维护宪法权威、推动宪法实施的重要品牌。

把宪法法律教育纳入国民教育体系

教育部副部长　朱之文

习近平总书记多次强调，宪法教育要坚持从青少年抓起，把宪法法律教育纳入国民教育体系。自觉学习好、宣传好、贯彻好、实施好《中华人民共和国宪法》，深刻领会习近平新时代中国特色社会主义思想的指导地位，强化教育系统“四个意识”，坚定“四个自信”，是教育系统当前重大的政治任务。

一、全面准确领会核心要义，进一步坚定政治方向。要学深悟透，引导教育系统广大干部师生深刻理解宪法确立的国家指导思想，中国共产党领导地位，国家根本任务、发展道路、奋斗目标，人民民主专政的国体和人民代表大会制度的政体等内容。要全面准确，对师生讲清楚坚持党的领导的历史逻辑，讲清楚坚持党的领导的政治逻辑，讲清楚坚持党的领导的法理逻辑，引导广大师生坚定信念跟党走。要全员覆盖，做到机关学校、干部师生、大中小学宪法学习宣传一个也不少，校内校外、线上线下、课内课外一个环节也不漏。

二、全面融入学生学习生活，确保宪法精神入脑入心。融入课堂教学。及时对表宪法修正案，抓紧组织修订义务教育阶段“道德与法治”、高校“思想道德修养与法律基础”及法学教育等教材。形势政策课要全面体现宪法修正案的基本精神。在语文、历史、地理等学科中挖掘宪法教育的知识点和切入点，努力做到全学科渗透，多学科协同。成立青少年宪法教育研究中心，提升宪法教育的专业化、科学化水平。融入校园文化。将宪法教育融入升旗仪式、开学毕业典礼、主题班会、社团活动等，融入中小学生守则、中职学校学生公约、学校章程等制度规范中。融入实践体验。强化宪法教育的参与性、实践性，在研学旅行、社会实践、志愿服务等方面有意识地设计宪法教育内容，在学校模拟法庭中增加宪法教育元素。通过法治副校长、学校法律顾问、法律人士进校园等多种渠道普及宪法知识。在青少年法治教育实践基地中专门开辟宪法主题区、宪法馆，增强学生的宪法体验。继续实施法治课教师“国培”计划，培养中小学法治教育“种子”教师，提升教师的宪法信仰、宪法素养和教学技能。

三、开展“学宪法、讲宪法”活动，增强宪法教育吸引力、感染力。教育部已连续两年举办全国学生“学宪法讲宪法”活动，连续四年举办国家宪法日“宪法晨读”活动，全国青少年普法网 2017 年访问量 2 亿多人次，《宪法伴我们成长》广为传唱，宪法教育初见成效，在这个过程中我们也探索出一些规律性的认识。今后，我们将继续办好这项活动。扩大参与面。全面覆盖 31 个省(区、市)、新疆生产建设兵团及香港、澳门特别行政区，全面覆盖大中小学各学段，全面覆盖省市县校各层级。强化仪式感。“宪法晨读”活动中，坚持部长领读，全国同步诵读，让学生感受宪法的威严。增强吸引力。请宪法名家录制上百个视频，征集数千个多媒体课件，开展数万个学校、数千万学生参与的“宪法小卫士”网络火炬传递，营造浓厚氛围。

四、加强研究阐释，为全社会学习贯彻宪法提供智力和人才支持。教育系统不仅要面向师生开展好宪法教育，还要面向社会主动承担起研究宣传阐释的责任。加强理论研究。深入开展宪法及相关领域问题研究，通过设立研究基地、组织课题攻关、培育智库等，打造一批“思想库”“智囊团”，产出一批成果。认真做好舆论引导工作，强化意识形态责任制，规范课堂教学，管理好哲学社会科学报告会、研讨会、讲座论坛等，对错误和不当言论及时引导、及时批驳、及时澄清。加强学科专业建设。支持宪法及相关专业发展，进一步明确教学规范、教师队伍、教学条件、教学效果、质量保障体系等，完善中国特色社会主义法学理论体系、学科体系、课程体系。加强法治人才培养。强化法学实践教学，加强培养过程中的实习实训要求，提高实践教学学分比重。密切高校与社会联系，将实务部门的优质实践资源引进高校，转化为教学资源，加强校企、校地、校所合作，培养大批高素质法治人才。

三、深入学习贯彻习近平总书记关于坚持和完善人民代表大会制度的重要思想交流会

加强理论武装 增强“四个意识” 推动新时代人大制度和人大工作完善发展

——在深入学习贯彻习近平总书记关于坚持和完善人民代表大会制度的重要思想交流会上的讲话

（2018年9月26日）

栗战书

同志们：

经党中央批准，今天，我们召开深入学习贯彻习近平总书记关于坚持和完善人民代表大会制度的重要思想交流会，目的是深入学习贯彻习近平新时代中国特色社会主义思想，进一步增强“四个意识”，坚定制度自信，强化责任担当，在以习近平同志为核心的党中央集中统一领导下，发挥各级人大的职能作用，推动人民代表大会制度和人大工作与时俱进、完善发展。

在此时此地召开这样一个会议，具有特殊的意义。其一，这是人大深入学习贯彻习近平新时代中国特色社会主义思想的具体举措。我们用新的指导思想武装头脑、统领人大工作，这其中，学习好、研究好、宣传好、贯彻好习近平总书记关于坚持和完善人民代表大会制度的重要思想，是人大同志的首要任务和看家本领，也是做好新时代人大工作的根本保证。其二，党的十八大以来，全国人大和地方各级人大认真学习贯彻习近平总书记关于人民代表大会制度和人大工作的重要思想，进行了新的探索和实践，积累了许多好的经验和做法。加强这方面的理论和实践成果交流，有利于推动各级人大统一思想认识，积极主动作为，不断提升人大工作水平。其三，河北省委继承了当年习总书记在河北工作时的好作风、好传统，全省工作特别是王东峰同志刚才讲的七个始终坚持，体现了高度的政治自觉。省委高度重视人大工作，河北省人大及其常委会的工作也有不少创新和亮点，在深化对习近平总书记关于坚持和完善人民代表大会制度的重要思想的学习研究、贯彻落实上也有好的成果。

下面，我围绕学习研究宣传贯彻习近平总书记关于坚持和完善人民代表大会制度的重要思想，从三个方面讲一些体会和意见，同大家一道交流。

一、准确把握习近平总书记关于坚持和完善人民代表大会制度的重要思想

党的十八大以来，以习近平同志为核心的党中央高度重视、全面加强党对人大工作的领导，推动人大工作取得历史性成就。习近平总书记就坚持和完善人民代表大会制度、发展社会主义民主政治发表一系列重要论述，拓展了人民代表大会制度的科学内涵、基本特征和本质要求，标志着我们党对人民代表大会制度的规律性认识达到了一个新的高度。习近平总书记关于坚持和完善人民代表大会制度的重要思想，是习近平新时代中国特色社会主义思想的重要组成部分，科学阐述了国家根本政治制度的历史必然、特点优势、实践要求，明确提出了做好新时代人大工作的重大原则、思路举措、重点任务，我们要全面学习领会。

第一，坚持中国共产党的领导。党政军民学，东西南北中，党是领导一切的，是最高政治领导力量。必须坚持党总揽全局、协调各方的领导核心作

用，维护党中央权威和集中统一领导，通过人民代表大会制度，保证党的路线方针政策和决策部署在国家工作中得到全面贯彻和有效执行，使党的主张通过法定程序成为国家意志，使党组织推荐的人选通过法定程序成为国家政权机关的领导人员，保证党领导人民有效治理国家。

第二，坚持走中国特色社会主义政治发展道路。这条道路是近代以来中国人民长期奋斗历史逻辑、理论逻辑、实践逻辑的必然结果，是坚持党的本质属性、践行党的根本宗旨的必然要求。坚持正确的政治发展道路是关系根本、关系全局的重大问题。我们需要借鉴人类政治文明的有益成果，但绝不照搬西方政治制度模式，绝不放弃我国社会主义政治制度的根本。

第三，坚持和完善人民代表大会制度。人民代表大会制度是坚持党的领导、人民当家作主、依法治国有机统一的根本政治制度安排，支撑中国国家治理体系和治理能力，集中体现社会主义民主政治的特点和优势。必须长期坚持、全面贯彻、不断发展人民代表大会制度，充分发挥国家根本政治制度作用，通过人民代表大会制度牢牢把国家和民族前途命运掌握在人民手中。

第四，坚持人民当家作主。人民当家作主是我们党矢志不渝的奋斗目标。发展社会主义民主政治就是要体现人民意志、保障人民权益、激发人民创造活力，用制度体系保证人民当家作主。必须坚持国家一切权力属于人民，坚持人民主体地位，支持和保证人民通过人民代表大会行使国家权力，发展更加广泛、更加充分、更加健全的人民民主，不断解决好人民最关心最直接最现实的利益问题。

第五，坚持全面依法治国。坚定不移走中国特色社会主义法治道路，建设中国特色社会主义法治体系，建设社会主义法治国家。通过人民代表大会制度，弘扬社会主义法治精神，依照人民代表大会及其常委会制定的法律法规来展开和推进国家各项事业和各项工作，保证人民平等参与、平等发展权利，维护社会公平正义，尊重和保障人权，实现国家各项工作法治化。

第六，坚持民主集中制。民主集中制是中国国家组织形式和活动方式的基本原则。坚持人民代表大会统一行使国家权力，实行决策权、执行权、监督权既有合理分工又有相互协调，保证国家机关依照法定权限和程序行使职权、履行职责，坚持在党中央统一领导下，充分发挥地方主动性和积极性，保证国家统一高效组织推进各项事业。

第七，坚持全面贯彻实施宪法。坚持依法治国首先要坚持依宪治国，坚持依法执政首先要坚持依宪执政。全面贯彻实施宪法是建设社会主义法治国家的首要任务和基础性工作。必须把宣传和树立宪法权威作为全面推进依法治国的重大事项抓紧抓好，健全宪法实施监督机制和程序，把全面贯彻实施宪法提高到一个新水平。

第八，坚持以良法促进发展、保障善治。完善以宪法为核心的中国特色社会主义法律体系，把发展改革决策同立法决策更好结合起来，加强重要领域立法，确保国家发展、重大改革于法有据。抓住提高立法质量这个关键，推进科学立法、民主立法、依法立法，遵循和把握立法规律，使每一项立法都符合宪法精神、反映人民意志、得到人民拥护。

第九，坚持正确监督、有效监督。人民代表大会制度的重要原则和制度设计的基本要求，就是任何国家机关及其工作人员的权力都要受到制约和监督。在我们的政治体制中，人大就是要对"一府两院"起监督作用。人大要把宪法法律赋予的监督权用起来，坚持监督和支持相结合，确保法律法规得到有效实施，确保党中央重大决策部署贯彻落实。

第十，坚持民有所呼、我有所应。各级国家机关加强同人大代表的联系、加强同人民群众的联系，是实行人民代表大会制度的内在要求，是人民对自己选举和委派代表的基本要求。要紧紧抓住人民代表大会这一主要民主渠道，把加强同人大代表和人民群众的联系作为对人民负责、受人民监督的重要内容，虚心听取人大代表、人民群众意见和建议，积极回应社会关切，自觉接受人民监督。

上面列举的十个方面，是习近平总书记关于坚持和完善人民代表大会制度的重要思想的主要内容。总书记关于人大制度和人大工作的重要论述还有很多，并且在不断丰富发展、与时俱进。我们要全面、持续、深入地学习领会总书记关于坚持和完善人民代表大会制度的重要思想，自觉用以指导和推进新时代人大工作。

二、深刻认识习近平总书记关于坚持和完善人民代表大会制度的重要思想的时代意义、理论意义、实践意义

习近平总书记关于坚持和完善人民代表大会制度的重要思想，回答了新时代坚持好完善好人民代表大会制度的重大课题。我们学习总书记的重要思想，要深入领会其精神实质和重大意义，知其然更知其所以然，以理论清醒保证政治坚定，以思想自觉引领行动自觉。

1. *总书记的重要思想具有恢弘的历史纵深感。*在一个国家的各种制度中，政治制度处于关键环节。以什么样的思路来谋划和选择政治制度模式，关系国家的前途命运。习近平总书记指出：“设计和发展国家政治制度，必须注重历史和现实、理论和实践、形式和内容有机统一。要坚持从国情出发、从实际出发，既要把握长期形成的历史传承，又要把握走过的发展道路、积累的政治经验、形成的政治原则，还要把握现实要求、着眼解决现实问题，不能割断历史，不能想象突然就搬来一座政治制度上的‘飞来峰’。”这段论述，讲清楚了一个国家怎样才能建立好的政治制度，是对我们党领导人民探索建立发展人民代表大会制度的规律性总结。

1840年鸦片战争后，中国逐渐成为半殖民地半封建国家。围绕建立什么样的政治制度，中国人民进行了艰辛探索。中国尝试过君主立宪制、议会制、多党制、总统制等各种形式，都没有改变国家一盘散沙、人民苦难深重的局面。1921年中国共产党成立，从一开始就肩负起为中国人民谋幸福、为中华民族谋复兴的历史重任。经过浴血奋战和不断探索，中国共产党人找到了适合中国国情的根本政治制度，这就是共产党领导的、人民当家作主的、民主集中制的人民代表大会制度。

中国共产党第一次全国代表大会通过党的第一个纲领，明确提出“本党承认苏维埃管理制度，把工人、农民和士兵组织起来”。在大革命时期，我们党领导工农运动，在城市建立罢工工人代表大会和市民代表会议，在农村组建农民协会，进行了政权建设的最初探索。

在土地革命战争时期，我们党领导人民建立苏维埃政权，实行工农兵代表大会制度。1931年11月7日，中华苏维埃第一次全国代表大会在江西瑞金召开，通过《中华苏维埃共和国宪法大纲》，选举产生中华苏维埃共和国临时中央政府，选举毛泽东同志为中央执行委员会主席和人民委员会主席。“毛主席”的称呼就是从这时候开始的。除中央苏区外，其他革命根据地也建立起苏维埃政权。党领导的苏维埃政权是工农民主专政的新型政权，工农兵代表大会制度具有了人民代表大会制度的基本形态。

抗日战争时期，我们党领导建立了抗日民族统一战线性质的政权，陕甘宁边区实行了以“三三制”为原则的参议会制度。1939年1月，陕甘宁边区召开第一届参议会第一次会议，正式成立陕甘宁边区政府。经过这些探索，1940年1月，毛泽东同志在《新民主主义论》中指出：“中国现在可以采取全国人民代表大会、省人民代表大会、县人民代表大会、区人民代表大会直到乡人民代表大会的系统，并由各级代表大会选举政府。”1945年4月，毛泽东同志在《论联合政府》中进一步指出：“新民主主义的政权组织，应该采取民主集中制，由各级人民代表大会决定大政方针，选举政府。”这表明我们党在总结实践经验的基础上，提出了建立人民代表大会制度的构想。由于历史条件的限制，这一构想没有在抗战时期实行起来。

解放战争时期，我们党在各解放区相继召开人民代表会议，向正式建立人民代表大会制度过渡。1948年8月，华北临时人民代表大会在石家庄召开，这是新中国成立前第一次冠以“人民代表大会”的权力机构，大会选举产生了华北人民政府，为夺取全国政权、建立中央人民政府进行了探索性试验。董必武同志在开幕词中说：“我们华北临时人民代表大会已经宣布开幕了，它是一个临时性的，而且也是华北一个地区的。但是，它将成为全国人民代表大会的前奏和雏形。”1949年7月，石家庄市第一次人民代表大会召开，选举产生市人民政府委员会。石家庄成为全国第一个召开人民代表大会的城市。

1949年9月，中国人民政治协商会议第一届全体会议召开，通过具有临时宪法地位的《中国人民政治协商会议共同纲领》，宣告新中国实行人民代表大会制度。

1954年9月，第一届全国人民代表大会第一次会议在北京召开，通过新中国第一部宪法，标志着人民代表大会制度在全国范围内建立起来，开辟了中国人民当家作主的历史新纪元。

历史充分说明，人民代表大会制度作为我国的根本政治制度，不是凭空设想出来的，也不是从外国照搬过来的，是我们党把马克思主义基本原理同中国具体实际相结合、领导人民经过长期奋斗和探索得来的。只有熟悉这段历史，我们才能更加深刻、充分地领会到习近平总书记指出的：“在中国实行人民代表大会制度，是中国人民在人类政治制度史上的伟大创造，是深刻总结近代以后中国政治生活惨痛教训得出的基本结论，是中国社会100多年激越变革、激荡发展的历史结果，是中国人民翻身作主、掌握自己命运的必然选择。”对我们党领导人民历尽千辛万苦、付出各种代价建立的国家根本政治制度，必须倍加珍惜，切实坚持好、完善好、实践好。

2. *总书记的重要思想展示了坚定的政治自信。*习近平总书记讲过:“在政治制度模式上,我们就是要咬定青山不放松、任尔东西南北风。”我们说人民代表大会制度是个好制度,好就好在它能够保障党领导人民有效治理国家,能够把民主和集中有机统一起来,能够集中力量办大事,能够保证国家各项工作的制度化法律化,能够保证党和国家事业的连续性稳定性,能够凝聚各方面力量为实现既定目标不懈奋斗。

新中国成立以来,我们党通过人民代表大会制度,发挥各国家机关职能作用,调动人民群众积极性、主动性、创造性,持续不断地推进社会主义现代化建设。1949 年新中国成立时,中国 GDP 只有 189 亿美元,人均 35 美元;1978 年为 1473 亿美元,人均 156 美元;2017 年达到 12.2 万多亿美元,稳居世界第二,人均超过 8800 美元。再说说中国的减贫成就。改革开放以来,中国累计减少农村贫困人口 7.4 亿,这一数字比拉美或欧盟的人口还要多。中国这样一个有 13 亿多人口、960 多万平方公里土地、56 个民族,承受着世界上最庞大的人口、资源和环境压力,面临最复杂国情的国家,能够实现长期、快速、持续的发展,最根本的原因就是有中国共产党的领导,有中国特色社会主义政治制度的支撑。

邓小平同志曾经讲过:“我们评价一个国家的政治体制、政治结构和政策是否正确,关键看三条:第一是看国家的政局是否稳定;第二是看能否增进人民的团结,改善人民的生活;第三是看生产力能否得到持续发展。”习近平总书记提出了评价一个国家政治制度是不是民主的、有效的“八个能否”标准。无论用哪一条来评判,我们都可以充满自信地说,中国的政治体制具有强大的优势,人民代表大会制度是一套有效保证能干事、干好事、干成事的政治制度,是符合中国国情和实际、体现社会主义国家性质、保证人民当家作主、保障实现中华民族伟大复兴的好制度。我们坚定中国特色社会主义制度自信,首先要坚定对中国特色社会主义政治制度的自信、对人民代表大会制度的自信。

3. *总书记的重要思想来自于丰富的实践和深刻的理论思考。*习近平总书记在地方工作了 25 年,是从基层一级一级成长起来的领导人。总书记不仅担任过地方党委、政府一把手,还担任过福州市人大常委会主任、浙江省人大常委会主任。习近平总书记关于坚持和完善人民代表大会制度的重要思想,很多都同总书记主政地方时的思考和实践一脉相承又不断发展。特别是担任浙江省委书记、省人大常委会主任时,对人大工作、立法工作进行了系统思考和实践。习近平总书记指出,坚持党的领导、人民当家作主和依法治国有机统一,必须在制度上作出安排和设计,人大制度正是这一有效载体。总书记还提出了做好人大工作需要处理和把握好的五个关系:一是坚持党的领导与发挥人大作用的关系,二是加快发展与法制保障的关系,三是依法办事与开拓创新的关系,四是监督与支持的关系,五是人大与人民群众的关系。

总书记对立法工作进行了全面思考,就加强地方立法工作提出了许多在今天看来仍然具有重要指导意义的论述和要求。一是坚持党对立法工作的领导。他指出,“党委要高度重视法制建设,进一步改进和加强对立法工作的领导,适时提出立法建议,及时研究立法工作中重大问题。……这是立法工作的一个政治原则,也是做好立法工作的根本保证。”二是坚持立法为民。他指出,“要坚决摒弃立法就是管理老百姓的错误观念,坚决克服和防止部门利益法制化的倾向,牢固树立立法要维护人民根本利益、体现人民共同意志的思想,真正把社会主义法律大厦建立在人民权利的基础之上。”三是发挥人大在立法中的主导作用。他指出,“要从偏重政府部门力量、‘闭门’立法向注重发挥人大主导作用、‘开门’立法转变,保障人民群众通过多种途径参与立法活动。”四是坚持法制统一,突出地方特色,增强可操作性。他指出,“地方立法,作为国家法律和行政法规的重要补充,必须坚持法制统一,坚持以宪法和国家法律、法规为依据,不与宪法和国家法律、法规相抵触。”“地方特色是地方立法的生命力所在。必须紧密结合我省经济社会发展的实际,充分发挥其补充、先行、创制的作用,体现地方特色,提高针对性、可操作性,防止照抄照转,‘大而全’、‘小而全’。”五是立法要与改革发展相适应。他指出,“立法要为发展服务,要坚持立法决策与改革、发展、稳定的重大决策相结合。”“对不适应改革开放和现代化建设的地方性法规或规章,要及时按照法定程序,该修改的修改,该废止的废止,需要重新制定的重新制定,需要作出法律解释的及时作出解释,使我们的地方立法与时俱进,体现时代要求,避免落后于改革发展的实践。”六是不断提高立法质量。他指出,“围绕提高立法质量这一目标,总结经验、改进方式、完善机制,进一步拓宽法规草案起草渠道,提高立法的科学性、民主性和公开性。”

习近平总书记十多年前在浙江的这些重要论述和要求,体现了习近平总书记长期以来对人大制度、人大工作和依法治国、治国理政等重大问题的深刻思考，具有丰富的思想内涵和鲜明的实践特色，与党的十八大以来习近平总书记关于坚持和完善人民代表大会制度、全面依法治国的新理念新思想新战略具有连贯性和一致性，构成了一个有机的整体。回顾总书记的这些论述，有利于我们更好理解习近平新时代中国特色社会主义思想，用以指导做好新时代人大工作。

4. 总书记的重要思想引领人大工作取得历史性成就。党的十八大以来，在以习近平同志为核心的党中央坚强领导下，人民代表大会制度理论和实践创新取得丰硕成果，国家权力机关职能作用得到更好发挥。总书记讲："人大工作取得了历史性成就"。

怎么认识人大工作取得的历史性成就？这里简要列举一些近年来人大工作的亮点：①全面贯彻实施宪法，设立国家宪法日，建立宪法宣誓制度，制定国家勋章和国家荣誉称号法、国歌法等。十三届全国人大一次会议通过宪法修正案，实现了现行宪法的与时俱进、完善发展。②保障和推动全面深化改革，以立法推动国家监察体制改革和其他各项重大改革，确保改革举措顺利实施。③加强重点领域立法，全面推进经济、政治、社会、文化、生态领域立法，着力加强国家安全领域立法，立法数量多、分量重、节奏快。④作出关于香港特别行政区行政长官普选问题的决定，主动释法遏制和打击"港独"。⑤维护人民代表大会制度尊严，依法严肃处理辽宁拉票贿选案。⑥推动人大制度完善发展，加强县乡人大工作和建设，赋予所有设区的市地方立法权，创新人大立法、监督、代表等工作机制，等等。

人大工作之所以取得历史性成就，根本在于习近平新时代中国特色社会主义思想科学指引，在于以习近平同志为核心的党中央坚强领导。从2015年开始，习近平总书记连续4年主持中央政治局常委会会议，听取全国人大常委会党组工作汇报。这一做法已经载入新形势下党内政治生活的若干准则，成为党中央加强集中统一领导的重要制度安排。每年中央政治局常委会工作要点都对人大立法等工作进行部署，中央政治局常委会会议多次研究决定人大工作中的重大问题和重要事项，这在以往是不多见的。5年多来，党中央制发的关于人大工作的重要指导性文件，在以往历届全国人大工作中也是最多的，许多都是具有开创性的重大举措。

习近平总书记指出，全国人大及其常委会把坚持党的领导、人民当家作主、依法治国真正打通、有机统一起来了。这是对党的十八大以来人大工作成就经验的充分肯定和深刻总结，也是新时代人大工作必须牢牢坚持的基本原则。坚持三者有机统一，最根本的是坚持党的领导，特别是坚持党中央集中统一领导。中国共产党领导是中国特色社会主义最本质的特征。如果没有党的领导，我们的国家和民族就不可能取得今天这样的成就，也不可能有今天这样的国际地位。在坚持党的领导这个根本政治原则问题上，决不能有丝毫的含糊和动摇。我们党始终代表中国最广大人民的根本利益，党没有自己的特殊利益，党的主张同人民的意志是高度统一的。坚持党的领导，实现党的主张，就是保证人民当家作主，就是维护人民根本利益。在我国，法是党的主张和人民意志的统一体现，党的领导是中国特色社会主义法治之魂，党领导人民制定宪法法律，党领导人民实施宪法法律，党自身必须在宪法法律范围内活动。人民代表大会制度是党领导人民建立发展起来的，是党支持和保证人民当家作主、实行依法治国的制度载体。在我国的政治生活中，党是居于领导地位的，党中央是坐镇中军帐的"帅"，车马炮各展其长，一盘棋大局分明。各级人大是党领导下的政治机关，要始终坚持党的全面领导，坚决贯彻党中央和同级党委的决策部署，通过依法行使职权，保证在党的领导下依法治国、厉行法治，实现人民对美好生活的向往。

三、深入学习研究宣传贯彻习近平总书记关于坚持和完善人民代表大会制度的重要思想

中国特色社会主义进入新时代，对人大工作提出了新的更高的要求。全国人大和地方各级人大要担负起党和人民赋予我们的使命责任，创造无愧于新时代的光辉业绩。

十三届全国人大常委会履职以来，召开了5次常委会会议，制定法律4件，修改法律7件，作出有关法律问题的决定4件；听取审议11个有关工作报告和3个执法检查报告，作出2个决议；研究编制本届全国人大常委会五年立法规划并报请党中央批准，召开了全国人大常委会立法工作会议和全国地方立法工作座谈会。通过半年来的工作，我们深刻体会到，做好新时代人大工作，必须牢固树立政治意识、大局意识、核心意识、看齐意识，坚决维护习近平总书记权威和核心地位，坚决维护以习近平同志为核心的党中央权威和集中统一领导，自觉把人大各项工作紧紧扣在贯彻落实党中央重大决策部署上来，紧紧扣在回应人民群众重大关切上来，紧紧扣在厉行法治、推进全面依法治国上来。

面对新形势新任务新要求，各级人大都要深入学习贯彻习近平新时代中国特色社会主义思想，特别是把学习研究宣传贯彻习近平总书记关于坚持和完善人民代表大会制度的重要思想摆在突出位置，在学懂弄通做实上下功夫，进一步加强理论武装，提高政治站位，增强工作能力，更好发挥国家权力机关作用。

一是在加强学习方面，要建立健全学习机制，突出总指引，坚持下功夫，强化硬约束。总指引就是习近平新时代中国特色社会主义思想。要坚持联系地而不是孤立地、系统地而不是零散地、全部地而不是局部地学习习近平新时代中国特色社会主义思想，全面把握“八个明确”和“十四个坚持”的丰富内涵，全面领会习近平总书记关于各方面工作的重要思想、重要论述，同时要立足人大工作实际，学深悟透习近平总书记关于坚持和完善人民代表大会制度的重要思想。下功夫就是要原原本本学习、持续深入学习，坚持学原著、读原文、悟原理，常学常新、常用常新，切实把学习成果转化为推进人大工作的强大精神动力。硬约束就是要有常态化长效化的学习制度。每年制定学习计划，明确目标任务，统筹安排学习主题、时间、形式。每一次学习都要事先准备、精心组织，务求取得实效。在做好专题学习的同时，还要第一时间传达学习党中央精神。比如，本届全国人大常委会党组每次会议的第一项议程，都是传达学习总书记重要讲话和党中央重要会议、重要文件精神，这已经成为制度化安排。

二是在加强理论研究方面，要坚持问题导向，理论联系实际，抓紧形成一批高质量研究成果。要围绕总书记的重要思想，结合中华文明历史传承，结合我国革命建设改革的伟大实践，结合人民代表大会制度的发展历程，深入研究阐释人民代表大会制度的历史必然、巨大功效、特点优势和世界意义等，进一步坚定制度自信。要认真总结提炼人民代表大会制度建设和人大工作的好经验好做法，研究新情况新问题，深化对人大工作规律的认识和把握。人大常委会、专门委员会组成人员和人大机关工作人员，都要积极支持研究工作、参与研究工作，立足本职岗位多思考、多研究、多出成果。要进一步加强人大理论研究队伍建设，发挥人大制度理论研究会的平台作用。要加强各级人大之间的理论研究成果交流。全国人大常委会将积极总结、提炼、推广地方人大在理论和实践创新中形成的好经验好做法。

三是在加强宣传方面，要进一步加大力度、改进方式、增强实效。关键是要牢牢掌握人大新闻舆论工作的主动权、话语权，加强统筹协调和组织策划，深入学习领会习近平总书记关于坚持和完善人民代表大会制度的重要思想，学习宣传党中央对人大工作的坚强领导和决策部署，宣传人大立法、监督、代表、对外交往、自身建设、理论研究等方面的工作进展和成效。要综合运用多种传播手段，在巩固和完善传统宣传阵地的同时，善于用足用好新媒体，拓展报道的广度和深度。要面向大众，注重创新，回应关切，多用鲜活生动的事实，多用通俗易懂的语言，让国家根本政治制度深入人心。

四是在贯彻落实方面，要紧扣大局，勇于担当，求真务实。全国人大和地方各级人大都要紧跟习近平总书记的指示要求，紧跟党中央决策部署，把人大工作放到党和国家工作大局、本地区中心任务中去思考、谋划和推进。党的十九大提出到 2020 年、2035 年、本世纪中叶的三阶段战略任务，人大的各项工作都要服从服务于全面建成小康社会、建设社会主义现代化强国，为实现党的历史使命作出应有贡献。具体到当前，统筹推进“五位一体”总体布局、协调推进“四个全面”战略布局、贯彻新发展理念、打好三大攻坚战等，就是人大工作必须紧扣的大局。比如，本届全国人大常委会围绕党中央打好污染防治攻坚战的决策部署，开展大气污染防治法、海洋环境保护法执法检查，作出全面加强生态环境保护依法推动打好污染防治攻坚战的决议，制定土壤污染防治法，听取审议国务院关于年度环境状况和环保目标完成情况、关于研究处理固体废物污染环境防治法执法检查报告及审议意见情况的报告。

人大履职要担当尽责，只要是党中央和同级党委交付的工作任务，都要不折不扣确保完成；只要是改革发展需要、人民群众期盼、属于人大职权范围内的事项，都应当大胆地推进。比如，党中央确定的重大立法任务，要全力以赴抓好落实，确保按时出台。要发挥人大及其常委会在立法工作中的主导作用，防止和克服立法中的利益偏向。对党中央有要求、实践有需要、群众有期盼的立法项目，草案已经成熟或基本成熟的，要及时果断决策，不因少数不同意见、不同声音而耽误立法进程。再比如，要担负起加强宪法实施和监督的职责，推进合宪性审查工作，维护宪法权威。要加强对“一府一委两院”工作的监督，切实推动解决问题。

人大工作要坚持求真务实，改进作风，提高效率，不断提升工作质量。要贯彻群众路线，密切常委会同人大代表、人大代表同人民群众的联系，畅通社情民意表达和反映渠道，号准人民群众的脉搏，集中人民群众的智慧，帮助人民群众排忧解难。要练好调查研究这项基本功，深入基层，深入实际，全面掌握情况，抓住突出矛盾，查清问题症结，提出有针对性、有见地的对策建议。要在保证工作质量的前提下进一步加快工作步伐，提高工作效率，弘扬“马上就办”的精神，形成真抓实干的氛围。

多年来，地方各级人大对全国人大及其常委会的工作给予了大力支持。借此机会，我向在座的各位同志并通过你们向地方各级人大代表、常委会组成人员和人大机关工作人员表示衷心感谢！

我就讲这些，谢谢大家！

《中国人大》2018 年第 19 期

在深入学习贯彻习近平总书记关于坚持和完善人民代表大会制度的重要思想交流会第一次全体会议上的主持讲话

（2018 年 9 月 26 日）

王　晨

同志们：

经党中央批准，今天我们举行深入学习贯彻习近平总书记关于坚持和完善人民代表大会制度的重要思想交流会。中共中央政治局常委、全国人大常委会委员长栗战书同志出席会议并将作重要讲话。全国人大常委会秘书长，全国人大各专门委员会、常委会工作委员会主要负责同志，常委会副秘书长、机关党组成员，中国人大制度理论研究会负责同志，各省、自治区、直辖市人大常委会及有关专门委员会、工作机构负责同志，副省级城市和部分市、县人大常委会负责同志，部分全国人大代表，全国人大机关有关部门负责同志参加会议。举行此次交流会，充分体现了十三届全国人大常委会学习贯彻习近平新时代中国特色社会主义思想、坚决维护习近平总书记在党中央和全党的核心地位、坚决维护党中央权威和集中统一领导、在思想上政治上行动上同以习近平同志为核心的党中央保持高度一致、推动新时代人大工作完善发展的高度政治自觉和行动自觉。

十三届全国人大常委会履职半年来，在党中央坚强领导下，一手抓学习，一手抓履职，把学习贯彻习近平新时代中国特色社会主义思想和党的十九大精神，学习贯彻习近平总书记关于坚持和完善人民代表大会制度的重要思想，作为首要政治任务，坚持常委会党组、委员长会议带头，推动常委会、各专门委员会、全国人大机关加强理论武装、提高工作水平。栗战书委员长多次就学习研究宣传贯彻习近平总书记关于坚持和完善人民代表大会制度的重要思想作出指示，提出要求。全国人大常委会办公厅在河北省石家庄市召开这次交流会，就是要推动各级人大及其常委会切实把思想和行动统一到习近平新时代中国特色社会主义思想上来，统一到党中央决策部署上来，在以习近平同志为核心的党中央集中统一领导下，依法履职尽责，积极开拓进取，共同做好新时代人大工作。

刚才，栗战书委员长作了重要讲话，全面阐述了习近平总书记关于坚持和完善人民代表大会制度的重要思想的丰富内涵，结合我们党探索建立人民代表大会制度的光辉历程、人民代表大会制度的巨大功效、党的十八大以来人大工作的历史性成就等，深刻阐明了习近平总书记关于坚持和完善人民代表大会制度的重要思想的时代意义、理论意义、实践意义；强调把坚持党的领导、人民当家作主、依法治国真正打通、有机统一，最根本的是坚持党的领导特别是坚持党中央集中统一领导；对各级人大学习好、研究好、宣传好、贯彻好习近平新时代中国特色社会主义思想提出了明确要求。栗战书委员长的讲话，具有很高的政治站位，对于各级人大进一步加强理论武装，坚持党的全面领导，更好发挥国家权力机关职能，具有重要指导作用。与会同志要认真学习领会习近平总书记关于坚持和完善人民代表大会制度的重要思想，深入开展交流研讨，确保把这次会议开出实效。会后，要及时传达学习栗战书委员长重要讲话和会议精神，推动各级人大深入学习贯彻习近平新时代中国特色社会主义思想，不断增强“四个意识”，自觉坚定“四个自信”，坚决做到“两个维护”，奋力开拓人大工作新局面。

在深入学习贯彻习近平总书记关于坚持和完善人民代表大会制度的重要思想交流会第二次全体会议上的总结讲话

（2018 年 9 月 27 日）

全国人大常委会秘书长、机关党组书记　杨振武

同志们：

现在进行深入学习贯彻习近平总书记关于坚持和完善人民代表大会制度的重要思想交流会第二次全体会议。

昨天上午，中共中央政治局常委、全国人大常委会委员长栗战书在第一次全体会议上作了重要讲话，对深入学习、研究、宣传、贯彻习近平总书记关于坚持和完善人民代表大会制度的重要思想，推动新时代人大制度和人大工作完善发展作了辅导和动员，指明了方向，作出了部署。中共中央政治局委员、全国人大常委会副委员长王晨主持会议，并就如何开好这次会议提出了明确要求。下午，与会同志分成 6 个小组，围绕学习、研究、宣传、贯彻习近平总书记关于坚持和完善人民代表大会制度的重要思想，学习领会栗战书委员长的讲话精神，进行了认真交流讨论。今天上午，大家参观了西柏坡纪念馆和中共中央旧址，接受了革命传统教育。

刚才，10 位同志作了大会交流发言。各位同志的发言主题鲜明，内容丰富，亮点纷呈，言简意赅，讲得都很好，听后很受启发，充分反映了本次会议学习交流的成果。下面，我对会议作一个小结。

本次交流会是在全党全国深入学习贯彻习近平新时代中国特色社会主义思想和党的十九大精神、决胜全面建成小康社会、开启新时代新征程的大背景下召开的，对于全国人大和地方各级人大加强理论武装，增强“四个意识”，坚定制度自信，做好新时代人大工作，具有重要的引领和推动作用。两天来，在与会同志的共同努力下，会议达到预期目的，取得圆满成功。

大家一致认为，党的十八大以来，以习近平同志为核心的党中央高度重视、全面加强党对人大工作的领导，推动人民代表大会制度理论和实践创新取得一系列重大成果。习近平总书记关于坚持和完善人民代表大会制度的重要思想，是习近平新时代中国特色社会主义思想的重要组成部分，科学阐述了国家根本政治制度的历史必然、特点优势、实践要求，明确提出了做好新时代人大工作的重大原则、思路举措、重点任务。这一重要思想拓展了人民代表大会制度的科学内涵、基本特征和本质要求，标志着我们党对人民代表大会制度的规律性认识达到了一个新的高度。人民代表大会制度理论和实践与时俱进、完善发展，人大工作取得历史性成就，根本在于习近平新时代中国特色社会主义思想科学指引，根本在于以习近平同志为核心的党中央坚强领导。

大家一致认为，习近平总书记关于坚持和完善人民代表大会制度的重要思想，是在长期的深刻理论思考和丰富实践经验基础上形成的，回答了新时代坚持好完善好人民代表大会制度的重大课题，并且根据实践和认识发展而不断丰富发展、与时俱进，为做好人大工作提供了重要原理和方法。要深刻领会和把握这一重要思想中蕴含的科学的世界观、方法论，凝聚的我们党探索和开辟中国特色社会主义政治发展道路的宝贵经验，展示的坚定政治自信和推动人类政治文明进步的中国智慧，做到知其然更知其所以然，真正将这一重要思想内化于心、外化于行。

大家一致认为，栗战书委员长的重要讲话，用“十个坚持”阐述了习近平总书记关于坚持和完善人民代表大会制度的重要思想的主要内容，深刻阐明了这一重要思想的时代意义、理论意义、实践意义，对各级人大学习好、研究好、宣传好、贯彻好这

一重要思想提出了明确要求。讲话通篇贯彻习近平新时代中国特色社会主义思想和党的十九大精神，具有很高的政治站位和理论高度，具有很强的思想性、针对性、实践性，对于各级人大进一步统一思想认识，强化责任担当，更好发挥国家权力机关作用，具有重要指导意义。大家认为，全国人大及其常委会带头用习近平总书记的这一重要思想武装头脑、指导实践、推动工作，为地方各级人大作出了示范。这次选择在河北石家庄召开这样高规格、大范围的交流会，推动各级人大交流学习贯彻习近平总书记的重要思想的经验和体会，深化认识，振奋精神，凝聚力量，是一场“及时雨”。大家纷纷表示，要以这次重要会议为契机，深入学习领会、全面贯彻落实习近平总书记关于坚持和完善人民代表大会制度的重要思想，按照栗战书委员长的要求，常学常新、常用常新，切实把会议精神和学习成果转化为推进人大工作的强大动力。

昨天的分组讨论和刚才的大会发言中，与会同志深入交流了党的十八大以来各级人大在学习贯彻习近平总书记关于坚持和完善人民代表大会制度的重要思想方面的理论和实践成果，其中有许多新的探索和实践、许多好的经验和做法。我初步梳理了一下，主要有以下几个方面：

一是强化理论指引，把习近平总书记关于坚持和完善人民代表大会制度的重要思想作为新时代人大制度和人大工作创新发展的“定海神针”。各级人大深入学习习近平新时代中国特色社会主义思想，学习习近平总书记关于坚持和完善人民代表大会制度的重要思想，以理论清醒保证政治坚定，以思想自觉引领行动自觉。许多地方人大建立了常态化的学习制度，把学习贯彻习近平总书记的这一重要思想作为常委会党组会议或常委会会议的首要议题，每次会议确定一个主题集中学习；习近平总书记发表的重要讲话，党中央召开的重要会议、出台的重要文件，人大常委会党组第一时间传达学习。许多地方人大形成了多层次、全覆盖的学习体系，有计划分批次组织常委会和专门委员会组成人员、人大代表、人大机关干部认真学习习近平总书记的这一重要思想。许多地方人大坚持学用结合、学以促用，重点围绕习近平总书记的指示要求和党中央决策部署，紧密结合本级党委决策部署、本地区中心工作和发展实际，有针对性地组织学习讨论，为地方经济社会发展和民主法治建设想办法、出实招。一些地方人大以小册子、口袋书等形式，组织编印了习近平总书记重要讲话、重要论述的有关学习材料。一些地方人大还对总书记在地方工作期间关于人大制度和人大工作的创新性前瞻性论述和实践，进行了认真梳理研究，这有利于更加深刻地学习领会总书记一以贯之而又不断发展的思想脉络。

二是把牢政治方向，坚守党的领导特别是党中央集中统一领导这条人大工作不可动摇的生命线。各级人大旗帜鲜明讲政治，牢固树立“四个意识”，始终坚定“四个自信”，坚决维护习近平总书记权威和核心地位、坚决维护以习近平同志为核心的党中央权威和集中统一领导。各地党委普遍加强对人大工作的领导，许多地方党委召开了人大工作会议，有的地方还明确各级党委每届内至少召开一次人大工作会议。许多地方在人代会期间专门成立大会临时党组织，召开党员代表会议，确保各项议程圆满完成。各地人大普遍建立健全并严格执行向本级党委请示报告制度，人大常委会党组定期向党委报告工作情况，人大重要会议、重要活动以及立法、监督等工作中的重大问题、重大事项，都及时主动向党委请示报告，保证一切工作在党的领导下扎实推进。各地充分发挥人大常委会党组在人大及其常委会中的领导核心作用，建立和完善党组工作、议事、决策等方面的制度规则，充分发挥党组把方向、管大局、保落实的重要作用。有的地方学习借鉴全国人大的做法，在人大专门委员会设立分党组，进一步夯实了党领导人大工作的组织基础。各地着力加强人大常委会和人大机关党的建设，加强学习，改进作风，严明纪律，把全体同志的智慧和力量凝聚到落实党中央精神和党委决策部署上来。

三是增强宣传实效，让国家根本政治制度深入人心。各级人大聚焦习近平总书记关于坚持和完善人民代表大会制度的重要思想，聚焦党中央对人大工作的决策部署，聚焦人大各方面工作进展和成效，进一步加大宣传力度，创新宣传方式，推动全社会了解和参与人大工作，不断增强人民代表大会制度自信。许多地方通过播放人大专栏节目和人大专题片、直播人大会议，定期刊发人大专栏专版，举办人大制度探索实践历程展、人大工作展等，全方位多角度展示人大制度和人大工作。许多地方注重运用互联网、微信公众号、手机 APP 等新媒体和信息技术，拓展人大宣传工作的广度和深度。有的地方人大在外事接待、地方议会交往、友好城市交流等活动中，大力宣传习近平总书记关于坚持和完善人民代表大会制度的重要思想，宣传人民代表大会制度的优越性，增进国际社会对人大制度的理解和认同。还有的地方人大召开了人大宣传工作会议,研究部署加强和改进人大新闻宣传的措施办法。

*四是狠抓贯彻落实,在党和国家工作大局、本地区中心任务中谋划和推进人大工作。*各级人大把习近平总书记关于坚持和完善人民代表大会制度的重要思想和党中央决策部署贯彻落实到工作的全过程各方面,各项工作自觉服从服务于全面建成小康社会、建设社会主义现代化强国大局,勇于担当、善于作为,不断加快工作步伐,提升工作质量,为实现党的历史使命作出人大应有的贡献。

在宪法实施方面,扎实做好备案审查工作,精心组织宪法宣誓仪式,认真开展宪法日活动,通过巡回宣讲、专家讲授、媒体解读多种形式加强宪法宣传教育。有的地方人大还专门作出了关于学习宣传和贯彻实施宪法的决定。

在立法工作方面,有立法权的地方人大在本级党委领导下,立足地方实际,制定完善了一批具有鲜明特色、管用好用的地方性法规,为地方治理提供了有力法制支撑。许多地方充分发挥人大及其常委会在立法中的主导作用,统筹安排立项、论证、起草、评估、审议等各环节工作,加强对法规起草进度和内容的把关,切实防止地方利益和部门利益法制化倾向。地方人大在深入推进科学立法、民主立法、依法立法方面有很多创新举措。比如,有的地方建立了立法工作者、实际工作者、专家学者结合的法规起草机制,有的地方尝试委托第三方开展立法评估,有的地方组织人大代表分专业有重点地参加立法工作,有的地方建立了公众意见采纳和反馈机制。

在监督工作方面,地方人大紧紧围绕打好“三大攻坚战”、推进供给侧结构性改革、实施乡村振兴战略等重点工作和人民群众普遍关注的热点难点问题,进一步完善监督工作方式方法,不断增强监督实效。比如,有的地方建立了问题清单销号制度,持续跟踪监督突出问题的整改落实情况,解决一个销号一个,整改不到位,监督不止步。有的地方不同层级的人大,抓住具有普遍性的突出问题上下联动开展监督,形成监督合力。有的地方开展质询、特定问题调查等工作,为用好用足法定监督手段进行了有益探索。

在讨论决定重大事项方面,许多地方人大贯彻中办印发的关于健全人大讨论决定重大事项制度、各级政府重大决策出台前向本级人大报告的实施意见,制定完善了行使重大事项决定权的具体办法,明确细化了重大事项的范围、提案主体、工作程序等内容,依法依规讨论决定本地区改革开放和经济社会发展中的重大事项和重大问题,并跟踪检查和督办决定决议执行情况。

在发挥代表作用方面,许多地方人大建立健全常委会联系代表、代表联系人民群众的“双联系”制度,积极邀请代表列席会议、参加活动,精心组织代表视察调研,认真办理代表议案建议,加强代表学习培训,支持和保障代表依法履职。有的地方建成了数千个代表联络站和网上代表联络站,进站接待群众实现常态化。有的地方大力推行“民生实事项目人大代表票决制”,由人大代表投票确定政府的民生实事项目。有的地方加强人大代表监督管理,探索建立代表退出机制,对不称职的代表,由选举单位约谈或函询,经提醒仍不改正的,责令辞去或罢免代表职务。

在自身建设方面,各地人大坚持把政治建设摆在首位,全面加强思想、组织、制度、能力、作风等各方面建设,坚持不懈改作风转作风,工作效率不断提高,履职能力日益增强。各地人大贯彻落实习近平总书记关于“大兴调查研究之风”的重要指示精神,开展了一系列“解剖麻雀”式的深入调研,形成一系列有价值有分量的研究成果,为推进人大工作和党委政府决策部署提供了重要参考。

各级人大在深入学习贯彻习近平总书记关于坚持和完善人民代表大会制度的重要思想、推动新时代人大制度和人大工作完善发展方面的经验做法还有很多,时间所限,我就不再一一列举了。这次会议是一次交流会,也是一次动员会、部署会。希望大家在今后的学习工作中,全面持续深入地学习贯彻习近平新时代中国特色社会主义思想,学习好、研究好、宣传好、贯彻好习近平总书记关于坚持和完善人民代表大会制度的重要思想,在全国人大和地方各级人大中营造浓厚的学习氛围,自觉用这一重要思想武装头脑、统领人大工作。这里,我再提两条具体意见。

*一是要尽快汇报和传达本次会议精神。*请参加会议的地方各级人大常委会负责同志,将栗战书委员长重要讲话和交流会情况及时向本级党委报告,组织好在人大常委会和人大机关的传达学习,重点是学习习近平总书记关于坚持和完善人民代表大会制度的重要思想,学习栗战书委员长的重要讲话和兄弟地区人大的好经验好做法,把这次会议的成果宣传好运用好。

*二是要进一步加强各级人大之间、各地人大之间的经验交流。*这次交流会是全国人大常委会加

强同地方人大学习交流的一次探索，成果大、效果好。全国人大常委会办公厅将从大家提交的材料中精选若干篇，编成交流会文集，供各级人大学习宣传研究使用。今后，全国人大常委会还将继续通过包括交流会在内的各种形式，进一步加强政治学习和理论研究，总结、交流、推广人大工作中的好经验好做法。各地、各级人大之间也要加强沟通交流，不断深化对人大工作规律的认识和把握，形成深入学习研究、敢于担当负责、勇于开拓创新的良好氛围。

坚持和完善人民代表大会制度

全国人大宪法和法律委员会主任委员　李　飞

60多年来特别是改革开放40年来，人民代表大会制度不断得到巩固和发展，展现出蓬勃生机活力，发挥出巨大制度优势。通过人民代表大会制度，真正实现了人民当家作主，动员了全体人民以国家主人翁的使命感投身社会主义建设，保证了国家机关协调高效运转，维护了国家统一和民族团结。实践充分证明，人民代表大会制度是符合中国国情和实际、体现社会主义国家性质、保证人民当家作主、保障实现中华民族伟大复兴的好制度。

人民代表大会制度真正实现了民主形式与民主本质的统一、国体与政体的统一、民主与效率的统一，建立起人民当家作主的新型政治制度，开辟了人类社会发展的新路径，在中国政治发展史乃至世界政治发展史上都具有划时代意义。展望未来，我们对党和人民选择的政治制度和政治发展道路始终充满信心。

履行宪法职责，加强宪法实施和监督，不断坚持和完善人民代表大会制度。一是始终坚持党中央集中统一领导。坚持党的领导是实行人民代表大会制度的内在要求，是人民代表大会制度的优势和特点所在。要坚持以习近平新时代中国特色社会主义思想为指导，把党的路线方针政策和决策部署贯彻落实到立法工作全过程和各方面。对于党中央决策部署、交办的重大立法任务，全力以赴抓好贯彻落实。重大立法项目、立法中的重大问题和重要事项，及时主动向党中央请示报告。

二是不断改进立法工作。要切实发挥人大及其常委会在立法工作中的主导作用，加强重点领域立法，遵循和把握立法规律，着力提高立法质量，加快完善以宪法为核心的中国特色社会主义法律体系，努力使每一项立法都符合宪法精神，体现客观规律，适应社会发展，反映人民意志，得到人民拥护。

三是加强宪法监督，推进合宪性审查工作。要不断加强备案审查制度和能力建设，不断加大监督纠正力度，落实"有件必备、有备必审、有错必纠"。抓紧建立健全合宪性审查机制，积极稳妥推进合宪性审查工作，做好重大决策、重要规定出台前的合宪性咨询、确认等工作，为重大决策和重大改革提供有力的宪法支撑。加强宪法学习宣传贯彻，深入推进宪法的实施，坚决纠正违宪违法问题。

坚持在学懂弄通做实上下功夫

河北省人大常委会常务副主任　范照兵

河北是革命的土地、英雄的土地、红色的土地，不仅为新民主主义革命作出了历史性贡献，也为人民代表大会制度的创立和发展作出了历史性贡献。我们必须牢记光荣历史，不忘初心使命，努力在学习贯彻习近平总书记关于坚持和完善人民代表大会制度的重要思想、推动新时代人大工作创新实践中走在前列，作出表率。

一是深刻理解习近平总书记关于实行人民代表大会制度是中国人民必然选择的重要论述。习近平总书记关于在中国实行人民代表大会制度是伟大创造、基本结论、历史结果、必然选择的精辟论述，深刻揭示了中国从几千年封建专制政治向人民民主飞跃是党和人民长期奋斗历史逻辑、理论逻辑、实践逻辑的必然结果，必须倍加珍惜。二是深刻理解习近平总书记关于坚持党的领导、人民当家作主、依法治国有机统一的重要论述。三者统一于我国社会主义民主政治伟大实践。三是深刻理解习近平总书记关于人民代表大会制度性质地位的重要论述。充分发挥人大制度优势，保证党领导人民通过人大制度行使国家权力、完善国家治理体系、提高国家治理能力。四是深刻理解习近平总书记关于贯彻实施宪法的重要论述。大力弘扬宪法精神，坚决维护宪法法律权威，更好发挥宪法在我国民主政治进程中的根本法的作用。五是深刻理解习近平总书记关于人民当家作主的重要论述。深入贯彻以人民为中心的发展思想，把人民当家作主生动地、具体地体现在国家根本政治制度的丰富实践中。六是深刻理解习近平总书记关于全面依法治国的重要论述。切实肩负起人大在推进全面依法治国中的法定职责，坚定不移走中国特色社会主义法治道路，发挥好法治固根本、稳预期、利长远的保障作用。七是深刻理解习近平总书记关于民主集中制的重要论述。把民主集中制原则贯彻到人大制度实践之中，使其成为体现这一原则最广泛、最重要、最牢固的基石。八是深刻理解习近平总书记关于人大依法履职的重要论述。充分发挥立法的权威性和创新性、监督的能动性和有效性、代表工作的基础性和广泛性作用，确保人大依法履职、科学履职、充分履职。九是深刻理解习近平总书记关于加强人大及其常委会自身建设的重要论述。自觉加强自身建设，打牢人大工作基层基础。

围绕中心服务大局做好地方人大工作

黑龙江省人大常委会副主任 胡亚枫

党的十八大以来，习近平总书记就坚持和完善人民代表大会制度、发展社会主义民主政治提出一系列新理念新思想新战略，丰富了人民代表大会制度的科学内涵、基本特征和本质要求，为做好新时代人大工作指明了方向，提供了遵循。

黑龙江省人大常委会坚持以习近平新时代中国特色社会主义思想为统领，深入贯彻落实习近平总书记重要讲话精神，按照党的十九大关于“两个机关”建设要求，依法履职尽责，积极开展工作，在决胜全面建成小康社会、加快全面振兴发展中展现新作为、作出新贡献。

保证党的路线方针政策和决策部署得到全面贯彻和有效执行是人大职责所在。我们主动找准贯彻落实中央和省委重大决策部署的切入点和着力点，紧紧围绕打好“三大攻坚战”和我省“三大攻坚任务”、建设“六个强省”目标依法履行职责，让立法、监督等每一项工作都自觉服从服务大局。一是围绕如期打赢脱贫攻坚战连续开展监督。采取以各专门委员会为依托同步推进方法，综合运用视察、听取审议政府工作报告和专题询问多种方式实施监督，推动精准识别、精准施策，全省脱贫攻坚国家考核综合评价由“一般”晋升为“较好”，5 个国贫县脱贫。二是围绕坚决打好污染防治攻坚战开展监督。连续五年开展大气污染防治法执法检查，坚持问题导向，依法实施精准监督、有效监督，推动大气污染有效防治。国家对我省实施“大气十条”情况终期考核结果为“优秀”。落实全国人大要求，废止 1 部、修改 18 部涉及生态文明建设的地方性法规，将修改《黑龙江省大气污染防治条例》增列入今年立法计划。三是围绕打好防范化解重大风险攻坚战开展监督。深入调研政府债务特别是隐性债务情况，掌握风险底数，深入分析成因，提出意见建议。四是着力围绕优化发展环境开展监督。

推动人大工作高质量发展

浙江省人大常委会副主任 梁黎明

浙江是习近平新时代中国特色社会主义思想的重要萌发地。习近平总书记在浙江工作期间关于人大制度和人大工作的重要论述，与党的十八大以来习近平总书记关于坚持和完善人民代表大会制度的重要思想是一脉相承、高度契合的。重温习近平总书记在浙江工作期间的重要论述，对于全面理解、准确把握习近平总书记关于坚持和完善人民代表大会制度的重要思想的核心要义和丰富内涵，推动人大制度在浙江的生动实践，具有定标引航的作用。

习近平总书记在浙江工作期间指出，加强社会主义民主政治建设，最根本的是要坚持党的领导、人民当家作主和依法治国有机统一，这就必须在制度上作出安排和设计，人大制度正是这一有效载体。各级党委要把好舵，支持人大行使监督权力；各级政府要积极主动，通过人大共同推动工作，并执行人大作出的决定决议；各级人大要依法履职，加强监督，这样就形成我们共产党领导的治理体系和治理能力。他强调，人大工作最重要的一条就是做到"人民利益高于一切"。坚持人大工作为人民的执政理念，深刻领会"人民"二字的精义，始终做人民的忠实代言人。他多次指出，人大工作是党和国家工作的重要组成部分，必须从全局的高度来认识、把握和推进，在全局中找准人大定位、发挥人大作用。他在2006年省委十一届十次全会召开前夕，亲自审定"法治浙江"建设决定稿，明确要求把人大工作纳入"法治浙江"建设体系，赋予人大制度在地方实践的全局定位和根本制度保障功能。我们认真贯彻习近平总书记这些重要论述，强化使命担当，聚焦全局工作，聚力法治建设，最大程度发挥人大职能的功效。我们紧扣人大职权性质和范围，立足人大法定职责精准发力，增强工作实效，为推进地方治理能力现代化尽职尽责。我们坚持人民主体地位，密切代表同人民群众的联系，全省已建成2600多个代表联络站、940多个网上代表联络站，领导干部代表每年进站接待代表和群众活动实现常态化，强化代表履职服务保障，更好发挥代表主体作用。

传承红色基因　坚定制度自信

江西省人大常委会副主任　周　萌

习近平总书记深刻指出，在中国实行人民代表大会制度，是中国人民在人类政治制度史上的伟大创造。在人民代表大会制度艰辛的探索实践和伟大创造过程中，当年在江西瑞金召开的两次中华苏维埃全国代表大会，为人民代表大会制度形成发展作出了开创性历史贡献。

中国共产党的领导，是人民代表大会制度形成和发展的前提条件，更是人民代表大会制度不断坚持和完善的政治保证。习近平总书记指出，坚持和完善人民代表大会制度，必须毫不动摇坚持中国共产党的领导。60多年的实践也深刻证明，推动人大制度和人大工作完善发展，必须更加自觉地坚持党的领导，切实保证党领导人民有效治理国家。我们要旗帜鲜明讲政治，增强"四个意识"，坚决维护习近平总书记在党中央和全党的核心地位，坚决维护党中央权威和集中统一领导。要坚决贯彻党中央的重大决策部署，在同级党委领导下开展工作，确保人大工作正确政治方向。

人民当家作主，是人民代表大会制度形成和发展的核心要义，更是人民代表大会制度不断坚持和完善的力量源泉。依法治国，是人民代表大会制度形成和发展的重要保障，更是人民代表大会制度不断坚持和完善的长期任务。

坚持和完善人民代表大会制度，是巩固党的执政地位、确保国家长治久安的根本路径，更是实现中华民族伟大复兴的历史必然。习近平总书记强调，人民代表大会制度是坚持党的领导、人民当家作主、依法治国有机统一的根本政治制度安排。我们要充分认识三者之间的内在统一关系，切实把根本政治制度坚持好完善好，把坚持党的领导、人民当家作主、依法治国真正打通、有机统一起来。

做人大制度的忠实维护者、实践者、推动者

广东省人大常委会主任　李玉妹

广东省人大常委会把学习宣传贯彻习近平总书记关于坚持和完善人民代表大会制度的重要思

想作为重大政治任务，坚持学以致用、知行合一，切实用以武装头脑、指导实践、推动工作。

一是始终坚持党的领导。突出“两个坚决维护”，自觉在思想上政治上行动上同以习近平同志为核心的党中央保持高度一致。严格执行请示报告制度，工作中的重大问题、重要事项都主动及时向省委请示报告。出台指导意见，明确常委会会议期间设立临时党小组，推动设立专门委员会分党组，实现党的组织和工作全覆盖。突出政治标准，坚持正确选人用人导向，着力培养忠诚干净担当的高素质人大干部队伍。

二是围绕“四个走在全国前列”要求依法履职。紧紧围绕习近平总书记对广东提出的“四个走在全国前列”要求，在省委的坚强领导下，积极发挥职能作用。科学编制五年立法规划，重点在加快推进优化营商环境、创新社会治理、打好三大攻坚战等领域安排立法项目。连续十多年综合运用多种监督方式，上下联动、检查督促、明察暗访，推动各级政府坚决打好跨市域河流污染整治硬仗，今年就水污染防治工作行使重大事项决定权，着力提高全省依法治水管水水平。

三是加强县乡人大工作和建设。持续深入贯彻中央 18 号文件精神，去年出台十条措施，推动全省 1144 个乡镇人大全部单独设立办公室，全部配备专职工作人员，457 个街道全部设立人大工委。今年出台指导意见，明确连续三年开展“推进县乡人大工作年”工作，加强县乡人大工作规范化建设。加大对经济欠发达地区的 997 个乡镇人大工作的财政支持，从今年起连续三年每年补助每个乡镇人大 30 万元，共补助金额近 9 亿元。

努力做好新时代地方人大工作

四川省成都市人大常委会主任　唐川平

成都市人大常委会始终坚持以习近平新时代中国特色社会主义思想指导人大工作实践，始终坚持党的领导、人民当家作主、依法治国有机统一，忠实履行职责，充分发挥作用，努力做好新时代地方人大工作。

一是坚持人大工作正确政治方向。人大及其常委会是党领导下的重要政治机关，坚持人大工作正确政治方向，任何时候都是根本性问题。我们始终坚持旗帜鲜明讲政治，以习近平新时代中国特色社会主义思想为指导，牢固树立“四个意识”，增强“四个自信”，落实“两个维护”，认真贯彻习近平总书记关于坚持和完善人民代表大会制度的重要思想，认真落实中央关于人大工作的新部署、新要求。

二是坚持全面担负起宪法法律赋予的职责。党的十九大明确提出，人大及其常委会要成为全面担负起宪法法律赋予的各项职责的工作机关。我们紧紧围绕这个新目标新任务新要求，依法行使好人大职能职权。牢牢把握人大的宪法属性，加强宪法学习宣传，带头弘扬宪法精神、维护宪法权威；不断加强和改进人大监督，确保法律法规有效实施，确保“一府一委两院”依法行政、依法监察、公正司法。

三是坚持密切联系群众。人大及其常委会是代表人民行使国家权力的机关，是同人民群众保持密切联系的代表机关。我们不断完善为民用权、为民履职、为民服务的制度机制和工作方式，密切同人民群众的联系，倾听人民呼声，回应人民期待，努力解决好人民群众最急最忧的现实问题，不断增强人民群众的获得感、幸福感、安全感。

加强自身建设是搞好人大工作的前提

福建省福州市人大常委会主任　陈为民

习近平总书记担任福州市委书记、兼任市人大常委会主任期间，亲自领导、亲身参与福州人大各项工作，提出许多创新理论，开展许多探索实践，为习近平总书记关于坚持和完善人民代表大会制度的重要思想提供了重要的理论探索和实践验证。

习近平总书记强调加强自身建设是搞好人大

工作的前提。一是着眼于正确认识人大性质、地位和作用,强调要树立人大是第一线机关的观念。在当选市人大常委会主任后的第一次讲话中,他就强调坚决克服把人大视为"干部过渡站""清谈馆"和"二线"机关等错误观念,要树立人大是第一线机关的观念。二是着眼于改进作风、密切联系群众,强调任何衙门化的倾向都是同人民权力机关的称号不相称的。他大力倡导"马上就办、真抓实干""四个万家"等工作作风,率先垂范深入基层开展专题调研,亲自部署推动常委会机关作风建设,以身作则树好人大机关形象。三是着眼于适应新形势、推动新发展,强调学习是掌握工作主动权的首要前提。他亲自推动建立定期学法、专题讲座等制度,多次举办基层人大常委会主任、人大代表培训班,促进人大代表和各级人大干部提升法律素养、业务能力。

我们将按照党中央、全国人大常委会的部署要求,持续深入学习习近平总书记关于坚持和完善人民代表大会制度的重要思想,进一步增强"四个意识",坚定"四个自信",坚决践行"两个坚决维护",努力把市人大及其常委会建设成为学习贯彻习近平新时代中国特色社会主义思想的政治机关、模范机关,成为全面担负起宪法法律赋予的各项职责的工作机关,成为同人民群众保持密切联系的代表机关。

推动新时代人大工作再上新台阶

河北省正定县人大常委会主任　崔庆朝

1982年3月至1985年5月,习近平总书记曾在正定工作三年多时间,就坚持和完善人民代表大会制度作出了一系列重要论述并付诸实践,成为习近平总书记关于坚持和完善人民代表大会制度的重要思想的认识源头和实践基础。我们坚持以习近平新时代中国特色社会主义思想领航定向,从习近平总书记当年给正定留下的宝贵财富中汲取营养,牢记使命、接续奋进,大力弘扬光荣传统,不断推动人大工作迈上新台阶。

习近平总书记在正定工作期间,始终把人民放到心中最高位置,殚精竭虑发展民主、改善民生。1983年12月6日,习近平在县七届人大三次会议上强调,人大代表要把"毋忘团结奋斗,致力振兴中华"和"振作精神,振兴河北,振兴正定"作为工作的指导思想和行动口号,以高度的政治责任感,充分行使自己神圣的民主权利。为鼓励和引导代表把人代会报告审议好,习近平在1984年5月10日县八届人大一次会议党员代表会议上,要求党员代表认真听取不同意见,切不可盛气凌人,更不能动辄就打"棍子",扣"帽子"。为推动工作落实,他亲自在集市上发放民意调查表察民情,在大街上摆桌子听民声,给县四大班子成员写信,让大家到基层寻求"源头活水"。他跑遍全县221个村,与广大干部群众打成一片。

习近平总书记真挚的为民情怀,深深影响和带动着正定的干部群众。2017年县人代会期间,正定镇代表团多名代表要求搬迁盘踞梅山路16年的占道市场。对此,县委大力支持,县人大积极协调,县政府立即行动,仅用三天时间就清除了这个"马路市场"。2017年以来,按照省、市部署,我们在全县建立了11个高标准的代表之家、9个代表联络站。

保证国家政治生活既充满活力又安定有序

全国人大代表　于志刚

习近平总书记指出,发展社会主义民主政治,是为了保证人民当家作主,保证国家政治生活既充满活力又安定有序。细品"两个保证",是在"保证人民当家作主"之外,习近平总书记对于包括人民代表大会制度在内的"社会主义民主政治"的一个新的定位:保证国家政治生活既充满活力又安定有序。

党领导人民通过近40年摸索和总结经验教训,解决了人民代表大会制度的自身运行不稳定、五级人民代表大会会期不同、任期时间不同引发的问题，解决了党代会和人代会的会期、任期不衔接等带来的复杂问题。形成了当前逢"2、7"的"年底"召开党的新一届全国代表大会、逢"3、8"的"年初"召开新一届全国人民代表大会的模式，两者紧密衔接，确保毫不动摇坚持党的领导，通过人民代表大会制度贯彻党总揽全局、协调各方的领导核心作用，国家政治生活安定有序、充满活力。

围绕这一模式和时间点为中心，稳固形成了地方各级人大和各级政府稳定有序的运行和换届制度、政协各级委员会稳定有序的运行和换届制度、基层群众自治组织稳定有序的运行和换届制度，这是 30 余年来国家政治生活安定有序和充满活力的根本保证。

习近平总书记指出，要在新的历史起点上坚持和完善人民代表大会制度，既要毫不动摇坚持，也要与时俱进完善。习近平总书记关于人民代表大会制度的多次讲话，全都是围绕"坚持"和"完善"两个方面来讲的。在"长期坚持"基础上"不断完善"人民代表大会制度，实现运行的安定有序和更加充满活力，是保证国家政治生活长期既充满活力又安定有序的根本。

习近平总书记指出，政治制度是用来调节政治关系、建立政治秩序、推动国家发展、维护国家稳定的。回顾历史，才能深刻理解总书记对于人民代表大会制度的这一新定位。

常委会工作安排和会议议程日程

· 第十三届全国人民代表大会第一次会议

· 特辑

· 常委会工作安排和会议议程日程

· 委员长讲话

· 立法工作

· 批准公约和条约

· 监督工作

· 人事任免

· 代表工作

· 对外交往

· 专门委员会工作

· 常委会相关活动

· 大事记

一、常委会工作安排

十三届全国人大常委会立法规划

（共116件）

第一类项目：条件比较成熟、任期内拟提请审议的法律草案（69件）

法律名称	提请审议机关或牵头起草单位
1. 宪法修正案	已通过
2. 全国人民代表大会组织法（修改）（全国人民代表大会议事规则、全国人民代表大会常务委员会议事规则修改，一并考虑）	委员长会议
3. 地方各级人民代表大会和地方各级人民政府组织法（修改）	委员长会议
4. 国务院组织法（修改）	国务院
5. 监察法	已通过
6. 人民法院组织法（修改）	已提请审议
7. 人民检察院组织法（修改）	已提请审议
8. 法官法（修改）	已提请审议
9. 检察官法（修改）	已提请审议
10. 人民陪审员法	已通过
11. 英雄烈士保护法	已通过
12. 民法典各分编（民法典编纂）	已提请审议
13. 农村土地承包法（修改）	已提请审议
14. 不动产登记法	国务院
15. 专利法（修改）	国务院
16. 著作权法（修改）	国务院
17. 证券法（修改）	已提请审议
18. 电子商务法	已通过
19. 外国投资法	国务院
20. 行政处罚法（修改）	委员长会议
21. 行政复议法（修改）	国务院
22. 军民融合发展法	国务院、中央军委
23. 政务处分法	国家监委
24. 档案法（修改）	国务院
25. 兵役法（修改）	国务院、中央军委
26. 现役军官法（修改）	国务院、中央军委
27. 公务员法（修改）	国务院
28. 人民武装警察法（修改）	中央军委
29. 治安管理处罚法（修改）	国务院
30. 学前教育法	国务院
31. 文化产业促进法	国务院
32. 文物保护法（修改）	国务院
33. 药品管理法（修改）	国务院
34. 土地管理法（修改）	国务院
35. 社区矫正法	国务院
36. 土壤污染防治法	已通过
37. 基本医疗卫生与健康促进法	已提请审议
38. 固体废物污染环境防治法（修改）	国务院
39. 环境噪声污染防治法（修改）	全国人大环资委
40. 南极活动与环境保护法	全国人大环资委

法律名称	提请审议机关或牵头起草单位
41. 长江保护法	全国人大环资委
42. 出口管制法	国务院
43. 密码法	国务院
44. 个人所得税法(修改)	已通过
45. 增值税法	国务院
46. 消费税法	国务院
47. 资源税法	国务院
48. 房地产税法	全国人大常委会预算工委、财政部
49. 关税法	国务院
50. 城市维护建设税法	国务院
51. 耕地占用税法	已提请审议
52. 车辆购置税法	已提请审议
53. 契税法	国务院
54. 印花税法	国务院
55. 税收征收管理法(修改)	国务院

法律名称	提请审议机关或牵头起草单位
56. 海上交通安全法(修改)	国务院
57. 铁路法(修改)	国务院
58. 农产品质量安全法(修改)	国务院
59. 原子能法	国务院
60. 森林法(修改)	全国人大农委
61. 个人信息保护法	委员长会议
62. 数据安全法	委员长会议
63. 粮食安全保障法	国务院
64. 未成年人保护法(修改)(预防未成年人犯罪法修改,一并考虑)	全国人大社建委
65. 社会救助法	国务院
66. 安全生产法(修改)	国务院
67. 刑法修正案	委员长会议
68. 刑事诉讼法(修改)	已提请审议
69. 国际刑事司法协助法	已提请审议

第二类项目:需要抓紧工作、条件成熟时提请审议的法律草案(47 件)

法律名称	提请审议机关或牵头起草单位
1. 海洋基本法	委员长会议
2. 城市居民委员会组织法(修改)	国务院
3. 村民委员会组织法(修改)	国务院
4. 各级人民代表大会常务委员会监督法(修改)	委员长会议
5. 监察官法	国家监委
6. 公司法(修改)	委员长会议
7. 商业银行法(修改)	国务院
8. 期货法	全国人大财经委
9. 企业破产法(修改)	全国人大财经委
10. 海商法(修改)	国务院
11. 乡村振兴促进法	全国人大农委
12. 人民防空法(修改)	国务院、中央军委
13. 人民警察法(修改)	国务院
14. 道路交通安全法(修改)	国务院
15. 律师法(修改)	国务院
16. 看守所法	国务院

法律名称	提请审议机关或牵头起草单位
17. 职业教育法(修改)	国务院
18. 教师法(修改)	国务院
19. 学位条例(修改)	国务院
20. 科学技术进步法(修改)	全国人大教科文卫委
21. 体育法(修改)	全国人大社建委
22. 执业医师法(修改)	全国人大教科文卫委
23. 城市房地产管理法(修改)	国务院
24. 环境影响评价法(修改)	国务院
25. 国土空间开发保护法	国务院
26. 气象法(修改)	国务院
27. 反垄断法(修改)	国务院
28. 中国人民银行法(修改)	国务院
29. 能源法	国务院
30. 电信法	国务院
31. 矿产资源法(修改)	国务院
32. 电力法(修改)	国务院

法律名称	提请审议机关或牵头起草单位
33. 草原法(修改)	国务院
34. 国家公园法	国务院
35. 渔业法(修改)	国务院
36. 动物防疫法(修改)	全国人大农委
37. 产品质量法(修改)	国务院
38. 计量法(修改)	国务院
39. 审计法(修改)	国务院
40. 统计法(修改)	国务院
41. 航天法	国务院、中央军委
42. 航空法(民用航空法修改,一并考虑)	国务院、中央军委
43. 退役军人保障法	国务院、中央军委
44. 老年人权益保障法(修改)	国务院
45. 法律援助法	全国人大监司委
46. 仲裁法(修改)	国务院
47. 民事强制执行法	最高人民法院

落实全面深化改革、全面依法治国的部署要求,对涉及国家机构改革、国家监察体制改革、国防和军队改革,国家安全法治保障、完善产权保护制度等需要制定、修改、废止法律的,或者需要由全国人大常委会作出有关决定的,适时安排审议。

第三类项目:立法条件尚不完全具备、需要继续研究论证的立法项目

农村集体经济组织、行业协会商会、基本劳动标准、社会信用方面的立法项目,陆地国界、防扩散、人工智能、生物安全方面的立法项目,湿地保护、资源综合利用、空间规划方面的立法项目,机构编制、行政程序、机关运行和行政事业性国有资产管理方面的立法项目,家庭教育、人口政策、华侨权益保护、信访、殡葬方面的立法项目等,以及其他需要研究论证的修改法律的项目,经研究论证,条件成熟时,可以安排审议。

全国人大常委会2018年工作要点

(2017年12月14日第十二届全国人民代表大会常务委员会第105次委员长会议原则通过　2018年4月17日第十三届全国人民代表大会常务委员会第2次委员长会议修改)

2018年是全面贯彻落实党的十九大精神的开局之年,也是十三届全国人大及其常委会依法履职的第一年。全国人大常委会工作的总体要求是:在以习近平同志为核心的党中央坚强领导下,高举中国特色社会主义伟大旗帜,深入贯彻落实党的十九大和十九届一中、二中、三中全会精神,以邓小平理论、"三个代表"重要思想、科学发展观、习近平新时代中国特色社会主义思想为指导,坚持党的领导、人民当家作主、依法治国有机统一,加强人民当家作主制度保障,依法行使立法权、监督权、决定权、任免权,全面加强和改进人大工作,使全国人大及其常委会成为全面担负起宪法法律赋予的各项职责的工作机关,成为同人民群众保持密切联系的代表机关,为决胜全面建成小康社会、夺取新时代中国特色社会主义伟大胜利、实现中华民族伟大复兴的中国梦作出新的贡献。

一、大力弘扬宪法精神,加强宪法实施和监督

1. 为新时代坚持和发展中国特色社会主义提供有力宪法保障。在党中央领导下,做好宪法修改相关工作,推动宪法与时俱进、完善发展,全面体现党和人民在实践中取得的重大理论创新成果、实践创新成果、制度创新成果。坚持把宪法作为全面依法治国的根本依据,维护宪法尊严和权威。修改关于实行宪法宣誓制度的决定,依法组织全国人大及其常委会选举、决定任命的国家工作人员进行宪法

宣誓。统筹做好与宪法相关的立法工作，通过完备的法律推动宪法实施。健全宪法解释程序机制。

2. 加强宪法监督。健全宪法监督机制，推进合宪性审查工作，坚决纠正违宪违法行为。加快建立全国统一的备案审查信息平台，加强对备案行政法规、地方性法规、司法解释的审查工作，切实做好对公民、组织提出的审查建议的研究、处理、反馈工作，维护社会主义法制统一。坚持并完善常委会按年度听取和审议备案审查工作情况报告的制度。健全备案审查衔接联动机制。

3. 认真开展宪法学习宣传教育。按照党中央统一部署，通过召开座谈会、新闻发布会、宣讲解读等形式，大力宣传宪法修正案的重大意义和主要内容，大力宣传宪法的精神、原则和核心要义。组织好国家宪法日活动，推动落实普法责任制，丰富宪法宣传教育形式，讲好中国宪法故事，为全面贯彻实施宪法营造良好社会氛围。全国人大常委会、专门委员会组成人员和全国人大机关工作人员要原原本本读宪法、学宪法，带头尊崇宪法、学习宪法、遵守宪法、维护宪法、运用宪法。

二、完善以宪法为核心的中国特色社会主义法律体系

4. 以良法促进发展、保障善治。坚定不移走中国特色社会主义法治道路，全面准确把握中国特色社会主义进入新时代和我国社会主要矛盾变化，落实党的十九大对深化依法治国实践要求，加强重点领域立法，遵循和把握立法规律，着力提高立法质量，充分发挥立法的引领、规范和推动作用。

5. 编制十三届全国人大常委会立法规划。围绕统筹推进“五位一体”总体布局、协调推进“四个全面”战略布局，统筹兼顾、把握重点、科学谋划，编制好十三届全国人大常委会立法规划，按程序报请党中央批准。按照党中央批准的立法规划和部署要求，统筹安排未来五年立法工作，提出目标任务、工作要求和落实措施。适时召开全国人大常委会立法工作会议，全面部署落实立法规划。

6. 推进反腐败国家立法，完善国家机构组织法。贯彻落实党中央深化国家监察体制改革的重大决策部署，修改好、完善好监察法草案，提请十三届全国人大一次会议审议，做好国家监察体制改革涉及的相关法律修改工作。贯彻落实党的十九届三中全会精神和十三届全国人大一次会议关于国务院机构改革方案的决定精神，做好实施机构改革方案涉及的相关立法修法工作。修改公务员法。修改人民法院组织法、人民检察院组织法、法官法、检察官法，制定人民陪审员法，为全面深化司法改革提供法律支持。制定国际刑事司法协助法，修改刑事诉讼法。

7. 围绕建设现代化经济体系完善法律制度。加快民法典编纂工作，审议民法典各分编，强化对民事权利的保护。修改农村土地承包法、土地管理法，巩固和完善农村基本经营制度，推动深化农村土地制度改革。研究制定乡村振兴方面的法律。落实税收法定原则，深化税收体制改革，制定耕地占用税法、车辆购置税法、资源税法等，研究制定房地产税法，修改税收征收管理法。制定电子商务法，促进电子商务健康可持续发展。修改专利法，强化知识产权创造、保护、运用。制定外国投资法。

8. 加强社会、文化、生态等方面法律制度建设。制定社区矫正法，加强社会治理制度建设。制定基本医疗卫生与健康促进法，建立中国特色基本医疗卫生制度，推动健康中国战略实施。制定英雄烈士保护法，弘扬英雄烈士精神和爱国主义精神，培育和践行社会主义核心价值观。制定土壤污染防治法，修改固体废物污染环境防治法等，推动解决突出环境问题。修改海上交通安全法。

9. 做好授权决定和改革决定相关工作。按照党中央决策部署，对立法条件还不成熟、需要先行先试的，依法及时作出授权决定或者改革决定。对正在实施的授权决定和改革决定，实践证明可行的，由有关方面及时依法提出修改或者制定有关法律的议案，适时安排审议，或结合相关立法工作统筹考虑。

10. 推进科学立法、民主立法、依法立法。进一步落实和完善科学立法、民主立法、依法立法体制机制，健全立法论证、听证制度，积极开展立法协商，深入开展立法调研，做好法律案通过前评估和立法后评估工作，加强法律解释工作，增强法律的针对性、及时性、系统性、可操作性。扎实做好公布法律草案征求意见工作，健全公众意见采纳反馈机制，继续发挥好基层立法联系点作用等，使每一项立法都符合宪法精神、反映人民意志、得到人民拥护。

11. 充分发挥人大在立法工作中的主导作用。不断健全人大主导立法工作的体制机制，加强对立法工作的组织协调，强化协同配合。实施好关于建立健全全国人大专门委员会、常委会工作机构组织起草重要法律草案制度的实施意见，关于立法中涉及的重大

利益调整论证咨询的工作规范,关于争议较大的重要立法事项引入第三方评估的工作规范等重要改革举措。有关部门起草的法律草案,相关专门委员会、常委会工作委员会要提前介入,积极督促、推动有关方面抓紧工作。健全有关专门委员会、常委会工作机构共同做好法律配套规定督促工作机制。

12. 做好与港澳基本法实施有关的工作。全面准确贯彻“一国两制”方针,严格依照宪法和基本法办事,完善与基本法实施相关的制度和机制,加强基本法理论研究和宣传工作,引导港澳社会全面准确认识“一国两制”方针、宪法和基本法。跟踪研究基本法实施中的重大问题。继续做好对香港特别行政区和澳门特别行政区本地立法的备案审查工作。

13. 认真做好国际条约的决定批准工作。做好条约议案的审议工作,依法行使决定批准或加入国际条约的权力,为我国参与全球治理提供有力保障。

三、切实用好宪法法律赋予的监督权

14. 坚持正确监督、有效监督。坚持党的领导,坚持以人民为中心,贯彻新发展理念,围绕深化供给侧结构性改革,围绕打好三大攻坚战,推动解决发展不平衡不充分问题,推动人的全面发展、社会全面进步。严格按照法定职权和法定程序进行监督,保证宪法法律正确有效实施,形成加强和改进工作的合力。

15. 加强对法律实施情况的监督。检查统计法、大气污染防治法、防震减灾法、农产品质量安全法、传染病防治法、海洋环境保护法实施情况,围绕“七五”普法决议执行情况进行专题调研,推动法律正确有效实施。

16. 推动经济持续健康发展。围绕推动高质量发展,听取和审议国务院关于今年以来国民经济和社会发展计划执行情况的报告、“十三五”规划纲要实施中期评估报告、构建现代农业体系深化农业供给侧结构性改革工作情况的报告;听取和审议国务院关于发展海洋经济加快建设海洋强国工作情况的报告。围绕加快建设创新型国家,听取和审议国务院关于坚持创新驱动发展深入推进国家科技重大专项工作情况的报告。

17. 加大对预算决算的监督力度。严格贯彻实施预算法,加强对政府全口径预算决算的审查和监督,听取和审议国务院关于2017年中央决算的报告,审查和批准2017年中央决算;听取和审议国务院关于2017年度中央预算执行和其他财政收支的审计工作报告、今年以来预算执行情况的报告、审计查出问题整改情况的报告。落实党中央关于建立国务院向全国人大常委会报告国有资产管理情况制度的意见,听取和审议国务院关于加强国有资产管理情况的报告。听取和审议国务院关于财政医疗卫生资金分配和使用情况的报告。围绕地方政府债务情况进行专题调研。做好预算审查前听取人大代表和社会各界意见建议的相关工作。持续推进预算联网监督工作。

18. 推动保障和改善民生。围绕促进教育均衡发展,听取和审议国务院关于推动城乡义务教育一体化发展提高农村义务教育水平工作情况的报告。听取和审议国务院关于华侨权益保护工作情况的报告。围绕促进民族教育发展、脱贫攻坚、乡村振兴战略实施工作情况进行专题调研。

19. 推动生态文明建设。围绕建设美丽中国,在对生态环境保护领域相关法律开展执法检查的基础上,听取和审议国务院关于2017年度环境状况和环境保护目标完成情况的报告、关于研究处理固体废物污染环境防治法执法检查报告及审议意见情况的报告,推动党中央关于生态文明建设和环境保护的决策部署贯彻落实。

20. 加强对司法工作的监督。听取和审议最高人民法院关于人民法院解决“执行难”工作情况的报告、最高人民检察院关于人民检察院加强对民事诉讼和执行活动法律监督工作情况的报告,促进司法公正、维护司法权威。

21. 完善监督工作方式方法。结合审议大气污染防治法执法检查报告,人民法院解决“执行难”工作情况的报告、人民检察院加强对民事诉讼和执行活动法律监督工作情况的报告,财政医疗卫生资金分配和使用情况的报告开展专题询问。综合运用执法检查、听取审议专项工作报告、专题询问、专题调研、跟踪监督等方式方法,形成监督合力,增强监督实效。探索完善质询机制,视情况适时推动质询工作开展。

22. 做好群众来信来访工作。落实全国人大机关信访工作办法,进一步提高来信来访办理工作规范化、制度化水平。加强对信访突出问题的分析研究,更好服务常委会立法和监督工作。

四、认真做好全国人大换届工作

23. 做好十三届全国人大代表选举工作。按照党中央部署要求,依法主持十三届全国人大代表选举,指导、督促各选举单位做好代表选举工作。坚持党的领导、充分发扬民主、严格依法办事、严明纪律规矩,确保全国人大代表选举风清气正、有序进行。严格依法做好代表资格审查工作。

24. 做好十三届全国人大换届相关工作。贯彻落实党的十九大和十九届三中全会精神,健全全国人大及其常委会组织制度和工作制度,完善全国人大专门委员会设置,优化全国人大常委会和专门委员会组成人员结构。

25. 开好十三届全国人大一次会议。按照党中央批准的关于召开十三届全国人大一次会议的指导思想和总体要求,全力以赴、缜密细致地做好大会的各项组织、筹备和服务保障工作,确保大会顺利审议通过宪法修正案和监察法等法律案,顺利选举产生新一届国家机构领导人员;依法认真组织十三届全国人大一次会议选举、决定任命的新一届国家机构领导人员等进行宪法宣誓;持续推进大会会风会纪建设,展现民主、团结、求实、奋进的良好风貌。

五、更好发挥代表作用

26. 深化和拓展代表工作。坚持尊重代表主体地位,落实和完善代表工作各项制度,不断推动代表工作完善发展,提升代表服务保障工作水平,更好发挥代表作用。

27. 加强新任代表履职学习。落实代表初任培训制度,组织十三届全国人大代表深入学习贯彻党的十九大精神,学习宪法及有关法律;通报国家经济、社会发展情况,组织代表审阅有关法律草案,统一思想,凝聚力量,为参加十三届全国人大一次会议做好准备。精心安排代表履职学习,切实提高代表政治素质和依法履职能力。

28. 认真办理代表议案建议。完善议案审议机制,提升建议办理质量,增强议案审议和建议办理工作的实效。把代表议案建议办理与开展立法、监督等方面工作紧密结合起来,认真研究吸纳代表提出的意见和建议。继续推动建议承办单位加强与代表的沟通和联系。

29. 组织好代表闭会期间活动。按照便于组织和开展活动的原则,建立十三届全国人大代表小组,加强和改进代表小组活动。认真组织代表专题调研、集中视察活动,加强组织协调和服务保障,增强代表活动的针对性和实效性。拓展代表参与常委会、专门委员会工作的广度和深度,进一步推动代表列席常委会会议规范化、机制化,推动代表参加立法调研和评估、执法检查等活动常态化。做好定期向代表通报重要情况和征求意见工作,推动有关国家机关加强与代表的联系,拓宽代表知情知政渠道。

30. 加强常委会同代表的联系。坚持和完善常委会联系代表制度,确定委员长会议组成人员、常委会委员联系的全国人大代表,通过多种方式听取和反映所直接联系代表对常委会工作的意见和建议,推动常委会更加密切有效地联系人大代表。

31. 密切代表同人民群众的联系。坚持和完善代表联系人民群众制度,充分发挥代表联系人民群众工作平台和网络平台作用,丰富联系内容和形式,健全代表反映人民群众意见和诉求的处理反馈机制,努力做到民有所呼,我有所应。

32. 加强代表履职管理监督。深入贯彻党中央关于加强和改进代表工作的精神,加强代表思想政治作风建设,督促代表依法履职尽责,模范遵守宪法法律,自觉遵守中央八项规定精神。积极推进和规范代表履职档案建设。

六、努力开创全国人大对外交往工作新局面

33. 紧紧围绕党和国家中心工作开展对外交往。贯彻落实党中央外交大政方针和总体部署,践行习近平外交思想,充分发挥人大对外交往的特点和优势,深化议会交流与合作,着力推动落实习近平总书记重大外交行动成果和与外国领导人达成的共识,增进政治互信,为深化双边经贸、人文、地方等领域合作提供良好政策和法治环境,为发展国家关系夯实社会和民意基础,为推动建设新型国际关系、构建人类命运共同体作出积极贡献。

34. 发挥高层互访的引领作用。按照党中央统一部署,精心组织、全力做好委员长出访工作。统筹安排好委员长会议其他组成人员的外事活动。有重点地邀请主要大国和周边国家议会领导人访华,加强总体设计,丰富访问内容和形式。

35. 不断完善多层次、多渠道、多形式、多维度的全国人大对外交往格局。完善交流机制格局,安排好与俄、美、日等大国和欧洲议会的机制交流活动,重点办好中俄议会合作委员会第四次会议和中俄立法圆桌会议,安排好中美议会(参院)会议机制第七次会议,邀请更多美国会议员、助手访华。做好同重点周边国家、发展中国家、“一带一路”沿线

国家议会工作,全面参与议会多边交往。充分发挥地方人大作用,办好外国议会议员、官员研修班。

36. 着力提升对外交往工作针对性和实效性。服务国家发展战略和民主法治建设需要,结合人大立法、监督等工作,有针对性地加强治国理政、法治建设等方面经验交流,统筹安排好赴国外立法调研考察活动。围绕国家核心利益,有针对性地做好与重点国家的议会交往工作,坚定维护国家主权、安全、发展利益。

37. 抓好换届后外事工作的衔接和落实。加强外事工作的统筹协调,明确有关工作的负责人,加强沟通衔接,保证对外交往工作的有序开展。

七、加强新形势下人大新闻舆论工作

38. 充分发挥人大新闻舆论工作的重要作用。牢牢掌握意识形态工作主动权,始终坚持正确舆论方向,把人大新闻工作着力点聚焦到宣传习近平新时代中国特色社会主义思想上来,大力宣传中国特色社会主义政治发展道路、人民代表大会制度建设、全面依法治国理论和实践创新成果,配合做好改革开放40周年相关宣传工作。

39. 加大对人大工作的宣传力度。紧紧围绕全国人大及其常委会的中心工作和履职情况开展宣传报道,精心组织十三届全国人大一次会议的新闻报道,讲好中国故事、讲好人大故事、传播中国声音、展现中国风采;认真做好大会审议各项议案的宣传报道和解读工作。加强对立法规划计划和法律草案论证、起草、审议情况的宣传,做好常委会听取审议相关报告、开展执法检查、进行专题询问等监督工作的宣传报道,加强对代表活动、代表履职的宣传报道,全面反映人大工作新进展新成效。

40. 高度重视人大新闻传播手段建设和创新。鼓励和支持主流媒体充分报道人大工作,办好报道人大工作的专刊、专栏、专版和专题节目,为主流媒体宣传报道人大工作搭建平台、提供便利。充分运用新技术新应用创新媒体传播方式,更加注重运用微博、微信、手机客户端等新兴媒体,积极占领人大工作网络舆论阵地,不断增强宣传的实际效果。

八、推动地方人大工作完善发展

41. 加强与地方人大的联系指导。继续加强与地方人大的工作联系,密切工作协同,开展工作交流,依法进行监督和指导,增强人大工作的整体实效,共同推进社会主义民主法治建设。

42. 加强对地方人大立法、监督等工作的指导。办好第24次全国地方立法工作座谈会,加强对地方人大立法工作人员的培训和指导,推动加快建立省级人大备案审查信息平台。推动地方建立健全各级政府向本级人大常委会报告国有资产管理情况的制度。继续做好委托省级人大常委会检查有关法律实施情况工作。加强对地方人大及其常委会讨论决定重大事项工作的指导。继续举办地方人大常委会负责同志学习班,完成新一轮全国县级人大常委会主任集中培训。

九、加强自身建设

43. 深入学习贯彻习近平新时代中国特色社会主义思想。把深入学习贯彻习近平新时代中国特色社会主义思想作为学习贯彻党的十九大精神的重中之重,联系人大工作实际,在学懂弄通做实上下功夫,把思想和行动统一到习近平新时代中国特色社会主义思想上来、统一到党的十九大确定的重大决策部署上来,牢固树立政治意识、大局意识、核心意识、看齐意识,坚定维护习近平总书记核心地位和权威、维护以习近平同志为核心的党中央权威和集中统一领导,自觉在以习近平同志为核心的党中央集中统一领导下履行职责、开展工作。推进“两学一做”学习教育常态化、制度化,认真开展“不忘初心、牢记使命”主题教育,用习近平新时代中国特色社会主义思想武装头脑、引领方向、指导实践,不断增强中国特色社会主义道路自信、理论自信、制度自信、文化自信,切实提高做好人大工作的政治站位和理论水平。

44. 推动全国人大党的建设向纵深发展。贯彻落实新时代党的建设总要求,把政治建设摆在首位,旗帜鲜明讲政治,坚定执行党的政治路线,严格遵守政治纪律和政治规矩,确保始终在政治立场、政治方向、政治原则、政治道路上同以习近平同志为核心的党中央保持高度一致。坚持全面从严治党永远在路上,认真学习、严格遵守党章,着力加强全国人大常委会党组建设,认真贯彻执行常委会党组向党中央请示报告的制度;加强常委会党组对常委会机关党组、专门委员会分党组的领导和工作指导。认真落实中央八项规定和实施细则精神,完善作风建设长效机制,持之以恒正风肃纪。

45. 提高依法履职的能力和水平。坚持常委会党组集体学习制度，完善和丰富常委会专题讲座，广泛学习各方面知识，切实提高解决问题、推动发展的能力。大兴调查研究之风，坚持深入基层、深入群众、深入实际，了解情况、研究问题；坚持求真务实，讲实话、办实事、求实效，不摆花架子，不做表面文章。重视和加强专门委员会建设，根据职能调整，为新设立的专门委员会和更名后的专门委员会设置办事机构、配备工作力量，支持各专门委员会依法履职、开展工作，充分发挥专门委员会作用。

46. 加强全国人大机关建设。全面推进政治建设、思想建设、组织建设、作风建设、纪律建设，把制度建设贯穿其中，加强对制度执行的检查监督，强化制度约束，增强制度刚性。自觉接受中央纪委派驻纪检组的监督和指导，支持中央纪委派驻纪检组和机关纪委履行监督职责，切实强化监督执纪问责，坚持抓早抓小、防微杜渐，坚定不移推进党风廉政建设和反腐败斗争。坚持党管干部原则，坚持正确选人用人导向，突出政治标准，注重培养专业能力、专业精神，打造忠诚干净担当的全国人大机关干部队伍，切实提高参谋服务保障水平。加快推进全国人大机关电子政务网络建设。

47. 推进人民代表大会制度理论和实践研究。全面贯彻落实党的十九大对人大制度和人大工作作出的新部署、提出的新要求，认真学习、深刻领会习近平社会主义民主法治思想，组织开展对社会主义民主法治建设中有关重大问题的研究和阐释，加强宪法理论和实践研究，为长期坚持、不断完善人民代表大会制度作出新贡献。

全国人大常委会2018年立法工作计划

（2017年12月14日第十二届全国人民代表大会常务委员会第105次委员长会议原则通过　2018年4月17日第十三届全国人民代表大会常务委员会第2次委员长会议修改）

2018年是贯彻党的十九大精神的开局之年，也是十三届全国人大及其常委会依法履职的第一年。全国人大常委会立法工作的总体要求是：在以习近平同志为核心的党中央坚强领导下，高举中国特色社会主义伟大旗帜，深入贯彻落实党的十九大和十九届二中、三中全会精神，以邓小平理论、“三个代表”重要思想、科学发展观、习近平新时代中国特色社会主义思想为指导，坚持党的领导、人民当家作主、依法治国有机统一，牢固树立“四个意识”，自觉增强“四个自信”，围绕统筹推进“五位一体”总体布局和协调推进“四个全面”战略布局，坚定不移贯彻新发展理念，发挥全国人大及其常委会在立法工作中的主导作用，深入推进科学立法、民主立法、依法立法，遵循和把握立法规律，着力提高立法质量，以良法促进发展、保障善治，为决胜全面建成小康社会提供坚实的法治保障作出新的贡献。

一、贯彻落实党的十九大精神，科学合理安排相关法律案审议工作

按照完善以宪法为核心的中国特色社会主义法律体系的要求，根据全国人大常委会2018年工作要点的安排，与中央有关方面的工作要点、计划相衔接，拟对2018年法律案审议工作作如下安排：

（一）继续审议的法律案　（12件）

1. 监察法　（已通过）
2. 人民陪审员法　（4月）
3. 英雄烈士保护法　（4月）
4. 人民法院组织法（修改）　（6月）
5. 人民检察院组织法（修改）　（6月）
6. 电子商务法　（6月）
7. 土壤污染防治法　（8月）
8. 国际刑事司法协助法　（8月）
9. 农村土地承包法（修改）　（10月）
10. 基本医疗卫生与健康促进法　（10月）
11. 法官法（修改）　（12月）
12. 检察官法（修改）　（12月）

（二）初次审议的法律案　（14件）

1. 宪法修正案　（已通过）
2. 关于实行宪法宣誓制度的决定（修改）　（已通过）
3. 刑事诉讼法（修改）　（4月）
4. 专利法（修改）　（6月）

5. 民法典各分编　（8月）

6. 土地管理法(修改)　（8月）

7. 耕地占用税法　（8月）

8. 车辆购置税法　（8月）

9. 税收征收管理法(修改)　（10月）

10. 社区矫正法　（10月）

11. 海上交通安全法(修改)　（10月）

12. 资源税法　（12月）

13. 固体废物污染环境防治法及相关法律(修改)　（12月）

14. 外国投资法　（12月）

贯彻落实党的十九大和十九届二中、三中全会精神，落实党中央关于全面深化改革、全面推进依法治国的部署要求，对涉及国家机构改革、国防和军队改革、监察体制改革等需要制定或修改的其他法律，适时安排审议。

(三)预备审议项目

证券法(修改)，修改全国人民代表大会组织法、公务员法、著作权法、职业教育法、森林法、个人所得税法、安全生产法、未成年人保护法、档案法、现役军官法、兵役法、人民武装警察法、治安管理处罚法等，制定原子能法、出口管制法、密码法、期货法、消费税法、房地产税法、契税法、印花税法、陆地国界法以及乡村振兴、农村金融等方面的立法项目。这些立法项目由有关方面抓紧调研和起草工作，视情在2018年或者以后年度安排审议。

(四)做好授权决定和改革决定相关工作

按照党中央的决策部署，对立法条件还不成熟、需要先行先试的，依法及时作出授权决定或者改革决定。对正在实施的授权决定和改革决定，实践证明可行的，由有关方面及时依法提出修改或者制定有关法律的议案，适时安排审议，或者结合相关立法工作统筹考虑。

需在2018年考虑的授权决定和改革决定有10件：

1. 关于授权国务院在实施股票发行注册制改革中调整适用《中华人民共和国证券法》有关规定的决定，2018年2月实施期届满(2018年2月十二届全国人大常委会第三十三次会议作出了关于延长授权国务院在实施股票发行注册制改革中调整适用《中华人民共和国证券法》有关规定期限的决定)；

2. 关于延长人民陪审员制度改革试点期限的决定，2018年4月实施期届满，与制定人民陪审员法一并考虑；

3. 关于授权国务院在部分地方开展药品上市许可持有人制度试点和有关问题的决定，2018年11月实施期届满；

4. 关于授权最高人民法院、最高人民检察院在部分地区开展刑事案件认罪认罚从宽制度试点工作的决定，2018年11月实施期届满；

5. 关于延长授权国务院在北京市大兴区等三十三个试点县(市、区)行政区域暂时调整实施有关法律规定期限的决定，2018年12月实施期届满；

6. 关于延长授权国务院在北京市大兴区等二百三十二个试点县(市、区)、天津市蓟县等五十九个试点县(市、区)行政区域分别暂时调整实施有关法律规定期限的决定，2018年12月实施期届满；

7. 关于授权国务院在河北省邯郸市等12个试点城市行政区域暂时调整适用《中华人民共和国社会保险法》有关规定的决定，2018年12月实施期届满；

8. 关于授权国务院在部分地区和部分在京中央机关暂时调整适用《中华人民共和国公务员法》有关规定的决定，2019年1月实施期届满；

9. 关于在北京市、山西省、浙江省开展国家监察体制改革试点工作的决定(监察法已通过并施行)；

10. 关于在全国各地推开国家监察体制改革试点工作的决定(监察法已通过并施行)。

二、以习近平新时代中国特色社会主义思想为指导，全面加强和改进新形势下立法工作

切实把党的领导贯彻到立法工作全过程和各方面。坚持党中央对立法工作的集中统一领导，坚决贯彻落实以习近平同志为核心的党中央作出的决策部署。坚持立法工作正确政治方向，在政治立场、政治方向、政治原则、政治道路上同以习近平同志为核心的党中央保持高度一致。坚持以党的理论创新成果指导立法实践，努力做到更加自觉、更加善于通过立法实践贯彻和体现党的理论创新成果。坚持将社会主义核心价值观融入立法。严格落实立法工作向党中央请示报告制度，凡需要党中央研究的重大立法事项和立法涉及的重大体制、重大政策调整的问题，由全国人大常委会党组向党中央请示报告。

做好十三届立法规划编制工作。贯彻落实党的十九大和十九届二中、三中全会精神，围绕统筹推进“五位一体”总体布局、协调推进“四个全面”战

略布局，结合全国人大立法工作实际，统筹兼顾、把握重点、科学谋划，做好十三届全国人大常委会立法规划编制工作，按程序报请党中央批准，确保党中央重大决策部署在立法工作中得到有效贯彻落实。按照党中央批准的十三届全国人大常委会立法规划和部署要求，统筹安排未来五年立法工作，提出目标任务、工作要求和落实措施。召开全国人大常委会立法工作会议，部署落实立法规划，加强实施指导，认真抓好督促工作。

加强宪法宣传教育和贯彻实施。坚持依法治国首先要坚持依宪治国，坚持依法执政首先要坚持依宪执政。宪法是国家的根本法，是治国安邦的总章程，是全面依法治国的总依据。宪法修改是党和国家从新时代坚持和发展中国特色社会主义全局和战略高度作出的重大决策，是推进全面依法治国、推进国家治理体系和治理能力现代化的重大举措。深入开展宪法和宪法修正案学习宣传教育工作，坚定宪法自信，增强宪法自觉，大力弘扬宪法精神，更好发挥宪法在全面依法治国、建设社会主义法治国家中的重大作用。加强宪法实施工作，通过完备的法律推动宪法实施。加强宪法监督工作，推进合宪性审查，通过备案审查制度促进各类规范性文件符合宪法精神，维护宪法权威。做好全国人大宪法和法律委员会工作。

发挥全国人大及其常委会在立法工作中的主导作用。不断健全人大主导立法工作的体制机制，牢牢把握立项、起草、审议等几个关键环节，加强对立法工作的组织协调，强化协同配合。实施好关于建立健全全国人大专门委员会、常委会工作机构组织起草重要法律草案制度的实施意见，关于立法中涉及的重大利益调整论证咨询的工作规范，关于争议较大的重要立法事项引入第三方评估的工作规范等重要改革举措。对重要立法项目，有关专门委员会和常委会工作机构要主动与起草单位和有关方面沟通协调。健全有关专门委员会、常委会工作机构共同做好法律配套规定督促工作机制。注重发挥人大代表主体作用，把办理好人大代表依法提出的议案、建议与立法工作紧密结合，继续邀请相关人大代表参与立法论证、调研、座谈、审议、通过前评估等工作。通过中国人大网代表服务专区为人大代表提供更多立法参阅资料，听取人大代表关于立法工作的意见和建议。

推进科学立法、民主立法、依法立法。健全立法论证、听证机制，做好法律案通过前的评估和立法后评估工作，继续加强法律解释工作。坚持问题导向，推进科学立项、精准立法。做好国家机构改革等涉及的相关法律修改工作。对改革发展急需的立法项目，要按照有关工作规范，抓紧论证起草，为重大改革提供法律依据；对实践证明不适应改革需要的法律，及时修改和废止；对涉及同类或者类似事项、需要一并采取打包方式进行修改的法律，应当积极稳妥、科学论证、切实可行，增强立法的及时性、系统性、针对性和有效性。抓住立法重点，深入开展立法调研。改进调研方式，增强调研实效。细化立法流程，扎实做好公布法律草案征求意见工作，健全公众意见采纳反馈机制。健全向地方人大征询立法意见机制。加强基层立法联系点建设，进一步发挥各联系点在听取基层意见、解决立法问题、培养锻炼干部等方面的作用。

切实加强备案审查制度和能力建设。加强和改进备案审查工作，保证中央令行禁止，保证宪法法律实施，促进提高行政法规、地方性法规、司法解释及其他规范性文件制定水平。做好对行政法规、地方性法规、司法解释主动审查、专项审查和对公民、组织提出的审查建议的研究、处理、反馈工作。进一步加快建立全国统一的备案审查信息平台，巩固信息平台的工作功能，推动地方人大将信息平台延伸到所有立法主体。积极推进常委会按年度听取和审议备案审查工作情况报告的制度，健全备案审查衔接联动机制。加强备案审查理论研究。

切实做好立法宣传工作。围绕改革开放 40 周年，积极宣传我国法治建设特别是立法工作的巨大成就和宝贵经验。紧密结合立法工作开展宣传报道，全面反映立法工作新进展新成效。采取新闻发布会、专题采访、微信公众号信息推送等多种形式，讲好立法故事。通过电视、报纸、网络等媒体，做好法律草案起草、审议阶段和通过后的宣传工作，丰富宣传方式，拓展宣传渠道，增强宣传效果。拓宽社会各方参与立法的途径，使立法过程成为引导社会舆论、凝聚各方共识、普及法律知识的过程。

加强对地方立法工作的指导。加强地方立法能力建设，发挥地方立法在法治建设中的实施性、补充性、探索性作用。与地方人大开展形式多样的经验交流和工作探讨，加强对地方人大立法工作人员的培训和指导，建立常态化机制。继续举办覆盖立项、起草、审议、备案审查等立法全过程的专题培训班。办好全国地方立法工作座谈会，以党的十九大精神为引领，推动地方立法工作迈出新步伐。

切实加强立法工作队伍建设。以习近平新时代中国特色社会主义思想武装头脑、指导实践、推动工作。以党的政治建设为统领,全面加强思想、组织、作风、纪律建设。推进"两学一做"学习教育常态化、制度化,开展"不忘初心,牢记使命"主题教育。坚持新时期好干部标准,完善立法人才培养机制,多渠道选拔优秀立法人才,注重培养严谨细致的工匠精神,不断提高立法专业能力,打造一支政治素质过硬、业务能力过硬、职业操守过硬、道德作风过硬的立法干部队伍和人才队伍。

全国人大常委会2018年监督工作计划

(2017年12月14日第十二届全国人民代表大会常务委员会第105次委员长会议原则通过 2018年4月17日第十三届全国人民代表大会常务委员会第2次委员长会议修改)

2018年是全面贯彻落实党的十九大精神的第一年,也是十三届全国人大及其常委会依法履职的第一年。全国人大常委会的监督工作要在以习近平同志为核心的党中央坚强领导下,高举中国特色社会主义伟大旗帜,深入贯彻落实党的十九大和十九届一中、二中、三中全会精神,以邓小平理论、"三个代表"重要思想、科学发展观、习近平新时代中国特色社会主义思想为指导,围绕统筹推进"五位一体"总体布局和协调推进"四个全面"战略布局,坚定不移贯彻新发展理念,助力打赢防范化解重大风险、精准脱贫、污染防治三大攻坚战,实行正确监督、有效监督,加强宪法实施和监督,维护宪法权威和法制统一,完善监督工作机制,增强监督实效,为十三届全国人大常委会监督工作开好局、起好步,为决胜全面建成小康社会、夺取新时代中国特色社会主义伟大胜利、实现中华民族伟大复兴的中国梦、实现人民对美好生活的向往作出贡献。

一、听取和审议专项工作报告

(一)听取和审议国务院关于2017年度环境状况和环境保护目标完成情况的报告。重点报告我国环境质量状况,环境保护规划、环境污染防治、污染物排放总量控制等环境保护目标完成情况。报告拟安排在4月份举行的第十三届全国人大常委会第二次会议上听取和审议。由环境与资源保护委员会负责做好相关工作。

(二)听取和审议国务院关于构建现代农业体系深化农业供给侧结构性改革工作情况的报告。重点报告推进种植业、畜牧业、渔业结构调整情况,巩固提升粮食产能情况,重要农产品价格形成机制及储备制度改革情况,财政支农投入及农业补贴制度的完善情况,发展优势特色产业及农产品质量安全情况,农业供给侧结构性改革遇到的问题及今后工作的思路等。报告拟安排在4月份举行的第十三届全国人大常委会第二次会议上听取和审议。由农业与农村委员会负责做好相关工作。

(三)听取和审议国务院关于华侨权益保护工作情况的报告。重点报告华侨在政治、经济、社会保障、慈善捐赠、子女教育等方面正当权益的保护情况,华侨回国创新创业的情况,各地方华侨权益保护立法进展情况以及对华侨权益保护立法的意见和建议等。报告拟安排在4月份举行的第十三届全国人大常委会第二次会议上听取和审议。由华侨委员会负责做好相关工作。

(四)听取和审议国务院关于坚持创新驱动发展深入推进国家科技重大专项工作情况的报告。重点报告国家科技重大专项完成进度和实施成效情况,国家科技重大专项工作和相关法律实施中存在的主要问题,进一步推动国家科技重大专项工作实施的措施和意见建议等。报告拟安排在6月份举行的第十三届全国人大常委会第三次会议上听取和审议。由教育科学文化卫生委员会负责做好相关工作。

(五)听取和审议国务院关于研究处理固体废物污染环境防治法执法检查报告及审议意见情况的报告。重点报告对固体废物污染环境防治法执法检查报告反映问题的整改落实情况,对全国人大常委会分组会议和联组会议专题询问审议意见的研究处理情况等。报告拟安排在6月份举行的第十三届全国人大常委会第三次会议上听取和审议。由环境与资源保护委员会负责做好相关工作。

(六)听取和审议国务院关于推动城乡义务教育一体化发展提高农村义务教育水平工作情况的报告。重点报告农村义务教育经费保障情况,农村义务教育学校建设及布局调整情况,农村义务教育教师队伍建设情况,农村义务教育控辍保学情况等。报告拟安排在 8 月份举行的第十三届全国人大常委会第四次会议上听取和审议。由教育科学文化卫生委员会负责做好相关工作。

(七)听取和审议国务院关于加强国有资产管理情况的报告。在综合报告各类国有资产管理情况的同时,聚焦防范金融风险,重点报告金融类企业国有资产管理情况,包括全口径金融类企业国有资产的总体资产负债、国有资本投向、布局与风险控制、境外投资形成的国有资产,国有资产监管和保值增值,国有资产处置和分配,国有资产收益管理,推动国有资本做强做优做大等情况,针对突出问题和不足提出的下一步工作安排建议等。报告拟安排在 10 月份举行的第十三届全国人大常委会第五次会议上听取和审议。由常委会预算工作委员会、财政经济委员会负责做好相关工作。

(八)听取和审议最高人民法院关于人民法院解决“执行难”工作情况的报告。重点报告人民法院建立综合治理“执行难”机制,深化执行体制改革,开展执行专项行动,完善执行工作规范,推进执行信息化建设,加强执行队伍建设等方面情况,并客观分析形成“执行难”的原因和执行工作中存在的问题,提出进一步解决“执行难”的措施和建议等。报告拟安排在 10 月份举行的第十三届全国人大常委会第五次会议上听取和审议。由监察和司法委员会负责做好相关工作。

(九)听取和审议最高人民检察院关于人民检察院加强对民事诉讼和执行活动法律监督工作情况的报告。重点报告人民检察院对审判活动中违法行为监督,对裁判结果监督,对虚假诉讼案件监督,对执行活动监督,以及完善法律监督机制,加强队伍建设等方面情况,并对民事诉讼和执行活动法律监督工作中存在的问题进行客观分析,提出进一步加强和改进工作的措施和建议等。报告拟安排在 10 月份举行的第十三届全国人大常委会第五次会议上听取和审议。由监察和司法委员会负责做好相关工作。

(十)听取和审议国务院关于财政医疗卫生资金分配和使用情况的报告。重点报告财政医疗卫生资金总体规模和结构,医药卫生体制改革的财政补偿机制建设,医疗卫生领域财政资金的财政预算管理制度建设等情况,存在的问题和不足,以及下一步工作安排等。报告拟安排在 12 月份举行的第十三届全国人大常委会第六次会议上听取和审议。由常委会预算工作委员会和财政经济委员会、教育科学文化卫生委员会负责做好相关工作。

(十一)听取和审议国务院关于发展海洋经济加快建设海洋强国工作情况的报告。重点报告海洋经济发展工作进展情况,面临的形势、挑战和突出问题,加快海洋经济发展、建设海洋强国的政策措施等。报告拟安排在 12 月份举行的第十三届全国人大常委会第六次会议上听取和审议。由财政经济委员会负责做好相关工作。

二、听取和审议计划、预决算监督报告

(一)听取和审议国务院关于 2017 年中央决算的报告,审查和批准 2017 年中央决算。

(二)听取和审议国务院关于 2017 年度中央预算执行和其他财政收支的审计工作报告。

以上两项报告请国务院按照预算法、监督法规定的内容和要求报告。报告拟安排在 6 月份举行的第十三届全国人大常委会第三次会议上听取和审议。

(三)听取和审议国务院关于今年以来国民经济和社会发展计划执行情况的报告。重点报告计划执行和经济运行的主要情况,存在的主要问题和准备采取的政策措施等。报告拟安排在 8 月份举行的第十三届全国人大常委会第四次会议上听取和审议。

(四)听取和审议国务院关于今年以来预算执行情况的报告。重点报告执行十三届全国人大一次会议关于批准 2018 年预算决议的情况,2018 年度 1—7 月份财政收支执行情况,以及预算法、监督法规定的报告内容。报告拟安排在 8 月份举行的第十三届全国人大常委会第四次会议上听取和审议。

(五)听取和审议国务院关于《中华人民共和国国民经济和社会发展第十三个五年规划纲要》实施中期评估报告。重点报告《中华人民共和国国民经济和社会发展第十三个五年规划纲要》实施的总体情况和主要指标的完成情况、存在的主要问题、强化纲要实施的措施等。报告拟安排在 12 月份举行的第十三届全国人大常委会第六次会议上听取和审议。

(六)听取和审议国务院关于 2017 年度中央预算执行和其他财政收支审计查出问题整改情况的报告。重点报告 2017 年度中央预算执行和其他财

政收支审计查出突出问题的整改情况。报告拟安排在12月份举行的第十三届全国人大常委会第六次会议上听取和审议。

上述六个报告，由财政经济委员会、常委会预算工作委员会负责做好相关工作。

三、检查法律的实施情况

（一）检查《中华人民共和国统计法》的实施情况。重点检查统计法实施情况，有关方面贯彻实施统计法的主要措施，法律实施中所面临的主要问题及原因，研究解决问题的意见和建议等。执法检查报告拟提请6月份举行的第十三届全国人大常委会第三次会议听取和审议。由财政经济委员会为主负责组织和实施。

（二）检查《中华人民共和国传染病防治法》的实施情况。重点检查传染病防治法律法规体系的建设情况，传染病防治知识的宣传教育情况，基层传染病防治体系建设情况，传染病防治工作机制和部门协作机制的建设情况，基层疾控人员队伍建设情况，防治经费的持续保障情况，应急处置反应和能力的情况等。执法检查报告拟提请8月份举行的第十三届全国人大常委会第四次会议听取和审议。由教育科学文化卫生委员会为主负责组织和实施。

（三）检查《中华人民共和国大气污染防治法》的实施情况。重点检查各地各部门宣传贯彻实施大气污染防治法的基本情况，燃煤、工业、机动车船、扬尘污染治理和秸秆焚烧等农业污染防治情况，排污许可、重点区域联防联控、重污染天气预警应对等主要法律制度落实情况，研究提出进一步推进实施大气污染防治法的措施和建议等。执法检查报告拟提请8月份举行的第十三届全国人大常委会第四次会议听取和审议。由环境与资源保护委员会为主负责组织和实施。

（四）检查《中华人民共和国防震减灾法》的实施情况。重点检查各级政府落实防震减灾责任制，制定具体办法促进法律实施的情况，地震监测台网规划、建设和运行情况，建设工程特别是学校、医院和农村民居的抗震设防情况，抢险救灾、避难场所规划建设情况及震后恢复重建情况，加强防震减灾方面科学研究和新技术开发、运用的情况等。执法检查报告拟提请10月份举行的第十三届全国人大常委会第五次会议听取和审议。由教育科学文化卫生委员会和社会建设委员会为主负责组织和实施。

（五）检查《中华人民共和国农产品质量安全法》的实施情况。重点检查建立健全农产品质量安全标准体系，加强农产品基地建设，防止农产品产地污染，建立农产品生产记录，建立农产品质量安全管理制度，执行农产品质量安全监测制度情况，以及法律实施中存在的问题及建议等。执法检查报告拟提请10月份举行的第十三届全国人大常委会第五次会议听取和审议。由农业与农村委员会为主负责组织和实施。

（六）检查《中华人民共和国海洋环境保护法》的实施情况。重点检查各地各部门贯彻实施海洋环境保护法的基本情况，防治陆源污染、船舶污染，加强海洋环境监督管理和海洋生态保护情况，重点海域排污总量控制、海域生态保护红线、海洋生态保护补偿制度等主要法律制度落实情况，海洋生态保护配套法规政策制定情况，法律实施中的问题和建议等。执法检查报告拟提请12月份举行的第十三届全国人大常委会第六次会议听取和审议。由环境与资源保护委员会为主负责组织和实施。

四、开展专题询问

（一）结合听取和审议全国人大常委会大气污染防治法执法检查报告，以常委会联组会议形式开展专题询问。

（二）结合听取和审议最高人民法院关于人民法院解决“执行难”工作情况的报告、最高人民检察院关于人民检察院加强对民事诉讼和执行活动法律监督工作情况的报告，以常委会联组会议形式开展专题询问。

（三）结合听取和审议国务院关于财政医疗卫生资金分配和使用情况的报告，以常委会联组会议形式开展专题询问。

请“一府两院”有关领导同志出席联组会议听取意见、回答询问。进一步改进完善专题询问，突出针对性，注重实效性，增强互动性，坚持问题导向，充分发挥专题询问对推动改进工作的建设性、促进性作用。专题询问分别由负责有关报告的专门委员会、常委会工作委员会组织和实施，常委会办公厅予以配合。

五、开展专题调研

（一）围绕“七五”普法决议执行情况进行专题调研。重点调研国家机关建立重大决策审查机制、实行法律顾问制度、工作人员带头学法守法要求落实情况，“谁执法谁普法”普法责任制落实，特别是治安管理、劳动就业、环境保护、食品药品安全、道路交通安全、消防安全等民生领域法律宣传普及情况，动员社会力量参与法治实践，开展多层次依法治理情况，创新法治宣传教育形式，推进法治宣传教育队伍、阵地建设情况等。专题调研报告计划在 8 月底前完成。由监察和司法委员会负责组织和实施。

（二）围绕促进民族教育发展工作情况进行专题调研。重点调研关于促进民族教育发展的法规、规章及政策措施制定情况，培育践行社会主义核心价值观和民族团结教育开展情况，推动民族地区改善办学条件、提高教育教学质量的工作情况，推进双语教育工作情况，民族教育的教师培养培训工作情况，少数民族职业教育和人才就业创业指导工作情况，民族教育经费投入和组织保障工作情况等。专题调研报告计划在 10 月底前完成。由民族委员会负责组织和实施。

（三）围绕乡村振兴战略实施情况进行专题调研。重点调研提升农业发展质量，推进乡村绿色发展，繁荣兴盛农村文化，加强农村基层基础工作，提高农村民生保障水平，强化乡村制度性供给，强化乡村振兴人才支撑和投入保障的情况，实施乡村振兴战略面临的问题及工作建议等。专题调研报告计划在 12 月底前完成。由农业与农村委员会负责组织和实施。

（四）围绕地方政府债务情况进行专题调研。重点调研各级人大、政府贯彻实施预算法关于地方政府债务审查监督和管理规定的情况，通过融资平台公司等国有企业、政府和社会资本合作（PPP）、政府投资基金、政府购买服务等形式违法违规变相举债的情况，地方政府债务管理存在的主要困难与问题，提出化解累积的地方政府债务风险、规范地方政府举债融资、严格政府债务管理、加强人大对政府债务审查监督的意见建议等。专题调研报告计划在 12 月底前完成。由常委会预算工作委员会负责组织和实施。

（五）围绕脱贫攻坚工作情况进行专题调研。重点调研加大对贫困地区财政投入，基层整合利用脱贫资金，金融精准扶贫情况，加强产业扶贫情况，解决致贫返贫突出问题，继续加大教育脱贫、医疗保险和医疗救助脱贫、异地搬迁脱贫、转移就业脱贫等精准扶贫措施的落实情况，激发贫困地区和贫困群众内生动力，注重扶贫与扶志、扶智相结合，提高贫困户自我发展能力情况，深度贫困地区精准扶贫工作机制健全和落实情况，推进深度贫困地区基础设施建设和基本公共服务保障情况，深度贫困地区发展特色产业情况，深度贫困地区脱贫攻坚组织领导和检查督查工作情况，脱贫攻坚遇到的问题和建议等。专题调研报告拟提请 2019 年 2 月份举行的第十三届全国人大常委会第七次会议听取和审议。由农业与农村委员会和民族委员会负责组织和实施。

六、做好宪法实施监督的相关工作

深入贯彻落实全国人大常委会关于设立国家宪法日的决定和关于实行宪法宣誓制度的决定，认真开展国家宪法日活动，加强宪法宣传教育，弘扬宪法精神，依法组织全国人大及其常委会选举、决定任命的国家工作人员进行宪法宣誓。切实加强常委会备案审查工作，维护法制统一，保证宪法法律实施。加强对备案行政法规、地方性法规、司法解释的审查工作，做好对国家机关和社会团体、企业事业组织以及公民提出的审查建议的研究、处理、反馈工作。进一步加快建立全国统一的备案审查信息平台，巩固信息平台的工作功能，推动各级地方人大建设信息平台。积极探索和推进向常委会会议报告备案审查工作情况。

组织实施好 2018 年的监督工作，要继续深入贯彻落实“两学一做”学习教育和中央八项规定精神有关要求，切实改进作风，着重增强针对性和实效性。要加强与人大代表、人民群众和地方人大的联系，广泛听取意见，深入基层、深入实际开展调查研究。要贯彻落实党中央关于加强人大预算决算审查监督改革的部署，做好预算审查前听取人大代表和社会各界意见建议的相关工作，持续推进预算联网监督工作。要认真做好执法检查选题、搞好组织工作、全面准确报告执法检查情况、认真进行审议、推动改进实际工作、向常委会报告落实情况等六个环节工作，形成完整工作体系，进一步完善执法检查工作机制。要综合运用专题询问、专题调研、跟踪监督等方式方法，探索完善质询机制，视情况适时推动质询工作开展，形成监督合力。要不断拓展监督工作新闻宣传的深度和广度，牢牢把握正确舆论导向，大力宣传人大监督工作的重点内容、重要意义和作用，依法及时将有关监督事项向全国人大代表通报、向社会公布。各单位、各部门要认真落实监督工作计划的各项安排，各司其职、各负其责，加强协调、密切配合，共同完成好 2018 年常委会各项监督工作任务。

附：

全国人大常委会2018年听取审议监督方面的报告时间安排表

时间	听取和审议的报告
4月（3项）	国务院关于2017年度环境状况和环境保护目标完成情况的报告
	国务院关于构建现代农业体系深化农业供给侧结构性改革工作情况的报告
	国务院关于华侨权益保护工作情况的报告
6月（5项）	国务院关于2017年中央决算的报告
	国务院关于2017年度中央预算执行和其他财政收支的审计工作报告
	国务院关于坚持创新驱动发展深入推进国家科技重大专项工作情况的报告
	国务院关于研究处理固体废物污染环境防治法执法检查报告及审议意见情况的报告
	《中华人民共和国统计法》执法检查报告
8月（5项）	国务院关于今年以来国民经济和社会发展计划执行情况的报告
	国务院关于今年以来预算执行情况的报告
	国务院关于推动城乡义务教育一体化发展提高农村义务教育水平工作情况的报告
	《中华人民共和国传染病防治法》执法检查报告
	《中华人民共和国大气污染防治法》执法检查报告（结合听取审议报告开展专题询问）
10月（5项）	国务院关于加强国有资产管理情况的报告
	最高人民法院关于人民法院解决“执行难”工作情况的报告（结合听取审议报告开展专题询问）
	最高人民检察院关于人民检察院加强对民事诉讼和执行活动法律监督工作情况的报告（结合听取审议报告开展专题询问）
	《中华人民共和国防震减灾法》执法检查报告
	《中华人民共和国农产品质量安全法》执法检查报告
12月（5项）	国务院关于《中华人民共和国国民经济和社会发展第十三个五年规划纲要》实施中期评估报告
	国务院关于2017年度中央预算执行和其他财政收支审计查出问题整改情况的报告
	国务院关于财政医疗卫生资金分配和使用情况的报告（结合听取审议报告开展专题询问）
	国务院关于发展海洋经济加快建设海洋强国工作情况的报告
	《中华人民共和国海洋环境保护法》执法检查报告
2019年2月（1项）	脱贫攻坚工作情况专题调研报告

2018年常委会计划听取审议24个监督方面的报告，包括专项工作报告11个、计划预算监督报告6个、执法检查报告6个、专题调研报告1个。此外，结合其中4个报告开展3次专题询问，另有4个专题调研报告视情况提交审议。

二、常委会会议议程日程

第十二届全国人大常委会第三十二次会议议程

2018 年 1 月 29 日至 30 日

（2018 年 1 月 29 日第十二届全国人民代表大会常务委员会第三十二次会议第一次全体会议通过）

一、讨论中共中央关于修改宪法部分内容的建议

审议《中华人民共和国宪法修正案（草案）》

二、审议全国人民代表大会常务委员会委员长会议关于提请审议《全国人民代表大会常务委员会关于召开第十三届全国人民代表大会第一次会议的决定（草案）》的议案

三、审议任免案

第十二届全国人大常委会第三十二次会议日程

（2018 年 1 月 29 日至 30 日）

1 月 29 日（星期一）

（上午 8 时 30 分，分别召开党员委员会议和党外委员会议）

上午 9 时 30 分　全体会议

1. 听取《中共中央关于修改宪法部分内容的建议》的说明
2. 审议全国人大常委会委员长会议关于提请审议《全国人民代表大会常务委员会关于召开第十三届全国人民代表大会第一次会议的决定（草案）》的议案
3. 审议任免案

全体会议结束后　分组讨论中共中央关于修改宪法部分内容的建议

下午 3 时　分组讨论中共中央关于修改宪法部分内容的建议，审议关于召开十三届全国人大一次会议的决定草案、任免案

1 月 30 日（星期二）

上午 9 时　分组审议宪法修正案草案，拟提请表决事项

下午 3 时　全体会议

表决各项议案

闭　会

第十二届全国人大常委会第三十三次会议议程

2018年2月23日至24日

（2018年2月23日第十二届全国人民代表大会常务委员会第三十三次会议第一次全体会议通过）

一、审议全国人民代表大会常务委员会委员长会议关于提请审议《全国人民代表大会常务委员会关于实行宪法宣誓制度的决定（修订草案）》的议案

二、审议《全国人民代表大会常务委员会工作报告（稿）》

三、听取全国人民代表大会常务委员会办公厅关于第十三届全国人民代表大会代表选举工作情况的报告

四、审议第十二届全国人民代表大会常务委员会代表资格审查委员会关于第十三届全国人民代表大会代表的代表资格的审查报告

五、审议全国人民代表大会常务委员会委员长会议关于提请审议《第十三届全国人民代表大会第一次会议议程（草案）》的议案

六、审议全国人民代表大会常务委员会委员长会议关于提请审议《第十三届全国人民代表大会第一次会议主席团和秘书长名单（草案）》的议案

七、审议全国人民代表大会常务委员会委员长会议关于提请审议《第十三届全国人民代表大会第一次会议列席人员名单（草案）》的议案

八、审议全国人民代表大会常务委员会执法检查组关于检查《中华人民共和国种子法》实施情况的报告

九、审议第十二届全国人民代表大会常务委员会代表资格审查委员会关于个别第十二届全国人民代表大会代表的代表资格的报告

十、审议中央军事委员会关于提请审议批准增补人民解放军选举委员会成员的议案

十一、审议任免案

第十二届全国人大常委会第三十三次会议日程

（2018年2月23日至24日）

2月23日（星期五）

上午9时 全体会议

1. 听取全国人大常委会委员长会议关于提请审议《全国人民代表大会常务委员会关于实行宪法宣誓制度的决定（修订草案）》议案的说明
2. 听取国务院关于提请审议《关于延长授权国务院在实施股票发行注册制改革中调整适用〈中华人民共和国证券法〉有关规定期限的决定（草案）》议案的说明
3. 审议《全国人民代表大会常务委员会工作报告（稿）》
4. 听取全国人大常委会办公厅关于第十三届全国人民代表大会代表选举工作情况的报告
5. 听取全国人大常委会代表资格审查委员会关于第十三届全国人民代表大会代表的代表资格的审查报告
6. 审议全国人大常委会委员长会议关于提请审议《第十三届全国人民代表大会第一次会议议程（草案）》的议案
7. 审议全国人大常委会委员长会议关于提请审议《第十三届全国人民代表大会第一次会议主席团和秘书长名单（草案）》的议案
8. 审议全国人大常委会委员长会议关于提请审议《第十三届全国人民代表大会第一次会议列席

人员名单(草案)》的议案

9. 听取全国人大常委会执法检查组关于检查《中华人民共和国种子法》实施情况的报告

10. 听取全国人大常委会代表资格审查委员会关于个别第十二届全国人民代表大会代表的代表资格的报告

11. 审议中央军事委员会关于提请审议批准增补人民解放军选举委员会成员的议案

12. 审议任免案

全体会议结束后　分组审议关于实行宪法宣誓制度的决定修订草案,关于延长授权国务院在实施股票发行注册制改革中调整适用证券法有关规定期限的决定草案,关于十三届全国人大代表的代表资格的审查报告,十三届全国人大一次会议议程草案、主席团和秘书长名单草案、列席人员名单草案,关于个别十二届全国人大代表的代表资格的报告,中央军委关于提请审议批准增补人民解放军选举委员会成员的议案,任免案

下午3时　分组审议全国人大常委会工作报告稿

2月24日(星期六)

上午9时　分组审议全国人大常委会工作报告稿,全国人大常委会执法检查组关于检查《中华人民共和国种子法》实施情况的报告,拟提请表决事项

下午3时　全体会议

表决各项议案

闭　会

第十三届全国人大常委会第一次会议议程

2018年3月21日

(2018年3月21日第十三届全国人民代表大会常务委员会第一次会议通过)

一、任命第十三届全国人民代表大会常务委员会副秘书长

二、任免全国人民代表大会常务委员会预算工作委员会主任

三、任免第四任全国人民代表大会常务委员会香港特别行政区基本法委员会主任

四、任免第四任全国人民代表大会常务委员会澳门特别行政区基本法委员会主任

五、任命国家监察委员会副主任、委员

六、全国人民代表大会常务委员会委员长栗战书讲话

第十三届全国人大常委会第二次会议议程

2018年4月25日至27日

(2018年4月25日第十三届全国人民代表大会常务委员会第二次会议第一次全体会议通过)

一、审议《中华人民共和国人民陪审员法(草案)》

二、审议《中华人民共和国英雄烈士保护法(草案)》

三、审议全国人民代表大会常务委员会委员长会议关于提请审议《中华人民共和国刑事诉讼法(修正草案)》的议案

四、审议国务院关于提请审议《〈中华人民共和国森林法〉等7部法律的修正案（草案）》的议案

五、审议全国人民代表大会常务委员会委员长会议关于提请审议《全国人民代表大会常务委员会关于国务院机构改革涉及法律规定的行政机关职责调整问题的决定（草案）》的议案

六、审议最高人民法院关于提请审议《关于在上海设立金融法院的决定（草案）》的议案

七、审议国务院关于2017年度环境状况和环境保护目标完成情况的报告

八、审议国务院关于构建现代农业体系深化农业供给侧结构性改革工作情况的报告

九、审议国务院关于华侨权益保护工作情况的报告

十、审议最高人民法院关于人民陪审员制度改革试点情况的报告

十一、审议全国人民代表大会常务委员会委员长会议关于提请审议《第十三届全国人民代表大会常务委员会代表资格审查委员会主任委员、副主任委员、委员名单（草案）》的议案

十二、审议任免案

第十三届全国人大常委会第二次会议日程

（2018年4月25日至27日）

4月25日（星期三）

上午9时　全体会议

1. 听取全国人大宪法和法律委员会关于《中华人民共和国人民陪审员法（草案）》审议结果的报告
2. 听取全国人大宪法和法律委员会关于《中华人民共和国英雄烈士保护法（草案）》审议结果的报告
3. 听取全国人大常委会委员长会议关于提请审议《中华人民共和国刑事诉讼法（修正草案）》议案的说明
4. 听取国务院关于提请审议《〈中华人民共和国森林法〉等7部法律的修正案（草案）》议案的说明
5. 听取全国人大常委会委员长会议关于提请审议《全国人民代表大会常务委员会关于国务院机构改革涉及法律规定的行政机关职责调整问题的决定（草案）》议案的说明
6. 听取最高人民法院关于提请审议《关于在上海设立金融法院的决定（草案）》议案的说明
7. 听取国务院关于2017年度环境状况和环境保护目标完成情况的报告
8. 听取国务院关于构建现代农业体系深化农业供给侧结构性改革工作情况的报告
9. 听取国务院关于华侨权益保护工作情况的报告
10. 审议最高人民法院关于人民陪审员制度改革试点情况的报告
11. 审议全国人大常委会委员长会议关于提请审议《第十三届全国人民代表大会常务委员会代表资格审查委员会主任委员、副主任委员、委员名单（草案）》的议案
12. 审议任免案

下午3时　分组审议人民陪审员法草案，英雄烈士保护法草案，森林法等7部法律的修正案草案，最高人民法院关于人民陪审员制度改革试点情况的报告

4月26日（星期四）

上午9时　分组审议全国人大常委会关于国务院机构改革涉及法律规定的行政机关职责调整问题的决定草案，关于在上海设立金融法院的决定草案，第十三届全国人大常委会代表资格审查委员会主任委员、副主任委员、委员名单草案，任免案

下午3时　分组审议国务院关于2017年度环境状况和环境保护目标完成情况的报告、关于华侨权益保护工作情况的报告

4月27日（星期五）

上午9时　分组审议刑事诉讼法修正草案，国

务院关于构建现代农业体系深化农业供给侧结构性改革工作情况的报告，拟提请表决事项

下午 3 时 全体会议

表决各项议案

闭 会

（第十三届全国人民代表大会常务委员会第二次会议前，举办履职学习专题讲座，具体安排附后）

履职学习专题讲座安排

4 月 24 日（星期二）上午 9 时

第一讲《中国宪法制度的若干问题》

（沈春耀主讲）

第二讲《全国人大常委会的组织制度和议事规则》

（信春鹰主讲）

4 月 24 日（星期二）下午 3 时

第三讲《立法法与全国人大常委会的立法工作》

（李飞主讲）

第四讲《监督法与全国人大常委会的监督工作》

（韩晓武主讲）

第十三届全国人大常委会第三次会议议程

2018 年 6 月 19 日至 22 日

（2018 年 6 月 19 日第十三届全国人民代表大会常务委员会第三次会议第一次全体会议通过）

一、审议《中华人民共和国电子商务法（草案）》

二、审议《中华人民共和国人民法院组织法（修订草案）》

三、审议《中华人民共和国人民检察院组织法（修订草案）》

四、审议全国人民代表大会常务委员会委员长会议关于提请审议《全国人民代表大会常务委员会关于全国人民代表大会宪法和法律委员会职责问题的决定（草案）》的议案

五、审议国务院关于提请审议《中华人民共和国个人所得税法修正案（草案）》的议案

六、审议中央军事委员会关于提请审议《关于中国海警局履行海上维权执法职权的决定（草案）》的议案

七、审议国务院关于 2017 年中央决算的报告

审查和批准 2017 年中央决算

八、审议国务院关于 2017 年度中央预算执行和其他财政收支的审计工作报告

九、审议国务院关于坚持创新驱动发展深入推进国家科技重大专项工作情况的报告

十、审议国务院关于研究处理固体废物污染环境防治法执法检查报告及审议意见情况的报告

十一、审议全国人民代表大会常务委员会执法检查组关于检查《中华人民共和国统计法》实施情况的报告

十二、审议栗战书委员长访问埃塞俄比亚、莫桑比克、纳米比亚情况的书面报告

十三、审议第十三届全国人民代表大会常务委员会代表资格审查委员会关于个别代表的代表资格的报告

十四、审议任免案

第十三届全国人大常委会第三次会议日程

（2018 年 6 月 19 日至 22 日）

6 月 19 日（星期二）

上午 9 时 全体会议

1. 听取全国人大宪法和法律委员会关于《中华人民共和国电子商务

法(草案)》修改情况的汇报

2. 听取全国人大宪法和法律委员会关于《中华人民共和国人民法院组织法(修订草案)》修改情况的汇报

3. 听取全国人大宪法和法律委员会关于《中华人民共和国人民检察院组织法(修订草案)》修改情况的汇报

4. 听取全国人大常委会委员长会议关于提请审议《全国人民代表大会常务委员会关于全国人民代表大会宪法和法律委员会职责问题的决定(草案)》议案的说明

5. 听取国务院关于提请审议《中华人民共和国个人所得税法修正案(草案)》议案的说明

6. 听取中央军事委员会关于提请审议《关于中国海警局履行海上维权执法职权的决定(草案)》议案的说明

7. 听取国务院关于坚持创新驱动发展深入推进国家科技重大专项工作情况的报告

8. 听取国务院关于研究处理固体废物污染环境防治法执法检查报告及审议意见情况的报告

9. 审议栗战书委员长访问埃塞俄比亚、莫桑比克、纳米比亚情况的书面报告

10. 听取全国人大常委会代表资格审查委员会关于个别代表的代表资格的报告

11. 审议任免案

下午3时　分组审议电子商务法草案,全国人大常委会关于全国人大宪法和法律委员会职责问题的决定草案,关于中国海警局履行海上维权执法职权的决定草案,栗战书委员长访问埃塞俄比亚、莫桑比克、纳米比亚情况的书面报告,关于个别代表的代表资格的报告,任免案

6月20日(星期三)

上午9时　分组审议人民法院组织法修订草案,人民检察院组织法修订草案

下午3时　全体会议

1. 听取国务院关于2017年中央决算的报告

2. 听取国务院关于2017年度中央预算执行和其他财政收支的审计工作报告

3. 听取全国人大财政经济委员会关于2017年中央决算草案审查结果的报告

4. 听取全国人大常委会执法检查组关于检查《中华人民共和国统计法》实施情况的报告

6月21日(星期四)

上午9时　分组审议国务院关于2017年中央决算的报告,国务院关于2017年度中央预算执行和其他财政收支的审计工作报告,全国人大财政经济委员会关于2017年中央决算草案审查结果的报告

下午3时　分组审议国务院关于坚持创新驱动发展深入推进国家科技重大专项工作情况的报告,国务院关于研究处理固体废物污染环境防治法执法检查报告及审议意见情况的报告

6月22日(星期五)

上午9时　分组审议个人所得税法修正案草案,全国人大常委会执法检查组关于检查《中华人民共和国统计法》实施情况的报告,拟提请表决事项

下午3时　全体会议

表决各项议案

闭　会

(闭会后,举办专题讲座第五讲《以习近平生态文明思想为指导　动员全社会力量建设美丽中国》)

第十三届全国人大常委会第四次会议议程

2018 年 7 月 9 日至 10 日

（2018 年 7 月 9 日第十三届全国人民代表大会常务委员会第四次会议第一次全体会议通过）

一、审议全国人民代表大会常务委员会执法检查组关于检查《中华人民共和国大气污染防治法》实施情况的报告

二、审议全国人民代表大会环境与资源保护委员会关于提请审议《全国人民代表大会常务委员会关于全面加强生态环境保护依法推动打好污染防治攻坚战的决议（草案）》的议案

第十三届全国人大常委会第四次会议日程

（2018 年 7 月 9 日至 10 日）

7 月 9 日（星期一）

上午 9 时　全体会议

1. 听取全国人大常委会执法检查组关于检查《中华人民共和国大气污染防治法》实施情况的报告
2. 听取全国人大环境与资源保护委员会关于提请审议《全国人民代表大会常务委员会关于全面加强生态环境保护依法推动打好污染防治攻坚战的决议（草案）》议案的说明

全体会议结束后　分组审议全国人大常委会执法检查组关于检查《中华人民共和国大气污染防治法》实施情况的报告，全国人大常委会关于全面加强生态环境保护依法推动打好污染防治攻坚战的决议草案

下午 3 时　分组审议全国人大常委会执法检查组关于检查《中华人民共和国大气污染防治法》实施情况的报告，全国人大常委会关于全面加强生态环境保护依法推动打好污染防治攻坚战的决议草案

7 月 10 日（星期二）

上午 9 时　联组审议全国人大常委会执法检查组关于检查《中华人民共和国大气污染防治法》实施情况的报告并进行专题询问

下午 3 时　分组审议拟提请表决事项

下午 4 时　全体会议

闭　会

第十三届全国人大常委会第五次会议议程

2018 年 8 月 27 日至 31 日

（2018 年 8 月 27 日第十三届全国人民代表大会常务委员会第五次会议第一次全体会议通过）

一、审议《中华人民共和国电子商务法（草案）》

二、审议《中华人民共和国土壤污染防治法（草案）》

三、审议《中华人民共和国个人所得税法修正

案(草案)》

四、审议《中华人民共和国刑事诉讼法(修正草案)》

五、审议全国人民代表大会常务委员会委员长会议关于提请审议《民法典各分编(草案)》的议案

六、审议国务院关于提请审议《中华人民共和国耕地占用税法(草案)》的议案

七、审议国务院关于提请审议《中华人民共和国车辆购置税法(草案)》的议案

八、审议国务院关于提请审议《中华人民共和国综合性消防救援队伍消防救援衔条例(草案)》的议案

九、审议国务院关于提请审议批准《中华人民共和国和巴巴多斯引渡条约》的议案

十、审议国务院关于今年以来国民经济和社会发展计划执行情况的报告

十一、审议国务院关于今年以来预算执行情况的报告

十二、审议国务院关于推动城乡义务教育一体化发展提高农村义务教育水平工作情况的报告

十三、审议全国人民代表大会常务委员会执法检查组关于检查《中华人民共和国传染病防治法》实施情况的报告

十四、审议关于在部分地区和部分在京中央机关暂时调整适用公务员法有关规定情况的中期报告

十五、审议第十三届全国人民代表大会常务委员会代表资格审查委员会关于个别代表的代表资格的报告

十六、审议任免案

第十三届全国人大常委会第五次会议日程

(2018 年 8 月 27 日至 31 日)

8 月 27 日(星期一)

下午 3 时 全体会议

1. 听取全国人大宪法和法律委员会关于《中华人民共和国电子商务法(草案)》审议结果的报告
2. 听取全国人大宪法和法律委员会关于《中华人民共和国土壤污染防治法(草案)》审议结果的报告
3. 听取全国人大宪法和法律委员会关于《中华人民共和国个人所得税法修正案(草案)》审议结果的报告
4. 听取全国人大宪法和法律委员会关于《中华人民共和国刑事诉讼法(修正草案)》修改情况的汇报
5. 听取全国人大常委会委员长会议关于提请审议《民法典各分编(草案)》议案的说明
6. 听取国务院关于提请审议《中华人民共和国耕地占用税法(草案)》议案的说明
7. 听取国务院关于提请审议《中华人民共和国车辆购置税法(草案)》议案的说明
8. 听取国务院关于提请审议《中华人民共和国综合性消防救援队伍消防救援衔条例(草案)》议案的说明
9. 听取国务院关于提请审议批准《中华人民共和国和巴巴多斯引渡条约》议案的说明
10. 听取全国人大常委会代表资格审查委员会关于个别代表的代表资格的报告
11. 审议任免案

8 月 28 日(星期二)

上午 9 时 全体会议

1. 听取国务院关于今年以来国民经济和社会发展计划执行情况的报告
2. 听取国务院关于今年以来预算执行情况的报告
3. 听取国务院关于推动城乡义务教育一体化发展提高农村义务教育水平工作情况的报告
4. 听取全国人大常委会执法检查组关于检查《中华人民共和国传染病防治法》实施情况的报告

5. 审议关于在部分地区和部分在京中央机关暂时调整适用公务员法有关规定情况的中期报告

下午 3 时 分组审议电子商务法草案，土壤污染防治法草案，国际条约，关于个别代表的代表资格的报告，任免案

8 月 29 日(星期三)

上午 9 时 分组审议个人所得税法修正案草案，刑事诉讼法修正草案，综合性消防救援队伍消防救援衔条例草案

下午 3 时 分组审议国务院关于今年以来国民经济和社会发展计划执行情况的报告，国务院关于今年以来预算执行情况的报告

8 月 30 日(星期四)

上午 9 时 分组审议国务院关于推动城乡义务教育一体化发展提高农村义务教育水平工作情况的报告，全国人大常委会执法检查组关于检查《中华人民共和国传染病防治法》实施情况的报告，关于在部分地区和部分在京中央机关暂时调整适用公务员法有关规定情况的中期报告

下午 3 时 分组审议民法典各分编草案

8 月 31 日(星期五)

上午 9 时 分组审议民法典各分编草案，耕地占用税法草案，车辆购置税法草案，拟提请表决事项

下午 3 时 全体会议

表决各项议案

闭　会

(闭会后，举办专题讲座第六讲《我国民法典分编编纂中的几个问题》)

第十三届全国人大常委会第六次会议议程

2018 年 10 月 22 日至 26 日

(2018 年 10 月 22 日第十三届全国人民代表大会常务委员会第六次会议第一次全体会议通过)

一、审议《中华人民共和国刑事诉讼法(修正草案)》

二、审议《中华人民共和国人民法院组织法(修订草案)》

三、审议《中华人民共和国人民检察院组织法(修订草案)》

四、审议《中华人民共和国国际刑事司法协助法(草案)》

五、审议《中华人民共和国综合性消防救援队伍消防救援衔条例(草案)》

六、审议《中华人民共和国农村土地承包法修正案(草案)》

七、审议《中华人民共和国基本医疗卫生与健康促进法(草案)》

八、审议全国人民代表大会常务委员会委员长会议关于提请审议《中华人民共和国公务员法(修订草案)》的议案

九、审议国务院关于提请审议《中华人民共和国公司法修正案(草案)》的议案

十、审议国务院关于提请审议《〈中华人民共和国野生动物保护法〉等 15 部法律的修正案(草案)》的议案

十一、审议国务院关于提请审议《中华人民共和国药品管理法(修正草案)》的议案

十二、审议国务院关于《全国人民代表大会常务委员会关于授权国务院在部分地方开展药品上市许可持有人制度试点和有关问题的决定》实施情况的报告和关于提请审议《关于延长授权国务院在部分地方开展药品上市许可持有人制度试点期限的决定(草案)》的议案

十三、审议最高人民法院关于提请审议《关于专利等案件诉讼程序若干问题的决定(草案)》的议案

十四、审议国务院关于提请审议批准《中华人民共和国和格林纳达关于刑事司法协助的条约》的议案

十五、审议国务院关于提请审议批准《中华人民共和国和格林纳达引渡条约》的议案

十六、审议国务院关于 2017 年度国有资产管理

情况的综合报告和关于2017年度金融企业国有资产的专项报告

十七、审议最高人民法院关于人民法院解决“执行难”工作情况的报告

十八、审议最高人民检察院关于人民检察院加强对民事诉讼和执行活动法律监督工作情况的报告

十九、审议全国人民代表大会常务委员会执法检查组关于检查《中华人民共和国防震减灾法》实施情况的报告

二十、审议全国人民代表大会常务委员会执法检查组关于检查《中华人民共和国农产品质量安全法》实施情况的报告

二十一、审议全国人民代表大会监察和司法委员会关于第十三届全国人民代表大会第一次会议主席团交付审议的代表提出的议案审议结果的报告

二十二、审议全国人民代表大会财政经济委员会关于第十三届全国人民代表大会第一次会议主席团交付审议的代表提出的议案审议结果的报告

二十三、审议全国人民代表大会外事委员会关于第十三届全国人民代表大会第一次会议主席团交付审议的代表提出的议案审议结果的报告

二十四、审议全国人民代表大会农业与农村委员会关于第十三届全国人民代表大会第一次会议主席团交付审议的代表提出的议案审议结果的报告

二十五、审议第十三届全国人民代表大会常务委员会代表资格审查委员会关于个别代表的代表资格的报告

二十六、审议任免案

第十三届全国人大常委会第六次会议日程

（2018年10月22日至26日）

10月22日(星期一)

下午3时　全体会议

1. 听取全国人大宪法和法律委员会关于《中华人民共和国刑事诉讼法(修正草案)》审议结果的报告
2. 听取全国人大宪法和法律委员会关于《中华人民共和国人民法院组织法(修订草案)》审议结果的报告
3. 听取全国人大宪法和法律委员会关于《中华人民共和国人民检察院组织法(修订草案)》审议结果的报告
4. 听取全国人大宪法和法律委员会关于《中华人民共和国国际刑事司法协助法(草案)》审议结果的报告
5. 听取全国人大宪法和法律委员会关于《中华人民共和国综合性消防救援队伍消防救援衔条例(草案)》审议结果的报告
6. 听取全国人大宪法和法律委员会关于《中华人民共和国农村土地承包法修正案(草案)》修改情况的汇报
7. 听取全国人大宪法和法律委员会关于《中华人民共和国基本医疗卫生与健康促进法(草案)》修改情况的汇报
8. 听取全国人大常委会委员长会议关于提请审议《中华人民共和国公务员法(修订草案)》议案的说明
9. 听取国务院关于提请审议《中华人民共和国公司法修正案(草案)》议案的说明
10. 听取国务院关于提请审议《〈中华人民共和国野生动物保护法〉等15部法律的修正案(草案)》议案的说明
11. 听取国务院关于提请审议《中华人民共和国药品管理法(修正草案)》议案的说明
12. 审议国务院关于《全国人民代表大会常务委员会关于授权国务院在部分地方开展药品上市许可持有人制度试点和有关问题的决定》实施情况的报告，听取国务院关于提请审议《关于延长授权国务院在部分地方开展药品上市许可持有人制度试

点期限的决定(草案)》议案的说明

13. 听取最高人民法院关于提请审议《关于专利等案件诉讼程序若干问题的决定(草案)》议案的说明

14. 听取国务院关于提请审议批准《中华人民共和国和格林纳达关于刑事司法协助的条约》议案的说明

15. 听取国务院关于提请审议批准《中华人民共和国和格林纳达引渡条约》议案的说明

16. 听取全国人大监察和司法委员会关于第十三届全国人民代表大会第一次会议主席团交付审议的代表提出的议案审议结果的报告

17. 听取全国人大财政经济委员会关于第十三届全国人民代表大会第一次会议主席团交付审议的代表提出的议案审议结果的报告

18. 听取全国人大外事委员会关于第十三届全国人民代表大会第一次会议主席团交付审议的代表提出的议案审议结果的报告

19. 听取全国人大农业与农村委员会关于第十三届全国人民代表大会第一次会议主席团交付审议的代表提出的议案审议结果的报告

20. 听取全国人大常委会代表资格审查委员会关于个别代表的代表资格的报告

21. 审议任免案

10 月 23 日(星期二)

上午 9 时　分组审议刑事诉讼法修正草案,人民法院组织法修订草案,人民检察院组织法修订草案,国际刑事司法协助法草案,综合性消防救援队伍消防救援衔条例草案

下午 3 时　分组审议农村土地承包法修正案草案,公司法修正案草案,野生动物保护法等 15 部法律的修正案草案,国务院关于《全国人民代表大会常务委员会关于授权国务院在部分地方开展药品上市许可持有人制度试点和有关问题的决定》实施情况的报告和关于延长授权国务院在部分地方开展药品上市许可持有人制度试点期限的决定草案,关于专利等案件诉讼程序若干问题的决定草案,国际条约,关于个别代表的代表资格的报告,任免案

10 月 24 日(星期三)

上午 9 时　全体会议

1. 审议国务院关于 2017 年度国有资产管理情况的综合报告,听取国务院关于 2017 年度金融企业国有资产的专项报告

2. 听取全国人大常委会预算工作委员会、全国人大财政经济委员会关于金融企业国有资产管理情况的调研报告

3. 听取最高人民法院关于人民法院解决“执行难”工作情况的报告

4. 听取最高人民检察院关于人民检察院加强对民事诉讼和执行活动法律监督工作情况的报告

5. 听取全国人大常委会执法检查组关于检查《中华人民共和国防震减灾法》实施情况的报告

6. 听取全国人大常委会执法检查组关于检查《中华人民共和国农产品质量安全法》实施情况的报告

下午 3 时　分组审议国务院关于 2017 年度国有资产管理情况的综合报告,国务院关于 2017 年度金融企业国有资产的专项报告,最高人民法院关于人民法院解决“执行难”工作情况的报告,最高人民检察院关于人民检察院加强对民事诉讼和执行活动法律监督工作情况的报告

10 月 25 日(星期四)

上午 9 时　联组审议最高人民法院关于人民法院解决“执行难”工作情况的报告,最高人民检察院关于人民检察院加强对民事诉讼和执行活动法律监督工作情况的报告并进行专题询问

下午3时　分组审议全国人大常委会执法检查组关于检查《中华人民共和国防震减灾法》实施情况的报告，全国人大常委会执法检查组关于检查《中华人民共和国农产品质量安全法》实施情况的报告，全国人大监察和司法委员会、财政经济委员会、外事委员会、农业与农村委员会关于第十三届全国人民代表大会第一次会议主席团交付审议的代表提出的议案审议结果的报告

10月26日（星期五）

上午9时　分组审议基本医疗卫生与健康促进法草案，公务员法修订草案，药品管理法修正草案，拟提请表决事项

下午3时　全体会议

表决各项议案

闭　会

（闭会后，举办专题讲座第七讲《人工智能的创新发展与社会影响》）

第十三届全国人大常委会第七次会议议程

2018年12月23日至29日

（2018年12月23日第十三届全国人民代表大会常务委员会第七次会议第一次全体会议通过）

一、审议《中华人民共和国农村土地承包法修正案（草案）》

二、审议《中华人民共和国耕地占用税法（草案）》

三、审议《中华人民共和国车辆购置税法（草案）》

四、审议《中华人民共和国公务员法（修订草案）》

五、审议《中华人民共和国法官法（修订草案）》

六、审议《中华人民共和国检察官法（修订草案）》

七、审议《民法典合同编（草案）》

八、审议《民法典侵权责任编（草案）》

九、审议国务院关于提请审议《中华人民共和国外商投资法（草案）》的议案

十、审议国务院关于提请审议《中华人民共和国疫苗管理法（草案）》的议案

十一、审议国务院关于提请审议《中华人民共和国资源税法（草案）》的议案

十二、审议国务院关于提请审议《中华人民共和国专利法修正案（草案）》的议案

十三、审议国务院关于提请审议《〈中华人民共和国村民委员会组织法〉、〈中华人民共和国城市居民委员会组织法〉修正案（草案）》的议案

十四、审议国务院关于提请审议《〈中华人民共和国土地管理法〉、〈中华人民共和国城市房地产管理法〉修正案（草案）》的议案

十五、审议国务院关于提请审议《〈中华人民共和国产品质量法〉等17部法律的修正案（草案）》的议案

十六、审议国务院关于提请审议《关于再次延长授权国务院在北京市大兴区等三十三个试点县（市、区）行政区域暂时调整实施有关法律规定期限的决定（草案）》的议案

十七、审议国务院关于提请审议授权提前下达部分新增地方政府债务限额的议案

十八、审议全国人民代表大会常务委员会委员长会议关于提请审议《全国人民代表大会常务委员会关于召开第十三届全国人民代表大会第二次会议的决定（草案）》的议案

十九、审议国务院关于提请审议批准《上海合作组织反极端主义公约》的议案

二十、审议国务院关于《中华人民共和国国民经济和社会发展第十三个五年规划纲要》实施中期评估报告

二十一、审议国务院关于2017年度中央预算执行和其他财政收支审计查出问题整改情况的报告

二十二、审议国务院关于财政医疗卫生资金分配和使用情况的报告

二十三、审议国务院关于发展海洋经济加快建设海洋强国工作情况的报告

二十四、审议国务院关于生育保险和职工基本医疗保险合并实施试点情况的总结报告

二十五、审议国务院关于全国农村承包土地的经营权和农民住房财产权抵押贷款试点情况的总结报告

二十六、审议国务院关于农村土地征收、集体经营性建设用地入市、宅基地制度改革试点情况的总结报告

二十七、听取国务院关于个人所得税专项附加扣除有关情况的报告

二十八、审议全国人民代表大会常务委员会执法检查组关于检查《中华人民共和国海洋环境保护法》实施情况的报告

二十九、审议全国人民代表大会宪法和法律委员会关于第十三届全国人民代表大会第一次会议主席团交付审议的代表提出的议案审议结果的报告

三十、审议全国人民代表大会教育科学文化卫生委员会关于第十三届全国人民代表大会第一次会议主席团交付审议的代表提出的议案审议结果的报告

三十一、审议全国人民代表大会华侨委员会关于第十三届全国人民代表大会第一次会议主席团交付审议的代表提出的议案审议结果的报告

三十二、审议全国人民代表大会环境与资源保护委员会关于第十三届全国人民代表大会第一次会议主席团交付审议的代表提出的议案审议结果的报告

三十三、审议全国人民代表大会社会建设委员会关于第十三届全国人民代表大会第一次会议主席团交付审议的代表提出的议案审议结果的报告

三十四、听取全国人民代表大会常务委员会办公厅关于第十三届全国人民代表大会第一次会议代表建议、批评和意见办理情况的报告,国务院扶贫开发领导小组办公室关于第十三届全国人民代表大会第一次会议代表建议、批评和意见办理情况的报告

三十五、审议全国人民代表大会常务委员会法制工作委员会关于 2018 年备案审查工作情况的报告

三十六、审议第十三届全国人民代表大会常务委员会代表资格审查委员会关于个别代表的代表资格的报告

三十七、审议任免案

第十三届全国人大常委会第七次会议日程

(2018 年 12 月 23 日至 29 日)

12 月 23 日(星期日)

下午 3 时　全体会议

1. 听取全国人大宪法和法律委员会关于《中华人民共和国农村土地承包法修正案(草案)》审议结果的报告
2. 听取全国人大宪法和法律委员会关于《中华人民共和国耕地占用税法(草案)》审议结果的报告
3. 听取全国人大宪法和法律委员会关于《中华人民共和国车辆购置税法(草案)》审议结果的报告
4. 听取全国人大宪法和法律委员会关于《中华人民共和国公务员法(修订草案)》审议结果的报告
5. 听取全国人大宪法和法律委员会关于《中华人民共和国法官法(修订草案)》修改情况的汇报
6. 听取全国人大宪法和法律委员会关于《中华人民共和国检察官法(修订草案)》修改情况的汇报
7. 听取全国人大宪法和法律委员会关于《民法典合同编(草案)》修改情况的汇报
8. 听取全国人大宪法和法律委员会关于《民法典侵权责任编(草案)》修改情况的汇报
9. 听取国务院关于提请审议《中华人民共和国外商投资法(草案)》议案的说明
10. 听取国务院关于提请审议《中华人民共和国疫苗管理法(草案)》议案的说明
11. 听取国务院关于提请审议《中华人民共和国资源税法(草案)》议案的说明
12. 听取国务院关于提请审议《中华人民共和国专利法修正案(草案)》议案的说明
13. 听取国务院关于提请审议《〈中

华人民共和国村民委员会组织法〉、〈中华人民共和国城市居民委员会组织法〉修正案（草案）》议案的说明

14. 听取国务院关于提请审议《〈中华人民共和国土地管理法〉、〈中华人民共和国城市房地产管理法〉修正案（草案）》议案的说明
15. 听取国务院关于提请审议《〈中华人民共和国产品质量法〉等17部法律的修正案（草案）》议案的说明
16. 听取国务院关于提请审议《关于再次延长授权国务院在北京市大兴区等三十三个试点县（市、区）行政区域暂时调整实施有关法律规定期限的决定（草案）》议案的说明
17. 听取国务院关于提请审议授权提前下达部分新增地方政府债务限额议案的说明
18. 审议全国人大常委会委员长会议关于提请审议《全国人民代表大会常务委员会关于召开第十三届全国人民代表大会第二次会议的决定（草案）》的议案
19. 听取国务院关于提请审议批准《上海合作组织反极端主义公约》议案的说明
20. 审议国务院关于生育保险和职工基本医疗保险合并实施试点情况的总结报告
21. 审议国务院关于全国农村承包土地的经营权和农民住房财产权抵押贷款试点情况的总结报告
22. 审议国务院关于农村土地征收、集体经营性建设用地入市、宅基地制度改革试点情况的总结报告
23. 听取全国人大常委会代表资格审查委员会关于个别代表的代表资格的报告
24. 审议任免案

12月24日（星期一）

上午9时　全体会议

1. 听取国务院关于《中华人民共和国国民经济和社会发展第十三个五年规划纲要》实施中期评估报告
2. 听取全国人大财政经济委员会关于《中华人民共和国国民经济和社会发展第十三个五年规划纲要》实施中期评估的专题调研报告
3. 听取国务院关于2017年度中央预算执行和其他财政收支审计查出问题整改情况的报告
4. 听取国务院关于财政医疗卫生资金分配和使用情况的报告
5. 听取国务院关于发展海洋经济加快建设海洋强国工作情况的报告
6. 听取国务院关于个人所得税专项附加扣除有关情况的报告

下午3时　全体会议

1. 听取全国人大常委会执法检查组关于检查《中华人民共和国海洋环境保护法》实施情况的报告
2. 听取全国人大宪法和法律委员会关于第十三届全国人民代表大会第一次会议主席团交付审议的代表提出的议案审议结果的报告
3. 听取全国人大教育科学文化卫生委员会关于第十三届全国人民代表大会第一次会议主席团交付审议的代表提出的议案审议结果的报告
4. 听取全国人大华侨委员会关于第十三届全国人民代表大会第一次会议主席团交付审议的代表提出的议案审议结果的报告
5. 听取全国人大环境与资源保护委员会关于第十三届全国人民代表大会第一次会议主席团交付审议的代表提出的议案审议结果的报告
6. 听取全国人大社会建设委员会关于第十三届全国人民代表大会第一次会议主席团交付审议的代表

提出的议案审议结果的报告

7. 听取全国人大常委会办公厅关于第十三届全国人民代表大会第一次会议代表建议、批评和意见办理情况的报告，国务院扶贫开发领导小组办公室关于第十三届全国人民代表大会第一次会议代表建议、批评和意见办理情况的报告

8. 听取全国人大常委会法制工作委员会关于 2018 年备案审查工作情况的报告

12 月 25 日（星期二）

上午 9 时 分组审议农村土地承包法修正案草案，耕地占用税法草案，车辆购置税法草案，村民委员会组织法、城市居民委员会组织法修正案草案，土地管理法、城市房地产管理法修正案草案，关于再次延长授权国务院在北京市大兴区等三十三个试点县（市、区）行政区域暂时调整实施有关法律规定期限的决定草案，国务院关于全国农村承包土地的经营权和农民住房财产权抵押贷款试点情况的总结报告，国务院关于农村土地征收、集体经营性建设用地入市、宅基地制度改革试点情况的总结报告

下午 3 时 分组审议公务员法修订草案，产品质量法等 17 部法律的修正案草案，国务院关于提请审议授权提前下达部分新增地方政府债务限额的议案，关于召开第十三届全国人民代表大会第二次会议的决定草案，国际条约，国务院关于生育保险和职工基本医疗保险合并实施试点情况的总结报告，关于个别代表的代表资格的报告，任免案

12 月 26 日（星期三）

上午 9 时 分组审议外商投资法草案，资源税法草案

下午 3 时 分组审议民法典合同编草案，民法典侵权责任编草案

12 月 27 日（星期四）

上午 9 时 分组审议国务院关于财政医疗卫生资金分配和使用情况的报告，国务院关于发展海洋经济加快建设海洋强国工作情况的报告，全国人大常委会执法检查组关于检查《中华人民共和国海洋环境保护法》实施情况的报告

下午 3 时 分组审议国务院关于《中华人民共和国国民经济和社会发展第十三个五年规划纲要》实施中期评估报告，国务院关于 2017 年度中央预算执行和其他财政收支审计查出问题整改情况的报告

12 月 28 日（星期五）

上午 9 时 联组审议国务院关于财政医疗卫生资金分配和使用情况的报告并进行专题询问

下午 3 时 分组审议疫苗管理法草案，全国人大宪法和法律委员会、教育科学文化卫生委员会、华侨委员会、环境与资源保护委员会、社会建设委员会关于第十三届全国人民代表大会第一次会议主席团交付审议的代表提出的议案审议结果的报告

12 月 29 日（星期六）

上午 9 时 分组审议法官法修订草案，检察官法修订草案，专利法修正案草案，全国人大常委会法制工作委员会关于 2018 年备案审查工作情况的报告，拟提请表决事项

下午 3 时 全体会议

表决各项议案

闭　会

（闭会后，举办专题讲座第八讲《改革开放 40 年和全国人大及其常委会的立法工作》）

委员长讲话

· 第十三届全国人民代表大会第一次会议
· 特辑
· 常委会工作安排和会议议程日程
· 委员长讲话
· 立法工作
· 批准公约和条约
· 监督工作
· 人事任免
· 代表工作
· 对外交往
· 专门委员会工作
· 常委会相关活动
· 大事记

在第十二届全国人大常委会第三十二次会议上的讲话

全国人大常委会委员长　张德江

在开幕会上的讲话

（2018 年 1 月 29 日）

2018 年 1 月 18 日至 19 日，党的十九届二中全会在北京召开。习近平总书记在全会上作了重要讲话。全会审议通过了中共中央关于修改宪法部分内容的建议。宪法修改是国家政治生活中的一件大事，是以习近平同志为核心的党中央从新时代坚持和发展中国特色社会主义全局和战略高度作出的重大决策，也是推进全面依法治国、推进国家治理体系和治理能力现代化的重大举措。

宪法明确规定，宪法的修改，由全国人民代表大会常务委员会或者五分之一以上的全国人民代表大会代表提议，并由全国人民代表大会以全体代表的三分之二以上的多数通过。根据党中央决策部署，党的十九届二中全会通过关于修改宪法部分内容的建议后，依照宪法有关规定，由全国人大常委会形成《中华人民共和国宪法修正案（草案）》，提请十三届全国人大一次会议审议。这是党中央交给全国人大常委会的一项重大政治任务，是本届全国人大常委会肩负的光荣历史使命。

我们要以习近平新时代中国特色社会主义思想为指导，全面贯彻落实党的十九大和十九届二中全会精神，牢固树立政治意识、大局意识、核心意识、看齐意识，坚定坚持党的领导、人民当家作主、依法治国有机统一，坚决维护习近平总书记权威和核心地位，坚决维护以习近平同志为核心的党中央权威和集中统一领导，切实把思想和行动统一到党中央关于修改宪法的重大决策部署上来。要以对党、对人民、对国家高度负责的态度，认真学习讨论党中央关于修改宪法部分内容的建议，注重从政治上、大局上、战略上分析问题，注重从宪法发展的客观规律和内在要求上思考问题，贯彻科学立法、民主立法、依法立法的要求，形成宪法修正案草案提请全国人民代表大会审议，确保党的主张经过法定程序成为国家意志，推动我国宪法与时俱进、完善发展。

在闭幕会上的讲话

（2018 年 1 月 30 日）

本次常委会会议的议程十分重要，意义十分重大。会议期间，常委会组成人员认真学习、深刻领会习近平新时代中国特色社会主义思想，深入贯彻落实党的十九大和十九届二中全会精神，认真学习讨论中共中央关于修改宪法部分内容的建议及其说明，提高政治站位，强化使命担当，全票通过了全国人大常委会关于提请审议宪法修正案草案的议案和宪法修正案草案，决定提请十三届全国人大一次会议审议，圆满完成了党中央交付全国人大常委会的重大政治任务。

会议通过的宪法修正案草案，全面贯彻党的十九大精神，把党的十九大确定的重大理论观点和重大方针政策特别是习近平新时代中国特色社会主义思想载入国家根本法，体现党和国家事业发展的新成就新经验新要求。草案贯彻落实党中央关于宪法修改的总体要求和原则，坚持对宪法作部分修改、不作大改，对各方面普遍要求修改、实践证明成熟、具有广泛共识、需要在宪法上予以体现和规范、非改不可的，进行必要的、适当的修改；对不成熟、有争议、有待进一步研究的，不作修改；对可改可不改、可以通过有关法律或宪法解释予以明确的，原则上不改，在总体保持我国宪法连续性、稳定性、权威性的基础上推动宪法与时俱进、完善发展。我们相信，宪法修正案草案经十三届全国人大一次会议审议通过后，必将更好地发挥宪法的规范、引领、推动、保障作用，更好地为新时代坚持和发展中国特色社会主义、实现“两个一百年”奋斗目标和中华民族伟大复兴的中国梦提供有力宪法保障。

宪法是国家的根本法，是治国安邦的总章程，是党和人民意志的集中体现。党的十八大以来，以习近平同志为核心的党中央将全面依法治国纳入“四个全面”战略布局，以前所未有的力度推进全面依法治国进程，社会主义法治国家建设取得历史性成就。以习近平同志为核心的党中央高度重视宪法在治国理政中的重要地位和作用，明确坚持依法治国首先要坚持依宪治国，坚持依法执政首先要坚持依宪执政，把实施宪法摆在全面依法治国的突出位置，采取一系列有力措施加强宪法实施和监督工作，为保证宪法实施提供了强有力的政治和制度保障。

在以习近平同志为核心的党中央坚强领导下，十二届全国人大及其常委会牢固树立政治意识、大局意识、核心意识、看齐意识，不断增强中国特色社会主义道路自信、理论自信、制度自信、文化自信，严格依照宪法法律履职尽责，为全面贯彻实施宪法、推进社会主义民主法治建设作出了重要贡献。

我们认真行使宪法赋予的国家立法权，着力加强重点领域立法，通过完备的法律推动宪法实施。五年来，共制定法律 25 部，修改法律 127 件次，通过有关法律问题和重大问题的决定 44 件，作出法律解释 9 件，经济、政治、文化、社会、生态文明等领域的一批重要法律相继出台，以宪法为核心的中国特色社会主义法律体系不断完善。

我们健全保证宪法实施的法律制度，设立国家宪法日，连续 4 年开展国家宪法日活动，加强宪法宣传教育，大力弘扬宪法精神。建立宪法宣誓制度，明确国家工作人员就职时公开进行宪法宣誓，激励和教育国家工作人员忠于宪法、遵守宪法、维护宪法。实施宪法规定的特赦制度，在中国人民抗日战争暨世界反法西斯战争胜利 70 周年之际，作出对部分服刑罪犯实行特赦的决定。制定国家勋章和国家荣誉称号法，落实宪法规定的国家功勋荣誉表彰制度。制定国歌法，同之前已经施行的国旗法、国徽法一道，维护宪法确立的国家重要象征和标志的尊严。

我们坚定维护宪法和基本法确立的特别行政区宪制秩序，行使宪法和基本法赋予的权力，作出关于香港特别行政区行政长官普选问题的决定，明确香港特别行政区循序渐进发展民主的方向和基本制度安排。对香港特别行政区基本法第一百零四条作出解释，坚决遏制和反对“港独”行径，捍卫宪法和基本法权威。批准内地和香港在广深港高铁西九龙站设立口岸实施“一地两检”的合作安排，确认有关合作安排符合宪法和香港基本法，支持香港融入国家发展大局。决定将国歌法列入香港、澳门特别行政区基本法附件三，确保该法在香港、澳门得到一体遵循。

我们认真履行宪法监督职责，加强对宪法法律实施和“一府两院”工作的监督，确保宪法法律正确有效实施。五年来，共检查 26 部法律和 1 件决定的实施情况，听取审议“一府两院”81 个工作报告。着力健全备案审查制度，实行有件必备、有备必审、有错必纠，并首次听取审议备案审查工作情况报告。对审查中发现与法律相抵触或不适当的问题，督促制定机关予以纠正，保证中央令行禁止，保障宪法法律实施，维护国家法制统一。坚决贯彻党中央决策部署，依法确定辽宁省 45 名拉票贿选的全国人大代表当选无效，根据宪法精神和有关法律原则，采取创制性办法及时妥善处理辽宁拉票贿选案有关问题，坚决维护人民代表大会制度的权威和尊严。

党的十九大确立了习近平新时代中国特色社会主义思想的历史地位，提出了新时代坚持和发展中国特色社会主义的 14 条基本方略。坚持全面依法治国是新时代中国特色社会主义基本方略的重要内容。党的十九届二中全会号召全党坚定不移走中国特色社会主义法治道路，自觉维护宪法权威、保证宪法实施，为新时代推进全面依法治国、建设社会主义法治国家而努力奋斗。全国人大常委会要以习近平新时代中国特色社会主义思想为指导，全面深入贯彻党的十九大和十九届二中全会精神，坚定坚持党的领导、人民当家作主、依法治国有机统一，以这次修宪为契机，全面担负起宪法法律赋予的各项职责，深入推进科学立法、严格执法、公正司法、全民守法，继续完善以宪法为核心的中国特色社会主义法律体系，加强对宪法法律实施情况的监督检查，推动依法治国、依宪治国工作提高到一个新水平。

这次会议作出决定，第十三届全国人民代表大会第一次会议于 2018 年 3 月在北京召开。开好这次大会，对于进一步统一全国各族人民的思想和行动，把思想凝聚到党的十九大精神上来，把力量凝聚到实现党的十九大确定的各项目标任务上来，做好各方面工作，具有十分重大的意义。从现在到大会召开，只有一个多月时间。我们要按照党中央的部署要求，全力以赴、认真周密做好大会组织筹备工作，确保大会取得圆满成功。

在第十二届全国人大常委会第三十三次会议上的讲话

（2018 年 2 月 24 日）

全国人大常委会委员长　张德江

各位委员、各位同志：

本次会议是十二届全国人大常委会第三十三次会议，也是本届最后一次例会。大家以对党和人民高度负责的态度，始终如一地认真履行职责，顺利完成了各项预定任务。会议修订关于实行宪法宣誓制度的决定，通过十三届全国人大代表资格审查报告、十三届全国人大一次会议议程草案、主席团和秘书长名单草案、列席人员名单等有关文件，审议并原则通过常委会工作报告稿，为召开十三届全国人大一次会议做了准备；作出延长授权国务院在实施股票发行注册制改革中调整适用证券法有关规定期限的决定，听取审议了种子法执法检查报告。会议作出决定，撤销杨晶同志的国务委员、国务院秘书长职务。还决定了人事任免等事项。

宪法宣誓是促进和保证宪法实施的重要制度。2015 年 7 月 1 日，常委会第十五次会议通过关于实行宪法宣誓制度的决定，以国家立法方式确立了我国宪法宣誓制度。其后，各地区各部门各方面落实决定要求，依法组织开展宪法宣誓活动，为激励和教育国家工作人员树立宪法意识、恪守宪法原则、弘扬宪法精神、履行宪法使命，发挥了积极作用。本次会议修订的关于实行宪法宣誓制度的决定，贯彻党的十九大和十九届二中全会精神，适应深化国家监察体制改革的需要，完善了誓词中有关奋斗目标的表述，增加了与监察委员会有关的内容，与常委会 2017 年 9 月制定的国歌法相衔接，规定了宣誓仪式应当奏唱国歌。十三届全国人大一次会议期间，大会主席团将依照修订后的决定，首次组织宪法宣誓仪式。有关方面要认真做好准备工作，确保宪法宣誓依法顺利进行。

本次会议听取了关于十三届全国人大代表选举工作情况的报告，审议通过代表资格审查报告，确认 35 个选举单位选举的 2980 名十三届全国人大代表的代表资格全部有效。选举人大代表是国家重要政治活动。习近平总书记多次就人大代表选举发表重要讲话、作出重要指示，党中央转发全国人大常委会党组关于做好十三届全国人大代表选举工作的有关意见，为做好选举工作提供了根本遵循。全国人大常委会修改选举法，制定有关法律文件，主持代表选举，严明换届纪律，加强工作指导。在中央有关部门和各选举单位的共同努力下，十三届全国人大代表选举顺利完成，选举工作风清气正，选举结果人民满意。选出的全国人大代表具有广泛的代表性，各地区各民族各方面都有适当数量的代表，一线工人农民代表、妇女代表比例有所上升，党政领导干部代表比例有所下降，为新一届全国人民代表大会依法行使职权奠定了坚实的组织基础。

中央对杨晶同志严重违纪问题的处理决定，充分表明了以习近平同志为核心的党中央坚持全面从严治党的坚定决心和鲜明态度，全国人大常委会坚决拥护。依据宪法法律精神，本次会议通过了《全国人民代表大会常务委员会关于撤销杨晶同志的国务委员、国务院秘书长职务的决定》。

种子法是实现依法治种、推动现代种业发展的基本遵循。对种子法实施情况进行监督是本届常委会 26 次执法检查的收官之作。吉炳轩、张宝文 2 位副委员长分别带队，赴河北、江西、海南、四川、陕西、甘肃等 6 省实地检查，同时委托 12 个省（区、市）人大常委会进行自查。本次会议听取审议了执法检查报告。常委会组成人员充分肯定检查组工作，普遍赞成执法检查报告。大家强调，要坚决落实习近平总书记的重要指示，下决心把民族种业搞上去，抓紧培育具有自主知识产权的优良品种，从源头上保障国家粮食安全。要认真贯彻党的十九大关于实施乡村振兴战略、加快推进农业农村现代化的战略部署，全面实施种子法，推动种业体制改革，加强种子生产经营和质量监管，确保主要农产品有效供给，促进农业提质增效和绿色发展，保障农民持续增收。

本次会议的一项重要内容，是审议并原则通过了全国人大常委会工作报告稿。审议中，常委会组成人员和列席会议的同志对过去五年全国人大常委会的工作给予高度评价，对工作报告稿表示赞成。大家一致认为，在以习近平同志为核心的党中央坚强领导下，十二届全国人大常委会全面贯彻落实党的十八大和十九大精神，深入学习贯彻习近平新时代中国特色社会主义思想，坚定坚持党的领导、人民当家作主、依法治国有机统一，坚决维护习近平总书记权威和核心地位，坚决维护以习近平同志为核心的党中央权威和集中统一领导，紧紧围绕党和国家工作大局依法履职，勇于担当、善于作为，求真务实、开拓创新，全面开创人大工作新局面，人民代表大会制度理论和实践创新取得重大成就，社会主义民主法治建设迈出重大步伐。大家对工作报告稿提出的意见建议，文件起草组要抓紧研究、认真吸纳，按照法定程序，将修改后的工作报告提请十三届全国人大一次会议审议。

十二届全国人大常委会取得的成绩，根本在于以习近平同志为核心的党中央坚强领导，根本在于习近平新时代中国特色社会主义思想科学指引。这些成绩，凝聚着各位委员、各位同志的智慧和心血，是大家共同努力的结果。五年来，全国人大代表、常委会组成人员、各专门委员会组成人员和全国人大机关工作人员恪尽职守，甘于奉献，勤勉工作，为坚持和完善人大制度、加强和改进人大工作付出了不懈努力，作出了重要贡献。在此，我代表委员长会议组成人员表示崇高的敬意和衷心的感谢！

各位委员、各位同志，十三届全国人大一次会议召开在即。开好这次会议，对于贯彻落实习近平新时代中国特色社会主义思想和党的十九大精神，实现党中央确定的各项目标任务，保证党和国家事业承前启后、继往开来，具有十分重要的意义。一个多月来，大会秘书处做了大量扎实细致的工作，各方面筹备事项基本就绪。要进一步把思想和行动统一到党中央的决策部署上来，对大会筹备工作再检查、再落实，确保衔接到位、有序推进，确保会风清正、节俭高效，确保十三届全国人大一次会议胜利召开、圆满成功。

在第十三届全国人大常委会第一次会议上的讲话

（2018 年 3 月 21 日）

全国人大常委会委员长　栗战书

各位委员、同志们：

十三届全国人大常委会和全国人大十个专门委员会已经开始履行宪法法律赋予的庄严职责。我们这一届常委会的任期，正好在“两个一百年”奋斗目标的历史交汇期。以习近平同志为核心的党中央，团结带领全党全国各族人民，统揽伟大斗争、伟大工程、伟大事业、伟大梦想，统筹推进“五位一体”总体布局，协调推进“四个全面”战略布局，党和国家各项事业蓬勃发展、大踏步前进，迎来了实现中华民族伟大复兴的光明前景。未来的五年，我们要实现第一个百年奋斗目标，并在全面建成小康社会的基础上，朝着全面建设社会主义现代化国家的新征程进发，全面深化改革、全面依法治国、全面从严治党将深入推进。这给人大工作提出新的更高要求，赋予重大的历史责任。我们一定要不忘初心、牢记使命，不负人民重托、无愧伟大时代，在新时代中国特色社会主义的伟大实践中，创造属于新时代的光辉业绩，作出本届全国人大及其常委会应有的贡献。

3 月 20 日，在十三届全国人大一次会议上，习近平总书记发表重要讲话，对中国人民的伟大民族精神作了深刻阐述，强调伟大民族精神是我们坚定中国特色社会主义道路自信、理论自信、制度自信、文化自信的底气。习近平总书记强调，把党的十九大描绘的宏伟蓝图变为现实，是一场新的长征，再次向全党全国各族人民发出了开创中国特色社会主义事业新局面的号召。习近平总书记的重要讲话，必将极大激励全国各族人民斗志，必将极大鼓舞我们万众一心胜利走向充满希望的明天！我们要深入学习贯彻习近平总书记在十三届全国人大一次会议上的重要讲话精神，弘扬伟大民族精神，始终把人民放在心中最高位置，始终全心全意为人民服务，始终为人民利益和幸福而努力工作。

党的十八大以来，以习近平同志为核心的党中央，团结带领全党全国各族人民，砥砺前行、励精图治，推动党和国家事业取得历史性成就、发生历史性变革，中国特色社会主义进入了新时代。在伟大的历史实践中，确立了习近平总书记在全党全国人民中、在中国特色社会主义进程中、在我国历史发展中的核心地位。党的十九届一中全会上，习近平同志全票当选中共中央总书记、中央军委主席；这次全国人代会上，习近平同志又全票当选中华人民共和国主席、中华人民共和国中央军事委员会主席，这是全党全军全国各族人民的共同心愿和意志，为我们在新时代推进改革开放和社会主义现代化建设提供了有力的政治保证。以习近平同志为主要代表的中国共产党人，以巨大的理论勇气、超凡的政治智慧、恢宏的远见卓识，创立了习近平新时代中国特色社会主义思想。党的十九大把这一思想确立为我们党必须长期坚持的指导思想，这次全国人代会通过的宪法修正案，又把这一思想载入宪法，确立其在国家政治生活和社会生活中的指导地位。这在党和国家事业发展历史上具有重大而深远的意义和影响。

十三届全国人大一次会议通过了宪法修正案。全体代表对修改宪法的认识高度一致，对宪法具体内容的修改高度一致，这是时代所趋、事业所需、民心所向。及时把党和人民创造的伟大成就和宝贵经验，特别是党的十八大以来的重大理论创新成果、实践创新成果、制度创新成果写进宪法，确立习近平新时代中国特色社会主义思想作为国家指导思想的地位，就是要更好维护习近平总书记权威和核心地位，更好维护以习近平同志为核心的党中央权威和集中统一领导，用宪法指导建设社会主义现代化强国、实现中华民族伟大复兴的中国梦。全国人大及其常委会要按照党中央统一部署，深入学习宣传宪法，使宪法精神家喻户晓、深入人心，使遵守宪法成为全体人民的自觉行动。要忠于宪法、遵守宪法、维护宪法，履行宪法使命，保证宪法实施，为新时代党和国家事业发展提供坚强的宪法保障。

各位委员、同志们，中国特色社会主义进入新时代。我们要进一步做好全国人大及其常委会的工作，根本在于习近平新时代中国特色社会主义思想的科学指引，根本在于以习近平同志为核心的党中央的坚强领导，根本在于坚持走中国特色社会主义政治发展道路，根本在于长期坚持、不断完善人民代表大会制度，根本在于坚持党的领导、人民当家作主、依法治国有机统一。十三届全国人大及其常委会，要在以习近平同志为核心的党中央坚强领导下，深入学习贯彻习近平新时代中国特色社会主义思想，坚持以这一根本指导思想统领人大工作。在全面贯彻这一根本指导思想中，特别要在以下五个重大问题上进一步统一思想、形成共识，正确把握住、始终把握好。

第一，要牢牢把握坚持党的领导这个重大政治原则。坚持党的领导，是实行人民代表大会制度的内在要求，是人民代表大会制度的重要特色和优势所在，是做好新时代人大工作的根本保证。我们党成立后，深刻总结近代以来中国政治生活进程中的历史教训，在领导中国人民进行的革命斗争中，逐步探索创造了有中国特色的政权组织形式。1954年，第一届全国人民代表大会第一次会议胜利召开，制定新中国第一部宪法，标志着我国人民代表大会制度正式建立并由国家根本法确立下来。从此以后，我们党把人民代表大会制度作为治国理政、实施党对国家和社会领导的根本政治制度，团结和动员全体人民投身社会主义建设和改革开放伟大事业，人民代表大会制度不断得到巩固和发展。党的十八大以来，以习近平同志为核心的党中央全面加强对人大工作的领导，推动社会主义民主法治建设迈出重大步伐，人民代表大会制度展现出更加旺盛的生机活力。人民代表大会制度从探索、建立到发展，始终是人民的实践创造，始终在党的领导下进行。

实践证明，在我国实行人民代表大会制度是历史的选择、人民的选择，人民代表大会制度是符合中国国情和实际、体现社会主义国家性质、保证人民当家作主、保障实现中华民族伟大复兴奋斗目标的好制度。之所以是好制度，根本在于坚持党的领导、人民当家作主、依法治国有机统一，从而保证人民代表大会制度始终沿着正确的方向前进。实践也证明，什么时候党的领导坚持得好，人民代表大会制度就能健康发展，反之，则会出现背离人民代表大会制度的问题。辽宁拉票贿选案、衡阳破坏选举案之所以发生，根源就在于这些地方党的领导弱化甚至一度缺失。全国人大及其常委会首先是政治机关。我们一定要旗帜鲜明讲政治，切实增强政治意识、大局意识、核心意识、看齐意识，坚决维护习近平总书记权威和核心地位，坚决维护以习近平同志为核心的党中央权威和集中统一领导，自觉在思想上政治上行动上同以习近平同志为核心的党中央保持高度一致，确保全国人大及其常委会的工作始终在党中央领导下进行，坚决贯彻落实党中央重大决策部署，坚决完成党中央交给全国人大及其常委会的各项任务。

第二，要牢牢把握人民代表大会作为国家权力机关的准确定位。在我国的政权体系中，国家机关包括权力机关、行政机关、监察机关、审判机关、检察机关，其中人大是国家权力机关，这就是人大的性质和法律地位。人大的这种性质和法律地位，是宪法和法律赋予的。宪法规定，人民行使国家权力的机关是全国人民代表大会和地方各级人民代表大会。国家行政机关、监察机关、审判机关、检察机关都由人民代表大会产生，对它负责，受它监督。

同时，要正确认识人大的职权性质和范围。全国人大及其常委会统一行使国家权力，主要是宪法和法律规定的立法权、监督权、决定权、任免权等，而由它产生的政府、监察委、法院、检察院等国家机关，分别依法行使国家行政权、监察权、审判权、检察权。人大对"一府一委两院"进行监督，要把握"依法"二字，坚持"依照法定职责、限于法定范围、遵守法定程序"的原则，对他们的日常工作，不能越俎代庖，真正在宪法法律范围内履职尽责。全国人大及其常委会与地方人大及其常委会不是领导关系，而是法律监督关系、工作联系关系和指导关系。我们一定要按照法定职责，严格依法办事，适应新形势新要求，进一步探索、总结、完善行之有效的具体制度和工作机制，真正做到依法尽职，确保把党和人民赋予的权力真正用来为人民服务。

第三，要牢牢把握坚持人民当家作主这个社会主义民主政治的本质和核心。在我国，国家的一切权力属于人民。人民通过民主选举产生自己的代表，组成各级人民代表大会；各级人大对人民负责，受人民监督。我国人民享有的民主，不仅有完整的制度程序，而且有丰富的参与实践，不仅有选举、投票的民主形式，也有决策之前进行充分协商的民主形式，人民不仅有进行民主选举的权利，也有进行民主决策、民主管理、民主监督的权利。人民当家作主具体地、现实地体现到中国共产党执政和国家治理中，具体地、现实地体现到党和国家机关各方面、各层级的工作中，具体地、现实地体现到人民对自身利益的实现和发展中，从而实现最广泛、最真实、最管用的民主。

人大及其常委会代表人民行使国家权力，根本职责是在党的领导下，支持和保证人民当家作主。十三届全国人大代表有 2980 名，代表全国 13 亿多人民。如何保证全体代表真实、广泛地代表人民的意志，做到为人民用权、为人民履职、为人民服务，需要全国人大及其常委会不断完善制度机制和工作方式。在这方面，十二届全国人大及其常委会作了有益的探索，我们要继承和弘扬，也要继续开拓创新，特别是要进一步密切同人民群众的联系，倾听人民呼声，回应人民期待，凝聚起最广大人民的智慧和力量，实现好、维护好、发展好最广大人民的根本利益。我们要通过人民代表大会制度保证和发展人民当家作主，从各层次各领域扩大人民有序政治参与，发展更加广泛、更加充分、更加健全的人民民主。

第四，要牢牢把握依法治国这个党领导人民治理国家的基本方略。我们的依法治国，与西方的所谓"宪政"本质上是不同的。在我国，法是党的主张和人民意志的统一体现。我们说的依法治国，就是广大人民群众在党的领导下，依照宪法和法律规定，通过各种途径和形式管理国家事务，管理经济文化事业，管理社会事务，保证国家各项工作都依法进行。我们讲依宪治国、依宪执政，是强调党领导人民制定宪法和法律，党领导人民执行宪法和法律，党自身也在宪法和法律范围内活动。全面依法治国，方向要正确，政治保证要坚强。对这个问题，我们一定不能含糊其辞、语焉不详。

在党中央集中统一领导下推进立法，是全国人大及其常委会的重要职责。我们的常委会组成人员、专门委员会组成人员中，有中共党员，也有民主党派和无党派人士，都是依法民主选举产生的，人大不是按党派分配席位，也没有西方国家的议会党团。我们不搞"三权分立"，也决不照抄照搬西方政治模式。我们在行使立法权时，要站在党和国家事业全局的高度，坚持国家和人民的整体利益、长远利益优先，确保法律符合宪法精神、体现党的主张、反映人民意志，维护最广大人民的根本利益，决不能被少数人、少数利益集团"围猎"和利用。

第五，要牢牢把握民主集中制这个国家政权的组织原则和活动准则。民主集中制是我们党的组织原则，也是国家政权的组织原则和活动准则。宪法规定：中华人民共和国的国家机构实行民主集中制的原则。我国人民代表大会制度的民主集中制原则，主要体现在：一是在国家机构的产生上，国家权力机关由人民民主选举产生，其他国家机关由权力机关产生；二是在国家权力的配置上，人大统一行使国家权力，行政、监察、审判、检察等职权分别由政府、监察委、法院、检察院负责行使，既合理分工又相互协调；三是在中央和地方的关系上，实行中央统一领导，充分发挥地方主动性和积极性。人民代表大会制度妥善解决了民主与集中、民主与效率的矛盾，在保证了人民当家作主的同时，通过合理划分各国家机关的职权，保证了国家政权的高效率运转。

在全国人大及其常委会的具体工作中，我们也要切实坚持和贯彻民主集中制的活动准则。全国人大及其常委会集体行使职权、集体决定问题，从举行会议、提出议案到审议议案，都要遵循一整套法定的形式和程序，制定和修改法律，作出决议、决定，都要经过充分的讨论并按照少数服从多数的原则来进行。

我国实行人民代表大会制度，这是党领导人民在人类政治制度史上的伟大创举。我们党深刻总结近代中国政治发展的历程和建立新型人民民主政权的实践，得出的重要历史性结论就是：新民主主义革命胜利后建立的政权，只能是工人阶级领导的、以工农联盟为基础的人民民主专政；同这一国体相适应的政权组织形式，只能是民主集中制的人民代表大会制度。新中国建立以后，中国人民从国家的快速发展变化中，越来越清楚地认识到，人民代表大会制度具有无与伦比的优越性和强大生命力。我们要增强道路自信、理论自信、制度自信、文化自信，坚定坚持和完善人民代表大会制度，通过人民代表大会制度把国家和民族的前途命运牢牢掌握在人民手中。

各位委员、同志们，习近平总书记指出，新时代要有新气象，更要有新作为。我们这届常委会组成人员中，有72%都是新当选的。我们要承担好党和人民交给的光荣任务，关键是要按照习近平总书记提出的“既要政治过硬，也要本领高强”的要求，增强学习本领、政治领导本领、改革创新本领、科学发展本领、依法执政本领、群众工作本领、狠抓落实本领、驾驭风险本领，全面提高我们的工作能力和水平。要切实增强责任感、使命感，在十二届全国人大和以往历届人大工作的基础上，把好思路、好经验、好做法继承下来、坚持下去，推动人大各项工作不断向前发展。这里，我提五点要求，也是和大家共勉。

*一要吃透党中央精神，确保常委会工作的正确方向。*人大工作是党和国家事业的重要组成部分。如果不能吃透党中央精神，就无从谈起做好我们的工作。要深入学习习近平新时代中国特色社会主义思想，学习习近平总书记关于社会主义民主法治、人民代表大会制度的思想，深刻把握“八个明确”“十四个坚持”，确保党的基本理论、基本路线、基本方略在全国人大及其常委会工作中得到全面贯彻。要围绕中心、服务大局，认真学习党中央的重大决策部署，善于领会和掌握党的路线、方针、政策，善于使党的主张通过法定程序成为国家意志。要学习党中央关于人大工作的政策文件和改革举措，学习宪法和法律，学习人大议事规则和工作程序，准确把握人大工作的特点和要求，做到严格依照法定权限、法定程序履职。通过认真学习，提升政治站位和理论水平，不断深化对人大工作规律的认识，增强做好工作的能力和本领。

*二要深入调查研究，充分发挥代表的桥梁纽带作用。*调查研究是人大的一个基本工作方法。我们共有260多万名各级人大代表，各民族、各地区、各党派、各领域都有一定的代表名额，具有广泛的代表性。而且，我国的人大代表不脱离原生产和工作岗位，同人民群众工作、生活在一起，每天的新情况、新问题、新变化都能及时为代表掌握，这是人民代表大会制度的独特优势。要密切代表同原选举单位和人民群众的联系，加强常委会同人大代表的直接联系，更好发挥代表联系人民群众的桥梁纽带作用，把人民群众的意见反映上来，把人民群众的智慧集中起来，使常委会的工作生动体现社会实践的发展，更好顺应人民群众对美好生活的向往。要大兴调查研究之风，深入基层、深入实践，放下架子、扑下身子，不搞浮光掠影、蜻蜓点水式的调研，不搞挑肥拣瘦、嫌贫爱富式的调研，不搞颐指气使、钦差大臣式的调研，争取把真实情况掌握得更多一些，把客观规律认识得更透一些，把解决问题的思路研究得更深一些。调查研究要注意解剖麻雀，以小切口剖析大问题，注意具体问题具体分析，避免把个别人、小部分人的意见当成普遍性的意见，确保调查研究、反映意见真实可靠。

*三要尽职尽责，积极参与常委会工作。*我们到全国人大常委会工作，这是党中央的信任、人民的重托。我们要本着对党、对人民高度负责的态度担当尽责、不辱使命，不能有歇歇脚、松松劲的想法。在座不少同志长期在党政机关工作，现在到人大来，只是工作岗位变动，不是退居二线。实际上，常委会的工作任务是很繁重的，每两个月就要开一次常委会会议，审议大量的立法、监督、决定、任免事项，还有大量的调研、检查、外事活动等，而且，常委会工作的政治性、政策性、专业性、规范性、程序性都很强，工作内容涉及经济、政治、文化、社会、生态文明建设方方面面，单凭过去的经验往往是不够的。这就需要我们一如既往地保持敬业奉献的精

神和十足的工作干劲，忠实履行宪法法律赋予的各项职责，恪尽职守，勤勉工作，决不辜负党和人民的重托。我这里想说的是，由于常委会组成人员中一些同志还有其他工作，有时确实难以兼顾。但我们到了常委会、专门委员会工作，就要珍惜这份荣誉，认清肩上的责任，履行法定的职权，积极参加常委会会议，认真审议各项议案和报告，参加常委会、专门委员会组织的执法检查、调查研究，没有特殊情况不要请假，更不要想来就来、想走就走。如果常委会的工作和其他工作在时间上有冲突，那还是要首先参加常委会的工作。这是本届常委会的一条要求。

*四要正确行使民主权利，真正代表人民意志。*人大是人民参与管理国家和社会事务的主要渠道，是发扬民主的地方，发扬民主越好，获得人民群众的支持度就越高。常委会充分尊重人大代表、常委会组成人员的民主权利，认真听取和研究每位同志的意见建议包括不同意见，在审议各项议案和报告时，可以充分发表意见，广开言路，各抒己见，不抓辫子、不扣帽子、不打棍子。代表法也规定了代表在人大各种会议上的发言不受法律追究。但是，代表和常委会组成人员是人民选举的，代表人民说话，维护人民利益，不能凭个人好恶来表达意见，更不能在工作中掺杂个人的利益。我们既要发扬民主、畅所欲言，又要合法依规、理性有度。无论是审议发言，还是提出议案和建议，都要从全体人民的根本利益、长远利益、整体利益出发。无论是法律还是决议决定，一经审议通过，成为国家意志，就具有法律效力，所有人包括常委会组成人员都要无条件遵守和执行。通过之后，也不能公开发表反对意见。只有这样，才能保证民主的渠道畅通，才能维护国家权力机关的权威性。我们身在权力机关，言行举止要符合人大代表、常委会组成人员的身份，决不允许对党中央的大政方针说三道四，决不允许公开发表同党中央精神相违背的言论。我们的目的，就是要形成一个又有集中又有民主、又有纪律又有自由、又有统一意志又有个人心情舒畅生动活泼的政治局面。

*五要改进和转变作风，体现良好精神风貌。*常委会组成人员都是广大人民群众心目中的标杆，是作风建设的风向标。要改进思想作风，解放思想、实事求是、与时俱进，保持锐意进取的精神风貌，跟得上时代发展步伐。要改进工作作风，身体力行，以上率下，从严遵守中央八项规定及其实施细则，继续整治“四风”问题，以实际行动落实好党中央的部署要求。要改进领导作风，胸怀大局，虚怀若谷，讨论问题民主平等，处理事情润物无声，一级带着一级干，一级做给一级看，团结带领大家共同完成好工作任务。还要严格生活作风，珍惜现在的工作岗位，严于律己，慎独慎微，从一点一滴做起，在思想上划出红线，在行动上明确界限，始终保持清正廉洁的政治本色。

总的来说，全国人大及其常委会依法履职尽责，就是两句话：一是，我们的权力归根结底是人民赋予的，必须用来为中国人民谋幸福、为中华民族谋复兴。二是，人大的职权是宪法法律规定的，必须依法用起来，而且要用好。在人大，为民用权和为党尽责是高度一致的，我们的各项工作都要务求取得党和人民满意的效果。

各位委员、同志们，党中央在全国人大常委会设立了党组和机关党组，本届全国人大常委会党组将继续在各专门委员会设立分党组。常委会党组、机关党组、专门委员会分党组都担负着保证党对人大工作领导的重要职责，要确保党中央重大决策部署落到实处，确保全面从严治党责任落到实处。要按照党中央的统一部署，精心组织、扎实开展“不忘初心、牢记使命”主题教育。要认真落实请示报告制度，常委会党组每年都要向党中央报告工作，重要的立法项目、立法中的重大问题、监督工作中的重要事项等，都要及时向党中央请示。全国人大及其常委会召开会议情况和常委会党组工作、学习贯彻习近平总书记重要讲话精神和中央重要会议、重要文件精神等情况，都要及时向党中央报告。

全国人大各专门委员会是全国人大的常设工作机构，在代表大会闭会期间受全国人大常委会领导。本届全国人大在上届 9 个专委会的基础上，增设了社会建设委员会，将原来的法律委员会、内务司法委员会分别更名为宪法和法律委员会、监察和司法委员会。各专委会组成人员也进行了调整，10 个专委会的主任委员都是新任的，这为人大事业发展注入了新的活力。各专委会要依法履行好研究、审议和拟订有关议案的职责，牵头组织起草重要法律草案，精心组织实施执法检查，深入开展专题调研，认真审议代表议案，办理重点督办建议。要加强自身建设，充分发挥人才荟萃、专业突出、经验丰富的优势，为专委会依法履职和做好常委会工作贡献力量。

全国人大机关是全国人大及其常委会的集体参谋助手和服务班子。面对新时代人大工作新要求，全国人大机关要全面加强政治建设、思想建设、组织建设、作风建设、纪律建设，不断提高工作能力和水平，打造忠诚干净担当的高素质、专业化干部队伍，更好为全国人大及其常委会依法履职提供参谋服务保障。

各位委员、同志们！

我国的人民代表大会制度已经走过了63年的光辉历程，现在接力棒交到了十三届全国人大及其常委会手中。这是光荣的历史使命，也是重大的历史责任。我们要紧密团结在以习近平同志为核心的党中央周围，深入学习贯彻习近平新时代中国特色社会主义思想，全面贯彻党的十九大和十九届一中、二中、三中全会精神，认真落实好十三届全国人大一次会议提出的目标任务，锐意进取，埋头苦干，为长期坚持、不断完善人民代表大会制度，为决胜全面建成小康社会、夺取新时代中国特色社会主义伟大胜利、实现中华民族伟大复兴的中国梦努力奋斗！

在第十三届全国人大常委会第二次会议上的讲话

（2018年4月27日）

全国人大常委会委员长　栗战书

各位委员、各位同志：

本次会议是十三届全国人大常委会第二次会议，共安排了12项议程。在大家的共同努力下，顺利完成了预定任务。审议6件法律和决定草案，通过了其中的5件，涉及8部法律、2个决定；听取审议4个专项工作报告；通过代表资格审查委员会组成人员名单，还决定了其他人事任免事项。

会议审议通过了英雄烈士保护法。英雄烈士是中华民族的脊梁，他们的事迹和精神是中华民族的共同历史记忆和社会主义核心价值观的重要体现。习近平总书记多次强调要崇尚、捍卫、学习、关爱英雄烈士，自2014年设立烈士纪念日以来，每年都出席有关纪念活动，缅怀英烈丰功伟绩，并对英雄烈士保护立法作出重要指示。今年3月，党中央印发《社会主义核心价值观融入法治建设立法修法规划》，明确要求制定英雄烈士保护方面的法律。全国人大常委会贯彻习近平总书记重要指示精神和党中央部署，积极回应人大代表和人民群众关切，经过深入调研起草和常委会会议2次审议，制定了英雄烈士保护法，以国家立法的形式维护英雄烈士尊严和合法权益。各地区各部门各方面要认真学习宣传贯彻这部法律，依法加强对英雄烈士的保护，严肃惩治歪曲丑化、侮辱诽谤英雄烈士的行为，坚决抵制历史虚无主义，在全社会传承和弘扬英雄烈士精神、爱国主义精神，为实现"两个一百年"奋斗目标、实现中华民族伟大复兴的中国梦凝聚强大精神力量。

坚持立法与改革相衔接、相统一，确保重大改革于法有据，及时将改革成功经验上升为法律，是党的十八大以来人大立法工作的突出特点。本次会议上有5项关于改革的立法项目和1个监督项目。一是审议通过关于国务院机构改革涉及法律规定的行政机关职责调整问题的决定，明确在有关法律修改前，调整适用现行有关法律规定和行政机关的职责工作承接等问题，确保在法治轨道上有序推进机构改革。同时，作出关于修改国境卫生检疫法等6部法律的决定，对改革急需、职责调整比较明确、各方面意见一致的相关法律条款进行修改。这是涉及机构改革的第一批修法项目，今后要根据机构改革进程，按照成熟一批、修改一批的思路，及时有效做好相关法律的修改完善工作。二是审议最高人民法院关于人民陪审员制度改革试点情况的报告，审议通过人民陪审员法，将试点工作中行之有效、可复制推广的改革举措上升为法律规范，更好保障人民群众参加审判活动，促进司法公正，提升司法公信。三是作出关于设立上海金融法院的决定，探索对金融案件实行集中管辖，推进金融审判体制机制改革，提高金融审判专业化水平。四是初次审议刑事诉讼法修正草案，这次修改都与改革有关，主要包括深化国家监察体制改革、建立刑事缺席审判制度、实行认罪认罚从宽制度和速裁程序等。本届常委会要坚决贯彻党中央关于改革的决策部署，在总结以往经验的基础上，继续做好与改革相关的立法工作，确保重大改革举措依法有序推进、落实到位，在法治下推进改革，在改革中完善法治。

环境问题是全社会关注的焦点，也是全面建成小康社会能否得到人民认可的一个关键。为推动解决突出环境问题，根据环境保护法的有关规定，本次会议听取审议了国务院关于 2017 年度环境状况和环境保护目标完成情况的报告。常委会组成人员充分肯定国务院及其有关部门为保护生态环境付出的巨大努力和取得的积极成效。同时指出，2017 年有 2 项年度环保目标未完成，多年积累的生态环境问题仍然十分突出，生态环境保护仍滞后于经济社会发展，必须引起高度重视，继续下大气力解决好。要牢固树立和践行绿水青山就是金山银山的理念，加快推动绿色、循环、低碳发展，针对大气、水、土壤污染等突出问题，坚持源头防治、群防群治，加大环境督察工作力度，严肃查处环境违法行为，坚决打好污染防治攻坚战，确保实现到 2020 年主要污染物排放总量大幅减少、生态环境质量总体改善的目标任务。

农业农村农民问题是关系国计民生的根本性问题，解决好“三农”问题是全党全国工作的重中之重。为贯彻党的十九大确定的乡村振兴战略，加快推进农业农村现代化，本次会议听取审议了国务院关于构建现代农业体系深化农业供给侧结构性改革工作情况的报告。常委会组成人员指出，农业现代化仍是“四化同步”的短板，我国发展不平衡不充分问题在乡村最为突出。要深入学习贯彻习近平总书记关于“三农”的重要思想，以农业供给侧结构性改革为主线，围绕农村一二三产业融合发展，加快构建现代农业产业体系、生产体系、经营体系，在夯实农业生产能力、确保国家粮食安全的基础上，推进农业由增产导向转向提质导向，提高农业创新力、竞争力和全要素生产率，实现由农业大国向农业强国转变。

我国是侨务资源大国，6000 多万华人华侨分布在世界近 200 个国家和地区。他们是中华民族的重要组成部分，是维护国家利益、促进国家发展的重要的可依靠力量。党的十八大以来，以习近平同志为核心的党中央统筹国内国际两个大局，高度重视华侨权益，十分关怀海外侨胞，对做好侨务工作作出全面部署。各级党委、政府和侨务部门贯彻党中央决策部署，依法维护华侨权益，鼓励和支持华人华侨回国创新创业，积极发挥华人华侨的重要作用。本次会议听取审议了国务院关于华侨权益保护工作情况的报告。常委会组成人员强调，实现中华民族伟大复兴，需要海内外中华儿女共同努力。要紧紧围绕党和国家工作大局，推动侨务工作改革创新，加强涉侨法治建设，做好各项为侨服务工作，最大限度凝聚侨心侨力，紧密团结广大海外侨胞和归侨侨眷同圆共享中国梦。

会议期间，常委会组成人员和列席会议同志对法律草案提出的意见建议，请宪法和法律委员会会同有关方面认真研究，进一步修改完善草案；对有关报告提出的意见建议，请常委会办公厅汇总整理成《审议意见》，送国务院和有关方面研究改进工作参考。

各位委员、各位同志，本届全国人大常委会依法履职已经一个多月的时间。常委会组成人员、专门委员会组成人员以饱满的精神状态和良好的工作作风，学习人大知识，熟悉人大情况，迅速进入角色，按职责开展工作。常委会第一次会议后，我们召开了学习宣传和贯彻实施宪法座谈会，全国人大专门委员会负责同志会议，代表建议、批评和意见交办会等会议，对相关工作进行部署安排。在各方面共同努力下，常委会各项工作正在有条不紊地展开。

2018 年是全面贯彻落实党的十九大精神的开局之年，也是本届全国人大常委会依法履职的第一年，各方面工作任务艰巨而繁重。4 月 17 日召开的第 2 次委员长会议，根据十三届全国人大一次会议精神，调整完善了全国人大常委会 2018 年工作要点和立法、监督工作计划，并已正式印发执行。列入今年立法工作计划的法律案有 20 多件，有关授权决定和改革决定 10 件，作为预备项目需要研究起草的法律案也不少，还要抓紧研究编制本届五年立法规划。今年共安排 6 次执法检查，听取审议 17 个工作报告，开展 3 次专题询问、5 项专题调研。代表工作、对外交往、新闻舆论、联系和指导地方人大、自身建设等方面，也都有大量工作任务和许多新要求。我们要在以习近平同志为核心的党中央坚强领导下，本着对党、对人民高度负责的态度，发扬不畏难、不避险的担当精神和肯吃苦、肯攀登的工作作风，坚决贯彻落实党中央决策部署，按照“一个要点、两个计划”的部署安排，忠实履行宪法法律赋予的各项职责，全力以赴做好今年常委会各项工作，确保本届工作开好局、起好步，不断提升人大工作质量和水平，努力开创新时代人大工作新局面。

在第十三届全国人大常委会第三次会议上的讲话

（2018 年 6 月 22 日）

全国人大常委会委员长　栗战书

各位委员、各位同志：

本次会议顺利完成了预定任务。共审议 6 件法律和决定草案，通过了其中的 2 件；听取审议 4 个工作报告和 1 个执法检查报告，批准了 2017 年中央决算；还审议了委员长出访非洲三国书面报告，表决通过了代表资格审查报告和人事任免案。

党的十九大和十九届三中全会对深化党和国家机构改革作出全面部署。十三届全国人大一次会议通过宪法修正案，作出关于设立专门委员会的决定，还批准了国务院机构改革方案。本次会议贯彻党中央决策部署和十三届全国人大一次会议精神，依法作出两个决定。一是关于全国人民代表大会宪法和法律委员会职责问题的决定，明确由宪法和法律委员会承担有关法律规定的原法律委员会的职责，同时赋予宪法和法律委员会宪法方面的工作职责。二是关于中国海警局行使海上维权执法职权的决定，保障海警队伍改革依法稳妥推进，确保转隶后海上维权执法任务接续完成。常委会要统筹做好相关法律的立改废释工作，依法及时作出决定，为机构改革有序推进、按期完成提供法治保障。

本次会议听取审议了 2017 年中央决算报告和审计工作报告，审查批准了中央决算。常委会组成人员普遍认为，2017 年，国务院及其有关部门认真贯彻党中央决策部署和十二届全国人大五次会议要求，贯彻实施预算法，坚持稳中求进工作总基调，坚持新发展理念，以推进供给侧结构性改革为主线，实施更加积极有效的财政政策，加大减税降费力度，优先保障重点领域支出，较好地完成了全国人大批准的预算。审计机关紧紧围绕党和国家中心工作依法开展审计，查出了一批突出问题，提出了审计建议，认真履行了审计监督职能。常委会组成人员对决算报告、审计工作报告以及全国人大财经委提出的审查结果报告表示赞成。大家指出，要认真贯彻党的十九大关于加快建立现代财政制度的部署要求，落实《关于人大预算审查监督重点向支出预算和政策拓展的指导意见》，继续深化财税体制改革，加快修订预算法实施条例，改进预算、决算工作，全面实施预算绩效管理，确保预算安排和政策更好地服务党和国家工作大局。要积极防范和化解地方政府债务特别是隐性债务风险，摸清底数，遏制增量，消化存量。大家强调，要深入贯彻习近平总书记在中央审计委员会第一次会议上的重要讲话精神，落实党中央对审计工作的要求，依法全面履行审计监督职责，认真做好审计查出问题的整改工作，加强对违纪违法行为的问责追责，完善各领域政策措施和制度规则。

实施重大科技专项，是党中央着眼长远发展、实现创新驱动作出的重大决策。本次会议听取审议了国务院关于坚持创新驱动发展深入推进国家科技重大专项工作情况的报告。常委会组成人员普遍认为，党的十八大以来，在以习近平同志为核心的党中央坚强有力领导下，重大科技专项实施取得显著成效，铸造了一批大国重器，弥补了一批技术短板，引领了一批产业变革，建设了一批创新平台，培养了一批宝贵人才，为保障经济社会发展和国家安全提供了战略支撑。大家强调，要认真贯彻落实习近平总书记关于创新发展的重要思想，立足建设世界科技强国，以实施重大科技专项为重要抓手，发挥制度优势，集合精锐力量，尽早突破重大技术瓶颈，把关键核心技术牢牢掌握在自己手中，加快推动重大专项成果应用和产业化，在前瞻性、战略性领域打好主动仗。要深入总结重大专项实施经验，推动我国科研管理、政策保障、人才建设、产权保护等方面法律制度和政策体系不断完善，促进科技体制改革创新。

贯彻落实党中央关于生态文明建设的决策部署，推动打好污染防治攻坚战，是本届全国人大常委会的重大任务。本次会议听取审议了国务院关于研究处理固体废物污染环境防治法执法检查报告及审议意见情况的报告。常委会组成人员普遍认为，国务院高度重视 2017 年全国人大常委会开展执法检查时提出的意见建议，深入研究，积极整改，取得明显成效。大家指出，治理固体废物污染是打好污染防治攻坚战的重要内容。要认真贯彻党中央决策部署,全面落实法律责任,严厉打击固体废物非法转移倾倒等行为,坚决禁止洋垃圾入境,着力推进生活垃圾分类处理,加快形成绿色发展方式和生活方式,从根本上解决垃圾围城、围村等突出生态环境问题。要总结实践经验,抓紧研究修改固体废物污染环境防治法,健全污染防治长效机制。

统计是经济社会发展重要的基础性工作,是宏观调控的重要依据。检查统计法实施情况,是十三届全国人大常委会开展的第一个执法检查项目。常委会对此高度重视,吉炳轩、陈竺、王东明 3 位副委员长带队,赴河北、黑龙江、宁夏等 6 个省(区)实地检查,同时委托天津、山西、内蒙古等 7 个省(区、市)人大常委会对本省(区、市)进行检查。本次会议听取审议了统计法执法检查报告。常委会组成人员充分肯定执法检查组的工作,普遍赞成执法检查报告。大家认为,统计法实施 30 多年来,国务院及其有关部门认真贯彻实施这部法律,较好地发挥了统计工作服务经济社会发展的重要作用。同时也要看到,法律实施中仍存在一些突出问题,统计造假屡禁不止、统计调查交叉重复、统计信息共享不足、执法监督力度不够等,都说明法律责任和要求没有完全落实到位。要认真落实党中央关于统计改革发展的决策部署,增强统计法治观念,严格落实法律各项规定,确保统计数据真实、准确、完整、及时,加快形成推动高质量发展的统计体系。

会议期间,常委会组成人员和列席会议的同志对《电子商务法(草案)》、《人民法院组织法修正案(草案)》、《人民检察院组织法修正案(草案)》、《个人所得税法修正案(草案)》进行了认真审议,提出了意见建议,请宪法和法律委员会会同有关方面认真研究,并继续听取各方面意见,加强同有关部门沟通,广泛凝聚共识,进一步修改完善这几部法律草案,在成熟时提请常委会审议通过;对大家在审议中和有关报告中提出的意见建议,请常委会办公厅汇总整理成《审议意见》,送国务院和有关方面研究改进工作参考。

各位委员、各位同志,本届全国人大常委会依法履职已经 3 个多月。在大家共同努力下,立法、监督、代表、对外交往、自身建设等工作紧张而有序推进,有的已经取得初步成果。这里,我想强调两个方面的工作。

第一,加强对习近平总书记关于人民代表大会制度思想的学习、研究、宣传。这是坚持和完善人民代表大会制度的重要基础,是本届人大工作的重要任务。一要深入学习习近平总书记关于人民代表大会制度的重要论述,进一步领会精神、掌握要领,准确把握其思想、观点、要求,并体现和运用、落实到人大工作中来,同时要加强研究阐释,形成一批高质量研究成果,以进一步深化认识,自觉用这一科学理论统揽和指导人大各项工作。二要加强对人民代表大会制度优势和特点的研究宣传,结合中国近现代史,结合我国革命建设改革的伟大历程,深入研究阐释中国实行人民代表大会制度的历史必然性、人民代表大会制度发挥的巨大功效、为人类政治文明进步作出的重要贡献等,增强人民代表大会制度自信,在党的领导下坚定不移走中国特色社会主义政治发展道路。三要加强对人民代表大会制度实践创新的研究宣传,认真总结提炼已有的好经验好做法,研究新情况新问题,深化对人大工作规律的认识和把握,坚定坚持党的领导、人民当家作主、依法治国有机统一,推动人民代表大会制度和人大工作与时俱进、完善发展。四要形成加强人大理论研究和新闻舆论工作的浓厚氛围。常委会、专门委员会组成人员和机关各工作机构、工作人员要带头学习、带头深入调研、带头讲好人大故事。要注重加强人大理论研究队伍建设,发挥人大制度理论研究会的平台作用,集聚各方面力量参与人大理论研究工作。要加强人大新闻宣传的统筹协调和组织策划,运用好新媒体传播手段,拓展报道的广度和深度。无论是开展理论研究还是加强宣传报道,都要面向大众、注重创新,多用鲜活生动的事实,多用通俗易懂的语言,让国家根本政治制度深入人心。

第二,认真贯彻党中央关于打好污染防治攻坚战的部署,做好大气污染防治法执法检查工作。打好污染防治攻坚战,是党中央确定的“三大攻坚战”之一,是决胜全面建成小康社会的重要任务。污染防治攻坚战的重中之重是打赢蓝天保卫战。本届全国人大常委会把大气污染防治法执法检查作为履职开局之年的工作重点。委员长担任执法检查组组长,三位副委员长和秘书长、环资委主任委员担任副组长,分 4 个小组赴 8 省(区)实地检查,并委托其他 23 个省(区、市)对本省(区、市)进行检查,实现执法检查全覆盖。5 月以来,执法检查组已经召开两次全体会议,完成了实地检查和自查工作。为贯彻落实党中央关于全面加强生态环境保护、坚决打好污染防治攻坚战的决策部署,增强大气污染防治法执法检查的实效,根据委员长会议意见,计划在 7 月上旬加开一次常委会会议,专题审议大气污染防治法执法检查报告和相关决议草案，并开展专题询问。常委会、专门委员会组成人员要深入学习领会习近平生态文明思想，认真学习研读大气污染防治法，提前了解大气污染防治方面的情况，做好审议准备。有关方面要抓紧做好相关文稿起草和会议组织筹备工作。

在第十三届全国人大常委会第四次会议上的讲话

（2018 年 7 月 10 日）

全国人大常委会委员长　栗战书

各位委员、各位同志：

本次常委会会议是根据全国人大常委会议事规则的规定，适应工作需要，增加的一次专门会议，目的是以实际行动学习宣传和贯彻落实习近平生态文明思想和前不久召开的全国生态环境保护大会精神，贯彻党中央关于打好污染防治攻坚战的决策部署，为加强生态文明建设贡献人大力量。会议圆满完成了预定任务，开得很成功。

*会议第一项议程是听取审议大气污染防治法执法检查报告，并结合审议报告开展专题询问。*打赢蓝天保卫战是打好污染防治攻坚战中的重中之重。大气污染防治法执法检查是今年全国人大常委会监督工作的重中之重。我担任执法检查组组长，同王晨、沈跃跃、丁仲礼三位副委员长分别带队，赴河南、内蒙古、山西、陕西、山东、河北、安徽、江苏等 8 个省（区）实地检查，同时委托其他 23 个省（区、市）人大常委会进行自查，推动各地学习宣传贯彻习近平生态文明思想，推动大气污染防治法全面有效实施。常委会组成人员充分肯定执法检查组的工作，一致赞成执法检查报告。大家认为，国务院和各地区各部门坚决贯彻党中央决策部署，认真实施大气污染防治法，切实加大工作力度，取得明显成效，大气环境质量持续改善，人民群众的蓝天幸福感持续提升。同时指出，大气环境形势依然严峻，部分城市空气质量超标严重，季节性、区域性大气污染问题突出，大气环境质量离党中央的要求、人民群众的期待还有较大差距。大家强调，要深入学习贯彻习近平生态文明思想，严格落实大气污染防治法等法律制度，推动政府、企业和全社会进一步树牢绿色发展理念，增强法治意识，自觉依法防治大气污染。要注重源头控制，大力调整优化产业结构、能源结构、运输结构、用地结构，突出抓好散煤燃烧、机动车排放等污染治理。要以空气质量明显改善为刚性要求，强化区域联防联控和重污染天气应对，把法律责任落到实处，还老百姓蓝天白云、繁星闪烁。

*会议第二项议程是审议作出了《关于全面加强生态环境保护依法推动打好污染防治攻坚战的决议》。*生态文明建设是关系中华民族永续发展的根本大计，是亿万中国人民的福祉所在。党的十八大以来，以习近平同志为核心的党中央把生态文明建设作为统筹推进“五位一体”总体布局和协调推进“四个全面”战略布局的重要内容，谋划开展了一系列根本性、开创性、长远性工作，推动生态环境保护发生历史性、转折性、全局性变化。常委会组成人员一致认为，全国人大常委会作出决议，贯彻落实习近平生态文明思想和党中央决策部署，依法推动打好污染防治攻坚战，十分必要、十分及时。大家强调，要以习近平生态文明思想为指引和遵循，以党的领导为根本政治保障，把经济社会发展同生态文明建设统筹起来，坚决摒弃以牺牲生态环境换取一时一地经济增长的做法，推动形成人与自然和谐发展现代化建设新格局。要坚持用最严格的制度、最严密的法治保护生态环境，把生态环境保护法律制度网络织得更加严密，督促有关方面严格落实法律责任，让法律的牙齿真正咬合，让制度成为刚性约束和不可触碰的高压线。大家指出，全国人大常委会的决议一经作出，便具有法律效力。各地区各部门各方面要认真贯彻执行全国人大常委会的决议，在党中央集中统一领导下，加快构建生态文明体系，全面推动绿色发展，着力解决突出生态环境问题，依法打好污染防治攻坚战，不断满足人民日益增长的优美生态环境需要，加快建设美丽中国。

各位委员、各位同志，本届全国人大常委会履职已经 4 个月，召开了 4 次会议，听取审议了有关方面 8 个工作报告和 2 个执法检查报告，开展了 1 次专题询问。我们在实践中进一步加强和创新人大工作，把立法、修法、监督、联系代表等工作紧紧扣在贯彻落实党中央重大决策部署上来，紧紧扣在回应人民群众重大关切上来，紧紧扣在厉行法治、推进全面依法治国上来。常委会加开这次会议专门审议执法检查报告并作出决议，本身就是这方面的一个探索，也是进一步加大监督工作力度、增强执法检查针对性和实效性的一个具体举措。这里，我谈一谈人大监督工作需要重点把握的几个方面。

第一，人大监督的定位和原则。人民代表大会制度的重要原则和制度设计的基本要求，就是任何国家机关及其工作人员的权力都要受到制约和监督。人大是国家权力机关，国家行政机关、监察机关、审判机关、检察机关都由人民代表大会产生，对它负责，受它监督。这种监督体现了国家一切权力属于人民的宪法原则。人大及其常委会的监督职权是宪法和法律赋予的，监督的范围、内容、方式、程序都是法定的，既是权力，更是责任。人大监督是党和国家监督体系的重要组成部分，它同党的监督、民主监督、行政监督、司法监督、审计监督、社会监督、舆论监督等各有侧重、互相贯通，共同构成党统一指挥、全面覆盖、权威高效的监督体系，形成强大的监督合力。总之，人大监督是在党的领导下，代表国家和人民进行的具有法律效力的监督。监督的目的，是推动党中央决策部署贯彻落实，确保宪法法律全面有效实施，确保行政权、监察权、审判权、检察权得到正确行使，确保人民权益得到维护和实现。这就是人大监督的政治定位、法律定位。

做好人大监督工作：一要坚持党的领导。人大监督工作必须在党的领导下进行，站在党和国家事业全局的高度，从国家和人民的整体利益、长远利益出发，把监督"一府一委两院"工作同支持他们依法履行职责有机统一起来，寓支持于监督之中，形成加强和改进工作的合力。全国人大常委会监督工作情况和重要事项，要及时向党中央请示报告。这是最根本的一条原则。二要严格依法监督。人大开展监督工作，要严格遵循"依法"二字，依照法定职责、限于法定范围、遵守法定程序，督促"一府一委两院"依法履职尽责，而不能越俎代庖，代替它们行使行政权、监察权、司法权。要善于用法治思维来开展监督工作，深入查找法律实施中带有普遍共性的突出问题，不能把属于法律范畴的问题一般化、行政化，不能把违法行为视为一般性的工作失误，一切以法律为依据为准绳来进行监督。对于监督中发现的具体问题、具体案件，要"解剖麻雀"，提出有针对性的意见和建议，但不直接处理，以典型案件推动面上问题的解决。三要强调监督实效。在我们的政治体制中，人大就是要对"一府一委两院"起监督作用。这是国家制度设计上对人大的明确要求。人大监督如果不严格、没有力度，那就是缺位和失职。要切实担负起法定监督职责，坚决纠正人大监督工作中的"粗、宽、松、软"等情况，敢于动真碰硬，抓住突出问题，督促有关国家机关改进工作、完善制度、有效实施法律。要发挥好执法检查的"法律巡视"监督利剑作用，紧扣法律查找和分析问题，坚持用事实说话，通过准确、翔实的案例和数据说明法律实施和开展工作的实际情况，该曝光的曝光，该点名的点名，不搞遮遮掩掩、语焉不详，更不能碍于情面"放水、粉饰、打埋伏"。要真正形成监督的压力，让压力转化为有关方面改进工作的动力。

第二，人大监督的指向和重点。人大开展监督，其指向就是紧紧围绕保障党中央作出的重大决策部署的落实、实现党中央提出的重大目标任务来谋划和安排。党的十九大描绘了实现"两个一百年"奋斗目标、实现中华民族伟大复兴中国梦的宏伟蓝图。我们要深刻认识党和国家的历史使命和奋斗目标，深刻认识以人民为中心的发展思想，深刻认识党和人民赋予我们的光荣任务。做好本届全国人大常委会监督工作，要坚持以习近平新时代中国特色社会主义思想为指导，坚持党中央集中统一领导，紧紧围绕统筹推进"五位一体"总体布局和协调推进"四个全面"战略布局，贯彻新发展理念，推动各国家机关贯彻落实党中央决策部署，全面实施宪法法律，助力打好防范化解重大风险、精准脱贫、污染防治三大攻坚战，实现高质量发展，保障全面建成小康社会得到人民认可、经得起历史检验，为基本实现社会主义现代化、全面建成社会主义现代化强国筑牢坚实基础。这就是人大监督工作应当努力的方向。

制定监督工作计划时，要围绕大局、贴近民生、突出重点。要深入研究党中央的要求是什么？实践需要是什么？人民群众期盼是什么？把事关改革发展稳定全局的重大问题和人民群众普遍关注的突出问题，作为监督工作的重点。要广泛听取意见，把代表议案建议、群众反映意见、调研了解情况作为确定监督项目的基础，同时加强与有关部门的沟通协调，确保工作顺利衔接。在开展监督工作时，也要注意抓重点，坚持问题导向，突出重点领域、重点地区、重点问题，查清病灶、对症下药，持之以恒、一抓到底，推动那些影响法律实施、制约工作发展、损害群众利益的突出问题得到有效解决。按照计划，今年下半年，我们还将召开3次常委会会议，听取审议“一府两院”10个工作报告，检查4部法律实施情况，开展2次专题询问，完成5项专题调研。时间紧、任务重，各有关方面要提前调研准备，精心组织安排，认真细致做好各环节工作，务求取得实实在在的监督效果。

第三，人大监督的形式和方法。监督法规定了人大常委会开展监督工作的7种法定形式：一是听取和审议“一府两院”专项工作报告，根据新制定的监察法，各级人大常委会还要听取和审议本级监察委员会的专项工作报告；二是听取和审议国民经济和社会发展计划、预算的执行情况报告、决算报告和审计工作报告，审查批准决算；三是执法检查，对有关法律、法规实施情况进行检查监督；四是备案审查，全国人大常委会要对行政法规、地方性法规、自治条例和单行条例、司法解释等规范性文件进行备案审查；五是询问和质询；六是特定问题调查；七是撤职案的审议和决定。

在全国人大常委会监督工作实践中，经常性运用的是执法检查、听取和审议专项工作报告、计划和预决算审查监督、备案审查等形式。专题询问经过两届常委会的实践探索，已经形成比较成熟的工作机制。本次会议采取联组会议形式，进行了本届常委会首次专题询问，并对询问进行了网络直播，取得了好的效果。质询、特定问题调查、撤职这几种监督形式实际工作中还较少运用。监督法规定的这7种监督形式，都是经过深入调研、充分论证、深思熟虑才写入法律的，具有很强的针对性和操作性。完善人大监督工作机制，首先是要用好用足监督法规定的监督形式，既要综合运用执法检查、听取和审议专项工作报告、专题询问、计划和预决算审查监督、备案审查等经常使用的监督形式，又要积极探索运用质询、特定问题调查等法定监督方式，充分发挥各种监督形式的特点，形成监督合力，增强监督实效。

做好人大监督工作，还要不断总结有效做法和成功经验，进一步完善具体组织方式和工作方法，在灵活运用、增强实效上下功夫。比如，开展执法检查，要积极创新检查方式，深入听取人大代表和人民群众的意见，可以同步开展暗访、抽查等，不断提升检查实效。比如，按照预算法和有关改革指导意见的要求，加强预决算审查监督要重点向支出预算和政策拓展，还要加强对国有资本经营预算的监督，认真做好预算审查前听取人大代表和社会各界意见建议的相关工作，继续听取审议审计查出问题整改情况的报告。比如，落实党中央有关意见，要积极探索、认真准备听取审议国务院关于加强国有资产管理情况的报告。比如，进一步完善专题询问，突出针对性，注重实效性，增强互动性，加强对重点关注问题的跟踪监督，充分发挥专题询问对推动改进工作的重要作用。地方各级人大及其常委会在监督工作方面也探索积累了许多好经验、好做法，全国人大常委会要注重总结、交流、推广。总之，要通过不断创新完善工作方式方法，使人大监督更有力度、更具权威。

在第十三届全国人大常委会第五次会议上的讲话

（2018年8月31日）

全国人大常委会委员长　栗战书

各位委员、各位同志：

本次会议议程较多，在大家的共同努力下，顺利完成了预定任务。共审议8件法律草案，通过了其中3件；听取审议4个工作报告和1个执法检查报告；批准了1件国际条约，表决通过了代表资格审查报告和人事任免案。

本次会议审议通过了电子商务法。这部法律经过常委会4次审议，3次向全社会公布法律草案，充分听取和研究了各方面的意见建议。法律将电子商务的主要模式和业态纳入调整范围，明确电子商务经营者特别是平台经营者的义务与责任，规范经营者办理工商登记和免于登记的情形，严格禁止虚假宣传、强行搭售、通过搜索和竞价排名误导消费者等行为。常委会组成人员认为，电子商务法是一部鼓励、支持、创新、规范和保障电子商务健康发展的促进法，是一部维护广大消费者、平台经营者和平台内经营者合法权益，维护市场秩序和公平竞争的保障法。各有关方面要学习好、宣传好、落实好电子商务法,依法保障各方主体的正当权益,推动电子商务持续健康发展。

制定土壤污染防治法,依法保护土壤环境,是党中央确定的重要任务,是保障人民群众“吃得放心”的民生工程。全国人大环境与资源保护委员会牵头起草了土壤污染防治法草案,经常委会 3 次审议,在本次会议上表决通过。这部法律的出台,改变了我国土壤污染防治缺乏专门法律规范的状况,织密织严了生态环境保护的“法制网”。各有关方面要全面贯彻实施生态环境领域各项法律,协同推进土壤及水、气、声、渣、光等污染防治工作,用法治的力量保护生态环境,坚决打好污染防治攻坚战。

本次会议对个人所得税法作出第 7 次修改。这次修改主要是推动个人所得税从分类税制向综合与分类相结合的税制转变,将工资薪金、劳务报酬、稿酬、特许权使用费等 4 项劳动性所得纳入综合征税范围,调整优化了税率结构,提高了基本减除费用标准,扩大了低档税率的级距,把教育、医疗、住房、养老等与群众生活密切相关的支出设为专项附加扣除。国务院要抓紧制定完善配套法规,落实税前扣除等法律规定,确保法律得到有效实施,进一步发挥好个人所得税在调节收入分配和促进经济社会发展中的作用。

编纂民法典是党的十八届四中全会提出的重大立法任务,是完善中国特色社会主义法律体系的重要举措。2017 年 3 月十二届全国人大五次会议审议通过民法总则,完成了编纂民法典的第一步。本届全国人大常委会接续努力,抓紧推进民法典各分编的编纂工作,形成了 6 编共 1034 条的民法典各分编草案,提请本次会议审议。常委会组成人员充分肯定民法典各分编的编纂工作,普遍赞成各分编的总体考虑、结构安排和主要内容,也提出了许多修改建议。下一步,要继续深入审议各分编草案,确保到 2020 年制定出一部体例科学、结构严谨、规范合理、内容协调一致的中国特色社会主义民法典。

本次会议听取审议了国务院关于今年以来计划、预算执行情况的 2 个报告。常委会组成人员普遍认为,今年以来,面对日益错综复杂的国内外形势和中美经贸摩擦等严峻挑战,以习近平同志为核心的党中央统揽全局、坚强领导,全国上下齐心协力、共同奋斗,经济保持总体平稳、稳中向好态势,预算执行情况较好,收入平稳较快增长,重点支出保障有力,党中央各项决策部署正在扎实推进。在肯定成绩的同时,也要清醒认识到,我国发展的外部环境正在发生明显变化,一些不确定因素造成的负面影响和冲击不容低估,经济运行稳中有变,下半年任务将更为艰巨。大家强调,国务院及各部门、各方面要认真贯彻落实党中央对当前经济形势的判断和作出的部署,以落实党中央提出的稳就业、稳金融、稳外贸、稳外资、稳投资、稳预期的“六个稳”为目标和重点,坚定发展信心,保持战略定力,着力办好自己的事,确保完成全年经济社会发展任务。大家提出,要把握好宏观调控的节奏和力度,保持经济运行在合理区间,抓紧落实减税降费各项措施,着力缓解企业普遍反映的融资难融资贵问题,提高财政资金使用效率,积极稳妥防范和化解地方政府债务风险。统筹做好中美经贸摩擦的研判应对工作,积极开拓新兴市场,抓紧核心技术攻关,创造和稳定就业。

本次会议听取审议了国务院关于推动城乡义务教育一体化发展、提高农村义务教育水平工作情况的报告。常委会组成人员充分肯定国务院及其有关部门的工作和成效。同时强调,各级政府要高度重视城乡义务教育存在的差距,合理规划城乡义务教育布局,加大对乡村义务教育的扶持力度,提高乡村教师待遇保障,着力解决教育的“乡村弱”和“城镇挤”问题,努力让每个孩子都能享有公平而有质量的教育。

传染病防治法执法检查是今年常委会监督工作的重要内容。王晨、艾力更·依明巴海、陈竺、蔡达峰等 4 位副委员长分别带队,赴 8 个省、区实地检查。本次会议听取审议了执法检查报告。常委会组成人员充分肯定执法检查组的工作,普遍赞成执法检查报告。大家认为,传染病防治法贯彻实施情况总体是好的,但传统传染病威胁持续存在,新发传染病时有发生,前不久发生的问题疫苗案件暴露出相关工作中的严重漏洞。大家建议,要严格落实传染病防治法的各项规定,坚持预防为主、防治结合,联防联控、群防群控,加强对违法行为的惩处和对失职行为的问责,坚决守住公共安全底线。

各位委员、各位同志,这里有三件事情说一下。一是,习近平总书记近日主持召开中央全面依法治国委员会第一次会议并发表重要讲话,强调要加强党对全面依法治国的集中统一领导,坚持以全面依法治国新理念新思想新战略为指导,坚定不移走中国特色社会主义法治道路,更好发挥法治固根本、稳预期、利长远的保障作用。总书记的讲话深刻阐述了成立中央全面依法治国委员会的战略意义,系统阐明了全面依法治国的新理念新思想新战略,提出了“十个坚持”的明确要求,对推进全面依法治国作出了总体部署，明确了中央全面依法治国委员会的职责定位和重点任务，是新时代法治中国建设的纲领性文件，也为做好人大工作提供了指引和遵循。总书记讲话印发后，全国人大常委会机关和全国人大各专门委员会要认真传达学习，搞好讨论，人大常委会组成人员更要认真学习领会。我们要坚决贯彻落实习近平总书记重要讲话精神，坚持党中央对全面依法治国的集中统一领导，贯彻落实中央全面依法治国委员会的部署要求，行使好宪法法律赋予的各项职权，担负起人大在全面依法治国中的使命职责，为建设中国特色社会主义法治体系、建设社会主义法治国家作出应有贡献。在讲话印发前，大家可先学习8月24日新闻报道稿。

二是，党中央已经批准十三届全国人大常委会立法规划，这是法治建设和人大工作中的一件大事。立法规划坚持以习近平新时代中国特色社会主义思想为指导，紧紧围绕党中央决策部署、改革发展实践要求和人民群众重大关切，对本届五年的立法工作作出统筹安排。列入规划的一类项目有69件、二类项目有47件，还有三类项目和临时提请审议的项目，本届的立法任务相当艰巨繁重。为了落实好立法规划，常委会将于9月初召开立法工作会议，深入学习领会习近平总书记和党中央的指示要求，研究部署实施规划的相关工作。我们要以高度的政治责任感和使命感，认真落实党中央批准的立法规划，在党中央集中统一领导下，发挥人大在立法工作中的主导作用，深入推进科学立法、民主立法、依法立法，在保证立法质量的前提下，加快立法步伐、提高立法效率，进一步完善中国特色社会主义法律体系，为决胜全面建成小康社会、开启全面建设社会主义现代化国家新征程筑牢法治根基。常委会组成人员可以围绕确定的立法项目进行一些调查研究和思考。每年还要制定年度立法工作计划，大家可以及早介入。

三是，本届常委会将继续坚持委员长会议组成人员和常委会委员直接联系全国人大代表的制度，这是加强常委会同人大代表的联系、充分发挥人大代表作用的重要措施，是人民代表大会制度的基本要求，也是人大工作的重要基础。目前委员长会议16名组成人员直接联系的93名代表已经确定，常委会委员直接联系的347名代表也确定了。常委会组成人员都是全国人大代表，再直接联系几名代表，可以更多地了解实际情况、听到各方面声音，有利于在常委会更好地发挥作用。联系代表可以有多种方式，本次会议期间，我们召开了列席会议的52名全国人大代表座谈会，直接听取他们对人大工作的意见建议，这也是常委会直接联系人大代表的一种方式。希望常委会组成人员高度重视这项工作，利用各种机会，尽可能多地接触和联系人大代表，积极参加所在选举单位组织的代表活动，赴地方开展执法检查、调查研究等工作时，也要注意听取在当地的全国人大代表的意见，反映代表和群众的呼声，回应代表和群众的关切。常委会办公厅和有关方面要做好服务保障工作，为常委会组成人员联系代表提供便利，有针对性地邀请相关代表参加常委会会议和工作，同时在总结实践经验的基础上，修改完善联系代表的工作机制，进一步拓宽联系渠道，丰富联系内容，增强联系实效。

在第十三届全国人大常委会第六次会议上的讲话

（2018年10月26日）

全国人大常委会委员长　栗战书

各位委员、各位同志：

本次会议时间紧，任务重，共审议13件法律草案和有关法律问题的决定草案，通过了其中9件；听取审议4个工作报告和2个执法检查报告；审议通过4个专门委员会关于代表议案审议结果的报告；批准了2件国际条约，还表决通过了代表资格审查报告和人事任免案。在大家的共同努力下，顺利完成了预定任务。

深化司法体制改革，保证司法公正，提高司法公信力，是以习近平同志为核心的党中央作出的重大决策部署，是全面依法治国的重要任务。全国人大常委会高度重视通过立法、监督等工作推动和保障司法体制改革、促进司法公正。本次会议安排了7项与司法相关的议程。

一是修改人民法院组织法和人民检察院组织法，通过立法确认和巩固司法体制改革成果。这次修改，进一步完善了人民法院、人民检察院的设置和职权，健全了合议庭与独任法官、办案组与独任检察官运行机制，明确了司法人员分类管理制度和法官、检察官实行员额制，突出了法官、检察官办案主体地位，落实了谁办案谁负责的司法责任制，为建设公正高效权威的中国特色社会主义司法制度提供了法律保障。

二是修改刑事诉讼法、制定国际刑事司法协助法。这次修改刑事诉讼法，主要是完善刑事诉讼与监察的衔接机制，建立刑事缺席审判制度，将认罪认罚从宽制度、速裁程序等经改革试点证明行之有效的做法上升为法律规范。新制定的国际刑事司法协助法，完善了我国司法协助体制，规范了相关部门在刑事司法协助工作中的管理职责，对深化司法领域国际合作、打击跨国犯罪具有重要意义。这两部法律都是反腐败国家立法的重要内容，为加强境外追逃追赃工作提供了有力的法律手段。

三是审议通过关于专利等知识产权案件诉讼程序若干问题的决定，规定由最高人民法院统一受理专业技术性较强的专利等上诉案件，实现审理专门化、管辖集中化、程序集约化和人员专业化，进一步强化知识产权司法保护，为加强科技创新、建设科技强国创造良好法治环境。

四是听取和审议最高人民法院关于解决"执行难"工作情况的报告、最高人民检察院关于加强对民事诉讼和执行活动法律监督工作情况的报告，并结合审议这 2 个报告进行了专题询问。围绕司法方面的专项工作开展专题询问，这在全国人大常委会监督工作中还是第一次，是加强人大对司法工作监督的积极探索。在审议和询问中，常委会组成人员提出，人民法院要进一步提升执行工作能力和执行信息化水平，强化执行管理和执行公开，推进社会诚信体系和联合惩戒体系建设，依法加强对失信被执行人的信用监督、威慑和惩戒，确保打赢"基本解决执行难"这场硬仗；人民检察院要忠实履行法律监督职责，着力推进民事检察工作能力和队伍建设，全面加强对生效民事裁判、调解书和审判、执行活动的法律监督，为规范司法行为、维护社会公平正义发挥职能作用。

本次会议审议通过了关于修改野生动物保护法等 15 部法律的决定。这是本届全国人大常委会第二次对机构改革涉及的相关法律进行打包修改。推进机构改革离不开法治规范和保障，今后这方面的立法任务还有不少。要统筹做好与改革相关的法律修改工作，对于推进机构改革急需的修法项目，要早研究、早动手，适时提请审议，确保及时完成立法程序；同时要把握立法规律，统筹运用好打包修改、作出决定、全面修法等方式，注重法律之间、条文之间的协调衔接，做到改革和立法相统一、相促进。要认真贯彻党中央关于深化党和国家机构改革的决策部署，按照十三届全国人大一次会议批准的机构改革方案和有关法律、决定，依法有序推进改革，确保机构、职责、队伍等按要求及时调整到位，加快转变职能，理顺职责关系，构建系统完备、科学规范、运行高效的国家机构职能体系。

本次会议的一项重要内容，是听取审议了国务院关于 2017 年度金融企业国有资产的专项报告，同时审议了 2017 年度国有资产管理情况的综合报告。这是落实党中央关于建立国务院向全国人大常委会报告国有资产管理情况制度的决策部署，首次开展此项工作。常委会组成人员普遍认为，近年来，国有资产进一步做强做优做大，国有金融资本规模稳步增长，为促进社会主义市场经济平稳健康发展作出了重要贡献。国务院的两个报告，内容全面，数据翔实，针对性强，交出了国有资产的"明白账"。财政经济委员会、预算工作委员会的调研报告深入细致，所提意见建议务实中肯，希望有关方面认真研究处理。大家指出，要继续推进人大对国有资产监督的制度化、规范化，采取综合报告和专项报告相结合的方式，每年安排听取审议国务院关于国有资产管理情况的报告，摸清国有资产家底，推动规范和改进国有资产管理，促进国有资产保值增值，使国有资产更好服务发展、造福人民。

农产品质量安全法和防震减灾法是民生领域的两部重要法律，与人民群众的幸福感和安全感密切相关。常委会把对这两部法律的执法检查作为今年监督工作的重要内容，由张春贤、吉炳轩、武维华 3 位副委员长带队，赴辽宁等 6 个省、区、市实地检查农产品质量安全法实施情况；由张春贤、艾力更·依明巴海、蔡达峰 3 位副委员长带队，赴吉林等 6 个省、区实地检查防震减灾法实施情况。本次会议听取审议了两个执法检查报告。常委会组成人员充分肯定执法检查组的工作，普遍赞成执法检查报告。大家认为，农产品质量安全整体水平明显提高，总体态势稳中向好，但仍然存在一些薄弱环节和风险隐患。要全面贯彻实施农产品质量安全法，用最严谨的标准、最严格的监管、最严厉的处罚、最严肃的问责，严把从农田到餐桌的每一道防线，切实保障广大人民群众"舌尖上的安全"。大家指出，防震减灾法实施以来，对防御和减轻地震灾害发挥了积极作用。国务院和有关方面要全面履行防震减灾法定职责，在地震监测预报、建设工程抗震设防、地震应急救援能力等方面夯实基础、补齐短板，全面提升全社会防震减灾综合能力，最大限度保护人民生命和财产安全，保障经济社会可持续发展。

本次会议听取审议了监察和司法委员会、财政经济委员会、外事委员会、农业与农村委员会等4个专门委员会关于代表议案审议结果的报告，12月份的常委会会议拟安排听取审议其他专门委员会关于代表议案审议结果的报告，还将听取全国人大常委会办公厅以及有关部门和单位关于代表建议办理情况的报告。审议代表议案和办理代表建议，是国家机关的法定职责，是尊重人民主体地位、支持代表依法履职的重要体现。十三届全国人大一次会议期间，代表们提出了325件议案、7139件建议。这些议案和建议，反映了人民群众的意愿和呼声，对于各国家机关贯彻落实党中央决策部署，加强和改进工作，具有重要促进作用。要把代表议案作为确定立法项目、做好立法工作的重要依据，制定立法规划、计划要充分考虑代表提出的立法项目建议，起草法律草案要认真研究吸纳代表议案中的内容，开展立法调研和审议修改法律草案时，要邀请提出相关议案的代表参加，更好发挥代表在立法工作中的作用。要加大对代表建议的办理和督办力度，以对人民高度负责的精神，把办理代表建议与转变作风、联系群众、改进工作有机结合起来，加快办理进度，完善办理机制，增强办理实效，真正推动解决问题，将人民代表大会制度的优越性更好发挥出来。

各位委员、各位同志，2018年是十三届全国人大常委会依法履职的第一年。我们坚持以习近平新时代中国特色社会主义思想为指导，全面贯彻党的十九大精神，在以习近平同志为核心的党中央正确领导下，认真行使宪法和法律赋予的职权，统筹部署、全面推进人大各项工作，实现了本届全国人大常委会工作良好开局。现在到年底只有两个月时间，到明年3月也只有不到5个月时间，完成人大年度各项工作任务已经进入倒计时。要认真梳理各方面工作，对照年度工作目标任务，查漏补缺，把握进度，狠抓落实，确保不折不扣完成好。同时，要认真总结本届人大及其常委会履职以来的工作，提早研究明年的工作安排，着手起草常委会工作报告，拟订常委会2019年工作要点和立法、监督等工作计划。希望大家进一步振奋精神，紧张有序、精益求精地做好各项工作，圆满完成全年工作目标和任务。

在第十三届全国人大常委会第七次会议上的讲话

（2018年12月29日）

全国人大常委会委员长　栗战书

各位委员、各位同志：

本次常委会会议历时6天半，共有37项议程，时间长、内容多、任务重。审议21件法律和决定草案，通过了其中12件；听取审议1个执法检查报告和国务院8个专项工作报告；审议通过5个专门委员会关于代表议案审议结果的报告，听取关于代表建议办理情况的2个报告；听取审议2018年备案审查工作情况的报告；批准1件国际条约，还通过了代表资格审查报告和人事任免案。在大家的共同努力下，顺利完成了预定任务。

坚决贯彻党中央改革决策部署，确保重大改革于法有据、顺利实施，是全国人大常委会的重要职责，也是近年来人大工作的突出特点。本次会议三分之一左右的议程同改革密切相关，涉及多个领域的改革事项和20多部法律。

一是推动农村土地制度改革取得重大进展。修改农村土地承包法，将所有权、承包权、经营权“三权分置”的重大改革成果用法律形式确定下来，规范和保障土地经营权有序流转、融资担保、入股经营等，明确国家依法保护农村土地承包关系稳定并长久不变，进一步赋予了农民充分而有保障的土地权利。审议国务院关于农村土地改革试点工作的两个总结报告，决定再次延长有关授权期限，继续推进农村土地征收、集体经营性建设用地入市、宅基地管理制度改革等试点工作。初次审议了土地管理法、城市房地产管理法修正草案。

二是落实税收法定原则。审议通过耕地占用税法、车辆购置税法，审议资源税法草案，积极稳妥地将相关税收暂行条例上升为法律。听取国务院关于个人所得税专项附加扣除有关情况的报告,对国务院报送的个人所得税专项附加扣除暂行办法进行了备案。有关部门要认真执行修改后的个人所得税法和国务院相关规定,让人民群众实实在在感受到改革带来的实惠。

三是推动中国特色公务员制度改革完善。全面修改公务员法,贯彻新时代党的组织路线,强化党对公务员队伍的集中统一领导,落实公务员分类改革要求,在总结试点经验基础上全面实行职务与职级并行制度,充实监督管理和激励保障措施,有利于激发广大公务员的积极性主动性创造性,建设忠诚干净担当的高素质专业化公务员队伍。

四是统筹推进机构改革和"放管服"、医疗保险制度等改革。分别通过 4 个决定,对产品质量法等 17 部法律的有关规定进行修改。这是本届以来第三次用"打包"修法方式推动和保障重要领域改革。

今年是实施"十三五"规划承上启下的关键一年。本次会议听取审议了国务院关于"十三五"规划纲要实施中期评估报告。常委会组成人员普遍认为,规划纲要各项目标任务进展顺利,总体符合预期,取得了来之不易的成绩,为全面建成小康社会奠定了坚实基础。同时实施中还存在一些问题和挑战,必须认真应对、有效解决。大家强调,要全面贯彻党的十九大精神和党中央决策部署,坚定信心,把握主动,保持战略定力,坚定不移办好自己的事,推进"十三五"规划顺利收官,确保如期实现第一个百年奋斗目标并顺利开启第二个百年奋斗目标新征程。一是落实高质量发展要求,着力攻克关键核心技术,推动人工智能、互联网、大数据等战略性新兴科技同实体经济深度融合,推动先进制造业同现代服务业深度融合,培育和发展新的产业集群,加快建设现代化经济体系;二是继续打好三大攻坚战,在初战告捷的基础上,针对突出问题,打好重点战役,确保跨越全面建成小康社会重要关口;三是深化市场化改革,扩大高水平开放,强化改革举措的协同配合,营造法治化制度环境,激发经济增长内生动力和市场活力;四是加强保障和改善民生,把稳就业摆在突出位置,强化社会政策兜底保障功能,确保群众基本生活底线,不断增强人民群众获得感、幸福感、安全感。

坚持陆海统筹、加快建设海洋强国是党的十九大作出的重大部署,事关民族生存发展和国家兴衰安危。为推动党中央决策部署贯彻落实,常委会综合运用执法检查和听取审议专项报告两种方式,从保护和开发两个维度开展监督。王晨、沈跃跃、白玛赤林、丁仲礼 4 位副委员长带队,赴 8 个省(市)实地检查海洋环境保护法实施情况,同时委托 3 个省(区、市)人大常委会进行自查,实现了 11 个沿海省份全覆盖。本次会议听取审议了执法检查报告和国务院关于发展海洋经济加快建设海洋强国工作情况的报告。常委会组成人员提出,要深入学习贯彻习近平总书记关于建设海洋强国的重要论述,坚决维护我国海洋权益,大力发展海洋高新技术,打造现代化的海洋经济,推动海洋强国建设不断取得新成就。要坚持以习近平生态文明思想为指导,把保护海洋生态环境作为加强生态文明建设、打好污染防治攻坚战的重要内容,依法保护和改善海洋生态环境,保护海洋资源,保障人体健康,为推动高质量发展,建设美丽中国作出贡献。

本次会议在预算决算审查监督方面安排了 3 项议程。一是听取审议了国务院关于财政医疗卫生资金分配和使用情况的报告,并结合审议报告开展专题询问。常委会组成人员提出,要建立稳定可持续的财政投入机制和多元化的社会筹资机制,优化支出结构,加强绩效管理,推动医疗卫生资金从治病向预防和保健拓展、从大城市大医院向基层医疗卫生机构下沉,全方位全周期保障人民群众健康。二是听取审议了国务院关于 2017 年度审计查出问题整改情况的报告。常委会组成人员充分肯定国务院及其有关部门的整改工作,提出要进一步拓展审计监督广度和深度,加大对党中央重大政策措施贯彻落实情况的审计力度,推进审计查出问题整改工作制度化长效化,督促有关部门加强预算管理,完善转移支付,落实好减税降费措施,保障经济社会健康发展。三是作出授权国务院提前下达部分新增地方政府债务限额的决定。常委会组成人员强调,在加快地方政府债券发行使用进度、发挥债券积极作用的同时,要规范政府举债融资机制,稳妥处理地方政府债务风险,做到坚定、可控、有序、适度。

本次会议听取审议了法制工作委员会关于 2018 年备案审查工作情况的报告。一年来,收到报送备案的行政法规 40 件、地方性法规 1180 件、司法解释 18 件,还有审查建议 1229 件。认真做好主动审查、专项审查、依申请审查,推动生态环保方面规范性文件全面清理等工作,加大监督纠正力度,有力维护了国家法制统一。下一步,常委会将按照"有件必备、有备必审、有错必究"的要求,落实衔接联动机制,进一步加强备案审查工作,强化跟踪监督,尽快建成全国统一的备案审查信息平台和国家法律法规数据库,完善备案审查工作情况报告制度,更好发挥备案审查制度功效,捍卫社会主义法治尊严。

各位委员、各位同志,2018 年是改革开放 40 周年。12 月 18 日,党中央召开了庆祝改革开放 40 周年大会。习近平总书记在大会上发表重要讲话,全面回顾了改革开放 40 年的光辉历程,深刻总结了 40 年取得的伟大成就和积累的宝贵经验,明确提出了把新时代改革开放继续推向前进的目标要求,充分展现了将改革开放进行到底、创造新的更大奇迹的信心和决心,向全党全国人民发出了新时代改革开放再出发的宣言书和动员令。全国人大及其常委会要深入学习贯彻习近平总书记的重要讲话精神,坚定“四个自信”,牢固树立“四个意识”,坚决做到“两个维护”,在以习近平同志为核心的党中央坚强领导下,自觉担负起新时代改革开放赋予人大的历史使命,紧紧围绕党的十九大确定的奋斗目标和战略安排,服从服务于改革开放伟大实践,履职尽责、开拓进取,推动人大制度和人大工作与时俱进、完善发展,为实现“两个一百年”奋斗目标、实现中华民族伟大复兴的中国梦不懈奋斗。

2019 年是新中国成立 70 周年,是全面建成小康社会关键之年。中央经济工作会议刚刚闭幕,习近平总书记在会上发表重要讲话,总结经济社会发展成绩,把握经济工作规律,分析国内国际形势,提出 2019 年经济工作的总体要求、政策取向和重点任务,为做好明年和今后一个时期的经济工作指明了方向、提供了遵循。我们要认真学习领会、贯彻落实习近平总书记重要讲话和中央经济工作会议精神,统一思想认识,提升能力水平,结合人大实际把党中央决策部署落到实处。面对错综复杂的国际环境和艰巨繁重的国内改革发展稳定任务,我们要始终坚持党中央对经济工作的集中统一领导,贯彻做好新形势下经济工作的“五个必须”,紧扣重要战略机遇期新内涵,坚持稳中求进工作总基调,坚持以供给侧结构性改革为主线不动摇,聚焦打好三大攻坚战,谋划和推进立法、监督等各项工作,促进经济高质量发展,推动完成党中央确定的目标任务,确保中国经济巨轮行稳致远,以优异成绩庆祝中华人民共和国成立 70 周年。

现在正值岁末年初,各方面任务都很繁重。当前,要着重抓好以下两个方面的工作。

一是认真做好十三届全国人大二次会议的组织筹备工作。这次常委会会议作出了关于召开十三届全国人大二次会议的决定。从现在到明年 3 月大会召开,只有两个多月时间了。各有关方面要迅速行动起来,明确分工,落实责任,密切配合,务实高效、周密细致地做好大会各项组织筹备工作。要认真贯彻习近平总书记关于进一步纠正“四风”、加强作风建设的重要指示精神,持之以恒改进会风、严肃会纪,确保大会风清气正、圆满成功。

二是统筹安排明年的各方面工作。12 月 14 日召开的委员长会议,原则通过了全国人大常委会 2019 年工作要点和立法、监督工作计划,对新一年工作作出了预安排。明年计划审议的法律案有 29 件,预备审议项目有近 20 个,还有编纂民法典、落实税收法定原则和涉及改革等方面的立法任务;计划听取审议有关方面 16 个工作报告,检查 6 部法律实施情况,开展 3 次专题询问和 7 项专题调研。各专门委员会和常委会工作机构要按照“一个要点、两个计划”,加强与有关方面的沟通协调,做好相关工作准备,确保 2019 年各项工作实现良好开局。十三届全国人大二次会议后,根据大会精神可以对工作安排作出适当调整。

再过几天就是 2019 年元旦。借此机会,我代表委员长会议组成人员,向在座的各位委员、各位同志,向全国人大代表和地方各级人大代表,向全国人大机关和地方各级人大机关工作人员,向所有关心和支持人大工作的各界人士,致以节日的问候和新年的祝福!

在第十三届全国人大常委会组成人员履职学习专题讲座上的讲话

(2018 年 4 月 24 日)

栗战书

各位委员、各位同志:

今天,我们举行十三届全国人大常委会组成人员履职学习专题讲座,这也是新一届全国人大常委会的第一次专题讲座。这次专题讲座安排了 4 讲,内容分别是中国宪法制度的若干问题、全国人大常委会的组织制度和议事规则、立法法与全国人大常委会的立法工作、监督法与全国人大常委会的监督工作。这些都是做好人大工作必须熟悉和掌握的基本知识。在常委会第二次会议召开前,拿出一整天的时间举办履职学习专题讲座,有利于我们尽快转换角色、进入状态,提高履职能力和水平,切实担负起法定职责,开展好各项工作。

在常委会第一次会议上,我讲到要加强各方面学习,吃透党中央精神,确保常委会工作的正确方向。今天,想就加强学习的几个问题再谈些意见,同大家交流。

第一个问题,为什么要重视和加强学习?

这是一个老话题,但无论何时提起、无论如何强调都不为过,而且是常讲常新、常学常新。中国共产党是勤于学习、善于学习的马克思主义政党。重视学习是我们党的优良传统和推动事业发展的成功经验。正如习近平总书记指出的,“事业发展没有止境,学习就没有止境”,“中国共产党人依靠学习走到今天,也必然要依靠学习走向未来”。在革命、建设、改革各个历史时期,我们党都把学习摆在重要位置,通过学习在全党强化理论武装,统一思想步调,从而去克服困难、夺取胜利。在每一个重大转折时期,面对新形势新任务,党中央总是号召全党同志加强学习;而每次这样的学习热潮,都能推动党和人民事业实现大发展大进步。新中国成立前夕,面对艰巨繁重的经济建设任务,毛泽东同志提出,“我们必须向一切内行的人们(不管什么人)学经济工作。拜他们做老师,恭恭敬敬地学,老老实实地学”。改革开放之初,为实现四个现代化这场深刻的伟大的革命,邓小平同志要求,“全党同志一定要善于学习,善于重新学习”。

党的十八大以来,以习近平同志为核心的党中央团结带领全党全国人民推动党和国家事业取得历史性成就、发生历史性变革,中国特色社会主义进入了新时代。要完成新时代中国共产党的历史使命,实现中华民族伟大复兴的中国梦,全党全国人民必须准备付出更为艰巨、更为艰苦的努力,我们学习的任务不是轻了,而是更重了。以习近平同志为核心的党中央从关系党和国家事业兴旺发达的高度,把加强学习作为一项重大战略任务来安排和推进。党的十八大报告提出建设学习型、服务型、创新型马克思主义执政党的重大任务。十九大报告提出要全面增强执政本领,首先一条就是要增强学习本领,在全党营造善于学习、勇于实践的浓厚氛围,建设马克思主义学习型政党,推动建设学习大国。习近平总书记在十九届中央政治局第一次集体学习时,号召“全党来一个大学习”。五年多来,习总书记带领中央政治局身体力行、率先垂范,十八届中央政治局共开展43次集体学习,十九届中央政治局短短半年多来就已经组织5次集体学习,为全党全国加强学习作出了表率、树立了标杆。

我讲以上情况,主要想说明几点:①加强学习是时代所需,是任务所迫;②党中央提出的学习要求,不仅是对中共党员,也是对所有党和国家工作人员的要求;③党中央在这方面已经作出榜样,我们也要做学习的模范;④全国人大常委会坚持向党中央看齐,就要把加强学习贯穿始终,努力建设学习型人大常委会。

十二届全国人大常委会坚持专题讲座制度,常委会党组建立集体学习制度并开展50多次学习,着力加强全国人大代表学习培训工作,在人大代表、常委会组成人员、专门委员会组成人员和全国人大机关工作人员中,形成了重视学习、崇尚学习、坚持学习的良好氛围。本届全国人大常委会继续坚持和完善各项学习制度。常委会党组已经召开3次会议,每次会议的第一项内容都是传达学习习近平总书记重要讲话和党中央重要文件精神,今后将作为一项制度化安排坚持下去。

对于全国人大常委会组成人员来说,加强学习、增强本领,是坚决贯彻党中央决策部署的重要体现,是依法履行职责、做好人大工作的必然要求,也是一项基本功。本届全国人大常委会的任期,正好在“两个一百年”奋斗目标的历史交汇期。全面建成小康社会,开启全面建设社会主义现代化国家新征程,赋予我们党、赋予各国家机关重大历史责任。统筹推进“五位一体”总体布局,协调推进“四个全面”战略布局,贯彻新发展理念,推进供给侧结构性改革,打好三大攻坚战,加强人民当家作主制度保障,深化依法治国实践。这些都对人大工作提出新的更高要求,也对加强学习提出新的更高要求。

本届常委会组成人员中,72%是新当选的;委员长会议16位组成人员中,新当选的有10位。许多同志都是刚刚踏上人大工作岗位,迫切需要加强学习,尽快熟悉人大情况,掌握履职所需知识,适应人大工作需要。即使原来就在人大工作的同志,也有重新学习、更新知识、深化认识的任务。

总之,我们要承担好党和人民交给的光荣任务,履行好代表人民行使国家权力的重要职责,就要按照习近平总书记提出的“大兴学习之风”的要求，把学习作为一种追求，以求知若渴的欲望、刻苦钻研的精神、永不懈怠的态度投入到新的学习中，为做好新时代人大工作筑牢思想基础、提高能力水平。

第二个问题，学什么？

习近平总书记指出，“我们正在从事的中国特色社会主义事业是伟大而波澜壮阔的，是前人没有做过的。因此，我们的学习应该是全面的、系统的、富有探索精神的”。人大工作是党和国家事业的重要组成部分，政治性、法律性、程序性都很强，还具有专门化、专业化、精细化的特点。我们要按照习近平总书记的要求，全面地、系统地、富有探索精神地学习，既要结合常委会中心工作突出学习重点，又要有意识地拓展学习领域，全方位提升理论水平和能力素养。

首先要深入学习贯彻习近平新时代中国特色社会主义思想。这是我们做好人大工作的根本政治要求和思想保证。习近平新时代中国特色社会主义思想是马克思主义中国化最新成果，是党和国家必须长期坚持的指导思想，是新时代坚持和发展中国特色社会主义的科学指引和行动指南。特别是习近平总书记关于全面加强党的领导、关于社会主义民主法治、关于人民代表大会制度的思想，为坚持和完善人民代表大会制度、做好新时代人大工作指明了方向、提供了遵循。我们要持续深入学习贯彻习近平新时代中国特色社会主义思想，牢固树立“四个意识”，坚决维护习近平总书记权威和核心地位，坚决维护以习近平同志为核心的党中央权威和集中统一领导，确保党的基本理论、基本路线、基本方略和党中央决策部署在人大工作中得到全面落实。

二是要带头学习宣传宪法和法律。党的十八大以来，以习近平同志为核心的党中央把宪法摆在全面依法治国十分突出的位置，采取一系列有力措施加强宪法宣传教育和贯彻实施工作，取得显著成效。3月11日，十三届全国人大一次会议审议通过宪法修正案。同日，党中央印发了关于深入学习宣传和贯彻实施宪法的意见。全国人大常委会承担着保证和监督宪法实施的重要职责，必须带头学习宪法、宣传宪法。常委会组成人员、专门委员会组成人员和机关工作人员要把学习宪法作为重大政治任务，作为履职基本功和必修课，坚持原原本本、逐章逐条学习宪法，真正内化于心、外化于行，自觉作尊崇宪法、学习宪法、遵守宪法、维护宪法、运用宪法的表率。要组织好国家宪法日等活动，推动落实普法责任，在全社会加强宪法宣传教育、弘扬宪法精神、维护宪法权威。同时，要认真学习以宪法为统帅的中国特色社会主义法律体系，特别是立法法、监督法、选举法、代表法、全国人大组织法、议事规则等与人大工作密切相关的法律，严格依照法定权限、规则、程序行使权力、履行职责，提高运用法治思维和法治方式推动工作的能力。

三是要广泛学习各方面知识。人大工作涉及经济、政治、文化、社会、生态文明建设等方方面面，单凭固有的知识结构和过去的工作经验是不够的。当今时代，知识总量成倍增长，更新周期大大缩短，各种新知识、新情况、新事物层出不穷。一旦放松了学习，就有迷失方向、落后于时代的危险。我们要有加强学习的紧迫感，要有本领不够的危机感，主动广泛学习各方面知识，加快知识更新、优化知识结构、拓宽眼界和视野，跟上时代前进步伐。在博学广识的基础上，还要注意提高学习的针对性，重点学习掌握那些与做好人大工作、履行岗位职责密切相关的知识，干什么学什么、缺什么补什么，不断提高自身的知识化、专业化水平，使自己真正成为行家里手、内行领导。此外，还要多学习了解一些哲学、历史、文学以及科学技术、信息网络等方面的知识，学习感悟优秀传统文化，学习把握新鲜事物，以学益智、以学修身，培养高尚的道德情操和生活情趣。

第三个问题，怎么学？

“吾生也有涯，而知也无涯”。学习追求是无止境的，但人的精力是有限的。各位同志工作都很繁忙，除了作为常委会组成人员依法出席会议、履职尽责外，不少同志还承担着其他方面的重要工作。这里就有一个端正学习态度和讲求学习方法的问题，既要勤于学习、刻苦钻研，又要善于学习、提高效率，力争在有限的时间内取得最佳的学习效果。

一是要坚持学习的正确方向。没有正确方向，学习就容易陷入盲目状态。我们在学习中要始终坚持马克思主义方向，坚持以习近平新时代中国特色社会主义思想为指导，坚定理想信念宗旨，不忘初心、牢记使命，始终保持对远大理想和奋斗目标的清醒认知和执着追求。要通过学习提高把握政治大局和政治方向的能力水平，坚定中国特色社会主义道路自信、理论自信、制度自信、文化自信，坚定人民代表大会制度自信，确保人大工作正确政治方向，紧紧围绕党和国家工作大局谋划和推进人大工作。要通过学习提高政治鉴别力和敏锐性，注意辨别和抵御“自由主义”“宪政民主”“普世价值”等

形形色色西方学说和错误思潮的干扰，不断增强战略定力。

二是要坚持学习与思考统一。学习和思考是相辅相成的，正所谓“学而不思则罔，思而不学则殆”。书本上的知识是死的，要把它变为活的，为我所用，离不开思考。读书学习的过程，实际上是一个不断思考、加深认知的过程。如果只是机械地学习、被动地接受，没有思考，人云亦云，再好的知识也难以吸收和消化。常委会组成人员知识和阅历都很丰富，独立思考能力比较强，要带着问题学习，养成边学习边思考的习惯，在广泛深入学习的基础上，对立法、监督、调研等工作中发现的问题进行深入思考，联系实际、开动脑筋，触类旁通、举一反三，形成更多加强和改进工作的真知灼见。

三是要坚持学用结合。“学习的目的全在于运用”。我们要发扬理论联系实际的马克思主义学风，立足人大工作定位和特点，把学习的着眼点聚集到研究和解决实际问题上，做到学以致用、用以促学、学用相长。学习贯彻习近平新时代中国特色社会主义思想，就要在学懂弄通做实上下功夫，把习总书记的重要思想和指示要求落实到人大工作的全过程和各方面，运用习总书记教授的认识论、方法论解决问题和矛盾。学习宪法法律和各方面知识，就是要在履行职权时，多想想是否符合法律规定和程序要求，确保在法治轨道上推进工作，在调研、审议时，发挥知识和经验丰富的优势，提出有价值有分量的意见建议。要把加强调查研究摆在突出位置，作为学用结合的重要抓手，放下架子、扑下身子，深入基层、深入实际，向人民学习、向实践学习，汲取人民智慧，反映人民意愿，努力做到民有所呼、我有所应。常委会和专门委员会人才荟萃，既有经验丰富的领导干部，也有相关领域的专家学者。我们要虚心向周围同志请教，相互学习、取长补短。

专题讲座是全国人大常委会组成人员集体学习的重要平台。从九届开始，历经十届、十一届、十二届，全国人大常委会已先后举办了近100次专题讲座，取得了良好效果。本届全国人大常委会将继承和发扬这一好的做法，进一步丰富学习内容，完善组织方式，把专题讲座办得更好、更有成效。各位同志要珍惜难得的学习机会，严格遵守学习纪律，共创良好学习氛围。在坚持集体学习的同时，还希望大家通过多种方式自主开展学习，发扬挤劲、钻劲和韧劲，锲而不舍、持之以恒，一刻不停地增强本领，更好地推动新时代人大工作，为实现“两个一百年”的奋斗目标、实现中华民族伟大复兴的中国梦贡献更大力量。

第十三届全国人大常委会第四次会议联组会议上的讲话

（2018年7月10日）

全国人大常委会委员长　栗战书

经党中央同意，十三届全国人大常委会专门召开第四次会议，听取审议大气污染防治法执法检查报告并作出相关决议，目的就是要深入学习贯彻习近平新时代中国特色社会主义思想特别是习近平生态文明思想，深入贯彻落实习近平总书记在全国生态环境保护大会上的重要讲话精神，扎实推进《中共中央国务院关于全面加强生态环境保护坚决打好污染防治攻坚战的意见》提出的总体目标、基本原则和重点任务举措。现在到2020年实现党中央确定的生态环境保护一系列约束性指标还有不到3年的时间，时间非常紧迫、任务十分繁重，我们一定要增强政治责任感和历史使命感，增强政治担当，依法尽职尽责，为打赢蓝天保卫战、打好污染防治攻坚战发挥人大监督的积极作用，为满足人民日益增长的优美生态环境需要作出贡献。

询问是人大监督的法定形式。专题询问是近些年全国人大常委会依法探索形成的重要监督方式。自2010年6月首次开展专题询问以来，全国人大常委会共开展了24次专题询问。党的十八届三中全会明确要求人大通过询问、质询、特定问题调查、备案审查等积极回应社会关切。贯彻落实党中央决策部署，全国人大常委会2015年出台《关于改进完善专题询问工作的若干意见》，提出一系列改革举措，包括每年安排1至2位国务院副总理或国务委员参加专题询问，完善现场询问组织方式，提高问答质量等。经过不断改进完善，专题询问更有力度、更具权威，起到了增强监督实效、推动改进工作的作用。

本次会议在分组审议大气污染防治法执法检查报告的基础上，举行联组会议，开展专题询问。这是十三届全国人大常委会开展的第一次专题询问，也是此次执法检查的一个重要环节。联组会议专题询问聚焦突出问题，深入研讨交流，会上，12位出席和列席会议同志的询问重点突出、直截了当，紧扣法律规定和实际问题，抓住了大气污染防治工作的主要矛盾，反映了人民群众的关切。王勇国务委员和国务院有关部门、最高人民法院、最高人民检察院的负责同志虚心听取意见，积极客观、实事求是、坦率真诚地回答了提问，体现了对党和人民高度负责的精神和接受人大监督的高度自觉。关于近年来大气污染防治法实施和污染治理工作取得的成绩、当前存在的问题，执法检查报告都作了比较全面的反映，分析了原因，提出了建议。常委会组成人员在审议中也提出了不少好的意见建议。下一步，请国务院、最高人民法院、最高人民检察院及国务院有关部门认真研究执法检查报告、常委会审议意见和本次专题询问所提问题，加强整改落实，依照监督法规定向全国人大常委会反馈研究处理情况。全国人大有关专门委员会要加强跟踪监督，确保此次大气污染防治法执法检查取得实实在在的效果。

这里，我就全面实施大气污染防治法，坚决打赢蓝天保卫战，再讲两点意见。

首先，讲一讲通过这次执法检查得到的三点经验启示。

第一，必须以习近平生态文明思想为指引。习近平生态文明思想聚焦人民群众感受最深刻、要求最迫切的突出环境问题，从根本上扭转了多年存在的一些不正确的发展理念，对生态文明建设进行了顶层设计和全面部署，是习近平新时代中国特色社会主义思想的重要组成部分。无论是当前治理大气污染等突出环境问题，打好污染防治攻坚战，还是着眼长远全面提升生态文明，建设美丽中国，都必须以习近平生态文明思想为指引和遵循。要深入学习贯彻习近平生态文明思想，牢记笃行“八个坚持”要求，深刻把握生态文明建设的战略定位和政治定位，正确认识人与自然的关系，正确认识保护环境与发展经济、改善民生的关系，树立正确的发展观、民生观、生态观、政绩观，切实以习近平总书记提出的新发展理念和生态文明思想来引领、谋划、推进经济社会发展和生态环境保护事业。

第二，必须用好法律武器。习近平总书记指出，保护生态环境必须依靠制度、依靠法治。2015年修订的大气污染防治法，是一部贯彻习近平生态文明思想的法律，是一部推动形成绿色发展方式和生活方式的法律，是一部维护民生、造福于民的法律，也是一部具有强制力和可操作性、“长着牙齿”的法律。这部法律的129条规定，每一条都是经验教训的总结，每一条都凝聚着人民群众的期盼，每一条都意味着责任担当，其中许多规定都与打赢蓝天保卫战的重点工作、重大举措密切相关。党中央出台《关于全面加强生态环境保护坚决打好污染防治攻坚战的意见》，从5个方面部署了治理大气污染的任务和措施，每一项在大气污染防治法中都有相应的法律规定。各级政府及相关部门的监管责任、各行业企业的主体责任、广大群众的社会责任，都在法律中得到了明确。还有30条关于违法行为责任的条款，规定了近90种具体处罚行为和种类。这些就是我们贯彻落实党中央决策部署、打赢蓝天保卫战的法律武器。各级党政机关和全社会要把大气污染防治法贯彻好、实施好，坚持依法治污，强化刚性约束，把各项法律制度变为实际行动，把各项法律责任落实到位，筑牢不可触碰的法律高压线。

第三，必须坚持以人民为中心。习近平总书记提出，良好生态环境是最普惠的民生福祉，要求明显增强人民的蓝天幸福感。一方面，要重视人民群众的感受。治理大气污染，要把数据达标与群众满意结合起来，既要看监测数据、排放标准、完成指标的情况，更要让老百姓认可。群众满意才是真满意，群众说好才是真好。另一方面，要重视发动群众参与和监督，大力宣传大气污染防治法，及时公布法律法规、政策和标准，重大环境决策和措施公开征求群众意见，督促企业依法公开排放信息，畅通意见表达和举报渠道，让人民群众了解和掌握法律，理解和认同污染防治工作，推动全社会共同参与，打一场攻坚治污的人民战争。

归结起来，贯彻落实习近平生态文明思想、全面实施大气污染防治法、增强人民群众蓝天幸福感，是我们这次执法检查的经验体会，也是贯穿此次“法律巡视”的一条主线。全国人大常委会、“一府一委两院”都要牢固树立“四个意识”，提高政治站位，坚决贯彻党中央决策部署，共同努力，敢于担当，还老百姓蓝天白云、繁星闪烁。

下面，结合执法检查报告和审议情况，提四点改进工作的具体建议。

一要以时不我待的紧迫感，加大力度、加快治理、加紧攻坚。到2020年全面建成小康社会，是我们党向人民作出的庄严承诺。打好污染防治攻坚战特别是打赢蓝天保卫战，确保全面建成小康社会得到人民认可、经得起历史检验，是党中央的坚定意志和号令。从现在起到 2020 年，只有不到两年半的时间，大气污染治理任务十分紧迫、十分繁重。我简单统计了一下，在党中央出台的《意见》中，与大气污染防治相关、有明确时间节点要求的目标和任务有 19 项；其中到 2020 年要达到的指标和完成的任务 12 项；往前倒排时间表，2019 年要完成的任务有 2 项，2018 年底前要完成的任务有 5 项。全国人大常委会的执法检查报告也提出了 10 项有时限要求的工作建议，3 项与党中央意见一致，其余的 7 项建议中，2018 年底前完成的 3 项，2019 年 1 项，2020 年 3 项，主要涉及大气污染防治领域行政法规、地方性法规和部门规章制度的制定修改和空气质量监测网点建设、禁焚秸秆提高秸秆利用率等工作目标。国务院近日印发《打赢蓝天保卫战三年行动计划》，明确了大气污染防治工作的思路、目标和 6 个方面的措施，并落实到各有关部门。对这一系列任务书、时间表、施工图，要狠抓落实，稳扎稳打，一个问题一个问题突破，一个节点一个节点坚守，按时间高质量地完成任务。

按照党中央部署，今年年底前要出台实施污染防治攻坚战成效考核办法，中央环保督察将在 2019 年底开展攻坚战中期评估，2020 年要进行终期考核验收。对落实党中央决策部署不力、未按期完成任务的地方和部门，要严肃问责追责。执法检查报告专门要求，各省级人大及其常委会要在 2018 年底前完成大气污染防治相关条例的制定或修改工作。现在有 20 个省（区、市）制定了大气污染防治方面的相关条例。尚未制定地方性法规，或者没有根据新的大气污染防治法修改原有法规的省级人大，要加快推进相关立法工作，确保按期出台。全国人大常委会将对新制定或修改的地方性法规进行备案审查，这既是履行全国人大常委会的法律监督职责，也是督促各省级人大贯彻好落实好党中央的部署要求。

二要强化问题导向，标本兼治、重在治本。这次执法检查的一个突出特点就是找准问题、动真碰硬。我们在实地检查中开展随机抽查，发现了一批违反大气污染防治法的具体问题。执法检查报告对一些违法行为点了名，还附了随机抽查情况报告。有关部门和地方要认真对待和反思执法检查组查出的违法现象，严肃处理，在此基础上举一反三，依法整改。处理和整改情况要向全国人大常委会反馈。

治理大气污染既要治标，更要治本。习近平总书记指出“我国的产业结构偏重，能源结构偏煤，产业布局偏乱”，点明了我国大气污染乃至整体环境污染的根源所在。这些结构性污染问题在蓝天保卫战三大重点区域更为典型，执法检查报告把这个问题放在首位，作了一系列的剖析说明，提出了强化源头控制的建议。一方面，要在治理现有污染上下功夫，大力整治“散乱污”企业，对排放不达标的企业进行技术改造，确实不能达标的要坚决关停。各地区不仅要确保单个企业排放达标，还要落实总量控制要求，降低本地区污染物排放总量。另一方面，要调整优化产业结构、能源结构、运输结构、用地结构，构建高质量现代化经济体系，实现绿色发展。实事求是地讲，调整“四个结构”任务极为艰巨，变革极为深刻，既要打好近期的攻坚战，又要打好十几年、甚至几十年的持久战。要坚持一张蓝图绘到底，常抓不懈、久久为功，确保到 2035 年总体形成节约资源和保护生态环境的空间格局、产业结构、生产方式、生活方式，实现生态环境质量根本好转，确保到本世纪中叶实现全面提升生态文明的目标。

三要结合各地污染防治实际，分类施策、精准发力。党中央明确把京津冀及周边、长三角、汾渭平原等作为蓝天保卫战主战场，明确提出降低 $PM_{2.5}$ 浓度的任务目标，这是当前大气污染防治工作的重中之重。但不是说只有主战场才有污染治理责任，也不等于治理好 $PM_{2.5}$ 就保卫了蓝天。党中央的决策部署，全国上下都要坚决贯彻落实，大气污染防治法要全国一体执行，我们这次执法检查是全覆盖，提出的意见建议，有些针对重点地区、重点问题，有些是针对普遍存在的共性问题。重点地区要着力攻坚，其他地区也要根据自己的实际，明确治污重点和工作任务。比如，我在内蒙古实地检查时，就强调加强风沙源治理，新疆、甘肃等地区也有风沙防治的重要任务。还比如，珠三角是前几年“大气十条”的重点实施地区，经过治理，空气质量稳定达标，但近年来臭氧浓度上升，成为首要污染物。这就要求珠三角地区把治理挥发性有机物作为重点，研究成因，着力推进石化、涂料、涂装等重点行业企业综合整治。还有生态环境质量比较好的地区，虽然“治”的任务不突出，但“防”的工作一刻也不能松懈。

四要加强各国家机关之间的协同配合，各尽其责。今天在座的有国务院及其相关部门、最高人民法院、最高人民检察院的负责同志，有列席会议的各省级人大常委会负责同志。各级国家机关都担负着生态文明建设和生态环境保护的政治责任，都是蓝天保卫战的参与者，都要贯彻落实党中央决策部署。各级政府及其相关部门要发挥主导作用，加大监管执法力度，强化部门联动协作，抓紧完善大气污染监督管理制度和工作机制，推进综合执法队伍特别是基层队伍能力建设。国家监察部门要强化对污染防治不力的渎职失职部门及人员的监察和追责。法院、检察院要履行司法保障职责，同有关部门一道，健全环境保护行政执法和刑事司法衔接机制，发挥公益诉讼制度作用。对于环境违法行为，一起公益诉讼、一件刑事判决，往往比一批行政处罚更有社会影响力，更具法律震慑力。地方各级人大及其常委会要把防治大气污染作为监督重点，综合运用法定监督方式，持续跟踪监督，督促有关方面认真实施大气污染防治法律法规，抓紧解决突出环境问题。全国人大常委会将要作出《关于全面加强生态环境保护　依法推动打好污染防治攻坚战的决议》。我们要履行好宪法法律赋予的职责，推动和保障生态环境保护领域各项法律、决议全面有效实施，为打好污染防治攻坚战作出应有贡献。

《中国人大》2018 年第 14 期

在江西与各级人大常委会负责同志座谈时的讲话

（2018 年 7 月 22 日，根据记录整理）

栗战书

我是江西省选出的全国人大代表，这次是回原选举单位联系群众、听取意见，履行人大代表的职责，同时也是一次调研。

2016 年春节前，习近平总书记到江西考察，当时我作为中办主任陪同考察，先后到了吉安、井冈山、南昌等地，亲耳聆听了总书记对江西工作的指示和嘱托。总书记提出，要传承好革命先烈的红色基因，让井冈山精神放射出新的时代光芒。总书记说，在扶贫的路上，不能落下一个贫困家庭，丢下一个贫困群众。总书记要求，江西要适应经济发展新常态，自觉把新发展理念作为指挥棒用好，向改革开放要动力，向创新创业要活力，向特色优势要竞争力。总书记强调，江西生态秀美，名胜甚多，绿色生态是最大财富、最大优势、最大品牌，一定要保护好，做好治山理水、显山露水的文章。总书记的这些谆谆嘱托，我至今记忆犹新。

时隔两年多，我再次来到江西。三天来，我们到了赣州、南昌、九江、景德镇。在红色故都瑞金瞻仰了革命烈士纪念塔、"一苏大"、"二苏大"等革命旧址，缅怀了老一辈革命家的丰功伟绩，再次经历了难得的"初心和使命"教育。参观"人民代表大会制度从这里走来"的展览，深切感受到我们党对政权建设的高度重视和不懈探索，即使在艰苦的战争年代，也没有放松发展民主、健全法制，充分说明了我们党始终以支持和保证人民当家作主为己任。我还随机请了 3 名县委书记见面座谈，与十多位全国人大代表见了面、谈了情况，看了一些企业和村庄农户，同江西的地方干部群众进行深入交流，了解经济社会发展、扶贫攻坚等情况。我们沿途欣赏了江西的秀美山川，参观了长江最美岸线，今天上午还看了御窑厂遗址、中国陶瓷博物馆。刚才，省、市、县、乡四级人大的负责同志和景德镇的几位全国人大代表以及有关方面同志的发言都很好，大家围绕人大在贯彻党中央决策部署、服务国家和地方发展、助力打好"三大攻坚战"等方面，谈了感受和体会，听了很受启发。你们提出的请求、意见和建议，我们带回去转给有关部门研究处理。刘奇同志简要介绍了江西的情况，总结的 3 点体会非常深刻，听了以后很有感触。总的感觉，你们学习贯彻习近平总书记对江西工作的指示要求、贯彻落实党中央决策部署很自觉、很认真、很有力，取得了积极成效。刘奇同志说，在我国所有省份中，江西在"红色"省份中是最"绿"的；在"绿色"省份中，江西是最"红"的。我认为，江西的特点就是"大红大绿"。江西是一片红色的土地，是一片灵秀的土地，是一片充满希望的土地。老区人民的生活一天比一天好，对我们党充满信任和感情，对未来发展充满信心。印象最深的有这么 5 点。

第一，江西省委、省政府认真学习贯彻习近平新时代中国特色社会主义思想，并自觉转化为江西改革发展的强大动力。你们认真学习把握这一思想的精髓要义、精神实质,学以致用、学用结合。习近平总书记每一次重要讲话,省委常委会都第一时间传达学习,今年就开了 22 次常委会会议,做到学习到位、领会到位、落实到位。20 日中午,我同赣州 3 名县委书记座谈。他们谈得最多的就是,对习近平新时代中国特色社会主义思想和总书记对江西工作指示要求的学习领会,以及在实际工作中怎样贯彻落实。这就说明,江西各级领导干部学习贯彻习近平新时代中国特色社会主义思想是很认真的、很有效的。大余县委书记曹爱珍说,过去千百年,绿水青山尽管也能给人们带来美好的生活环境,但很多绿水青山的地方仍然很贫困,现在贯彻习近平总书记提出的新发展理念,既保护好生态环境,又按照创新、协调、绿色、开放、共享的新发展理念指导发展,这就把绿水青山真正变成了金山银山。今天在车上,景德镇市委书记钟志生同志给我说,景德镇的城市规划看上去是弯弯曲曲、高高低低、起起伏伏,实际上是尊重自然、保护环境,不像以前那样通过改变或破坏自然生态来搞城市建设,其实质就是贯彻新发展理念,按照习近平生态文明思想来指导城市的规划、建设和发展。一路上,我接触各级干部和群众,虽然大家没有大段大段地背诵总书记的论述,但谈的工作思路、讲的做法举措都贯穿着习近平新时代中国特色社会主义思想,都是符合新发展理念的。

第二,江西正在走上高质量发展的轨道。你们积极争创鄱阳湖国家自主创新示范区,推进航空制造、电子信息、中医药、新能源新材料等重点产业发展,提出了要重振"江西制造",都取得很好的成绩。我们在赣州看的金力永磁科技公司,主要供应高性能稀土永磁,是国内新能源和节能环保领域核心应用材料的领先供应商;孚能科技是一家新能源汽车产业的核心企业,生产的乘用车锂离子动力电池系统出货量位居全国第三。在南昌,我们看的欧菲未来科技城,在触控、摄像头模组、生物识别模组等领域,保持全球出货量第一;南昌航空工业城,这个项目规模很大,规划面积 25 平方公里,引进了一批重点企业,正在谋划成为我国重要航空工业基地。瑶湖机场是按照军民两用设计的,我认为这个机场规划、设计、建设好了,可以在军民融合发展上走出一条新路。在九江,我们看了巨石集团,这是全球最大的玻璃纤维制造商,总产量达 160 多万吨。今天上午在景德镇看的昌飞公司,是我国直升机科研生产基地和航空工业骨干企业,初步形成军机、民机、国际合作项目和通航产业协调发展的新格局。我听说,抗战胜利 70 周年阅兵时,天安门上空飞的直升机,就有昌飞生产的。景德镇的陶瓷产业,现在吸引了 3 万"景漂"搞创意产业,这也是一种经济发展方式和产业结构的转型。我还听到了一个生动故事。上犹县委书记赖晓岚的父亲也担任过这个县的书记,当年父亲大力发展网箱养鱼,现在治理江河湖水污染,女儿要拆除网箱;当年父亲大力发展"马路经济",现在女儿整治环境要治理路边乱搭乱建、脏乱差,这父女俩、两代人,因为形势和实践的发展变化,前后两个不同的做法,就体现了发展理念的转变,这个实例非常生动。刚才左香云代表说,神山村过去是城里上班村里住,现在是村里上班城里住,这也是新变化新情况。我觉得,新发展理念正在使我们的经济社会悄悄地甚至不知不觉、一点一点、一步一步地发生着转变,可能很多时候我们没有留意这些悄然无息、潜移默化的改变,但它实实在在地发挥着作用。

第三,江西的脱贫攻坚已经取得了重大进展。我在瑞金到了仰山村,进村入户了解情况,听了基层干部的介绍。我随机选择去这个村,是当天吃过早饭后决定的,没有给你们准备的时间,主要就是想看看最真实的情况。我觉得,仰山村脱贫攻坚工作抓得是很实的,台账记载很详细。在赣州临时召集 3 个县的县委书记座谈,听了介绍,他们的脱贫工作也抓得很实。总的来看,江西省委、省政府高度重视脱贫攻坚工作,形成了省负总责、市县抓落实、乡镇推进实施的工作机制,五级书记直接抓、部门行业合力扶、扶贫单位倾心帮、驻村干部和基层党员干部结对包的攻坚格局。大家都重视起来了,沉下去了,干劲很大,效果也很好。信丰县委书记刘勇给我说,现在赣南深度贫困地区的致贫情形主要有五类:大病或慢性病、精神障碍、残疾、二女户、单身汉。我还是第一次了解到二女户致贫这个现象,就是家里只有两个女孩,都出嫁后,只剩下老人,就没有劳动力了,因而致贫。这些都说明我们的基层干部是深入到工作中去了,对实际情况摸得很准。到 2017 年,江西还有 87.54 万贫困人口,这个数字不算大了,但也不能放松,要按照总书记、党中央的要求,打好脱贫攻坚战。

第四,全省干部群众的精神面貌很好,都能自觉维护以习近平同志为核心的党中央权威和集中统一领导。这几天,我接触了省级领导、市县委书记、市长县长、人大代表、基层群众、企业负责人和职工等百八十人,大家对习近平总书记、对党中央充满了深厚感情，坚决拥护习近平总书记和党中央的领导，发自内心拥戴习近平总书记。大余县委书记曹爱珍给我说，她到农村调研，在问到群众对扶贫干部的评价时，老百姓脱口而出说："我给总书记打100分，给干部打95分"，"我们的革命老区非常感恩总书记、感恩党中央"。在干事创业中，江西干部群众的精神面貌也给我留下了深刻印象。瑶湖机场用了短短7个月时间，完成了原本需要两年才能完成的建设任务。大余县推进殡葬改革的力度很大，有人就在网上攻县委书记，说她改变千年风俗，将成为千古罪人，县委书记曹爱珍就亲自找到在网上发帖反对这项改革的人，晓之以理、动之以情，给他讲，妇女裹脚也是千年风俗，不也改了吗！如果再让你给你的爱人、女儿裹脚，你能接受吗？结果把反对者变成改革陋习、宣传新风的推动者。能把工作做到这个程度，充分体现了基层领导干部的良好作风和精神风貌。江西推进的绿色殡葬，既是移风易俗，也是思想文化的革命。大余县收缴了1万8千多口棺材，过去祠堂里存放的都是棺材，现在都解决了。过去全县有130多个风水先生，现在大部分都转行了。上犹县委书记赖晓岚同志介绍了他们县提出的精神，就是"不达目的不罢休的攻坚克难精神，不破法规破常规的改革创新精神，众人拾柴火焰高的团结奋斗精神"。总书记提出"坚定信念、艰苦奋斗、实事求是、敢闯新路、依靠群众、勇于胜利"的井冈山精神，我接触的江西干部群众精神状态和工作作风，就体现了这种精神。有了这种精神，江西全面建成小康社会的目标就一定能如期实现。

第五，江西省人大工作有积极的探索和成效。围绕贯彻党中央决策、省委中心工作这个大局立法；围绕经济社会发展和法律实施中的突出问题进行监督；加强各级人大机构组织建设，在乡镇普遍设立代表工作站。充分发挥各级人大代表作用，人大代表的代表性和影响力都进一步增强了。这方面，省市县乡人大同志的汇报讲了很多具体情况、实例，我感到做得都是很好的。

以上是我的一些体会。我同一些干部座谈时问到，现在的工作好干不好干，他们都说，困难问题是有，但工作比过去好干多了。为什么工作好干了？我觉得，**第一是**有习近平总书记这个党中央的核心、全党的核心掌舵领航，有以习近平总书记为核心的党中央坚强领导。总书记既有战略思考、宏观决策，对一些工作又有明确、具体的指示要求，有的同志讲总书记是手把手地教我们工作。有习近平总书记这个核心指引方向、掌舵领航，我们心里就有底了，做起工作来就心明眼亮了。**第二是**党的十八大以来全面从严治党，抓政治建设、思想建设、组织建设、作风建设等，政治生态更加清朗、优良。一开始搞八项规定时，很多人不理解，认为不可能持久；抓管党治党，很多人担心会影响经济。现在看，通过5年多的全面从严治党，狠抓作风建设，整个政治生态越来越好，干部不用费那么多的心思去打点关系应酬各方，可以集中精力干事了。**第三是**干部作风转变了，特别是与群众的联系越来越密切。10多年前，一些地方的基层干部与老百姓的关系很紧张，大家很担心会不会出陈胜、吴广揭竿而起那样的问题。现在基层干部与老百姓的关系越来越融洽。**第四是**群众发自内心地拥护共产党。这在江西老区体现得特别明显。一路走下来，深切感受到江西老百姓都说总书记好、共产党好。我们这么大一个国家，这么大一个党，有党中央坚强领导，有党和人民的鱼水关系，有人民群众对共产党的坚定拥护，人民就有"主心骨"，党的执政基础就坚不可摧，国家、民族就有希望有力量。党的十九大提出的"三步走"发展目标就一定能够实现！大家要有这个信心。

概括起来说，江西按照总书记的指示要求，各项工作都在快速进步。现在刘奇同志是一肩挑，尽管担任省委书记的时间不长，但迅速打开工作局面，担当实干、开拓进取，带领全省干部群众迈出了建设富裕美丽幸福现代化江西的坚实步伐。今年3月在参加江西代表团审议时，我说习近平总书记对江西工作的指示要求就是你们做好工作的总纲领、总方针。希望你们继续把习近平总书记对江西工作的指示要求学习好、领会好，把党中央重大决策部署在江西贯彻好、落实好，谱写出新时代中国特色社会主义伟大事业在江西生动实践的新篇章。

大家在发言中，围绕坚持党对人大工作的领导，推动加强生态环境保护、打赢脱贫攻坚战、实施乡村振兴战略，发挥人大代表作用，做好地方立法工作，加强县乡人大建设等介绍了情况，提出了建议，我们听了很受启发。本届全国人大及其常委会成立4个多月来，委员长会议组成人员、常委会委员一道学习、一起探索，积极依法履行职责。我们最深的一个体会就是，必须把人大各项工作紧紧扣在贯彻落实党中央重大决策部署上来，紧紧扣在回应人民群众重大关切上来，紧紧扣在厉行法治、推进全面依法治国上来。我觉得，这是确保人大工作方向正确、富有成效的必然要求，也是党和人民赋予各级人大的使命和责任。这段时间以来，我一直在思考，在党中央集中统一领导下，怎么样通过人民代表大会制度把坚持党的领导、人民当家作主、依法治国真正打通、有机统一起来，怎么样通过人大工作把习近平总书记的指示要求、党中央的决策部署落实到位？结合今天座谈交流的情况，结合全国人大及其常委会工作实际，我谈 3 点意见，同大家共同探讨。

第一，要紧紧围绕党和国家工作大局谋划、部署、推进人大工作。人大工作的政治性非常强。各级人大及其常委会是国家权力机关、工作机关、代表机关，但首先是党领导下的政治机关。要把坚持党的领导这个重大政治原则贯彻和体现到人大工作各方面和全过程。作为人大党组要确保党中央一锤定音、定于一尊的权威，确保党的路线方针政策和决策部署在国家工作中得到全面贯彻和有效执行。7 月 16 日，全国人大常委会党组集体学习"中国共产党的历史使命"，我也讲到了我们这一届全国人大常委会党组、人大及其常委会要为实现党的历史使命尽好 4 个方面的责任，其中一条就是，"要把服务、支持和保障改革开放，实现新时代中国特色社会主义现代化建设三阶段任务作为基本着眼点，切实发挥人大职能作用。"我想，这就是新时代人大工作必须要紧扣的"大局"。具体到当前来讲，打好"三大攻坚战"、决胜全面建成小康社会，就是各级人大工作要紧扣的"大局"。我们要牢固树立"四个意识"，吃透吃准党中央精神，紧跟习近平总书记的指示要求，紧跟党中央的决策部署，把人大各项工作放到党和国家工作大局、本地区中心任务当中去思考、谋划、推进，让立法、监督、代表工作、调查研究、对外交往等每一项部署、每一项举措都自觉服从大局、坚决服务大局。

第二，要形成一套贯彻落实党中央决策部署的有效工作机制。坚持党对人大工作的领导是具体的、实在的，不能只停留在口头表态上，而是要落实到具体工作中、体现在有效举措上。近些年来，全国人大及其常委会在贯彻落实党中央决策部署方面，既坚持了以往好的做法，也进行了新的探索实践。

在立法工作方面，①我们编制、调整立法规划计划，制定或修改法律时，都坚持以习近平新时代中国特色社会主义思想为指导，都把贯彻落实党的路线方针政策和决策部署作为贯穿立法工作的主线。比如，党中央出台《社会主义核心价值观融入法治建设立法修法规划》后，4 月份的常委会会议就审议通过英雄烈士保护法，传承和弘扬英雄烈士精神、爱国主义精神。②凡是党中央交办的重大立法任务，我们都全力以赴抓好贯彻落实。比如，十三届全国人大一次会议修改宪法、制定监察法；将中央政治局常委会 2018 年工作要点确定的立法项目列入立法规划计划，作为立法工作的重中之重。③立法工作中涉及的重大问题和重要事项，都及时主动向党中央请示报告。党的十八大以来，全国人大常委会党组向党中央请示报告 200 余件，其中涉及立法事项的有近一半。④总书记提出"凡属重大改革都要于法有据"，全国人大常委会坚持立法与改革决策相统一、相衔接，为重大改革举措提供法律支撑。本届全国人大常委会已制定法律 2 件，修改法律 6 件，作出有关法律问题的决定 4 件，其中大部分都是为相关改革服务的。

在监督工作方面，"紧扣"大局显得更为突出。全国人大常委会紧紧围绕党中央决策部署，综合运用多种监督手段，严格遵循"依法"二字，抓住突出问题持续发力，着力增强监督工作的针对性、实效性。①党中央提出要"打好污染防治攻坚战"。全国人大常委会认真学习贯彻习近平生态文明思想，抓住突出环境问题加强监督，4 月份的常委会会议听取审议了关于 2017 年度环境状况和环保目标完成情况的报告；6 月份的常委会会议听取审议了关于研究处理固体废物污染环境防治法执法检查报告及审议意见情况的报告；7 月份，我们专门加开一次常委会会议，听取审议大气污染防治法执法检查报告，并开展专题询问，作出相关决议。可以说，我们为全面加强生态环境保护、依法推动打好污染防治攻坚战打出了一套"组合拳"。②党中央提出要"打赢脱贫攻坚战"。全国人大常委会持续跟进、推动落实。今年，全国人大常委会围绕脱贫攻坚工作安排了专题调研，并将听取审议专题调研报告。③党中央提出要"打好防范化解金融风险攻坚战"。党的十八大以来，全国人大常委会专门听取审议国务院 3 个有关金融方面的专项工作报告。今年，全国人大常委会安排听取审议国务院关于加强国有资产管理情况的报告，要求重点报告金融类企业国有资产管理情况，还将围绕地方政府债务情况开展专题调研。

在刚才的发言中，我也听到江西省各级人大在这些方面有许多新举措新经验。昨天上午，我们在省人大机关看了预算联网监督平台和环境资源保护监督系统，这种在线监督的方式很好。同时，我也提出要确保数据及时、准确，发动代表积极参与，真正发现问题、解决问题,探索积累有益经验。在这些方面,全国人大和地方各级人大可以加强交流,共同探索完善,形成一套完整的、具体的、可执行的工作机制和办法,保证党中央和同级党委的决策部署落实到位。

第三,要持之以恒加强人大自身建设,增强本领、担当作为、求真务实。俗话说,软肩膀挑不起硬担子。要肩负起党和人民赋予人大的历史责任,我们必须不断加强自身建设,以过硬的素质能力、良好的精神风貌和务实的工作作风,推动人大工作不断提高质量和水平。

要学好"必修课"。首要任务是用习近平新时代中国特色社会主义思想武装头脑、统领和指导人大工作,这是做好新时代人大工作的思想武器和政治保证。特别是要学习、研究、宣传、贯彻好习近平总书记关于人民代表大会制度的论述,这是我们的看家本领。要把总书记关于人民代表大会制度的论述学深悟透,自觉运用到人大工作的实践中。要加强研究阐释、舆论宣传工作,深化对新时代人大工作规律的认识和把握,不断坚定人民代表大会制度自信,为推动人大制度和人大工作与时俱进、完善发展奠定基础。在这些方面,全国人大同地方人大要加强学习研究成果的交流。

要练好"基本功"。大兴调查研究之风,无论是立法调研、执法检查、专题调研,还是审议代表议案、办理代表建议,都要深入实际、深入基层,多与群众面对面交流,多听专家学者和社会各方面的意见,充分了解实际情况,找准问题关键和症结,提出切实可行的工作建议和审议意见,努力让人大工作更接地气、更加符合人民意愿、更好地回应社会关切。

要发挥好人大代表作用。全国五级人大共有262万名代表,他们是人民代表大会的主体,是党和国家联系人民群众的桥梁和纽带。要支持和保障代表依法行使职权,了解民情、反映民意、集中民智,提高审议质量,让人大工作更具活力。要进一步扩大代表对常委会工作的参与,增强代表议案建议的办理实效,充分研究采纳代表的意见建议。同时,要加强对代表的教育培训和管理监督,鼓励和引导代表依法履职、扎实工作、不辱使命。

要加强人大作风建设。各级人大代表和常委会、专门委员会组成人员,都要倍加珍惜党和人民赋予的权力,增强坚持和完善人民代表大会制度、做好新时代人大工作的责任感使命感,勇于担当、埋头苦干,精益求精地做好各项工作。人大工作也要有制度约束和纪律要求。代表、委员参加会议是法定职责。我在全国人大常委会第二次会议上特别强调会议纪律问题,要求常委会组成人员按时参加会议,不能想来就来、想走就走,请假要履行严格的审批程序。我认为,能否保证按时参加会议,是工作责任、工作态度、工作作风的集中体现。此外,代表、委员还要严格要求自己,模范遵守党的纪律和法律法规,树立良好的形象。

多年来,地方人大对全国人大及其常委会的工作给予了大力支持。借此机会,我向在座的各位同志并通过你们向江西各级人大代表、常委会组成人员和人大机关工作人员表示衷心感谢!

我就讲这些,谢谢大家!

在第十三届全国人大常委会第五次会议期间与部分全国人大代表座谈时的讲话

（2018年8月29日下午,根据记录整理）

栗战书

（一）

首先,欢迎各位代表列席全国人大常委会第五次会议。利用今天下午分组会议结束后的时间,我和振武同志一起同大家见个面、聊一聊,主要是想听一听大家对人大工作的意见建议。

列席这次常委会会议的代表有52位,我看了看名单,来自基层的居多,还有香港、澳门的代表。大家都以积极认真的态度来列席这次会议,开会之前围绕会议议题做了深入调研和精心准备,会上很多代表都发了言,就审议的法律案、报告谈了许多好的意见建议。全国人大常委会非常重视全国人大代表的意见,虽然你们是列席会议,但大家的发言、提出的审议意见，跟常委会组成人员的意见是同样的分量。列席代表和常委会组成人员的差别，是你们不参加最后的表决，就有这点差别。大家的意见讲得很好，我们同样认真地吸收采纳。

全国人大代表列席常委会会议，从六届全国人大期间就开始了。每次常委会会议都邀请一些代表特别是基层的代表列席，五年时间基层的全国人大代表差不多都能列席一次。十三届全国人大常委会也要做到这一点，争取五年内来自基层的每位代表至少列席一次常委会会议。过去代表列席常委会会议，主要是列席全体会议、参加分组审议。我想，代表五年列席一次，机会非常宝贵，这也是常委会联系代表、听取代表意见的一个很好的机会，所以，我们决定，从本次会议开始，形成一个机制，就是每次常委会会议期间，都同列席会议的全国人大代表开一个座谈会，听听大家对人大工作，对党和国家事业发展、经济社会发展、全面依法治国、全面深化改革等方面有什么意见，有什么呼声。全国人大代表特别是基层的代表，同广大人民群众工作生活在一起，对基层的情况很熟悉，更了解人民群众想什么、盼什么，你们把人民群众的呼声、愿望、要求反映上来，这也是很好地发挥人大代表联系人民群众的桥梁和纽带作用。

现在，就请大家发表意见，老百姓有什么想法、有什么需要，也可以反映，建议、意见甚至批评，都可以讲。

（二）

已经六点多了，22 位代表发了言，大家讲得都很好，说的是心里话。你们提出的意见建议，有的我已经在插话时作了回应，这里就不再一一回应了。涉及人大工作的，常委会机关要认真研究、积极采纳；涉及其他方面的，可以转送有关部门研究处理。

习近平总书记高度重视发挥人大代表作用，对各级人大代表寄予殷切期望。五年多来，总书记多次发表重要论述、提出明确要求。这轮全国、省、市、县、乡人大换届，总书记强调要严把人大代表"入口关"，确保选举工作弊绝风清，选出真正代表人民、人民满意的代表。所以，对人大代表的要求是很高的、很严的，有问题的人不能当代表；当选以后，如果有违纪违法的问题，也要辞职或者罢免。最近，湖南省选出的一名全国人大代表就被责令辞职了。总书记还强调，要支持和保障代表依法履职，密切国家机关同人大代表、人民群众的联系，加强代表思想作风建设和管理监督等。在党的十九大报告中，总书记提出要"更好发挥人大代表作用"、"使各级人大及其常委会成为同人民群众保持密切联系的代表机关"。习近平总书记的这些重要论述和要求，为做好新时代人大工作特别是代表工作提供了指引和遵循，我们要认真学习好、贯彻好、落实好。

全国人大代表在宣传党的方针政策、宪法法律、国家重大战略方面，在反映人民群众呼声愿望要求方面，在呼吁解决人民群众迫切需要解决的问题方面，在推进改革开放、促进经济高质量发展、维护社会稳定等方面，都承担着更大的责任，可以发挥更大的作用。我希望所有全国人大代表都能够按照党和人民对人大代表的要求，很好地履行代表的职责，发挥代表的作用。

人大代表无论是出席代表大会，还是提出议案、建议，都要靠平时深入地开展调查研究，深入到群众中去，深入到实践中去，真正了解人民群众在想什么，有什么愿望，有什么要求。人大代表要反映人民群众的心声，这一点很重要。但是说真的，要真正地了解人民群众的呼声愿望要求，真正地号准人民群众的脉搏是不容易的。从事人大工作的同志，包括委员长、副委员长，包括各级人大常委会的主任、副主任，包括全国人大代表和地方各级人大代表，还有各级人大常委会组成人员和人大机关的工作人员，都要转变工作作风、加强调查研究，这样才能向党和国家提出更符合实际、更符合群众心愿的意见建议。所以，要从领导干部做起，改进工作作风，了解实际情况。

我最近到江西、福建调研，就有这个感受。既看地方安排的点，又随机找一些点看一看，随机找干部、群众聊一聊。到江西，我开了四、五个座谈会，有两个是临时决定的，他们事先也没有什么准备，讲的都是具体事，包括干了什么，有什么问题，讲得都非常好。我还开了五级人大代表的座谈会，在九江开了一个，在景德镇开了一个，代表们谈的也很好。执法检查也是这样，我到河南、内蒙古检查大气污染防治法的实施情况，就组织了一个专家组去明察暗访，他们拍了很多照片、图像，了解了不少情况和问题。我讲这些是想强调，人大代表和人大的领导同志也好，人大机关的工作人员也好，都要本着对党和国家负责、对人民群众负责的精神，真正地深入了解真实的情况，反映人民群众的呼声，提出更多真知灼见，为党和国家作出决策、制定政策，为把党和国家的决策部署落到实处，为增加老百姓的获得感幸福感，作出我们的贡献，发挥我们的作用。

支持和保障代表依法履职，更好发挥代表作

用，是做好新时代人大工作的重大课题。全国人大常委会要遵循和把握代表工作规律，健全完善代表工作机制，自觉接受代表监督，依靠全国人大代表做好常委会各项工作。常委会工作机构要尊重代表主体地位，增强为代表服务的意识，认真做好邀请代表列席会议、参加活动，组织代表集中视察、专题调研，办理代表议案、建议，加强代表学习培训等各方面工作，为代表依法履职提供高质量的服务保障。比如，代表议案、建议的办理，很多具体环节要抓紧抓实。一些重要的建议，人大要跟踪督办，要求有关部门高度重视，认真负责地办理答复、回应代表关切，需要改进的工作一定要加以改进。

借此机会，我想对代表们提几点希望。

一要旗帜鲜明讲政治。牢固树立“四个意识”，坚定“四个自信”，自觉维护习近平总书记权威和核心地位，自觉维护党中央权威和集中统一领导。要深入学习贯彻习近平新时代中国特色社会主义思想，吃透党中央精神，善于从大局和全局上思考问题、发表意见、提出建议，紧紧扣在贯彻落实党中央决策部署履行职责、做好工作。

二要密切联系人民群众。希望大家在日常工作和履职活动中，认真倾听群众的呼声愿望要求，把人民群众的意见建议及时反映上来，努力做到民有所呼、我有所应，同时要善于把党中央决策部署传达下去、落到实处，充分发挥好人大代表作为党和国家联系人民群众的桥梁和纽带作用。

三要树立人大代表良好形象。人大代表要珍视自己的代表身份，模范遵守宪法和法律，带头遵守社会公德，自觉接受人民群众监督，在本职岗位上建功立业，在为民服务中担当尽责，为做好新时代人大工作贡献力量。

最后，祝愿各位代表工作顺利、身体健康，很好地履行职责。

在浙江调研期间的讲话

栗战书

在衢州市柯城区府山街道人大代表联络站与五级人大代表座谈时的讲话

（2018 年 9 月 16 日上午）

（一）

我们这次到衢州市柯城区府山街道人大代表联络站，一方面是想看看人大代表联络站开展工作的情况，另一方面是同人大代表、基层的同志见个面，主要是想听一听大家对人大工作的意见建议。

参加今天座谈的 9 位同志，有 2 位全国人大代表、2 位省人大代表、1 位市人大代表、3 位县（区）人大代表、1 位镇人大代表，五级人大代表都有，有几位还是专职从事人大工作的同志。你们工作在基层一线，对基层情况最熟悉，对人民群众有什么要求最清楚。今天这个座谈会，就是想请大家谈一谈老百姓最关心的是什么，希望国家解决和支持的事情是什么，人大工作如何更好地反映人民群众的呼声和要求。大家可以放开谈，也不限于这些题目，有什么问题和建议都可以提出来。

（二）

刚才，大家介绍了基层工作情况，谈了履职体会，也提了一些意见建议，讲得都很好，说的都是心里话，我听了以后很受启发。这里，我也谈几点想法。

第一，县乡人大工作大有可为。听了同志们介绍的情况，感到衢州市、县、乡（镇）人大工作做得是好的，特别是认真贯彻落实 2015 年中央 18 号文件精神，推动县乡人大工作和建设得到全面加强和发展。在我国，县乡两级人大是最基层的国家权力机关，是人民代表大会制度的基础，在国家治理体系中处于十分重要的位置，发挥着十分重要的作用。①县乡两级人大代表都是直接选举产生的，由他们组成县乡人民代表大会并产生同级各国家机关；县级人大还要选举产生设区的市级人大代表，并在此基础上逐级选举产生省级人大代表和全国人大代表。可以说，县乡人大是我国政权体系的组织基础。②县乡两级人大代表共 247 万，占五级人大代表总数的近 95%，是联系人民群众、做好人大工作的基础和主要力量。③县级人大常委会是最基层的人大常委会，乡镇人大是最基层的人民代表大会。坚持和完善人民代表大会制度，做好新时代人大工作，最主要的就是把县乡两级人大建设好，把人大工作的基础打坚实，把县级人大及其常委会、乡镇人大的作用充分发挥出来。

第二，人大代表要担当尽责、作好表率。人大代表是人民代表大会的主体。刚才，大陈村支部书记汪衍君说，“代”是为人民代言，“表”是作表率，如果代表不代表人民，人民就不认可，把代表的含义讲得很深刻。人民群众对人大制度和人大工作的认识，往往是来自于对人大代表特别是身边的人大代表的认识，人大代表作用发挥情况和人民群众的认可、拥护是互动的。如果当了 5 年人大代表，什么事也没有干，不联系群众，不反映群众要求，不知道群众所思所盼，人民群众就会认为人大代表是虚设的，没有什么作用。同时，人大代表自己也觉得当代表无所谓，也没有责任感。所以，人大代表要增强责任感、使命感，积极履职、为民服务。这样做了，人民群众就会认可和拥护人大代表，拥护人民代表大会制度，人大代表也会更加感到使命光荣、责任重大，更好地发挥代表作用。

代表都有自己的本职岗位，是领导干部的要廉洁从政、不贪不占；搞生产经营的要遵纪守法；医务工作者要全心全意为病患服务；普通群众也要带头守法。这是最基本的要求。作为一名人大代表，还要从各方面严格要求自己，作爱岗敬业、遵纪守法、弘扬正气的表率，发挥模范带头作用。

第三，建好用好人大代表联络站这个平台。代表联络站是人大代表依法履职、联系群众的重要平台。代表在这里可以接待群众，听取群众意见；可以学习党中央精神和宪法法律，交流履职经验；可以组织开展视察、调研等活动，议事和讨论。府山街道代表联络站地方虽然不大，但设施很完备，规章制度很健全，为省、市、区（县）三级人大代表提供了一个活动场所和平台，使代表们能够更充分地发挥作用。党委、人大常委会也可以利用这个平台，更多地接触人大代表。市委书记、区委书记、街道书记都可以来这里跟代表们见见面，听听意见。希望地方党委和人大常委会高度重视代表联络站建设，认真推广好经验、好做法，进一步推进规范化、制度化，更好发挥代表联络站的功能。

第四，组织好学习宣传贯彻宪法的工作。深入开展宪法宣传教育，是全面依法治国的重要基础性工作。今年 3 月十三届全国人大一次会议通过了新的宪法修正案，实现了宪法的与时俱进、完善发展。修改宪法是为了更好地实施宪法，充分发挥国家根本法的作用。当前在基层和农村，老百姓对宪法的了解和认识还不够，宪法学习、宣传、教育工作亟待加强。这是县乡人大和人大代表的重要工作任务。作为人大代表和人大工作者，首先自己要作学习、宣传、贯彻宪法的表率，要原原本本通读宪法，吃透宪法精神、宪法原则和宪法规定，自觉弘扬宪法精神，保证宪法实施。要积极主动宣传宪法，采取灵活多样的方式讲好宪法故事，在群众中特别是中小学生中普及宪法知识，让宪法走进日常生活、深入百姓心间，在全社会树立起尊崇宪法、学习宪法、遵守宪法、维护宪法、运用宪法的良好氛围。

在浙江省人大看望机关干部并座谈时的讲话

（2018 年 9 月 16 日下午）

很高兴同浙江省人大机关的同志们见面。我这次到浙江参加第 24 次全国地方立法工作座谈会，还到杭州、衢州看了看，做了点调研，主要是听取大家对人大工作的意见建议。

（一）

刚才，听了梁黎明同志的汇报，总的感觉，浙江省人大工作非常扎实，也很有开创性，有这样 3 个特点：

一是省委高度重视，加强对人大工作的领导。省委书记车俊同志到淳安县参加新一届省人大的首次接待代表活动，同来自基层的人大代表、干部群众面对面交流。这在省委书记中是不多见的。7 月中旬省委召开全省立法工作会议，全面部署新一届省人大及其常委会立法工作。还有，2015 年中央 18 号文件出台后，省委及时研究制定了贯彻落实的若干意见。这些都体现出浙江省委对人大工作的高度重视。我觉得，这种重视来源于对人民代表大会制度重要地位、重大作用的深刻认识，来源于对总书记关于坚持和完善人民代表大会制度重要思想的学习贯彻，也是在思想上政治上行动上同以习近平同志为核心的党中央保持高度一致的具体体现。

二是紧紧围绕党和国家工作大局、省委中心工作履行职责。你们在贯彻党中央决策部署、接受全国人大常委会联系指导的前提下，坚持从浙江省经济社会发展实际出发，回应人民群众对美好生活的期盼和要求，通过立法、监督等与中心工作紧密配合、做好服务。**比如，**聚焦打好污染防治攻坚战，组织开展生态环保地方性法规规章全面清理工作。比如，组织承办"三省一市"人大常委会主任座谈会，研究怎样加强人大工作协作，共同保护长江生态、推动高质量一体化发展。**比如，**推进民生实事项目人大代表票决制，实现全省市、县、乡三级全覆盖，积极回应民生关切，受到人民群众好评。过去县、乡政府开展民生工作的计划性不强，随意性很大。现在，通过人大代表进行评估、论证，最后投票表决确定民生实事，既体现了民主、公平，也彰显了人大权威，经表决通过的民生实事是具有法律效力的，是必须要执行的。我觉得，这是一项非常重要的创新探索，很有意义。**比如，**为确保"最多跑一次"改革顺利实施，省人大常委会正在审议一部专门的地方性法规。我看了草案征求意见稿，有46条规定，操作性很强，非常务实。出台这么一个地方性法规，可以为推进"最多跑一次"改革提供法律支撑，做不到就等于违法，是要依法追究责任的。总的说，浙江各级人大工作富有创新，主要是紧跟新时代党和国家工作大局，紧扣人民群众期盼呼声，做得很好、很有成效。

三是加强人大及其常委会党的建设。按照总书记提出的全面从严治党任务要求，坚持以政治建设为统领，全面加强人大及其常委会、人大机关党的建设。省人大常委会党组定期组织集体学习，系统学习贯彻习近平新时代中国特色社会主义思想，及时传达学习贯彻党中央会议精神和部署要求；党组成员同每一位干部职工进行面对面谈心谈话、交流思想。这些都是加强党的建设的具体措施、具体表现。过去，有的委员、代表在审议发言时"乱放炮"，想讲什么就讲什么。这些年来，包括人大在内的各国家机关都把加强党的建设摆在重要位置，党建质量不断提升，委员、代表树立起纪律和规矩意识，知道哪些话能说、哪些话不能说。加强人大党的建设，有利于保障党中央和地方各级党委决策部署在人大工作中全面贯彻和有效落实。

我赞同梁黎明同志所讲，要认真总结地方人大工作的创新实践和经验，有的做法和经验成熟后，可以上升为法律规范。请振武同志考虑一下，加强对地方各级人大工作好经验好做法的宣传和推广。前些天，我讲到人大新闻宣传工作时，就提出不仅要宣传报道人大会议，还要宣传报道立法、监督等日常工作；不仅要宣传报道全国人大的工作，还要宣传报道地方人大工作和建设情况。还有，关于加强街道人大工作，这个问题要深入研究。街道不是一级政权，是上级政府的派出机构，法律上没有规定街道设立人民代表大会。现在，按照中央18号文件精神，街道都设立了人大工作机构，把辖区内的各级人大代表组织起来开展活动，比如设立代表联络站，就是组织代表发挥作用的一个好办法。当然，还要研究街道人大工作机构的职责定位、履职方式、人员配备、经费和物质保障等问题，进一步健全完善相关制度。

（二）

浙江是习近平总书记曾经工作过的地方。他一直非常关心浙江的发展。我记得2015年5月，他到杭州、舟山等地调研时曾说过："这里秀美的山水，这里勤劳的人民，这里悠久的文化，给我留下了难以忘怀的印象"；要求浙江"干在实处永无止境、走在前列要谋新篇、永立潮头方显担当"。这些话语，饱含着对之江大地的深情，对5000万浙江人民的牵挂。我当时作为中办主任陪同总书记调研，听到这番话，很受感动。

习总书记在浙江工作了6个年头，对浙江发展有一系列创新性、前瞻性的思考和探索。**比如，**提出在"腾笼换鸟"中实现"凤凰涅槃"，"绿水青山就是金山银山"，作出建设"法治浙江"重大决策，大力倡导"干在实处、走在前列"等。特别是系统提出了浙江进一步发挥八个方面优势、推进八个方面举措的"八八战略"蓝图，为浙江发展指明了方向、提供了遵循。今年是习总书记提出"八八战略"15周年。我这次来，看到在"八八战略"引领下，之江大地发生了历史性变化，浙江人民获得了满满当当的实惠。希望浙江把"八八战略"作为"指南针"和"金钥匙"，长期不懈地坚持好、贯彻好、落实好。

习总书记曾经担任过4年浙江省人大常委会主任，在人大工作方面有许多创新理论、举措和实践。**比如，**习总书记提出，做好人大工作需要处理和把握好五个关系：一是坚持党的领导与发挥人大作用的关系；二是加快发展与法制保障的关系；三是依法办事与开拓创新的关系；四是监督与支持的关系；五是人大与人民群众的关系。这些论述和要求不仅对做好浙江人大工作，而且对做好新时代各级人大工作，都具有着非常重要的指导意义。这些年来特别是党的十八大以来，浙江省人大及其常委会一直坚持和落实总书记在浙江工作时的指示要求，深入学习贯彻习近平新时代中国特色社会主义思想，特别是关于坚持和完善人民代表大会制度的重要思想，围绕大局履职尽责、担当作为、探索创新，各方面工作都做得很深、很细、很实，取得了显著成效。

（三）

我们这一届人大的任期，正好处在“两个一百年”奋斗目标的历史交汇期，这给人大工作提出了新的更高要求，也赋予我们重大的历史任务。做好新时代人大工作，关键是要把握好“三个紧紧扣住”，就是要紧紧扣住贯彻落实党中央重大决策部署，紧紧扣住回应人民群众重大关切，紧紧扣住厉行法治、推进全面依法治国。对于地方人大来讲，要把党的领导、人民当家作主、依法治国真正打通、有机统一起来，始终坚持党对人大工作的领导；要加强和改进地方立法工作，围绕中心工作，维护法制统一，突出地方特色，提高立法质量和效率；要加大监督工作力度，创新监督工作机制和方式，在增强监督实效、推动解决问题上下功夫；要充分发挥人大代表特别是基层代表的作用，激励和支持代表履职尽责、恪尽职守，发挥好表率作用；要以政治建设为统领加强人大自身建设，牢固树立“四个意识”，坚决做到“两个坚决维护”，改进作风、增强素质、提升水平，建设忠诚干净担当的高素质人大工作队伍。

总的来说，要努力实现人大履职向好不好、管不管用、能不能解决实际问题转变。

在第十三届全国人大常委会第六次会议联组会议上的讲话

（2018 年 10 月 25 日上午）

栗战书

（一）

今天，我们举行联组会议，围绕人民法院解决“执行难”工作、人民检察院加强对民事诉讼和执行活动法律监督工作开展专题询问。对“两高”工作开展专题询问，这在全国人大常委会历史上还是第一次，既是贯彻党中央决策部署，支持和保障司法改革、促进司法公正的一项具体举措，也是常委会开展监督工作的一次积极探索和实践创新。

最高人民法院周强院长、最高人民检察院张军检察长及“两院”有关负责同志，国务院有关部门负责同志到会听取意见、回答询问，体现了对专题询问工作的高度重视。刚才，11 位出席和列席会议的同志提出询问，反映了人民群众对司法工作的关切。周强同志、张军同志和有关方面负责同志 15 次认真坦率地回答问题，包括最后表态发言，都有很高的政治站位，体现了对党和人民高度负责的精神和自觉接受人大监督的态度。

专题询问不是记者招待会、新闻发布会，不是征求意见会、民主讨论会，而是就推动有关工作开的会，但也不是一般意义上的工作座谈会；可以提问也可以追问，但又不同于争论不休的辩论会。专题询问这个形式非常好，总的是为了保障有法可依、有法必依、执法必严、违法必究，推动党中央决策部署的贯彻落实，推动法律有效实施，实现依法治国。询问的形式是一问一答、有问有答，体现的是法律的庄严性、监督的严肃性，体现的是被监督方对法律的敬畏、负责和忠诚。询问者围绕法律实施提出问题，应询者如实介绍情况，回答问题，作出表态，这是对法律的承诺，说了就要负责，说了就要兑现。一次专题询问能提问的只是少数委员代表，其他委员代表通过参加专题询问，可以了解很多情况，引发很多思考，对于今后更好履行职责、发挥作用是很有启发意义的。

常委会组成人员在审议和专题询问时提出了不少好的意见建议，全国人大监察和司法委员会提供的调研报告研究分析了相关问题，提出了工作建议。请“两高”和有关方面认真研究这些意见建议，进一步推动改进工作，并依法向全国人大常委会反馈研究处理情况。全国人大监察和司法委员会要加强跟踪监督，督促和帮助法院、检察院破解工作难题，推动做好“解决执行难”和民事检察等各项工作。

（二）

人大对审判机关、检察机关工作的监督，体现了国家一切权力属于人民的宪法原则，目的是确保法律法规得到有效实施，维护司法公正和司法公信力。从本质上说，监督既是制约也是支持，加大监督力度就是给予更大支持。在党的领导下，人大实施监督工作，支持和保障“两院”依法履行职责，形成加强和改进工作的合力，这充分体现了人民代表大会制度的特点和优势。

党的十八大以来，全国人大常委会共听取审议最高人民法院、最高人民检察院18个专项工作报告，涉及司法改革、司法公开、行政审判、反贪污贿赂等方面工作，支持和促进司法机关贯彻落实党中央关于深化司法体制改革的重大决策部署，依法公正行使审判权、检察权，提高司法公信力。这次常委会会议有5个立法项目、2个工作报告都是关于司法改革和司法工作的，并首次对“两高”工作开展专题询问。党的十八大以来的6年，最高人民法院、最高人民检察院和地方各级审判机关、检察机关，自觉接受人大监督，坚持严格司法，积极改进工作，形成了监督与被监督之间的良性循环。下一步加强和改进人大对司法工作的监督，要注意把握以下三个重点：

*第一，要紧紧围绕党中央提出的重大改革任务来谋划和安排。*党的十八届三中、四中全会和党的十九大对全面推进依法治国、深化司法体制改革、全面落实司法责任制、提高司法公信力提出了明确要求，这既是司法工作的重心，也是人大对司法工作监督的着力点。全国人大常委会要坚决贯彻党中央决策部署，围绕支持和保障司法体制综合配套改革、优化司法职权配置、推进公正司法等开展立法和监督工作，确保党中央关于深化司法体制改革的各项任务落到实处。

*第二，要把维护社会公平正义、保障人民群众切身利益作为重点和目标。*公正是法治的生命线，司法是维护社会公平正义的最后一道防线。习近平总书记曾引用英国哲学家培根的名言：“一次不公正的审判，其恶果甚至超过十次犯罪。因为犯罪虽是无视法律——好比污染了水流，而不公正的审判则毁坏法律——好比污染了水源。”这其中的道理是深刻的。人大加强司法工作监督，必须把保护群众权益、实现公正司法作为重点，敢于动真碰硬、一抓到底，集中力量解决那些侵犯群众利益、损害法律权威、影响党和国家形象的突出问题，努力让人民群众在每一个司法案件中感受到公平正义。

*第三，要坚持厉行法治、推进全面依法治国。*人大监督是集体行权、依法监督，必须严格遵循“依照法定职责、限于法定范围、遵守法定程序”原则，督促司法机关依法履职尽责、开展工作，不能搞越俎代庖，代替审判机关、检察机关行使审判权、检察权。对于群众普遍关注、社会反映强烈的一些典型案件和具体问题，也要认真研究、积极回应。近年来，呼格吉勒图案、聂树斌案、念斌案等一批冤假错案依法得到纠正，既赢得了人民群众的广泛好评，也推动了司法进步。要坚持问题导向，善于解剖麻雀，通过个案科学分析存在的普遍共性问题，提出有针对性的意见和建议，推动一些问题“坚决改、马上改”，不断健全完善司法工作机制。

（三）

党的十八大以来，在以习近平同志为核心的党中央坚强领导下，各级法院、检察院在推动解决人民群众反映强烈的执行难问题上做了大量卓有成效的工作，取得阶段性成果。根据党的十八届四中全会明确提出的“切实解决执行难”、“依法保障胜诉当事人及时实现权益”的目标，2016年3月，最高人民法院在十二届全国人大四次会议上提出“用两到三年时间基本解决执行难问题”，在明年3月召开的十三届全国人大二次会议上，最高人民法院就要交出答卷。这份答卷人民群众满意不满意，是否经得起法律和历史的检验，直接关系到人民群众对全面依法治国、建设社会主义法治国家的信心。从现在起到明年3月，还有不到五个月时间，各有关方面都要各司其职、再接再厉，通力合作和配合，为如期完成“基本解决执行难”的目标继续努力。

要从根本上解决执行难问题，制度建设十分重要。这些年人大、法院、检察院和有关方面在解决执行难的实践中建立了不少保障性的法律和制度机制。2016年以来，人大颁布了一批相关的法律、决定等，法院、检察院密集出台了涉及执行工作的

37 个司法解释和规范性文件。比如,关于民事执行活动法律若干问题的规定,关于民事执行中财产调查若干问题的规定,关于严格规范终结本次执行程序的规定,关于立案、审判和执行工作协调运行的意见,强化民事检察职能、加强民事诉讼和执行活动监督的意见,公布“老赖”名单、依法限制失信被执行人高消费、离境等行为。还积极推进网络查控系统建设、利用信息手段支撑执行活动,建立四级法院统一的执行办案管理平台,推行团队化执行工作模式,全面推广审计调查、悬赏举报等调查措施。要认真系统地总结“基本解决执行难”工作经验,进一步健全完善综合治理执行难的制度体系。当前,建议抓紧完善三个方面的制度性建设:

一要加强民事执行制度建设。民事判决量大面广,大都涉及当事人和有关方面切身利益,执行时往往阻力很大,执行面对的情况十分复杂。解决执行难问题,急需从法律和制度层面加以强化,及时总结经验,适应司法实践需要,建立健全统一权威、科学有效的民事执行制度体系。要按照党的十八届四中全会部署和十三届全国人大常委会立法规划要求,加紧研究起草民事强制执行法草案,尽早提请全国人大常委会审议。同时,针对执行工作中的突出问题,统筹研究民事诉讼法、刑事诉讼法、刑法、破产法等法律的修改工作。希望最高人民法院系统梳理和完善民事执行方面的工作制度,形成一套科学有效的执行保障制度体系。希望最高人民检察院认真研究民事检察工作中遇到的法律问题,提出相关立法建议。“两高”要进一步加强沟通协商,健全完善有关司法解释或规范性文件,适时发布指导性案例,更好地指导司法实践。

二要加快社会诚信体系建设。人而无信,不知其可。要按照“建立失信被执行人信用监督、威慑和惩戒法律制度”的要求,进一步建立健全联合惩戒体系,让失信被执行人“一处失信、处处受限”。同时,要积极研究社会信用、征信方面的立法,推动建立覆盖全体公民信用数据库,持续推进信用中国、法治中国建设。

三要完善执行监督工作机制。加强对执行的监督,就要建立经常化、常态化的工作机制,形成一个闭环系统。人大要建立健全有关专门委员会、工作机构对解决执行难问题的跟踪监督机制,推动“两院”认真研究采纳委员代表这方面的意见建议,切实改进工作。对于人大转送的反映“执行难”等突出问题的群众来信,“两院”要建立研究处理、结果反馈的工作机制。最高人民检察院和各级检察机关要继续克服和纠正“重刑事轻民事”的倾向,查找民事诉讼和执行活动监督方面的“短板”,进一步强化民事检察工作,特别要健全对民事执行活动的监督工作机制,形成对消极执行、选择性执行、乱执行行为强有力的法律监督,有效形成司法合力,推动依法执行、规范执行。“两院”都要深入推进司法全过程公开,以公开促公正,主动接受人民群众监督,并建立内部督促纠正机制,确保生效法律文书得到及时有效执行。

在第十三届全国人大常委会第六次会议期间与部分全国人大代表座谈时的讲话

(2018 年 10 月 25 日下午)

栗战书

(一)

首先,欢迎各位代表列席这次常委会会议。利用会后的时间,我和王晨、杨振武同志一起与大家见个面,开个座谈会,主要是听取大家的意见建议。

常委会会议期间与列席代表座谈交流,听取代表们对人大工作、民主法治建设方面的意见建议,这是从上一次常委会会议开始的。建立这样一个工作机制,主要有三个方面的考虑:一是人大代表工作和生活在人民群众当中,对基层实际情况最熟悉,对党中央决策部署落实情况最了解,对人民群众所思所想所盼最清楚。每位列席会议的代表,事先都作了深入调研、精心准备,会上围绕议案和报告认真发言,提高了常委会会议审议质量。同时,代表对其他方面工作还有不少好的意见建议,利用这个机会,可以把基层情况、群众呼声、代表思考更直接地反映上来。**二是**常委会的工作要接受全国人大代表的监督。代表列席常委会会议，既是对常委会工作的参与，也是监督。专门听取代表对人大工作的意见建议，有利于常委会加强和改进工作。**三是**进一步健全常委会联系人大代表机制的具体举措。本届全国人大常委会坚持以往做法，委员长会议组成人员直接联系93名代表，常委会委员直接联系347名代表。在此基础上，建立与列席常委会会议的代表座谈机制，可以进一步拓宽常委会直接联系人大代表的渠道和范围，更多地与代表进行面对面的沟通交流。对于我和全国人大机关的同志来讲，这也是一次难得的调研和学习机会。

参加今天会议的有56位代表，大多来自基层一线，还有香港、澳门的代表。下面，就请大家发言，希望都开门见山、想啥说啥，意见建议甚至批评，都可以敞开讲。

（二）

刚才，22位代表发了言，讲得都很好。上次座谈会也有22位代表发言，会后办公厅把大家的意见建议作了汇总梳理，涉及人大及其常委会工作的，都转给专委会、工作委员会落实；涉及经济社会发展的，以常委会办公厅名义转中央有关部委研究处理。近日，有8家部委已反馈了办理情况。今天，你们提的意见建议，涉及人大工作的，常委会、各专门委员会及相关工作机构也要认真研究采纳；涉及其他方面的，我们会及时转送有关部门处理。

借此机会，我就密切人大代表同人民群众的联系讲点意见。

习近平总书记指出，“人民代表大会制度之所以具有强大生命力和显著优越性，关键在于它深深植根于人民之中。”“各级国家机关加强同人大代表的联系、加强同人民群众的联系，是实行人民代表大会制度的内在要求，是人民对自己选举和委派代表的基本要求。”作为人大代表，是一个光荣的称号，更是一份沉甸甸的责任。我们要自觉深入学习贯彻习近平总书记关于坚持和完善人民代表大会制度的重要思想，更好发挥人大代表作用，始终牢记党和人民的重托，牢固树立“四个意识”，站稳政治立场，增强政治观念、法治观念、群众观念，履行宪法法律赋予的职责，发挥来自人民、植根人民的特点，接地气、察民情、聚民智，努力做到民有所呼、我有所应。

本届全国人大常委会高度重视加强同人大代表、人民群众的联系。委员长会议组成人员到地方搞执法检查、调研时，原则上都邀请全国人大代表参加，召开人大代表座谈会，听取大家的履职体会经验和对人大工作的期望建议，掌握了不少基层一线的情况，了解了人民群众的愿望和关切。上个月，我到浙江衢州柯城区府山街道人大代表联络站开了一个人大代表座谈会，浙江省人大代表汪衍君说，“代”是为人民代言，“表”是自身作表率，他是从不同的角度把“代表”的含义讲得很形象，给我留下了很深的印象。这里，我提三点希望：

第一，代表要把密切联系人民群众作为依法履职的基本功。经过多年实践探索，各级人大建立起一整套代表联系群众的制度机制，包括代表集中视察、专题调研、个人调研、代表小组和代表联络站活动、接待群众、网络和微信平台、向选民或原选举单位述职等。现在国务院大督查也邀请全国人大代表参加。2016年6月，经中央全面深化改革领导小组审议通过，印发了《关于完善人大代表联系人民群众制度的实施意见》，把人大代表联系群众的制度提到了新的高度。全国人大代表要带头在联系群众方面作表率，认真贯彻执行宪法、代表法等相关法律和党中央部署要求，发挥同人民群众工作和生活在一起的优势，通过各种途径和形式深入开展调查研究，广泛听取群众意见建议，真正了解人民群众在想什么、忧什么、盼什么，号准人民群众的脉搏，汲取人民群众的智慧，当好党和国家密切联系人民群众的桥梁和纽带。列席这次常委会会议的56位代表中，有23位来自农业农村领域，这当中有12位是扎根基层农村的支部书记、农民代表。在审议农村土地承包法修正案草案时，来自农业农村领域的19位代表发了言，从不同角度反映了基层真实情况和老百姓的呼声，这说明大家的履职积极性很高。

第二，代表要善于反映民意、汇聚民智，代表人民意志行使职权。代表参加行使国家权力，主要体现在提出议案和建议、参加会议活动、审议议案报告、参与投票表决等方面。代表行使好宪法法律赋予的职责，充分调研是基本功。希望大家加强调查研究工作，坚持从党和国家大局和全局出发、从最广大人民根本利益出发考虑问题、提出建议、行使职权，全面准确、客观地提出建设性的、有针对性的意见建议，把人民群众最关心、最迫切的愿望呼声反映上来，把基层实践中的成功经验和做法总结出来。在审议和发表意见建议时，一定要牢记人民代表为人民，不能囿于地区或部门利益，更不能掺杂个人利益。

第三,常委会要为代表密切联系人民群众做好服务保障。总书记对人大的定位,其中一个就是“代表机关”。常委会和人大机关要贯彻党的十九大精神,总结代表工作经验,健全完善代表联系人民群众的制度机制,加强代表联络站、代表之家建设,搭建代表履职网络服务平台,拓宽代表联系群众渠道。上次会议上,香港代表提出港澳代表履职服务中存在的问题,办公厅要有针对性地加强这一工作。要组织好代表集中视察、专题调研等活动,注重增强针对性和实效性,多出高质量的调研成果。进一步提升代表议案、建议办理实效,完善代表建议处理反馈机制,真正推动解决实际问题。持续扩大代表对常委会、专门委员会工作的参与,认真听取采纳代表提出的意见建议,让人民群众的呼声和期盼有着落、有回应。我们经常讲,民有所呼、我有所应。这里的“回应”并不都是简单的一一作答。代表在参加调研、座谈等活动时提出的意见建议,有关部门经研究予以采纳,落实体现到政策举措、制度规范和工作改进中了,这也就是对代表作出答复。办理代表在人代会期间提出的议案、建议,这是国家机关的法定职责,要做到件件有答复、事事有回音。还要探索建立代表联系群众的激励约束机制,鼓励代表积极联系群众、自觉接受监督。

在委员长会议组成人员专题学习时的讲话

(2018 年 11 月 24 日上午)

栗战书

同志们:

今天上午,我们举行委员长会议组成人员专题学习,学习习近平总书记在中央政治局第九次集体学习时的讲话,并围绕人大立法监督工作、保障和规范人工智能健康发展进行交流讨论。10 月 31 日,中央政治局就人工智能发展现状和趋势举行第九次集体学习。习近平总书记主持学习并讲话,深刻阐述了发展新一代人工智能的重要意义、核心问题、关键举措,并专门就人工智能相关法律问题作出指示,提出要加强人工智能相关法律、伦理、社会问题研究,建立健全保障人工智能健康发展的法律法规、制度体系、伦理道德。总书记的重要讲话,不仅为新时代科技创新和人工智能发展指明了方向、作出了部署,也对人大及其常委会助推我国新一代人工智能健康发展提出了具体要求。我们要认真学习领会,结合工作实际深入研究谋划,把总书记的重要讲话精神落到实处。

刚才,各位同志紧扣主题,从不同角度谈了自己的学习体会,谈得都很好,听后很受启发。总的说,包括人工智能在内的科技创新、新一轮科技革命,将对社会治理、伦理和发展带来前所未有的挑战,挑战人类的生产方式、生活方式、行为方式、伦理道德等,急需法律介入。我们要加强人工智能立法研究,加快立法进程,防止弊端发酵,促进人工智能健康规范有序发展。这里,我也讲讲自己的学习体会。

一、我们党历来高度重视科技创新,领导我国科技事业取得举世瞩目的伟大成就,为人工智能发展提供了坚强保证和坚实基础。建国初期,党中央就向全党全国发出了“向科学进军”的号召。1956 年 1 月,毛泽东同志等党和国家领导人在中南海怀仁堂听取了中国科学院 4 位学部主任关于国内外科技发展的报告。短短十年间,我国建立了独立齐全的科学研究体系,取得了以“两弹一星”为标志的一批重大科技成果。1978 年,党中央召开全国科学大会,邓小平同志在大会上作出科学技术是生产力的重要论断,我国迎来了“科学的春天”。此后的数十年间,党中央、国务院多次召开全国科学技术大会或全国科技创新大会,大力实施科教兴国战略,部署实施了国家中长期科技发展规划和一系列重大举措,推动我国科技整体能力持续提升,为经济社会发展提供了有力科技支撑。

党的十八大以来,以习近平同志为核心的党中央总结我国科技事业发展实践,推动我国科技事业发生历史性变革、取得历史性成就。党的十八大作出实施创新驱动发展战略的重大部署,强调科技创新是提高社会生产力和综合国力的战略支撑,必须摆在国家发展全局的核心位置。党的十九大把坚持新发展理念作为十四条基本方略之一,提出创新是引领发展的第一动力,要加强国家创新体系建设，强化战略科技力量，加快建设创新型国家。党中央、国务院先后出台了56个有关科技创新的政策文件。习近平总书记于2014年、2016年、2018年连续3次出席两院院士大会并发表重要讲话。前不久，习近平总书记在上海视察工作期间，专门考察了张江科学城，指出“科学技术从来没有像今天这样深刻影响着国家前途命运，从来没有像今天这样深刻影响着人民生活福祉”。在以习近平同志为核心的党中央坚强领导下，全国科技界和社会各界共同努力，我国科技事业实现了历史性、整体性、格局性重大变化，重大创新成果竞相涌现，一些重要领域跻身世界先进行列，为我国成为一个有世界影响的大国奠定了重要基础。

习近平总书记对人工智能在科技创新中的战略性地位有着深刻思考，对发展新一代人工智能这一关系我国核心竞争力的战略制高点十分关注。在党的十九大报告中，总书记作出“推动互联网、大数据、人工智能和实体经济深度融合”的重要部署。这次政治局集体学习时，对发展新一代人工智能作了系统阐述。此外，近些年来，习近平总书记还多次在不同场合对人工智能作出重要指示、重要论述。这里，我初步梳理了一下。

2014年6月，在两院院士大会上指出，“信息技术、生物技术、新材料技术、新能源技术广泛渗透，带动几乎所有领域发生了以绿色、智能、泛在为特征的群体性技术革命”、“由于大数据、云计算、移动互联网等新一代信息技术同机器人技术相互融合步伐加快，3D打印、人工智能迅猛发展，制造机器人的软硬件技术日趋成熟，成本不断降低，性能不断提升，军用无人机、自动驾驶汽车、家政服务机器人已经成为现实，有的人工智能机器人已具有相当程度的自主思维和学习能力。国际上有舆论认为，机器人是‘制造业皇冠顶端的明珠’，其研发、制造、应用是衡量一个国家科技创新和高端制造业水平的重要标志。”

2015年10月，在十八届五中全会上关于“十三五”规划建议的说明中指出，“从更长远的战略需求出发，我们要坚持有所为有所不为，在航空发动机、量子通信、智能制造和机器人、深空深海探测、重点新材料、脑科学、健康保障等领域再部署一批体现国家战略意图的重大科技项目。”

2015年11月，在致世界机器人大会的贺信中指出，“中国将机器人和智能制造纳入了国家科技创新的优先重点领域，我们愿加强同各国科技界、产业界的合作，推动机器人科技研发和产业化进程，使机器人科技及其产品更好为推动发展、造福人民服务”，提出希望“各国科学家和企业家携起手来，共同推进机器人科技创新发展，为开创人类社会更加美好的未来作出积极贡献。”

2016年1月，在省部级主要领导干部学习贯彻党的十八届五中全会精神专题研讨班上指出，“我看了一份材料，说在2015年世界经济论坛新兴技术跨界理事会上，18位科学家选出2015年十大新兴技术榜单，包括燃料电池汽车、新一代机器人、可循环利用的热固性塑料、精准基因工程技术、积材制造、自然人工智能、分布式制造、能够感知和避让的无人机、神经形态技术、数字基因组。”

2016年5月，在全国科技创新大会、两院院士大会、中国科协第九次全国代表大会上指出，“当今世界，新一轮科技革命蓄势待发，物质结构、宇宙演化、生命起源、意识本质等一些重大科学问题的原创性突破正在开辟新前沿新方向，一些重大颠覆性技术创新正在创造新产业新业态，信息技术、生物技术、制造技术、新材料技术、新能源技术广泛渗透到几乎所有领域，带动了以绿色、智能、泛在为特征的群体性重大技术变革，大数据、云计算、移动互联网等新一代信息技术同机器人和智能制造技术相互融合步伐加快，科技创新链条更加灵巧，技术更新和成果转化更加快捷，产业更新换代不断加快，使社会生产和消费从工业化向自动化、智能化转变，社会生产力将再次大提高，劳动生产率将再次大飞跃”、“脑连接图谱研究是认知脑功能并进而探讨意识本质的科学前沿，这方面探索不仅有重要科学意义，而且对脑疾病防治、智能技术发展也具有引导作用。”

2016年9月，在二十国集团工商峰会上指出，“以互联网为核心的新一轮科技和产业革命蓄势待发，人工智能、虚拟现实等新技术日新月异，虚拟经济与实体经济的结合，将给人们的生产方式和生活方式带来革命性变化。”

2017年5月，在“一带一路”国际合作高峰论坛上指出，“我们要坚持创新驱动发展，加强在数字经济、人工智能、纳米技术、量子计算机等前沿领域合作，推动大数据、云计算、智慧城市建设，连接成21世纪的数字丝绸之路。”

2017年7月，在二十国集团领导人汉堡峰会上指出，“当前，世界经济发展仍不平衡，技术进步对就业的挑战日益突出。世界经济论坛预计，到2020年，人工智能将取代全球逾500万个工作岗位。二十国集团的一项重要使命，就是本着杭州峰会确定的包容增长理念，处理好公平和效率、资本和劳动、技术和就业的矛盾。要继续把经济政策和社会政策有机结合起来，解决产业升级、知识和技能错配带来的挑战，使收入分配更加公平合理。”

2018 年 5 月，在两院院士大会上指出，“以人工智能、量子信息、移动通信、物联网、区块链为代表的新一代信息技术加速突破应用，以合成生物学、基因编辑、脑科学、再生医学等为代表的生命科学领域孕育新的变革，融合机器人、数字化、新材料的先进制造技术正在加速推进制造业向智能化、服务化、绿色化转型，以清洁高效可持续为目标的能源技术加速发展将引发全球能源变革，空间和海洋技术正在拓展人类生存发展新疆域”、“我们要把握数字化、网络化、智能化融合发展的契机，以信息化、智能化为杠杆培育新动能。要突出先导性和支柱性，优先培育和大力发展一批战略性新兴产业集群，构建产业体系新支柱。要推进互联网、大数据、人工智能同实体经济深度融合，做大做强数字经济。要以智能制造为主攻方向推动产业技术变革和优化升级，推动制造业产业模式和企业形态根本性转变，以‘鼎新’带动‘革故’，以增量带动存量，促进我国产业迈向全球价值链中高端。”

2018 年 7 月，在中阿合作论坛第八届部长级会议上指出，“中方愿结合阿拉伯国家中长期发展战略规划，加强双方数字经济、人工智能、新材料、生物制药、智慧城市等领域合作。我们要落实好中阿科技伙伴计划，在双方感兴趣的重点领域共建联合实验室。要加快网上丝绸之路建设，争取在网络基础设施、大数据、云计算、电子商务等领域达成更多合作共识和成果。”在金砖国家工商论坛上指出，“人工智能、大数据、量子信息、生物技术等新一轮科技革命和产业变革正在积聚力量，催生大量新产业、新业态、新模式，给全球发展和人类生产生活带来翻天覆地的变化。我们要抓住这个重大机遇，推动新兴市场国家和发展中国家实现跨越式发展”、“同时，我们要妥善化解信息化、自动化、智能化对传统产业的冲击，在培育新产业过程中创造新的就业机会。”在金砖国家领导人约翰内斯堡会晤大范围会议上指出，“如今，我们正在经历一场更大范围、更深层次的科技革命和产业变革。大数据、人工智能等前沿技术不断取得突破，新技术、新业态、新产业层出不穷。”

2018 年 9 月，在致世界人工智能大会的贺信中指出，“新一代人工智能正在全球范围内蓬勃兴起，为经济社会发展注入了新动能，正在深刻改变人们的生产生活方式。把握好这一发展机遇，处理好人工智能在法律、安全、就业、道德伦理和政府治理等方面提出的新课题，需要各国深化合作、共同探讨。中国愿在人工智能领域与各国共推发展、共护安全、共享成果”、“中国正致力于实现高质量发展，人工智能发展应用将有力提高经济社会发展智能化水平，有效增强公共服务和城市管理能力”、“希望与会嘉宾围绕‘人工智能赋能新时代’这一主题，深入交流、凝聚共识，共同推动人工智能造福人类。”

2018 年 11 月，在首届中国国际进口博览会上指出，“各国应该把握新一轮科技革命和产业变革带来的机遇，加强数字经济、人工智能、纳米技术等前沿领域合作，共同打造新技术、新产业、新业态、新模式。”在亚太经合组织第二十六次领导人非正式会议上指出，“中国正在大力建设‘数字中国’，在‘互联网 +’、人工智能等领域收获一批创新成果。分享经济、网络零售、移动支付等新技术新业态新模式不断涌现，深刻改变了中国老百姓生活。中国愿同亚太各方深化数字经济合作，培育更多利益契合点和经济增长点，为亚太经济注入强大新动能。”

从以上我们可以看到，习近平总书记关于人工智能的重要指示、重要论述，深刻洞察世界科技革命和产业变革大势，准确把握人类经济社会发展规律，科学回答了人工智能领域的一系列重大问题，高瞻远瞩，远见卓识，为加快发展新一代人工智能提供了科学指引。在以习近平同志为核心的党中央坚强领导下，经过多年持续布局和积累，我国人工智能发展态势强劲，在多个领域特别是应用领域取得显著成果，在一些重要领域同主要发达国家站在了同一起跑线上，初步具备跨越发展的能力，对此我们要有充分的信心。

二、增强科技创新的紧迫感和使命感，积极应对以人工智能为引领的新一轮科技革命和产业变革。习近平总书记反复强调必须瞄准世界科技前沿，抢抓机遇、抢占先机，努力掌握科技竞争主动权。人工智能正是引领这一轮科技革命和产业变革的战略性技术，具有溢出带动性很强的“头雁”效应，将推动经济社会从数字化、网络化向智能化跃升，对国际政治经济格局产生重大而深远的影响。世界主要发达国家纷纷把发展人工智能作为提升国家竞争力、维护国家安全的重大战略，加紧出台规划和政策，在基础理论、核心技术、顶尖人才、标准规范等方面加强争夺，力图在新一轮创新竞争中掌握主导权。美国的“工业互联网”、日本的“超智能社会”、德国的“工业4.0”,人工智能都是其中的重要方面。对于我国来说,新一轮科技革命和产业变革同转变发展方式形成了历史性交汇,这既是千载难逢的战略机遇,也是有可能与发达国家差距拉大的严峻挑战。抓住了这个机遇,我们就能跟上甚至引领世界科技发展新方向,推动产业优化升级,掌握新一轮全球经济科技竞争的战略主动;失去了这个机遇,科技创新搞不上去,发展动力就不可能实现转换,我们在全球竞争中就会处于下风。

必须清醒看到的是,在科技经济实力上,我国总体上同西方发达国家特别是美国的差距仍然较大。差距主要体现在创新能力不强,科技基础不牢,工业母机、高端芯片、基础软硬件、开发平台、基本算法、基础元器件、基础材料等瓶颈问题没有得到有效解决,关键核心技术受制于人的局面没有得到根本性改变,这是习近平总书记一再提醒我们注意的“阿喀琉斯之踵”。在人工智能领域也是如此,我国人工智能的基础研究、原创成果、顶尖人才、技术生态、基础平台、标准规范等方面距离世界领先水平还存在较大差距,而且大部分创新偏重于技术应用,存在“头重脚轻”的现象。英国牛津大学2018年的一份研究报告指出,目前中国的人工智能发展仅达到美国的一半水平。

“关键核心技术是要不来、买不来、讨不来的。只有把关键核心技术掌握在自己手中,才能从根本上保障国家经济安全、国防安全和其他安全。”今年上半年发生的中兴事件,再次证明了习近平总书记这一重要论断。一个企业即便规模再大、市值再高,如果核心元器件严重依赖外国,供应链的“命门”掌握在别人手里,那就好比在别人的墙基上砌房子,人家一铲动地基,就可能房倒屋塌。企业如此,国家更是如此。我国发展到现在这个阶段,已经不可能从别国那里拿到关键核心技术,就算是想拿到一般的高新技术也是很难的。我们必须立足于自主创新,准确把握世界科技发展大势,把科技创新摆到更加重要位置,把加快发展新一代人工智能作为我们赢得全球科技竞争主动权的重要战略抓手,直面问题、迎难而上,踢好“临门一脚”,推动我国科技和产业实现跨越发展,决不能在这场科技创新的大赛场上落伍,决不能同科技革命和产业变革的历史机遇擦肩而过。

三、发挥人大职能作用,为包括人工智能在内的科技自主创新提供保障。我们必须坚持党对科技事业的领导,坚持走中国特色自主创新道路,加强统筹谋划,强化战略导向,力争在人工智能等重要科技领域跨越发展,加快实现整体科技水平从跟跑向并行、领跑的战略性转变。全国人大及其常委会的立法、修法、法律解释、监督等工作,凡涉及这方面内容的,我们都要认真加以谋划,以提供法律的保障和强化监督的作用。目前突出的问题是我国人工智能发展还不是世界最先进的,用法律支持、保障、促进发展是第一位的;同时,要加强潜在风险研判和防范,加强相关法律研究,建立健全法律法规,维护人民利益和国家安全。总的把握应当是:鼓励、支持、促进发展和利用,防范其风险,约束其对社会包括伦理道德的负面冲击。

*一要推动完善科技体制机制。*要加大对基础研究的投入的监督。我国R&D(研究与试验发展)经费增速不断加快,2017年达到1.76万亿元,占GDP比重2.13%,但与美、德、日、韩等国3%左右的投入强度仍有差距;其中只有5.5%左右用于基础研究,而发达国家的这一数字普遍在15%以上。近年来每年全国人代会上都有代表提出R&D经费支出连续多年未完成预期指标的问题,对此要引起重视。要推动建立和完善制度,强化基础研究的经费保障,特别是加大对前瞻性基础研究的支持力度。还有,2015年8月,党中央、国务院出台《深化科技体制改革实施方案》,部署了到2020年要完成的143条改革任务。之后,在科技专项管理、科研资金分配、科技人才评价等方面,又接连出台了一系列改革指导性文件。人大要围绕党中央关于科技体制改革的决策部署,提前研究、及时跟进,统筹运用好打包修改、作出决定、全面修法等方式,确保改革于法有据。同时,要加大对相关改革落实工作的监督力度。

*二要助力攻克关键核心技术。*2008年年底,国家科技重大专项全面启动,实施周期至2020年。2014年8月,党中央决定在抓紧实施已有16个重大专项的基础上,以2030年为时间节点,再选择实施一批重大科技项目。全国人大常委会高度关注这项工作,今年6月份的常委会会议专门听取了国务院关于国家科技重大专项工作情况的报告。今后要持续加强对这方面工作的支持和监督,在审议“十三五”规划纲要实施中期评估报告和开展“十四五”规划纲要编制专题调研时,要把人工智能相关的重大科技项目作为重要关注点,推动有关方面进一步聚焦目标、突出重点,尽早突破重大技术瓶颈,抢占事关长远和全局的科技战略制高点。

*三要促进科技成果加快转化应用。*要以重大科技创新为引领,推进人工智能、互联网、大数据等

新技术同实体经济深度融合，以智能制造为主攻方向推动产业技术变革和优化升级，促进我国产业向全球价值链中高端迈进。全国人大常委会近年来在推动科技成果转化方面做了不少工作，检查了促进科技成果转化法和专利法、著作权法这两部知识产权领域法律的实施情况，听取审议了信息化和工业化深度融合发展、制造业转型升级等方面的专项报告，还完善了关于设立知识产权法院的法律规定，为优化科技成果转化法治环境、推动建立科技成果转化体系发挥了积极作用。今后这方面工作还要继续开展并不断加强。

*四要推动建设一流科技人才队伍。*我国拥有世界上规模最大的科技队伍，但世界级科技大师缺乏，领军人才和团队不足。以人工智能领域为例，全球人工智能专业技术人才数量超过 190 万，其中美国超过 85 万，我国仅 5 万人，中高端人才短缺已经成为我国人工智能做大做强的主要瓶颈。我们要加快完善科技人才培养、使用、引进、评价、奖励等方面的法律制度，加大对教育和人才工作的监督力度，推动有关方面加强人才投入，优化人才政策，培养更多创新型、复合型人才，激发广大科技人员的创造活力，为科技和产业发展提供更加充分的人才支撑。

*五要认真研究人工智能涉及的法律问题。*人工智能是影响面广的颠覆性技术，其“双刃剑”效应尤为明显，可能带来改变就业结构、冲击法律和社会伦理、侵犯个人隐私、挑战国际准则等问题，将对政府管理、经济安全、社会稳定乃至全球治理产生深远影响。必须未雨绸缪，加强前瞻预防和约束引导，有效应对技术不确定性带来的新挑战，确保其安全、可靠、可控。当前，我国对人工智能安全问题的研究相对薄弱，在人工智能领域的政策应对和法治建设相对滞后，与人工智能发展的整体形势不适应。本届常委会制定的五年立法规划，将制定数据安全法、个人信息保护法和修改科学技术进步法分别列入了一、二类项目，这都是与人工智能密切相关的立法，同时将人工智能立法列入了三类项目。2017 年 7 月，国务院印发的《新一代人工智能发展规划》提出，到 2025 年初步建立人工智能法律法规、伦理规范和政策体系，形成人工智能安全评估和管控能力。人工智能法治建设任务艰巨，意义重大，影响深远。宪法和法律委员会、教科文卫委员会、社会建设委员会等相关专门委员会、工作机构和有关方面要及早动手，尽快行动，对人工智能法律问题进行深入调查研究，把可以做的工作先做起来，为相关立法工作打好基础、做好准备。**比如**，开展与人工智能应用相关的民事与刑事责任确认、隐私和产权保护、信息安全利用等法律问题研究，明确人工智能法律主体以及相关权利、义务和责任等；**比如**，围绕自动驾驶、服务机器人等应用基础较好的细分领域，加强对相关安全管理法律规定的研究；比如，加强机器人异化和安全监管等人工智能重大国际共性问题研究，深化在人工智能法律法规、国际规则等方面的国际合作；**还有**，在起草数据安全法、个人信息保护法、修改科学技术进步法等法律以及编纂民法典的过程中，要注意针对人工智能的发展趋势和可能带来的影响进行评估，必要时作出一些前瞻性的规定。总之，这方面有很多问题值得深入研究，有很多工作需要我们去做。

在云南省与部分全国人大代表和地方人大代表座谈时的讲话

（2018 年 11 月 28 日，根据记录整理）

栗战书

（一）

我和全国人大的几位同志这次到云南来调研，请 3 位全国人大代表和 7 位地方各级人大代表一起开个座谈会，主要是围绕卫生与健康领域的立法工作，听听大家的意见建议。按照党中央的部署要求，全国人大常委会正在制定《基本医疗卫生与健康促进法》，这是贯彻落实党的十九大精神、实施健康中国战略的重要举措。2017 年 12 月以来，十二届、十三届全国人大常委会先后对这部法律草案进行了两次审议，并两次在中国人大网全文公布，广泛征求社会公众意见。截至目前，共收到各方面意见62400多条,还是比较多的。为把这部法律草案进一步修改好、完善好,我这次专门到云南进行立法调研,听取意见、集思广益。

同时,也想听听大家对全国人大常委会工作的意见建议。今年是十三届全国人大常委会依法履职的第一年。8个多月来,常委会共召开6次会议,新制定法律6件,修改法律26件,作出有关法律问题和重大问题的决定决议7件;对6部法律进行执法检查,听取或审议16个工作报告,开展2次专题询问和5项专题调研。为把全国人大常委会今年的工作总结好、明年的工作谋划好,之前办公厅已发函征求了各省(区、市)人大常委会和部分全国人大代表的意见。借今天这个机会,我们也想听听大家对全国人大常委会工作的意见建议。当然,也不限于这些题目,大家可以放开讲,有什么呼声、建议都可以谈,知无不言、言无不尽。

(二)

刚才,10位代表都发了言,大家讲得都很好。有的谈了基层情况,有的讲了工作体会;大家在会前认真研究了《基本医疗卫生与健康促进法(草案)》,提出的修改建议很具体,列举的事例很典型、很生动,都很有针对性。我们将认真梳理大家提出的意见建议,本着能吸纳尽量吸纳的原则,对法律草案作进一步修改完善;还有一些涉及其他方面工作的,我们带回去转送有关部门处理。这里,结合大家所讲,我也谈几点想法。

一、关于《基本医疗卫生与健康促进法(草案)》

正如刚才大家所讲,这部法律是我国卫生与健康领域第一部基础性、综合性法律。法律制定出台后,必将引领和推动进一步深化医药卫生体制改革,推动实现总书记提出的"努力全方位全周期保障人民健康"目标,意义非常重大。大家在发言中都表示,完全赞同制定出台这部法律。现在的草案二审稿共有9章、111条,总的来讲已经有了很好的基础。下一步,全国人大常委会还要继续审议修改,大家提出的建议也可以吸纳进来。我结合大家刚才所讲,对制定这部法律需要把握和考虑的一些重大问题谈些想法。

一是,这部法律要贯彻习近平总书记关于健康中国战略的重要论述。党的十八大以来,以习近平同志为核心的党中央高度重视维护人民健康,提出了一系列部署要求。2015年党的十八届五中全会作出"推进健康中国建设"的重大决策。2016年8月,习近平总书记出席新世纪第一次全国卫生与健康大会并发表重要讲话。同年10月,国家出台《"健康中国2030"规划纲要》。2017年党的十九大将"实施健康中国战略"提升到国家战略层面。习近平总书记围绕健康中国建设,提出了一系列新理念新思想新战略。比如:总书记强调,坚持以人民为中心的思想,"没有全民健康,就没有全面小康"。人民健康是社会文明进步的基础。拥有健康的人民意味着拥有更强大的综合国力和可持续发展能力。总书记指出,坚持人民健康优先发展的战略地位,提出新时代卫生与健康工作方针,即以基层为重点,以改革创新为动力,预防为主,中西医并重,把健康融入所有政策,人民共建共享。总书记强调,要树立大卫生、大健康的观念,把以治病为中心转变为以人民健康为中心,关注生命全周期、健康全过程。所谓"全生命周期"的健康服务,就是一个人从在母体中孕育直到年老去世、走完生命的全过程,都应普及健康生活、享受健康保障,这是非常重要的思想。总书记还提出,坚持基本医疗卫生事业的公益性等。这些重要论述,是习近平新时代中国特色社会主义思想的重要组成部分,也是卫生和健康领域工作的行动指南。制定《基本医疗卫生与健康促进法》,必须全面贯彻体现总书记的这些论述和要求。

二是,这部法律要确认和巩固深化医药卫生体制改革的成果和经验。6年来,以习近平同志为核心的党中央从维护全民健康和实现长远发展出发,推动医药卫生体制改革向深水区、攻坚期迈进,提出并实施一系列重大改革举措、制度机制。比如,分级诊疗制度、医疗联合体建设、家庭医生制度等。一些基层地方在医改中也积累了不少实践成熟、切实可行的好经验好做法。刚才有的同志谈到,以云南省第一人民医院为主导,2016年就建立了由200家州市和县基层医疗卫生机构组成的昆华医联体,2017年又与30家州市医院,组建了全省首个专科联盟,这些改革都取得了不错的效果。以立法形式把这些改革举措、制度创新和实践成果确认下来、推广开来,是制定《基本医疗卫生与健康促进法》的一项重要任务。

三是,这部法律要以保障人民健康为主线。草案的名称是《基本医疗卫生与健康促进法》,医疗卫生说到底也是为了“健康”。我认为，这部法律应体现“坚持为人民健康服务”的思想，也就是总书记提出的关注生命全周期、健康全过程。我看到世界卫生组织的研究显示，影响健康的因素当中，生物学因素占15%、环境影响占17%、行为和生活方式占60%、医疗服务仅占8%。如果法律重点规定的是怎么看病、怎么治病、怎么管理医疗机构等内容，那路就显得窄了。人民群众不但要求看得上病、能看好病，更希望不得病、少得病，这是一种自然的心理因素。我们要树立大卫生、大健康的观念，把以治病为中心转变为以人民健康为中心，进一步充实有关保障和促进人民健康的内容。

四是，这部法律要有利于均衡、合理、科学地配置医疗资源，有利于促进医疗资源的综合利用、实现共享。这是大家发言中最关心的问题之一。近些年来，我国医疗卫生服务体系建设取得长足发展，但布局不合理、功能不完善、机制不协调等问题仍比较突出，优质高效的医疗资源基本上集中在大城市，基层医疗卫生机构普遍存在力量薄弱、能力不足、设备利用率低等问题。实现均衡、合理、科学地配置医疗资源，首先要把衡量和评价的标准搞清楚，不是简单地、绝对地平均，而是达到合理、有效。必须坚持从实际出发，以最大限度地利用医疗资源、充分发挥其效能为目标。就此，可以考虑增加有关规定，以法治方式推动和保障医疗资源配置合理、富有效益。

这部法律要促进医疗资源综合利用、实现共享。随着现代信息技术的快速发展，运用信息化和大数据促进优质医疗资源利用和共享，成为时代所需、大势所趋。也就是说，高水平的医疗卫生设备、专家队伍等资源要向下去沉，还可以通过互联网、大数据等现代信息技术，进行远程医疗、网上会诊，让大医院的医生、技术能够服务基层。怎样从法律上对此加强引领和规范，也是下一步需要认真研究的一个问题。

五是，这部法律要毫不动摇地体现我国医疗卫生事业的公益性。我们讲的基本医疗卫生服务，包括基本公共卫生服务和基本医疗服务两部分内容。其中，基本公共卫生服务是政府免费向全民提供的；基本医疗服务主要由政府举办的医疗机构提供，但这并不等于就把社会力量举办的医疗卫生机构排除在外了。应以法律方式鼓励民营医疗机构也提供基本医疗服务，鼓励社会力量举办非营利性医疗卫生机构，并给予它们与政府举办的医疗卫生机构同等的权利，政策支持的力度可以更大一些，共同为人民健康服务。

总之，大家刚才提的意见建议很好、很具体，我们回去认真研究吸纳，把这部法律制定好。

二、人大代表要充分发挥作用、展现履职风采

本届全国人大常委会高度重视密切同人大代表、人民群众的联系。像今天这样的五级人大代表座谈会，已成为委员长会议组成人员赴地方调研的一项制度化安排。我们还在全国人大常委会开会时，与列席会议的代表座谈交流、听取意见。这些都是常委会充分发挥代表作用、拓宽民意反映渠道的机制方式。

在每年代表大会召开前，为提出高质量的议案和建议，各级人大代表都要开展调研或者视察。希望大家始终牢记党和人民的重托，担负起这份沉甸甸的政治责任，深入基层、深入一线开展调研，同干部群众面对面交流。选择调研题目，要围绕党和国家工作大局，聚焦人民群众最迫切、反映最多的呼声和要求；开展调研工作，要耐心倾听、虚心请教，真正把各方面情况摸清吃透，并善于发现问题和不足；要坚持从政治上、在大局下研究和思考，注重把党中央精神和地方、部门实际结合起来，依法提出高质量的议案和建议。

三、进一步贯彻落实好习近平总书记对云南工作的指示要求

习近平总书记一直牵挂着4800万云南各族儿女。2015年1月，总书记开年第一次考察就来到云南，当时我作为中办主任陪同调研。总书记深入了解鲁甸地震灾后恢复重建和经济社会发展情况，希望云南主动服务和融入国家发展战略，闯出一条跨越式发展的路子来，努力成为民族团结进步示范区、生态文明建设排头兵、面向南亚东南亚辐射中心，谱写好中国梦的云南篇章。我还记得，这些年来总书记对云南的批示有20多次，在全国各省(区、市)中是较多的。我印象比较深刻的批示指示有这样几件：一是2014年元旦前夕，云南省贡山独龙族怒族自治县干部群众给总书记写信。总书记特别关注少数民族地区发展，独龙族是人口较少民族，生活条件非常艰苦。收到来信后，总书记作出重要批示。2015年在云南调研时，总书记还专门把独龙族群众代表包括1位老县长

请到昆明座谈。**二是**2014 年 3 月，昆明火车站发生暴力恐怖袭击事件，总书记作出重要指示；8 月，云南省昭通市鲁甸县发生 6.5 级地震，总书记作出重要指示；10 月，普洱市景谷县发生 6.6 级地震，总书记作出重要指示。**三是** 2015 年 7 月，总书记视察云南半年后，中共中央办公厅会同有关部委组成调研组搞了一次回访，形成了《云南实现跨越式发展亟需超常施策——习近平总书记云南考察回访调研报告》。习近平总书记在《回访调研报告》上又作出重要批示。总书记的这些重要指示和殷切嘱托，为云南发展确立了新坐标，找准了新定位，赋予了新使命。

十三届全国人大一次会议期间，我参加了云南代表团的审议。这次来，又看了云南省的有关材料。总的印象是，党的十八大以来，云南省委、省政府团结带领云南各族人民，坚决有力贯彻落实习近平总书记重要指示要求，坚决有力贯彻落实党中央各项决策部署，奋力开创云南跨越式发展新局面，取得了许多实实在在的新成效。关于今后的工作，习近平总书记提出的把云南建成民族团结进步示范区、生态文明建设排头兵、面向南亚东南亚辐射中心的"三个定位"，就是云南实现跨越式发展的科学思路和目标任务。希望你们继续把总书记关于云南工作的重要指示批示贯彻好、落实好，推动党中央决策部署在云南落地见效、开花结果。

在云南省委的领导下，云南省的人大工作也很有成效、很有特点。主要是对党中央决策部署、省委中心工作学习领会得深刻，落实和配合工作及时有效。**比如**，在扶贫攻坚方面，贯彻总书记关于做好脱贫攻坚工作的指示要求，按照云南省委部署安排，省人大常委会 2014 年审议通过《云南省农村扶贫开发条例》，在全国率先规定"设立扶贫到户贷款风险补偿资金"；2017 年对这个条例作了进一步修改完善，今年又开展了执法检查。**比如**，为配合打好污染防治攻坚战，省人大常委会加快生态环保领域立法步伐，制定了《云南省大气污染防治条例》等地方性法规，用最严格的法律制度保护生态环境。**比如**，贯彻总书记关于建设民族团结进步示范区的要求，省人大常委会正抓紧审议《云南省民族团结进步示范区建设条例（草案）》，准备提请明年初的省人大二次会议审议通过。云南是少数民族成分最多的省份之一，民族关系紧密融洽，民族工作成绩突出，而且你们注重用法律制度保障和促进民族团结进步，民族自治地方立法数量居全国各省（区、市）之首，有力保障了云南民族团结进步事业发展。**还有**，贯彻总书记提出关于建设面向南亚东南亚辐射中心的要求，省人大多措并举营造安全稳定的对外开放环境，助力全省综合交通运输体系与南亚东南亚国家互联互通，为更好发挥云南区位优势、全面扩大开放、推动"一带一路"建设提供法治保障。

以上这些，都体现了人大工作围绕大局、服务大局的思想，体现了回应人民群众所盼所求所需的思想，希望继续沿着这样的思路，把人大工作进一步提高到一个新水平。

在第十三届全国人大常委会第七次会议联组会议上的讲话

（2018 年 12 月 28 日上午）

栗战书

同志们：

今天的联组会议，围绕审议国务院关于财政医疗卫生资金分配和使用情况的报告开展专题询问。刚才，11 位出席和列席会议的同志从不同方面提出询问，反映了人民群众对医疗卫生事业的关切期待。孙春兰副总理和国务院有关部门负责同志到会听取意见、认真坦率地回答询问，体现了对党和人民高度负责的精神和自觉接受人大监督的态度。常委会组成人员在审议和专题询问时提出了不少好的意见建议。全国人大财经委、教科文卫委和常委会预算工委此前开展了深入细致的调研，提出了务实中肯的建议。请有关方面认真研究这些意见建议，进一步加强和改进工作，依法向全国人大常委会反馈研究处理情况。全国人大有关专门委员会和常委会预算工委要加强跟踪监督，切实推动解决问题、完善体制机制。

本届常委会成立以来,已经开展了 3 次专题询问。实践证明,专题询问是一种好的监督形式。为了使专题询问抓住要害、抓住关键,常委会事先收集一些人民群众关心的热点问题,交给应询部门提前准备,有利于提高专题询问的实效和针对性。常委会提出的问题要真正反映人民群众呼声、回应人民群众关切、维护人民群众利益,也是人大应该发挥监督作用的方面。应询部门要充分准备,认真、坦诚、真实、负责地回答问题。通过一问一答,形成共同研究解决问题的合力。专题询问的效果好不好,最终要体现在加强改进工作、完善制度机制上。

今年 11 月底至 12 月初,我用了 4 天时间到云南调研。在昆明和瑞丽分别召开了五级人大代表座谈会,听取人大代表和人民群众对基本医疗卫生与健康促进法草案的意见。调研期间,考察了 3 个医疗卫生机构,一个是昆明前卫社区医疗卫生服务中心,一个是瑞丽户育乡卫生院,还有腾冲的一个村卫生室,做了一些调查研究。今天大家提出的这些问题,在调研时大部分都涉及到了,说明这些问题确实是人民群众普遍关心的突出问题。下面,我就全面贯彻党中央决策部署,深化医药卫生体制改革,支持和保障健康中国战略有效实施谈点意见。

人民健康是民族昌盛和国家富强的重要标志,医疗卫生是保障人民健康的重大民生事业。党的十八大以来,以习近平同志为核心的党中央对深化医药卫生体制改革、实施健康中国战略作出了全面部署,提出了明确要求。国务院和各地区、各部门贯彻落实党中央决策部署,做了大量工作,取得了明显成效。2013—2017 年,全国财政医疗卫生累计支出近 5.95 万亿元,年均增幅 11.7%,人均财政医疗卫生支出由 683 元增加到 1040 元。财政医疗卫生资金向基层下沉、向预防倾斜、向一线增加的趋势明显。全民医保体系基本建立,基本医疗保险覆盖超过 13 亿人,参保率达到 95% 以上。医药卫生体制改革取得重大阶段性成效,全国所有公立医院取消已经实施 60 多年的药品加成制度,个人卫生支出占比由 2013 年的 33.9% 下降到 2017 年的 28.8%。人均预期寿命由 2010 年的 74.8 岁提高到 2017 年的 76.7 岁;婴儿死亡率、5 岁以下儿童死亡率、孕产妇死亡率提前实现了联合国千年发展目标,居民主要健康指标总体上优于中高收入国家平均水平。这些成绩的取得,是以习近平同志为核心的党中央正确决策和坚强领导的结果,是党中央集中统一领导下,国务院和各地区、各部门通力合作、共同奋斗的结果,也是我国经济发展、国力强大的表现。在充分肯定成绩的同时,也要清醒地看到,我国医药卫生体制改革已经进入深水区、攻坚期,财政医疗卫生资金的分配使用还面临一些突出问题,人民群众对看病难、看病贵的反映还比较强烈。总的看,医疗卫生工作中存在的问题是前进中的问题,是改革进程中的问题,只要坚定信心和决心,保持定力和耐力,沿着党中央确定的改革方向持续发力,大力实施健康中国战略,就一定能够走出一条符合中国国情的卫生与健康发展道路。

第一,要深入学习、全面贯彻习近平总书记关于实施健康中国战略的重要论述。党的十八大以来,以习近平同志为核心的党中央坚持以人民为中心的发展思想,把人民健康放在优先发展的战略地位。党的十九大将"实施健康中国战略"提升至国家战略。习近平总书记围绕健康中国建设,作出了一系列重要论述,提出了一系列新理念新思想新要求。我理解,主要有以下几个方面。*一是正确处理健康和小康的关系。*总书记指出,没有全民健康,就没有全面小康。要把人民健康放在优先发展的战略地位,以普及健康生活、优化健康服务、完善健康保障、建设健康环境、发展健康产业为重点,加快推进健康中国建设。财政资金支持和保障全面建成小康,首先要支持和保障实现全民健康,这是财政资金的使用重点。*二是坚持正确的卫生与健康工作方针。*总书记指出,新时代卫生与健康事业工作的基本方针就是以基层为重点,以改革创新为动力,预防为主、中西医并重,把健康融入所有的政策,人民共建共享。我们要准确把握这个方针,在所有政策制订实施中都要体现健康理念,支持和保障人民共建共享,这是财政资金的使用方向。*三是树立大卫生、大健康的观念。*总书记指出,要倡导健康文明的生活方式,把以治病为中心转变为以人民健康为中心。这不仅是医疗卫生机构应当遵循的重要观念,也是全社会应当牢固树立的重要观念。总书记还讲,要坚定不移贯彻预防为主方针,坚持防治结合,联防联控,努力为人民群众提供全生命周期的卫生与健康服务。所谓全生命周期的卫生与健康服务,就是一个人从母体孕育直到年老去世,都应该享受"生命全周期、健康全过程"的保障和服务。这也是财政资金分配使用应当把握的根本原则。*四是准确界定政府的职责和作用。*总书记讲,要坚持基本医疗卫生事业的公益性,不断完善制度，扩展服务，提高质量，让广大人民群众享有公平可及、系统连续的预防、治疗、康复、健康促进等健康服务。总书记还讲，要着力推进基本医疗卫生制度建设，努力在分级诊疗制度、现代医院管理制度、全民医保制度、药品供应保障制度、综合监管制度5项基本医疗卫生制度建设上取得突破。这些都是政府要做的事情，也是财政资金重点保障的方面。总书记的这些重要论述，是习近平新时代中国特色社会主义思想重要组成部分，是卫生和健康领域工作的行动指南。我们实施健康中国战略，推进医药卫生体制改革，做好财政医疗卫生资金的分配和使用，都要全面贯彻落实总书记这些重要论述和指示要求。

第二，坚持问题导向，构建中国特色基本医疗卫生制度。关键是把握好两条：一条是以保障人民健康为中心。这个健康就是总书记讲的"大卫生、大健康"，要把以治病为中心转变为以人民健康为中心，坚持预防为主。目前，财政医疗卫生资金的分配使用主要还是围绕治疗。比如，2016年我国卫生总费用的85%用于治疗，预防占比仅为6.6%。再比如，2016年用于心脑血管、肿瘤等慢性非传染性疾病的医疗费用达1.95万亿元，消耗了全国72%的医疗资源。一方面，财政资金要保证治病，切实提高我国医疗服务的能力和水平，另一方面，也要充分发挥引导作用，强化健康服务功能，形成预防、治疗、康复、健康的服务链条，鼓励群众养成健康的生活方式和行为方式，努力让人民群众不得病、少得病，这是医疗卫生事业的最高追求和目标。据世界卫生组织的研究显示，影响健康的因素当中，生物学因素占15%，环境影响占17%，行为和生活方式占60%，医疗服务仅占8%。所以我们无论是制定基本医疗卫生与健康促进法，还是专题询问财政医疗卫生资金的分配使用，如果把工作重心放在怎么看病、怎么治病、怎么管理医疗机构上，思路就太窄了！人大要在立法监督工作中，全面贯彻总书记以健康为中心的重要论述，推动全社会形成健康文明的生活方式，能够不得病、少得病。

另一条是人人享有基本医疗卫生服务。基本医疗卫生服务包括基本公共卫生服务和基本医疗服务，其属性是政府向社会提供公共产品。其中，基本公共卫生服务是政府的责任，应当由政府筹资提供，而基本医疗服务主要由政府举办的医疗机构提供，费用由政府、社会和个人三方合理分担。我到基层卫生院、卫生室去实地了解，现在我们的公共卫生服务还是有了很大的进步，资金保障情况总体上是好的。我去的昆明前卫社区卫生服务中心，覆盖8个居委会、8.5万人，他们介绍说，基层公共医疗卫生服务逐步由治病为主转向以卫生健康为主，提供的公共卫生服务项目有10个方面，包括居民健康档案管理，健康教育方案，老年人、儿童、孕产妇、慢性病患者、重型精神病患者的健康服务，预防接种，传染病和突发卫生公共事件的报告处理，卫生监督协管等。这就把健康管理、健康服务、公共卫生整个抓在了手上。当然也有提供医疗服务的科室，有全科医生和家庭医生。在边境地区、少数民族地区，民族医药应用比较普遍。我看的3个基层卫生机构，都有中医针灸、艾灸、拔火罐，还有中草药铺，常用的中草药有近200种。财政资金重点保障基层、保障健康服务，老百姓能不得病或少得病，治病也能少走路少花钱，取得了多方受益的良好效果。当然，也要注意"保基本"，政府的基本医疗卫生服务必须与我国的经济社会发展水平和财力相适应，不能滞后也不能超前，否则将失信于民或难以为继。还要注意"强基层"，这里要注意一个"强"字，不是简单地增添设备，而是要因地制宜、实事求是，明确布局和功能的标准，科学合理均衡地配置医疗资源，推进医护人员交流、医疗资源共享和综合利用，让基本医疗卫生服务在基层真正强起来、活起来、用起来。现在基层医疗卫生机构都要加强硬件建设，财政资金应当支持。但是，中国的情况千差万别，每个乡、每个村都要配置新型医疗设备，都要有充足的医护人员，难以做到也没有必要。总书记讲，区域医疗卫生中心要适当地集中，根据不同地区、不同情况有重点地科学规划。均衡不是搞平均，关键是要从中国国情出发，从当地实际出发，保障医疗资源配置合理、富有效益。同时，还要注意发挥市场机制作用。总书记讲，要坚持正确处理政府和市场关系，在基本医疗卫生服务领域政府要有所为，在非基本医疗卫生服务领域市场要有活力。这就是说，基本医疗卫生服务，政府要尽力提供，同时要调动市场的积极性，鼓励社会资本投资医疗卫生事业，有效补充政府服务供给的不足，满足人民群众个性化的医疗卫生需求，形成公立与社会办医相互补充、共同促进的格局。

第三，要提高财政医疗卫生资金使用效益，全面实施绩效考核。在常委会的审议和专题询问中，都有委员和代表提出财政资金使用效益的问题，建议加强绩效管理。有的常委会组成人员和列席人员提出:要加强对医药采购和使用的考核,确保药品采购物有所值,不搞大处方、过度医药;要加强对医疗费用的绩效考核,确保医疗收费与医疗服务质量和数量相适应,不搞过度检查、过度医疗;要加强医保基金收支管理的绩效考核,推动有关部门依法合规征缴企业和个人医保费用,严厉打击骗取医保基金的违法犯罪行为;要以医保基金支付管理为抓手,利用现代化手段对医保定点机构的诊疗过程和费用支出情况进行全流程监管。这些建议提得很具体,指出了财政医疗卫生资金管理和使用上存在的一些漏洞和薄弱环节,请有关方面认真研究解决。

附:

在国内执法检查和调研座谈时的新闻通稿

栗战书在深入学习宣传和贯彻实施宪法座谈会上强调

普及宪法知识　弘扬宪法精神　使全体人民成为宪法的忠实崇尚者自觉遵守者坚定捍卫者

人民日报北京 3 月 27 日电　深入学习宣传和贯彻实施宪法座谈会 27 日在京召开。中共中央政治局常委、全国人大常委会委员长栗战书出席并讲话,强调修改宪法是为了更好地实施宪法,让文本上的宪法“活起来”“落下去”,充分发挥国家根本法的作用。要按照党中央统一部署,以习近平新时代中国特色社会主义思想为指导,在全社会开展深入学习宣传和贯彻实施宪法活动,普及宪法知识,弘扬宪法精神,使全体人民成为宪法的忠实崇尚者、自觉遵守者、坚定捍卫者。

栗战书指出,十三届全国人大一次会议通过的宪法修正案,全面体现了党和人民在实践中取得的重大理论创新成果、实践创新成果、制度创新成果,更好适应了新时代中国特色社会主义伟大实践,对于进一步加强以习近平同志为核心的党中央权威和集中统一领导,推进国家治理体系和治理能力现代化,具有十分重大的意义和极其深远的影响。

栗战书强调,宪法的生命在于实施,宪法的权威也在于实施。学习宣传和贯彻实施宪法,就是要把宪法确立的国家指导思想落实到国家政治和社会生活中去,确保党的长期执政和国家长治久安,确保宪法确立的国家根本任务、发展道路、奋斗目标的全面贯彻,在宪法统领下推进全面依法治国,支持和保证人民当家作主。

栗战书指出,加强宪法学习宣传教育是实施宪法的重要基础。要抓住党员领导干部这个“关键少数”,推动领导干部带头尊崇宪法、学习宪法、遵守宪法、维护宪法、运用宪法;要加强宪法理论研究,增强我国宪法的时代特色和实践特色;要丰富宪法宣传教育形式,使宪法走入日常生活、走入人民群众;要做好解疑释惑工作,积极回应社会关切。

栗战书强调,在以习近平同志为核心的党中央坚强领导下,体现了人民意志和中国共产党的正确主张的宪法,又由中国共产党领导全体人民保证它的实施,就一定能够在促进我国改革开放和社会主义现代化事业的胜利发展中发挥伟大的作用。

中共中央政治局委员、全国人大常委会副委员长王晨主持会议,强调要把学习宣传宪法、贯彻实施宪法作为推进全面依法治国的首要任务和基础性工作,坚定宪法自信,维护宪法权威,为新时代坚持和发展中国特色社会主义提供更加有力的宪法保障。

全国人大常委会副委员长曹建明、万鄂湘、郝明金以及秘书长杨振武出席会议。

国家监察委员会、全国人大宪法和法律委员会、中宣部、司法部、教育部负责同志在座谈会上发言。

栗战书在十三届全国人大专门委员会负责同志会议上强调

以习近平新时代中国特色社会主义思想为指引 更好发挥专门委员会在新时代人大工作中的重要作用

人民日报北京3月29日电　中共中央政治局常委、全国人大常委会委员长栗战书29日出席十三届全国人大专门委员会负责同志会议并讲话。他强调，专门委员会履行职责、开展工作，必须以习近平新时代中国特色社会主义思想为指引，必须紧紧围绕党和国家工作大局和全国人大及其常委会中心工作来谋划和推进，更好发挥专门委员会在新时代人大工作中的重要作用。

栗战书说，按照党中央关于深化党和国家机构改革的决策部署，十三届全国人大一次会议决定本届设立10个专门委员会，使专门委员会的设置和职能更加符合新时代人大工作发展需要。全国人大专门委员会是依照宪法有关规定设立的，肩负着宪法和法律赋予的重要职责。在学习贯彻习近平新时代中国特色社会主义思想，坚决维护习近平总书记权威和核心地位，坚决维护以习近平同志为核心的党中央权威和集中统一领导这个根本问题上，各专门委员会必须立场坚定、旗帜鲜明，始终在政治立场、政治方向、政治原则、政治道路上同以习近平同志为核心的党中央保持高度一致。

栗战书指出，专门委员会具有法定性、专业性、经常性的特点，要继承和发展历届全国人大专门委员会工作和建设的宝贵经验，坚持在法治轨道上推进各项工作，为提高全国人大及其常委会工作质量和水平，为新时代长期坚持、不断完善人民代表大会制度作出积极贡献。要贯彻落实党的十九大精神，按照全国人大常委会立法工作部署，认真做好法律草案起草和审议工作，着力研究破解立法中的焦点难点问题，注重从源头上提高立法质量。要组织实施好常委会执法检查、听取审议专项工作报告等监督工作，积极探索完善合宪性审查、预算审查监督等工作机制，加强跟踪监督，不断增强监督工作实效。要审议好、办理好代表议案建议，做好人大对外交往工作，扎实搞好调查研究，为全国人大及其常委会履行职责提供有力保障。

栗战书强调，以党的建设为统领，全面加强自身建设，是做好专门委员会工作的重要抓手。要旗帜鲜明讲政治，牢固树立“四个意识”，严明政治纪律和政治规矩，严格请示报告制度。要持之以恒正风肃纪，严格执行中央八项规定及其实施细则，严守会议和工作纪律，注重实干实效，切实防止形式主义、官僚主义特别是各种新表现新动向。要注重建章立制、推动专门委员会工作规范化制度化。

中共中央政治局委员、全国人大常委会副委员长王晨主持会议。全国人大常委会秘书长杨振武出席会议。

栗战书在全国人大常委会大气污染防治法执法检查组第一次全体会议上指出

以法律的武器治理污染　用法治的力量保卫蓝天

人民日报北京5月7日电　中共中央政治局常委、全国人大常委会委员长栗战书7日主持召开全国人大常委会大气污染防治法执法检查组第一次全体会议。他强调，要坚持以习近平新时代中国特色社会主义思想为指引，扎实做好大气污染防治法执法检查工作，依法推动解决大气污染突出问题，以法律的武器治理污染，用法治的力量保卫蓝天，确保以习近平同志为核心的党中央关于生态文明建设的决策部署得到全面贯彻落实。

栗战书说，十三届全国人大常委会在履职第一年开展大气污染防治法执法检查，目的就是要突出全面实施大气污染防治法的重要意义，为打赢蓝天保卫战提供有力法治保障。要通过这次执法检查，推动习近平新时代中国特色社会主义思想特别是关于生态文明建设思想的贯彻落实，使之贯穿到经济、政治、文化、社会建设之中，推动全党全国自觉贯彻落实新发展理念，形成共同促进生态文明建设的强大合力。推动党中央关于环境保护和污染防治的重大决策部署得到切实贯彻，保证法律得到全面有效实施，解决人民群众关注的突出环境问题。

推动各级政府和部门、企业全面落实防治大气污染、改善大气环境质量的法律责任,坚决守住生态环境质量"只能更好、不能变坏"的责任底线。大力宣传普及大气污染防治法,推动全社会牢固树立社会主义生态文明观,自觉履行环境保护和大气污染防治义务。

栗战书强调,人大执法检查就是"法律巡视",是行使宪法法律赋予的监督权、保证法律得到有效实施的一把"利剑"。做好新时代人大执法检查工作,一要把握好监督原则。执法检查是在行使宪法、法律赋予的监督权,执法检查的过程就是进行监督的过程。要把握"依法"二字,坚持把"依照法定职责、限于法定范围、遵守法定程序"作为重要原则。同时,也要体现坚持执法检查必须严格、监督必须有力度的原则,避免出现检查、监督中"粗、宽、松、软"的问题。二要突出重点。针对当前大气污染防治的重点区域、重点领域,深入检查相关法律制度实施情况,推动加强源头防治、联防联控、全民共治。三要坚持问题导向。抓住影响治污实效、损害群众利益的突出问题,查清病灶,对症下药,提出务实有效的意见建议。四要精心组织。做到各环节工作环环相扣、依次递进,确保执法检查顺利完成。五要严格执行中央八项规定精神。坚决杜绝形式主义、官僚主义,展现新一届全国人大常委会的新气象新风貌。

全国人大常委会副委员长沈跃跃、丁仲礼出席会议。国务委员王勇出席会议并发言。国务院有关部门汇报了大气污染防治法贯彻实施情况。

此次执法检查由栗战书委员长任组长。执法检查组将组成 4 个小组分赴 8 个省(区)进行检查,同时委托其他 23 个省(区、市)人大常委会对本行政区域内法律贯彻实施情况进行检查。

栗战书在河南检查大气污染防治法实施情况时强调

深入学习贯彻习近平总书记关于生态文明建设的思想
强化法治提升百姓蓝天幸福感

新华社郑州 5 月 29 日电 中共中央政治局常委、全国人大常委会委员长栗战书在河南检查大气污染防治法实施情况时强调,要深入学习贯彻习近平新时代中国特色社会主义思想特别是关于生态文明建设的思想,全面有效实施大气污染防治法,夯实法律责任,依法标本兼治,用法律的武器护卫蓝天白云,提升百姓蓝天幸福感。

24 日至 28 日,栗战书率领全国人大常委会执法检查组先后在河南省安阳市、郑州市、洛阳市,实地检查大气污染防治法实施情况。在钢铁、化工、电力、机械制造、新材料等企业,栗战书详细询问污染物排放标准,查看污染治理和监测设备,了解企业技术改造、节能减排情况。栗战书强调,治理污染必须加强源头防治。要强化企业主体责任,推动企业依法生产、达标排放,加快转型升级,实现绿色发展。要加大监管力度,坚决整治和关停不达标企业。

栗战书来到省环保厅检查环境监测及重污染天气预警应急工作,到村民家中了解"电代煤""气代煤"情况,在建设工地查看扬尘污染防控,在遥感监测点、公交充电站了解机动车污染排放治理、新能源公交车使用推广。执法检查组还对部分企业和工地进行了突击暗访。栗战书指出,环境质量怎么样,老百姓的感受最直接、最强烈。污染治理成效怎么样,要由老百姓说了算,老百姓说好才是真好。要广泛宣传大气污染防治法律法规和政策措施,及时公开污染情况和治理成效,发动群众参与和监督,形成全社会共同治理的合力。

栗战书分别主持会议,与五级人大代表和群众代表座谈,听取河南省有关方面情况汇报,还到省人大常委会机关看望工作人员。他强调,党的十八大以来,以习近平同志为核心的党中央推动生态环境保护发生历史性、转折性、全局性变化,形成了习近平总书记关于生态文明建设的思想。这一重要思想从根本上扭转了多年存在的一些不正确发展理念,对生态文明建设进行了顶层设计和全面部署,着力推动解决人民群众最关心的突出生态环境问题,为建设美丽中国提供了指导和遵循。各级党政机关和全社会都要深入学习领会把握习近平总书记关于生态文明建设的思想,贯彻到各方面工作和生产生活中,坚决打赢蓝天保卫战。

栗战书指出,河南大气污染防治取得明显成效,同时存在不少问题,形势依然严峻。要把党中央要求和法律责任落到实处,勇于担当,动真碰硬,下大决心和大气力解决污染问题。要大力调整经济、产业、能源、运输结构，切实把污染物排放总量降下来，从根本上改善大气环境。各级人大要发挥职能作用，完善法律和地方性法规，加大监督力度，为大气污染防治提供法治保障。

栗战书在内蒙古检查大气污染防治法实施情况时强调

持之以恒构筑祖国北疆万里绿色长城　厉行法治确保百姓享有更多蓝天白云

新华社呼和浩特6月5日电　中共中央政治局常委、全国人大常委会委员长栗战书在内蒙古自治区检查大气污染防治法实施情况时强调，要以习近平总书记关于生态文明建设的思想为指引，坚决贯彻落实党中央决策部署，以夯实责任为抓手，推动大气污染防治法全面有效实施，持之以恒建设好祖国北疆生态安全屏障，确保人民群众享有更多蓝天白云。

2日至5日，栗战书率领全国人大常委会执法检查组先后到呼和浩特、包头和鄂尔多斯实地检查大气污染防治法实施情况。在电力、钢铁、煤炭、化工、新能源汽车等企业，栗战书深入厂矿车间详细了解企业技术升级改造和节能减排情况。他指出，生态环境问题归根到底是经济发展方式问题。要坚持绿色发展，实行源头治理、综合施策。一方面在治理现有污染上下功夫，大力整治排放不达标企业和“散乱污”企业。另一方面在控制排放总量上下功夫，制定中长期规划，大力调整产业、能源结构，做好煤炭清洁高效利用这篇大文章。

栗战书十分关心群众冬季清洁取暖问题，专程来到社区查看燃煤改造设施，走进居民家中询问集中供暖情况，到企业了解清洁能源技术的研发推广。他强调，污染治理措施和成效要听取群众意见，看群众满意不满意。要因地制宜、多措并举解决群众清洁取暖问题，用好集中供热和气、电、光热等多种替代方式，减少散煤燃烧污染，保障群众温暖过冬。

内蒙古是我国北方重要的生态安全屏障。栗战书来到风沙源生态治理工程现场查看防沙固沙成效，并到自治区环保厅检查环境监测监控等工作。他强调，内蒙古要把保护好生态环境作为重大政治任务，践行“塞罕坝”精神，艰苦奋斗，久久为功，持续推进京津冀风沙源治理、“三北”防护林建设，加强荒漠化治理、湿地保护和污染防治，在祖国北疆构筑起一道万里绿色长城。

栗战书分别主持会议与五级人大代表和群众代表座谈，听取内蒙古有关方面情况汇报，到自治区人大常委会机关看望工作人员。栗战书强调，以习近平同志为核心的党中央对打好污染防治攻坚战作出了全面部署。要提升政治站位，强化政治责任，把习近平总书记的指示要求记在心里、扛在肩上、落实到实际工作中，坚决打赢蓝天保卫战。栗战书指出，大气污染防治法每一条都是经验教训的总结，每一条都凝聚着人民群众的期盼，每一条都意味着责任担当。要让法律深入人心，成为污染治理的有力武器，确保法律规定的政府责任、企业责任、公民责任落到实处，坚决纠正“有法不依、执法不严、违法不究”的情况。要发挥人大代表的桥梁纽带作用，及时反映群众呼声，集中人民智慧，推动形成全社会共同治理的良好局面。

执法检查组还对部分企业和工地进行了突击暗访，对有关部门负责人开展了法律知识问卷调查。

栗战书在全国人大常委会大气污染防治法执法检查组第二次全体会议上指出

执法检查要直面问题不搞评功摆好　让法律制度成为不可触碰的高压线

人民日报北京6月15日电　中共中央政治局常委、全国人大常委会委员长栗战书15日主持召开全国人大常委会大气污染防治法执法检查组第二次全体会议，听取4个检查小组赴8个省区检查法律实施情况的汇报，研究部署下一步工作。他强调，要以习近平总书记关于生态文明建设的思想为指引和遵循，清醒判断大气污染防治总体形势，深入查找法律实施中存在的突出问题，查清病灶、对症下药，推动大气污染防治法全面有效实施，让法律制度成为刚性约束和不可触碰的高压线。

栗战书说，大气污染防治法修订实施以来，为打赢蓝天保卫战提供了有力法治保障。各地区各部门依法治污的意识不断增强，按照党中央决策部署和法律规定，切实加大工作力度，重点城市重污染天数大幅减少，大气环境质量持续改善。同时要清醒看到，大气污染防治形势依然十分严峻，大气环境质量离党中央要求、人民群众期盼还有很大差距。这次执法检查发现，大气污染防治法的学习宣传不深入，配套法规和标准不完善，法律责任落实不到位，法律武器没有得到充分运用，成为影响污染防治成效的重要原因。

栗战书强调，执法检查就是要真找准问题、真抓住问题、真解决问题，不能走过场，不能搞评功摆好那一套。要多用事实说话，客观真实反映情况和问题，典型违法事例要点名，敢于动真碰硬，督促有关方面认真纠正违法行为。要以法律为准绳，对照法律规定逐条梳理归纳查找出来的问题，体现人大执法检查特点。要提升政治站位，从思想认识、发展理念、责任担当、制度措施、工作作风等方面深挖原因和根源，把问题和原因讲清楚讲透彻。提出建议要重点突出、务实可行，既要推动改进工作、压实法律责任，又要完善制度机制，增强法治意识，发挥好执法检查的“法律巡视”监督利剑作用。

栗战书指出，习近平总书记关于生态文明建设的思想是我们党对人类文明发展规律、自然规律、经济社会发展规律的高度概括和重大贡献，是推进生态文明、建设美丽中国的强大思想武器。要深入学习贯彻习近平总书记关于生态文明建设的思想，牢固树立绿水青山就是金山银山的理念，正确处理好经济发展与保护生态环境的关系，全面落实大气污染防治法，着力解决突出生态环境问题，推动打赢蓝天保卫战。

全国人大常委会副委员长沈跃跃、丁仲礼出席会议。

栗战书在江西调研时强调

围绕大局谋划部署推进人大工作
为打好“三大攻坚战”作出应有贡献

新华社南昌 7 月 23 日电　中共中央政治局常委、全国人大常委会委员长栗战书 19 日至 23 日在江西调研时强调，要深入学习贯彻习近平新时代中国特色社会主义思想，紧跟党中央决策部署，紧紧围绕党和国家工作大局谋划、部署、推进人大工作，为打好“三大攻坚战”、决胜全面建成小康社会作出应有的贡献。

时值盛夏，栗战书来到赣州、南昌、九江、景德镇等地，同干部群众深入交流，了解地方经济社会发展和人大工作情况。在共和国摇篮瑞金，栗战书向红军烈士纪念塔敬献花篮，瞻仰革命旧址，参观中华苏维埃代表大会制度史陈列馆。红色追寻，激励人心、给人启迪。在同参观群众交谈时，栗战书说，我和大家一样很受教育。为了国家解放、民族独立、人民幸福，一代一代中国共产党人前赴后继，英勇牺牲，无私奉献。我们要继承先烈遗志，弘扬革命传统，在以习近平同志为核心的党中央坚强领导下，实现党的十九大提出的“三步走”战略目标。

栗战书十分关心老区脱贫攻坚工作。他专程来到瑞金市叶坪乡仰山村，走进村民家中看望慰问，在村医务室和村委会询问村民看病、社保、住房等情况。得知全村已经实现脱贫，他高兴地说，各级干部要积极履职尽责，出实招、办实事、见实效，坚决打赢脱贫攻坚战，让老百姓过上更加富裕幸福的生活。

近年来，江西贯彻新发展理念，走上高质量发展的轨道。栗战书先后来到新材料、新能源、电子信息、飞机制造等企业，调研产品研发、市场推广和企业发展情况，鼓励企业努力攻克核心技术，在自主创新上取得更多成果。他考察长江最美岸线建设情况，强调要贯彻好习近平总书记关于“共抓大保护，不搞大开发”的重要指示，加强区域协作共治，实现水美、岸美、产业美、环境美。他在景德镇御窑厂遗址了解陶瓷文物保护工作，到陶溪川陶瓷文化创意园实地调研，叮嘱要把传统文化瑰宝保护好、传承好，把现代陶瓷产业做大做强。

调研期间，栗战书同部分县委书记座谈交流，前往省人大常委会机关看望干部职工，并就人大工作如何服务党和国家工作大局，召开座谈会听取地方各级人大负责同志和人大代表的意见建议。他对江西省学习贯彻习近平总书记指示要求和党中央决策部署的工作给予充分肯定。栗战书强调，要把坚持党的领导贯彻和体现到人大工作各方面和全过程，确保每一项部署、每一项举措都自觉服从服务大局，保证党中央和同级党委的决策部署落实到位。要持之以恒加强人大自身建设，深入学习、研究、宣传、贯彻习近平总书记关于人民代表大会制度的论述，大兴调查研究之风，弘扬担当作为精神和求真务实作风。要充分发挥人大代表作用，更好了解民情、反映民意、集中民智，让人大工作更具活力。

栗战书在福建调研时强调

发挥人大在全面依法治国中的重要作用 为改革开放和高质量发展提供法治保障

新华社福州7月28日电　中共中央政治局常委、全国人大常委会委员长栗战书25日至28日在福建调研时强调，要以习近平新时代中国特色社会主义思想为指引，发挥人大在全面依法治国中的重要作用，为实现高质量发展、推进改革开放和社会主义现代化建设提供有力法治保障。

八闽大地，充满生机活力。栗战书来到泉州、福州、南平等地，调研地方改革开放发展和人大工作情况。他首站来到晋江，参观城市展馆，考察民营企业，同干部群众和企业家座谈交流，深入了解“晋江经验”的丰富内涵和生动实践。栗战书说，16年前，习近平同志总结提出“晋江经验”，为晋江乃至福建改革发展提供了制胜法宝和行动指南，到现在仍具有重大指导意义。习近平总书记在福建工作期间的创新理论和实践，是一笔宝贵的思想和精神财富，要常学常新、常用常新，在实践中不断深化认识，长期坚持好贯彻好。

如何让人民群众共享改革发展成果是栗战书始终关心的问题。他来到福州市晋安区了解环境整治和生态公园建设成效，赶赴南平市政和县梅坡村，同基层干部和群众唠家常、算收入、谈致富。听到村民们反映赶上了好时代，遇上了好政策，日子一天比一天好，他高兴地说，有党中央的坚强领导，我们一定能打赢脱贫攻坚战，把乡村建设得更美丽。党员干部要真心诚意为老百姓办实事，因地制宜发展特色经济。带动群众移风易俗，脱贫致富。

福建正在以高质量发展实现新赶超。栗战书来到新材料、新能源企业和物联网产业基地、大数据产业园，了解前沿科技，体验智能产品，考察数字经济发展情况。他勉励企业发扬敢为天下先、爱拼才会赢的精神，加快产业转型升级，提高自主创新能力。强调要重视新技术的实际应用，在应用中发现差距、解决问题、提升技术，形成技术创新和成果应用相互促进的有效机制。

调研期间，栗战书看望省人大机关干部职工，了解立法工作队伍建设和常委会会议审议情况，走进政和县人大常委会，调研县乡人大工作和建设情况，主持召开座谈会，听取福建省四级人大负责同志和部分人大代表的意见建议。栗战书说，人大及其常委会作为国家权力机关，处在民主法治建设的第一线，在全面依法治国中负有重大职责，承担着重要任务。要坚持党对立法工作的领导，发挥人大在立法工作中的主导作用，适应改革发展稳定需要，不断完善法律体系。地方立法要围绕大局，立足实际，努力体现地方特色。要用好宪法法律赋予的监督职权，敢于动真碰硬，扭住突出问题一抓到底，确保宪法法律有效实施，确保各项工作在法治轨道上运行。要大力推进法治宣传教育，弘扬宪法精神，增强全民法治观念。

栗战书主持部分全国人大代表座谈会强调

善于从大局和全局上思考问题提出建议 紧扣党中央决策部署履行职责做好工作

人民日报北京8月29日电　中共中央政治局常委、全国人大常委会委员长栗战书29日下午在京主持召开部分全国人大代表座谈会，就加强和改进全国人大工作、更好发挥人大代表作用听取代表意见建议。他强调，要深入学习贯彻习近平新时代中国特色社会主义思想，吃透党中央精神，善于从大局和全局上思考问题、发表意见、提出建议，紧紧扣住贯彻落实党中央决策部署履行职责、做好工作。

52位列席十三届全国人大常委会第五次会议的全国人大代表参加座谈会。座谈会上，代表们纷纷发言，结合履职实践，围绕做好新时代人大工作、更好发挥人大代表作用，谈感受说体会提建议。栗战书边听边记，不时插话交流。他说，大家对基层情况最熟悉，对党中央决策部署贯彻情况最了解，对人民群众的呼声感受最真切，提出了很好的意见和建议，我们将认真研究和采纳。

栗战书指出，习近平总书记高度重视人大代表工作，对各级人大代表寄予殷切期望，就支持和保障代表依法履职，密切国家机关同人大代表、人民群众的联系等作出重要论述、提出明确要求，为做好新时代人大工作特别是代表工作提供了指引和遵循，我们要认真领会好、贯彻好、落实好。

栗战书强调，支持和保障代表依法履职，更好发挥代表作用，是做好新时代人大工作的重大课题。全国人大常委会要遵循和把握代表工作规律，健全完善代表工作机制，自觉接受代表监督，依靠全国人大代表做好常委会各项工作。常委会工作机构要尊重代表主体地位，增强为代表服务的意识，认真做好各方面工作，为代表依法履职提供高质量的服务保障。

栗战书希望代表们努力提升自身政治素养和履职能力。一要旗帜鲜明讲政治，牢固树立"四个意识"，坚定"四个自信"，自觉维护习近平总书记权威和核心地位，自觉维护党中央权威和集中统一领导。二要密切联系人民群众，把人民群众的意见建议及时反映上来，努力做到民有所呼、我有所应，同时要善于把党中央决策部署传达下去、落到实处，充分发挥好人大代表作为党和国家联系人民群众的桥梁和纽带作用。三要树立人大代表良好形象，珍视代表身份，模范遵守宪法和法律，带头遵守社会公德，自觉接受人民群众监督，在本职岗位上建功立业，在为民服务中担当尽责，为做好新时代人大工作贡献力量。

栗战书在浙江就加强地方人大工作调研

人民日报杭州9月17日电　中共中央政治局常委、全国人大常委会委员长栗战书15日至16日在浙江调研时强调，要以习近平新时代中国特色社会主义思想为指导，围绕中心服务大局，切实加强地方人大工作，为改革开放和社会主义现代化建设作出应有贡献。

栗战书到衢州柯城区府山街道人大代表联络站进行了调研，主持召开基层人大代表座谈会，到省人大机关看望并召开工作座谈会。他指出，习近平总书记在浙江工作期间，就人大工作进行了深入思考和实践，强调做好人大工作要把握好坚持党的领导与发挥人大作用的关系、加快发展与法制保障的关系、依法办事与开拓创新的关系、监督与支持的关系、人大与人民群众的关系；对地方立法工作提出，要坚持党对立法工作的领导，坚持立法为民，发挥人大在立法中的主导作用，坚持法制统一，坚持立法与改革发展相适应，不断提高立法质量。这些重要论述和要求不仅对当时而且对现在都有重要指导意义，全国人大和地方各级人大都要认真学习领会，在实践中认真贯彻落实。

调研期间，栗战书参观了杭州"五四宪法"历史资料陈列馆，要求各级人大按照习近平总书记关于弘扬宪法精神、全面实施宪法的要求，深入开展宪法宣传教育活动，切实担负起加强宪法实施和监督的职责。栗战书还考察了衢州市行政服务中心、杭州市"梦想小镇"等特色小镇。

栗战书在深入学习贯彻习近平总书记关于坚持和完善人民代表大会制度的重要思想交流会上强调

以习近平新时代中国特色社会主义思想为指导 推动人大制度和人大工作与时俱进完善发展

人民日报石家庄9月27日电　深入学习贯彻习近平总书记关于坚持和完善人民代表大会制度

的重要思想交流会26日至27日在河北石家庄举行。中共中央政治局常委、全国人大常委会委员长栗战书出席会议并讲话强调，要以习近平新时代中国特色社会主义思想为指导，在以习近平同志为核心的党中央集中统一领导下，推动人大制度和人大工作与时俱进、完善发展。

栗战书指出，党的十八大以来，以习近平同志为核心的党中央高度重视、全面加强党对人大工作的领导，推动人大工作取得历史性成就。习近平总书记就坚持和完善人民代表大会制度、发展社会主义民主政治发表一系列重要论述，成为习近平新时代中国特色社会主义思想的重要组成部分。各级人大要准确把握习近平总书记关于坚持和完善人民代表大会制度的重要思想，深刻认识其时代意义、理论意义、实践意义，深入学习研究宣传贯彻习近平总书记的重要思想，自觉用以指导和推进新时代人大工作。

栗战书强调，人民代表大会制度是党领导人民建立发展起来的。新时代坚持和完善人民代表大会制度，根本上是要坚持党的领导特别是坚持党中央集中统一领导，通过人民代表大会制度，保证党的理论和路线方针政策、决策部署得到全面贯彻落实。做好新时代人大工作，必须牢固树立政治意识、大局意识、核心意识、看齐意识，坚决维护以习近平同志为核心的党中央权威和集中统一领导，自觉把人大工作紧紧扣在贯彻落实党中央重大决策部署上来，紧紧扣在回应人民群众重大关切上来，紧紧扣在厉行法治、推进全面依法治国上来。

与会同志进行了交流研讨。大家一致认为，党的十八大以来，人民代表大会制度理论和实践与时俱进、完善发展，根本在于习近平新时代中国特色社会主义思想科学指引，在于以习近平同志为核心的党中央坚强领导。大家强调，人大及其常委会是党领导下的政治机关，人民代表大会制度是党支持和保证人民当家作主、实行依法治国的制度载体，必须在新时代不断坚持和完善好。大家表示，要以这次会议为契机，紧跟以习近平同志为核心的党中央决策部署，把人大工作放到党和国家工作大局、本地区中心任务中去思考、谋划和推进，完成好新时代交给人大的新任务。

栗战书还到河北省人大常委会看望机关干部并座谈交流。他强调，要把习近平总书记对河北发展的指示要求贯彻好落实好，凝神聚焦、担当作为，为加快建设新时代经济强省、美丽河北作出人大应有的贡献。

中共中央政治局委员、全国人大常委会副委员长王晨参加了上述活动。

栗战书主持部分全国人大代表座谈会强调

更好发挥人大代表作用　履行宪法法律赋予职责

人民日报北京10月25日电　中共中央政治局常委、全国人大常委会委员长栗战书25日下午在京主持召开部分全国人大代表座谈会，听取代表们对人大工作、民主法治建设等方面的意见建议。他强调，要自觉深入学习贯彻习近平新时代中国特色社会主义思想，始终牢记党和人民的重托，牢固树立“四个意识”，站稳政治立场，增强政治观念、法治观念、群众观念，更好发挥人大代表来自人民、植根人民的特点，履行好宪法法律赋予的神圣职责。

56位列席十三届全国人大常委会第六次会议的全国人大代表参加座谈会。会上，代表们纷纷发言，结合履职实践和基层调研情况，谈感受说体会提建议。栗战书同大家热烈交流，深入讨论。他说，建立与列席常委会会议的人大代表座谈机制，是全国人大常委会联系代表、接受监督的重要举措。人大代表对基层实际情况最熟悉，对党中央决策部署和宪法法律实施情况最了解，对人民群众所思所想所盼最清楚，可以把基层情况、群众呼声、思考建议充分反映出来，推动国家机关改进工作。

栗战书指出，人大代表是个光荣的称号，更是一份沉甸甸的责任。代表要把密切联系人民群众作为充分发挥作用、依法履职尽责的基本功，通过各种途径和形式深入开展调查研究，广泛听取群众意见建议，真正了解人民群众在想什么、忧什么、盼什么，号准人民群众的脉搏，汲取人民群众的智慧，当好党和国家密切联系人民群众的桥梁和纽带。

栗战书希望代表要善于反映民意、汇聚民智，代表人民意志行使职权。要全面准确反映问题，有针对性地提出意见建议，把人民群众最关心、最迫切的愿望呼声反映上来，把基层实践中的成功经验和做法总结出来，坚持从大局和全局出发、从最广大人民根本利益出发考虑问题、提出建议、行使职权。

栗战书要求，人大常委会和人大机关要为代表密切联系人民群众做好服务保障。要认真学习贯彻习近平总书记关于坚持和完善人民代表大会制度的重要思想,总结代表工作经验,健全完善代表联系人民群众的制度机制,拓宽代表联系群众渠道。要进一步提升代表议案、建议办理实效,完善代表建议处理反馈机制,真正推动解决实际问题。要持续扩大代表对常委会、专门委员会工作的参与,认真听取采纳代表提出的意见建议。要探索建立代表联系群众的有效机制,督促代表积极联系群众、自觉接受监督。

中共中央政治局委员、全国人大常委会副委员长王晨参加座谈。

栗战书在云南开展立法调研时强调

用完备的法治保障人民权益增进民生福祉

新华社昆明 12 月 2 日电 中共中央政治局常委、全国人大常委会委员长栗战书 11 月 28 日至 12 月 1 日在云南就制定基本医疗卫生与健康促进法开展立法调研时强调,要深入学习贯彻习近平新时代中国特色社会主义思想,紧紧围绕党中央决策部署和人民群众所盼所求所需,进一步加快推进民生领域立法,用完备的法治保障人民权益、增进民生福祉。

基本医疗卫生与健康促进法是我国卫生与健康领域的基础性、综合性法律。全国人大常委会已两次审议这部法律草案并向社会公开征求意见。为进一步集思广益把法律制定好,栗战书在昆明市、德宏州、保山市开展了深入调研。

栗战书来到社区卫生服务中心,详细了解基层医疗卫生机构人员力量、设施条件、服务水平等情况;与就诊患者亲切交谈,询问他们就医方不方便、满不满意;仔细听取疫苗流通、管理、接种过程介绍,强调要用最严格的制度确保疫苗安全。在云南白药集团,栗战书考察企业生产经营和产品研发情况,希望他们把民族医药传承好发展好,为百姓提供更优质的产品。栗战书深入乡村卫生院,了解村民看病就医、卫生健康保障和家庭医生签约服务情况,嘱咐当地有关部门进一步加强乡村医疗基础设施建设,改善医疗卫生条件,有效提高人民群众健康水平。

在云南省人大常委会机关调研时,栗战书专门邀请 10 位各级人大代表座谈,听取他们对基本医疗卫生与健康促进法草案的意见建议。代表们结合实际踊跃发言,栗战书认真倾听并不时与代表讨论交流。他指出,制定基本医疗卫生与健康促进法,要认真贯彻习近平总书记关于健康中国战略的重要论述,树立大卫生、大健康观念,以保障人民健康为主线,推动均衡、合理、科学地配置和布局医疗资源,促进各级各类医疗资源综合利用、实现共享,为全方位全周期维护人民健康提供法治保障。

栗战书十分关心民族地区发展和脱贫攻坚工作。他来到国门口岸考察中缅经贸人员往来和跨境经济合作情况,在边防小学同教师和孩子们亲切交流,勉励他们为民族地区教育发展和中缅睦邻友好作贡献,走进村民家中唠家常、问收入、聊致富,还在村活动室同来自傣族、景颇族、白族、阿昌族、德昂族等民族的 8 位五级人大代表、基层干部进行了深入座谈。栗战书希望云南贯彻落实好习近平总书记重要指示要求,推动党中央决策部署落地见效,强调地方人大要通过立法、监督等工作,助力脱贫攻坚,促进民族团结,保护生态环境,推动"一带一路"建设,更好服务发展大局、回应民生关切。

调研期间,栗战书还参观了国立西南联大旧址和滇西抗战纪念馆。

栗战书在部分全国人大代表座谈会上强调

依法履职尽责不辜负党和人民重托

人民日报北京 12 月 26 日电 中共中央政治局常委、全国人大常委会委员长栗战书在 12 月 24 日召开的部分全国人大代表座谈会上强调,人大代表责任重大、使命光荣,要以担当精神、饱满热情、良好作风履行代表职责,不辜负党和人民的重托。

中共中央政治局委员、全国人大常委会副委员长王晨主持座谈会。

54 位列席十三届全国人大常委会第七次会议

的全国人大代表参加座谈。会上，代表们纷纷发言，围绕常委会一年来履职情况、需要加强和改进的工作、起草好全国人大常委会工作报告稿等提出意见和建议。

在认真听取大家发言后，栗战书指出，今年是十三届全国人大及其常委会依法履职的第一年。在以习近平同志为核心的党中央坚强领导下，常委会深入学习贯彻习近平新时代中国特色社会主义思想和党的十九大精神，深入学习贯彻习近平总书记关于坚持和完善人民代表大会制度的重要思想，坚持党的领导、人民当家作主、依法治国有机统一，紧紧围绕党和国家工作大局，履职尽责、扎实工作，实现了本届工作的良好开局。全国人大代表积极参与常委会、专门委员会工作，提出许多好的意见建议，为做好新一届人大工作贡献了重要力量。

栗战书指出，十三届全国人大二次会议的组织筹备工作已提上工作日程，希望代表们紧紧围绕党和国家工作大局，认真听取群众意见、呼声，结合自身工作实际和专业特长，在深入研究、反复论证的基础上提出高质量的议案和建议。要善于从政治上、大局上看待问题、分析问题，接地气、察民情、聚民智，审议好各项议案和报告，为圆满完成大会各项任务作贡献，要始终保持奋发有为的精神状态，求真务实、严谨细致，遵守会议纪律，发扬良好会风，时时处处发挥模范带头作用。有关工作机构要组织好代表集中视察、情况通报等活动，保证代表知情知政，为代表依法履职提供服务和保障。

立法工作

· 第十三届全国人民代表大会第一次会议
· 特辑
· 常委会工作安排和会议议程日程
· 委员长讲话
· 立法工作
· 批准公约和条约
· 监督工作
· 人事任免
· 代表工作
· 对外交往
· 专门委员会工作
· 常委会相关活动
· 大事记

一、法律及有关法律问题和重大问题的决定

中华人民共和国主席令

第四号

《中华人民共和国人民陪审员法》已由中华人民共和国第十三届全国人民代表大会常务委员会第二次会议于2018年4月27日通过，现予公布，自公布之日起施行。

中华人民共和国主席　习近平

2018年4月27日

中华人民共和国人民陪审员法

（2018年4月27日第十三届全国人民代表大会常务委员会第二次会议通过）

第一条　为了保障公民依法参加审判活动，促进司法公正，提升司法公信，制定本法。

第二条　公民有依法担任人民陪审员的权利和义务。

人民陪审员依照本法产生，依法参加人民法院的审判活动，除法律另有规定外，同法官有同等权利。

第三条　人民陪审员依法享有参加审判活动、独立发表意见、获得履职保障等权利。

人民陪审员应当忠实履行审判职责，保守审判秘密，注重司法礼仪，维护司法形象。

第四条　人民陪审员依法参加审判活动，受法律保护。

人民法院应当依法保障人民陪审员履行审判职责。

人民陪审员所在单位、户籍所在地或者经常居住地的基层群众性自治组织应当依法保障人民陪审员参加审判活动。

第五条　公民担任人民陪审员，应当具备下列条件：

（一）拥护中华人民共和国宪法；

（二）年满二十八周岁；

（三）遵纪守法、品行良好、公道正派；

（四）具有正常履行职责的身体条件。

担任人民陪审员，一般应当具有高中以上文化程度。

第六条　下列人员不能担任人民陪审员：

（一）人民代表大会常务委员会的组成人员，监察委员会、人民法院、人民检察院、公安机关、国家安全机关、司法行政机关的工作人员；

（二）律师、公证员、仲裁员、基层法律服务工作者；

（三）其他因职务原因不适宜担任人民陪审员的人员。

第七条　有下列情形之一的，不得担任人民陪审员：

（一）受过刑事处罚的；

（二）被开除公职的；

（三）被吊销律师、公证员执业证书的；

（四）被纳入失信被执行人名单的；

（五）因受惩戒被免除人民陪审员职务的；

（六）其他有严重违法违纪行为，可能影响司法公信的。

第八条　人民陪审员的名额，由基层人民法院根据审判案件的需要，提请同级人民代表大会常务委员会确定。

人民陪审员的名额数不低于本院法官数的三倍。

第九条　司法行政机关会同基层人民法院、公安机关，从辖区内的常住居民名单中随机抽选拟任命人民陪审员数五倍以上的人员作为人民陪审员候选人，对人民陪审员候选人进行资格审查，征求候选人意见。

第十条　司法行政机关会同基层人民法院，从通过资格审查的人民陪审员候选人名单中随机抽选确定人民陪审员人选，由基层人民法院院长提请同级人民代表大会常务委员会任命。

第十一条　因审判活动需要，可以通过个人申请和所在单位、户籍所在地或者经常居住地的基层群众性自治组织、人民团体推荐的方式产生人民陪审员候选人，经司法行政机关会同基层人民法院、公安机关进行资格审查，确定人民陪审员人选，由基层人民法院院长提请同级人民代表大会常务委员会任命。

依照前款规定产生的人民陪审员，不得超过人民陪审员名额数的五分之一。

第十二条　人民陪审员经人民代表大会常务委员会任命后，应当公开进行就职宣誓。宣誓仪式由基层人民法院会同司法行政机关组织。

第十三条　人民陪审员的任期为五年，一般不得连任。

第十四条　人民陪审员和法官组成合议庭审判案件，由法官担任审判长，可以组成三人合议庭，也可以由法官三人与人民陪审员四人组成七人合议庭。

第十五条　人民法院审判第一审刑事、民事、行政案件，有下列情形之一的，由人民陪审员和法官组成合议庭进行：

（一）涉及群体利益、公共利益的；

（二）人民群众广泛关注或者其他社会影响较大的；

（三）案情复杂或者有其他情形，需要由人民陪审员参加审判的。

人民法院审判前款规定的案件，法律规定由法官独任审理或者由法官组成合议庭审理的，从其规定。

第十六条　人民法院审判下列第一审案件，由人民陪审员和法官组成七人合议庭进行：

（一）可能判处十年以上有期徒刑、无期徒刑、死刑，社会影响重大的刑事案件；

（二）根据民事诉讼法、行政诉讼法提起的公益诉讼案件；

（三）涉及征地拆迁、生态环境保护、食品药品安全，社会影响重大的案件；

（四）其他社会影响重大的案件。

第十七条　第一审刑事案件被告人、民事案件原告或者被告、行政案件原告申请由人民陪审员参加合议庭审判的，人民法院可以决定由人民陪审员和法官组成合议庭审判。

第十八条　人民陪审员的回避，适用审判人员回避的法律规定。

第十九条　基层人民法院审判案件需要由人民陪审员参加合议庭审判的，应当在人民陪审员名单中随机抽取确定。

中级人民法院、高级人民法院审判案件需要由人民陪审员参加合议庭审判的，在其辖区内的基层人民法院的人民陪审员名单中随机抽取确定。

第二十条　审判长应当履行与案件审判相关的指引、提示义务，但不得妨碍人民陪审员对案件的独立判断。

合议庭评议案件，审判长应当对本案中涉及的事实认定、证据规则、法律规定等事项及应当注意的问题，向人民陪审员进行必要的解释和说明。

第二十一条　人民陪审员参加三人合议庭审判案件，对事实认定、法律适用，独立发表意见，行使表决权。

第二十二条　人民陪审员参加七人合议庭审判案件，对事实认定，独立发表意见，并与法官共同表决；对法律适用，可以发表意见，但不参加表决。

第二十三条　合议庭评议案件，实行少数服从多数的原则。人民陪审员同合议庭其他组成人员意见分歧的，应当将其意见写入笔录。

合议庭组成人员意见有重大分歧的，人民陪审员或者法官可以要求合议庭将案件提请院长决定是否提交审判委员会讨论决定。

第二十四条　人民法院应当结合本辖区实际情况，合理确定每名人民陪审员年度参加审判案件的数量上限，并向社会公告。

第二十五条　人民陪审员的培训、考核和奖惩等日常管理工作，由基层人民法院会同司法行政机关负责。

对人民陪审员应当有计划地进行培训。人民陪审员应当按照要求参加培训。

第二十六条　对于在审判工作中有显著成绩或者有其他突出事迹的人民陪审员，依照有关规定给予表彰和奖励。

第二十七条　人民陪审员有下列情形之一，经所在基层人民法院会同司法行政机关查证属实的，由院长提请同级人民代表大会常务委员会免除其人民陪审员职务：

（一）本人因正当理由申请辞去人民陪审员职务的；

（二）具有本法第六条、第七条所列情形之一的；

（三）无正当理由，拒绝参加审判活动，影响审判工作正常进行的；

（四）违反与审判工作有关的法律及相关规定，徇私舞弊，造成错误裁判或者其他严重后果的。

人民陪审员有前款第三项、第四项所列行为的，可以采取通知其所在单位、户籍所在地或者经常居住地的基层群众性自治组织、人民团体，在辖区范围内公开通报等措施进行惩戒；构成犯罪的，依法追究刑事责任。

第二十八条　人民陪审员的人身和住所安全受法律保护。任何单位和个人不得对人民陪审员及其近亲属打击报复。

对报复陷害、侮辱诽谤、暴力侵害人民陪审员及其近亲属的，依法追究法律责任。

第二十九条　人民陪审员参加审判活动期间，所在单位不得克扣或者变相克扣其工资、奖金及其他福利待遇。

人民陪审员所在单位违反前款规定的，基层人民法院应当及时向人民陪审员所在单位或者所在单位的主管部门、上级部门提出纠正意见。

第三十条　人民陪审员参加审判活动期间，由人民法院依照有关规定按实际工作日给予补助。

人民陪审员因参加审判活动而支出的交通、就餐等费用，由人民法院依照有关规定给予补助。

第三十一条　人民陪审员因参加审判活动应当享受的补助，人民法院和司法行政机关为实施人民陪审员制度所必需的开支，列入人民法院和司法行政机关业务经费，由相应政府财政予以保障。具体办法由最高人民法院、国务院司法行政部门会同国务院财政部门制定。

第三十二条　本法自公布之日起施行。2004年8月28日第十届全国人民代表大会常务委员会第十一次会议通过的《全国人民代表大会常务委员会关于完善人民陪审员制度的决定》同时废止。

关于《中华人民共和国人民陪审员法（草案）》的说明

——2017年12月22日在第十二届全国人民代表大会常务委员会第三十一次会议上

最高人民法院院长　周强

全国人民代表大会常务委员会：

我代表最高人民法院，作关于《中华人民共和国人民陪审员法（草案）》的说明。

一、制定人民陪审员法的重要性和必要性

党的十九大报告强调，要健全人民当家作主制度体系，发展社会主义民主政治。人民陪审员制度是社会主义民主政治的重要内容，是中国特色社会主义司法制度的重要组成部分，也是社会主义民主制度在司法领域的重要体现。人民群众是依法治国的基本力量，人民陪审员制度是人民群众了解司法、参与司法、监督司法的直接形式，也是人民法院弘扬司法民主、促进司法公开、保障司法公正、增强司法公信的有力保证。制定一部专门的人民陪审员法，有利于扩大司法领域的人民民主，切实保障人民群众对审判工作的知情权、参与权、监督权，更好地体现人民当家作主；有利于弘扬社会主义核心价值观和法治精神，促进全民守法、营造依法治国的浓厚氛围；有利于架起人民法院与人民群众的沟通桥梁，形成法官和人民陪审员的优势互补，实现司法专业化判断与群众对公正认知的有机统一，让人民群众在每一个司法案件中感受到公平正义。

我国现行的人民陪审员制度，是以全国人大常委会2004年审议通过的《关于完善人民陪审员制度的决定》（以下简称《决定》）为核心，包括法院组织法以及民事、刑事、行政诉讼法相关法律规定、司法解释、政策文件所构成的制度体系。长期以来，人民陪审员制度在推进司法民主、促进司法公正、提高司法公信等方面一直发挥着重要作用，但仍存在一些需要改进和完善的地方，如人民陪审员的广

泛性和代表性不足,“驻庭陪审、编外法官”“陪而不审、审而不议”现象仍然存在,管理机制不健全,履职保障机制不完善等。党的十八届三中全会决定指出,要广泛实行人民陪审员制度,拓宽人民群众有序参与司法的渠道。四中全会决定进一步提出,完善人民陪审员制度,保障公民陪审权利,提高人民陪审制度公信度,逐步实行人民陪审员不再审理法律适用问题,只参与审理事实认定问题。这些都为人民陪审员制度改革提出了明确方向和政策要求。

根据中央深改组审议通过的《人民陪审员制度改革试点方案》(以下简称《试点方案》)和全国人大常委会《关于授权在部分地区开展人民陪审员制度改革试点工作的决定》,2015 年 5 月,最高人民法院和司法部联合发布《人民陪审员制度改革试点工作实施办法》(以下简称《试点办法》),开始了新一轮人民陪审员制度改革试点。为了进一步研究试点改革中的有关问题,2017 年 4 月,全国人大常委会决定,试点期限延长一年。试点期满,最高人民法院应当就试点情况向全国人民代表大会常务委员会作出报告。对实践证明可行的,最高人民法院应当会同有关方面提出修改相关法律的意见;对实践证明不宜调整的,恢复施行有关法律规定。两年多来,各试点法院积极扩大选任范围、完善参审机制、合理区分事实审和法律审、健全保障机制,试点工作成效显著。在试点过程中,有不少人大代表、政协委员、专家学者提出,人民陪审员制度是我国社会主义民主政治的重要组成部分,建议在宪法中增加人民陪审员制度相关条款,同时,在总结改革试点经验的基础上,制定专门的人民陪审员法。在当前形势下,制定一部专门的人民陪审员法,既是完善中国特色社会主义法律体系的必然要求,也是充分发挥人民陪审员制度功能作用的客观需要。特别是经过两年多试点,各地法院已经探索出许多可复制、可推广的经验做法,其中所涉重点难点问题也基本形成共识,立法条件已经具备。

二、制定人民陪审员法的基本原则

(一)充分保障人民群众参与司法的民主权利

宪法规定,人民依照法律规定,通过各种途径和形式,管理国家事务,管理经济和文化事业,管理社会事务。党的十九大报告强调,要体现人民意志、保障人民权益,激发人民创造活力,用制度体系保证人民当家作主。经过法定的选任条件和程序,担任人民陪审员参与司法事务的管理是公民的一项重要民主权利,草案从不同角度对公民的该项权利给予充分保障。草案规定,公民有依法担任人民陪审员的权利和义务。人民陪审员依法享有参加审判活动、独立发表意见、获得履职保障等权利。人民法院应当依法保障人民陪审员参加审判活动,人民陪审员所在单位、户籍所在地或者经常居住地的基层组织应当依法保障人民陪审员参加审判活动。

(二)坚持人民陪审员选任的广泛性和代表性

人民陪审员的选任应当注意吸收普通群众,兼顾社会各阶层人员的结构比例,注意吸收社会不同行业、职业、年龄、民族、性别的人员,实现人民陪审员的广泛性和代表性。按照《试点方案》的要求,推行人民陪审员选任的“一升一降”(提升年龄、降低学历)和“三个随机”(随机抽取人民陪审员候选人、随机抽取确定人民陪审员人选、随机抽取人民陪审员审理具体案件),主要就是为了体现人民陪审员选任的广泛性和代表性,并已取得预期效果。因此,草案将这些要求予以明确规定,但考虑到部分地方选任上的实际困难,仍然部分保留个人申请和组织推荐产生人民陪审员的方式。

(三)强调充分发挥人民陪审员的参审作用

草案以解决“陪而不审、审而不议”问题,充分发挥人民陪审员的参审作用为导向,合理界定人民陪审员参审范围,明确人民陪审员参与案件审理的程序和要求;妥善区分事实审和法律审,在七人合议庭中,实行人民陪审员不再审理法律适用问题,只参与审理事实认定问题;同时加大审判长对人民陪审员的指引、提示力度,强调法官对人民陪审员行使权力的保障义务,但不得影响人民陪审员的独立判断。

三、涉及的重点问题

(一)关于人民陪审员选任

一是放宽选任入口。草案在总结改革试点经验的基础上,将学历要求从原有的大专以上降低到一般具有高中以上文化程度,就是要让更大范围的群众有机会选任人民陪审员。同时,法官员额制改革后,实践中担任员额法官的年龄一般需要 28 周岁以上(本科毕业 23 岁左右,从事法律工作 5 年以上),并考虑到提高年龄要求有利于更好地发挥陪审员富有社会阅历、了解社情民意的优势,将担任人民陪审员的年龄从 23 周岁提高到 28 周岁。二是改革选任方式。《试点方案》和《试点办法》要求陪审员全部随机抽选产生,在实践中产生了不少争议。部分全国人大代表和不少地方法院都主张保留个人申请和组织推荐方式。草案第八条规定,陪审员应当是随机抽选产生的前提下,因审判活动需要,一定比例的人民陪审员可以通过个人申请和组织推荐的方式产生。具体办法由最高人民法院制定。三是明确随机抽选来源。在试点过程中,由于选民名单5年才更新一次,信息滞后严重。在实践中,人民陪审员选任大多是从当地公安机关提供的常住居民名单中随机抽取候选人。故草案第八条规定,"人民陪审员从符合条件的当地常住居民名单中随机抽选",而不是从选民名单中随机抽选产生。同时,草案第九条明确规定公安机关应当向基层人民法院提供当地常住居民名单,并根据其掌握的犯罪记录信息对有无犯罪记录进行审核。

(二)关于事实审和法律审区分

人民陪审员参加的合议庭组成采用两种模式:一是原有的三人合议庭继续保留,二是增设七人合议庭。之所以没有选择五人或九人及以上的合议庭组成模式,主要是考虑到在区分事实审和法律审的前提下,采用五人合议庭,法官人数至少要保证三人,人民陪审员则仅有两人,在合议庭内人数较少,难以发挥有效、实质参审的应有作用;采用七人合议庭,一方面是七人合议庭已能满足审理重大案件的需要,法庭设施也不需要大规模改造;另一方面,七人合议庭中人民陪审员四人和法官三人,数量配比相对平衡,如果合议庭人数为九人及以上,既会加剧人民法院"案多人少"的工作负担,加大陪审成本,又会影响审判活动的效率。同时,刑事诉讼法第一百七十八条规定,高级法院、最高法院审理一审案件可以由审判员和人民陪审员三人至七人组成合议庭,也是设置七人合议庭的参考依据。

在三人合议庭中,以不区分事实审与法律审为宜,人民陪审员与法官有同等权利;对一些社会影响重大的案件,由三名法官和四名人民陪审员组成七人合议庭,人民陪审员在法官的指引下只参与审理事实认定问题,不审理法律适用问题。因此,草案第二十条、第二十一条对三人合议庭与七人合议庭的评议规则分别作出规定,三人合议庭不区分事实审和法律审,七人合议庭审判案件时,人民陪审员只参与审理事实认定问题,不参与审理法律适用问题。

(三)关于参审范围

合理界定人民陪审员参审案件的范围,既要让陪审制度在国家治理和司法体系中发挥应有作用,又要解决实践中长期存在的"陪而不审、审而不议"等问题。草案第十四条为一般规定,即涉及群体利益、公共利益、人民群众广泛关注的以及其他社会影响较大的第一审刑事、民事、行政案件,均可以适用陪审制,法律规定由法官独任审理或者由法官组成合议庭审理的除外,这一表述是对2004年《决定》第二条第(一)项"社会影响较大的刑事、民事、行政案件"的具体化;第十五条进一步明确七人合议庭的案件参审范围,并作了类型化处理,第一类是社会影响重大的可能判处十年以上有期徒刑、无期徒刑的刑事案件;第二类是行政诉讼法和民事诉讼法规定的公益诉讼案件;第三类是其他涉及征地拆迁、环境保护、食品药品安全等社会公共利益的重大案件。除了上述规定,参审范围还包括当事人申请适用的案件。

(四)关于退出和惩戒机制

草案第二十六条保留了《决定》第十七条的规定,同时参考《试点办法》第二十七条,规定人民陪审员有该条第一款第二项、第四项所列行为,可以采取通知所在单位、户籍所在地或者经常居住地的基层组织,在辖区范围内公开通报等措施进行惩戒。

(五)关于履职保障

草案第二十七条第一、第三款保留了《决定》第二十八条第二、第三款的规定,同时参考2005年《最高人民法院关于人民陪审员管理办法(试行)》第四十条,增加一款规定"人民陪审员所在单位违反前款规定的,基层人民法院应当及时向人民陪审员所在单位,或所在单位的主管部门,或所在单位的上级部门提出纠正意见。"该款规定主要是为了明确人民陪审员所在单位的保障责任。

另外,草案第二十八条第一款中对"人民陪审员因参加审判活动而支出的交通、就餐等费用"的补助标准明确为参照当地国家机关一般工作人员的出差补助标准。第二款明确将人民陪审员人身意外伤害保险费纳入当年业务经费预算,旨在解决人民陪审员在参审途中或参审时发生意外的赔偿问题。

(六)其他内容

关于人民陪审员任期。草案第十二条第一款规定,人民陪审员的任期为五年。任期届满后,人民陪审员职务自动免除,一般不得连任。该规定旨在让更多的公民有可能参与到审判活动中。

关于提交审委会讨论规则。草案第二十二条规定,合议庭成员意见有重大分歧的,人民陪审员或法官可以要求合议庭将案件提请院长决定是否提交审判委员会讨论决定。这一规定赋予了法官和人民陪审员对等的审判权力，同时又可以最大程度上保证案件的质量和效率。

关于参审案件数上限。为了有效防止"驻庭陪审员""编外法官"的出现，设定每位人民陪审员的年度参审数上限是有必要的。因此，草案第二十三条还规定，人民法院应当结合本辖区实际情况，合理确定每名人民陪审员年度参与审判案件的数量上限，并向社会公告。

《中华人民共和国人民陪审员法（草案）》和以上说明是否妥当，请审议。

全国人民代表大会宪法和法律委员会关于《中华人民共和国人民陪审员法（草案）》审议结果的报告

——2018 年 4 月 25 日在第十三届全国人民代表大会常务委员会第二次会议上

全国人大宪法和法律委员会副主任委员　周光权

全国人民代表大会常务委员会：

十二届全国人大常委会第三十一次会议对人民陪审员法草案进行了初次审议。会后，法制工作委员会将草案印发各省、自治区、直辖市和部分较大的市人大常委会、中央有关部门及部分高等院校、研究机构、基层立法联系点征求意见，在中国人大网全文公布草案征求社会公众意见。十二届全国人大法律委员会、内务司法委员会和法制工作委员会联合召开座谈会，听取中央有关部门和部分专家学者对草案的意见。法律委员会、法制工作委员会还到一些地方进行调研，听取意见；并就草案的有关问题与最高人民法院、司法部、财政部交换意见，共同研究。宪法和法律委员会于 4 月 8 日召开会议，根据常委会组成人员的审议意见和各方面意见，对草案进行了逐条审议。监察和司法委员会、最高人民法院、司法部有关负责同志列席了会议。4 月 17 日，宪法和法律委员会召开会议，再次进行审议。宪法和法律委员会认为，为体现党中央关于司法体制改革的有关精神，有利于人民参与司法活动，制定人民陪审员法是必要的；草案经过审议修改，已经比较成熟。同时，提出以下主要修改意见：

一、草案第二条规定了人民陪审员的权利和义务。有的常委委员提出，有关诉讼法律和全国人大常委会的有关决定都有人民陪审员与法官有同等权利的规定，有利于更好体现人民司法的性质，增强司法公信，建议保留这一规定。宪法和法律委员会经研究，建议在草案中增加规定：人民陪审员"依法参加人民法院的审判活动，除法律另有规定外，同法官有同等权利"。

二、草案第五条规定了不能担任人民陪审员的人员范围，第六条规定了不得担任人民陪审员的情形。有的常委委员、全国人大代表、地方、部门和社会公众提出，根据法律职业资格制度改革精神和实践情况，建议增加规定公证员、仲裁员不能担任人民陪审员，被吊销律师、公证员执业证书的，被纳入失信被执行人名单的，以及有严重违法行为，可能影响司法公信的，不得担任人民陪审员。宪法和法律委员会经研究，建议采纳这些意见，在草案中增加上述内容。

三、草案第九条、第十条中规定，人民陪审员的选任工作由基层人民法院会同司法行政机关进行。有的地方、部门和社会公众提出，为提升司法公信，建议将选任工作交由司法行政机关牵头负责，建立司法行政机关牵头选荐、人大常委会任命、法院使用的选任工作机制。宪法和法律委员会经与最高人民法院、司法部研究，建议采纳这一意见，对草案作出相应修改。

四、草案第十四条、第十五条规定了人民陪审员参审案件的范围。有的常委委员、地方、部门、社会公众和学者建议进一步扩大人民陪审员参审案件范围，增加规定死刑案件和其他社会影响重大的案件。宪法和法律委员会经研究，建议对草案作以下修改：一是在人民陪审员参审案件中增加"案情复杂，需要由人民陪审员参加审判的"；二是将"可能判处十年以上有期徒刑、无期徒刑"修改为"可能判处十年以上有期徒刑、无期徒刑、死刑"，并增加

“其他社会影响重大的案件”。

五、根据有的常委委员、地方和部门的意见，宪法和法律委员会建议增加规定：人民陪审员的人身和住所安全受法律保护。任何单位和个人不得对人民陪审员及其近亲属打击报复。对报复陷害、侮辱诽谤、暴力侵害人民陪审员及其近亲属的，依法追究法律责任。

六、草案第二十七条、第二十八条对人民陪审员的参审补助、支出费用补助及人身意外伤害保险作了规定。有的地方、部门建议扩大补助的范围、增加项目、提高标准，有的建议取消有关保险的规定，有的建议法律中只作原则规定，由有关部门共同制定具体办法。宪法和法律委员会经研究，建议对草案相关规定作出修改，对相关补助只作原则规定；并增加规定：具体办法由最高人民法院、国务院司法行政部门会同国务院财政部门制定。

此外，还对草案作了一些文字修改。

4 月 10 日，法制工作委员会召开会议，邀请全国人大代表、人民陪审员、专家学者、律师、部分试点和非试点地区人大常委会、人民法院、司法行政机关工作人员等方面的代表，就草案中主要制度规范的可行性、法律出台时机、法律实施的社会效果和可能出现的问题等进行评估。总的评价是：草案贯彻落实党的十九大和十八届三中、四中全会精神，根据中央司法体制改革部署和司法实践需要，明确了人民陪审员的权利义务，完善了担任人民陪审员的条件、选任程序、参审规则、管理保障措施等内容，有利于拓宽人民群众有序参与司法的渠道，充分发挥人民陪审员的参审作用，促进司法公正，提升司法公信。草案规定的主要制度规范是可行的，充分体现了人民陪审员制度改革试点的成果和经验，符合人民陪审员制度工作实际，针对性和可操作性比较强，已基本成熟，应尽早出台。有的会议代表还对草案提出了一些具体修改意见，有的意见已经予以采纳。

草案二次审议稿已按上述意见作了修改。考虑到全国人大常委会先前作出的关于授权开展人民陪审员制度改革试点工作的决定将于 2018 年 5 月期满，人民陪审员法草案经修改完善后已经比较成熟，各方面意见一致，宪法和法律委员会建议提请本次常委会会议审议通过。

草案二次审议稿和以上报告是否妥当，请审议。

全国人民代表大会宪法和法律委员会关于《中华人民共和国人民陪审员法(草案二次审议稿)》修改意见的报告

——2018 年 4 月 27 日在第十三届全国人民代表大会常务委员会第二次会议上

全国人民代表大会常务委员会：

常委会第二次会议于 4 月 25 日下午对人民陪审员法(草案二次审议稿)进行了分组审议。普遍认为，草案已经比较成熟，建议进一步修改后，提请本次常委会会议表决通过。同时，有些常委会组成人员还提出了一些修改意见。宪法和法律委员会于 4 月 26 日上午召开会议，逐条研究了常委会组成人员的审议意见，对草案进行了审议。监察和司法委员会、最高人民法院、司法部有关负责同志列席了会议。宪法和法律委员会认为，草案是可行的，同时，提出以下修改意见：

一、有的常委会组成人员提出，人民陪审员应当具备的条件中应当包括遵纪守法的内容，对于有其他严重违纪行为，可能影响司法公信的，也不得担任人民陪审员。宪法和法律委员会经研究，建议采纳这一意见，在草案二次审议稿第五条第一款第三项中增加“遵纪守法”的规定，将草案二次审议稿第七条第六项修改为“其他有严重违法违纪行为，可能影响司法公信的”。

二、有的常委委员提出，草案二次审议稿第九条规定从“符合条件”的常住居民名单中抽选人民陪审员候选人，又规定对候选人进行“资格审查”，表述上存在矛盾。有的常委委员建议明确从辖区内的常住居民名单中抽选人民陪审员候选人。宪法和法律委员会经研究，建议采纳上述意见，将本条中的“符合条件的常住居民名单”修改为“辖区内的常住居民名单”。

三、有的常委会组成人员提出，为充分发挥人民团体的作用，建议在草案二次审议稿第十一条中明确，有关人民团体也可以推荐人民陪审员候选人。宪法和法律委员会经研究，建议采纳这一意见，将这一条中的“基层组织”修改为“基层群众性自治组织、人民团体”。

四、有的常委委员提出，草案二次审议稿第十五条第一款规定了人民陪审员参加审判的案件范围，实践中除社会影响较大、案情复杂的案件外，还有一些根据案件情况需要由人民陪审员参加审判的情形，建议增加。宪法和法律委员会经研究，建议采纳这一意见，将这一款第三项修改为“案情复杂或者有其他情形，需要由人民陪审员参加审判的”。

五、有的常委会组成人员提出，为提高人民陪审员的履职能力，应当加强对人民陪审员的培训工作，建议对人民陪审员的培训工作作出专门规定。宪法和法律委员会经研究，建议采纳这一意见，在草案中增加规定，对人民陪审员应当有计划地进行培训。人民陪审员应当按照要求参加培训。

此外，根据常委会组成人员的审议意见，还对草案二次审议稿作了一些文字修改。

草案建议表决稿已按上述意见作了修改，宪法和法律委员会建议本次常委会会议审议通过。

在常委会审议中，有些常委会组成人员还提出了一些修改意见，并就法律通过后的贯彻实施提出了一些好的建议。宪法和法律委员会经研究认为，有些意见可在制定和修改配套规定时研究考虑；同时建议法律通过后，有关部门要做好宣传工作，按照法律的要求，指导地方开展人民陪审员的选任、参审以及管理、培训、保障等工作，确保法律正确有效实施。

草案建议表决稿和以上报告是否妥当，请审议。

中华人民共和国主席令

第五号

《中华人民共和国英雄烈士保护法》已由中华人民共和国第十三届全国人民代表大会常务委员会第二次会议于 2018 年 4 月 27 日通过，现予公布，自 2018 年 5 月 1 日起施行。

中华人民共和国主席　习近平

2018 年 4 月 27 日

中华人民共和国英雄烈士保护法

（2018 年 4 月 27 日第十三届全国人民代表大会常务委员会第二次会议通过）

第一条　为了加强对英雄烈士的保护，维护社会公共利益，传承和弘扬英雄烈士精神、爱国主义精神，培育和践行社会主义核心价值观，激发实现中华民族伟大复兴中国梦的强大精神力量，根据宪法，制定本法。

第二条　国家和人民永远尊崇、铭记英雄烈士为国家、人民和民族作出的牺牲和贡献。

近代以来，为了争取民族独立和人民解放，实现国家富强和人民幸福，促进世界和平和人类进步而毕生奋斗、英勇献身的英雄烈士，功勋彪炳史册，精神永垂不朽。

第三条　英雄烈士事迹和精神是中华民族的共同历史记忆和社会主义核心价值观的重要体现。

国家保护英雄烈士，对英雄烈士予以褒扬、纪念，加强对英雄烈士事迹和精神的宣传、教育，维护英雄烈士尊严和合法权益。

全社会都应当崇尚、学习、捍卫英雄烈士。

第四条　各级人民政府应当加强对英雄烈士的保护，将宣传、弘扬英雄烈士事迹和精神作为社会主义精神文明建设的重要内容。

县级以上人民政府负责英雄烈士保护工作的部门和其他有关部门应当依法履行职责，做好英雄烈士保护工作。

军队有关部门按照国务院、中央军事委员会的规定，做好英雄烈士保护工作。

县级以上人民政府应当将英雄烈士保护工作经费列入本级预算。

第五条　每年 9 月 30 日为烈士纪念日，国家在首都北京天安门广场人民英雄纪念碑前举行纪念仪式，缅怀英雄烈士。

县级以上地方人民政府、军队有关部门应当在烈士纪念日举行纪念活动。

举行英雄烈士纪念活动，邀请英雄烈士遗属代表参加。

第六条　在清明节和重要纪念日，机关、团体、乡村、社区、学校、企业事业单位和军队有关单位根据实际情况，组织开展英雄烈士纪念活动。

第七条　国家建立并保护英雄烈士纪念设施，纪念、缅怀英雄烈士。

矗立在首都北京天安门广场的人民英雄纪念碑，是近代以来中国人民和中华民族争取民族独立解放、人民自由幸福和国家繁荣富强精神的象征，是国家和人民纪念、缅怀英雄烈士的永久性纪念设施。

人民英雄纪念碑及其名称、碑题、碑文、浮雕、图形、标志等受法律保护。

第八条　县级以上人民政府应当将英雄烈士纪念设施建设和保护纳入国民经济和社会发展规划、城乡规划，加强对英雄烈士纪念设施的保护和管理；对具有重要纪念意义、教育意义的英雄烈士纪念设施依照《中华人民共和国文物保护法》的规定，核定公布为文物保护单位。

中央财政对革命老区、民族地区、边疆地区、贫困地区英雄烈士纪念设施的修缮保护，应当按照国家规定予以补助。

第九条　英雄烈士纪念设施应当免费向社会开放，供公众瞻仰、悼念英雄烈士，开展纪念教育活动，告慰先烈英灵。

前款规定的纪念设施由军队有关单位管理的，按照军队有关规定实行开放。

第十条　英雄烈士纪念设施保护单位应当健全服务和管理工作规范，方便瞻仰、悼念英雄烈士，保持英雄烈士纪念设施庄严、肃穆、清净的环境和氛围。

任何组织和个人不得在英雄烈士纪念设施保护范围内从事有损纪念英雄烈士环境和氛围的活动，不得侵占英雄烈士纪念设施保护范围内的土地和设施，不得破坏、污损英雄烈士纪念设施。

第十一条　安葬英雄烈士时，县级以上人民政府、军队有关部门应当举行庄严、肃穆、文明、节俭的送迎、安葬仪式。

第十二条　国家建立健全英雄烈士祭扫制度和礼仪规范，引导公民庄严有序地开展祭扫活动。

县级以上人民政府有关部门应当为英雄烈士遗属祭扫提供便利。

第十三条　县级以上人民政府有关部门应当引导公民通过瞻仰英雄烈士纪念设施、集体宣誓、网上祭奠等形式，铭记英雄烈士的事迹，传承和弘扬英雄烈士的精神。

第十四条　英雄烈士在国外安葬的，中华人民共和国驻该国外交、领事代表机构应当结合驻在国实际情况组织开展祭扫活动。

国家通过与有关国家的合作，查找、收集英雄烈士遗骸、遗物和史料，加强对位于国外的英雄烈士纪念设施的修缮保护工作。

第十五条　国家鼓励和支持开展对英雄烈士事迹和精神的研究，以辩证唯物主义和历史唯物主义为指导认识和记述历史。

第十六条　各级人民政府、军队有关部门应当加强对英雄烈士遗物、史料的收集、保护和陈列展示工作，组织开展英雄烈士史料的研究、编纂和宣传工作。

国家鼓励和支持革命老区发挥当地资源优势，开展英雄烈士事迹和精神的研究、宣传和教育工作。

第十七条　教育行政部门应当以青少年学生为重点，将英雄烈士事迹和精神的宣传教育纳入国民教育体系。

教育行政部门、各级各类学校应当将英雄烈士事迹和精神纳入教育内容，组织开展纪念教育活动，加强对学生的爱国主义、集体主义、社会主义教育。

第十八条　文化、新闻出版、广播电视、电影、网信等部门应当鼓励和支持以英雄烈士事迹为题材、弘扬英雄烈士精神的优秀文学艺术作品、广播电视节目以及出版物的创作生产和宣传推广。

第十九条　广播电台、电视台、报刊出版单位、互联网信息服务提供者，应当通过播放或者刊登英雄烈士题材作品、发布公益广告、开设专栏等方式，广泛宣传英雄烈士事迹和精神。

第二十条　国家鼓励和支持自然人、法人和非法人组织以捐赠财产、义务宣讲英雄烈士事迹和精神、帮扶英雄烈士遗属等公益活动的方式，参与英雄烈士保护工作。

自然人、法人和非法人组织捐赠财产用于英雄烈士保护的，依法享受税收优惠。

第二十一条　国家实行英雄烈士抚恤优待制度。英雄烈士遗属按照国家规定享受教育、就业、养老、住房、医疗等方面的优待。抚恤优待水平应当与国民经济和社会发展相适应并逐步提高。

国务院有关部门、军队有关部门和地方人民政府应当关心英雄烈士遗属的生活情况，每年定期走访慰问英雄烈士遗属。

第二十二条 禁止歪曲、丑化、亵渎、否定英雄烈士事迹和精神。

英雄烈士的姓名、肖像、名誉、荣誉受法律保护。任何组织和个人不得在公共场所、互联网或者利用广播电视、电影、出版物等，以侮辱、诽谤或者其他方式侵害英雄烈士的姓名、肖像、名誉、荣誉。任何组织和个人不得将英雄烈士的姓名、肖像用于或者变相用于商标、商业广告，损害英雄烈士的名誉、荣誉。

公安、文化、新闻出版、广播电视、电影、网信、市场监督管理、负责英雄烈士保护工作的部门发现前款规定行为的，应当依法及时处理。

第二十三条 网信和电信、公安等有关部门在对网络信息进行依法监督管理工作中，发现发布或者传输以侮辱、诽谤或者其他方式侵害英雄烈士的姓名、肖像、名誉、荣誉的信息的，应当要求网络运营者停止传输，采取消除等处置措施和其他必要措施；对来源于中华人民共和国境外的上述信息，应当通知有关机构采取技术措施和其他必要措施阻断传播。

网络运营者发现其用户发布前款规定的信息的，应当立即停止传输该信息，采取消除等处置措施，防止信息扩散，保存有关记录，并向有关主管部门报告。网络运营者未采取停止传输、消除等处置措施的，依照《中华人民共和国网络安全法》的规定处罚。

第二十四条 任何组织和个人有权对侵害英雄烈士合法权益和其他违反本法规定的行为，向负责英雄烈士保护工作的部门、网信、公安等有关部门举报，接到举报的部门应当依法及时处理。

第二十五条 对侵害英雄烈士的姓名、肖像、名誉、荣誉的行为，英雄烈士的近亲属可以依法向人民法院提起诉讼。

英雄烈士没有近亲属或者近亲属不提起诉讼的，检察机关依法对侵害英雄烈士的姓名、肖像、名誉、荣誉，损害社会公共利益的行为向人民法院提起诉讼。

负责英雄烈士保护工作的部门和其他有关部门在履行职责过程中发现第一款规定的行为，需要检察机关提起诉讼的，应当向检察机关报告。

英雄烈士近亲属依照第一款规定提起诉讼的，法律援助机构应当依法提供法律援助服务。

第二十六条 以侮辱、诽谤或者其他方式侵害英雄烈士的姓名、肖像、名誉、荣誉，损害社会公共利益的，依法承担民事责任；构成违反治安管理行为的，由公安机关依法给予治安管理处罚；构成犯罪的，依法追究刑事责任。

第二十七条 在英雄烈士纪念设施保护范围内从事有损纪念英雄烈士环境和氛围的活动的，纪念设施保护单位应当及时劝阻；不听劝阻的，由县级以上地方人民政府负责英雄烈士保护工作的部门、文物主管部门按照职责规定给予批评教育，责令改正；构成违反治安管理行为的，由公安机关依法给予治安管理处罚。

亵渎、否定英雄烈士事迹和精神，宣扬、美化侵略战争和侵略行为，寻衅滋事，扰乱公共秩序，构成违反治安管理行为的，由公安机关依法给予治安管理处罚；构成犯罪的，依法追究刑事责任。

第二十八条 侵占、破坏、污损英雄烈士纪念设施的，由县级以上人民政府负责英雄烈士保护工作的部门责令改正；造成损失的，依法承担民事责任；被侵占、破坏、污损的纪念设施属于文物保护单位的，依照《中华人民共和国文物保护法》的规定处罚；构成违反治安管理行为的，由公安机关依法给予治安管理处罚；构成犯罪的，依法追究刑事责任。

第二十九条 县级以上人民政府有关部门及其工作人员在英雄烈士保护工作中滥用职权、玩忽职守、徇私舞弊的，对直接负责的主管人员和其他直接责任人员，依法给予处分；构成犯罪的，依法追究刑事责任。

第三十条 本法自 2018 年 5 月 1 日起施行。

关于《中华人民共和国英雄烈士保护法(草案)》的说明

——2017 年 12 月 22 日在第十二届全国人民代表大会常务委员会第三十一次会议上

全国人大常委会法制工作委员会副主任　许安标

全国人民代表大会常务委员会：

我受委员长会议的委托，作关于《中华人民共和国英雄烈士保护法(草案)》的说明。

一、制定本法的必要性

习近平总书记指出:“实现我们的目标,需要英雄,需要英雄精神。我们要铭记一切为中华民族和中国人民作出贡献的英雄们,崇尚英雄,捍卫英雄,学习英雄,关爱英雄。”英雄烈士的事迹和精神是中华民族共同的历史记忆和宝贵的精神财富,是中国共产党领导中国各族人民96年来不懈奋斗伟大历程、可歌可泣英雄史诗的缩影和代表,是实现中华民族伟大复兴的强大精神动力。

近年来,社会上历史虚无主义错误思潮和观点不断出现,有些人以“学术自由”“还原历史”“探究细节”等为名,通过网络、书刊等媒体歪曲历史特别是近现代历史,丑化、诋毁、贬损、质疑英雄烈士,造成恶劣社会影响,引起社会各界愤慨谴责。在今年全国“两会”上,有251人次全国人大代表、全国政协委员和一些群众来信提出,建议通过立法加强英雄烈士保护。2017年4月,习近平总书记对英雄烈士保护立法作出重要批示。回应社会关切,回击丑化、诋毁英雄烈士的恶劣行为,加强英雄烈士保护立法十分必要。制定英雄烈士保护法是建设具有强大凝聚力和引领力的社会主义意识形态,巩固中国共产党执政地位和中国特色社会主义制度的内在要求,是弘扬社会主义核心价值观和爱国主义精神,崇尚捍卫英雄烈士,维护社会公共利益的必要措施。

二、草案起草的工作过程和指导思想

全国人大常委会高度重视英雄烈士保护立法工作,将起草英雄烈士保护法作为2017年立法工作方面的一项重要任务。法制工作委员会认真学习贯彻党中央指示精神,会同中央宣传部、民政部、人力资源和社会保障部、中央军委法制局组成起草工作组,抓紧立法研究起草工作,先后召开座谈会十多次,听取中央有关部门、全国人大有关专门委员会和有关全国人大代表、全国政协委员以及专家学者的意见;赴革命老区、英模部队等进行调研,听取干部群众、部队官兵和英雄烈士后代的意见,到中央档案馆查阅相关历史档案;到北京市高级人民法院调研,了解有关案件情况。法制工作委员会以习近平新时代中国特色社会主义思想和党的十九大精神为指导,对立法中的主要问题进行专题研究,并研究借鉴外国相关立法规定,经反复研究、修改并征求中央有关部门意见后,形成了《中华人民共和国英雄烈士保护法(草案)》。

起草工作的指导思想是:高举中国特色社会主义伟大旗帜,坚持以马克思列宁主义、毛泽东思想、邓小平理论、“三个代表”重要思想、科学发展观、习近平新时代中国特色社会主义思想为指导,贯彻落实党的十九大精神,坚定“四个自信”,不忘初心,牢记使命,坚持保护英雄烈士的鲜明价值导向,纪念缅怀英雄烈士功绩,弘扬传承英雄烈士精神,培育和践行社会主义核心价值观,激发实现中华民族伟大复兴中国梦的强大精神力量,以不断夺取新时代中国特色社会主义新胜利告慰英雄烈士。

贯彻上述指导思想,起草工作中注意把握以下几点:一是突出重点,旗帜鲜明讲政治。坚决维护中国共产党、人民军队、人民共和国历史上的英雄烈士代表性人物和集体形象。近些年,一些人丑化、诋毁、贬损、质疑我党我军历史上的英雄烈士,其实质是动摇中国共产党的执政根基和中国特色社会主义制度,对这些行为必须在法律上明确予以禁止。二是弘扬英烈精神,传承红色基因。无论时间过去多么久远,先烈的英名和功绩都将永世长存。突出加强宣传教育,在全社会营造缅怀、崇尚、学习英雄烈士的正气和浓厚氛围,弘扬传承英雄烈士精神。针对现行褒扬制度存在侧重物质保障、对弘扬英雄烈士精神规定不够的情况,通过完善纪念形式,强化鲜明价值导向。三是坚持问题导向,完善制度措施。整合现行法律、烈士褒扬条例等有关英雄烈士保护的规定,与相关法律、行政法规相衔接,并根据实际需要予以提炼和完善,进一步加强英雄烈士保护工作。

三、草案的主要内容

草案共30条,包括以下主要内容:

(一)关于英雄烈士的历史功勋

中国共产党、人民军队和人民共和国历史上涌现的无数英雄烈士,近代以来的英烈先驱和革命先行者,为国家和人民作出了重大牺牲和重大贡献。根据人民英雄纪念碑碑文、宪法序言精神,并与民法总则、全国人大常委会关于设立烈士纪念日的决定等规定相衔接,草案规定,国家和人民永远尊崇、铭记英雄烈士为国家、人民和民族作出的牺牲和贡献。近代以来,为了争取民族独立、人民解放,实现国家富强、人民幸福,促进世界和平、人类进步而英勇献身、毕生奋斗的英雄烈士,功勋彪炳史册,精神永垂不朽。需要说明的是,现实中的英雄模范人物和群体与草案规定的英雄烈士精神是一脉相承的,对他们的褒奖、人格等合法权益的保护,适用国家勋章和国家荣誉称号法等相关法律法规,不适用本法。

(二)关于人民英雄纪念碑的法律地位

1949年9月30日,中国人民政治协商会议第一届全体会议通过决议,在首都北京天安门外,建立一个为国牺牲的人民英雄纪念碑;当日下午即举行人民英雄纪念碑奠基典礼,毛泽东主席率全体代表参加并宣读人民英雄纪念碑碑文。这一时刻永载人民共和国光辉史册。建成后的人民英雄纪念碑,成为国家和人民纪念缅怀为中国革命和国家建设而英勇献身的英雄烈士的标志性纪念设施。据此,草案规定,矗立在北京天安门广场的人民英雄纪念碑,是近代以来中国人民和中华民族争取民族独立解放、人民自由幸福和国家繁荣富强的精神象征,是国家和人民纪念、缅怀英雄烈士的永久性纪念设施。人民英雄纪念碑及其名称、碑题、碑文、浮雕、图形、标志等受法律保护。

同时,草案还对其他英雄烈士纪念设施的保护、开放和管理作了规定,为纪念缅怀英雄烈士提供场所和服务,发挥其作为爱国主义教育基地的作用。

(三)关于纪念缅怀英雄烈士活动

与全国人大常委会关于设立烈士纪念日的决定和有关行政法规规定相衔接,草案规定,国家、县级以上地方人民政府和军队有关部门应当在烈士纪念日举行纪念活动;机关、团体、乡村、社区、学校、企业事业单位和军队有关单位在清明节和重要纪念日组织开展纪念活动;为英勇献身的烈士举行庄重的送迎、安葬仪式;建立健全烈士祭扫制度和礼仪规范,英雄烈士在国外安葬的,驻该国使领馆应当组织开展祭扫活动;引导公民通过瞻仰纪念设施、集体宣誓、网上祭奠等形式参与纪念活动等。

(四)关于弘扬传承英雄烈士精神

草案规定,国家鼓励开展对英雄烈士事迹和精神的研究,以辩证唯物主义和历史唯物主义认识和记述历史;组织开展英雄烈士史料的研究、编纂和宣传以及史料、遗物的收集、保护和陈列工作;鼓励革命老区发挥本地资源优势,开展英雄烈士事迹和精神的研究宣传;以青少年学生为重点,将英雄烈士事迹和精神的宣传教育纳入国民教育体系;鼓励以英雄烈士事迹为题材的作品创作;新闻媒体负有宣传英雄烈士事迹和精神的义务。

(五)关于烈士褒扬和遗属抚恤优待

与烈士褒扬条例相衔接,草案规定,公民牺牲,依法评定为烈士,对其英勇献身的行为予以褒扬;烈士遗属按照国家规定享受烈士褒扬金、抚恤金,以及在教育、就业、养老、住房、医疗等方面的优待;抚恤优待应当与国民经济和社会发展相适应并逐步提高;各级人民政府应当关心烈士遗属工作生活情况,定期走访慰问。

(六)关于保护英雄烈士名誉荣誉

为了从行政、民事、刑事等方面全面加强对英雄烈士名誉荣誉的保护,草案规定,公安、文化、新闻出版广电、网信、民政、工商等部门在监管工作中有保护英雄烈士名誉荣誉的职责;网络运营者发现侵害英雄烈士名誉荣誉的网络信息时,负有及时处置的义务;建立对侵害英雄烈士名誉荣誉案件的公益诉讼制度,检察机关作为提起公益诉讼的主体;对实施侮辱、诽谤英雄烈士等行为的,依法追究治安和刑事责任。

草案和以上说明是否妥当,请审议。

全国人民代表大会宪法和法律委员会关于《中华人民共和国英雄烈士保护法(草案)》审议结果的报告

——2018年4月25日在第十三届全国人民代表大会常务委员会第二次会议上

全国人大宪法和法律委员会副主任委员　胡可明

全国人民代表大会常务委员会:

十二届全国人大常委会第三十一次会议对英雄烈士保护法草案进行了初次审议。会后,法制工作委员会将草案印发各省(区、市)、中央有关部门等征求意见，在中国人大网全文公布草案征求社会公众意见。十二届全国人大法律委员会、法制工作委员会联合召开座谈会，听取中央有关部门和专家学者的意见。宪法和法律委员会、法制工作委员会还到一些地方进行调研，听取意见；并就草案的有关问题与中央宣传部、司法部、民政部、退役军人事务部、国家公务员局和中央军委法制局交换意见，共同研究。宪法和法律委员会于4月8日召开会议，根据常委会组成人员的审议意见和各方面意见，对草案进行了逐条审议。中央宣传部、司法部、民政部、退役军人事务部、国家公务员局和中央军委法制局有关负责同志列席了会议。4月17日，宪法和法律委员会召开会议，再次进行了审议。宪法和法律委员会认为，为了加强对英雄烈士的保护，维护社会公共利益，弘扬社会主义核心价值观，制定本法是必要的，草案贯彻体现党的十九大精神，坚持鲜明的价值导向，总体上是成熟的。同时，提出以下主要修改意见：

一、草案第四条第二款对民政部门英雄烈士保护的职责作了规定。根据国务院机构改革方案，原由民政部承担的英雄烈士保护的有关职责，调整到新组建的退役军人事务部。宪法和法律委员会经研究，建议将上述规定的“民政部门”改为“负责英雄烈士保护工作的部门”。同时对草案规定的国务院机构改革涉及的其他相关机构的表述也作了相应调整。

二、草案第二十二条第二款中规定，不得利用广播、电视等侵害英雄烈士姓名、肖像、名誉、荣誉。有的常委委员和部门提出，电影也是重要的传播媒介，对“电影”也应作出相应规定。宪法和法律委员会经研究，建议增加不得利用电影侵害英雄烈士姓名、肖像、名誉、荣誉的内容。

三、草案第二十三条第一款规定，网信等部门发现侵害英雄烈士名誉荣誉信息的，应当要求网络运营者采取停止传输等处置措施。有的常委委员和部门提出，对来源于境外的有害信息，应规定必要的阻断传播措施，与网络安全法有关规定相衔接；有的部门还提出，为了加强对有害信息的管理，应明确电信、公安部门的监管责任。宪法和法律委员会经研究，建议采纳上述意见，在监管部门中增加“电信、公安”部门，增加规定“对来源于中华人民共和国境外的上述信息，应当通知有关机构采取技术措施和其他必要措施阻断传播。”

四、草案第二十五条第三款中规定，英雄烈士近亲属对侵害英雄烈士姓名、肖像、名誉、荣誉提起诉讼的，人民法院应当免收诉讼费用。有的部门和专家提出，诉讼费用交纳办法对诉讼费用的减免已作规定，本法可不再规定。宪法和法律委员会经研究，建议采纳上述意见，删去这一规定。

五、有的常委委员和社会公众提出，近年来社会上个别人身着“二战”时期日本军服拍照并通过网络传播，宣扬、美化侵略战争，损害国家尊严、伤害民族感情，造成恶劣社会影响，需要明确相关法律责任，予以严厉打击。宪法和法律委员会经研究，对这种行为，要通过加强教育、管理和加大处罚力度，综合施策处理，结合英雄烈士保护工作，建议有针对性增加规定：“亵渎英雄烈士事迹和精神，宣扬、美化侵略战争和侵略行为，寻衅滋事，扰乱公共秩序，构成违反治安管理行为的，由公安机关依法给予治安管理处罚；构成犯罪的，依法追究刑事责任。”

还有一个问题需要汇报。草案第二条关于英雄烈士范围的表述，各方面总体赞成。同时，一些常委会组成人员和地方、部门提出，草案对英雄烈士的范围规定比较原则，建议进一步界定，有的还建议规定英雄烈士名录制度。这个问题在起草和审议过程中反复研究过。本法保护的英雄烈士，包括近代以来，为国家、为民族、为人民作出牺牲和贡献的英烈先驱和革命先行者，重点是中国共产党、人民军队和人民共和国历史上涌现的无数英雄烈士。缅怀英雄烈士、弘扬英烈精神，面对的是英雄烈士的整体，包括中国民主革命以来英勇牺牲的2000多万烈士，而其中经评定确认列入名录的只有196万多名，仅靠烈士名录不能涵盖更多的无名英烈。关于英雄烈士名誉荣誉权益等的保护，实践中发生的侵害英雄烈士名誉荣誉的案件，一般是针对知名的英雄烈士个人或者群体实施的，其英雄烈士身份是清楚的。对于实际工作中如何甄别和认定英雄烈士工作，可由有关部门制定具体规定予以明确。

此外，还对草案作了一些文字修改。

4月16日，法制工作委员会召开会议，邀请基层执法部门和有关单位以及部分全国人大代表、烈士遗属、专家学者就英雄烈士保护法草案中主要制度规范的可行性、法律出台时机、法律实施的社会效果和可能出现的问题作了评估。总体评价认为，草案体现了捍卫英雄烈士的鲜明价值导向，有利于传承和弘扬英雄烈士精神，培育和践行社会主义核心价值观，已经比较成熟。草案规定的英雄烈士纪念活动、纪念设施保护、宣传教育、英雄烈士名誉荣誉保护等制度措施是可行的，建议尽快出台实施。与会人员还对草案提出了一些具体修改意见，对一些意见予以采纳吸收。

草案二次审议稿已按上述意见作了修改。宪法和法律委员会建议提请本次常委会会议审议通过。

草案二次审议稿和以上报告是否妥当，请审议。

全国人民代表大会宪法和法律委员会关于《中华人民共和国英雄烈士保护法（草案二次审议稿）》修改意见的报告

——2018 年 4 月 27 日在第十三届全国人民代表大会常务委员会第二次会议上

全国人民代表大会常务委员会：

本次常委会会议于 4 月 25 日下午对英雄烈士保护法（草案二次审议稿）进行了分组审议，普遍认为，草案已经比较成熟，建议进一步修改后，提请本次会议通过。同时，有些常委会组成人员还提出了一些修改意见。宪法和法律委员会于 4 月 26 日上午召开会议，逐条研究了常委会组成人员的审议意见，对草案进行了审议。中央宣传部、司法部、退役军人事务部、国家公务员局和中央军委法制局的负责同志列席了会议。宪法和法律委员会认为，草案是可行的，同时，提出以下修改意见：

一、有的常委委员提出，国家应当加强对英雄烈士事迹和精神的宣传教育，营造良好的社会氛围。宪法和法律委员会经研究，建议在草案二次审议稿第三条第二款中增加相关内容，将这一款修改为："国家保护英雄烈士，对英雄烈士予以褒扬、纪念，加强对英雄烈士事迹和精神的宣传、教育，维护英雄烈士尊严和合法权益。"

二、草案二次审议稿第八条第一款规定，县级以上人民政府应当将英雄烈士纪念设施的建设和保护纳入国民经济和社会发展规划。有的常委委员提出，为做好英雄烈士纪念设施建设和保护工作，还应将纪念设施的建设和保护纳入城乡规划。宪法和法律委员会经研究，建议采纳这一意见。

三、有的常委委员提出，应当对改善瞻仰、悼念英雄烈士的设施条件提出要求。宪法和法律委员会经研究，建议在草案二次审议稿第十条第一款中增加英雄烈士纪念设施应当"方便瞻仰、悼念英雄烈士"的规定。

四、有的常委委员提出，应加强对牺牲在国外的英雄烈士保护工作，积极查找有关英雄烈士的遗骸、遗物等。宪法和法律委员会经研究，建议在草案二次审议稿第十四条第二款中增加国家通过与有关国家的合作，"查找、收集英雄烈士遗骸、遗物和史料"的规定。

五、有的常委会组成人员提出，将英雄烈士事迹和精神纳入教学内容的同时，还要组织学生开展各种纪念教育活动。宪法和法律委员会经研究，建议在草案二次审议稿第十七条第二款中增加教育行政部门、各级各类学校应当"组织开展纪念教育活动"的规定。

六、有的常委委员提出，国家应鼓励支持社会力量参与宣传英雄烈士事迹、帮扶英雄烈士遗属等工作。宪法和法律委员会经研究，建议采纳这一意见，在草案二次审议稿第二十条第一款中增加国家鼓励和支持自然人、法人和非法人组织以"义务宣讲英雄烈士事迹和精神、帮扶英雄烈士遗属等公益活动的方式"，参与英雄烈士保护工作的规定。

七、草案二次审议稿第二十五条对侵害英雄烈士姓名、肖像、名誉、荣誉的公益诉讼作了规定。有些常委会组成人员提出，为了加强对英雄烈士名誉荣誉的保护，建议扩大提起公益诉讼的主体范围，规定除检察机关外，社会组织、有关部门、英雄烈士生前所在单位都可以提起诉讼。宪法和法律委员会经研究认为，考虑到公益诉讼的特殊性，由负责法律监督的检察机关承担此类公益诉讼案件的职责较为稳妥。同时，为便于检察机关及时掌握了解情况，依法提起公益诉讼，建议在草案二次审议稿第二十五条中增加一款作为第三款，规定"负责英雄烈士保护工作的部门和其他有关部门在履行职责过程中发现第一款规定的行为，需要检察机关提起诉讼的，应当向检察机关报告。”

需要报告的是，一些常委会组成人员还就做好本法的实施、宣传工作提出了很好的意见和建议。宪法和法律委员会建议，本法通过后，各级政府和有关部门要落实好本法规定的英雄烈士保护各项制度措施，完善相关工作机制，为本法的有效实施创造良好条件、营造良好氛围。

此外，根据常委会组成人员的审议意见，还对草案二次审议稿作了个别文字修改。

草案建议表决稿已按上述意见作了修改，宪法和法律委员会建议本次常委会会议审议通过。

草案建议表决稿和以上报告是否妥当，请审议。

中华人民共和国主席令

第六号

《全国人民代表大会常务委员会关于修改〈中华人民共和国国境卫生检疫法〉等六部法律的决定》已由中华人民共和国第十三届全国人民代表大会常务委员会第二次会议于 2018 年 4 月 27 日通过，现予公布，自公布之日起施行。

中华人民共和国主席　习近平

2018 年 4 月 27 日

全国人民代表大会常务委员会关于修改《中华人民共和国国境卫生检疫法》等六部法律的决定

（2018 年 4 月 27 日第十三届全国人民代表大会常务委员会第二次会议通过）

第十三届全国人民代表大会常务委员会第二次会议决定：

一、对《中华人民共和国国境卫生检疫法》作出修改

（一）删去第二条第二款。

（二）删去第二十七条。

二、对《中华人民共和国进出口商品检验法》作出修改

（一）删去第十一条中的“海关凭商检机构签发的货物通关证明验放”。

（二）删去第十五条第二款。

三、对《中华人民共和国国防教育法》作出修改

将第八条第一款中的“民政”修改为“退役军人事务”。

四、对《中华人民共和国精神卫生法》作出修改

（一）将第八条第二款中的“人力资源社会保障”修改为“医疗保障”。

（二）将第六十八条第二款中的“人力资源社会保障、卫生、民政”修改为“医疗保障”。将第三款中的“民政”修改为“医疗保障”。

五、对《中华人民共和国反恐怖主义法》作出修改

（一）删去第四十条第二款。

（二）将第六十五条中的“民政等”修改为“医疗保障等”。

六、对《中华人民共和国国家情报法》作出修改

将第二十四条第二款中的“人力资源和社会保障”修改为“人力资源社会保障、退役军人事务、医疗保障”。

本决定自公布之日起施行。

《中华人民共和国国境卫生检疫法》《中华人民共和国进出口商品检验法》《中华人民共和国国防教育法》《中华人民共和国精神卫生法》《中华人民共和国反恐怖主义法》《中华人民共和国国家情报法》根据本决定作相应修改，重新公布。

中华人民共和国国境卫生检疫法

（1986年12月2日第六届全国人民代表大会常务委员会第十八次会议通过　根据2007年12月29日第十届全国人民代表大会常务委员会第三十一次会议《关于修改〈中华人民共和国国境卫生检疫法〉的决定》第一次修正　根据2009年8月27日第十一届全国人民代表大会常务委员会第十次会议《关于修改部分法律的决定》第二次修正　根据2018年4月27日第十三届全国人民代表大会常务委员会第二次会议《关于修改〈中华人民共和国国境卫生检疫法〉等六部法律的决定》第三次修正）

目　　录

第一章　总　　则
第二章　检　　疫
第三章　传染病监测
第四章　卫生监督
第五章　法律责任
第六章　附　　则

第一章　总　　则

第一条　为了防止传染病由国外传入或者由国内传出，实施国境卫生检疫，保护人体健康，制定本法。

第二条　在中华人民共和国国际通航的港口、机场以及陆地边境和国界江河的口岸（以下简称国境口岸），设立国境卫生检疫机关，依照本法规定实施传染病检疫、监测和卫生监督。

第三条　本法规定的传染病是指检疫传染病和监测传染病。

检疫传染病，是指鼠疫、霍乱、黄热病以及国务院确定和公布的其他传染病。

监测传染病，由国务院卫生行政部门确定和公布。

第四条　入境、出境的人员、交通工具、运输设备以及可能传播检疫传染病的行李、货物、邮包等物品，都应当接受检疫，经国境卫生检疫机关许可，方准入境或者出境。具体办法由本法实施细则规定。

第五条　国境卫生检疫机关发现检疫传染病或者疑似检疫传染病时，除采取必要措施外，必须立即通知当地卫生行政部门，同时用最快的方法报告国务院卫生行政部门，最迟不得超过二十四小时。邮电部门对疫情报告应当优先传送。

中华人民共和国与外国之间的传染病疫情通报，由国务院卫生行政部门会同有关部门办理。

第六条　在国外或者国内有检疫传染病大流行的时候，国务院可以下令封锁有关的国境或者采取其他紧急措施。

第二章　检　　疫

第七条　入境的交通工具和人员，必须在最先到达的国境口岸的指定地点接受检疫。除引航员外，未经国境卫生检疫机关许可，任何人不准上下交通工具，不准装卸行李、货物、邮包等物品。具体办法由本法实施细则规定。

第八条　出境的交通工具和人员，必须在最后离开的国境口岸接受检疫。

第九条　来自国外的船舶、航空器因故停泊、降落在中国境内非口岸地点的时候，船舶、航空器的负责人应当立即向就近的国境卫生检疫机关或者当地卫生行政部门报告。除紧急情况外，未经国境卫生检疫机关或者当地卫生行政部门许可，任何人不准上下船舶、航空器，不准装卸行李、货物、邮包等物品。

第十条　在国境口岸发现检疫传染病、疑似检疫传染病，或者有人非因意外伤害而死亡并死因不明的，国境口岸有关单位和交通工具的负责人，应当立即向国境卫生检疫机关报告，并申请临时检疫。

第十一条　国境卫生检疫机关依据检疫医师提供的检疫结果，对未染有检疫传染病或者已实施卫生处理的交通工具，签发入境检疫证或者出境检疫证。

第十二条　国境卫生检疫机关对检疫传染病

染疫人必须立即将其隔离，隔离期限根据医学检查结果确定；对检疫传染病染疫嫌疑人应当将其留验，留验期限根据该传染病的潜伏期确定。

因患检疫传染病而死亡的尸体，必须就近火化。

第十三条　接受入境检疫的交通工具有下列情形之一的，应当实施消毒、除鼠、除虫或者其他卫生处理：

（一）来自检疫传染病疫区的；

（二）被检疫传染病污染的；

（三）发现有与人类健康有关的啮齿动物或者病媒昆虫的。

如果外国交通工具的负责人拒绝接受卫生处理，除有特殊情况外，准许该交通工具在国境卫生检疫机关的监督下，立即离开中华人民共和国国境。

第十四条　国境卫生检疫机关对来自疫区的、被检疫传染病污染的或者可能成为检疫传染病传播媒介的行李、货物、邮包等物品，应当进行卫生检查，实施消毒、除鼠、除虫或者其他卫生处理。

入境、出境的尸体、骸骨的托运人或者其代理人，必须向国境卫生检疫机关申报，经卫生检查合格后，方准运进或者运出。

第三章　传染病监测

第十五条　国境卫生检疫机关对入境、出境的人员实施传染病监测，并且采取必要的预防、控制措施。

第十六条　国境卫生检疫机关有权要求入境、出境的人员填写健康申明卡，出示某种传染病的预防接种证书、健康证明或者其他有关证件。

第十七条　对患有监测传染病的人、来自国外监测传染病流行区的人或者与监测传染病人密切接触的人，国境卫生检疫机关应当区别情况，发给就诊方便卡，实施留验或者采取其他预防、控制措施，并及时通知当地卫生行政部门。各地医疗单位对持有就诊方便卡的人员，应当优先诊治。

第四章　卫生监督

第十八条　国境卫生检疫机关根据国家规定的卫生标准，对国境口岸的卫生状况和停留在国境口岸的入境、出境的交通工具的卫生状况实施卫生监督：

（一）监督和指导有关人员对啮齿动物、病媒昆虫的防除；

（二）检查和检验食品、饮用水及其储存、供应、运输设施；

（三）监督从事食品、饮用水供应的从业人员的健康状况，检查其健康证明书；

（四）监督和检查垃圾、废物、污水、粪便、压舱水的处理。

第十九条　国境卫生检疫机关设立国境口岸卫生监督员，执行国境卫生检疫机关交给的任务。

国境口岸卫生监督员在执行任务时，有权对国境口岸和入境、出境的交通工具进行卫生监督和技术指导，对卫生状况不良和可能引起传染病传播的因素提出改进意见，协同有关部门采取必要的措施，进行卫生处理。

第五章　法律责任

第二十条　对违反本法规定，有下列行为之一的单位或者个人，国境卫生检疫机关可以根据情节轻重，给予警告或者罚款：

（一）逃避检疫，向国境卫生检疫机关隐瞒真实情况的；

（二）入境的人员未经国境卫生检疫机关许可，擅自上下交通工具，或者装卸行李、货物、邮包等物品，不听劝阻的。

罚款全部上缴国库。

第二十一条　当事人对国境卫生检疫机关给予的罚款决定不服的，可以在接到通知之日起十五日内，向当地人民法院起诉。逾期不起诉又不履行的，国境卫生检疫机关可以申请人民法院强制执行。

第二十二条　违反本法规定，引起检疫传染病传播或者有引起检疫传染病传播严重危险的，依照刑法有关规定追究刑事责任。

第二十三条　国境卫生检疫机关工作人员，应当秉公执法，忠于职守，对入境、出境的交通工具和人员，及时进行检疫；违法失职的，给予行政处分，情节严重构成犯罪的，依法追究刑事责任。

第六章　附　　则

第二十四条　中华人民共和国缔结或者参加的有关卫生检疫的国际条约同本法有不同规定的，适用该国际条约的规定。但是，中华人民共和国声明保留的条款除外。

第二十五条　中华人民共和国边防机关与邻国边防机关之间在边境地区的往来，居住在两国边境接壤地区的居民在边境指定地区的临时往来，双方的交通工具和人员的入境、出境检疫，依照双方协议办理，没有协议的，依照中国政府的有关规定办理。

第二十六条　国境卫生检疫机关实施卫生检疫，按照国家规定收取费用。

第二十七条　本法自1987年5月1日起施行。1957年12月23日公布的《中华人民共和国国境卫生检疫条例》同时废止。

中华人民共和国进出口商品检验法

（1989年2月21日第七届全国人民代表大会常务委员会第六次会议通过　根据2002年4月28日第九届全国人民代表大会常务委员会第二十七次会议《关于修改〈中华人民共和国进出口商品检验法〉的决定》第一次修正　根据2013年6月29日第十二届全国人民代表大会常务委员会第三次会议《关于修改〈中华人民共和国文物保护法〉等十二部法律的决定》第二次修正　根据2018年4月27日第十三届全国人民代表大会常务委员会第二次会议《关于修改〈中华人民共和国国境卫生检疫法〉等六部法律的决定》第三次修正）

目　　录

第一章　总　　则
第二章　进口商品的检验
第三章　出口商品的检验
第四章　监督管理
第五章　法律责任
第六章　附　　则

第一章　总　　则

第一条　为了加强进出口商品检验工作，规范进出口商品检验行为，维护社会公共利益和进出口贸易有关各方的合法权益，促进对外经济贸易关系的顺利发展，制定本法。

第二条　国务院设立进出口商品检验部门（以下简称国家商检部门），主管全国进出口商品检验工作。国家商检部门设在各地的进出口商品检验机构（以下简称商检机构）管理所辖地区的进出口商品检验工作。

第三条　商检机构和经国家商检部门许可的检验机构，依法对进出口商品实施检验。

第四条　进出口商品检验应当根据保护人类健康和安全、保护动物或者植物的生命和健康、保护环境、防止欺诈行为、维护国家安全的原则，由国家商检部门制定、调整必须实施检验的进出口商品目录（以下简称目录）并公布实施。

第五条　列入目录的进出口商品，由商检机构实施检验。

前款规定的进口商品未经检验的，不准销售、使用；前款规定的出口商品未经检验合格的，不准出口。

本条第一款规定的进出口商品，其中符合国家规定的免予检验条件的，由收货人或者发货人申请，经国家商检部门审查批准，可以免予检验。

第六条　必须实施的进出口商品检验，是指确定列入目录的进出口商品是否符合国家技术规范的强制性要求的合格评定活动。

合格评定程序包括：抽样、检验和检查；评估、验证和合格保证；注册、认可和批准以及各项的组合。

第七条　列入目录的进出口商品，按照国家技术规范的强制性要求进行检验；尚未制定国家技术规范的强制性要求的，应当依法及时制定，未制定之前，可以参照国家商检部门指定的国外有关标准进行检验。

第八条　经国家商检部门许可的检验机构，可以接受对外贸易关系人或者外国检验机构的委托，办理进出口商品检验鉴定业务。

第九条　法律、行政法规规定由其他检验机构实施检验的进出口商品或者检验项目，依照有关法律、行政法规的规定办理。

第十条　国家商检部门和商检机构应当及时收集和向有关方面提供进出口商品检验方面的信息。

国家商检部门和商检机构的工作人员在履行进出口商品检验的职责中，对所知悉的商业秘密负有保密义务。

第二章　进口商品的检验

第十一条　本法规定必须经商检机构检验的进口商品的收货人或者其代理人，应当向报关地的商检机构报检。

第十二条　本法规定必须经商检机构检验的进口商品的收货人或者其代理人，应当在商检机构规定的地点和期限内，接受商检机构对进口商品的检验。商检机构应当在国家商检部门统一规定的期限内检验完毕，并出具检验证单。

第十三条　本法规定必须经商检机构检验的进口商品以外的进口商品的收货人，发现进口商品质量不合格或者残损短缺，需要由商检机构出证索赔的，应当向商检机构申请检验出证。

第十四条　对重要的进口商品和大型的成套设备，收货人应当依据对外贸易合同约定在出口国装运前进行预检验、监造或者监装，主管部门应当加强监督；商检机构根据需要可以派出检验人员参加。

第三章　出口商品的检验

第十五条　本法规定必须经商检机构检验的出口商品的发货人或者其代理人，应当在商检机构规定的地点和期限内，向商检机构报检。商检机构应当在国家商检部门统一规定的期限内检验完毕，并出具检验证单。

第十六条　经商检机构检验合格发给检验证单的出口商品，应当在商检机构规定的期限内报关出口；超过期限的，应当重新报检。

第十七条　为出口危险货物生产包装容器的企业，必须申请商检机构进行包装容器的性能鉴定。生产出口危险货物的企业，必须申请商检机构进行包装容器的使用鉴定。使用未经鉴定合格的包装容器的危险货物，不准出口。

第十八条　对装运出口易腐烂变质食品的船舱和集装箱，承运人或者装箱单位必须在装货前申请检验。未经检验合格的，不准装运。

第四章　监督管理

第十九条　商检机构对本法规定必须经商检机构检验的进出口商品以外的进出口商品，根据国家规定实施抽查检验。

国家商检部门可以公布抽查检验结果或者向有关部门通报抽查检验情况。

第二十条　商检机构根据便利对外贸易的需要，可以按照国家规定对列入目录的出口商品进行出厂前的质量监督管理和检验。

第二十一条　为进出口货物的收发货人办理报检手续的代理人办理报检手续时应当向商检机构提交授权委托书。

第二十二条　国家商检部门可以按照国家有关规定，通过考核，许可符合条件的国内外检验机构承担委托的进出口商品检验鉴定业务。

第二十三条　国家商检部门和商检机构依法对经国家商检部门许可的检验机构的进出口商品检验鉴定业务活动进行监督，可以对其检验的商品抽查检验。

第二十四条　国家商检部门根据国家统一的认证制度，对有关的进出口商品实施认证管理。

第二十五条　商检机构可以根据国家商检部门同外国有关机构签订的协议或者接受外国有关机构的委托进行进出口商品质量认证工作，准许在认证合格的进出口商品上使用质量认证标志。

第二十六条　商检机构依照本法对实施许可制度的进出口商品实行验证管理，查验单证，核对证货是否相符。

第二十七条　商检机构根据需要，对检验合格的进出口商品，可以加施商检标志或者封识。

第二十八条　进出口商品的报检人对商检机构作出的检验结果有异议的，可以向原商检机构或者其上级商检机构以至国家商检部门申请复验，由受理复验的商检机构或者国家商检部门及时作出复验结论。

第二十九条　当事人对商检机构、国家商检部门作出的复验结论不服或者对商检机构作出的处罚决定不服的，可以依法申请行政复议，也可以依法向人民法院提起诉讼。

第三十条　国家商检部门和商检机构履行职责，必须遵守法律，维护国家利益，依照法定职权和法定程序严格执法，接受监督。

国家商检部门和商检机构应当根据依法履行职责的需要，加强队伍建设，使商检工作人员具有良好的政治、业务素质。商检工作人员应当定期接受业务培训和考核，经考核合格，方可上岗执行职务。

商检工作人员必须忠于职守，文明服务，遵守职业道德，不得滥用职权，谋取私利。

第三十一条　国家商检部门和商检机构应当建立健全内部监督制度，对其工作人员的执法活动进行监督检查。

商检机构内部负责受理报检、检验、出证放行等主要岗位的职责权限应当明确，并相互分离、相互制约。

第三十二条　任何单位和个人均有权对国家商检部门、商检机构及其工作人员的违法、违纪行为进行控告、检举。收到控告、检举的机关应当依法按照职责分工及时查处，并为控告人、检举人保密。

第五章　法律责任

第三十三条　违反本法规定，将必须经商检机构检验的进口商品未报经检验而擅自销售或者使用的，或者将必须经商检机构检验的出口商品未报经检验合格而擅自出口的，由商检机构没收违法所得，并处货值金额百分之五以上百分之二十以下的罚款；构成犯罪的，依法追究刑事责任。

第三十四条　违反本法规定，未经国家商检部门许可，擅自从事进出口商品检验鉴定业务的，由商检机构责令停止非法经营，没收违法所得，并处违法所得一倍以上三倍以下的罚款。

第三十五条　进口或者出口属于掺杂掺假、以假充真、以次充好的商品或者以不合格进出口商品冒充合格进出口商品的，由商检机构责令停止进口或者出口，没收违法所得，并处货值金额百分之五十以上三倍以下的罚款；构成犯罪的，依法追究刑事责任。

第三十六条　伪造、变造、买卖或者盗窃商检单证、印章、标志、封识、质量认证标志的，依法追究刑事责任；尚不够刑事处罚的，由商检机构责令改正，没收违法所得，并处货值金额等值以下的罚款。

第三十七条　国家商检部门、商检机构的工作人员违反本法规定，泄露所知悉的商业秘密的，依法给予行政处分，有违法所得的，没收违法所得；构成犯罪的，依法追究刑事责任。

第三十八条　国家商检部门、商检机构的工作人员滥用职权，故意刁难的，徇私舞弊，伪造检验结果的，或者玩忽职守，延误检验出证的，依法给予行政处分；构成犯罪的，依法追究刑事责任。

第六章　附　　则

第三十九条　商检机构和其他检验机构依照本法的规定实施检验和办理检验鉴定业务，依照国家有关规定收取费用。

第四十条　国务院根据本法制定实施条例。

第四十一条　本法自 1989 年 8 月 1 日起施行。

中华人民共和国国防教育法

（2001 年 4 月 28 日第九届全国人民代表大会常务委员会第二十一次会议通过　根据 2018 年 4 月 27 日第十三届全国人民代表大会常务委员会第二次会议《关于修改〈中华人民共和国国境卫生检疫法〉等六部法律的决定》修正）

目　　录

第一章　总　　则
第二章　学校国防教育
第三章　社会国防教育
第四章　国防教育的保障
第五章　法律责任
第六章　附　　则

第一章　总　　则

第一条　为了普及和加强国防教育，发扬爱国主义精神，促进国防建设和社会主义精神文明建设，根据国防法和教育法，制定本法。

第二条　国防教育是建设和巩固国防的基础，是增强民族凝聚力、提高全民素质的重要途径。

第三条　国家通过开展国防教育，使公民增强国防观念，掌握基本的国防知识，学习必要的军事技能，激发爱国热情，自觉履行国防义务。

第四条　国防教育贯彻全民参与、长期坚持、讲求实效的方针，实行经常教育与集中教育相结合、普及教育与重点教育相结合、理论教育与行为教育相结合的原则，针对不同对象确定相应的教育内容分类组织实施。

第五条　中华人民共和国公民都有接受国防教育的权利和义务。

普及和加强国防教育是全社会的共同责任。一切国家机关和武装力量、各政党和各社会团体、各企业事业组织以及基层群众性自治组织，都应当根据各自的实际情况组织本地区、本部门、本单位开展国防教育。

第六条　国务院领导全国的国防教育工作。中央军事委员会协同国务院开展全民国防教育。

地方各级人民政府领导本行政区域内的国防教育工作。驻地军事机关协助和支持地方人民政府开展国防教育。

第七条　国家国防教育工作机构规划、组织、指导和协调全国的国防教育工作。

县级以上地方负责国防教育工作的机构组织、指导、协调和检查本行政区域内的国防教育工作。

第八条　教育、退役军人事务、文化宣传等部门，在各自职责范围内负责国防教育工作。

征兵、国防科研生产、国民经济动员、人民防空、国防交通、军事设施保护等工作的主管部门，依照本法和有关法律、法规的规定，负责国防教育工作。

工会、共产主义青年团、妇女联合会以及其他有关社会团体，协助人民政府开展国防教育。

第九条　中国人民解放军、中国人民武装警察部队按照中央军事委员会的有关规定开展国防教育。

第十条　国家支持、鼓励社会组织和个人开展有益于国防教育的活动。

第十一条　国家和社会对在国防教育工作中作出突出贡献的组织和个人，采取各种形式给予表彰和奖励。

第十二条　国家设立全民国防教育日。

第二章　学校国防教育

第十三条　学校的国防教育是全民国防教育的基础，是实施素质教育的重要内容。

教育行政部门应当将国防教育列入工作计划，加强对学校国防教育的组织、指导和监督，并对学校国防教育工作定期进行考核。

第十四条　小学和初级中学应当将国防教育的内容纳入有关课程，将课堂教学与课外活动相结合，对学生进行国防教育。

有条件的小学和初级中学可以组织学生开展以国防教育为主题的少年军校活动。教育行政部门、共产主义青年团组织和其他有关部门应当加强对少年军校活动的指导与管理。

小学和初级中学可以根据需要聘请校外辅导员，协助学校开展多种形式的国防教育活动。

第十五条　高等学校、高级中学和相当于高级中学的学校应当将课堂教学与军事训练相结合，对学生进行国防教育。

高等学校应当设置适当的国防教育课程，高级中学和相当于高级中学的学校应当在有关课程中安排专门的国防教育内容，并可以在学生中开展形式多样的国防教育活动。

高等学校、高级中学和相当于高级中学的学校学生的军事训练，由学校负责军事训练的机构或者军事教员按照国家有关规定组织实施。军事机关应当协助学校组织学生的军事训练。

第十六条　学校应当将国防教育列入学校的工作和教学计划，采取有效措施，保证国防教育的质量和效果。

学校组织军事训练活动，应当采取措施，加强安全保障。

第十七条　负责培训国家工作人员的各类教育机构，应当将国防教育纳入培训计划，设置适当的国防教育课程。

国家根据需要选送地方和部门的负责人到有关军事院校接受培训，学习和掌握履行领导职责所必需的国防知识。

第三章　社会国防教育

第十八条　国家机关应当根据各自的工作性质和特点，采取多种形式对工作人员进行国防教育。

国家机关工作人员应当具备基本的国防知识。从事国防建设事业的国家机关工作人员，必须学习和掌握履行职责所必需的国防知识。

各地区、各部门的领导人员应当依法履行组织、领导本地区、本部门开展国防教育的职责。

第十九条　企业事业组织应当将国防教育列入职工教育计划，结合政治教育、业务培训、文化体育等活动，对职工进行国防教育。

承担国防科研生产、国防设施建设、国防交通保障等任务的企业事业组织，应当根据所担负的任务，制定相应的国防教育计划，有针对性地对职工进行国防教育。

社会团体应当根据各自的活动特点开展国防教育。

第二十条 军区、省军区(卫戍区、警备区)、军分区(警备区)和县、自治县、市、市辖区的人民武装部按照国家和军队的有关规定，结合政治教育和组织整顿、军事训练、执行勤务、征兵工作以及重大节日、纪念日活动，对民兵、预备役人员进行国防教育。

民兵、预备役人员的国防教育，应当以基干民兵、第一类预备役人员和担任领导职务的民兵、预备役人员为重点，建立和完善制度，保证受教育的人员、教育时间和教育内容的落实。

第二十一条 城市居民委员会、农村村民委员会应当将国防教育纳入社区、农村社会主义精神文明建设的内容，结合征兵工作、拥军优属以及重大节日、纪念日活动，对居民、村民进行国防教育。

城市居民委员会、农村村民委员会可以聘请退役军人协助开展国防教育。

第二十二条 文化、新闻、出版、广播、电影、电视等部门和单位应当根据形势和任务的要求，采取多种形式开展国防教育。

中央和省、自治区、直辖市以及设区的市的广播电台、电视台、报刊应当开设国防教育节目或者栏目，普及国防知识。

第二十三条 烈士陵园、革命遗址和其他具有国防教育功能的博物馆、纪念馆、科技馆、文化馆、青少年宫等场所，应当为公民接受国防教育提供便利，对有组织的国防教育活动实行优惠或者免费；依照本法第二十八条的规定被命名为国防教育基地的，应当对有组织的中小学生免费开放；在全民国防教育日向社会免费开放。

第四章 国防教育的保障

第二十四条 各级人民政府应当将国防教育纳入国民经济和社会发展计划，并根据开展国防教育的需要，在财政预算中保障国防教育所需的经费。

第二十五条 国家机关、事业单位、社会团体开展国防教育所需的经费，在本单位预算经费内列支；企业开展国防教育所需经费，在本单位职工教育经费中列支。

学校组织学生军事训练所需的经费，按照国家有关规定执行。

第二十六条 国家鼓励社会组织和个人捐赠财产，资助国防教育的开展。

社会组织和个人资助国防教育的财产，由依法成立的国防教育基金组织或者其他公益性社会组织依法管理。

国家鼓励社会组织和个人提供或者捐赠所收藏的具有国防教育意义的实物用于国防教育。使用单位对提供使用的实物应当妥善保管，使用完毕，及时归还。

第二十七条 国防教育经费和社会组织、个人资助国防教育的财产，必须用于国防教育事业，任何单位或者个人不得挪用、克扣。

第二十八条 本法第二十三条规定的场所，具备下列条件的，经省、自治区、直辖市人民政府批准，可以命名为国防教育基地：

(一)有明确的国防教育主题内容；

(二)有健全的管理机构和规章制度；

(三)有相应的国防教育设施；

(四)有必要的经费保障；

(五)有显著的社会教育效果。

国防教育基地应当加强建设，不断完善，充分发挥国防教育的功能。被命名的国防教育基地不再具备前款规定条件的，由原批准机关撤销命名。

第二十九条 各级人民政府应当加强对国防教育基地的规划、建设和管理，并为其发挥作用提供必要的保障。

各级人民政府应当加强对具有国防教育意义的文物的收集、整理、保护工作。

第三十条 全民国防教育使用统一的国防教育大纲。国防教育大纲由国家国防教育工作机构组织制定。

适用于不同地区、不同类别教育对象的国防教育教材，由有关部门或者地方依据国防教育大纲并结合本地区、本部门的特点组织编写。

第三十一条 各级国防教育工作机构应当组织、协调有关部门做好国防教育教员的选拔、培训和管理工作，加强国防教育师资队伍建设。

国防教育教员应当从热爱国防教育事业、具有基本的国防知识和必要的军事技能的人员中选拔。

第三十二条 中国人民解放军和中国人民武装警察部队应当根据需要和可能，为驻地有组织的国防教育活动选派军事教员，提供必要的军事训练场地、设施以及其他便利条件。

在国庆节、中国人民解放军建军节和全民国防教育日，经批准的军营可以向社会开放。军营开放的办法由中央军事委员会规定。

第五章　法律责任

第三十三条　国家机关、社会团体、企业事业组织以及其他社会组织违反本法规定，拒不开展国防教育活动的，由人民政府有关部门或者上级机关给予批评教育，并责令限期改正；拒不改正，造成恶劣影响的，对负有直接责任的主管人员依法给予行政处分。

第三十四条　违反本法规定，挪用、克扣国防教育经费的，由有关主管部门责令限期归还；对负有直接责任的主管人员和其他直接责任人员依法给予行政处分；构成犯罪的，依法追究刑事责任。

第三十五条　侵占、破坏国防教育基地设施、损毁展品的，由有关主管部门给予批评教育，并责令限期改正；有关责任人应当依法承担相应的民事责任。

有前款所列行为，违反治安管理规定的，由公安机关依法给予治安管理处罚；构成犯罪的，依法追究刑事责任。

第三十六条　寻衅滋事，扰乱国防教育工作和活动秩序的，或者盗用国防教育名义骗取钱财的，由有关主管部门给予批评教育，并予以制止；违反治安管理规定的，由公安机关依法给予治安管理处罚；构成犯罪的，依法追究刑事责任。

第三十七条　负责国防教育的国家工作人员玩忽职守、滥用职权、徇私舞弊的，依法给予行政处分；构成犯罪的，依法追究刑事责任。

第六章　附　　则

第三十八条　本法自公布之日起施行。

中华人民共和国精神卫生法

（2012年10月26日第十一届全国人民代表大会常务委员会第二十九次会议通过　根据2018年4月27日第十三届全国人民代表大会常务委员会第二次会议《关于修改〈中华人民共和国国境卫生检疫法〉等六部法律的决定》修正）

目　　录

第一章　总　　则
第二章　心理健康促进和精神障碍预防
第三章　精神障碍的诊断和治疗
第四章　精神障碍的康复
第五章　保障措施
第六章　法律责任
第七章　附　　则

第一章　总　　则

第一条　为了发展精神卫生事业，规范精神卫生服务，维护精神障碍患者的合法权益，制定本法。

第二条　在中华人民共和国境内开展维护和增进公民心理健康、预防和治疗精神障碍、促进精神障碍患者康复的活动，适用本法。

第三条　精神卫生工作实行预防为主的方针，坚持预防、治疗和康复相结合的原则。

第四条　精神障碍患者的人格尊严、人身和财产安全不受侵犯。

精神障碍患者的教育、劳动、医疗以及从国家和社会获得物质帮助等方面的合法权益受法律保护。

有关单位和个人应当对精神障碍患者的姓名、肖像、住址、工作单位、病历资料以及其他可能推断出其身份的信息予以保密；但是，依法履行职责需要公开的除外。

第五条　全社会应当尊重、理解、关爱精神障碍患者。

任何组织或者个人不得歧视、侮辱、虐待精神障碍患者，不得非法限制精神障碍患者的人身自由。

新闻报道和文学艺术作品等不得含有歧视、侮辱精神障碍患者的内容。

第六条　精神卫生工作实行政府组织领导、部门各负其责、家庭和单位尽力尽责、全社会共同参与的综合管理机制。

第七条　县级以上人民政府领导精神卫生工作，将其纳入国民经济和社会发展规划，建设和完善精神障碍的预防、治疗和康复服务体系，建立健全精神卫生工作协调机制和工作责任制，对有关部门承担的精神卫生工作进行考核、监督。

乡镇人民政府和街道办事处根据本地区的实际情况，组织开展预防精神障碍发生、促进精神障碍患者康复等工作。

第八条　国务院卫生行政部门主管全国的精神卫生工作。县级以上地方人民政府卫生行政部门主管本行政区域的精神卫生工作。

县级以上人民政府司法行政、民政、公安、教育、医疗保障等部门在各自职责范围内负责有关的精神卫生工作。

第九条　精神障碍患者的监护人应当履行监护职责，维护精神障碍患者的合法权益。

禁止对精神障碍患者实施家庭暴力，禁止遗弃精神障碍患者。

第十条　中国残疾人联合会及其地方组织依照法律、法规或者接受政府委托，动员社会力量，开展精神卫生工作。

村民委员会、居民委员会依照本法的规定开展精神卫生工作，并对所在地人民政府开展的精神卫生工作予以协助。

国家鼓励和支持工会、共产主义青年团、妇女联合会、红十字会、科学技术协会等团体依法开展精神卫生工作。

第十一条　国家鼓励和支持开展精神卫生专门人才的培养，维护精神卫生工作人员的合法权益，加强精神卫生专业队伍建设。

国家鼓励和支持开展精神卫生科学技术研究，发展现代医学、我国传统医学、心理学，提高精神障碍预防、诊断、治疗、康复的科学技术水平。

国家鼓励和支持开展精神卫生领域的国际交流与合作。

第十二条　各级人民政府和县级以上人民政府有关部门应当采取措施，鼓励和支持组织、个人提供精神卫生志愿服务，捐助精神卫生事业，兴建精神卫生公益设施。

对在精神卫生工作中作出突出贡献的组织、个人，按照国家有关规定给予表彰、奖励。

第二章　心理健康促进和精神障碍预防

第十三条　各级人民政府和县级以上人民政府有关部门应当采取措施，加强心理健康促进和精神障碍预防工作，提高公众心理健康水平。

第十四条　各级人民政府和县级以上人民政府有关部门制定的突发事件应急预案，应当包括心理援助的内容。发生突发事件，履行统一领导职责或者组织处置突发事件的人民政府应当根据突发事件的具体情况，按照应急预案的规定，组织开展心理援助工作。

第十五条　用人单位应当创造有益于职工身心健康的工作环境，关注职工的心理健康；对处于职业发展特定时期或者在特殊岗位工作的职工，应当有针对性地开展心理健康教育。

第十六条　各级各类学校应当对学生进行精神卫生知识教育；配备或者聘请心理健康教育教师、辅导人员，并可以设立心理健康辅导室，对学生进行心理健康教育。学前教育机构应当对幼儿开展符合其特点的心理健康教育。

发生自然灾害、意外伤害、公共安全事件等可能影响学生心理健康的事件，学校应当及时组织专业人员对学生进行心理援助。

教师应当学习和了解相关的精神卫生知识，关注学生心理健康状况，正确引导、激励学生。地方各级人民政府教育行政部门和学校应当重视教师心理健康。

学校和教师应当与学生父母或者其他监护人、近亲属沟通学生心理健康情况。

第十七条　医务人员开展疾病诊疗服务，应当按照诊断标准和治疗规范的要求，对就诊者进行心理健康指导；发现就诊者可能患有精神障碍的，应当建议其到符合本法规定的医疗机构就诊。

第十八条　监狱、看守所、拘留所、强制隔离戒毒所等场所，应当对服刑人员，被依法拘留、逮捕、强制隔离戒毒的人员等，开展精神卫生知识宣传，关注其心理健康状况，必要时提供心理咨询和心理辅导。

第十九条　县级以上地方人民政府人力资源社会保障、教育、卫生、司法行政、公安等部门应当在各自职责范围内分别对本法第十五条至第十八条规定的单位履行精神障碍预防义务的情况进行督促和指导。

第二十条　村民委员会、居民委员会应当协助所在地人民政府及其有关部门开展社区心理健康指导、精神卫生知识宣传教育活动，创建有益于居民身心健康的社区环境。

乡镇卫生院或者社区卫生服务机构应当为村

民委员会、居民委员会开展社区心理健康指导、精神卫生知识宣传教育活动提供技术指导。

第二十一条　家庭成员之间应当相互关爱，创造良好、和睦的家庭环境，提高精神障碍预防意识；发现家庭成员可能患有精神障碍的，应当帮助其及时就诊，照顾其生活，做好看护管理。

第二十二条　国家鼓励和支持新闻媒体、社会组织开展精神卫生的公益性宣传，普及精神卫生知识，引导公众关注心理健康，预防精神障碍的发生。

第二十三条　心理咨询人员应当提高业务素质，遵守执业规范，为社会公众提供专业化的心理咨询服务。

心理咨询人员不得从事心理治疗或者精神障碍的诊断、治疗。

心理咨询人员发现接受咨询的人员可能患有精神障碍的，应当建议其到符合本法规定的医疗机构就诊。

心理咨询人员应当尊重接受咨询人员的隐私，并为其保守秘密。

第二十四条　国务院卫生行政部门建立精神卫生监测网络，实行严重精神障碍发病报告制度，组织开展精神障碍发生状况、发展趋势等的监测和专题调查工作。精神卫生监测和严重精神障碍发病报告管理办法，由国务院卫生行政部门制定。

国务院卫生行政部门应当会同有关部门、组织，建立精神卫生工作信息共享机制，实现信息互联互通、交流共享。

第三章　精神障碍的诊断和治疗

第二十五条　开展精神障碍诊断、治疗活动，应当具备下列条件，并依照医疗机构的管理规定办理有关手续：

（一）有与从事的精神障碍诊断、治疗相适应的精神科执业医师、护士；

（二）有满足开展精神障碍诊断、治疗需要的设施和设备；

（三）有完善的精神障碍诊断、治疗管理制度和质量监控制度。

从事精神障碍诊断、治疗的专科医疗机构还应当配备从事心理治疗的人员。

第二十六条　精神障碍的诊断、治疗，应当遵循维护患者合法权益、尊重患者人格尊严的原则，保障患者在现有条件下获得良好的精神卫生服务。

精神障碍分类、诊断标准和治疗规范，由国务院卫生行政部门组织制定。

第二十七条　精神障碍的诊断应当以精神健康状况为依据。

除法律另有规定外，不得违背本人意志进行确定其是否患有精神障碍的医学检查。

第二十八条　除个人自行到医疗机构进行精神障碍诊断外，疑似精神障碍患者的近亲属可以将其送往医疗机构进行精神障碍诊断。对查找不到近亲属的流浪乞讨疑似精神障碍患者，由当地民政等有关部门按照职责分工，帮助送往医疗机构进行精神障碍诊断。

疑似精神障碍患者发生伤害自身、危害他人安全的行为，或者有伤害自身、危害他人安全的危险的，其近亲属、所在单位、当地公安机关应当立即采取措施予以制止，并将其送往医疗机构进行精神障碍诊断。

医疗机构接到送诊的疑似精神障碍患者，不得拒绝为其作出诊断。

第二十九条　精神障碍的诊断应当由精神科执业医师作出。

医疗机构接到依照本法第二十八条第二款规定送诊的疑似精神障碍患者，应当将其留院，立即指派精神科执业医师进行诊断，并及时出具诊断结论。

第三十条　精神障碍的住院治疗实行自愿原则。

诊断结论、病情评估表明，就诊者为严重精神障碍患者并有下列情形之一的，应当对其实施住院治疗：

（一）已经发生伤害自身的行为，或者有伤害自身的危险的；

（二）已经发生危害他人安全的行为，或者有危害他人安全的危险的。

第三十一条　精神障碍患者有本法第三十条第二款第一项情形的，经其监护人同意，医疗机构应当对患者实施住院治疗；监护人不同意的，医疗机构不得对患者实施住院治疗。监护人应当对在家居住的患者做好看护管理。

第三十二条　精神障碍患者有本法第三十条第二款第二项情形，患者或者其监护人对需要住院治疗的诊断结论有异议，不同意对患者实施住院治疗的，可以要求再次诊断和鉴定。

依照前款规定要求再次诊断的，应当自收到诊断结论之日起三日内向原医疗机构或者其他具有合法资质的医疗机构提出。承担再次诊断的医疗机构应当在接到再次诊断要求后指派二名初次诊断医师以外的精神科执业医师进行再次诊断,并及时出具再次诊断结论。承担再次诊断的执业医师应当到收治患者的医疗机构面见、询问患者,该医疗机构应当予以配合。

对再次诊断结论有异议的,可以自主委托依法取得执业资质的鉴定机构进行精神障碍医学鉴定;医疗机构应当公示经公告的鉴定机构名单和联系方式。接受委托的鉴定机构应当指定本机构具有该鉴定事项执业资格的二名以上鉴定人共同进行鉴定,并及时出具鉴定报告。

第三十三条 鉴定人应当到收治精神障碍患者的医疗机构面见、询问患者,该医疗机构应当予以配合。

鉴定人本人或者其近亲属与鉴定事项有利害关系,可能影响其独立、客观、公正进行鉴定的,应当回避。

第三十四条 鉴定机构、鉴定人应当遵守有关法律、法规、规章的规定,尊重科学,恪守职业道德,按照精神障碍鉴定的实施程序、技术方法和操作规范,依法独立进行鉴定,出具客观、公正的鉴定报告。

鉴定人应当对鉴定过程进行实时记录并签名。记录的内容应当真实、客观、准确、完整,记录的文本或者声像载体应当妥善保存。

第三十五条 再次诊断结论或者鉴定报告表明,不能确定就诊者为严重精神障碍患者,或者患者不需要住院治疗的,医疗机构不得对其实施住院治疗。

再次诊断结论或者鉴定报告表明,精神障碍患者有本法第三十条第二款第二项情形的,其监护人应当同意对患者实施住院治疗。监护人阻碍实施住院治疗或者患者擅自脱离住院治疗的,可以由公安机关协助医疗机构采取措施对患者实施住院治疗。

在相关机构出具再次诊断结论、鉴定报告前,收治精神障碍患者的医疗机构应当按照诊疗规范的要求对患者实施住院治疗。

第三十六条 诊断结论表明需要住院治疗的精神障碍患者,本人没有能力办理住院手续的,由其监护人办理住院手续;患者属于查找不到监护人的流浪乞讨人员的,由送诊的有关部门办理住院手续。

精神障碍患者有本法第三十条第二款第二项情形,其监护人不办理住院手续的,由患者所在单位、村民委员会或者居民委员会办理住院手续,并由医疗机构在患者病历中予以记录。

第三十七条 医疗机构及其医务人员应当将精神障碍患者在诊断、治疗过程中享有的权利,告知患者或者其监护人。

第三十八条 医疗机构应当配备适宜的设施、设备,保护就诊和住院治疗的精神障碍患者的人身安全,防止其受到伤害,并为住院患者创造尽可能接近正常生活的环境和条件。

第三十九条 医疗机构及其医务人员应当遵循精神障碍诊断标准和治疗规范,制定治疗方案,并向精神障碍患者或者其监护人告知治疗方案和治疗方法、目的以及可能产生的后果。

第四十条 精神障碍患者在医疗机构内发生或者将要发生伤害自身、危害他人安全、扰乱医疗秩序的行为,医疗机构及其医务人员在没有其他可替代措施的情况下,可以实施约束、隔离等保护性医疗措施。实施保护性医疗措施应当遵循诊断标准和治疗规范,并在实施后告知患者的监护人。

禁止利用约束、隔离等保护性医疗措施惩罚精神障碍患者。

第四十一条 对精神障碍患者使用药物,应当以诊断和治疗为目的,使用安全、有效的药物,不得为诊断或者治疗以外的目的使用药物。

医疗机构不得强迫精神障碍患者从事生产劳动。

第四十二条 禁止对依照本法第三十条第二款规定实施住院治疗的精神障碍患者实施以治疗精神障碍为目的的外科手术。

第四十三条 医疗机构对精神障碍患者实施下列治疗措施,应当向患者或者其监护人告知医疗风险、替代医疗方案等情况,并取得患者的书面同意;无法取得患者意见的,应当取得其监护人的书面同意,并经本医疗机构伦理委员会批准:

(一)导致人体器官丧失功能的外科手术;

(二)与精神障碍治疗有关的实验性临床医疗。

实施前款第一项治疗措施,因情况紧急查找不到监护人的,应当取得本医疗机构负责人和伦理委员会批准。

禁止对精神障碍患者实施与治疗其精神障碍无关的实验性临床医疗。

第四十四条 自愿住院治疗的精神障碍患者可以随时要求出院,医疗机构应当同意。

对有本法第三十条第二款第一项情形的精神障碍患者实施住院治疗的,监护人可以随时要求患者出院,医疗机构应当同意。

医疗机构认为前两款规定的精神障碍患者不宜出院的，应当告知不宜出院的理由；患者或者其监护人仍要求出院的，执业医师应当在病历资料中详细记录告知的过程，同时提出出院后的医学建议，患者或者其监护人应当签字确认。

对有本法第三十条第二款第二项情形的精神障碍患者实施住院治疗，医疗机构认为患者可以出院的，应当立即告知患者及其监护人。

医疗机构应当根据精神障碍患者病情，及时组织精神科执业医师对依照本法第三十条第二款规定实施住院治疗的患者进行检查评估。评估结果表明患者不需要继续住院治疗的，医疗机构应当立即通知患者及其监护人。

第四十五条 精神障碍患者出院，本人没有能力办理出院手续的，监护人应当为其办理出院手续。

第四十六条 医疗机构及其医务人员应当尊重住院精神障碍患者的通讯和会见探访者等权利。除在急性发病期或者为了避免妨碍治疗可以暂时性限制外，不得限制患者的通讯和会见探访者等权利。

第四十七条 医疗机构及其医务人员应当在病历资料中如实记录精神障碍患者的病情、治疗措施、用药情况、实施约束、隔离措施等内容，并如实告知患者或者其监护人。患者及其监护人可以查阅、复制病历资料；但是，患者查阅、复制病历资料可能对其治疗产生不利影响的除外。病历资料保存期限不得少于三十年。

第四十八条 医疗机构不得因就诊者是精神障碍患者，推诿或者拒绝为其治疗属于本医疗机构诊疗范围的其他疾病。

第四十九条 精神障碍患者的监护人应当妥善看护未住院治疗的患者，按照医嘱督促其按时服药、接受随访或者治疗。村民委员会、居民委员会、患者所在单位等应当依患者或者其监护人的请求，对监护人看护患者提供必要的帮助。

第五十条 县级以上地方人民政府卫生行政部门应当定期就下列事项对本行政区域内从事精神障碍诊断、治疗的医疗机构进行检查：

（一）相关人员、设施、设备是否符合本法要求；

（二）诊疗行为是否符合本法以及诊断标准、治疗规范的规定；

（三）对精神障碍患者实施住院治疗的程序是否符合本法规定；

（四）是否依法维护精神障碍患者的合法权益。

县级以上地方人民政府卫生行政部门进行前款规定的检查，应当听取精神障碍患者及其监护人的意见；发现存在违反本法行为的，应当立即制止或者责令改正，并依法作出处理。

第五十一条 心理治疗活动应当在医疗机构内开展。专门从事心理治疗的人员不得从事精神障碍的诊断，不得为精神障碍患者开具处方或者提供外科治疗。心理治疗的技术规范由国务院卫生行政部门制定。

第五十二条 监狱、强制隔离戒毒所等场所应当采取措施，保证患有精神障碍的服刑人员、强制隔离戒毒人员等获得治疗。

第五十三条 精神障碍患者违反治安管理处罚法或者触犯刑法的，依照有关法律的规定处理。

第四章 精神障碍的康复

第五十四条 社区康复机构应当为需要康复的精神障碍患者提供场所和条件，对患者进行生活自理能力和社会适应能力等方面的康复训练。

第五十五条 医疗机构应当为在家居住的严重精神障碍患者提供精神科基本药物维持治疗，并为社区康复机构提供有关精神障碍康复的技术指导和支持。

社区卫生服务机构、乡镇卫生院、村卫生室应当建立严重精神障碍患者的健康档案，对在家居住的严重精神障碍患者进行定期随访，指导患者服药和开展康复训练，并对患者的监护人进行精神卫生知识和看护知识的培训。县级人民政府卫生行政部门应当为社区卫生服务机构、乡镇卫生院、村卫生室开展上述工作给予指导和培训。

第五十六条 村民委员会、居民委员会应当为生活困难的精神障碍患者家庭提供帮助，并向所在地乡镇人民政府或者街道办事处以及县级人民政府有关部门反映患者及其家庭的情况和要求，帮助其解决实际困难，为患者融入社会创造条件。

第五十七条 残疾人组织或者残疾人康复机构应当根据精神障碍患者康复的需要，组织患者参加康复活动。

第五十八条 用人单位应当根据精神障碍患者的实际情况，安排患者从事力所能及的工作，保障患者享有同等待遇，安排患者参加必要的职业技能培训，提高患者的就业能力，为患者创造适宜的工作环境，对患者在工作中取得的成绩予以鼓励。

第五十九条 精神障碍患者的监护人应当协助患者进行生活自理能力和社会适应能力等方面

的康复训练。

精神障碍患者的监护人在看护患者过程中需要技术指导的，社区卫生服务机构或者乡镇卫生院、村卫生室、社区康复机构应当提供。

第五章 保障措施

第六十条 县级以上人民政府卫生行政部门会同有关部门依据国民经济和社会发展规划的要求，制定精神卫生工作规划并组织实施。

精神卫生监测和专题调查结果应当作为制定精神卫生工作规划的依据。

第六十一条 省、自治区、直辖市人民政府根据本行政区域的实际情况，统筹规划，整合资源，建设和完善精神卫生服务体系，加强精神障碍预防、治疗和康复服务能力建设。

县级人民政府根据本行政区域的实际情况，统筹规划，建立精神障碍患者社区康复机构。

县级以上地方人民政府应当采取措施，鼓励和支持社会力量举办从事精神障碍诊断、治疗的医疗机构和精神障碍患者康复机构。

第六十二条 各级人民政府应当根据精神卫生工作需要，加大财政投入力度，保障精神卫生工作所需经费，将精神卫生工作经费列入本级财政预算。

第六十三条 国家加强基层精神卫生服务体系建设，扶持贫困地区、边远地区的精神卫生工作，保障城市社区、农村基层精神卫生工作所需经费。

第六十四条 医学院校应当加强精神医学的教学和研究，按照精神卫生工作的实际需要培养精神医学专门人才，为精神卫生工作提供人才保障。

第六十五条 综合性医疗机构应当按照国务院卫生行政部门的规定开设精神科门诊或者心理治疗门诊，提高精神障碍预防、诊断、治疗能力。

第六十六条 医疗机构应当组织医务人员学习精神卫生知识和相关法律、法规、政策。

从事精神障碍诊断、治疗、康复的机构应当定期组织医务人员、工作人员进行在岗培训，更新精神卫生知识。

县级以上人民政府卫生行政部门应当组织医务人员进行精神卫生知识培训，提高其识别精神障碍的能力。

第六十七条 师范院校应当为学生开设精神卫生课程；医学院校应当为非精神医学专业的学生开设精神卫生课程。

县级以上人民政府教育行政部门对教师进行上岗前和在岗培训，应当有精神卫生的内容，并定期组织心理健康教育教师、辅导人员进行专业培训。

第六十八条 县级以上人民政府卫生行政部门应当组织医疗机构为严重精神障碍患者免费提供基本公共卫生服务。

精神障碍患者的医疗费用按照国家有关社会保险的规定由基本医疗保险基金支付。医疗保险经办机构应当按照国家有关规定将精神障碍患者纳入城镇职工基本医疗保险、城镇居民基本医疗保险或者新型农村合作医疗的保障范围。县级人民政府应当按照国家有关规定对家庭经济困难的严重精神障碍患者参加基本医疗保险给予资助。医疗保障、财政等部门应当加强协调，简化程序，实现属于基本医疗保险基金支付的医疗费用由医疗机构与医疗保险经办机构直接结算。

精神障碍患者通过基本医疗保险支付医疗费用后仍有困难，或者不能通过基本医疗保险支付医疗费用的，医疗保障部门应当优先给予医疗救助。

第六十九条 对符合城乡最低生活保障条件的严重精神障碍患者，民政部门应当会同有关部门及时将其纳入最低生活保障。

对属于农村五保供养对象的严重精神障碍患者，以及城市中无劳动能力、无生活来源且无法定赡养、抚养、扶养义务人，或者其法定赡养、抚养、扶养义务人无赡养、抚养、扶养能力的严重精神障碍患者，民政部门应当按照国家有关规定予以供养、救助。

前两款规定以外的严重精神障碍患者确有困难的，民政部门可以采取临时救助等措施，帮助其解决生活困难。

第七十条 县级以上地方人民政府及其有关部门应当采取有效措施，保证患有精神障碍的适龄儿童、少年接受义务教育，扶持有劳动能力的精神障碍患者从事力所能及的劳动，并为已经康复的人员提供就业服务。

国家对安排精神障碍患者就业的用人单位依法给予税收优惠，并在生产、经营、技术、资金、物资、场地等方面给予扶持。

第七十一条 精神卫生工作人员的人格尊严、人身安全不受侵犯，精神卫生工作人员依法履行职责受法律保护。全社会应当尊重精神卫生工作人员。

县级以上人民政府及其有关部门、医疗机构、康复机构应当采取措施，加强对精神卫生工作人员的职业保护，提高精神卫生工作人员的待遇水平，并按照规定给予适当的津贴。精神卫生工作人员因工致伤、致残、死亡的，其工伤待遇以及抚恤按照国家有关规定执行。

第六章 法律责任

第七十二条 县级以上人民政府卫生行政部门和其他有关部门未依照本法规定履行精神卫生工作职责，或者滥用职权、玩忽职守、徇私舞弊的，由本级人民政府或者上一级人民政府有关部门责令改正，通报批评，对直接负责的主管人员和其他直接责任人员依法给予警告、记过或者记大过的处分；造成严重后果的，给予降级、撤职或者开除的处分。

第七十三条 不符合本法规定条件的医疗机构擅自从事精神障碍诊断、治疗的，由县级以上人民政府卫生行政部门责令停止相关诊疗活动，给予警告，并处五千元以上一万元以下罚款，有违法所得的，没收违法所得；对直接负责的主管人员和其他直接责任人员依法给予或者责令给予降低岗位等级或者撤职、开除的处分；对有关医务人员，吊销其执业证书。

第七十四条 医疗机构及其工作人员有下列行为之一的，由县级以上人民政府卫生行政部门责令改正，给予警告；情节严重的，对直接负责的主管人员和其他直接责任人员依法给予或者责令给予降低岗位等级或者撤职、开除的处分，并可以责令有关医务人员暂停一个月以上六个月以下执业活动：

（一）拒绝对送诊的疑似精神障碍患者作出诊断的；

（二）对依照本法第三十条第二款规定实施住院治疗的患者未及时进行检查评估或者未根据评估结果作出处理的。

第七十五条 医疗机构及其工作人员有下列行为之一的，由县级以上人民政府卫生行政部门责令改正，对直接负责的主管人员和其他直接责任人员依法给予或者责令给予降低岗位等级或者撤职的处分；对有关医务人员，暂停六个月以上一年以下执业活动；情节严重的，给予或者责令给予开除的处分，并吊销有关医务人员的执业证书：

（一）违反本法规定实施约束、隔离等保护性医疗措施的；

（二）违反本法规定，强迫精神障碍患者劳动的；

（三）违反本法规定对精神障碍患者实施外科手术或者实验性临床医疗的；

（四）违反本法规定，侵害精神障碍患者的通讯和会见探访者等权利的；

（五）违反精神障碍诊断标准，将非精神障碍患者诊断为精神障碍患者的。

第七十六条 有下列情形之一的，由县级以上人民政府卫生行政部门、工商行政管理部门依据各自职责责令改正，给予警告，并处五千元以上一万元以下罚款，有违法所得的，没收违法所得；造成严重后果的，责令暂停六个月以上一年以下执业活动，直至吊销执业证书或者营业执照：

（一）心理咨询人员从事心理治疗或者精神障碍的诊断、治疗的；

（二）从事心理治疗的人员在医疗机构以外开展心理治疗活动的；

（三）专门从事心理治疗的人员从事精神障碍的诊断的；

（四）专门从事心理治疗的人员为精神障碍患者开具处方或者提供外科治疗的。

心理咨询人员、专门从事心理治疗的人员在心理咨询、心理治疗活动中造成他人人身、财产或者其他损害的，依法承担民事责任。

第七十七条 有关单位和个人违反本法第四条第三款规定，给精神障碍患者造成损害的，依法承担赔偿责任；对单位直接负责的主管人员和其他直接责任人员，还应当依法给予处分。

第七十八条 违反本法规定，有下列情形之一，给精神障碍患者或者其他公民造成人身、财产或者其他损害的，依法承担赔偿责任：

（一）将非精神障碍患者故意作为精神障碍患者送入医疗机构治疗的；

（二）精神障碍患者的监护人遗弃患者，或者有不履行监护职责的其他情形的；

（三）歧视、侮辱、虐待精神障碍患者，侵害患者的人格尊严、人身安全的；

（四）非法限制精神障碍患者人身自由的；

（五）其他侵害精神障碍患者合法权益的情形。

第七十九条 医疗机构出具的诊断结论表明精神障碍患者应当住院治疗而其监护人拒绝，致使患者造成他人人身、财产损害的，或者患者有其他造成他人人身、财产损害情形的，其监护人依法承担民事责任。

第八十条 在精神障碍的诊断、治疗、鉴定过程中，寻衅滋事，阻挠有关工作人员依照本法的规定履行职责，扰乱医疗机构、鉴定机构工作秩序的，依法给予治安管理处罚。

违反本法规定，有其他构成违反治安管理行为的，依法给予治安管理处罚。

第八十一条 违反本法规定，构成犯罪的，依法追究刑事责任。

第八十二条 精神障碍患者或者其监护人、近亲属认为行政机关、医疗机构或者其他有关单位和个人违反本法规定侵害患者合法权益的，可以依法提起诉讼。

第七章 附 则

第八十三条 本法所称精神障碍，是指由各种原因引起的感知、情感和思维等精神活动的紊乱或者异常，导致患者明显的心理痛苦或者社会适应等功能损害。

本法所称严重精神障碍，是指疾病症状严重，导致患者社会适应等功能严重损害、对自身健康状况或者客观现实不能完整认识，或者不能处理自身事务的精神障碍。

本法所称精神障碍患者的监护人，是指依照民法通则的有关规定可以担任监护人的人。

第八十四条 军队的精神卫生工作，由国务院和中央军事委员会依据本法制定管理办法。

第八十五条 本法自 2013 年 5 月 1 日起施行。

中华人民共和国反恐怖主义法

（2015 年 12 月 27 日第十二届全国人民代表大会常务委员会第十八次会议通过 根据 2018 年 4 月 27 日第十三届全国人民代表大会常务委员会第二次会议《关于修改〈中华人民共和国国境卫生检疫法〉等六部法律的决定》修正）

目 录

第一章 总 则
第二章 恐怖活动组织和人员的认定
第三章 安全防范
第四章 情报信息
第五章 调 查
第六章 应对处置
第七章 国际合作
第八章 保障措施
第九章 法律责任
第十章 附 则

第一章 总 则

第一条 为了防范和惩治恐怖活动，加强反恐怖主义工作，维护国家安全、公共安全和人民生命财产安全，根据宪法，制定本法。

第二条 国家反对一切形式的恐怖主义，依法取缔恐怖活动组织，对任何组织、策划、准备实施、实施恐怖活动，宣扬恐怖主义，煽动实施恐怖活动，组织、领导、参加恐怖活动组织，为恐怖活动提供帮助的，依法追究法律责任。

国家不向任何恐怖活动组织和人员作出妥协，不向任何恐怖活动人员提供庇护或者给予难民地位。

第三条 本法所称恐怖主义，是指通过暴力、破坏、恐吓等手段，制造社会恐慌、危害公共安全、侵犯人身财产，或者胁迫国家机关、国际组织，以实现其政治、意识形态等目的的主张和行为。

本法所称恐怖活动，是指恐怖主义性质的下列行为：

（一）组织、策划、准备实施、实施造成或者意图造成人员伤亡、重大财产损失、公共设施损坏、社会秩序混乱等严重社会危害的活动的；

（二）宣扬恐怖主义，煽动实施恐怖活动，或者非法持有宣扬恐怖主义的物品，强制他人在公共场所穿戴宣扬恐怖主义的服饰、标志的；

（三）组织、领导、参加恐怖活动组织的；

（四）为恐怖活动组织、恐怖活动人员、实施恐怖活动或者恐怖活动培训提供信息、资金、物资、劳务、技术、场所等支持、协助、便利的；

（五）其他恐怖活动。

本法所称恐怖活动组织，是指三人以上为实施恐怖活动而组成的犯罪组织。

本法所称恐怖活动人员，是指实施恐怖活动的人和恐怖活动组织的成员。

本法所称恐怖事件，是指正在发生或者已经发生的造成或者可能造成重大社会危害的恐怖活动。

第四条　国家将反恐怖主义纳入国家安全战略，综合施策，标本兼治，加强反恐怖主义的能力建设，运用政治、经济、法律、文化、教育、外交、军事等手段，开展反恐怖主义工作。

国家反对一切形式的以歪曲宗教教义或者其他方法煽动仇恨、煽动歧视、鼓吹暴力等极端主义，消除恐怖主义的思想基础。

第五条　反恐怖主义工作坚持专门工作与群众路线相结合，防范为主、惩防结合和先发制敌、保持主动的原则。

第六条　反恐怖主义工作应当依法进行，尊重和保障人权，维护公民和组织的合法权益。

在反恐怖主义工作中，应当尊重公民的宗教信仰自由和民族风俗习惯，禁止任何基于地域、民族、宗教等理由的歧视性做法。

第七条　国家设立反恐怖主义工作领导机构，统一领导和指挥全国反恐怖主义工作。

设区的市级以上地方人民政府设立反恐怖主义工作领导机构，县级人民政府根据需要设立反恐怖主义工作领导机构，在上级反恐怖主义工作领导机构的领导和指挥下，负责本地区反恐怖主义工作。

第八条　公安机关、国家安全机关和人民检察院、人民法院、司法行政机关以及其他有关国家机关，应当根据分工，实行工作责任制，依法做好反恐怖主义工作。

中国人民解放军、中国人民武装警察部队和民兵组织依照本法和其他有关法律、行政法规、军事法规以及国务院、中央军事委员会的命令，并根据反恐怖主义工作领导机构的部署，防范和处置恐怖活动。

有关部门应当建立联动配合机制，依靠、动员村民委员会、居民委员会、企业事业单位、社会组织，共同开展反恐怖主义工作。

第九条　任何单位和个人都有协助、配合有关部门开展反恐怖主义工作的义务，发现恐怖活动嫌疑或者恐怖活动嫌疑人员的，应当及时向公安机关或者有关部门报告。

第十条　对举报恐怖活动或者协助防范、制止恐怖活动有突出贡献的单位和个人，以及在反恐怖主义工作中作出其他突出贡献的单位和个人，按照国家有关规定给予表彰、奖励。

第十一条　对在中华人民共和国领域外对中华人民共和国国家、公民或者机构实施的恐怖活动犯罪，或者实施的中华人民共和国缔结、参加的国际条约所规定的恐怖活动犯罪，中华人民共和国行使刑事管辖权，依法追究刑事责任。

第二章　恐怖活动组织和人员的认定

第十二条　国家反恐怖主义工作领导机构根据本法第三条的规定，认定恐怖活动组织和人员，由国家反恐怖主义工作领导机构的办事机构予以公告。

第十三条　国务院公安部门、国家安全部门、外交部门和省级反恐怖主义工作领导机构对于需要认定恐怖活动组织和人员的，应当向国家反恐怖主义工作领导机构提出申请。

第十四条　金融机构和特定非金融机构对国家反恐怖主义工作领导机构的办事机构公告的恐怖活动组织和人员的资金或者其他资产，应当立即予以冻结，并按照规定及时向国务院公安部门、国家安全部门和反洗钱行政主管部门报告。

第十五条　被认定的恐怖活动组织和人员对认定不服的，可以通过国家反恐怖主义工作领导机构的办事机构申请复核。国家反恐怖主义工作领导机构应当及时进行复核，作出维持或者撤销认定的决定。复核决定为最终决定。

国家反恐怖主义工作领导机构作出撤销认定的决定的，由国家反恐怖主义工作领导机构的办事机构予以公告；资金、资产已被冻结的，应当解除冻结。

第十六条　根据刑事诉讼法的规定，有管辖权的中级以上人民法院在审判刑事案件的过程中，可以依法认定恐怖活动组织和人员。对于在判决生效后需要由国家反恐怖主义工作领导机构的办事机构予以公告的，适用本章的有关规定。

第三章　安全防范

第十七条　各级人民政府和有关部门应当组织开展反恐怖主义宣传教育，提高公民的反恐怖主义意识。

教育、人力资源行政主管部门和学校、有关职业培训机构应当将恐怖活动预防、应急知识纳入教育、教学、培训的内容。

新闻、广播、电视、文化、宗教、互联网等有关单位，应当有针对性地面向社会进行反恐怖主义宣传教育。

村民委员会、居民委员会应当协助人民政府以及有关部门，加强反恐怖主义宣传教育。

第十八条　电信业务经营者、互联网服务提供者应当为公安机关、国家安全机关依法进行防范、调查恐怖活动提供技术接口和解密等技术支持和协助。

第十九条　电信业务经营者、互联网服务提供者应当依照法律、行政法规规定，落实网络安全、信息内容监督制度和安全技术防范措施，防止含有恐怖主义、极端主义内容的信息传播；发现含有恐怖主义、极端主义内容的信息的，应当立即停止传输，保存相关记录，删除相关信息，并向公安机关或者有关部门报告。

网信、电信、公安、国家安全等主管部门对含有恐怖主义、极端主义内容的信息，应当按照职责分工，及时责令有关单位停止传输、删除相关信息，或者关闭相关网站、关停相关服务。有关单位应当立即执行，并保存相关记录，协助进行调查。对互联网上跨境传输的含有恐怖主义、极端主义内容的信息，电信主管部门应当采取技术措施，阻断传播。

第二十条　铁路、公路、水上、航空的货运和邮政、快递等物流运营单位应当实行安全查验制度，对客户身份进行查验，依照规定对运输、寄递物品进行安全检查或者开封验视。对禁止运输、寄递，存在重大安全隐患，或者客户拒绝安全查验的物品，不得运输、寄递。

前款规定的物流运营单位，应当实行运输、寄递客户身份、物品信息登记制度。

第二十一条　电信、互联网、金融、住宿、长途客运、机动车租赁等业务经营者、服务提供者，应当对客户身份进行查验。对身份不明或者拒绝身份查验的，不得提供服务。

第二十二条　生产和进口单位应当依照规定对枪支等武器、弹药、管制器具、危险化学品、民用爆炸物品、核与放射物品作出电子追踪标识，对民用爆炸物品添加安检示踪标识物。

运输单位应当依照规定对运营中的危险化学品、民用爆炸物品、核与放射物品的运输工具通过定位系统实行监控。

有关单位应当依照规定对传染病病原体等物质实行严格的监督管理，严密防范传染病病原体等物质扩散或者流入非法渠道。

对管制器具、危险化学品、民用爆炸物品，国务院有关主管部门或者省级人民政府根据需要，在特定区域、特定时间，可以决定对生产、进出口、运输、销售、使用、报废实施管制，可以禁止使用现金、实物进行交易或者对交易活动作出其他限制。

第二十三条　发生枪支等武器、弹药、危险化学品、民用爆炸物品、核与放射物品、传染病病原体等物质被盗、被抢、丢失或者其他流失的情形，案发单位应当立即采取必要的控制措施，并立即向公安机关报告，同时依照规定向有关主管部门报告。公安机关接到报告后，应当及时开展调查。有关主管部门应当配合公安机关开展工作。

任何单位和个人不得非法制作、生产、储存、运输、进出口、销售、提供、购买、使用、持有、报废、销毁前款规定的物品。公安机关发现的，应当予以扣押；其他主管部门发现的，应当予以扣押，并立即通报公安机关；其他单位、个人发现的，应当立即向公安机关报告。

第二十四条　国务院反洗钱行政主管部门、国务院有关部门、机构依法对金融机构和特定非金融机构履行反恐怖主义融资义务的情况进行监督管理。

国务院反洗钱行政主管部门发现涉嫌恐怖主义融资的，可以依法进行调查，采取临时冻结措施。

第二十五条　审计、财政、税务等部门在依照法律、行政法规的规定对有关单位实施监督检查的过程中，发现资金流入流出涉嫌恐怖主义融资的，应当及时通报公安机关。

第二十六条　海关在对进出境人员携带现金和无记名有价证券实施监管的过程中，发现涉嫌恐怖主义融资的，应当立即通报国务院反洗钱行政主管部门和有管辖权的公安机关。

第二十七条　地方各级人民政府制定、组织实施城乡规划，应当符合反恐怖主义工作的需要。

地方各级人民政府应当根据需要，组织、督促有关建设单位在主要道路、交通枢纽、城市公共区域的重点部位，配备、安装公共安全视频图像信息系统等防范恐怖袭击的技防、物防设备、设施。

第二十八条　公安机关和有关部门对宣扬极端主义，利用极端主义危害公共安全、扰乱公共秩序、侵犯人身财产、妨害社会管理的，应当及时予以制止，依法追究法律责任。

公安机关发现极端主义活动的，应当责令立即停止，将有关人员强行带离现场并登记身份信息，对有关物品、资料予以收缴，对非法活动场所予以查封。

任何单位和个人发现宣扬极端主义的物品、资料、信息的，应当立即向公安机关报告。

第二十九条　对被教唆、胁迫、引诱参与恐怖活动、极端主义活动，或者参与恐怖活动、极端主义活动情节轻微，尚不构成犯罪的人员，公安机关应当组织有关部门、村民委员会、居民委员会、所在单位、就读学校、家庭和监护人对其进行帮教。

监狱、看守所、社区矫正机构应当加强对服刑的恐怖活动罪犯和极端主义罪犯的管理、教育、矫正等工作。监狱、看守所对恐怖活动罪犯和极端主义罪犯，根据教育改造和维护监管秩序的需要，可以与普通刑事罪犯混合关押，也可以个别关押。

第三十条 对恐怖活动罪犯和极端主义罪犯被判处徒刑以上刑罚的，监狱、看守所应当在刑满释放前根据其犯罪性质、情节和社会危害程度，服刑期间的表现，释放后对所居住社区的影响等进行社会危险性评估。进行社会危险性评估，应当听取有关基层组织和原办案机关的意见。经评估具有社会危险性的，监狱、看守所应当向罪犯服刑地的中级人民法院提出安置教育建议，并将建议书副本抄送同级人民检察院。

罪犯服刑地的中级人民法院对于确有社会危险性的，应当在罪犯刑满释放前作出责令其在刑满释放后接受安置教育的决定。决定书副本应当抄送同级人民检察院。被决定安置教育的人员对决定不服的，可以向上一级人民法院申请复议。

安置教育由省级人民政府组织实施。安置教育机构应当每年对被安置教育人员进行评估，对于确有悔改表现，不致再危害社会的，应当及时提出解除安置教育的意见，报决定安置教育的中级人民法院作出决定。被安置教育人员有权申请解除安置教育。

人民检察院对安置教育的决定和执行实行监督。

第三十一条 公安机关应当会同有关部门，将遭受恐怖袭击的可能性较大以及遭受恐怖袭击可能造成重大的人身伤亡、财产损失或者社会影响的单位、场所、活动、设施等确定为防范恐怖袭击的重点目标，报本级反恐怖主义工作领导机构备案。

第三十二条 重点目标的管理单位应当履行下列职责：

（一）制定防范和应对处置恐怖活动的预案、措施，定期进行培训和演练；

（二）建立反恐怖主义工作专项经费保障制度，配备、更新防范和处置设备、设施；

（三）指定相关机构或者落实责任人员，明确岗位职责；

（四）实行风险评估，实时监测安全威胁，完善内部安全管理；

（五）定期向公安机关和有关部门报告防范措施落实情况。

重点目标的管理单位应当根据城乡规划、相关标准和实际需要，对重点目标同步设计、同步建设、同步运行符合本法第二十七条规定的技防、物防设备、设施。

重点目标的管理单位应当建立公共安全视频图像信息系统值班监看、信息保存使用、运行维护等管理制度，保障相关系统正常运行。采集的视频图像信息保存期限不得少于九十日。

对重点目标以外的涉及公共安全的其他单位、场所、活动、设施，其主管部门和管理单位应当依照法律、行政法规规定，建立健全安全管理制度，落实安全责任。

第三十三条 重点目标的管理单位应当对重要岗位人员进行安全背景审查。对有不适合情形的人员，应当调整工作岗位，并将有关情况通报公安机关。

第三十四条 大型活动承办单位以及重点目标的管理单位应当依照规定，对进入大型活动场所、机场、火车站、码头、城市轨道交通站、公路长途客运站、口岸等重点目标的人员、物品和交通工具进行安全检查。发现违禁品和管制物品，应当予以扣留并立即向公安机关报告；发现涉嫌违法犯罪人员，应当立即向公安机关报告。

第三十五条 对航空器、列车、船舶、城市轨道车辆、公共电汽车等公共交通运输工具，营运单位应当依照规定配备安保人员和相应设备、设施，加强安全检查和保卫工作。

第三十六条 公安机关和有关部门应当掌握重点目标的基础信息和重要动态，指导、监督重点目标的管理单位履行防范恐怖袭击的各项职责。

公安机关、中国人民武装警察部队应当依照有关规定对重点目标进行警戒、巡逻、检查。

第三十七条 飞行管制、民用航空、公安等主管部门应当按照职责分工，加强空域、航空器和飞行活动管理，严密防范针对航空器或者利用飞行活动实施的恐怖活动。

第三十八条 各级人民政府和军事机关应当在重点国（边）境地段和口岸设置拦阻隔离网、视频图像采集和防越境报警设施。

公安机关和中国人民解放军应当严密组织国（边）境巡逻，依照规定对抵离国（边）境前沿、进出国（边）境管理区和国（边）境通道、口岸的人员、交通运输工具、物品，以及沿海沿边地区的船舶进行查验。

第三十九条 出入境证件签发机关、出入境边防检查机关对恐怖活动人员和恐怖活动嫌疑人员，有权决定不准其出境入境、不予签发出境入境证件或者宣布其出境入境证件作废。

第四十条 海关、出入境边防检查机关发现恐怖活动嫌疑人员或者涉嫌恐怖活动物品的，应当依法扣留，并立即移送公安机关或者国家安全机关。

第四十一条 国务院外交、公安、国家安全、发展改革、工业和信息化、商务、旅游等主管部门应当建立境外投资合作、旅游等安全风险评估制度，对中国在境外的公民以及驻外机构、设施、财产加强安全保护，防范和应对恐怖袭击。

第四十二条 驻外机构应当建立健全安全防范制度和应对处置预案，加强对有关人员、设施、财产的安全保护。

第四章 情报信息

第四十三条 国家反恐怖主义工作领导机构建立国家反恐怖主义情报中心，实行跨部门、跨地区情报信息工作机制，统筹反恐怖主义情报信息工作。

有关部门应当加强反恐怖主义情报信息搜集工作，对搜集的有关线索、人员、行动类情报信息，应当依照规定及时统一归口报送国家反恐怖主义情报中心。

地方反恐怖主义工作领导机构应当建立跨部门情报信息工作机制，组织开展反恐怖主义情报信息工作，对重要的情报信息，应当及时向上级反恐怖主义工作领导机构报告，对涉及其他地方的紧急情报信息，应当及时通报相关地方。

第四十四条 公安机关、国家安全机关和有关部门应当依靠群众，加强基层基础工作，建立基层情报信息工作力量，提高反恐怖主义情报信息工作能力。

第四十五条 公安机关、国家安全机关、军事机关在其职责范围内，因反恐怖主义情报信息工作的需要，根据国家有关规定，经过严格的批准手续，可以采取技术侦察措施。

依照前款规定获取的材料，只能用于反恐怖主义应对处置和对恐怖活动犯罪、极端主义犯罪的侦查、起诉和审判，不得用于其他用途。

第四十六条 有关部门对于在本法第三章规定的安全防范工作中获取的信息，应当根据国家反恐怖主义情报中心的要求，及时提供。

第四十七条 国家反恐怖主义情报中心、地方反恐怖主义工作领导机构以及公安机关等有关部门应当对有关情报信息进行筛查、研判、核查、监控，认为有发生恐怖事件危险，需要采取相应的安全防范、应对处置措施的，应当及时通报有关部门和单位，并可以根据情况发出预警。有关部门和单位应当根据通报做好安全防范、应对处置工作。

第四十八条 反恐怖主义工作领导机构、有关部门和单位、个人应当对履行反恐怖主义工作职责、义务过程中知悉的国家秘密、商业秘密和个人隐私予以保密。

违反规定泄露国家秘密、商业秘密和个人隐私的，依法追究法律责任。

第五章 调　查

第四十九条 公安机关接到恐怖活动嫌疑的报告或者发现恐怖活动嫌疑，需要调查核实的，应当迅速进行调查。

第五十条 公安机关调查恐怖活动嫌疑，可以依照有关法律规定对嫌疑人员进行盘问、检查、传唤，可以提取或者采集肖像、指纹、虹膜图像等人体生物识别信息和血液、尿液、脱落细胞等生物样本，并留存其签名。

公安机关调查恐怖活动嫌疑，可以通知了解有关情况的人员到公安机关或者其他地点接受询问。

第五十一条 公安机关调查恐怖活动嫌疑，有权向有关单位和个人收集、调取相关信息和材料。有关单位和个人应当如实提供。

第五十二条 公安机关调查恐怖活动嫌疑，经县级以上公安机关负责人批准，可以查询嫌疑人员的存款、汇款、债券、股票、基金份额等财产，可以采取查封、扣押、冻结措施。查封、扣押、冻结的期限不得超过二个月，情况复杂的，可以经上一级公安机关负责人批准延长一个月。

第五十三条 公安机关调查恐怖活动嫌疑，经县级以上公安机关负责人批准，可以根据其危险程度，责令恐怖活动嫌疑人员遵守下列一项或者多项约束措施：

（一）未经公安机关批准不得离开所居住的市、县或者指定的处所；

（二）不得参加大型群众性活动或者从事特定的活动；

（三）未经公安机关批准不得乘坐公共交通工

具或者进入特定的场所；

（四）不得与特定的人员会见或者通信；

（五）定期向公安机关报告活动情况；

（六）将护照等出入境证件、身份证件、驾驶证件交公安机关保存。

公安机关可以采取电子监控、不定期检查等方式对其遵守约束措施的情况进行监督。

采取前两款规定的约束措施的期限不得超过三个月。对不需要继续采取约束措施的，应当及时解除。

第五十四条　公安机关经调查，发现犯罪事实或者犯罪嫌疑人的，应当依照刑事诉讼法的规定立案侦查。本章规定的有关期限届满，公安机关未立案侦查的，应当解除有关措施。

第六章　应对处置

第五十五条　国家建立健全恐怖事件应对处置预案体系。

国家反恐怖主义工作领导机构应当针对恐怖事件的规律、特点和可能造成的社会危害，分级、分类制定国家应对处置预案，具体规定恐怖事件应对处置的组织指挥体系和恐怖事件安全防范、应对处置程序以及事后社会秩序恢复等内容。

有关部门、地方反恐怖主义工作领导机构应当制定相应的应对处置预案。

第五十六条　应对处置恐怖事件，各级反恐怖主义工作领导机构应当成立由有关部门参加的指挥机构，实行指挥长负责制。反恐怖主义工作领导机构负责人可以担任指挥长，也可以确定公安机关负责人或者反恐怖主义工作领导机构的其他成员单位负责人担任指挥长。

跨省、自治区、直辖市发生的恐怖事件或者特别重大恐怖事件的应对处置，由国家反恐怖主义工作领导机构负责指挥；在省、自治区、直辖市范围内发生的涉及多个行政区域的恐怖事件或者重大恐怖事件的应对处置，由省级反恐怖主义工作领导机构负责指挥。

第五十七条　恐怖事件发生后，发生地反恐怖主义工作领导机构应当立即启动恐怖事件应对处置预案，确定指挥长。有关部门和中国人民解放军、中国人民武装警察部队、民兵组织，按照反恐怖主义工作领导机构和指挥长的统一领导、指挥，协同开展打击、控制、救援、救护等现场应对处置工作。

上级反恐怖主义工作领导机构可以对应对处置工作进行指导，必要时调动有关反恐怖主义力量进行支援。

需要进入紧急状态的，由全国人民代表大会常务委员会或者国务院依照宪法和其他有关法律规定的权限和程序决定。

第五十八条　发现恐怖事件或者疑似恐怖事件后，公安机关应当立即进行处置，并向反恐怖主义工作领导机构报告；中国人民解放军、中国人民武装警察部队发现正在实施恐怖活动的，应当立即予以控制并将案件及时移交公安机关。

反恐怖主义工作领导机构尚未确定指挥长的，由在场处置的公安机关职级最高的人员担任现场指挥员。公安机关未能到达现场的，由在场处置的中国人民解放军或者中国人民武装警察部队职级最高的人员担任现场指挥员。现场应对处置人员无论是否属于同一单位、系统，均应当服从现场指挥员的指挥。

指挥长确定后，现场指挥员应当向其请示、报告工作或者有关情况。

第五十九条　中华人民共和国在境外的机构、人员、重要设施遭受或者可能遭受恐怖袭击的，国务院外交、公安、国家安全、商务、金融、国有资产监督管理、旅游、交通运输等主管部门应当及时启动应对处置预案。国务院外交部门应当协调有关国家采取相应措施。

中华人民共和国在境外的机构、人员、重要设施遭受严重恐怖袭击后，经与有关国家协商同意，国家反恐怖主义工作领导机构可以组织外交、公安、国家安全等部门派出工作人员赴境外开展应对处置工作。

第六十条　应对处置恐怖事件，应当优先保护直接受到恐怖活动危害、威胁人员的人身安全。

第六十一条　恐怖事件发生后，负责应对处置的反恐怖主义工作领导机构可以决定由有关部门和单位采取下列一项或者多项应对处置措施：

（一）组织营救和救治受害人员，疏散、撤离并妥善安置受到威胁的人员以及采取其他救助措施；

（二）封锁现场和周边道路，查验现场人员的身份证件，在有关场所附近设置临时警戒线；

（三）在特定区域内实施空域、海（水）域管制，对特定区域内的交通运输工具进行检查；

（四）在特定区域内实施互联网、无线电、通讯管制；

（五）在特定区域内或者针对特定人员实施出境入境管制；

(六)禁止或者限制使用有关设备、设施,关闭或者限制使用有关场所,中止人员密集的活动或者可能导致危害扩大的生产经营活动;

(七)抢修被损坏的交通、电信、互联网、广播电视、供水、排水、供电、供气、供热等公共设施;

(八)组织志愿人员参加反恐怖主义救援工作,要求具有特定专长的人员提供服务;

(九)其他必要的应对处置措施。

采取前款第三项至第五项规定的应对处置措施,由省级以上反恐怖主义工作领导机构决定或者批准;采取前款第六项规定的应对处置措施,由设区的市级以上反恐怖主义工作领导机构决定。应对处置措施应当明确适用的时间和空间范围,并向社会公布。

第六十二条 人民警察、人民武装警察以及其他依法配备、携带武器的应对处置人员,对在现场持枪支、刀具等凶器或者使用其他危险方法,正在或者准备实施暴力行为的人员,经警告无效的,可以使用武器;紧急情况下或者警告后可能导致更为严重危害后果的,可以直接使用武器。

第六十三条 恐怖事件发生、发展和应对处置信息,由恐怖事件发生地的省级反恐怖主义工作领导机构统一发布;跨省、自治区、直辖市发生的恐怖事件,由指定的省级反恐怖主义工作领导机构统一发布。

任何单位和个人不得编造、传播虚假恐怖事件信息;不得报道、传播可能引起模仿的恐怖活动的实施细节;不得发布恐怖事件中残忍、不人道的场景;在恐怖事件的应对处置过程中,除新闻媒体经负责发布信息的反恐怖主义工作领导机构批准外,不得报道、传播现场应对处置的工作人员、人质身份信息和应对处置行动情况。

第六十四条 恐怖事件应对处置结束后,各级人民政府应当组织有关部门帮助受影响的单位和个人尽快恢复生活、生产,稳定受影响地区的社会秩序和公众情绪。

第六十五条 当地人民政府应当及时给予恐怖事件受害人员及其近亲属适当的救助,并向失去基本生活条件的受害人员及其近亲属及时提供基本生活保障。卫生、医疗保障等主管部门应当为恐怖事件受害人员及其近亲属提供心理、医疗等方面的援助。

第六十六条 公安机关应当及时对恐怖事件立案侦查,查明事件发生的原因、经过和结果,依法追究恐怖活动组织、人员的刑事责任。

第六十七条 反恐怖主义工作领导机构应当对恐怖事件的发生和应对处置工作进行全面分析、总结评估,提出防范和应对处置改进措施,向上一级反恐怖主义工作领导机构报告。

第七章 国际合作

第六十八条 中华人民共和国根据缔结或者参加的国际条约,或者按照平等互惠原则,与其他国家、地区、国际组织开展反恐怖主义合作。

第六十九条 国务院有关部门根据国务院授权,代表中国政府与外国政府和有关国际组织开展反恐怖主义政策对话、情报信息交流、执法合作和国际资金监管合作。

在不违背我国法律的前提下,边境地区的县级以上地方人民政府及其主管部门,经国务院或者中央有关部门批准,可以与相邻国家或者地区开展反恐怖主义情报信息交流、执法合作和国际资金监管合作。

第七十条 涉及恐怖活动犯罪的刑事司法协助、引渡和被判刑人移管,依照有关法律规定执行。

第七十一条 经与有关国家达成协议,并报国务院批准,国务院公安部门、国家安全部门可以派员出境执行反恐怖主义任务。

中国人民解放军、中国人民武装警察部队派员出境执行反恐怖主义任务,由中央军事委员会批准。

第七十二条 通过反恐怖主义国际合作取得的材料可以在行政处罚、刑事诉讼中作为证据使用,但我方承诺不作为证据使用的除外。

第八章 保障措施

第七十三条 国务院和县级以上地方各级人民政府应当按照事权划分,将反恐怖主义工作经费分别列入同级财政预算。

国家对反恐怖主义重点地区给予必要的经费支持,对应对处置大规模恐怖事件给予经费保障。

第七十四条 公安机关、国家安全机关和有关部门,以及中国人民解放军、中国人民武装警察部队,应当依照法律规定的职责,建立反恐怖主义专业力量,加强专业训练,配备必要的反恐怖主义专业设备、设施。

县级、乡级人民政府根据需要,指导有关单位、村民委员会、居民委员会建立反恐怖主义工作力量、志愿者队伍,协助、配合有关部门开展反恐怖主义工作。

第七十五条　对因履行反恐怖主义工作职责或者协助、配合有关部门开展反恐怖主义工作导致伤残或者死亡的人员，按照国家有关规定给予相应的待遇。

第七十六条　因报告和制止恐怖活动，在恐怖活动犯罪案件中作证，或者从事反恐怖主义工作，本人或者其近亲属的人身安全面临危险的，经本人或者其近亲属提出申请，公安机关、有关部门应当采取下列一项或者多项保护措施：

（一）不公开真实姓名、住址和工作单位等个人信息；

（二）禁止特定的人接触被保护人员；

（三）对人身和住宅采取专门性保护措施；

（四）变更被保护人员的姓名，重新安排住所和工作单位；

（五）其他必要的保护措施。

公安机关、有关部门应当依照前款规定，采取不公开被保护单位的真实名称、地址，禁止特定的人接近被保护单位，对被保护单位办公、经营场所采取专门性保护措施，以及其他必要的保护措施。

第七十七条　国家鼓励、支持反恐怖主义科学研究和技术创新，开发和推广使用先进的反恐怖主义技术、设备。

第七十八条　公安机关、国家安全机关、中国人民解放军、中国人民武装警察部队因履行反恐怖主义职责的紧急需要，根据国家有关规定，可以征用单位和个人的财产。任务完成后应当及时归还或者恢复原状，并依照规定支付相应费用；造成损失的，应当补偿。

因开展反恐怖主义工作对有关单位和个人的合法权益造成损害的，应当依法给予赔偿、补偿。有关单位和个人有权依法请求赔偿、补偿。

第九章　法律责任

第七十九条　组织、策划、准备实施、实施恐怖活动，宣扬恐怖主义，煽动实施恐怖活动，非法持有宣扬恐怖主义的物品，强制他人在公共场所穿戴宣扬恐怖主义的服饰、标志，组织、领导、参加恐怖活动组织，为恐怖活动组织、恐怖活动人员、实施恐怖活动或者恐怖活动培训提供帮助的，依法追究刑事责任。

第八十条　参与下列活动之一，情节轻微，尚不构成犯罪的，由公安机关处十日以上十五日以下拘留，可以并处一万元以下罚款：

（一）宣扬恐怖主义、极端主义或者煽动实施恐怖活动、极端主义活动的；

（二）制作、传播、非法持有宣扬恐怖主义、极端主义的物品的；

（三）强制他人在公共场所穿戴宣扬恐怖主义、极端主义的服饰、标志的；

（四）为宣扬恐怖主义、极端主义或者实施恐怖主义、极端主义活动提供信息、资金、物资、劳务、技术、场所等支持、协助、便利的。

第八十一条　利用极端主义，实施下列行为之一，情节轻微，尚不构成犯罪的，由公安机关处五日以上十五日以下拘留，可以并处一万元以下罚款：

（一）强迫他人参加宗教活动，或者强迫他人向宗教活动场所、宗教教职人员提供财物或者劳务的；

（二）以恐吓、骚扰等方式驱赶其他民族或者有其他信仰的人员离开居住地的；

（三）以恐吓、骚扰等方式干涉他人与其他民族或者有其他信仰的人员交往、共同生活的；

（四）以恐吓、骚扰等方式干涉他人生活习俗、方式和生产经营的；

（五）阻碍国家机关工作人员依法执行职务的；

（六）歪曲、诋毁国家政策、法律、行政法规，煽动、教唆抵制人民政府依法管理的；

（七）煽动、胁迫群众损毁或者故意损毁居民身份证、户口簿等国家法定证件以及人民币的；

（八）煽动、胁迫他人以宗教仪式取代结婚、离婚登记的；

（九）煽动、胁迫未成年人不接受义务教育的；

（十）其他利用极端主义破坏国家法律制度实施的。

第八十二条　明知他人有恐怖活动犯罪、极端主义犯罪行为，窝藏、包庇，情节轻微，尚不构成犯罪的，或者在司法机关向其调查有关情况、收集有关证据时，拒绝提供的，由公安机关处十日以上十五日以下拘留，可以并处一万元以下罚款。

第八十三条　金融机构和特定非金融机构对国家反恐怖主义工作领导机构的办事机构公告的恐怖活动组织及恐怖活动人员的资金或者其他资产，未立即予以冻结的，由公安机关处二十万元以上五十万元以下罚款，并对直接负责的董事、高级管理人员和其他直接责任人员处十万元以下罚款；情节严重的，处五十万元以上罚款，并对直接负责的董事、高级管理人员和其他直接责任人员，处十万元以上五十万元以下罚款,可以并处五日以上十五日以下拘留。

第八十四条 电信业务经营者、互联网服务提供者有下列情形之一的,由主管部门处二十万元以上五十万元以下罚款,并对其直接负责的主管人员和其他直接责任人员处十万元以下罚款;情节严重的,处五十万元以上罚款,并对其直接负责的主管人员和其他直接责任人员,处十万元以上五十万元以下罚款,可以由公安机关对其直接负责的主管人员和其他直接责任人员,处五日以上十五日以下拘留:

(一)未依照规定为公安机关、国家安全机关依法进行防范、调查恐怖活动提供技术接口和解密等技术支持和协助的;

(二)未按照主管部门的要求,停止传输、删除含有恐怖主义、极端主义内容的信息,保存相关记录,关闭相关网站或者关停相关服务的;

(三)未落实网络安全、信息内容监督制度和安全技术防范措施,造成含有恐怖主义、极端主义内容的信息传播,情节严重的。

第八十五条 铁路、公路、水上、航空的货运和邮政、快递等物流运营单位有下列情形之一的,由主管部门处十万元以上五十万元以下罚款,并对其直接负责的主管人员和其他直接责任人员处十万元以下罚款:

(一)未实行安全查验制度,对客户身份进行查验,或者未依照规定对运输、寄递物品进行安全检查或者开封验视的;

(二)对禁止运输、寄递,存在重大安全隐患,或者客户拒绝安全查验的物品予以运输、寄递的;

(三)未实行运输、寄递客户身份、物品信息登记制度的。

第八十六条 电信、互联网、金融业务经营者、服务提供者未按规定对客户身份进行查验,或者对身份不明、拒绝身份查验的客户提供服务的,主管部门应当责令改正;拒不改正的,处二十万元以上五十万元以下罚款,并对其直接负责的主管人员和其他直接责任人员处十万元以下罚款;情节严重的,处五十万元以上罚款,并对其直接负责的主管人员和其他直接责任人员,处十万元以上五十万元以下罚款。

住宿、长途客运、机动车租赁等业务经营者、服务提供者有前款规定情形的,由主管部门处十万元以上五十万元以下罚款,并对其直接负责的主管人员和其他直接责任人员处十万元以下罚款。

第八十七条 违反本法规定,有下列情形之一的,由主管部门给予警告,并责令改正;拒不改正的,处十万元以下罚款,并对其直接负责的主管人员和其他直接责任人员处一万元以下罚款:

(一)未依照规定对枪支等武器、弹药、管制器具、危险化学品、民用爆炸物品、核与放射物品作出电子追踪标识,对民用爆炸物品添加安检示踪标识物的;

(二)未依照规定对运营中的危险化学品、民用爆炸物品、核与放射物品的运输工具通过定位系统实行监控的;

(三)未依照规定对传染病病原体等物质实行严格的监督管理,情节严重的;

(四)违反国务院有关主管部门或者省级人民政府对管制器具、危险化学品、民用爆炸物品决定的管制或者限制交易措施的。

第八十八条 防范恐怖袭击重点目标的管理、营运单位违反本法规定,有下列情形之一的,由公安机关给予警告,并责令改正;拒不改正的,处十万元以下罚款,并对其直接负责的主管人员和其他直接责任人员处一万元以下罚款:

(一)未制定防范和应对处置恐怖活动的预案、措施的;

(二)未建立反恐怖主义工作专项经费保障制度,或者未配备防范和处置设备、设施的;

(三)未落实工作机构或者责任人员的;

(四)未对重要岗位人员进行安全背景审查,或者未将有不适合情形的人员调整工作岗位的;

(五)对公共交通运输工具未依照规定配备安保人员和相应设备、设施的;

(六)未建立公共安全视频图像信息系统值班监看、信息保存使用、运行维护等管理制度的。

大型活动承办单位以及重点目标的管理单位未依照规定对进入大型活动场所、机场、火车站、码头、城市轨道交通站、公路长途客运站、口岸等重点目标的人员、物品和交通工具进行安全检查的,公安机关应当责令改正;拒不改正的,处十万元以下罚款,并对其直接负责的主管人员和其他直接责任人员处一万元以下罚款。

第八十九条 恐怖活动嫌疑人员违反公安机关责令其遵守的约束措施的,由公安机关给予警告,并责令改正;拒不改正的,处五日以上十五日以下拘留。

第九十条 新闻媒体等单位编造、传播虚假恐怖事件信息，报道、传播可能引起模仿的恐怖活动的实施细节，发布恐怖事件中残忍、不人道的场景，或者未经批准，报道、传播现场应对处置的工作人员、人质身份信息和应对处置行动情况的，由公安机关处二十万元以下罚款，并对其直接负责的主管人员和其他直接责任人员，处五日以上十五日以下拘留，可以并处五万元以下罚款。

个人有前款规定行为的，由公安机关处五日以上十五日以下拘留，可以并处一万元以下罚款。

第九十一条　拒不配合有关部门开展反恐怖主义安全防范、情报信息、调查、应对处置工作的，由主管部门处二千元以下罚款；造成严重后果的，处五日以上十五日以下拘留，可以并处一万元以下罚款。

单位有前款规定行为的，由主管部门处五万元以下罚款；造成严重后果的，处十万元以下罚款；并对其直接负责的主管人员和其他直接责任人员依照前款规定处罚。

第九十二条　阻碍有关部门开展反恐怖主义工作的，由公安机关处五日以上十五日以下拘留，可以并处五万元以下罚款。

单位有前款规定行为的，由公安机关处二十万元以下罚款，并对其直接负责的主管人员和其他直接责任人员依照前款规定处罚。

阻碍人民警察、人民解放军、人民武装警察依法执行职务的，从重处罚。

第九十三条　单位违反本法规定，情节严重的，由主管部门责令停止从事相关业务、提供相关服务或者责令停产停业；造成严重后果的，吊销有关证照或者撤销登记。

第九十四条　反恐怖主义工作领导机构、有关部门的工作人员在反恐怖主义工作中滥用职权、玩忽职守、徇私舞弊，或者有违反规定泄露国家秘密、商业秘密和个人隐私等行为，构成犯罪的，依法追究刑事责任；尚不构成犯罪的，依法给予处分。

反恐怖主义工作领导机构、有关部门及其工作人员在反恐怖主义工作中滥用职权、玩忽职守、徇私舞弊或者有其他违法违纪行为的，任何单位和个人有权向有关部门检举、控告。有关部门接到检举、控告后，应当及时处理并回复检举、控告人。

第九十五条　对依照本法规定查封、扣押、冻结、扣留、收缴的物品、资金等，经审查发现与恐怖主义无关的，应当及时解除有关措施，予以退还。

第九十六条　有关单位和个人对依照本法作出的行政处罚和行政强制措施决定不服的，可以依法申请行政复议或者提起行政诉讼。

第十章　附　　则

第九十七条　本法自2016年1月1日起施行。2011年10月29日第十一届全国人民代表大会常务委员会第二十三次会议通过的《全国人民代表大会常务委员会关于加强反恐怖工作有关问题的决定》同时废止。

中华人民共和国国家情报法

（2017年6月27日第十二届全国人民代表大会常务委员会第二十八次会议通过　根据2018年4月27日第十三届全国人民代表大会常务委员会第二次会议《关于修改〈中华人民共和国国境卫生检疫法〉等六部法律的决定》修正）

目　　录

第一章　总　　则
第二章　国家情报工作机构职权
第三章　国家情报工作保障
第四章　法律责任
第五章　附　　则

第一章　总　　则

第一条　为了加强和保障国家情报工作，维护国家安全和利益，根据宪法，制定本法。

第二条　国家情报工作坚持总体国家安全观，为国家重大决策提供情报参考，为防范和化解危害国家安全的风险提供情报支持，维护国家政权、主权、统一和领土完整、人民福祉、经济社会可持续发展和国家其他重大利益。

第三条　国家建立健全集中统一、分工协作、科学高效的国家情报体制。

中央国家安全领导机构对国家情报工作实行统一领导，制定国家情报工作方针政策，规划国家情报工作整体发展，建立健全国家情报工作协调机制，统筹协调各领域国家情报工作，研究决定国家情报工作中的重大事项。

中央军事委员会统一领导和组织军队情报工作。

第四条　国家情报工作坚持公开工作与秘密工作相结合、专门工作与群众路线相结合、分工负责与协作配合相结合的原则。

第五条　国家安全机关和公安机关情报机构、军队情报机构（以下统称国家情报工作机构）按照职责分工，相互配合，做好情报工作、开展情报行动。

各有关国家机关应当根据各自职能和任务分工，与国家情报工作机构密切配合。

第六条　国家情报工作机构及其工作人员应当忠于国家和人民，遵守宪法和法律，忠于职守，纪律严明，清正廉洁，无私奉献，坚决维护国家安全和利益。

第七条　任何组织和公民都应当依法支持、协助和配合国家情报工作，保守所知悉的国家情报工作秘密。

国家对支持、协助和配合国家情报工作的个人和组织给予保护。

第八条　国家情报工作应当依法进行，尊重和保障人权，维护个人和组织的合法权益。

第九条　国家对在国家情报工作中作出重大贡献的个人和组织给予表彰和奖励。

第二章　国家情报工作机构职权

第十条　国家情报工作机构根据工作需要，依法使用必要的方式、手段和渠道，在境内外开展情报工作。

第十一条　国家情报工作机构应当依法搜集和处理境外机构、组织、个人实施或者指使、资助他人实施的，或者境内外机构、组织、个人相勾结实施的危害中华人民共和国国家安全和利益行为的相关情报，为防范、制止和惩治上述行为提供情报依据或者参考。

第十二条　国家情报工作机构可以按照国家有关规定，与有关个人和组织建立合作关系，委托开展相关工作。

第十三条　国家情报工作机构可以按照国家有关规定，开展对外交流与合作。

第十四条　国家情报工作机构依法开展情报工作，可以要求有关机关、组织和公民提供必要的支持、协助和配合。

第十五条　国家情报工作机构根据工作需要，按照国家有关规定，经过严格的批准手续，可以采取技术侦察措施和身份保护措施。

第十六条　国家情报工作机构工作人员依法执行任务时，按照国家有关规定，经过批准，出示相应证件，可以进入限制进入的有关区域、场所，可以向有关机关、组织和个人了解、询问有关情况，可以查阅或者调取有关的档案、资料、物品。

第十七条　国家情报工作机构工作人员因执行紧急任务需要，经出示相应证件，可以享受通行便利。

国家情报工作机构工作人员根据工作需要，按照国家有关规定，可以优先使用或者依法征用有关机关、组织和个人的交通工具、通信工具、场地和建筑物，必要时，可以设置相关工作场所和设备、设施，任务完成后应当及时归还或者恢复原状，并依照规定支付相应费用；造成损失的，应当补偿。

第十八条　国家情报工作机构根据工作需要，按照国家有关规定，可以提请海关、出入境边防检查等机关提供免检等便利。

第十九条　国家情报工作机构及其工作人员应当严格依法办事，不得超越职权、滥用职权，不得侵犯公民和组织的合法权益，不得利用职务便利为自己或者他人谋取私利，不得泄露国家秘密、商业秘密和个人信息。

第三章　国家情报工作保障

第二十条　国家情报工作机构及其工作人员依法开展情报工作，受法律保护。

第二十一条　国家加强国家情报工作机构建设，对其机构设置、人员、编制、经费、资产实行特殊管理，给予特殊保障。

国家建立适应情报工作需要的人员录用、选调、考核、培训、待遇、退出等管理制度。

第二十二条　国家情报工作机构应当适应情报工作需要，提高开展情报工作的能力。

国家情报工作机构应当运用科学技术手段，提高对情报信息的鉴别、筛选、综合和研判分析水平。

第二十三条　国家情报工作机构工作人员因执行任务，或者与国家情报工作机构建立合作关系的人员因协助国家情报工作，其本人或者近亲属人身安全受到威胁时，国家有关部门应当采取必要措施，予以保护、营救。

第二十四条　对为国家情报工作作出贡献并需要安置的人员，国家给予妥善安置。

公安、民政、财政、卫生、教育、人力资源社会保障、退役军人事务、医疗保障等有关部门以及国有企业事业单位应当协助国家情报工作机构做好安置工作。

第二十五条　对因开展国家情报工作或者支持、协助和配合国家情报工作导致伤残或者牺牲、死亡的人员，按照国家有关规定给予相应的抚恤优待。

个人和组织因支持、协助和配合国家情报工作导致财产损失的，按照国家有关规定给予补偿。

第二十六条　国家情报工作机构应当建立健全严格的监督和安全审查制度，对其工作人员遵守法律和纪律等情况进行监督，并依法采取必要措施，定期或者不定期进行安全审查。

第二十七条　任何个人和组织对国家情报工作机构及其工作人员超越职权、滥用职权和其他违法违纪行为，有权检举、控告。受理检举、控告的有关机关应当及时查处，并将查处结果告知检举人、控告人。

对依法检举、控告国家情报工作机构及其工作人员的个人和组织，任何个人和组织不得压制和打击报复。

国家情报工作机构应当为个人和组织检举、控告、反映情况提供便利渠道，并为检举人、控告人保密。

第四章　法律责任

第二十八条　违反本法规定，阻碍国家情报工作机构及其工作人员依法开展情报工作的，由国家情报工作机构建议相关单位给予处分或者由国家安全机关、公安机关处警告或者十五日以下拘留；构成犯罪的，依法追究刑事责任。

第二十九条　泄露与国家情报工作有关的国家秘密的，由国家情报工作机构建议相关单位给予处分或者由国家安全机关、公安机关处警告或者十五日以下拘留；构成犯罪的，依法追究刑事责任。

第三十条　冒充国家情报工作机构工作人员或者其他相关人员实施招摇撞骗、诈骗、敲诈勒索等行为的，依照《中华人民共和国治安管理处罚法》的规定处罚；构成犯罪的，依法追究刑事责任。

第三十一条　国家情报工作机构及其工作人员有超越职权、滥用职权，侵犯公民和组织的合法权益，利用职务便利为自己或者他人谋取私利，泄露国家秘密、商业秘密和个人信息等违法违纪行为的，依法给予处分；构成犯罪的，依法追究刑事责任。

第五章　附　则

第三十二条　本法自2017年6月28日起施行。

关于《〈中华人民共和国森林法〉等7部法律的修正案(草案)》的说明

——2018年4月25日在第十三届全国人民代表大会常务委员会第二次会议上

司法部部长　傅政华

全国人民代表大会常务委员会：

我受国务院的委托，现对《〈中华人民共和国森林法〉等7部法律的修正案(草案)》作说明。

为深入贯彻习近平总书记在党的十九届三中全会上的重要讲话精神，全面落实党的十九届三中全会审议通过的《中共中央关于深化党和国家机构改革的决定》(以下简称《改革决定》)和十三届全国人大一次会议批准的《国务院机构改革方案》(以下简称《改革方案》)，确保行政机关依法履行职责，按照“实施机构改革方案需要制定或修改法律法规的，要及时启动相关程序”的要求，司法部会同国务院有关部门，就实施《改革方案》需要修改有关法律的问题进行了研究。总体上看，这次机构改革范围广，涉及的部门多，需要修改的法律数量大，涉及法定职责调整的情况也各不相同。有的法律规定的行政机关职责虽已调整到其他行政机关，但不修改并不影响承接职责的行政机关履行职责，可暂不作修改；有的因机构整合、职责调整、管理体制变动较大，不修改会影响《改革方案》实施，需要及时修改；有的新组建的行政机关相关职责尚未调整到位，或者有关职责关系尚未理顺，需要在部门的“三定”规定明确职责分工后，再修改有关法律。考虑到上述情况，经与有关方面沟通协调，我们对需要修改的法律采取分批修改的方式处理。这次修改的主要是有关职责调整的规定比较明确、各方面意见已经协调一致的部分法律。经商中央编办、全国人大常委会法工委、中央军委法制局，我们起草了《〈中华人民共和国森林法〉等 7 部法律的修正案（草案）》（以下简称草案）。草案已经国务院同意，现将草案的主要内容说明如下：

一、关于《中华人民共和国森林法修正案（草案）》

森林法第三条第二款规定，国家所有的和集体所有的森林、林木和林地，个人所有的林木和使用的林地，由县级以上地方人民政府登记造册，发放证书，确认所有权或者使用权；国务院可以授权国务院林业主管部门，对国务院确定的国家所有的重点林区的森林、林木和林地登记造册，发放证书，并通知有关地方人民政府。十二届全国人大一次会议批准的《国务院机构改革和职能转变方案》规定，房屋登记、林地登记、草原登记、土地登记职责整合由一个部门承担。实践中，不动产登记已由不动产所在地的县级人民政府不动产登记机构办理。据此，草案将第三条第二款中的森林、林木和林地的登记主体修改为县级以上地方人民政府不动产登记机构。《改革方案》将原国家林业局的森林、湿地等资源调查和确权登记管理职责整合到自然资源部。据此，草案将第三条第二款中的“国务院林业主管部门”修改为“国务院自然资源主管部门”。

第二十条第二款规定，武装森林警察部队执行国家赋予的预防和扑救森林火灾的任务。《改革方案》将原国家林业局的森林防火相关职责、国家森林防火指挥部的职责整合到应急管理部，转制后的武警森林部队作为综合性常备应急骨干力量，由应急管理部管理。考虑到国务院有关部门在预防和扑救森林火灾方面还负有职责，据此，草案将第二十条第二款删去，在第二十一条中增加“国务院有关部门在各自职责范围内做好森林火灾的预防和扑救相关工作”的内容，作为第一款。

此外，第三十八条设定了出口限制出口的珍贵树木或者其制品、衍生物审批。考虑到这一审批事项可以通过制定规范和标准、随机抽查、日常巡查、信用管理等方式加强事中事后监管，草案一并修改了该条的规定，取消了这项审批。

二、关于《中华人民共和国国境卫生检疫法修正案（草案）》

国境卫生检疫法第二条第二款规定，国务院卫生行政部门主管全国国境卫生检疫工作。经过 1998 年和 2001 年机构改革对检疫工作职责的调整，由原国家质量监督检验检疫总局组织实施出入境卫生检疫等工作。《改革方案》将原国家质量监督检验检疫总局的出入境检验检疫管理职责和队伍划入海关总署。据此，草案删去第二条第二款。

第二十七条规定，国务院卫生行政部门根据本法制定实施细则，报国务院批准后施行。考虑到立法法取消了国务院批准部门发布行政法规的形式，据此，草案删去第二十七条。

三、关于《中华人民共和国进出口商品检验法修正案（草案）》

进出口商品检验法第十一条规定，必须经商检机构检验的进口商品的收货人或者其代理人，应当向报关地的商检机构报检；海关凭商检机构签发的货物通关证明验放。第十五条第二款规定，对必须实施检验的出口商品，海关凭商检机构签发的货物通关证明验放。《改革方案》将原国家质量监督检验检疫总局的出入境检验检疫管理职责和队伍划入海关总署，机构整合后，进出口商品统一按照海关总署的规定报检。据此，草案删去第十一条中的“海关凭商检机构签发的货物通关证明验放”和第十五条第二款。

四、关于《中华人民共和国国防教育法修正案(草案)》

国防教育法第八条第一款规定,教育、民政、文化宣传等部门,在各自职责范围内负责国防教育工作。《改革方案》将民政部的退役军人优抚安置职责整合到退役军人事务部。据此,草案将第八条第一款中的“民政”修改为“退役军人事务”。

五、关于《中华人民共和国精神卫生法修正案(草案)》

精神卫生法第八条第二款规定,县级以上人民政府司法行政、民政、公安、教育、人力资源社会保障等部门在各自职责范围内负责有关的精神卫生工作。第六十八条第二款规定,县级人民政府应当按照国家有关规定对家庭经济困难的严重精神障碍患者参加基本医疗保险给予资助;人力资源社会保障、卫生、民政、财政等部门应当加强协调,简化程序,实现属于基本医疗保险基金支付的医疗费用由医疗机构与医疗保险经办机构直接结算。第六十八条第三款规定,精神障碍患者通过基本医疗保险支付医疗费用后仍有困难,或者不能通过基本医疗保险支付医疗费用的,民政部门应当优先给予医疗救助。

《改革方案》将人力资源和社会保障部的城镇职工和城镇居民基本医疗保险、生育保险职责,原国家卫生和计划生育委员会的新型农村合作医疗职责,民政部的医疗救助职责整合到国家医疗保障局。据此,草案将第八条第二款中的“人力资源社会保障”、第六十八条第二款中的“人力资源社会保障、卫生、民政”、第六十八条第三款中的“民政”修改为“医疗保障”。

六、关于《中华人民共和国反恐怖主义法修正案(草案)》

反恐怖主义法第四十条第一款规定,海关、出入境边防检查机关发现恐怖活动嫌疑人员或者涉嫌恐怖活动物品的,应当依法扣留,并立即移送公安机关或者国家安全机关。第二款规定,检验检疫机关发现涉嫌恐怖活动物品的,应当依法扣留,并立即移送公安机关或者国家安全机关。《改革方案》将原国家质量监督检验检疫总局的出入境检验检疫管理职责和队伍划入海关总署。据此,草案删去第四十条第二款。

第六十五条规定,卫生、民政等主管部门应当为恐怖事件受害人员及其近亲属提供心理、医疗等方面的援助。《改革方案》将民政部的医疗救助职责整合到国家医疗保障局。据此,草案将第六十五条中的“民政”修改为“医疗保障”。

七、关于《中华人民共和国国家情报法修正案(草案)》

国家情报法第二十四条第二款规定,公安、民政、财政、卫生、教育、人力资源和社会保障等有关部门以及国有企业事业单位应当协助国家情报工作机构做好安置工作。《改革方案》将民政部的退役军人优抚安置职责整合到退役军人事务部,将民政部的医疗救助职责整合到国家医疗保障局。据此,草案在第二十四条第二款中增加了“退役军人事务”和“医疗保障”2个部门协助做好有关安置工作。

草案和以上说明是否妥当,请审议。

全国人民代表大会宪法和法律委员会关于《〈中华人民共和国森林法〉等7部法律的修正案(草案)》审议结果的报告

——2018年4月27日在第十三届全国人民代表大会常务委员会第二次会议上

全国人民代表大会常务委员会:

常委会第二次会议于4月25日下午对国务院提请审议的《〈中华人民共和国森林法〉等7部法律的修正案(草案)》进行了分组审议。普遍认为,为了贯彻党的十九届三中全会精神,依法推进国务院机构改革,对实施改革所急需修改的相关法律部分条款一揽子作出相应修改，符合十三届全国人大一次会议通过的关于国务院机构改革方案的决定的要求，是必要的，草案基本可行，赞同提请本次常委会会议表决通过。同时，有的常委委员还提出了一些修改意见和建议。宪法和法律委员会于 4 月 26 日上午召开会议，逐条研究了常委会组成人员的审议意见，对修正案草案进行了认真审议。司法部有关负责同志列席了会议。宪法和法律委员会认为，修正案草案总体是可行的。同时，提出以下修改意见：

有的常委委员提出，修正案草案关于森林法的相关修改内容涉及国家所有、集体所有的森林、林木和林地，以及个人所有的林木和使用的林地，情况比较复杂，目前修改的时机还不成熟，应当深入调查研究，针对实践中的突出问题和矛盾，抓紧对森林法进行全面修改。还有些常委委员对森林法的具体修改内容提出了一些意见和建议。宪法和法律委员会研究后认为，森林法修改已经列入常委会 2018 年立法工作计划，正在由农业与农村委员会抓紧研究起草；同时，本次常委会会议拟审议通过全国人大常委会关于国务院机构改革涉及法律规定的行政机关职责调整问题的决定，森林法的相关内容暂不进行修改，不会影响相关机构改革的进行。据此，建议删除修正案草案中关于森林法修改的内容，继续对相关问题进行研究，在研究森林法修改时统筹解决。

有的常委委员还对国务院机构改革涉及的其他法律如进出境动植物检疫法等提出了修改建议。司法部提出，本次修改的主要是有关职责调整的规定已经明确、各方面意见协调一致的部分法律，对机构改革涉及的其他法律拟按照成熟一批、修改一批的思路，通过分批修改的方式处理。据此，宪法和法律委员会建议本次暂不对未列入国务院议案的其他法律进行修改，同时建议国务院根据机构改革进程，抓紧对相关法律问题进行研究，及时提出修改法律的议案。

此外，根据常委会组成人员的审议意见，还对修正案草案作了一些文字修改。

宪法和法律委员会已按上述意见提出了全国人民代表大会常务委员会关于修改《中华人民共和国国境卫生检疫法》等六部法律的决定(草案建议表决稿)，建议本次常委会会议审议通过。

修改决定草案建议表决稿和以上报告是否妥当，请审议。

中华人民共和国主席令

第七号

《中华人民共和国电子商务法》已由中华人民共和国第十三届全国人民代表大会常务委员会第五次会议于 2018 年 8 月 31 日通过，现予公布，自 2019 年 1 月 1 日起施行。

中华人民共和国主席　习近平

2018 年 8 月 31 日

中华人民共和国电子商务法

(2018 年 8 月 31 日第十三届全国人民代表大会常务委员会第五次会议通过)

目　　录

第一章　总　　则
第二章　电子商务经营者
　第一节　一般规定
　第二节　电子商务平台经营者
第三章　电子商务合同的订立与履行
第四章　电子商务争议解决
第五章　电子商务促进
第六章　法律责任
第七章　附　　则

第一章　总　　则

第一条　为了保障电子商务各方主体的合法

权益，规范电子商务行为，维护市场秩序，促进电子商务持续健康发展，制定本法。

第二条　中华人民共和国境内的电子商务活动，适用本法。

本法所称电子商务，是指通过互联网等信息网络销售商品或者提供服务的经营活动。

法律、行政法规对销售商品或者提供服务有规定的，适用其规定。金融类产品和服务，利用信息网络提供新闻信息、音视频节目、出版以及文化产品等内容方面的服务，不适用本法。

第三条　国家鼓励发展电子商务新业态，创新商业模式，促进电子商务技术研发和推广应用，推进电子商务诚信体系建设，营造有利于电子商务创新发展的市场环境，充分发挥电子商务在推动高质量发展、满足人民日益增长的美好生活需要、构建开放型经济方面的重要作用。

第四条　国家平等对待线上线下商务活动，促进线上线下融合发展，各级人民政府和有关部门不得采取歧视性的政策措施，不得滥用行政权力排除、限制市场竞争。

第五条　电子商务经营者从事经营活动，应当遵循自愿、平等、公平、诚信的原则，遵守法律和商业道德，公平参与市场竞争，履行消费者权益保护、环境保护、知识产权保护、网络安全与个人信息保护等方面的义务，承担产品和服务质量责任，接受政府和社会的监督。

第六条　国务院有关部门按照职责分工负责电子商务发展促进、监督管理等工作。县级以上地方各级人民政府可以根据本行政区域的实际情况，确定本行政区域内电子商务的部门职责划分。

第七条　国家建立符合电子商务特点的协同管理体系，推动形成有关部门、电子商务行业组织、电子商务经营者、消费者等共同参与的电子商务市场治理体系。

第八条　电子商务行业组织按照本组织章程开展行业自律，建立健全行业规范，推动行业诚信建设，监督、引导本行业经营者公平参与市场竞争。

第二章　电子商务经营者

第一节　一般规定

第九条　本法所称电子商务经营者，是指通过互联网等信息网络从事销售商品或者提供服务的经营活动的自然人、法人和非法人组织，包括电子商务平台经营者、平台内经营者以及通过自建网站、其他网络服务销售商品或者提供服务的电子商务经营者。

本法所称电子商务平台经营者，是指在电子商务中为交易双方或者多方提供网络经营场所、交易撮合、信息发布等服务，供交易双方或者多方独立开展交易活动的法人或者非法人组织。

本法所称平台内经营者，是指通过电子商务平台销售商品或者提供服务的电子商务经营者。

第十条　电子商务经营者应当依法办理市场主体登记。但是，个人销售自产农副产品、家庭手工业产品，个人利用自己的技能从事依法无须取得许可的便民劳务活动和零星小额交易活动，以及依照法律、行政法规不需要进行登记的除外。

第十一条　电子商务经营者应当依法履行纳税义务，并依法享受税收优惠。

依照前条规定不需要办理市场主体登记的电子商务经营者在首次纳税义务发生后，应当依照税收征收管理法律、行政法规的规定申请办理税务登记，并如实申报纳税。

第十二条　电子商务经营者从事经营活动，依法需要取得相关行政许可的，应当依法取得行政许可。

第十三条　电子商务经营者销售的商品或者提供的服务应当符合保障人身、财产安全的要求和环境保护要求，不得销售或者提供法律、行政法规禁止交易的商品或者服务。

第十四条　电子商务经营者销售商品或者提供服务应当依法出具纸质发票或者电子发票等购货凭证或者服务单据。电子发票与纸质发票具有同等法律效力。

第十五条　电子商务经营者应当在其首页显著位置，持续公示营业执照信息、与其经营业务有关的行政许可信息、属于依照本法第十条规定的不需要办理市场主体登记情形等信息，或者上述信息的链接标识。

前款规定的信息发生变更的，电子商务经营者应当及时更新公示信息。

第十六条　电子商务经营者自行终止从事电子商务的，应当提前三十日在首页显著位置持续公示有关信息。

第十七条　电子商务经营者应当全面、真实、准确、及时地披露商品或者服务信息，保障消费者的知情权和选择权。电子商务经营者不得以虚构交易、编造用户评价等方式进行虚假或者引人误解的商业宣传，欺骗、误导消费者。

第十八条　电子商务经营者根据消费者的兴趣爱好、消费习惯等特征向其提供商品或者服务的搜索结果的，应当同时向该消费者提供不针对其个人特征的选项，尊重和平等保护消费者合法权益。

电子商务经营者向消费者发送广告的，应当遵守《中华人民共和国广告法》的有关规定。

第十九条　电子商务经营者搭售商品或者服务，应当以显著方式提请消费者注意，不得将搭售商品或者服务作为默认同意的选项。

第二十条　电子商务经营者应当按照承诺或者与消费者约定的方式、时限向消费者交付商品或者服务，并承担商品运输中的风险和责任。但是，消费者另行选择快递物流服务提供者的除外。

第二十一条　电子商务经营者按照约定向消费者收取押金的，应当明示押金退还的方式、程序，不得对押金退还设置不合理条件。消费者申请退还押金，符合押金退还条件的，电子商务经营者应当及时退还。

第二十二条　电子商务经营者因其技术优势、用户数量、对相关行业的控制能力以及其他经营者对该电子商务经营者在交易上的依赖程度等因素而具有市场支配地位的，不得滥用市场支配地位，排除、限制竞争。

第二十三条　电子商务经营者收集、使用其用户的个人信息，应当遵守法律、行政法规有关个人信息保护的规定。

第二十四条　电子商务经营者应当明示用户信息查询、更正、删除以及用户注销的方式、程序，不得对用户信息查询、更正、删除以及用户注销设置不合理条件。

电子商务经营者收到用户信息查询或者更正、删除的申请的，应当在核实身份后及时提供查询或者更正、删除用户信息。用户注销的，电子商务经营者应当立即删除该用户的信息；依照法律、行政法规的规定或者双方约定保存的，依照其规定。

第二十五条　有关主管部门依照法律、行政法规的规定要求电子商务经营者提供有关电子商务数据信息的，电子商务经营者应当提供。有关主管部门应当采取必要措施保护电子商务经营者提供的数据信息的安全，并对其中的个人信息、隐私和商业秘密严格保密，不得泄露、出售或者非法向他人提供。

第二十六条　电子商务经营者从事跨境电子商务，应当遵守进出口监督管理的法律、行政法规和国家有关规定。

第二节　电子商务平台经营者

第二十七条　电子商务平台经营者应当要求申请进入平台销售商品或者提供服务的经营者提交其身份、地址、联系方式、行政许可等真实信息，进行核验、登记，建立登记档案，并定期核验更新。

电子商务平台经营者为进入平台销售商品或者提供服务的非经营用户提供服务，应当遵守本节有关规定。

第二十八条　电子商务平台经营者应当按照规定向市场监督管理部门报送平台内经营者的身份信息，提示未办理市场主体登记的经营者依法办理登记，并配合市场监督管理部门，针对电子商务的特点，为应当办理市场主体登记的经营者办理登记提供便利。

电子商务平台经营者应当依照税收征收管理法律、行政法规的规定，向税务部门报送平台内经营者的身份信息和与纳税有关的信息，并应当提示依照本法第十条规定不需要办理市场主体登记的电子商务经营者依照本法第十一条第二款的规定办理税务登记。

第二十九条　电子商务平台经营者发现平台内的商品或者服务信息存在违反本法第十二条、第十三条规定情形的，应当依法采取必要的处置措施，并向有关主管部门报告。

第三十条　电子商务平台经营者应当采取技术措施和其他必要措施保证其网络安全、稳定运行，防范网络违法犯罪活动，有效应对网络安全事件，保障电子商务交易安全。

电子商务平台经营者应当制定网络安全事件应急预案，发生网络安全事件时，应当立即启动应急预案，采取相应的补救措施，并向有关主管部门报告。

第三十一条　电子商务平台经营者应当记录、保存平台上发布的商品和服务信息、交易信息，并确保信息的完整性、保密性、可用性。商品和服务信息、交易信息保存时间自交易完成之日起不少于三年；法律、行政法规另有规定的，依照其规定。

第三十二条　电子商务平台经营者应当遵循公开、公平、公正的原则，制定平台服务协议和交易规则，明确进入和退出平台、商品和服务质量保障、消费者权益保护、个人信息保护等方面的权利和义务。

第三十三条　电子商务平台经营者应当在其首页显著位置持续公示平台服务协议和交易规则

信息或者上述信息的链接标识，并保证经营者和消费者能够便利、完整地阅览和下载。

第三十四条　电子商务平台经营者修改平台服务协议和交易规则，应当在其首页显著位置公开征求意见，采取合理措施确保有关各方能够及时充分表达意见。修改内容应当至少在实施前七日予以公示。

平台内经营者不接受修改内容，要求退出平台的，电子商务平台经营者不得阻止，并按照修改前的服务协议和交易规则承担相关责任。

第三十五条　电子商务平台经营者不得利用服务协议、交易规则以及技术等手段，对平台内经营者在平台内的交易、交易价格以及与其他经营者的交易等进行不合理限制或者附加不合理条件，或者向平台内经营者收取不合理费用。

第三十六条　电子商务平台经营者依据平台服务协议和交易规则对平台内经营者违反法律、法规的行为实施警示、暂停或者终止服务等措施的，应当及时公示。

第三十七条　电子商务平台经营者在其平台上开展自营业务的，应当以显著方式区分标记自营业务和平台内经营者开展的业务，不得误导消费者。

电子商务平台经营者对其标记为自营的业务依法承担商品销售者或者服务提供者的民事责任。

第三十八条　电子商务平台经营者知道或者应当知道平台内经营者销售的商品或者提供的服务不符合保障人身、财产安全的要求，或者有其他侵害消费者合法权益行为，未采取必要措施的，依法与该平台内经营者承担连带责任。

对关系消费者生命健康的商品或者服务，电子商务平台经营者对平台内经营者的资质资格未尽到审核义务，或者对消费者未尽到安全保障义务，造成消费者损害的，依法承担相应的责任。

第三十九条　电子商务平台经营者应当建立健全信用评价制度，公示信用评价规则，为消费者提供对平台内销售的商品或者提供的服务进行评价的途径。

电子商务平台经营者不得删除消费者对其平台内销售的商品或者提供的服务的评价。

第四十条　电子商务平台经营者应当根据商品或者服务的价格、销量、信用等以多种方式向消费者显示商品或者服务的搜索结果；对于竞价排名的商品或者服务，应当显著标明“广告”。

第四十一条　电子商务平台经营者应当建立知识产权保护规则，与知识产权权利人加强合作，依法保护知识产权。

第四十二条　知识产权权利人认为其知识产权受到侵害的，有权通知电子商务平台经营者采取删除、屏蔽、断开链接、终止交易和服务等必要措施。通知应当包括构成侵权的初步证据。

电子商务平台经营者接到通知后，应当及时采取必要措施，并将该通知转送平台内经营者；未及时采取必要措施的，对损害的扩大部分与平台内经营者承担连带责任。

因通知错误造成平台内经营者损害的，依法承担民事责任。恶意发出错误通知，造成平台内经营者损失的，加倍承担赔偿责任。

第四十三条　平台内经营者接到转送的通知后，可以向电子商务平台经营者提交不存在侵权行为的声明。声明应当包括不存在侵权行为的初步证据。

电子商务平台经营者接到声明后，应当将该声明转送发出通知的知识产权权利人，并告知其可以向有关主管部门投诉或者向人民法院起诉。电子商务平台经营者在转送声明到达知识产权权利人后十五日内，未收到权利人已经投诉或者起诉通知的，应当及时终止所采取的措施。

第四十四条　电子商务平台经营者应当及时公示收到的本法第四十二条、第四十三条规定的通知、声明及处理结果。

第四十五条　电子商务平台经营者知道或者应当知道平台内经营者侵犯知识产权的，应当采取删除、屏蔽、断开链接、终止交易和服务等必要措施；未采取必要措施的，与侵权人承担连带责任。

第四十六条　除本法第九条第二款规定的服务外，电子商务平台经营者可以按照平台服务协议和交易规则，为经营者之间的电子商务提供仓储、物流、支付结算、交收等服务。电子商务平台经营者为经营者之间的电子商务提供服务，应当遵守法律、行政法规和国家有关规定，不得采取集中竞价、做市商等集中交易方式进行交易，不得进行标准化合约交易。

第三章　电子商务合同的订立与履行

第四十七条　电子商务当事人订立和履行合同，适用本章和《中华人民共和国民法总则》《中华人民共和国合同法》《中华人民共和国电子签名法》等法律的规定。

第四十八条　电子商务当事人使用自动信息

系统订立或者履行合同的行为对使用该系统的当事人具有法律效力。

在电子商务中推定当事人具有相应的民事行为能力。但是,有相反证据足以推翻的除外。

第四十九条 电子商务经营者发布的商品或者服务信息符合要约条件的,用户选择该商品或者服务并提交订单成功,合同成立。当事人另有约定的,从其约定。

电子商务经营者不得以格式条款等方式约定消费者支付价款后合同不成立;格式条款等含有该内容的,其内容无效。

第五十条 电子商务经营者应当清晰、全面、明确地告知用户订立合同的步骤、注意事项、下载方法等事项,并保证用户能够便利、完整地阅览和下载。

电子商务经营者应当保证用户在提交订单前可以更正输入错误。

第五十一条 合同标的为交付商品并采用快递物流方式交付的,收货人签收时间为交付时间。合同标的为提供服务的,生成的电子凭证或者实物凭证中载明的时间为交付时间;前述凭证没有载明时间或者载明时间与实际提供服务时间不一致的,实际提供服务的时间为交付时间。

合同标的为采用在线传输方式交付的,合同标的进入对方当事人指定的特定系统并且能够检索识别的时间为交付时间。

合同当事人对交付方式、交付时间另有约定的,从其约定。

第五十二条 电子商务当事人可以约定采用快递物流方式交付商品。

快递物流服务提供者为电子商务提供快递物流服务,应当遵守法律、行政法规,并应当符合承诺的服务规范和时限。快递物流服务提供者在交付商品时,应当提示收货人当面查验;交由他人代收的,应当经收货人同意。

快递物流服务提供者应当按照规定使用环保包装材料,实现包装材料的减量化和再利用。

快递物流服务提供者在提供快递物流服务的同时,可以接受电子商务经营者的委托提供代收货款服务。

第五十三条 电子商务当事人可以约定采用电子支付方式支付价款。

电子支付服务提供者为电子商务提供电子支付服务,应当遵守国家规定,告知用户电子支付服务的功能、使用方法、注意事项、相关风险和收费标准等事项,不得附加不合理交易条件。电子支付服务提供者应当确保电子支付指令的完整性、一致性、可跟踪稽核和不可篡改。

电子支付服务提供者应当向用户免费提供对账服务以及最近三年的交易记录。

第五十四条 电子支付服务提供者提供电子支付服务不符合国家有关支付安全管理要求,造成用户损失的,应当承担赔偿责任。

第五十五条 用户在发出支付指令前,应当核对支付指令所包含的金额、收款人等完整信息。

支付指令发生错误的,电子支付服务提供者应当及时查找原因,并采取相关措施予以纠正。造成用户损失的,电子支付服务提供者应当承担赔偿责任,但能够证明支付错误非自身原因造成的除外。

第五十六条 电子支付服务提供者完成电子支付后,应当及时准确地向用户提供符合约定方式的确认支付的信息。

第五十七条 用户应当妥善保管交易密码、电子签名数据等安全工具。用户发现安全工具遗失、被盗用或者未经授权的支付的,应当及时通知电子支付服务提供者。

未经授权的支付造成的损失,由电子支付服务提供者承担;电子支付服务提供者能够证明未经授权的支付是因用户的过错造成的,不承担责任。

电子支付服务提供者发现支付指令未经授权,或者收到用户支付指令未经授权的通知时,应当立即采取措施防止损失扩大。电子支付服务提供者未及时采取措施导致损失扩大的,对损失扩大部分承担责任。

第四章 电子商务争议解决

第五十八条 国家鼓励电子商务平台经营者建立有利于电子商务发展和消费者权益保护的商品、服务质量担保机制。

电子商务平台经营者与平台内经营者协议设立消费者权益保证金的,双方应当就消费者权益保证金的提取数额、管理、使用和退还办法等作出明确约定。

消费者要求电子商务平台经营者承担先行赔偿责任以及电子商务平台经营者赔偿后向平台内经营者的追偿,适用《中华人民共和国消费者权益保护法》的有关规定。

第五十九条 电子商务经营者应当建立便捷、有效的投诉、举报机制,公开投诉、举报方式等信息,及时受理并处理投诉、举报。

第六十条 电子商务争议可以通过协商和解,请求消费者组织、行业协会或者其他依法成立的调解组织调解,向有关部门投诉,提请仲裁,或者提起诉讼等方式解决。

第六十一条 消费者在电子商务平台购买商品或者接受服务,与平台内经营者发生争议时,电子商务平台经营者应当积极协助消费者维护合法权益。

第六十二条 在电子商务争议处理中,电子商务经营者应当提供原始合同和交易记录。因电子商务经营者丢失、伪造、篡改、销毁、隐匿或者拒绝提供前述资料,致使人民法院、仲裁机构或者有关机关无法查明事实的,电子商务经营者应当承担相应的法律责任。

第六十三条 电子商务平台经营者可以建立争议在线解决机制,制定并公示争议解决规则,根据自愿原则,公平、公正地解决当事人的争议。

第五章 电子商务促进

第六十四条 国务院和省、自治区、直辖市人民政府应当将电子商务发展纳入国民经济和社会发展规划,制定科学合理的产业政策,促进电子商务创新发展。

第六十五条 国务院和县级以上地方人民政府及其有关部门应当采取措施,支持、推动绿色包装、仓储、运输,促进电子商务绿色发展。

第六十六条 国家推动电子商务基础设施和物流网络建设,完善电子商务统计制度,加强电子商务标准体系建设。

第六十七条 国家推动电子商务在国民经济各个领域的应用,支持电子商务与各产业融合发展。

第六十八条 国家促进农业生产、加工、流通等环节的互联网技术应用,鼓励各类社会资源加强合作,促进农村电子商务发展,发挥电子商务在精准扶贫中的作用。

第六十九条 国家维护电子商务交易安全,保护电子商务用户信息,鼓励电子商务数据开发应用,保障电子商务数据依法有序自由流动。

国家采取措施推动建立公共数据共享机制,促进电子商务经营者依法利用公共数据。

第七十条 国家支持依法设立的信用评价机构开展电子商务信用评价,向社会提供电子商务信用评价服务。

第七十一条 国家促进跨境电子商务发展,建立健全适应跨境电子商务特点的海关、税收、进出境检验检疫、支付结算等管理制度,提高跨境电子商务各环节便利化水平,支持跨境电子商务平台经营者等为跨境电子商务提供仓储物流、报关、报检等服务。

国家支持小型微型企业从事跨境电子商务。

第七十二条 国家进出口管理部门应当推进跨境电子商务海关申报、纳税、检验检疫等环节的综合服务和监管体系建设,优化监管流程,推动实现信息共享、监管互认、执法互助,提高跨境电子商务服务和监管效率。跨境电子商务经营者可以凭电子单证向国家进出口管理部门办理有关手续。

第七十三条 国家推动建立与不同国家、地区之间跨境电子商务的交流合作,参与电子商务国际规则的制定,促进电子签名、电子身份等国际互认。

国家推动建立与不同国家、地区之间的跨境电子商务争议解决机制。

第六章 法律责任

第七十四条 电子商务经营者销售商品或者提供服务,不履行合同义务或者履行合同义务不符合约定,或者造成他人损害的,依法承担民事责任。

第七十五条 电子商务经营者违反本法第十二条、第十三条规定,未取得相关行政许可从事经营活动,或者销售、提供法律、行政法规禁止交易的商品、服务,或者不履行本法第二十五条规定的信息提供义务,电子商务平台经营者违反本法第四十六条规定,采取集中交易方式进行交易,或者进行标准化合约交易的,依照有关法律、行政法规的规定处罚。

第七十六条 电子商务经营者违反本法规定,有下列行为之一的,由市场监督管理部门责令限期改正,可以处一万元以下的罚款,对其中的电子商务平台经营者,依照本法第八十一条第一款的规定处罚:

(一)未在首页显著位置公示营业执照信息、行政许可信息、属于不需要办理市场主体登记情形等信息,或者上述信息的链接标识的;

(二)未在首页显著位置持续公示终止电子商务的有关信息的;

(三)未明示用户信息查询、更正、删除以及用户注销的方式、程序,或者对用户信息查询、更正、删除以及用户注销设置不合理条件的。

电子商务平台经营者对违反前款规定的平台内经营者未采取必要措施的,由市场监督管理部门责令限期改正,可以处二万元以上十万元以下的罚款。

第七十七条 电子商务经营者违反本法第十八条第一款规定提供搜索结果,或者违反本法第十九条规定搭售商品、服务的,由市场监督管理部门责令限期改正,没收违法所得,可以并处五万元以上二十万元以下的罚款;情节严重的,并处二十万元以上五十万元以下的罚款。

第七十八条 电子商务经营者违反本法第二十一条规定,未向消费者明示押金退还的方式、程序,对押金退还设置不合理条件,或者不及时退还押金的,由有关主管部门责令限期改正,可以处五万元以上二十万元以下的罚款;情节严重的,处二十万元以上五十万元以下的罚款。

第七十九条 电子商务经营者违反法律、行政法规有关个人信息保护的规定,或者不履行本法第三十条和有关法律、行政法规规定的网络安全保障义务的,依照《中华人民共和国网络安全法》等法律、行政法规的规定处罚。

第八十条 电子商务平台经营者有下列行为之一的,由有关主管部门责令限期改正;逾期不改正的,处二万元以上十万元以下的罚款;情节严重的,责令停业整顿,并处十万元以上五十万元以下的罚款:

(一)不履行本法第二十七条规定的核验、登记义务的;

(二)不按照本法第二十八条规定向市场监督管理部门、税务部门报送有关信息的;

(三)不按照本法第二十九条规定对违法情形采取必要的处置措施,或者未向有关主管部门报告的;

(四)不履行本法第三十一条规定的商品和服务信息、交易信息保存义务的。

法律、行政法规对前款规定的违法行为的处罚另有规定的,依照其规定。

第八十一条 电子商务平台经营者违反本法规定,有下列行为之一的,由市场监督管理部门责令限期改正,可以处二万元以上十万元以下的罚款;情节严重的,处十万元以上五十万元以下的罚款:

(一)未在首页显著位置持续公示平台服务协议、交易规则信息或者上述信息的链接标识的;

(二)修改交易规则未在首页显著位置公开征求意见,未按照规定的时间提前公示修改内容,或者阻止平台内经营者退出的;

(三)未以显著方式区分标记自营业务和平台内经营者开展的业务的;

(四)未为消费者提供对平台内销售的商品或者提供的服务进行评价的途径,或者擅自删除消费者的评价的。

电子商务平台经营者违反本法第四十条规定,对竞价排名的商品或者服务未显著标明“广告”的,依照《中华人民共和国广告法》的规定处罚。

第八十二条 电子商务平台经营者违反本法第三十五条规定,对平台内经营者在平台内的交易、交易价格或者与其他经营者的交易等进行不合理限制或者附加不合理条件,或者向平台内经营者收取不合理费用的,由市场监督管理部门责令限期改正,可以处五万元以上五十万元以下的罚款;情节严重的,处五十万元以上二百万元以下的罚款。

第八十三条 电子商务平台经营者违反本法第三十八条规定,对平台内经营者侵害消费者合法权益行为未采取必要措施,或者对平台内经营者未尽到资质资格审核义务,或者对消费者未尽到安全保障义务的,由市场监督管理部门责令限期改正,可以处五万元以上五十万元以下的罚款;情节严重的,责令停业整顿,并处五十万元以上二百万元以下的罚款。

第八十四条 电子商务平台经营者违反本法第四十二条、第四十五条规定,对平台内经营者实施侵犯知识产权行为未依法采取必要措施的,由有关知识产权行政部门责令限期改正;逾期不改正的,处五万元以上五十万元以下的罚款;情节严重的,处五十万元以上二百万元以下的罚款。

第八十五条 电子商务经营者违反本法规定,销售的商品或者提供的服务不符合保障人身、财产安全的要求,实施虚假或者引人误解的商业宣传等不正当竞争行为,滥用市场支配地位,或者实施侵犯知识产权、侵害消费者权益等行为的,依照有关法律的规定处罚。

第八十六条 电子商务经营者有本法规定的违法行为的,依照有关法律、行政法规的规定记入信用档案,并予以公示。

第八十七条 依法负有电子商务监督管理职责的部门的工作人员,玩忽职守、滥用职权、徇私舞弊,或者泄露、出售或者非法向他人提供在履行职责中所知悉的个人信息、隐私和商业秘密的,依法追究法律责任。

第八十八条　违反本法规定，构成违反治安管理行为的，依法给予治安管理处罚；构成犯罪的，依法追究刑事责任。

第七章　附　则

第八十九条　本法自2019年1月1日起施行。

关于《中华人民共和国电子商务法（草案）》的说明

——2016年12月19日在第十二届全国人民代表大会常务委员会第二十五次会议上

全国人大财政经济委员会副主任委员　吕祖善

全国人民代表大会常务委员会：

电子商务法列入了十二届全国人大常委会立法规划，由全国人大财政经济委员会牵头组织起草，并列入2016年立法工作计划预备项目。全国人大财政经济委员会积极推进立法进程，经过近三年全面深入的调研论证，在广泛征求国务院有关部门和地方人大、地方政府、人大代表、电商企业及专家学者等各方面意见的基础上，拟定了《中华人民共和国电子商务法（草案）》（以下简称草案）。受全国人大财政经济委员会委托，我就草案作以下说明。

一、关于制定本法的必要性和起草经过

近年来，我国电子商务迅速发展，在转方式、调结构、稳增长、促就业、惠民生等方面发挥了重要作用。"十二五"期间，电子商务年均增长速度超过30%。2015年，我国电子商务交易额超过20万亿元；网络零售额3.88万亿元，其中实物商品网上零售额3.23万亿元，占社会消费品零售总额的比重达到10.8%；电子商务交易市场规模跃居全球第一；电子商务就业人员达2690万人；互联网对中国经济增长的贡献率达到7%。近年来，许多全国人大代表也提出议案和建议，希望加快电子商务立法。

2013年12月，全国人大财政经济委员会牵头开展电子商务立法工作，组织成立由国务院十二个部门参加的电子商务法起草组。在起草过程中，认真落实科学立法、民主立法要求，注重提高立法质量，广泛吸纳地方人大、院校专家、部分电商企业和行业协会，共同参与起草工作。

起草组成立后，对电子商务现有法律法规进行了梳理，选定电子商务立法十六个方面重点课题进行研究，形成三十多份有份量、有深度的研究报告。在课题研究基础上，电子商务相关部门、地方人大、高校、电商企业、行业协会等密切合作，形成四份电子商务法立法大纲和两个版本的草案建议稿。起草组把广泛听取意见贯穿于起草的全过程，通过专题调研、座谈会、研讨会等多种形式，充分听取各方面意见。认真研究梳理、充分借鉴国际组织和主要国家的经验做法，先后召开两次国际研讨会，邀请联合国贸易法委员会和美国、欧盟、日本、新加坡等国专家，结合我国电子商务立法工作进行了专题研讨。

草案建议稿整合形成草案初稿后，经征求国务院有关部门的意见，反复研究修改，形成草案讨论稿。2016年4月29日，电子商务法起草领导小组会议讨论并原则同意草案。此后，将草案发到各省区市人大财经委，广泛听取当地有关部门、企业、专家特别是全国人大代表、地方人大代表的意见，根据各地意见对草案进行了修改完善。2016年7月19日，全国人大财政经济委员会召开第49次全体会议，审议并原则通过草案，之后根据委员们意见进行了修改。此后，全国人大常委会办公厅发函国务院办公厅征求了国务院各部门的意见，财政经济委员会根据61个部门反馈的188条意见进行修改完善，采纳139条，并按照全国人大常委会法工委审核意见对重点问题进行了协调和修改，形成目前的草案。

二、立法指导思想和起草工作原则

电子商务立法的指导思想是：全面贯彻党的十八大和十八届三中、四中、五中、六中全会精神，牢固树立和贯彻落实创新、协调、绿色、开放、共享发展理念，按照完善社会主义市场经济体制、依法治国、依法行政的总体目标和要求，坚持促进发展、规

范秩序、保障权益，充分发挥立法的引领和推动作用，加强顶层设计，夯实制度基础，激发电子商务发展创新的新动力新动能，解决电子商务发展中的突出矛盾和问题，建立开放、共享、诚信、安全的电子商务发展环境，推动经济结构调整，实现经济提质增效转型升级，切实维护国家利益。

在立法过程中注重把握：第一，坚持促进发展。立法始终把促进电子商务健康可持续发展摆在首位。一是保障电子商务各方主体权益，明确义务和责任。二是鼓励创新，充分发挥市场在资源配置中的决定性作用，鼓励形成企业自治、行业自律、社会监督、政府监管的社会共治模式，同时通过创新监管更好发挥政府作用。三是在发展中逐步规范，在规范中持续发展。草案从我国国情实际出发，通过具体制度设计解决电子商务经营主体、行为及其市场规范问题。

第二，坚持问题导向。当前，电子商务发展也面临一些突出矛盾和问题。一是法律体系和商业规则有待完善。二是市场秩序有待规范，交易环境需要健全完善。三是管理体制有待理顺，交易安全保障亟待加强。草案着力解决电子商务发展中的突出问题，将近年来一些成熟的经验做法上升到法律作为制度确定下来，同时注重与相关法律法规相衔接。

第三，规范与保障并重。规范电子商务经营主体的经营行为，明确其资质条件、公示和审验义务、服务安全等，形成良好营商环境。注重加强对电子商务消费者的保护力度，为电子商务良性发展、互动创新奠定制度基础。

三、主要内容和重点问题

草案分总则、电子商务经营主体、电子商务交易与服务、电子商务交易保障、跨境电子商务、监督管理、法律责任和附则，共八个章节九十四条。重点包括：

（一）电子商务法调整对象

电子商务法调整对象和范围的确定，直接关系到促进发展、规范秩序、保障权益的立法目标顺利实现，关系到整个电子商务法总体框架设计，应综合考虑我国电子商务发展实践、中国的现实国情并与国际接轨、与国内其他法律法规的衔接等。综合各方意见，草案将电子商务定义为："通过互联网等信息网络进行商品交易或者服务交易的经营活动"。在此定义中，信息网络包括互联网、移动互联网等；商品交易包括有形产品交易和无形产品交易（如数字产品）；服务交易是指服务产品交易；经营活动是指以营利为目的的商务活动，包括上述商品交易、服务交易和相关辅助经营服务活动。考虑到立法应尽可能涵盖电子商务的实际领域，同时与其他法律法规有效衔接，草案规定："法律、行政法规对商品交易或者服务交易有特别规定的，适用其规定。涉及金融类产品和服务、利用信息网络播放音视频节目以及网络出版等内容方面的服务，不适用本法。"

（二）电子商务经营主体

草案对电子商务经营主体作出了明确规定，区分了一般的电子商务经营者和电子商务第三方平台。第三方平台对市场的主导作用，构成了我国电子商务发展的重要特点。草案着重对第三方平台作出明确规定：一是要求其对经营者进行审查，提供稳定、安全服务；二是应当公开、透明地制定平台交易规则；三是遵循重要信息公示、交易记录保存等要求；四是退出的要求。起草过程中，对自然人工商登记问题有不同意见，经过反复沟通协调，各方面均认同工商登记是电子商务经营者的法定义务。但考虑到我国国情和电子商务发展实际，为有利于促进就业，可以对部分符合条件的小规模经营者免予登记。因此，草案第十二条第一款规定："电子商务经营主体应当依法办理工商登记。但是，依法无须取得许可的以个人技能提供劳务、家庭手工业、农产品自产自销以及依照法律法规不需要进行工商登记的除外。具体办法由国务院规定。"

（三）电子商务交易与服务

围绕电子商务的交易与服务主要有电子合同、电子支付和快递物流。关于电子合同，草案根据电子商务发展的特点，在现有法律规定的基础上规定了电子商务当事人行为能力推定规则、电子合同的订立、自动交易信息系统，以及电子错误等内容。关于电子支付，草案规定了电子支付服务提供者和接受者的法定权利义务，对于支付确认、错误支付、非授权支付、备付金等作出规定。关于快递物流，草案明确了快递物流依法为电子商务提供服务，规范了电子商务寄递过程中的安全和服务问题。

（四）电子商务交易保障

草案主要规定四方面内容：一是电子商务数据信息的开发、利用和保护。明确规定鼓励数据信息交换共享，保障数据信息的依法有序流动和合理利用，强调电子商务经营者对用户个人信息应采取相应保障措施，并对电子商务数据信息的收集利用及其安全保障作出明确要求。二是市场秩序与公平竞争,规定电子商务经营主体知识产权保护、平台责任、不正当竞争行为的禁止、信用评价规则。三是消费者权益保护,包括商品或者服务信息真实、商品或者服务质量保证、交易规则和格式条款制定,并规定了设立消费者权益保证金,电子商务第三方平台有协助消费者维权的义务。四是争议解决,在适用传统方式的基础上,根据电子商务发展特点,积极构建在线纠纷解决机制。

(五)跨境电子商务

近年来,我国跨境电子商务快速发展,已经形成了一定的产业集群和交易规模。发展跨境电子商务,有利于完善我国对外开放战略布局和对外贸易优化升级,有利于推进"一带一路"建设和实施自由贸易区战略,形成对外开放新体制。为支持、促进和保障跨境电子商务发展,电子商务立法对此作了专门规定。一是国家鼓励促进跨境电子商务的发展。二是国家推动建立适应跨境电子商务活动需要的监督管理体系,提高通关效率,保障贸易安全,促进贸易便利化。三是国家推进跨境电子商务活动通关、税收、检验检疫等环节的电子化。四是推动建立国家之间跨境电子商务交流合作等。

(六)监督管理与社会共治

草案规定了国务院及各级政府对电子商务的监管职能。电子商务治理要充分发挥政府作用,同时还要充分发挥行业自律和社会共治的作用,实现多管齐下、综合治理。即要体现电子商务管理创新,运用互联网思维、互联网管理办法。电子商务行业组织和电子商务经营主体应当加强行业自律,建立健全行业规范和网络规范,引导本行业经营者公平竞争,推动行业诚信建设。国家鼓励、支持和引导电子商务行业组织、电子商务经营主体和消费者共同参与电子商务市场治理。

《中华人民共和国电子商务法(草案)》和以上说明是否妥当,请审议。

全国人民代表大会法律委员会关于《中华人民共和国电子商务法(草案)》修改情况的汇报

——2017 年 10 月 31 日在第十二届全国人民代表大会常务委员会第三十次会议上

全国人大法律委员会副主任委员　李连宁

全国人民代表大会常务委员会:

常委会第二十五次会议对电子商务法草案进行了初次审议。会后,法制工作委员会将草案印发各省、自治区、直辖市、中央有关部门和部分企业、研究机构征求意见。在中国人大网全文公布草案征求社会公众意见。法律委员会、法制工作委员会还到广东、江苏等地进行调研,听取意见。常委会组成人员和各方面总的认为,为规范并促进电子商务发展,制定本法是必要的;同时提出了一些修改意见。

法律委员会、法制工作委员会认真研究了各方面的意见,同财政经济委员会、国务院法制办公室、中央网络安全和信息化领导小组办公室、商务部、国家工商行政管理总局等部门交换意见,共同研究,根据电子商务快速发展和新业态不断涌现的实际,针对各方面提出的进一步明确本法定位、突出重点、删繁就简的建议,形成了以下修改思路:一是,遵循规范经营与促进发展并重,保障并支持电子商务创新发展;二是,聚焦于规范电子商务经营者特别是平台经营者,针对电子商务活动的特点和实践中反映的突出问题,对电子商务经营者特别是平台经营者的义务与责任作必要的补充完善,以更好地保证交易安全,保护用户和消费者权益;三是,按照"鼓励创新、包容审慎"原则,对有关方面认识尚不一致、还看不准的问题,仅作原则规定或不作规定;四是,对现行相关法律已有规定的,本法不再作重复规定,同时保留或增加与相关法律的衔接性规定。按照上述思路对草案进行修改后,法律委员会、财政经济委员会、法制工作委员会联合召开座谈会,又征求了中央有关部门和一些电商企业、行业组织、专家的意见,各方面总体赞同上述修改思路和主要修改内容。

法律委员会于 9 月 29 日召开会议,根据常委会组成人员的审议意见和各方面意见,对草案进行了逐条审议。财政经济委员会、国务院法制办公室、国家工商行政管理总局的有关负责同志和中央网络安全和信息化领导小组办公室的有关同志列席了会议。10 月 17 日，法律委员会召开会议，再次进行审议。现将电子商务法草案主要问题的修改情况汇报如下：

一、草案第十一条将“电子商务经营主体”分为“电子商务第三方平台”和“电子商务经营者”，并分别作了定义。有的常委委员和地方、专家提出，草案对电子商务经营主体的分类和含义规定得不够清晰。法律委员会经研究，建议将草案中的“电子商务经营主体”统一改为“电子商务经营者”；并在草案第十一条中增加规定：“电子商务经营者”包括自建网站经营的电子商务经营者、电子商务平台经营者、平台内电子商务经营者。

二、草案第十二条第一款规定：电子商务经营者应当依法办理工商登记。但是，依法无须取得许可的以个人技能提供劳务、家庭手工业、农产品自产自销以及依照法律法规不需要进行工商登记的除外。具体办法由国务院规定。对此，有两种意见。一种意见认为，上述免于工商登记的范围过窄，不利于电子商务发展。另一种意见认为，草案与最近国务院发布施行的无证无照经营查处办法的规定总体一致，目前，工商登记、税务登记已合并，实行一照一码，工商登记是税收征管的基础，工商登记应当线上线下统一。法律委员会经研究，建议将草案的上述规定修改为：电子商务经营者应当依法办理工商登记。但是，销售自产农副产品、销售家庭手工业产品、个人利用自己的技能从事依法无须取得许可的便民劳务活动以及依照法律、行政法规不需要进行工商登记的除外。

三、草案第十九条第一款规定，电子商务平台应当对申请进入平台的经营者的身份、行政许可等信息进行审查、登记。一些常委委员和地方、部门提出，应当进一步要求电子商务平台配合监管，向工商行政管理等部门提供经营者信息，并为经营者办理工商登记提供便利。法律委员会经研究，建议增加一款规定：电子商务平台经营者应当按照规定向工商行政管理部门、税务部门报送平台内经营者的身份信息和经营信息。电子商务平台经营者应当配合工商行政管理部门，为应当办理工商登记的经营者办理工商登记提供便利。

四、一些常委委员和地方、部门、社会公众建议，进一步强化电子商务经营者特别是平台经营者的义务规范，加强消费者权益保护。法律委员会经研究，建议在草案中增加以下规定：一是，电子商务经营者不得以虚假宣传、虚构交易、编造用户评价等方式侵害消费者的知情权。二是，电子商务经营者应当按照承诺或者与消费者约定的方式、时限向消费者交付商品或者服务，并承担商品运输中的风险和责任。但是，消费者与电子商务经营者约定另行选择快递物流服务提供者的除外。三是，电子商务经营者应当明示用户注销的方式和程序，不得对用户注销设置不合理条件。四是，电子商务平台经营者对其标记为自营业务的商品交易或者服务交易依法承担商品销售者或者服务提供者的责任。五是，电子商务平台经营者应当根据商品或者服务的价格、销量、信用高低等多种方式向消费者显示搜索结果；对于竞价排名的商品或者服务，应当显著标明“广告”。

五、一些常委委员和企业、专家、社会公众建议，针对电商平台利用不合理的服务协议和交易规则，对平台内经营者实施不公平交易行为的问题完善草案相关规定。法律委员会经研究，建议对草案作以下修改：一是，在草案第二十三条中增加电子商务平台经营者修改平台服务协议应当公开征求意见，并提前公示修改内容的规定。二是，将草案第五十五条第五项修改为，电子商务平台经营者不得利用服务协议和交易规则等手段，对平台内经营者的交易、交易价格等进行不合理限制或者附加不合理交易条件，或者向平台内经营者收取不合理费用。

六、草案第五十三条中规定，电子商务平台“明知”平台内经营者侵犯知识产权的，应当依法采取删除等必要措施。一些常委会组成人员和部门、企业、专家建议，进一步强化平台经营者的知识产权保护责任。法律委员会经研究，建议将草案的上述规定修改为：电子商务平台经营者知道或者应当知道平台内经营者侵犯知识产权的，应当采取删除、屏蔽、断开链接、终止交易和服务等必要措施；未采取必要措施的，与侵权人承担连带责任。同时，在草案第五十四条中增加规定：电子商务平台经营者接到平台内经营者侵犯知识产权的通知后，未及时采取必要措施的，应当对损害扩大部分与平台内经营者承担连带责任。

七、一些常委会组成人员和地方、部门、企业、专家建议，完善电子商务合同订立、履行规范，进一步明确合同当事人的权利和义务。法律委员会经研究，建议对草案作以下修改：一是，增加一条规定，电子商务经营者应当清晰、全面、明确地告知用户订立合同的步骤、注意事项、下载方法等事项，保证用户能够便利、完整地阅览和下载；并保证用户在提交订单前可以更正输入错误。二是，增加规定，电子商务当事人可以约定采用快递物流方式交付商品。快递物流服务提供者为电子商务提供快递物流服务，应当遵守法律、行政法规，并应当符合承诺的服务规范和时限；在交付商品时，应当提示收货人当面查验，经当面查验无异议的，收货人应当签收。三是，将草案第三十六条第二款修改为，未经授权的支付造成的损失，由电子支付服务提供者承担；电子支付服务提供者能够证明未授权支付是因用户的过错造成的，不承担责任。

八、一些常委委员和地方、专家、社会公众建议，针对实践中消费者投诉举报难、获取证据难问题，进一步完善电子商务争议处理规范。法律委员会经研究，建议将“电子商务争议解决”单列一章，并增加以下规定：一是，电子商务经营者应当建立便捷、有效的投诉、举报机制，公开投诉、举报方式等信息，及时受理并处理投诉、举报。二是，在电子商务争议处理中，电子商务经营者应当提供原始合同和交易记录。因电子商务经营者丢失、伪造、篡改、销毁、隐匿或者拒绝提供上述资料，致使人民法院、仲裁机构或者有关机关无法查明事实的，电子商务经营者应当承担相应的法律责任。

九、一些常委会组成人员和地方、部门、企业建议，充实促进电子商务发展的政策措施。法律委员会经研究，为进一步体现“互联网+”促进线上线下融合发展、推动农村经济和扶贫攻坚的重要作用，建议将“电子商务促进”单列一章，并对草案作以下修改：一是，增加一条规定，国家推动电子商务在国民经济各个领域的应用，支持电子商务与各产业融合发展。二是，增加一条规定，国家促进农业生产、加工、流通等环节的互联网技术应用，鼓励各类社会资源加强合作，促进农村电子商务发展。三是，将草案第七十六条修改为，国家推动电子商务基础设施和物流网络建设，完善电子商务统计制度，加强电子商务标准体系建设。

考虑到草案中关于个人信息保护、电子支付、快递物流等方面的管理性规范，有关法律、行政法规等已作了规定，对此作了必要的删减、整合，并增加了与有关法律、行政法规等相衔接的规定；同时，根据修改后的内容对法律责任一章进行梳理并作了调整。

此外，还对草案作了一些文字修改。

草案二次审议稿已按上述意见作了修改，法律委员会建议提请本次常委会会议继续审议。

草案二次审议稿和以上汇报是否妥当，请审议。

全国人民代表大会宪法和法律委员会关于《中华人民共和国电子商务法(草案)》修改情况的汇报

——2018 年 6 月 19 日在第十三届全国人民代表大会常务委员会第三次会议上

全国人大宪法和法律委员会副主任委员　丛　斌

全国人民代表大会常务委员会：

近年来，我国电子商务迅猛发展，对推进供给侧结构性改革、激发社会创新创业活力、满足人民日益增长的美好生活需要发挥了重要作用。中国已成为世界领先的电子商务市场，积累了丰富的创新发展经验。为了进一步支持、促进电子商务发展，维护市场秩序，保障电子商务各方主体的合法权益，十二届全国人大财政经济委员会在深入调研、广泛征求意见的基础上组织起草了电子商务法(草案)，于 2016 年 12 月提请十二届全国人大常委会第二十五次会议进行了初次审议；2017 年 10 月十二届全国人大常委会第三十次会议对草案进行了再次审议。十二届全国人大法律委员会、常委会法制工作委员会通过多种方式广泛征求意见，先后两次将草案印发各省(区、市)人大和中央有关部门征求意见，两次公布草案向社会征求意见，通过召开座谈会、到一些地方调研等方式，听取了国内各类主要电子商务企业的意见；召开专题会议，听取中央有关部门、主要电商平台企业和专家对自然人经营者登记等问题的意见。

在草案起草和审议修改过程中，注重把握以下几点：一是，坚持党中央提出的“创新是引领发展的第一动力”的要求，充分发挥立法的引领和推动作用，保障并支持电子商务创新发展；二是，遵循规范经营与促进发展并重的思路，针对电子商务活动的特点和实践中反映的突出问题，聚焦于规范电子商务经营者特别是平台经营者，对其义务与责任作出规定，以更好地保证交易安全，保护用户和消费者权益，维护市场秩序；三是，按照“鼓励创新、包容审慎”原则，对有关方面认识尚不一致、还看不准的问题，仅作原则规定或不作规定；四是，处理好与有关民事法律和行政管理法律的关系，对现行法律已有明确规定的，不再作重复规定。

根据上述思路，草案二次审议稿规定了如下主要内容：第一，明确本法的适用范围，限于我国境内的电子商务活动；将电子商务经营者分为平台经营者、平台内经营者、自建网站经营者；同时，考虑到一些行业和领域的特殊性，规定涉及金融类产品和服务、利用信息网络播放音视频节目、网络出版以及互联网文化产品等内容方面的服务，不适用本法。第二，针对电子商务的特点，着重规定电子商务经营者特别是平台经营者的义务与责任，如落实实名制、公平交易、保护知识产权、保护个人信息、保障网络安全等。第三，确立电子商务合同的订立和履行规范，对当事人民事行为能力、合同成立、电子商务经营者的告知义务、快递物流的服务规范、电子支付的责任承担等作了规定。第四，针对保护消费者的知情权、选择权和人身财产安全，在侵权责任法和消费者权益保护法的相关规定基础上进一步细化，对电子商务经营者特别是平台经营者的责任作了较为具体的规定。第五，专设电子商务促进一章，从促进线上线下产业融合、农村电子商务、跨境电子商务发展，推进电子商务诚信体系建设等方面，规定了支持促进电子商务发展的政策措施。第六，对电子商务争议的解决方式、原始合同和交易记录的提供、电子商务争议在线解决机制等作了规定。第七，对违反本法规定行为的法律责任作了规定。

本届以来，宪法和法律委员会、法制工作委员会就草案的有关问题进一步征求了有关方面意见、共同研究。宪法和法律委员会于 6 月 5 日召开会议，根据常委会组成人员的审议意见和各方面意见，对草案进行了逐条审议。财政经济委员会、中央网络安全和信息化委员会办公室、司法部、国家市场监督管理总局有关负责同志列席了会议。6 月 12 日，宪法和法律委员会召开会议，再次进行了审议。现将电子商务法（草案二次审议稿）主要问题的修改情况汇报如下：

一、一些意见提出，2018 年是改革开放 40 周年，以习近平同志为核心的党中央提出了一系列改革开放新的重要举措，电子商务作为现代服务业的重要组成部分，应充分发挥其在推动高质量发展和形成全面开放新格局方面的作用。宪法和法律委员会经研究，建议在草案二次审议稿第四条中增加规定：充分发挥电子商务在推动高质量发展、构建开放型经济方面的重要作用。

二、草案二次审议稿第十条第一款规定，本法所称电子商务经营者，是指通过互联网等信息网络销售商品或者提供服务的自然人、法人和非法人组织，包括自建网站经营的电子商务经营者、电子商务平台经营者、平台内电子商务经营者。一些常委委员和部门、企业、社会公众建议，在电子商务经营者的范围中明确不包括个人转让自用二手物品等非经营活动；一些常委委员和地方、企业、社会公众建议，将通过微信、网络直播等方式销售商品或者提供服务的经营者涵盖在内。宪法和法律委员会经研究，建议将上述规定修改为：本法所称电子商务经营者，是指通过互联网等信息网络从事销售商品或者提供服务的经营活动的自然人、法人和非法人组织，包括电子商务平台经营者、平台内经营者以及通过自建网站、其他网络服务销售商品或者提供服务的电子商务经营者。

三、草案二次审议稿第十一条规定，电子商务经营者应当依法办理工商登记。但是，个人销售自产农副产品、销售家庭手工业产品，个人利用自己的技能从事依法无须取得许可的便民劳务活动以及依照法律、行政法规不需要进行工商登记的除外。关于这个问题，在草案起草、审议和征求意见中，一直存在两种意见。一种意见认为，应当要求所有个人经营者办理登记；一种意见建议明确，除须取得行政许可的经营活动外，个人经营者免于办理登记。在二审中，一些常委委员建议，对不需要进行登记的电子商务经营者的范围予以研究完善，并对其税务登记问题作出规定。宪法和法律委员会、法制工作委员会对这个问题作了重点研究，认为：从我国的商事登记和税收征管制度上总体考虑，并为体现线上线下公平竞争，在本法中规定电子商务经营者应当依法办理登记，是必要的；同时，实践中有许多个人经营者交易的频次低、金额小，法律已要求平台对其身份进行核验，可不要求其必须办理登记。据此，建议作以下修改：一是，在草案二次审议稿第十一条中增加规定,个人从事“零星小额交易活动”不需要办理市场主体登记。二是,增加规定:依照本法规定不需要办理市场主体登记的电子商务经营者在首次纳税义务发生后,应当依照税收征收管理法律、行政法规的规定办理税务登记,并如实申报纳税。

四、草案二次审议稿第二十三条第二款中规定,电子商务平台经营者应当按照规定向工商行政管理部门、税务部门报送平台内经营者的身份信息和经营信息。有的常委委员和企业、专家提出,要求电子商务平台向上述部门报送有关信息是必要的;但是,考虑到经营信息范围广,有的还涉及企业商业秘密等,建议对报送信息的情形予以区分,限定报送范围。宪法和法律委员会经研究,建议将上述规定修改为,电子商务平台经营者应当按照规定向市场监督管理部门报送平台内经营者的身份信息,向税务部门报送平台内经营者的身份信息和与纳税有关的信息。

五、一些常委会组成人员和部门、企业、社会公众提出,在目前的实践中,一些电子商务经营者定向推送商品、服务信息存在误导的情况,搭售商品、押金退还、格式合同等存在许多不合理做法,侵害消费者合法权益,应对此作出有针对性的规范。宪法和法律委员会经研究,建议增加以下规定:一是,电子商务经营者根据消费者的兴趣爱好、消费习惯等特征向其推销商品或者服务,应当同时向该消费者提供不针对其个人特征的选项,尊重和平等保护消费者合法权益。二是,电子商务经营者搭售商品或者服务,应当以显著方式提请消费者注意,不得将搭售商品或者服务作为默认同意的选项。三是,电子商务经营者按照约定向消费者收取押金的,应当明示押金退还的方式、程序,不得对押金退还设置不合理条件。消费者申请退还押金,符合押金退还条件的,电子商务经营者应当及时退还。四是,电子商务经营者不得以格式条款等方式约定消费者支付价款后合同不成立;格式条款等含有该内容的,其内容无效。

六、一些常委会组成人员和地方、部门、社会公众建议,明确禁止电子商务经营者滥用市场支配地位以及电子商务平台经营者限制平台内经营者在其他平台上开展经营活动的行为。宪法和法律委员会经研究,建议作以下修改:一是,增加规定:电子商务经营者因其技术优势、用户数量、对相关行业的控制能力以及其他经营者对该电子商务经营者在交易上的依赖程度等因素而具有市场支配地位的,不得滥用市场支配地位,排除、限制竞争。二是,将第三十条修改为,电子商务平台经营者不得利用服务协议、交易规则以及技术等手段,对平台内经营者在平台内的交易、交易价格以及与其他经营者的交易等进行不合理限制或者附加不合理条件,或者向平台内经营者收取不合理费用。

七、一些常委会组成人员和部门、社会公众建议,与侵权责任法、消费者权益保护法的有关规定相衔接,针对电子商务平台对平台上销售假冒伪劣商品等行为不及时采取措施,以及对消费者未尽到安全保障义务等情形,进一步明确和细化其对消费者的责任。宪法和法律委员会经研究,建议增加规定:电子商务平台经营者知道或者应当知道平台内经营者销售的商品或者提供的服务不符合保障人身、财产安全的要求,或者有其他侵害消费者合法权益行为,未采取必要措施的,依法与该平台内经营者承担连带责任。对关系消费者生命健康的商品或者服务,电子商务平台经营者对平台内经营者的资质资格未尽到审核义务,或者对消费者未尽到安全保障义务,造成消费者损害的,依法与该平台内经营者承担连带责任。

八、有的部门、专家建议,对生产经营者之间通过电子商务平台开展交易活动作出必要规范。宪法和法律委员会经研究,建议增加规定:电子商务平台经营者可以按照平台服务协议和交易规则,为经营者之间的商品交易或者服务交易提供信息发布、交易撮合、仓储、物流、支付结算、交收等服务,同时应当遵守法律、行政法规和国家有关规定,不得采取集中竞价、做市商等集中交易方式进行交易,不得进行标准化合约交易。

此外,还对草案二次审议稿作了一些文字修改。

草案三次审议稿已按上述意见作了修改,宪法和法律委员会建议提请本次常委会会议继续审议。

草案三次审议稿和以上汇报是否妥当,请审议。

全国人民代表大会宪法和法律委员会关于《中华人民共和国电子商务法(草案)》审议结果的报告

——2018 年 8 月 27 日在第十三届全国人民代表大会常务委员会第五次会议上

全国人大宪法和法律委员会副主任委员　徐　辉

全国人民代表大会常务委员会:

常委会第三次会议对电子商务法草案进行了第三次审议。会后,法制工作委员会在中国人大网全文公布草案三次审议稿征求社会公众意见,召开座谈会听取部分法院的意见;并就草案的有关问题与有关方面交换意见,共同研究。宪法和法律委员会于 7 月 25 日召开会议,根据常委会组成人员的审议意见和各方面意见,对草案进行了逐条审议。财政经济委员会、中央网络安全和信息化委员会办公室、司法部、国家市场监督管理总局的有关负责同志列席了会议。8 月 20 日,宪法和法律委员会召开会议,再次进行审议。宪法和法律委员会认为,为保障电子商务各方主体的合法权益,规范电子商务行为,维护市场秩序,促进电子商务持续健康发展,制定本法是必要的;草案经过常委会三次审议修改,已经比较成熟。同时,提出以下主要修改意见:

一、一些常委会组成人员提出,从事电子商务活动应当贯彻绿色发展理念,履行环保义务,建议在本法中对此作出相应规定。宪法和法律委员会经研究,建议在草案三次审议稿第六条中增加规定,电子商务经营者从事经营活动应当履行“环境保护”义务;在第五章中增加一条规定:国务院和县级以上地方人民政府及其有关部门应当采取措施,支持、推动绿色包装、仓储、运输,促进电子商务绿色发展。

二、一些常委会组成人员和法院的同志建议明确规定跨境电子商务适用本法。宪法和法律委员会经研究认为,按照草案相关规定,我国境内的电子商务经营者为消费者从境外采购商品等跨境电子商务活动适用本法;我国的消费者从境外购买商品等电子商务活动,按照我国涉外民事法律关系适用法的规定,也可以适用本法关于消费者保护的相关规定。同时,从事跨境电子商务活动还应当遵守我国进出口监管的法律、行政法规。据此,建议增加一条规定:电子商务经营者从事跨境电子商务,应当遵守有关进出口监督管理的法律、行政法规。

三、一些社会公众、电商平台企业和法院的同志提出,草案三次审议稿第三十七条第二款关于电子商务平台经营者与平台内经营者承担连带责任的规定,给平台经营者施加的责任过重,建议将“承担连带责任”改为“承担相应的补充责任”,与侵权责任法的有关规定相一致。宪法和法律委员会经研究认为,这样修改更为合理,也能够为消费者提供充分保障,建议采纳这一意见。

四、一些常委会组成人员和法院的同志建议,对商品和服务交付的有关规定作进一步研究完善。宪法和法律委员会经研究,建议对草案三次审议稿作以下修改:一是,在第五十条第一款“合同标的为提供服务的,以生成的电子或者实物凭证中所载明的时间为交付时间”后增加规定:前述凭证没有载明时间或者载明时间与实际提供服务时间不一致的,实际提供服务的时间为交付时间;二是,在第五十一条第二款中增加规定:快递物流服务提供者将商品交由他人代收的,应当经收货人同意。

五、草案三次审议稿第八十条和第八十一条分别对电子商务平台经营者不合理限制平台内经营者的交易,以及对平台内经营者实施侵犯知识产权行为未依法采取必要措施的处罚作了规定。根据一些常委会组成人员和社会公众的意见,宪法和法律委员会建议,将这两条中的罚款数额由“五万元以上二十万元以下”、“二十万元以上五十万元以下”分别修改为“五万元以上五十万元以下”、“五十万元以上二百万元以下”。

此外,还对草案三次审议稿作了一些文字修改。

还有一个问题需要汇报。一些常委会组成人员建议,对电子商务活动中的个人信息保护作出具体规定。宪法和法律委员会经研究认为,目前,民法总则、网络安全法、刑法等对个人信息的收集、使用、保护规则以及侵害个人信息的处罚已作了规定,下一步还将对个人信息保护进行专项立法,本法对电子商务活动中的个人信息保护作衔接性规定是适宜的。

8月16日，法制工作委员会召开会议，邀请全国人大代表、专家学者、主要电商企业、行业协会、执法部门等方面的代表，就草案中主要制度规范的可行性、法律出台时机、法律实施的社会效果和可能出现的问题等进行评估。总的评价是：电子商务法草案遵循保障权益、规范行为、维护秩序、促进发展的立法宗旨，坚持“鼓励创新、包容审慎”原则，主要制度充分考虑了电子商务发展实际和面临的突出问题，也为将来的发展留有充分的空间，具有较强的针对性、可行性和包容性。草案经过常委会三次审议修改，充分征求并吸收了各方面意见，达成了最大的社会共识，已经比较成熟，建议尽快审议通过。也有的参会人员建议，对草案作进一步完善后再出台，使之成为一部面向未来、促进发展、引领全球数字经济的法律。有的参会人员还对草案提出了一些具体修改意见，宪法和法律委员会进行了认真研究，对有的意见予以采纳。

草案四次审议稿已按上述意见作了修改，宪法和法律委员会建议提请本次常委会会议审议通过。

草案四次审议稿和以上报告是否妥当，请审议。

全国人民代表大会宪法和法律委员会关于《中华人民共和国电子商务法(草案四次审议稿)》修改意见的报告

——2018年8月31日在第十三届全国人民代表大会常务委员会第五次会议上

全国人民代表大会常务委员会：

常委会第五次会议于8月28日下午对电子商务法(草案四次审议稿)进行了分组审议，普遍认为，草案已经比较成熟，建议进一步修改后，提请本次会议通过。同时，有些常委会组成人员和列席会议的同志还提出了一些修改意见。宪法和法律委员会于8月29日上午召开会议，逐条研究了常委会组成人员的审议意见，对草案进行了审议。全国人大财政经济委员会、中央网络安全和信息化委员会办公室、司法部、国家市场监督管理总局的有关负责同志列席了会议。宪法和法律委员会认为，草案是可行的，同时，提出以下修改意见：

一、一些常委会组成人员建议，进一步强化电子商务经营者的环保义务以及快递物流服务提供者使用绿色包装的义务。宪法和法律委员会经研究，建议在草案四次审议稿第十三条中增加规定，电子商务经营者销售的商品或者提供的服务应当符合“环境保护要求”；在第五十一条中增加一款规定：快递物流服务提供者应当按照规定使用环保包装材料，实现包装材料的减量化和再利用。

二、草案四次审议稿第十八条第一款对电子商务经营者根据消费者的个人特征向其提供商品或者服务搜索结果的要求作了规定。一些常委会组成人员建议，对电子商务经营者向消费者发送广告的行为作出相应规定。宪法和法律委员会经研究，建议在本条中增加一款规定：电子商务经营者向消费者发送广告的，应当遵守《中华人民共和国广告法》的有关规定。

三、一些常委委员和列席会议的同志提出，实践中，电子商务平台经营者未履行资质资格审核义务和对消费者的安全保障义务的情况比较复杂，可根据实际情形依法认定其应承担的责任。宪法和法律委员会经研究，建议将草案四次审议稿第三十七条第二款中的“依法承担相应的补充责任”，修改为“依法承担相应的责任”。同时，根据有的常委委员的意见，建议增加一条行政处罚规定：电子商务平台经营者违反本法规定，对平台内经营者侵害消费者合法权益行为未采取必要措施，或者对平台内经营者未尽到资质资格审核义务，或者对消费者未尽到安全保障义务的，由市场监督管理部门责令限期改正，可以处五万元以上五十万元以下的罚款；情节严重的，责令停业整顿，并处五十万元以上二百万元以下的罚款。

四、草案四次审议稿第四十一条第三款规定，知识产权权利人因通知错误造成平台内经营者损害的，依法承担民事责任。有的常委委员建议，针对恶意通知扰乱正常经营活动的行为增加惩罚性赔偿，维护经营者合法权益。宪法和法律委员会经研究，建议在本条中增加规定：恶意发出错误通知，造成平台内经营者损失的，加倍承担赔偿责任。

此外，根据常委会组成人员的审议意见，还对草案四次审议稿作了一些文字修改。

草案建议表决稿已按上述意见作了修改，宪法和法律委员会建议本次常委会会议审议通过。

草案建议表决稿和以上报告是否妥当，请审议。

中华人民共和国主席令

第八号

《中华人民共和国土壤污染防治法》已由中华人民共和国第十三届全国人民代表大会常务委员会第五次会议于 2018 年 8 月 31 日通过，现予公布，自 2019 年 1 月 1 日起施行。

中华人民共和国主席　习近平

2018 年 8 月 31 日

中华人民共和国土壤污染防治法

（2018 年 8 月 31 日第十三届全国人民代表大会常务委员会第五次会议通过）

目　　录

第一章　总　　则
第二章　规划、标准、普查和监测
第三章　预防和保护
第四章　风险管控和修复
　第一节　一般规定
　第二节　农用地
　第三节　建设用地
第五章　保障和监督
第六章　法律责任
第七章　附　　则

第一章　总　　则

第一条　为了保护和改善生态环境，防治土壤污染，保障公众健康，推动土壤资源永续利用，推进生态文明建设，促进经济社会可持续发展，制定本法。

第二条　在中华人民共和国领域及管辖的其他海域从事土壤污染防治及相关活动，适用本法。

本法所称土壤污染，是指因人为因素导致某种物质进入陆地表层土壤，引起土壤化学、物理、生物等方面特性的改变，影响土壤功能和有效利用，危害公众健康或者破坏生态环境的现象。

第三条　土壤污染防治应当坚持预防为主、保护优先、分类管理、风险管控、污染担责、公众参与的原则。

第四条　任何组织和个人都有保护土壤、防止土壤污染的义务。

土地使用权人从事土地开发利用活动，企业事业单位和其他生产经营者从事生产经营活动，应当采取有效措施，防止、减少土壤污染，对所造成的土壤污染依法承担责任。

第五条　地方各级人民政府应当对本行政区域土壤污染防治和安全利用负责。

国家实行土壤污染防治目标责任制和考核评价制度，将土壤污染防治目标完成情况作为考核评价地方各级人民政府及其负责人、县级以上人民政府负有土壤污染防治监督管理职责的部门及其负责人的内容。

第六条　各级人民政府应当加强对土壤污染防治工作的领导，组织、协调、督促有关部门依法履行土壤污染防治监督管理职责。

第七条　国务院生态环境主管部门对全国土壤污染防治工作实施统一监督管理；国务院农业农村、自然资源、住房城乡建设、林业草原等主管部门在各自职责范围内对土壤污染防治工作实施监督管理。

地方人民政府生态环境主管部门对本行政区域土壤污染防治工作实施统一监督管理；地方人民政府农业农村、自然资源、住房城乡建设、林业草原等主管部门在各自职责范围内对土壤污染防治工作实施监督管理。

第八条　国家建立土壤环境信息共享机制。

国务院生态环境主管部门应当会同国务院农业农村、自然资源、住房城乡建设、水利、卫生健康、林业草原等主管部门建立土壤环境基础数据库，构建全国土壤环境信息平台，实行数据动态更新和信息共享。

第九条　国家支持土壤污染风险管控和修复、

监测等污染防治科学技术研究开发、成果转化和推广应用,鼓励土壤污染防治产业发展,加强土壤污染防治专业技术人才培养,促进土壤污染防治科学技术进步。

国家支持土壤污染防治国际交流与合作。

第十条 各级人民政府及其有关部门、基层群众性自治组织和新闻媒体应当加强土壤污染防治宣传教育和科学普及,增强公众土壤污染防治意识,引导公众依法参与土壤污染防治工作。

第二章 规划、标准、普查和监测

第十一条 县级以上人民政府应当将土壤污染防治工作纳入国民经济和社会发展规划、环境保护规划。

设区的市级以上地方人民政府生态环境主管部门应当会同发展改革、农业农村、自然资源、住房城乡建设、林业草原等主管部门,根据环境保护规划要求、土地用途、土壤污染状况普查和监测结果等,编制土壤污染防治规划,报本级人民政府批准后公布实施。

第十二条 国务院生态环境主管部门根据土壤污染状况、公众健康风险、生态风险和科学技术水平,并按照土地用途,制定国家土壤污染风险管控标准,加强土壤污染防治标准体系建设。

省级人民政府对国家土壤污染风险管控标准中未作规定的项目,可以制定地方土壤污染风险管控标准;对国家土壤污染风险管控标准中已作规定的项目,可以制定严于国家土壤污染风险管控标准的地方土壤污染风险管控标准。地方土壤污染风险管控标准应当报国务院生态环境主管部门备案。

土壤污染风险管控标准是强制性标准。

国家支持对土壤环境背景值和环境基准的研究。

第十三条 制定土壤污染风险管控标准,应当组织专家进行审查和论证,并征求有关部门、行业协会、企业事业单位和公众等方面的意见。

土壤污染风险管控标准的执行情况应当定期评估,并根据评估结果对标准适时修订。

省级以上人民政府生态环境主管部门应当在其网站上公布土壤污染风险管控标准,供公众免费查阅、下载。

第十四条 国务院统一领导全国土壤污染状况普查。国务院生态环境主管部门会同国务院农业农村、自然资源、住房城乡建设、林业草原等主管部门,每十年至少组织开展一次全国土壤污染状况普查。

国务院有关部门、设区的市级以上地方人民政府可以根据本行业、本行政区域实际情况组织开展土壤污染状况详查。

第十五条 国家实行土壤环境监测制度。

国务院生态环境主管部门制定土壤环境监测规范,会同国务院农业农村、自然资源、住房城乡建设、水利、卫生健康、林业草原等主管部门组织监测网络,统一规划国家土壤环境监测站(点)的设置。

第十六条 地方人民政府农业农村、林业草原主管部门应当会同生态环境、自然资源主管部门对下列农用地地块进行重点监测:

(一)产出的农产品污染物含量超标的;

(二)作为或者曾作为污水灌溉区的;

(三)用于或者曾用于规模化养殖,固体废物堆放、填埋的;

(四)曾作为工矿用地或者发生过重大、特大污染事故的;

(五)有毒有害物质生产、贮存、利用、处置设施周边的;

(六)国务院农业农村、林业草原、生态环境、自然资源主管部门规定的其他情形。

第十七条 地方人民政府生态环境主管部门应当会同自然资源主管部门对下列建设用地地块进行重点监测:

(一)曾用于生产、使用、贮存、回收、处置有毒有害物质的;

(二)曾用于固体废物堆放、填埋的;

(三)曾发生过重大、特大污染事故的;

(四)国务院生态环境、自然资源主管部门规定的其他情形。

第三章 预防和保护

第十八条 各类涉及土地利用的规划和可能造成土壤污染的建设项目,应当依法进行环境影响评价。环境影响评价文件应当包括对土壤可能造成的不良影响及应当采取的相应预防措施等内容。

第十九条 生产、使用、贮存、运输、回收、处置、排放有毒有害物质的单位和个人,应当采取有效措施,防止有毒有害物质渗漏、流失、扬散,避免土壤受到污染。

第二十条 国务院生态环境主管部门应当会同国务院卫生健康等主管部门,根据对公众健康、生态环境的危害和影响程度，对土壤中有毒有害物质进行筛查评估，公布重点控制的土壤有毒有害物质名录，并适时更新。

第二十一条 设区的市级以上地方人民政府生态环境主管部门应当按照国务院生态环境主管部门的规定，根据有毒有害物质排放等情况，制定本行政区域土壤污染重点监管单位名录，向社会公开并适时更新。

土壤污染重点监管单位应当履行下列义务：

(一)严格控制有毒有害物质排放，并按年度向生态环境主管部门报告排放情况；

(二)建立土壤污染隐患排查制度，保证持续有效防止有毒有害物质渗漏、流失、扬散；

(三)制定、实施自行监测方案，并将监测数据报生态环境主管部门。

前款规定的义务应当在排污许可证中载明。

土壤污染重点监管单位应当对监测数据的真实性和准确性负责。生态环境主管部门发现土壤污染重点监管单位监测数据异常，应当及时进行调查。

设区的市级以上地方人民政府生态环境主管部门应当定期对土壤污染重点监管单位周边土壤进行监测。

第二十二条 企业事业单位拆除设施、设备或者建筑物、构筑物的，应当采取相应的土壤污染防治措施。

土壤污染重点监管单位拆除设施、设备或者建筑物、构筑物的，应当制定包括应急措施在内的土壤污染防治工作方案，报地方人民政府生态环境、工业和信息化主管部门备案并实施。

第二十三条 各级人民政府生态环境、自然资源主管部门应当依法加强对矿产资源开发区域土壤污染防治的监督管理，按照相关标准和总量控制的要求，严格控制可能造成土壤污染的重点污染物排放。

尾矿库运营、管理单位应当按照规定，加强尾矿库的安全管理，采取措施防止土壤污染。危库、险库、病库以及其他需要重点监管的尾矿库的运营、管理单位应当按照规定，进行土壤污染状况监测和定期评估。

第二十四条 国家鼓励在建筑、通信、电力、交通、水利等领域的信息、网络、防雷、接地等建设工程中采用新技术、新材料，防止土壤污染。

禁止在土壤中使用重金属含量超标的降阻产品。

第二十五条 建设和运行污水集中处理设施、固体废物处置设施，应当依照法律法规和相关标准的要求，采取措施防止土壤污染。

地方人民政府生态环境主管部门应当定期对污水集中处理设施、固体废物处置设施周边土壤进行监测；对不符合法律法规和相关标准要求的，应当根据监测结果，要求污水集中处理设施、固体废物处置设施运营单位采取相应改进措施。

地方各级人民政府应当统筹规划、建设城乡生活污水和生活垃圾处理、处置设施，并保障其正常运行，防止土壤污染。

第二十六条 国务院农业农村、林业草原主管部门应当制定规划，完善相关标准和措施，加强农用地农药、化肥使用指导和使用总量控制，加强农用薄膜使用控制。

国务院农业农村主管部门应当加强农药、肥料登记，组织开展农药、肥料对土壤环境影响的安全性评价。

制定农药、兽药、肥料、饲料、农用薄膜等农业投入品及其包装物标准和农田灌溉用水水质标准，应当适应土壤污染防治的要求。

第二十七条 地方人民政府农业农村、林业草原主管部门应当开展农用地土壤污染防治宣传和技术培训活动，扶持农业生产专业化服务，指导农业生产者合理使用农药、兽药、肥料、饲料、农用薄膜等农业投入品，控制农药、兽药、化肥等的使用量。

地方人民政府农业农村主管部门应当鼓励农业生产者采取有利于防止土壤污染的种养结合、轮作休耕等农业耕作措施；支持采取土壤改良、土壤肥力提升等有利于土壤养护和培育的措施；支持畜禽粪便处理、利用设施的建设。

第二十八条 禁止向农用地排放重金属或者其他有毒有害物质含量超标的污水、污泥，以及可能造成土壤污染的清淤底泥、尾矿、矿渣等。

县级以上人民政府有关部门应当加强对畜禽粪便、沼渣、沼液等收集、贮存、利用、处置的监督管理，防止土壤污染。

农田灌溉用水应当符合相应的水质标准，防止土壤、地下水和农产品污染。地方人民政府生态环境主管部门应当会同农业农村、水利主管部门加强对农田灌溉用水水质的管理，对农田灌溉用水水质进行监测和监督检查。

第二十九条 国家鼓励和支持农业生产者采取下列措施：

(一)使用低毒、低残留农药以及先进喷施

技术；

（二）使用符合标准的有机肥、高效肥；

（三）采用测土配方施肥技术、生物防治等病虫害绿色防控技术；

（四）使用生物可降解农用薄膜；

（五）综合利用秸秆、移出高富集污染物秸秆；

（六）按照规定对酸性土壤等进行改良。

第三十条　禁止生产、销售、使用国家明令禁止的农业投入品。

农业投入品生产者、销售者和使用者应当及时回收农药、肥料等农业投入品的包装废弃物和农用薄膜，并将农药包装废弃物交由专门的机构或者组织进行无害化处理。具体办法由国务院农业农村主管部门会同国务院生态环境等主管部门制定。

国家采取措施，鼓励、支持单位和个人回收农业投入品包装废弃物和农用薄膜。

第三十一条　国家加强对未污染土壤的保护。

地方各级人民政府应当重点保护未污染的耕地、林地、草地和饮用水水源地。

各级人民政府应当加强对国家公园等自然保护地的保护，维护其生态功能。

对未利用地应当予以保护，不得污染和破坏。

第三十二条　县级以上地方人民政府及其有关部门应当按照土地利用总体规划和城乡规划，严格执行相关行业企业布局选址要求，禁止在居民区和学校、医院、疗养院、养老院等单位周边新建、改建、扩建可能造成土壤污染的建设项目。

第三十三条　国家加强对土壤资源的保护和合理利用。对开发建设过程中剥离的表土，应当单独收集和存放，符合条件的应当优先用于土地复垦、土壤改良、造地和绿化等。

禁止将重金属或者其他有毒有害物质含量超标的工业固体废物、生活垃圾或者污染土壤用于土地复垦。

第三十四条　因科学研究等特殊原因，需要进口土壤的，应当遵守国家出入境检验检疫的有关规定。

第四章　风险管控和修复

第一节　一般规定

第三十五条　土壤污染风险管控和修复，包括土壤污染状况调查和土壤污染风险评估、风险管控、修复、风险管控效果评估、修复效果评估、后期管理等活动。

第三十六条　实施土壤污染状况调查活动，应当编制土壤污染状况调查报告。

土壤污染状况调查报告应当主要包括地块基本信息、污染物含量是否超过土壤污染风险管控标准等内容。污染物含量超过土壤污染风险管控标准的，土壤污染状况调查报告还应当包括污染类型、污染来源以及地下水是否受到污染等内容。

第三十七条　实施土壤污染风险评估活动，应当编制土壤污染风险评估报告。

土壤污染风险评估报告应当主要包括下列内容：

（一）主要污染物状况；

（二）土壤及地下水污染范围；

（三）农产品质量安全风险、公众健康风险或者生态风险；

（四）风险管控、修复的目标和基本要求等。

第三十八条　实施风险管控、修复活动，应当因地制宜、科学合理，提高针对性和有效性。

实施风险管控、修复活动，不得对土壤和周边环境造成新的污染。

第三十九条　实施风险管控、修复活动前，地方人民政府有关部门有权根据实际情况，要求土壤污染责任人、土地使用权人采取移除污染源、防止污染扩散等措施。

第四十条　实施风险管控、修复活动中产生的废水、废气和固体废物，应当按照规定进行处理、处置，并达到相关环境保护标准。

实施风险管控、修复活动中产生的固体废物以及拆除的设施、设备或者建筑物、构筑物属于危险废物的，应当依照法律法规和相关标准的要求进行处置。

修复施工期间，应当设立公告牌，公开相关情况和环境保护措施。

第四十一条　修复施工单位转运污染土壤的，应当制定转运计划，将运输时间、方式、线路和污染土壤数量、去向、最终处置措施等，提前报所在地和接收地生态环境主管部门。

转运的污染土壤属于危险废物的，修复施工单位应当依照法律法规和相关标准的要求进行处置。

第四十二条　实施风险管控效果评估、修复效果评估活动，应当编制效果评估报告。

效果评估报告应当主要包括是否达到土壤污染风险评估报告确定的风险管控、修复目标等内容。

风险管控、修复活动完成后，需要实施后期管理的，土壤污染责任人应当按照要求实施后期管理。

第四十三条 从事土壤污染状况调查和土壤污染风险评估、风险管控、修复、风险管控效果评估、修复效果评估、后期管理等活动的单位,应当具备相应的专业能力。

受委托从事前款活动的单位对其出具的调查报告、风险评估报告、风险管控效果评估报告、修复效果评估报告的真实性、准确性、完整性负责,并按照约定对风险管控、修复、后期管理等活动结果负责。

第四十四条 发生突发事件可能造成土壤污染的,地方人民政府及其有关部门和相关企业事业单位以及其他生产经营者应当立即采取应急措施,防止土壤污染,并依照本法规定做好土壤污染状况监测、调查和土壤污染风险评估、风险管控、修复等工作。

第四十五条 土壤污染责任人负有实施土壤污染风险管控和修复的义务。土壤污染责任人无法认定的,土地使用权人应当实施土壤污染风险管控和修复。

地方人民政府及其有关部门可以根据实际情况组织实施土壤污染风险管控和修复。

国家鼓励和支持有关当事人自愿实施土壤污染风险管控和修复。

第四十六条 因实施或者组织实施土壤污染状况调查和土壤污染风险评估、风险管控、修复、风险管控效果评估、修复效果评估、后期管理等活动所支出的费用,由土壤污染责任人承担。

第四十七条 土壤污染责任人变更的,由变更后承继其债权、债务的单位或者个人履行相关土壤污染风险管控和修复义务并承担相关费用。

第四十八条 土壤污染责任人不明确或者存在争议的,农用地由地方人民政府农业农村、林业草原主管部门会同生态环境、自然资源主管部门认定,建设用地由地方人民政府生态环境主管部门会同自然资源主管部门认定。认定办法由国务院生态环境主管部门会同有关部门制定。

第二节 农用地

第四十九条 国家建立农用地分类管理制度。按照土壤污染程度和相关标准,将农用地划分为优先保护类、安全利用类和严格管控类。

第五十条 县级以上地方人民政府应当依法将符合条件的优先保护类耕地划为永久基本农田,实行严格保护。

在永久基本农田集中区域,不得新建可能造成土壤污染的建设项目;已经建成的,应当限期关闭拆除。

第五十一条 未利用地、复垦土地等拟开垦为耕地的,地方人民政府农业农村主管部门应当会同生态环境、自然资源主管部门进行土壤污染状况调查,依法进行分类管理。

第五十二条 对土壤污染状况普查、详查和监测、现场检查表明有土壤污染风险的农用地地块,地方人民政府农业农村、林业草原主管部门应当会同生态环境、自然资源主管部门进行土壤污染状况调查。

对土壤污染状况调查表明污染物含量超过土壤污染风险管控标准的农用地地块,地方人民政府农业农村、林业草原主管部门应当会同生态环境、自然资源主管部门组织进行土壤污染风险评估,并按照农用地分类管理制度管理。

第五十三条 对安全利用类农用地地块,地方人民政府农业农村、林业草原主管部门,应当结合主要作物品种和种植习惯等情况,制定并实施安全利用方案。

安全利用方案应当包括下列内容:

(一)农艺调控、替代种植;

(二)定期开展土壤和农产品协同监测与评价;

(三)对农民、农民专业合作社及其他农业生产经营主体进行技术指导和培训;

(四)其他风险管控措施。

第五十四条 对严格管控类农用地地块,地方人民政府农业农村、林业草原主管部门应当采取下列风险管控措施:

(一)提出划定特定农产品禁止生产区域的建议,报本级人民政府批准后实施;

(二)按照规定开展土壤和农产品协同监测与评价;

(三)对农民、农民专业合作社及其他农业生产经营主体进行技术指导和培训;

(四)其他风险管控措施。

各级人民政府及其有关部门应当鼓励对严格管控类农用地采取调整种植结构、退耕还林还草、退耕还湿、轮作休耕、轮牧休牧等风险管控措施,并给予相应的政策支持。

第五十五条 安全利用类和严格管控类农用地地块的土壤污染影响或者可能影响地下水、饮用水水源安全的,地方人民政府生态环境主管部门应当会同农业农村、林业草原等主管部门制定防治污染的方案,并采取相应的措施。

第五十六条　对安全利用类和严格管控类农用地地块，土壤污染责任人应当按照国家有关规定以及土壤污染风险评估报告的要求，采取相应的风险管控措施，并定期向地方人民政府农业农村、林业草原主管部门报告。

第五十七条　对产出的农产品污染物含量超标，需要实施修复的农用地地块，土壤污染责任人应当编制修复方案，报地方人民政府农业农村、林业草原主管部门备案并实施。修复方案应当包括地下水污染防治的内容。

修复活动应当优先采取不影响农业生产、不降低土壤生产功能的生物修复措施，阻断或者减少污染物进入农作物食用部分，确保农产品质量安全。

风险管控、修复活动完成后，土壤污染责任人应当另行委托有关单位对风险管控效果、修复效果进行评估，并将效果评估报告报地方人民政府农业农村、林业草原主管部门备案。

农村集体经济组织及其成员、农民专业合作社及其他农业生产经营主体等负有协助实施土壤污染风险管控和修复的义务。

第三节　建设用地

第五十八条　国家实行建设用地土壤污染风险管控和修复名录制度。

建设用地土壤污染风险管控和修复名录由省级人民政府生态环境主管部门会同自然资源等主管部门制定，按照规定向社会公开，并根据风险管控、修复情况适时更新。

第五十九条　对土壤污染状况普查、详查和监测、现场检查表明有土壤污染风险的建设用地地块，地方人民政府生态环境主管部门应当要求土地使用权人按照规定进行土壤污染状况调查。

用途变更为住宅、公共管理与公共服务用地的，变更前应当按照规定进行土壤污染状况调查。

前两款规定的土壤污染状况调查报告应当报地方人民政府生态环境主管部门，由地方人民政府生态环境主管部门会同自然资源主管部门组织评审。

第六十条　对土壤污染状况调查报告评审表明污染物含量超过土壤污染风险管控标准的建设用地地块，土壤污染责任人、土地使用权人应当按照国务院生态环境主管部门的规定进行土壤污染风险评估，并将土壤污染风险评估报告报省级人民政府生态环境主管部门。

第六十一条　省级人民政府生态环境主管部门应当会同自然资源等主管部门按照国务院生态环境主管部门的规定，对土壤污染风险评估报告组织评审，及时将需要实施风险管控、修复的地块纳入建设用地土壤污染风险管控和修复名录，并定期向国务院生态环境主管部门报告。

列入建设用地土壤污染风险管控和修复名录的地块，不得作为住宅、公共管理与公共服务用地。

第六十二条　对建设用地土壤污染风险管控和修复名录中的地块，土壤污染责任人应当按照国家有关规定以及土壤污染风险评估报告的要求，采取相应的风险管控措施，并定期向地方人民政府生态环境主管部门报告。风险管控措施应当包括地下水污染防治的内容。

第六十三条　对建设用地土壤污染风险管控和修复名录中的地块，地方人民政府生态环境主管部门可以根据实际情况采取下列风险管控措施：

（一）提出划定隔离区域的建议，报本级人民政府批准后实施；

（二）进行土壤及地下水污染状况监测；

（三）其他风险管控措施。

第六十四条　对建设用地土壤污染风险管控和修复名录中需要实施修复的地块，土壤污染责任人应当结合土地利用总体规划和城乡规划编制修复方案，报地方人民政府生态环境主管部门备案并实施。修复方案应当包括地下水污染防治的内容。

第六十五条　风险管控、修复活动完成后，土壤污染责任人应当另行委托有关单位对风险管控效果、修复效果进行评估，并将效果评估报告报地方人民政府生态环境主管部门备案。

第六十六条　对达到土壤污染风险评估报告确定的风险管控、修复目标的建设用地地块，土壤污染责任人、土地使用权人可以申请省级人民政府生态环境主管部门移出建设用地土壤污染风险管控和修复名录。

省级人民政府生态环境主管部门应当会同自然资源等主管部门对风险管控效果评估报告、修复效果评估报告组织评审，及时将达到土壤污染风险评估报告确定的风险管控、修复目标且可以安全利用的地块移出建设用地土壤污染风险管控和修复名录，按照规定向社会公开，并定期向国务院生态环境主管部门报告。

未达到土壤污染风险评估报告确定的风险管控、修复目标的建设用地地块，禁止开工建设任何与风险管控、修复无关的项目。

第六十七条　土壤污染重点监管单位生产经

营用地的用途变更或者在其土地使用权收回、转让前，应当由土地使用权人按照规定进行土壤污染状况调查。土壤污染状况调查报告应当作为不动产登记资料送交地方人民政府不动产登记机构，并报地方人民政府生态环境主管部门备案。

第六十八条 土地使用权已经被地方人民政府收回，土壤污染责任人为原土地使用权人的，由地方人民政府组织实施土壤污染风险管控和修复。

第五章 保障和监督

第六十九条 国家采取有利于土壤污染防治的财政、税收、价格、金融等经济政策和措施。

第七十条 各级人民政府应当加强对土壤污染的防治，安排必要的资金用于下列事项：

（一）土壤污染防治的科学技术研究开发、示范工程和项目；

（二）各级人民政府及其有关部门组织实施的土壤污染状况普查、监测、调查和土壤污染责任人认定、风险评估、风险管控、修复等活动；

（三）各级人民政府及其有关部门对涉及土壤污染的突发事件的应急处置；

（四）各级人民政府规定的涉及土壤污染防治的其他事项。

使用资金应当加强绩效管理和审计监督，确保资金使用效益。

第七十一条 国家加大土壤污染防治资金投入力度，建立土壤污染防治基金制度。设立中央土壤污染防治专项资金和省级土壤污染防治基金，主要用于农用地土壤污染防治和土壤污染责任人或者土地使用权人无法认定的土壤污染风险管控和修复以及政府规定的其他事项。

对本法实施之前产生的，并且土壤污染责任人无法认定的污染地块，土地使用权人实际承担土壤污染风险管控和修复的，可以申请土壤污染防治基金，集中用于土壤污染风险管控和修复。

土壤污染防治基金的具体管理办法，由国务院财政主管部门会同国务院生态环境、农业农村、自然资源、住房城乡建设、林业草原等主管部门制定。

第七十二条 国家鼓励金融机构加大对土壤污染风险管控和修复项目的信贷投放。

国家鼓励金融机构在办理土地权利抵押业务时开展土壤污染状况调查。

第七十三条 从事土壤污染风险管控和修复的单位依照法律、行政法规的规定，享受税收优惠。

第七十四条 国家鼓励并提倡社会各界为防治土壤污染捐赠财产，并依照法律、行政法规的规定，给予税收优惠。

第七十五条 县级以上人民政府应当将土壤污染防治情况纳入环境状况和环境保护目标完成情况年度报告，向本级人民代表大会或者人民代表大会常务委员会报告。

第七十六条 省级以上人民政府生态环境主管部门应当会同有关部门对土壤污染问题突出、防治工作不力、群众反映强烈的地区，约谈设区的市级以上地方人民政府及其有关部门主要负责人，要求其采取措施及时整改。约谈整改情况应当向社会公开。

第七十七条 生态环境主管部门及其环境执法机构和其他负有土壤污染防治监督管理职责的部门，有权对从事可能造成土壤污染活动的企业事业单位和其他生产经营者进行现场检查、取样，要求被检查者提供有关资料、就有关问题作出说明。

被检查者应当配合检查工作，如实反映情况，提供必要的资料。

实施现场检查的部门、机构及其工作人员应当为被检查者保守商业秘密。

第七十八条 企业事业单位和其他生产经营者违反法律法规规定排放有毒有害物质，造成或者可能造成严重土壤污染的，或者有关证据可能灭失或者被隐匿的，生态环境主管部门和其他负有土壤污染防治监督管理职责的部门，可以查封、扣押有关设施、设备、物品。

第七十九条 地方人民政府安全生产监督管理部门应当监督尾矿库运营、管理单位履行防治土壤污染的法定义务，防止其发生可能污染土壤的事故；地方人民政府生态环境主管部门应当加强对尾矿库土壤污染防治情况的监督检查和定期评估，发现风险隐患的，及时督促尾矿库运营、管理单位采取相应措施。

地方人民政府及其有关部门应当依法加强对向沙漠、滩涂、盐碱地、沼泽地等未利用地非法排放有毒有害物质等行为的监督检查。

第八十条 省级以上人民政府生态环境主管部门和其他负有土壤污染防治监督管理职责的部门应当将从事土壤污染状况调查和土壤污染风险评估、风险管控、修复、风险管控效果评估、修复效果评估、后期管理等活动的单位和个人的执业情况，纳入信用系统建立信用记录，将违法信息记入社会诚信档案，并纳入全国信用信息共享平台和国家企业信用信息公示系统向社会公布。

第八十一条　生态环境主管部门和其他负有土壤污染防治监督管理职责的部门应当依法公开土壤污染状况和防治信息。

国务院生态环境主管部门负责统一发布全国土壤环境信息；省级人民政府生态环境主管部门负责统一发布本行政区域土壤环境信息。生态环境主管部门应当将涉及主要食用农产品生产区域的重大土壤环境信息，及时通报同级农业农村、卫生健康和食品安全主管部门。

公民、法人和其他组织享有依法获取土壤污染状况和防治信息、参与和监督土壤污染防治的权利。

第八十二条　土壤污染状况普查报告、监测数据、调查报告和土壤污染风险评估报告、风险管控效果评估报告、修复效果评估报告等，应当及时上传全国土壤环境信息平台。

第八十三条　新闻媒体对违反土壤污染防治法律法规的行为享有舆论监督的权利，受监督的单位和个人不得打击报复。

第八十四条　任何组织和个人对污染土壤的行为，均有向生态环境主管部门和其他负有土壤污染防治监督管理职责的部门报告或者举报的权利。

生态环境主管部门和其他负有土壤污染防治监督管理职责的部门应当将土壤污染防治举报方式向社会公布，方便公众举报。

接到举报的部门应当及时处理并对举报人的相关信息予以保密；对实名举报并查证属实的，给予奖励。

举报人举报所在单位的，该单位不得以解除、变更劳动合同或者其他方式对举报人进行打击报复。

第六章　法律责任

第八十五条　地方各级人民政府、生态环境主管部门或者其他负有土壤污染防治监督管理职责的部门未依照本法规定履行职责的，对直接负责的主管人员和其他直接责任人员依法给予处分。

依照本法规定应当作出行政处罚决定而未作出的，上级主管部门可以直接作出行政处罚决定。

第八十六条　违反本法规定，有下列行为之一的，由地方人民政府生态环境主管部门或者其他负有土壤污染防治监督管理职责的部门责令改正，处以罚款；拒不改正的，责令停产整治：

（一）土壤污染重点监管单位未制定、实施自行监测方案，或者未将监测数据报生态环境主管部门的；

（二）土壤污染重点监管单位篡改、伪造监测数据的；

（三）土壤污染重点监管单位未按年度报告有毒有害物质排放情况，或者未建立土壤污染隐患排查制度的；

（四）拆除设施、设备或者建筑物、构筑物，企业事业单位未采取相应的土壤污染防治措施或者土壤污染重点监管单位未制定、实施土壤污染防治工作方案的；

（五）尾矿库运营、管理单位未按照规定采取措施防止土壤污染的；

（六）尾矿库运营、管理单位未按照规定进行土壤污染状况监测的；

（七）建设和运行污水集中处理设施、固体废物处置设施，未依照法律法规和相关标准的要求采取措施防止土壤污染的。

有前款规定行为之一的，处二万元以上二十万元以下的罚款；有前款第二项、第四项、第五项、第七项规定行为之一，造成严重后果的，处二十万元以上二百万元以下的罚款。

第八十七条　违反本法规定，向农用地排放重金属或者其他有毒有害物质含量超标的污水、污泥，以及可能造成土壤污染的清淤底泥、尾矿、矿渣等的，由地方人民政府生态环境主管部门责令改正，处十万元以上五十万元以下的罚款；情节严重的，处五十万元以上二百万元以下的罚款，并可以将案件移送公安机关，对直接负责的主管人员和其他直接责任人员处五日以上十五日以下的拘留；有违法所得的，没收违法所得。

第八十八条　违反本法规定，农业投入品生产者、销售者、使用者未按照规定及时回收肥料等农业投入品的包装废弃物或者农用薄膜，或者未按照规定及时回收农药包装废弃物交由专门的机构或者组织进行无害化处理的，由地方人民政府农业农村主管部门责令改正，处一万元以上十万元以下的罚款；农业投入品使用者为个人的，可以处二百元以上二千元以下的罚款。

第八十九条　违反本法规定，将重金属或者其他有毒有害物质含量超标的工业固体废物、生活垃圾或者污染土壤用于土地复垦的，由地方人民政府生态环境主管部门责令改正，处十万元以上一百万元以下的罚款；有违法所得的，没收违法所得。

第九十条　违反本法规定，受委托从事土壤污染状况调查和土壤污染风险评估、风险管控效果评估、修复效果评估活动的单位，出具虚假调查报告、风险评估报告、风险管控效果评估报告、修复效果评估报告的，由地方人民政府生态环境主管部门处十万元以上五十万元以下的罚款；情节严重的，禁止从事上述业务，并处五十万元以上一百万元以下的罚款；有违法所得的，没收违法所得。

前款规定的单位出具虚假报告的，由地方人民政府生态环境主管部门对直接负责的主管人员和其他直接责任人员处一万元以上五万元以下的罚款；情节严重的，十年内禁止从事前款规定的业务；构成犯罪的，终身禁止从事前款规定的业务。

本条第一款规定的单位和委托人恶意串通，出具虚假报告，造成他人人身或者财产损害的，还应当与委托人承担连带责任。

第九十一条 违反本法规定，有下列行为之一的，由地方人民政府生态环境主管部门责令改正，处十万元以上五十万元以下的罚款；情节严重的，处五十万元以上一百万元以下的罚款；有违法所得的，没收违法所得；对直接负责的主管人员和其他直接责任人员处五千元以上二万元以下的罚款：

（一）未单独收集、存放开发建设过程中剥离的表土的；

（二）实施风险管控、修复活动对土壤、周边环境造成新的污染的；

（三）转运污染土壤，未将运输时间、方式、线路和污染土壤数量、去向、最终处置措施等提前报所在地和接收地生态环境主管部门的；

（四）未达到土壤污染风险评估报告确定的风险管控、修复目标的建设用地地块，开工建设与风险管控、修复无关的项目的。

第九十二条 违反本法规定，土壤污染责任人或者土地使用权人未按照规定实施后期管理的，由地方人民政府生态环境主管部门或者其他负有土壤污染防治监督管理职责的部门责令改正，处一万元以上五万元以下的罚款；情节严重的，处五万元以上五十万元以下的罚款。

第九十三条 违反本法规定，被检查者拒不配合检查，或者在接受检查时弄虚作假的，由地方人民政府生态环境主管部门或者其他负有土壤污染防治监督管理职责的部门责令改正，处二万元以上二十万元以下的罚款；对直接负责的主管人员和其他直接责任人员处五千元以上二万元以下的罚款。

第九十四条 违反本法规定，土壤污染责任人或者土地使用权人有下列行为之一的，由地方人民政府生态环境主管部门或者其他负有土壤污染防治监督管理职责的部门责令改正，处二万元以上二十万元以下的罚款；拒不改正的，处二十万元以上一百万元以下的罚款，并委托他人代为履行，所需费用由土壤污染责任人或者土地使用权人承担；对直接负责的主管人员和其他直接责任人员处五千元以上二万元以下的罚款：

（一）未按照规定进行土壤污染状况调查的；

（二）未按照规定进行土壤污染风险评估的；

（三）未按照规定采取风险管控措施的；

（四）未按照规定实施修复的；

（五）风险管控、修复活动完成后，未另行委托有关单位对风险管控效果、修复效果进行评估的。

土壤污染责任人或者土地使用权人有前款第三项、第四项规定行为之一，情节严重的，地方人民政府生态环境主管部门或者其他负有土壤污染防治监督管理职责的部门可以将案件移送公安机关，对直接负责的主管人员和其他直接责任人员处五日以上十五日以下的拘留。

第九十五条 违反本法规定，有下列行为之一的，由地方人民政府有关部门责令改正；拒不改正的，处一万元以上五万元以下的罚款：

（一）土壤污染重点监管单位未按照规定将土壤污染防治工作方案报地方人民政府生态环境、工业和信息化主管部门备案的；

（二）土壤污染责任人或者土地使用权人未按照规定将修复方案、效果评估报告报地方人民政府生态环境、农业农村、林业草原主管部门备案的；

（三）土地使用权人未按照规定将土壤污染状况调查报告报地方人民政府生态环境主管部门备案的。

第九十六条 污染土壤造成他人人身或者财产损害的，应当依法承担侵权责任。

土壤污染责任人无法认定，土地使用权人未依照本法规定履行土壤污染风险管控和修复义务，造成他人人身或者财产损害的，应当依法承担侵权责任。

土壤污染引起的民事纠纷，当事人可以向地方人民政府生态环境等主管部门申请调解处理，也可以向人民法院提起诉讼。

第九十七条 污染土壤损害国家利益、社会公共利益的，有关机关和组织可以依照《中华人民共和国环境保护法》《中华人民共和国民事诉讼法》《中华人民共和国行政诉讼法》等法律的规定向人民法院提起诉讼。

第九十八条　违反本法规定，构成违反治安管理行为的，由公安机关依法给予治安管理处罚；构成犯罪的，依法追究刑事责任。

第七章　附　　则

第九十九条　本法自2019年1月1日起施行。

关于《中华人民共和国土壤污染防治法（草案）》的说明

——2017年6月22日在第十二届全国人民代表大会常务委员会第二十八次会议上

全国人大环境与资源保护委员会副主任委员　罗清泉

全国人民代表大会常务委员会：

土壤是构成生态系统的基本要素之一，是人类赖以生存的物质基础，是人类社会不可或缺的宝贵资源。防治土壤污染，直接关系到农产品质量安全、人民群众身体健康和经济社会的可持续发展。土壤污染问题与大气、水污染问题同样受到全社会关注，土壤污染防治作为重大环境保护和民生工程，已经纳入国家环境治理体系。但长期以来，我国经济发展方式较为粗放，污染物排放总量居高不下，土壤作为污染物的最终受体，已受到明显影响。2005—2013年我国首次开展的土壤污染状况调查结果表明，全国土壤环境状况总体不容乐观，部分地区土壤污染较重。全国土壤总的点位超标率为16.1%，其中轻微、轻度、中度和重度污染点位比例分别为11.2%、2.3%、1.5%和1.1%。土壤污染问题成为亟需解决的重大环境问题和全面建设小康社会的突出问题。

党中央高度重视土壤污染防治工作。党的十八大以来，习近平总书记多次强调要强化对水、大气、土壤等的污染防治力度，着力推进重金属污染和土壤污染综合治理。十二届全国人大四次会议通过的“十三五”规划纲要明确规定：“实施土壤污染分类分级防治，优先保护农用地土壤质量安全，切实加强建设用地土壤环境监管。”全国人大常委会将制定土壤污染防治法纳入十二届全国人大常委会立法规划，由全国人大环境与资源保护委员会（以下简称“环资委”）负责牵头起草和提请审议。按照全国人大常委会提出的任务、时间、组织、责任四落实的要求，环资委成立了起草领导小组，制定了工作方案和计划。在陈昌智、沈跃跃副委员长的关心、指导下，根据科学立法、民主立法的要求，认真研究国内相关立法和国际有关土壤污染防治的立法经验。先后赴山东、辽宁、湖南、河南、福建等12个省、市调研，了解情况并听取地方人大、政府及其有关部门、企业、专家学者等对土壤污染防治立法的意见和建议。多次召开座谈会、专题论证会、部门联席会议研究法律草案。将草案书面征求了70个中央、国务院有关部门和31个省、自治区、直辖市人大常委会以及有关单位意见，形成《中华人民共和国土壤污染防治法（草案）》（以下简称“草案”），经环资委第二十八次全委会审议通过，现就有关问题说明如下：

一、立法的必要性和可行性

（一）土壤污染防治法律制度缺失，迫切需要制定专门法律

目前，我国尚缺乏土壤污染防治的专门法律，部分措施分散规定在有关环境保护、固体废物、土地管理、农产品质量安全等法律中。土壤污染防治的标准体系不健全，要求不明确，责任不清晰，监管部门缺少有效的法律依据。制定土壤污染防治法，建立有效的法律制度和配套的标准、规范，对于依法规范土壤污染防治行为，最大程度地减少土壤污染，保障农产品质量安全和公众健康，具有十分重要的意义。

（二）土壤污染防治法律责任尚不明确，亟待确立责任体系

由于土壤污染具有隐蔽性、滞后性、累积性和地域性，以及治理难、周期长等特点，加之历史遗留问题多，土壤污染防治的法律责任不明确，责任追究和费用追偿制度尚未形成。制定土壤污染防治法，不仅可以明确各方责任，合理有效地解决和分配防治费用，还可以增强人民群众防治土壤污染的意识，调动各方面的积极性，形成全社会关心、支持、参与土壤污染防治工作的良好局面。

（三）土壤污染防治工作薄弱，需要专门立法予以系统规范

我国土壤污染防治工作基础十分薄弱，尚未建立完整制度体系和管理体系，导致大多数地区尚未科学系统地开展土壤污染防治工作。土壤污染情况十分复杂，需要一套科学系统的工作流程，要在科学的调查基础之上，严格遵循从土壤污染调查、风险评估、风险管控和修复到修复效果评估的完整工作流程。为此，亟需制定一部专门的法律，对上述流程予以科学系统规范。

当前，土壤污染防治工作正进一步加强。国务院出台《土壤污染防治行动计划》，土壤污染状况详查和监测网络建设在按照规划推进，土壤污染防治标准体系正逐步建立，这都有力地推动全国土壤污染防治的深入开展，促进本法的制定。总之，制定土壤污染防治法，进一步规范我国土壤污染防治工作，不仅是必要的，也是可行的。

二、“草案”的主要内容

根据我国生态文明建设以及环境保护的总体要求，“草案”突出“以提高环境质量为核心，实行最严格的环境保护制度”，将立法作为解决土壤污染问题的根本性措施，立足于我国发展阶段的现实，着眼于国家的长远利益，使土壤污染防治工作有法可依、有序进行。

“草案”起草过程中，主要遵循了以下工作原则：一是以问题为导向，总结土壤污染防治工作中存在的主要问题和实践中的有效经验，制定解决突出问题的措施；二是在预防为主、保护优先、防治结合的总体思路下，根据土壤污染防治的实际工作需要，设计法律的总体框架和内容；三是根据土壤污染及其防治的特殊性采取了分类管理、风险管控等措施；四是立足于土壤污染防治现有状况和国务院部门职责分工，设立相关法律主体的行为规范和监督管理制度；五是注重与大气、水、固体废物污染防治法律之间的相互衔接，增强法律的针对性和可操作性。

（一）关于立法目的

“草案”明确了立法目的为以下内容：防治土壤污染；保障农产品质量安全和公众健康；实现土壤资源永续利用；保护和改善环境；推进生态文明建设。同时，“草案”明确规定“土壤污染防治应当坚持预防为主，保护优先，分类管理，风险管控，污染担责，公众参与”。

（二）关于政府、企业和公众土壤污染防治的义务

政府、企业和公众在土壤污染防治方面负有不同的责任。为了使其各负其责，“草案”规定了土壤污染防治工作的管理体制、政府责任、目标责任与考核；规定了单位和个人的一般性权利、义务，确立了土壤污染责任人、土地使用权人和政府顺序承担防治责任的制度框架。

（三）关于标准、调查、监测和规划制度

“草案”明确要求建立土壤污染防治标准体系，规定每十年组织一次土壤环境状况普查。为了弥补普查时间跨度较大的不足，还规定了国家实行土壤污染状况监测制度。为了在源头上防止对污染土壤的不当利用，“草案”规定在制定和修改土地利用规划和城乡规划时，应当充分考虑土壤污染防治要求，合理确定土地用途。同时，“草案”规定将国家和地方的土壤污染防治工作纳入环境保护规划，有的地方还需制定专项规划。

（四）关于预防和保护

几乎所有的污染物质都会通过某种途径进入土壤。理论上说土壤污染预防应当涉及对废水、废气、固体废物等诸多污染源的控制。但鉴于现行水污染防治法、大气污染防治法、固体废物污染环境防治法和环境影响评价法等法律中已有明确、具体规定，“草案”对此主要做衔接性和补充性规定。此外，“草案”还规定了对未污染的耕地、林地、园地、牧草地和饮用水源地土壤要优先保护；保护生态用地和未利用地土壤等。

（五）关于对土壤污染的风险管控和修复

“草案”根据不同类型土地的特点，分设专章规定了农用地和建设用地的土壤污染风险管控和修复，设置了不同的制度和措施。对农用地土壤建立了分类管理制度，分为优先保护类、安全利用类和严格管控类，采取不同的措施；对建设用地土壤建立了土壤污染风险管控和修复名录制度，规定了风险管控和修复措施，规定了修复工程的实施程序和修复中的污染防治要求。

（六）关于土壤污染防治的经济措施

“草案”专设了“土壤污染防治经济措施”一章，规定通过多种渠道、多种方式解决土壤污染资金问题。一是规定国家采取有利于土壤污染防治的财政、税收、价格、金融等经济政策和措施，鼓励企业以市场运作方式参与土壤污染防治；二是各级人民政府应当安排必要的资金用于土壤污染防治工作，加强绩效管理，确保资金使用的效益；三是国家建

立土壤污染防治基金制度,设立中央和省级土壤污染防治基金。

此外,“草案”还规定了监督检查、公众参与的内容,规定了相应的法律责任。

《中华人民共和国土壤污染防治法(草案)》和以上说明是否妥当,请审议。

全国人民代表大会法律委员会关于《中华人民共和国土壤污染防治法(草案)》修改情况的汇报

——2017 年 12 月 22 日在第十二届全国人民代表大会常务委员会第三十一次会议上

全国人大法律委员会副主任委员　谢经荣

全国人民代表大会常务委员会:

常委会第二十八次会议对土壤污染防治法(草案)进行了初次审议。会后,法制工作委员会将草案印发各省(区、市)、部分设区的市、基层立法联系点和中央有关部门、单位等征求意见,并在中国人大网全文公布草案,征求社会公众意见。法律委员会、环境与资源保护委员会和法制工作委员会召开座谈会,听取部分全国人大代表和有关部门、企业、专家等的意见。法律委员会、法制工作委员会还到湖北、安徽、吉林、江西和贵州调研,并就草案中的主要问题与有关部门交换意见,共同研究。法律委员会于 11 月 28 日召开会议,根据常委会组成人员的审议意见和各方面意见,对草案进行了逐条审议。环境与资源保护委员会、国务院法制办公室、环境保护部、农业部、国土资源部、住房和城乡建设部的负责同志列席了会议。12 月 14 日,法律委员会召开会议,再次进行审议。现将土壤污染防治法(草案)主要问题的修改情况汇报如下:

一、草案第十条、第十六条对土壤污染防治标准和规划作了规定。有的地方和社会公众提出,土壤污染具有地域性,制定标准和规划应当体现这一特点。有的常委委员、代表、地方、专家和社会公众提出,土壤污染防治情况复杂,实践中主要采取用途风险管控标准,建立标准体系不具备条件,行业标准也难以操作执行;同时,我国地区差异较大,土壤污染防治要发挥地方的主动性,建议增加有关省级政府可以制定更严格风险管控标准的规定。法律委员会经研究,建议作如下修改:一是删去有关土壤污染防治标准体系、行业标准和跨省(区、市)规划的规定;二是增加规定省级政府可以制定地方土壤污染风险管控标准。

二、有的常委委员和地方提出,土壤污染具有隐蔽性,应当加强监测工作,掌握土壤污染状况,提高防治工作的针对性和有效性。法律委员会经研究,建议作如下修改:一是规定对产出的农产品污染物含量超标、作为污水灌溉区、规模化养殖、曾作为工矿用地等农用地地块,对曾用于生产、使用、贮存、回收、处置有毒有害物质,曾用于固体废物堆放、填埋,曾发生过重特大污染事故等建设用地地块,进行重点监测;二是规定土壤污染重点监管企业应当对自行监测数据的真实性和准确性负责。环境保护主管部门发现土壤污染重点监管企业自行监测数据异常,应当及时进行调查。

三、草案第三十七条、第四十三条对应当进行土壤污染状况调查的范围作了规定。有的专家提出,草案规定的应当进行土壤污染状况调查的农用地地块和建设用地地块的范围过窄,对普查、监测和现场检查表明存在土壤污染风险的地块,都应当进行调查。法律委员会经研究,建议规定:对土壤污染状况普查和监测、现场检查表明有土壤污染风险的地块,应当进行污染状况调查。

四、草案第三十九条至第四十一条对农用地风险管控和修复作了规定。有的常委委员、地方和专家提出,农用地风险管控不应仅由农业主管部门组织实施,污染责任人也应采取相应措施,建议按照“污染担责”的原则,明确污染责任人在农用地风险管控中的责任;同时,修复活动具有很强的专业性,应当加强监管,确保修复质量和效果。法律委员会经研究,建议作如下修改:一是规定对安全利用类和严格管控类农用地地块,土壤污染责任人应当按照国家有关规定以及风险评估报告的要求,采取相应的风险管控措施,并定期向地方人民政府农业、林业主管部门报告;二是规定对需要实施修复的农用地地块,土壤污染责任人应当编制修复方案,报地方人民政府农业、林业主管部门备案并实施;三是规定土壤污染修复活动完成后,土壤污染责任人应当另行委托有关单位对修复效果进行评估,并将评估结果报地方人民政府农业、林业主管部门备案。

五、草案第四十六条对相关建设用地地块纳入土壤污染风险管控和修复名录作了规定。有的常委委员提出,风险管控和修复是土壤污染防治的重要措施,应当根据不同的污染状况和用途采取有针对性的措施,提高实效,建议进一步完善建设用地土壤污染风险管控和修复名录制度。法律委员会经研究,建议作如下修改:一是增加规定实施土壤污染风险管控和修复活动,应当因地制宜、科学合理,提高针对性和有效性。二是增加规定国家实行建设用地土壤污染风险管控和修复名录制度;建设用地土壤污染风险管控和修复名录由省级人民政府环境保护主管部门会同国土资源等主管部门确定,并根据风险管控和修复情况适时修订。

六、有的地方提出,实践中一些城市政府为了提高土地利用效率,盘活土地资产,对关、停、并、转、迁企业的生产经营土地进行收储,建议明确政府收储土地的土壤污染防治责任问题。法律委员会经研究,建议增加规定:"土地使用权已经被地方人民政府收回,土壤污染责任人为原土地使用权人的,由地方人民政府组织实施土壤污染状况调查和土壤污染风险评估、风险管控、修复、修复效果评估等活动。"

七、有的常委委员建议进一步加大地方政府及其有关部门防治土壤污染的责任,参照大气污染防治法、水污染防治法和国务院《土壤污染防治行动计划》的相关规定,增加有关约谈的规定。法律委员会经研究,建议增加规定:"省级以上人民政府环境保护主管部门应当会同有关部门对土壤污染问题突出、防治工作不力、群众反映强烈的地区,约谈设区的市级以上地方人民政府及其有关部门主要负责人。约谈情况应当向社会公开。"

八、草案第五十三条、第六十一条分别对修复活动环境监理制度和环境污染强制责任保险制度作了规定。有的企业和专家提出,环境保护法等法律没有规定环境监理,草案规定的修复效果评估即可对修复活动进行事后监管,建议删去有关环境监理的规定。有的地方和专家提出,环境保护法没有要求企业必须投保环境污染责任保险,建议不作规定。法律委员会经研究,建议删去上述规定。

九、有的部门和地方提出,目前,向沙漠等未利用地非法排污等违法行为时有发生,应当加强对未利用地的保护和管理。法律委员会经研究,建议增加规定:"县级以上地方人民政府及其有关部门应当依法加强对向沙漠、滩涂、盐碱地、沼泽地等未利用地非法排污、倾倒有毒有害物质等行为的监督检查"。

十、草案第八十八条规定,因土壤污染对环境造成重大损害的,环境保护主管部门可以代表国家提出损害赔偿诉讼。有的常委会组成人员、部门、地方和社会公众提出,这一规定与环境保护法、民事诉讼法、行政诉讼法等法律有关环境公益诉讼的规定不一致,建议做好衔接。法律委员会经研究,建议修改为:"对污染土壤损害社会公共利益等行为,有关机关和组织可以依照《中华人民共和国环境保护法》、《中华人民共和国民事诉讼法》、《中华人民共和国行政诉讼法》等法律的规定向人民法院提起诉讼。"

此外,还对草案作了一些文字修改。

草案二次审议稿已按上述意见作了修改,法律委员会建议提请本次常委会会议继续审议。

草案二次审议稿和以上汇报是否妥当,请审议。

全国人民代表大会宪法和法律委员会关于《中华人民共和国土壤污染防治法(草案)》审议结果的报告

——2018 年 8 月 27 日在第十三届全国人民代表大会常务委员会第五次会议上

全国人大宪法和法律委员会副主任委员　胡可明

全国人民代表大会常务委员会:

土壤是人类赖以生存的物质基础,是不可或缺的宝贵资源。长期以来,由于一些地区经济发展方式较为粗放,污染物排放总量居高不下,我国土壤环境状况总体不容乐观,部分地区土壤污染较重,土壤污染问题成为亟需解决的重大环境问题和全面建成小康社会面临的突出问题。为了防治土壤污染,保障公众健康和经济社会可持续发展,推进生态文明建设,十二届全国人大环境与资源保护委员会组织起草了土壤污染防治法(草案),于 2017

年6月提请十二届全国人大常委会第二十八次会议进行了初次审议；同年12月，十二届全国人大常委会第三十一次会议对草案进行了再次审议。这期间，十二届全国人大法律委员会、常委会法制工作委员会通过多种形式广泛征求意见，将草案印发各省(区、市)人大和立法联系点及中央有关部门，在中国人大网两次公布草案全文，公开征求社会公众意见；到有代表性的省份和土壤污染综合防治先行区深入开展调研，实地考察科研机构、污染地块修复项目，召开座谈会、专家咨询会，听取部分全国人大代表、中央有关部门、高等院校和科研院所及相关专家、土壤污染重点监管企业、土壤污染风险管控和修复单位等各方面的意见。本届以来，宪法和法律委员会、法制工作委员会又到江苏、浙江、河北、陕西等地进一步调研，与环境与资源保护委员会、生态环境部、农业农村部等方面共同研究、修改完善草案。

在草案审议和修改过程中，注重把握以下几点：一是坚持以习近平生态文明思想为指导，坚决贯彻落实党中央关于生态文明建设特别是土壤污染防治方面的重大改革决策部署。二是坚持预防为主、保护优先。强化源头防治，减少污染产生。三是坚持风险管控、分类管理。根据土地的不同用途、不同污染程度分类施策，规定不同的应对措施、管理要求，有效防范和应对土壤污染风险。四是坚持明确责任，环环相扣。落实企业主体责任，强化污染者责任，明确政府及其相关部门的监管责任，用最严格制度最严密法治保护土壤、防止土壤污染。五是坚持积极稳妥，扎实推进。从我国土壤污染防治工作起步较晚、基础较弱、经验不多的实际出发，对有经验、看得准的，尽量细化；对还需要继续探索积累经验的，在法律规定上为实践留下一定空间。六是坚持统筹协调，凝聚合力。处理好与环境保护法、大气污染防治法、水污染防治法等相关法律的关系，既相互衔接又突出特色；同时做好与十三届全国人大一次会议批准的《国务院机构改革方案》中有关职责调整、名称变化等内容的衔接，力求清晰、准确地表述土壤污染防治职责。

草案主要内容包括：第一，明确防治土壤污染应当坚持预防为主、保护优先、分类管理、风险管控、污染担责、公众参与。第二，明确土壤污染防治规划、土壤污染风险管控标准、土壤污染状况普查和监测等基本制度。第三，明确土壤有毒有害物质名录制度和重点监管企业名单制度，强化农业投入品管理，防止农业面源污染，加强对未污染土壤和未利用地的保护。第四，明确农用地分类管理制度，针对优先保护类、安全利用类和严格管控类农用地，分别规定不同的管理措施，明确相应的风险管控和修复要求。第五，明确建设用地土壤污染风险管控和修复名录制度，规定进出名录管理地块的条件、程序以及应当采取的风险管控和修复措施与禁止行为。第六，明确国家采取有利于土壤污染防治的经济政策和优惠措施，安排必要的资金用于土壤污染防治，建立土壤污染防治资金保障制度。第七，明确地方人民政府对土壤安全利用的主体责任、生态环境及有关部门的监督管理责任，形成土壤污染防治工作合力，建立约谈等问责机制；鼓励新闻媒体、社会公众对土壤污染防治违法行为进行监督。第八，对违反本法规定行为根据不同情况规定相应的法律责任。

宪法和法律委员会于7月25日召开会议，根据常委会组成人员的审议意见和各方面意见，对草案进行了逐条审议。环境与资源保护委员会、司法部、生态环境部、农业农村部、自然资源部、住房和城乡建设部、国家林业和草原局有关负责同志列席了会议。8月20日，宪法和法律委员会召开会议，再次进行审议。宪法和法律委员会认为，为了保护和改善环境，防治土壤污染，保障公众健康，促进经济社会可持续发展，制定本法是必要的，草案经过两次审议，已经比较成熟。同时，提出以下主要修改意见：

一、生态环境部、有的地方和专家提出，根据《国务院机构改革方案》，一些部门的职责已经发生调整，名称也有变化，建议草案的规定与改革方案相衔接。宪法和法律委员会经研究，建议将“环境保护”“农业”“国土资源”“林业”“卫生”主管部门分别修改为“生态环境”“农业农村”“自然资源”“林业草原”“卫生健康”主管部门，同时相应调整有关部门在本法中的职责。

二、有的常委委员、地方、社会公众和生态环境部提出，土壤污染修复的成本高、周期长、难度大，应当突出预防为主、保护优先，夯实企业主体责任。宪法和法律委员会经研究，建议增加如下规定：一是突出源头预防，规定生产、使用、贮存、运输、回收、处置、排放有毒有害物质的单位和个人应当采取有效措施，防止有毒有害物质渗漏、流失、扬散，避免土壤受到污染。二是强化重点监管对象的责任，规定土壤污染重点监管单位应当建立土壤污染隐患排查制度，将监测数据报生态环境主管部门，并将相关义务在排污许可证中载明，同时规定相应法律责任。

三、有的常委委员、专家、社会公众和生态环境部提出，在对土壤污染进行防治的同时，应当加强对地下水污染的防治，体现水土一体防治。宪法和法律委员会经研究，建议作如下修改：一是明确超标地块的土壤污染状况调查报告应当包括地下水是否受到污染的内容。二是规定农用地地块的土壤污染影响或者可能影响地下水、饮用水水源安全的，生态环境主管部门应当会同农业农村、林业草原等主管部门制定防治污染的方案，并采取相应的措施。三是增加规定农用地地块的修复方案、建设用地地块的风险管控措施应当包括地下水污染防治的内容。四是明确对建设用地土壤污染风险管控和修复名录中的地块，生态环境主管部门根据实际情况进行地下水污染状况监测。

四、有的常委委员、地方和社会公众提出，应当进一步理顺土壤污染风险管控和修复过程中相关主体的责任，突出污染者责任。宪法和法律委员会经研究，建议作如下修改：一是强化"污染者担责"，明确土壤污染责任人负有实施土壤污染风险管控和修复的义务；增加规定土壤污染责任人变更的，由变更后承继其债权、债务的单位或者个人履行相关土壤污染风险管控和修复义务并承担相关费用。二是鼓励自愿治理，增加规定国家鼓励和支持有关当事人自愿实施土壤污染风险管控和修复。三是明确协助要求，增加规定农村集体经济组织及其成员、农民专业合作社及其他农业经营主体等负有协助实施农用地土壤污染风险管控和修复的义务。

五、有的常委委员、地方、专家和社会公众提出，住宅、公共管理与公共服务用地直接涉及人居安全，十分敏感，应当加强准入管理，确保土地开发利用前符合用地要求。宪法和法律委员会经研究，建议增加规定用途变更为住宅、公共管理与公共服务用地的，变更前应当按照规定进行土壤污染状况调查。

六、有的常委会组成人员、地方和社会公众提出，应当加大对土壤污染防治违法行为的处罚力度，提高违法成本，严惩重罚，形成震慑。宪法和法律委员会经研究，建议作如下修改：一是加重对造假行为的处罚，规定土壤污染重点监管单位篡改、伪造监测数据造成严重后果的，处二十万元以上一百万元以下的罚款；规定对专门从事土壤污染状况调查、风险评估、效果评估活动的单位出具虚假报告的违法行为，情节严重的，永久性禁止从事相关业务；并增加规定对直接负责的主管人员和其他直接责任人员处以罚款，情节严重的十年内禁止从事相关业务，构成犯罪的终身禁止从事相关业务；同时增加规定这些单位与委托人恶意串通，出具虚假报告，造成他人人身或者财产损害的，应当与委托人承担连带责任。二是增加规定对农业投入品使用者未按照规定及时回收肥料等农业投入品的包装废弃物或者农用薄膜，农药使用者未按照规定及时回收农药包装废弃物交由专门的机构或者组织进行无害化处理的违法行为的处罚。三是强化个人责任，对实施风险管控或者修复活动造成新的污染、拒不配合检查、未按照规定采取风险管控措施等违法行为，增加规定对直接负责的主管人员和其他直接责任人员处以罚款。四是加重对土壤污染责任人或者土地使用权人未按照规定实施后期管理的违法行为的处罚。

此外，还对草案二次审议稿作了一些文字修改。

7 月 31 日，法制工作委员会召开会议，邀请全国人大代表、有关企业、执法人员、专家学者等就法律出台时机、草案中主要制度规范的可行性、实施的社会效果和可能出现的问题等进行评估。与会人员普遍认为，为了贯彻习近平生态文明思想，扎实推进净土保卫战，坚决打好污染防治攻坚战，出台土壤污染防治法正当其时。草案遵循预防为主、保护优先、风险管控、分类管理、污染担责、公众参与的原则，坚持问题导向，突出制度针对性，科学规范防治工作流程，符合我国土壤污染防治工作实际，具有可行性、可操作性和一定的前瞻性，已经比较成熟，建议尽快审议通过。这部法律的颁布施行，将有利于强化各方面土壤污染防治责任，引领、推动、规范和保障土壤污染防治工作。同时，与会人员还对草案提出了一些具体修改意见，宪法和法律委员会进行了认真研究，对有的意见予以采纳。

草案三次审议稿已按上述意见作了修改，宪法和法律委员会建议提请本次常委会会议审议通过。

草案三次审议稿和以上报告是否妥当，请审议。

全国人民代表大会宪法和法律委员会关于《中华人民共和国土壤污染防治法（草案三次审议稿）》修改意见的报告

——2018 年 8 月 31 日在第十三届全国人民代表大会常务委员会第五次会议上

全国人民代表大会常务委员会：

本次常委会会议于 8 月 28 日下午对土壤污染防治法（草案三次审议稿）进行了分组审议，普遍认为，草案已经比较成熟，建议进一步修改后，提请本次会议通过。同时，有些常委会组成人员还提出了一些修改意见。宪法和法律委员会于 8 月 29 日召开会议，逐条研究了常委会组成人员的审议意见，对草案进行了审议。环境与资源保护委员会、司法部、生态环境部、农业农村部、自然资源部、住房和城乡建设部、国家林业和草原局的有关负责同志列席了会议。宪法和法律委员会认为，草案是可行的，同时，提出以下修改意见：

一、草案三次审议稿第九条第一款中规定，国家鼓励土壤污染防治产业发展，促进土壤污染防治科学技术进步。有的常委委员提出，土壤污染防治工作专业性强，目前专业技术人才缺乏，应当加强相关人才培养。宪法和法律委员会经研究，建议增加规定，国家“加强土壤污染防治专业技术人才培养”。

二、草案三次审议稿第十一条第一款规定，县级以上人民政府应当将土壤污染防治工作纳入环境保护规划。有的常委委员提出，为了加大工作力度，更好统筹安排土壤污染防治工作，应当将土壤污染防治工作纳入国民经济和社会发展规划。宪法和法律委员会经研究，建议增加规定县级以上人民政府应当将土壤污染防治工作纳入“国民经济和社会发展规划”。

三、草案三次审议稿第七十一条第一款中规定国家建立土壤污染防治基金制度，设立中央和省级土壤污染防治基金。有的常委委员、财政部提出，中央主要通过转移支付的方式加大土壤污染防治资金投入，基金不具有转移支付的功能，建议修改为专项资金。宪法和法律委员会经研究，建议将这一规定修改为“国家加大土壤污染防治资金投入力度，建立土壤污染防治基金制度。设立中央土壤污染防治专项资金和省级土壤污染防治基金”。

四、草案三次审议稿第七十六条规定了约谈制度。有的常委委员提出，应当明确要求被约谈的地方政府及其部门采取措施进行整改。宪法和法律委员会经研究，建议增加规定“要求其采取措施及时整改”。

五、草案三次审议稿第六章规定了法律责任。有些常委委员提出，土壤污染违法行为危害很大，污染地块修复成本很高，对违法行为要严惩重罚，建议进一步加大处罚力度。宪法和法律委员会经研究，建议作如下修改：一是将土壤污染重点监管单位篡改、伪造监测数据等造成严重后果的违法行为的罚款上限由“一百万元”提高到“二百万元”；二是对向农用地排放重金属、未按照规定采取风险管控措施或者实施修复等违法行为，增加规定可以“对直接负责的主管人员和其他直接责任人员处五日以上十五日以下的拘留”；三是对土壤污染责任人或者土地使用权人未按照规定进行土壤污染状况调查、风险评估等违法行为，在责令改正的同时增加规定“处二万元以上二十万元以下的罚款”，将拒不改正违法行为的罚款下限由“十万元”提高到“二十万元”。

六、草案三次审议稿第八十八条规定，未按照规定及时回收肥料等农业投入品的包装废弃物等违法行为，由农业农村主管部门处罚，未按照规定及时回收农药包装废弃物交由专门的机构或者组织进行无害化处理的违法行为，由生态环境主管部门处罚。有的常委委员提出，两种违法行为具有关联性，由不同的主管部门进行处罚不利于统一执法，建议统一由农业农村主管部门处罚。宪法和法律委员会经研究，建议采纳这一意见。

在常委会审议中，有些常委会组成人员还就完善草案三次审议稿提出了一些好的意见和建议。宪法和法律委员会经研究，考虑到我国土壤污染防治工作起步较晚、经验不多，需要继续探索积累经验，相关问题可在实践中进一步完善。有些常委会组成人员还就加强土壤污染防治工作、保障法律贯彻实施提出了一些具体意见，如加强监管能力建设,加大资金保障力度,加快制定配套规定和相关标准,加强法律宣传和教育等。宪法和法律委员会建议,国务院及其有关部门在法律实施过程中,要认真研究常委会组成人员的意见,认真做好土壤污染防治法的宣传培训工作,抓紧制定完善有关配套规定和相关标准,切实保障法律的贯彻实施,扎实推进净土保卫战。

此外,根据常委会组成人员的审议意见,还对草案三次审议稿作了个别文字修改。

草案建议表决稿已按上述意见作了修改,宪法和法律委员会建议本次常委会会议审议通过。

草案建议表决稿和以上报告是否妥当,请审议。

中华人民共和国主席令

第九号

《全国人民代表大会常务委员会关于修改〈中华人民共和国个人所得税法〉的决定》已由中华人民共和国第十三届全国人民代表大会常务委员会第五次会议于 2018 年 8 月 31 日通过,现予公布,自 2019 年 1 月 1 日起施行。

中华人民共和国主席 习近平

2018 年 8 月 31 日

全国人民代表大会常务委员会关于修改《中华人民共和国个人所得税法》的决定

(2018 年 8 月 31 日第十三届全国人民代表大会常务委员会第五次会议通过)

第十三届全国人民代表大会常务委员会第五次会议决定对《中华人民共和国个人所得税法》作如下修改:

一、将第一条修改为:"在中国境内有住所,或者无住所而一个纳税年度内在中国境内居住累计满一百八十三天的个人,为居民个人。居民个人从中国境内和境外取得的所得,依照本法规定缴纳个人所得税。

"在中国境内无住所又不居住,或者无住所而一个纳税年度内在中国境内居住累计不满一百八十三天的个人,为非居民个人。非居民个人从中国境内取得的所得,依照本法规定缴纳个人所得税。

"纳税年度,自公历一月一日起至十二月三十一日止。"

二、将第二条修改为:"下列各项个人所得,应当缴纳个人所得税:

"(一)工资、薪金所得;

"(二)劳务报酬所得;

"(三)稿酬所得;

"(四)特许权使用费所得;

"(五)经营所得;

"(六)利息、股息、红利所得;

"(七)财产租赁所得;

"(八)财产转让所得;

"(九)偶然所得。

"居民个人取得前款第一项至第四项所得(以下称综合所得),按纳税年度合并计算个人所得税;非居民个人取得前款第一项至第四项所得,按月或者按次分项计算个人所得税。纳税人取得前款第五项至第九项所得,依照本法规定分别计算个人所得税。"

三、将第三条修改为:"个人所得税的税率:

"(一)综合所得,适用百分之三至百分之四十五的超额累进税率(税率表附后);

"(二)经营所得,适用百分之五至百分之三十五的超额累进税率(税率表附后);

"(三)利息、股息、红利所得,财产租赁所得,财产转让所得和偶然所得,适用比例税率,税率为百分之二十。"

四、将第四条中的"免纳"修改为"免征"。

在第六项中的"复员费"后增加"退役金"。

将第七项中的"退休工资、离休工资"修改为

"基本养老金或者退休费、离休费"。

删除第八项中的"我国"。

将第十项修改为："国务院规定的其他免税所得。"

增加一款，作为第二款："前款第十项免税规定，由国务院报全国人民代表大会常务委员会备案。"

五、将第五条修改为："有下列情形之一的，可以减征个人所得税，具体幅度和期限，由省、自治区、直辖市人民政府规定，并报同级人民代表大会常务委员会备案：

"（一）残疾、孤老人员和烈属的所得；

"（二）因自然灾害遭受重大损失的。

"国务院可以规定其他减税情形，报全国人民代表大会常务委员会备案。"

六、将第六条修改为："应纳税所得额的计算：

"（一）居民个人的综合所得，以每一纳税年度的收入额减除费用六万元以及专项扣除、专项附加扣除和依法确定的其他扣除后的余额，为应纳税所得额。

"（二）非居民个人的工资、薪金所得，以每月收入额减除费用五千元后的余额为应纳税所得额；劳务报酬所得、稿酬所得、特许权使用费所得，以每次收入额为应纳税所得额。

"（三）经营所得，以每一纳税年度的收入总额减除成本、费用以及损失后的余额，为应纳税所得额。

"（四）财产租赁所得，每次收入不超过四千元的，减除费用八百元；四千元以上的，减除百分之二十的费用，其余额为应纳税所得额。

"（五）财产转让所得，以转让财产的收入额减除财产原值和合理费用后的余额，为应纳税所得额。

"（六）利息、股息、红利所得和偶然所得，以每次收入额为应纳税所得额。

"劳务报酬所得、稿酬所得、特许权使用费所得以收入减除百分之二十的费用后的余额为收入额。稿酬所得的收入额减按百分之七十计算。

"个人将其所得对教育、扶贫、济困等公益慈善事业进行捐赠，捐赠额未超过纳税人申报的应纳税所得额百分之三十的部分，可以从其应纳税所得额中扣除；国务院规定对公益慈善事业捐赠实行全额税前扣除的，从其规定。

"本条第一款第一项规定的专项扣除，包括居民个人按照国家规定的范围和标准缴纳的基本养老保险、基本医疗保险、失业保险等社会保险费和住房公积金等；专项附加扣除，包括子女教育、继续教育、大病医疗、住房贷款利息或者住房租金、赡养老人等支出，具体范围、标准和实施步骤由国务院确定，并报全国人民代表大会常务委员会备案。"

七、将第七条修改为："居民个人从中国境外取得的所得，可以从其应纳税额中抵免已在境外缴纳的个人所得税税额，但抵免额不得超过该纳税人境外所得依照本法规定计算的应纳税额。"

八、增加一条，作为第八条："有下列情形之一的，税务机关有权按照合理方法进行纳税调整：

"（一）个人与其关联方之间的业务往来不符合独立交易原则而减少本人或者其关联方应纳税额，且无正当理由；

"（二）居民个人控制的，或者居民个人和居民企业共同控制的设立在实际税负明显偏低的国家（地区）的企业，无合理经营需要，对应当归属于居民个人的利润不作分配或者减少分配；

"（三）个人实施其他不具有合理商业目的的安排而获取不当税收利益。

"税务机关依照前款规定作出纳税调整，需要补征税款的，应当补征税款，并依法加收利息。"

九、将第八条改为两条，分别作为第九条、第十条，修改为：

"第九条　个人所得税以所得人为纳税人，以支付所得的单位或者个人为扣缴义务人。

"纳税人有中国公民身份号码的，以中国公民身份号码为纳税人识别号；纳税人没有中国公民身份号码的，由税务机关赋予其纳税人识别号。扣缴义务人扣缴税款时，纳税人应当向扣缴义务人提供纳税人识别号。

"第十条　有下列情形之一的，纳税人应当依法办理纳税申报：

"（一）取得综合所得需要办理汇算清缴；

"（二）取得应税所得没有扣缴义务人；

"（三）取得应税所得，扣缴义务人未扣缴税款；

"（四）取得境外所得；

"（五）因移居境外注销中国户籍；

"（六）非居民个人在中国境内从两处以上取得工资、薪金所得；

"（七）国务院规定的其他情形。

"扣缴义务人应当按照国家规定办理全员全额扣缴申报，并向纳税人提供其个人所得和已扣缴税款等信息。"

十、将第九条改为四条，分别作为第十一条、第十二条、第十三条、第十四条，修改为：

"第十一条　居民个人取得综合所得，按年计算个人所得税；有扣缴义务人的，由扣缴义务人按月或者按次预扣预缴税款；需要办理汇算清缴的，应当在取得所得的次年三月一日至六月三十日内办理汇算清缴。预扣预缴办法由国务院税务主管部门制定。

"居民个人向扣缴义务人提供专项附加扣除信息的，扣缴义务人按月预扣预缴税款时应当按照规定予以扣除，不得拒绝。

"非居民个人取得工资、薪金所得，劳务报酬所得，稿酬所得和特许权使用费所得，有扣缴义务人的，由扣缴义务人按月或者按次代扣代缴税款，不办理汇算清缴。

"第十二条　纳税人取得经营所得，按年计算个人所得税，由纳税人在月度或者季度终了后十五日内向税务机关报送纳税申报表，并预缴税款；在取得所得的次年三月三十一日前办理汇算清缴。

"纳税人取得利息、股息、红利所得，财产租赁所得，财产转让所得和偶然所得，按月或者按次计算个人所得税，有扣缴义务人的，由扣缴义务人按月或者按次代扣代缴税款。

"第十三条　纳税人取得应税所得没有扣缴义务人的，应当在取得所得的次月十五日内向税务机关报送纳税申报表，并缴纳税款。

"纳税人取得应税所得，扣缴义务人未扣缴税款的，纳税人应当在取得所得的次年六月三十日前，缴纳税款；税务机关通知限期缴纳的，纳税人应当按照期限缴纳税款。

"居民个人从中国境外取得所得的，应当在取得所得的次年三月一日至六月三十日内申报纳税。

"非居民个人在中国境内从两处以上取得工资、薪金所得的，应当在取得所得的次月十五日内申报纳税。

"纳税人因移居境外注销中国户籍的，应当在注销中国户籍前办理税款清算。

"第十四条　扣缴义务人每月或者每次预扣、代扣的税款，应当在次月十五日内缴入国库，并向税务机关报送扣缴个人所得税申报表。

"纳税人办理汇算清缴退税或者扣缴义务人为纳税人办理汇算清缴退税的，税务机关审核后，按照国库管理的有关规定办理退税。"

十一、增加一条，作为第十五条："公安、人民银行、金融监督管理等相关部门应当协助税务机关确认纳税人的身份、金融账户信息。教育、卫生、医疗保障、民政、人力资源社会保障、住房城乡建设、公安、人民银行、金融监督管理等相关部门应当向税务机关提供纳税人子女教育、继续教育、大病医疗、住房贷款利息、住房租金、赡养老人等专项附加扣除信息。

"个人转让不动产的，税务机关应当根据不动产登记等相关信息核验应缴的个人所得税，登记机构办理转移登记时，应当查验与该不动产转让相关的个人所得税的完税凭证。个人转让股权办理变更登记的，市场主体登记机关应当查验与该股权交易相关的个人所得税的完税凭证。

"有关部门依法将纳税人、扣缴义务人遵守本法的情况纳入信用信息系统，并实施联合激励或者惩戒。"

十二、将第十条改为第十六条，修改为："各项所得的计算，以人民币为单位。所得为人民币以外的货币的，按照人民币汇率中间价折合成人民币缴纳税款。"

十三、将第十二条改为第十八条，修改为："对储蓄存款利息所得开征、减征、停征个人所得税及其具体办法，由国务院规定，并报全国人民代表大会常务委员会备案。"

十四、增加一条，作为第十九条："纳税人、扣缴义务人和税务机关及其工作人员违反本法规定的，依照《中华人民共和国税收征收管理法》和有关法律法规的规定追究法律责任。"

十五、将第十三条改为第二十条，修改为："个人所得税的征收管理，依照本法和《中华人民共和国税收征收管理法》的规定执行。"

十六、将个人所得税税率表一（工资、薪金所得适用）修改为：

个人所得税税率表一（综合所得适用）

级数	全年应纳税所得额	税率(%)
1	不超过 36000 元的	3
2	超过 36000 元至 144000 元的部分	10
3	超过 144000 元至 300000 元的部分	20
4	超过 300000 元至 420000 元的部分	25
5	超过 420000 元至 660000 元的部分	30

续表

级数	全年应纳税所得额	税率(%)
6	超过660000元至960000元的部分	35
7	超过960000元的部分	45

(注1:本表所称全年应纳税所得额是指依照本法第六条的规定,居民个人取得综合所得以每一纳税年度收入额减除费用六万元以及专项扣除、专项附加扣除和依法确定的其他扣除后的余额。

注2:非居民个人取得工资、薪金所得,劳务报酬所得,稿酬所得和特许权使用费所得,依照本表按月换算后计算应纳税额。)

十七、将个人所得税税率表二(个体工商户的生产、经营所得和对企事业单位的承包经营、承租经营所得适用)修改为:

个人所得税税率表二(经营所得适用)

级数	全年应纳税所得额	税率(%)
1	不超过30000元的	5
2	超过30000元至90000元的部分	10
3	超过90000元至300000元的部分	20
4	超过300000元至500000元的部分	30
5	超过500000元的部分	35

(注:本表所称全年应纳税所得额是指依照本法第六条的规定,以每一纳税年度的收入总额减除成本、费用以及损失后的余额。)

此外,对条文顺序作了相应调整。

本决定自2019年1月1日起施行。

自2018年10月1日至2018年12月31日,纳税人的工资、薪金所得,先行以每月收入额减除费用五千元以及专项扣除和依法确定的其他扣除后的余额为应纳税所得额,依照本决定第十六条的个人所得税税率表一(综合所得适用)按月换算后计算缴纳税款,并不再扣除附加减除费用;个体工商户的生产、经营所得,对企事业单位的承包经营、承租经营所得,先行依照本决定第十七条的个人所得税税率表二(经营所得适用)计算缴纳税款。

《中华人民共和国个人所得税法》根据本决定作相应修改,重新公布。

中华人民共和国个人所得税法

(1980年9月10日第五届全国人民代表大会第三次会议通过 根据1993年10月31日第八届全国人民代表大会常务委员会第四次会议《关于修改〈中华人民共和国个人所得税法〉的决定》第一次修正 根据1999年8月30日第九届全国人民代表大会常务委员会第十一次会议《关于修改〈中华人民共和国个人所得税法〉的决定》第二次修正 根据2005年10月27日第十届全国人民代表大会常务委员会第十八次会议《关于修改〈中华人民共和国个人所得税法〉的决定》第三次修正 根据2007年6月29日第十届全国人民代表大会常务委员会第二十八次会议《关于修改〈中华人民共和国个人所得税法〉的决定》第四次修正 根据2007年12月29日第十届全国人民代表大会常务委员会第三十一次会议《关于修改〈中华人民共和国个人所得税法〉的决定》第五次修正 根据2011年6月30日第十一届全国人民代表大会常务委员会第二十一次会议《关于修改〈中华人民共和国个人所得税法〉的决定》第六次修正 根据2018年8月31日第十三届全国人民代表大会常务委员会第五次会议《关于修改〈中华人民共和国个人所得税法〉的决定》第七次修正)

第一条 在中国境内有住所,或者无住所而一个纳税年度内在中国境内居住累计满一百八十三天的个人，为居民个人。居民个人从中国境内和境外取得的所得，依照本法规定缴纳个人所得税。

在中国境内无住所又不居住，或者无住所而一个纳税年度内在中国境内居住累计不满一百八十三天的个人，为非居民个人。非居民个人从中国境内取得的所得，依照本法规定缴纳个人所得税。

纳税年度，自公历一月一日起至十二月三十一日止。

第二条　下列各项个人所得，应当缴纳个人所得税：

（一）工资、薪金所得；

（二）劳务报酬所得；

（三）稿酬所得；

（四）特许权使用费所得；

（五）经营所得；

（六）利息、股息、红利所得；

（七）财产租赁所得；

（八）财产转让所得；

（九）偶然所得。

居民个人取得前款第一项至第四项所得（以下称综合所得），按纳税年度合并计算个人所得税；非居民个人取得前款第一项至第四项所得，按月或者按次分项计算个人所得税。纳税人取得前款第五项至第九项所得，依照本法规定分别计算个人所得税。

第三条　个人所得税的税率：

（一）综合所得，适用百分之三至百分之四十五的超额累进税率（税率表附后）；

（二）经营所得，适用百分之五至百分之三十五的超额累进税率（税率表附后）；

（三）利息、股息、红利所得，财产租赁所得，财产转让所得和偶然所得，适用比例税率，税率为百分之二十。

第四条　下列各项个人所得，免征个人所得税：

（一）省级人民政府、国务院部委和中国人民解放军军以上单位，以及外国组织、国际组织颁发的科学、教育、技术、文化、卫生、体育、环境保护等方面的奖金；

（二）国债和国家发行的金融债券利息；

（三）按照国家统一规定发给的补贴、津贴；

（四）福利费、抚恤金、救济金；

（五）保险赔款；

（六）军人的转业费、复员费、退役金；

（七）按照国家统一规定发给干部、职工的安家费、退职费、基本养老金或者退休费、离休费、离休生活补助费；

（八）依照有关法律规定应予免税的各国驻华使馆、领事馆的外交代表、领事官员和其他人员的所得；

（九）中国政府参加的国际公约、签订的协议中规定免税的所得；

（十）国务院规定的其他免税所得。

前款第十项免税规定，由国务院报全国人民代表大会常务委员会备案。

第五条　有下列情形之一的，可以减征个人所得税，具体幅度和期限，由省、自治区、直辖市人民政府规定，并报同级人民代表大会常务委员会备案：

（一）残疾、孤老人员和烈属的所得；

（二）因自然灾害遭受重大损失的。

国务院可以规定其他减税情形，报全国人民代表大会常务委员会备案。

第六条　应纳税所得额的计算：

（一）居民个人的综合所得，以每一纳税年度的收入额减除费用六万元以及专项扣除、专项附加扣除和依法确定的其他扣除后的余额，为应纳税所得额。

（二）非居民个人的工资、薪金所得，以每月收入额减除费用五千元后的余额为应纳税所得额；劳务报酬所得、稿酬所得、特许权使用费所得，以每次收入额为应纳税所得额。

（三）经营所得，以每一纳税年度的收入总额减除成本、费用以及损失后的余额，为应纳税所得额。

（四）财产租赁所得，每次收入不超过四千元的，减除费用八百元；四千元以上的，减除百分之二十的费用，其余额为应纳税所得额。

（五）财产转让所得，以转让财产的收入额减除财产原值和合理费用后的余额，为应纳税所得额。

（六）利息、股息、红利所得和偶然所得，以每次收入额为应纳税所得额。

劳务报酬所得、稿酬所得、特许权使用费所得以收入减除百分之二十的费用后的余额为收入额。稿酬所得的收入额减按百分之七十计算。

个人将其所得对教育、扶贫、济困等公益慈善事业进行捐赠，捐赠额未超过纳税人申报的应纳税所得额百分之三十的部分，可以从其应纳税所得额中扣除；国务院规定对公益慈善事业捐赠实行全额税前扣除的,从其规定。

本条第一款第一项规定的专项扣除,包括居民个人按照国家规定的范围和标准缴纳的基本养老保险、基本医疗保险、失业保险等社会保险费和住房公积金等;专项附加扣除,包括子女教育、继续教育、大病医疗、住房贷款利息或者住房租金、赡养老人等支出,具体范围、标准和实施步骤由国务院确定,并报全国人民代表大会常务委员会备案。

第七条 居民个人从中国境外取得的所得,可以从其应纳税额中抵免已在境外缴纳的个人所得税税额,但抵免额不得超过该纳税人境外所得依照本法规定计算的应纳税额。

第八条 有下列情形之一的,税务机关有权按照合理方法进行纳税调整:

(一)个人与其关联方之间的业务往来不符合独立交易原则而减少本人或者其关联方应纳税额,且无正当理由;

(二)居民个人控制的,或者居民个人和居民企业共同控制的设立在实际税负明显偏低的国家(地区)的企业,无合理经营需要,对应当归属于居民个人的利润不作分配或者减少分配;

(三)个人实施其他不具有合理商业目的的安排而获取不当税收利益。

税务机关依照前款规定作出纳税调整,需要补征税款的,应当补征税款,并依法加收利息。

第九条 个人所得税以所得人为纳税人,以支付所得的单位或者个人为扣缴义务人。

纳税人有中国公民身份号码的,以中国公民身份号码为纳税人识别号;纳税人没有中国公民身份号码的,由税务机关赋予其纳税人识别号。扣缴义务人扣缴税款时,纳税人应当向扣缴义务人提供纳税人识别号。

第十条 有下列情形之一的,纳税人应当依法办理纳税申报:

(一)取得综合所得需要办理汇算清缴;

(二)取得应税所得没有扣缴义务人;

(三)取得应税所得,扣缴义务人未扣缴税款;

(四)取得境外所得;

(五)因移居境外注销中国户籍;

(六)非居民个人在中国境内从两处以上取得工资、薪金所得;

(七)国务院规定的其他情形。

扣缴义务人应当按照国家规定办理全员全额扣缴申报,并向纳税人提供其个人所得和已扣缴税款等信息。

第十一条 居民个人取得综合所得,按年计算个人所得税;有扣缴义务人的,由扣缴义务人按月或者按次预扣预缴税款;需要办理汇算清缴的,应当在取得所得的次年三月一日至六月三十日内办理汇算清缴。预扣预缴办法由国务院税务主管部门制定。

居民个人向扣缴义务人提供专项附加扣除信息的,扣缴义务人按月预扣预缴税款时应当按照规定予以扣除,不得拒绝。

非居民个人取得工资、薪金所得,劳务报酬所得,稿酬所得和特许权使用费所得,有扣缴义务人的,由扣缴义务人按月或者按次代扣代缴税款,不办理汇算清缴。

第十二条 纳税人取得经营所得,按年计算个人所得税,由纳税人在月度或者季度终了后十五日内向税务机关报送纳税申报表,并预缴税款;在取得所得的次年三月三十一日前办理汇算清缴。

纳税人取得利息、股息、红利所得,财产租赁所得,财产转让所得和偶然所得,按月或者按次计算个人所得税,有扣缴义务人的,由扣缴义务人按月或者按次代扣代缴税款。

第十三条 纳税人取得应税所得没有扣缴义务人的,应当在取得所得的次月十五日内向税务机关报送纳税申报表,并缴纳税款。

纳税人取得应税所得,扣缴义务人未扣缴税款的,纳税人应当在取得所得的次年六月三十日前,缴纳税款;税务机关通知限期缴纳的,纳税人应当按照期限缴纳税款。

居民个人从中国境外取得所得的,应当在取得所得的次年三月一日至六月三十日内申报纳税。

非居民个人在中国境内从两处以上取得工资、薪金所得的,应当在取得所得的次月十五日内申报纳税。

纳税人因移居境外注销中国户籍的,应当在注销中国户籍前办理税款清算。

第十四条 扣缴义务人每月或者每次预扣、代扣的税款,应当在次月十五日内缴入国库,并向税务机关报送扣缴个人所得税申报表。

纳税人办理汇算清缴退税或者扣缴义务人为纳税人办理汇算清缴退税的,税务机关审核后,按照国库管理的有关规定办理退税。

第十五条 公安、人民银行、金融监督管理等相关部门应当协助税务机关确认纳税人的身份、金融账户信息。教育、卫生、医疗保障、民政、人力资源社会保障、住房城乡建设、公安、人民银行、金融监督管理等相关部门应当向税务机关提供纳税人子女教育、继续教育、大病医疗、住房贷款利息、住房租金、赡养老人等专项附加扣除信息。

个人转让不动产的，税务机关应当根据不动产登记等相关信息核验应缴的个人所得税，登记机构办理转移登记时，应当查验与该不动产转让相关的个人所得税的完税凭证。个人转让股权办理变更登记的，市场主体登记机关应当查验与该股权交易相关的个人所得税的完税凭证。

有关部门依法将纳税人、扣缴义务人遵守本法的情况纳入信用信息系统，并实施联合激励或者惩戒。

第十六条 各项所得的计算，以人民币为单位。所得为人民币以外的货币的，按照人民币汇率中间价折合成人民币缴纳税款。

第十七条 对扣缴义务人按照所扣缴的税款，付给百分之二的手续费。

第十八条 对储蓄存款利息所得开征、减征、停征个人所得税及其具体办法，由国务院规定，并报全国人民代表大会常务委员会备案。

第十九条 纳税人、扣缴义务人和税务机关及其工作人员违反本法规定的，依照《中华人民共和国税收征收管理法》和有关法律法规的规定追究法律责任。

第二十条 个人所得税的征收管理，依照本法和《中华人民共和国税收征收管理法》的规定执行。

第二十一条 国务院根据本法制定实施条例。

第二十二条 本法自公布之日起施行。

个人所得税税率表一（综合所得适用）

级数	全年应纳税所得额	税率（%）
1	不超过 36000 元的	3
2	超过 36000 元至 144000 元的部分	10
3	超过 144000 元至 300000 元的部分	20
4	超过 300000 元至 420000 元的部分	25
5	超过 420000 元至 660000 元的部分	30
6	超过 660000 元至 960000 元的部分	35
7	超过 960000 元的部分	45

（注 1：本表所称全年应纳税所得额是指依照本法第六条的规定，居民个人取得综合所得以每一纳税年度收入额减除费用六万元以及专项扣除、专项附加扣除和依法确定的其他扣除后的余额。

注 2：非居民个人取得工资、薪金所得，劳务报酬所得，稿酬所得和特许权使用费所得，依照本表按月换算后计算应纳税额。）

个人所得税税率表二（经营所得适用）

级数	全年应纳税所得额	税率（%）
1	不超过 30000 元的	5
2	超过 30000 元至 90000 元的部分	10
3	超过 90000 元至 300000 元的部分	20
4	超过 300000 元至 500000 元的部分	30
5	超过 500000 元的部分	35

（注：本表所称全年应纳税所得额是指依照本法第六条的规定，以每一纳税年度的收入总额减除成本、费用以及损失后的余额。）

关于《中华人民共和国个人所得税法修正案(草案)》的说明

——2018 年 6 月 19 日在第十三届全国人民代表大会常务委员会第三次会议上

财政部部长 刘 昆

全国人民代表大会常务委员会:

我受国务院委托,现对《中华人民共和国个人所得税法修正案(草案)》作说明。

个人所得税是目前我国仅次于增值税、企业所得税的第三大税种,在筹集财政收入、调节收入分配方面发挥着重要作用。党中央、国务院高度重视推进个人所得税改革工作。习近平总书记指出,财政是国家治理的基础和重要支柱,科学的财税体制是优化资源配置、维护市场统一、促进社会公平、实现国家长治久安的制度保障,要深化税收制度改革,逐步建立综合与分类相结合的个人所得税制。李克强总理在 2018 年政府工作报告中提出,改革个人所得税,提高个人所得税起征点,增加子女教育、大病医疗等专项费用扣除,合理减负,鼓励人民群众通过劳动增加收入、迈向富裕。

为贯彻落实党中央、国务院决策部署,财政部、税务总局会同有关部门抓紧研究起草了《中华人民共和国个人所得税法修正案(草案送审稿)》。草案已经国务院同意。现说明如下:

一、修改的总体思路

这次修改个人所得税法,旨在落实党中央、国务院关于个人所得税改革的决策部署,依法保障个人所得税改革顺利实施。修改工作坚持突出重点,对现行个人所得税法不适应改革需要的内容进行修改,补充、完善保障改革实施所需内容。对其他内容,原则上不作修改。

二、修改的主要内容

(一)完善有关纳税人的规定。

现行个人所得税法规定了两类纳税人:一是在中国境内有住所,或者无住所而在境内居住满一年的个人,从中国境内和境外取得的所得,缴纳个人所得税;二是在中国境内无住所又不居住,或者无住所而在境内居住不满一年的个人,从中国境内取得的所得,缴纳个人所得税。从国际惯例看,一般将个人所得税纳税人分为居民个人和非居民个人两类,两类纳税人在纳税义务和征税方式上均有所区别。现行个人所得税法规定的两类纳税人实质上是居民个人和非居民个人,但没有明确作出概念上的分类。为适应个人所得税改革对两类纳税人在征税方式等方面的不同要求,便于税法和有关税收协定的贯彻执行,草案借鉴国际惯例,明确引入了居民个人和非居民个人的概念,并将在中国境内居住的时间这一判定居民个人和非居民个人的标准,由现行的是否满 1 年调整为是否满 183 天,以更好地行使税收管辖权,维护国家税收权益。

(二)对部分劳动性所得实行综合征税。

现行个人所得税法采用分类征税方式,将应税所得分为 11 类,实行不同征税办法。按照“逐步建立综合与分类相结合的个人所得税制”的要求,结合当前征管能力和配套条件等实际情况,草案将工资、薪金所得,劳务报酬所得,稿酬所得,特许权使用费所得等 4 项劳动性所得(以下称综合所得)纳入综合征税范围,适用统一的超额累进税率,居民个人按年合并计算个人所得税,非居民个人按月或者按次分项计算个人所得税。同时,适当简并应税所得分类,将“个体工商户的生产、经营所得”调整为“经营所得”,不再保留“对企事业单位的承包经营、承租经营所得”,该项所得根据具体情况,分别并入综合所得或者经营所得。对经营所得,利息、股息、红利所得,财产租赁所得,财产转让所得,偶然所得以及其他所得,仍采用分类征税方式,按照规定分别计算个人所得税。

(三)优化调整税率结构。

一是综合所得税率。以现行工资、薪金所得税率(3% 至 45% 的 7 级超额累进税率)为基础,将按月计算应纳税所得额调整为按年计算，并优化调整部分税率的级距。具体是：扩大 3%、10%、20% 三档低税率的级距，3% 税率的级距扩大一倍，现行税率为 10% 的部分所得的税率降为 3%；大幅扩大 10% 税率的级距，现行税率为 20% 的所得，以及现行税率为 25% 的部分所得的税率降为 10%；现行税率为 25% 的部分所得的税率降为 20%；相应缩小 25% 税率的级距，30%、35%、45% 这三档较高税率的级距保持不变。

二是经营所得税率。以现行个体工商户的生产、经营所得和对企事业单位的承包经营、承租经营所得税率为基础，保持 5% 至 35% 的 5 级税率不变，适当调整各档税率的级距，其中最高档税率级距下限从 10 万元提高至 50 万元。

（四）提高综合所得基本减除费用标准。

按照现行个人所得税法，工资、薪金所得的基本减除费用标准为 3500 元/月，劳务报酬所得、稿酬所得、特许权使用费所得，每次收入不超过 4000 元的，减除费用 800 元；4000 元以上的，减除 20% 的费用。草案将上述综合所得的基本减除费用标准提高到 5000 元/月（6 万元/年）。这一标准综合考虑了人民群众消费支出水平增长等各方面因素，并体现了一定前瞻性。按此标准并结合税率结构调整测算，取得工资、薪金等综合所得的纳税人，总体上税负都有不同程度下降，特别是中等以下收入群体税负下降明显，有利于增加居民收入、增强消费能力。该标准对于在中国境内无住所而在中国境内取得工资、薪金所得的纳税人和在中国境内有住所而在中国境外取得工资、薪金所得的纳税人统一适用，不再保留专门的附加减除费用（1300 元/月）。

（五）设立专项附加扣除。

草案在提高综合所得基本减除费用标准，明确现行的个人基本养老保险、基本医疗保险、失业保险、住房公积金等专项扣除项目以及依法确定的其他扣除项目继续执行的同时，增加规定子女教育支出、继续教育支出、大病医疗支出、住房贷款利息和住房租金等与人民群众生活密切相关的专项附加扣除。专项附加扣除考虑了个人负担的差异性，更符合个人所得税基本原理，有利于税制公平。

（六）增加反避税条款。

目前，个人运用各种手段逃避个人所得税的现象时有发生。为了堵塞税收漏洞，维护国家税收权益，草案参照企业所得税法有关反避税规定，针对个人不按独立交易原则转让财产、在境外避税地避税、实施不合理商业安排获取不当税收利益等避税行为，赋予税务机关按合理方法进行纳税调整的权力。规定税务机关作出纳税调整，需要补征税款的，应当补征税款，并依法加收利息。

此外，为保障个人所得税改革的顺利实施，草案还明确了非居民个人征税办法，并进一步健全了与个人所得税改革相适应的税收征管制度。

《中华人民共和国个人所得税法修正案（草案）》和以上说明是否妥当，请审议。

全国人民代表大会宪法和法律委员会关于《中华人民共和国个人所得税法修正案（草案）》审议结果的报告

——2018 年 8 月 27 日在第十三届全国人民代表大会常务委员会第五次会议上

全国人大宪法和法律委员会副主任委员　徐　辉

全国人民代表大会常务委员会：

常委会第三次会议对个人所得税法修正案草案进行了初次审议。会后，法制工作委员会将草案印发各省、自治区、直辖市、中央有关部门和部分高等院校、研究机构征求意见，在中国人大网全文公布草案征求社会公众意见。法制工作委员会还到北京进行调研，听取意见；并就草案的有关问题与有关部门交换意见，共同研究。宪法和法律委员会于 7 月 26 日召开会议，根据常委会组成人员的审议意见和各方面意见，对草案进行了逐条审议。财政经济委员会、预算工作委员会、司法部、财政部、国家税务总局的有关负责同志列席了会议。8 月 20 日，宪法和法律委员会召开会议，再次进行审议。宪法和法律委员会认为，为落实党中央"逐步建立综合与分类相结合的个人所得税制"的改革要求和相关决策部署，更好地发挥个人所得税调节收入分配的作用，对个人所得税法进行修改是必要的，草案内容总体可行。同时，提出以下主要修改意见：

一、有的常委委员和有关方面提出，按照税收法定的要求，应纳税所得的范围、减免税均属于个人所得税的税制基本要素，个人所得税法中关于“其他所得范围”“其他减免税情形”由国务院财政部门确定或者批准的规定，不符合立法法的有关规定，建议将相关事项尽量在法律中明确，确实无法在法律中明确的，也应由国务院作出规定。宪法和法律委员会经研究，建议对相关内容作以下修改：一是，考虑到目前个人所得税法中列明的所得范围已经比较全面，可不必再由国务院或其有关部门确定“其他所得”，删除了现行个人所得税法第二条最后一项“经国务院财政部门确定征税的其他所得”的规定。二是，将现行个人所得税法第四条第十项、第五条第三项“经国务院财政部门批准免税的所得”“其他经国务院财政部门批准减税的”分别修改为“国务院规定的其他免税所得”“国务院可以规定其他减税情形”；同时分别增加规定，国务院关于免税、减税的规定，应当报全国人大常委会备案。

二、有的常委委员和专家提出，稿酬所得需要长期的智力投入，在税负上应给予一定的优惠；有的建议，对于劳务报酬所得、稿酬所得、特许权使用费所得，应在减除必要的费用后计算收入额，以体现量能课税、净所得征税的原则。宪法和法律委员会经研究，建议采纳这一意见，将第五条第二款修改为：劳务报酬所得、稿酬所得、特许权使用费所得以收入减除百分之二十的费用后的余额为收入额，其中，稿酬所得的收入额减按百分之七十计算。

三、草案第五条对专项附加扣除作了规定，居民个人的子女教育、继续教育、大病医疗、住房贷款利息和住房租金等支出，可以在税前予以扣除。有些常委会组成人员和有关方面提出，为了弘扬尊老孝老的传统美德，充分考虑我国人口老龄化日渐加快，工薪阶层独生子女家庭居多、赡养老人负担较重等实际情况，建议对于赡养老人支出，也予以税前扣除。宪法和法律委员会经研究，建议采纳这一意见。

四、有的意见提出，个人所得税法中的一些规定过于原则，如公益慈善事业捐赠扣除标准，专项附加扣除的具体范围、标准等，均要求国务院或者国务院部门予以细化，法律的权威性和可操作性不强，建议研究修改。宪法和法律委员会经研究，建议结合当前的实际做法，对相关规定作以下补充和修改：一是，在法律中直接对公益慈善事业捐赠扣除予以明确，即：个人将其所得对公益慈善事业进行捐赠，捐赠额未超过应纳税所得额百分之三十的部分，可以从其应纳税所得额中扣除；国务院规定对公益慈善事业捐赠实行全额税前扣除的，从其规定。二是，将草案关于专项附加扣除的具体范围、标准和实施步骤“由国务院财政、税务主管部门商有关部门确定”的规定修改为“由国务院确定，并报全国人民代表大会常务委员会备案”。

五、有的常委会组成人员和有关方面提出，为便于纳税人了解相关信息，准确进行年度汇总申报，扣缴义务人在办理扣缴申报后，应当向纳税人提供相关扣缴信息。宪法和法律委员会经研究，建议增加规定，扣缴义务人应当“向纳税人提供其个人所得和已扣缴税款等信息”。

需要说明的是，在常委会审议和征求意见过程中，还有一些意见建议进一步提高基本减除费用标准，适当降低综合所得最高边际税率。上述问题，国务院有关部门在草案起草阶段进行过认真研究测算，相关规定兼顾了当前居民基本生活消费支出变化、税收调节收入分配的实际需要等情况。这次改革，通过提高基本减除费用标准，增加专项附加扣除，优化调整税率结构、扩大低档税率的级距等方式，减轻了广大纳税人的税收负担，使个人所得税税负水平更趋合理，实现了从分类税制向综合与分类相结合的个人所得税制的重大转变，个人所得税制改革迈出了关键一步。宪法和法律委员会经同国务院有关部门研究，建议对上述问题的有关规定不作修改；同时，建议国务院方面结合征管及配套条件的完善，进一步深化相关改革，逐步扩大综合征税范围，完善费用扣除，优化税率结构，并根据改革进程对上述问题予以统筹考虑，抓紧总结改革实践经验，积极回应广大人民群众的关切，及时提出对相关制度进行修改完善的建议。

此外，还对草案作了一些文字修改。

宪法和法律委员会已按照上述意见提出了全国人民代表大会常务委员会关于修改《中华人民共和国个人所得税法》的决定（草案），建议提请本次常委会会议审议通过。

修改决定草案和以上报告是否妥当，请审议。

全国人民代表大会宪法和法律委员会关于《全国人民代表大会常务委员会关于修改〈中华人民共和国个人所得税法〉的决定（草案）》修改意见的报告

——2018 年 8 月 31 日在第十三届全国人民代表大会常务委员会第五次会议上

全国人民代表大会常务委员会：

常委会第五次会议于 8 月 29 日上午对修改个人所得税法的决定（草案）进行了分组审议，普遍认为，这次修改个人所得税法，通过提高减除费用标准，增加专项附加扣除，优化税率结构，切实减轻了广大纳税人的税收负担，是贯彻落实党的十九大精神的实际行动，是顺应民心民意和经济社会发展新形势的务实举措，草案已经比较成熟，建议进一步修改后，提请本次会议通过。同时，有些常委会组成人员和列席会议的同志还提出了一些修改意见。宪法和法律委员会于 8 月 29 日下午召开会议，逐条研究了常委会组成人员的审议意见，对草案进行了审议。全国人大财政经济委员会、预算工作委员会、司法部、财政部、国家税务总局的有关负责同志列席了会议。宪法和法律委员会认为，草案是可行的。同时提出以下修改意见：

一、有的意见提出，为保证税款征收，金融监督管理部门除协助税务机关确认纳税人的银行账户信息外，还应当协助确认其他金融账户信息，建议补充完善相应规定。宪法和法律委员会经研究，建议将草案第十一条中的“银行账户信息”修改为“金融账户信息”。

二、有的常委委员提出，草案第十条关于纳税人取得经营所得于“次年三月三十一日前”办理汇算清缴，以及扣缴义务人未扣缴税款，纳税人应在“次年六月三十日前”缴纳税款的规定不够精确，建议将有关期限的表述修改为“取得所得的次年三月三十一日前”、“取得所得的次年六月三十日前”。宪法和法律委员会经研究，建议采纳这一意见。

此外，根据常委会组成人员的审议意见，还对草案作了个别文字修改。

在审议中，常委会组成人员对进一步明确专项附加扣除的范围、标准，细化有关减免税和征管规定，改革征管方式等问题，还提出了一些很好的意见、建议。宪法和法律委员会对这些意见建议进行了认真研究，考虑到这次修改个人所得税法是按照党中央的决策部署所进行的个人所得税改革的第一步，可随着改革的不断深入，对相关问题进行统筹研究解决，建议对草案的相关内容不作调整。宪法和法律委员会建议国务院方面认真研究常委会组成人员的审议意见，坚持公平、便民的原则，抓紧制定完善相关配套制度，确保相关制度与法律同步实施，让党中央的改革决策部署落到实处，让广大人民群众切实享受到改革红利；相关部门要做好新的个人所得税法的宣传和政策解读，动员广大人民群众理解改革、拥护改革、支持改革。同时，建议国务院有关部门按照党的十九大报告提出的“深化税收制度改革”的要求，继续深入推进个人所得税改革，及时总结改革经验，适时提出对相关制度进行完善的建议。

修改决定草案建议表决稿已按上述意见作了修改，宪法和法律委员会建议本次常委会会议审议通过。

修改决定草案建议表决稿和以上报告是否妥当，请审议。

中华人民共和国主席令

第十号

《全国人民代表大会常务委员会关于修改〈中华人民共和国刑事诉讼法〉的决定》已由中华人民共和国第十三届全国人民代表大会常务委员会第六次会议于 2018 年 10 月 26 日通过，现予公布，自公布之日起施行。

中华人民共和国主席　习近平

2018 年 10 月 26 日

全国人民代表大会常务委员会关于修改《中华人民共和国刑事诉讼法》的决定

（2018 年 10 月 26 日第十三届全国人民代表大会常务委员会第六次会议通过）

第十三届全国人民代表大会常务委员会第六次会议决定对《中华人民共和国刑事诉讼法》作如下修改：

一、增加一条，作为第十五条："犯罪嫌疑人、被告人自愿如实供述自己的罪行，承认指控的犯罪事实，愿意接受处罚的，可以依法从宽处理。"

二、将第十八条改为第十九条，第二款修改为："人民检察院在对诉讼活动实行法律监督中发现的司法工作人员利用职权实施的非法拘禁、刑讯逼供、非法搜查等侵犯公民权利、损害司法公正的犯罪，可以由人民检察院立案侦查。对于公安机关管辖的国家机关工作人员利用职权实施的重大犯罪案件，需要由人民检察院直接受理的时候，经省级以上人民检察院决定，可以由人民检察院立案侦查。"

三、将第三十二条改为第三十三条，增加一款，作为第三款："被开除公职和被吊销律师、公证员执业证书的人，不得担任辩护人，但系犯罪嫌疑人、被告人的监护人、近亲属的除外。"

四、增加一条，作为第三十六条："法律援助机构可以在人民法院、看守所等场所派驻值班律师。犯罪嫌疑人、被告人没有委托辩护人，法律援助机构没有指派律师为其提供辩护的，由值班律师为犯罪嫌疑人、被告人提供法律咨询、程序选择建议、申请变更强制措施、对案件处理提出意见等法律帮助。

"人民法院、人民检察院、看守所应当告知犯罪嫌疑人、被告人有权约见值班律师，并为犯罪嫌疑人、被告人约见值班律师提供便利。"

五、将第三十七条改为第三十九条，第三款修改为："危害国家安全犯罪、恐怖活动犯罪案件，在侦查期间辩护律师会见在押的犯罪嫌疑人，应当经侦查机关许可。上述案件，侦查机关应当事先通知看守所。"

六、将第七十三条改为第七十五条，第一款修改为："监视居住应当在犯罪嫌疑人、被告人的住处执行；无固定住处的，可以在指定的居所执行。对于涉嫌危害国家安全犯罪、恐怖活动犯罪，在住处执行可能有碍侦查的，经上一级公安机关批准，也可以在指定的居所执行。但是，不得在羁押场所、专门的办案场所执行。"

七、将第七十九条改为第八十一条，增加一款，作为第二款："批准或者决定逮捕，应当将犯罪嫌疑人、被告人涉嫌犯罪的性质、情节，认罪认罚等情况，作为是否可能发生社会危险性的考虑因素。"

八、将第一百零六条改为第一百零八条，第一项修改为："（一）'侦查'是指公安机关、人民检察院对于刑事案件，依照法律进行的收集证据、查明案情的工作和有关的强制性措施"。

九、将第一百一十八条改为第一百二十条，第二款修改为："侦查人员在讯问犯罪嫌疑人的时候，应当告知犯罪嫌疑人享有的诉讼权利，如实供述自己罪行可以从宽处理和认罪认罚的法律规定。"

十、将第一百四十八条改为第一百五十条，第二款修改为："人民检察院在立案后，对于利用职权实施的严重侵犯公民人身权利的重大犯罪案件，根据侦查犯罪的需要，经过严格的批准手续，可以采取技术侦查措施，按照规定交有关机关执行。"

十一、将第一百六十条改为第一百六十二条，增加一款，作为第二款："犯罪嫌疑人自愿认罪的，应当记录在案，随案移送，并在起诉意见书中写明有关情况。"

十二、增加一条，作为第一百七十条："人民检察院对于监察机关移送起诉的案件，依照本法和监察法的有关规定进行审查。人民检察院经审查，认为需要补充核实的，应当退回监察机关补充调查，必要时可以自行补充侦查。

"对于监察机关移送起诉的已采取留置措施的案件，人民检察院应当对犯罪嫌疑人先行拘留，留置措施自动解除。人民检察院应当在拘留后的十日以内作出是否逮捕、取保候审或者监视居住的决定。在特殊情况下，决定的时间可以延长一日至四日。人民检察院决定采取强制措施的期间不计入审查起诉期限。"

十三、将第一百六十九条改为第一百七十二

条，第一款修改为："人民检察院对于监察机关、公安机关移送起诉的案件，应当在一个月以内作出决定，重大、复杂的案件，可以延长十五日；犯罪嫌疑人认罪认罚，符合速裁程序适用条件的，应当在十日以内作出决定，对可能判处的有期徒刑超过一年的，可以延长至十五日。"

十四、将第一百七十条改为第一百七十三条，修改为："人民检察院审查案件，应当讯问犯罪嫌疑人，听取辩护人或者值班律师、被害人及其诉讼代理人的意见，并记录在案。辩护人或者值班律师、被害人及其诉讼代理人提出书面意见的，应当附卷。

"犯罪嫌疑人认罪认罚的，人民检察院应当告知其享有的诉讼权利和认罪认罚的法律规定，听取犯罪嫌疑人、辩护人或者值班律师、被害人及其诉讼代理人对下列事项的意见，并记录在案：

"(一)涉嫌的犯罪事实、罪名及适用的法律规定；

"(二)从轻、减轻或者免除处罚等从宽处罚的建议；

"(三)认罪认罚后案件审理适用的程序；

"(四)其他需要听取意见的事项。

"人民检察院依照前两款规定听取值班律师意见的，应当提前为值班律师了解案件有关情况提供必要的便利。"

十五、增加一条，作为第一百七十四条："犯罪嫌疑人自愿认罪，同意量刑建议和程序适用的，应当在辩护人或者值班律师在场的情况下签署认罪认罚具结书。

"犯罪嫌疑人认罪认罚，有下列情形之一的，不需要签署认罪认罚具结书：

"(一)犯罪嫌疑人是盲、聋、哑人，或者是尚未完全丧失辨认或者控制自己行为能力的精神病人的；

"(二)未成年犯罪嫌疑人的法定代理人、辩护人对未成年人认罪认罚有异议的；

"(三)其他不需要签署认罪认罚具结书的情形。"

十六、将第一百七十二条改为第一百七十六条，增加一款，作为第二款："犯罪嫌疑人认罪认罚的，人民检察院应当就主刑、附加刑、是否适用缓刑等提出量刑建议，并随案移送认罪认罚具结书等材料。"

十七、将第一百七十三条改为第一百七十七条，第三款修改为："人民检察院决定不起诉的案件，应当同时对侦查中查封、扣押、冻结的财物解除查封、扣押、冻结。对被不起诉人需要给予行政处罚、处分或者需要没收其违法所得的，人民检察院应当提出检察意见，移送有关主管机关处理。有关主管机关应当将处理结果及时通知人民检察院。"

十八、第二编第三章增加一条，作为第一百八十二条："犯罪嫌疑人自愿如实供述涉嫌犯罪的事实，有重大立功或者案件涉及国家重大利益的，经最高人民检察院核准，公安机关可以撤销案件，人民检察院可以作出不起诉决定，也可以对涉嫌数罪中的一项或者多项不起诉。

"根据前款规定不起诉或者撤销案件的，人民检察院、公安机关应当及时对查封、扣押、冻结的财物及其孳息作出处理。"

十九、将第一百七十八条改为第一百八十三条，修改为："基层人民法院、中级人民法院审判第一审案件，应当由审判员三人或者由审判员和人民陪审员共三人或者七人组成合议庭进行，但是基层人民法院适用简易程序、速裁程序的案件可以由审判员一人独任审判。

"高级人民法院审判第一审案件，应当由审判员三人至七人或者由审判员和人民陪审员共三人或者七人组成合议庭进行。

"最高人民法院审判第一审案件，应当由审判员三人至七人组成合议庭进行。

"人民法院审判上诉和抗诉案件，由审判员三人或者五人组成合议庭进行。

"合议庭的成员人数应当是单数。"

二十、将第一百八十五条改为第一百九十条，增加一款，作为第二款："被告人认罪认罚的，审判长应当告知被告人享有的诉讼权利和认罪认罚的法律规定，审查认罪认罚的自愿性和认罪认罚具结书内容的真实性、合法性。"

二十一、增加一条，作为第二百零一条："对于认罪认罚案件，人民法院依法作出判决时，一般应当采纳人民检察院指控的罪名和量刑建议，但有下列情形的除外：

"(一)被告人的行为不构成犯罪或者不应当追究其刑事责任的；

"(二)被告人违背意愿认罪认罚的；

"(三)被告人否认指控的犯罪事实的；

"(四)起诉指控的罪名与审理认定的罪名不一致的；

"(五)其他可能影响公正审判的情形。

"人民法院经审理认为量刑建议明显不当，或者被告人、辩护人对量刑建议提出异议的，人民检察院可以调整量刑建议。人民检察院不调整量刑建议或者调整量刑建议后仍然明显不当的，人民法院应当依法作出判决。”

二十二、第三编第二章增加一节，作为第四节：

“第四节　速裁程序

“第二百二十二条　基层人民法院管辖的可能判处三年有期徒刑以下刑罚的案件，案件事实清楚，证据确实、充分，被告人认罪认罚并同意适用速裁程序的，可以适用速裁程序，由审判员一人独任审判。

“人民检察院在提起公诉的时候，可以建议人民法院适用速裁程序。

“第二百二十三条　有下列情形之一的，不适用速裁程序：

“（一）被告人是盲、聋、哑人，或者是尚未完全丧失辨认或者控制自己行为能力的精神病人的；

“（二）被告人是未成年人的；

“（三）案件有重大社会影响的；

“（四）共同犯罪案件中部分被告人对指控的犯罪事实、罪名、量刑建议或者适用速裁程序有异议的；

“（五）被告人与被害人或者其法定代理人没有就附带民事诉讼赔偿等事项达成调解或者和解协议的；

“（六）其他不宜适用速裁程序审理的。

“第二百二十四条　适用速裁程序审理案件，不受本章第一节规定的送达期限的限制，一般不进行法庭调查、法庭辩论，但在判决宣告前应当听取辩护人的意见和被告人的最后陈述意见。

“适用速裁程序审理案件，应当当庭宣判。

“第二百二十五条　适用速裁程序审理案件，人民法院应当在受理后十日以内审结；对可能判处的有期徒刑超过一年的，可以延长至十五日。

“第二百二十六条　人民法院在审理过程中，发现有被告人的行为不构成犯罪或者不应当追究其刑事责任、被告人违背意愿认罪认罚、被告人否认指控的犯罪事实或者其他不宜适用速裁程序审理的情形的，应当按照本章第一节或者第三节的规定重新审理。”

二十三、将第二百五十条改为第二百六十一条，第二款修改为：“被判处死刑缓期二年执行的罪犯，在死刑缓期执行期间，如果没有故意犯罪，死刑缓期执行期满，应当予以减刑的，由执行机关提出书面意见，报请高级人民法院裁定；如果故意犯罪，情节恶劣，查证属实，应当执行死刑的，由高级人民法院报请最高人民法院核准；对于故意犯罪未执行死刑的，死刑缓期执行的期间重新计算，并报最高人民法院备案。”

二十四、将第二百六十条改为第二百七十一条，修改为：“被判处罚金的罪犯，期满不缴纳的，人民法院应当强制缴纳；如果由于遭遇不能抗拒的灾祸等原因缴纳确实有困难的，经人民法院裁定，可以延期缴纳、酌情减少或者免除。”

二十五、第五编增加一章，作为第三章：

“第三章　缺席审判程序

“第二百九十一条　对于贪污贿赂犯罪案件，以及需要及时进行审判，经最高人民检察院核准的严重危害国家安全犯罪、恐怖活动犯罪案件，犯罪嫌疑人、被告人在境外，监察机关、公安机关移送起诉，人民检察院认为犯罪事实已经查清，证据确实、充分，依法应当追究刑事责任的，可以向人民法院提起公诉。人民法院进行审查后，对于起诉书中有明确的指控犯罪事实，符合缺席审判程序适用条件的，应当决定开庭审判。

“前款案件，由犯罪地、被告人离境前居住地或者最高人民法院指定的中级人民法院组成合议庭进行审理。

“第二百九十二条　人民法院应当通过有关国际条约规定的或者外交途径提出的司法协助方式，或者被告人所在地法律允许的其他方式，将传票和人民检察院的起诉书副本送达被告人。传票和起诉书副本送达后，被告人未按要求到案的，人民法院应当开庭审理，依法作出判决，并对违法所得及其他涉案财产作出处理。

“第二百九十三条　人民法院缺席审判案件，被告人有权委托辩护人，被告人的近亲属可以代为委托辩护人。被告人及其近亲属没有委托辩护人的，人民法院应当通知法律援助机构指派律师为其提供辩护。

“第二百九十四条　人民法院应当将判决书送达被告人及其近亲属、辩护人。被告人或者其近亲属不服判决的，有权向上一级人民法院上诉。辩护人经被告人或者其近亲属同意，可以提出上诉。

“人民检察院认为人民法院的判决确有错误的，应当向上一级人民法院提出抗诉。

“第二百九十五条　在审理过程中，被告人自动投案或者被抓获的，人民法院应当重新审理。

“罪犯在判决、裁定发生法律效力后到案的，人民法院应当将罪犯交付执行刑罚。交付执行刑罚前，人民法院应当告知罪犯有权对判决、裁定提出异议。罪犯对判决、裁定提出异议的，人民法院应当重新审理。

“依照生效判决、裁定对罪犯的财产进行的处理确有错误的，应当予以返还、赔偿。

“第二百九十六条　因被告人患有严重疾病无法出庭，中止审理超过六个月，被告人仍无法出庭，被告人及其法定代理人、近亲属申请或者同意恢复审理的，人民法院可以在被告人不出庭的情况下缺席审理，依法作出判决。

“第二百九十七条　被告人死亡的，人民法院应当裁定终止审理，但有证据证明被告人无罪，人民法院经缺席审理确认无罪的，应当依法作出判决。

“人民法院按照审判监督程序重新审判的案件，被告人死亡的，人民法院可以缺席审理，依法作出判决。”

二十六、将第二百九十条改为第三百零八条，修改为：“军队保卫部门对军队内部发生的刑事案件行使侦查权。

“中国海警局履行海上维权执法职责，对海上发生的刑事案件行使侦查权。

“对罪犯在监狱内犯罪的案件由监狱进行侦查。

“军队保卫部门、中国海警局、监狱办理刑事案件，适用本法的有关规定。”

刑事诉讼法的有关章节及条文序号，根据本决定作相应调整。

本决定自公布之日起施行。

《中华人民共和国刑事诉讼法》根据本决定作相应修改，重新公布。

中华人民共和国刑事诉讼法

（1979 年 7 月 1 日第五届全国人民代表大会第二次会议通过　根据 1996 年 3 月 17 日第八届全国人民代表大会第四次会议《关于修改〈中华人民共和国刑事诉讼法〉的决定》第一次修正　根据 2012 年 3 月 14 日第十一届全国人民代表大会第五次会议《关于修改〈中华人民共和国刑事诉讼法〉的决定》第二次修正　根据 2018 年 10 月 26 日第十三届全国人民代表大会常务委员会第六次会议《关于修改〈中华人民共和国刑事诉讼法〉的决定》第三次修正）

目　录

第一编　总　则
第一章　任务和基本原则
第二章　管　辖
第三章　回　避
第四章　辩护与代理
第五章　证　据
第六章　强制措施
第七章　附带民事诉讼
第八章　期间、送达
第九章　其他规定
第二编　立案、侦查和提起公诉
第一章　立　案
第二章　侦　查
　第一节　一般规定
　第二节　讯问犯罪嫌疑人
　第三节　询问证人
　第四节　勘验、检查
　第五节　搜　查
　第六节　查封、扣押物证、书证
　第七节　鉴　定
　第八节　技术侦查措施
　第九节　通　缉
　第十节　侦查终结
　第十一节　人民检察院对直接受理的案件的侦查
第三章　提起公诉
第三编　审　判
第一章　审判组织
第二章　第一审程序
　第一节　公诉案件
　第二节　自诉案件
　第三节　简易程序
　第四节　速裁程序

第三章　第二审程序
第四章　死刑复核程序
第五章　审判监督程序
第四编　执　　行
第五编　特别程序
第一章　未成年人刑事案件诉讼程序
第二章　当事人和解的公诉案件诉讼程序
第三章　缺席审判程序
第四章　犯罪嫌疑人、被告人逃匿、死亡案件违法所得的没收程序
第五章　依法不负刑事责任的精神病人的强制医疗程序
附　则

第一编　总　　则

第一章　任务和基本原则

第一条　为了保证刑法的正确实施,惩罚犯罪,保护人民,保障国家安全和社会公共安全,维护社会主义社会秩序,根据宪法,制定本法。

第二条　中华人民共和国刑事诉讼法的任务,是保证准确、及时地查明犯罪事实,正确应用法律,惩罚犯罪分子,保障无罪的人不受刑事追究,教育公民自觉遵守法律,积极同犯罪行为作斗争,维护社会主义法制,尊重和保障人权,保护公民的人身权利、财产权利、民主权利和其他权利,保障社会主义建设事业的顺利进行。

第三条　对刑事案件的侦查、拘留、执行逮捕、预审,由公安机关负责。检察、批准逮捕、检察机关直接受理的案件的侦查、提起公诉,由人民检察院负责。审判由人民法院负责。除法律特别规定的以外,其他任何机关、团体和个人都无权行使这些权力。

人民法院、人民检察院和公安机关进行刑事诉讼,必须严格遵守本法和其他法律的有关规定。

第四条　国家安全机关依照法律规定,办理危害国家安全的刑事案件,行使与公安机关相同的职权。

第五条　人民法院依照法律规定独立行使审判权,人民检察院依照法律规定独立行使检察权,不受行政机关、社会团体和个人的干涉。

第六条　人民法院、人民检察院和公安机关进行刑事诉讼,必须依靠群众,必须以事实为根据,以法律为准绳。对于一切公民,在适用法律上一律平等,在法律面前,不允许有任何特权。

第七条　人民法院、人民检察院和公安机关进行刑事诉讼,应当分工负责,互相配合,互相制约,以保证准确有效地执行法律。

第八条　人民检察院依法对刑事诉讼实行法律监督。

第九条　各民族公民都有用本民族语言文字进行诉讼的权利。人民法院、人民检察院和公安机关对于不通晓当地通用的语言文字的诉讼参与人,应当为他们翻译。

在少数民族聚居或者多民族杂居的地区,应当用当地通用的语言进行审讯,用当地通用的文字发布判决书、布告和其他文件。

第十条　人民法院审判案件,实行两审终审制。

第十一条　人民法院审判案件,除本法另有规定的以外,一律公开进行。被告人有权获得辩护,人民法院有义务保证被告人获得辩护。

第十二条　未经人民法院依法判决,对任何人都不得确定有罪。

第十三条　人民法院审判案件,依照本法实行人民陪审员陪审的制度。

第十四条　人民法院、人民检察院和公安机关应当保障犯罪嫌疑人、被告人和其他诉讼参与人依法享有的辩护权和其他诉讼权利。

诉讼参与人对于审判人员、检察人员和侦查人员侵犯公民诉讼权利和人身侮辱的行为,有权提出控告。

第十五条　犯罪嫌疑人、被告人自愿如实供述自己的罪行,承认指控的犯罪事实,愿意接受处罚的,可以依法从宽处理。

第十六条　有下列情形之一的,不追究刑事责任,已经追究的,应当撤销案件,或者不起诉,或者终止审理,或者宣告无罪:

(一)情节显著轻微、危害不大,不认为是犯罪的;

(二)犯罪已过追诉时效期限的;

(三)经特赦令免除刑罚的;

(四)依照刑法告诉才处理的犯罪,没有告诉或者撤回告诉的;

(五)犯罪嫌疑人、被告人死亡的;

(六)其他法律规定免予追究刑事责任的。

第十七条　对于外国人犯罪应当追究刑事责任的,适用本法的规定。

对于享有外交特权和豁免权的外国人犯罪应当追究刑事责任的,通过外交途径解决。

第十八条　根据中华人民共和国缔结或者参加的国际条约，或者按照互惠原则，我国司法机关和外国司法机关可以相互请求刑事司法协助。

第二章　管　辖

第十九条　刑事案件的侦查由公安机关进行，法律另有规定的除外。

人民检察院在对诉讼活动实行法律监督中发现的司法工作人员利用职权实施的非法拘禁、刑讯逼供、非法搜查等侵犯公民权利、损害司法公正的犯罪，可以由人民检察院立案侦查。对于公安机关管辖的国家机关工作人员利用职权实施的重大犯罪案件，需要由人民检察院直接受理的时候，经省级以上人民检察院决定，可以由人民检察院立案侦查。

自诉案件，由人民法院直接受理。

第二十条　基层人民法院管辖第一审普通刑事案件，但是依照本法由上级人民法院管辖的除外。

第二十一条　中级人民法院管辖下列第一审刑事案件：

（一）危害国家安全、恐怖活动案件；

（二）可能判处无期徒刑、死刑的案件。

第二十二条　高级人民法院管辖的第一审刑事案件，是全省（自治区、直辖市）性的重大刑事案件。

第二十三条　最高人民法院管辖的第一审刑事案件，是全国性的重大刑事案件。

第二十四条　上级人民法院在必要的时候，可以审判下级人民法院管辖的第一审刑事案件；下级人民法院认为案情重大、复杂需要由上级人民法院审判的第一审刑事案件，可以请求移送上一级人民法院审判。

第二十五条　刑事案件由犯罪地的人民法院管辖。如果由被告人居住地的人民法院审判更为适宜的，可以由被告人居住地的人民法院管辖。

第二十六条　几个同级人民法院都有权管辖的案件，由最初受理的人民法院审判。在必要的时候，可以移送主要犯罪地的人民法院审判。

第二十七条　上级人民法院可以指定下级人民法院审判管辖不明的案件，也可以指定下级人民法院将案件移送其他人民法院审判。

第二十八条　专门人民法院案件的管辖另行规定。

第三章　回　避

第二十九条　审判人员、检察人员、侦查人员有下列情形之一的，应当自行回避，当事人及其法定代理人也有权要求他们回避：

（一）是本案的当事人或者是当事人的近亲属的；

（二）本人或者他的近亲属和本案有利害关系的；

（三）担任过本案的证人、鉴定人、辩护人、诉讼代理人的；

（四）与本案当事人有其他关系，可能影响公正处理案件的。

第三十条　审判人员、检察人员、侦查人员不得接受当事人及其委托的人的请客送礼，不得违反规定会见当事人及其委托的人。

审判人员、检察人员、侦查人员违反前款规定的，应当依法追究法律责任。当事人及其法定代理人有权要求他们回避。

第三十一条　审判人员、检察人员、侦查人员的回避，应当分别由院长、检察长、公安机关负责人决定；院长的回避，由本院审判委员会决定；检察长和公安机关负责人的回避，由同级人民检察院检察委员会决定。

对侦查人员的回避作出决定前，侦查人员不能停止对案件的侦查。

对驳回申请回避的决定，当事人及其法定代理人可以申请复议一次。

第三十二条　本章关于回避的规定适用于书记员、翻译人员和鉴定人。

辩护人、诉讼代理人可以依照本章的规定要求回避、申请复议。

第四章　辩护与代理

第三十三条　犯罪嫌疑人、被告人除自己行使辩护权以外，还可以委托一至二人作为辩护人。下列的人可以被委托为辩护人：

（一）律师；

（二）人民团体或者犯罪嫌疑人、被告人所在单位推荐的人；

（三）犯罪嫌疑人、被告人的监护人、亲友。

正在被执行刑罚或者依法被剥夺、限制人身自由的人，不得担任辩护人。

被开除公职和被吊销律师、公证员执业证书的人，不得担任辩护人，但系犯罪嫌疑人、被告人的监护人、近亲属的除外。

第三十四条　犯罪嫌疑人自被侦查机关第一次讯问或者采取强制措施之日起，有权委托辩护人；在侦查期间，只能委托律师作为辩护人。被告人有权随时委托辩护人。

侦查机关在第一次讯问犯罪嫌疑人或者对犯罪嫌疑人采取强制措施的时候，应当告知犯罪嫌疑人有权委托辩护人。人民检察院自收到移送审查起诉的案件材料之日起三日以内，应当告知犯罪嫌疑人有权委托辩护人。人民法院自受理案件之日起三日以内，应当告知被告人有权委托辩护人。犯罪嫌疑人、被告人在押期间要求委托辩护人的，人民法院、人民检察院和公安机关应当及时转达其要求。

犯罪嫌疑人、被告人在押的，也可以由其监护人、近亲属代为委托辩护人。

辩护人接受犯罪嫌疑人、被告人委托后，应当及时告知办理案件的机关。

第三十五条　犯罪嫌疑人、被告人因经济困难或者其他原因没有委托辩护人的，本人及其近亲属可以向法律援助机构提出申请。对符合法律援助条件的，法律援助机构应当指派律师为其提供辩护。

犯罪嫌疑人、被告人是盲、聋、哑人，或者是尚未完全丧失辨认或者控制自己行为能力的精神病人，没有委托辩护人的，人民法院、人民检察院和公安机关应当通知法律援助机构指派律师为其提供辩护。

犯罪嫌疑人、被告人可能被判处无期徒刑、死刑，没有委托辩护人的，人民法院、人民检察院和公安机关应当通知法律援助机构指派律师为其提供辩护。

第三十六条　法律援助机构可以在人民法院、看守所等场所派驻值班律师。犯罪嫌疑人、被告人没有委托辩护人，法律援助机构没有指派律师为其提供辩护的，由值班律师为犯罪嫌疑人、被告人提供法律咨询、程序选择建议、申请变更强制措施、对案件处理提出意见等法律帮助。

人民法院、人民检察院、看守所应当告知犯罪嫌疑人、被告人有权约见值班律师，并为犯罪嫌疑人、被告人约见值班律师提供便利。

第三十七条　辩护人的责任是根据事实和法律，提出犯罪嫌疑人、被告人无罪、罪轻或者减轻、免除其刑事责任的材料和意见，维护犯罪嫌疑人、被告人的诉讼权利和其他合法权益。

第三十八条　辩护律师在侦查期间可以为犯罪嫌疑人提供法律帮助；代理申诉、控告；申请变更强制措施；向侦查机关了解犯罪嫌疑人涉嫌的罪名和案件有关情况，提出意见。

第三十九条　辩护律师可以同在押的犯罪嫌疑人、被告人会见和通信。其他辩护人经人民法院、人民检察院许可，也可以同在押的犯罪嫌疑人、被告人会见和通信。

辩护律师持律师执业证书、律师事务所证明和委托书或者法律援助公函要求会见在押的犯罪嫌疑人、被告人的，看守所应当及时安排会见，至迟不得超过四十八小时。

危害国家安全犯罪、恐怖活动犯罪案件，在侦查期间辩护律师会见在押的犯罪嫌疑人，应当经侦查机关许可。上述案件，侦查机关应当事先通知看守所。

辩护律师会见在押的犯罪嫌疑人、被告人，可以了解案件有关情况，提供法律咨询等；自案件移送审查起诉之日起，可以向犯罪嫌疑人、被告人核实有关证据。辩护律师会见犯罪嫌疑人、被告人时不被监听。

辩护律师同被监视居住的犯罪嫌疑人、被告人会见、通信，适用第一款、第三款、第四款的规定。

第四十条　辩护律师自人民检察院对案件审查起诉之日起，可以查阅、摘抄、复制本案的案卷材料。其他辩护人经人民法院、人民检察院许可，也可以查阅、摘抄、复制上述材料。

第四十一条　辩护人认为在侦查、审查起诉期间公安机关、人民检察院收集的证明犯罪嫌疑人、被告人无罪或者罪轻的证据材料未提交的，有权申请人民检察院、人民法院调取。

第四十二条　辩护人收集的有关犯罪嫌疑人不在犯罪现场、未达到刑事责任年龄、属于依法不负刑事责任的精神病人的证据，应当及时告知公安机关、人民检察院。

第四十三条　辩护律师经证人或者其他有关单位和个人同意，可以向他们收集与本案有关的材料，也可以申请人民检察院、人民法院收集、调取证据，或者申请人民法院通知证人出庭作证。

辩护律师经人民检察院或者人民法院许可，并且经被害人或者其近亲属、被害人提供的证人同意，可以向他们收集与本案有关的材料。

第四十四条　辩护人或者其他任何人，不得帮助犯罪嫌疑人、被告人隐匿、毁灭、伪造证据或者串供,不得威胁、引诱证人作伪证以及进行其他干扰司法机关诉讼活动的行为。

违反前款规定的,应当依法追究法律责任,辩护人涉嫌犯罪的,应当由办理辩护人所承办案件的侦查机关以外的侦查机关办理。辩护人是律师的,应当及时通知其所在的律师事务所或者所属的律师协会。

第四十五条 在审判过程中,被告人可以拒绝辩护人继续为他辩护,也可以另行委托辩护人辩护。

第四十六条 公诉案件的被害人及其法定代理人或者近亲属,附带民事诉讼的当事人及其法定代理人,自案件移送审查起诉之日起,有权委托诉讼代理人。自诉案件的自诉人及其法定代理人,附带民事诉讼的当事人及其法定代理人,有权随时委托诉讼代理人。

人民检察院自收到移送审查起诉的案件材料之日起三日以内,应当告知被害人及其法定代理人或者其近亲属、附带民事诉讼的当事人及其法定代理人有权委托诉讼代理人。人民法院自受理自诉案件之日起三日以内,应当告知自诉人及其法定代理人、附带民事诉讼的当事人及其法定代理人有权委托诉讼代理人。

第四十七条 委托诉讼代理人,参照本法第三十三条的规定执行。

第四十八条 辩护律师对在执业活动中知悉的委托人的有关情况和信息,有权予以保密。但是,辩护律师在执业活动中知悉委托人或者其他人,准备或者正在实施危害国家安全、公共安全以及严重危害他人人身安全的犯罪的,应当及时告知司法机关。

第四十九条 辩护人、诉讼代理人认为公安机关、人民检察院、人民法院及其工作人员阻碍其依法行使诉讼权利的,有权向同级或者上一级人民检察院申诉或者控告。人民检察院对申诉或者控告应当及时进行审查,情况属实的,通知有关机关予以纠正。

第五章 证　据

第五十条 可以用于证明案件事实的材料,都是证据。

证据包括:

(一)物证;

(二)书证;

(三)证人证言;

(四)被害人陈述;

(五)犯罪嫌疑人、被告人供述和辩解;

(六)鉴定意见;

(七)勘验、检查、辨认、侦查实验等笔录;

(八)视听资料、电子数据。

证据必须经过查证属实,才能作为定案的根据。

第五十一条 公诉案件中被告人有罪的举证责任由人民检察院承担,自诉案件中被告人有罪的举证责任由自诉人承担。

第五十二条 审判人员、检察人员、侦查人员必须依照法定程序,收集能够证实犯罪嫌疑人、被告人有罪或者无罪、犯罪情节轻重的各种证据。严禁刑讯逼供和以威胁、引诱、欺骗以及其他非法方法收集证据,不得强迫任何人证实自己有罪。必须保证一切与案件有关或者了解案情的公民,有客观地充分地提供证据的条件,除特殊情况外,可以吸收他们协助调查。

第五十三条 公安机关提请批准逮捕书、人民检察院起诉书、人民法院判决书,必须忠实于事实真象。故意隐瞒事实真象的,应当追究责任。

第五十四条 人民法院、人民检察院和公安机关有权向有关单位和个人收集、调取证据。有关单位和个人应当如实提供证据。

行政机关在行政执法和查办案件过程中收集的物证、书证、视听资料、电子数据等证据材料,在刑事诉讼中可以作为证据使用。

对涉及国家秘密、商业秘密、个人隐私的证据,应当保密。

凡是伪造证据、隐匿证据或者毁灭证据的,无论属于何方,必须受法律追究。

第五十五条 对一切案件的判处都要重证据,重调查研究,不轻信口供。只有被告人供述,没有其他证据的,不能认定被告人有罪和处以刑罚;没有被告人供述,证据确实、充分的,可以认定被告人有罪和处以刑罚。

证据确实、充分,应当符合以下条件:

(一)定罪量刑的事实都有证据证明;

(二)据以定案的证据均经法定程序查证属实;

(三)综合全案证据,对所认定事实已排除合理怀疑。

第五十六条 采用刑讯逼供等非法方法收集的犯罪嫌疑人、被告人供述和采用暴力、威胁等非法方法收集的证人证言、被害人陈述,应当予以排除。收集物证、书证不符合法定程序,可能严重影响司法公正的,应当予以补正或者作出合理解释;

不能补正或者作出合理解释的,对该证据应当予以排除。

在侦查、审查起诉、审判时发现有应当排除的证据的,应当依法予以排除,不得作为起诉意见、起诉决定和判决的依据。

第五十七条　人民检察院接到报案、控告、举报或者发现侦查人员以非法方法收集证据的,应当进行调查核实。对于确有以非法方法收集证据情形的,应当提出纠正意见;构成犯罪的,依法追究刑事责任。

第五十八条　法庭审理过程中,审判人员认为可能存在本法第五十六条规定的以非法方法收集证据情形的,应当对证据收集的合法性进行法庭调查。

当事人及其辩护人、诉讼代理人有权申请人民法院对以非法方法收集的证据依法予以排除。申请排除以非法方法收集的证据的,应当提供相关线索或者材料。

第五十九条　在对证据收集的合法性进行法庭调查的过程中,人民检察院应当对证据收集的合法性加以证明。

现有证据材料不能证明证据收集的合法性的,人民检察院可以提请人民法院通知有关侦查人员或者其他人员出庭说明情况;人民法院可以通知有关侦查人员或者其他人员出庭说明情况。有关侦查人员或者其他人员也可以要求出庭说明情况。经人民法院通知,有关人员应当出庭。

第六十条　对于经过法庭审理,确认或者不能排除存在本法第五十六条规定的以非法方法收集证据情形的,对有关证据应当予以排除。

第六十一条　证人证言必须在法庭上经过公诉人、被害人和被告人、辩护人双方质证并且查实以后,才能作为定案的根据。法庭查明证人有意作伪证或者隐匿罪证的时候,应当依法处理。

第六十二条　凡是知道案件情况的人,都有作证的义务。

生理上、精神上有缺陷或者年幼,不能辨别是非、不能正确表达的人,不能作证人。

第六十三条　人民法院、人民检察院和公安机关应当保障证人及其近亲属的安全。

对证人及其近亲属进行威胁、侮辱、殴打或者打击报复,构成犯罪的,依法追究刑事责任;尚不够刑事处罚的,依法给予治安管理处罚。

第六十四条　对于危害国家安全犯罪、恐怖活动犯罪、黑社会性质的组织犯罪、毒品犯罪等案件,证人、鉴定人、被害人因在诉讼中作证,本人或者其近亲属的人身安全面临危险的,人民法院、人民检察院和公安机关应当采取以下一项或者多项保护措施:

(一)不公开真实姓名、住址和工作单位等个人信息;

(二)采取不暴露外貌、真实声音等出庭作证措施;

(三)禁止特定的人员接触证人、鉴定人、被害人及其近亲属;

(四)对人身和住宅采取专门性保护措施;

(五)其他必要的保护措施。

证人、鉴定人、被害人认为因在诉讼中作证,本人或者其近亲属的人身安全面临危险的,可以向人民法院、人民检察院、公安机关请求予以保护。

人民法院、人民检察院、公安机关依法采取保护措施,有关单位和个人应当配合。

第六十五条　证人因履行作证义务而支出的交通、住宿、就餐等费用,应当给予补助。证人作证的补助列入司法机关业务经费,由同级政府财政予以保障。

有工作单位的证人作证,所在单位不得克扣或者变相克扣其工资、奖金及其他福利待遇。

第六章　强制措施

第六十六条　人民法院、人民检察院和公安机关根据案件情况,对犯罪嫌疑人、被告人可以拘传、取保候审或者监视居住。

第六十七条　人民法院、人民检察院和公安机关对有下列情形之一的犯罪嫌疑人、被告人,可以取保候审:

(一)可能判处管制、拘役或者独立适用附加刑的;

(二)可能判处有期徒刑以上刑罚,采取取保候审不致发生社会危险性的;

(三)患有严重疾病、生活不能自理,怀孕或者正在哺乳自己婴儿的妇女,采取取保候审不致发生社会危险性的;

(四)羁押期限届满,案件尚未办结,需要采取取保候审的。

取保候审由公安机关执行。

第六十八条　人民法院、人民检察院和公安机关决定对犯罪嫌疑人、被告人取保候审,应当责令犯罪嫌疑人、被告人提出保证人或者交纳保证金。

第六十九条　保证人必须符合下列条件：

(一)与本案无牵连；

(二)有能力履行保证义务；

(三)享有政治权利，人身自由未受到限制；

(四)有固定的住处和收入。

第七十条　保证人应当履行以下义务：

(一)监督被保证人遵守本法第七十一条的规定；

(二)发现被保证人可能发生或者已经发生违反本法第七十一条规定的行为的，应当及时向执行机关报告。

被保证人有违反本法第七十一条规定的行为，保证人未履行保证义务的，对保证人处以罚款，构成犯罪的，依法追究刑事责任。

第七十一条　被取保候审的犯罪嫌疑人、被告人应当遵守以下规定：

(一)未经执行机关批准不得离开所居住的市、县；

(二)住址、工作单位和联系方式发生变动的，在二十四小时以内向执行机关报告；

(三)在传讯的时候及时到案；

(四)不得以任何形式干扰证人作证；

(五)不得毁灭、伪造证据或者串供。

人民法院、人民检察院和公安机关可以根据案件情况，责令被取保候审的犯罪嫌疑人、被告人遵守以下一项或者多项规定：

(一)不得进入特定的场所；

(二)不得与特定的人员会见或者通信；

(三)不得从事特定的活动；

(四)将护照等出入境证件、驾驶证件交执行机关保存。

被取保候审的犯罪嫌疑人、被告人违反前两款规定，已交纳保证金的，没收部分或者全部保证金，并且区别情形，责令犯罪嫌疑人、被告人具结悔过，重新交纳保证金、提出保证人，或者监视居住、予以逮捕。

对违反取保候审规定，需要予以逮捕的，可以对犯罪嫌疑人、被告人先行拘留。

第七十二条　取保候审的决定机关应当综合考虑保证诉讼活动正常进行的需要，被取保候审人的社会危险性，案件的性质、情节，可能判处刑罚的轻重，被取保候审人的经济状况等情况，确定保证金的数额。

提供保证金的人应当将保证金存入执行机关指定银行的专门账户。

第七十三条　犯罪嫌疑人、被告人在取保候审期间未违反本法第七十一条规定的，取保候审结束的时候，凭解除取保候审的通知或者有关法律文书到银行领取退还的保证金。

第七十四条　人民法院、人民检察院和公安机关对符合逮捕条件，有下列情形之一的犯罪嫌疑人、被告人，可以监视居住：

(一)患有严重疾病、生活不能自理的；

(二)怀孕或者正在哺乳自己婴儿的妇女；

(三)系生活不能自理的人的唯一扶养人；

(四)因为案件的特殊情况或者办理案件的需要，采取监视居住措施更为适宜的；

(五)羁押期限届满，案件尚未办结，需要采取监视居住措施的。

对符合取保候审条件，但犯罪嫌疑人、被告人不能提出保证人，也不交纳保证金的，可以监视居住。

监视居住由公安机关执行。

第七十五条　监视居住应当在犯罪嫌疑人、被告人的住处执行；无固定住处的，可以在指定的居所执行。对于涉嫌危害国家安全犯罪、恐怖活动犯罪，在住处执行可能有碍侦查的，经上一级公安机关批准，也可以在指定的居所执行。但是，不得在羁押场所、专门的办案场所执行。

指定居所监视居住的，除无法通知的以外，应当在执行监视居住后二十四小时以内，通知被监视居住人的家属。

被监视居住的犯罪嫌疑人、被告人委托辩护人，适用本法第三十四条的规定。

人民检察院对指定居所监视居住的决定和执行是否合法实行监督。

第七十六条　指定居所监视居住的期限应当折抵刑期。被判处管制的，监视居住一日折抵刑期一日；被判处拘役、有期徒刑的，监视居住二日折抵刑期一日。

第七十七条　被监视居住的犯罪嫌疑人、被告人应当遵守以下规定：

(一)未经执行机关批准不得离开执行监视居住的处所；

(二)未经执行机关批准不得会见他人或者通信；

(三)在传讯的时候及时到案；

(四)不得以任何形式干扰证人作证；

(五)不得毁灭、伪造证据或者串供；

(六)将护照等出入境证件、身份证件、驾驶证件交执行机关保存。

被监视居住的犯罪嫌疑人、被告人违反前款规定,情节严重的,可以予以逮捕;需要予以逮捕的,可以对犯罪嫌疑人、被告人先行拘留。

第七十八条 执行机关对被监视居住的犯罪嫌疑人、被告人,可以采取电子监控、不定期检查等监视方法对其遵守监视居住规定的情况进行监督;在侦查期间,可以对被监视居住的犯罪嫌疑人的通信进行监控。

第七十九条 人民法院、人民检察院和公安机关对犯罪嫌疑人、被告人取保候审最长不得超过十二个月,监视居住最长不得超过六个月。

在取保候审、监视居住期间,不得中断对案件的侦查、起诉和审理。对于发现不应当追究刑事责任或者取保候审、监视居住期限届满的,应当及时解除取保候审、监视居住。解除取保候审、监视居住,应当及时通知被取保候审、监视居住人和有关单位。

第八十条 逮捕犯罪嫌疑人、被告人,必须经过人民检察院批准或者人民法院决定,由公安机关执行。

第八十一条 对有证据证明有犯罪事实,可能判处徒刑以上刑罚的犯罪嫌疑人、被告人,采取取保候审尚不足以防止发生下列社会危险性的,应当予以逮捕:

(一)可能实施新的犯罪的;

(二)有危害国家安全、公共安全或者社会秩序的现实危险的;

(三)可能毁灭、伪造证据,干扰证人作证或者串供的;

(四)可能对被害人、举报人、控告人实施打击报复的;

(五)企图自杀或者逃跑的。

批准或者决定逮捕,应当将犯罪嫌疑人、被告人涉嫌犯罪的性质、情节,认罪认罚等情况,作为是否可能发生社会危险性的考虑因素。

对有证据证明有犯罪事实,可能判处十年有期徒刑以上刑罚的,或者有证据证明有犯罪事实,可能判处徒刑以上刑罚,曾经故意犯罪或者身份不明的,应当予以逮捕。

被取保候审、监视居住的犯罪嫌疑人、被告人违反取保候审、监视居住规定,情节严重的,可以予以逮捕。

第八十二条 公安机关对于现行犯或者重大嫌疑分子,如果有下列情形之一的,可以先行拘留:

(一)正在预备犯罪、实行犯罪或者在犯罪后即时被发觉的;

(二)被害人或者在场亲眼看见的人指认他犯罪的;

(三)在身边或者住处发现有犯罪证据的;

(四)犯罪后企图自杀、逃跑或者在逃的;

(五)有毁灭、伪造证据或者串供可能的;

(六)不讲真实姓名、住址,身份不明的;

(七)有流窜作案、多次作案、结伙作案重大嫌疑的。

第八十三条 公安机关在异地执行拘留、逮捕的时候,应当通知被拘留、逮捕人所在地的公安机关,被拘留、逮捕人所在地的公安机关应当予以配合。

第八十四条 对于有下列情形的人,任何公民都可以立即扭送公安机关、人民检察院或者人民法院处理:

(一)正在实行犯罪或者在犯罪后即时被发觉的;

(二)通缉在案的;

(三)越狱逃跑的;

(四)正在被追捕的。

第八十五条 公安机关拘留人的时候,必须出示拘留证。

拘留后,应当立即将被拘留人送看守所羁押,至迟不得超过二十四小时。除无法通知或者涉嫌危害国家安全犯罪、恐怖活动犯罪通知可能有碍侦查的情形以外,应当在拘留后二十四小时以内,通知被拘留人的家属。有碍侦查的情形消失以后,应当立即通知被拘留人的家属。

第八十六条 公安机关对被拘留的人,应当在拘留后的二十四小时以内进行讯问。在发现不应当拘留的时候,必须立即释放,发给释放证明。

第八十七条 公安机关要求逮捕犯罪嫌疑人的时候,应当写出提请批准逮捕书,连同案卷材料、证据,一并移送同级人民检察院审查批准。必要的时候,人民检察院可以派人参加公安机关对于重大案件的讨论。

第八十八条 人民检察院审查批准逮捕,可以讯问犯罪嫌疑人;有下列情形之一的,应当讯问犯罪嫌疑人:

(一)对是否符合逮捕条件有疑问的;

(二)犯罪嫌疑人要求向检察人员当面陈述的;

(三)侦查活动可能有重大违法行为的。

人民检察院审查批准逮捕,可以询问证人等诉讼参与人,听取辩护律师的意见;辩护律师提出要求的,应当听取辩护律师的意见。

第八十九条　人民检察院审查批准逮捕犯罪嫌疑人由检察长决定。重大案件应当提交检察委员会讨论决定。

第九十条　人民检察院对于公安机关提请批准逮捕的案件进行审查后,应当根据情况分别作出批准逮捕或者不批准逮捕的决定。对于批准逮捕的决定,公安机关应当立即执行,并且将执行情况及时通知人民检察院。对于不批准逮捕的,人民检察院应当说明理由,需要补充侦查的,应当同时通知公安机关。

第九十一条　公安机关对被拘留的人,认为需要逮捕的,应当在拘留后的三日以内,提请人民检察院审查批准。在特殊情况下,提请审查批准的时间可以延长一日至四日。

对于流窜作案、多次作案、结伙作案的重大嫌疑分子,提请审查批准的时间可以延长至三十日。

人民检察院应当自接到公安机关提请批准逮捕书后的七日以内,作出批准逮捕或者不批准逮捕的决定。人民检察院不批准逮捕的,公安机关应当在接到通知后立即释放,并且将执行情况及时通知人民检察院。对于需要继续侦查,并且符合取保候审、监视居住条件的,依法取保候审或者监视居住。

第九十二条　公安机关对人民检察院不批准逮捕的决定,认为有错误的时候,可以要求复议,但是必须将被拘留的人立即释放。如果意见不被接受,可以向上一级人民检察院提请复核。上级人民检察院应当立即复核,作出是否变更的决定,通知下级人民检察院和公安机关执行。

第九十三条　公安机关逮捕人的时候,必须出示逮捕证。

逮捕后,应当立即将被逮捕人送看守所羁押。除无法通知的以外,应当在逮捕后二十四小时以内,通知被逮捕人的家属。

第九十四条　人民法院、人民检察院对于各自决定逮捕的人,公安机关对于经人民检察院批准逮捕的人,都必须在逮捕后的二十四小时以内进行讯问。在发现不应当逮捕的时候,必须立即释放,发给释放证明。

第九十五条　犯罪嫌疑人、被告人被逮捕后,人民检察院仍应当对羁押的必要性进行审查。对不需要继续羁押的,应当建议予以释放或者变更强制措施。有关机关应当在十日以内将处理情况通知人民检察院。

第九十六条　人民法院、人民检察院和公安机关如果发现对犯罪嫌疑人、被告人采取强制措施不当的,应当及时撤销或者变更。公安机关释放被逮捕的人或者变更逮捕措施的,应当通知原批准的人民检察院。

第九十七条　犯罪嫌疑人、被告人及其法定代理人、近亲属或者辩护人有权申请变更强制措施。人民法院、人民检察院和公安机关收到申请后,应当在三日以内作出决定;不同意变更强制措施的,应当告知申请人,并说明不同意的理由。

第九十八条　犯罪嫌疑人、被告人被羁押的案件,不能在本法规定的侦查羁押、审查起诉、一审、二审期限内办结的,对犯罪嫌疑人、被告人应当予以释放;需要继续查证、审理的,对犯罪嫌疑人、被告人可以取保候审或者监视居住。

第九十九条　人民法院、人民检察院或者公安机关对被采取强制措施法定期限届满的犯罪嫌疑人、被告人,应当予以释放、解除取保候审、监视居住或者依法变更强制措施。犯罪嫌疑人、被告人及其法定代理人、近亲属或者辩护人对于人民法院、人民检察院或者公安机关采取强制措施法定期限届满的,有权要求解除强制措施。

第一百条　人民检察院在审查批准逮捕工作中,如果发现公安机关的侦查活动有违法情况,应当通知公安机关予以纠正,公安机关应当将纠正情况通知人民检察院。

第七章　附带民事诉讼

第一百零一条　被害人由于被告人的犯罪行为而遭受物质损失的,在刑事诉讼过程中,有权提起附带民事诉讼。被害人死亡或者丧失行为能力的,被害人的法定代理人、近亲属有权提起附带民事诉讼。

如果是国家财产、集体财产遭受损失的,人民检察院在提起公诉的时候,可以提起附带民事诉讼。

第一百零二条　人民法院在必要的时候,可以采取保全措施,查封、扣押或者冻结被告人的财产。附带民事诉讼原告人或者人民检察院可以申请人民法院采取保全措施。人民法院采取保全措施,适用民事诉讼法的有关规定。

第一百零三条　人民法院审理附带民事诉讼案件,可以进行调解,或者根据物质损失情况作出判决、裁定。

第一百零四条　附带民事诉讼应当同刑事案

件一并审判,只有为了防止刑事案件审判的过分迟延,才可以在刑事案件审判后,由同一审判组织继续审理附带民事诉讼。

第八章　期间、送达

第一百零五条　期间以时、日、月计算。

期间开始的时和日不算在期间以内。

法定期间不包括路途上的时间。上诉状或者其他文件在期满前已经交邮的,不算过期。

期间的最后一日为节假日的,以节假日后的第一日为期满日期,但犯罪嫌疑人、被告人或者罪犯在押期间,应当至期满之日为止,不得因节假日而延长。

第一百零六条　当事人由于不能抗拒的原因或者有其他正当理由而耽误期限的,在障碍消除后五日以内,可以申请继续进行应当在期满以前完成的诉讼活动。

前款申请是否准许,由人民法院裁定。

第一百零七条　送达传票、通知书和其他诉讼文件应当交给收件人本人;如果本人不在,可以交给他的成年家属或者所在单位的负责人员代收。

收件人本人或者代收人拒绝接收或者拒绝签名、盖章的时候,送达人可以邀请他的邻居或者其他见证人到场,说明情况,把文件留在他的住处,在送达证上记明拒绝的事由、送达的日期,由送达人签名,即认为已经送达。

第九章　其他规定

第一百零八条　本法下列用语的含意是:

(一)"侦查"是指公安机关、人民检察院对于刑事案件,依照法律进行的收集证据、查明案情的工作和有关的强制性措施;

(二)"当事人"是指被害人、自诉人、犯罪嫌疑人、被告人、附带民事诉讼的原告人和被告人;

(三)"法定代理人"是指被代理人的父母、养父母、监护人和负有保护责任的机关、团体的代表;

(四)"诉讼参与人"是指当事人、法定代理人、诉讼代理人、辩护人、证人、鉴定人和翻译人员;

(五)"诉讼代理人"是指公诉案件的被害人及其法定代理人或者近亲属、自诉案件的自诉人及其法定代理人委托代为参加诉讼的人和附带民事诉讼的当事人及其法定代理人委托代为参加诉讼的人;

(六)"近亲属"是指夫、妻、父、母、子、女、同胞兄弟姊妹。

第二编　立案、侦查和提起公诉

第一章　立　　案

第一百零九条　公安机关或者人民检察院发现犯罪事实或者犯罪嫌疑人,应当按照管辖范围,立案侦查。

第一百一十条　任何单位和个人发现有犯罪事实或者犯罪嫌疑人,有权利也有义务向公安机关、人民检察院或者人民法院报案或者举报。

被害人对侵犯其人身、财产权利的犯罪事实或者犯罪嫌疑人,有权向公安机关、人民检察院或者人民法院报案或者控告。

公安机关、人民检察院或者人民法院对于报案、控告、举报,都应当接受。对于不属于自己管辖的,应当移送主管机关处理,并且通知报案人、控告人、举报人;对于不属于自己管辖而又必须采取紧急措施的,应当先采取紧急措施,然后移送主管机关。

犯罪人向公安机关、人民检察院或者人民法院自首的,适用第三款规定。

第一百一十一条　报案、控告、举报可以用书面或者口头提出。接受口头报案、控告、举报的工作人员,应当写成笔录,经宣读无误后,由报案人、控告人、举报人签名或者盖章。

接受控告、举报的工作人员,应当向控告人、举报人说明诬告应负的法律责任。但是,只要不是捏造事实,伪造证据,即使控告、举报的事实有出入,甚至是错告的,也要和诬告严格加以区别。

公安机关、人民检察院或者人民法院应当保障报案人、控告人、举报人及其近亲属的安全。报案人、控告人、举报人如果不愿公开自己的姓名和报案、控告、举报的行为,应当为他保守秘密。

第一百一十二条　人民法院、人民检察院或者公安机关对于报案、控告、举报和自首的材料,应当按照管辖范围,迅速进行审查,认为有犯罪事实需要追究刑事责任的时候,应当立案;认为没有犯罪事实,或者犯罪事实显著轻微,不需要追究刑事责任的时候,不予立案,并且将不立案的原因通知控告人。控告人如果不服,可以申请复议。

第一百一十三条　人民检察院认为公安机关对应当立案侦查的案件而不立案侦查的,或者被害人认为公安机关对应当立案侦查的案件而不立案侦查,向人民检察院提出的,人民检察院应当要求公安机关说明不立案的理由。人民检察院认为公安机关不立案理由不能成立的,应当通知公安机关立案,公安机关接到通知后应当立案。

第一百一十四条 对于自诉案件,被害人有权向人民法院直接起诉。被害人死亡或者丧失行为能力的,被害人的法定代理人、近亲属有权向人民法院起诉。人民法院应当依法受理。

第二章 侦 查

第一节 一般规定

第一百一十五条 公安机关对已经立案的刑事案件,应当进行侦查,收集、调取犯罪嫌疑人有罪或者无罪、罪轻或者罪重的证据材料。对现行犯或者重大嫌疑分子可以依法先行拘留,对符合逮捕条件的犯罪嫌疑人,应当依法逮捕。

第一百一十六条 公安机关经过侦查,对有证据证明有犯罪事实的案件,应当进行预审,对收集、调取的证据材料予以核实。

第一百一十七条 当事人和辩护人、诉讼代理人、利害关系人对于司法机关及其工作人员有下列行为之一的,有权向该机关申诉或者控告:

(一)采取强制措施法定期限届满,不予以释放、解除或者变更的;

(二)应当退还取保候审保证金不退还的;

(三)对与案件无关的财物采取查封、扣押、冻结措施的;

(四)应当解除查封、扣押、冻结不解除的;

(五)贪污、挪用、私分、调换、违反规定使用查封、扣押、冻结的财物的。

受理申诉或者控告的机关应当及时处理。对处理不服的,可以向同级人民检察院申诉;人民检察院直接受理的案件,可以向上一级人民检察院申诉。人民检察院对申诉应当及时进行审查,情况属实的,通知有关机关予以纠正。

第二节 讯问犯罪嫌疑人

第一百一十八条 讯问犯罪嫌疑人必须由人民检察院或者公安机关的侦查人员负责进行。讯问的时候,侦查人员不得少于二人。

犯罪嫌疑人被送交看守所羁押以后,侦查人员对其进行讯问,应当在看守所内进行。

第一百一十九条 对不需要逮捕、拘留的犯罪嫌疑人,可以传唤到犯罪嫌疑人所在市、县内的指定地点或者到他的住处进行讯问,但是应当出示人民检察院或者公安机关的证明文件。对在现场发现的犯罪嫌疑人,经出示工作证件,可以口头传唤,但应当在讯问笔录中注明。

传唤、拘传持续的时间不得超过十二小时;案情特别重大、复杂,需要采取拘留、逮捕措施的,传唤、拘传持续的时间不得超过二十四小时。

不得以连续传唤、拘传的形式变相拘禁犯罪嫌疑人。传唤、拘传犯罪嫌疑人,应当保证犯罪嫌疑人的饮食和必要的休息时间。

第一百二十条 侦查人员在讯问犯罪嫌疑人的时候,应当首先讯问犯罪嫌疑人是否有犯罪行为,让他陈述有罪的情节或者无罪的辩解,然后向他提出问题。犯罪嫌疑人对侦查人员的提问,应当如实回答。但是对与本案无关的问题,有拒绝回答的权利。

侦查人员在讯问犯罪嫌疑人的时候,应当告知犯罪嫌疑人享有的诉讼权利,如实供述自己罪行可以从宽处理和认罪认罚的法律规定。

第一百二十一条 讯问聋、哑的犯罪嫌疑人,应当有通晓聋、哑手势的人参加,并且将这种情况记明笔录。

第一百二十二条 讯问笔录应当交犯罪嫌疑人核对,对于没有阅读能力的,应当向他宣读。如果记载有遗漏或者差错,犯罪嫌疑人可以提出补充或者改正。犯罪嫌疑人承认笔录没有错误后,应当签名或者盖章。侦查人员也应当在笔录上签名。犯罪嫌疑人请求自行书写供述的,应当准许。必要的时候,侦查人员也可以要犯罪嫌疑人亲笔书写供词。

第一百二十三条 侦查人员在讯问犯罪嫌疑人的时候,可以对讯问过程进行录音或者录像;对于可能判处无期徒刑、死刑的案件或者其他重大犯罪案件,应当对讯问过程进行录音或者录像。

录音或者录像应当全程进行,保持完整性。

第三节 询问证人

第一百二十四条 侦查人员询问证人,可以在现场进行,也可以到证人所在单位、住处或者证人提出的地点进行,在必要的时候,可以通知证人到人民检察院或者公安机关提供证言。在现场询问证人,应当出示工作证件,到证人所在单位、住处或者证人提出的地点询问证人,应当出示人民检察院或者公安机关的证明文件。

询问证人应当个别进行。

第一百二十五条 询问证人,应当告知他应当如实地提供证据、证言和有意作伪证或者隐匿罪证要负的法律责任。

第一百二十六条 本法第一百二十二条的规定,也适用于询问证人。

第一百二十七条 询问被害人,适用本节各条规定。

第四节 勘验、检查

第一百二十八条 侦查人员对于与犯罪有关的场所、物品、人身、尸体应当进行勘验或者检查。在必要的时候,可以指派或者聘请具有专门知识的人,在侦查人员的主持下进行勘验、检查。

第一百二十九条 任何单位和个人,都有义务保护犯罪现场,并且立即通知公安机关派员勘验。

第一百三十条 侦查人员执行勘验、检查,必须持有人民检察院或者公安机关的证明文件。

第一百三十一条 对于死因不明的尸体,公安机关有权决定解剖,并且通知死者家属到场。

第一百三十二条 为了确定被害人、犯罪嫌疑人的某些特征、伤害情况或者生理状态,可以对人身进行检查,可以提取指纹信息,采集血液、尿液等生物样本。

犯罪嫌疑人如果拒绝检查,侦查人员认为必要的时候,可以强制检查。

检查妇女的身体,应当由女工作人员或者医师进行。

第一百三十三条 勘验、检查的情况应当写成笔录,由参加勘验、检查的人和见证人签名或者盖章。

第一百三十四条 人民检察院审查案件的时候,对公安机关的勘验、检查,认为需要复验、复查时,可以要求公安机关复验、复查,并且可以派检察人员参加。

第一百三十五条 为了查明案情,在必要的时候,经公安机关负责人批准,可以进行侦查实验。

侦查实验的情况应当写成笔录,由参加实验的人签名或者盖章。

侦查实验,禁止一切足以造成危险、侮辱人格或者有伤风化的行为。

第五节 搜　查

第一百三十六条 为了收集犯罪证据、查获犯罪人,侦查人员可以对犯罪嫌疑人以及可能隐藏罪犯或者犯罪证据的人的身体、物品、住处和其他有关的地方进行搜查。

第一百三十七条 任何单位和个人,有义务按照人民检察院和公安机关的要求,交出可以证明犯罪嫌疑人有罪或者无罪的物证、书证、视听资料等证据。

第一百三十八条 进行搜查,必须向被搜查人出示搜查证。

在执行逮捕、拘留的时候,遇有紧急情况,不另用搜查证也可以进行搜查。

第一百三十九条 在搜查的时候,应当有被搜查人或者他的家属,邻居或者其他见证人在场。

搜查妇女的身体,应当由女工作人员进行。

第一百四十条 搜查的情况应当写成笔录,由侦查人员和被搜查人或者他的家属,邻居或者其他见证人签名或者盖章。如果被搜查人或者他的家属在逃或者拒绝签名、盖章,应当在笔录上注明。

第六节 查封、扣押物证、书证

第一百四十一条 在侦查活动中发现的可用以证明犯罪嫌疑人有罪或者无罪的各种财物、文件,应当查封、扣押;与案件无关的财物、文件,不得查封、扣押。

对查封、扣押的财物、文件,要妥善保管或者封存,不得使用、调换或者损毁。

第一百四十二条 对查封、扣押的财物、文件,应当会同在场见证人和被查封、扣押财物、文件持有人查点清楚,当场开列清单一式二份,由侦查人员、见证人和持有人签名或者盖章,一份交给持有人,另一份附卷备查。

第一百四十三条 侦查人员认为需要扣押犯罪嫌疑人的邮件、电报的时候,经公安机关或者人民检察院批准,即可通知邮电机关将有关的邮件、电报检交扣押。

不需要继续扣押的时候,应即通知邮电机关。

第一百四十四条 人民检察院、公安机关根据侦查犯罪的需要,可以依照规定查询、冻结犯罪嫌疑人的存款、汇款、债券、股票、基金份额等财产。有关单位和个人应当配合。

犯罪嫌疑人的存款、汇款、债券、股票、基金份额等财产已被冻结的,不得重复冻结。

第一百四十五条 对查封、扣押的财物、文件、邮件、电报或者冻结的存款、汇款、债券、股票、基金份额等财产,经查明确实与案件无关的,应当在三日以内解除查封、扣押、冻结,予以退还。

第七节 鉴 定

第一百四十六条 为了查明案情，需要解决案件中某些专门性问题的时候，应当指派、聘请有专门知识的人进行鉴定。

第一百四十七条 鉴定人进行鉴定后，应当写出鉴定意见，并且签名。

鉴定人故意作虚假鉴定的，应当承担法律责任。

第一百四十八条 侦查机关应当将用作证据的鉴定意见告知犯罪嫌疑人、被害人。如果犯罪嫌疑人、被害人提出申请，可以补充鉴定或者重新鉴定。

第一百四十九条 对犯罪嫌疑人作精神病鉴定的期间不计入办案期限。

第八节 技术侦查措施

第一百五十条 公安机关在立案后，对于危害国家安全犯罪、恐怖活动犯罪、黑社会性质的组织犯罪、重大毒品犯罪或者其他严重危害社会的犯罪案件，根据侦查犯罪的需要，经过严格的批准手续，可以采取技术侦查措施。

人民检察院在立案后，对于利用职权实施的严重侵犯公民人身权利的重大犯罪案件，根据侦查犯罪的需要，经过严格的批准手续，可以采取技术侦查措施，按照规定交有关机关执行。

追捕被通缉或者批准、决定逮捕的在逃的犯罪嫌疑人、被告人，经过批准，可以采取追捕所必需的技术侦查措施。

第一百五十一条 批准决定应当根据侦查犯罪的需要，确定采取技术侦查措施的种类和适用对象。批准决定自签发之日起三个月以内有效。对于不需要继续采取技术侦查措施的，应当及时解除；对于复杂、疑难案件，期限届满仍有必要继续采取技术侦查措施的，经过批准，有效期可以延长，每次不得超过三个月。

第一百五十二条 采取技术侦查措施，必须严格按照批准的措施种类、适用对象和期限执行。

侦查人员对采取技术侦查措施过程中知悉的国家秘密、商业秘密和个人隐私，应当保密；对采取技术侦查措施获取的与案件无关的材料，必须及时销毁。

采取技术侦查措施获取的材料，只能用于对犯罪的侦查、起诉和审判，不得用于其他用途。

公安机关依法采取技术侦查措施，有关单位和个人应当配合，并对有关情况予以保密。

第一百五十三条 为了查明案情，在必要的时候，经公安机关负责人决定，可以由有关人员隐匿其身份实施侦查。但是，不得诱使他人犯罪，不得采用可能危害公共安全或者发生重大人身危险的方法。

对涉及给付毒品等违禁品或者财物的犯罪活动，公安机关根据侦查犯罪的需要，可以依照规定实施控制下交付。

第一百五十四条 依照本节规定采取侦查措施收集的材料在刑事诉讼中可以作为证据使用。如果使用该证据可能危及有关人员的人身安全，或者可能产生其他严重后果的，应当采取不暴露有关人员身份、技术方法等保护措施，必要的时候，可以由审判人员在庭外对证据进行核实。

第九节 通 缉

第一百五十五条 应当逮捕的犯罪嫌疑人如果在逃，公安机关可以发布通缉令，采取有效措施，追捕归案。

各级公安机关在自己管辖的地区以内，可以直接发布通缉令；超出自己管辖的地区，应当报请有权决定的上级机关发布。

第十节 侦查终结

第一百五十六条 对犯罪嫌疑人逮捕后的侦查羁押期限不得超过二个月。案情复杂、期限届满不能终结的案件，可以经上一级人民检察院批准延长一个月。

第一百五十七条 因为特殊原因，在较长时间内不宜交付审判的特别重大复杂的案件，由最高人民检察院报请全国人民代表大会常务委员会批准延期审理。

第一百五十八条 下列案件在本法第一百五十六条规定的期限届满不能侦查终结的，经省、自治区、直辖市人民检察院批准或者决定，可以延长二个月：

（一）交通十分不便的边远地区的重大复杂案件；

（二）重大的犯罪集团案件；

（三）流窜作案的重大复杂案件；

（四）犯罪涉及面广，取证困难的重大复杂案件。

第一百五十九条 对犯罪嫌疑人可能判处十年有期徒刑以上刑罚，依照本法第一百五十八条规定延长期限届满，仍不能侦查终结的，经省、自治区、直辖市人民检察院批准或者决定,可以再延长二个月。

第一百六十条 在侦查期间,发现犯罪嫌疑人另有重要罪行的,自发现之日起依照本法第一百五十六条的规定重新计算侦查羁押期限。

犯罪嫌疑人不讲真实姓名、住址,身份不明的,应当对其身份进行调查,侦查羁押期限自查清其身份之日起计算,但是不得停止对其犯罪行为的侦查取证。对于犯罪事实清楚,证据确实、充分,确实无法查明其身份的,也可以按其自报的姓名起诉、审判。

第一百六十一条 在案件侦查终结前,辩护律师提出要求的,侦查机关应当听取辩护律师的意见,并记录在案。辩护律师提出书面意见的,应当附卷。

第一百六十二条 公安机关侦查终结的案件,应当做到犯罪事实清楚,证据确实、充分,并且写出起诉意见书,连同案卷材料、证据一并移送同级人民检察院审查决定;同时将案件移送情况告知犯罪嫌疑人及其辩护律师。

犯罪嫌疑人自愿认罪的,应当记录在案,随案移送,并在起诉意见书中写明有关情况。

第一百六十三条 在侦查过程中,发现不应对犯罪嫌疑人追究刑事责任的,应当撤销案件;犯罪嫌疑人已被逮捕的,应当立即释放,发给释放证明,并且通知原批准逮捕的人民检察院。

第十一节 人民检察院对直接受理的案件的侦查

第一百六十四条 人民检察院对直接受理的案件的侦查适用本章规定。

第一百六十五条 人民检察院直接受理的案件中符合本法第八十一条、第八十二条第四项、第五项规定情形,需要逮捕、拘留犯罪嫌疑人的,由人民检察院作出决定,由公安机关执行。

第一百六十六条 人民检察院对直接受理的案件中被拘留的人,应当在拘留后的二十四小时以内进行讯问。在发现不应当拘留的时候,必须立即释放,发给释放证明。

第一百六十七条 人民检察院对直接受理的案件中被拘留的人,认为需要逮捕的,应当在十四日以内作出决定。在特殊情况下,决定逮捕的时间可以延长一日至三日。对不需要逮捕的,应当立即释放;对需要继续侦查,并且符合取保候审、监视居住条件的,依法取保候审或者监视居住。

第一百六十八条 人民检察院侦查终结的案件,应当作出提起公诉、不起诉或者撤销案件的决定。

第三章 提起公诉

第一百六十九条 凡需要提起公诉的案件,一律由人民检察院审查决定。

第一百七十条 人民检察院对于监察机关移送起诉的案件,依照本法和监察法的有关规定进行审查。人民检察院经审查,认为需要补充核实的,应当退回监察机关补充调查,必要时可以自行补充侦查。

对于监察机关移送起诉的已采取留置措施的案件,人民检察院应当对犯罪嫌疑人先行拘留,留置措施自动解除。人民检察院应当在拘留后的十日以内作出是否逮捕、取保候审或者监视居住的决定。在特殊情况下,决定的时间可以延长一日至四日。人民检察院决定采取强制措施的期间不计入审查起诉期限。

第一百七十一条 人民检察院审查案件的时候,必须查明:

(一)犯罪事实、情节是否清楚,证据是否确实、充分,犯罪性质和罪名的认定是否正确;

(二)有无遗漏罪行和其他应当追究刑事责任的人;

(三)是否属于不应追究刑事责任的;

(四)有无附带民事诉讼;

(五)侦查活动是否合法。

第一百七十二条 人民检察院对于监察机关、公安机关移送起诉的案件,应当在一个月以内作出决定,重大、复杂的案件,可以延长十五日;犯罪嫌疑人认罪认罚,符合速裁程序适用条件的,应当在十日以内作出决定,对可能判处的有期徒刑超过一年的,可以延长至十五日。

人民检察院审查起诉的案件,改变管辖的,从改变后的人民检察院收到案件之日起计算审查起诉期限。

第一百七十三条 人民检察院审查案件,应当讯问犯罪嫌疑人,听取辩护人或者值班律师、被害人及其诉讼代理人的意见,并记录在案。辩护人或者值班律师、被害人及其诉讼代理人提出书面意见的,应当附卷。

犯罪嫌疑人认罪认罚的,人民检察院应当告知其享有的诉讼权利和认罪认罚的法律规定,听取犯罪嫌疑人、辩护人或者值班律师、被害人及其诉讼代理人对下列事项的意见，并记录在案：

（一）涉嫌的犯罪事实、罪名及适用的法律规定；

（二）从轻、减轻或者免除处罚等从宽处罚的建议；

（三）认罪认罚后案件审理适用的程序；

（四）其他需要听取意见的事项。

人民检察院依照前两款规定听取值班律师意见的，应当提前为值班律师了解案件有关情况提供必要的便利。

第一百七十四条　犯罪嫌疑人自愿认罪，同意量刑建议和程序适用的，应当在辩护人或者值班律师在场的情况下签署认罪认罚具结书。

犯罪嫌疑人认罪认罚，有下列情形之一的，不需要签署认罪认罚具结书：

（一）犯罪嫌疑人是盲、聋、哑人，或者是尚未完全丧失辨认或者控制自己行为能力的精神病人的；

（二）未成年犯罪嫌疑人的法定代理人、辩护人对未成年人认罪认罚有异议的；

（三）其他不需要签署认罪认罚具结书的情形。

第一百七十五条　人民检察院审查案件，可以要求公安机关提供法庭审判所必需的证据材料；认为可能存在本法第五十六条规定的以非法方法收集证据情形的，可以要求其对证据收集的合法性作出说明。

人民检察院审查案件，对于需要补充侦查的，可以退回公安机关补充侦查，也可以自行侦查。

对于补充侦查的案件，应当在一个月以内补充侦查完毕。补充侦查以二次为限。补充侦查完毕移送人民检察院后，人民检察院重新计算审查起诉期限。

对于二次补充侦查的案件，人民检察院仍然认为证据不足，不符合起诉条件的，应当作出不起诉的决定。

第一百七十六条　人民检察院认为犯罪嫌疑人的犯罪事实已经查清，证据确实、充分，依法应当追究刑事责任的，应当作出起诉决定，按照审判管辖的规定，向人民法院提起公诉，并将案卷材料、证据移送人民法院。

犯罪嫌疑人认罪认罚的，人民检察院应当就主刑、附加刑、是否适用缓刑等提出量刑建议，并随案移送认罪认罚具结书等材料。

第一百七十七条　犯罪嫌疑人没有犯罪事实，或者有本法第十六条规定的情形之一的，人民检察院应当作出不起诉决定。

对于犯罪情节轻微，依照刑法规定不需要判处刑罚或者免除刑罚的，人民检察院可以作出不起诉决定。

人民检察院决定不起诉的案件，应当同时对侦查中查封、扣押、冻结的财物解除查封、扣押、冻结。对被不起诉人需要给予行政处罚、处分或者需要没收其违法所得的，人民检察院应当提出检察意见，移送有关主管机关处理。有关主管机关应当将处理结果及时通知人民检察院。

第一百七十八条　不起诉的决定，应当公开宣布，并且将不起诉决定书送达被不起诉人和他的所在单位。如果被不起诉人在押，应当立即释放。

第一百七十九条　对于公安机关移送起诉的案件，人民检察院决定不起诉的，应当将不起诉决定书送达公安机关。公安机关认为不起诉的决定有错误的时候，可以要求复议，如果意见不被接受，可以向上一级人民检察院提请复核。

第一百八十条　对于有被害人的案件，决定不起诉的，人民检察院应当将不起诉决定书送达被害人。被害人如果不服，可以自收到决定书后七日以内向上一级人民检察院申诉，请求提起公诉。人民检察院应当将复查决定告知被害人。对人民检察院维持不起诉决定的，被害人可以向人民法院起诉。被害人也可以不经申诉，直接向人民法院起诉。人民法院受理案件后，人民检察院应当将有关案件材料移送人民法院。

第一百八十一条　对于人民检察院依照本法第一百七十七条第二款规定作出的不起诉决定，被不起诉人如果不服，可以自收到决定书后七日以内向人民检察院申诉。人民检察院应当作出复查决定，通知被不起诉的人，同时抄送公安机关。

第一百八十二条　犯罪嫌疑人自愿如实供述涉嫌犯罪的事实，有重大立功或者案件涉及国家重大利益的，经最高人民检察院核准，公安机关可以撤销案件，人民检察院可以作出不起诉决定，也可以对涉嫌数罪中的一项或者多项不起诉。

根据前款规定不起诉或者撤销案件的，人民检察院、公安机关应当及时对查封、扣押、冻结的财物及其孳息作出处理。

第三编　审　判

第一章　审判组织

第一百八十三条　基层人民法院、中级人民法院审判第一审案件，应当由审判员三人或者由审判员和人民陪审员共三人或者七人组成合议庭进行，但是基层人民法院适用简易程序、速裁程序的案件可以由审判员一人独任审判。

高级人民法院审判第一审案件，应当由审判员三人至七人或者由审判员和人民陪审员共三人或者七人组成合议庭进行。

最高人民法院审判第一审案件，应当由审判员三人至七人组成合议庭进行。

人民法院审判上诉和抗诉案件，由审判员三人或者五人组成合议庭进行。

合议庭的成员人数应当是单数。

第一百八十四条　合议庭进行评议的时候，如果意见分歧，应当按多数人的意见作出决定，但是少数人的意见应当写入笔录。评议笔录由合议庭的组成人员签名。

第一百八十五条　合议庭开庭审理并且评议后，应当作出判决。对于疑难、复杂、重大的案件，合议庭认为难以作出决定的，由合议庭提请院长决定提交审判委员会讨论决定。审判委员会的决定，合议庭应当执行。

第二章　第一审程序

第一节　公诉案件

第一百八十六条　人民法院对提起公诉的案件进行审查后，对于起诉书中有明确的指控犯罪事实的，应当决定开庭审判。

第一百八十七条　人民法院决定开庭审判后，应当确定合议庭的组成人员，将人民检察院的起诉书副本至迟在开庭十日以前送达被告人及其辩护人。

在开庭以前，审判人员可以召集公诉人、当事人和辩护人、诉讼代理人，对回避、出庭证人名单、非法证据排除等与审判相关的问题，了解情况，听取意见。

人民法院确定开庭日期后，应当将开庭的时间、地点通知人民检察院，传唤当事人，通知辩护人、诉讼代理人、证人、鉴定人和翻译人员，传票和通知书至迟在开庭三日以前送达。公开审判的案件，应当在开庭三日以前先期公布案由、被告人姓名、开庭时间和地点。

上述活动情形应当写入笔录，由审判人员和书记员签名。

第一百八十八条　人民法院审判第一审案件应当公开进行。但是有关国家秘密或者个人隐私的案件，不公开审理；涉及商业秘密的案件，当事人申请不公开审理的，可以不公开审理。

不公开审理的案件，应当当庭宣布不公开审理的理由。

第一百八十九条　人民法院审判公诉案件，人民检察院应当派员出席法庭支持公诉。

第一百九十条　开庭的时候，审判长查明当事人是否到庭，宣布案由；宣布合议庭的组成人员、书记员、公诉人、辩护人、诉讼代理人、鉴定人和翻译人员的名单；告知当事人有权对合议庭组成人员、书记员、公诉人、鉴定人和翻译人员申请回避；告知被告人享有辩护权利。

被告人认罪认罚的，审判长应当告知被告人享有的诉讼权利和认罪认罚的法律规定，审查认罪认罚的自愿性和认罪认罚具结书内容的真实性、合法性。

第一百九十一条　公诉人在法庭上宣读起诉书后，被告人、被害人可以就起诉书指控的犯罪进行陈述，公诉人可以讯问被告人。

被害人、附带民事诉讼的原告人和辩护人、诉讼代理人，经审判长许可，可以向被告人发问。

审判人员可以讯问被告人。

第一百九十二条　公诉人、当事人或者辩护人、诉讼代理人对证人证言有异议，且该证人证言对案件定罪量刑有重大影响，人民法院认为证人有必要出庭作证的，证人应当出庭作证。

人民警察就其执行职务时目击的犯罪情况作为证人出庭作证，适用前款规定。

公诉人、当事人或者辩护人、诉讼代理人对鉴定意见有异议，人民法院认为鉴定人有必要出庭的，鉴定人应当出庭作证。经人民法院通知，鉴定人拒不出庭作证的，鉴定意见不得作为定案的根据。

第一百九十三条　经人民法院通知，证人没有正当理由不出庭作证的，人民法院可以强制其到庭，但是被告人的配偶、父母、子女除外。

证人没有正当理由拒绝出庭或者出庭后拒绝作证的，予以训诫，情节严重的，经院长批准，处以十日以下的拘留。被处罚人对拘留决定不服的，可以向上一级人民法院申请复议。复议期间不停止执行。

第一百九十四条　证人作证，审判人员应当告知他要如实地提供证言和有意作伪证或者隐匿罪证要负的法律责任。公诉人、当事人和辩护人、诉讼代理人经审判长许可，可以对证人、鉴定人发问。

审判长认为发问的内容与案件无关的时候，应当制止。

审判人员可以询问证人、鉴定人。

第一百九十五条 公诉人、辩护人应当向法庭出示物证，让当事人辨认，对未到庭的证人的证言笔录、鉴定人的鉴定意见、勘验笔录和其他作为证据的文书，应当当庭宣读。审判人员应当听取公诉人、当事人和辩护人、诉讼代理人的意见。

第一百九十六条 法庭审理过程中，合议庭对证据有疑问的，可以宣布休庭，对证据进行调查核实。

人民法院调查核实证据，可以进行勘验、检查、查封、扣押、鉴定和查询、冻结。

第一百九十七条 法庭审理过程中，当事人和辩护人、诉讼代理人有权申请通知新的证人到庭，调取新的物证，申请重新鉴定或者勘验。

公诉人、当事人和辩护人、诉讼代理人可以申请法庭通知有专门知识的人出庭，就鉴定人作出的鉴定意见提出意见。

法庭对于上述申请，应当作出是否同意的决定。

第二款规定的有专门知识的人出庭，适用鉴定人的有关规定。

第一百九十八条 法庭审理过程中，对与定罪、量刑有关的事实、证据都应当进行调查、辩论。

经审判长许可，公诉人、当事人和辩护人、诉讼代理人可以对证据和案件情况发表意见并且可以互相辩论。

审判长在宣布辩论终结后，被告人有最后陈述的权利。

第一百九十九条 在法庭审判过程中，如果诉讼参与人或者旁听人员违反法庭秩序，审判长应当警告制止。对不听制止的，可以强行带出法庭；情节严重的，处以一千元以下的罚款或者十五日以下的拘留。罚款、拘留必须经院长批准。被处罚人对罚款、拘留的决定不服的，可以向上一级人民法院申请复议。复议期间不停止执行。

对聚众哄闹、冲击法庭或者侮辱、诽谤、威胁、殴打司法工作人员或者诉讼参与人，严重扰乱法庭秩序，构成犯罪的，依法追究刑事责任。

第二百条 在被告人最后陈述后，审判长宣布休庭，合议庭进行评议，根据已经查明的事实、证据和有关的法律规定，分别作出以下判决：

（一）案件事实清楚，证据确实、充分，依据法律认定被告人有罪的，应当作出有罪判决；

（二）依据法律认定被告人无罪的，应当作出无罪判决；

（三）证据不足，不能认定被告人有罪的，应当作出证据不足、指控的犯罪不能成立的无罪判决。

第二百零一条 对于认罪认罚案件，人民法院依法作出判决时，一般应当采纳人民检察院指控的罪名和量刑建议，但有下列情形的除外：

（一）被告人的行为不构成犯罪或者不应当追究其刑事责任的；

（二）被告人违背意愿认罪认罚的；

（三）被告人否认指控的犯罪事实的；

（四）起诉指控的罪名与审理认定的罪名不一致的；

（五）其他可能影响公正审判的情形。

人民法院经审理认为量刑建议明显不当，或者被告人、辩护人对量刑建议提出异议的，人民检察院可以调整量刑建议。人民检察院不调整量刑建议或者调整量刑建议后仍然明显不当的，人民法院应当依法作出判决。

第二百零二条 宣告判决，一律公开进行。

当庭宣告判决的，应当在五日以内将判决书送达当事人和提起公诉的人民检察院；定期宣告判决的，应当在宣告后立即将判决书送达当事人和提起公诉的人民检察院。判决书应当同时送达辩护人、诉讼代理人。

第二百零三条 判决书应当由审判人员和书记员署名，并且写明上诉的期限和上诉的法院。

第二百零四条 在法庭审判过程中，遇有下列情形之一，影响审判进行的，可以延期审理：

（一）需要通知新的证人到庭，调取新的物证，重新鉴定或者勘验的；

（二）检察人员发现提起公诉的案件需要补充侦查，提出建议的；

（三）由于申请回避而不能进行审判的。

第二百零五条 依照本法第二百零四条第二项的规定延期审理的案件，人民检察院应当在一个月以内补充侦查完毕。

第二百零六条 在审判过程中，有下列情形之一，致使案件在较长时间内无法继续审理的，可以中止审理：

（一）被告人患有严重疾病，无法出庭的；

（二）被告人脱逃的；

（三）自诉人患有严重疾病，无法出庭，未委托诉讼代理人出庭的；

（四）由于不能抗拒的原因。

中止审理的原因消失后，应当恢复审理。中止审理的期间不计入审理期限。

第二百零七条　法庭审判的全部活动，应当由书记员写成笔录，经审判长审阅后，由审判长和书记员签名。

法庭笔录中的证人证言部分，应当当庭宣读或者交给证人阅读。证人在承认没有错误后，应当签名或者盖章。

法庭笔录应当交给当事人阅读或者向他宣读。当事人认为记载有遗漏或者差错的，可以请求补充或者改正。当事人承认没有错误后，应当签名或者盖章。

第二百零八条　人民法院审理公诉案件，应当在受理后二个月以内宣判，至迟不得超过三个月。对于可能判处死刑的案件或者附带民事诉讼的案件，以及有本法第一百五十八条规定情形之一的，经上一级人民法院批准，可以延长三个月；因特殊情况还需要延长的，报请最高人民法院批准。

人民法院改变管辖的案件，从改变后的人民法院收到案件之日起计算审理期限。

人民检察院补充侦查的案件，补充侦查完毕移送人民法院后，人民法院重新计算审理期限。

第二百零九条　人民检察院发现人民法院审理案件违反法律规定的诉讼程序，有权向人民法院提出纠正意见。

第二节　自诉案件

第二百一十条　自诉案件包括下列案件：

（一）告诉才处理的案件；

（二）被害人有证据证明的轻微刑事案件；

（三）被害人有证据证明对被告人侵犯自己人身、财产权利的行为应当依法追究刑事责任，而公安机关或者人民检察院不予追究被告人刑事责任的案件。

第二百一十一条　人民法院对于自诉案件进行审查后，按照下列情形分别处理：

（一）犯罪事实清楚，有足够证据的案件，应当开庭审判；

（二）缺乏罪证的自诉案件，如果自诉人提不出补充证据，应当说服自诉人撤回自诉，或者裁定驳回。

自诉人经两次依法传唤，无正当理由拒不到庭的，或者未经法庭许可中途退庭的，按撤诉处理。

法庭审理过程中，审判人员对证据有疑问，需要调查核实的，适用本法第一百九十六条的规定。

第二百一十二条　人民法院对自诉案件，可以进行调解；自诉人在宣告判决前，可以同被告人自行和解或者撤回自诉。本法第二百一十条第三项规定的案件不适用调解。

人民法院审理自诉案件的期限，被告人被羁押的，适用本法第二百零八条第一款、第二款的规定；未被羁押的，应当在受理后六个月以内宣判。

第二百一十三条　自诉案件的被告人在诉讼过程中，可以对自诉人提起反诉。反诉适用自诉的规定。

第三节　简易程序

第二百一十四条　基层人民法院管辖的案件，符合下列条件的，可以适用简易程序审判：

（一）案件事实清楚、证据充分的；

（二）被告人承认自己所犯罪行，对指控的犯罪事实没有异议的；

（三）被告人对适用简易程序没有异议的。

人民检察院在提起公诉的时候，可以建议人民法院适用简易程序。

第二百一十五条　有下列情形之一的，不适用简易程序：

（一）被告人是盲、聋、哑人，或者是尚未完全丧失辨认或者控制自己行为能力的精神病人的；

（二）有重大社会影响的；

（三）共同犯罪案件中部分被告人不认罪或者对适用简易程序有异议的；

（四）其他不宜适用简易程序审理的。

第二百一十六条　适用简易程序审理案件，对可能判处三年有期徒刑以下刑罚的，可以组成合议庭进行审判，也可以由审判员一人独任审判；对可能判处的有期徒刑超过三年的，应当组成合议庭进行审判。

适用简易程序审理公诉案件，人民检察院应当派员出席法庭。

第二百一十七条　适用简易程序审理案件，审判人员应当询问被告人对指控的犯罪事实的意见，告知被告人适用简易程序审理的法律规定，确认被告人是否同意适用简易程序审理。

第二百一十八条　适用简易程序审理案件，经审判人员许可，被告人及其辩护人可以同公诉人、自诉人及其诉讼代理人互相辩论。

第二百一十九条　适用简易程序审理案件，不受本章第一节关于送达期限、讯问被告人、询问证人、鉴定人、出示证据、法庭辩论程序规定的限制。但在判决宣告前应当听取被告人的最后陈述意见。

第二百二十条 适用简易程序审理案件，人民法院应当在受理后二十日以内审结；对可能判处的有期徒刑超过三年的，可以延长至一个半月。

第二百二十一条 人民法院在审理过程中，发现不宜适用简易程序的，应当按照本章第一节或者第二节的规定重新审理。

第四节 速裁程序

第二百二十二条 基层人民法院管辖的可能判处三年有期徒刑以下刑罚的案件，案件事实清楚，证据确实、充分，被告人认罪认罚并同意适用速裁程序的，可以适用速裁程序，由审判员一人独任审判。

人民检察院在提起公诉的时候，可以建议人民法院适用速裁程序。

第二百二十三条 有下列情形之一的，不适用速裁程序：

（一）被告人是盲、聋、哑人，或者是尚未完全丧失辨认或者控制自己行为能力的精神病人的；

（二）被告人是未成年人的；

（三）案件有重大社会影响的；

（四）共同犯罪案件中部分被告人对指控的犯罪事实、罪名、量刑建议或者适用速裁程序有异议的；

（五）被告人与被害人或者其法定代理人没有就附带民事诉讼赔偿等事项达成调解或者和解协议的；

（六）其他不宜适用速裁程序审理的。

第二百二十四条 适用速裁程序审理案件，不受本章第一节规定的送达期限的限制，一般不进行法庭调查、法庭辩论，但在判决宣告前应当听取辩护人的意见和被告人的最后陈述意见。

适用速裁程序审理案件，应当当庭宣判。

第二百二十五条 适用速裁程序审理案件，人民法院应当在受理后十日以内审结；对可能判处的有期徒刑超过一年的，可以延长至十五日。

第二百二十六条 人民法院在审理过程中，发现有被告人的行为不构成犯罪或者不应当追究其刑事责任、被告人违背意愿认罪认罚、被告人否认指控的犯罪事实或者其他不宜适用速裁程序审理的情形的，应当按照本章第一节或者第三节的规定重新审理。

第三章 第二审程序

第二百二十七条 被告人、自诉人和他们的法定代理人，不服地方各级人民法院第一审的判决、裁定，有权用书状或者口头向上一级人民法院上诉。被告人的辩护人和近亲属，经被告人同意，可以提出上诉。

附带民事诉讼的当事人和他们的法定代理人，可以对地方各级人民法院第一审的判决、裁定中的附带民事诉讼部分，提出上诉。

对被告人的上诉权，不得以任何借口加以剥夺。

第二百二十八条 地方各级人民检察院认为本级人民法院第一审的判决、裁定确有错误的时候，应当向上一级人民法院提出抗诉。

第二百二十九条 被害人及其法定代理人不服地方各级人民法院第一审的判决的，自收到判决书后五日以内，有权请求人民检察院提出抗诉。人民检察院自收到被害人及其法定代理人的请求后五日以内，应当作出是否抗诉的决定并且答复请求人。

第二百三十条 不服判决的上诉和抗诉的期限为十日，不服裁定的上诉和抗诉的期限为五日，从接到判决书、裁定书的第二日起算。

第二百三十一条 被告人、自诉人、附带民事诉讼的原告人和被告人通过原审人民法院提出上诉的，原审人民法院应当在三日以内将上诉状连同案卷、证据移送上一级人民法院，同时将上诉状副本送交同级人民检察院和对方当事人。

被告人、自诉人、附带民事诉讼的原告人和被告人直接向第二审人民法院提出上诉的，第二审人民法院应当在三日以内将上诉状交原审人民法院送交同级人民检察院和对方当事人。

第二百三十二条 地方各级人民检察院对同级人民法院第一审判决、裁定的抗诉，应当通过原审人民法院提出抗诉书，并且将抗诉书抄送上一级人民检察院。原审人民法院应当将抗诉书连同案卷、证据移送上一级人民法院，并且将抗诉书副本送交当事人。

上级人民检察院如果认为抗诉不当，可以向同级人民法院撤回抗诉，并且通知下级人民检察院。

第二百三十三条 第二审人民法院应当就第一审判决认定的事实和适用法律进行全面审查，不受上诉或者抗诉范围的限制。

共同犯罪的案件只有部分被告人上诉的，应当对全案进行审查，一并处理。

第二百三十四条 第二审人民法院对于下列案件，应当组成合议庭，开庭审理：

（一）被告人、自诉人及其法定代理人对第一审

认定的事实、证据提出异议,可能影响定罪量刑的上诉案件;

(二)被告人被判处死刑的上诉案件;

(三)人民检察院抗诉的案件;

(四)其他应当开庭审理的案件。

第二审人民法院决定不开庭审理的,应当讯问被告人,听取其他当事人、辩护人、诉讼代理人的意见。

第二审人民法院开庭审理上诉、抗诉案件,可以到案件发生地或者原审人民法院所在地进行。

第二百三十五条 人民检察院提出抗诉的案件或者第二审人民法院开庭审理的公诉案件,同级人民检察院都应当派员出席法庭。第二审人民法院应当在决定开庭审理后及时通知人民检察院查阅案卷。人民检察院应当在一个月以内查阅完毕。人民检察院查阅案卷的时间不计入审理期限。

第二百三十六条 第二审人民法院对不服第一审判决的上诉、抗诉案件,经过审理后,应当按照下列情形分别处理:

(一)原判决认定事实和适用法律正确、量刑适当的,应当裁定驳回上诉或者抗诉,维持原判;

(二)原判决认定事实没有错误,但适用法律有错误,或者量刑不当的,应当改判;

(三)原判决事实不清楚或者证据不足的,可以在查清事实后改判;也可以裁定撤销原判,发回原审人民法院重新审判。

原审人民法院对于依照前款第三项规定发回重新审判的案件作出判决后,被告人提出上诉或者人民检察院提出抗诉的,第二审人民法院应当依法作出判决或者裁定,不得再发回原审人民法院重新审判。

第二百三十七条 第二审人民法院审理被告人或者他的法定代理人、辩护人、近亲属上诉的案件,不得加重被告人的刑罚。第二审人民法院发回原审人民法院重新审判的案件,除有新的犯罪事实,人民检察院补充起诉的以外,原审人民法院也不得加重被告人的刑罚。

人民检察院提出抗诉或者自诉人提出上诉的,不受前款规定的限制。

第二百三十八条 第二审人民法院发现第一审人民法院的审理有下列违反法律规定的诉讼程序的情形之一的,应当裁定撤销原判,发回原审人民法院重新审判:

(一)违反本法有关公开审判的规定的;

(二)违反回避制度的;

(三)剥夺或者限制了当事人的法定诉讼权利,可能影响公正审判的;

(四)审判组织的组成不合法的;

(五)其他违反法律规定的诉讼程序,可能影响公正审判的。

第二百三十九条 原审人民法院对于发回重新审判的案件,应当另行组成合议庭,依照第一审程序进行审判。对于重新审判后的判决,依照本法第二百二十七条、第二百二十八条、第二百二十九条的规定可以上诉、抗诉。

第二百四十条 第二审人民法院对不服第一审裁定的上诉或者抗诉,经过审查后,应当参照本法第二百三十六条、第二百三十八条和第二百三十九条的规定,分别情形用裁定驳回上诉、抗诉,或者撤销、变更原裁定。

第二百四十一条 第二审人民法院发回原审人民法院重新审判的案件,原审人民法院从收到发回的案件之日起,重新计算审理期限。

第二百四十二条 第二审人民法院审判上诉或者抗诉案件的程序,除本章已有规定的以外,参照第一审程序的规定进行。

第二百四十三条 第二审人民法院受理上诉、抗诉案件,应当在二个月以内审结。对于可能判处死刑的案件或者附带民事诉讼的案件,以及有本法第一百五十八条规定情形之一的,经省、自治区、直辖市高级人民法院批准或者决定,可以延长二个月;因特殊情况还需要延长的,报请最高人民法院批准。

最高人民法院受理上诉、抗诉案件的审理期限,由最高人民法院决定。

第二百四十四条 第二审的判决、裁定和最高人民法院的判决、裁定,都是终审的判决、裁定。

第二百四十五条 公安机关、人民检察院和人民法院对查封、扣押、冻结的犯罪嫌疑人、被告人的财物及其孳息,应当妥善保管,以供核查,并制作清单,随案移送。任何单位和个人不得挪用或者自行处理。对被害人的合法财产,应当及时返还。对违禁品或者不宜长期保存的物品,应当依照国家有关规定处理。

对作为证据使用的实物应当随案移送,对不宜移送的,应当将其清单、照片或者其他证明文件随案移送。

人民法院作出的判决,应当对查封、扣押、冻结的财物及其孳息作出处理。

人民法院作出的判决生效以后,有关机关应当根据判决对查封、扣押、冻结的财物及其孳息进行处理。对查封、扣押、冻结的赃款赃物及其孳息，除依法返还被害人的以外，一律上缴国库。

司法工作人员贪污、挪用或者私自处理查封、扣押、冻结的财物及其孳息的，依法追究刑事责任；不构成犯罪的，给予处分。

第四章　死刑复核程序

第二百四十六条　死刑由最高人民法院核准。

第二百四十七条　中级人民法院判处死刑的第一审案件，被告人不上诉的，应当由高级人民法院复核后，报请最高人民法院核准。高级人民法院不同意判处死刑的，可以提审或者发回重新审判。

高级人民法院判处死刑的第一审案件被告人不上诉的，和判处死刑的第二审案件，都应当报请最高人民法院核准。

第二百四十八条　中级人民法院判处死刑缓期二年执行的案件，由高级人民法院核准。

第二百四十九条　最高人民法院复核死刑案件，高级人民法院复核死刑缓期执行的案件，应当由审判员三人组成合议庭进行。

第二百五十条　最高人民法院复核死刑案件，应当作出核准或者不核准死刑的裁定。对于不核准死刑的，最高人民法院可以发回重新审判或者予以改判。

第二百五十一条　最高人民法院复核死刑案件，应当讯问被告人，辩护律师提出要求的，应当听取辩护律师的意见。

在复核死刑案件过程中，最高人民检察院可以向最高人民法院提出意见。最高人民法院应当将死刑复核结果通报最高人民检察院。

第五章　审判监督程序

第二百五十二条　当事人及其法定代理人、近亲属，对已经发生法律效力的判决、裁定，可以向人民法院或者人民检察院提出申诉，但是不能停止判决、裁定的执行。

第二百五十三条　当事人及其法定代理人、近亲属的申诉符合下列情形之一的，人民法院应当重新审判：

（一）有新的证据证明原判决、裁定认定的事实确有错误，可能影响定罪量刑的；

（二）据以定罪量刑的证据不确实、不充分、依法应当予以排除，或者证明案件事实的主要证据之间存在矛盾的；

（三）原判决、裁定适用法律确有错误的；

（四）违反法律规定的诉讼程序，可能影响公正审判的；

（五）审判人员在审理该案件的时候，有贪污受贿，徇私舞弊，枉法裁判行为的。

第二百五十四条　各级人民法院院长对本院已经发生法律效力的判决和裁定，如果发现在认定事实上或者在适用法律上确有错误，必须提交审判委员会处理。

最高人民法院对各级人民法院已经发生法律效力的判决和裁定，上级人民法院对下级人民法院已经发生法律效力的判决和裁定，如果发现确有错误，有权提审或者指令下级人民法院再审。

最高人民检察院对各级人民法院已经发生法律效力的判决和裁定，上级人民检察院对下级人民法院已经发生法律效力的判决和裁定，如果发现确有错误，有权按照审判监督程序向同级人民法院提出抗诉。

人民检察院抗诉的案件，接受抗诉的人民法院应当组成合议庭重新审理，对于原判决事实不清楚或者证据不足的，可以指令下级人民法院再审。

第二百五十五条　上级人民法院指令下级人民法院再审的，应当指令原审人民法院以外的下级人民法院审理；由原审人民法院审理更为适宜的，也可以指令原审人民法院审理。

第二百五十六条　人民法院按照审判监督程序重新审判的案件，由原审人民法院审理的，应当另行组成合议庭进行。如果原来是第一审案件，应当依照第一审程序进行审判，所作的判决、裁定，可以上诉、抗诉；如果原来是第二审案件，或者是上级人民法院提审的案件，应当依照第二审程序进行审判，所作的判决、裁定，是终审的判决、裁定。

人民法院开庭审理的再审案件，同级人民检察院应当派员出席法庭。

第二百五十七条　人民法院决定再审的案件，需要对被告人采取强制措施的，由人民法院依法决定；人民检察院提出抗诉的再审案件，需要对被告人采取强制措施的，由人民检察院依法决定。

人民法院按照审判监督程序审判的案件，可以决定中止原判决、裁定的执行。

第二百五十八条　人民法院按照审判监督程序重新审判的案件，应当在作出提审、再审决定之日起三个月以内审结，需要延长期限的，不得超过六个月。

接受抗诉的人民法院按照审判监督程序审判抗诉的案件，审理期限适用前款规定；对需要指令下级人民法院再审的，应当自接受抗诉之日起一个月以内作出决定，下级人民法院审理案件的期限适用前款规定。

第四编 执 行

第二百五十九条 判决和裁定在发生法律效力后执行。

下列判决和裁定是发生法律效力的判决和裁定：

（一）已过法定期限没有上诉、抗诉的判决和裁定；

（二）终审的判决和裁定；

（三）最高人民法院核准的死刑的判决和高级人民法院核准的死刑缓期二年执行的判决。

第二百六十条 第一审人民法院判决被告人无罪、免除刑事处罚的，如果被告人在押，在宣判后应当立即释放。

第二百六十一条 最高人民法院判处和核准的死刑立即执行的判决，应当由最高人民法院院长签发执行死刑的命令。

被判处死刑缓期二年执行的罪犯，在死刑缓期执行期间，如果没有故意犯罪，死刑缓期执行期满，应当予以减刑的，由执行机关提出书面意见，报请高级人民法院裁定；如果故意犯罪，情节恶劣，查证属实，应当执行死刑的，由高级人民法院报请最高人民法院核准；对于故意犯罪未执行死刑的，死刑缓期执行的期间重新计算，并报最高人民法院备案。

第二百六十二条 下级人民法院接到最高人民法院执行死刑的命令后，应当在七日以内交付执行。但是发现有下列情形之一的，应当停止执行，并且立即报告最高人民法院，由最高人民法院作出裁定：

（一）在执行前发现判决可能有错误的；

（二）在执行前罪犯揭发重大犯罪事实或者有其他重大立功表现，可能需要改判的；

（三）罪犯正在怀孕。

前款第一项、第二项停止执行的原因消失后，必须报请最高人民法院院长再签发执行死刑的命令才能执行；由于前款第三项原因停止执行的，应当报请最高人民法院依法改判。

第二百六十三条 人民法院在交付执行死刑前，应当通知同级人民检察院派员临场监督。

死刑采用枪决或者注射等方法执行。

死刑可以在刑场或者指定的羁押场所内执行。

指挥执行的审判人员，对罪犯应当验明正身，讯问有无遗言、信札，然后交付执行人员执行死刑。在执行前，如果发现可能有错误，应当暂停执行，报请最高人民法院裁定。

执行死刑应当公布，不应示众。

执行死刑后，在场书记员应当写成笔录。交付执行的人民法院应当将执行死刑情况报告最高人民法院。

执行死刑后，交付执行的人民法院应当通知罪犯家属。

第二百六十四条 罪犯被交付执行刑罚的时候，应当由交付执行的人民法院在判决生效后十日以内将有关的法律文书送达公安机关、监狱或者其他执行机关。

对被判处死刑缓期二年执行、无期徒刑、有期徒刑的罪犯，由公安机关依法将该罪犯送交监狱执行刑罚。对被判处有期徒刑的罪犯，在被交付执行刑罚前，剩余刑期在三个月以下的，由看守所代为执行。对被判处拘役的罪犯，由公安机关执行。

对未成年犯应当在未成年犯管教所执行刑罚。

执行机关应当将罪犯及时收押，并且通知罪犯家属。

判处有期徒刑、拘役的罪犯，执行期满，应当由执行机关发给释放证明书。

第二百六十五条 对被判处有期徒刑或者拘役的罪犯，有下列情形之一的，可以暂予监外执行：

（一）有严重疾病需要保外就医的；

（二）怀孕或者正在哺乳自己婴儿的妇女；

（三）生活不能自理，适用暂予监外执行不致危害社会的。

对被判处无期徒刑的罪犯，有前款第二项规定情形的，可以暂予监外执行。

对适用保外就医可能有社会危险性的罪犯，或者自伤自残的罪犯，不得保外就医。

对罪犯确有严重疾病，必须保外就医的，由省级人民政府指定的医院诊断并开具证明文件。

在交付执行前，暂予监外执行由交付执行的人民法院决定；在交付执行后，暂予监外执行由监狱或者看守所提出书面意见，报省级以上监狱管理机关或者设区的市一级以上公安机关批准。

第二百六十六条 监狱、看守所提出暂予监外执行的书面意见的，应当将书面意见的副本抄送人民检察院。人民检察院可以向决定或者批准机关提出书面意见。

第二百六十七条 决定或者批准暂予监外执行的机关应当将暂予监外执行决定抄送人民检察院。人民检察院认为暂予监外执行不当的，应当自接到通知之日起一个月以内将书面意见送交决定或者批准暂予监外执行的机关，决定或者批准暂予监外执行的机关接到人民检察院的书面意见后，应当立即对该决定进行重新核查。

第二百六十八条 对暂予监外执行的罪犯，有下列情形之一的，应当及时收监：

（一）发现不符合暂予监外执行条件的；

（二）严重违反有关暂予监外执行监督管理规定的；

（三）暂予监外执行的情形消失后，罪犯刑期未满的。

对于人民法院决定暂予监外执行的罪犯应当予以收监的，由人民法院作出决定，将有关的法律文书送达公安机关、监狱或者其他执行机关。

不符合暂予监外执行条件的罪犯通过贿赂等非法手段被暂予监外执行的，在监外执行的期间不计入执行刑期。罪犯在暂予监外执行期间脱逃的，脱逃的期间不计入执行刑期。

罪犯在暂予监外执行期间死亡的，执行机关应当及时通知监狱或者看守所。

第二百六十九条 对被判处管制、宣告缓刑、假释或者暂予监外执行的罪犯，依法实行社区矫正，由社区矫正机构负责执行。

第二百七十条 对被判处剥夺政治权利的罪犯，由公安机关执行。执行期满，应当由执行机关书面通知本人及其所在单位、居住地基层组织。

第二百七十一条 被判处罚金的罪犯，期满不缴纳的，人民法院应当强制缴纳；如果由于遭遇不能抗拒的灾祸等原因缴纳确实有困难的，经人民法院裁定，可以延期缴纳、酌情减少或者免除。

第二百七十二条 没收财产的判决，无论附加适用或者独立适用，都由人民法院执行；在必要的时候，可以会同公安机关执行。

第二百七十三条 罪犯在服刑期间又犯罪的，或者发现了判决的时候所没有发现的罪行，由执行机关移送人民检察院处理。

被判处管制、拘役、有期徒刑或者无期徒刑的罪犯，在执行期间确有悔改或者立功表现，应当依法予以减刑、假释的时候，由执行机关提出建议书，报请人民法院审核裁定，并将建议书副本抄送人民检察院。人民检察院可以向人民法院提出书面意见。

第二百七十四条 人民检察院认为人民法院减刑、假释的裁定不当，应当在收到裁定书副本后二十日以内，向人民法院提出书面纠正意见。人民法院应当在收到纠正意见后一个月以内重新组成合议庭进行审理，作出最终裁定。

第二百七十五条 监狱和其他执行机关在刑罚执行中，如果认为判决有错误或者罪犯提出申诉，应当转请人民检察院或者原判人民法院处理。

第二百七十六条 人民检察院对执行机关执行刑罚的活动是否合法实行监督。如果发现有违法的情况，应当通知执行机关纠正。

第五编 特别程序

第一章 未成年人刑事案件诉讼程序

第二百七十七条 对犯罪的未成年人实行教育、感化、挽救的方针，坚持教育为主、惩罚为辅的原则。

人民法院、人民检察院和公安机关办理未成年人刑事案件，应当保障未成年人行使其诉讼权利，保障未成年人得到法律帮助，并由熟悉未成年人身心特点的审判人员、检察人员、侦查人员承办。

第二百七十八条 未成年犯罪嫌疑人、被告人没有委托辩护人的，人民法院、人民检察院、公安机关应当通知法律援助机构指派律师为其提供辩护。

第二百七十九条 公安机关、人民检察院、人民法院办理未成年人刑事案件，根据情况可以对未成年犯罪嫌疑人、被告人的成长经历、犯罪原因、监护教育等情况进行调查。

第二百八十条 对未成年犯罪嫌疑人、被告人应当严格限制适用逮捕措施。人民检察院审查批准逮捕和人民法院决定逮捕，应当讯问未成年犯罪嫌疑人、被告人，听取辩护律师的意见。

对被拘留、逮捕和执行刑罚的未成年人与成年人应当分别关押、分别管理、分别教育。

第二百八十一条 对于未成年人刑事案件，在讯问和审判的时候，应当通知未成年犯罪嫌疑人、被告人的法定代理人到场。无法通知、法定代理人不能到场或者法定代理人是共犯的，也可以通知未成年犯罪嫌疑人、被告人的其他成年亲属，所在学校、单位、居住地基层组织或者未成年人保护组织的代表到场，并将有关情况记录在案。到场的法定代理人可以代为行使未成年犯罪嫌疑人、被告人的诉讼权利。

到场的法定代理人或者其他人员认为办案人员在讯问、审判中侵犯未成年人合法权益的，可以提出意见。讯问笔录、法庭笔录应当交给到场的法定代理人或者其他人员阅读或者向他宣读。

讯问女性未成年犯罪嫌疑人，应当有女工作人员在场。

审判未成年人刑事案件，未成年被告人最后陈述后，其法定代理人可以进行补充陈述。

询问未成年被害人、证人，适用第一款、第二款、第三款的规定。

第二百八十二条　对于未成年人涉嫌刑法分则第四章、第五章、第六章规定的犯罪，可能判处一年有期徒刑以下刑罚，符合起诉条件，但有悔罪表现的，人民检察院可以作出附条件不起诉的决定。人民检察院在作出附条件不起诉的决定以前，应当听取公安机关、被害人的意见。

对附条件不起诉的决定，公安机关要求复议、提请复核或者被害人申诉的，适用本法第一百七十九条、第一百八十条的规定。

未成年犯罪嫌疑人及其法定代理人对人民检察院决定附条件不起诉有异议的，人民检察院应当作出起诉的决定。

第二百八十三条　在附条件不起诉的考验期内，由人民检察院对被附条件不起诉的未成年犯罪嫌疑人进行监督考察。未成年犯罪嫌疑人的监护人，应当对未成年犯罪嫌疑人加强管教，配合人民检察院做好监督考察工作。

附条件不起诉的考验期为六个月以上一年以下，从人民检察院作出附条件不起诉的决定之日起计算。

被附条件不起诉的未成年犯罪嫌疑人，应当遵守下列规定：

（一）遵守法律法规，服从监督；

（二）按照考察机关的规定报告自己的活动情况；

（三）离开所居住的市、县或者迁居，应当报经考察机关批准；

（四）按照考察机关的要求接受矫治和教育。

第二百八十四条　被附条件不起诉的未成年犯罪嫌疑人，在考验期内有下列情形之一的，人民检察院应当撤销附条件不起诉的决定，提起公诉：

（一）实施新的犯罪或者发现决定附条件不起诉以前还有其他犯罪需要追诉的；

（二）违反治安管理规定或者考察机关有关附条件不起诉的监督管理规定，情节严重的。

被附条件不起诉的未成年犯罪嫌疑人，在考验期内没有上述情形，考验期满的，人民检察院应当作出不起诉的决定。

第二百八十五条　审判的时候被告人不满十八周岁的案件，不公开审理。但是，经未成年被告人及其法定代理人同意，未成年被告人所在学校和未成年人保护组织可以派代表到场。

第二百八十六条　犯罪的时候不满十八周岁，被判处五年有期徒刑以下刑罚的，应当对相关犯罪记录予以封存。

犯罪记录被封存的，不得向任何单位和个人提供，但司法机关为办案需要或者有关单位根据国家规定进行查询的除外。依法进行查询的单位，应当对被封存的犯罪记录的情况予以保密。

第二百八十七条　办理未成年人刑事案件，除本章已有规定的以外，按照本法的其他规定进行。

第二章　当事人和解的公诉案件诉讼程序

第二百八十八条　下列公诉案件，犯罪嫌疑人、被告人真诚悔罪，通过向被害人赔偿损失、赔礼道歉等方式获得被害人谅解，被害人自愿和解的，双方当事人可以和解：

（一）因民间纠纷引起，涉嫌刑法分则第四章、第五章规定的犯罪案件，可能判处三年有期徒刑以下刑罚的；

（二）除渎职犯罪以外的可能判处七年有期徒刑以下刑罚的过失犯罪案件。

犯罪嫌疑人、被告人在五年以内曾经故意犯罪的，不适用本章规定的程序。

第二百八十九条　双方当事人和解的，公安机关、人民检察院、人民法院应当听取当事人和其他有关人员的意见，对和解的自愿性、合法性进行审查，并主持制作和解协议书。

第二百九十条　对于达成和解协议的案件，公安机关可以向人民检察院提出从宽处理的建议。人民检察院可以向人民法院提出从宽处罚的建议；对于犯罪情节轻微，不需要判处刑罚的，可以作出不起诉的决定。人民法院可以依法对被告人从宽处罚。

第三章　缺席审判程序

第二百九十一条　对于贪污贿赂犯罪案件，以及需要及时进行审判，经最高人民检察院核准的严重危害国家安全犯罪、恐怖活动犯罪案件，犯罪嫌疑人、被告人在境外，监察机关、公安机关移送起诉，人民检察院认为犯罪事实已经查清，证据确实、充分，依法应当追究刑事责任的，可以向人民法院提起公诉。人民法院进行审查后，对于起诉书中有明确的指控犯罪事实，符合缺席审判程序适用条件的，应当决定开庭审判。

前款案件，由犯罪地、被告人离境前居住地或者最高人民法院指定的中级人民法院组成合议庭进行审理。

第二百九十二条　人民法院应当通过有关国际条约规定的或者外交途径提出的司法协助方式，或者被告人所在地法律允许的其他方式，将传票和人民检察院的起诉书副本送达被告人。传票和起诉书副本送达后，被告人未按要求到案的，人民法院应当开庭审理，依法作出判决，并对违法所得及其他涉案财产作出处理。

第二百九十三条　人民法院缺席审判案件，被告人有权委托辩护人，被告人的近亲属可以代为委托辩护人。被告人及其近亲属没有委托辩护人的，人民法院应当通知法律援助机构指派律师为其提供辩护。

第二百九十四条　人民法院应当将判决书送达被告人及其近亲属、辩护人。被告人或者其近亲属不服判决的，有权向上一级人民法院上诉。辩护人经被告人或者其近亲属同意，可以提出上诉。

人民检察院认为人民法院的判决确有错误的，应当向上一级人民法院提出抗诉。

第二百九十五条　在审理过程中，被告人自动投案或者被抓获的，人民法院应当重新审理。

罪犯在判决、裁定发生法律效力后到案的，人民法院应当将罪犯交付执行刑罚。交付执行刑罚前，人民法院应当告知罪犯有权对判决、裁定提出异议。罪犯对判决、裁定提出异议的，人民法院应当重新审理。

依照生效判决、裁定对罪犯的财产进行的处理确有错误的，应当予以返还、赔偿。

第二百九十六条　因被告人患有严重疾病无法出庭，中止审理超过六个月，被告人仍无法出庭，被告人及其法定代理人、近亲属申请或者同意恢复审理的，人民法院可以在被告人不出庭的情况下缺席审理，依法作出判决。

第二百九十七条　被告人死亡的，人民法院应当裁定终止审理，但有证据证明被告人无罪，人民法院经缺席审理确认无罪的，应当依法作出判决。

人民法院按照审判监督程序重新审判的案件，被告人死亡的，人民法院可以缺席审理，依法作出判决。

第四章　犯罪嫌疑人、被告人逃匿、死亡案件违法所得的没收程序

第二百九十八条　对于贪污贿赂犯罪、恐怖活动犯罪等重大犯罪案件，犯罪嫌疑人、被告人逃匿，在通缉一年后不能到案，或者犯罪嫌疑人、被告人死亡，依照刑法规定应当追缴其违法所得及其他涉案财产的，人民检察院可以向人民法院提出没收违法所得的申请。

公安机关认为有前款规定情形的，应当写出没收违法所得意见书，移送人民检察院。

没收违法所得的申请应当提供与犯罪事实、违法所得相关的证据材料，并列明财产的种类、数量、所在地及查封、扣押、冻结的情况。

人民法院在必要的时候，可以查封、扣押、冻结申请没收的财产。

第二百九十九条　没收违法所得的申请，由犯罪地或者犯罪嫌疑人、被告人居住地的中级人民法院组成合议庭进行审理。

人民法院受理没收违法所得的申请后，应当发出公告。公告期间为六个月。犯罪嫌疑人、被告人的近亲属和其他利害关系人有权申请参加诉讼，也可以委托诉讼代理人参加诉讼。

人民法院在公告期满后对没收违法所得的申请进行审理。利害关系人参加诉讼的，人民法院应当开庭审理。

第三百条　人民法院经审理，对经查证属于违法所得及其他涉案财产，除依法返还被害人的以外，应当裁定予以没收；对不属于应当追缴的财产的，应当裁定驳回申请，解除查封、扣押、冻结措施。

对于人民法院依照前款规定作出的裁定，犯罪嫌疑人、被告人的近亲属和其他利害关系人或者人民检察院可以提出上诉、抗诉。

第三百零一条　在审理过程中，在逃的犯罪嫌疑人、被告人自动投案或者被抓获的，人民法院应当终止审理。

没收犯罪嫌疑人、被告人财产确有错误的，应当予以返还、赔偿。

第五章　依法不负刑事责任的精神病人的强制医疗程序

第三百零二条　实施暴力行为,危害公共安全或者严重危害公民人身安全,经法定程序鉴定依法不负刑事责任的精神病人,有继续危害社会可能的,可以予以强制医疗。

第三百零三条　根据本章规定对精神病人强制医疗的,由人民法院决定。

公安机关发现精神病人符合强制医疗条件的,应当写出强制医疗意见书,移送人民检察院。对于公安机关移送的或者在审查起诉过程中发现的精神病人符合强制医疗条件的,人民检察院应当向人民法院提出强制医疗的申请。人民法院在审理案件过程中发现被告人符合强制医疗条件的,可以作出强制医疗的决定。

对实施暴力行为的精神病人,在人民法院决定强制医疗前,公安机关可以采取临时的保护性约束措施。

第三百零四条　人民法院受理强制医疗的申请后,应当组成合议庭进行审理。

人民法院审理强制医疗案件,应当通知被申请人或者被告人的法定代理人到场。被申请人或者被告人没有委托诉讼代理人的,人民法院应当通知法律援助机构指派律师为其提供法律帮助。

第三百零五条　人民法院经审理,对于被申请人或者被告人符合强制医疗条件的,应当在一个月以内作出强制医疗的决定。

被决定强制医疗的人、被害人及其法定代理人、近亲属对强制医疗决定不服的,可以向上一级人民法院申请复议。

第三百零六条　强制医疗机构应当定期对被强制医疗的人进行诊断评估。对于已不具有人身危险性,不需要继续强制医疗的,应当及时提出解除意见,报决定强制医疗的人民法院批准。

被强制医疗的人及其近亲属有权申请解除强制医疗。

第三百零七条　人民检察院对强制医疗的决定和执行实行监督。

附　则

第三百零八条　军队保卫部门对军队内部发生的刑事案件行使侦查权。

中国海警局履行海上维权执法职责,对海上发生的刑事案件行使侦查权。

对罪犯在监狱内犯罪的案件由监狱进行侦查。

军队保卫部门、中国海警局、监狱办理刑事案件,适用本法的有关规定。

关于《中华人民共和国刑事诉讼法(修正草案)》的说明

——2018年4月25日在第十三届全国人民代表大会常务委员会第二次会议上

全国人大常委会法制工作委员会主任　沈春耀

全国人民代表大会常务委员会:

我受委员长会议的委托,作关于《中华人民共和国刑事诉讼法(修正草案)》的说明。

一、修改刑事诉讼法的必要性

党的十八大以来,以习近平同志为核心的党中央协调推进"四个全面"战略布局,在深化国家监察体制改革、反腐败追逃追赃、深化司法体制改革等方面作出了一系列重大决策部署,取得了重大成果和进展。从刑事诉讼制度来看,应当及时调整跟进。一是为保障国家监察体制改革顺利进行,需要完善监察与刑事诉讼的衔接机制;二是为加强境外追逃工作力度和手段,需要建立刑事缺席审判制度;三是总结认罪认罚从宽制度、速裁程序试点工作经验,需要将可复制、可推广的行之有效做法上升为法律规范,在全国范围内实行。从上述三个方面,有针对性地对刑事诉讼法作出适当的修改补充,是必要的。

二、草案起草的工作过程和指导思想

刑事诉讼法(修改)已列入《全国人大常委会2018年立法工作计划》。全国人大常委会高度重视刑事诉讼法修改工作,认真学习贯彻中央有关决策部署精神,明确了刑事诉讼法修改的思路和时间表。2015 年以来,法制工作委员会密切关注有关司法改革试点工作进展情况,及时总结试点经验;深入研究有关诉讼理论,借鉴国外法律规定和有益做法;广泛开展调研,深入听取各方面对修改刑事诉讼法的意见;加强沟通协调,会同中央纪委、中央政法委、最高人民法院、最高人民检察院、外交部、公安部、司法部有关方面在工作层面反复共同研究,并多次听取有关专家学者的意见,在各方面基本形成共识的基础上,形成了《中华人民共和国刑事诉讼法(修正草案)》。经委员长会议讨论,决定将刑事诉讼法(修正草案)提请本次常委会会议审议。

起草工作的指导思想是:深入学习贯彻习近平新时代中国特色社会主义思想和党的十九大精神,紧紧围绕推进全面深化改革、全面依法治国、全面从严治党、全面建成小康社会,坚决贯彻落实党中央关于深化国家监察体制改革、建立刑事缺席审判制度、实行认罪认罚从宽制度和速裁程序的决策部署,进一步完善中国特色刑事诉讼制度,深化司法体制改革,推进国家治理体系和治理能力现代化。

起草工作遵循以下原则:一是,坚持法治思维,维护司法公正,遵循诉讼规律。二是,坚持问题导向,总结实践经验,以立法形式巩固和推广实践证明行之有效的改革成果。三是,注意处理好刑事诉讼法与监察法、刑法、律师法、公证法等法律的衔接,维护法律体系内部协调统一。四是,坚持立足国情和实际,合理借鉴国外相关制度有益经验。

三、草案的主要内容

草案共 24 条,包括以下主要内容:

(一)完善与监察法的衔接机制,调整人民检察院侦查职权

深化国家监察体制改革是以习近平同志为核心的党中央作出的重大决策部署。全国人大常委会于 2016 年 12 月、2017 年 11 月先后作出在北京市、山西省、浙江省开展国家监察体制改革试点工作的决定和在全国各地推开国家监察体制改革试点工作的决定,暂时调整或者暂时停止适用刑事诉讼法关于检察机关对直接受理的案件进行侦查的有关规定。2018 年 3 月,十三届全国人大一次会议审议通过了宪法修正案和监察法。为落实宪法有关规定,做好与监察法的衔接,保障国家监察体制改革顺利进行,拟对刑事诉讼法作以下修改补充:

1. 删去人民检察院对贪污贿赂等案件行使侦查权的规定,保留人民检察院在诉讼活动法律监督中发现司法工作人员利用职权实施的非法拘禁、刑讯逼供、非法搜查等侵犯公民权利、损害司法公正的犯罪的侦查权。

2. 相应修改有关程序规定,在刑事诉讼法关于侦查期间辩护律师会见经许可、指定居所监视居住、采取技术侦查措施的规定中,删去有关贪污贿赂犯罪的内容,并完善刑事诉讼法关于"侦查"定义的表述。

3. 对人民检察院审查起诉监察机关移送的案件、留置措施与刑事强制措施之间的衔接机制作出规定。明确人民检察院对于监察机关移送起诉的案件,依照刑事诉讼法和监察法的有关规定进行审查;认为需要补充核实的,应当退回监察机关补充调查,必要时可以自行补充侦查;对于监察机关采取留置措施的案件,人民检察院应当对犯罪嫌疑人先行拘留,留置措施自动解除,人民检察院应当在十日以内作出是否逮捕、取保候审或者监视居住的决定。在特殊情况下,决定的时间可以延长。

(二)建立刑事缺席审判制度

党中央高度重视反腐败和国际追逃追赃工作及相关法律制度建设。党的十八大以来,国际追逃追赃工作取得重大进展,得到人民群众的广泛拥护。根据中央统一部署,2016 年 7 月,法制工作委员会提出了关于建立刑事缺席审判制度的研究报告。中央纪委建议在配合监察体制改革修改刑事诉讼法时,对刑事缺席审判制度作出规定。拟在刑事诉讼法第五编特别程序中增设缺席审判程序一章,主要规定以下内容:

1. 建立犯罪嫌疑人、被告人潜逃境外的缺席审判程序,规定对于贪污贿赂等犯罪案件,犯罪嫌疑人、被告人潜逃境外,监察机关移送起诉,人民检察院认为犯罪事实已经查清,证据确实、充分,依法应当追究刑事责任的,可以向人民法院提起公诉。

2. 规定犯罪嫌疑人、被告人潜逃境外的缺席审判的具体程序。一是,明确由犯罪地或者被告人居住地的中级人民法院组成合议庭进行审理(必要时仍可以依照刑事诉讼法的规定指定管辖)。二是,规定人民法院通过司法协助方式或者受送达人所在地法律允许的其他方式,将传票和起诉书副本送达被告人。三是,规定被告人未按要求归案的,人民法院应当开庭审理,依法作出判决,并对违法所得及其他涉案财产作出处理。

3. 充分保障被告人的诉讼权利。一是,对委托辩护和提供法律援助作出规定。二是,赋予被告人

的近亲属上诉权。三是，规定人民法院应当告知罪犯有权对判决、裁定提出异议。罪犯提出异议的，人民法院应当重新审理。这样规定，不违反刑事诉讼的公正审判和程序参与原则，也符合国际上通行的司法准则的要求。

4. 根据司法实践情况和需求，增加对被告人患有严重疾病中止审理和被告人死亡案件可以缺席审判的规定。

对刑事缺席审判适用的案件范围，将在下一步工作中继续深入研究。

（三）完善刑事案件认罪认罚从宽制度和增加速裁程序

党的十八届四中全会提出，完善刑事诉讼中认罪认罚从宽制度。2014 年 6 月，全国人大常委会作出授权最高人民法院、最高人民检察院在部分地区开展刑事案件速裁程序试点工作的决定。2016 年 9 月，又作出授权最高人民法院、最高人民检察院在部分地区开展刑事案件认罪认罚从宽制度试点工作的决定，速裁程序试点纳入新的试点继续进行。总结试点工作中行之有效的做法，拟对刑事诉讼法作以下修改补充：

1. 在刑事诉讼法第一编第一章中明确刑事案件认罪认罚可以依法从宽处理的原则。

2. 完善刑事案件认罪认罚从宽的程序规定。包括侦查机关告知诉讼权利和将认罪情况记录在案；人民检察院在审查起诉阶段就案件处理听取意见，犯罪嫌疑人认罪认罚的，签署认罪认罚具结书；人民检察院提出量刑建议和人民法院如何采纳量刑建议；人民法院审查认罪认罚自愿性和具结书真实性合法性等。并增加规定，犯罪嫌疑人认罪认罚，有重大立功或者案件涉及国家重大利益的，经最高人民检察院核准，可以不起诉或者撤销案件。

3. 增加速裁程序。适用于基层人民法院管辖的可能判处三年有期徒刑以下刑罚、被告人认罪认罚，民事赔偿问题已经解决的案件。规定速裁程序不受刑事诉讼法规定的送达期限的限制，不进行法庭调查、法庭辩论，但应当听取被告人的最后陈述意见；应当当庭宣判。同时，对办案期限和不宜适用速裁的程序转化作出规定。

4. 加强对当事人的权利保障。对诉讼权利告知、建立值班律师制度、明确将认罪认罚作为采取强制措施时判断社会危险性的考虑因素等作出规定。

此外，全国人大常委会已经通过的刑法修正案（九）对有关刑罚制度和刑罚执行程序作了修改；根据建立终身禁止从事法律职业制度的要求，对律师法、公证法等法律作了修改；并即将审议通过人民陪审员法。为与这些法律相衔接，拟对刑事诉讼法关于死缓执行、罚金执行、不得担任辩护人的情形、人民陪审员参加审判的有关规定作出相应修改。

还有一个问题需要报告。刑事诉讼法属于基本法律，于 1979 年制定，后分别于 1996 年和 2012 年作了两次较大的修改，都是由全国人民代表大会审议通过的。经研究，这次修改，指向明确、内容特定、幅度有限，不涉及对刑事诉讼法基本原则的修改，根据宪法和立法法有关规定，拟参照以往修改民事诉讼法、行政诉讼法的做法，由全国人大常委会对刑事诉讼法进行部分补充和修改，不需提请全国人民代表大会审议。

草案和以上说明是否妥当，请审议。

全国人民代表大会宪法和法律委员会关于《中华人民共和国刑事诉讼法（修正草案）》修改情况的汇报

——2018 年 8 月 27 日在第十三届全国人民代表大会常务委员会第五次会议上

全国人大宪法和法律委员会副主任委员　沈春耀

全国人民代表大会常务委员会：

常委会第二次会议对刑事诉讼法修正草案进行了初次审议。会后，法制工作委员会将草案印发各省、自治区、直辖市和部分较大的市人大常委会、中央有关部门及部分高等院校、研究机构、基层立法联系点征求意见，在中国人大网全文公布草案征求社会公众意见。法制工作委员会还到一些地方进行调研，听取意见；并就草案的有关问题与中央纪委国家监委、中央政法委、监察和司法委员会、最高人民法院、最高人民检察院、外交部、公安部、国家安全部、司法部交换意见，共同研究。各方面认为，草案贯彻党的十九大精神和党中央深化国家监察体制改革、反腐败追逃追赃、深化司法体制改革等重大决策部署，体现了宪法修正案的精神，对进一步完善中国特色刑事诉讼制度，深化司法体制改革，推进国家治理体系和治理能力现代化，具有重要意义。总体上赞同草案。宪法和法律委员会于7月26日召开会议，根据常委会组成人员的审议意见和各方面意见，对草案进行了逐条审议。监察和司法委员会、中央纪委国家监委、中央政法委有关负责同志列席了会议。8月20日，宪法和法律委员会召开会议，再次进行了审议。现将草案主要问题的修改情况汇报如下：

一、草案第四条中规定，值班律师的职责是为犯罪嫌疑人、被告人提供法律咨询，程序选择建议，代理申诉、控告，申请变更强制措施，对案件处理提出意见等辩护。有的常委委员、地方、部门和社会公众提出，值班律师的职责与辩护人不同，主要应是为没有辩护人的犯罪嫌疑人、被告人提供法律帮助，这样定位符合认罪认罚从宽制度改革试点方案以及有关部门关于开展值班律师工作的意见要求，试点情况表明也较为可行。宪法和法律委员会经研究，建议将值班律师提供"辩护"修改为提供"法律帮助"并删去"代理申诉、控告"的内容，同时在相关条文中对人民检察院审查起诉案件听取值班律师意见、犯罪嫌疑人签署认罪认罚具结书时值班律师在场作出规定。

二、草案第十二条中规定，对于监察机关采取留置措施的案件，人民检察院应当对犯罪嫌疑人先行拘留，留置措施自动解除，并对人民检察院决定采取强制措施的期限作了规定。有的常委委员和地方提出，人民检察院采取先行拘留措施是在案件移送前还是移送后，表述不清楚。为进一步做好与监察法的衔接，规范和保障强制措施的采取，建议明确是在监察机关将案件移送后，人民检察院即应当采取先行拘留措施。有的地方、部门和社会公众建议规定，人民检察院决定采取强制措施的期间不计入审查起诉期限。宪法和法律委员会经研究，建议采纳上述意见，对草案作出相应修改。

三、草案第十六条对人民检察院提出量刑建议作了规定，第二十条对人民法院采纳量刑建议作了规定。有的常委委员、地方和社会公众提出，为鼓励犯罪嫌疑人认罪认罚，落实宽严相济刑事政策，对认罪认罚的案件，人民检察院应当依法提出量刑建议，并适当限制人民检察院调整量刑建议和人民法院不采纳量刑建议的权力。对于其他案件，人民检察院可根据具体情况决定是否需要提出量刑建议。宪法和法律委员会经研究，建议对相关条文作出以下修改：一是明确犯罪嫌疑人认罪认罚的，人民检察院应当提出量刑建议。二是明确人民法院经审理认为量刑建议明显不当，或者被告人、辩护人对量刑建议提出异议的，人民检察院可以调整量刑建议。人民检察院不调整量刑建议或者调整量刑建议后被告人、辩护人仍有异议的，人民法院应当依法作出判决。

四、草案第二十一条中规定，适用速裁程序审理案件，不受送达期限的限制，不进行法庭调查、法庭辩论，但在判决宣告前应当听取被告人的最后陈述意见。有的地方、部门和社会公众提出，为切实保障被告人的辩护权和速裁程序的公正有效进行，建议适用速裁程序审理的案件，人民法院在宣判前还是要听取辩护人的意见。宪法和法律委员会经研究，建议采纳这一意见，对草案作出相应修改。

五、草案第二十四条中规定，缺席审判适用于犯罪嫌疑人、被告人潜逃境外的贪污贿赂等犯罪案件。有的常委委员、地方、部门和社会公众建议根据实际需要，适当扩大缺席审判的适用范围。宪法和法律委员会、法制工作委员会会同有关部门进行认真研究认为，建立缺席审判制度是从反腐败追逃追赃角度提出的，但可不仅限于贪污贿赂案件，其他重大案件确有必要及时追究的，在充分保障诉讼权利的前提下，也可以进行缺席审判。但考虑到这是一项新制度，尚缺乏实践经验，且有的缺席审判案件，文书送达和判决执行可能需要外国协助，在制度设计上需考虑到国际影响和外国通行做法，对贪污贿赂犯罪之外的其他案件，还是应当严格限制范围并规定严格的核准程序，根据国内国际大局和个案实际情况灵活掌握，稳妥实施。据此，建议将缺席审判的适用范围修改为"贪污贿赂犯罪案件，以及需要及时进行审判，经最高人民检察院核准的严重的危害国家安全犯罪、恐怖活动犯罪案件"。

在常委会审议和征求意见过程中，有的常委委员、地方、部门和社会公众还提出了其他一些修改完善刑事诉讼法的意见。宪法和法律委员会对这些意见都认真进行了研究。考虑到这次修改主要是落实中央有关决策部署，指向明确、内容特定；对于这些意见，有的属于具体执行中的问题，可通过进一步完善工作机制处理；有的可继续探索研究，总结经验。这次暂不作修改。

此外，还对草案作了一些文字修改。

草案二次审议稿已按上述意见作了修改。宪法和法律委员会建议提请本次常委会会议继续审议。

草案二次审议稿和以上汇报是否妥当，请审议。

全国人民代表大会宪法和法律委员会关于《中华人民共和国刑事诉讼法（修正草案）》审议结果的报告

——2018年10月22日在第十三届全国人民代表大会常务委员会第六次会议上

全国人大宪法和法律委员会副主任委员　沈春耀

全国人民代表大会常务委员会：

常委会第五次会议对刑事诉讼法修正草案进行了二次审议。会后，法制工作委员会召开座谈会，征求有关部门和部分专家学者的意见，在中国人大网上向社会公开征求意见。各方面认为，草案贯彻中央重大决策部署，充分吸收常委会审议意见和各方面的意见，积极回应人民群众的关切，与监察法的衔接更加紧密，对境外追逃追赃更具有推动力，更好地体现了惩治犯罪与尊重保障人权相结合，更加成熟。宪法和法律委员会于9月25日召开会议，根据常委会组成人员的审议意见和各方面意见，对草案进行了逐条审议。监察和司法委员会、中央纪委国家监委、中央政法委有关负责同志列席了会议。10月16日，宪法和法律委员会召开会议，再次进行审议。宪法和法律委员会认为，为贯彻中央深化国家监察体制改革、反腐败追逃追赃、深化司法体制改革等方面的决策部署，有针对性地对刑事诉讼法作出适当的修改补充，是必要的。草案经过两次审议修改，已经比较成熟。同时，提出以下主要修改意见：

一、草案二次审议稿第二十二条中规定了不适用速裁程序的情形。有的常委会组成人员、部门和专家学者提出，审理未成年人刑事案件，实践中通常采用有利于关护帮教未成年人的审判方式，并对未成年人进行法庭教育，速裁程序不进行法庭调查、法庭辩论，且一般采取集中审理、集中宣判的形式，不利于开展关护帮教和法庭教育，难以充分体现教育感化挽救的方针，建议增加规定，被告人是未成年人的，不适用速裁程序。宪法和法律委员会经研究，建议采纳上述意见，增加相应规定。

二、草案二次审议稿第二十二条中规定，人民法院在适用速裁程序审理过程中，发现有被告人违背意愿认罪认罚、被告人否认指控的犯罪事实或者其他不宜适用速裁程序审理的情形的，应当按照有关普通程序的规定重新审理。有的常委会组成人员建议增加"被告人的行为不构成犯罪或者不应当追究其刑事责任"的情形。宪法和法律委员会经研究，建议采纳上述意见，作出相应修改。

三、草案二次审议稿第二十五条中规定，对于人民检察院提起公诉要求缺席审判的案件，人民法院进行审查后，对于起诉书中有明确的指控犯罪事实的，应当决定开庭审判。有的常委会组成人员和专家学者提出，缺席审判程序是刑事诉讼中的特别程序，法院在案件入口审查上应严格把关。除了审查起诉书是否具有明确的指控犯罪事实外，还应当对是否符合缺席审判程序适用条件进行审查。宪法和法律委员会经研究，建议采纳上述意见，在人民法院决定开庭缺席审判的条件中增加相应规定。

四、草案二次审议稿第二十五条中对被告人及其近亲属、辩护人就缺席判决提出上诉作了规定。有的常委会组成人员提出，根据刑事诉讼法的有关规定，人民检察院认为人民法院的判决确有错误的，应当向上一级人民法院提出抗诉，建议增加人民检察院对缺席判决提出抗诉的规定。宪法和法律委员会经研究，建议采纳上述意见，增加相应规定。

五、今年6月，常委会第三次会议通过了《全国人民代表大会常务委员会关于中国海警局行使海上维权执法职权的决定》，规定中国海警局履行海上维权执法职责，执行打击海上违法犯罪活动、维护海上治安和安全保卫等任务，行使法律规定的公安机关相应执法职权；同时要求在条件成熟时修改有关法律。中央军委法制局和有的社会公众提出，为做好与《决定》的衔接，保障依法打击海上犯罪活动，建议在刑事诉讼法中增加相应规定，明确中国海警局的侦查主体地位。宪法和法律委员会经与中央军委法制局、武警部队、中国海警局共同研究，建议采纳上述意见，在刑事诉讼法附则中增加规定，中国海警局履行海上维权执法职责，对海上发生的刑事案件行使侦查权。中国海警局办理刑事案件，适用刑事诉讼法的有关规定。

此外，还对草案二次审议稿作了一些文字修改。

10 月 11 日，法制工作委员会召开会议，邀请部分地方纪检监察、法院、检察院、公安、司法行政机关的工作人员和律师、专家学者等方面的代表，就草案中主要制度规范的可行性、法律出台时机、法律实施的社会效果和可能出现的问题等进行评估。总的评价是：草案贯彻党的十九大精神和党中央相关重大决策部署，充分体现了深化国家监察体制改革和司法体制改革的成果和经验，内容特定，指向明确，有利于完善与监察法的衔接机制，保障国家监察体制改革的顺利进行，加大反腐败追逃追赃工作力度，推进司法体制改革，推进国家治理体系和治理能力现代化。草案规定的主要制度规范坚持法治思维，遵循诉讼规律，符合司法实践需求，科学合理，针对性和可操作性强，是可行的，已基本成熟，应尽早出台。有的与会人员还对草案提出了一些具体修改意见，有的意见已经予以采纳。

宪法和法律委员会已按上述意见提出了全国人民代表大会常务委员会关于修改《中华人民共和国刑事诉讼法》的决定（草案）。宪法和法律委员会建议，修改决定草案经本次常委会会议审议通过。

修改决定草案和以上报告是否妥当，请审议。

全国人民代表大会宪法和法律委员会关于《全国人民代表大会常务委员会关于修改〈中华人民共和国刑事诉讼法〉的决定（草案）》修改意见的报告

——2018 年 10 月 26 日在第十三届全国人民代表大会常务委员会第六次会议上

全国人民代表大会常务委员会：

本次常委会会议于 10 月 23 日上午对《全国人民代表大会常务委员会关于修改〈中华人民共和国刑事诉讼法〉的决定（草案）》进行了分组审议，普遍认为，草案已经比较成熟，建议进一步修改后，提请本次会议通过。同时，有些常委会组成人员和列席人员还提出了一些修改意见。宪法和法律委员会于 10 月 23 日下午召开会议，逐条研究了常委会组成人员的审议意见，对草案进行了审议。监察和司法委员会、中央纪委国家监委、中央政法委有关负责同志列席了会议。宪法和法律委员会认为，草案是可行的。同时提出以下修改意见：

一、修改决定草案第二十一条中规定，人民法院经审理认为量刑建议明显不当，或者被告人、辩护人对量刑建议提出异议的，人民检察院可以调整量刑建议。人民检察院不调整量刑建议或者调整量刑建议后被告人、辩护人仍有异议的，人民法院应当依法作出判决。有的常委委员提出，人民检察院调整后的量刑建议，仍然存在明显不当的，在被告人、辩护人未对该量刑建议提出异议的情况下，人民法院也应当依法作出判决。宪法和法律委员会经研究，建议采纳上述意见，作出相应修改。

二、修改决定草案第二十五条中规定，缺席审判的案件，由犯罪地或者被告人离境前居住地的中级人民法院审理。有的常委委员提出，为适应对缺席审判案件的审理需要，除了由犯罪地或者被告人离境前居住地的中级人民法院进行审理外，必要时也可以由最高人民法院指定管辖。宪法和法律委员会经研究，建议采纳上述意见，增加最高人民法院指定中级人民法院进行审理的规定。

在审议过程中，有的常委委员还提出其他一些修改完善刑事诉讼法的意见。宪法和法律委员会对这些意见都认真进行了研究。考虑到这次修改主要是落实中央有关决策部署，指向明确、内容特定，这些意见有的属于具体执行中的问题，可通过进一步完善工作机制处理；有的可继续探索研究，总结经验。这次暂不作修改。

此外，根据常委会组成人员的审议意见，还对修改决定草案作了个别文字修改。

修改决定草案已按上述意见作了修改，宪法和法律委员会建议本次常委会会议审议通过。

修改决定草案建议表决稿和以上报告是否妥当，请审议。

中华人民共和国主席令

第十一号

《中华人民共和国人民法院组织法》已由中华人民共和国第十三届全国人民代表大会常务委员会第六次会议于2018年10月26日修订通过，现将修订后的《中华人民共和国人民法院组织法》公布，自2019年1月1日起施行。

中华人民共和国主席　习近平

2018年10月26日

中华人民共和国人民法院组织法

（1979年7月1日第五届全国人民代表大会第二次会议通过　根据1983年9月2日第六届全国人民代表大会常务委员会第二次会议《关于修改〈中华人民共和国人民法院组织法〉的决定》第一次修正　根据1986年12月2日第六届全国人民代表大会常务委员会第十八次会议《关于修改〈中华人民共和国地方各级人民代表大会和地方各级人民政府组织法〉的决定》第二次修正　根据2006年10月31日第十届全国人民代表大会常务委员会第二十四次会议《关于修改〈中华人民共和国人民法院组织法〉的决定》第三次修正　2018年10月26日第十三届全国人民代表大会常务委员会第六次会议修订）

目　录

第一章　总　　则
第二章　人民法院的设置和职权
第三章　人民法院的审判组织
第四章　人民法院的人员组成
第五章　人民法院行使职权的保障
第六章　附　　则

第一章　总　　则

第一条　为了规范人民法院的设置、组织和职权，保障人民法院依法履行职责，根据宪法，制定本法。

第二条　人民法院是国家的审判机关。

人民法院通过审判刑事案件、民事案件、行政案件以及法律规定的其他案件，惩罚犯罪，保障无罪的人不受刑事追究，解决民事、行政纠纷，保护个人和组织的合法权益，监督行政机关依法行使职权，维护国家安全和社会秩序，维护社会公平正义，维护国家法制统一、尊严和权威，保障中国特色社会主义建设的顺利进行。

第三条　人民法院依照宪法、法律和全国人民代表大会常务委员会的决定设置。

第四条　人民法院依照法律规定独立行使审判权，不受行政机关、社会团体和个人的干涉。

第五条　人民法院审判案件在适用法律上一律平等，不允许任何组织和个人有超越法律的特权，禁止任何形式的歧视。

第六条　人民法院坚持司法公正，以事实为根据，以法律为准绳，遵守法定程序，依法保护个人和组织的诉讼权利和其他合法权益，尊重和保障人权。

第七条　人民法院实行司法公开，法律另有规定的除外。

第八条　人民法院实行司法责任制，建立健全权责统一的司法权力运行机制。

第九条　最高人民法院对全国人民代表大会及其常务委员会负责并报告工作。地方各级人民法院对本级人民代表大会及其常务委员会负责并报告工作。

各级人民代表大会及其常务委员会对本级人民法院的工作实施监督。

第十条　最高人民法院是最高审判机关。

最高人民法院监督地方各级人民法院和专门人民法院的审判工作，上级人民法院监督下级人民法院的审判工作。

第十一条　人民法院应当接受人民群众监督，保障人民群众对人民法院工作依法享有知情权、参与权和监督权。

第二章　人民法院的设置和职权

第十二条　人民法院分为：

（一）最高人民法院；

（二）地方各级人民法院；

（三）专门人民法院。

第十三条　地方各级人民法院分为高级人民法院、中级人民法院和基层人民法院。

第十四条　在新疆生产建设兵团设立的人民法院的组织、案件管辖范围和法官任免，依照全国人民代表大会常务委员会的有关规定。

第十五条　专门人民法院包括军事法院和海事法院、知识产权法院、金融法院等。

专门人民法院的设置、组织、职权和法官任免，由全国人民代表大会常务委员会规定。

第十六条　最高人民法院审理下列案件：

（一）法律规定由其管辖的和其认为应当由自己管辖的第一审案件；

（二）对高级人民法院判决和裁定的上诉、抗诉案件；

（三）按照全国人民代表大会常务委员会的规定提起的上诉、抗诉案件；

（四）按照审判监督程序提起的再审案件；

（五）高级人民法院报请核准的死刑案件。

第十七条　死刑除依法由最高人民法院判决的以外，应当报请最高人民法院核准。

第十八条　最高人民法院可以对属于审判工作中具体应用法律的问题进行解释。

最高人民法院可以发布指导性案例。

第十九条　最高人民法院可以设巡回法庭，审理最高人民法院依法确定的案件。

巡回法庭是最高人民法院的组成部分。巡回法庭的判决和裁定即最高人民法院的判决和裁定。

第二十条　高级人民法院包括：

（一）省高级人民法院；

（二）自治区高级人民法院；

（三）直辖市高级人民法院。

第二十一条　高级人民法院审理下列案件：

（一）法律规定由其管辖的第一审案件；

（二）下级人民法院报请审理的第一审案件；

（三）最高人民法院指定管辖的第一审案件；

（四）对中级人民法院判决和裁定的上诉、抗诉案件；

（五）按照审判监督程序提起的再审案件；

（六）中级人民法院报请复核的死刑案件。

第二十二条　中级人民法院包括：

（一）省、自治区辖市的中级人民法院；

（二）在直辖市内设立的中级人民法院；

（三）自治州中级人民法院；

（四）在省、自治区内按地区设立的中级人民法院。

第二十三条　中级人民法院审理下列案件：

（一）法律规定由其管辖的第一审案件；

（二）基层人民法院报请审理的第一审案件；

（三）上级人民法院指定管辖的第一审案件；

（四）对基层人民法院判决和裁定的上诉、抗诉案件；

（五）按照审判监督程序提起的再审案件。

第二十四条　基层人民法院包括：

（一）县、自治县人民法院；

（二）不设区的市人民法院；

（三）市辖区人民法院。

第二十五条　基层人民法院审理第一审案件，法律另有规定的除外。

基层人民法院对人民调解委员会的调解工作进行业务指导。

第二十六条　基层人民法院根据地区、人口和案件情况，可以设立若干人民法庭。

人民法庭是基层人民法院的组成部分。人民法庭的判决和裁定即基层人民法院的判决和裁定。

第二十七条　人民法院根据审判工作需要，可以设必要的专业审判庭。法官员额较少的中级人民法院和基层人民法院，可以设综合审判庭或者不设审判庭。

人民法院根据审判工作需要，可以设综合业务机构。法官员额较少的中级人民法院和基层人民法院，可以不设综合业务机构。

第二十八条　人民法院根据工作需要，可以设必要的审判辅助机构和行政管理机构。

第三章　人民法院的审判组织

第二十九条　人民法院审理案件，由合议庭或者法官一人独任审理。

合议庭和法官独任审理的案件范围由法律规定。

第三十条 合议庭由法官组成，或者由法官和人民陪审员组成，成员为三人以上单数。

合议庭由一名法官担任审判长。院长或者庭长参加审理案件时，由自己担任审判长。

审判长主持庭审、组织评议案件，评议案件时与合议庭其他成员权利平等。

第三十一条 合议庭评议案件应当按照多数人的意见作出决定，少数人的意见应当记入笔录。评议案件笔录由合议庭全体组成人员签名。

第三十二条 合议庭或者法官独任审理案件形成的裁判文书，经合议庭组成人员或者独任法官签署，由人民法院发布。

第三十三条 合议庭审理案件，法官对案件的事实认定和法律适用负责；法官独任审理案件，独任法官对案件的事实认定和法律适用负责。

人民法院应当加强内部监督，审判活动有违法情形的，应当及时调查核实，并根据违法情形依法处理。

第三十四条 人民陪审员依照法律规定参加合议庭审理案件。

第三十五条 中级以上人民法院设赔偿委员会，依法审理国家赔偿案件。

赔偿委员会由三名以上法官组成，成员应当为单数，按照多数人的意见作出决定。

第三十六条 各级人民法院设审判委员会。审判委员会由院长、副院长和若干资深法官组成，成员应当为单数。

审判委员会会议分为全体会议和专业委员会会议。

中级以上人民法院根据审判工作需要，可以按照审判委员会委员专业和工作分工，召开刑事审判、民事行政审判等专业委员会会议。

第三十七条 审判委员会履行下列职能：

（一）总结审判工作经验；

（二）讨论决定重大、疑难、复杂案件的法律适用；

（三）讨论决定本院已经发生法律效力的判决、裁定、调解书是否应当再审；

（四）讨论决定其他有关审判工作的重大问题。

最高人民法院对属于审判工作中具体应用法律的问题进行解释，应当由审判委员会全体会议讨论通过；发布指导性案例，可以由审判委员会专业委员会会议讨论通过。

第三十八条 审判委员会召开全体会议和专业委员会会议，应当有其组成人员的过半数出席。

审判委员会会议由院长或者院长委托的副院长主持。审判委员会实行民主集中制。

审判委员会举行会议时，同级人民检察院检察长或者检察长委托的副检察长可以列席。

第三十九条 合议庭认为案件需要提交审判委员会讨论决定的，由审判长提出申请，院长批准。

审判委员会讨论案件，合议庭对其汇报的事实负责，审判委员会委员对本人发表的意见和表决负责。审判委员会的决定，合议庭应当执行。

审判委员会讨论案件的决定及其理由应当在裁判文书中公开，法律规定不公开的除外。

第四章 人民法院的人员组成

第四十条 人民法院的审判人员由院长、副院长、审判委员会委员和审判员等人员组成。

第四十一条 人民法院院长负责本院全面工作，监督本院审判工作，管理本院行政事务。人民法院副院长协助院长工作。

第四十二条 最高人民法院院长由全国人民代表大会选举，副院长、审判委员会委员、庭长、副庭长和审判员由院长提请全国人民代表大会常务委员会任免。

最高人民法院巡回法庭庭长、副庭长，由最高人民法院院长提请全国人民代表大会常务委员会任免。

第四十三条 地方各级人民法院院长由本级人民代表大会选举，副院长、审判委员会委员、庭长、副庭长和审判员由院长提请本级人民代表大会常务委员会任免。

在省、自治区内按地区设立的和在直辖市内设立的中级人民法院院长，由省、自治区、直辖市人民代表大会常务委员会根据主任会议的提名决定任免，副院长、审判委员会委员、庭长、副庭长和审判员由高级人民法院院长提请省、自治区、直辖市人民代表大会常务委员会任免。

第四十四条 人民法院院长任期与产生它的人民代表大会每届任期相同。

各级人民代表大会有权罢免由其选出的人民法院院长。在地方人民代表大会闭会期间，本级人民代表大会常务委员会认为人民法院院长需要撤换的,应当报请上级人民代表大会常务委员会批准。

第四十五条 人民法院的法官、审判辅助人员和司法行政人员实行分类管理。

第四十六条 法官实行员额制。法官员额根据案件数量、经济社会发展情况、人口数量和人民法院审级等因素确定。

最高人民法院法官员额由最高人民法院商有关部门确定。地方各级人民法院法官员额,在省、自治区、直辖市内实行总量控制、动态管理。

第四十七条 法官从取得法律职业资格并且具备法律规定的其他条件的人员中选任。初任法官应当由法官遴选委员会进行专业能力审核。上级人民法院的法官一般从下级人民法院的法官中择优遴选。

院长应当具有法学专业知识和法律职业经历。副院长、审判委员会委员应当从法官、检察官或者其他具备法官、检察官条件的人员中产生。

法官的职责、管理和保障,依照《中华人民共和国法官法》的规定。

第四十八条 人民法院的法官助理在法官指导下负责审查案件材料、草拟法律文书等审判辅助事务。

符合法官任职条件的法官助理,经遴选后可以按照法官任免程序任命为法官。

第四十九条 人民法院的书记员负责法庭审理记录等审判辅助事务。

第五十条 人民法院的司法警察负责法庭警戒、人员押解和看管等警务事项。

司法警察依照《中华人民共和国人民警察法》管理。

第五十一条 人民法院根据审判工作需要,可以设司法技术人员,负责与审判工作有关的事项。

第五章 人民法院行使职权的保障

第五十二条 任何单位或者个人不得要求法官从事超出法定职责范围的事务。

对于领导干部等干预司法活动、插手具体案件处理,或者人民法院内部人员过问案件情况的,办案人员应当全面如实记录并报告;有违法违纪情形的,由有关机关根据情节轻重追究行为人的责任。

第五十三条 人民法院作出的判决、裁定等生效法律文书,义务人应当依法履行;拒不履行的,依法追究法律责任。

第五十四条 人民法院采取必要措施,维护法庭秩序和审判权威。对妨碍人民法院依法行使职权的违法犯罪行为,依法追究法律责任。

第五十五条 人民法院实行培训制度,法官、审判辅助人员和司法行政人员应当接受理论和业务培训。

第五十六条 人民法院人员编制实行专项管理。

第五十七条 人民法院的经费按照事权划分的原则列入财政预算,保障审判工作需要。

第五十八条 人民法院应当加强信息化建设,运用现代信息技术,促进司法公开,提高工作效率。

第六章 附 则

第五十九条 本法自2019年1月1日起施行。

关于《中华人民共和国人民法院组织法（修订草案）》的说明

——2017年8月28日在第十二届全国人民代表大会常务委员会第二十九次会议上

全国人大内务司法委员会副主任委员 王胜明

全国人民代表大会常务委员会:

我受全国人大内务司法委员会的委托,作关于《中华人民共和国人民法院组织法(修订草案)》的说明。

一、修改人民法院组织法的重要意义

人民法院组织法是规定人民法院机构设置及

其职责权限的重要法律，是我国司法制度的支柱性法律。现行人民法院组织法于1979年7月颁布，1980年1月施行，对构建法院组织体系、加强审判工作、确立社会主义司法制度发挥了重要作用。随着我国经济社会快速发展，民主法治建设日臻完善，司法体制改革不断深化，人民法院工作面临许多新情况新任务新要求，修改完善人民法院组织法是十分必要的。

第一，修改人民法院组织法，是贯彻落实党中央重大决策部署，深化司法体制改革的重要任务。党的十八大以来，以习近平总书记为核心的党中央对深化司法体制改革、保障司法公正作出一系列决策部署，司法体制改革取得重大成果。修改人民法院组织法，对完善司法管理体制和审判权运行机制，巩固司法体制改革成果，确保司法体制改革行稳致远，进一步提高司法公信力，具有重要意义。

第二，修改人民法院组织法，是适应改革开放以来人民法院发展，充分发挥审判机关职能的客观需要。现行人民法院组织法是改革开放初期制定的，三十多年来，人民法院工作发生许多积极变化，修改人民法院组织法，对更好地履行人民法院职能，适应新形势新要求，维护国家安全和社会秩序，维护社会公平正义，具有重要意义。

第三，修改人民法院组织法，是完善中国特色社会主义法律体系的重要任务。人民法院是国家的审判机关，人民法院组织法是中国特色社会主义法律体系的重要组成部分。随着刑事诉讼法、民事诉讼法、行政诉讼法、法官法、检察官法等法律不断完善，修改人民法院组织法，进一步明确人民法院的设置及其职权，对维护法律之间的和谐统一，具有重要意义。

二、修改的指导思想以及工作过程

修改人民法院组织法的指导思想是：全面贯彻党的十八大和十八届三中、四中、五中、六中全会精神，以邓小平理论、“三个代表”重要思想、科学发展观为指导，深入学习贯彻习近平总书记系列重要讲话精神和治国理政新理念新思想新战略，牢固树立“四个意识”，围绕统筹推进“五位一体”总体布局和协调推进“四个全面”战略布局，抓紧修改完善人民法院组织法，规范人民法院的设置和职权，保障人民法院依法履行职责，使修改后的人民法院组织法更加符合司法规律，体现时代精神，为建设公正高效权威的社会主义司法制度提供法律保障。

全国人大常委会对修改人民法院组织法高度重视，2013年就作出工作部署。本届以来，全国人大代表提出修改人民法院组织法的议案共13件。全国人大内务司法委员会在全国人大常委会的领导下，抓紧研究修改人民法院组织法。修改工作遵循以下基本原则：一是修改工作是在现行人民法院组织法基础上进行的，其基本制度和许多规定都要保留。二是努力体现司法体制改革成果，使党中央重大决策部署通过法定程序成为国家意志，用法律制度巩固司法体制改革成果。三是准确把握人民法院组织法的调整范围，妥善处理与诉讼法、法官法等法律的关系。四是人民法院组织法涉及面广，有些改革还在试点过程中，对一些实践不够、尚未形成共识的问题，只作原则性规定或者暂不作规定。

内务司法委员会在修改人民法院组织法过程中，主要做了以下工作：一是专门组织6个研究小组并委托6个省级人大内司委，逐个研究修改的主要问题；二是两年来深入调研20个省、自治区、直辖市司法体制改革情况；三是广泛征求中央纪委、中央组织部、中央编办、财政部等部门，31个省级人大内司委，部分法律院校和研究机构等各方面的意见和建议；四是与中央政法委、全国人大常委会法工委、最高人民法院、最高人民检察院、国务院法制办等单位多次沟通协商，对草案规定的内容达成共识。2017年6月8日，内务司法委员会召开全体会议，讨论通过了人民法院组织法修订草案。

三、人民法院组织法修订草案的主要内容

现行人民法院组织法共3章40条，修订草案共6章66条，修改完善的量较大。增加的主要内容：一是现行人民法院组织法施行以来，全国人大及其常委会有关人民法院组织的新规定，如海事法院、新疆兵团法院等规定。二是深化司法体制改革的有关成果。

(一)人民法院的性质、任务和基本原则

1. 关于人民法院的性质。草案规定：“中华人民共和国人民法院是国家的审判机关，依法行使审判权。”这一规定，与宪法以及现行人民法院组织法的规定是一致的。

2. 关于人民法院的任务。根据人民法院性质及其职能，草案规定：“人民法院的任务是通过行使审判权，惩罚犯罪，解决纠纷，保护自然人、法人和非法人组织的合法权益，监督行政机关依法行使职

权,维护国家安全和社会秩序,维护社会公平正义,维护国家法制统一、尊严、权威。”

3. 关于人民法院工作的基本原则。草案规定了人民法院依法设立、依法独立行使审判权、适用法律人人平等、司法公正、司法民主、司法公开和司法责任制等基本原则。草案关于基本原则的规定,主要是根据审判工作要求和深化司法体制改革实践作出的,基本上都有法律依据。

(二)人民法院的设置和职权

草案在现行人民法院组织法的基础上,进一步完善人民法院的设置和职权。

1. 关于人民法院的分类。现行人民法院组织法将人民法院分为最高人民法院、地方各级人民法院和专门人民法院,草案在此基础上,根据党的十八届四中全会决定增加规定:“经全国人民代表大会常务委员会决定,可以设立跨行政区划人民法院,审理跨地区案件。”并根据 1998 年全国人大常委会的决定,增加“新疆维吾尔自治区生产建设兵团人民法院”的规定。

2. 关于专门人民法院。现行人民法院组织法规定了军事法院,草案根据改革开放以来人民法院的发展情况,增加规定海事法院和知识产权法院。

3. 关于人民法院的内设机构。根据审判工作需要,并征求有关部门意见,草案规定:“人民法院根据审判工作需要,可以设必要的审判庭。法官员额较少的中级人民法院和基层人民法院,可以设综合审判庭或者不设审判庭。”“人民法院根据工作需要,可以设必要的审判辅助机构和司法行政管理机构,也可以让社会力量参与审判辅助工作和司法行政工作。”这样规定,既符合深化司法体制改革要求,又为进一步改革留有空间。草案还根据最高人民法院设立巡回法庭的实践,规定“最高人民法院可以设巡回法庭,审理跨行政区划重大行政、民商事等案件。”

(三)人民法院的审判组织

党的十八届三中、四中全会提出,完善主审法官、合议庭办案责任制,让审理者裁判、由裁判者负责。草案将办案责任制具体落实在人民法院的审判组织一章。

1. 关于合议庭和独任庭。合议庭和独任庭是人民法院主要审判组织,草案就合议庭和独任庭审判范围、合议庭组成、合议庭评议案件、裁判文书签署等作出规定。根据“谁办案谁负责”的要求,草案规定,法官组成合议庭的,其成员对案件的事实认定和法律适用承担责任,独任庭由独任法官对案件的事实认定和法律适用承担责任。同时规定,合议庭和独任庭的审判活动有违法情形的,人民法院应当及时调查核实,并根据违法情形依法处理。

2. 关于人民陪审员。根据全国人大常委会有关决定,草案就人民陪审员参加合议庭审判案件、履职期间权利和义务作出规定。

3. 关于审判委员会。草案总结审判委员会的有益经验,并根据改革实践,对审判委员会的任务、组成、议事规则、审判委员会决定的效力以及司法责任作出规定。

(四)人民法院的组成人员和其他人员

草案根据宪法、全国人民代表大会组织法、地方各级人民代表大会和地方各级人民政府组织法等法律和深化司法体制改革实践,作出以下规定。

1. 关于人民法院的组成人员。草案规定:“人民法院由院长一人,副院长、审判委员会委员和其他法官若干人组成。”并对各级人民法院院长、副院长、审判委员会委员和其他法官的产生办法作出规定。

2. 关于人民法院院长、副院长职责及其专业资格。草案规定:“人民法院院长负责本院全面工作,监督本院审判工作,管理本院行政事务。人民法院副院长协助院长工作。”根据多年来任命法院院长的实际情况,并征求有关部门意见,草案规定:人民法院“院长应当具有法学专业知识和法律职业经历。副院长、审判委员会委员应当从法官中产生。”

3. 关于人员分类管理。完善司法人员分类管理制度,是深化司法体制改革重要举措。草案规定:“人民法院的法官、审判辅助人员和司法行政人员实行分类管理。”并对法官录用和遴选,法官助理、书记员、司法警察的基本职责作出规定。

4. 关于法官员额制。根据有关部门意见,草案规定:“法官实行员额制。法官员额根据人民法院审级、案件数量以及经济社会发展情况、人口数量等因素确定。最高人民法院法官员额,由最高人民法院商有关部门确定。地方各级人民法院法官员额,在省、自治区、直辖市内实行总量控制,动态管理。”

(五)人民法院行使职权的保障

党的十八大以来,党中央采取一系列措施保障人民法院独立公正行使审判权,草案对此作出专章规定。

1. 关于维护法庭秩序和审判权威。草案规定:“人民法院应当采取必要措施,维护法庭秩序和审判权威。对妨碍人民法院依法行使职权的违法犯罪行为,依法追究法律责任。”

2. 关于法官履职保护。草案规定:“法官非因法定事由,未经法定程序,不被调离、降职、免职、辞退或者处分。”并规定:“法官的人格尊严和人身安全受法律保护。对骚扰、谩骂、威胁、暴力侵害法官及其近亲属等违法犯罪行为,有关机关应当及时制止,依法从严惩处。”

3. 关于加强信息化建设。草案规定:“人民法院应当加强信息化建设,运用互联网、大数据等现代信息技术,提高工作效率,保障司法公正。”

4. 关于职业保障。草案规定:“人民法院商有关部门建立法官单独职务序列和工资制度,完善职业保障体制。”“人民法院人员编制实行专项管理。专项管理的具体办法,由最高人民法院商有关部门另行规定。”“人民法院的经费按照事权划分的原则列入财政预算,保障审判工作需要。”上述规定,是根据有关部门的意见作出的。

还有一个问题需要汇报:有关人民法院的执行权,经商有关部门,草案对此未作规定。党的十八届四中全会提出,推动实行审判权和执行权相分离的体制改革试点。目前,审判权和执行权如何分离,尚未达成共识,还在调研论证。人民法院的执行权主要规定在民事诉讼法中,现行人民法院组织法对法院的执行权也未作规定,草案维持现行人民法院组织法的规定,不影响法院的执行工作。

《中华人民共和国人民法院组织法(修订草案)》和以上说明是否妥当,请审议。

全国人民代表大会宪法和法律委员会关于《中华人民共和国人民法院组织法(修订草案)》修改情况的汇报

——2018年6月19日在第十三届全国人民代表大会常务委员会第三次会议上

全国人大宪法和法律委员会副主任委员　沈春耀

全国人民代表大会常务委员会:

2017年8月,十二届全国人大常委会第二十九次会议对人民法院组织法(修订草案)进行了初次审议。会后,法制工作委员会将修订草案印发各省(区、市)人大常委会、中央有关部门和部分高等院校、研究机构、基层立法联系点等征求意见。在中国人大网全文公布修订草案征求社会公众意见。宪法和法律委员会、监察和司法委员会、法制工作委员会联合召开座谈会,听取有关专家对修订草案的意见。宪法和法律委员会、法制工作委员会还先后到北京、广东、江西等地进行调研,了解情况、听取意见,并与监察和司法委员会、最高人民法院进行沟通。宪法和法律委员会于6月5日召开会议,根据常委会组成人员的审议意见和各方面意见,对修订草案进行了逐条审议。监察和司法委员会、中央政法委员会、最高人民法院有关负责同志列席了会议。6月12日,宪法和法律委员会召开会议,再次进行了审议。修改工作注意把握以下几点:一是贯彻落实党中央深化司法体制改革总体部署,通过修改法律确认和巩固司法体制改革的成果,建立健全符合司法规律的审判组织,完善司法责任制,保障司法公正。二是落实宪法确定的制度、原则和精神,符合宪法的规定。三是保持人民法院组织体系和法院组织法基本原则的稳定性,对改革中一些实践不够、尚未形成共识的问题,暂不作规定。四是处理好与诉讼法、法官法等相关法律的关系。现将人民法院组织法(修订草案)主要问题的修改情况汇报如下:

一、修订草案第四条规定:“人民法院依照本法规定设立;本法没有规定的,根据全国人民代表大会常务委员会的决定设立。”宪法第一百二十九条中规定,中华人民共和国设立最高人民法院、地方各级人民法院和军事法院等专门人民法院,人民法院的组织由法律规定。宪法是人民法院机构设置的总依据,设立人民法院必须符合宪法和法律的规定。宪法和法律委员会经研究,建议将修订草案第四条修改为:“人民法院依照宪法、法律和全国人民代表大会常务委员会的决定设置。”

二、修订草案第十一条规定:“最高人民法院对全国人民代表大会和全国人民代表大会常务委员会负责并报告工作。地方各级人民法院对本级人民代表大会及其常务委员会负责并报告工作。”有的常委委员、地方提出,应当规定各级人大及其常委会对人民法院进行监督的内容。宪法和法律委员会经研究,建议增加一款作为第二款,规定:“各级人民代表大会及其常务委员会对本级人民法院的工作实施监督。”

三、修订草案第十四条第四项规定：最高人民法院可以“对审判工作中具体应用法律问题进行解释、发布指导性案例”。最高人民法院发布典型案例，有利于审判工作中正确适用法律，维护司法公正。宪法和法律委员会经研究，为了进一步明确指导性案例的性质和功能，建议将发布指导性案例单作一款，规定：“最高人民法院可以发布指导性案例，供法官在审判案件时参考。”

四、修订草案第二十四条规定：“经全国人民代表大会常务委员会决定，可以设立跨行政区划人民法院，审理跨地区案件。”有的常委委员、人大代表提出，跨行政区划法院、检察院的定位不够明确，建议进一步研究。实际情况是，跨行政区划人民法院和人民检察院改革方案尚未出台，在这方面尚未有过试点等实践经验，全国人大常委会从未就设立跨行政区划人民法院和人民检察院作过决定，此事还涉及宪法和地方组织法有关人民法院、人民检察院组成人员任免的规定，目前在北京市、上海市设立的集中管辖有关案件的中级人民法院和人民检察院也不是由全国人大常委会决定设立的。宪法和法律委员会经研究，建议对这一问题暂不作规定，待条件成熟时再作规定。

五、修订草案第四十四条、第四十五条规定，人民法院的副院长、审判委员会委员和其他法官由人民代表大会常务委员会任免。有的常委委员、部门、地方提出，庭长、副庭长也应当由人大常委会任免。宪法和法律委员会经与最高人民法院研究，建议采纳这一意见。

六、修订草案第十五条规定：“最高人民法院可以设巡回法庭，审理跨行政区划重大行政、民商事等案件。巡回法庭的判决和裁定即最高人民法院的判决和裁定。”有的常委委员提出，最高人民法院设立巡回法庭是落实党的十八届四中全会的重大改革举措，巡回法庭与最高人民法院内设的审判庭性质不同、责任更为重大，对其庭长、副庭长由全国人大常委会任免应当专门作出规定。宪法和法律委员会经研究，建议进一步明确规定：“最高人民法院巡回法庭庭长、副庭长，由最高人民法院院长提请全国人民代表大会常务委员会任免。”

七、修订草案第五十六条规定：“人民法院有权拒绝从事违反法定职责的活动。”有的常委委员、部门、地方和社会公众建议，按照中央有关文件的规定增加记录、追责等内容。宪法和法律委员会经研究，建议将修订草案第五十六条修改为两款，规定：“任何单位或者个人不得要求法官从事超出法定职责范围的事务。”“对于领导干部或者人民法院内部人员干预司法活动、插手过问具体案件处理的，办案人员应当拒绝并全面如实记录，由有关机关根据情节轻重追究行为人的责任。”

八、修订草案第五十九条至第六十一条对法官职业保障等方面的内容作了规定。有的常委委员提出，应当对法院组织法和法官法的内容进行统筹考虑，在法官法中已作出规定的，本法可不再规定。宪法和法律委员会经研究，建议删去修订草案第五十九条至第六十一条。

此外，还对修订草案作了一些文字修改，并对部分条文顺序作了调整。

修订草案二次审议稿已按上述意见作了修改，宪法和法律委员会建议提请本次常委会会议继续审议。

修订草案二次审议稿和以上汇报是否妥当，请审议。

全国人民代表大会宪法和法律委员会关于《中华人民共和国人民法院组织法（修订草案）》审议结果的报告

——2018 年 10 月 22 日在第十三届全国人民代表大会常务委员会第六次会议上

全国人大宪法和法律委员会副主任委员 沈春耀

全国人民代表大会常务委员会：

常委会第三次会议对人民法院组织法（修订草案二次审议稿）进行了审议。会后，法制工作委员会在中国人大网全文公布修订草案，再次征求社会公众意见。8 月 24 日，习近平总书记主持召开中央全面依法治国委员会第一次会议，对修订草案进行了书面审议，会后，中央组织部、最高人民法院、最高人民检察院、中央军委政法委员会等单位的领导同志提出了书面意见。宪法和法律委员会、法制工作委员会与监察和司法委员会、最高人民法院就修改完善修订草案作了沟通和研究。宪法和法律委员会于10月10日召开会议，根据常委会组成人员的审议意见和各方面意见，对修订草案进行了逐条审议。监察和司法委员会、中央政法委员会、最高人民法院有关负责同志列席了会议。10月16日，宪法和法律委员会召开会议，再次进行审议。宪法和法律委员会认为，为了贯彻落实中央深化司法体制改革精神，完善人民法院的组织制度，修改本法是必要的，修订草案经过二次审议修改，已经比较成熟。同时，提出以下主要修改意见：

一、修订草案二次审议稿第九条规定："公民对人民法院工作依法享有知情权、参与权和监督权。"有的常委会组成人员建议，增加人民法院接受人民群众监督的内容。宪法和法律委员会经研究，建议将上述规定修改为："人民法院应当接受人民群众监督，保障人民群众对人民法院工作依法享有知情权、参与权和监督权。"

二、修订草案二次审议稿第十六条规定了最高人民法院审理案件的范围。目前，最高人民法院正在推动完善知识产权案件上诉审理机制，由最高人民法院直接审理知识产权法院和中级人民法院审理的专利等知识产权案件的上诉案件。为了做好衔接，宪法和法律委员会经研究，建议在最高人民法院审理案件的范围中增加一项：按照全国人民代表大会常务委员会的规定提起的上诉、抗诉案件。

三、修订草案二次审议稿第十九条中规定："最高人民法院可以设巡回法庭，审理跨行政区划重大行政、民商事等案件。"有的常委会组成人员、社会公众提出，巡回法庭审理案件的范围不应限于行政、民商事案件，实践中巡回法庭还审理了不少刑事申诉案件。宪法和法律委员会经研究，建议根据实践和需要，将巡回法庭审理"跨行政区划重大行政、民商事等案件"修改为审理"最高人民法院依法确定的案件"。

四、修订草案二次审议稿第三十六条、第三十九条规定各级人民法院设审判委员会，中级以上人民法院可以在审判委员会内设专业委员会。有的常委会组成人员、社会公众提出，这两个委员会都讨论决定重大、疑难案件，关系不清楚。经了解，专业委员会是审判委员会委员按照专业和工作分工组成的，不是一个新机构，实际上是审判委员会的一种工作方式，讨论决定的事项都是审判委员会的决定。宪法和法律委员会经研究，建议规定：审判委员会会议分为全体会议和专业委员会会议；中级以上人民法院根据审判工作需要，可以按照审判委员会委员专业和工作分工，召开刑事审判、民事行政审判等专业委员会会议。同时规定：最高人民法院作出司法解释，应当由审判委员会全体会议讨论通过；发布指导性案例，可以由审判委员会专业委员会会议讨论通过；审判委员会召开全体会议和专业委员会会议，应当有其组成人员的过半数出席。同时，为了与刑事诉讼法、民事诉讼法和行政诉讼法的相关规定做好衔接，建议在审判委员会的职能中增加规定：讨论决定本院已经发生法律效力的判决、裁定、调解书是否应当再审。

五、修订草案二次审议稿第四十七条第二款规定："院长应当具有法学专业知识和法律职业经历。副院长、审判委员会委员应当从法官或者检察官中产生。"有的常委会组成人员、部门和社会公众提出，副院长只能从法官或者检察官中产生，限制了干部的交流，应适当放宽。宪法和法律委员会经研究，建议规定："副院长、审判委员会委员应当从法官、检察官或者其他具备法官、检察官条件的人员中产生。"

六、修订草案二次审议稿第五十八条规定："最高人民法院按照规定管理地方各级人民法院和专门人民法院的行政和司法警务工作。上级人民法院按照规定管理下级人民法院的行政和司法警务工作。"有的常委委员、部门提出，我国各级人民法院之间不是领导被领导关系，目前这种管理方式有其历史原因和现实考虑，但不宜在人民法院组织法中规定。宪法和法律委员会经研究，建议删去上述规定。

还有一个问题需要汇报。人民法院组织法是1979年由五届全国人大二次会议通过的。按照宪法第六十七条第三项的规定，全国人大常委会对全国人民代表大会制定的法律，可以进行部分补充和修改，但是不得同该法律的基本原则相抵触。由于这次提出的人民法院组织法修订草案对现行人民法院组织法补充修改的内容比较多、幅度比较大，因而在审议中有的意见提出，人民法院组织法修订草案是由常委会审议通过还是由代表大会审议通过，需要研究、妥善处理。我们经认真研究后认为，1979年至今，常委会只对人民法院组织法作过一些小的修改。这次对人民法院组织法的修改，主要是适应司法体制改革的要求和司法实践发展的需要，对现行法律补充修改的内容较多，体例结构上需要有相应的安排，适宜采取修订的方式；同时，从人民法院组织法修订草案的内容看，这次修法没有改变我国人民法院的性质、地位、职权、基本组织体系、基本活动准则等，修改的内容都是属于补充、完善、调整、优化性质的，与人民法院组织法的基本原则不存在相抵触的情形。因此，人民法院组织法修订草案由全国人大常委会审议通过是可行的，符合宪法的有关规定。

此外，还对修订草案二次审议稿作了一些文字修改，并对部分条文顺序作了调整。

10 月 16 日，法制工作委员会召开会议，邀请全国人大代表、人民法院和人民检察院工作人员、律师、专家学者等就人民法院组织法修订草案中主要制度规范的可行性、法律出台时机、法律实施的社会效果和可能出现的问题等作了评估。与会人员普遍认为，修订草案完善了人民法院的设置、职权和人民法院的审判组织，明确了司法人员分类管理和法官实行员额制，完善了人民法院行使职权的保障，已经比较全面、成熟，其主要制度规范是可行的，现在出台是必要的、适时的。这对于确认和巩固司法体制改革成果，提高司法公信力，建设公正高效权威的社会主义司法制度，具有重要意义。同时，有的与会人员还对修订草案提出了一些具体修改意见，宪法和法律委员会进行了认真研究，对有的意见予以采纳。

修订草案三次审议稿已按上述意见作了修改，宪法和法律委员会建议提请本次常委会会议审议通过。

修订草案三次审议稿和以上报告是否妥当，请审议。

全国人民代表大会宪法和法律委员会关于《中华人民共和国人民法院组织法（修订草案三次审议稿）》修改意见的报告

——2018 年 10 月 26 日在第十三届全国人民代表大会常务委员会第六次会议上

全国人民代表大会常务委员会：

本次常委会会议于 10 月 23 日上午对人民法院组织法（修订草案三次审议稿）进行了分组审议。普遍认为，修订草案已经比较成熟，建议进一步修改后，提请本次会议通过。同时，有些常委会组成人员还提出了一些修改意见。宪法和法律委员会于 10 月 23 日下午召开会议，逐条研究了常委会组成人员的审议意见，对修订草案进行了审议。监察和司法委员会、中央政法委员会、最高人民法院有关负责同志列席了会议。宪法和法律委员会认为，修订草案是可行的，同时，提出以下修改意见：

一、修订草案三次审议稿第三十三条第二款规定："审判活动有违法情形的，人民法院应当及时调查核实，并根据违法情形依法处理。"有的常委委员提出，落实法官办案主体地位后，为防止枉法裁判情况的发生，人民法院还应当加强内部监督。宪法和法律委员会经研究，建议将上述规定修改为："人民法院应当加强内部监督，审判活动有违法情形的，应当及时调查核实，并根据违法情形依法处理。"

二、修订草案三次审议稿第四十四条第二款规定："各级人民代表大会有权罢免由其选出的人民法院院长。在地方人民代表大会闭会期间，本级人民代表大会常务委员会认为人民法院院长需要撤换的，应当报请上级人民法院报经上级人民代表大会常务委员会批准。"有的常委委员提出，地方人大常委会认为人民法院院长需要撤换的，可以直接报请上级人大常委会批准，不必通过上级人民法院。宪法和法律委员会经研究，建议将上述规定修改为："各级人民代表大会有权罢免由其选出的人民法院院长。在地方人民代表大会闭会期间，本级人民代表大会常务委员会认为人民法院院长需要撤换的，应当报请上级人民代表大会常务委员会批准。"

三、修订草案三次审议稿第五十二条第二款规定："对于领导干部干预司法活动、插手具体案件处理，或者人民法院内部人员过问案件情况的，办案人员应当全面如实记录，由有关机关根据情节轻重追究行为人的责任。"有的常委会组成人员提出，除领导干部外，实践中还有其他人或者组织干预司法活动；还有的提出，追究干预司法活动或者过问案件情况的责任，需要有违法违纪的情形。宪法和法律委员会经研究，建议将上述规定修改为："对于领导干部等干预司法活动、插手具体案件处理，或者人民法院内部人员过问案件情况的，办案人员应当全面如实记录并报告；有违法违纪情形的，由有关机关根据情节轻重追究行为人的责任。”

此外，根据常委会组成人员的审议意见，还对修订草案三次审议稿作了一些文字修改。

修订草案建议表决稿已按上述意见作了修改，宪法和法律委员会建议本次常委会会议审议通过。

修订草案建议表决稿和以上报告是否妥当，请审议。

中华人民共和国主席令

第十二号

《中华人民共和国人民检察院组织法》已由中华人民共和国第十三届全国人民代表大会常务委员会第六次会议于2018年10月26日修订通过，现将修订后的《中华人民共和国人民检察院组织法》公布，自2019年1月1日起施行。

中华人民共和国主席　习近平

2018年10月26日

中华人民共和国人民检察院组织法

（1979年7月1日第五届全国人民代表大会第二次会议通过　根据1983年9月2日第六届全国人民代表大会常务委员会第二次会议《关于修改〈中华人民共和国人民检察院组织法〉的决定》第一次修正　根据1986年12月2日第六届全国人民代表大会常务委员会第十八次会议《关于修改〈中华人民共和国地方各级人民代表大会和地方各级人民政府组织法〉的决定》第二次修正　2018年10月26日第十三届全国人民代表大会常务委员会第六次会议修订）

目　录

第一章　总　则
第二章　人民检察院的设置和职权
第三章　人民检察院的办案组织
第四章　人民检察院的人员组成
第五章　人民检察院行使职权的保障
第六章　附　则

第一章　总　则

第一条　为了规范人民检察院的设置、组织和职权，保障人民检察院依法履行职责，根据宪法，制定本法。

第二条　人民检察院是国家的法律监督机关。

人民检察院通过行使检察权，追诉犯罪，维护国家安全和社会秩序，维护个人和组织的合法权益，维护国家利益和社会公共利益，保障法律正确实施，维护社会公平正义，维护国家法制统一、尊严和权威，保障中国特色社会主义建设的顺利进行。

第三条　人民检察院依照宪法、法律和全国人民代表大会常务委员会的决定设置。

第四条　人民检察院依照法律规定独立行使检察权，不受行政机关、社会团体和个人的干涉。

第五条　人民检察院行使检察权在适用法律上一律平等，不允许任何组织和个人有超越法律的特权，禁止任何形式的歧视。

第六条　人民检察院坚持司法公正，以事实为根据，以法律为准绳，遵守法定程序，尊重和保障人权。

第七条　人民检察院实行司法公开，法律另有规定的除外。

第八条　人民检察院实行司法责任制，建立健全权责统一的司法权力运行机制。

第九条　最高人民检察院对全国人民代表大

会及其常务委员会负责并报告工作。地方各级人民检察院对本级人民代表大会及其常务委员会负责并报告工作。

各级人民代表大会及其常务委员会对本级人民检察院的工作实施监督。

第十条 最高人民检察院是最高检察机关。

最高人民检察院领导地方各级人民检察院和专门人民检察院的工作,上级人民检察院领导下级人民检察院的工作。

第十一条 人民检察院应当接受人民群众监督,保障人民群众对人民检察院工作依法享有知情权、参与权和监督权。

第二章 人民检察院的设置和职权

第十二条 人民检察院分为:

(一)最高人民检察院;

(二)地方各级人民检察院;

(三)军事检察院等专门人民检察院。

第十三条 地方各级人民检察院分为:

(一)省级人民检察院,包括省、自治区、直辖市人民检察院;

(二)设区的市级人民检察院,包括省、自治区辖市人民检察院,自治州人民检察院,省、自治区、直辖市人民检察院分院;

(三)基层人民检察院,包括县、自治县、不设区的市、市辖区人民检察院。

第十四条 在新疆生产建设兵团设立的人民检察院的组织、案件管辖范围和检察官任免,依照全国人民代表大会常务委员会的有关规定。

第十五条 专门人民检察院的设置、组织、职权和检察官任免,由全国人民代表大会常务委员会规定。

第十六条 省级人民检察院和设区的市级人民检察院根据检察工作需要,经最高人民检察院和省级有关部门同意,并提请本级人民代表大会常务委员会批准,可以在辖区内特定区域设立人民检察院,作为派出机构。

第十七条 人民检察院根据检察工作需要,可以在监狱、看守所等场所设立检察室,行使派出它的人民检察院的部分职权,也可以对上述场所进行巡回检察。

省级人民检察院设立检察室,应当经最高人民检察院和省级有关部门同意。设区的市级人民检察院、基层人民检察院设立检察室,应当经省级人民检察院和省级有关部门同意。

第十八条 人民检察院根据检察工作需要,设必要的业务机构。检察官员额较少的设区的市级人民检察院和基层人民检察院,可以设综合业务机构。

第十九条 人民检察院根据工作需要,可以设必要的检察辅助机构和行政管理机构。

第二十条 人民检察院行使下列职权:

(一)依照法律规定对有关刑事案件行使侦查权;

(二)对刑事案件进行审查,批准或者决定是否逮捕犯罪嫌疑人;

(三)对刑事案件进行审查,决定是否提起公诉,对决定提起公诉的案件支持公诉;

(四)依照法律规定提起公益诉讼;

(五)对诉讼活动实行法律监督;

(六)对判决、裁定等生效法律文书的执行工作实行法律监督;

(七)对监狱、看守所的执法活动实行法律监督;

(八)法律规定的其他职权。

第二十一条 人民检察院行使本法第二十条规定的法律监督职权,可以进行调查核实,并依法提出抗诉、纠正意见、检察建议。有关单位应当予以配合,并及时将采纳纠正意见、检察建议的情况书面回复人民检察院。

抗诉、纠正意见、检察建议的适用范围及其程序,依照法律有关规定。

第二十二条 最高人民检察院对最高人民法院的死刑复核活动实行监督;对报请核准追诉的案件进行审查,决定是否追诉。

第二十三条 最高人民检察院可以对属于检察工作中具体应用法律的问题进行解释。

最高人民检察院可以发布指导性案例。

第二十四条 上级人民检察院对下级人民检察院行使下列职权:

(一)认为下级人民检察院的决定错误的,指令下级人民检察院纠正,或者依法撤销、变更;

(二)可以对下级人民检察院管辖的案件指定管辖;

(三)可以办理下级人民检察院管辖的案件;

(四)可以统一调用辖区的检察人员办理案件。

上级人民检察院的决定,应当以书面形式作出。

第二十五条 下级人民检察院应当执行上级人民检察院的决定;有不同意见的,可以在执行的同时向上级人民检察院报告。

第二十六条　人民检察院检察长或者检察长委托的副检察长，可以列席同级人民法院审判委员会会议。

第二十七条　人民监督员依照规定对人民检察院的办案活动实行监督。

第三章　人民检察院的办案组织

第二十八条　人民检察院办理案件，根据案件情况可以由一名检察官独任办理，也可以由两名以上检察官组成办案组办理。

由检察官办案组办理的，检察长应当指定一名检察官担任主办检察官，组织、指挥办案组办理案件。

第二十九条　检察官在检察长领导下开展工作，重大办案事项由检察长决定。检察长可以将部分职权委托检察官行使，可以授权检察官签发法律文书。

第三十条　各级人民检察院设检察委员会。检察委员会由检察长、副检察长和若干资深检察官组成，成员应当为单数。

第三十一条　检察委员会履行下列职能：

（一）总结检察工作经验；

（二）讨论决定重大、疑难、复杂案件；

（三）讨论决定其他有关检察工作的重大问题。

最高人民检察院对属于检察工作中具体应用法律的问题进行解释、发布指导性案例，应当由检察委员会讨论通过。

第三十二条　检察委员会召开会议，应当有其组成人员的过半数出席。

检察委员会会议由检察长或者检察长委托的副检察长主持。检察委员会实行民主集中制。

地方各级人民检察院的检察长不同意本院检察委员会多数人的意见，属于办理案件的，可以报请上一级人民检察院决定；属于重大事项的，可以报请上一级人民检察院或者本级人民代表大会常务委员会决定。

第三十三条　检察官可以就重大案件和其他重大问题，提请检察长决定。检察长可以根据案件情况，提交检察委员会讨论决定。

检察委员会讨论案件，检察官对其汇报的事实负责，检察委员会委员对本人发表的意见和表决负责。检察委员会的决定，检察官应当执行。

第三十四条　人民检察院实行检察官办案责任制。检察官对其职权范围内就案件作出的决定负责。检察长、检察委员会对案件作出决定的，承担相应责任。

第四章　人民检察院的人员组成

第三十五条　人民检察院的检察人员由检察长、副检察长、检察委员会委员和检察员等人员组成。

第三十六条　人民检察院检察长领导本院检察工作，管理本院行政事务。人民检察院副检察长协助检察长工作。

第三十七条　最高人民检察院检察长由全国人民代表大会选举和罢免，副检察长、检察委员会委员和检察员由检察长提请全国人民代表大会常务委员会任免。

第三十八条　地方各级人民检察院检察长由本级人民代表大会选举和罢免，副检察长、检察委员会委员和检察员由检察长提请本级人民代表大会常务委员会任免。

地方各级人民检察院检察长的任免，须报上一级人民检察院检察长提请本级人民代表大会常务委员会批准。

省、自治区、直辖市人民检察院分院检察长、副检察长、检察委员会委员和检察员，由省、自治区、直辖市人民检察院检察长提请本级人民代表大会常务委员会任免。

第三十九条　人民检察院检察长任期与产生它的人民代表大会每届任期相同。

全国人民代表大会常务委员会和省、自治区、直辖市人民代表大会常务委员会根据本级人民检察院检察长的建议，可以撤换下级人民检察院检察长、副检察长和检察委员会委员。

第四十条　人民检察院的检察官、检察辅助人员和司法行政人员实行分类管理。

第四十一条　检察官实行员额制。检察官员额根据案件数量、经济社会发展情况、人口数量和人民检察院层级等因素确定。

最高人民检察院检察官员额由最高人民检察院商有关部门确定。地方各级人民检察院检察官员额，在省、自治区、直辖市内实行总量控制、动态管理。

第四十二条　检察官从取得法律职业资格并且具备法律规定的其他条件的人员中选任。初任检察官应当由检察官遴选委员会进行专业能力审核。上级人民检察院的检察官一般从下级人民检察院的检察官中择优遴选。

检察长应当具有法学专业知识和法律职业经历。副检察长、检察委员会委员应当从检察官、法官或者其他具备检察官、法官条件的人员中产生。

检察官的职责、管理和保障,依照《中华人民共和国检察官法》的规定。

第四十三条 人民检察院的检察官助理在检察官指导下负责审查案件材料、草拟法律文书等检察辅助事务。

符合检察官任职条件的检察官助理,经遴选后可以按照检察官任免程序任命为检察官。

第四十四条 人民检察院的书记员负责案件记录等检察辅助事务。

第四十五条 人民检察院的司法警察负责办案场所警戒、人员押解和看管等警务事项。

司法警察依照《中华人民共和国人民警察法》管理。

第四十六条 人民检察院根据检察工作需要,可以设检察技术人员,负责与检察工作有关的事项。

第五章 人民检察院行使职权的保障

第四十七条 任何单位或者个人不得要求检察官从事超出法定职责范围的事务。

对于领导干部等干预司法活动、插手具体案件处理,或者人民检察院内部人员过问案件情况的,办案人员应当全面如实记录并报告;有违法违纪情形的,由有关机关根据情节轻重追究行为人的责任。

第四十八条 人民检察院采取必要措施,维护办案安全。对妨碍人民检察院依法行使职权的违法犯罪行为,依法追究法律责任。

第四十九条 人民检察院实行培训制度,检察官、检察辅助人员和司法行政人员应当接受理论和业务培训。

第五十条 人民检察院人员编制实行专项管理。

第五十一条 人民检察院的经费按照事权划分的原则列入财政预算,保障检察工作需要。

第五十二条 人民检察院应当加强信息化建设,运用现代信息技术,促进司法公开,提高工作效率。

第六章 附 则

第五十三条 本法自 2019 年 1 月 1 日起施行。

关于《中华人民共和国人民检察院组织法(修订草案)》的说明

——2017 年 8 月 28 日在第十二届全国人民代表大会常务委员会第二十九次会议上

全国人大内务司法委员会副主任委员 何晔晖

全国人民代表大会常务委员会:

我受全国人大内务司法委员会的委托,作关于《中华人民共和国人民检察院组织法(修订草案)》的说明。

一、修改人民检察院组织法的重要意义

人民检察院组织法是规定人民检察院机构设置及其职责权限的重要法律,是我国司法制度的支柱性法律。现行人民检察院组织法于 1979 年 7 月颁布,1980 年 1 月施行,对构建检察院组织体系、加强法律监督工作、确立社会主义司法制度发挥了重要作用。随着我国经济社会快速发展,民主法治建设日臻完善,司法体制改革不断深化,人民检察院工作面临许多新情况新任务新要求,修改完善人民检察院组织法是十分必要的。

第一,修改人民检察院组织法,是贯彻落实党中央重大决策部署,深化司法体制改革的重要任务。党的十八大以来,以习近平总书记为核心的党中央对深化司法体制改革、保障司法公正作出一系列决策部署,司法体制改革取得重大成果。修改人民检察院组织法,对完善检察院管理体制和检察权运行机制,巩固司法体制改革成果,确保司法体制改革行稳致远,进一步提高司法公信力,具有重要意义。

第二,修改人民检察院组织法,是适应改革开放以来人民检察院发展,充分发挥法律监督职能的客观需要。现行人民检察院组织法是改革开放初

期制定的,三十多年来,人民检察院工作发生许多积极变化,修改人民检察院组织法,对更好地履行检察机关职能,打击犯罪,保障人权,保障国家法律正确实施,维护社会公平正义,具有重要意义。

第三,修改人民检察院组织法,是完善中国特色社会主义法律体系的重要任务。人民检察院是国家的法律监督机关,人民检察院组织法是中国特色社会主义法律体系的重要组成部分。随着刑事诉讼法、民事诉讼法、行政诉讼法、法官法、检察官法等法律不断完善,修改人民检察院组织法,进一步明确人民检察院的设置及其职权,对维护法律之间的和谐统一,具有重要意义。

二、修改的指导思想以及工作过程

修改人民检察院组织法的指导思想是:全面贯彻党的十八大和十八届三中、四中、五中、六中全会精神,以邓小平理论、"三个代表"重要思想、科学发展观为指导,深入学习贯彻习近平总书记系列重要讲话精神和治国理政新理念新思想新战略,牢固树立"四个意识",围绕统筹推进"五位一体"总体布局和协调推进"四个全面"战略布局,抓紧修改完善人民检察院组织法,规范人民检察院的设置和职权,保障人民检察院依法履行职责,使修改后的人民检察院组织法更加符合司法规律,体现时代精神,为建设公正高效权威的社会主义司法制度提供法律保障。

全国人大常委会对修改人民检察院组织法高度重视,2013 年就作出工作部署。本届以来,全国人大代表提出修改人民检察院组织法的议案共 32 件。全国人大内务司法委员会在全国人大常委会的领导下,抓紧研究修改人民检察院组织法。修改工作遵循以下基本原则:一是修改工作是在现行人民检察院组织法基础上进行的,其基本制度和许多规定都要保留。二是努力体现司法体制改革成果,使党中央重大决策部署通过法定程序成为国家意志,用法律制度巩固司法体制改革成果。三是准确把握人民检察院组织法的调整范围,妥善处理与诉讼法、检察官法等法律的关系。四是人民检察院组织法涉及面广,有些改革还在试点过程中,对一些实践不够、尚未形成共识的问题,只作原则性规定或者暂不作规定。

内务司法委员会在修改人民检察院组织法过程中,主要做了以下工作:一是专门组织 6 个研究小组并委托 6 个省级人大内司委,逐个研究修改的主要问题;二是两年来深入调研 20 个省、自治区、直辖市司法体制改革情况;三是广泛征求中央纪委、中央组织部、中央编办、财政部等部门,31 个省级人大内司委,部分法律院校和研究机构等各方面的意见和建议;四是与中央政法委、全国人大常委会法工委、最高人民法院、最高人民检察院、国务院法制办等单位多次沟通协商,对草案规定的内容达成共识。2017 年 6 月 8 日,内务司法委员会召开全体会议,讨论通过了人民检察院组织法修订草案。

三、人民检察院组织法修订草案的主要内容

现行人民检察院组织法共 3 章 28 条,修订草案共 6 章 60 条,修改完善的量较大。增加的主要内容:一是现行人民检察院组织法施行以来,全国人大及其常委会有关人民检察院组织的新规定,如新疆兵团检察院等规定。二是深化司法体制改革的有关成果。

(一)人民检察院的性质和任务

关于人民检察院的性质。草案规定:"中华人民共和国人民检察院是国家的法律监督机关,依法行使检察权。"这一规定,与宪法以及现行人民检察院组织法的规定是一致的。

关于人民检察院的任务。根据人民检察院性质及其职能,草案规定:"人民检察院的任务是通过行使检察权,追诉犯罪,保障人权,维护国家安全和社会秩序,依法监督国家机关及其工作人员行使职权,保障国家法律正确实施,维护社会公共利益,维护社会公平正义,维护国家法制统一、尊严、权威。"

(二)检察工作的基本原则和工作体制

关于人民检察院工作的基本原则。草案规定了人民检察院依法设立、依法独立行使检察权、适用法律人人平等、司法公正、司法民主、司法公开和司法责任制等基本原则。草案关于基本原则的规定,主要是根据检察工作要求和深化司法体制改革实践作出的,基本上都有法律依据。

关于检察工作体制。草案坚持现行人民检察院组织法检察工作体制的规定,体现检察一体化原则,明确规定:"最高人民检察院领导地方各级人民检察院和专门人民检察院的工作。上级人民检察院领导下级人民检察院的工作。"同时规定:"检察官在检察长领导下开展工作,重大办案事项由检察长决定。"并根据司法责任制有关"谁决定谁负责"的要求,规定"检察长、检察委员会对案件作出决定

的，承担相应责任。”

（三）人民检察院的机构设置和办案组织

1. 关于人民检察院的分类。现行人民检察院组织法将人民检察院分为最高人民检察院、地方各级人民检察院和专门人民检察院，草案在此基础上，根据党的十八届四中全会决定增加规定：“经全国人民代表大会常务委员会决定，可以设立跨行政区划人民检察院，办理跨地区案件。”并根据 1998 年全国人大常委会的决定，增加“新疆维吾尔自治区生产建设兵团人民检察院”的规定。

2. 关于人民检察院的内设机构。根据检察工作需要，并征求有关部门意见，草案对人民检察院的办案机构、综合业务机构、检察辅助机构和司法行政机构作出规定。如，“人民检察院根据检察工作需要，可以设必要的办案机构。检察官员额较少的市级人民检察院和基层人民检察院，可以设综合办案机构。”“人民检察院根据工作需要，可以设必要的检察辅助机构和司法行政管理机构，也可以让社会力量参与检察辅助工作和司法行政工作。”这样规定，既符合深化司法体制改革要求，又为进一步改革留有空间。

3. 关于检察官办案组和独任检察官。党的十八届四中全会提出，完善主任检察官办案责任制，落实谁办案谁负责。检察官办案组和独任检察官是人民检察院主要办案主体，草案对检察官办案组的组成、主任检察官和独任检察官的办案权限、法律文书的签发等作出规定，并根据“谁办案谁负责”的要求，规定检察官对其职权范围内就案件作出的决定负责。

4. 关于人民检察院派驻检察室。人民检察院是国家的法律监督机关，从实践看，在少数特定场所设置检察室，有利于开展法律监督工作。草案规定：“人民检察院根据检察工作需要，可以在监狱等场所设立检察室，行使派出它的人民检察院的部分职权。”同时，设置检察室应当从严掌握，草案规定：“省级人民检察院设立检察室，应当经最高人民检察院和省级有关部门同意。市级人民检察院、基层人民检察院设立检察室，应当经省级人民检察院和省级有关部门同意。”

（四）适应国家监察体制改革新要求

草案根据现行人民检察院组织法和刑事诉讼法等法律，对批准逮捕、提起公诉、对审判活动开展法律监督等检察院职权作出规定，并进一步完善人民检察院职权。

深化国家监察体制改革，是事关全局的重大政治体制改革，涉及检察院职权和人员的重大调整。草案努力做到与深化国家监察体制改革相衔接，将现行人民检察院组织法规定的“对于直接受理的刑事案件，进行侦查”，修改为“对依照法律规定由其办理的刑事案件行使侦查权”。人民检察院行使侦查权的具体情形，应当“依照法律规定”，主要指依照刑事诉讼法、监察法的规定。根据新修改的民事诉讼法、行政诉讼法，草案在检察院职权中增加规定“依照法律规定提起公益诉讼”。

（五）检察院人员分类管理和检察官员额制

1. 关于人民检察院检察长、副检察长职责。实行司法责任制后，检察长的领导管理职责不能松懈，草案进一步明确检察长、副检察长的职责：“人民检察院检察长负责本院全面工作，领导本院检察工作，管理本院行政事务。人民检察院副检察长协助检察长工作。”关于担任检察长、副检察长的专业资格，根据多年来任命检察长的实际情况，并征求有关部门意见，草案规定：“检察长应当具有法学专业知识和法律职业经历。副检察长、检察委员会委员应当从检察官中产生。”

2. 关于人员分类管理。完善司法人员分类管理制度，是深化司法体制改革重要举措。草案规定：“人民检察院的检察官、检察辅助人员和司法行政人员实行分类管理。”并对检察官录用和遴选，检察官助理、书记员、司法警察的基本职责作出规定。

3. 关于检察官员额制。根据有关部门意见，草案规定：“检察官实行员额制。检察官员额根据人民检察院层级、案件数量以及经济社会发展情况、人口数量等因素确定。最高人民检察院检察官员额，由最高人民检察院商有关部门确定。地方各级人民检察院检察官员额，在省、自治区、直辖市内实行总量控制，动态管理。”

（六）人民检察院行使职权的制度保障

党的十八大以来，党中央采取一系列措施保障人民检察院独立公正行使检察权，草案对此作出专章规定。

1. 关于检察官履职保护。草案规定：“检察官非因法定事由，未经法定程序，不被调离、降职、免职、辞退或者处分。”并规定：“检察官的人格尊严和人身安全受法律保护。对骚扰、谩骂、威胁、暴力侵害检察官及其近亲属等违法犯罪行为，有关机关应当及时制止，依法从严惩处。”

2. 关于加强信息化建设。草案规定：“人民检察院应当加强信息化建设，运用互联网、大数据等现代信息技术，提高工作效率，保障司法公正。”

3. 关于职业保障。草案根据有关部门的意见作出规定：“人民检察院商有关部门建立检察官单独职务序列和工资制度，完善职业保障体制。”“人民检察院人员编制实行专项管理。专项管理的具体办法，由最高人民检察院商有关部门另行规定。”“人民检察院的经费按照事权划分的原则列入财政预算，保障检察工作需要。”

《中华人民共和国人民检察院组织法（修订草案）》和以上说明是否妥当，请审议。

全国人民代表大会宪法和法律委员会关于《中华人民共和国人民检察院组织法（修订草案）》修改情况的汇报

——2018 年 6 月 19 日在第十三届全国人民代表大会常务委员会第三次会议上

全国人大宪法和法律委员会副主任委员　沈春耀

全国人民代表大会常务委员会：

2017 年 8 月，十二届全国人大常委会第二十九次会议对人民检察院组织法（修订草案）进行了初次审议。会后，法制工作委员会将修订草案印发各省（区、市）人大常委会、中央有关部门和部分高等院校、研究机构、基层立法联系点等征求意见。在中国人大网全文公布修订草案征求社会公众意见。宪法和法律委员会、监察和司法委员会、法制工作委员会联合召开座谈会，听取有关专家对修订草案的意见。宪法和法律委员会、法制工作委员会还先后到北京、广东、江西等地进行调研，了解情况、听取意见，并与监察和司法委员会、最高人民检察院进行沟通。宪法和法律委员会于 6 月 5 日召开会议，根据常委会组成人员的审议意见和各方面意见，对修订草案进行了逐条审议。监察和司法委员会、中央政法委员会、最高人民检察院有关负责同志列席了会议。6 月 12 日，宪法和法律委员会召开会议，再次进行了审议。修改工作注意把握以下几点：一是贯彻落实党中央深化司法体制改革总体部署，通过修改法律确认和巩固司法体制改革的成果，建立健全符合司法规律的检察组织，完善司法责任制，保障司法公正。二是落实宪法确定的制度、原则和精神，符合宪法的规定。三是保持人民检察院组织体系和检察院组织法基本原则的稳定性，对改革中一些实践不够、尚未形成共识的问题，暂不作规定。四是处理好与诉讼法、检察官法等相关法律的关系。现将人民检察院组织法（修订草案）主要问题的修改情况汇报如下：

一、修订草案第四条规定：“人民检察院依照本法规定设立；本法没有规定的，根据全国人民代表大会常务委员会的决定设立。”宪法第一百三十五条中规定，中华人民共和国设立最高人民检察院、地方各级人民检察院和军事检察院等专门人民检察院，人民检察院的组织由法律规定。宪法是人民检察院机构设置的总依据，设立人民检察院必须符合宪法和法律的规定。宪法和法律委员会经研究，建议将修订草案第四条修改为：“人民检察院依照宪法、法律和全国人民代表大会常务委员会的决定设置。”

二、修订草案第十一条规定：“最高人民检察院对全国人民代表大会和全国人民代表大会常务委员会负责并报告工作。地方各级人民检察院对本级人民代表大会及其常务委员会负责并报告工作。”有的常委委员、地方提出，应当规定各级人大及其常委会对人民检察院进行监督的内容。宪法和法律委员会经研究，建议增加一款作为第二款，规定：“各级人民代表大会及其常务委员会对本级人民检察院的工作实施监督。”

三、修订草案第十三条规定了人民检察院行使的职权。有的部门、地方建议，根据党的十八届四中全会的决定，增加人民检察院在履行职责中发现行政机关有违法行使职权或者不行使职权的行为，督促其纠正的规定。宪法和法律委员会经与最高人民检察院研究，建议增加一款作为第二款，规定：“人民检察院行使上述职权时，发现行政机关有违法行使职权或者不行使职权的行为，应当督促其纠正。”

四、修订草案第十六条第四项规定：最高人民检察院可以“对检察工作中具体应用法律问题进行解释”。有的常委委员、地方、高等院校、社会公众建议,增加“发布指导性案例”的规定。最高人民检察院发布典型案例,有利于检察工作中正确适用法律,维护司法公正。宪法和法律委员会经研究,为了进一步明确指导性案例的性质和功能,建议将发布指导性案例单作一款,规定:“最高人民检察院可以发布指导性案例,供检察官在办理案件时参考。”

五、修订草案第二十一条规定:“经全国人民代表大会常务委员会决定,可以设立跨行政区划人民检察院,办理跨地区案件。”有的常委委员、人大代表提出,跨行政区划法院、检察院的定位不够明确,建议进一步研究。实际情况是,跨行政区划人民法院和人民检察院改革方案尚未出台,在这方面尚未有过试点等实践经验,全国人大常委会从未就设立跨行政区划人民法院和人民检察院作过决定,此事还涉及宪法和地方组织法有关人民法院、人民检察院组成人员任免的规定,目前在北京市、上海市设立的集中管辖有关案件的中级人民法院和人民检察院也不是由全国人大常委会决定设立的。宪法和法律委员会经研究,建议对这一问题暂不作规定,待条件成熟时再作规定。

六、修订草案第五十一条规定:“人民检察院有权拒绝从事违反法定职责的活动。”有的常委委员、部门、地方和社会公众建议,按照中央有关文件的规定增加记录、追责等内容。宪法和法律委员会经研究,建议将修订草案第五十一条修改为两款,规定:“任何单位或者个人不得要求检察官从事超出法定职责范围的事务。”“对于领导干部或者人民检察院内部人员干预司法活动、插手过问具体案件处理的,办案人员应当拒绝并全面如实记录,由有关机关根据情节轻重追究行为人的责任。”

七、修订草案第五十三条至第五十五条对检察官职业保障等方面的内容作了规定。有的常委委员提出,应当对检察院组织法和检察官法的内容进行统筹考虑,在检察官法中已作出规定的,本法可不再规定。宪法和法律委员会经研究,建议删去修订草案第五十三条至第五十五条。

此外,还对修订草案作了一些文字修改,并对部分条文顺序作了调整。

修订草案二次审议稿已按上述意见作了修改,宪法和法律委员会建议提请本次常委会会议继续审议。

修订草案二次审议稿和以上汇报是否妥当,请审议。

全国人民代表大会宪法和法律委员会关于《中华人民共和国人民检察院组织法（修订草案）》审议结果的报告

——2018 年 10 月 22 日在第十三届全国人民代表大会常务委员会第六次会议上

全国人大宪法和法律委员会副主任委员　沈春耀

全国人民代表大会常务委员会:

常委会第三次会议对人民检察院组织法(修订草案二次审议稿)进行了审议。会后,法制工作委员会在中国人大网全文公布修订草案,再次征求社会公众意见。8 月 24 日,习近平总书记主持召开中央全面依法治国委员会第一次会议,对修订草案进行了书面审议,会后,中央组织部、最高人民法院、最高人民检察院、中央军委政法委员会等单位的领导同志提出了书面意见。宪法和法律委员会、法制工作委员会与监察和司法委员会、最高人民检察院就修改完善修订草案作了沟通和研究。宪法和法律委员会于10 月10 日召开会议,根据常委会组成人员的审议意见和各方面意见,对修订草案进行了逐条审议。监察和司法委员会、中央政法委员会、最高人民检察院有关负责同志列席了会议。10 月16 日,宪法和法律委员会召开会议,再次进行审议。宪法和法律委员会认为,为了贯彻落实中央深化司法体制改革精神,完善人民检察院的组织制度,修改本法是必要的,修订草案经过二次审议修改,已经比较成熟。同时,提出以下主要修改意见:

一、修订草案二次审议稿第九条规定:“公民对人民检察院工作依法享有知情权、参与权和监督权。”有的常委会组成人员建议，增加人民检察院接受人民群众监督的内容。宪法和法律委员会经研究，建议将上述规定修改为：“人民检察院应当接受人民群众监督，保障人民群众对人民检察院工作依法享有知情权、参与权和监督权。”

二、修订草案二次审议稿第十六条第二款规定：“人民检察院行使上述职权时，发现行政机关有违法行使职权或者不行使职权的行为，应当督促其纠正。”国家监察委员会提出，按照监察体制改革的精神，应当删去这一规定。宪法和法律委员会经研究，建议采纳这一意见。

三、修订草案二次审议稿第十七条中规定：“人民检察院行使法律监督职权，可以采取提出抗诉、纠正意见、检察建议等方式。”有的常委委员、部门、社会公众提出，纠正意见和检察建议是近年来检察机关探索出的行使法律监督权的有效方式，但有的单位对人民检察院提出的纠正意见、检察建议不够重视。宪法和法律委员会经研究，建议增加规定：“有关单位应当及时将采纳纠正意见、检察建议的情况书面回复人民检察院”。

四、修订草案二次审议稿第二十五条第一款规定：“人民检察院根据检察工作需要，可以在监狱等场所设立检察室，行使派出它的人民检察院的部分职权。”长期以来，检察机关主要通过派驻检察的方式，对监狱、看守所等场所的执法进行监督。为完善检察机关的监督方式，最高人民检察院正在试点开展巡回检察，增强了法律监督的实效。宪法和法律委员会经研究，建议将上述规定修改为：“人民检察院根据检察工作需要，可以在监狱、看守所等场所设立检察室，行使派出它的人民检察院的部分职权，也可以对上述场所进行巡回检察。”

五、修订草案二次审议稿第四十四条第二款规定：“检察长应当具有法学专业知识和法律职业经历。副检察长、检察委员会委员应当从检察官或者法官中产生。”有的常委会组成人员、部门和社会公众提出，副检察长只能从检察官或者法官中产生，限制了干部的交流，应适当放宽。宪法和法律委员会经研究，建议规定：“副检察长、检察委员会委员应当从检察官、法官或者其他具备检察官、法官条件的人员中产生。”

还有一个问题需要汇报。人民检察院组织法是1979年由五届全国人大二次会议通过的。按照宪法第六十七条第三项的规定，全国人大常委会对全国人民代表大会制定的法律，可以进行部分补充和修改，但是不得同该法律的基本原则相抵触。由于这次提出的人民检察院组织法修订草案对现行人民检察院组织法补充修改的内容比较多、幅度比较大，因而在审议中有的意见提出，人民检察院组织法修订草案是由常委会审议通过还是由代表大会审议通过，需要研究、妥善处理。我们经认真研究后认为，1979年至今，常委会只对人民检察院组织法作过一些小的修改。这次对人民检察院组织法的修改，主要是适应司法体制改革的要求和司法实践发展的需要，对现行法律补充修改的内容较多，体例结构上需要有相应的安排，适宜采取修订的方式；同时，从人民检察院组织法修订草案的内容看，这次修法没有改变我国人民检察院的性质、地位、职权、基本组织体系、基本活动准则等，修改的内容都是属于补充、完善、调整、优化性质的，与人民检察院组织法的基本原则不存在相抵触的情形。因此，人民检察院组织法修订草案由全国人大常委会审议通过是可行的，符合宪法的有关规定。

此外，还对修订草案二次审议稿作了一些文字修改，并对部分条文顺序作了调整。

10月16日，法制工作委员会召开会议，邀请全国人大代表、人民法院和人民检察院工作人员、律师、专家学者等就人民检察院组织法修订草案中主要制度规范的可行性、法律出台时机、法律实施的社会效果和可能出现的问题等作了评估。与会人员普遍认为，修订草案完善了人民检察院的设置、职权和人民检察院的办案组织，明确了司法人员分类管理和检察官实行员额制，完善了人民检察院行使职权的保障，已经比较全面、成熟，其主要制度规范是可行的，现在出台是必要的、适时的。这对于确认和巩固司法体制改革成果，提高司法公信力，建设公正高效权威的社会主义司法制度，具有重要意义。同时，有的与会人员还对修订草案提出了一些具体修改意见，宪法和法律委员会进行了认真研究，对有的意见予以采纳。

修订草案三次审议稿已按上述意见作了修改，宪法和法律委员会建议提请本次常委会会议审议通过。

修订草案三次审议稿和以上报告是否妥当，请审议。

全国人民代表大会宪法和法律委员会关于《中华人民共和国人民检察院组织法（修订草案三次审议稿）》修改意见的报告

——2018 年 10 月 26 日在第十三届全国人民代表大会常务委员会第六次会议上

全国人民代表大会常务委员会：

本次常委会会议于 10 月 23 日上午对人民检察院组织法（修订草案三次审议稿）进行了分组审议。普遍认为，修订草案已经比较成熟，建议进一步修改后，提请本次会议通过。同时，有些常委会组成人员还提出了一些修改意见。宪法和法律委员会于 10 月 23 日下午召开会议，逐条研究了常委会组成人员的审议意见，对修订草案进行了审议。监察和司法委员会、中央政法委员会、最高人民检察院有关负责同志列席了会议。宪法和法律委员会认为，修订草案是可行的，同时，提出以下修改意见：

一、修订草案三次审议稿第二十一条第一款规定："人民检察院行使本法第二十条规定的法律监督职权，可以采取提出抗诉、纠正意见、检察建议等方式。有关单位应当及时将采纳纠正意见、检察建议的情况书面回复人民检察院。"有的常委会组成人员、部门提出，调查核实是检察机关行使法律监督职权的前提和保障，相关诉讼法作了规定，但诉前监督活动中尚缺乏明确规定，建议在组织法中作出相应规定。宪法和法律委员会经研究，建议将上述规定修改为："人民检察院行使本法第二十条规定的法律监督职权，可以进行调查核实，并依法提出抗诉、纠正意见、检察建议。有关单位应当予以配合，并及时将采纳纠正意见、检察建议的情况书面回复人民检察院。"

二、修订草案三次审议稿第四十七条第二款规定："对于领导干部干预司法活动、插手具体案件处理，或者人民检察院内部人员过问案件情况的，办案人员应当全面如实记录，由有关机关根据情节轻重追究行为人的责任。"有的常委会组成人员提出，除领导干部外，实践中还有其他人或者组织干预司法活动；还有的提出，追究干预司法活动或者过问案件情况的责任，需要有违法违纪的情形。宪法和法律委员会经研究，建议将上述规定修改为："对于领导干部等干预司法活动、插手具体案件处理，或者人民检察院内部人员过问案件情况的，办案人员应当全面如实记录并报告；有违法违纪情形的，由有关机关根据情节轻重追究行为人的责任。"

此外，根据常委会组成人员的审议意见，还对修订草案三次审议稿作了一些文字修改。

修订草案建议表决稿已按上述意见作了修改，宪法和法律委员会建议本次常委会会议审议通过。

修订草案建议表决稿和以上报告是否妥当，请审议。

中华人民共和国主席令

第十三号

《中华人民共和国国际刑事司法协助法》已由中华人民共和国第十三届全国人民代表大会常务委员会第六次会议于 2018 年 10 月 26 日通过，现予公布，自公布之日起施行。

中华人民共和国主席　习近平

2018 年 10 月 26 日

中华人民共和国国际刑事司法协助法

（2018年10月26日第十三届全国人民代表大会常务委员会第六次会议通过）

目　录

第一章　总　则
第二章　刑事司法协助请求的提出、接收和处理
　第一节　向外国请求刑事司法协助
　第二节　向中华人民共和国请求刑事司法协助
第三章　送达文书
　第一节　向外国请求送达文书
　第二节　向中华人民共和国请求送达文书
第四章　调查取证
　第一节　向外国请求调查取证
　第二节　向中华人民共和国请求调查取证
第五章　安排证人作证或者协助调查
　第一节　向外国请求安排证人作证或者协助调查
　第二节　向中华人民共和国请求安排证人作证或者协助调查
第六章　查封、扣押、冻结涉案财物
　第一节　向外国请求查封、扣押、冻结涉案财物
　第二节　向中华人民共和国请求查封、扣押、冻结涉案财物
第七章　没收、返还违法所得及其他涉案财物
　第一节　向外国请求没收、返还违法所得及其他涉案财物
　第二节　向中华人民共和国请求没收、返还违法所得及其他涉案财物
第八章　移管被判刑人
　第一节　向外国移管被判刑人
　第二节　向中华人民共和国移管被判刑人
第九章　附　则

第一章　总　则

第一条　为了保障国际刑事司法协助的正常进行，加强刑事司法领域的国际合作，有效惩治犯罪，保护个人和组织的合法权益，维护国家利益和社会秩序，制定本法。

第二条　本法所称国际刑事司法协助，是指中华人民共和国和外国在刑事案件调查、侦查、起诉、审判和执行等活动中相互提供协助，包括送达文书，调查取证，安排证人作证或者协助调查，查封、扣押、冻结涉案财物，没收、返还违法所得及其他涉案财物，移管被判刑人以及其他协助。

第三条　中华人民共和国和外国之间开展刑事司法协助，依照本法进行。

执行外国提出的刑事司法协助请求，适用本法、刑事诉讼法及其他相关法律的规定。

对于请求书的签署机关、请求书及所附材料的语言文字、有关办理期限和具体程序等事项，在不违反中华人民共和国法律的基本原则的情况下，可以按照刑事司法协助条约规定或者双方协商办理。

第四条　中华人民共和国和外国按照平等互惠原则开展国际刑事司法协助。

国际刑事司法协助不得损害中华人民共和国的主权、安全和社会公共利益，不得违反中华人民共和国法律的基本原则。

非经中华人民共和国主管机关同意，外国机构、组织和个人不得在中华人民共和国境内进行本法规定的刑事诉讼活动，中华人民共和国境内的机构、组织和个人不得向外国提供证据材料和本法规定的协助。

第五条　中华人民共和国和外国之间开展刑事司法协助，通过对外联系机关联系。

中华人民共和国司法部等对外联系机关负责提出、接收和转递刑事司法协助请求，处理其他与国际刑事司法协助相关的事务。

中华人民共和国和外国之间没有刑事司法协助条约的，通过外交途径联系。

第六条　国家监察委员会、最高人民法院、最高人民检察院、公安部、国家安全部等部门是开展国际刑事司法协助的主管机关，按照职责分工，审核向外国提出的刑事司法协助请求，审查处理对外联系机关转递的外国提出的刑事司法协助请求，承担其他与国际刑事司法协助相关的工作。在移管

被判刑人案件中，司法部按照职责分工，承担相应的主管机关职责。

办理刑事司法协助相关案件的机关是国际刑事司法协助的办案机关，负责向所属主管机关提交需要向外国提出的刑事司法协助请求、执行所属主管机关交办的外国提出的刑事司法协助请求。

第七条　国家保障开展国际刑事司法协助所需经费。

第八条　中华人民共和国和外国相互执行刑事司法协助请求产生的费用，有条约规定的，按照条约承担；没有条约或者条约没有规定的，按照平等互惠原则通过协商解决。

第二章　刑事司法协助请求的提出、接收和处理

第一节　向外国请求刑事司法协助

第九条　办案机关需要向外国请求刑事司法协助的，应当制作刑事司法协助请求书并附相关材料，经所属主管机关审核同意后，由对外联系机关及时向外国提出请求。

第十条　向外国的刑事司法协助请求书，应当依照刑事司法协助条约的规定提出；没有条约或者条约没有规定的，可以参照本法第十三条的规定提出；被请求国有特殊要求的，在不违反中华人民共和国法律的基本原则的情况下，可以按照被请求国的特殊要求提出。

请求书及所附材料应当以中文制作，并附有被请求国官方文字的译文。

第十一条　被请求国就执行刑事司法协助请求提出附加条件，不损害中华人民共和国的主权、安全和社会公共利益的，可以由外交部作出承诺。被请求国明确表示对外联系机关作出的承诺充分有效的，也可以由对外联系机关作出承诺。对于限制追诉的承诺，由最高人民检察院决定；对于量刑的承诺，由最高人民法院决定。

在对涉案人员追究刑事责任时，有关机关应当受所作出的承诺的约束。

第十二条　对外联系机关收到外国的有关通知或者执行结果后，应当及时转交或者转告有关主管机关。

外国就其提供刑事司法协助的案件要求通报诉讼结果的，对外联系机关转交有关主管机关办理。

第二节　向中华人民共和国请求刑事司法协助

第十三条　外国向中华人民共和国提出刑事司法协助请求的，应当依照刑事司法协助条约的规定提出请求书。没有条约或者条约没有规定的，应当在请求书中载明下列事项并附相关材料：

（一）请求机关的名称；

（二）案件性质、涉案人员基本信息及犯罪事实；

（三）本案适用的法律规定；

（四）请求的事项和目的；

（五）请求的事项与案件之间的关联性；

（六）希望请求得以执行的期限；

（七）其他必要的信息或者附加的要求。

在没有刑事司法协助条约的情况下，请求国应当作出互惠的承诺。

请求书及所附材料应当附有中文译文。

第十四条　外国向中华人民共和国提出的刑事司法协助请求，有下列情形之一的，可以拒绝提供协助：

（一）根据中华人民共和国法律，请求针对的行为不构成犯罪；

（二）在收到请求时，在中华人民共和国境内对于请求针对的犯罪正在进行调查、侦查、起诉、审判，已经作出生效判决，终止刑事诉讼程序，或者犯罪已过追诉时效期限；

（三）请求针对的犯罪属于政治犯罪；

（四）请求针对的犯罪纯属军事犯罪；

（五）请求的目的是基于种族、民族、宗教、国籍、性别、政治见解或者身份等方面的原因而进行调查、侦查、起诉、审判、执行刑罚，或者当事人可能由于上述原因受到不公正待遇；

（六）请求的事项与请求协助的案件之间缺乏实质性联系；

（七）其他可以拒绝的情形。

第十五条　对外联系机关收到外国提出的刑事司法协助请求，应当对请求书及所附材料进行审查。对于请求书形式和内容符合要求的，应当按照职责分工，将请求书及所附材料转交有关主管机关处理；对于请求书形式和内容不符合要求的，可以要求请求国补充材料或者重新提出请求。

对于刑事司法协助请求明显损害中华人民共和国的主权、安全和社会公共利益的，对外联系机关可以直接拒绝协助。

第十六条　主管机关收到对外联系机关转交的刑事司法协助请求书及所附材料后，应当进行审查，并分别作出以下处理：

（一）根据本法和刑事司法协助条约的规定认为可以协助执行的，作出决定并安排有关办案机关

执行；

（二）根据本法第四条、第十四条或者刑事司法协助条约的规定，认为应当全部或者部分拒绝协助的，将请求书及所附材料退回对外联系机关并说明理由；

（三）对执行请求有保密要求或者有其他附加条件的，通过对外联系机关向外国提出，在外国接受条件并且作出书面保证后，决定附条件执行；

（四）需要补充材料的，书面通知对外联系机关要求请求国在合理期限内提供。

执行请求可能妨碍中华人民共和国有关机关正在进行的调查、侦查、起诉、审判或者执行的，主管机关可以决定推迟协助，并将推迟协助的决定和理由书面通知对外联系机关。

外国对执行其请求有保密要求或者特殊程序要求的，在不违反中华人民共和国法律的基本原则的情况下，主管机关可以按照其要求安排执行。

第十七条 办案机关收到主管机关交办的外国刑事司法协助请求后，应当依法执行，并将执行结果或者妨碍执行的情形及时报告主管机关。

办案机关在执行请求过程中，应当维护当事人和其他相关人员的合法权益，保护个人信息。

第十八条 外国请求将通过刑事司法协助取得的证据材料用于请求针对的案件以外的其他目的的，对外联系机关应当转交主管机关，由主管机关作出是否同意的决定。

第十九条 对外联系机关收到主管机关的有关通知或者执行结果后，应当及时转交或者转告请求国。

对于中华人民共和国提供刑事司法协助的案件，主管机关可以通过对外联系机关要求外国通报诉讼结果。

外国通报诉讼结果的，对外联系机关收到相关材料后，应当及时转交或者转告主管机关，涉及对中华人民共和国公民提起刑事诉讼的，还应当通知外交部。

第三章 送达文书

第一节 向外国请求送达文书

第二十条 办案机关需要外国协助送达传票、通知书、起诉书、判决书和其他司法文书的，应当制作刑事司法协助请求书并附相关材料，经所属主管机关审核同意后，由对外联系机关及时向外国提出请求。

第二十一条 向外国请求送达文书的，请求书应当载明受送达人的姓名或者名称、送达的地址以及需要告知受送达人的相关权利和义务。

第二节 向中华人民共和国请求送达文书

第二十二条 外国可以请求中华人民共和国协助送达传票、通知书、起诉书、判决书和其他司法文书。中华人民共和国协助送达司法文书，不代表对外国司法文书法律效力的承认。

请求协助送达出庭传票的，应当按照有关条约规定的期限提出。没有条约或者条约没有规定的，应当至迟在开庭前三个月提出。

对于要求中华人民共和国公民接受讯问或者作为被告人出庭的传票，中华人民共和国不负有协助送达的义务。

第二十三条 外国向中华人民共和国请求送达文书的，请求书应当载明受送达人的姓名或者名称、送达的地址以及需要告知受送达人的相关权利和义务。

第二十四条 负责执行协助送达文书的人民法院或者其他办案机关，应当及时将执行结果通过所属主管机关告知对外联系机关，由对外联系机关告知请求国。除无法送达的情形外，应当附有受送达人签收的送达回执或者其他证明文件。

第四章 调查取证

第一节 向外国请求调查取证

第二十五条 办案机关需要外国就下列事项协助调查取证的，应当制作刑事司法协助请求书并附相关材料，经所属主管机关审核同意后，由对外联系机关及时向外国提出请求：

（一）查找、辨认有关人员；

（二）查询、核实涉案财物、金融账户信息；

（三）获取并提供有关人员的证言或者陈述；

（四）获取并提供有关文件、记录、电子数据和物品；

（五）获取并提供鉴定意见；

（六）勘验或者检查场所、物品、人身、尸体；

（七）搜查人身、物品、住所和其他有关场所；

（八）其他事项。

请求外国协助调查取证时，办案机关可以同时请求在执行请求时派员到场。

第二十六条 向外国请求调查取证的，请求书及所附材料应当根据需要载明下列事项：

（一）被调查人的姓名、性别、住址、身份信息、联系方式和有助于确认被调查人的其他资料；

（二）需要向被调查人提问的问题；

（三）需要查找、辨认人员的姓名、性别、住址、身份信息、联系方式、外表和行为特征以及有助于查找、辨认的其他资料；

（四）需要查询、核实的涉案财物的权属、地点、特性、外形和数量等具体信息，需要查询、核实的金融账户相关信息；

（五）需要获取的有关文件、记录、电子数据和物品的持有人、地点、特性、外形和数量等具体信息；

（六）需要鉴定的对象的具体信息；

（七）需要勘验或者检查的场所、物品等的具体信息；

（八）需要搜查的对象的具体信息；

（九）有助于执行请求的其他材料。

第二十七条 被请求国要求归还其提供的证据材料或者物品的，办案机关应当尽快通过对外联系机关归还。

第二节 向中华人民共和国请求调查取证

第二十八条 外国可以请求中华人民共和国就本法第二十五条第一款规定的事项协助调查取证。

外国向中华人民共和国请求调查取证的，请求书及所附材料应当根据需要载明本法第二十六条规定的事项。

第二十九条 外国向中华人民共和国请求调查取证时，可以同时请求在执行请求时派员到场。经同意到场的人员应当遵守中华人民共和国法律，服从主管机关和办案机关的安排。

第三十条 办案机关要求请求国保证归还其提供的证据材料或者物品，请求国作出保证的，可以提供。

第五章 安排证人作证或者协助调查

第一节 向外国请求安排证人作证或者协助调查

第三十一条 办案机关需要外国协助安排证人、鉴定人来中华人民共和国作证或者通过视频、音频作证，或者协助调查的，应当制作刑事司法协助请求书并附相关材料，经所属主管机关审核同意后，由对外联系机关及时向外国提出请求。

第三十二条 向外国请求安排证人、鉴定人作证或者协助调查的，请求书及所附材料应当根据需要载明下列事项：

（一）证人、鉴定人的姓名、性别、住址、身份信息、联系方式和有助于确认证人、鉴定人的其他资料；

（二）作证或者协助调查的目的、必要性、时间和地点等；

（三）证人、鉴定人的权利和义务；

（四）对证人、鉴定人的保护措施；

（五）对证人、鉴定人的补助；

（六）有助于执行请求的其他材料。

第三十三条 来中华人民共和国作证或者协助调查的证人、鉴定人在离境前，其入境前实施的犯罪不受追诉；除因入境后实施违法犯罪而被采取强制措施的以外，其人身自由不受限制。

证人、鉴定人在条约规定的期限内或者被通知无需继续停留后十五日内没有离境的，前款规定不再适用，但是由于不可抗力或者其他特殊原因未能离境的除外。

第三十四条 对来中华人民共和国作证或者协助调查的证人、鉴定人，办案机关应当依法给予补助。

第三十五条 来中华人民共和国作证或者协助调查的人员系在押人员的，由对外联系机关会同主管机关与被请求国就移交在押人员的相关事项事先达成协议。

主管机关和办案机关应当遵守协议内容，依法对被移交的人员予以羁押，并在作证或者协助调查结束后及时将其送回被请求国。

第二节 向中华人民共和国请求安排证人作证或者协助调查

第三十六条 外国可以请求中华人民共和国协助安排证人、鉴定人赴外国作证或者通过视频、音频作证，或者协助调查。

外国向中华人民共和国请求安排证人、鉴定人作证或者协助调查的，请求书及所附材料应当根据需要载明本法第三十二条规定的事项。

请求国应当就本法第三十三条第一款规定的内容作出书面保证。

第三十七条 证人、鉴定人书面同意作证或者协助调查的，办案机关应当及时将证人、鉴定人的意愿、要求和条件通过所属主管机关通知对外联系机关，由对外联系机关通知请求国。

安排证人、鉴定人通过视频、音频作证的，主管机关或者办案机关应当派员到场,发现有损害中华人民共和国的主权、安全和社会公共利益以及违反中华人民共和国法律的基本原则的情形的,应当及时制止。

第三十八条 外国请求移交在押人员出国作证或者协助调查,并保证在作证或者协助调查结束后及时将在押人员送回的,对外联系机关应当征求主管机关和在押人员的意见。主管机关和在押人员均同意出国作证或者协助调查的,由对外联系机关会同主管机关与请求国就移交在押人员的相关事项事先达成协议。

在押人员在外国被羁押的期限,应当折抵其在中华人民共和国被判处的刑期。

第六章 查封、扣押、冻结涉案财物

第一节 向外国请求查封、扣押、冻结涉案财物

第三十九条 办案机关需要外国协助查封、扣押、冻结涉案财物的,应当制作刑事司法协助请求书并附相关材料,经所属主管机关审核同意后,由对外联系机关及时向外国提出请求。

外国对于协助执行中华人民共和国查封、扣押、冻结涉案财物的请求有特殊要求的,在不违反中华人民共和国法律的基本原则的情况下,可以同意。需要由司法机关作出决定的,由人民法院作出。

第四十条 向外国请求查封、扣押、冻结涉案财物的,请求书及所附材料应当根据需要载明下列事项:

(一)需要查封、扣押、冻结的涉案财物的权属证明、名称、特性、外形和数量等;

(二)需要查封、扣押、冻结的涉案财物的地点。资金或者其他金融资产存放在金融机构中的,应当载明金融机构的名称、地址和账户信息;

(三)相关法律文书的副本;

(四)有关查封、扣押、冻结以及利害关系人权利保障的法律规定;

(五)有助于执行请求的其他材料。

第四十一条 外国确定的查封、扣押、冻结的期限届满,办案机关需要外国继续查封、扣押、冻结相关涉案财物的,应当再次向外国提出请求。

办案机关决定解除查封、扣押、冻结的,应当及时通知被请求国。

第二节 向中华人民共和国请求查封、扣押、冻结涉案财物

第四十二条 外国可以请求中华人民共和国协助查封、扣押、冻结在中华人民共和国境内的涉案财物。

外国向中华人民共和国请求查封、扣押、冻结涉案财物的,请求书及所附材料应当根据需要载明本法第四十条规定的事项。

第四十三条 主管机关经审查认为符合下列条件的,可以同意查封、扣押、冻结涉案财物,并安排有关办案机关执行:

(一)查封、扣押、冻结符合中华人民共和国法律规定的条件;

(二)查封、扣押、冻结涉案财物与请求国正在进行的刑事案件的调查、侦查、起诉和审判活动相关;

(三)涉案财物可以被查封、扣押、冻结;

(四)执行请求不影响利害关系人的合法权益;

(五)执行请求不影响中华人民共和国有关机关正在进行的调查、侦查、起诉、审判和执行活动。

办案机关应当及时通过主管机关通知对外联系机关,由对外联系机关将查封、扣押、冻结的结果告知请求国。必要时,办案机关可以对被查封、扣押、冻结的涉案财物依法采取措施进行处理。

第四十四条 查封、扣押、冻结的期限届满,外国需要继续查封、扣押、冻结相关涉案财物的,应当再次向对外联系机关提出请求。

外国决定解除查封、扣押、冻结的,对外联系机关应当通过主管机关通知办案机关及时解除。

第四十五条 利害关系人对查封、扣押、冻结有异议,办案机关经审查认为查封、扣押、冻结不符合本法第四十三条第一款规定的条件的,应当报请主管机关决定解除查封、扣押、冻结并通知对外联系机关,由对外联系机关告知请求国;对案件处理提出异议的,办案机关可以通过所属主管机关转送对外联系机关,由对外联系机关向请求国提出。

第四十六条 由于请求国的原因导致查封、扣押、冻结不当,对利害关系人的合法权益造成损害的,办案机关可以通过对外联系机关要求请求国承担赔偿责任。

第七章 没收、返还违法所得及其他涉案财物

第一节 向外国请求没收、返还违法所得及其他涉案财物

第四十七条 办案机关需要外国协助没收违法所得及其他涉案财物的,应当制作刑事司法协助

请求书并附相关材料，经所属主管机关审核同意后，由对外联系机关及时向外国提出请求。

请求外国将违法所得及其他涉案财物返还中华人民共和国或者返还被害人的，可以在向外国提出没收请求时一并提出，也可以单独提出。

外国对于返还被查封、扣押、冻结的违法所得及其他涉案财物有特殊要求的，在不违反中华人民共和国法律的基本原则的情况下，可以同意。需要由司法机关作出决定的，由人民法院作出决定。

第四十八条 向外国请求没收、返还违法所得及其他涉案财物的，请求书及所附材料应当根据需要载明下列事项：

（一）需要没收、返还的违法所得及其他涉案财物的名称、特性、外形和数量等；

（二）需要没收、返还的违法所得及其他涉案财物的地点。资金或者其他金融资产存放在金融机构中的，应当载明金融机构的名称、地址和账户信息；

（三）没收、返还的理由和相关权属证明；

（四）相关法律文书的副本；

（五）有关没收、返还以及利害关系人权利保障的法律规定；

（六）有助于执行请求的其他材料。

第四十九条 外国协助没收、返还违法所得及其他涉案财物的，由对外联系机关会同主管机关就有关财物的移交问题与外国进行协商。

对于请求外国协助没收、返还违法所得及其他涉案财物，外国提出分享请求的，分享的数额或者比例，由对外联系机关会同主管机关与外国协商确定。

第二节 向中华人民共和国请求没收、返还违法所得及其他涉案财物

第五十条 外国可以请求中华人民共和国协助没收、返还违法所得及其他涉案财物。

外国向中华人民共和国请求协助没收、返还违法所得及其他涉案财物的，请求书及所附材料应当根据需要载明本法第四十八条规定的事项。

第五十一条 主管机关经审查认为符合下列条件的，可以同意协助没收违法所得及其他涉案财物，并安排有关办案机关执行：

（一）没收违法所得及其他涉案财物符合中华人民共和国法律规定的条件；

（二）外国充分保障了利害关系人的相关权利；

（三）在中华人民共和国有可供执行的财物；

（四）请求书及所附材料详细描述了请求针对的财物的权属、名称、特性、外形和数量等信息；

（五）没收在请求国不能执行或者不能完全执行；

（六）主管机关认为应当满足的其他条件。

第五十二条 外国请求协助没收违法所得及其他涉案财物，有下列情形之一的，可以拒绝提供协助，并说明理由：

（一）中华人民共和国或者第三国司法机关已经对请求针对的财物作出生效裁判，并且已经执行完毕或者正在执行；

（二）请求针对的财物不存在，已经毁损、灭失、变卖或者已经转移导致无法执行，但请求没收变卖物或者转移后的财物的除外；

（三）请求针对的人员在中华人民共和国境内有尚未清偿的债务或者尚未了结的诉讼；

（四）其他可以拒绝的情形。

第五十三条 外国请求返还违法所得及其他涉案财物，能够提供确实、充分的证据证明，主管机关经审查认为符合中华人民共和国法律规定的条件的，可以同意并安排有关办案机关执行。返还前，办案机关可以扣除执行请求产生的合理费用。

第五十四条 对于外国请求协助没收、返还违法所得及其他涉案财物的，可以由对外联系机关会同主管机关提出分享的请求。分享的数额或者比例，由对外联系机关会同主管机关与外国协商确定。

第八章 移管被判刑人

第一节 向外国移管被判刑人

第五十五条 外国可以向中华人民共和国请求移管外国籍被判刑人，中华人民共和国可以向外国请求移管外国籍被判刑人。

第五十六条 向外国移管被判刑人应当符合下列条件：

（一）被判刑人是该国国民；

（二）对被判刑人判处刑罚所针对的行为根据该国法律也构成犯罪；

（三）对被判刑人判处刑罚的判决已经发生法律效力；

（四）被判刑人书面同意移管，或者因被判刑人年龄、身体、精神等状况确有必要，经其代理人书面

同意移管；

（五）中华人民共和国和该国均同意移管。

有下列情形之一的，可以拒绝移管：

（一）被判刑人被判处死刑缓期执行或者无期徒刑，但请求移管时已经减为有期徒刑的除外；

（二）在请求移管时，被判刑人剩余刑期不足一年；

（三）被判刑人在中华人民共和国境内存在尚未了结的诉讼；

（四）其他不宜移管的情形。

第五十七条 请求向外国移管被判刑人的，请求书及所附材料应当根据需要载明下列事项：

（一）请求机关的名称；

（二）被请求移管的被判刑人的姓名、性别、国籍、身份信息和其他资料；

（三）被判刑人的服刑场所；

（四）请求移管的依据和理由；

（五）被判刑人或者其代理人同意移管的书面声明；

（六）其他事项。

第五十八条 主管机关应当对被判刑人的移管意愿进行核实。外国请求派员对被判刑人的移管意愿进行核实的，主管机关可以作出安排。

第五十九条 外国向中华人民共和国提出移管被判刑人的请求的，或者主管机关认为需要向外国提出移管被判刑人的请求的，主管机关应当会同相关主管部门，作出是否同意外国请求或者向外国提出请求的决定。作出同意外国移管请求的决定后，对外联系机关应当书面通知请求国和被判刑人。

第六十条 移管被判刑人由主管机关指定刑罚执行机关执行。移交被判刑人的时间、地点、方式等执行事项，由主管机关与外国协商确定。

第六十一条 被判刑人移管后对原生效判决提出申诉的，应当向中华人民共和国有管辖权的人民法院提出。

人民法院变更或者撤销原生效判决的，应当及时通知外国。

第二节 向中华人民共和国移管被判刑人

第六十二条 中华人民共和国可以向外国请求移管中国籍被判刑人，外国可以请求中华人民共和国移管中国籍被判刑人。移管的具体条件和办理程序，参照本章第一节的有关规定执行。

第六十三条 被判刑人移管回国后，由主管机关指定刑罚执行机关先行关押。

第六十四条 人民检察院应当制作刑罚转换申请书并附相关材料，提请刑罚执行机关所在地的中级人民法院作出刑罚转换裁定。

人民法院应当依据外国法院判决认定的事实，根据刑法规定，作出刑罚转换裁定。对于外国法院判处的刑罚性质和期限符合中华人民共和国法律规定的，按照其判处的刑罚和期限予以转换；对于外国法院判处的刑罚性质和期限不符合中华人民共和国法律规定的，按照下列原则确定刑种、刑期：

（一）转换后的刑罚应当尽可能与外国法院判处的刑罚相一致；

（二）转换后的刑罚在性质上或者刑期上不得重于外国法院判处的刑罚，也不得超过中华人民共和国刑法对同类犯罪所规定的最高刑期；

（三）不得将剥夺自由的刑罚转换为财产刑；

（四）转换后的刑罚不受中华人民共和国刑法对同类犯罪所规定的最低刑期的约束。

被判刑人回国服刑前被羁押的，羁押一日折抵转换后的刑期一日。

人民法院作出的刑罚转换裁定，是终审裁定。

第六十五条 刑罚执行机关根据刑罚转换裁定将移管回国的被判刑人收监执行刑罚。刑罚执行以及减刑、假释、暂予监外执行等，依照中华人民共和国法律办理。

第六十六条 被判刑人移管回国后对外国法院判决的申诉，应当向外国有管辖权的法院提出。

第九章 附　　则

第六十七条 中华人民共和国与有关国际组织开展刑事司法协助，参照本法规定。

第六十八条 向中华人民共和国提出的刑事司法协助请求或者应中华人民共和国请求提供的文件和证据材料，按照条约的规定办理公证和认证事宜。没有条约或者条约没有规定的，按照互惠原则办理。

第六十九条 本法所称刑事司法协助条约，是指中华人民共和国与外国缔结或者共同参加的刑事司法协助条约、移管被判刑人条约或者载有刑事司法协助、移管被判刑人条款的其他条约。

第七十条 本法自公布之日起施行。

关于《中华人民共和国国际刑事司法协助法（草案）》的说明

——2017 年 12 月 22 日在第十二届全国人民代表大会常务委员会第三十一次会议上

全国人大外事委员会主任委员　傅　莹

全国人民代表大会常务委员会：

国际刑事司法协助法是第十二届全国人大常委会立法规划一类项目，由司法部牵头起草，全国人大外事委员会负责提请审议。我受外事委员会的委托，作关于《中华人民共和国国际刑事司法协助法（草案）》的说明。

一、制定本法的必要性

（一）制定国际刑事司法协助法是落实党的十九大精神，全面推进依法治国、推进反腐败国家立法、推进国际追逃追赃工作的需要

党中央高度重视反腐败和国际追逃追赃的法律制度建设，国际刑事司法协助法是反腐败国家立法的重要内容。党的十八大以来，习近平总书记就制定国际刑事司法协助法先后两次作出重要指示。党的十九大报告指出，全面依法治国是中国特色社会主义的本质要求和重要保障，强调要完善以宪法为核心的中国特色社会主义法律体系，建设中国特色社会主义法治体系；报告进一步强调“推进反腐败国家立法”，不管腐败分子逃到哪里，都要缉拿归案、绳之以法。

当前，民商事司法协助、引渡合作分别在民事诉讼法和引渡法中已有规定，刑事司法协助只在刑事诉讼法第 17 条有原则性规定，具体合作内容、要件以及执行程序等未予明确。制定一部内容较为完备、行之有效的国际刑事司法协助法，是贯彻落实党的十九大精神的具体体现，有利于规范和完善我国刑事司法协助体制，填补刑事司法协助国际合作的法律空白，完善追逃追赃有关法律制度，为推进全面依法治国、全面从严治党作出应有贡献。

（二）制定国际刑事司法协助法有利于加强国际合作打击跨国犯罪，为我国履行国际条约义务提供法律依据

党的十八届四中全会强调，要“加强涉外法律工作。深化司法领域国际合作，完善我国司法协助体制，扩大国际司法协助覆盖面”。习近平总书记在重大外交活动中先后 80 余次就反腐败和国际追逃追赃发表重要谈话，共同打击跨国犯罪、推进反腐败国际追逃追赃合作已经成为我国与有关国家和国际组织开展交流合作的重要领域。有效惩治跨国犯罪离不开国家间的紧密合作，需要有效履行相关国际条约义务。截至目前，我国已经批准和加入了包括《联合国反腐败公约》和《联合国打击跨国有组织犯罪公约》等多项含有刑事司法协助内容的国际公约，批准了 54 件有关刑事司法协助的双边条约。

但是，我国与外国开展打击跨国犯罪国际合作尚存在一些制度障碍，例如履行国际条约的国内法律依据不足、我国司法机关主动利用条约开展国际合作的意识和能力不强等。制定国际刑事司法协助法，能够从制度上解决这些瓶颈问题，通过法律手段加强国际合作、打击跨国犯罪，为我国履行国际条约义务提供国内法律依据，树立负责任大国的形象。

（三）制定国际刑事司法协助法有利于明确刑事司法协助工作的管理职责，形成工作合力

刑事司法协助工作涉及刑事案件侦查、起诉、审判和执行等刑事诉讼程序各个阶段以及对外承诺等活动，参与工作的国内部门众多，包括最高人民法院、最高人民检察院、外交部、公安部、司法部等。由于各部门参与刑事诉讼国际合作的法律依据缺失、已缔结的国际条约对我国内部门参与国际合作的规定不尽一致，导致在当前实践中，各部门职责划分有待厘清、部门间协调机制需要完善。

制定国际刑事司法协助法是国家反腐败和打击跨国犯罪等工作的一项顶层设计，有利于从法律上明确各相关部门在刑事司法协助中的职责和任务，有利于解决职责不清、协调不畅的问题，有利于强化分工合作、提升工作效率，进一步完善国际刑

事司法协助工作的制度体系。

二、本法起草的过程和基本原则

2003年10月,第58届联合国大会通过了《联合国反腐败公约》(以下简称《公约》)。2005年10月,第十届全国人大常委会第十八次会议决定批准了《公约》。中央纪委于2004年牵头成立研究实施《公约》协调小组,为了实现我国法律制度与《公约》及其他相关国际条约的衔接,明确提出制定司法协助法的任务,指定司法部会同中央纪委监察部、最高人民法院、最高人民检察院、外交部、公安部等部门起草。2015年6月,国际刑事司法协助法被列为第十二届全国人大常委会立法规划一类项目。中央纪委、中央政法委、全国人大外事委员会和司法部等部门高度重视立法工作,积极推进立法进程。经过近三年全面深入的调研论证,在先后五次广泛征求最高人民法院、最高人民检察院、国务院有关部门及专家学者等各方面意见的基础上,形成了目前的《中华人民共和国国际刑事司法协助法(草案)》。

在本法的起草过程中,主要把握了以下三个方面:

(一)坚持主权原则与合作理念。国际刑事司法协助首先要坚持国家主权原则,合作绝不能损害国家主权、安全和社会公共利益;其次要体现国家之间相互提供最广泛合作的精神。因此,草案有关条款强调我国的司法主权不容侵害,明确规定应当或者可以拒绝合作的情形,同时草案也体现了平等互惠原则,规定了相对宽泛的合作范围,为顺利开展合作创造条件、铺平道路。

(二)坚持从国情出发,兼顾我国实践、外国经验和国际条约。草案立足于我国现有的刑事诉讼制度和相关部门在刑事诉讼不同阶段的职责分工,注重本法与刑法、刑事诉讼法等法律的协调。同时,草案反映了我国刑事司法协助工作实践的一般规则,借鉴外国开展刑事司法协助工作的有益经验,注意本法与国际条约相衔接。

(三)坚持以问题为导向,立足当前,着眼长远。在全面总结过去30多年开展刑事司法协助工作实践经验的基础上,草案着眼于为我国与外国的国际刑事司法协助提供必要的法律依据,以解决合作中的实际问题为导向,以服务反腐败国际追逃追赃为目的。草案各项制度的设计立足于我国当前的司法体制机制和刑事诉讼制度,同时,注意把握实践发展的新趋势、新理念,保障我国刑事司法协助工作的持续健康发展。

三、国际刑事司法协助法草案的主要内容

草案共有9章、72条。

第一章是"总则",有8条。本章规定了立法目的、定义,规定了开展协助的原则、依据、对外联系机关、主管机关和办案机关,规定了经费保障和费用承担等问题。鉴于我国的刑事司法协助实践是缔约先于立法,与不同国家签订的条约内容各有不同,草案第四条第一款明确了我国和外国缔结或者共同参加的条约是协助依据之一。

第二章是"刑事司法协助请求的提出、接收和处理",有2节、13条。本章分别规定了在我国向外国请求刑事司法协助和外国向我国请求刑事司法协助的两种情况下,提出、接收和处理刑事司法协助请求的程序、请求书要件、我国拒绝提供协助的情形、附加条件、结果通知等。草案第五、六、十四、十七条明确规定了我国刑事司法协助的对外联系机关、主管机关、办案机关,划分了对外联系机关与主管机关的职责。

第三章是"送达文书",有2节、5条。本章分别规定了我国向外国提出送达文书请求的程序、外国向我国提出送达文书请求在我国执行的程序,以及送达文书请求书的要件、送达文书的范围和效力等。

第四章是"调查取证",有2节、6条。本章分别规定了我国向外国提出调查取证请求的事项和程序、外国向我国提出调查取证请求在我国执行的程序和拒绝安排的情形,以及调查取证请求书的要件、证据材料和物品的返还等。

第五章是"安排证人作证或者协助调查",有2节、9条。本章规定了我国向外国提出安排证人作证或者协助调查请求的程序、请求书要件,证人、鉴定人的保护及其作证费用和津贴,以及移送在押人员作证等,规定了外国向我国提出安排证人作证或者协助调查请求、移送在押人员作证请求在我国执行的程序,以及请求书要件等。

第六章是"涉案财物的查封、扣押、冻结",有2节、7条。本章规定了我国向外国提出查封、扣押、冻结涉案财物请求的程序、请求书要件,以及续冻、变更和撤销问题,规定了外国向我国提出查封、扣押、冻结涉案财物请求及其执行的程序,以及费用

和赔偿等。

第七章是“违法所得的没收、返还和分享”，有2节、18条。本章规定了我国向外国提出没收、返还和分享违法所得请求的程序、请求书要件，财物移交及分享比例、财产刑的协助执行等，规定了外国向我国提出没收、返还和分享违法所得请求的审查、执行程序以及请求书要件，我国对外国请求予以承认的条件、不予承认的情形，以及外国财产刑的协助执行等。

第八章是“刑事诉讼结果通报”，有2条。本章分别规定了我国请求外国、外国请求我国通报刑事诉讼结果的程序。

第九章是“附则”，有4条。本章包括与国际组织合作、公证和认证互免、其他条约对外联系机关以及生效日期等。

四、需要重点说明的问题

刑事司法协助的对外联系机关设置以及对外联系机关与主管机关的职责划分，是国际刑事司法协助法立法需要认真处理好的一个重要问题，包括以下三个层面的问题：

一是对外联系机关怎么设置和命名。对外联系机关通常是指涉及刑事司法协助的国际条约中规定的，由一国国内法或政府确定的有权代表该国提出、接收、转递和执行国际刑事司法协助请求的机关。草案第五条规定，司法部等部门为我国和外国之间开展刑事司法协助的对外联系机关。

二是对外联系机关与主管机关的职责划分。各方面普遍认为理顺对外联系机关和主管机关的关系是完善司法协助体制机制的重要内容。草案原则上规定对外联系机关承担对外国请求的形式审查职责，包括提出、接收、审查和协调办理刑事司法协助请求，处理其他相关事务，且仅审查外国请求书的形式和内容；原则上规定主管机关依照刑事诉讼职能分工，审查办理对外联系机关转递的刑事司法协助请求，审查决定是否批准执行或者拒绝提供协助。

三是对外承诺的职责分工。当外国对执行我国刑事司法协助请求提出条件时，我国需要研究决定是否同意该外国的条件，由什么部门决定并对外作出承诺，也是国际刑事司法协助的重要问题。草案原则上规定，关于外国提出的条件，由外交部代表我国对外承诺。外国明确表示对外联系机关作出承诺充分有效的，也可以由对外联系机关作出承诺。

《中华人民共和国国际刑事司法协助法（草案）》和以上说明是否妥当，请审议。

全国人民代表大会宪法和法律委员会关于《中华人民共和国国际刑事司法协助法（草案）》审议结果的报告

——2018年10月22日在第十三届全国人民代表大会常务委员会第六次会议上

全国人大宪法和法律委员会副主任委员　周光权

全国人民代表大会常务委员会：

党的十八届四中全会提出，深化司法领域国际合作，完善我国司法协助体制，扩大国际司法协助覆盖面。中央反腐败协调小组提出制定国际刑事司法协助法的任务，由司法部牵头起草，全国人大外事委员会提请审议。起草过程中，中央纪委、中央政法委牵头对有关重大问题进行了协调。2017年12月，十二届全国人大常委会第三十一次会议对草案进行了初次审议。之后，法制工作委员会将草案送有关部门、地方和单位征求意见，在中国人大网上向社会公开征求意见，到一些地方进行调研，与有关部门共同研究。各方面普遍认为，制定国际刑事司法协助法，适应推进反腐败国家立法和国际追逃追赃工作的需要，对加强国际合作打击跨国犯罪，履行国际条约义务，规范国际刑事司法协助工作，具有重要的意义；草案符合国情，适应实践需要。宪法和法律委员会于9月25日和10月8日召开会议，根据常委会组成人员的审议意见和各方面的意见，对草案进行了逐条审议。全国人大外事委员会、中央政法委、司法部有关负责同志列席了会议。

10月16日，宪法和法律委员会召开会议，再次进行审议。宪法和法律委员会认为，为了推进反腐败国家立法，推进国际追逃追赃工作，加强国际合作打击跨国犯罪，规范刑事司法协助工作，制定本法，是必要的。草案经过审议修改，已经比较成熟。同时，提出以下主要修改意见：

一、草案第二条规定，本法所称“国际刑事司法协助”，是指中国和外国在刑事案件侦查、起诉、审判和执行等活动中相互提供协助。有的常委委员、地方、部门和社会公众提出，根据监察法规定，职务犯罪案件的调查由监察机关负责。在调查职务犯罪案件过程中，监察机关需要开展相关国际刑事司法协助，监察法中也有相关规定，建议将监察调查包括在国际刑事司法协助的范围内，并将国家监察委员会明确为开展国际刑事司法协助的主管机关之一。宪法和法律委员会经研究，建议采纳这一意见，作出相应修改。

二、有的常委委员、地方、部门、专家学者和社会公众提出，广义的刑事司法协助包括移管被判刑人，我国已与一些国家缔结了移管被判刑人条约，司法机关也有不少这方面的实践，建议在本法中对此作出专门规定。宪法和法律委员会、法制工作委员会会同全国人大外事委、中央纪委、中央政法委、最高人民法院、最高人民检察院、外交部、公安部、国家安全部、司法部进行了反复深入的研究。各部门普遍认为，近年来，我国与外国相互移管被判刑人的需求日益增长，监察法、反恐怖主义法、出境入境管理法等对移管被判刑人作了明确规定；我国与一些国家已签订了一批移管被判刑人条约，参加的有关国际公约中也有移管被判刑人的内容；我国在与一些国家和地区开展移管被判刑人合作的过程中，积累了一些实践经验；为规范移管被判刑人工作，有必要在本法中作出专门规定，有利于更好地开展移管合作。在各方面就有关问题取得共识的基础上，宪法和法律委员会经研究，建议在草案中增加以下规定：一是，在关于国际刑事司法协助范围的规定中增加“移管被判刑人”的内容；二是，明确在移管被判刑人案件中，司法部按照职责分工，承担相应的主管机关职责；三是，增加一章“移管被判刑人”作为第八章，规定对于被判刑人是接收国国民、其行为根据两国法律均构成犯罪且两国及被判刑人本人三方均同意移管的，可以将被判刑人移管回国执行刑罚，并对相关办理程序等作出规定。

三、草案第四条规定，中华人民共和国和外国之间的国际刑事司法协助，依照本法、中国和外国缔结或者共同参加的条约进行。办理刑事司法协助案件的相关程序，除本法或者有关条约另有规定外，适用中国刑事诉讼法及其他相关法律的规定。有的部门提出，条约只是提出请求的依据，办理国际刑事司法协助案件还是应当依据国内法。有的常委委员、地方、部门、专家学者和社会公众提出，在与不同国家开展司法协助过程中，难免出现条约规定和国内法规定不尽一致，或者法律未做明确规定的情况，如何处理，建议予以明确。宪法和法律委员会经研究，建议作出以下修改：一是，明确中国和外国之间开展刑事司法协助，依照本法进行。执行外国提出的刑事司法协助请求，适用本法、刑事诉讼法及其他相关法律的规定。二是，增加规定，对于请求书的签署机关、请求书及所附材料的语言文字、有关办理期限和具体程序等事项，在不违反中华人民共和国法律的基本原则的情况下，可以按照条约规定或者双方协商办理。

四、有的部门提出，实践中有外国司法执法机关未经我国主管机关准许要求我境内的机构、组织和个人提供相关协助，损害我国司法主权和有关机构、组织和个人的合法权益。为有效应对这种情况，抵制外国的“长臂管辖”要求，建议在草案中增加相关的规定。宪法和法律委员会经研究，建议采纳这一意见，增加规定，非经中华人民共和国主管机关同意，中华人民共和国领域内的机构、组织和个人不得向外国提供证据材料和本法规定的协助。

五、草案第十五条、第十六条规定了拒绝提供协助的情形。有的常委委员、部门建议增加规定，对于刑事司法协助请求明显损害中华人民共和国的主权、安全和社会公共利益的，对外联系机关可以直接拒绝协助。这样实践中可以更为主动。宪法和法律委员会经研究，建议采纳这一意见，增加有关规定。

六、草案第二十四条中规定，对于请求送达被告人出庭应诉的传票，中国不负有执行送达的义务。有的专家提出，引渡法规定了本国公民不引渡的原则，本法中应体现这一原则。宪法和法律委员会经研究，建议采纳这一意见，将上述规定修改为：对于要求中华人民共和国公民接受讯问或者作为被告人出庭的传票，中国不负有协助送达的义务。

七、草案第五十六条、第六十六条规定,对于罚金刑、没收财产刑罚或者刑事附带民事诉讼损害赔偿裁判的协助执行,参照本法有关没收、返还违法所得的规定进行。最高人民法院、有的专家学者提出,我国已经签订的刑事司法协助条约一般不含有相互承认和执行财产刑的内容,有关部门也未开展过相关工作;刑事附带民事诉讼裁判的协助执行属于民事司法协助的范畴。对此,以暂不规定为宜。宪法和法律委员会经研究,建议采纳这一意见,删去相关内容。

此外,根据有些常委委员和有关方面的意见,还对草案的体例、条文顺序作了一些调整,并作了一些文字修改。

草案二次审议稿已按上述意见作了修改,宪法和法律委员会建议提请本次常委会会议审议通过。

草案二次审议稿和以上报告是否妥当,请审议。

全国人民代表大会宪法和法律委员会关于《中华人民共和国国际刑事司法协助法(草案二次审议稿)》修改意见的报告

——2018 年 10 月 26 日在第十三届全国人民代表大会常务委员会第六次会议上

全国人民代表大会常务委员会:

本次常委会会议于 10 月 23 日上午对国际刑事司法协助法(草案二次审议稿)进行了分组审议。普遍认为,草案已经比较成熟,建议进一步修改后,提请本次会议通过。同时,有的常委会组成人员还提出了一些修改意见。宪法和法律委员会于 10 月 23 日下午召开会议,逐条研究了常委会组成人员的审议意见,对草案进行了审议。全国人大外事委员会、中央政法委、司法部有关负责同志列席了会议。宪法和法律委员会认为,草案是可行的,同时,提出以下修改意见:

一、草案二次审议稿第十六条第二款规定,执行请求可能妨碍中华人民共和国正在进行的调查、侦查、起诉或者审判的,主管机关可以决定推迟协助。有的常委委员提出,实践中,如果执行外国提出的请求有可能妨碍我国正在进行的执行活动,也是要推迟协助的。建议明确,对可能妨碍正在进行的执行活动的,可以决定推迟协助。宪法和法律委员会经研究,建议采纳这一意见,作出相应修改。

二、草案二次审议稿第五十八条规定,主管机关应当对被判刑人的移管意愿进行核实。外国请求对被判刑人的移管意愿进行核实的,主管机关可以作出安排。有的常委委员提出,根据移管被判刑人条约和实践,我国主管机关要对被判刑人的移管意愿进行核实,外国也可以请求派员对被判刑人的移管意愿进行核实。建议将外国请求核实的情形明确为是其派员进行。宪法和法律委员会经研究,建议采纳这一意见,作出相应修改。

此外,根据常委会组成人员的审议意见,还对草案二次审议稿作了一些文字修改。

草案建议表决稿已按上述意见作了修改,宪法和法律委员会建议本次常委会会议审议通过。

草案建议表决稿和以上报告是否妥当,请审议。

中华人民共和国主席令

第十四号

《中华人民共和国消防救援衔条例》已由中华人民共和国第十三届全国人民代表大会常务委员会第六次会议于 2018 年 10 月 26 日通过,现予公布,自 2018 年 10 月 27 日起施行。

中华人民共和国主席　习近平

2018 年 10 月 26 日

中华人民共和国消防救援衔条例

（2018年10月26日第十三届全国人民代表大会常务委员会第六次会议通过）

目　　录

第一章　总　　则
第二章　消防救援衔等级的设置
第三章　消防救援衔等级的编制
第四章　消防救援衔的首次授予
第五章　消防救援衔的晋级
第六章　消防救援衔的保留、降级和取消
第七章　附　　则

第一章　总　　则

第一条　为了加强国家综合性消防救援队伍正规化、专业化、职业化建设，增强消防救援人员的责任感、荣誉感和组织纪律性，有利于国家综合性消防救援队伍的指挥、管理和依法履行职责，根据宪法，制定本条例。

第二条　国家综合性消防救援队伍实行消防救援衔制度。

消防救援衔授予对象为纳入国家行政编制、由国务院应急管理部门统一领导管理的综合性消防救援队伍在职人员。

第三条　消防救援衔是表明消防救援人员身份、区分消防救援人员等级的称号和标志，是国家给予消防救援人员的荣誉和相应待遇的依据。

第四条　消防救援衔高的人员对消防救援衔低的人员，消防救援衔高的为上级。消防救援衔高的人员在职务上隶属于消防救援衔低的人员时，担任领导职务或者领导职务高的为上级。

第五条　国务院应急管理部门主管消防救援衔工作。

第二章　消防救援衔等级的设置

第六条　消防救援衔按照管理指挥人员、专业技术人员和消防员分别设置。

第七条　管理指挥人员消防救援衔设下列三等十一级：

（一）总监、副总监、助理总监；

（二）指挥长：高级指挥长、一级指挥长、二级指挥长、三级指挥长；

（三）指挥员：一级指挥员、二级指挥员、三级指挥员、四级指挥员。

第八条　专业技术人员消防救援衔设下列二等八级，在消防救援衔前冠以“专业技术”：

（一）指挥长：高级指挥长、一级指挥长、二级指挥长、三级指挥长；

（二）指挥员：一级指挥员、二级指挥员、三级指挥员、四级指挥员。

第九条　消防员消防救援衔设下列三等八级：

（一）高级消防员：一级消防长、二级消防长、三级消防长；

（二）中级消防员：一级消防士、二级消防士；

（三）初级消防员：三级消防士、四级消防士、预备消防士。

第三章　消防救援衔等级的编制

第十条　管理指挥人员按照下列职务等级编制消防救援衔：

（一）国务院应急管理部门正职：总监；

（二）国务院应急管理部门消防救援队伍领导指挥机构、森林消防队伍领导指挥机构正职：副总监；

（三）国务院应急管理部门消防救援队伍领导指挥机构、森林消防队伍领导指挥机构副职：助理总监；

（四）总队级正职：高级指挥长；

（五）总队级副职：一级指挥长；

（六）支队级正职：二级指挥长；

（七）支队级副职：三级指挥长；

（八）大队级正职：一级指挥员；

（九）大队级副职：二级指挥员；

（十）站（中队）级正职：三级指挥员；

（十一）站（中队）级副职：四级指挥员。

第十一条　专业技术人员按照下列职务等级编制消防救援衔：

（一）高级专业技术职务：高级指挥长至三级指挥长；

（二）中级专业技术职务：一级指挥长至二级指挥员；

（三）初级专业技术职务：三级指挥长至四级指挥员。

第十二条　消防员按照下列工作年限编制消防救援衔：

（一）工作满二十四年的：一级消防长；

（二）工作满二十年的：二级消防长；

（三）工作满十六年的：三级消防长；

（四）工作满十二年的：一级消防士；

（五）工作满八年的：二级消防士；

（六）工作满五年的：三级消防士；

（七）工作满二年的：四级消防士；

（八）工作二年以下的：预备消防士。

第四章　消防救援衔的首次授予

第十三条　授予消防救援衔，以消防救援人员现任职务、德才表现、学历学位、任职时间和工作年限为依据。

第十四条　初任管理指挥人员、专业技术人员，按照下列规定首次授予消防救援衔：

（一）从普通高等学校毕业生中招录，取得大学专科、本科学历的，授予四级指挥员消防救援衔；取得硕士学位的研究生，授予三级指挥员消防救援衔；取得博士学位的研究生，授予一级指挥员消防救援衔；

（二）从消防员选拔任命为管理指挥人员、专业技术人员的，按照所任命的职务等级授予相应的消防救援衔；

（三）从国家机关或者其他救援队伍调入的，或者从符合条件的社会人员中招录的，按照所任命的职务等级授予相应的消防救援衔。

第十五条　初任消防员，按照下列规定首次授予消防救援衔：

（一）从高中毕业生、普通高等学校在校生或者毕业生中招录的，授予预备消防士；

（二）从退役士兵中招录的，其服役年限计入工作时间，按照本条例第十二条的规定，授予相应的消防救援衔；

（三）从其他救援队伍或者具备专业技能的社会人员中招录的，根据其从事相关专业工作时间，比照国家综合性消防救援队伍中同等条件人员，授予相应的消防救援衔。

第十六条　首次授予管理指挥人员、专业技术人员消防救援衔，按照下列规定的权限予以批准：

（一）授予总监、副总监、助理总监，由国务院总理批准；

（二）授予高级指挥长、一级指挥长、二级指挥长，由国务院应急管理部门正职领导批准；

（三）授予三级指挥长、一级指挥员，报省、自治区、直辖市人民政府应急管理部门同意后由总队级单位正职领导批准，其中森林消防队伍人员由国务院应急管理部门森林消防队伍领导指挥机构正职领导批准；

（四）授予二级指挥员、三级指挥员、四级指挥员，由总队级单位正职领导批准。

第十七条　首次授予消防员消防救援衔，按照下列规定的权限予以批准：

（一）授予一级消防长、二级消防长、三级消防长，由国务院应急管理部门消防救援队伍领导指挥机构、森林消防队伍领导指挥机构正职领导批准；

（二）授予一级消防士、二级消防士、三级消防士、四级消防士、预备消防士，由总队级单位正职领导批准。

第五章　消防救援衔的晋级

第十八条　消防救援衔一般根据职务等级调整情况或者工作年限逐级晋升。

消防救援人员晋升上一级消防救援衔，应当胜任本职工作，遵纪守法，廉洁奉公，作风正派。

消防救援人员经培训合格后，方可晋升上一级消防救援衔。

第十九条　管理指挥人员、专业技术人员的消防救援衔晋升，一般与其职务等级晋升一致。

消防员的消防救援衔晋升，按照本条例第十二条的规定执行。通过全国普通高等学校招生统一考试、取得全日制大学专科以上学历的消防员晋升消防救援衔，其按照规定学制在普通高等学校学习的时间视同工作时间，但不计入工龄。

第二十条　管理指挥人员、专业技术人员消防救援衔晋升，按照下列规定的权限予以批准：

（一）晋升为总监、副总监、助理总监，由国务院总理批准；

（二）晋升为高级指挥长、一级指挥长，由国务院应急管理部门正职领导批准；

（三）晋升为二级指挥长，报省、自治区、直辖市人民政府应急管理部门同意后由总队级单位正职领导批准，其中森林消防队伍人员由国务院应急管理部门森林消防队伍领导指挥机构正职领导批准；

（四）晋升为三级指挥长、一级指挥员，由总队级单位正职领导批准；

（五）晋升为二级指挥员、三级指挥员，由支队级单位正职领导批准。

第二十一条 消防员消防救援衔晋升，按照下列规定的权限予以批准：

（一）晋升为一级消防长、二级消防长、三级消防长，由国务院应急管理部门消防救援队伍领导指挥机构、森林消防队伍领导指挥机构正职领导批准；

（二）晋升为一级消防士、二级消防士，由总队级单位正职领导批准；

（三）晋升为三级消防士、四级消防士，由支队级单位正职领导批准。

第二十二条 消防救援人员在消防救援工作中做出重大贡献、德才表现突出的，其消防救援衔可以提前晋升。

第六章 消防救援衔的保留、降级和取消

第二十三条 消防救援人员退休后，其消防救援衔予以保留。

消防救援人员按照国家规定退出消防救援队伍，或者调离、辞职、被辞退的，其消防救援衔不予保留。

第二十四条 消防救援人员因不胜任现任职务被调任下级职务的，其消防救援衔应当调整至相应衔级，调整的批准权限与原衔级的批准权限相同。

第二十五条 消防救援人员受到降级、撤职处分的，应当相应降低消防救援衔，降级的批准权限与原衔级的批准权限相同。

消防救援衔降级不适用于四级指挥员和预备消防士。

第二十六条 消防救援人员受到开除处分的，以及因犯罪被依法判处剥夺政治权利或者有期徒刑以上刑罚的，其消防救援衔相应取消。

消防救援人员退休后犯罪的，适用前款规定。

第七章 附 则

第二十七条 消防救援衔标志式样和佩带办法，由国务院制定。

第二十八条 本条例自2018年10月27日起施行。

关于《中华人民共和国综合性消防救援队伍消防救援衔条例（草案）》的说明

——2018年8月27日在第十三届全国人民代表大会常务委员会第五次会议上

应急管理部副部长 黄 明

全国人民代表大会常务委员会：

我受国务院委托，现对《中华人民共和国综合性消防救援队伍消防救援衔条例（草案）》作说明。

根据深化党和国家机构改革方案，公安消防部队、武警森林部队转制后，实行专门管理和政策保障，提高其职业荣誉感，保持有生力量和战斗力。习近平总书记对这项改革高度重视、非常关心，多次作出重要指示。李克强总理对综合性消防救援队伍建设提出了明确要求。

为贯彻落实党中央、国务院决策部署，在国家综合性消防救援队伍中实行消防救援衔制度，应急部、司法部经征求中央组织部、教育部、公安部、退役军人部、林草局、中央军委法制局等中央有关单位和各省、自治区、直辖市人民政府以及新疆生产建设兵团的意见，赴有关地方进行调研并召开专家论证会，研究起草了《中华人民共和国综合性消防救援队伍消防救援衔条例（草案）》（以下简称草案）。草案已经国务院同意，现将有关情况说明如下：

一、立法的必要性

一是贯彻落实中央改革决策的需要。按照党中央、国务院部署，公安消防部队、武警森林部队须在2018年年底前完成转制任务。实行消防救

援衔制度,有利于做好与部队原有职务衔级的有序对接,确保队伍平稳过渡。二是执行消防救援任务的需要。综合性消防救援队伍作为应急救援的主力军和国家队,承担防范应对各类灾害事故风险、保障人民群众生命财产安全的重要职责。实行消防救援衔制度,有利于区分人员等级和身份,确保建立统一高效的领导指挥体系。三是提升职业荣誉感的需要。消防救援工作强度大、职业风险高,需要党和国家在政治上给予特殊关怀。实行消防救援衔制度,有利于增强消防救援队伍的责任感、荣誉感和使命感,确保队伍战斗力。

二、立法的总体思路

一是严格遵循深化党和国家机构改革精神。通过实行专门的消防救援衔制度,加强国家综合性消防救援队伍的正规化、专业化、职业化建设,确保两支队伍顺利转制。二是注重体现国家综合性消防救援队伍的职业特点。按照管理指挥干部、专业技术干部和消防员分别设置消防救援衔,对消防救援衔的称谓、等级、授予、晋级等作出符合消防救援队伍职业特点的专门规定。三是充分做好现役制与职业制的衔接过渡。在衔级管理、审批权限等方面总体按照公安消防部队、武警森林部队原有模式作出规定,同时参照警衔、关衔、外交衔等专门衔级制度,增强衔级设置的科学性,保持队伍的稳定性。

三、草案的主要内容

草案共 7 章、28 条,主要规定了以下内容:

(一)消防救援衔的授予对象和性质。草案规定:国家综合性消防救援队伍实行消防救援衔制度;消防救援衔是区分消防救援人员等级、表明消防救援人员身份的称号和标志,是国家给予消防救援人员的荣誉。

(二)消防救援衔的设置。草案规定:消防救援衔按照管理指挥干部、专业技术干部和消防员分别设置;管理指挥干部消防救援衔设三等共十一级,专业技术干部消防救援衔设两等共八级,消防员消防救援衔设三等共八级;消防救援人员按照职务等级分别编制消防救援衔。

(三)消防救援衔的管理。草案规定:国务院应急管理部门主管消防救援衔工作;总监、副总监、助理总监消防救援衔,由国务院总理批准授予,其他衔级按照相应权限批准授予;消防救援衔一般根据职务等级调整情况或者工作年限逐级晋升;管理指挥干部、专业技术干部的消防救援衔晋升,与其职务等级晋升保持一致。

此外,草案还对消防救援衔的保留、降级和取消等作了专门规定。

《中华人民共和国综合性消防救援队伍消防救援衔条例(草案)》和以上说明是否妥当,请审议。

全国人民代表大会宪法和法律委员会关于《中华人民共和国综合性消防救援队伍消防救援衔条例(草案)》审议结果的报告

——2018 年 10 月 22 日在第十三届全国人民代表大会常务委员会第六次会议上

全国人大宪法和法律委员会副主任委员　刘季幸

全国人民代表大会常务委员会:

常委会第五次会议对综合性消防救援队伍消防救援衔条例(草案)进行了初次审议。会后,法制工作委员会将草案印发各省、自治区、直辖市、部分基层立法联系点和中央有关部门、部分高等院校征求意见,并在中国人大网全文公布草案,征求社会公众意见。宪法和法律委员会、社会建设委员会、法制工作委员会联合召开座谈会,听取中央和军队有关部门的意见。宪法和法律委员会、法制工作委员会到广东、海南、福建、江苏、云南、四川等地进行调研,并就草案主要问题与司法部、应急管理部等部门共同研究。宪法和法律委员会于 10 月 8 日召开会议,根据常委会组成人员的审议意见和各方面意见,对草案进行了逐条审议。社会建设委员会和司法部、应急管理部的负责同志列席了会议。10月16日，宪法和法律委员会召开会议，再次进行审议。宪法和法律委员会认为，为了加强国家综合性消防救援队伍正规化、专业化、职业化建设，增强消防救援人员的责任感、荣誉感和组织纪律性，制定本条例是必要的，草案经过审议修改，已经比较成熟。同时，提出以下主要修改意见：

一、有些常委委员和一些地方、部门提出，本条例名称过长，可适当简化。宪法和法律委员会经研究，建议删去“综合性消防救援队伍”的表述，将本条例名称修改为“中华人民共和国消防救援衔条例”。

二、有的常委委员和一些地方、部门提出，草案关于消防救援衔的授予对象范围不够清楚，建议进一步明确。宪法和法律委员会经研究，建议在草案第二条中增加一款规定：消防救援衔授予对象为纳入国家行政编制、由国务院应急管理部门统一领导管理的综合性消防救援队伍在职人员。

三、草案第三条规定，消防救援衔是区分消防救援人员等级、表明消防救援人员身份的称号和标志，是国家给予消防救援人员的荣誉。一些地方和部门提出，消防救援衔的首要功能是表明消防救援人员的身份。有些常委会组成人员提出，为进一步突出消防救援衔的激励功能，建议明确消防救援衔是给予消防救援人员相应待遇的依据。宪法和法律委员会经研究，建议将草案这一条修改为：消防救援衔是表明消防救援人员身份、区分消防救援人员等级的称号和标志，是国家给予消防救援人员的荣誉和相应待遇的依据。

四、草案第五章对消防救援衔的晋级作了规定。有些常委会组成人员提出，消防救援衔晋级除应当符合草案中规定的职务等级、学历、工作年限等条件外，还应当符合遵纪守法等基本要求。宪法和法律委员会经研究，建议在草案第十九条中增加一款规定：消防救援人员晋升上一级消防救援衔，应当胜任本职工作，遵纪守法，廉洁奉公，作风正派。

五、草案第十四条规定，消防救援人员在工作中作出重大贡献、德才表现突出的，其消防救援衔可以在现有职务等级对应的消防救援衔基础上提升一级。有的部门提出，按照中央有关改革文件的要求，消防救援人员实行衔级和职务等级合并设置，原则上一职一衔，草案规定消防救援人员在职务等级不变的情况下衔级可提升一级，会出现衔级和职务等级不一致，建议删去这一条规定。宪法和法律委员会经研究认为，草案这一条规定符合中央文件精神，有利于调动广大消防救援人员的积极性，建议保留这一条规定，并修改为：消防救援人员在消防救援工作中做出重大贡献、德才表现突出的，其消防救援衔可以提前晋升。

还有一个问题需要汇报。在常委会审议和征求意见过程中，一些常委委员和有的地方提出，草案关于消防救援衔等级的设置不科学，专业技术干部与管理指挥干部的衔级名称基本相同、容易混淆，不利于统一指挥，建议修改。宪法和法律委员会经研究认为，消防救援衔等级的设置和专业技术干部的衔级名称是中央有关改革文件中明确规定的，属于这次改革的重点内容，有关方面在草案起草过程中已作了反复研究，条例通过后将出台有关配套规定。因此，建议对草案的有关内容不作修改。

此外，还对草案作了一些文字修改。

草案二次审议稿已按上述意见作了修改，宪法和法律委员会建议提请本次常委会会议审议通过。

草案二次审议稿和以上报告是否妥当，请审议。

全国人民代表大会宪法和法律委员会关于《中华人民共和国消防救援衔条例(草案二次审议稿)》修改意见的报告

——2018年10月26日在第十三届全国人民代表大会常务委员会第六次会议上

全国人民代表大会常务委员会：

本次常委会会议于10月23日上午对消防救援衔条例(草案二次审议稿)进行了分组审议，普遍认为，草案二次审议稿进一步明确了消防救援衔的授予对象范围，突出消防救援衔的激励功能，对消防救援衔的晋升条件提出明确要求，已经比较成熟，建议进一步修改后，提请本次会议通过。同时，有些常委会组成人员还提出了一些修改意见。宪法和法律委员会于10月23日下午召开会议,逐条研究了常委会组成人员的审议意见,对草案进行了审议。社会建设委员会、司法部、应急管理部的有关负责同志列席了会议。宪法和法律委员会认为,草案贯彻落实中央改革要求,有利于国家综合性消防救援队伍正规化、专业化、职业化建设,符合宪法规定,是可行的。同时,提出以下修改意见:

一、草案二次审议稿第四章对消防救援衔的首次授予作了规定。有些常委委员提出,授予消防救援衔时除考虑学历学位因素外,还应当增加一线管理指挥经历、德才表现、工作能力等基本条件。宪法和法律委员会经研究,建议在草案这一章中增加一条规定:授予消防救援衔,以消防救援人员现任职务、德才表现、学历学位、任职时间和工作年限为依据。

二、有的常委委员提出,草案二次审议稿第二十二条第一款中对消防救援人员退休后不得佩带消防救援衔标志作了规定,但其他条文对消防救援衔标志如何佩带问题未作规定,建议进一步完善。宪法和法律委员会经研究,考虑到草案二次审议稿附则中规定消防救援衔标志式样和佩带办法由国务院制定,消防救援衔标志如何佩带的问题,可在该办法中解决。为此,建议删去草案二次审议稿第二十二条第一款中的上述规定。

此外,根据常委会组成人员的审议意见,还对草案二次审议稿作了个别文字修改。

草案建议表决稿已按上述意见作了修改,宪法和法律委员会建议本次常委会会议审议通过。

草案建议表决稿和以上报告是否妥当,请审议。

中华人民共和国主席令

第十五号

《全国人民代表大会常务委员会关于修改〈中华人民共和国公司法〉的决定》已由中华人民共和国第十三届全国人民代表大会常务委员会第六次会议于2018年10月26日通过,现予公布,自公布之日起施行。

中华人民共和国主席　习近平

2018年10月26日

全国人民代表大会常务委员会关于修改《中华人民共和国公司法》的决定

(2018年10月26日第十三届全国人民代表大会常务委员会第六次会议通过)

一、第十三届全国人民代表大会常务委员会第六次会议决定对《中华人民共和国公司法》作如下修改:

将第一百四十二条修改为:"公司不得收购本公司股份。但是,有下列情形之一的除外:

"(一)减少公司注册资本;

"(二)与持有本公司股份的其他公司合并;

"(三)将股份用于员工持股计划或者股权激励;

"(四)股东因对股东大会作出的公司合并、分立决议持异议,要求公司收购其股份;

"(五)将股份用于转换上市公司发行的可转换为股票的公司债券;

"(六)上市公司为维护公司价值及股东权益所必需。

"公司因前款第(一)项、第(二)项规定的情形收购本公司股份的,应当经股东大会决议;公司因前款第(三)项、第(五)项、第(六)项规定的情形收购本公司股份的,可以依照公司章程的规定或者股东大会的授权,经三分之二以上董事出席的董事会会议决议。

"公司依照本条第一款规定收购本公司股份后,属于第(一)项情形的,应当自收购之日起十日内注销;属于第(二)项、第(四)项情形的,应当在六个月内转让或者注销；属于第（三）项、第（五）项、第（六）项情形的，公司合计持有的本公司股份数不得超过本公司已发行股份总额的百分之十，并应当在三年内转让或者注销。

"上市公司收购本公司股份的，应当依照《中华人民共和国证券法》的规定履行信息披露义务。上市公司因本条第一款第（三）项、第（五）项、第（六）项规定的情形收购本公司股份的，应当通过公开的集中交易方式进行。

"公司不得接受本公司的股票作为质押权的标的。"

本决定自公布之日起施行。

《中华人民共和国公司法》根据本决定作相应修改，重新公布。

二、对公司法有关资本制度的规定进行修改完善，赋予公司更多自主权，有利于促进完善公司治理、推动资本市场稳定健康发展。国务院及其有关部门应当完善配套规定，坚持公开、公平、公正的原则，督促实施股份回购的上市公司保证债务履行能力和持续经营能力，加强监督管理，依法严格查处内幕交易、操纵市场等证券违法行为，防范市场风险，切实维护债权人和投资者的合法权益。

中华人民共和国公司法

（1993年12月29日第八届全国人民代表大会常务委员会第五次会议通过　根据1999年12月25日第九届全国人民代表大会常务委员会第十三次会议《关于修改〈中华人民共和国公司法〉的决定》第一次修正　根据2004年8月28日第十届全国人民代表大会常务委员会第十一次会议《关于修改〈中华人民共和国公司法〉的决定》第二次修正　2005年10月27日第十届全国人民代表大会常务委员会第十八次会议修订　根据2013年12月28日第十二届全国人民代表大会常务委员会第六次会议《关于修改〈中华人民共和国海洋环境保护法〉等七部法律的决定》第三次修正　根据2018年10月26日第十三届全国人民代表大会常务委员会第六次会议《关于修改〈中华人民共和国公司法〉的决定》第四次修正）

目　录

第一章　总　　则
第二章　有限责任公司的设立和组织机构
　第一节　设立
　第二节　组织机构
　第三节　一人有限责任公司的特别规定
　第四节　国有独资公司的特别规定
第三章　有限责任公司的股权转让
第四章　股份有限公司的设立和组织机构
　第一节　设立
　第二节　股东大会
　第三节　董事会、经理
　第四节　监事会
　第五节　上市公司组织机构的特别规定
第五章　股份有限公司的股份发行和转让
　第一节　股份发行
　第二节　股份转让
第六章　公司董事、监事、高级管理人员的资格和义务
第七章　公司债券
第八章　公司财务、会计
第九章　公司合并、分立、增资、减资
第十章　公司解散和清算
第十一章　外国公司的分支机构
第十二章　法律责任
第十三章　附　　则

第一章　总　　则

第一条　为了规范公司的组织和行为，保护公司、股东和债权人的合法权益，维护社会经济秩序，促进社会主义市场经济的发展，制定本法。

第二条　本法所称公司是指依照本法在中国境内设立的有限责任公司和股份有限公司。

第三条　公司是企业法人，有独立的法人财产，享有法人财产权。公司以其全部财产对公司的

债务承担责任。

有限责任公司的股东以其认缴的出资额为限对公司承担责任；股份有限公司的股东以其认购的股份为限对公司承担责任。

第四条　公司股东依法享有资产收益、参与重大决策和选择管理者等权利。

第五条　公司从事经营活动，必须遵守法律、行政法规，遵守社会公德、商业道德，诚实守信，接受政府和社会公众的监督，承担社会责任。

公司的合法权益受法律保护，不受侵犯。

第六条　设立公司，应当依法向公司登记机关申请设立登记。符合本法规定的设立条件的，由公司登记机关分别登记为有限责任公司或者股份有限公司；不符合本法规定的设立条件的，不得登记为有限责任公司或者股份有限公司。

法律、行政法规规定设立公司必须报经批准的，应当在公司登记前依法办理批准手续。

公众可以向公司登记机关申请查询公司登记事项，公司登记机关应当提供查询服务。

第七条　依法设立的公司，由公司登记机关发给公司营业执照。公司营业执照签发日期为公司成立日期。

公司营业执照应当载明公司的名称、住所、注册资本、经营范围、法定代表人姓名等事项。

公司营业执照记载的事项发生变更的，公司应当依法办理变更登记，由公司登记机关换发营业执照。

第八条　依照本法设立的有限责任公司，必须在公司名称中标明有限责任公司或者有限公司字样。

依照本法设立的股份有限公司，必须在公司名称中标明股份有限公司或者股份公司字样。

第九条　有限责任公司变更为股份有限公司，应当符合本法规定的股份有限公司的条件。股份有限公司变更为有限责任公司，应当符合本法规定的有限责任公司的条件。

有限责任公司变更为股份有限公司的，或者股份有限公司变更为有限责任公司的，公司变更前的债权、债务由变更后的公司承继。

第十条　公司以其主要办事机构所在地为住所。

第十一条　设立公司必须依法制定公司章程。公司章程对公司、股东、董事、监事、高级管理人员具有约束力。

第十二条　公司的经营范围由公司章程规定，并依法登记。公司可以修改公司章程，改变经营范围，但是应当办理变更登记。

公司的经营范围中属于法律、行政法规规定须经批准的项目，应当依法经过批准。

第十三条　公司法定代表人依照公司章程的规定，由董事长、执行董事或者经理担任，并依法登记。公司法定代表人变更，应当办理变更登记。

第十四条　公司可以设立分公司。设立分公司，应当向公司登记机关申请登记，领取营业执照。分公司不具有法人资格，其民事责任由公司承担。

公司可以设立子公司，子公司具有法人资格，依法独立承担民事责任。

第十五条　公司可以向其他企业投资；但是，除法律另有规定外，不得成为对所投资企业的债务承担连带责任的出资人。

第十六条　公司向其他企业投资或者为他人提供担保，依照公司章程的规定，由董事会或者股东会、股东大会决议；公司章程对投资或者担保的总额及单项投资或者担保的数额有限额规定的，不得超过规定的限额。

公司为公司股东或者实际控制人提供担保的，必须经股东会或者股东大会决议。

前款规定的股东或者受前款规定的实际控制人支配的股东，不得参加前款规定事项的表决。该项表决由出席会议的其他股东所持表决权的过半数通过。

第十七条　公司必须保护职工的合法权益，依法与职工签订劳动合同，参加社会保险，加强劳动保护，实现安全生产。

公司应当采用多种形式，加强公司职工的职业教育和岗位培训，提高职工素质。

第十八条　公司职工依照《中华人民共和国工会法》组织工会，开展工会活动，维护职工合法权益。公司应当为本公司工会提供必要的活动条件。公司工会代表职工就职工的劳动报酬、工作时间、福利、保险和劳动安全卫生等事项依法与公司签订集体合同。

公司依照宪法和有关法律的规定，通过职工代表大会或者其他形式，实行民主管理。

公司研究决定改制以及经营方面的重大问题、制定重要的规章制度时，应当听取公司工会的意见，并通过职工代表大会或者其他形式听取职工的意见和建议。

第十九条　在公司中，根据中国共产党章程的规定，设立中国共产党的组织，开展党的活动。公司应当为党组织的活动提供必要条件。

第二十条　公司股东应当遵守法律、行政法规和公司章程，依法行使股东权利，不得滥用股东权利损害公司或者其他股东的利益；不得滥用公司法人独立地位和股东有限责任损害公司债权人的利益。

公司股东滥用股东权利给公司或者其他股东造成损失的，应当依法承担赔偿责任。

公司股东滥用公司法人独立地位和股东有限责任，逃避债务，严重损害公司债权人利益的，应当对公司债务承担连带责任。

第二十一条　公司的控股股东、实际控制人、董事、监事、高级管理人员不得利用其关联关系损害公司利益。

违反前款规定，给公司造成损失的，应当承担赔偿责任。

第二十二条　公司股东会或者股东大会、董事会的决议内容违反法律、行政法规的无效。

股东会或者股东大会、董事会的会议召集程序、表决方式违反法律、行政法规或者公司章程，或者决议内容违反公司章程的，股东可以自决议作出之日起六十日内，请求人民法院撤销。

股东依照前款规定提起诉讼的，人民法院可以应公司的请求，要求股东提供相应担保。

公司根据股东会或者股东大会、董事会决议已办理变更登记的，人民法院宣告该决议无效或者撤销该决议后，公司应当向公司登记机关申请撤销变更登记。

第二章　有限责任公司的设立和组织机构

第一节　设　　立

第二十三条　设立有限责任公司，应当具备下列条件：

（一）股东符合法定人数；

（二）有符合公司章程规定的全体股东认缴的出资额；

（三）股东共同制定公司章程；

（四）有公司名称，建立符合有限责任公司要求的组织机构；

（五）有公司住所。

第二十四条　有限责任公司由五十个以下股东出资设立。

第二十五条　有限责任公司章程应当载明下列事项：

（一）公司名称和住所；

（二）公司经营范围；

（三）公司注册资本；

（四）股东的姓名或者名称；

（五）股东的出资方式、出资额和出资时间；

（六）公司的机构及其产生办法、职权、议事规则；

（七）公司法定代表人；

（八）股东会会议认为需要规定的其他事项。

股东应当在公司章程上签名、盖章。

第二十六条　有限责任公司的注册资本为在公司登记机关登记的全体股东认缴的出资额。

法律、行政法规以及国务院决定对有限责任公司注册资本实缴、注册资本最低限额另有规定的，从其规定。

第二十七条　股东可以用货币出资，也可以用实物、知识产权、土地使用权等可以用货币估价并可以依法转让的非货币财产作价出资；但是，法律、行政法规规定不得作为出资的财产除外。

对作为出资的非货币财产应当评估作价，核实财产，不得高估或者低估作价。法律、行政法规对评估作价有规定的，从其规定。

第二十八条　股东应当按期足额缴纳公司章程中规定的各自所认缴的出资额。股东以货币出资的，应当将货币出资足额存入有限责任公司在银行开设的账户；以非货币财产出资的，应当依法办理其财产权的转移手续。

股东不按照前款规定缴纳出资的，除应当向公司足额缴纳外，还应当向已按期足额缴纳出资的股东承担违约责任。

第二十九条　股东认足公司章程规定的出资后，由全体股东指定的代表或者共同委托的代理人向公司登记机关报送公司登记申请书、公司章程等文件，申请设立登记。

第三十条　有限责任公司成立后，发现作为设立公司出资的非货币财产的实际价额显著低于公司章程所定价额的，应当由交付该出资的股东补足其差额；公司设立时的其他股东承担连带责任。

第三十一条　有限责任公司成立后，应当向股东签发出资证明书。

出资证明书应当载明下列事项：

（一）公司名称；

（二）公司成立日期；

（三）公司注册资本；

（四）股东的姓名或者名称、缴纳的出资额和出资日期；

（五）出资证明书的编号和核发日期。

出资证明书由公司盖章。

第三十二条 有限责任公司应当置备股东名册，记载下列事项：

（一）股东的姓名或者名称及住所；

（二）股东的出资额；

（三）出资证明书编号。

记载于股东名册的股东，可以依股东名册主张行使股东权利。

公司应当将股东的姓名或者名称向公司登记机关登记；登记事项发生变更的，应当办理变更登记。未经登记或者变更登记的，不得对抗第三人。

第三十三条 股东有权查阅、复制公司章程、股东会会议记录、董事会会议决议、监事会会议决议和财务会计报告。

股东可以要求查阅公司会计账簿。股东要求查阅公司会计账簿的，应当向公司提出书面请求，说明目的。公司有合理根据认为股东查阅会计账簿有不正当目的，可能损害公司合法利益的，可以拒绝提供查阅，并应当自股东提出书面请求之日起十五日内书面答复股东并说明理由。公司拒绝提供查阅的，股东可以请求人民法院要求公司提供查阅。

第三十四条 股东按照实缴的出资比例分取红利；公司新增资本时，股东有权优先按照实缴的出资比例认缴出资。但是，全体股东约定不按照出资比例分取红利或者不按照出资比例优先认缴出资的除外。

第三十五条 公司成立后，股东不得抽逃出资。

第二节 组织机构

第三十六条 有限责任公司股东会由全体股东组成。股东会是公司的权力机构，依照本法行使职权。

第三十七条 股东会行使下列职权：

（一）决定公司的经营方针和投资计划；

（二）选举和更换非由职工代表担任的董事、监事，决定有关董事、监事的报酬事项；

（三）审议批准董事会的报告；

（四）审议批准监事会或者监事的报告；

（五）审议批准公司的年度财务预算方案、决算方案；

（六）审议批准公司的利润分配方案和弥补亏损方案；

（七）对公司增加或者减少注册资本作出决议；

（八）对发行公司债券作出决议；

（九）对公司合并、分立、解散、清算或者变更公司形式作出决议；

（十）修改公司章程；

（十一）公司章程规定的其他职权。

对前款所列事项股东以书面形式一致表示同意的，可以不召开股东会会议，直接作出决定，并由全体股东在决定文件上签名、盖章。

第三十八条 首次股东会会议由出资最多的股东召集和主持，依照本法规定行使职权。

第三十九条 股东会会议分为定期会议和临时会议。

定期会议应当依照公司章程的规定按时召开。代表十分之一以上表决权的股东，三分之一以上的董事，监事会或者不设监事会的公司的监事提议召开临时会议的，应当召开临时会议。

第四十条 有限责任公司设立董事会的，股东会会议由董事会召集，董事长主持；董事长不能履行职务或者不履行职务的，由副董事长主持；副董事长不能履行职务或者不履行职务的，由半数以上董事共同推举一名董事主持。

有限责任公司不设董事会的，股东会会议由执行董事召集和主持。

董事会或者执行董事不能履行或者不履行召集股东会会议职责的，由监事会或者不设监事会的公司的监事召集和主持；监事会或者监事不召集和主持的，代表十分之一以上表决权的股东可以自行召集和主持。

第四十一条 召开股东会会议，应当于会议召开十五日前通知全体股东；但是，公司章程另有规定或者全体股东另有约定的除外。

股东会应当对所议事项的决定作成会议记录，出席会议的股东应当在会议记录上签名。

第四十二条 股东会会议由股东按照出资比例行使表决权；但是，公司章程另有规定的除外。

第四十三条 股东会的议事方式和表决程序，除本法有规定的外，由公司章程规定。

股东会会议作出修改公司章程、增加或者减少注册资本的决议，以及公司合并、分立、解散或者变更公司形式的决议，必须经代表三分之二以上表决权的股东通过。

第四十四条 有限责任公司设董事会，其成员为三人至十三人；但是，本法第五十条另有规定的除外。

两个以上的国有企业或者两个以上的其他国有投资主体投资设立的有限责任公司,其董事会成员中应当有公司职工代表;其他有限责任公司董事会成员中可以有公司职工代表。董事会中的职工代表由公司职工通过职工代表大会、职工大会或者其他形式民主选举产生。

董事会设董事长一人,可以设副董事长。董事长、副董事长的产生办法由公司章程规定。

第四十五条 董事任期由公司章程规定,但每届任期不得超过三年。董事任期届满,连选可以连任。

董事任期届满未及时改选,或者董事在任期内辞职导致董事会成员低于法定人数的,在改选出的董事就任前,原董事仍应当依照法律、行政法规和公司章程的规定,履行董事职务。

第四十六条 董事会对股东会负责,行使下列职权:

(一)召集股东会会议,并向股东会报告工作;

(二)执行股东会的决议;

(三)决定公司的经营计划和投资方案;

(四)制订公司的年度财务预算方案、决算方案;

(五)制订公司的利润分配方案和弥补亏损方案;

(六)制订公司增加或者减少注册资本以及发行公司债券的方案;

(七)制订公司合并、分立、解散或者变更公司形式的方案;

(八)决定公司内部管理机构的设置;

(九)决定聘任或者解聘公司经理及其报酬事项,并根据经理的提名决定聘任或者解聘公司副经理、财务负责人及其报酬事项;

(十)制定公司的基本管理制度;

(十一)公司章程规定的其他职权。

第四十七条 董事会会议由董事长召集和主持;董事长不能履行职务或者不履行职务的,由副董事长召集和主持;副董事长不能履行职务或者不履行职务的,由半数以上董事共同推举一名董事召集和主持。

第四十八条 董事会的议事方式和表决程序,除本法有规定的外,由公司章程规定。

董事会应当对所议事项的决定作成会议记录,出席会议的董事应当在会议记录上签名。

董事会决议的表决,实行一人一票。

第四十九条 有限责任公司可以设经理,由董事会决定聘任或者解聘。经理对董事会负责,行使下列职权:

(一)主持公司的生产经营管理工作,组织实施董事会决议;

(二)组织实施公司年度经营计划和投资方案;

(三)拟订公司内部管理机构设置方案;

(四)拟订公司的基本管理制度;

(五)制定公司的具体规章;

(六)提请聘任或者解聘公司副经理、财务负责人;

(七)决定聘任或者解聘除应由董事会决定聘任或者解聘以外的负责管理人员;

(八)董事会授予的其他职权。

公司章程对经理职权另有规定的,从其规定。

经理列席董事会会议。

第五十条 股东人数较少或者规模较小的有限责任公司,可以设一名执行董事,不设董事会。执行董事可以兼任公司经理。

执行董事的职权由公司章程规定。

第五十一条 有限责任公司设监事会,其成员不得少于三人。股东人数较少或者规模较小的有限责任公司,可以设一至二名监事,不设监事会。

监事会应当包括股东代表和适当比例的公司职工代表,其中职工代表的比例不得低于三分之一,具体比例由公司章程规定。监事会中的职工代表由公司职工通过职工代表大会、职工大会或者其他形式民主选举产生。

监事会设主席一人,由全体监事过半数选举产生。监事会主席召集和主持监事会会议;监事会主席不能履行职务或者不履行职务的,由半数以上监事共同推举一名监事召集和主持监事会会议。

董事、高级管理人员不得兼任监事。

第五十二条 监事的任期每届为三年。监事任期届满,连选可以连任。

监事任期届满未及时改选,或者监事在任期内辞职导致监事会成员低于法定人数的,在改选出的监事就任前,原监事仍应当依照法律、行政法规和公司章程的规定,履行监事职务。

第五十三条 监事会、不设监事会的公司的监事行使下列职权:

(一)检查公司财务;

(二)对董事、高级管理人员执行公司职务的行为进行监督,对违反法律、行政法规、公司章程或者股东会决议的董事、高级管理人员提出罢免的建议;

(三)当董事、高级管理人员的行为损害公司的利益时,要求董事、高级管理人员予以纠正;

(四)提议召开临时股东会会议,在董事会不履行本法规定的召集和主持股东会会议职责时召集和主持股东会会议;

(五)向股东会会议提出提案;

(六)依照本法第一百五十一条的规定,对董事、高级管理人员提起诉讼;

(七)公司章程规定的其他职权。

第五十四条 监事可以列席董事会会议,并对董事会决议事项提出质询或者建议。

监事会、不设监事会的公司的监事发现公司经营情况异常,可以进行调查;必要时,可以聘请会计师事务所等协助其工作,费用由公司承担。

第五十五条 监事会每年度至少召开一次会议,监事可以提议召开临时监事会会议。

监事会的议事方式和表决程序,除本法有规定的外,由公司章程规定。

监事会决议应当经半数以上监事通过。

监事会应当对所议事项的决定作成会议记录,出席会议的监事应当在会议记录上签名。

第五十六条 监事会、不设监事会的公司的监事行使职权所必需的费用,由公司承担。

第三节 一人有限责任公司的特别规定

第五十七条 一人有限责任公司的设立和组织机构,适用本节规定;本节没有规定的,适用本章第一节、第二节的规定。

本法所称一人有限责任公司,是指只有一个自然人股东或者一个法人股东的有限责任公司。

第五十八条 一个自然人只能投资设立一个一人有限责任公司。该一人有限责任公司不能投资设立新的一人有限责任公司。

第五十九条 一人有限责任公司应当在公司登记中注明自然人独资或者法人独资,并在公司营业执照中载明。

第六十条 一人有限责任公司章程由股东制定。

第六十一条 一人有限责任公司不设股东会。股东作出本法第三十七条第一款所列决定时,应当采用书面形式,并由股东签名后置备于公司。

第六十二条 一人有限责任公司应当在每一会计年度终了时编制财务会计报告,并经会计师事务所审计。

第六十三条 一人有限责任公司的股东不能证明公司财产独立于股东自己的财产的,应当对公司债务承担连带责任。

第四节 国有独资公司的特别规定

第六十四条 国有独资公司的设立和组织机构,适用本节规定;本节没有规定的,适用本章第一节、第二节的规定。

本法所称国有独资公司,是指国家单独出资、由国务院或者地方人民政府授权本级人民政府国有资产监督管理机构履行出资人职责的有限责任公司。

第六十五条 国有独资公司章程由国有资产监督管理机构制定,或者由董事会制订报国有资产监督管理机构批准。

第六十六条 国有独资公司不设股东会,由国有资产监督管理机构行使股东会职权。国有资产监督管理机构可以授权公司董事会行使股东会的部分职权,决定公司的重大事项,但公司的合并、分立、解散、增加或者减少注册资本和发行公司债券,必须由国有资产监督管理机构决定;其中,重要的国有独资公司合并、分立、解散、申请破产的,应当由国有资产监督管理机构审核后,报本级人民政府批准。

前款所称重要的国有独资公司,按照国务院的规定确定。

第六十七条 国有独资公司设董事会,依照本法第四十六条、第六十六条的规定行使职权。董事每届任期不得超过三年。董事会成员中应当有公司职工代表。

董事会成员由国有资产监督管理机构委派;但是,董事会成员中的职工代表由公司职工代表大会选举产生。

董事会设董事长一人,可以设副董事长。董事长、副董事长由国有资产监督管理机构从董事会成员中指定。

第六十八条 国有独资公司设经理,由董事会聘任或者解聘。经理依照本法第四十九条规定行使职权。

经国有资产监督管理机构同意,董事会成员可以兼任经理。

第六十九条 国有独资公司的董事长、副董事长、董事、高级管理人员,未经国有资产监督管理机构同意,不得在其他有限责任公司、股份有限公司或者其他经济组织兼职。

第七十条 国有独资公司监事会成员不得少

于五人，其中职工代表的比例不得低于三分之一，具体比例由公司章程规定。

监事会成员由国有资产监督管理机构委派；但是，监事会成员中的职工代表由公司职工代表大会选举产生。监事会主席由国有资产监督管理机构从监事会成员中指定。

监事会行使本法第五十三条第（一）项至第（三）项规定的职权和国务院规定的其他职权。

第三章 有限责任公司的股权转让

第七十一条 有限责任公司的股东之间可以相互转让其全部或者部分股权。

股东向股东以外的人转让股权，应当经其他股东过半数同意。股东应就其股权转让事项书面通知其他股东征求同意，其他股东自接到书面通知之日起满三十日未答复的，视为同意转让。其他股东半数以上不同意转让的，不同意的股东应当购买该转让的股权；不购买的，视为同意转让。

经股东同意转让的股权，在同等条件下，其他股东有优先购买权。两个以上股东主张行使优先购买权的，协商确定各自的购买比例；协商不成的，按照转让时各自的出资比例行使优先购买权。

公司章程对股权转让另有规定的，从其规定。

第七十二条 人民法院依照法律规定的强制执行程序转让股东的股权时，应当通知公司及全体股东，其他股东在同等条件下有优先购买权。其他股东自人民法院通知之日起满二十日不行使优先购买权的，视为放弃优先购买权。

第七十三条 依照本法第七十一条、第七十二条转让股权后，公司应当注销原股东的出资证明书，向新股东签发出资证明书，并相应修改公司章程和股东名册中有关股东及其出资额的记载。对公司章程的该项修改不需再由股东会表决。

第七十四条 有下列情形之一的，对股东会该项决议投反对票的股东可以请求公司按照合理的价格收购其股权：

（一）公司连续五年不向股东分配利润，而公司该五年连续盈利，并且符合本法规定的分配利润条件的；

（二）公司合并、分立、转让主要财产的；

（三）公司章程规定的营业期限届满或者章程规定的其他解散事由出现，股东会会议通过决议修改章程使公司存续的。

自股东会会议决议通过之日起六十日内，股东与公司不能达成股权收购协议的，股东可以自股东会会议决议通过之日起九十日内向人民法院提起诉讼。

第七十五条 自然人股东死亡后，其合法继承人可以继承股东资格；但是，公司章程另有规定的除外。

第四章 股份有限公司的设立和组织机构

第一节 设 立

第七十六条 设立股份有限公司，应当具备下列条件：

（一）发起人符合法定人数；

（二）有符合公司章程规定的全体发起人认购的股本总额或者募集的实收股本总额；

（三）股份发行、筹办事项符合法律规定；

（四）发起人制订公司章程，采用募集方式设立的经创立大会通过；

（五）有公司名称，建立符合股份有限公司要求的组织机构；

（六）有公司住所。

第七十七条 股份有限公司的设立，可以采取发起设立或者募集设立的方式。

发起设立，是指由发起人认购公司应发行的全部股份而设立公司。

募集设立，是指由发起人认购公司应发行股份的一部分，其余股份向社会公开募集或者向特定对象募集而设立公司。

第七十八条 设立股份有限公司，应当有二人以上二百人以下为发起人，其中须有半数以上的发起人在中国境内有住所。

第七十九条 股份有限公司发起人承担公司筹办事务。

发起人应当签订发起人协议，明确各自在公司设立过程中的权利和义务。

第八十条 股份有限公司采取发起设立方式设立的，注册资本为在公司登记机关登记的全体发起人认购的股本总额。在发起人认购的股份缴足前，不得向他人募集股份。

股份有限公司采取募集方式设立的，注册资本为在公司登记机关登记的实收股本总额。

法律、行政法规以及国务院决定对股份有限公司注册资本实缴、注册资本最低限额另有规定的，从其规定。

第八十一条　股份有限公司章程应当载明下列事项：

（一）公司名称和住所；

（二）公司经营范围；

（三）公司设立方式；

（四）公司股份总数、每股金额和注册资本；

（五）发起人的姓名或者名称、认购的股份数、出资方式和出资时间；

（六）董事会的组成、职权和议事规则；

（七）公司法定代表人；

（八）监事会的组成、职权和议事规则；

（九）公司利润分配办法；

（十）公司的解散事由与清算办法；

（十一）公司的通知和公告办法；

（十二）股东大会会议认为需要规定的其他事项。

第八十二条　发起人的出资方式，适用本法第二十七条的规定。

第八十三条　以发起设立方式设立股份有限公司的，发起人应当书面认足公司章程规定其认购的股份，并按照公司章程规定缴纳出资。以非货币财产出资的，应当依法办理其财产权的转移手续。

发起人不依照前款规定缴纳出资的，应当按照发起人协议承担违约责任。

发起人认足公司章程规定的出资后，应当选举董事会和监事会，由董事会向公司登记机关报送公司章程以及法律、行政法规规定的其他文件，申请设立登记。

第八十四条　以募集设立方式设立股份有限公司的，发起人认购的股份不得少于公司股份总数的百分之三十五；但是，法律、行政法规另有规定的，从其规定。

第八十五条　发起人向社会公开募集股份，必须公告招股说明书，并制作认股书。认股书应当载明本法第八十六条所列事项，由认股人填写认购股数、金额、住所，并签名、盖章。认股人按照所认购股数缴纳股款。

第八十六条　招股说明书应当附有发起人制订的公司章程，并载明下列事项：

（一）发起人认购的股份数；

（二）每股的票面金额和发行价格；

（三）无记名股票的发行总数；

（四）募集资金的用途；

（五）认股人的权利、义务；

（六）本次募股的起止期限及逾期未募足时认股人可以撤回所认股份的说明。

第八十七条　发起人向社会公开募集股份，应当由依法设立的证券公司承销，签订承销协议。

第八十八条　发起人向社会公开募集股份，应当同银行签订代收股款协议。

代收股款的银行应当按照协议代收和保存股款，向缴纳股款的认股人出具收款单据，并负有向有关部门出具收款证明的义务。

第八十九条　发行股份的股款缴足后，必须经依法设立的验资机构验资并出具证明。发起人应当自股款缴足之日起三十日内主持召开公司创立大会。创立大会由发起人、认股人组成。

发行的股份超过招股说明书规定的截止期限尚未募足的，或者发行股份的股款缴足后，发起人在三十日内未召开创立大会的，认股人可以按照所缴股款并加算银行同期存款利息，要求发起人返还。

第九十条　发起人应当在创立大会召开十五日前将会议日期通知各认股人或者予以公告。创立大会应有代表股份总数过半数的发起人、认股人出席，方可举行。

创立大会行使下列职权：

（一）审议发起人关于公司筹办情况的报告；

（二）通过公司章程；

（三）选举董事会成员；

（四）选举监事会成员；

（五）对公司的设立费用进行审核；

（六）对发起人用于抵作股款的财产的作价进行审核；

（七）发生不可抗力或者经营条件发生重大变化直接影响公司设立的，可以作出不设立公司的决议。

创立大会对前款所列事项作出决议，必须经出席会议的认股人所持表决权过半数通过。

第九十一条　发起人、认股人缴纳股款或者交付抵作股款的出资后，除未按期募足股份、发起人未按期召开创立大会或者创立大会决议不设立公司的情形外，不得抽回其股本。

第九十二条　董事会应于创立大会结束后三十日内，向公司登记机关报送下列文件，申请设立登记：

（一）公司登记申请书；

（二）创立大会的会议记录；

（三）公司章程；

（四）验资证明；

（五）法定代表人、董事、监事的任职文件及其身份证明；

（六）发起人的法人资格证明或者自然人身份证明；

（七）公司住所证明。

以募集方式设立股份有限公司公开发行股票的，还应当向公司登记机关报送国务院证券监督管理机构的核准文件。

第九十三条　股份有限公司成立后，发起人未按照公司章程的规定缴足出资的，应当补缴；其他发起人承担连带责任。

股份有限公司成立后，发现作为设立公司出资的非货币财产的实际价额显著低于公司章程所定价额的，应当由交付该出资的发起人补足其差额；其他发起人承担连带责任。

第九十四条　股份有限公司的发起人应当承担下列责任：

（一）公司不能成立时，对设立行为所产生的债务和费用负连带责任；

（二）公司不能成立时，对认股人已缴纳的股款，负返还股款并加算银行同期存款利息的连带责任；

（三）在公司设立过程中，由于发起人的过失致使公司利益受到损害的，应当对公司承担赔偿责任。

第九十五条　有限责任公司变更为股份有限公司时，折合的实收股本总额不得高于公司净资产额。有限责任公司变更为股份有限公司，为增加资本公开发行股份时，应当依法办理。

第九十六条　股份有限公司应当将公司章程、股东名册、公司债券存根、股东大会会议记录、董事会会议记录、监事会会议记录、财务会计报告置备于本公司。

第九十七条　股东有权查阅公司章程、股东名册、公司债券存根、股东大会会议记录、董事会会议决议、监事会会议决议、财务会计报告，对公司的经营提出建议或者质询。

第二节　股东大会

第九十八条　股份有限公司股东大会由全体股东组成。股东大会是公司的权力机构，依照本法行使职权。

第九十九条　本法第三十七条第一款关于有限责任公司股东会职权的规定，适用于股份有限公司股东大会。

第一百条　股东大会应当每年召开一次年会。有下列情形之一的，应当在两个月内召开临时股东大会：

（一）董事人数不足本法规定人数或者公司章程所定人数的三分之二时；

（二）公司未弥补的亏损达实收股本总额三分之一时；

（三）单独或者合计持有公司百分之十以上股份的股东请求时；

（四）董事会认为必要时；

（五）监事会提议召开时；

（六）公司章程规定的其他情形。

第一百零一条　股东大会会议由董事会召集，董事长主持；董事长不能履行职务或者不履行职务的，由副董事长主持；副董事长不能履行职务或者不履行职务的，由半数以上董事共同推举一名董事主持。

董事会不能履行或者不履行召集股东大会会议职责的，监事会应当及时召集和主持；监事会不召集和主持的，连续九十日以上单独或者合计持有公司百分之十以上股份的股东可以自行召集和主持。

第一百零二条　召开股东大会会议，应当将会议召开的时间、地点和审议的事项于会议召开二十日前通知各股东；临时股东大会应当于会议召开十五日前通知各股东；发行无记名股票的，应当于会议召开三十日前公告会议召开的时间、地点和审议事项。

单独或者合计持有公司百分之三以上股份的股东，可以在股东大会召开十日前提出临时提案并书面提交董事会；董事会应当在收到提案后二日内通知其他股东，并将该临时提案提交股东大会审议。临时提案的内容应当属于股东大会职权范围，并有明确议题和具体决议事项。

股东大会不得对前两款通知中未列明的事项作出决议。

无记名股票持有人出席股东大会会议的，应当于会议召开五日前至股东大会闭会时将股票交存于公司。

第一百零三条　股东出席股东大会会议，所持每一股份有一表决权。但是，公司持有的本公司股份没有表决权。

股东大会作出决议，必须经出席会议的股东所持表决权过半数通过。但是，股东大会作出修改公司章程、增加或者减少注册资本的决议，以及公司合并、分立、解散或者变更公司形式的决议，必须经出席会议的股东所持表决权的三分之二以上通过。

第一百零四条　本法和公司章程规定公司转让、受让重大资产或者对外提供担保等事项必须经股东大会作出决议的，董事会应当及时召集股东大会会议，由股东大会就上述事项进行表决。

第一百零五条　股东大会选举董事、监事，可以依照公司章程的规定或者股东大会的决议，实行累积投票制。

本法所称累积投票制，是指股东大会选举董事或者监事时，每一股份拥有与应选董事或者监事人数相同的表决权，股东拥有的表决权可以集中使用。

第一百零六条　股东可以委托代理人出席股东大会会议，代理人应当向公司提交股东授权委托书，并在授权范围内行使表决权。

第一百零七条　股东大会应当对所议事项的决定作成会议记录，主持人、出席会议的董事应当在会议记录上签名。会议记录应当与出席股东的签名册及代理出席的委托书一并保存。

第三节　董事会、经理

第一百零八条　股份有限公司设董事会，其成员为五人至十九人。

董事会成员中可以有公司职工代表。董事会中的职工代表由公司职工通过职工代表大会、职工大会或者其他形式民主选举产生。

本法第四十五条关于有限责任公司董事任期的规定，适用于股份有限公司董事。

本法第四十六条关于有限责任公司董事会职权的规定，适用于股份有限公司董事会。

第一百零九条　董事会设董事长一人，可以设副董事长。董事长和副董事长由董事会以全体董事的过半数选举产生。

董事长召集和主持董事会会议，检查董事会决议的实施情况。副董事长协助董事长工作，董事长不能履行职务或者不履行职务的，由副董事长履行职务；副董事长不能履行职务或者不履行职务的，由半数以上董事共同推举一名董事履行职务。

第一百一十条　董事会每年度至少召开两次会议，每次会议应当于会议召开十日前通知全体董事和监事。

代表十分之一以上表决权的股东、三分之一以上董事或者监事会，可以提议召开董事会临时会议。董事长应当自接到提议后十日内，召集和主持董事会会议。

董事会召开临时会议，可以另定召集董事会的通知方式和通知时限。

第一百一十一条　董事会会议应有过半数的董事出席方可举行。董事会作出决议，必须经全体董事的过半数通过。

董事会决议的表决，实行一人一票。

第一百一十二条　董事会会议，应由董事本人出席；董事因故不能出席，可以书面委托其他董事代为出席，委托书中应载明授权范围。

董事会应当对会议所议事项的决定作成会议记录，出席会议的董事应当在会议记录上签名。

董事应当对董事会的决议承担责任。董事会的决议违反法律、行政法规或者公司章程、股东大会决议，致使公司遭受严重损失的，参与决议的董事对公司负赔偿责任。但经证明在表决时曾表明异议并记载于会议记录的，该董事可以免除责任。

第一百一十三条　股份有限公司设经理，由董事会决定聘任或者解聘。

本法第四十九条关于有限责任公司经理职权的规定，适用于股份有限公司经理。

第一百一十四条　公司董事会可以决定由董事会成员兼任经理。

第一百一十五条　公司不得直接或者通过子公司向董事、监事、高级管理人员提供借款。

第一百一十六条　公司应当定期向股东披露董事、监事、高级管理人员从公司获得报酬的情况。

第四节　监事会

第一百一十七条　股份有限公司设监事会，其成员不得少于三人。

监事会应当包括股东代表和适当比例的公司职工代表，其中职工代表的比例不得低于三分之一，具体比例由公司章程规定。监事会中的职工代表由公司职工通过职工代表大会、职工大会或者其他形式民主选举产生。

监事会设主席一人，可以设副主席。监事会主席和副主席由全体监事过半数选举产生。监事会主席召集和主持监事会会议；监事会主席不能履行职务或者不履行职务的，由监事会副主席召集和主持监事会会议；监事会副主席不能履行职务或者不履行职务的，由半数以上监事共同推举一名监事召集和主持监事会会议。

董事、高级管理人员不得兼任监事。

本法第五十二条关于有限责任公司监事任期的规定，适用于股份有限公司监事。

第一百一十八条　本法第五十三条、第五十四条关于有限责任公司监事会职权的规定,适用于股份有限公司监事会。

监事会行使职权所必需的费用,由公司承担。

第一百一十九条 监事会每六个月至少召开一次会议。监事可以提议召开临时监事会会议。

监事会的议事方式和表决程序,除本法有规定的外,由公司章程规定。

监事会决议应当经半数以上监事通过。

监事会应当对所议事项的决定作成会议记录,出席会议的监事应当在会议记录上签名。

第五节 上市公司组织机构的特别规定

第一百二十条 本法所称上市公司,是指其股票在证券交易所上市交易的股份有限公司。

第一百二十一条 上市公司在一年内购买、出售重大资产或者担保金额超过公司资产总额百分之三十的,应当由股东大会作出决议,并经出席会议的股东所持表决权的三分之二以上通过。

第一百二十二条 上市公司设独立董事,具体办法由国务院规定。

第一百二十三条 上市公司设董事会秘书,负责公司股东大会和董事会会议的筹备、文件保管以及公司股东资料的管理,办理信息披露事务等事宜。

第一百二十四条 上市公司董事与董事会会议决议事项所涉及的企业有关联关系的,不得对该项决议行使表决权,也不得代理其他董事行使表决权。该董事会会议由过半数的无关联关系董事出席即可举行,董事会会议所作决议须经无关联关系董事过半数通过。出席董事会的无关联关系董事人数不足三人的,应将该事项提交上市公司股东大会审议。

第五章 股份有限公司的股份发行和转让

第一节 股份发行

第一百二十五条 股份有限公司的资本划分为股份,每一股的金额相等。

公司的股份采取股票的形式。股票是公司签发的证明股东所持股份的凭证。

第一百二十六条 股份的发行,实行公平、公正的原则,同种类的每一股份应当具有同等权利。

同次发行的同种类股票,每股的发行条件和价格应当相同;任何单位或者个人所认购的股份,每股应当支付相同价额。

第一百二十七条 股票发行价格可以按票面金额,也可以超过票面金额,但不得低于票面金额。

第一百二十八条 股票采用纸面形式或者国务院证券监督管理机构规定的其他形式。

股票应当载明下列主要事项:

(一)公司名称;

(二)公司成立日期;

(三)股票种类、票面金额及代表的股份数;

(四)股票的编号。

股票由法定代表人签名,公司盖章。

发起人的股票,应当标明发起人股票字样。

第一百二十九条 公司发行的股票,可以为记名股票,也可以为无记名股票。

公司向发起人、法人发行的股票,应当为记名股票,并应当记载该发起人、法人的名称或者姓名,不得另立户名或者以代表人姓名记名。

第一百三十条 公司发行记名股票的,应当置备股东名册,记载下列事项:

(一)股东的姓名或者名称及住所;

(二)各股东所持股份数;

(三)各股东所持股票的编号;

(四)各股东取得股份的日期。

发行无记名股票的,公司应当记载其股票数量、编号及发行日期。

第一百三十一条 国务院可以对公司发行本法规定以外的其他种类的股份,另行作出规定。

第一百三十二条 股份有限公司成立后,即向股东正式交付股票。公司成立前不得向股东交付股票。

第一百三十三条 公司发行新股,股东大会应当对下列事项作出决议:

(一)新股种类及数额;

(二)新股发行价格;

(三)新股发行的起止日期;

(四)向原有股东发行新股的种类及数额。

第一百三十四条 公司经国务院证券监督管理机构核准公开发行新股时,必须公告新股招股说明书和财务会计报告,并制作认股书。

本法第八十七条、第八十八条的规定适用于公司公开发行新股。

第一百三十五条 公司发行新股,可以根据公司经营情况和财务状况,确定其作价方案。

第一百三十六条 公司发行新股募足股款后,必须向公司登记机关办理变更登记,并公告。

第二节 股份转让

第一百三十七条 股东持有的股份可以依法

转让。

第一百三十八条　股东转让其股份，应当在依法设立的证券交易场所进行或者按照国务院规定的其他方式进行。

第一百三十九条　记名股票，由股东以背书方式或者法律、行政法规规定的其他方式转让；转让后由公司将受让人的姓名或者名称及住所记载于股东名册。

股东大会召开前二十日内或者公司决定分配股利的基准日前五日内，不得进行前款规定的股东名册的变更登记。但是，法律对上市公司股东名册变更登记另有规定的，从其规定。

第一百四十条　无记名股票的转让，由股东将该股票交付给受让人后即发生转让的效力。

第一百四十一条　发起人持有的本公司股份，自公司成立之日起一年内不得转让。公司公开发行股份前已发行的股份，自公司股票在证券交易所上市交易之日起一年内不得转让。

公司董事、监事、高级管理人员应当向公司申报所持有的本公司的股份及其变动情况，在任职期间每年转让的股份不得超过其所持有本公司股份总数的百分之二十五；所持本公司股份自公司股票上市交易之日起一年内不得转让。上述人员离职后半年内，不得转让其所持有的本公司股份。公司章程可以对公司董事、监事、高级管理人员转让其所持有的本公司股份作出其他限制性规定。

第一百四十二条　公司不得收购本公司股份。但是，有下列情形之一的除外：

（一）减少公司注册资本；

（二）与持有本公司股份的其他公司合并；

（三）将股份用于员工持股计划或者股权激励；

（四）股东因对股东大会作出的公司合并、分立决议持异议，要求公司收购其股份；

（五）将股份用于转换上市公司发行的可转换为股票的公司债券；

（六）上市公司为维护公司价值及股东权益所必需。

公司因前款第（一）项、第（二）项规定的情形收购本公司股份的，应当经股东大会决议；公司因前款第（三）项、第（五）项、第（六）项规定的情形收购本公司股份的，可以依照公司章程的规定或者股东大会的授权，经三分之二以上董事出席的董事会会议决议。

公司依照本条第一款规定收购本公司股份后，属于第（一）项情形的，应当自收购之日起十日内注销；属于第（二）项、第（四）项情形的，应当在六个月内转让或者注销；属于第（三）项、第（五）项、第（六）项情形的，公司合计持有的本公司股份数不得超过本公司已发行股份总额的百分之十，并应当在三年内转让或者注销。

上市公司收购本公司股份的，应当依照《中华人民共和国证券法》的规定履行信息披露义务。上市公司因本条第一款第（三）项、第（五）项、第（六）项规定的情形收购本公司股份的，应当通过公开的集中交易方式进行。

公司不得接受本公司的股票作为质押权的标的。

第一百四十三条　记名股票被盗、遗失或者灭失，股东可以依照《中华人民共和国民事诉讼法》规定的公示催告程序，请求人民法院宣告该股票失效。人民法院宣告该股票失效后，股东可以向公司申请补发股票。

第一百四十四条　上市公司的股票，依照有关法律、行政法规及证券交易所交易规则上市交易。

第一百四十五条　上市公司必须依照法律、行政法规的规定，公开其财务状况、经营情况及重大诉讼，在每会计年度内半年公布一次财务会计报告。

第六章　公司董事、监事、高级管理人员的资格和义务

第一百四十六条　有下列情形之一的，不得担任公司的董事、监事、高级管理人员：

（一）无民事行为能力或者限制民事行为能力；

（二）因贪污、贿赂、侵占财产、挪用财产或者破坏社会主义市场经济秩序，被判处刑罚，执行期满未逾五年，或者因犯罪被剥夺政治权利，执行期满未逾五年；

（三）担任破产清算的公司、企业的董事或者厂长、经理，对该公司、企业的破产负有个人责任的，自该公司、企业破产清算完结之日起未逾三年；

（四）担任因违法被吊销营业执照、责令关闭的公司、企业的法定代表人，并负有个人责任的，自该公司、企业被吊销营业执照之日起未逾三年；

（五）个人所负数额较大的债务到期未清偿。

公司违反前款规定选举、委派董事、监事或者聘任高级管理人员的，该选举、委派或者聘任无效。

董事、监事、高级管理人员在任职期间出现本条第一款所列情形的，公司应当解除其职务。

第一百四十七条　董事、监事、高级管理人员

应当遵守法律、行政法规和公司章程,对公司负有忠实义务和勤勉义务。

董事、监事、高级管理人员不得利用职权收受贿赂或者其他非法收入,不得侵占公司的财产。

第一百四十八条 董事、高级管理人员不得有下列行为:

(一)挪用公司资金;

(二)将公司资金以其个人名义或者以其他个人名义开立账户存储;

(三)违反公司章程的规定,未经股东会、股东大会或者董事会同意,将公司资金借贷给他人或者以公司财产为他人提供担保;

(四)违反公司章程的规定或者未经股东会、股东大会同意,与本公司订立合同或者进行交易;

(五)未经股东会或者股东大会同意,利用职务便利为自己或者他人谋取属于公司的商业机会,自营或者为他人经营与所任职公司同类的业务;

(六)接受他人与公司交易的佣金归为己有;

(七)擅自披露公司秘密;

(八)违反对公司忠实义务的其他行为。

董事、高级管理人员违反前款规定所得的收入应当归公司所有。

第一百四十九条 董事、监事、高级管理人员执行公司职务时违反法律、行政法规或者公司章程的规定,给公司造成损失的,应当承担赔偿责任。

第一百五十条 股东会或者股东大会要求董事、监事、高级管理人员列席会议的,董事、监事、高级管理人员应当列席并接受股东的质询。

董事、高级管理人员应当如实向监事会或者不设监事会的有限责任公司的监事提供有关情况和资料,不得妨碍监事会或者监事行使职权。

第一百五十一条 董事、高级管理人员有本法第一百四十九条规定的情形的,有限责任公司的股东、股份有限公司连续一百八十日以上单独或者合计持有公司百分之一以上股份的股东,可以书面请求监事会或者不设监事会的有限责任公司的监事向人民法院提起诉讼;监事有本法第一百四十九条规定的情形的,前述股东可以书面请求董事会或者不设董事会的有限责任公司的执行董事向人民法院提起诉讼。

监事会、不设监事会的有限责任公司的监事,或者董事会、执行董事收到前款规定的股东书面请求后拒绝提起诉讼,或者自收到请求之日起三十日内未提起诉讼,或者情况紧急、不立即提起诉讼将会使公司利益受到难以弥补的损害的,前款规定的股东有权为了公司的利益以自己的名义直接向人民法院提起诉讼。

他人侵犯公司合法权益,给公司造成损失的,本条第一款规定的股东可以依照前两款的规定向人民法院提起诉讼。

第一百五十二条 董事、高级管理人员违反法律、行政法规或者公司章程的规定,损害股东利益的,股东可以向人民法院提起诉讼。

第七章 公司债券

第一百五十三条 本法所称公司债券,是指公司依照法定程序发行、约定在一定期限还本付息的有价证券。

公司发行公司债券应当符合《中华人民共和国证券法》规定的发行条件。

第一百五十四条 发行公司债券的申请经国务院授权的部门核准后,应当公告公司债券募集办法。

公司债券募集办法中应当载明下列主要事项:

(一)公司名称;

(二)债券募集资金的用途;

(三)债券总额和债券的票面金额;

(四)债券利率的确定方式;

(五)还本付息的期限和方式;

(六)债券担保情况;

(七)债券的发行价格、发行的起止日期;

(八)公司净资产额;

(九)已发行的尚未到期的公司债券总额;

(十)公司债券的承销机构。

第一百五十五条 公司以实物券方式发行公司债券的,必须在债券上载明公司名称、债券票面金额、利率、偿还期限等事项,并由法定代表人签名,公司盖章。

第一百五十六条 公司债券,可以为记名债券,也可以为无记名债券。

第一百五十七条 公司发行公司债券应当置备公司债券存根簿。

发行记名公司债券的,应当在公司债券存根簿上载明下列事项:

(一)债券持有人的姓名或者名称及住所;

(二)债券持有人取得债券的日期及债券的编号;

(三)债券总额,债券的票面金额、利率、还本付息的期限和方式;

（四）债券的发行日期。

发行无记名公司债券的，应当在公司债券存根簿上载明债券总额、利率、偿还期限和方式、发行日期及债券的编号。

第一百五十八条　记名公司债券的登记结算机构应当建立债券登记、存管、付息、兑付等相关制度。

第一百五十九条　公司债券可以转让，转让价格由转让人与受让人约定。

公司债券在证券交易所上市交易的，按照证券交易所的交易规则转让。

第一百六十条　记名公司债券，由债券持有人以背书方式或者法律、行政法规规定的其他方式转让；转让后由公司将受让人的姓名或者名称及住所记载于公司债券存根簿。

无记名公司债券的转让，由债券持有人将该债券交付给受让人后即发生转让的效力。

第一百六十一条　上市公司经股东大会决议可以发行可转换为股票的公司债券，并在公司债券募集办法中规定具体的转换办法。上市公司发行可转换为股票的公司债券，应当报国务院证券监督管理机构核准。

发行可转换为股票的公司债券，应当在债券上标明可转换公司债券字样，并在公司债券存根簿上载明可转换公司债券的数额。

第一百六十二条　发行可转换为股票的公司债券的，公司应当按照其转换办法向债券持有人换发股票，但债券持有人对转换股票或者不转换股票有选择权。

第八章　公司财务、会计

第一百六十三条　公司应当依照法律、行政法规和国务院财政部门的规定建立本公司的财务、会计制度。

第一百六十四条　公司应当在每一会计年度终了时编制财务会计报告，并依法经会计师事务所审计。

财务会计报告应当依照法律、行政法规和国务院财政部门的规定制作。

第一百六十五条　有限责任公司应当依照公司章程规定的期限将财务会计报告送交各股东。

股份有限公司的财务会计报告应当在召开股东大会年会的二十日前置备于本公司，供股东查阅；公开发行股票的股份有限公司必须公告其财务会计报告。

第一百六十六条　公司分配当年税后利润时，应当提取利润的百分之十列入公司法定公积金。公司法定公积金累计额为公司注册资本的百分之五十以上的，可以不再提取。

公司的法定公积金不足以弥补以前年度亏损的，在依照前款规定提取法定公积金之前，应当先用当年利润弥补亏损。

公司从税后利润中提取法定公积金后，经股东会或者股东大会决议，还可以从税后利润中提取任意公积金。

公司弥补亏损和提取公积金后所余税后利润，有限责任公司依照本法第三十四条的规定分配；股份有限公司按照股东持有的股份比例分配，但股份有限公司章程规定不按持股比例分配的除外。

股东会、股东大会或者董事会违反前款规定，在公司弥补亏损和提取法定公积金之前向股东分配利润的，股东必须将违反规定分配的利润退还公司。

公司持有的本公司股份不得分配利润。

第一百六十七条　股份有限公司以超过股票票面金额的发行价格发行股份所得的溢价款以及国务院财政部门规定列入资本公积金的其他收入，应当列为公司资本公积金。

第一百六十八条　公司的公积金用于弥补公司的亏损、扩大公司生产经营或者转为增加公司资本。但是，资本公积金不得用于弥补公司的亏损。

法定公积金转为资本时，所留存的该项公积金不得少于转增前公司注册资本的百分之二十五。

第一百六十九条　公司聘用、解聘承办公司审计业务的会计师事务所，依照公司章程的规定，由股东会、股东大会或者董事会决定。

公司股东会、股东大会或者董事会就解聘会计师事务所进行表决时，应当允许会计师事务所陈述意见。

第一百七十条　公司应当向聘用的会计师事务所提供真实、完整的会计凭证、会计账簿、财务会计报告及其他会计资料，不得拒绝、隐匿、谎报。

第一百七十一条　公司除法定的会计账簿外，不得另立会计账簿。

对公司资产，不得以任何个人名义开立账户存储。

第九章　公司合并、分立、增资、减资

第一百七十二条　公司合并可以采取吸收合

并或者新设合并。

一个公司吸收其他公司为吸收合并,被吸收的公司解散。两个以上公司合并设立一个新的公司为新设合并,合并各方解散。

第一百七十三条 公司合并,应当由合并各方签订合并协议,并编制资产负债表及财产清单。公司应当自作出合并决议之日起十日内通知债权人,并于三十日内在报纸上公告。债权人自接到通知书之日起三十日内,未接到通知书的自公告之日起四十五日内,可以要求公司清偿债务或者提供相应的担保。

第一百七十四条 公司合并时,合并各方的债权、债务,应当由合并后存续的公司或者新设的公司承继。

第一百七十五条 公司分立,其财产作相应的分割。

公司分立,应当编制资产负债表及财产清单。公司应当自作出分立决议之日起十日内通知债权人,并于三十日内在报纸上公告。

第一百七十六条 公司分立前的债务由分立后的公司承担连带责任。但是,公司在分立前与债权人就债务清偿达成的书面协议另有约定的除外。

第一百七十七条 公司需要减少注册资本时,必须编制资产负债表及财产清单。

公司应当自作出减少注册资本决议之日起十日内通知债权人,并于三十日内在报纸上公告。债权人自接到通知书之日起三十日内,未接到通知书的自公告之日起四十五日内,有权要求公司清偿债务或者提供相应的担保。

第一百七十八条 有限责任公司增加注册资本时,股东认缴新增资本的出资,依照本法设立有限责任公司缴纳出资的有关规定执行。

股份有限公司为增加注册资本发行新股时,股东认购新股,依照本法设立股份有限公司缴纳股款的有关规定执行。

第一百七十九条 公司合并或者分立,登记事项发生变更的,应当依法向公司登记机关办理变更登记;公司解散的,应当依法办理公司注销登记;设立新公司的,应当依法办理公司设立登记。

公司增加或者减少注册资本,应当依法向公司登记机关办理变更登记。

第十章 公司解散和清算

第一百八十条 公司因下列原因解散:

(一)公司章程规定的营业期限届满或者公司章程规定的其他解散事由出现;

(二)股东会或者股东大会决议解散;

(三)因公司合并或者分立需要解散;

(四)依法被吊销营业执照、责令关闭或者被撤销;

(五)人民法院依照本法第一百八十二条的规定予以解散。

第一百八十一条 公司有本法第一百八十条第(一)项情形的,可以通过修改公司章程而存续。

依照前款规定修改公司章程,有限责任公司须经持有三分之二以上表决权的股东通过,股份有限公司须经出席股东大会会议的股东所持表决权的三分之二以上通过。

第一百八十二条 公司经营管理发生严重困难,继续存续会使股东利益受到重大损失,通过其他途径不能解决的,持有公司全部股东表决权百分之十以上的股东,可以请求人民法院解散公司。

第一百八十三条 公司因本法第一百八十条第(一)项、第(二)项、第(四)项、第(五)项规定而解散的,应当在解散事由出现之日起十五日内成立清算组,开始清算。有限责任公司的清算组由股东组成,股份有限公司的清算组由董事或者股东大会确定的人员组成。逾期不成立清算组进行清算的,债权人可以申请人民法院指定有关人员组成清算组进行清算。人民法院应当受理该申请,并及时组织清算组进行清算。

第一百八十四条 清算组在清算期间行使下列职权:

(一)清理公司财产,分别编制资产负债表和财产清单;

(二)通知、公告债权人;

(三)处理与清算有关的公司未了结的业务;

(四)清缴所欠税款以及清算过程中产生的税款;

(五)清理债权、债务;

(六)处理公司清偿债务后的剩余财产;

(七)代表公司参与民事诉讼活动。

第一百八十五条 清算组应当自成立之日起十日内通知债权人,并于六十日内在报纸上公告。债权人应当自接到通知书之日起三十日内,未接到通知书的自公告之日起四十五日内,向清算组申报其债权。

债权人申报债权,应当说明债权的有关事项,并提供证明材料。清算组应当对债权进行登记。

在申报债权期间,清算组不得对债权人进行清偿。

第一百八十六条 清算组在清理公司财产、编制资产负债表和财产清单后，应当制定清算方案，并报股东会、股东大会或者人民法院确认。

公司财产在分别支付清算费用、职工的工资、社会保险费用和法定补偿金，缴纳所欠税款，清偿公司债务后的剩余财产，有限责任公司按照股东的出资比例分配，股份有限公司按照股东持有的股份比例分配。

清算期间，公司存续，但不得开展与清算无关的经营活动。公司财产在未依照前款规定清偿前，不得分配给股东。

第一百八十七条 清算组在清理公司财产、编制资产负债表和财产清单后，发现公司财产不足清偿债务的，应当依法向人民法院申请宣告破产。

公司经人民法院裁定宣告破产后，清算组应当将清算事务移交给人民法院。

第一百八十八条 公司清算结束后，清算组应当制作清算报告，报股东会、股东大会或者人民法院确认，并报送公司登记机关，申请注销公司登记，公告公司终止。

第一百八十九条 清算组成员应当忠于职守，依法履行清算义务。

清算组成员不得利用职权收受贿赂或者其他非法收入，不得侵占公司财产。

清算组成员因故意或者重大过失给公司或者债权人造成损失的，应当承担赔偿责任。

第一百九十条 公司被依法宣告破产的，依照有关企业破产的法律实施破产清算。

第十一章　外国公司的分支机构

第一百九十一条 本法所称外国公司是指依照外国法律在中国境外设立的公司。

第一百九十二条 外国公司在中国境内设立分支机构，必须向中国主管机关提出申请，并提交其公司章程、所属国的公司登记证书等有关文件，经批准后，向公司登记机关依法办理登记，领取营业执照。

外国公司分支机构的审批办法由国务院另行规定。

第一百九十三条 外国公司在中国境内设立分支机构，必须在中国境内指定负责该分支机构的代表人或者代理人，并向该分支机构拨付与其所从事的经营活动相适应的资金。

对外国公司分支机构的经营资金需要规定最低限额的，由国务院另行规定。

第一百九十四条 外国公司的分支机构应当在其名称中标明该外国公司的国籍及责任形式。

外国公司的分支机构应当在本机构中置备该外国公司章程。

第一百九十五条 外国公司在中国境内设立的分支机构不具有中国法人资格。

外国公司对其分支机构在中国境内进行经营活动承担民事责任。

第一百九十六条 经批准设立的外国公司分支机构，在中国境内从事业务活动，必须遵守中国的法律，不得损害中国的社会公共利益，其合法权益受中国法律保护。

第一百九十七条 外国公司撤销其在中国境内的分支机构时，必须依法清偿债务，依照本法有关公司清算程序的规定进行清算。未清偿债务之前，不得将其分支机构的财产移至中国境外。

第十二章　法律责任

第一百九十八条 违反本法规定，虚报注册资本、提交虚假材料或者采取其他欺诈手段隐瞒重要事实取得公司登记的，由公司登记机关责令改正，对虚报注册资本的公司，处以虚报注册资本金额百分之五以上百分之十五以下的罚款；对提交虚假材料或者采取其他欺诈手段隐瞒重要事实的公司，处以五万元以上五十万元以下的罚款；情节严重的，撤销公司登记或者吊销营业执照。

第一百九十九条 公司的发起人、股东虚假出资，未交付或者未按期交付作为出资的货币或者非货币财产的，由公司登记机关责令改正，处以虚假出资金额百分之五以上百分之十五以下的罚款。

第二百条 公司的发起人、股东在公司成立后，抽逃其出资的，由公司登记机关责令改正，处以所抽逃出资金额百分之五以上百分之十五以下的罚款。

第二百零一条 公司违反本法规定，在法定的会计账簿以外另立会计账簿的，由县级以上人民政府财政部门责令改正，处以五万元以上五十万元以下的罚款。

第二百零二条 公司在依法向有关主管部门提供的财务会计报告等材料上作虚假记载或者隐瞒重要事实的，由有关主管部门对直接负责的主管人员和其他直接责任人员处以三万元以上三十万元以下的罚款。

第二百零三条 公司不依照本法规定提取法定公积金的，由县级以上人民政府财政部门责令如数补足应当提取的金额，可以对公司处以二十万元以下的罚款。

第二百零四条 公司在合并、分立、减少注册资本或者进行清算时，不依照本法规定通知或者公告债权人的，由公司登记机关责令改正，对公司处以一万元以上十万元以下的罚款。

公司在进行清算时，隐匿财产，对资产负债表或者财产清单作虚假记载或者在未清偿债务前分配公司财产的，由公司登记机关责令改正，对公司处以隐匿财产或者未清偿债务前分配公司财产金额百分之五以上百分之十以下的罚款；对直接负责的主管人员和其他直接责任人员处以一万元以上十万元以下的罚款。

第二百零五条 公司在清算期间开展与清算无关的经营活动的，由公司登记机关予以警告，没收违法所得。

第二百零六条 清算组不依照本法规定向公司登记机关报送清算报告，或者报送清算报告隐瞒重要事实或者有重大遗漏的，由公司登记机关责令改正。

清算组成员利用职权徇私舞弊、谋取非法收入或者侵占公司财产的，由公司登记机关责令退还公司财产，没收违法所得，并可以处以违法所得一倍以上五倍以下的罚款。

第二百零七条 承担资产评估、验资或者验证的机构提供虚假材料的，由公司登记机关没收违法所得，处以违法所得一倍以上五倍以下的罚款，并可以由有关主管部门依法责令该机构停业、吊销直接责任人员的资格证书，吊销营业执照。

承担资产评估、验资或者验证的机构因过失提供有重大遗漏的报告的，由公司登记机关责令改正，情节较重的，处以所得收入一倍以上五倍以下的罚款，并可以由有关主管部门依法责令该机构停业、吊销直接责任人员的资格证书，吊销营业执照。

承担资产评估、验资或者验证的机构因其出具的评估结果、验资或者验证证明不实，给公司债权人造成损失的，除能够证明自己没有过错的外，在其评估或者证明不实的金额范围内承担赔偿责任。

第二百零八条 公司登记机关对不符合本法规定条件的登记申请予以登记，或者对符合本法规定条件的登记申请不予登记的，对直接负责的主管人员和其他直接责任人员，依法给予行政处分。

第二百零九条 公司登记机关的上级部门强令公司登记机关对不符合本法规定条件的登记申请予以登记，或者对符合本法规定条件的登记申请不予登记的，或者对违法登记进行包庇的，对直接负责的主管人员和其他直接责任人员依法给予行政处分。

第二百一十条 未依法登记为有限责任公司或者股份有限公司，而冒用有限责任公司或者股份有限公司名义的，或者未依法登记为有限责任公司或者股份有限公司的分公司，而冒用有限责任公司或者股份有限公司的分公司名义的，由公司登记机关责令改正或者予以取缔，可以并处十万元以下的罚款。

第二百一十一条 公司成立后无正当理由超过六个月未开业的，或者开业后自行停业连续六个月以上的，可以由公司登记机关吊销营业执照。

公司登记事项发生变更时，未依照本法规定办理有关变更登记的，由公司登记机关责令限期登记；逾期不登记的，处以一万元以上十万元以下的罚款。

第二百一十二条 外国公司违反本法规定，擅自在中国境内设立分支机构的，由公司登记机关责令改正或者关闭，可以并处五万元以上二十万元以下的罚款。

第二百一十三条 利用公司名义从事危害国家安全、社会公共利益的严重违法行为的，吊销营业执照。

第二百一十四条 公司违反本法规定，应当承担民事赔偿责任和缴纳罚款、罚金的，其财产不足以支付时，先承担民事赔偿责任。

第二百一十五条 违反本法规定，构成犯罪的，依法追究刑事责任。

第十三章 附 则

第二百一十六条 本法下列用语的含义：

（一）高级管理人员，是指公司的经理、副经理、财务负责人，上市公司董事会秘书和公司章程规定的其他人员。

（二）控股股东，是指其出资额占有限责任公司资本总额百分之五十以上或者其持有的股份占股份有限公司股本总额百分之五十以上的股东；出资额或者持有股份的比例虽然不足百分之五十，但依其出资额或者持有的股份所享有的表决权已足以对股东会、股东大会的决议产生重大影响的股东。

（三）实际控制人，是指虽不是公司的股东，但通过投资关系、协议或者其他安排，能够实际支配公司行为的人。

（四）关联关系，是指公司控股股东、实际控制人、董事、监事、高级管理人员与其直接或者间接控制的企业之间的关系，以及可能导致公司利益转移的其他关系。但是，国家控股的企业之间不仅因为同受国家控股而具有关联关系。

第二百一十七条　外商投资的有限责任公司和股份有限公司适用本法；有关外商投资的法律另有规定的，适用其规定。

第二百一十八条　本法自 2006 年 1 月 1 日起施行。

关于《中华人民共和国公司法修正案（草案）》的说明

——2018 年 10 月 22 日在第十三届全国人民代表大会常务委员会第六次会议上

全国人民代表大会常务委员会：

我受国务院委托，现对《中华人民共和国公司法修正案（草案）》作说明。

一、修改的必要性

股份回购，是指公司收购本公司已发行的股份，是国际通行的公司实施并购重组、优化治理结构、稳定股价的必要手段，已是资本市场的一项基础性制度安排。

我国 1993 年公司法规定了两种允许股份回购的例外情形，包括公司为减少资本而注销股份或者与持有本公司股票的其他公司合并。2005 年公司法修订时，增加了将股份奖励给本公司职工，以及股东因对股东大会作出的公司合并、分立决议持异议要求公司收购其股份两种例外情形，并对股份回购的决策程序、数额限制等作了规定。实践中，不少公司依法实施了股份回购并取得较好效果。

近年来，公司股份回购需求日渐多样，特别是随着资本市场快速发展和市场环境的变化，上市公司股份回购数量日益增加，且目的更加多样，公司法关于股份回购的现行规定在实践中存在一些问题，主要是：允许股份回购的情形范围较窄，难以适应公司实施股权激励以及适时采取股份回购措施稳定股价等实际需要；实施股份回购的程序较为复杂（一般须召开股东大会），不利于公司及时把握市场机会，适时制定并实施股份回购计划；对公司持有所回购股份的期限规定得比较短，难以满足长期股权激励及稳定股价的需要等。从境外成熟市场的立法和实践看，公司股份回购特别是上市公司股份回购已经成为资本市场的基础性制度安排。因此，在总结实践经验、借鉴国外有益做法的基础上，对公司法有关股份回购的规定进行修改完善，为促进公司建立长效激励机制、提升上市公司质量，特别是为当前形势下稳定资本市场预期等，提供有力的法律支撑，十分必要。经征求中央财办、最高人民法院、发展改革委、财政部、国资委、市场监管总局等 14 个中央有关单位、部分地方政府有关部门以及上市公司、专业机构和专家学者的意见，并公开向社会征求意见，证监会、司法部起草形成了《中华人民共和国公司法修正案（草案）》（以下简称草案）。草案已经国务院同意。

二、修改的主要内容

针对公司法第一百四十二条在实践中存在的问题，草案从三个方面对该条规定作了修改完善：

一是补充完善允许股份回购的情形。将现行规定中“将股份奖励给本公司职工”这一情形修改为“将股份用于员工持股计划或者股权激励”，增加“将股份用于转换上市公司发行的可转换为股票的公司债券”和“上市公司为避免公司遭受重大损害，维护公司价值及股东权益所必需”两种情形，以及“法律、行政法规规定的其他情形”的兜底性规定。

二是适当简化股份回购的决策程序，提高公司持有本公司股份的数额上限，延长公司持有所回购股份的期限。规定公司因将股份用于员工持股计划或者股权激励、用于转换上市公司发行的可转换为股票的公司债券，以及上市公司为避免公司遭受重大损害、维护公司价值及股东权益所必需而收购本公司股份的，可以依照公司章程的规定或者股东大会的授权，经三分之二以上董事出席的董事会会议决议，不必经股东大会决议。因上述情形收购本公司股份的，公司合计持有的本公司股份数不得超过本公司已发行股份总额的百分之十，并应当在三年内转让或者注销。

三是补充上市公司股份回购的规范要求。为防止上市公司滥用股份回购制度，引发操纵市场、内幕交易等利益输送行为，增加规定上市公司收购本公司股份应当依照证券法的规定履行信息披露义务，除国家另有规定外，上市公司收购本公司股份应当通过公开的集中交易方式进行。

此外，根据实际情况和需要，删去了现行公司法关于公司因奖励职工收购本公司股份，用于收购的资金应当从公司的税后利润中支出的规定。

草案和以上说明是否妥当，请审议。

注：这是时任中国证券监督管理委员会主席刘士余作的说明。

全国人民代表大会宪法和法律委员会关于《中华人民共和国公司法修正案（草案）》审议结果的报告

——2018年10月26日在第十三届全国人民代表大会常务委员会第六次会议上

全国人民代表大会常务委员会：

本次常委会会议于10月23日下午对国务院提请审议的《中华人民共和国公司法修正案（草案）》进行了分组审议。普遍认为，根据资本市场发展需要，进一步完善公司股份回购制度，对公司法的相关规定进行修改，是必要的，草案基本可行，赞同提请本次常委会会议表决通过。同时，有些常委会组成人员还提出了一些修改意见和建议。宪法和法律委员会于10月23日晚召开会议，逐条研究了常委会组成人员的审议意见，对修正案草案进行了认真审议。全国人大财政经济委员会、司法部、中国证券监督管理委员会的有关负责同志列席了会议。宪法和法律委员会认为，修正案草案总体是可行的。同时，提出以下修改意见：

一、有的常委会组成人员提出，股份回购特别是上市公司的股份回购，对债权人和投资者利益都有重大影响，应当慎重稳妥对待，法律对股份回购的情形及方式等规定要清晰、明确，不宜规定兜底条款或例外情形。宪法和法律委员会经研究，建议对草案作以下修改：一是删去第一款第（六）项中的"避免公司遭受重大损害"；二是删去第一款第（七）项"法律、行政法规规定的其他情形"；三是在第三款中明确，上市公司因第一款第（三）项、第（五）项、第（六）项情形收购本公司股份"应当通过公开的集中交易方式进行"，删去"国家另有规定的除外"。

二、在审议中，一些常委会组成人员对上市公司股份回购的具体实施和风险防范等提出了一些好的意见和建议。宪法和法律委员会经研究认为，对公司法有关资本制度的规定进行修改完善，赋予公司更多自主权，有利于促进完善公司治理、推动资本市场稳定健康发展。国务院及其有关部门应当完善配套规定，坚持公开、公平、公正的原则，督促实施股份回购的上市公司保证债务履行能力和持续经营能力，加强监督管理，依法严格查处内幕交易、操纵市场等证券违法行为，防范市场风险，切实维护债权人和投资者的合法权益。建议根据常委会组成人员的意见，在全国人大常委会的修改决定中提出明确要求。

此外，根据常委会组成人员的审议意见，还对修正案草案作了一些文字修改。

宪法和法律委员会已按上述意见提出了全国人民代表大会常务委员会关于修改《中华人民共和国公司法》的决定（草案建议表决稿），建议本次常委会会议审议通过。

修改决定草案建议表决稿和以上报告是否妥当，请审议。

中华人民共和国主席令

第十六号

《全国人民代表大会常务委员会关于修改〈中华人民共和国野生动物保护法〉等十五部法律的决定》已由中华人民共和国第十三届全国人民代表大会常务委员会第六次会议于2018年10月26日通过，现予公布，自公布之日起施行。

中华人民共和国主席　习近平

2018年10月26日

全国人民代表大会常务委员会关于修改《中华人民共和国野生动物保护法》等十五部法律的决定

（2018 年 10 月 26 日第十三届全国人民代表大会常务委员会第六次会议通过）

第十三届全国人民代表大会常务委员会第六次会议决定：

一、对《中华人民共和国野生动物保护法》作出修改

（一）将第七条中的“林业”修改为“林业草原”。

（二）将第三十五条第二款中的“依法实施进出境检疫。海关凭允许进出口证明书、检疫证明按照规定办理通关手续”修改为“海关依法实施进出境检疫，凭允许进出口证明书、检疫证明按照规定办理通关手续”。

（三）将第三十七条第一款中的“依法实施进境检疫。海关凭进口批准文件或者允许进出口证明书以及检疫证明按照规定办理通关手续”修改为“海关依法实施进境检疫，凭进口批准文件或者允许进出口证明书以及检疫证明按照规定办理通关手续”。

（四）将第四十八条、第四十九条、第五十一条中的“工商行政管理部门”修改为“市场监督管理部门”。

（五）删去第五十二条中的“检验检疫”。

二、对《中华人民共和国计量法》作出修改

删去第三十条中的“本法第二十六条规定的行政处罚，也可以由工商行政管理部门决定。”

三、对《中华人民共和国大气污染防治法》作出修改

（一）将第二十九条中的“环境保护主管部门及其委托的环境监察机构”修改为“生态环境主管部门及其环境执法机构”。

（二）将第四十条、第五十八条中的“质量监督部门”修改为“市场监督管理部门”，“环境保护主管部门”修改为“生态环境主管部门”。

（三）将第五十二条中的“环境保护主管部门”修改为“生态环境主管部门”，“质量监督、工商行政管理等有关部门”修改为“市场监督管理等有关部门”。

（四）将第九十八条中的“环境保护主管部门及其委托的环境监察机构”修改为“生态环境主管部门及其环境执法机构”，“环境保护主管部门”修改为“生态环境主管部门”。

（五）将第一百零一条、第一百零四条中的“出入境检验检疫机构”修改为“海关”。

（六）将第一百零三条中的“质量监督、工商行政管理部门按照职责”修改为“市场监督管理部门”。

（七）将第一百零七条中的“环境保护主管部门”修改为“生态环境主管部门”，“质量监督”修改为“市场监督管理”。

（八）将第一百一十条中的“工商行政管理部门、出入境检验检疫机构”修改为“市场监督管理部门、海关”。

（九）将第一百一十四条、第一百一十七条中的“环境保护等主管部门”修改为“生态环境等主管部门”。

（十）将第四条、第五条、第八条、第九条、第十一条、第十五条、第二十条、第二十一条、第二十二条、第二十三条、第二十四条、第二十五条、第二十八条、第三十条、第三十一条、第三十八条、第四十九条、第五十条、第五十三条、第五十四条、第五十五条、第五十六条、第七十八条、第八十六条、第八十七条、第八十八条、第九十一条、第九十二条、第九十三条、第九十四条、第九十五条、第九十七条、第九十九条、第一百条、第一百零五条、第一百零八条、第一百零九条、第一百一十一条、第一百一十二条、第一百二十条、第一百二十二条、第一百二十六条中的“环境保护主管部门”修改为“生态环境主管部门”。

四、对《中华人民共和国残疾人保障法》作出修改

将第六十二条中的“广播电影电视”修改为“广播电视、电影”。

五、对《中华人民共和国妇女权益保障法》作出修改

将第五十九条中的“广播电影电视”修改为“广播电视、电影”。

六、对《中华人民共和国广告法》作出修改

(一)将第六十八条中的“新闻出版广电部门”修改为“新闻出版、广播电视主管部门”,“工商行政管理部门”修改为“市场监督管理部门”。

(二)将第六条、第二十九条、第四十七条、第四十九条、第五十条、第五十一条、第五十二条、第五十三条、第五十五条、第五十七条、第五十八条、第五十九条、第六十条、第六十一条、第六十二条、第六十三条、第六十四条、第六十六条、第六十七条、第七十一条、第七十三条、第七十四条中的“工商行政管理部门”修改为“市场监督管理部门”。

七、对《中华人民共和国节约能源法》作出修改

(一)将第十八条、第十九条、第七十四条中的“产品质量监督部门”修改为“市场监督管理部门”。

(二)将第七十条、第七十三条中的“产品质量监督部门”修改为“市场监督管理部门”,删去“由工商行政管理部门”。

八、对《中华人民共和国防沙治沙法》作出修改

(一)将第五条、第十一条中的“林业”修改为“林业草原”,“环境保护”修改为“生态环境”。

(二)将第十四条、第十五条、第十六条、第二十四条、第二十六条中的“林业”修改为“林业草原”。

(三)将第十八条中的“农(牧)业行政主管部门”修改为“林业草原行政主管部门会同畜牧业行政主管部门”。

(四)将第三十八条中的“林业、农(牧)业行政主管部门按照各自的职责”修改为“林业草原行政主管部门”。

(五)将第三十九条中的“农(牧)业、林业行政主管部门按照各自的职责”修改为“林业草原行政主管部门”。

九、对《中华人民共和国农业机械化促进法》作出修改

将第十二条第一款、第二款合并为一款,修改为:“市场监督管理部门应当依法组织对农业机械产品质量的监督抽查,加强对农业机械产品市场的监督管理工作。”

十、对《中华人民共和国农产品质量安全法》作出修改

(一)将第十五条中的“环境保护行政主管部门”修改为“生态环境主管部门”。

(二)将第四十条中的“食品药品监督管理部门”修改为“市场监督管理部门”。

(三)将第五十二条中的“工商行政管理部门”修改为“市场监督管理部门”。

十一、对《中华人民共和国循环经济促进法》作出修改

(一)将第五条、第十二条、第十四条、第十七条、第十八条、第十九条、第二十八条中的“环境保护等有关主管部门”修改为“生态环境等有关主管部门”。

(二)将第三十五条中的“林业主管部门”修改为“林业草原主管部门”。

(三)将第五十一条中的“产品质量监督部门”修改为“市场监督管理部门”,删去“由县级以上地方人民政府产品质量监督部门向本级工商行政管理部门通报有关情况,由工商行政管理部门”。

(四)将第五十四条、第五十六条中的“工商行政管理部门”修改为“市场监督管理部门”。

十二、对《中华人民共和国旅游法》作出修改

(一)将第八十三条中的“工商行政管理、产品质量监督”修改为“市场监督管理”。

(二)将第九十五条、第一百零四条中的“工商行政管理部门”修改为“市场监督管理部门”。

十三、对《中华人民共和国环境保护税法》作出修改

(一)将第二十二条中的“海洋主管部门”修改为“生态环境主管部门”。

(二)将第十条、第十四条、第十五条、第二十条、第二十一条、第二十三条中的“环境保护主管部门”修改为“生态环境主管部门”。

十四、对《中华人民共和国公共图书馆法》作出修改

将第五十一条中的“出版行政主管部门”修改为“出版主管部门”。

十五、对《中华人民共和国船舶吨税法》作出修改

删去第十一条中的“或者出入境检验检疫部门”。

本决定自公布之日起施行。

《中华人民共和国野生动物保护法》《中华人民共和国计量法》《中华人民共和国大气污染防治法》《中华人民共和国残疾人保障法》《中华人民共和国妇女权益保障法》《中华人民共和国广告法》《中华人民共和国节约能源法》《中华人民共和国防沙治沙法》《中华人民共和国农业机械化促进法》《中华人民共和国农产品质量安全法》《中华人民共和国循环经济促进法》《中华人民共和国旅游法》《中华人民共和国环境保护税法》《中华人民共和国公共图书馆法》《中华人民共和国船舶吨税法》根据本决定作相应修改,重新公布。

中华人民共和国野生动物保护法

（1988 年 11 月 8 日第七届全国人民代表大会常务委员会第四次会议通过　根据 2004 年 8 月 28 日第十届全国人民代表大会常务委员会第十一次会议《关于修改〈中华人民共和国野生动物保护法〉的决定》第一次修正　根据 2009 年 8 月 27 日第十一届全国人民代表大会常务委员会第十次会议《关于修改部分法律的决定》第二次修正　2016 年 7 月 2 日第十二届全国人民代表大会常务委员会第二十一次会议修订　根据 2018 年 10 月 26 日第十三届全国人民代表大会常务委员会第六次会议《关于修改〈中华人民共和国野生动物保护法〉等十五部法律的决定》第三次修正）

目　录

第一章　总　则
第二章　野生动物及其栖息地保护
第三章　野生动物管理
第四章　法律责任
第五章　附　则

第一章　总　则

第一条　为了保护野生动物，拯救珍贵、濒危野生动物，维护生物多样性和生态平衡，推进生态文明建设，制定本法。

第二条　在中华人民共和国领域及管辖的其他海域，从事野生动物保护及相关活动，适用本法。

本法规定保护的野生动物，是指珍贵、濒危的陆生、水生野生动物和有重要生态、科学、社会价值的陆生野生动物。

本法规定的野生动物及其制品，是指野生动物的整体（含卵、蛋）、部分及其衍生物。

珍贵、濒危的水生野生动物以外的其他水生野生动物的保护，适用《中华人民共和国渔业法》等有关法律的规定。

第三条　野生动物资源属于国家所有。

国家保障依法从事野生动物科学研究、人工繁育等保护及相关活动的组织和个人的合法权益。

第四条　国家对野生动物实行保护优先、规范利用、严格监管的原则，鼓励开展野生动物科学研究，培育公民保护野生动物的意识，促进人与自然和谐发展。

第五条　国家保护野生动物及其栖息地。县级以上人民政府应当制定野生动物及其栖息地相关保护规划和措施，并将野生动物保护经费纳入预算。

国家鼓励公民、法人和其他组织依法通过捐赠、资助、志愿服务等方式参与野生动物保护活动，支持野生动物保护公益事业。

本法规定的野生动物栖息地，是指野生动物野外种群生息繁衍的重要区域。

第六条　任何组织和个人都有保护野生动物及其栖息地的义务。禁止违法猎捕野生动物、破坏野生动物栖息地。

任何组织和个人都有权向有关部门和机关举报或者控告违反本法的行为。野生动物保护主管部门和其他有关部门、机关对举报或者控告，应当及时依法处理。

第七条　国务院林业草原、渔业主管部门分别主管全国陆生、水生野生动物保护工作。

县级以上地方人民政府林业草原、渔业主管部门分别主管本行政区域内陆生、水生野生动物保护工作。

第八条　各级人民政府应当加强野生动物保护的宣传教育和科学知识普及工作，鼓励和支持基层群众性自治组织、社会组织、企业事业单位、志愿者开展野生动物保护法律法规和保护知识的宣传活动。

教育行政部门、学校应当对学生进行野生动物保护知识教育。

新闻媒体应当开展野生动物保护法律法规和保护知识的宣传，对违法行为进行舆论监督。

第九条　在野生动物保护和科学研究方面成绩显著的组织和个人，由县级以上人民政府给予奖励。

第二章　野生动物及其栖息地保护

第十条　国家对野生动物实行分类分级保护。

国家对珍贵、濒危的野生动物实行重点保护。国家重点保护的野生动物分为一级保护野生动物和二级保护野生动物。国家重点保护野生动物名录，由国务院野生动物保护主管部门组织科学评估后制定，并每五年根据评估情况确定对名录进行调整。国家重点保护野生动物名录报国务院批准公布。

地方重点保护野生动物，是指国家重点保护野生动物以外，由省、自治区、直辖市重点保护的野生动物。地方重点保护野生动物名录，由省、自治区、直辖市人民政府组织科学评估后制定、调整并公布。

有重要生态、科学、社会价值的陆生野生动物名录，由国务院野生动物保护主管部门组织科学评估后制定、调整并公布。

第十一条　县级以上人民政府野生动物保护主管部门，应当定期组织或者委托有关科学研究机构对野生动物及其栖息地状况进行调查、监测和评估，建立健全野生动物及其栖息地档案。

对野生动物及其栖息地状况的调查、监测和评估应当包括下列内容：

（一）野生动物野外分布区域、种群数量及结构；

（二）野生动物栖息地的面积、生态状况；

（三）野生动物及其栖息地的主要威胁因素；

（四）野生动物人工繁育情况等其他需要调查、监测和评估的内容。

第十二条　国务院野生动物保护主管部门应当会同国务院有关部门，根据野生动物及其栖息地状况的调查、监测和评估结果，确定并发布野生动物重要栖息地名录。

省级以上人民政府依法划定相关自然保护区域，保护野生动物及其重要栖息地，保护、恢复和改善野生动物生存环境。对不具备划定相关自然保护区域条件的，县级以上人民政府可以采取划定禁猎（渔）区、规定禁猎（渔）期等其他形式予以保护。

禁止或者限制在相关自然保护区域内引入外来物种、营造单一纯林、过量施洒农药等人为干扰、威胁野生动物生息繁衍的行为。

相关自然保护区域，依照有关法律法规的规定划定和管理。

第十三条　县级以上人民政府及其有关部门在编制有关开发利用规划时，应当充分考虑野生动物及其栖息地保护的需要，分析、预测和评估规划实施可能对野生动物及其栖息地保护产生的整体影响，避免或者减少规划实施可能造成的不利后果。

禁止在相关自然保护区域建设法律法规规定不得建设的项目。机场、铁路、公路、水利水电、围堰、围填海等建设项目的选址选线，应当避让相关自然保护区域、野生动物迁徙洄游通道；无法避让的，应当采取修建野生动物通道、过鱼设施等措施，消除或者减少对野生动物的不利影响。

建设项目可能对相关自然保护区域、野生动物迁徙洄游通道产生影响的，环境影响评价文件的审批部门在审批环境影响评价文件时，涉及国家重点保护野生动物的，应当征求国务院野生动物保护主管部门意见；涉及地方重点保护野生动物的，应当征求省、自治区、直辖市人民政府野生动物保护主管部门意见。

第十四条　各级野生动物保护主管部门应当监视、监测环境对野生动物的影响。由于环境影响对野生动物造成危害时，野生动物保护主管部门应当会同有关部门进行调查处理。

第十五条　国家或者地方重点保护野生动物受到自然灾害、重大环境污染事故等突发事件威胁时，当地人民政府应当及时采取应急救助措施。

县级以上人民政府野生动物保护主管部门应当按照国家有关规定组织开展野生动物收容救护工作。

禁止以野生动物收容救护为名买卖野生动物及其制品。

第十六条　县级以上人民政府野生动物保护主管部门、兽医主管部门，应当按照职责分工对野生动物疫源疫病进行监测，组织开展预测、预报等工作，并按照规定制定野生动物疫情应急预案，报同级人民政府批准或者备案。

县级以上人民政府野生动物保护主管部门、兽医主管部门、卫生主管部门，应当按照职责分工负责与人畜共患传染病有关的动物传染病的防治管理工作。

第十七条　国家加强对野生动物遗传资源的保护，对濒危野生动物实施抢救性保护。

国务院野生动物保护主管部门应当会同国务院有关部门制定有关野生动物遗传资源保护和利用规划，建立国家野生动物遗传资源基因库，对原产我国的珍贵、濒危野生动物遗传资源实行重点保护。

第十八条 有关地方人民政府应当采取措施，预防、控制野生动物可能造成的危害，保障人畜安全和农业、林业生产。

第十九条 因保护本法规定保护的野生动物，造成人员伤亡、农作物或者其他财产损失的，由当地人民政府给予补偿。具体办法由省、自治区、直辖市人民政府制定。有关地方人民政府可以推动保险机构开展野生动物致害赔偿保险业务。

有关地方人民政府采取预防、控制国家重点保护野生动物造成危害的措施以及实行补偿所需经费，由中央财政按照国家有关规定予以补助。

第三章 野生动物管理

第二十条 在相关自然保护区域和禁猎（渔）区、禁猎（渔）期内，禁止猎捕以及其他妨碍野生动物生息繁衍的活动，但法律法规另有规定的除外。

野生动物迁徙洄游期间，在前款规定区域外的迁徙洄游通道内，禁止猎捕并严格限制其他妨碍野生动物生息繁衍的活动。迁徙洄游通道的范围以及妨碍野生动物生息繁衍活动的内容，由县级以上人民政府或者其野生动物保护主管部门规定并公布。

第二十一条 禁止猎捕、杀害国家重点保护野生动物。

因科学研究、种群调控、疫源疫病监测或者其他特殊情况，需要猎捕国家一级保护野生动物的，应当向国务院野生动物保护主管部门申请特许猎捕证；需要猎捕国家二级保护野生动物的，应当向省、自治区、直辖市人民政府野生动物保护主管部门申请特许猎捕证。

第二十二条 猎捕非国家重点保护野生动物的，应当依法取得县级以上地方人民政府野生动物保护主管部门核发的狩猎证，并且服从猎捕量限额管理。

第二十三条 猎捕者应当按照特许猎捕证、狩猎证规定的种类、数量、地点、工具、方法和期限进行猎捕。

持枪猎捕的，应当依法取得公安机关核发的持枪证。

第二十四条 禁止使用毒药、爆炸物、电击或者电子诱捕装置以及猎套、猎夹、地枪、排铳等工具进行猎捕，禁止使用夜间照明行猎、歼灭性围猎、捣毁巢穴、火攻、烟熏、网捕等方法进行猎捕，但因科学研究确需网捕、电子诱捕的除外。

前款规定以外的禁止使用的猎捕工具和方法，由县级以上地方人民政府规定并公布。

第二十五条 国家支持有关科学研究机构因物种保护目的人工繁育国家重点保护野生动物。

前款规定以外的人工繁育国家重点保护野生动物实行许可制度。人工繁育国家重点保护野生动物的，应当经省、自治区、直辖市人民政府野生动物保护主管部门批准，取得人工繁育许可证，但国务院对批准机关另有规定的除外。

人工繁育国家重点保护野生动物应当使用人工繁育子代种源，建立物种系谱、繁育档案和个体数据。因物种保护目的确需采用野外种源的，适用本法第二十一条和第二十三条的规定。

本法所称人工繁育子代，是指人工控制条件下繁殖出生的子代个体且其亲本也在人工控制条件下出生。

第二十六条 人工繁育国家重点保护野生动物应当有利于物种保护及其科学研究，不得破坏野外种群资源，并根据野生动物习性确保其具有必要的活动空间和生息繁衍、卫生健康条件，具备与其繁育目的、种类、发展规模相适应的场所、设施、技术，符合有关技术标准和防疫要求，不得虐待野生动物。

省级以上人民政府野生动物保护主管部门可以根据保护国家重点保护野生动物的需要，组织开展国家重点保护野生动物放归野外环境工作。

第二十七条 禁止出售、购买、利用国家重点保护野生动物及其制品。

因科学研究、人工繁育、公众展示展演、文物保护或者其他特殊情况，需要出售、购买、利用国家重点保护野生动物及其制品的，应当经省、自治区、直辖市人民政府野生动物保护主管部门批准，并按照规定取得和使用专用标识，保证可追溯，但国务院对批准机关另有规定的除外。

实行国家重点保护野生动物及其制品专用标识的范围和管理办法，由国务院野生动物保护主管部门规定。

出售、利用非国家重点保护野生动物的，应当提供狩猎、进出口等合法来源证明。

出售本条第二款、第四款规定的野生动物的，还应当依法附有检疫证明。

第二十八条 对人工繁育技术成熟稳定的国家重点保护野生动物，经科学论证，纳入国务院野生动物保护主管部门制定的人工繁育国家重点保护野生动物名录。对列入名录的野生动物及其制品，可以凭人工繁育许可证，按照省、自治区、直辖市人民政府野生动物保护主管部门核验的年度生产数量直接取得专用标识，凭专用标识出售和利用，保证可追溯。

对本法第十条规定的国家重点保护野生动物名录进行调整时，根据有关野外种群保护情况，可以对前款规定的有关人工繁育技术成熟稳定野生动物的人工种群，不再列入国家重点保护野生动物名录，实行与野外种群不同的管理措施，但应当依照本法第二十五条第二款和本条第一款的规定取得人工繁育许可证和专用标识。

第二十九条　利用野生动物及其制品的，应当以人工繁育种群为主，有利于野外种群养护，符合生态文明建设的要求，尊重社会公德，遵守法律法规和国家有关规定。

野生动物及其制品作为药品经营和利用的，还应当遵守有关药品管理的法律法规。

第三十条　禁止生产、经营使用国家重点保护野生动物及其制品制作的食品，或者使用没有合法来源证明的非国家重点保护野生动物及其制品制作的食品。

禁止为食用非法购买国家重点保护的野生动物及其制品。

第三十一条　禁止为出售、购买、利用野生动物或者禁止使用的猎捕工具发布广告。禁止为违法出售、购买、利用野生动物制品发布广告。

第三十二条　禁止网络交易平台、商品交易市场等交易场所，为违法出售、购买、利用野生动物及其制品或者禁止使用的猎捕工具提供交易服务。

第三十三条　运输、携带、寄递国家重点保护野生动物及其制品、本法第二十八条第二款规定的野生动物及其制品出县境的，应当持有或者附有本法第二十一条、第二十五条、第二十七条或者第二十八条规定的许可证、批准文件的副本或者专用标识，以及检疫证明。

运输非国家重点保护野生动物出县境的，应当持有狩猎、进出口等合法来源证明，以及检疫证明。

第三十四条　县级以上人民政府野生动物保护主管部门应当对科学研究、人工繁育、公众展示展演等利用野生动物及其制品的活动进行监督管理。

县级以上人民政府其他有关部门，应当按照职责分工对野生动物及其制品出售、购买、利用、运输、寄递等活动进行监督检查。

第三十五条　中华人民共和国缔结或者参加的国际公约禁止或者限制贸易的野生动物或者其制品名录，由国家濒危物种进出口管理机构制定、调整并公布。

进出口列入前款名录的野生动物或者其制品的，出口国家重点保护野生动物或者其制品的，应当经国务院野生动物保护主管部门或者国务院批准，并取得国家濒危物种进出口管理机构核发的允许进出口证明书。海关依法实施进出境检疫，凭允许进出口证明书、检疫证明按照规定办理通关手续。

涉及科学技术保密的野生动物物种的出口，按照国务院有关规定办理。

列入本条第一款名录的野生动物，经国务院野生动物保护主管部门核准，在本法适用范围内可以按照国家重点保护的野生动物管理。

第三十六条　国家组织开展野生动物保护及相关执法活动的国际合作与交流；建立防范、打击野生动物及其制品的走私和非法贸易的部门协调机制，开展防范、打击走私和非法贸易行动。

第三十七条　从境外引进野生动物物种的，应当经国务院野生动物保护主管部门批准。从境外引进列入本法第三十五条第一款名录的野生动物，还应当依法取得允许进出口证明书。海关依法实施进境检疫，凭进口批准文件或者允许进出口证明书以及检疫证明按照规定办理通关手续。

从境外引进野生动物物种的，应当采取安全可靠的防范措施，防止其进入野外环境，避免对生态系统造成危害。确需将其放归野外的，按照国家有关规定执行。

第三十八条　任何组织和个人将野生动物放生至野外环境，应当选择适合放生地野外生存的当地物种，不得干扰当地居民的正常生活、生产，避免对生态系统造成危害。随意放生野生动物，造成他人人身、财产损害或者危害生态系统的，依法承担法律责任。

第三十九条　禁止伪造、变造、买卖、转让、租借特许猎捕证、狩猎证、人工繁育许可证及专用标识，出售、购买、利用国家重点保护野生动物及其制品的批准文件，或者允许进出口证明书、进出口等批准文件。

前款规定的有关许可证书、专用标识、批准文件的发放情况，应当依法公开。

第四十条　外国人在我国对国家重点保护野生动物进行野外考察或者在野外拍摄电影、录像，应当经省、自治区、直辖市人民政府野生动物保护主管部门或者其授权的单位批准，并遵守有关法律法规规定。

第四十一条 地方重点保护野生动物和其他非国家重点保护野生动物的管理办法，由省、自治区、直辖市人民代表大会或者其常务委员会制定。

第四章 法律责任

第四十二条 野生动物保护主管部门或者其他有关部门、机关不依法作出行政许可决定，发现违法行为或者接到对违法行为的举报不予查处或者不依法查处，或者有滥用职权等其他不依法履行职责的行为的，由本级人民政府或者上级人民政府有关部门、机关责令改正，对负有责任的主管人员和其他直接责任人员依法给予记过、记大过或者降级处分；造成严重后果的，给予撤职或者开除处分，其主要负责人应当引咎辞职；构成犯罪的，依法追究刑事责任。

第四十三条 违反本法第十二条第三款、第十三条第二款规定的，依照有关法律法规的规定处罚。

第四十四条 违反本法第十五条第三款规定，以收容救护为名买卖野生动物及其制品的，由县级以上人民政府野生动物保护主管部门没收野生动物及其制品、违法所得，并处野生动物及其制品价值二倍以上十倍以下的罚款，将有关违法信息记入社会诚信档案，向社会公布；构成犯罪的，依法追究刑事责任。

第四十五条 违反本法第二十条、第二十一条、第二十三条第一款、第二十四条第一款规定，在相关自然保护区域、禁猎（渔）区、禁猎（渔）期猎捕国家重点保护野生动物，未取得特许猎捕证、未按照特许猎捕证规定猎捕、杀害国家重点保护野生动物，或者使用禁用的工具、方法猎捕国家重点保护野生动物的，由县级以上人民政府野生动物保护主管部门、海洋执法部门或者有关保护区域管理机构按照职责分工没收猎获物、猎捕工具和违法所得，吊销特许猎捕证，并处猎获物价值二倍以上十倍以下的罚款；没有猎获物的，并处一万元以上五万元以下的罚款；构成犯罪的，依法追究刑事责任。

第四十六条 违反本法第二十条、第二十二条、第二十三条第一款、第二十四条第一款规定，在相关自然保护区域、禁猎（渔）区、禁猎（渔）期猎捕非国家重点保护野生动物，未取得狩猎证、未按照狩猎证规定猎捕非国家重点保护野生动物，或者使用禁用的工具、方法猎捕非国家重点保护野生动物的，由县级以上地方人民政府野生动物保护主管部门或者有关保护区域管理机构按照职责分工没收猎获物、猎捕工具和违法所得，吊销狩猎证，并处猎获物价值一倍以上五倍以下的罚款；没有猎获物的，并处二千元以上一万元以下的罚款；构成犯罪的，依法追究刑事责任。

违反本法第二十三条第二款规定，未取得持枪证持枪猎捕野生动物，构成违反治安管理行为的，由公安机关依法给予治安管理处罚；构成犯罪的，依法追究刑事责任。

第四十七条 违反本法第二十五条第二款规定，未取得人工繁育许可证繁育国家重点保护野生动物或者本法第二十八条第二款规定的野生动物的，由县级以上人民政府野生动物保护主管部门没收野生动物及其制品，并处野生动物及其制品价值一倍以上五倍以下的罚款。

第四十八条 违反本法第二十七条第一款和第二款、第二十八条第一款、第三十三条第一款规定，未经批准、未取得或者未按照规定使用专用标识，或者未持有、未附有人工繁育许可证、批准文件的副本或者专用标识出售、购买、利用、运输、携带、寄递国家重点保护野生动物及其制品或者本法第二十八条第二款规定的野生动物及其制品的，由县级以上人民政府野生动物保护主管部门或者市场监督管理部门按照职责分工没收野生动物及其制品和违法所得，并处野生动物及其制品价值二倍以上十倍以下的罚款；情节严重的，吊销人工繁育许可证、撤销批准文件、收回专用标识；构成犯罪的，依法追究刑事责任。

违反本法第二十七条第四款、第三十三条第二款规定，未持有合法来源证明出售、利用、运输非国家重点保护野生动物的，由县级以上地方人民政府野生动物保护主管部门或者市场监督管理部门按照职责分工没收野生动物，并处野生动物价值一倍以上五倍以下的罚款。

违反本法第二十七条第五款、第三十三条规定，出售、运输、携带、寄递有关野生动物及其制品未持有或者未附有检疫证明的，依照《中华人民共和国动物防疫法》的规定处罚。

第四十九条 违反本法第三十条规定，生产、经营使用国家重点保护野生动物及其制品或者没有合法来源证明的非国家重点保护野生动物及其制品制作食品，或者为食用非法购买国家重点保护的野生动物及其制品的，由县级以上人民政府野生动物保护主管部门或者市场监督管理部门按照职责分工责令停止违法行为，没收野生动物及其制品和违法所得，并处野生动物及其制品价值二倍以上十倍以下的罚款；构成犯罪的，依法追究刑事责任。

第五十条　违反本法第三十一条规定，为出售、购买、利用野生动物及其制品或者禁止使用的猎捕工具发布广告的，依照《中华人民共和国广告法》的规定处罚。

第五十一条　违反本法第三十二条规定，为违法出售、购买、利用野生动物及其制品或者禁止使用的猎捕工具提供交易服务的，由县级以上人民政府市场监督管理部门责令停止违法行为，限期改正，没收违法所得，并处违法所得二倍以上五倍以下的罚款；没有违法所得的，处一万元以上五万元以下的罚款；构成犯罪的，依法追究刑事责任。

第五十二条　违反本法第三十五条规定，进出口野生动物或者其制品的，由海关、公安机关、海洋执法部门依照法律、行政法规和国家有关规定处罚；构成犯罪的，依法追究刑事责任。

第五十三条　违反本法第三十七条第一款规定，从境外引进野生动物物种的，由县级以上人民政府野生动物保护主管部门没收所引进的野生动物，并处五万元以上二十五万元以下的罚款；未依法实施进境检疫的，依照《中华人民共和国进出境动植物检疫法》的规定处罚；构成犯罪的，依法追究刑事责任。

第五十四条　违反本法第三十七条第二款规定，将从境外引进的野生动物放归野外环境的，由县级以上人民政府野生动物保护主管部门责令限期捕回，处一万元以上五万元以下的罚款；逾期不捕回的，由有关野生动物保护主管部门代为捕回或者采取降低影响的措施，所需费用由被责令限期捕回者承担。

第五十五条　违反本法第三十九条第一款规定，伪造、变造、买卖、转让、租借有关证件、专用标识或者有关批准文件的，由县级以上人民政府野生动物保护主管部门没收违法证件、专用标识、有关批准文件和违法所得，并处五万元以上二十五万元以下的罚款；构成违反治安管理行为的，由公安机关依法给予治安管理处罚；构成犯罪的，依法追究刑事责任。

第五十六条　依照本法规定没收的实物，由县级以上人民政府野生动物保护主管部门或者其授权的单位按照规定处理。

第五十七条　本法规定的猎获物价值、野生动物及其制品价值的评估标准和方法，由国务院野生动物保护主管部门制定。

第五章　附　　则

第五十八条　本法自2017年1月1日起施行。

中华人民共和国计量法

（1985年9月6日第六届全国人民代表大会常务委员会第十二次会议通过　根据2009年8月27日第十一届全国人民代表大会常务委员会第十次会议《关于修改部分法律的决定》第一次修正　根据2013年12月28日第十二届全国人民代表大会常务委员会第六次会议《关于修改〈中华人民共和国海洋环境保护法〉等七部法律的决定》第二次修正　根据2015年4月24日第十二届全国人民代表大会常务委员会第十四次会议《关于修改〈中华人民共和国计量法〉等五部法律的决定》第三次修正　根据2017年12月27日第十二届全国人民代表大会常务委员会第三十一次会议《关于修改〈中华人民共和国招标投标法〉、〈中华人民共和国计量法〉的决定》第四次修正　根据2018年10月26日第十三届全国人民代表大会常务委员会第六次会议《关于修改〈中华人民共和国野生动物保护法〉等十五部法律的决定》第五次修正）

目　　录

第一章　总　　则
第二章　计量基准器具、计量标准器具和计量检定
第三章　计量器具管理
第四章　计量监督

第五章 法律责任

第六章 附 则

第一章 总 则

第一条 为了加强计量监督管理,保障国家计量单位制的统一和量值的准确可靠,有利于生产、贸易和科学技术的发展,适应社会主义现代化建设的需要,维护国家、人民的利益,制定本法。

第二条 在中华人民共和国境内,建立计量基准器具、计量标准器具,进行计量检定,制造、修理、销售、使用计量器具,必须遵守本法。

第三条 国家实行法定计量单位制度。

国际单位制计量单位和国家选定的其他计量单位,为国家法定计量单位。国家法定计量单位的名称、符号由国务院公布。

因特殊需要采用非法定计量单位的管理办法,由国务院计量行政部门另行制定。

第四条 国务院计量行政部门对全国计量工作实施统一监督管理。

县级以上地方人民政府计量行政部门对本行政区域内的计量工作实施监督管理。

第二章 计量基准器具、计量标准器具和计量检定

第五条 国务院计量行政部门负责建立各种计量基准器具,作为统一全国量值的最高依据。

第六条 县级以上地方人民政府计量行政部门根据本地区的需要,建立社会公用计量标准器具,经上级人民政府计量行政部门主持考核合格后使用。

第七条 国务院有关主管部门和省、自治区、直辖市人民政府有关主管部门,根据本部门的特殊需要,可以建立本部门使用的计量标准器具,其各项最高计量标准器具经同级人民政府计量行政部门主持考核合格后使用。

第八条 企业、事业单位根据需要,可以建立本单位使用的计量标准器具,其各项最高计量标准器具经有关人民政府计量行政部门主持考核合格后使用。

第九条 县级以上人民政府计量行政部门对社会公用计量标准器具,部门和企业、事业单位使用的最高计量标准器具,以及用于贸易结算、安全防护、医疗卫生、环境监测方面的列入强制检定目录的工作计量器具,实行强制检定。未按照规定申请检定或者检定不合格的,不得使用。实行强制检定的工作计量器具的目录和管理办法,由国务院制定。

对前款规定以外的其他计量标准器具和工作计量器具,使用单位应当自行定期检定或者送其他计量检定机构检定。

第十条 计量检定必须按照国家计量检定系统表进行。国家计量检定系统表由国务院计量行政部门制定。

计量检定必须执行计量检定规程。国家计量检定规程由国务院计量行政部门制定。没有国家计量检定规程的,由国务院有关主管部门和省、自治区、直辖市人民政府计量行政部门分别制定部门计量检定规程和地方计量检定规程。

第十一条 计量检定工作应当按照经济合理的原则,就地就近进行。

第三章 计量器具管理

第十二条 制造、修理计量器具的企业、事业单位,必须具有与所制造、修理的计量器具相适应的设施、人员和检定仪器设备。

第十三条 制造计量器具的企业、事业单位生产本单位未生产过的计量器具新产品,必须经省级以上人民政府计量行政部门对其样品的计量性能考核合格,方可投入生产。

第十四条 任何单位和个人不得违反规定制造、销售和进口非法定计量单位的计量器具。

第十五条 制造、修理计量器具的企业、事业单位必须对制造、修理的计量器具进行检定,保证产品计量性能合格,并对合格产品出具产品合格证。

第十六条 使用计量器具不得破坏其准确度,损害国家和消费者的利益。

第十七条 个体工商户可以制造、修理简易的计量器具。

个体工商户制造、修理计量器具的范围和管理办法,由国务院计量行政部门制定。

第四章 计量监督

第十八条 县级以上人民政府计量行政部门应当依法对制造、修理、销售、进口和使用计量器具,以及计量检定等相关计量活动进行监督检查。有关单位和个人不得拒绝、阻挠。

第十九条 县级以上人民政府计量行政部门,根据需要设置计量监督员。计量监督员管理办法,

由国务院计量行政部门制定。

第二十条　县级以上人民政府计量行政部门可以根据需要设置计量检定机构，或者授权其他单位的计量检定机构，执行强制检定和其他检定、测试任务。

执行前款规定的检定、测试任务的人员，必须经考核合格。

第二十一条　处理因计量器具准确度所引起的纠纷，以国家计量基准器具或者社会公用计量标准器具检定的数据为准。

第二十二条　为社会提供公证数据的产品质量检验机构，必须经省级以上人民政府计量行政部门对其计量检定、测试的能力和可靠性考核合格。

第五章　法律责任

第二十三条　制造、销售未经考核合格的计量器具新产品的，责令停止制造、销售该种新产品，没收违法所得，可以并处罚款。

第二十四条　制造、修理、销售的计量器具不合格的，没收违法所得，可以并处罚款。

第二十五条　属于强制检定范围的计量器具，未按照规定申请检定或者检定不合格继续使用的，责令停止使用，可以并处罚款。

第二十六条　使用不合格的计量器具或者破坏计量器具准确度，给国家和消费者造成损失的，责令赔偿损失，没收计量器具和违法所得，可以并处罚款。

第二十七条　制造、销售、使用以欺骗消费者为目的的计量器具的，没收计量器具和违法所得，处以罚款；情节严重的，并对个人或者单位直接责任人员依照刑法有关规定追究刑事责任。

第二十八条　违反本法规定，制造、修理、销售的计量器具不合格，造成人身伤亡或者重大财产损失的，依照刑法有关规定，对个人或者单位直接责任人员追究刑事责任。

第二十九条　计量监督人员违法失职，情节严重的，依照刑法有关规定追究刑事责任；情节轻微的，给予行政处分。

第三十条　本法规定的行政处罚，由县级以上地方人民政府计量行政部门决定。

第三十一条　当事人对行政处罚决定不服的，可以在接到处罚通知之日起十五日内向人民法院起诉；对罚款、没收违法所得的行政处罚决定期满不起诉又不履行的，由作出行政处罚决定的机关申请人民法院强制执行。

第六章　附　　则

第三十二条　中国人民解放军和国防科技工业系统计量工作的监督管理办法，由国务院、中央军事委员会依据本法另行制定。

第三十三条　国务院计量行政部门根据本法制定实施细则，报国务院批准施行。

第三十四条　本法自1986年7月1日起施行。

中华人民共和国大气污染防治法

（1987年9月5日第六届全国人民代表大会常务委员会第二十二次会议通过　根据1995年8月29日第八届全国人民代表大会常务委员会第十五次会议《关于修改〈中华人民共和国大气污染防治法〉的决定》第一次修正　2000年4月29日第九届全国人民代表大会常务委员会第十五次会议第一次修订　2015年8月29日第十二届全国人民代表大会常务委员会第十六次会议第二次修订　根据2018年10月26日第十三届全国人民代表大会常务委员会第六次会议《关于修改〈中华人民共和国野生动物保护法〉等十五部法律的决定》第二次修正）

目　　录

第一章　总　　则
第二章　大气污染防治标准和限期达标规划
第三章　大气污染防治的监督管理
第四章　大气污染防治措施
第一节　燃煤和其他能源污染防治
第二节　工业污染防治
第三节　机动车船等污染防治

　　第四节　扬尘污染防治
　　第五节　农业和其他污染防治
第五章　重点区域大气污染联合防治
第六章　重污染天气应对
第七章　法律责任
第八章　附　　则

第一章　总　　则

第一条　为保护和改善环境，防治大气污染，保障公众健康，推进生态文明建设，促进经济社会可持续发展，制定本法。

第二条　防治大气污染，应当以改善大气环境质量为目标，坚持源头治理，规划先行，转变经济发展方式，优化产业结构和布局，调整能源结构。

防治大气污染，应当加强对燃煤、工业、机动车船、扬尘、农业等大气污染的综合防治，推行区域大气污染联合防治，对颗粒物、二氧化硫、氮氧化物、挥发性有机物、氨等大气污染物和温室气体实施协同控制。

第三条　县级以上人民政府应当将大气污染防治工作纳入国民经济和社会发展规划，加大对大气污染防治的财政投入。

地方各级人民政府应当对本行政区域的大气环境质量负责，制定规划，采取措施，控制或者逐步削减大气污染物的排放量，使大气环境质量达到规定标准并逐步改善。

第四条　国务院生态环境主管部门会同国务院有关部门，按照国务院的规定，对省、自治区、直辖市大气环境质量改善目标、大气污染防治重点任务完成情况进行考核。省、自治区、直辖市人民政府制定考核办法，对本行政区域内地方大气环境质量改善目标、大气污染防治重点任务完成情况实施考核。考核结果应当向社会公开。

第五条　县级以上人民政府生态环境主管部门对大气污染防治实施统一监督管理。

县级以上人民政府其他有关部门在各自职责范围内对大气污染防治实施监督管理。

第六条　国家鼓励和支持大气污染防治科学技术研究，开展对大气污染来源及其变化趋势的分析，推广先进适用的大气污染防治技术和装备，促进科技成果转化，发挥科学技术在大气污染防治中的支撑作用。

第七条　企业事业单位和其他生产经营者应当采取有效措施，防止、减少大气污染，对所造成的损害依法承担责任。

公民应当增强大气环境保护意识，采取低碳、节俭的生活方式，自觉履行大气环境保护义务。

第二章　大气污染防治标准和限期达标规划

第八条　国务院生态环境主管部门或者省、自治区、直辖市人民政府制定大气环境质量标准，应当以保障公众健康和保护生态环境为宗旨，与经济社会发展相适应，做到科学合理。

第九条　国务院生态环境主管部门或者省、自治区、直辖市人民政府制定大气污染物排放标准，应当以大气环境质量标准和国家经济、技术条件为依据。

第十条　制定大气环境质量标准、大气污染物排放标准，应当组织专家进行审查和论证，并征求有关部门、行业协会、企业事业单位和公众等方面的意见。

第十一条　省级以上人民政府生态环境主管部门应当在其网站上公布大气环境质量标准、大气污染物排放标准，供公众免费查阅、下载。

第十二条　大气环境质量标准、大气污染物排放标准的执行情况应当定期进行评估，根据评估结果对标准适时进行修订。

第十三条　制定燃煤、石油焦、生物质燃料、涂料等含挥发性有机物的产品、烟花爆竹以及锅炉等产品的质量标准，应当明确大气环境保护要求。

制定燃油质量标准，应当符合国家大气污染物控制要求，并与国家机动车船、非道路移动机械大气污染物排放标准相互衔接，同步实施。

前款所称非道路移动机械，是指装配有发动机的移动机械和可运输工业设备。

第十四条　未达到国家大气环境质量标准城市的人民政府应当及时编制大气环境质量限期达标规划，采取措施，按照国务院或者省级人民政府规定的期限达到大气环境质量标准。

编制城市大气环境质量限期达标规划，应当征求有关行业协会、企业事业单位、专家和公众等方面的意见。

第十五条　城市大气环境质量限期达标规划应当向社会公开。直辖市和设区的市的大气环境质量限期达标规划应当报国务院生态环境主管部门备案。

第十六条　城市人民政府每年在向本级人民

代表大会或者其常务委员会报告环境状况和环境保护目标完成情况时，应当报告大气环境质量限期达标规划执行情况，并向社会公开。

第十七条　城市大气环境质量限期达标规划应当根据大气污染防治的要求和经济、技术条件适时进行评估、修订。

第三章　大气污染防治的监督管理

第十八条　企业事业单位和其他生产经营者建设对大气环境有影响的项目，应当依法进行环境影响评价、公开环境影响评价文件；向大气排放污染物的，应当符合大气污染物排放标准，遵守重点大气污染物排放总量控制要求。

第十九条　排放工业废气或者本法第七十八条规定名录中所列有毒有害大气污染物的企业事业单位、集中供热设施的燃煤热源生产运营单位以及其他依法实行排污许可管理的单位，应当取得排污许可证。排污许可的具体办法和实施步骤由国务院规定。

第二十条　企业事业单位和其他生产经营者向大气排放污染物的，应当依照法律法规和国务院生态环境主管部门的规定设置大气污染物排放口。

禁止通过偷排、篡改或者伪造监测数据、以逃避现场检查为目的的临时停产、非紧急情况下开启应急排放通道、不正常运行大气污染防治设施等逃避监管的方式排放大气污染物。

第二十一条　国家对重点大气污染物排放实行总量控制。

重点大气污染物排放总量控制目标，由国务院生态环境主管部门在征求国务院有关部门和各省、自治区、直辖市人民政府意见后，会同国务院经济综合主管部门报国务院批准并下达实施。

省、自治区、直辖市人民政府应当按照国务院下达的总量控制目标，控制或者削减本行政区域的重点大气污染物排放总量。

确定总量控制目标和分解总量控制指标的具体办法，由国务院生态环境主管部门会同国务院有关部门规定。省、自治区、直辖市人民政府可以根据本行政区域大气污染防治的需要，对国家重点大气污染物之外的其他大气污染物排放实行总量控制。

国家逐步推行重点大气污染物排污权交易。

第二十二条　对超过国家重点大气污染物排放总量控制指标或者未完成国家下达的大气环境质量改善目标的地区，省级以上人民政府生态环境主管部门应当会同有关部门约谈该地区人民政府的主要负责人，并暂停审批该地区新增重点大气污染物排放总量的建设项目环境影响评价文件。约谈情况应当向社会公开。

第二十三条　国务院生态环境主管部门负责制定大气环境质量和大气污染源的监测和评价规范，组织建设与管理全国大气环境质量和大气污染源监测网，组织开展大气环境质量和大气污染源监测，统一发布全国大气环境质量状况信息。

县级以上地方人民政府生态环境主管部门负责组织建设与管理本行政区域大气环境质量和大气污染源监测网，开展大气环境质量和大气污染源监测，统一发布本行政区域大气环境质量状况信息。

第二十四条　企业事业单位和其他生产经营者应当按照国家有关规定和监测规范，对其排放的工业废气和本法第七十八条规定名录中所列有毒有害大气污染物进行监测，并保存原始监测记录。其中，重点排污单位应当安装、使用大气污染物排放自动监测设备，与生态环境主管部门的监控设备联网，保证监测设备正常运行并依法公开排放信息。监测的具体办法和重点排污单位的条件由国务院生态环境主管部门规定。

重点排污单位名录由设区的市级以上地方人民政府生态环境主管部门按照国务院生态环境主管部门的规定，根据本行政区域的大气环境承载力、重点大气污染物排放总量控制指标的要求以及排污单位排放大气污染物的种类、数量和浓度等因素，商有关部门确定，并向社会公布。

第二十五条　重点排污单位应当对自动监测数据的真实性和准确性负责。生态环境主管部门发现重点排污单位的大气污染物排放自动监测设备传输数据异常，应当及时进行调查。

第二十六条　禁止侵占、损毁或者擅自移动、改变大气环境质量监测设施和大气污染物排放自动监测设备。

第二十七条　国家对严重污染大气环境的工艺、设备和产品实行淘汰制度。

国务院经济综合主管部门会同国务院有关部门确定严重污染大气环境的工艺、设备和产品淘汰期限，并纳入国家综合性产业政策目录。

生产者、进口者、销售者或者使用者应当在规定期限内停止生产、进口、销售或者使用列入前款规定目录中的设备和产品。工艺的采用者应当在规定期限内停止采用列入前款规定目录中的工艺。

被淘汰的设备和产品,不得转让给他人使用。

第二十八条 国务院生态环境主管部门会同有关部门,建立和完善大气污染损害评估制度。

第二十九条 生态环境主管部门及其环境执法机构和其他负有大气环境保护监督管理职责的部门,有权通过现场检查监测、自动监测、遥感监测、远红外摄像等方式,对排放大气污染物的企业事业单位和其他生产经营者进行监督检查。被检查者应当如实反映情况,提供必要的资料。实施检查的部门、机构及其工作人员应当为被检查者保守商业秘密。

第三十条 企业事业单位和其他生产经营者违反法律法规规定排放大气污染物,造成或者可能造成严重大气污染,或者有关证据可能灭失或者被隐匿的,县级以上人民政府生态环境主管部门和其他负有大气环境保护监督管理职责的部门,可以对有关设施、设备、物品采取查封、扣押等行政强制措施。

第三十一条 生态环境主管部门和其他负有大气环境保护监督管理职责的部门应当公布举报电话、电子邮箱等,方便公众举报。

生态环境主管部门和其他负有大气环境保护监督管理职责的部门接到举报的,应当及时处理并对举报人的相关信息予以保密;对实名举报的,应当反馈处理结果等情况,查证属实的,处理结果依法向社会公开,并对举报人给予奖励。

举报人举报所在单位的,该单位不得以解除、变更劳动合同或者其他方式对举报人进行打击报复。

第四章 大气污染防治措施

第一节 燃煤和其他能源污染防治

第三十二条 国务院有关部门和地方各级人民政府应当采取措施,调整能源结构,推广清洁能源的生产和使用;优化煤炭使用方式,推广煤炭清洁高效利用,逐步降低煤炭在一次能源消费中的比重,减少煤炭生产、使用、转化过程中的大气污染物排放。

第三十三条 国家推行煤炭洗选加工,降低煤炭的硫分和灰分,限制高硫分、高灰分煤炭的开采。新建煤矿应当同步建设配套的煤炭洗选设施,使煤炭的硫分、灰分含量达到规定标准;已建成的煤矿除所采煤炭属于低硫分、低灰分或者根据已达标排放的燃煤电厂要求不需要洗选的以外,应当限期建成配套的煤炭洗选设施。

禁止开采含放射性和砷等有毒有害物质超过规定标准的煤炭。

第三十四条 国家采取有利于煤炭清洁高效利用的经济、技术政策和措施,鼓励和支持洁净煤技术的开发和推广。

国家鼓励煤矿企业等采用合理、可行的技术措施,对煤层气进行开采利用,对煤矸石进行综合利用。从事煤层气开采利用的,煤层气排放应当符合有关标准规范。

第三十五条 国家禁止进口、销售和燃用不符合质量标准的煤炭,鼓励燃用优质煤炭。

单位存放煤炭、煤矸石、煤渣、煤灰等物料,应当采取防燃措施,防止大气污染。

第三十六条 地方各级人民政府应当采取措施,加强民用散煤的管理,禁止销售不符合民用散煤质量标准的煤炭,鼓励居民燃用优质煤炭和洁净型煤,推广节能环保型炉灶。

第三十七条 石油炼制企业应当按照燃油质量标准生产燃油。

禁止进口、销售和燃用不符合质量标准的石油焦。

第三十八条 城市人民政府可以划定并公布高污染燃料禁燃区,并根据大气环境质量改善要求,逐步扩大高污染燃料禁燃区范围。高污染燃料的目录由国务院生态环境主管部门确定。

在禁燃区内,禁止销售、燃用高污染燃料;禁止新建、扩建燃用高污染燃料的设施,已建成的,应当在城市人民政府规定的期限内改用天然气、页岩气、液化石油气、电或者其他清洁能源。

第三十九条 城市建设应当统筹规划,在燃煤供热地区,推进热电联产和集中供热。在集中供热管网覆盖地区,禁止新建、扩建分散燃煤供热锅炉;已建成的不能达标排放的燃煤供热锅炉,应当在城市人民政府规定的期限内拆除。

第四十条 县级以上人民政府市场监督管理部门应当会同生态环境主管部门对锅炉生产、进口、销售和使用环节执行环境保护标准或者要求的情况进行监督检查;不符合环境保护标准或者要求的,不得生产、进口、销售和使用。

第四十一条 燃煤电厂和其他燃煤单位应当采用清洁生产工艺,配套建设除尘、脱硫、脱硝等装置,或者采取技术改造等其他控制大气污染物排放的措施。

国家鼓励燃煤单位采用先进的除尘、脱硫、脱硝、脱汞等大气污染物协同控制的技术和装置，减少大气污染物的排放。

第四十二条　电力调度应当优先安排清洁能源发电上网。

第二节　工业污染防治

第四十三条　钢铁、建材、有色金属、石油、化工等企业生产过程中排放粉尘、硫化物和氮氧化物的，应当采用清洁生产工艺，配套建设除尘、脱硫、脱硝等装置，或者采取技术改造等其他控制大气污染物排放的措施。

第四十四条　生产、进口、销售和使用含挥发性有机物的原材料和产品的，其挥发性有机物含量应当符合质量标准或者要求。

国家鼓励生产、进口、销售和使用低毒、低挥发性有机溶剂。

第四十五条　产生含挥发性有机物废气的生产和服务活动，应当在密闭空间或者设备中进行，并按照规定安装、使用污染防治设施；无法密闭的，应当采取措施减少废气排放。

第四十六条　工业涂装企业应当使用低挥发性有机物含量的涂料，并建立台账，记录生产原料、辅料的使用量、废弃量、去向以及挥发性有机物含量。台账保存期限不得少于三年。

第四十七条　石油、化工以及其他生产和使用有机溶剂的企业，应当采取措施对管道、设备进行日常维护、维修，减少物料泄漏，对泄漏的物料应当及时收集处理。

储油储气库、加油加气站、原油成品油码头、原油成品油运输船舶和油罐车、气罐车等，应当按照国家有关规定安装油气回收装置并保持正常使用。

第四十八条　钢铁、建材、有色金属、石油、化工、制药、矿产开采等企业，应当加强精细化管理，采取集中收集处理等措施，严格控制粉尘和气态污染物的排放。

工业生产企业应当采取密闭、围挡、遮盖、清扫、洒水等措施，减少内部物料的堆存、传输、装卸等环节产生的粉尘和气态污染物的排放。

第四十九条　工业生产、垃圾填埋或者其他活动产生的可燃性气体应当回收利用，不具备回收利用条件的，应当进行污染防治处理。

可燃性气体回收利用装置不能正常作业的，应当及时修复或者更新。在回收利用装置不能正常作业期间确需排放可燃性气体的，应当将排放的可燃性气体充分燃烧或者采取其他控制大气污染物排放的措施，并向当地生态环境主管部门报告，按照要求限期修复或者更新。

第三节　机动车船等污染防治

第五十条　国家倡导低碳、环保出行，根据城市规划合理控制燃油机动车保有量，大力发展城市公共交通，提高公共交通出行比例。

国家采取财政、税收、政府采购等措施推广应用节能环保型和新能源机动车船、非道路移动机械，限制高油耗、高排放机动车船、非道路移动机械的发展，减少化石能源的消耗。

省、自治区、直辖市人民政府可以在条件具备的地区，提前执行国家机动车大气污染物排放标准中相应阶段排放限值，并报国务院生态环境主管部门备案。

城市人民政府应当加强并改善城市交通管理，优化道路设置，保障人行道和非机动车道的连续、畅通。

第五十一条　机动车船、非道路移动机械不得超过标准排放大气污染物。

禁止生产、进口或者销售大气污染物排放超过标准的机动车船、非道路移动机械。

第五十二条　机动车、非道路移动机械生产企业应当对新生产的机动车和非道路移动机械进行排放检验。经检验合格的，方可出厂销售。检验信息应当向社会公开。

省级以上人民政府生态环境主管部门可以通过现场检查、抽样检测等方式，加强对新生产、销售机动车和非道路移动机械大气污染物排放状况的监督检查。工业、市场监督管理等有关部门予以配合。

第五十三条　在用机动车应当按照国家或者地方的有关规定，由机动车排放检验机构定期对其进行排放检验。经检验合格的，方可上道路行驶。未经检验合格的，公安机关交通管理部门不得核发安全技术检验合格标志。

县级以上地方人民政府生态环境主管部门可以在机动车集中停放地、维修地对在用机动车的大气污染物排放状况进行监督抽测；在不影响正常通行的情况下，可以通过遥感监测等技术手段对在道路上行驶的机动车的大气污染物排放状况进行监督抽测，公安机关交通管理部门予以配合。

第五十四条　机动车排放检验机构应当依法通过计量认证，使用经依法检定合格的机动车排放检验设备，按照国务院生态环境主管部门制定的规范，对机动车进行排放检验，并与生态环境主管部门联网，实现检验数据实时共享。机动车排放检验机构及其负责人对检验数据的真实性和准确性负责。

生态环境主管部门和认证认可监督管理部门应当对机动车排放检验机构的排放检验情况进行监督检查。

第五十五条 机动车生产、进口企业应当向社会公布其生产、进口机动车车型的排放检验信息、污染控制技术信息和有关维修技术信息。

机动车维修单位应当按照防治大气污染的要求和国家有关技术规范对在用机动车进行维修，使其达到规定的排放标准。交通运输、生态环境主管部门应当依法加强监督管理。

禁止机动车所有人以临时更换机动车污染控制装置等弄虚作假的方式通过机动车排放检验。禁止机动车维修单位提供该类维修服务。禁止破坏机动车车载排放诊断系统。

第五十六条 生态环境主管部门应当会同交通运输、住房城乡建设、农业行政、水行政等有关部门对非道路移动机械的大气污染物排放状况进行监督检查，排放不合格的，不得使用。

第五十七条 国家倡导环保驾驶，鼓励燃油机动车驾驶人在不影响道路通行且需停车三分钟以上的情况下熄灭发动机，减少大气污染物的排放。

第五十八条 国家建立机动车和非道路移动机械环境保护召回制度。

生产、进口企业获知机动车、非道路移动机械排放大气污染物超过标准，属于设计、生产缺陷或者不符合规定的环境保护耐久性要求的，应当召回；未召回的，由国务院市场监督管理部门会同国务院生态环境主管部门责令其召回。

第五十九条 在用重型柴油车、非道路移动机械未安装污染控制装置或者污染控制装置不符合要求，不能达标排放的，应当加装或者更换符合要求的污染控制装置。

第六十条 在用机动车排放大气污染物超过标准的，应当进行维修；经维修或者采用污染控制技术后，大气污染物排放仍不符合国家在用机动车排放标准的，应当强制报废。其所有人应当将机动车交售给报废机动车回收拆解企业，由报废机动车回收拆解企业按照国家有关规定进行登记、拆解、销毁等处理。

国家鼓励和支持高排放机动车船、非道路移动机械提前报废。

第六十一条 城市人民政府可以根据大气环境质量状况，划定并公布禁止使用高排放非道路移动机械的区域。

第六十二条 船舶检验机构对船舶发动机及有关设备进行排放检验。经检验符合国家排放标准的，船舶方可运营。

第六十三条 内河和江海直达船舶应当使用符合标准的普通柴油。远洋船舶靠港后应当使用符合大气污染物控制要求的船舶用燃油。

新建码头应当规划、设计和建设岸基供电设施；已建成的码头应当逐步实施岸基供电设施改造。船舶靠港后应当优先使用岸电。

第六十四条 国务院交通运输主管部门可以在沿海海域划定船舶大气污染物排放控制区，进入排放控制区的船舶应当符合船舶相关排放要求。

第六十五条 禁止生产、进口、销售不符合标准的机动车船、非道路移动机械用燃料；禁止向汽车和摩托车销售普通柴油以及其他非机动车用燃料；禁止向非道路移动机械、内河和江海直达船舶销售渣油和重油。

第六十六条 发动机油、氮氧化物还原剂、燃料和润滑油添加剂以及其他添加剂的有害物质含量和其他大气环境保护指标，应当符合有关标准的要求，不得损害机动车船污染控制装置效果和耐久性，不得增加新的大气污染物排放。

第六十七条 国家积极推进民用航空器的大气污染防治，鼓励在设计、生产、使用过程中采取有效措施减少大气污染物排放。

民用航空器应当符合国家规定的适航标准中的有关发动机排出物要求。

第四节 扬尘污染防治

第六十八条 地方各级人民政府应当加强对建设施工和运输的管理，保持道路清洁，控制料堆和渣土堆放，扩大绿地、水面、湿地和地面铺装面积，防治扬尘污染。

住房城乡建设、市容环境卫生、交通运输、国土资源等有关部门，应当根据本级人民政府确定的职责，做好扬尘污染防治工作。

第六十九条 建设单位应当将防治扬尘污染的费用列入工程造价，并在施工承包合同中明确施工单位扬尘污染防治责任。施工单位应当制定具体的施工扬尘污染防治实施方案。

从事房屋建筑、市政基础设施建设、河道整治以及建筑物拆除等施工单位，应当向负责监督管理扬尘污染防治的主管部门备案。

施工单位应当在施工工地设置硬质围挡，并采取覆盖、分段作业、择时施工、洒水抑尘、冲洗地面和车辆等有效防尘降尘措施。建筑土方、工程渣土、建筑垃圾应当及时清运；在场地内堆存的，应当采用密闭式防尘网遮盖。工程渣土、建筑垃圾应当进行资源化处理。

施工单位应当在施工工地公示扬尘污染防治措施、负责人、扬尘监督管理主管部门等信息。

暂时不能开工的建设用地，建设单位应当对裸露地面进行覆盖；超过三个月的，应当进行绿化、铺装或者遮盖。

第七十条　运输煤炭、垃圾、渣土、砂石、土方、灰浆等散装、流体物料的车辆应当采取密闭或者其他措施防止物料遗撒造成扬尘污染，并按照规定路线行驶。

装卸物料应当采取密闭或者喷淋等方式防治扬尘污染。

城市人民政府应当加强道路、广场、停车场和其他公共场所的清扫保洁管理，推行清洁动力机械化清扫等低尘作业方式，防治扬尘污染。

第七十一条　市政河道以及河道沿线、公共用地的裸露地面以及其他城镇裸露地面，有关部门应当按照规划组织实施绿化或者透水铺装。

第七十二条　贮存煤炭、煤矸石、煤渣、煤灰、水泥、石灰、石膏、砂土等易产生扬尘的物料应当密闭；不能密闭的，应当设置不低于堆放物高度的严密围挡，并采取有效覆盖措施防治扬尘污染。

码头、矿山、填埋场和消纳场应当实施分区作业，并采取有效措施防治扬尘污染。

第五节　农业和其他污染防治

第七十三条　地方各级人民政府应当推动转变农业生产方式，发展农业循环经济，加大对废弃物综合处理的支持力度，加强对农业生产经营活动排放大气污染物的控制。

第七十四条　农业生产经营者应当改进施肥方式，科学合理施用化肥并按照国家有关规定使用农药，减少氨、挥发性有机物等大气污染物的排放。

禁止在人口集中地区对树木、花草喷洒剧毒、高毒农药。

第七十五条　畜禽养殖场、养殖小区应当及时对污水、畜禽粪便和尸体等进行收集、贮存、清运和无害化处理，防止排放恶臭气体。

第七十六条　各级人民政府及其农业行政等有关部门应当鼓励和支持采用先进适用技术，对秸秆、落叶等进行肥料化、饲料化、能源化、工业原料化、食用菌基料化等综合利用，加大对秸秆还田、收集一体化农业机械的财政补贴力度。

县级人民政府应当组织建立秸秆收集、贮存、运输和综合利用服务体系，采用财政补贴等措施支持农村集体经济组织、农民专业合作经济组织、企业等开展秸秆收集、贮存、运输和综合利用服务。

第七十七条　省、自治区、直辖市人民政府应当划定区域，禁止露天焚烧秸秆、落叶等产生烟尘污染的物质。

第七十八条　国务院生态环境主管部门应当会同国务院卫生行政部门，根据大气污染物对公众健康和生态环境的危害和影响程度，公布有毒有害大气污染物名录，实行风险管理。

排放前款规定名录中所列有毒有害大气污染物的企业事业单位，应当按照国家有关规定建设环境风险预警体系，对排放口和周边环境进行定期监测，评估环境风险，排查环境安全隐患，并采取有效措施防范环境风险。

第七十九条　向大气排放持久性有机污染物的企业事业单位和其他生产经营者以及废弃物焚烧设施的运营单位，应当按照国家有关规定，采取有利于减少持久性有机污染物排放的技术方法和工艺，配备有效的净化装置，实现达标排放。

第八十条　企业事业单位和其他生产经营者在生产经营活动中产生恶臭气体的，应当科学选址，设置合理的防护距离，并安装净化装置或者采取其他措施，防止排放恶臭气体。

第八十一条　排放油烟的餐饮服务业经营者应当安装油烟净化设施并保持正常使用，或者采取其他油烟净化措施，使油烟达标排放，并防止对附近居民的正常生活环境造成污染。

禁止在居民住宅楼、未配套设立专用烟道的商住综合楼以及商住综合楼内与居住层相邻的商业楼层内新建、改建、扩建产生油烟、异味、废气的餐饮服务项目。

任何单位和个人不得在当地人民政府禁止的区域内露天烧烤食品或者为露天烧烤食品提供场地。

第八十二条　禁止在人口集中地区和其他依法需要特殊保护的区域内焚烧沥青、油毡、橡胶、塑料、皮革、垃圾以及其他产生有毒有害烟尘和恶臭气体的物质。

禁止生产、销售和燃放不符合质量标准的烟花爆竹。任何单位和个人不得在城市人民政府禁止的时段和区域内燃放烟花爆竹。

第八十三条 国家鼓励和倡导文明、绿色祭祀。火葬场应当设置除尘等污染防治设施并保持正常使用,防止影响周边环境。

第八十四条 从事服装干洗和机动车维修等服务活动的经营者,应当按照国家有关标准或者要求设置异味和废气处理装置等污染防治设施并保持正常使用,防止影响周边环境。

第八十五条 国家鼓励、支持消耗臭氧层物质替代品的生产和使用,逐步减少直至停止消耗臭氧层物质的生产和使用。

国家对消耗臭氧层物质的生产、使用、进出口实行总量控制和配额管理。具体办法由国务院规定。

第五章 重点区域大气污染联合防治

第八十六条 国家建立重点区域大气污染联防联控机制,统筹协调重点区域内大气污染防治工作。国务院生态环境主管部门根据主体功能区划、区域大气环境质量状况和大气污染传输扩散规律,划定国家大气污染防治重点区域,报国务院批准。

重点区域内有关省、自治区、直辖市人民政府应当确定牵头的地方人民政府,定期召开联席会议,按照统一规划、统一标准、统一监测、统一的防治措施的要求,开展大气污染联合防治,落实大气污染防治目标责任。国务院生态环境主管部门应当加强指导、督促。

省、自治区、直辖市可以参照第一款规定划定本行政区域的大气污染防治重点区域。

第八十七条 国务院生态环境主管部门会同国务院有关部门、国家大气污染防治重点区域内有关省、自治区、直辖市人民政府,根据重点区域经济社会发展和大气环境承载力,制定重点区域大气污染联合防治行动计划,明确控制目标,优化区域经济布局,统筹交通管理,发展清洁能源,提出重点防治任务和措施,促进重点区域大气环境质量改善。

第八十八条 国务院经济综合主管部门会同国务院生态环境主管部门,结合国家大气污染防治重点区域产业发展实际和大气环境质量状况,进一步提高环境保护、能耗、安全、质量等要求。

重点区域内有关省、自治区、直辖市人民政府应当实施更严格的机动车大气污染物排放标准,统一在用机动车检验方法和排放限值,并配套供应合格的车用燃油。

第八十九条 编制可能对国家大气污染防治重点区域的大气环境造成严重污染的有关工业园区、开发区、区域产业和发展等规划,应当依法进行环境影响评价。规划编制机关应当与重点区域内有关省、自治区、直辖市人民政府或者有关部门会商。

重点区域内有关省、自治区、直辖市建设可能对相邻省、自治区、直辖市大气环境质量产生重大影响的项目,应当及时通报有关信息,进行会商。

会商意见及其采纳情况作为环境影响评价文件审查或者审批的重要依据。

第九十条 国家大气污染防治重点区域内新建、改建、扩建用煤项目的,应当实行煤炭的等量或者减量替代。

第九十一条 国务院生态环境主管部门应当组织建立国家大气污染防治重点区域的大气环境质量监测、大气污染源监测等相关信息共享机制,利用监测、模拟以及卫星、航测、遥感等新技术分析重点区域内大气污染来源及其变化趋势,并向社会公开。

第九十二条 国务院生态环境主管部门和国家大气污染防治重点区域内有关省、自治区、直辖市人民政府可以组织有关部门开展联合执法、跨区域执法、交叉执法。

第六章 重污染天气应对

第九十三条 国家建立重污染天气监测预警体系。

国务院生态环境主管部门会同国务院气象主管机构等有关部门、国家大气污染防治重点区域内有关省、自治区、直辖市人民政府,建立重点区域重污染天气监测预警机制,统一预警分级标准。可能发生区域重污染天气的,应当及时向重点区域内有关省、自治区、直辖市人民政府通报。

省、自治区、直辖市、设区的市人民政府生态环境主管部门会同气象主管机构等有关部门建立本行政区域重污染天气监测预警机制。

第九十四条 县级以上地方人民政府应当将重污染天气应对纳入突发事件应急管理体系。

省、自治区、直辖市、设区的市人民政府以及可能发生重污染天气的县级人民政府,应当制定重污染天气应急预案,向上一级人民政府生态环境主管部门备案,并向社会公布。

第九十五条 省、自治区、直辖市、设区的市人民政府生态环境主管部门应当会同气象主管机构建立会商机制,进行大气环境质量预报。可能发生重污染天气的,应当及时向本级人民政府报告。

省、自治区、直辖市、设区的市人民政府依据重污染天气预报信息，进行综合研判，确定预警等级并及时发出预警。预警等级根据情况变化及时调整。任何单位和个人不得擅自向社会发布重污染天气预报预警信息。

预警信息发布后，人民政府及其有关部门应当通过电视、广播、网络、短信等途径告知公众采取健康防护措施，指导公众出行和调整其他相关社会活动。

第九十六条　县级以上地方人民政府应当依据重污染天气的预警等级，及时启动应急预案，根据应急需要可以采取责令有关企业停产或者限产、限制部分机动车行驶、禁止燃放烟花爆竹、停止工地土石方作业和建筑物拆除施工、停止露天烧烤、停止幼儿园和学校组织的户外活动、组织开展人工影响天气作业等应急措施。

应急响应结束后，人民政府应当及时开展应急预案实施情况的评估，适时修改完善应急预案。

第九十七条　发生造成大气污染的突发环境事件，人民政府及其有关部门和相关企业事业单位，应当依照《中华人民共和国突发事件应对法》、《中华人民共和国环境保护法》的规定，做好应急处置工作。生态环境主管部门应当及时对突发环境事件产生的大气污染物进行监测，并向社会公布监测信息。

第七章　法律责任

第九十八条　违反本法规定，以拒绝进入现场等方式拒不接受生态环境主管部门及其环境执法机构或者其他负有大气环境保护监督管理职责的部门的监督检查，或者在接受监督检查时弄虚作假的，由县级以上人民政府生态环境主管部门或者其他负有大气环境保护监督管理职责的部门责令改正，处二万元以上二十万元以下的罚款；构成违反治安管理行为的，由公安机关依法予以处罚。

第九十九条　违反本法规定，有下列行为之一的，由县级以上人民政府生态环境主管部门责令改正或者限制生产、停产整治，并处十万元以上一百万元以下的罚款；情节严重的，报经有批准权的人民政府批准，责令停业、关闭：

（一）未依法取得排污许可证排放大气污染物的；

（二）超过大气污染物排放标准或者超过重点大气污染物排放总量控制指标排放大气污染物的；

（三）通过逃避监管的方式排放大气污染物的。

第一百条　违反本法规定，有下列行为之一的，由县级以上人民政府生态环境主管部门责令改正，处二万元以上二十万元以下的罚款；拒不改正的，责令停产整治：

（一）侵占、损毁或者擅自移动、改变大气环境质量监测设施或者大气污染物排放自动监测设备的；

（二）未按照规定对所排放的工业废气和有毒有害大气污染物进行监测并保存原始监测记录的；

（三）未按照规定安装、使用大气污染物排放自动监测设备或者未按照规定与生态环境主管部门的监控设备联网，并保证监测设备正常运行的；

（四）重点排污单位不公开或者不如实公开自动监测数据的；

（五）未按照规定设置大气污染物排放口的。

第一百零一条　违反本法规定，生产、进口、销售或者使用国家综合性产业政策目录中禁止的设备和产品，采用国家综合性产业政策目录中禁止的工艺，或者将淘汰的设备和产品转让给他人使用的，由县级以上人民政府经济综合主管部门、海关按照职责责令改正，没收违法所得，并处货值金额一倍以上三倍以下的罚款；拒不改正的，报经有批准权的人民政府批准，责令停业、关闭。进口行为构成走私的，由海关依法予以处罚。

第一百零二条　违反本法规定，煤矿未按照规定建设配套煤炭洗选设施的，由县级以上人民政府能源主管部门责令改正，处十万元以上一百万元以下的罚款；拒不改正的，报经有批准权的人民政府批准，责令停业、关闭。

违反本法规定，开采含放射性和砷等有毒有害物质超过规定标准的煤炭的，由县级以上人民政府按照国务院规定的权限责令停业、关闭。

第一百零三条　违反本法规定，有下列行为之一的，由县级以上地方人民政府市场监督管理部门责令改正，没收原材料、产品和违法所得，并处货值金额一倍以上三倍以下的罚款：

（一）销售不符合质量标准的煤炭、石油焦的；

（二）生产、销售挥发性有机物含量不符合质量标准或者要求的原材料和产品的；

（三）生产、销售不符合标准的机动车船和非道路移动机械用燃料、发动机油、氮氧化物还原剂、燃料和润滑油添加剂以及其他添加剂的；

（四）在禁燃区内销售高污染燃料的。

第一百零四条　违反本法规定，有下列行为之一的，由海关责令改正，没收原材料、产品和违法所得，并处货值金额一倍以上三倍以下的罚款；构成走私的，由海关依法予以处罚：

(一)进口不符合质量标准的煤炭、石油焦的;

(二)进口挥发性有机物含量不符合质量标准或者要求的原材料和产品的;

(三)进口不符合标准的机动车船和非道路移动机械用燃料、发动机油、氮氧化物还原剂、燃料和润滑油添加剂以及其他添加剂的。

第一百零五条 违反本法规定,单位燃用不符合质量标准的煤炭、石油焦的,由县级以上人民政府生态环境主管部门责令改正,处货值金额一倍以上三倍以下的罚款。

第一百零六条 违反本法规定,使用不符合标准或者要求的船舶用燃油的,由海事管理机构、渔业主管部门按照职责处一万元以上十万元以下的罚款。

第一百零七条 违反本法规定,在禁燃区内新建、扩建燃用高污染燃料的设施,或者未按照规定停止燃用高污染燃料,或者在城市集中供热管网覆盖地区新建、扩建分散燃煤供热锅炉,或者未按照规定拆除已建成的不能达标排放的燃煤供热锅炉的,由县级以上地方人民政府生态环境主管部门没收燃用高污染燃料的设施,组织拆除燃煤供热锅炉,并处二万元以上二十万元以下的罚款。

违反本法规定,生产、进口、销售或者使用不符合规定标准或者要求的锅炉,由县级以上人民政府市场监督管理、生态环境主管部门责令改正,没收违法所得,并处二万元以上二十万元以下的罚款。

第一百零八条 违反本法规定,有下列行为之一的,由县级以上人民政府生态环境主管部门责令改正,处二万元以上二十万元以下的罚款;拒不改正的,责令停产整治:

(一)产生含挥发性有机物废气的生产和服务活动,未在密闭空间或者设备中进行,未按照规定安装、使用污染防治设施,或者未采取减少废气排放措施的;

(二)工业涂装企业未使用低挥发性有机物含量涂料或者未建立、保存台账的;

(三)石油、化工以及其他生产和使用有机溶剂的企业,未采取措施对管道、设备进行日常维护、维修,减少物料泄漏或者对泄漏的物料未及时收集处理的;

(四)储油储气库、加油加气站和油罐车、气罐车等,未按照国家有关规定安装并正常使用油气回收装置的;

(五)钢铁、建材、有色金属、石油、化工、制药、矿产开采等企业,未采取集中收集处理、密闭、围挡、遮盖、清扫、洒水等措施,控制、减少粉尘和气态污染物排放的;

(六)工业生产、垃圾填埋或者其他活动中产生的可燃性气体未回收利用,不具备回收利用条件未进行防治污染处理,或者可燃性气体回收利用装置不能正常作业,未及时修复或者更新的。

第一百零九条 违反本法规定,生产超过污染物排放标准的机动车、非道路移动机械的,由省级以上人民政府生态环境主管部门责令改正,没收违法所得,并处货值金额一倍以上三倍以下的罚款,没收销毁无法达到污染物排放标准的机动车、非道路移动机械;拒不改正的,责令停产整治,并由国务院机动车生产主管部门责令停止生产该车型。

违反本法规定,机动车、非道路移动机械生产企业对发动机、污染控制装置弄虚作假、以次充好,冒充排放检验合格产品出厂销售的,由省级以上人民政府生态环境主管部门责令停产整治,没收违法所得,并处货值金额一倍以上三倍以下的罚款,没收销毁无法达到污染物排放标准的机动车、非道路移动机械,并由国务院机动车生产主管部门责令停止生产该车型。

第一百一十条 违反本法规定,进口、销售超过污染物排放标准的机动车、非道路移动机械的,由县级以上人民政府市场监督管理部门、海关按照职责没收违法所得,并处货值金额一倍以上三倍以下的罚款,没收销毁无法达到污染物排放标准的机动车、非道路移动机械;进口行为构成走私的,由海关依法予以处罚。

违反本法规定,销售的机动车、非道路移动机械不符合污染物排放标准的,销售者应当负责修理、更换、退货;给购买者造成损失的,销售者应当赔偿损失。

第一百一十一条 违反本法规定,机动车生产、进口企业未按照规定向社会公布其生产、进口机动车车型的排放检验信息或者污染控制技术信息的,由省级以上人民政府生态环境主管部门责令改正,处五万元以上五十万元以下的罚款。

违反本法规定,机动车生产、进口企业未按照规定向社会公布其生产、进口机动车车型的有关维修技术信息的,由省级以上人民政府交通运输主管部门责令改正,处五万元以上五十万元以下的罚款。

第一百一十二条 违反本法规定,伪造机动车、非道路移动机械排放检验结果或者出具虚假排放检验报告的,由县级以上人民政府生态环境主管部门没收违法所得,并处十万元以上五十万元以下的罚款;情节严重的,由负责资质认定的部门取消其检验资格。

违反本法规定，伪造船舶排放检验结果或者出具虚假排放检验报告的，由海事管理机构依法予以处罚。

违反本法规定，以临时更换机动车污染控制装置等弄虚作假的方式通过机动车排放检验或者破坏机动车车载排放诊断系统的，由县级以上人民政府生态环境主管部门责令改正，对机动车所有人处五千元的罚款；对机动车维修单位处每辆机动车五千元的罚款。

第一百一十三条 违反本法规定，机动车驾驶人驾驶排放检验不合格的机动车上道路行驶的，由公安机关交通管理部门依法予以处罚。

第一百一十四条 违反本法规定，使用排放不合格的非道路移动机械，或者在用重型柴油车、非道路移动机械未按照规定加装、更换污染控制装置的，由县级以上人民政府生态环境等主管部门按照职责责令改正，处五千元的罚款。

违反本法规定，在禁止使用高排放非道路移动机械的区域使用高排放非道路移动机械的，由城市人民政府生态环境等主管部门依法予以处罚。

第一百一十五条 违反本法规定，施工单位有下列行为之一的，由县级以上人民政府住房城乡建设等主管部门按照职责责令改正，处一万元以上十万元以下的罚款；拒不改正的，责令停工整治：

（一）施工工地未设置硬质围挡，或者未采取覆盖、分段作业、择时施工、洒水抑尘、冲洗地面和车辆等有效防尘降尘措施的；

（二）建筑土方、工程渣土、建筑垃圾未及时清运，或者未采用密闭式防尘网遮盖的。

违反本法规定，建设单位未对暂时不能开工的建设用地的裸露地面进行覆盖，或者未对超过三个月不能开工的建设用地的裸露地面进行绿化、铺装或者遮盖的，由县级以上人民政府住房城乡建设等主管部门依照前款规定予以处罚。

第一百一十六条 违反本法规定，运输煤炭、垃圾、渣土、砂石、土方、灰浆等散装、流体物料的车辆，未采取密闭或者其他措施防止物料遗撒的，由县级以上地方人民政府确定的监督管理部门责令改正，处二千元以上二万元以下的罚款；拒不改正的，车辆不得上道路行驶。

第一百一十七条 违反本法规定，有下列行为之一的，由县级以上人民政府生态环境等主管部门按照职责责令改正，处一万元以上十万元以下的罚款；拒不改正的，责令停工整治或者停业整治：

（一）未密闭煤炭、煤矸石、煤渣、煤灰、水泥、石灰、石膏、砂土等易产生扬尘的物料的；

（二）对不能密闭的易产生扬尘的物料，未设置不低于堆放物高度的严密围挡，或者未采取有效覆盖措施防治扬尘污染的；

（三）装卸物料未采取密闭或者喷淋等方式控制扬尘排放的；

（四）存放煤炭、煤矸石、煤渣、煤灰等物料，未采取防燃措施的；

（五）码头、矿山、填埋场和消纳场未采取有效措施防治扬尘污染的；

（六）排放有毒有害大气污染物名录中所列有毒有害大气污染物的企业事业单位，未按照规定建设环境风险预警体系或者对排放口和周边环境进行定期监测、排查环境安全隐患并采取有效措施防范环境风险的；

（七）向大气排放持久性有机污染物的企业事业单位和其他生产经营者以及废弃物焚烧设施的运营单位，未按照国家有关规定采取有利于减少持久性有机污染物排放的技术方法和工艺，配备净化装置的；

（八）未采取措施防止排放恶臭气体的。

第一百一十八条 违反本法规定，排放油烟的餐饮服务业经营者未安装油烟净化设施、不正常使用油烟净化设施或者未采取其他油烟净化措施，超过排放标准排放油烟的，由县级以上地方人民政府确定的监督管理部门责令改正，处五千元以上五万元以下的罚款；拒不改正的，责令停业整治。

违反本法规定，在居民住宅楼、未配套设立专用烟道的商住综合楼、商住综合楼内与居住层相邻的商业楼层内新建、改建、扩建产生油烟、异味、废气的餐饮服务项目的，由县级以上地方人民政府确定的监督管理部门责令改正；拒不改正的，予以关闭，并处一万元以上十万元以下的罚款。

违反本法规定，在当地人民政府禁止的时段和区域内露天烧烤食品或者为露天烧烤食品提供场地的，由县级以上地方人民政府确定的监督管理部门责令改正，没收烧烤工具和违法所得，并处五百元以上二万元以下的罚款。

第一百一十九条 违反本法规定，在人口集中地区对树木、花草喷洒剧毒、高毒农药，或者露天焚烧秸秆、落叶等产生烟尘污染的物质的，由县级以上地方人民政府确定的监督管理部门责令改正，并可以处五百元以上二千元以下的罚款。

违反本法规定，在人口集中地区和其他依法需要特殊保护的区域内，焚烧沥青、油毡、橡胶、塑料、皮革、垃圾以及其他产生有毒有害烟尘和恶臭气体的物质的，由县级人民政府确定的监督管理部门责令改正，对单位处一万元以上十万元以下的罚款，对个人处五百元以上二千元以下的罚款。

违反本法规定，在城市人民政府禁止的时段和区域内燃放烟花爆竹的，由县级以上地方人民政府确定的监督管理部门依法予以处罚。

第一百二十条 违反本法规定，从事服装干洗和机动车维修等服务活动，未设置异味和废气处理装置等污染防治设施并保持正常使用，影响周边环境的，由县级以上地方人民政府生态环境主管部门责令改正，处二千元以上二万元以下的罚款；拒不改正的，责令停业整治。

第一百二十一条 违反本法规定，擅自向社会发布重污染天气预报预警信息，构成违反治安管理行为的，由公安机关依法予以处罚。

违反本法规定，拒不执行停止工地土石方作业或者建筑物拆除施工等重污染天气应急措施的，由县级以上地方人民政府确定的监督管理部门处一万元以上十万元以下的罚款。

第一百二十二条 违反本法规定，造成大气污染事故的，由县级以上人民政府生态环境主管部门依照本条第二款的规定处以罚款；对直接负责的主管人员和其他直接责任人员可以处上一年度从本企业事业单位取得收入百分之五十以下的罚款。

对造成一般或者较大大气污染事故的，按照污染事故造成直接损失的一倍以上三倍以下计算罚款；对造成重大或者特大大气污染事故的，按照污染事故造成的直接损失的三倍以上五倍以下计算罚款。

第一百二十三条 违反本法规定，企业事业单位和其他生产经营者有下列行为之一，受到罚款处罚，被责令改正，拒不改正的，依法作出处罚决定的行政机关可以自责令改正之日的次日起，按照原处罚数额按日连续处罚：

（一）未依法取得排污许可证排放大气污染物的；

（二）超过大气污染物排放标准或者超过重点大气污染物排放总量控制指标排放大气污染物的；

（三）通过逃避监管的方式排放大气污染物的；

（四）建筑施工或者贮存易产生扬尘的物料未采取有效措施防治扬尘污染的。

第一百二十四条 违反本法规定，对举报人以解除、变更劳动合同或者其他方式打击报复的，应当依照有关法律的规定承担责任。

第一百二十五条 排放大气污染物造成损害的，应当依法承担侵权责任。

第一百二十六条 地方各级人民政府、县级以上人民政府生态环境主管部门和其他负有大气环境保护监督管理职责的部门及其工作人员滥用职权、玩忽职守、徇私舞弊、弄虚作假的，依法给予处分。

第一百二十七条 违反本法规定，构成犯罪的，依法追究刑事责任。

第八章 附 则

第一百二十八条 海洋工程的大气污染防治，依照《中华人民共和国海洋环境保护法》的有关规定执行。

第一百二十九条 本法自 2016 年 1 月 1 日起施行。

中华人民共和国残疾人保障法

（1990 年 12 月 28 日第七届全国人民代表大会常务委员会第十七次会议通过 2008年4月24日第十一届全国人民代表大会常务委员会第二次会议修订 根据 2018 年 10 月 26 日第十三届全国人民代表大会常务委员会第六次会议《关于修改〈中华人民共和国野生动物保护法〉等十五部法律的决定》修正）

目 录

第一章 总 则
第二章 康 复
第三章 教 育
第四章 劳动就业
第五章 文化生活
第六章 社会保障
第七章 无障碍环境

第八章 法律责任

第九章 附 则

第一章 总 则

第一条 为了维护残疾人的合法权益，发展残疾人事业，保障残疾人平等地充分参与社会生活，共享社会物质文化成果，根据宪法，制定本法。

第二条 残疾人是指在心理、生理、人体结构上，某种组织、功能丧失或者不正常，全部或者部分丧失以正常方式从事某种活动能力的人。

残疾人包括视力残疾、听力残疾、言语残疾、肢体残疾、智力残疾、精神残疾、多重残疾和其他残疾的人。

残疾标准由国务院规定。

第三条 残疾人在政治、经济、文化、社会和家庭生活等方面享有同其他公民平等的权利。

残疾人的公民权利和人格尊严受法律保护。

禁止基于残疾的歧视。禁止侮辱、侵害残疾人。禁止通过大众传播媒介或者其他方式贬低损害残疾人人格。

第四条 国家采取辅助方法和扶持措施，对残疾人给予特别扶助，减轻或者消除残疾影响和外界障碍，保障残疾人权利的实现。

第五条 县级以上人民政府应当将残疾人事业纳入国民经济和社会发展规划，加强领导，综合协调，并将残疾人事业经费列入财政预算，建立稳定的经费保障机制。

国务院制定中国残疾人事业发展纲要，县级以上地方人民政府根据中国残疾人事业发展纲要，制定本行政区域的残疾人事业发展规划和年度计划，使残疾人事业与经济、社会协调发展。

县级以上人民政府负责残疾人工作的机构，负责组织、协调、指导、督促有关部门做好残疾人事业的工作。

各级人民政府和有关部门，应当密切联系残疾人，听取残疾人的意见，按照各自的职责，做好残疾人工作。

第六条 国家采取措施，保障残疾人依照法律规定，通过各种途径和形式，管理国家事务，管理经济和文化事业，管理社会事务。

制定法律、法规、规章和公共政策，对涉及残疾人权益和残疾人事业的重大问题，应当听取残疾人和残疾人组织的意见。

残疾人和残疾人组织有权向各级国家机关提出残疾人权益保障、残疾人事业发展等方面的意见和建议。

第七条 全社会应当发扬人道主义精神，理解、尊重、关心、帮助残疾人，支持残疾人事业。

国家鼓励社会组织和个人为残疾人提供捐助和服务。

国家机关、社会团体、企业事业单位和城乡基层群众性自治组织，应当做好所属范围内的残疾人工作。

从事残疾人工作的国家工作人员和其他人员，应当依法履行职责，努力为残疾人服务。

第八条 中国残疾人联合会及其地方组织，代表残疾人的共同利益，维护残疾人的合法权益，团结教育残疾人，为残疾人服务。

中国残疾人联合会及其地方组织依照法律、法规、章程或者接受政府委托，开展残疾人工作，动员社会力量，发展残疾人事业。

第九条 残疾人的扶养人必须对残疾人履行扶养义务。

残疾人的监护人必须履行监护职责，尊重被监护人的意愿，维护被监护人的合法权益。

残疾人的亲属、监护人应当鼓励和帮助残疾人增强自立能力。

禁止对残疾人实施家庭暴力，禁止虐待、遗弃残疾人。

第十条 国家鼓励残疾人自尊、自信、自强、自立，为社会主义建设贡献力量。

残疾人应当遵守法律、法规，履行应尽的义务，遵守公共秩序，尊重社会公德。

第十一条 国家有计划地开展残疾预防工作，加强对残疾预防工作的领导，宣传、普及母婴保健和预防残疾的知识，建立健全出生缺陷预防和早期发现、早期治疗机制，针对遗传、疾病、药物、事故、灾害、环境污染和其他致残因素，组织和动员社会力量，采取措施，预防残疾的发生，减轻残疾程度。

国家建立健全残疾人统计调查制度，开展残疾人状况的统计调查和分析。

第十二条 国家和社会对残疾军人、因公致残人员以及其他为维护国家和人民利益致残的人员实行特别保障，给予抚恤和优待。

第十三条 对在社会主义建设中做出显著成绩的残疾人，对维护残疾人合法权益、发展残疾人事业、为残疾人服务做出显著成绩的单位和个人，各级人民政府和有关部门给予表彰和奖励。

第十四条 每年5月的第三个星期日为全国助残日。

第二章 康 复

第十五条 国家保障残疾人享有康复服务的权利。

各级人民政府和有关部门应当采取措施，为残疾人康复创造条件，建立和完善残疾人康复服务体系，并分阶段实施重点康复项目，帮助残疾人恢复或者补偿功能，增强其参与社会生活的能力。

第十六条 康复工作应当从实际出发，将现代康复技术与我国传统康复技术相结合；以社区康复为基础，康复机构为骨干，残疾人家庭为依托；以实用、易行、受益广的康复内容为重点，优先开展残疾儿童抢救性治疗和康复；发展符合康复要求的科学技术，鼓励自主创新，加强康复新技术的研究、开发和应用，为残疾人提供有效的康复服务。

第十七条 各级人民政府鼓励和扶持社会力量兴办残疾人康复机构。

地方各级人民政府和有关部门，应当组织和指导城乡社区服务组织、医疗预防保健机构、残疾人组织、残疾人家庭和其他社会力量，开展社区康复工作。

残疾人教育机构、福利性单位和其他为残疾人服务的机构，应当创造条件，开展康复训练活动。

残疾人在专业人员的指导和有关工作人员、志愿工作者及亲属的帮助下，应当努力进行功能、自理能力和劳动技能的训练。

第十八条 地方各级人民政府和有关部门应当根据需要有计划地在医疗机构设立康复医学科室，举办残疾人康复机构，开展康复医疗与训练、人员培训、技术指导、科学研究等工作。

第十九条 医学院校和其他有关院校应当有计划地开设康复课程，设置相关专业，培养各类康复专业人才。

政府和社会采取多种形式对从事康复工作的人员进行技术培训；向残疾人、残疾人亲属、有关工作人员和志愿工作者普及康复知识，传授康复方法。

第二十条 政府有关部门应当组织和扶持残疾人康复器械、辅助器具的研制、生产、供应、维修服务。

第三章 教 育

第二十一条 国家保障残疾人享有平等接受教育的权利。

各级人民政府应当将残疾人教育作为国家教育事业的组成部分，统一规划，加强领导，为残疾人接受教育创造条件。

政府、社会、学校应当采取有效措施，解决残疾儿童、少年就学存在的实际困难，帮助其完成义务教育。

各级人民政府对接受义务教育的残疾学生、贫困残疾人家庭的学生提供免费教科书，并给予寄宿生活费等费用补助；对接受义务教育以外其他教育的残疾学生、贫困残疾人家庭的学生按照国家有关规定给予资助。

第二十二条 残疾人教育，实行普及与提高相结合、以普及为重点的方针，保障义务教育，着重发展职业教育，积极开展学前教育，逐步发展高级中等以上教育。

第二十三条 残疾人教育应当根据残疾人的身心特性和需要，按照下列要求实施：

（一）在进行思想教育、文化教育的同时，加强身心补偿和职业教育；

（二）依据残疾类别和接受能力，采取普通教育方式或者特殊教育方式；

（三）特殊教育的课程设置、教材、教学方法、入学和在校年龄，可以有适度弹性。

第二十四条 县级以上人民政府应当根据残疾人的数量、分布状况和残疾类别等因素，合理设置残疾人教育机构，并鼓励社会力量办学、捐资助学。

第二十五条 普通教育机构对具有接受普通教育能力的残疾人实施教育，并为其学习提供便利和帮助。

普通小学、初级中等学校，必须招收能适应其学习生活的残疾儿童、少年入学；普通高级中等学校、中等职业学校和高等学校，必须招收符合国家规定的录取要求的残疾考生入学，不得因其残疾而拒绝招收；拒绝招收的，当事人或者其亲属、监护人可以要求有关部门处理，有关部门应当责令该学校招收。

普通幼儿教育机构应当接收能适应其生活的残疾幼儿。

第二十六条 残疾幼儿教育机构、普通幼儿教育机构附设的残疾儿童班、特殊教育机构的学前班、残疾儿童福利机构、残疾儿童家庭，对残疾儿童实施学前教育。

初级中等以下特殊教育机构和普通教育机构附设的特殊教育班，对不具有接受普通教育能力的残疾儿童、少年实施义务教育。

高级中等以上特殊教育机构、普通教育机构附设的特殊教育班和残疾人职业教育机构，对符合条件的残疾人实施高级中等以上文化教育、职业教育。

提供特殊教育的机构应当具备适合残疾人学习、康复、生活特点的场所和设施。

第二十七条 政府有关部门、残疾人所在单位和有关社会组织应当对残疾人开展扫除文盲、职业培训、创业培训和其他成人教育，鼓励残疾人自学成才。

第二十八条 国家有计划地举办各级各类特殊教育师范院校、专业，在普通师范院校附设特殊教育班，培养、培训特殊教育师资。普通师范院校开设特殊教育课程或者讲授有关内容，使普通教师掌握必要的特殊教育知识。

特殊教育教师和手语翻译，享受特殊教育津贴。

第二十九条 政府有关部门应当组织和扶持盲文、手语的研究和应用，特殊教育教材的编写和出版，特殊教育教学用具及其他辅助用品的研制、生产和供应。

第四章 劳动就业

第三十条 国家保障残疾人劳动的权利。

各级人民政府应当对残疾人劳动就业统筹规划，为残疾人创造劳动就业条件。

第三十一条 残疾人劳动就业，实行集中与分散相结合的方针，采取优惠政策和扶持保护措施，通过多渠道、多层次、多种形式，使残疾人劳动就业逐步普及、稳定、合理。

第三十二条 政府和社会举办残疾人福利企业、盲人按摩机构和其他福利性单位，集中安排残疾人就业。

第三十三条 国家实行按比例安排残疾人就业制度。

国家机关、社会团体、企业事业单位、民办非企业单位应当按照规定的比例安排残疾人就业，并为其选择适当的工种和岗位。达不到规定比例的，按照国家有关规定履行保障残疾人就业义务。国家鼓励用人单位超过规定比例安排残疾人就业。

残疾人就业的具体办法由国务院规定。

第三十四条 国家鼓励和扶持残疾人自主择业、自主创业。

第三十五条 地方各级人民政府和农村基层组织，应当组织和扶持农村残疾人从事种植业、养殖业、手工业和其他形式的生产劳动。

第三十六条 国家对安排残疾人就业达到、超过规定比例或者集中安排残疾人就业的用人单位和从事个体经营的残疾人，依法给予税收优惠，并在生产、经营、技术、资金、物资、场地等方面给予扶持。国家对从事个体经营的残疾人，免除行政事业性收费。

县级以上地方人民政府及其有关部门应当确定适合残疾人生产、经营的产品、项目，优先安排残疾人福利性单位生产或者经营，并根据残疾人福利性单位的生产特点确定某些产品由其专产。

政府采购，在同等条件下应当优先购买残疾人福利性单位的产品或者服务。

地方各级人民政府应当开发适合残疾人就业的公益性岗位。

对申请从事个体经营的残疾人，有关部门应当优先核发营业执照。

对从事各类生产劳动的农村残疾人，有关部门应当在生产服务、技术指导、农用物资供应、农副产品购销和信贷等方面，给予帮助。

第三十七条 政府有关部门设立的公共就业服务机构，应当为残疾人免费提供就业服务。

残疾人联合会举办的残疾人就业服务机构，应当组织开展免费的职业指导、职业介绍和职业培训，为残疾人就业和用人单位招用残疾人提供服务和帮助。

第三十八条 国家保护残疾人福利性单位的财产所有权和经营自主权，其合法权益不受侵犯。

在职工的招用、转正、晋级、职称评定、劳动报酬、生活福利、休息休假、社会保险等方面，不得歧视残疾人。

残疾职工所在单位应当根据残疾职工的特点，提供适当的劳动条件和劳动保护，并根据实际需要对劳动场所、劳动设备和生活设施进行改造。

国家采取措施，保障盲人保健和医疗按摩人员从业的合法权益。

第三十九条 残疾职工所在单位应当对残疾职工进行岗位技术培训，提高其劳动技能和技术水平。

第四十条 任何单位和个人不得以暴力、威胁或者非法限制人身自由的手段强迫残疾人劳动。

第五章 文化生活

第四十一条 国家保障残疾人享有平等参与

文化生活的权利。

各级人民政府和有关部门鼓励、帮助残疾人参加各种文化、体育、娱乐活动,积极创造条件,丰富残疾人精神文化生活。

第四十二条 残疾人文化、体育、娱乐活动应当面向基层,融于社会公共文化生活,适应各类残疾人的不同特点和需要,使残疾人广泛参与。

第四十三条 政府和社会采取下列措施,丰富残疾人的精神文化生活:

(一)通过广播、电影、电视、报刊、图书、网络等形式,及时宣传报道残疾人的工作、生活等情况,为残疾人服务;

(二)组织和扶持盲文读物、盲人有声读物及其他残疾人读物的编写和出版,根据盲人的实际需要,在公共图书馆设立盲文读物、盲人有声读物图书室;

(三)开办电视手语节目,开办残疾人专题广播栏目,推进电视栏目、影视作品加配字幕、解说;

(四)组织和扶持残疾人开展群众性文化、体育、娱乐活动,举办特殊艺术演出和残疾人体育运动会,参加国际性比赛和交流;

(五)文化、体育、娱乐和其他公共活动场所,为残疾人提供方便和照顾。有计划地兴办残疾人活动场所。

第四十四条 政府和社会鼓励、帮助残疾人从事文学、艺术、教育、科学、技术和其他有益于人民的创造性劳动。

第四十五条 政府和社会促进残疾人与其他公民之间的相互理解和交流,宣传残疾人事业和扶助残疾人的事迹,弘扬残疾人自强不息的精神,倡导团结、友爱、互助的社会风尚。

第六章 社会保障

第四十六条 国家保障残疾人享有各项社会保障的权利。

政府和社会采取措施,完善对残疾人的社会保障,保障和改善残疾人的生活。

第四十七条 残疾人及其所在单位应当按照国家有关规定参加社会保险。

残疾人所在城乡基层群众性自治组织、残疾人家庭,应当鼓励、帮助残疾人参加社会保险。

对生活确有困难的残疾人,按照国家有关规定给予社会保险补贴。

第四十八条 各级人民政府对生活确有困难的残疾人,通过多种渠道给予生活、教育、住房和其他社会救助。

县级以上地方人民政府对享受最低生活保障待遇后生活仍有特别困难的残疾人家庭,应当采取其他措施保障其基本生活。

各级人民政府对贫困残疾人的基本医疗、康复服务、必要的辅助器具的配置和更换,应当按照规定给予救助。

对生活不能自理的残疾人,地方各级人民政府应当根据情况给予护理补贴。

第四十九条 地方各级人民政府对无劳动能力、无扶养人或者扶养人不具有扶养能力、无生活来源的残疾人,按照规定予以供养。

国家鼓励和扶持社会力量举办残疾人供养、托养机构。

残疾人供养、托养机构及其工作人员不得侮辱、虐待、遗弃残疾人。

第五十条 县级以上人民政府对残疾人搭乘公共交通工具,应当根据实际情况给予便利和优惠。残疾人可以免费携带随身必备的辅助器具。

盲人持有效证件免费乘坐市内公共汽车、电车、地铁、渡船等公共交通工具。盲人读物邮件免费寄递。

国家鼓励和支持提供电信、广播电视服务的单位对盲人、听力残疾人、言语残疾人给予优惠。

各级人民政府应当逐步增加对残疾人的其他照顾和扶助。

第五十一条 政府有关部门和残疾人组织应当建立和完善社会各界为残疾人捐助和服务的渠道,鼓励和支持发展残疾人慈善事业,开展志愿者助残等公益活动。

第七章 无障碍环境

第五十二条 国家和社会应当采取措施,逐步完善无障碍设施,推进信息交流无障碍,为残疾人平等参与社会生活创造无障碍环境。

各级人民政府应当对无障碍环境建设进行统筹规划,综合协调,加强监督管理。

第五十三条 无障碍设施的建设和改造,应当符合残疾人的实际需要。

新建、改建和扩建建筑物、道路、交通设施等,应当符合国家有关无障碍设施工程建设标准。

各级人民政府和有关部门应当按照国家无障碍设施工程建设规定,逐步推进已建成设施的改造，优先推进与残疾人日常工作、生活密切相关的公共服务设施的改造。

对无障碍设施应当及时维修和保护。

第五十四条 国家采取措施，为残疾人信息交流无障碍创造条件。

各级人民政府和有关部门应当采取措施，为残疾人获取公共信息提供便利。

国家和社会研制、开发适合残疾人使用的信息交流技术和产品。

国家举办的各类升学考试、职业资格考试和任职考试，有盲人参加的，应当为盲人提供盲文试卷、电子试卷或者由专门的工作人员予以协助。

第五十五条 公共服务机构和公共场所应当创造条件，为残疾人提供语音和文字提示、手语、盲文等信息交流服务，并提供优先服务和辅助性服务。

公共交通工具应当逐步达到无障碍设施的要求。有条件的公共停车场应当为残疾人设置专用停车位。

第五十六条 组织选举的部门应当为残疾人参加选举提供便利；有条件的，应当为盲人提供盲文选票。

第五十七条 国家鼓励和扶持无障碍辅助设备、无障碍交通工具的研制和开发。

第五十八条 盲人携带导盲犬出入公共场所，应当遵守国家有关规定。

第八章 法律责任

第五十九条 残疾人的合法权益受到侵害的，可以向残疾人组织投诉，残疾人组织应当维护残疾人的合法权益，有权要求有关部门或者单位查处。有关部门或者单位应当依法查处，并予以答复。

残疾人组织对残疾人通过诉讼维护其合法权益需要帮助的，应当给予支持。

残疾人组织对侵害特定残疾人群体利益的行为，有权要求有关部门依法查处。

第六十条 残疾人的合法权益受到侵害的，有权要求有关部门依法处理，或者依法向仲裁机构申请仲裁，或者依法向人民法院提起诉讼。

对有经济困难或者其他原因确需法律援助或者司法救助的残疾人，当地法律援助机构或者人民法院应当给予帮助，依法为其提供法律援助或者司法救助。

第六十一条 违反本法规定，对侵害残疾人权益行为的申诉、控告、检举，推诿、拖延、压制不予查处，或者对提出申诉、控告、检举的人进行打击报复的，由其所在单位、主管部门或者上级机关责令改正，并依法对直接负责的主管人员和其他直接责任人员给予处分。

国家工作人员未依法履行职责，对侵害残疾人权益的行为未及时制止或者未给予受害残疾人必要帮助，造成严重后果的，由其所在单位或者上级机关依法对直接负责的主管人员和其他直接责任人员给予处分。

第六十二条 违反本法规定，通过大众传播媒介或者其他方式贬低损害残疾人人格的，由文化、广播电视、电影、新闻出版或者其他有关主管部门依据各自的职权责令改正，并依法给予行政处罚。

第六十三条 违反本法规定，有关教育机构拒不接收残疾学生入学，或者在国家规定的录取要求以外附加条件限制残疾学生就学的，由有关主管部门责令改正，并依法对直接负责的主管人员和其他直接责任人员给予处分。

第六十四条 违反本法规定，在职工的招用等方面歧视残疾人的，由有关主管部门责令改正；残疾人劳动者可以依法向人民法院提起诉讼。

第六十五条 违反本法规定，供养、托养机构及其工作人员侮辱、虐待、遗弃残疾人的，对直接负责的主管人员和其他直接责任人员依法给予处分；构成违反治安管理行为的，依法给予行政处罚。

第六十六条 违反本法规定，新建、改建和扩建建筑物、道路、交通设施，不符合国家有关无障碍设施工程建设标准，或者对无障碍设施未进行及时维修和保护造成后果的，由有关主管部门依法处理。

第六十七条 违反本法规定，侵害残疾人的合法权益，其他法律、法规规定行政处罚的，从其规定；造成财产损失或者其他损害的，依法承担民事责任；构成犯罪的，依法追究刑事责任。

第九章 附 则

第六十八条 本法自2008年7月1日起施行。

中华人民共和国妇女权益保障法

（1992 年 4 月 3 日第七届全国人民代表大会第五次会议通过　根据 2005 年 8 月 28 日第十届全国人民代表大会常务委员会第十七次会议《关于修改〈中华人民共和国妇女权益保障法〉的决定》第一次修正　根据 2018 年 10 月 26 日第十三届全国人民代表大会常务委员会第六次会议《关于修改〈中华人民共和国野生动物保护法〉等十五部法律的决定》第二次修正）

目　录

第一章　总　　则

第二章　政治权利

第三章　文化教育权益

第四章　劳动和社会保障权益

第五章　财产权益

第六章　人身权利

第七章　婚姻家庭权益

第八章　法律责任

第九章　附　　则

第一章　总　　则

第一条　为了保障妇女的合法权益，促进男女平等，充分发挥妇女在社会主义现代化建设中的作用，根据宪法和我国的实际情况，制定本法。

第二条　妇女在政治的、经济的、文化的、社会的和家庭的生活等各方面享有同男子平等的权利。

实行男女平等是国家的基本国策。国家采取必要措施，逐步完善保障妇女权益的各项制度，消除对妇女一切形式的歧视。

国家保护妇女依法享有的特殊权益。

禁止歧视、虐待、遗弃、残害妇女。

第三条　国务院制定中国妇女发展纲要，并将其纳入国民经济和社会发展规划。

县级以上地方各级人民政府根据中国妇女发展纲要，制定本行政区域的妇女发展规划，并将其纳入国民经济和社会发展计划。

第四条　保障妇女的合法权益是全社会的共同责任。国家机关、社会团体、企业事业单位、城乡基层群众性自治组织，应当依照本法和有关法律的规定，保障妇女的权益。

国家采取有效措施，为妇女依法行使权利提供必要的条件。

第五条　国家鼓励妇女自尊、自信、自立、自强，运用法律维护自身合法权益。

妇女应当遵守国家法律，尊重社会公德，履行法律所规定的义务。

第六条　各级人民政府应当重视和加强妇女权益的保障工作。

县级以上人民政府负责妇女儿童工作的机构，负责组织、协调、指导、督促有关部门做好妇女权益的保障工作。

县级以上人民政府有关部门在各自的职责范围内做好妇女权益的保障工作。

第七条　中华全国妇女联合会和地方各级妇女联合会依照法律和中华全国妇女联合会章程，代表和维护各族各界妇女的利益，做好维护妇女权益的工作。

工会、共产主义青年团，应当在各自的工作范围内，做好维护妇女权益的工作。

第八条　对保障妇女合法权益成绩显著的组织和个人，各级人民政府和有关部门给予表彰和奖励。

第二章　政治权利

第九条　国家保障妇女享有与男子平等的政治权利。

第十条　妇女有权通过各种途径和形式，管理国家事务，管理经济和文化事业，管理社会事务。

制定法律、法规、规章和公共政策，对涉及妇女权益的重大问题，应当听取妇女联合会的意见。

妇女和妇女组织有权向各级国家机关提出妇女权益保障方面的意见和建议。

第十一条　妇女享有与男子平等的选举权和被选举权。

全国人民代表大会和地方各级人民代表大会

的代表中，应当有适当数量的妇女代表。国家采取措施，逐步提高全国人民代表大会和地方各级人民代表大会的妇女代表的比例。

居民委员会、村民委员会成员中，妇女应当有适当的名额。

第十二条　国家积极培养和选拔女干部。

国家机关、社会团体、企业事业单位培养、选拔和任用干部，必须坚持男女平等的原则，并有适当数量的妇女担任领导成员。

国家重视培养和选拔少数民族女干部。

第十三条　中华全国妇女联合会和地方各级妇女联合会代表妇女积极参与国家和社会事务的民主决策、民主管理和民主监督。

各级妇女联合会及其团体会员，可以向国家机关、社会团体、企业事业单位推荐女干部。

第十四条　对于有关保障妇女权益的批评或者合理建议，有关部门应当听取和采纳；对于有关侵害妇女权益的申诉、控告和检举，有关部门必须查清事实，负责处理，任何组织或者个人不得压制或者打击报复。

第三章　文化教育权益

第十五条　国家保障妇女享有与男子平等的文化教育权利。

第十六条　学校和有关部门应当执行国家有关规定，保障妇女在入学、升学、毕业分配、授予学位、派出留学等方面享有与男子平等的权利。

学校在录取学生时，除特殊专业外，不得以性别为由拒绝录取女性或者提高对女性的录取标准。

第十七条　学校应当根据女性青少年的特点，在教育、管理、设施等方面采取措施，保障女性青少年身心健康发展。

第十八条　父母或者其他监护人必须履行保障适龄女性儿童少年接受义务教育的义务。

除因疾病或者其他特殊情况经当地人民政府批准的以外，对不送适龄女性儿童少年入学的父母或者其他监护人，由当地人民政府予以批评教育，并采取有效措施，责令送适龄女性儿童少年入学。

政府、社会、学校应当采取有效措施，解决适龄女性儿童少年就学存在的实际困难，并创造条件，保证贫困、残疾和流动人口中的适龄女性儿童少年完成义务教育。

第十九条　各级人民政府应当依照规定把扫除妇女中的文盲、半文盲工作，纳入扫盲和扫盲后继续教育规划，采取符合妇女特点的组织形式和工作方法，组织、监督有关部门具体实施。

第二十条　各级人民政府和有关部门应当采取措施，根据城镇和农村妇女的需要，组织妇女接受职业教育和实用技术培训。

第二十一条　国家机关、社会团体和企业事业单位应当执行国家有关规定，保障妇女从事科学、技术、文学、艺术和其他文化活动，享有与男子平等的权利。

第四章　劳动和社会保障权益

第二十二条　国家保障妇女享有与男子平等的劳动权利和社会保障权利。

第二十三条　各单位在录用职工时，除不适合妇女的工种或者岗位外，不得以性别为由拒绝录用妇女或者提高对妇女的录用标准。

各单位在录用女职工时，应当依法与其签订劳动（聘用）合同或者服务协议，劳动（聘用）合同或者服务协议中不得规定限制女职工结婚、生育的内容。

禁止录用未满十六周岁的女性未成年人，国家另有规定的除外。

第二十四条　实行男女同工同酬。妇女在享受福利待遇方面享有与男子平等的权利。

第二十五条　在晋职、晋级、评定专业技术职务等方面，应当坚持男女平等的原则，不得歧视妇女。

第二十六条　任何单位均应根据妇女的特点，依法保护妇女在工作和劳动时的安全和健康，不得安排不适合妇女从事的工作和劳动。

妇女在经期、孕期、产期、哺乳期受特殊保护。

第二十七条　任何单位不得因结婚、怀孕、产假、哺乳等情形，降低女职工的工资，辞退女职工，单方解除劳动（聘用）合同或者服务协议。但是，女职工要求终止劳动（聘用）合同或者服务协议的除外。

各单位在执行国家退休制度时，不得以性别为由歧视妇女。

第二十八条　国家发展社会保险、社会救助、社会福利和医疗卫生事业，保障妇女享有社会保险、社会救助、社会福利和卫生保健等权益。

国家提倡和鼓励为帮助妇女开展的社会公益活动。

第二十九条　国家推行生育保险制度，建立健全与生育相关的其他保障制度。

地方各级人民政府和有关部门应当按照有关规定为贫困妇女提供必要的生育救助。

第五章 财产权益

第三十条 国家保障妇女享有与男子平等的财产权利。

第三十一条 在婚姻、家庭共有财产关系中，不得侵害妇女依法享有的权益。

第三十二条 妇女在农村土地承包经营、集体经济组织收益分配、土地征收或者征用补偿费使用以及宅基地使用等方面，享有与男子平等的权利。

第三十三条 任何组织和个人不得以妇女未婚、结婚、离婚、丧偶等为由，侵害妇女在农村集体经济组织中的各项权益。

因结婚男方到女方住所落户的，男方和子女享有与所在地农村集体经济组织成员平等的权益。

第三十四条 妇女享有的与男子平等的财产继承权受法律保护。在同一顺序法定继承人中，不得歧视妇女。

丧偶妇女有权处分继承的财产，任何人不得干涉。

第三十五条 丧偶妇女对公、婆尽了主要赡养义务的，作为公、婆的第一顺序法定继承人，其继承权不受子女代位继承的影响。

第六章 人身权利

第三十六条 国家保障妇女享有与男子平等的人身权利。

第三十七条 妇女的人身自由不受侵犯。禁止非法拘禁和以其他非法手段剥夺或者限制妇女的人身自由；禁止非法搜查妇女的身体。

第三十八条 妇女的生命健康权不受侵犯。禁止溺、弃、残害女婴；禁止歧视、虐待生育女婴的妇女和不育的妇女；禁止用迷信、暴力等手段残害妇女；禁止虐待、遗弃病、残妇女和老年妇女。

第三十九条 禁止拐卖、绑架妇女；禁止收买被拐卖、绑架的妇女；禁止阻碍解救被拐卖、绑架的妇女。

各级人民政府和公安、民政、劳动和社会保障、卫生等部门按照其职责及时采取措施解救被拐卖、绑架的妇女，做好善后工作，妇女联合会协助和配合做好有关工作。任何人不得歧视被拐卖、绑架的妇女。

第四十条 禁止对妇女实施性骚扰。受害妇女有权向单位和有关机关投诉。

第四十一条 禁止卖淫、嫖娼。

禁止组织、强迫、引诱、容留、介绍妇女卖淫或者对妇女进行猥亵活动。

禁止组织、强迫、引诱妇女进行淫秽表演活动。

第四十二条 妇女的名誉权、荣誉权、隐私权、肖像权等人格权受法律保护。

禁止用侮辱、诽谤等方式损害妇女的人格尊严。禁止通过大众传播媒介或者其他方式贬低损害妇女人格。未经本人同意，不得以营利为目的，通过广告、商标、展览橱窗、报纸、期刊、图书、音像制品、电子出版物、网络等形式使用妇女肖像。

第七章 婚姻家庭权益

第四十三条 国家保障妇女享有与男子平等的婚姻家庭权利。

第四十四条 国家保护妇女的婚姻自主权。禁止干涉妇女的结婚、离婚自由。

第四十五条 女方在怀孕期间、分娩后一年内或者终止妊娠后六个月内，男方不得提出离婚。女方提出离婚的，或者人民法院认为确有必要受理男方离婚请求的，不在此限。

第四十六条 禁止对妇女实施家庭暴力。

国家采取措施，预防和制止家庭暴力。

公安、民政、司法行政等部门以及城乡基层群众性自治组织、社会团体，应当在各自的职责范围内预防和制止家庭暴力，依法为受害妇女提供救助。

第四十七条 妇女对依照法律规定的夫妻共同财产享有与其配偶平等的占有、使用、收益和处分的权利，不受双方收入状况的影响。

夫妻书面约定婚姻关系存续期间所得的财产归各自所有，女方因抚育子女、照料老人、协助男方工作等承担较多义务的，有权在离婚时要求男方予以补偿。

第四十八条 夫妻共有的房屋，离婚时，分割住房由双方协议解决；协议不成的，由人民法院根据双方的具体情况，按照照顾子女和女方权益的原则判决。夫妻双方另有约定的除外。

夫妻共同租用的房屋，离婚时，女方的住房应当按照照顾子女和女方权益的原则解决。

第四十九条　父母双方对未成年子女享有平等的监护权。

父亲死亡、丧失行为能力或者有其他情形不能担任未成年子女的监护人的，母亲的监护权任何人不得干涉。

第五十条　离婚时，女方因实施绝育手术或者其他原因丧失生育能力的，处理子女抚养问题，应在有利子女权益的条件下，照顾女方的合理要求。

第五十一条　妇女有按照国家有关规定生育子女的权利，也有不生育的自由。

育龄夫妻双方按照国家有关规定计划生育，有关部门应当提供安全、有效的避孕药具和技术，保障实施节育手术的妇女的健康和安全。

国家实行婚前保健、孕产期保健制度，发展母婴保健事业。各级人民政府应当采取措施，保障妇女享有计划生育技术服务，提高妇女的生殖健康水平。

第八章　法律责任

第五十二条　妇女的合法权益受到侵害的，有权要求有关部门依法处理，或者依法向仲裁机构申请仲裁，或者向人民法院起诉。

对有经济困难需要法律援助或者司法救助的妇女，当地法律援助机构或者人民法院应当给予帮助，依法为其提供法律援助或者司法救助。

第五十三条　妇女的合法权益受到侵害的，可以向妇女组织投诉，妇女组织应当维护被侵害妇女的合法权益，有权要求并协助有关部门或者单位查处。有关部门或者单位应当依法查处，并予以答复。

第五十四条　妇女组织对于受害妇女进行诉讼需要帮助的，应当给予支持。

妇女联合会或者相关妇女组织对侵害特定妇女群体利益的行为，可以通过大众传播媒介揭露、批评，并有权要求有关部门依法查处。

第五十五条　违反本法规定，以妇女未婚、结婚、离婚、丧偶等为由，侵害妇女在农村集体经济组织中的各项权益的，或者因结婚男方到女方住所落户，侵害男方和子女享有与所在地农村集体经济组织成员平等权益的，由乡镇人民政府依法调解；受害人也可以依法向农村土地承包仲裁机构申请仲裁，或者向人民法院起诉，人民法院应当依法受理。

第五十六条　违反本法规定，侵害妇女的合法权益，其他法律、法规规定行政处罚的，从其规定；造成财产损失或者其他损害的，依法承担民事责任；构成犯罪的，依法追究刑事责任。

第五十七条　违反本法规定，对侵害妇女权益的申诉、控告、检举，推诿、拖延、压制不予查处，或者对提出申诉、控告、检举的人进行打击报复的，由其所在单位、主管部门或者上级机关责令改正，并依法对直接负责的主管人员和其他直接责任人员给予行政处分。

国家机关及其工作人员未依法履行职责，对侵害妇女权益的行为未及时制止或者未给予受害妇女必要帮助，造成严重后果的，由其所在单位或者上级机关依法对直接负责的主管人员和其他直接责任人员给予行政处分。

违反本法规定，侵害妇女文化教育权益、劳动和社会保障权益、人身和财产权益以及婚姻家庭权益的，由其所在单位、主管部门或者上级机关责令改正，直接负责的主管人员和其他直接责任人员属于国家工作人员的，由其所在单位或者上级机关依法给予行政处分。

第五十八条　违反本法规定，对妇女实施性骚扰或者家庭暴力，构成违反治安管理行为的，受害人可以提请公安机关对违法行为人依法给予行政处罚，也可以依法向人民法院提起民事诉讼。

第五十九条　违反本法规定，通过大众传播媒介或者其他方式贬低损害妇女人格的，由文化、广播电视、电影、新闻出版或者其他有关部门依据各自的职权责令改正，并依法给予行政处罚。

第九章　附　　则

第六十条　省、自治区、直辖市人民代表大会常务委员会可以根据本法制定实施办法。

民族自治地方的人民代表大会，可以依据本法规定的原则，结合当地民族妇女的具体情况，制定变通的或者补充的规定。自治区的规定，报全国人民代表大会常务委员会批准后生效；自治州、自治县的规定，报省、自治区、直辖市人民代表大会常务委员会批准后生效，并报全国人民代表大会常务委员会备案。

第六十一条　本法自1992年10月1日起施行。

中华人民共和国广告法

（1994 年 10 月 27 日第八届全国人民代表大会常务委员会第十次会议通过　2015 年 4 月 24 日第十二届全国人民代表大会常务委员会第十四次会议修订　根据 2018 年 10 月 26 日第十三届全国人民代表大会常务委员会第六次会议《关于修改〈中华人民共和国野生动物保护法〉等十五部法律的决定》修正）

目　录

第一章　总　则
第二章　广告内容准则
第三章　广告行为规范
第四章　监督管理
第五章　法律责任
第六章　附　则

第一章　总　则

第一条　为了规范广告活动，保护消费者的合法权益，促进广告业的健康发展，维护社会经济秩序，制定本法。

第二条　在中华人民共和国境内，商品经营者或者服务提供者通过一定媒介和形式直接或者间接地介绍自己所推销的商品或者服务的商业广告活动，适用本法。

本法所称广告主，是指为推销商品或者服务，自行或者委托他人设计、制作、发布广告的自然人、法人或者其他组织。

本法所称广告经营者，是指接受委托提供广告设计、制作、代理服务的自然人、法人或者其他组织。

本法所称广告发布者，是指为广告主或者广告主委托的广告经营者发布广告的自然人、法人或者其他组织。

本法所称广告代言人，是指广告主以外的，在广告中以自己的名义或者形象对商品、服务作推荐、证明的自然人、法人或者其他组织。

第三条　广告应当真实、合法，以健康的表现形式表达广告内容，符合社会主义精神文明建设和弘扬中华民族优秀传统文化的要求。

第四条　广告不得含有虚假或者引人误解的内容，不得欺骗、误导消费者。

广告主应当对广告内容的真实性负责。

第五条　广告主、广告经营者、广告发布者从事广告活动，应当遵守法律、法规，诚实信用，公平竞争。

第六条　国务院市场监督管理部门主管全国的广告监督管理工作，国务院有关部门在各自的职责范围内负责广告管理相关工作。

县级以上地方市场监督管理部门主管本行政区域的广告监督管理工作，县级以上地方人民政府有关部门在各自的职责范围内负责广告管理相关工作。

第七条　广告行业组织依照法律、法规和章程的规定，制定行业规范，加强行业自律，促进行业发展，引导会员依法从事广告活动，推动广告行业诚信建设。

第二章　广告内容准则

第八条　广告中对商品的性能、功能、产地、用途、质量、成分、价格、生产者、有效期限、允诺等或者对服务的内容、提供者、形式、质量、价格、允诺等有表示的，应当准确、清楚、明白。

广告中表明推销的商品或者服务附带赠送的，应当明示所附带赠送商品或者服务的品种、规格、数量、期限和方式。

法律、行政法规规定广告中应当明示的内容，应当显著、清晰表示。

第九条　广告不得有下列情形：

（一）使用或者变相使用中华人民共和国的国旗、国歌、国徽，军旗、军歌、军徽；

（二）使用或者变相使用国家机关、国家机关工作人员的名义或者形象；

（三）使用“国家级”、“最高级”、“最佳”等用语；

（四）损害国家的尊严或者利益，泄露国家秘密；

（五）妨碍社会安定，损害社会公共利益；

（六）危害人身、财产安全，泄露个人隐私；

（七）妨碍社会公共秩序或者违背社会良好

风尚；

（八）含有淫秽、色情、赌博、迷信、恐怖、暴力的内容；

（九）含有民族、种族、宗教、性别歧视的内容；

（十）妨碍环境、自然资源或者文化遗产保护；

（十一）法律、行政法规规定禁止的其他情形。

第十条 广告不得损害未成年人和残疾人的身心健康。

第十一条 广告内容涉及的事项需要取得行政许可的，应当与许可的内容相符合。

广告使用数据、统计资料、调查结果、文摘、引用语等引证内容的，应当真实、准确，并表明出处。引证内容有适用范围和有效期限的，应当明确表示。

第十二条 广告中涉及专利产品或者专利方法的，应当标明专利号和专利种类。

未取得专利权的，不得在广告中谎称取得专利权。

禁止使用未授予专利权的专利申请和已经终止、撤销、无效的专利作广告。

第十三条 广告不得贬低其他生产经营者的商品或者服务。

第十四条 广告应当具有可识别性，能够使消费者辨明其为广告。

大众传播媒介不得以新闻报道形式变相发布广告。通过大众传播媒介发布的广告应当显著标明“广告”，与其他非广告信息相区别，不得使消费者产生误解。

广播电台、电视台发布广告，应当遵守国务院有关部门关于时长、方式的规定，并应当对广告时长作出明显提示。

第十五条 麻醉药品、精神药品、医疗用毒性药品、放射性药品等特殊药品，药品类易制毒化学品，以及戒毒治疗的药品、医疗器械和治疗方法，不得作广告。

前款规定以外的处方药，只能在国务院卫生行政部门和国务院药品监督管理部门共同指定的医学、药学专业刊物上作广告。

第十六条 医疗、药品、医疗器械广告不得含有下列内容：

（一）表示功效、安全性的断言或者保证；

（二）说明治愈率或者有效率；

（三）与其他药品、医疗器械的功效和安全性或者其他医疗机构比较；

（四）利用广告代言人作推荐、证明；

（五）法律、行政法规规定禁止的其他内容。

药品广告的内容不得与国务院药品监督管理部门批准的说明书不一致，并应当显著标明禁忌、不良反应。处方药广告应当显著标明“本广告仅供医学药学专业人士阅读”，非处方药广告应当显著标明“请按药品说明书或者在药师指导下购买和使用”。

推荐给个人自用的医疗器械的广告，应当显著标明“请仔细阅读产品说明书或者在医务人员的指导下购买和使用”。医疗器械产品注册证明文件中有禁忌内容、注意事项的，广告中应当显著标明“禁忌内容或者注意事项详见说明书”。

第十七条 除医疗、药品、医疗器械广告外，禁止其他任何广告涉及疾病治疗功能，并不得使用医疗用语或者易使推销的商品与药品、医疗器械相混淆的用语。

第十八条 保健食品广告不得含有下列内容：

（一）表示功效、安全性的断言或者保证；

（二）涉及疾病预防、治疗功能；

（三）声称或者暗示广告商品为保障健康所必需；

（四）与药品、其他保健食品进行比较；

（五）利用广告代言人作推荐、证明；

（六）法律、行政法规规定禁止的其他内容。

保健食品广告应当显著标明“本品不能代替药物”。

第十九条 广播电台、电视台、报刊音像出版单位、互联网信息服务提供者不得以介绍健康、养生知识等形式变相发布医疗、药品、医疗器械、保健食品广告。

第二十条 禁止在大众传播媒介或者公共场所发布声称全部或者部分替代母乳的婴儿乳制品、饮料和其他食品广告。

第二十一条 农药、兽药、饲料和饲料添加剂广告不得含有下列内容：

（一）表示功效、安全性的断言或者保证；

（二）利用科研单位、学术机构、技术推广机构、行业协会或者专业人士、用户的名义或者形象作推荐、证明；

（三）说明有效率；

（四）违反安全使用规程的文字、语言或者画面；

（五）法律、行政法规规定禁止的其他内容。

第二十二条 禁止在大众传播媒介或者公共场所、公共交通工具、户外发布烟草广告。禁止向未成年人发送任何形式的烟草广告。

禁止利用其他商品或者服务的广告、公益广

告，宣传烟草制品名称、商标、包装、装潢以及类似内容。

烟草制品生产者或者销售者发布的迁址、更名、招聘等启事中，不得含有烟草制品名称、商标、包装、装潢以及类似内容。

第二十三条　酒类广告不得含有下列内容：

（一）诱导、怂恿饮酒或者宣传无节制饮酒；

（二）出现饮酒的动作；

（三）表现驾驶车、船、飞机等活动；

（四）明示或者暗示饮酒有消除紧张和焦虑、增加体力等功效。

第二十四条　教育、培训广告不得含有下列内容：

（一）对升学、通过考试、获得学位学历或者合格证书，或者对教育、培训的效果作出明示或者暗示的保证性承诺；

（二）明示或者暗示有相关考试机构或者其工作人员、考试命题人员参与教育、培训；

（三）利用科研单位、学术机构、教育机构、行业协会、专业人士、受益者的名义或者形象作推荐、证明。

第二十五条　招商等有投资回报预期的商品或者服务广告，应当对可能存在的风险以及风险责任承担有合理提示或者警示，并不得含有下列内容：

（一）对未来效果、收益或者与其相关的情况作出保证性承诺，明示或者暗示保本、无风险或者保收益等，国家另有规定的除外；

（二）利用学术机构、行业协会、专业人士、受益者的名义或者形象作推荐、证明。

第二十六条　房地产广告，房源信息应当真实，面积应当表明为建筑面积或者套内建筑面积，并不得含有下列内容：

（一）升值或者投资回报的承诺；

（二）以项目到达某一具体参照物的所需时间表示项目位置；

（三）违反国家有关价格管理的规定；

（四）对规划或者建设中的交通、商业、文化教育设施以及其他市政条件作误导宣传。

第二十七条　农作物种子、林木种子、草种子、种畜禽、水产苗种和种养殖广告关于品种名称、生产性能、生长量或者产量、品质、抗性、特殊使用价值、经济价值、适宜种植或者养殖的范围和条件等方面的表述应当真实、清楚、明白，并不得含有下列内容：

（一）作科学上无法验证的断言；

（二）表示功效的断言或者保证；

（三）对经济效益进行分析、预测或者作保证性承诺；

（四）利用科研单位、学术机构、技术推广机构、行业协会或者专业人士、用户的名义或者形象作推荐、证明。

第二十八条　广告以虚假或者引人误解的内容欺骗、误导消费者的，构成虚假广告。

广告有下列情形之一的，为虚假广告：

（一）商品或者服务不存在的；

（二）商品的性能、功能、产地、用途、质量、规格、成分、价格、生产者、有效期限、销售状况、曾获荣誉等信息，或者服务的内容、提供者、形式、质量、价格、销售状况、曾获荣誉等信息，以及与商品或者服务有关的允诺等信息与实际情况不符，对购买行为有实质性影响的；

（三）使用虚构、伪造或者无法验证的科研成果、统计资料、调查结果、文摘、引用语等信息作证明材料的；

（四）虚构使用商品或者接受服务的效果的；

（五）以虚假或者引人误解的内容欺骗、误导消费者的其他情形。

第三章　广告行为规范

第二十九条　广播电台、电视台、报刊出版单位从事广告发布业务的，应当设有专门从事广告业务的机构，配备必要的人员，具有与发布广告相适应的场所、设备，并向县级以上地方市场监督管理部门办理广告发布登记。

第三十条　广告主、广告经营者、广告发布者之间在广告活动中应当依法订立书面合同。

第三十一条　广告主、广告经营者、广告发布者不得在广告活动中进行任何形式的不正当竞争。

第三十二条　广告主委托设计、制作、发布广告，应当委托具有合法经营资格的广告经营者、广告发布者。

第三十三条　广告主或者广告经营者在广告中使用他人名义或者形象的，应当事先取得其书面同意；使用无民事行为能力人、限制民事行为能力人的名义或者形象的，应当事先取得其监护人的书面同意。

第三十四条　广告经营者、广告发布者应当按照国家有关规定，建立、健全广告业务的承接登记、审核、档案管理制度。

广告经营者、广告发布者依据法律、行政法规查验有关证明文件，核对广告内容。对内容不符或者证明文件不全的广告，广告经营者不得提供设计、制作、代理服务，广告发布者不得发布。

第三十五条　广告经营者、广告发布者应当公布其收费标准和收费办法。

第三十六条　广告发布者向广告主、广告经营者提供的覆盖率、收视率、点击率、发行量等资料应当真实。

第三十七条　法律、行政法规规定禁止生产、销售的产品或者提供的服务，以及禁止发布广告的商品或者服务，任何单位或者个人不得设计、制作、代理、发布广告。

第三十八条　广告代言人在广告中对商品、服务作推荐、证明，应当依据事实，符合本法和有关法律、行政法规规定，并不得为其未使用过的商品或者未接受过的服务作推荐、证明。

不得利用不满十周岁的未成年人作为广告代言人。

对在虚假广告中作推荐、证明受到行政处罚未满三年的自然人、法人或者其他组织，不得利用其作为广告代言人。

第三十九条　不得在中小学校、幼儿园内开展广告活动，不得利用中小学生和幼儿的教材、教辅材料、练习册、文具、教具、校服、校车等发布或者变相发布广告，但公益广告除外。

第四十条　在针对未成年人的大众传播媒介上不得发布医疗、药品、保健食品、医疗器械、化妆品、酒类、美容广告，以及不利于未成年人身心健康的网络游戏广告。

针对不满十四周岁的未成年人的商品或者服务的广告不得含有下列内容：

（一）劝诱其要求家长购买广告商品或者服务；

（二）可能引发其模仿不安全行为。

第四十一条　县级以上地方人民政府应当组织有关部门加强对利用户外场所、空间、设施等发布户外广告的监督管理，制定户外广告设置规划和安全要求。

户外广告的管理办法，由地方性法规、地方政府规章规定。

第四十二条　有下列情形之一的，不得设置户外广告：

（一）利用交通安全设施、交通标志的；

（二）影响市政公共设施、交通安全设施、交通标志、消防设施、消防安全标志使用的；

（三）妨碍生产或者人民生活，损害市容市貌的；

（四）在国家机关、文物保护单位、风景名胜区等的建筑控制地带，或者县级以上地方人民政府禁止设置户外广告的区域设置的。

第四十三条　任何单位或者个人未经当事人同意或者请求，不得向其住宅、交通工具等发送广告，也不得以电子信息方式向其发送广告。

以电子信息方式发送广告的，应当明示发送者的真实身份和联系方式，并向接收者提供拒绝继续接收的方式。

第四十四条　利用互联网从事广告活动，适用本法的各项规定。

利用互联网发布、发送广告，不得影响用户正常使用网络。在互联网页面以弹出等形式发布的广告，应当显著标明关闭标志，确保一键关闭。

第四十五条　公共场所的管理者或者电信业务经营者、互联网信息服务提供者对其明知或者应知的利用其场所或者信息传输、发布平台发送、发布违法广告的，应当予以制止。

第四章　监督管理

第四十六条　发布医疗、药品、医疗器械、农药、兽药和保健食品广告，以及法律、行政法规规定应当进行审查的其他广告，应当在发布前由有关部门（以下称广告审查机关）对广告内容进行审查；未经审查，不得发布。

第四十七条　广告主申请广告审查，应当依照法律、行政法规向广告审查机关提交有关证明文件。

广告审查机关应当依照法律、行政法规规定作出审查决定，并应当将审查批准文件抄送同级市场监督管理部门。广告审查机关应当及时向社会公布批准的广告。

第四十八条　任何单位或者个人不得伪造、变造或者转让广告审查批准文件。

第四十九条　市场监督管理部门履行广告监督管理职责，可以行使下列职权：

（一）对涉嫌从事违法广告活动的场所实施现场检查；

（二）询问涉嫌违法当事人或者其法定代表人、主要负责人和其他有关人员，对有关单位或者个人进行调查；

（三）要求涉嫌违法当事人限期提供有关证明文件；

（四）查阅、复制与涉嫌违法广告有关的合同、票据、账簿、广告作品和其他有关资料；

（五）查封、扣押与涉嫌违法广告直接相关的广告物品、经营工具、设备等财物；

（六）责令暂停发布可能造成严重后果的涉嫌违法广告；

（七）法律、行政法规规定的其他职权。

市场监督管理部门应当建立健全广告监测制度，完善监测措施，及时发现和依法查处违法广告行为。

第五十条 国务院市场监督管理部门会同国务院有关部门，制定大众传播媒介广告发布行为规范。

第五十一条 市场监督管理部门依照本法规定行使职权，当事人应当协助、配合，不得拒绝、阻挠。

第五十二条 市场监督管理部门和有关部门及其工作人员对其在广告监督管理活动中知悉的商业秘密负有保密义务。

第五十三条 任何单位或者个人有权向市场监督管理部门和有关部门投诉、举报违反本法的行为。市场监督管理部门和有关部门应当向社会公开受理投诉、举报的电话、信箱或者电子邮件地址，接到投诉、举报的部门应当自收到投诉之日起七个工作日内，予以处理并告知投诉、举报人。

市场监督管理部门和有关部门不依法履行职责的，任何单位或者个人有权向其上级机关或者监察机关举报。接到举报的机关应当依法作出处理，并将处理结果及时告知举报人。

有关部门应当为投诉、举报人保密。

第五十四条 消费者协会和其他消费者组织对违反本法规定，发布虚假广告侵害消费者合法权益，以及其他损害社会公共利益的行为，依法进行社会监督。

第五章 法律责任

第五十五条 违反本法规定，发布虚假广告的，由市场监督管理部门责令停止发布广告，责令广告主在相应范围内消除影响，处广告费用三倍以上五倍以下的罚款，广告费用无法计算或者明显偏低的，处二十万元以上一百万元以下的罚款；两年内有三次以上违法行为或者有其他严重情节的，处广告费用五倍以上十倍以下的罚款，广告费用无法计算或者明显偏低的，处一百万元以上二百万元以下的罚款，可以吊销营业执照，并由广告审查机关撤销广告审查批准文件、一年内不受理其广告审查申请。

医疗机构有前款规定违法行为，情节严重的，除由市场监督管理部门依照本法处罚外，卫生行政部门可以吊销诊疗科目或者吊销医疗机构执业许可证。

广告经营者、广告发布者明知或者应知广告虚假仍设计、制作、代理、发布的，由市场监督管理部门没收广告费用，并处广告费用三倍以上五倍以下的罚款，广告费用无法计算或者明显偏低的，处二十万元以上一百万元以下的罚款；两年内有三次以上违法行为或者有其他严重情节的，处广告费用五倍以上十倍以下的罚款，广告费用无法计算或者明显偏低的，处一百万元以上二百万元以下的罚款，并可以由有关部门暂停广告发布业务、吊销营业执照、吊销广告发布登记证件。

广告主、广告经营者、广告发布者有本条第一款、第三款规定行为，构成犯罪的，依法追究刑事责任。

第五十六条 违反本法规定，发布虚假广告，欺骗、误导消费者，使购买商品或者接受服务的消费者的合法权益受到损害的，由广告主依法承担民事责任。广告经营者、广告发布者不能提供广告主的真实名称、地址和有效联系方式的，消费者可以要求广告经营者、广告发布者先行赔偿。

关系消费者生命健康的商品或者服务的虚假广告，造成消费者损害的，其广告经营者、广告发布者、广告代言人应当与广告主承担连带责任。

前款规定以外的商品或者服务的虚假广告，造成消费者损害的，其广告经营者、广告发布者、广告代言人，明知或者应知广告虚假仍设计、制作、代理、发布或者作推荐、证明的，应当与广告主承担连带责任。

第五十七条 有下列行为之一的，由市场监督管理部门责令停止发布广告，对广告主处二十万元以上一百万元以下的罚款，情节严重的，并可以吊销营业执照，由广告审查机关撤销广告审查批准文件、一年内不受理其广告审查申请；对广告经营者、广告发布者，由市场监督管理部门没收广告费用，处二十万元以上一百万元以下的罚款，情节严重的，并可以吊销营业执照、吊销广告发布登记证件：

（一）发布有本法第九条、第十条规定的禁止情形的广告的；

（二）违反本法第十五条规定发布处方药广告、

药品类易制毒化学品广告、戒毒治疗的医疗器械和治疗方法广告的；

（三）违反本法第二十条规定，发布声称全部或者部分替代母乳的婴儿乳制品、饮料和其他食品广告的；

（四）违反本法第二十二条规定发布烟草广告的；

（五）违反本法第三十七条规定，利用广告推销禁止生产、销售的产品或者提供的服务，或者禁止发布广告的商品或者服务的；

（六）违反本法第四十条第一款规定，在针对未成年人的大众传播媒介上发布医疗、药品、保健食品、医疗器械、化妆品、酒类、美容广告，以及不利于未成年人身心健康的网络游戏广告的。

第五十八条　有下列行为之一的，由市场监督管理部门责令停止发布广告，责令广告主在相应范围内消除影响，处广告费用一倍以上三倍以下的罚款，广告费用无法计算或者明显偏低的，处十万元以上二十万元以下的罚款；情节严重的，处广告费用三倍以上五倍以下的罚款，广告费用无法计算或者明显偏低的，处二十万元以上一百万元以下的罚款，可以吊销营业执照，并由广告审查机关撤销广告审查批准文件、一年内不受理其广告审查申请：

（一）违反本法第十六条规定发布医疗、药品、医疗器械广告的；

（二）违反本法第十七条规定，在广告中涉及疾病治疗功能，以及使用医疗用语或者易使推销的商品与药品、医疗器械相混淆的用语的；

（三）违反本法第十八条规定发布保健食品广告的；

（四）违反本法第二十一条规定发布农药、兽药、饲料和饲料添加剂广告的；

（五）违反本法第二十三条规定发布酒类广告的；

（六）违反本法第二十四条规定发布教育、培训广告的；

（七）违反本法第二十五条规定发布招商等有投资回报预期的商品或者服务广告的；

（八）违反本法第二十六条规定发布房地产广告的；

（九）违反本法第二十七条规定发布农作物种子、林木种子、草种子、种畜禽、水产苗种和种养殖广告的；

（十）违反本法第三十八条第二款规定，利用不满十周岁的未成年人作为广告代言人的；

（十一）违反本法第三十八条第三款规定，利用自然人、法人或者其他组织作为广告代言人的；

（十二）违反本法第三十九条规定，在中小学校、幼儿园内或者利用与中小学生、幼儿有关的物品发布广告的；

（十三）违反本法第四十条第二款规定，发布针对不满十四周岁的未成年人的商品或者服务的广告的；

（十四）违反本法第四十六条规定，未经审查发布广告的。

医疗机构有前款规定违法行为，情节严重的，除由市场监督管理部门依照本法处罚外，卫生行政部门可以吊销诊疗科目或者吊销医疗机构执业许可证。

广告经营者、广告发布者明知或者应知有本条第一款规定违法行为仍设计、制作、代理、发布的，由市场监督管理部门没收广告费用，并处广告费用一倍以上三倍以下的罚款，广告费用无法计算或者明显偏低的，处十万元以上二十万元以下的罚款；情节严重的，处广告费用三倍以上五倍以下的罚款，广告费用无法计算或者明显偏低的，处二十万元以上一百万元以下的罚款，并可以由有关部门暂停广告发布业务、吊销营业执照、吊销广告发布登记证件。

第五十九条　有下列行为之一的，由市场监督管理部门责令停止发布广告，对广告主处十万元以下的罚款：

（一）广告内容违反本法第八条规定的；

（二）广告引证内容违反本法第十一条规定的；

（三）涉及专利的广告违反本法第十二条规定的；

（四）违反本法第十三条规定，广告贬低其他生产经营者的商品或者服务的。

广告经营者、广告发布者明知或者应知有前款规定违法行为仍设计、制作、代理、发布的，由市场监督管理部门处十万元以下的罚款。

广告违反本法第十四条规定，不具有可识别性的，或者违反本法第十九条规定，变相发布医疗、药品、医疗器械、保健食品广告的，由市场监督管理部门责令改正，对广告发布者处十万元以下的罚款。

第六十条　违反本法第二十九条规定，广播电台、电视台、报刊出版单位未办理广告发布登记，擅自从事广告发布业务的，由市场监督管理部门责令改正，没收违法所得，违法所得一万元以上的，并处违法所得一倍以上三倍以下的罚款；违法所得不足一万元的,并处五千元以上三万元以下的罚款。

第六十一条 违反本法第三十四条规定,广告经营者、广告发布者未按照国家有关规定建立、健全广告业务管理制度的,或者未对广告内容进行核对的,由市场监督管理部门责令改正,可以处五万元以下的罚款。

违反本法第三十五条规定,广告经营者、广告发布者未公布其收费标准和收费办法的,由价格主管部门责令改正,可以处五万元以下的罚款。

第六十二条 广告代言人有下列情形之一的,由市场监督管理部门没收违法所得,并处违法所得一倍以上二倍以下的罚款:

(一)违反本法第十六条第一款第四项规定,在医疗、药品、医疗器械广告中作推荐、证明的;

(二)违反本法第十八条第一款第五项规定,在保健食品广告中作推荐、证明的;

(三)违反本法第三十八条第一款规定,为其未使用过的商品或者未接受过的服务作推荐、证明的;

(四)明知或者应知广告虚假仍在广告中对商品、服务作推荐、证明的。

第六十三条 违反本法第四十三条规定发送广告的,由有关部门责令停止违法行为,对广告主处五千元以上三万元以下的罚款。

违反本法第四十四条第二款规定,利用互联网发布广告,未显著标明关闭标志,确保一键关闭的,由市场监督管理部门责令改正,对广告主处五千元以上三万元以下的罚款。

第六十四条 违反本法第四十五条规定,公共场所的管理者和电信业务经营者、互联网信息服务提供者,明知或者应知广告活动违法不予制止的,由市场监督管理部门没收违法所得,违法所得五万元以上的,并处违法所得一倍以上三倍以下的罚款,违法所得不足五万元的,并处一万元以上五万元以下的罚款;情节严重的,由有关部门依法停止相关业务。

第六十五条 违反本法规定,隐瞒真实情况或者提供虚假材料申请广告审查的,广告审查机关不予受理或者不予批准,予以警告,一年内不受理该申请人的广告审查申请;以欺骗、贿赂等不正当手段取得广告审查批准的,广告审查机关予以撤销,处十万元以上二十万元以下的罚款,三年内不受理该申请人的广告审查申请。

第六十六条 违反本法规定,伪造、变造或者转让广告审查批准文件的,由市场监督管理部门没收违法所得,并处一万元以上十万元以下的罚款。

第六十七条 有本法规定的违法行为的,由市场监督管理部门记入信用档案,并依照有关法律、行政法规规定予以公示。

第六十八条 广播电台、电视台、报刊音像出版单位发布违法广告,或者以新闻报道形式变相发布广告,或者以介绍健康、养生知识等形式变相发布医疗、药品、医疗器械、保健食品广告,市场监督管理部门依照本法给予处罚的,应当通报新闻出版、广播电视主管部门以及其他有关部门。新闻出版、广播电视主管部门以及其他有关部门应当依法对负有责任的主管人员和直接责任人员给予处分;情节严重的,并可以暂停媒体的广告发布业务。

新闻出版、广播电视主管部门以及其他有关部门未依照前款规定对广播电台、电视台、报刊音像出版单位进行处理的,对负有责任的主管人员和直接责任人员,依法给予处分。

第六十九条 广告主、广告经营者、广告发布者违反本法规定,有下列侵权行为之一的,依法承担民事责任:

(一)在广告中损害未成年人或者残疾人的身心健康的;

(二)假冒他人专利的;

(三)贬低其他生产经营者的商品、服务的;

(四)在广告中未经同意使用他人名义或者形象的;

(五)其他侵犯他人合法民事权益的。

第七十条 因发布虚假广告,或者有其他本法规定的违法行为,被吊销营业执照的公司、企业的法定代表人,对违法行为负有个人责任的,自该公司、企业被吊销营业执照之日起三年内不得担任公司、企业的董事、监事、高级管理人员。

第七十一条 违反本法规定,拒绝、阻挠市场监督管理部门监督检查,或者有其他构成违反治安管理行为的,依法给予治安管理处罚;构成犯罪的,依法追究刑事责任。

第七十二条 广告审查机关对违法的广告内容作出审查批准决定的,对负有责任的主管人员和直接责任人员,由任免机关或者监察机关依法给予处分;构成犯罪的,依法追究刑事责任。

第七十三条 市场监督管理部门对在履行广告监测职责中发现的违法广告行为或者对经投诉、举报的违法广告行为,不依法予以查处的,对负有责任的主管人员和直接责任人员,依法给予处分。

市场监督管理部门和负责广告管理相关工作的有关部门的工作人员玩忽职守、滥用职权、徇私舞弊的,依法给予处分。

有前两款行为,构成犯罪的,依法追究刑事责任。

第六章　附　　则

第七十四条　国家鼓励、支持开展公益广告宣传活动,传播社会主义核心价值观,倡导文明风尚。

大众传播媒介有义务发布公益广告。广播电台、电视台、报刊出版单位应当按照规定的版面、时段、时长发布公益广告。公益广告的管理办法,由国务院市场监督管理部门会同有关部门制定。

第七十五条　本法自2015年9月1日起施行。

中华人民共和国节约能源法

(1997年11月1日第八届全国人民代表大会常务委员会第二十八次会议通过　2007年10月28日第十届全国人民代表大会常务委员会第三十次会议修订　根据2016年7月2日第十二届全国人民代表大会常务委员会第二十一次会议《关于修改〈中华人民共和国节约能源法〉等六部法律的决定》第一次修正　根据2018年10月26日第十三届全国人民代表大会常务委员会第六次会议《关于修改〈中华人民共和国野生动物保护法〉等十五部法律的决定》第二次修正)

目　　录

第一章　总　　则
第二章　节能管理
第三章　合理使用与节约能源
　第一节　一般规定
　第二节　工业节能
　第三节　建筑节能
　第四节　交通运输节能
　第五节　公共机构节能
　第六节　重点用能单位节能
第四章　节能技术进步
第五章　激励措施
第六章　法律责任
第七章　附　　则

第一章　总　　则

第一条　为了推动全社会节约能源,提高能源利用效率,保护和改善环境,促进经济社会全面协调可持续发展,制定本法。

第二条　本法所称能源,是指煤炭、石油、天然气、生物质能和电力、热力以及其他直接或者通过加工、转换而取得有用能的各种资源。

第三条　本法所称节约能源(以下简称节能),是指加强用能管理,采取技术上可行、经济上合理以及环境和社会可以承受的措施,从能源生产到消费的各个环节,降低消耗、减少损失和污染物排放、制止浪费,有效、合理地利用能源。

第四条　节约资源是我国的基本国策。国家实施节约与开发并举、把节约放在首位的能源发展战略。

第五条　国务院和县级以上地方各级人民政府应当将节能工作纳入国民经济和社会发展规划、年度计划,并组织编制和实施节能中长期专项规划、年度节能计划。

国务院和县级以上地方各级人民政府每年向本级人民代表大会或者其常务委员会报告节能工作。

第六条　国家实行节能目标责任制和节能考核评价制度,将节能目标完成情况作为对地方人民政府及其负责人考核评价的内容。

省、自治区、直辖市人民政府每年向国务院报告节能目标责任的履行情况。

第七条　国家实行有利于节能和环境保护的产业政策,限制发展高耗能、高污染行业,发展节能环保型产业。

国务院和省、自治区、直辖市人民政府应当加强节能工作,合理调整产业结构、企业结构、产品结构和能源消费结构,推动企业降低单位产值能耗和单位产品能耗,淘汰落后的生产能力,改进能源的开发、加工、转换、输送、储存和供应,提高能源利用效率。

国家鼓励、支持开发和利用新能源、可再生能源。

第八条 国家鼓励、支持节能科学技术的研究、开发、示范和推广,促进节能技术创新与进步。

国家开展节能宣传和教育,将节能知识纳入国民教育和培训体系,普及节能科学知识,增强全民的节能意识,提倡节约型的消费方式。

第九条 任何单位和个人都应当依法履行节能义务,有权检举浪费能源的行为。

新闻媒体应当宣传节能法律、法规和政策,发挥舆论监督作用。

第十条 国务院管理节能工作的部门主管全国的节能监督管理工作。国务院有关部门在各自的职责范围内负责节能监督管理工作,并接受国务院管理节能工作的部门的指导。

县级以上地方各级人民政府管理节能工作的部门负责本行政区域内的节能监督管理工作。县级以上地方各级人民政府有关部门在各自的职责范围内负责节能监督管理工作,并接受同级管理节能工作的部门的指导。

第二章 节能管理

第十一条 国务院和县级以上地方各级人民政府应当加强对节能工作的领导,部署、协调、监督、检查、推动节能工作。

第十二条 县级以上人民政府管理节能工作的部门和有关部门应当在各自的职责范围内,加强对节能法律、法规和节能标准执行情况的监督检查,依法查处违法用能行为。

履行节能监督管理职责不得向监督管理对象收取费用。

第十三条 国务院标准化主管部门和国务院有关部门依法组织制定并适时修订有关节能的国家标准、行业标准,建立健全节能标准体系。

国务院标准化主管部门会同国务院管理节能工作的部门和国务院有关部门制定强制性的用能产品、设备能源效率标准和生产过程中耗能高的产品的单位产品能耗限额标准。

国家鼓励企业制定严于国家标准、行业标准的企业节能标准。

省、自治区、直辖市制定严于强制性国家标准、行业标准的地方节能标准,由省、自治区、直辖市人民政府报经国务院批准;本法另有规定的除外。

第十四条 建筑节能的国家标准、行业标准由国务院建设主管部门组织制定,并依照法定程序发布。

省、自治区、直辖市人民政府建设主管部门可以根据本地实际情况,制定严于国家标准或者行业标准的地方建筑节能标准,并报国务院标准化主管部门和国务院建设主管部门备案。

第十五条 国家实行固定资产投资项目节能评估和审查制度。不符合强制性节能标准的项目,建设单位不得开工建设;已经建成的,不得投入生产、使用。政府投资项目不符合强制性节能标准的,依法负责项目审批的机关不得批准建设。具体办法由国务院管理节能工作的部门会同国务院有关部门制定。

第十六条 国家对落后的耗能过高的用能产品、设备和生产工艺实行淘汰制度。淘汰的用能产品、设备、生产工艺的目录和实施办法,由国务院管理节能工作的部门会同国务院有关部门制定并公布。

生产过程中耗能高的产品的生产单位,应当执行单位产品能耗限额标准。对超过单位产品能耗限额标准用能的生产单位,由管理节能工作的部门按照国务院规定的权限责令限期治理。

对高耗能的特种设备,按照国务院的规定实行节能审查和监管。

第十七条 禁止生产、进口、销售国家明令淘汰或者不符合强制性能源效率标准的用能产品、设备;禁止使用国家明令淘汰的用能设备、生产工艺。

第十八条 国家对家用电器等使用面广、耗能量大的用能产品,实行能源效率标识管理。实行能源效率标识管理的产品目录和实施办法,由国务院管理节能工作的部门会同国务院市场监督管理部门制定并公布。

第十九条 生产者和进口商应当对列入国家能源效率标识管理产品目录的用能产品标注能源效率标识,在产品包装物上或者说明书中予以说明,并按照规定报国务院市场监督管理部门和国务院管理节能工作的部门共同授权的机构备案。

生产者和进口商应当对其标注的能源效率标识及相关信息的准确性负责。禁止销售应当标注而未标注能源效率标识的产品。

禁止伪造、冒用能源效率标识或者利用能源效率标识进行虚假宣传。

第二十条 用能产品的生产者、销售者,可以根据自愿原则,按照国家有关节能产品认证的规定,向经国务院认证认可监督管理部门认可的从事节能产品认证的机构提出节能产品认证申请;经认证合格后,取得节能产品认证证书,可以在用能产品或者其包装物上使用节能产品认证标志。

禁止使用伪造的节能产品认证标志或者冒用节能产品认证标志。

第二十一条 县级以上各级人民政府统计部门应当会同同级有关部门,建立健全能源统计制度,完善能源统计指标体系,改进和规范能源统计方法,确保能源统计数据真实、完整。

国务院统计部门会同国务院管理节能工作的部门,定期向社会公布各省、自治区、直辖市以及主要耗能行业的能源消费和节能情况等信息。

第二十二条 国家鼓励节能服务机构的发展,支持节能服务机构开展节能咨询、设计、评估、检测、审计、认证等服务。

国家支持节能服务机构开展节能知识宣传和节能技术培训,提供节能信息、节能示范和其他公益性节能服务。

第二十三条 国家鼓励行业协会在行业节能规划、节能标准的制定和实施、节能技术推广、能源消费统计、节能宣传培训和信息咨询等方面发挥作用。

第三章 合理使用与节约能源

第一节 一般规定

第二十四条 用能单位应当按照合理用能的原则,加强节能管理,制定并实施节能计划和节能技术措施,降低能源消耗。

第二十五条 用能单位应当建立节能目标责任制,对节能工作取得成绩的集体、个人给予奖励。

第二十六条 用能单位应当定期开展节能教育和岗位节能培训。

第二十七条 用能单位应当加强能源计量管理,按照规定配备和使用经依法检定合格的能源计量器具。

用能单位应当建立能源消费统计和能源利用状况分析制度,对各类能源的消费实行分类计量和统计,并确保能源消费统计数据真实、完整。

第二十八条 能源生产经营单位不得向本单位职工无偿提供能源。任何单位不得对能源消费实行包费制。

第二节 工业节能

第二十九条 国务院和省、自治区、直辖市人民政府推进能源资源优化开发利用和合理配置,推进有利于节能的行业结构调整,优化用能结构和企业布局。

第三十条 国务院管理节能工作的部门会同国务院有关部门制定电力、钢铁、有色金属、建材、石油加工、化工、煤炭等主要耗能行业的节能技术政策,推动企业节能技术改造。

第三十一条 国家鼓励工业企业采用高效、节能的电动机、锅炉、窑炉、风机、泵类等设备,采用热电联产、余热余压利用、洁净煤以及先进的用能监测和控制等技术。

第三十二条 电网企业应当按照国务院有关部门制定的节能发电调度管理的规定,安排清洁、高效和符合规定的热电联产、利用余热余压发电的机组以及其他符合资源综合利用规定的发电机组与电网并网运行,上网电价执行国家有关规定。

第三十三条 禁止新建不符合国家规定的燃煤发电机组、燃油发电机组和燃煤热电机组。

第三节 建筑节能

第三十四条 国务院建设主管部门负责全国建筑节能的监督管理工作。

县级以上地方各级人民政府建设主管部门负责本行政区域内建筑节能的监督管理工作。

县级以上地方各级人民政府建设主管部门会同同级管理节能工作的部门编制本行政区域内的建筑节能规划。建筑节能规划应当包括既有建筑节能改造计划。

第三十五条 建筑工程的建设、设计、施工和监理单位应当遵守建筑节能标准。

不符合建筑节能标准的建筑工程,建设主管部门不得批准开工建设;已经开工建设的,应当责令停止施工、限期改正;已经建成的,不得销售或者使用。

建设主管部门应当加强对在建建筑工程执行建筑节能标准情况的监督检查。

第三十六条 房地产开发企业在销售房屋时,应当向购买人明示所售房屋的节能措施、保温工程保修期等信息,在房屋买卖合同、质量保证书和使用说明书中载明,并对其真实性、准确性负责。

第三十七条 使用空调采暖、制冷的公共建筑应当实行室内温度控制制度。具体办法由国务院建设主管部门制定。

第三十八条 国家采取措施，对实行集中供热的建筑分步骤实行供热分户计量、按照用热量收费的制度。新建建筑或者对既有建筑进行节能改造，应当按照规定安装用热计量装置、室内温度调控装置和供热系统调控装置。具体办法由国务院建设主管部门会同国务院有关部门制定。

第三十九条 县级以上地方各级人民政府有关部门应当加强城市节约用电管理，严格控制公用设施和大型建筑物装饰性景观照明的能耗。

第四十条 国家鼓励在新建建筑和既有建筑节能改造中使用新型墙体材料等节能建筑材料和节能设备，安装和使用太阳能等可再生能源利用系统。

第四节 交通运输节能

第四十一条 国务院有关交通运输主管部门按照各自的职责负责全国交通运输相关领域的节能监督管理工作。

国务院有关交通运输主管部门会同国务院管理节能工作的部门分别制定相关领域的节能规划。

第四十二条 国务院及其有关部门指导、促进各种交通运输方式协调发展和有效衔接，优化交通运输结构，建设节能型综合交通运输体系。

第四十三条 县级以上地方各级人民政府应当优先发展公共交通，加大对公共交通的投入，完善公共交通服务体系，鼓励利用公共交通工具出行；鼓励使用非机动交通工具出行。

第四十四条 国务院有关交通运输主管部门应当加强交通运输组织管理，引导道路、水路、航空运输企业提高运输组织化程度和集约化水平，提高能源利用效率。

第四十五条 国家鼓励开发、生产、使用节能环保型汽车、摩托车、铁路机车车辆、船舶和其他交通运输工具，实行老旧交通运输工具的报废、更新制度。

国家鼓励开发和推广应用交通运输工具使用的清洁燃料、石油替代燃料。

第四十六条 国务院有关部门制定交通运输营运车船的燃料消耗量限值标准；不符合标准的，不得用于营运。

国务院有关交通运输主管部门应当加强对交通运输营运车船燃料消耗检测的监督管理。

第五节 公共机构节能

第四十七条 公共机构应当厉行节约，杜绝浪费，带头使用节能产品、设备，提高能源利用效率。

本法所称公共机构，是指全部或者部分使用财政性资金的国家机关、事业单位和团体组织。

第四十八条 国务院和县级以上地方各级人民政府管理机关事务工作的机构会同同级有关部门制定和组织实施本级公共机构节能规划。公共机构节能规划应当包括公共机构既有建筑节能改造计划。

第四十九条 公共机构应当制定年度节能目标和实施方案，加强能源消费计量和监测管理，向本级人民政府管理机关事务工作的机构报送上年度的能源消费状况报告。

国务院和县级以上地方各级人民政府管理机关事务工作的机构会同同级有关部门按照管理权限，制定本级公共机构的能源消耗定额，财政部门根据该定额制定能源消耗支出标准。

第五十条 公共机构应当加强本单位用能系统管理，保证用能系统的运行符合国家相关标准。

公共机构应当按照规定进行能源审计，并根据能源审计结果采取提高能源利用效率的措施。

第五十一条 公共机构采购用能产品、设备，应当优先采购列入节能产品、设备政府采购名录中的产品、设备。禁止采购国家明令淘汰的用能产品、设备。

节能产品、设备政府采购名录由省级以上人民政府的政府采购监督管理部门会同同级有关部门制定并公布。

第六节 重点用能单位节能

第五十二条 国家加强对重点用能单位的节能管理。

下列用能单位为重点用能单位：

（一）年综合能源消费总量一万吨标准煤以上的用能单位；

（二）国务院有关部门或者省、自治区、直辖市人民政府管理节能工作的部门指定的年综合能源消费总量五千吨以上不满一万吨标准煤的用能单位。

重点用能单位节能管理办法，由国务院管理节能工作的部门会同国务院有关部门制定。

第五十三条 重点用能单位应当每年向管理节能工作的部门报送上年度的能源利用状况报告。能源利用状况包括能源消费情况、能源利用效率、节能目标完成情况和节能效益分析、节能措施等内容。

第五十四条 管理节能工作的部门应当对重点用能单位报送的能源利用状况报告进行审查。对节能管理制度不健全、节能措施不落实、能源利用效率低的重点用能单位,管理节能工作的部门应当开展现场调查,组织实施用能设备能源效率检测,责令实施能源审计,并提出书面整改要求,限期整改。

第五十五条 重点用能单位应当设立能源管理岗位,在具有节能专业知识、实际经验以及中级以上技术职称的人员中聘任能源管理负责人,并报管理节能工作的部门和有关部门备案。

能源管理负责人负责组织对本单位用能状况进行分析、评价,组织编写本单位能源利用状况报告,提出本单位节能工作的改进措施并组织实施。

能源管理负责人应当接受节能培训。

第四章 节能技术进步

第五十六条 国务院管理节能工作的部门会同国务院科技主管部门发布节能技术政策大纲,指导节能技术研究、开发和推广应用。

第五十七条 县级以上各级人民政府应当把节能技术研究开发作为政府科技投入的重点领域,支持科研单位和企业开展节能技术应用研究,制定节能标准,开发节能共性和关键技术,促进节能技术创新与成果转化。

第五十八条 国务院管理节能工作的部门会同国务院有关部门制定并公布节能技术、节能产品的推广目录,引导用能单位和个人使用先进的节能技术、节能产品。

国务院管理节能工作的部门会同国务院有关部门组织实施重大节能科研项目、节能示范项目、重点节能工程。

第五十九条 县级以上各级人民政府应当按照因地制宜、多能互补、综合利用、讲求效益的原则,加强农业和农村节能工作,增加对农业和农村节能技术、节能产品推广应用的资金投入。

农业、科技等有关主管部门应当支持、推广在农业生产、农产品加工储运等方面应用节能技术和节能产品,鼓励更新和淘汰高耗能的农业机械和渔业船舶。

国家鼓励、支持在农村大力发展沼气,推广生物质能、太阳能和风能等可再生能源利用技术,按照科学规划、有序开发的原则发展小型水力发电,推广节能型的农村住宅和炉灶等,鼓励利用非耕地种植能源植物,大力发展薪炭林等能源林。

第五章 激励措施

第六十条 中央财政和省级地方财政安排节能专项资金,支持节能技术研究开发、节能技术和产品的示范与推广、重点节能工程的实施、节能宣传培训、信息服务和表彰奖励等。

第六十一条 国家对生产、使用列入本法第五十八条规定的推广目录的需要支持的节能技术、节能产品,实行税收优惠等扶持政策。

国家通过财政补贴支持节能照明器具等节能产品的推广和使用。

第六十二条 国家实行有利于节约能源资源的税收政策,健全能源矿产资源有偿使用制度,促进能源资源的节约及其开采利用水平的提高。

第六十三条 国家运用税收等政策,鼓励先进节能技术、设备的进口,控制在生产过程中耗能高、污染重的产品的出口。

第六十四条 政府采购监督管理部门会同有关部门制定节能产品、设备政府采购名录,应当优先列入取得节能产品认证证书的产品、设备。

第六十五条 国家引导金融机构增加对节能项目的信贷支持,为符合条件的节能技术研究开发、节能产品生产以及节能技术改造等项目提供优惠贷款。

国家推动和引导社会有关方面加大对节能的资金投入,加快节能技术改造。

第六十六条 国家实行有利于节能的价格政策,引导用能单位和个人节能。

国家运用财税、价格等政策,支持推广电力需求侧管理、合同能源管理、节能自愿协议等节能办法。

国家实行峰谷分时电价、季节性电价、可中断负荷电价制度,鼓励电力用户合理调整用电负荷;对钢铁、有色金属、建材、化工和其他主要耗能行业的企业,分淘汰、限制、允许和鼓励类实行差别电价政策。

第六十七条 各级人民政府对在节能管理、节能科学技术研究和推广应用中有显著成绩以及检举严重浪费能源行为的单位和个人,给予表彰和奖励。

第六章 法律责任

第六十八条 负责审批政府投资项目的机关

违反本法规定，对不符合强制性节能标准的项目予以批准建设的，对直接负责的主管人员和其他直接责任人员依法给予处分。

固定资产投资项目建设单位开工建设不符合强制性节能标准的项目或者将该项目投入生产、使用的，由管理节能工作的部门责令停止建设或者停止生产、使用，限期改造；不能改造或者逾期不改造的生产性项目，由管理节能工作的部门报请本级人民政府按照国务院规定的权限责令关闭。

第六十九条 生产、进口、销售国家明令淘汰的用能产品、设备的，使用伪造的节能产品认证标志或者冒用节能产品认证标志的，依照《中华人民共和国产品质量法》的规定处罚。

第七十条 生产、进口、销售不符合强制性能源效率标准的用能产品、设备的，由市场监督管理部门责令停止生产、进口、销售，没收违法生产、进口、销售的用能产品、设备和违法所得，并处违法所得一倍以上五倍以下罚款；情节严重的，吊销营业执照。

第七十一条 使用国家明令淘汰的用能设备或者生产工艺的，由管理节能工作的部门责令停止使用，没收国家明令淘汰的用能设备；情节严重的，可以由管理节能工作的部门提出意见，报请本级人民政府按照国务院规定的权限责令停业整顿或者关闭。

第七十二条 生产单位超过单位产品能耗限额标准用能，情节严重，经限期治理逾期不治理或者没有达到治理要求的，可以由管理节能工作的部门提出意见，报请本级人民政府按照国务院规定的权限责令停业整顿或者关闭。

第七十三条 违反本法规定，应当标注能源效率标识而未标注的，由市场监督管理部门责令改正，处三万元以上五万元以下罚款。

违反本法规定，未办理能源效率标识备案，或者使用的能源效率标识不符合规定的，由市场监督管理部门责令限期改正；逾期不改正的，处一万元以上三万元以下罚款。

伪造、冒用能源效率标识或者利用能源效率标识进行虚假宣传的，由市场监督管理部门责令改正，处五万元以上十万元以下罚款；情节严重的，吊销营业执照。

第七十四条 用能单位未按照规定配备、使用能源计量器具的，由市场监督管理部门责令限期改正；逾期不改正的，处一万元以上五万元以下罚款。

第七十五条 瞒报、伪造、篡改能源统计资料或者编造虚假能源统计数据的，依照《中华人民共和国统计法》的规定处罚。

第七十六条 从事节能咨询、设计、评估、检测、审计、认证等服务的机构提供虚假信息的，由管理节能工作的部门责令改正，没收违法所得，并处五万元以上十万元以下罚款。

第七十七条 违反本法规定，无偿向本单位职工提供能源或者对能源消费实行包费制的，由管理节能工作的部门责令限期改正；逾期不改正的，处五万元以上二十万元以下罚款。

第七十八条 电网企业未按照本法规定安排符合规定的热电联产和利用余热余压发电的机组与电网并网运行，或者未执行国家有关上网电价规定的，由国家电力监管机构责令改正；造成发电企业经济损失的，依法承担赔偿责任。

第七十九条 建设单位违反建筑节能标准的，由建设主管部门责令改正，处二十万元以上五十万元以下罚款。

设计单位、施工单位、监理单位违反建筑节能标准的，由建设主管部门责令改正，处十万元以上五十万元以下罚款；情节严重的，由颁发资质证书的部门降低资质等级或者吊销资质证书；造成损失的，依法承担赔偿责任。

第八十条 房地产开发企业违反本法规定，在销售房屋时未向购买人明示所售房屋的节能措施、保温工程保修期等信息的，由建设主管部门责令限期改正，逾期不改正的，处三万元以上五万元以下罚款；对以上信息作虚假宣传的，由建设主管部门责令改正，处五万元以上二十万元以下罚款。

第八十一条 公共机构采购用能产品、设备，未优先采购列入节能产品、设备政府采购名录中的产品、设备，或者采购国家明令淘汰的用能产品、设备的，由政府采购监督管理部门给予警告，可以并处罚款；对直接负责的主管人员和其他直接责任人员依法给予处分，并予通报。

第八十二条 重点用能单位未按照本法规定报送能源利用状况报告或者报告内容不实的，由管理节能工作的部门责令限期改正；逾期不改正的，处一万元以上五万元以下罚款。

第八十三条 重点用能单位无正当理由拒不落实本法第五十四条规定的整改要求或者整改没有达到要求的，由管理节能工作的部门处十万元以上三十万元以下罚款。

第八十四条 重点用能单位未按照本法规定

设立能源管理岗位，聘任能源管理负责人，并报管理节能工作的部门和有关部门备案的，由管理节能工作的部门责令改正；拒不改正的，处一万元以上三万元以下罚款。

第八十五条 违反本法规定，构成犯罪的，依法追究刑事责任。

第八十六条 国家工作人员在节能管理工作中滥用职权、玩忽职守、徇私舞弊，构成犯罪的，依法追究刑事责任；尚不构成犯罪的，依法给予处分。

第七章 附 则

第八十七条 本法自2008年4月1日起施行。

中华人民共和国防沙治沙法

（2001年8月31日第九届全国人民代表大会常务委员会第二十三次会议通过 根据2018年10月26日第十三届全国人民代表大会常务委员会第六次会议《关于修改〈中华人民共和国野生动物保护法〉等十五部法律的决定》修正）

目 录

第一章 总 则
第二章 防沙治沙规划
第三章 土地沙化的预防
第四章 沙化土地的治理
第五章 保障措施
第六章 法律责任
第七章 附 则

第一章 总 则

第一条 为预防土地沙化，治理沙化土地，维护生态安全，促进经济和社会的可持续发展，制定本法。

第二条 在中华人民共和国境内，从事土地沙化的预防、沙化土地的治理和开发利用活动，必须遵守本法。

土地沙化是指因气候变化和人类活动所导致的天然沙漠扩张和沙质土壤上植被破坏、沙土裸露的过程。

本法所称土地沙化，是指主要因人类不合理活动所导致的天然沙漠扩张和沙质土壤上植被及覆盖物被破坏，形成流沙及沙土裸露的过程。

本法所称沙化土地，包括已经沙化的土地和具有明显沙化趋势的土地。具体范围，由国务院批准的全国防沙治沙规划确定。

第三条 防沙治沙工作应当遵循以下原则：

（一）统一规划，因地制宜，分步实施，坚持区域防治与重点防治相结合；

（二）预防为主，防治结合，综合治理；

（三）保护和恢复植被与合理利用自然资源相结合；

（四）遵循生态规律，依靠科技进步；

（五）改善生态环境与帮助农牧民脱贫致富相结合；

（六）国家支持与地方自力更生相结合，政府组织与社会各界参与相结合，鼓励单位、个人承包防治；

（七）保障防沙治沙者的合法权益。

第四条 国务院和沙化土地所在地区的县级以上地方人民政府，应当将防沙治沙纳入国民经济和社会发展计划，保障和支持防沙治沙工作的开展。

沙化土地所在地区的地方各级人民政府，应当采取有效措施，预防土地沙化，治理沙化土地，保护和改善本行政区域的生态质量。

国家在沙化土地所在地区，建立政府行政领导防沙治沙任期目标责任考核奖惩制度。沙化土地所在地区的县级以上地方人民政府，应当向同级人民代表大会及其常务委员会报告防沙治沙工作情况。

第五条 在国务院领导下，国务院林业草原行政主管部门负责组织、协调、指导全国防沙治沙工作。

国务院林业草原、农业、水利、土地、生态环境等行政主管部门和气象主管机构，按照有关法律规定的职责和国务院确定的职责分工，各负其责，密切配合，共同做好防沙治沙工作。

县级以上地方人民政府组织、领导所属有关部门，按照职责分工，各负其责，密切配合，共同做好本行政区域的防沙治沙工作。

第六条　使用土地的单位和个人，有防止该土地沙化的义务。

使用已经沙化的土地的单位和个人，有治理该沙化土地的义务。

第七条　国家支持防沙治沙的科学研究和技术推广工作，发挥科研部门、机构在防沙治沙工作中的作用，培养防沙治沙专门技术人员，提高防沙治沙的科学技术水平。

国家支持开展防沙治沙的国际合作。

第八条　在防沙治沙工作中作出显著成绩的单位和个人，由人民政府给予表彰和奖励；对保护和改善生态质量作出突出贡献的应当给予重奖。

第九条　沙化土地所在地区的各级人民政府应当组织有关部门开展防沙治沙知识的宣传教育，增强公民的防沙治沙意识，提高公民防沙治沙的能力。

第二章　防沙治沙规划

第十条　防沙治沙实行统一规划。从事防沙治沙活动，以及在沙化土地范围内从事开发利用活动，必须遵循防沙治沙规划。

防沙治沙规划应当对遏制土地沙化扩展趋势，逐步减少沙化土地的时限、步骤、措施等作出明确规定，并将具体实施方案纳入国民经济和社会发展五年计划和年度计划。

第十一条　国务院林业草原行政主管部门会同国务院农业、水利、土地、生态环境等有关部门编制全国防沙治沙规划，报国务院批准后实施。

省、自治区、直辖市人民政府依据全国防沙治沙规划，编制本行政区域的防沙治沙规划，报国务院或者国务院指定的有关部门批准后实施。

沙化土地所在地区的市、县人民政府，应当依据上一级人民政府的防沙治沙规划，组织编制本行政区域的防沙治沙规划，报上一级人民政府批准后实施。

防沙治沙规划的修改，须经原批准机关批准；未经批准，任何单位和个人不得改变防沙治沙规划。

第十二条　编制防沙治沙规划，应当根据沙化土地所处的地理位置、土地类型、植被状况、气候和水资源状况、土地沙化程度等自然条件及其所发挥的生态、经济功能，对沙化土地实行分类保护、综合治理和合理利用。

在规划期内不具备治理条件的以及因保护生态的需要不宜开发利用的连片沙化土地，应当规划为沙化土地封禁保护区，实行封禁保护。沙化土地封禁保护区的范围，由全国防沙治沙规划以及省、自治区、直辖市防沙治沙规划确定。

第十三条　防沙治沙规划应当与土地利用总体规划相衔接；防沙治沙规划中确定的沙化土地用途，应当符合本级人民政府的土地利用总体规划。

第三章　土地沙化的预防

第十四条　国务院林业草原行政主管部门组织其他有关行政主管部门对全国土地沙化情况进行监测、统计和分析，并定期公布监测结果。

县级以上地方人民政府林业草原或者其他有关行政主管部门，应当按照土地沙化监测技术规程，对沙化土地进行监测，并将监测结果向本级人民政府及上一级林业草原或者其他有关行政主管部门报告。

第十五条　县级以上地方人民政府林业草原或者其他有关行政主管部门，在土地沙化监测过程中，发现土地发生沙化或者沙化程度加重的，应当及时报告本级人民政府。收到报告的人民政府应当责成有关行政主管部门制止导致土地沙化的行为，并采取有效措施进行治理。

各级气象主管机构应当组织对气象干旱和沙尘暴天气进行监测、预报，发现气象干旱或者沙尘暴天气征兆时，应当及时报告当地人民政府。收到报告的人民政府应当采取预防措施，必要时公布灾情预报，并组织林业草原、农（牧）业等有关部门采取应急措施，避免或者减轻风沙危害。

第十六条　沙化土地所在地区的县级以上地方人民政府应当按照防沙治沙规划，划出一定比例的土地，因地制宜地营造防风固沙林网、林带，种植多年生灌木和草本植物。由林业草原行政主管部门负责确定植树造林的成活率、保存率的标准和具体任务，并逐片组织实施，明确责任，确保完成。

除了抚育更新性质的采伐外，不得批准对防风固沙林网、林带进行采伐。在对防风固沙林网、林带进行抚育更新性质的采伐之前，必须在其附近预先形成接替林网和林带。

对林木更新困难地区已有的防风固沙林网、林带，不得批准采伐。

第十七条　禁止在沙化土地上砍挖灌木、药材及其他固沙植物。

沙化土地所在地区的县级人民政府，应当制定植被管护制度，严格保护植被，并根据需要在乡（镇）、村建立植被管护组织，确定管护人员。

在沙化土地范围内，各类土地承包合同应当包括植被保护责任的内容。

第十八条　草原地区的地方各级人民政府，应当加强草原的管理和建设，由林业草原行政主管部门会同畜牧业行政主管部门负责指导、组织农牧民建设人工草场，控制载畜量，调整牲畜结构，改良牲畜品种，推行牲畜圈养和草场轮牧，消灭草原鼠害、虫害，保护草原植被，防止草原退化和沙化。

草原实行以产草量确定载畜量的制度。由林业草原行政主管部门会同畜牧业行政主管部门负责制定载畜量的标准和有关规定，并逐级组织实施，明确责任，确保完成。

第十九条　沙化土地所在地区的县级以上地方人民政府水行政主管部门，应当加强流域和区域水资源的统一调配和管理，在编制流域和区域水资源开发利用规划和供水计划时，必须考虑整个流域和区域植被保护的用水需求，防止因地下水和上游水资源的过度开发利用，导致植被破坏和土地沙化。该规划和计划经批准后，必须严格实施。

沙化土地所在地区的地方各级人民政府应当节约用水，发展节水型农牧业和其他产业。

第二十条　沙化土地所在地区的县级以上地方人民政府，不得批准在沙漠边缘地带和林地、草原开垦耕地；已经开垦并对生态产生不良影响的，应当有计划地组织退耕还林还草。

第二十一条　在沙化土地范围内从事开发建设活动的，必须事先就该项目可能对当地及相关地区生态产生的影响进行环境影响评价，依法提交环境影响报告；环境影响报告应当包括有关防沙治沙的内容。

第二十二条　在沙化土地封禁保护区范围内，禁止一切破坏植被的活动。

禁止在沙化土地封禁保护区范围内安置移民。对沙化土地封禁保护区范围内的农牧民，县级以上地方人民政府应当有计划地组织迁出，并妥善安置。沙化土地封禁保护区范围内尚未迁出的农牧民的生产生活，由沙化土地封禁保护区主管部门妥善安排。

未经国务院或者国务院指定的部门同意，不得在沙化土地封禁保护区范围内进行修建铁路、公路等建设活动。

第四章　沙化土地的治理

第二十三条　沙化土地所在地区的地方各级人民政府，应当按照防沙治沙规划，组织有关部门、单位和个人，因地制宜地采取人工造林种草、飞机播种造林种草、封沙育林育草和合理调配生态用水等措施，恢复和增加植被，治理已经沙化的土地。

第二十四条　国家鼓励单位和个人在自愿的前提下，捐资或者以其他形式开展公益性的治沙活动。

县级以上地方人民政府林业草原或者其他有关行政主管部门，应当为公益性治沙活动提供治理地点和无偿技术指导。

从事公益性治沙的单位和个人，应当按照县级以上地方人民政府林业草原或者其他有关行政主管部门的技术要求进行治理，并可以将所种植的林、草委托他人管护或者交由当地人民政府有关行政主管部门管护。

第二十五条　使用已经沙化的国有土地的使用权人和农民集体所有土地的承包经营权人，必须采取治理措施，改善土地质量；确实无能力完成治理任务的，可以委托他人治理或者与他人合作治理。委托或者合作治理的，应当签订协议，明确各方的权利和义务。

沙化土地所在地区的地方各级人民政府及其有关行政主管部门、技术推广单位，应当为土地使用权人和承包经营权人的治沙活动提供技术指导。

采取退耕还林还草、植树种草或者封育措施治沙的土地使用权人和承包经营权人，按照国家有关规定，享受人民政府提供的政策优惠。

第二十六条　不具有土地所有权或者使用权的单位和个人从事营利性治沙活动的，应当先与土地所有权人或者使用权人签订协议，依法取得土地使用权。

在治理活动开始之前，从事营利性治沙活动的单位和个人应当向治理项目所在地的县级以上地方人民政府林业草原行政主管部门或者县级以上地方人民政府指定的其他行政主管部门提出治理申请，并附具下列文件：

（一）被治理土地权属的合法证明文件和治理协议；

（二）符合防沙治沙规划的治理方案；

(三)治理所需的资金证明。

第二十七条　本法第二十六条第二款第二项所称治理方案,应当包括以下内容:

(一)治理范围界限;

(二)分阶段治理目标和治理期限;

(三)主要治理措施;

(四)经当地水行政主管部门同意的用水来源和用水量指标;

(五)治理后的土地用途和植被管护措施;

(六)其他需要载明的事项。

第二十八条　从事营利性治沙活动的单位和个人,必须按照治理方案进行治理。

国家保护沙化土地治理者的合法权益。在治理者取得合法土地权属的治理范围内,未经治理者同意,其他任何单位和个人不得从事治理或者开发利用活动。

第二十九条　治理者完成治理任务后,应当向县级以上地方人民政府受理治理申请的行政主管部门提出验收申请。经验收合格的,受理治理申请的行政主管部门应当发给治理合格证明文件;经验收不合格的,治理者应当继续治理。

第三十条　已经沙化的土地范围内的铁路、公路、河流和水渠两侧,城镇、村庄、厂矿和水库周围,实行单位治理责任制,由县级以上地方人民政府下达治理责任书,由责任单位负责组织造林种草或者采取其他治理措施。

第三十一条　沙化土地所在地区的地方各级人民政府,可以组织当地农村集体经济组织及其成员在自愿的前提下,对已经沙化的土地进行集中治理。农村集体经济组织及其成员投入的资金和劳力,可以折算为治理项目的股份、资本金,也可以采取其他形式给予补偿。

第五章　保障措施

第三十二条　国务院和沙化土地所在地区的地方各级人民政府应当在本级财政预算中按照防沙治沙规划通过项目预算安排资金,用于本级人民政府确定的防沙治沙工程。在安排扶贫、农业、水利、道路、矿产、能源、农业综合开发等项目时,应当根据具体情况,设立若干防沙治沙子项目。

第三十三条　国务院和省、自治区、直辖市人民政府应当制定优惠政策,鼓励和支持单位和个人防沙治沙。

县级以上地方人民政府应当按照国家有关规定,根据防沙治沙的面积和难易程度,给予从事防沙治沙活动的单位和个人资金补助、财政贴息以及税费减免等政策优惠。

单位和个人投资进行防沙治沙的,在投资阶段免征各种税收;取得一定收益后,可以免征或者减征有关税收。

第三十四条　使用已经沙化的国有土地从事治沙活动的,经县级以上人民政府依法批准,可以享有不超过七十年的土地使用权。具体年限和管理办法,由国务院规定。

使用已经沙化的集体所有土地从事治沙活动的,治理者应当与土地所有人签订土地承包合同。具体承包期限和当事人的其他权利、义务由承包合同双方依法在土地承包合同中约定。县级人民政府依法根据土地承包合同向治理者颁发土地使用权证书,保护集体所有沙化土地治理者的土地使用权。

第三十五条　因保护生态的特殊要求,将治理后的土地批准划为自然保护区或者沙化土地封禁保护区的,批准机关应当给予治理者合理的经济补偿。

第三十六条　国家根据防沙治沙的需要,组织设立防沙治沙重点科研项目和示范、推广项目,并对防沙治沙、沙区能源、沙生经济作物、节水灌溉、防止草原退化、沙地旱作农业等方面的科学研究与技术推广给予资金补助、税费减免等政策优惠。

第三十七条　任何单位和个人不得截留、挪用防沙治沙资金。

县级以上人民政府审计机关,应当依法对防沙治沙资金使用情况实施审计监督。

第六章　法律责任

第三十八条　违反本法第二十二条第一款规定,在沙化土地封禁保护区范围内从事破坏植被活动的,由县级以上地方人民政府林业草原行政主管部门责令停止违法行为;有违法所得的,没收其违法所得;构成犯罪的,依法追究刑事责任。

第三十九条　违反本法第二十五条第一款规定,国有土地使用权人和农民集体所有土地承包经营权人未采取防沙治沙措施,造成土地严重沙化的,由县级以上地方人民政府林业草原行政主管部门责令限期治理;造成国有土地严重沙化的,县级以上人民政府可以收回国有土地使用权。

第四十条　违反本法规定,进行营利性治沙活动,造成土地沙化加重的,由县级以上地方人民政府负责受理营利性治沙申请的行政主管部门责令停止违法行为,可以并处每公顷五千元以上五万元以下的罚款。

第四十一条 违反本法第二十八条第一款规定,不按照治理方案进行治理的,或者违反本法第二十九条规定,经验收不合格又不按要求继续治理的,由县级以上地方人民政府负责受理营利性治沙申请的行政主管部门责令停止违法行为,限期改正,可以并处相当于治理费用一倍以上三倍以下的罚款。

第四十二条 违反本法第二十八条第二款规定,未经治理者同意,擅自在他人的治理范围内从事治理或者开发利用活动的,由县级以上地方人民政府负责受理营利性治沙申请的行政主管部门责令停止违法行为;给治理者造成损失的,应当赔偿损失。

第四十三条 违反本法规定,有下列情形之一的,对直接负责的主管人员和其他直接责任人员,由所在单位、监察机关或者上级行政主管部门依法给予行政处分:

(一)违反本法第十五条第一款规定,发现土地发生沙化或者沙化程度加重不及时报告的,或者收到报告后不责成有关行政主管部门采取措施的;

(二)违反本法第十六条第二款、第三款规定,批准采伐防风固沙林网、林带的;

(三)违反本法第二十条规定,批准在沙漠边缘地带和林地、草原开垦耕地的;

(四)违反本法第二十二条第二款规定,在沙化土地封禁保护区范围内安置移民的;

(五)违反本法第二十二条第三款规定,未经批准在沙化土地封禁保护区范围内进行修建铁路、公路等建设活动的。

第四十四条 违反本法第三十七条第一款规定,截留、挪用防沙治沙资金的,对直接负责的主管人员和其他直接责任人员,由监察机关或者上级行政主管部门依法给予行政处分;构成犯罪的,依法追究刑事责任。

第四十五条 防沙治沙监督管理人员滥用职权、玩忽职守、徇私舞弊,构成犯罪的,依法追究刑事责任。

第七章 附 则

第四十六条 本法第五条第二款中所称的有关法律,是指《中华人民共和国森林法》《中华人民共和国草原法》《中华人民共和国水土保持法》《中华人民共和国土地管理法》《中华人民共和国环境保护法》和《中华人民共和国气象法》。

第四十七条 本法自2002年1月1日起施行。

中华人民共和国农业机械化促进法

(2004年6月25日第十届全国人民代表大会常务委员会第十次会议通过 根据2018年10月26日第十三届全国人民代表大会常务委员会第六次会议《关于修改〈中华人民共和国野生动物保护法〉等十五部法律的决定》修正)

目 录

第一章 总 则
第二章 科研开发
第三章 质量保障
第四章 推广使用
第五章 社会化服务
第六章 扶持措施
第七章 法律责任
第八章 附 则

第一章 总 则

第一条 为了鼓励、扶持农民和农业生产经营组织使用先进适用的农业机械,促进农业机械化,建设现代农业,制定本法。

第二条 本法所称农业机械化,是指运用先进适用的农业机械装备农业,改善农业生产经营条件,不断提高农业的生产技术水平和经济效益、生态效益的过程。

本法所称农业机械,是指用于农业生产及其产品初加工等相关农事活动的机械、设备。

第三条　县级以上人民政府应当把推进农业机械化纳入国民经济和社会发展计划，采取财政支持和实施国家规定的税收优惠政策以及金融扶持等措施，逐步提高对农业机械化的资金投入，充分发挥市场机制的作用，按照因地制宜、经济有效、保障安全、保护环境的原则，促进农业机械化的发展。

第四条　国家引导、支持农民和农业生产经营组织自主选择先进适用的农业机械。任何单位和个人不得强迫农民和农业生产经营组织购买其指定的农业机械产品。

第五条　国家采取措施，开展农业机械化科技知识的宣传和教育，培养农业机械化专业人才，推进农业机械化信息服务，提高农业机械化水平。

第六条　国务院农业行政主管部门和其他负责农业机械化有关工作的部门，按照各自的职责分工，密切配合，共同做好农业机械化促进工作。

县级以上地方人民政府主管农业机械化工作的部门和其他有关部门，按照各自的职责分工，密切配合，共同做好本行政区域的农业机械化促进工作。

第二章　科研开发

第七条　省级以上人民政府及其有关部门应当组织有关单位采取技术攻关、试验、示范等措施，促进基础性、关键性、公益性农业机械科学研究和先进适用的农业机械的推广应用。

第八条　国家支持有关科研机构和院校加强农业机械化科学技术研究，根据不同的农业生产条件和农民需求，研究开发先进适用的农业机械；支持农业机械科研、教学与生产、推广相结合，促进农业机械与农业生产技术的发展要求相适应。

第九条　国家支持农业机械生产者开发先进适用的农业机械，采用先进技术、先进工艺和先进材料，提高农业机械产品的质量和技术水平，降低生产成本，提供系列化、标准化、多功能和质量优良、节约能源、价格合理的农业机械产品。

第十条　国家支持引进、利用先进的农业机械、关键零配件和技术，鼓励引进外资从事农业机械的研究、开发、生产和经营。

第三章　质量保障

第十一条　国家加强农业机械化标准体系建设，制定和完善农业机械产品质量、维修质量和作业质量等标准。对农业机械产品涉及人身安全、农产品质量安全和环境保护的技术要求，应当按照有关法律、行政法规的规定制定强制执行的技术规范。

第十二条　市场监督管理部门应当依法组织对农业机械产品质量的监督抽查，加强对农业机械产品市场的监督管理工作。

国务院农业行政主管部门和省级人民政府主管农业机械化工作的部门根据农业机械使用者的投诉情况和农业生产的实际需要，可以组织对在用的特定种类农业机械产品的适用性、安全性、可靠性和售后服务状况进行调查，并公布调查结果。

第十三条　农业机械生产者、销售者应当对其生产、销售的农业机械产品质量负责，并按照国家有关规定承担零配件供应和培训等售后服务责任。

农业机械生产者应当按照国家标准、行业标准和保障人身安全的要求，在其生产的农业机械产品上设置必要的安全防护装置、警示标志和中文警示说明。

第十四条　农业机械产品不符合质量要求的，农业机械生产者、销售者应当负责修理、更换、退货；给农业机械使用者造成农业生产损失或者其他损失的，应当依法赔偿损失。农业机械使用者有权要求农业机械销售者先予赔偿。农业机械销售者赔偿后，属于农业机械生产者的责任的，农业机械销售者有权向农业机械生产者追偿。

因农业机械存在缺陷造成人身伤害、财产损失的，农业机械生产者、销售者应当依法赔偿损失。

第十五条　列入依法必须经过认证的产品目录的农业机械产品，未经认证并标注认证标志，禁止出厂、销售和进口。

禁止生产、销售不符合国家技术规范强制性要求的农业机械产品。

禁止利用残次零配件和报废机具的部件拼装农业机械产品。

第四章　推广使用

第十六条　国家支持向农民和农业生产经营组织推广先进适用的农业机械产品。推广农业机械产品，应当适应当地农业发展的需要，并依照农业技术推广法的规定，在推广地区经过试验证明具有先进性和适用性。

农业机械生产者或者销售者，可以委托农业机械试验鉴定机构，对其定型生产或者销售的农业机械产品进行适用性、安全性和可靠性检测，作出技术评价。农业机械试验鉴定机构应当公布具有适用性、安全性和可靠性的农业机械产品的检测结果,为农民和农业生产经营组织选购先进适用的农业机械提供信息。

第十七条 县级以上人民政府可以根据实际情况,在不同的农业区域建立农业机械化示范基地,并鼓励农业机械生产者、经营者等建立农业机械示范点,引导农民和农业生产经营组织使用先进适用的农业机械。

第十八条 国务院农业行政主管部门会同国务院财政部门、经济综合宏观调控部门,根据促进农业结构调整、保护自然资源与生态环境、推广农业新技术与加快农机具更新的原则,确定、公布国家支持推广的先进适用的农业机械产品目录,并定期调整。省级人民政府主管农业机械化工作的部门会同同级财政部门、经济综合宏观调控部门根据上述原则,确定、公布省级人民政府支持推广的先进适用的农业机械产品目录,并定期调整。

列入前款目录的产品,应当由农业机械生产者自愿提出申请,并通过农业机械试验鉴定机构进行的先进性、适用性、安全性和可靠性鉴定。

第十九条 国家鼓励和支持农民合作使用农业机械,提高农业机械利用率和作业效率,降低作业成本。

国家支持和保护农民在坚持家庭承包经营的基础上,自愿组织区域化、标准化种植,提高农业机械的作业水平。任何单位和个人不得以区域化、标准化种植为借口,侵犯农民的土地承包经营权。

第二十条 国务院农业行政主管部门和县级以上地方人民政府主管农业机械化工作的部门,应当按照安全生产、预防为主的方针,加强对农业机械安全使用的宣传、教育和管理。

农业机械使用者作业时,应当按照安全操作规程操作农业机械,在有危险的部位和作业现场设置防护装置或者警示标志。

第五章 社会化服务

第二十一条 农民、农业机械作业组织可以按照双方自愿、平等协商的原则,为本地或者外地的农民和农业生产经营组织提供各项有偿农业机械作业服务。有偿农业机械作业应当符合国家或者地方规定的农业机械作业质量标准。

国家鼓励跨行政区域开展农业机械作业服务。各级人民政府及其有关部门应当支持农业机械跨行政区域作业,维护作业秩序,提供便利和服务,并依法实施安全监督管理。

第二十二条 各级人民政府应当采取措施,鼓励和扶持发展多种形式的农业机械服务组织,推进农业机械化信息网络建设,完善农业机械化服务体系。农业机械服务组织应当根据农民、农业生产经营组织的需求,提供农业机械示范推广、实用技术培训、维修、信息、中介等社会化服务。

第二十三条 国家设立的基层农业机械技术推广机构应当以试验示范基地为依托,为农民和农业生产经营组织无偿提供公益性农业机械技术的推广、培训等服务。

第二十四条 从事农业机械维修,应当具备与维修业务相适应的仪器、设备和具有农业机械维修职业技能的技术人员,保证维修质量。维修质量不合格的,维修者应当免费重新修理;造成人身伤害或者财产损失的,维修者应当依法承担赔偿责任。

第二十五条 农业机械生产者、经营者、维修者可以依照法律、行政法规的规定,自愿成立行业协会,实行行业自律,为会员提供服务,维护会员的合法权益。

第六章 扶持措施

第二十六条 国家采取措施,鼓励和支持农业机械生产者增加新产品、新技术、新工艺的研究开发投入,并对农业机械的科研开发和制造实施税收优惠政策。

中央和地方财政预算安排的科技开发资金应当对农业机械工业的技术创新给予支持。

第二十七条 中央财政、省级财政应当分别安排专项资金,对农民和农业生产经营组织购买国家支持推广的先进适用的农业机械给予补贴。补贴资金的使用应当遵循公开、公正、及时、有效的原则,可以向农民和农业生产经营组织发放,也可以采用贴息方式支持金融机构向农民和农业生产经营组织购买先进适用的农业机械提供贷款。具体办法由国务院规定。

第二十八条 从事农业机械生产作业服务的收入,按照国家规定给予税收优惠。

国家根据农业和农村经济发展的需要,对农业机械的农业生产作业用燃油安排财政补贴。燃油补贴应当向直接从事农业机械作业的农民和农业生产经营组织发放。具体办法由国务院规定。

第二十九条 地方各级人民政府应当采取措

施加强农村机耕道路等农业机械化基础设施的建设和维护，为农业机械化创造条件。

县级以上地方人民政府主管农业机械化工作的部门应当建立农业机械化信息搜集、整理、发布制度，为农民和农业生产经营组织免费提供信息服务。

第七章 法律责任

第三十条 违反本法第十五条规定的，依照产品质量法的有关规定予以处罚；构成犯罪的，依法追究刑事责任。

第三十一条 农业机械驾驶、操作人员违反国家规定的安全操作规程，违章作业的，责令改正，依照有关法律、行政法规的规定予以处罚；构成犯罪的，依法追究刑事责任。

第三十二条 农业机械试验鉴定机构在鉴定工作中不按照规定为农业机械生产者、销售者进行鉴定，或者伪造鉴定结果、出具虚假证明，给农业机械使用者造成损失的，依法承担赔偿责任。

第三十三条 国务院农业行政主管部门和县级以上地方人民政府主管农业机械化工作的部门违反本法规定，强制或者变相强制农业机械生产者、销售者对其生产、销售的农业机械产品进行鉴定的，由上级主管机关或者监察机关责令限期改正，并对直接负责的主管人员和其他直接责任人员给予行政处分。

第三十四条 违反本法第二十七条、第二十八条规定，截留、挪用有关补贴资金的，由上级主管机关责令限期归还被截留、挪用的资金，没收非法所得，并由上级主管机关、监察机关或者所在单位对直接负责的主管人员和其他直接责任人员给予行政处分；构成犯罪的，依法追究刑事责任。

第八章 附 则

第三十五条 本法自 2004 年 11 月 1 日起施行。

中华人民共和国农产品质量安全法

（2006 年 4 月 29 日第十届全国人民代表大会常务委员会第二十一次会议通过 根据 2018 年 10 月 26 日第十三届全国人民代表大会常务委员会第六次会议《关于修改〈中华人民共和国野生动物保护法〉等十五部法律的决定》修正）

目 录

第一章 总 则
第二章 农产品质量安全标准
第三章 农产品产地
第四章 农产品生产
第五章 农产品包装和标识
第六章 监督检查
第七章 法律责任
第八章 附 则

第一章 总 则

第一条 为保障农产品质量安全，维护公众健康，促进农业和农村经济发展，制定本法。

第二条 本法所称农产品，是指来源于农业的初级产品，即在农业活动中获得的植物、动物、微生物及其产品。

本法所称农产品质量安全，是指农产品质量符合保障人的健康、安全的要求。

第三条 县级以上人民政府农业行政主管部门负责农产品质量安全的监督管理工作；县级以上人民政府有关部门按照职责分工，负责农产品质量安全的有关工作。

第四条 县级以上人民政府应当将农产品质量安全管理工作纳入本级国民经济和社会发展规划，并安排农产品质量安全经费，用于开展农产品质量安全工作。

第五条 县级以上地方人民政府统一领导、协调本行政区域内的农产品质量安全工作，并采取措施，建立健全农产品质量安全服务体系，提高农产品质量安全水平。

第六条 国务院农业行政主管部门应当设立由有关方面专家组成的农产品质量安全风险评估专家委员会，对可能影响农产品质量安全的潜在危害进行风险分析和评估。

国务院农业行政主管部门应当根据农产品质量安全风险评估结果采取相应的管理措施，并将农产品质量安全风险评估结果及时通报国务院有关部门。

第七条 国务院农业行政主管部门和省、自治区、直辖市人民政府农业行政主管部门应当按照职责权限，发布有关农产品质量安全状况信息。

第八条 国家引导、推广农产品标准化生产，鼓励和支持生产优质农产品，禁止生产、销售不符合国家规定的农产品质量安全标准的农产品。

第九条 国家支持农产品质量安全科学技术研究，推行科学的质量安全管理方法，推广先进安全的生产技术。

第十条 各级人民政府及有关部门应当加强农产品质量安全知识的宣传，提高公众的农产品质量安全意识，引导农产品生产者、销售者加强质量安全管理，保障农产品消费安全。

第二章 农产品质量安全标准

第十一条 国家建立健全农产品质量安全标准体系。农产品质量安全标准是强制性的技术规范。

农产品质量安全标准的制定和发布，依照有关法律、行政法规的规定执行。

第十二条 制定农产品质量安全标准应当充分考虑农产品质量安全风险评估结果，并听取农产品生产者、销售者和消费者的意见，保障消费安全。

第十三条 农产品质量安全标准应当根据科学技术发展水平以及农产品质量安全的需要，及时修订。

第十四条 农产品质量安全标准由农业行政主管部门商有关部门组织实施。

第三章 农产品产地

第十五条 县级以上地方人民政府农业行政主管部门按照保障农产品质量安全的要求，根据农产品品种特性和生产区域大气、土壤、水体中有毒有害物质状况等因素，认为不适宜特定农产品生产的，提出禁止生产的区域，报本级人民政府批准后公布。具体办法由国务院农业行政主管部门商国务院生态环境主管部门制定。

农产品禁止生产区域的调整，依照前款规定的程序办理。

第十六条 县级以上人民政府应当采取措施，加强农产品基地建设，改善农产品的生产条件。

县级以上人民政府农业行政主管部门应当采取措施，推进保障农产品质量安全的标准化生产综合示范区、示范农场、养殖小区和无规定动植物疫病区的建设。

第十七条 禁止在有毒有害物质超过规定标准的区域生产、捕捞、采集食用农产品和建立农产品生产基地。

第十八条 禁止违反法律、法规的规定向农产品产地排放或者倾倒废水、废气、固体废物或者其他有毒有害物质。

农业生产用水和用作肥料的固体废物，应当符合国家规定的标准。

第十九条 农产品生产者应当合理使用化肥、农药、兽药、农用薄膜等化工产品，防止对农产品产地造成污染。

第四章 农产品生产

第二十条 国务院农业行政主管部门和省、自治区、直辖市人民政府农业行政主管部门应当制定保障农产品质量安全的生产技术要求和操作规程。县级以上人民政府农业行政主管部门应当加强对农产品生产的指导。

第二十一条 对可能影响农产品质量安全的农药、兽药、饲料和饲料添加剂、肥料、兽医器械，依照有关法律、行政法规的规定实行许可制度。

国务院农业行政主管部门和省、自治区、直辖市人民政府农业行政主管部门应当定期对可能危及农产品质量安全的农药、兽药、饲料和饲料添加剂、肥料等农业投入品进行监督抽查，并公布抽查结果。

第二十二条 县级以上人民政府农业行政主管部门应当加强对农业投入品使用的管理和指导，建立健全农业投入品的安全使用制度。

第二十三条 农业科研教育机构和农业技术推广机构应当加强对农产品生产者质量安全知识和技能的培训。

第二十四条 农产品生产企业和农民专业合作经济组织应当建立农产品生产记录，如实记载下列事项：

（一）使用农业投入品的名称、来源、用法、用量和使用、停用的日期；

(二)动物疫病、植物病虫草害的发生和防治情况;

(三)收获、屠宰或者捕捞的日期。

农产品生产记录应当保存二年。禁止伪造农产品生产记录。

国家鼓励其他农产品生产者建立农产品生产记录。

第二十五条　农产品生产者应当按照法律、行政法规和国务院农业行政主管部门的规定,合理使用农业投入品,严格执行农业投入品使用安全间隔期或者休药期的规定,防止危及农产品质量安全。

禁止在农产品生产过程中使用国家明令禁止使用的农业投入品。

第二十六条　农产品生产企业和农民专业合作经济组织,应当自行或者委托检测机构对农产品质量安全状况进行检测;经检测不符合农产品质量安全标准的农产品,不得销售。

第二十七条　农民专业合作经济组织和农产品行业协会对其成员应当及时提供生产技术服务,建立农产品质量安全管理制度,健全农产品质量安全控制体系,加强自律管理。

第五章　农产品包装和标识

第二十八条　农产品生产企业、农民专业合作经济组织以及从事农产品收购的单位或者个人销售的农产品,按照规定应当包装或者附加标识的,须经包装或者附加标识后方可销售。包装物或者标识上应当按照规定标明产品的品名、产地、生产者、生产日期、保质期、产品质量等级等内容;使用添加剂的,还应当按照规定标明添加剂的名称。具体办法由国务院农业行政主管部门制定。

第二十九条　农产品在包装、保鲜、贮存、运输中所使用的保鲜剂、防腐剂、添加剂等材料,应当符合国家有关强制性的技术规范。

第三十条　属于农业转基因生物的农产品,应当按照农业转基因生物安全管理的有关规定进行标识。

第三十一条　依法需要实施检疫的动植物及其产品,应当附具检疫合格标志、检疫合格证明。

第三十二条　销售的农产品必须符合农产品质量安全标准,生产者可以申请使用无公害农产品标志。农产品质量符合国家规定的有关优质农产品标准的,生产者可以申请使用相应的农产品质量标志。

禁止冒用前款规定的农产品质量标志。

第六章　监督检查

第三十三条　有下列情形之一的农产品,不得销售:

(一)含有国家禁止使用的农药、兽药或者其他化学物质的;

(二)农药、兽药等化学物质残留或者含有的重金属等有毒有害物质不符合农产品质量安全标准的;

(三)含有的致病性寄生虫、微生物或者生物毒素不符合农产品质量安全标准的;

(四)使用的保鲜剂、防腐剂、添加剂等材料不符合国家有关强制性的技术规范的;

(五)其他不符合农产品质量安全标准的。

第三十四条　国家建立农产品质量安全监测制度。县级以上人民政府农业行政主管部门应当按照保障农产品质量安全的要求,制定并组织实施农产品质量安全监测计划,对生产中或者市场上销售的农产品进行监督抽查。监督抽查结果由国务院农业行政主管部门或者省、自治区、直辖市人民政府农业行政主管部门按照权限予以公布。

监督抽查检测应当委托符合本法第三十五条规定条件的农产品质量安全检测机构进行,不得向被抽查人收取费用,抽取的样品不得超过国务院农业行政主管部门规定的数量。上级农业行政主管部门监督抽查的农产品,下级农业行政主管部门不得另行重复抽查。

第三十五条　农产品质量安全检测应当充分利用现有的符合条件的检测机构。

从事农产品质量安全检测的机构,必须具备相应的检测条件和能力,由省级以上人民政府农业行政主管部门或者其授权的部门考核合格。具体办法由国务院农业行政主管部门制定。

农产品质量安全检测机构应当依法经计量认证合格。

第三十六条　农产品生产者、销售者对监督抽查检测结果有异议的,可以自收到检测结果之日起五日内,向组织实施农产品质量安全监督抽查的农业行政主管部门或者其上级农业行政主管部门申请复检。

采用国务院农业行政主管部门会同有关部门认定的快速检测方法进行农产品质量安全监督抽查检测,被抽查人对检测结果有异议的,可以自收到检测结果时起四小时内申请复检。复检不得采用快速检测方法。

因检测结果错误给当事人造成损害的，依法承担赔偿责任。

第三十七条 农产品批发市场应当设立或者委托农产品质量安全检测机构，对进场销售的农产品质量安全状况进行抽查检测；发现不符合农产品质量安全标准的，应当要求销售者立即停止销售，并向农业行政主管部门报告。

农产品销售企业对其销售的农产品，应当建立健全进货检查验收制度；经查验不符合农产品质量安全标准的，不得销售。

第三十八条 国家鼓励单位和个人对农产品质量安全进行社会监督。任何单位和个人都有权对违反本法的行为进行检举、揭发和控告。有关部门收到相关的检举、揭发和控告后，应当及时处理。

第三十九条 县级以上人民政府农业行政主管部门在农产品质量安全监督检查中，可以对生产、销售的农产品进行现场检查，调查了解农产品质量安全的有关情况，查阅、复制与农产品质量安全有关的记录和其他资料；对经检测不符合农产品质量安全标准的农产品，有权查封、扣押。

第四十条 发生农产品质量安全事故时，有关单位和个人应当采取控制措施，及时向所在地乡级人民政府和县级人民政府农业行政主管部门报告；收到报告的机关应当及时处理并报上一级人民政府和有关部门。发生重大农产品质量安全事故时，农业行政主管部门应当及时通报同级市场监督管理部门。

第四十一条 县级以上人民政府农业行政主管部门在农产品质量安全监督管理中，发现有本法第三十三条所列情形之一的农产品，应当按照农产品质量安全责任追究制度的要求，查明责任人，依法予以处理或者提出处理建议。

第四十二条 进口的农产品必须按照国家规定的农产品质量安全标准进行检验；尚未制定有关农产品质量安全标准的，应当依法及时制定，未制定之前，可以参照国家有关部门指定的国外有关标准进行检验。

第七章 法律责任

第四十三条 农产品质量安全监督管理人员不依法履行监督职责，或者滥用职权的，依法给予行政处分。

第四十四条 农产品质量安全检测机构伪造检测结果的，责令改正，没收违法所得，并处五万元以上十万元以下罚款，对直接负责的主管人员和其他直接责任人员处一万元以上五万元以下罚款；情节严重的，撤销其检测资格；造成损害的，依法承担赔偿责任。

农产品质量安全检测机构出具检测结果不实，造成损害的，依法承担赔偿责任；造成重大损害的，并撤销其检测资格。

第四十五条 违反法律、法规规定，向农产品产地排放或者倾倒废水、废气、固体废物或者其他有毒有害物质的，依照有关环境保护法律、法规的规定处罚；造成损害的，依法承担赔偿责任。

第四十六条 使用农业投入品违反法律、行政法规和国务院农业行政主管部门的规定的，依照有关法律、行政法规的规定处罚。

第四十七条 农产品生产企业、农民专业合作经济组织未建立或者未按照规定保存农产品生产记录的，或者伪造农产品生产记录的，责令限期改正；逾期不改正的，可以处二千元以下罚款。

第四十八条 违反本法第二十八条规定，销售的农产品未按照规定进行包装、标识的，责令限期改正；逾期不改正的，可以处二千元以下罚款。

第四十九条 有本法第三十三条第四项规定情形，使用的保鲜剂、防腐剂、添加剂等材料不符合国家有关强制性的技术规范的，责令停止销售，对被污染的农产品进行无害化处理，对不能进行无害化处理的予以监督销毁；没收违法所得，并处二千元以上二万元以下罚款。

第五十条 农产品生产企业、农民专业合作经济组织销售的农产品有本法第三十三条第一项至第三项或者第五项所列情形之一的，责令停止销售，追回已经销售的农产品，对违法销售的农产品进行无害化处理或者予以监督销毁；没收违法所得，并处二千元以上二万元以下罚款。

农产品销售企业销售的农产品有前款所列情形的，依照前款规定处理、处罚。

农产品批发市场中销售的农产品有第一款所列情形的，对违法销售的农产品依照第一款规定处理，对农产品销售者依照第一款规定处罚。

农产品批发市场违反本法第三十七条第一款规定的，责令改正，处二千元以上二万元以下罚款。

第五十一条 违反本法第三十二条规定，冒用农产品质量标志的，责令改正，没收违法所得，并处二千元以上二万元以下罚款。

第五十二条　本法第四十四条，第四十七条至第四十九条，第五十条第一款、第四款和第五十一条规定的处理、处罚，由县级以上人民政府农业行政主管部门决定；第五十条第二款、第三款规定的处理、处罚，由市场监督管理部门决定。

法律对行政处罚及处罚机关有其他规定的，从其规定。但是，对同一违法行为不得重复处罚。

第五十三条　违反本法规定，构成犯罪的，依法追究刑事责任。

第五十四条　生产、销售本法第三十三条所列农产品，给消费者造成损害的，依法承担赔偿责任。

农产品批发市场中销售的农产品有前款规定情形的，消费者可以向农产品批发市场要求赔偿；属于生产者、销售者责任的，农产品批发市场有权追偿。消费者也可以直接向农产品生产者、销售者要求赔偿。

第八章　附　则

第五十五条　生猪屠宰的管理按照国家有关规定执行。

第五十六条　本法自 2006 年 11 月 1 日起施行。

中华人民共和国循环经济促进法

（2008 年 8 月 29 日第十一届全国人民代表大会常务委员会第四次会议通过　根据 2018 年 10 月 26 日第十三届全国人民代表大会常务委员会第六次会议《关于修改〈中华人民共和国野生动物保护法〉等十五部法律的决定》修正）

目　录

第一章　总　则
第二章　基本管理制度
第三章　减量化
第四章　再利用和资源化
第五章　激励措施
第六章　法律责任
第七章　附　则

第一章　总　则

第一条　为了促进循环经济发展，提高资源利用效率，保护和改善环境，实现可持续发展，制定本法。

第二条　本法所称循环经济，是指在生产、流通和消费等过程中进行的减量化、再利用、资源化活动的总称。

本法所称减量化，是指在生产、流通和消费等过程中减少资源消耗和废物产生。

本法所称再利用，是指将废物直接作为产品或者经修复、翻新、再制造后继续作为产品使用，或者将废物的全部或者部分作为其他产品的部件予以使用。

本法所称资源化，是指将废物直接作为原料进行利用或者对废物进行再生利用。

第三条　发展循环经济是国家经济社会发展的一项重大战略，应当遵循统筹规划、合理布局，因地制宜、注重实效，政府推动、市场引导，企业实施、公众参与的方针。

第四条　发展循环经济应当在技术可行、经济合理和有利于节约资源、保护环境的前提下，按照减量化优先的原则实施。

在废物再利用和资源化过程中，应当保障生产安全，保证产品质量符合国家规定的标准，并防止产生再次污染。

第五条　国务院循环经济发展综合管理部门负责组织协调、监督管理全国循环经济发展工作；国务院生态环境等有关主管部门按照各自的职责负责有关循环经济的监督管理工作。

县级以上地方人民政府循环经济发展综合管理部门负责组织协调、监督管理本行政区域的循环经济发展工作；县级以上地方人民政府生态环境等有关主管部门按照各自的职责负责有关循环经济的监督管理工作。

第六条　国家制定产业政策，应当符合发展循环经济的要求。

县级以上人民政府编制国民经济和社会发展规划及年度计划，县级以上人民政府有关部门编制环境保护、科学技术等规划,应当包括发展循环经济的内容。

第七条 国家鼓励和支持开展循环经济科学技术的研究、开发和推广,鼓励开展循环经济宣传、教育、科学知识普及和国际合作。

第八条 县级以上人民政府应当建立发展循环经济的目标责任制,采取规划、财政、投资、政府采购等措施,促进循环经济发展。

第九条 企业事业单位应当建立健全管理制度,采取措施,降低资源消耗,减少废物的产生量和排放量,提高废物的再利用和资源化水平。

第十条 公民应当增强节约资源和保护环境意识,合理消费,节约资源。

国家鼓励和引导公民使用节能、节水、节材和有利于保护环境的产品及再生产品,减少废物的产生量和排放量。

公民有权举报浪费资源、破坏环境的行为,有权了解政府发展循环经济的信息并提出意见和建议。

第十一条 国家鼓励和支持行业协会在循环经济发展中发挥技术指导和服务作用。县级以上人民政府可以委托有条件的行业协会等社会组织开展促进循环经济发展的公共服务。

国家鼓励和支持中介机构、学会和其他社会组织开展循环经济宣传、技术推广和咨询服务,促进循环经济发展。

第二章 基本管理制度

第十二条 国务院循环经济发展综合管理部门会同国务院生态环境等有关主管部门编制全国循环经济发展规划,报国务院批准后公布施行。设区的市级以上地方人民政府循环经济发展综合管理部门会同本级人民政府生态环境等有关主管部门编制本行政区域循环经济发展规划,报本级人民政府批准后公布施行。

循环经济发展规划应当包括规划目标、适用范围、主要内容、重点任务和保障措施等,并规定资源产出率、废物再利用和资源化率等指标。

第十三条 县级以上地方人民政府应当依据上级人民政府下达的本行政区域主要污染物排放、建设用地和用水总量控制指标,规划和调整本行政区域的产业结构,促进循环经济发展。

新建、改建、扩建建设项目,必须符合本行政区域主要污染物排放、建设用地和用水总量控制指标的要求。

第十四条 国务院循环经济发展综合管理部门会同国务院统计、生态环境等有关主管部门建立和完善循环经济评价指标体系。

上级人民政府根据前款规定的循环经济主要评价指标,对下级人民政府发展循环经济的状况定期进行考核,并将主要评价指标完成情况作为对地方人民政府及其负责人考核评价的内容。

第十五条 生产列入强制回收名录的产品或者包装物的企业,必须对废弃的产品或者包装物负责回收;对其中可以利用的,由各该生产企业负责利用;对因不具备技术经济条件而不适合利用的,由各该生产企业负责无害化处置。

对前款规定的废弃产品或者包装物,生产者委托销售者或者其他组织进行回收的,或者委托废物利用或者处置企业进行利用或者处置的,受托方应当依照有关法律、行政法规的规定和合同的约定负责回收或者利用、处置。

对列入强制回收名录的产品和包装物,消费者应当将废弃的产品或者包装物交给生产者或者其委托回收的销售者或者其他组织。

强制回收的产品和包装物的名录及管理办法,由国务院循环经济发展综合管理部门规定。

第十六条 国家对钢铁、有色金属、煤炭、电力、石油加工、化工、建材、建筑、造纸、印染等行业年综合能源消费量、用水量超过国家规定总量的重点企业,实行能耗、水耗的重点监督管理制度。

重点能源消费单位的节能监督管理,依照《中华人民共和国节约能源法》的规定执行。

重点用水单位的监督管理办法,由国务院循环经济发展综合管理部门会同国务院有关部门规定。

第十七条 国家建立健全循环经济统计制度,加强资源消耗、综合利用和废物产生的统计管理,并将主要统计指标定期向社会公布。

国务院标准化主管部门会同国务院循环经济发展综合管理和生态环境等有关主管部门建立健全循环经济标准体系,制定和完善节能、节水、节材和废物再利用、资源化等标准。

国家建立健全能源效率标识等产品资源消耗标识制度。

第三章 减量化

第十八条 国务院循环经济发展综合管理部门会同国务院生态环境等有关主管部门,定期发布鼓励、限制和淘汰的技术、工艺、设备、材料和产品名录。

禁止生产、进口、销售列入淘汰名录的设备、材料和产品，禁止使用列入淘汰名录的技术、工艺、设备和材料。

第十九条 从事工艺、设备、产品及包装物设计，应当按照减少资源消耗和废物产生的要求，优先选择采用易回收、易拆解、易降解、无毒无害或者低毒低害的材料和设计方案，并应当符合有关国家标准的强制性要求。

对在拆解和处置过程中可能造成环境污染的电器电子等产品，不得设计使用国家禁止使用的有毒有害物质。禁止在电器电子等产品中使用的有毒有害物质名录，由国务院循环经济发展综合管理部门会同国务院生态环境等有关主管部门制定。

设计产品包装物应当执行产品包装标准，防止过度包装造成资源浪费和环境污染。

第二十条 工业企业应当采用先进或者适用的节水技术、工艺和设备，制定并实施节水计划，加强节水管理，对生产用水进行全过程控制。

工业企业应当加强用水计量管理，配备和使用合格的用水计量器具，建立水耗统计和用水状况分析制度。

新建、改建、扩建建设项目，应当配套建设节水设施。节水设施应当与主体工程同时设计、同时施工、同时投产使用。

国家鼓励和支持沿海地区进行海水淡化和海水直接利用，节约淡水资源。

第二十一条 国家鼓励和支持企业使用高效节油产品。

电力、石油加工、化工、钢铁、有色金属和建材等企业，必须在国家规定的范围和期限内，以洁净煤、石油焦、天然气等清洁能源替代燃料油，停止使用不符合国家规定的燃油发电机组和燃油锅炉。

内燃机和机动车制造企业应当按照国家规定的内燃机和机动车燃油经济性标准，采用节油技术，减少石油产品消耗量。

第二十二条 开采矿产资源，应当统筹规划，制定合理的开发利用方案，采用合理的开采顺序、方法和选矿工艺。采矿许可证颁发机关应当对申请人提交的开发利用方案中的开采回采率、采矿贫化率、选矿回收率、矿山水循环利用率和土地复垦率等指标依法进行审查；审查不合格的，不予颁发采矿许可证。采矿许可证颁发机关应当依法加强对开采矿产资源的监督管理。

矿山企业在开采主要矿种的同时，应当对具有工业价值的共生和伴生矿实行综合开采、合理利用；对必须同时采出而暂时不能利用的矿产以及含有有用组分的尾矿，应当采取保护措施，防止资源损失和生态破坏。

第二十三条 建筑设计、建设、施工等单位应当按照国家有关规定和标准，对其设计、建设、施工的建筑物及构筑物采用节能、节水、节地、节材的技术工艺和小型、轻型、再生产品。有条件的地区，应当充分利用太阳能、地热能、风能等可再生能源。

国家鼓励利用无毒无害的固体废物生产建筑材料，鼓励使用散装水泥，推广使用预拌混凝土和预拌砂浆。

禁止损毁耕地烧砖。在国务院或者省、自治区、直辖市人民政府规定的期限和区域内，禁止生产、销售和使用粘土砖。

第二十四条 县级以上人民政府及其农业等主管部门应当推进土地集约利用，鼓励和支持农业生产者采用节水、节肥、节药的先进种植、养殖和灌溉技术，推动农业机械节能，优先发展生态农业。

在缺水地区，应当调整种植结构，优先发展节水型农业，推进雨水集蓄利用，建设和管护节水灌溉设施，提高用水效率，减少水的蒸发和漏失。

第二十五条 国家机关及使用财政性资金的其他组织应当厉行节约、杜绝浪费，带头使用节能、节水、节地、节材和有利于保护环境的产品、设备和设施，节约使用办公用品。国务院和县级以上地方人民政府管理机关事务工作的机构会同本级人民政府有关部门制定本级国家机关等机构的用能、用水定额指标，财政部门根据该定额指标制定支出标准。

城市人民政府和建筑物的所有者或者使用者，应当采取措施，加强建筑物维护管理，延长建筑物使用寿命。对符合城市规划和工程建设标准，在合理使用寿命内的建筑物，除为了公共利益的需要外，城市人民政府不得决定拆除。

第二十六条 餐饮、娱乐、宾馆等服务性企业，应当采用节能、节水、节材和有利于保护环境的产品，减少使用或者不使用浪费资源、污染环境的产品。

本法施行后新建的餐饮、娱乐、宾馆等服务性企业，应当采用节能、节水、节材和有利于保护环境的技术、设备和设施。

第二十七条 国家鼓励和支持使用再生水。在有条件使用再生水的地区，限制或者禁止将自来水作为城市道路清扫、城市绿化和景观用水使用。

第二十八条 国家在保障产品安全和卫生的前提下,限制一次性消费品的生产和销售。具体名录由国务院循环经济发展综合管理部门会同国务院财政、生态环境等有关主管部门制定。

对列入前款规定名录中的一次性消费品的生产和销售,由国务院财政、税务和对外贸易等主管部门制定限制性的税收和出口等措施。

第四章 再利用和资源化

第二十九条 县级以上人民政府应当统筹规划区域经济布局,合理调整产业结构,促进企业在资源综合利用等领域进行合作,实现资源的高效利用和循环使用。

各类产业园区应当组织区内企业进行资源综合利用,促进循环经济发展。

国家鼓励各类产业园区的企业进行废物交换利用、能量梯级利用、土地集约利用、水的分类利用和循环使用,共同使用基础设施和其他有关设施。

新建和改造各类产业园区应当依法进行环境影响评价,并采取生态保护和污染控制措施,确保本区域的环境质量达到规定的标准。

第三十条 企业应当按照国家规定,对生产过程中产生的粉煤灰、煤矸石、尾矿、废石、废料、废气等工业废物进行综合利用。

第三十一条 企业应当发展串联用水系统和循环用水系统,提高水的重复利用率。

企业应当采用先进技术、工艺和设备,对生产过程中产生的废水进行再生利用。

第三十二条 企业应当采用先进或者适用的回收技术、工艺和设备,对生产过程中产生的余热、余压等进行综合利用。

建设利用余热、余压、煤层气以及煤矸石、煤泥、垃圾等低热值燃料的并网发电项目,应当依照法律和国务院的规定取得行政许可或者报送备案。电网企业应当按照国家规定,与综合利用资源发电的企业签订并网协议,提供上网服务,并全额收购并网发电项目的上网电量。

第三十三条 建设单位应当对工程施工中产生的建筑废物进行综合利用;不具备综合利用条件的,应当委托具备条件的生产经营者进行综合利用或者无害化处置。

第三十四条 国家鼓励和支持农业生产者和相关企业采用先进或者适用技术,对农作物秸秆、畜禽粪便、农产品加工业副产品、废农用薄膜等进行综合利用,开发利用沼气等生物质能源。

第三十五条 县级以上人民政府及其林业草原主管部门应当积极发展生态林业,鼓励和支持林业生产者和相关企业采用木材节约和代用技术,开展林业废弃物和次小薪材、沙生灌木等综合利用,提高木材综合利用率。

第三十六条 国家支持生产经营者建立产业废物交换信息系统,促进企业交流产业废物信息。

企业对生产过程中产生的废物不具备综合利用条件的,应当提供给具备条件的生产经营者进行综合利用。

第三十七条 国家鼓励和推进废物回收体系建设。

地方人民政府应当按照城乡规划,合理布局废物回收网点和交易市场,支持废物回收企业和其他组织开展废物的收集、储存、运输及信息交流。

废物回收交易市场应当符合国家环境保护、安全和消防等规定。

第三十八条 对废电器电子产品、报废机动车船、废轮胎、废铅酸电池等特定产品进行拆解或者再利用,应当符合有关法律、行政法规的规定。

第三十九条 回收的电器电子产品,经过修复后销售的,必须符合再利用产品标准,并在显著位置标识为再利用产品。

回收的电器电子产品,需要拆解和再生利用的,应当交售给具备条件的拆解企业。

第四十条 国家支持企业开展机动车零部件、工程机械、机床等产品的再制造和轮胎翻新。

销售的再制造产品和翻新产品的质量必须符合国家规定的标准,并在显著位置标识为再制造产品或者翻新产品。

第四十一条 县级以上人民政府应当统筹规划建设城乡生活垃圾分类收集和资源化利用设施,建立和完善分类收集和资源化利用体系,提高生活垃圾资源化率。

县级以上人民政府应当支持企业建设污泥资源化利用和处置设施,提高污泥综合利用水平,防止产生再次污染。

第五章 激励措施

第四十二条 国务院和省、自治区、直辖市人民政府设立发展循环经济的有关专项资金,支持循环经济的科技研究开发、循环经济技术和产品的示范与推广、重大循环经济项目的实施、发展循环经济的信息服务等。具体办法由国务院财政部门会同国务院循环经济发展综合管理等有关主管部门制定。

第四十三条 国务院和省、自治区、直辖市人民政府及其有关部门应当将循环经济重大科技攻关项目的自主创新研究、应用示范和产业化发展列入国家或者省级科技发展规划和高技术产业发展规划，并安排财政性资金予以支持。

利用财政性资金引进循环经济重大技术、装备的，应当制定消化、吸收和创新方案，报有关主管部门审批并由其监督实施；有关主管部门应当根据实际需要建立协调机制，对重大技术、装备的引进和消化、吸收、创新实行统筹协调，并给予资金支持。

第四十四条 国家对促进循环经济发展的产业活动给予税收优惠，并运用税收等措施鼓励进口先进的节能、节水、节材等技术、设备和产品，限制在生产过程中耗能高、污染重的产品的出口。具体办法由国务院财政、税务主管部门制定。

企业使用或者生产列入国家清洁生产、资源综合利用等鼓励名录的技术、工艺、设备或者产品的，按照国家有关规定享受税收优惠。

第四十五条 县级以上人民政府循环经济发展综合管理部门在制定和实施投资计划时，应当将节能、节水、节地、节材、资源综合利用等项目列为重点投资领域。

对符合国家产业政策的节能、节水、节地、节材、资源综合利用等项目，金融机构应当给予优先贷款等信贷支持，并积极提供配套金融服务。

对生产、进口、销售或者使用列入淘汰名录的技术、工艺、设备、材料或者产品的企业，金融机构不得提供任何形式的授信支持。

第四十六条 国家实行有利于资源节约和合理利用的价格政策，引导单位和个人节约和合理使用水、电、气等资源性产品。

国务院和省、自治区、直辖市人民政府的价格主管部门应当按照国家产业政策，对资源高消耗行业中的限制类项目，实行限制性的价格政策。

对利用余热、余压、煤层气以及煤矸石、煤泥、垃圾等低热值燃料的并网发电项目，价格主管部门按照有利于资源综合利用的原则确定其上网电价。

省、自治区、直辖市人民政府可以根据本行政区域经济社会发展状况，实行垃圾排放收费制度。收取的费用专项用于垃圾分类、收集、运输、贮存、利用和处置，不得挪作他用。

国家鼓励通过以旧换新、押金等方式回收废物。

第四十七条 国家实行有利于循环经济发展的政府采购政策。使用财政性资金进行采购的，应当优先采购节能、节水、节材和有利于保护环境的产品及再生产品。

第四十八条 县级以上人民政府及其有关部门应当对在循环经济管理、科学技术研究、产品开发、示范和推广工作中做出显著成绩的单位和个人给予表彰和奖励。

企业事业单位应当对在循环经济发展中做出突出贡献的集体和个人给予表彰和奖励。

第六章 法律责任

第四十九条 县级以上人民政府循环经济发展综合管理部门或者其他有关主管部门发现违反本法的行为或者接到对违法行为的举报后不予查处，或者有其他不依法履行监督管理职责行为的，由本级人民政府或者上一级人民政府有关主管部门责令改正，对直接负责的主管人员和其他直接责任人员依法给予处分。

第五十条 生产、销售列入淘汰名录的产品、设备的，依照《中华人民共和国产品质量法》的规定处罚。

使用列入淘汰名录的技术、工艺、设备、材料的，由县级以上地方人民政府循环经济发展综合管理部门责令停止使用，没收违法使用的设备、材料，并处五万元以上二十万元以下的罚款；情节严重的，由县级以上人民政府循环经济发展综合管理部门提出意见，报请本级人民政府按照国务院规定的权限责令停业或者关闭。

违反本法规定，进口列入淘汰名录的设备、材料或者产品的，由海关责令退运，可以处十万元以上一百万元以下的罚款。进口者不明的，由承运人承担退运责任，或者承担有关处置费用。

第五十一条 违反本法规定，对在拆解或者处置过程中可能造成环境污染的电器电子等产品，设计使用列入国家禁止使用名录的有毒有害物质的，由县级以上地方人民政府市场监督管理部门责令限期改正；逾期不改正的，处二万元以上二十万元以下的罚款；情节严重的，依法吊销营业执照。

第五十二条 违反本法规定，电力、石油加工、化工、钢铁、有色金属和建材等企业未在规定的范围或者期限内停止使用不符合国家规定的燃油发电机组或者燃油锅炉的，由县级以上地方人民政府循环经济发展综合管理部门责令限期改正；逾期不改正的，责令拆除该燃油发电机组或者燃油锅炉，并处五万元以上五十万元以下的罚款。

第五十三条 违反本法规定，矿山企业未达到经依法审查确定的开采回采率、采矿贫化率、选矿回收率、矿山水循环利用率和土地复垦率等指标的，由县级以上人民政府地质矿产主管部门责令限期改正，处五万元以上五十万元以下的罚款；逾期不改正的，由采矿许可证颁发机关依法吊销采矿许可证。

第五十四条 违反本法规定，在国务院或者省、自治区、直辖市人民政府规定禁止生产、销售、使用粘土砖的期限或者区域内生产、销售或者使用粘土砖的，由县级以上地方人民政府指定的部门责令限期改正；有违法所得的，没收违法所得；逾期继续生产、销售的，由地方人民政府市场监督管理部门依法吊销营业执照。

第五十五条 违反本法规定，电网企业拒不收购企业利用余热、余压、煤层气以及煤矸石、煤泥、垃圾等低热值燃料生产的电力的，由国家电力监管机构责令限期改正；造成企业损失的，依法承担赔偿责任。

第五十六条 违反本法规定，有下列行为之一的，由地方人民政府市场监督管理部门责令限期改正，可以处五千元以上五万元以下的罚款；逾期不改正的，依法吊销营业执照；造成损失的，依法承担赔偿责任：

（一）销售没有再利用产品标识的再利用电器电子产品的；

（二）销售没有再制造或者翻新产品标识的再制造或者翻新产品的。

第五十七条 违反本法规定，构成犯罪的，依法追究刑事责任。

第七章 附 则

第五十八条 本法自2009年1月1日起施行。

中华人民共和国旅游法

（2013年4月25日第十二届全国人民代表大会常务委员会第二次会议通过 根据2016年11月7日第十二届全国人民代表大会常务委员会第二十四次会议《关于修改〈中华人民共和国对外贸易法〉等十二部法律的决定》第一次修正 根据2018年10月26日第十三届全国人民代表大会常务委员会第六次会议《关于修改〈中华人民共和国野生动物保护法〉等十五部法律的决定》第二次修正）

目 录

第一章 总 则
第二章 旅游者
第三章 旅游规划和促进
第四章 旅游经营
第五章 旅游服务合同
第六章 旅游安全
第七章 旅游监督管理
第八章 旅游纠纷处理
第九章 法律责任
第十章 附 则

第一章 总 则

第一条 为保障旅游者和旅游经营者的合法权益，规范旅游市场秩序，保护和合理利用旅游资源，促进旅游业持续健康发展，制定本法。

第二条 在中华人民共和国境内的和在中华人民共和国境内组织到境外的游览、度假、休闲等形式的旅游活动以及为旅游活动提供相关服务的经营活动，适用本法。

第三条 国家发展旅游事业，完善旅游公共服务，依法保护旅游者在旅游活动中的权利。

第四条 旅游业发展应当遵循社会效益、经济效益和生态效益相统一的原则。国家鼓励各类市场主体在有效保护旅游资源的前提下，依法合理利用旅游资源。利用公共资源建设的游览场所应当体现公益性质。

第五条 国家倡导健康、文明、环保的旅游方式，支持和鼓励各类社会机构开展旅游公益宣传，对促进旅游业发展做出突出贡献的单位和个人给予奖励。

第六条 国家建立健全旅游服务标准和市场规则，禁止行业垄断和地区垄断。旅游经营者应当诚信经营,公平竞争,承担社会责任,为旅游者提供安全、健康、卫生、方便的旅游服务。

第七条 国务院建立健全旅游综合协调机制,对旅游业发展进行综合协调。

县级以上地方人民政府应当加强对旅游工作的组织和领导,明确相关部门或者机构,对本行政区域的旅游业发展和监督管理进行统筹协调。

第八条 依法成立的旅游行业组织,实行自律管理。

第二章 旅游者

第九条 旅游者有权自主选择旅游产品和服务,有权拒绝旅游经营者的强制交易行为。

旅游者有权知悉其购买的旅游产品和服务的真实情况。

旅游者有权要求旅游经营者按照约定提供产品和服务。

第十条 旅游者的人格尊严、民族风俗习惯和宗教信仰应当得到尊重。

第十一条 残疾人、老年人、未成年人等旅游者在旅游活动中依照法律、法规和有关规定享受便利和优惠。

第十二条 旅游者在人身、财产安全遇有危险时,有请求救助和保护的权利。

旅游者人身、财产受到侵害的,有依法获得赔偿的权利。

第十三条 旅游者在旅游活动中应当遵守社会公共秩序和社会公德,尊重当地的风俗习惯、文化传统和宗教信仰,爱护旅游资源,保护生态环境,遵守旅游文明行为规范。

第十四条 旅游者在旅游活动中或者在解决纠纷时,不得损害当地居民的合法权益,不得干扰他人的旅游活动,不得损害旅游经营者和旅游从业人员的合法权益。

第十五条 旅游者购买、接受旅游服务时,应当向旅游经营者如实告知与旅游活动相关的个人健康信息,遵守旅游活动中的安全警示规定。

旅游者对国家应对重大突发事件暂时限制旅游活动的措施以及有关部门、机构或者旅游经营者采取的安全防范和应急处置措施,应当予以配合。

旅游者违反安全警示规定,或者对国家应对重大突发事件暂时限制旅游活动的措施、安全防范和应急处置措施不予配合的,依法承担相应责任。

第十六条 出境旅游者不得在境外非法滞留,随团出境的旅游者不得擅自分团、脱团。

入境旅游者不得在境内非法滞留,随团入境的旅游者不得擅自分团、脱团。

第三章 旅游规划和促进

第十七条 国务院和县级以上地方人民政府应当将旅游业发展纳入国民经济和社会发展规划。

国务院和省、自治区、直辖市人民政府以及旅游资源丰富的设区的市和县级人民政府,应当按照国民经济和社会发展规划的要求,组织编制旅游发展规划。对跨行政区域且适宜进行整体利用的旅游资源进行利用时,应当由上级人民政府组织编制或者由相关地方人民政府协商编制统一的旅游发展规划。

第十八条 旅游发展规划应当包括旅游业发展的总体要求和发展目标,旅游资源保护和利用的要求和措施,以及旅游产品开发、旅游服务质量提升、旅游文化建设、旅游形象推广、旅游基础设施和公共服务设施建设的要求和促进措施等内容。

根据旅游发展规划,县级以上地方人民政府可以编制重点旅游资源开发利用的专项规划,对特定区域内的旅游项目、设施和服务功能配套提出专门要求。

第十九条 旅游发展规划应当与土地利用总体规划、城乡规划、环境保护规划以及其他自然资源和文物等人文资源的保护和利用规划相衔接。

第二十条 各级人民政府编制土地利用总体规划、城乡规划,应当充分考虑相关旅游项目、设施的空间布局和建设用地要求。规划和建设交通、通信、供水、供电、环保等基础设施和公共服务设施,应当兼顾旅游业发展的需要。

第二十一条 对自然资源和文物等人文资源进行旅游利用,必须严格遵守有关法律、法规的规定,符合资源、生态保护和文物安全的要求,尊重和维护当地传统文化和习俗,维护资源的区域整体性、文化代表性和地域特殊性,并考虑军事设施保护的需要。有关主管部门应当加强对资源保护和旅游利用状况的监督检查。

第二十二条 各级人民政府应当组织对本级政府编制的旅游发展规划的执行情况进行评估,并向社会公布。

第二十三条 国务院和县级以上地方人民政府应当制定并组织实施有利于旅游业持续健康发展的产业政策,推进旅游休闲体系建设,采取措施推动区域旅游合作,鼓励跨区域旅游线路和产品开发,促进旅游与工业、农业、商业、文化、卫生、体育、科教等领域的融合,扶持少数民族地区、革命老区、边远地区和贫困地区旅游业发展。

第二十四条 国务院和县级以上地方人民政府应当根据实际情况安排资金,加强旅游基础设施建设、旅游公共服务和旅游形象推广。

第二十五条 国家制定并实施旅游形象推广战略。国务院旅游主管部门统筹组织国家旅游形象的境外推广工作,建立旅游形象推广机构和网络,开展旅游国际合作与交流。

县级以上地方人民政府统筹组织本地的旅游形象推广工作。

第二十六条 国务院旅游主管部门和县级以上地方人民政府应当根据需要建立旅游公共信息和咨询平台,无偿向旅游者提供旅游景区、线路、交通、气象、住宿、安全、医疗急救等必要信息和咨询服务。设区的市和县级人民政府有关部门应当根据需要在交通枢纽、商业中心和旅游者集中场所设置旅游咨询中心,在景区和通往主要景区的道路设置旅游指示标识。

旅游资源丰富的设区的市和县级人民政府可以根据本地的实际情况,建立旅游客运专线或者游客中转站,为旅游者在城市及周边旅游提供服务。

第二十七条 国家鼓励和支持发展旅游职业教育和培训,提高旅游从业人员素质。

第四章 旅游经营

第二十八条 设立旅行社,招徕、组织、接待旅游者,为其提供旅游服务,应当具备下列条件,取得旅游主管部门的许可,依法办理工商登记:

(一)有固定的经营场所;

(二)有必要的营业设施;

(三)有符合规定的注册资本;

(四)有必要的经营管理人员和导游;

(五)法律、行政法规规定的其他条件。

第二十九条 旅行社可以经营下列业务:

(一)境内旅游;

(二)出境旅游;

(三)边境旅游;

(四)入境旅游;

(五)其他旅游业务。

旅行社经营前款第二项和第三项业务,应当取得相应的业务经营许可,具体条件由国务院规定。

第三十条 旅行社不得出租、出借旅行社业务经营许可证,或者以其他形式非法转让旅行社业务经营许可。

第三十一条 旅行社应当按照规定交纳旅游服务质量保证金,用于旅游者权益损害赔偿和垫付旅游者人身安全遇有危险时紧急救助的费用。

第三十二条 旅行社为招徕、组织旅游者发布信息,必须真实、准确,不得进行虚假宣传,误导旅游者。

第三十三条 旅行社及其从业人员组织、接待旅游者,不得安排参观或者参与违反我国法律、法规和社会公德的项目或者活动。

第三十四条 旅行社组织旅游活动应当向合格的供应商订购产品和服务。

第三十五条 旅行社不得以不合理的低价组织旅游活动,诱骗旅游者,并通过安排购物或者另行付费旅游项目获取回扣等不正当利益。

旅行社组织、接待旅游者,不得指定具体购物场所,不得安排另行付费旅游项目。但是,经双方协商一致或者旅游者要求,且不影响其他旅游者行程安排的除外。

发生违反前两款规定情形的,旅游者有权在旅游行程结束后三十日内,要求旅行社为其办理退货并先行垫付退货货款,或者退还另行付费旅游项目的费用。

第三十六条 旅行社组织团队出境旅游或者组织、接待团队入境旅游,应当按照规定安排领队或者导游全程陪同。

第三十七条 参加导游资格考试成绩合格,与旅行社订立劳动合同或者在相关旅游行业组织注册的人员,可以申请取得导游证。

第三十八条 旅行社应当与其聘用的导游依法订立劳动合同,支付劳动报酬,缴纳社会保险费用。

旅行社临时聘用导游为旅游者提供服务的,应当全额向导游支付本法第六十条第三款规定的导游服务费用。

旅行社安排导游为团队旅游提供服务的,不得要求导游垫付或者向导游收取任何费用。

第三十九条 从事领队业务,应当取得导游证,具有相应的学历、语言能力和旅游从业经历,并与委派其从事领队业务的取得出境旅游业务经营许可的旅行社订立劳动合同。

第四十条 导游和领队为旅游者提供服务必须接受旅行社委派,不得私自承揽导游和领队业务。

第四十一条 导游和领队从事业务活动，应当佩戴导游证，遵守职业道德，尊重旅游者的风俗习惯和宗教信仰，应当向旅游者告知和解释旅游文明行为规范，引导旅游者健康、文明旅游，劝阻旅游者违反社会公德的行为。

导游和领队应当严格执行旅游行程安排，不得擅自变更旅游行程或者中止服务活动，不得向旅游者索取小费，不得诱导、欺骗、强迫或者变相强迫旅游者购物或者参加另行付费旅游项目。

第四十二条 景区开放应当具备下列条件，并听取旅游主管部门的意见：

（一）有必要的旅游配套服务和辅助设施；

（二）有必要的安全设施及制度，经过安全风险评估，满足安全条件；

（三）有必要的环境保护设施和生态保护措施；

（四）法律、行政法规规定的其他条件。

第四十三条 利用公共资源建设的景区的门票以及景区内的游览场所、交通工具等另行收费项目，实行政府定价或者政府指导价，严格控制价格上涨。拟收费或者提高价格的，应当举行听证会，征求旅游者、经营者和有关方面的意见，论证其必要性、可行性。

利用公共资源建设的景区，不得通过增加另行收费项目等方式变相涨价；另行收费项目已收回投资成本的，应当相应降低价格或者取消收费。

公益性的城市公园、博物馆、纪念馆等，除重点文物保护单位和珍贵文物收藏单位外，应当逐步免费开放。

第四十四条 景区应当在醒目位置公示门票价格、另行收费项目的价格及团体收费价格。景区提高门票价格应当提前六个月公布。

将不同景区的门票或者同一景区内不同游览场所的门票合并出售的，合并后的价格不得高于各单项门票的价格之和，且旅游者有权选择购买其中的单项票。

景区内的核心游览项目因故暂停向旅游者开放或者停止提供服务的，应当公示并相应减少收费。

第四十五条 景区接待旅游者不得超过景区主管部门核定的最大承载量。景区应当公布景区主管部门核定的最大承载量，制定和实施旅游者流量控制方案，并可以采取门票预约等方式，对景区接待旅游者的数量进行控制。

旅游者数量可能达到最大承载量时，景区应当提前公告并同时向当地人民政府报告，景区和当地人民政府应当及时采取疏导、分流等措施。

第四十六条 城镇和乡村居民利用自有住宅或者其他条件依法从事旅游经营，其管理办法由省、自治区、直辖市制定。

第四十七条 经营高空、高速、水上、潜水、探险等高风险旅游项目，应当按照国家有关规定取得经营许可。

第四十八条 通过网络经营旅行社业务的，应当依法取得旅行社业务经营许可，并在其网站主页的显著位置标明其业务经营许可证信息。

发布旅游经营信息的网站，应当保证其信息真实、准确。

第四十九条 为旅游者提供交通、住宿、餐饮、娱乐等服务的经营者，应当符合法律、法规规定的要求，按照合同约定履行义务。

第五十条 旅游经营者应当保证其提供的商品和服务符合保障人身、财产安全的要求。

旅游经营者取得相关质量标准等级的，其设施和服务不得低于相应标准；未取得质量标准等级的，不得使用相关质量等级的称谓和标识。

第五十一条 旅游经营者销售、购买商品或者服务，不得给予或者收受贿赂。

第五十二条 旅游经营者对其在经营活动中知悉的旅游者个人信息，应当予以保密。

第五十三条 从事道路旅游客运的经营者应当遵守道路客运安全管理的各项制度，并在车辆显著位置明示道路旅游客运专用标识，在车厢内显著位置公示经营者和驾驶人信息、道路运输管理机构监督电话等事项。

第五十四条 景区、住宿经营者将其部分经营项目或者场地交由他人从事住宿、餐饮、购物、游览、娱乐、旅游交通等经营的，应当对实际经营者的经营行为给旅游者造成的损害承担连带责任。

第五十五条 旅游经营者组织、接待出入境旅游，发现旅游者从事违法活动或者有违反本法第十六条规定情形的，应当及时向公安机关、旅游主管部门或者我国驻外机构报告。

第五十六条 国家根据旅游活动的风险程度，对旅行社、住宿、旅游交通以及本法第四十七条规定的高风险旅游项目等经营者实施责任保险制度。

第五章 旅游服务合同

第五十七条 旅行社组织和安排旅游活动，应当与旅游者订立合同。

第五十八条 包价旅游合同应当采用书面形

式，包括下列内容：

（一）旅行社、旅游者的基本信息；

（二）旅游行程安排；

（三）旅游团成团的最低人数；

（四）交通、住宿、餐饮等旅游服务安排和标准；

（五）游览、娱乐等项目的具体内容和时间；

（六）自由活动时间安排；

（七）旅游费用及其交纳的期限和方式；

（八）违约责任和解决纠纷的方式；

（九）法律、法规规定和双方约定的其他事项。

订立包价旅游合同时，旅行社应当向旅游者详细说明前款第二项至第八项所载内容。

第五十九条 旅行社应当在旅游行程开始前向旅游者提供旅游行程单。旅游行程单是包价旅游合同的组成部分。

第六十条 旅行社委托其他旅行社代理销售包价旅游产品并与旅游者订立包价旅游合同的，应当在包价旅游合同中载明委托社和代理社的基本信息。

旅行社依照本法规定将包价旅游合同中的接待业务委托给地接社履行的，应当在包价旅游合同中载明地接社的基本信息。

安排导游为旅游者提供服务的，应当在包价旅游合同中载明导游服务费用。

第六十一条 旅行社应当提示参加团队旅游的旅游者按照规定投保人身意外伤害保险。

第六十二条 订立包价旅游合同时，旅行社应当向旅游者告知下列事项：

（一）旅游者不适合参加旅游活动的情形；

（二）旅游活动中的安全注意事项；

（三）旅行社依法可以减免责任的信息；

（四）旅游者应当注意的旅游目的地相关法律、法规和风俗习惯、宗教禁忌，依照中国法律不宜参加的活动等；

（五）法律、法规规定的其他应当告知的事项。

在包价旅游合同履行中，遇有前款规定事项的，旅行社也应当告知旅游者。

第六十三条 旅行社招徕旅游者组团旅游，因未达到约定人数不能出团的，组团社可以解除合同。但是，境内旅游应当至少提前七日通知旅游者，出境旅游应当至少提前三十日通知旅游者。

因未达到约定人数不能出团的，组团社经征得旅游者书面同意，可以委托其他旅行社履行合同。组团社对旅游者承担责任，受委托的旅行社对组团社承担责任。旅游者不同意的，可以解除合同。

因未达到约定的成团人数解除合同的，组团社应当向旅游者退还已收取的全部费用。

第六十四条 旅游行程开始前，旅游者可以将包价旅游合同中自身的权利义务转让给第三人，旅行社没有正当理由的不得拒绝，因此增加的费用由旅游者和第三人承担。

第六十五条 旅游行程结束前，旅游者解除合同的，组团社应当在扣除必要的费用后，将余款退还旅游者。

第六十六条 旅游者有下列情形之一的，旅行社可以解除合同：

（一）患有传染病等疾病，可能危害其他旅游者健康和安全的；

（二）携带危害公共安全的物品且不同意交有关部门处理的；

（三）从事违法或者违反社会公德的活动的；

（四）从事严重影响其他旅游者权益的活动，且不听劝阻、不能制止的；

（五）法律规定的其他情形。

因前款规定情形解除合同的，组团社应当在扣除必要的费用后，将余款退还旅游者；给旅行社造成损失的，旅游者应当依法承担赔偿责任。

第六十七条 因不可抗力或者旅行社、履行辅助人已尽合理注意义务仍不能避免的事件，影响旅游行程的，按照下列情形处理：

（一）合同不能继续履行的，旅行社和旅游者均可以解除合同。合同不能完全履行的，旅行社经向旅游者作出说明，可以在合理范围内变更合同；旅游者不同意变更的，可以解除合同。

（二）合同解除的，组团社应当在扣除已向地接社或者履行辅助人支付且不可退还的费用后，将余款退还旅游者；合同变更的，因此增加的费用由旅游者承担，减少的费用退还旅游者。

（三）危及旅游者人身、财产安全的，旅行社应当采取相应的安全措施，因此支出的费用，由旅行社与旅游者分担。

（四）造成旅游者滞留的，旅行社应当采取相应的安置措施。因此增加的食宿费用，由旅游者承担；增加的返程费用，由旅行社与旅游者分担。

第六十八条 旅游行程中解除合同的，旅行社应当协助旅游者返回出发地或者旅游者指定的合理地点。由于旅行社或者履行辅助人的原因导致合同解除的，返程费用由旅行社承担。

第六十九条 旅行社应当按照包价旅游合同的约定履行义务，不得擅自变更旅游行程安排。

经旅游者同意，旅行社将包价旅游合同中的接待业务委托给其他具有相应资质的地接社履行的，应当与地接社订立书面委托合同，约定双方的权利和义务，向地接社提供与旅游者订立的包价旅游合同的副本，并向地接社支付不低于接待和服务成本的费用。地接社应当按照包价旅游合同和委托合同提供服务。

第七十条 旅行社不履行包价旅游合同义务或者履行合同义务不符合约定的，应当依法承担继续履行、采取补救措施或者赔偿损失等违约责任；造成旅游者人身损害、财产损失的，应当依法承担赔偿责任。旅行社具备履行条件，经旅游者要求仍拒绝履行合同，造成旅游者人身损害、滞留等严重后果的，旅游者还可以要求旅行社支付旅游费用一倍以上三倍以下的赔偿金。

由于旅游者自身原因导致包价旅游合同不能履行或者不能按照约定履行，或者造成旅游者人身损害、财产损失的，旅行社不承担责任。

在旅游者自行安排活动期间，旅行社未尽到安全提示、救助义务的，应当对旅游者的人身损害、财产损失承担相应责任。

第七十一条 由于地接社、履行辅助人的原因导致违约的，由组团社承担责任；组团社承担责任后可以向地接社、履行辅助人追偿。

由于地接社、履行辅助人的原因造成旅游者人身损害、财产损失的，旅游者可以要求地接社、履行辅助人承担赔偿责任，也可以要求组团社承担赔偿责任；组团社承担责任后可以向地接社、履行辅助人追偿。但是，由于公共交通经营者的原因造成旅游者人身损害、财产损失的，由公共交通经营者依法承担赔偿责任，旅行社应当协助旅游者向公共交通经营者索赔。

第七十二条 旅游者在旅游活动中或者在解决纠纷时，损害旅行社、履行辅助人、旅游从业人员或者其他旅游者的合法权益的，依法承担赔偿责任。

第七十三条 旅行社根据旅游者的具体要求安排旅游行程，与旅游者订立包价旅游合同的，旅游者请求变更旅游行程安排，因此增加的费用由旅游者承担，减少的费用退还旅游者。

第七十四条 旅行社接受旅游者的委托，为其代订交通、住宿、餐饮、游览、娱乐等旅游服务，收取代办费用的，应当亲自处理委托事务。因旅行社的过错给旅游者造成损失的，旅行社应当承担赔偿责任。

旅行社接受旅游者的委托，为其提供旅游行程设计、旅游信息咨询等服务的，应当保证设计合理、可行，信息及时、准确。

第七十五条 住宿经营者应当按照旅游服务合同的约定为团队旅游者提供住宿服务。住宿经营者未能按照旅游服务合同提供服务的，应当为旅游者提供不低于原定标准的住宿服务，因此增加的费用由住宿经营者承担；但由于不可抗力、政府因公共利益需要采取措施造成不能提供服务的，住宿经营者应当协助安排旅游者住宿。

第六章 旅游安全

第七十六条 县级以上人民政府统一负责旅游安全工作。县级以上人民政府有关部门依照法律、法规履行旅游安全监管职责。

第七十七条 国家建立旅游目的地安全风险提示制度。旅游目的地安全风险提示的级别划分和实施程序，由国务院旅游主管部门会同有关部门制定。

县级以上人民政府及其有关部门应当将旅游安全作为突发事件监测和评估的重要内容。

第七十八条 县级以上人民政府应当依法将旅游应急管理纳入政府应急管理体系，制定应急预案，建立旅游突发事件应对机制。

突发事件发生后，当地人民政府及其有关部门和机构应当采取措施开展救援，并协助旅游者返回出发地或者旅游者指定的合理地点。

第七十九条 旅游经营者应当严格执行安全生产管理和消防安全管理的法律、法规和国家标准、行业标准，具备相应的安全生产条件，制定旅游者安全保护制度和应急预案。

旅游经营者应当对直接为旅游者提供服务的从业人员开展经常性应急救助技能培训，对提供的产品和服务进行安全检验、监测和评估，采取必要措施防止危害发生。

旅游经营者组织、接待老年人、未成年人、残疾人等旅游者，应当采取相应的安全保障措施。

第八十条 旅游经营者应当就旅游活动中的下列事项，以明示的方式事先向旅游者作出说明或者警示：

（一）正确使用相关设施、设备的方法；

（二）必要的安全防范和应急措施；

（三）未向旅游者开放的经营、服务场所和设施、设备；

（四）不适宜参加相关活动的群体；

（五）可能危及旅游者人身、财产安全的其他情形。

第八十一条 突发事件或者旅游安全事故发生后，旅游经营者应当立即采取必要的救助和处置措施，依法履行报告义务，并对旅游者作出妥善安排。

第八十二条 旅游者在人身、财产安全遇有危险时，有权请求旅游经营者、当地政府和相关机构进行及时救助。

中国出境旅游者在境外陷于困境时，有权请求我国驻当地机构在其职责范围内给予协助和保护。

旅游者接受相关组织或者机构的救助后，应当支付应由个人承担的费用。

第七章 旅游监督管理

第八十三条 县级以上人民政府旅游主管部门和有关部门依照本法和有关法律、法规的规定，在各自职责范围内对旅游市场实施监督管理。

县级以上人民政府应当组织旅游主管部门、有关主管部门和市场监督管理、交通等执法部门对相关旅游经营行为实施监督检查。

第八十四条 旅游主管部门履行监督管理职责，不得违反法律、行政法规的规定向监督管理对象收取费用。

旅游主管部门及其工作人员不得参与任何形式的旅游经营活动。

第八十五条 县级以上人民政府旅游主管部门有权对下列事项实施监督检查：

（一）经营旅行社业务以及从事导游、领队服务是否取得经营、执业许可；

（二）旅行社的经营行为；

（三）导游和领队等旅游从业人员的服务行为；

（四）法律、法规规定的其他事项。

旅游主管部门依照前款规定实施监督检查，可以对涉嫌违法的合同、票据、账簿以及其他资料进行查阅、复制。

第八十六条 旅游主管部门和有关部门依法实施监督检查，其监督检查人员不得少于二人，并应当出示合法证件。监督检查人员少于二人或者未出示合法证件的，被检查单位和个人有权拒绝。

监督检查人员对在监督检查中知悉的被检查单位的商业秘密和个人信息应当依法保密。

第八十七条 对依法实施的监督检查，有关单位和个人应当配合，如实说明情况并提供文件、资料，不得拒绝、阻碍和隐瞒。

第八十八条 县级以上人民政府旅游主管部门和有关部门，在履行监督检查职责中或者在处理举报、投诉时，发现违反本法规定行为的，应当依法及时作出处理；对不属于本部门职责范围的事项，应当及时书面通知并移交有关部门查处。

第八十九条 县级以上地方人民政府建立旅游违法行为查处信息的共享机制，对需要跨部门、跨地区联合查处的违法行为，应当进行督办。

旅游主管部门和有关部门应当按照各自职责，及时向社会公布监督检查的情况。

第九十条 依法成立的旅游行业组织依照法律、行政法规和章程的规定，制定行业经营规范和服务标准，对其会员的经营行为和服务质量进行自律管理，组织开展职业道德教育和业务培训，提高从业人员素质。

第八章 旅游纠纷处理

第九十一条 县级以上人民政府应当指定或者设立统一的旅游投诉受理机构。受理机构接到投诉，应当及时进行处理或者移交有关部门处理，并告知投诉者。

第九十二条 旅游者与旅游经营者发生纠纷，可以通过下列途径解决：

（一）双方协商；

（二）向消费者协会、旅游投诉受理机构或者有关调解组织申请调解；

（三）根据与旅游经营者达成的仲裁协议提请仲裁机构仲裁；

（四）向人民法院提起诉讼。

第九十三条 消费者协会、旅游投诉受理机构和有关调解组织在双方自愿的基础上，依法对旅游者与旅游经营者之间的纠纷进行调解。

第九十四条 旅游者与旅游经营者发生纠纷，旅游者一方人数众多并有共同请求的，可以推选代表人参加协商、调解、仲裁、诉讼活动。

第九章 法律责任

第九十五条 违反本法规定，未经许可经营旅行社业务的，由旅游主管部门或者市场监督管理部门责令改正，没收违法所得，并处一万元以上十万元以下罚款;违法所得十万元以上的,并处违法所得一倍以上五倍以下罚款;对有关责任人员,处二千元以上二万元以下罚款。

旅行社违反本法规定,未经许可经营本法第二十九条第一款第二项、第三项业务,或者出租、出借旅行社业务经营许可证,或者以其他方式非法转让旅行社业务经营许可的,除依照前款规定处罚外,并责令停业整顿;情节严重的,吊销旅行社业务经营许可证;对直接负责的主管人员,处二千元以上二万元以下罚款。

第九十六条 旅行社违反本法规定,有下列行为之一的,由旅游主管部门责令改正,没收违法所得,并处五千元以上五万元以下罚款;情节严重的,责令停业整顿或者吊销旅行社业务经营许可证;对直接负责的主管人员和其他直接责任人员,处二千元以上二万元以下罚款:

(一)未按照规定为出境或者入境团队旅游安排领队或者导游全程陪同的;

(二)安排未取得导游证的人员提供导游服务或者安排不具备领队条件的人员提供领队服务的;

(三)未向临时聘用的导游支付导游服务费用的;

(四)要求导游垫付或者向导游收取费用的。

第九十七条 旅行社违反本法规定,有下列行为之一的,由旅游主管部门或者有关部门责令改正,没收违法所得,并处五千元以上五万元以下罚款;违法所得五万元以上的,并处违法所得一倍以上五倍以下罚款;情节严重的,责令停业整顿或者吊销旅行社业务经营许可证;对直接负责的主管人员和其他直接责任人员,处二千元以上二万元以下罚款:

(一)进行虚假宣传,误导旅游者的;

(二)向不合格的供应商订购产品和服务的;

(三)未按照规定投保旅行社责任保险的。

第九十八条 旅行社违反本法第三十五条规定的,由旅游主管部门责令改正,没收违法所得,责令停业整顿,并处三万元以上三十万元以下罚款;违法所得三十万元以上的,并处违法所得一倍以上五倍以下罚款;情节严重的,吊销旅行社业务经营许可证;对直接负责的主管人员和其他直接责任人员,没收违法所得,处二千元以上二万以下罚款,并暂扣或者吊销导游证。

第九十九条 旅行社未履行本法第五十五条规定的报告义务的,由旅游主管部门处五千元以上五万元以下罚款;情节严重的,责令停业整顿或者吊销旅行社业务经营许可证;对直接负责的主管人员和其他直接责任人员,处二千元以上二万元以下罚款,并暂扣或者吊销导游证。

第一百条 旅行社违反本法规定,有下列行为之一的,由旅游主管部门责令改正,处三万元以上三十万元以下罚款,并责令停业整顿;造成旅游者滞留等严重后果的,吊销旅行社业务经营许可证;对直接负责的主管人员和其他直接责任人员,处二千元以上二万元以下罚款,并暂扣或者吊销导游证:

(一)在旅游行程中擅自变更旅游行程安排,严重损害旅游者权益的;

(二)拒绝履行合同的;

(三)未征得旅游者书面同意,委托其他旅行社履行包价旅游合同的。

第一百零一条 旅行社违反本法规定,安排旅游者参观或者参与违反我国法律、法规和社会公德的项目或者活动的,由旅游主管部门责令改正,没收违法所得,责令停业整顿,并处二万元以上二十万元以下罚款;情节严重的,吊销旅行社业务经营许可证;对直接负责的主管人员和其他直接责任人员,处二千元以上二万元以下罚款,并暂扣或者吊销导游证。

第一百零二条 违反本法规定,未取得导游证或者不具备领队条件而从事导游、领队活动的,由旅游主管部门责令改正,没收违法所得,并处一千元以上一万元以下罚款,予以公告。

导游、领队违反本法规定,私自承揽业务的,由旅游主管部门责令改正,没收违法所得,处一千元以上一万元以下罚款,并暂扣或者吊销导游证。

导游、领队违反本法规定,向旅游者索取小费的,由旅游主管部门责令退还,处一千元以上一万元以下罚款;情节严重的,并暂扣或者吊销导游证。

第一百零三条 违反本法规定被吊销导游证的导游、领队和受到吊销旅行社业务经营许可证处罚的旅行社的有关管理人员,自处罚之日起未逾三年的,不得重新申请导游证或者从事旅行社业务。

第一百零四条 旅游经营者违反本法规定,给予或者收受贿赂的,由市场监督管理部门依照有关法律、法规的规定处罚;情节严重的,并由旅游主管部门吊销旅行社业务经营许可证。

第一百零五条 景区不符合本法规定的开放条件而接待旅游者的,由景区主管部门责令停业整顿直至符合开放条件,并处二万元以上二十万元以下罚款。

景区在旅游者数量可能达到最大承载量时，未依照本法规定公告或者未向当地人民政府报告，未及时采取疏导、分流等措施，或者超过最大承载量接待旅游者的，由景区主管部门责令改正，情节严重的，责令停业整顿一个月至六个月。

第一百零六条　景区违反本法规定，擅自提高门票或者另行收费项目的价格，或者有其他价格违法行为的，由有关主管部门依照有关法律、法规的规定处罚。

第一百零七条　旅游经营者违反有关安全生产管理和消防安全管理的法律、法规或者国家标准、行业标准的，由有关主管部门依照有关法律、法规的规定处罚。

第一百零八条　对违反本法规定的旅游经营者及其从业人员，旅游主管部门和有关部门应当记入信用档案，向社会公布。

第一百零九条　旅游主管部门和有关部门的工作人员在履行监督管理职责中，滥用职权、玩忽职守、徇私舞弊，尚不构成犯罪的，依法给予处分。

第一百一十条　违反本法规定，构成犯罪的，依法追究刑事责任。

第十章　附　则

第一百一十一条　本法下列用语的含义：

（一）旅游经营者，是指旅行社、景区以及为旅游者提供交通、住宿、餐饮、购物、娱乐等服务的经营者。

（二）景区，是指为旅游者提供游览服务、有明确的管理界限的场所或者区域。

（三）包价旅游合同，是指旅行社预先安排行程，提供或者通过履行辅助人提供交通、住宿、餐饮、游览、导游或者领队等两项以上旅游服务，旅游者以总价支付旅游费用的合同。

（四）组团社，是指与旅游者订立包价旅游合同的旅行社。

（五）地接社，是指接受组团社委托，在目的地接待旅游者的旅行社。

（六）履行辅助人，是指与旅行社存在合同关系，协助其履行包价旅游合同义务，实际提供相关服务的法人或者自然人。

第一百一十二条　本法自2013年10月1日起施行。

中华人民共和国环境保护税法

（2016年12月25日第十二届全国人民代表大会常务委员会第二十五次会议通过　根据2018年10月26日第十三届全国人民代表大会常务委员会第六次会议《关于修改〈中华人民共和国野生动物保护法〉等十五部法律的决定》修正）

目　录

第一章　总　则
第二章　计税依据和应纳税额
第三章　税收减免
第四章　征收管理
第五章　附　则

第一章　总　则

第一条　为了保护和改善环境，减少污染物排放，推进生态文明建设，制定本法。

第二条　在中华人民共和国领域和中华人民共和国管辖的其他海域，直接向环境排放应税污染物的企业事业单位和其他生产经营者为环境保护税的纳税人，应当依照本法规定缴纳环境保护税。

第三条　本法所称应税污染物，是指本法所附《环境保护税税目税额表》、《应税污染物和当量值表》规定的大气污染物、水污染物、固体废物和噪声。

第四条　有下列情形之一的，不属于直接向环境排放污染物，不缴纳相应污染物的环境保护税：

（一）企业事业单位和其他生产经营者向依法设立的污水集中处理、生活垃圾集中处理场所排放应税污染物的；

（二）企业事业单位和其他生产经营者在符合国家和地方环境保护标准的设施、场所贮存或者处置固体废物的。

第五条　依法设立的城乡污水集中处理、生活垃圾集中处理场所超过国家和地方规定的排放标准向环境排放应税污染物的，应当缴纳环境保护税。

企业事业单位和其他生产经营者贮存或者处置固体废物不符合国家和地方环境保护标准的，应当缴纳环境保护税。

第六条 环境保护税的税目、税额，依照本法所附《环境保护税税目税额表》执行。

应税大气污染物和水污染物的具体适用税额的确定和调整，由省、自治区、直辖市人民政府统筹考虑本地区环境承载能力、污染物排放现状和经济社会生态发展目标要求，在本法所附《环境保护税税目税额表》规定的税额幅度内提出，报同级人民代表大会常务委员会决定，并报全国人民代表大会常务委员会和国务院备案。

第二章 计税依据和应纳税额

第七条 应税污染物的计税依据，按照下列方法确定：

（一）应税大气污染物按照污染物排放量折合的污染当量数确定；

（二）应税水污染物按照污染物排放量折合的污染当量数确定；

（三）应税固体废物按照固体废物的排放量确定；

（四）应税噪声按照超过国家规定标准的分贝数确定。

第八条 应税大气污染物、水污染物的污染当量数，以该污染物的排放量除以该污染物的污染当量值计算。每种应税大气污染物、水污染物的具体污染当量值，依照本法所附《应税污染物和当量值表》执行。

第九条 每一排放口或者没有排放口的应税大气污染物，按照污染当量数从大到小排序，对前三项污染物征收环境保护税。

每一排放口的应税水污染物，按照本法所附《应税污染物和当量值表》，区分第一类水污染物和其他类水污染物，按照污染当量数从大到小排序，对第一类水污染物按照前五项征收环境保护税，对其他类水污染物按照前三项征收环境保护税。

省、自治区、直辖市人民政府根据本地区污染物减排的特殊需要，可以增加同一排放口征收环境保护税的应税污染物项目数，报同级人民代表大会常务委员会决定，并报全国人民代表大会常务委员会和国务院备案。

第十条 应税大气污染物、水污染物、固体废物的排放量和噪声的分贝数，按照下列方法和顺序计算：

（一）纳税人安装使用符合国家规定和监测规范的污染物自动监测设备的，按照污染物自动监测数据计算；

（二）纳税人未安装使用污染物自动监测设备的，按照监测机构出具的符合国家有关规定和监测规范的监测数据计算；

（三）因排放污染物种类多等原因不具备监测条件的，按照国务院生态环境主管部门规定的排污系数、物料衡算方法计算；

（四）不能按照本条第一项至第三项规定的方法计算的，按照省、自治区、直辖市人民政府生态环境主管部门规定的抽样测算的方法核定计算。

第十一条 环境保护税应纳税额按照下列方法计算：

（一）应税大气污染物的应纳税额为污染当量数乘以具体适用税额；

（二）应税水污染物的应纳税额为污染当量数乘以具体适用税额；

（三）应税固体废物的应纳税额为固体废物排放量乘以具体适用税额；

（四）应税噪声的应纳税额为超过国家规定标准的分贝数对应的具体适用税额。

第三章 税收减免

第十二条 下列情形，暂予免征环境保护税：

（一）农业生产（不包括规模化养殖）排放应税污染物的；

（二）机动车、铁路机车、非道路移动机械、船舶和航空器等流动污染源排放应税污染物的；

（三）依法设立的城乡污水集中处理、生活垃圾集中处理场所排放相应应税污染物，不超过国家和地方规定的排放标准的；

（四）纳税人综合利用的固体废物，符合国家和地方环境保护标准的；

（五）国务院批准免税的其他情形。

前款第五项免税规定，由国务院报全国人民代表大会常务委员会备案。

第十三条 纳税人排放应税大气污染物或者水污染物的浓度值低于国家和地方规定的污染物排放标准百分之三十的，减按百分之七十五征收环境保护税。纳税人排放应税大气污染物或者水污染物的浓度值低于国家和地方规定的污染物排放标准百分之五十的，减按百分之五十征收环境保护税。

第四章　征收管理

第十四条　环境保护税由税务机关依照《中华人民共和国税收征收管理法》和本法的有关规定征收管理。

生态环境主管部门依照本法和有关环境保护法律法规的规定负责对污染物的监测管理。

县级以上地方人民政府应当建立税务机关、生态环境主管部门和其他相关单位分工协作工作机制，加强环境保护税征收管理，保障税款及时足额入库。

第十五条　生态环境主管部门和税务机关应当建立涉税信息共享平台和工作配合机制。

生态环境主管部门应当将排污单位的排污许可、污染物排放数据、环境违法和受行政处罚情况等环境保护相关信息，定期交送税务机关。

税务机关应当将纳税人的纳税申报、税款入库、减免税额、欠缴税款以及风险疑点等环境保护税涉税信息，定期交送生态环境主管部门。

第十六条　纳税义务发生时间为纳税人排放应税污染物的当日。

第十七条　纳税人应当向应税污染物排放地的税务机关申报缴纳环境保护税。

第十八条　环境保护税按月计算，按季申报缴纳。不能按固定期限计算缴纳的，可以按次申报缴纳。

纳税人申报缴纳时，应当向税务机关报送所排放应税污染物的种类、数量，大气污染物、水污染物的浓度值，以及税务机关根据实际需要要求纳税人报送的其他纳税资料。

第十九条　纳税人按季申报缴纳的，应当自季度终了之日起十五日内，向税务机关办理纳税申报并缴纳税款。纳税人按次申报缴纳的，应当自纳税义务发生之日起十五日内，向税务机关办理纳税申报并缴纳税款。

纳税人应当依法如实办理纳税申报，对申报的真实性和完整性承担责任。

第二十条　税务机关应当将纳税人的纳税申报数据资料与生态环境主管部门交送的相关数据资料进行比对。

税务机关发现纳税人的纳税申报数据资料异常或者纳税人未按照规定期限办理纳税申报的，可以提请生态环境主管部门进行复核，生态环境主管部门应当自收到税务机关的数据资料之日起十五日内向税务机关出具复核意见。税务机关应当按照生态环境主管部门复核的数据资料调整纳税人的应纳税额。

第二十一条　依照本法第十条第四项的规定核定计算污染物排放量的，由税务机关会同生态环境主管部门核定污染物排放种类、数量和应纳税额。

第二十二条　纳税人从事海洋工程向中华人民共和国管辖海域排放应税大气污染物、水污染物或者固体废物，申报缴纳环境保护税的具体办法，由国务院税务主管部门会同国务院生态环境主管部门规定。

第二十三条　纳税人和税务机关、生态环境主管部门及其工作人员违反本法规定的，依照《中华人民共和国税收征收管理法》《中华人民共和国环境保护法》和有关法律法规的规定追究法律责任。

第二十四条　各级人民政府应当鼓励纳税人加大环境保护建设投入，对纳税人用于污染物自动监测设备的投资予以资金和政策支持。

第五章　附　　则

第二十五条　本法下列用语的含义：

（一）污染当量，是指根据污染物或者污染排放活动对环境的有害程度以及处理的技术经济性，衡量不同污染物对环境污染的综合性指标或者计量单位。同一介质相同污染当量的不同污染物，其污染程度基本相当。

（二）排污系数，是指在正常技术经济和管理条件下，生产单位产品所应排放的污染物量的统计平均值。

（三）物料衡算，是指根据物质质量守恒原理对生产过程中使用的原料、生产的产品和产生的废物等进行测算的一种方法。

第二十六条　直接向环境排放应税污染物的企业事业单位和其他生产经营者，除依照本法规定缴纳环境保护税外，应当对所造成的损害依法承担责任。

第二十七条　自本法施行之日起，依照本法规定征收环境保护税，不再征收排污费。

第二十八条　本法自2018年1月1日起施行。

附表一：

环境保护税税目税额表

<table>
<tr><th colspan="2">税目</th><th>计税单位</th><th>税额</th><th>备注</th></tr>
<tr><td colspan="2">大气污染物</td><td>每污染当量</td><td>1.2 元至 12 元</td><td></td></tr>
<tr><td colspan="2">水污染物</td><td>每污染当量</td><td>1.4 元至 14 元</td><td></td></tr>
<tr><td rowspan="4">固体废物</td><td>煤矸石</td><td>每吨</td><td>5 元</td><td rowspan="4"></td></tr>
<tr><td>尾矿</td><td>每吨</td><td>15 元</td></tr>
<tr><td>危险废物</td><td>每吨</td><td>1000 元</td></tr>
<tr><td>冶炼渣、粉煤灰、炉渣、其他固体废物（含半固态、液态废物）</td><td>每吨</td><td>25 元</td></tr>
<tr><td rowspan="6">噪声</td><td rowspan="6">工业噪声</td><td>超标 1—3 分贝</td><td>每月 350 元</td><td rowspan="6">1. 一个单位边界上有多处噪声超标，根据最高一处超标声级计算应纳税额；当沿边界长度超过 100 米有两处以上噪声超标，按照两个单位计算应纳税额。
2. 一个单位有不同地点作业场所的，应当分别计算应纳税额，合并计征。
3. 昼、夜均超标的环境噪声，昼、夜分别计算应纳税额，累计计征。
4. 声源一个月内超标不足 15 天的，减半计算应纳税额。
5. 夜间频繁突发和夜间偶然突发厂界超标噪声，按等效声级和峰值噪声两种指标中超标分贝值高的一项计算应纳税额。</td></tr>
<tr><td>超标 4—6 分贝</td><td>每月 700 元</td></tr>
<tr><td>超标 7—9 分贝</td><td>每月 1400 元</td></tr>
<tr><td>超标 10—12 分贝</td><td>每月 2800 元</td></tr>
<tr><td>超标 13—15 分贝</td><td>每月 5600 元</td></tr>
<tr><td>超标 16 分贝以上</td><td>每月 11200 元</td></tr>
</table>

附表二：

应税污染物和当量值表

一、第一类水污染物污染当量值

污染物	污染当量值（千克）
1. 总汞	0.0005
2. 总镉	0.005
3. 总铬	0.04
4. 六价铬	0.02
5. 总砷	0.02
6. 总铅	0.025
7. 总镍	0.025
8. 苯并(a)芘	0.0000003
9. 总铍	0.01
10. 总银	0.02

二、第二类水污染物污染当量值

污染物	污染当量值(千克)	备注
11. 悬浮物(SS)	4	
12. 生化需氧量(BOD_5)	0.5	
13. 化学需氧量(CODcr)	1	同一排放口中的化学需氧量、生化需氧量和总有机碳,只征收一项。
14. 总有机碳(TOC)	0.49	
15. 石油类	0.1	
16. 动植物油	0.16	
17. 挥发酚	0.08	
18. 总氰化物	0.05	
19. 硫化物	0.125	
20. 氨氮	0.8	
21. 氟化物	0.5	
22. 甲醛	0.125	
23. 苯胺类	0.2	
24. 硝基苯类	0.2	
25. 阴离子表面活性剂(LAS)	0.2	
26. 总铜	0.1	
27. 总锌	0.2	
28. 总锰	0.2	
29. 彩色显影剂(CD-2)	0.2	
30. 总磷	0.25	
31. 单质磷(以P计)	0.05	
32. 有机磷农药(以P计)	0.05	
33. 乐果	0.05	
34. 甲基对硫磷	0.05	
35. 马拉硫磷	0.05	
36. 对硫磷	0.05	
37. 五氯酚及五氯酚钠(以五氯酚计)	0.25	
38. 三氯甲烷	0.04	
39. 可吸附有机卤化物(AOX)(以Cl计)	0.25	
40. 四氯化碳	0.04	
41. 三氯乙烯	0.04	
42. 四氯乙烯	0.04	
43. 苯	0.02	
44. 甲苯	0.02	
45. 乙苯	0.02	
46. 邻-二甲苯	0.02	
47. 对-二甲苯	0.02	
48. 间-二甲苯	0.02	
49. 氯苯	0.02	
50. 邻二氯苯	0.02	

续表

污染物	污染当量值(千克)	备注
51. 对二氯苯	0.02	
52. 对硝基氯苯	0.02	
53. 2,4-二硝基氯苯	0.02	
54. 苯酚	0.02	
55. 间-甲酚	0.02	
56. 2,4-二氯酚	0.02	
57. 2,4,6-三氯酚	0.02	
58. 邻苯二甲酸二丁酯	0.02	
59. 邻苯二甲酸二辛酯	0.02	
60. 丙烯腈	0.125	
61. 总硒	0.02	

三、pH 值、色度、大肠菌群数、余氯量水污染物污染当量值

<table>
<tr><th colspan="2">污染物</th><th>污染当量值</th><th>备注</th></tr>
<tr><td rowspan="6">1. pH 值</td><td>1. 0-1,13-14</td><td>0.06 吨污水</td><td rowspan="6">pH 值 5-6 指大于等于 5,小于 6;pH 值 9-10 指大于 9,小于等于 10,其余类推。</td></tr>
<tr><td>2. 1-2,12-13</td><td>0.125 吨污水</td></tr>
<tr><td>3. 2-3,11-12</td><td>0.25 吨污水</td></tr>
<tr><td>4. 3-4,10-11</td><td>0.5 吨污水</td></tr>
<tr><td>5. 4-5,9-10</td><td>1 吨污水</td></tr>
<tr><td>6. 5-6</td><td>5 吨污水</td></tr>
<tr><td colspan="2">2. 色度</td><td>5 吨水·倍</td><td></td></tr>
<tr><td colspan="2">3. 大肠菌群数(超标)</td><td>3.3 吨污水</td><td rowspan="2">大肠菌群数和余氯量只征收一项。</td></tr>
<tr><td colspan="2">4. 余氯量(用氯消毒的医院废水)</td><td>3.3 吨污水</td></tr>
</table>

四、禽畜养殖业、小型企业和第三产业水污染物污染当量值

(本表仅适用于计算无法进行实际监测或者物料衡算的禽畜养殖业、小型企业和第三产业等小型排污者的水污染物污染当量数)

<table>
<tr><th colspan="2">类型</th><th>污染当量值</th><th>备注</th></tr>
<tr><td rowspan="3">禽畜养殖场</td><td>1. 牛</td><td>0.1 头</td><td rowspan="3">仅对存栏规模大于 50 头牛、500 头猪、5000 羽鸡鸭等的禽畜养殖场征收。</td></tr>
<tr><td>2. 猪</td><td>1 头</td></tr>
<tr><td>3. 鸡、鸭等家禽</td><td>30 羽</td></tr>
<tr><td colspan="2">4. 小型企业</td><td>1.8 吨污水</td><td></td></tr>
<tr><td colspan="2">5. 饮食娱乐服务业</td><td>0.5 吨污水</td><td></td></tr>
<tr><td rowspan="4">6. 医院</td><td rowspan="2">消毒</td><td>0.14 床</td><td rowspan="4">医院病床数大于 20 张的按照本表计算污染当量数。</td></tr>
<tr><td>2.8 吨污水</td></tr>
<tr><td rowspan="2">不消毒</td><td>0.07 床</td></tr>
<tr><td>1.4 吨污水</td></tr>
</table>

五、大气污染物污染当量值

污染物	污染当量值(千克)
1. 二氧化硫	0.95
2. 氮氧化物	0.95
3. 一氧化碳	16.7
4. 氯气	0.34
5. 氯化氢	10.75
6. 氟化物	0.87
7. 氰化氢	0.005
8. 硫酸雾	0.6
9. 铬酸雾	0.0007
10. 汞及其化合物	0.0001
11. 一般性粉尘	4
12. 石棉尘	0.53
13. 玻璃棉尘	2.13
14. 碳黑尘	0.59
15. 铅及其化合物	0.02
16. 镉及其化合物	0.03
17. 铍及其化合物	0.0004
18. 镍及其化合物	0.13
19. 锡及其化合物	0.27
20. 烟尘	2.18
21. 苯	0.05
22. 甲苯	0.18
23. 二甲苯	0.27
24. 苯并(a)芘	0.000002
25. 甲醛	0.09
26. 乙醛	0.45
27. 丙烯醛	0.06
28. 甲醇	0.67
29. 酚类	0.35
30. 沥青烟	0.19
31. 苯胺类	0.21
32. 氯苯类	0.72
33. 硝基苯	0.17
34. 丙烯腈	0.22
35. 氯乙烯	0.55
36. 光气	0.04
37. 硫化氢	0.29
38. 氨	9.09
39. 三甲胺	0.32
40. 甲硫醇	0.04
41. 甲硫醚	0.28
42. 二甲二硫	0.28
43. 苯乙烯	25
44. 二硫化碳	20

中华人民共和国公共图书馆法

（2017 年 11 月 4 日第十二届全国人民代表大会常务委员会第三十次会议通过　根据 2018 年 10 月 26 日第十三届全国人民代表大会常务委员会第六次会议《关于修改〈中华人民共和国野生动物保护法〉等十五部法律的决定》修正）

目　　录

第一章　总　　则
第二章　设　　立
第三章　运　　行
第四章　服　　务
第五章　法律责任
第六章　附　　则

第一章　总　　则

第一条　为了促进公共图书馆事业发展，发挥公共图书馆功能，保障公民基本文化权益，提高公民科学文化素质和社会文明程度，传承人类文明，坚定文化自信，制定本法。

第二条　本法所称公共图书馆，是指向社会公众免费开放，收集、整理、保存文献信息并提供查询、借阅及相关服务，开展社会教育的公共文化设施。

前款规定的文献信息包括图书报刊、音像制品、缩微制品、数字资源等。

第三条　公共图书馆是社会主义公共文化服务体系的重要组成部分，应当将推动、引导、服务全民阅读作为重要任务。

公共图书馆应当坚持社会主义先进文化前进方向，坚持以人民为中心，坚持以社会主义核心价值观为引领，传承发展中华优秀传统文化，继承革命文化，发展社会主义先进文化。

第四条　县级以上人民政府应当将公共图书馆事业纳入本级国民经济和社会发展规划，将公共图书馆建设纳入城乡规划和土地利用总体规划，加大对政府设立的公共图书馆的投入，将所需经费列入本级政府预算，并及时、足额拨付。

国家鼓励公民、法人和其他组织自筹资金设立公共图书馆。县级以上人民政府应当积极调动社会力量参与公共图书馆建设，并按照国家有关规定给予政策扶持。

第五条　国务院文化主管部门负责全国公共图书馆的管理工作。国务院其他有关部门在各自职责范围内负责与公共图书馆管理有关的工作。

县级以上地方人民政府文化主管部门负责本行政区域内公共图书馆的管理工作。县级以上地方人民政府其他有关部门在各自职责范围内负责本行政区域内与公共图书馆管理有关的工作。

第六条　国家鼓励公民、法人和其他组织依法向公共图书馆捐赠，并依法给予税收优惠。

境外自然人、法人和其他组织可以依照有关法律、行政法规的规定，通过捐赠方式参与境内公共图书馆建设。

第七条　国家扶持革命老区、民族地区、边疆地区和贫困地区公共图书馆事业的发展。

第八条　国家鼓励和支持发挥科技在公共图书馆建设、管理和服务中的作用，推动运用现代信息技术和传播技术，提高公共图书馆的服务效能。

第九条　国家鼓励和支持在公共图书馆领域开展国际交流与合作。

第十条　公共图书馆应当遵守有关知识产权保护的法律、行政法规规定，依法保护和使用文献信息。

馆藏文献信息属于文物、档案或者国家秘密的，公共图书馆应当遵守有关文物保护、档案管理或者保守国家秘密的法律、行政法规规定。

第十一条　公共图书馆行业组织应当依法制定行业规范，加强行业自律，维护会员合法权益，指导、督促会员提高服务质量。

第十二条　对在公共图书馆事业发展中作出突出贡献的组织和个人，按照国家有关规定给予表彰和奖励。

第二章　设　　立

第十三条　国家建立覆盖城乡、便捷实用的公共图书馆服务网络。公共图书馆服务网络建设坚持政府主导,鼓励社会参与。

县级以上地方人民政府应当根据本行政区域内人口数量、人口分布、环境和交通条件等因素,因地制宜确定公共图书馆的数量、规模、结构和分布,加强固定馆舍和流动服务设施、自助服务设施建设。

第十四条 县级以上人民政府应当设立公共图书馆。

地方人民政府应当充分利用乡镇(街道)和村(社区)的综合服务设施设立图书室,服务城乡居民。

第十五条 设立公共图书馆应当具备下列条件:

(一)章程;

(二)固定的馆址;

(三)与其功能相适应的馆舍面积、阅览座席、文献信息和设施设备;

(四)与其功能、馆藏规模等相适应的工作人员;

(五)必要的办馆资金和稳定的运行经费来源;

(六)安全保障设施、制度及应急预案。

第十六条 公共图书馆章程应当包括名称、馆址、办馆宗旨、业务范围、管理制度及有关规则、终止程序和剩余财产的处理方案等事项。

第十七条 公共图书馆的设立、变更、终止应当按照国家有关规定办理登记手续。

第十八条 省、自治区、直辖市人民政府文化主管部门应当在其网站上及时公布本行政区域内公共图书馆的名称、馆址、联系方式、馆藏文献信息概况、主要服务内容和方式等信息。

第十九条 政府设立的公共图书馆馆长应当具备相应的文化水平、专业知识和组织管理能力。

公共图书馆应当根据其功能、馆藏规模、馆舍面积、服务范围及服务人口等因素配备相应的工作人员。公共图书馆工作人员应当具备相应的专业知识与技能,其中专业技术人员可以按照国家有关规定评定专业技术职称。

第二十条 公共图书馆可以以捐赠者姓名、名称命名文献信息专藏或者专题活动。

公民、法人和其他组织设立的公共图书馆,可以以捐赠者的姓名、名称命名公共图书馆、公共图书馆馆舍或者其他设施。

以捐赠者姓名、名称命名应当遵守有关法律、行政法规的规定,符合国家利益和社会公共利益,遵循公序良俗。

第二十一条 公共图书馆终止的,应当依照有关法律、行政法规的规定处理其剩余财产。

第二十二条 国家设立国家图书馆,主要承担国家文献信息战略保存、国家书目和联合目录编制、为国家立法和决策服务、组织全国古籍保护、开展图书馆发展研究和国际交流、为其他图书馆提供业务指导和技术支持等职能。国家图书馆同时具有本法规定的公共图书馆的功能。

第三章 运 行

第二十三条 国家推动公共图书馆建立健全法人治理结构,吸收有关方面代表、专业人士和社会公众参与管理。

第二十四条 公共图书馆应当根据办馆宗旨和服务对象的需求,广泛收集文献信息;政府设立的公共图书馆还应当系统收集地方文献信息,保存和传承地方文化。

文献信息的收集应当遵守有关法律、行政法规的规定。

第二十五条 公共图书馆可以通过采购、接受交存或者捐赠等合法方式收集文献信息。

第二十六条 出版单位应当按照国家有关规定向国家图书馆和所在地省级公共图书馆交存正式出版物。

第二十七条 公共图书馆应当按照国家公布的标准、规范对馆藏文献信息进行整理,建立馆藏文献信息目录,并依法通过其网站或者其他方式向社会公开。

第二十八条 公共图书馆应当妥善保存馆藏文献信息,不得随意处置;确需处置的,应当遵守国务院文化主管部门有关处置文献信息的规定。

公共图书馆应当配备防火、防盗等设施,并按照国家有关规定和标准对古籍和其他珍贵、易损文献信息采取专门的保护措施,确保安全。

第二十九条 公共图书馆应当定期对其设施设备进行检查维护,确保正常运行。

公共图书馆的设施设备场地不得用于与其服务无关的商业经营活动。

第三十条 公共图书馆应当加强馆际交流与合作。国家支持公共图书馆开展联合采购、联合编目、联合服务,实现文献信息的共建共享,促进文献信息的有效利用。

第三十一条 县级人民政府应当因地制宜建立符合当地特点的以县级公共图书馆为总馆,乡镇(街道)综合文化站、村(社区)图书室等为分馆或者基层服务点的总分馆制，完善数字化、网络化服务体系和配送体系，实现通借通还，促进公共图书馆服务向城乡基层延伸。总馆应当加强对分馆和基层服务点的业务指导。

第三十二条　公共图书馆馆藏文献信息属于档案、文物的，公共图书馆可以与档案馆、博物馆、纪念馆等单位相互交换重复件、复制件或者目录，联合举办展览，共同编辑出版有关史料或者进行史料研究。

第四章　服　务

第三十三条　公共图书馆应当按照平等、开放、共享的要求向社会公众提供服务。

公共图书馆应当免费向社会公众提供下列服务：

（一）文献信息查询、借阅；

（二）阅览室、自习室等公共空间设施场地开放；

（三）公益性讲座、阅读推广、培训、展览；

（四）国家规定的其他免费服务项目。

第三十四条　政府设立的公共图书馆应当设置少年儿童阅览区域，根据少年儿童的特点配备相应的专业人员，开展面向少年儿童的阅读指导和社会教育活动，并为学校开展有关课外活动提供支持。有条件的地区可以单独设立少年儿童图书馆。

政府设立的公共图书馆应当考虑老年人、残疾人等群体的特点，积极创造条件，提供适合其需要的文献信息、无障碍设施设备和服务等。

第三十五条　政府设立的公共图书馆应当根据自身条件，为国家机关制定法律、法规、政策和开展有关问题研究，提供文献信息和相关咨询服务。

第三十六条　公共图书馆应当通过开展阅读指导、读书交流、演讲诵读、图书互换共享等活动，推广全民阅读。

第三十七条　公共图书馆向社会公众提供文献信息，应当遵守有关法律、行政法规的规定，不得向未成年人提供内容不适宜的文献信息。

公共图书馆不得从事或者允许其他组织、个人在馆内从事危害国家安全、损害社会公共利益和其他违反法律法规的活动。

第三十八条　公共图书馆应当通过其网站或者其他方式向社会公告本馆的服务内容、开放时间、借阅规则等；因故闭馆或者更改开放时间的，除遇不可抗力外，应当提前公告。

公共图书馆在公休日应当开放，在国家法定节假日应当有开放时间。

第三十九条　政府设立的公共图书馆应当通过流动服务设施、自助服务设施等为社会公众提供便捷服务。

第四十条　国家构建标准统一、互联互通的公共图书馆数字服务网络，支持数字阅读产品开发和数字资源保存技术研究，推动公共图书馆利用数字化、网络化技术向社会公众提供便捷服务。

政府设立的公共图书馆应当加强数字资源建设、配备相应的设施设备，建立线上线下相结合的文献信息共享平台，为社会公众提供优质服务。

第四十一条　政府设立的公共图书馆应当加强馆内古籍的保护，根据自身条件采用数字化、影印或者缩微技术等推进古籍的整理、出版和研究利用，并通过巡回展览、公益性讲座、善本再造、创意产品开发等方式，加强古籍宣传，传承发展中华优秀传统文化。

第四十二条　公共图书馆应当改善服务条件、提高服务水平，定期公告服务开展情况，听取读者意见，建立投诉渠道，完善反馈机制，接受社会监督。

第四十三条　公共图书馆应当妥善保护读者的个人信息、借阅信息以及其他可能涉及读者隐私的信息，不得出售或者以其他方式非法向他人提供。

第四十四条　读者应当遵守公共图书馆的相关规定，自觉维护公共图书馆秩序，爱护公共图书馆的文献信息、设施设备，合法利用文献信息；借阅文献信息的，应当按照规定时限归还。

对破坏公共图书馆文献信息、设施设备，或者扰乱公共图书馆秩序的，公共图书馆工作人员有权予以劝阻、制止；经劝阻、制止无效的，公共图书馆可以停止为其提供服务。

第四十五条　国家采取政府购买服务等措施，对公民、法人和其他组织设立的公共图书馆提供服务给予扶持。

第四十六条　国家鼓励公民参与公共图书馆志愿服务。县级以上人民政府文化主管部门应当对公共图书馆志愿服务给予必要的指导和支持。

第四十七条　国务院文化主管部门和省、自治区、直辖市人民政府文化主管部门应当制定公共图书馆服务规范，对公共图书馆的服务质量和水平进行考核。考核应当吸收社会公众参与。考核结果应当向社会公布，并作为对公共图书馆给予补贴或者奖励等的依据。

第四十八条　国家支持公共图书馆加强与学校图书馆、科研机构图书馆以及其他类型图书馆的交流与合作，开展联合服务。

国家支持学校图书馆、科研机构图书馆以及其他类型图书馆向社会公众开放。

第五章　法律责任

第四十九条　公共图书馆从事或者允许其他组织、个人在馆内从事危害国家安全、损害社会公共利益活动的，由文化主管部门责令改正，没收违法所得；情节严重的，可以责令停业整顿、关闭；对直接负责的主管人员和其他直接责任人员依法追究法律责任。

第五十条　公共图书馆及其工作人员有下列行为之一的，由文化主管部门责令改正，没收违法所得：

（一）违规处置文献信息；

（二）出售或者以其他方式非法向他人提供读者的个人信息、借阅信息以及其他可能涉及读者隐私的信息；

（三）向社会公众提供文献信息违反有关法律、行政法规的规定，或者向未成年人提供内容不适宜的文献信息；

（四）将设施设备场地用于与公共图书馆服务无关的商业经营活动；

（五）其他不履行本法规定的公共图书馆服务要求的行为。

公共图书馆及其工作人员对应当免费提供的服务收费或者变相收费的，由价格主管部门依照前款规定给予处罚。

公共图书馆及其工作人员有前两款规定行为的，对直接负责的主管人员和其他直接责任人员依法追究法律责任。

第五十一条　出版单位未按照国家有关规定交存正式出版物的，由出版主管部门依照有关出版管理的法律、行政法规规定给予处罚。

第五十二条　文化主管部门或者其他有关部门及其工作人员在公共图书馆管理工作中滥用职权、玩忽职守、徇私舞弊的，对直接负责的主管人员和其他直接责任人员依法给予处分。

第五十三条　损坏公共图书馆的文献信息、设施设备或者未按照规定时限归还所借文献信息，造成财产损失或者其他损害的，依法承担民事责任。

第五十四条　违反本法规定，构成违反治安管理行为的，依法给予治安管理处罚；构成犯罪的，依法追究刑事责任。

第六章　附　　则

第五十五条　本法自 2018 年 1 月 1 日起施行。

中华人民共和国船舶吨税法

（2017 年 12 月 27 日第十二届全国人民代表大会常务委员会第三十一次会议通过　根据 2018 年 10 月 26 日第十三届全国人民代表大会常务委员会第六次会议《关于修改〈中华人民共和国野生动物保护法〉等十五部法律的决定》修正）

第一条　自中华人民共和国境外港口进入境内港口的船舶（以下称应税船舶），应当依照本法缴纳船舶吨税（以下简称吨税）。

第二条　吨税的税目、税率依照本法所附的《吨税税目税率表》执行。

第三条　吨税设置优惠税率和普通税率。

中华人民共和国籍的应税船舶，船籍国（地区）与中华人民共和国签订含有相互给予船舶税费最惠国待遇条款的条约或者协定的应税船舶，适用优惠税率。

其他应税船舶，适用普通税率。

第四条　吨税按照船舶净吨位和吨税执照期限征收。

应税船舶负责人在每次申报纳税时，可以按照《吨税税目税率表》选择申领一种期限的吨税执照。

第五条　吨税的应纳税额按照船舶净吨位乘以适用税率计算。

第六条　吨税由海关负责征收。海关征收吨税应当制发缴款凭证。

应税船舶负责人缴纳吨税或者提供担保后，海关按照其申领的执照期限填发吨税执照。

第七条　应税船舶在进入港口办理入境手续

时,应当向海关申报纳税领取吨税执照,或者交验吨税执照(或者申请核验吨税执照电子信息)。应税船舶在离开港口办理出境手续时,应当交验吨税执照(或者申请核验吨税执照电子信息)。

应税船舶负责人申领吨税执照时,应当向海关提供下列文件:

(一)船舶国籍证书或者海事部门签发的船舶国籍证书收存证明;

(二)船舶吨位证明。

应税船舶因不可抗力在未设立海关地点停泊的,船舶负责人应当立即向附近海关报告,并在不可抗力原因消除后,依照本法规定向海关申报纳税。

第八条 吨税纳税义务发生时间为应税船舶进入港口的当日。

应税船舶在吨税执照期满后尚未离开港口的,应当申领新的吨税执照,自上一次执照期满的次日起续缴吨税。

第九条 下列船舶免征吨税:

(一)应纳税额在人民币五十元以下的船舶;

(二)自境外以购买、受赠、继承等方式取得船舶所有权的初次进口到港的空载船舶;

(三)吨税执照期满后二十四小时内不上下客货的船舶;

(四)非机动船舶(不包括非机动驳船);

(五)捕捞、养殖渔船;

(六)避难、防疫隔离、修理、改造、终止运营或者拆解,并不上下客货的船舶;

(七)军队、武装警察部队专用或者征用的船舶;

(八)警用船舶;

(九)依照法律规定应当予以免税的外国驻华使领馆、国际组织驻华代表机构及其有关人员的船舶;

(十)国务院规定的其他船舶。

前款第十项免税规定,由国务院报全国人民代表大会常务委员会备案。

第十条 在吨税执照期限内,应税船舶发生下列情形之一的,海关按照实际发生的天数批注延长吨税执照期限:

(一)避难、防疫隔离、修理、改造,并不上下客货;

(二)军队、武装警察部队征用。

第十一条 符合本法第九条第一款第五项至第九项、第十条规定的船舶,应当提供海事部门、渔业船舶管理部门等部门、机构出具的具有法律效力的证明文件或者使用关系证明文件,申明免税或者延长吨税执照期限的依据和理由。

第十二条 应税船舶负责人应当自海关填发吨税缴款凭证之日起十五日内缴清税款。未按期缴清税款的,自滞纳税款之日起至缴清税款之日止,按日加收滞纳税款万分之五的税款滞纳金。

第十三条 应税船舶到达港口前,经海关核准先行申报并办结出入境手续的,应税船舶负责人应当向海关提供与其依法履行吨税缴纳义务相适应的担保;应税船舶到达港口后,依照本法规定向海关申报纳税。

下列财产、权利可以用于担保:

(一)人民币、可自由兑换货币;

(二)汇票、本票、支票、债券、存单;

(三)银行、非银行金融机构的保函;

(四)海关依法认可的其他财产、权利。

第十四条 应税船舶在吨税执照期限内,因修理、改造导致净吨位变化的,吨税执照继续有效。应税船舶办理出入境手续时,应当提供船舶经过修理、改造的证明文件。

第十五条 应税船舶在吨税执照期限内,因税目税率调整或者船籍改变而导致适用税率变化的,吨税执照继续有效。

因船籍改变而导致适用税率变化的,应税船舶在办理出入境手续时,应当提供船籍改变的证明文件。

第十六条 吨税执照在期满前毁损或者遗失的,应当向原发照海关书面申请核发吨税执照副本,不再补税。

第十七条 海关发现少征或者漏征税款的,应当自应税船舶应当缴纳税款之日起一年内,补征税款。但因应税船舶违反规定造成少征或者漏征税款的,海关可以自应当缴纳税款之日起三年内追征税款,并自应当缴纳税款之日起按日加征少征或者漏征税款万分之五的税款滞纳金。

海关发现多征税款的,应当在二十四小时内通知应税船舶办理退还手续,并加算银行同期活期存款利息。

应税船舶发现多缴税款的,可以自缴纳税款之日起三年内以书面形式要求海关退还多缴的税款并加算银行同期活期存款利息;海关应当自受理退税申请之日起三十日内查实并通知应税船舶办理退还手续。

应税船舶应当自收到本条第二款、第三款规定的通知之日起三个月内办理有关退还手续。

第十八条 应税船舶有下列行为之一的,由海关责令限期改正,处二千元以上三万元以下的罚款;不缴或者少缴应纳税款的,处不缴或者少缴税款百分之五十以上五倍以下的罚款,但罚款不得低于二千元:

(一)未按照规定申报纳税、领取吨税执照;

(二)未按照规定交验吨税执照(或者申请核验吨税执照电子信息)以及提供其他证明文件。

第十九条 吨税税款、税款滞纳金、罚款以人民币计算。

第二十条 吨税的征收,本法未作规定的,依照有关税收征收管理的法律、行政法规的规定执行。

第二十一条 本法及所附《吨税税目税率表》下列用语的含义:

净吨位,是指由船籍国(地区)政府签发或者授权签发的船舶吨位证明书上标明的净吨位。

非机动船舶,是指自身没有动力装置,依靠外力驱动的船舶。

非机动驳船,是指在船舶登记机关登记为驳船的非机动船舶。

捕捞、养殖渔船,是指在中华人民共和国渔业船舶管理部门登记为捕捞船或者养殖船的船舶。

拖船,是指专门用于拖(推)动运输船舶的专业作业船舶。

吨税执照期限,是指按照公历年、日计算的期间。

第二十二条 本法自2018年7月1日起施行。2011年12月5日国务院公布的《中华人民共和国船舶吨税暂行条例》同时废止。

附:

吨税税目税率表

税目(按船舶净吨位划分)	税率(元/净吨)						备注
	普通税率(按执照期限划分)			优惠税率(按执照期限划分)			
	1年	90日	30日	1年	90日	30日	
不超过2000净吨	12.6	4.2	2.1	9.0	3.0	1.5	1. 拖船按照发动机功率每千瓦折合净吨位0.67吨。 2. 无法提供净吨位证明文件的游艇,按照发动机功率每千瓦折合净吨位0.05吨。 3. 拖船和非机动驳船分别按相同净吨位船舶税率的50%计征税款。
超过2000净吨,但不超过10000净吨	24.0	8.0	4.0	17.4	5.8	2.9	
超过10000净吨,但不超过50000净吨	27.6	9.2	4.6	19.8	6.6	3.3	
超过50000净吨	31.8	10.6	5.3	22.8	7.6	3.8	

关于《〈中华人民共和国野生动物保护法〉等15部法律的修正案(草案)》的说明

——2018年10月22日在第十三届全国人民代表大会常务委员会第六次会议上

司法部副部长 赵大程

全国人民代表大会常务委员会:

我受国务院的委托,现对《〈中华人民共和国野生动物保护法〉等15部法律的修正案(草案)》作说明。

为深入贯彻习近平总书记在党的十九届三中全会上的重要讲话精神,全面落实党的十九届三中全会通过的《中共中央关于深化党和国家机构改革的决定》、《深化党和国家机构改革方案》和十三届全国人大一次会议批准的《国务院机构改革方案》，确保行政机关依法履行职责，司法部会同国务院有关部门，经商中央编办、全国人大有关专门委员会、全国人大常委会法工委，起草了《〈中华人民共和国野生动物保护法〉等 15 部法律的修正案（草案）》。草案已经国务院同意，现将草案的主要内容说明如下：

一、关于《中华人民共和国野生动物保护法修正案（草案）》

野生动物保护法第五十二条规定，违反本法第三十五条规定，进出口野生动物或者其制品的，由海关、检验检疫、公安机关、海洋执法部门依照法律、行政法规和国家有关规定处罚。《国务院机构改革方案》将国家质量监督检验检疫总局的出入境检验检疫管理职责和队伍划入海关总署。据此，草案删去第五十二条中的"检验检疫"部门。同时，对第三十五条、第三十七条一并作相应修改。

二、关于《中华人民共和国计量法修正案（草案）》

计量法第三十条规定，本法规定的行政处罚，由县级以上地方人民政府计量行政部门决定；第二十六条规定的行政处罚，也可以由工商行政管理部门决定。《深化党和国家机构改革方案》将工商、质检等执法职责和队伍整合，组建市场监管综合执法队伍。据此，草案删去了第三十条中的"本法第二十六条规定的行政处罚，也可以由工商行政管理部门决定。"

三、关于《中华人民共和国大气污染防治法修正案（草案）》

大气污染防治法第五十二条第二款规定，工业、质量监督、工商行政管理等有关部门配合环境保护主管部门，对新生产、销售机动车和非道路移动机械大气污染物排放状况的监督检查。《国务院机构改革方案》将环境保护部的职责整合到生态环境部，将国家工商行政管理总局、国家质量监督检验检疫总局等部门的职责整合到国家市场监督管理总局。据此，草案将第五十二条中的"环境保护主管部门"修改为"生态环境主管部门"，"质量监督、工商行政管理等有关部门"修改为"市场监督管理等有关部门"。同时，将第四十条、第五十八条中的"质量监督部门"修改为"市场监督管理部门"，"环境保护主管部门"修改为"生态环境主管部门"；将第一百零三条中的"质量监督、工商行政管理部门按照职责"修改为"市场监督管理部门"；将第一百零七条中的"环境保护主管部门"修改为"生态环境主管部门"，"质量监督"修改为"市场监督管理"；将第一百一十条中的"工商行政管理部门"修改为"市场监督管理部门"；将第一百一十四条、第一百一十七条中的"环境保护等主管部门"修改为"生态环境等主管部门"；将第四条等 43 个条款中的"环境保护主管部门"一并修改为"生态环境主管部门"。

第一百零一条规定，由县级以上人民政府经济综合主管部门、出入境检验检疫机构按照职责对相关违法行为进行处罚。《国务院机构改革方案》将国家质量监督检验检疫总局的出入境检验检疫管理职责和队伍划入海关总署。据此，草案将第一百零一条中的"出入境检验检疫机构"修改为"海关"。同时，对第一百零四条、第一百一十条进行了相应修改。

此外，《深化党和国家机构改革方案》将环境保护和国土、农业、水利、海洋等部门相关污染防治和生态保护执法职责、队伍进行整合，统一实行生态环境保护执法。参照十三届全国人大常委会第五次会议通过的土壤污染防治法第七十七条规定，草案将第二十九条、第九十八条中的"环境保护主管部门及其委托的环境监察机构"修改为"生态环境主管部门及其环境执法机构"。

四、关于《中华人民共和国残疾人保障法修正案（草案）》

残疾人保障法第六十二条规定，违反本法规定，通过大众传播媒介或者其他方式贬低损害残疾人人格的，由文化、广播电影电视、新闻出版或者其他有关主管部门依据各自的职权责令改正，并依法给予行政处罚。《深化党和国家机构改革方案》将国家新闻出版广电总局的电影管理职责划入中央宣传部，中央宣传部对外加挂国家电影局牌子。据此，草案将第六十二条中的"广播电影电视"修改为"广播电视、电影"。

五、关于《中华人民共和国妇女权益保障法修正案（草案）》

妇女权益保障法第五十九条规定，违反本法规定，通过大众传播媒介或者其他方式贬低损害妇女人格的，由文化、广播电影电视、新闻出版或者其他有关部门依据各自的职权责令改正，并依法给予行政处罚。《深化党和国家机构改革方案》将国家新闻出版广电总局的电影管理职责划入中央宣传部，中央宣传部对外加挂国家电影局牌子。据此，草案将第五十九条中的“广播电影电视”修改为“广播电视、电影”。

六、关于《中华人民共和国广告法修正案（草案）》

广告法第六十八条规定，广播电台、电视台、报刊音像出版单位发布违法广告、变相发布广告，工商行政管理部门依照本法给予处罚的，应当通报新闻出版广电部门以及其他有关部门；新闻出版广电部门以及其他有关部门应当依法对负有责任的主管人员和直接责任人员给予处分；新闻出版广电部门以及其他有关部门未对广播电台、电视台、报刊音像出版单位进行处理的，对负有责任的主管人员和直接责任人员，依法给予处分。《深化党和国家机构改革方案》将国家新闻出版广电总局的新闻出版管理职责划入中央宣传部，中央宣传部对外加挂国家新闻出版署（国家版权局）牌子；《国务院机构改革方案》将国家工商行政管理总局等部门的职责整合到国家市场监督管理总局。据此，草案将第六十八条中的“新闻出版广电部门”修改为“新闻出版、广播电视主管部门”，“工商行政管理部门”修改为“市场监督管理部门”。同时，将第六条等22个条款中的“工商行政管理部门”一并修改为“市场监督管理部门”。

七、关于《中华人民共和国节约能源法修正案（草案）》

节约能源法第七十条规定，生产、进口、销售不符合强制性能源效率标准的用能产品、设备的，由产品质量监督部门责令停止生产、进口、销售，没收违法生产、进口、销售的用能产品、设备和违法所得，并处违法所得一倍以上五倍以下罚款；情节严重的，由工商行政管理部门吊销营业执照。《国务院机构改革方案》将国家工商行政管理总局、国家质量监督检验检疫总局等部门的职责整合到国家市场监督管理总局。据此，草案将第七十条中的“产品质量监督部门”修改为“市场监督管理部门”，删去“由工商行政管理部门”。同时，对第七十三条进行了相应修改，并将第十八条、第十九条、第七十四条中的“产品质量监督部门”一并修改为“市场监督管理部门”。

八、关于《中华人民共和国防沙治沙法修正案（草案）》

防沙治沙法第十八条第一款规定，农（牧）业行政主管部门负责指导、组织农牧民建设人工草场，控制载畜量，调整牲畜结构，改良牲畜品种，推行牲畜圈养和草场轮牧，消灭草原鼠害、虫害，保护草原植被，防止草原退化和沙化；第二款规定，农（牧）业行政主管部门负责制定载畜量的标准和有关规定。《国务院机构改革方案》将环境保护部的职责整合到生态环境部，将国家林业局的职责、农业部的草原监督管理职责整合到国家林业和草原局。考虑到草原载畜量的确定不仅关系到草原资源的合理利用，也关系到草业、畜牧业的健康可持续发展，离不开畜牧业主管部门的参与。据此，草案将第十八条中的“农（牧）业行政主管部门”修改为“林业草原行政主管部门会同畜牧业行政主管部门”。同时，将第五条、第十一条中的“林业”修改为“林业草原”，“环境保护”修改为“生态环境”。将第十四条、第十五条、第十六条、第二十四条、第二十六条中的“林业”修改为“林业草原”。将第三十八条中的“林业、农（牧）业行政主管部门按照各自的职责”、第三十九条中的“农（牧）业、林业行政主管部门按照各自的职责”修改为“林业草原行政主管部门”。

九、关于《中华人民共和国农业机械化促进法修正案（草案）》

农业机械化促进法第十二条第一款规定，产品质量监督部门应当依法组织对农业机械产品质量的监督抽查；第二款规定，工商行政管理部门应当依法加强对农业机械产品市场的监督管理工作。《国务院机构改革方案》将国家工商行政管理总局、国家质量监督检验检疫总局等单位的职责整合到国家市场监督管理总局。据此,草案将第十二条第一款、第二款合并为一款,修改为:“市场监督管理部门应当依法组织对农业机械产品质量的监督抽查,加强对农业机械产品市场的监督管理工作。”

十、关于《中华人民共和国农产品质量安全法修正案(草案)》

农产品质量安全法第四十条规定,发生重大农产品质量安全事故时,农业行政主管部门应当及时通报同级食品药品监督管理部门。第五十二条第一款规定,本法第五十条第二款、第三款规定的处理、处罚,由工商行政管理部门决定。《国务院机构改革方案》将国家食品药品监督管理总局、国家工商行政管理总局等部门的职责整合到国家市场监督管理总局。据此,草案将第四十条中的“食品药品监督管理部门”修改为“市场监督管理部门”,将第五十二条中的“工商行政管理部门”修改为“市场监督管理部门”。

十一、关于《中华人民共和国循环经济促进法修正案(草案)》

循环经济促进法第五十一条规定,违反本法规定,对在拆解或者处置过程中可能造成环境污染的电器电子等产品,设计使用列入国家禁止使用名录的有毒有害物质的,由县级以上地方人民政府产品质量监督部门责令限期改正;逾期不改正的,处二万元以上二十万元以下的罚款;情节严重的,由县级以上地方人民政府产品质量监督部门向本级工商行政管理部门通报有关情况,由工商行政管理部门依法吊销营业执照。《国务院机构改革方案》将国家工商行政管理总局、国家质量监督检验检疫总局等部门的职责整合到国家市场监督管理总局。据此,草案将第五十一条中的“产品质量监督部门”修改为“市场监督管理部门”,删去“由县级以上地方人民政府产品质量监督部门向本级工商行政管理部门通报有关情况,由工商行政管理部门”。将第五十四条、第五十六条中的“工商行政管理部门”一并修改为“市场监督管理部门”。

十二、关于《中华人民共和国旅游法修正案(草案)》

旅游法第八十三条第二款规定,县级以上人民政府应当组织旅游主管部门、有关主管部门和工商行政管理、产品质量监督、交通等执法部门对相关旅游经营行为实施监督检查。《国务院机构改革方案》将国家工商行政管理总局、国家质量监督检验检疫总局等部门的职责整合到国家市场监督管理总局。据此,草案将第八十三条中的“工商行政管理、产品质量监督”修改为“市场监督管理”。同时,将第九十五条、第一百零四条中的“工商行政管理部门”一并修改为“市场监督管理部门”。

十三、关于《中华人民共和国环境保护税法修正案(草案)》

环境保护税法第二十二条规定,纳税人从事海洋工程向中华人民共和国管辖海域排放应税大气污染物、水污染物或者固体废物,申报缴纳环境保护税的具体办法,由国务院税务主管部门会同国务院海洋主管部门规定。《国务院机构改革方案》将国家海洋局的海洋环境保护职责整合到生态环境部。据此,草案将第二十二条中的“海洋主管部门”修改为“生态环境主管部门”。同时,将第十条、第十四条、第十五条、第二十条、第二十一条、第二十三条中的“环境保护主管部门”一并修改为“生态环境主管部门”。

十四、关于《中华人民共和国公共图书馆法修正案(草案)》

公共图书馆法第五十一条规定,出版单位未按照国家有关规定交存正式出版物的,由出版行政主管部门依照有关出版管理的法律、行政法规规定给予处罚。《深化党和国家机构改革方案》将国家新闻出版广电总局的新闻出版管理职责划入中央宣传部,中央宣传部对外加挂国家新闻出版署(国家版权局)牌子。据此,草案将第五十一条中的“出版行政主管部门”修改为“出版主管部门”。

十五、关于《中华人民共和国船舶吨税法修正案(草案)》

船舶吨税法第十一条规定,符合本法第九条第一款第五项至第九项、第十条规定的船舶,应当提供海事部门、渔业船舶管理部门或者出入境检验检疫部门等部门、机构出具的具有法律效力的证明文件或者使用关系证明文件,作为向海关申明免税或者延长吨税执照期限的依据和理由。《国务院机构改革方案》将国家质量监督检验检疫总局的出入境检验检疫管理职责和队伍划入海关总署。据此,草案删去第十一条中的"或者出入境检验检疫部门"。

草案和以上说明是否妥当,请审议。

全国人民代表大会宪法和法律委员会关于《〈中华人民共和国野生动物保护法〉等15部法律的修正案(草案)》审议结果的报告

——2018年10月26日在第十三届全国人民代表大会常务委员会第六次会议上

全国人民代表大会常务委员会:

本次常委会会议于10月23日下午对国务院提请审议的《〈中华人民共和国野生动物保护法〉等15部法律的修正案(草案)》进行了分组审议。普遍认为,为贯彻落实党的十九届三中全会审议通过的《中共中央关于深化党和国家机构改革的决定》和十三届全国人民代表大会第一次会议批准的《国务院机构改革方案》,对野生动物保护法等十五部法律相关条款作出相应修改,是必要的,修正案草案基本可行,赞成进一步修改完善后提请本次常委会会议表决通过。同时,有些常委会组成人员还提出了一些修改意见和建议。

宪法和法律委员会于10月23日晚召开会议,逐条研究了常委会组成人员的审议意见,对修正案草案进行了审议。司法部有关负责同志列席了会议。宪法和法律委员会认为,根据深化党和国家机构改革的精神,对实施改革急需修改的相关法律部分条款一揽子作出相应修改十分必要,修正案草案是可行的。有的常委委员提出,修正案草案对野生动物保护法等十五部法律中涉及出入境检验检疫、环境保护、林业、质量监督、工商行政、食品药品等部门的有关表述所作修改,还不全面,尚有遗漏,建议将这些法律中涉及上述部门的所有规定均作相应修改。宪法和法律委员会经研究,建议采纳这一意见,在修正案草案中增加相关内容:

一、将野生动物保护法第七条中的"林业"修改为"林业草原",第四十八条、第四十九条、第五十一条中的"工商行政管理部门"修改为"市场监督管理部门"。

二、将农产品质量安全法第十五条中的"环境保护行政主管部门"修改为"生态环境主管部门"。

三、将循环经济促进法第五条、第十二条、第十四条、第十七条、第十八条、第十九条、第二十八条中的"环境保护等有关主管部门"修改为"生态环境等有关主管部门",第三十五条中的"林业主管部门"修改为"林业草原主管部门"。

此外,对修正案草案还作了个别文字修改。

宪法和法律委员会已按上述意见提出了全国人民代表大会常务委员会关于修改《中华人民共和国野生动物保护法》等十五部法律的决定(草案建议表决稿),建议本次常委会会议审议通过。

修改决定草案建议表决稿和以上报告是否妥当,请审议。

中华人民共和国主席令

第十七号

《全国人民代表大会常务委员会关于修改〈中华人民共和国农村土地承包法〉的决定》已由中华人民共和国第十三届全国人民代表大会常务委员会第七次会议于2018年12月29日通过,现予公布,自2019年1月1日起施行。

中华人民共和国主席　习近平

2018年12月29日

全国人民代表大会常务委员会关于修改《中华人民共和国农村土地承包法》的决定

（2018 年 12 月 29 日第十三届全国人民代表大会常务委员会第七次会议通过）

第十三届全国人民代表大会常务委员会第七次会议决定对《中华人民共和国农村土地承包法》作如下修改：

一、将第一条修改为："为了巩固和完善以家庭承包经营为基础、统分结合的双层经营体制，保持农村土地承包关系稳定并长久不变，维护农村土地承包经营当事人的合法权益，促进农业、农村经济发展和农村社会和谐稳定，根据宪法，制定本法。"

二、增加一条，作为第九条："承包方承包土地后，享有土地承包经营权，可以自己经营，也可以保留土地承包权，流转其承包地的土地经营权，由他人经营。"

三、将第十条修改为："国家保护承包方依法、自愿、有偿流转土地经营权，保护土地经营权人的合法权益，任何组织和个人不得侵犯。"

四、将第八条改为第十一条，修改为："农村土地承包经营应当遵守法律、法规，保护土地资源的合理开发和可持续利用。未经依法批准不得将承包地用于非农建设。

"国家鼓励增加对土地的投入，培肥地力，提高农业生产能力。"

五、将第十一条改为第十二条，修改为："国务院农业农村、林业和草原主管部门分别依照国务院规定的职责负责全国农村土地承包经营及承包经营合同管理的指导。

"县级以上地方人民政府农业农村、林业和草原等主管部门分别依照各自职责，负责本行政区域内农村土地承包经营及承包经营合同管理。

"乡（镇）人民政府负责本行政区域内农村土地承包经营及承包经营合同管理。"

六、将第十五条改为第十六条，增加一款，作为第二款："农户内家庭成员依法平等享有承包土地的各项权益。"

七、将第十六条改为第十七条，修改为："承包方享有下列权利：

"（一）依法享有承包地使用、收益的权利，有权自主组织生产经营和处置产品；

"（二）依法互换、转让土地承包经营权；

"（三）依法流转土地经营权；

"（四）承包地被依法征收、征用、占用的，有权依法获得相应的补偿；

"（五）法律、行政法规规定的其他权利。"

八、将第十七条改为第十八条，第一项修改为："维持土地的农业用途，未经依法批准不得用于非农建设；"

九、将第二十条改为第二十一条，修改为："耕地的承包期为三十年。草地的承包期为三十年至五十年。林地的承包期为三十年至七十年。

"前款规定的耕地承包期届满后再延长三十年，草地、林地承包期届满后依照前款规定相应延长。"

十、将第二十三条改为第二十四条，修改为："国家对耕地、林地和草地等实行统一登记，登记机构应当向承包方颁发土地承包经营权证或者林权证等证书，并登记造册，确认土地承包经营权。

"土地承包经营权证或者林权证等证书应当将具有土地承包经营权的全部家庭成员列入。

"登记机构除按规定收取证书工本费外，不得收取其他费用。"

十一、将第二章第四节的标题修改为："土地承包经营权的保护和互换、转让"。

十二、将第二十六条改为第二十七条，第二款、第三款修改为："国家保护进城农户的土地承包经营权。不得以退出土地承包经营权作为农户进城落户的条件。

"承包期内，承包农户进城落户的，引导支持其按照自愿有偿原则依法在本集体经济组织内转让土地承包经营权或者将承包地交回发包方，也可以鼓励其流转土地经营权。"

十三、将第二十七条改为第二十八条，第二款中的“农业等行政主管部门”修改为“农业农村、林业和草原等主管部门”。

十四、将第二十八条改为第二十九条，第三项修改为：“发包方依法收回和承包方依法、自愿交回的。”

十五、将第二十九条改为第三十条，修改为：“承包期内，承包方可以自愿将承包地交回发包方。承包方自愿交回承包地的，可以获得合理补偿，但是应当提前半年以书面形式通知发包方。承包方在承包期内交回承包地的，在承包期内不得再要求承包土地。”

十六、将第四十条改为第三十三条，修改为：“承包方之间为方便耕种或者各自需要，可以对属于同一集体经济组织的土地的土地承包经营权进行互换，并向发包方备案。”

十七、将第四十一条改为第三十四条，修改为：“经发包方同意，承包方可以将全部或者部分的土地承包经营权转让给本集体经济组织的其他农户，由该农户同发包方确立新的承包关系，原承包方与发包方在该土地上的承包关系即行终止。”

十八、将第三十八条改为第三十五条，修改为：“土地承包经营权互换、转让的，当事人可以向登记机构申请登记。未经登记，不得对抗善意第三人。”

十九、将第二章第五节的标题修改为：“土地经营权”。

二十、将第三十二条和第三十四条合并为第三十六条，修改为：“承包方可以自主决定依法采取出租（转包）、入股或者其他方式向他人流转土地经营权，并向发包方备案。”

二十一、增加一条，作为第三十七条：“土地经营权人有权在合同约定的期限内占有农村土地，自主开展农业生产经营并取得收益。”

二十二、将第三十三条改为第三十八条，修改为：“土地经营权流转应当遵循以下原则：

“（一）依法、自愿、有偿，任何组织和个人不得强迫或者阻碍土地经营权流转；

“（二）不得改变土地所有权的性质和土地的农业用途，不得破坏农业综合生产能力和农业生态环境；

“（三）流转期限不得超过承包期的剩余期限；

“（四）受让方须有农业经营能力或者资质；

“（五）在同等条件下，本集体经济组织成员享有优先权。”

二十三、将第三十六条改为第三十九条，修改为：“土地经营权流转的价款，应当由当事人双方协商确定。流转的收益归承包方所有，任何组织和个人不得擅自截留、扣缴。”

二十四、将第三十七条和第三十九条第二款合并为第四十条，修改为：“土地经营权流转，当事人双方应当签订书面流转合同。

“土地经营权流转合同一般包括以下条款：

“（一）双方当事人的姓名、住所；

“（二）流转土地的名称、坐落、面积、质量等级；

“（三）流转期限和起止日期；

“（四）流转土地的用途；

“（五）双方当事人的权利和义务；

“（六）流转价款及支付方式；

“（七）土地被依法征收、征用、占用时有关补偿费的归属；

“（八）违约责任。

“承包方将土地交由他人代耕不超过一年的，可以不签订书面合同。”

二十五、增加一条，作为第四十一条：“土地经营权流转期限为五年以上的，当事人可以向登记机构申请土地经营权登记。未经登记，不得对抗善意第三人。”

二十六、增加一条，作为第四十二条：“承包方不得单方解除土地经营权流转合同，但受让方有下列情形之一的除外：

“（一）擅自改变土地的农业用途；

“（二）弃耕抛荒连续两年以上；

“（三）给土地造成严重损害或者严重破坏土地生态环境；

“（四）其他严重违约行为。”

二十七、增加一条，作为第四十三条：“经承包方同意，受让方可以依法投资改良土壤，建设农业生产附属、配套设施，并按照合同约定对其投资部分获得合理补偿。”

二十八、将第三十九条第一款改为第四十四条，修改为：“承包方流转土地经营权的，其与发包方的承包关系不变。”

二十九、增加一条，作为第四十五条：“县级以上地方人民政府应当建立工商企业等社会资本通过流转取得土地经营权的资格审查、项目审核和风险防范制度。

“工商企业等社会资本通过流转取得土地经营权的，本集体经济组织可以收取适量管理费用。

“具体办法由国务院农业农村、林业和草原主管部门规定。”

三十、增加一条，作为第四十六条：“经承包方书面同意，并向本集体经济组织备案，受让方可以再流转土地经营权。”

三十一、增加一条，作为第四十七条：“承包方可以用承包地的土地经营权向金融机构融资担保，并向发包方备案。受让方通过流转取得的土地经营权，经承包方书面同意并向发包方备案，可以向金融机构融资担保。

“担保物权自融资担保合同生效时设立。当事人可以向登记机构申请登记；未经登记，不得对抗善意第三人。

“实现担保物权时，担保物权人有权就土地经营权优先受偿。

“土地经营权融资担保办法由国务院有关部门规定。”

三十二、将第四十五条改为第四十九条，修改为：“以其他方式承包农村土地的，应当签订承包合同，承包方取得土地经营权。当事人的权利和义务、承包期限等，由双方协商确定。以招标、拍卖方式承包的，承包费通过公开竞标、竞价确定；以公开协商等方式承包的，承包费由双方议定。”

三十三、将第四十六条改为第五十条，第一款修改为：“荒山、荒沟、荒丘、荒滩等可以直接通过招标、拍卖、公开协商等方式实行承包经营，也可以将土地经营权折股分给本集体经济组织成员后，再实行承包经营或者股份合作经营。”

三十四、将第四十七条改为第五十一条，修改为：“以其他方式承包农村土地，在同等条件下，本集体经济组织成员有权优先承包。”

三十五、将第四十九条改为第五十三条，修改为：“通过招标、拍卖、公开协商等方式承包农村土地，经依法登记取得权属证书的，可以依法采取出租、入股、抵押或者其他方式流转土地经营权。”

三十六、将第五十条改为第五十四条，修改为：“依照本章规定通过招标、拍卖、公开协商等方式取得土地经营权的，该承包人死亡，其应得的承包收益，依照继承法的规定继承；在承包期内，其继承人可以继续承包。”

三十七、将第五十三条改为第五十六条，修改为：“任何组织和个人侵害土地承包经营权、土地经营权的，应当承担民事责任。”

三十八、将第五十四条改为第五十七条，修改为：“发包方有下列行为之一的，应当承担停止侵害、排除妨碍、消除危险、返还财产、恢复原状、赔偿损失等民事责任：

“（一）干涉承包方依法享有的生产经营自主权；

“（二）违反本法规定收回、调整承包地；

“（三）强迫或者阻碍承包方进行土地承包经营权的互换、转让或者土地经营权流转；

“（四）假借少数服从多数强迫承包方放弃或者变更土地承包经营权；

“（五）以划分‘口粮田’和‘责任田’等为由收回承包地搞招标承包；

“（六）将承包地收回抵顶欠款；

“（七）剥夺、侵害妇女依法享有的土地承包经营权；

“（八）其他侵害土地承包经营权的行为。”

三十九、将第五十六条改为第五十九条，修改为：“当事人一方不履行合同义务或者履行义务不符合约定的，应当依法承担违约责任。”

四十、将第五十七条改为第六十条，修改为：“任何组织和个人强迫进行土地承包经营权互换、转让或者土地经营权流转的，该互换、转让或者流转无效。”

四十一、将第五十八条改为第六十一条，修改为：“任何组织和个人擅自截留、扣缴土地承包经营权互换、转让或者土地经营权流转收益的，应当退还。”

四十二、将第六十条改为第六十三条，修改为：“承包方、土地经营权人违法将承包地用于非农建设的，由县级以上地方人民政府有关主管部门依法予以处罚。

“承包方给承包地造成永久性损害的，发包方有权制止，并有权要求赔偿由此造成的损失。”

四十三、增加一条，作为第六十四条：“土地经营权人擅自改变土地的农业用途、弃耕抛荒连续两年以上、给土地造成严重损害或者严重破坏土地生态环境，承包方在合理期限内不解除土地经营权流转合同的，发包方有权要求终止土地经营权流转合同。土地经营权人对土地和土地生态环境造成的损害应当予以赔偿。”

四十四、将第六十一条改为第六十五条，修改为：“国家机关及其工作人员有利用职权干涉农村土地承包经营，变更、解除承包经营合同，干涉承包经营当事人依法享有的生产经营自主权，强迫、阻碍承包经营当事人进行土地承包经营权互换、转让或者土地经营权流转等侵害土地承包经营权、土地经营权的行为，给承包经营当事人造成损失的，应当承担损害赔偿等责任；情节严重的，由上级机关或者所在单位给予直接责任人员处分；构成犯罪的，依法追究刑事责任。”

四十五、增加一条，作为第六十九条：“确认农村集体经济组织成员身份的原则、程序等，由法律、法规规定。”

四十六、删去第四条第一款、第三十五条、第四十二条、第四十三条、第五十二条。

本决定自 2019 年 1 月 1 日起施行。

《中华人民共和国农村土地承包法》根据本决定作相应修改并对条款顺序作相应调整，重新公布。

中华人民共和国农村土地承包法

（2002 年 8 月 29 日第九届全国人民代表大会常务委员会第二十九次会议通过　2002 年 8 月 29 日中华人民共和国主席令第七十三号公布　根据 2009 年 8 月 27 日第十一届全国人民代表大会常务委员会第十次会议《关于修改部分法律的决定》第一次修正　根据 2018 年 12 月 29 日第十三届全国人民代表大会常务委员会第七次会议《关于修改〈中华人民共和国农村土地承包法〉的决定》第二次修正）

目　录

第一章　总　　则
第二章　家庭承包
　第一节　发包方和承包方的权利和义务
　第二节　承包的原则和程序
　第三节　承包期限和承包合同
　第四节　土地承包经营权的保护和互换、转让
　第五节　土地经营权
第三章　其他方式的承包
第四章　争议的解决和法律责任
第五章　附　　则

第一章　总　　则

第一条　为了巩固和完善以家庭承包经营为基础、统分结合的双层经营体制，保持农村土地承包关系稳定并长久不变，维护农村土地承包经营当事人的合法权益，促进农业、农村经济发展和农村社会和谐稳定，根据宪法，制定本法。

第二条　本法所称农村土地，是指农民集体所有和国家所有依法由农民集体使用的耕地、林地、草地，以及其他依法用于农业的土地。

第三条　国家实行农村土地承包经营制度。

农村土地承包采取农村集体经济组织内部的家庭承包方式，不宜采取家庭承包方式的荒山、荒沟、荒丘、荒滩等农村土地，可以采取招标、拍卖、公开协商等方式承包。

第四条　农村土地承包后，土地的所有权性质不变。承包地不得买卖。

第五条　农村集体经济组织成员有权依法承包由本集体经济组织发包的农村土地。

任何组织和个人不得剥夺和非法限制农村集体经济组织成员承包土地的权利。

第六条　农村土地承包，妇女与男子享有平等的权利。承包中应当保护妇女的合法权益，任何组织和个人不得剥夺、侵害妇女应当享有的土地承包经营权。

第七条　农村土地承包应当坚持公开、公平、公正的原则，正确处理国家、集体、个人三者的利益关系。

第八条　国家保护集体土地所有者的合法权益，保护承包方的土地承包经营权，任何组织和个人不得侵犯。

第九条　承包方承包土地后，享有土地承包经营权，可以自己经营，也可以保留土地承包权，流转其承包地的土地经营权，由他人经营。

第十条　国家保护承包方依法、自愿、有偿流转土地经营权，保护土地经营权人的合法权益，任何组织和个人不得侵犯。

第十一条　农村土地承包经营应当遵守法律、法规，保护土地资源的合理开发和可持续利用。未经依法批准不得将承包地用于非农建设。

国家鼓励增加对土地的投入，培肥地力，提高农业生产能力。

第十二条　国务院农业农村、林业和草原主管部门分别依照国务院规定的职责负责全国农村土地承包经营及承包经营合同管理的指导。

县级以上地方人民政府农业农村、林业和草原等主管部门分别依照各自职责，负责本行政区域内农村土地承包经营及承包经营合同管理。

乡(镇)人民政府负责本行政区域内农村土地承包经营及承包经营合同管理。

第二章 家庭承包

第一节 发包方和承包方的权利和义务

第十三条 农民集体所有的土地依法属于村农民集体所有的，由村集体经济组织或者村民委员会发包；已经分别属于村内两个以上农村集体经济组织的农民集体所有的，由村内各该农村集体经济组织或者村民小组发包。村集体经济组织或者村民委员会发包的，不得改变村内各集体经济组织农民集体所有的土地的所有权。

国家所有依法由农民集体使用的农村土地，由使用该土地的农村集体经济组织、村民委员会或者村民小组发包。

第十四条 发包方享有下列权利：

(一)发包本集体所有的或者国家所有依法由本集体使用的农村土地；

(二)监督承包方依照承包合同约定的用途合理利用和保护土地；

(三)制止承包方损害承包地和农业资源的行为；

(四)法律、行政法规规定的其他权利。

第十五条 发包方承担下列义务：

(一)维护承包方的土地承包经营权，不得非法变更、解除承包合同；

(二)尊重承包方的生产经营自主权，不得干涉承包方依法进行正常的生产经营活动；

(三)依照承包合同约定为承包方提供生产、技术、信息等服务；

(四)执行县、乡(镇)土地利用总体规划，组织本集体经济组织内的农业基础设施建设；

(五)法律、行政法规规定的其他义务。

第十六条 家庭承包的承包方是本集体经济组织的农户。

农户内家庭成员依法平等享有承包土地的各项权益。

第十七条 承包方享有下列权利：

(一)依法享有承包地使用、收益的权利，有权自主组织生产经营和处置产品；

(二)依法互换、转让土地承包经营权；

(三)依法流转土地经营权；

(四)承包地被依法征收、征用、占用的，有权依法获得相应的补偿；

(五)法律、行政法规规定的其他权利。

第十八条 承包方承担下列义务：

(一)维持土地的农业用途，未经依法批准不得用于非农建设；

(二)依法保护和合理利用土地，不得给土地造成永久性损害；

(三)法律、行政法规规定的其他义务。

第二节 承包的原则和程序

第十九条 土地承包应当遵循以下原则：

(一)按照规定统一组织承包时，本集体经济组织成员依法平等地行使承包土地的权利，也可以自愿放弃承包土地的权利；

(二)民主协商，公平合理；

(三)承包方案应当按照本法第十三条的规定，依法经本集体经济组织成员的村民会议三分之二以上成员或者三分之二以上村民代表的同意；

(四)承包程序合法。

第二十条 土地承包应当按照以下程序进行：

(一)本集体经济组织成员的村民会议选举产生承包工作小组；

(二)承包工作小组依照法律、法规的规定拟订并公布承包方案；

(三)依法召开本集体经济组织成员的村民会议，讨论通过承包方案；

(四)公开组织实施承包方案；

(五)签订承包合同。

第三节 承包期限和承包合同

第二十一条 耕地的承包期为三十年。草地的承包期为三十年至五十年。林地的承包期为三十年至七十年。

前款规定的耕地承包期届满后再延长三十年，草地、林地承包期届满后依照前款规定相应延长。

第二十二条 发包方应当与承包方签订书面承包合同。

承包合同一般包括以下条款：

(一)发包方、承包方的名称，发包方负责人和承包方代表的姓名、住所；

(二)承包土地的名称、坐落、面积、质量等级；

(三)承包期限和起止日期；

(四)承包土地的用途；

（五）发包方和承包方的权利和义务；

（六）违约责任。

第二十三条　承包合同自成立之日起生效。承包方自承包合同生效时取得土地承包经营权。

第二十四条　国家对耕地、林地和草地等实行统一登记，登记机构应当向承包方颁发土地承包经营权证或者林权证等证书，并登记造册，确认土地承包经营权。

土地承包经营权证或者林权证等证书应当将具有土地承包经营权的全部家庭成员列入。

登记机构除按规定收取证书工本费外，不得收取其他费用。

第二十五条　承包合同生效后，发包方不得因承办人或者负责人的变动而变更或者解除，也不得因集体经济组织的分立或者合并而变更或者解除。

第二十六条　国家机关及其工作人员不得利用职权干涉农村土地承包或者变更、解除承包合同。

第四节　土地承包经营权的保护和互换、转让

第二十七条　承包期内，发包方不得收回承包地。

国家保护进城农户的土地承包经营权。不得以退出土地承包经营权作为农户进城落户的条件。

承包期内，承包农户进城落户的，引导支持其按照自愿有偿原则依法在本集体经济组织内转让土地承包经营权或者将承包地交回发包方，也可以鼓励其流转土地经营权。

承包期内，承包方交回承包地或者发包方依法收回承包地时，承包方对其在承包地上投入而提高土地生产能力的，有权获得相应的补偿。

第二十八条　承包期内，发包方不得调整承包地。

承包期内，因自然灾害严重毁损承包地等特殊情形对个别农户之间承包的耕地和草地需要适当调整的，必须经本集体经济组织成员的村民会议三分之二以上成员或者三分之二以上村民代表的同意，并报乡（镇）人民政府和县级人民政府农业农村、林业和草原等主管部门批准。承包合同中约定不得调整的，按照其约定。

第二十九条　下列土地应当用于调整承包土地或者承包给新增人口：

（一）集体经济组织依法预留的机动地；

（二）通过依法开垦等方式增加的；

（三）发包方依法收回和承包方依法、自愿交回的。

第三十条　承包期内，承包方可以自愿将承包地交回发包方。承包方自愿交回承包地的，可以获得合理补偿，但是应当提前半年以书面形式通知发包方。承包方在承包期内交回承包地的，在承包期内不得再要求承包土地。

第三十一条　承包期内，妇女结婚，在新居住地未取得承包地的，发包方不得收回其原承包地；妇女离婚或者丧偶，仍在原居住地生活或者不在原居住地生活但在新居住地未取得承包地的，发包方不得收回其原承包地。

第三十二条　承包人应得的承包收益，依照继承法的规定继承。

林地承包的承包人死亡，其继承人可以在承包期内继续承包。

第三十三条　承包方之间为方便耕种或者各自需要，可以对属于同一集体经济组织的土地的土地承包经营权进行互换，并向发包方备案。

第三十四条　经发包方同意，承包方可以将全部或者部分的土地承包经营权转让给本集体经济组织的其他农户，由该农户同发包方确立新的承包关系，原承包方与发包方在该土地上的承包关系即行终止。

第三十五条　土地承包经营权互换、转让的，当事人可以向登记机构申请登记。未经登记，不得对抗善意第三人。

第五节　土地经营权

第三十六条　承包方可以自主决定依法采取出租（转包）、入股或者其他方式向他人流转土地经营权，并向发包方备案。

第三十七条　土地经营权人有权在合同约定的期限内占有农村土地，自主开展农业生产经营并取得收益。

第三十八条　土地经营权流转应当遵循以下原则：

（一）依法、自愿、有偿，任何组织和个人不得强迫或者阻碍土地经营权流转；

（二）不得改变土地所有权的性质和土地的农业用途，不得破坏农业综合生产能力和农业生态环境；

（三）流转期限不得超过承包期的剩余期限；

（四）受让方须有农业经营能力或者资质；

（五）在同等条件下，本集体经济组织成员享有优先权。

第三十九条 土地经营权流转的价款，应当由当事人双方协商确定。流转的收益归承包方所有，任何组织和个人不得擅自截留、扣缴。

第四十条 土地经营权流转，当事人双方应当签订书面流转合同。

土地经营权流转合同一般包括以下条款：

（一）双方当事人的姓名、住所；

（二）流转土地的名称、坐落、面积、质量等级；

（三）流转期限和起止日期；

（四）流转土地的用途；

（五）双方当事人的权利和义务；

（六）流转价款及支付方式；

（七）土地被依法征收、征用、占用时有关补偿费的归属；

（八）违约责任。

承包方将土地交由他人代耕不超过一年的，可以不签订书面合同。

第四十一条 土地经营权流转期限为五年以上的，当事人可以向登记机构申请土地经营权登记。未经登记，不得对抗善意第三人。

第四十二条 承包方不得单方解除土地经营权流转合同，但受让方有下列情形之一的除外：

（一）擅自改变土地的农业用途；

（二）弃耕抛荒连续两年以上；

（三）给土地造成严重损害或者严重破坏土地生态环境；

（四）其他严重违约行为。

第四十三条 经承包方同意，受让方可以依法投资改良土壤，建设农业生产附属、配套设施，并按照合同约定对其投资部分获得合理补偿。

第四十四条 承包方流转土地经营权的，其与发包方的承包关系不变。

第四十五条 县级以上地方人民政府应当建立工商企业等社会资本通过流转取得土地经营权的资格审查、项目审核和风险防范制度。

工商企业等社会资本通过流转取得土地经营权的，本集体经济组织可以收取适量管理费用。

具体办法由国务院农业农村、林业和草原主管部门规定。

第四十六条 经承包方书面同意，并向本集体经济组织备案，受让方可以再流转土地经营权。

第四十七条 承包方可以用承包地的土地经营权向金融机构融资担保，并向发包方备案。受让方通过流转取得的土地经营权，经承包方书面同意并向发包方备案，可以向金融机构融资担保。

担保物权自融资担保合同生效时设立。当事人可以向登记机构申请登记；未经登记，不得对抗善意第三人。

实现担保物权时，担保物权人有权就土地经营权优先受偿。

土地经营权融资担保办法由国务院有关部门规定。

第三章 其他方式的承包

第四十八条 不宜采取家庭承包方式的荒山、荒沟、荒丘、荒滩等农村土地，通过招标、拍卖、公开协商等方式承包的，适用本章规定。

第四十九条 以其他方式承包农村土地的，应当签订承包合同，承包方取得土地经营权。当事人的权利和义务、承包期限等，由双方协商确定。以招标、拍卖方式承包的，承包费通过公开竞标、竞价确定；以公开协商等方式承包的，承包费由双方议定。

第五十条 荒山、荒沟、荒丘、荒滩等可以直接通过招标、拍卖、公开协商等方式实行承包经营，也可以将土地经营权折股分给本集体经济组织成员后，再实行承包经营或者股份合作经营。

承包荒山、荒沟、荒丘、荒滩的，应当遵守有关法律、行政法规的规定，防止水土流失，保护生态环境。

第五十一条 以其他方式承包农村土地，在同等条件下，本集体经济组织成员有权优先承包。

第五十二条 发包方将农村土地发包给本集体经济组织以外的单位或者个人承包，应当事先经本集体经济组织成员的村民会议三分之二以上成员或者三分之二以上村民代表的同意，并报乡（镇）人民政府批准。

由本集体经济组织以外的单位或者个人承包的，应当对承包方的资信情况和经营能力进行审查后，再签订承包合同。

第五十三条 通过招标、拍卖、公开协商等方式承包农村土地，经依法登记取得权属证书的，可以依法采取出租、入股、抵押或者其他方式流转土地经营权。

第五十四条 依照本章规定通过招标、拍卖、公开协商等方式取得土地经营权的，该承包人死亡，其应得的承包收益，依照继承法的规定继承；在承包期内，其继承人可以继续承包。

第四章　争议的解决和法律责任

第五十五条　因土地承包经营发生纠纷的，双方当事人可以通过协商解决，也可以请求村民委员会、乡（镇）人民政府等调解解决。

当事人不愿协商、调解或者协商、调解不成的，可以向农村土地承包仲裁机构申请仲裁，也可以直接向人民法院起诉。

第五十六条　任何组织和个人侵害土地承包经营权、土地经营权的，应当承担民事责任。

第五十七条　发包方有下列行为之一的，应当承担停止侵害、排除妨碍、消除危险、返还财产、恢复原状、赔偿损失等民事责任：

（一）干涉承包方依法享有的生产经营自主权；

（二）违反本法规定收回、调整承包地；

（三）强迫或者阻碍承包方进行土地承包经营权的互换、转让或者土地经营权流转；

（四）假借少数服从多数强迫承包方放弃或者变更土地承包经营权；

（五）以划分“口粮田”和“责任田”等为由收回承包地搞招标承包；

（六）将承包地收回抵顶欠款；

（七）剥夺、侵害妇女依法享有的土地承包经营权；

（八）其他侵害土地承包经营权的行为。

第五十八条　承包合同中违背承包方意愿或者违反法律、行政法规有关不得收回、调整承包地等强制性规定的约定无效。

第五十九条　当事人一方不履行合同义务或者履行义务不符合约定的，应当依法承担违约责任。

第六十条　任何组织和个人强迫进行土地承包经营权互换、转让或者土地经营权流转的，该互换、转让或者流转无效。

第六十一条　任何组织和个人擅自截留、扣缴土地承包经营权互换、转让或者土地经营权流转收益的，应当退还。

第六十二条　违反土地管理法规，非法征收、征用、占用土地或者贪污、挪用土地征收、征用补偿费用，构成犯罪的，依法追究刑事责任；造成他人损害的，应当承担损害赔偿等责任。

第六十三条　承包方、土地经营权人违法将承包地用于非农建设的，由县级以上地方人民政府有关主管部门依法予以处罚。

承包方给承包地造成永久性损害的，发包方有权制止，并有权要求赔偿由此造成的损失。

第六十四条　土地经营权人擅自改变土地的农业用途、弃耕抛荒连续两年以上、给土地造成严重损害或者严重破坏土地生态环境，承包方在合理期限内不解除土地经营权流转合同的，发包方有权要求终止土地经营权流转合同。土地经营权人对土地和土地生态环境造成的损害应当予以赔偿。

第六十五条　国家机关及其工作人员有利用职权干涉农村土地承包经营，变更、解除承包经营合同，干涉承包经营当事人依法享有的生产经营自主权，强迫、阻碍承包经营当事人进行土地承包经营权互换、转让或者土地经营权流转等侵害土地承包经营权、土地经营权的行为，给承包经营当事人造成损失的，应当承担损害赔偿等责任；情节严重的，由上级机关或者所在单位给予直接责任人员处分；构成犯罪的，依法追究刑事责任。

第五章　附　　则

第六十六条　本法实施前已经按照国家有关农村土地承包的规定承包，包括承包期限长于本法规定的，本法实施后继续有效，不得重新承包土地。未向承包方颁发土地承包经营权证或者林权证等证书的，应当补发证书。

第六十七条　本法实施前已经预留机动地的，机动地面积不得超过本集体经济组织耕地总面积的百分之五。不足百分之五的，不得再增加机动地。

本法实施前未留机动地的，本法实施后不得再留机动地。

第六十八条　各省、自治区、直辖市人民代表大会常务委员会可以根据本法，结合本行政区域的实际情况，制定实施办法。

第六十九条　确认农村集体经济组织成员身份的原则、程序等，由法律、法规规定。

第七十条　本法自2003年3月1日起施行。

关于《中华人民共和国农村土地承包法修正案(草案)》的说明

——2017 年 10 月 31 日在第十二届全国人民代表大会常务委员会第三十次会议上

全国人大农业与农村委员会副主任委员 刘振伟

全国人民代表大会常务委员会:

我受全国人大农业与农村委员会委托,就《中华人民共和国农村土地承包法修正案(草案)》的有关问题作说明。

一、修改农村土地承包法的必要性

实行以家庭承包经营为基础、统分结合的双层经营体制,是农村改革的重大成果,是我国宪法确立的农村基本经营制度。农村土地承包法自 2003 年施行以来,对稳定农村基本经营制度,赋予农民长期而有保障的土地承包经营权,增加农民收入,促进农业、农村经济健康发展和农村社会和谐稳定,发挥了重大作用。

党的十八大以来,以习近平同志为核心的党中央对稳定和完善农村基本经营制度、深化农村集体土地制度改革提出一系列方针政策。党的十九大报告明确提出第二轮土地承包到期后再延长三十年。从农业农村的现实情况看,随着富余劳动力转移到城镇就业,各类合作社、农业产业化龙头企业等新型经营主体大量涌现,土地流转面积不断扩大,规模化、集约化经营水平不断提升,呈现“家庭承包,多元经营”格局。农业产业化、水利化、机械化及科技进步等,都对完善农村生产关系提出新的要求。把实践检验行之有效的农村土地承包政策和成功经验及时转化为法律规范,是修改农村土地承包法首先要考虑的问题。适应农村生产力发展的新要求,稳定和完善适合国情的农村基本经营制度,是修改农村土地承包法的基本出发点。

2015 年,修改农村土地承包法列入第十二届全国人大常委会立法规划,由全国人大农业与农村委员会牵头,中央农办、农业部等部门参与。在修改过程中,农业与农村委员会作了广泛深入的调查研究,认真听取基层干部和农民群众的意见,先后多次征求 31 个省、自治区、直辖市和中央、国务院有关部门及专家的意见。在反复研究论证的基础上,形成了农村土地承包法修正案草案(以下简称草案)。

二、农村土地承包法修改的总体思路及主要内容

农村土地承包法修改的总体思路是:全面贯彻党的十八大、十九大和历次中央全会精神,围绕处理好农民和土地的关系这条主线,坚持农村基本经营制度不动摇,进一步赋予农民充分而有保障的土地权利,为提高农业农村现代化水平,推动实施乡村振兴战略和城乡融合发展,保持农村社会和谐稳定提供制度保障。

修改的主要内容是:

(一)关于“三权分置”

习近平总书记指出,“要在坚持农村土地集体所有的前提下,促使承包权和经营权分离,形成所有权、承包权、经营权三权分置,经营权流转的格局”。“三权分置”是继家庭联产承包责任制后农村改革又一重大制度创新。目前,农村已有 30% 以上的承包农户在流转承包地,流转面积 4.79 亿亩。为此,草案规定,以家庭承包方式取得的土地承包经营权在流转中分为土地承包权和土地经营权。同时,明确了土地承包权和土地经营权的权能。土地经营权流转后,为了加强对土地承包权的保护,草案规定,承包土地的经营权流转后,承包方与发包方的承包关系不变,承包方的土地承包权不变。

为确保实行“三权分置”后不改变农地用途,草案规定,承包方连续两年以上弃耕抛荒承包地的,发包方可以收取一定的费用,用于土地耕作,连续三年以上弃耕抛荒承包地的,发包方可以依法定程序收回承包地,重新发包;土地经营权流转后第三方擅自改变承包地农业用途、弃耕抛荒两年以上、给承包地造成严重损害或者严重破坏承包地生态环境的,发包方或承包方有权要求终止土地经营权流转合同,收回土地经营权。

按照习近平总书记2016年4月25日在农村改革座谈会上关于"建立土地承包经营权登记制度"的精神,以及与民法总则、物权法、农业法等法律相衔接,草案保留了土地承包经营权概念。土地集体所有权与承包经营权是承包地处于未流转状态的一组权利,是两权分离。土地集体所有权与土地承包权、土地经营权是承包地处于流转状态的一组权利,是三权分置。

(二)关于稳定农村土地承包关系并长久不变

稳定农村土地承包关系并保持长久不变,有利于坚持和完善农村基本经营制度,坚持农村土地集体所有,坚持家庭经营基础性地位,坚持土地承包关系稳定,核心是维护农民土地权益。为此,草案规定,国家依法保护农村土地承包关系稳定并长久不变。为了给予农民稳定的土地承包经营预期,草案规定,耕地承包期届满后再延长三十年。

(三)关于承包地的个别调整

实践中,对因各种特殊情形造成人地矛盾突出的问题,一些地方尊重大多数农民意愿,因地制宜,分类施策,在坚持稳定土地承包关系的基础上,妥善解决矛盾纠纷。为进一步规范对个别农户之间承包的耕地和草地的适当调整,草案划定了红线:必须坚持土地承包关系稳定、不得打乱重分的原则;必须经本集体经济组织成员的村民会议三分之二以上成员或者三分之二以上村民代表的同意,并报乡(镇)人民政府和县级人民政府农业等行政主管部门批准。鉴于各地情况差异较大,草案授权省、自治区、直辖市制定地方性法规具体规定。

(四)关于土地经营权流转和融资担保

赋予第三方经营主体土地经营权,是完善农村基本经营制度的一个重要内容。草案规定,土地经营权可以依法采取出租(转包)、入股或者其他方式流转;第三方通过流转取得的土地经营权经承包方或其委托代理人书面同意,并向本集体经济组织备案后可以再流转。

关于土地经营权的融资担保。规范性文件规定,土地承包经营权和土地经营权都可以向金融机构抵押担保融资。鉴于实践中抵押担保融资的情况复杂,操作方式多样,加之各方面对土地经营权的性质认识分歧较大,草案使用了"融资担保"的概念,包含了抵押和质押等多种情形,既解决农民向金融机构融资缺少有效担保物的问题,又保持了与担保法等法律规定的一致性。草案规定,承包方可以用承包土地经营权向金融机构融资担保。第三方通过流转取得的土地经营权,经承包方或其委托代理人书面同意,可以向金融机构融资担保。

(五)关于土地经营权入股

为落实党的十八届三中全会提出的"允许农民以承包经营权入股发展农业产业化经营"的精神,草案增加了土地经营权可以入股从事农业产业化经营的规定。鉴于土地经营权入股发展农业产业化经营尚处于探索阶段,实践中的做法也不尽相同,为此,草案只作出原则性规定,具体可依实践发展需要再由行政法规规范。

(六)关于维护进城务工和落户农民的土地承包权益

党的十八届五中全会决定提出,维护进城落户农民土地承包权、宅基地使用权、集体收益分配权,支持引导其依法自愿有偿转让上述权益。为此,草案删除了现行法律中关于承包方全家迁入设区的市,转为非农业户口的,应将承包地交回发包方的规定。鉴于城乡人口结构的变革是一个较长的历史过程,现阶段农民进城务工、落户的情况也十分复杂,按照中央关于推进农业转移人口市民化的要求,草案规定,维护进城务工农民的土地承包经营权,不得以退出土地承包权作为农民进城落户的条件,是否保留土地承包经营权,由农民选择而不代替农民选择。承包方全家迁入城镇落户,纳入城镇住房和社会保障体系,丧失农村集体经济组织成员身份的,支持引导其按照国家有关规定转让土地承包权益,为政策适时调整留出了空间。

(七)关于保护农村妇女土地承包权益

为了更好地保护农村妇女的土地承包权益,借鉴一些地方开展土地承包经营权确权登记的做法,草案规定,土地承包经营权证或者林权证等证书应当将具有土地承包权的全部家庭成员列入,进一步明确了妇女应该享有的土地承包权益。

还有一个问题需要说明。目前,一些地方按照尊重历史、兼顾现实、群众认可的原则,统筹考虑户籍、土地承包关系等因素,进行农村集体经济组织成员身份确定工作,解决成员边界不清的问题。鉴于土地承包经营权是农村集体经济组织成员的财产性权利,农村集体经济组织成员身份又是获得土地承包经营权的前提条件,为解决实践中的急迫需要并与草案第二条相衔接,草案规定,确认农村集体经济组织成员身份的原则、程序等,由法律、法规规定。

此外,草案还就工商企业租赁农户承包地的准入和监管、建立承包地统一登记制度等作了规定,对法律责任等有关条款作了文字修改。

《中华人民共和国农村土地承包法修正案(草案)》及以上说明是否妥当,请予审议。

全国人民代表大会宪法和法律委员会关于《中华人民共和国农村土地承包法修正案（草案）》修改情况的汇报

——2018 年 10 月 22 日在第十三届全国人民代表大会常务委员会第六次会议上

全国人大宪法和法律委员会副主任委员　胡可明

全国人民代表大会常务委员会：

十二届全国人大常委会第三十次会议对农村土地承包法修正案（草案）进行了初次审议。会后，法制工作委员会将草案印发地方人大、中央有关部门、法学教学研究机构和有关社会团体征求意见，并在中国人大网全文公布草案征求社会公众意见。法制工作委员会还到安徽、贵州、浙江、江西等地进行调研，并就草案多次与农业与农村委员会、中央农村工作领导小组办公室、农业农村部、国家林业和草原局交换意见、共同研究。宪法和法律委员会于 10 月 9 日召开会议，根据常委会组成人员的审议意见和各方面意见，对草案进行了逐条审议。农业与农村委员会、中央农村工作领导小组办公室、农业农村部、国家林业和草原局的负责同志列席了会议。10 月 16 日，宪法和法律委员会召开会议，再次进行了审议。现将农村土地承包法修正案（草案）主要问题修改情况汇报如下：

一、落实“三权分置”改革要求。巩固和完善农村基本经营制度，深化农村土地制度改革，落实“三权分置”制度，是本次修改农村土地承包法的主要任务。在常委会初次审议和公开征求意见过程中，对草案有关“三权分置”的规定提出了一些意见，认为应当明晰“三权”的性质和相互关系，以便于理解和操作。宪法和法律委员会、法制工作委员会认真学习领会习近平总书记关于农业农村工作的重要论述，力求准确理解和把握党中央、国务院有关文件精神。宪法和法律委员会经研究认为，“三权分置”改革的核心问题是家庭承包的承包户在经营方式上发生转变，即由农户自己经营，转变为保留土地承包权，将承包地流转给他人经营，实现土地承包经营权和土地经营权的分离，农户保留土地承包权。据此，建议对草案作如下修改：一是明确农村集体经济组织成员承包土地后，享有土地承包经营权，可以自己经营，也可以保留土地承包权，流转其承包地的土地经营权，由他人经营。二是明确对土地经营权流转的保护，国家保护承包方依法、自愿、有偿流转土地经营权，保护土地经营权人的合法权益，任何组织和个人不得侵犯。三是明确土地经营权人的权利，土地经营权人有权在合同约定的期限内占有农村土地，自主开展农业生产经营并取得收益。四是明确土地经营权流转的内涵，包括明确土地经营权的流转方式、流转原则、流转价款、流转合同等具体程序和要求。

二、规定土地经营权的登记。推进“三权分置”改革，关键是要明确和保护经营主体通过流转合同取得的土地经营权，保障其经营预期。实践中，不同经营主体对土地经营权登记颁证的需求存在差异，有的经营者希望能通过登记的方式获得长期稳定的土地经营权，而有的短期经营者则认为没有必要办理登记。宪法和法律委员会经研究认为，有必要赋予土地经营当事人一定的选择权，通过建立土地经营权的登记颁证制度，合理平衡各方权利义务，同时，规范农户收回土地经营权的行为。据此，建议增加规定：“土地经营权流转期限为五年以上的，当事人可以向登记机构申请土地经营权登记。未经登记，不得对抗善意第三人。”同时，为避免承包方随意解除合同，建议增加规定，承包方不得单方解除土地经营权流转合同，但受让方有法定情形的除外。

三、土地经营权的融资担保制度。草案第二十四条规定，土地经营权可以向金融机构融资担保。有的常委委员和专家提出，土地经营权融资担保的登记及实现也需要予以明确。宪法和法律委员会经研究认为，通过赋予担保物权登记对抗效力，明确担保物权人在实现担保物权时有权以土地经营权优先受偿,有利于保护融资担保各方当事人的合法权益。建议增加两款规定:(1)“担保物权自融资担保合同生效时设立。当事人可以向登记机构申请登记;未经登记,不得对抗善意第三人。”(2)“实现担保物权时,担保物权人有权就土地经营权优先受偿。”

四、关于承包期延长。有的常委委员和一些地方、部门、社会公众提出,现行农村土地承包法对耕地、林地、草地的承包期都作了规定,但是草案只对耕地承包期届满后再延长三十年作了规定,建议对林地、草地承包期届满后延期的问题也应作出规定。宪法和法律委员会经研究认为,保持农村土地承包关系长期稳定,应当包括草地和林地的承包关系。建议增加规定:“草地、林地承包期届满后依照前款规定相应延长。”

五、规定“其他方式的承包”取得的权利为土地经营权。现行农村土地承包法第三章规定了其他方式(即家庭承包以外的方式)的承包,主要是承包“四荒地”。有的地方和专家提出,家庭承包具有生产经营性质,也具有社会保障性质,只有本集体经济组织成员才有权承包,取得土地承包经营权。“四荒地”承包不涉及社会保障因素,承包方不限于本集体经济组织成员,其取得的权利在性质上不同于土地承包经营权。宪法和法律委员会建议采纳这一意见,对有关规定修改为:以其他方式承包农村土地的,承包方取得土地经营权。

六、删去承包方弃耕抛荒的有关内容。草案第二十九条第三款规定,承包方连续两年以上弃耕抛荒承包地的、发包方可以收取一定的费用,用于土地耕作;连续三年以上弃耕抛荒承包地的,发包方可以依法定程序收回承包地,重新发包。有的常委委员和部门、地方、社会公众提出,实践中弃耕抛荒的原因比较复杂,发包方可以进行督促纠正,但收取费用应当收多少、怎么收,耕作收益归谁,会产生很多问题,强行收回承包地也不利于稳定承包关系,容易引发更多纠纷。宪法和法律委员会经研究,建议删去上述内容。

还有一个问题需要汇报。草案第十条对现行法律有关承包地调整的规定作了修改,草案规定,承包期内因特殊情形矛盾突出可以个别调整承包地,必须坚持土地承包关系稳定、不得打乱重分的原则,同时授权省、自治区、直辖市制定地方性法规作出具体规定。草案说明提出,实践中,对因各种特殊情形造成人地矛盾突出的问题,一些地方尊重大多数农民意愿,因地制宜,分类施策,在坚持稳定土地承包关系的基础上,妥善解决矛盾纠纷;鉴于各地情况差异较大,可以授权省、自治区、直辖市制定地方性法规具体规定。在草案征求意见过程中,一些地方、部门、单位、专家和社会公众提出,保持农村土地承包关系稳定并长久不变是我国农村土地制度的基本原则,农村土地确权登记工作刚完成,承包期内不宜轻易调整承包地;承包地调整问题政策性很强,多年来,中央在这个问题上的政策没有变化,由地方对此作具体规定是否妥当也值得研究,建议本次修法对现行法律有关调整承包地的规定不作修改。宪法和法律委员会经慎重研究认为,这个问题比较重大,建议对这个问题作进一步深入研究,草案的规定暂不作修改。

此外,还对草案作了一些文字修改。

修正案草案二次审议稿已按上述意见作了修改,宪法和法律委员会建议提请本次常委会会议继续审议。

修正案草案二次审议稿和以上汇报是否妥当,请审议。

全国人民代表大会宪法和法律委员会关于《中华人民共和国农村土地承包法修正案(草案)》审议结果的报告

——2018 年 12 月 23 日在第十三届全国人民代表大会常务委员会第七次会议上

全国人大宪法和法律委员会副主任委员　胡可明

全国人民代表大会常务委员会:

常委会第六次会议对农村土地承包法修正案(草案)进行了二次审议。会后,法制工作委员会在中国人大网全文公布草案二次审议稿征求社会公众意见。宪法和法律委员会、农业与农村委员会、法制工作委员会联合召开座谈会,听取中央有关部门、专家学者的意见。宪法和法律委员会、法制工作委员会还到广东等地进行调研，并就草案与农业与农村委员会、中央农村工作领导小组办公室、农业农村部、国家林业和草原局交换意见。宪法和法律委员会于 11 月 30 日召开会议，根据常委会组成人员的审议意见和各方面意见，对草案进行了审议，农业与农村委员会、中央农村工作领导小组办公室、农业农村部、国家林业和草原局的负责同志列席了会议。12 月 17 日，宪法和法律委员会召开会议，再次进行审议。宪法和法律委员会认为，为了巩固和完善以家庭承包经营为基础、统分结合的双层经营体制，保持农村土地承包关系稳定并长久不变，维护农村土地承包经营当事人的合法权益，促进农业、农村经济发展和农村社会和谐稳定，对农村土地承包法进行修改是必要的，草案经过两次审议修改，已经比较成熟。同时，提出以下主要修改意见：

一、关于保护农村妇女土地承包权益。有的常委会组成人员提出，有关中央文件中强调，农户内家庭成员依法平等享有承包土地的各项权益，表明妇女享有同样的土地承包权益，对此，应当在法律中反映这一内容。宪法和法律委员会经研究，建议采纳上述意见，增加相应规定。

二、关于承包地登记的费用。现行农村土地承包法规定，颁发土地承包经营权证或者林权证等证书，除按规定收取证书工本费外，不得收取其他费用。二次审议稿删除了这一规定。有的部门、专家和社会公众提出，这一规定实践中效果很好，建议恢复。宪法和法律委员会经研究，建议采纳上述意见，增加相应规定。

三、关于维护进城落户农户的合法权益。草案二次审议稿规定，承包期内，承包方全家迁入城镇落户，纳入城镇住房和社会保障体系，丧失农村集体经济组织成员身份的，支持引导其按照国家有关规定转让土地承包经营权益。有的常委委员提出，应当进一步维护进城落户农户的合法权益，删除纳入社会保障体系等内容。不久前印发的中央文件对这个问题已有明确精神。据此，宪法和法律委员会建议采纳上述意见，将有关规定修改为：“承包期内，承包农户进城落户的，引导支持其按照自愿有偿原则依法在本集体经济组织内转让土地承包经营权或者将承包地交回发包方，也可以鼓励其流转土地经营权。”

四、关于承包地的个别调整。草案二次审议稿对现行法律有关承包地个别调整的规定作了部分修改。有的常委委员和地方、部门、专家、社会公众提出，承包地个别调整问题较为复杂、敏感，建议按照保持土地承包关系稳定并长久不变的精神恢复现行法律的规定，不作修改。宪法和法律委员会经研究认为，承包地调整问题政策性很强，多年来，中央在承包地调整问题上的政策没有变化，不久前印发的中央文件对有关精神再次作了强调。因此，建议本次修法对现行法律有关调整承包地的规定不作修改，维持现有规定不变。

五、关于承包地经营权流转后承包方单方解除土地经营权流转合同。草案二次审议稿规定，受让方连续两年以上未按约定支付价款的，承包方可以单方解除土地经营权流转合同。有的常委委员和部门、专家提出，有合同就应当按照合同约定处理，未支付价款的情形也有轻重程度之别，不宜作统一规定。宪法和法律委员会经研究，建议采纳上述意见，删除这一规定。

此外，还对草案二次审议稿作了一些文字修改。

12 月 13 日，法制工作委员会召开会议，邀请部分专家学者、地方农业农村主管部门、农村集体经济组织、农业经营主体、承包农户等方面的代表，就草案中主要制度规范的可行性、法律出台时机、法律实施的社会效果和可能出现的问题等进行评估。普遍认为，草案贯彻落实了党中央关于农村土地“三权分置”和保持土地承包关系稳定并长久不变等决策部署，围绕处理好农民和土地的关系这条主线，坚持农村基本经营制度不动摇，赋予农民更加充分而有保障的土地权利，给亿万农民吃下了“定心丸”，适应了土地经营权流转和适度规模经营的发展方向，符合现阶段农村实际。草案结构合理，思路清晰，具有较强的针对性和可操作性，已基本成熟，应尽早出台。与会人员还对草案提出了一些具体修改意见，有的意见已经予以采纳。

宪法和法律委员会已按上述意见提出了全国人民代表大会常务委员会关于修改《中华人民共和国农村土地承包法》的决定（草案）。宪法和法律委员会建议，修改决定草案经本次常委会会议审议通过。

修改决定草案和以上报告是否妥当，请审议。

全国人民代表大会宪法和法律委员会关于《全国人民代表大会常务委员会关于修改〈中华人民共和国农村土地承包法〉的决定（草案）》修改意见的报告

——2018 年 12 月 29 日在第十三届全国人民代表大会常务委员会第七次会议上

全国人民代表大会常务委员会：

本次常委会会议于 12 月 25 日上午对《全国人民代表大会常务委员会关于修改〈中华人民共和国农村土地承包法〉的决定（草案）》进行了分组审议，普遍认为，草案已经比较成熟，建议进一步修改后，提请本次会议表决通过。同时，有些常委会组成人员和列席人员还提出了一些修改意见。宪法和法律委员会于 12 月 27 日上午召开会议，逐条研究了常委会组成人员和列席人员的审议意见，对草案进行了审议。农业与农村委员会、农业农村部、国家林业和草原局的负责同志列席了会议。宪法和法律委员会认为，草案是可行的，同时，提出以下修改意见：

一、修改决定草案第二十四条第二款第七项规定，土地经营权流转合同包括土地被依法征收、征用时有关补偿费归属的条款。有的常委委员提出，修改决定草案第七条第四项规定了类似情况，建议统一有关表述。宪法和法律委员会经研究，建议采纳这一意见，在第七项的“征用”后增加“占用”二字。

二、修改决定草案第二十八条规定，承包方向他人流转土地经营权，不影响其依法享有的土地承包权，承包方与发包方的承包关系不变。有的常委委员提出，“不影响其依法享有的土地承包权”的规定，与修改决定草案第二条中承包方“可以保留土地承包权”的规定重复，建议删除。宪法和法律委员会经研究，建议采纳这一意见，修改为：“承包方流转土地经营权的，其与发包方的承包关系不变。”

三、修改决定草案规定“《中华人民共和国农村土地承包法》根据本决定作相应修改，重新公布”。有的常委委员提出，为了使表述更加严谨，建议在“根据本决定作相应修改”后增加“并对条款顺序作相应调整”。宪法和法律委员会经研究，建议采纳这一意见，作出相应修改。

在审议过程中，有些常委会组成人员还就法律通过后的贯彻实施提出了一些很好的意见和建议。宪法和法律委员会建议，国务院有关部门要认真研究常委会组成人员的意见，抓紧制定完善有关配套规定，做好农村土地承包法修改的宣传普及工作，加大执法力度，确保法律全面有效实施。

此外，根据常委会组成人员的审议意见，还对修改决定草案作了个别文字修改。

修改决定草案建议表决稿已按上述意见作了修改，宪法和法律委员会建议本次常委会会议审议通过。

修改决定草案建议表决稿和以上报告是否妥当，请审议。

中华人民共和国主席令

第十八号

《中华人民共和国耕地占用税法》已由中华人民共和国第十三届全国人民代表大会常务委员会第七次会议于 2018 年 12 月 29 日通过，现予公布，自 2019 年 9 月 1 日起施行。

中华人民共和国主席　习近平

2018 年 12 月 29 日

中华人民共和国耕地占用税法

（2018 年 12 月 29 日第十三届全国人民代表大会常务委员会第七次会议通过）

第一条 为了合理利用土地资源，加强土地管理，保护耕地，制定本法。

第二条 在中华人民共和国境内占用耕地建设建筑物、构筑物或者从事非农业建设的单位和个人，为耕地占用税的纳税人，应当依照本法规定缴纳耕地占用税。

占用耕地建设农田水利设施的，不缴纳耕地占用税。

本法所称耕地，是指用于种植农作物的土地。

第三条 耕地占用税以纳税人实际占用的耕地面积为计税依据，按照规定的适用税额一次性征收，应纳税额为纳税人实际占用的耕地面积（平方米）乘以适用税额。

第四条 耕地占用税的税额如下：

（一）人均耕地不超过一亩的地区（以县、自治县、不设区的市、市辖区为单位，下同），每平方米为十元至五十元；

（二）人均耕地超过一亩但不超过二亩的地区，每平方米为八元至四十元；

（三）人均耕地超过二亩但不超过三亩的地区，每平方米为六元至三十元；

（四）人均耕地超过三亩的地区，每平方米为五元至二十五元。

各地区耕地占用税的适用税额，由省、自治区、直辖市人民政府根据人均耕地面积和经济发展等情况，在前款规定的税额幅度内提出，报同级人民代表大会常务委员会决定，并报全国人民代表大会常务委员会和国务院备案。各省、自治区、直辖市耕地占用税适用税额的平均水平，不得低于本法所附《各省、自治区、直辖市耕地占用税平均税额表》规定的平均税额。

第五条 在人均耕地低于零点五亩的地区，省、自治区、直辖市可以根据当地经济发展情况，适当提高耕地占用税的适用税额，但提高的部分不得超过本法第四条第二款确定的适用税额的百分之五十。具体适用税额按照本法第四条第二款规定的程序确定。

第六条 占用基本农田的，应当按照本法第四条第二款或者第五条确定的当地适用税额，加按百分之一百五十征收。

第七条 军事设施、学校、幼儿园、社会福利机构、医疗机构占用耕地，免征耕地占用税。

铁路线路、公路线路、飞机场跑道、停机坪、港口、航道、水利工程占用耕地，减按每平方米二元的税额征收耕地占用税。

农村居民在规定用地标准以内占用耕地新建自用住宅，按照当地适用税额减半征收耕地占用税；其中农村居民经批准搬迁，新建自用住宅占用耕地不超过原宅基地面积的部分，免征耕地占用税。

农村烈士遗属、因公牺牲军人遗属、残疾军人以及符合农村最低生活保障条件的农村居民，在规定用地标准以内新建自用住宅，免征耕地占用税。

根据国民经济和社会发展的需要，国务院可以规定免征或者减征耕地占用税的其他情形，报全国人民代表大会常务委员会备案。

第八条 依照本法第七条第一款、第二款规定免征或者减征耕地占用税后，纳税人改变原占地用途，不再属于免征或者减征耕地占用税情形的，应当按照当地适用税额补缴耕地占用税。

第九条 耕地占用税由税务机关负责征收。

第十条 耕地占用税的纳税义务发生时间为纳税人收到自然资源主管部门办理占用耕地手续的书面通知的当日。纳税人应当自纳税义务发生之日起三十日内申报缴纳耕地占用税。

自然资源主管部门凭耕地占用税完税凭证或者免税凭证和其他有关文件发放建设用地批准书。

第十一条 纳税人因建设项目施工或者地质勘查临时占用耕地，应当依照本法的规定缴纳耕地占用税。纳税人在批准临时占用耕地期满之日起一年内依法复垦，恢复种植条件的，全额退还已经缴纳的耕地占用税。

第十二条 占用园地、林地、草地、农田水利用地、养殖水面、渔业水域滩涂以及其他农用地建设建筑物、构筑物或者从事非农业建设的，依照本法的规定缴纳耕地占用税。

占用前款规定的农用地的，适用税额可以适当低于本地区按照本法第四条第二款确定的适用税额，但降低的部分不得超过百分之五十。具体适用税额由省、自治区、直辖市人民政府提出，报同级人民代表大会常务委员会决定，并报全国人民代表大会常务委员会和国务院备案。

占用本条第一款规定的农用地建设直接为农业生产服务的生产设施的，不缴纳耕地占用税。

第十三条 税务机关应当与相关部门建立耕地占用税涉税信息共享机制和工作配合机制。县级以上地方人民政府自然资源、农业农村、水利等相关部门应当定期向税务机关提供农用地转用、临时占地等信息，协助税务机关加强耕地占用税征收管理。

税务机关发现纳税人的纳税申报数据资料异常或者纳税人未按照规定期限申报纳税的，可以提请相关部门进行复核，相关部门应当自收到税务机关复核申请之日起三十日内向税务机关出具复核意见。

第十四条 耕地占用税的征收管理，依照本法和《中华人民共和国税收征收管理法》的规定执行。

第十五条 纳税人、税务机关及其工作人员违反本法规定的，依照《中华人民共和国税收征收管理法》和有关法律法规的规定追究法律责任。

第十六条 本法自2019年9月1日起施行。2007年12月1日国务院公布的《中华人民共和国耕地占用税暂行条例》同时废止。

附：

各省、自治区、直辖市耕地占用税平均税额表

省、自治区、直辖市	平均税额（元/平方米）
上海	45
北京	40
天津	35
江苏、浙江、福建、广东	30
辽宁、湖北、湖南	25
河北、安徽、江西、山东、河南、重庆、四川	22.5
广西、海南、贵州、云南、陕西	20
山西、吉林、黑龙江	17.5
内蒙古、西藏、甘肃、青海、宁夏、新疆	12.5

关于《中华人民共和国耕地占用税法（草案）》的说明

——2018年8月27日在第十三届全国人民代表大会常务委员会第五次会议上

财政部部长 刘 昆

全国人民代表大会常务委员会：

我受国务院委托，现对《中华人民共和国耕地占用税法（草案）》作说明。

1987年4月，国务院发布《中华人民共和国耕地占用税暂行条例》，对占用耕地建房或者从事非农业建设的单位和个人征收耕地占用税。为了进一步加大耕地保护力度，2007年12月，国务院公布了新的《中华人民共和国耕地占用税暂行条例》

(以下简称《暂行条例》),提高了税额标准,统一了内外资企业税负水平,进一步从严控制减免税,规范了征收管理。《暂行条例》施行以来,耕地占用税运行比较平稳。2008 年至 2017 年,全国累计征收耕地占用税 14177 亿元,年均征收 1418 亿元,其中 2017 年征收 1652 亿元。耕地占用税对促进合理利用土地资源、加大耕地保护力度发挥着重要作用。

《中共中央关于全面深化改革若干重大问题的决定》提出"落实税收法定原则",制定耕地占用税法是重要任务之一,列入《全国人大常委会 2018 年立法工作计划》和《国务院 2018 年立法工作计划》。为贯彻落实党中央、国务院决策部署,财政部、税务总局、司法部等部门在《暂行条例》的基础上,经征求发展改革委、自然资源部、农业农村部等 54 个有关部门和单位以及地方人民政府、有关企业和社会团体等方面的意见,并公开向社会征求意见,起草形成了《中华人民共和国耕地占用税法(草案)》(以下简称草案)。草案已经国务院同意。现说明如下:

一、立法的总体考虑

从实际情况看,耕地占用税税制要素基本合理,运行比较平稳,可按照税制平移思路,保持现行税制框架和税负水平总体不变,将《暂行条例》上升为法律。同时,根据实际情况,对个别征税事项作相应调整。

二、草案的主要内容

(一)关于纳税人和征税范围。

草案规定:占用耕地建房或者从事非农业建设的单位和个人为耕地占用税的纳税人,依法缴纳耕地占用税,占用耕地建设农田水利设施不缴纳耕地占用税;临时占用耕地应缴纳耕地占用税,但纳税人在批准临时占用耕地期满之日起 1 年内恢复种植条件的,全额退还已缴纳税款;占用园地、林地、草地、农田水利用地、养殖水面、渔业水域滩涂以及其他农用地建房或者从事非农业建设的,比照本法的规定征收耕地占用税。

(二)关于计税依据、征收方式和应纳税额。

草案规定,耕地占用税以纳税人实际占用的耕地面积为计税依据,按照规定的适用税额一次性征收,应纳税额为纳税人实际占用的耕地面积(平方米)乘以适用税额。

(三)关于税额。

草案以各地区(以县级行政区域为单位)人均耕地面积为依据,分别规定了各地区每平方米耕地的差别化税额,分为 10 至 50 元、8 至 40 元、6 至 30 元、5 至 25 元四个档次;各地区耕地占用税的适用税额由省、自治区、直辖市人民政府在上述税额幅度内提出,报同级人大常委会决定,并报全国人大常委会和国务院备案。为适当平衡各地税负,草案规定国务院根据人均耕地面积和经济发展等情况,确定各省、自治区、直辖市耕地占用税的平均税额,各省、自治区、直辖市适用税额的平均水平不得低于国务院规定的平均税额。经济发达且人均耕地特别少的地区,适用税额可以提高不超过 50%;占用基本农田的,适用税额应当在相应基础上提高 50%。

(四)关于税收减免。

草案规定了四类减免耕地占用税的情形:一是军事设施、学校、幼儿园、社会福利机构、医疗机构占用耕地免税。二是铁路线路、公路线路、飞机场跑道、停机坪、港口、航道、水利工程占用耕地,减按每平方米 2 元的税额征收。三是农村居民在规定用地标准以内占用耕地新建自用住宅,按照当地适用税额减半征收;农村烈士遗属、因公牺牲军人遗属、残疾军人以及生活困难的农村居民,在规定用地标准以内新建自用住宅缴纳耕地占用税确有困难的,予以免征。四是农村居民经批准搬迁,新建自用住宅占用耕地不超过原宅基地面积的免税;超过原宅基地面积的,对超过部分按照当地适用税额减半征收。为更好适应实际需要、便于相机调控,同时体现税收法定原则的要求,草案规定国务院可以规定其他免征或者减征耕地占用税的情形,但应当报全国人大常委会备案。

(五)关于纳税义务发生时间和申报缴纳期限。

草案规定,耕地占用税的纳税义务发生时间为纳税人收到自然资源主管部门办理占用耕地手续的书面通知的当日,纳税人应当自纳税义务发生之日起 30 日内申报缴纳耕地占用税。

此外,草案还对税务机关与相关部门建立耕地占用税涉税信息共享机制和工作配合机制等税收征管事项作了规定。

《中华人民共和国耕地占用税法(草案)》和以上说明是否妥当,请审议。

全国人民代表大会宪法和法律委员会关于《中华人民共和国耕地占用税法(草案)》审议结果的报告

——2018 年 12 月 23 日在第十三届全国人民代表大会常务委员会第七次会议上

全国人大宪法和法律委员会副主任委员 江必新

全国人民代表大会常务委员会：

常委会第五次会议对耕地占用税法草案进行了初次审议。会后,法制工作委员会将草案印发各省、自治区、直辖市和中央有关部门及部分高等院校、研究机构征求意见,在中国人大网全文公布草案征求社会公众意见。宪法和法律委员会还到福建进行调研,听取意见;并就草案的有关问题与有关部门交换意见,共同研究。宪法和法律委员会于 12 月 4 日召开会议,根据常委会组成人员的审议意见和各方面意见,对草案进行了逐条审议。财政经济委员会、预算工作委员会、司法部、财政部、国家税务总局的有关负责同志列席了会议。12 月 17 日,宪法和法律委员会召开会议,再次进行审议。宪法和法律委员会认为,为落实税收法定原则,制定耕地占用税法是必要的,草案经过审议修改,已经比较成熟。同时,提出以下主要修改意见:

一、有的常委委员和有关方面提出,草案的一些表述,如“占用耕地建房”“经济发达且人均耕地特别少的地区”“生活困难的农村居民”等,具体含义、标准、范围不够清楚,可操作性不强,影响税法的权威性,建议完善。宪法和法律委员会经研究,建议对相关规定作如下修改:一是将草案第二条中的“占用耕地建房”,修改为“占用耕地建设建筑物、构筑物”,并对草案第十二条中的占用其他农用地建房也作相应修改;二是将草案第五条“经济发达且人均耕地特别少的地区”可以适当提高适用税额的规定,修改为“在人均耕地低于零点五亩的地区,省、自治区、直辖市可以根据当地经济发展情况”适当提高适用税额;三是将草案第七条第一款第三项“生活困难的农村居民”免税的规定,修改为“符合农村最低生活保障条件的农村居民”免征耕地占用税。

二、有的常委会组成人员和单位提出,草案第七条第一款第五项授权国务院规定其他减免税情形,但未明确相关范围和要求,过于宽泛。宪法和法律委员会经研究,建议将草案的规定修改为“根据国民经济和社会发展的需要,国务院可以规定免征或者减征耕地占用税的其他情形”,报全国人大常委会备案。

三、草案第十一条规定,纳税人临时占用耕地,应当依照本法的规定缴纳耕地占用税。纳税人在批准临时占用耕地期满之日起一年内恢复种植条件的,全额退还已经缴纳的耕地占用税。有的常委委员和地方、部门建议,对临时占用耕地退税的规定进行完善,明确临时占地的情形、退税的条件。宪法和法律委员会经研究,建议在草案第十一条中增加规定,临时占用耕地限于“建设项目施工和地质勘查”,临时占用耕地在“依法复垦”后,退还已缴纳的耕地占用税。

四、有的常委会组成人员和有关方面提出,草案第十二条规定占用耕地以外的其他农用地的,“比照”本法征收耕地占用税,但如何比照适用并不清楚,建议按照税收法定原则的要求,进一步予以明确。宪法和法律委员会经研究,建议对草案的相关规定作如下修改:一是明确规定,占用其他农用地的,“依照本法的规定缴纳耕地占用税”;二是对占用其他农用地的适用税额作出专门规定,即“适用税额可以适当低于本地区按照本法第四条第三款确定的适用税额,但降低的部分不得超过百分之五十。具体适用税额由省、自治区、直辖市人民政府提出,报同级人民代表大会常务委员会决定,并报全国人民代表大会常务委员会和国务院备案。”

此外,还对草案作了一些文字修改。

草案二次审议稿已按上述意见作了修改,宪法和法律委员会建议提请本次常委会会议审议通过。

草案二次审议稿和以上报告是否妥当,请审议。

全国人民代表大会宪法和法律委员会关于《中华人民共和国耕地占用税法(草案二次审议稿)》修改意见的报告

——2018 年 12 月 29 日在第十三届全国人民代表大会常务委员会第七次会议上

全国人民代表大会常务委员会:

本次常委会会议于 12 月 25 日上午对耕地占用税法(草案二次审议稿)进行了分组审议,普遍认为,草案已经比较成熟,建议进一步修改后,提请本次会议表决通过。同时,有些常委会组成人员和列席会议的同志还提出了一些修改意见。宪法和法律委员会于 12 月 27 日下午召开会议,逐条研究了常委会组成人员的审议意见,对草案进行了审议。财政经济委员会、预算工作委员会、司法部、财政部、国家税务总局的有关负责同志列席了会议。宪法和法律委员会认为,草案是可行的。同时,提出以下修改意见:

草案二次审议稿第四条第二款规定,国务院根据人均耕地面积和经济发展等情况,确定各省、自治区、直辖市耕地占用税的平均税额;各省、自治区、直辖市耕地占用税适用税额的平均水平,不得低于国务院确定的平均税额。有的常委委员提出,平均税额是各地区确定具体适用税额应遵守的法定要求,应当在法律中列明,以增强税法的规范性和可操作性。宪法和法律委员会经研究,建议采纳这一意见。

此外,根据常委会组成人员的审议意见,还对草案二次审议稿作了个别文字修改。

有的常委会组成人员在审议中还对耕地占用税的一些具体制度安排提出了意见和建议。宪法和法律委员会经同有关部门研究后认为,此次立法主要是落实税收法定的原则,将国务院暂行条例的规定平移上升为法律,对于涉及税制调整的建议,可由国务院有关部门在下一步按照党中央的要求深化税收制度改革中予以统筹考虑,建议此次对相关内容不作修改;对于涉及法律执行的建议,建议国务院有关部门在依法征收耕地占用税的过程中认真研究采纳,完善税款征收相关程序。

草案建议表决稿已按上述意见作了修改,宪法和法律委员会建议本次常委会会议审议通过。

草案建议表决稿和以上报告是否妥当,请审议。

中华人民共和国主席令

第十九号

《中华人民共和国车辆购置税法》已由中华人民共和国第十三届全国人民代表大会常务委员会第七次会议于 2018 年 12 月 29 日通过,现予公布,自 2019 年 7 月 1 日起施行。

中华人民共和国主席　习近平

2018 年 12 月 29 日

中华人民共和国车辆购置税法

(2018 年 12 月 29 日第十三届全国人民代表大会常务委员会第七次会议通过)

第一条　在中华人民共和国境内购置汽车、有轨电车、汽车挂车、排气量超过一百五十毫升的摩托车(以下统称应税车辆)的单位和个人,为车辆购置税的纳税人,应当依照本法规定缴纳车辆购置税。

第二条　本法所称购置,是指以购买、进口、自产、受赠、获奖或者其他方式取得并自用应税车辆的行为。

第三条　车辆购置税实行一次性征收。购置已征车辆购置税的车辆,不再征收车辆购置税。

第四条　车辆购置税的税率为百分之十。

第五条　车辆购置税的应纳税额按照应税车辆的计税价格乘以税率计算。

第六条　应税车辆的计税价格,按照下列规定确定:

(一)纳税人购买自用应税车辆的计税价格,为纳税人实际支付给销售者的全部价款,不包括增值税税款;

(二)纳税人进口自用应税车辆的计税价格,为关税完税价格加上关税和消费税;

(三)纳税人自产自用应税车辆的计税价格,按照纳税人生产的同类应税车辆的销售价格确定,不包括增值税税款;

(四)纳税人以受赠、获奖或者其他方式取得自用应税车辆的计税价格,按照购置应税车辆时相关凭证载明的价格确定,不包括增值税税款。

第七条　纳税人申报的应税车辆计税价格明显偏低,又无正当理由的,由税务机关依照《中华人民共和国税收征收管理法》的规定核定其应纳税额。

第八条　纳税人以外汇结算应税车辆价款的,按照申报纳税之日的人民币汇率中间价折合成人民币计算缴纳税款。

第九条　下列车辆免征车辆购置税:

(一)依照法律规定应当予以免税的外国驻华使馆、领事馆和国际组织驻华机构及其有关人员自用的车辆;

(二)中国人民解放军和中国人民武装警察部队列入装备订货计划的车辆;

(三)悬挂应急救援专用号牌的国家综合性消防救援车辆;

(四)设有固定装置的非运输专用作业车辆;

(五)城市公交企业购置的公共汽电车辆。

根据国民经济和社会发展的需要,国务院可以规定减征或者其他免征车辆购置税的情形,报全国人民代表大会常务委员会备案。

第十条　车辆购置税由税务机关负责征收。

第十一条　纳税人购置应税车辆,应当向车辆登记地的主管税务机关申报缴纳车辆购置税;购置不需要办理车辆登记的应税车辆的,应当向纳税人所在地的主管税务机关申报缴纳车辆购置税。

第十二条　车辆购置税的纳税义务发生时间为纳税人购置应税车辆的当日。纳税人应当自纳税义务发生之日起六十日内申报缴纳车辆购置税。

第十三条　纳税人应当在向公安机关交通管理部门办理车辆注册登记前,缴纳车辆购置税。

公安机关交通管理部门办理车辆注册登记,应当根据税务机关提供的应税车辆完税或者免税电子信息对纳税人申请登记的车辆信息进行核对,核对无误后依法办理车辆注册登记。

第十四条　免税、减税车辆因转让、改变用途等原因不再属于免税、减税范围的,纳税人应当在办理车辆转移登记或者变更登记前缴纳车辆购置税。计税价格以免税、减税车辆初次办理纳税申报时确定的计税价格为基准,每满一年扣减百分之十。

第十五条　纳税人将已征车辆购置税的车辆退回车辆生产企业或者销售企业的,可以向主管税务机关申请退还车辆购置税。退税额以已缴税款为基准,自缴纳税款之日至申请退税之日,每满一年扣减百分之十。

第十六条　税务机关和公安、商务、海关、工业和信息化等部门应当建立应税车辆信息共享和工作配合机制,及时交换应税车辆和纳税信息资料。

第十七条　车辆购置税的征收管理,依照本法和《中华人民共和国税收征收管理法》的规定执行。

第十八条　纳税人、税务机关及其工作人员违反本法规定的,依照《中华人民共和国税收征收管理法》和有关法律法规的规定追究法律责任。

第十九条　本法自2019年7月1日起施行。2000年10月22日国务院公布的《中华人民共和国车辆购置税暂行条例》同时废止。

关于《中华人民共和国车辆购置税法(草案)》的说明

——2018 年 8 月 27 日在第十三届全国人民代表大会常务委员会第五次会议上

财政部部长 刘 昆

全国人民代表大会常务委员会:

我受国务院委托,现对《中华人民共和国车辆购置税法(草案)》作说明。

2000 年 10 月,国务院公布《中华人民共和国车辆购置税暂行条例》(以下简称《暂行条例》),规定自 2001 年 1 月 1 日起,对购置汽车、摩托车等车辆的单位和个人征收车辆购置税。车辆购置税实行从价计征,税率为 10%。《暂行条例》施行以来,车辆购置税运行比较平稳。2001 年至 2017 年,全国累计征收车辆购置税 26214 亿元,年均增长 17%,其中 2017 年征收车辆购置税 3281 亿元。车辆购置税对组织财政收入、促进交通基础设施建设以及引导汽车产业健康发展,发挥着重要作用。

《中共中央关于全面深化改革若干重大问题的决定》提出"落实税收法定原则",制定车辆购置税法是重要任务之一,列入《全国人大常委会 2018 年立法工作计划》和《国务院 2018 年立法工作计划》。为贯彻落实党中央、国务院决策部署,财政部、税务总局、司法部等部门在《暂行条例》的基础上,经征求发展改革委、公安部、交通运输部等 26 个有关部门和单位以及地方人民政府、有关企业和社会团体等方面的意见,并公开向社会征求意见,起草形成了《中华人民共和国车辆购置税法(草案)》(以下简称草案)。草案已经国务院同意。现说明如下:

一、立法的总体考虑

从实际情况看,车辆购置税税制要素基本合理,运行比较平稳,可按照税制平移思路,保持现行税制框架和税负水平总体不变,将《暂行条例》上升为法律。同时,根据实际情况,对个别征税事项作相应调整。

二、草案的主要内容

(一)关于纳税人和应税车辆范围。

草案规定:在中华人民共和国境内购置汽车、排气量超过 150 毫升的摩托车、有轨电车、挂车(以下统称应税车辆)的单位和个人,为车辆购置税的纳税人;购置是指以购买、进口、自产、受赠、获奖或者其他方式取得并自用应税车辆的行为。

(二)关于征收方式和税率。

草案规定:车辆购置税实行一次征收制度,购置已征车辆购置税的车辆,不再征收车辆购置税;车辆购置税的税率为 10%,与现行税率一致。

(三)关于应纳税额和计税价格的确定。

草案规定,车辆购置税的应纳税额按照应税车辆的计税价格乘以税率计算,并分别规定了纳税人以购买、进口、自产、受赠、获奖或者其他方式取得自用应税车辆计税价格的确定方法。为防止纳税人虚假申报、偷逃税款,草案规定,纳税人申报的应税车辆计税价格明显偏低又无正当理由的,由税务机关依照税收征收管理法的规定核定其应纳税额。

(四)关于税收减免。

草案规定了四种免税情形,包括:依照法律规定应当予以免税的外国驻华使馆、领事馆和国际组织驻华机构及其有关人员自用的车辆;中国人民解放军和中国人民武装警察部队列入装备订货计划的车辆;设有固定装置的非运输车辆;城市公交企业购置的公共汽电车。为更好适应实际需要、便于相机调控,并体现税收法定原则的要求,草案还规定,国务院可以规定免征或者减征车辆购置税,但应当报全国人大常委会备案。

(五)关于退税。

为维护纳税人合法权益,草案规定,纳税人将已征车辆购置税的车辆退回车辆生产企业或者销售企业的,可以按照国家有关规定向主管税务机关申请退还车辆购置税税款。

此外,草案还对车辆购置税的纳税义务发生时间、纳税期限、申报纳税地点,以及税务机关和有关部门建立信息共享和工作配合机制等征收管理事项作了规定。

《中华人民共和国车辆购置税法(草案)》和以上说明是否妥当,请审议。

全国人民代表大会宪法和法律委员会关于《中华人民共和国车辆购置税法(草案)》审议结果的报告

——2018年12月23日在第十三届全国人民代表大会常务委员会第七次会议上

全国人大宪法和法律委员会副主任委员　江必新

全国人民代表大会常务委员会：

常委会第五次会议对车辆购置税法草案进行了初次审议。会后，法制工作委员会将草案印发各省、自治区、直辖市和中央有关部门及部分高等院校、研究机构征求意见，在中国人大网全文公布草案征求社会公众意见。宪法和法律委员会还到福建进行调研，听取意见；并就草案的有关问题与有关部门交换意见，共同研究。宪法和法律委员会于12月4日召开会议，根据常委会组成人员的审议意见和各方面意见，对草案进行了逐条审议。财政经济委员会、预算工作委员会、司法部、财政部、国家税务总局的有关负责同志列席了会议。12月17日，宪法和法律委员会召开会议，再次进行审议。宪法和法律委员会认为，为落实税收法定原则，制定车辆购置税法是必要的，草案经过审议修改，已经比较成熟。同时，提出以下主要修改意见：

一、有的意见提出，按照国家有关标准，挂车包括拖拉机牵引的挂车，而这种挂车属于农业机械，不应当征收车辆购置税，目前也没有征税。宪法和法律委员会经研究，建议将草案第一条中的“挂车”明确为“汽车挂车”。

二、有的常委会组成人员和单位提出，草案第九条第一款第五项授权国务院规定其他减免税情形，但未明确相关范围和要求，过于宽泛。宪法和法律委员会经研究，建议将草案的规定修改为“根据国民经济和社会发展的需要，国务院可以规定减征或者其他免征车辆购置税的情形”，报全国人大常委会备案。

三、有的意见提出，有关方面正在按照《深化党和国家机构改革方案》的要求，组建国家综合性消防救援队伍，为适应改革需要，建议在草案中明确悬挂应急救援专用号牌的国家综合性消防救援车辆免征车辆购置税。宪法和法律委员会经研究，建议在草案第九条第一款中增加规定，“悬挂应急救援专用号牌的国家综合性消防救援车辆”免征车辆购置税。

四、有的常委委员和有关方面提出，草案第九条第一款第三项“设有固定装置的非运输车辆”免税的规定，具体范围和含义不清楚，建议予以明确。宪法和法律委员会经研究，建议与车船税法、相关汽车国家标准中使用的“专用作业车”的概念相衔接，将草案的规定修改为“设有固定装置的非运输专用作业车”。

五、有的地方、部门提出，草案第十三条第二款规定公安机关交通管理部门依据税务机关提供的完税凭证办理车辆登记，为了防止伪造凭证等行为，建议公安机关和税务机关应加强信息核对。宪法和法律委员会经研究，建议将草案的规定修改为“公安机关交通管理部门办理车辆注册登记，应当根据税务机关提供的应税车辆完税或者免税电子信息对纳税人申请登记的车辆信息进行核对，核对无误后依法办理车辆注册登记。”

六、有的地方、部门提出，草案关于车辆购置税补税、退税的规定应该更加具体一些，增强税法的可操作性。宪法和法律委员会经研究，建议在草案第十四条中增加规定，免税、减税车辆改作其他用途，不再属于免税、减税范围的，“计税价格以免税、减税车辆初次办理纳税申报时确定的计税价格为基准，每满一年扣减百分之十”；在草案第十五条中增加规定，纳税人将已征车辆购置税的车辆退回车辆生产企业或者销售企业的，“退税额以已缴税款为基准，自缴纳税款之日起至申请退税时，每满一年扣减百分之十”。

需要说明的是，在常委会审议和征求意见过程中，有些常委会组成人员、社会公众和地方、部门建议增加对新能源汽车免税的规定。国务院方面表示，对新能源汽车减免税，消费税、车船税相关制度已作安排；同时，目前国务院规定对新能源汽车免征车辆购置税属于阶段性政策，不宜在车辆购置税法中作出规定。为此，宪法和法律委员会经研究，建议对相关规定不作修改。

此外，还对草案作了一些文字修改。

草案二次审议稿已按上述意见作了修改，宪法和法律委员会建议提请本次常委会会议审议通过。

草案二次审议稿和以上报告是否妥当，请审议。

全国人民代表大会宪法和法律委员会关于《中华人民共和国车辆购置税法（草案二次审议稿）》修改意见的报告

——2018 年 12 月 29 日在第十三届全国人民代表大会常务委员会第七次会议上

全国人民代表大会常务委员会：

本次常委会会议于 12 月 25 日上午对车辆购置税法（草案二次审议稿）进行了分组审议。普遍认为，草案经过审议修改已经比较成熟，建议进一步修改后，提请本次会议表决通过。同时，有些常委会组成人员和列席会议的同志还提出了一些修改意见。宪法和法律委员会于 12 月 27 日下午召开会议，逐条研究了常委会组成人员的审议意见，对草案进行了审议。财政经济委员会、预算工作委员会、司法部、财政部、国家税务总局的有关负责同志列席了会议。宪法和法律委员会认为，草案是可行的；同时，根据常委会组成人员的意见作了个别文字修改。

有的常委会组成人员在审议中还对车辆购置税的一些具体制度安排提出了意见和建议。宪法和法律委员会经同有关部门研究后认为，此次立法主要是按照落实税收法定原则的要求，将国务院暂行条例的规定平移上升为法律，对于涉及税制调整的建议，可由国务院有关部门在下一步按照党中央的要求深化税收制度改革中予以统筹考虑，建议此次对相关内容不作修改；对于涉及法律执行的建议，建议国务院有关部门在依法征收车辆购置税的过程中认真研究采纳，完善税款征收相关程序。

草案建议表决稿已按上述意见作了修改，宪法和法律委员会建议本次常委会会议审议通过。

草案建议表决稿和以上报告是否妥当，请审议。

中华人民共和国主席令

第二十号

《中华人民共和国公务员法》已由中华人民共和国第十三届全国人民代表大会常务委员会第七次会议于 2018 年 12 月 29 日修订通过，现将修订后的《中华人民共和国公务员法》公布，自 2019 年 6 月 1 日起施行。

中华人民共和国主席　习近平

2018 年 12 月 29 日

中华人民共和国公务员法

（2005 年 4 月 27 日第十届全国人民代表大会常务委员会第十五次会议通过　根据 2017 年 9 月 1 日第十二届全国人民代表大会常务委员会第二十九次会议《关于修改〈中华人民共和国法官法〉等八部法律的决定》修正　2018 年 12 月 29 日第十三届全国人民代表大会常务委员会第七次会议修订）

目　录

第一章　总　　则
第二章　公务员的条件、义务与权利
第三章　职务、职级与级别
第四章　录　　用
第五章　考　　核

第六章　职务、职级任免
第七章　职务、职级升降
第八章　奖　励
第九章　监督与惩戒
第十章　培　训
第十一章　交流与回避
第十二章　工资、福利与保险
第十三章　辞职与辞退
第十四章　退　休
第十五章　申诉与控告
第十六章　职位聘任
第十七章　法律责任
第十八章　附　则

第一章　总　则

第一条　为了规范公务员的管理,保障公务员的合法权益,加强对公务员的监督,促进公务员正确履职尽责,建设信念坚定、为民服务、勤政务实、敢于担当、清正廉洁的高素质专业化公务员队伍,根据宪法,制定本法。

第二条　本法所称公务员,是指依法履行公职、纳入国家行政编制、由国家财政负担工资福利的工作人员。

公务员是干部队伍的重要组成部分,是社会主义事业的中坚力量,是人民的公仆。

第三条　公务员的义务、权利和管理,适用本法。

法律对公务员中领导成员的产生、任免、监督以及监察官、法官、检察官等的义务、权利和管理另有规定的,从其规定。

第四条　公务员制度坚持中国共产党领导,坚持以马克思列宁主义、毛泽东思想、邓小平理论、"三个代表"重要思想、科学发展观、习近平新时代中国特色社会主义思想为指导,贯彻社会主义初级阶段的基本路线,贯彻新时代中国共产党的组织路线,坚持党管干部原则。

第五条　公务员的管理,坚持公开、平等、竞争、择优的原则,依照法定的权限、条件、标准和程序进行。

第六条　公务员的管理,坚持监督约束与激励保障并重的原则。

第七条　公务员的任用,坚持德才兼备、以德为先,坚持五湖四海、任人唯贤,坚持事业为上、公道正派,突出政治标准,注重工作实绩。

第八条　国家对公务员实行分类管理,提高管理效能和科学化水平。

第九条　公务员就职时应当依照法律规定公开进行宪法宣誓。

第十条　公务员依法履行职责的行为,受法律保护。

第十一条　公务员工资、福利、保险以及录用、奖励、培训、辞退等所需经费,列入财政预算,予以保障。

第十二条　中央公务员主管部门负责全国公务员的综合管理工作。县级以上地方各级公务员主管部门负责本辖区内公务员的综合管理工作。上级公务员主管部门指导下级公务员主管部门的公务员管理工作。各级公务员主管部门指导同级各机关的公务员管理工作。

第二章　公务员的条件、义务与权利

第十三条　公务员应当具备下列条件:

(一)具有中华人民共和国国籍;

(二)年满十八周岁;

(三)拥护中华人民共和国宪法,拥护中国共产党领导和社会主义制度;

(四)具有良好的政治素质和道德品行;

(五)具有正常履行职责的身体条件和心理素质;

(六)具有符合职位要求的文化程度和工作能力;

(七)法律规定的其他条件。

第十四条　公务员应当履行下列义务:

(一)忠于宪法,模范遵守、自觉维护宪法和法律,自觉接受中国共产党领导;

(二)忠于国家,维护国家的安全、荣誉和利益;

(三)忠于人民,全心全意为人民服务,接受人民监督;

(四)忠于职守,勤勉尽责,服从和执行上级依法作出的决定和命令,按照规定的权限和程序履行职责,努力提高工作质量和效率;

(五)保守国家秘密和工作秘密;

(六)带头践行社会主义核心价值观,坚守法治,遵守纪律,恪守职业道德,模范遵守社会公德、家庭美德;

(七)清正廉洁,公道正派;

(八)法律规定的其他义务。

第十五条　公务员享有下列权利:

（一）获得履行职责应当具有的工作条件；

（二）非因法定事由、非经法定程序，不被免职、降职、辞退或者处分；

（三）获得工资报酬，享受福利、保险待遇；

（四）参加培训；

（五）对机关工作和领导人员提出批评和建议；

（六）提出申诉和控告；

（七）申请辞职；

（八）法律规定的其他权利。

第三章　职务、职级与级别

第十六条　国家实行公务员职位分类制度。

公务员职位类别按照公务员职位的性质、特点和管理需要，划分为综合管理类、专业技术类和行政执法类等类别。根据本法，对于具有职位特殊性，需要单独管理的，可以增设其他职位类别。各职位类别的适用范围由国家另行规定。

第十七条　国家实行公务员职务与职级并行制度，根据公务员职位类别和职责设置公务员领导职务、职级序列。

第十八条　公务员领导职务根据宪法、有关法律和机构规格设置。

领导职务层次分为：国家级正职、国家级副职、省部级正职、省部级副职、厅局级正职、厅局级副职、县处级正职、县处级副职、乡科级正职、乡科级副职。

第十九条　公务员职级在厅局级以下设置。

综合管理类公务员职级序列分为：一级巡视员、二级巡视员、一级调研员、二级调研员、三级调研员、四级调研员、一级主任科员、二级主任科员、三级主任科员、四级主任科员、一级科员、二级科员。

综合管理类以外其他职位类别公务员的职级序列，根据本法由国家另行规定。

第二十条　各机关依照确定的职能、规格、编制限额、职数以及结构比例，设置本机关公务员的具体职位，并确定各职位的工作职责和任职资格条件。

第二十一条　公务员的领导职务、职级应当对应相应的级别。公务员领导职务、职级与级别的对应关系，由国家规定。

根据工作需要和领导职务与职级的对应关系，公务员担任的领导职务和职级可以互相转任、兼任；符合规定资格条件的，可以晋升领导职务或者职级。

公务员的级别根据所任领导职务、职级及其德才表现、工作实绩和资历确定。公务员在同一领导职务、职级上，可以按照国家规定晋升级别。

公务员的领导职务、职级与级别是确定公务员工资以及其他待遇的依据。

第二十二条　国家根据人民警察、消防救援人员以及海关、驻外外交机构等公务员的工作特点，设置与其领导职务、职级相对应的衔级。

第四章　录　　用

第二十三条　录用担任一级主任科员以下及其他相当职级层次的公务员，采取公开考试、严格考察、平等竞争、择优录取的办法。

民族自治地方依照前款规定录用公务员时，依照法律和有关规定对少数民族报考者予以适当照顾。

第二十四条　中央机关及其直属机构公务员的录用，由中央公务员主管部门负责组织。地方各级机关公务员的录用，由省级公务员主管部门负责组织，必要时省级公务员主管部门可以授权设区的市级公务员主管部门组织。

第二十五条　报考公务员，除应当具备本法第十三条规定的条件以外，还应当具备省级以上公务员主管部门规定的拟任职位所要求的资格条件。

国家对行政机关中初次从事行政处罚决定审核、行政复议、行政裁决、法律顾问的公务员实行统一法律职业资格考试制度，由国务院司法行政部门商有关部门组织实施。

第二十六条　下列人员不得录用为公务员：

（一）因犯罪受过刑事处罚的；

（二）被开除中国共产党党籍的；

（三）被开除公职的；

（四）被依法列为失信联合惩戒对象的；

（五）有法律规定不得录用为公务员的其他情形的。

第二十七条　录用公务员，应当在规定的编制限额内，并有相应的职位空缺。

第二十八条　录用公务员，应当发布招考公告。招考公告应当载明招考的职位、名额、报考资格条件、报考需要提交的申请材料以及其他报考须知事项。

招录机关应当采取措施，便利公民报考。

第二十九条　招录机关根据报考资格条件对报考申请进行审查。报考者提交的申请材料应当真实、准确。

第三十条　公务员录用考试采取笔试和面试等方式进行，考试内容根据公务员应当具备的基本能力和不同职位类别、不同层级机关分别设置。

第三十一条　招录机关根据考试成绩确定考察人选，并进行报考资格复审、考察和体检。

体检的项目和标准根据职位要求确定。具体办法由中央公务员主管部门会同国务院卫生健康行政部门规定。

第三十二条　招录机关根据考试成绩、考察情况和体检结果，提出拟录用人员名单，并予以公示。公示期不少于五个工作日。

公示期满，中央一级招录机关应当将拟录用人员名单报中央公务员主管部门备案；地方各级招录机关应当将拟录用人员名单报省级或者设区的市级公务员主管部门审批。

第三十三条　录用特殊职位的公务员，经省级以上公务员主管部门批准，可以简化程序或者采用其他测评办法。

第三十四条　新录用的公务员试用期为一年。试用期满合格的，予以任职；不合格的，取消录用。

第五章　考　　核

第三十五条　公务员的考核应当按照管理权限，全面考核公务员的德、能、勤、绩、廉，重点考核政治素质和工作实绩。考核指标根据不同职位类别、不同层级机关分别设置。

第三十六条　公务员的考核分为平时考核、专项考核和定期考核等方式。定期考核以平时考核、专项考核为基础。

第三十七条　非领导成员公务员的定期考核采取年度考核的方式。先由个人按照职位职责和有关要求进行总结，主管领导在听取群众意见后，提出考核等次建议，由本机关负责人或者授权的考核委员会确定考核等次。

领导成员的考核由主管机关按照有关规定办理。

第三十八条　定期考核的结果分为优秀、称职、基本称职和不称职四个等次。

定期考核的结果应当以书面形式通知公务员本人。

第三十九条　定期考核的结果作为调整公务员职位、职务、职级、级别、工资以及公务员奖励、培训、辞退的依据。

第六章　职务、职级任免

第四十条　公务员领导职务实行选任制、委任制和聘任制。公务员职级实行委任制和聘任制。

领导成员职务按照国家规定实行任期制。

第四十一条　选任制公务员在选举结果生效时即任当选职务；任期届满不再连任或者任期内辞职、被罢免、被撤职的，其所任职务即终止。

第四十二条　委任制公务员试用期满考核合格，职务、职级发生变化，以及其他情形需要任免职务、职级的，应当按照管理权限和规定的程序任免。

第四十三条　公务员任职应当在规定的编制限额和职数内进行，并有相应的职位空缺。

第四十四条　公务员因工作需要在机关外兼职，应当经有关机关批准，并不得领取兼职报酬。

第七章　职务、职级升降

第四十五条　公务员晋升领导职务，应当具备拟任职务所要求的政治素质、工作能力、文化程度和任职经历等方面的条件和资格。

公务员领导职务应当逐级晋升。特别优秀的或者工作特殊需要的，可以按照规定破格或者越级晋升。

第四十六条　公务员晋升领导职务，按照下列程序办理：

（一）动议；

（二）民主推荐；

（三）确定考察对象，组织考察；

（四）按照管理权限讨论决定；

（五）履行任职手续。

第四十七条　厅局级正职以下领导职务出现空缺且本机关没有合适人选的，可以通过适当方式面向社会选拔任职人选。

第四十八条　公务员晋升领导职务的，应当按照有关规定实行任职前公示制度和任职试用期制度。

第四十九条　公务员职级应当逐级晋升，根据个人德才表现、工作实绩和任职资历，参考民主推荐或者民主测评结果确定人选，经公示后，按照管理权限审批。

第五十条　公务员的职务、职级实行能上能下。对不适宜或者不胜任现任职务、职级的，应当进行调整。

公务员在年度考核中被确定为不称职的，按照规定程序降低一个职务或者职级层次任职。

第八章 奖 励

第五十一条 对工作表现突出，有显著成绩和贡献，或者有其他突出事迹的公务员或者公务员集体，给予奖励。奖励坚持定期奖励与及时奖励相结合，精神奖励与物质奖励相结合、以精神奖励为主的原则。

公务员集体的奖励适用于按照编制序列设置的机构或者为完成专项任务组成的工作集体。

第五十二条 公务员或者公务员集体有下列情形之一的，给予奖励：

（一）忠于职守，积极工作，勇于担当，工作实绩显著的；

（二）遵纪守法，廉洁奉公，作风正派，办事公道，模范作用突出的；

（三）在工作中有发明创造或者提出合理化建议，取得显著经济效益或者社会效益的；

（四）为增进民族团结，维护社会稳定做出突出贡献的；

（五）爱护公共财产，节约国家资财有突出成绩的；

（六）防止或者消除事故有功，使国家和人民群众利益免受或者减少损失的；

（七）在抢险、救灾等特定环境中做出突出贡献的；

（八）同违纪违法行为作斗争有功绩的；

（九）在对外交往中为国家争得荣誉和利益的；

（十）有其他突出功绩的。

第五十三条 奖励分为：嘉奖、记三等功、记二等功、记一等功、授予称号。

对受奖励的公务员或者公务员集体予以表彰，并对受奖励的个人给予一次性奖金或者其他待遇。

第五十四条 给予公务员或者公务员集体奖励，按照规定的权限和程序决定或者审批。

第五十五条 按照国家规定，可以向参与特定时期、特定领域重大工作的公务员颁发纪念证书或者纪念章。

第五十六条 公务员或者公务员集体有下列情形之一的，撤销奖励：

（一）弄虚作假，骗取奖励的；

（二）申报奖励时隐瞒严重错误或者严重违反规定程序的；

（三）有严重违纪违法等行为，影响称号声誉的；

（四）有法律、法规规定应当撤销奖励的其他情形的。

第九章 监督与惩戒

第五十七条 机关应当对公务员的思想政治、履行职责、作风表现、遵纪守法等情况进行监督，开展勤政廉政教育，建立日常管理监督制度。

对公务员监督发现问题的，应当区分不同情况，予以谈话提醒、批评教育、责令检查、诫勉、组织调整、处分。

对公务员涉嫌职务违法和职务犯罪的，应当依法移送监察机关处理。

第五十八条 公务员应当自觉接受监督，按照规定请示报告工作、报告个人有关事项。

第五十九条 公务员应当遵纪守法，不得有下列行为：

（一）散布有损宪法权威、中国共产党和国家声誉的言论，组织或者参加旨在反对宪法、中国共产党领导和国家的集会、游行、示威等活动；

（二）组织或者参加非法组织，组织或者参加罢工；

（三）挑拨、破坏民族关系，参加民族分裂活动或者组织、利用宗教活动破坏民族团结和社会稳定；

（四）不担当，不作为，玩忽职守，贻误工作；

（五）拒绝执行上级依法作出的决定和命令；

（六）对批评、申诉、控告、检举进行压制或者打击报复；

（七）弄虚作假，误导、欺骗领导和公众；

（八）贪污贿赂，利用职务之便为自己或者他人谋取私利；

（九）违反财经纪律，浪费国家资财；

（十）滥用职权，侵害公民、法人或者其他组织的合法权益；

（十一）泄露国家秘密或者工作秘密；

（十二）在对外交往中损害国家荣誉和利益；

（十三）参与或者支持色情、吸毒、赌博、迷信等活动；

（十四）违反职业道德、社会公德和家庭美德；

（十五）违反有关规定参与禁止的网络传播行为或者网络活动；

（十六）违反有关规定从事或者参与营利性活动，在企业或者其他营利性组织中兼任职务；

（十七）旷工或者因公外出、请假期满无正当理由逾期不归；

（十八）违纪违法的其他行为。

第六十条 公务员执行公务时，认为上级的决定或者命令有错误的，可以向上级提出改正或者撤销该决定或者命令的意见；上级不改变该决定或者命令，或者要求立即执行的，公务员应当执行该决定或者命令，执行的后果由上级负责，公务员不承担责任；但是，公务员执行明显违法的决定或者命令的，应当依法承担相应的责任。

第六十一条 公务员因违纪违法应当承担纪律责任的，依照本法给予处分或者由监察机关依法给予政务处分；违纪违法行为情节轻微，经批评教育后改正的，可以免予处分。

对同一违纪违法行为，监察机关已经作出政务处分决定的，公务员所在机关不再给予处分。

第六十二条 处分分为：警告、记过、记大过、降级、撤职、开除。

第六十三条 对公务员的处分，应当事实清楚、证据确凿、定性准确、处理恰当、程序合法、手续完备。

公务员违纪违法的，应当由处分决定机关决定对公务员违纪违法的情况进行调查，并将调查认定的事实以及拟给予处分的依据告知公务员本人。公务员有权进行陈述和申辩；处分决定机关不得因公务员申辩而加重处分。

处分决定机关认为对公务员应当给予处分的，应当在规定的期限内，按照管理权限和规定的程序作出处分决定。处分决定应当以书面形式通知公务员本人。

第六十四条 公务员在受处分期间不得晋升职务、职级和级别，其中受记过、记大过、降级、撤职处分的，不得晋升工资档次。

受处分的期间为：警告，六个月；记过，十二个月；记大过，十八个月；降级、撤职，二十四个月。

受撤职处分的，按照规定降低级别。

第六十五条 公务员受开除以外的处分，在受处分期间有悔改表现，并且没有再发生违纪违法行为的，处分期满后自动解除。

解除处分后，晋升工资档次、级别和职务、职级不再受原处分的影响。但是，解除降级、撤职处分的，不视为恢复原级别、原职务、原职级。

第十章 培 训

第六十六条 机关根据公务员工作职责的要求和提高公务员素质的需要，对公务员进行分类分级培训。

国家建立专门的公务员培训机构。机关根据需要也可以委托其他培训机构承担公务员培训任务。

第六十七条 机关对新录用人员应当在试用期内进行初任培训；对晋升领导职务的公务员应当在任职前或者任职后一年内进行任职培训；对从事专项工作的公务员应当进行专门业务培训；对全体公务员应当进行提高政治素质和工作能力、更新知识的在职培训，其中对专业技术类公务员应当进行专业技术培训。

国家有计划地加强对优秀年轻公务员的培训。

第六十八条 公务员的培训实行登记管理。

公务员参加培训的时间由公务员主管部门按照本法第六十七条规定的培训要求予以确定。

公务员培训情况、学习成绩作为公务员考核的内容和任职、晋升的依据之一。

第十一章 交流与回避

第六十九条 国家实行公务员交流制度。

公务员可以在公务员和参照本法管理的工作人员队伍内部交流，也可以与国有企业和不参照本法管理的事业单位中从事公务的人员交流。

交流的方式包括调任、转任。

第七十条 国有企业、高等院校和科研院所以及其他不参照本法管理的事业单位中从事公务的人员，可以调入机关担任领导职务或者四级调研员以上及其他相当层次的职级。

调任人选应当具备本法第十三条规定的条件和拟任职位所要求的资格条件，并不得有本法第二十六条规定的情形。调任机关应当根据上述规定，对调任人选进行严格考察，并按照管理权限审批，必要时可以对调任人选进行考试。

第七十一条 公务员在不同职位之间转任应当具备拟任职位所要求的资格条件，在规定的编制限额和职数内进行。

对省部级正职以下的领导成员应当有计划、有重点地实行跨地区、跨部门转任。

对担任机关内设机构领导职务和其他工作性质特殊的公务员，应当有计划地在本机关内转任。

上级机关应当注重从基层机关公开遴选公务员。

第七十二条 根据工作需要，机关可以采取挂职方式选派公务员承担重大工程、重大项目、重点任务或者其他专项工作。

公务员在挂职期间，不改变与原机关的人事关系。

第七十三条 公务员应当服从机关的交流决定。

公务员本人申请交流的，按照管理权限审批。

第七十四条 公务员之间有夫妻关系、直系血亲关系、三代以内旁系血亲关系以及近姻亲关系的，不得在同一机关双方直接隶属于同一领导人员的职位或者有直接上下级领导关系的职位工作，也不得在其中一方担任领导职务的机关从事组织、人事、纪检、监察、审计和财务工作。

公务员不得在其配偶、子女及其配偶经营的企业、营利性组织的行业监管或者主管部门担任领导成员。

因地域或者工作性质特殊，需要变通执行任职回避的，由省级以上公务员主管部门规定。

第七十五条 公务员担任乡级机关、县级机关、设区的市级机关及其有关部门主要领导职务的，应当按照有关规定实行地域回避。

第七十六条 公务员执行公务时，有下列情形之一的，应当回避：

(一)涉及本人利害关系的；

(二)涉及与本人有本法第七十四条第一款所列亲属关系人员的利害关系的；

(三)其他可能影响公正执行公务的。

第七十七条 公务员有应当回避情形的，本人应当申请回避；利害关系人有权申请公务员回避。其他人员可以向机关提供公务员需要回避的情况。

机关根据公务员本人或者利害关系人的申请，经审查后作出是否回避的决定，也可以不经申请直接作出回避决定。

第七十八条 法律对公务员回避另有规定的，从其规定。

第十二章 工资、福利与保险

第七十九条 公务员实行国家统一规定的工资制度。

公务员工资制度贯彻按劳分配的原则，体现工作职责、工作能力、工作实绩、资历等因素，保持不同领导职务、职级、级别之间的合理工资差距。

国家建立公务员工资的正常增长机制。

第八十条 公务员工资包括基本工资、津贴、补贴和奖金。

公务员按照国家规定享受地区附加津贴、艰苦边远地区津贴、岗位津贴等津贴。

公务员按照国家规定享受住房、医疗等补贴、补助。

公务员在定期考核中被确定为优秀、称职的，按照国家规定享受年终奖金。

公务员工资应当按时足额发放。

第八十一条 公务员的工资水平应当与国民经济发展相协调、与社会进步相适应。

国家实行工资调查制度，定期进行公务员和企业相当人员工资水平的调查比较，并将工资调查比较结果作为调整公务员工资水平的依据。

第八十二条 公务员按照国家规定享受福利待遇。国家根据经济社会发展水平提高公务员的福利待遇。

公务员执行国家规定的工时制度，按照国家规定享受休假。公务员在法定工作日之外加班的，应当给予相应的补休，不能补休的按照国家规定给予补助。

第八十三条 公务员依法参加社会保险，按照国家规定享受保险待遇。

公务员因公牺牲或者病故的，其亲属享受国家规定的抚恤和优待。

第八十四条 任何机关不得违反国家规定自行更改公务员工资、福利、保险政策，擅自提高或者降低公务员的工资、福利、保险待遇。任何机关不得扣减或者拖欠公务员的工资。

第十三章 辞职与辞退

第八十五条 公务员辞去公职，应当向任免机关提出书面申请。任免机关应当自接到申请之日起三十日内予以审批，其中对领导成员辞去公职的申请，应当自接到申请之日起九十日内予以审批。

第八十六条 公务员有下列情形之一的，不得辞去公职：

(一)未满国家规定的最低服务年限的；

(二)在涉及国家秘密等特殊职位任职或者离开上述职位不满国家规定的脱密期限的；

(三)重要公务尚未处理完毕，且须由本人继续处理的；

(四)正在接受审计、纪律审查、监察调查，或者涉嫌犯罪，司法程序尚未终结的；

(五)法律、行政法规规定的其他不得辞去公职的情形。

第八十七条　担任领导职务的公务员，因工作变动依照法律规定需要辞去现任职务的，应当履行辞职手续。

担任领导职务的公务员，因个人或者其他原因，可以自愿提出辞去领导职务。

领导成员因工作严重失误、失职造成重大损失或者恶劣社会影响的，或者对重大事故负有领导责任的，应当引咎辞去领导职务。

领导成员因其他原因不再适合担任现任领导职务的，或者应当引咎辞职本人不提出辞职的，应当责令其辞去领导职务。

第八十八条　公务员有下列情形之一的，予以辞退：

（一）在年度考核中，连续两年被确定为不称职的；

（二）不胜任现职工作，又不接受其他安排的；

（三）因所在机关调整、撤销、合并或者缩减编制员额需要调整工作，本人拒绝合理安排的；

（四）不履行公务员义务，不遵守法律和公务员纪律，经教育仍无转变，不适合继续在机关工作，又不宜给予开除处分的；

（五）旷工或者因公外出、请假期满无正当理由逾期不归连续超过十五天，或者一年内累计超过三十天的。

第八十九条　对有下列情形之一的公务员，不得辞退：

（一）因公致残，被确认丧失或者部分丧失工作能力的；

（二）患病或者负伤，在规定的医疗期内的；

（三）女性公务员在孕期、产假、哺乳期内的；

（四）法律、行政法规规定的其他不得辞退的情形。

第九十条　辞退公务员，按照管理权限决定。辞退决定应当以书面形式通知被辞退的公务员，并应当告知辞退依据和理由。

被辞退的公务员，可以领取辞退费或者根据国家有关规定享受失业保险。

第九十一条　公务员辞职或者被辞退，离职前应当办理公务交接手续，必要时按照规定接受审计。

第十四章　退　　休

第九十二条　公务员达到国家规定的退休年龄或者完全丧失工作能力的，应当退休。

第九十三条　公务员符合下列条件之一的，本人自愿提出申请，经任免机关批准，可以提前退休：

（一）工作年限满三十年的；

（二）距国家规定的退休年龄不足五年，且工作年限满二十年的；

（三）符合国家规定的可以提前退休的其他情形的。

第九十四条　公务员退休后，享受国家规定的养老金和其他待遇，国家为其生活和健康提供必要的服务和帮助，鼓励发挥个人专长，参与社会发展。

第十五章　申诉与控告

第九十五条　公务员对涉及本人的下列人事处理不服的，可以自知道该人事处理之日起三十日内向原处理机关申请复核；对复核结果不服的，可以自接到复核决定之日起十五日内，按照规定向同级公务员主管部门或者作出该人事处理的机关的上一级机关提出申诉；也可以不经复核，自知道该人事处理之日起三十日内直接提出申诉：

（一）处分；

（二）辞退或者取消录用；

（三）降职；

（四）定期考核定为不称职；

（五）免职；

（六）申请辞职、提前退休未予批准；

（七）不按照规定确定或者扣减工资、福利、保险待遇；

（八）法律、法规规定可以申诉的其他情形。

对省级以下机关作出的申诉处理决定不服的，可以向作出处理决定的上一级机关提出再申诉。

受理公务员申诉的机关应当组成公务员申诉公正委员会，负责受理和审理公务员的申诉案件。

公务员对监察机关作出的涉及本人的处理决定不服向监察机关申请复审、复核的，按照有关规定办理。

第九十六条　原处理机关应当自接到复核申请书后的三十日内作出复核决定，并以书面形式告知申请人。受理公务员申诉的机关应当自受理之日起六十日内作出处理决定；案情复杂的，可以适当延长，但是延长时间不得超过三十日。

复核、申诉期间不停止人事处理的执行。

公务员不因申请复核、提出申诉而加重处理。

第九十七条　公务员申诉的受理机关审查认定人事处理有错误的，原处理机关应当及时予以纠正。

第九十八条　公务员认为机关及其领导人员侵犯其合法权益的，可以依法向上级机关或者监察机关提出控告。受理控告的机关应当按照规定及时处理。

第九十九条　公务员提出申诉、控告，应当尊重事实，不得捏造事实，诬告、陷害他人。对捏造事实，诬告、陷害他人的，依法追究法律责任。

第十六章　职位聘任

第一百条　机关根据工作需要，经省级以上公务员主管部门批准，可以对专业性较强的职位和辅助性职位实行聘任制。

前款所列职位涉及国家秘密的，不实行聘任制。

第一百零一条　机关聘任公务员可以参照公务员考试录用的程序进行公开招聘，也可以从符合条件的人员中直接选聘。

机关聘任公务员应当在规定的编制限额和工资经费限额内进行。

第一百零二条　机关聘任公务员，应当按照平等自愿、协商一致的原则，签订书面的聘任合同，确定机关与所聘公务员双方的权利、义务。聘任合同经双方协商一致可以变更或者解除。

聘任合同的签订、变更或者解除，应当报同级公务员主管部门备案。

第一百零三条　聘任合同应当具备合同期限，职位及其职责要求，工资、福利、保险待遇，违约责任等条款。

聘任合同期限为一年至五年。聘任合同可以约定试用期，试用期为一个月至十二个月。

聘任制公务员实行协议工资制，具体办法由中央公务员主管部门规定。

第一百零四条　机关依据本法和聘任合同对所聘公务员进行管理。

第一百零五条　聘任制公务员与所在机关之间因履行聘任合同发生争议的，可以自争议发生之日起六十日内申请仲裁。

省级以上公务员主管部门根据需要设立人事争议仲裁委员会，受理仲裁申请。人事争议仲裁委员会由公务员主管部门的代表、聘用机关的代表、聘任制公务员的代表以及法律专家组成。

当事人对仲裁裁决不服的，可以自接到仲裁裁决书之日起十五日内向人民法院提起诉讼。仲裁裁决生效后，一方当事人不履行的，另一方当事人可以申请人民法院执行。

第十七章　法律责任

第一百零六条　对有下列违反本法规定情形的，由县级以上领导机关或者公务员主管部门按照管理权限，区别不同情况，分别予以责令纠正或者宣布无效；对负有责任的领导人员和直接责任人员，根据情节轻重，给予批评教育、责令检查、诫勉、组织调整、处分；构成犯罪的，依法追究刑事责任：

（一）不按照编制限额、职数或者任职资格条件进行公务员录用、调任、转任、聘任和晋升的；

（二）不按照规定条件进行公务员奖惩、回避和办理退休的；

（三）不按照规定程序进行公务员录用、调任、转任、聘任、晋升以及考核、奖惩的；

（四）违反国家规定，更改公务员工资、福利、保险待遇标准的；

（五）在录用、公开遴选等工作中发生泄露试题、违反考场纪律以及其他严重影响公开、公正行为的；

（六）不按照规定受理和处理公务员申诉、控告的；

（七）违反本法规定的其他情形的。

第一百零七条　公务员辞去公职或者退休的，原系领导成员、县处级以上领导职务的公务员在离职三年内，其他公务员在离职两年内，不得到与原工作业务直接相关的企业或者其他营利性组织任职，不得从事与原工作业务直接相关的营利性活动。

公务员辞去公职或者退休后有违反前款规定行为的，由其原所在机关的同级公务员主管部门责令限期改正；逾期不改正的，由县级以上市场监管部门没收该人员从业期间的违法所得，责令接收单位将该人员予以清退，并根据情节轻重，对接收单位处以被处罚人员违法所得一倍以上五倍以下的罚款。

第一百零八条　公务员主管部门的工作人员，违反本法规定，滥用职权、玩忽职守、徇私舞弊，构成犯罪的，依法追究刑事责任；尚不构成犯罪的，给予处分或者由监察机关依法给予政务处分。

第一百零九条　在公务员录用、聘任等工作中，有隐瞒真实信息、弄虚作假、考试作弊、扰乱考试秩序等行为的，由公务员主管部门根据情节作出考试成绩无效、取消资格、限制报考等处理；情节严重的，依法追究法律责任。

第一百一十条 机关因错误的人事处理对公务员造成名誉损害的，应当赔礼道歉、恢复名誉、消除影响；造成经济损失的，应当依法给予赔偿。

第十八章 附 则

第一百一十一条 本法所称领导成员，是指机关的领导人员，不包括机关内设机构担任领导职务的人员。

第一百一十二条 法律、法规授权的具有公共事务管理职能的事业单位中除工勤人员以外的工作人员，经批准参照本法进行管理。

第一百一十三条 本法自2019年6月1日起施行。

关于《中华人民共和国公务员法(修订草案)》的说明

——2018年10月22日在第十三届全国人民代表大会常务委员会第六次会议上

全国人大常委会法制工作委员会主任 沈春耀

全国人民代表大会常务委员会：

我受委员长会议的委托，作关于《中华人民共和国公务员法(修订草案)》的说明。

一、修改公务员法的必要性

公务员法是我国干部人事管理中第一部基础性的法律，自2006年1月1日施行以来，公务员制度体系不断完善，有力促进了公务员队伍建设，提高了公务员管理法治化、规范化、科学化水平。随着中国特色社会主义进入新时代，党和国家事业发生历史性变革，公务员法也逐渐出现一些不适应、不符合新形势新要求的地方，需要与时俱进地加以修改完善。

一是贯彻落实习近平新时代中国特色社会主义思想的需要。习近平新时代中国特色社会主义思想明确了新时代党的组织路线，对干部工作提出了一系列新精神新要求，为公务员制度建设和队伍建设提供了根本遵循，应当在公务员法中予以体现。

二是坚持和加强党对公务员工作领导的需要。党的十九大提出，坚持党对一切工作的领导。党的十九届三中全会通过的《深化党和国家机构改革方案》提出，加强党对公务员队伍的集中统一领导。适应和落实这些要求，应当将坚持和加强党对公务员工作的领导、党管干部原则等要求进一步体现到公务员法的具体规定中。

三是深入推进公务员分类改革的需要。推行公务员职务与职级并行制度，是党的十八届三中全会确定的重大改革任务，经全国人大常委会授权，从2017年6月起在部分地区和部分在京中央机关开始试点，经过一年多的实践，公务员职务与职级并行制度试点工作取得明显成效，表明党中央的决策部署完全正确，制度设计切实可行，已具备在全国范围推开的条件。同时，干部选拔任用制度、公务员分类管理、公务员聘任制改革等深入推进，这些改革成果也需要通过修改公务员法进一步加以巩固。

四是贯彻落实关于建设高素质专业化干部队伍战略部署的需要。党的十九大对建设高素质专业化干部队伍作出战略部署，全国组织工作会议进一步提出要建立素质培养、知事识人、选拔任用、从严管理、正向激励五大体系建设等要求，贯彻落实党中央部署和要求，应当修改完善公务员法以提供更有力的法律保障。

二、修改的指导思想、总体考虑和起草过程

公务员法修改工作遵循以下指导思想：以习近平新时代中国特色社会主义思想为指导，全面贯彻党的十九大和十九届二中、三中全会精神，认真贯彻习近平总书记关于干部工作的新精神新要求和新时代党的组织路线，坚持党对公务员工作的集中统一领导，体现干部人事制度改革新经验新成果，以宪法和党章为依据，推动中国特色公务员制度与时俱进、完善发展、成熟定型，为建设一支信念坚定、为民服务、勤政务实、敢于担当、清正廉洁的高素质专业化公务员队伍提供更为有力有效的法律保障。

修改工作的总体考虑：一是坚持正确方向，体

现中国特色。把深入贯彻习近平新时代中国特色社会主义思想、坚持和加强党的领导、坚持中国特色社会主义制度、贯彻新时代党的组织路线、坚持党管干部原则、旗帜鲜明讲政治、践行社会主义核心价值观等要求体现到公务员法的修改过程和具体规定中。二是坚持问题导向,巩固改革成果。立足于既有制度框架,根据工作实际需要,将已经成熟的政策措施和重大改革成果上升为法律规范;对不适应现实情况和改革要求的规定及时修改;对已经形成共识、必须改的作出修改,可改可不改的原则上不改,不成熟、有争议的不改,确保法律的连续性、稳定性、权威性。三是坚持严管厚爱,完善制度举措。落实党的十八大以来中央全面从严治党、从严治吏和习近平总书记关于严管和厚爱相结合、激励和约束并重的要求,在从严教育、从严管理、从严监督公务员方面细化实化制度举措,同时,围绕激励公务员新时代新担当新作为,进一步完善公务员激励保障制度规定。四是坚持民主立法,提高修法质量。广泛听取、认真吸纳各级机关、广大公务员和人大代表、政协委员、专家学者的意见建议,使公务员法的修改更具针对性,反映时代声音,体现实践要求。同时,进一步理顺公务员法与宪法、法律、党内法规的关系,保持制度间的有机衔接。

2017 年 6 月,经报党中央批准,中央组织部、人力资源社会保障部、原国家公务员局正式启动公务员法修改工作。在开展专题调研、组织课题研究、书面征求各省区市公务员主管部门意见建议的基础上,邀请全国人大常委会法工委、原全国人大内司委和原国务院法制办以及部分省市公务员主管部门的同志组成修法工作小组,研究起草了公务员法修订草案初稿。党的十九大、十三届全国人大一次会议和全国组织工作会议召开后,又根据中央有关精神进行多次修改,形成了征求意见稿,于 2018 年 7 月正式征求各省(自治区、直辖市)公务员主管部门、中央和国家机关各部委干部人事部门的意见建议。其间,多次召开座谈会,听取部分省市公务员局、中央和国家机关有关部委干部人事部门负责同志以及全国人大常委会法工委、中央党校(国家行政学院)、北京大学等单位有关专家的意见。9 月 11 日,中央组织部部务会会议审议了修订草案(送审稿),之后又征求了中央全面依法治国委员会办公室和司法部的意见。9 月 29 日,中央党的建设工作领导小组会议审议了修订草案(送审稿),根据审议意见对送审稿作了修改完善,并报经习近平总书记审阅同意。

根据党中央有关工作要求,法制工作委员会将中央组织部送来的修订草案(送审稿)等文件转化为委员长会议提请常委会审议的议案代拟稿、修订草案及说明。10 月 15 日,委员长会议决定提请常委会本次会议审议。

三、修订草案的主要内容

(一)将科学发展观、习近平新时代中国特色社会主义思想写入总则

修订草案将科学发展观和习近平新时代中国特色社会主义思想明确为公务员工作必须长期坚持的指导思想。同时,在立法目的、公务员政治属性、管理原则、任用原则、公务员条件、公务员义务、不得录用为公务员情形、公务员纪律等规定中,体现了坚持和加强党的领导、坚持中国特色社会主义制度等一系列政治要求,贯彻新时代党的组织路线,落实好干部标准,进一步彰显中国特色。

(二)调整完善公务员职务、职级以及分类管理等有关规定

落实党中央关于推行公务员职务与职级并行制度的改革要求,立足试点改革成果,修订草案把现行公务员法第三章章名“职务与级别”修改为“职务、职级与级别”,把现行公务员法中“领导职务”、“非领导职务”的设置调整为“领导职务”、“职级”,规定了设置原则,明确了领导职务、职级层次的划分。在此基础上,对领导职务与职级的任免、升降以及其他章节中与此有关的条文进行了修改。同时,根据专业技术类、行政执法类公务员管理分类改革和聘任制公务员管理改革深化的实际,对分类考录、分类考核、分类培训、职位聘任试用期也作出进一步明确。

(三)调整充实从严管理干部有关规定

为进一步扎牢从严管理公务员的制度笼子,依据监察法、新修订的《中国共产党纪律处分条例》和党政领导干部管理有关规定,修订草案将现行公务员法第九章章名“惩戒”修改为“监督与惩戒”,增加了有关加强公务员监督的规定,增加了“违反国家的民族和宗教政策,破坏民族团结和社会稳定”、“不担当不作为”、“违反家庭美德”等禁止性纪律规定。对任职回避情形、地域回避情形、责令辞职规定、离职后从业限制规定等进行了修改完善。同时,依据治安管理处罚法和公务员管理实践需要,修订草案增加了在录用、聘任等工作中违纪违法有关法律责任的规定。

（四）充实健全激励保障机制有关规定

贯彻落实党中央关于加强正向激励的要求，在奖励原则、奖励情形、津贴补贴、加班补助等规定中都调整增加了有关表述。按照公务员养老、医疗等保险与社会保险相衔接的要求，修订草案对涉及公务员养老、医疗、工伤、生育、失业等保险待遇的规定作了相应修改。

（五）根据公务员管理实践需要作出的其他修改

根据公务员管理实践需要，修订草案还作了一些其他修改，主要体现在公务员考核方式、宪法宣誓、弱化竞争性选拔方式、公开遴选等方面。

《中华人民共和国公务员法（修订草案）》和以上说明是否妥当，请审议。

全国人民代表大会宪法和法律委员会关于《中华人民共和国公务员法（修订草案）》审议结果的报告

——2018 年 12 月 23 日在第十三届全国人民代表大会常务委员会第七次会议上

全国人大宪法和法律委员会副主任委员　胡可明

全国人民代表大会常务委员会：

常委会第六次会议对公务员法修订草案进行了初次审议。会后，法制工作委员会将修订草案印发中央有关部门、各省（自治区、直辖市）人大常委会和部分高等院校、研究机构、基层立法联系点等征求意见，并将修订草案在中国人大网上公布，征求社会公众意见。宪法和法律委员会、法制工作委员会召开座谈会，听取中央有关部门、全国人大代表和有关专家对修订草案的意见，还到四川、湖北调研，听取公务员职务与职级并行制度试点地方的意见。在此基础上，与中央组织部作了沟通和研究，对修订草案作了修改完善。11 月 30 日，宪法和法律委员会召开会议，根据常委会组成人员的审议意见和各方面意见，对修订草案进行了逐条审议。中央组织部有关同志列席了会议。12 月 17 日，宪法和法律委员会召开会议，再次进行审议。宪法和法律委员会认为，贯彻新时代党的组织路线，确认和巩固干部人事制度改革新经验新成果，推动中国特色公务员制度与时俱进、完善发展，修改公务员法是必要的。修订草案经过审议修改，已经比较成熟。同时，提出以下主要修改意见：

一、修订草案第五十条规定："公务员在年度考核中被确定为不称职的，按照规定程序降低一个职务或职级层次任职。"有的部门提出，为了完善从严管理干部队伍制度，建议在本法中体现中央关于领导干部能上能下有关规定的精神。宪法和法律委员会经与中央组织部研究，建议增加一款作为第一款，规定："公务员的职务、职级实行能上能下，对不适宜或者不胜任现任职务、职级的，应当进行调整。"

二、修订草案第五十九条关于公务员必须遵守的纪律中规定，不得"违反国家的民族和宗教政策，破坏民族团结和社会稳定"。有的意见提出，这种表述太笼统，容易被误读，可能造成公务员不敢依法对民族事务和宗教活动进行管理。宪法和法律委员会经研究，建议按照《中国共产党纪律处分条例》的相关表述，将上述规定修改为："挑拨破坏民族关系，参加民族分裂活动或者组织、利用宗教活动破坏民族团结和社会稳定。"

三、修订草案对公务员违纪违法的处分作了规定。有的部门和地方提出，公务员法关于公务员的处分与监察法关于公职人员的政务处分方式有重合，应处理好这两类处分的关系，并作好衔接；有的建议，应当明确对同一违纪违法行为不能重复处分。宪法和法律委员会经研究，建议在第五十七条增加一款，规定："对公务员涉嫌职务违法和职务犯罪的，应当移送监察机关依法处理"；在第六十一条规定的"公务员因违纪违法应当承担纪律责任的，依照本法给予处分"后增加规定"或者由监察机关依法给予政务处分"，同时增加一款，规定："对同一违纪违法行为，监察机关已经作出政务处分决定的，不再给予处分"。此外，将修订草案第一百零八条规定的公务员主管部门的工作人员，违反本法规定，滥用职权、玩忽职守、徇私舞弊，"尚不构成犯罪的，给予处分"修改为"尚不构成犯罪的，给予处分或者由监察机关依法给予政务处分"。

四、修订草案第九十九条规定："公务员提出申诉、控告，不得捏造事实，诬告、陷害他人。"有的常委委员、地方提出，对捏造事实，诬告、陷害他人的，应当规定相应的法律责任。宪法和法律委员会经研究，建议增加一款，规定："对捏造事实，诬告、陷害他人的，依法追究法律责任。"

此外，还对修订草案作了一些文字修改，并对部分条文顺序作了调整。

12 月 17 日上午，法制工作委员会召开会议，邀请全国人大代表、中央有关部门、专家学者、公务员职务与职级并行制度试点地方代表等就公务员法修订草案中主要制度规范的可行性、法律出台时机、法律实施的社会效果和可能出现的问题等作了评估。与会人员普遍认为，修订草案深入贯彻了习近平新时代中国特色社会主义思想和新时代党的组织路线，坚持党对公务员工作的集中统一领导，体现了中央关于干部人事制度的新精神新要求，吸收了公务员职务与职级并行制度试点工作的新经验新成果，拓宽了公务员的晋升通道，有利于激发广大公务员担当作为、干事创业的热情，为建设高素质专业化公务员队伍提供了有力的法律保障。修订草案已经比较全面、成熟，其主要制度规范是可行的，现在出台是必要的、适时的。同时，有的与会人员还对修订草案提出了一些具体修改意见，宪法和法律委员会进行了认真研究，对有的意见予以采纳。

修订草案二次审议稿已按上述意见作了修改，宪法和法律委员会建议提请本次常委会会议审议通过。

修订草案二次审议稿和以上报告是否妥当，请审议。

全国人民代表大会宪法和法律委员会关于《中华人民共和国公务员法（修订草案二次审议稿）》修改意见的报告

——2018 年 12 月 29 日在第十三届全国人民代表大会常务委员会第七次会议上

全国人民代表大会常务委员会：

本次常委会会议于 12 月 25 日下午对公务员法（修订草案二次审议稿）进行了分组审议。普遍认为，修订草案已经比较成熟，建议进一步修改后，提请本次会议表决通过。同时，有些常委会组成人员还提出了一些修改意见。宪法和法律委员会于 12 月 27 日上午召开会议，逐条研究了常委会组成人员的审议意见，对修订草案进行了审议。中央组织部有关负责同志列席了会议。宪法和法律委员会认为，修订草案是可行的，同时，提出以下修改意见：

一、有的常委委员提出，公务员职务与职级并行制度是这次公务员法修改的重点，建议在修订草案中明确表述出来。宪法和法律委员会经研究，建议将修订草案二次审议稿第十七条修改为："国家实行公务员职务与职级并行制度，根据公务员职位类别和职责设置公务员领导职务、职级序列。"

二、修订草案二次审议稿第四十九条对公务员晋升职级作了规定。有的常委委员提出，修订草案规定公务员领导职务应当逐级晋升，建议明确公务员职级也应当逐级晋升。宪法和法律委员会经研究，建议将这一条修改为："公务员职级应当逐级晋升，根据个人德才表现、工作实绩和任职资历，参考民主推荐或者民主测评结果确定人选，经公示后，按照管理权限审批。"

三、修订草案二次审议稿第五十九条规定了公务员应当遵守的纪律。有的常委会组成人员提出，应当明确公务员不得散布有损宪法权威的言论，不得有反对宪法的行为。有的常委会组成人员提出，中央有关部门对党员干部不得参与的网络传播行为或者网络活动作了规定，也应作为公务员应当遵守的纪律。宪法和法律委员会经研究，建议将第五十九条第一项修改为："散布有损宪法权威、中国共产党和国家声誉的言论，组织或者参加旨在反对宪法、中国共产党领导和国家的集会、游行、示威等活动"，同时，增加一项作为第十五项，规定："违反有关规定参与禁止的网络传播行为或者网络活动"。

四、修订草案二次审议稿第六十三条第二款规定，公务员违纪的，处分决定机关应当将调查认定的事实以及拟给予处分的依据告知公务员本人，公务员有权进行陈述和申辩。有的常委委员提出，为保障公务员的合法权益，建议明确规定不得因公务员申辩而加重处分。宪法和法律委员会经研究，建议在这一款中增加规定："处分决定机关不得因公务员申辩而加重处分。"

五、修订草案二次审议稿第六十九条第二款规定，公务员可以在公务员队伍内部交流，也可以与国有企业事业单位、人民团体和群众团体中从事公务的人员交流。有的常委会组成人员提出，人民团体和群众团体机关的工作人员属于参照公务员法管理的人员，建议对上述表述进行修改。宪法和法律委员会经研究，建议将这一款修改为："公务员可以在公务员和参照本法管理的工作人员队伍内部交流，也可以与国有企业和不参照本法管理的事业单位中从事公务的人员交流。"同时，对修订草案二次审议稿第七十条第一款的表述作相应修改。

六、修订草案二次审议稿第九十五条第一款规定，公务员对涉及本人的人事处理不服的，可以向同级公务员主管部门或者作出该人事处理的机关的上一级机关提出申诉。有的常委委员提出，为保证救济的公正性，有必要建立专门的机制处理公务员的申诉。宪法和法律委员会经与中央组织部研究，建议根据有关规定和实际做法，增加一款规定："受理公务员申诉的机关应当组成公务员申诉公正委员会，负责受理和审理公务员的申诉案件。"

此外，根据常委委员的审议意见，还对修订草案二次审议稿作了个别文字修改。

还有一个问题需要汇报。2016 年 12 月 25 日第十二届全国人大常委会第二十五次会议通过了《关于授权国务院在部分地区和部分在京中央机关暂时调整适用〈中华人民共和国公务员法〉有关规定的决定》，授权国务院在部分地区和部分在京中央机关开展公务员职务与职级并行制度试点工作。试点期限为二年，将于 2019 年 1 月到期。中央组织部提出，全面推行公务员职务与职级并行制度需要做大量的准备工作，目前地方机构改革还在进行之中，为确保修订后的公务员法顺利平稳实施，建议本法自 2019 年 6 月 1 日起施行；同时，考虑到修订后的公务员法已经确立了公务员职务与职级并行制度，建议已经开展试点的地方和中央机关继续实施。宪法和法律委员会经研究，建议同意中央组织部的意见。

修订草案建议表决稿已按上述意见作了修改，宪法和法律委员会建议本次常委会会议审议通过。

修订草案建议表决稿和以上报告是否妥当，请审议。

中华人民共和国主席令

第二十一号

《全国人民代表大会常务委员会关于修改〈中华人民共和国村民委员会组织法〉〈中华人民共和国城市居民委员会组织法〉的决定》已由中华人民共和国第十三届全国人民代表大会常务委员会第七次会议于 2018 年 12 月 29 日通过，现予公布，自公布之日起施行。

中华人民共和国主席　习近平

2018 年 12 月 29 日

全国人民代表大会常务委员会关于修改《中华人民共和国村民委员会组织法》《中华人民共和国城市居民委员会组织法》的决定

（2018 年 12 月 29 日第十三届全国人民代表大会常务委员会第七次会议通过）

第十三届全国人民代表大会常务委员会第七次会议决定：

一、对《中华人民共和国村民委员会组织法》作出修改

将第十一条第二款修改为："村民委员会每届任期五年，届满应当及时举行换届选举。村民委员会成员可以连选连任。"

二、对《中华人民共和国城市居民委员会组织法》作出修改

将第八条第一款修改为："居民委员会主任、副

主任和委员，由本居住地区全体有选举权的居民或者由每户派代表选举产生；根据居民意见，也可以由每个居民小组选举代表二至三人选举产生。居民委员会每届任期五年，其成员可以连选连任。”

本决定自公布之日起施行。

《中华人民共和国村民委员会组织法》《中华人民共和国城市居民委员会组织法》根据本决定作相应修改，重新公布。

中华人民共和国村民委员会组织法

（1998 年 11 月 4 日第九届全国人民代表大会常务委员会第五次会议通过　2010 年 10 月 28 日第十一届全国人民代表大会常务委员会第十七次会议修订　根据 2018 年 12 月 29 日第十三届全国人民代表大会常务委员会第七次会议《关于修改〈中华人民共和国村民委员会组织法〉〈中华人民共和国城市居民委员会组织法〉的决定》修正）

目　录

第一章　总　　则
第二章　村民委员会的组成和职责
第三章　村民委员会的选举
第四章　村民会议和村民代表会议
第五章　民主管理和民主监督
第六章　附　　则

第一章　总　　则

第一条　为了保障农村村民实行自治，由村民依法办理自己的事情，发展农村基层民主，维护村民的合法权益，促进社会主义新农村建设，根据宪法，制定本法。

第二条　村民委员会是村民自我管理、自我教育、自我服务的基层群众性自治组织，实行民主选举、民主决策、民主管理、民主监督。

村民委员会办理本村的公共事务和公益事业，调解民间纠纷，协助维护社会治安，向人民政府反映村民的意见、要求和提出建议。

村民委员会向村民会议、村民代表会议负责并报告工作。

第三条　村民委员会根据村民居住状况、人口多少，按照便于群众自治，有利于经济发展和社会管理的原则设立。

村民委员会的设立、撤销、范围调整，由乡、民族乡、镇的人民政府提出，经村民会议讨论同意，报县级人民政府批准。

村民委员会可以根据村民居住状况、集体土地所有权关系等分设若干村民小组。

第四条　中国共产党在农村的基层组织，按照中国共产党章程进行工作，发挥领导核心作用，领导和支持村民委员会行使职权；依照宪法和法律，支持和保障村民开展自治活动、直接行使民主权利。

第五条　乡、民族乡、镇的人民政府对村民委员会的工作给予指导、支持和帮助，但是不得干预依法属于村民自治范围内的事项。

村民委员会协助乡、民族乡、镇的人民政府开展工作。

第二章　村民委员会的组成和职责

第六条　村民委员会由主任、副主任和委员共三至七人组成。

村民委员会成员中，应当有妇女成员，多民族村民居住的村应当有人数较少的民族的成员。

对村民委员会成员，根据工作情况，给予适当补贴。

第七条　村民委员会根据需要设人民调解、治安保卫、公共卫生与计划生育等委员会。村民委员会成员可以兼任下属委员会的成员。人口少的村的村民委员会可以不设下属委员会，由村民委员会成员分工负责人民调解、治安保卫、公共卫生与计划生育等工作。

第八条　村民委员会应当支持和组织村民依法发展各种形式的合作经济和其他经济，承担本村生产的服务和协调工作，促进农村生产建设和经济发展。

村民委员会依照法律规定，管理本村属于村农民集体所有的土地和其他财产，引导村民合理利用自然资源，保护和改善生态环境。

村民委员会应当尊重并支持集体经济组织依

法独立进行经济活动的自主权，维护以家庭承包经营为基础、统分结合的双层经营体制，保障集体经济组织和村民、承包经营户、联户或者合伙的合法财产权和其他合法权益。

第九条 村民委员会应当宣传宪法、法律、法规和国家的政策，教育和推动村民履行法律规定的义务、爱护公共财产，维护村民的合法权益，发展文化教育，普及科技知识，促进男女平等，做好计划生育工作，促进村与村之间的团结、互助，开展多种形式的社会主义精神文明建设活动。

村民委员会应当支持服务性、公益性、互助性社会组织依法开展活动，推动农村社区建设。

多民族村民居住的村，村民委员会应当教育和引导各民族村民增进团结、互相尊重、互相帮助。

第十条 村民委员会及其成员应当遵守宪法、法律、法规和国家的政策，遵守并组织实施村民自治章程、村规民约，执行村民会议、村民代表会议的决定、决议，办事公道，廉洁奉公，热心为村民服务，接受村民监督。

第三章 村民委员会的选举

第十一条 村民委员会主任、副主任和委员，由村民直接选举产生。任何组织或者个人不得指定、委派或者撤换村民委员会成员。

村民委员会每届任期五年，届满应当及时举行换届选举。村民委员会成员可以连选连任。

第十二条 村民委员会的选举，由村民选举委员会主持。

村民选举委员会由主任和委员组成，由村民会议、村民代表会议或者各村民小组会议推选产生。

村民选举委员会成员被提名为村民委员会成员候选人，应当退出村民选举委员会。

村民选举委员会成员退出村民选举委员会或者因其他原因出缺的，按照原推选结果依次递补，也可以另行推选。

第十三条 年满十八周岁的村民，不分民族、种族、性别、职业、家庭出身、宗教信仰、教育程度、财产状况、居住期限，都有选举权和被选举权；但是，依照法律被剥夺政治权利的人除外。

村民委员会选举前，应当对下列人员进行登记，列入参加选举的村民名单：

（一）户籍在本村并且在本村居住的村民；

（二）户籍在本村，不在本村居住，本人表示参加选举的村民；

（三）户籍不在本村，在本村居住一年以上，本人申请参加选举，并且经村民会议或者村民代表会议同意参加选举的公民。

已在户籍所在村或者居住村登记参加选举的村民，不得再参加其他地方村民委员会的选举。

第十四条 登记参加选举的村民名单应当在选举日的二十日前由村民选举委员会公布。

对登记参加选举的村民名单有异议的，应当自名单公布之日起五日内向村民选举委员会申诉，村民选举委员会应当自收到申诉之日起三日内作出处理决定，并公布处理结果。

第十五条 选举村民委员会，由登记参加选举的村民直接提名候选人。村民提名候选人，应当从全体村民利益出发，推荐奉公守法、品行良好、公道正派、热心公益、具有一定文化水平和工作能力的村民为候选人。候选人的名额应当多于应选名额。村民选举委员会应当组织候选人与村民见面，由候选人介绍履行职责的设想，回答村民提出的问题。

选举村民委员会，有登记参加选举的村民过半数投票，选举有效；候选人获得参加投票的村民过半数的选票，始得当选。当选人数不足应选名额的，不足的名额另行选举。另行选举的，第一次投票未当选的人员得票多的为候选人，候选人以得票多的当选，但是所得票数不得少于已投选票总数的三分之一。

选举实行无记名投票、公开计票的方法，选举结果应当当场公布。选举时，应当设立秘密写票处。

登记参加选举的村民，选举期间外出不能参加投票的，可以书面委托本村有选举权的近亲属代为投票。村民选举委员会应当公布委托人和受委托人的名单。

具体选举办法由省、自治区、直辖市的人民代表大会常务委员会规定。

第十六条 本村五分之一以上有选举权的村民或者三分之一以上的村民代表联名，可以提出罢免村民委员会成员的要求，并说明要求罢免的理由。被提出罢免的村民委员会成员有权提出申辩意见。

罢免村民委员会成员，须有登记参加选举的村民过半数投票，并须经投票的村民过半数通过。

第十七条 以暴力、威胁、欺骗、贿赂、伪造选票、虚报选举票数等不正当手段当选村民委员会成员的，当选无效。

对以暴力、威胁、欺骗、贿赂、伪造选票、虚报选举票数等不正当手段，妨害村民行使选举权、被选举权，破坏村民委员会选举的行为,村民有权向乡、民族乡、镇的人民代表大会和人民政府或者县级人民代表大会常务委员会和人民政府及其有关主管部门举报,由乡级或者县级人民政府负责调查并依法处理。

第十八条 村民委员会成员丧失行为能力或者被判处刑罚的,其职务自行终止。

第十九条 村民委员会成员出缺,可以由村民会议或者村民代表会议进行补选。补选程序参照本法第十五条的规定办理。补选的村民委员会成员的任期到本届村民委员会任期届满时止。

第二十条 村民委员会应当自新一届村民委员会产生之日起十日内完成工作移交。工作移交由村民选举委员会主持,由乡、民族乡、镇的人民政府监督。

第四章 村民会议和村民代表会议

第二十一条 村民会议由本村十八周岁以上的村民组成。

村民会议由村民委员会召集。有十分之一以上的村民或者三分之一以上的村民代表提议,应当召集村民会议。召集村民会议,应当提前十天通知村民。

第二十二条 召开村民会议,应当有本村十八周岁以上村民的过半数,或者本村三分之二以上的户的代表参加,村民会议所作决定应当经到会人员的过半数通过。法律对召开村民会议及作出决定另有规定的,依照其规定。

召开村民会议,根据需要可以邀请驻本村的企业、事业单位和群众组织派代表列席。

第二十三条 村民会议审议村民委员会的年度工作报告,评议村民委员会成员的工作;有权撤销或者变更村民委员会不适当的决定;有权撤销或者变更村民代表会议不适当的决定。

村民会议可以授权村民代表会议审议村民委员会的年度工作报告,评议村民委员会成员的工作,撤销或者变更村民委员会不适当的决定。

第二十四条 涉及村民利益的下列事项,经村民会议讨论决定方可办理:

(一)本村享受误工补贴的人员及补贴标准;

(二)从村集体经济所得收益的使用;

(三)本村公益事业的兴办和筹资筹劳方案及建设承包方案;

(四)土地承包经营方案;

(五)村集体经济项目的立项、承包方案;

(六)宅基地的使用方案;

(七)征地补偿费的使用、分配方案;

(八)以借贷、租赁或者其他方式处分村集体财产;

(九)村民会议认为应当由村民会议讨论决定的涉及村民利益的其他事项。

村民会议可以授权村民代表会议讨论决定前款规定的事项。

法律对讨论决定村集体经济组织财产和成员权益的事项另有规定的,依照其规定。

第二十五条 人数较多或者居住分散的村,可以设立村民代表会议,讨论决定村民会议授权的事项。村民代表会议由村民委员会成员和村民代表组成,村民代表应当占村民代表会议组成人员的五分之四以上,妇女村民代表应当占村民代表会议组成人员的三分之一以上。

村民代表由村民按每五户至十五户推选一人,或者由各村民小组推选若干人。村民代表的任期与村民委员会的任期相同。村民代表可以连选连任。

村民代表应当向其推选户或者村民小组负责,接受村民监督。

第二十六条 村民代表会议由村民委员会召集。村民代表会议每季度召开一次。有五分之一以上的村民代表提议,应当召集村民代表会议。

村民代表会议有三分之二以上的组成人员参加方可召开,所作决定应当经到会人员的过半数同意。

第二十七条 村民会议可以制定和修改村民自治章程、村规民约,并报乡、民族乡、镇的人民政府备案。

村民自治章程、村规民约以及村民会议或者村民代表会议的决定不得与宪法、法律、法规和国家的政策相抵触,不得有侵犯村民的人身权利、民主权利和合法财产权利的内容。

村民自治章程、村规民约以及村民会议或者村民代表会议的决定违反前款规定的,由乡、民族乡、镇的人民政府责令改正。

第二十八条 召开村民小组会议,应当有本村民小组十八周岁以上的村民三分之二以上,或者本村民小组三分之二以上的户的代表参加,所作决定应当经到会人员的过半数同意。

村民小组组长由村民小组会议推选。村民小组组长任期与村民委员会的任期相同,可以连选连任。

属于村民小组的集体所有的土地、企业和其他财产的经营管理以及公益事项的办理,由村民小组会议依照有关法律的规定讨论决定,所作决定及实施情况应当及时向本村民小组的村民公布。

第五章　民主管理和民主监督

第二十九条　村民委员会应当实行少数服从多数的民主决策机制和公开透明的工作原则,建立健全各种工作制度。

第三十条　村民委员会实行村务公开制度。

村民委员会应当及时公布下列事项,接受村民的监督:

(一)本法第二十三条、第二十四条规定的由村民会议、村民代表会议讨论决定的事项及其实施情况;

(二)国家计划生育政策的落实方案;

(三)政府拨付和接受社会捐赠的救灾救助、补贴补助等资金、物资的管理使用情况;

(四)村民委员会协助人民政府开展工作的情况;

(五)涉及本村村民利益,村民普遍关心的其他事项。

前款规定事项中,一般事项至少每季度公布一次;集体财务往来较多的,财务收支情况应当每月公布一次;涉及村民利益的重大事项应当随时公布。

村民委员会应当保证所公布事项的真实性,并接受村民的查询。

第三十一条　村民委员会不及时公布应当公布的事项或者公布的事项不真实的,村民有权向乡、民族乡、镇的人民政府或者县级人民政府及其有关主管部门反映,有关人民政府或者主管部门应当负责调查核实,责令依法公布;经查证确有违法行为的,有关人员应当依法承担责任。

第三十二条　村应当建立村务监督委员会或者其他形式的村务监督机构,负责村民民主理财,监督村务公开等制度的落实,其成员由村民会议或者村民代表会议在村民中推选产生,其中应有具备财会、管理知识的人员。村民委员会成员及其近亲属不得担任村务监督机构成员。村务监督机构成员向村民会议和村民代表会议负责,可以列席村民委员会会议。

第三十三条　村民委员会成员以及由村民或者村集体承担误工补贴的聘用人员,应当接受村民会议或者村民代表会议对其履行职责情况的民主评议。民主评议每年至少进行一次,由村务监督机构主持。

村民委员会成员连续两次被评议不称职的,其职务终止。

第三十四条　村民委员会和村务监督机构应当建立村务档案。村务档案包括:选举文件和选票,会议记录,土地发包方案和承包合同,经济合同,集体财务账目,集体资产登记文件,公益设施基本资料,基本建设资料,宅基地使用方案,征地补偿费使用及分配方案等。村务档案应当真实、准确、完整、规范。

第三十五条　村民委员会成员实行任期和离任经济责任审计,审计包括下列事项:

(一)本村财务收支情况;

(二)本村债权债务情况;

(三)政府拨付和接受社会捐赠的资金、物资管理使用情况;

(四)本村生产经营和建设项目的发包管理以及公益事业建设项目招标投标情况;

(五)本村资金管理使用以及本村集体资产、资源的承包、租赁、担保、出让情况,征地补偿费的使用、分配情况;

(六)本村五分之一以上的村民要求审计的其他事项。

村民委员会成员的任期和离任经济责任审计,由县级人民政府农业部门、财政部门或者乡、民族乡、镇的人民政府负责组织,审计结果应当公布,其中离任经济责任审计结果应当在下一届村民委员会选举之前公布。

第三十六条　村民委员会或者村民委员会成员作出的决定侵害村民合法权益的,受侵害的村民可以申请人民法院予以撤销,责任人依法承担法律责任。

村民委员会不依照法律、法规的规定履行法定义务的,由乡、民族乡、镇的人民政府责令改正。

乡、民族乡、镇的人民政府干预依法属于村民自治范围事项的,由上一级人民政府责令改正。

第六章　附　　则

第三十七条　人民政府对村民委员会协助政府开展工作应当提供必要的条件;人民政府有关部门委托村民委员会开展工作需要经费的,由委托部门承担。

村民委员会办理本村公益事业所需的经费,由村民会议通过筹资筹劳解决;经费确有困难的,由地方人民政府给予适当支持。

第三十八条 驻在农村的机关、团体、部队、国有及国有控股企业、事业单位及其人员不参加村民委员会组织，但应当通过多种形式参与农村社区建设，并遵守有关村规民约。

村民委员会、村民会议或者村民代表会议讨论决定与前款规定的单位有关的事项，应当与其协商。

第三十九条 地方各级人民代表大会和县级以上地方各级人民代表大会常务委员会在本行政区域内保证本法的实施，保障村民依法行使自治权利。

第四十条 省、自治区、直辖市的人民代表大会常务委员会根据本法，结合本行政区域的实际情况，制定实施办法。

第四十一条 本法自公布之日起施行。

中华人民共和国城市居民委员会组织法

（1989 年 12 月 26 日第七届全国人民代表大会常务委员会第十一次会议通过 根据 2018 年 12 月 29 日第十三届全国人民代表大会常务委员会第七次会议《关于修改〈中华人民共和国村民委员会组织法〉〈中华人民共和国城市居民委员会组织法〉的决定》修正）

第一条 为了加强城市居民委员会的建设，由城市居民群众依法办理群众自己的事情，促进城市基层社会主义民主和城市社会主义物质文明、精神文明建设的发展，根据宪法，制定本法。

第二条 居民委员会是居民自我管理、自我教育、自我服务的基层群众性自治组织。

不设区的市、市辖区的人民政府或者它的派出机关对居民委员会的工作给予指导、支持和帮助。居民委员会协助不设区的市、市辖区的人民政府或者它的派出机关开展工作。

第三条 居民委员会的任务：

（一）宣传宪法、法律、法规和国家的政策，维护居民的合法权益，教育居民履行依法应尽的义务，爱护公共财产，开展多种形式的社会主义精神文明建设活动；

（二）办理本居住地区居民的公共事务和公益事业；

（三）调解民间纠纷；

（四）协助维护社会治安；

（五）协助人民政府或者它的派出机关做好与居民利益有关的公共卫生、计划生育、优抚救济、青少年教育等项工作；

（六）向人民政府或者它的派出机关反映居民的意见、要求和提出建议。

第四条 居民委员会应当开展便民利民的社区服务活动，可以兴办有关的服务事业。

居民委员会管理本居民委员会的财产，任何部门和单位不得侵犯居民委员会的财产所有权。

第五条 多民族居住地区的居民委员会，应当教育居民互相帮助，互相尊重，加强民族团结。

第六条 居民委员会根据居民居住状况，按照便于居民自治的原则，一般在一百户至七百户的范围内设立。

居民委员会的设立、撤销、规模调整，由不设区的市、市辖区的人民政府决定。

第七条 居民委员会由主任、副主任和委员共五至九人组成。多民族居住地区，居民委员会中应当有人数较少的民族的成员。

第八条 居民委员会主任、副主任和委员，由本居住地区全体有选举权的居民或者由每户派代表选举产生；根据居民意见，也可以由每个居民小组选举代表二至三人选举产生。居民委员会每届任期五年，其成员可以连选连任。

年满十八周岁的本居住地区居民，不分民族、种族、性别、职业、家庭出身、宗教信仰、教育程度、财产状况、居住期限，都有选举权和被选举权；但是，依照法律被剥夺政治权利的人除外。

第九条 居民会议由十八周岁以上的居民组成。

居民会议可以由全体十八周岁以上的居民或者每户派代表参加，也可以由每个居民小组选举代表二至三人参加。

居民会议必须有全体十八周岁以上的居民、户的代表或者居民小组选举的代表的过半数出席，才能举行。会议的决定，由出席人的过半数通过。

第十条 居民委员会向居民会议负责并报告工作。

居民会议由居民委员会召集和主持。有五分之一以上的十八周岁以上的居民、五分之一以上的户或者三分之一以上的居民小组提议，应当召集居民会议。涉及全体居民利益的重要问题，居民委员会必须提请居民会议讨论决定。

居民会议有权撤换和补选居民委员会成员。

第十一条　居民委员会决定问题，采取少数服从多数的原则。

居民委员会进行工作，应当采取民主的方法，不得强迫命令。

第十二条　居民委员会成员应当遵守宪法、法律、法规和国家的政策，办事公道，热心为居民服务。

第十三条　居民委员会根据需要设人民调解、治安保卫、公共卫生等委员会。居民委员会成员可以兼任下属的委员会的成员。居民较少的居民委员会可以不设下属的委员会，由居民委员会的成员分工负责有关工作。

第十四条　居民委员会可以分设若干居民小组，小组长由居民小组推选。

第十五条　居民公约由居民会议讨论制定，报不设区的市、市辖区的人民政府或者它的派出机关备案，由居民委员会监督执行。居民应当遵守居民会议的决议和居民公约。

居民公约的内容不得与宪法、法律、法规和国家的政策相抵触。

第十六条　居民委员会办理本居住地区公益事业所需的费用，经居民会议讨论决定，可以根据自愿原则向居民筹集，也可以向本居住地区的受益单位筹集，但是必须经受益单位同意；收支帐目应当及时公布，接受居民监督。

第十七条　居民委员会的工作经费和来源，居民委员会成员的生活补贴费的范围、标准和来源，由不设区的市、市辖区的人民政府或者上级人民政府规定并拨付；经居民会议同意，可以从居民委员会的经济收入中给予适当补助。

居民委员会的办公用房，由当地人民政府统筹解决。

第十八条　依照法律被剥夺政治权利的人编入居民小组，居民委员会应当对他们进行监督和教育。

第十九条　机关、团体、部队、企业事业组织，不参加所在地的居民委员会，但是应当支持所在地的居民委员会的工作。所在地的居民委员会讨论同这些单位有关的问题，需要他们参加会议时，他们应当派代表参加，并且遵守居民委员会的有关决定和居民公约。

前款所列单位的职工及家属、军人及随军家属，参加居住地区的居民委员会；其家属聚居区可以单独成立家属委员会，承担居民委员会的工作，在不设区的市、市辖区的人民政府或者它的派出机关和本单位的指导下进行工作。家属委员会的工作经费和家属委员会成员的生活补贴费、办公用房，由所属单位解决。

第二十条　市、市辖区的人民政府有关部门，需要居民委员会或者它的下属委员会协助进行的工作，应当经市、市辖区的人民政府或者它的派出机关同意并统一安排。市、市辖区的人民政府的有关部门，可以对居民委员会有关的下属委员会进行业务指导。

第二十一条　本法适用于乡、民族乡、镇的人民政府所在地设立的居民委员会。

第二十二条　省、自治区、直辖市的人民代表大会常务委员会可以根据本法制定实施办法。

第二十三条　本法自1990年1月1日起施行。1954年12月31日全国人民代表大会常务委员会通过的《城市居民委员会组织条例》同时废止。

关于《〈中华人民共和国村民委员会组织法〉、〈中华人民共和国城市居民委员会组织法〉修正案（草案）》的说明

——2018年12月23日在第十三届全国人民代表大会常务委员会第七次会议上

民政部部长　黄树贤

全国人民代表大会常务委员会：

我受国务院委托，现对《〈中华人民共和国村民委员会组织法〉、〈中华人民共和国城市居民委员会组织法〉修正案（草案）》作说明。

习近平总书记强调，全面依法治国是一个系统工程，必须统筹兼顾、把握重点、整体谋划，更加注

重系统性、整体性、协同性。李克强总理对基层群众自治组织建设作出明确指示，提出了工作要求。2017 年 10 月 24 日通过的《中国共产党章程》规定，党的基层委员会、总支部委员会、支部委员会每届任期三年至五年。为贯彻落实党章规定，中共中央办公厅印发了《关于党的基层组织任期的意见》，进一步明确，村和社区党的委员会、总支部委员会、支部委员会每届任期为 5 年。

为贯彻落实党中央、国务院决策部署，做好与有关文件的衔接，经征求中央组织部、全国人大常委会法工委、国家民委、财政部、农业农村部及中共中央办公厅法规局等中央有关单位和各省、自治区、直辖市人民政府及新疆生产建设兵团的意见，民政部、司法部研究起草了《〈中华人民共和国村民委员会组织法〉、〈中华人民共和国城市居民委员会组织法〉修正案（草案）》（以下简称草案）。草案已经国务院同意。现说明如下：

草案将村民委员会、居民委员会的任期由 3 年改为 5 年，与村和社区党的委员会、总支部委员会、支部委员会的任期保持一致，有利于坚持和加强党的全面领导，完善党领导下的基层群众自治制度和工作机制，促进村和社区公共事业健康有序发展，有利于实现村民委员会、居民委员会换届工作与村和社区党组织换届工作统一部署、统一实施，有利于保持基层群众自治组织负责人队伍相对稳定。

草案和以上说明是否妥当，请审议。

全国人民代表大会宪法和法律委员会关于《〈中华人民共和国村民委员会组织法〉、〈中华人民共和国城市居民委员会组织法〉修正案（草案）》审议结果的报告

——2018 年 12 月 29 日在第十三届全国人民代表大会常务委员会第七次会议上

全国人民代表大会常务委员会：

本次常委会会议于 12 月 25 日上午对国务院提请审议的《〈中华人民共和国村民委员会组织法〉、〈中华人民共和国城市居民委员会组织法〉修正案（草案）》进行了分组审议。常委会组成人员普遍认为，为坚持和加强党的全面领导，完善党领导下的基层群众自治制度和工作机制，将村民委员会、居民委员会的任期由三年改为五年，与村和社区党的基层组织任期保持一致，是必要的，赞成将修正案草案提请本次常委会会议表决通过。同时，有些常委委员、代表还对两部法律其他规定提出了一些修改意见和建议。宪法和法律委员会于 12 月 27 日上午召开会议，逐条研究了常委会组成人员的审议意见，对修正案草案进行了审议。社会建设委员会、司法部、民政部有关负责同志列席了会议。宪法和法律委员会认为，修正案草案是可行的。同时，修改村民委员会组织法、城市居民委员会组织法已列入本届常委会立法规划，建议有关部门抓紧推进两部法律修改工作。对常委委员、代表提出的具体修改意见和建议，可在修改这两部法律时一并考虑。

宪法和法律委员会已按上述意见提出了全国人民代表大会常务委员会关于修改《中华人民共和国村民委员会组织法》《中华人民共和国城市居民委员会组织法》的决定（草案建议表决稿），建议本次常委会会议审议通过。

修改决定草案建议表决稿和以上报告是否妥当，请审议。

中华人民共和国主席令

第二十二号

《全国人民代表大会常务委员会关于修改〈中华人民共和国产品质量法〉等五部法律的决定》已由中华人民共和国第十三届全国人民代表大会常务委员会第七次会议于 2018 年 12 月 29 日通过，现予公布，自公布之日起施行。

中华人民共和国主席　习近平

2018 年 12 月 29 日

全国人民代表大会常务委员会关于修改《中华人民共和国产品质量法》等五部法律的决定

（2018 年 12 月 29 日第十三届全国人民代表大会常务委员会第七次会议通过）

第十三届全国人民代表大会常务委员会第七次会议决定：

一、对《中华人民共和国产品质量法》作出修改

（一）将第八条、第十条、第十四条、第十五条、第十七条、第十八条、第十九条、第二十四条、第二十五条、第六十六条、第六十七条中的“产品质量监督部门”修改为“市场监督管理部门”。

（二）删去第十八条第二款。

（三）将第二十二条中的“产品质量监督部门、工商行政管理部门”修改为“市场监督管理部门”。

（四）将第四十条第三款、第六十三条、第六十五条、第六十八条、第六十九条中的“产品质量监督部门或者工商行政管理部门”修改为“市场监督管理部门”。

（五）删去第七十条中的“本法规定的吊销营业执照的行政处罚由工商行政管理部门决定”，将“由产品质量监督部门或者工商行政管理部门按照国务院规定的职权范围决定”修改为“由市场监督管理部门决定”。

二、对《中华人民共和国义务教育法》作出修改

将第四十条中的“出版行政部门”修改为“出版主管部门”。

三、对《中华人民共和国进出口商品检验法》作出修改

（一）将第二十四条中的“国家商检部门”修改为“国务院认证认可监督管理部门”。

（二）将第二十五条中的“商检机构”修改为“认证机构”，“国家商检部门”修改为“国务院认证认可监督管理部门”。

（三）将第三十六条中的“由商检机构责令改正”修改为“由商检机构、认证认可监督管理部门依据各自职责责令改正”。

四、对《中华人民共和国预算法》作出修改

将第八十八条中的“监督检查本级各部门及其所属各单位预算的编制、执行”修改为“监督本级各部门及其所属各单位预算管理有关工作”。

五、对《中华人民共和国食品安全法》作出修改

（一）将第五条、第六条、第七条、第八条第二款、第十四条、第十六条、第十九条、第二十一条第二款、第二十二条、第二十三条、第二十七条、第三十二条、第三十五条第二款、第三十六条第一款、第三十八条、第四十二条第三款、第四十四条第三款、第四十七条、第四十八条第二款、第六十一条、第六十二条第二款、第六十三条、第六十四条、第七十三条第二款、第七十五条第二款、第七十六条第一款、第七十七条第一款、第七十九条、第八十条第一款、第八十一条、第八十二条第二款、第八十三条、第八十四条第二款、第八十七条、第八十八条第一款、第九十五条、第一百零三条、第一百零四条、第一百零五条、第一百零六条、第一百零九条、第一百一十二条第一款、第一百一十三条、第一百一十四条、第一百一十五条第一款、第一百一十六条、第一百一十七条、第一百一十八条、第一百一十九条、第一百二十条第二款、第一百二十一条、第一百二十二条、第一百二十三条、第一百二十四条第一款、第一百二十五条、第一百二十六条、第一百三十条第一款、第一百三十一条第一款、第一百三十二条、第一百三十四条、第一百三十五条第三款、第一百四十条、第一百四十四条、第一百四十五条、第一百四十六条、

第一百五十二条中的“食品药品监督管理”修改为“食品安全监督管理”。

（二）删去第十四条、第十九条、第二十一条第二款、第三十二条、第一百零三条第二款、第一百零五条第一款、第一百零九条、第一百一十五条第一款、第一百一十六条、第一百一十八条第二款、第一百一十九条、第一百二十一条、第一百四十四条、第一百四十五条、第一百四十六条中的“质量监督”。

（三）将第四十一条、第一百二十四条第三款、第一百二十六条第三款、第一百五十二条第三款中的“质量监督”修改为“食品安全监督管理”。

（四）将第一百一十条中的“食品药品监督管理、质量监督部门履行各自食品安全监督管理职责”修改为“食品安全监督管理部门履行食品安全监督管理职责”。

（五）将第一百二十一条第三款中的“环境保护”修改为“生态环境”。

本决定自公布之日起施行。

《中华人民共和国产品质量法》《中华人民共和国义务教育法》《中华人民共和国进出口商品检验法》《中华人民共和国预算法》《中华人民共和国食品安全法》根据本决定作相应修改，重新公布。

中华人民共和国产品质量法

（1993 年 2 月 22 日第七届全国人民代表大会常务委员会第三十次会议通过　根据 2000 年 7 月 8 日第九届全国人民代表大会常务委员会第十六次会议《关于修改〈中华人民共和国产品质量法〉的决定》第一次修正　根据 2009 年 8 月 27 日第十一届全国人民代表大会常务委员会第十次会议《关于修改部分法律的决定》第二次修正　根据 2018 年 12 月 29 日第十三届全国人民代表大会常务委员会第七次会议《关于修改〈中华人民共和国产品质量法〉等五部法律的决定》第三次修正）

目　录

第一章　总　　则
第二章　产品质量的监督
第三章　生产者、销售者的产品质量责任和义务
　第一节　生产者的产品质量责任和义务
　第二节　销售者的产品质量责任和义务
第四章　损害赔偿
第五章　罚　　则
第六章　附　　则

第一章　总　　则

第一条　为了加强对产品质量的监督管理，提高产品质量水平，明确产品质量责任，保护消费者的合法权益，维护社会经济秩序，制定本法。

第二条　在中华人民共和国境内从事产品生产、销售活动，必须遵守本法。

本法所称产品是指经过加工、制作，用于销售的产品。

建设工程不适用本法规定；但是，建设工程使用的建筑材料、建筑构配件和设备，属于前款规定的产品范围的，适用本法规定。

第三条　生产者、销售者应当建立健全内部产品质量管理制度，严格实施岗位质量规范、质量责任以及相应的考核办法。

第四条　生产者、销售者依照本法规定承担产品质量责任。

第五条　禁止伪造或者冒用认证标志等质量标志；禁止伪造产品的产地，伪造或者冒用他人的厂名、厂址；禁止在生产、销售的产品中掺杂、掺假，以假充真，以次充好。

第六条　国家鼓励推行科学的质量管理方法，采用先进的科学技术，鼓励企业产品质量达到并且超过行业标准、国家标准和国际标准。

对产品质量管理先进和产品质量达到国际先进水平、成绩显著的单位和个人，给予奖励。

第七条　各级人民政府应当把提高产品质量纳入国民经济和社会发展规划，加强对产品质量工作的统筹规划和组织领导，引导、督促生产者、销售者加强产品质量管理，提高产品质量，组织各有关部门依法采取措施，制止产品生产、销售中违反本

法规定的行为,保障本法的施行。

第八条 国务院市场监督管理部门主管全国产品质量监督工作。国务院有关部门在各自的职责范围内负责产品质量监督工作。

县级以上地方市场监督管理部门主管本行政区域内的产品质量监督工作。县级以上地方人民政府有关部门在各自的职责范围内负责产品质量监督工作。

法律对产品质量的监督部门另有规定的,依照有关法律的规定执行。

第九条 各级人民政府工作人员和其他国家机关工作人员不得滥用职权、玩忽职守或者徇私舞弊,包庇、放纵本地区、本系统发生的产品生产、销售中违反本法规定的行为,或者阻挠、干预依法对产品生产、销售中违反本法规定的行为进行查处。

各级地方人民政府和其他国家机关有包庇、放纵产品生产、销售中违反本法规定的行为的,依法追究其主要负责人的法律责任。

第十条 任何单位和个人有权对违反本法规定的行为,向市场监督管理部门或者其他有关部门检举。

市场监督管理部门和有关部门应当为检举人保密,并按照省、自治区、直辖市人民政府的规定给予奖励。

第十一条 任何单位和个人不得排斥非本地区或者非本系统企业生产的质量合格产品进入本地区、本系统。

第二章 产品质量的监督

第十二条 产品质量应当检验合格,不得以不合格产品冒充合格产品。

第十三条 可能危及人体健康和人身、财产安全的工业产品,必须符合保障人体健康和人身、财产安全的国家标准、行业标准;未制定国家标准、行业标准的,必须符合保障人体健康和人身、财产安全的要求。

禁止生产、销售不符合保障人体健康和人身、财产安全的标准和要求的工业产品。具体管理办法由国务院规定。

第十四条 国家根据国际通用的质量管理标准,推行企业质量体系认证制度。企业根据自愿原则可以向国务院市场监督管理部门认可的或者国务院市场监督管理部门授权的部门认可的认证机构申请企业质量体系认证。经认证合格的,由认证机构颁发企业质量体系认证证书。

国家参照国际先进的产品标准和技术要求,推行产品质量认证制度。企业根据自愿原则可以向国务院市场监督管理部门认可的或者国务院市场监督管理部门授权的部门认可的认证机构申请产品质量认证。经认证合格的,由认证机构颁发产品质量认证证书,准许企业在产品或者其包装上使用产品质量认证标志。

第十五条 国家对产品质量实行以抽查为主要方式的监督检查制度,对可能危及人体健康和人身、财产安全的产品,影响国计民生的重要工业产品以及消费者、有关组织反映有质量问题的产品进行抽查。抽查的样品应当在市场上或者企业成品仓库内的待销产品中随机抽取。监督抽查工作由国务院市场监督管理部门规划和组织。县级以上地方市场监督管理部门在本行政区域内也可以组织监督抽查。法律对产品质量的监督检查另有规定的,依照有关法律的规定执行。

国家监督抽查的产品,地方不得另行重复抽查;上级监督抽查的产品,下级不得另行重复抽查。

根据监督抽查的需要,可以对产品进行检验。检验抽取样品的数量不得超过检验的合理需要,并不得向被检查人收取检验费用。监督抽查所需检验费用按照国务院规定列支。

生产者、销售者对抽查检验的结果有异议的,可以自收到检验结果之日起十五日内向实施监督抽查的市场监督管理部门或者其上级市场监督管理部门申请复检,由受理复检的市场监督管理部门作出复检结论。

第十六条 对依法进行的产品质量监督检查,生产者、销售者不得拒绝。

第十七条 依照本法规定进行监督抽查的产品质量不合格的,由实施监督抽查的市场监督管理部门责令其生产者、销售者限期改正。逾期不改正的,由省级以上人民政府市场监督管理部门予以公告;公告后经复查仍不合格的,责令停业,限期整顿;整顿期满后经复查产品质量仍不合格的,吊销营业执照。

监督抽查的产品有严重质量问题的,依照本法第五章的有关规定处罚。

第十八条 县级以上市场监督管理部门根据已经取得的违法嫌疑证据或者举报,对涉嫌违反本法规定的行为进行查处时,可以行使下列职权:

(一)对当事人涉嫌从事违反本法的生产、销售活动的场所实施现场检查;

(二)向当事人的法定代表人、主要负责人和其他有关人员调查、了解与涉嫌从事违反本法的生产、销售活动有关的情况；

（三）查阅、复制当事人有关的合同、发票、帐簿以及其他有关资料；

（四）对有根据认为不符合保障人体健康和人身、财产安全的国家标准、行业标准的产品或者有其他严重质量问题的产品，以及直接用于生产、销售该项产品的原辅材料、包装物、生产工具，予以查封或者扣押。

第十九条　产品质量检验机构必须具备相应的检测条件和能力，经省级以上人民政府市场监督管理部门或者其授权的部门考核合格后，方可承担产品质量检验工作。法律、行政法规对产品质量检验机构另有规定的，依照有关法律、行政法规的规定执行。

第二十条　从事产品质量检验、认证的社会中介机构必须依法设立，不得与行政机关和其他国家机关存在隶属关系或者其他利益关系。

第二十一条　产品质量检验机构、认证机构必须依法按照有关标准，客观、公正地出具检验结果或者认证证明。

产品质量认证机构应当依照国家规定对准许使用认证标志的产品进行认证后的跟踪检查；对不符合认证标准而使用认证标志的，要求其改正；情节严重的，取消其使用认证标志的资格。

第二十二条　消费者有权就产品质量问题，向产品的生产者、销售者查询；向市场监督管理部门及有关部门申诉，接受申诉的部门应当负责处理。

第二十三条　保护消费者权益的社会组织可以就消费者反映的产品质量问题建议有关部门负责处理，支持消费者对因产品质量造成的损害向人民法院起诉。

第二十四条　国务院和省、自治区、直辖市人民政府的市场监督管理部门应当定期发布其监督抽查的产品的质量状况公告。

第二十五条　市场监督管理部门或者其他国家机关以及产品质量检验机构不得向社会推荐生产者的产品；不得以对产品进行监制、监销等方式参与产品经营活动。

第三章　生产者、销售者的产品质量责任和义务

第一节　生产者的产品质量责任和义务

第二十六条　生产者应当对其生产的产品质量负责。

产品质量应当符合下列要求：

（一）不存在危及人身、财产安全的不合理的危险，有保障人体健康和人身、财产安全的国家标准、行业标准的，应当符合该标准；

（二）具备产品应当具备的使用性能，但是，对产品存在使用性能的瑕疵作出说明的除外；

（三）符合在产品或者其包装上注明采用的产品标准，符合以产品说明、实物样品等方式表明的质量状况。

第二十七条　产品或者其包装上的标识必须真实，并符合下列要求：

（一）有产品质量检验合格证明；

（二）有中文标明的产品名称、生产厂厂名和厂址；

（三）根据产品的特点和使用要求，需要标明产品规格、等级、所含主要成份的名称和含量的，用中文相应予以标明；需要事先让消费者知晓的，应当在外包装上标明，或者预先向消费者提供有关资料；

（四）限期使用的产品，应当在显著位置清晰地标明生产日期和安全使用期或者失效日期；

（五）使用不当，容易造成产品本身损坏或者可能危及人身、财产安全的产品，应当有警示标志或者中文警示说明。

裸装的食品和其他根据产品的特点难以附加标识的裸装产品，可以不附加产品标识。

第二十八条　易碎、易燃、易爆、有毒、有腐蚀性、有放射性等危险物品以及储运中不能倒置和其他有特殊要求的产品，其包装质量必须符合相应要求，依照国家有关规定作出警示标志或者中文警示说明，标明储运注意事项。

第二十九条　生产者不得生产国家明令淘汰的产品。

第三十条　生产者不得伪造产地，不得伪造或者冒用他人的厂名、厂址。

第三十一条　生产者不得伪造或者冒用认证标志等质量标志。

第三十二条　生产者生产产品，不得掺杂、掺假，不得以假充真、以次充好，不得以不合格产品冒充合格产品。

第二节　销售者的产品质量责任和义务

第三十三条　销售者应当建立并执行进货检查验收制度，验明产品合格证明和其他标识。

第三十四条　销售者应当采取措施，保持销售

产品的质量。

第三十五条 销售者不得销售国家明令淘汰并停止销售的产品和失效、变质的产品。

第三十六条 销售者销售的产品的标识应当符合本法第二十七条的规定。

第三十七条 销售者不得伪造产地,不得伪造或者冒用他人的厂名、厂址。

第三十八条 销售者不得伪造或者冒用认证标志等质量标志。

第三十九条 销售者销售产品,不得掺杂、掺假,不得以假充真、以次充好,不得以不合格产品冒充合格产品。

第四章 损害赔偿

第四十条 售出的产品有下列情形之一的,销售者应当负责修理、更换、退货;给购买产品的消费者造成损失的,销售者应当赔偿损失:

(一)不具备产品应当具备的使用性能而事先未作说明的;

(二)不符合在产品或者其包装上注明采用的产品标准的;

(三)不符合以产品说明、实物样品等方式表明的质量状况的。

销售者依照前款规定负责修理、更换、退货、赔偿损失后,属于生产者的责任或者属于向销售者提供产品的其他销售者(以下简称供货者)的责任的,销售者有权向生产者、供货者追偿。

销售者未按照第一款规定给予修理、更换、退货或者赔偿损失的,由市场监督管理部门责令改正。

生产者之间,销售者之间,生产者与销售者之间订立的买卖合同、承揽合同有不同约定的,合同当事人按照合同约定执行。

第四十一条 因产品存在缺陷造成人身、缺陷产品以外的其他财产(以下简称他人财产)损害的,生产者应当承担赔偿责任。

生产者能够证明有下列情形之一的,不承担赔偿责任:

(一)未将产品投入流通的;

(二)产品投入流通时,引起损害的缺陷尚不存在的;

(三)将产品投入流通时的科学技术水平尚不能发现缺陷的存在的。

第四十二条 由于销售者的过错使产品存在缺陷,造成人身、他人财产损害的,销售者应当承担赔偿责任。

销售者不能指明缺陷产品的生产者也不能指明缺陷产品的供货者的,销售者应当承担赔偿责任。

第四十三条 因产品存在缺陷造成人身、他人财产损害的,受害人可以向产品的生产者要求赔偿,也可以向产品的销售者要求赔偿。属于产品的生产者的责任,产品的销售者赔偿的,产品的销售者有权向产品的生产者追偿。属于产品的销售者的责任,产品的生产者赔偿的,产品的生产者有权向产品的销售者追偿。

第四十四条 因产品存在缺陷造成受害人人身伤害的,侵害人应当赔偿医疗费、治疗期间的护理费、因误工减少的收入等费用;造成残疾的,还应当支付残疾者生活自助具费、生活补助费、残疾赔偿金以及由其扶养的人所必需的生活费等费用;造成受害人死亡的,并应当支付丧葬费、死亡赔偿金以及由死者生前扶养的人所必需的生活费等费用。

因产品存在缺陷造成受害人财产损失的,侵害人应当恢复原状或者折价赔偿。受害人因此遭受其他重大损失的,侵害人应当赔偿损失。

第四十五条 因产品存在缺陷造成损害要求赔偿的诉讼时效期间为二年,自当事人知道或者应当知道其权益受到损害时起计算。

因产品存在缺陷造成损害要求赔偿的请求权,在造成损害的缺陷产品交付最初消费者满十年丧失;但是,尚未超过明示的安全使用期的除外。

第四十六条 本法所称缺陷,是指产品存在危及人身、他人财产安全的不合理的危险;产品有保障人体健康和人身、财产安全的国家标准、行业标准的,是指不符合该标准。

第四十七条 因产品质量发生民事纠纷时,当事人可以通过协商或者调解解决。当事人不愿通过协商、调解解决或者协商、调解不成的,可以根据当事人各方的协议向仲裁机构申请仲裁;当事人各方没有达成仲裁协议或者仲裁协议无效的,可以直接向人民法院起诉。

第四十八条 仲裁机构或者人民法院可以委托本法第十九条规定的产品质量检验机构,对有关产品质量进行检验。

第五章 罚 则

第四十九条 生产、销售不符合保障人体健康和人身、财产安全的国家标准、行业标准的产品的,责令停止生产、销售,没收违法生产、销售的产品,并处违法生产、销售产品（包括已售出和未售出的产品，下同）货值金额等值以上三倍以下的罚款；有违法所得的，并处没收违法所得；情节严重的，吊销营业执照；构成犯罪的，依法追究刑事责任。

第五十条　在产品中掺杂、掺假，以假充真，以次充好，或者以不合格产品冒充合格产品的，责令停止生产、销售，没收违法生产、销售的产品，并处违法生产、销售产品货值金额百分之五十以上三倍以下的罚款；有违法所得的，并处没收违法所得；情节严重的，吊销营业执照；构成犯罪的，依法追究刑事责任。

第五十一条　生产国家明令淘汰的产品的，销售国家明令淘汰并停止销售的产品的，责令停止生产、销售，没收违法生产、销售的产品，并处违法生产、销售产品货值金额等值以下的罚款；有违法所得的，并处没收违法所得；情节严重的，吊销营业执照。

第五十二条　销售失效、变质的产品的，责令停止销售，没收违法销售的产品，并处违法销售产品货值金额二倍以下的罚款；有违法所得的，并处没收违法所得；情节严重的，吊销营业执照；构成犯罪的，依法追究刑事责任。

第五十三条　伪造产品产地的，伪造或者冒用他人厂名、厂址的，伪造或者冒用认证标志等质量标志的，责令改正，没收违法生产、销售的产品，并处违法生产、销售产品货值金额等值以下的罚款；有违法所得的，并处没收违法所得；情节严重的，吊销营业执照。

第五十四条　产品标识不符合本法第二十七条规定的，责令改正；有包装的产品标识不符合本法第二十七条第（四）项、第（五）项规定，情节严重的，责令停止生产、销售，并处违法生产、销售产品货值金额百分之三十以下的罚款；有违法所得的，并处没收违法所得。

第五十五条　销售者销售本法第四十九条至第五十三条规定禁止销售的产品，有充分证据证明其不知道该产品为禁止销售的产品并如实说明其进货来源的，可以从轻或者减轻处罚。

第五十六条　拒绝接受依法进行的产品质量监督检查的，给予警告，责令改正；拒不改正的，责令停业整顿；情节特别严重的，吊销营业执照。

第五十七条　产品质量检验机构、认证机构伪造检验结果或者出具虚假证明的，责令改正，对单位处五万元以上十万元以下的罚款，对直接负责的主管人员和其他直接责任人员处一万元以上五万元以下的罚款；有违法所得的，并处没收违法所得；情节严重的，取消其检验资格、认证资格；构成犯罪的，依法追究刑事责任。

产品质量检验机构、认证机构出具的检验结果或者证明不实，造成损失的，应当承担相应的赔偿责任；造成重大损失的，撤销其检验资格、认证资格。

产品质量认证机构违反本法第二十一条第二款的规定，对不符合认证标准而使用认证标志的产品，未依法要求其改正或者取消其使用认证标志资格的，对因产品不符合认证标准给消费者造成的损失，与产品的生产者、销售者承担连带责任；情节严重的，撤销其认证资格。

第五十八条　社会团体、社会中介机构对产品质量作出承诺、保证，而该产品又不符合其承诺、保证的质量要求，给消费者造成损失的，与产品的生产者、销售者承担连带责任。

第五十九条　在广告中对产品质量作虚假宣传，欺骗和误导消费者的，依照《中华人民共和国广告法》的规定追究法律责任。

第六十条　对生产者专门用于生产本法第四十九条、第五十一条所列的产品或者以假充真的产品的原辅材料、包装物、生产工具，应当予以没收。

第六十一条　知道或者应当知道属于本法规定禁止生产、销售的产品而为其提供运输、保管、仓储等便利条件的，或者为以假充真的产品提供制假生产技术的，没收全部运输、保管、仓储或者提供制假生产技术的收入，并处违法收入百分之五十以上三倍以下的罚款；构成犯罪的，依法追究刑事责任。

第六十二条　服务业的经营者将本法第四十九条至第五十二条规定禁止销售的产品用于经营性服务的，责令停止使用；对知道或者应当知道所使用的产品属于本法规定禁止销售的产品的，按照违法使用的产品（包括已使用和尚未使用的产品）的货值金额，依照本法对销售者的处罚规定处罚。

第六十三条　隐匿、转移、变卖、损毁被市场监督管理部门查封、扣押的物品的，处被隐匿、转移、变卖、损毁物品货值金额等值以上三倍以下的罚款；有违法所得的，并处没收违法所得。

第六十四条　违反本法规定，应当承担民事赔偿责任和缴纳罚款、罚金，其财产不足以同时支付时，先承担民事赔偿责任。

第六十五条　各级人民政府工作人员和其他国家机关工作人员有下列情形之一的，依法给予行政处分；构成犯罪的，依法追究刑事责任：

（一）包庇、放纵产品生产、销售中违反本法规定行为的；

（二）向从事违反本法规定的生产、销售活动的当事人通风报信，帮助其逃避查处的；

（三）阻挠、干预市场监督管理部门依法对产品生产、销售中违反本法规定的行为进行查处，造成严重后果的。

第六十六条 市场监督管理部门在产品质量监督抽查中超过规定的数量索取样品或者向被检查人收取检验费用的，由上级市场监督管理部门或者监察机关责令退还；情节严重的，对直接负责的主管人员和其他直接责任人员依法给予行政处分。

第六十七条 市场监督管理部门或者其他国家机关违反本法第二十五条的规定，向社会推荐生产者的产品或者以监制、监销等方式参与产品经营活动的，由其上级机关或者监察机关责令改正，消除影响，有违法收入的予以没收；情节严重的，对直接负责的主管人员和其他直接责任人员依法给予行政处分。

产品质量检验机构有前款所列违法行为的，由市场监督管理部门责令改正，消除影响，有违法收入的予以没收，可以并处违法收入一倍以下的罚款；情节严重的，撤销其质量检验资格。

第六十八条 市场监督管理部门的工作人员滥用职权、玩忽职守、徇私舞弊，构成犯罪的，依法追究刑事责任；尚不构成犯罪的，依法给予行政处分。

第六十九条 以暴力、威胁方法阻碍市场监督管理部门的工作人员依法执行职务的，依法追究刑事责任；拒绝、阻碍未使用暴力、威胁方法的，由公安机关依照治安管理处罚法的规定处罚。

第七十条 本法第四十九条至第五十七条、第六十条至第六十三条规定的行政处罚由市场监督管理部门决定。法律、行政法规对行使行政处罚权的机关另有规定的，依照有关法律、行政法规的规定执行。

第七十一条 对依照本法规定没收的产品，依照国家有关规定进行销毁或者采取其他方式处理。

第七十二条 本法第四十九条至第五十四条、第六十二条、第六十三条所规定的货值金额以违法生产、销售产品的标价计算；没有标价的，按照同类产品的市场价格计算。

第六章 附 则

第七十三条 军工产品质量监督管理办法，由国务院、中央军事委员会另行制定。

因核设施、核产品造成损害的赔偿责任，法律、行政法规另有规定的，依照其规定。

第七十四条 本法自1993年9月1日起施行。

中华人民共和国义务教育法

（1986年4月12日第六届全国人民代表大会第四次会议通过 2006年6月29日第十届全国人民代表大会常务委员会第二十二次会议修订 根据2015年4月24日第十二届全国人民代表大会常务委员会第十四次会议《关于修改〈中华人民共和国义务教育法〉等五部法律的决定》第一次修正 根据2018年12月29日第十三届全国人民代表大会常务委员会第七次会议《关于修改〈中华人民共和国产品质量法〉等五部法律的决定》第二次修正）

目 录

第一章 总 则
第二章 学 生
第三章 学 校
第四章 教 师
第五章 教育教学
第六章 经费保障
第七章 法律责任
第八章 附 则

第一章 总 则

第一条 为了保障适龄儿童、少年接受义务教育的权利，保证义务教育的实施，提高全民族素质，根据宪法和教育法,制定本法。

第二条 国家实行九年义务教育制度。

义务教育是国家统一实施的所有适龄儿童、少年必须接受的教育,是国家必须予以保障的公益性事业。

实施义务教育,不收学费、杂费。

国家建立义务教育经费保障机制,保证义务教育制度实施。

第三条 义务教育必须贯彻国家的教育方针,实施素质教育,提高教育质量,使适龄儿童、少年在品德、智力、体质等方面全面发展,为培养有理想、有道德、有文化、有纪律的社会主义建设者和接班人奠定基础。

第四条 凡具有中华人民共和国国籍的适龄儿童、少年,不分性别、民族、种族、家庭财产状况、宗教信仰等,依法享有平等接受义务教育的权利,并履行接受义务教育的义务。

第五条 各级人民政府及其有关部门应当履行本法规定的各项职责,保障适龄儿童、少年接受义务教育的权利。

适龄儿童、少年的父母或者其他法定监护人应当依法保证其按时入学接受并完成义务教育。

依法实施义务教育的学校应当按照规定标准完成教育教学任务,保证教育教学质量。

社会组织和个人应当为适龄儿童、少年接受义务教育创造良好的环境。

第六条 国务院和县级以上地方人民政府应当合理配置教育资源,促进义务教育均衡发展,改善薄弱学校的办学条件,并采取措施,保障农村地区、民族地区实施义务教育,保障家庭经济困难的和残疾的适龄儿童、少年接受义务教育。

国家组织和鼓励经济发达地区支援经济欠发达地区实施义务教育。

第七条 义务教育实行国务院领导,省、自治区、直辖市人民政府统筹规划实施,县级人民政府为主管理的体制。

县级以上人民政府教育行政部门具体负责义务教育实施工作;县级以上人民政府其他有关部门在各自的职责范围内负责义务教育实施工作。

第八条 人民政府教育督导机构对义务教育工作执行法律法规情况、教育教学质量以及义务教育均衡发展状况等进行督导,督导报告向社会公布。

第九条 任何社会组织或者个人有权对违反本法的行为向有关国家机关提出检举或者控告。

发生违反本法的重大事件,妨碍义务教育实施,造成重大社会影响的,负有领导责任的人民政府或者人民政府教育行政部门负责人应当引咎辞职。

第十条 对在义务教育实施工作中做出突出贡献的社会组织和个人,各级人民政府及其有关部门按照有关规定给予表彰、奖励。

第二章 学 生

第十一条 凡年满六周岁的儿童,其父母或者其他法定监护人应当送其入学接受并完成义务教育;条件不具备的地区的儿童,可以推迟到七周岁。

适龄儿童、少年因身体状况需要延缓入学或者休学的,其父母或者其他法定监护人应当提出申请,由当地乡镇人民政府或者县级人民政府教育行政部门批准。

第十二条 适龄儿童、少年免试入学。地方各级人民政府应当保障适龄儿童、少年在户籍所在地学校就近入学。

父母或者其他法定监护人在非户籍所在地工作或者居住的适龄儿童、少年,在其父母或者其他法定监护人工作或者居住地接受义务教育的,当地人民政府应当为其提供平等接受义务教育的条件。具体办法由省、自治区、直辖市规定。

县级人民政府教育行政部门对本行政区域内的军人子女接受义务教育予以保障。

第十三条 县级人民政府教育行政部门和乡镇人民政府组织和督促适龄儿童、少年入学,帮助解决适龄儿童、少年接受义务教育的困难,采取措施防止适龄儿童、少年辍学。

居民委员会和村民委员会协助政府做好工作,督促适龄儿童、少年入学。

第十四条 禁止用人单位招用应当接受义务教育的适龄儿童、少年。

根据国家有关规定经批准招收适龄儿童、少年进行文艺、体育等专业训练的社会组织,应当保证所招收的适龄儿童、少年接受义务教育;自行实施义务教育的,应当经县级人民政府教育行政部门批准。

第三章 学 校

第十五条 县级以上地方人民政府根据本行

政区域内居住的适龄儿童、少年的数量和分布状况等因素，按照国家有关规定，制定、调整学校设置规划。新建居民区需要设置学校的，应当与居民区的建设同步进行。

第十六条　学校建设，应当符合国家规定的办学标准，适应教育教学需要；应当符合国家规定的选址要求和建设标准，确保学生和教职工安全。

第十七条　县级人民政府根据需要设置寄宿制学校，保障居住分散的适龄儿童、少年入学接受义务教育。

第十八条　国务院教育行政部门和省、自治区、直辖市人民政府根据需要，在经济发达地区设置接收少数民族适龄儿童、少年的学校（班）。

第十九条　县级以上地方人民政府根据需要设置相应的实施特殊教育的学校（班），对视力残疾、听力语言残疾和智力残疾的适龄儿童、少年实施义务教育。特殊教育学校（班）应当具备适应残疾儿童、少年学习、康复、生活特点的场所和设施。

普通学校应当接收具有接受普通教育能力的残疾适龄儿童、少年随班就读，并为其学习、康复提供帮助。

第二十条　县级以上地方人民政府根据需要，为具有预防未成年人犯罪法规定的严重不良行为的适龄少年设置专门的学校实施义务教育。

第二十一条　对未完成义务教育的未成年犯和被采取强制性教育措施的未成年人应当进行义务教育，所需经费由人民政府予以保障。

第二十二条　县级以上人民政府及其教育行政部门应当促进学校均衡发展，缩小学校之间办学条件的差距，不得将学校分为重点学校和非重点学校。学校不得分设重点班和非重点班。

县级以上人民政府及其教育行政部门不得以任何名义改变或者变相改变公办学校的性质。

第二十三条　各级人民政府及其有关部门依法维护学校周边秩序，保护学生、教师、学校的合法权益，为学校提供安全保障。

第二十四条　学校应当建立、健全安全制度和应急机制，对学生进行安全教育，加强管理，及时消除隐患，预防发生事故。

县级以上地方人民政府定期对学校校舍安全进行检查；对需要维修、改造的，及时予以维修、改造。

学校不得聘用曾经因故意犯罪被依法剥夺政治权利或者其他不适合从事义务教育工作的人担任工作人员。

第二十五条　学校不得违反国家规定收取费用，不得以向学生推销或者变相推销商品、服务等方式谋取利益。

第二十六条　学校实行校长负责制。校长应当符合国家规定的任职条件。校长由县级人民政府教育行政部门依法聘任。

第二十七条　对违反学校管理制度的学生，学校应当予以批评教育，不得开除。

第四章　教　师

第二十八条　教师享有法律规定的权利，履行法律规定的义务，应当为人师表，忠诚于人民的教育事业。

全社会应当尊重教师。

第二十九条　教师在教育教学中应当平等对待学生，关注学生的个体差异，因材施教，促进学生的充分发展。

教师应当尊重学生的人格，不得歧视学生，不得对学生实施体罚、变相体罚或者其他侮辱人格尊严的行为，不得侵犯学生合法权益。

第三十条　教师应当取得国家规定的教师资格。

国家建立统一的义务教育教师职务制度。教师职务分为初级职务、中级职务和高级职务。

第三十一条　各级人民政府保障教师工资福利和社会保险待遇，改善教师工作和生活条件；完善农村教师工资经费保障机制。

教师的平均工资水平应当不低于当地公务员的平均工资水平。

特殊教育教师享有特殊岗位补助津贴。在民族地区和边远贫困地区工作的教师享有艰苦贫困地区补助津贴。

第三十二条　县级以上人民政府应当加强教师培养工作，采取措施发展教师教育。

县级人民政府教育行政部门应当均衡配置本行政区域内学校师资力量，组织校长、教师的培训和流动，加强对薄弱学校的建设。

第三十三条　国务院和地方各级人民政府鼓励和支持城市学校教师和高等学校毕业生到农村地区、民族地区从事义务教育工作。

国家鼓励高等学校毕业生以志愿者的方式到农村地区、民族地区缺乏教师的学校任教。县级人民政府教育行政部门依法认定其教师资格，其任教时间计入工龄。

第五章 教育教学

第三十四条 教育教学工作应当符合教育规律和学生身心发展特点，面向全体学生，教书育人，将德育、智育、体育、美育等有机统一在教育教学活动中，注重培养学生独立思考能力、创新能力和实践能力，促进学生全面发展。

第三十五条 国务院教育行政部门根据适龄儿童、少年身心发展的状况和实际情况，确定教学制度、教育教学内容和课程设置，改革考试制度，并改进高级中等学校招生办法，推进实施素质教育。

学校和教师按照确定的教育教学内容和课程设置开展教育教学活动，保证达到国家规定的基本质量要求。

国家鼓励学校和教师采用启发式教育等教育教学方法，提高教育教学质量。

第三十六条 学校应当把德育放在首位，寓德育于教育教学之中，开展与学生年龄相适应的社会实践活动，形成学校、家庭、社会相互配合的思想道德教育体系，促进学生养成良好的思想品德和行为习惯。

第三十七条 学校应当保证学生的课外活动时间，组织开展文化娱乐等课外活动。社会公共文化体育设施应当为学校开展课外活动提供便利。

第三十八条 教科书根据国家教育方针和课程标准编写，内容力求精简，精选必备的基础知识、基本技能，经济实用，保证质量。

国家机关工作人员和教科书审查人员，不得参与或者变相参与教科书的编写工作。

第三十九条 国家实行教科书审定制度。教科书的审定办法由国务院教育行政部门规定。

未经审定的教科书，不得出版、选用。

第四十条 教科书价格由省、自治区、直辖市人民政府价格行政部门会同同级出版主管部门按照微利原则确定。

第四十一条 国家鼓励教科书循环使用。

第六章 经费保障

第四十二条 国家将义务教育全面纳入财政保障范围，义务教育经费由国务院和地方各级人民政府依照本法规定予以保障。

国务院和地方各级人民政府将义务教育经费纳入财政预算，按照教职工编制标准、工资标准和学校建设标准、学生人均公用经费标准等，及时足额拨付义务教育经费，确保学校的正常运转和校舍安全，确保教职工工资按照规定发放。

国务院和地方各级人民政府用于实施义务教育财政拨款的增长比例应当高于财政经常性收入的增长比例，保证按照在校学生人数平均的义务教育费用逐步增长，保证教职工工资和学生人均公用经费逐步增长。

第四十三条 学校的学生人均公用经费基本标准由国务院财政部门会同教育行政部门制定，并根据经济和社会发展状况适时调整。制定、调整学生人均公用经费基本标准，应当满足教育教学基本需要。

省、自治区、直辖市人民政府可以根据本行政区域的实际情况，制定不低于国家标准的学校学生人均公用经费标准。

特殊教育学校（班）学生人均公用经费标准应当高于普通学校学生人均公用经费标准。

第四十四条 义务教育经费投入实行国务院和地方各级人民政府根据职责共同负担，省、自治区、直辖市人民政府负责统筹落实的体制。农村义务教育所需经费，由各级人民政府根据国务院的规定分项目、按比例分担。

各级人民政府对家庭经济困难的适龄儿童、少年免费提供教科书并补助寄宿生生活费。

义务教育经费保障的具体办法由国务院规定。

第四十五条 地方各级人民政府在财政预算中将义务教育经费单列。

县级人民政府编制预算，除向农村地区学校和薄弱学校倾斜外，应当均衡安排义务教育经费。

第四十六条 国务院和省、自治区、直辖市人民政府规范财政转移支付制度，加大一般性转移支付规模和规范义务教育专项转移支付，支持和引导地方各级人民政府增加对义务教育的投入。地方各级人民政府确保将上级人民政府的义务教育转移支付资金按照规定用于义务教育。

第四十七条 国务院和县级以上地方人民政府根据实际需要，设立专项资金，扶持农村地区、民族地区实施义务教育。

第四十八条 国家鼓励社会组织和个人向义务教育捐赠，鼓励按照国家有关基金会管理的规定设立义务教育基金。

第四十九条 义务教育经费严格按照预算规定用于义务教育；任何组织和个人不得侵占、挪用义务教育经费，不得向学校非法收取或者摊派费用。

第五十条 县级以上人民政府建立健全义务教育经费的审计监督和统计公告制度。

第七章 法律责任

第五十一条 国务院有关部门和地方各级人民政府违反本法第六章的规定，未履行对义务教育经费保障职责的，由国务院或者上级地方人民政府责令限期改正；情节严重的，对直接负责的主管人员和其他直接责任人员依法给予行政处分。

第五十二条 县级以上地方人民政府有下列情形之一的，由上级人民政府责令限期改正；情节严重的，对直接负责的主管人员和其他直接责任人员依法给予行政处分：

（一）未按照国家有关规定制定、调整学校的设置规划的；

（二）学校建设不符合国家规定的办学标准、选址要求和建设标准的；

（三）未定期对学校校舍安全进行检查，并及时维修、改造的；

（四）未依照本法规定均衡安排义务教育经费的。

第五十三条 县级以上人民政府或者其教育行政部门有下列情形之一的，由上级人民政府或者其教育行政部门责令限期改正、通报批评；情节严重的，对直接负责的主管人员和其他直接责任人员依法给予行政处分：

（一）将学校分为重点学校和非重点学校的；

（二）改变或者变相改变公办学校性质的。

县级人民政府教育行政部门或者乡镇人民政府未采取措施组织适龄儿童、少年入学或者防止辍学的，依照前款规定追究法律责任。

第五十四条 有下列情形之一的，由上级人民政府或者上级人民政府教育行政部门、财政部门、价格行政部门和审计机关根据职责分工责令限期改正；情节严重的，对直接负责的主管人员和其他直接责任人员依法给予处分：

（一）侵占、挪用义务教育经费的；

（二）向学校非法收取或者摊派费用的。

第五十五条 学校或者教师在义务教育工作中违反教育法、教师法规定的，依照教育法、教师法的有关规定处罚。

第五十六条 学校违反国家规定收取费用的，由县级人民政府教育行政部门责令退还所收费用；对直接负责的主管人员和其他直接责任人员依法给予处分。

学校以向学生推销或者变相推销商品、服务等方式谋取利益的，由县级人民政府教育行政部门给予通报批评；有违法所得的，没收违法所得；对直接负责的主管人员和其他直接责任人员依法给予处分。

国家机关工作人员和教科书审查人员参与或者变相参与教科书编写的，由县级以上人民政府或者其教育行政部门根据职责权限责令限期改正，依法给予行政处分；有违法所得的，没收违法所得。

第五十七条 学校有下列情形之一的，由县级人民政府教育行政部门责令限期改正；情节严重的，对直接负责的主管人员和其他直接责任人员依法给予处分：

（一）拒绝接收具有接受普通教育能力的残疾适龄儿童、少年随班就读的；

（二）分设重点班和非重点班的；

（三）违反本法规定开除学生的；

（四）选用未经审定的教科书的。

第五十八条 适龄儿童、少年的父母或者其他法定监护人无正当理由未依照本法规定送适龄儿童、少年入学接受义务教育的，由当地乡镇人民政府或者县级人民政府教育行政部门给予批评教育，责令限期改正。

第五十九条 有下列情形之一的，依照有关法律、行政法规的规定予以处罚：

（一）胁迫或者诱骗应当接受义务教育的适龄儿童、少年失学、辍学的；

（二）非法招用应当接受义务教育的适龄儿童、少年的；

（三）出版未经依法审定的教科书的。

第六十条 违反本法规定，构成犯罪的，依法追究刑事责任。

第八章 附 则

第六十一条 对接受义务教育的适龄儿童、少年不收杂费的实施步骤，由国务院规定。

第六十二条 社会组织或者个人依法举办的民办学校实施义务教育的，依照民办教育促进法有关规定执行；民办教育促进法未作规定的，适用本法。

第六十三条 本法自2006年9月1日起施行。

中华人民共和国进出口商品检验法

（1989 年 2 月 21 日第七届全国人民代表大会常务委员会第六次会议通过　根据 2002 年 4 月 28 日第九届全国人民代表大会常务委员会第二十七次会议《关于修改〈中华人民共和国进出口商品检验法〉的决定》第一次修正　根据 2013 年 6 月 29 日第十二届全国人民代表大会常务委员会第三次会议《关于修改〈中华人民共和国文物保护法〉等十二部法律的决定》第二次修正　根据 2018 年 4 月 27 日第十三届全国人民代表大会常务委员会第二次会议《关于修改〈中华人民共和国国境卫生检疫法〉等六部法律的决定》第三次修正　根据 2018 年 12 月 29 日第十三届全国人民代表大会常务委员会第七次会议《关于修改〈中华人民共和国产品质量法〉等五部法律的决定》第四次修正）

目　录

第一章　总　　则
第二章　进口商品的检验
第三章　出口商品的检验
第四章　监督管理
第五章　法律责任
第六章　附　　则

第一章　总　　则

第一条　为了加强进出口商品检验工作，规范进出口商品检验行为，维护社会公共利益和进出口贸易有关各方的合法权益，促进对外经济贸易关系的顺利发展，制定本法。

第二条　国务院设立进出口商品检验部门（以下简称国家商检部门），主管全国进出口商品检验工作。国家商检部门设在各地的进出口商品检验机构（以下简称商检机构）管理所辖地区的进出口商品检验工作。

第三条　商检机构和经国家商检部门许可的检验机构，依法对进出口商品实施检验。

第四条　进出口商品检验应当根据保护人类健康和安全、保护动物或者植物的生命和健康、保护环境、防止欺诈行为、维护国家安全的原则，由国家商检部门制定、调整必须实施检验的进出口商品目录（以下简称目录）并公布实施。

第五条　列入目录的进出口商品，由商检机构实施检验。

前款规定的进口商品未经检验的，不准销售、使用；前款规定的出口商品未经检验合格的，不准出口。

本条第一款规定的进出口商品，其中符合国家规定的免予检验条件的，由收货人或者发货人申请，经国家商检部门审查批准，可以免予检验。

第六条　必须实施的进出口商品检验，是指确定列入目录的进出口商品是否符合国家技术规范的强制性要求的合格评定活动。

合格评定程序包括：抽样、检验和检查；评估、验证和合格保证；注册、认可和批准以及各项的组合。

第七条　列入目录的进出口商品，按照国家技术规范的强制性要求进行检验；尚未制定国家技术规范的强制性要求的，应当依法及时制定，未制定之前，可以参照国家商检部门指定的国外有关标准进行检验。

第八条　经国家商检部门许可的检验机构，可以接受对外贸易关系人或者外国检验机构的委托，办理进出口商品检验鉴定业务。

第九条　法律、行政法规规定由其他检验机构实施检验的进出口商品或者检验项目，依照有关法律、行政法规的规定办理。

第十条　国家商检部门和商检机构应当及时收集和向有关方面提供进出口商品检验方面的信息。

国家商检部门和商检机构的工作人员在履行进出口商品检验的职责中，对所知悉的商业秘密负有保密义务。

第二章　进口商品的检验

第十一条　本法规定必须经商检机构检验的

进口商品的收货人或者其代理人,应当向报关地的商检机构报检。

第十二条 本法规定必须经商检机构检验的进口商品的收货人或者其代理人,应当在商检机构规定的地点和期限内,接受商检机构对进口商品的检验。商检机构应当在国家商检部门统一规定的期限内检验完毕,并出具检验证单。

第十三条 本法规定必须经商检机构检验的进口商品以外的进口商品的收货人,发现进口商品质量不合格或者残损短缺,需要由商检机构出证索赔的,应当向商检机构申请检验出证。

第十四条 对重要的进口商品和大型的成套设备,收货人应当依据对外贸易合同约定在出口国装运前进行预检验、监造或者监装,主管部门应当加强监督;商检机构根据需要可以派出检验人员参加。

第三章 出口商品的检验

第十五条 本法规定必须经商检机构检验的出口商品的发货人或者其代理人,应当在商检机构规定的地点和期限内,向商检机构报检。商检机构应当在国家商检部门统一规定的期限内检验完毕,并出具检验证单。

第十六条 经商检机构检验合格发给检验证单的出口商品,应当在商检机构规定的期限内报关出口;超过期限的,应当重新报检。

第十七条 为出口危险货物生产包装容器的企业,必须申请商检机构进行包装容器的性能鉴定。生产出口危险货物的企业,必须申请商检机构进行包装容器的使用鉴定。使用未经鉴定合格的包装容器的危险货物,不准出口。

第十八条 对装运出口易腐烂变质食品的船舱和集装箱,承运人或者装箱单位必须在装货前申请检验。未经检验合格的,不准装运。

第四章 监督管理

第十九条 商检机构对本法规定必须经商检机构检验的进出口商品以外的进出口商品,根据国家规定实施抽查检验。

国家商检部门可以公布抽查检验结果或者向有关部门通报抽查检验情况。

第二十条 商检机构根据便利对外贸易的需要,可以按照国家规定对列入目录的出口商品进行出厂前的质量监督管理和检验。

第二十一条 为进出口货物的收发货人办理报检手续的代理人办理报检手续时应当向商检机构提交授权委托书。

第二十二条 国家商检部门可以按照国家有关规定,通过考核,许可符合条件的国内外检验机构承担委托的进出口商品检验鉴定业务。

第二十三条 国家商检部门和商检机构依法对经国家商检部门许可的检验机构的进出口商品检验鉴定业务活动进行监督,可以对其检验的商品抽查检验。

第二十四条 国务院认证认可监督管理部门根据国家统一的认证制度,对有关的进出口商品实施认证管理。

第二十五条 认证机构可以根据国务院认证认可监督管理部门同外国有关机构签订的协议或者接受外国有关机构的委托进行进出口商品质量认证工作,准许在认证合格的进出口商品上使用质量认证标志。

第二十六条 商检机构依照本法对实施许可制度的进出口商品实行验证管理,查验单证,核对证货是否相符。

第二十七条 商检机构根据需要,对检验合格的进出口商品,可以加施商检标志或者封识。

第二十八条 进出口商品的报检人对商检机构作出的检验结果有异议的,可以向原商检机构或者其上级商检机构以至国家商检部门申请复验,由受理复验的商检机构或者国家商检部门及时作出复验结论。

第二十九条 当事人对商检机构、国家商检部门作出的复验结论不服或者对商检机构作出的处罚决定不服的,可以依法申请行政复议,也可以依法向人民法院提起诉讼。

第三十条 国家商检部门和商检机构履行职责,必须遵守法律,维护国家利益,依照法定职权和法定程序严格执法,接受监督。

国家商检部门和商检机构应当根据依法履行职责的需要,加强队伍建设,使商检工作人员具有良好的政治、业务素质。商检工作人员应当定期接受业务培训和考核,经考核合格,方可上岗执行职务。

商检工作人员必须忠于职守,文明服务,遵守职业道德,不得滥用职权,谋取私利。

第三十一条 国家商检部门和商检机构应当建立健全内部监督制度,对其工作人员的执法活动进行监督检查。

商检机构内部负责受理报检、检验、出证放行等主要岗位的职责权限应当明确,并相互分离、相互制约。

第三十二条 任何单位和个人均有权对国家商检部门、商检机构及其工作人员的违法、违纪行为进行控告、检举。收到控告、检举的机关应当依法按照职责分工及时查处,并为控告人、检举人保密。

第五章 法律责任

第三十三条 违反本法规定,将必须经商检机构检验的进口商品未报经检验而擅自销售或者使用的,或者将必须经商检机构检验的出口商品未报经检验合格而擅自出口的,由商检机构没收违法所得,并处货值金额百分之五以上百分之二十以下的罚款;构成犯罪的,依法追究刑事责任。

第三十四条 违反本法规定,未经国家商检部门许可,擅自从事进出口商品检验鉴定业务的,由商检机构责令停止非法经营,没收违法所得,并处违法所得一倍以上三倍以下的罚款。

第三十五条 进口或者出口属于掺杂掺假、以假充真、以次充好的商品或者以不合格进出口商品冒充合格进出口商品的,由商检机构责令停止进口或者出口,没收违法所得,并处货值金额百分之五十以上三倍以下的罚款;构成犯罪的,依法追究刑事责任。

第三十六条 伪造、变造、买卖或者盗窃商检单证、印章、标志、封识、质量认证标志的,依法追究刑事责任;尚不够刑事处罚的,由商检机构、认证认可监督管理部门依据各自职责责令改正,没收违法所得,并处货值金额等值以下的罚款。

第三十七条 国家商检部门、商检机构的工作人员违反本法规定,泄露所知悉的商业秘密的,依法给予行政处分,有违法所得的,没收违法所得;构成犯罪的,依法追究刑事责任。

第三十八条 国家商检部门、商检机构的工作人员滥用职权,故意刁难的,徇私舞弊,伪造检验结果的,或者玩忽职守,延误检验出证的,依法给予行政处分;构成犯罪的,依法追究刑事责任。

第六章 附 则

第三十九条 商检机构和其他检验机构依照本法的规定实施检验和办理检验鉴定业务,依照国家有关规定收取费用。

第四十条 国务院根据本法制定实施条例。

第四十一条 本法自 1989 年 8 月 1 日起施行。

中华人民共和国预算法

(1994 年 3 月 22 日第八届全国人民代表大会第二次会议通过 根据 2014 年 8 月 31 日第十二届全国人民代表大会常务委员会第十次会议《关于修改〈中华人民共和国预算法〉的决定》第一次修正 根据 2018 年 12 月 29 日第十三届全国人民代表大会常务委员会第七次会议《关于修改〈中华人民共和国产品质量法〉等五部法律的决定》第二次修正)

目 录

第一章 总 则
第二章 预算管理职权
第三章 预算收支范围
第四章 预算编制
第五章 预算审查和批准
第六章 预算执行
第七章 预算调整
第八章 决 算
第九章 监 督
第十章 法律责任
第十一章 附 则

第一章 总 则

第一条 为了规范政府收支行为,强化预算约束,加强对预算的管理和监督,建立健全全面规范、公开透明的预算制度,保障经济社会的健康发展,根据宪法,制定本法。

第二条 预算、决算的编制、审查、批准、监督,以及预算的执行和调整,依照本法规定执行。

第三条 国家实行一级政府一级预算,设立中央，省、自治区、直辖市，设区的市、自治州，县、自治县、不设区的市、市辖区，乡、民族乡、镇五级预算。

全国预算由中央预算和地方预算组成。地方预算由各省、自治区、直辖市总预算组成。

地方各级总预算由本级预算和汇总的下一级总预算组成；下一级只有本级预算的，下一级总预算即指下一级的本级预算。没有下一级预算的，总预算即指本级预算。

第四条　预算由预算收入和预算支出组成。

政府的全部收入和支出都应当纳入预算。

第五条　预算包括一般公共预算、政府性基金预算、国有资本经营预算、社会保险基金预算。

一般公共预算、政府性基金预算、国有资本经营预算、社会保险基金预算应当保持完整、独立。政府性基金预算、国有资本经营预算、社会保险基金预算应当与一般公共预算相衔接。

第六条　一般公共预算是对以税收为主体的财政收入，安排用于保障和改善民生、推动经济社会发展、维护国家安全、维持国家机构正常运转等方面的收支预算。

中央一般公共预算包括中央各部门（含直属单位，下同）的预算和中央对地方的税收返还、转移支付预算。

中央一般公共预算收入包括中央本级收入和地方向中央的上解收入。中央一般公共预算支出包括中央本级支出、中央对地方的税收返还和转移支付。

第七条　地方各级一般公共预算包括本级各部门（含直属单位，下同）的预算和税收返还、转移支付预算。

地方各级一般公共预算收入包括地方本级收入、上级政府对本级政府的税收返还和转移支付、下级政府的上解收入。地方各级一般公共预算支出包括地方本级支出、对上级政府的上解支出、对下级政府的税收返还和转移支付。

第八条　各部门预算由本部门及其所属各单位预算组成。

第九条　政府性基金预算是对依照法律、行政法规的规定在一定期限内向特定对象征收、收取或者以其他方式筹集的资金，专项用于特定公共事业发展的收支预算。

政府性基金预算应当根据基金项目收入情况和实际支出需要，按基金项目编制，做到以收定支。

第十条　国有资本经营预算是对国有资本收益作出支出安排的收支预算。

国有资本经营预算应当按照收支平衡的原则编制，不列赤字，并安排资金调入一般公共预算。

第十一条　社会保险基金预算是对社会保险缴款、一般公共预算安排和其他方式筹集的资金，专项用于社会保险的收支预算。

社会保险基金预算应当按照统筹层次和社会保险项目分别编制，做到收支平衡。

第十二条　各级预算应当遵循统筹兼顾、勤俭节约、量力而行、讲求绩效和收支平衡的原则。

各级政府应当建立跨年度预算平衡机制。

第十三条　经人民代表大会批准的预算，非经法定程序，不得调整。各级政府、各部门、各单位的支出必须以经批准的预算为依据，未列入预算的不得支出。

第十四条　经本级人民代表大会或者本级人民代表大会常务委员会批准的预算、预算调整、决算、预算执行情况的报告及报表，应当在批准后二十日内由本级政府财政部门向社会公开，并对本级政府财政转移支付安排、执行的情况以及举借债务的情况等重要事项作出说明。

经本级政府财政部门批复的部门预算、决算及报表，应当在批复后二十日内由各部门向社会公开，并对部门预算、决算中机关运行经费的安排、使用情况等重要事项作出说明。

各级政府、各部门、各单位应当将政府采购的情况及时向社会公开。

本条前三款规定的公开事项，涉及国家秘密的除外。

第十五条　国家实行中央和地方分税制。

第十六条　国家实行财政转移支付制度。财政转移支付应当规范、公平、公开，以推进地区间基本公共服务均等化为主要目标。

财政转移支付包括中央对地方的转移支付和地方上级政府对下级政府的转移支付，以为均衡地区间基本财力、由下级政府统筹安排使用的一般性转移支付为主体。

按照法律、行政法规和国务院的规定可以设立专项转移支付，用于办理特定事项。建立健全专项转移支付定期评估和退出机制。市场竞争机制能够有效调节的事项不得设立专项转移支付。

上级政府在安排专项转移支付时，不得要求下级政府承担配套资金。但是，按照国务院的规定应当由上下级政府共同承担的事项除外。

第十七条　各级预算的编制、执行应当建立健全相互制约、相互协调的机制。

第十八条 预算年度自公历一月一日起，至十二月三十一日止。

第十九条 预算收入和预算支出以人民币元为计算单位。

第二章 预算管理职权

第二十条 全国人民代表大会审查中央和地方预算草案及中央和地方预算执行情况的报告；批准中央预算和中央预算执行情况的报告；改变或者撤销全国人民代表大会常务委员会关于预算、决算的不适当的决议。

全国人民代表大会常务委员会监督中央和地方预算的执行；审查和批准中央预算的调整方案；审查和批准中央决算；撤销国务院制定的同宪法、法律相抵触的关于预算、决算的行政法规、决定和命令；撤销省、自治区、直辖市人民代表大会及其常务委员会制定的同宪法、法律和行政法规相抵触的关于预算、决算的地方性法规和决议。

第二十一条 县级以上地方各级人民代表大会审查本级总预算草案及本级总预算执行情况的报告；批准本级预算和本级预算执行情况的报告；改变或者撤销本级人民代表大会常务委员会关于预算、决算的不适当的决议；撤销本级政府关于预算、决算的不适当的决定和命令。

县级以上地方各级人民代表大会常务委员会监督本级总预算的执行；审查和批准本级预算的调整方案；审查和批准本级决算；撤销本级政府和下一级人民代表大会及其常务委员会关于预算、决算的不适当的决定、命令和决议。

乡、民族乡、镇的人民代表大会审查和批准本级预算和本级预算执行情况的报告；监督本级预算的执行；审查和批准本级预算的调整方案；审查和批准本级决算；撤销本级政府关于预算、决算的不适当的决定和命令。

第二十二条 全国人民代表大会财政经济委员会对中央预算草案初步方案及上一年预算执行情况、中央预算调整初步方案和中央决算草案进行初步审查，提出初步审查意见。

省、自治区、直辖市人民代表大会有关专门委员会对本级预算草案初步方案及上一年预算执行情况、本级预算调整初步方案和本级决算草案进行初步审查，提出初步审查意见。

设区的市、自治州人民代表大会有关专门委员会对本级预算草案初步方案及上一年预算执行情况、本级预算调整初步方案和本级决算草案进行初步审查，提出初步审查意见，未设立专门委员会的，由本级人民代表大会常务委员会有关工作机构研究提出意见。

县、自治县、不设区的市、市辖区人民代表大会常务委员会对本级预算草案初步方案及上一年预算执行情况进行初步审查，提出初步审查意见。县、自治县、不设区的市、市辖区人民代表大会常务委员会有关工作机构对本级预算调整初步方案和本级决算草案研究提出意见。

设区的市、自治州以上各级人民代表大会有关专门委员会进行初步审查、常务委员会有关工作机构研究提出意见时，应当邀请本级人民代表大会代表参加。

对依照本条第一款至第四款规定提出的意见，本级政府财政部门应当将处理情况及时反馈。

依照本条第一款至第四款规定提出的意见以及本级政府财政部门反馈的处理情况报告，应当印发本级人民代表大会代表。

全国人民代表大会常务委员会和省、自治区、直辖市、设区的市、自治州人民代表大会常务委员会有关工作机构，依照本级人民代表大会常务委员会的决定，协助本级人民代表大会财政经济委员会或者有关专门委员会承担审查预算草案、预算调整方案、决算草案和监督预算执行等方面的具体工作。

第二十三条 国务院编制中央预算、决算草案；向全国人民代表大会作关于中央和地方预算草案的报告；将省、自治区、直辖市政府报送备案的预算汇总后报全国人民代表大会常务委员会备案；组织中央和地方预算的执行；决定中央预算预备费的动用；编制中央预算调整方案；监督中央各部门和地方政府的预算执行；改变或者撤销中央各部门和地方政府关于预算、决算的不适当的决定、命令；向全国人民代表大会、全国人民代表大会常务委员会报告中央和地方预算的执行情况。

第二十四条 县级以上地方各级政府编制本级预算、决算草案；向本级人民代表大会作关于本级总预算草案的报告；将下一级政府报送备案的预算汇总后报本级人民代表大会常务委员会备案；组织本级总预算的执行；决定本级预算预备费的动用；编制本级预算的调整方案；监督本级各部门和下级政府的预算执行；改变或者撤销本级各部门和下级政府关于预算、决算的不适当的决定、命令；向本级人民代表大会、本级人民代表大会常务委员会报告本级总预算的执行情况。

乡、民族乡、镇政府编制本级预算、决算草案；向本级人民代表大会作关于本级预算草案的报告；组织本级预算的执行；决定本级预算预备费的动用；编制本级预算的调整方案；向本级人民代表大会报告本级预算的执行情况。

经省、自治区、直辖市政府批准，乡、民族乡、镇本级预算草案、预算调整方案、决算草案，可以由上一级政府代编，并依照本法第二十一条的规定报乡、民族乡、镇的人民代表大会审查和批准。

第二十五条 国务院财政部门具体编制中央预算、决算草案；具体组织中央和地方预算的执行；提出中央预算预备费动用方案；具体编制中央预算的调整方案；定期向国务院报告中央和地方预算的执行情况。

地方各级政府财政部门具体编制本级预算、决算草案；具体组织本级总预算的执行；提出本级预算预备费动用方案；具体编制本级预算的调整方案；定期向本级政府和上一级政府财政部门报告本级总预算的执行情况。

第二十六条 各部门编制本部门预算、决算草案；组织和监督本部门预算的执行；定期向本级政府财政部门报告预算的执行情况。

各单位编制本单位预算、决算草案；按照国家规定上缴预算收入，安排预算支出，并接受国家有关部门的监督。

第三章 预算收支范围

第二十七条 一般公共预算收入包括各项税收收入、行政事业性收费收入、国有资源（资产）有偿使用收入、转移性收入和其他收入。

一般公共预算支出按照其功能分类，包括一般公共服务支出，外交、公共安全、国防支出，农业、环境保护支出，教育、科技、文化、卫生、体育支出，社会保障及就业支出和其他支出。

一般公共预算支出按照其经济性质分类，包括工资福利支出、商品和服务支出、资本性支出和其他支出。

第二十八条 政府性基金预算、国有资本经营预算和社会保险基金预算的收支范围，按照法律、行政法规和国务院的规定执行。

第二十九条 中央预算与地方预算有关收入和支出项目的划分、地方向中央上解收入、中央对地方税收返还或者转移支付的具体办法，由国务院规定，报全国人民代表大会常务委员会备案。

第三十条 上级政府不得在预算之外调用下级政府预算的资金。下级政府不得挤占或者截留属于上级政府预算的资金。

第四章 预算编制

第三十一条 国务院应当及时下达关于编制下一年预算草案的通知。编制预算草案的具体事项由国务院财政部门部署。

各级政府、各部门、各单位应当按照国务院规定的时间编制预算草案。

第三十二条 各级预算应当根据年度经济社会发展目标、国家宏观调控总体要求和跨年度预算平衡的需要，参考上一年预算执行情况、有关支出绩效评价结果和本年度收支预测，按照规定程序征求各方面意见后，进行编制。

各级政府依据法定权限作出决定或者制定行政措施，凡涉及增加或者减少财政收入或者支出的，应当在预算批准前提出并在预算草案中作出相应安排。

各部门、各单位应当按照国务院财政部门制定的政府收支分类科目、预算支出标准和要求，以及绩效目标管理等预算编制规定，根据其依法履行职能和事业发展的需要以及存量资产情况，编制本部门、本单位预算草案。

前款所称政府收支分类科目，收入分为类、款、项、目；支出按其功能分类分为类、款、项，按其经济性质分类分为类、款。

第三十三条 省、自治区、直辖市政府应当按照国务院规定的时间，将本级总预算草案报国务院审核汇总。

第三十四条 中央一般公共预算中必需的部分资金，可以通过举借国内和国外债务等方式筹措，举借债务应当控制适当的规模，保持合理的结构。

对中央一般公共预算中举借的债务实行余额管理，余额的规模不得超过全国人民代表大会批准的限额。

国务院财政部门具体负责对中央政府债务的统一管理。

第三十五条 地方各级预算按照量入为出、收支平衡的原则编制，除本法另有规定外，不列赤字。

经国务院批准的省、自治区、直辖市的预算中必需的建设投资的部分资金，可以在国务院确定的限额内，通过发行地方政府债券举借债务的方式筹措。举借债务的规模,由国务院报全国人民代表大会或者全国人民代表大会常务委员会批准。省、自治区、直辖市依照国务院下达的限额举借的债务,列入本级预算调整方案,报本级人民代表大会常务委员会批准。举借的债务应当有偿还计划和稳定的偿还资金来源,只能用于公益性资本支出,不得用于经常性支出。

除前款规定外,地方政府及其所属部门不得以任何方式举借债务。

除法律另有规定外,地方政府及其所属部门不得为任何单位和个人的债务以任何方式提供担保。

国务院建立地方政府债务风险评估和预警机制、应急处置机制以及责任追究制度。国务院财政部门对地方政府债务实施监督。

第三十六条 各级预算收入的编制,应当与经济社会发展水平相适应,与财政政策相衔接。

各级政府、各部门、各单位应当依照本法规定,将所有政府收入全部列入预算,不得隐瞒、少列。

第三十七条 各级预算支出应当依照本法规定,按其功能和经济性质分类编制。

各级预算支出的编制,应当贯彻勤俭节约的原则,严格控制各部门、各单位的机关运行经费和楼堂馆所等基本建设支出。

各级一般公共预算支出的编制,应当统筹兼顾,在保证基本公共服务合理需要的前提下,优先安排国家确定的重点支出。

第三十八条 一般性转移支付应当按照国务院规定的基本标准和计算方法编制。专项转移支付应当分地区、分项目编制。

县级以上各级政府应当将对下级政府的转移支付预计数提前下达下级政府。

地方各级政府应当将上级政府提前下达的转移支付预计数编入本级预算。

第三十九条 中央预算和有关地方预算中应当安排必要的资金,用于扶助革命老区、民族地区、边疆地区、贫困地区发展经济社会建设事业。

第四十条 各级一般公共预算应当按照本级一般公共预算支出额的百分之一至百分之三设置预备费,用于当年预算执行中的自然灾害等突发事件处理增加的支出及其他难以预见的开支。

第四十一条 各级一般公共预算按照国务院的规定可以设置预算周转金,用于本级政府调剂预算年度内季节性收支差额。

各级一般公共预算按照国务院的规定可以设置预算稳定调节基金,用于弥补以后年度预算资金的不足。

第四十二条 各级政府上一年预算的结转资金,应当在下一年用于结转项目的支出;连续两年未用完的结转资金,应当作为结余资金管理。

各部门、各单位上一年预算的结转、结余资金按照国务院财政部门的规定办理。

第五章 预算审查和批准

第四十三条 中央预算由全国人民代表大会审查和批准。

地方各级预算由本级人民代表大会审查和批准。

第四十四条 国务院财政部门应当在每年全国人民代表大会会议举行的四十五日前,将中央预算草案的初步方案提交全国人民代表大会财政经济委员会进行初步审查。

省、自治区、直辖市政府财政部门应当在本级人民代表大会会议举行的三十日前,将本级预算草案的初步方案提交本级人民代表大会有关专门委员会进行初步审查。

设区的市、自治州政府财政部门应当在本级人民代表大会会议举行的三十日前,将本级预算草案的初步方案提交本级人民代表大会有关专门委员会进行初步审查,或者送交本级人民代表大会常务委员会有关工作机构征求意见。

县、自治县、不设区的市、市辖区政府应当在本级人民代表大会会议举行的三十日前,将本级预算草案的初步方案提交本级人民代表大会常务委员会进行初步审查。

第四十五条 县、自治县、不设区的市、市辖区、乡、民族乡、镇的人民代表大会举行会议审查预算草案前,应当采用多种形式,组织本级人民代表大会代表,听取选民和社会各界的意见。

第四十六条 报送各级人民代表大会审查和批准的预算草案应当细化。本级一般公共预算支出,按其功能分类应当编列到项;按其经济性质分类,基本支出应当编列到款。本级政府性基金预算、国有资本经营预算、社会保险基金预算支出,按其功能分类应当编列到项。

第四十七条 国务院在全国人民代表大会举行会议时,向大会作关于中央和地方预算草案以及中央和地方预算执行情况的报告。

地方各级政府在本级人民代表大会举行会议时,向大会作关于总预算草案和总预算执行情况的报告。

第四十八条　全国人民代表大会和地方各级人民代表大会对预算草案及其报告、预算执行情况的报告重点审查下列内容：

(一)上一年预算执行情况是否符合本级人民代表大会预算决议的要求；

(二)预算安排是否符合本法的规定；

(三)预算安排是否贯彻国民经济和社会发展的方针政策，收支政策是否切实可行；

(四)重点支出和重大投资项目的预算安排是否适当；

(五)预算的编制是否完整，是否符合本法第四十六条的规定；

(六)对下级政府的转移性支出预算是否规范、适当；

(七)预算安排举借的债务是否合法、合理，是否有偿还计划和稳定的偿还资金来源；

(八)与预算有关重要事项的说明是否清晰。

第四十九条　全国人民代表大会财政经济委员会向全国人民代表大会主席团提出关于中央和地方预算草案及中央和地方预算执行情况的审查结果报告。

省、自治区、直辖市、设区的市、自治州人民代表大会有关专门委员会，县、自治县、不设区的市、市辖区人民代表大会常务委员会，向本级人民代表大会主席团提出关于总预算草案及上一年总预算执行情况的审查结果报告。

审查结果报告应当包括下列内容：

(一)对上一年预算执行和落实本级人民代表大会预算决议的情况作出评价；

(二)对本年度预算草案是否符合本法的规定，是否可行作出评价；

(三)对本级人民代表大会批准预算草案和预算报告提出建议；

(四)对执行年度预算、改进预算管理、提高预算绩效、加强预算监督等提出意见和建议。

第五十条　乡、民族乡、镇政府应当及时将经本级人民代表大会批准的本级预算报上一级政府备案。县级以上地方各级政府应当及时将经本级人民代表大会批准的本级预算及下一级政府报送备案的预算汇总，报上一级政府备案。

县级以上地方各级政府将下一级政府依照前款规定报送备案的预算汇总后，报本级人民代表大会常务委员会备案。国务院将省、自治区、直辖市政府依照前款规定报送备案的预算汇总后，报全国人民代表大会常务委员会备案。

第五十一条　国务院和县级以上地方各级政府对下一级政府依照本法第五十条规定报送备案的预算，认为有同法律、行政法规相抵触或者有其他不适当之处，需要撤销批准预算的决议的，应当提请本级人民代表大会常务委员会审议决定。

第五十二条　各级预算经本级人民代表大会批准后，本级政府财政部门应当在二十日内向本级各部门批复预算。各部门应当在接到本级政府财政部门批复的本部门预算后十五日内向所属各单位批复预算。

中央对地方的一般性转移支付应当在全国人民代表大会批准预算后三十日内正式下达。中央对地方的专项转移支付应当在全国人民代表大会批准预算后九十日内正式下达。

省、自治区、直辖市政府接到中央一般性转移支付和专项转移支付后，应当在三十日内正式下达到本行政区域县级以上各级政府。

县级以上地方各级预算安排对下级政府的一般性转移支付和专项转移支付，应当分别在本级人民代表大会批准预算后的三十日和六十日内正式下达。

对自然灾害等突发事件处理的转移支付，应当及时下达预算；对据实结算等特殊项目的转移支付，可以分期下达预算，或者先预付后结算。

县级以上各级政府财政部门应当将批复本级各部门的预算和批复下级政府的转移支付预算，抄送本级人民代表大会财政经济委员会、有关专门委员会和常务委员会有关工作机构。

第六章　预算执行

第五十三条　各级预算由本级政府组织执行，具体工作由本级政府财政部门负责。

各部门、各单位是本部门、本单位的预算执行主体，负责本部门、本单位的预算执行，并对执行结果负责。

第五十四条　预算年度开始后，各级预算草案在本级人民代表大会批准前，可以安排下列支出：

(一)上一年度结转的支出；

(二)参照上一年同期的预算支出数额安排必须支付的本年度部门基本支出、项目支出，以及对下级政府的转移性支出；

(三)法律规定必须履行支付义务的支出，以及用于自然灾害等突发事件处理的支出。

根据前款规定安排支出的情况,应当在预算草案的报告中作出说明。

预算经本级人民代表大会批准后,按照批准的预算执行。

第五十五条 预算收入征收部门和单位,必须依照法律、行政法规的规定,及时、足额征收应征的预算收入。不得违反法律、行政法规规定,多征、提前征收或者减征、免征、缓征应征的预算收入,不得截留、占用或者挪用预算收入。

各级政府不得向预算收入征收部门和单位下达收入指标。

第五十六条 政府的全部收入应当上缴国家金库(以下简称国库),任何部门、单位和个人不得截留、占用、挪用或者拖欠。

对于法律有明确规定或者经国务院批准的特定专用资金,可以依照国务院的规定设立财政专户。

第五十七条 各级政府财政部门必须依照法律、行政法规和国务院财政部门的规定,及时、足额地拨付预算支出资金,加强对预算支出的管理和监督。

各级政府、各部门、各单位的支出必须按照预算执行,不得虚假列支。

各级政府、各部门、各单位应当对预算支出情况开展绩效评价。

第五十八条 各级预算的收入和支出实行收付实现制。

特定事项按照国务院的规定实行权责发生制的有关情况,应当向本级人民代表大会常务委员会报告。

第五十九条 县级以上各级预算必须设立国库;具备条件的乡、民族乡、镇也应当设立国库。

中央国库业务由中国人民银行经理,地方国库业务依照国务院的有关规定办理。

各级国库应当按照国家有关规定,及时准确地办理预算收入的收纳、划分、留解、退付和预算支出的拨付。

各级国库库款的支配权属于本级政府财政部门。除法律、行政法规另有规定外,未经本级政府财政部门同意,任何部门、单位和个人都无权冻结、动用国库库款或者以其他方式支配已入国库的库款。

各级政府应当加强对本级国库的管理和监督,按照国务院的规定完善国库现金管理,合理调节国库资金余额。

第六十条 已经缴入国库的资金,依照法律、行政法规的规定或者国务院的决定需要退付的,各级政府财政部门或者其授权的机构应当及时办理退付。按照规定应当由财政支出安排的事项,不得用退库处理。

第六十一条 国家实行国库集中收缴和集中支付制度,对政府全部收入和支出实行国库集中收付管理。

第六十二条 各级政府应当加强对预算执行的领导,支持政府财政、税务、海关等预算收入的征收部门依法组织预算收入,支持政府财政部门严格管理预算支出。

财政、税务、海关等部门在预算执行中,应当加强对预算执行的分析;发现问题时应当及时建议本级政府采取措施予以解决。

第六十三条 各部门、各单位应当加强对预算收入和支出的管理,不得截留或者动用应当上缴的预算收入,不得擅自改变预算支出的用途。

第六十四条 各级预算预备费的动用方案,由本级政府财政部门提出,报本级政府决定。

第六十五条 各级预算周转金由本级政府财政部门管理,不得挪作他用。

第六十六条 各级一般公共预算年度执行中有超收收入的,只能用于冲减赤字或者补充预算稳定调节基金。

各级一般公共预算的结余资金,应当补充预算稳定调节基金。

省、自治区、直辖市一般公共预算年度执行中出现短收,通过调入预算稳定调节基金、减少支出等方式仍不能实现收支平衡的,省、自治区、直辖市政府报本级人民代表大会或者其常务委员会批准,可以增列赤字,报国务院财政部门备案,并应当在下一年度预算中予以弥补。

第七章 预算调整

第六十七条 经全国人民代表大会批准的中央预算和经地方各级人民代表大会批准的地方各级预算,在执行中出现下列情况之一的,应当进行预算调整:

(一)需要增加或者减少预算总支出的;

(二)需要调入预算稳定调节基金的;

(三)需要调减预算安排的重点支出数额的;

(四)需要增加举借债务数额的。

第六十八条 在预算执行中,各级政府一般不制定新的增加财政收入或者支出的政策和措施,也不制定减少财政收入的政策和措施;必须作出并需要进行预算调整的,应当在预算调整方案中作出安排。

第六十九条　在预算执行中，各级政府对于必须进行的预算调整，应当编制预算调整方案。预算调整方案应当说明预算调整的理由、项目和数额。

在预算执行中，由于发生自然灾害等突发事件，必须及时增加预算支出的，应当先动支预备费；预备费不足支出的，各级政府可以先安排支出，属于预算调整的，列入预算调整方案。

国务院财政部门应当在全国人民代表大会常务委员会举行会议审查和批准预算调整方案的三十日前，将预算调整初步方案送交全国人民代表大会财政经济委员会进行初步审查。

省、自治区、直辖市政府财政部门应当在本级人民代表大会常务委员会举行会议审查和批准预算调整方案的三十日前，将预算调整初步方案送交本级人民代表大会有关专门委员会进行初步审查。

设区的市、自治州政府财政部门应当在本级人民代表大会常务委员会举行会议审查和批准预算调整方案的三十日前，将预算调整初步方案送交本级人民代表大会有关专门委员会进行初步审查，或者送交本级人民代表大会常务委员会有关工作机构征求意见。

县、自治县、不设区的市、市辖区政府财政部门应当在本级人民代表大会常务委员会举行会议审查和批准预算调整方案的三十日前，将预算调整初步方案送交本级人民代表大会常务委员会有关工作机构征求意见。

中央预算的调整方案应当提请全国人民代表大会常务委员会审查和批准。县级以上地方各级预算的调整方案应当提请本级人民代表大会常务委员会审查和批准；乡、民族乡、镇预算的调整方案应当提请本级人民代表大会审查和批准。未经批准，不得调整预算。

第七十条　经批准的预算调整方案，各级政府应当严格执行。未经本法第六十九条规定的程序，各级政府不得作出预算调整的决定。

对违反前款规定作出的决定，本级人民代表大会、本级人民代表大会常务委员会或者上级政府应当责令其改变或者撤销。

第七十一条　在预算执行中，地方各级政府因上级政府增加不需要本级政府提供配套资金的专项转移支付而引起的预算支出变化，不属于预算调整。

接受增加专项转移支付的县级以上地方各级政府应当向本级人民代表大会常务委员会报告有关情况；接受增加专项转移支付的乡、民族乡、镇政府应当向本级人民代表大会报告有关情况。

第七十二条　各部门、各单位的预算支出应当按照预算科目执行。严格控制不同预算科目、预算级次或者项目间的预算资金的调剂，确需调剂使用的，按照国务院财政部门的规定办理。

第七十三条　地方各级预算的调整方案经批准后，由本级政府报上一级政府备案。

第八章　决　算

第七十四条　决算草案由各级政府、各部门、各单位，在每一预算年度终了后按照国务院规定的时间编制。

编制决算草案的具体事项，由国务院财政部门部署。

第七十五条　编制决算草案，必须符合法律、行政法规，做到收支真实、数额准确、内容完整、报送及时。

决算草案应当与预算相对应，按预算数、调整预算数、决算数分别列出。一般公共预算支出应当按其功能分类编列到项，按其经济性质分类编列到款。

第七十六条　各部门对所属各单位的决算草案，应当审核并汇总编制本部门的决算草案，在规定的期限内报本级政府财政部门审核。

各级政府财政部门对本级各部门决算草案审核后发现有不符合法律、行政法规规定的，有权予以纠正。

第七十七条　国务院财政部门编制中央决算草案，经国务院审计部门审计后，报国务院审定，由国务院提请全国人民代表大会常务委员会审查和批准。

县级以上地方各级政府财政部门编制本级决算草案，经本级政府审计部门审计后，报本级政府审定，由本级政府提请本级人民代表大会常务委员会审查和批准。

乡、民族乡、镇政府编制本级决算草案，提请本级人民代表大会审查和批准。

第七十八条　国务院财政部门应当在全国人民代表大会常务委员会举行会议审查和批准中央决算草案的三十日前，将上一年度中央决算草案提交全国人民代表大会财政经济委员会进行初步审查。

省、自治区、直辖市政府财政部门应当在本级人民代表大会常务委员会举行会议审查和批准本级决算草案的三十日前,将上一年度本级决算草案提交本级人民代表大会有关专门委员会进行初步审查。

设区的市、自治州政府财政部门应当在本级人民代表大会常务委员会举行会议审查和批准本级决算草案的三十日前,将上一年度本级决算草案提交本级人民代表大会有关专门委员会进行初步审查,或者送交本级人民代表大会常务委员会有关工作机构征求意见。

县、自治县、不设区的市、市辖区政府财政部门应当在本级人民代表大会常务委员会举行会议审查和批准本级决算草案的三十日前,将上一年度本级决算草案送交本级人民代表大会常务委员会有关工作机构征求意见。

全国人民代表大会财政经济委员会和省、自治区、直辖市、设区的市、自治州人民代表大会有关专门委员会,向本级人民代表大会常务委员会提出关于本级决算草案的审查结果报告。

第七十九条 县级以上各级人民代表大会常务委员会和乡、民族乡、镇人民代表大会对本级决算草案,重点审查下列内容:

(一)预算收入情况;

(二)支出政策实施情况和重点支出、重大投资项目资金的使用及绩效情况;

(三)结转资金的使用情况;

(四)资金结余情况;

(五)本级预算调整及执行情况;

(六)财政转移支付安排执行情况;

(七)经批准举借债务的规模、结构、使用、偿还等情况;

(八)本级预算周转金规模和使用情况;

(九)本级预备费使用情况;

(十)超收收入安排情况,预算稳定调节基金的规模和使用情况;

(十一)本级人民代表大会批准的预算决议落实情况;

(十二)其他与决算有关的重要情况。

县级以上各级人民代表大会常务委员会应当结合本级政府提出的上一年度预算执行和其他财政收支的审计工作报告,对本级决算草案进行审查。

第八十条 各级决算经批准后,财政部门应当在二十日内向本级各部门批复决算。各部门应当在接到本级政府财政部门批复的本部门决算后十五日内向所属单位批复决算。

第八十一条 地方各级政府应当将经批准的决算及下一级政府上报备案的决算汇总,报上一级政府备案。

县级以上各级政府应当将下一级政府报送备案的决算汇总后,报本级人民代表大会常务委员会备案。

第八十二条 国务院和县级以上地方各级政府对下一级政府依照本法第八十一条规定报送备案的决算,认为有同法律、行政法规相抵触或者有其他不适当之处,需要撤销批准该项决算的决议的,应当提请本级人民代表大会常务委员会审议决定;经审议决定撤销的,该下级人民代表大会常务委员会应当责成本级政府依照本法规定重新编制决算草案,提请本级人民代表大会常务委员会审查和批准。

第九章 监 督

第八十三条 全国人民代表大会及其常务委员会对中央和地方预算、决算进行监督。

县级以上地方各级人民代表大会及其常务委员会对本级和下级预算、决算进行监督。

乡、民族乡、镇人民代表大会对本级预算、决算进行监督。

第八十四条 各级人民代表大会和县级以上各级人民代表大会常务委员会有权就预算、决算中的重大事项或者特定问题组织调查,有关的政府、部门、单位和个人应当如实反映情况和提供必要的材料。

第八十五条 各级人民代表大会和县级以上各级人民代表大会常务委员会举行会议时,人民代表大会代表或者常务委员会组成人员,依照法律规定程序就预算、决算中的有关问题提出询问或者质询,受询问或者受质询的有关的政府或者财政部门必须及时给予答复。

第八十六条 国务院和县级以上地方各级政府应当在每年六月至九月期间向本级人民代表大会常务委员会报告预算执行情况。

第八十七条 各级政府监督下级政府的预算执行;下级政府应当定期向上一级政府报告预算执行情况。

第八十八条 各级政府财政部门负责监督本级各部门及其所属各单位预算管理有关工作,并向本级政府和上一级政府财政部门报告预算执行情况。

第八十九条　县级以上政府审计部门依法对预算执行、决算实行审计监督。

对预算执行和其他财政收支的审计工作报告应当向社会公开。

第九十条　政府各部门负责监督检查所属各单位的预算执行，及时向本级政府财政部门反映本部门预算执行情况，依法纠正违反预算的行为。

第九十一条　公民、法人或者其他组织发现有违反本法的行为，可以依法向有关国家机关进行检举、控告。

接受检举、控告的国家机关应当依法进行处理，并为检举人、控告人保密。任何单位或者个人不得压制和打击报复检举人、控告人。

第十章　法律责任

第九十二条　各级政府及有关部门有下列行为之一的，责令改正，对负有直接责任的主管人员和其他直接责任人员追究行政责任：

（一）未依照本法规定，编制、报送预算草案、预算调整方案、决算草案和部门预算、决算以及批复预算、决算的；

（二）违反本法规定，进行预算调整的；

（三）未依照本法规定对有关预算事项进行公开和说明的；

（四）违反规定设立政府性基金项目和其他财政收入项目的；

（五）违反法律、法规规定使用预算预备费、预算周转金、预算稳定调节基金、超收收入的；

（六）违反本法规定开设财政专户的。

第九十三条　各级政府及有关部门、单位有下列行为之一的，责令改正，对负有直接责任的主管人员和其他直接责任人员依法给予降级、撤职、开除的处分：

（一）未将所有政府收入和支出列入预算或者虚列收入和支出的；

（二）违反法律、行政法规的规定，多征、提前征收或者减征、免征、缓征应征预算收入的；

（三）截留、占用、挪用或者拖欠应当上缴国库的预算收入的；

（四）违反本法规定，改变预算支出用途的；

（五）擅自改变上级政府专项转移支付资金用途的；

（六）违反本法规定拨付预算支出资金，办理预算收入收纳、划分、留解、退付，或者违反本法规定冻结、动用国库库款或者以其他方式支配已入国库库款的。

第九十四条　各级政府、各部门、各单位违反本法规定举借债务或者为他人债务提供担保，或者挪用重点支出资金，或者在预算之外及超预算标准建设楼堂馆所的，责令改正，对负有直接责任的主管人员和其他直接责任人员给予撤职、开除的处分。

第九十五条　各级政府有关部门、单位及其工作人员有下列行为之一的，责令改正，追回骗取、使用的资金，有违法所得的没收违法所得，对单位给予警告或者通报批评；对负有直接责任的主管人员和其他直接责任人员依法给予处分：

（一）违反法律、法规的规定，改变预算收入上缴方式的；

（二）以虚报、冒领等手段骗取预算资金的；

（三）违反规定扩大开支范围、提高开支标准的；

（四）其他违反财政管理规定的行为。

第九十六条　本法第九十二条、第九十三条、第九十四条、第九十五条所列违法行为，其他法律对其处理、处罚另有规定的，依照其规定。

违反本法规定，构成犯罪的，依法追究刑事责任。

第十一章　附　　则

第九十七条　各级政府财政部门应当按年度编制以权责发生制为基础的政府综合财务报告，报告政府整体财务状况、运行情况和财政中长期可持续性，报本级人民代表大会常务委员会备案。

第九十八条　国务院根据本法制定实施条例。

第九十九条　民族自治地方的预算管理，依照民族区域自治法的有关规定执行；民族区域自治法没有规定的，依照本法和国务院的有关规定执行。

第一百条　省、自治区、直辖市人民代表大会或者其常务委员会根据本法，可以制定有关预算审查监督的决定或者地方性法规。

第一百零一条　本法自1995年1月1日起施行。1991年10月21日国务院发布的《国家预算管理条例》同时废止。

中华人民共和国食品安全法

（2009 年 2 月 28 日第十一届全国人民代表大会常务委员会第七次会议通过　2015年 4 月 24 日第十二届全国人民代表大会常务委员会第十四次会议修订　根据 2018 年 12 月 29 日第十三届全国人民代表大会常务委员会第七次会议《关于修改〈中华人民共和国产品质量法〉等五部法律的决定》修正）

目　　录

第一章　总　　则
第二章　食品安全风险监测和评估
第三章　食品安全标准
第四章　食品生产经营
　第一节　一般规定
　第二节　生产经营过程控制
　第三节　标签、说明书和广告
　第四节　特殊食品
第五章　食品检验
第六章　食品进出口
第七章　食品安全事故处置
第八章　监督管理
第九章　法律责任
第十章　附　　则

第一章　总　　则

第一条　为了保证食品安全，保障公众身体健康和生命安全，制定本法。

第二条　在中华人民共和国境内从事下列活动，应当遵守本法：

（一）食品生产和加工（以下称食品生产），食品销售和餐饮服务（以下称食品经营）；

（二）食品添加剂的生产经营；

（三）用于食品的包装材料、容器、洗涤剂、消毒剂和用于食品生产经营的工具、设备（以下称食品相关产品）的生产经营；

（四）食品生产经营者使用食品添加剂、食品相关产品；

（五）食品的贮存和运输；

（六）对食品、食品添加剂、食品相关产品的安全管理。

供食用的源于农业的初级产品（以下称食用农产品）的质量安全管理，遵守《中华人民共和国农产品质量安全法》的规定。但是，食用农产品的市场销售、有关质量安全标准的制定、有关安全信息的公布和本法对农业投入品作出规定的，应当遵守本法的规定。

第三条　食品安全工作实行预防为主、风险管理、全程控制、社会共治，建立科学、严格的监督管理制度。

第四条　食品生产经营者对其生产经营食品的安全负责。

食品生产经营者应当依照法律、法规和食品安全标准从事生产经营活动，保证食品安全，诚信自律，对社会和公众负责，接受社会监督，承担社会责任。

第五条　国务院设立食品安全委员会，其职责由国务院规定。

国务院食品安全监督管理部门依照本法和国务院规定的职责，对食品生产经营活动实施监督管理。

国务院卫生行政部门依照本法和国务院规定的职责，组织开展食品安全风险监测和风险评估，会同国务院食品安全监督管理部门制定并公布食品安全国家标准。

国务院其他有关部门依照本法和国务院规定的职责，承担有关食品安全工作。

第六条　县级以上地方人民政府对本行政区域的食品安全监督管理工作负责，统一领导、组织、协调本行政区域的食品安全监督管理工作以及食品安全突发事件应对工作，建立健全食品安全全程监督管理工作机制和信息共享机制。

县级以上地方人民政府依照本法和国务院的规定，确定本级食品安全监督管理、卫生行政部门和其他有关部门的职责。有关部门在各自职责范围内负责本行政区域的食品安全监督管理工作。

县级人民政府食品安全监督管理部门可以在乡镇或者特定区域设立派出机构。

第七条　县级以上地方人民政府实行食品安全监督管理责任制。上级人民政府负责对下一级人民政府的食品安全监督管理工作进行评议、考核。县级以上地方人民政府负责对本级食品安全监督管理部门和其他有关部门的食品安全监督管理工作进行评议、考核。

第八条　县级以上人民政府应当将食品安全工作纳入本级国民经济和社会发展规划，将食品安全工作经费列入本级政府财政预算，加强食品安全监督管理能力建设，为食品安全工作提供保障。

县级以上人民政府食品安全监督管理部门和其他有关部门应当加强沟通、密切配合，按照各自职责分工，依法行使职权，承担责任。

第九条　食品行业协会应当加强行业自律，按照章程建立健全行业规范和奖惩机制，提供食品安全信息、技术等服务，引导和督促食品生产经营者依法生产经营，推动行业诚信建设，宣传、普及食品安全知识。

消费者协会和其他消费者组织对违反本法规定，损害消费者合法权益的行为，依法进行社会监督。

第十条　各级人民政府应当加强食品安全的宣传教育，普及食品安全知识，鼓励社会组织、基层群众性自治组织、食品生产经营者开展食品安全法律、法规以及食品安全标准和知识的普及工作，倡导健康的饮食方式，增强消费者食品安全意识和自我保护能力。

新闻媒体应当开展食品安全法律、法规以及食品安全标准和知识的公益宣传，并对食品安全违法行为进行舆论监督。有关食品安全的宣传报道应当真实、公正。

第十一条　国家鼓励和支持开展与食品安全有关的基础研究、应用研究，鼓励和支持食品生产经营者为提高食品安全水平采用先进技术和先进管理规范。

国家对农药的使用实行严格的管理制度，加快淘汰剧毒、高毒、高残留农药，推动替代产品的研发和应用，鼓励使用高效低毒低残留农药。

第十二条　任何组织或者个人有权举报食品安全违法行为，依法向有关部门了解食品安全信息，对食品安全监督管理工作提出意见和建议。

第十三条　对在食品安全工作中做出突出贡献的单位和个人，按照国家有关规定给予表彰、奖励。

第二章　食品安全风险监测和评估

第十四条　国家建立食品安全风险监测制度，对食源性疾病、食品污染以及食品中的有害因素进行监测。

国务院卫生行政部门会同国务院食品安全监督管理等部门，制定、实施国家食品安全风险监测计划。

国务院食品安全监督管理部门和其他有关部门获知有关食品安全风险信息后，应当立即核实并向国务院卫生行政部门通报。对有关部门通报的食品安全风险信息以及医疗机构报告的食源性疾病等有关疾病信息，国务院卫生行政部门应当会同国务院有关部门分析研究，认为必要的，及时调整国家食品安全风险监测计划。

省、自治区、直辖市人民政府卫生行政部门会同同级食品安全监督管理等部门，根据国家食品安全风险监测计划，结合本行政区域的具体情况，制定、调整本行政区域的食品安全风险监测方案，报国务院卫生行政部门备案并实施。

第十五条　承担食品安全风险监测工作的技术机构应当根据食品安全风险监测计划和监测方案开展监测工作，保证监测数据真实、准确，并按照食品安全风险监测计划和监测方案的要求报送监测数据和分析结果。

食品安全风险监测工作人员有权进入相关食用农产品种植养殖、食品生产经营场所采集样品、收集相关数据。采集样品应当按照市场价格支付费用。

第十六条　食品安全风险监测结果表明可能存在食品安全隐患的，县级以上人民政府卫生行政部门应当及时将相关信息通报同级食品安全监督管理等部门，并报告本级人民政府和上级人民政府卫生行政部门。食品安全监督管理等部门应当组织开展进一步调查。

第十七条　国家建立食品安全风险评估制度，运用科学方法，根据食品安全风险监测信息、科学数据以及有关信息，对食品、食品添加剂、食品相关产品中生物性、化学性和物理性危害因素进行风险评估。

国务院卫生行政部门负责组织食品安全风险评估工作，成立由医学、农业、食品、营养、生物、环境等方面的专家组成的食品安全风险评估专家委员会进行食品安全风险评估。食品安全风险评估结果由国务院卫生行政部门公布。

对农药、肥料、兽药、饲料和饲料添加剂等的安全性评估，应当有食品安全风险评估专家委员会的专家参加。

食品安全风险评估不得向生产经营者收取费用，采集样品应当按照市场价格支付费用。

第十八条 有下列情形之一的，应当进行食品安全风险评估：

（一）通过食品安全风险监测或者接到举报发现食品、食品添加剂、食品相关产品可能存在安全隐患的；

（二）为制定或者修订食品安全国家标准提供科学依据需要进行风险评估的；

（三）为确定监督管理的重点领域、重点品种需要进行风险评估的；

（四）发现新的可能危害食品安全因素的；

（五）需要判断某一因素是否构成食品安全隐患的；

（六）国务院卫生行政部门认为需要进行风险评估的其他情形。

第十九条 国务院食品安全监督管理、农业行政等部门在监督管理工作中发现需要进行食品安全风险评估的，应当向国务院卫生行政部门提出食品安全风险评估的建议，并提供风险来源、相关检验数据和结论等信息、资料。属于本法第十八条规定情形的，国务院卫生行政部门应当及时进行食品安全风险评估，并向国务院有关部门通报评估结果。

第二十条 省级以上人民政府卫生行政、农业行政部门应当及时相互通报食品、食用农产品安全风险监测信息。

国务院卫生行政、农业行政部门应当及时相互通报食品、食用农产品安全风险评估结果等信息。

第二十一条 食品安全风险评估结果是制定、修订食品安全标准和实施食品安全监督管理的科学依据。

经食品安全风险评估，得出食品、食品添加剂、食品相关产品不安全结论的，国务院食品安全监督管理等部门应当依据各自职责立即向社会公告，告知消费者停止食用或者使用，并采取相应措施，确保该食品、食品添加剂、食品相关产品停止生产经营；需要制定、修订相关食品安全国家标准的，国务院卫生行政部门应当会同国务院食品安全监督管理部门立即制定、修订。

第二十二条 国务院食品安全监督管理部门应当会同国务院有关部门，根据食品安全风险评估结果、食品安全监督管理信息，对食品安全状况进行综合分析。对经综合分析表明可能具有较高程度安全风险的食品，国务院食品安全监督管理部门应当及时提出食品安全风险警示，并向社会公布。

第二十三条 县级以上人民政府食品安全监督管理部门和其他有关部门、食品安全风险评估专家委员会及其技术机构，应当按照科学、客观、及时、公开的原则，组织食品生产经营者、食品检验机构、认证机构、食品行业协会、消费者协会以及新闻媒体等，就食品安全风险评估信息和食品安全监督管理信息进行交流沟通。

第三章 食品安全标准

第二十四条 制定食品安全标准，应当以保障公众身体健康为宗旨，做到科学合理、安全可靠。

第二十五条 食品安全标准是强制执行的标准。除食品安全标准外，不得制定其他食品强制性标准。

第二十六条 食品安全标准应当包括下列内容：

（一）食品、食品添加剂、食品相关产品中的致病性微生物，农药残留、兽药残留、生物毒素、重金属等污染物质以及其他危害人体健康物质的限量规定；

（二）食品添加剂的品种、使用范围、用量；

（三）专供婴幼儿和其他特定人群的主辅食品的营养成分要求；

（四）对与卫生、营养等食品安全要求有关的标签、标志、说明书的要求；

（五）食品生产经营过程的卫生要求；

（六）与食品安全有关的质量要求；

（七）与食品安全有关的食品检验方法与规程；

（八）其他需要制定为食品安全标准的内容。

第二十七条 食品安全国家标准由国务院卫生行政部门会同国务院食品安全监督管理部门制定、公布，国务院标准化行政部门提供国家标准编号。

食品中农药残留、兽药残留的限量规定及其检验方法与规程由国务院卫生行政部门、国务院农业行政部门会同国务院食品安全监督管理部门制定。

屠宰畜、禽的检验规程由国务院农业行政部门会同国务院卫生行政部门制定。

第二十八条 制定食品安全国家标准，应当依据食品安全风险评估结果并充分考虑食用农产品安全风险评估结果，参照相关的国际标准和国际食品安全风险评估结果，并将食品安全国家标准草案向社会公布，广泛听取食品生产经营者、消费者、有关部门等方面的意见。

食品安全国家标准应当经国务院卫生行政部门组织的食品安全国家标准审评委员会审查通过。食品安全国家标准审评委员会由医学、农业、食品、营养、生物、环境等方面的专家以及国务院有关部门、食品行业协会、消费者协会的代表组成，对食品安全国家标准草案的科学性和实用性等进行审查。

第二十九条 对地方特色食品，没有食品安全国家标准的，省、自治区、直辖市人民政府卫生行政部门可以制定并公布食品安全地方标准，报国务院卫生行政部门备案。食品安全国家标准制定后，该地方标准即行废止。

第三十条 国家鼓励食品生产企业制定严于食品安全国家标准或者地方标准的企业标准，在本企业适用，并报省、自治区、直辖市人民政府卫生行政部门备案。

第三十一条 省级以上人民政府卫生行政部门应当在其网站上公布制定和备案的食品安全国家标准、地方标准和企业标准，供公众免费查阅、下载。

对食品安全标准执行过程中的问题，县级以上人民政府卫生行政部门应当会同有关部门及时给予指导、解答。

第三十二条 省级以上人民政府卫生行政部门应当会同同级食品安全监督管理、农业行政等部门，分别对食品安全国家标准和地方标准的执行情况进行跟踪评价，并根据评价结果及时修订食品安全标准。

省级以上人民政府食品安全监督管理、农业行政等部门应当对食品安全标准执行中存在的问题进行收集、汇总，并及时向同级卫生行政部门通报。

食品生产经营者、食品行业协会发现食品安全标准在执行中存在问题的，应当立即向卫生行政部门报告。

第四章 食品生产经营

第一节 一般规定

第三十三条 食品生产经营应当符合食品安全标准，并符合下列要求：

(一)具有与生产经营的食品品种、数量相适应的食品原料处理和食品加工、包装、贮存等场所，保持该场所环境整洁，并与有毒、有害场所以及其他污染源保持规定的距离；

(二)具有与生产经营的食品品种、数量相适应的生产经营设备或者设施，有相应的消毒、更衣、盥洗、采光、照明、通风、防腐、防尘、防蝇、防鼠、防虫、洗涤以及处理废水、存放垃圾和废弃物的设备或者设施；

(三)有专职或者兼职的食品安全专业技术人员、食品安全管理人员和保证食品安全的规章制度；

(四)具有合理的设备布局和工艺流程，防止待加工食品与直接入口食品、原料与成品交叉污染，避免食品接触有毒物、不洁物；

(五)餐具、饮具和盛放直接入口食品的容器，使用前应当洗净、消毒，炊具、用具用后应当洗净，保持清洁；

(六)贮存、运输和装卸食品的容器、工具和设备应当安全、无害，保持清洁，防止食品污染，并符合保证食品安全所需的温度、湿度等特殊要求，不得将食品与有毒、有害物品一同贮存、运输；

(七)直接入口的食品应当使用无毒、清洁的包装材料、餐具、饮具和容器；

(八)食品生产经营人员应当保持个人卫生，生产经营食品时，应当将手洗净，穿戴清洁的工作衣、帽等；销售无包装的直接入口食品时，应当使用无毒、清洁的容器、售货工具和设备；

(九)用水应当符合国家规定的生活饮用水卫生标准；

(十)使用的洗涤剂、消毒剂应当对人体安全、无害；

(十一)法律、法规规定的其他要求。

非食品生产经营者从事食品贮存、运输和装卸的，应当符合前款第六项的规定。

第三十四条 禁止生产经营下列食品、食品添加剂、食品相关产品：

(一)用非食品原料生产的食品或者添加食品添加剂以外的化学物质和其他可能危害人体健康物质的食品，或者用回收食品作为原料生产的食品；

(二)致病性微生物，农药残留、兽药残留、生物毒素、重金属等污染物质以及其他危害人体健康的物质含量超过食品安全标准限量的食品、食品添加剂、食品相关产品；

(三)用超过保质期的食品原料、食品添加剂生产的食品、食品添加剂；

(四)超范围、超限量使用食品添加剂的食品；

(五)营养成分不符合食品安全标准的专供婴

幼儿和其他特定人群的主辅食品；

（六）腐败变质、油脂酸败、霉变生虫、污秽不洁、混有异物、掺假掺杂或者感官性状异常的食品、食品添加剂；

（七）病死、毒死或者死因不明的禽、畜、兽、水产动物肉类及其制品；

（八）未按规定进行检疫或者检疫不合格的肉类，或者未经检验或者检验不合格的肉类制品；

（九）被包装材料、容器、运输工具等污染的食品、食品添加剂；

（十）标注虚假生产日期、保质期或者超过保质期的食品、食品添加剂；

（十一）无标签的预包装食品、食品添加剂；

（十二）国家为防病等特殊需要明令禁止生产经营的食品；

（十三）其他不符合法律、法规或者食品安全标准的食品、食品添加剂、食品相关产品。

第三十五条　国家对食品生产经营实行许可制度。从事食品生产、食品销售、餐饮服务，应当依法取得许可。但是，销售食用农产品，不需要取得许可。

县级以上地方人民政府食品安全监督管理部门应当依照《中华人民共和国行政许可法》的规定，审核申请人提交的本法第三十三条第一款第一项至第四项规定要求的相关资料，必要时对申请人的生产经营场所进行现场核查；对符合规定条件的，准予许可；对不符合规定条件的，不予许可并书面说明理由。

第三十六条　食品生产加工小作坊和食品摊贩等从事食品生产经营活动，应当符合本法规定的与其生产经营规模、条件相适应的食品安全要求，保证所生产经营的食品卫生、无毒、无害，食品安全监督管理部门应当对其加强监督管理。

县级以上地方人民政府应当对食品生产加工小作坊、食品摊贩等进行综合治理，加强服务和统一规划，改善其生产经营环境，鼓励和支持其改进生产经营条件，进入集中交易市场、店铺等固定场所经营，或者在指定的临时经营区域、时段经营。

食品生产加工小作坊和食品摊贩等的具体管理办法由省、自治区、直辖市制定。

第三十七条　利用新的食品原料生产食品，或者生产食品添加剂新品种、食品相关产品新品种，应当向国务院卫生行政部门提交相关产品的安全性评估材料。国务院卫生行政部门应当自收到申请之日起六十日内组织审查；对符合食品安全要求的，准予许可并公布；对不符合食品安全要求的，不予许可并书面说明理由。

第三十八条　生产经营的食品中不得添加药品，但是可以添加按照传统既是食品又是中药材的物质。按照传统既是食品又是中药材的物质目录由国务院卫生行政部门会同国务院食品安全监督管理部门制定、公布。

第三十九条　国家对食品添加剂生产实行许可制度。从事食品添加剂生产，应当具有与所生产食品添加剂品种相适应的场所、生产设备或者设施、专业技术人员和管理制度，并依照本法第三十五条第二款规定的程序，取得食品添加剂生产许可。

生产食品添加剂应当符合法律、法规和食品安全国家标准。

第四十条　食品添加剂应当在技术上确有必要且经过风险评估证明安全可靠，方可列入允许使用的范围；有关食品安全国家标准应当根据技术必要性和食品安全风险评估结果及时修订。

食品生产经营者应当按照食品安全国家标准使用食品添加剂。

第四十一条　生产食品相关产品应当符合法律、法规和食品安全国家标准。对直接接触食品的包装材料等具有较高风险的食品相关产品，按照国家有关工业产品生产许可证管理的规定实施生产许可。食品安全监督管理部门应当加强对食品相关产品生产活动的监督管理。

第四十二条　国家建立食品安全全程追溯制度。

食品生产经营者应当依照本法的规定，建立食品安全追溯体系，保证食品可追溯。国家鼓励食品生产经营者采用信息化手段采集、留存生产经营信息，建立食品安全追溯体系。

国务院食品安全监督管理部门会同国务院农业行政等有关部门建立食品安全全程追溯协作机制。

第四十三条　地方各级人民政府应当采取措施鼓励食品规模化生产和连锁经营、配送。

国家鼓励食品生产经营企业参加食品安全责任保险。

第二节　生产经营过程控制

第四十四条　食品生产经营企业应当建立健全食品安全管理制度，对职工进行食品安全知识培训，加强食品检验工作，依法从事生产经营活动。

食品生产经营企业的主要负责人应当落实企

业食品安全管理制度，对本企业的食品安全工作全面负责。

食品生产经营企业应当配备食品安全管理人员，加强对其培训和考核。经考核不具备食品安全管理能力的，不得上岗。食品安全监督管理部门应当对企业食品安全管理人员随机进行监督抽查考核并公布考核情况。监督抽查考核不得收取费用。

第四十五条 食品生产经营者应当建立并执行从业人员健康管理制度。患有国务院卫生行政部门规定的有碍食品安全疾病的人员，不得从事接触直接入口食品的工作。

从事接触直接入口食品工作的食品生产经营人员应当每年进行健康检查，取得健康证明后方可上岗工作。

第四十六条 食品生产企业应当就下列事项制定并实施控制要求，保证所生产的食品符合食品安全标准：

（一）原料采购、原料验收、投料等原料控制；

（二）生产工序、设备、贮存、包装等生产关键环节控制；

（三）原料检验、半成品检验、成品出厂检验等检验控制；

（四）运输和交付控制。

第四十七条 食品生产经营者应当建立食品安全自查制度，定期对食品安全状况进行检查评价。生产经营条件发生变化，不再符合食品安全要求的，食品生产经营者应当立即采取整改措施；有发生食品安全事故潜在风险的，应当立即停止食品生产经营活动，并向所在地县级人民政府食品安全监督管理部门报告。

第四十八条 国家鼓励食品生产经营企业符合良好生产规范要求，实施危害分析与关键控制点体系，提高食品安全管理水平。

对通过良好生产规范、危害分析与关键控制点体系认证的食品生产经营企业，认证机构应当依法实施跟踪调查；对不再符合认证要求的企业，应当依法撤销认证，及时向县级以上人民政府食品安全监督管理部门通报，并向社会公布。认证机构实施跟踪调查不得收取费用。

第四十九条 食用农产品生产者应当按照食品安全标准和国家有关规定使用农药、肥料、兽药、饲料和饲料添加剂等农业投入品，严格执行农业投入品使用安全间隔期或者休药期的规定，不得使用国家明令禁止的农业投入品。禁止将剧毒、高毒农药用于蔬菜、瓜果、茶叶和中草药材等国家规定的农作物。

食用农产品的生产企业和农民专业合作经济组织应当建立农业投入品使用记录制度。

县级以上人民政府农业行政部门应当加强对农业投入品使用的监督管理和指导，建立健全农业投入品安全使用制度。

第五十条 食品生产者采购食品原料、食品添加剂、食品相关产品，应当查验供货者的许可证和产品合格证明；对无法提供合格证明的食品原料，应当按照食品安全标准进行检验；不得采购或者使用不符合食品安全标准的食品原料、食品添加剂、食品相关产品。

食品生产企业应当建立食品原料、食品添加剂、食品相关产品进货查验记录制度，如实记录食品原料、食品添加剂、食品相关产品的名称、规格、数量、生产日期或者生产批号、保质期、进货日期以及供货者名称、地址、联系方式等内容，并保存相关凭证。记录和凭证保存期限不得少于产品保质期满后六个月；没有明确保质期的，保存期限不得少于二年。

第五十一条 食品生产企业应当建立食品出厂检验记录制度，查验出厂食品的检验合格证和安全状况，如实记录食品的名称、规格、数量、生产日期或者生产批号、保质期、检验合格证号、销售日期以及购货者名称、地址、联系方式等内容，并保存相关凭证。记录和凭证保存期限应当符合本法第五十条第二款的规定。

第五十二条 食品、食品添加剂、食品相关产品的生产者，应当按照食品安全标准对所生产的食品、食品添加剂、食品相关产品进行检验，检验合格后方可出厂或者销售。

第五十三条 食品经营者采购食品，应当查验供货者的许可证和食品出厂检验合格证或者其他合格证明（以下称合格证明文件）。

食品经营企业应当建立食品进货查验记录制度，如实记录食品的名称、规格、数量、生产日期或者生产批号、保质期、进货日期以及供货者名称、地址、联系方式等内容，并保存相关凭证。记录和凭证保存期限应当符合本法第五十条第二款的规定。

实行统一配送经营方式的食品经营企业，可以由企业总部统一查验供货者的许可证和食品合格证明文件，进行食品进货查验记录。

从事食品批发业务的经营企业应当建立食品销售记录制度，如实记录批发食品的名称、规格、数量、生产日期或者生产批号、保质期、销售日期以及购货者名称、地址、联系方式等内容,并保存相关凭证。记录和凭证保存期限应当符合本法第五十条第二款的规定。

第五十四条 食品经营者应当按照保证食品安全的要求贮存食品,定期检查库存食品,及时清理变质或者超过保质期的食品。

食品经营者贮存散装食品,应当在贮存位置标明食品的名称、生产日期或者生产批号、保质期、生产者名称及联系方式等内容。

第五十五条 餐饮服务提供者应当制定并实施原料控制要求,不得采购不符合食品安全标准的食品原料。倡导餐饮服务提供者公开加工过程,公示食品原料及其来源等信息。

餐饮服务提供者在加工过程中应当检查待加工的食品及原料,发现有本法第三十四条第六项规定情形的,不得加工或者使用。

第五十六条 餐饮服务提供者应当定期维护食品加工、贮存、陈列等设施、设备;定期清洗、校验保温设施及冷藏、冷冻设施。

餐饮服务提供者应当按照要求对餐具、饮具进行清洗消毒,不得使用未经清洗消毒的餐具、饮具;餐饮服务提供者委托清洗消毒餐具、饮具的,应当委托符合本法规定条件的餐具、饮具集中消毒服务单位。

第五十七条 学校、托幼机构、养老机构、建筑工地等集中用餐单位的食堂应当严格遵守法律、法规和食品安全标准;从供餐单位订餐的,应当从取得食品生产经营许可的企业订购,并按照要求对订购的食品进行查验。供餐单位应当严格遵守法律、法规和食品安全标准,当餐加工,确保食品安全。

学校、托幼机构、养老机构、建筑工地等集中用餐单位的主管部门应当加强对集中用餐单位的食品安全教育和日常管理,降低食品安全风险,及时消除食品安全隐患。

第五十八条 餐具、饮具集中消毒服务单位应当具备相应的作业场所、清洗消毒设备或者设施,用水和使用的洗涤剂、消毒剂应当符合相关食品安全国家标准和其他国家标准、卫生规范。

餐具、饮具集中消毒服务单位应当对消毒餐具、饮具进行逐批检验,检验合格后方可出厂,并应当随附消毒合格证明。消毒后的餐具、饮具应当在独立包装上标注单位名称、地址、联系方式、消毒日期以及使用期限等内容。

第五十九条 食品添加剂生产者应当建立食品添加剂出厂检验记录制度,查验出厂产品的检验合格证和安全状况,如实记录食品添加剂的名称、规格、数量、生产日期或者生产批号、保质期、检验合格证号、销售日期以及购货者名称、地址、联系方式等相关内容,并保存相关凭证。记录和凭证保存期限应当符合本法第五十条第二款的规定。

第六十条 食品添加剂经营者采购食品添加剂,应当依法查验供货者的许可证和产品合格证明文件,如实记录食品添加剂的名称、规格、数量、生产日期或者生产批号、保质期、进货日期以及供货者名称、地址、联系方式等内容,并保存相关凭证。记录和凭证保存期限应当符合本法第五十条第二款的规定。

第六十一条 集中交易市场的开办者、柜台出租者和展销会举办者,应当依法审查入场食品经营者的许可证,明确其食品安全管理责任,定期对其经营环境和条件进行检查,发现其有违反本法规定行为的,应当及时制止并立即报告所在地县级人民政府食品安全监督管理部门。

第六十二条 网络食品交易第三方平台提供者应当对入网食品经营者进行实名登记,明确其食品安全管理责任;依法应当取得许可证的,还应当审查其许可证。

网络食品交易第三方平台提供者发现入网食品经营者有违反本法规定行为的,应当及时制止并立即报告所在地县级人民政府食品安全监督管理部门;发现严重违法行为的,应当立即停止提供网络交易平台服务。

第六十三条 国家建立食品召回制度。食品生产者发现其生产的食品不符合食品安全标准或者有证据证明可能危害人体健康的,应当立即停止生产,召回已经上市销售的食品,通知相关生产经营者和消费者,并记录召回和通知情况。

食品经营者发现其经营的食品有前款规定情形的,应当立即停止经营,通知相关生产经营者和消费者,并记录停止经营和通知情况。食品生产者认为应当召回的,应当立即召回。由于食品经营者的原因造成其经营的食品有前款规定情形的,食品经营者应当召回。

食品生产经营者应当对召回的食品采取无害化处理、销毁等措施,防止其再次流入市场。但是,对因标签、标志或者说明书不符合食品安全标准而被召回的食品,食品生产者在采取补救措施且能保证食品安全的情况下可以继续销售;销售时应当向消费者明示补救措施。

食品生产经营者应当将食品召回和处理情况

向所在地县级人民政府食品安全监督管理部门报告；需要对召回的食品进行无害化处理、销毁的，应当提前报告时间、地点。食品安全监督管理部门认为必要的，可以实施现场监督。

食品生产经营者未依照本条规定召回或者停止经营的，县级以上人民政府食品安全监督管理部门可以责令其召回或者停止经营。

第六十四条　食用农产品批发市场应当配备检验设备和检验人员或者委托符合本法规定的食品检验机构，对进入该批发市场销售的食用农产品进行抽样检验；发现不符合食品安全标准的，应当要求销售者立即停止销售，并向食品安全监督管理部门报告。

第六十五条　食用农产品销售者应当建立食用农产品进货查验记录制度，如实记录食用农产品的名称、数量、进货日期以及供货者名称、地址、联系方式等内容，并保存相关凭证。记录和凭证保存期限不得少于六个月。

第六十六条　进入市场销售的食用农产品在包装、保鲜、贮存、运输中使用保鲜剂、防腐剂等食品添加剂和包装材料等食品相关产品，应当符合食品安全国家标准。

第三节　标签、说明书和广告

第六十七条　预包装食品的包装上应当有标签。标签应当标明下列事项：

（一）名称、规格、净含量、生产日期；

（二）成分或者配料表；

（三）生产者的名称、地址、联系方式；

（四）保质期；

（五）产品标准代号；

（六）贮存条件；

（七）所使用的食品添加剂在国家标准中的通用名称；

（八）生产许可证编号；

（九）法律、法规或者食品安全标准规定应当标明的其他事项。

专供婴幼儿和其他特定人群的主辅食品，其标签还应当标明主要营养成分及其含量。

食品安全国家标准对标签标注事项另有规定的，从其规定。

第六十八条　食品经营者销售散装食品，应当在散装食品的容器、外包装上标明食品的名称、生产日期或者生产批号、保质期以及生产经营者名称、地址、联系方式等内容。

第六十九条　生产经营转基因食品应当按照规定显著标示。

第七十条　食品添加剂应当有标签、说明书和包装。标签、说明书应当载明本法第六十七条第一款第一项至第六项、第八项、第九项规定的事项，以及食品添加剂的使用范围、用量、使用方法，并在标签上载明“食品添加剂”字样。

第七十一条　食品和食品添加剂的标签、说明书，不得含有虚假内容，不得涉及疾病预防、治疗功能。生产经营者对其提供的标签、说明书的内容负责。

食品和食品添加剂的标签、说明书应当清楚、明显，生产日期、保质期等事项应当显著标注，容易辨识。

食品和食品添加剂与其标签、说明书的内容不符的，不得上市销售。

第七十二条　食品经营者应当按照食品标签标示的警示标志、警示说明或者注意事项的要求销售食品。

第七十三条　食品广告的内容应当真实合法，不得含有虚假内容，不得涉及疾病预防、治疗功能。食品生产经营者对食品广告内容的真实性、合法性负责。

县级以上人民政府食品安全监督管理部门和其他有关部门以及食品检验机构、食品行业协会不得以广告或者其他形式向消费者推荐食品。消费者组织不得以收取费用或者其他牟取利益的方式向消费者推荐食品。

第四节　特殊食品

第七十四条　国家对保健食品、特殊医学用途配方食品和婴幼儿配方食品等特殊食品实行严格监督管理。

第七十五条　保健食品声称保健功能，应当具有科学依据，不得对人体产生急性、亚急性或者慢性危害。

保健食品原料目录和允许保健食品声称的保健功能目录，由国务院食品安全监督管理部门会同国务院卫生行政部门、国家中医药管理部门制定、调整并公布。

保健食品原料目录应当包括原料名称、用量及其对应的功效；列入保健食品原料目录的原料只能用于保健食品生产，不得用于其他食品生产。

第七十六条　使用保健食品原料目录以外原料的保健食品和首次进口的保健食品应当经国务

院食品安全监督管理部门注册。但是，首次进口的保健食品中属于补充维生素、矿物质等营养物质的，应当报国务院食品安全监督管理部门备案。其他保健食品应当报省、自治区、直辖市人民政府食品安全监督管理部门备案。

进口的保健食品应当是出口国（地区）主管部门准许上市销售的产品。

第七十七条　依法应当注册的保健食品，注册时应当提交保健食品的研发报告、产品配方、生产工艺、安全性和保健功能评价、标签、说明书等材料及样品，并提供相关证明文件。国务院食品安全监督管理部门经组织技术审评，对符合安全和功能声称要求的，准予注册；对不符合要求的，不予注册并书面说明理由。对使用保健食品原料目录以外原料的保健食品作出准予注册决定的，应当及时将该原料纳入保健食品原料目录。

依法应当备案的保健食品，备案时应当提交产品配方、生产工艺、标签、说明书以及表明产品安全性和保健功能的材料。

第七十八条　保健食品的标签、说明书不得涉及疾病预防、治疗功能，内容应当真实，与注册或者备案的内容相一致，载明适宜人群、不适宜人群、功效成分或者标志性成分及其含量等，并声明“本品不能代替药物”。保健食品的功能和成分应当与标签、说明书相一致。

第七十九条　保健食品广告除应当符合本法第七十三条第一款的规定外，还应当声明“本品不能代替药物”；其内容应当经生产企业所在地省、自治区、直辖市人民政府食品安全监督管理部门审查批准，取得保健食品广告批准文件。省、自治区、直辖市人民政府食品安全监督管理部门应当公布并及时更新已经批准的保健食品广告目录以及批准的广告内容。

第八十条　特殊医学用途配方食品应当经国务院食品安全监督管理部门注册。注册时，应当提交产品配方、生产工艺、标签、说明书以及表明产品安全性、营养充足性和特殊医学用途临床效果的材料。

特殊医学用途配方食品广告适用《中华人民共和国广告法》和其他法律、行政法规关于药品广告管理的规定。

第八十一条　婴幼儿配方食品生产企业应当实施从原料进厂到成品出厂的全过程质量控制，对出厂的婴幼儿配方食品实施逐批检验，保证食品安全。

生产婴幼儿配方食品使用的生鲜乳、辅料等食品原料、食品添加剂等，应当符合法律、行政法规的规定和食品安全国家标准，保证婴幼儿生长发育所需的营养成分。

婴幼儿配方食品生产企业应当将食品原料、食品添加剂、产品配方及标签等事项向省、自治区、直辖市人民政府食品安全监督管理部门备案。

婴幼儿配方乳粉的产品配方应当经国务院食品安全监督管理部门注册。注册时，应当提交配方研发报告和其他表明配方科学性、安全性的材料。

不得以分装方式生产婴幼儿配方乳粉，同一企业不得用同一配方生产不同品牌的婴幼儿配方乳粉。

第八十二条　保健食品、特殊医学用途配方食品、婴幼儿配方乳粉的注册人或者备案人应当对其提交材料的真实性负责。

省级以上人民政府食品安全监督管理部门应当及时公布注册或者备案的保健食品、特殊医学用途配方食品、婴幼儿配方乳粉目录，并对注册或者备案中获知的企业商业秘密予以保密。

保健食品、特殊医学用途配方食品、婴幼儿配方乳粉生产企业应当按照注册或者备案的产品配方、生产工艺等技术要求组织生产。

第八十三条　生产保健食品，特殊医学用途配方食品、婴幼儿配方食品和其他专供特定人群的主辅食品的企业，应当按照良好生产规范的要求建立与所生产食品相适应的生产质量管理体系，定期对该体系的运行情况进行自查，保证其有效运行，并向所在地县级人民政府食品安全监督管理部门提交自查报告。

第五章　食品检验

第八十四条　食品检验机构按照国家有关认证认可的规定取得资质认定后，方可从事食品检验活动。但是，法律另有规定的除外。

食品检验机构的资质认定条件和检验规范，由国务院食品安全监督管理部门规定。

符合本法规定的食品检验机构出具的检验报告具有同等效力。

县级以上人民政府应当整合食品检验资源，实现资源共享。

第八十五条　食品检验由食品检验机构指定的检验人独立进行。

检验人应当依照有关法律、法规的规定，并按照食品安全标准和检验规范对食品进行检验，尊重科学，恪守职业道德，保证出具的检验数据和结论客观、公正，不得出具虚假检验报告。

第八十六条 食品检验实行食品检验机构与检验人负责制。食品检验报告应当加盖食品检验机构公章，并有检验人的签名或者盖章。食品检验机构和检验人对出具的食品检验报告负责。

第八十七条 县级以上人民政府食品安全监督管理部门应当对食品进行定期或者不定期的抽样检验，并依据有关规定公布检验结果，不得免检。进行抽样检验，应当购买抽取的样品，委托符合本法规定的食品检验机构进行检验，并支付相关费用；不得向食品生产经营者收取检验费和其他费用。

第八十八条 对依照本法规定实施的检验结论有异议的，食品生产经营者可以自收到检验结论之日起七个工作日内向实施抽样检验的食品安全监督管理部门或者其上一级食品安全监督管理部门提出复检申请，由受理复检申请的食品安全监督管理部门在公布的复检机构名录中随机确定复检机构进行复检。复检机构出具的复检结论为最终检验结论。复检机构与初检机构不得为同一机构。复检机构名录由国务院认证认可监督管理、食品安全监督管理、卫生行政、农业行政等部门共同公布。

采用国家规定的快速检测方法对食用农产品进行抽查检测，被抽查人对检测结果有异议的，可以自收到检测结果时起四小时内申请复检。复检不得采用快速检测方法。

第八十九条 食品生产企业可以自行对所生产的食品进行检验，也可以委托符合本法规定的食品检验机构进行检验。

食品行业协会和消费者协会等组织、消费者需要委托食品检验机构对食品进行检验的，应当委托符合本法规定的食品检验机构进行。

第九十条 食品添加剂的检验，适用本法有关食品检验的规定。

第六章 食品进出口

第九十一条 国家出入境检验检疫部门对进出口食品安全实施监督管理。

第九十二条 进口的食品、食品添加剂、食品相关产品应当符合我国食品安全国家标准。

进口的食品、食品添加剂应当经出入境检验检疫机构依照进出口商品检验相关法律、行政法规的规定检验合格。

进口的食品、食品添加剂应当按照国家出入境检验检疫部门的要求随附合格证明材料。

第九十三条 进口尚无食品安全国家标准的食品，由境外出口商、境外生产企业或者其委托的进口商向国务院卫生行政部门提交所执行的相关国家（地区）标准或者国际标准。国务院卫生行政部门对相关标准进行审查，认为符合食品安全要求的，决定暂予适用，并及时制定相应的食品安全国家标准。进口利用新的食品原料生产的食品或者进口食品添加剂新品种、食品相关产品新品种，依照本法第三十七条的规定办理。

出入境检验检疫机构按照国务院卫生行政部门的要求，对前款规定的食品、食品添加剂、食品相关产品进行检验。检验结果应当公开。

第九十四条 境外出口商、境外生产企业应当保证向我国出口的食品、食品添加剂、食品相关产品符合本法以及我国其他有关法律、行政法规的规定和食品安全国家标准的要求，并对标签、说明书的内容负责。

进口商应当建立境外出口商、境外生产企业审核制度，重点审核前款规定的内容；审核不合格的，不得进口。

发现进口食品不符合我国食品安全国家标准或者有证据证明可能危害人体健康的，进口商应当立即停止进口，并依照本法第六十三条的规定召回。

第九十五条 境外发生的食品安全事件可能对我国境内造成影响，或者在进口食品、食品添加剂、食品相关产品中发现严重食品安全问题的，国家出入境检验检疫部门应当及时采取风险预警或者控制措施，并向国务院食品安全监督管理、卫生行政、农业行政部门通报。接到通报的部门应当及时采取相应措施。

县级以上人民政府食品安全监督管理部门对国内市场上销售的进口食品、食品添加剂实施监督管理。发现存在严重食品安全问题的，国务院食品安全监督管理部门应当及时向国家出入境检验检疫部门通报。国家出入境检验检疫部门应当及时采取相应措施。

第九十六条 向我国境内出口食品的境外出口商或者代理商、进口食品的进口商应当向国家出入境检验检疫部门备案。向我国境内出口食品的境外食品生产企业应当经国家出入境检验检疫部门注册。已经注册的境外食品生产企业提供虚假材料，或者因其自身的原因致使进口食品发生重大食品安全事故的，国家出入境检验检疫部门应当撤销注册并公告。

国家出入境检验检疫部门应当定期公布已经备案的境外出口商、代理商、进口商和已经注册的境外食品生产企业名单。

第九十七条　进口的预包装食品、食品添加剂应当有中文标签；依法应当有说明书的，还应当有中文说明书。标签、说明书应当符合本法以及我国其他有关法律、行政法规的规定和食品安全国家标准的要求，并载明食品的原产地以及境内代理商的名称、地址、联系方式。预包装食品没有中文标签、中文说明书或者标签、说明书不符合本条规定的，不得进口。

第九十八条　进口商应当建立食品、食品添加剂进口和销售记录制度，如实记录食品、食品添加剂的名称、规格、数量、生产日期、生产或者进口批号、保质期、境外出口商和购货者名称、地址及联系方式、交货日期等内容，并保存相关凭证。记录和凭证保存期限应当符合本法第五十条第二款的规定。

第九十九条　出口食品生产企业应当保证其出口食品符合进口国（地区）的标准或者合同要求。

出口食品生产企业和出口食品原料种植、养殖场应当向国家出入境检验检疫部门备案。

第一百条　国家出入境检验检疫部门应当收集、汇总下列进出口食品安全信息，并及时通报相关部门、机构和企业：

（一）出入境检验检疫机构对进出口食品实施检验检疫发现的食品安全信息；

（二）食品行业协会和消费者协会等组织、消费者反映的进口食品安全信息；

（三）国际组织、境外政府机构发布的风险预警信息及其他食品安全信息，以及境外食品行业协会等组织、消费者反映的食品安全信息；

（四）其他食品安全信息。

国家出入境检验检疫部门应当对进出口食品的进口商、出口商和出口食品生产企业实施信用管理，建立信用记录，并依法向社会公布。对有不良记录的进口商、出口商和出口食品生产企业，应当加强对其进出口食品的检验检疫。

第一百零一条　国家出入境检验检疫部门可以对向我国境内出口食品的国家（地区）的食品安全管理体系和食品安全状况进行评估和审查，并根据评估和审查结果，确定相应检验检疫要求。

第七章　食品安全事故处置

第一百零二条　国务院组织制定国家食品安全事故应急预案。

县级以上地方人民政府应当根据有关法律、法规的规定和上级人民政府的食品安全事故应急预案以及本行政区域的实际情况，制定本行政区域的食品安全事故应急预案，并报上一级人民政府备案。

食品安全事故应急预案应当对食品安全事故分级、事故处置组织指挥体系与职责、预防预警机制、处置程序、应急保障措施等作出规定。

食品生产经营企业应当制定食品安全事故处置方案，定期检查本企业各项食品安全防范措施的落实情况，及时消除事故隐患。

第一百零三条　发生食品安全事故的单位应当立即采取措施，防止事故扩大。事故单位和接收病人进行治疗的单位应当及时向事故发生地县级人民政府食品安全监督管理、卫生行政部门报告。

县级以上人民政府农业行政等部门在日常监督管理中发现食品安全事故或者接到事故举报，应当立即向同级食品安全监督管理部门通报。

发生食品安全事故，接到报告的县级人民政府食品安全监督管理部门应当按照应急预案的规定向本级人民政府和上级人民政府食品安全监督管理部门报告。县级人民政府和上级人民政府食品安全监督管理部门应当按照应急预案的规定上报。

任何单位和个人不得对食品安全事故隐瞒、谎报、缓报，不得隐匿、伪造、毁灭有关证据。

第一百零四条　医疗机构发现其接收的病人属于食源性疾病病人或者疑似病人的，应当按照规定及时将相关信息向所在地县级人民政府卫生行政部门报告。县级人民政府卫生行政部门认为与食品安全有关的，应当及时通报同级食品安全监督管理部门。

县级以上人民政府卫生行政部门在调查处理传染病或者其他突发公共卫生事件中发现与食品安全相关的信息，应当及时通报同级食品安全监督管理部门。

第一百零五条　县级以上人民政府食品安全监督管理部门接到食品安全事故的报告后，应当立即会同同级卫生行政、农业行政等部门进行调查处理，并采取下列措施，防止或者减轻社会危害：

（一）开展应急救援工作，组织救治因食品安全事故导致人身伤害的人员；

（二）封存可能导致食品安全事故的食品及其原料，并立即进行检验；对确认属于被污染的食品及其原料，责令食品生产经营者依照本法第六十三条的规定召回或者停止经营；

（三）封存被污染的食品相关产品，并责令进行清洗消毒；

（四）做好信息发布工作，依法对食品安全事故及其处理情况进行发布，并对可能产生的危害加以解释、说明。

发生食品安全事故需要启动应急预案的，县级以上人民政府应当立即成立事故处置指挥机构，启动应急预案，依照前款和应急预案的规定进行处置。

发生食品安全事故，县级以上疾病预防控制机构应当对事故现场进行卫生处理，并对与事故有关的因素开展流行病学调查，有关部门应当予以协助。县级以上疾病预防控制机构应当向同级食品安全监督管理、卫生行政部门提交流行病学调查报告。

第一百零六条 发生食品安全事故，设区的市级以上人民政府食品安全监督管理部门应当立即会同有关部门进行事故责任调查，督促有关部门履行职责，向本级人民政府和上一级人民政府食品安全监督管理部门提出事故责任调查处理报告。

涉及两个以上省、自治区、直辖市的重大食品安全事故由国务院食品安全监督管理部门依照前款规定组织事故责任调查。

第一百零七条 调查食品安全事故，应当坚持实事求是、尊重科学的原则，及时、准确查清事故性质和原因，认定事故责任，提出整改措施。

调查食品安全事故，除了查明事故单位的责任，还应当查明有关监督管理部门、食品检验机构、认证机构及其工作人员的责任。

第一百零八条 食品安全事故调查部门有权向有关单位和个人了解与事故有关的情况，并要求提供相关资料和样品。有关单位和个人应当予以配合，按照要求提供相关资料和样品，不得拒绝。

任何单位和个人不得阻挠、干涉食品安全事故的调查处理。

第八章 监督管理

第一百零九条 县级以上人民政府食品安全监督管理部门根据食品安全风险监测、风险评估结果和食品安全状况等，确定监督管理的重点、方式和频次，实施风险分级管理。

县级以上地方人民政府组织本级食品安全监督管理、农业行政等部门制定本行政区域的食品安全年度监督管理计划，向社会公布并组织实施。

食品安全年度监督管理计划应当将下列事项作为监督管理的重点：

（一）专供婴幼儿和其他特定人群的主辅食品；

（二）保健食品生产过程中的添加行为和按照注册或者备案的技术要求组织生产的情况，保健食品标签、说明书以及宣传材料中有关功能宣传的情况；

（三）发生食品安全事故风险较高的食品生产经营者；

（四）食品安全风险监测结果表明可能存在食品安全隐患的事项。

第一百一十条 县级以上人民政府食品安全监督管理部门履行食品安全监督管理职责，有权采取下列措施，对生产经营者遵守本法的情况进行监督检查：

（一）进入生产经营场所实施现场检查；

（二）对生产经营的食品、食品添加剂、食品相关产品进行抽样检验；

（三）查阅、复制有关合同、票据、账簿以及其他有关资料；

（四）查封、扣押有证据证明不符合食品安全标准或者有证据证明存在安全隐患以及用于违法生产经营的食品、食品添加剂、食品相关产品；

（五）查封违法从事生产经营活动的场所。

第一百一十一条 对食品安全风险评估结果证明食品存在安全隐患，需要制定、修订食品安全标准的，在制定、修订食品安全标准前，国务院卫生行政部门应当及时会同国务院有关部门规定食品中有害物质的临时限量值和临时检验方法，作为生产经营和监督管理的依据。

第一百一十二条 县级以上人民政府食品安全监督管理部门在食品安全监督管理工作中可以采用国家规定的快速检测方法对食品进行抽查检测。

对抽查检测结果表明可能不符合食品安全标准的食品，应当依照本法第八十七条的规定进行检验。抽查检测结果确定有关食品不符合食品安全标准的，可以作为行政处罚的依据。

第一百一十三条 县级以上人民政府食品安全监督管理部门应当建立食品生产经营者食品安全信用档案，记录许可颁发、日常监督检查结果、违法行为查处等情况，依法向社会公布并实时更新；对有不良信用记录的食品生产经营者增加监督检查频次，对违法行为情节严重的食品生产经营者，可以通报投资主管部门、证券监督管理机构和有关的金融机构。

第一百一十四条　食品生产经营过程中存在食品安全隐患，未及时采取措施消除的，县级以上人民政府食品安全监督管理部门可以对食品生产经营者的法定代表人或者主要负责人进行责任约谈。食品生产经营者应当立即采取措施，进行整改，消除隐患。责任约谈情况和整改情况应当纳入食品生产经营者食品安全信用档案。

第一百一十五条　县级以上人民政府食品安全监督管理等部门应当公布本部门的电子邮件地址或者电话，接受咨询、投诉、举报。接到咨询、投诉、举报，对属于本部门职责的，应当受理并在法定期限内及时答复、核实、处理；对不属于本部门职责的，应当移交有权处理的部门并书面通知咨询、投诉、举报人。有权处理的部门应当在法定期限内及时处理，不得推诿。对查证属实的举报，给予举报人奖励。

有关部门应当对举报人的信息予以保密，保护举报人的合法权益。举报人举报所在企业的，该企业不得以解除、变更劳动合同或者其他方式对举报人进行打击报复。

第一百一十六条　县级以上人民政府食品安全监督管理等部门应当加强对执法人员食品安全法律、法规、标准和专业知识与执法能力等的培训，并组织考核。不具备相应知识和能力的，不得从事食品安全执法工作。

食品生产经营者、食品行业协会、消费者协会等发现食品安全执法人员在执法过程中有违反法律、法规规定的行为以及不规范执法行为的，可以向本级或者上级人民政府食品安全监督管理等部门或者监察机关投诉、举报。接到投诉、举报的部门或者机关应当进行核实，并将经核实的情况向食品安全执法人员所在部门通报；涉嫌违法违纪的，按照本法和有关规定处理。

第一百一十七条　县级以上人民政府食品安全监督管理等部门未及时发现食品安全系统性风险，未及时消除监督管理区域内的食品安全隐患的，本级人民政府可以对其主要负责人进行责任约谈。

地方人民政府未履行食品安全职责，未及时消除区域性重大食品安全隐患的，上级人民政府可以对其主要负责人进行责任约谈。

被约谈的食品安全监督管理等部门、地方人民政府应当立即采取措施，对食品安全监督管理工作进行整改。

责任约谈情况和整改情况应当纳入地方人民政府和有关部门食品安全监督管理工作评议、考核记录。

第一百一十八条　国家建立统一的食品安全信息平台，实行食品安全信息统一公布制度。国家食品安全总体情况、食品安全风险警示信息、重大食品安全事故及其调查处理信息和国务院确定需要统一公布的其他信息由国务院食品安全监督管理部门统一公布。食品安全风险警示信息和重大食品安全事故及其调查处理信息的影响限于特定区域的，也可以由有关省、自治区、直辖市人民政府食品安全监督管理部门公布。未经授权不得发布上述信息。

县级以上人民政府食品安全监督管理、农业行政部门依据各自职责公布食品安全日常监督管理信息。

公布食品安全信息，应当做到准确、及时，并进行必要的解释说明，避免误导消费者和社会舆论。

第一百一十九条　县级以上地方人民政府食品安全监督管理、卫生行政、农业行政部门获知本法规定需要统一公布的信息，应当向上级主管部门报告，由上级主管部门立即报告国务院食品安全监督管理部门；必要时，可以直接向国务院食品安全监督管理部门报告。

县级以上人民政府食品安全监督管理、卫生行政、农业行政部门应当相互通报获知的食品安全信息。

第一百二十条　任何单位和个人不得编造、散布虚假食品安全信息。

县级以上人民政府食品安全监督管理部门发现可能误导消费者和社会舆论的食品安全信息，应当立即组织有关部门、专业机构、相关食品生产经营者等进行核实、分析，并及时公布结果。

第一百二十一条　县级以上人民政府食品安全监督管理等部门发现涉嫌食品安全犯罪的，应当按照有关规定及时将案件移送公安机关。对移送的案件，公安机关应当及时审查；认为有犯罪事实需要追究刑事责任的，应当立案侦查。

公安机关在食品安全犯罪案件侦查过程中认为没有犯罪事实，或者犯罪事实显著轻微，不需要追究刑事责任，但依法应当追究行政责任的，应当及时将案件移送食品安全监督管理等部门和监察机关，有关部门应当依法处理。

公安机关商请食品安全监督管理、生态环境等部门提供检验结论、认定意见以及对涉案物品进行无害化处理等协助的，有关部门应当及时提供，予以协助。

第九章 法律责任

第一百二十二条 违反本法规定,未取得食品生产经营许可从事食品生产经营活动,或者未取得食品添加剂生产许可从事食品添加剂生产活动的,由县级以上人民政府食品安全监督管理部门没收违法所得和违法生产经营的食品、食品添加剂以及用于违法生产经营的工具、设备、原料等物品;违法生产经营的食品、食品添加剂货值金额不足一万元的,并处五万元以上十万元以下罚款;货值金额一万元以上的,并处货值金额十倍以上二十倍以下罚款。

明知从事前款规定的违法行为,仍为其提供生产经营场所或者其他条件的,由县级以上人民政府食品安全监督管理部门责令停止违法行为,没收违法所得,并处五万元以上十万元以下罚款;使消费者的合法权益受到损害的,应当与食品、食品添加剂生产经营者承担连带责任。

第一百二十三条 违反本法规定,有下列情形之一,尚不构成犯罪的,由县级以上人民政府食品安全监督管理部门没收违法所得和违法生产经营的食品,并可以没收用于违法生产经营的工具、设备、原料等物品;违法生产经营的食品货值金额不足一万元的,并处十万元以上十五万元以下罚款;货值金额一万元以上的,并处货值金额十五倍以上三十倍以下罚款;情节严重的,吊销许可证,并可以由公安机关对其直接负责的主管人员和其他直接责任人员处五日以上十五日以下拘留:

(一)用非食品原料生产食品、在食品中添加食品添加剂以外的化学物质和其他可能危害人体健康的物质,或者用回收食品作为原料生产食品,或者经营上述食品;

(二)生产经营营养成分不符合食品安全标准的专供婴幼儿和其他特定人群的主辅食品;

(三)经营病死、毒死或者死因不明的禽、畜、兽、水产动物肉类,或者生产经营其制品;

(四)经营未按规定进行检疫或者检疫不合格的肉类,或者生产经营未经检验或者检验不合格的肉类制品;

(五)生产经营国家为防病等特殊需要明令禁止生产经营的食品;

(六)生产经营添加药品的食品。

明知从事前款规定的违法行为,仍为其提供生产经营场所或者其他条件的,由县级以上人民政府食品安全监督管理部门责令停止违法行为,没收违法所得,并处十万元以上二十万元以下罚款;使消费者的合法权益受到损害的,应当与食品生产经营者承担连带责任。

违法使用剧毒、高毒农药的,除依照有关法律、法规规定给予处罚外,可以由公安机关依照第一款规定给予拘留。

第一百二十四条 违反本法规定,有下列情形之一,尚不构成犯罪的,由县级以上人民政府食品安全监督管理部门没收违法所得和违法生产经营的食品、食品添加剂,并可以没收用于违法生产经营的工具、设备、原料等物品;违法生产经营的食品、食品添加剂货值金额不足一万元的,并处五万元以上十万元以下罚款;货值金额一万元以上的,并处货值金额十倍以上二十倍以下罚款;情节严重的,吊销许可证:

(一)生产经营致病性微生物,农药残留、兽药残留、生物毒素、重金属等污染物质以及其他危害人体健康的物质含量超过食品安全标准限量的食品、食品添加剂;

(二)用超过保质期的食品原料、食品添加剂生产食品、食品添加剂,或者经营上述食品、食品添加剂;

(三)生产经营超范围、超限量使用食品添加剂的食品;

(四)生产经营腐败变质、油脂酸败、霉变生虫、污秽不洁、混有异物、掺假掺杂或者感官性状异常的食品、食品添加剂;

(五)生产经营标注虚假生产日期、保质期或者超过保质期的食品、食品添加剂;

(六)生产经营未按规定注册的保健食品、特殊医学用途配方食品、婴幼儿配方乳粉,或者未按注册的产品配方、生产工艺等技术要求组织生产;

(七)以分装方式生产婴幼儿配方乳粉,或者同一企业以同一配方生产不同品牌的婴幼儿配方乳粉;

(八)利用新的食品原料生产食品,或者生产食品添加剂新品种,未通过安全性评估;

(九)食品生产经营者在食品安全监督管理部门责令其召回或者停止经营后,仍拒不召回或者停止经营。

除前款和本法第一百二十三条、第一百二十五条规定的情形外,生产经营不符合法律、法规或者食品安全标准的食品、食品添加剂的,依照前款规定给予处罚。

生产食品相关产品新品种，未通过安全性评估，或者生产不符合食品安全标准的食品相关产品的，由县级以上人民政府食品安全监督管理部门依照第一款规定给予处罚。

第一百二十五条　违反本法规定，有下列情形之一的，由县级以上人民政府食品安全监督管理部门没收违法所得和违法生产经营的食品、食品添加剂，并可以没收用于违法生产经营的工具、设备、原料等物品；违法生产经营的食品、食品添加剂货值金额不足一万元的，并处五千元以上五万元以下罚款；货值金额一万元以上的，并处货值金额五倍以上十倍以下罚款；情节严重的，责令停产停业，直至吊销许可证：

（一）生产经营被包装材料、容器、运输工具等污染的食品、食品添加剂；

（二）生产经营无标签的预包装食品、食品添加剂或者标签、说明书不符合本法规定的食品、食品添加剂；

（三）生产经营转基因食品未按规定进行标示；

（四）食品生产经营者采购或者使用不符合食品安全标准的食品原料、食品添加剂、食品相关产品。

生产经营的食品、食品添加剂的标签、说明书存在瑕疵但不影响食品安全且不会对消费者造成误导的，由县级以上人民政府食品安全监督管理部门责令改正；拒不改正的，处二千元以下罚款。

第一百二十六条　违反本法规定，有下列情形之一的，由县级以上人民政府食品安全监督管理部门责令改正，给予警告；拒不改正的，处五千元以上五万元以下罚款；情节严重的，责令停产停业，直至吊销许可证：

（一）食品、食品添加剂生产者未按规定对采购的食品原料和生产的食品、食品添加剂进行检验；

（二）食品生产经营企业未按规定建立食品安全管理制度，或者未按规定配备或者培训、考核食品安全管理人员；

（三）食品、食品添加剂生产经营者进货时未查验许可证和相关证明文件，或者未按规定建立并遵守进货查验记录、出厂检验记录和销售记录制度；

（四）食品生产经营企业未制定食品安全事故处置方案；

（五）餐具、饮具和盛放直接入口食品的容器，使用前未经洗净、消毒或者清洗消毒不合格，或者餐饮服务设施、设备未按规定定期维护、清洗、校验；

（六）食品生产经营者安排未取得健康证明或者患有国务院卫生行政部门规定的有碍食品安全疾病的人员从事接触直接入口食品的工作；

（七）食品经营者未按规定要求销售食品；

（八）保健食品生产企业未按规定向食品安全监督管理部门备案，或者未按备案的产品配方、生产工艺等技术要求组织生产；

（九）婴幼儿配方食品生产企业未将食品原料、食品添加剂、产品配方、标签等向食品安全监督管理部门备案；

（十）特殊食品生产企业未按规定建立生产质量管理体系并有效运行，或者未定期提交自查报告；

（十一）食品生产经营者未定期对食品安全状况进行检查评价，或者生产经营条件发生变化，未按规定处理；

（十二）学校、托幼机构、养老机构、建筑工地等集中用餐单位未按规定履行食品安全管理责任；

（十三）食品生产企业、餐饮服务提供者未按规定制定、实施生产经营过程控制要求。

餐具、饮具集中消毒服务单位违反本法规定用水，使用洗涤剂、消毒剂，或者出厂的餐具、饮具未按规定检验合格并随附消毒合格证明，或者未按规定在独立包装上标注相关内容的，由县级以上人民政府卫生行政部门依照前款规定给予处罚。

食品相关产品生产者未按规定对生产的食品相关产品进行检验的，由县级以上人民政府食品安全监督管理部门依照第一款规定给予处罚。

食用农产品销售者违反本法第六十五条规定的，由县级以上人民政府食品安全监督管理部门依照第一款规定给予处罚。

第一百二十七条　对食品生产加工小作坊、食品摊贩等的违法行为的处罚，依照省、自治区、直辖市制定的具体管理办法执行。

第一百二十八条　违反本法规定，事故单位在发生食品安全事故后未进行处置、报告的，由有关主管部门按照各自职责分工责令改正，给予警告；隐匿、伪造、毁灭有关证据的，责令停产停业，没收违法所得，并处十万元以上五十万元以下罚款；造成严重后果的，吊销许可证。

第一百二十九条　违反本法规定，有下列情形之一的，由出入境检验检疫机构依照本法第一百二十四条的规定给予处罚：

（一）提供虚假材料，进口不符合我国食品安全国家标准的食品、食品添加剂、食品相关产品；

（二）进口尚无食品安全国家标准的食品，未提交所执行的标准并经国务院卫生行政部门审查，或者进口利用新的食品原料生产的食品或者进口食品添加剂新品种、食品相关产品新品种，未通过安全性评估；

（三）未遵守本法的规定出口食品；

（四）进口商在有关主管部门责令其依照本法规定召回进口的食品后，仍拒不召回。

违反本法规定，进口商未建立并遵守食品、食品添加剂进口和销售记录制度、境外出口商或者生产企业审核制度的，由出入境检验检疫机构依照本法第一百二十六条的规定给予处罚。

第一百三十条　违反本法规定，集中交易市场的开办者、柜台出租者、展销会的举办者允许未依法取得许可的食品经营者进入市场销售食品，或者未履行检查、报告等义务的，由县级以上人民政府食品安全监督管理部门责令改正，没收违法所得，并处五万元以上二十万元以下罚款；造成严重后果的，责令停业，直至由原发证部门吊销许可证；使消费者的合法权益受到损害的，应当与食品经营者承担连带责任。

食用农产品批发市场违反本法第六十四条规定的，依照前款规定承担责任。

第一百三十一条　违反本法规定，网络食品交易第三方平台提供者未对入网食品经营者进行实名登记、审查许可证，或者未履行报告、停止提供网络交易平台服务等义务的，由县级以上人民政府食品安全监督管理部门责令改正，没收违法所得，并处五万元以上二十万元以下罚款；造成严重后果的，责令停业，直至由原发证部门吊销许可证；使消费者的合法权益受到损害的，应当与食品经营者承担连带责任。

消费者通过网络食品交易第三方平台购买食品，其合法权益受到损害的，可以向入网食品经营者或者食品生产者要求赔偿。网络食品交易第三方平台提供者不能提供入网食品经营者的真实名称、地址和有效联系方式的，由网络食品交易第三方平台提供者赔偿。网络食品交易第三方平台提供者赔偿后，有权向入网食品经营者或者食品生产者追偿。网络食品交易第三方平台提供者作出更有利于消费者承诺的，应当履行其承诺。

第一百三十二条　违反本法规定，未按要求进行食品贮存、运输和装卸的，由县级以上人民政府食品安全监督管理等部门按照各自职责分工责令改正，给予警告；拒不改正的，责令停产停业，并处一万元以上五万元以下罚款；情节严重的，吊销许可证。

第一百三十三条　违反本法规定，拒绝、阻挠、干涉有关部门、机构及其工作人员依法开展食品安全监督检查、事故调查处理、风险监测和风险评估的，由有关主管部门按照各自职责分工责令停产停业，并处二千元以上五万元以下罚款；情节严重的，吊销许可证；构成违反治安管理行为的，由公安机关依法给予治安管理处罚。

违反本法规定，对举报人以解除、变更劳动合同或者其他方式打击报复的，应当依照有关法律的规定承担责任。

第一百三十四条　食品生产经营者在一年内累计三次因违反本法规定受到责令停产停业、吊销许可证以外处罚的，由食品安全监督管理部门责令停产停业，直至吊销许可证。

第一百三十五条　被吊销许可证的食品生产经营者及其法定代表人、直接负责的主管人员和其他直接责任人员自处罚决定作出之日起五年内不得申请食品生产经营许可，或者从事食品生产经营管理工作、担任食品生产经营企业食品安全管理人员。

因食品安全犯罪被判处有期徒刑以上刑罚的，终身不得从事食品生产经营管理工作，也不得担任食品生产经营企业食品安全管理人员。

食品生产经营者聘用人员违反前两款规定的，由县级以上人民政府食品安全监督管理部门吊销许可证。

第一百三十六条　食品经营者履行了本法规定的进货查验等义务，有充分证据证明其不知道所采购的食品不符合食品安全标准，并能如实说明其进货来源的，可以免予处罚，但应当依法没收其不符合食品安全标准的食品；造成人身、财产或者其他损害的，依法承担赔偿责任。

第一百三十七条　违反本法规定，承担食品安全风险监测、风险评估工作的技术机构、技术人员提供虚假监测、评估信息的，依法对技术机构直接负责的主管人员和技术人员给予撤职、开除处分；有执业资格的，由授予其资格的主管部门吊销执业证书。

第一百三十八条　违反本法规定，食品检验机构、食品检验人员出具虚假检验报告的，由授予其资质的主管部门或者机构撤销该食品检验机构的检验资质，没收所收取的检验费用，并处检验费用五倍以上十倍以下罚款，检验费用不足一万元的，并处五万元以上十万元以下罚款；依法对食品检验机构直接负责的主管人员和食品检验人员给予撤职或者开除处分；导致发生重大食品安全事故的，对直接负责的主管人员和食品检验人员给予开除处分。

违反本法规定，受到开除处分的食品检验机构人员，自处分决定作出之日起十年内不得从事食品检验工作；因食品安全违法行为受到刑事处罚或者因出具虚假检验报告导致发生重大食品安全事故受到开除处分的食品检验机构人员，终身不得从事食品检验工作。食品检验机构聘用不得从事食品检验工作的人员的，由授予其资质的主管部门或者机构撤销该食品检验机构的检验资质。

食品检验机构出具虚假检验报告，使消费者的合法权益受到损害的，应当与食品生产经营者承担连带责任。

第一百三十九条　违反本法规定，认证机构出具虚假认证结论，由认证认可监督管理部门没收所收取的认证费用，并处认证费用五倍以上十倍以下罚款，认证费用不足一万元的，并处五万元以上十万元以下罚款；情节严重的，责令停业，直至撤销认证机构批准文件，并向社会公布；对直接负责的主管人员和负有直接责任的认证人员，撤销其执业资格。

认证机构出具虚假认证结论，使消费者的合法权益受到损害的，应当与食品生产经营者承担连带责任。

第一百四十条　违反本法规定，在广告中对食品作虚假宣传，欺骗消费者，或者发布未取得批准文件、广告内容与批准文件不一致的保健食品广告的，依照《中华人民共和国广告法》的规定给予处罚。

广告经营者、发布者设计、制作、发布虚假食品广告，使消费者的合法权益受到损害的，应当与食品生产经营者承担连带责任。

社会团体或者其他组织、个人在虚假广告或者其他虚假宣传中向消费者推荐食品，使消费者的合法权益受到损害的，应当与食品生产经营者承担连带责任。

违反本法规定，食品安全监督管理等部门、食品检验机构、食品行业协会以广告或者其他形式向消费者推荐食品，消费者组织以收取费用或者其他牟取利益的方式向消费者推荐食品的，由有关主管部门没收违法所得，依法对直接负责的主管人员和其他直接责任人员给予记大过、降级或者撤职处分；情节严重的，给予开除处分。

对食品作虚假宣传且情节严重的，由省级以上人民政府食品安全监督管理部门决定暂停销售该食品，并向社会公布；仍然销售该食品的，由县级以上人民政府食品安全监督管理部门没收违法所得和违法销售的食品，并处二万元以上五万元以下罚款。

第一百四十一条　违反本法规定，编造、散布虚假食品安全信息，构成违反治安管理行为的，由公安机关依法给予治安管理处罚。

媒体编造、散布虚假食品安全信息的，由有关主管部门依法给予处罚，并对直接负责的主管人员和其他直接责任人员给予处分；使公民、法人或者其他组织的合法权益受到损害的，依法承担消除影响、恢复名誉、赔偿损失、赔礼道歉等民事责任。

第一百四十二条　违反本法规定，县级以上地方人民政府有下列行为之一的，对直接负责的主管人员和其他直接责任人员给予记大过处分；情节较重的，给予降级或者撤职处分；情节严重的，给予开除处分；造成严重后果的，其主要负责人还应当引咎辞职：

（一）对发生在本行政区域内的食品安全事故，未及时组织协调有关部门开展有效处置，造成不良影响或者损失；

（二）对本行政区域内涉及多环节的区域性食品安全问题，未及时组织整治，造成不良影响或者损失；

（三）隐瞒、谎报、缓报食品安全事故；

（四）本行政区域内发生特别重大食品安全事故，或者连续发生重大食品安全事故。

第一百四十三条　违反本法规定，县级以上地方人民政府有下列行为之一的，对直接负责的主管人员和其他直接责任人员给予警告、记过或者记大过处分；造成严重后果的，给予降级或者撤职处分：

（一）未确定有关部门的食品安全监督管理职责，未建立健全食品安全全程监督管理工作机制和信息共享机制，未落实食品安全监督管理责任制；

（二）未制定本行政区域的食品安全事故应急预案，或者发生食品安全事故后未按规定立即成立事故处置指挥机构、启动应急预案。

第一百四十四条　违反本法规定，县级以上人民政府食品安全监督管理、卫生行政、农业行政等部门有下列行为之一的，对直接负责的主管人员和其他直接责任人员给予记大过处分；情节较重的，给予降级或者撤职处分；情节严重的，给予开除处分；造成严重后果的，其主要负责人还应当引咎辞职：

（一）隐瞒、谎报、缓报食品安全事故；

（二）未按规定查处食品安全事故，或者接到食品安全事故报告未及时处理，造成事故扩大或者蔓延；

（三）经食品安全风险评估得出食品、食品添加剂、食品相关产品不安全结论后，未及时采取相应措施，造成食品安全事故或者不良社会影响；

（四）对不符合条件的申请人准予许可，或者超越法定职权准予许可；

（五）不履行食品安全监督管理职责，导致发生食品安全事故。

第一百四十五条　违反本法规定，县级以上人民政府食品安全监督管理、卫生行政、农业行政等部门有下列行为之一，造成不良后果的，对直接负责的主管人员和其他直接责任人员给予警告、记过或者记大过处分；情节较重的，给予降级或者撤职处分；情节严重的，给予开除处分：

（一）在获知有关食品安全信息后，未按规定向上级主管部门和本级人民政府报告，或者未按规定相互通报；

（二）未按规定公布食品安全信息；

（三）不履行法定职责，对查处食品安全违法行为不配合，或者滥用职权、玩忽职守、徇私舞弊。

第一百四十六条　食品安全监督管理等部门在履行食品安全监督管理职责过程中，违法实施检查、强制等执法措施，给生产经营者造成损失的，应当依法予以赔偿，对直接负责的主管人员和其他直接责任人员依法给予处分。

第一百四十七条　违反本法规定，造成人身、财产或者其他损害的，依法承担赔偿责任。生产经营者财产不足以同时承担民事赔偿责任和缴纳罚款、罚金时，先承担民事赔偿责任。

第一百四十八条　消费者因不符合食品安全标准的食品受到损害的，可以向经营者要求赔偿损失，也可以向生产者要求赔偿损失。接到消费者赔偿要求的生产经营者，应当实行首负责任制，先行赔付，不得推诿；属于生产者责任的，经营者赔偿后有权向生产者追偿；属于经营者责任的，生产者赔偿后有权向经营者追偿。

生产不符合食品安全标准的食品或者经营明知是不符合食品安全标准的食品，消费者除要求赔偿损失外，还可以向生产者或者经营者要求支付价款十倍或者损失三倍的赔偿金；增加赔偿的金额不足一千元的，为一千元。但是，食品的标签、说明书存在不影响食品安全且不会对消费者造成误导的瑕疵的除外。

第一百四十九条　违反本法规定，构成犯罪的，依法追究刑事责任。

第十章　附　　则

第一百五十条　本法下列用语的含义：

食品，指各种供人食用或者饮用的成品和原料以及按照传统既是食品又是中药材的物品，但是不包括以治疗为目的的物品。

食品安全，指食品无毒、无害，符合应当有的营养要求，对人体健康不造成任何急性、亚急性或者慢性危害。

预包装食品，指预先定量包装或者制作在包装材料、容器中的食品。

食品添加剂，指为改善食品品质和色、香、味以及为防腐、保鲜和加工工艺的需要而加入食品中的人工合成或者天然物质，包括营养强化剂。

用于食品的包装材料和容器，指包装、盛放食品或者食品添加剂用的纸、竹、木、金属、搪瓷、陶瓷、塑料、橡胶、天然纤维、化学纤维、玻璃等制品和直接接触食品或者食品添加剂的涂料。

用于食品生产经营的工具、设备，指在食品或者食品添加剂生产、销售、使用过程中直接接触食品或者食品添加剂的机械、管道、传送带、容器、用具、餐具等。

用于食品的洗涤剂、消毒剂，指直接用于洗涤或者消毒食品、餐具、饮具以及直接接触食品的工具、设备或者食品包装材料和容器的物质。

食品保质期，指食品在标明的贮存条件下保持品质的期限。

食源性疾病，指食品中致病因素进入人体引起的感染性、中毒性等疾病，包括食物中毒。

食品安全事故，指食源性疾病、食品污染等源于食品，对人体健康有危害或者可能有危害的事故。

第一百五十一条　转基因食品和食盐的食品安全管理，本法未作规定的，适用其他法律、行政法规的规定。

第一百五十二条　铁路、民航运营中食品安全的管理办法由国务院食品安全监督管理部门会同国务院有关部门依照本法制定。

保健食品的具体管理办法由国务院食品安全监督管理部门依照本法制定。

食品相关产品生产活动的具体管理办法由国务院食品安全监督管理部门依照本法制定。

国境口岸食品的监督管理由出入境检验检疫机构依照本法以及有关法律、行政法规的规定实施。

军队专用食品和自供食品的食品安全管理办法由中央军事委员会依照本法制定。

第一百五十三条　国务院根据实际需要，可以对食品安全监督管理体制作出调整。

第一百五十四条　本法自2015年10月1日起施行。

关于《〈中华人民共和国产品质量法〉等 17 部法律的修正案(草案)》的说明

——2018 年 12 月 23 日在第十三届全国人民代表大会常务委员会第七次会议上

司法部部长　傅政华

全国人民代表大会常务委员会：

我受国务院的委托，现对《〈中华人民共和国产品质量法〉等 17 部法律的修正案(草案)》作说明。

为了深入贯彻习近平总书记在党的十九届三中全会上的重要讲话精神，全面落实党的十九届三中全会审议通过的《中共中央关于深化党和国家机构改革的决定》、《深化党和国家机构改革方案》以及十三届全国人大一次会议批准的《国务院机构改革方案》，确保行政机关依法履行职责；进一步推进简政放权、放管结合、优化服务改革，更大程度上激发市场、社会的创新创造活力；落实党的十八届五中全会提出的“建立更加公平更可持续的社会保障制度”要求，将社会保险制度改革试点经验在全国推开，司法部会同国务院有关部门，经商中央编办、全国人大有关专门委员会、全国人大常委会法工委，起草了《〈中华人民共和国产品质量法〉等 17 部法律的修正案(草案)》。草案已经国务院同意，现将草案的主要内容说明如下：

一、基本情况

此次拟修改的 17 部法律涉及机构改革、政府职能转变和“放管服”改革、改革试点经验推广三个方面。其中，为落实机构改革要求，拟修改产品质量法、义务教育法、进出口商品检验法、预算法、食品安全法、民用航空法和职业病防治法等 7 部法律，共 120 个条款；为落实政府职能转变和“放管服”改革要求，拟修改劳动法、电力法、老年人权益保障法、环境噪声污染防治法、高等教育法、环境影响评价法、民办教育促进法、港口法、企业所得税法、民用航空法和职业病防治法等 11 部法律，共 25 个条款；为在全国推开社会保险制度改革试点经验，拟修改社会保险法 2 个条款。需要说明的是，民用航空法和职业病防治法的修改既涉及机构改革内容，又涉及政府职能转变和“放管服”改革内容。

二、修改的主要内容

(一)机构改革涉及法律规定的修改。

1. 关于完善市场监管和执法体制方面。一是《国务院机构改革方案》将国家工商行政管理总局、国家质量监督检验检疫总局、国家食品药品监督管理总局等部门的职责整合到国家市场监督管理总局。为此，修改了产品质量法 18 个条款、食品安全法 68 个条款。二是《国务院机构改革方案》将国家认证认可监督管理委员会的职责划入国家市场监督管理总局，对外保留国家认证认可监督管理委员会牌子，将国家质量监督检验检疫总局的出入境检验检疫管理职责和队伍划入海关总署。为此，修改了进出口商品检验法 3 个条款、民用航空法 1 个条款。

2. 关于完善公共服务管理体制方面。《国务院机构改革方案》将国家安全生产监督管理总局的职业安全健康监督管理职责整合到国家卫生健康委员会，将民政部的医疗救助职责整合到国家医疗保障局。为此，修改了职业病防治法 28 个条款。

3. 关于合理配置宏观管理部门职能方面。《国务院机构改革方案》将财政部的中央预算执行情况和其他财政收支情况的监督检查职责划入审计署。为此，修改了预算法 1 个条款。

4. 关于更好发挥党的职能部门作用方面。《深化党和国家机构改革方案》、《国务院机构改革方案》将国家新闻出版广电总局的新闻出版管理职责划入中央宣传部。为此，修改了义务教育法 1 个条款。

(二)政府职能转变和“放管服”改革涉及法律规定的修改。

1. 关于取消行政许可事项方面。劳动法第十五条设定了文艺、体育和特种工艺单位招用未满十六周岁未成年人审批；劳动法第六十九条设定了行业职业技能考核鉴定机构设立审批，民办教育促进法第二十六条规定也涉及职业技能鉴定机构审批；电力法第二十五条设定了供电营业许可；老年人权益保障法第四十四条设定了养老机构设立许可；环境噪声污染防治法第十四条设定了建设项目噪声污染防治设施竣工验收；高等教育法第十七条设定了高等学校修业年限调整审批；环境影响评价法第十九条设定了建设项目环境影响评价技术服务机构资质认定；港口法第二十五条设定了港口理货业务经营许可；企业所得税法第五十一条设定了非居民企业选择由其主要机构、场所汇总缴纳企业所得税的审批；职业病防治法第四十三条设定了职业病诊断机构审批。考虑到这些行政许可管理事项，政府有关主管部门可以通过加强事中事后监管的方式实现管理目的，取消这些行政许可事项，有利于激发市场活力，调动市场主体的积极性。草案对上述法律条款作了相应修改，共取消10项行政许可事项。

此外，根据《国务院办公厅关于促进通用航空业发展的指导意见》关于“对通用机场实施分类分级管理”的要求，修改民用航空法第六十二条规定的民用机场开放使用许可制度，规定对非公众开放的民用机场实行备案管理。

2. 关于优化服务、完善事中事后监管措施方面。草案在取消上述行政许可事项的同时，增加了政府有关部门优化服务、加强监管的内容。一是制定标准或指南，指导和规范管理对象行为。如：环境影响评价法第十九条规定国务院环境保护行政主管部门应当制定建设项目环境影响报告书（表）编制的能力建设指南和监管办法；港口法第二十五条规定国务院交通主管部门应当制定港口理货服务标准和规范。二是开展随机抽查和日常巡查，加强监管。如：老年人权益保障法第四十四条、第四十五条规定地方政府应当建立养老机构综合监管制度，县级以上政府民政部门可以采取了解情况、现场检查、查阅或者复制资料等措施履行监督检查职责。三是建立负面清单，实施信用管理。如：环境影响评价法第二十条规定环境保护行政主管部门应当将项目环境影响报告书（表）编制单位、编制主持人和主要编制人员的相关违法信息记入社会诚信档案，实施信用管理；港口法第四十五条规定港口经营人、港口理货业务经营人有相关违法行为的，纳入信用记录，予以公示。四是加大处罚力度，震慑违法行为。草案修改了环境噪声污染防治法第四十八条、环境影响评价法第二十八条和第三十二条等条款，完善了有关法律责任，对违法行为加大处罚力度。

（三）改革试点经验推广涉及法律规定的修改。

社会保险法第六十四条、第六十六条规定了生育保险基金单独建账、核算以及编制预算。《全国人民代表大会常务委员会关于授权国务院在河北省邯郸市等12个试点城市行政区域暂时调整适用〈中华人民共和国社会保险法〉有关规定的决定》（以下简称《授权决定》），授权国务院在12个试点城市暂时调整适用社会保险法关于生育保险基金单独建账、核算以及编制预算的规定，将生育保险基金并入职工基本医疗保险基金征缴和管理。《授权决定》实施期限为两年，于2018年12月届满。从实践效果看，试点经验取得积极成效，可以在全国推开。为此，草案对社会保险法第六十四条、第六十六条作了修改，将生育保险基金并入基本医疗保险基金征缴和管理。

此外，随着无人驾驶航空器的使用日渐普及，由此带来的安全问题越来越突出，亟需完善相关制度，加强对无人驾驶航空器的监管。考虑到民用航空法制定时无人驾驶航空器尚未投入广泛应用，在制度设计时没有为无人驾驶航空器监管留出空间，为了给无人驾驶航空器监管立法提供法律依据，需要作出授权性规定。为此，草案新增了民用航空法第二百一十四条，授权国务院、中央军事委员会对无人驾驶航空器作出特别规定。

需要说明的是，除上述拟修改的17部法律外，我们还对机构改革、政府职能转变和“放管服”改革涉及的出境入境管理法、护照法、国籍法等10余部法律一并进行了研究，由于这些法律存在涉及领域体制机制尚未理顺、部门争议分歧较大等问题或者已经列入全国人大常委会立法规划、处于全面修订之中，此次暂不予修改。《全国人民代表大会常务委员会关于国务院机构改革涉及法律规定的行政机关职责调整问题的决定》已经解决了改革过程中执法机构和执法行为合法性问题，上述法律暂不予修改不会影响其实施。对个别部门提出修改需求的，今后将根据全国人大常委会立法规划和立法计划逐步解决。

草案和以上说明是否妥当，请审议。

全国人民代表大会宪法和法律委员会关于《〈中华人民共和国产品质量法〉等 17 部法律的修正案(草案)》审议结果的报告

——2018 年 12 月 29 日在第十三届全国人民代表大会常务委员会第七次会议上

全国人民代表大会常务委员会:

本次常委会会议于 12 月 25 日下午对国务院提请审议的《〈中华人民共和国产品质量法〉等 17 部法律的修正案(草案)》进行了分组审议。普遍认为,为了贯彻落实深化党和国家机构改革方案要求,推进和深化“放管服”改革,推开部分改革试点成功经验,对产品质量法等 17 部法律相关条款作出相应修改,是必要的,修正案草案基本可行,赞成进一步修改完善后提请本次常委会会议表决通过。同时,有些常委会组成人员还提出了一些修改意见和建议。

宪法和法律委员会于 12 月 27 日下午召开会议,逐条研究了常委会组成人员的审议意见,对修正案草案进行了审议。司法部、中国民用航空局、中央军委联合参谋部有关负责同志列席了会议。宪法和法律委员会认为,根据深化党和国家机构改革等有关精神,对实施改革急需修改的相关法律部分条款一揽子作出相应修改是必要的,修正案草案是可行的。同时,提出以下修改意见:

一、环境影响评价法修正案草案中对建设单位环境影响报告书、环境影响报告表编制单位的违法行为规定了法律责任。有的常委会组成人员提出,应当以最严厉的法律手段治理环境污染,建议在草案中明确规定对犯罪行为依法追究刑事责任。宪法和法律委员会经研究,建议采纳这一意见,在草案中规定:构成犯罪的,依法追究刑事责任,并终身禁止从事环境影响报告书、环境影响报告表编制工作。

二、有些常委委员提出,修正案草案按照机构改革的要求对一些主管部门的表述作了相应调整,还不全面、不统一,常委会今年以来通过的一些修改决定中已将环境保护、工商行政管理等部门的表述作了修改,建议本次修改中对此一并统筹考虑。宪法和法律委员会经研究,建议采纳这一意见,在修正案草案中增加相关内容,对环境保护、工商行政管理等部门的表述统一作相应修改。

三、有些常委委员提出,修正案草案中,有些修改涉及机构改革,有些修改涉及“放管服”改革;有些修改同时涉及机构改革和“放管服”改革等多方面内容;有的修改涉及推开部分改革试点成功经验。建议根据情况,对 17 部法律的修改内容进行适当分类,分别作出决定。宪法和法律委员会经研究,根据立法法的规定和常委会组成人员的审议意见,建议将 17 部法律修改内容形成四个修改决定草案,提请本次会议分别进行审议和表决。

此外,对修正案草案还作了个别文字修改。

宪法和法律委员会已按上述意见提出了全国人民代表大会常务委员会关于修改《中华人民共和国产品质量法》等五部法律的决定(草案建议表决稿)、全国人民代表大会常务委员会关于修改《中华人民共和国电力法》等四部法律的决定(草案建议表决稿)、全国人民代表大会常务委员会关于修改《中华人民共和国劳动法》等七部法律的决定(草案建议表决稿)、全国人民代表大会常务委员会关于修改《中华人民共和国社会保险法》的决定(草案建议表决稿),建议本次常委会会议审议通过。

四个修改决定草案建议表决稿和以上报告是否妥当,请审议。

中华人民共和国主席令

第二十三号

《全国人民代表大会常务委员会关于修改〈中华人民共和国电力法〉等四部法律的决定》已由中华人民共和国第十三届全国人民代表大会常务委员会第七次会议于2018年12月29日通过,现予公布,自公布之日起施行。

中华人民共和国主席 习近平

2018年12月29日

全国人民代表大会常务委员会关于修改《中华人民共和国电力法》等四部法律的决定

(2018年12月29日第十三届全国人民代表大会常务委员会第七次会议通过)

第十三届全国人民代表大会常务委员会第七次会议决定:

一、对《中华人民共和国电力法》作出修改

将第二十五条第三款修改为:“供电营业区的设立、变更,由供电企业提出申请,电力管理部门依据职责和管理权限,会同同级有关部门审查批准后,发给《电力业务许可证》。供电营业区设立、变更的具体办法,由国务院电力管理部门制定。”

二、对《中华人民共和国高等教育法》作出修改

将第十七条中的“高等学校根据实际需要,报主管的教育行政部门批准,可以对本学校的修业年限作出调整”修改为“高等学校根据实际需要,可以对本学校的修业年限作出调整”。

三、对《中华人民共和国港口法》作出修改

(一)将第二十五条修改为:“国务院交通主管部门应当制定港口理货服务标准和规范。

“经营港口理货业务,应当按照规定报港口行政管理部门备案。

“港口理货业务经营人应当公正、准确地办理理货业务;不得兼营本法第二十二条第三款规定的货物装卸经营业务和仓储经营业务。”

(二)增加一条,作为第四十五条:“港口经营人、港口理货业务经营人有本法规定的违法行为的,依照有关法律、行政法规的规定纳入信用记录,并予以公示。”

(三)将第四十八条改为第四十九条,修改为:“未依法取得港口经营许可证从事港口经营,或者港口理货业务经营人兼营货物装卸经营业务、仓储经营业务的,由港口行政管理部门责令停止违法经营,没收违法所得;违法所得十万元以上的,并处违法所得二倍以上五倍以下罚款;违法所得不足十万元的,处五万元以上二十万元以下罚款。”

(四)将第五十六条改为第五十七条,删去该条第二项中的“或者港口理货业务经营许可”、第三项中的“港口理货业务经营人”、第四项中的“港口理货”。

四、对《中华人民共和国企业所得税法》作出修改

将第五十一条第一款中的“非居民企业在中国境内设立两个或者两个以上机构、场所的,经税务机关审核批准”修改为“非居民企业在中国境内设立两个或者两个以上机构、场所,符合国务院税务主管部门规定条件的”。

本决定自公布之日起施行。

《中华人民共和国电力法》《中华人民共和国高等教育法》《中华人民共和国港口法》《中华人民共和国企业所得税法》根据本决定作相应修改,重新公布。

中华人民共和国电力法

(1995 年 12 月 28 日第八届全国人民代表大会常务委员会第十七次会议通过 根据 2009 年 8 月 27 日第十一届全国人民代表大会常务委员会第十次会议《关于修改部分法律的决定》第一次修正 根据 2015 年 4 月 24 日第十二届全国人民代表大会常务委员会第十四次会议《关于修改〈中华人民共和国电力法〉等六部法律的决定》第二次修正 根据 2018 年 12 月 29 日第十三届全国人民代表大会常务委员会第七次会议《关于修改〈中华人民共和国电力法〉等四部法律的决定》第三次修正)

目 录

第一章 总 则
第二章 电力建设
第三章 电力生产与电网管理
第四章 电力供应与使用
第五章 电价与电费
第六章 农村电力建设和农业用电
第七章 电力设施保护
第八章 监督检查
第九章 法律责任
第十章 附 则

第一章 总 则

第一条 为了保障和促进电力事业的发展,维护电力投资者、经营者和使用者的合法权益,保障电力安全运行,制定本法。

第二条 本法适用于中华人民共和国境内的电力建设、生产、供应和使用活动。

第三条 电力事业应当适应国民经济和社会发展的需要,适当超前发展。国家鼓励、引导国内外的经济组织和个人依法投资开发电源,兴办电力生产企业。

电力事业投资,实行谁投资、谁收益的原则。

第四条 电力设施受国家保护。

禁止任何单位和个人危害电力设施安全或者非法侵占、使用电能。

第五条 电力建设、生产、供应和使用应当依法保护环境,采用新技术,减少有害物质排放,防治污染和其他公害。

国家鼓励和支持利用可再生能源和清洁能源发电。

第六条 国务院电力管理部门负责全国电力事业的监督管理。国务院有关部门在各自的职责范围内负责电力事业的监督管理。

县级以上地方人民政府经济综合主管部门是本行政区域内的电力管理部门,负责电力事业的监督管理。县级以上地方人民政府有关部门在各自的职责范围内负责电力事业的监督管理。

第七条 电力建设企业、电力生产企业、电网经营企业依法实行自主经营、自负盈亏,并接受电力管理部门的监督。

第八条 国家帮助和扶持少数民族地区、边远地区和贫困地区发展电力事业。

第九条 国家鼓励在电力建设、生产、供应和使用过程中,采用先进的科学技术和管理方法,对在研究、开发、采用先进的科学技术和管理方法等方面作出显著成绩的单位和个人给予奖励。

第二章 电力建设

第十条 电力发展规划应当根据国民经济和社会发展的需要制定,并纳入国民经济和社会发展计划。

电力发展规划,应当体现合理利用能源、电源与电网配套发展、提高经济效益和有利于环境保护的原则。

第十一条 城市电网的建设与改造规划,应当纳入城市总体规划。城市人民政府应当按照规划,安排变电设施用地、输电线路走廊和电缆通道。

任何单位和个人不得非法占用变电设施用地、

输电线路走廊和电缆通道。

第十二条　国家通过制定有关政策，支持、促进电力建设。

地方人民政府应当根据电力发展规划，因地制宜，采取多种措施开发电源，发展电力建设。

第十三条　电力投资者对其投资形成的电力，享有法定权益。并网运行的，电力投资者有优先使用权；未并网的自备电厂，电力投资者自行支配使用。

第十四条　电力建设项目应当符合电力发展规划，符合国家电力产业政策。

电力建设项目不得使用国家明令淘汰的电力设备和技术。

第十五条　输变电工程、调度通信自动化工程等电网配套工程和环境保护工程，应当与发电工程项目同时设计、同时建设、同时验收、同时投入使用。

第十六条　电力建设项目使用土地，应当依照有关法律、行政法规的规定办理；依法征收土地的，应当依法支付土地补偿费和安置补偿费，做好迁移居民的安置工作。

电力建设应当贯彻切实保护耕地、节约利用土地的原则。

地方人民政府对电力事业依法使用土地和迁移居民，应当予以支持和协助。

第十七条　地方人民政府应当支持电力企业为发电工程建设勘探水源和依法取水、用水。电力企业应当节约用水。

第三章　电力生产与电网管理

第十八条　电力生产与电网运行应当遵循安全、优质、经济的原则。

电网运行应当连续、稳定，保证供电可靠性。

第十九条　电力企业应当加强安全生产管理，坚持安全第一、预防为主的方针，建立、健全安全生产责任制度。

电力企业应当对电力设施定期进行检修和维护，保证其正常运行。

第二十条　发电燃料供应企业、运输企业和电力生产企业应当依照国务院有关规定或者合同约定供应、运输和接卸燃料。

第二十一条　电网运行实行统一调度、分级管理。任何单位和个人不得非法干预电网调度。

第二十二条　国家提倡电力生产企业与电网、电网与电网并网运行。具有独立法人资格的电力生产企业要求将生产的电力并网运行的，电网经营企业应当接受。

并网运行必须符合国家标准或者电力行业标准。

并网双方应当按照统一调度、分级管理和平等互利、协商一致的原则，签订并网协议，确定双方的权利和义务；并网双方达不成协议的，由省级以上电力管理部门协调决定。

第二十三条　电网调度管理办法，由国务院依照本法的规定制定。

第四章　电力供应与使用

第二十四条　国家对电力供应和使用，实行安全用电、节约用电、计划用电的管理原则。

电力供应与使用办法由国务院依照本法的规定制定。

第二十五条　供电企业在批准的供电营业区内向用户供电。

供电营业区的划分，应当考虑电网的结构和供电合理性等因素。一个供电营业区内只设立一个供电营业机构。

供电营业区的设立、变更，由供电企业提出申请，电力管理部门依据职责和管理权限，会同同级有关部门审查批准后，发给《电力业务许可证》。供电营业区设立、变更的具体办法，由国务院电力管理部门制定。

第二十六条　供电营业区内的供电营业机构，对本营业区内的用户有按照国家规定供电的义务；不得违反国家规定对其营业区内申请用电的单位和个人拒绝供电。

申请新装用电、临时用电、增加用电容量、变更用电和终止用电，应当依照规定的程序办理手续。

供电企业应当在其营业场所公告用电的程序、制度和收费标准，并提供用户须知资料。

第二十七条　电力供应与使用双方应当根据平等自愿、协商一致的原则，按照国务院制定的电力供应与使用办法签订供用电合同，确定双方的权利和义务。

第二十八条　供电企业应当保证供给用户的供电质量符合国家标准。对公用供电设施引起的供电质量问题，应当及时处理。

用户对供电质量有特殊要求的，供电企业应当根据其必要性和电网的可能，提供相应的电力。

第二十九条　供电企业在发电、供电系统正常的情况下，应当连续向用户供电，不得中断。因供电设施检修、依法限电或者用户违法用电等原因，需要中断供电时，供电企业应当按照国家有关规定事先通知用户。

用户对供电企业中断供电有异议的，可以向电力管理部门投诉；受理投诉的电力管理部门应当依法处理。

第三十条　因抢险救灾需要紧急供电时，供电企业必须尽速安排供电，所需供电工程费用和应付电费依照国家有关规定执行。

第三十一条　用户应当安装用电计量装置。用户使用的电力电量，以计量检定机构依法认可的用电计量装置的记录为准。

用户受电装置的设计、施工安装和运行管理，应当符合国家标准或者电力行业标准。

第三十二条　用户用电不得危害供电、用电安全和扰乱供电、用电秩序。

对危害供电、用电安全和扰乱供电、用电秩序的，供电企业有权制止。

第三十三条　供电企业应当按照国家核准的电价和用电计量装置的记录，向用户计收电费。

供电企业查电人员和抄表收费人员进入用户，进行用电安全检查或者抄表收费时，应当出示有关证件。

用户应当按照国家核准的电价和用电计量装置的记录，按时交纳电费；对供电企业查电人员和抄表收费人员依法履行职责，应当提供方便。

第三十四条　供电企业和用户应当遵守国家有关规定，采取有效措施，做好安全用电、节约用电和计划用电工作。

第五章　电价与电费

第三十五条　本法所称电价，是指电力生产企业的上网电价、电网间的互供电价、电网销售电价。

电价实行统一政策，统一定价原则，分级管理。

第三十六条　制定电价，应当合理补偿成本，合理确定收益，依法计入税金，坚持公平负担，促进电力建设。

第三十七条　上网电价实行同网同质同价。具体办法和实施步骤由国务院规定。

电力生产企业有特殊情况需另行制定上网电价的，具体办法由国务院规定。

第三十八条　跨省、自治区、直辖市电网和省级电网内的上网电价，由电力生产企业和电网经营企业协商提出方案，报国务院物价行政主管部门核准。

独立电网内的上网电价，由电力生产企业和电网经营企业协商提出方案，报有管理权的物价行政主管部门核准。

地方投资的电力生产企业所生产的电力，属于在省内各地区形成独立电网的或者自发自用的，其电价可以由省、自治区、直辖市人民政府管理。

第三十九条　跨省、自治区、直辖市电网和独立电网之间、省级电网和独立电网之间的互供电价，由双方协商提出方案，报国务院物价行政主管部门或者其授权的部门核准。

独立电网与独立电网之间的互供电价，由双方协商提出方案，报有管理权的物价行政主管部门核准。

第四十条　跨省、自治区、直辖市电网和省级电网的销售电价，由电网经营企业提出方案，报国务院物价行政主管部门或者其授权的部门核准。

独立电网的销售电价，由电网经营企业提出方案，报有管理权的物价行政主管部门核准。

第四十一条　国家实行分类电价和分时电价。分类标准和分时办法由国务院确定。

对同一电网内的同一电压等级、同一用电类别的用户，执行相同的电价标准。

第四十二条　用户用电增容收费标准，由国务院物价行政主管部门会同国务院电力管理部门制定。

第四十三条　任何单位不得超越电价管理权限制定电价。供电企业不得擅自变更电价。

第四十四条　禁止任何单位和个人在电费中加收其他费用；但是，法律、行政法规另有规定的，按照规定执行。

地方集资办电在电费中加收费用的，由省、自治区、直辖市人民政府依照国务院有关规定制定办法。

禁止供电企业在收取电费时，代收其他费用。

第四十五条　电价的管理办法，由国务院依照本法的规定制定。

第六章　农村电力建设和农业用电

第四十六条　省、自治区、直辖市人民政府应当制定农村电气化发展规划，并将其纳入当地电力发展规划及国民经济和社会发展计划。

第四十七条　国家对农村电气化实行优惠政策，对少数民族地区、边远地区和贫困地区的农村电力建设给予重点扶持。

第四十八条　国家提倡农村开发水能资源，建设中、小型水电站，促进农村电气化。

国家鼓励和支持农村利用太阳能、风能、地热能、生物质能和其他能源进行农村电源建设，增加农村电力供应。

第四十九条　县级以上地方人民政府及其经

济综合主管部门在安排用电指标时,应当保证农业和农村用电的适当比例,优先保证农村排涝、抗旱和农业季节性生产用电。

电力企业应当执行前款的用电安排,不得减少农业和农村用电指标。

第五十条 农业用电价格按照保本、微利的原则确定。

农民生活用电与当地城镇居民生活用电应当逐步实行相同的电价。

第五十一条 农业和农村用电管理办法,由国务院依照本法的规定制定。

第七章 电力设施保护

第五十二条 任何单位和个人不得危害发电设施、变电设施和电力线路设施及其有关辅助设施。

在电力设施周围进行爆破及其他可能危及电力设施安全的作业的,应当按照国务院有关电力设施保护的规定,经批准并采取确保电力设施安全的措施后,方可进行作业。

第五十三条 电力管理部门应当按照国务院有关电力设施保护的规定,对电力设施保护区设立标志。

任何单位和个人不得在依法划定的电力设施保护区内修建可能危及电力设施安全的建筑物、构筑物,不得种植可能危及电力设施安全的植物,不得堆放可能危及电力设施安全的物品。

在依法划定电力设施保护区前已经种植的植物妨碍电力设施安全的,应当修剪或者砍伐。

第五十四条 任何单位和个人需要在依法划定的电力设施保护区内进行可能危及电力设施安全的作业时,应当经电力管理部门批准并采取安全措施后,方可进行作业。

第五十五条 电力设施与公用工程、绿化工程和其他工程在新建、改建或者扩建中相互妨碍时,有关单位应当按照国家有关规定协商,达成协议后方可施工。

第八章 监督检查

第五十六条 电力管理部门依法对电力企业和用户执行电力法律、行政法规的情况进行监督检查。

第五十七条 电力管理部门根据工作需要,可以配备电力监督检查人员。

电力监督检查人员应当公正廉洁,秉公执法,熟悉电力法律、法规,掌握有关电力专业技术。

第五十八条 电力监督检查人员进行监督检查时,有权向电力企业或者用户了解有关执行电力法律、行政法规的情况,查阅有关资料,并有权进入现场进行检查。

电力企业和用户对执行监督检查任务的电力监督检查人员应当提供方便。

电力监督检查人员进行监督检查时,应当出示证件。

第九章 法律责任

第五十九条 电力企业或者用户违反供用电合同,给对方造成损失的,应当依法承担赔偿责任。

电力企业违反本法第二十八条、第二十九条第一款的规定,未保证供电质量或者未事先通知用户中断供电,给用户造成损失的,应当依法承担赔偿责任。

第六十条 因电力运行事故给用户或者第三人造成损害的,电力企业应当依法承担赔偿责任。

电力运行事故由下列原因之一造成的,电力企业不承担赔偿责任:

(一)不可抗力;

(二)用户自身的过错。

因用户或者第三人的过错给电力企业或者其他用户造成损害的,该用户或者第三人应当依法承担赔偿责任。

第六十一条 违反本法第十一条第二款的规定,非法占用变电设施用地、输电线路走廊或者电缆通道的,由县级以上地方人民政府责令限期改正;逾期不改正的,强制清除障碍。

第六十二条 违反本法第十四条规定,电力建设项目不符合电力发展规划、产业政策的,由电力管理部门责令停止建设。

违反本法第十四条规定,电力建设项目使用国家明令淘汰的电力设备和技术的,由电力管理部门责令停止使用,没收国家明令淘汰的电力设备,并处五万元以下的罚款。

第六十三条 违反本法第二十五条规定,未经许可,从事供电或者变更供电营业区的,由电力管理部门责令改正,没收违法所得,可以并处违法所得五倍以下的罚款。

第六十四条 违反本法第二十六条、第二十九条规定,拒绝供电或者中断供电的,由电力管理部门责令改正,给予警告;情节严重的,对有关主管人员和直接责任人员给予行政处分。

第六十五条　违反本法第三十二条规定，危害供电、用电安全或者扰乱供电、用电秩序的，由电力管理部门责令改正，给予警告；情节严重或者拒绝改正的，可以中止供电，可以并处五万元以下的罚款。

第六十六条　违反本法第三十三条、第四十三条、第四十四条规定，未按照国家核准的电价和用电计量装置的记录向用户计收电费、超越权限制定电价或者在电费中加收其他费用的，由物价行政主管部门给予警告，责令返还违法收取的费用，可以并处违法收取费用五倍以下的罚款；情节严重的，对有关主管人员和直接责任人员给予行政处分。

第六十七条　违反本法第四十九条第二款规定，减少农业和农村用电指标的，由电力管理部门责令改正；情节严重的，对有关主管人员和直接责任人员给予行政处分；造成损失的，责令赔偿损失。

第六十八条　违反本法第五十二条第二款和第五十四条规定，未经批准或者未采取安全措施在电力设施周围或者在依法划定的电力设施保护区内进行作业，危及电力设施安全的，由电力管理部门责令停止作业、恢复原状并赔偿损失。

第六十九条　违反本法第五十三条规定，在依法划定的电力设施保护区内修建建筑物、构筑物或者种植植物、堆放物品，危及电力设施安全的，由当地人民政府责令强制拆除、砍伐或者清除。

第七十条　有下列行为之一，应当给予治安管理处罚的，由公安机关依照治安管理处罚法的有关规定予以处罚；构成犯罪的，依法追究刑事责任：

(一)阻碍电力建设或者电力设施抢修，致使电力建设或者电力设施抢修不能正常进行的；

(二)扰乱电力生产企业、变电所、电力调度机构和供电企业的秩序，致使生产、工作和营业不能正常进行的；

(三)殴打、公然侮辱履行职务的查电人员或者抄表收费人员的；

(四)拒绝、阻碍电力监督检查人员依法执行职务的。

第七十一条　盗窃电能的，由电力管理部门责令停止违法行为，追缴电费并处应交电费五倍以下的罚款；构成犯罪的，依照刑法有关规定追究刑事责任。

第七十二条　盗窃电力设施或者以其他方法破坏电力设施，危害公共安全的，依照刑法有关规定追究刑事责任。

第七十三条　电力管理部门的工作人员滥用职权、玩忽职守、徇私舞弊，构成犯罪的，依法追究刑事责任；尚不构成犯罪的，依法给予行政处分。

第七十四条　电力企业职工违反规章制度、违章调度或者不服从调度指令，造成重大事故的，依照刑法有关规定追究刑事责任。

电力企业职工故意延误电力设施抢修或者抢险救灾供电，造成严重后果的，依照刑法有关规定追究刑事责任。

电力企业的管理人员和查电人员、抄表收费人员勒索用户、以电谋私，构成犯罪的，依法追究刑事责任；尚不构成犯罪的，依法给予行政处分。

第十章　附　则

第七十五条　本法自 1996 年 4 月 1 日起施行。

中华人民共和国高等教育法

（1998 年 8 月 29 日第九届全国人民代表大会常务委员会第四次会议通过　根据 2015 年 12 月 27 日第十二届全国人民代表大会常务委员会第十八次会议《关于修改〈中华人民共和国高等教育法〉的决定》第一次修正　根据 2018 年 12 月 29 日第十三届全国人民代表大会常务委员会第七次会议《关于修改〈中华人民共和国电力法〉等四部法律的决定》第二次修正）

目　录

第一章　总　则
第二章　高等教育基本制度
第三章　高等学校的设立
第四章　高等学校的组织和活动
第五章　高等学校教师和其他教育工作者

第六章　高等学校的学生
第七章　高等教育投入和条件保障
第八章　附　　则

第一章　总　　则

第一条　为了发展高等教育事业,实施科教兴国战略,促进社会主义物质文明和精神文明建设,根据宪法和教育法,制定本法。

第二条　在中华人民共和国境内从事高等教育活动,适用本法。

本法所称高等教育,是指在完成高级中等教育基础上实施的教育。

第三条　国家坚持以马克思列宁主义、毛泽东思想、邓小平理论为指导,遵循宪法确定的基本原则,发展社会主义的高等教育事业。

第四条　高等教育必须贯彻国家的教育方针,为社会主义现代化建设服务、为人民服务,与生产劳动和社会实践相结合,使受教育者成为德、智、体、美等方面全面发展的社会主义建设者和接班人。

第五条　高等教育的任务是培养具有社会责任感、创新精神和实践能力的高级专门人才,发展科学技术文化,促进社会主义现代化建设。

第六条　国家根据经济建设和社会发展的需要,制定高等教育发展规划,举办高等学校,并采取多种形式积极发展高等教育事业。

国家鼓励企业事业组织、社会团体及其他社会组织和公民等社会力量依法举办高等学校,参与和支持高等教育事业的改革和发展。

第七条　国家按照社会主义现代化建设和发展社会主义市场经济的需要,根据不同类型、不同层次高等学校的实际,推进高等教育体制改革和高等教育教学改革,优化高等教育结构和资源配置,提高高等教育的质量和效益。

第八条　国家根据少数民族的特点和需要,帮助和支持少数民族地区发展高等教育事业,为少数民族培养高级专门人才。

第九条　公民依法享有接受高等教育的权利。

国家采取措施,帮助少数民族学生和经济困难的学生接受高等教育。

高等学校必须招收符合国家规定的录取标准的残疾学生入学,不得因其残疾而拒绝招收。

第十条　国家依法保障高等学校中的科学研究、文学艺术创作和其他文化活动的自由。

在高等学校中从事科学研究、文学艺术创作和其他文化活动,应当遵守法律。

第十一条　高等学校应当面向社会,依法自主办学,实行民主管理。

第十二条　国家鼓励高等学校之间、高等学校与科学研究机构以及企业事业组织之间开展协作,实行优势互补,提高教育资源的使用效益。

国家鼓励和支持高等教育事业的国际交流与合作。

第十三条　国务院统一领导和管理全国高等教育事业。

省、自治区、直辖市人民政府统筹协调本行政区域内的高等教育事业,管理主要为地方培养人才和国务院授权管理的高等学校。

第十四条　国务院教育行政部门主管全国高等教育工作,管理由国务院确定的主要为全国培养人才的高等学校。国务院其他有关部门在国务院规定的职责范围内,负责有关的高等教育工作。

第二章　高等教育基本制度

第十五条　高等教育包括学历教育和非学历教育。

高等教育采用全日制和非全日制教育形式。

国家支持采用广播、电视、函授及其他远程教育方式实施高等教育。

第十六条　高等学历教育分为专科教育、本科教育和研究生教育。

高等学历教育应当符合下列学业标准:

(一)专科教育应当使学生掌握本专业必备的基础理论、专门知识,具有从事本专业实际工作的基本技能和初步能力;

(二)本科教育应当使学生比较系统地掌握本学科、专业必需的基础理论、基本知识,掌握本专业必要的基本技能、方法和相关知识,具有从事本专业实际工作和研究工作的初步能力;

(三)硕士研究生教育应当使学生掌握本学科坚实的基础理论、系统的专业知识,掌握相应的技能、方法和相关知识,具有从事本专业实际工作和科学研究工作的能力。博士研究生教育应当使学生掌握本学科坚实宽广的基础理论、系统深入的专业知识、相应的技能和方法,具有独立从事本学科创造性科学研究工作和实际工作的能力。

第十七条　专科教育的基本修业年限为二至三年,本科教育的基本修业年限为四至五年,硕士研究生教育的基本修业年限为二至三年,博士研究生教育的基本修业年限为三至四年。非全日制高等学历教育的修业年限应当适当延长。高等学校根据实际需要,可以对本学校的修业年限作出调整。

第十八条　高等教育由高等学校和其他高等教育机构实施。

大学、独立设置的学院主要实施本科及本科以上教育。高等专科学校实施专科教育。经国务院教育行政部门批准,科学研究机构可以承担研究生教育的任务。

其他高等教育机构实施非学历高等教育。

第十九条　高级中等教育毕业或者具有同等学力的,经考试合格,由实施相应学历教育的高等学校录取,取得专科生或者本科生入学资格。

本科毕业或者具有同等学力的,经考试合格,由实施相应学历教育的高等学校或者经批准承担研究生教育任务的科学研究机构录取,取得硕士研究生入学资格。

硕士研究生毕业或者具有同等学力的,经考试合格,由实施相应学历教育的高等学校或者经批准承担研究生教育任务的科学研究机构录取,取得博士研究生入学资格。

允许特定学科和专业的本科毕业生直接取得博士研究生入学资格,具体办法由国务院教育行政部门规定。

第二十条　接受高等学历教育的学生,由所在高等学校或者经批准承担研究生教育任务的科学研究机构根据其修业年限、学业成绩等,按照国家有关规定,发给相应的学历证书或者其他学业证书。

接受非学历高等教育的学生,由所在高等学校或者其他高等教育机构发给相应的结业证书。结业证书应当载明修业年限和学业内容。

第二十一条　国家实行高等教育自学考试制度,经考试合格的,发给相应的学历证书或者其他学业证书。

第二十二条　国家实行学位制度。学位分为学士、硕士和博士。

公民通过接受高等教育或者自学,其学业水平达到国家规定的学位标准,可以向学位授予单位申请授予相应的学位。

第二十三条　高等学校和其他高等教育机构应当根据社会需要和自身办学条件,承担实施继续教育的工作。

第三章　高等学校的设立

第二十四条　设立高等学校,应当符合国家高等教育发展规划,符合国家利益和社会公共利益。

第二十五条　设立高等学校,应当具备教育法规定的基本条件。

大学或者独立设置的学院还应当具有较强的教学、科学研究力量,较高的教学、科学研究水平和相应规模,能够实施本科及本科以上教育。大学还必须设有三个以上国家规定的学科门类为主要学科。设立高等学校的具体标准由国务院制定。

设立其他高等教育机构的具体标准,由国务院授权的有关部门或者省、自治区、直辖市人民政府根据国务院规定的原则制定。

第二十六条　设立高等学校,应当根据其层次、类型、所设学科类别、规模、教学和科学研究水平,使用相应的名称。

第二十七条　申请设立高等学校的,应当向审批机关提交下列材料:

(一)申办报告;

(二)可行性论证材料;

(三)章程;

(四)审批机关依照本法规定要求提供的其他材料。

第二十八条　高等学校的章程应当规定以下事项:

(一)学校名称、校址;

(二)办学宗旨;

(三)办学规模;

(四)学科门类的设置;

(五)教育形式;

(六)内部管理体制;

(七)经费来源、财产和财务制度;

(八)举办者与学校之间的权利、义务;

(九)章程修改程序;

(十)其他必须由章程规定的事项。

第二十九条　设立实施本科及以上教育的高等学校,由国务院教育行政部门审批;设立实施专科教育的高等学校,由省、自治区、直辖市人民政府审批,报国务院教育行政部门备案;设立其他高等教育机构,由省、自治区、直辖市人民政府教育行政部门审批。审批设立高等学校和其他高等教育机构应当遵守国家有关规定。

审批设立高等学校,应当委托由专家组成的评议机构评议。

高等学校和其他高等教育机构分立、合并、终止,变更名称、类别和其他重要事项,由本条第一款规定的审批机关审批;修改章程,应当根据管理权限,报国务院教育行政部门或者省、自治区、直辖市人民政府教育行政部门核准。

第四章　高等学校的组织和活动

第三十条　高等学校自批准设立之日起取得法人资格。高等学校的校长为高等学校的法定代表人。

高等学校在民事活动中依法享有民事权利,承担民事责任。

第三十一条　高等学校应当以培养人才为中心,开展教学、科学研究和社会服务,保证教育教学质量达到国家规定的标准。

第三十二条　高等学校根据社会需求、办学条件和国家核定的办学规模,制定招生方案,自主调节系科招生比例。

第三十三条　高等学校依法自主设置和调整学科、专业。

第三十四条　高等学校根据教学需要,自主制定教学计划、选编教材、组织实施教学活动。

第三十五条　高等学校根据自身条件,自主开展科学研究、技术开发和社会服务。

国家鼓励高等学校同企业事业组织、社会团体及其他社会组织在科学研究、技术开发和推广等方面进行多种形式的合作。

国家支持具备条件的高等学校成为国家科学研究基地。

第三十六条　高等学校按照国家有关规定,自主开展与境外高等学校之间的科学技术文化交流与合作。

第三十七条　高等学校根据实际需要和精简、效能的原则,自主确定教学、科学研究、行政职能部门等内部组织机构的设置和人员配备;按照国家有关规定,评聘教师和其他专业技术人员的职务,调整津贴及工资分配。

第三十八条　高等学校对举办者提供的财产、国家财政性资助、受捐赠财产依法自主管理和使用。

高等学校不得将用于教学和科学研究活动的财产挪作他用。

第三十九条　国家举办的高等学校实行中国共产党高等学校基层委员会领导下的校长负责制。中国共产党高等学校基层委员会按照中国共产党章程和有关规定,统一领导学校工作,支持校长独立负责地行使职权,其领导职责主要是:执行中国共产党的路线、方针、政策,坚持社会主义办学方向,领导学校的思想政治工作和德育工作,讨论决定学校内部组织机构的设置和内部组织机构负责人的人选,讨论决定学校的改革、发展和基本管理制度等重大事项,保证以培养人才为中心的各项任务的完成。

社会力量举办的高等学校的内部管理体制按照国家有关社会力量办学的规定确定。

第四十条　高等学校的校长,由符合教育法规定的任职条件的公民担任。高等学校的校长、副校长按照国家有关规定任免。

第四十一条　高等学校的校长全面负责本学校的教学、科学研究和其他行政管理工作,行使下列职权:

(一)拟订发展规划,制定具体规章制度和年度工作计划并组织实施;

(二)组织教学活动、科学研究和思想品德教育;

(三)拟订内部组织机构的设置方案,推荐副校长人选,任免内部组织机构的负责人;

(四)聘任与解聘教师以及内部其他工作人员,对学生进行学籍管理并实施奖励或者处分;

(五)拟订和执行年度经费预算方案,保护和管理校产,维护学校的合法权益;

(六)章程规定的其他职权。

高等学校的校长主持校长办公会议或者校务会议,处理前款规定的有关事项。

第四十二条　高等学校设立学术委员会,履行下列职责:

(一)审议学科建设、专业设置,教学、科学研究计划方案;

(二)评定教学、科学研究成果;

(三)调查、处理学术纠纷;

(四)调查、认定学术不端行为;

(五)按照章程审议、决定有关学术发展、学术评价、学术规范的其他事项。

第四十三条　高等学校通过以教师为主体的教职工代表大会等组织形式,依法保障教职工参与民主管理和监督,维护教职工合法权益。

第四十四条　高等学校应当建立本学校办学水平、教育质量的评价制度,及时公开相关信息,接受社会监督。

教育行政部门负责组织专家或者委托第三方专业机构对高等学校的办学水平、效益和教育质量进行评估。评估结果应当向社会公开。

第五章 高等学校教师和其他教育工作者

第四十五条 高等学校的教师及其他教育工作者享有法律规定的权利,履行法律规定的义务,忠诚于人民的教育事业。

第四十六条 高等学校实行教师资格制度。中国公民凡遵守宪法和法律,热爱教育事业,具有良好的思想品德,具备研究生或者大学本科毕业学历,有相应的教育教学能力,经认定合格,可以取得高等学校教师资格。不具备研究生或者大学本科毕业学历的公民,学有所长,通过国家教师资格考试,经认定合格,也可以取得高等学校教师资格。

第四十七条 高等学校实行教师职务制度。高等学校教师职务根据学校所承担的教学、科学研究等任务的需要设置。教师职务设助教、讲师、副教授、教授。

高等学校的教师取得前款规定的职务应当具备下列基本条件:

(一)取得高等学校教师资格;

(二)系统地掌握本学科的基础理论;

(三)具备相应职务的教育教学能力和科学研究能力;

(四)承担相应职务的课程和规定课时的教学任务。

教授、副教授除应当具备以上基本任职条件外,还应当对本学科具有系统而坚实的基础理论和比较丰富的教学、科学研究经验,教学成绩显著,论文或者著作达到较高水平或者有突出的教学、科学研究成果。

高等学校教师职务的具体任职条件由国务院规定。

第四十八条 高等学校实行教师聘任制。教师经评定具备任职条件的,由高等学校按照教师职务的职责、条件和任期聘任。

高等学校的教师的聘任,应当遵循双方平等自愿的原则,由高等学校校长与受聘教师签订聘任合同。

第四十九条 高等学校的管理人员,实行教育职员制度。高等学校的教学辅助人员及其他专业技术人员,实行专业技术职务聘任制度。

第五十条 国家保护高等学校教师及其他教育工作者的合法权益,采取措施改善高等学校教师及其他教育工作者的工作条件和生活条件。

第五十一条 高等学校应当为教师参加培训、开展科学研究和进行学术交流提供便利条件。

高等学校应当对教师、管理人员和教学辅助人员及其他专业技术人员的思想政治表现、职业道德、业务水平和工作实绩进行考核,考核结果作为聘任或者解聘、晋升、奖励或者处分的依据。

第五十二条 高等学校的教师、管理人员和教学辅助人员及其他专业技术人员,应当以教学和培养人才为中心做好本职工作。

第六章 高等学校的学生

第五十三条 高等学校的学生应当遵守法律、法规,遵守学生行为规范和学校的各项管理制度,尊敬师长,刻苦学习,增强体质,树立爱国主义、集体主义和社会主义思想,努力学习马克思列宁主义、毛泽东思想、邓小平理论,具有良好的思想品德,掌握较高的科学文化知识和专业技能。

高等学校学生的合法权益,受法律保护。

第五十四条 高等学校的学生应当按照国家规定缴纳学费。

家庭经济困难的学生,可以申请补助或者减免学费。

第五十五条 国家设立奖学金,并鼓励高等学校、企业事业组织、社会团体以及其他社会组织和个人按照国家有关规定设立各种形式的奖学金,对品学兼优的学生、国家规定的专业的学生以及到国家规定的地区工作的学生给予奖励。

国家设立高等学校学生勤工助学基金和贷学金,并鼓励高等学校、企业事业组织、社会团体以及其他社会组织和个人设立各种形式的助学金,对家庭经济困难的学生提供帮助。

获得贷学金及助学金的学生,应当履行相应的义务。

第五十六条 高等学校的学生在课余时间可以参加社会服务和勤工助学活动,但不得影响学业任务的完成。

高等学校应当对学生的社会服务和勤工助学活动给予鼓励和支持,并进行引导和管理。

第五十七条 高等学校的学生,可以在校内组织学生团体。学生团体在法律、法规规定的范围内活动,服从学校的领导和管理。

第五十八条 高等学校的学生思想品德合格,在规定的修业年限内学完规定的课程,成绩合格或者修满相应的学分,准予毕业。

第五十九条 高等学校应当为毕业生、结业生提供就业指导和服务。

国家鼓励高等学校毕业生到边远、艰苦地区工作。

第七章　高等教育投入和条件保障

第六十条　高等教育实行以举办者投入为主、受教育者合理分担培养成本、高等学校多种渠道筹措经费的机制。

国务院和省、自治区、直辖市人民政府依照教育法第五十六条的规定，保证国家举办的高等教育的经费逐步增长。

国家鼓励企业事业组织、社会团体及其他社会组织和个人向高等教育投入。

第六十一条　高等学校的举办者应当保证稳定的办学经费来源，不得抽回其投入的办学资金。

第六十二条　国务院教育行政部门会同国务院其他有关部门根据在校学生年人均教育成本，规定高等学校年经费开支标准和筹措的基本原则；省、自治区、直辖市人民政府教育行政部门会同有关部门制订本行政区域内高等学校年经费开支标准和筹措办法，作为举办者和高等学校筹措办学经费的基本依据。

第六十三条　国家对高等学校进口图书资料、教学科研设备以及校办产业实行优惠政策。高等学校所办产业或者转让知识产权以及其他科学技术成果获得的收益，用于高等学校办学。

第六十四条　高等学校收取的学费应当按照国家有关规定管理和使用，其他任何组织和个人不得挪用。

第六十五条　高等学校应当依法建立、健全财务管理制度，合理使用、严格管理教育经费，提高教育投资效益。

高等学校的财务活动应当依法接受监督。

第八章　附　　则

第六十六条　对高等教育活动中违反教育法规定的，依照教育法的有关规定给予处罚。

第六十七条　中国境外个人符合国家规定的条件并办理有关手续后，可以进入中国境内高等学校学习、研究、进行学术交流或者任教，其合法权益受国家保护。

第六十八条　本法所称高等学校是指大学、独立设置的学院和高等专科学校，其中包括高等职业学校和成人高等学校。

本法所称其他高等教育机构是指除高等学校和经批准承担研究生教育任务的科学研究机构以外的从事高等教育活动的组织。

本法有关高等学校的规定适用于其他高等教育机构和经批准承担研究生教育任务的科学研究机构，但是对高等学校专门适用的规定除外。

第六十九条　本法自1999年1月1日起施行。

中华人民共和国港口法

（2003年6月28日第十届全国人民代表大会常务委员会第三次会议通过　根据2015年4月24日第十二届全国人民代表大会常务委员会第十四次会议《关于修改〈中华人民共和国港口法〉等七部法律的决定》第一次修正　根据2017年11月4日第十二届全国人民代表大会常务委员会第三十次会议《关于修改〈中华人民共和国会计法〉等十一部法律的决定》第二次修正　根据2018年12月29日第十三届全国人民代表大会常务委员会第七次会议《关于修改〈中华人民共和国电力法〉等四部法律的决定》第三次修正）

目　　录

第一章　总　　则
第二章　港口规划与建设
第三章　港口经营
第四章　港口安全与监督管理
第五章　法律责任
第六章　附　　则

第一章　总　　则

第一条　为了加强港口管理，维护港口的安全与经营秩序，保护当事人的合法权益，促进港口的建设与发展，制定本法。

第二条 从事港口规划、建设、维护、经营、管理及其相关活动，适用本法。

第三条 本法所称港口，是指具有船舶进出、停泊、靠泊，旅客上下，货物装卸、驳运、储存等功能，具有相应的码头设施，由一定范围的水域和陆域组成的区域。

港口可以由一个或者多个港区组成。

第四条 国务院和有关县级以上地方人民政府应当在国民经济和社会发展计划中体现港口的发展和规划要求，并依法保护和合理利用港口资源。

第五条 国家鼓励国内外经济组织和个人依法投资建设、经营港口，保护投资者的合法权益。

第六条 国务院交通主管部门主管全国的港口工作。

地方人民政府对本行政区域内港口的管理，按照国务院关于港口管理体制的规定确定。

依照前款确定的港口管理体制，由港口所在地的市、县人民政府管理的港口，由市、县人民政府确定一个部门具体实施对港口的行政管理；由省、自治区、直辖市人民政府管理的港口，由省、自治区、直辖市人民政府确定一个部门具体实施对港口的行政管理。

依照前款确定的对港口具体实施行政管理的部门，以下统称港口行政管理部门。

第二章 港口规划与建设

第七条 港口规划应当根据国民经济和社会发展的要求以及国防建设的需要编制，体现合理利用岸线资源的原则，符合城镇体系规划，并与土地利用总体规划、城市总体规划、江河流域规划、防洪规划、海洋功能区划、水路运输发展规划和其他运输方式发展规划以及法律、行政法规规定的其他有关规划相衔接、协调。

编制港口规划应当组织专家论证，并依法进行环境影响评价。

第八条 港口规划包括港口布局规划和港口总体规划。

港口布局规划，是指港口的分布规划，包括全国港口布局规划和省、自治区、直辖市港口布局规划。

港口总体规划，是指一个港口在一定时期的具体规划，包括港口的水域和陆域范围、港区划分、吞吐量和到港船型、港口的性质和功能、水域和陆域使用、港口设施建设岸线使用、建设用地配置以及分期建设序列等内容。

港口总体规划应当符合港口布局规划。

第九条 全国港口布局规划，由国务院交通主管部门征求国务院有关部门和有关军事机关的意见编制，报国务院批准后公布实施。

省、自治区、直辖市港口布局规划，由省、自治区、直辖市人民政府根据全国港口布局规划组织编制，并送国务院交通主管部门征求意见。国务院交通主管部门自收到征求意见的材料之日起满三十日未提出修改意见的，该港口布局规划由有关省、自治区、直辖市人民政府公布实施；国务院交通主管部门认为不符合全国港口布局规划的，应当自收到征求意见的材料之日起三十日内提出修改意见；有关省、自治区、直辖市人民政府对修改意见有异议的，报国务院决定。

第十条 港口总体规划由港口行政管理部门征求有关部门和有关军事机关的意见编制。

第十一条 地理位置重要、吞吐量较大、对经济发展影响较广的主要港口的总体规划，由国务院交通主管部门征求国务院有关部门和有关军事机关的意见后，会同有关省、自治区、直辖市人民政府批准，并公布实施。主要港口名录由国务院交通主管部门征求国务院有关部门意见后确定并公布。

省、自治区、直辖市人民政府征求国务院交通主管部门的意见后确定本地区的重要港口。重要港口的总体规划由省、自治区、直辖市人民政府征求国务院交通主管部门意见后批准，公布实施。

前两款规定以外的港口的总体规划，由港口所在地的市、县人民政府批准后公布实施，并报省、自治区、直辖市人民政府备案。

市、县人民政府港口行政管理部门编制的属于本条第一款、第二款规定范围的港口的总体规划，在报送审批前应当经本级人民政府审核同意。

第十二条 港口规划的修改，按照港口规划制定程序办理。

第十三条 在港口总体规划区内建设港口设施，使用港口深水岸线的，由国务院交通主管部门会同国务院经济综合宏观调控部门批准；建设港口设施，使用非深水岸线的，由港口行政管理部门批准。但是，由国务院或者国务院经济综合宏观调控部门批准建设的项目使用港口岸线，不再另行办理使用港口岸线的审批手续。

港口深水岸线的标准由国务院交通主管部门制定。

第十四条 港口建设应当符合港口规划。不得违反港口规划建设任何港口设施。

第十五条 按照国家规定须经有关机关批准的港口建设项目,应当按照国家有关规定办理审批手续,并符合国家有关标准和技术规范。

建设港口工程项目,应当依法进行环境影响评价。

港口建设项目的安全设施和环境保护设施,必须与主体工程同时设计、同时施工、同时投入使用。

第十六条 港口建设使用土地和水域,应当依照有关土地管理、海域使用管理、河道管理、航道管理、军事设施保护管理的法律、行政法规以及其他有关法律、行政法规的规定办理。

第十七条 港口的危险货物作业场所、实施卫生除害处理的专用场所,应当符合港口总体规划和国家有关安全生产、消防、检验检疫和环境保护的要求,其与人口密集区和港口客运设施的距离应当符合国务院有关部门的规定;经依法办理有关手续后,方可建设。

第十八条 航标设施以及其他辅助性设施,应当与港口同步建设,并保证按期投入使用。

港口内有关行政管理机构办公设施的建设应当符合港口总体规划,建设费用不得向港口经营人摊派。

第十九条 港口设施建设项目竣工后,应当按照国家有关规定经验收合格,方可投入使用。

港口设施的所有权,依照有关法律规定确定。

第二十条 县级以上有关人民政府应当保证必要的资金投入,用于港口公用的航道、防波堤、锚地等基础设施的建设和维护。具体办法由国务院规定。

第二十一条 县级以上有关人民政府应当采取措施,组织建设与港口相配套的航道、铁路、公路、给排水、供电、通信等设施。

第三章 港口经营

第二十二条 从事港口经营,应当向港口行政管理部门书面申请取得港口经营许可,并依法办理工商登记。

港口行政管理部门实施港口经营许可,应当遵循公开、公正、公平的原则。

港口经营包括码头和其他港口设施的经营,港口旅客运输服务经营,在港区内从事货物的装卸、驳运、仓储的经营和港口拖轮经营等。

第二十三条 取得港口经营许可,应当有固定的经营场所,有与经营业务相适应的设施、设备、专业技术人员和管理人员,并应当具备法律、法规规定的其他条件。

第二十四条 港口行政管理部门应当自收到本法第二十二条第一款规定的书面申请之日起三十日内依法作出许可或者不予许可的决定。予以许可的,颁发港口经营许可证;不予许可的,应当书面通知申请人并告知理由。

第二十五条 国务院交通主管部门应当制定港口理货服务标准和规范。

经营港口理货业务,应当按照规定报港口行政管理部门备案。

港口理货业务经营人应当公正、准确地办理理货业务;不得兼营本法第二十二条第三款规定的货物装卸经营业务和仓储经营业务。

第二十六条 港口经营人从事经营活动,必须遵守有关法律、法规,遵守国务院交通主管部门有关港口作业规则的规定,依法履行合同约定的义务,为客户提供公平、良好的服务。

从事港口旅客运输服务的经营人,应当采取保证旅客安全的有效措施,向旅客提供快捷、便利的服务,保持良好的候船环境。

港口经营人应当依照有关环境保护的法律、法规的规定,采取有效措施,防治对环境的污染和危害。

第二十七条 港口经营人应当优先安排抢险物资、救灾物资和国防建设急需物资的作业。

第二十八条 港口经营人应当在其经营场所公布经营服务的收费项目和收费标准;未公布的,不得实施。

港口经营性收费依法实行政府指导价或者政府定价的,港口经营人应当按照规定执行。

第二十九条 国家鼓励和保护港口经营活动的公平竞争。

港口经营人不得实施垄断行为和不正当竞争行为,不得以任何手段强迫他人接受其提供的港口服务。

第三十条 港口行政管理部门依照《中华人民共和国统计法》和有关行政法规的规定要求港口经营人提供的统计资料,港口经营人应当如实提供。

港口行政管理部门应当按照国家有关规定将港口经营人报送的统计资料及时上报,并为港口经营人保守商业秘密。

第三十一条 港口经营人的合法权益受法律保护。任何单位和个人不得向港口经营人摊派或者违法收取费用,不得违法干预港口经营人的经营自主权。

第四章 港口安全与监督管理

第三十二条 港口经营人必须依照《中华人民共和国安全生产法》等有关法律、法规和国务院交通主管部门有关港口安全作业规则的规定，加强安全生产管理，建立健全安全生产责任制等规章制度，完善安全生产条件，采取保障安全生产的有效措施，确保安全生产。

港口经营人应当依法制定本单位的危险货物事故应急预案、重大生产安全事故的旅客紧急疏散和救援预案以及预防自然灾害预案，保障组织实施。

第三十三条 港口行政管理部门应当依法制定可能危及社会公共利益的港口危险货物事故应急预案、重大生产安全事故的旅客紧急疏散和救援预案以及预防自然灾害预案，建立健全港口重大生产安全事故的应急救援体系。

第三十四条 船舶进出港口，应当依照有关水上交通安全的法律、行政法规的规定向海事管理机构报告。海事管理机构接到报告后，应当及时通报港口行政管理部门。

船舶载运危险货物进出港口，应当按照国务院交通主管部门的规定将危险货物的名称、特性、包装和进出港口的时间报告海事管理机构。海事管理机构接到报告后，应当在国务院交通主管部门规定的时间内作出是否同意的决定，通知报告人，并通报港口行政管理部门。但是，定船舶、定航线、定货种的船舶可以定期报告。

第三十五条 在港口内进行危险货物的装卸、过驳作业，应当按照国务院交通主管部门的规定将危险货物的名称、特性、包装和作业的时间、地点报告港口行政管理部门。港口行政管理部门接到报告后，应当在国务院交通主管部门规定的时间内作出是否同意的决定，通知报告人，并通报海事管理机构。

第三十六条 港口行政管理部门应当依法对港口安全生产情况实施监督检查，对旅客上下集中、货物装卸量较大或者有特殊用途的码头进行重点巡查；检查中发现安全隐患的，应当责令被检查人立即排除或者限期排除。

负责安全生产监督管理的部门和其他有关部门依照法律、法规的规定，在各自职责范围内对港口安全生产实施监督检查。

第三十七条 禁止在港口水域内从事养殖、种植活动。

不得在港口进行可能危及港口安全的采掘、爆破等活动；因工程建设等确需进行的，必须采取相应的安全保护措施，并报经港口行政管理部门批准。港口行政管理部门应当将审批情况及时通报海事管理机构，海事管理机构不再依照有关水上交通安全的法律、行政法规的规定进行审批。

禁止向港口水域倾倒泥土、砂石以及违反有关环境保护的法律、法规的规定排放超过规定标准的有毒、有害物质。

第三十八条 建设桥梁、水底隧道、水电站等可能影响港口水文条件变化的工程项目，负责审批该项目的部门在审批前应当征求港口行政管理部门的意见。

第三十九条 依照有关水上交通安全的法律、行政法规的规定，进出港口须经引航的船舶，应当向引航机构申请引航。引航的具体办法由国务院交通主管部门规定。

第四十条 遇有旅客滞留、货物积压阻塞港口的情况，港口行政管理部门应当及时采取有效措施，进行疏港；港口所在地的市、县人民政府认为必要时，可以直接采取措施，进行疏港。

第四十一条 港口行政管理部门应当组织制定所管理的港口的章程，并向社会公布。

港口章程的内容应当包括对港口的地理位置、航道条件、港池水深、机械设施和装卸能力等情况的说明，以及本港口贯彻执行有关港口管理的法律、法规和国务院交通主管部门有关规定的具体措施。

第四十二条 港口行政管理部门依据职责对本法执行情况实施监督检查。

港口行政管理部门的监督检查人员依法实施监督检查时，有权向被检查单位和有关人员了解有关情况，并可查阅、复制有关资料。

监督检查人员对检查中知悉的商业秘密，应当保密。

监督检查人员实施监督检查时，应当出示执法证件。

第四十三条 监督检查人员应当将监督检查的时间、地点、内容、发现的问题及处理情况作出书面记录，并由监督检查人员和被检查单位的负责人签字；被检查单位的负责人拒绝签字的，监督检查人员应当将情况记录在案，并向港口行政管理部门报告。

第四十四条 被检查单位和有关人员应当接受港口行政管理部门依法实施的监督检查，如实提供有关情况和资料，不得拒绝检查或者隐匿、谎报有关情况和资料。

第五章　法律责任

第四十五条　港口经营人、港口理货业务经营人有本法规定的违法行为的，依照有关法律、行政法规的规定纳入信用记录，并予以公示。

第四十六条　有下列行为之一的，由县级以上地方人民政府或者港口行政管理部门责令限期改正；逾期不改正的，由作出限期改正决定的机关申请人民法院强制拆除违法建设的设施；可以处五万元以下罚款：

（一）违反港口规划建设港口、码头或者其他港口设施的；

（二）未经依法批准，建设港口设施使用港口岸线的。

建设项目的审批部门对违反港口规划的建设项目予以批准的，对其直接负责的主管人员和其他直接责任人员，依法给予行政处分。

第四十七条　在港口建设的危险货物作业场所、实施卫生除害处理的专用场所与人口密集区或者港口客运设施的距离不符合国务院有关部门的规定的，由港口行政管理部门责令停止建设或者使用，限期改正，可以处五万元以下罚款。

第四十八条　码头或者港口装卸设施、客运设施未经验收合格，擅自投入使用的，由港口行政管理部门责令停止使用，限期改正，可以处五万元以下罚款。

第四十九条　未依法取得港口经营许可证从事港口经营，或者港口理货业务经营人兼营货物装卸经营业务、仓储经营业务的，由港口行政管理部门责令停止违法经营，没收违法所得；违法所得十万元以上的，并处违法所得二倍以上五倍以下罚款；违法所得不足十万元的，处五万元以上二十万元以下罚款。

第五十条　港口经营人不优先安排抢险物资、救灾物资、国防建设急需物资的作业的，由港口行政管理部门责令改正；造成严重后果的，吊销港口经营许可证。

第五十一条　港口经营人违反有关法律、行政法规的规定，在经营活动中实施垄断行为或者不正当竞争行为的，依照有关法律、行政法规的规定承担法律责任。

第五十二条　港口经营人违反本法第三十二条关于安全生产的规定的，由港口行政管理部门或者其他依法负有安全生产监督管理职责的部门依法给予处罚；情节严重的，由港口行政管理部门吊销港口经营许可证，并对其主要负责人依法给予处分；构成犯罪的，依法追究刑事责任。

第五十三条　船舶进出港口，未依照本法第三十四条的规定向海事管理机构报告的，由海事管理机构依照有关水上交通安全的法律、行政法规的规定处罚。

第五十四条　未依法向港口行政管理部门报告并经其同意，在港口内进行危险货物的装卸、过驳作业的，由港口行政管理部门责令停止作业，处五千元以上五万元以下罚款。

第五十五条　在港口水域内从事养殖、种植活动的，由海事管理机构责令限期改正；逾期不改正的，强制拆除养殖、种植设施，拆除费用由违法行为人承担；可以处一万元以下罚款。

第五十六条　未经依法批准在港口进行可能危及港口安全的采掘、爆破等活动的，向港口水域倾倒泥土、砂石的，由港口行政管理部门责令停止违法行为，限期消除因此造成的安全隐患；逾期不消除的，强制消除，因此发生的费用由违法行为人承担；处五千元以上五万元以下罚款；依照有关水上交通安全的法律、行政法规的规定由海事管理机构处罚的，依照其规定；构成犯罪的，依法追究刑事责任。

第五十七条　交通主管部门、港口行政管理部门、海事管理机构等不依法履行职责，有下列行为之一的，对直接负责的主管人员和其他直接责任人员依法给予行政处分；构成犯罪的，依法追究刑事责任：

（一）违法批准建设港口设施使用港口岸线，或者违法批准船舶载运危险货物进出港口、违法批准在港口内进行危险货物的装卸、过驳作业的；

（二）对不符合法定条件的申请人给予港口经营许可的；

（三）发现取得经营许可的港口经营人不再具备法定许可条件而不及时吊销许可证的；

（四）不依法履行监督检查职责，对违反港口规划建设港口、码头或者其他港口设施的行为，未经依法许可从事港口经营业务的行为，不遵守安全生产管理规定的行为，危及港口作业安全的行为，以及其他违反本法规定的行为，不依法予以查处的。

第五十八条　行政机关违法干预港口经营人的经营自主权的，由其上级行政机关或者监察机关责令改正；向港口经营人摊派财物或者违法收取费用的，责令退回；情节严重的，对直接负责的主管人员和其他直接责任人员依法给予行政处分。

第六章　附　　则

第五十九条　对航行国际航线的船舶开放的

港口,由有关省、自治区、直辖市人民政府按照国家有关规定商国务院有关部门和有关军事机关同意后,报国务院批准。

第六十条 渔业港口的管理工作由县级以上人民政府渔业行政主管部门负责。具体管理办法由国务院规定。

前款所称渔业港口,是指专门为渔业生产服务、供渔业船舶停泊、避风、装卸渔获物、补充渔需物资的人工港口或者自然港湾,包括综合性港口中渔业专用的码头、渔业专用的水域和渔船专用的锚地。

第六十一条 军事港口的建设和管理办法由国务院、中央军事委员会规定。

第六十二条 本法自2004年1月1日起施行。

中华人民共和国企业所得税法

(2007年3月16日第十届全国人民代表大会第五次会议通过 根据2017年2月24日第十二届全国人民代表大会常务委员会第二十六次会议《关于修改〈中华人民共和国企业所得税法〉的决定》第一次修正 根据2018年12月29日第十三届全国人民代表大会常务委员会第七次会议《关于修改〈中华人民共和国电力法〉等四部法律的决定》第二次修正)

目 录

第一章 总 则
第二章 应纳税所得额
第三章 应纳税额
第四章 税收优惠
第五章 源泉扣缴
第六章 特别纳税调整
第七章 征收管理
第八章 附 则

第一章 总 则

第一条 在中华人民共和国境内,企业和其他取得收入的组织(以下统称企业)为企业所得税的纳税人,依照本法的规定缴纳企业所得税。

个人独资企业、合伙企业不适用本法。

第二条 企业分为居民企业和非居民企业。

本法所称居民企业,是指依法在中国境内成立,或者依照外国(地区)法律成立但实际管理机构在中国境内的企业。

本法所称非居民企业,是指依照外国(地区)法律成立且实际管理机构不在中国境内,但在中国境内设立机构、场所的,或者在中国境内未设立机构、场所,但有来源于中国境内所得的企业。

第三条 居民企业应当就其来源于中国境内、境外的所得缴纳企业所得税。

非居民企业在中国境内设立机构、场所的,应当就其所设机构、场所取得的来源于中国境内的所得,以及发生在中国境外但与其所设机构、场所有实际联系的所得,缴纳企业所得税。

非居民企业在中国境内未设立机构、场所的,或者虽设立机构、场所但取得的所得与其所设机构、场所没有实际联系的,应当就其来源于中国境内的所得缴纳企业所得税。

第四条 企业所得税的税率为25%。

非居民企业取得本法第三条第三款规定的所得,适用税率为20%。

第二章 应纳税所得额

第五条 企业每一纳税年度的收入总额,减除不征税收入、免税收入、各项扣除以及允许弥补的以前年度亏损后的余额,为应纳税所得额。

第六条 企业以货币形式和非货币形式从各种来源取得的收入,为收入总额。包括:

(一)销售货物收入;

(二)提供劳务收入;

(三)转让财产收入;

(四)股息、红利等权益性投资收益;

(五)利息收入;

(六)租金收入;

(七)特许权使用费收入;

(八)接受捐赠收入;

(九)其他收入。

第七条 收入总额中的下列收入为不征税收入:

（一）财政拨款；

（二）依法收取并纳入财政管理的行政事业性收费、政府性基金；

（三）国务院规定的其他不征税收入。

第八条　企业实际发生的与取得收入有关的、合理的支出，包括成本、费用、税金、损失和其他支出，准予在计算应纳税所得额时扣除。

第九条　企业发生的公益性捐赠支出，在年度利润总额12%以内的部分，准予在计算应纳税所得额时扣除；超过年度利润总额12%的部分，准予结转以后三年内在计算应纳税所得额时扣除。

第十条　在计算应纳税所得额时，下列支出不得扣除：

（一）向投资者支付的股息、红利等权益性投资收益款项；

（二）企业所得税税款；

（三）税收滞纳金；

（四）罚金、罚款和被没收财物的损失；

（五）本法第九条规定以外的捐赠支出；

（六）赞助支出；

（七）未经核定的准备金支出；

（八）与取得收入无关的其他支出。

第十一条　在计算应纳税所得额时，企业按照规定计算的固定资产折旧，准予扣除。

下列固定资产不得计算折旧扣除：

（一）房屋、建筑物以外未投入使用的固定资产；

（二）以经营租赁方式租入的固定资产；

（三）以融资租赁方式租出的固定资产；

（四）已足额提取折旧仍继续使用的固定资产；

（五）与经营活动无关的固定资产；

（六）单独估价作为固定资产入账的土地；

（七）其他不得计算折旧扣除的固定资产。

第十二条　在计算应纳税所得额时，企业按照规定计算的无形资产摊销费用，准予扣除。

下列无形资产不得计算摊销费用扣除：

（一）自行开发的支出已在计算应纳税所得额时扣除的无形资产；

（二）自创商誉；

（三）与经营活动无关的无形资产；

（四）其他不得计算摊销费用扣除的无形资产。

第十三条　在计算应纳税所得额时，企业发生的下列支出作为长期待摊费用，按照规定摊销的，准予扣除：

（一）已足额提取折旧的固定资产的改建支出；

（二）租入固定资产的改建支出；

（三）固定资产的大修理支出；

（四）其他应当作为长期待摊费用的支出。

第十四条　企业对外投资期间，投资资产的成本在计算应纳税所得额时不得扣除。

第十五条　企业使用或者销售存货，按照规定计算的存货成本，准予在计算应纳税所得额时扣除。

第十六条　企业转让资产，该项资产的净值，准予在计算应纳税所得额时扣除。

第十七条　企业在汇总计算缴纳企业所得税时，其境外营业机构的亏损不得抵减境内营业机构的盈利。

第十八条　企业纳税年度发生的亏损，准予向以后年度结转，用以后年度的所得弥补，但结转年限最长不得超过五年。

第十九条　非居民企业取得本法第三条第三款规定的所得，按照下列方法计算其应纳税所得额：

（一）股息、红利等权益性投资收益和利息、租金、特许权使用费所得，以收入全额为应纳税所得额；

（二）转让财产所得，以收入全额减除财产净值后的余额为应纳税所得额；

（三）其他所得，参照前两项规定的方法计算应纳税所得额。

第二十条　本章规定的收入、扣除的具体范围、标准和资产的税务处理的具体办法，由国务院财政、税务主管部门规定。

第二十一条　在计算应纳税所得额时，企业财务、会计处理办法与税收法律、行政法规的规定不一致的，应当依照税收法律、行政法规的规定计算。

第三章　应纳税额

第二十二条　企业的应纳税所得额乘以适用税率，减除依照本法关于税收优惠的规定减免和抵免的税额后的余额，为应纳税额。

第二十三条　企业取得的下列所得已在境外缴纳的所得税税额，可以从其当期应纳税额中抵免，抵免限额为该项所得依照本法规定计算的应纳税额；超过抵免限额的部分，可以在以后五个年度内，用每年度抵免限额抵免当年应抵税额后的余额进行抵补：

（一）居民企业来源于中国境外的应税所得；

(二)非居民企业在中国境内设立机构、场所,取得发生在中国境外但与该机构、场所有实际联系的应税所得。

第二十四条 居民企业从其直接或者间接控制的外国企业分得的来源于中国境外的股息、红利等权益性投资收益,外国企业在境外实际缴纳的所得税税额中属于该项所得负担的部分,可以作为该居民企业的可抵免境外所得税税额,在本法第二十三条规定的抵免限额内抵免。

第四章 税收优惠

第二十五条 国家对重点扶持和鼓励发展的产业和项目,给予企业所得税优惠。

第二十六条 企业的下列收入为免税收入:

(一)国债利息收入;

(二)符合条件的居民企业之间的股息、红利等权益性投资收益;

(三)在中国境内设立机构、场所的非居民企业从居民企业取得与该机构、场所有实际联系的股息、红利等权益性投资收益;

(四)符合条件的非营利组织的收入。

第二十七条 企业的下列所得,可以免征、减征企业所得税:

(一)从事农、林、牧、渔业项目的所得;

(二)从事国家重点扶持的公共基础设施项目投资经营的所得;

(三)从事符合条件的环境保护、节能节水项目的所得;

(四)符合条件的技术转让所得;

(五)本法第三条第三款规定的所得。

第二十八条 符合条件的小型微利企业,减按20%的税率征收企业所得税。

国家需要重点扶持的高新技术企业,减按15%的税率征收企业所得税。

第二十九条 民族自治地方的自治机关对本民族自治地方的企业应缴纳的企业所得税中属于地方分享的部分,可以决定减征或者免征。自治州、自治县决定减征或者免征的,须报省、自治区、直辖市人民政府批准。

第三十条 企业的下列支出,可以在计算应纳税所得额时加计扣除:

(一)开发新技术、新产品、新工艺发生的研究开发费用;

(二)安置残疾人员及国家鼓励安置的其他就业人员所支付的工资。

第三十一条 创业投资企业从事国家需要重点扶持和鼓励的创业投资,可以按投资额的一定比例抵扣应纳税所得额。

第三十二条 企业的固定资产由于技术进步等原因,确需加速折旧的,可以缩短折旧年限或者采取加速折旧的方法。

第三十三条 企业综合利用资源,生产符合国家产业政策规定的产品所取得的收入,可以在计算应纳税所得额时减计收入。

第三十四条 企业购置用于环境保护、节能节水、安全生产等专用设备的投资额,可以按一定比例实行税额抵免。

第三十五条 本法规定的税收优惠的具体办法,由国务院规定。

第三十六条 根据国民经济和社会发展的需要,或者由于突发事件等原因对企业经营活动产生重大影响的,国务院可以制定企业所得税专项优惠政策,报全国人民代表大会常务委员会备案。

第五章 源泉扣缴

第三十七条 对非居民企业取得本法第三条第三款规定的所得应缴纳的所得税,实行源泉扣缴,以支付人为扣缴义务人。税款由扣缴义务人在每次支付或者到期应支付时,从支付或者到期应支付的款项中扣缴。

第三十八条 对非居民企业在中国境内取得工程作业和劳务所得应缴纳的所得税,税务机关可以指定工程价款或者劳务费的支付人为扣缴义务人。

第三十九条 依照本法第三十七条、第三十八条规定应当扣缴的所得税,扣缴义务人未依法扣缴或者无法履行扣缴义务的,由纳税人在所得发生地缴纳。纳税人未依法缴纳的,税务机关可以从该纳税人在中国境内其他收入项目的支付人应付的款项中,追缴该纳税人的应纳税款。

第四十条 扣缴义务人每次代扣的税款,应当自代扣之日起七日内缴入国库,并向所在地的税务机关报送扣缴企业所得税报告表。

第六章 特别纳税调整

第四十一条 企业与其关联方之间的业务往来,不符合独立交易原则而减少企业或者其关联方应纳税收入或者所得额的，税务机关有权按照合理方法调整。

企业与其关联方共同开发、受让无形资产，或者共同提供、接受劳务发生的成本，在计算应纳税所得额时应当按照独立交易原则进行分摊。

第四十二条　企业可以向税务机关提出与其关联方之间业务往来的定价原则和计算方法，税务机关与企业协商、确认后，达成预约定价安排。

第四十三条　企业向税务机关报送年度企业所得税纳税申报表时，应当就其与关联方之间的业务往来，附送年度关联业务往来报告表。

税务机关在进行关联业务调查时，企业及其关联方，以及与关联业务调查有关的其他企业，应当按照规定提供相关资料。

第四十四条　企业不提供与其关联方之间业务往来资料，或者提供虚假、不完整资料，未能真实反映其关联业务往来情况的，税务机关有权依法核定其应纳税所得额。

第四十五条　由居民企业，或者由居民企业和中国居民控制的设立在实际税负明显低于本法第四条第一款规定税率水平的国家（地区）的企业，并非由于合理的经营需要而对利润不作分配或者减少分配的，上述利润中应归属于该居民企业的部分，应当计入该居民企业的当期收入。

第四十六条　企业从其关联方接受的债权性投资与权益性投资的比例超过规定标准而发生的利息支出，不得在计算应纳税所得额时扣除。

第四十七条　企业实施其他不具有合理商业目的的安排而减少其应纳税收入或者所得额的，税务机关有权按照合理方法调整。

第四十八条　税务机关依照本章规定作出纳税调整，需要补征税款的，应当补征税款，并按照国务院规定加收利息。

第七章　征收管理

第四十九条　企业所得税的征收管理除本法规定外，依照《中华人民共和国税收征收管理法》的规定执行。

第五十条　除税收法律、行政法规另有规定外，居民企业以企业登记注册地为纳税地点；但登记注册地在境外的，以实际管理机构所在地为纳税地点。

居民企业在中国境内设立不具有法人资格的营业机构的，应当汇总计算并缴纳企业所得税。

第五十一条　非居民企业取得本法第三条第二款规定的所得，以机构、场所所在地为纳税地点。非居民企业在中国境内设立两个或者两个以上机构、场所，符合国务院税务主管部门规定条件的，可以选择由其主要机构、场所汇总缴纳企业所得税。

非居民企业取得本法第三条第三款规定的所得，以扣缴义务人所在地为纳税地点。

第五十二条　除国务院另有规定外，企业之间不得合并缴纳企业所得税。

第五十三条　企业所得税按纳税年度计算。纳税年度自公历1月1日起至12月31日止。

企业在一个纳税年度中间开业，或者终止经营活动，使该纳税年度的实际经营期不足十二个月的，应当以其实际经营期为一个纳税年度。

企业依法清算时，应当以清算期间作为一个纳税年度。

第五十四条　企业所得税分月或者分季预缴。

企业应当自月份或者季度终了之日起十五日内，向税务机关报送预缴企业所得税纳税申报表，预缴税款。

企业应当自年度终了之日起五个月内，向税务机关报送年度企业所得税纳税申报表，并汇算清缴，结清应缴应退税款。

企业在报送企业所得税纳税申报表时，应当按照规定附送财务会计报告和其他有关资料。

第五十五条　企业在年度中间终止经营活动的，应当自实际经营终止之日起六十日内，向税务机关办理当期企业所得税汇算清缴。

企业应当在办理注销登记前，就其清算所得向税务机关申报并依法缴纳企业所得税。

第五十六条　依照本法缴纳的企业所得税，以人民币计算。所得以人民币以外的货币计算的，应当折合成人民币计算并缴纳税款。

第八章　附　　则

第五十七条　本法公布前已经批准设立的企业，依照当时的税收法律、行政法规规定，享受低税率优惠的，按照国务院规定，可以在本法施行后五年内，逐步过渡到本法规定的税率；享受定期减免税优惠的，按照国务院规定，可以在本法施行后继续享受到期满为止，但因未获利而尚未享受优惠的，优惠期限从本法施行年度起计算。

法律设置的发展对外经济合作和技术交流的特定地区内，以及国务院已规定执行上述地区特殊政策的地区内新设立的国家需要重点扶持的高新技术企业，可以享受过渡性税收优惠，具体办法由国务院规定。

国家已确定的其他鼓励类企业，可以按照国务院规定享受减免税优惠。

第五十八条 中华人民共和国政府同外国政府订立的有关税收的协定与本法有不同规定的，依照协定的规定办理。

第五十九条 国务院根据本法制定实施条例。

第六十条 本法自 2008 年 1 月 1 日起施行。1991 年 4 月 9 日第七届全国人民代表大会第四次会议通过的《中华人民共和国外商投资企业和外国企业所得税法》和 1993 年 12 月 13 日国务院发布的《中华人民共和国企业所得税暂行条例》同时废止。

中华人民共和国主席令

第二十四号

《全国人民代表大会常务委员会关于修改〈中华人民共和国劳动法〉等七部法律的决定》已由中华人民共和国第十三届全国人民代表大会常务委员会第七次会议于 2018 年 12 月 29 日通过，现予公布，自公布之日起施行。

中华人民共和国主席　习近平

2018 年 12 月 29 日

全国人民代表大会常务委员会关于修改《中华人民共和国劳动法》等七部法律的决定

（2018 年 12 月 29 日第十三届全国人民代表大会常务委员会第七次会议通过）

第十三届全国人民代表大会常务委员会第七次会议决定：

一、对《中华人民共和国劳动法》作出修改

（一）将第十五条第二款中的“必须依照国家有关规定，履行审批手续”修改为“必须遵守国家有关规定”。

（二）将第六十九条中的“由经过政府批准的考核鉴定机构”修改为“由经备案的考核鉴定机构”。

（三）将第九十四条中的“工商行政管理部门”修改为“市场监督管理部门”。

二、对《中华人民共和国老年人权益保障法》作出修改

（一）删去第四十三条。

（二）将第四十四条改为第四十三条，修改为：“设立公益性养老机构，应当依法办理相应的登记。

“设立经营性养老机构，应当在市场监督管理部门办理登记。

“养老机构登记后即可开展服务活动，并向县级以上人民政府民政部门备案。”

（三）增加一条，作为第四十四条：“地方各级人民政府加强对本行政区域养老机构管理工作的领导，建立养老机构综合监管制度。

“县级以上人民政府民政部门负责养老机构的指导、监督和管理，其他有关部门依照职责分工对养老机构实施监督。”

（四）增加一条，作为第四十五条：“县级以上人民政府民政部门依法履行监督检查职责，可以采取下列措施：

“（一）向养老机构和个人了解情况；

“（二）进入涉嫌违法的养老机构进行现场检查；

“（三）查阅或者复制有关合同、票据、账簿及其他有关资料；

“(四)发现养老机构存在可能危及人身健康和生命财产安全风险的,责令限期改正,逾期不改正的,责令停业整顿。

“县级以上人民政府民政部门调查养老机构涉嫌违法的行为,应当遵守《中华人民共和国行政强制法》和其他有关法律、行政法规的规定。”

(五)删去第七十八条。

三、对《中华人民共和国环境噪声污染防治法》作出修改

(一)将第六条、第十条第一款、第十一条、第十三条第二款、第十五条、第十七条第三款、第二十条、第二十一条第一款、第二十四条第一款、第二十九条、第四十二条、第四十九条、第五十条、第五十一条、第五十二条第二款、第五十五条、第五十六条、第五十九条、第六十条第二款、第六十一条第二款中的“环境保护行政主管部门”修改为“生态环境主管部门”。

(二)将第十四条第二款中的“经原审批环境影响报告书的环境保护行政主管部门验收”修改为“按照国家规定的标准和程序进行验收”。

(三)将第四十三条第一款中的“工商行政管理部门”修改为“市场监督管理部门”。

(四)将第四十八条中的“由批准该建设项目的环境影响报告书的环境保护行政主管部门责令停止生产或者使用,可以并处罚款”修改为“由县级以上生态环境主管部门责令限期改正,并对单位和个人处以罚款;造成重大环境污染或者生态破坏的,责令停止生产或者使用,或者报经有批准权的人民政府批准,责令关闭”。

四、对《中华人民共和国环境影响评价法》作出修改

(一)将第六条第二款、第九条、第十三条、第十六条第三款、第十七条第二款、第二十二条第一款、第二十三条、第三十一条、第三十四条中的“环境保护行政主管部门”修改为“生态环境主管部门”。

(二)将第十九条修改为:“建设单位可以委托技术单位对其建设项目开展环境影响评价,编制建设项目环境影响报告书、环境影响报告表;建设单位具备环境影响评价技术能力的,可以自行对其建设项目开展环境影响评价,编制建设项目环境影响报告书、环境影响报告表。

“编制建设项目环境影响报告书、环境影响报告表应当遵守国家有关环境影响评价标准、技术规范等规定。

“国务院生态环境主管部门应当制定建设项目环境影响报告书、环境影响报告表编制的能力建设指南和监管办法。

“接受委托为建设单位编制建设项目环境影响报告书、环境影响报告表的技术单位,不得与负责审批建设项目环境影响报告书、环境影响报告表的生态环境主管部门或者其他有关审批部门存在任何利益关系。”

(三)将第二十条修改为:“建设单位应当对建设项目环境影响报告书、环境影响报告表的内容和结论负责,接受委托编制建设项目环境影响报告书、环境影响报告表的技术单位对其编制的建设项目环境影响报告书、环境影响报告表承担相应责任。

“设区的市级以上人民政府生态环境主管部门应当加强对建设项目环境影响报告书、环境影响报告表编制单位的监督管理和质量考核。

“负责审批建设项目环境影响报告书、环境影响报告表的生态环境主管部门应当将编制单位、编制主持人和主要编制人员的相关违法信息记入社会诚信档案,并纳入全国信用信息共享平台和国家企业信用信息公示系统向社会公布。

“任何单位和个人不得为建设单位指定编制建设项目环境影响报告书、环境影响报告表的技术单位。”

(四)将第二十八条修改为:“生态环境主管部门应当对建设项目投入生产或者使用后所产生的环境影响进行跟踪检查,对造成严重环境污染或者生态破坏的,应当查清原因、查明责任。对属于建设项目环境影响报告书、环境影响报告表存在基础资料明显不实,内容存在重大缺陷、遗漏或者虚假,环境影响评价结论不正确或者不合理等严重质量问题的,依照本法第三十二条的规定追究建设单位及其相关责任人员和接受委托编制建设项目环境影响报告书、环境影响报告表的技术单位及其相关人员的法律责任;属于审批部门工作人员失职、渎职,对依法不应批准的建设项目环境影响报告书、环境影响报告表予以批准的,依照本法第三十四条的规定追究其法律责任。”

(五)将第三十二条修改为:“建设项目环境影响报告书、环境影响报告表存在基础资料明显不实,内容存在重大缺陷、遗漏或者虚假,环境影响评价结论不正确或者不合理等严重质量问题的,由设

区的市级以上人民政府生态环境主管部门对建设单位处五十万元以上二百万元以下的罚款，并对建设单位的法定代表人、主要负责人、直接负责的主管人员和其他直接责任人员，处五万元以上二十万元以下的罚款。

“接受委托编制建设项目环境影响报告书、环境影响报告表的技术单位违反国家有关环境影响评价标准和技术规范等规定，致使其编制的建设项目环境影响报告书、环境影响报告表存在基础资料明显不实，内容存在重大缺陷、遗漏或者虚假，环境影响评价结论不正确或者不合理等严重质量问题的，由设区的市级以上人民政府生态环境主管部门对技术单位处所收费用三倍以上五倍以下的罚款；情节严重的，禁止从事环境影响报告书、环境影响报告表编制工作；有违法所得的，没收违法所得。

“编制单位有本条第一款、第二款规定的违法行为的，编制主持人和主要编制人员五年内禁止从事环境影响报告书、环境影响报告表编制工作；构成犯罪的，依法追究刑事责任，并终身禁止从事环境影响报告书、环境影响报告表编制工作。”

五、对《中华人民共和国民办教育促进法》作出修改

（一）将第二十六条第二款中的“经政府批准的职业技能鉴定机构”修改为“经备案的职业技能鉴定机构”。

（二）将第六十四条中的“工商行政管理”修改为“市场监督管理”。

六、对《中华人民共和国民用航空法》作出修改

（一）将第六十二条修改为：“国务院民用航空主管部门规定的对公众开放的民用机场应当取得机场使用许可证，方可开放使用。其他民用机场应当按照国务院民用航空主管部门的规定进行备案。

“申请取得机场使用许可证，应当具备下列条件，并按照国家规定经验收合格：

“（一）具备与其运营业务相适应的飞行区、航站区、工作区以及服务设施和人员；

“（二）具备能够保障飞行安全的空中交通管制、通信导航、气象等设施和人员；

“（三）具备符合国家规定的安全保卫条件；

“（四）具备处理特殊情况的应急计划以及相应的设施和人员；

“（五）具备国务院民用航空主管部门规定的其他条件。

“国际机场还应当具备国际通航条件，设立海关和其他口岸检查机关。”

（二）删去第一百零三条中的“检疫”。

（三）在第二百一十三条后增加一条，作为第二百一十四条：“国务院、中央军事委员会对无人驾驶航空器的管理另有规定的，从其规定。”

七、对《中华人民共和国职业病防治法》作出修改

（一）删去第二条第三款、第九条、第十五条、第二十九条第二款、第三十五条第一款、第六十七条、第八十二条中的“安全生产监督管理部门”，第十六条第三款中的“会同国务院安全生产监督管理部门”，第五十条中的“和安全生产监督管理部门”。

（二）将第十六条、第十七条第四款、第十八条第四款、第二十六条、第二十七条、第三十七条第一款、第四十七条、第四十八条、第六十三条、第六十四条、第七十条、第七十一条、第七十二条、第七十三条、第七十五条、第七十七条中的“安全生产监督管理部门”修改为“卫生行政部门”；将第六十一条第一款中的“民政部门”修改为“医疗保障、民政部门”；将第六十九条中的“安全生产监督管理部门和卫生行政部门依据职责分工”修改为“卫生行政部门”。

（三）将第四十三条第一款修改为：“职业病诊断应当由取得《医疗机构执业许可证》的医疗卫生机构承担。卫生行政部门应当加强对职业病诊断工作的规范管理，具体管理办法由国务院卫生行政部门制定。”

第二款修改为：“承担职业病诊断的医疗卫生机构还应当具备下列条件：

“（一）具有与开展职业病诊断相适应的医疗卫生技术人员；

“（二）具有与开展职业病诊断相适应的仪器、设备；

“（三）具有健全的职业病诊断质量管理制度。”

（四）将第七十九条修改为：“未取得职业卫生

技术服务资质认可擅自从事职业卫生技术服务的，由卫生行政部门责令立即停止违法行为，没收违法所得；违法所得五千元以上的，并处违法所得二倍以上十倍以下的罚款；没有违法所得或者违法所得不足五千元的，并处五千元以上五万元以下的罚款；情节严重的，对直接负责的主管人员和其他直接责任人员，依法给予降级、撤职或者开除的处分。”

（五）将第八十条修改为：“从事职业卫生技术服务的机构和承担职业病诊断的医疗卫生机构违反本法规定，有下列行为之一的，由卫生行政部门责令立即停止违法行为，给予警告，没收违法所得；违法所得五千元以上的，并处违法所得二倍以上五倍以下的罚款；没有违法所得或者违法所得不足五千元的，并处五千元以上二万元以下的罚款；情节严重的，由原认可或者登记机关取消其相应的资格；对直接负责的主管人员和其他直接责任人员，依法给予降级、撤职或者开除的处分；构成犯罪的，依法追究刑事责任：

“（一）超出资质认可或者诊疗项目登记范围从事职业卫生技术服务或者职业病诊断的；

“（二）不按照本法规定履行法定职责的；

“（三）出具虚假证明文件的。”

本决定自公布之日起施行。

《中华人民共和国劳动法》《中华人民共和国老年人权益保障法》《中华人民共和国环境噪声污染防治法》《中华人民共和国环境影响评价法》《中华人民共和国民办教育促进法》《中华人民共和国民用航空法》《中华人民共和国职业病防治法》根据本决定作相应修改，重新公布。

中华人民共和国劳动法

（1994 年 7 月 5 日第八届全国人民代表大会常务委员会第八次会议通过　根据 2009 年 8 月 27 日第十一届全国人民代表大会常务委员会第十次会议《关于修改部分法律的决定》第一次修正　根据 2018 年 12 月 29 日第十三届全国人民代表大会常务委员会第七次会议《关于修改〈中华人民共和国劳动法〉等七部法律的决定》第二次修正）

目　录

第一章　总　则
第二章　促进就业
第三章　劳动合同和集体合同
第四章　工作时间和休息休假
第五章　工　资
第六章　劳动安全卫生
第七章　女职工和未成年工特殊保护
第八章　职业培训
第九章　社会保险和福利
第十章　劳动争议
第十一章　监督检查
第十二章　法律责任
第十三章　附　则

第一章　总　则

第一条　为了保护劳动者的合法权益，调整劳动关系，建立和维护适应社会主义市场经济的劳动制度，促进经济发展和社会进步，根据宪法，制定本法。

第二条　在中华人民共和国境内的企业、个体经济组织（以下统称用人单位）和与之形成劳动关系的劳动者，适用本法。

国家机关、事业组织、社会团体和与之建立劳动合同关系的劳动者，依照本法执行。

第三条　劳动者享有平等就业和选择职业的权利、取得劳动报酬的权利、休息休假的权利、获得劳动安全卫生保护的权利、接受职业技能培训的权利、享受社会保险和福利的权利、提请劳动争议处理的权利以及法律规定的其他劳动权利。

劳动者应当完成劳动任务，提高职业技能，执行劳动安全卫生规程，遵守劳动纪律和职业道德。

第四条　用人单位应当依法建立和完善规章制度，保障劳动者享有劳动权利和履行劳动义务。

第五条　国家采取各种措施，促进劳动就业，发展职业教育，制定劳动标准，调节社会收入，完善社会保险，协调劳动关系，逐步提高劳动者的生活水平。

第六条 国家提倡劳动者参加社会义务劳动，开展劳动竞赛和合理化建议活动，鼓励和保护劳动者进行科学研究、技术革新和发明创造，表彰和奖励劳动模范和先进工作者。

第七条 劳动者有权依法参加和组织工会。

工会代表和维护劳动者的合法权益，依法独立自主地开展活动。

第八条 劳动者依照法律规定，通过职工大会、职工代表大会或者其他形式，参与民主管理或者就保护劳动者合法权益与用人单位进行平等协商。

第九条 国务院劳动行政部门主管全国劳动工作。

县级以上地方人民政府劳动行政部门主管本行政区域内的劳动工作。

第二章 促进就业

第十条 国家通过促进经济和社会发展，创造就业条件，扩大就业机会。

国家鼓励企业、事业组织、社会团体在法律、行政法规规定的范围内兴办产业或者拓展经营，增加就业。

国家支持劳动者自愿组织起来就业和从事个体经营实现就业。

第十一条 地方各级人民政府应当采取措施，发展多种类型的职业介绍机构，提供就业服务。

第十二条 劳动者就业，不因民族、种族、性别、宗教信仰不同而受歧视。

第十三条 妇女享有与男子平等的就业权利。在录用职工时，除国家规定的不适合妇女的工种或者岗位外，不得以性别为由拒绝录用妇女或者提高对妇女的录用标准。

第十四条 残疾人、少数民族人员、退出现役的军人的就业，法律、法规有特别规定的，从其规定。

第十五条 禁止用人单位招用未满十六周岁的未成年人。

文艺、体育和特种工艺单位招用未满十六周岁的未成年人，必须遵守国家有关规定，并保障其接受义务教育的权利。

第三章 劳动合同和集体合同

第十六条 劳动合同是劳动者与用人单位确立劳动关系、明确双方权利和义务的协议。

建立劳动关系应当订立劳动合同。

第十七条 订立和变更劳动合同，应当遵循平等自愿、协商一致的原则，不得违反法律、行政法规的规定。

劳动合同依法订立即具有法律约束力，当事人必须履行劳动合同规定的义务。

第十八条 下列劳动合同无效：

（一）违反法律、行政法规的劳动合同；

（二）采取欺诈、威胁等手段订立的劳动合同。

无效的劳动合同，从订立的时候起，就没有法律约束力。确认劳动合同部分无效的，如果不影响其余部分的效力，其余部分仍然有效。

劳动合同的无效，由劳动争议仲裁委员会或者人民法院确认。

第十九条 劳动合同应当以书面形式订立，并具备以下条款：

（一）劳动合同期限；

（二）工作内容；

（三）劳动保护和劳动条件；

（四）劳动报酬；

（五）劳动纪律；

（六）劳动合同终止的条件；

（七）违反劳动合同的责任。

劳动合同除前款规定的必备条款外，当事人可以协商约定其他内容。

第二十条 劳动合同的期限分为有固定期限、无固定期限和以完成一定的工作为期限。

劳动者在同一用人单位连续工作满十年以上，当事人双方同意续延劳动合同的，如果劳动者提出订立无固定期限的劳动合同，应当订立无固定期限的劳动合同。

第二十一条 劳动合同可以约定试用期。试用期最长不得超过六个月。

第二十二条 劳动合同当事人可以在劳动合同中约定保守用人单位商业秘密的有关事项。

第二十三条 劳动合同期满或者当事人约定的劳动合同终止条件出现，劳动合同即行终止。

第二十四条 经劳动合同当事人协商一致，劳动合同可以解除。

第二十五条 劳动者有下列情形之一的，用人单位可以解除劳动合同：

（一）在试用期间被证明不符合录用条件的；

（二）严重违反劳动纪律或者用人单位规章制度的；

（三）严重失职，营私舞弊，对用人单位利益造成重大损害的；

（四）被依法追究刑事责任的。

第二十六条　有下列情形之一的，用人单位可以解除劳动合同，但是应当提前三十日以书面形式通知劳动者本人：

（一）劳动者患病或者非因工负伤，医疗期满后，不能从事原工作也不能从事由用人单位另行安排的工作的；

（二）劳动者不能胜任工作，经过培训或者调整工作岗位，仍不能胜任工作的；

（三）劳动合同订立时所依据的客观情况发生重大变化，致使原劳动合同无法履行，经当事人协商不能就变更劳动合同达成协议的。

第二十七条　用人单位濒临破产进行法定整顿期间或者生产经营状况发生严重困难，确需裁减人员的，应当提前三十日向工会或者全体职工说明情况，听取工会或者职工的意见，经向劳动行政部门报告后，可以裁减人员。

用人单位依据本条规定裁减人员，在六个月内录用人员的，应当优先录用被裁减的人员。

第二十八条　用人单位依据本法第二十四条、第二十六条、第二十七条的规定解除劳动合同的，应当依照国家有关规定给予经济补偿。

第二十九条　劳动者有下列情形之一的，用人单位不得依据本法第二十六条、第二十七条的规定解除劳动合同：

（一）患职业病或者因工负伤并被确认丧失或者部分丧失劳动能力的；

（二）患病或者负伤，在规定的医疗期内的；

（三）女职工在孕期、产期、哺乳期内的；

（四）法律、行政法规规定的其他情形。

第三十条　用人单位解除劳动合同，工会认为不适当的，有权提出意见。如果用人单位违反法律、法规或者劳动合同，工会有权要求重新处理；劳动者申请仲裁或者提起诉讼的，工会应当依法给予支持和帮助。

第三十一条　劳动者解除劳动合同，应当提前三十日以书面形式通知用人单位。

第三十二条　有下列情形之一的，劳动者可以随时通知用人单位解除劳动合同：

（一）在试用期内的；

（二）用人单位以暴力、威胁或者非法限制人身自由的手段强迫劳动的；

（三）用人单位未按照劳动合同约定支付劳动报酬或者提供劳动条件的。

第三十三条　企业职工一方与企业可以就劳动报酬、工作时间、休息休假、劳动安全卫生、保险福利等事项，签订集体合同。集体合同草案应当提交职工代表大会或者全体职工讨论通过。

集体合同由工会代表职工与企业签订；没有建立工会的企业，由职工推举的代表与企业签订。

第三十四条　集体合同签订后应当报送劳动行政部门；劳动行政部门自收到集体合同文本之日起十五日内未提出异议的，集体合同即行生效。

第三十五条　依法签订的集体合同对企业和企业全体职工具有约束力。职工个人与企业订立的劳动合同中劳动条件和劳动报酬等标准不得低于集体合同的规定。

第四章　工作时间和休息休假

第三十六条　国家实行劳动者每日工作时间不超过八小时、平均每周工作时间不超过四十四小时的工时制度。

第三十七条　对实行计件工作的劳动者，用人单位应当根据本法第三十六条规定的工时制度合理确定其劳动定额和计件报酬标准。

第三十八条　用人单位应当保证劳动者每周至少休息一日。

第三十九条　企业因生产特点不能实行本法第三十六条、第三十八条规定的，经劳动行政部门批准，可以实行其他工作和休息办法。

第四十条　用人单位在下列节日期间应当依法安排劳动者休假：

（一）元旦；

（二）春节；

（三）国际劳动节；

（四）国庆节；

（五）法律、法规规定的其他休假节日。

第四十一条　用人单位由于生产经营需要，经与工会和劳动者协商后可以延长工作时间，一般每日不得超过一小时；因特殊原因需要延长工作时间的，在保障劳动者身体健康的条件下延长工作时间每日不得超过三小时，但是每月不得超过三十六小时。

第四十二条　有下列情形之一的，延长工作时间不受本法第四十一条规定的限制：

（一）发生自然灾害、事故或者因其他原因，威胁劳动者生命健康和财产安全，需要紧急处理的；

（二）生产设备、交通运输线路、公共设施发生故障，影响生产和公众利益，必须及时抢修的；

（三）法律、行政法规规定的其他情形。

第四十三条 用人单位不得违反本法规定延长劳动者的工作时间。

第四十四条 有下列情形之一的，用人单位应当按照下列标准支付高于劳动者正常工作时间工资的工资报酬：

（一）安排劳动者延长工作时间的，支付不低于工资的百分之一百五十的工资报酬；

（二）休息日安排劳动者工作又不能安排补休的，支付不低于工资的百分之二百的工资报酬；

（三）法定休假日安排劳动者工作的，支付不低于工资的百分之三百的工资报酬。

第四十五条 国家实行带薪年休假制度。

劳动者连续工作一年以上的，享受带薪年休假。具体办法由国务院规定。

第五章 工 资

第四十六条 工资分配应当遵循按劳分配原则，实行同工同酬。

工资水平在经济发展的基础上逐步提高。国家对工资总量实行宏观调控。

第四十七条 用人单位根据本单位的生产经营特点和经济效益，依法自主确定本单位的工资分配方式和工资水平。

第四十八条 国家实行最低工资保障制度。最低工资的具体标准由省、自治区、直辖市人民政府规定，报国务院备案。

用人单位支付劳动者的工资不得低于当地最低工资标准。

第四十九条 确定和调整最低工资标准应当综合参考下列因素：

（一）劳动者本人及平均赡养人口的最低生活费用；

（二）社会平均工资水平；

（三）劳动生产率；

（四）就业状况；

（五）地区之间经济发展水平的差异。

第五十条 工资应当以货币形式按月支付给劳动者本人。不得克扣或者无故拖欠劳动者的工资。

第五十一条 劳动者在法定休假日和婚丧假期间以及依法参加社会活动期间，用人单位应当依法支付工资。

第六章 劳动安全卫生

第五十二条 用人单位必须建立、健全劳动安全卫生制度，严格执行国家劳动安全卫生规程和标准，对劳动者进行劳动安全卫生教育，防止劳动过程中的事故，减少职业危害。

第五十三条 劳动安全卫生设施必须符合国家规定的标准。

新建、改建、扩建工程的劳动安全卫生设施必须与主体工程同时设计、同时施工、同时投入生产和使用。

第五十四条 用人单位必须为劳动者提供符合国家规定的劳动安全卫生条件和必要的劳动防护用品，对从事有职业危害作业的劳动者应当定期进行健康检查。

第五十五条 从事特种作业的劳动者必须经过专门培训并取得特种作业资格。

第五十六条 劳动者在劳动过程中必须严格遵守安全操作规程。

劳动者对用人单位管理人员违章指挥、强令冒险作业，有权拒绝执行；对危害生命安全和身体健康的行为，有权提出批评、检举和控告。

第五十七条 国家建立伤亡事故和职业病统计报告和处理制度。县级以上各级人民政府劳动行政部门、有关部门和用人单位应当依法对劳动者在劳动过程中发生的伤亡事故和劳动者的职业病状况，进行统计、报告和处理。

第七章 女职工和未成年工特殊保护

第五十八条 国家对女职工和未成年工实行特殊劳动保护。

未成年工是指年满十六周岁未满十八周岁的劳动者。

第五十九条 禁止安排女职工从事矿山井下、国家规定的第四级体力劳动强度的劳动和其他禁忌从事的劳动。

第六十条 不得安排女职工在经期从事高处、低温、冷水作业和国家规定的第三级体力劳动强度的劳动。

第六十一条 不得安排女职工在怀孕期间从事国家规定的第三级体力劳动强度的劳动和孕期

禁忌从事的劳动。对怀孕七个月以上的女职工,不得安排其延长工作时间和夜班劳动。

第六十二条　女职工生育享受不少于九十天的产假。

第六十三条　不得安排女职工在哺乳未满一周岁的婴儿期间从事国家规定的第三级体力劳动强度的劳动和哺乳期禁忌从事的其他劳动,不得安排其延长工作时间和夜班劳动。

第六十四条　不得安排未成年工从事矿山井下、有毒有害、国家规定的第四级体力劳动强度的劳动和其他禁忌从事的劳动。

第六十五条　用人单位应当对未成年工定期进行健康检查。

第八章　职业培训

第六十六条　国家通过各种途径,采取各种措施,发展职业培训事业,开发劳动者的职业技能,提高劳动者素质,增强劳动者的就业能力和工作能力。

第六十七条　各级人民政府应当把发展职业培训纳入社会经济发展的规划,鼓励和支持有条件的企业、事业组织、社会团体和个人进行各种形式的职业培训。

第六十八条　用人单位应当建立职业培训制度,按照国家规定提取和使用职业培训经费,根据本单位实际,有计划地对劳动者进行职业培训。

从事技术工种的劳动者,上岗前必须经过培训。

第六十九条　国家确定职业分类,对规定的职业制定职业技能标准,实行职业资格证书制度,由经备案的考核鉴定机构负责对劳动者实施职业技能考核鉴定。

第九章　社会保险和福利

第七十条　国家发展社会保险事业,建立社会保险制度,设立社会保险基金,使劳动者在年老、患病、工伤、失业、生育等情况下获得帮助和补偿。

第七十一条　社会保险水平应当与社会经济发展水平和社会承受能力相适应。

第七十二条　社会保险基金按照保险类型确定资金来源,逐步实行社会统筹。用人单位和劳动者必须依法参加社会保险,缴纳社会保险费。

第七十三条　劳动者在下列情形下,依法享受社会保险待遇:

(一)退休;

(二)患病、负伤;

(三)因工伤残或者患职业病;

(四)失业;

(五)生育。

劳动者死亡后,其遗属依法享受遗属津贴。

劳动者享受社会保险待遇的条件和标准由法律、法规规定。

劳动者享受的社会保险金必须按时足额支付。

第七十四条　社会保险基金经办机构依照法律规定收支、管理和运营社会保险基金,并负有使社会保险基金保值增值的责任。

社会保险基金监督机构依照法律规定,对社会保险基金的收支、管理和运营实施监督。

社会保险基金经办机构和社会保险基金监督机构的设立和职能由法律规定。

任何组织和个人不得挪用社会保险基金。

第七十五条　国家鼓励用人单位根据本单位实际情况为劳动者建立补充保险。

国家提倡劳动者个人进行储蓄性保险。

第七十六条　国家发展社会福利事业,兴建公共福利设施,为劳动者休息、休养和疗养提供条件。

用人单位应当创造条件,改善集体福利,提高劳动者的福利待遇。

第十章　劳动争议

第七十七条　用人单位与劳动者发生劳动争议,当事人可以依法申请调解、仲裁、提起诉讼,也可以协商解决。

调解原则适用于仲裁和诉讼程序。

第七十八条　解决劳动争议,应当根据合法、公正、及时处理的原则,依法维护劳动争议当事人的合法权益。

第七十九条　劳动争议发生后,当事人可以向本单位劳动争议调解委员会申请调解;调解不成,当事人一方要求仲裁的,可以向劳动争议仲裁委员会申请仲裁。当事人一方也可以直接向劳动争议仲裁委员会申请仲裁。对仲裁裁决不服的,可以向人民法院提起诉讼。

第八十条　在用人单位内,可以设立劳动争议调解委员会。劳动争议调解委员会由职工代表、用人单位代表和工会代表组成。劳动争议调解委员会主任由工会代表担任。

劳动争议经调解达成协议的,当事人应当履行。

第八十一条　劳动争议仲裁委员会由劳动行

政部门代表、同级工会代表、用人单位方面的代表组成。劳动争议仲裁委员会主任由劳动行政部门代表担任。

第八十二条 提出仲裁要求的一方应当自劳动争议发生之日起六十日内向劳动争议仲裁委员会提出书面申请。仲裁裁决一般应在收到仲裁申请的六十日内作出。对仲裁裁决无异议的,当事人必须履行。

第八十三条 劳动争议当事人对仲裁裁决不服的,可以自收到仲裁裁决书之日起十五日内向人民法院提起诉讼。一方当事人在法定期限内不起诉又不履行仲裁裁决的,另一方当事人可以申请人民法院强制执行。

第八十四条 因签订集体合同发生争议,当事人协商解决不成的,当地人民政府劳动行政部门可以组织有关各方协调处理。

因履行集体合同发生争议,当事人协商解决不成的,可以向劳动争议仲裁委员会申请仲裁;对仲裁裁决不服的,可以自收到仲裁裁决书之日起十五日内向人民法院提起诉讼。

第十一章 监督检查

第八十五条 县级以上各级人民政府劳动行政部门依法对用人单位遵守劳动法律、法规的情况进行监督检查,对违反劳动法律、法规的行为有权制止,并责令改正。

第八十六条 县级以上各级人民政府劳动行政部门监督检查人员执行公务,有权进入用人单位了解执行劳动法律、法规的情况,查阅必要的资料,并对劳动场所进行检查。

县级以上各级人民政府劳动行政部门监督检查人员执行公务,必须出示证件,秉公执法并遵守有关规定。

第八十七条 县级以上各级人民政府有关部门在各自职责范围内,对用人单位遵守劳动法律、法规的情况进行监督。

第八十八条 各级工会依法维护劳动者的合法权益,对用人单位遵守劳动法律、法规的情况进行监督。

任何组织和个人对于违反劳动法律、法规的行为有权检举和控告。

第十二章 法律责任

第八十九条 用人单位制定的劳动规章制度违反法律、法规规定的,由劳动行政部门给予警告,责令改正;对劳动者造成损害的,应当承担赔偿责任。

第九十条 用人单位违反本法规定,延长劳动者工作时间的,由劳动行政部门给予警告,责令改正,并可以处以罚款。

第九十一条 用人单位有下列侵害劳动者合法权益情形之一的,由劳动行政部门责令支付劳动者的工资报酬、经济补偿,并可以责令支付赔偿金:

(一)克扣或者无故拖欠劳动者工资的;

(二)拒不支付劳动者延长工作时间工资报酬的;

(三)低于当地最低工资标准支付劳动者工资的;

(四)解除劳动合同后,未依照本法规定给予劳动者经济补偿的。

第九十二条 用人单位的劳动安全设施和劳动卫生条件不符合国家规定或者未向劳动者提供必要的劳动防护用品和劳动保护设施的,由劳动行政部门或者有关部门责令改正,可以处以罚款;情节严重的,提请县级以上人民政府决定责令停产整顿;对事故隐患不采取措施,致使发生重大事故,造成劳动者生命和财产损失的,对责任人员依照刑法有关规定追究刑事责任。

第九十三条 用人单位强令劳动者违章冒险作业,发生重大伤亡事故,造成严重后果的,对责任人员依法追究刑事责任。

第九十四条 用人单位非法招用未满十六周岁的未成年人的,由劳动行政部门责令改正,处以罚款;情节严重的,由市场监督管理部门吊销营业执照。

第九十五条 用人单位违反本法对女职工和未成年工的保护规定,侵害其合法权益的,由劳动行政部门责令改正,处以罚款;对女职工或者未成年工造成损害的,应当承担赔偿责任。

第九十六条 用人单位有下列行为之一,由公安机关对责任人员处以十五日以下拘留、罚款或者警告;构成犯罪的,对责任人员依法追究刑事责任:

(一)以暴力、威胁或者非法限制人身自由的手段强迫劳动的;

(二)侮辱、体罚、殴打、非法搜查和拘禁劳动者的。

第九十七条 由于用人单位的原因订立的无效合同,对劳动者造成损害的,应当承担赔偿责任。

第九十八条 用人单位违反本法规定的条件解除劳动合同或者故意拖延不订立劳动合同的,由劳动行政部门责令改正;对劳动者造成损害的,应当承担赔偿责任。

第九十九条　用人单位招用尚未解除劳动合同的劳动者，对原用人单位造成经济损失的，该用人单位应当依法承担连带赔偿责任。

第一百条　用人单位无故不缴纳社会保险费的，由劳动行政部门责令其限期缴纳；逾期不缴的，可以加收滞纳金。

第一百零一条　用人单位无理阻挠劳动行政部门、有关部门及其工作人员行使监督检查权，打击报复举报人员的，由劳动行政部门或者有关部门处以罚款；构成犯罪的，对责任人员依法追究刑事责任。

第一百零二条　劳动者违反本法规定的条件解除劳动合同或者违反劳动合同中约定的保密事项，对用人单位造成经济损失的，应当依法承担赔偿责任。

第一百零三条　劳动行政部门或者有关部门的工作人员滥用职权、玩忽职守、徇私舞弊，构成犯罪的，依法追究刑事责任；不构成犯罪的，给予行政处分。

第一百零四条　国家工作人员和社会保险基金经办机构的工作人员挪用社会保险基金，构成犯罪的，依法追究刑事责任。

第一百零五条　违反本法规定侵害劳动者合法权益，其他法律、行政法规已规定处罚的，依照该法律、行政法规的规定处罚。

第十三章　附　则

第一百零六条　省、自治区、直辖市人民政府根据本法和本地区的实际情况，规定劳动合同制度的实施步骤，报国务院备案。

第一百零七条　本法自1995年1月1日起施行。

中华人民共和国老年人权益保障法

（1996年8月29日第八届全国人民代表大会常务委员会第二十一次会议通过　根据2009年8月27日第十一届全国人民代表大会常务委员会第十次会议《关于修改部分法律的决定》第一次修正　2012年12月28日第十一届全国人民代表大会常务委员会第三十次会议修订　根据2015年4月24日第十二届全国人民代表大会常务委员会第十四次会议《关于修改〈中华人民共和国电力法〉等六部法律的决定》第二次修正　根据2018年12月29日第十三届全国人民代表大会常务委员会第七次会议《关于修改〈中华人民共和国劳动法〉等七部法律的决定》第三次修正）

目　录

第一章　总　则
第二章　家庭赡养与扶养
第三章　社会保障
第四章　社会服务
第五章　社会优待
第六章　宜居环境
第七章　参与社会发展
第八章　法律责任
第九章　附　则

第一章　总　则

第一条　为了保障老年人合法权益，发展老龄事业，弘扬中华民族敬老、养老、助老的美德，根据宪法，制定本法。

第二条　本法所称老年人是指六十周岁以上的公民。

第三条　国家保障老年人依法享有的权益。

老年人有从国家和社会获得物质帮助的权利，有享受社会服务和社会优待的权利，有参与社会发展和共享发展成果的权利。

禁止歧视、侮辱、虐待或者遗弃老年人。

第四条　积极应对人口老龄化是国家的一项长期战略任务。

国家和社会应当采取措施，健全保障老年人权益的各项制度，逐步改善保障老年人生活、健康、安全以及参与社会发展的条件，实现老有所养、老有所医、老有所为、老有所学、老有所乐。

第五条　国家建立多层次的社会保障体系，逐步提高对老年人的保障水平。

国家建立和完善以居家为基础、社区为依托、机构为支撑的社会养老服务体系。

倡导全社会优待老年人。

第六条 各级人民政府应当将老龄事业纳入国民经济和社会发展规划，将老龄事业经费列入财政预算，建立稳定的经费保障机制，并鼓励社会各方面投入，使老龄事业与经济、社会协调发展。

国务院制定国家老龄事业发展规划。县级以上地方人民政府根据国家老龄事业发展规划，制定本行政区域的老龄事业发展规划和年度计划。

县级以上人民政府负责老龄工作的机构，负责组织、协调、指导、督促有关部门做好老年人权益保障工作。

第七条 保障老年人合法权益是全社会的共同责任。

国家机关、社会团体、企业事业单位和其他组织应当按照各自职责，做好老年人权益保障工作。

基层群众性自治组织和依法设立的老年人组织应当反映老年人的要求，维护老年人合法权益，为老年人服务。

提倡、鼓励义务为老年人服务。

第八条 国家进行人口老龄化国情教育，增强全社会积极应对人口老龄化意识。

全社会应当广泛开展敬老、养老、助老宣传教育活动，树立尊重、关心、帮助老年人的社会风尚。

青少年组织、学校和幼儿园应当对青少年和儿童进行敬老、养老、助老的道德教育和维护老年人合法权益的法制教育。

广播、电影、电视、报刊、网络等应当反映老年人的生活，开展维护老年人合法权益的宣传，为老年人服务。

第九条 国家支持老龄科学研究，建立老年人状况统计调查和发布制度。

第十条 各级人民政府和有关部门对维护老年人合法权益和敬老、养老、助老成绩显著的组织、家庭或者个人，对参与社会发展做出突出贡献的老年人，按照国家有关规定给予表彰或者奖励。

第十一条 老年人应当遵纪守法，履行法律规定的义务。

第十二条 每年农历九月初九为老年节。

第二章 家庭赡养与扶养

第十三条 老年人养老以居家为基础，家庭成员应当尊重、关心和照料老年人。

第十四条 赡养人应当履行对老年人经济上供养、生活上照料和精神上慰藉的义务，照顾老年人的特殊需要。

赡养人是指老年人的子女以及其他依法负有赡养义务的人。

赡养人的配偶应当协助赡养人履行赡养义务。

第十五条 赡养人应当使患病的老年人及时得到治疗和护理；对经济困难的老年人，应当提供医疗费用。

对生活不能自理的老年人，赡养人应当承担照料责任；不能亲自照料的，可以按照老年人的意愿委托他人或者养老机构等照料。

第十六条 赡养人应当妥善安排老年人的住房，不得强迫老年人居住或者迁居条件低劣的房屋。

老年人自有的或者承租的住房，子女或者其他亲属不得侵占，不得擅自改变产权关系或者租赁关系。

老年人自有的住房，赡养人有维修的义务。

第十七条 赡养人有义务耕种或者委托他人耕种老年人承包的田地，照管或者委托他人照管老年人的林木和牲畜等，收益归老年人所有。

第十八条 家庭成员应当关心老年人的精神需求，不得忽视、冷落老年人。

与老年人分开居住的家庭成员，应当经常看望或者问候老年人。

用人单位应当按照国家有关规定保障赡养人探亲休假的权利。

第十九条 赡养人不得以放弃继承权或者其他理由，拒绝履行赡养义务。

赡养人不履行赡养义务，老年人有要求赡养人付给赡养费等权利。

赡养人不得要求老年人承担力不能及的劳动。

第二十条 经老年人同意，赡养人之间可以就履行赡养义务签订协议。赡养协议的内容不得违反法律的规定和老年人的意愿。

基层群众性自治组织、老年人组织或者赡养人所在单位监督协议的履行。

第二十一条 老年人的婚姻自由受法律保护。子女或者其他亲属不得干涉老年人离婚、再婚及婚后的生活。

赡养人的赡养义务不因老年人的婚姻关系变化而消除。

第二十二条 老年人对个人的财产，依法享有占有、使用、收益和处分的权利，子女或者其他亲属不得干涉，不得以窃取、骗取、强行索取等方式侵犯老年人的财产权益。

老年人有依法继承父母、配偶、子女或者其他亲属遗产的权利，有接受赠与的权利。子女或者其他亲属不得侵占、抢夺、转移、隐匿或者损毁应当由老年人继承或者接受赠与的财产。

老年人以遗嘱处分财产，应当依法为老年配偶保留必要的份额。

第二十三条 老年人与配偶有相互扶养的义务。

由兄、姐扶养的弟、妹成年后，有负担能力的，对年老无赡养人的兄、姐有扶养的义务。

第二十四条 赡养人、扶养人不履行赡养、扶养义务的，基层群众性自治组织、老年人组织或者赡养人、扶养人所在单位应当督促其履行。

第二十五条 禁止对老年人实施家庭暴力。

第二十六条 具备完全民事行为能力的老年人，可以在近亲属或者其他与自己关系密切、愿意承担监护责任的个人、组织中协商确定自己的监护人。监护人在老年人丧失或者部分丧失民事行为能力时，依法承担监护责任。

老年人未事先确定监护人的，其丧失或者部分丧失民事行为能力时，依照有关法律的规定确定监护人。

第二十七条 国家建立健全家庭养老支持政策，鼓励家庭成员与老年人共同生活或者就近居住，为老年人随配偶或者赡养人迁徙提供条件，为家庭成员照料老年人提供帮助。

第三章 社会保障

第二十八条 国家通过基本养老保险制度，保障老年人的基本生活。

第二十九条 国家通过基本医疗保险制度，保障老年人的基本医疗需要。享受最低生活保障的老年人和符合条件的低收入家庭中的老年人参加新型农村合作医疗和城镇居民基本医疗保险所需个人缴费部分，由政府给予补贴。

有关部门制定医疗保险办法，应当对老年人给予照顾。

第三十条 国家逐步开展长期护理保障工作，保障老年人的护理需求。

对生活长期不能自理、经济困难的老年人，地方各级人民政府应当根据其失能程度等情况给予护理补贴。

第三十一条 国家对经济困难的老年人给予基本生活、医疗、居住或者其他救助。

老年人无劳动能力、无生活来源、无赡养人和扶养人，或者其赡养人和扶养人确无赡养能力或者扶养能力的，由地方各级人民政府依照有关规定给予供养或者救助。

对流浪乞讨、遭受遗弃等生活无着的老年人，由地方各级人民政府依照有关规定给予救助。

第三十二条 地方各级人民政府在实施廉租住房、公共租赁住房等住房保障制度或者进行危旧房屋改造时，应当优先照顾符合条件的老年人。

第三十三条 国家建立和完善老年人福利制度，根据经济社会发展水平和老年人的实际需要，增加老年人的社会福利。

国家鼓励地方建立八十周岁以上低收入老年人高龄津贴制度。

国家建立和完善计划生育家庭老年人扶助制度。

农村可以将未承包的集体所有的部分土地、山林、水面、滩涂等作为养老基地，收益供老年人养老。

第三十四条 老年人依法享有的养老金、医疗待遇和其他待遇应当得到保障，有关机构必须按时足额支付，不得克扣、拖欠或者挪用。

国家根据经济发展以及职工平均工资增长、物价上涨等情况，适时提高养老保障水平。

第三十五条 国家鼓励慈善组织以及其他组织和个人为老年人提供物质帮助。

第三十六条 老年人可以与集体经济组织、基层群众性自治组织、养老机构等组织或者个人签订遗赠扶养协议或者其他扶助协议。

负有扶养义务的组织或者个人按照遗赠扶养协议，承担该老年人生养死葬的义务，享有受遗赠的权利。

第四章 社会服务

第三十七条 地方各级人民政府和有关部门应当采取措施，发展城乡社区养老服务，鼓励、扶持专业服务机构及其他组织和个人，为居家的老年人提供生活照料、紧急救援、医疗护理、精神慰藉、心理咨询等多种形式的服务。

对经济困难的老年人，地方各级人民政府应当逐步给予养老服务补贴。

第三十八条 地方各级人民政府和有关部门、基层群众性自治组织，应当将养老服务设施纳入城乡社区配套设施建设规划，建立适应老年人需要的生活服务、文化体育活动、日间照料、疾病护理与康复等服务设施和网点，就近为老年人提供服务。

发扬邻里互助的传统，提倡邻里间关心、帮助有困难的老年人。

鼓励慈善组织、志愿者为老年人服务。倡导老年人互助服务。

第三十九条　各级人民政府应当根据经济发展水平和老年人服务需求，逐步增加对养老服务的投入。

各级人民政府和有关部门在财政、税费、土地、融资等方面采取措施，鼓励、扶持企业事业单位、社会组织或者个人兴办、运营养老、老年人日间照料、老年文化体育活动等设施。

第四十条　地方各级人民政府和有关部门应当按照老年人口比例及分布情况，将养老服务设施建设纳入城乡规划和土地利用总体规划，统筹安排养老服务设施建设用地及所需物资。

公益性养老服务设施用地，可以依法使用国有划拨土地或者农民集体所有的土地。

养老服务设施用地，非经法定程序不得改变用途。

第四十一条　政府投资兴办的养老机构，应当优先保障经济困难的孤寡、失能、高龄等老年人的服务需求。

第四十二条　国务院有关部门制定养老服务设施建设、养老服务质量和养老服务职业等标准，建立健全养老机构分类管理和养老服务评估制度。

各级人民政府应当规范养老服务收费项目和标准，加强监督和管理。

第四十三条　设立公益性养老机构，应当依法办理相应的登记。

设立经营性养老机构，应当在市场监督管理部门办理登记。

养老机构登记后即可开展服务活动，并向县级以上人民政府民政部门备案。

第四十四条　地方各级人民政府加强对本行政区域养老机构管理工作的领导，建立养老机构综合监管制度。

县级以上人民政府民政部门负责养老机构的指导、监督和管理，其他有关部门依照职责分工对养老机构实施监督。

第四十五条　县级以上人民政府民政部门依法履行监督检查职责，可以采取以下措施：

（一）向养老机构和个人了解情况；

（二）进入涉嫌违法的养老机构进行现场检查；

（三）查阅或者复制有关合同、票据、账簿及其他有关资料；

（四）发现养老机构存在可能危及人身健康和生命财产安全风险的，责令限期改正，逾期不改正的，责令停业整顿。

县级以上人民政府民政部门调查养老机构涉嫌违法的行为，应当遵守《中华人民共和国行政强制法》和其他有关法律、行政法规的规定。

第四十六条　养老机构变更或者终止的，应当妥善安置收住的老年人，并依照规定到有关部门办理手续。有关部门应当为养老机构妥善安置老年人提供帮助。

第四十七条　国家建立健全养老服务人才培养、使用、评价和激励制度，依法规范用工，促进从业人员劳动报酬合理增长，发展专职、兼职和志愿者相结合的养老服务队伍。

国家鼓励高等学校、中等职业学校和职业培训机构设置相关专业或者培训项目，培养养老服务专业人才。

第四十八条　养老机构应当与接受服务的老年人或者其代理人签订服务协议，明确双方的权利、义务。

养老机构及其工作人员不得以任何方式侵害老年人的权益。

第四十九条　国家鼓励养老机构投保责任保险，鼓励保险公司承保责任保险。

第五十条　各级人民政府和有关部门应当将老年医疗卫生服务纳入城乡医疗卫生服务规划，将老年人健康管理和常见病预防等纳入国家基本公共卫生服务项目。鼓励为老年人提供保健、护理、临终关怀等服务。

国家鼓励医疗机构开设针对老年病的专科或者门诊。

医疗卫生机构应当开展老年人的健康服务和疾病防治工作。

第五十一条　国家采取措施，加强老年医学的研究和人才培养，提高老年病的预防、治疗、科研水平，促进老年病的早期发现、诊断和治疗。

国家和社会采取措施，开展各种形式的健康教育，普及老年保健知识，增强老年人自我保健意识。

第五十二条　国家采取措施，发展老龄产业，将老龄产业列入国家扶持行业目录。扶持和引导企业开发、生产、经营适应老年人需要的用品和提供相关的服务。

第五章　社会优待

第五十三条　县级以上人民政府及其有关部门根据经济社会发展情况和老年人的特殊需要，制定优待老年人的办法，逐步提高优待水平。

对常住在本行政区域内的外埠老年人给予同等优待。

第五十四条　各级人民政府和有关部门应当为老年人及时、便利地领取养老金、结算医疗费和享受其他物质帮助提供条件。

第五十五条　各级人民政府和有关部门办理房屋权属关系变更、户口迁移等涉及老年人权益的重大事项时，应当就办理事项是否为老年人的真实意思表示进行询问，并依法优先办理。

第五十六条　老年人因其合法权益受侵害提起诉讼交纳诉讼费确有困难的，可以缓交、减交或者免交；需要获得律师帮助，但无力支付律师费用的，可以获得法律援助。

鼓励律师事务所、公证处、基层法律服务所和其他法律服务机构为经济困难的老年人提供免费或者优惠服务。

第五十七条　医疗机构应当为老年人就医提供方便，对老年人就医予以优先。有条件的地方，可以为老年人设立家庭病床，开展巡回医疗、护理、康复、免费体检等服务。

提倡为老年人义诊。

第五十八条　提倡与老年人日常生活密切相关的服务行业为老年人提供优先、优惠服务。

城市公共交通、公路、铁路、水路和航空客运，应当为老年人提供优待和照顾。

第五十九条　博物馆、美术馆、科技馆、纪念馆、公共图书馆、文化馆、影剧院、体育场馆、公园、旅游景点等场所，应当对老年人免费或者优惠开放。

第六十条　农村老年人不承担兴办公益事业的筹劳义务。

第六章　宜居环境

第六十一条　国家采取措施，推进宜居环境建设，为老年人提供安全、便利和舒适的环境。

第六十二条　各级人民政府在制定城乡规划时，应当根据人口老龄化发展趋势、老年人口分布和老年人的特点，统筹考虑适合老年人的公共基础设施、生活服务设施、医疗卫生设施和文化体育设施建设。

第六十三条　国家制定和完善涉及老年人的工程建设标准体系，在规划、设计、施工、监理、验收、运行、维护、管理等环节加强相关标准的实施与监督。

第六十四条　国家制定无障碍设施工程建设标准。新建、改建和扩建道路、公共交通设施、建筑物、居住区等，应当符合国家无障碍设施工程建设标准。

各级人民政府和有关部门应当按照国家无障碍设施工程建设标准，优先推进与老年人日常生活密切相关的公共服务设施的改造。

无障碍设施的所有人和管理人应当保障无障碍设施正常使用。

第六十五条　国家推动老年宜居社区建设，引导、支持老年宜居住宅的开发，推动和扶持老年人家庭无障碍设施的改造，为老年人创造无障碍居住环境。

第七章　参与社会发展

第六十六条　国家和社会应当重视、珍惜老年人的知识、技能、经验和优良品德，发挥老年人的专长和作用，保障老年人参与经济、政治、文化和社会生活。

第六十七条　老年人可以通过老年人组织，开展有益身心健康的活动。

第六十八条　制定法律、法规、规章和公共政策，涉及老年人权益重大问题的，应当听取老年人和老年人组织的意见。

老年人和老年人组织有权向国家机关提出老年人权益保障、老龄事业发展等方面的意见和建议。

第六十九条　国家为老年人参与社会发展创造条件。根据社会需要和可能，鼓励老年人在自愿和量力的情况下，从事下列活动：

（一）对青少年和儿童进行社会主义、爱国主义、集体主义和艰苦奋斗等优良传统教育；

（二）传授文化和科技知识；

（三）提供咨询服务；

（四）依法参与科技开发和应用；

（五）依法从事经营和生产活动；

（六）参加志愿服务、兴办社会公益事业；

（七）参与维护社会治安、协助调解民间

纠纷；

（八）参加其他社会活动。

第七十条 老年人参加劳动的合法收入受法律保护。

任何单位和个人不得安排老年人从事危害其身心健康的劳动或者危险作业。

第七十一条 老年人有继续受教育的权利。

国家发展老年教育，把老年教育纳入终身教育体系，鼓励社会办好各类老年学校。

各级人民政府对老年教育应当加强领导，统一规划，加大投入。

第七十二条 国家和社会采取措施，开展适合老年人的群众性文化、体育、娱乐活动，丰富老年人的精神文化生活。

第八章 法律责任

第七十三条 老年人合法权益受到侵害的，被侵害人或者其代理人有权要求有关部门处理，或者依法向人民法院提起诉讼。

人民法院和有关部门，对侵犯老年人合法权益的申诉、控告和检举，应当依法及时受理，不得推诿、拖延。

第七十四条 不履行保护老年人合法权益职责的部门或者组织，其上级主管部门应当给予批评教育，责令改正。

国家工作人员违法失职，致使老年人合法权益受到损害的，由其所在单位或者上级机关责令改正，或者依法给予处分；构成犯罪的，依法追究刑事责任。

第七十五条 老年人与家庭成员因赡养、扶养或者住房、财产等发生纠纷，可以申请人民调解委员会或者其他有关组织进行调解，也可以直接向人民法院提起诉讼。

人民调解委员会或者其他有关组织调解前款纠纷时，应当通过说服、疏导等方式化解矛盾和纠纷；对有过错的家庭成员，应当给予批评教育。

人民法院对老年人追索赡养费或者扶养费的申请，可以依法裁定先予执行。

第七十六条 干涉老年人婚姻自由，对老年人负有赡养义务、扶养义务而拒绝赡养、扶养，虐待老年人或者对老年人实施家庭暴力的，由有关单位给予批评教育；构成违反治安管理行为的，依法给予治安管理处罚；构成犯罪的，依法追究刑事责任。

第七十七条 家庭成员盗窃、诈骗、抢夺、侵占、勒索、故意损毁老年人财物，构成违反治安管理行为的，依法给予治安管理处罚；构成犯罪的，依法追究刑事责任。

第七十八条 侮辱、诽谤老年人，构成违反治安管理行为的，依法给予治安管理处罚；构成犯罪的，依法追究刑事责任。

第七十九条 养老机构及其工作人员侵害老年人人身和财产权益，或者未按照约定提供服务的，依法承担民事责任；有关主管部门依法给予行政处罚；构成犯罪的，依法追究刑事责任。

第八十条 对养老机构负有管理和监督职责的部门及其工作人员滥用职权、玩忽职守、徇私舞弊的，对直接负责的主管人员和其他直接责任人员依法给予处分；构成犯罪的，依法追究刑事责任。

第八十一条 不按规定履行优待老年人义务的，由有关主管部门责令改正。

第八十二条 涉及老年人的工程不符合国家规定的标准或者无障碍设施所有人、管理人未尽到维护和管理职责的，由有关主管部门责令改正；造成损害的，依法承担民事责任；对有关单位、个人依法给予行政处罚；构成犯罪的，依法追究刑事责任。

第九章 附 则

第八十三条 民族自治地方的人民代表大会，可以根据本法的原则，结合当地民族风俗习惯的具体情况，依照法定程序制定变通的或者补充的规定。

第八十四条 本法施行前设立的养老机构不符合本法规定条件的，应当限期整改。具体办法由国务院民政部门制定。

第八十五条 本法自 2013 年 7 月 1 日起施行。

中华人民共和国环境噪声污染防治法

（1996年10月29日第八届全国人民代表大会常务委员会第二十二次会议通过 根据2018年12月29日第十三届全国人民代表大会常务委员会第七次会议《关于修改〈中华人民共和国劳动法〉等七部法律的决定》修正）

目 录

第一章 总 则
第二章 环境噪声污染防治的监督管理
第三章 工业噪声污染防治
第四章 建筑施工噪声污染防治
第五章 交通运输噪声污染防治
第六章 社会生活噪声污染防治
第七章 法律责任
第八章 附 则

第一章 总 则

第一条 为防治环境噪声污染，保护和改善生活环境，保障人体健康，促进经济和社会发展，制定本法。

第二条 本法所称环境噪声，是指在工业生产、建筑施工、交通运输和社会生活中所产生的干扰周围生活环境的声音。

本法所称环境噪声污染，是指所产生的环境噪声超过国家规定的环境噪声排放标准，并干扰他人正常生活、工作和学习的现象。

第三条 本法适用于中华人民共和国领域内环境噪声污染的防治。

因从事本职生产、经营工作受到噪声危害的防治，不适用本法。

第四条 国务院和地方各级人民政府应当将环境噪声污染防治工作纳入环境保护规划，并采取有利于声环境保护的经济、技术政策和措施。

第五条 地方各级人民政府在制定城乡建设规划时，应当充分考虑建设项目和区域开发、改造所产生的噪声对周围生活环境的影响，统筹规划，合理安排功能区和建设布局，防止或者减轻环境噪声污染。

第六条 国务院生态环境主管部门对全国环境噪声污染防治实施统一监督管理。

县级以上地方人民政府生态环境主管部门对本行政区域内的环境噪声污染防治实施统一监督管理。

各级公安、交通、铁路、民航等主管部门和港务监督机构，根据各自的职责，对交通运输和社会生活噪声污染防治实施监督管理。

第七条 任何单位和个人都有保护声环境的义务，并有权对造成环境噪声污染的单位和个人进行检举和控告。

第八条 国家鼓励、支持环境噪声污染防治的科学研究、技术开发，推广先进的防治技术和普及防治环境噪声污染的科学知识。

第九条 对在环境噪声污染防治方面成绩显著的单位和个人，由人民政府给予奖励。

第二章 环境噪声污染防治的监督管理

第十条 国务院生态环境主管部门分别不同的功能区制定国家声环境质量标准。

县级以上地方人民政府根据国家声环境质量标准，划定本行政区域内各类声环境质量标准的适用区域，并进行管理。

第十一条 国务院生态环境主管部门根据国家声环境质量标准和国家经济、技术条件，制定国家环境噪声排放标准。

第十二条 城市规划部门在确定建设布局时，应当依据国家声环境质量标准和民用建筑隔声设计规范，合理划定建筑物与交通干线的防噪声距离，并提出相应的规划设计要求。

第十三条 新建、改建、扩建的建设项目，必须遵守国家有关建设项目环境保护管理的规定。

建设项目可能产生环境噪声污染的，建设单位必须提出环境影响报告书，规定环境噪声污染的防治措施，并按照国家规定的程序报生态环境主管部门批准。

环境影响报告书中，应当有该建设项目所在地单位和居民的意见。

第十四条 建设项目的环境噪声污染防治设施必须与主体工程同时设计、同时施工、同时投产使用。

建设项目在投入生产或者使用之前,其环境噪声污染防治设施必须按照国家规定的标准和程序进行验收;达不到国家规定要求的,该建设项目不得投入生产或者使用。

第十五条 产生环境噪声污染的企业事业单位,必须保持防治环境噪声污染的设施的正常使用;拆除或者闲置环境噪声污染防治设施的,必须事先报经所在地的县级以上地方人民政府生态环境主管部门批准。

第十六条 产生环境噪声污染的单位,应当采取措施进行治理,并按照国家规定缴纳超标准排污费。

征收的超标准排污费必须用于污染的防治,不得挪作他用。

第十七条 对于在噪声敏感建筑物集中区域内造成严重环境噪声污染的企业事业单位,限期治理。

被限期治理的单位必须按期完成治理任务。限期治理由县级以上人民政府按照国务院规定的权限决定。

对小型企业事业单位的限期治理,可以由县级以上人民政府在国务院规定的权限内授权其生态环境主管部门决定。

第十八条 国家对环境噪声污染严重的落后设备实行淘汰制度。

国务院经济综合主管部门应当会同国务院有关部门公布限期禁止生产、禁止销售、禁止进口的环境噪声污染严重的设备名录。

生产者、销售者或者进口者必须在国务院经济综合主管部门会同国务院有关部门规定的期限内分别停止生产、销售或者进口列入前款规定的名录中的设备。

第十九条 在城市范围内从事生产活动确需排放偶发性强烈噪声的,必须事先向当地公安机关提出申请,经批准后方可进行。当地公安机关应当向社会公告。

第二十条 国务院生态环境主管部门应当建立环境噪声监测制度,制定监测规范,并会同有关部门组织监测网络。

环境噪声监测机构应当按照国务院生态环境主管部门的规定报送环境噪声监测结果。

第二十一条 县级以上人民政府生态环境主管部门和其他环境噪声污染防治工作的监督管理部门、机构,有权依据各自的职责对管辖范围内排放环境噪声的单位进行现场检查。被检查的单位必须如实反映情况,并提供必要的资料。检查部门、机构应当为被检查的单位保守技术秘密和业务秘密。

检查人员进行现场检查,应当出示证件。

第三章 工业噪声污染防治

第二十二条 本法所称工业噪声,是指在工业生产活动中使用固定的设备时产生的干扰周围生活环境的声音。

第二十三条 在城市范围内向周围生活环境排放工业噪声的,应当符合国家规定的工业企业厂界环境噪声排放标准。

第二十四条 在工业生产中因使用固定的设备造成环境噪声污染的工业企业,必须按照国务院生态环境主管部门的规定,向所在地的县级以上地方人民政府生态环境主管部门申报拥有的造成环境噪声污染的设备的种类、数量以及在正常作业条件下所发出的噪声值和防治环境噪声污染的设施情况,并提供防治噪声污染的技术资料。

造成环境噪声污染的设备的种类、数量、噪声值和防治设施有重大改变的,必须及时申报,并采取应有的防治措施。

第二十五条 产生环境噪声污染的工业企业,应当采取有效措施,减轻噪声对周围生活环境的影响。

第二十六条 国务院有关主管部门对可能产生环境噪声污染的工业设备,应当根据声环境保护的要求和国家的经济、技术条件,逐步在依法制定的产品的国家标准、行业标准中规定噪声限值。

前款规定的工业设备运行时发出的噪声值,应当在有关技术文件中予以注明。

第四章 建筑施工噪声污染防治

第二十七条 本法所称建筑施工噪声,是指在建筑施工过程中产生的干扰周围生活环境的声音。

第二十八条 在城市市区范围内向周围生活环境排放建筑施工噪声的,应当符合国家规定的建筑施工场界环境噪声排放标准。

第二十九条 在城市市区范围内,建筑施工过程中使用机械设备,可能产生环境噪声污染的,施工单位必须在工程开工十五日以前向工程所在地县级以上地方人民政府生态环境主管部门申报该工程的项目名称、施工场所和期限、可能产生的环境噪声值以及所采取的环境噪声污染防治措施的情况。

第三十条　在城市市区噪声敏感建筑物集中区域内，禁止夜间进行产生环境噪声污染的建筑施工作业，但抢修、抢险作业和因生产工艺上要求或者特殊需要必须连续作业的除外。

因特殊需要必须连续作业的，必须有县级以上人民政府或者其有关主管部门的证明。

前款规定的夜间作业，必须公告附近居民。

第五章　交通运输噪声污染防治

第三十一条　本法所称交通运输噪声，是指机动车辆、铁路机车、机动船舶、航空器等交通运输工具在运行时所产生的干扰周围生活环境的声音。

第三十二条　禁止制造、销售或者进口超过规定的噪声限值的汽车。

第三十三条　在城市市区范围内行驶的机动车辆的消声器和喇叭必须符合国家规定的要求。机动车辆必须加强维修和保养，保持技术性能良好，防治环境噪声污染。

第三十四条　机动车辆在城市市区范围内行驶，机动船舶在城市市区的内河航道航行，铁路机车驶经或者进入城市市区、疗养区时，必须按照规定使用声响装置。

警车、消防车、工程抢险车、救护车等机动车辆安装、使用警报器，必须符合国务院公安部门的规定；在执行非紧急任务时，禁止使用警报器。

第三十五条　城市人民政府公安机关可以根据本地城市市区区域声环境保护的需要，划定禁止机动车辆行驶和禁止其使用声响装置的路段和时间，并向社会公告。

第三十六条　建设经过已有的噪声敏感建筑物集中区域的高速公路和城市高架、轻轨道路，有可能造成环境噪声污染的，应当设置声屏障或者采取其他有效的控制环境噪声污染的措施。

第三十七条　在已有的城市交通干线的两侧建设噪声敏感建筑物的，建设单位应当按照国家规定间隔一定距离，并采取减轻、避免交通噪声影响的措施。

第三十八条　在车站、铁路编组站、港口、码头、航空港等地指挥作业时使用广播喇叭的，应当控制音量，减轻噪声对周围生活环境的影响。

第三十九条　穿越城市居民区、文教区的铁路，因铁路机车运行造成环境噪声污染的，当地城市人民政府应当组织铁路部门和其他有关部门，制定减轻环境噪声污染的规划。铁路部门和其他有关部门应当按照规划的要求，采取有效措施，减轻环境噪声污染。

第四十条　除起飞、降落或者依法规定的情形以外，民用航空器不得飞越城市市区上空。城市人民政府应当在航空器起飞、降落的净空周围划定限制建设噪声敏感建筑物的区域；在该区域内建设噪声敏感建筑物的，建设单位应当采取减轻、避免航空器运行时产生的噪声影响的措施。民航部门应当采取有效措施，减轻环境噪声污染。

第六章　社会生活噪声污染防治

第四十一条　本法所称社会生活噪声，是指人为活动所产生的除工业噪声、建筑施工噪声和交通运输噪声之外的干扰周围生活环境的声音。

第四十二条　在城市市区噪声敏感建筑物集中区域内，因商业经营活动中使用固定设备造成环境噪声污染的商业企业，必须按照国务院生态环境主管部门的规定，向所在地的县级以上地方人民政府生态环境主管部门申报拥有的造成环境噪声污染的设备的状况和防治环境噪声污染的设施的情况。

第四十三条　新建营业性文化娱乐场所的边界噪声必须符合国家规定的环境噪声排放标准；不符合国家规定的环境噪声排放标准的，文化行政主管部门不得核发文化经营许可证，市场监督管理部门不得核发营业执照。

经营中的文化娱乐场所，其经营管理者必须采取有效措施，使其边界噪声不超过国家规定的环境噪声排放标准。

第四十四条　禁止在商业经营活动中使用高音广播喇叭或者采用其他发出高噪声的方法招揽顾客。

在商业经营活动中使用空调器、冷却塔等可能产生环境噪声污染的设备、设施的，其经营管理者应当采取措施，使其边界噪声不超过国家规定的环境噪声排放标准。

第四十五条　禁止任何单位、个人在城市市区噪声敏感建筑物集中区域内使用高音广播喇叭。

在城市市区街道、广场、公园等公共场所组织娱乐、集会等活动，使用音响器材可能产生干扰周围生活环境的过大音量的，必须遵守当地公安机关的规定。

第四十六条　使用家用电器、乐器或者进行其他家庭室内娱乐活动时，应当控制音量或者采取其他有效措施，避免对周围居民造成环境噪声污染。

第四十七条　在已竣工交付使用的住宅楼进行室内装修活动，应当限制作业时间，并采取其他有效措施，以减轻、避免对周围居民造成环境噪声污染。

第七章　法律责任

第四十八条　违反本法第十四条的规定，建设项目中需要配套建设的环境噪声污染防治设施没有建成或者没有达到国家规定的要求，擅自投入生产或者使用的，由县级以上生态环境主管部门责令限期改正，并对单位和个人处以罚款；造成重大环境污染或者生态破坏的，责令停止生产或者使用，或者报经有批准权的人民政府批准，责令关闭。

第四十九条　违反本法规定，拒报或者谎报规定的环境噪声排放申报事项的，县级以上地方人民政府生态环境主管部门可以根据不同情节，给予警告或者处以罚款。

第五十条　违反本法第十五条的规定，未经生态环境主管部门批准，擅自拆除或者闲置环境噪声污染防治设施，致使环境噪声排放超过规定标准的，由县级以上地方人民政府生态环境主管部门责令改正，并处罚款。

第五十一条　违反本法第十六条的规定，不按照国家规定缴纳超标准排污费的，县级以上地方人民政府生态环境主管部门可以根据不同情节，给予警告或者处以罚款。

第五十二条　违反本法第十七条的规定，对经限期治理逾期未完成治理任务的企业事业单位，除依照国家规定加收超标准排污费外，可以根据所造成的危害后果处以罚款，或者责令停业、搬迁、关闭。

前款规定的罚款由生态环境主管部门决定。责令停业、搬迁、关闭由县级以上人民政府按照国务院规定的权限决定。

第五十三条　违反本法第十八条的规定，生产、销售、进口禁止生产、销售、进口的设备的，由县级以上人民政府经济综合主管部门责令改正；情节严重的，由县级以上人民政府经济综合主管部门提出意见，报请同级人民政府按照国务院规定的权限责令停业、关闭。

第五十四条　违反本法第十九条的规定，未经当地公安机关批准，进行产生偶发性强烈噪声活动的，由公安机关根据不同情节给予警告或者处以罚款。

第五十五条　排放环境噪声的单位违反本法第二十一条的规定，拒绝生态环境主管部门或者其他依照本法规定行使环境噪声监督管理权的部门、机构现场检查或者在被检查时弄虚作假的，生态环境主管部门或者其他依照本法规定行使环境噪声监督管理权的监督管理部门、机构可以根据不同情节，给予警告或者处以罚款。

第五十六条　建筑施工单位违反本法第三十条第一款的规定，在城市市区噪声敏感建筑物集中区域内，夜间进行禁止进行的产生环境噪声污染的建筑施工作业的，由工程所在地县级以上地方人民政府生态环境主管部门责令改正，可以并处罚款。

第五十七条　违反本法第三十四条的规定，机动车辆不按照规定使用声响装置的，由当地公安机关根据不同情节给予警告或者处以罚款。

机动船舶有前款违法行为的，由港务监督机构根据不同情节给予警告或者处以罚款。

铁路机车有第一款违法行为的，由铁路主管部门对有关责任人员给予行政处分。

第五十八条　违反本法规定，有下列行为之一的，由公安机关给予警告，可以并处罚款：

（一）在城市市区噪声敏感建筑物集中区域内使用高音广播喇叭；

（二）违反当地公安机关的规定，在城市市区街道、广场、公园等公共场所组织娱乐、集会等活动，使用音响器材，产生干扰周围生活环境的过大音量的；

（三）未按本法第四十六条和第四十七条规定采取措施，从家庭室内发出严重干扰周围居民生活的环境噪声的。

第五十九条　违反本法第四十三条第二款、第四十四条第二款的规定，造成环境噪声污染的，由县级以上地方人民政府生态环境主管部门责令改正，可以并处罚款。

第六十条　违反本法第四十四条第一款的规定，造成环境噪声污染的，由公安机关责令改正，可以并处罚款。

省级以上人民政府依法决定由县级以上地方人民政府生态环境主管部门行使前款规定的行政处罚权的，从其决定。

第六十一条　受到环境噪声污染危害的单位和个人，有权要求加害人排除危害；造成损失的，依法赔偿损失。

赔偿责任和赔偿金额的纠纷,可以根据当事人的请求,由生态环境主管部门或者其他环境噪声污染防治工作的监督管理部门、机构调解处理;调解不成的,当事人可以向人民法院起诉。当事人也可以直接向人民法院起诉。

第六十二条 环境噪声污染防治监督管理人员滥用职权、玩忽职守、徇私舞弊的,由其所在单位或者上级主管机关给予行政处分;构成犯罪的,依法追究刑事责任。

第八章 附 则

第六十三条 本法中下列用语的含义是:

(一)"噪声排放"是指噪声源向周围生活环境辐射噪声。

(二)"噪声敏感建筑物"是指医院、学校、机关、科研单位、住宅等需要保持安静的建筑物。

(三)"噪声敏感建筑物集中区域"是指医疗区、文教科研区和以机关或者居民住宅为主的区域。

(四)"夜间"是指晚二十二点至晨六点之间的期间。

(五)"机动车辆"是指汽车和摩托车。

第六十四条 本法自1997年3月1日起施行。1989年9月26日国务院发布的《中华人民共和国环境噪声污染防治条例》同时废止。

中华人民共和国环境影响评价法

(2002年10月28日第九届全国人民代表大会常务委员会第三十次会议通过 根据2016年7月2日第十二届全国人民代表大会常务委员会第二十一次会议《关于修改〈中华人民共和国节约能源法〉等六部法律的决定》第一次修正 根据2018年12月29日第十三届全国人民代表大会常务委员会第七次会议《关于修改〈中华人民共和国劳动法〉等七部法律的决定》第二次修正)

目 录

第一章 总 则
第二章 规划的环境影响评价
第三章 建设项目的环境影响评价
第四章 法律责任
第五章 附 则

第一章 总 则

第一条 为了实施可持续发展战略,预防因规划和建设项目实施后对环境造成不良影响,促进经济、社会和环境的协调发展,制定本法。

第二条 本法所称环境影响评价,是指对规划和建设项目实施后可能造成的环境影响进行分析、预测和评估,提出预防或者减轻不良环境影响的对策和措施,进行跟踪监测的方法与制度。

第三条 编制本法第九条所规定的范围内的规划,在中华人民共和国领域和中华人民共和国管辖的其他海域内建设对环境有影响的项目,应当依照本法进行环境影响评价。

第四条 环境影响评价必须客观、公开、公正,综合考虑规划或者建设项目实施后对各种环境因素及其所构成的生态系统可能造成的影响,为决策提供科学依据。

第五条 国家鼓励有关单位、专家和公众以适当方式参与环境影响评价。

第六条 国家加强环境影响评价的基础数据库和评价指标体系建设,鼓励和支持对环境影响评价的方法、技术规范进行科学研究,建立必要的环境影响评价信息共享制度,提高环境影响评价的科学性。

国务院生态环境主管部门应当会同国务院有关部门,组织建立和完善环境影响评价的基础数据库和评价指标体系。

第二章 规划的环境影响评价

第七条 国务院有关部门、设区的市级以上地方人民政府及其有关部门,对其组织编制的土地利用的有关规划,区域、流域、海域的建设、开发利用规划,应当在规划编制过程中组织进行环境影响评价,编写该规划有关环境影响的篇章或者说明。

规划有关环境影响的篇章或者说明，应当对规划实施后可能造成的环境影响作出分析、预测和评估，提出预防或者减轻不良环境影响的对策和措施，作为规划草案的组成部分一并报送规划审批机关。

未编写有关环境影响的篇章或者说明的规划草案，审批机关不予审批。

第八条 国务院有关部门、设区的市级以上地方人民政府及其有关部门，对其组织编制的工业、农业、畜牧业、林业、能源、水利、交通、城市建设、旅游、自然资源开发的有关专项规划（以下简称专项规划），应当在该专项规划草案上报审批前，组织进行环境影响评价，并向审批该专项规划的机关提出环境影响报告书。

前款所列专项规划中的指导性规划，按照本法第七条的规定进行环境影响评价。

第九条 依照本法第七条、第八条的规定进行环境影响评价的规划的具体范围，由国务院生态环境主管部门会同国务院有关部门规定，报国务院批准。

第十条 专项规划的环境影响报告书应当包括下列内容：

（一）实施该规划对环境可能造成影响的分析、预测和评估；

（二）预防或者减轻不良环境影响的对策和措施；

（三）环境影响评价的结论。

第十一条 专项规划的编制机关对可能造成不良环境影响并直接涉及公众环境权益的规划，应当在该规划草案报送审批前，举行论证会、听证会，或者采取其他形式，征求有关单位、专家和公众对环境影响报告书草案的意见。但是，国家规定需要保密的情形除外。

编制机关应当认真考虑有关单位、专家和公众对环境影响报告书草案的意见，并应当在报送审查的环境影响报告书中附具对意见采纳或者不采纳的说明。

第十二条 专项规划的编制机关在报批规划草案时，应当将环境影响报告书一并附送审批机关审查；未附送环境影响报告书的，审批机关不予审批。

第十三条 设区的市级以上人民政府在审批专项规划草案，作出决策前，应当先由人民政府指定的生态环境主管部门或者其他部门召集有关部门代表和专家组成审查小组，对环境影响报告书进行审查。审查小组应当提出书面审查意见。

参加前款规定的审查小组的专家，应当从按照国务院生态环境主管部门的规定设立的专家库内的相关专业的专家名单中，以随机抽取的方式确定。

由省级以上人民政府有关部门负责审批的专项规划，其环境影响报告书的审查办法，由国务院生态环境主管部门会同国务院有关部门制定。

第十四条 审查小组提出修改意见的，专项规划的编制机关应当根据环境影响报告书结论和审查意见对规划草案进行修改完善，并对环境影响报告书结论和审查意见的采纳情况作出说明；不采纳的，应当说明理由。

设区的市级以上人民政府或者省级以上人民政府有关部门在审批专项规划草案时，应当将环境影响报告书结论以及审查意见作为决策的重要依据。

在审批中未采纳环境影响报告书结论以及审查意见的，应当作出说明，并存档备查。

第十五条 对环境有重大影响的规划实施后，编制机关应当及时组织环境影响的跟踪评价，并将评价结果报告审批机关；发现有明显不良环境影响的，应当及时提出改进措施。

第三章 建设项目的环境影响评价

第十六条 国家根据建设项目对环境的影响程度，对建设项目的环境影响评价实行分类管理。

建设单位应当按照下列规定组织编制环境影响报告书、环境影响报告表或者填报环境影响登记表（以下统称环境影响评价文件）：

（一）可能造成重大环境影响的，应当编制环境影响报告书，对产生的环境影响进行全面评价；

（二）可能造成轻度环境影响的，应当编制环境影响报告表，对产生的环境影响进行分析或者专项评价；

（三）对环境影响很小、不需要进行环境影响评价的，应当填报环境影响登记表。

建设项目的环境影响评价分类管理名录，由国务院生态环境主管部门制定并公布。

第十七条 建设项目的环境影响报告书应当包括下列内容：

(一)建设项目概况；

(二)建设项目周围环境现状；

(三)建设项目对环境可能造成影响的分析、预测和评估；

(四)建设项目环境保护措施及其技术、经济论证；

(五)建设项目对环境影响的经济损益分析；

(六)对建设项目实施环境监测的建议；

(七)环境影响评价的结论。

环境影响报告表和环境影响登记表的内容和格式，由国务院生态环境主管部门制定。

第十八条 建设项目的环境影响评价，应当避免与规划的环境影响评价相重复。

作为一项整体建设项目的规划，按照建设项目进行环境影响评价，不进行规划的环境影响评价。

已经进行了环境影响评价的规划包含具体建设项目的，规划的环境影响评价结论应当作为建设项目环境影响评价的重要依据，建设项目环境影响评价的内容应当根据规划的环境影响评价审查意见予以简化。

第十九条 建设单位可以委托技术单位对其建设项目开展环境影响评价，编制建设项目环境影响报告书、环境影响报告表；建设单位具备环境影响评价技术能力的，可以自行对其建设项目开展环境影响评价，编制建设项目环境影响报告书、环境影响报告表。

编制建设项目环境影响报告书、环境影响报告表应当遵守国家有关环境影响评价标准、技术规范等规定。

国务院生态环境主管部门应当制定建设项目环境影响报告书、环境影响报告表编制的能力建设指南和监管办法。

接受委托为建设单位编制建设项目环境影响报告书、环境影响报告表的技术单位，不得与负责审批建设项目环境影响报告书、环境影响报告表的生态环境主管部门或者其他有关审批部门存在任何利益关系。

第二十条 建设单位应当对建设项目环境影响报告书、环境影响报告表的内容和结论负责，接受委托编制建设项目环境影响报告书、环境影响报告表的技术单位对其编制的建设项目环境影响报告书、环境影响报告表承担相应责任。

设区的市级以上人民政府生态环境主管部门应当加强对建设项目环境影响报告书、环境影响报告表编制单位的监督管理和质量考核。

负责审批建设项目环境影响报告书、环境影响报告表的生态环境主管部门应当将编制单位、编制主持人和主要编制人员的相关违法信息记入社会诚信档案，并纳入全国信用信息共享平台和国家企业信用信息公示系统向社会公布。

任何单位和个人不得为建设单位指定编制建设项目环境影响报告书、环境影响报告表的技术单位。

第二十一条 除国家规定需要保密的情形外，对环境可能造成重大影响、应当编制环境影响报告书的建设项目，建设单位应当在报批建设项目环境影响报告书前，举行论证会、听证会，或者采取其他形式，征求有关单位、专家和公众的意见。

建设单位报批的环境影响报告书应当附具对有关单位、专家和公众的意见采纳或者不采纳的说明。

第二十二条 建设项目的环境影响报告书、报告表，由建设单位按照国务院的规定报有审批权的生态环境主管部门审批。

海洋工程建设项目的海洋环境影响报告书的审批，依照《中华人民共和国海洋环境保护法》的规定办理。

审批部门应当自收到环境影响报告书之日起六十日内，收到环境影响报告表之日起三十日内，分别作出审批决定并书面通知建设单位。

国家对环境影响登记表实行备案管理。

审核、审批建设项目环境影响报告书、报告表以及备案环境影响登记表，不得收取任何费用。

第二十三条 国务院生态环境主管部门负责审批下列建设项目的环境影响评价文件：

(一)核设施、绝密工程等特殊性质的建设项目；

(二)跨省、自治区、直辖市行政区域的建设项目；

(三)由国务院审批的或者由国务院授权有关部门审批的建设项目。

前款规定以外的建设项目的环境影响评价文件的审批权限，由省、自治区、直辖市人民政府规定。

建设项目可能造成跨行政区域的不良环境影响，有关生态环境主管部门对该项目的环境影响评价结论有争议的，其环境影响评价文件由共同的上一级生态环境主管部门审批。

第二十四条 建设项目的环境影响评价文件经批准后，建设项目的性质、规模、地点、采用的生产工艺或者防治污染、防止生态破坏的措施发生重大变动的，建设单位应当重新报批建设项目的环境影响评价文件。

建设项目的环境影响评价文件自批准之日起超过五年，方决定该项目开工建设的，其环境影响评价文件应当报原审批部门重新审核；原审批部门应当自收到建设项目环境影响评价文件之日起十日内，将审核意见书面通知建设单位。

第二十五条 建设项目的环境影响评价文件未依法经审批部门审查或者审查后未予批准的，建设单位不得开工建设。

第二十六条 建设项目建设过程中，建设单位应当同时实施环境影响报告书、环境影响报告表以及环境影响评价文件审批部门审批意见中提出的环境保护对策措施。

第二十七条 在项目建设、运行过程中产生不符合经审批的环境影响评价文件的情形的，建设单位应当组织环境影响的后评价，采取改进措施，并报原环境影响评价文件审批部门和建设项目审批部门备案；原环境影响评价文件审批部门也可以责成建设单位进行环境影响的后评价，采取改进措施。

第二十八条 生态环境主管部门应当对建设项目投入生产或者使用后所产生的环境影响进行跟踪检查，对造成严重环境污染或者生态破坏的，应当查清原因、查明责任。对属于建设项目环境影响报告书、环境影响报告表存在基础资料明显不实，内容存在重大缺陷、遗漏或者虚假，环境影响评价结论不正确或者不合理等严重质量问题的，依照本法第三十二条的规定追究建设单位及其相关责任人员和接受委托编制建设项目环境影响报告书、环境影响报告表的技术单位及其相关人员的法律责任；属于审批部门工作人员失职、渎职，对依法不应批准的建设项目环境影响报告书、环境影响报告表予以批准的，依照本法第三十四条的规定追究其法律责任。

第四章　法律责任

第二十九条 规划编制机关违反本法规定，未组织环境影响评价，或者组织环境影响评价时弄虚作假或者有失职行为，造成环境影响评价严重失实的，对直接负责的主管人员和其他直接责任人员，由上级机关或者监察机关依法给予行政处分。

第三十条 规划审批机关对依法应当编写有关环境影响的篇章或者说明而未编写的规划草案，依法应当附送环境影响报告书而未附送的专项规划草案，违法予以批准的，对直接负责的主管人员和其他直接责任人员，由上级机关或者监察机关依法给予行政处分。

第三十一条 建设单位未依法报批建设项目环境影响报告书、报告表，或者未依照本法第二十四条的规定重新报批或者报请重新审核环境影响报告书、报告表，擅自开工建设的，由县级以上生态环境主管部门责令停止建设，根据违法情节和危害后果，处建设项目总投资额百分之一以上百分之五以下的罚款，并可以责令恢复原状；对建设单位直接负责的主管人员和其他直接责任人员，依法给予行政处分。

建设项目环境影响报告书、报告表未经批准或者未经原审批部门重新审核同意，建设单位擅自开工建设的，依照前款的规定处罚、处分。

建设单位未依法备案建设项目环境影响登记表的，由县级以上生态环境主管部门责令备案，处五万元以下的罚款。

海洋工程建设项目的建设单位有本条所列违法行为的，依照《中华人民共和国海洋环境保护法》的规定处罚。

第三十二条 建设项目环境影响报告书、环境影响报告表存在基础资料明显不实，内容存在重大缺陷、遗漏或者虚假，环境影响评价结论不正确或者不合理等严重质量问题的，由设区的市级以上人民政府生态环境主管部门对建设单位处五十万元以上二百万元以下的罚款，并对建设单位的法定代表人、主要负责人、直接负责的主管人员和其他直接责任人员，处五万元以上二十万元以下的罚款。

接受委托编制建设项目环境影响报告书、环境影响报告表的技术单位违反国家有关环境影响评价标准和技术规范等规定，致使其编制的建设项目环境影响报告书、环境影响报告表存在基础资料明显不实，内容存在重大缺陷、遗漏或者虚假，环境影响评价结论不正确或者不合理等严重质量问题的，由设区的市级以上人民政府生态环境主管部门对技术单位处所收费用三倍以上五倍以下的罚款；情节严重的，禁止从事环境影响报告书、环境影响报告表编制工作；有违法所得的，没收违法所得。

编制单位有本条第一款、第二款规定的违法行为的，编制主持人和主要编制人员五年内禁止从事环境影响报告书、环境影响报告表编制工作；构成犯罪的，依法追究刑事责任，并终身禁止从事环境影响报告书、环境影响报告表编制工作。

第三十三条　负责审核、审批、备案建设项目环境影响评价文件的部门在审批、备案中收取费用的，由其上级机关或者监察机关责令退还；情节严重的，对直接负责的主管人员和其他直接责任人员依法给予行政处分。

第三十四条　生态环境主管部门或者其他部门的工作人员徇私舞弊，滥用职权，玩忽职守，违法批准建设项目环境影响评价文件的，依法给予行政处分；构成犯罪的，依法追究刑事责任。

第五章　附　则

第三十五条　省、自治区、直辖市人民政府可以根据本地的实际情况，要求对本辖区的县级人民政府编制的规划进行环境影响评价。具体办法由省、自治区、直辖市参照本法第二章的规定制定。

第三十六条　军事设施建设项目的环境影响评价办法，由中央军事委员会依照本法的原则制定。

第三十七条　本法自2003年9月1日起施行。

中华人民共和国民办教育促进法

（2002年12月28日第九届全国人民代表大会常务委员会第三十一次会议通过　根据2013年6月29日第十二届全国人民代表大会常务委员会第三次会议《关于修改〈中华人民共和国文物保护法〉等十二部法律的决定》第一次修正　根据2016年11月7日第十二届全国人民代表大会常务委员会第二十四次会议《关于修改〈中华人民共和国民办教育促进法〉的决定》第二次修正　根据2018年12月29日第十三届全国人民代表大会常务委员会第七次会议《关于修改〈中华人民共和国劳动法〉等七部法律的决定》第三次修正）

目　录

第一章　总　则
第二章　设　立
第三章　学校的组织与活动
第四章　教师与受教育者
第五章　学校资产与财务管理
第六章　管理与监督
第七章　扶持与奖励
第八章　变更与终止
第九章　法律责任
第十章　附　则

第一章　总　则

第一条　为实施科教兴国战略，促进民办教育事业的健康发展，维护民办学校和受教育者的合法权益，根据宪法和教育法制定本法。

第二条　国家机构以外的社会组织或者个人，利用非国家财政性经费，面向社会举办学校及其他教育机构的活动，适用本法。本法未作规定的，依照教育法和其他有关教育法律执行。

第三条　民办教育事业属于公益性事业，是社会主义教育事业的组成部分。

国家对民办教育实行积极鼓励、大力支持、正确引导、依法管理的方针。

各级人民政府应当将民办教育事业纳入国民经济和社会发展规划。

第四条　民办学校应当遵守法律、法规，贯彻国家的教育方针，保证教育质量，致力于培养社会主义建设事业的各类人才。

民办学校应当贯彻教育与宗教相分离的原则。任何组织和个人不得利用宗教进行妨碍国家教育制度的活动。

第五条　民办学校与公办学校具有同等的法律地位，国家保障民办学校的办学自主权。

国家保障民办学校举办者、校长、教职工和受教育者的合法权益。

第六条　国家鼓励捐资办学。

国家对为发展民办教育事业做出突出贡献的组织和个人，给予奖励和表彰。

第七条　国务院教育行政部门负责全国民办教育工作的统筹规划、综合协调和宏观管理。

国务院人力资源社会保障行政部门及其他有关部门在国务院规定的职责范围内分别负责有关的民办教育工作。

第八条　县级以上地方各级人民政府教育行政部门主管本行政区域内的民办教育工作。

县级以上地方各级人民政府人力资源社会保障行政部门及其他有关部门在各自的职责范围内，分别负责有关的民办教育工作。

第九条　民办学校中的中国共产党基层组织，按照中国共产党章程的规定开展党的活动，加强党的建设。

第二章　设　　立

第十条　举办民办学校的社会组织，应当具有法人资格。

举办民办学校的个人，应当具有政治权利和完全民事行为能力。

民办学校应当具备法人条件。

第十一条　设立民办学校应当符合当地教育发展的需求，具备教育法和其他有关法律、法规规定的条件。

民办学校的设置标准参照同级同类公办学校的设置标准执行。

第十二条　举办实施学历教育、学前教育、自学考试助学及其他文化教育的民办学校，由县级以上人民政府教育行政部门按照国家规定的权限审批；举办实施以职业技能为主的职业资格培训、职业技能培训的民办学校，由县级以上人民政府人力资源社会保障行政部门按照国家规定的权限审批，并抄送同级教育行政部门备案。

第十三条　申请筹设民办学校，举办者应当向审批机关提交下列材料：

（一）申办报告，内容应当主要包括：举办者、培养目标、办学规模、办学层次、办学形式、办学条件、内部管理体制、经费筹措与管理使用等；

（二）举办者的姓名、住址或者名称、地址；

（三）资产来源、资金数额及有效证明文件，并载明产权；

（四）属捐赠性质的校产须提交捐赠协议，载明捐赠人的姓名、所捐资产的数额、用途和管理方法及相关有效证明文件。

第十四条　审批机关应当自受理筹设民办学校的申请之日起三十日内以书面形式作出是否同意的决定。

同意筹设的，发给筹设批准书。不同意筹设的，应当说明理由。

筹设期不得超过三年。超过三年的，举办者应当重新申报。

第十五条　申请正式设立民办学校的，举办者应当向审批机关提交下列材料：

（一）筹设批准书；

（二）筹设情况报告；

（三）学校章程、首届学校理事会、董事会或者其他决策机构组成人员名单；

（四）学校资产的有效证明文件；

（五）校长、教师、财会人员的资格证明文件。

第十六条　具备办学条件，达到设置标准的，可以直接申请正式设立，并应当提交本法第十三条和第十五条（三）、（四）、（五）项规定的材料。

第十七条　申请正式设立民办学校的，审批机关应当自受理之日起三个月内以书面形式作出是否批准的决定，并送达申请人；其中申请正式设立民办高等学校的，审批机关也可以自受理之日起六个月内以书面形式作出是否批准的决定，并送达申请人。

第十八条　审批机关对批准正式设立的民办学校发给办学许可证。

审批机关对不批准正式设立的，应当说明理由。

第十九条　民办学校的举办者可以自主选择设立非营利性或者营利性民办学校。但是，不得设立实施义务教育的营利性民办学校。

非营利性民办学校的举办者不得取得办学收益，学校的办学结余全部用于办学。

营利性民办学校的举办者可以取得办学收益，学校的办学结余依照公司法等有关法律、行政法规的规定处理。

民办学校取得办学许可证后，进行法人登记，登记机关应当依法予以办理。

第三章　学校的组织与活动

第二十条　民办学校应当设立学校理事会、董事会或者其他形式的决策机构并建立相应的监督机制。

民办学校的举办者根据学校章程规定的权限和程序参与学校的办学和管理。

第二十一条　学校理事会或者董事会由举办者或者其代表、校长、教职工代表等人员组成。其中三分之一以上的理事或者董事应当具有五年以上教育教学经验。

学校理事会或者董事会由五人以上组成，设理事长或者董事长一人。理事长、理事或者董事长、董事名单报审批机关备案。

第二十二条　学校理事会或者董事会行使下列职权：

（一）聘任和解聘校长；

（二）修改学校章程和制定学校的规章制度；

（三）制定发展规划，批准年度工作计划；

（四）筹集办学经费，审核预算、决算；

（五）决定教职工的编制定额和工资标准；

（六）决定学校的分立、合并、终止；

（七）决定其他重大事项。

其他形式决策机构的职权参照本条规定执行。

第二十三条　民办学校的法定代表人由理事长、董事长或者校长担任。

第二十四条　民办学校参照同级同类公办学校校长任职的条件聘任校长，年龄可以适当放宽。

第二十五条　民办学校校长负责学校的教育教学和行政管理工作，行使下列职权：

（一）执行学校理事会、董事会或者其他形式决策机构的决定；

（二）实施发展规划，拟订年度工作计划、财务预算和学校规章制度；

（三）聘任和解聘学校工作人员，实施奖惩；

（四）组织教育教学、科学研究活动，保证教育教学质量；

（五）负责学校日常管理工作；

（六）学校理事会、董事会或者其他形式决策机构的其他授权。

第二十六条　民办学校对招收的学生，根据其类别、修业年限、学业成绩，可以根据国家有关规定发给学历证书、结业证书或者培训合格证书。

对接受职业技能培训的学生，经备案的职业技能鉴定机构鉴定合格的，可以发给国家职业资格证书。

第二十七条　民办学校依法通过以教师为主体的教职工代表大会等形式，保障教职工参与民主管理和监督。

民办学校的教师和其他工作人员，有权依照工会法，建立工会组织，维护其合法权益。

第四章　教师与受教育者

第二十八条　民办学校的教师、受教育者与公办学校的教师、受教育者具有同等的法律地位。

第二十九条　民办学校聘任的教师，应当具有国家规定的任教资格。

第三十条　民办学校应当对教师进行思想品德教育和业务培训。

第三十一条　民办学校应当依法保障教职工的工资、福利待遇和其他合法权益，并为教职工缴纳社会保险费。

国家鼓励民办学校按照国家规定为教职工办理补充养老保险。

第三十二条　民办学校教职工在业务培训、职务聘任、教龄和工龄计算、表彰奖励、社会活动等方面依法享有与公办学校教职工同等权利。

第三十三条　民办学校依法保障受教育者的合法权益。

民办学校按照国家规定建立学籍管理制度，对受教育者实施奖励或者处分。

第三十四条　民办学校的受教育者在升学、就业、社会优待以及参加先进评选等方面享有与同级同类公办学校的受教育者同等权利。

第五章　学校资产与财务管理

第三十五条　民办学校应当依法建立财务、会计制度和资产管理制度，并按照国家有关规定设置会计帐簿。

第三十六条　民办学校对举办者投入民办学校的资产、国有资产、受赠的财产以及办学积累，享有法人财产权。

第三十七条　民办学校存续期间，所有资产由民办学校依法管理和使用，任何组织和个人不得侵占。

任何组织和个人都不得违反法律、法规向民办教育机构收取任何费用。

第三十八条　民办学校收取费用的项目和标准根据办学成本、市场需求等因素确定，向社会公示，并接受有关主管部门的监督。

非营利性民办学校收费的具体办法，由省、自治区、直辖市人民政府制定；营利性民办学校的收费标准，实行市场调节，由学校自主决定。

民办学校收取的费用应当主要用于教育教学活动、改善办学条件和保障教职工待遇。

第三十九条　民办学校资产的使用和财务管理受审批机关和其他有关部门的监督。

民办学校应当在每个会计年度结束时制作财务会计报告，委托会计师事务所依法进行审计，并公布审计结果。

第六章　管理与监督

第四十条　教育行政部门及有关部门应当对

民办学校的教育教学工作、教师培训工作进行指导。

第四十一条 教育行政部门及有关部门依法对民办学校实行督导，建立民办学校信息公示和信用档案制度，促进提高办学质量；组织或者委托社会中介组织评估办学水平和教育质量，并将评估结果向社会公布。

第四十二条 民办学校的招生简章和广告，应当报审批机关备案。

第四十三条 民办学校侵犯受教育者的合法权益，受教育者及其亲属有权向教育行政部门和其他有关部门申诉，有关部门应当及时予以处理。

第四十四条 国家支持和鼓励社会中介组织为民办学校提供服务。

第七章 扶持与奖励

第四十五条 县级以上各级人民政府可以设立专项资金，用于资助民办学校的发展，奖励和表彰有突出贡献的集体和个人。

第四十六条 县级以上各级人民政府可以采取购买服务、助学贷款、奖助学金和出租、转让闲置的国有资产等措施对民办学校予以扶持；对非营利性民办学校还可以采取政府补贴、基金奖励、捐资激励等扶持措施。

第四十七条 民办学校享受国家规定的税收优惠政策；其中，非营利性民办学校享受与公办学校同等的税收优惠政策。

第四十八条 民办学校依照国家有关法律、法规，可以接受公民、法人或者其他组织的捐赠。

国家对向民办学校捐赠财产的公民、法人或者其他组织按照有关规定给予税收优惠，并予以表彰。

第四十九条 国家鼓励金融机构运用信贷手段，支持民办教育事业的发展。

第五十条 人民政府委托民办学校承担义务教育任务，应当按照委托协议拨付相应的教育经费。

第五十一条 新建、扩建非营利性民办学校，人民政府应当按照与公办学校同等原则，以划拨等方式给予用地优惠。新建、扩建营利性民办学校，人民政府应当按照国家规定供给土地。

教育用地不得用于其他用途。

第五十二条 国家采取措施，支持和鼓励社会组织和个人到少数民族地区、边远贫困地区举办民办学校，发展教育事业。

第八章 变更与终止

第五十三条 民办学校的分立、合并，在进行财务清算后，由学校理事会或者董事会报审批机关批准。

申请分立、合并民办学校的，审批机关应当自受理之日起三个月内以书面形式答复；其中申请分立、合并民办高等学校的，审批机关也可以自受理之日起六个月内以书面形式答复。

第五十四条 民办学校举办者的变更，须由举办者提出，在进行财务清算后，经学校理事会或者董事会同意，报审批机关核准。

第五十五条 民办学校名称、层次、类别的变更，由学校理事会或者董事会报审批机关批准。

申请变更为其他民办学校，审批机关应当自受理之日起三个月内以书面形式答复；其中申请变更为民办高等学校的，审批机关也可以自受理之日起六个月内以书面形式答复。

第五十六条 民办学校有下列情形之一的，应当终止：

（一）根据学校章程规定要求终止，并经审批机关批准的；

（二）被吊销办学许可证的；

（三）因资不抵债无法继续办学的。

第五十七条 民办学校终止时，应当妥善安置在校学生。实施义务教育的民办学校终止时，审批机关应当协助学校安排学生继续就学。

第五十八条 民办学校终止时，应当依法进行财务清算。

民办学校自己要求终止的，由民办学校组织清算；被审批机关依法撤销的，由审批机关组织清算；因资不抵债无法继续办学而被终止的，由人民法院组织清算。

第五十九条 对民办学校的财产按照下列顺序清偿：

（一）应退受教育者学费、杂费和其他费用；

（二）应发教职工的工资及应缴纳的社会保险费用；

（三）偿还其他债务。

非营利性民办学校清偿上述债务后的剩余财产继续用于其他非营利性学校办学；营利性民办学校清偿上述债务后的剩余财产，依照公司法的有关规定处理。

第六十条 终止的民办学校，由审批机关收回办学许可证和销毁印章，并注销登记。

第九章 法律责任

第六十一条 民办学校在教育活动中违反教育法、教师法规定的，依照教育法、教师法的有关规定给予处罚。

第六十二条　民办学校有下列行为之一的，由县级以上人民政府教育行政部门、人力资源社会保障行政部门或者其他有关部门责令限期改正，并予以警告；有违法所得的，退还所收费用后没收违法所得；情节严重的，责令停止招生、吊销办学许可证；构成犯罪的，依法追究刑事责任：

（一）擅自分立、合并民办学校的；

（二）擅自改变民办学校名称、层次、类别和举办者的；

（三）发布虚假招生简章或者广告，骗取钱财的；

（四）非法颁发或者伪造学历证书、结业证书、培训证书、职业资格证书的；

（五）管理混乱严重影响教育教学，产生恶劣社会影响的；

（六）提交虚假证明文件或者采取其他欺诈手段隐瞒重要事实骗取办学许可证的；

（七）伪造、变造、买卖、出租、出借办学许可证的；

（八）恶意终止办学、抽逃资金或者挪用办学经费的。

第六十三条　县级以上人民政府教育行政部门、人力资源社会保障行政部门或者其他有关部门有下列行为之一的，由上级机关责令其改正；情节严重的，对直接负责的主管人员和其他直接责任人员，依法给予处分；造成经济损失的，依法承担赔偿责任；构成犯罪的，依法追究刑事责任：

（一）已受理设立申请，逾期不予答复的；

（二）批准不符合本法规定条件申请的；

（三）疏于管理，造成严重后果的；

（四）违反国家有关规定收取费用的；

（五）侵犯民办学校合法权益的；

（六）其他滥用职权、徇私舞弊的。

第六十四条　违反国家有关规定擅自举办民办学校的，由所在地县级以上地方人民政府教育行政部门或者人力资源社会保障行政部门会同同级公安、民政或者市场监督管理等有关部门责令停止办学、退还所收费用，并对举办者处违法所得一倍以上五倍以下罚款；构成违反治安管理行为的，由公安机关依法给予治安管理处罚；构成犯罪的，依法追究刑事责任。

第十章　附　则

第六十五条　本法所称的民办学校包括依法举办的其他民办教育机构。

本法所称的校长包括其他民办教育机构的主要行政负责人。

第六十六条　境外的组织和个人在中国境内合作办学的办法，由国务院规定。

第六十七条　本法自2003年9月1日起施行。1997年7月31日国务院颁布的《社会力量办学条例》同时废止。

中华人民共和国民用航空法

（1995年10月30日第八届全国人民代表大会常务委员会第十六次会议通过　根据2009年8月27日第十一届全国人民代表大会常务委员会第十次会议《关于修改部分法律的决定》第一次修正　根据2015年4月24日第十二届全国人民代表大会常务委员会第十四次会议《关于修改〈中华人民共和国计量法〉等五部法律的决定》第二次修正　根据2016年11月7日第十二届全国人民代表大会常务委员会第二十四次会议《关于修改〈中华人民共和国对外贸易法〉等十二部法律的决定》第三次修正　根据2017年11月4日第十二届全国人民代表大会常务委员会第三十次会议《关于修改〈中华人民共和国会计法〉等十一部法律的决定》第四次修正　根据2018年12月29日第十三届全国人民代表大会常务委员会第七次会议《关于修改〈中华人民共和国劳动法〉等七部法律的决定》第五次修正）

目　录

第一章　总　则
第二章　民用航空器国籍
第三章　民用航空器权利
　第一节　一般规定
　第二节　民用航空器所有权和抵押权

第三节　民用航空器优先权
第四节　民用航空器租赁
第四章　民用航空器适航管理
第五章　航空人员
第一节　一般规定
第二节　机　组
第六章　民用机场
第七章　空中航行
第一节　空域管理
第二节　飞行管理
第三节　飞行保障
第四节　飞行必备文件
第八章　公共航空运输企业
第九章　公共航空运输
第一节　一般规定
第二节　运输凭证
第三节　承运人的责任
第四节　实际承运人履行航空运输的特别规定
第十章　通用航空
第十一章　搜寻援救和事故调查
第十二章　对地面第三人损害的赔偿责任
第十三章　对外国民用航空器的特别规定
第十四章　涉外关系的法律适用
第十五章　法律责任
第十六章　附　　则

第一章　总　则

第一条　为了维护国家的领空主权和民用航空权利,保障民用航空活动安全和有秩序地进行,保护民用航空活动当事人各方的合法权益,促进民用航空事业的发展,制定本法。

第二条　中华人民共和国的领陆和领水之上的空域为中华人民共和国领空。中华人民共和国对领空享有完全的、排他的主权。

第三条　国务院民用航空主管部门对全国民用航空活动实施统一监督管理;根据法律和国务院的决定,在本部门的权限内,发布有关民用航空活动的规定、决定。

国务院民用航空主管部门设立的地区民用航空管理机构依照国务院民用航空主管部门的授权,监督管理各该地区的民用航空活动。

第四条　国家扶持民用航空事业的发展,鼓励和支持发展民用航空的科学研究和教育事业,提高民用航空科学技术水平。

国家扶持民用航空器制造业的发展,为民用航空活动提供安全、先进、经济、适用的民用航空器。

第二章　民用航空器国籍

第五条　本法所称民用航空器,是指除用于执行军事、海关、警察飞行任务外的航空器。

第六条　经中华人民共和国国务院民用航空主管部门依法进行国籍登记的民用航空器,具有中华人民共和国国籍,由国务院民用航空主管部门发给国籍登记证书。

国务院民用航空主管部门设立中华人民共和国民用航空器国籍登记簿,统一记载民用航空器的国籍登记事项。

第七条　下列民用航空器应当进行中华人民共和国国籍登记:

(一)中华人民共和国国家机构的民用航空器;

(二)依照中华人民共和国法律设立的企业法人的民用航空器;企业法人的注册资本中有外商出资的,其机构设置、人员组成和中方投资人的出资比例,应当符合行政法规的规定;

(三)国务院民用航空主管部门准予登记的其他民用航空器。

自境外租赁的民用航空器,承租人符合前款规定,该民用航空器的机组人员由承租人配备的,可以申请登记中华人民共和国国籍,但是必须先予注销该民用航空器原国籍登记。

第八条　依法取得中华人民共和国国籍的民用航空器,应当标明规定的国籍标志和登记标志。

第九条　民用航空器不得具有双重国籍。未注销外国国籍的民用航空器不得在中华人民共和国申请国籍登记。

第三章　民用航空器权利

第一节　一般规定

第十条　本章规定的对民用航空器的权利,包括对民用航空器构架、发动机、螺旋桨、无线电设备和其他一切为了在民用航空器上使用的,无论安装于其上或者暂时拆离的物品的权利。

第十一条　民用航空器权利人应当就下列权利分别向国务院民用航空主管部门办理权利登记:

(一)民用航空器所有权;

(二)通过购买行为取得并占有民用航空器的

权利；

(三)根据租赁期限为六个月以上的租赁合同占有民用航空器的权利；

(四)民用航空器抵押权。

第十二条 国务院民用航空主管部门设立民用航空器权利登记簿。同一民用航空器的权利登记事项应当记载于同一权利登记簿中。

民用航空器权利登记事项，可以供公众查询、复制或者摘录。

第十三条 除民用航空器经依法强制拍卖外，在已经登记的民用航空器权利得到补偿或者民用航空器权利人同意之前，民用航空器的国籍登记或者权利登记不得转移至国外。

第二节 民用航空器所有权和抵押权

第十四条 民用航空器所有权的取得、转让和消灭，应当向国务院民用航空主管部门登记；未经登记的，不得对抗第三人。

民用航空器所有权的转让，应当签订书面合同。

第十五条 国家所有的民用航空器，由国家授予法人经营管理或者使用的，本法有关民用航空器所有人的规定适用于该法人。

第十六条 设定民用航空器抵押权，由抵押权人和抵押人共同向国务院民用航空主管部门办理抵押权登记；未经登记的，不得对抗第三人。

第十七条 民用航空器抵押权设定后，未经抵押权人同意，抵押人不得将被抵押民用航空器转让他人。

第三节 民用航空器优先权

第十八条 民用航空器优先权，是指债权人依照本法第十九条规定，向民用航空器所有人、承租人提出赔偿请求，对产生该赔偿请求的民用航空器具有优先受偿的权利。

第十九条 下列各项债权具有民用航空器优先权：

(一)援救该民用航空器的报酬；

(二)保管维护该民用航空器的必需费用。

前款规定的各项债权，后发生的先受偿。

第二十条 本法第十九条规定的民用航空器优先权，其债权人应当自援救或者保管维护工作终了之日起三个月内，就其债权向国务院民用航空主管部门登记。

第二十一条 为了债权人的共同利益，在执行人民法院判决以及拍卖过程中产生的费用，应当从民用航空器拍卖所得价款中先行拨付。

第二十二条 民用航空器优先权先于民用航空器抵押权受偿。

第二十三条 本法第十九条规定的债权转移的，其民用航空器优先权随之转移。

第二十四条 民用航空器优先权应当通过人民法院扣押产生优先权的民用航空器行使。

第二十五条 民用航空器优先权自援救或者保管维护工作终了之日起满三个月时终止；但是，债权人就其债权已经依照本法第二十条规定登记，并具有下列情形之一的除外：

(一)债权人、债务人已经就此项债权的金额达成协议；

(二)有关此项债权的诉讼已经开始。

民用航空器优先权不因民用航空器所有权的转让而消灭；但是，民用航空器经依法强制拍卖的除外。

第四节 民用航空器租赁

第二十六条 民用航空器租赁合同，包括融资租赁合同和其他租赁合同，应当以书面形式订立。

第二十七条 民用航空器的融资租赁，是指出租人按照承租人对供货方和民用航空器的选择，购得民用航空器，出租给承租人使用，由承租人定期交纳租金。

第二十八条 融资租赁期间，出租人依法享有民用航空器所有权，承租人依法享有民用航空器的占有、使用、收益权。

第二十九条 融资租赁期间，出租人不得干扰承租人依法占有、使用民用航空器；承租人应当适当地保管民用航空器，使之处于原交付时的状态，但是合理损耗和经出租人同意的对民用航空器的改变除外。

第三十条 融资租赁期满，承租人应当将符合本法第二十九条规定状态的民用航空器退还出租人；但是，承租人依照合同行使购买民用航空器的权利或者为继续租赁而占有民用航空器的除外。

第三十一条 民用航空器融资租赁中的供货方，不就同一损害同时对出租人和承租人承担责任。

第三十二条 融资租赁期间，经出租人同意，在不损害第三人利益的情况下，承租人可以转让其对民用航空器的占有权或者租赁合同约定的其他权利。

第三十三条 民用航空器的融资租赁和租赁期限为六个月以上的其他租赁，承租人应当就其对民用航空器的占有权向国务院民用航空主管部门办理登记；未经登记的，不得对抗第三人。

第四章　民用航空器适航管理

第三十四条　设计民用航空器及其发动机、螺旋桨和民用航空器上设备，应当向国务院民用航空主管部门申请领取型号合格证书。经审查合格的，发给型号合格证书。

第三十五条　生产、维修民用航空器及其发动机、螺旋桨和民用航空器上设备，应当向国务院民用航空主管部门申请领取生产许可证书、维修许可证书。经审查合格的，发给相应的证书。

第三十六条　外国制造人生产的任何型号的民用航空器及其发动机、螺旋桨和民用航空器上设备，首次进口中国的，该外国制造人应当向国务院民用航空主管部门申请领取型号认可证书。经审查合格的，发给型号认可证书。

已取得外国颁发的型号合格证书的民用航空器及其发动机、螺旋桨和民用航空器上设备，首次在中国境内生产的，该型号合格证书的持有人应当向国务院民用航空主管部门申请领取型号认可证书。经审查合格的，发给型号认可证书。

第三十七条　具有中华人民共和国国籍的民用航空器，应当持有国务院民用航空主管部门颁发的适航证书，方可飞行。

出口民用航空器及其发动机、螺旋桨和民用航空器上设备，制造人应当向国务院民用航空主管部门申请领取出口适航证书。经审查合格的，发给出口适航证书。

租用的外国民用航空器，应当经国务院民用航空主管部门对其原国籍登记国发给的适航证书审查认可或者另发适航证书，方可飞行。

民用航空器适航管理规定，由国务院制定。

第三十八条　民用航空器的所有人或者承租人应当按照适航证书规定的使用范围使用民用航空器，做好民用航空器的维修保养工作，保证民用航空器处于适航状态。

第五章　航空人员

第一节　一般规定

第三十九条　本法所称航空人员，是指下列从事民用航空活动的空勤人员和地面人员：

（一）空勤人员，包括驾驶员、飞行机械人员、乘务员；

（二）地面人员，包括民用航空器维修人员、空中交通管制员、飞行签派员、航空电台通信员。

第四十条　航空人员应当接受专门训练，经考核合格，取得国务院民用航空主管部门颁发的执照，方可担任其执照载明的工作。

空勤人员和空中交通管制员在取得执照前，还应当接受国务院民用航空主管部门认可的体格检查单位的检查，并取得国务院民用航空主管部门颁发的体格检查合格证书。

第四十一条　空勤人员在执行飞行任务时，应当随身携带执照和体格检查合格证书，并接受国务院民用航空主管部门的查验。

第四十二条　航空人员应当接受国务院民用航空主管部门定期或者不定期的检查和考核；经检查、考核合格的，方可继续担任其执照载明的工作。

空勤人员还应当参加定期的紧急程序训练。

空勤人员间断飞行的时间超过国务院民用航空主管部门规定时限的，应当经过检查和考核；乘务员以外的空勤人员还应当经过带飞。经检查、考核、带飞合格的，方可继续担任其执照载明的工作。

第二节　机　组

第四十三条　民用航空器机组由机长和其他空勤人员组成。机长应当由具有独立驾驶该型号民用航空器的技术和经验的驾驶员担任。

机组的组成和人员数额，应当符合国务院民用航空主管部门的规定。

第四十四条　民用航空器的操作由机长负责，机长应当严格履行职责，保护民用航空器及其所载人员和财产的安全。

机长在其职权范围内发布的命令，民用航空器所载人员都应当执行。

第四十五条　飞行前，机长应当对民用航空器实施必要的检查；未经检查，不得起飞。

机长发现民用航空器、机场、气象条件等不符合规定，不能保证飞行安全的，有权拒绝起飞。

第四十六条　飞行中，对于任何破坏民用航空器、扰乱民用航空器内秩序、危害民用航空器所载人员或者财产安全以及其他危及飞行安全的行为，在保证安全的前提下，机长有权采取必要的适当措施。

飞行中，遇到特殊情况时，为保证民用航空器及其所载人员的安全，机长有权对民用航空器作出处置。

第四十七条　机长发现机组人员不适宜执行飞行任务的，为保证飞行安全，有权提出调整。

第四十八条　民用航空器遇险时，机长有权采取一切必要措施，并指挥机组人员和航空器上其他人员采取抢救措施。在必须撤离遇险民用航空器的紧急情况下，机长必须采取措施，首先组织旅客安全离开民用航空器；未经机长允许，机组人员不得擅自离开民用航空器；机长应当最后离开民用航空器。

第四十九条　民用航空器发生事故，机长应当直接或者通过空中交通管制单位，如实将事故情况及时报告国务院民用航空主管部门。

第五十条　机长收到船舶或者其他航空器的遇险信号，或者发现遇险的船舶、航空器及其人员，应当将遇险情况及时报告就近的空中交通管制单位并给予可能的合理的援助。

第五十一条　飞行中，机长因故不能履行职务的，由仅次于机长职务的驾驶员代理机长；在下一个经停地起飞前，民用航空器所有人或者承租人应当指派新机长接任。

第五十二条　只有一名驾驶员，不需配备其他空勤人员的民用航空器，本节对机长的规定，适用于该驾驶员。

第六章　民用机场

第五十三条　本法所称民用机场，是指专供民用航空器起飞、降落、滑行、停放以及进行其他活动使用的划定区域，包括附属的建筑物、装置和设施。

本法所称民用机场不包括临时机场。

军民合用机场由国务院、中央军事委员会另行制定管理办法。

第五十四条　民用机场的建设和使用应当统筹安排、合理布局，提高机场的使用效率。

全国民用机场的布局和建设规划，由国务院民用航空主管部门会同国务院其他有关部门制定，并按照国家规定的程序，经批准后组织实施。

省、自治区、直辖市人民政府应当根据全国民用机场的布局和建设规划，制定本行政区域内的民用机场建设规划，并按照国家规定的程序报经批准后，将其纳入本级国民经济和社会发展规划。

第五十五条　民用机场建设规划应当与城市建设规划相协调。

第五十六条　新建、改建和扩建民用机场，应当符合依法制定的民用机场布局和建设规划，符合民用机场标准，并按照国家规定报经有关主管机关批准并实施。

不符合依法制定的民用机场布局和建设规划的民用机场建设项目，不得批准。

第五十七条　新建、扩建民用机场，应当由民用机场所在地县级以上地方人民政府发布公告。

前款规定的公告应当在当地主要报纸上刊登，并在拟新建、扩建机场周围地区张贴。

第五十八条　禁止在依法划定的民用机场范围内和按照国家规定划定的机场净空保护区域内从事下列活动：

（一）修建可能在空中排放大量烟雾、粉尘、火焰、废气而影响飞行安全的建筑物或者设施；

（二）修建靶场、强烈爆炸物仓库等影响飞行安全的建筑物或者设施；

（三）修建不符合机场净空要求的建筑物或者设施；

（四）设置影响机场目视助航设施使用的灯光、标志或者物体；

（五）种植影响飞行安全或者影响机场助航设施使用的植物；

（六）饲养、放飞影响飞行安全的鸟类动物和其他物体；

（七）修建影响机场电磁环境的建筑物或者设施。

禁止在依法划定的民用机场范围内放养牲畜。

第五十九条　民用机场新建、扩建的公告发布前，在依法划定的民用机场范围内和按照国家规定划定的机场净空保护区域内存在的可能影响飞行安全的建筑物、构筑物、树木、灯光和其他障碍物体，应当在规定的期限内清除；对由此造成的损失，应当给予补偿或者依法采取其他补救措施。

第六十条　民用机场新建、扩建的公告发布后，任何单位和个人违反本法和有关行政法规的规定，在依法划定的民用机场范围内和按照国家规定划定的机场净空保护区域内修建、种植或者设置影响飞行安全的建筑物、构筑物、树木、灯光和其他障碍物体的，由机场所在地县级以上地方人民政府责令清除；由此造成的损失，由修建、种植或者设置该障碍物体的人承担。

第六十一条　在民用机场及其按照国家规定划定的净空保护区域以外，对可能影响飞行安全的高大建筑物或者设施，应当按照国家有关规定设置飞行障碍灯和标志，并使其保持正常状态。

第六十二条　国务院民用航空主管部门规定的对公众开放的民用机场应当取得机场使用许可证，方可开放使用。其他民用机场应当按照国务院民用航空主管部门的规定进行备案。

申请取得机场使用许可证，应当具备下列条件，并按照国家规定经验收合格：

（一）具备与其运营业务相适应的飞行区、航站区、工作区以及服务设施和人员；

（二）具备能够保障飞行安全的空中交通管制、通信导航、气象等设施和人员；

（三）具备符合国家规定的安全保卫条件；

（四）具备处理特殊情况的应急计划以及相应的设施和人员；

（五）具备国务院民用航空主管部门规定的其他条件。

国际机场还应当具备国际通航条件，设立海关和其他口岸检查机关。

第六十三条　民用机场使用许可证由机场管理机构向国务院民用航空主管部门申请，经国务院民用航空主管部门审查批准后颁发。

第六十四条　设立国际机场，由国务院民用航空主管部门报请国务院审查批准。

国际机场的开放使用，由国务院民用航空主管部门对外公告；国际机场资料由国务院民用航空主管部门统一对外提供。

第六十五条　民用机场应当按照国务院民用航空主管部门的规定，采取措施，保证机场内人员和财产的安全。

第六十六条　供运输旅客或者货物的民用航空器使用的民用机场，应当按照国务院民用航空主管部门规定的标准，设置必要设施，为旅客和货物托运人、收货人提供良好服务。

第六十七条　民用机场管理机构应当依照环境保护法律、行政法规的规定，做好机场环境保护工作。

第六十八条　民用航空器使用民用机场及其助航设施的，应当缴纳使用费、服务费；使用费、服务费的收费标准，由国务院民用航空主管部门制定。

第六十九条　民用机场废弃或者改作他用，民用机场管理机构应当依照国家规定办理报批手续。

第七章　空中航行

第一节　空域管理

第七十条　国家对空域实行统一管理。

第七十一条　划分空域，应当兼顾民用航空和国防安全的需要以及公众的利益，使空域得到合理、充分、有效的利用。

第七十二条　空域管理的具体办法，由国务院、中央军事委员会制定。

第二节　飞行管理

第七十三条　在一个划定的管制空域内，由一个空中交通管制单位负责该空域内的航空器的空中交通管制。

第七十四条　民用航空器在管制空域内进行飞行活动，应当取得空中交通管制单位的许可。

第七十五条　民用航空器应当按照空中交通管制单位指定的航路和飞行高度飞行；因故确需偏离指定的航路或者改变飞行高度飞行的，应当取得空中交通管制单位的许可。

第七十六条　在中华人民共和国境内飞行的航空器，必须遵守统一的飞行规则。

进行目视飞行的民用航空器，应当遵守目视飞行规则，并与其他航空器、地面障碍物体保持安全距离。

进行仪表飞行的民用航空器，应当遵守仪表飞行规则。

飞行规则由国务院、中央军事委员会制定。

第七十七条　民用航空器机组人员的飞行时间、执勤时间不得超过国务院民用航空主管部门规定的时限。

民用航空器机组人员受到酒类饮料、麻醉剂或者其他药物的影响，损及工作能力的，不得执行飞行任务。

第七十八条　民用航空器除按照国家规定经特别批准外，不得飞入禁区；除遵守规定的限制条件外，不得飞入限制区。

前款规定的禁区和限制区，依照国家规定划定。

第七十九条　民用航空器不得飞越城市上空；但是，有下列情形之一的除外：

（一）起飞、降落或者指定的航路所必需的；

（二）飞行高度足以使该航空器在发生紧急情况时离开城市上空，而不致危及地面上的人员、财产安全的；

（三）按照国家规定的程序获得批准的。

第八十条　飞行中，民用航空器不得投掷物品；但是，有下列情形之一的除外：

（一）飞行安全所必需的；

（二）执行救助任务或者符合社会公共利益的其他飞行任务所必需的。

第八十一条　民用航空器未经批准不得飞出中华人民共和国领空。

对未经批准正在飞离中华人民共和国领空的民用航空器,有关部门有权根据具体情况采取必要措施,予以制止。

第三节　飞行保障

第八十二条　空中交通管制单位应当为飞行中的民用航空器提供空中交通服务,包括空中交通管制服务、飞行情报服务和告警服务。

提供空中交通管制服务,旨在防止民用航空器同航空器、民用航空器同障碍物体相撞,维持并加速空中交通的有秩序的活动。

提供飞行情报服务,旨在提供有助于安全和有效地实施飞行的情报和建议。

提供告警服务,旨在当民用航空器需要搜寻援救时,通知有关部门,并根据要求协助该有关部门进行搜寻援救。

第八十三条　空中交通管制单位发现民用航空器偏离指定航路、迷失航向时,应当迅速采取一切必要措施,使其回归航路。

第八十四条　航路上应当设置必要的导航、通信、气象和地面监视设备。

第八十五条　航路上影响飞行安全的自然障碍物体,应当在航图上标明;航路上影响飞行安全的人工障碍物体,应当设置飞行障碍灯和标志,并使其保持正常状态。

第八十六条　在距离航路边界三十公里以内的地带,禁止修建靶场和其他可能影响飞行安全的设施;但是,平射轻武器靶场除外。

在前款规定地带以外修建固定的或者临时性对空发射场,应当按照国家规定获得批准;对空发射场的发射方向,不得与航路交叉。

第八十七条　任何可能影响飞行安全的活动,应当依法获得批准,并采取确保飞行安全的必要措施,方可进行。

第八十八条　国务院民用航空主管部门应当依法对民用航空无线电台和分配给民用航空系统使用的专用频率实施管理。

任何单位或者个人使用的无线电台和其他仪器、装置,不得妨碍民用航空无线电专用频率的正常使用。对民用航空无线电专用频率造成有害干扰的,有关单位或者个人应当迅速排除干扰;未排除干扰前,应当停止使用该无线电台或者其他仪器、装置。

第八十九条　邮电通信企业应当对民用航空电信传递优先提供服务。

国家气象机构应当对民用航空气象机构提供必要的气象资料。

第四节　飞行必备文件

第九十条　从事飞行的民用航空器,应当携带下列文件:

(一)民用航空器国籍登记证书;

(二)民用航空器适航证书;

(三)机组人员相应的执照;

(四)民用航空器航行记录簿;

(五)装有无线电设备的民用航空器,其无线电台执照;

(六)载有旅客的民用航空器,其所载旅客姓名及其出发地点和目的地点的清单;

(七)载有货物的民用航空器,其所载货物的舱单和明细的申报单;

(八)根据飞行任务应当携带的其他文件。

民用航空器未按规定携带前款所列文件的,国务院民用航空主管部门或者其授权的地区民用航空管理机构可以禁止该民用航空器起飞。

第八章　公共航空运输企业

第九十一条　公共航空运输企业,是指以营利为目的,使用民用航空器运送旅客、行李、邮件或者货物的企业法人。

第九十二条　企业从事公共航空运输,应当向国务院民用航空主管部门申请领取经营许可证。

第九十三条　取得公共航空运输经营许可,应当具备下列条件:

(一)有符合国家规定的适应保证飞行安全要求的民用航空器;

(二)有必需的依法取得执照的航空人员;

(三)有不少于国务院规定的最低限额的注册资本;

(四)法律、行政法规规定的其他条件。

第九十四条　公共航空运输企业的组织形式、组织机构适用公司法的规定。

本法施行前设立的公共航空运输企业,其组织形式、组织机构不完全符合公司法规定的,可以继续沿用原有的规定,适用前款规定的日期由国务院规定。

第九十五条　公共航空运输企业应当以保证飞行安全和航班正常,提供良好服务为准则,采取有效措施,提高运输服务质量。

公共航空运输企业应当教育和要求本企业职工严格履行职责，以文明礼貌、热情周到的服务态度，认真做好旅客和货物运输的各项服务工作。

旅客运输航班延误的，应当在机场内及时通告有关情况。

第九十六条 公共航空运输企业申请经营定期航班运输（以下简称航班运输）的航线，暂停、终止经营航线，应当报经国务院民用航空主管部门批准。

公共航空运输企业经营航班运输，应当公布班期时刻。

第九十七条 公共航空运输企业的营业收费项目，由国务院民用航空主管部门确定。

国内航空运输的运价管理办法，由国务院民用航空主管部门会同国务院物价主管部门制定，报国务院批准后执行。

国际航空运输运价的制定按照中华人民共和国政府与外国政府签订的协定、协议的规定执行；没有协定、协议的，参照国际航空运输市场价格确定。

第九十八条 公共航空运输企业从事不定期运输，应当经国务院民用航空主管部门批准，并不得影响航班运输的正常经营。

第九十九条 公共航空运输企业应当依照国务院制定的公共航空运输安全保卫规定，制定安全保卫方案，并报国务院民用航空主管部门备案。

第一百条 公共航空运输企业不得运输法律、行政法规规定的禁运物品。

公共航空运输企业未经国务院民用航空主管部门批准，不得运输作战军火、作战物资。

禁止旅客随身携带法律、行政法规规定的禁运物品乘坐民用航空器。

第一百零一条 公共航空运输企业运输危险品，应当遵守国家有关规定。

禁止以非危险品品名托运危险品。

禁止旅客随身携带危险品乘坐民用航空器。除因执行公务并按照国家规定经过批准外，禁止旅客携带枪支、管制刀具乘坐民用航空器。禁止违反国务院民用航空主管部门的规定将危险品作为行李托运。

危险品品名由国务院民用航空主管部门规定并公布。

第一百零二条 公共航空运输企业不得运输拒绝接受安全检查的旅客，不得违反国家规定运输未经安全检查的行李。

公共航空运输企业必须按照国务院民用航空主管部门的规定，对承运的货物进行安全检查或者采取其他保证安全的措施。

第一百零三条 公共航空运输企业从事国际航空运输的民用航空器及其所载人员、行李、货物应当接受边防、海关等主管部门的检查；但是，检查时应当避免不必要的延误。

第一百零四条 公共航空运输企业应当依照有关法律、行政法规的规定优先运输邮件。

第一百零五条 公共航空运输企业应当投保地面第三人责任险。

第九章 公共航空运输

第一节 一般规定

第一百零六条 本章适用于公共航空运输企业使用民用航空器经营的旅客、行李或者货物的运输，包括公共航空运输企业使用民用航空器办理的免费运输。

本章不适用于使用民用航空器办理的邮件运输。

对多式联运方式的运输，本章规定适用于其中的航空运输部分。

第一百零七条 本法所称国内航空运输，是指根据当事人订立的航空运输合同，运输的出发地点、约定的经停地点和目的地点均在中华人民共和国境内的运输。

本法所称国际航空运输，是指根据当事人订立的航空运输合同，无论运输有无间断或者有无转运，运输的出发地点、目的地点或者约定的经停地点之一不在中华人民共和国境内的运输。

第一百零八条 航空运输合同各方认为几个连续的航空运输承运人办理的运输是一项单一业务活动的，无论其形式是以一个合同订立或者数个合同订立，应当视为一项不可分割的运输。

第二节 运输凭证

第一百零九条 承运人运送旅客，应当出具客票。旅客乘坐民用航空器，应当交验有效客票。

第一百一十条 客票应当包括的内容由国务院民用航空主管部门规定，至少应当包括以下内容：

（一）出发地点和目的地点；

（二）出发地点和目的地点均在中华人民共和国境内，而在境外有一个或者数个约定的经停地点的，至少注明一个经停地点；

（三）旅客航程的最终目的地点、出发地点或者约定的经停地点之一不在中华人民共和国境内，依照所适用的国际航空运输公约的规定，应当在客票上声明此项运输适用该公约的，客票上应当载有该项声明。

第一百一十一条　客票是航空旅客运输合同订立和运输合同条件的初步证据。

旅客未能出示客票、客票不符合规定或者客票遗失，不影响运输合同的存在或者有效。

在国内航空运输中，承运人同意旅客不经其出票而乘坐民用航空器的，承运人无权援用本法第一百二十八条有关赔偿责任限制的规定。

在国际航空运输中，承运人同意旅客不经其出票而乘坐民用航空器的，或者客票上未依照本法第一百一十条第（三）项的规定声明的，承运人无权援用本法第一百二十九条有关赔偿责任限制的规定。

第一百一十二条　承运人载运托运行李时，行李票可以包含在客票之内或者与客票相结合。除本法第一百一十条的规定外，行李票还应当包括下列内容：

（一）托运行李的件数和重量；

（二）需要声明托运行李在目的地点交付时的利益的，注明声明金额。

行李票是行李托运和运输合同条件的初步证据。

旅客未能出示行李票、行李票不符合规定或者行李票遗失，不影响运输合同的存在或者有效。

在国内航空运输中，承运人载运托运行李而不出具行李票的，承运人无权援用本法第一百二十八条有关赔偿责任限制的规定。

在国际航空运输中，承运人载运托运行李而不出具行李票的，或者行李票上未依照本法第一百一十条第（三）项的规定声明的，承运人无权援用本法第一百二十九条有关赔偿责任限制的规定。

第一百一十三条　承运人有权要求托运人填写航空货运单，托运人有权要求承运人接受该航空货运单。托运人未能出示航空货运单、航空货运单不符合规定或者航空货运单遗失，不影响运输合同的存在或者有效。

第一百一十四条　托运人应当填写航空货运单正本一式三份，连同货物交给承运人。

航空货运单第一份注明“交承运人”，由托运人签字、盖章；第二份注明“交收货人”，由托运人和承运人签字、盖章；第三份由承运人在接受货物后签字、盖章，交给托运人。

承运人根据托运人的请求填写航空货运单的，在没有相反证据的情况下，应当视为代托运人填写。

第一百一十五条　航空货运单应当包括的内容由国务院民用航空主管部门规定，至少应当包括以下内容：

（一）出发地点和目的地点；

（二）出发地点和目的地点均在中华人民共和国境内，而在境外有一个或者数个约定的经停地点的，至少注明一个经停地点；

（三）货物运输的最终目的地点、出发地点或者约定的经停地点之一不在中华人民共和国境内，依照所适用的国际航空运输公约的规定，应当在货运单上声明此项运输适用该公约的，货运单上应当载有该项声明。

第一百一十六条　在国内航空运输中，承运人同意未经填具航空货运单而载运货物的，承运人无权援用本法第一百二十八条有关赔偿责任限制的规定。

在国际航空运输中，承运人同意未经填具航空货运单而载运货物的，或者航空货运单上未依照本法第一百一十五条第（三）项的规定声明的，承运人无权援用本法第一百二十九条有关赔偿责任限制的规定。

第一百一十七条　托运人应当对航空货运单上所填关于货物的说明和声明的正确性负责。

因航空货运单上所填的说明和声明不符合规定、不正确或者不完全，给承运人或者承运人对之负责的其他人造成损失的，托运人应当承担赔偿责任。

第一百一十八条　航空货运单是航空货物运输合同订立和运输条件以及承运人接受货物的初步证据。

航空货运单上关于货物的重量、尺寸、包装和包装件数的说明具有初步证据的效力。除经过承运人和托运人当面查对并在航空货运单上注明经过查对或者书写关于货物的外表情况的说明外，航空货运单上关于货物的数量、体积和情况的说明不能构成不利于承运人的证据。

第一百一十九条　托运人在履行航空货物运输合同规定的义务的条件下，有权在出发地机场或者目的地机场将货物提回，或者在途中经停时中止运输，或者在目的地点或者途中要求将货物交给非航空货运单上指定的收货人，或者要求将货物运回出发地机场；但是，托运人不得因行使此种权利而使承运人或者其他托运人遭受损失，并应当偿付由此产生的费用。

托运人的指示不能执行的，承运人应当立即通知托运人。

承运人按照托运人的指示处理货物，没有要求托运人出示其所收执的航空货运单，给该航空货运单的合法持有人造成损失的，承运人应当承担责任，但是不妨碍承运人向托运人追偿。

收货人的权利依照本法第一百二十条规定开始时，托运人的权利即告终止；但是，收货人拒绝接受航空货运单或者货物，或者承运人无法同收货人联系的，托运人恢复其对货物的处置权。

第一百二十条 除本法第一百一十九条所列情形外，收货人于货物到达目的地点，并在缴付应付款项和履行航空货运单上所列运输条件后，有权要求承运人移交航空货运单并交付货物。

除另有约定外，承运人应当在货物到达后立即通知收货人。

承运人承认货物已经遗失，或者货物在应当到达之日起七日后仍未到达的，收货人有权向承运人行使航空货物运输合同所赋予的权利。

第一百二十一条 托运人和收货人在履行航空货物运输合同规定的义务的条件下，无论为本人或者他人的利益，可以以本人的名义分别行使本法第一百一十九条和第一百二十条所赋予的权利。

第一百二十二条 本法第一百一十九条、第一百二十条和第一百二十一条的规定，不影响托运人同收货人之间的相互关系，也不影响从托运人或者收货人获得权利的第三人之间的关系。

任何与本法第一百一十九条、第一百二十条和第一百二十一条规定不同的合同条款，应当在航空货运单上载明。

第一百二十三条 托运人应当提供必需的资料和文件，以便在货物交付收货人前完成法律、行政法规规定的有关手续；因没有此种资料、文件，或者此种资料、文件不充足或者不符合规定造成的损失，除由于承运人或者其受雇人、代理人的过错造成的外，托运人应当对承运人承担责任。

除法律、行政法规另有规定外，承运人没有对前款规定的资料或者文件进行检查的义务。

第三节　承运人的责任

第一百二十四条 因发生在民用航空器上或者在旅客上、下民用航空器过程中的事件，造成旅客人身伤亡的，承运人应当承担责任；但是，旅客的人身伤亡完全是由于旅客本人的健康状况造成的，承运人不承担责任。

第一百二十五条 因发生在民用航空器上或者在旅客上、下民用航空器过程中的事件，造成旅客随身携带物品毁灭、遗失或者损坏的，承运人应当承担责任。因发生在航空运输期间的事件，造成旅客的托运行李毁灭、遗失或者损坏的，承运人应当承担责任。

旅客随身携带物品或者托运行李的毁灭、遗失或者损坏完全是由于行李本身的自然属性、质量或者缺陷造成的，承运人不承担责任。

本章所称行李，包括托运行李和旅客随身携带的物品。

因发生在航空运输期间的事件，造成货物毁灭、遗失或者损坏的，承运人应当承担责任；但是，承运人证明货物的毁灭、遗失或者损坏完全是由于下列原因之一造成的，不承担责任：

（一）货物本身的自然属性、质量或者缺陷；

（二）承运人或者其受雇人、代理人以外的人包装货物的，货物包装不良；

（三）战争或者武装冲突；

（四）政府有关部门实施的与货物入境、出境或者过境有关的行为。

本条所称航空运输期间，是指在机场内、民用航空器上或者机场外降落的任何地点，托运行李、货物处于承运人掌管之下的全部期间。

航空运输期间，不包括机场外的任何陆路运输、海上运输、内河运输过程；但是，此种陆路运输、海上运输、内河运输是为了履行航空运输合同而装载、交付或者转运，在没有相反证据的情况下，所发生的损失视为在航空运输期间发生的损失。

第一百二十六条 旅客、行李或者货物在航空运输中因延误造成的损失，承运人应当承担责任；但是，承运人证明本人或者其受雇人、代理人为了避免损失的发生，已经采取一切必要措施或者不可能采取此种措施的，不承担责任。

第一百二十七条 在旅客、行李运输中，经承运人证明，损失是由索赔人的过错造成或者促成的，应当根据造成或者促成此种损失的过错的程度，相应免除或者减轻承运人的责任。旅客以外的其他人就旅客死亡或者受伤提出赔偿请求时，经承运人证明，死亡或者受伤是旅客本人的过错造成或者促成的，同样应当根据造成或者促成此种损失的过错的程度，相应免除或者减轻承运人的责任。

在货物运输中，经承运人证明，损失是由索赔人或者代行权利人的过错造成或者促成的，应当根据造成或者促成此种损失的过错的程度，相应免除或者减轻承运人的责任。

第一百二十八条 国内航空运输承运人的赔偿责任限额由国务院民用航空主管部门制定，报国务院批准后公布执行。

旅客或者托运人在交运托运行李或者货物时，特别声明在目的地点交付时的利益，并在必要时支付附加费的，除承运人证明旅客或者托运人声明的金额高于托运行李或者货物在目的地点交付时的实际利益外，承运人应当在声明金额范围内承担责任；本法第一百二十九条的其他规定，除赔偿责任限额外，适用于国内航空运输。

第一百二十九条 国际航空运输承运人的赔偿责任限额按照下列规定执行：

（一）对每名旅客的赔偿责任限额为16600计算单位；但是，旅客可以同承运人书面约定高于本项规定的赔偿责任限额。

（二）对托运行李或者货物的赔偿责任限额，每公斤为17计算单位。旅客或者托运人在交运托运行李或者货物时，特别声明在目的地点交付时的利益，并在必要时支付附加费的，除承运人证明旅客或者托运人声明的金额高于托运行李或者货物在目的地点交付时的实际利益外，承运人应当在声明金额范围内承担责任。

托运行李或者货物的一部分或者托运行李、货物中的任何物件毁灭、遗失、损坏或者延误的，用以确定承运人赔偿责任限额的重量，仅为该一包件或者数包件的总重量；但是，因托运行李或者货物的一部分或者托运行李、货物中的任何物件的毁灭、遗失、损坏或者延误，影响同一份行李票或者同一份航空货运单所列其他包件的价值的，确定承运人的赔偿责任限额时，此种包件的总重量也应当考虑在内。

（三）对每名旅客随身携带的物品的赔偿责任限额为332计算单位。

第一百三十条 任何旨在免除本法规定的承运人责任或者降低本法规定的赔偿责任限额的条款，均属无效；但是，此种条款的无效，不影响整个航空运输合同的效力。

第一百三十一条 有关航空运输中发生的损失的诉讼，不论其根据如何，只能依照本法规定的条件和赔偿责任限额提出，但是不妨碍谁有权提起诉讼以及他们各自的权利。

第一百三十二条 经证明，航空运输中的损失是由于承运人或者其受雇人、代理人的故意或者明知可能造成损失而轻率地作为或者不作为造成的，承运人无权援用本法第一百二十八条、第一百二十九条有关赔偿责任限制的规定；证明承运人的受雇人、代理人有此种作为或者不作为的，还应当证明该受雇人、代理人是在受雇、代理范围内行事。

第一百三十三条 就航空运输中的损失向承运人的受雇人、代理人提起诉讼时，该受雇人、代理人证明他是在受雇、代理范围内行事的，有权援用本法第一百二十八条、第一百二十九条有关赔偿责任限制的规定。

在前款规定情形下，承运人及其受雇人、代理人的赔偿总额不得超过法定的赔偿责任限额。

经证明，航空运输中的损失是由于承运人的受雇人、代理人的故意或者明知可能造成损失而轻率地作为或者不作为造成的，不适用本条第一款和第二款的规定。

第一百三十四条 旅客或者收货人收受托运行李或者货物而未提出异议，为托运行李或者货物已经完好交付并与运输凭证相符的初步证据。

托运行李或者货物发生损失的，旅客或者收货人应当在发现损失后向承运人提出异议。托运行李发生损失的，至迟应当自收到托运行李之日起七日内提出；货物发生损失的，至迟应当自收到货物之日起十四日内提出。托运行李或者货物发生延误的，至迟应当自托运行李或者货物交付旅客或者收货人处置之日起二十一日内提出。

任何异议均应当在前款规定的期间内写在运输凭证上或者另以书面提出。

除承运人有欺诈行为外，旅客或者收货人未在本条第二款规定的期间内提出异议的，不能向承运人提出索赔诉讼。

第一百三十五条 航空运输的诉讼时效期间为二年，自民用航空器到达目的地点、应当到达目的地点或者运输终止之日起计算。

第一百三十六条 由几个航空承运人办理的连续运输，接受旅客、行李或者货物的每一个承运人应当受本法规定的约束，并就其根据合同办理的运输区段作为运输合同的订约一方。

对前款规定的连续运输，除合同明文约定第一承运人应当对全程运输承担责任外，旅客或者其继承人只能对发生事故或者延误的运输区段的承运人提起诉讼。

托运行李或者货物的毁灭、遗失、损坏或者延误，旅客或者托运人有权对第一承运人提起诉讼，旅客或者收货人有权对最后承运人提起诉讼，旅客、托运人和收货人均可以对发生毁灭、遗失、损坏或者延误的运输区段的承运人提起诉讼。上述承运人应当对旅客、托运人或者收货人承担连带责任。

第四节　实际承运人履行航空运输的特别规定

第一百三十七条　本节所称缔约承运人，是指以本人名义与旅客或者托运人，或者与旅客或者托运人的代理人，订立本章调整的航空运输合同的人。

本节所称实际承运人，是指根据缔约承运人的授权，履行前款全部或者部分运输的人，不是指本章规定的连续承运人；在没有相反证明时，此种授权被认为是存在的。

第一百三十八条　除本节另有规定外，缔约承运人和实际承运人都应当受本章规定的约束。缔约承运人应当对合同约定的全部运输负责。实际承运人应当对其履行的运输负责。

第一百三十九条　实际承运人的作为和不作为，实际承运人的受雇人、代理人在受雇、代理范围内的作为和不作为，关系到实际承运人履行的运输的，应当视为缔约承运人的作为和不作为。

缔约承运人的作为和不作为，缔约承运人的受雇人、代理人在受雇、代理范围内的作为和不作为，关系到实际承运人履行的运输的，应当视为实际承运人的作为和不作为；但是，实际承运人承担的责任不因此种作为或者不作为而超过法定的赔偿责任限额。

任何有关缔约承运人承担本章未规定的义务或者放弃本章赋予的权利的特别协议，或者任何有关依照本法第一百二十八条、第一百二十九条规定所作的在目的地点交付时利益的特别声明，除经实际承运人同意外，均不得影响实际承运人。

第一百四十条　依照本章规定提出的索赔或者发出的指示，无论是向缔约承运人还是向实际承运人提出或者发出的，具有同等效力；但是，本法第一百一十九条规定的指示，只在向缔约承运人发出时，方有效。

第一百四十一条　实际承运人的受雇人、代理人或者缔约承运人的受雇人、代理人，证明他是在受雇、代理范围内行事的，就实际承运人履行的运输而言，有权援用本法第一百二十八条、第一百二十九条有关赔偿责任限制的规定，但是依照本法规定不得援用赔偿责任限制规定的除外。

第一百四十二条　对于实际承运人履行的运输，实际承运人、缔约承运人以及他们的在受雇、代理范围内行事的受雇人、代理人的赔偿总额不得超过依照本法得以从缔约承运人或者实际承运人获得赔偿的最高数额；但是，其中任何人都不承担超过对他适用的赔偿责任限额。

第一百四十三条　对实际承运人履行的运输提起的诉讼，可以分别对实际承运人或者缔约承运人提起，也可以同时对实际承运人和缔约承运人提起；被提起诉讼的承运人有权要求另一承运人参加应诉。

第一百四十四条　除本法第一百四十三条规定外，本节规定不影响实际承运人和缔约承运人之间的权利、义务。

第十章　通用航空

第一百四十五条　通用航空，是指使用民用航空器从事公共航空运输以外的民用航空活动，包括从事工业、农业、林业、渔业和建筑业的作业飞行以及医疗卫生、抢险救灾、气象探测、海洋监测、科学实验、教育训练、文化体育等方面的飞行活动。

第一百四十六条　从事通用航空活动，应当具备下列条件：

（一）有与所从事的通用航空活动相适应，符合保证飞行安全要求的民用航空器；

（二）有必需的依法取得执照的航空人员；

（三）符合法律、行政法规规定的其他条件。

从事经营性通用航空，限于企业法人。

第一百四十七条　从事非经营性通用航空的，应当向国务院民用航空主管部门办理登记。

从事经营性通用航空的，应当向国务院民用航空主管部门申请领取通用航空经营许可证。

第一百四十八条　通用航空企业从事经营性通用航空活动，应当与用户订立书面合同，但是紧急情况下的救护或者救灾飞行除外。

第一百四十九条　组织实施作业飞行时，应当采取有效措施，保证飞行安全，保护环境和生态平衡，防止对环境、居民、作物或者牲畜等造成损害。

第一百五十条　从事通用航空活动的，应当投保地面第三人责任险。

第十一章　搜寻援救和事故调查

第一百五十一条　民用航空器遇到紧急情况时，应当发送信号，并向空中交通管制单位报告，提出援救请求；空中交通管制单位应当立即通知搜寻援救协调中心。民用航空器在海上遇到紧急情况时，还应当向船舶和国家海上搜寻援救组织发送信号。

第一百五十二条　发现民用航空器遇到紧急情况或者收听到民用航空器遇到紧急情况的信号的单位或者个人，应当立即通知有关的搜寻援救协调中心、海上搜寻援救组织或者当地人民政府。

第一百五十三条　收到通知的搜寻援救协调中心、地方人民政府和海上搜寻援救组织，应当立即组织搜寻援救。

收到通知的搜寻援救协调中心，应当设法将已经采取的搜寻援救措施通知遇到紧急情况的民用航空器。

搜寻援救民用航空器的具体办法，由国务院规定。

第一百五十四条　执行搜寻援救任务的单位或者个人，应当尽力抢救民用航空器所载人员，按照规定对民用航空器采取抢救措施并保护现场，保存证据。

第一百五十五条　民用航空器事故的当事人以及有关人员在接受调查时，应当如实提供现场情况和与事故有关的情节。

第一百五十六条　民用航空器事故调查的组织和程序，由国务院规定。

第十二章　对地面第三人损害的赔偿责任

第一百五十七条　因飞行中的民用航空器或者从飞行中的民用航空器上落下的人或者物，造成地面（包括水面，下同）上的人身伤亡或者财产损害的，受害人有权获得赔偿；但是，所受损害并非造成损害的事故的直接后果，或者所受损害仅是民用航空器依照国家有关的空中交通规则在空中通过造成的，受害人无权要求赔偿。

前款所称飞行中，是指自民用航空器为实际起飞而使用动力时起至着陆冲程终了时止；就轻于空气的民用航空器而言，飞行中是指自其离开地面时起至其重新着地时止。

第一百五十八条　本法第一百五十七条规定的赔偿责任，由民用航空器的经营人承担。

前款所称经营人，是指损害发生时使用民用航空器的人。民用航空器的使用权已经直接或者间接地授予他人，本人保留对该民用航空器的航行控制权的，本人仍被视为经营人。

经营人的受雇人、代理人在受雇、代理过程中使用民用航空器，无论是否在其受雇、代理范围内行事，均视为经营人使用民用航空器。

民用航空器登记的所有人应当被视为经营人，并承担经营人的责任；除非在判定其责任的诉讼中，所有人证明经营人是他人，并在法律程序许可的范围内采取适当措施使该人成为诉讼当事人之一。

第一百五十九条　未经对民用航空器有航行控制权的人同意而使用民用航空器，对地面第三人造成损害的，有航行控制权的人除证明本人已经适当注意防止此种使用外，应当与该非法使用人承担连带责任。

第一百六十条　损害是武装冲突或者骚乱的直接后果，依照本章规定应当承担责任的人不承担责任。

依照本章规定应当承担责任的人对民用航空器的使用权业经国家机关依法剥夺的，不承担责任。

第一百六十一条　依照本章规定应当承担责任的人证明损害是完全由于受害人或者其受雇人、代理人的过错造成的，免除其赔偿责任；应当承担责任的人证明损害是部分由于受害人或者其受雇人、代理人的过错造成的，相应减轻其赔偿责任。但是，损害是由于受害人的受雇人、代理人的过错造成时，受害人证明其受雇人、代理人的行为超出其所授权的范围的，不免除或者不减轻应当承担责任的人的赔偿责任。

一人对另一人的死亡或者伤害提起诉讼，请求赔偿时，损害是该另一人或者其受雇人、代理人的过错造成的，适用前款规定。

第一百六十二条　两个以上的民用航空器在飞行中相撞或者相扰，造成本法第一百五十七条规定的应当赔偿的损害，或者两个以上的民用航空器共同造成此种损害的，各有关民用航空器均应当被认为已经造成此种损害，各有关民用航空器的经营人均应当承担责任。

第一百六十三条　本法第一百五十八条第四款和第一百五十九条规定的人，享有依照本章规定经营人所能援用的抗辩权。

第一百六十四条　除本章有明确规定外，经营人、所有人和本法第一百五十九条规定的应当承担责任的人，以及他们的受雇人、代理人，对于飞行中的民用航空器或者从飞行中的民用航空器上落下的人或者物造成的地面上的损害不承担责任，但是故意造成此种损害的人除外。

第一百六十五条　本章不妨碍依照本章规定应当对损害承担责任的人向他人追偿的权利。

第一百六十六条　民用航空器的经营人应当

投保地面第三人责任险或者取得相应的责任担保。

第一百六十七条　保险人和担保人除享有与经营人相同的抗辩权，以及对伪造证件进行抗辩的权利外，对依照本章规定提出的赔偿请求只能进行下列抗辩：

（一）损害发生在保险或者担保终止有效后；然而保险或者担保在飞行中期满的，该项保险或者担保在飞行计划中所载下一次降落前继续有效，但是不得超过二十四小时；

（二）损害发生在保险或者担保所指定的地区范围外，除非飞行超出该范围是由于不可抗力、援助他人所必需，或者驾驶、航行或者领航上的差错造成的。

前款关于保险或者担保继续有效的规定，只在对受害人有利时适用。

第一百六十八条　仅在下列情形下，受害人可以直接对保险人或者担保人提起诉讼，但是不妨碍受害人根据有关保险合同或者担保合同的法律规定提起直接诉讼的权利：

（一）根据本法第一百六十七条第（一）项、第（二）项规定，保险或者担保继续有效的；

（二）经营人破产的。

除本法第一百六十七条第一款规定的抗辩权，保险人或者担保人对受害人依照本章规定提起的直接诉讼不得以保险或者担保的无效或者追溯力终止为由进行抗辩。

第一百六十九条　依照本法第一百六十六条规定提供的保险或者担保，应当被专门指定优先支付本章规定的赔偿。

第一百七十条　保险人应当支付给经营人的款项，在本章规定的第三人的赔偿请求未满足前，不受经营人的债权人的扣留和处理。

第一百七十一条　地面第三人损害赔偿的诉讼时效期间为二年，自损害发生之日起计算；但是，在任何情况下，时效期间不得超过自损害发生之日起三年。

第一百七十二条　本章规定不适用于下列损害：

（一）对飞行中的民用航空器或者对该航空器上的人或者物造成的损害；

（二）为受害人同经营人或者同发生损害时对民用航空器有使用权的人订立的合同所约束，或者为适用两方之间的劳动合同的法律有关职工赔偿的规定所约束的损害；

（三）核损害。

第十三章　对外国民用航空器的特别规定

第一百七十三条　外国人经营的外国民用航空器，在中华人民共和国境内从事民用航空活动，适用本章规定；本章没有规定的，适用本法其他有关规定。

第一百七十四条　外国民用航空器根据其国籍登记国政府与中华人民共和国政府签订的协定、协议的规定，或者经中华人民共和国国务院民用航空主管部门批准或者接受，方可飞入、飞出中华人民共和国领空和在中华人民共和国境内飞行、降落。

对不符合前款规定，擅自飞入、飞出中华人民共和国领空的外国民用航空器，中华人民共和国有关机关有权采取必要措施，令其在指定的机场降落；对虽然符合前款规定，但是有合理的根据认为需要对其进行检查的，有关机关有权令其在指定的机场降落。

第一百七十五条　外国民用航空器飞入中华人民共和国领空，其经营人应当提供有关证明书，证明其已经投保地面第三人责任险或者已经取得相应的责任担保；其经营人未提供有关证明书的，中华人民共和国国务院民用航空主管部门有权拒绝其飞入中华人民共和国领空。

第一百七十六条　外国民用航空器的经营人经其本国政府指定，并取得中华人民共和国国务院民用航空主管部门颁发的经营许可证，方可经营中华人民共和国政府与该外国政府签订的协定、协议规定的国际航班运输；外国民用航空器的经营人经其本国政府批准，并获得中华人民共和国国务院民用航空主管部门批准，方可经营中华人民共和国境内一地和境外一地之间的不定期航空运输。

前款规定的外国民用航空器经营人，应当依照中华人民共和国法律、行政法规的规定，制定相应的安全保卫方案，报中华人民共和国国务院民用航空主管部门备案。

第一百七十七条　外国民用航空器的经营人，不得经营中华人民共和国境内两点之间的航空运输。

第一百七十八条　外国民用航空器，应当按照中华人民共和国国务院民用航空主管部门批准的班期时刻或者飞行计划飞行；变更班期时刻或者飞行计划的，其经营人应当获得中华人民共和国国务院民用航空主管部门的批准；因故变更或者取消飞行的，其经营人应当及时报告中华人民共和国国务院民用航空主管部门。

第一百七十九条 外国民用航空器应当在中华人民共和国国务院民用航空主管部门指定的设关机场起飞或者降落。

第一百八十条 中华人民共和国国务院民用航空主管部门和其他主管机关，有权在外国民用航空器降落或者飞出时查验本法第九十条规定的文件。

外国民用航空器及其所载人员、行李、货物，应当接受中华人民共和国有关主管机关依法实施的入境出境、海关、检疫等检查。

实施前两款规定的查验、检查，应当避免不必要的延误。

第一百八十一条 外国民用航空器国籍登记国发给或者核准的民用航空器适航证书、机组人员合格证书和执照，中华人民共和国政府承认其有效；但是，发给或者核准此项证书或者执照的要求，应当等于或者高于国际民用航空组织制定的最低标准。

第一百八十二条 外国民用航空器在中华人民共和国搜寻援救区内遇险，其所有人或者国籍登记国参加搜寻援救工作，应当经中华人民共和国国务院民用航空主管部门批准或者按照两国政府协议进行。

第一百八十三条 外国民用航空器在中华人民共和国境内发生事故，其国籍登记国和其他有关国家可以指派观察员参加事故调查。事故调查报告和调查结果，由中华人民共和国国务院民用航空主管部门告知该外国民用航空器的国籍登记国和其他有关国家。

第十四章 涉外关系的法律适用

第一百八十四条 中华人民共和国缔结或者参加的国际条约同本法有不同规定的，适用国际条约的规定；但是，中华人民共和国声明保留的条款除外。

中华人民共和国法律和中华人民共和国缔结或者参加的国际条约没有规定的，可以适用国际惯例。

第一百八十五条 民用航空器所有权的取得、转让和消灭，适用民用航空器国籍登记国法律。

第一百八十六条 民用航空器抵押权适用民用航空器国籍登记国法律。

第一百八十七条 民用航空器优先权适用受理案件的法院所在地法律。

第一百八十八条 民用航空运输合同当事人可以选择合同适用的法律，但是法律另有规定的除外；合同当事人没有选择的，适用与合同有最密切联系的国家的法律。

第一百八十九条 民用航空器对地面第三人的损害赔偿，适用侵权行为地法律。

民用航空器在公海上空对水面第三人的损害赔偿，适用受理案件的法院所在地法律。

第一百九十条 依照本章规定适用外国法律或者国际惯例，不得违背中华人民共和国的社会公共利益。

第十五章 法律责任

第一百九十一条 以暴力、胁迫或者其他方法劫持航空器的，依照刑法有关规定追究刑事责任。

第一百九十二条 对飞行中的民用航空器上的人员使用暴力，危及飞行安全的，依照刑法有关规定追究刑事责任。

第一百九十三条 违反本法规定，隐匿携带炸药、雷管或者其他危险品乘坐民用航空器，或者以非危险品品名托运危险品的，依照刑法有关规定追究刑事责任。

企业事业单位犯前款罪的，判处罚金，并对直接负责的主管人员和其他直接责任人员依照前款规定追究刑事责任。

隐匿携带枪支子弹、管制刀具乘坐民用航空器的，依照刑法有关规定追究刑事责任。

第一百九十四条 公共航空运输企业违反本法第一百零一条的规定运输危险品的，由国务院民用航空主管部门没收违法所得，可以并处违法所得一倍以下的罚款。

公共航空运输企业有前款行为，导致发生重大事故的，没收违法所得，判处罚金；并对直接负责的主管人员和其他直接责任人员依照刑法有关规定追究刑事责任。

第一百九十五条 故意在使用中的民用航空器上放置危险品或者唆使他人放置危险品，足以毁坏该民用航空器，危及飞行安全的，依照刑法有关规定追究刑事责任。

第一百九十六条 故意传递虚假情报，扰乱正常飞行秩序，使公私财产遭受重大损失的，依照刑法有关规定追究刑事责任。

第一百九十七条　盗窃或者故意损毁、移动使用中的航行设施，危及飞行安全，足以使民用航空器发生坠落、毁坏危险的，依照刑法有关规定追究刑事责任。

第一百九十八条　聚众扰乱民用机场秩序的，依照刑法有关规定追究刑事责任。

第一百九十九条　航空人员玩忽职守，或者违反规章制度，导致发生重大飞行事故，造成严重后果的，依照刑法有关规定追究刑事责任。

第二百条　违反本法规定，尚不够刑事处罚，应当给予治安管理处罚的，依照治安管理处罚法的规定处罚。

第二百零一条　违反本法第三十七条的规定，民用航空器无适航证书而飞行，或者租用的外国民用航空器未经国务院民用航空主管部门对其原国籍登记国发给的适航证书审查认可或者另发适航证书而飞行的，由国务院民用航空主管部门责令停止飞行，没收违法所得，可以并处违法所得一倍以上五倍以下的罚款；没有违法所得的，处以十万元以上一百万元以下的罚款。

适航证书失效或者超过适航证书规定范围飞行的，依照前款规定处罚。

第二百零二条　违反本法第三十四条、第三十六条第二款的规定，将未取得型号合格证书、型号认可证书的民用航空器及其发动机、螺旋桨或者民用航空器上的设备投入生产的，由国务院民用航空主管部门责令停止生产，没收违法所得，可以并处违法所得一倍以下的罚款；没有违法所得的，处以五万元以上五十万元以下的罚款。

第二百零三条　违反本法第三十五条的规定，未取得生产许可证书、维修许可证书而从事生产、维修活动的，违反本法第九十二条、第一百四十七条第二款的规定，未取得公共航空运输经营许可证或者通用航空经营许可证而从事公共航空运输或者从事经营性通用航空的，国务院民用航空主管部门可以责令停止生产、维修或者经营活动。

第二百零四条　已取得本法第三十五条规定的生产许可证书、维修许可证书的企业，因生产、维修的质量问题造成严重事故的，国务院民用航空主管部门可以吊销其生产许可证书或者维修许可证书。

第二百零五条　违反本法第四十条的规定，未取得航空人员执照、体格检查合格证书而从事相应的民用航空活动的，由国务院民用航空主管部门责令停止民用航空活动，在国务院民用航空主管部门规定的限期内不得申领有关执照和证书，对其所在单位处以二十万元以下的罚款。

第二百零六条　有下列违法情形之一的，由国务院民用航空主管部门对民用航空器的机长给予警告或者吊扣执照一个月至六个月的处罚，情节较重的，可以给予吊销执照的处罚：

（一）机长违反本法第四十五条第一款的规定，未对民用航空器实施检查而起飞的；

（二）民用航空器违反本法第七十五条的规定，未按照空中交通管制单位指定的航路和飞行高度飞行，或者违反本法第七十九条的规定飞越城市上空的。

第二百零七条　违反本法第七十四条的规定，民用航空器未经空中交通管制单位许可进行飞行活动的，由国务院民用航空主管部门责令停止飞行，对该民用航空器所有人或者承租人处以一万元以上十万元以下的罚款；对该民用航空器的机长给予警告或者吊扣执照一个月至六个月的处罚，情节较重的，可以给予吊销执照的处罚。

第二百零八条　民用航空器的机长或者机组其他人员有下列行为之一的，由国务院民用航空主管部门给予警告或者吊扣执照一个月至六个月的处罚；有第（二）项或者第（三）项所列行为的，可以给予吊销执照的处罚：

（一）在执行飞行任务时，不按照本法第四十一条的规定携带执照和体格检查合格证书的；

（二）民用航空器遇险时，违反本法第四十八条的规定离开民用航空器的；

（三）违反本法第七十七条第二款的规定执行飞行任务的。

第二百零九条　违反本法第八十条的规定，民用航空器在飞行中投掷物品的，由国务院民用航空主管部门给予警告，可以对直接责任人员处以二千元以上二万元以下的罚款。

第二百一十条　违反本法第六十二条的规定，未取得机场使用许可证开放使用民用机场的，由国务院民用航空主管部门责令停止开放使用；没收违法所得，可以并处违法所得一倍以下的罚款。

第二百一十一条　公共航空运输企业、通用航空企业违反本法规定，情节较重的，除依照本法规定处罚外，国务院民用航空主管部门可以吊销其经营许可证。

第二百一十二条　国务院民用航空主管部门和地区民用航空管理机构的工作人员，玩忽职守、滥用职权、徇私舞弊，构成犯罪的，依法追究刑事责任；尚不构成犯罪的，依法给予行政处分。

第十六章　附　则

第二百一十三条　本法所称计算单位，是指国际货币基金组织规定的特别提款权；其人民币数额为法院判决之日、仲裁机构裁决之日或者当事人协议之日，按照国家外汇主管机关规定的国际货币基金组织的特别提款权对人民币的换算办法计算得出的人民币数额。

第二百一十四条　国务院、中央军事委员会对无人驾驶航空器的管理另有规定的，从其规定。

第二百一十五条　本法自1996年3月1日起施行。

中华人民共和国职业病防治法

（2001年10月27日第九届全国人民代表大会常务委员会第二十四次会议通过　根据2011年12月31日第十一届全国人民代表大会常务委员会第二十四次会议《关于修改〈中华人民共和国职业病防治法〉的决定》第一次修正　根据2016年7月2日第十二届全国人民代表大会常务委员会第二十一次会议《关于修改〈中华人民共和国节约能源法〉等六部法律的决定》第二次修正　根据2017年11月4日第十二届全国人民代表大会常务委员会第三十次会议《关于修改〈中华人民共和国会计法〉等十一部法律的决定》第三次修正　根据2018年12月29日第十三届全国人民代表大会常务委员会第七次会议《关于修改〈中华人民共和国劳动法〉等七部法律的决定》第四次修正）

目　录

第一章　总　则
第二章　前期预防
第三章　劳动过程中的防护与管理
第四章　职业病诊断与职业病病人保障
第五章　监督检查
第六章　法律责任
第七章　附　则

第一章　总　则

第一条　为了预防、控制和消除职业病危害，防治职业病，保护劳动者健康及其相关权益，促进经济社会发展，根据宪法，制定本法。

第二条　本法适用于中华人民共和国领域内的职业病防治活动。

本法所称职业病，是指企业、事业单位和个体经济组织等用人单位的劳动者在职业活动中，因接触粉尘、放射性物质和其他有毒、有害因素而引起的疾病。

职业病的分类和目录由国务院卫生行政部门会同国务院劳动保障行政部门制定、调整并公布。

第三条　职业病防治工作坚持预防为主、防治结合的方针，建立用人单位负责、行政机关监管、行业自律、职工参与和社会监督的机制，实行分类管理、综合治理。

第四条　劳动者依法享有职业卫生保护的权利。

用人单位应当为劳动者创造符合国家职业卫生标准和卫生要求的工作环境和条件，并采取措施保障劳动者获得职业卫生保护。

工会组织依法对职业病防治工作进行监督，维护劳动者的合法权益。用人单位制定或者修改有关职业病防治的规章制度，应当听取工会组织的意见。

第五条　用人单位应当建立、健全职业病防治责任制，加强对职业病防治的管理，提高职业病防治水平，对本单位产生的职业病危害承担责任。

第六条　用人单位的主要负责人对本单位的职业病防治工作全面负责。

第七条　用人单位必须依法参加工伤保险。

国务院和县级以上地方人民政府劳动保障行政部门应当加强对工伤保险的监督管理，确保劳动者依法享受工伤保险待遇。

第八条　国家鼓励和支持研制、开发、推广、应用有利于职业病防治和保护劳动者健康的新技术、新工艺、新设备、新材料，加强对职业病的机理和发生规律的基础研究，提高职业病防治科学技术水平；积极采用有效的职业病防治技术、工艺、设备、材料；限制使用或者淘汰职业病危害严重的技术、工艺、设备、材料。

国家鼓励和支持职业病医疗康复机构的建设。

第九条　国家实行职业卫生监督制度。

国务院卫生行政部门、劳动保障行政部门依照本法和国务院确定的职责，负责全国职业病防治的监督管理工作。国务院有关部门在各自的职责范围内负责职业病防治的有关监督管理工作。

县级以上地方人民政府卫生行政部门、劳动保障行政部门依据各自职责，负责本行政区域内职业病防治的监督管理工作。县级以上地方人民政府有关部门在各自的职责范围内负责职业病防治的有关监督管理工作。

县级以上人民政府卫生行政部门、劳动保障行政部门（以下统称职业卫生监督管理部门）应当加强沟通，密切配合，按照各自职责分工，依法行使职权，承担责任。

第十条　国务院和县级以上地方人民政府应当制定职业病防治规划，将其纳入国民经济和社会发展计划，并组织实施。

县级以上地方人民政府统一负责、领导、组织、协调本行政区域的职业病防治工作，建立健全职业病防治工作体制、机制，统一领导、指挥职业卫生突发事件应对工作；加强职业病防治能力建设和服务体系建设，完善、落实职业病防治工作责任制。

乡、民族乡、镇的人民政府应当认真执行本法，支持职业卫生监督管理部门依法履行职责。

第十一条　县级以上人民政府职业卫生监督管理部门应当加强对职业病防治的宣传教育，普及职业病防治的知识，增强用人单位的职业病防治观念，提高劳动者的职业健康意识、自我保护意识和行使职业卫生保护权利的能力。

第十二条　有关防治职业病的国家职业卫生标准，由国务院卫生行政部门组织制定并公布。

国务院卫生行政部门应当组织开展重点职业病监测和专项调查，对职业健康风险进行评估，为制定职业卫生标准和职业病防治政策提供科学依据。

县级以上地方人民政府卫生行政部门应当定期对本行政区域的职业病防治情况进行统计和调查分析。

第十三条　任何单位和个人有权对违反本法的行为进行检举和控告。有关部门收到相关的检举和控告后，应当及时处理。

对防治职业病成绩显著的单位和个人，给予奖励。

第二章　前期预防

第十四条　用人单位应当依照法律、法规要求，严格遵守国家职业卫生标准，落实职业病预防措施，从源头上控制和消除职业病危害。

第十五条　产生职业病危害的用人单位的设立除应当符合法律、行政法规规定的设立条件外，其工作场所还应当符合下列职业卫生要求：

（一）职业病危害因素的强度或者浓度符合国家职业卫生标准；

（二）有与职业病危害防护相适应的设施；

（三）生产布局合理，符合有害与无害作业分开的原则；

（四）有配套的更衣间、洗浴间、孕妇休息间等卫生设施；

（五）设备、工具、用具等设施符合保护劳动者生理、心理健康的要求；

（六）法律、行政法规和国务院卫生行政部门关于保护劳动者健康的其他要求。

第十六条　国家建立职业病危害项目申报制度。

用人单位工作场所存在职业病目录所列职业病的危害因素的，应当及时、如实向所在地卫生行政部门申报危害项目，接受监督。

职业病危害因素分类目录由国务院卫生行政部门制定、调整并公布。职业病危害项目申报的具体办法由国务院卫生行政部门制定。

第十七条　新建、扩建、改建建设项目和技术改造、技术引进项目（以下统称建设项目）可能产生职业病危害的，建设单位在可行性论证阶段应当进行职业病危害预评价。

医疗机构建设项目可能产生放射性职业病危害的，建设单位应当向卫生行政部门提交放射性职业病危害预评价报告。卫生行政部门应当自收到预评价报告之日起三十日内，作出审核决定并书面通知建设单位。未提交预评价报告或者预评价报告未经卫生行政部门审核同意的，不得开工建设。

职业病危害预评价报告应当对建设项目可能产生的职业病危害因素及其对工作场所和劳动者健康的影响作出评价，确定危害类别和职业病防护措施。

建设项目职业病危害分类管理办法由国务院卫生行政部门制定。

第十八条　建设项目的职业病防护设施所需费用应当纳入建设项目工程预算，并与主体工程同时设计，同时施工，同时投入生产和使用。

建设项目的职业病防护设施设计应当符合国家职业卫生标准和卫生要求；其中，医疗机构放射性职业病危害严重的建设项目的防护设施设计，应当经卫生行政部门审查同意后，方可施工。

建设项目在竣工验收前，建设单位应当进行职业病危害控制效果评价。

医疗机构可能产生放射性职业病危害的建设项目竣工验收时，其放射性职业病防护设施经卫生行政部门验收合格后，方可投入使用；其他建设项目的职业病防护设施应当由建设单位负责依法组织验收，验收合格后，方可投入生产和使用。卫生行政部门应当加强对建设单位组织的验收活动和验收结果的监督核查。

第十九条　国家对从事放射性、高毒、高危粉尘等作业实行特殊管理。具体管理办法由国务院制定。

第三章　劳动过程中的防护与管理

第二十条　用人单位应当采取下列职业病防治管理措施：

（一）设置或者指定职业卫生管理机构或者组织，配备专职或者兼职的职业卫生管理人员，负责本单位的职业病防治工作；

（二）制定职业病防治计划和实施方案；

（三）建立、健全职业卫生管理制度和操作规程；

（四）建立、健全职业卫生档案和劳动者健康监护档案；

（五）建立、健全工作场所职业病危害因素监测及评价制度；

（六）建立、健全职业病危害事故应急救援预案。

第二十一条　用人单位应当保障职业病防治所需的资金投入，不得挤占、挪用，并对因资金投入不足导致的后果承担责任。

第二十二条　用人单位必须采用有效的职业病防护设施，并为劳动者提供个人使用的职业病防护用品。

用人单位为劳动者个人提供的职业病防护用品必须符合防治职业病的要求；不符合要求的，不得使用。

第二十三条　用人单位应当优先采用有利于防治职业病和保护劳动者健康的新技术、新工艺、新设备、新材料，逐步替代职业病危害严重的技术、工艺、设备、材料。

第二十四条　产生职业病危害的用人单位，应当在醒目位置设置公告栏，公布有关职业病防治的规章制度、操作规程、职业病危害事故应急救援措施和工作场所职业病危害因素检测结果。

对产生严重职业病危害的作业岗位，应当在其醒目位置，设置警示标识和中文警示说明。警示说明应当载明产生职业病危害的种类、后果、预防以及应急救治措施等内容。

第二十五条　对可能发生急性职业损伤的有毒、有害工作场所，用人单位应当设置报警装置，配置现场急救用品、冲洗设备、应急撤离通道和必要的泄险区。

对放射工作场所和放射性同位素的运输、贮存，用人单位必须配置防护设备和报警装置，保证接触放射线的工作人员佩戴个人剂量计。

对职业病防护设备、应急救援设施和个人使用的职业病防护用品，用人单位应当进行经常性的维护、检修，定期检测其性能和效果，确保其处于正常状态，不得擅自拆除或者停止使用。

第二十六条　用人单位应当实施由专人负责的职业病危害因素日常监测，并确保监测系统处于正常运行状态。

用人单位应当按照国务院卫生行政部门的规定，定期对工作场所进行职业病危害因素检测、评价。检测、评价结果存入用人单位职业卫生档案，定期向所在地卫生行政部门报告并向劳动者公布。

职业病危害因素检测、评价由依法设立的取得国务院卫生行政部门或者设区的市级以上地方人民政府卫生行政部门按照职责分工给予资质认可的职业卫生技术服务机构进行。职业卫生技术服务机构所作检测、评价应当客观、真实。

发现工作场所职业病危害因素不符合国家职业卫生标准和卫生要求时，用人单位应当立即采取相应治理措施，仍然达不到国家职业卫生标准和卫生要求的，必须停止存在职业病危害因素的作业；职业病危害因素经治理后，符合国家职业卫生标准和卫生要求的，方可重新作业。

第二十七条　职业卫生技术服务机构依法从

事职业病危害因素检测、评价工作，接受卫生行政部门的监督检查。卫生行政部门应当依法履行监督职责。

第二十八条 向用人单位提供可能产生职业病危害的设备的，应当提供中文说明书，并在设备的醒目位置设置警示标识和中文警示说明。警示说明应当载明设备性能、可能产生的职业病危害、安全操作和维护注意事项、职业病防护以及应急救治措施等内容。

第二十九条 向用人单位提供可能产生职业病危害的化学品、放射性同位素和含有放射性物质的材料的，应当提供中文说明书。说明书应当载明产品特性、主要成份、存在的有害因素、可能产生的危害后果、安全使用注意事项、职业病防护以及应急救治措施等内容。产品包装应当有醒目的警示标识和中文警示说明。贮存上述材料的场所应当在规定的部位设置危险物品标识或者放射性警示标识。

国内首次使用或者首次进口与职业病危害有关的化学材料，使用单位或者进口单位按照国家规定经国务院有关部门批准后，应当向国务院卫生行政部门报送该化学材料的毒性鉴定以及经有关部门登记注册或者批准进口的文件等资料。

进口放射性同位素、射线装置和含有放射性物质的物品的，按照国家有关规定办理。

第三十条 任何单位和个人不得生产、经营、进口和使用国家明令禁止使用的可能产生职业病危害的设备或者材料。

第三十一条 任何单位和个人不得将产生职业病危害的作业转移给不具备职业病防护条件的单位和个人。不具备职业病防护条件的单位和个人不得接受产生职业病危害的作业。

第三十二条 用人单位对采用的技术、工艺、设备、材料，应当知悉其产生的职业病危害，对有职业病危害的技术、工艺、设备、材料隐瞒其危害而采用的，对所造成的职业病危害后果承担责任。

第三十三条 用人单位与劳动者订立劳动合同（含聘用合同，下同）时，应当将工作过程中可能产生的职业病危害及其后果、职业病防护措施和待遇等如实告知劳动者，并在劳动合同中写明，不得隐瞒或者欺骗。

劳动者在已订立劳动合同期间因工作岗位或者工作内容变更，从事与所订立劳动合同中未告知的存在职业病危害的作业时，用人单位应当依照前款规定，向劳动者履行如实告知的义务，并协商变更原劳动合同相关条款。

用人单位违反前两款规定的，劳动者有权拒绝从事存在职业病危害的作业，用人单位不得因此解除与劳动者所订立的劳动合同。

第三十四条 用人单位的主要负责人和职业卫生管理人员应当接受职业卫生培训，遵守职业病防治法律、法规，依法组织本单位的职业病防治工作。

用人单位应当对劳动者进行上岗前的职业卫生培训和在岗期间的定期职业卫生培训，普及职业卫生知识，督促劳动者遵守职业病防治法律、法规、规章和操作规程，指导劳动者正确使用职业病防护设备和个人使用的职业病防护用品。

劳动者应当学习和掌握相关的职业卫生知识，增强职业病防范意识，遵守职业病防治法律、法规、规章和操作规程，正确使用、维护职业病防护设备和个人使用的职业病防护用品，发现职业病危害事故隐患应当及时报告。

劳动者不履行前款规定义务的，用人单位应当对其进行教育。

第三十五条 对从事接触职业病危害的作业的劳动者，用人单位应当按照国务院卫生行政部门的规定组织上岗前、在岗期间和离岗时的职业健康检查，并将检查结果书面告知劳动者。职业健康检查费用由用人单位承担。

用人单位不得安排未经上岗前职业健康检查的劳动者从事接触职业病危害的作业；不得安排有职业禁忌的劳动者从事其所禁忌的作业；对在职业健康检查中发现有与所从事的职业相关的健康损害的劳动者，应当调离原工作岗位，并妥善安置；对未进行离岗前职业健康检查的劳动者不得解除或者终止与其订立的劳动合同。

职业健康检查应当由取得《医疗机构执业许可证》的医疗卫生机构承担。卫生行政部门应当加强对职业健康检查工作的规范管理，具体管理办法由国务院卫生行政部门制定。

第三十六条 用人单位应当为劳动者建立职业健康监护档案，并按照规定的期限妥善保存。

职业健康监护档案应当包括劳动者的职业史、职业病危害接触史、职业健康检查结果和职业病诊疗等有关个人健康资料。

劳动者离开用人单位时，有权索取本人职业健康监护档案复印件，用人单位应当如实、无偿提供，并在所提供的复印件上签章。

第三十七条 发生或者可能发生急性职业病

危害事故时，用人单位应当立即采取应急救援和控制措施，并及时报告所在地卫生行政部门和有关部门。卫生行政部门接到报告后，应当及时会同有关部门组织调查处理；必要时，可以采取临时控制措施。卫生行政部门应当组织做好医疗救治工作。

对遭受或者可能遭受急性职业病危害的劳动者，用人单位应当及时组织救治、进行健康检查和医学观察，所需费用由用人单位承担。

第三十八条　用人单位不得安排未成年工从事接触职业病危害的作业；不得安排孕期、哺乳期的女职工从事对本人和胎儿、婴儿有危害的作业。

第三十九条　劳动者享有下列职业卫生保护权利：

（一）获得职业卫生教育、培训；

（二）获得职业健康检查、职业病诊疗、康复等职业病防治服务；

（三）了解工作场所产生或者可能产生的职业病危害因素、危害后果和应当采取的职业病防护措施；

（四）要求用人单位提供符合防治职业病要求的职业病防护设施和个人使用的职业病防护用品，改善工作条件；

（五）对违反职业病防治法律、法规以及危及生命健康的行为提出批评、检举和控告；

（六）拒绝违章指挥和强令进行没有职业病防护措施的作业；

（七）参与用人单位职业卫生工作的民主管理，对职业病防治工作提出意见和建议。

用人单位应当保障劳动者行使前款所列权利。因劳动者依法行使正当权利而降低其工资、福利等待遇或者解除、终止与其订立的劳动合同的，其行为无效。

第四十条　工会组织应当督促并协助用人单位开展职业卫生宣传教育和培训，有权对用人单位的职业病防治工作提出意见和建议，依法代表劳动者与用人单位签订劳动安全卫生专项集体合同，与用人单位就劳动者反映的有关职业病防治的问题进行协调并督促解决。

工会组织对用人单位违反职业病防治法律、法规，侵犯劳动者合法权益的行为，有权要求纠正；产生严重职业病危害时，有权要求采取防护措施，或者向政府有关部门建议采取强制性措施；发生职业病危害事故时，有权参与事故调查处理；发现危及劳动者生命健康的情形时，有权向用人单位建议组织劳动者撤离危险现场，用人单位应当立即作出处理。

第四十一条　用人单位按照职业病防治要求，用于预防和治理职业病危害、工作场所卫生检测、健康监护和职业卫生培训等费用，按照国家有关规定，在生产成本中据实列支。

第四十二条　职业卫生监督管理部门应当按照职责分工，加强对用人单位落实职业病防护管理措施情况的监督检查，依法行使职权，承担责任。

第四章　职业病诊断与职业病病人保障

第四十三条　职业病诊断应当由取得《医疗机构执业许可证》的医疗卫生机构承担。卫生行政部门应当加强对职业病诊断工作的规范管理，具体管理办法由国务院卫生行政部门制定。

承担职业病诊断的医疗卫生机构还应当具备下列条件：

（一）具有与开展职业病诊断相适应的医疗卫生技术人员；

（二）具有与开展职业病诊断相适应的仪器、设备；

（三）具有健全的职业病诊断质量管理制度。

承担职业病诊断的医疗卫生机构不得拒绝劳动者进行职业病诊断的要求。

第四十四条　劳动者可以在用人单位所在地、本人户籍所在地或者经常居住地依法承担职业病诊断的医疗卫生机构进行职业病诊断。

第四十五条　职业病诊断标准和职业病诊断、鉴定办法由国务院卫生行政部门制定。职业病伤残等级的鉴定办法由国务院劳动保障行政部门会同国务院卫生行政部门制定。

第四十六条　职业病诊断，应当综合分析下列因素：

（一）病人的职业史；

（二）职业病危害接触史和工作场所职业病危害因素情况；

（三）临床表现以及辅助检查结果等。

没有证据否定职业病危害因素与病人临床表现之间的必然联系的，应当诊断为职业病。

职业病诊断证明书应当由参与诊断的取得职业病诊断资格的执业医师签署，并经承担职业病诊断的医疗卫生机构审核盖章。

第四十七条　用人单位应当如实提供职业病诊断、鉴定所需的劳动者职业史和职业病危害接触史、工作场所职业病危害因素检测结果等资料；卫生行政部门应当监督检查和督促用人单位提供上述资料；劳动者和有关机构也应当提供与职业病诊断、鉴定有关的资料。

职业病诊断、鉴定机构需要了解工作场所职业病危害因素情况时，可以对工作场所进行现场调查，也可以向卫生行政部门提出，卫生行政部门应当在十日内组织现场调查。用人单位不得拒绝、阻挠。

第四十八条　职业病诊断、鉴定过程中，用人单位不提供工作场所职业病危害因素检测结果等资料的，诊断、鉴定机构应当结合劳动者的临床表现、辅助检查结果和劳动者的职业史、职业病危害接触史，并参考劳动者的自述、卫生行政部门提供的日常监督检查信息等，作出职业病诊断、鉴定结论。

劳动者对用人单位提供的工作场所职业病危害因素检测结果等资料有异议，或者因劳动者的用人单位解散、破产，无用人单位提供上述资料的，诊断、鉴定机构应当提请卫生行政部门进行调查，卫生行政部门应当自接到申请之日起三十日内对存在异议的资料或者工作场所职业病危害因素情况作出判定；有关部门应当配合。

第四十九条　职业病诊断、鉴定过程中，在确认劳动者职业史、职业病危害接触史时，当事人对劳动关系、工种、工作岗位或者在岗时间有争议的，可以向当地的劳动人事争议仲裁委员会申请仲裁；接到申请的劳动人事争议仲裁委员会应当受理，并在三十日内作出裁决。

当事人在仲裁过程中对自己提出的主张，有责任提供证据。劳动者无法提供由用人单位掌握管理的与仲裁主张有关的证据的，仲裁庭应当要求用人单位在指定期限内提供；用人单位在指定期限内不提供的，应当承担不利后果。

劳动者对仲裁裁决不服的，可以依法向人民法院提起诉讼。

用人单位对仲裁裁决不服的，可以在职业病诊断、鉴定程序结束之日起十五日内依法向人民法院提起诉讼；诉讼期间，劳动者的治疗费用按照职业病待遇规定的途径支付。

第五十条　用人单位和医疗卫生机构发现职业病病人或者疑似职业病病人时，应当及时向所在地卫生行政部门报告。确诊为职业病的，用人单位还应当向所在地劳动保障行政部门报告。接到报告的部门应当依法作出处理。

第五十一条　县级以上地方人民政府卫生行政部门负责本行政区域内的职业病统计报告的管理工作，并按照规定上报。

第五十二条　当事人对职业病诊断有异议的，可以向作出诊断的医疗卫生机构所在地地方人民政府卫生行政部门申请鉴定。

职业病诊断争议由设区的市级以上地方人民政府卫生行政部门根据当事人的申请，组织职业病诊断鉴定委员会进行鉴定。

当事人对设区的市级职业病诊断鉴定委员会的鉴定结论不服的，可以向省、自治区、直辖市人民政府卫生行政部门申请再鉴定。

第五十三条　职业病诊断鉴定委员会由相关专业的专家组成。

省、自治区、直辖市人民政府卫生行政部门应当设立相关的专家库，需要对职业病争议作出诊断鉴定时，由当事人或者当事人委托有关卫生行政部门从专家库中以随机抽取的方式确定参加诊断鉴定委员会的专家。

职业病诊断鉴定委员会应当按照国务院卫生行政部门颁布的职业病诊断标准和职业病诊断、鉴定办法进行职业病诊断鉴定，向当事人出具职业病诊断鉴定书。职业病诊断、鉴定费用由用人单位承担。

第五十四条　职业病诊断鉴定委员会组成人员应当遵守职业道德，客观、公正地进行诊断鉴定，并承担相应的责任。职业病诊断鉴定委员会组成人员不得私下接触当事人，不得收受当事人的财物或者其他好处，与当事人有利害关系的，应当回避。

人民法院受理有关案件需要进行职业病鉴定时，应当从省、自治区、直辖市人民政府卫生行政部门依法设立的相关的专家库中选取参加鉴定的专家。

第五十五条　医疗卫生机构发现疑似职业病病人时，应当告知劳动者本人并及时通知用人单位。

用人单位应当及时安排对疑似职业病病人进行诊断；在疑似职业病病人诊断或者医学观察期间，不得解除或者终止与其订立的劳动合同。

疑似职业病病人在诊断、医学观察期间的费用，由用人单位承担。

第五十六条　用人单位应当保障职业病病人依法享受国家规定的职业病待遇。

用人单位应当按照国家有关规定，安排职业病病人进行治疗、康复和定期检查。

用人单位对不适宜继续从事原工作的职业病病人，应当调离原岗位，并妥善安置。

用人单位对从事接触职业病危害的作业的劳动者,应当给予适当岗位津贴。

第五十七条　职业病病人的诊疗、康复费用,伤残以及丧失劳动能力的职业病病人的社会保障,按照国家有关工伤保险的规定执行。

第五十八条　职业病病人除依法享有工伤保险外,依照有关民事法律,尚有获得赔偿的权利的,有权向用人单位提出赔偿要求。

第五十九条　劳动者被诊断患有职业病,但用人单位没有依法参加工伤保险的,其医疗和生活保障由该用人单位承担。

第六十条　职业病病人变动工作单位,其依法享有的待遇不变。

用人单位在发生分立、合并、解散、破产等情形时,应当对从事接触职业病危害的作业的劳动者进行健康检查,并按照国家有关规定妥善安置职业病病人。

第六十一条　用人单位已经不存在或者无法确认劳动关系的职业病病人,可以向地方人民政府医疗保障、民政部门申请医疗救助和生活等方面的救助。

地方各级人民政府应当根据本地区的实际情况,采取其他措施,使前款规定的职业病病人获得医疗救治。

第五章　监督检查

第六十二条　县级以上人民政府职业卫生监督管理部门依照职业病防治法律、法规、国家职业卫生标准和卫生要求,依据职责划分,对职业病防治工作进行监督检查。

第六十三条　卫生行政部门履行监督检查职责时,有权采取下列措施:

(一)进入被检查单位和职业病危害现场,了解情况,调查取证;

(二)查阅或者复制与违反职业病防治法律、法规的行为有关的资料和采集样品;

(三)责令违反职业病防治法律、法规的单位和个人停止违法行为。

第六十四条　发生职业病危害事故或者有证据证明危害状态可能导致职业病危害事故发生时,卫生行政部门可以采取下列临时控制措施:

(一)责令暂停导致职业病危害事故的作业;

(二)封存造成职业病危害事故或者可能导致职业病危害事故发生的材料和设备;

(三)组织控制职业病危害事故现场。

在职业病危害事故或者危害状态得到有效控制后,卫生行政部门应当及时解除控制措施。

第六十五条　职业卫生监督执法人员依法执行职务时,应当出示监督执法证件。

职业卫生监督执法人员应当忠于职守,秉公执法,严格遵守执法规范;涉及用人单位的秘密的,应当为其保密。

第六十六条　职业卫生监督执法人员依法执行职务时,被检查单位应当接受检查并予以支持配合,不得拒绝和阻碍。

第六十七条　卫生行政部门及其职业卫生监督执法人员履行职责时,不得有下列行为:

(一)对不符合法定条件的,发给建设项目有关证明文件、资质证明文件或者予以批准;

(二)对已经取得有关证明文件的,不履行监督检查职责;

(三)发现用人单位存在职业病危害的,可能造成职业病危害事故,不及时依法采取控制措施;

(四)其他违反本法的行为。

第六十八条　职业卫生监督执法人员应当依法经过资格认定。

职业卫生监督管理部门应当加强队伍建设,提高职业卫生监督执法人员的政治、业务素质,依照本法和其他有关法律、法规的规定,建立、健全内部监督制度,对其工作人员执行法律、法规和遵守纪律的情况,进行监督检查。

第六章　法律责任

第六十九条　建设单位违反本法规定,有下列行为之一的,由卫生行政部门给予警告,责令限期改正;逾期不改正的,处十万元以上五十万元以下的罚款;情节严重的,责令停止产生职业病危害的作业,或者提请有关人民政府按照国务院规定的权限责令停建、关闭:

(一)未按照规定进行职业病危害预评价的;

(二)医疗机构可能产生放射性职业病危害的建设项目未按照规定提交放射性职业病危害预评价报告,或者放射性职业病危害预评价报告未经卫生行政部门审核同意,开工建设的;

(三)建设项目的职业病防护设施未按照规定与主体工程同时设计、同时施工、同时投入生产和使用的;

(四)建设项目的职业病防护设施设计不符合

国家职业卫生标准和卫生要求，或者医疗机构放射性职业病危害严重的建设项目的防护设施设计未经卫生行政部门审查同意擅自施工的；

（五）未按照规定对职业病防护设施进行职业病危害控制效果评价的；

（六）建设项目竣工投入生产和使用前，职业病防护设施未按照规定验收合格的。

第七十条　违反本法规定，有下列行为之一的，由卫生行政部门给予警告，责令限期改正；逾期不改正的，处十万元以下的罚款：

（一）工作场所职业病危害因素检测、评价结果没有存档、上报、公布的；

（二）未采取本法第二十条规定的职业病防治管理措施的；

（三）未按照规定公布有关职业病防治的规章制度、操作规程、职业病危害事故应急救援措施的；

（四）未按照规定组织劳动者进行职业卫生培训，或者未对劳动者个人职业病防护采取指导、督促措施的；

（五）国内首次使用或者首次进口与职业病危害有关的化学材料，未按照规定报送毒性鉴定资料以及经有关部门登记注册或者批准进口的文件的。

第七十一条　用人单位违反本法规定，有下列行为之一的，由卫生行政部门责令限期改正，给予警告，可以并处五万元以上十万元以下的罚款：

（一）未按照规定及时、如实向卫生行政部门申报产生职业病危害的项目的；

（二）未实施由专人负责的职业病危害因素日常监测，或者监测系统不能正常监测的；

（三）订立或者变更劳动合同时，未告知劳动者职业病危害真实情况的；

（四）未按照规定组织职业健康检查、建立职业健康监护档案或者未将检查结果书面告知劳动者的；

（五）未依照本法规定在劳动者离开用人单位时提供职业健康监护档案复印件的。

第七十二条　用人单位违反本法规定，有下列行为之一的，由卫生行政部门给予警告，责令限期改正，逾期不改正的，处五万元以上二十万元以下的罚款；情节严重的，责令停止产生职业病危害的作业，或者提请有关人民政府按照国务院规定的权限责令关闭：

（一）工作场所职业病危害因素的强度或者浓度超过国家职业卫生标准的；

（二）未提供职业病防护设施和个人使用的职业病防护用品，或者提供的职业病防护设施和个人使用的职业病防护用品不符合国家职业卫生标准和卫生要求的；

（三）对职业病防护设备、应急救援设施和个人使用的职业病防护用品未按照规定进行维护、检修、检测，或者不能保持正常运行、使用状态的；

（四）未按照规定对工作场所职业病危害因素进行检测、评价的；

（五）工作场所职业病危害因素经治理仍然达不到国家职业卫生标准和卫生要求时，未停止存在职业病危害因素的作业的；

（六）未按照规定安排职业病病人、疑似职业病病人进行诊治的；

（七）发生或者可能发生急性职业病危害事故时，未立即采取应急救援和控制措施或者未按照规定及时报告的；

（八）未按照规定在产生严重职业病危害的作业岗位醒目位置设置警示标识和中文警示说明的；

（九）拒绝职业卫生监督管理部门监督检查的；

（十）隐瞒、伪造、篡改、毁损职业健康监护档案、工作场所职业病危害因素检测评价结果等相关资料，或者拒不提供职业病诊断、鉴定所需资料的；

（十一）未按照规定承担职业病诊断、鉴定费用和职业病病人的医疗、生活保障费用的。

第七十三条　向用人单位提供可能产生职业病危害的设备、材料，未按照规定提供中文说明书或者设置警示标识和中文警示说明的，由卫生行政部门责令限期改正，给予警告，并处五万元以上二十万元以下的罚款。

第七十四条　用人单位和医疗卫生机构未按照规定报告职业病、疑似职业病的，由有关主管部门依据职责分工责令限期改正，给予警告，可以并处一万元以下的罚款；弄虚作假的，并处二万元以上五万元以下的罚款；对直接负责的主管人员和其他直接责任人员，可以依法给予降级或者撤职的处分。

第七十五条　违反本法规定，有下列情形之一的，由卫生行政部门责令限期治理，并处五万元以上三十万元以下的罚款；情节严重的，责令停止产生职业病危害的作业，或者提请有关人民政府按照国务院规定的权限责令关闭：

（一）隐瞒技术、工艺、设备、材料所产生的职业病危害而采用的；

（二）隐瞒本单位职业卫生真实情况的；

（三）可能发生急性职业损伤的有毒、有害工作场所、放射工作场所或者放射性同位素的运输、贮存不符合本法第二十五条规定的；

（四）使用国家明令禁止使用的可能产生职业病危害的设备或者材料的；

（五）将产生职业病危害的作业转移给没有职业病防护条件的单位和个人，或者没有职业病防护条件的单位和个人接受产生职业病危害的作业的；

（六）擅自拆除、停止使用职业病防护设备或者应急救援设施的；

（七）安排未经职业健康检查的劳动者、有职业禁忌的劳动者、未成年工或者孕期、哺乳期女职工从事接触职业病危害的作业或者禁忌作业的；

（八）违章指挥和强令劳动者进行没有职业病防护措施的作业的。

第七十六条 生产、经营或者进口国家明令禁止使用的可能产生职业病危害的设备或者材料的，依照有关法律、行政法规的规定给予处罚。

第七十七条 用人单位违反本法规定，已经对劳动者生命健康造成严重损害的，由卫生行政部门责令停止产生职业病危害的作业，或者提请有关人民政府按照国务院规定的权限责令关闭，并处十万元以上五十万元以下的罚款。

第七十八条 用人单位违反本法规定，造成重大职业病危害事故或者其他严重后果，构成犯罪的，对直接负责的主管人员和其他直接责任人员，依法追究刑事责任。

第七十九条 未取得职业卫生技术服务资质认可擅自从事职业卫生技术服务的，由卫生行政部门责令立即停止违法行为，没收违法所得；违法所得五千元以上的，并处违法所得二倍以上十倍以下的罚款；没有违法所得或者违法所得不足五千元的，并处五千元以上五万元以下的罚款；情节严重的，对直接负责的主管人员和其他直接责任人员，依法给予降级、撤职或者开除的处分。

第八十条 从事职业卫生技术服务的机构和承担职业病诊断的医疗卫生机构违反本法规定，有下列行为之一的，由卫生行政部门责令立即停止违法行为，给予警告，没收违法所得；违法所得五千元以上的，并处违法所得二倍以上五倍以下的罚款；没有违法所得或者违法所得不足五千元的，并处五千元以上二万元以下的罚款；情节严重的，由原认可或者登记机关取消其相应的资格；对直接负责的主管人员和其他直接责任人员，依法给予降级、撤职或者开除的处分；构成犯罪的，依法追究刑事责任：

（一）超出资质认可或者诊疗项目登记范围从事职业卫生技术服务或者职业病诊断的；

（二）不按照本法规定履行法定职责的；

（三）出具虚假证明文件的。

第八十一条 职业病诊断鉴定委员会组成人员收受职业病诊断争议当事人的财物或者其他好处的，给予警告，没收收受的财物，可以并处三千元以上五万元以下的罚款，取消其担任职业病诊断鉴定委员会组成人员的资格，并从省、自治区、直辖市人民政府卫生行政部门设立的专家库中予以除名。

第八十二条 卫生行政部门不按照规定报告职业病和职业病危害事故的，由上一级行政部门责令改正，通报批评，给予警告；虚报、瞒报的，对单位负责人、直接负责的主管人员和其他直接责任人员依法给予降级、撤职或者开除的处分。

第八十三条 县级以上地方人民政府在职业病防治工作中未依照本法履行职责，本行政区域出现重大职业病危害事故、造成严重社会影响的，依法对直接负责的主管人员和其他直接责任人员给予记大过直至开除的处分。

县级以上人民政府职业卫生监督管理部门不履行本法规定的职责，滥用职权、玩忽职守、徇私舞弊，依法对直接负责的主管人员和其他直接责任人员给予记大过或者降级的处分；造成职业病危害事故或者其他严重后果的，依法给予撤职或者开除的处分。

第八十四条 违反本法规定，构成犯罪的，依法追究刑事责任。

第七章 附 则

第八十五条 本法下列用语的含义：

职业病危害，是指对从事职业活动的劳动者可能导致职业病的各种危害。职业病危害因素包括：职业活动中存在的各种有害的化学、物理、生物因素以及在作业过程中产生的其他职业有害因素。

职业禁忌，是指劳动者从事特定职业或者接触特定职业病危害因素时，比一般职业人群更易于遭受职业病危害和罹患职业病或者可能导致原有自身疾病病情加重，或者在从事作业过程中诱发可能导致对他人生命健康构成危险的疾病的个人特殊生理或者病理状态。

第八十六条 本法第二条规定的用人单位以外的单位，产生职业病危害的，其职业病防治活动可以参照本法执行。

劳务派遣用工单位应当履行本法规定的用人单位的义务。

中国人民解放军参照执行本法的办法，由国务院、中央军事委员会制定。

第八十七条 对医疗机构放射性职业病危害控制的监督管理，由卫生行政部门依照本法的规定实施。

第八十八条 本法自2002年5月1日起施行。

中华人民共和国主席令

第二十五号

《全国人民代表大会常务委员会关于修改〈中华人民共和国社会保险法〉的决定》已由中华人民共和国第十三届全国人民代表大会常务委员会第七次会议于2018年12月29日通过，现予公布，自公布之日起施行。

中华人民共和国主席 习近平

2018年12月29日

全国人民代表大会常务委员会关于修改《中华人民共和国社会保险法》的决定

（2018年12月29日第十三届全国人民代表大会常务委员会第七次会议通过）

第十三届全国人民代表大会常务委员会第七次会议决定对《中华人民共和国社会保险法》作如下修改：

一、将第五十七条中的“工商行政管理部门”修改为“市场监督管理部门”。

二、将第六十四条第一款中的“各项社会保险基金按照社会保险险种分别建账，分账核算，执行国家统一的会计制度”修改为“除基本医疗保险基金与生育保险基金合并建账及核算外，其他各项社会保险基金按照社会保险险种分别建账，分账核算。社会保险基金执行国家统一的会计制度”。

三、将第六十六条中的“社会保险基金预算按照社会保险项目分别编制”修改为“除基本医疗保险基金与生育保险基金预算合并编制外，其他社会保险基金预算按照社会保险项目分别编制”。

本决定自公布之日起施行。

《中华人民共和国社会保险法》根据本决定作相应修改，重新公布。

中华人民共和国社会保险法

（2010年10月28日第十一届全国人民代表大会常务委员会第十七次会议通过　根据2018年12月29日第十三届全国人民代表大会常务委员会第七次会议《关于修改〈中华人民共和国社会保险法〉的决定》修正）

目　录

第一章　总　　则
第二章　基本养老保险
第三章　基本医疗保险
第四章　工伤保险
第五章　失业保险

第六章 生育保险
第七章 社会保险费征缴
第八章 社会保险基金
第九章 社会保险经办
第十章 社会保险监督
第十一章 法律责任
第十二章 附 则

第一章 总 则

第一条 为了规范社会保险关系,维护公民参加社会保险和享受社会保险待遇的合法权益,使公民共享发展成果,促进社会和谐稳定,根据宪法,制定本法。

第二条 国家建立基本养老保险、基本医疗保险、工伤保险、失业保险、生育保险等社会保险制度,保障公民在年老、疾病、工伤、失业、生育等情况下依法从国家和社会获得物质帮助的权利。

第三条 社会保险制度坚持广覆盖、保基本、多层次、可持续的方针,社会保险水平应当与经济社会发展水平相适应。

第四条 中华人民共和国境内的用人单位和个人依法缴纳社会保险费,有权查询缴费记录、个人权益记录,要求社会保险经办机构提供社会保险咨询等相关服务。

个人依法享受社会保险待遇,有权监督本单位为其缴费情况。

第五条 县级以上人民政府将社会保险事业纳入国民经济和社会发展规划。

国家多渠道筹集社会保险资金。县级以上人民政府对社会保险事业给予必要的经费支持。

国家通过税收优惠政策支持社会保险事业。

第六条 国家对社会保险基金实行严格监管。

国务院和省、自治区、直辖市人民政府建立健全社会保险基金监督管理制度,保障社会保险基金安全、有效运行。

县级以上人民政府采取措施,鼓励和支持社会各方面参与社会保险基金的监督。

第七条 国务院社会保险行政部门负责全国的社会保险管理工作,国务院其他有关部门在各自的职责范围内负责有关的社会保险工作。

县级以上地方人民政府社会保险行政部门负责本行政区域的社会保险管理工作,县级以上地方人民政府其他有关部门在各自的职责范围内负责有关的社会保险工作。

第八条 社会保险经办机构提供社会保险服务,负责社会保险登记、个人权益记录、社会保险待遇支付等工作。

第九条 工会依法维护职工的合法权益,有权参与社会保险重大事项的研究,参加社会保险监督委员会,对与职工社会保险权益有关的事项进行监督。

第二章 基本养老保险

第十条 职工应当参加基本养老保险,由用人单位和职工共同缴纳基本养老保险费。

无雇工的个体工商户、未在用人单位参加基本养老保险的非全日制从业人员以及其他灵活就业人员可以参加基本养老保险,由个人缴纳基本养老保险费。

公务员和参照公务员法管理的工作人员养老保险的办法由国务院规定。

第十一条 基本养老保险实行社会统筹与个人账户相结合。

基本养老保险基金由用人单位和个人缴费以及政府补贴等组成。

第十二条 用人单位应当按照国家规定的本单位职工工资总额的比例缴纳基本养老保险费,记入基本养老保险统筹基金。

职工应当按照国家规定的本人工资的比例缴纳基本养老保险费,记入个人账户。

无雇工的个体工商户、未在用人单位参加基本养老保险的非全日制从业人员以及其他灵活就业人员参加基本养老保险的,应当按照国家规定缴纳基本养老保险费,分别记入基本养老保险统筹基金和个人账户。

第十三条 国有企业、事业单位职工参加基本养老保险前,视同缴费年限期间应当缴纳的基本养老保险费由政府承担。

基本养老保险基金出现支付不足时,政府给予补贴。

第十四条 个人账户不得提前支取,记账利率不得低于银行定期存款利率,免征利息税。个人死亡的,个人账户余额可以继承。

第十五条 基本养老金由统筹养老金和个人账户养老金组成。

基本养老金根据个人累计缴费年限、缴费工资、当地职工平均工资、个人账户金额、城镇人口平均预期寿命等因素确定。

第十六条 参加基本养老保险的个人,达到法定退休年龄时累计缴费满十五年的,按月领取基本养老金。

参加基本养老保险的个人,达到法定退休年龄时累计缴费不足十五年的,可以缴费至满十五年,按月领取基本养老金;也可以转入新型农村社会养老保险或者城镇居民社会养老保险,按照国务院规定享受相应的养老保险待遇。

第十七条 参加基本养老保险的个人,因病或者非因工死亡的,其遗属可以领取丧葬补助金和抚恤金;在未达到法定退休年龄时因病或者非因工致残完全丧失劳动能力的,可以领取病残津贴。所需资金从基本养老保险基金中支付。

第十八条 国家建立基本养老金正常调整机制。根据职工平均工资增长、物价上涨情况,适时提高基本养老保险待遇水平。

第十九条 个人跨统筹地区就业的,其基本养老保险关系随本人转移,缴费年限累计计算。个人达到法定退休年龄时,基本养老金分段计算、统一支付。具体办法由国务院规定。

第二十条 国家建立和完善新型农村社会养老保险制度。

新型农村社会养老保险实行个人缴费、集体补助和政府补贴相结合。

第二十一条 新型农村社会养老保险待遇由基础养老金和个人账户养老金组成。

参加新型农村社会养老保险的农村居民,符合国家规定条件的,按月领取新型农村社会养老保险待遇。

第二十二条 国家建立和完善城镇居民社会养老保险制度。

省、自治区、直辖市人民政府根据实际情况,可以将城镇居民社会养老保险和新型农村社会养老保险合并实施。

第三章 基本医疗保险

第二十三条 职工应当参加职工基本医疗保险,由用人单位和职工按照国家规定共同缴纳基本医疗保险费。

无雇工的个体工商户、未在用人单位参加职工基本医疗保险的非全日制从业人员以及其他灵活就业人员可以参加职工基本医疗保险,由个人按照国家规定缴纳基本医疗保险费。

第二十四条 国家建立和完善新型农村合作医疗制度。

新型农村合作医疗的管理办法,由国务院规定。

第二十五条 国家建立和完善城镇居民基本医疗保险制度。

城镇居民基本医疗保险实行个人缴费和政府补贴相结合。

享受最低生活保障的人、丧失劳动能力的残疾人、低收入家庭六十周岁以上的老年人和未成年人等所需个人缴费部分,由政府给予补贴。

第二十六条 职工基本医疗保险、新型农村合作医疗和城镇居民基本医疗保险的待遇标准按照国家规定执行。

第二十七条 参加职工基本医疗保险的个人,达到法定退休年龄时累计缴费达到国家规定年限的,退休后不再缴纳基本医疗保险费,按照国家规定享受基本医疗保险待遇;未达到国家规定年限的,可以缴费至国家规定年限。

第二十八条 符合基本医疗保险药品目录、诊疗项目、医疗服务设施标准以及急诊、抢救的医疗费用,按照国家规定从基本医疗保险基金中支付。

第二十九条 参保人员医疗费用中应当由基本医疗保险基金支付的部分,由社会保险经办机构与医疗机构、药品经营单位直接结算。

社会保险行政部门和卫生行政部门应当建立异地就医医疗费用结算制度,方便参保人员享受基本医疗保险待遇。

第三十条 下列医疗费用不纳入基本医疗保险基金支付范围:

(一)应当从工伤保险基金中支付的;

(二)应当由第三人负担的;

(三)应当由公共卫生负担的;

(四)在境外就医的。

医疗费用依法应当由第三人负担,第三人不支付或者无法确定第三人的,由基本医疗保险基金先行支付。基本医疗保险基金先行支付后,有权向第三人追偿。

第三十一条 社会保险经办机构根据管理服务的需要,可以与医疗机构、药品经营单位签订服务协议,规范医疗服务行为。

医疗机构应当为参保人员提供合理、必要的医疗服务。

第三十二条 个人跨统筹地区就业的,其基本医疗保险关系随本人转移,缴费年限累计计算。

第四章 工伤保险

第三十三条 职工应当参加工伤保险,由用人单位缴纳工伤保险费，职工不缴纳工伤保险费。

第三十四条　国家根据不同行业的工伤风险程度确定行业的差别费率，并根据使用工伤保险基金、工伤发生率等情况在每个行业内确定费率档次。行业差别费率和行业内费率档次由国务院社会保险行政部门制定，报国务院批准后公布施行。

社会保险经办机构根据用人单位使用工伤保险基金、工伤发生率和所属行业费率档次等情况，确定用人单位缴费费率。

第三十五条　用人单位应当按照本单位职工工资总额，根据社会保险经办机构确定的费率缴纳工伤保险费。

第三十六条　职工因工作原因受到事故伤害或者患职业病，且经工伤认定的，享受工伤保险待遇；其中，经劳动能力鉴定丧失劳动能力的，享受伤残待遇。

工伤认定和劳动能力鉴定应当简捷、方便。

第三十七条　职工因下列情形之一导致本人在工作中伤亡的，不认定为工伤：

（一）故意犯罪；

（二）醉酒或者吸毒；

（三）自残或者自杀；

（四）法律、行政法规规定的其他情形。

第三十八条　因工伤发生的下列费用，按照国家规定从工伤保险基金中支付：

（一）治疗工伤的医疗费用和康复费用；

（二）住院伙食补助费；

（三）到统筹地区以外就医的交通食宿费；

（四）安装配置伤残辅助器具所需费用；

（五）生活不能自理的，经劳动能力鉴定委员会确认的生活护理费；

（六）一次性伤残补助金和一至四级伤残职工按月领取的伤残津贴；

（七）终止或者解除劳动合同时，应当享受的一次性医疗补助金；

（八）因工死亡的，其遗属领取的丧葬补助金、供养亲属抚恤金和因工死亡补助金；

（九）劳动能力鉴定费。

第三十九条　因工伤发生的下列费用，按照国家规定由用人单位支付：

（一）治疗工伤期间的工资福利；

（二）五级、六级伤残职工按月领取的伤残津贴；

（三）终止或者解除劳动合同时，应当享受的一次性伤残就业补助金。

第四十条　工伤职工符合领取基本养老金条件的，停发伤残津贴，享受基本养老保险待遇。基本养老保险待遇低于伤残津贴的，从工伤保险基金中补足差额。

第四十一条　职工所在用人单位未依法缴纳工伤保险费，发生工伤事故的，由用人单位支付工伤保险待遇。用人单位不支付的，从工伤保险基金中先行支付。

从工伤保险基金中先行支付的工伤保险待遇应当由用人单位偿还。用人单位不偿还的，社会保险经办机构可以依照本法第六十三条的规定追偿。

第四十二条　由于第三人的原因造成工伤，第三人不支付工伤医疗费用或者无法确定第三人的，由工伤保险基金先行支付。工伤保险基金先行支付后，有权向第三人追偿。

第四十三条　工伤职工有下列情形之一的，停止享受工伤保险待遇：

（一）丧失享受待遇条件的；

（二）拒不接受劳动能力鉴定的；

（三）拒绝治疗的。

第五章　失业保险

第四十四条　职工应当参加失业保险，由用人单位和职工按照国家规定共同缴纳失业保险费。

第四十五条　失业人员符合下列条件的，从失业保险基金中领取失业保险金：

（一）失业前用人单位和本人已经缴纳失业保险费满一年的；

（二）非因本人意愿中断就业的；

（三）已经进行失业登记，并有求职要求的。

第四十六条　失业人员失业前用人单位和本人累计缴费满一年不足五年的，领取失业保险金的期限最长为十二个月；累计缴费满五年不足十年的，领取失业保险金的期限最长为十八个月；累计缴费十年以上的，领取失业保险金的期限最长为二十四个月。重新就业后，再次失业的，缴费时间重新计算，领取失业保险金的期限与前次失业应当领取而尚未领取的失业保险金的期限合并计算，最长不超过二十四个月。

第四十七条　失业保险金的标准，由省、自治区、直辖市人民政府确定，不得低于城市居民最低生活保障标准。

第四十八条　失业人员在领取失业保险金期间，参加职工基本医疗保险，享受基本医疗保险待遇。

失业人员应当缴纳的基本医疗保险费从失业保险基金中支付,个人不缴纳基本医疗保险费。

第四十九条　失业人员在领取失业保险金期间死亡的,参照当地对在职职工死亡的规定,向其遗属发给一次性丧葬补助金和抚恤金。所需资金从失业保险基金中支付。

个人死亡同时符合领取基本养老保险丧葬补助金、工伤保险丧葬补助金和失业保险丧葬补助金条件的,其遗属只能选择领取其中的一项。

第五十条　用人单位应当及时为失业人员出具终止或者解除劳动关系的证明,并将失业人员的名单自终止或者解除劳动关系之日起十五日内告知社会保险经办机构。

失业人员应当持本单位为其出具的终止或者解除劳动关系的证明,及时到指定的公共就业服务机构办理失业登记。

失业人员凭失业登记证明和个人身份证明,到社会保险经办机构办理领取失业保险金的手续。失业保险金领取期限自办理失业登记之日起计算。

第五十一条　失业人员在领取失业保险金期间有下列情形之一的,停止领取失业保险金,并同时停止享受其他失业保险待遇:

(一)重新就业的;

(二)应征服兵役的;

(三)移居境外的;

(四)享受基本养老保险待遇的;

(五)无正当理由,拒不接受当地人民政府指定部门或者机构介绍的适当工作或者提供的培训的。

第五十二条　职工跨统筹地区就业的,其失业保险关系随本人转移,缴费年限累计计算。

第六章　生育保险

第五十三条　职工应当参加生育保险,由用人单位按照国家规定缴纳生育保险费,职工不缴纳生育保险费。

第五十四条　用人单位已经缴纳生育保险费的,其职工享受生育保险待遇;职工未就业配偶按照国家规定享受生育医疗费用待遇。所需资金从生育保险基金中支付。

生育保险待遇包括生育医疗费用和生育津贴。

第五十五条　生育医疗费用包括下列各项:

(一)生育的医疗费用;

(二)计划生育的医疗费用;

(三)法律、法规规定的其他项目费用。

第五十六条　职工有下列情形之一的,可以按照国家规定享受生育津贴:

(一)女职工生育享受产假;

(二)享受计划生育手术休假;

(三)法律、法规规定的其他情形。

生育津贴按照职工所在用人单位上年度职工月平均工资计发。

第七章　社会保险费征缴

第五十七条　用人单位应当自成立之日起三十日内凭营业执照、登记证书或者单位印章,向当地社会保险经办机构申请办理社会保险登记。社会保险经办机构应当自收到申请之日起十五日内予以审核,发给社会保险登记证件。

用人单位的社会保险登记事项发生变更或者用人单位依法终止的,应当自变更或者终止之日起三十日内,到社会保险经办机构办理变更或者注销社会保险登记。

市场监督管理部门、民政部门和机构编制管理机关应当及时向社会保险经办机构通报用人单位的成立、终止情况,公安机关应当及时向社会保险经办机构通报个人的出生、死亡以及户口登记、迁移、注销等情况。

第五十八条　用人单位应当自用工之日起三十日内为其职工向社会保险经办机构申请办理社会保险登记。未办理社会保险登记的,由社会保险经办机构核定其应当缴纳的社会保险费。

自愿参加社会保险的无雇工的个体工商户、未在用人单位参加社会保险的非全日制从业人员以及其他灵活就业人员,应当向社会保险经办机构申请办理社会保险登记。

国家建立全国统一的个人社会保障号码。个人社会保障号码为公民身份号码。

第五十九条　县级以上人民政府加强社会保险费的征收工作。

社会保险费实行统一征收,实施步骤和具体办法由国务院规定。

第六十条　用人单位应当自行申报、按时足额缴纳社会保险费,非因不可抗力等法定事由不得缓缴、减免。职工应当缴纳的社会保险费由用人单位代扣代缴,用人单位应当按月将缴纳社会保险费的明细情况告知本人。

无雇工的个体工商户、未在用人单位参加社会保险的非全日制从业人员以及其他灵活就业人员，可以直接向社会保险费征收机构缴纳社会保险费。

第六十一条 社会保险费征收机构应当依法按时足额征收社会保险费，并将缴费情况定期告知用人单位和个人。

第六十二条 用人单位未按规定申报应当缴纳的社会保险费数额的，按照该单位上月缴费额的百分之一百一十确定应当缴纳数额；缴费单位补办申报手续后，由社会保险费征收机构按照规定结算。

第六十三条 用人单位未按时足额缴纳社会保险费的，由社会保险费征收机构责令其限期缴纳或者补足。

用人单位逾期仍未缴纳或者补足社会保险费的，社会保险费征收机构可以向银行和其他金融机构查询其存款账户；并可以申请县级以上有关行政部门作出划拨社会保险费的决定，书面通知其开户银行或者其他金融机构划拨社会保险费。用人单位账户余额少于应当缴纳的社会保险费的，社会保险费征收机构可以要求该用人单位提供担保，签订延期缴费协议。

用人单位未足额缴纳社会保险费且未提供担保的，社会保险费征收机构可以申请人民法院扣押、查封、拍卖其价值相当于应当缴纳社会保险费的财产，以拍卖所得抵缴社会保险费。

第八章 社会保险基金

第六十四条 社会保险基金包括基本养老保险基金、基本医疗保险基金、工伤保险基金、失业保险基金和生育保险基金。除基本医疗保险基金与生育保险基金合并建账及核算外，其他各项社会保险基金按照社会保险险种分别建账，分账核算。社会保险基金执行国家统一的会计制度。

社会保险基金专款专用，任何组织和个人不得侵占或者挪用。

基本养老保险基金逐步实行全国统筹，其他社会保险基金逐步实行省级统筹，具体时间、步骤由国务院规定。

第六十五条 社会保险基金通过预算实现收支平衡。

县级以上人民政府在社会保险基金出现支付不足时，给予补贴。

第六十六条 社会保险基金按照统筹层次设立预算。除基本医疗保险基金与生育保险基金预算合并编制外，其他社会保险基金预算按照社会保险项目分别编制。

第六十七条 社会保险基金预算、决算草案的编制、审核和批准，依照法律和国务院规定执行。

第六十八条 社会保险基金存入财政专户，具体管理办法由国务院规定。

第六十九条 社会保险基金在保证安全的前提下，按照国务院规定投资运营实现保值增值。

社会保险基金不得违规投资运营，不得用于平衡其他政府预算，不得用于兴建、改建办公场所和支付人员经费、运行费用、管理费用，或者违反法律、行政法规规定挪作其他用途。

第七十条 社会保险经办机构应当定期向社会公布参加社会保险情况以及社会保险基金的收入、支出、结余和收益情况。

第七十一条 国家设立全国社会保障基金，由中央财政预算拨款以及国务院批准的其他方式筹集的资金构成，用于社会保障支出的补充、调剂。全国社会保障基金由全国社会保障基金管理运营机构负责管理运营，在保证安全的前提下实现保值增值。

全国社会保障基金应当定期向社会公布收支、管理和投资运营的情况。国务院财政部门、社会保险行政部门、审计机关对全国社会保障基金的收支、管理和投资运营情况实施监督。

第九章 社会保险经办

第七十二条 统筹地区设立社会保险经办机构。社会保险经办机构根据工作需要，经所在地的社会保险行政部门和机构编制管理机关批准，可以在本统筹地区设立分支机构和服务网点。

社会保险经办机构的人员经费和经办社会保险发生的基本运行费用、管理费用，由同级财政按照国家规定予以保障。

第七十三条 社会保险经办机构应当建立健全业务、财务、安全和风险管理制度。

社会保险经办机构应当按时足额支付社会保险待遇。

第七十四条 社会保险经办机构通过业务经办、统计、调查获取社会保险工作所需的数据，有关单位和个人应当及时、如实提供。

社会保险经办机构应当及时为用人单位建立档案，完整、准确地记录参加社会保险的人员、缴费等社会保险数据，妥善保管登记、申报的原始凭证和支付结算的会计凭证。

社会保险经办机构应当及时、完整、准确地记录参加社会保险的个人缴费和用人单位为其缴费，以及享受社会保险待遇等个人权益记录，定期将个人权益记录单免费寄送本人。

用人单位和个人可以免费向社会保险经办机构查询、核对其缴费和享受社会保险待遇记录，要求社会保险经办机构提供社会保险咨询等相关服务。

第七十五条 全国社会保险信息系统按照国家统一规划，由县级以上人民政府按照分级负责的原则共同建设。

第十章 社会保险监督

第七十六条 各级人民代表大会常务委员会听取和审议本级人民政府对社会保险基金的收支、管理、投资运营以及监督检查情况的专项工作报告，组织对本法实施情况的执法检查等，依法行使监督职权。

第七十七条 县级以上人民政府社会保险行政部门应当加强对用人单位和个人遵守社会保险法律、法规情况的监督检查。

社会保险行政部门实施监督检查时，被检查的用人单位和个人应当如实提供与社会保险有关的资料，不得拒绝检查或者谎报、瞒报。

第七十八条 财政部门、审计机关按照各自职责，对社会保险基金的收支、管理和投资运营情况实施监督。

第七十九条 社会保险行政部门对社会保险基金的收支、管理和投资运营情况进行监督检查，发现存在问题的，应当提出整改建议，依法作出处理决定或者向有关行政部门提出处理建议。社会保险基金检查结果应当定期向社会公布。

社会保险行政部门对社会保险基金实施监督检查，有权采取下列措施：

(一)查阅、记录、复制与社会保险基金收支、管理和投资运营相关的资料，对可能被转移、隐匿或者灭失的资料予以封存；

(二)询问与调查事项有关的单位和个人，要求其对与调查事项有关的问题作出说明、提供有关证明材料；

(三)对隐匿、转移、侵占、挪用社会保险基金的行为予以制止并责令改正。

第八十条 统筹地区人民政府成立由用人单位代表、参保人员代表，以及工会代表、专家等组成的社会保险监督委员会，掌握、分析社会保险基金的收支、管理和投资运营情况，对社会保险工作提出咨询意见和建议，实施社会监督。

社会保险经办机构应当定期向社会保险监督委员会汇报社会保险基金的收支、管理和投资运营情况。社会保险监督委员会可以聘请会计师事务所对社会保险基金的收支、管理和投资运营情况进行年度审计和专项审计。审计结果应当向社会公开。

社会保险监督委员会发现社会保险基金收支、管理和投资运营中存在问题的，有权提出改正建议；对社会保险经办机构及其工作人员的违法行为，有权向有关部门提出依法处理建议。

第八十一条 社会保险行政部门和其他有关行政部门、社会保险经办机构、社会保险费征收机构及其工作人员，应当依法为用人单位和个人的信息保密，不得以任何形式泄露。

第八十二条 任何组织或者个人有权对违反社会保险法律、法规的行为进行举报、投诉。

社会保险行政部门、卫生行政部门、社会保险经办机构、社会保险费征收机构和财政部门、审计机关对属于本部门、本机构职责范围的举报、投诉，应当依法处理；对不属于本部门、本机构职责范围的，应当书面通知并移交有权处理的部门、机构处理。有权处理的部门、机构应当及时处理，不得推诿。

第八十三条 用人单位或者个人认为社会保险费征收机构的行为侵害自己合法权益的，可以依法申请行政复议或者提起行政诉讼。

用人单位或者个人对社会保险经办机构不依法办理社会保险登记、核定社会保险费、支付社会保险待遇、办理社会保险转移接续手续或者侵害其他社会保险权益的行为，可以依法申请行政复议或者提起行政诉讼。

个人与所在用人单位发生社会保险争议的，可以依法申请调解、仲裁，提起诉讼。用人单位侵害个人社会保险权益的，个人也可以要求社会保险行政部门或者社会保险费征收机构依法处理。

第十一章 法律责任

第八十四条 用人单位不办理社会保险登记的，由社会保险行政部门责令限期改正；逾期不改正的，对用人单位处应缴社会保险费数额一倍以上三倍以下的罚款，对其直接负责的主管人员和其他直接责任人员处五百元以上三千元以下的罚款。

第八十五条　用人单位拒不出具终止或者解除劳动关系证明的，依照《中华人民共和国劳动合同法》的规定处理。

第八十六条　用人单位未按时足额缴纳社会保险费的，由社会保险费征收机构责令限期缴纳或者补足，并自欠缴之日起，按日加收万分之五的滞纳金；逾期仍不缴纳的，由有关行政部门处欠缴数额一倍以上三倍以下的罚款。

第八十七条　社会保险经办机构以及医疗机构、药品经营单位等社会保险服务机构以欺诈、伪造证明材料或者其他手段骗取社会保险基金支出的，由社会保险行政部门责令退回骗取的社会保险金，处骗取金额二倍以上五倍以下的罚款；属于社会保险服务机构的，解除服务协议；直接负责的主管人员和其他直接责任人员有执业资格的，依法吊销其执业资格。

第八十八条　以欺诈、伪造证明材料或者其他手段骗取社会保险待遇的，由社会保险行政部门责令退回骗取的社会保险金，处骗取金额二倍以上五倍以下的罚款。

第八十九条　社会保险经办机构及其工作人员有下列行为之一的，由社会保险行政部门责令改正；给社会保险基金、用人单位或者个人造成损失的，依法承担赔偿责任；对直接负责的主管人员和其他直接责任人员依法给予处分：

（一）未履行社会保险法定职责的；

（二）未将社会保险基金存入财政专户的；

（三）克扣或者拒不按时支付社会保险待遇的；

（四）丢失或者篡改缴费记录、享受社会保险待遇记录等社会保险数据、个人权益记录的；

（五）有违反社会保险法律、法规的其他行为的。

第九十条　社会保险费征收机构擅自更改社会保险费缴费基数、费率，导致少收或者多收社会保险费的，由有关行政部门责令其追缴应当缴纳的社会保险费或者退还不应当缴纳的社会保险费；对直接负责的主管人员和其他直接责任人员依法给予处分。

第九十一条　违反本法规定，隐匿、转移、侵占、挪用社会保险基金或者违规投资运营的，由社会保险行政部门、财政部门、审计机关责令追回；有违法所得的，没收违法所得；对直接负责的主管人员和其他直接责任人员依法给予处分。

第九十二条　社会保险行政部门和其他有关行政部门、社会保险经办机构、社会保险费征收机构及其工作人员泄露用人单位和个人信息的，对直接负责的主管人员和其他直接责任人员依法给予处分；给用人单位或者个人造成损失的，应当承担赔偿责任。

第九十三条　国家工作人员在社会保险管理、监督工作中滥用职权、玩忽职守、徇私舞弊的，依法给予处分。

第九十四条　违反本法规定，构成犯罪的，依法追究刑事责任。

第十二章　附　则

第九十五条　进城务工的农村居民依照本法规定参加社会保险。

第九十六条　征收农村集体所有的土地，应当足额安排被征地农民的社会保险费，按照国务院规定将被征地农民纳入相应的社会保险制度。

第九十七条　外国人在中国境内就业的，参照本法规定参加社会保险。

第九十八条　本法自2011年7月1日起施行。

全国人民代表大会常务委员会关于召开第十三届全国人民代表大会第一次会议的决定

（2018年1月30日第十二届全国人民代表大会常务委员会第三十二次会议通过）

第十二届全国人民代表大会常务委员会第三十二次会议决定：中华人民共和国第十三届全国人民代表大会第一次会议于2018年3月5日在北京召开。建议会议的议程是：审议政府工作报告；审查2017年国民经济和社会发展计划执行情况与2018年国民经济和社会发展计划草案的报告；审查2017年中央和地方预算执行情况与2018年中央和地方预算草案的报告；审议全国人民代表大会常务委员会关于提请审议《中华人民共和国宪法修正案(草案)》的议案;审议全国人民代表大会常务委员会关于提请审议《中华人民共和国监察法(草案)》的议案;审议全国人民代表大会常务委员会工作报告;审议最高人民法院工作报告;审议最高人民检察院工作报告;选举和决定任命国家机构组成人员等。

全国人民代表大会常务委员会关于实行宪法宣誓制度的决定

(2015 年 7 月 1 日第十二届全国人民代表大会常务委员会第十五次会议通过
2018 年 2 月 24 日第十二届全国人民代表大会常务委员会第三十三次会议修订)

宪法是国家的根本法,是治国安邦的总章程,具有最高的法律地位、法律权威、法律效力。国家工作人员必须树立宪法意识,恪守宪法原则,弘扬宪法精神,履行宪法使命。为彰显宪法权威,激励和教育国家工作人员忠于宪法、遵守宪法、维护宪法,加强宪法实施,全国人民代表大会常务委员会决定:

一、各级人民代表大会及县级以上各级人民代表大会常务委员会选举或者决定任命的国家工作人员,以及各级人民政府、监察委员会、人民法院、人民检察院任命的国家工作人员,在就职时应当公开进行宪法宣誓。

二、宣誓誓词如下:

我宣誓:忠于中华人民共和国宪法,维护宪法权威,履行法定职责,忠于祖国、忠于人民,恪尽职守、廉洁奉公,接受人民监督,为建设富强民主文明和谐美丽的社会主义现代化强国努力奋斗!

三、全国人民代表大会选举或者决定任命的中华人民共和国主席、副主席,全国人民代表大会常务委员会委员长、副委员长、秘书长、委员,国务院总理、副总理、国务委员、各部部长、各委员会主任、中国人民银行行长、审计长、秘书长,中华人民共和国中央军事委员会主席、副主席、委员,国家监察委员会主任,最高人民法院院长,最高人民检察院检察长,以及全国人民代表大会专门委员会主任委员、副主任委员、委员等,在依照法定程序产生后,进行宪法宣誓。宣誓仪式由全国人民代表大会会议主席团组织。

四、在全国人民代表大会闭会期间,全国人民代表大会常务委员会任命或者决定任命的全国人民代表大会专门委员会个别副主任委员、委员,国务院部长、委员会主任、中国人民银行行长、审计长、秘书长,中华人民共和国中央军事委员会副主席、委员,在依照法定程序产生后,进行宪法宣誓。宣誓仪式由全国人民代表大会常务委员会委员长会议组织。

五、全国人民代表大会常务委员会任命的全国人民代表大会常务委员会副秘书长,全国人民代表大会常务委员会工作委员会主任、副主任、委员,全国人民代表大会常务委员会代表资格审查委员会主任委员、副主任委员、委员等,在依照法定程序产生后,进行宪法宣誓。宣誓仪式由全国人民代表大会常务委员会委员长会议组织。

六、全国人民代表大会常务委员会任命或者决定任命的国家监察委员会副主任、委员,最高人民法院副院长、审判委员会委员、庭长、副庭长、审判员和军事法院院长,最高人民检察院副检察长、检察委员会委员、检察员和军事检察院检察长,中华人民共和国驻外全权代表,在依照法定程序产生后,进行宪法宣誓。宣誓仪式由国家监察委员会、最高人民法院、最高人民检察院、外交部分别组织。

七、国务院及其各部门、国家监察委员会、最高人民法院、最高人民检察院任命的国家工作人员,在就职时进行宪法宣誓。宣誓仪式由任命机关组织。

八、宣誓仪式根据情况,可以采取单独宣誓或者集体宣誓的形式。单独宣誓时,宣誓人应当左手抚按《中华人民共和国宪法》,右手举拳,诵读誓词。集体宣誓时,由一人领誓,领誓人左手抚按《中华人民共和国宪法》,右手举拳,领诵誓词;其他宣誓人整齐排列,右手举拳,跟诵誓词。

宣誓场所应当庄重、严肃,悬挂中华人民共和国国旗或者国徽。宣誓仪式应当奏唱中华人民共和国国歌。

负责组织宣誓仪式的机关,可以根据本决定并结合实际情况,对宣誓的具体事项作出规定。

九、地方各级人民代表大会及县级以上地方各级人民代表大会常务委员会选举或者决定任命的国家工作人员，以及地方各级人民政府、监察委员会、人民法院、人民检察院任命的国家工作人员，在依照法定程序产生后，进行宪法宣誓。宣誓的具体组织办法由省、自治区、直辖市人民代表大会常务委员会参照本决定制定，报全国人民代表大会常务委员会备案。

十、本决定自2018年3月12日起施行。

关于《全国人民代表大会常务委员会关于实行宪法宣誓制度的决定（修订草案）》的说明

——2018年2月23日在第十二届全国人民代表大会常务委员会第三十三次会议上

全国人大常委会法制工作委员会副主任　张　勇

全国人民代表大会常务委员会：

我受委员长会议的委托，作关于《全国人民代表大会常务委员会关于实行宪法宣誓制度的决定（修订草案）》的说明。

一、关于修订的必要性

贯彻落实党的十八届四中全会精神，十二届全国人大常委会第十五次会议于2015年7月1日通过《全国人民代表大会常务委员会关于实行宪法宣誓制度的决定》（以下简称2015年决定），以立法方式确立了我国宪法宣誓制度。宪法宣誓制度实行以来，各地区、各部门、各方面认真贯彻落实法律规定，依法组织开展宪法宣誓活动，对于激励和教育国家工作人员忠于宪法、遵守宪法、维护宪法，加强宪法实施，弘扬宪法精神，发挥了积极作用。

党的十九大确立了习近平新时代中国特色社会主义思想的历史地位，确定了我国发展新的奋斗目标，并对深化国家监察体制改革、制定国家监察法提出了新要求。党的十九届二中全会通过了《中共中央关于修改宪法部分内容的建议》，提出把党的十九大确定的重大理论观点和重大方针政策载入国家根本法，体现党和国家事业发展的新成就新经验新要求。在全党全国学习贯彻党的十九大和十九届二中全会精神过程中，一些地方、部门和同志提出，应当根据党的十九大精神和十九届二中全会宪法修改精神，对2015年决定中的宣誓誓词作出适当修改，进一步完善我国宪法宣誓制度。

根据党中央关于深化国家监察体制改革的决策部署，2016年12月和2017年11月，全国人大常委会先后作出关于在北京市、山西省、浙江省开展国家监察体制改革试点工作的决定和在全国各地推开试点工作的决定。同时，国家监察立法工作也在积极推进。各地监察委员会陆续成立，由地方各级人大及其常委会选举或者任命的监察委员会主任、副主任、委员，在就职时普遍进行了宪法宣誓。许多地方建议，在国家法律层面作出明确规定，监察委员会组成人员依法产生后应当进行宪法宣誓。

总的看，根据党的十九大和十九届二中全会精神，适应深化国家监察体制改革的需要，对2015年决定作出适当修改是必要的。

二、关于修订工作过程

根据常委会领导的指示，法制工作委员会及时启动对2015年决定的修订工作。我们以习近平新时代中国特色社会主义思想为指导，贯彻落实党的十九大和十九届二中全会精神，认真开展修订调研工作。召开中央纪委、中央办公厅、中央组织部、国务院办公厅、国务院法制办、外交部、最高人民法院、最高人民检察院等有关单位座谈会，听取意见和建议；到北京、天津、河北等地进行调研，了解宪法宣誓制度实施情况；对宪法宣誓制度实施中的有关问题进行了深入研究并作出答复。各地区、各部门、各方面普遍赞成对2015年决定作出修改完善。

我们经认真研究，建议采取修订法律方式对2015年决定作出修改，并拟定了《全国人民代表大会常务委员会关于实行宪法宣誓制度的决定（修订草案）》。修订草案已经委员长会议审议通过。

三、关于修订草案的内容

修订草案对2015年决定拟作如下修改：

一是根据党的十九大报告和十九大修改的党章，对宪法宣誓誓词中有关奋斗目标的表述作出修改，将誓词修改为："我宣誓：忠于中华人民共和国宪法，维护宪法权威，履行法定职责，忠于祖国、忠于人民，恪尽职守、廉洁奉公，接受人民监督，为建设富强民主文明和谐美丽的社会主义现代化强国努力奋斗！"修改后的誓词共75个字。

二是在有关条款中增加与监察委员会有关的内容，共涉及5条、6处。即：在第一条中增加"监察委员会"；在第三条中增加"国家监察委员会主任"；在第六条中分别增加"国家监察委员会副主任、委员"和"国家监察委员会"；在第七条中增加"国家监察委员会"；在第九条中增加"监察委员会"。

三是在第八条第二款中增加一句："宣誓仪式应当奏唱中华人民共和国国歌。"与全国人大常委会2017年9月通过的国歌法有关规定相衔接。

四是将2015年决定导语段"第十二届全国人民代表大会常务委员会第十五次会议"一句中的"十五"改为"三十三"；将修订后的决定施行日期确定为"2018年3月12日"。

修订草案和以上说明是否妥当，请审议。

全国人民代表大会法律委员会关于《全国人民代表大会常务委员会关于实行宪法宣誓制度的决定(修订草案)》审议结果的报告

——2018年2月24日在第十二届全国人民代表大会常务委员会第三十三次会议上

全国人民代表大会常务委员会：

常委会第三十三次会议于2月23日上午对全国人民代表大会常务委员会关于实行宪法宣誓制度的决定(修订草案)进行了分组审议，普遍认为，根据党的十九大报告和新修改的党章，对宪法宣誓誓词中有关奋斗目标的表述作出修改，在有关条款中增加与监察委员会有关的内容，增加规定宪法宣誓仪式应当奏唱国歌，是必要的。修订草案重点突出、内容明确，赞成提请本次常委会会议表决通过。同时，有的常委委员还提出个别具体意见。

法律委员会于2月23日下午召开会议，根据常委会组成人员的审议意见和各方面意见，对修订草案进行了逐条审议。中央纪律检查委员会、全国人大常委会办公厅有关负责同志列席了会议。法律委员会认为，党的十九大确立了习近平新时代中国特色社会主义思想的历史地位，确定了我国发展新的奋斗目标。为贯彻落实习近平新时代中国特色社会主义思想和党的十九大、十九届二中全会精神，对宪法宣誓制度作修改完善是必要的。修订草案是可行的。

法律委员会作了个别文字修改，并已按上述意见提出了全国人民代表大会常务委员会关于实行宪法宣誓制度的决定(修订草案建议表决稿)，建议本次常委会会议审议通过。

修订草案建议表决稿和以上报告是否妥当，请审议。

全国人民代表大会常务委员会关于延长授权国务院在实施股票发行注册制改革中调整适用《中华人民共和国证券法》有关规定期限的决定

(2018年2月24日第十二届全国人民代表大会常务委员会第三十三次会议通过)

为了稳步推进实施股票发行注册制改革，进一步发挥资本市场服务实体经济的基础功能，第十二届全国人民代表大会常务委员会第三十三次会议决定：2015年12月27日第十二届全国人民代表大会常务委员会第十八次会议授权国务院在实施股票发行注册制改革中调整适用《中华人民共和国证券法》有关规定的决定施行期限届满后,期限延长二年至2020年2月29日。国务院应当及时总结实践经验,于延长期满前,提出修改法律相关规定的意见。

国务院要进一步加强对股票发行注册制改革工作的组织领导,并将股票发行注册制改革具体实施方案报全国人民代表大会常务委员会备案。国务院证券监督管理机构要继续创造条件,积极推进股票发行注册制改革,并会同有关部门加强事前事中事后全过程监管,防范和化解风险,切实保护投资者合法权益。

本决定自2018年2月25日起施行。

关于《关于延长授权国务院在实施股票发行注册制改革中调整适用〈中华人民共和国证券法〉有关规定期限的决定(草案)》的说明

——2018年2月23日在第十二届全国人民代表大会常务委员会第三十三次会议上

全国人民代表大会常务委员会:

我受国务院委托,现对《关于延长授权国务院在实施股票发行注册制改革中调整适用〈中华人民共和国证券法〉有关规定期限的决定(草案)》作说明。

2015年12月27日,全国人大常委会通过《全国人民代表大会常务委员会关于授权国务院在实施股票发行注册制改革中调整适用〈中华人民共和国证券法〉有关规定的决定》(以下简称《授权决定》),授权国务院对拟在上海证券交易所、深圳证券交易所上市交易的股票的公开发行,调整适用《中华人民共和国证券法》关于股票公开发行核准制度的有关规定,实行注册制度,具体实施方案由国务院作出规定,报全国人大常委会备案。《授权决定》实施期限为二年,将于2018年2月28日到期。

为进一步稳步推进股票发行注册制改革(以下简称注册制改革),证监会起草并向国务院报送了《关于延长股票发行制度改革授权决定期限的请示》。国务院法制办征求了中央改革办、中央财办、发展改革委、财政部、人民银行、国资委、国研室等单位的意见,中央改革办等有关单位均表示赞成。在此基础上,国务院法制办会同证监会作了研究修改,形成了《关于延长授权国务院在实施股票发行注册制改革中调整适用〈中华人民共和国证券法〉有关规定期限的决定(草案)》(以下简称草案)。草案已经国务院同意。现就有关问题说明如下:

一、稳步推进注册制改革的情况和成效

两年来,在以习近平同志为核心的党中央坚强领导下,证监会认真贯彻落实党中央、国务院关于经济金融工作的决策部署,按照《授权决定》和"十三五"规划纲要提出的"创造条件实施股票发行注册制"的要求,坚持稳中求进工作总基调,综合施策、多措并举,努力为稳步推进注册制改革创造条件,取得了积极进展。

*一是坚持质量第一,保持新股发行常态化,努力形成有利于注册制改革的发行市场秩序。*两年来,证监会持续完善新股发行环节的市场化运行机制,坚持新股发行常态化,逐步放开新股发行节奏,新股发行"堰塞湖"问题得到有效缓解,2017年共审结IPO企业633家。严把公司发行上市准入关,从源头上提高上市公司质量。目前,影响推进注册制改革的"堰塞湖"包袱大为减轻,上市公司质量第一的理念深入人心,发行节奏趋于市场有序调节,有利于注册制改革的发行市场秩序逐步形成。

*二是严格监管执法,加大对各类违法违规行为的打击力度,积极创造有利于注册制改革的市场环境。*两年来,证监会坚持依法全面从严监管,严厉打击欺诈发行和虚假信息披露等各类违法违规行为,依法查办了一批大案要案,严惩了一大批危害市场、侵害投资者合法权益的不法分子,有效遏止了一段时间以来资本市场恶性违法犯罪活动蔓延

的势头。同时，证监会专门组织实施了IPO财务信息披露核查等专项监管执法行动，形成了监管高压态势。经过努力，进一步净化了推进实施注册制改革的市场环境。

三是强化交易所一线监管功能，在上市审核中发挥交易所作用，不断丰富和积累有利于实施注册制改革的经验。修订《证券交易所管理办法》，探索推进"以监管会员为中心"的交易行为监管模式，完善交易所对发行人、投资者、会员的管理措施和手段。通过抽调交易所人员参与IPO审核、增加股票发行审核委员会中交易所人员比重以及由交易所实质承担部分公司债券发行预审职能等措施，为交易所更好发挥一线监管作用进行"练兵"。经过两年努力，交易所在适应注册制改革新机制要求的制度、人才、经验、能力等方面的准备工作日趋成熟。

四是加强对中介机构的监督管理，严格中介机构市场把关责任，健全有利于注册制改革的市场中介支撑体系。两年来，证监会制定、修订一系列监管规定，督促保荐机构严格内部风险管控，充分发挥核查把关作用；完善对会计师事务所、律师事务所、资产评估事务所等中介机构的监管，细化中介机构的核查义务及法律责任，加强日常监管，加大处罚力度。经过不懈努力，中介机构执业活动进一步规范，责任意识进一步增强，专业把关作用充分发挥。

五是强化信息披露监管，探索投资者权益保护新举措，完善有利于注册制改革的配套制度安排。实行证券期货市场统一的投资者适当性管理办法，筑牢投资者保护第一道防线；探索试行欺诈发行的"先行赔付"，专业投资者保护机构的"持股行权"、"示范性诉讼"和纠纷多元化解等新的投资者救济途径与手段；完善上市公司退市制度，健全市场优胜劣汰机制；出台减持新规，规范上市公司股份减持行为，着力解决"清仓式"减持、"过桥"减持等乱象，引导上市公司专注主业、稳健经营；完善上市公司"刨根问底"式实质性信息披露监管，进一步树立以信息披露为中心的监管理念。

六是强化市场宣传和舆情引导工作，营造有利于注册制改革顺利实施的良好舆论环境。两年来，证监会更加重视与市场的沟通，加强政策解读，提升预期管理水平。通过案例宣传、专家解读等方式，加强对注册制的正面宣传，重申注册制也须依法从严监管的正确理念；支持新闻媒体加强对价值投资理念的宣传，倡导理性投资，开展"明规则、识风险"专项投资者教育活动，培育良好的股市投资文化。妥善应对负面舆情，对不实信息和政策误读及时澄清回应，严厉打击编造传播资本市场虚假信息行为，为实施注册制改革营造了良好舆论环境。

按照《授权决定》要求，2017年4月，国务院向全国人大常委会作了关于推进股票发行制度改革工作情况的中期报告，得到了与会委员的肯定。

二、延长《授权决定》实施期限的必要性

通过两年的努力，证监会在完善市场制度、健全市场机制、规范市场秩序、增强市场诚信、强化市场监管等方面，为稳步实施注册制改革创造了较为有利的条件与环境。同时，目前在多层次市场体系建设，交易者成熟度，发行主体、中介机构和询价对象定价自主性与定价能力，以及大盘估值水平合理性等方面，还存在不少与实施注册制改革不完全适应的问题，需要进一步探索完善；从外部环境看，欧美发达国家相关金融市场积累了一定泡沫和风险，已经有调整的征兆，给我国实施注册制改革时间窗口的选择带来不确定性。为了使继续稳步推进和适时实施注册制改革于法有据，保持工作的连续性，避免市场产生疑虑和误读，并为修订证券法进一步积累实践经验，有必要延长《授权决定》的实施期限。

三、延长的期限

综合考虑上述情况，经认真研究评估，建议《授权决定》实施期限延长二年至2020年2月29日。下一步，证监会将深入学习贯彻习近平新时代中国特色社会主义思想和党的十九大精神，在总结实践经验的基础上，继续积极创造条件稳步推进注册制改革，条件成熟时适时向国务院提出具体实施方案建议，并会同有关部门加强事前事中事后全过程监管，防范和化解风险，切实保护投资者合法权益。

草案和以上说明是否妥当，请审议。

注：这是时任中国证券监督管理委员会主席刘士余作的说明。

全国人民代表大会法律委员会对《关于延长授权国务院在实施股票发行注册制改革中调整适用〈中华人民共和国证券法〉有关规定期限的决定（草案）》审议结果的报告

——2018年2月24日在第十二届全国人民代表大会常务委员会第三十三次会议上

全国人民代表大会常务委员会：

常委会第三十三次会议于2月23日上午对国务院提请审议的《关于延长授权国务院在实施股票发行注册制改革中调整适用〈中华人民共和国证券法〉有关规定期限的决定（草案）》进行了分组审议。普遍认为，为了稳步推进实施股票发行注册制改革，进一步发挥资本市场服务实体经济的基础功能，延长全国人大常委会授权国务院在实施股票发行注册制改革中调整适用证券法有关规定的期限，为下一步改革提供法律依据，是必要的。决定草案基本可行，赞成进一步修改完善后提请本次常委会会议表决通过。同时，有的常委会组成人员还提出了一些修改意见。

法律委员会于2月23日下午召开会议，逐条研究常委会组成人员的审议意见，对决定草案进行了审议。财政经济委员会、国务院法制办公室、中国证券监督管理委员会的有关负责同志列席了会议。法律委员会认为，决定草案是可行的。同时，提出以下修改意见：

一、有的常委委员提出，2015年授权决定要求国务院将股票发行注册制改革的具体实施方案报全国人大常委会备案，延期决定应继续明确这一要求。法律委员会经研究，建议采纳这一意见。

二、有的常委委员提出，国务院应当在延长期满前，及时总结股票发行注册制改革的实践经验，提出修改证券法相关规定的意见。法律委员会经研究，建议采纳这一意见，在决定草案中增加相应内容。

此外，根据常委会组成人员的审议意见，还对决定草案作了一些文字修改。

法律委员会已按上述意见提出了全国人民代表大会常务委员会关于延长授权国务院在实施股票发行注册制改革中调整适用《中华人民共和国证券法》有关规定期限的决定（草案建议表决稿），建议本次常委会会议审议通过。

决定草案建议表决稿和以上报告是否妥当，请审议。

全国人民代表大会常务委员会关于撤销杨晶同志的国务委员、国务院秘书长职务的决定

（2018年2月24日第十二届全国人民代表大会常务委员会第三十三次会议通过）

第十二届全国人民代表大会常务委员会第三十三次会议根据委员长会议的提请，决定撤销杨晶同志的国务委员、国务院秘书长职务。

全国人民代表大会常务委员会关于国务院机构改革涉及法律规定的行政机关职责调整问题的决定

（2018年4月27日第十三届全国人民代表大会常务委员会第二次会议通过）

为了贯彻落实党的十九大和十九届二中、三中全会精神，按照第十三届全国人民代表大会第一次

会议批准的《国务院机构改革方案》，平稳有序调整法律规定的行政机关职责和工作，确保行政机关依法履行职责、开展工作，推进国家机构设置和职能配置优化协同高效，现就国务院机构改革涉及法律规定的行政机关职责调整问题作出如下决定：

一、现行法律规定的行政机关职责和工作，《国务院机构改革方案》确定由组建后的行政机关或者划入职责的行政机关承担的，在有关法律规定尚未修改之前，调整适用有关法律规定，由组建后的行政机关或者划入职责的行政机关承担；相关职责尚未调整到位之前，由原承担该职责和工作的行政机关继续承担。

地方各级行政机关承担法律规定的职责和工作需要进行调整的，按照上述原则执行。

二、法律规定上级行政机关对下级行政机关负有管理监督指导等职责的，上级行政机关职责已调整到位、下级行政机关职责尚未调整到位的，由《国务院机构改革方案》确定承担该职责的上级行政机关履行管理监督指导等职责。

三、实施《国务院机构改革方案》需要制定、修改法律，或者需要由全国人民代表大会常务委员会作出相关决定的，国务院应当及时提出议案，依照法定程序提请审议。

四、国务院及其有关部门应当精心组织，周密部署，确保行政机关履行法定职责、开展工作的连续性、稳定性、有效性，特别是做好涉及民生、应急、安全生产等重点领域工作。

五、本决定自 2018 年 4 月 28 日起施行。

关于《全国人民代表大会常务委员会关于国务院机构改革涉及法律规定的行政机关职责调整问题的决定（草案）》的说明

——2018 年 4 月 25 日在第十三届全国人民代表大会常务委员会第二次会议上

全国人大常委会法制工作委员会主任　沈春耀

全国人民代表大会常务委员会：

我受委员长会议委托，作关于《全国人民代表大会常务委员会关于国务院机构改革涉及法律规定的行政机关职责调整问题的决定（草案）》（以下简称《决定》）的说明。

一、关于作出《决定》的必要性

十三届全国人大一次会议批准的《国务院机构改革方案》，具有法律效力，国务院各机构的设立和职责履行具有合法性。同时，实施机构改革方案，涉及法律规定的行政机关职责和工作的调整，需要修改有关法律规定。经初步梳理研究，这次机构改革涉及的法律数量多，内容多，情况各异。主要情况有：一是，虽然机构改革对法律规定的机构名称、职责作出了调整，但法律是以机构的职责定位来表述主管部门或行政机关，如测绘法中的“测绘地理信息主管部门”，不需要修改。二是，机构改革对法律规定的机构名称、职责作出了调整，与法律的相关表述存在不一致，需要对法律规定作相应修改。三是，机构改革对法律规定的机构名称、职责作出了调整，且涉及管理体制较大变动，需要对法律规定作较大修改。四是，机构改革对法律规定的机构名称、职责作出了调整，但相关职责划分、工作机制等尚不明确，需在理顺关系的基础上修改完善法律。同时，根据《深化党和国家机构改革方案》要求，国务院机构改革在 2018 年底前落实到位，地方机构改革任务在 2019 年 3 月底前基本完成。考虑到机构改革的不同情况和问题，机构改革涉及的法律修改工作，难以在很短时间或经一次“打包”修改来完成。

为平稳有序调整法律规定的行政机关职责和工作，避免因法律尚未修改而影响改革进程和相关工作，特别是要保持安全生产、应急救援、维护社会稳定等工作的连续性、稳定性，由全国人大常委会对国务院机构改革涉及法律规定的行政机关职责调整问题作出决定，及时明确有关问题，是必要的、可行的，有利于强化机构设立重组、职责调整和管理执法工作的合法性，确保机构改革在法治轨道上有序推进。

据此，法制工作委员会起草了关于国务院机构改革涉及法律规定的行政机关职责调整问题的决定草案稿，于4月8日召开会议听取了深化党和国家机构改革协调小组办公室和中央改革办、中央编办、司法部，以及人力资源和社会保障部等8个国务院有关部门和专家学者的意见。经反复研究修改，形成了《全国人民代表大会常务委员会关于国务院机构改革涉及法律规定的行政机关职责调整问题的决定（草案）》。经4月17日委员长会议审议，决定提请本次常委会会议审议。

二、关于《决定》草案的内容

《决定》草案主要包括以下内容：

一是，明确现行法律规定的行政机关职责和工作，《国务院机构改革方案》确定由组建后的行政机关或者划入职责的行政机关承担的，在有关法律规定尚未修改之前，调整适用有关法律规定，由组建后的行政机关或者划入职责的行政机关承担；相关职责尚未调整到位之前，由原行政机关依法继续承担相关职责和工作。

二是，考虑到地方各级行政机关承担了法律规定的职责和工作，地方机构改革同样面临涉及法律规定的行政机关职责调整问题，草案规定：地方各级行政机关承担法律规定的职责和工作需要进行调整的，按照上述原则执行。

三是，有的法律还规定了上级行政机关对下级行政机关的执法活动负有监督指导等职责，如上级行政机关职责已完成调整、下级行政机关职责尚未调整到位的，草案规定由新的上级行政机关履行监督指导等职责。

四是，根据《中共中央关于深化党和国家机构改革的决定》，实施机构改革方案需要制定或者修改法律的，要及时启动相关程序。草案规定：实施《国务院机构改革方案》需要制定、修改法律，或者需要由全国人民代表大会常务委员会作出相关决定的，国务院应当及时提出议案，依照法定程序提请审议。

此外，草案还对机构改革的组织实施提出了明确要求，强调国务院及其有关部门应当精心组织，周密部署，确保行政机关履行法定职责、开展工作的连续性、稳定性、有效性，特别是做好涉及民生、应急、安全生产等重点领域工作。

《决定》草案和以上说明是否妥当，请审议。

全国人民代表大会宪法和法律委员会关于《全国人民代表大会常务委员会关于国务院机构改革涉及法律规定的行政机关职责调整问题的决定（草案）》审议结果的报告

——2018年4月27日在第十三届全国人民代表大会常务委员会第二次会议上

全国人民代表大会常务委员会：

常委会第二次会议于4月26日上午对委员长会议提请审议的《全国人民代表大会常务委员会关于国务院机构改革涉及法律规定的行政机关职责调整问题的决定（草案）》进行了分组审议。常委会组成人员一致认为，为了贯彻落实党的十九大和十九届二中、三中全会精神，实施十三届全国人大一次会议批准的《国务院机构改革方案》，做到不因法律规定尚未修改而影响相关改革、不因法律规定尚未修改而影响相关工作，平稳有序调整法律规定的行政机关职责和工作，由全国人大常委会作出决定，及时明确有关问题，是必要的，也充分体现了新一届常委会不折不扣抓好党中央决策部署贯彻落实工作，赞成将草案提请本次会议表决通过。同时，有些常委会组成人员还提出了一些修改意见。宪法和法律委员会于4月26日上午召开会议，逐条研究了常委会组成人员的审议意见，对草案进行了审议。司法部负责同志列席了会议。宪法和法律委员会认为，草案是可行的，同时，提出以下修改意见：

一、有的常委会组成人员提出，根据《国务院机构改革方案》，有的现行法律规定的原行政机关已不存在，需要对第一条中“原行政机关”的表述再作斟酌。宪法和法律委员会经研究，建议将相关表述修改为“相关职责尚未调整到位之前，由原承担该职责和工作的行政机关继续承担。”

二、有的常委会组成人员提出，草案第二条第二款中规定有关上级行政机关对下级行政机关的监督指导仅限于执法活动偏窄;还有的常委会组成人员提出,这一款中规定的新的上级行政机关履行监督指导等职责含义不够明确。宪法和法律委员会经研究,建议将这一款修改为"法律规定上级行政机关对下级行政机关负有管理监督指导等职责的,上级行政机关职责已调整到位、下级行政机关职责尚未调整到位的,由《国务院机构改革方案》确定承担该职责的上级行政机关履行管理监督指导等职责。"

此外,还对草案作了个别文字修改。

宪法和法律委员会已按上述意见提出了全国人民代表大会常务委员会关于国务院机构改革涉及法律规定的行政机关职责调整问题的决定(草案建议表决稿),建议本次常委会会议审议通过。

决定草案建议表决稿和以上报告是否妥当,请审议。

全国人民代表大会常务委员会关于设立上海金融法院的决定

(2018年4月27日第十三届全国人民代表大会常务委员会第二次会议通过)

为推进国家金融战略实施,健全完善金融审判体系,营造良好金融法治环境,促进经济和金融健康发展,根据宪法和人民法院组织法,特作如下决定:

一、设立上海金融法院。

上海金融法院审判庭的设置,由最高人民法院根据金融案件的类型和数量决定。

二、上海金融法院专门管辖上海金融法院设立之前由上海市的中级人民法院管辖的金融民商事案件和涉金融行政案件。管辖案件的具体范围由最高人民法院确定。

上海金融法院第一审判决和裁定的上诉案件,由上海市高级人民法院审理。

三、上海金融法院对上海市人民代表大会常务委员会负责并报告工作。

上海金融法院审判工作受最高人民法院和上海市高级人民法院监督。上海金融法院依法接受人民检察院法律监督。

四、上海金融法院院长由上海市人民代表大会常务委员会主任会议提请本级人民代表大会常务委员会任免。

上海金融法院副院长、审判委员会委员、庭长、副庭长、审判员由上海金融法院院长提请上海市人民代表大会常务委员会任免。

五、本决定自2018年4月28日起施行。

对《关于在上海设立金融法院的决定(草案)》的说明

——2018年4月25日在第十三届全国人民代表大会常务委员会第二次会议上

最高人民法院院长 周强

全国人民代表大会常务委员会:

按照会议安排,根据中央全面深化改革委员会第一次会议审议通过的《关于设立上海金融法院的方案》,我就《关于在上海设立金融法院的决定(草案)》作如下说明:

一、设立上海金融法院的意义

习近平总书记深刻指出:"金融是现代经济的核心""金融安全是国家安全的重要组成部分,是经济健康发展的重要基础"。设立上海金融法院是坚持以习近平新时代中国特色社会主义思想为指导,全面贯彻党的十九大和十九届一中、二中、三中全会以及中央经济工作会议、中央政法工作会议精神,贯彻落实党中央、国务院《关于服务实体经济防控金融风险深化金融改革的若干意见》的重大举措。

一是有利于增强中国金融司法的国际影响力。世界近代史表明,经济强国必然是金融强国。我国要从经济大国迈向经济强国,掌握国际金融交易规则的话语权至关重要,而金融法治环境是其中的基本要素和重要保障。从世界范围来看,英美等发达国家和阿联酋、哈萨克斯坦等新兴市场国家均建立了专门的金融司法体系。通过设立上海金融法院,建立完善中国特色社会主义金融审判体制机制,有助于提升我国在国际金融交易规则制定过程中的地位和作用,为我国经济转型升级、"一带一路"建设营造更好的国际环境。

二是有利于国家金融战略的深入实施。服务实体经济、防范金融风险,深化金融改革,不仅需要增强立法的科学性和政策的有效性,也需要建立公正、高效、权威的金融审判体系。设立上海金融法院,对金融案件实行集中管辖,不仅有利于依法保障金融改革顺利推进,引导金融行业"脱虚向实",服务实体经济,同时也有利于人民法院与金融监管部门形成合力,加强市场监管,维护金融安全,守住不发生系统性金融风险的底线。

三是有利于上海国际金融中心的发展建设。近年来,上海市涉金融案件数量迅速增长,2013 年至 2017 年平均每年增长 51%,去年受理一审金融商事案件数量达到 17.9 万件。设立上海金融法院,将进一步提高金融审判专业化水平,统一裁判标准,促进法律统一适用,提升金融审判质效和司法公信力,为"到 2020 年将上海国际金融中心基本建成与我国经济实力以及人民币国际地位相适应的国际中心"提供有力的司法服务和保障。

二、草案的主要内容

(一)关于上海金融法院的设立

上海是中央确定并支持建设的国际金融中心,辖区内金融机构数量多,外资金融机构占比大,金融要素市场齐全,金融市场交易额巨大。近年来,上海法院受理的涉金融案件呈现新类型案件多、案件风险传导性强、审理难度较大、国际关注度高等突出特点,对金融审判专业化提出更高要求。探索完善金融审判体系,营造良好金融法治环境,完善中国特色金融司法体系,应当立足经济社会发展需求,选择金融案件数量较多、金融审判基础较好的上海探索设立金融法院。上海金融法院审判庭的设置,由最高人民法院根据金融案件的类型和数量以及机构编制部门的意见具体规定。

(二)关于上海金融法院的监督

上海金融法院属专门法院,其审级与上海市其他中级人民法院相同。上海金融法院依法定程序设立后,对上海市人民代表大会常务委员会负责并接受监督。根据法律规定,上海金融法院的审判工作,接受上海市高级人民法院的业务指导和审判监督;上海金融法院审理的案件,接受上海市同级人民检察院的诉讼监督。

(三)关于上海金融法院的案件管辖

上海金融法院专门管辖上海市应由中级人民法院管辖的金融商事案件和涉金融行政案件,管辖案件由最高人民法院确定。具体包括:1. 上海市辖区中级人民法院管辖的金融借款、票据、信用证、证券、期货、保险、融资租赁、典当、金融仲裁等一审、二审和再审金融商事案件;2. 上海市辖区中级人民法院管辖的以金融监管机关为被告的一审、二审和再审涉金融行政案件;3. 上海市辖区新型、重大、疑难、复杂的一审金融商事案件和涉金融行政案件;4. 最高人民法院相关司法解释指定由上海市辖区中级人民法院管辖的以上海证券交易所、中国证券登记结算有限责任公司上海分公司、上海期货交易所等为被告或者第三人履行职责引发的一审民事、行政案件。对上海金融法院判决和裁定的上诉案件,由上海市高级人民法院管辖。上海市第一、第二、第三中级人民法院不再管辖金融商事案件和涉金融行政案件。

确定上述管辖,主要是坚持严格依照法律、便于理解适用、服务发展大局原则,突出金融法院的专门职责,统一司法裁判尺度,加强法院与金融监管部门之间的直接对接,防范金融风险。《决定(草案)》经全国人大常委会通过后,最高人民法院还将专门出台相关司法解释,进一步明确上海金融法院的案件管辖问题。

(四)关于上海金融法院的法官任免

上海金融法院对上海市人民代表大会常务委员会负责。院长由上海市人民代表大会常务委员会主任会议提请上海市人民代表大会常务委员会任免。副院长、审判委员会委员、庭长、副庭长、审判员由上海金融法院院长提请上海市人民代表大会常务委员会任免。

上海金融法院的员额法官拟从现有经验丰富的优秀金融审判、民商事审判或行政审判法官中选任,也可探索从优秀律师和法学专家中公开遴选。

三、需要说明的情况

(一)关于先行探索、稳步推进。在设立上海金融法院的研究论证过程中，有单位建议最高人民法院对全国金融法院的布局进行顶层设计、整体规划。考虑到上海金融法院设立的重要性和必要性，我们认为，应当坚持先行探索、稳步推进的原则，即先行探索在上海设立金融法院。

（二）关于深化司法改革。设立上海金融法院是落实司法体制综合配套改革，完善法院组织体系的重要举措。上海金融法院设立后，将深入推进司法体制改革，优化司法职权配置，全面落实司法责任制，规范审判权力运行机制，实行法官员额制，精干设置内设机构，推行扁平化管理，进一步提升我国司法形象。

（三）关于配套措施。为确保上海金融法院职能作用的充分发挥，上海金融法院将不断完善配套措施，建立完善金融审判专家辅助制度，加强金融纠纷案件多元化解决机制建设，加强金融案件大数据资源库和金融风险防范信息共享机制建设，完善金融司法研究机制和智库建设，确保改革取得预期效果。

决定草案和以上说明是否妥当，请审议。

全国人民代表大会宪法和法律委员会对《关于在上海设立金融法院的决定(草案)》审议结果的报告

——2018 年 4 月 27 日在第十三届全国人民代表大会常务委员会第二次会议上

全国人民代表大会常务委员会：

常委会第二次会议于 4 月 26 日上午对最高人民法院提请审议的《关于在上海设立金融法院的决定（草案）》进行了分组审议。普遍认为，为支持建设上海国际金融中心，提高金融审判专业化水平，推进国家金融战略实施，由全国人大常委会作出决定设立上海金融法院，是必要的，赞同对决定草案作进一步修改后，提请本次会议表决通过。同时，一些常委会组成人员对决定草案提出了一些修改意见。宪法和法律委员会于 4 月 26 日上午召开会议，认真研究了常委会组成人员的审议意见，对决定草案进行了审议。最高人民法院有关负责同志列席了会议。宪法和法律委员会认为，决定草案是可行的，同时，提出以下修改意见：

一、有的常委委员建议，决定的名称应当与中央全面深化改革委员会通过的《关于设立上海金融法院的方案》相一致。宪法和法律委员会经研究，建议将决定名称修改为“关于设立上海金融法院的决定”，同时将草案第一条第一款修改为：“设立上海金融法院。”

二、决定草案第二条第一款规定：“上海金融法院对上海市人民代表大会常务委员会负责。”有的常委委员提出，上海金融法院由上海市人大常委会产生，应当向其报告工作。宪法和法律委员会经研究，建议将这一款修改为：“上海金融法院对上海市人民代表大会常务委员会负责并报告工作。”

三、决定草案第二条第二款规定：“上海金融法院审判工作受上海市高级人民法院监督。上海金融法院审理的案件受上海市同级人民检察院诉讼监督。”有的常委委员建议明确最高人民法院对上海金融法院的监督。有的常委委员建议，将人民检察院“诉讼监督”修改为“法律监督”。我国宪法规定，“最高人民法院监督地方各级人民法院和专门人民法院的审判工作”，“人民检察院是国家的法律监督机关”。宪法和法律委员会经研究，建议将这一款修改为：“上海金融法院审判工作受最高人民法院和上海市高级人民法院监督。上海金融法院依法接受人民检察院法律监督。”

四、有的常委委员建议，明确本决定的施行日期。宪法和法律委员会经研究，建议增加一条规定：“本决定自 2018 年 4 月 28 日起施行。”

此外，根据常委会组成人员的审议意见，还对决定草案的个别文字和条文顺序作了修改和调整。

宪法和法律委员会已按上述意见提出了《全国人民代表大会常务委员会关于设立上海金融法院的决定（草案建议表决稿）》。宪法和法律委员会建议本次常委会会议审议通过。

决定草案建议表决稿和以上报告是否妥当，请审议。

全国人民代表大会常务委员会关于全国人民代表大会宪法和法律委员会职责问题的决定

（2018年6月22日第十三届全国人民代表大会常务委员会第三次会议通过）

根据宪法有关规定，第十三届全国人民代表大会第一次会议决定设立全国人民代表大会宪法和法律委员会。为了明确宪法和法律委员会的职责，全国人民代表大会常务委员会决定：

一、《中华人民共和国全国人民代表大会组织法》《中华人民共和国立法法》《中华人民共和国各级人民代表大会常务委员会监督法》《中华人民共和国全国人民代表大会议事规则》《中华人民共和国全国人民代表大会常务委员会议事规则》中规定的“法律委员会”的职责，由宪法和法律委员会承担。

二、宪法和法律委员会在继续承担统一审议法律草案等工作的基础上，增加推动宪法实施、开展宪法解释、推进合宪性审查、加强宪法监督、配合宪法宣传等工作职责。

关于《全国人民代表大会常务委员会关于全国人民代表大会宪法和法律委员会职责问题的决定（草案）》的说明

——2018年6月19日在第十三届全国人民代表大会常务委员会第三次会议上

全国人大常委会法制工作委员会主任　沈春耀

全国人民代表大会常务委员会：

我受委员长会议委托，作关于《全国人民代表大会常务委员会关于全国人民代表大会宪法和法律委员会职责问题的决定（草案）》（以下简称《决定》）的说明。

一、关于作出《决定》的必要性

十三届全国人大一次会议审议通过的《宪法修正案》，将宪法第七十条第一款中的“法律委员会”修改为“宪法和法律委员会”。根据宪法有关规定，十三届全国人大一次会议决定设立全国人大宪法和法律委员会。适应这一变化，需要考虑：

一是宪法修改并设立全国人大宪法和法律委员会后，对相关法律规定有必要进行处理，使之与宪法规定相一致。经梳理，全国人大组织法、立法法、监督法、全国人大议事规则、全国人大常委会议事规则等五部法律中，共有23个条款涉及“法律委员会”职责。经综合分析评估，对这些法律规定不宜采取“打包”方式进行修改，需要在今后适时修改相关法律时考虑修改上述规定。

二是全国人大专门委员会依照法律规定履行职责。宪法和法律委员会履行统一审议法律草案等职责，向全国人大及其常委会提出法律草案审议结果报告、修改情况汇报等重要文件。这些职责是现行有关法律规定的、由原法律委员会承担的职责，有必要对宪法和法律委员会更名后继续依照相关法律规定履行职责问题予以明确。

三是党的十九届三中全会通过的《深化党和国家机构改革方案》明确提出，全国人大宪法和法律委员会在继续承担统一审议法律草案工作的基础上，增加推动宪法实施、开展宪法解释、推进合宪性审查、加强宪法监督、配合宪法宣传等职责。这些新增加的宪法方面工作职责，体现本次修宪有关精神，有必要通过立法形式转化为宪法和法律委员会的法定职责。

四是全国人大常委会明确有关专门委员会职责,符合宪法精神和法治原则。根据宪法第七十条规定,在全国人民代表大会闭会期间,各专门委员会受全国人民代表大会常务委员会领导。

基于上述考虑,为了保证全国人大宪法和法律委员会依法履行相关职责,在有关法律规定修改之前,由全国人大常委会作出专门决定,对全国人大宪法和法律委员会职责及时予以明确,是必要的、可行的。据此,法制工作委员会起草了关于全国人大宪法和法律委员会职责问题的决定草案稿,于6月4日召开会议,与中央改革办、中央编办、司法部等部门共同研究并取得一致意见。经修改完善后,形成《全国人民代表大会常务委员会关于全国人民代表大会宪法和法律委员会职责问题的决定(草案)》。经6月11日委员长会议审议,决定提请本次常委会会议审议。

二、关于《决定》草案的内容

《决定》草案主要包括以下两项内容:

一是,明确全国人大组织法、立法法、监督法、全国人大议事规则和全国人大常委会议事规则等五部法律中规定的法律委员会的职责,由全国人大宪法和法律委员会承担。

二是,规定宪法和法律委员会在继续承担统一审议法律草案工作的基础上,增加推动宪法实施、开展宪法解释、推进合宪性审查、加强宪法监督、配合宪法宣传等工作职责。

《决定》草案和以上说明是否妥当,请审议。

全国人民代表大会宪法和法律委员会关于《全国人民代表大会常务委员会关于全国人民代表大会宪法和法律委员会职责问题的决定(草案)》审议结果的报告

——2018年6月22日在第十三届全国人民代表大会常务委员会第三次会议上

全国人民代表大会常务委员会:

常委会第三次会议于6月19日下午对委员长会议提请审议的《全国人民代表大会常务委员会关于全国人民代表大会宪法和法律委员会职责问题的决定(草案)》进行了分组审议。常委会组成人员普遍认为,十三届全国人大一次会议根据《深化党和国家机构改革方案》和宪法修正案决定设立宪法和法律委员会,对于加强和推动宪法实施和监督工作,具有重要意义。为了贯彻落实党的十九大和十九届二中、三中全会和十三届全国人大一次会议精神,保证全国人大宪法和法律委员会依法履行相关职责,在有关法律修改之前,由全国人大常委会作出专门决定,以立法形式明确宪法和法律委员会在继续承担统一审议法律草案等工作的基础上,增加推动宪法实施、开展宪法解释、推进合宪性审查、加强宪法监督、配合宪法宣传等工作职责,是必要的,符合宪法精神和法治原则,也充分体现了新一届全国人大常委会不折不扣抓好党中央决策部署贯彻落实工作,赞成将草案提请本次会议表决通过。同时,有的常委会组成人员还提出了一些修改意见。宪法和法律委员会于6月21日上午召开会议,逐条研究了常委会组成人员的审议意见,对草案进行了审议。宪法和法律委员会认为,草案是成熟的、可行的。同时,根据常委会组成人员的审议意见,对草案作了个别文字修改。

据此,宪法和法律委员会提出了全国人民代表大会常务委员会关于全国人民代表大会宪法和法律委员会职责问题的决定(草案建议表决稿),建议本次常委会会议审议通过。

决定草案建议表决稿和以上报告是否妥当,请审议。

全国人民代表大会常务委员会关于中国海警局行使海上维权执法职权的决定

（2018 年 6 月 22 日第十三届全国人民代表大会常务委员会第三次会议通过）

为了贯彻落实党的十九大和十九届三中全会精神，按照党中央批准的《深化党和国家机构改革方案》和《武警部队改革实施方案》决策部署，海警队伍整体划归中国人民武装警察部队领导指挥，调整组建中国人民武装警察部队海警总队，称中国海警局，中国海警局统一履行海上维权执法职责。现就中国海警局相关职权作出如下决定：

一、中国海警局履行海上维权执法职责，包括执行打击海上违法犯罪活动、维护海上治安和安全保卫、海洋资源开发利用、海洋生态环境保护、海洋渔业管理、海上缉私等方面的执法任务，以及协调指导地方海上执法工作。

二、中国海警局执行打击海上违法犯罪活动、维护海上治安和安全保卫等任务，行使法律规定的公安机关相应执法职权；执行海洋资源开发利用、海洋生态环境保护、海洋渔业管理、海上缉私等方面的执法任务，行使法律规定的有关行政机关相应执法职权。中国海警局与公安机关、有关行政机关建立执法协作机制。

三、条件成熟时，有关方面应当及时提出制定、修改有关法律的议案，依照法定程序提请审议。

四、本决定自 2018 年 7 月 1 日起施行。

对《关于中国海警局履行海上维权执法职权的决定(草案)》的说明

——2018 年 6 月 19 日在第十三届全国人民代表大会常务委员会第三次会议上

中国人民武装警察部队司令员 王 宁

全国人民代表大会常务委员会：

我受中央军委委托，现对《关于中国海警局履行海上维权执法职权的决定(草案)》(以下简称《决定》)作说明。

一、出台《决定》的必要性

为了贯彻落实习主席关于有效维护海洋权益的重要指示，根据党的十九大和十九届三中全会精神，按照《深化党和国家机构改革方案》和党中央、中央军委关于武警部队改革的决策部署，海警队伍转隶武警部队，调整组建中国人民武装警察部队海警总队，对外称中国海警局，统一履行海上维权执法职责，行使公安机关、有关行政机关的相应执法职权。当前，海警队伍改革正在按照党中央和中央军委部署全面推进。

海警转隶后，由于其领导指挥体制、运行机制、协作关系等都将发生重大变化，2013 年十二届全国人大一次会议审议通过的《国务院机构改革和职能转变方案》关于中国海警局履行海上维权执法职责的相关规定，已经无法继续作为转隶后海警队伍履行职责的法律依据；且现行《刑事诉讼法》、《治安管理处罚法》、《渔业法》、《海关法》、《海域使用管理法》、《海洋环境保护法》、《海岛保护法》、《野生动物保护法》等法律中，需要对海警队伍执行海上维权执法任务、行使公安机关和有关行政机关相应执法职权等有关规定作出调整修改。为了保证海警队伍改革于法有据、稳妥推进，转隶后海上维权执法任务接续完成，考虑到改革任务较为紧迫，而法律修改的周期较长，有必要提请全国人大常委会作出关于中国海警局履行海上维权执法职权的决定。

二、关于《决定》草案的内容

一是明确海上维权执法职责任务。为了维护国家主权、海洋权益和海上秩序,有力回应各方关切,根据党中央、中央军委关于武警部队改革的决策部署,需要明确中国海警局执行打击海上违法犯罪活动、维护海上治安和安全保卫、海洋资源开发利用、海洋生态环境保护、海洋渔业管理、海上缉私等方面有关执法任务,以及协调指导地方海上执法工作。

二是明确海上维权执法相应法定职权。为了确保中国海警局继续行使转隶前相应法定职权,根据党中央、中央军委关于武警部队改革的决策部署,明确中国海警局执行海上打击违法犯罪活动、维护治安和安全保卫等任务时,行使《刑事诉讼法》、《治安管理处罚法》等法律规定的公安机关相应执法职权;执行海洋资源开发利用、海洋生态环境保护、海洋渔业管理、海上缉私等方面执法任务时,行使《渔业法》、《海关法》、《海域使用管理法》、《海洋环境保护法》、《海岛保护法》、《野生动物保护法》等法律规定的有关行政机关相应执法职权。同时,明确了中国海警局与公安机关、有关行政机关建立执法协作机制。

三是明确制定和修改有关法律的要求。为了确保立法与改革紧密衔接,明确条件成熟时及时制定和修改完善有关法律,主要是修改完善《人民武装警察法》和其他涉及中国海警局履行海上维权执法职责的现行有关法律法规,开展海警履行海上维权执法职责专项立法研究论证工作,提供更加完备的法律保障。

三、《决定》的组织实施

本决定的组织实施,按照党中央的有关决定和中央军委的有关规定执行。结合转隶后中国海警局执法活动实践,条件成熟时,我们将对修改上述法律提出具体意见,积极推动、配合相关立法工作。

决定草案和以上说明是否妥当,请审议。

全国人民代表大会宪法和法律委员会对《关于中国海警局履行海上维权执法职权的决定(草案)》审议结果的报告

——2018 年 6 月 22 日在第十三届全国人民代表大会常务委员会第三次会议上

全国人民代表大会常务委员会:

常委会第三次会议于 6 月 19 日下午对中央军委提请全国人大常委会审议的《关于中国海警局履行海上维权执法职权的决定(草案)》进行了分组审议。常委会组成人员一致认为,为贯彻落实党的十九大和十九届三中全会精神,确保转隶后的中国海警局继续执行海上维权执法任务,保持海警执法工作的连续性、稳定性、合法性,确保海警队伍改革于法有据、稳妥推进,由全国人大常委会作出决定,明确海警队伍转隶后行使海上维权执法职权,是十分必要的,赞成将决定草案提请本次常委会会议表决通过。同时,有些常委会组成人员还提出了一些修改意见。宪法和法律委员会于 6 月 21 日上午召开会议,逐条研究了常委会组成人员的审议意见,对决定草案进行了审议。中央政法委、中央编办、中央军委法制局、武警部队、司法部的有关负责同志列席了会议。宪法和法律委员会认为,决定草案是可行的。同时,根据有的常委委员的意见和有关立法技术规范,将决定草案分为四条表述,进一步明确制定、修改有关法律的工作要求,并对个别文字作了修改。

宪法和法律委员会已按上述意见提出了全国人民代表大会常务委员会关于中国海警局行使海上维权执法职权的决定(草案建议表决稿),建议本次常委会会议审议通过。

在常委会审议中,有些常委会组成人员还就中国海警局在行使职权过程中与有关方面做好工作衔接等提出了意见和建议。宪法和法律委员会建议有关方面认真研究这些意见和建议,切实做好相关工作,确保此项改革稳妥有序推进。

决定草案建议表决稿和以上报告是否妥当,请审议。

全国人民代表大会常务委员会关于全面加强生态环境保护　依法推动打好污染防治攻坚战的决议

（2018年7月10日第十三届全国人民代表大会常务委员会第四次会议通过）

第十三届全国人民代表大会常务委员会第四次会议听取和审议了栗战书委员长所作的全国人大常委会执法检查组关于检查大气污染防治法实施情况的报告。会议充分肯定和高度评价执法检查组的工作，一致赞成执法检查报告，同意报告对贯彻实施大气污染防治法、打赢蓝天保卫战提出的意见和建议。

会议认为，生态文明建设关系中华民族永续发展，关系亿万中国人民的福祉。党的十八大以来，以习近平同志为核心的党中央把生态文明建设作为统筹推进"五位一体"总体布局和协调推进"四个全面"战略布局的重要内容，谋划开展一系列根本性、开创性、长远性工作，推动生态文明建设和生态环境保护从实践到认识发生历史性、转折性、全局性变化。同时，生态文明建设面临的形势仍然严峻，正处于压力叠加、负重前行的关键期，已进入提供更多优质生态产品以满足人民日益增长的优美生态环境需要的攻坚期，也到了有条件有能力解决突出生态环境问题的窗口期。党的十九大制定了决胜全面建成小康社会、夺取新时代中国特色社会主义伟大胜利的宏伟蓝图，对加强生态文明建设、建设美丽中国作出了全面部署。打好污染防治攻坚战是决胜全面建成小康社会的三大攻坚战之一，关系到全面建成小康社会能否得到人民认可、经得起历史检验。到2020年，生态环境质量总体改善，主要污染物排放总量大幅减少，是我们的总体目标。各级人大及其常委会作为国家权力机关，肩负着贯彻落实党中央关于生态文明建设的决策部署、推动生态环境保护法律制度全面有效实施的光荣使命，要充分发挥人民代表大会制度的特点和优势，履行宪法法律赋予的职责，以法律的武器治理污染，用法治的力量保护生态环境，为全面加强生态环境保护、依法推动打好污染防治攻坚战作出贡献。为此，特作决议如下。

一、坚持以习近平新时代中国特色社会主义思想特别是习近平生态文明思想为指引。党的十八大以来，以习近平同志为核心的党中央高瞻远瞩、不懈探索，深刻回答了为什么建设生态文明、建设什么样的生态文明、怎样建设生态文明等重大理论和实践问题，系统形成了习近平生态文明思想。习近平生态文明思想是习近平新时代中国特色社会主义思想的重要组成部分，有力指导生态文明建设和生态环境保护取得历史性成就、发生历史性变革。习近平生态文明思想聚焦人民群众感受最直接、要求最迫切的突出环境问题，深刻阐述了生态兴则文明兴、人与自然和谐共生、绿水青山就是金山银山、良好生态环境是最普惠的民生福祉、山水林田湖草是生命共同体、用最严格制度最严密法治保护生态环境、建设美丽中国全民行动、共谋全球生态文明建设等一系列新思想新理念新观点，对生态文明建设进行了顶层设计和全面部署，是我们保护生态环境、推动绿色发展、建设美丽中国的强大思想武器。各国家机关和全社会要以习近平生态文明思想为方向指引和根本遵循，自觉把经济社会发展同生态文明建设统筹起来，坚决摒弃以牺牲生态环境换取一时一地经济增长的做法，坚决打好污染防治攻坚战，推动形成人与自然和谐发展现代化建设新格局，不断满足人民日益增长的优美生态环境需要，加快建设美丽中国。

二、坚持党对生态文明建设的领导。党的领导是加强生态环境保护、打好污染防治攻坚战的根本政治保证。党的十八大以来，以习近平同志为核心的党中央加快推进生态文明顶层设计和制度体系建设，相继出台《关于加快推进生态文明建设的意见》、《生态文明体制改革总体方案》，制定实施40多项涉及生态文明建设的改革方案，深入实施大气、水、土壤污染防治三大行动计划，推动我国生态环境质量持续改善。根据党中央修改宪法的建议，十三届全国人大一次会议通过宪法修正案，将新发展理念、生态文明、美丽中国等载入国家根本法。2018年5月，党中央召开全国生态环境保护大会，对加强生态环境保护、打好污染防治攻坚战作出再部署，提出新要求。6月，党中央、国务院发布《关于全面加强生态环境保护坚决打好污染防治攻坚战的意见》。各国家机关及其工作人员要牢固树立政治意识、大局意识、核心意识、看齐意识，坚决维护以习近平同志为核心的党中央权威和集中统一领导，全面贯彻落实党中央决策部署，切实担负起生态文明建设和生态环境保护的政治责任。要在党中央集中统一领导下，坚持党委领导、政府主导、企业主体、公众参与，密切配合、协同发力，落实领导干部生态文明建设责任制，健全环境保护督察机制，标本兼治、综合施策，加快构建生态文明体系，全面推动绿色发展，着力解决突出生态环境问题，坚决打好污染防治攻坚战。

三、建立健全最严格最严密的生态环境保护法律制度。保护生态环境必须依靠制度、依靠法治。要统筹山水林田湖草保护治理，加快推进生态环境保护立法，完善生态环境保护法律法规制度体系，强化法律制度衔接配套。加快制定土壤污染防治法，为土壤污染防治工作提供法制保障。加快固体废物污染环境防治法等法律的修改工作，进一步完善大气、水等污染防治法律制度，建立健全覆盖水、气、声、渣、光等各种环境污染要素的法律规范，构建科学严密、系统完善的污染防治法律制度体系，严密防控重点区域、流域生态环境风险，用最严格的法律制度护蓝增绿，坚决打赢蓝天保卫战、着力打好碧水保卫战、扎实推进净土保卫战。抓紧开展生态环境保护法规、规章、司法解释和规范性文件的全面清理工作，对不符合不衔接不适应法律规定、中央精神、时代要求的，及时进行废止或修改。国务院等有关方面要及时提出有关修改法律的议案，加快制定、修改与生态环境保护法律配套的行政法规、部门规章，及时出台并不断完善生态环境保护标准。有立法权的地方人大及其常委会要加快制定、修改生态环境保护方面的地方性法规，结合本地实际进一步明确细化上位法规定，积极探索在生态环境保护领域先于国家进行立法。牢固树立法律的刚性和权威，决不允许作选择、搞变通、打折扣，决不允许搞地方保护。要加强备案审查工作，及时纠正违反上位法规定的法规、规章、司法解释，维护社会主义法制统一。

四、大力推动生态环境保护法律制度全面有效实施。制度的生命在于执行，法律的权威在于实施。大气污染防治法执法检查发现了法律实施中存在的突出问题，提出了改进工作、完善制度的建议。有关方面要高度重视，认真整改，确保大气污染防治法各项规定落在实处，以最严密的法治保障打赢蓝天保卫战。各国家机关都要严格执行生态环境保护法律制度，确保有权必有责、有责必担当、失责必追究。各级人大及其常委会要把生态文明建设作为重点工作领域，通过执法检查、听取审议工作报告、专题询问、质询等监督形式，督促有关方面认真实施生态环境保护法律，抓紧解决突出生态环境问题，进一步加大投入力度，强化科技支撑，加强生态环境保护队伍特别是基层队伍的能力建设，建立健全环境污染治理长效机制。要将生态环境质量“只能更好、不能变坏”作为责任底线，督促各级政府和有关部门扛起生态文明建设和生态环境保护的政治责任，建立健全并严格落实环境保护目标责任制和考核评价制度，严格责任追究，保证责任层层落到实处。要依法推动企业主动承担全面履行保护环境、防治污染的主体责任，落实污染者必须依法承担责任的原则，加强环境执法监管，加快建立健全生态环境保护行政执法和刑事司法衔接机制，充分发挥监察机关和司法机关职能作用，完善生态环境保护领域民事、行政公益诉讼制度，依法严惩重罚生态环境违法犯罪行为。要坚持有法必依、执法必严、违法必究，让法律成为刚性约束和不可触碰的高压线。

五、广泛动员人民群众积极参与生态环境保护工作。生态文明是人民群众共同参与共同建设共同享有的事业。要在党的领导下，广泛动员各方力量，群策群力，群防群治，打一场污染防治攻坚的人民战争。要把生态环境保护纳入国民教育体系和党政领导干部培训体系，加强生态文明法律知识和科学知识宣传普及，倡导简约适度、绿色低碳的生活方式，引导全社会增强法治意识、生态意识、环保意识、节约意识，自觉履行生态环境保护法定义务，培育生态道德和行为准则，自觉践行绿色生活。要把群众感受作为检验工作成效和环境质量的重要依据，群众认可才是真认可，群众满意才是真满意。要健全生态环保信息强制性披露制度，依法公开环境质量信息和环保目标责任，保障人民群众的知情权、参与权、监督权。要充分发挥各类媒体的舆论监督作用，曝光突出生态环境问题，报道整改进展情况。要完善公众监督、举报反馈机制和奖励机制，保护举报人的合法权益，鼓励群众用法律的武器保护生态环境，形成崇尚生态文明、保护生态环境的社会氛围。

各国家机关和全社会要紧密团结在以习近平同志为核心的党中央周围，以习近平新时代中国特色社会主义思想为指导，全面加强生态环境保护、打好污染防治攻坚战，为全面建成小康社会、全面建设富强民主文明和谐美丽的社会主义现代化强国而努力奋斗。

关于《全国人民代表大会常务委员会关于全面加强生态环境保护　依法推动打好污染防治攻坚战的决议（草案）》的说明

——2018 年 7 月 9 日在第十三届全国人民代表大会常务委员会第四次会议上

全国人大环境与资源保护委员会主任委员　高虎城

全国人民代表大会常务委员会：

我受环境与资源保护委员会的委托，现对《全国人民代表大会常务委员会关于全面加强生态环境保护依法推动打好污染防治攻坚战的决议（草案）》作如下说明。

一、关于打好污染防治攻坚战的重要意义和作出相关决议的必要性

党的十八大以来，以习近平同志为核心的党中央把生态文明建设作为统筹推进“五位一体”总体布局和协调推进“四个全面”战略布局的重要内容，谋划开展了一系列根本性、开创性、长远性工作，提出一系列新理念新思想新战略，生态文明理念日益深入人心，污染治理力度之大、制度出台频度之密、监管执法尺度之严、环境质量改善速度之快前所未有，推动生态环境保护发生历史性、转折性、全局性变化，生态环境质量持续好转，生态文明建设成效显著，美丽中国建设迈出重要步伐，我国成为全球生态文明建设的重要参与者、贡献者、引领者。但我们也要清醒地看到，我国环境污染形势依然严峻，生态文明建设和生态环境保护面临不少困难和挑战，存在许多不足，成为重要的民生之患、民心之痛，成为经济社会可持续发展的瓶颈制约，成为全面建成小康社会的明显短板。生态文明建设正处于压力叠加、负重前行的关键期，已进入提供更多优质生态产品以满足人民日益增长的优美生态环境需要的攻坚期，也到了有条件有能力解决突出生态环境问题的窗口期。

党的十九大制定了决胜全面建成小康社会、夺取新时代中国特色社会主义伟大胜利的宏伟蓝图，将坚持人与自然和谐共生作为新时代坚持和发展中国特色社会主义基本方略之一，提出要牢固树立社会主义生态文明观，把“美丽”作为社会主义现代化强国的重要目标，突出抓重点、补短板、强弱项，坚决打好污染防治攻坚战，对建设生态文明和美丽中国作出全面部署。2018 年 5 月，习近平总书记在全国生态环境保护大会上深刻阐述了生态文明思想，对加强生态环境保护、打好污染防治攻坚战作出再部署，提出新要求。6 月，党中央、国务院发布《关于全面加强生态环境保护坚决打好污染防治攻坚战的意见》。各级人大及其常委会作为国家权力机关，肩负着贯彻落实党中央关于生态文明建设的决策部署、推动生态环境保护法律制度全面有效实施的光荣使命，要充分发挥人民代表大会制度的特点和优势，履行宪法法律赋予的职责，主动作为、积极作为，以法律的武器治理污染，用法治的力量保护生态环境。

为深入学习贯彻习近平生态文明思想，贯彻落实党中央决策部署，环境与资源保护委员会向常委会领导同志提出建议：全国人大常委会听取和审议栗战书委员长所作的全国人大常委会执法检查组关于检查大气污染防治法实施情况的报告，同时作出关于全面加强生态环境保护、依法推动打好污染防治攻坚战的决议。根据常委会领导同志的指示，环境与资源保护委员会会同常委会有关工作机构，认真研究论证、多方听取意见、反复修改完善，起草了《全国人民代表大会常务委员会关于全面加强生态环境保护依法推动打好污染防治攻坚战的决议（草案）》，2018 年 6 月 22 日，环境与资源保护委员会第五次全体会议通过这个草案，并报请委员长会议审议。2018 年 7 月 2 日，十三届全国人大常委会第 8 次委员长会议决定，7 月上旬召开的常委会第四次会议听取和审议栗战书委员长所作的全国人大常委会执法检查组关于检查大气污染防治法实施情况的报告，同时作出

关于全面加强生态环境保护、依法推动打好污染防治攻坚战的决议。

二、关于决议草案的结构和主要内容

决议草案由导语和五条组成。

导语部分，肯定了执法检查组的工作，赞成执法检查报告，同意报告对贯彻实施大气污染防治法、打赢蓝天保卫战提出的意见和建议。同时要求各级人大及其常委会充分发挥人民代表大会制度的特点和优势，切实履行宪法法律赋予的职责，以法律的武器治理污染，用法治的力量保护生态环境，为全面加强生态环境保护、依法推动打好污染防治攻坚战作出贡献。

第一条，坚持以习近平新时代中国特色社会主义思想特别是习近平生态文明思想为指引。着重阐述习近平生态文明思想是我国加强生态环境保护、打好污染防治攻坚战的指导思想，是习近平新时代中国特色社会主义思想的重要组成部分，是保护生态环境、推动绿色发展、建设美丽中国的强大思想武器。号召各国家机关和全社会要以习近平生态文明思想为方向指引和根本遵循，自觉把经济社会发展同生态文明建设统筹起来，推动形成人与自然和谐发展现代化建设新格局，不断满足人民日益增长的优美生态环境需要，加快建设美丽中国。

第二条，坚持党对生态文明建设的领导。着重阐述党的领导是加强生态环境保护、打好污染防治攻坚战的根本政治保证。号召各国家机关及其工作人员牢固树立政治意识、大局意识、核心意识、看齐意识，坚决维护以习近平同志为核心的党中央权威和集中统一领导，全面贯彻落实党中央决策部署，切实担负起生态文明建设和生态环境保护的政治责任，加快构建生态文明体系，全面推动绿色发展，着力解决突出生态环境问题，坚决打好污染防治攻坚战。

第三条，建立健全最严格最严密的生态环境保护法律制度。着重阐述保护生态环境必须依靠制度、依靠法治。要加快推进生态环境保护立法，完善生态环境保护法律法规制度体系，开展生态环境保护法规、规章、司法解释和规范性文件的清理工作。国务院等有关方面要及时提出有关修改法律的议案，加快制定、修改与生态环境保护法律配套的行政法规、部门规章，及时出台并不断完善生态环境保护标准。有立法权的地方人大及其常委会要加快制定、修改生态环境保护方面的地方性法规，结合本地实际进一步明确细化上位法规定。加强备案审查工作，及时纠正违反上位法规定的法规、规章、司法解释，维护社会主义法制统一。

第四条，大力推动生态环境保护法律制度全面有效实施。着重阐述制度的生命在于执行，法律的权威在于实施。要求各国家机关严格执行生态环境保护法律制度，确保有权必有责、有责必担当、失责必追究。各级人大及其常委会要把生态文明建设作为重点工作领域，督促各级政府和有关部门扛起生态文明建设和生态环境保护的政治责任，建立健全并严格落实环境保护目标责任制和考核评价制度，依法推动企业主动承担全面履行保护环境、防治污染的主体责任，落实污染者必须依法承担责任的原则，依法严惩重罚生态环境违法犯罪行为，让法律成为刚性约束和不可触碰的高压线。

第五条，广泛动员人民群众积极参与生态环境保护工作。着重阐述生态文明是人民群众共同参与共同建设共同享有的事业。号召人民群众广泛参与和监督生态环境保护工作，自觉履行生态环境保护法定义务，自觉践行绿色生活。强调要把群众感受作为检验工作成效和环境质量的重要依据，鼓励群众用法律的武器保护生态环境，形成崇尚生态文明、保护生态环境的社会氛围。

《全国人民代表大会常务委员会关于全面加强生态环境保护依法推动打好污染防治攻坚战的决议（草案）》和以上说明是否妥当，请审议。

全国人民代表大会常务委员会关于延长授权国务院在部分地方开展药品上市许可持有人制度试点期限的决定

（2018 年 10 月 26 日第十三届全国人民代表大会常务委员会第六次会议通过）

为了更好总结药品上市许可持有人制度试点经验，为改革完善药品管理制度打好基础，并做好药品上市许可持有人制度试点工作和《中华人民共和国药品管理法》修改工作的衔接,第十三届全国人民代表大会常务委员会第六次会议决定:将2015年11月4日第十二届全国人民代表大会常务委员会第十七次会议授权国务院在部分地方开展药品上市许可持有人制度试点工作的三年期限延长一年。

本决定自2018年11月5日起施行。

国务院关于《全国人民代表大会常务委员会关于授权国务院在部分地方开展药品上市许可持有人制度试点和有关问题的决定》实施情况的报告

——2018年10月22日在第十三届全国人民代表大会常务委员会第六次会议上

全国人民代表大会常务委员会:

根据《全国人民代表大会常务委员会关于授权国务院在部分地方开展药品上市许可持有人制度试点和有关问题的决定》、《国务院关于改革药品医疗器械审评审批制度的意见》(国发〔2015〕44号),国务院办公厅印发了《药品上市许可持有人制度试点方案》(国办发〔2016〕41号,以下简称《试点方案》),启动药品上市许可持有人制度试点。原食品药品监管总局会同各试点省(市)认真落实《试点方案》要求,完善配套政策,加强组织指导,稳妥有序推进。2017年10月,中共中央办公厅、国务院办公厅印发《关于深化审评审批制度改革鼓励药品医疗器械创新的意见》(厅字〔2017〕42号,以下简称《意见》),提出及时总结药品上市许可持有人制度试点经验,力争早日在全国推开。国家药监局近期组织各试点省(市)对试点工作进行了总结,现将有关情况报告如下。

一、具体开展的工作

(一)制定配套制度,规范试点工作。一是发布配套文件。原食品药品监管总局印发《关于做好药品上市许可持有人制度试点有关工作的通知》、《关于推进药品上市许可持有人制度试点工作有关事项的通知》,明确试点工作程序,鼓励符合条件的药品研发机构、科研人员等主体申请参加试点,明确持有人负责药品生产销售全链条和药品全生命周期管理,鼓励药品生产企业整合技术资源,促进专业化、规模化生产。二是加强政策解读。原食品药品监管总局对试点工作期间出现的问题及时分析研究,先后发布3期政策解读,解读具体问题52项,切实增强试点工作可操作性。三是构建制度体系。原食品药品监管总局积极总结试点工作阶段性成果,研究起草配套规定及相关技术指导原则,初步搭建了持有人制度框架。

(二)加强政策宣贯,鼓励参与试点。原食品药品监管总局会同各试点省(市)采取多种方式,广泛开展培训和指导,鼓励药品研发机构、科研人员、药品生产企业积极参与试点。一是开设信息宣传专栏。在原食品药品监管总局网站开设"药品上市许可持有人制度试点"专栏,设置了法规文件、政策解读、各省动态、监督管理等栏目。组织专家学者撰写政策评论和解读文章,大力宣传和解读有关政策。二是加强实地调研督查。先后赴江苏、上海、广东、福建、浙江、四川等地调研督导,召开7次现场会议,向食品药品监管部门、药品研发生产单位宣传政策,督促试点工作开展,听取意见建议,解答疑问,纠正试点中出现的偏差和苗头性问题。

(三)各地精心安排,认真组织试点。一是及时发布试点工作文件。十个试点省(市)先后印发试点工作实施方案、实施意见,细化工作任务和具体措施。部分试点省(市)结合实际情况,研究制定了相关技术指南等,指导申请人合理研发申报。二是加强组织领导和工作督导。天津、山东、河北、四川等省(市)食品药品监管部门牵头成立试点工作领导小组,相关部门共同参与,协同推进试点。北京市多次组织相关部门及专家召开座谈会、研讨会,研究推动试点工作。天津、江苏等省(市)将试点工作列入督导事项及年度工作要点,按季度跟踪考核。三是争取专项资金与政策支持。四川省政府办公厅印发《关于开展药品上市许可持有人制度试点工作的实施意见》,省财政对全省前10位持有人给予一次性奖励。天津市开通专项资金申报渠道,符合条件的申报项目给予资金支持。江苏省泰州、苏州等地医药园区制定持有人制度试点风险保障资金和专项奖励补贴实施工作办法。四是加强区域监管协调与合作。上海市、浙江省、江苏省共同落实全程风险防控,制定《江浙沪药品上市许可持有人制度跨省监管规定》(试行)。北京、天津、河北三地加强药品注册审评审批区域合作,签署《京津冀药品注册工作协作机制合作备忘录》。五是加强受试者与患者权益保障。上海市要求持有人应当按规定购买商业责任险,批准上市药品造成人身损害的,受害人可以多途径申请赔偿。上海市张江高科技园区管理委员会出资设立 5000 万元的专项风险保障资金,并为持有人购买商业责任险提供 30%—50% 的保费补贴。山东、天津等省(市)协调太平洋保险公司针对持有人推出"太有责·药安心"系列产品,保障患者权益受到损害后及时得到赔偿,该公司已与山东省 9 个持有人签订了 23 份保险协议。

二、试点取得的成效

为准确客观反映试点工作成效,原食品药品监管总局会同试点省(市)食品药品监管部门、高等院校开展了试点效果调研评估,评估显示试点工作取得积极成效。

(一)试点申请全面覆盖。

1. 符合要求的各类申请人积极开展注册申报。截至 2018 年 9 月底,十个试点省(市)药品注册申请人共提出持有人申请 1118 件(按药品注册申请受理号计,下同),全面涵盖了《试点方案》规定的行政区域、主体类型和试点药品范围。一是试点区域全覆盖。十个试点省(市)均有申请人提出试点申请,其中江苏省 216 件,占 19.3%;广东省 207 件,占 18.5%;山东省 146 件,占 13.1%。二是申报主体全覆盖。药品生产企业申请 786 件,占 70.3%;药品研发机构申请 331 件,占 29.6%;科研人员申请 1 件,占 0.1%。三是试点药品范围全覆盖。新药 476 件,占 42.6%;按与原研药质量和疗效一致的新标准研发的仿制药 501 件,占 44.8%;仿制药质量和疗效一致性评价一并申请成为持有人 20 件,占 1.8%;整体搬迁申请 88 件,占 7.9%;药品批准文号由研发机构所属的生产企业转移至药品研发机构持有 13 件,占 1.2%;药品批准文号调整到集团公司持有 20 件,占 1.8%。上述 1118 件持有人申请中,申报临床试验的 388 件,占 34.7%;申报药品上市的 480 件,占 42.9%;以补充申请方式申报成为持有人的 250 件,占 22.4%。

2. 部分品种先后获准开展药物临床试验、上市。已有 186 件药物临床试验获得批准。已有 122 件试点品种申请获准上市。

3. 药品研发机构积极参与试点,成为试点工作申报主体的重要组成部分。申报方面,研发机构申报临床试验申请 269 件,已批准 192 件;研发机构申报生产申请 62 件,已有 1 件申请获得批准,其余处于已受理或审评审批状态。责任落实方面,研发机构在临床试验样品的合同生产、临床试验过程中的风险控制和合同生产的责任分配、质量控制等方面积极探索持有人责任的落实。一是建立质量管理体系。根据相关试点省(市)出台的委托生产质量协议撰写指南、委托经营质量协议撰写指南等,研发机构在实际工作中形成了一套质量管理体系文件。二是重点落实风险防控责任。研发机构积极购买相关商业责任险,包括临床试验责任险、上市后产品责任险、合同生产企业的错误与疏漏险等。三是落实药物警戒责任。药品研发机构按照试点工作要求建立药物安全团队,负责临床研发阶段及上市后的药物安全评估和管理,同时制定完善的标准操作规程,保证药物的安全和风险管理符合国际人用药品注册技术协调会(ICH)相关技术指南和试点工作要求。

4. 科研人员积极组建药品研发机构参与试点。药品科研人员倾向于采取牵头组建药品研发机构而非以个人名义提交试点药品申请,主要有以下考虑:一是药品研发过程复杂,涉及多个专业领域,很难由一名科研人员独立完成,研发过程中涉及相应药品技术的专利申报、药品申报等工作,以研发机构名义申报有利于风险分担与成果分享。二是持有人作为药品上市许可的责任主体,对包括注册、生产、流通、监测和评价、质量追溯、信息公开等在内的药品全生命周期依法承担法律责任,科研人员作为个体在现阶段难以承担药品全生命周期的安全性、有效性保证义务。三是药品研发是需要资本投入较高的行业,金融资本和产业资本的介入、国际研发合作等多种合作模式利于激发科技人员潜能并促进创新药物研发,此类合作所涉及的利益与责任划分都需要由法人主体承担和体现。四是科研人员自身风险承担能力有限,对不可预期的药品质量风险,难以充分承担赔偿责任,患者利益无法得到有效保障。五是由科研人员成立的研发机构作为企业法人,在资金筹措、合同签署、合规运作以及知识产权保护等方面相较个人而言具有明显优势。以江苏、浙江、上海三地为例,分别受理的 49 件、22 件、66 件研发机构申请中,科研人员牵头组建的药品研发机构分别占69.4%、54.6%、45.5%。

（二）持有人药品质量主体责任进一步落实。试点省（市）积极探索完善新形势下对持有人的要求，加强全链条质量管理体系建设。临床前研究及临床试验方面，持有人确保相关研究符合法规制度要求，加强对委托服务机构的资质条件和质量管理体系评估，加强对研究过程的监督和管理，定期或不定期聘请第三方开展稽查，保证研究资料的真实性、完整性、可靠性和规范性。生产制造方面，持有人制定配套的质量管理文件，配备相应的质量管理人员，确保药品质量稳定可控，与合同生产企业签订质量协议和合同生产协议，对合同生产过程实施全程动态管理。经销配送方面，持有人具备相关能力和条件的可以自行销售，也可以委托合同生产企业或者具备资质的药品经营企业销售。药物警戒与不良反应监测方面，持有人建立健全药物警戒体系，直接报告获知的药品不良反应，对存在安全风险的药品采取风险控制措施。

（三）医药产业创新发展活力进一步激发。一是有效降低新药创制成本。《试点方案》允许研发机构和科研人员申报药品注册，不具备生产条件的可委托其他具备条件的企业生产，免除原有的投资建厂和新建生产线成本。调查显示，研发机构的持有人申请中，均倾向于选择合同生产。二是大幅增加科研成果转化收益。《试点方案》发布前，仅有药品生产企业可以申报药品上市并持有批准文号，研发机构只能将科研成果转让给药品生产企业，获取短期利益。《试点方案》明确提出药品研发机构或科研人员取得药品上市许可及药品批准文号的，可以成为持有人。这一政策明确了药品技术的拥有者可以持有批准文号，依法享有药品上市后的市场回报。药品技术拥有者持有批准文号带来的市场回报大大高于技术转让获益。三是切实增强新药创制的可持续性。持有人制度的实施节约了新药创制的资金成本和时间成本，提高了研发主体的市场回报，增强了新药创制的内生动力。研发主体获得市场回报后将持续增加研发投入，促使科技成果转化，持续带动企业竞争力的提升以及就业、消费、税收的增加。调查显示，32家调查对象中，13家药品生产企业和研发机构已经增加或计划增加研发投入4.6亿元，并增加高水平研发人才配备。四是新药研发申报持续活跃。试点区域内创新药申请数量显著增长，占全部药品申请比例不断增加。2017年，新药申报量为734件，同比增长31.5%。其中，化学药品创新药申请334件，同比增长24.2%；创新生物制品申请90件，同比增长109.3%。

（四）医药产业结构进一步优化。一是有效提升医药产业集中度。《试点方案》及相关配套文件鼓励药品生产企业集团公司将各控股子公司的药品批准文号集中到集团公司持有。集团公司对各控股子公司的产能进行调配整合，建立统一的质量管理体系，使各子公司成为有特点、有优势、有规模的生产基地，集团公司对所有上市的产品质量负全部责任。原有的生产基地独立为子公司后，接受集团公司的委托，专注于创新药的临床样品生产和上市后商业化生产，集团公司及各子公司之间形成明显的专业化分工。我国医药市场上主流产品的批准文号将逐步集中到综合实力较强的大型制药集团，进一步提高药品质量。二是优化资源配置，减少重复建设。持有人合同生产模式的建立，一方面充分利用了现有产能。调查显示，已受理的持有人申请中，约有35.1%的申请主体选择合同生产，其中生产企业占38.1%。另一方面，有效控制了新增产能，避免重复建设。调查显示，在已受理持有人申请中约有35.9%的申请主体明确表示不考虑新建厂房或生产线，另有一部分申请主体表示暂不考虑新建厂房或生产线，新建生产线意愿明显下降。三是专业化分工促进药品质量提升。合同生产模式的建立将资源配置的任务交还给市场，逐步培育专业化的药品生产加工行业。研发机构、生产企业等各类主体在药品供应链中的定位更加准确。从事生产加工的企业可以充分发挥比较优势，专注于最擅长的领域，有利于提高药品质量，降低企业运营成本。调查显示，拟承接合同生产的企业中明确表示有意向发展成为国际流行的合同生产组织的占53.3%。

（五）公众用药需求进一步满足。一是新药好药加快上市。与试点前相比，参与试点的各类主体可以采取合同生产的方式，节约了基础设施建设、工商登记、药品生产质量管理规范认证等环节花费的时间。调研显示，合同生产模式平均可以缩短药品上市时间约22个月。各级食品药品监管部门寓监管于服务，对具备临床价值的创新药和临床急需仿制药，在受理、检查、检验及审评等环节早期介入，加强沟通指导，提高审评审批效率。以国产创新药呋喹替尼胶囊为例，完成临床试验后，采用合同生产方式申报上市，预计整体缩短上市时间2年左右。二是有效保障患者权益。在原保监会的支持下，各大保险公司积极研究设立药品上市后责任险，各试点省（市）也积极探索风险救济基金等创新性保障措施。三是建立药品质量责任先行赔付机制。试点前，承担药品质量责任的主体众多，导致患者权益受损时难以及时获得相应补偿或赔偿。试点明确要求持有人承担药品质量主体责任，厘清了持有人与合同生产、销售等环节的责任划分。试点药品的说明书、包装标签中标明持有人信息、生产企业信息等，一旦造成人身损害，受害人可以向持有人请求赔偿，也可以向合同生产企业、销售者等请求赔偿，能够在第一时间维护自身权益。

（六）监管机制进一步完善。一是以持有人为抓手，提升监管效能。随着持有人全生命周期质量管理体系的建立，持有人对合同生产、销售等环节的内部监督机制逐步形成。药品监管由过去对药品研制、生产、流通、使用等各个环节的分散式监管，调整为以持有人为抓手的监管模式，提升了监管效能。二是跨省监管联动机制进一步完善。试点过程中，持有人与合同生产企业可能位于不同的试点省（市），各试点省（市）探索建立了一套相对完善的跨省监管协作机制。例如，江苏、浙江、上海三地药品检查机构签订药品检查能力建设合作备忘录，通过共享培训资源、互派检查人员、合作研究课题等方式，达到统一监管理念、实现资源共享和优势互补、提升能力水平、更好为区域一体化监管服务的目的。这在当前国家药品监管机构已经加入国际人用药品注册技术协调会（ICH），下一步争取加入国际药品认证合作组织（PIC/S）的监管国际化大背景下，更加具有积极意义。

三、试点形成的制度性经验

（一）法律修正草案。为贯彻《意见》要求，结合试点经验，研究起草《中华人民共和国药品管理法（修正草案）》，提出国家实行药品上市许可持有人制度，药品上市许可持有人对药品安全、有效负责，为药品上市许可持有人制度的全面推广提供法律依据。

（二）部门规章修订稿。原食品药品监管总局组织对《药品注册管理办法》进行了修改并公开征求意见，拟将现行新药、仿制药和进口药申报生产的内容进行整合，调整为上市许可管理的模式，突出持有人对药品履行质量安全监测责任主体地位。原食品药品监管总局组织起草了《药品上市许可持有人管理办法》，对持有人的条件和义务作了系统性规定，细化了持有人在生产、销售、药物警戒等方面的要求，后续将依据相关立法工作计划按程序发布。

（三）相关技术指导原则草案。为加强合同生产管理，保障不同产地之间药品质量和疗效的一致性，原食品药品监管总局组织起草了《药品生产场地变更简化注册审批管理规定》、《药品生产场地变更研究技术指导原则》，明确持有人合同生产中生产场地变更的技术要求，规范持有人合同生产行为，为不同生产场地生产产品的质量稳定提供技术支撑。

四、试点过程中发现的问题

（一）试点品种上市周期较长。按照药品研发上市规律，药物研发到最终获准上市通常需要8—10年时间，相当一部分参与试点的新药距离获准上市还需一定时间，药品上市后各环节的试点经验还需积累，部分试点省（市）提出了加快审评审批的建议。

（二）持有人的药品质量主体责任落实仍需进一步完善。持有人在生产制造、销售配送、不良反应与不良事件直接报告等药品全生命周期的主体责任有待进一步细化明确。从试点情况看，科研人员凭自身能力难以履行药品质量主体责任，多通过组建药品研发机构等方式参与试点，仅有的1件科研人员申请已撤回。

（三）试点区域限制医药产业平衡发展。十个试点省（市）为我国医药产业发达地区，吸引了药品研发机构和科研人员，有可能加剧地区之间医药产业发展不平衡。

五、需要说明的两个问题

（一）关于合同生产试点品种的全生命周期责任履行情况。已开展或者拟开展合同生产的50个试点品种中，持有人按试点工作要求履行了生产、销售、不良反应监测、药物警戒等各环节的主体责任。国家药监局会同各试点省（市）完成了药品质量安全监管、制度建设、监管协作等试点任务。国家药监局认为相关工作整体运行情况平稳有序，制度推广切实可行。

（二）关于尚无科研人员成为持有人情况。国家药监局研究认为，科研人员以自然人的形式作为持有人存在较大局限性。一方面受自然人能力的限制，在商品交易、纳税等多个方面均难以正常开展市场经营活动；另一方面，缺乏专业团队支持，不能对药品研发、生产、流通等环节实施有效管理。此外，大多数科研人员缺乏充足的资金保障，基本不具备责任承担能力，无法履行保证药品生产销售全链条和全生命周期质量管理的责任。实践中，在制药业较为发达的美国、英国、日本、德国、丹麦等国家,暂未发现科研人员个人作为持有人的情况。现阶段应鼓励科研人员建立研究、管理团队,成立药品研发机构或者企业,以药品研发机构或者企业的形式成为持有人。

关于《关于延长授权国务院在部分地方开展药品上市许可持有人制度试点期限的决定(草案)》的说明

——2018 年 10 月 22 日在第十三届全国人民代表大会常务委员会第六次会议上

国家药品监督管理局局长　焦　红

全国人民代表大会常务委员会:

我受国务院委托,现对《关于延长授权国务院在部分地方开展药品上市许可持有人制度试点期限的决定(草案)》作说明。

为推进药品审评审批制度改革,鼓励药品创新,提升药品质量,2015 年 11 月 4 日,第十二届全国人大常委会第十七次会议授权国务院在北京等十个省、直辖市开展药品上市许可持有人制度试点。试点期限为三年,至 2018 年 11 月 4 日结束。为了更好总结药品上市许可持有人制度试点经验,为改革完善药品管理制度打好基础,并做好药品上市许可持有人制度试点工作和《中华人民共和国药品管理法》修改工作的衔接,市场监管总局、药监局起草了《关于延长授权国务院在部分地方开展药品上市许可持有人制度试点期限的决定(草案)》。该草案已经国务院同意。现说明如下:

药品上市许可持有人制度试点工作开展以来,国务院药品监督管理部门认真履行职责,强化组织指导,会同试点省、直辖市完善配套政策,狠抓责任落实,稳妥有序推进。试点以来,药品企业主体责任进一步落实,医药产业创新发展活力进一步激发,医药产业结构进一步优化,公众用药需求进一步满足,监管制度机制进一步完善,试点取得积极成效,实践证明可行。

2017 年 10 月,中共中央办公厅、国务院办公厅印发《关于深化审评审批制度改革鼓励药品医疗器械创新的意见》,提出要及时总结药品上市许可持有人制度试点经验,推动修订药品管理法,力争早日在全国推开。市场监管总局、药监局认真总结试点经验,研究起草了《中华人民共和国药品管理法(修正草案)》,已经国务院同意,提请全国人大常委会审议。该修正草案在对全面实施药品上市许可持有人制度作出规定的基础上,针对吉林长春长生公司问题疫苗案件暴露出来的问题,对落实企业主体责任和监管部门监管责任、加大对违法行为的处罚力度等作出规定。考虑到《中华人民共和国药品管理法(修正草案)》内容较多,审议需要一定时间,为做好试点工作和修法工作的衔接,需要将药品上市许可持有人制度试点期限延长至修改完善后的《中华人民共和国药品管理法》施行之日。

《关于延长授权国务院在部分地方开展药品上市许可持有人制度试点期限的决定(草案)》和以上说明是否妥当,请予审议。

全国人民代表大会宪法和法律委员会对《关于延长授权国务院在部分地方开展药品上市许可持有人制度试点期限的决定(草案)》审议结果的报告

——2018 年 10 月 26 日在第十三届全国人民代表大会常务委员会第六次会议上

全国人民代表大会常务委员会:

本次常委会会议于 10 月 23 日下午对国务院提请审议的《关于延长授权国务院在部分地方开展药品上市许可持有人制度试点期限的决定(草案)》进行了分组审议。普遍认为,为了更好总结药品上市许可持有人制度试点经验,做好与药品管理法修改工作的衔接，延长授权国务院在部分地方开展药品上市许可持有人制度试点期限，是必要的。决定草案基本可行，赞成提请本次常委会会议表决通过。同时，有的常委会组成人员还提出了一些修改意见。

宪法和法律委员会于10月23日晚召开会议，逐条研究了常委会组成人员的审议意见，对决定草案进行了审议。教育科学文化卫生委员会、司法部、国家药品监督管理局的负责同志列席了会议。宪法和法律委员会认为，为了做好与药品管理法修改工作的衔接，有必要延长试点期限。决定草案总体可行。同时，有的常委委员提出，决定草案中“试点期限延长至修改完善后的《中华人民共和国药品管理法》施行之日”的表述不够明确，建议对试点延长的具体期限作出规定。宪法和法律委员会经研究，建议将上述规定修改为：“试点期限延长一年”。

此外，根据审议中常委委员提出的有关意见，宪法和法律委员会建议，国务院及有关部门要继续采取有效措施，切实保证药品质量，维护人民群众生命财产安全。

宪法和法律委员会已按上述意见提出了全国人民代表大会常务委员会关于延长授权国务院在部分地方开展药品上市许可持有人制度试点期限的决定（草案建议表决稿），建议本次常委会会议审议通过。

决定草案建议表决稿和以上报告是否妥当，请审议。

全国人民代表大会常务委员会关于专利等知识产权案件诉讼程序若干问题的决定

（2018年10月26日第十三届全国人民代表大会常务委员会第六次会议通过）

为了统一知识产权案件裁判标准，进一步加强知识产权司法保护，优化科技创新法治环境，加快实施创新驱动发展战略，特作如下决定：

一、当事人对发明专利、实用新型专利、植物新品种、集成电路布图设计、技术秘密、计算机软件、垄断等专业技术性较强的知识产权民事案件第一审判决、裁定不服，提起上诉的，由最高人民法院审理。

二、当事人对专利、植物新品种、集成电路布图设计、技术秘密、计算机软件、垄断等专业技术性较强的知识产权行政案件第一审判决、裁定不服，提起上诉的，由最高人民法院审理。

三、对已经发生法律效力的上述案件第一审判决、裁定、调解书，依法申请再审、抗诉等，适用审判监督程序的，由最高人民法院审理。最高人民法院也可以依法指令下级人民法院再审。

四、本决定施行满三年，最高人民法院应当向全国人民代表大会常务委员会报告本决定的实施情况。

五、本决定自2019年1月1日起施行。

关于《关于专利等案件诉讼程序若干问题的决定（草案）》的说明

——2018年10月22日在第十三届全国人民代表大会常务委员会第六次会议上

最高人民法院院长　周　强

全国人民代表大会常务委员会：

根据会议安排，我就《关于专利等案件诉讼程序若干问题的决定（草案）》作如下说明：

一、建立国家层面知识产权案件上诉审理机制的意义

建立国家层面知识产权案件上诉审理机制，是十九届中央全面深化改革领导小组第一次会议的重大部署。近日，中央批准最高人民法院设立知识产权法庭，统一审理全国范围内专业技术性较强的专利等上诉案件，促进有关知识产权案件审理专门化、管辖集中化、程序集约化和人员专业化，为建设知识产权强国和世界科技强国提供有力司法服务和保障。

一是激励和保护科技创新的需要。创新是引

领发展的第一动力，知识产权保护是激励创新的基本手段。中国特色社会主义已进入新时代，我国正在加快建设创新型国家，迫切需要建立国家层面知识产权案件上诉审理机制，充分发挥知识产权审判激励和保护创新、促进科技进步和社会发展的职能作用。由最高人民法院知识产权法庭统一审理发明和实用新型专利等上诉案件，有利于优化科技创新法治环境，加快实施创新驱动发展战略，为实现“两个一百年”奋斗目标和建设知识产权强国、世界科技强国作出积极贡献。

二是营造良好营商环境的需要。习近平总书记深刻指出，产权保护特别是知识产权保护是塑造良好营商环境的重要方面，突出强调加强知识产权保护是完善产权保护制度最重要的内容，也是提高中国经济竞争力最大的激励。由最高人民法院知识产权法庭统一审理发明和实用新型专利等上诉案件，有利于加强对中外企业知识产权的依法平等保护，促进形成法治化、国际化、便利化的营商环境，更好服务国内国际两个大局，推动形成全面开放新格局。

三是统一和规范裁判尺度的需要。专利等案件具有特殊的专业性、高度的复杂性，新型疑难复杂案件众多。在现行审理体制下，知识产权有效性问题由行政无效程序解决，知识产权侵权纠纷由民事诉讼程序解决。而且，专利侵权二审案件分由各高级人民法院审理，存在裁判尺度不够统一的问题。将该类民事和行政案件的二审审理权限集中到最高人民法院知识产权法庭，实现知识产权效力判断与侵权判断两大诉讼程序和裁判标准的对接，有利于从机制上解决制约科技创新的裁判尺度不统一等问题，提高知识产权审判质量效率，加大知识产权司法保护力度，切实提升司法公信力。

二、草案的主要内容

（一）关于案件类型

从我国审判实践看，知识产权案件主要表现为专利、商标、著作权以及植物新品种、集成电路布图设计、技术秘密、垄断等。其中，专利又包括发明、实用新型和外观设计三种类型。最高人民法院知识产权法庭以审理发明和实用新型专利等技术类上诉案件为主，是因为这类案件的专业技术性更强，审理要求更高，与科技创新的关系更为密切，对于创新型国家建设的意义也更为重要。《关于专利等案件诉讼程序若干问题的决定（草案）》第一条、第二条关于案件类型的规定，综合考虑了我国法院的职能、编制、人员以及知识产权案件的分类、特点、数量等因素。最高人民法院将制定司法解释，进一步细化和明确知识产权法庭的管辖等问题。

（二）关于审级

依照现行法，专利等专业技术性较强的民事和行政第一审案件由中级人民法院管辖。不服中级人民法院第一审裁判的上诉案件，由其所在地的高级人民法院审理。因此，最高人民法院知识产权法庭设立后，集中审理专利等上诉案件，不服中级人民法院第一审裁判的上诉案件，不再由其所在地的高级人民法院审理，需要全国人民代表大会常务委员会通过决定明确上诉程序等问题。

（三）关于法律衔接

2014 年 8 月 31 日通过的《全国人民代表大会常务委员会关于在北京、上海、广州设立知识产权法院的决定》第四条规定，知识产权法院第一审判决、裁定的上诉案件，由知识产权法院所在地的高级人民法院审理。由于知识产权法院第一审判决、裁定既涉及本决定所称的发明和实用新型专利等案件，又涉及著作权、商标等案件，因此，《全国人民代表大会常务委员会关于专利等案件诉讼程序若干问题的决定》作为新法施行后，不服知识产权法院关于发明和实用新型专利等第一审判决、裁定而提起的上诉案件，由最高人民法院知识产权法庭审理；不服知识产权法院对其他案件的第一审判决、裁定而提起的上诉案件，仍由知识产权法院所在地的高级人民法院审理。

三、需要说明的情况

迄今为止，世界上 10 余个国家设立了知识产权专门法院，均采取“国家层面、高等法院、主审专利”的设立模式，设立目的主要在于，加强专利保护，解决因不同审理法院法律适用差异而导致的裁判冲突。

作为先行探索，最高人民法院设立知识产权法庭。三年后，最高人民法院在进一步总结试点工作的基础上，向全国人民代表大会常务委员会作出报告。

《关于专利等案件诉讼程序若干问题的决定（草案）》和以上说明是否妥当，请审议。

全国人民代表大会宪法和法律委员会对《关于专利等案件诉讼程序若干问题的决定（草案）》审议结果的报告

——2018 年 10 月 26 日在第十三届全国人民代表大会常务委员会第六次会议上

全国人民代表大会常务委员会:

本次常委会会议于 10 月 23 日下午对最高人民法院提请全国人大常委会审议的《关于专利等案件诉讼程序若干问题的决定(草案)》进行了分组审议。常委会组成人员一致认为,为确保改革于法有据,由全国人大常委会作出决定,明确规定由最高人民法院统一受理全国范围内专业技术性较强的专利等上诉案件,有利于统一知识产权裁判尺度,加强知识产权司法保护力度,赞成将决定草案提请本次常委会会议表决通过。同时,有些常委会组成人员还提出了一些修改意见。宪法和法律委员会于 10 月 23 日晚召开会议,逐条研究了常委会组成人员的审议意见,对决定草案进行了审议。监察和司法委员会、中央政法委员会、最高人民法院、最高人民检察院的有关负责同志列席了会议。宪法和法律委员会认为,决定草案是可行的。同时,提出以下主要修改意见:

有的常委委员提出,为了突出党中央提出的“知识产权案件上诉审理机制”的要求,并与 2014 年全国人大常委会通过的关于在北京、上海、广州设立知识产权法院的决定表述保持一致,建议将案件类型明确为知识产权案件。宪法和法律委员会经研究,建议将决定名称修改为“关于专利等知识产权案件诉讼程序若干问题的决定”,并将草案第一条和第二条中的“民事案件”和“行政案件”修改为“知识产权民事案件”和“知识产权行政案件”。

此外,还对草案作了一些文字修改。

宪法和法律委员会已按上述意见提出了全国人民代表大会常务委员会关于专利等知识产权案件诉讼程序若干问题的决定(草案建议表决稿),建议本次常委会会议审议通过。

决定草案建议表决稿和以上报告是否妥当,请审议。

全国人民代表大会常务委员会关于延长授权国务院在北京市大兴区等三十三个试点县(市、区)行政区域暂时调整实施有关法律规定期限的决定

(2018 年 12 月 29 日第十三届全国人民代表大会常务委员会第七次会议通过)

为了进一步深入推进农村土地征收、集体经营性建设用地入市、宅基地管理制度改革试点,更好地总结试点经验,为完善土地管理法律制度打好基础,并做好试点工作和《中华人民共和国土地管理法》修改工作的衔接,第十三届全国人民代表大会常务委员会第七次会议决定:将《全国人民代表大会常务委员会关于授权国务院在北京市大兴区等三十三个试点县(市、区)行政区域暂时调整实施有关法律规定的决定》规定的调整实施有关法律规定的期限延长至 2019 年 12 月 31 日。

本决定自公布之日起施行。

对《关于再次延长授权国务院在北京市大兴区等三十三个试点县（市、区）行政区域暂时调整实施有关法律规定期限的决定（草案）》的说明

——2018年12月23日在第十三届全国人民代表大会常务委员会第七次会议上

自然资源部部长　陆　昊

全国人民代表大会常务委员会：

我受国务院委托，现对《关于再次延长授权国务院在北京市大兴区等三十三个试点县（市、区）行政区域暂时调整实施有关法律规定期限的决定（草案）》作说明。

按照党中央、国务院关于农村土地征收、集体经营性建设用地入市、宅基地管理制度改革试点的工作部署，2015年2月27日，第十二届全国人民代表大会常务委员会第十三次会议通过《全国人民代表大会常务委员会关于授权国务院在北京市大兴区等三十三个试点县（市、区）行政区域暂时调整实施有关法律规定的决定》，授权国务院在试点县（市、区）暂时调整实施《中华人民共和国土地管理法》、《中华人民共和国城市房地产管理法》关于农村土地征收、集体经营性建设用地入市、宅基地管理制度的有关规定，授权期限至2017年12月31日。2017年11月4日，第十二届全国人民代表大会常务委员会第三十次会议决定，授权在试点地区暂时调整实施有关法律规定的期限延长至2018年12月31日。为了进一步深入推进改革试点，更好地总结试点经验，为完善土地管理法律制度打好基础，并做好试点工作和《中华人民共和国土地管理法》修改工作的衔接，自然资源部起草了《关于再次延长授权国务院在北京市大兴区等三十三个试点县（市、区）行政区域暂时调整实施有关法律规定期限的决定（草案）》。该草案已经国务院同意。现说明如下：

一、试点工作情况

按照党中央、国务院部署，自然资源部负责牵头开展农村土地制度改革三项试点工作。4年来，各试点地区认真落实党中央、国务院决策部署，在坚持习近平总书记强调的“不能把农村土地集体所有制改垮了，不能把耕地改少了，不能把粮食生产能力改弱了，不能把农民利益损害了”的前提下，坚持问题导向，因地制宜，解放思想，大胆探索，坚持顶层设计与基层探索的良性互动，加强统筹协调，形成了一批可复制、可推广、利修法的制度创新成果。具体试点工作情况，国务院已向全国人民代表大会常务委员会提交专门报告。

二、延长法律调整实施期限的必要性

一是在农村土地制度改革三项试点工作稳步有序推进的同时，也存在一些需要通过进一步深化试点解决的问题。如试点推进不够平衡、部分试点地区改革样本偏少、平衡国家集体个人三者之间收益的有效办法还不够多、三项改革试点之间以及三项改革试点与相关配套改革的统筹融合还不够充分等问题，试点成效有待进一步显现，需要进一步深入统筹推进。

二是土地管理法修正案公布实施还需要一段时间，试点政策还要与法律修改稳妥衔接。《中华人民共和国土地管理法修正案（草案）》已经国务院常务会议和中央政治局常委会会议审议，提请全国人民代表大会常务委员会审议。鉴于试点法律授权决定将于2018年12月31日到期，而土地管理法修正案公布实施还需要一段时间，为做好试点工作与修法工作的衔接，需要适当延长试点法律调整实施的期限，推动试点地区继续深化改革，为土地管理法修订工作创造一个相对平稳的社会氛围。

三、延长法律调整实施的期限

农村土地制度改革试点时间紧、任务重、要求高、责任大，综合考虑试点地区实际工作情况以及土地管理法修订工作进度，建议农村土地征收、集体经营性建设用地入市、宅基地管理制度等三项改

革试点法律调整实施的期限再延长一年至2019年12月31日。自然资源部等有关部门将按照中央部署,进一步加强组织领导和统筹协调、监督管理,坚守土地公有制性质不改变、耕地红线不突破、农民利益不受损的底线,继续做好改革试点工作,按照立法程序配合做好土地管理法修订工作。

《关于再次延长授权国务院在北京市大兴区等三十三个试点县(市、区)行政区域暂时调整实施有关法律规定期限的决定(草案)》和以上说明是否妥当,请予审议。

全国人民代表大会宪法和法律委员会对《关于再次延长授权国务院在北京市大兴区等三十三个试点县(市、区)行政区域暂时调整实施有关法律规定期限的决定(草案)》审议结果的报告

——2018年12月29日在第十三届全国人民代表大会常务委员会第七次会议上

全国人民代表大会常务委员会:

本次常委会会议于12月25日上午对国务院提请审议的《关于再次延长授权国务院在北京市大兴区等三十三个试点县(市、区)行政区域暂时调整实施有关法律规定期限的决定(草案)》进行了分组审议。普遍认为,为了更好总结农村土地征收、集体经营性建设用地入市、宅基地管理制度改革试点经验,做好与土地管理法修改工作的衔接,再次延长授权国务院在部分地方暂时调整实施有关法律规定的期限,是必要的。决定草案基本可行,建议提请本次常委会会议表决通过。同时,有些常委会组成人员还提出了修改意见。宪法和法律委员会于12月27日下午召开会议,逐条研究了常委会组成人员的审议意见,对决定草案进行了审议。司法部、自然资源部的负责同志列席了会议。宪法和法律委员会认为,为了做好与土地管理法修改工作的衔接,有必要再次延长试点期限,决定草案总体可行。同时,根据常委会组成人员的意见对决定草案作了个别文字修改。

宪法和法律委员会已按上述意见提出了全国人民代表大会常务委员会关于延长授权国务院在北京市大兴区等三十三个试点县(市、区)行政区域暂时调整实施有关法律规定期限的决定(草案建议表决稿),建议本次常委会会议审议通过。

决定草案建议表决稿和以上报告是否妥当,请审议。

全国人民代表大会常务委员会关于授权国务院提前下达部分新增地方政府债务限额的决定

(2018年12月29日第十三届全国人民代表大会常务委员会第七次会议通过)

为了加快地方政府债券发行使用进度,保障重点项目资金需求,发挥政府债券资金对稳投资、扩内需、补短板的重要作用,更好发挥积极的财政政策作用,保持经济持续健康发展,第十三届全国人民代表大会常务委员会第七次会议决定:在2019年3月全国人民代表大会批准当年地方政府债务限额之前,授权国务院提前下达2019年地方政府新增一般债务限额5800亿元、新增专项债务限额8100亿元,合计13900亿元;授权国务院在2019年以后年度,在当年新增地方政府债务限额的60%以内,提前下达下一年度新增地方政府债务限额(包括一般债务限额和专项债务限额)。授权期限为2019年1月1日至2022年12月31日。

为了进一步规范和完善地方政府债务管理制度,防范和化解地方政府债务风险,国务院每年提前下达的部分新增地方政府债务限额,应当按照党中央决策部署,并根据经济形势和宏观调控的需要来确定。提前下达情况应当报全国人民代表大会

常务委员会备案。各省、自治区、直辖市人民政府按照国务院批准的提前下达的新增政府债务限额编制预算，经本级人民代表大会批准后执行，并向下级人民政府下达新增债务限额。下级人民政府新增债务限额经本级人民代表大会或其常务委员会批准后执行。

在每年国务院提请全国人民代表大会审查的预算报告和草案中，应当报告和反映提前下达部分新增地方政府债务限额的规模和分省、自治区、直辖市下达的情况。预算报告和草案经全国人民代表大会批准后，地方政府新增债务规模应当按照批准的预算执行。国务院应当采取措施，确保地方政府债务余额不得突破批准的限额。

本决定自2019年1月1日起施行。

关于提请审议授权提前下达部分新增地方政府债务限额的议案的说明

——2018年12月23日在第十三届全国人民代表大会常务委员会第七次会议上

财政部部长　刘　昆

全国人民代表大会常务委员会：

我受国务院委托，现对提请审议授权提前下达部分新增地方政府债务限额的议案作如下说明：

按照预算法有关规定，全国人民代表大会或其常委会批准全国的地方政府债务限额，国务院批准分地区的地方政府债务限额。在实际操作中，财政部每年3月在全国人民代表大会批准预算后，将国务院批准的分地区地方政府债务限额下达各地，各地依法调整预算报同级人大常委会批准后，发行地方政府债券。由于近年来各地多数在5月左右调整预算，导致地方政府债券发行使用进度偏慢，出现上半年无债可用、下半年集中发债的情况。尽管近年来财政部每年都提前通知地方做好发债项目准备，但仍不能解决上半年发债进度偏慢的问题。

为贯彻落实党中央、国务院决策部署，参照《中华人民共和国预算法》关于提前下达转移支付预计数的规定和做法，建议按照2018年新增地方政府债务限额的一定比例，提前下达部分2019年新增地方政府债务限额，便于地方提前启动发债工作，加快债券资金使用，保障重点项目资金需求。其中，新增一般债务限额按2018年的70%（5800亿元）下达，新增专项债务限额按2018年的60%（8100亿元）下达，分地区限额按上述比例相应下达。待批准后，财政部将指导各地做好债券发行准备，在2019年第一季度启动发债工作。

建议从2019年起，授权国务院根据宏观调控政策需要，在当年新增地方政府债务限额的60%以内，提前下达部分下一年度新增地方政府债务限额（包括一般债务限额和专项债务限额），由地方根据需要在下一年度抓紧安排发债，提前下达情况报全国人大常委会备案。待全国人民代表大会批准下一年度地方政府债务限额后，必要时国务院将对已提前下达的各地债务限额作相应调整，确保年末地方政府债务余额不突破限额。财政部将进一步健全相关管理制度，优化地方政府债券发行使用工作流程。

以上请审议。

全国人民代表大会财政经济委员会关于《国务院关于提请审议授权提前下达部分新增地方政府债务限额的议案》审议情况的报告

——2018年12月29日在第十三届全国人民代表大会常务委员会第七次会议上

全国人民代表大会常务委员会：

12月25日下午，十三届全国人大常委会第七次会议分组审议了《国务院关于提请审议授权下达部分新增地方政府债务限额的议案》（以下简称“议案”）。常委会组成人员普遍认为，在每年 3 月全国人民代表大会批准当年地方政府债务限额之前，提前下达部分新增地方政府债务限额有利于加快地方政府债券发行使用进度，保障重点项目资金需求，更好发挥积极的财政政策作用，保持经济持续健康发展，是必要的、可行的，赞成财政经济委员会的审议意见。常委会组成人员建议全国人大常委会作出关于授权国务院提前下达部分新增地方政府债务限额的决定。

常委会组成人员建议，全国人大常委会关于授权国务院提前下达部分新增地方政府债务限额的决定应当明确以下主要内容：

一、明确授权期限。常委会组成人员普遍提出，授权应当有明确的期限，赞成财政经济委员会审议意见中关于授权期限为 2019 年 1 月 1 日至 2022 年 12 月 31 日的建议。

二、明确授权额度。多数组成人员赞成“议案”中提出的提前下达的额度，同时有委员建议进一步调低额度，也有委员建议进一步调高额度。根据多数组成人员的意见，我们建议同意“议案”中提出的提前下达的额度。同时，结合一些组成人员的意见，拟在决定中提出，国务院每年提前下达的部分新增地方政府债务限额应当按照党中央决策部署，并根据经济形势和宏观调控的需要来确定。

三、明确向人大报告提前下达的具体情况。组成人员认为应当在决定中明确，国务院应当将提前下达的情况报全国人大常委会备案；在每年国务院提请全国人民代表大会审查的预算报告和草案中，应当报告和反映提前下达部分新增地方政府债务限额的规模和分省、自治区、直辖市下达的情况。预算报告和草案经全国人民代表大会批准后，地方政府新增债务规模应当按照批准的预算执行，确保地方政府债务余额不突破限额。

四、明确要加强地方政府债务监督。组成人员提出，要进一步加强地方政府债务管理，建立债务风险防范化解机制，实现对地方政府债务借用还的全过程监督，加强地方政府债务资金执行情况监督等。根据预算法规定，结合委员们的意见，拟在决定中提出，各省、自治区、直辖市人民政府按照国务院批准的提前下达的新增政府债务限额编制预算，经本级人民代表大会批准后执行，并向下级人民政府下达新增债务限额。下级人民政府新增债务限额经本级人民代表大会或其常务委员会批准后执行。

根据常委会组成人员的审议意见，结合财政经济委员会的审议意见，财政经济委员会代拟了《全国人民代表大会常务委员会关于授权国务院提前下达部分新增地方政府债务限额的决定（草案建议表决稿）》。

决定草案建议表决稿和以上报告是否妥当，请审议。

全国人民代表大会常务委员会关于召开第十三届全国人民代表大会第二次会议的决定

（2018 年 12 月 29 日第十三届全国人民代表大会常务委员会第七次会议通过）

第十三届全国人民代表大会常务委员会第七次会议决定：中华人民共和国第十三届全国人民代表大会第二次会议于 2019 年 3 月 5 日在北京召开。建议会议的议程是：审议政府工作报告；审查 2018 年国民经济和社会发展计划执行情况与 2019 年国民经济和社会发展计划草案的报告；审查 2018 年中央和地方预算执行情况与 2019 年中央和地方预算草案的报告；审议全国人民代表大会常务委员会工作报告；审议最高人民法院工作报告；审议最高人民检察院工作报告等。

二、全国人大常委会立法工作会议

以新担当新作为书写新时代立法工作新篇章

——在全国人大常委会立法工作会议上的讲话

中共中央政治局常委、全国人大常委会委员长　栗战书

（2018年9月7日）

今年8月，党中央批准了十三届全国人大常委会立法规划，并以中共中央文件转发了中共全国人大常委会党组关于十三届全国人大常委会立法规划的请示。这是以习近平同志为核心的党中央推进全面依法治国、加强和改进新时代立法工作的重要部署，也是十三届全国人大常委会深入学习贯彻习近平新时代中国特色社会主义思想和党的十九大精神、统筹安排五年立法工作、完善以宪法为核心的中国特色社会主义法律体系的重要体现。

今天，全国人大常委会召开立法工作会议，就是要以习近平新时代中国特色社会主义思想为指导，深入贯彻落实习近平总书记关于全面依法治国的新理念新思想新战略，准确把握做好新时代立法工作的基本要求，全面落实十三届全国人大常委会立法规划，齐心协力、担当作为，为新时代坚持和发展中国特色社会主义、实现"两个一百年"奋斗目标和中华民族伟大复兴的中国梦提供坚实有力的法治保障。

一、用新思想引领新时代立法工作

中国特色社会主义进入新时代，一个显著特征就是我们有了引领党和国家事业发展的新思想，这就是习近平新时代中国特色社会主义思想，党的十九大和十三届全国人大一次会议将这一新思想确立为必须长期坚持的党和国家的指导思想。

党的十八大以来，以习近平同志为核心的党中央从关系党和国家长治久安的战略高度来定位法治、布局法治、厉行法治，把全面依法治国提到"四个全面"战略布局的新高度，以前所未有的决心和力度推进全面依法治国，推动法治中国建设发生了历史性、转折性、全局性变化，取得了重大理论创新、实践创新、制度创新成果。习近平总书记就全面依法治国提出了一系列新理念新思想新战略，明确了全面依法治国的指导思想、发展道路、依靠力量、工作布局、重点任务、重要举措，深刻回答了当代中国法治建设举什么旗、走什么路、建设什么样法治国家、怎样建设法治国家等重大问题，开创了全面依法治国新局面。总书记关于全面依法治国的重要论述是习近平新时代中国特色社会主义思想的重要组成部分。

8月24日，习近平总书记主持召开中央全面依法治国委员会第一次会议并发表重要讲话，对党的十八大以来党中央提出的一系列全面依法治国新理念新思想新战略作了十个方面的概括。这是习近平新时代中国特色社会主义思想在全面依法治国领域的集中体现，是马克思主义法治思想中国化的最新成果。我们一定要深入学习领会，不断深化认识，掌握核心要义。

一是坚持加强党对依法治国的领导。党的领导是社会主义法治最根本的保证。全面依法治国决不是要削弱党的领导，必须坚持实现党领导立法、保证执法、支持司法、带头守法，坚持通过法定程序使党的主张成为国家意志、形成法律，通过法律保障党的战略方针政策有效实施。

二是坚持人民主体地位。人民是依法治国的主体和力量源泉。法治建设要为了人民、依靠人民、造福人民、保护人民，依法治国的全过程都要体现和维护人民利益、反映人民愿望、增进人民福祉。要牢牢把握社会公平正义这一法治价值追求，努力让人民群众在每一项法律制度、每一个执法决定、

每一宗司法案件中都感受到公平正义。

三是坚持中国特色社会主义法治道路。这一道路的核心要义是坚持中国共产党领导，坚持、完善和发展中国特色社会主义制度，贯彻中国特色社会主义法治理论。我们决不照搬别国模式和做法，决不走西方"宪政""三权鼎立""司法独立"的路子。

四是坚持建设中国特色社会主义法治体系。这是全面依法治国总揽全局、牵引各方的总抓手。加快形成完备的法律规范体系、高效的法治实施体系、严密的法治监督体系、有力的法治保障体系，形成完善的党内法规体系，为建设法治国家打下坚实的基础。

五是坚持依法治国、依法执政、依法行政共同推进，法治国家、法治政府、法治社会一体建设。全面依法治国是一个系统工程。依法治国、依法执政、依法行政，关键在于党要坚持依法执政，各级政府要坚持依法行政；法治国家是法治建设的目标，法治政府是建设法治国家的主体，法治社会是建设法治国家的基础。只有系统、整体、协调推进以上工作，才能有效运用制度和法律治理国家，实现国家治理体系和治理能力现代化。

六是坚持依宪治国、依宪执政。宪法是党和人民意志的集中体现。坚持依法治国首先要坚持依宪治国，坚持依法执政首先要坚持依宪执政。任何公民、社会组织和国家机关都必须以宪法法律为行为准则，都不得有超越宪法法律的特权，一切违反宪法法律的行为都必须予以追究。

七是坚持全面推进科学立法、严格执法、公正司法、全民守法。解决好立法、执法、司法、守法等领域的突出矛盾和问题，必须坚定不移推进法治领域改革。要紧紧抓住全面依法治国的关键环节，提高立法质量，全面落实行政执法责任制，支持司法机关依法独立行使职权，加大全民普法力度，培育全社会办事依法、遇事找法、解决问题用法、化解矛盾靠法的法治环境。

八是坚持处理好全面依法治国的辩证关系。全面依法治国必须正确处理政治和法治、改革和法治、依法治国和以德治国、依法治国和依规治党的关系。社会主义法治必须坚持党的领导，党的领导必须依靠社会主义法治。在法治下推进改革，在改革中完善法治。坚持依法治国和以德治国相结合，实现法治和德治相辅相成、相得益彰。发挥依法治国和依规治党的互补性作用，确保党既依据宪法法律治国理政，又依据党内法规管党治党、从严治党。

九是坚持建设德才兼备的高素质法治工作队伍。全面依法治国，必须建设一支忠于党、忠于祖国、忠于人民、忠于法律的社会主义法治工作队伍。要加强理想信念教育，深入开展社会主义核心价值观和社会主义法治理念教育，坚持立德树人、德法兼修，提高职业素养和专业水平，努力造就一大批高素质法治人才及后备力量。

十是坚持抓住领导干部这个"关键少数"。领导干部具体行使党的执政权和国家的立法权、行政权、监察权、司法权，是全面依法治国的关键。领导干部必须带头尊崇法治、敬畏法律、了解法律、掌握法律，遵纪守法、捍卫法治、厉行法治、依法办事，做尊法学法守法用法的模范，不断提高运用法治思维和法治方式深化改革、推动发展、化解矛盾、维护稳定的能力。

除上述十个方面外，党的十八大以来，习近平总书记在阐述全面依法治国新理念新思想新战略时，还对立法工作提出了一系列新要求，具有很强的针对性和指导性。主要有：要坚持立法先行，坚持立改废释并举，加快完善法律、行政法规、地方性法规体系；坚持问题导向，提高立法的针对性、及时性、系统性、可操作性，发挥立法引领和推动作用；要加强重点领域立法，及时反映党和国家事业发展要求、人民群众关切期待；要发挥人大及其常委会在立法工作中的主导作用，健全立法起草、论证、协调、审议机制；要完善立法规划，突出立法重点；要抓住提高立法质量这个关键，推进科学立法、民主立法、依法立法，扩大公众有序参与；要尊重和体现规律的要求，努力使每一项立法都符合宪法精神、反映人民意愿、得到人民拥护，以良法促进发展、保障善治。

习近平总书记关于全面依法治国的一系列新理念新思想新战略，包括关于立法工作的一系列重要论述和指示，立意高远、思想深刻、内涵丰富，具有鲜明的时代特征和实践特色，为新时代全面依法治国提供了科学理论指导、开辟了广阔发展空间，也为加强改进新时代立法工作指明了前进方向、确立了基本遵循。

未来五年是实现"两个一百年"奋斗目标的历史交汇期。加强和改进新时代立法工作，完成十三届全国人大常委会立法规划确定的立法工作任务，总体要求是：高举中国特色社会主义伟大旗帜，以习近平新时代中国特色社会主义思想为指导，全面贯彻党的十九大和十九届二中、三中全会精神，坚持党的领导、人民当家作主、依法治国有机统一，围绕建设中国特色社会主义法治体系、建设社会主义法治国家，紧紧扣住贯彻落实党中央重大决策部署，紧紧扣住回应人民群众重大关切，紧紧扣住厉行法治、推进全面依法治国，发挥人大及其常委会在立法工作中的主导作用，加快立法工作步伐，不断完善以宪法为核心的、与推进国家治理体系和治理能力现代化相适应的中国特色社会主义法律体系，为新时代党和国家事业发展提供坚实有力的法治保障。

贯彻上述总体要求的关键，就是要深入学习、深刻领会、全面准确掌握并认真贯彻落实习近平新时代中国特色社会主义思想特别是习近平总书记关于全面依法治国的一系列新理念新思想新战略，以新思想引领新时代立法工作，以新担当新作为书写新时代立法工作新篇章。

二、把握新时代新特征，适应新时代新要求，围绕建设法治体系、建设法治国家加强立法工作，提高立法水平

法治兴则国兴，法治强则国强。新中国成立60多年来，虽历经坎坷，但我们对法治矢志不渝。从1949年"共同纲领""五四宪法"，到1982年宪法，再到前不久的宪法修正案；从为数很少的法律，到形成"社会主义法律体系"，再到建设"社会主义法治体系"；从加强"社会主义法制"，到建设"社会主义法治国家"，再到全面依法治国；从"有法可依、有法必依、执法必严、违法必究"，到"科学立法、严格执法、公正司法、全民守法"，再到"依法治国、依法执政、依法行政共同推进，法治国家、法治政府、法治社会一体建设"。我们从60多年特别是改革开放40年的实践中越来越深刻认识到，治国理政须臾离不开法治；全面依法治国是坚持和发展中国特色社会主义的本质要求和重要保障，必须更好发挥法治固根本稳预期利长远的保障性作用。

全面推进依法治国总目标是建设中国特色社会主义法治体系，建设社会主义法治国家。这是贯穿党的十八届四中全会《决定》全篇的一条主线，既明确了全面推进依法治国的性质和方向，又突出了全面推进依法治国的工作重点和总抓手，对全面推进依法治国具有纲举目张的意义。党的十九大报告把"明确全面推进依法治国总目标是建设中国特色社会主义法治体系、建设社会主义法治国家"列入习近平新时代中国特色社会主义思想的"八个明确"中。这些都凸显了建设法治体系、建设法治国家在全面依法治国战略中的统领地位。做好新时代立法工作，必须围绕"两个建设"，积极适应全面依法治国新形势新要求，努力回答新课题、履行新使命、作出新贡献。

法律是治国之重器，良法是善治之前提。治理一个国家、一个社会，关键是要立规矩、讲规矩、守规矩。法律是治国理政最大最重要的规矩。建设法治体系、建设法治国家，必须坚持立法先行，发挥立法先导功能，不断推动中国特色社会主义法律体系与时俱进、完善发展。

我国法律体系建设经历了一个从无到有、从不健全不完善到逐步健全逐步完善的发展过程。改革开放之初，我国的法律几乎是空白的。那时，邓小平同志在讲到立法时提出："总之，有比没有好，快搞比慢搞好。""修改补充法律，成熟一条就修改补充一条，不要等待'成套设备'。""法制要在执行中间逐步完备起来，不能等。"经过十几年的发展，我国法制建设有了长足进步。1997年，党的十五大提出了到2010年形成中国特色社会主义法律体系的立法工作目标。2011年3月，我国正式宣布：经过长期努力，以宪法为核心，主要由宪法相关法、民法商法、行政法、经济法、社会法、刑法、诉讼与非诉讼程序法七个法律部门和法律、行政法规、地方性法规三个规范层次构成的中国特色社会主义法律体系已经形成，国家和社会生活各方面总体上实现了有法可依，党的十五大提出的立法工作目标如期完成。

2014年9月，习近平总书记在庆祝全国人民代表大会成立60周年大会上讲到法律体系形成时指出："这是我们取得的重大成就，也是我们继续前进的新起点。形势在发展，时代在前进，法律体系必须随着时代和实践发展而不断发展。"面向未来，立法工作要迈上新台阶、实现新发展，就必须充分体现党和国家事业发展的新要求，积极回应人民群众对美好生活的新期待，在新的历史起点上不断完善以宪法为核心的、与推进国家治理体系和治理能力现代化相适应的中国特色社会主义法律体系。

十三届全国人大常委会立法规划提出的立法项目和任务，是贯彻习近平新时代中国特色社会主义思想，贯彻党的十九大和十九届二中、三中全会精神，根据新时代党和国家事业发展的新形势、人民群众对美好生活的新期待和全面依法治国的新要求确定的，体现了"三个紧紧扣住"。

例如，进入新时代，我国社会主要矛盾已经由"人民日益增长的物质文化需要同落后的社会生产

之间的矛盾”，转化为“人民日益增长的美好生活需要和不平衡不充分的发展之间的矛盾”。适应这一变化，必须贯彻以人民为中心的发展思想，进一步加强民主、法治、公平、正义、安全、环境等方面的立法。为此，立法规划提出，加强社会主义民主政治建设，修改全国人大组织法和两个议事规则、国务院组织法、地方组织法、人民法院组织法、人民检察院组织法、监督法、审计法；健全规范保障公职人员制度，修改公务员法、法官法、检察官法、人民警察法等，制定监察官法、政务处分法；加强对人民群众切身利益的保护，制定社会救助法、个人信息保护法、不动产登记法、社区矫正法，修改产品质量法、安全生产法、道路交通安全法、老年人权益保障法、未成年人保护法；实施健康中国战略，制定基本医疗卫生和健康促进法，修改药品管理法、农产品质量安全法、动物防疫法；推进教育强国建设，修改职业教育法、教师法、学位条例，制定学前教育法；健全民事法律制度，编纂民法典。

又如，我国经济已由高速增长阶段转向高质量发展阶段，这是党的十九大作出的重大判断。实现高质量发展，必须坚定不移贯彻创新、协调、绿色、开放、共享的发展理念，建设现代化经济体系。为此，立法规划提出，深化供给侧结构性改革，修改铁路法、矿产资源法、电力法、产品质量法、计量法，制定原子能法、能源法、电信法；健全市场机制、激发市场活力和促进对外开放，修改公司法、企业破产法、反垄断法、证券法、商业银行法、海商法，制定电子商务法、外国投资法；推进农村改革发展，修改农村土地承包法、土地管理法、渔业法，制定乡村振兴促进法；完善知识产权保护制度，修改专利法、著作权法；深化税收制度改革和落实税收法定原则，制定增值税法、房地产税法等10部单行税法，修改个人所得税法、税收征收管理法；建立健全最严格最严密的生态环境保护法律制度，修改固体废物污染环境防治法、环境影响评价法、森林法、草原法，制定土壤污染防治法、国家公园法、长江保护法。

再如，改革开放是决定当代中国命运的关键一招，也是决定实现“两个一百年”奋斗目标、实现中华民族伟大复兴中国梦的关键一招。党的十九大站在更高起点上谋划和推进全面深化改革、扩大对外开放，提出了一系列重要改革举措，部署了一系列重大改革任务，我国改革开放进入全面深入的攻坚期，不论是党的十九届三中全会对深化党和国家机构改革作出的重大决策部署，还是十三届全国人大一次会议审议批准的国务院机构改革方案，不论是已经确定的改革任务还是今后将要推出的改革举措，很多都涉及法治。总的看，全面深化改革提出的立法需求有很多，需要区分不同情况来解决。有些需要对现行法律规定作出修改、废止或者解释，有的是需要全面修改；有些可以通过“打包”修法方式快速完成修改，有的需要根据改革的精神，制定出台新的法律；有的实践条件还不成熟、需要先行先试的，要按照法定程序作出相应授权或者决定。立法规划提出的立法项目和任务，很多都同深化改革、扩大开放有关，有的立法本身就是改革任务，有的立法其中包括改革的内容或者体现改革的要求。

我举以上这些情况，就是想说明，今后五年的立法规划是顺应了新时代新要求、呼应了新时代人民群众新关切、紧跟了新时代党中央的新部署的，我们能够如期完成这些立法任务，就是适应了新形势、服务了大局、回应了人民的期待，就是为新时代作出的新贡献。

着眼于处理好改革和法治的关系，常委会编制立法规划时有一个基本考虑，就是保持规划的总体确定性和必要灵活性。立法规划应当是动态性、开放的、指导性的，立法规划和常委会党组的请示中都有一些体现原则性、灵活性的内容，为未来五年形势和任务的发展变化留有空间，可以根据实际情况和需要作必要的调整。我们要努力完成第一类立法项目，积极推动完成第二类立法项目。对于第三类立法项目或者没有列入规划的项目，并不是不可以制定或修改，适应形势发展需要，经过认真研究论证，条件成熟的，也可以纳入常委会年度立法工作计划，适时启动立法程序，安排审议。

立法规划还就加强国家安全法治保障、深化国防和军队改革、健全宏观管理、推进文化法治建设、完善刑事和诉讼法律制度等提出了一系列立法项目和任务。

立法规划确定的立法项目是完善法律体系、提高立法质量和效率的重要任务，同过去相比，立法工作任务更多了、要求更高了；对从事立法工作的同志们来说，担子更重了、责任更大了。习近平总书记多次讲：“一个时代有一个时代的问题，一代人有一代人的使命。”履行使命是同把握时代紧密联系在一起的。加强和改进新时代立法工作，必须深刻认识新时代带来的新形势新变化，深刻认识新时代提出的新任务新要求，自觉把立法工作放在党和国家事业大局上来谋划、来推进，切实担负起时代赋予我们的崇高使命。

三、准确把握做好新时代立法工作、完成立法规划的基本要求

党中央批准的常委会党组关于立法规划的请示，就加强和改进新时代立法工作提出了7条基本遵循，即坚持党中央对立法工作的集中统一领导，确保立法工作正确政治方向；坚持立法与改革决策相衔接，主动适应经济社会发展的需要；坚持以人民为中心的发展思想，使法治成果更多惠及全体人民；坚持价值引领，将社会主义核心价值观融入立法工作；坚持科学立法、民主立法、依法立法，着力提高立法质量；坚持立改废释并举，增强法律体系的完备性、系统性、协调性；坚持以宪法为依据，维护宪法尊严和权威。这7条基本遵循，是总结党的十八大以来全面依法治国、加强立法工作新实践得出的主要经验，有丰富的思想内涵，有坚实的实践基础，也是新时代加强改进立法工作的重要指导原则，必须在实践中长期坚持并继续丰富和完善。这里，我想就做好本届立法工作着重强调四点。

第一，坚持党中央集中统一领导。立法机关是国家重要政治机关，立法活动是国家重要政治活动，立法工作是国家重要政治工作，必须旗帜鲜明讲政治。根本要求就是在立法活动和立法工作中，坚决维护习近平总书记的权威和核心地位，坚决维护以习近平同志为核心的党中央权威和集中统一领导，始终在思想上政治上行动上同以习近平同志为核心的党中央保持高度一致。

坚持党的领导，不是一句空的口号，包含很重要、很实在的要求。要坚持以习近平新时代中国特色社会主义思想为指导，把党的路线方针政策和决策部署贯彻落实到立法工作全过程和各方面。对于党中央决策部署、交办的重大立法任务，我们都要全力以赴抓好贯彻落实。重大立法项目、立法中的重大问题和立法工作中的重要事项，全国人大常委会党组和有关国家机构党组要及时主动向党中央请示报告。全国人大常委会党组和有关国家机构党组要发挥把方向、管大局、保落实的作用，统筹安排和推进立法工作。对拟提请表决的重要法律法规草案，必要时要召开常委会党员委员会议，发挥我们的政治优势，发挥党员委员的作用，统一思想、统一行动、统一步调，确保有关法案顺利通过。

坚持党中央对立法工作的集中统一领导，必须提高政治站位。党中央审议批准全国人大常委会立法规划，是党领导国家立法工作的重要体现。立法规划本身和大多数立法项目，都具有很强的政治性、政策性、方向性。全国人大及其常委会、中央和地方各部门各单位各方面都要牢固树立政治意识、大局意识、核心意识、看齐意识，坚持政治属性是立法工作第一属性的定位，坚持立法工作正确政治方向，提高政治站位，增强政治自觉，坚决贯彻落实以习近平同志为核心的党中央的决策部署，坚决维护党中央权威和集中统一领导，在政治立场、政治方向、政治原则、政治道路上同党中央保持高度一致，以实际行动落实好、完成好立法规划确定的任务和提出的要求。

第二，发挥人大及其常委会在立法工作中的主导作用。这是人民代表大会制度的题中应有之义，也是加强和改进新时代立法工作、提高立法质量和效率的必然要求。首先必须明确，我们强调发挥人大及其常委会在立法工作中的主导作用，不是不要党的领导，而是要在党的领导下发挥职能作用，以确保党的意图、主张的实现。人大及其常委会主导作用主要是贯彻党中央的决策，统筹安排立法计划、协调组织立法起草，广泛听取各方意见、组织进行审议等，具体体现要求是：①积极落实党中央或者同级党委确定的重要立法任务，确保党的主张通过法定程序成为国家意志。②认真编制立法规划计划，增强立法工作的统筹性、针对性、前瞻性。③做好牵头起草和组织协调工作。一些重要的法律法规草案，由人大有关专门委员会或工作机构牵头起草，政府有关部门、有关方面参加；政府有关部门、有关方面负责起草的法律法规草案，人大有关专门委员会或工作机构要提前介入，加强督促和指导。④发挥人大的审议把关作用。扩大立法有序参与，充分听取各方面意见，加强论证和评估，广泛凝聚立法共识，认真做好草案审议和修改完善工作。⑤注意防止和克服立法中的利益偏向。党的十八届三中全会和四中全会都提出要防止部门利益和地方保护法制化法律化，我们必须从党和国家事业发展全局和工作大局出发把握立法工作，更好发挥立法机关在表达、平衡、调整社会利益方面的重要作用。

强调发挥人大及其常委会在立法工作中的主导作用，也不是忽视政府在立法工作中的重要作用，更不是撇开政府由人大唱“独角戏”。实践中，大量法律法规草案都是由政府起草并提请审议的，这是符合立法工作规律的。同时，国务院还制定行政法规，国务院部门和省级、市级政府还制定规章，这也是符合我国立法体制的。要进一步发挥政府

在立法工作中的重要作用，积极推动、督促、指导政府及其部门切实履行好立法工作各环节的相关职责，形成工作合力，共同做好立法工作。

第三，加快立法工作步伐。这是一个工作思路和工作方法问题，也是一个精神状态问题。新时代要有新气象，更要有新作为。各方面事业、各方面工作都需要法治的有力支撑和保障。新时代是一个催人奋进的时代，是一个只争朝夕的时代。我们要勇于担当、善于作为，创造出无愧于时代、无愧于人民的立法工作新业绩。

我在常委会第四次会议联组会议上，就打好污染防治攻坚战提出，要以时不我待的紧迫感加大力度、加快治理、加紧攻坚。我看，这个精神同样适用于立法工作。2014 年，习近平总书记在党的十八届四中全会上讲到我们在立法领域面临着一些突出问题时，一方面指出"立法质量需要进一步提高"，另一方面还指出"立法效率需要进一步提高"。这次党中央批准的常委会党组关于立法规划的请示，明确提出"加快立法工作步伐"，目的是要使立法工作积极适应新形势新要求，使各部门各单位各方面增强工作紧迫感，奋发进取、担当作为。提"加快立法工作步伐"并不是说我们就不讲立法质量了，而是要在保证立法质量的前提下加大工作力度、加快工作进度。

立法要强调权威性、准确性，符合宪法要求，符合人民意愿，符合客观实际。同时，也不可能追求每一项立法都完美无缺、意见完全一致后再出台。只要是党中央有要求、现实有需要、群众有期待，法律草案已经成熟或基本成熟的，就可以提请审议或表决通过。实践是不断发展的，法律在实施过程中，还可以根据实践继续健全完善。我们在立法工作中要深入调研，反复论证，广泛听取各方面意见，努力做到周密稳妥。同时，也不能因为还有不同意见就犹豫不决，该下决心就要下决心，根据党中央有关精神，适时作出政治决断、法律决断；对于存在争议和分歧的立法，要善于遵循和把握立法规律，及时作出科学合理的决策。

第四，全面落实立法规划提出的任务要求。立法规划已经印发，立法任务已经确定，工作要求已经明确，各有关方面要立即行动起来，精心组织，周密安排，强化责任，切实做好立法规划组织实施工作。

一要健全责任机制。多年来的工作经验表明，落实立法规划的关键环节在于法律起草阶段，做好法律起草工作的关键因素在于牵头起草单位。承担牵头起草任务的单位要切实增强责任感使命感，按照"任务、时间、组织、责任"四落实的要求，拟订具体起草工作计划和方案，明确时间表、路线图和责任人。涉及多个部门的重要立法项目，要成立起草工作领导小组，吸收有关方面参加。要加强和改进起草工作，着力研究立法中的重点难点问题；起草工作中遇有重大问题、重大分歧的，应当按照规定程序提请领导机关、领导同志协调解决，力争把重大问题、重大分歧解决在起草工作阶段。

立法规划中的多数立法项目由国务院提请审议，承担牵头起草任务的部门要倒排时间表，保证及时提请审议。承担牵头起草任务的全国人大专门委员会要切实担负起责任，加强与国务院、中央军委等有关单位的沟通协调；对国务院、中央军委等方面牵头起草的立法项目，有关专门委员会要提前介入，发挥督促指导作用。宪法和法律委员会要履行好统一审议法律草案等工作职责，认真研究、积极吸收全国人大及其常委会组成人员意见和各方面意见。法制工作委员会要为全国人大及其常委会行使国家立法权、宪法和法律委员会统一审议法律草案当好参谋助手、做好服务保障。

常委会党组和委员长会议要加强对立法工作的组织、指导和协调，统筹安排好每年全国人民代表大会会议和常务委员会会议审议法律草案工作。

二要加强调查研究。提高立法质量，很重要的一个要求就是遵循和体现规律。法律所规范和调整的经济关系、社会关系，包括法律活动本身，都是客观的，有其内在规律性。而认识和把握规律的重要途径是加强调查研究。调查研究是我们党的优良传统，是做好各项工作的基本功。党的十九大以来，习近平总书记多次强调要在全党大兴调查研究之风。今年 3 月，中央办公厅专门发出关于加强调查研究提高调查研究实效的通知，提出了 6 个方面的要求。我们要在立法工作和人大工作中认真贯彻执行。

立法调研既要了解真实情况，又要进行综合分析和深入研究，从个别到一般，透过现象看本质。"没有调查，没有发言权。"我们要把调查研究贯穿于立法工作全过程，特别是在起草工作环节更要注重调查研究。要增强问题意识，把立法要解决的问题找准，把有关情况了解清楚，把问题原因分析透彻，把立法中的不同意见考虑充分，把解决问题的方案研究妥当，把结论和决策建立在扎实可靠的立法调研基础上。

三要加强协同配套。中国特色社会主义法律

体系是一个整体，行政法规、地方性法规是法律体系的重要组成部分。完善法律体系，加快形成完备的法律规范体系，离不开国务院行政法规、部门规章的协同配套，也离不开省、自治区、直辖市和设区的市两级地方性法规、地方政府规章的协同配套。同时，我们还有党内法规、中央军委军事法规、“两高”司法解释、国家标准和各类规范性文件等，这些都与法律体系有密切关联。贯彻全面依法治国精神，加强和改进新时代立法工作，必须增强立法工作系统性、整体性、协同性，把法律体系构成部分和连接部分都运用好、协调好、完善好。

在协同配套方面，我们取得了显著的成效，同时也存在一些问题和不足。今年5月至6月，全国人大常委会组织检查大气污染防治法实施情况，我向常委会第四次会议作了执法检查报告。其中就发现存在部分配套法规和标准制定工作滞后问题。如，国务院排污许可管理条例尚未出台。又如，有20个省(区、市)制定了大气污染防治方面的相关条例，还有一些地方尚未制定；2015年修改立法法以来，截至2017年12月，新赋予地方立法权的274个设区的市、自治州和不设区的地级市仅出台了14件大气环境保护方面的地方性法规。再如，开展大气污染防治必须有健全的标准，这方面的缺失和滞后问题就更明显了。希望各有关方面重视法律体系协同配套工作，加强和改进行政法规、地方性法规制定、修改、清理等工作，认真做好各类相关的法规、规章、司法解释、国家标准、规范性文件制定修改工作，增强法律体系整体功效。

四要讲好立法故事。做好新时代立法工作，必须加强立法宣传、解读、阐释工作，讲好当代中国立法故事。加强这方面的工作很有必要、很有意义。一是有利于全社会了解法律法规，知道有什么规定、应当如何做等，特别是在新法律、新规定出台实施时很有必要，促进全民守法。二是有利于凝聚立法共识。立法过程中经常有这样那样的意见，有人出来讲一讲，可能大家就逐步理解、认同了。三是有利于解疑释惑。一些不太了解立法意图和情况的人可能有这样那样的担心、顾虑甚至抵触，及时做一些有针对性的疏导引导工作，就会减少立法过程中的消极因素，努力增强立法正能量。四是有利于正视听。境内外总有一些别有用心的人对我们已出台或者拟出台的法律法规说三道四、责备非难、曲解抹黑，对歪理邪说我们要在第一时间发出声音，以正视听。

我们要把立法工作同普法工作有机结合起来，使立法工作的过程成为宣传普及宪法法律、弘扬法治精神的过程。我们不仅要会“做”，也就是把法律法规立好修好，而且还要会“说”，也就是用讲故事方式把法律法规宣传好、解读好、阐释好，增强全社会法治观念，增强各方面立法认同。在完善法律体系的过程中，我们还要努力形成具有中国特色的法律语言体系，使“法言法语”为人民群众所了解、所熟悉、所掌握。把道德要求贯彻到立法工作中，积极传递正确价值导向，弘扬社会主义核心价值观。

同志们，完成五年立法规划，是时代赋予我们的光荣使命和艰巨任务。在以习近平同志为核心的党中央坚强领导下，我们有信心、有能力不辱使命、完成任务。我们要以“功成不必在我”的精神境界和“功成必定有我”的历史担当，全力以赴投身新时代立法工作，同心同德、埋头苦干，以立法工作的优异成绩为法治中国建设、实现“两个一百年”奋斗目标和中华民族伟大复兴的中国梦作出我们的新贡献。

《中国人大》2018年第18期

齐心协力担当作为 书写新时代立法工作新篇章

全国人大常委会召开立法工作会议 栗战书出席并讲话

人民日报北京9月7日电 全国人大常委会立法工作会议7日上午在人民大会堂举行。中共中央政治局常委、全国人大常委会委员长栗战书出席会议并讲话。他强调，要以习近平新时代中国特色社会主义思想为指导，深入贯彻落实习近平总书记关于全面依法治国的新理念新思想新战略，准确把握做好新时代立法工作的基本要求，全面落实十三届全国人大常委会立法规划，齐心协力、担当作为，书写新时代立法工作新篇章。

栗战书指出，党的十八大以来，以习近平同志为核心的党中央从关系党和国家长治久安的战略高度来定位法治、布局法治、厉行法治，推动法治中国建设发生了历史性、转折性、全局性变化，取得了重大理论创新、实践创新、制度创新成果。习近平总书记关于全面依法治国的一系列新理念新思想新战略，关于立法工作的一系列重要论述和指示，为新时代全面依法治国提供了科学理论指导、开辟了广阔发展空间，为加强改进新时代立法工作指明了前进方向、确立了基本遵循。

栗战书强调，法治兴则国兴，法治强则国强。未来五年是实现"两个一百年"奋斗目标的历史交汇期，全国人大常委会必须充分体现党和国家事业发展的新要求，积极回应人民群众对美好生活的新期待，在新的历史起点上不断完善以宪法为核心的、与推进国家治理体系和治理能力现代化相适应的中国特色社会主义法律体系。必须深刻认识新时代带来的新形势新变化，深刻认识新时代提出的新任务新要求，自觉把立法工作放在党和国家事业大局上来谋划、来推进，切实担负起时代赋予我们的崇高使命。

栗战书指出，党中央已批准了十三届全国人大常委会立法规划。要准确把握做好新时代立法工作、完成立法规划的基本要求，加强和改进立法工作。一要坚持党中央对立法工作的集中统一领导，确保立法工作正确政治方向。二要发挥人大及其常委会在立法工作中的主导作用，形成工作合力，共同做好立法工作。三要增强工作紧迫感，在保证立法质量的前提下加大工作力度、加快立法工作步伐。四要健全责任机制，加强调查研究，加强协同配套，讲好立法故事，切实做好立法规划组织实施工作。

会议传达了立法规划有关情况。中共中央政治局委员、全国人大常委会副委员长王晨主持会议。全国人大常委会副委员长曹建明、张春贤、沈跃跃、艾力更·依明巴海、万鄂湘、陈竺、白玛赤林、丁仲礼、郝明金、蔡达峰出席。

全国人大财经委、司法部、生态环境部、中央军委法制局、全国人大常委会法工委负责人作了发言。中央和国家机关、人民团体、有关行业组织以及各省（区、市）人大常委会负责人等参加会议。

《人民日报》2018 年 9 月 8 日

绘就五年立法规划蓝图

——全国人大常委会法工委副主任许安标就十三届全国人大常委会立法规划答记者问

9 月 7 日，全国人大常委会召开立法工作会议，部署十三届全国人大常委会立法规划实施工作。会后，全国人大常委会法制工作委员会副主任许安标接受了记者采访。

立法规划适应新时代新要求

问：中国特色社会主义进入新时代，新一届全国人大常委会立法规划如何适应新时代新要求？

答：中国特色社会主义进入新时代，一个显著特征就是我们有了引领党和国家事业发展的新思想，这就是习近平新时代中国特色社会主义思想。党章和宪法将这一新思想确立为必须长期坚持的党和国家的指导思想。党的十八大以来，以习近平同志为核心的党中央从坚持和发展中国特色社会主义的全局出发，围绕全面依法治国提出一系列新理念新思想新战略。

立法是依法治国的前提和基础。新时代立法工作要用习近平新时代中国特色社会主义思想特别是习近平总书记关于全面依法治国的新理念新思想新战略为引领，将其贯彻于立法活动、立法工作的全过程和各方面。本届立法规划围绕建设法治体系、法治国家的目标，紧紧扣住贯彻落实党中央重大决策部署，紧紧扣住回应人民群众重大关切，紧紧扣住厉行法治、推进全面依法治国，发挥人大及其常委会在立法工作中的主导作用，加快立法工作步伐，不断完善以宪法为核心的中国特色社会主义法律体系，不断增加人民群众的法治获得感和幸福感，不断促进国家治理体系和治理能力现代化。

围绕中心工作，编制实施立法规划

问：全国人大常委会每届都要编制五年立法规划，请问此次立法规划编制有何特点？

答：从 1988 年七届全国人大常委会开始，每届全国人大常委会都编制立法规划，统筹安排五年任期内立法工作。围绕党和国家中心工作，编制和实施立法规划，这是党领导立法工作的重要形式，也是全国人大常委会发挥立法主导作用的重要抓手，有利于增强立法工作的统筹性、协调性、科学性，是建设中国特色社会主义法律体系的一条重要经验。此次立法规划的编制有以下几个特点：

一是提前谋划,夯实基础。去年6月开始,按照2016年十二届全国人大常委会委员长会议通过的《立法项目征集和论证工作规范》,全国人大常委会法工委启动了规划编制工作。梳理上届全国人大常委会立法规划完成情况,调研听取中央有关部门、部分省区市人大常委会和专家学者对编制工作的意见,认真研究党中央重大决策部署及提出的立法项目。二是依法依规,稳步推进。2015年修改后的立法法,健全人大主导立法工作的体制机制,明确全国人大及其常委会通过立法规划和年度立法工作计划,加强对立法工作的统筹安排,并对立法规划的编制和实施作了规定。同时《立法项目征集和论证工作规范》进一步明确了编制立法规划的程序和要求。本届全国人大常委会立法规划是首次依据立法法有关规定及上述工作规范,按照“规定动作”规范有序、科学民主开展编制工作。三是拓宽渠道,征集项目。本届常委会立法规划书面发函征求编制工作和立法项目意见的范围十分广泛,除了中央有关部门、单位外,还包括省区市人大常委会、有关群团组织、行业协会商会等;采取“走出去、请进来”等方式,向全国人大代表、全国政协委员、有关专家学者以及基层立法联系点等征求意见。中央有关部门和地方等提出立法项目建议共300多件,为历届提出立法项目建议最多的一次。立法规划吸收采纳了其中很多建议。四是代表意见,融入规划。收集整理十三届全国人大一次会议期间代表对立法工作提出的意见建议710多条;深入研究全国人大代表有关立法议案、建议和人民群众来信有关立法建议,将立法规划编制工作与办理代表议案建议紧密结合起来。将代表有关立法议案、建议吸收到立法规划;对没有列入的,也向代表作出解释和说明。五是加强论证,专项评估。对比较重要但存在较大意见分歧的立法项目,会同中央有关部门、全国人大有关专门委员会召开论证会,听取项目提出单位和其他相关单位、议案领衔代表、专家学者的意见建议,共同进行研究评估,提出评估报告,作为是否列入立法规划的重要依据。

突出重点,区分轻重缓急

问:中国特色社会主义法律体系已经形成并不断完善发展,请问此次编制立法规划有哪些重要考虑?

答:2011年3月,我国正式宣布,经过各方面长期不懈的共同努力,中国特色社会主义法律体系形成,在新的历史起点上,我们接续努力,完善法律体系,取得重大成果。特别是党的十八大以来,制定修改一批重要法律。中国特色社会主义进入新时代,法律体系要根据新时代新要求不断完善。本届立法规划编制,注重把握以下几点:一是对本届立法工作目标和任务作出科学合理规划。根据建设中国特色社会主义法治体系、建设社会主义法治国家的目标要求,准确把握新时代立法工作的着力点,通过立法规划安排,推动在更高层次、更高水平、更高质量上完善以宪法为核心的中国特色社会主义法律体系,不断增强其完备性、系统性、协调性,使之更加成熟稳定定型。二是全面落实党中央重大决策部署。贯彻习近平新时代中国特色社会主义思想,贯彻党的十九大和十九届二中、三中全会精神,根据新时代党和国家事业发展的新形势、人民群众对幸福美好生活的新期待和全面依法治国的新要求,确定立法规划项目,保障党中央重大决策部署的贯彻落实。三是突出重点,区分轻重缓急。立法资源有限,要充分发挥立法规划对重点立法项目的组织推动作用,统筹考虑各方面的立法需求,重点列入条件比较成熟且比较重要的立法项目,以及重点领域的立法项目。四是坚持问题导向,紧扣实践需求。将立法着力点更多放在解决发展不平衡不充分的制度性突出问题上,弥补相关制度规范的短板和缺项,通过制定修改相关法律,推动打好防范化解重大风险、精准脱贫、污染防治三大攻坚战。五是保持规划的总体确定性和必要灵活性。在对未来五年立法项目作出明确安排的同时,也为未来五年形势和任务的发展变化留下空间,对全面深化改革和其他方面可能提出的立法需求,目前尚不能具体列明的项目,在立法规划中作出原则性的预期安排,根据实际需要,通过年度立法工作计划安排审议。

五年内列入规划的法律草案116件

问:围绕党的十九大作出的战略部署,请问五年立法规划安排的重点立法项目都有哪些?

答:本届全国人大常委会的任期正值“两个一百年”奋斗目标的历史交汇期,立法规划既着眼决胜全面建成小康社会的需要,又放眼开启全面建设社会主义现代化国家新征程的需要。立法规划项目分为三类,共提出一类项目和二类项目116件,其中一类项目69件,即条件比较成熟、任期内拟提请审议的法律草案;二类项目47件,即需要抓紧工作、条件成熟时提请审议的法律草案;三类项目是立法条件尚不完全具备、需要继续研究论证的立法项目。重点领域立法主要包括:

一是贯彻新发展理念,建设现代化经济体系。

深化供给侧结构性改革,修改铁路法、矿产资源法、电力法、产品质量法、计量法,制定能源法、原子能法;坚持创新驱动发展战略,修改专利法、科学技术进步法;深化土地制度改革和实施乡村振兴战略,修改农村土地承包法、土地管理法,制定乡村振兴促进法;激发市场主体活力和推动形成全面开放新格局,修改公司法、企业破产法、海商法、反垄断法,制定外国投资法;深化金融体制改革和防范金融风险,修改证券法、商业银行法、中国人民银行法,制定期货法;深化税收制度改革和全面落实税收法定原则,修改税收征收管理法,制定增值税法、房地产税法等 10 部单行税法。

二是完善国家机构组织,加强社会主义民主政治建设。加强人民当家作主制度保障,修改全国人大组织法(全国人大议事规则、全国人大常委会议事规则修改,一并考虑)、地方组织法、国务院组织法、城市居民委员会组织法、村民委员会组织法、监督法;深化行政体制改革,修改行政处罚法、行政复议法、公务员法;深化司法体制改革和完善仲裁制度,修改人民法院组织法、人民检察院组织法、法官法、检察官法、人民警察法、律师法、仲裁法,制定看守所法、民事强制执行法。

三是坚定文化自信,推动社会主义文化繁荣。建立网络综合治理体系,制定个人信息保护法、数据安全法、电信法;推动文化事业和文化产业发展,修改著作权法、档案法、文物保护法、体育法,制定文化产业促进法。

四是保障和改善民生,加强和创新社会治理。落实"两步走"方案,审议民法典各分编,完成民法典编纂;加快教育现代化,修改职业教育法、教师法、学位条例,制定学前教育法;加强对特殊人群的保护和打赢脱贫攻坚战,修改未成年人保护法(预防未成年人犯罪法修改,一并考虑)、老年人权益保障法,制定社会救助法;实施健康中国战略,修改药品管理法、农产品质量安全法、执业医师法、动物防疫法,制定基本医疗卫生与健康促进法;保护公民财产权,修改城市房地产管理法,制定不动产登记法;加强社会治理制度建设,修改海上交通安全法、安全生产法、治安管理处罚法、刑法、道路交通安全法、气象法,制定社区矫正法、法律援助法。

五是加快生态文明体制改革,建设美丽中国。实施主体功能区和用途管制制度,制定国土空间开发保护法;着力解决突出环境问题,修改固体废物污染环境防治法、环境噪声污染防治法、环境影响评价法;加大生态系统保护力度,修改森林法、草原法、渔业法,制定国家公园法、长江保护法。

此外,立法规划还就加强国家安全法治保障、完善和发展中国特色社会主义军事制度、健全国家监察体制等方面的立法作了安排。

立法规划应适应改革对法治的需求

问:全面深化改革,与立法的关系十分密切,请问立法规划是如何统筹保障改革对法治的需求?

答:改革和法治,如车之两轮,鸟之两翼,要在法治的轨道上推进改革,在改革的进程中完善法治。全面深化改革,对立法的需求很多,要通过立改废释等多种形式予以保障。对一些制定比较早不适应改革发展需要的,要及早作出修改安排;个别条款不适应的,可以通过"打包"修改方式快速完成;还有些需要根据新情况进行解释;个别不适用的,可作出废止决定;在有些领域,要根据党和人民事业发展的需要,制定出台新的法律;有些实践条件还不成熟、需要先行先试的,要按照法定程序作出相应授权决定。立法规划中,很多立法项目都是全面深化改革需要的,有的立法项目本身就是改革任务,有的立法项目包括了改革的内容或者体现了改革的要求。

总结立法与改革决策相衔接的经验,在本届立法规划中特别明确,落实全面深化改革、全面推进依法治国的部署要求,对涉及国家机构改革、国家安全法治保障、监察体制改革、完善产权保护制度等需要制定、修改或者废止法律的,或者需要由全国人大常委会作出有关决定的,适时安排审议。

立法数量超往届,新制定法律的项目 48 件

问:本届全国人大常委会立法规划安排的立法项目多,落实立法规划的任务很重,请问有什么具体举措?

答:同过去几届常委会立法规划相比,本届立法规划确定的立法项目,一是数量多,列明的立法项目比近几届都多。二是分量重,在一、二类项目中属于基本法律的项目有 10 多件,属于新制定法律的项目有 48 件;其中,民法典编纂十分瞩目。三是要求高,全面依法治国、人民群众对幸福美好生活的向往,都对立法工作提出更高要求。刚刚召开的全国人大常委会立法工作会议,栗战书委员长对加强和改进立法工作,落实立法规划作了全面部署,提出了明确要求,要认真抓好落实。下一步,要分解任务、层层落实,形成合力、压实责任。

立法规划明确了立法项目的提请审议机关或牵头起草单位。落实的关键在于法律起草和牵头起草单位。承担牵头起草任务的单位要按照"任务、时间、组织、责任”四落实的要求，拟定起草工作计划，包括工作进度安排，主要问题的解决思路和步骤，起草工作负责人、参加单位和工作班子等。要改进起草工作，着力研究立法中的重点难点问题，力争把重大问题、重大分歧解决在起草工作阶段。对于列入立法规划一类的立法项目，原则上应当完成，因情况发生新变化，确实难以按计划提请审议的，或者需要作出调整的，有关方面要向全国人大常委会作出书面说明。

全国人大常委会法工委将按照立法规划要求认真完成各项任务，包括协助全国人大常委会做好实施立法规划的督促、协调、指导、服务工作，完成承担的立法起草工作任务，负责研究和完善提请全国人大及其常委会审议的法律草案工作等。

《人民日报》2018 年 9 月 8 日

三、全国地方立法工作座谈会

在第二十四次全国地方立法工作座谈会上的讲话

（2018 年 9 月 15 日，浙江杭州）

栗战书

同志们：

今天，我们在浙江杭州召开第二十四次全国地方立法工作座谈会。这是十三届全国人大及其常委会组成以来的第一次全国地方立法工作座谈会。全国地方立法工作座谈会是由全国人大常委会法工委主办、有关地方人大常委会承办的，每年召开一次，之前已经开过 23 次会议了。这已经成为全国人大常委会加强同地方人大联系和交流、推动和指导地方立法工作的重要形式和有效平台。今年是换届后履职的第一年，确定在浙江召开座谈会，有特别的意义。这里是中国革命红船起航的地方，是当年毛泽东主席领导起草新中国第一部宪法（即 1954 年宪法）的地方，也是习近平总书记在这里工作并形成许多重要思想的地方。我们这次会议的目的，就是要传承红船精神，学习和重温毛主席当年领导起草"五四宪法"、总书记在浙江工作时思想情怀和工作方法，以习近平新时代中国特色社会主义思想和党的十九大精神为指导，总结改革开放 40 年来我国立法工作特别是地方立法工作的成就和经验，推动新时代地方立法工作与时俱进、完善发展，以新担当新作为共同书写新时代地方立法工作新篇章。这是全国人大和地方人大共同的责任。本次会议安排了交流发言和分组讨论，这里，我先就人大立法工作从三个方面讲一些情况和意见。

一、关于十三届全国人大及其常委会组成以来立法工作开局情况

我先介绍一下全国人大及其常委会近几个月来立法工作方面的基本情况。

党中央高度重视人大立法工作，习近平总书记多次主持中央政治局常委会会议，听取审议全国人大常委会党组关于重要立法项目和立法工作的汇报，作出许多重要指示批示；党中央多次发出有关立法工作的重要指导性文件。全国人大常委会党组坚持党中央对立法工作的集中统一领导，发挥把方向、管大局、保落实的作用，统筹谋划和推进开局之年常委会各项立法工作。

今年 3 月召开的十三届全国人大一次会议完成了两项重大立法议程：一是审议通过《宪法修正案》，对我国现行宪法（即 1982 年宪法）作出第五次修正，也是修改内容最多、修改幅度最大的一次修正；二是审议通过《监察法》，将党中央深化国家监察体制改革的决策部署和试点成果通过法律形式加以确立和体现。在全国人大换届大会上审议通过两项重大立法议程，这是多年来不曾有过的。在党中央领导下，通过各方面共同努力，我们顺利完成了两项重大政治任务和立法任务，成为本届全国人大立法工作开局时刻浓墨重彩之作。

今年 8 月，党中央批准了《十三届全国人大常委会立法规划》，也就是今年的中发 30 号文件。这是以习近平同志为核心的党中央推进全面依法治国、加强和改进新时代立法工作的重要部署，也是十三届全国人大常委会深入学习贯彻习近平新时代中国特色社会主义思想和党的十九大精神、统筹安排五年立法工作、完善以宪法为核心的中国特色社会主义法律体系的重要体现。

我们及时制定全国人大常委会 2018 年工作要点和立法工作计划，对今年的立法工作作出全面安排，计划安排继续审议的法律案 12 件，初次审议的法律案 14 件，同时提出了一些方面的预备审议项目，对需要今年考虑处理的授权决定和改革决定也作出了安排，确保党中央重大决策部署在常委会立

法工作中得到全面贯彻落实。目前，立法工作正在按计划顺利进行。截至8月底，十三届全国人大及其常委会通过《宪法修正案》，通过《监察法》、《人民陪审员法》、《英雄烈士保护法》、《电子商务法》、《土壤污染防治法》等5部法律，修改《个人所得税法》等7部法律；适应深化党和国家机构改革、司法改革的需要，作出9个有关法律问题的决定；还有一批立法项目正在进行审议，拟提请审议的立法项目也在抓紧准备。

9月7日，全国人大常委会召开立法工作会议，深入学习贯彻习近平总书记关于全面依法治国、加强立法工作的重要论述精神，就做好新时代立法工作、完成立法规划作出部署安排，提出完成十三届全国人大常委会立法规划，必须高举中国特色社会主义伟大旗帜，全面贯彻党的十九大和十九届二中、三中全会精神，以习近平新时代中国特色社会主义思想为指导，坚持党的领导、人民当家作主、依法治国有机统一，围绕建设中国特色社会主义法治体系、建设社会主义法治国家，紧紧扣住贯彻落实党中央重大决策部署，紧紧扣住回应人民群众重大关切，紧紧扣住厉行法治、推进全面依法治国，发挥人大及其常委会在立法工作中的主导作用，加快立法工作步伐，不断完善以宪法为核心的、与推进国家治理体系和治理能力现代化相适应的中国特色社会主义法律体系，为新时代党和国家事业发展提供坚实有力的法治保障。

会议特别强调要坚持党中央集中统一领导这一重大政治原则，就是在立法活动和立法工作中，坚决维护习近平总书记的权威和核心地位，坚决维护以习近平同志为核心的党中央权威和集中统一领导，始终在思想上政治上行动上同以习近平同志为核心的党中央保持高度一致。坚持以习近平新时代中国特色社会主义思想为指导，把党的路线方针政策和决策部署贯彻落实到立法工作全过程和各方面。对于党中央决策部署、交办的重大立法任务，我们都要全力以赴抓好贯彻落实。重大立法项目、立法中的重大问题和立法工作中的重要事项，全国人大常委会党组和有关国家机构党组要及时主动向党中央请示报告。对拟提请表决的重要法律草案，必要时要召开常委会党员委员会议，发挥我们的政治优势，发挥党员委员的作用，做好统一思想的工作，确保有关法案顺利通过。这些要求对地方人大常委会和地方立法工作，原则上都是适用的。

总的看，本届立法工作有总体部署，有加强举措，有明确要求，取得了若干重要成果，也进行了一些工作思考。应该说，本届立法工作已经全面展开、正在积极推进，取得了良好的工作开局。

二、关于地方立法工作

中国特色社会主义法律体系包括三个规范层次：法律；行政法规；地方性法规。地方性法规又分为省、自治区、直辖市人大及其常委会制定的地方性法规和设区的市、自治州人大及其常委会制定的地方性法规。这是我国统一的、多层次立法体制的集中体现。多年来，各地方围绕党和国家中心工作，以宪法法律为依据，紧密结合地方实际，积极探索和推进地方立法工作，与时代同步伐，与改革同频率，与实践同发展，取得一系列重要成果，积累了许多宝贵经验，为中国特色社会主义法律体系的逐步形成和完善发展、推动地方经济社会发展和加强民主法治建设作出了重要贡献。

习近平总书记指出，“历史，总是在一些特殊年份给人们以汲取智慧、继续前进的力量。”2018年是我国改革开放40周年。我国地方立法是改革开放历史新时期的产物，伴随改革开放全过程。做好新时代地方立法工作，我们首先应当很好地回顾总结改革开放40年来地方立法的成果和经验，深刻认识我国立法体制的特点和优势，自觉增强做好新时代地方立法工作的责任感和使命感，在新的奋斗征程中积极担当作为，勇于探索、善于创新，以新时代地方立法工作新成绩为推进国家治理体系和治理能力现代化作出新贡献。

（一）赋予地方立法权，是国家治理方式上的重大制度安排。我国地方立法经历了一个从无到有、主体从少到多的发展过程。从新中国成立之初共同纲领，到1954年宪法，再到1975年宪法、1978年宪法，我国一直实行高度集中统一的立法体制，全国人民代表大会是行使立法权的唯一机关。那个时候，地方各级人大不设常委会，没有立法权；全国人大常委会可以“制定法令”，但也不是真正意义上的立法权。

这种高度集中统一的立法体制是同国家领导体制密切联系的，具有很大的局限性。毛主席曾经对发挥中央和地方两个积极性作了深入思考和论述，1956年，他在《论十大关系》中指出，“应当在巩固中央统一领导的前提下，扩大一点地方的权力，给地方更多的独立性，让地方办更多的事情。这对我们建设强大的社会主义国家比较有利。我们国家这样大，人口这样多，情况这样复杂，有中央和地方两个积极性，比只有一个积极性好得多。”“我们的宪法规定，立法权集中在中央。但是在不违背中央方针的条件下，按照情况和工作需要，地方可以搞章程、条例、办法”。后来，由于种种原因，这些好的设想并没有能够付诸实施。

我国地方立法发端于改革开放。1978 年 12 月召开的党的十一届三中全会实现了指导思想上的拨乱反正，开启了我国改革开放历史新时期，社会主义民主法治建设也进入了新阶段。邓小平同志在《解放思想，实事求是，团结一致向前看》的讲话中指出，“为了保障人民民主，必须加强法制。”“现在立法的工作量很大……有的法规地方可以先试搞，然后经过总结提高，制定全国通行的法律。”按照这一精神，1979 年 7 月，五届全国人大二次会议修改宪法并修订《地方组织法》，规定县级以上地方人大设立常委会；同时，修订后的《地方组织法》赋予省、自治区、直辖市人大及其常委会制订颁布地方性法规的权力。这是第一次以法律形式赋予地方立法权。1982 年宪法确认了地方立法制度。1982 年、1986 年两次修改《地方组织法》，进一步规定省、自治区人民政府所在地的市和经国务院批准的较大的市有权制定地方性法规，报省、自治区人大常委会批准后施行。1988 年、1992 年、1994 年和 1996 年，全国人大先后四次作出决定，分别赋予海南省、深圳市、厦门市、汕头市、珠海市经济特区法规制定权；2000 年《立法法》进一步规定，经济特区所在地的市可以制定地方性法规。

党的十八大以来，党中央高度重视全面依法治国，作出一系列重大决策部署，推进一系列重大工作。其中，在完善立法体制方面，党的十八届三中全会和四中全会两个《决定》都提出了一个新举措：赋予设区的市地方立法权。2015 年，十二届全国人大三次会议修改《立法法》，赋予所有设区的市地方立法权，明确设区的市人大及其常委会在不同宪法、法律、行政法规和本省、自治区的地方性法规相抵触的前提下，可以对城乡建设与管理、环境保护、历史文化保护等方面的事项制定地方性法规，报省、自治区人大常委会批准后施行。这是我国立法体制的重大发展，使我国设区的市级地方立法主体在原有基础上又新增加了 274 个。2018 年 3 月，十三届全国人大一次会议通过的《宪法修正案》，增加了有关设区的市制定地方性法规的规定，为设区的市开展地方立法工作提供了宪法依据。

改革开放 40 年来，我国地方立法权的扩大和地方立法体制的完善，是新时期民主法治建设不断发展的结果，是对依法治国和国家治理认识不断深化的结果。确立地方立法制度，为推进地方经济社会发展和民主法治建设提供了新的方式和动力，有利于加强地方人大建设和政权建设，有利于贯彻和体现充分发挥地方主动性、积极性的原则，有利于在改革开放条件下不断完善国家治理体系、提升国家治理能力和水平。

*（二）地方立法是具有中国特色、特征鲜明的制度规范，在改革开放和现代化建设中发挥了重要的、独特的作用。*我们法工委的同志告诉我，1979 年 7 月法律规定地方人大设立常委会并赋予地方立法权之后，最先设立的省级人大常委会，是 1979 年 8 月西藏自治区三届人大二次会议选举产生的自治区人大常委会和青海省五届人大二次会议选举产生的省人大常委会；最先制定的地方性法规，是 1979 年 11 月新疆维吾尔自治区五届人大常委会第二次会议通过的 3 个地方性法规。

我国地方立法走过了近 40 年的历程。目前，现行有效的各类地方性法规有 12000 余件。概括起来，地方性法规主要有三个方面的规范。①为保证宪法、法律、行政法规在本行政区域的遵守和执行，从本地实际出发，制定某一法律或者某一行政法规的实施办法，使国家有关制度和规定更加符合地方实际，更具有针对性、可操作性、可执行性。②在地方事权范围内制定地方性法规，多称为条例、规定、办法，内容比较广泛，具有明显的地域性特征。如市容市政管理、历史文化保护、城乡环境整治、公共场所禁烟、烟花爆竹燃放、垃圾分类处置、城市居民养犬、居民户籍居住、公用公益事业、城乡社会事务，等等。③在法定权限范围内，就国家尚未制定法律或者行政法规的事项，通过地方性法规先行先试，包括我们五个经济特区的法规。这是赋予地方立法权的一个重要目的。在推进改革开放方面，在完善地方治理方面，在满足本地区特定需要方面，都有不少先行先试的立法需求和实践。

以上，我只是对地方性法规作了一个大致的分类。这有助于我们准确把握地方立法的基本情况，系统分析地方立法的实践特征，深入思考如何做好地方立法工作。通过多年的实践，地方人大的一些同志经常把地方立法工作遵循的原则概括为三句话：一是不抵触；二是有特色；三是可操作。比较简洁，也比较符合实际，希望大家根据新的实践不断深化认识。

在坚持中央统一领导的前提下，我国地方立法有自己的特点,值得总结。①空间大。我们国家不实行联邦制,但党中央精神和很多法律规定都有一个如何落地、如何接地问题,很多事情都需要结合地方实际来具体化,都需要地方性法规发挥应有的作用,也就是要解决好法治通达群众、通达基层的"最后一公里"问题。②灵活性大。上述三个方面的内容具体到某一地方性法规,往往是兼而有之,有细化性内容,有衔接性内容,有延伸性内容,有独特性内容,也有探索性内容。③针对性强,即所谓"小切口"立法,聚焦所要解决的问题,确定小一些的题目进行专门立法。这样的"小切口"立法,在全国立法层面是不容易做到的,因为制定法律需要考虑体系、结构和分工,不能立得很细、很碎;而相对来说,在地方立法中就比较容易做到"小切口"立法。④集合性强,就是把党中央有关精神、法律有关规定、国家有关政策等进行梳理集合后制定地方性法规,使之适应加强地方某方面工作的需要。

地方立法的这些特点,归根到底,是由我国国情和实际决定的。我国人口众多,历史悠久,地域辽阔,发展很不平衡,情况千差万别;有13.9亿人口,56个民族,14个陆地邻国、6个海上邻国。我们的一个省相当于一个中等国家。今后,地方立法工作还会面临新课题新需要,还会呈现出新特点新面貌。我们要注意认真总结,加强研究和交流,用好地方立法权。

总的看,改革开放40年来,有立法权的地方人大及其常委会在党中央和地方党委领导下,认真履行地方立法职责,制定一大批地方性法规,充分发挥地方性法规实施性、补充性、探索性功能,促进了地方治理方式转变和治理能力提升,为各地经济社会发展提供了重要的法律保障。

(三)*面向未来,地方立法必须适应新时代新要求*。党的十九大作出了一个重大判断:经过长期努力,中国特色社会主义进入了新时代,这是我国发展新的历史方位。新时代具有许多新的历史特点,呈现出许多新面貌,同时也提出了许多新课题。

十三届全国人大常委会立法规划提出的立法项目和任务,是贯彻习近平新时代中国特色社会主义思想,贯彻党的十九大和十九届二中、三中全会精神,根据新时代党和国家事业发展的新形势、人民群众对美好生活的新期待和全面依法治国的新要求确定的,体现了"三个紧紧扣住"。

例如,进入新时代,我国社会主要矛盾已经转化为"人民日益增长的美好生活需要和不平衡不充分的发展之间的矛盾"。为此,立法规划提出,加强社会主义民主政治建设,修改全国人大组织法和两个议事规则、国务院组织法、地方组织法、人民法院组织法、人民检察院组织法、监督法、审计法;加强对人民群众切身利益的保护,制定社会救助法、个人信息保护法、不动产登记法、社区矫正法,修改产品质量法、安全生产法、道路交通安全法、老年人权益保障法、未成年人保护法;实施健康中国战略,制定基本医疗卫生和健康促进法,修改药品管理法、农产品质量安全法、动物防疫法;健全民事法律制度,编纂民法典。

又如,我国经济已由高速增长阶段转向高质量发展阶段。为此,立法规划提出,深化供给侧结构性改革,修改铁路法、矿产资源法、电力法、产品质量法、计量法,制定原子能法、能源法、电信法;健全市场机制、激发市场活力和促进对外开放,修改公司法、企业破产法、反垄断法、证券法、商业银行法、海商法,制定外国投资法;推进农村改革发展,修改农村土地承包法、土地管理法、渔业法,制定乡村振兴促进法;深化税收制度改革和落实税收法定原则,制定增值税法、房地产税法等10部单行税法;建立健全最严格最严密的生态环境保护法律制度,修改固体废物污染环境防治法、环境影响评价法、森林法、草原法,制定国家公园法、长江保护法。

再如,改革开放是决定当代中国命运的关键一招,党的十九大站在更高起点上谋划和推进全面深化改革、扩大对外开放,提出了一系列重要改革举措,部署了一系列重大改革任务。不论是已经确定的改革任务还是今后将要推出的改革举措,很多都涉及法治。总的看,全面深化改革提出的立法需求有很多,需要区分不同情况来解决,运用法律法规的制定、修改、废止、解释、授权、决定、配套、清理等方式,为改革开放提供法治支持和保障。

我举以上这些情况,是想说明,地方立法工作也应当同全国立法工作一样,顺应新时代新要求、呼应新时代人民群众新关切、紧跟新时代党中央的新部署,从本地经济社会发展对法律保障的需求出发,设计、安排和实施好立法规划,为新时代党和国家事业发展、为地方各项事业发展作出新贡献。

三、关于推动新时代地方立法工作与时俱进、完善发展

习近平总书记多次讲到:"一个时代有一个时代的问题,一代人有一代人的使命。"履行使命是同把握时代紧密联系在一起的。做好新时代地方立

法工作,就是要深刻认识新时代新变化新要求,自觉把地方立法工作放在党和国家事业发展大局上来谋划、来推动,自觉服从服务于大局。

推动新时代地方立法工作紧跟形势、与时俱进、完善发展,有以下五点需要把握好。

第一,深入学习贯彻习近平新时代中国特色社会主义思想,特别是习近平总书记关于全面依法治国、加强立法工作的重要论述精神。中国特色社会主义进入新时代,一个显著特征就是我们有了引领党和国家事业发展的新思想,这就是习近平新时代中国特色社会主义思想,党的十九大和十三届全国人大一次会议将这一新思想确立为必须长期坚持的党和国家的指导思想。

党的十八大以来,以习近平同志为核心的党中央从关系党和国家长治久安的战略高度来定位法治、布局法治、厉行法治,把全面依法治国提到"四个全面"战略布局的新高度,推动法治中国建设发生了历史性、转折性、全局性变化,取得了重大理论创新、实践创新、制度创新成果。习近平总书记就全面依法治国提出了一系列新理念新思想新战略,明确了全面依法治国的指导思想、发展道路、依靠力量、工作布局、重点任务、重要举措,深刻回答了当代中国法治建设举什么旗、走什么路、建设什么样法治国家、怎样建设法治国家等重大问题,开创了全面依法治国新局面。

8 月 24 日,习近平总书记主持召开中央全面依法治国委员会第一次会议并发表重要讲话,对党的十八大以来党中央提出的一系列全面依法治国新理念新思想新战略作了 10 个方面的概括,即:坚持加强党对依法治国的领导;坚持人民主体地位;坚持中国特色社会主义法治道路;坚持建设中国特色社会主义法治体系;坚持依法治国、依法执政、依法行政共同推进,法治国家、法治政府、法治社会一体建设;坚持依宪治国、依宪执政;坚持全面推进科学立法、严格执法、公正司法、全民守法;坚持处理好全面依法治国的辩证关系;坚持建设德才兼备的高素质法治工作队伍;坚持抓住领导干部这个"关键少数"。这是习近平新时代中国特色社会主义思想在全面依法治国领域的集中体现,是马克思主义法治思想中国化的最新成果,我们一定要深入学习领会,不断深化认识,掌握核心要义。

习近平总书记对依法治国、立法工作的重视是一以贯之的。总书记当年在领导浙江省全面工作时,就十分关心、积极推动地方人大工作和地方立法工作,对立法工作进行了全面思考,就加强地方立法工作提出了许多在今天看来仍然具有重要指导意义的论述和要求。**一是**坚持党对立法工作的领导。他指出,"党委要高度重视法制建设,进一步改进和加强对立法工作的领导,适时提出立法建议,及时研究立法工作中重大问题。……这是立法工作的一个政治原则,也是做好立法工作的根本保证。"**二是**坚持立法为民。他指出,"要坚决摒弃立法就是管理老百姓的错误观念,坚决克服和防止部门利益法制化的倾向,牢固树立立法要维护人民根本利益、体现人民共同意志的思想,真正把社会主义法律大厦建立在人民权利的基础之上。"**三是**发挥人大在立法中的主导作用。他指出,"要从偏重政府部门力量、'闭门'立法向注重发挥人大主导作用、'开门'立法转变,保障人民群众通过多种途径参与立法活动。"**四是**坚持法制统一,突出地方特色,增强可操作性。他指出,"地方立法,作为国家法律和行政法规的重要补充,必须坚持法制统一,坚持以宪法和国家法律、法规为依据,不与宪法和国家法律、法规相抵触。""地方特色是地方立法的生命力所在。必须紧密结合我省经济社会发展的实际,充分发挥其补充、先行、创制的作用,体现地方特色,提高针对性、可操作性,防止照抄照转,'大而全'、'小而全'。"**五是**立法要与改革发展相适应。他指出,"立法要为发展服务,要坚持立法决策与改革、发展、稳定的重大决策相结合。""对不适应改革开放和现代化建设的地方性法规或规章,要及时按照法定程序,该修改的修改,该废止的废止,需要重新制定的重新制定,需要作出法律解释的及时作出解释,使我们的地方立法与时俱进,体现时代要求,避免落后于改革发展的实践。"**六是**不断提高立法质量。他指出,"围绕提高立法质量这一目标,总结经验、改进方式、完善机制,进一步拓宽法规草案起草渠道,提高立法的科学性、民主性和公开性。"

习近平总书记十多年前在浙江的这些重要论述和要求,体现了习近平总书记长期以来对依法治国、治国理政等重大问题的深刻思考,具有丰富的思想内涵和鲜明的实践特色,与党的十八大以来习近平总书记关于全面依法治国的新理念新思想新战略具有连贯性和一致性,构成了一个有机的整体。我们今天学习贯彻习近平新时代中国特色社会主义思想,要同学习领会总书记当年在地方(包括河北、福建、浙江、上海等地)工作期间的有关重要论述精神紧密结合起来,融会贯通起来,掌握精髓意旨;要自觉以总书记为榜样,自觉向总书记看齐,善于运用法治思维和法治方式推动地方各项事业和各方面工作。

第二，发挥人大及其常委会在立法工作中的主导作用。这是人民代表大会制度的题中应有之义，也是加强改进新时代立法工作、提高立法质量和效率的必然要求。首先必须明确，我们强调发挥人大及其常委会在立法工作中的主导作用，不是不要党的领导，而是要在党的领导下发挥职能作用，以确保党的意图、主张的实现。人大及其常委会主导作用主要是贯彻党中央的决策，统筹安排立法计划、协调组织立法起草，广泛听取各方意见、组织进行审议等，具体体现要求是：①积极落实党中央或者同级党委确定的重要立法任务，确保党的主张通过法定程序成为国家意志。②认真编制立法规划计划，增强立法工作的统筹性、针对性、前瞻性。③做好牵头起草和组织协调工作。一些重要的法律法规草案，由人大有关专门委员会或工作机构牵头起草，政府有关部门、有关方面参加；政府有关部门、有关方面负责起草的法律法规草案，人大有关专门委员会或工作机构要提前介入，加强督促和指导。④发挥人大的审议把关作用。扩大立法有序参与，充分听取各方面意见，加强论证和评估，广泛凝聚立法共识，认真做好草案审议和修改完善工作。⑤注意防止和克服立法中的利益偏向。党的十八届三中全会和四中全会都提出要防止部门利益和地方保护法制化法律化，我们必须从党和国家事业发展全局和工作大局出发把握立法工作，更好发挥立法机关在表达、平衡、调整社会利益方面的重要作用。

强调发挥人大及其常委会在立法工作中的主导作用，也不是忽视政府在立法中的重要作用，更不是撇开政府由人大唱“独角戏”。实践中，大量法律法规草案都是由政府起草并提请审议的，这是符合立法工作规律的。要进一步发挥政府在立法工作中的重要作用，积极推动、督促指导政府及其部门切实履行好立法工作各环节的相关职责，形成工作合力，共同做好立法工作。

第三，加强重点领域地方立法。地方立法涉及的内容比较多，各地情况又有诸多不同和特点，就全国面上的情况看，当前地方立法主要有三个重点领域。

①加强生态环境领域地方立法。习近平总书记强调，要用最严格制度最严密法治保护生态环境，加快制度创新，强化制度执行，让制度成为刚性的约束和不可触碰的高压线。党中央作出了打好污染防治攻坚战的决策部署。今年7月，全国人大常委会加开一次会议，听取审议大气污染防治法执法检查报告，审议通过《关于全面加强生态环境保护依法推动打好污染防治攻坚战的决议》。我们明确提出，要以法律的武器治理污染，用法治的力量保卫蓝天。地方立法应当在这方面发挥重要作用。现在看，还存在不适应不符合问题。例如，我们在执法检查中发现，有20个省（区、市）制定了大气污染方面的相关条例，还有一些地方尚未制定；2015年修改《立法法》以来，截至2017年12月，新赋予地方立法权的274个设区的市、自治州和不设区的地级市仅出台了14件大气环境保护方面的地方性法规。因此，我们提出明确要求，有关省、自治区、直辖市尚未制定大气污染防治方面地方性法规，或者没有根据2015年修订的大气污染防治法对原有地方性法规作出相应修改的，应当于2018年年底前完成大气污染防治相关地方性法规的制定或者修改工作。生态环境方面的立法新课题还有不少，亟待解决。

②将社会主义核心价值观融入地方立法。习近平总书记强调，坚持依法治国和以德治国相结合，强化道德对法治的支撑作用，法律法规要树立鲜明道德导向，把社会主义核心价值观贯穿其中。今年通过的《宪法修正案》，将社会主义核心价值观载入国家根本法。今年3月，《社会主义核心价值观融入法治建设立法修法规划》印发实施。近年来，全国人大常委会加强了这方面的工作。今年4月，全国人大常委会通过了《英雄烈士保护法》。不论是全国立法还是地方立法，都要注重运用法治手段解决道德领域突出问题。地方立法具有明显的地域性，属地性特点突出，这也是地方立法的长项。比如历史文化资源是地方特色，其中有很多资源都是与红色文化、红色基因、革命传统、民族精神等有关的；再比如，在文明促进、社会救助、志愿服务、移风易俗、见义勇为、助人为乐、尊老爱幼、民族文化、宗教事务、非物质文化等方面，经常遇到价值观、道德、文化等精神层面的问题，都需要地方性法规作出有针对性的规范和引导。要丰富和拓展地方性法规的价值观内涵，积极引领社会道德风尚。

③加强民生领域地方立法。人民对美好生活的向往就是我们的奋斗目标。习近平总书记这句话既朴实无华又十分亮丽，充分表达了共产党人不懈奋斗的初心和宗旨。以人民为中心是新时代坚持和发展中国特色社会主义的根本立场，体现在工作部署上的基本要求就是坚持在发展中保障和改善民生。一般来说，地方性法规与群众的距离比较

近、与基层的距离比较近，老百姓的感受会更直接、更具体、更真切一些。民生领域涉及的内容比较多，工作很具体。加强民生领域地方立法，应当是地方立法工作的重点方向。要通过完善地方性法规、地方政府规章和其他规范性文件，加强、引导、保障和提高"七有"，不断促进社会公平正义，不断促进人的全面发展，努力从法治上增强人民群众的获得感、幸福感、安全感。

第四，做好规范性文件备案审查工作和专项清理工作。对各类规范性文件进行备案审查，是《宪法》、《立法法》和《监督法》明确规定的制度，是符合中国国情、具有中国特色的立法监督制度和宪法监督制度，从更广意义上讲，也是地方立法工作中的两项重要内容，应当严格执行。行政法规、地方性法规、地方政府规章、司法解释和各类规范性文件，都应当依法纳入人大备案审查范围。加强改进备案审查工作，健全备案审查衔接联动机制，实行有件必备、有备必审、有错必纠，保证党中央令行禁止，保证宪法法律法规有效实施，维护国家法制统一。要着力增强备案审查制度刚性，对审查中发现与宪法法律相抵触或者不适当的问题，该报告的报告，该督促的督促，该通报的通报，该纠正的纠正。要建立健全人大常委会听取审议备案审查工作情况报告制度，建立健全规范性文件备案审查信息平台，不断加强备案审查制度建设和能力建设。

对规范性文件进行专项清理，是与立法工作相关的一项工作。经过若干年，有立法权的地方人大及其常委会都会制定出台不少地方性法规。新形势下，这些现行地方性法规是否存在不适应不符合的问题，需要根据党中央精神和国家法律定期进行"回头看"，以确定下一步地方立法工作的任务和方向。常委会开展的执法检查工作，也会对现行法律法规的执行状况等进行审视。今年 7 月，全国人大常委会通过《关于全面加强生态环境保护依法推动打好污染防治攻坚战的决议》，明确提出了一项工作要求，就是"抓紧开展生态环境保护法规、规章、司法解释和规范性文件的全面清理工作，对不符合不衔接不适应法律规定、中央精神、时代要求的，要及时进行废止或修改。"全国人大常委会办公厅给各省、自治区、直辖市人大常委会专门发了一个通知，提出了做好清理工作的明确要求。请各地方认真组织和完成好这项工作。

第五，以党的政治建设为统领加强地方立法队伍建设。毛主席曾经说过，"政治路线确定之后，干部就是决定的因素。"不久前，党中央召开全国组织工作会议，确定新时代党的组织路线，强调建设忠诚干净担当的高素质干部队伍。立法工作是一项政治性、政策性、专业性、实践性都很强的工作。做好新时代地方立法工作，要有一支高素质干部队伍和人才队伍作支撑。加强立法队伍建设，关键是要把党的政治建设摆在首位，以政治建设为统领，坚持用习近平新时代中国特色社会主义思想武装头脑，坚决维护以习近平同志为核心的党中央权威和集中统一领导，始终在政治立场、政治方向、政治原则、政治道路上同党中央保持高度一致，坚定信心、增强自觉、鼓舞斗志，全面提高做好新时代地方立法工作的本领。

同志们，党和国家事业蓬勃发展，给人大工作和立法工作提出了新的更高要求。全国人大和地方各级人大要更加紧密地团结在以习近平同志为核心的党中央周围，切实担负起坚持和完善人民代表大会制度、推进全面依法治国特别是做好新时代立法工作的崇高使命，戮力同心，锐意进取，为坚持和发展新时代中国特色社会主义、实现"两个一百年"奋斗目标和中华民族伟大复兴的中国梦作出我们的新贡献！

栗战书在第二十四次全国地方立法工作座谈会上强调

推动地方立法工作与时代同步伐与改革同频率与实践同发展

人民日报杭州 9 月 15 日电 第二十四次全国地方立法工作座谈会 15 日在浙江杭州召开。中共中央政治局常委、全国人大常委会委员长栗战书出席会议并讲话强调，要以习近平新时代中国特色社会主义思想和党的十九大精神为指导，总结改革开放 40 年来我国立法工作特别是地方立法工作的成就和经验，推动地方立法工作与时代同步伐、与改革同频率、与实践同发展，为完善中国特色社会主义法律体系、推动地方经济社会发展作出新贡献。

栗战书指出，坚持党对立法工作的领导特别是党中央的集中统一领导，是立法工作的重大政治原则，也是做好立法工作的根本保证。改革开放40年来，有立法权的地方人大及其常委会在党中央和地方党委领导下，围绕党和国家中心工作，以宪法和法律为依据，紧密结合地方实际，积极探索和推进地方立法工作，制定一大批地方性法规，促进了地方治理方式转变和治理能力提升，为各地经济社会发展提供了重要的法制保障。地方立法体制不断完善，立法经验不断丰富，立法水平不断提高，也为坚持和完善人民代表大会制度、加强地方政权建设和地方人大工作夯实了基础。

栗战书指出，地方立法是具有中国特色、特征鲜明的制度规范，在改革开放和现代化建设中发挥着重要的、独特的作用。中国特色社会主义进入新时代，地方立法工作必须顺应新时代新要求、呼应人民群众新关切、紧跟党中央新部署。要自觉把地方立法工作放在党和国家事业发展大局中来谋划、来推动，充分发挥地方性法规实施性、补充性、探索性功能，继续探索创新、开拓进取，推动新时代地方立法工作与时俱进、完善发展。

栗战书强调，做好新时代地方立法工作，要深入学习贯彻习近平新时代中国特色社会主义思想，特别是习近平总书记关于全面依法治国、加强立法工作的重要论述精神，坚持党对立法工作的领导，坚持立法为民，坚持法制统一，坚持立法与改革发展相适应，突出地方特色，不断提高立法质量。要发挥人大及其常委会在立法工作中的主导作用，形成工作合力，凝聚各方智慧。要加强生态环境、社会主义核心价值观、社会民生等重点领域地方立法，努力从法治上增强人民群众的获得感、幸福感、安全感。要做好规范性文件备案审查工作和专项清理工作，维护国家法制的统一和权威。要以党的政治建设为统领加强地方立法队伍建设，全面提高做好新时代地方立法工作的本领。

全国人大常委会秘书长、副秘书长，全国人大宪法和法律委员会、全国人大常委会法工委、各省区市人大常委会有关负责同志等参加会议。

《人民日报》2018年9月16日

加强立法决策量化论证　不断提高立法质量

（2018年9月17日）

全国人大宪法和法律委员会主任委员　李飞

同志们：

按照会议安排，我作一个即席发言。从2002年开始，由全国人大常委会法工委牵头，每年召开一次这样的会议，都邀请法律委员会主任委员来列席，就涉及的法律规定的立法原意以及对一些问题的处理，简单讲一讲，回应座谈会上大家提出的问题。今天，我不讲这方面内容，一会儿沈春耀同志将对会议做全面总结，并回应这些问题。我想讲讲多年从事立法一直思考的问题，就是如何加强立法决策的量化论证，保证调查研究的真实性、有效性，进一步提高立法质量的问题。

提高立法质量是立法工作的永恒话题。社会实践没有止境，立法工作没有止境，提高立法质量也没有止境。特别是十届全国人大常委会以来，明确提出了“以提高立法质量为中心”的立法工作思路，更加关注制度设计的科学性、合理性，更加关注法律之间的协调统一，也更加关注法律在实际社会生活中的实施效果。多年以来，全国人大常委会和有立法权的地方人大常委会注重探索科学立法、民主立法、依法立法的实现形式，在原有好的方式方法的基础上，形成了法律法规草案向社会公开征求意见、专家论证、第三方评估等一系列好的做法和经验，这些都是提高立法质量行之有效的重要途径和方式，应当在立法实践中予以坚持和完善。

但是，尽管我们探索出了多种科学立法、民主立法的途径和方式，但有时候也存在着制定的法律法规有的还避免不了宣示性强、可操作性不强的问题，也存在着一些制度设计和具体规范，立法初衷是好的，但实施的效果不尽如人意。这些表明，我们对法律法规所调整的社会关系、社会事物等问题把握得还不够准，情况掌握得还不够实，从而对反映事物内在规律的东西把握得还不深不透。这里面有各种原因,其中有一个重要原因,也是我参加立法工作37年的一个深切体会,就是我们对立法决策的量化论证还不够。加强立法决策量化论证,就是强调立法工作要更加严谨周密,从立法项目的确定、立法进度的安排,包括起草、审议、通过的立法全过程中,对法律所要规范的社会关系,对其分析判断所依据的客观情况,应当有更足够的数据样本来支撑。这次会议上,浙江省人大常委会介绍了多年来全面贯彻习近平同志在浙江工作时对立法工作提出的六点指导原则和工作要求,经过长期的实践,总结出了"立项准确化、规范内容精细化、法规框架精干化"这个重要经验。这都体现了对客观情况、客观规律的准确把握。对这个问题,我想从两方面谈谈自己的想法。

一、加强立法决策量化论证是新时代提高立法质量的需要

(一)加强立法决策量化论证是完善法律体系的客观要求

改革开放以后,我国进行大规模立法活动。最初,是要解决"无法可依"的问题。所以当时提出的指导原则,或者说立法工作思路,就是"有比没有好,快搞比慢搞好",更强调的是"宜粗不宜细"。经过几十年的立法工作,到2010年中国特色社会主义法律体系如期形成。法律体系形成,从总体上实现了国家法律体系"从无到有"的制度构建,解决了"建制"的问题。体系形成后,更多要解决的是制度的合理性问题,就是要使所设计的制度更加合理,更加符合经济社会的发展规律,能够及时、准确反映经济社会的现实变化,更加科学完备、成熟定型。这就对立法工作提出新的更高要求。站在新的更高的起点上完善中国特色社会主义法律体系,要进一步提高立法质量,必须从每一部立法着手,尽可能多地掌握第一手的资料,对重要情况、主要矛盾、群众期盼做到心中有数。加强立法决策的量化论证,使立法精确对接发展所需、基层所盼、民心所向,切实提高立法的科学化、精细化水平,提高法律的可执行性和可操作性,以良法促进发展、保障善治。

(二)加强立法决策量化论证是提高地方治理能力的客观需要

党中央关于全面推进依法治国的战略布局,对提高各级国家机关和工作人员运用法治方式治理社会的能力提出新的要求。2015 年 3 月,十二届全国人大三次会议贯彻落实党中央的重大决策部署,对《立法法》作出修改,赋予设区的市地方立法权。由此,我国地方立法主体由80家增加到354家。今年3月,十三届全国人大一次会议通过宪法修正案,也增加规定了设区的市的立法权,为设区的市立法工作提供了宪法依据。我国幅员辽阔,各地区经济社会发展水平差异较大,国家立法层面往往只能做出"最大公约数"的规定,难以顾及到各地差异性的实际情况。赋予地方立法权,就是要在中央统一领导下,充分发挥中央和地方两个积极性,提升地方国家机关的治理能力和水平,更好地发挥地方尤其是设区的市运用法治思维和法治方法开展社会治理的重要作用,逐步实现国家治理体系和治理能力现代化。地方立法具有接近基层、接近群众的优势,要善于在各自管辖范围内,对立法中遇到的实际问题进行量化论证研究,全面深入地摸清实际情况,确立明确的立法目标,认真研究解决现实问题的政策思路和举措办法,并通过法定程序转化为法律规范,使制定出的法规更具有针对性和可操作性,也就是说"一竿子插到底",真正解决实际问题。

(三)加强立法决策量化论证是依法满足人民美好生活需要的客观要求

党的十九大报告提出,在中国特色社会主义新时代,我国社会主要矛盾已经发生了重大转变。人民美好生活需要日益广泛,不仅对物质文化生活提出了更高的要求,而且在民主、法治、公平、正义、安全、环境等方面的要求日益增长。实现这些要求,本质上都要求以法治的方式来实现,这也对立法工作提出了新要求。加强立法决策的量化论证,就是要通过对立法所要调整社会关系的客观情况进行全面的量化分析研究,选择出最佳方案,通过立法加以规范,切实增强法律规范的可执行性和可操作性,确保法律法规有效、管用,能为依法有效治理提供支撑和保障,满足人民在政治、经济、文化、社会、生态等方面的日益增长的需要。所以,地方立法要更加注重加强立法决策的量化论证,研究清楚法规所要调整的社会关系,科学严密地设计好各种制度规范,能具体就具体,能明确就明确,能在地方性法规中规定清楚的,就不另搞配套的政府规章。

地方接地气、地域小,加强立法决策的量化论证做起来更有优势。一方面是我们要用心去做,另一方面,要看我们过去有没有这样的数据条件和积累。全国人大新设了社会建设委员会,要加强民生方面和社会政策方面的立法。我理解,社会治理现代化,很大一部分就是社会管理。地方立法直接解

决地方治理中的问题,和老百姓关系更密切。这些方面的立法怎么能够做到更精细化?法规出来以后,大家的预期和对法规自觉遵守的认受程度,应该是越精细、越普遍越好。

二、加强立法决策量化论证的具体途径

(一)深入开展调查研究

立法决策量化论证就是通过调查方法的科学性和有效性来保障的。我体会,就是大力提高立法调研的真实性和有效性。注重调查研究是我们党一个极为重要的优良传统,是我们党制定正确路线方针政策的根本依据,也是我们党几代领导人身体力行的工作方式。习近平总书记指出,“没有调查,就没有发言权,更没有决策权”。在党的十九届一中全会上,他特别提出“要在全党大兴调查研究之风”。调查研究是做好一切工作的基础和根基,也是做好立法工作的必然要求。要注重加强和改进调查研究工作,多层次、多方位、多渠道调查了解情况,把基层、群众和相关领域作为立法调研重点,力求将事物的实际情况调查清楚,将问题的本质和规律把握准确,将解决问题的思路对策研究透彻,对症下药,制定出高质量的法规。

*一要紧扣问题,全面深入。*调研工作要实要深,切实深入实际、深入基层、深入群众,既摸清综合情况,又了解典型案例;既了解经验,又发现不足,真正做到把各方面的问题摸清吃透。在这方面,我们全国人大的立法有一些切身体会,特别是专业性强的立法。全国人大常委会的组成人员、法工委,对专业性强、技术性强的立法,怎么能够作出正确判断,发挥好决策的参谋助手作用,很重要就是搞好调查研究。只有通过调查研究,去掌握事情本来的面貌,掌握内在的规律。

*二要不断改进调研方法。*要注重结合相关法规的特点,科学设计调研方式,把走出去调研和请进来调研、实地调研和案头研究、综合调研和专题调研结合起来,做到有的放矢。调研一定要根据工作需要进行客观真实的调研。有些情况下,专门选择在典型的地方去调研。我们国家大,有些地方样本的选取是不是带有普遍性,也要加以考量。调查研究,取样非常重要。有没有代表性、是不是具有普遍性,决定着法律草案的质量。

对实际情况作量化分析,还可用普查的办法。制定一部全国性法律,要搞一次大普查,无论人力、物力、财力,还是时间上往往不允许。为了全面征求意见,将法律草案发到各省、各地方,并向社会公开法律草案。最近,有的学者提出意见指出,公布的法律草案文本只有汉语,有一些少数民族群众不懂汉语,他们的意见反映不上来。还有盲人因看不到草案文字,也没有机会参与到立法中来。这就给我们提出一个新的课题,还需要进一步研究和完善调研方法。设区的市地域面积和人口相对少一些,个别的省人口也不是很多,在这方面可以考虑在调研方法和立法量化分析上先行一步,做些必要的探索。

(二)充分运用大数据助力立法决策

大数据是信息化发展的新阶段,对经济发展、社会治理、人民生活产生着重大影响,它不仅是一场技术革命,一场经济变革,也是一场国家治理的变革。大数据可以是宏观的,从中反映出整体情况的趋势,也可以是微观的,展现某方面情况的具体构成和倾向。现在,我们的立法工作对大数据的运用还很不够,对许多问题的立法决策量化论证不够,还处于模糊处理,停留在半定性半定量的状态。“药方”开得不准,在“矛盾焦点”上这一刀砍得不够精确,法律规范的指引就不清晰,就难以给人们以准确预期,法律法规的实施效果就会大打折扣。我们一些社会管理方面的法规,有时会出现实施效果与制定初衷相反的情况,就说明我们的法规制度设计没有触及到社会的痛点,不解决实际问题。新时代的社会治理要实现精细化管理,就要学会“用数据说话、用数据决策”,构建起大数据辅助科学决策和社会治理的机制,提高对大数据的分析、把握和运用能力。立法决策要充分运用大数据,帮助了解和驾驭实际情况,经过充分论证,做好“定量”分析和“定性”判断。只有建立在“定量”基础上“定性”,才能更具合理性和说服力,才能真正让群众信服。

*一要善于获取和运用数据。*数据的来源多种多样,立法机关要注重获取和运用数据,对数据作出量化分析,使之成为立法工作的客观支撑。现阶段,各级立法机关注重开门立法,通过向社会公开征求意见、召开网上听证会等多种方式,为公众提出立法建议和意见积极搭建平台,从中获取的数据是作出立法决策的重要依据。同时,我们也要善于运用执法、司法以及政府日常管理数据,让地方立法工作融入到社会日常管理中。在这方面,有时候我们感到过去政府的数据统计,在我们做立法决策的时候往往支撑不够,这方面有很多欠缺。地方立

法也要善于充分运用大数据，全面了解和掌握所要调整的社会关系，把实际情况摸清摸透，把各种问题量化细化，让大数据成为地方立法工作的“千里眼”“顺风耳”。

二要注重对数据的研究和分析。在获取数据的基础上，要加大对数据的研究力度，提高分析运用数据的能力。对数据的运用不要预设结论，要让数据说话，尊重数据客观反映的情况。利用网络征求意见，可以根据法规案的不同内容，设计可进行量化分析的软件，对意见来源的社会阶层、地域分布、职业分布、年龄结构和利益群体等进行分析，谨慎求证，更准确地把握社情民意，确保得出正确、符合实际的结论。比如，2011年修改个人所得税法，全国人大常委会通过中国人大网公布法律草案时，我们也做了一点改进，在软件上进行设计，请提意见的社会公众，必须录入一些信息，比如：一是提意见的人所在省份是东部、中部还是西部，二是职业分布，三是收入水平处在哪个收入段。那次共有8万多人次提出23万多条意见。其中，83%建议进一步提高工薪所得减除费用标准，从草案的3000元提高到5000元。我们对这些意见进行分析，发现来自北京、上海、广东的意见占43%，西藏、青海、宁夏的意见仅占0.4%；月收入在3000元至7500元的人群占49%，其中3000元至4500元的人群又占了53%。看起来意见不少，也是来自于全国各地，但是并没有覆盖到各种社会阶层和收入阶层。反映的主要是发达地区中等工薪收入人群的利益诉求，还不能反映整体的、各个收入阶层、各个不同地区的诉求。我们制定某一项政策，特别是在量化的时候，应该摸清各方面的需求，通过数据分析来回应实际。这个过程，要坚持去粗取精、去伪存真、由此及彼、由表及里的思考、分析、综合，透过现象看本质，发现趋势和规律，作出科学决策。

加强调查研究，特别是用大数据改进调查研究的方式方法，能够进行量化分析，来处理立法中遇到的疑难问题。随着我国社会的发展，整个社会呈现出思维方式、利益诉求、处理问题方式的多样化。提高立法质量就是要客观反映变化的现实。这些年，地方立法有很多好的探索，我也看到这方面的实例。不同省份之间的交流很重要，有些省在这些方面做得比较好，在社会管理方面基础数据比较完整；有的省可能还没有发现这方面的途径和做法。各省之间进行学习、交流、借鉴，特别是其他省尽管和本省的情况不一样，但是他们对某些事物进行量化分析的方式方法对本省也是有启发的。让我们共同努力，在这方面再探索一些新的方式方法，把立法质量提高到一个新的水平。

来源：中国人大网2018年9月20日

在第二十四次全国地方立法工作座谈会上的小结讲话

（2018年9月17日）

全国人大常委会法制工作委员会主任　沈春耀

各位领导、各位同志：

第二十四次全国地方立法工作座谈会就要闭会了。几天来，在栗战书委员长关怀指导下，在与会同志共同努力下，在浙江省和杭州市有关方面大力协助下，我们的会议开得非常成功，取得了积极成果，达到了预定目标。下面，我作一个会议小结并就有关工作讲一些意见。

一、本次会议的特点和基本情况

每一次召开的全国会议，都会有一些独特的东西给我们留下深刻的印象。本次会议有什么特点？我看，这次会议的时间背景就不同寻常。2018年是全面贯彻落实党的十九大精神的开局之年，是十三届全国人大及其常委会、新一届地方各级人大及其常委会依法履职的第一年，也是我国改革开放40周年。这次会议的地点背景也是不同寻常的。浙江嘉兴南湖是中国革命红船起航的地方，杭州是毛泽东主席领导起草新中国第一部宪法（即1954年宪法）的地方，浙江是习近平总书记当年在省委书记岗位上领导全面工作的地方。我们今年在浙江杭州开会，是很有意义的，将进一步教育和激励我们不忘初心、牢记使命、高举旗帜、继续前进。

十三届全国人大常委会高度重视地方立法工

作。中共中央政治局常委、全国人大常委会委员长栗战书同志亲自出席全国地方立法工作座谈会并作重要讲话，对改革开放40年来我国地方立法工作给予充分肯定，对做好新时代地方立法工作给予重要指导，对我们立法工作者提出殷切期望和工作要求。栗战书委员长在十三届全国人大常委会工作开局之年就来出席全国地方立法工作座谈会，在9月7日全国人大常委会立法工作会议之后不久，再次就推进法治建设、加强改进立法工作特别是地方立法工作发表重要讲话，使我们全国和地方人大从事立法工作的同志们都感到倍受鼓舞、教育和鞭策。

本次会议深入学习贯彻习近平新时代中国特色社会主义思想和党的十九大精神，总结改革开放40年来我国立法工作特别是地方立法的成就和经验，积极适应全面依法治国新形势新要求，就做好新时代地方立法工作进行讨论交流、提出意见建议，在新的起点上推动地方立法工作与时俱进、完善发展，努力为建设中国特色社会主义法治体系、建设社会主义法治国家作出我们的贡献。大家很好地围绕这个主旋律、主基调进行了积极务实的讨论和交流，加深了理解，开拓了视野，丰富了认识。

本次会议共收到交流论文51篇，有12位同志作了大会交流发言。会议分6个小组进行了讨论，各小组选派代表就本组讨论情况在大会上作了总结交流。大家认真学习领会习近平总书记全面依法治国新理念新思想新战略，结合学习领会栗战书委员长重要讲话精神，围绕会议主题，联系本地实际，进行了认真热烈的交流讨论，提出了许多好的意见和建议。大家普遍反映，栗战书委员长的重要讲话充分体现了以习近平同志为核心的党中央推进全面依法治国、加强改进新时代立法工作的决策部署，集中论述了十三届全国人大常委会深入学习贯彻习近平新时代中国特色社会主义思想和党的十九大精神、统筹安排五年立法工作、实现新一届常委会立法工作良好开局的总体部署和工作进展情况，深刻阐述了新时代地方立法的使命任务，对做好新时代地方立法工作具有重要指导意义。全国人大常委会组成6个月来的立法工作，为地方立法工作明确了思路，树立了标杆，提供了示范。各地在统筹安排和谋划履职第一年和本届五年立法工作方面，有许多新的考虑、安排和举措，通过交流讨论使我们相互启发，是很有收获、很有教益的。对全国人大常委会和法工委提出的意见建议，我们要认真梳理研究、积极采纳吸收，努力把同志们的意见建议转化为我们推动改进工作的动力和参考。

同志们，浙江省党委、人大、政府和有关方面非常重视本次会议，在换届后的第一年承担办会任务，难能可贵；为保证会议的顺利召开，做了大量精心细致的准备工作和热情周到的服务保障工作。在此，我代表会议主办方和全体与会同志对他们付出的辛勤劳动表示衷心的感谢和真诚的敬意！

二、坚持和深化立法工作的好经验好做法

地方立法工作中的好经验好做法有很多，会议交流材料也反映出丰富多彩的内容。概括起来说，主要体现在以下几个方面。

（一）坚持以习近平新时代中国特色社会主义思想指导地方立法，旗帜鲜明讲政治。这是坚持地方立法正确政治方向的根本保证。坚持和加强党对地方立法工作的领导，坚持党的领导、人民当家作主、依法治国有机统一，牢固树立“四个意识”，坚定“四个自信”，通过地方立法贯彻落实党中央和地方党委的决策部署。各地普遍坚持党委领导地方立法的体制机制，健全常委会党组对同级党委负责、重大事项请示报告等制度和党组工作规则。

（二）从党和国家大局出发，结合地方实际加强重点领域地方立法。这是要解决好地方立法立什么的问题，是谋划和推进地方立法工作首先要考虑好的问题。栗战书委员长在讲话中就用好地方立法权提出“加强生态环境领域地方立法”、“将社会主义核心价值观融入地方立法”、“加强民生领域地方立法”等三个方面的要求，体现了党中央的精神，也符合我国地方立法的实际和需要，应当认真贯彻落实。近年来，一些地方立法在上述三个方面都有不少值得总结和借鉴的好做法好事例，通过交流讨论大家可以明显看到这些方面的成绩，也可以感受到距离党中央的新要求、人民群众的新期待还有很多不足和差距。

（三）推进科学立法、民主立法、依法立法，健全发挥人大主导作用的地方立法工作机制。这是要解决好地方立法怎么立的问题，是保证实现立法目标任务不可或缺的原则规则和途径方式。科学立法的核心在于尊重和体现客观规律，民主立法的核心在于为了人民、依靠人民。党的十九大明确提出“依法立法”的要求，党的十八届四中全会和党的十九大都提出“发挥人大及其常委会在立法工作中的主导作用”。地方人大在这方面有许多生动的实践

和经验,也不断有新的探索。比如,近年来一些地方加强区域协同立法,建立完善区域协同立法工作机制。京津冀优先推动交通一体化、生态环保、产业升级转移三个重点协同领域立法项目;沪苏浙皖三省一市签订关于深化长三角地区人大常委会地方立法工作协同协议。地方立法工作中的好做法好经验,对我们做好全国人大层面的立法工作具有很好的启发和借鉴意义。

三、深刻理解立法工作新形势新任务新要求

形势决定任务,也决定着方针和方法。我们各方面事业和工作的目标、任务和要求,都要依据形势的发展变化来确定、来推进。党的十九大作出一个重大判断:中国特色社会主义进入了新时代。新时代呈现出许多新面貌,同时也提出了许多新课题。

一是我国社会主要矛盾的变化。进入新时代,我国社会主要矛盾已经转化为人民日益增长的美好生活需要和不平衡不充分的发展之间的矛盾。人民群众对美好生活需要和向往是多方面、多层次、多样化的。人们对国家和社会生活的参与愿望、对权利和利益的保护要求、对自身能力发挥和自身价值实现的追求,都出现越来越积极的发展趋势。地方立法工作必须积极调整、主动适应。需要认识到,在新的历史条件下,人民群众对立法的期盼,已经主要不是有没有法律法规的问题,而是法律法规好不好、管用不管用的问题,可以说对"有法可依"的需求提升了、拓展了。法律法规不仅要体现价值理念,规定应然状态,而且还要能够合理有效地解决现实生活中实际问题。这就是有些同志说的,法律法规既要好看又要管用;用专家学者的话来讲,就是实现良法善治。

二是实现我国经济高质量发展。我国经济已由高速增长阶段转向高质量发展阶段,这是党的十九大作出的又一重大判断。实现高质量发展,必须坚定不移贯彻创新、协调、绿色、开放、共享的发展理念,建设现代化经济体系。党的十九大提出了实施科教兴国战略、人才强国战略、创新驱动发展战略、乡村振兴战略、区域协调发展战略、可持续发展战略、军民融合发展战略、就业优先战略、健康中国战略、国家安全战略等一系列国家战略,还提出了建设制造强国、科技强国、质量强国、航天强国、网络强国、交通强国、海洋强国、贸易强国、文化强国、体育强国、教育强国、人才强国等一系列强国目标。地方立法工作必须结合地方实际,积极适应实现高质量发展的新形势,正确把握国家战略和强国目标对地方立法工作提出的新要求,通过法治方式使之制度化、规范化,更好发挥地方立法的积极作用。

三是全面深化改革开放。改革开放是决定当代中国命运的关键一招。党的十八大以来,以习近平同志为核心的党中央坚定不移推进全面深化改革,改革全面发力、多点突破、纵深推进,重点领域和关键环节改革取得突破性进展。党的十九大站在更高起点上谋划和推进全面深化改革、扩大对外开放。不论是已经确定的还是今后将要推出的重要任务和举措,很多都涉及现行法律法规的规定,这同我们过去推进改革有很大不同。必须着力处理好改革和法治的关系。凡属重大改革都要于法有据。在整个改革过程中,都要高度重视运用法治思维和法治方式,发挥法治的引领和推动作用,在法治轨道上推进改革。改革开放提出的立法需求有很多,需要具体问题具体分析。有些需要根据改革的精神,制定出台新的规定;有些需要全面修改,有的可以通过"打包"修法方式快速完成;有些需要对现行规定予以废止或者解释;有些实践条件还不成熟、需要先行先试的,要按照法定程序作出相应授权或者决定。

四是全面依法治国深入推进。全面依法治国,是解决党和国家事业发展面临的一系列重大问题、解放和增强社会活力、促进社会公平正义、维护社会和谐稳定、确保党和国家长治久安的根本要求。党的十八届四中全会就全面依法治国作出重大战略部署。党的十九大把全面推进依法治国总目标写入习近平新时代中国特色社会主义思想的"八个明确",把坚持全面依法治国写入"十四个坚持"的基本方略。党的十九届二中全会专题研究宪法修改。党中央成立中央全面依法治国委员会,习近平总书记担任委员会主任。这些都充分说明,党中央对全面依法治国看得很重、抓得很紧,各方面工作都在扎实推进。在这一进程中,立法工作包括地方立法工作,将具有越来越重要的地位,发挥越来越重要的作用。

总之,做好新时代地方立法工作,必须深刻认识新时代的大趋势大背景、新变化新要求,自觉把立法工作放在党和国家事业发展大局上来谋划、来推进,自觉服从服务于大局。

四、加强规范性文件备案审查工作

这几年，在全国地方立法工作座谈会等场合，我们多次强调这个问题。应该说有成绩、有进展，但还需要进一步加强和改进。备案审查工作的重要性和必要性，这里就不多说了；哪些规范性文件需要备案、如何开展审查等，《宪法》、《立法法》和《监督法》中都有明确规定，这里也不多说了。在加强备案审查工作过程中，希望大家注重抓好以下三件事情。

一是建立健全备案审查信息平台，尽快实现上下联通。我们已经连续两年推动地方加强这项基础性建设，《全国人大常委会2018年立法工作计划》提出了明确要求，全国人大常委会办公厅和法工委多次发文。这项工作正在推进并已经取得积极进展。建立健全备案审查信息平台，目的就是推动备案审查工作制度化、规范化、数字化、智能化，为实现"有件必备、有备必审、有错必究"提供有效便捷的物质技术保障。

二是探索实行备案审查工作情况报告制度，保证常委会依法履行监督职责。2017年12月，全国人大常委会法工委向全国人大常委会报告了过去五年特别是过去一年来备案审查工作情况，常委会会议听取并审议了报告，这在全国人大常委会历史上是第一次，取得了积极效果。报告全文刊载在《全国人民代表大会常务委员会公报》和中国人大网。我们打算继续探索和完善这一做法。报告属于台面上的东西，是表现形式，报告的背后是工作，实质性内容来自于我们加强改进备案审查工作的实践。建议地方人大常委会可以在这方面进行多种形式的探索和实践，使之成为加强备案审查工作的一个重要抓手。

三是备案审查中如涉及合宪性问题，要及时报告全国人大常委会。党的十九大提出，加强宪法实施和监督，推进合宪性审查工作。依据《宪法》，全国人大及其常委会负有"监督宪法的实施"的法定职责，全国人大常委会负有"解释宪法"的法定职责；依据《宪法》和《地方组织法》，地方各级人大及其常委会负有在本行政区域内保证宪法的遵守和执行的法定职责。党的十九届二中全会明确提出，全国人大常委会的备案审查工作，当然就包括审查有关规范性文件是否存在不符合宪法规定、不符合宪法精神的内容，要加强和改进这方面的工作。其他国家机关，包括各省、自治区、直辖市人大及其常委会，如果发现规范性文件可能存在合宪性问题时，要及时报告全国人大常委会或者依法提请全国人大常委会审查。

五、加强对设区的市地方立法工作的指导

2015年3月修改的《立法法》，其中有一项重要的制度创新，就是赋予所有设区的市地方立法权。2018年3月通过的《宪法修正案》，将设区的市地方立法权载入国家根本法。近年来，全国人大常委会积极推动设区的市级地方立法制度的落实。我们全国地方立法工作座谈会，连续三年邀请部分设区的市人大常委会负责同志参加会议。今年的会议没有继续安排，主要考虑：一是通过多方努力，所有设区的市都已经依法取得地方性法规制定权。二是指导设区的市地方立法工作，主要属于省、自治区人大常委会的职责，全国人大常委会应主要通过省级人大常委会来指导有关工作。三是考虑到会议规模不宜太大、先前的参会规模也难以做到对设区的市全覆盖等因素。请各省、自治区人大常委会加强对本地区设区的市、自治州地方立法工作的指导和协调，把栗战书委员长重要讲话精神和全国地方立法工作座谈会精神及时传达给所属设区的市、自治州人大常委会，并结合实际提出工作要求，帮助他们解决立法工作中遇到的实际问题，共同做好地方立法工作。

今年7月，全国人大常委会办公厅发出《关于落实全国人大常委会决议要求做好生态环境保护地方性法规全面清理工作的通知》，全国人大常委会法工委发出《关于加强加快大气污染防治和生态环境保护地方立法工作的意见》。两个文件都是发给各省、自治区、直辖市人大常委会的。清理本地区的地方性法规，包括省级和省、自治区所属设区的市、自治州两级地方性法规；加强加快地方相关立法，对省一级提出明确要求，同时请省、自治区人大常委会督促指导本地区设区的市加强相关立法工作。

关于设区的市地方立法权的范围，一些同志还是比较关心，这里再明确一下。一是《立法法》第七十二条第二款中"城乡建设与管理、环境保护、历史文化保护等方面的事项"，"等"的含义是"等内"，而不是"等外"。二是上述三个方面的权限范围，实际上是很宽的，具有很大的容纳度和实践空间。我们在有关具体工作中的理解和答复，掌握上是比较宽

的,基本能够适应地方立法工作需要。三是确有必要超出三个方面范围的,请本省、自治区人大常委会为某个地方制定一项地方性法规。这是一个务实简便的办法,过去有的地方就有为特定区域事项制定一项地方性法规的例子。四是《宪法修正案》中新增的有关设区的市地方立法权的规定,与《立法法》有关规定的精神是一致的。“依照法律规定”制定地方性法规,指的就是《立法法》的有关规定。

六、正确理解和把握地方性法规避免重复上位法规定的精神

多年来,地方立法工作坚持有效管用的原则,提倡简易体例结构,有几条定几条,多做细化、量化、具体化的规定,重在解决实际问题。这些都是从实践中总结出来的经验体会,体现了地方立法的特点,具有广泛的共识,应当长期坚持并不断完善。

2017 年 7 月,党中央公开通报甘肃祁连山自然保护区生态环境遭受严重破坏的问题,《甘肃祁连山国家级自然保护区条例》成为“在立法层面为破坏生态行为放水”实例。一些地方从事立法工作的同志感到有困惑,从提倡不抄袭不重复上位法规定方面提出了问题,认为国家上位法已有规定,地方性法规就不用完全照抄照搬了,为什么甘肃条例没有写全就成为立法“放水”了?看来,需要明确一些地方立法的基本问题,再来看甘肃条例存在的问题,对地方性法规不抄袭不重复上位法规定的精神就能够理解好把握好。

第一,地方立法是细化立法而不是转化立法。细化就是在法律、行政法规基础上作进一步具体化、量化规定,属于补充、优化性质,使之更可操作、更利执行;改变、调整或者暂停适用法律、行政法规的规定,应当依照程序取得授权或者作出相关决定。转化立法就是另外一种性质的立法了。比如,中国批准的国际条约如何在国内适用,有不少条约就需要转化为国内立法,没有相关国内立法就无法直接适用。又如,在港澳两个特区施行的全国性法律(基本法附件三所列法律),有不少也需要有港澳本地立法才能落地施行,这种情况下,港澳本地立法属于一种转化性质的立法。地方性法规对法律、行政法规来说是细化,不是转化;即使没有地方性法规,法律、行政法规一般来说也是通行全国的,全国一体遵行。甘肃有关方面监督管理祁连山自然保护区,只依据地方性法规,而不依据全国通行的行政法规,本身就是错误的。

第二,政策是立法的核心。任何立法,条文背后起决定性作用的是政策。毛主席有一句名言:“政策和策略是党的生命,各级领导同志务必充分注意,万万不可粗心大意。”应用在我们今天的立法工作中,就是任何立法都有一个基本的政策取向,立这个法要干什么?不是为了立法而立法,立法要实现什么目标,解决什么问题,确立什么制度机制,采取什么措施办法,这些都是立法政策问题,不是立法技术问题。法律法规是定型化的政策,政策问题没有搞清楚,确定不下来,法是立不出来的,或者是立不好的。《中华人民共和国自然保护区条例》是国务院公布施行的行政法规,规定禁止在自然保护区内进行“砍伐、放牧、狩猎、捕捞、采药、开垦、烧荒、开矿、采石、挖沙”等 10 类活动,《甘肃祁连山国家级自然保护区条例》缩减为禁止进行“狩猎、垦荒、烧荒”等 3 类活动。这个政策取向是不是有问题?这是在放松、放任。如果说过去一些年里看不清楚这个政策取向的话,那么党的十八大以来党中央高度重视生态环境,大力推进生态文明建设,这个政策方向和重点应该看清楚了吧?习近平总书记多次就甘肃祁连山生态环境问题作出重要批示,这个政策意图应该看清楚了吧?甘肃条例历经三次修改,部分规定始终与上位法不一致。如果说政策意图、政策取向还看不清楚,那就只能怪自己了。人们常说,立一个法律,立一个法规,要紧的、关键的就那么几条。立法工作应当抓住纲要,纲举目张。立法技术是为立法政策服务的,不能本末倒置。甘肃条例的问题,不是立法技术出了问题,不能从立法技术上看这个问题,而是立法政策出了问题,放松了监管责任、放任了违法行为。立法上“放水”,执法上“放弃”,才导致了祁连山生态系统遭到严重破坏的结果。这样的教训必须深刻汲取。

第三,增强立法的针对性。法律法规制度建设注重解决基础性、长期性、普遍性问题,这是非常必要和重要的。但是,有时确实存在针对性差、有效性不足的问题。近年来,我们强调立法要坚持问题导向,就是要解决这个问题。我们常说立法要有效管用,也是这个意思。立了一个法,洋洋洒洒写几十条、几千字,没有什么不妥但也没解决什么实际问题,大家可以想一想这个法立的怎么样?

再来说甘肃条例的事。对上位法禁止的 10 类违法活动,如果甘肃省在立法修法时一定要作简化处理,使之符合地方实际,那么这种简化就应该是建立在可靠的调查研究的基础上,不能想当然立法。毛主席很早就讲过:“你对于那个问题不能解

决吗？那末，你就去调查那个问题的现状和它的历史吧！你完完全全调查明白了，你对那个问题就有解决的办法了。”实际上，甘肃条例所禁止的3类行为，都是近年来发生频次少、基本得到控制的事项，而其他7类恰恰是近年来频繁发生且对生态环境破坏明显的事项，主要是违规开矿、违法违章建设、偷排偷放等问题。如果甘肃省当时制定或者修改条例时，根据调查研究得到的实际情况，把主要的违法行为列为禁止事项并予以严格管控，有的放矢地进行地方立法，即使少写一些相对次要的东西，也不至于带来这么严重的后果。

七、做好联系指导地方人大的工作

党的十八大以来，全国人大常委会高度重视加强联系指导地方人大工作，在人大工作时间长一些的同志会明显感受到这一点。在全国人大常委会工作报告和工作要点中都有体现，包括联系指导地方立法工作，我们法工委也是做了不少工作。十三届全国人大常委会组成以来，继续重视地方人大工作。今年5月，全国人大常委会办公厅举办全国省市两级人大常委会负责同志学习班，栗战书委员长会见全体学员并提出了殷切希望和明确要求。在各级人大依法履职的第一年，栗战书委员长出席全国地方立法工作座谈会并发表重要讲话。9月下旬，全国人大常委会办公厅还将在河北石家庄召开深入学习贯彻习近平总书记关于坚持和完善人民代表大会制度的重要思想交流会。这些活动都是面向地方人大的，都是以前不曾有过的，可以说，十三届全国人大常委会在以往工作基础上加强了联系指导地方人大的工作。

关于全国地方立法工作座谈会的人员范围，一般就限定在各省、自治区、直辖市人大常委会一级，会议精神由省、自治区人大常委会向所属设区的市、自治州人大常委会传达。同时，全国人大常委会法工委每年举办两期立法培训班。2015年《立法法》修改以来，我们已经先后举办了9期立法培训班，大家反映较好，希望我们继续办下去。统筹安排全国地方立法工作座谈会和立法培训班，我们考虑，今后立法培训班主要面向设区的市、自治州人大常委会，这样当年就能实现全覆盖。连续几年，一个设区的市的人大常委会，就会有不少同志参加过全国培训班。办立法培训班，可以适当增加一些讨论交流时间，使之兼有座谈会的功能。我们还将不定期在有关地方人大组织一些小规模的专题片会，就立法工作中的若干共性问题、特定问题或者有关工作等开展交流研讨，密切工作联系，推进有关工作。今后，地方立法工作中遇到的问题，欢迎同志们随时与我们联系、沟通，共同研究、相互启发、协同推进。

同志们，为期4个半天的座谈会即将结束。会议取得圆满成功，是大家共同努力的结果。希望也相信我们能够把会议精神转化为加强改进立法工作的新动力新活力。在此，向同志们表达衷心的感谢和美好的祝愿。在以习近平同志为核心的党中央坚强领导下，我们一定能够在新时代创造立法工作新业绩，在新时代坚持和发展中国特色社会主义、实现“两个一百年”奋斗目标和中华民族伟大复兴中国梦的历史进程中作出我们立法人的新贡献！

批准公约和条约

- 第十三届全国人民代表大会第一次会议
- 特辑
- 常委会工作安排和会议议程日程
- 委员长讲话
- 立法工作
- 批准公约和条约
- 监督工作
- 人事任免
- 代表工作
- 对外交往
- 专门委员会工作
- 常委会相关活动
- 大事记

全国人民代表大会常务委员会关于批准《中华人民共和国和巴巴多斯引渡条约》的决定

（2018 年 8 月 31 日第十三届全国人民代表大会常务委员会第五次会议通过）

第十三届全国人民代表大会常务委员会第五次会议决定：批准 2016 年 3 月 23 日由中华人民共和国代表在布里奇顿签署的《中华人民共和国和巴巴多斯引渡条约》。

中华人民共和国和巴巴多斯引渡条约

（中文本）

中华人民共和国和巴巴多斯（以下合称双方，单称一方），

在相互尊重主权和平等互利的基础上，为促进两国在打击犯罪方面的有效合作，

决定缔结本条约，并达成协议如下：

第一条　引渡义务

双方有义务根据本条约的规定，应请求方请求，相互引渡在一方境内发现的请求方通缉的人员，以便对其提起刑事诉讼或者执行刑罚。

第二条　可引渡的犯罪

一、对根据双方法律均构成犯罪，并且符合下列条件之一的行为，应当准予引渡：

（一）为提起刑事诉讼而请求引渡的，根据双方法律，对于该犯罪均可判处 1 年以上有期徒刑或者更重的刑罚；

（二）为执行刑罚而请求引渡的，在提出引渡请求时，被请求引渡人尚未服完的刑期至少为 6 个月。

二、根据本条第一款确定某一行为根据双方法律是否均构成犯罪时，不应考虑双方法律是否将该行为归入同一犯罪种类或者使用同一罪名。

三、如果引渡请求包括数个根据双方法律均构成犯罪的单独的行为，但其中一些行为不符合本条第一款规定的其他条件，只要其中有一项犯罪是可引渡的犯罪，被请求方即可以针对其他行为准予引渡。

第三条　应当拒绝引渡的理由

有下列情形之一的，应当拒绝引渡：

（一）被请求方认为，引渡请求所针对的犯罪是政治犯罪，或者被请求方已经给予被请求引渡人受庇护的权利。但恐怖主义犯罪和中华人民共和国与巴巴多斯均为缔约国的国际公约为引渡之目的，不认为是政治性质犯罪的，不应当被视为政治犯罪；

（二）被请求方有充分理由认为，请求引渡的目的是基于被请求引渡人的种族、性别、宗教、国籍或者政治见解而对该人进行起诉或者处罚，或者执行该请求将导致该人的地位因为上述任何原因受到损害；

（三）引渡请求所针对的犯罪构成军事犯罪，而不是普通犯罪；

（四）根据任何一方的法律，由于时效已过或者赦免等原因，被请求引渡人已经被免予追诉或者免予执行刑罚；

（五）被请求方已经对被请求引渡人就引渡请求所针对的犯罪作出生效判决或者终止刑事诉讼程序；

（六）被请求引渡人在请求方曾经遭受或者将会遭受酷刑或者其他残忍、不人道或者有辱人格的待遇或者处罚；

（七）请求方根据缺席判决提出引渡请求，但请求方保证被请求引渡人有机会在其出庭的情况下对案件进行重新审理的除外。

第四条 可以拒绝引渡的理由

有下列情形之一的,可以拒绝引渡:

(一)被请求方根据本国法律对引渡请求所针对的犯罪具有刑事管辖权,并且对被请求引渡人就该犯罪正在提起刑事诉讼或者准备提起刑事诉讼;

(二)被请求方在考虑了犯罪的严重性和请求方利益的情况下,认为由于被请求引渡人的年龄、健康等个人原因,引渡不符合人道主义考虑。

第五条 国民不引渡

一、双方均有权拒绝引渡本国国民。

二、如果拒绝引渡,被请求方应当根据请求方的请求,将该案件提交主管机关以便根据国内法对被请求引渡人采取行动。为此目的,请求方应当向被请求方提供与该案件有关的文件和证据。

第六条 联系途径

一、为本条约的目的,双方应当通过外交途径与各自指定的机关进行联系,但本条约另有规定的除外。

二、本条第一款所指的各自指定的机关,在中华人民共和国方面为外交部,在巴巴多斯方面为总检察长。

第七条 引渡请求及所需文件

一、请求方应当提交引渡请求书并包括或附有以下内容:

(一)请求机关的名称;

(二)被请求引渡人的姓名、年龄、性别、国籍、身份证件号码、职业、住所地或者居所地以及其他有助于确定被请求引渡人的身份和可能所在地的资料;如有可能,有关其外表特征的描述,该人的照片和指纹;

(三)有关犯罪事实的信息,包括犯罪的时间、地点、行为和结果;

(四)有关该项犯罪的刑事管辖权、定罪和刑罚的相关法律规定;

(五)有关追诉时效或者执行刑罚的时效的法律规定。

二、除本条第一款规定外,

(一)旨在对被请求引渡人提起刑事诉讼的引渡请求还应当附有请求方主管机关签发的逮捕证的副本;

(二)旨在对被请求引渡人执行刑罚的引渡请求还应当附有已经发生法律效力的法院判决书的副本和关于已经执行刑期的说明。

三、请求方根据本条第一款和第二款提交的引渡请求书和其他有关文件,应当由请求方的主管机关正式签署或者盖章,并应当附有被请求方文字的译文,但双方另有约定的除外。

第八条 补充材料

如果被请求方认为,为支持引渡请求所提供的材料不充分,可以要求在60天内提交补充材料。如果请求方未在该期限内提交补充材料,应当被视为自动放弃请求,但是不妨碍请求方就同一犯罪对同一人重新提出引渡请求。

第九条 临时羁押

一、在紧急情况下,请求方可以在提出引渡请求前,请求临时羁押被请求引渡人。此种请求可以通过本条约第六条规定的途径、国际刑警组织或者双方同意的其他途径以书面形式提出。

二、临时羁押请求应当包括本条约第七条第一款所列内容,并说明已经备有第七条第二款所列文件,以及即将提出正式引渡请求。

三、被请求方应当将处理该请求的结果及时通知请求方。

四、如果被请求方主管机关在羁押被请求引渡人之后60天内未收到正式引渡请求,则应当解除临时羁押。

五、如果被请求方随后收到了正式引渡请求,则根据本条第四款解除临时羁押不应妨碍对被请求引渡人的引渡。

第十条 对引渡请求作出决定

一、被请求方应当根据本国法律规定的程序处理引渡请求,并且及时将决定通知请求方。

二、被请求方如果全部或者部分拒绝引渡请求,应当将理由告知请求方。

三、请求方提出请求后撤销、放弃引渡请求,或者提出引渡请求错误的,应当为上述请求带来的后果承担相应责任。

第十一条 移交被引渡人

一、如果被请求方准予引渡,双方应当商定执行引渡的时间、地点等有关事宜。同时,被请求方应当将被引渡人在移交之前已经被羁押的时间告知请求方。

二、如果请求方在商定的执行引渡之日后的15天内未接收被引渡人,被请求方应当立即释放该人,并且可以拒绝请求方就同一犯罪再次提出的引渡该人的请求,但本条第三款另有规定的除外。

三、如果一方因为其无法控制的原因不能在商定的期间内移交或者接收被引渡人,应当立即通知另一方。双方应当再次商定执行引渡的有关事宜,并适用本条第二款的规定。

第十二条　重新引渡

被引渡人在请求方的刑事诉讼终结或者服刑完毕之前回到被请求方的,可以根据请求方就同一犯罪再次提出的引渡请求重新引渡,请求方无需再次提交本条约第七条规定的文件和材料。

第十三条　暂缓引渡和临时引渡

一、如果被请求引渡人正在被请求方因为引渡请求所针对的犯罪之外的犯罪被提起刑事诉讼或者服刑,被请求方可以在作出准予引渡的决定后,暂缓引渡该人直至诉讼终结或者服刑完毕。被请求方应当将暂缓一事通知请求方。

二、如果暂缓引渡可能对请求方的刑事诉讼造成严重妨碍,被请求方可以根据请求,在不妨碍其正在进行的刑事诉讼,并且请求方保证在完成有关程序后立即将该被请求引渡人无条件送还被请求方的情况下,向请求方临时引渡该人。

第十四条　加快引渡

如果被请求引渡人同意被引渡至请求方,被请求方可以根据本国法律尽快将其移交至请求方。

第十五条　数国提出的引渡请求

当包括一方在内的两个以上国家对同一人就同一犯罪或者不同犯罪提出引渡请求时,被请求方在决定向哪一国引渡该人时,应当考虑所有相关情况,特别是如下情况:

(一)请求是否根据条约提出;

(二)不同犯罪的相对严重性;

(三)犯罪发生的时间和地点;

(四)被请求引渡人的国籍和通常居住地;

(五)各项请求提出的不同时间;

(六)再向第三国引渡的可能性。

第十六条　特定规则

除准予引渡所针对的犯罪外,根据本条约被引渡的人,不得因其在引渡前所实施的其他犯罪而在请求方受到起诉或者执行刑罚,也不得被引渡给第三国,但是有下列情形之一的除外:

(一)被请求方事先同意。为此目的,被请求方可以要求提供本条约第七条所规定的文件或者资料,以及被引渡人就有关犯罪所作的陈述。

(二)该人在可以自由离开请求方之日后的30天内未离开该方。但是由于其无法控制的原因未能离开请求方的期间不计算在此期限内。

(三)该人在已经离开请求方后又自愿回到该方。

第十七条　移交财物

一、如果请求方提出请求,被请求方应当在本国法律允许的范围内,扣押在其境内发现的犯罪所得、犯罪工具以及可以作为证据的财物,并且在准予引渡的情况下,将这些财物移交给请求方。

二、在准予引渡的情况下,即使因为被请求引渡人死亡、失踪或者脱逃而无法实施引渡,本条第一款提到的财物仍然可以移交。

三、被请求方为审理其他未决刑事诉讼案件,可以推迟移交上述财物直至诉讼终结,或者在请求方承诺返还的条件下临时移交这些财物。

四、移交上述财物不得损害被请求方或者任何第三方对该财物的合法权益。如果存在此种权益,请求方应当在诉讼结束之后尽快将被移交的财物无偿返还给被请求方或者该第三方。

第十八条　过境

一、一方从第三国引渡人员需经过另一方领土时,应当向另一方提出过境请求。如果使用航空运输并且没有在另一方境内降落的计划,则无需提出过境请求。

二、被请求方在不违反其本国法律的情况下,应当同意请求方提出的过境请求。

第十九条　通报结果

请求方应当根据被请求方的要求，及时向被请求方通报有关对被引渡人进行刑事诉讼、执行刑罚或者将该人引渡给第三国的情况。

第二十条　费用

在被请求方引渡程序中产生的费用应当由被请求方承担。与移交或接收被引渡人有关的交通费用和过境费用应当由请求方承担。

第二十一条　与其他条约的关系

本条约不影响双方根据双方均为缔约方的其他条约开展引渡合作。

第二十二条　磋商

中华人民共和国外交部和巴巴多斯总检察长可以就具体案件办理和加强条约的有效执行事宜直接进行磋商。

第二十三条　争议的解决

由于本条约的解释或者适用所产生的任何争议，应当通过外交途径协商解决。

第二十四条　生效

一、双方根据本国法律完成本条约生效所需的一切必要程序后，应当通过外交照会通知另一方。本条约自后一份照会发出之日起第30天生效。

二、本条约适用于其生效后提出的任何请求，即使有关犯罪发生于本条约生效前。

第二十五条　修订

一、本条约可以随时经双方书面协议予以修订。此类修订应当按照本条约第二十四条第一款规定的相同程序生效，并构成本条约的一部分。

二、任何修订均不得损害在其生效前或者生效时由于或者基于本条约所产生的权利和义务。

第二十六条　终止

一、任何一方可以随时通过外交途径以书面形式通知终止本条约。本条约自该通知发出之日后第180天终止。

二、本条约的终止不影响条约终止前或终止时由于或者基于本条约所产生的权利和义务以及根据本条约所提出的任何请求的处理。

下列签署人经各自政府适当授权，签署本条约，以昭信守。

本条约于二〇一六年三月二十三日订于布里奇顿，一式两份，每份均用中文和英文写成，两种文本同等作准。

中华人民共和国	巴巴多斯
代表	代表
王超	迈克尔·拉什利
（签字）	（签字）

全国人民代表大会外事委员会审议《国务院关于提请审议批准〈中华人民共和国和巴巴多斯引渡条约〉的议案》的报告

全国人民代表大会常务委员会：

2018年7月26日，第十三届全国人民代表大会外事委员会举行第三次全体会议，审议了《国务院关于提请审议批准〈中华人民共和国和巴巴多斯引渡条约〉的议案》。

外事委员会认为，2016年3月23日由我国外交部副部长王超与时任巴巴多斯代理总检察长兼内政部部长迈克尔·拉什利分别代表本国在布里奇顿签署的《中华人民共和国和巴巴多斯引渡条约》符合我国法律的基本原则和司法实践；批准该条约符合我国利益和实际需要。建议全国人民代表大会常务委员会决定批准该条约。

全国人民代表大会外事委员会
2018年7月26日

全国人民代表大会常务委员会关于批准《中华人民共和国和格林纳达关于刑事司法协助的条约》的决定

（2018年10月26日第十三届全国人民代表大会常务委员会第六次会议通过）

第十三届全国人民代表大会常务委员会第六次会议决定：批准2016年3月24日由中华人民共和国代表在圣乔治签署的《中华人民共和国和格林纳达关于刑事司法协助的条约》。

中华人民共和国和格林纳达关于刑事司法协助的条约

（中文本）

中华人民共和国和格林纳达（以下称双方），

在相互尊重主权和平等互利的基础上，为促进两国在刑事司法协助领域的有效合作，

决定缔结本条约，并达成协议如下：

第一条 适用范围

一、双方应当根据本条约的规定，在刑事侦查、起诉和审判程序中相互提供最广泛的刑事司法协助。

二、协助应当包括：

（一）送达刑事诉讼文书；

（二）获取有关人员的证言或者陈述；

（三）提供文件、记录和证据物品；

（四）获取和提供鉴定意见；

（五）查找、辨认人员；

（六）进行勘验或者检查；

（七）安排有关人员作证或者协助调查；

（八）移送在押人员以便作证或者协助调查；

（九）查询、搜查、冻结和扣押；

（十）有关犯罪所得和犯罪工具的处置；

（十一）通报刑事诉讼结果和提供犯罪记录；

（十二）交流法律资料；

（十三）不违背被请求方法律的其他形式的协助。

三、本条约仅适用于双方之间的相互司法协助。本条约的规定，不赋予任何个人以取得、隐瞒或者排除任何证据的权利或者妨碍执行请求的权利。

第二条 中央机关

一、为本条约的目的，双方相互请求和提供司法协助，应当通过各自指定的中央机关直接联系。

二、本条第一款所指的中央机关，在中华人民共和国方面为司法部，在格林纳达方面为总检察长。

三、任何一方如果变更其对中央机关的指定，应当通过外交途径通知另一方。

第三条 协助的限制

一、有下列情形之一的，被请求方可以拒绝提供协助：

（一）请求涉及的行为根据被请求方法律不构成犯罪；

（二）被请求方认为请求涉及的犯罪是政治犯

罪,但恐怖主义犯罪和双方均为缔约国的国际公约不认为是政治犯罪的除外;

(三)请求涉及的犯罪仅构成军事犯罪;

(四)被请求方有充分理由认为,请求的目的是基于某人的种族、性别、宗教、国籍或者政治见解而对该人进行侦查、起诉、处罚或者其他诉讼程序,或者该人在司法程序中的地位可能由于上述任何原因受到损害;

(五)被请求方正在对请求所涉及的同一犯罪嫌疑人或者被告人就同一犯罪进行刑事诉讼,或者已经终止刑事诉讼,或者已经作出生效判决;

(六)被请求方认为,执行请求将损害本国主权、安全、公共秩序或者其他重大公共利益;

(七)被请求方认为请求提供的协助与案件缺乏实质联系。

二、如果执行请求将会妨碍被请求方正在进行的侦查、起诉或者审判程序,被请求方可以推迟提供协助。

三、在拒绝或者推迟提供协助前,被请求方应当考虑是否可以在其认为必要的条件下准予协助。请求方如果接受附条件的协助,则应当遵守这些条件。

四、被请求方如果拒绝或者推迟协助,应当将拒绝或者推迟的理由通知请求方。

第四条 请求的形式和内容

一、协助请求应当以书面形式提出,并且由请求方中央机关签署或者盖章。在紧急情形下,请求方可以通过电传、传真、电子邮件等被请求方接受的其他形式提出请求,但应当随后迅速以书面形式确认该请求。

二、协助请求应当包括以下内容:

(一)请求所涉及的侦查、起诉或者审判程序的主管机关的名称;

(二)对于请求所涉及的案件性质的说明,以及该案的事实概要和可适用的法律规定;

(三)对于请求协助的事项、协助的目的及其与案件相关性的说明;

(四)希望请求得以执行的期限。

三、在必要和可能的范围内,协助请求还应当包括以下内容:

(一)关于被取证人员的身份和居住地的资料;

(二)关于受送达人的身份、居住地以及该人与诉讼关系的资料;

(三)关于需查找或者辨认的人员身份及下落的资料;

(四)关于需勘验或者检查的对象的说明;

(五)关于查询、搜查、冻结和扣押的对象的说明;

(六)希望在执行请求时遵循的特别程序及其理由的说明;

(七)保密的需要及其理由的说明;

(八)关于被邀请前往请求方境内作证或者协助调查的人员有权得到的津贴和费用的说明;

(九)询问证人的问题清单;

(十)有助于执行请求的其他资料。

四、被请求方如果认为请求中包括的内容不足以使其处理该请求,可以要求提供补充资料。

五、根据本条约提出的请求和辅助文件均应一式两份。

第五条 文 字

一、根据本条约提出的请求以及提交的辅助文件应当附有被请求方官方文字的译文,但双方另有约定的除外。

二、在向请求方提供协助时,被请求方应当使用其官方文字。

第六条 请求的执行

一、被请求方应当按照本国法律执行协助请求。

二、被请求方在不违背本国法律的范围内,可以按照请求方要求的方式执行协助请求。

三、被请求方应当将执行请求的结果及时通知请求方。如果无法提供所请求的协助,被请求方应当及时将原因通知请求方。

第七条 保密和限制使用

一、如果请求方提出要求,被请求方应当对请求,包括其内容和辅助文件,以及按照请求所采取的行动予以保密。如果不违反保密要求则无法执行请求,被请求方应当将此情况通知请求方,请求方应当随即决定该请求是否仍然应当予以执行。

二、如果被请求方提出要求,请求方应当对被请求方提供的资料和证据予以保密,或者仅在被请求方指明的条件下使用。

三、未经被请求方事先同意,请求方不得为请求所述案件以外的任何其他目的使用就根据本条约所获得的资料或者证据。

第八条　送达文书

一、被请求方应当根据本国法律并依请求，送达请求方递交的文书。但是对于要求某人作为被告人出庭的文书，被请求方不负有送达的义务。

二、被请求方完成送达后，应当向请求方出具送达证明。送达证明应当载明送达日期、送达地点和送达方式，并且应当由送达文书的机关签署或者盖章。

第九条　调取证据

一、被请求方应当根据本国法律并依请求，调取证据并移交给请求方。

二、如果请求涉及移交文件或者记录，被请求方可以移交经证明的副本或者影印件。在请求方明示要求移交原件的情况下，被请求方应当尽可能满足此项要求。

三、根据本条移交给请求方的文件和其他资料，在不违背被请求方法律的前提下，应当按照请求方要求的形式予以证明，以便使其可以依请求方法律得到采用。

四、被请求方在不违背本国法律的前提下，应当同意请求中指明的人员在执行请求时到场，并允许这些人员通过被请求方主管机关人员向被取证人员提问。为此目的，被请求方应当及时将执行请求的时间和地点通知请求方。

第十条　拒绝作证

一、根据本条约被要求作证的人员，如果被请求方法律允许该人在被请求方提起的诉讼中的类似情形下不作证，可以拒绝作证。

二、根据本条约被要求作证的人员，如果主张依请求方法律有拒绝作证的权利或者特权，被请求方应当将该人的主张告知请求方，要求请求方提供是否存在该权利或者特权的证明。请求方的证明应当视为是否存在该权利或者特权的充分证据，除非有明确的相反证据。

第十一条　安排人员作证或者协助调查

一、被请求方应当根据请求方的请求，邀请有关人员前往请求方境内有关机关作证或者协助调查。请求方应当说明将向该人支付的津贴、费用的范围。被请求方应当将该人的答复迅速通知请求方。

二、邀请有关人员到请求方境内作证或者协助调查的请求，应当在不迟于预定的到场日60天前向被请求方提出。紧急情形下，被请求方可以同意在较短期限内提出。

第十二条　移送在押人员以便作证或者协助调查

一、被请求方可以根据请求方请求，将在其境内的在押人员临时移送至请求方境内以便作证或者协助调查，条件是该人同意，并且双方已经就移送条件事先达成书面协议。

二、如果依被请求方法律应当对该被移送人予以羁押，请求方应当对该人予以羁押。

三、作证或者协助调查完毕后，请求方应当尽快将该被移送人送回被请求方。

四、为本条的目的，该被移送人在请求方被羁押的期间，应当折抵在被请求方被判处的刑期。

第十三条　证人和鉴定人的保护

一、请求方对于到达其境内的证人或者鉴定人，不得由于该人在入境前的任何作为或者不作为而进行侦查、起诉、羁押、处罚或者采取其他限制人身自由的措施。请求方也不得要求该人在请求所未涉及的任何侦查、起诉或者其他诉讼程序中作证或者协助调查，但事先征得被请求方和该人同意的除外。

二、如果上述人员在被正式通知无需继续停留后15天内未离开请求方，或者离开后又自愿返回，则不再适用本条第一款的规定。但是，该期限不包括该人由于本人无法控制的原因而未离开请求方的期间。

三、对于拒绝根据第十一条或者第十二条作证或者协助调查的人员，不得由于此种拒绝而施加任何刑罚或者采取任何限制其人身自由的强制措施。

第十四条　查询、搜查、冻结和扣押

一、被请求方应当在本国法律允许的范围内，执行查询、搜查、冻结和扣押作为证据的财物的

请求。

二、被请求方应当向请求方提供有关执行上述请求的结果，包括查询或者搜查的结果，冻结或者扣押的地点和状况以及有关财物随后被监管的情况。

三、如果请求方同意被请求方就移交所提出的条件，被请求方可以将被扣押财物移交给请求方。

第十五条　归还文件、记录和证据物品

请求方应当根据被请求方的要求，尽快归还被请求方根据本条约第九条和第十四条向其提供的文件或者记录的原件和证据物品。

第十六条　犯罪所得和犯罪工具

一、被请求方应当根据请求，努力确定犯罪所得及孳息或者犯罪工具是否位于其境内，并将结果通知请求方。在提出这种请求时，请求方应当将其认为上述财物可能位于被请求方境内的理由通知被请求方。

二、一旦根据本条第一款找到涉嫌的犯罪所得及孳息或者犯罪工具，被请求方应当根据请求方的请求，按照本国法律采取措施冻结、扣押、没收这些财物。

三、在本国法律允许的范围内以及双方商定的条件下，被请求方可以根据请求方的请求，将上述的犯罪所得及孳息、犯罪工具的全部或者部分，或者出售有关资产的所得移交给请求方。

四、在适用本条时，被请求方和第三人对这些财物的合法权益应当受到尊重。

第十七条　通报刑事诉讼结果

请求方应当根据被请求方的要求，向被请求方通报协助请求所涉及的刑事诉讼的结果。

第十八条　提供犯罪记录

如果某人正在请求方受到侦查或者起诉，被请求方应当根据请求，提供该人在被请求方的犯罪记录。

第十九条　交流法律资料

双方可以根据请求，相互交流各自国家与履行本条约有关的法律和司法实践的资料。

第二十条　认　　证

为本条约的目的，根据本条约转递的任何文件，无需进行任何形式的认证，但本条约另有规定的除外。

第二十一条　费　　用

一、被请求方应当负担执行请求所产生的费用，但是请求方应当负担下列费用：

（一）有关人员按照本条约第九条第四款的规定，前往、停留于和离开被请求方的费用；

（二）有关人员按照本条约第十一条或者第十二条的规定，前往、停留于和离开请求方的费用和津贴，这些费用和津贴应当根据费用发生地的标准或规定支付；

（三）鉴定人鉴定的费用；

（四）笔译和口译的费用。

二、请求方应当根据要求，预付由其负担的费用。

三、如果执行请求明显需要超常性质的费用，双方应当相互协商决定可以执行请求的条件。

第二十二条　其他合作基础

本条约不妨碍任何一方根据其他可适用的国际协定或者本国法律向另一方提供协助。双方也可以根据任何其他可适用的安排、协议或者惯例提供协助。

第二十三条　争议的解决

由于本条约的解释和适用产生的争议，如果双方中央机关不能自行达成协议，应当通过外交途径协商解决。

第二十四条　生效、修订和终止

一、双方根据本国法律完成本条约生效所需的一切必要程序后，应当通过外交照会通知另一方。本条约自后一份照会发出之日起第 30 天生效。

二、本条约可以经双方书面协议随时予以修订。此类修订应当按照本条第一款规定的相同程

序生效，并构成本条约的一部分。

三、任何一方可以随时通过外交途径，以书面形式通知终止本条约。终止自该通知发出之日后第180天生效。

四、本条约适用于其生效后提出的请求，即使有关作为或者不作为发生于本条约生效前。

下列签署人经各自政府适当授权，签署本条约，以昭信守。

本条约于二〇一六年三月二十四日订于圣乔治，一式两份，每份均以中文和英文制成，两种文本同等作准。

中华人民共和国 代　表 王　超 （签字）	格林纳达 代　表 克拉丽斯·莫德斯特－柯温 （签字）

全国人民代表大会外事委员会审议《国务院关于提请审议批准〈中华人民共和国和格林纳达关于刑事司法协助的条约〉的议案》的报告

全国人民代表大会常务委员会：

2018年9月30日，第十三届全国人民代表大会外事委员会举行第四次全体会议，审议了《国务院关于提请审议批准〈中华人民共和国和格林纳达关于刑事司法协助的条约〉的议案》。

外事委员会认为，2016年3月24日由我国外交部副部长王超与时任格林纳达外交部部长克拉丽斯·莫德斯特－柯温分别代表本国在圣乔治签署的《中华人民共和国和格林纳达关于刑事司法协助的条约》符合我国法律的基本原则和司法实践；批准该条约符合我国利益和实际需要。建议全国人民代表大会常务委员会决定批准该条约。

全国人民代表大会外事委员会

2018年9月30日

全国人民代表大会常务委员会关于批准《中华人民共和国和格林纳达引渡条约》的决定

（2018年10月26日第十三届全国人民代表大会常务委员会第六次会议通过）

第十三届全国人民代表大会常务委员会第六次会议决定：批准2016年3月24日由中华人民共和国代表在圣乔治签署的《中华人民共和国和格林纳达引渡条约》。

中华人民共和国和格林纳达引渡条约

（中文本）

中华人民共和国和格林纳达（以下称双方），

在相互尊重主权和平等互利的基础上，为促进两国在打击犯罪方面的有效合作，

决定缔结本条约，并达成协议如下：

第一条　引渡义务

双方有义务根据本条约的规定，应对方请求，

相互引渡在一方境内发现的被另一方通缉的人员，以便对其进行刑事诉讼或者执行刑罚。

第二条　可引渡的犯罪

一、只有在引渡请求所针对的行为根据双方法律均构成犯罪，并且符合下列条件之一时，才能准予引渡：

（一）为进行刑事诉讼而请求引渡的，根据双方法律，对于该犯罪均可判处 1 年以上有期徒刑或者更重的刑罚；

（二）为执行刑罚而请求引渡的，在提出引渡请求时，被请求引渡人尚未服完的刑期至少为 6 个月。

二、根据本条第一款确定某一行为是否根据双方法律均构成犯罪时，不应考虑双方法律是否将该行为归入同一犯罪种类或者使用同一罪名。

三、如果引渡请求涉及两个以上根据双方法律均构成犯罪的行为，只要其中有一项行为符合本条第一款规定的条件，被请求方即可以针对上述各项行为准予引渡。

第三条　应当拒绝引渡的理由

有下列情形之一的，应当拒绝引渡：

（一）被请求方认为，引渡请求所针对的犯罪是政治犯罪，或者被请求方已经给予被请求引渡人受庇护的权利。但恐怖主义犯罪和双方均为缔约国的国际公约不认为是政治犯罪的不应视为政治犯罪；

（二）被请求方有充分理由认为，请求引渡的目的是基于被请求引渡人的种族、性别、宗教、国籍或者政治见解而对该人进行起诉或者处罚，或者该人在司法程序中的地位将会因为上述任何原因受到损害；

（三）引渡请求所针对的犯罪仅构成军事犯罪；

（四）根据任何一方的法律，由于时效已过或者赦免等原因，被请求引渡人已经被免予追诉或者免予执行刑罚；

（五）被请求方已经对被请求引渡人就引渡请求所针对的犯罪作出生效判决或者终止刑事诉讼程序；

（六）被请求引渡人在请求方曾经遭受或者可能遭受酷刑或者其他残忍、不人道或者有辱人格的待遇或者处罚。

第四条　可以拒绝引渡的理由

有下列情形之一的，可以拒绝引渡：

（一）被请求方根据本国法律对引渡请求所针对的犯罪具有刑事管辖权，并且对被请求引渡人就该犯罪正在进行刑事诉讼或者准备提起刑事诉讼；

（二）被请求方在考虑了犯罪的严重性和请求方利益的情况下，认为由于被请求引渡人的年龄、健康或者其他个人原因，引渡不符合人道主义考虑。

第五条　国民不引渡

一、双方均有权拒绝引渡本国国民。

二、如果根据本条第一款规定未准予引渡，被请求方应当根据请求方的请求，将该案件提交主管机关以便根据国内法提起刑事诉讼。为此目的，请求方应当向被请求方提供与该案件有关的文件和证据。

第六条　联系途径

为本条约的目的，双方应当通过外交途径进行联系，但本条约另有规定的除外。

第七条　引渡请求及所需文件

一、引渡请求应当以书面形式提出并包括以下内容：

（一）请求机关的名称；

（二）被请求引渡人的姓名、年龄、性别、国籍、身份证件号码、职业、住所地或者居所地以及其他有助于确定被请求引渡人的身份和可能所在地的资料；如有可能，有关其外表特征的描述，该人的照片和指纹；

（三）有关犯罪事实的说明，包括犯罪的时间、地点、行为和结果；

（四）有关该项犯罪的刑事管辖权、定罪和刑罚的法律规定；

（五）有关追诉时效或者执行刑罚的时效的法律规定。

二、除本条第一款规定外，

（一）旨在对被请求引渡人进行刑事诉讼的引渡请求还应当附有请求方主管机关签发的逮捕证原件或者经证明的副本；

（二）旨在对被请求引渡人执行刑罚的引渡请求还应当附有已经发生法律效力的法院判决书原件或者经证明的副本和关于已经执行刑期的说明。

三、请求方根据本条第一款和第二款提交的引渡请求书和其他有关文件，应当由请求方的主管机关正式签署或者盖章，并应当附有被请求方文字的译文，但双方另有约定的除外。

第八条　补充材料

如果被请求方认为，为支持引渡请求所提供的材料不充分，可以要求在30天内提交补充材料。如果请求方提出合理要求，这一期限可以延长15天。如果请求方未在该期限内提交补充材料，应当被视为自动放弃请求，但是不妨碍请求方就同一犯罪对同一人重新提出引渡请求。

第九条　临时羁押

一、在紧急情况下，一方可以在提出引渡请求前，请求另一方临时羁押被请求引渡人。此种请求可以通过本条约第六条规定的途径、国际刑警组织或者双方同意的其他途径以书面形式提出。

二、临时羁押请求应当包括本条约第七条第一款所列内容，并说明已经备有第七条第二款所列文件，以及即将提出正式引渡请求。

三、被请求方应当将处理该请求的结果及时通知请求方。

四、如果被请求方在羁押被请求引渡人之后的45天内未收到正式引渡请求，则应当解除临时羁押。经请求方合理要求，上述期限可以延长15天。

五、如果被请求方随后收到了正式引渡请求，则根据本条第四款解除临时羁押不应妨碍对被请求引渡人的引渡。

第十条　对引渡请求作出决定

一、被请求方应当根据本国法律规定的程序处理引渡请求，并且及时将决定通知请求方。

二、被请求方如果全部或者部分拒绝引渡请求，应当将理由告知请求方。

第十一条　移交被引渡人

一、如果被请求方准予引渡，双方应当商定执行引渡的时间、地点等有关事宜。同时，被请求方应当将被引渡人在移交之前已经被羁押的时间告知请求方。

二、如果请求方在商定的执行引渡之日后的15天内未接收被引渡人，被请求方应当立即释放该人，并且可以拒绝请求方就同一犯罪再次提出的引渡该人的请求，但本条第三款另有规定的除外。

三、如果一方因为其无法控制的原因不能在商定的期间内移交或者接收被引渡人，应当立即通知另一方。双方应当再次商定执行引渡的有关事宜，并适用本条第二款的规定。

第十二条　重新引渡

被引渡人在请求方的刑事诉讼终结或者服刑完毕之前逃回被请求方的，被请求方可以根据请求方就同一犯罪再次提出的引渡请求准予重新引渡，请求方无需提交本条约第七条规定的文件和材料。

第十三条　暂缓引渡和临时引渡

一、如果被请求引渡人正在被请求方因为引渡请求所针对的犯罪之外的犯罪被提起刑事诉讼或者服刑，被请求方可以在作出准予引渡的决定后，暂缓引渡该人直至诉讼终结或者服刑完毕。被请求方应当将暂缓一事通知请求方。

二、如果暂缓引渡可能对请求方的刑事诉讼造成严重妨碍，被请求方可以根据请求，在不妨碍其正在进行的刑事诉讼，并且请求方保证在完成有关程序后立即将该被请求引渡人无条件送还被请求方的情况下，向请求方临时引渡该人。

第十四条　数国提出的引渡请求

当包括一方在内的两个以上国家对同一人就同一犯罪或者不同犯罪提出引渡请求时，被请求方在决定向哪一国引渡该人时，应当考虑所有相关情况，特别是如下情况：

（一）请求是否根据条约提出；

（二）不同犯罪的相对严重性；

（三）犯罪发生的时间和地点；

（四）被请求引渡人的国籍和通常的居住地；

（五）各项请求提出的不同时间；

（六）再向第三国引渡的可能性。

第十五条 特定规则

除准予引渡所针对的犯罪外，请求方对于根据本条约被引渡的人，不得就该人在引渡前所实施的其他犯罪进行刑事诉讼或者执行刑罚，也不能将其引渡给第三国，但是有下列情形之一的除外：

（一）被请求方事先同意。为此目的，被请求方可以要求提供本条约第七条所规定的文件或者资料，以及被引渡人就有关犯罪所作的陈述；

（二）该人在可以自由离开请求方之日后的30天内未离开该方。但是由于其无法控制的原因未能离开请求方的时间不计算在此期限内；

（三）该人在已经离开请求方后又自愿回到该方。

第十六条 移交财物

一、如果请求方提出请求，被请求方应当在本国法律允许的范围内，扣押在其境内发现的犯罪所得、犯罪工具以及可作为证据的财物，并且在准予引渡的情况下，将这些财物移交给请求方。

二、在准予引渡的情况下，即使因为被请求引渡人死亡、失踪或者脱逃而无法实施引渡，本条第一款提到的财物仍然可以移交。

三、被请求方为审理其他未决刑事诉讼案件，可以推迟移交上述财物直至诉讼终结，或者在请求方承诺返还的条件下临时移交这些财物。

四、移交上述财物不得损害被请求方或者任何第三方对该财物的合法权益。如果存在此种权益，请求方应当在诉讼结束之后尽快将被移交的财物无偿返还给被请求方或者该第三方。

第十七条 过境

一、一方从第三国引渡人员需经过另一方领土时，应当向另一方提出过境请求。如果使用航空运输并且没有在另一方境内降落的计划，则无需提出过境请求。

二、被请求方在不违反其法律的情况下，应当同意请求方提出的过境请求。

第十八条 通报结果

请求方应当根据被请求方的要求，及时向被请求方通报有关对被引渡人进行刑事诉讼、执行刑罚或者将该人引渡给第三国的情况。

第十九条 费用

在被请求方的引渡程序中产生的费用应当由被请求方承担。与移交和接收被引渡人有关的交通费用和过境费用应当由请求方承担。

第二十条 与其他条约的关系

本条约不影响双方根据双方均为缔约方的其他条约开展引渡合作。

第二十一条 争议的解决

由于本条约的解释或者适用所产生的任何争议，应当通过外交途径协商解决。

第二十二条 生效、修订和终止

一、双方根据本国法律完成本条约生效所需的一切必要程序后，应当通过外交照会通知另一方。本条约自后一份照会发出之日起第30天生效。

二、本条约可以随时经双方书面协议予以修订。此类修订应当按照本条第一款规定的相同程序生效，并构成本条约的一部分。

三、任何一方可以随时通过外交途径以书面形式通知终止本条约。本条约自该通知发出之日后第180天终止。本条约的终止不影响条约终止前已经开始的引渡程序。

四、本条约适用于其生效后提出的任何请求，即使有关犯罪发生于本条约生效前。

下列签署人经各自政府适当授权，签署本条约，以昭信守。

本条约于2016年3月24日订于圣乔治，一式两份，每份均用中文和英文写成，两种文本同等作准。

中华人民共和国 代 表 王 超 （签字）	格林纳达 代 表 克拉丽斯·莫德斯特－柯温 （签字）

全国人民代表大会外事委员会审议《国务院关于提请审议批准〈中华人民共和国和格林纳达引渡条约〉的议案》的报告

全国人民代表大会常务委员会：

2018年9月30日，第十三届全国人民代表大会外事委员会举行第四次全体会议，审议了《国务院关于提请审议批准〈中华人民共和国和格林纳达引渡条约〉的议案》。

外事委员会认为，2016年3月24日由我国外交部副部长王超与时任格林纳达外交部部长克拉丽斯·莫德斯特－柯温分别代表本国在圣乔治签署的《中华人民共和国和格林纳达引渡条约》符合我国法律的基本原则和司法实践；批准该条约符合我国利益和实际需要。建议全国人民代表大会常务委员会决定批准该条约。

全国人民代表大会外事委员会

2018年9月30日

全国人民代表大会常务委员会关于批准《上海合作组织反极端主义公约》的决定

（2018年12月29日第十三届全国人民代表大会常务委员会第七次会议通过）

第十三届全国人民代表大会常务委员会第七次会议决定：批准2017年6月9日由中华人民共和国代表在阿斯塔纳签署的《上海合作组织反极端主义公约》，同时声明：

在中华人民共和国政府另行通知前，《上海合作组织反极端主义公约》暂不适用于中华人民共和国香港特别行政区、澳门特别行政区。

上海合作组织反极端主义公约

（中文本）

上海合作组织成员国，

高度关切滋生恐怖主义的极端主义日益猖獗，威胁和平与安全、国家领土完整、国与国之间友好关系发展以及人的基本权利和自由保障，

遵循《联合国宪章》及二〇〇二年六月七日签署的《上海合作组织宪章》的宗旨和原则，

完善二〇〇一年六月十五日签署的《打击恐怖主义、分裂主义和极端主义上海公约》、二〇〇五年七月五日签署的《上海合作组织成员国合作打击恐怖主义、分裂主义和极端主义构想》、《联合国全球反恐战略》、联合国大会及安理会相关反恐决议以及国际反恐公约和协定的有关规定，

强烈谴责一切形式的极端主义意识形态和活动，坚决反对公开宣扬和教唆参与极端主义，

承认本公约所涵盖的违法犯罪活动，不论在任何情况下实施，均无正当性可言，对实施和（或）参与实施这些违法犯罪活动者应当追究其责任，

考虑到极端主义行为规模和性质发生的变化对公民及本组织成员国和国际社会构成的危险性，以及加强该领域合作的重要性，

认为必须加大反对极端主义的力度，重申在采取一切措施预防和打击极端主义时，应遵守法律至

上、人的基本权利和自由以及国际法准则，

特别强调尊重国家主权与平等，防止滋生恐怖主义的极端主义成为实现政治或地缘政治目的的工具，

认为在反极端主义及相关国际合作中，国家及其主管机关发挥决定性作用，

认识到，只有在伙伴合作框架下共同努力，国际社会才能有效预防和打击极端主义，尤其是其危险的表现形式，

达成协议如下：

第一条

本公约旨在提高各方反极端主义合作的效率。

第二条

一、出于本公约之目的，下列术语和概念系指：

（一）“各方”指本公约缔约国。

（二）“极端主义”指将使用暴力和其他违法活动作为解决政治、社会、种族、民族和宗教冲突的主要手段的意识形态和实际活动。

（三）“极端主义行为”指：

2001 年 6 月 15 日《打击恐怖主义、分裂主义和极端主义上海公约》第 1 条第 1 款第 3 项中规定的违法犯罪行为；

组织和参加以极端主义为目的的武装暴乱；

组织、领导和参加极端主义组织；

煽动政治、社会、种族、民族和宗教仇恨或纷争；

宣扬因政治、社会、种族、民族和宗教属性而使人具有特殊性、优越性或卑微性；

公开煽动实施上述活动；

以宣扬极端主义为目的，大量制作、持有和传播极端主义材料。

（四）“资助极端主义”指有预谋地提供和（或）募集资产或提供金融服务，用于资助组织、预备或从事本公约所涵盖的任何违法犯罪活动，或者保障极端主义组织活动。

（五）“极端主义材料”指用于传播极端主义思想或者煽动实施极端主义行为、为极端主义行为开脱罪责的任何信息载体。

（六）“极端主义组织”指：

以实施本公约所涵盖的违法犯罪活动为目的而成立的有组织团伙；

因从事极端主义活动，依据各方国内法律依法取缔和（或）禁止活动的社会或宗教团体或其他组织。

（七）“法人”指依据各方国内法的规定建立和（或）开展活动的组织。

（八）本公约所涵盖的“违法犯罪活动”是指，以政治、社会、种族、民族、宗教仇恨或纷争为动机，需追究刑事、行政或民事法律责任的（作为或不作为）。

（九）“反极端主义”指各方保卫公民权利和自由、宪法体制、领土完整、国家安全免受极端主义危害的活动，预防、查明和阻止极端主义并消除其影响，以及查明和确定其产生的原因和条件以及助推其实施的活动。

二、本条不妨碍任何国际条约或者任何一方的国内法规定或者可能规定比本条应用范围更广的术语和概念。

第三条

根据本公约行使权利和履行义务时，各方应当遵循国家主权平等、领土完整和互不干涉内政的原则。

第四条

一、本公约适用于各方在反极端主义领域中的合作。

二、当本公约所涵盖的犯罪涉及至少两方司法管辖权时，本公约规定的法律援助和引渡领域的合作，适用本公约。

第五条

一、在下列情况下，有关方应当采取必要的措施，确定对本公约所涵盖的犯罪的司法管辖权：

（一）犯罪发生在该方境内；

（二）犯罪发生在悬挂该方国旗的船舶上，或者是发生在根据该方法律注册的航空器上；

（三）犯罪由该方公民实施。

二、各方可在下列情况下对本公约所涵盖的犯罪确定各自的司法管辖权：

（一）针对该方公民实施的犯罪；

（二）针对该方境外财产，包括外交和领事机构馆舍而发生的犯罪；

（三）企图强迫该方实施或者不实施某种行为

而发生的犯罪；

（四）在该方境内常住的无国籍人实施的犯罪；

（五）发生在该方经营的船舶或航空器上的犯罪。

三、如果犯罪嫌疑人在一方境内且该方不将其引渡给其他方，该方应当采取必要措施确定其对本公约所涵盖犯罪的司法管辖权。

四、本公约不排除按照各方国内法行使的任何刑事管辖权。

五、如果至少两方提出对本公约所涵盖的犯罪拥有司法管辖权，有关方可视情协商解决。

第六条

一、本公约规定的合作由各方确定的主管机关执行。

二、在各方提供关于批准或者加入公约的通知文书时，各方应当向公约保存机构提供本国负责执行本公约的主管机关名单，公约保存机构应告知其他各方。如主管机关发生变化，应立即通知公约保存机构，由公约保存机构通报其他各方。

三、各方主管机关可就本公约规定的问题在职权范围内直接开展相互协作。为执行本公约，各方主管机关的地方部门和其他部门可按主管机关规定的程序建立直接联系。

四、各方主管机关，基于提供协助的请求，或者通过一方主管机关主动通报信息的方式，开展双边和多边合作。

五、相互协作可以通过外交渠道、上海合作组织地区反恐怖机构执委会或者国际刑警组织进行。

第七条

一、为防止本公约所涵盖的违法犯罪活动，各方鼓励不同宗教和不同文化之间开展对话，必要时吸收非政府组织和其他社会团体参与，但必须遵守所在国的法律。

二、各方按照本国法律体系的基本原则，制定和实施反极端主义国内措施。这些措施可以包括：

（一）完善反极端主义立法，定期评估反极端主义法律文件及措施的有效性；

（二）确立专门机构，协调有关部门开展反极端主义工作；

（三）开展各方边防合作，防止国际极端主义组织成员进入上海合作组织成员国境内；

（四）与有关国际和地区组织合作制定并实施反极端主义措施；

（五）利用大众传媒和互联网，开展反极端主义宣传工作，并针对极端主义思想传播开展反制工作；

（六）监督媒体和互联网，及时发现并阻断极端主义思想传播；

（七）限制访问信息网络包括互联网上的极端主义材料；

（八）加强文化传统、精神、道德与爱国主义教育，使公民自觉抵制极端主义；

（九）提高反极端主义主管机关及其他机关人员的职业素质，并提供必要的财政、物资和其他保障；

（十）开展反极端主义研究，包括利用各方参加的国际平台；

（十一）保护受害者、证人等刑事诉讼参与人，并视情保护其他协助主管机关防范打击本公约所涵盖的极端主义犯罪的人员。

三、各方可采取比本公约更严厉的反极端主义的措施。

第八条

各方应当根据本国法律体系的基本原则，采取立法及其他措施打击资助极端主义。

第九条

一、各方应当根据本国法律体系的基本准则，采取必要的立法措施，对实施下列违法犯罪活动追究民事、行政和刑事责任：

（一）极端主义行为；

（二）各方均参加的国际反极端主义公约所认定的违法犯罪行为；

（三）资助极端主义；

（四）招募或以其他方式吸收人员参与筹备、实施极端主义行为，为实施极端主义行为培训人员，教唆、组织、计划和共同实施极端主义行为；

（五）出境和（或）计划、教唆、培训其他人员出境实施涉及本公约所涵盖的违法犯罪活动；

（六）制作、传播、展示宣传极端主义的符号、标识、旗帜、徽章和标志物；

（七）信息网络服务提供者，包括因特网服务提供者不履行各方授权机关要求限制访问极端主义材料；

（八）组织和（或）参加以政治、社会、种族、民族和宗教仇恨与纷争为动机的群体骚乱。

二、各方可依据本国法律，将参与、筹备、蓄意实施本条第一款所规定的违法犯罪活动认定为应当受刑事处罚的行为。

第十条

一、各方应当根据本国法律原则采取必要的立法及其他措施，禁止本国境内的法人参与本公约所涵盖的任何违法犯罪活动。

二、各方应当采取必要的措施，规定法人参与本公约所涵盖的违法犯罪活动应负的责任。

三、在遵守各方法律原则的条件下，可以追究法人的民事责任、行政责任或者刑事责任。

四、确定法人的责任时，不应当免除参与法人实施本公约所涵盖犯罪的自然人的刑事责任。

五、各方确保依据本国法律采取下列措施，追究参与实施本公约所涵盖犯罪的法人的责任：

（一）警告；

（二）罚款；

（三）取缔法人部分活动；

（四）暂时取缔法人的活动；

（五）没收法人财产；

（六）取缔法人；

（七）冻结法人的资金或财产。

六、如法人策划、组织、准备和实施本公约所涵盖的违法犯罪活动，各方应当采取法律措施，认定法人组织为极端主义组织，并予以取缔。

七、本条规定适用于参与本公约所涵盖的违法犯罪活动的外国法人在各方境内的下设机构（代表处、分支机构）。

第十一条

一、各方将本公约所涵盖且依据本国法律应追究刑事责任的犯罪视为可适用引渡、移管和司法协助的犯罪。

二、如果一方以条约作为引渡和（或）司法协助条件，在收到未与其签订引渡条约的其他方的引渡和（或）司法协助请求后，被请求方应当视本公约为开展涉及本公约所涵盖犯罪的引渡和（或）司法协助的法律依据。实施引渡和（或）司法协助时，应当遵守被请求方国内法规定。

三、不以条约为引渡条件的各方，应当将本公约所涵盖犯罪视为可以引渡的犯罪，并遵守被请求方国内法规定。

四、当涉及引渡和提供司法协助时，应当遵守双重犯罪的原则。无论被请求方法律是否将有关行为界定为请求方法律所规定的犯罪，或者是否使用请求方法律所用的术语对其进行表述，只要被请求提供司法协助或者引渡的行为，依据请求方和被请求方国内法律均被认定应当受到刑事处罚，这一原则即可认为已得到遵守。

五、本公约所涵盖的犯罪，无论在何地实际发生，只要根据本公约第五条规定属于某一方司法管辖范围，即视为在其境内实施的犯罪而适用引渡。

六、法人涉嫌实施的本公约所涵盖的犯罪及其应当承担的法律责任，根据各方国内法确定。

七、按照现行条约或者双方商定，根据判刑国或者被判刑人国籍国的请求（经本人同意），对因犯有本公约所涵盖犯罪的被判刑人，可移交其国籍国继续服刑。

八、如犯有本公约所涵盖犯罪的人在被请求方境内，而该方仅以此人是其公民不予引渡，则应当根据该方掌握的证据和有关材料，包括请求方提供的刑事案件材料，依照被请求方法律进行刑事诉讼。

第十二条

一、为打击极端主义，各方主管机关可主动或者根据请求相互提供涉及本公约有关问题的情报，提供情报时要考虑到国内法关于保护个人信息的要求。

二、除非请求方主管机关与相关方另有约定，各方主管机关不得泄露请求事宜及其内容，且只能用于执行请求；各方主管机关应对被请求方转交的材料保密，只能在调查、法庭审理或者执行请求规定的程序范围内使用。

第十三条

一、针对实施本公约所出现的任何问题和情形而提出的请求，各方主管机关应予以执行。

二、执行请求应当遵守本公约和被请求方的法律。

三、如被请求方与请求方法律没有不同规定，在执行请求时可以适用请求方的法律。适用请求方的法律不应当损害被请求方的主权和国家安全。

第十四条

一、请求以书面形式提交,应当包括:

(一)被请求方和请求方的主管机关名称;

(二)请求的事项和理由;

(三)案件情况(刑事案件或行政处罚案件的情况,本公约涉及的违法犯罪活动造成的损失程度,依据的法律法规条文);

(四)请求方掌握的关于请求的人员信息,包括有关出生日期及地点、国籍、居住地或居留地和职业等信息;

(五)如有必要,标明密级。

二、关于对法人采取处罚措施的请求,除本条第一款所列举的内容外,还应当包括:

(一)关于法人名称、所在地及其注册地址的信息,该法人组织代表的资料;

(二)法院判决或其他主管机关决定采取的处罚措施复印件(如有);

(三)关于可能被扣押、查封或没收的财产的信息。

三、及时妥当执行请求所需的其他材料。

四、如无其他约定,被请求方在收到请求之日起30日内通知请求方:

(一)关于根据请求所采取的行动及结果;

(二)关于妨碍执行请求或者严重延迟执行请求的任何情况。

五、请求方应当尽快通知被请求方:

(一)关于法院改判或者关于对法人的制裁措施的判决和决定全部或者部分失效的情况;

(二)关于造成根据本公约所采取的行动失去依据的情况变化。

六、如一方根据同一判决,向多方申请对法人采取处罚措施,应当通知与执行该判决有关的其他各方。

第十五条

一、请求书由请求方主管机关授权人员或代行被授权人员职责人员签署,并加盖带国徽的印章。

二、在紧急情况下,请求可以口头形式提出。但请求及其附带文书应当在72小时之内以书面确认,必要时可通过技术手段转交文本。

三、如被请求方怀疑请求或者请求的附件及其内容的真实性,可要求请求方予以补充确认或者说明。

四、如根据本公约就同一情况提出多份请求,被请求方可自行决定执行请求的先后顺序,并依据本公约第十四条第四款通报请求方。

五、如执行请求不属于被请求方主管机关的权限,该主管机关应当将请求尽快转送本国其他主管机关,并立即通知请求方的主管机关。

六、被请求方主管机关可要求提供执行请求所需的补充信息。

第十六条

一、如执行请求可能妨碍被请求方主管机关正在进行的立案审查、侦查或者法院审理,被请求方主管机关可推迟执行请求。

二、如执行请求有损主权和国家安全或者违背国内法律,或者口头请求未根据第十五条第二款进行书面确认,被请求方主管机关可以拒绝执行请求。

三、在拒绝或者推迟执行请求之前,被请求方主管机关应视情与请求方主管机关进行协商。

第十七条

一、如对涉嫌或者被指控实施本公约所涵盖犯罪的人员进行侦查的请求方确定犯罪嫌疑人已进入被请求方境内,经被请求方主管机关同意,可派人进入被请求方境内参加对涉嫌或者被指控实施犯罪人的侦查。

二、被派遣到被请求国的请求方主管机关人员应当根据被请求方法律和双方共同缔结或者加入的国际条约的规定参加在被请求方境内进行的侦查。

三、被请求方应根据请求方的请求,确定接受请求方人员参加侦查行动的办法。

四、在派人参加侦查和调查的请求中还应当注明:

(一)所派人员的信息;

(二)派遣目的和侦查行动的清单及其实施办法和期限;

(三)在使用交通工具时,交通工具的种类、数量和车牌号;

(四)其他必要信息。

五、被请求方收到请求后,应在5日内作出决定并通知请求方主管机关。此决定可以附带一定的条件。

六、如果请求方提出的请求未包括本条第四款所述内容或者信息不完整，被请求方主管机关有权要求提供补充材料。

七、按规定到被请求方境内的请求方主管机关人员，应当依据被请求方法律及有关驻留和执行公务的约定，在被请求方境内履行职责。

八、在被请求方境内参加被请求方主管机关进行的侦查的请求方主管机关人员有义务遵守被请求方的法律及其主管机关提出的合法要求。

九、被请求方一旦提出要求，请求方应当立即停止参加在被请求方境内进行的侦查行动。

十、有关方可就本条规定另行签署协议。

第十八条

被请求方主管机关根据本国法律执行请求过程中获取的证据，与在请求方境内获得的此类证据，具有同样的法律效力。

第十九条

一、在执行没收参与实施本公约所涵盖犯罪的自然人或者法人财产的决定时，被请求方应承认请求方对第三方权利作出的司法判决。

二、如出现下列情形之一，可以拒绝承认本条第一款规定的司法判决：

（一）第三方没有足够的条件主张自己的权利；

（二）第三方有充分理由主张自己的权利；

（三）该判决与被请求方的判决相抵触；

（四）该判决与被请求方法律相抵触；

（五）该判决有违被请求方国内法规定的排他性司法管辖条款；

（六）该判决有违背被请求方的基本法定程序。

第二十条

一、根据本公约提交的文书应免除各种形式的认证手续。

二、在一方境内按照规定格式出具的，或者经主管机关或者授权人员在其职责范围内确认，并盖有带国徽印章的文书，其他各方在本国境内应予接受，无需任何专门的证明文件。

三、在一方境内被视为正式的文书，在其他各方境内应具有正式文书的公信证明力。

第二十一条

各方应当在本国境内采取必要措施，防止向参与实施本公约所涵盖犯罪而被一方通缉的人员提供证明难民地位的文书。

第二十二条

一、为追究参与实施本公约所涵盖违法犯罪活动的法人的责任，一方应当根据另一方请求依国内法采取以下必要措施：

（一）查封其可能被依法没收的财产；

（二）冻结法人的资金或财产；

（三）暂时取缔其部分活动。

二、本条第一款措施应当根据被请求方国内法和本公约实施。

三、被请求方终止本条第一款规定的措施之前，被请求方应通知请求方并应当保障请求方有权提出坚持执行该措施的理由。

第二十三条

一、在请求对参与本公约所涵盖违法犯罪活动的法人（包括其下设机构）采取处罚措施时，如该法人在被请求方境内，或者在被请求方境内拥有财产或者从事活动，被请求方应当：

（一）执行请求方关于要求采取处罚措施的法院判决或者其他主管机关的决定；或者

（二）根据请求方判决书或者决定中提供的事实和结论，及请求采取的处罚措施，按照本国法律进行审理。

二、对法人的处罚措施应当根据被请求方法律执行。

第二十四条

为确保没收的实施，各方应当依据本国法律采取以下措施：

（一）扣押钱款、有价证券、贵重物品及其他用于（或者已用于）购买武器或实施违法犯罪活动工具的财产，或者用于资助本公约所涵盖的违法犯罪活动的财产；

（二）如无法扣押本条所述财产，应当确保没收与之价值相当的钱款。

第二十五条

一、根据本公约提出的没收自然人或者法人财产的请求，不影响被请求方执行本方关于没收同一自然人或者法人财产的决定的权利。

二、根据请求没收的财产总值不能超出没收决定标明的数额。如果某一方断定可能超出，双方应当进行协商，避免发生这样的结果。

三、满足债权人的要求后，根据本公约应予终止的法人的剩余财产也应予没收。

四、被请求方应当依据本国法律对被没收财产进行保管，并确保其完整无缺。

五、经相关方商定，被没收的财产或其等值钱款，可以全部或者部分移交给作出没收决定的一方。

第二十六条

如无另行商定，各方各自承担履行本公约所产生的费用。

第二十七条

一、如一方对在本公约合作框架下因不合法行为或者不作为造成的损失提起赔偿诉讼，各有关方应当相互协商，确定分摊赔付相关损失的金额。

二、被提起赔偿损失诉讼的一方应当通知其他有关各方。

第二十八条

本公约不限制各方就本公约所涵盖的、不违背其宗旨和目的的问题缔结其他国际条约，不影响各方参加或者缔结的其他国际条约所承担的权利和义务。

第二十九条

一、本公约无限期有效。

二、本公约须经各缔约国批准。批准书应当交存公约保存机构。本公约自保存机构收到第4份批准书之日起第30日生效。

三、在第4份批准书交存后批准本公约的国家，本公约自该国向公约保存机构交存批准书后第30日起对其生效。

四、本公约保存机构为上海合作组织秘书处。

第三十条

一、赞成本公约各项条款的其他国家，经上海合作组织各方同意并向公约保存机构交存加入书，可加入本公约。

二、对于加入国，本公约自公约保存机构收到加入书之日起第30日生效。

第三十一条

根据《联合国宪章》第一百零二条规定，本公约应当在联合国秘书处登记。

第三十二条

各方可以签订单独议定书，对本公约进行修改和补充，议定书构成本公约不可分割的组成部分。任何一方均可向公约保存机构提交进行修改和补充的书面建议，公约保存机构应当立即将该建议提交其他各方审议。

第三十三条

任何一方可退出该公约，但需要在退出之日前至少6个月向公约保存机构发出书面退出通知。公约保存机构在收到退出通知后，30日内将此通知其他各方。

第三十四条

如对本公约条款的适用或者解释出现争议，有关各方应当通过协商和谈判解决。

第三十五条

一、各方在本公约框架下开展合作所使用的工作语言为中文和俄文。

二、本公约正本交公约保存机构保存，保存机构应当将核对无误的副本送交各方。

本公约于二〇一七年六月九日在阿斯塔纳签订，一式一份，用中文和俄文写成，两种文本同等作准。

哈萨克斯坦共和国总统　　努·纳扎尔巴耶夫（签字）
中华人民共和国主席　　习近平（签字）
吉尔吉斯共和国总统　　阿·阿塔姆巴耶夫（签字）
俄罗斯联邦总统　　弗·普京（签字）
塔吉克斯坦共和国总统　　埃·拉赫蒙（签字）
乌兹别克斯坦共和国总统　　沙·米尔济约耶夫（签字）

全国人民代表大会外事委员会审议《国务院关于提请审议批准〈上海合作组织反极端主义公约〉的议案》的报告

全国人民代表大会常务委员会：

2018 年 11 月 30 日，第十三届全国人民代表大会外事委员会举行第六次全体会议，审议了《国务院关于提请审议批准〈上海合作组织反极端主义公约〉的议案》。

外事委员会认为，2017 年 6 月 9 日由国家主席习近平与上海合作组织其他成员国元首分别代表本国在阿斯塔纳签署的《上海合作组织反极端主义公约》（以下简称《公约》）的内容符合我国法律的基本原则，符合我国利益和实际需要。《公约》的批准和生效，有利于我国与上海合作组织各成员国发展睦邻友好关系，有利于我国和中亚地区的和平与稳定，对维护我国团结统一、筑牢西部安全屏障，以及实施“一带一路”战略具有重要意义。建议全国人民代表大会常务委员会决定批准该《公约》。

全国人民代表大会外事委员会

2018 年 11 月 30 日

监督工作

· 第十三届全国人民代表大会第一次会议
· 特辑
· 常委会工作安排和会议议程日程
· 委员长讲话
· 立法工作
· 批准公约和条约
· 监督工作
· 人事任免
· 代表工作
· 对外交往
· 专门委员会工作
· 常委会相关活动
· 大事记

一、听取和审议专项工作报告

关于2017年度环境状况和环境保护目标完成情况的报告

——2018年4月25日在第十三届全国人民代表大会常务委员会第二次会议上

生态环境部部长 李干杰

全国人民代表大会常务委员会：

按照环境保护法规定和全国人大常委会安排，受国务院委托，现就2017年度环境状况和环境保护目标完成情况报告如下，请审议。

一、2017年环境状况

过去一年，各地区各部门在以习近平同志为核心的党中央坚强领导下，以习近平新时代中国特色社会主义思想为指导，认真落实党中央、国务院决策部署，坚持以改善生态环境质量为核心，以落实生态文明建设的标志性举措为抓手，全力推进生态环境保护工作，大气和水环境质量进一步改善，土壤环境风险有所遏制，生态系统格局总体稳定，核与辐射安全有效保障，人民群众切实感受到生态环境质量的积极变化。

（一）大气环境状况。全国338个地级及以上城市中，有99个城市达标，占29.3%；全年优良天数比例78.0%，重度及以上污染天数比例2.5%；细颗粒物（$PM_{2.5}$）年均浓度43微克/立方米，超标22.9%；可吸入颗粒物（PM_{10}）年均浓度75微克/立方米，超标7.1%；二氧化硫（SO_2）、二氧化氮（NO_2）、臭氧（O_3）、一氧化碳（CO）年均浓度均达标。主要有以下特点：

一是空气质量总体改善，局部时段有所反弹。全国$PM_{2.5}$、PM_{10}、SO_2等主要污染物浓度明显下降，达标城市数同比增加12个。1—2月全国$PM_{2.5}$浓度同比上升12.7%，通过及时采取强有力措施，扭转了年初不利局面，全年$PM_{2.5}$浓度同比下降6.5%。反转向好态势在京津冀区域尤为明显，在1—2月$PM_{2.5}$浓度同比上升48.0%的情况下，通过强力攻坚，加之气象条件比较有利，全年$PM_{2.5}$浓度同比下降9.9%，其中10—12月同比下降39.3%。

二是重点区域继续改善，个别地区污染仍然较重。京津冀、长三角区域$PM_{2.5}$浓度同比分别下降9.9%、4.3%，珠三角区域$PM_{2.5}$浓度连续三年达标。京津冀区域重度及以上污染天数比例同比下降1.0个百分点，北京市改善更为明显，重度及以上污染天数比例同比下降4.4个百分点，$PM_{2.5}$浓度达到58微克/立方米，同比下降20.5%。但是，河北、山西、天津、河南、山东5省（市）优良天数比例仍不到60%，汾渭平原优良天数比例逐年下降，仍需加大治理力度。

三是颗粒物浓度持续下降，臭氧超标问题日益显现。全国$PM_{2.5}$、PM_{10}浓度同比分别下降6.5%、5.1%。在颗粒物浓度逐年下降的同时，全国O_3浓度同比上升8.0%，京津冀大气污染传输通道"2+26"城市、汾渭平原等升幅较大，成为下一步需要重点关注的问题。

（二）水环境状况。全国地表水国控断面Ⅰ—Ⅲ类水体比例67.9%，劣Ⅴ类水体比例8.3%。开展监测的地级及以上城市集中式生活饮用水水源地监测断面（点位）中，平均达标率90.5%，其中，地表水型水源地达标率93.7%，地下水型水源地达标率85.1%。城乡生活饮用水水质达标率均较上年有所提升。三峡库区长江干流总体水质为优良。南水北调东线调水水质稳定达到Ⅲ类，中线保持或优于Ⅱ类。主要呈现以下特点：

一是优良水体总体稳定，水质改善不平衡。Ⅰ—Ⅲ类水体比例略有提升，松花江、辽河、长江、海河流域同比上升，淮河、黄河、珠江流域下降。

二是劣Ⅴ类水体比例继续减少，部分地区有所反弹。劣Ⅴ类水体比例同比减少 0.3 个百分点，海河、松花江、长江流域改善明显，淮河、珠江流域基本持平，辽河、黄河流域有所反弹。

三是主要污染物浓度保持下降，总磷污染更加突出。总磷、化学需氧量、氨氮浓度同比分别下降 6.6%、3.2%、16.3%，超标断面占比分别为 19.7%、17.6%、10.3%。总磷成为影响地表水水质的首要污染物，赣江、饶河、信江等个别流域的总磷浓度同比呈上升趋势。开展监测的 112 个重点湖库中，总磷仍为首要污染物。

（三）近岸海域水质总体保持稳定。水质优良比例 67.8%，赤潮灾害次数和累计面积同比有所减少，监测河口和珊瑚礁等生态系统健康状况同比好转。长江口、珠江口、杭州湾等部分河口海湾污染依然严重，主要污染指标为活性磷酸盐和无机氮。

（四）土壤环境风险有所遏制，局部地区不容乐观。部分重有色金属矿区及周边耕地土壤环境问题较为突出，化肥、农药、农膜等使用量仍处在较高水平，危险化学品生产企业搬迁改造、长江经济带化工污染整治等腾退地块的环境风险管控压力较大，土壤污染防治任务艰巨。

（五）生态系统格局总体稳定。自然生态系统质量持续改善，森林覆盖率稳步增加，草原综合植被盖度达到 55.3%，湿地保护修复得到加强。全国生态环境状况优良县域共 1458 个，占国土面积 42.0%。受工矿建设、资源开发、城镇扩张等影响，局部区域生态退化等问题还比较突出。

（六）环境风险态势较为稳定。全年共发生各类突发环境事件 302 起，同比下降 0.7%，其中重大突发环境事件 1 起。核与辐射安全可控，各运行核电机组总体安全状况良好，放射源事故发生率稳定在万分之一以下，辐射环境安全保持良好。垃圾焚烧、化工等环境敏感项目选址建设和污染地块开发利用仍是舆情热点。

二、环境保护目标和任务完成情况

党的十八大以来，以习近平同志为核心的党中央把生态文明建设纳入统筹推进“五位一体”总体布局和协调推进“四个全面”战略布局，把生态环境保护摆在治国理政的突出位置，谋划开展了一系列根本性、长远性、开创性工作。习近平总书记亲力亲为抓顶层设计，全面部署生态文明建设和生态环境保护，审议通过《关于加快推进生态文明建设的意见》、《生态文明体制改革总体方案》等 40 多项生态文明改革方案，研究出台大气、水、土壤污染防治行动计划（以下分别称《大气十条》、《水十条》、《土十条》），推动建立生态文明制度的“四梁八柱”，形成系统完整的习近平生态文明思想。各地区各部门贯彻绿色发展理念的自觉性和主动性显著增强，生态文明建设取得显著成效，美丽中国建设谱写出新篇章。

五年来，全国 338 个地级及以上城市 PM_{10} 平均浓度比 2013 年下降 22.7%，京津冀、长三角、珠三角区域 $PM_{2.5}$ 平均浓度分别下降 39.6%、34.3%、27.7%，其中珠三角区域连续三年稳定达标，北京市 $PM_{2.5}$ 平均浓度顺利完成“京 60”目标，《大气十条》确定的目标圆满实现。大江大河干流水质稳步改善，长江经济带水环境质量持续向好。

2017 年，在保持经济中高速增长、污染治理任务十分艰巨的情况下，较好地完成环境保护年度目标：$PM_{2.5}$ 未达标地级及以上城市浓度下降 7.7%，好于年度目标 4.7 个百分点；劣Ⅴ类水体比例下降到 8.3%，好于年度目标 0.1 个百分点；化学需氧量、氨氮、二氧化硫、氮氧化物排放量同比分别下降 3.1%、3.6%、8.0%、4.9%，均超额完成年度目标。存在差距的有 2 项：一是全国地级及以上城市空气质量优良天数比例为 78.0%，完成了《大气十条》要求，满足“十三五”时序进度，但低于年度目标 1 个百分点；二是地表水达到或好于Ⅲ类水体比例为 67.9%，好于“十三五”时序进度，但低于年度目标 0.4 个百分点。经过努力，这两项指标仍有望实现“十三五”规划目标。

过去的一年，主要做了如下工作：

（一）加强环境立法和执法督察。配合全国人大常委会修改并实施水污染防治法、海洋环境保护法，制定颁布核安全法，开展固废法执法检查。土壤污染防治法（草案）已经二审。制定实施环境保护税法实施条例，修订实施建设项目环境保护管理条例、农药管理条例。持续推进环境保护法实施，全国实施行政处罚案件 23.3 万件，罚没款数额 115.8 亿元。

在 2015 年对河北省开展中央环境保护督察试点和 2016 年第一、第二批督察基础上，完成了第三、第四批 15 个省份督察工作，实现 31 个省（区、市）全覆盖，累计立案处罚 2.9 万家，罚款 14.3 亿元，问责 1.8 万多人，解决群众身边的环境问题 8 万多个。

一大批过去想解决而没有解决的突出环境问题得到解决，同时宏观经济运行好于预期，实现环境、经济和社会效益多赢，达到了百姓点赞、中央肯定、地方支持、解决问题的效果。

（二）强化宏观调控与源头预防。印发实施《关于完善主体功能区战略和制度的若干意见》、《长江经济带生态环境保护规划》，推动京津冀协同发展生态环境保护，支持雄安新区生态环境治理，加强"一带一路"生态环境保护合作。压减钢铁产能5000万吨以上，关停违法违规电解铝产能。发布160项国家环保标准，印发国家鼓励发展的重大环保技术装备目录和国家先进污染防治技术目录，引导企业实施节能减排改造，实施142个重大绿色制造项目。严格围填海管控，暂停下达年度围填海计划指标。推进农业绿色发展。开展绿色矿山试点。

（三）全力推进大气、水、土壤污染防治。

《大气十条》圆满收官。加大能源结构调整，煤炭消费比重下降到60%左右。71%的煤电机组实现超低排放，建成全球最大的清洁煤电供应体系。黄标车淘汰基本完成。推动石化、化工、工业涂装、包装印刷等重点行业开展挥发性有机物削减。启动实施大气重污染成因与治理攻关项目。京津冀大气污染传输通道"2+26"城市开展秋冬季大气污染治理攻坚行动。重点地区重污染天气应对实现统一联防联控。发布实施《北方地区冬季清洁取暖规划（2017—2021年）》，组织开展"2+26"城市供暖保障专项督查，确保群众温暖过冬。

深入实施《水十条》。印发实施《重点流域水污染防治规划（2016—2020年）》、《近岸海域污染防治方案》。开展长江经济带饮用水水源地环境保护执法专项行动，排查整治490个环境问题。城乡饮用水水质监测覆盖全国所有地市、县区和85%的乡镇。90%以上的城镇污水处理厂完成污泥处理处置设施达标改造。全国2100个黑臭水体已开工整治1980个。基本完成全国地下水禁采区、限采区、地面沉降控制区范围划定。全面排查非法或设置不合理的入海排污口。

组织实施《土十条》。发布实施农用地、污染地块土壤环境管理办法，开展土壤污染状况详查，启动土壤污染综合防治先行区建设。印发实施《禁止洋垃圾入境推进固体废物进口管理制度改革实施方案》，开展打击进口废物加工利用行业环境违法行为和固体废物集散地专项整治行动，实现限制类固体废物全年进口量同比下降12%。

（四）推动农业农村环境治理。完成2.8万个村庄环境综合整治，累计达到13.8万个。实施农村饮水安全巩固提升工程，700个县1.4万个村开展饮用水水质监测。出台生活垃圾分类制度实施方案。加快推进畜禽养殖废弃物资源化利用，完成26个省（区、市）9.2万个畜禽养殖禁养区划定。扩大测土配方施肥范围和农药减量控制，化肥使用量提前三年实现零增长，农药使用量连续三年负增长。

（五）加强生态系统保护和修复。开展"绿盾2017"国家级自然保护区监督检查专项行动，调查处理2.08万个问题，1100多人受到追责问责。国务院批准新建17个国家级自然保护区，各级各类自然保护区陆域面积占全国陆域总面积达14.9%。完成京津冀、长江经济带、宁夏等15个省（区、市）生态保护红线划定。实施退耕还林还草、荒漠化及石漠化综合治理、京津风沙源治理等工程，完成造林面积736.2万公顷，沙化土地面积年均缩减近2000平方公里，水土流失综合治理面积新增5.56万平方公里。着力保护和恢复草原生态环境，落实禁牧面积12亿亩，草畜平衡面积26亿亩。开展第二批山水林田湖草生态保护修复工程试点，实施"蓝色海湾"、"生态岛礁"等重大生态修复项目。

（六）深化生态环保领域改革。稳步推进福建、江西、贵州3个国家生态文明试验区建设。出台实施《建立国家公园体制总体方案》，积极推进10个国家公园体制试点。全面推行河长制湖长制。推进全民所有自然资源资产有偿使用。建立健全生态补偿机制。实施控制污染物排放许可制，基本完成火电、造纸等15个行业许可证核发。推动省以下环保机构监测监察执法垂直管理制度改革。开展按流域设置环境监管和行政执法机构试点。推动生态环境损害赔偿由试点扩大至全国试行。

（七）严格核与辐射安全监管。发布实施核安全"十三五"规划，确保安全高效发展核电。完善辐射监测网络。开展核电安全管理提升年专项行动，完成放射源安全检查专项行动和铀矿冶企业汛期环境安全专项监督检查。

（八）强化各项保障措施。修订环保专用设备企业所得税优惠目录，发布"高污染、高环境风险"产品目录。对4.5万余家企业开展环保信用评价，并向社会公布。印发实施《第二次全国污染源普查方案》。建成发展中国家最大的空气质量监测网，基本建成国家地下水监测系统，全国移动执法系统覆盖率达85%以上。推进环境社会风险防范化解，全国278家已建生活垃圾焚烧厂679个监控点全部完成"装、树、联"（依法安装自动监控设备、在厂区门口树立电子显示屏、实时监控数据与环保部门联网)。加强环保宣传教育,推动环保设施向社会开放,引导公众积极参与环境保护。

总结生态环保工作取得的成绩,最根本和最关键的是有以习近平同志为核心的党中央坚强领导,有习近平新时代中国特色社会主义思想的科学指引。同时,全国人大及其常委会的立法监督发挥了不可替代的重要作用,也是各地区各部门干部职工和广大社会公众关心支持参与贡献的结果。

当前,我国生态环境形势依然十分严峻,生态环境保护仍滞后于经济社会发展,仍是全面建成小康社会的突出短板。全国 338 个地级及以上城市中空气质量超标的约占 71%,部分流域水污染仍然较重。产业结构偏重,产业布局不合理,煤炭消费比例偏高,散煤用量大,深层次结构性污染问题突出。一些地区特别是县(区)领导干部,对绿色发展认识不高、能力不强、行动不实,重发展轻保护的现象依然存在。进入新时代,解决人民日益增长的美好生活需要和不平衡不充分的发展之间的矛盾对生态环境保护提出许多新要求。全国生态环境质量根本改善是一个长期奋斗的过程,不可能一蹴而就,既要有决心和信心,也要有耐心和恒心,需要我们持之以恒地坚持下去,付出更多艰苦卓绝的努力。

三、2018 年生态环境保护工作安排

要按照党的十九大决策部署,坚决打好污染防治攻坚战,明确目标任务,到 2020 年使主要污染物排放总量大幅减少,生态环境质量总体改善。要打几场标志性的重大战役,打赢蓝天保卫战,打好柴油货车污染治理、城市黑臭水体治理、渤海综合治理、长江保护修复、水源地保护、农业农村污染治理攻坚战,确保 3 年时间明显见效。要坚持源头防治,调整"四个结构",做到"四减四增";一是调整产业结构,减少过剩和落后产业,增加新的增长动能;二是调整能源结构,减少煤炭消费,增加清洁能源使用;三是调整运输结构,减少公路运输量,增加铁路运输量;四是调整农业投入结构,减少化肥农药使用量,增加有机肥使用量。

2018 年是全面贯彻党的十九大精神的开局之年,是改革开放 40 周年,是决胜全面建成小康社会、实施"十三五"规划承上启下的关键一年。年度主要预期目标是:全国地级及以上城市空气质量优良天数比例提高到 79%,全国未达标地级及以上城市 $PM_{2.5}$ 浓度下降 2%,地表水达到或好于Ⅲ类水体比例提高到 68.4%,劣Ⅴ类水体比例下降到 7.3%,化学需氧量、氨氮、二氧化硫、氮氧化物排放量同比下降 2%、2%、3%、3%。

为确保完成年度目标,我们将坚决贯彻落实党中央、国务院决策部署,重点抓好以下工作:

(一)着力推进绿色发展。构建国土空间开发保护制度,建立资源环境承载能力监测预警机制,强化"三线一单"(生态保护红线、环境质量底线、资源利用上线和环境准入负面清单)硬约束。继续淘汰落后产能和化解过剩产能。持续推进能源结构调整和清洁化利用。实施国家节水行动,建立健全江河湖泊生态水量保障机制。加强京津冀、长江经济带生态环境保护,推进绿色"一带一路"建设。推动开展"无废城市"建设试点。发展绿色金融。积极引导公众践行绿色生活方式。

(二)深入推进大气、水、土壤污染防治。制定实施打赢蓝天保卫战三年作战计划,出台京津冀及周边、长三角、汾渭平原等重点区域大气污染综合治理攻坚行动方案。继续实施重点区域和重点城市煤炭消费总量控制。着力提高重点区域铁路货运比例。全面落实《水十条》,开展饮用水水源地、黑臭水体整治专项行动,加大部分流域和湖库总磷、氨氮等超标污染因子控制,推动重点河口海湾综合整治。全面推进土壤污染防治,完成全国农用地土壤污染状况详查,建立完善《土十条》实施评估考核机制。严厉打击危险废物环境违法行为。加快推进垃圾分类处置。

(三)加大生态环境执法督察力度。配合全国人大做好大气污染防治法、海洋环境保护法执法检查,固体废物污染环境防治法修改和土壤污染防治法审议,持续推进环境保护法实施,加大环境污染违法犯罪专项打击力度。整合组建生态环境保护综合执法队伍,统一实行生态环境保护执法。开展第一轮中央环境保护督察整改情况"回头看",组织开展机动式、点穴式专项督察,制定环境保护督察工作规定,进一步压实各地方、各部门、各主体环保责任。

(四)深化生态文明体制改革。按照深化国务院机构改革要求,加强和完善生态环境保护职能。着力构建政府为主导、企业为主体、社会组织和公众共同参与的生态环境治理体系。继续推进国家生态文明试验区建设。加快推进排污许可制度改革。推进省以下环保机构监测监察执法垂直管理制度改革。健全生态环境监测网络,提高环境监测数据质量。在全国试行生态环境损害赔偿制度。

继续推进建立健全生态补偿机制。

（五）加强农村人居环境整治。贯彻实施乡村振兴战略，全面实施农村人居环境整治三年行动，督导2.5万个建制村开展环境综合整治。推进农业面源污染防治和废弃物资源化利用，推进水产健康养殖。

（六）强化生态保护修复与监管。统筹山水林田湖草生态保护修复系统治理，构建生态廊道，扩大实施退耕还林还草还湿，继续实施退牧还草。完成全国生态保护红线划定。深化地下水超采区及水土流失综合治理。严控围海造地。推进建立以国家公园为主体的自然保护地体系。完成全国生态状况变化（2010—2015年）遥感调查评估。联合开展“绿盾2018”自然保护区监督检查专项行动。

（七）提升支撑保障能力。加大生态环保领域补短板投资力度。加强生态文明和环境保护宣传教育。全面推进大气重污染成因与治理攻关研究，开展迈向美丽中国的生态环境保护战略与实施研究。加快推进环境信息化建设。加强核与辐射安全监管。开展第二次全国污染源普查。积极应对气候变化。

长期以来，全国人大常委会高度重视、大力支持生态环境保护工作，不断加强立法、实施监督和执法检查，为推进生态文明建设、改善生态环境质量作出了重要贡献。我们将更加紧密地团结在以习近平同志为核心的党中央周围，在全国人大及其常委会监督支持下，不忘初心、牢记使命，锐意进取、攻坚克难，坚决打好污染防治攻坚战，为全面建成小康社会、建设美丽中国作出新贡献！

对2017年度环境状况和环境保护目标完成情况报告的意见和建议

4月26日，十三届全国人大常委会第二次会议审议了生态环境部部长李干杰受国务院委托作的关于2017年度环境状况和环境保护目标完成情况的报告，共有83人次发言。现根据会议发言情况，将常委会组成人员和列席人员的主要意见整理如下。

出席人员普遍认为，党的十八大以来，以习近平同志为核心的党中央把生态文明建设纳入“五位一体”总体布局和“四个全面”战略布局，将“坚持人与自然和谐共生”纳入新时代坚持和发展中国特色社会主义的基本方略，推进生态文明建设决心之大、力度之大、成效之大前所未有，大气、水、土壤污染防治行动取得明显成效，生态环境状况明显好转。出席人员充分肯定国务院及其有关部门为保护生态环境付出的巨大努力和取得的积极成效。同时指出，环境问题是全社会关注的焦点，也是全面建成小康社会能否得到人民认可的一个关键。2017年有2项年度环保目标未达成，多年快速发展积累的生态环境问题仍然十分突出，生态环境保护仍滞后于经济社会发展，必须引起高度重视，继续下大气力解决好。要深入贯彻落实习近平生态文明思想，牢固树立和践行绿水青山就是金山银山的理念，坚决打好污染防治攻坚战，确保实现到2020年主要污染物排放总量大幅减少、生态环境质量总体改善的目标任务。审议中，大家还提出了一些具体意见和建议。

部分出席人员指出，要按照党的十九大关于生态文明建设的决策部署和2018年中央财经委员会第一次会议的部署要求，打几场标志性的重大战役，坚决打好污染防治攻坚战，确保在3年时间内明显见效，力争实现“十三五”规划确定的生态环境保护各项约束性指标。有些出席人员指出，要以问题为导向、突出重点，力争在雄安新区、京津冀、长江经济带和粤港澳大湾区等重点区域、重点城市群、重点流域污染防治上实现重大突破。

许多出席人员指出，应加快推动绿色、循环、低碳发展。有的出席人员提出，应继续推进能源领域供给侧结构性改革，大力推广洁净煤技术，提高清洁能源在一次能源消费中的占比，着力提高清洁能源的输送、储存、调峰和消纳能力，化解“弃风、弃光、弃水”难题。有的出席人员指出，应加快发展铁路货运，提高重点区域铁路货运比例，降低汽车长途货运比例，有效减少机动车污染物排放。有的出席人员指出，解决生产、消费、生活与生态环境污染之间的矛盾，应大力推进循环经济规模化发展，把上游产业固体废弃物转化为下游产业的生产原料，实现化害为利、变废为宝。

许多出席人员认为，应全力推进大气、水、土壤污染治理，着力解决生态环境领域突出问题。一些出席人员指出，自 2016 年起，京津冀、长三角、珠三角及 74 城市臭氧浓度均呈现上升趋势，京津冀地区尤为突出。臭氧污染对健康危害程度不亚于 $PM_{2.5}$，希望生态环境部组织力量调查研究，尽快建立臭氧污染阈值和控制评价方法，指导开展臭氧污染联防联控。有的出席人员建议，秸秆就地焚烧造成大气污染情况时有发生，应重点围绕秸秆肥料化、饲料化、基料化、原料化、燃料化等方面利用，加快出台政策措施，科学规划秸秆综合利用项目，加大对秸秆利用企业政策扶持力度。有的出席人员提出，在保障人民群众冬季供暖达标的基础上，继续推行煤改气、煤改电工程，加快解决北方地区冬季采暖期散煤污染问题。

有的出席人员认为，目前我国海洋生态环境近岸海域水体富营养化问题严重，赤潮、褐潮、绿潮等频发，填海、岸线固化等近海工程导致生物栖息地和湿地、滩涂、陆地过渡带改变或消失，微塑料污染、纳米颗粒污染等海洋新型污染物也不断增加。建议加强对海洋生态环境的监测、评估、治理、修复等工作。有些出席人员指出，近些年“毒地”事件频发，加强土壤污染治理刻不容缓。建议尽快摸清全国污染土壤底数，继续加大投入，研究解决污染土壤治理问题。加快出台土壤污染防治法。

部分出席人员提出，应加大农村生态环境保护力度，不断推进农村环境综合治理。有的出席人员指出，农业面源污染严重。应下大气力做好化肥、农药等农业投入品减量化工作。对易造成面源污染的主要农业投入品应制定更加明确、更具可操作性的管控措施，避免化肥、农药滥用。有的出席人员指出，有报道称全国农村卫生厕所普及率已达 80.3%，东部发达省份更是达到 90% 以上，实际上农村不少地方的旱厕还是老样子。应进一步明确农村卫生厕所标准，扎实搞好“厕所革命”，不断改善农村人居环境。

部分出席人员提出，我国城乡生活垃圾总量快速增长，垃圾处理设施和能力严重不足，“垃圾围城”、“垃圾围村”现象突出。应对垃圾源头减量、分类收集、分类运输、分类处置各个环节进行全面系统深入研究，健全生活垃圾分类基本制度，加快推进分类处理系统建设，确保垃圾分类在投放、收运、处理每一环节都得到落实；探索适合农村现状和特点的垃圾分类回收处理方式，研究将农村生活垃圾分为易腐和不易腐两类，易腐垃圾集中收集并就近处理实现资源化，不易腐垃圾集中后与城市垃圾系统一并处置。有的出席人员提出，快递业和快餐业的高速发展极大增加了固体垃圾数量，特别是胶带、泡沫、塑料餐盒等包装物难以降解，加大了回收处理难度，建议今年对快递、送餐行业包装垃圾进行专项整治，大力推动绿色包装。有的出席人员指出，应鼓励和引导公众做好垃圾分类，倡导绿色生活方式，在生活垃圾减量方面下功夫。

有些出席人员提出，应进一步健全生态环境保护体制机制，不断强化环境基础能力。有些出席人员指出，应完善跨区域环保治理机制，统一规划前端、过程、终端治理的各个环节，明确省际之间在生态环境治理与保护方面目标一致、标准一致、行动一致、考评标准一致的要求。有些出席人员提出，生态环境治理应健全联防联控长效机制，从单项治理向综合性治理推开，在强化行政区划责任落实的同时更有效地推进跨区域、流域的综合治理。在治理水污染方面，应统筹好上下游、左右岸、干支流之间和水陆港等多方面关系；针对大气、土壤污染问题呈现出的区域复合型特点，应处理好跨区域、跨流域、跨部门的统筹关系。有的出席人员指出，应协同推进严守生态保护红线与建立生态保护补偿机制建设，建立健全生态保护红线区域监测考核机制，根据考核结果补偿。对于为严守生态保护红线作出牺牲的地方，特别是经济欠发达、基础条件较差的地方，加大中央财政转移支付力度，提高补偿标准，同时兼顾省内纵向补偿和区域横向补偿，实现“谁保护谁受益”、“谁受益谁补偿”。

部分出席人员认为，应综合运用科技手段全面提升生态环境保护水平。一些出席人员建议，要充分发挥科技创新对生态环境保护的支撑和引领作用，研究完善“美丽中国”科学指标体系；结合我国实际情况，加强环境保护科技布局，引导科技力量开展环境问题基础性和前瞻性研究，对固体废物减量化、资源化、无害化治理进行专题研究，聚焦关系人民健康福祉的重大环境问题，组织开展重大科技项目攻关；结合大数据、人工智能等新兴技术，加强行业部门、科研部门和高校关于环境质量监测研究数据的共享、集成和信息公开。有的出席人员指出，根据企业所得税的有关法规规定，企业购置环保专用设备的，该设备投资额的 10% 可从当年应纳税款中抵免，建议改为全额抵免，鼓励企业为生态环境治理发挥积极作用。有的出席人员指出，当前国际环保产业发展迅速，呈现治理技术尖端化、解决方案系统化趋势。相比之下，我国的环保企业总体规模不大，市场集中度较低，研发成果转化机制还需完善。应积极培育环保产业，通过金融、税收等手段扶持环保创新企业，鼓励产学研合作，联合开发新技术，提高环境技术转化应用效率，推动绿色发展和生态环境治理。

有些出席人员提出，要以生态环境监管体制改革为契机，明确落实生态环境保护监管职责，加快推进系统垂直管理制度改革，强化基层环保机构综合执法能力，提高环境监管科学化、精细化水平。有的出席人员指出，应加大生态环境执法队伍和能力建设，加快整合组建生态环境保护综合执法队伍，提高基层队伍业务素质；推进环境执法标准化规范化建设，规范行政处罚自由裁量权，强化各部门之间沟通配合与工作衔接。有的出席人员指出，应积极推动生态环境执法和司法的有效衔接，充分利用信息平台建设，逐步实现相关部门间的数据互通、信息共享；发挥生态环保公益诉讼制度作用，推动生态环境损害赔偿制度改革方案尽快落实。

许多出席人员指出，要动员全社会共同参与到污染治理和环境保护工作中来，打一场深入持久的人民战争。通过加强宣传教育和配套设施建设，鼓励和引导公众养成绿色生活方式；鼓励公众举报污染行为，支持社会组织开展环保公益诉讼；加强数据共享和信息公开，不断提高公众参与度。

关于构建现代农业体系深化农业供给侧结构性改革工作情况的报告

——2018 年 4 月 25 日在第十三届全国人民代表大会常务委员会第二次会议上

农业农村部部长　韩长赋

全国人民代表大会常务委员会：

党中央、国务院高度重视农业供给侧结构性改革工作。习近平总书记指出，推进农业供给侧结构性改革，提高农业综合效益和竞争力，是当前和今后一个时期我国农业政策改革和完善的主要方向；要以构建现代农业产业体系、生产体系、经营体系为抓手，加快推进农业现代化。李克强总理强调，要深入推进农业供给侧结构性改革，完善强农惠农政策，拓展农民就业增收渠道，保障国家粮食安全，推动农业现代化与新型城镇化互促共进，加快培育农业农村发展新动能。各有关部门认真贯彻落实党中央、国务院决策部署，坚持以提高农业供给质量为主攻方向，以体制改革和机制创新为根本途径，着力推进农业供给侧结构性改革，优化农业产业体系、生产体系、经营体系，提高农业质量效益、产业素质和农民收入水平，为稳定经济社会发展大局发挥了基础支撑作用。

一、工作进展情况

（一）实施“藏粮于地、藏粮于技”战略，粮食产量连续 5 年超过 1.2 万亿斤。改善农田基础设施条件。将 15.5 亿亩永久基本农田落实到地块，并实行特殊保护。启动粮食生产功能区和重要农产品生产保护区划定工作。开展耕地质量保护与提升行动，大规模建设高标准农田。集成推广绿色生产技术。在 377 个县整建制推进绿色高产高效创建，推广节本降耗增效新技术。实施优质粮食工程。开展“优粮优价促增收”系列活动，建设粮食质量安全检验检测体系和产后服务体系。落实粮食安全省长责任制，探索建立主产区补偿机制，保护和调动地方重农抓粮积极性。

（二）优化产业布局，产需结构平衡水平稳步提高。调减玉米种植面积。累计调减“镰刀弯”等非优势区籽粒玉米面积 5000 万亩，粮改饲、粮豆轮作试点面积分别达到 1300 万亩和 1000 万亩。推动生猪布局合理转移。引导地方合理划定禁养区，累计调减南方水网密集区生猪存栏 2300 万头，生猪养殖向东北等玉米主产区和环境容量大的地区转移明显。加快奶业转型升级。实施振兴奶业苜蓿发展行动，支持 32 个奶牛养殖大县开展整县种养结合试点，奶牛规模养殖比重达到 56%。促进渔业减量增效。实施海洋渔业资源总量管理和渔船“双控”制度，清理取缔涉渔“三无”船舶 3 万余艘、“绝户网”90 万余顶，创建 4020 个水产健康养殖示范场。

（三）调优品质结构，绿色优质农产品供给明显增多。提高标准化生产水平。制修订 1.3 万项农兽药残留限量和农业行业标准，开展农产品质量安全标准化行动，推动"菜篮子"大县、农产品质量安全县按标生产。强化质量安全监管。建立健全省市县乡农产品质量安全监管体系，创建322个国家农产品质量安全县（市），建设并运行国家农产品质量安全追溯管理平台，开展肉菜、中药材流通追溯体系建设试点，主要农产品监测合格率稳定在97%以上。推进品牌农业建设。认定62个中国特色农产品优势区，召开全国农业品牌推进大会、中国国际茶叶博览会等，举办品牌农产品省部长联合推介活动，评选百强中国农业品牌。

（四）培育新产业新业态，新动能加快成长壮大。推动农产品加工业发展。国办印发《关于进一步促进农产品加工业发展的意见》，2017年在507个县实施农产品初加工补助政策，开展主食加工业提升行动，主要农产品加工转化率超过65%。完善市场流通体系。建设13家国家级农产品专业市场，支持756个县开展电子商务进农村综合示范。支持发展休闲农业和乡村旅游。培育一批宜居宜业特色村镇，2017年休闲农业和乡村旅游接待游客超过22亿人次、营业收入超过6200亿元。搭建一二三产业融合发展平台。实施"百县千乡万村"试点示范工程，启动国家农村产业融合发展示范园创建，认定41个国家现代农业产业园、246家国家农业科技园区，支持开展田园综合体建设试点。鼓励农村创业创新。认定1096家农村"双创"园区（基地），开展支持"双创"政策措施落实情况督查，返乡下乡创业人员预计达到740万人。

（五）推进农业绿色发展，农业资源环境突出问题得到初步遏制。推动农业投入品减量。在100个果菜茶生产大县开展有机肥替代化肥试点，在150个县开展果菜茶病虫全程绿色防控试点，全国农药化肥使用量提前三年实现零增长。促进农业废弃物资源化利用。在96个畜牧大县整建制推进畜禽粪污资源化利用试点，在143个县开展秸秆综合利用试点，建设100个农膜治理示范县，畜禽粪污、农作物秸秆综合利用和农膜回收率均达到60%以上。创建40个国家农业可持续发展试验示范区。加强农业资源养护。实施农业节水工程和区域规模化高效节水灌溉行动，2017年农田有效灌溉面积达到10.2亿亩。实施耕地轮作休耕试点并扩大到1200万亩，开展黑土地保护利用和地下水超采治理试点。实施新一轮草原奖补政策，草原综合植被盖度达到55.3%。推进以长江为重点的水生生物保护行动，推行河长制。开展农村人居环境整治。支持6万多个建制村推进生活垃圾治理专项行动，开展改厕及厕所污水治理试点。扎实推进农村饮水安全巩固提升工程，2017年底农村自来水普及率达到80%。

（六）改善农业物质装备科技条件，现代农业建设迈出新步伐。实施农业竞争力提升科技行动。完善农业科技创新激励机制，组建水稻绿色增产增效等国家农业科技创新联盟，建设江苏南京、山西太谷等一批现代农业产业科技创新中心，深化基层农技推广体系改革，开展农技推广服务特聘计划试点，农业科技进步贡献率达到57.5%。实施现代种业提升工程。启动"七大农作物育种"国家重点研发专项，开展四大粮食作物良种联合攻关，建设国家级育制种基地和区域性良繁基地，主要农作物良种基本实现全覆盖。实施主要农作物生产全程机械化推进行动。启动国家重点研发计划"智能农机装备"专项，150个县主要农作物生产已基本实现全程机械化。实施"互联网+"现代农业行动。开展农业农村大数据、农业物联网、数字农业建设试点示范。实施信息进村入户工程，建成运营16.9万个益农信息社。

（七）培育新型农业经营主体，多种形式适度规模经营稳步发展。支持新型农业经营主体发展。中办、国办印发《关于加快构建政策体系培育新型农业经营主体的意见》，完善家庭农场认定办法和名录制度，推进农民合作社示范社创建，支持农业产业化联合体发展，建立新型农业经营主体信息直报平台，目前各类新主体总量超过300万家。实施新型职业农民培育工程。开展现代青年农场主、新型农业经营主体带头人、农村实用人才带头人和大学生村官示范培训，新型职业农民超过1500万人。发展生产性服务业。支持社会化服务组织为小农户开展农业生产托管服务，目前托管面积达到2.32亿亩。

（八）强化制度供给，农村经济体制改革的"四梁八柱"基本建立。推进农村土地和集体产权制度改革。中办、国办印发《关于完善农村土地所有权承包权经营权分置办法的意见》，完成承包地确权登记颁证面积11.6亿亩。中共中央、国务院印发《关于稳步推进农村集体产权制度改革的意见》，在129个县开展试点，已有6.7万个村和6万个村民小组完成改革。完善财政支农政策。探索建立涉农资金统筹整合长效机制，推广政府和社会资本合作（PPP）模式，引导社会资本参与农业农村建设。推进粮食直补、良种补贴、农资综合补贴"三补合一"改革，推动建立以绿色生态为导向的农业补贴制度。推动粮食价格形成机制和收储制度改革。在东北四省区实施玉米、大豆市场化收购加补贴机制，合理下调小麦、稻谷最低收购价。深化农田水利改革。在797个县推进农业水价综合改革，100个县开展农田水利设施产权制度改革和创新运行管护机制试点。强化金融保险支持。推动大中型银行设立普惠金融事业部及基层网点，稳妥推进农村承包地经营权和农民住房财产权抵押贷款试点。组建全国农业信贷担保体系，开展小额贷款保证保险试点，截至2017年底，涉农贷款余额同比增长9.6%。推动农业保险扩面增品提标，在13个粮食主产省开展农业大灾保险试点，支持地方开展"保险+期货"和天气指数保险试点。加强农业对外合作。建立健全工作机制，认定首批20个境外农业合作示范区和农业对外开放合作试验区，建立359个国家级出口农产品食品质量安全示范区。

二、存在的困难和问题

虽然农业供给侧结构性改革取得初步成效，但也面临不少困难和挑战，具体表现为5个方面。

（一）农产品供给结构性问题仍然存在。经过两年农业结构调整，我国农产品供给结构逐步调优，绿色优质农产品供给明显增加，但一般的低端产品供给仍然偏多，品质优良、特色鲜明、消费者青睐的绿色优质产品供给仍显不足，一方面大路货卖不掉，另一方面好东西又买不到。

（二）农业质量效益仍然不高。我国农业体量很大，农牧渔、种养加各产业门类齐全，但总体是大而不强、多而不优，突出问题是精深加工不足、产业链条短，农村一二三产业融合不紧，农民卖的大多还是"原字号"、"初字号"农产品，农产品加工业与农业总产值比仅为2.2∶1，"谁来种地、谁来养猪"问题依然突出。

（三）农业国际竞争力仍然较弱。我国2亿多农业经营户，户均耕地面积只有7亩多，仅相当于欧盟的1/40、美国的1/400，规模效应不明显，导致生产经营成本偏高，农产品国际竞争力偏弱。近年来，国内外农产品价差拉大，部分大宗农产品进口规模不断扩大。

（四）农业绿色发展仍然任重道远。为了保供给，农业发展存在过多使用化肥、农药、地下水和过度养殖、过度捕捞、过度放牧等现象，农业用水粗放，资源环境约束趋紧。据测算，耕地质量等级较高的1—3等面积不足1/3，农田高效节水灌溉面积占有效灌溉面积比重偏低；畜禽粪污、农作物秸秆等农业废弃物产量大，源头整治和过程处理起来压力很大。

（五）农民增收压力依然较大。农民增收主要靠工资性收入和经营性收入，两者合计约占80%，但目前这两大支柱都增长乏力。大宗农产品价格持续低迷，农民工就业数量大体稳定，但工资增速继续放缓，农民增收传统动能减弱。农村土地制度和集体产权制度改革有待扩面深化，改革红利短期内难以发挥较大作用。尤其是普通小农户增收渠道不多，脱贫攻坚任务依然艰巨。

三、下一步工作打算

党的十九大报告明确提出，要确保国家粮食安全，把中国人的饭碗牢牢端在自己手中；要深化供给侧结构性改革，把提高供给体系质量作为主攻方向，显著增强我国经济质量优势。习近平总书记在参加十三届全国人大一次会议山东代表团审议时指出，实施乡村振兴战略，推动乡村产业振兴，要深化农业供给侧结构性改革，加快构建现代农业产业体系、生产体系、经营体系，推进农业由增产导向转向提质导向。李克强总理在今年《政府工作报告》中强调，要推进农业供给侧结构性改革，坚持走中国特色社会主义乡村振兴道路，加快实现农业农村现代化。

今后一段时间，各有关部门将全面贯彻落实党的十九大精神，以习近平新时代中国特色社会主义思想为指导，认真贯彻落实党中央、国务院决策部署和十三届全国人大一次会议精神，坚持稳中求进工作总基调，践行新发展理念，按照高质量发展的要求，以实施乡村振兴战略为总抓手，坚持稳定和优化粮食生产，深入推进农业供给侧结构性改革，加快转变农业生产方式，大力发展新主体、新产业、新业态，促进农村一二三产业融合发展，拓宽农民增收渠道，加快推进农业农村现代化。重点做好7个方面工作。

（一）坚持稳定产能，确保国家粮食安全。划定建设好粮食生产功能区、重要农产品生产保护区，完善支持政策，2019年全面完成10.58亿亩划定任务。加强农田建设资金整合，改造中低产田，2018年建成高标准农田8000万亩以上。实施灌区续建配套与改造。推进小型农田水利设施达标提质，建设一批重大高效节水灌溉工程，2018年建成高效节水灌溉面积2000万亩。加强粮食全产业链管理，明确中央和地方粮食储备职责，完善收储、轮换、动用机制，强化协同运作。以“中国好粮油”行动计划为重点，推进粮食产业经济转型升级。

（二）坚持质量第一，推进质量兴农、品牌强农。健全农产品质量标准体系，制修订一批农兽药残留限量标准和品质标准，规范农兽药、饲料添加剂使用，从源头上减少非法添加、滥用乱用现象。研究制定新的化肥农药总量、强度控制目标，推进农用化学品减量使用。引导和支持新型农业经营主体和国有农场按标生产，加强农产品质量安全监管，深入开展国家农产品质量安全县创建，强化基层农产品质量安全监管能力建设。实施品牌提升行动，探索建立品牌目录制度，以创建特色农产品优势区为抓手，推介培育一批农业品牌。实施特色优势农产品出口提升行动。编制实施国家质量兴农战略规划，建立健全质量兴农评价体系、政策体系、工作体系和考核体系。

（三）坚持市场导向，加快构建现代农业产业体系。推进以减玉米、控水稻、增大豆为重点的种植业结构调整。适当调减黑龙江等寒地井灌稻，压减湖南重金属污染区籼稻生产，继续推动“镰刀弯”地区玉米调减，增加大豆、优质饲草料等品种。按照市场需求，有序调增特色蔬菜、特色水果等品牌农产品生产。推进以调生猪、提奶业为重点的畜牧业结构调整。继续引导生猪产能向粮食主产区和环境容量大的地区转移，实施奶业振兴行动。推进以提质增效、绿色发展为重点的渔业结构调整。降低养殖密度，开展循环水养殖和零用药养殖技术示范，建设海洋牧场，规范有序发展远洋渔业。推进以发展加工业为重点的农村一二三产业融合发展，实施农产品加工业提升行动，支持各地改造提升农产品市场流通加工条件。实施产业兴村强县行动，继续创建国家现代农业产业园、创业园、科技园。以农村“双创”为重点发展新产业新业态。引导各类返乡下乡人员到农村创业创新，积极发展农产品电商，启动休闲农业和乡村旅游升级行动，积极发展共享农场、共享农庄，培育农民收入新增长点。

（四）坚持科技支撑，补齐现代农业生产体系短板。适应农业供给侧结构性改革和高质量发展要求，加快调整农业科技创新方向、重点和布局，突出研发节本降耗、绿色环保技术。深化农业科技体制改革，推进科技人员分类评价和科技成果权益改革，持续推进基层农技推广体系改革。强化现代要素集成推广应用，深入实施现代种业提升工程，推进主要农作物生产全程机械化，培育壮大农业高新技术企业，促进新技术推广运用和信息技术融入农业。加快推进农业信息化建设，编制实施数字农业农村中长期战略规划，实施农产品电子商务出村工程，深入推进电子商务进农村综合示范。

（五）坚持效益优先，健全完善现代农业经营体系。全面建立职业农民制度，实施新型职业农民培育工程，每年培训 100 万新型职业农民。深入实施新型农业经营主体培育工程，构建政策支持体系，培育壮大家庭农场、农民合作社、龙头企业等新型农业经营主体。出台促进小农户和现代农业发展有机衔接的政策意见，发展农业生产性服务业，引导新型农业经营主体与小农户建立紧密利益联结机制，带动扶持小农户发展。

（六）坚持绿色导向，提高农业可持续发展水平。落实中办、国办《关于创新体制机制推进农业绿色发展的意见》，积极发展资源节约型、环境友好型农业。实施产地环境清洁行动，继续扩大有机肥替代化肥和绿色防控试点，加快推进畜禽粪污等农业废弃物资源化利用，继续推进农作物秸秆综合利用和农膜回收试点。统筹山水林田湖草系统治理。启动新一轮土地利用总体规划编制，加大东北黑土地保护，深化农用地土壤详查工作，加大对贫瘠和污染土壤治理支持力度，2018 年将耕地轮作休耕试点扩大到 3000 万亩。实施国家农业节水行动，深入开展农业水价综合改革，全面推行河长制湖长制，加快推进海洋捕捞渔民减船转产，开展长江流域重点水域禁捕试点。强化草原生态、水生态保护。健全农业绿色发展制度体系。完善农业绿色发展体制机制，构建农业产业准入负面清单、资源台账等制度。加快建设国家农业可持续发展试验示范区。实施农村人居环境整治三年行动。推进农村垃圾处理、粪便处理、污水治理、河塘清淤、村容村貌提升，开展厕所革命和农村绿化、美化、亮化工程。

（七）坚持深化改革，激活农村资源要素。推进农村土地制度改革，制定第二轮土地承包到期后再延长 30 年的政策文件，年底前基本完成农村承包地确权登记颁证工作。推进农村集体产权制度改革，全面实施农村集体资产清产核资，2018 年将农村集体产权制度改革试点扩大到 300 个，选择 50 个地市开展整市试点。改革完善农业补贴制度，加快建立以绿色生态为导向的农业补贴制度，持续扩大“绿箱”规模。加大金融支农改革力度，建立金融机构服务乡村振兴激励约束机制，研究出台政策指导意见和考核评估办法。出台加快发展农业保险的指导意见,扩大农业大灾保险试点,启动实施三大粮食作物完全成本保险试点,鼓励有条件的地方开展“保险+期货”试点。深化农产品收储制度和价格形成机制改革。稳步推进以稻谷、小麦为重点的价格形成机制改革,加快培育多元市场购销主体,保障种粮农民合理收益。

对构建现代农业体系深化农业供给侧结构性改革工作情况报告的意见和建议

4月27日,十三届全国人大常委会第二次会议审议了农业农村部部长韩长赋受国务院委托所作的关于构建现代农业体系深化农业供给侧结构性改革工作情况的报告,共有62人次发言。现根据会议发言情况,将常委会组成人员和列席会议人员的主要意见整理如下。

出席人员普遍认为,农业农村农民问题是关系国计民生的根本性问题,解决好“三农”问题是全党全国工作的重中之重。本次会议听取审议国务院关于构建现代农业体系深化农业供给侧结构性改革工作情况的报告,是全国人大常委会贯彻党的十九大确定的乡村振兴战略、加快推进农业农村现代化的有力举措。出席人员指出,农业现代化仍是“四化同步”的短板,我国发展不平衡不充分问题在乡村最为突出。要深入学习贯彻习近平总书记关于“三农”的重要思想,以农业供给侧结构性改革为主线,围绕农村一二三产业融合发展,加快构建现代农业产业体系、生产体系、经营体系,在夯实农业生产能力、确保国家粮食安全的基础上,推进农业由增产导向转向提质导向,提高农业创新力、竞争力和全要素生产率,实现由农业大国向农业强国转变。审议中,大家还提出了一些具体意见和建议。

许多出席人员指出,保障粮食安全是治国安邦的头等大事,要增强忧患意识,不断提高农业生产能力,确保中国人的饭碗牢牢端在自己手中,确保我们的饭碗主要装中国粮。部分出席人员认为,保障粮食安全,关键是要确保粮食生产能力,必须坚守耕地红线,保护和建设好基本农田,完善财政补贴政策,维护种粮农民权益,加强科研创新,大力发展现代种业,促进农业全程机械化,把藏粮于地、藏粮于技战略落到实处。有些出席人员指出,中低产田改造提升空间大,收益高,应更加注重中低产田的改造。有的出席人员建议借鉴新疆建设兵团的模式,在一些自然条件较差但有开发利用空间的地区集中开辟农田,兴修水利,既能实现经济效益从“0”到“1”的突破,也有助于改善周边生态环境,还可以带动当地完成脱贫攻坚任务。一些出席人员指出,我国北方地区粮食主产区多,水资源约束较大,要加快发展节水农业,建设高效节水灌溉工程,科学布局干渠、支渠、斗渠、农渠、毛渠等农田灌溉设施,实现农田可持续生产。一些出席人员认为,国务院有关部门应加强沟通协调,统筹衔接国内粮食收储和农产品进出口政策,既要避免国内粮食库存过多、财政负担过重,又要避免粮食进口对国内产业造成严重冲击,实现内外农产品供应的动态平衡。

有些出席人员认为,应加大农业结构调整力度,重视各类主要农产品品种的供求平衡,解决好农产品供求中的结构性矛盾,把握提高农产品质量这个关键,突出农业绿色化、优质化、品牌化,尽快实现农业由数量增加向质量提升转变。部分出席人员建议,应尽快建设国家农作物标准化种植体系,制定水稻、玉米、小麦等大宗农产品标准化种植规程,加强源头管控。同时完善农产品质量安全追溯体系,加快农户、企业、政府间信息的互联互通,实现从土地到餐桌全程监控,将质量兴农和食品安全真正落到实处。一些出席人员指出,应加强农产品品牌建设,通过“三品一标”认证,培育优质农产品品牌,打造高品质、有口碑的农产品“金字招牌”,引导更多农民生产绿色、有机、安全农产品。一些出席人员认为,我国农业种植业存在过度使用化肥现象,同时全国养殖业每年产生约38亿吨畜禽粪污,是很好的有机肥。建议各地因地制宜做好种植业与养殖业融合发展规划,推行种养结合,实现畜禽粪便转化为有机肥的资源利用,实现经济效益和生态环境效益的双赢。有的出席人员指出,近期很多假冒伪劣有机肥进入市场,希望有关部门采取措施,加强有机肥市场监管。

一些出席人员表示,科技创新是提升农产品质量的有效途径,建议整合科技资源,联合农业科研院校和农业科技企业，共同致力于农作物新品种、农业高效节水、病虫害防治等技术研发，推动加工、物流、储藏等实用技术创新，推广使用滴灌、喷灌等先进节水技术，强化农业发展科技支撑。有的出席人员指出，农业科技成果转化涉及科技、农业、知识产权、财政等多个部门，存在多头管理、转化不畅等问题，科研院所未能充分发挥农技推广职能。希望国务院及相关部门认真研究，破解制约农业科技转化的体制机制障碍，解决好农业科技与农业"两张皮"问题。一些出席人员提出，应充分利用互联网的技术优势，大力发展智慧农业，建设农产品供给诚信、农业科技共享、农业科技人才招聘等网络服务平台，解决农业市场信息不对称问题。

有些出席人员提出，应鼓励支持发展适度规模化经营，促进农业生产节本增效，加快农民职业化。有的出席人员认为，农业合作社是适度规模经营的有效载体，也是加快产业化发展的有力抓手，要推进企业与农户相结合的新型经营主体发展，建立完善利益联结机制，通过就业带动、保底分红、股份合作等多种形式，让农民合理分享全产业链增值收益。有的出席人员指出，成立农业合作社，其实股份合作远远超出专业合作的范畴。应进一步深化农村改革，促进使用权要素的重组，培育鼓励新型经营主体，把农户、农场、合作社、企业、科研单位等融合到新的经营主体中。有的出席人员提出，应充分认识我国小农户将长期存在的客观现实，加强面向小农户的社会化服务体系建设，使小农户与农业现代化进程有机衔接。

一些出席人员建议，统筹一二三产业发展，把农业与工业、服务业融合起来，通过市场机制配置城乡生产要素，实现资源、资本、劳动力、技术等在促进农业发展上有机融合。一些出席人员认为，当前，我国农产品加工转化不足、产销脱节等问题突出，成为制约农业产业化发展的瓶颈。建议各地立足本地资源优势大力发展特色农牧业，建设农产品产业聚集区，实现农畜产品就地转化和精深加工，提高农产品加工转化率和附加值。一些出席人员建议加快物流体系建设，提高组织化程度，有效解决县乡村物流不畅和特色农畜产品"处在深山人不知"、优质不优价等问题。部分出席人员提出，应加快发展农村新产业新业态，大力发展乡村休闲旅游业，打造民宿乡村客栈田园综合体，满足人们对乡土文化、民俗风情、农家风味等方面需要。一些出席人员认为，农产品加工流通企业是农业产业发展的主力军，目前一些企业面临资金不足、资金链断裂等困难，难以为继，各地政府要制定实施相应扶持政策，支持符合条件的企业申请支农资金和项目，对购买农机设备等给予适当财政补贴。有的出席人员建议，借鉴欧美国家"生存物资不课税"等政策，对于农产品生产、加工、销售等环节实行税收减免，引导更多社会资本投入农业发展。

有些出席人员指出，发展现代农业，人才是最重要的资源。当前，农业后继无人问题日益严重，不少村子成为"空心村"，妇女和老人成为从事农业的主体力量。建议加大对国家"三农"政策的宣传，健全并落实相关鼓励措施，加强农技普及等农业生产服务，增强农民从事农业生产的信心，鼓励人才向农村和农业流动，推动人才返乡创业就业。有的出席人员建议各级政府加大对农业人才培养的投入和保障力度，支持农业类高等院校、职业学校发展，鼓励设立农业学科专业，鼓励社会力量参与兴办农业职业院校，推进办学体制和人才培养模式创新。

有的出席人员建议，各级政府应完善产权保护政策，加快制定配套措施，把党的十九大提出的农村土地"三权分置"和承包期再延长30年的政策落到实处，保护好、利用好土地这个农业农村发展的根本。一些出席人员指出，农业容易受自然灾害影响，2017年国家实行大灾保险试点，收到良好效果，建议尽快总结试点经验，加以推广，同时抓好今年的稻谷、小麦、玉米三大粮食作物完全成本保险和收入保险试点，保障种粮农民利益。有的出席人员建议，政府财政应加大对农牧业保险的补贴力度，降低农民的承保费用，鼓励更多保险机构开展对农保险业务，通过扩面、提标、增品，扩大保险覆盖面。有的出席人员指出，农业产业化建设周期长、成本高、风险大、收益低，融资难问题突出。建议加大金融支农改革力度，加强农村金融组织体系创新，建立适合农业农村特点的金融机构服务乡村发展的激励约束机制。

会前，为配合本次会议听取和审议国务院关于构建现代农业体系深化农业供给侧结构性改革工作情况的报告，全国人大农业与农村委员会开展了专题调研，在广泛听取各方面意见和建议、深入研究论证的基础上，形成了专题调研报告并印发会议。出席人员普遍认为，全国人大农委的调研报告内容丰富、评价客观，所提建议务实中肯、专业性强，希望有关部门认真研究处理。

关于华侨权益保护工作情况的报告

——2018年4月25日在第十三届全国人民代表大会常务委员会第二次会议上

国务院侨务办公室主任 许又声

全国人民代表大会常务委员会：

受国务院委托，我向全国人大常委会报告华侨权益保护工作有关情况，请审议。

我国宪法第五十条规定："中华人民共和国保护华侨的正当的权利和利益"。华侨是定居在国外的中国公民，外籍华人通常意义上是指已加入外国国籍的原中国公民及其外国籍后裔，华侨和外籍华人在开展侨务工作中通常密不可分，华侨和外籍华人统称侨胞。我国是侨务资源大国，有6000多万海外侨胞分布在世界近200个国家和地区，其中华侨约600多万，外籍华人约5000多万，他们是中华民族的重要组成部分，是维护国家主权、安全、发展利益及促进中外友好的重要依靠力量，是我国不可替代的重要资源。

党的十八大以来，以习近平同志为核心的党中央统筹国内国际两个大局，对做好侨务工作、凝聚侨心侨力实现中国梦作出新的部署、提出新的要求。习近平总书记以实现中华民族伟大复兴的战略胸怀，提出"团结统一的中华民族是海内外中华儿女共同的根，博大精深的中华文化是海内外中华儿女共同的魂，实现中华民族伟大复兴是海内外中华儿女共同的梦"的重要论述，强调"海外侨胞对实现中国梦有不可替代的重要作用"，"把广大海外侨胞和归侨侨眷紧密团结起来，发挥他们在中华民族伟大复兴中的积极作用，是党和国家的一项重要工作"，要求侨务部门做海外侨胞和归侨侨眷的贴心人和侨务工作的实干家。《中共中央关于全面推进依法治国若干重大问题的决定》指出："依法维护海外侨胞权益"。党的十九大报告提出："广泛团结联系海外侨胞和归侨侨眷，共同致力于中华民族伟大复兴"。这些重要论述和决策部署，充分体现了以习近平同志为核心的党中央对侨务工作的高度重视和对海外侨胞的亲切关怀，为我们做好华侨权益保护工作提供了根本遵循。李克强等中央领导同志多次出席重大涉侨活动，作出重要批示指示，对侨务工作给予有力指导。下面，我从四个方面汇报华侨权益保护工作有关情况。

一、我国华侨权益保护工作取得的主要成效

党的十八大以来，各有关地区和部门深入贯彻党中央、国务院决策部署，认真落实宪法关于华侨权益保护的规定，以凝聚侨心侨力同圆共享中国梦为主题，以侨务工作全面协调可持续发展为主线，扎实开展保护华侨权益各项工作，取得了积极成效。

（一）加强侨务法治建设，不断推动完善依法护侨的法律制度体系。深入贯彻全面依法治国战略部署，把侨务法治建设作为开展华侨权益保护工作的基础性长效性工作。一是健全法律法规体系。《归侨侨眷权益保护法》是保障归侨侨眷合法权益的专门法律，也对保护华侨权益的部分内容作出规范。《出境入境管理法》明确了华侨办理回国定居、在境内办理事务以护照证明身份等内容。《慈善法》《境外非政府组织境内活动管理法》等法律为保护华侨相应权益提供了保障。《出境入境管理法》《外国人入境出境管理条例》为外籍华人来华入出境及居留提供了制度便利。国务院印发《国家侨务工作发展纲要（2016—2020年）》，对加强侨务法治建设、依法维护海外侨胞和归侨侨眷权益提出明确要求。广东、福建、上海、湖北等省市先后制定华侨权益保护的地方性法规。二是建立维护侨益工作机制。按照建设法治政府要求，侨办建立法律顾问制度，成立为侨服务法律顾问团，推动在地方政府及相关部门或办事大厅设立为侨法律服务平台，发挥律师专业优势为侨胞和归侨侨眷提供法律服务，目前，全国已建立近300个为侨法律服务工作窗口、站点、顾问团等服务平台。一些地方政府建立了分管负责同志牵头、有关部门参加的侨务工作协调机制，集中协调解决难点问题和重大涉侨纠纷。三是开展涉侨普法宣传。把涉侨法律法规作为"七五"普法宣传重要内容，以举办知识竞赛、发放宣传资料、现场解答咨询等多种方式，通过媒体、网站、微

信等多种平台，面向全社会广泛开展形式多样的涉侨法治宣传教育活动。

（二）完善政策保障措施，着力推动海外侨胞关切的在华重点权益保护工作。为满足海外侨胞在华工作生活的实际需要，以海外侨胞切身关注的重点权益为着力点，不断制定和完善政策保障措施。一是保障华侨回国定居权益。侨办、公安部、外交部印发《华侨回国定居办理工作规定》，规范华侨回国定居办理工作程序；《出境入境管理法》自2013年7月实施以来至2017年12月底，地方政府侨务部门共办理华侨回国定居68772人。二是保障教育权益。侨办、教育部等部门印发华侨子女接受义务教育、华侨学生接受高中阶段教育、普通高等学校招收华侨学生及收费标准等政策文件。暨南大学、华侨大学是以招收海外侨胞及港澳台学生为主的两所高等学校，目前在校港澳台侨学生达1.7万人，占全国高校录取港澳台侨学生总数的50%以上。三是保障社会保险权益。人力资源社会保障部门认真落实华侨参保有关政策，将符合参保条件的华侨纳入社会保险覆盖范围，明确了办理退休手续后出国定居或者加入外国国籍的，享受社会保险待遇的有关规定。四是保障婚姻收养权益。民政部门依法为华侨办理婚姻登记和收养登记，2017年办理华侨婚姻登记4616件，2009年至2017年办理华侨收养登记342件。五是保障捐赠权益。改革开放以来，海外侨胞和港澳同胞捐赠超过1000亿元人民币，为我国经济社会发展作出了重要贡献。为保护海外侨胞捐赠积极性，侨办等部门印发加强海外侨胞捐赠管理工作的意见、涉侨基金会管理办法等，财政部、税务总局等部门对企业以股权形式进行公益捐赠出台了税收优惠政策，为鼓励海外侨胞捐赠实施优惠待遇。六是实施便利外籍华人入出境政策。公安部在支持北京、上海、广东等地创新发展的有关出入境政策措施中，试点实施对外籍华人申请永久居留和长期居留、多次签证的便利政策。今年2月1日起，在全国范围内为在华工作、学习、生活的外籍华人实施5年以内多次签证和居留许可便利政策。

（三）加大引进工作力度，鼓励和支持海外侨胞回国（来华）创新创业。把满足海外侨胞事业发展需求与服务国家创新驱动发展战略紧密结合，着力开展引进侨智侨资工作。一是设立了具有“侨”特色的试验区。2014年，国务院批准在汕头经济特区设立华侨经济文化合作试验区，近4年来，试验区在深化体制机制创新、扩大对外开放、推进华侨经济文化合作等方面取得了积极进展。二是发挥侨务渠道优势，为国家建设持续汇聚侨智侨资。深入实施“万侨创新行动”和“海外人才为国服务计划”。在15个省市的国家重大发展战略布局中建立了17个“侨梦苑”及海外院士专家北京工作站，挂牌3年来入园的侨资企业达1.4万家，引入数万名海外科技专业人士，成为侨商产业聚集区和海外侨胞创新创业示范基地，打造综合性、全流程为侨服务体系。举办世界海外侨胞工商大会和科技专业协会会长联席会，与地方政府合作举办20个机制性涉侨引智引资活动，持续组织“海外人才为国服务博士团”“侨资企业地方行”等各类投资创业培训考察对接活动，引进大量侨资尤其是高科技项目和人才，有力支持国家和地方经济社会发展。三是积极营造创新创业环境。国务院印发的《关于强化实施创新驱动发展战略进一步推进大众创业万众创新深入发展的意见》，鼓励和支持海外侨胞开展创新创业。外专局组织实施外国人来华工作许可制度，制定印发开展“一卡通”服务政策，为外国高端人才提供安居保障、子女入学和医疗保障等优质服务通道。外专局、外交部、公安部印发《外国人才签证制度实施办法》，外交部指导驻外使领馆为经外国人工作管理部门确认的外国人才统一签发有效期为10年、停留期为180天的多次往返签证；公安部指导各地公安机关出入境管理部门为符合条件的外国人才签发有效期最长为5年的居留许可。科技部支持海外侨胞专家参与国家科技计划等，完善科技成果转移转化机制和科技金融、知识产权保护等政策。财政部、税务总局制定和完善了一系列鼓励科技创新、促进科技成果转移转化的税收优惠政策，为海外侨胞科研人员转移转化科技成果提供保障。有关地方政府制定完善配套政策，通过项目对接、资金支持等举措支持海外侨胞回国创新创业。四是引导扶持已成功创业的“海归”高科技团队二次创业、协同创新。成立科技创新委员会，重点支持400多家海外侨胞科技型企业，并设立科技创新中心，积极营造良好环境，确保侨智侨资引得进、留得住、用得好。

（四）加强国内为侨公共服务，有效推进解决侨界民生问题。在国务院相关部门通力协作下，各级政府及其派出机构建立政策法律服务、涉侨事务服务、侨界民生服务和事业发展服务“四位一体”国内为侨公共服务体系，通过设立涉侨事务办理窗口、搭建“侨之家”活动平台、完善涉侨事务协调机制，建立以中国侨网、“侨宝”APP、“侨之家”微信公众号、专项工作网站等为依托的为侨综合信息服务网络,为海外侨胞和归侨侨眷及其他涉侨群体工作生活、创新创业提供高效便利贴心服务。面向困难归侨侨眷,加大脱贫攻坚力度,开展侨界“暖侨敬老”“留守儿童”等关爱活动,提供技能培训、产业扶贫、助学助贫等帮扶,贫困归侨侨眷人数从2015年的117万人减少到2017年底的9.9万。全国84个华侨农场完成改制、融入地方,产业发展明显加快,生产生活条件有较大改善。利用海外侨胞捐赠资金实施扶贫济困、奖教助学、灾后重建、医疗卫生等“侨爱工程”,“点亮藏区牧民新生活”“情系延安”等项目深受欢迎。

(五)创新工作方式方法,建设长效性广覆盖海外为侨服务平台。面向海外6000多万海外侨胞,加强全球性、基础性、长效性侨务工作组织系统、平台载体和网络机制建设。以世界海外侨胞社团联谊大会、华裔杰出青年华夏行等世界性机制化会议为牵引,持续推动全面构建海外和谐侨社,深入实施“海外惠侨工程”,每年组派300多个为侨服务团组,落实侨团建设、华助中心、华文教育、文化交流、中餐繁荣、中医关怀、事业扶助等计划,拓展为侨服务覆盖面。引导海外侨团强化为侨服务功能,依托其在侨胞聚居城市设立60个“海外侨胞互助中心”,面向华助中心及华人服务机构培训骨干,引导其加强义工和法律援助等队伍建设,贴近侨胞特别是困难群体需求,提供关爱帮扶救助维权服务。发挥国家海外华文教育工作联席会议机制作用,实施海外华文教育中长期发展规划,同一些国家和地区政府教育部门签署合作协议,引领带动拥有数百万在校生、几十万教师的海外2万所华文学校朝标准化、正规化、专业化方向发展。年均编纂发行从幼儿园到高中的中文教材400万册,培训华文教师和管理人员上万人次,外派教师逾千人次,举办“中国寻根之旅”夏(冬)令营、中华文化大乐园等文化活动350多期,参与的华裔青少年达13万人次,资助帮扶重点和困难华文学校及华文教育组织1000多个;同时开发推广华文教育多媒体远程培训,支持中文国际学校等新型办学模式。汇聚海外侨胞艺术精英,支持建立“全球华人乐团”和42家海外“华星艺术团”,调动1560多个华人文化社团,通过培训侨社文艺骨干和活动组织策划者,提供文化用品和图书影视资料等,培养壮大植根海外的中华文化传播力量。实施“中医关怀”和“中餐繁荣”计划,组织中医团、厨师团赴海外交流培训,开办厨师培训网络课堂,推动建立起海外中医药、中餐业协会网络,加强行业互助、自律和交流。推动世界范围内侨商组织网络建设,建立229个会员团体参与初创的“一带一路”侨商组织协作网,支持建立沿线国家侨商社团合作委员会和海外侨胞跨境电商合作联盟,开通“海外侨胞与‘一带一路’”信息发布平台,为侨商参与“一带一路”建设创造条件、提供服务。

总体来说,华侨权益保护工作取得以上显著成效,主要在于:一是坚持党的领导,以习近平同志为核心的党中央对侨务工作高度重视,从战略高度和全局视野作出一系列决策部署,党中央的坚强领导为做好华侨权益保护工作提供了根本保障。二是坚持服务大局,自觉将保护华侨权益工作纳入党和国家对内对外工作大局中加以谋划和推动,找准为国家大局服务和为侨胞事业发展服务的结合点和着力点。三是坚持改革创新,适应世情国情侨情发展变化,统筹国内国外侨务工作,不断创新工作方式方法,实现保护华侨权益工作综合集成、融合发展。四是坚持为侨服务,牢固树立“以人为本、为侨服务”的根本宗旨,始终不忘为包括华侨在内的侨界群体谋福祉的初心,不断实现好、维护好、发展好侨界群体的各项权益。

二、存在的主要困难和问题

华侨权益保护工作涉及的面广点多,是一项全局性、综合性、系统性工作,特别是随着侨情发展变化,海外侨胞人数持续增多,结构发生深刻变化,与中国的联系交流更加紧密,对共享中国发展红利的期待不断增多,对自身权益的诉求日益多元,这些,都对进一步做好华侨权益保护工作提出了更高要求。主要困难和问题有以下方面:

(一)华侨权益保护缺乏专门性法律支撑。宪法对保护华侨权益作出了明确规定,但国家层面还没有针对华侨权益保护的专门性法律,相关华侨权益保护的内容散见在归侨侨眷权益保护法、国籍法、出境入境管理法、收养法、公益事业捐赠法等法律以及有关行政法规中,专门性法律的缺失导致华侨一些权益在实践中难以有效落实,华侨权益保护的法律制度需要进一步完善。

(二)对保护华侨权益工作重要性的认识需要提高。海外侨胞群体是我国的独特资源和重要宝库,但有一些地方和部门对海外侨胞的特殊性和重要性认识不够,对是否需把海外侨胞作为特殊群体加以保护和照顾看法不一,涉及海外侨胞切身利益的部分政策措施落实还不到位,涉侨法律法规的学习宣传还没有在全社会深入人心，一些领导干部对涉侨法律法规政策的了解还比较有限。

（三）华侨在境内办理社会事务的证件使用仍不便利。按照《出境入境管理法》的规定，华侨在境内办理事务可以护照证明身份。因护照号码不具有唯一性，华侨以护照办理事务感觉不便利，这成为华侨反映比较集中的突出问题。

（四）反映华侨投资权益保障问题还比较突出。大多数华侨投资企业集中在劳动密集型行业，创新发展的能力不足，企业面临转型升级的较大压力。一些地方政府还存在不履行招商引资承诺、随意变更规划等问题，加之部分海外侨胞自身法治观念不强，致使华侨投资企业权益受侵害的问题反映比较突出。

（五）华侨国外权益保护问题需要进一步重视。

三、下一步工作安排

保护华侨权益是宪法赋予国务院职权中的一项重要任务。下一步，国务院及有关部门将认真贯彻落实党的十九大和十九届二中、三中全会精神，以习近平新时代中国特色社会主义思想为指导，紧紧围绕统筹推进“五位一体”总体布局和协调推进“四个全面”战略布局，以凝聚侨心侨力、同圆共享中国梦为主题，以推动侨务工作全面协调可持续发展为主线，以落实宪法和涉侨法律为遵循，努力当好海外侨胞和归侨侨眷的贴心人，做侨务工作的实干家，持续做好华侨权益保护各项工作，为实现中华民族伟大复兴凝聚海内外中华儿女的磅礴力量。重点做好以下几方面的工作：

（一）加强组织领导，推动形成有利于保护华侨权益的法律服务体系。认真执行涉侨法律法规，切实履行政府及相关部门的法定职责。加强涉侨法律法规政策实施的组织协调和监督检查，依法解决海外侨胞在中国境内生活工作、创新创业遇到的权益侵害、知识产权保护、经济纠纷等突出问题，鼓励引导他们依法行使权利、表达诉求、解决争议。充分依托社会法律服务平台和资源，在政务服务大厅和海外侨胞、归侨侨眷聚居的社区、园区、高校建立为侨法律服务窗口或联系点，依靠律师协会、律师事务所等专业法律服务力量，以政府购买服务等方式，增加为侨法律服务供给，逐步完善为侨法律服务体系。

（二）加强涉侨立法工作，推动完善涉侨政策体系，为保护华侨权益提供完善的制度保障。研究制订华侨权益保护法，修订归侨侨眷权益保护法及其实施办法。做好与其他相关立法的协调衔接，保障侨界群体利益，进一步健全完善涉侨法律法规体系。健全完善华侨在国内接受教育、就业落户、投资创业、慈善捐赠等政策规定。落实“谁执法谁普法”普法责任制，面向各级领导干部以及海外侨胞和归侨侨眷开展涉侨法律法规政策宣传，将涉侨法律宣传纳入国家普法规划，增强依法护侨、依法维权意识和能力。

（三）大力开展侨务引智引资工作，吸引海外侨胞创新创业，推动服务国家大局和服务侨胞事业发展。聚焦创新型国家建设和人才强国战略，深入实施海外侨胞为国（来华）服务计划，发挥各类侨务引智平台和渠道作用，建设一批海外华侨华人专业人士创新创业示范基地。推动开展“万侨创新”等行动，引导侨资侨智集群式发展，建设一批新型侨商产业聚集区和海外侨胞创新创业聚集区，打造全链条综合服务体系，促进侨资侨智深度融合。通过试点逐步推行便利海外侨胞高层次人才为国（来华）创业政策措施，形成引进、使用、管理、服务高效机制，做好政策支持、事业扶助、生活保障等各类服务，营造良好的引才引智和创新创业环境，确保人才引得进、留得住、流得动、用得好。

（四）强化为侨公共服务体系建设，持续改善国内侨界民生。在相关政府机构中建立并完善涉侨公共服务平台，开设涉侨事务办理窗口，简化优化办事流程，为涉侨群体工作生活、创新创业提供便利、高效、周到服务。在涉侨群体集中的社区、园区、高校、华侨农场等地，建立为侨服务平台，承担基层为侨服务事务，提供联谊交流场所，引导涉侨群体加强自我服务、自我管理。建立政府侨务部门与相关部门的协调机制，推动解决涉侨公共服务相关问题，统筹开展涉侨事务办理、权益保护、关爱帮扶、惠侨强侨、联谊交流等工作。

（五）加强华侨海外权益保护力度，营造更加宽松友好的海外华侨生存发展环境。

四、关于研究制定华侨权益保护法的建议

全国人大及其常委会高度重视华侨权益保护工作。全国人大专门设置华侨委员会负责涉侨立法工作，全国人大常委会制定归侨侨眷权益保护法，2006年开展了归侨侨眷权益保护法执法检查，为依法保护侨界群体权益、促进侨务工作法治化建设发挥了积极推动作用。然而，目前针对华侨权益

保护尚无专门法律，这在一定程度上制约了保护华侨权益工作的全面深入开展。2015 年、2016 年国务院立法工作计划将制订华侨权益保护法列为研究项目，侨办等部门开展了调研论证等基础性工作，部分地方制定了保护华侨权益的地方性法规，为制定华侨权益保护法积累了一定的实践经验。制定华侨权益保护法，有利于形成华侨权益保护的整体制度和机制保障，将散见在相关法律中涉及华侨权益保护的内容进行系统整合，在中国特色社会主义法律体系下统筹进行制度设计；制定华侨权益保护法，有利于增强海外侨胞对祖（籍）国的凝聚力和向心力，进而发挥他们在促进我国经济社会发展、维护和促进国家统一、推动中国与世界各国友好交往方面的独特优势和重要作用；制定华侨权益保护法，有利于适应当前我国公民移民国外的数量日益增多的趋势，加强对移民输出后的规范管理，进一步推进国家治理体系和治理能力现代化。近些年来，韩国、印度、以色列、菲律宾、俄罗斯等国针对侨民工作积极开展立法工作，在借助侨务资源促进本国经济社会发展、引进海外侨民人才、保持民族文化传承等方面发挥了积极作用，对我国开展华侨权益保护法立法工作提供了有益借鉴。鉴于此，建议抓紧研究制定华侨权益保护法，适时列入全国人大常委会立法规划，国务院及有关部门将积极做好相关工作。

全国人大常委会专门听取华侨权益保护工作情况汇报，体现了全国人大常委会对侨务工作的高度重视和大力支持。我们将按照审议意见，不断改进工作，全面抓好落实，努力推动华侨权益保护工作取得新成效。

对华侨权益保护工作情况报告的意见和建议

4 月 26 日，十三届全国人大常委会第二次会议审议了国务院侨务办公室主任许又声受国务院委托作的关于华侨权益保护工作情况的报告，共有 42 人次发言。现根据会议发言情况，将常委会组成人员和列席会议人员的主要意见整理如下。

出席人员普遍认为，我国是侨务资源大国，6000 多万华侨华人分布在世界近 200 个国家和地区。他们是中华民族的重要组成部分，是维护国家利益、促进国家发展的重要的可依靠力量。党的十八大以来，以习近平同志为核心的党中央统筹国内国际两个大局，高度重视华侨权益，十分关怀海外侨胞，对做好侨务工作作出全面部署。各级党委、政府和侨务部门贯彻党中央决策部署，依法维护华侨权益，鼓励和支持华侨华人回国创新创业，积极发挥华侨华人的重要作用。出席人员强调，实现中华民族伟大复兴，需要海内外中华儿女共同努力。要紧紧围绕党和国家工作大局，推动侨务工作改革创新，加强涉侨法治建设，做好各项为侨服务工作，最大限度凝聚侨心侨力，紧密团结广大海外侨胞和归侨侨眷同圆共享中国梦。审议中，大家还提出了一些具体意见和建议。

部分出席人员提出，要认真学习贯彻党的十九大精神和习近平总书记关于侨务工作的重要论述，密切关注和研究分析海内外侨情出现的新情况、新特点、新变化，加强顶层设计和统筹部署，不断开拓新时代侨务工作新局面。一些出席人员指出，华侨华人相对于国内 13 亿人口来说数量不算多，但始终同国家民族前途命运紧密联系在一起，在不同历史时期为中国的革命、建设、改革作出了重要贡献，切不可视其为“小众”。应树立“大侨务”、“大包容”观念，从团结一切致力于中华民族伟大复兴的爱国者的高度认识和把握侨务工作。一些出席人员指出，此次深化党和国家机构改革，明确由中央统战部统一管理侨务工作，凸显了侨务工作在党和国家工作全局中的重要性。应以此为契机，在党对海外统战工作的集中统一领导下，理顺体制机制，加强部门协调，形成共同推进侨务工作的合力。

部分出席人员提出，应完善侨务政策体系，规范涉侨行政行为，优化为侨公共服务，依法维护华侨各项正当权益，着力解决华侨迫切诉求。一些出席人员指出，华侨身份确认及办理回国定居还需要进一步规范，有的事实上已经回国生活但长期没有申请落户，有的国外居留证明材料过期，有的国内原身份信息与现身份信息不一致。侨务、外事、公安等部门应加强协作，明确华侨身份标准，保障华侨回国定居权益。许多出席人员指出，法律规定华侨在国内办理相关事务可以凭本人护照证明身份，但在实际生活中，华侨凭护照在国内入住酒店，办理交通、金融等业务都十分不便，应抓紧研究解决这一问题。一些出席人员指出，华侨在国内参加社会保险的转移接续办法不够明确，一些华侨由于原人事档案缺失，无法办理社保和退休手续。应完善和落实华侨参加社会保险有关政策,将符合条件的华侨纳入社保范围。有的出席人员指出,华侨外籍子女在国内入学难,专门面向华侨子女开设的国际学校数量不足、规模偏小,无法满足需要。希望关心解决华侨子女教育问题,为归国侨胞消除后顾之忧。一些出席人员指出,国内还有70多万贫困归侨侨眷,应按照精准脱贫的要求,重点做好侨界贫困家庭基本保障和关爱帮扶工作,确保他们如期脱贫解困。一些出席人员提出,应保障华侨依法有效行使各项政治权利,支持侨胞有序参与政治生活,充分发挥侨界人大代表和政协委员表达诉求、参政议政、建言献策的重要作用。

部分出席人员提出,应把促进侨务事业发展同服务国家发展大局紧密结合起来,加大引进侨智侨资力度,充分发挥海外侨胞和归侨侨眷在推动我国创新发展、维护和促进祖国统一、增进中外友好合作中的独特作用。许多出席人员提出,应把引进海外专业人才和科研团队作为今后一个时期侨务工作的重点方向,建立使用和管理相对灵活、来去自由的体制机制,做好政策支持、事业扶助、生活保障等各类服务,确保人才引得进、留得住、流得动、用得好。有的出席人员指出,应加强对外国相关法律规定的研究,完善我国引智工作政策措施,为引进的海外人才提供有效保护。有的出席人员提出,建设华侨华人创新创业示范基地,既要积极推进,也要根据条件稳步进行,防止"扎堆儿",真正培育一批成功创业的侨资高科技企业。一些出席人员提出,对侨商投资应一视同仁,不能因其规模大小而差别对待,要积极利用互联网、大数据等现代信息手段,为侨商投资创业提供优质高效的服务管理。一些出席人员提出,应引导和支持华侨华人积极参与"一带一路"建设,发挥他们熟悉情况、融通中外的优势,助力国内企业"走出去",与"一带一路"沿线国家实现各领域务实合作。

部分出席人员提出,应努力维护华侨在海外的正当权益,加强海外领事保护工作,积极参与推动移民问题的全球治理和国际规则的制定,为海外侨胞营造更加友好的生存发展环境。一些出席人员提出,维护海外华侨权益,在坚持以政府为主导的同时,应充分发挥华侨团体、开展海外业务的律师事务所等民间组织的作用,把各方力量整合凝聚起来。有的出席人员提出,应引导侨胞自觉遵守住在国法律,尊重当地民族宗教习俗,更好地维护海外中国人的形象。

部分出席人员提出,目前我国还没有保护华侨权益的专门法律,有关华侨权益保护的内容散见于多部法律法规中。建议适应对外开放持续深入、我国公民移居海外规模不断扩大、华侨权益保护需求日益强烈的新形势,将制定华侨权益保护法列入十三届全国人大立法规划,抓紧研究起草,通过立法将党的十八大以来习近平总书记关于侨务工作的重要论述和党中央对侨务工作的重大决策部署转化为国家意志。一些出席人员提出,华侨权益保护立法应积极回应侨界呼声关切,针对华侨权益保护中的突出问题,设置相应的保障性条款,建立涉侨纠纷化解机制,为维护华侨权益提供有力的法律依据。应注意华侨权益保护立法与国籍法、归侨侨眷权益保护法等法律以及相关国际条约的衔接,提高立法的有效性和可操作性。有的出席人员建议,适应新时代侨情变化,尽快对已经实施多年的归侨侨眷权益保护法进行修改完善。

关于人民陪审员制度改革试点情况的报告

——2018年4月25日在第十三届全国人民代表大会常务委员会第二次会议上

全国人民代表大会常务委员会:

根据第十三届全国人民代表大会常务委员会第二次会议安排,现将三年来人民陪审员制度改革试点工作情况报告如下:

一、改革试点的基本情况和主要成效

党的十八届三中、四中全会对推进人民陪审员制度改革作出重要部署。2015年4月1日,习近平总书记主持召开中央全面深化改革领导小组第十一次会议,审议通过《人民陪审员制度改革试点方案》(以下简称《试点方案》)。2015年4月24日,十二届全国人大常委会第十四次会议通过《关于授权在部分地区开展人民陪审员制度改革试点工作的决定》(以下简称《授权决定》),授权在10个省(区、市)选择50个法院开展为期两年的试点。

2015年4月28日，最高人民法院、司法部联合召开人民陪审员制度改革试点工作部署动员会，正式启动人民陪审员制度改革试点工作。同年7月，在全国人大内司委指导下，最高人民法院会同司法部，对改革试点地区实施方案逐一研究批复，有力推动了改革试点各项措施的落地落实。为进一步研究解决改革试点中的难点问题，2017年4月，全国人大常委会决定将试点期限延长一年。

三年来，根据中央统一部署，在全国人大及其常委会有力监督下，最高人民法院会同司法部出台了《人民陪审员制度改革试点工作实施办法》（以下简称《试点办法》）、《关于进一步加强和改进人民陪审员制度改革试点工作的通知》、《人民陪审员宣誓规定（试行）》等文件，指导各试点法院认真落实《授权决定》和《试点方案》，加强对试点工作的组织协调、监督指导和政策研究。最高人民法院成立人民陪审员制度改革研究小组，全面加强对改革重大理论和实践问题的研究；组织编写《人民陪审员履职读本》，举办人民陪审员培训示范班，着力提升人民陪审员的素质和水平；研发全国统一的人民陪审员信息管理系统，推进人民陪审员管理网络化规范化；加强工作管理，建立试点工作信息月报制度，分赴试点地区开展改革专项督察。全国人大代表和地方人大代表高度关注人民陪审员制度改革试点工作，多次赴试点法院听取试点情况汇报，开展专项督察，监督、指导改革试点工作。2016年6月30日，最高人民法院向全国人大常委会作了中期报告，认真接受全国人大常委会的监督和指导。

各试点法院认真落实党中央决策部署，按照最高人民法院工作要求，主动向当地党委、人大报告改革试点情况，积极争取相关政府部门支持，加强与司法行政机关、公安机关的协作配合，推动人民陪审员制度改革试点工作顺利开展。

（一）扩大选任范围，增强人民陪审员的广泛性和代表性

试点法院严格落实《试点方案》"一升一降"和"两个随机"的要求，积极协调当地司法行政机关、公安机关，不断扩大人民陪审员选任范围，选任理念由原来的"方便""好用"向"广泛""随机"转变，选任方式由原来的主要由组织推荐产生向随机抽选和组织推荐并重转变。黑龙江鸡西中院和江苏苏州吴中区法院等探索实行司法行政机关抽选、人大任命、法院使用的人民陪审员选任新机制，人民陪审员来源更加广泛，结构更加合理。截至今年4月，50个试点地区人民陪审员总数达到13740人，比改革前新增9220人。其中，基层群众7953人，占57.88%；高中学历4894人，占35.62%，高中以下学历653人，占4.75%。

（二）完善参审机制，提升人民陪审员参审质效

试点法院合理确定参审范围，设置参审案件数上限，尝试适用大合议庭审理模式，探索事实审与法律审相分离，细化参审工作流程，逐渐从原来的注重陪审案件"数量""陪审率"向关注陪审案件"质量"转变，"驻庭陪审""陪而不审""审而不议"等问题得到较好解决。试点以来，人民陪审员共参审刑事案件30659件，民事案件178749件，行政案件11846件，占一审普通程序案件的77.4%。由人民陪审员参与组成五人以上大合议庭审结涉及群体利益、社会公共利益等社会影响较大的案件3658件，取得了良好法律效果和社会效果。北京二中院在审理一起涉及221名职工的劳动争议案件、福建厦门海沧区法院在审理社会高度关注的"1·27"海沧区天湖城小区抢劫案中，引入4名陪审员和3名法官组成大合议庭，提升了审判结果的社会公信力。

（三）健全管理保障机制，提升人民陪审员履职保障水平

试点法院积极争取当地党委、政府的关心、支持，主动加强与财政部门沟通，认真落实人民陪审员经费保障规定，充分调动人民陪审员履职的积极性。重庆高院在试点初期就争取市财政支持，为每家试点法院拨付专项资金。探索完善人民陪审员退出和惩戒机制，明确人民陪审员的权利和义务，促进人民陪审员履职规范化。创新管理模式，积极探索法院管理与人民陪审员自主管理相结合，一些试点法院成立人民陪审员自主管理委员会，实现自我管理、自我约束、自我发展、自我服务。大力开展陪审工作信息化建设，开发并运用包含人民陪审员信息库、随机抽选、履职信息、业绩评价等内容的陪审管理系统，提升陪审工作管理水平。

（四）拓宽渠道，加大人民陪审员工作宣传力度

试点法院按照服务改革、贴近群众、推动工作的思路，依托电视、报纸、网络、手机、新闻发布会等载体，通过官方网站、微博、微信等新媒体平台，采取进社区、进企业、访群众等多种方式，全方位、立体式宣传改革的意义，介绍人民陪审员工作情况，发布典型案例，不断扩大人民陪审员工作的群众基础。最高人民法院组织拍摄人民陪审员公益广告在中央电视台播出，获得第十四届全国党员教育电视片观摩交流活动一等奖。河南法院结合陪审员

候选人资格审查、入户审核等工作，深入村镇街道向基层组织和群众发放宣传材料，推出《看一看哪些人能当陪审员》等一系列 H5 作品。黑龙江、重庆法院拍摄人民陪审员主题微电影《我们的陪审员》《柚乡陪审员》，社会反响良好。

二、改革试点中涉及的重点难点问题

试点过程中，特别是试点延期一年的实践中，最高人民法院坚持问题导向，组织试点法院对人民陪审员制度改革中的重点难点问题进行攻关，并及时总结经验，适当调整政策，为立法工作积累了有益经验。

（一）关于改革人民陪审员选任机制

一是关于选任方式。《试点方案》和《试点办法》要求陪审员全部随机抽选产生，但在试点过程中出现符合条件又有意愿担任陪审员的公民没有机会担任陪审员、被随机抽中的公民却因为各种原因不愿意参加陪审的情况，影响人民陪审员制度的严肃性。部分全国人大代表和一些地方法院主张保留个人申请和组织推荐方式。因此，我们建议，陪审员主要还是随机抽选产生，一定比例的人民陪审员可以通过个人申请和组织推荐的方式产生，但不宜超过人民陪审员名额数的五分之一。

二是关于选任机关。《试点方案》和《试点办法》要求以基层法院和中级法院为主，会同同级司法行政机关开展人民陪审员选任工作。试点过程中，法院内外均有同志提出，为了实现选用分离，确保选任的随机性和公正性，建议将陪审员选任工作交由司法行政机关牵头，形成司法机关选任、人大任命、法院使用的工作格局。试点延期一年期间，黑龙江鸡西中院、陕西西安雁塔区法院以及非试点法院江苏南通通州区法院，试行将选任工作交由司法行政机关牵头负责，提高了工作效率，增强了选任的公信度。因此，我们建议，对选任机关作出调整，由司法行政机关会同基层人民法院、公安机关开展人民陪审员选任工作。

三是关于中级法院人民陪审员选任。《试点方案》和《试点办法》要求试点中级法院也在辖区范围内采用随机抽取的办法产生人民陪审员。实践中，中级法院所需陪审员数量不多，单独开展随机抽选似无必要。我们建议，恢复 2004 年全国人大常委会《关于完善人民陪审员制度的决定》（以下简称“2004 年《决定》”）的做法，中级法院直接从辖区基层法院人民陪审员名单中随机抽取，确定具体参审案件的人民陪审员。

四是关于专业陪审员。试点过程中，对于是否保留专业陪审员存在不同意见。支持者认为，专业陪审员可以帮助解决一些专业类的疑难案件；反对者则认为，专业陪审员与陪审员制度的大众化相冲突，还可能导致专业偏好。目前，我国刑事诉讼法和民事诉讼法均建立了专家辅助人制度，可以帮助法官解答专业疑难问题。因此，我们建议，暂不规定专业陪审员，允许各地法院根据工作需要，对人民陪审员按专业进行分类，参与审理一些专业性较强的案件。

（二）关于完善人民陪审员参审机制

一是关于参审范围。《试点方案》要求合理界定并适当扩大人民陪审员参审案件范围，充分发扬司法民主，提高司法公信力。试点过程中，试点法院除根据《试点方案》要求，审理涉及群众利益、社会公共利益、人民群众广泛关注以及其他社会影响较大的第一审刑事、民事、行政案件外，还审理了一大批案情复杂的案件，充分发挥人民陪审员了解社情民意、长于事实认定的优势。在试点延期一年期间，部分试点法院还组成七人合议庭，根据民事诉讼法和行政诉讼法的相关规定，审理一定数量的公益诉讼案件，得到人民群众的普遍认可。因此，我们建议，将案情复杂的案件和公益诉讼案件列入人民陪审员参审案件范围。

二是关于事实审与法律审的区分。按照《试点方案》逐步实行事实审与法律审区分的要求，试点法院积极探索在五人以上合议庭中区分事实审和法律审，实践中主要适用于五人、七人、九人及以上合议庭。试点中，我们发现，在区分事实审和法律审的前提下，五人合议庭中的法官至少要有三人，人民陪审员仅有两人，由于人数较少而不敢发言的情况较为普遍；如采用九人及以上合议庭，各地法院现有的法庭设施需要进行大规模改造，开展陪审工作的成本也会大大增加。在延期试点一年中，部分试点法院采用七人合议庭审理有重大社会影响的案件，取得比较好的效果。一方面，七人合议庭已能满足审理重大案件的需要，法庭设施也不需要大规模改造；另一方面，七人合议庭由四名陪审员和三名法官组成，数量配比相对平衡，陪审员的心理优势和“存在感”得到增强，参审的积极性得到较大提升。因此，我们建议，在三人合议庭中，以不区分事实审与法律审为宜，人民陪审员与法官有同等权利；对一些社会影响重大的案件，由三名法官和四名人民陪审员组成七人合议庭，人民陪审员只参与审理事实认定问题，不审理法律适用问题。

三是关于参审案件数上限。《试点方案》提出，合理确定人民陪审员每年参与审理案件的数量比例，防止出现"驻庭陪审员""编外法官"等情况。试点过程中，试点法院结合本辖区实际情况，合理确定每名人民陪审员每年参与审判案件的数量上限，报高级法院备案，并向社会公告。有的试点法院建立了人民陪审员参审数据库，随机抽选人民陪审员参审，屏蔽一年内参审案件数量超过上限的，从技术上保证更多的人民陪审员有机会参审。实践证明，设定参审案件数上限是解决"驻庭陪审员""编外法官"问题的一剂良方，建议继续保留这一规定。

（三）关于提升人民陪审员履职保障水平

一是关于参审补助。2004年《决定》规定仅对无固定收入的人民陪审员给予补助。但在实践中，各地法院对有无固定收入的人民陪审员，均按日或按件给予补助，地方财政部门也都认可并予以保障。为调动广大人民陪审员的积极性，我们建议，将陪审员参加审判的补助定性为劳务收入，不论有无固定工作均给予一定补助。具体补助标准，由最高人民法院、司法部和财政部另行确定。

二是关于人民陪审员的个人信息和人身安全保护。《试点方案》强调，要加强对人民陪审员个人信息和人身安全的法律保护。《试点办法》作了进一步规定。这些措施保障了人民陪审员的个人信息和人身安全，解决了他们的后顾之忧。我们建议，进一步明确人民陪审员的人身安全和住所安全受法律保护，任何单位和个人不得对人民陪审员及其近亲属实施打击报复；对报复陷害、侮辱诽谤、暴力侵害人民陪审员及其近亲属的，依法追究责任。具体保护措施，由最高人民法院会同相关部门在配套文件中细化。

以上建议，已在提交本次会议审议的《人民陪审员法（草案）》中予以体现。

三、下一步工作安排

在全国人大及其常委会的有力监督下，经过各方面的共同努力，人民陪审员制度改革试点工作顺利完成，为人民陪审员制度发展奠定了良好的基础。以法律形式将试点工作中的经验做法固定下来的条件已经成熟。制定《人民陪审员法》是中国特色社会主义法治建设的一件大事，也是保障公民民主权利、推进司法民主建设的一个新的里程碑。《人民陪审员法》通过后，最高人民法院将认真做好贯彻落实和舆论宣传等工作，努力把《人民陪审员法》的各项规定落到实处。

（一）抓好部署落实。下发通知，要求各级法院和广大干警进一步增强思想自觉和行动自觉，认真做好《人民陪审员法》颁布、实施后的各项工作。会同司法部等部门召开动员部署会议，对《人民陪审员法》涉及的各个环节、各项任务作出全面周密的部署，实现人民陪审员制度的功效和目的。

（二）制定规范性文件。为确保《人民陪审员法》的有效实施，最高人民法院将制定《关于人民陪审员参加审判活动若干问题的规定》，对人民陪审员参审案件范围、庭审程序、评议规则等问题作出细化。配合司法部研究起草人民陪审员选任办法，对人民陪审员选任中的"两个随机"、资格审查、人选确定等问题作出规定。会同司法部共同起草人民陪审员管理办法，对人民陪审员的培训、考核、奖惩等问题作出规定。会同财政部下发关于人民陪审员经费管理有关问题的通知，完善人民陪审员履职经费保障的各项制度，确保人民陪审员制度在实践中高效有序运行。

（三）开展专题培训。会同司法部，按照分层培训、全员培训原则，结合陪审工作的特点和要求，对人民陪审员和法官开展专题培训，进一步提升人民陪审员的履职能力，增强广大法官指导人民陪审员有效参审的能力。

（四）加大宣传力度。协调中央有关部门和新闻媒体对人民陪审员制度的重大意义、主要内容、实际成效和典型案例进行广泛宣传，同时要求地方各级法院结合本地实际，开展形式多样的宣传活动，进一步增强全社会对人民陪审员制度的理解和支持。建议全国人大从立法层面提出明确要求，推动各级党委、人大、政府关心支持人民陪审员工作，形成各职能部门协调配合、人民群众理解支持、人民陪审员积极有序参审的良好局面。

全国人大常委会专门审议人民陪审员制度改革试点情况报告，充分体现了对人民陪审员制度改革试点工作的高度重视和关心支持。我们要在以习近平同志为核心的党中央坚强领导下，在全国人大及其常委会有力监督下，进一步贯彻落实人民陪审员制度各项要求，认真落实本次会议审议意见，开拓进取，扎实工作，努力开创人民陪审员工作新局面，为决胜全面建成小康社会、夺取新时代中国特色社会主义伟大胜利、实现中华民族伟大复兴的中国梦提供有力司法保障。

特此报告，请审议。

关于研究处理固体废物污染环境防治法执法检查报告及审议意见情况的报告

——2018 年 6 月 19 日在第十三届全国人民代表大会常务委员会第三次会议上

生态环境部部长　李干杰

全国人民代表大会常务委员会：

按照监督法规定和全国人大常委会安排，受国务院委托，现就全国人大常委会固体废物污染环境防治法（以下简称“固废法”）执法检查报告及审议意见研究处理情况报告如下，请审议。

一、总体情况

党中央、国务院高度重视固体废物污染环境防治工作。习近平总书记主持召开中央全面深化改革领导小组会议，审议通过了《关于禁止洋垃圾入境推进固体废物进口管理制度改革实施方案》。李克强总理在今年政府工作报告中要求，在打好污染防治攻坚战方面取得扎实进展，加强固体废弃物和垃圾分类处置，严禁洋垃圾入境。韩正副总理等中央领导同志对做好相关工作提出了明确要求。

2017 年，十二届全国人大常委会开展“固废法”执法检查，并在执法检查报告中指出了当前固体废物污染防治在污染者法律责任落实、危险废物全过程管理、城乡环境综合整治、工业固废治理、监管工作机制和执法能力、科技支撑、法规制度体系等方面存在的突出问题；并提出具体可行的建议，强调要全面准确把握固体废物减量化、资源化、无害化三者关系，坚持从全局出发，推动清洁生产促进法、循环经济促进法和“固废法”有效衔接，加强部门联动和政策协同，切实解决生活垃圾、危险废物等突出环境问题，促使固体废物污染得到有效防治。十二届全国人大常委会第三十次会议在审议“固废法”执法检查报告时，普遍认为这次执法检查力度大、覆盖面广、工作实，突出问题导向，回应人民期待，报告总结成绩客观全面，分析问题全面精准，提出措施科学可行。国务院高度重视“固废法”执法检查报告及审议意见的研究处理工作，有关部门采取切实措施改进执法检查发现和审议提出的问题。

二、严厉打击固体废物非法转移倾倒，强化危险废物全过程监管

一是做好顶层设计建立长效机制。推进长江经济带发展领导小组办公室会同有关部门编制沿江固体废物大排查方案，部署相关行动。生态环境部制定聚焦长江经济带、坚决遏制固体废物非法转移和倾倒专项行动方案，重点围绕严厉打击固体废物环境违法犯罪行为、压实企业和地方责任、建立健全危险废物环境监管长效机制等方面进行工作部署；印发《关于坚决遏制固体废物非法转移和倾倒进一步加强危险废物全过程监管的通知》，指导各地组织开展专项排查，打击相关违法犯罪行为等相关工作。

二是严厉打击涉固体废物违法违规行为。生态环境部严肃查处江苏盐城辉丰公司非法填埋危险废物、山西三维集团违规倾倒工业废渣、广州海滔公司非法倾倒污泥等一批大案要案；集中约谈广州、连云港、盐城等 7 市政府主要负责同志；对芜湖市白象山非法堆存工业固废及有毒有害物质等 7 起生态环境违法案件挂牌督办；联合公安部、最高人民检察院对安徽池州污染长江环境等 40 余起污染环境犯罪案件挂牌督办。

三是以长江经济带为重点开展专项整治行动。2018 年 5 月，生态环境部启动打击固体废物环境违法行为专项行动（以下简称“清废行动 2018”），组成 150 个督查组进驻长江经济带 11 省（市），对固体废物倾倒情况进行全面摸排核实。截至 5 月 15 日，共核实 2796 个固体废物堆存点，发现 1308 个存在问

题，对其中问题严重的111个由生态环境部挂牌督办，其余问题交有关省级环保部门挂牌督办。公安部部署沿江重点省市公安机关开展集中打击整治长江流域污染环境违法犯罪工作，侦破污染长江刑事案件150起。

四是完善危险废物环境管理制度。研究修订危险废物经营许可证管理办法、危险废物转移联单管理办法，并向社会公开征求意见；发布《固体废物鉴别标准通则》，研究修订《危险废物鉴别标准通则》、《危险废物鉴别技术规范》，推动解决涉案危险废物鉴别难、定性难问题；发布《黄金行业氰渣污染控制技术规范》等标准指南，规范危险废物环境管理工作。

五是开展调查推进集中处置设施建设。将危险废物纳入第二次全国污染源普查范围，明确工业源危险废物普查要求，全面调查工业企业危险废物产生、贮存、利用和处置情况。加强对地方工作指导力度，通过危险废物规范化管理考核等手段，督促各省（区、市）科学评估危险废物处置能力及需求，合理规划危险废物集中处置设施建设。浙江等11个省级政府制定并发布了危险废物处置设施建设规划。

下一步，将重点做好以下工作：一是深入开展“清废行动2018”，坚决遏制固体废物非法转移倾倒案件多发态势。二是继续制修订相关制度和标准规范，进一步完善危险废物鉴别管理规定。三是大力推进第二次全国污染源普查，2018年全面开展入户调查。四是指导各地科学布局危险废物处置设施，切实提高危险废物处置能力和水平。

三、坚决禁止洋垃圾入境，加快推进固体废物进口管理制度改革

一是完善监管制度，堵住洋垃圾进口通道。为全面贯彻落实禁止洋垃圾入境推进固体废物进口管理制度改革实施方案，生态环境部会同有关部门制定并实施三年行动方案（2018—2020年），进一步分解任务和细化要求，确保各项改革措施落地见效。自2017年8月起，先后三次调整进口废物管理目录，其中，第一批调整目录于2017年12月31日起生效，已全面禁止进口环境危害大、群众反映强烈的固体废物；第二批、第三批将分别于2018年12月31日起和2019年12月31日起实施。经过三次调整，列入目录的进口可用作原料的固体废物种类将由7类66种减少至2类18种。修订发布实施11项进口可用作原料的固体废物环境保护控制标准，提高废物进口门槛；印发进口废纸环境保护管理规定，提高进口废纸加工企业规模要求；印发限制进口类可用作原料的固体废物环境保护管理规定，取消贸易单位代理进口，降低转让进口许可证风险。有关部门联合推荐一批固体废物属性鉴别机构，鉴别机构由3家增加至20家，进一步解决进口废物鉴别难问题。

二是加强全过程监管，强化洋垃圾非法入境管控。严格进口固体废物审批，2017年审批量同比下降35%。海关总署等部门不断加大洋垃圾口岸查验和走私打击力度。2017年全国口岸共检出不合格进口固体废物402批，共计5.9万吨，对走私洋垃圾刑事立案286起，查证涉案废物86.68万吨。今年以来，海关总署开展“国门利剑2018”和打击洋垃圾走私“蓝天2018”专项行动，第一季度立案侦办洋垃圾走私犯罪案件139起，查证各类涉案废物25.4万吨。

三是发挥部门合力，从严查处各类环境违法行为。2017年7月，从全国环保系统抽调1700余人，对1792家进口废物加工利用企业，开展为期1个月的专项执法行动，督促各地依法处理违法企业1072家。有关部门联合开展电子废物、废轮胎、废塑料、废旧衣服、废家电拆解等“五废”再生利用行业清理整顿。截至目前，全国共重点整治“五废”行业集散地194个，排查再生利用企业1.8万家，关停取缔8800余家。

2017年，固体废物实际进口量同比下降9.2%，其中限制类固体废物进口量下降12%。今年第一季度，固体废物进口量同比下降57%，其中限制类固体废物进口量下降64%，政策调整效果明显。

下一步，将重点做好以下工作：一是持续推进三年行动方案，全面落实改革实施方案各项任务。二是从严审查固体废物进口许可申请，力争固体废物进口量逐年大幅削减。三是自2018年起，连续三年开展打击进口固体废物加工利用企业环境违法行为专项执法行动，持续保持高压态势。

四、全面推进城市生活垃圾处理，提升城市人居环境

一是积极推动生活垃圾分类。住房城乡建设部会同有关部门推动党政机关、军队单位、医疗机构和学校率先实施生活垃圾分类，推进46个重点城市开展垃圾分类工作。指导地方着力解决“先分后

混”问题,推进厨余垃圾处理和有害垃圾安全处置。12个城市出台垃圾分类地方性法规或规章、23个城市将垃圾分类立法列入计划。北京、上海、厦门、深圳等地开展垃圾分类示范片区建设,建立微信公众号,组织义工服务队,促进全社会共同关注、共同行动。

二是着力提升生活垃圾处理设施建设与运行水平。住房城乡建设部等部门积极落实“十三五”全国城镇生活垃圾无害化处理设施建设规划,要求垃圾处理能力不足的城市加快补短板;指导地方科学规划选址,采用安全适用技术,严格排放标准,建设高标准“邻利型”垃圾焚烧设施。生态环境部制定《垃圾焚烧发电行业达标排放专项整治行动方案》,目前投产运营的278家垃圾焚烧发电企业全部完成“装、树、联”(依法安装自动监控设备、在厂区门口树立电子显示屏、实时监控数据与环保部门联网)。

三是推动建筑垃圾资源化利用。发展改革委会同有关部门加快资源循环利用基地建设,对建筑垃圾等进行集中资源化回收。住房城乡建设部按照开展存量治理、加快设施建设、推动资源化利用的思路,在35个城市开展建筑垃圾治理试点。工业和信息化部发布建筑垃圾资源化利用行业规范条件,引导行业规范发展。

下一步,将重点做好以下工作:一是深入推动生活垃圾分类,形成可推广、可复制的模式。二是认真落实“十三五”城镇生活垃圾处理设施建设规划,持续推动各地相关设施建设。三是深入开展垃圾焚烧发电行业达标排放专项整治行动,促进提升设施运行水平。四是推进建筑垃圾治理试点工作,及时出台相关指导意见。

五、扎实推进农业农村固体废物治理,改善农村人居环境

一是加强农村生活垃圾治理。国务院召开全国改善农村人居环境工作会议,全面部署改善农村人居环境各项任务。生态环境部组织各地开展农村环境综合整治,2017年中央财政安排专项资金60亿元,完成2.8万个村庄环境整治任务。住房城乡建设部继续开展农村生活垃圾治理专项行动,2017年新增4个省份完成治理目标,全国开展生活垃圾处理的行政村比例达到74%,比2016年提高9个百分点。加强非正规垃圾堆放点排查整治,正在组织新一轮排查,进一步加大力度开展整治工作。

二是推进畜禽粪污资源化利用。印发《畜禽粪污资源化利用行动方案(2017—2020年)》,支持100个畜牧大县开展畜禽粪污资源化利用基础设施建设和装备配置,整县推进畜禽粪污资源化利用。

三是开展秸秆综合利用。印发东北地区秸秆处理行动方案,聚焦秸秆综合利用重点领域和关键环节,推进秸秆综合利用。利用中央财政13亿元资金,建设143个秸秆综合利用试点县,推动区域秸秆综合利用能力整体提升。

四是推动农膜回收利用。印发农膜回收行动方案,提高废旧农膜资源化利用水平。在甘肃、新疆、内蒙古3个重点用膜省(区)建立100个地膜回收示范县,并选择4个县探索建立地膜生产者责任延伸制度。

下一步,将重点做好以下工作:一是认真落实《农村人居环境整治三年行动方案》,全面推进农村生活垃圾治理。二是支持200个左右畜牧大县整县推进畜禽粪污资源化利用工作,大力推动秸秆综合利用和农膜回收行动。

六、压实各方污染防治责任,加快推动形成绿色生产和生活方式

一是统筹防控环境风险。党中央、国务院对打好污染防治攻坚战作出重要部署,要求打好长江保护修复、农业农村污染治理等七场标志性重大战役,我们在谋划这些重大战役的作战方案过程中,牢固树立“一盘棋”思想,着眼生态系统整体性,统筹固体废物与大气、水、土壤污染防治,将固体废物作为环境风险管控的重要内容、生态环境质量改善的重要保障,倒逼产业结构、能源结构、运输结构、农业投入结构调整,促进固体废物减量化、资源化和无害化。

二是加大环境保护督察力度。2017年,实现对31个省(区、市)中央环境保护督察全覆盖,对督察发现的固体废物相关环境问题,各地高度重视,坚持边督边改,同时建立长效机制,加快解决突出问题,地方固体废物治理责任和监管责任进一步得到落实。

三是推进部门政策协同。财政部等4部门联合印发文件,推广运用政府和社会资本合作(PPP)模式,探索固体废物治理的市场化机制。印发关于推进环境污染第三方治理的实施意见,积极培育第三方固体废物治理的市场主体。市场监管总局等部门将固体废物利用处置等违法失信企业信息归集

至全国信用信息共享平台,并在国家企业信用信息公示系统和“信用中国”网站公示,开展联合惩戒,实现“一处违法、处处受限”。

四是加快传统产业升级。工业和信息化部组织实施工业绿色发展“十三五”规划,部署推进绿色制造体系建设,引导企业在生产过程中使用无毒无害或低毒低害原料,促进固体废物减量化;印发加强长江经济带工业绿色发展的指导意见,推进工业布局优化和结构调整,加快传统制造业绿色化升级改造。自然资源部印发关于加快建设绿色矿山的实施意见,开展661个国家级绿色矿山试点工作。交通运输部印发关于实施绿色公路建设的指导意见,推广粉煤灰、煤矸石等工业固体废物再生利用产品应用。

五是引导社会公众参与。司法部把“固废法”等生态环境保护法律法规作为“法律六进”(法律进机关、进乡村、进社区、进学校、进企业、进单位)基本内容,组织各地因地制宜开展形式多样的生态环境保护法治宣传活动。发展改革委通过多种形式,广泛宣传生活垃圾分类知识。生态环境部会同住房城乡建设部积极推动全国环保设施和城市污水垃圾处理设施向公众开放,全国首批48家生活垃圾、危险废物、废弃电器电子产品处理设施正式对公众开放。发布2017年全国大、中城市固体废物污染环境防治年报,督促各地做好固体废物信息公开工作,提高公众参与程度。

下一步,将重点做好以下工作:一是开展中央环境保护督察“回头看”,对有关问题整改情况进行督察,进一步压实地方固体废物治理责任和监管责任。二是按照党的十九大精神,结合生态环保机构改革,完善生态环境监管体制,科学设置固体废物监管部门职责,健全固体废物监管体系和部门联动机制。三是指导各地开展“固废法”宣传教育活动,加大力度推进企业信息公开,引导社会公众参与监督。

关于执法检查和审议时提出的其他意见和问题,国务院各有关部门也逐一做了认真研究和改进。在加强科技支撑方面,科技部牵头组织编制“固废资源化”重点专项实施方案。在推进包装废物回收方面,国家邮政局选择8个省(市)开展快递绿色包装试点;中华环境保护基金会设立公益基金,联合厦门市政府启动全球首个绿色物流城市建设。在落实生产者责任延伸制度方面,工业和信息化部组织开展电器电子产品生产者责任延伸试点。在固体废物减量化、资源化、无害化融合方面,生态环境部积极推动“无废城市”建设试点。

一直以来,全国人大常委会高度重视、大力支持生态环境保护工作,切实加强立法和执法监督,为推进生态文明建设和生态环境保护提供了有力的法律保障。我们将更加紧密地团结在以习近平同志为核心的党中央周围,以习近平新时代中国特色社会主义思想为指导,在全国人大及其常委会监督支持下,不忘初心、牢记使命,奋发有为、攻坚克难,深入推进固体废物污染环境防治工作,坚决打好污染防治攻坚战,为全面建成小康社会、建设美丽中国做出新的更大贡献!

对研究处理固体废物污染环境防治法执法检查报告及审议意见情况报告的意见和建议

6月21日,十三届全国人大常委会第三次会议审议了生态环境部部长李干杰受国务院委托作的关于研究处理固体废物污染环境防治法执法检查报告及审议意见情况的报告,共有58人次发言。现根据会议发言情况,将常委会组成人员和列席会议人员的主要意见整理如下。

常委会组成人员普遍认为,国务院高度重视2017年全国人大常委会开展执法检查时提出的意见建议,深入研究,积极整改,取得明显成效。大家指出,治理固体废物污染是打好污染防治攻坚战的重要内容。要认真贯彻党中央决策部署,全面落实法律责任,严厉打击固体废物非法转移倾倒等行为,坚决禁止洋垃圾入境,着力推进生活垃圾分类处理,加快形成绿色发展方式和生活方式,从根本上解决垃圾围城、围村等突出生态环境问题。要总结实践经验,抓紧研究修改固体废物污染环境防治法,健全污染防治长效机制。审议中,大家还提出了一些具体意见和建议。

部分出席人员指出,我国危险废物产生量大,积存量逐年增加,对生态环境和人体健康威胁巨大,一旦发生事故,后果十分严重,应摆在固体废物污染防治的首要位置。一些出席人员指出,现行国家危险废物名录不够完善，分级分类管理制度尚未建立，难以全面准确掌握危险废物类别、数量。应规范和细化危险废物标准，以第二次全国污染源普查为契机，认真调查危险废物产生、贮存、利用和处置情况，切实摸清危险废物底数，提高防治工作的针对性和有效性。一些出席人员指出，危险废物处置能力缺口较大且不均衡，每年有半数以上危险废物由产生单位自行利用处置，对经济价值高的危险废物处置能力过剩，对经济价值低的危险废物处置能力不足，2003年出台的危险废物处置设施建设规划已无法适应当前形势要求。应尽快启动新一轮全国危险废物集中处置设施建设规划编制工作，加强对危险废物处理单位的清理和规范，消除垄断、乱收费等现象，强化技术装备，优化结构布局，不断提高危险废物处置能力。一些出席人员提出，应落实“固废法”第65条规定，抓紧制定重点危险废物集中处置设施、场所的退役费用预提和管理办法，将退役费用列入投资概算或者经营成本，防止出现危险废物填埋场封场后无人负责运行管理的问题。一些出席人员提出，随着经济社会发展，医疗废物、实验室废物产生规模和范围不断扩大，散播病菌，污染环境，是不容忽视的重要危险废物，应加强检查，从严管理，妥善处置。一些出席人员提出，家庭生活中产生的危险废物，如过期药品、报废荧光灯等，已经列入危险废物名录，但缺乏有效回收处置渠道，易导致严重污染，应当引起关注和重视，尽快研究制定相应的处理办法。一些出席人员提出，一些中西部地区尾矿堆存严重，维护设施陈旧，尾矿中含有大量重金属成分，对土壤、水环境造成重大威胁，应加强尾矿库统一治理，严格风险预警和防控，努力消除安全隐患。

部分出席人员指出，前一阶段部分地区固体废物非法转移和倾倒问题突出，中央高度重视，社会普遍关注，有关部门开展了大排查和专项整治，取得了阶段性成效。对固体废物非法转移倾倒问题应常抓不懈，保持严厉打击的高压态势。应建立部门和区域联防联控机制，加强沿江及海上巡逻工作，严肃追究违法单位及相关人员责任，有效防范固体废物特别是危险废物非法转移倾倒引发的突发环境事件。一些出席人员指出，洋垃圾非法入境问题屡禁不绝，一些企业为牟利不惜铤而走险，通过夹藏、伪报、瞒报等方式非法进口固体废物。应坚决依法打击洋垃圾走私行为，加快推进固体废物进口管理制度改革，强化固体废物入境管控，逐步堵住洋垃圾进口通道。有的出席人员提出，禁止洋垃圾入境不宜搞“一刀切”，应分类管理、区别对待，对利用价值高、低污染易处理、对我国资源具有重要补充替代作用的固体废物，建议暂不列入禁止进口目录。

部分出席人员指出，随着我国经济社会发展和人民群众物质消费水平大幅提高，生活垃圾产生量迅速增长，垃圾分类工作进展严重滞后。应抓住分类投放、分类收集、分类运输、分类处理四个环节，研究制定科学合理的垃圾分类标准和便于操作的回收处理模式，在全国范围进行复制推广，推动生活垃圾分类取得实质性突破。一些出席人员提出，应下大力气加强垃圾分类宣传教育，辅之以必要的奖惩手段，探索实行居民生活垃圾计量收费制度，开展饮料包装和特种包装物押金试点，引导居民养成自觉主动分类投放垃圾的良好习惯。有的出席人员指出，垃圾的清扫、收集、运输由政府环卫部门负责，而回收利用的主要是企业和个人，两方面脱节，缺乏分类收运的动力。建议将垃圾减量与分类回收利用作为对环卫部门的考核指标，尝试通过政府购买服务等市场化手段，将垃圾分类收集、运输、处理以及回收利用的全流程委托专业公司综合经营。一些出席人员提出，应加快垃圾处理设施建设，针对我国生活垃圾含水量高、热值低、厨余物比重大的特点，积极发展焚烧余热利用、卫生填埋等先进适用的垃圾处理技术，严格排放标准，避免二次污染。垃圾处理项目规划选址、审批、建设运行应全过程信息公开，加强舆论引导，开展典型示范宣传，建立利益补偿机制，努力将“邻避”效应转变为“邻利”效应。一些出席人员提出，应注重从源头上减少生活垃圾，改进包装材料和设计，限制过度包装和一次性物品使用，对快递、外卖、共享单车等新业态产生包装盒、塑料袋、废金属等海量垃圾问题研究采取有效应对措施。

部分出席人员指出，与城市相比，农村垃圾污染问题更为突出。应坚持城乡统筹、因地制宜，补齐农村环保基础设施建设短板，研究推广适合农村地区、经济实用、就地就近的垃圾处理技术方法，加快推进农村垃圾治理，创造优美人居环境。有的出席人员指出，目前农村垃圾基本上是“村收集、乡运转、县处理”的模式，但大部分县的垃圾处理设施和管理水平都难以满足现实需要。有关部门应高度重视这个问题，加强专项督导，切实提高县一级垃圾集中处理能力。一些出席人员提出，应加强农业废弃物处理和资源化综合利用，推广循环农业生产模式，发展沼气、生物天然气，开展废旧地膜回收利用，鼓励使用可降解农用地膜，推动种植和养殖废弃物转化为农村能源。有的出席人员提出，应妥善处理秸秆焚烧问题，积极推进生物质发电、粉碎后还田等科学处理方式；在尚不具备处理条件的地方，可考虑采取暂时划定禁烧区的办法，确保秸秆焚烧的影响范围可控。

部分出席人员提出，应进一步加大固体废物利用处置技术的科研投入和政策支持，鼓励开展固体废物污染防治以及循环利用等领域科技研究，加快研发推广产品维修、再制造等新型实用技术，建设专业平台和人才队伍，依靠科技创新推动固体废物减量化、资源化、无害化。一些出席人员指出，目前资源再生产品生产成本普遍较高，"循环"但不"经济"的现象比较突出，市场竞争力有限，真正资源化利用的企业往往都是微利企业。应加大政府扶持力度，加强推广应用，政府采购优先选择再生资源产品，探索政府和社会资本合作（PPP）模式，打造一批具有示范带动作用的龙头企业，推动资源综合利用产业进入良性发展轨道。一些出席人员提出，推进固体废物资源化，应落实生产者责任延伸制度，充分发挥市场机制作用，推动生产企业重视建立产品回收体系，加快实现对废弃产品的规范回收和循环利用。

部分出席人员提出，应强化政府对固体废物污染的监管职责，建立健全源头严防、过程严管、违法严惩的监管体系，提高监管机构执法能力特别是加强基层固体废物监管力量，不断加大监督执法力度，让执法者精准打击，使违法者无所遁形。一些出席人员提出，应综合使用行政监管、司法诉讼、群众举报等各种举措，落实"管行业必须管环保"原则，发挥检察机关提起环境公益诉讼的作用，畅通环境违法线索反映渠道，形成防治固体废物污染的合力。有的出席人员建议，建立企业环保信用评价体系和强制或半强制的污染责任保险制度，把"谁污染谁担责"的法律原则落到实处，促进企业提高环境自律意识和社会责任意识，实现从漠视污染、消极治理、被动应付向重视环保、清洁生产、主动减排转变。

部分出席人员指出，固体废物污染环境防治法已经出台20多年，离上一次修订也近14年，部分条款难以适应当前环境保护和污染防治工作的需要。"固废法"修改已列入全国人大常委会2018年立法工作计划，希望有关方面加快推进相关工作，贯彻党的十八大以来党中央关于生态文明建设的重大决策部署要求，加强与修订后的环境保护法以及水污染防治法、大气污染防治法、循环经济促进法、清洁生产促进法等法律的有机衔接，形成一部务实、管用、能解决实际问题的高质量法律草案，尽早提请全国人大常委会审议。一些出席人员提出，国务院应抓紧制定完善固体废物污染防治配套法规，有条件的地方应制定地方性法规。有的出席人员建议，借鉴大气、水、土十条的经验做法，制定"固废十条"，明确固体废物污染防治工作的行动计划和时间表、路线图。有的出席人员指出，"固废法"明确规定对有关产品和包装物实行强制回收，但强制回收目录至今未出台，建议尽快制定强制回收产品和包装物目录及管理办法。

关于推动城乡义务教育一体化发展提高农村义务教育水平工作情况的报告

——2018年8月28日在第十三届全国人民代表大会常务委员会第五次会议上

教育部部长　陈宝生

全国人民代表大会常务委员会：

受国务院委托，我向全国人大常委会报告关于推动城乡义务教育一体化发展提高农村义务教育水平工作情况，请予审议。

推动城乡义务教育一体化发展，提高农村义务教育水平，是以习近平同志为核心的党中央根据新时代我国经济社会主要变化作出的一项重大战略决策部署。2016年5月，习近平总书记主持中央全面深化改革领导小组会议，审议了《关于统筹推进县域内城乡义务教育一体化改革发展的若干意见》，明确指出统筹推进县域内城乡义务教育一体化发展，对缩小城乡教育差距、促进教育公平具有重要意义。李克强总理多次对提高农村义务教育水平及促进教育公平提出要求，强调教育投入要继续向困难地区和薄弱环节倾斜,不断缩小城乡、区域和校际办学差距。孙春兰副总理对推动城乡义务教育一体化发展也提出明确要求。

推进城乡义务教育一体化发展,主要目标是推动县域内城乡义务教育学校建设标准统一、教师编制标准统一、生均公用经费基准定额标准统一、基本装备配置标准统一和"两免一补"政策城乡全覆盖,基本消除城乡二元结构壁垒,基本实现县域义务教育均衡发展和城乡基本公共教育服务均等化,义务教育普及水平进一步巩固提高,乡村教育质量明显提升,教育脱贫任务全面完成。

一、工作进展和成效

按照党中央、国务院决策部署,根据《国务院关于统筹推进县域内城乡义务教育一体化改革发展的若干意见》(国发〔2016〕40 号)要求,教育部、中央编办、发展改革委、财政部、人力资源社会保障部、自然资源部、住房城乡建设部等部门把统筹推进县域内城乡义务教育一体化改革发展作为实现教育现代化、全面建成小康社会、实施乡村振兴战略、打赢脱贫攻坚战的重大政治任务,全力以赴、通力合作,加强统筹协调和宏观管理,采取强有力的工作措施,大力推动城乡义务教育一体化发展,取得了显著成效。

(一)健全工作机制,形成上下联动的工作合力。

制订了教育部等九部门贯彻落实国发〔2016〕40 号文件任务分工方案,形成了教育部牵头、各部门配合,省级统筹、市级指导、县区主责的工作机制。及时协调主流媒体宣传解读工作目标和重要举措。召开了全国统筹推进县域内城乡义务教育一体化改革发展现场推进会,举办了各省级教育行政部门负责同志专题研讨班,及时进行工作部署、总结推广典型经验。加大督查督导力度,将推动县域内城乡义务教育一体化发展列入国务院第四次大督查,纳入义务教育均衡发展和对省级人民政府履行教育职责评价体系,组织开展两次全国性专项督导。各省级人民政府高度重视,全部出台了贯彻国发〔2016〕40 号文件的实施意见,并进行部署,将这项工作纳入市县政府工作考核目标,作为贫困县脱贫摘帽的重要考核指标,建立了定期报告和督导检查制度。

(二)加快推进"四个统一、一个全覆盖",着力破除城乡二元结构壁垒。

一是制订城乡统一的学校建设标准。教育部、住房城乡建设部等部门合并修订 2002 年出台的《城市普通中小学校校舍建设标准》、2008 年出台的《农村普通中小学校建设标准》,统一为《普通中小学校建设标准》,努力消除城乡学校在建设标准上的差距,提升乡村学校建设水平,目前已完成征求意见工作,争取尽快印发。

二是落实城乡统一的教师编制标准。中央编办、教育部将农村中小学编制标准统一提高到城市标准,按小学 1∶19、初中 1∶13.5 的师生比核定编制,并明确对乡村小规模学校按照师生比与班师比相结合的方式核定编制,对寄宿制学校适当增加编制。要求地方创新事业编制管理,跨地区、跨层级、跨行业统筹调剂编制,向义务教育学校倾斜。按照实际配备的教师测算,25 个省份小学、24 个省份初中已达到统一标准。

三是实现城乡统一的生均公用经费基准定额标准。按照《国务院关于进一步完善城乡义务教育经费保障机制的通知》(国发〔2015〕67 号)要求,建立了城乡统一、重在农村的义务教育经费保障机制,明确了生均公用经费标准,确定中西部地区普通小学生均公用经费每生每年 600 元、普通初中每生每年 800 元,东部地区普通小学每生每年 650 元、普通初中每生每年 850 元,并明确了中央与地方财政分担比例。

四是完善城乡统一的学校基本装备配置标准。教育部出台了做好普通中小学装备工作的意见,健全与国家课程标准相匹配的中小学装备配置标准体系,启动中小学装备配置标准修订工作,2018 年计划出台小学数学、初中数学、物理、化学、地理等学科装备配置标准和 30 项左右的质量标准。

五是实现"两免一补"政策全覆盖。2017 年已全面实现对城乡义务教育学生免除学杂费(民办学校学生免除学杂费标准按照中央确定的生均公用经费基准定额执行)、免费提供教科书,并对全国 1604 万名城乡家庭经济困难寄宿生发放生活补助,补助金额 179.1 亿元,其中 90% 用于中西部地区。

(三)补齐乡村教育短板,着力解决"乡村弱"问题。

一是加大农村教育投入力度。2017 年国家财政性教育经费投入 3.42 万亿元,其中 53% 用于义务教育。中央财政教育转移支付由 2016 年的 2817 亿元增加到 2018 年的 3067 亿元,80% 用于中西部农村和贫困地区,1/4 左右用于集中连片特困地区、民族地区。农村普通小学、初中生均教育经费支出保持较快增长,2017 年分别达到 1.14 万元、1.55 万元，比 2012 年分别增长 59.3%、61.9%。

二是推进农村学校标准化建设。实施全面改善贫困地区义务教育薄弱学校基本办学条件项目，2016—2018 年，中央财政投入专项资金 1059 亿元，带动地方投入 2000 多亿元。2017 年还启动实施了教育现代化推进工程，2017、2018 年两年中央下达义务教育学校建设投资 149.6 亿元，主要面向农村推动未达标学校标准化建设。2017 年全国义务教育学校校舍面积比 2015 年增长了 10%；体育场馆、音体美器材、实验仪器达标率超过 85%；互联网接入率超过 90%，向农村输送优质教育资源。全国 832 个贫困县的 10.3 万所义务教育学校办学条件达到"底线要求"，占 94.7%。农村学校面貌得到明显改善，在中西部许多农村地区，"最好的建筑在学校"得到群众的公认。

三是扎实推进基本均衡评估。按照县域义务教育基本均衡督导评估认定标准，坚持把义务教育基本均衡督导评估认定与脱贫攻坚、控辍保学紧密结合，实现以评促建、以评促改，加快缩小城乡、校际差距，促进城乡义务教育一体化发展。截至 2017 年底，全国 2379 个县通过了义务教育基本均衡发展督导评估认定，占比达 81%，北京、天津、吉林、上海、江苏、浙江、安徽、福建、山东、湖北、广东等 11 个省市整体通过评估认定。

四是努力提高乡村教育水平。2018 年 4 月，国务院办公厅印发了《关于全面加强乡村小规模学校和乡镇寄宿制学校建设的意见》（国办发〔2018〕27 号），对办好两类学校作出全面部署，在统筹布局规划、改善办学条件、加强师资建设、强化经费保障、提高育人水平等方面提出了具体举措。特别强调通过多种途径加强乡村学校教师队伍建设，利用"互联网＋教育"方式，帮助两类学校开足开齐开好国家课程，提高乡村学校教育水平。

（四）扩大城镇教育资源，着力缓解"城镇挤"问题。

一是同步建设城镇学校。按照城镇化进程，部署各地调整完善土地利用总体规划，多措并举盘活用地存量，切实保障学校建设用地。严格建设项目规划许可管理，配套学校建设必须与住宅建设首期项目同步规划、同步建设、同步交付使用，未按规划配建学校的不得进行竣工验收。据督查报告，全国 90% 的县区基本做到了按照城镇化规划和常住人口规模编制城镇义务教育学校布局规划；70% 的县区基本做到了配套学校建设与住宅建设首期项目"三同步"。

二是实施消除大班额计划。从实际出发提出分省消除大班额工作目标，指导各地以县为单位制定专项规划并报教育部备案，确保 2018 年底基本消除 66 人以上超大班额（控制在 2% 以内）、2020 年底基本消除 56 人以上大班额（控制在 5% 以内）。要求小学、初中按国家规定班额标准招生，防止产生新的大班额。定期通报各省份消除大班额进展情况，并建立了约谈制度。2017 年义务教育大班额比例下降为 10.1%、超大班额比例下降为 2.4%，相比 2015 年，全国大班额数量减少了 25%、超大班额数量减少了 50%，是近 10 年来下降幅度最大的一年。

（五）创新教师工作机制，着力加强乡村教师队伍建设。

一是整体部署教师队伍建设。中共中央、国务院印发了《关于全面深化新时代教师队伍建设改革的意见》（中发〔2018〕4 号），这是新时代加强教师队伍建设的纲领性文件，特别是对加强乡村教师队伍建设进一步作出了全面部署。深入实施乡村教师支持计划，着力破解乡村教师队伍建设难题，提高乡村教师队伍质量。

二是加强乡村教师培养培训。继续实施部属师范大学公费师范生教育，推动 28 个省份实施地方公费师范生教育，每年吸引 4 万名高校毕业生直接到农村中小学任教。鼓励地方政府和相关院校采取定向招生、定向培养、定向服务等方式，为乡村学校及教学点培养"一专多能"教师。继续实施农村学校教育硕士师资培养计划，为中西部农村学校培养高素质教师。深入实施中小学教师"国培计划"，2016—2017 年对 360 余万名乡村校长教师进行专业化培训。

三是创新乡村教师补充机制。严格执行中小学教师资格准入制度，适当提高准入标准。实行义务教育教师"县管校聘"，深入推进县域内教师交流轮岗，推动城镇优秀教师、校长向乡村学校流动。实行学区（乡镇）内教师走教制度。继续实施农村教师特岗计划，2017 年安排 74.3 亿元，选派了约 8 万名优秀大学毕业生到乡村学校任教，2018 年计划选派 9 万名。

四是大力提升乡村教师待遇。明确乡村教师享受乡镇工作补贴，全面落实集中连片特困地区乡村教师生活补助政策和艰苦边远地区津贴政策，依据学校艰苦边远程度实行差别化补助，鼓励有条件地区提高补助标准，"越往基层、越是艰苦、待遇越高"的局面初步形成，惠及 725 个县的 127 万名乡村教师。加强乡村教师周转宿舍建设,2016—2017年各地新建7.4万套周转宿舍,并将符合条件的教师纳入住房保障范围。对乡村教师评聘职称实行适当倾斜政策。建立乡村教师荣誉制度,2017年首次为400万名从教30年以上的在岗和离退休教师颁发荣誉证书。

(六)关注特殊群体,着力促进教育公平。

一是扎实做好控辍保学工作。2017年,国务院办公厅印发了《关于加强控辍保学进一步提高义务教育巩固水平的通知》(国办发〔2017〕72号),明确把控辍保学作为脱贫攻坚的重点任务,强化"三避免、一落实"机制,避免学生因为厌学、家庭经济困难和交通不便而辍学,落实联控联保和行政督促复学的责任机制。已建立学籍数据与国家人口库比对核查机制,加强对各地特别是贫困地区适龄儿童辍学情况的动态监测。指导各地"一县一案"做好控辍保学工作,目前已有2075个县制订了控辍保学方案。2017年小学学龄儿童净入学率达99.91%,初中学生毛入学率达103.5%,均高于世界高收入国家平均水平。九年义务教育巩固率达到93.8%,比2015年提高了0.8个百分点。视力、听力、智力三类残疾儿童少年义务教育入学率达到90%以上。

二是完善随迁子女就学政策。推动各地建立以居住证为主要依据的随迁子女入学政策,明确居住证持有人在居住地依法享有平等接受义务教育的权利。建成了中小学全国统一的学籍系统,随迁子女跨省转学实现全程网上办理。2017年,全国共有义务教育阶段随迁子女1406.6万人,比上年增加11.9万人,其中80%进入公办学校就读,另有7.5%享受政府购买民办学校学位服务,并全部纳入生均公用经费和"两免一补"补助范围。

三是健全留守儿童关爱保护体系。2016年,国务院制定了《关于加强农村留守儿童关爱保护的意见》(国发〔2016〕13号),建立了民政部牵头、27个部门参与的留守儿童关爱保护联席会议制度,健全家庭、政府、学校尽职尽责,社会力量积极参与的农村留守儿童关爱保护工作体系。组织开展留守儿童摸底排查,建立了信息管理系统,全国共摸排农村留守儿童902万人,其中义务教育阶段留守儿童589万人,为做好留守儿童关爱保护工作奠定了重要基础,并开展了关爱保护专项行动。2017年,全国共批评教育失职父母9.1万人、治安管理处罚282人、依法追究失职父母刑事责任16人、依法撤销失职父母监护权案例17个,帮助76万名存在家庭监护问题的儿童得到有效监护,劝返1.77万名辍学留守儿童复学就读。

四是实施农村学生营养改善计划。2017—2018年安排补助资金386亿元,每生每天补助4元,寄宿生加上"一补"(家庭经济困难学生生活补助)后达到每天8—9元,有效减轻了贫困家庭的经济负担。全国共有29个省的1631个县实施了营养改善计划,覆盖了国家所有扶贫开发重点县,受益学生3700多万人。监测表明,实施营养改善计划的地区,男女生平均身高2017年比2012年高出1.9厘米和2厘米。习近平总书记对此高度评价"此事有功德"。

二、启示和存在的问题

(一)几点启示。

第一,以习近平同志为核心的党中央坚强领导是推动城乡义务教育一体化发展的根本保证。2016年5月,习近平总书记主持中央全面深化改革领导小组会议审议有关文件,党的十九大又进一步将推动城乡义务教育一体化发展作为重点任务,为我们做好工作提供了基本遵循。两年多来,按照党中央的决策部署,国务院落实以人民为中心的发展思想,制定了经费保障、办学条件、队伍建设、控辍保学等一系列配套文件,不断将城乡义务教育一体化发展做细做实。

第二,加大政府统筹力度是推动城乡义务教育一体化发展的重要保障。推动城乡义务教育一体化改革发展,关乎新型城镇化、脱贫攻坚、乡村振兴和全面建成小康社会等重大战略目标的实现,是一项重大系统工程,必须强化政府责任,加大统筹力度,将城乡义务教育一体化改革发展置于经济社会发展全局中通盘谋划,形成合力,协同推进。近年来,各级政府高度重视,统筹部署,采取重大改革举措,健全部门协同、上下联动工作机制,强化督导督查,狠抓工作落实,有力推动城乡义务教育一体化发展取得了重要进展。

第三,突出农村学校底部攻坚是推动城乡义务教育一体化发展的核心任务。推动城乡义务教育一体化发展,难点在于破除城乡二元结构壁垒,切实提高乡村教育发展水平。这必然要求我们统筹资源配置,向农村地区、贫困地区、边远地区、少数民族地区、革命老区倾斜,向弱势群体倾斜。近年来,国家实施了全面改善贫困地区义务教育薄弱学校基本办学条件等一系列重大工程项目，出台了全面加强乡村学校建设的一系列重大政策措施，深入推进县域义务教育均衡发展，有效促进了教育公平，增强了人民群众的获得感。

第四，加强教师队伍建设是推动城乡义务教育一体化发展的关键之举。教师是办好教育的第一资源，缩小城乡教育差距，关键是缩小教师队伍水平差距。近年来，国家注重加强乡村教师队伍建设顶层设计，出台了若干重大政策，实施了乡村教师支持计划，“国培计划”重点加大了乡村教师培训力度，建立了集中连片特困地区乡村教师补助政策，努力提高乡村教师待遇，积极建立和完善吸引优秀人才到农村任教的有效机制，取得了积极成效。

(二)存在的问题。

一是一些地方思想上还不够重视。一些地方对推动城乡义务教育一体化发展的重要性、紧迫性认识不到位，没有认识到农村教育在实施乡村振兴战略、全面建成小康社会中的重要地位和作用，没有把这项工作放到经济社会发展全局中统筹考虑和重点安排，推进力度不够，进展缓慢，存在重城市、轻农村现象。特别是随着新型城镇化发展，农村学龄人口逐步减少，而农村教育投入大、见效慢、效益低，一些地方对如何发展农村教育存在模糊认识、畏难情绪、观望态度。

二是一些地方政府履责还没有完全到位。义务教育实行“省级统筹、以县为主”管理体制，地方各级人民政府在统筹推进城乡义务教育一体化发展中都具有重要职责。有的省级政府未能切实履行政府统筹责任，在区域协调、办学标准、经费投入、教师编制等方面缺乏统筹和保障，特别是对一些财政比较困难的县倾斜支持不够。一些市级政府缺乏主动作为、有力指导。一些县级政府财力不足，存在“等靠要”思想，缺乏对县域城乡学校整体规划，缺乏推进落实的有效举措。

三是城乡教育差距依然明显。近几年，虽然县域义务教育均衡发展取得显著成绩，到2017年有81%的县通过了国家县域义务教育基本均衡督导评估认定，农村义务教育校舍条件得到了较大改善，但基础仍然薄弱，城乡义务教育资源配置还存在着不平衡不充分的问题，“乡村弱”和“城镇挤”的矛盾还没有彻底解决。一些乡镇寄宿制学校寄宿生活条件简陋，校园文化生活贫乏，学生上下学交通不便。一些乡村小规模学校的基本办学条件亟待改善。一些贫困地区初中学生辍学现象还比较突出。乡村学校教育质量、办学水平还存在明显差距。城镇地区面临着学校建设用地、学位资源、教师资源紧缺的困境，导致大班额现象还比较突出。

四是乡村教师队伍建设亟待加强。一些地方师资统筹配置不够，还难以满足教育教学基本需求。教师待遇保障机制不健全，教师绩效工资核定办法有待完善。有的地方乡村教师保障条件不落实，难以吸引和留住优秀教师在乡村任教，存在“招不来、留不住”问题。乡村教师培训缺乏针对性、有效性，培训内容和模式需进一步完善，乡村教师队伍的整体素质亟待提高。

三、下一步重点工作考虑

下一步，我们将深入贯彻落实习近平新时代中国特色社会主义思想和党的十九大精神，全面加强党对教育工作的领导，进一步落实教育优先发展战略，全面贯彻党的教育方针，发展素质教育，加快推进城乡义务教育一体化发展，着力解决义务教育发展不平衡不充分问题，大力提升农村义务教育质量。重点做好以下五方面工作：

一是强化责任，加大政府统筹力度。认真落实省级人民政府履行教育职责评价办法，加大督政力度，夯实地方各级政府义务教育管理责任，进一步完善和落实“省级统筹、以县为主”的管理体制，加大对贫困地区的倾斜扶持力度。将推动城乡义务教育一体化发展作为脱贫攻坚、乡村振兴等重大战略任务的重要内容，坚持把“义务教育有保障”作为贫困人口退出、贫困县摘帽的硬性要求。继续开展国家义务教育基本均衡督导评估认定，2018年底努力实现全国85%的县(区)达到基本均衡；到2020年，比例达到95%；在本届政府任期内，全面实现基本均衡。同时，启动义务教育优质均衡督导评估认定工作，推动从“有学上”向“上好学”转变，有效推动城乡义务教育一体化发展。

二是补齐短板，实施乡村教育底部攻坚。在推进教育现代化、实施乡村振兴战略中，优先发展乡村教育事业。统筹做好农村学校布局规划，按照“既要有利于为学生提供公平有质量的教育，又要符合未成年人身心发展规律，方便学生就近入学”的要求，推动各省以县为单位修订完善义务教育学校布局专项规划。统筹“十三五”期间义务教育学校建设项目，以改善乡村学校教学、生活、卫生条件和校园文化环境为重点，全面加强乡村小规模学校、乡镇寄宿制学校建设,着力办好农民"家门口的好学校"。实施教育信息化 2.0 行动计划,运用"互联网 + 教育"方式,向农村输送优质教育资源。2018—2020 年期间,中央财政新增资金 70 亿元,重点支持"三区三州"教育脱贫攻坚。深入做好义务教育控辍保学工作,加强留守儿童关爱保护,认真落实联保联控责任,完善学籍系统与国家人口库比对核查机制,重点加强对辍学高发区的监测,因地、因家、因人施策,做好劝返复学工作。

三是综合施策,加快消除城镇大班额。坚持多管齐下、综合施策、标本兼治,要求各地落实消除大班额的时间计划,强化督导督查,实行工作台账销号制度。加快城镇学校建设,加强部门协调,设立"绿色通道",缩短审批立项流程,认真落实小区配建规划,保障足够学位供给。深入推进义务教育免试就近入学改革,严格按照标准班额招生,适当稳定乡村生源,合理分流学生,缓解城镇学校就学压力。确保实现"2018 年基本消除超大班额、2020 年基本消除大班额"的工作目标。

四是强化保障,增强乡村教师职业吸引力。认真落实《中共中央　国务院关于全面深化新时代教师队伍建设改革的意见》,加强师德师风建设,强化教师使命担当,大力开展教师全员培训,全面提高教书育人能力水平,努力建设一支高素质专业化教师队伍。完善义务教育学校编制核定工作,各省明确乡村小规模学校编制具体核定标准和办法,对寄宿制学校适当增加编制。创新教师补充机制,完善特岗教师政策,实施银龄教师讲学计划,推进城乡教师交流轮岗,满足乡村学校教师补充需求。深化教师职称制度改革,推进县域内城乡学校中、高级岗位教师比例大体相当。进一步完善义务教育绩效工资总量核定办法,确保义务教育教师平均工资收入不低于当地公务员平均工资收入水平。切实落实乡村教师享受乡镇工作补贴、集中连片特困地区生活补助和艰苦边远地区津贴等政策,鼓励有条件的地区适当提高标准、扩大实施范围,继续建设乡村教师周转宿舍,进一步增强乡村教师职业吸引力。

五是深化改革,提升义务教育质量。制订关于深化教育教学改革全面提高义务教育质量的意见,在全社会广泛宣传、树立科学教育观念,深化课程、教材、教学、评价等方面改革,促进学生德智体美劳全面发展。要求义务教育学校普遍开展课后服务工作,解决好社会关心的课后"三点半"问题。落实规范校外培训机构有序发展的意见,治理面向中小学生的违规培训和竞赛行为,营造良好教育生态,切实减轻中小学生过重课外负担。

长期以来,全国人大对教育工作十分关心,给予了大力支持和悉心指导,提出了许多宝贵意见建议。全国人大多次组织义务教育专项调研和执法检查,今天专门听取关于推动城乡义务教育一体化发展提高农村义务教育水平工作情况的报告,充分体现了全国人大对义务教育工作的高度重视,这既是对我们工作的鞭策,也对推动义务教育发展发挥了十分重要的作用,在此表示衷心的感谢!我们将以习近平新时代中国特色社会主义思想为指导,认真贯彻落实党的十九大精神,认真研究和落实全国人大和各位常委会组成人员的意见,切实改进和加强义务教育工作,努力办好公平而有质量的义务教育,进一步增强人民群众对义务教育改革发展的获得感。

对推动城乡义务教育一体化发展提高农村义务教育水平工作情况报告的意见和建议

8 月 30 日,十三届全国人大常委会第五次会议审议了教育部部长陈宝生受国务院委托作的关于推动城乡义务教育一体化发展提高农村义务教育水平工作情况的报告,共有 74 人次发言。现根据会议发言情况,将常委会组成人员和列席会议人员的主要意见整理如下。

出席人员普遍认为,义务教育是教育工作的重中之重,是国家必须保障和优先发展的基本公共事业。近年来,国务院及其有关部门切实改进和加强义务教育工作,推进县域义务教育均衡发展和城乡义务教育服务均等化,义务教育普及水平进一步巩固提高,乡村教育质量明显提升。大家充分肯定国务院及其有关部门的工作和成效。同时强调,各级政府要切实抓好城乡义务教育一体化发展工作,合理规划城乡义务教育布局,加大对乡村义务教育的扶持力度,提高乡村教师待遇保障,进一步缩小城乡义务教育的差距,着力解决义务教育的"乡村弱"和"城镇挤"问题,努力让每个孩子都能享有公平而有质量的教育。审议中，大家还提出了一些具体意见和建议。

许多出席人员指出，城乡义务教育资源供需矛盾依然突出，城镇义务教育学校“大班额”和乡村学校“空心化”现象并存。建议各地编制义务教育学校布局规划时，不仅参照城镇化规划和常住人口规模，还应考虑人口发展趋势、人口结构和随迁子女等因素，科学规划、合理调整城乡义务教育学校布局，预留足够的城镇义务教育学校用地，及时新建或改建扩建配套学校。有的出席人员提出，应建立健全城乡义务教育均衡发展协调联动机制，教育行政部门与发展改革、财政、民政、机构编制和城乡规划等部门加强沟通协调，编制完善义务教育规划，明确职责分工，制定配套政策，确保各项工作落实落细。一些出席人员指出，全国仍有30%的县区没有做到配套学校建设与住宅建设首期项目“三同步”，建议县区政府切实履行义务教育管理责任，严格执行有关政策，省级政府应加大督导力度，全面实施“交钥匙”工程，保障足够的学位供给。有的出席人员建议，在一些学位紧张的人口大县实施城镇义务教育扩容工程，由中央财政安排专项资金支持扩容项目建设，增加县域内城镇教育资源。

有的出席人员提出，一些乡村、边远、贫困、民族地区经济发展水平较低，地方财政投入力度不足，无法保证义务教育经费“三个增长”。建议教育、财政、发展改革等部门制定相关政策，对这些区域单独列项并制定政策，加大中央资金转移支付力度，减少县级财政配套，深入实施本地区薄弱学校改造计划，重点支持寄宿制学校、乡村小规模学校标准化建设，提高生均经费标准，让经济发展落后地区孩子不仅“有学上”，而且“上好学”。一些出席人员建议，应加大乡村教育信息化基础设施建设，完善网络宽带连通、计算机机房建设、电子阅览室开放，通过远程网络课堂、网络在线同步互动课堂等现代信息化手段，解决乡村专业教师不足、课程开设不齐等问题。一些出席人员提出，应把选优配强中小学校长作为解决乡村义务教育弱的关键举措、长期举措，推动落实校长职级制，激发校长干事创业的积极性和创造性。

许多出席人员提出，乡村教师工资待遇低，职业吸引力不强，乡村教师队伍普遍存在“招不来、留不住、教不好”的现象，尤其是结构性缺编问题严重。建议：1. 提高乡村教师待遇。全面实行乡村教师收入分配倾斜政策，落实“教师的平均工资水平应当不低于当地公务员的平均工资水平”的规定，完善乡村教师岗位补贴机制，帮助解决工作生活、住房交通和个人发展等方面的实际困难，激励他们在乡村定下心、稳住脚、扎下根。对中西部贫困薄弱地区的乡村教师设立中央政府专项奖励津贴，提高补助标准，在晋级晋职、评奖评优等方面予以特殊照顾，对长期扎根乡村、作出重要贡献的教师给予重奖。2. 加大乡村教师培训力度。定期组织乡村教师到省市重点学校参观交流、培训学习，“国培计划”应向乡村中小学教师倾斜，促进乡村教师素质提升。建立省域内城乡教师“师友”计划，采取城乡教师“结对子”的方式，发挥城镇优秀教师“传、帮、带”作用。3. 应完善乡村教师补充机制。全面实施县域内教师交流轮岗，建立制度化、常态化机制，逐步扩大交流比例和交流范围，明确乡村任职任教年限。加大实施“银龄讲学计划”等项目力度，招募更多符合条件的退休职工到乡村义务教育学校讲学，优化政策保障措施，让好的教育资源下得去、留得住、用得好。4. 完善教师编制管理。建立“省管总量、市管调剂、县管使用”机制，实现县域内中小学教职工编制总量控制、动态调整。全面实施教师“县管校聘”，统筹调配编内教师资源。师范院校应扩大音、体、美等专业设置和招生人数，有效解决乡村教师结构性缺员。

有的出席人员指出，一些地区随迁子女仍然面临无学可上的情况，建议各地进一步强化流入地政府和学校责任，将随迁子女义务教育纳入本地区城镇发展规划和财政保障范围，严格执行随迁子女入学政策，学校应简化入学程序，提供便民服务，保障随迁子女顺利入学。一些出席人员提出，目前实行的“两免一补”资金和生均公用经费基准定额资金随学生流动可携带政策，还不足以支撑随迁子女在城市的教育经费，建议针对性增加随迁子女义务教育经费补助金额。一些出席人员提出，不少留守儿童因为家庭教育缺失而存在心理问题，容易引发未成年人犯罪等社会问题。建议教育行政主管部门出台具体措施，加强对留守儿童的关爱服务，积极开展心理辅导，促进他们健康成长。有的出席人员建议，应进一步完善留守儿童监护制度，细化未成年人监护方面法律规定，明确监护能力的评估标准和监护人责任，在家庭监护缺失的情况下，当地政府应及时帮助留守儿童得到有效监护。一些出席人员建议，加大对乡村家庭贫困儿童、残疾儿童等帮扶资助力度，建立帮扶保学档案，保障特殊困难群体平等接受义务教育权利。

一些出席人员提出，推进城乡义务教育一体化应把立德树人作为根本任务，以质量提升作为重要抓手。建议推进义务教育教学改革，实施素质教育，深化课程、教材、教学、评价等方面改革，完善素质教育配套设施，促进整体教学水平逐步提升。一些出席人员建议，实施义务教育办学监测评估制度，对办学行为和教学质量进行动态监测评估，对办学过程中出现的问题和不足及时进行指导和解决，提高义务教育科学化、规范化、精细化管理水平。一些出席人员指出，应重视解决群众关心的"课后三点半"问题，建议中小学校普遍开展课后服务工作，在三点半到五点期间组织一些以文化、体育、音乐等内容为主的教学活动，促进学生德智体美劳全面发展。

一些出席人员指出，各级政府应切实提高认识，落实主体责任，牢固树立教育优先发展战略思想，强化义务教育基础性、先导性、全局性地位，把城乡义务教育一体化发展作为重中之重的战略任务和民生工程，在规划设计、经费投入、学校建设、师资配置、课程设置、教学管理、督导评估等方面推进城乡一体化。有的出席人员建议，建立科学合理的城乡义务教育一体化考评指标体系，将义务教育经费"三个增长"等主要发展指标纳入地方党政领导班子综合考评指标，并适当增加权重，建立健全问责制度，督促各级政府及有关职能部门认真履行职责。

关于 2017 年度国有资产管理情况的综合报告

——2018 年 10 月 24 日在第十三届全国人民代表大会常务委员会第六次会议上

全国人民代表大会常务委员会：

根据《中共中央关于建立国务院向全国人大常委会报告国有资产管理情况制度的意见》要求和部署，形成《2017 年度国有资产管理情况的综合报告》，主要内容如下。

一、国有资产总体情况

（一）企业国有资产（不含金融企业）。

2017 年，中央国有企业资产总额 76.2 万亿元，负债总额 51.9 万亿元，国有资本及权益总额 16.2 万亿元，资产负债率 68.1%。

2017 年，地方国有企业资产总额 107.3 万亿元，负债总额 66.6 万亿元，国有资本及权益总额 34.1 万亿元，资产负债率 62%。

汇总中央和地方情况，2017 年，全国国有企业资产总额 183.5 万亿元，负债总额 118.5 万亿元，国有资本及权益总额 50.3 万亿元。全国国有企业境外总资产 16.7 万亿元。

（二）金融企业国有资产。

2017 年，国有金融企业资产总额 241.0 万亿元，负债总额 217.3 万亿元，形成国有资产 16.2 万亿元。全国金融企业所投境外机构资产规模 18.1 万亿元。

（三）行政事业性国有资产。

2017 年，中央行政事业单位资产总额 4.2 万亿元，负债总额 0.9 万亿元，净资产 3.3 万亿元。其中，行政单位资产总额 0.7 万亿元，事业单位资产总额 3.5 万亿元。

2017 年，地方行政事业单位资产总额 25.7 万亿元，负债总额 8.6 万亿元，净资产 17.1 万亿元。其中，行政单位资产总额 8.2 万亿元，事业单位资产总额 17.5 万亿元。

汇总中央和地方情况，2017 年，全国行政事业单位资产总额 30.0 万亿元，负债总额 9.5 万亿元，净资产 20.5 万亿元。其中，行政单位资产总额 8.9 万亿元，事业单位资产总额 21.1 万亿元。

文物普查全国不可移动文物 76.6 万处，国有产权可移动文物 1.1 亿件（套）。

（四）国有自然资源资产。

2017 年，全国国有土地面积 5.05 亿公顷，内水和领海面积 38 万平方公里，天然气剩余技术可采储量 5.5 万亿立方米。

二、国有资产管理工作情况

（一）企业国有资产。

国资国企改革路线图更加清晰，顶层设计不断完善。一是国资国企改革已形成以《中共中央国务院关于深化国有企业改革的指导意见》为统领、以若干文件为配套的"1 + N"文件体系。2017 年以来又相继制定印发《国务院办公厅关于进一步完善国有企业法人治理结构的指导意见》、《国务院关于推进国有资本投资、运营公司改革试点的实施意见》等文件。二是加快推动中央企业完成公司制改制，目前全国国有企业公司制改制面达91.6%。三是持续推进国有企业“十项改革试点”，探索在电力、石油、天然气、铁路、民航、电信、军工等重要领域开展混合所有制改革。

国有资产管理体制改革加快推进，各项举措落地实施。一是国务院办公厅转发《国务院国资委以管资本为主推进职能转变方案》，各级国有资产监管机构加快推进职能转变，企业市场主体地位进一步得到落实。二是国有资产监管机构授予出资人职责的国有资本投资运营公司试点改革深化完善，政府直接授予出资人职责的国有资本投资运营公司试点开始启动。三是推动中央行政事业单位经营性国有资产集中统一监管改革，国有资本布局和结构调整持续推进。四是国务院印发《划转部分国有资本充实社保基金实施方案》，改革和完善基本养老保险制度，推进实现国有企业发展成果全民共享。

国有企业深入实施供给侧结构性改革，经济效益和社会效益并重。一是持续推进降杠杆减负债，建立严格的行业资产负债率警戒线，积极稳妥开展市场化债转股。二是主动化解钢铁、煤炭过剩产能，打好“处僵治困”攻坚战。三是加快解决历史遗留问题，中央财政累计投入资金1114亿元推进国有企业“三供一业”分离移交，投入205亿元支持厂办大集体改革。四是深入实施创新驱动发展战略，加大关键共性技术、前沿引领技术、颠覆性技术创新力度。五是加大力度推进国有企业精准扶贫，积极承担社会责任。

完善国有资产监督体系，有效防范国有资产流失。一是不断完善出资人监督工作体系，形成出资人监管、审计、纪检监察、巡视等的监督合力。二是完善加强和改进企业国有资产监督防止国有资产流失的制度体系，逐步建立职责明确、流程清晰、规范有序的责任追究工作机制。三是完善国有企业和国有资本审计监督体制机制，推进审计全覆盖。四是加强境外国有资产监督，规范境外国有企业财务投资管理行为。

加强国有企业党的领导，以党建工作促进国资监管。一是明确党建工作要求进公司章程的规范性内容，全面推行企业党委（党组）书记、董事长“一肩挑”。二是全面落实党组织研究讨论作为企业重大决策前置程序的要求。三是研究制定企业党建工作责任制考核评价办法。

（二）金融企业国有资产。

加强国有金融资本管理制度建设，构建以管资本为核心的管理体系。一是2018年中共中央、国务院印发《关于完善国有金融资本管理的指导意见》，系统全面部署金融国资管理工作。二是构建以产权登记、评估监管、产权转让为核心的国有金融资本管理框架体系。三是建立健全以绩效评价和薪酬审核为基础的激励约束机制，优化国有金融企业收入分配格局。

增强服务实体经济能力，积极投身国家重大战略。一是加大服务实体经济力度，更加注重推动由高速增长向高质量发展转变。二是围绕“三去一降一补”、脱贫攻坚战、“一带一路”倡议等，积极创新产品和服务方式，在服务国家重大战略中发挥更大作用。

稳妥做好风险处置工作，提升国有金融机构抗风险能力。一是不良贷款率稳中有降，不良资产处置稳步推进，4家资产管理公司积极发挥收购处置不良资产主力军作用。二是金融机构抗风险能力得到提升，银行业风险抵补能力不断增强，证券保险业主要风控指标远高于监管标准。

持续深化金融改革，完善现代国有金融企业制度。一是大力推进公司制改革，截至2017年末，全国金融企业集团层面公司制改革比例超过90%。二是加快建立健全法人治理结构，初步形成股东会、董事会、监事会和经理层各司其职、有效制衡、协调运作的治理结构。三是稳妥有序推进混合所有制改革，积极引入各类投资者实现股权多元化，大力推进国有金融企业改制上市。四是不断深化国有控股金融机构改革，国有金融机构职能定位进一步强化。

全面加强党的建设，夯实党建工作基础。一是层层落实管党治党政治责任。二是探索坚持党的领导与完善公司法人治理结构相结合的有效途径，坚持和完善双向进入、交叉任职的领导体制。三是认真抓好党风廉政建设和反腐败工作。

（三）行政事业性国有资产。

厉行节约，高效保障行政单位履职。一是国务院办公厅印发《党政机关办公用房管理办法》，对强化办公用房管理作出全面规定。从严审批中央行政单位办公用房租用，停止审批新的办公用房出租出借事项。二是国务院办公厅印发《党政机关公务用车管理办法》，严格按编制审核公务用车配置，巩固公车改革成果。三是加强新增资产配置管理，认真落实《中央行政单位通用办公设备家具配置标准》等规定，增强行政单位资产配置管理约束力度，促进资源优化配置。四是推动资产调剂共用，探索开展“公物仓”管理，加大资产调控力度，有效盘活存量资产。

优化配置，提升社会公共服务供给能力。一是优先发展教育事业，有力保障教育条件改善和质量提升。二是大力支持科学技术事业。2017 年全国从事科学研究和技术服务事业单位的大型设备配备保持较高增长水平，为科研项目顺利实施提供了物质保障。三是大力加强公共文化事业，公共文化服务体系进一步完善。四是着力推进卫生事业，地区间差异逐步缩小。

强化支撑，保障和推动行政事业单位改革。一是落实“放管服”改革要求，研究出台《中央部门所属高校国有资产处置管理补充规定》，下放中央部门所属高校资产处置权限，中央部门所属高校资产处置全部授权中央部门审批。二是根据分类推进事业单位改革工作的总体部署，印发《关于从事生产经营活动事业单位改革中国有资产管理的若干规定》，明确经营类事业单位转企改制有关国有资产管理的要求，推进经营类事业单位改革工作。三是制定《关于行业协会商会与行政机关脱钩有关国有资产管理的意见（试行）》以及《脱钩后行业协会商会资产管理暂行办法》，明确协会商会脱钩全过程资产管理要求，填补脱钩后行业协会商会资产管理制度空白，从制度上保障行业协会商会脱钩工作顺利开展。

（四）国有自然资源资产。

一是建立自然资源统一确权登记制度并开展试点，对各类自然资源所有权统一进行确权登记。二是建立健全自然资源调查监测制度，对自然资源利用状况进行动态监测。建立健全自然生态空间用途管制制度。三是实行最严格的耕地保护制度，严守耕地红线，保障国家粮食安全。全国共划定 15.5 亿亩永久基本农田，进一步落实“藏粮于地”战略。四是完善节约集约利用制度，全面推进建设用地总量和强度“双控”。实行人地挂钩机制，按照人均建设用地标准控制建设用地总规模；明确“十三五”期间全国单位 GDP 建设用地使用面积下降 20% 的目标，并将任务分解到各省（区、市），实行年度通报。五是建立自然资源有偿使用制度，加快推进主要门类自然资源资产有偿使用。六是完善自然资源执法督察制度，防止自然资源资产流失。

三、下一步工作安排

（一）推动国有资本做强做优做大，实现国有企业高质量发展。一是深入推进供给侧结构性改革，抓好降杠杆减负债等工作，切实防控债务风险。二是推进国有资本授权经营体制改革，深化国有资本投资、运营公司改革试点，推进中央党政机关和事业单位经营性国有资产集中统一监管改革，加快解决历史遗留问题。三是加快推动国有资本布局优化调整，积极实施创新驱动发展战略。四是大力推动国有企业转型升级，树立绿色低碳循环发展理念，进一步增强企业内生动力。五是持续推进国有企业瘦身健体，提升资源配置效率，促进国有企业向高质量发展转变。

（二）以管资本为主加强金融企业国有资产管理，切实防范金融风险。一是夯实国有金融资本管理法规制度体系，健全国有金融机构激励约束机制，落实国有金融资本经营预算制度。二是优化国有金融资本战略布局，推动国有金融资本向重要行业、关键领域、重要基础设施和重点金融机构集中。三是完善国有金融机构授权经营体系，推动国有金融机构履行好服务实体经济和防控金融风险的主体责任。四是完善现代金融企业制度，加强股权董事监事实质化管理，引导国有金融机构降低组织结构复杂程度。

（三）优化行政事业性国有资产配置，更好服务于高效履职和风险防范。一是降低行政事业单位国有资产配置成本，推动行政单位更加注重加强标准制定，事业单位更加注重资产配置合理性，确保提供公共服务的质量不打折扣。二是深入推进资产管理和预算管理相结合，促进资产管理更好服务于部门预算管理。三是加快建立健全相关会计核算体系，准确掌握各类资产情况，加强监测预警。完善国家文物登录制度，健全文物资源资产动态管理机制。四是推动行政事业性国有资产管理立法，加强和规范对行政事业性国有资产的监督管理。

（四）建立完善自然资源资产报告制度，客观反映保护成效和运营效益。一是拟订自然资源分类标准，制定全国自然资源调查评价的制度和标准、规范，组织实施全国性基础调查和专项调查，摸清底数。二是推动建设统一信息平台和核算监测制度体系，探索编制自然资源资产负债表。三是修改完善自然资源统一确权登记办法和标准，分阶段推进重点区域自然资源统一确权登记工作。四是加快推进自然资源资产管理关键技术研发,完善相关制度和规范标准,探索将自然资源资产纳入国民经济核算体系,健全自然资源资产有偿使用制度。

(五)全面加强党的领导,推动国有资产监督管理水平提升。一是把加强党的领导与完善公司治理统一起来,进一步明确党建工作进公司章程的规范性内容。二是进一步夯实党建基础工作,加快实现中央国有企业基层党组织全覆盖。三是切实落实国有企业和国有金融机构全面从严治党主体责任和监督责任,以党建工作促进行政事业性国有资产有效监管,开展领导干部自然资源资产离任审计,构筑防范国有资产流失的有效机制。

关于2017年度金融企业国有资产的专项报告

——2018年10月24日在第十三届全国人民代表大会常务委员会第六次会议上

财政部部长 刘 昆

全国人民代表大会常务委员会:

受国务院委托,我向全国人大常委会报告金融企业国有资产管理情况,请审议。

金融企业国有资产是推进国家现代化、维护国家金融安全的重要保障,是党和国家事业发展的重要物质基础和政治基础。国有金融企业是服务实体经济、防控金融风险、深化金融改革的重要支柱。党中央、国务院高度重视金融企业国有资产管理工作。习近平总书记在党的十九大报告中明确指出,要完善各类国有资产管理体制,改革国有资本授权经营体制,促进国有资产保值增值,有效防止国有资产流失;在第五次全国金融工作会议上强调,要优化金融机构体系,完善现代金融企业制度,完善国有金融资本管理。李克强总理指出,深化金融改革,必须优化金融机构布局,改进金融机构公司治理,要抓紧修改完善金融基础法律,推动国有金融资本管理等方面的立法。2018年6月30日,中共中央、国务院印发的《关于完善国有金融资本管理的指导意见》(以下简称《指导意见》),具有重要里程碑意义,是我们做好国有金融资本管理工作的纲领性文件。按照党中央、国务院决策部署,金融企业国有资产管理各项工作全面推进。

一、金融企业国有资产基本情况

党的十八大以来,在以习近平同志为核心的党中央坚强领导下,随着中国经济的平稳健康增长和对外开放力度的不断加大,我国金融企业国有资产实力日益壮大,资产分布以银行业为主体,集中在中央本级,境外金融资产规模稳步增长。

(一)金融企业国有资产总量。我国金融企业国有资产(国有资本应享有权益)主要分布在财政部管理的中央国有金融企业、金融管理部门管理的金融基础设施类机构、中央企业集团(非金融)管理的下属各级金融子公司,以及地方金融企业。截至2017年末,上述金融机构资产总额241万亿元,负债总额217.3万亿元,形成国有资产16.2万亿元。

(二)中央与地方金融企业国有资产分布。金融企业国有资产集中在中央本级。在全国金融企业集团中,中央国有金融企业资产总额149.2万亿元,国有资产10.2万亿元。地方金融企业国有资产总量相对较少,地区分布不均。地方金融企业资产总额65.5万亿元,国有资产3.2万亿元。

(三)金融企业国有资产行业结构。从行业布局看,银行业金融机构占比最大。截至2017年末,中央层面,银行业金融机构资产总额、国有资产分别占84.8%、65.3%;证券业分别占0.6%、1.8%;保险业分别占3.7%、3.2%。地方层面,银行业金融机构资产总额、国有资产分别占89.1%、54.2%;证券业分别占4.4%、12.6%;保险业分别占2.8%、3.1%。

(四)金融企业境外资产总量和分布。截至2017年末,全国金融企业所投境外机构(含境内企业设立的境外分支机构)资产规模18.1万亿元,集团层面享有的权益总额0.9万亿元。与2013年相比,投资总额增长了50%,权益翻了一番。中央本级机构数量、资产总额、营业收入和利润都占到90%以上。从行业分布看,境外业务以银行业为主。

二、金融企业国有资产管理

按照“国家所有,分级管理”的原则,金融企业国有资产由中央和地方政府分别进行管理。国有金融资产管理在全面加强党的建设、积极履行出资人职责、完善顶层制度设计、健全基础管理框架、建立现代金融企业制度、优化激励约束机制等方面，都取得了阶段性成果。

（一）完善国有金融资本管理制度。中共中央、国务院于2018年6月印发的《指导意见》聚焦国有金融资本管理中的问题和障碍，坚持服务大局、统一管理、权责明晰、问题导向和加强党的领导五条基本原则，以建立健全国有金融资本管理"四梁八柱"，理顺国有金融资本管理体制，增强国有金融机构活力与控制力，促进国有金融资本保值增值，更好地实现服务实体经济、防控金融风险、深化金融改革三大基本任务为目标，就金融国资管理工作进行了系统全面部署，明确集中统一、全流程全覆盖、穿透管理和全口径报告的要求，改变了长期以来国有金融资本管理职责分散、权责不明、授权不清的格局。这是习近平新时代中国特色社会主义思想在国有金融资本管理领域的重要体现，是新时期国有资本管理改革在金融领域的深化和发展，为新时期加强和完善国有金融资本管理提供了根本遵循。

（二）健全国有金融资本基础管理框架体系。近年来，按照制度管事理念，财政部以管资本为主，不断加强国有金融资产管理制度建设。一是通过构建以产权登记、评估监管、产权转让、国有股权管理为核心的基础管理制度体系，发挥产权登记"监视器"、资产评估价值尺度、产权转让市场配置资源作用，防范国有资产流失。二是通过建立健全金融企业财务制度，适应金融市场主体变化和金融监管要求，加强金融企业财政财务管理。三是通过建立综合考量的金融企业绩效评价体系，制定与绩效评价结果挂钩的薪酬管理办法，实现资本管理从关注规模向关注质量和效益转变。四是研究建立金融企业国有资本经营预算制度，明确国家与企业分配关系，实现资本管理与预算管理的有效衔接。五是通过建立以国有股权董事决策为手段的国家股东意志表达机制，强化股权董事管理，有效发挥国有股权董事在金融企业治理中的积极作用。

（三）建立现代金融企业制度。财政部会同人民银行、银保监会、证监会等金融管理部门坚定深化金融改革，按照建设社会主义市场经济的内在要求，不断完善国有金融企业法人治理，优化股权结构，建立健全现代金融企业制度，增强金融服务实体经济能力，促进国有金融资产保值增值。一是国有控股金融机构改革深入推进。国有大型商业银行股份制改革顺利收官，完善公司治理和内部授权经营体制等配套改革继续深化，进一步激发体制机制活力。一批国有金融机构在港上市。二是开发性、政策性银行改革取得阶段性进展。国务院批准三家银行改革方案，明确了开发性、政策性银行各自职能定位和业务范围，进一步补充资本金，建立现代公司治理结构。三是资产管理公司商业化转型取得积极进展，信达公司、华融公司完成上市，长城公司和东方公司完成改制引战。

（四）优化国有金融企业收入分配格局。2014年，中央全面深化改革领导小组第四次会议提出，要从我国社会主义初级阶段基本国情出发，适应国有资产管理体制和国有企业改革进程，逐步规范国有企业收入分配秩序。过去几年，财政部积极推动国有金融企业收入分配格局优化。一是贯彻落实深化中央管理企业负责人薪酬制度改革，推动实现薪酬水平适当、结构合理、管理规范、监督有效的收入分配格局。2016年，中央金融企业负责人平均税前年薪58.4万元。二是进一步完善国有金融企业激励约束机制，充分调动职工积极性、主动性和创造性。三是坚持短期激励与长期激励相结合，强化金融企业负责人责任，建立任期激励收入制度。

（五）全面加强党的建设。为贯彻落实全面从严治党要求，扎实抓好企业党的建设，国有金融企业持续夯实党建工作基础，坚决维护习近平总书记的核心地位，坚决维护党中央权威和集中统一领导。一是层层落实管党治党政治责任。坚持照镜子、正衣冠、洗洗澡、治治病的要求，开展党的群众路线教育实践活动和"三严三实"专题教育，推进"两学一做"学习教育常态化制度化。二是探索坚持党的领导与完善公司法人治理结构相结合的有效途径。坚持和完善"双向进入、交叉任职"的体制机制，落实党建工作"四个同步"要求，确保党组织作用得到有效发挥。三是认真抓好党风廉政建设和反腐败工作。深入贯彻落实中央八项规定精神，严格落实"两个责任"，坚决反对"四风"。

三、金融企业国有资产管理取得积极成效

党的十八大以来，财政部等相关部门认真贯彻落实党中央、国务院总体部署，按照"坚持服务

大局、坚持统一管理、坚持权责明晰、坚持问题导向、坚持党的领导”五大原则，围绕“建制度、抓管理、防风险”三大主线，下大力气推进金融企业国有资产管理工作，初步实现“保值增值、布局优化、质效提增”目标，国有金融企业进一步做强做优做大，成为促进国民经济平稳健康运行、支持国家重大发展战略实施、保障国家金融安全的重要力量。

（一）国有资产实现保值增值，“家底”进一步丰实壮大。国有资产保值增值是国有金融企业持续运营发展的基础，是增强国有企业控制力、影响力和抗风险能力的前提，是金融国资管理的基本要求。2017年，扣除客观因素后，中央国有金融企业平均保值增值率为110.8%，较好实现了保值增值目标。2013—2017年，中央国有金融企业营业收入由4.3万亿元增至5.8万亿元，归属母公司净利润从1.2万亿元增至1.4万亿元。2017年平均分红比率28.9%，较2013年提高2.8个百分点。

（二）国有资本布局逐步优化，“有进有退”的良性态势逐渐成形。统筹规划国有资本战略布局，有利于适应经济发展需要，提高资本配置效率，实现战略性、安全性、效益性目标的统一。2013年以来，围绕“进”与“退”，“为”与“不为”，金融企业国有资本整体布局实现了一系列良性调整。一是“该进则进”，国有金融资本向重点领域集中，控制力和影响力增强。通过对国有大型商业银行、政策性银行、开发性金融机构补充资本金，国有资本更多向关系国民经济命脉和国家金融安全的重要行业、关键领域、重点金融机构集中，提高了国有金融机构服务实体经济和防范化解风险的实力。二是“该退则退”，通过低效无效资产退出，减少对国有金融资本的占用。近年来，中央国有金融企业积极聚焦主业，重组内部资源，处置非核心业务资产，主动回归本源。三是“该合则合”，中央国有金融企业加大资源整合力度，重组步伐加快。先后推动了光大集团等10家国有金融企业重组，减少同质化竞争，增加协同效应。整合后的金融企业总体实力不断提高，国际竞争力和影响力日益增强。

（三）金融改革继续深化推进，现代金融企业制度逐步建立。深化改革是金融发展的根本动力。2013年以来，我国国有金融机构改革有序前行，现代金融企业制度逐步建立，机构职能定位进一步厘清，企业活力明显提升。一是大力推进公司制股份制改革。截至2017年末，全国金融企业集团层面公司制改革比例超过90%；其中中央国有金融企业已基本完成公司制改革，下属各级子企业公司制占比超过92%。二是建立健全法人治理结构。目前，全国公司制国有金融企业在集团层面超过90%建立了董事会，初步形成“三会一层”各司其职、有效制衡、协调运作的治理结构。三是金融企业活力和抗风险能力增强。通过改革改制，国有金融机构资本实力不断增强，资本约束机制逐步健全，风险管控能力显著提高。通过引战上市，国有资本与战略投资者、社会公众股东资本结合，形成了长效利益共享和风险分担机制，增强了外部约束，促进了管理模式和增长方式的转变，提高了企业经营效率。

（四）服务实体经济能力增强，贯彻国家战略的“主力军”作用凸显。国有金融机构是服务实体经济的重要支柱。2013年以来，国有金融机构以供给侧结构性改革为主线，以金融资源和金融工具为依托，主动服务实体经济，加强对国家重大发展战略、重大改革举措的支持。一是主动服务实体经济力度增强。围绕经济由“高速”增长转向“高质量”发展阶段的要求，增强金融服务实体经济能力。二是贯彻国家重大战略作用凸显。围绕落实“三去一降一补”、打好脱贫攻坚战、推进“一带一路”建设等重点领域，积极创新金融产品和服务方式，主动发力。“三去一降一补”方面，通过有序开展市场化债转股，降低杠杆率和企业债务负担。五家国有大型商业银行债转股实施机构正式开业。脱贫攻坚方面，根据业务情况设立专门机构，如农发行设立扶贫金融事业部，农业银行设立三农金融部，加大金融支持脱贫攻坚力度。

（五）金融“防风险”持续推进，国有金融机构“定海神针”作用得到体现。根据党中央、国务院关于打好防范化解重大风险攻坚战的各项决策部署，国有金融机构加强风险防控化解处置工作，牢牢守住不发生系统性风险的底线。一是不良贷款率稳中有降。截至2017年末，5家国有大型商业银行不良贷款率1.56%，较2016年末下降0.15个百分点。二是不良资产处置稳步推进。2017年，5家国有大型商业银行共处置不良资产约0.7万亿元，四大资产管理公司积极发挥收购处置不良资产主力军作用。三是金融机构抗风险能力增强。截至2017年末，银行业金融机构贷款损失准备总额3.1万亿元，拨备覆盖率181.4%，风险抵补能力稳步提升。证券业金融机构净资本等主要风控指标持续高于监管要求。大型国有保险机构综合偿付能力充足率处于 197%—299% 的区间，远高于 100% 的监管标准。

（六）金融党建工作深入开展，全面从严治党在金融领域的作用增强。做好金融工作必须坚持党的领导，使党的路线方针政策在金融领域不折不扣得到贯彻落实。通过全面落实从严治党要求，深入推进党建工作，党建与业务结合取得积极进展，党对国有金融企业的领导全面加强。国有金融企业各级党组织全面落实管党治党主体责任，增强“四个意识”，坚定“四个自信”。坚决维护习近平总书记的核心地位，坚决维护党中央权威和集中统一领导，成为国有金融企业各级党组织的政治自觉、思想自觉和行动自觉。党建与业务结合取得积极进展，通过党建与业务两手抓、两结合、两提高，国有金融企业结合金融实际工作践行“四个意识”“五大发展理念”，增强了党在金融领域的领导核心作用。

在看到金融企业国有资产管理取得积极成效的同时，也要清醒认识到，国有金融资产治理体系和治理能力建设还在渐进提升之中，一些体制性、机制性和结构性矛盾与问题依然存在。一是金融企业国有资产管理法制建设仍不到位。部分管理制度滞后于实践发展，已经不适应新时期金融国资管理和“放管服”需要。二是全面贯彻落实《指导意见》有待各方积极配合。厘清国有金融资本管理职责边界、理顺资本管理纽带、实现集中统一管理，仍需各地方、各部门协同努力。三是国有金融资本布局尚需优化。国有金融企业亟需从规模扩张向高质量发展转变。四是国有金融企业治理机制有待优化。激发国有金融企业创造力和竞争力的激励约束机制有待完善。五是防范化解重大风险任务依然艰巨。

四、进一步推进工作的思路与措施

当前，我国已进入全面建成小康社会的决胜阶段，中华民族正处于伟大复兴的关键时期，完善国有金融资产管理体制，深化国有金融企业改革责任重大、任务艰巨。我们将以习近平新时代中国特色社会主义思想为指导，全面贯彻党的十九大和十九届二中、三中全会精神，按照党中央、国务院决策部署，牢固树立“四个意识”，坚持和加强党的全面领导，坚持稳中求进工作总基调，坚持新发展理念，按照高质量发展的要求，依法依规管住管好用好、坚定不移做强做优做大国有金融资本，不断增强国有经济的活力、控制力、影响力和抗风险能力。

（一）夯实以管资本为主的国有金融资产管理体系。一是加强法制建设。加快制定国有金融资本管理条例，明确授权经营体制，为完善国有金融资本管理体制机制夯实法律基础。研究建立统一的国有金融资本出资人制度，明确出资人的权利、义务和责任。二是推进集中统一管理。按照市场监管与出资人职责相分离的原则，理顺国有金融机构管理体制。落实凭借国家权力和信用支持的金融机构纳入国有金融资本统一管理，建立重点金融基础设施财务管理制度。指导地方财政部门落实好集中统一管理要求，对相关金融机构，依法依规享有参与重大决策、选择管理者、享有收益等出资人权利。三是严格全流程穿透管理。以公司治理为基础，以产权监管为手段，对国有金融企业股权出资实施资本穿透管理，防止出现内部人控制。强化对资本投向、资产交易、产权流转和境外投资的监督，严格股东资质和资金来源审查，健全监督问责机制，有效防范国有资产流失。四是完善基础管理制度。优化制度设计，组织实施好基础管理、经营预算、绩效考核、负责人薪酬管理等各项工作。

（二）优化国有金融资本战略布局，提高配置效率。一是统筹规划国有金融资本战略布局。适应经济发展需要，合理调整国有金融资本在银行、保险、证券等行业的比重，推动国有金融资本向重要行业和关键领域、重要基础设施和重点金融机构集中。优化竞争性国有金融机构股权结构，通过减持、引资、扩大对外开放等适度降低国有股占比，扩大民间资本股权，既减少对国有金融资本的过度占用，又要确保国有金融资本在金融领域保持必要的控制力。二是提高金融基础设施运营效率。结合党中央、国务院对经营性事业单位转企改制、加强金融基础设施建设统筹等有关部署，推进凭借国家权力和信用支持的金融机构实施公司制改革，加强统筹规划、建设和监管，推进改革和互联互通，维护金融基础设施安全稳健高效运行。三是落实国有金融资本预算制度。规范金融企业与国家的收入分配关系，准确反映收支预算。

（三）促进国有金融机构持续健康经营，健全法人治理结构。一是督促国有金融机构履行好防控金融风险的主体责任。坚持审慎合规经营，遵守国家宏观调控和产业政策等规定。强化风险管理规制，健全资本约束机制，保证充足的风险吸收能力。

动态排查信用风险等各类风险隐患,健全风险防范和应急处置机制。完善国有重点金融机构恢复和处置机制,坚决打好防范化解金融风险攻坚战。二是推动国有金融机构履行好服务实体经济的主体责任。牢固树立与实体经济俱荣俱损理念,加强并改进对重点领域和薄弱环节的服务。发挥好绩效目标的导向作用,引导国有金融机构把握好发展方向、战略定位、经营重点,突出主业、做精专业,提高稳健发展能力、服务能力与核心竞争力。三是支持国有金融机构深化公司制股份制改革。推动具备条件的国有金融机构整体改制上市,形成股权结构多元、股东行为规范、内部约束有效、运行高效灵活的经营机制。加强董事会在重大决策、选人用人和激励机制等方面的重要职责,完善"三重一大"决策制度。引导国有控股金融机构合理设置法人层级,压缩管理级次,优化管理流程,降低组织结构复杂程度。四是加强国有金融机构股权董监事管理。完善国有股权董监事管理制度,强化监督问责,确保履职尽责。

(四)着力健全国有金融机构的激励约束机制。一是细化绩效评价体系。根据不同类型金融机构的功能定位和行业特点,构建更具针对性和可比性,促进高质量发展的绩效评价体系。二是完善薪酬管理机制。落实国有金融机构工资决定机制的改革要求,进一步健全与劳动力市场基本适应、金融机构经济效益和劳动生产率挂钩的工资决定和增长机制。探索实施金融机构员工持股计划,建立激励相容机制,促进员工和企业共同成长。三是加强财政财务监管。适应防范金融风险、治理金融乱象的需要,修订金融企业财务规则,对金融企业资本金、投资、筹资等活动提出明确要求。建立健全金融控股公司和重点金融基础设施财务管理制度。

(五)落实全面从严治党要求,切实加强党对国有金融机构的领导。一是充分发挥党委(党组)的领导作用。坚持党要管党、从严治党,坚持党对国有金融机构的领导不动摇。把加强党的领导和完善公司治理统一起来,规范党委(党组)参与重大决策的内容和程序规则,把党委(党组)会议研究讨论作为董事会决策重大问题的前置程序。二是加强领导班子和人才队伍建设。坚持党管干部原则,建设高素质领导班子。按照对党忠诚、勇于创新、治企有方、兴企有为、清正廉洁的要求,选优配强国有金融机构一把手。科学培养德才兼备的优秀管理人员,造就兼具经济金融理论与实践经验的复合型人才。三是切实落实全面从严治党"两个责任"。压紧压实国有金融机构党委(党组)主体责任和纪检监察机构监督责任。依法依规限制金融管理部门工作人员到金融机构从业行为,规范国有金融机构工作人员离职后到与原工作业务相关单位从业,防范道德风险和利益输送。完善国有金融机构领导人员选任和考核问责机制,强化党内监督。努力构筑国有金融机构领导人员不敢腐、不能腐、不想腐的有效机制。

(六)加强统筹协调,夯实金融企业国有资产报告基础。一是提高思想认识。深刻认识全口径报告金融企业国有资产管理情况对于切实摸清家底、发挥人大监督作用、提升管理公信力,推进国有金融资产治理现代化的重大意义。二是强化协调配合。加强财政部门与金融管理部门、国资管理部门之间"横向协作",以及中央和地方的"纵向联动",形成"全国一盘棋"的工作合力。三是加强技术保障。加快建设金融企业国有资产管理信息平台,实现相关地区、部门单位互联互通,全面完整反映国有金融资本总量、投向、布局、处置、收益等情况。四是健全报告机制。按照全口径、全覆盖、高标准、高质量的要求,建立健全统一的国有金融资本统计监测制度。明确和规范报告的范围、分类和标准,全面夯实报告的管理基础。以报告促改革、促发展。

国务院向全国人大常委会报告国有资产管理情况制度建立后,全国人大常委会第一次就重点听取和审议金融企业国有资产管理情况,充分体现了全国人大对国有金融资本管理工作的高度重视。我们将按照本次会议的审议意见,全力推进国有金融机构改革发展,努力做强做优做大国有金融资本,更好地发挥其在服务实体经济发展、推进金融改革开放、防范化解重大风险中的重要作用,为全面建成小康社会、实现中华民族伟大复兴中国梦作出新的更大贡献。

全国人民代表大会常务委员会预算工作委员会、全国人民代表大会财政经济委员会关于金融企业国有资产管理情况的调研报告

——2018 年 10 月 24 日在第十三届全国人民代表大会常务委员会第六次会议上

全国人大财政经济委员会副主任委员
全国人大常委会预算工作委员会主任　史耀斌

全国人民代表大会常务委员会：

国有资产属于国家所有即全民所有，是全体人民共同的宝贵财富，国有企业是中国特色社会主义的重要物质基础和政治基础，在推动经济社会发展、保障和改善民生、保护生态环境等方面发挥着重要作用。2017 年 12 月 30 日，中共中央印发《关于建立国务院向全国人大常委会报告国有资产管理情况制度的意见》，部署建立国务院向全国人大常委会报告国有资产管理情况制度，这是党中央关于国有资产管理和治理的基础性制度安排，是推进国家治理体系和治理能力现代化的重要举措，对于管好用好国有资产，更好发挥国有资产效益、造福人民，对于建设和发展新时代中国特色社会主义，具有重大的现实意义和深远的历史意义。

为深入贯彻落实党中央决策部署，全国人大常委会 2018 年监督工作计划安排，本次常委会会议审议国务院关于加强国有资产管理情况的报告，包括书面报告的《国务院关于 2017 年度国有资产管理情况的综合报告》和刘昆部长口头报告的《国务院关于 2017 年度金融企业国有资产的专项报告》，重点听取和审议金融企业国有资产的专项报告。为做好相关工作，全国人大常委会预算工委和全国人大财经委组成调研组，在组织召开中央部门座谈会，走访部分驻京中央金融企业，赴上海、江苏、宁夏、深圳等省、市、自治区开展实地调研，委托北京、天津市人大常委会预算工委开展专题调研的基础上，起草形成了调研报告。现将主要情况报告如下。

一、金融企业国有资产与管理基本情况

金融企业国有资产是推进国家现代化、维护国家金融安全的重要保障，国有金融企业是服务实体经济、防控金融风险、深化金融改革的重要力量。近年来，我国金融改革发展取得重大成就，金融企业国有资产规模不断扩大，资产布局有序调整，资产管理逐步规范，国有金融企业进一步做强做优做大，对促进国民经济平稳健康发展、服务国家战略，保障国家金融安全、提升国家核心竞争力等发挥了重要作用。

（一）金融企业国有资产情况

金融企业国有资产是国家及其授权投资主体直接或间接对金融机构出资所形成的资本和享有的权益，以及凭借国家权力和信用支持的金融机构所形成的资本和应享有的权益。据财政部汇总统计，截至 2017 年末，国有独资、控股、参股的金融企业和机构资产总额 241 万亿元，负债 217.3 万亿元，形成金融企业国有净资产 16.2 万亿元。

金融企业国有资产分布情况。金融企业国有资产主要集中在金融企业集团，占比达到 82.7%；集中在中央本级，中央金融企业集团国有资产占全国金融企业集团国有资产的比重为 76.1%；集中在银行业，中央和地方银行业国有资产占全部国有资产的比重分别为 65.3% 和 54.2%。

表 1　中央和地方金融企业集团国有资产情况

单位：万亿元

	资产总额	占比	国有资产	占比
中央金融企业集团	149.2	69.5%	10.2	76.1%
地方金融企业集团	65.5	30.5%	3.2	23.9%
合计	214.7	100%	13.4	100%

表 2 中央金融企业国有资产分布情况

单位:%

	资产总额	国有资产
1. 银行业	84.8	65.3
2. 证券业	0.6	1.8
3. 保险业	3.7	3.2
4. 其他	10.9	29.7
合计	100	100

表 3 地方金融企业国有资产分布情况

单位:%

	资产总额	国有资产
1. 银行业	89.1	54.2
2. 证券业	4.4	12.6
3. 保险业	2.8	3.1
4. 其 他	3.7	30.1
合计	100	100

截至2017年末,全国金融企业境外资产规模18.1万亿元,集团层面享有的权益总额0.9万亿元,投资总额和权益比2013年分别增长了50%、100%。从级次看,中央本级境外机构数量、资产总额、营业收入和利润都占到90%以上;从行业分布看,境外业务以银行业为主。

中央金融国有资本经营情况。2017年,中央国有金融企业实现营业收入5.8万亿元,净利润1.4万亿元,平均分红比例28.9%,比2013年提高了2.8个百分点。扣除客观因素,中央国有金融企业平均保值增值率为110.8%。

(二)金融企业国有资产管理改革进展情况

按照"国家所有、分级管理"的原则,金融企业国有资产由中央和地方政府分别进行管理。党的十八大以来,国务院及其有关部门认真贯彻落实党中央关于完善各类国有资产管理体制、完善国有金融资本管理、完善现代金融企业制度等要求,围绕"建制度、抓管理、防风险"三大主线,不断改进金融企业国有资产管理工作,实现"保值增值、布局优化、质效提增"目标取得积极成果。

1. 不断健全管理制度,逐步规范管理行为。党中央、国务院于2018年6月印发《关于完善国有金融资本管理的指导意见》,对金融国资管理工作进行了全面系统部署,明确了集中统一、全流程全覆盖、穿透管理和全口径报告等要求。财政部等部门按照党中央、国务院部署要求,在构建以产权登记、评估监管、产权转让、国有股权管理为核心的基础管理框架体系,建立健全金融企业财务制度,制定国有金融企业绩效评价和薪酬管理办法,建立以国有股权董事决策为手段的国家股东意志表达机制等方面取得了一定进展。

2. 优化调整国资布局,着力提升国有资本影响力。国有金融资本布局坚持战略性、安全性、效益性有机统一,通过补充资本金更多向关系国民经济命脉和国家金融安全的重要行业、关键领域、重点金融机构集中,通过处置低效无效资产逐步从非核心业务退出,通过加快重组整合步伐提升资产配置效率。

3. 不断完善公司治理,有序推进金融机构改革。一是完善国有金融企业法人治理。以公司章程为核心,以规范决策机制和完善制衡机制为重点,通过增加外部董事规范董事会建设,加强董监事任职资格审核,进一步完善了"三会一层"①各司其职、有效制衡、协调运作的治理结构。深圳市要求国有金融机构中三分之一的董事是外部董事,以强化监督。二是明确政策性、开发性金融机构职能定位。通过确定改革方案,一定程度上解决了商业银行与开发银行、开发银行与政策性银行、政策性银行之间业务交叉和相互竞争的问题,明确了政策性业务与自营性业务的界限,有利于推动政策性银行回归主业。三是深化国有控股金融机构股份制改革。在坚持国有控股地位的前提下探索混合所有制改革,引入民营资本,优化股权结构,发挥战略投资者作用。四是全面加强党的领导。坚持和完善"双向进入、交叉任职"的体制机制,探索将坚持党的领导与完善公司法人治理有机结合,全面落实党组织研究讨论作为董事会、经理层重大决策前置程序的要求,确保党组织在重大决策、选人用人等方面发挥积极而有效的作用。

4. 不断强化服务实体经济、服务国家重大战略意识和能力。国有金融机构着力发挥支持实体经济主力军作用,聚焦国家重大战略和薄弱环节,不断提升服务水平。我国已初步构建起包括主板、中小板、创业板、新三板和区域性股权交易市场构成的多层次资本市场体系。调研的一些地方也在拓宽实体企业融资来源、推进金融精准扶贫等方面做了积极探索。如,江苏省创新以"两无四有"②为审贷标准的"小微创业贷"专项产品,有效降低了小微企业的融资门槛和成本,提高了融资效率。截至

① "三会一层"是指股东大会、董事会、监事会和高级管理层。

② "两无四有"即无抵押、无担保,有订单、银行流水单、健全的财会制度、正常的纳税记录。

2017 年末，全省累计投放 432.3 亿元，支持小微客户 12052 户次，贷款平均执行利率 5.27%，带动新增就业约 3 万人。

5. 立足实现保值增值，有效防范金融风险。按照监管要求落实风控指标，积极稳妥处置重大风险案件，牢牢守住不发生系统性风险的底线，有效发挥国有金融机构“定海神针”作用。四大国有商业银行加快健全全面风险管理体系，着力化解信用风险，启动交叉性金融风险防控，夯实操作风险管控和案防基础，持续关注市场风险和流动性风险，强化境外合规风险管控，为防范化解金融风险作出了重要贡献。上海市构建了包括偿债能力、资产治理、盈利能力、投资能力等 4 个方面 35 项指标的金融企业财务风险预警体系，构建全面预算管理、资金管理、内控建设、风险管理和信息化建设“五位一体”风险管控体系，强化企业境外投融资、产权变动、资金管控和资产评估风险防范。

二、金融企业国有资产管理面临和存在的主要问题

调研发现，当前金融企业国有资产管理还面临和存在着布局不优、职责分散、权责不明、机制不科学、经营收益预算管理不规范和法制建设滞后等问题，需要进一步推进金融企业国有资产管理体制机制改革。

（一）国有金融资本功能定位、结构布局需要调整优化

国有资本在社会主义市场经济体系中如何实现科学定位，做到既有利于保持国有资本必要的控制力和影响力，又能促进市场公平竞争和健康发展，更好服务于完善我国基本经济制度，始终是一个重大课题。国有资本在金融领域占主导地位，这个问题显得更为重要。适应新发展理念，实现高质量发展，建设现代化经济体系，要求金融回归本源、有效服从服务实体经济发展；不断扩大国内金融市场对外开放，有效利用国际金融资源，要求国有金融资本提高防范金融风险能力、提高国际竞争力。新要求、新课题、新挑战，需要我们认真研究国有金融企业、国有金融资本的战略定位、规划布局等基本问题，需要我们有效解决国有金融资本功能定位不够清晰、结构布局不够合理、功能作用发挥不够全面等现实问题，需要我们系统研究如何优化国有金融机构布局、如何防范金融机构内部人控制、如何健全国有金融机构法人治理结构等深化金融改革的重大问题。而从调研的情况看，在这些方面，还没有引起足够重视，需要进一步按照全国金融工作会议和中央指导意见精神，加强统筹规划，加强研究落实。

（二）国有金融资本出资人制度亟待落实和完善

出资人制度是国有金融资本管理体制的核心。科学设计国有资本出资人代表、国有资本运营、国有资本经营管理制度，明确相关主体的权利义务和运行规则，是实现由“管资产”向“管资本”转变的关键。从调研情况看，国有金融资本出资人制度还存在以下问题：

一是履行国有金融资本出资人职责的机构尚未统一，存在机构较多、管理较乱的现象。在中央层面，除财政部、国务院授权的汇金公司作为国有金融资本的主要出资人代表之外，部分部门所办金融企业或者机构，由行业监管部门作为出资人，还存在管办不分的问题。从地方层面看，地方金融国有资产管理“九龙治水”、职责不清等问题比较突出。地方金融国有资产监管职责分散在财政、国资、金融办等部门和单位，以及控股集团、平台公司等，监管交叉、监管空白同时存在，而且不同监管主体的要求、标准不一致，加重了企业的遵从负担。

二是金融企业国有资本出资人职责范围边界不够明晰，出资人职责与公共管理职责和行业监管职责的边界不够清晰，存在身份重叠、职责错位等问题。

三是适应管资本要求的市场化、法治化、专业化的国有金融资产管理机制还不够完善。一些政府部门派出的董事、监事缺乏资本投资运营专业能力或金融从业经验，甚至不具备金融从业资格和任职条件，无法有效履行相应职责，成为安排人员解决待遇的途径。在出资人层面，如何根据商业性、政策性等金融机构不同性质，完善授权经营机制，明晰委托代理关系，形成科学的金融国有资本管理架构，有效发挥国有金融资本投资、运营公司作用尚未破题。上海等地方开展的以投资集团作为金融资本运营平台来管理政府出资的金融资产股权的探索，应当进一步总结经验、积极探索、推动制度完善。

（三）国有金融资本经营管理约束不够与激励不足并存

从约束机制看，由于我国国有金融资本出资人缺位、出资人职责不够清晰等问题比较突出，容易造成内部人控制。在内部人权利得不到有效约束，风险意识、合规意识又比较淡薄的情况下，片面追求做大做强容易造成决策和投资的盲目性，国有资

产流失损失风险较大。2017 年审计工作报告显示，2010 年以来，某国有金融机构境内贷款或投资尽职调查不充分，3.12 亿美元融资面临损失。内部人权责不匹配，对重大决策失误、重大投资失误等缺乏有效监管和问责。某市一家金融租赁公司 2017 年产生大量不良资产，由累计盈余转为累计亏损，使国有资本金受损。虽然对 30 多名责任人进行了问责，但多为记过、警告、通报批评，处理力度偏轻。调研还发现，部分金融企业"三会一层"治理架构"形似神不至"，难以发挥有效作用。2017 年审计工作报告显示，至 2016 年 2 月，某国有商业银行有 51 项境内机构调整事项未按规定报告董事会。

从激励机制看，国有金融企业薪酬制度还不够完善，领导人员差异化薪酬分配机制如何与选任方式相匹配、与企业功能相适应、与绩效考核相挂钩，做到既与社会整体水平相协调，又保持一定的市场竞争力，还需要进一步科学设计。调研中发现，国企"限薪"政策在执行中没有做到有效衔接，容易造成政府直接管理的企业与国有企业集团下属金融企业之间的不平衡。还存在金融机构内部薪酬级差过大以及在"工资"科目以外列支工资性费用的现象。同时，对建立员工持股计划等长效激励机制形式还存在不同意见，亟待研究建立制度、予以规范。调研中也有地方提出，目前银行业薪酬水平、工资费用支出相对较高的现象值得关注。2017 年，某市 18 家银行的工资费用率平均为 44.96%。

（四）金融企业国有资本经营绩效评价机制不够科学

目前，财政部对商业性金融企业和政策性金融机构分别制定了绩效评价办法，但仍没有很好解决商业性金融企业开展政策性业务的绩效评价问题，没有完全做到经营性职能和政策性职能各归其位、有效衔接。

从经营性职能评价看，虽然已经有了盈利能力、经济增长、资产质量和偿付能力等四个维度的评价体系，但实践中规模类、速度类指标较多，质量类、效益类指标较少。由于考核结果又直接与企业薪酬水平相联，导致金融企业经营管理仍然存在重规模利润轻风险管控、重发展轻合规的现象，不利于引导企业做优做强，实现高质量发展。调研发现，不少金融机构甚至一些地方金融国资管理部门都在盲目追求大规模、全牌照。比如有的资产管理公司原本定位在处理坏账和不良资产，现在实际上成为金融控股公司，不仅没有提升资源配置效率，还带来偏离主业、恶性竞争等问题，形成大量潜在风险。对规模和速度的盲目追求，还导致以创新为名的金融资产管理等业务无序发展。大量资金违规进入股市、债市或者以各种资产管理业务的形式套取高回报，不仅挤压了实体经济的资金来源，一些金融机构还通过信托、基金、保险、券商等多重包装、多层嵌套赚取额外收益，进一步推高了企业的融资成本。

作为核心指标的保值增值考核本身还不够精细科学。企业的保值增值受经营、投入、评估等多种因素影响，从调研情况看，对经营性保值增值突出不够，对银行等金融行业的特殊性以及我国利率市场化程度等因素也考虑不够。

从政策性职能评价看，对于服务实体经济、服务小微企业等要求还缺乏全面精确的统计口径和完整有效的评价机制。调研中，相关部门和金融机构多选择各自相对投入较大的行业举例说明，有的只有具体数额、没有增长比例，有的只有增长比例、没有具体数额。有的监管部门明确指出，一些金融机构存在贷款结构失衡、信贷指标未达到监管要求等问题。实践中也往往通过下达规模类、速度类指标来要求，而这些指标不能完全适应政策性考核要求，也难以真正发挥服务实体经济等功能和作用。从调研情况看，由于贷款规模、不良率等缺乏分类考核指标，银行基层对处于产业链末端的小微企业存在恐贷惧贷情绪，认为其资产规模小、抗风险能力弱，在当前经济结构调整期，经营困难加重，坏账风险上升，融资总体风险在加大。这也是造成小微企业贷款难的重要原因。

（五）防范金融风险的意识和能力需要增强

金融风险形势仍较严峻，在不良率控制、不良资产管理、杠杆率控制、信贷理财等方面还存在一些风险隐患。

一是报表反映的银行业不良贷款率整体水平虽然不高，但呈现上升趋势，隐性不良贷款风险需要高度关注。从调研情况看，商业银行不良贷款率从 2017 年末的 1.74% 上升至 2018 年二季度的 1.86%，主要是实行严格监管后部分地方农村商业银行不良率的大幅上升。如某市农商行不良贷款率从 2016 年末的 4.13% 增至 2017 年末的 16.54%，资本充足率从 11.77% 下降至 0.91%，核心一级资本充足率降至 -1.41%。调研还发现，潜在信用风险尚未完全出清，个别正常或关注类贷款中仍包含部分多次展期等有较大风险的贷款。一些地方还存在虚假处置不良资产、贷款的五级分类未能准确归类、隐瞒不良贷款、人为降低不良率等问题。

二是经营性风险不容忽视。从审计部门提供

的情况看,一些银行的流动性缺口已经达不到监管部门的要求,有的银行发行的理财产品,期限错配问题突出。在控制杠杆率方面,由于与银行表内资产有计提资本准备要求不同,理财等表外资产没有资本充足率的约束,导致理财、表外、通道、同业等形式“影子银行”的无序扩张。在资产管理方面,部分国有金融企业违反国有资产处置制度,在评估过程中不经过评估、备案或者委托不具备资质的评估机构,导致国有资产流失。

三是随着金融领域对外开放步伐加快,一些风险和问题需要提早谋划应对方案。随着更大规模的跨境资金流动,境外金融风险对我国的传染效应和溢出效应将增加,金融风险防控难度进一步加大。外资金融机构的增加可能进一步加剧行业竞争压力,对我国现有金融体系特别是中小金融机构形成冲击。伴随我国金融企业“走出去”,对境外国有资产的管理、绩效评价和审计提出了新要求,对防范国别风险、保障对外投融资安全也应当引起高度重视。

四是应当关注资本市场长期低迷,市值大幅缩水,对股权抵押融资的金融企业可能带来的风险及扩散效应。

(六)金融国有资本经营收益预算管理不够规范

目前,国有金融企业上缴的国有资本经营收益绝大部分列在公共财政预算中的非税收入项下,还没有完全纳入国有资本经营预算,各机构上缴利润的标准也不够明确规范。国有金融资本经营收益预算管理的不规范,影响了国有资本经营预算的完整性,也影响了国有资本经营预算在国有资本战略布局方面作用的有效发挥。

(七)金融企业国有资产相关法律制度建设滞后

总体上看,金融企业国有资产管理主要依据的是财政部制定的部门规章和规范性文件,法律层级不高,权威性不足,约束力不够。具体看,一是党中央、国务院《关于完善国有金融资本管理的指导意见》,对国有金融资本管理工作提出了一系列新的要求,亟待通过法律法规予以规范落实。二是现行法律涉及特定金融资产的相关规定需要修改完善的,亟待加快修法进程。三是适应落实和推进金融业综合统计和监管信息共享等改革要求,需要加快制定完善相关法律制度。

三、进一步改革完善金融企业国有资产管理的相关建议

加强和改进金融企业国有资产管理,必须坚持以习近平新时代中国特色社会主义思想为指导,认真贯彻落实党中央关于金融企业国有资产管理改革的一系列重大决策部署,认真解决现实中存在的突出问题,取得实实在在的效果。

(一)确保国有金融资本在金融领域保持必要的控制力,统筹优化国有金融资本战略布局。根据我国经济社会发展的阶段性特征、国家治理体系和治理能力现代化的内在需要、国家整体发展战略和市场经济的基本要求,调整优化国有金融资本行业布局、地域布局、分布结构和股权结构。一是科学规划合理调整国有金融资本在银行、证券、保险等行业的比重,适当提高对证券、保险等行业以及金融基础设施的投资比重,弥补资本市场这一金融体系的短板,为提高直接融资比重,发挥资本市场在促进高新技术产业发展、降低融资成本方面的积极作用夯实基础。二是优化银行业内部国有金融资本结构,通过建立规范可持续的资本金投入机制等方式,使商业性、政策性、开发性银行间结构更加合理;推进混合所有制改革,加快实现国有大银行战略转型,促进中小银行和民营金融机构发展。三是优化境内境外国有金融资本结构,稳步推进大型国有金融机构国际化经营步伐,提高利用国际金融资源能力和国际竞争力。

(二)落实并完善国有金融资本出资人制度,推进金融国有资本管理体制改革。认真贯彻落实党中央、国务院《关于完善国有金融资本管理的指导意见》,尽快落实财政部门集中统一履行国有金融资本出资人职责的要求,切实解决履行出资人职责机构分散、“九龙治水”问题。按照不缺位、不越位原则制定出资人权利、义务和责任清单,保障出资人权利,履行出资人义务,落实出资人责任。厘清出资人管理与行政管理、行业监管的边界,推动错位职责归位,并建立起出资人管理与行业监管等有效的沟通协调机制,形成落实国有金融资本管理目标的合力。按照市场化、法治化、专业化的理念和政资分开、政企分开原则,区分国有金融机构的不同性质,分类施策,总结国有金融资本授权经营的经验,完善授权经营机制,明晰委托代理关系,形成科学规范的国有金融资本管理架构。

(三)坚持权利、义务和责任相统一,建立有效的激励约束机制。以明确权利义务责任、规范委托代理关系、防止内部人控制为目标,通过完善基础性管理制度、建立科学的经营管理绩效评价体系、强化国有企业经营投资责任追究,实现出资人或者

履行出资人职责的机构对所出资金融机构的有效约束。健全并统一国有金融机构薪酬管理制度,完善国有金融机构薪酬决定和调控机制,建立起符合行业特点和机构性质、与社会整体水平相协调、与经济效益、劳动生产率、风险防控等成效挂钩的工资决定和增长机制。按照差异化原则,完善金融机构高管薪酬管理机制,对非市场化选聘的金融机构负责人或工作人员,应当参照同级公务员平均水平确定薪酬。加快研究建立国有金融机构长效激励机制。

(四)健全国有金融资本绩效分类评价体系,促进金融机构落实好服务实体经济等主体责任。按照回归金融本源和高质量发展的要求,健全国有金融资本绩效评价指标体系,特别要处理好保值增值、提质增效等市场经营性基本要求与服务实体经济、防控金融风险、深化金融改革等政策功能性要求的关系。一是进一步完善对保值增值情况的评价机制,增加质量效益性指标,提高评价的科学性、精准性,真实准确地反映经营性保值增值情况,并以此作为评价绩效的基础性指标,有效抑制盲目追求全牌照和规模扩张冲动。二是针对服务实体经济等目标要求和现实中服务实体经济不到位问题,研究健全金融机构服务实体经济的相关统计和考核体系,对服务实体经济的情况进行量化评价,切实解决目前存在的范围不清、数据不真、情况不明的问题。三是对国有商业性金融机构提供政策性服务,要立足公共管理者身份,运用税收、价格等市场化机制和手段予以引导,并与经营性业绩分类考核,有效落实中央关于金融服务实体经济、服务小微企业等要求。

(五)增强金融安全意识,提高国有金融资本防范风险能力。金融安全是国家安全的重要组成部分和重要影响因素。在经济金融全球化的环境下,在我国不断扩大金融对外开放的背景下,要更加强化金融安全意识,有效防范和化解各种风险隐患。建立金融监管与国资管理相关部门和机构间的联席会议制度,支持各部门之间定期通报情况,共享动态信息,共同研究完善监管措施。行业监管部门定期向国资管理部门推送发现的国有金融企业重大风险隐患,提高国资管理部门风险识别和防范能力。加强银行不良贷款分类确认准确性管理,使不良贷款率真正反映不良贷款水平,完善不良金融资产处置机制。应当高度重视部分地方农商行等局部金融风险,做好风险防范和处置工作,防止演化成系统性金融风险。加强国内金融机构间的信息共享,有效防范国别风险。

(六)完善和规范金融国有资本经营收益预算管理。落实《中央国有资本经营预算管理暂行办法》的要求,将国有金融企业上缴收益全部纳入国有资本经营预算,明确各类国有金融企业上缴收益的标准,细化金融国有资本经营收益预算编制。逐步调整规范国有资本经营预算与一般公共财政预算支出范围的划分,减少交叉、重复安排,将国有资本经营预算真正打造成统筹优化国有资本布局、贯彻落实国家发展战略的重要平台。逐步提高国有资本经营预算调入一般公共预算的比重。

(七)加快金融国有资本管理法治建设。完善国有金融资本管理法律法规体系。一是研究制定规范国有金融资本授权经营的法律制度,明确出资人职责和授权经营体制,实现权责法定。加快推进国有金融资本管理条例立法进程。二是健全国有金融资产登记、交易和处置、产权流转等配套法律法规,按照分类分级原则明确资产交易和处置规则。三是研究制定或者修改规范金融基础设施的相关法律,依法明确和规范金融基础设施国有资本及其管理。四是落实金融业综合统计要求,修改相关法律的规定,建立健全金融信息统计等法律制度,依法建立部门之间、中央与地方之间的金融信息共享机制。

对2017年度国有资产管理情况综合报告和2017年度金融企业国有资产专项报告的意见和建议

10月24日,十三届全国人大常委会第六次会议审议了国务院关于2017年度国有资产管理情况的综合报告,审议了财政部部长刘昆受国务院委托作的关于2017年度金融企业国有资产的专项报告,共有42人次发言。现根据会议发言情况,将常委会组成人员和列席会议人员的主要意见整理如下。

出席人员普遍认为,全国人大常委会听取审议国务院关于2017年度金融企业国有资产的专项报告,同时审议 2017 年度国有资产管理情况的综合报告,这是落实党中央关于建立国务院向全国人大常委会报告国有资产管理情况制度的决策部署,首次开展此项工作。近年来,在以习近平同志为核心的党中央坚强领导下,国务院及其有关部门、地方各级政府、国有企业扎实推进国资国企改革发展,国有资产进一步做强做优做大,国有金融资本规模稳步增长,为促进经济社会平稳健康发展作出了重要贡献。国务院的两个报告内容全面,数据翔实,针对性强,交出了关于国有资产的第一份答卷。全国人大常委会预算工委、全国人大财经委的调研报告深入细致、务实中肯,希望有关方面认真研究处理。大家强调,要继续推进人大对国有资产监督的制度化、规范化,推动规范和改进国有资产管理,促进国有资产保值增值,使国有资产更好服务发展、造福人民。审议中,大家还提出了一些具体意见和建议。

一、进一步发展壮大国有经济

部分出席人员认为,坚持"两个毫不动摇",是中国特色社会主义取得巨大成功的一条基本经验。应当看到,目前在理论上对我国基本经济制度的研究还有待加强,有两种极端的观点值得注意,要么以传统计划经济的思维方式来考察评估国有企业,要么完全照搬西方私人企业标准来看待国有企业。比如有观点认为,国有经济在整个国民经济中的比重下降,公有制经济已经不占主体地位。国务院的综合报告初步披露了我国国有资产的"家底",充分说明坚持公有制为主体不是一句空话。要坚定对我国基本经济制度的信心,围绕"两个毫不动摇"的要求,创新理论研究,为完善基本经济制度、国资国企改革顶层设计提供理论支撑。要进一步明确国有企业在国民经济当中的定位,优化国有经济布局结构,进一步放宽一些行业对民营企业的准入限制,促进国有企业与民营企业的优势互补。要加快推进混合所有制改革试点工作,探索和完善混合所有制企业的经营机制和管理体制,抓紧健全针对混合所有制企业产权保护、股权激励和选人用人等方面的重点政策措施。有的出席人员提出,我国国有企业改革发展中面临的外部环境正在发生深刻复杂变化,一些西方国家收紧我国国企对外投资并购的审查,试图改变涉及国有企业的 WTO 规则和其他国际贸易规则,等等。建议紧密跟踪国外有关动向,积极研究应对方案,深入研究有关"竞争中性"原则的具体要求、标准,促进国企改革。

二、提升国有企业经济效益

有些出席人员认为,根据综合报告的数据简单计算,国有企业的资产管理效率和利润率还有较大提升空间。建议:1. 深入推进国有企业供给侧结构性改革,把国有企业改革与去产能去杠杆、加强自主创新实施创新驱动、扩大开放特别是"一带一路"建设等紧密结合起来,加快国企产品、技术和经营结构的调整,提升竞争力,提高经济效益。2. 通过上市、重组等方式,推动央企与地方国企对接,促进配套设备运用和配套产业发展,打造区域性产业链,优化国有资产配置,提高国资利用整体效能。3. 重视国有企业去产能过程中出现的闲置资产问题,研究出台政策,通过出售股权、出售出租资产、再利用闲置资产等方式,盘活和处置好闲置资产。4. 加强对企业国有资产的运行绩效管理,完善国有企业的绩效评价指标。

三、深化企业国有资产管理体制改革

有些出席人员提出,国有企业主要包括国有独资企业、国有控股企业、国有参股企业等,按照组织形式、股权比例等还有更具体的区分。应当针对不同类型的国有企业形式,分类作出国有资产管理、监督、考评等方面的制度安排。有的出席人员认为,目前国有企业绩效考核还是以总量考核和经济效益考核为主,对公益类企业的考核机制还不够完善,一些商业类国企也承担着公益性责任,比如电信企业保障"村村通"等。建议尽快细化和落实国有企业分类管理的评价指标,进一步明确公益类国有企业考核指标和考核办法,增加和细化承担公益性任务的商业类国企考核中有关履行社会责任方面的指标。有的出席人员提出,一些国有企业在地方政府债务特别是隐性债务攀升中扮演了重要角色,一些地方政府通过将公益性资产注入投融资平台公司等,变相为地方政府建设项目融资或提供担保。应把加强国有资产管理同防范地方政府债务风险工作结合起来,加快推进权责发生制的政府综合财务报告编制工作,完整反映政府资产负债等情况,强化国有企业债务约束,建立完善国有企业负债约束机制,提高国有企业财务透明度,建立国有企业债务风险动态监测机制。

四、推进国有资产监管全口径、全覆盖

有些出席人员提出，要建立符合实际、方便监管、便于统计的国有资产监管体系，确保国有资产的家底清楚。建议：1. 进一步摸清我国国有自然资源资产底数，尽快建立国有自然资源资产价值核算和计量的标准体系，明确土地、矿产、海洋、水、森林、草原等国有自然资源的范围，统一和细化资产核算口径、标准，建立国有自然资源资产的会计核算制度，准确反映资产价值。2. 加强政府资产管理信息化建设，建立全口径的政府资产管理信息系统，将目前尚未纳入的储备土地、公路、等级航道、水库、文物等其他行政事业性国有资产一并纳入。3. 加强行政事业单位国有资产监管，对行政事业单位国有资产进行全面清理、确权，将党政机关和事业单位所属企业的国有资本纳入经营性国有资产集中统一监管。4. 对性质上有争议的一些资产，比如外汇储备、住房公积金等，是否纳入国有资产范畴，应当深入研究。

五、推进金融国有资本管理体制改革

部分出席人员指出，应落实并完善国有金融资本出资人制度，尽快实现财政部门集中统一履行国有金融资本出资人职责。在具体实现形式上，有财政部门直接对金融企业履行出资人职责的两极架构模式，也有财政部门授权国有金融资本投资运营公司对金融企业履行出资人职责的三级架构模式。综合多方面因素考虑，三级架构模式更加符合市场化、法治化、专业化的理念和政资分开、政企分开的原则，也有汇金公司以及上海、江苏等地方的成功经验，这些探索有利于建立健全科学规范的国有金融资本管理架构及其制度。一些出席人员认为，目前国有金融企业上缴的经营收益绝大部分纳入一般公共财政预算，少部分列入国有资本经营预算，这有助于平衡公共财政预算，但不利于国有金融企业平衡分红与补充资本金之间的关系，也不符合预算法的规定。建议将国有金融企业上缴收益全部纳入国有资本经营预算。

六、落实国有金融机构服务实体经济的主体责任

一些出席人员认为，金融服务实体经济工作不够理想，国有金融机构过于追求经济效益，以保值增值为理由减少对实体经济的服务，甚至抽贷惜贷，加剧了当前实体经济企业的生产经营压力和困难。要处理好资产保值增值与服务实体经济之间的关系，健全国有金融资本分类评价体系，督促国有金融资本主动服务实体经济发展。要结合推进“一带一路”建设、脱贫攻坚、乡村振兴等党和国家的重大战略部署，建立国有金融机构保障党和国家重大战略部署贯彻落实的机制，推动金融机构积极创新产品和服务。下大力气降低企业特别是中小微企业融资成本，适当放宽不良贷款率等考核要求，真正把金融机构扶持实体经济、扶持中小微企业的举措落到实处。有的出席人员指出，融资成本高仍是企业经营面临的难题，特别是中小企业、民营企业的贷款利率一般超过10%，相对于基准利率较高。建议深化利率市场化改革，进一步降低企业贷款利率。有的出席人员提出，实施乡村振兴战略需要强化金融支持力度。农业领域贷款面对千家万户的小农户，单个项目资金需求小，银行放贷成本高，加之农业生产经营有诸多不确定风险，商业银行普遍存在恐贷、惧贷心理。农村的信用社受实力所限，难以开展中长期贷款业务，主要从事春放秋还的短贷，贷款利率也高于商业银行。建议研究在国家层面建立面对农村农民的政策性银行，围绕现代农业发展、农村基础设施建设和环境整治等提供中长期、低利率贷款。

七、提高国有金融资本防范风险能力

一些出席人员提出，提高国有金融资本防风险能力对于守住金融风险底线至关重要。建议加强对国有金融企业不良贷款率控制、不良资产管理、杠杆率控制以及经营性风险控制等方面风险隐患的排查处置，对存在的苗头性问题及早研判、主动应对。有的出席人员提出，近年来金融业混业经营、多层嵌套、期限错配等特点较为突出，叠加互联网新技术的融合应用，金融风险的多样性、复杂性、广泛性、传导性显著增强。以P2P为例，不少平台搞与国资“沾亲带故”的虚假宣传来集资，今年“爆雷”的一批P2P平台中也有一些含有国有资本成分，这不仅导致金融风险，还会向社会风险、政治风险传导。要全面、精准、动态地摸清互联网金融企业国有资产家底，敦促国有金融资本增强风险意识、提高风险预警处置能力。

八、加快金融国有资本管理法治建设

一些出席人员提出，要完善国有金融资本管理的法律法规体系，依法管好用好国有金融资本。一些金融领域的法律已经颁布实施20多年，有的没有修改过，有的最近一次修改也在10多年前，法律中的一些规定已不适应现实需要，实践中金融机构更多是依照监管部门的政策性文件来运作，而不是依照法律规定。应抓紧对现有的金融领域法律进行系统梳理、甄别，统筹相关立法的制定和修改工作，加快立法进程，出台一批针对金融控股公司、金融中介机构、互联网金融业态、金融投资者权益保护、金融统计等方面的法律法规。

九、改进国有资产管理情况报告工作

部分出席人员提出，全国人大常委会要采取综合报告和专项报告相结合的方式，每年安排听取审议国务院关于国有资产管理情况的报告，摸清国有资产家底。今年是第一次听取关于国有资产管理情况的报告，应当认真总结经验，不断改进完善报告的内容和形式。1. 在内容上，应当重点报告国有资本的投向情况，反映国有资产布局是否符合中央要求；重点报告国有资本运营管理情况，体现国有资本运作科学化法治化现代化水平；重点报告国有资本的绩效情况，反映国有资本业绩、收益分配；重点报告国有资本运营管理的安全情况，包括内部审计、外部监督、风险防控、动态监管、信息披露和责任追究等。2. 加强分析，既汇报成绩，又反映实际问题和困难，突出行业特点，特别是针对重要行业的国有资产情况进行分析提炼，适时引入第三方评估，为党和国家重大决策提供科学参考。3. 夯实数据基础，尽快制定出反映国有资产实际情况的各类指标，加快推进国有资产管理的信息共享平台和国有资产数据库建设，进一步夯实国有境外资产、自然资源资产等资产的数据基础，实现国有资产报告的全口径、全覆盖的编制目标。有的出席人员建议，完善国有资产管理情况报告的体例和结构，提高报告的可读性和可审性。

关于人民法院解决“执行难”工作情况的报告

——2018年10月24日在第十三届全国人民代表大会常务委员会第六次会议上

最高人民法院院长 周 强

全国人民代表大会常务委员会：

根据本次会议安排，我代表最高人民法院报告2016年以来人民法院解决执行难工作情况，请审议。

一、“基本解决执行难”工作的由来和任务目标

生效法律文书的执行，是整个司法程序中的关键一环，事关人民群众合法权益的及时实现，事关经济社会发展的诚信基础，事关司法权威和司法公信力的有效提升，事关全面依法治国基本方略的贯彻落实。司法裁判的主要任务是明确权利义务、实现定分止争，而执行工作则是依靠国家强制力实现胜诉当事人权益，最终化解矛盾，彻底解决纠纷。因此，执行的过程必然是司法活动中各种矛盾剧烈冲突、对抗性最强的过程。

从上世纪80年代后期开始，随着我国改革开放不断深化，经济社会发展日趋活跃，诉讼案件数量大幅增长，一些生效法律文书得不到执行，被人民群众称为执行难，执行不了的法律文书被称为“法律白条”。长期以来，执行难不仅成为困扰人民法院的突出问题，也成为人民群众反映强烈、社会各界极为关注的热点问题。如果大量生效法律文书得不到执行，将严重损害胜诉当事人合法权益，损害法律权威和司法公信力，影响党和国家形象，影响人民群众对全面依法治国、建设社会主义法治国家的信心。

从人民法院执行工作来看，执行难主要表现在：一是查人找物难。相当数量的被执行人想方设法以转移隐匿财产、隐藏行踪等手段规避执行，甚至暴力抗拒执行，严重妨碍了执行工作开展。人民法院通过登门临柜的方式查找被执行人行踪和财产，不仅耗时费力、成本高昂，而且能够覆盖的地域

范围和财产形式十分有限。二是财产变现难。人民法院查找到的财产很多是房地产、车辆、船舶、股权、证券等,需要评估拍卖。鲜活农副产品、飞机、有毒或易燃易爆危险品、金融经营资格等特殊财产对评估拍卖的时限、方式要求更高。但传统拍卖模式周期长、佣金高、成交率低、廉政风险大,不利于财产顺利变现。三是排除非法干预难。长期以来,有的单位和个人基于部门利益、地方利益,干预、妨碍执行,有的甚至截扣执行标的物、围攻执行人员。在防止领导干部和司法机关内部人员干预过问案件"两个规定"颁布以后,这种现象有了很大改观,但干扰执行的情形仍时有发生。四是清理历史欠账难。执行难问题由来已久,特别是由于无财产可供执行案件缺乏合法规范的甄别退出机制,陈案越积越多,有的案件长期得不到解决,存在严重风险隐患。一些矛盾尖锐的信访老案化解难度很大,需要投入大量人力物力予以解决。

执行难成因复杂,是各种社会问题和矛盾叠加、交织的集中体现。从内部原因看,一是执行规范化水平不高。一些法院存在消极执行、选择性执行及乱执行现象,违纪违法、徇私枉法现象时有发生。二是执行人员力量和能力不足。近年来执行案件每年都在600万件左右,执行干警年人均办案达150件左右,执行队伍的人员配备和能力素质不能充分满足工作需要。三是执行制度机制不够健全完善。法院内部立案、审判、执行等环节存在衔接不畅问题,评估拍卖环节存在较多弊端。四是执行工作管理不够规范。执行实施过程具有相对分散、节点多等特点,异地执行、现场执行等环节监督管理困难,存在较大管理风险。一些法院执行案件底数不清、情况不明,执行管理失序。从外部原因看,一是社会诚信体系不够健全。一些公民的法治观念和诚信意识不够强,覆盖全社会的征信系统尚未形成,社会成员信用记录相对缺失,对多头开户、各种财产形式登记在他人名下等基础性信息缺乏有效掌握,守信激励和失信惩戒机制尚不健全。有的当事人规则意识淡薄,拒不履行生效法律文书,有的甚至通过虚假诉讼等方式,达到拖延执行的目的。二是执行依据复杂多样。按照我国法律规定,人民法院不仅负责执行民事、行政、刑事附带民事判决、裁定、调解书等法院自身作出的生效法律文书,还负责依法执行仲裁裁决、部分行政决定、公证债权文书、司法确认的人民调解协议书、境外法院的民商事判决、境外仲裁机构的裁决等生效法律文书。部分仲裁、公证行为引发当事人较大争议,被执行人不断提出不予执行申请或异议,影响执行工作质效。三是执行标的种类繁多。当前各类新型金融资产、无形资产、投资权益等财产形式日趋多样,但监管、登记等制度尚不健全,尤其是隐名投资、股权代持等情况给财产查控带来障碍。被执行人履行义务的形式除金钱给付之外,还包括腾退房屋、赔礼道歉、赡养老人、抚养及探视子女等行为给付,执行难度较大。四是法律和配套制度不够健全完善。我国尚未制定单独的强制执行法,执行程序在《民事诉讼法》中仅有35个条文,很多问题缺乏明确规定。在配套制度方面,我国尚未建立个人破产制度,与执行案件有关的救助制度也不完善。实践中对拒执罪适用较少,法院与有关方面配合形成合力不够。五是多种经济社会矛盾交织。执行工作与经济社会发展关系紧密,大量矛盾激化的群体性案件最终都汇集到执行领域,聚焦在款物分配清偿等攸关当事人切身利益的环节。一些涉及土地使用权、房产、股权等权属争议的案件,标的额巨大,往往关系到众多申请执行人和其他相关人员的权益,加大了矛盾化解和执行难度。

需要说明的是,执行过程中,有相当一部分案件被执行人完全丧失履行能力、经核查确无财产可供执行,客观上不具备执行条件,即使法院穷尽一切措施,也无法实际执行到位。这类案件,一般称之为"执行不能"案件。近年来,我国生效裁判文书的自动履行率逐年提升,2016年、2017年分别为51%、57%,剩余40%多未自动履行的案件进入执行程序。在进入执行程序的案件中,约有5%属于申请人民法院强制执行仲裁裁决、公证债权文书,约有43%属于确无财产可供执行的"执行不能"案件。换算下来,民商事案件中,约18%的案件是"执行不能"案件。这类案件所涉债务大致分为两类:一类是法人债务。被执行企业债台高筑、濒临破产,甚至处于无人员、无财产、无办公场所的状态,这些"僵尸企业"在执行中形成大量"僵尸案件"。另一类是自然人债务。一些交通事故、人身损害赔偿、刑事附带民事诉讼等案件,被执行人自始就财力有限,甚至"家徒四壁",确无清偿能力。实践中,许多当事人及社会公众认为生效法律文书是以国家信用作背书,只要有生效文书就一定要执行到位,要求法院兜底、承担化解一切风险的"无限责任"。从世界各国通例来看,"执行不能"案件都属于当事人应当承担的商业风险、法律风险、社会风险,并非法院执行不力所致,需要通过个人破产、社会救助等制度机制予以解决,不属于申请执行的范围,不能进入执行程序。但在我国,对于“执行不能”案件,人民法院并未置之不理,而是通过严格审查后终结本次执行程序,纳入“终本案件库”管理,公开接受社会监督,一旦发现有财产必须及时恢复执行,尽最大努力、穷尽一切措施兑现胜诉当事人合法权益。

党的十八大以来,以习近平同志为核心的党中央站在统筹推进“五位一体”总体布局和协调推进“四个全面”战略布局的高度,将解决执行难作为全面依法治国的重要内容。党的十八届四中全会明确提出“切实解决执行难”“依法保障胜诉当事人及时实现权益”的目标。最高人民法院坚决贯彻落实党中央决策部署,在深入调研的基础上认为,党中央推进全面依法治国、全面从严治党,为解决执行难创造了前所未有的政治环境与法治环境;党和国家大力推进国家治理体系和治理能力现代化,推进社会诚信体系建设,为解决执行难提供了前所未有的历史机遇;以信息技术为代表的现代科技快速发展,为解决执行难提供了前所未有的科技支撑;人民群众法治意识不断增强,为解决执行难提供了坚实的群众基础。在这样的环境和条件下,在全国法院历年来执行工作基础上,在社会各界支持下,人民法院通过推动构建综合治理执行难工作格局、加大强制执行力度、规范执行行为、加快执行信息化建设、推动完善社会诚信体系、加强法治宣传教育等举措,是有条件基本解决执行难问题的。因此,2016年3月,最高人民法院在十二届全国人大四次会议上提出“用两到三年时间基本解决执行难问题”。

2016年4月,最高人民法院出台《关于落实“用两到三年时间基本解决执行难问题”的工作纲要》,坚持一切从实际出发,确定“基本解决执行难”的总体目标是实现“四个基本”,即被执行人规避执行、抗拒执行和外界干预执行现象基本得到遏制,人民法院消极执行、选择性执行、乱执行的情形基本消除,无财产可供执行案件终结本次执行的程序标准和实质标准把握不严、恢复执行等相关配套机制应用不畅的问题基本解决,有财产可供执行案件在法定期限内基本执行完毕。同时我们也清醒认识到,解决执行难面临的现实问题和困难较多,人民法院不可能轻轻松松、轻而易举、和和气气就能解决,必须坚持问题导向,以人民满意为标准,坚决破除藩篱、攻克关卡,才能如期实现“基本解决执行难”。围绕执行难问题的关键症结,最高人民法院充分考虑执行案件数量和执行队伍现状,本着自我加压、倒逼执行质效,同时坚持实事求是、防止定出不切实际目标的原则,将“四个基本”具体化为“四个90%,一个80%”的核心指标要求,作为阶段性目标,即90%以上有财产可供执行案件在法定期限内执结,90%以上无财产可供执行案件终结本次执行程序符合规范要求,90%以上执行信访案件得到化解或办结,全国90%以上法院达标,近三年执行案件整体执结率超过80%。目前,各级法院都在按照既定方案,扎实推进各项工作,确保如期实现目标要求。

为客观准确评价“基本解决执行难”情况,我们引入第三方评估机制,由中国社科院牵头的4个部门、13家媒体、15名专家学者组成评估团队,独立对“基本解决执行难”进行跟踪评估。第三方评估机构于2017年对外发布了评估指标体系,今年5月又对指标体系进行了修订完善,在执行实际效果、当事人满意度、社会认可度等方面增加了指标、加大了权重。目前,第三方评估工作正在陆续开展。

二、“基本解决执行难”工作取得的进展及成效

2016年3月以来,人民法院在以习近平同志为核心的党中央坚强领导下,全面推进执行信息化、规范化建设,不断深化执行体制机制和管理模式改革,持续加强队伍建设,加大投入保障力度,坚持问题导向,坚持刀刃向内,全面打响“基本解决执行难”攻坚战。2016年至2018年9月,全国法院共受理执行案件1884万件,执结1693.8万件(含终本案件),执行到位金额4.07万亿元,同比分别增长105%、120%和76%。

(一)紧紧依靠党的领导,推动构建综合治理执行难工作格局。党中央高度重视执行工作,2016年6月,中央深改组审议通过《关于加快推进失信被执行人信用监督、警示和惩戒机制建设的意见》,这是指导破解执行难题、推进诚信体系建设、维护法律权威的纲领性文件。中央政法委多次对人民法院执行工作提出明确要求,作出重要部署。在党中央坚强领导下,执行工作受到前所未有的重视。全国31个省(区、市)党委、政府、政法委全部出台支持人民法院解决执行难、加强失信被执行人信用惩戒的文件,12个省(区、市)人大常委会专门出台支持人民法院解决执行难的决定,各省(区、市)党委或党委政法委成立“基本解决执行难”领导小组、建立联

席会议制度，将解决执行难纳入社会治安综合治理目标责任考核。辽宁省委书记、省人大常委会主任陈求发出席全省决胜“基本解决执行难”工作电视电话会议并作工作部署。有的省、市主要领导直接担任领导小组组长，省委、市委常委会听取“基本解决执行难”情况汇报，共同研究解决重大问题。目前，党委领导、政法委协调、人大监督、政府支持、法院主办、部门配合、社会参与的综合治理执行难工作格局已初步形成并不断完善，为“基本解决执行难”奠定了坚实基础。

（二）推进网络查控系统建设，基本实现对被执行人主要财产形式“一网打尽”。针对传统执行查控模式存在的执行效率低、覆盖财产范围窄、查控人力成本高等难题，最高人民法院建立“总对总”网络查控系统，与公安部、民政部、自然资源部、交通运输部、人民银行、中国银行保险监督管理委员会等16家单位和3900多家银行业金融机构联网，可以查询被执行人全国范围内的不动产、存款、金融理财产品、船舶、车辆、证券、网络资金等16类25项信息，基本实现对被执行人主要财产形式和相关信息的有效覆盖，极大提升了执行效率，实现了执行查控方式的根本变革。截至2018年9月，全国法院通过网络查控系统，为5746万案件提供查询冻结服务，共冻结资金2992亿元，查询房屋、土地等不动产信息546万条，车辆4931万辆，证券1085亿股，船舶119万艘，网络资金129亿元，有力维护了胜诉当事人合法权益。

（三）推进联合惩戒体系建设，让失信被执行人“一处失信、处处受限”。2013年，最高人民法院建立失信被执行人名单制度，推动对失信被执行人进行联合惩戒，努力破解规避执行难题。2016年以来，最高人民法院与国家发改委等60家单位签署文件，推进失信被执行人信用监督、警示和惩戒机制建设，采取11类37大项150项惩戒措施，对失信被执行人担任公职、党代表、人大代表、政协委员以及出行、购房、投资、招投标等进行限制。截至2018年9月，全国法院累计发布失信被执行人名单1211万例，共限制1463万人次购买机票，限制522万人次购买动车、高铁票，322万名失信被执行人迫于信用惩戒压力自动履行了义务。

（四）全面推行网络司法拍卖，有效破解财产变现难题。为克服传统拍卖方式存在的诸多弊端，从2012年开始，浙江、江苏等地法院率先推行网络司法拍卖。最高人民法院及时总结经验，确立以网络拍卖为原则、传统拍卖为例外的司法拍卖新模式，出台网络拍卖司法解释，从2017年1月1日开始，在全国法院全面推行网络司法拍卖，并完善相关配套制度。截至目前，全面实行网拍的法院达到3260个，法院覆盖率为92.5%，网络拍卖数量占整个司法拍卖的80%以上。实行网络司法拍卖以来，成交率、溢价率成倍增长，流拍率、降价率、拍卖成本明显下降，有效祛除权力寻租空间，斩断不法利益链条，实现了拍卖环节违纪违法“零投诉”。从2017年3月网拍系统上线至2018年9月，全国法院网络拍卖74.7万余次，成交22.1万余件，成交额5030亿元，标的物成交率73%，溢价率66%，为当事人节约佣金153亿元。针对司法拍卖评估环节效率低问题，创设当事人议价、定向询价、网络询价和委托评估等形式多样的评估方式，建立统一网络评估平台，提升评估规范化、信息化水平，提高财产处置效率，减轻当事人负担。

（五）强化执行管理，确保执行权依法规范高效运行。党的十八大以来，最高人民法院狠抓执行规范体系建设，共出台55项重要司法解释和规范性文件，数量超过十八大前的总和，全面规范执行工作。特别是2016年以来，密集出台涉及财产保全、财产调查、执行和解、执行担保、先予仲裁等37个重要司法解释和规范性文件，加强制度建设，织密规则体系，有效约束和规范执行权。自2014年开始，全国法院对近20年来未实际执结的执行案件进行全面清查核录，把1600余万案件录入执行案件管理系统，为实现执行案件有序、精准、全面、智能管理打下基础，彻底解决执行案件底数不清、情况不明的问题。建立全国四级法院“统一管理、统一协调、统一指挥”的执行管理新模式，实现执行管理扁平化、集约化、可视化、规范化、智慧化。建成四级法院统一的执行办案平台，全国执行干警在一个平台办案，规范了执行办案标准和流程，强化了关键节点管控。建立完善四级法院统一的执行指挥管理平台，具有执行协作、款物管理、申诉信访、流程监督等近20项功能，实现“一站式”执行公开、“一键式”案件督办，真正让执行管理“一竿子插到底”。针对异地执行难题，研发事项委托系统，上线以来共进行区域执行协作52.8万余次，极大节约了执行成本。针对执行信访管理督办难题，将执行信访全部纳入执行管理平台，办理过程全程留痕、实时跟踪、精准管理。在中央政法委领导下，集中开展涉党政机关执行清积专项行动，建立定期通报等长效机制，将涉党政机关案件清理情况纳入社会治安综合治理考核范围，促进党政机关带头履行生效判决。

目前已执行到位金额 480 亿元,今年将实现涉党政机关执行案件 90% 实际执结、案款 90% 执行到位的目标。在中央军委政法委领导下,涉军队执行案件全部执结,在全国做出表率。

(六)规范适用终结本次执行程序,破解无财产可供执行案件管理难题。对于“执行不能”案件,人民法院通常以终结本次执行程序的方式结案。为防止终本程序被滥用、将原本有财产可供执行的案件纳入终本案件范围,最高人民法院紧紧抓住终本案件合格率这一关键指标,建立完善严把进口、规范管理、畅通出口、有序退出的终本案件管理机制,明确只有穷尽一切执行措施、达到规定标准,才能认定为无财产可供执行案件。在终结本次执行程序后,将该类案件纳入单独建立的终本案件库,每半年由网络查控系统自动查询一次,并对数据库内被执行人常态化限制高消费,一经发现可供执行财产立即恢复执行,数据库向全社会公开,接受全社会监督。同时,通过积极推进执行转破产工作,加大司法救助力度,探索社会救助、商业保险等途径,依法有序分流解决终本库中的“执行不能”案件。

(七)深化执行体制机制改革,促进执行工作长远发展。积极稳妥推进审执分离改革试点,先后批复广东等地法院试点方案,扎实推进改革工作。出台立审执工作协调运行的意见,加强立案、审判、执行、保全程序中的机制衔接。深化以法官为主导的执行团队模式改革,明确要求执行部门员额法官比例不低于审判业务部门,建立以员额法官为主导,法官助理、书记员、司法警察等司法辅助人员组成的团队化执行工作模式,实现执行人力资源效用最大化。创新财产发现机制,全面推广审计调查、悬赏举报等调查措施,鼓励和支持律师代理执行案件,动员社会力量查人找物。全面推广由保险公司为申请人提供财产保全责任保险的做法,解决财产保全申请人难以提供保全担保的突出问题,提升财产保全适用率。为解决被执行人确无财产可执行、申请执行人因债权不能实现而陷入生活困境的两难问题,针对司法救助金额不足的情况,最高人民法院在批准宁波法院积极试点的基础上,探索在全国范围内引入保险机制,拓展资金来源,今年发放司法救助金 6.5 亿元,惠及更多生活困难的申请执行人,体现社会主义司法的温暖。

(八)强化执行公开,形成理解支持执行的浓厚社会氛围。坚持在执行工作领域贯彻依法公开、主动公开、全面公开、实质公开原则,升级中国执行信息公开网,拓宽执行信息公开范围,确保执行权在阳光下运行。推广江西高院“法媒银”平台经验,加强与新闻媒体合作,加大曝光力度,让失信被执行人无处藏身。先后在山东、北京、江苏、安徽、湖南、福建、河南、吉林、四川等地法院举办 22 场“决胜执行难”全媒体直播活动,借助电视媒体和网络平台,向社会公众全景呈现人民法院决战决胜“基本解决执行难”工作进展,人民日报、新华社、中央广播电视总台等 100 余家媒体、网络平台参与直播,累计超过 3.2 亿人次在线收看,运用典型案例以案说法,生动展示了法院执行工作的声势,体现了法律的权威,营造了褒奖诚信打击失信的良好舆论氛围。2014 年以来,每年元旦、春节前后集中开展涉民生案件专项执行行动,努力维护人民群众切身利益,共执行涉民生案款 239 亿元。各地法院纷纷开展“百日会战”“假日执行”“雷霆行动”等攻坚执行难专项活动,啃下一大批“骨头案”,对失信被执行人形成有力震慑。对恶意逃避执行、转移隐匿财产的失信被执行人,依法适用司法拘留、罚款、限制出境等强制措施,坚决打击抗拒执行行为。制定适用拒执罪司法解释,会同最高人民检察院、公安部出台文件,解决拒执罪自诉方面难题。2016 年至 2018 年 9 月,全国法院以拒不执行判决裁定罪判处罪犯 14647 人,累计拘留失信被执行人 38 万人次,限制出境 3.2 万人次;特别是今年以来,共判处罪犯 7281 人,拘留 13.4 万人次,同比分别上升 90.6% 和 11%,形成打击逃避、规避执行行为的强大声势。

(九)切实加强执行队伍建设,建设一支现代化执行“铁军”。破解执行难,队伍是关键。坚持把政治建设放在首位,教育引导广大执行干警牢固树立“四个意识”,坚定“四个自信”,坚决维护习近平总书记党中央的核心、全党的核心地位,坚决维护以习近平同志为核心的党中央权威和集中统一领导。广大执行干警坚持以习近平新时代中国特色社会主义思想武装头脑、指导实践、推动工作,讲党性、讲纪律、讲奉献,三年来夜以继日战斗在执行一线,大江南北、千里奔袭,风餐露宿、蹲点守候,无私奉献、顽强拼搏,为解决执行难竭尽全力,涌现出许多可歌可泣的先进人物和事迹。黑龙江高院执行局局长侯铁男、广东信宜市法院执行局副局长伍彤等 27 名同志牺牲在工作岗位上。加强执行队伍正规化、专业化、职业化建设,设立中国法学会审判理论研究会执行专业委员会和国家法官学院执行学院,建立最高人民法院执行咨询专家库和全国执行人才库,加强执行理论研究,创新教育培训工作,提升干警执行能力。找准破解执行难的着力点,首先从解决执行工作中自身存在的问题入手，坚持从严管理，发布规范执行行为“十个严禁”，划定“高压线”，开展为期一年的规范执行行为专项整治活动，“刀刃向内”整治消极执行、选择性执行、乱执行等问题。加大考核问责力度，2016 年以来全国法院共有 54 名院领导、执行局长因工作不力被免职或调离执行岗位；共查处利用执行权违纪违法干警 884 人，坚决清除执行队伍中的害群之马。坚持严管与厚爱相结合，强化职业保障，高度关注执行干警的身心健康，通过推广为执行干警购买人身保险等方式，减少干警后顾之忧，激发广大干警攻坚执行难的积极性和创造性。

（十）自觉接受监督，确保公正高效执行。自觉接受人大监督。全国人大及其常委会高度重视人民法院执行工作，全国人大常委会副委员长曹建明赴上海、江苏、安徽等地法院视察调研执行工作，全国人大监察和司法委员会围绕“基本解决执行难”深入开展专题调研，对推进“基本解决执行难”进行有力监督支持。人民法院主动将人大代表联络工作精准聚焦执行，增进代表对“基本解决执行难”工作的了解。积极向人大报告工作，配合开展执法检查，邀请代表视察调研、见证执行等，有力推动了“基本解决执行难”工作。认真办理十三届全国人大一次会议“基本解决‘执行难’问题，维护当事人合法权益”重点督办建议，将代表建议办理与“基本解决执行难”工作一同部署、一起推进，切实将建议内容转化为工作实效，回应群众关切。自觉接受政协民主监督。全国政协专门就“基本解决执行难”安排双周协商座谈，与会政协委员围绕解决执行难问题积极建言献策，充分发挥社会主义协商民主的制度优势，凝聚攻坚执行难的广泛共识和强大合力。自觉接受检察机关法律监督。会同最高人民检察院发布《关于民事执行活动法律监督若干问题的规定》，加强和规范民事执行法律监督活动，促进人民法院依法执行。联合最高人民检察院在全国法院开展集中清理执行案款活动，清理发放案款 960 亿元，在此基础上推行“一案一账号”案款管理模式，建立公开透明、全程留痕的案款管理长效机制。认真办理检察机关提出的民事执行监督检察建议。自觉接受社会监督。畅通民意沟通渠道，开展特约监督员、特邀咨询员视察法院执行指挥中心、调研座谈等活动，接受舆论监督，认真对待意见、批评和建议。开通全国法院决胜“基本解决执行难”信息网，及时向社会公开“基本解决执行难”重要举措及进展，满足人民群众知情权、参与权、表达权和监督权。

总的看，“基本解决执行难”攻坚战非打不可。通过这场战役，打出了声威，打出了士气，基本形成了具有中国特色的执行制度、机制和模式。三年来，人民法院解决执行难工作力度前所未有，成效前所未有，实现了执行模式的重大变革，执行质效有了较大提升，执行外部环境有了明显改善。这些成绩的取得，关键在于党中央全面依法治国、全面从严治党的大环境，关键在于以习近平同志为核心的党中央坚强领导，关键在于中国特色社会主义的制度优势。这些成绩的取得，是全国人大及其常委会有力监督、国务院大力支持、全国政协民主监督的结果，是地方各级党委领导、人大监督以及政府、政协、社会各界大力支持的结果。特别是各级人大代表，一直十分关心执行工作，有的直接参与见证执行，为人民法院执行工作提供了有力支持和保障。在此，我代表最高人民法院，向全国人大和地方各级人大及其常委会，向各级人大代表表示衷心的感谢！

三、当前推进“基本解决执行难”工作存在的问题和困难

我们清醒地认识到，当前“基本解决执行难”工作仍然存在不少问题和困难，与人民群众期待还有不小的差距。

一是各地工作开展不够平衡。由于经济社会发展水平不同，“基本解决执行难”工作的现实基础、投入保障等差异很大，导致出现工作开展不平衡问题，人民群众的获得感也不尽相同。有的法院已经较早达到了核心指标要求，执行联动机制等工作开展得有声有色，目前主要任务是查漏补缺、固强补弱；有的法院则起步较晚，争取地方党委、政府等支持的力度不够，执行理念、模式、投入、进度相对滞后，目前仍在艰苦奋战。整体来看，在最后收官阶段，全国同步实现“基本解决执行难”目标，仍有不小的压力，仍需付出艰巨的努力。

二是执行信息化水平仍需提升。有的法院对执行信息化工作重视不够，统筹协调不到位，部门之间沟通不畅、协作不力。网络查控系统中冻结、扣划功能尚未实现全覆盖，仍需进一步扩大范围、拓展功能。有些信息化平台存在操作繁琐、运行不畅等问题，功能还有待进一步完善。执行指挥管理平台需要进一步优化升级，以提升实战效果。

三是执行队伍仍然存在不适应问题。由于执行

案件数量大、增长快，加上存在被执行人抗拒执行、逃避执行现象，广大执行干警攻坚执行难期间牺牲节假日、长期超负荷连续作战，任务重、压力大、风险高，因公殉职患病的人数增多，身心健康需要引起关注，工作生活条件需要改善。一些地方执行队伍老化，力量不足，知识储备滞后，能力素质跟不上形势任务需要。消极执行、选择性执行及乱执行等问题在一些地方仍然存在。少数执行人员吃拿卡要、作风不正、违法乱纪甚至贪腐渎职问题仍然时有发生。

四是联合惩戒体系还未能实现全覆盖。一些地区未设立专门机构和人员负责统筹协调联合惩戒工作，未就落实联动机制情况建立管理考核、责任追究等制度。一些协助执行单位未能将失信被执行人名单嵌入本单位管理、审批工作系统中，影响了失信惩戒的实际效果。在限制失信被执行人出境、限制入住星级酒店、限制其子女就读私立高收费学校、限制获取政府补贴、限制海关认证、限制高消费旅游等方面，一些地方的工作举措没有落地，查控下落不明失信被执行人的机制尚未普遍建立。

五是全社会对执行工作的理解认识不统一。虽然人民法院通过执行公开、以案释法等多种方式，积极向当事人和社会各界解释“执行不能”问题，引导社会公众形成对执行工作的正确认知，增强风险防范意识，但从全社会范围看，仍然有不少当事人对“执行不能”缺乏理解。为此，还需通过加强法治宣传积极探索个人破产制度、加大执行救助力度等长效机制加以根本解决。

四、下一步工作措施和建议

目前，“基本解决执行难”正处于攻坚克难、决战决胜的最后关键时期，也到了推动长远解决执行难问题的窗口期。下一步，全国法院将深入学习贯彻习近平新时代中国特色社会主义思想和党的十九大精神，坚持以人民为中心的发展思想，在如期实现“基本解决执行难”这一阶段性目标之后，继续保持执行工作高水平运行，建立完善长效机制，努力在更高层次推动执行工作长远发展，实现党的十八届四中全会提出的“切实解决执行难”目标。总的思路是坚持“六个结合”：（一）把解决当前突出问题与建立长效机制结合起来，着力补齐短板、精准攻坚，持续推进信用中国、法治中国建设。（二）把强制执行与规范执行结合起来，既要对规避执行、干预执行、抗拒执行行为零容忍，又要坚持公正执行、善意执行、文明执行理念，依法保护产权，推动营造更加公平、透明、可预期的法治化营商环境。（三）把依法惩戒与司法关怀结合起来，对有能力履行而拒不履行的被执行人坚决予以惩戒，对因“执行不能”而陷入困境的申请执行人进行救济，充分彰显社会主义司法制度的优越性。（四）把健全制度与应用科技手段结合起来，坚持不懈走信息化之路，以信息化促进规范化。（五）把解决执行难与解决“执行不能”结合起来，尤其注意通过典型案例、法治宣传等方式，教育引导群众增强风险意识，自觉防范市场风险和法律风险，从源头上治理执行难。（六）把发挥法院职能作用与动员社会力量结合起来，推动综合治理执行难工作格局更加健全完善。结合工作实际，重点做好以下几方面工作：

一是如期实现“基本解决执行难”目标，切实保障胜诉当事人合法权益。各级法院将严格落实工作责任制，坚持挂图作战，集中力量、握紧拳头，一鼓作气、乘势而上，确保如期打赢“基本解决执行难”这场硬仗。针对攻坚过程中的重大难点问题和“骨头案”，紧紧依靠各级党委领导、人大监督、政府和政协支持，充分发挥“基本解决执行难”领导小组及其办公室作用，把相关问题纳入到党委工作大盘子、政法委重点督办事项中加以解决。针对各地工作发展不平衡问题，坚持问题导向和底线思维，督促落后地区集中力量强弱项、补短板，全面提升各级法院执行工作整体水平。精准对标对表评估指标，本着对事业负责、对人民负责、对历史负责的态度，实事求是接受第三方评估，坚决防止弄虚作假，确保经得起历史和人民的检验。

二是巩固工作成果，确保执行工作保持高水平运行。要坚持攻坚之后不放松、不懈怠，把“基本解决执行难”工作取得的成果常态化、制度化，将行之有效的经验及时固定下来，推动完善和发展中国特色社会主义执行制度，充分发挥其优越性。进一步提高新收执行案件办理质效，加强旧存案件清理工作，高度重视执行案件源头治理，加大诉讼保全适用力度，严格规范管理终本案件，强化立审执协调配合、案件繁简分流、执行与破产有序衔接等工作机制，促进执行工作健康发展。持续推进执行规范化建设，严格规范执行活动，用“制度铁笼”“数据铁笼”约束执行行为，有效避免各类消极执行、选择性执行、乱执行问题。

三是坚持创新思维，加快推进执行信息化建设。完善网络查控系统，加强与有关部门的协调合作，不断扩大网络查控范围，强化冻结、扣划功能，推动实现网络查控系统对各类财产的全覆盖。健全完善全国四级法院“三统一”执行管理模式，运用信息化系统，消除传统执行管理盲区，将管理触角从结果延伸至全过程，实现管人、管案、管事相结合。加强大数据、云计算、人工智能、区块链等在执行工作中的运用，优化升级各类执行信息化系统平台，让现代信息技术更好服务保障执行工作。

*四是立足长远、统筹兼顾，建立完善执行工作长效机制。*牢牢坚持党的领导，充分发挥中国特色社会主义的政治优势、制度优势，进一步健全完善综合治理执行难工作格局。深入推进联合惩戒工作，加强同协助单位的网络对接与信息共享，将失信名单、惩戒措施嵌入业务流程，更多实现自动识别、自动拦截、自动惩戒。深化执行公开，逐步实现执行流程节点信息全部公开，让当事人、律师等更多了解、理解、参与执行工作。加大执行宣传力度，坚持全媒体直播等有益经验，推动在全社会进一步形成守信光荣、失信可耻的良好氛围。自觉接受人大、政协、检察机关以及社会各界对执行工作的监督，畅通监督渠道，促进执行工作更加规范有序。

*五是坚持全面从严治党、从严治院，建设过硬执行队伍。*统筹考虑执行工作实际需要，稳定执行人力配备与资源配套，充分保障正规化、专业化、职业化执行队伍长远发展需要。以深化司法体制综合配套改革和全面落实司法责任制为契机，进一步探索符合执行工作特点的职业保障机制和管理机制，增强执行干警的职业尊荣感。在全国范围开展执行人员全员培训、实操考核，对不达标的一律调离执行岗位。严格落实党风廉政建设责任制，加大正风肃纪力度，建立健全符合执行工作规律的违纪违法常态化防范处理机制，以零容忍态度坚决惩治执行领域司法腐败，确保干警清正、队伍清廉、司法清明。

针对当前解决执行难面临的新情况和存在的问题，提出四点建议：一是加强对执行工作的监督和支持，促进全社会形成更加理解支持执行工作的良好氛围。二是完善执行立法，按照党的十八届四中全会部署，加快制定强制执行法，为解决执行难提供充分法治保障。推动建立个人破产制度，完善现行破产法，畅通“执行不能”案件依法退出路径。进一步完善相关诉讼法律制度，更好适应执行实际需求。三是加强社会诚信体系建设，进一步健全不敢逃债、不能逃债、不愿逃债的制度体系。四是推动健全执行救助制度、司法救助保险制度，使更多涉民生案件困难当事人得到救助，切实增强人民群众的获得感。

全国人大常委会专门听取和审议人民法院解决执行难工作情况的报告，充分体现了对人民法院工作的高度重视，全国法院和广大干警深受鼓舞。我们将在以习近平同志为核心的党中央坚强领导下，深入学习贯彻习近平新时代中国特色社会主义思想和党的十九大精神，在全国人大及其常委会有力监督下，认真落实本次会议审议意见，求真务实，开拓进取，奋力拼搏，攻坚克难，坚定不移推进解决执行难工作，努力让人民群众在每一个司法案件中感受到公平正义，为决胜全面建成小康社会、夺取新时代中国特色社会主义伟大胜利作出新的更大贡献！

对人民法院解决“执行难”工作情况报告的意见和建议

10月24日，十三届全国人大常委会第六次会议审议了最高人民法院院长周强作的关于人民法院解决“执行难”工作情况的报告，共有54人次发言。25日上午，举行联组会议，结合审议该报告和最高人民检察院关于人民检察院加强对民事诉讼和执行活动法律监督工作情况的报告进行专题询问，共有11人发言询问。栗战书委员长出席联组会议并讲话，最高人民法院院长周强、最高人民检察院检察长张军和有关方面负责同志到会应询，曹建明副委员长主持会议。现根据会议发言和询问情况，将常委会组成人员和列席会议人员的主要意见整理如下。

出席人员普遍认为，人民法院的执行工作，事关人民群众切身利益，事关司法权威和公信力，社会广泛关注。全国人大常委会听取审议最高人民法院关于解决“执行难”工作情况的报告，并结合审议报告开展专题询问，这在全国人大常委会历史上还是第一次，既是贯彻党中央决策部署，支持和保障司法改革、促进司法公正的一个具体措施，也是常委会开展监督工作的一次积极探索和实践创新。出席人员充分肯定各级人民法院的工作成效，普遍赞成这个报告。大家强调，“基本解决执行难”正处于攻坚克难、决战决胜的最后关键时期，要继续努力，通力协作，确保如期实现这一阶段性目标。此后，还要继续保持执行工作高水平运行，建立完善长效机制，切实维护好广大人民群众的合法权益。希望最高人民法院和有关方面结合全国人大监察和司法委员会的调研报告,认真研究有关意见建议,进一步推动改进工作,并依法向全国人大常委会反馈研究处理情况。审议中,大家还提出了一些具体意见和建议。

一、发挥制度优势,形成解决“执行难”的强大合力

部分出席人员提出,要充分发挥中国特色社会主义制度优势,坚持党对人民法院执行工作的领导,健全党委领导、政法委协调、人大监督、政府支持、法院主办、部门配合、社会参与的综合治理工作格局。建议:1. 人民法院和有关部门要明确各自职责,加强沟通协调,共同推进情况通报、调查协作、征信体系、威慑惩治机制建设,使执行联动机制真正“联起来、动起来”。2. 把协助法院开展执行工作纳入法治政府建设考评指标当中,督促政府职能部门重视执行工作,切实解决执行信息反馈不及时、联动反应慢、信息共享不全面等问题,实现执行工作的全方位协作联动。3. 注重发挥律师在解决“执行难”工作中的作用,鼓励和支持律师代理执行案件。4. 把社会参与作为破解“执行难”的重要环节,教育引导当事人自觉履行执行义务,鼓励群众积极参与、共同监督,营造综合治理“执行难”的良好社会氛围。

二、加快社会信用体系建设

部分出席人员指出,要建立健全社会信用体系,从根本上预防和解决“执行难”问题。一些出席人员提出,要全面推进社会诚信建设,加大法治宣传教育力度,弘扬诚实守信的社会主义道德风尚,提高执行的主动性和自觉性。有些出席人员提出,要充分发挥各行业部门和互联网平台作用,建立多部门、多行业、多手段共同发力的联合惩戒机制,不断扩大联合惩戒的广度和深度,最大限度制约和惩罚失信被执行人。部分出席人员提出,要充分运用法治方式,加大失信惩处力度,提高失信成本。1. 总结联合信用惩戒的实践经验,细化拒不执行判决、裁定的犯罪情形,重点查处隐匿、转移、低价处分财产,假离婚、假诉讼、假破产、设立关联企业等规避执行行为。2. 研究妨碍执行罪入刑问题,对第三人恶意串通、参与转移、隐匿财产等妨碍执行行为给予惩处和震慑。3. 对不履行法定执行义务的特殊主体建立党政纪律追责制度,由纪检监察机关追究其相应责任。

三、深入破解“执行不能”难题

部分出席人员指出,要坚持问题导向,多维度多层次破解“执行不能”难题。一些出席人员提出,要规范“执行不能”的认定标准和结案程序,完善恢复执行程序,构建配套的案件协同管理制度和程序救济机制。有些出席人员提出,对因执行不能而生活陷入困境的当事人,要发挥司法救助制度的功效。1. 加大司法救助投入力度,完善司法救助程序,惠及更多需要救助的当事人,解决当前救助程序不规范、救助资金数量小、救助范围有限等问题。2. 积极推广司法救助保险等机制,引入社会力量拓展司法救助资金来源。一些出席人员提出,要引导社会客观认识“执行不能”问题,有效增强公众的风险防范意识,增进对执行工作的理解和认同。有的出席人员建议,要把民事审判和执行当作一个系统工程,法官审理和裁判时统筹考虑执行能力、执行效果等因素,并将执行风险提前告知当事人。

四、提高执行工作信息化水平

部分出席人员指出,要把现代信息技术作为做好执行工作的重要抓手,加强执行信息化建设。1. 进一步挖掘互联网、大数据等现代信息技术潜力,深入推进智慧法院建设,完善执行管理、网络查控、司法拍卖、失信惩戒等执行机制和措施。2. 利用大数据、云计算等手段,分析被执行人的消费动向、资金流向,提前研判、及时采取措施,有效打击规避执行行为。3. 积极推进执行工作全程公开、全程留痕,及时反馈执行过程中的重要节点信息,以公开促公平。

五、健全解决“执行难”问题的长效运行机制

部分出席人员指出,“执行难”问题是我国经济社会发展历史阶段的必然产物,也是司法实践中的一个普遍问题。解决“执行难”问题,既要完成阶段性目标,更要立足当前、着眼长远,总结经验做法,把解决突出问题与建立长效机制结合起来,对实践证明行之有效的措施及时用制度和机制固定下来。1. 完善关于财产保全的制度规定,确保实际有财产可执行案件不因法院查封、冻结等程序瑕疵转化为无财产执行

案件。2. 建立财产申报和履行执行义务机制，要求当事人在一定期限内主动申报财产，并在判决裁定生效后自动履行执行义务。3. 规范指定、提级、异地交叉执行管理，提高执行效率。有的出席人员指出，我国法定有效的证件体系存在互不关联、相互分离的情况，限制了身份证，还可以使用护照，限制乘坐国内航班，还可以乘坐外国豪华游轮、飞机出国高消费。建议尽快规范公安、银行、电信、交通等方面管理制度，清理整合多重身份验证方式，深入推进信息共享，建立统一权威的社会征信体系。

六、加强人民法院执行队伍建设

部分出席人员指出，当前执行案件数量增长较快，基层执行队伍存在力量不足、人员老化、能力素质有待提高等问题，执行人员面临的任务重、压力大、风险高，身心健康问题十分突出。建议把执行工作摆在与审判工作同等重要地位，推进执行队伍的正规化、专业化、职业化建设。建议：1. 适当增加执行编制，充实办案力量，缓解人案矛盾。2. 强化执行队伍的执业保障，推动落实好法律规定的补休制度，推广为执行干警购买人身保险，减少干警后顾之忧。3. 加强思想政治与职业道德建设，提升干警职业荣誉感；加大专业培训力度，提高执行能力。4. 进一步规范执行行为，努力杜绝消极执行、选择性执行等违法行为；严格落实党风廉政建设责任制，坚决整治作风、廉洁方面的突出问题。

七、完善民事执行制度

部分出席人员指出，要适应执行工作需要，从法律和制度层面加以强化，建立健全统一权威、科学有效的民事执行制度体系。一些出席人员提出，目前开展执行工作的主要法律依据为民事诉讼法及相关司法解释，其中民事诉讼法中关于执行程序的规定仅有35条，赋予法院的措施少、力度弱；实践中地方各级法院更多从最高院的批复、公报、判例中寻找办案依据，法律层级低且耗时费力。建议：1. 加快推进民事强制执行法的立法进程，切实解决执行中的有关法律适用问题，增强执行权实施的强制性和权威性。2. 针对执行工作中的突出问题，统筹研究民事诉讼法、刑事诉讼法、刑法、破产法等法律的修改工作。3. “两高”要进一步加强沟通协商，健全完善有关司法解释或规范性文件，适时发布指导性案例，更好地指导司法实践。4. 积极研究社会信用、征信方面的立法，推动建立覆盖全体公民的信用数据库。

八、健全执行监督工作机制

部分出席人员提出，要建立经常化、常态化的执行监督工作机制。建议：1. 建立健全人大有关专门委员会、工作机构对解决“执行难”问题的跟踪监督机制，推动“两院”认真研究采纳代表委员的意见建议，切实改进工作。2. 对于人大转送的反映“执行难”等突出问题的群众来信，“两院”要建立研究处理、结果反馈的工作机制。3. 建立并完善检察机关监督民事执行活动的工作机制和内部督促纠正机制，形成司法合力，推动依法执行、规范执行。4. 深入推进司法公开，主动接受人民群众监督，确保执行权在阳光下行使。

关于人民检察院加强对民事诉讼和执行活动法律监督工作情况的报告

——2018年10月24日在第十三届全国人民代表大会常务委员会第六次会议上

最高人民检察院检察长　张　军

全国人民代表大会常务委员会：

根据本次会议安排，我代表最高人民检察院报告检察机关加强民事诉讼和执行活动法律监督工作情况，请予审议。

人民检察院依法对民事诉讼和执行活动实行法律监督，是中国特色社会主义检察制度的重要内容，也是我国司法制度的鲜明特色。2012年民事诉讼法修改，进一步完善了检察机关民事诉讼法律监督内容，将审判人员违法行为、执行活动和调解书等纳入检察监督范围，并新增检察建议、调查核实等监督方式和措施，规范了当事人申请监督的条件，对加强民事检察工作提出了更高要求。在以习近平同志为核心的党中央坚强领导下，在全国人大及其常委会有力监督下，全国检察机关紧紧围绕经济社会发展大局，深入贯彻民事诉讼法，忠实履行对民事诉讼和执行活动的法律监督职责，努力维护司法公正和权威，让人民群众在每一个民事检察监督案件中感受到公平正义。

一、准确把握人民群众日益增长的司法需求，民事诉讼和执行活动法律监督取得积极进展

民事诉讼和执行活动事关人民群众切身利益，案件量大、涉及面广。民事检察工作在化解矛盾纠纷、维护社会稳定、促进经济发展等方面具有不可替代的作用。中国特色社会主义进入新时代，我国社会主要矛盾转化，人民群众对民主、法治、公平、正义、安全、环境等方面的更高需求，不仅体现在刑事案件中，而且更多体现在民事案件里。近年来，检察机关受理的民事申诉信访案件持续高位运行，超过刑事申诉信访案件量，在信访案件总量中的占比上升趋势明显。2013年1月至2017年12月，全国检察机关共受理涉法涉诉信访172万件次，其中民事申诉信访65万件次，占37.8%；刑事申诉信访59.7万件次，占34.7%。2018年1—9月，受理民事申诉信访9.5万件次，占各类涉法涉诉信访总数的40.4%，比2012年高出18.6个百分点。

各级检察机关牢记宪法法律赋予的职责，顺应人民群众新期待，坚持以司法办案为中心，全面加强对生效民事裁判、调解书和审判、执行活动的法律监督，构建起多元化民事检察监督格局。2013年1月至2018年9月，共办结各类民事申请监督案件57.9万件，其中通过抗诉、检察建议等方式提出监督意见27.1万件。

一是主动服务发展、保障民生。最高人民检察院先后制定实施服务经济发展新常态、保障健康中国建设、服务打好“三大攻坚战”等司法办案指导意见，召开长江经济带检察工作座谈会，引导全国检察机关发挥民事检察等职能服务经济社会发展大局。针对司法实践中有的刑事案件审结后，对侵犯涉案产权的民事责任追究、执行不到位，相关民事错误生效裁判难以纠正等问题，2018年6月专门发出《关于充分发挥民事行政诉讼监督职能推动解决刑事案件牵连产权保护问题的通知》，重点审查办理刑事案件被告人、被告单位所涉股权转让、民间借贷、担保物权、买卖合同等民事申诉案件。强化对知识产权类民事案件的检察监督，探索建立专业化办案机制，保障科技创新主体合法权益。加强弱势群体权益保护，共支持农民工、残疾人等提起民事诉讼68911件。2018年春节前，部署开展为期两个月的协助解决农民工讨薪问题专项监督，支持5566名农民工提起民事诉讼，帮助追回劳动报酬4605万余元。

二是着力加大对生效裁判、调解书的监督力度。充分发挥抗诉直接启动再审程序的功能，对认为确有错误的民事判决、裁定、调解书提出抗诉21795件，法院已审结15922件，其中改判、调解、撤销原判发回重审、和解撤诉12113件，再审改变率为76.1%。为促进把矛盾纠纷及时化解在基层、节约司法资源、提高司法效率，各级检察机关重视用好更加高效便捷的检察建议，对一些符合抗诉条件的民事申请监督案件，建议同级法院依法启动再审程序重新审理，共提出再审检察建议25958件，法院采纳16742件，采纳率为64.5%。

三是扎实开展对虚假诉讼的监督。针对民间借贷、以物抵债、企业破产等领域为获取非法利益而虚构事实打“假官司”的问题，2015年起部署开展民事虚假诉讼专项监督活动，重点监督涉案人员众多的“规模性造假”和中介服务机构“居间造假”，共对5178件虚假诉讼向法院提出抗诉或检察建议，着力维护诉讼秩序和司法权威。对涉嫌虚假诉讼犯罪的，及时督促公安机关立案侦查，起诉799人。黑龙江省林口县检察院办理128件虚构债务、套取620万余元公积金的系列案，将涉嫌犯罪线索移送公安机关，并向法院提出再审检察建议。湖北省宜昌市检察机关在办理“以房抵债”系列虚假诉讼案中发现，3名审判人员套用其他案件案号或虚设案号，制作民事调解书78份、民事判决书13份、执行裁定书13份，帮助他人规避限购政策、办理房屋登记，事后收受贿赂，检察机关依法立案侦查，追究刑事责任。今年9月27日，“两高”又专门发布关于办理虚假诉讼刑事案件适用法律若干问题的解释，进一步明确虚假诉讼犯罪行为的定罪量刑标准，加大惩治力度。

四是切实加强民事执行活动监督。对明显超标的执行、消极执行、选择性执行、违法处置被执行

财产等违法情形提出检察建议135145件,法院采纳123914件,采纳率为91.7%。四川一基层法院将案外人的房产违法查封变卖,省市县三级检察院接力监督,先后发出检察建议,最终上级法院认定执行活动违法,给予国家赔偿。2016年4月起,针对一些地方执行案款滞留、执行款物管理混乱等问题,“两高”联合部署集中清理,促进一大批滞留在法院账户上的执行案款发放给申请执行人。吉林、陕西、湖南等地法检“两院”联合开展专项活动,共同解决“小标的大查封大扣押”、“高值低估贱卖”等问题。2018年3月,最高人民检察院又部署开展民事非诉执行监督专项活动,重点监督民事非诉法律文书执行中的违法情形,并以此为切入点,从源头上促进仲裁和公证严格依法规范进行。

坚决支持法院依法执行。对被执行人确无财产可供执行、法院穷尽执行措施仍不能执行到位的,配合法院做好释法说理工作,并对生活陷入困境、符合救助条件的申请执行人开展司法救助。对拒不执行判决、裁定构成犯罪的,批准逮捕6594人,呈逐年上升趋势。广东省广州市花都区检察院在办理一起执行监督案件中,发现被执行人有转移财产、逃避履行生效判决确定义务的行为,涉嫌拒不执行判决、裁定罪,向公安机关移送涉嫌犯罪线索,公安机关侦查终结后已将该案移送检察机关审查起诉。

五是不断强化审判人员违法行为监督。坚持从裁判结果监督向诉讼过程监督延伸,从实体违法监督向程序违法监督拓展,对民事审判中违法送达、违法采取保全措施、适用审判程序错误等违法行为,提出检察建议86104件,法院采纳77662件,采纳率为90.2%。2017年以来,对在民事行政审判活动中故意违背事实和法律枉法裁判涉嫌犯罪的,检察机关直接立案侦查191人。湖南省常德市武陵区检察院在办理一起民间借贷纠纷申诉案时,从主审法官在调解中违反回避相关规定、篡改法律文书入手调查,发现此案系其父亲(该法院原副院长)为兑现办理其他案件所获“好处费”,以其母亲名义提起的虚假诉讼。检察机关依法提出撤销虚假调解的检察建议,并对相关职务犯罪立案侦查,追究刑事责任。在深入调查该“案中案”过程中,又发现其他5名审判人员违法审判问题,移送相关部门追究党政纪责任。

六是强化民事检察环节矛盾化解工作。检察机关受理的民事申诉案件中,确有错误、依法须以监督程序纠正的是少数,裁判正确或没有突出问题、需要做好息诉工作的占多数。各级检察机关把化解矛盾纠纷落实到办理民事检察监督案件全过程,促进案结事了人和,既维护司法权威又减轻当事人讼累。2013年以来,各级检察机关对不符合受理条件终结审查、审查后不支持监督的15.3万件案件,充分说明理由和依据,耐心释疑解惑,加强心理疏导,切实做好检察普法工作,促使当事人服判息诉。云南省检察院在办理一起建设用地使用权转让合同纠纷申诉案时,认为案件不符合监督条件,但双方当事人发生纠纷已长达7年,遂结合案情制定引导和解的方案,并充分了解案件执行进展和存在的困难,与法院共同做当事人的工作,促使双方当事人达成执行和解协议并当场履行,妥善化解了矛盾。

七是持续推进司法规范化建设。制定深入推进民事行政检察工作科学发展的意见,颁布实施民事诉讼监督规则,组织开展基层民事行政检察工作推进年活动,细化实化民事检察监督措施。完善办案配套制度,统一规范办案文书格式。案件办理全部纳入统一业务应用系统,实现网上录入、网上审批、网上管理、网上监督。全面实行检察官办案责任制,针对民事检察监督案件特点细化案件承办、集体讨论、审批权限等规定,做实对监督者的监督。专门制定民事行政检察人员廉洁规范司法行为准则,加强廉政教育和风险防控机制建设,严明办案纪律,严格规范检察人员与代理律师、案件当事人和中介机构的关系,严肃查处利用民事行政检察权违纪违法的检察人员11人。

各级法院积极支持、自觉接受检察机关法律监督,依法审理检察机关提出抗诉的民事案件,充分重视检察建议。“两高”会签关于民事执行活动法律监督若干问题的规定,共同促进依法执行和规范监督;“两高”有关部门会签关于办理民事诉讼检察监督案件若干问题的会议纪要,明确再审检察建议、出席再审法庭、对裁定的监督方式等问题,建立灵活有效的沟通机制。最高人民法院有关部门专门下发通知,要求配合检察机关开展民事非诉执行监督专项活动。

二、坚持问题导向,以理念变革引领民事检察工作创新发展

近年来,民事检察工作扎实开展,但与宪法法律赋予的职责和新时代人民群众对民主、法治、公平、正义等更高的期待相比,仍有较大差距:一是民

事检察监督力度与人民群众司法需求不相适应。有的缺乏攻坚克难的勇气，担心影响法检“两院”关系，畏难监督。对人民群众反映的热点、难点问题监督不够，执行活动监督总体上比较薄弱，不善监督。有的抗诉案件质量不高、效果不好，或者超过法定办理期限。有的检察建议停留于纠正表面问题和工作瑕疵，发现和纠正深层次违法问题不够。多数案件限于个案办理、就事说事，跟进监督、类案监督不够。有的办案中不注重耐心倾听群众意见、满足于程序正确，“按下葫芦浮起瓢”。二是民事检察工作与刑事检察工作相比发展不平衡。在检察机关整体法律监督格局中，无论从办案数量、监督效果还是社会影响看，民事检察工作都还有很大潜力。一些同志片面认为民事诉讼法涉及检察机关法律监督的规定比较原则，对民事检察工作认识不足、重视不够，“重刑轻民”观念仍然存在，机构设置、人员配备上存在“短板”。以最高人民检察院为例，刑事检察机构设有5个厅，编制142人；而民事检察、行政检察、公益诉讼检察三项重大职责并合一起，仅设一个厅，编制32人。一些检察院检察委员会很少研究民事监督案件，有的基层民事行政检察部门只有一两个人，甚至无专人负责民事检察工作。三是民事检察队伍素质能力亟待加强。民事诉讼和执行活动监督需要很强的民事法律素养、专业知识和实践能力，但现有民事检察队伍的知识结构不够合理，民商法专业的人员比例不高，有的对民事审判和民事法律不熟悉，把握法律政策、办理新型案件、释法说理、群众工作等能力不强，高层次、专家型人才匮乏。四是上级检察院对下指导不够有力，基层民事检察工作总体薄弱。市级以上检察院民事行政检察部门主要精力用在自身办案上，对案件质量监督管理、政策把握及对下指导虚化、弱化。有的基层检察院认为不能提出抗诉就无案可办，对民事检察多元化监督缺乏认识和践行。

针对这些问题，新一届最高人民检察院党组认真学习贯彻习近平新时代中国特色社会主义思想和党的十九大精神，深入贯彻全国两会精神，明确提出“讲政治、顾大局、谋发展、重自强”的总体要求，以理念变革引领民事检察工作创新发展。

第一，树立全面平衡充分发展的理念。宪法赋予检察机关的法律监督职能是整个诉讼领域以及与诉讼相关领域全方位的法律监督。刑事、民事、行政以及公益诉讼检察职能要全面、平衡、充分履行。我们在深入研究论证、反复征求意见基础上，从检察机关受理的民事行政申诉案件持续上升等实际出发，提出以内设机构改革为突破口，突出专业化建设，拟将最高人民检察院民事行政检察厅分设为民事检察厅、行政检察厅，增设公益诉讼检察厅已获中央深改委同意，正在组建中。省市两级检察院则要视情单独设立民事检察部门或办案组，基层检察院确定专门办案组或专人负责民事检察工作，切实解决“重刑轻民”问题。

第二，树立双赢多赢共赢的理念。检察机关对民事诉讼和执行活动的法律监督，实质上是启动纠错程序，促进法院重新审视并自我纠错。监督不是你错我对的零和博弈，也不是高人一等。监督机关与被监督机关责任是共同的，目标是一致的，赢则共赢，损则同损。我们反复强调要与法院形成良性、互动、积极的工作关系，使法律监督在出发点和落脚点上、在主观和客观方面都发挥促进法院更全面依法规范司法的作用，共同维护司法公正、提高司法公信力。各级检察机关以会签文件、召开联席会议、组织案例研讨等方式，与法院建立常态化沟通协调机制，不断增进互信。落实检察长列席审判委员会会议制度，6月11日，我作为最高人民检察院检察长，与分管民事行政检察工作的副检察长一同列席最高人民法院审委会，参与讨论一起民事抗诉案件并发表意见。今年以来，各级检察院检察长、副检察长列席审委会讨论民事案件385件次。

第三，树立精准监督的理念。监督必须考虑政治效果、社会效果、法律效果的有机统一，通过个案的公平正义来引领司法进步、促进社会进步。我们强调要在精准监督上下功夫，通过优化监督实现强化监督，不搞粗放式办案，防止片面追求监督数量。民事抗诉不是越多越好，要优先选择在司法理念方面有纠偏、创新、进步、引领价值的典型案件，抗诉一件促进解决一个领域、一个地方、一个时期司法理念、政策、导向的问题，发挥对类案的案例指导作用。尤其是最高人民检察院要着重对适用法律错误的特别重大典型案件提出抗诉，促进最高人民法院发挥对各级法院的裁判引领作用。同时，对那些不具有典型性的、确有错误的个案也不放任，以再审检察建议方式促请法院纠正。对类案背后反映的审判管理等问题，建议法院从源头上进一步规范司法。今年1—9月，全国检察机关提出民事抗诉2333件，同比上升7.4%；提出民事再审检察建议2219件，同比上升14.8%。

第四，树立智慧借助的理念。智慧借助既是工作方法，也是工作理念。我们鼓励各级检察院充分发挥社会力量特别是专家学者、律师、退休法官，有法律背景的人大代表、政协委员等作用，借助他们的实践经验、法律和政治智慧，帮助我们提升民事检察监督能力。制定民事行政诉讼监督案件专家委员会工作办法，邀请民事法律专家对民事申请监督案件涉及的法律理论问题、监督的社会效果、案件对司法价值判断的引领作用等进行深入论证，作为检察监督审查案件的重要参考依据。今年7月，最高人民检察院聘请103名专家组建民事行政诉讼监督案件专家委员会，已举行两次论证会，对8起民事申请监督案件提出了专家意见。

第五，树立统筹发展的理念。按照民事诉讼监督规律，不同层级检察院民事检察监督侧重点应有所不同，我们引导省级和市级检察院以裁判结果监督为重点、基层检察院以审判人员违法行为监督和执行监督为重点，构建各级检察院各有侧重、密切配合、全面履职的民事检察监督格局。今年1—9月，省、市两级检察院办理的民事抗诉案件占全国检察机关办理民事抗诉案件总数的98.1%；基层检察院办理的审判人员违法行为监督和民事执行监督案件，占全国检察机关办理此两类案件总数的97.2%。修改人民检察院民事诉讼监督规则，对当事人一审后未上诉，法院驳回再审申请或逾期未对再审申请作出裁定提出申诉的，依法予以受理，构建符合基层实际的民事检察监督案件受理、办案规范、内外协调等工作机制。上级检察院依据本院受理的申诉案件、了解的全局性情况和办理个案反映出的倾向性问题，加大对下指导力度。落实领导干部办案制度，要求领导干部带头办理重大疑难复杂案件，为一线检察官办案提供范例。

三、努力在新起点上开创民事检察工作新局面

在中国特色社会主义新时代，面对人民群众日益增长的民事法律监督需求，民事检察工作迎来新的发展契机，也面临新的更大挑战。各级检察机关要坚持以习近平新时代中国特色社会主义思想为指导，深入学习贯彻党的十九大精神，对标对表人民群众新期待，从组织领导、理念更新、工作部署、机构建设、力量配备等方面，将民事检察监督做得更实、富有成效，支持、监督法院民事审判和执行工作，努力为人民群众、为社会提供更好更优更实在的民事检察产品。

（一）以保障打好“三大攻坚战”为重点，主动服务经济社会持续健康发展。贯彻新发展理念，找准民事检察工作与经济社会发展的结合点，重点围绕党中央关于打好防范化解重大风险、精准脱贫、污染防治攻坚战的重大部署履职尽责，为经济社会持续健康发展提供法治保障。积极投入重大社会稳定风险防范化解专项行动，贯彻新时期“枫桥经验”，畅通群众申诉渠道，依法公正处理民事检察监督案件，维护好当事人合法权益，促进社会稳定。深入贯彻全国人大常委会关于全面加强生态环境保护、依法推动打好污染防治攻坚战的决议，立足民事诉讼监督，促进用最严密的法治保护生态环境。密切关注社会反映强烈的企业融资互联互保案件和产权纠纷案件，加大监督力度，防范和化解金融风险，支持民营企业规范发展，营造诚信有序的市场环境。在参与扫黑除恶专项斗争中，对黑恶势力强迫交易、高利放贷、“套路贷”、恶意逃债、虚假诉讼等非法活动，综合运用刑事、民事等手段加强法律监督。结合办理民事检察监督案件，依法惩治恶意欠薪，把司法救助、农民工权益保障等与精准扶贫结合起来。针对互联网领域微信、支付宝交易纠纷多发，一些当事人因被告身份信息不明等无法通过诉讼进行救济的问题，监督和支持法院依法规范立案、审判、执行等诉讼活动，促进解决互联网金融纠纷诉讼难问题。落实“谁执法谁普法”普法责任制，强化以案释法和法律文书说理，引导群众依法解决纠纷、理性表达诉求。重视发挥律师等“社会第三方”作用，促进矛盾纠纷化解。

（二）充分运用多种监督方式，加大民事审判监督力度。检察机关的民事诉讼监督方式是多元的。要以当事人、社会公众实实在在的获得感为目标，充分运用政治智慧、法律智慧、监督智慧，办好不同类型的民事检察监督案件。探索与违法审判责任追究相衔接的审判人员违法行为监督机制，与法院共同防范和制裁审判人员侵犯公民权利、损害司法公正的诉讼违法行为。修改完善人民检察院检察建议工作规定，提高检察建议质量，规范提出程序。建立向人大常委会报告检察建议落实情况制度，完善检察建议向上一级检察院、法院备案机制。落实检察建议跟进监督制度，及时掌握采纳、落实情况以及未被采纳的原因，对该采纳不采纳的，上级检察院接力监督，努力把检察建议做成刚性、做到刚性。我们将会同最高人民法院出台司法解释，完善法院对检察建议的办理程序：法院收到检察建议后，应更换原合议庭组成人员或承办人办理；经检

委会决定提出的检察建议,法院不予采纳的,应当经审委会决定。同时,我们还将与最高人民法院一起,对"调解书损害国家利益、社会公共利益"作出具体的司法解释。

(三)坚持不懈强化民事执行监督,推动从根本上解决执行难问题。执行难是我国现阶段带有综合性的司法与社会治理问题。检察机关履行监督职责促进解决执行难,不能仅仅将注意力放在单纯执行阶段的方法和力度上,必须把民事审判和执行作为一个系统工程,支持、促进法院从执行活动违法情形反向审视审判活动中的源头问题,使法官裁判的时候就要适当考虑促进执行、执行的效果等因素,取得综合的、更好的司法效果。同时,解决执行难也不单纯是法院的责任。各级法院为解决执行难问题做了大量工作,付出了艰苦并富有成效的努力。但要从根本上解决这个问题,需要在党中央和地方各级党委统一领导下,相关职能部门共同发力、形成合力。检察机关要立足职能、积极参与,进一步加大监督、支持法院依法执行的力度。推动建立全国执行与监督信息法检共享平台,加强动态支持与监督。重点监督纠正违法拍卖、超标的查封、错误分配财产、变相变更裁判结果等突出问题,推动执行规范化。加大对"终结本次执行"案件的监督力度,促进依法穷尽执行手段,防止滥用"程序结案"、实体久拖不决。深入推进民事非诉执行监督专项活动。加大对执行工作的支持力度,依法强化办理拒不执行法院判决、裁定犯罪案件,并注意工作方法,促进有效执行。

(四)不断完善工作机制,着力提升民事诉讼和执行活动监督质效。适应司法责任制改革和形势发展需要,进一步完善人民检察院民事诉讼监督规则。严格遵守法定时限,提高办案效率,让司法正义尽早到达。完善民事诉讼监督案件专家咨询制度,借助"外脑"加强专业化审查,增强民事检察监督对司法理念的引领性和塑造力。最高人民检察院及时选编、发布民事检察监督指导性案例,突出检察特色,统一司法标准,发挥典型案例示范指导作用。推行一体化办案机制,以线索集中管理、力量统一调配为基础,通过指定管辖、协同办案、异地交办等多种形式,充分发挥基层检察院在民事检察工作中的基础作用。强化检察权运行制约和监督,进一步完善案件流程监控、案件质量评查、办案绩效考评等机制,不断提高监督公信力。主动向党委、人大汇报监督情况,客观反映工作中的突出问题和实际困难。加强与法院沟通联系,共同把公正司法、为民司法落到实处。加强理论研究和实践探索,实现对巡回法庭、海事法院等专门法院民事诉讼和执行活动监督全覆盖。

(五)下大气力加强民事检察队伍政治和业务建设,切实提升民事检察监督能力。坚持把政治建设摆在首位,牢固树立"四个意识",切实增强"四个自信",在民事检察工作中贯彻落实党中央决策部署。进一步优化民事检察机构和办案组织建设,改革创新司法人才引进、使用机制,通过招录、选调、遴选等途径充实民事检察办案力量,优化队伍专业结构。完善全国和省级民事检察人才库,加强高层次人才培养。敏感于自己的不足和短板,力求实效开展好分类培训和岗位练兵,培养综合型办案能手。研发虚假诉讼案件、刑事案件牵连产权保护民事案件线索智能发现技术,拓展案件线索来源。应用好新建成的"检答网",加强检察业务咨询交流,拓宽新型、疑难、复杂案件研讨渠道,促进办案能力的提升。继续深化司法公开,加大宣传力度,进一步提高民事检察工作的社会认知度和影响力。民事检察监督案件大多存在各方当事人"利益博弈",办案人员面临被腐蚀利诱的风险。要落实全面从严治党要求,坚持从严治检,扎实开展党风廉政建设和反腐败斗争,坚决清除害群之马。自觉接受人大监督和政协民主监督,确保民事检察权依法正确行使。

全国人大常委会专门听取检察机关加强民事诉讼和执行活动法律监督工作情况的汇报,充分体现了对检察机关法律监督工作的高度重视。今年是改革开放40周年,也是检察机关恢复重建40周年,人民检察事业进入新的发展阶段。全国检察机关将更加紧密团结在以习近平同志为核心的党中央周围,以习近平新时代中国特色社会主义思想为指导,不忘初心、牢记使命,奋力开创新时代民事检察工作新局面,为实现"两个一百年"奋斗目标和中华民族伟大复兴的中国梦作出新贡献!

对人民检察院加强对民事诉讼和执行活动法律监督工作情况报告的意见和建议

10月24日，十三届全国人大常委会第六次会议审议了最高人民检察院检察长张军作的关于人民检察院加强对民事诉讼和执行活动法律监督工作情况的报告，共有15人次发言。25日上午，举行联组会议，结合审议该报告和最高人民法院关于人民法院解决“执行难”工作情况的报告进行专题询问，共有11人发言询问。栗战书委员长出席联组会议并讲话，曹建明副委员长主持会议，最高人民法院院长周强、最高人民检察院检察长张军和有关方面负责同志到会应询。现根据会议发言和询问情况，将常委会组成人员和列席会议人员的主要意见整理如下。

出席人员普遍认为，对民事诉讼和执行活动实行法律监督，是人民检察院的法定职责，是我国司法制度的鲜明特色。全国人大常委会听取审议最高人民检察院关于加强对民事诉讼和执行活动法律监督工作情况的报告，并结合审议报告开展专题询问，这在全国人大常委会历史上还是第一次，是贯彻党中央决策部署，支持和保障司法改革、促进司法公正的一个具体措施，也是加强人大对司法工作监督的一次积极探索和实践创新。出席人员充分肯定各级人民检察院的工作成效，普遍赞成这个报告，大家强调，人民检察院要忠实履行法律监督职责，着力推进民事检察工作能力和队伍建设，全面加强对生效民事裁判、调解书和审判、执行活动的法律监督，为规范司法行为、维护社会公平正义发挥职能作用。希望最高人民检察院和有关方面结合全国人大监察和司法委员会的调研报告，认真研究有关意见建议，进一步推动改进工作，并依法向全国人大常委会反馈研究处理情况。审议中，大家还提出了一些具体意见和建议。

一、切实加大民事检察工作力度

一些出席人员指出，民事检察工作力度有待加强，长期以来，检察机关的主要业务集中在批捕、侦监、公诉等部门，民事检察工作是检察业务中最短的“短板”，基层民事检察工作更是被边缘化。监督事项主要集中在超期办案、送达瑕疵等一般程序性违法事项上，对深层次违法问题监督得不够；其他检察业务挤占民事检察工作的空间，一些检察院民事检察部门人员本身就少，还要兼做其他部门工作，抽调办案情况也较普遍。要更新监督理念，平衡充分发展民事检察工作，切实解决“重刑轻民”问题。有的出席人员指出，民事诉讼中关于司法责任制的建设属于薄弱环节，应将完善落实司法责任制纳入检察机关民事诉讼法律监督的范畴之中，做好责任认定标准的制定、责任追究等工作，不断强化民事诉讼法律监督。有些出席人员提出，五年来，各级检察机关在民事诉讼和执行活动法律监督工作中积累了有益经验。建议最高人民检察院及时对全国范围内的情况进行深入调研和总结分析，针对同类型案件和问题适时发布指导性案例，突出检察特色，统一司法标准，为各级检察机关开展民事检察工作提供重要参考。

二、加大对虚假诉讼行为惩治力度

有的出席人员指出，近年来，虚假诉讼日益增多，原、被告双方“唱双簧”的现象时有发生，以“周瑜打黄盖一个愿打一个愿挨”的方式骗取法院的判决裁定或者调解书，披着所谓合法形式的外衣，让权利人哑巴吃黄连，群众对此深恶痛绝、反映强烈。1. 要继续加大对虚假诉讼的惩治力度，强化虚假诉讼案件线索排查工作，注重运用大数据、人工智能等信息化手段发现虚假诉讼案件线索，拓展案件线索来源。2. 深入总结虚假诉讼案件表象特征、发案规律，提高案件办理能力。3. 加强与其他司法机关在有关政策把握、调查取证方面的沟通协商，密切与有关行业主管部门、协会和社会中介组织等的协作配合，规范虚假诉讼判定标准、调查取证流程，着重针对民间借贷纠纷、保险理赔等虚假诉讼问题重灾区，完善虚假诉讼查办机制，提高监督力度。

三、更好发挥检察机关推动解决“执行难”问题的作用

有些出席人员指出，近年来，民事领域申诉逐

年上升，对检察机关民事诉讼和执行活动的监督提出更高要求。建议：1. 检察机关对所监督的民事执行案件要做到件件都调卷详细审查，必要时还应当听取执行法官意见。2. 对法院怠于行使执行权的，应及时提出检察建议，督促法院依法纠正，提高生效法律文书执行率。3. 检察机关应督促法院结合执行工作中发现的违法问题，反向审视立案、审判环节中有无源头违法行为，实现检察监督与审判机关内部预防、纠错机制的紧密衔接和良性互动，助力解决“执行难”。4. 对涉及强制执行、企业破产、个人破产制度等需要通过制定或修改法律加以调整的，适时提出立法建议。

四、加强民事检察机构建设

有些出席人员认为，民事检察业务在检察工作中起步晚、底子薄，法律监督能力不能完全适应实践需要。一些检察院民事检察部门在机构设置等方面处于弱势，甚至部分基层检察院民事检察部门成为“鸡肋”，面临被撤并的尴尬境地。要加快内设机构改革，突出专业化建设，省市级检察机关视情况单独设立民事检察部门或办案组，基层检察院确定专门办案组或专人负责民事检察工作。

五、提高民事检察队伍办案能力

有些出席人员指出，民事诉讼监督涉及范围广、专业性强，现有检察队伍知识结构和人员配备不尽合理。有的干警专业素养不够，办理新型案件、释法说理、群众工作的能力有待提高。有的干警长期办理刑事案件，对民事审判和民事法律不熟悉，难以适应民事检察工作发展需要。部分基层检察院民事检察队伍仅配备 1 至 2 人，很多干警半路出家，专业化程度普遍不高。要优化人员结构，配强员额编制，在培训民事检察人员的业务方面下大功夫，特别要重视基层检察机关培训，做到“监督不是高人一等，而要技高一筹”。有的出席人员指出，可以借助专家学者、律师、退休法官及其他法律工作者等“外脑”的实践经验、法律和政治智慧，成立专家咨询委员会，为办理民事检察案件提供法理等方面的建议，促进办案质量提升。

六、完善民事检察相关法律制度

部分出席人员指出，法律支撑力度不够是当前民事检察工作面临的难题。民事诉讼法中规定检察机关对民事诉讼特别是对执行活动法律监督的规定较为原则，仅有 8 条相关规定，缺乏配套性指导细则；对民事审判活动中的违法行为缺乏具体认定标准，影响了民事检察监督权的行使效果。建议：1. 进一步细化民事诉讼法关于对民事诉讼和执行活动法律监督的规定，对监督范围、监督措施、监督效力等作出明确规定。2. “两高”加强沟通协商，抓紧出台相关司法解释和规范性文件。

七、加大民事检察工作宣传力度

有的出席人员指出，社会公众普遍不了解检察机关在民事诉讼和执行活动法律监督方面的工作情况，要加大民事检察工作宣传力度，深入推进检务公开，采取制作宣传展板、发放宣传册等传统方式和利用“两微一端”等新媒体手段相结合的方法，对民事检察工作职能和典型案例进行宣传，注重以案释法、以案普法，扩大民事检察工作的社会知晓度和影响力，增强全社会对民事诉讼和执行活动法律监督工作的理解和支持。

关于《中华人民共和国国民经济和社会发展第十三个五年规划纲要》实施中期评估报告

——2018 年 12 月 24 日在第十三届全国人民代表大会常务委员会第七次会议上

国家发展和改革委员会主任　何立峰

全国人民代表大会常务委员会：

按照党中央、国务院决策部署，今年 2 月以来，国家发展改革委组织各地区、各部门开展“十三五”规划《纲要》实施中期评估。受国务院委托，现将主要评估结果和建议报告如下，请审议。

一、《纲要》实施总体进展情况

《纲要》发布两年多来，面对错综复杂的国际环境和艰巨繁重的国内改革发展稳定任务，在以习近平同志为核心的党中央坚强领导下，各地区各部门扎实推进各项工作。总体上看，《纲要》各项目标任务进展顺利。

(一)以新发展理念引领高质量发展。贯彻落实新发展理念的政策体系不断完善，激励机制不断创新，制度环境不断优化。推进供给侧结构性改革取得明显成效，“三去一降一补”取得阶段性进展，“破”、“立”、“降”不断向纵深推进。

(二)主要目标指标进展总体符合预期。《纲要》提出的25项主要指标总体进展顺利，2项指标提前完成，19项指标达到预期进度。经济发展总体平稳，前两年GDP分别增长6.7%和6.9%，今年前三季度增长6.7%；2017年全员劳动生产率超过10万元/人，常住和户籍人口城镇化率分别达到58.52%和42.35%。创新驱动发展成效明显，2017年科技进步贡献率达到57.5%，今年上半年每万人口发明专利拥有量达到10.6件，互联网普及率提前达到规划目标。民生福祉不断增进，前两年居民人均可支配收入分别增长6.3%和7.3%，城镇新增就业超过2600万人，农村贫困人口脱贫超过2500万人，城镇棚户区住房改造超过1200万套。资源环境可持续发展能力增强，前两年万元GDP用水量累计下降13.2%，单位GDP能源消耗和二氧化碳排放分别累计下降8.5%和11.4%，细颗粒物($PM_{2.5}$)未达标地级及以上城市浓度累计下降15.8%，森林蓄积量提前完成规划目标。4项指标滞后于时序进度，分别是服务业增加值比重、研发经费投入强度两项预期性指标和新增建设用地规模、地表水劣Ⅴ类水体比例两项约束性指标。

(三)补齐全面建成小康社会突出短板取得积极进展。防范化解重大风险取得积极成效，宏观杠杆率企稳，金融乱象得到初步遏制，举债融资行为进一步规范。脱贫攻坚取得决定性进展，扶贫工作力度、深度、精准度达到前所未有的水平，2017年底贫困发生率降至3.1%。生态环境质量持续好转，“大气十条”目标全面实现，水污染防治力度加大，土壤污染防治稳步推进，美丽中国建设迈出坚实步伐。

(四)创新型国家建设步伐加快。重大科技成果持续涌现，基础科学研究取得新突破，一批国家重大科技基础设施建成运行，多个战略高技术领域涌现出一批重大创新成果。科技创新重大工程项目稳步推进，C919国产大型客机连续成功试飞，具有完全自主知识产权的动车组“复兴号”实现商业运营，军民融合重大示范项目扎实推进。国家创新体系建设有序推进，北京、上海具有全球影响力的科技创新中心加快建设，2018年我国在全球创新指数排名中位列第17位。

(五)改革开放实现新突破。重要领域改革取得重大突破，产权保护法治体系加快完善，要素市场化配置改革持续深化，重点行业改革稳步推进，“放管服”改革成效明显，2018年我国在世界银行公布的营商环境排名上升至第46位。对外开放新体制逐步健全，新设8个自由贸易试验区，全面实行外商投资准入前国民待遇加负面清单管理制度，全国外商投资准入特别管理措施减至48条。人民币正式纳入国际货币基金组织特别提款权货币篮子。成功举办首届中国国际进口博览会。“一带一路”建设取得重大进展，2017年对沿线国家进出口增速达到17.8%。亚洲基础设施投资银行正式运营。中欧班列自开行以来累计运行超过1.1万列。成功举办首届“一带一路”国际合作高峰论坛。

(六)产业结构优化取得新进展。现代产业体系建设步伐加快，先进制造业加速发展，传统产业加快改造升级，质量品牌建设稳步推进，健康、养老、文体、旅游等幸福产业加快成长。网络强国建设成效显著，“宽带中国”战略深入实施，4G用户超过11亿人，5G技术试验加快推进。现代基础设施网络持续完善，综合交通运输体系建设成效显著，现代能源储运网络加快构建，水安全保障能力稳步提升。

(七)城乡区域发展协调性总体增强。农业农村现代化加快推进，乡村振兴战略规划出台实施，粮食产量保持在6亿吨以上。新型城镇化建设成效显著，3000多万非户籍人口进城落户，城市群建设稳步推开。区域协调发展战略扎实推进，京津冀协同发展迈出坚实步伐，河北雄安新区规划建设高质量推进，长江经济带生态环境保护修复取得积极进展，粤港澳大湾区规划建设顺利起步，海南全面深化改革开放加快推进，出台一系列促进西部开发、东北振兴、中部崛起、东部率先发展的改革开放创新举措。

(八)民生改善和社会建设取得新成效。就业形势总体稳定，重点群体就业得到较好保障，城镇登记失业率和调查失业率分别稳定在4%和5%左右。教育现代化稳步推进,义务教育经费保障新机制全面建立,2017年九年义务教育巩固率达93.8%,世界一流大学和一流学科建设顺利开局。健康中国战略稳步实施,公立医院改革、分级诊疗和多元办医实现新突破,基本医保参保率超过95%。社会保障水平逐步提高,覆盖城乡居民的社会保障体系基本建成,基本实现社会保障卡全国一卡通,企业职工基本养老保险基金中央调剂制度建立。文化建设取得积极进展,现代公共文化服务体系加快构建。社会治理能力和水平不断提高,社会信用体系建设提速,安全生产领域改革持续深化。

(九)165项重大工程项目扎实推进。165项重大工程项目统筹推进的顶层设计更加完善,责任分工和督促管理进一步明确,770条细化任务扎实推进,98.2%的工程项目进展符合预期,一大批标志性工程建成投运。

总的看,两年多来《纲要》实施取得了显著成绩,为全面实现"十三五"规划目标、全面建成小康社会奠定了坚实基础。同时,仍有少数目标任务进展滞后,在外部环境发生明显变化的背景下,全面完成《纲要》目标任务面临诸多挑战。主要是:关键核心技术受制于人问题凸显,创新驱动发展困难增多;打好三大攻坚战任务艰巨,全面实现目标仍有不少难题;经济结构性矛盾依然突出,实体经济发展面临多重困难;区域分化出现新情况,城乡融合发展面临诸多障碍;社会民生短板明显,人民群众获得感幸福感安全感有待增强;能源安全、粮食安全等问题也需密切关注。

二、综合施策推进《纲要》实施

深入推进《纲要》实施,要以习近平新时代中国特色社会主义思想为指导,全面贯彻党的十九大和十九届二中、三中全会精神,坚持以人民为中心的发展思想,坚持稳中求进工作总基调,坚持新发展理念,坚定不移推进高质量发展,以供给侧结构性改革为主线,坚持市场化改革、扩大高水平开放,加快建设现代化经济体系,坚决打好三大攻坚战,着力提升创新能力、培育发展动力、释放内需潜力,确保顺利完成《纲要》各项目标任务。

(一)妥善应对外部风险挑战,保持经济持续健康发展。统筹做好稳就业、稳金融、稳外贸、稳外资、稳投资、稳预期工作。立足培育发展国内市场,抓紧研究制定相应政策措施。研究通过结构调整拓展国内市场空间的中长期举措。加快推进165项重大工程项目落地。

(二)全面对标高质量发展要求,努力完成主要目标指标。约束性指标要千方百计确保完成,预期性指标也要努力实现。对于进度滞后的两项约束性指标要进一步压实责任,有效运用经济、法律、行政等手段,合理配置公共资源,确保如期完成;对于进度滞后的两项预期性指标要通过综合运用各种政策引导社会资源配置,充分调动市场主体积极性,努力争取实现。

(三)深入推进供给侧结构性改革,切实提高供给体系质量和效率。聚焦有效提升供给体系质量,加大补短板力度。优先培育和大力发展一批战略性新兴产业集群。多措并举切实降低企业成本,推进增值税等实质性减税,清理精简行政审批事项和涉企收费。依法平等保护民营企业产权,打造公平竞争环境。

(四)全力以赴打好三大攻坚战,确保跨越全面建成小康社会重要关口。坚持结构性去杠杆,坚决遏制地方政府隐性债务增量,有序推进隐性债务存量化解。扎实推进打赢脱贫攻坚战三年行动,集中力量支持深度贫困地区和特殊贫困群体脱贫。坚决打好污染防治攻坚战,巩固蓝天保卫战、城市黑臭水体治理成果,强化土壤污染管控和修复。

(五)大力实施创新驱动发展战略,集中精锐攻克关键核心技术。稳定增加研发经费投入,鼓励多元参与,大幅提高基础研究投入占比。改革科研经费使用和管理方式,提高科技投入的产出效率。加快梳理和调整国家科技项目安排,形成更有针对性的系统布局,努力实现关键核心技术自主可控。打造大众创业万众创新升级版。

(六)加快构建区域协调发展新机制,增强区域发展协同性。加快推进京津冀协同发展、长江经济带发展、粤港澳大湾区建设、海南全面深化改革开放、长三角一体化发展,推动国家重大战略融合发展。全面提升中西部和东北地区转型发展基础。坚持陆海统筹,大力发展海洋经济。

(七)协同推进乡村振兴和新型城镇化,促进城乡融合发展。建立健全城乡融合发展体制机制和政策体系。深化农业供给侧结构性改革,增强粮食安全保障能力。深化农村土地制度改革,完善承包地和宅基地"三权分置"制度。加快农业转移人口市民化进程,推进城镇基本公共服务常住人口全覆盖，培育发展现代化都市圈。

（八）高水平推进改革开放，全面激发发展动力和活力。推动要素市场化配置改革和产权制度改革攻坚，强力推进"放管服"改革，加快国企改革政策落地，打造国际一流营商环境。深化金融体制改革，增强金融服务实体经济能力。在更高水平上扩大开放，推动共建"一带一路"走深走实，推动自由贸易试验区深化改革创新，加快探索建设中国特色自由贸易港。

（九）着力补齐民生短板，不断增进民生福祉。推动基本公共服务均等化、普惠化、便捷化，兜牢民生保障底线。建立健全基本公共服务标准体系，支持社会力量提供多层次多样化服务供给。推动物质文明和精神文明协调发展。加强和创新社会治理，维护社会大局和谐稳定。

推进《纲要》实施是一项重大任务，我们将深入贯彻习近平新时代中国特色社会主义思想和党的十九大精神，更加紧密地团结在以习近平同志为核心的党中央周围，切实增强"四个意识"、坚定"四个自信"、践行"两个维护"，以钉钉子精神推进《纲要》各项目标任务落实，确保如期全面建成小康社会，为开启全面建设社会主义现代化国家新征程奠定坚实基础。

全国人民代表大会财政经济委员会关于《中华人民共和国国民经济和社会发展第十三个五年规划纲要》实施中期评估的调研报告

——2018 年 12 月 24 日在第十三届全国人民代表大会常务委员会第七次会议上

全国人大财政经济委员会主任委员　徐绍史

全国人民代表大会常务委员会：

根据监督法规定和全国人大常委会 2018 年监督工作计划，今年 12 月份举行的全国人大常委会第七次会议将听取和审议国务院关于"十三五"规划纲要实施中期评估报告。为配合常委会审议，全国人大财经委组织开展了专项调研。全国人大常委会陈竺、王东明副委员长对专项调研给予指导并带队开展调研。全国人大民委、教科文卫委、环资委、农业农村委和社会委有关负责同志，以及部分全国人大代表参加调研。调研组于 9 月初在京召开 4 场座谈会，听取国务院 18 个部门、全国工商联和 4 家研究机构的 5 位专家的情况介绍，并就重点专项规划、重大项目、与地方规划衔接等问题专题座谈。8 月至 11 月期间，调研组分赴黑龙江、北京、新疆、广东、福建等地调研，并分别在北京、乌鲁木齐和深圳市召开 3 场地方人大财经委片区座谈会，全面听取全国 31 个省（区、市）"十三五"规划纲要实施情况及中期评估工作有关情况的介绍。此外，还委托有关研究机构，就"防范化解重大风险""改善营商环境""国际环境风险与挑战""民生改善"等 4 个问题开展专题研究并形成专题报告。现将调研情况报告如下。

一、"十三五"规划纲要实施总体进展顺利

年初以来，国务院及有关部门认真开展"十三五"规划纲要实施中期评估工作，围绕规划纲要指导思想和主要目标任务，积极创新评估方式，充分运用"十三五"时期建立的规划实施年度监测成果，取得良好效果。各地区高度重视，提早安排，突出重点，探索创新评估方式，做了大量工作。总的看，各地区各部门在以习近平同志为核心的党中央坚强领导下，坚持以习近平新时代中国特色社会主义思想为指导，扎实推进"十三五"规划纲要顺利实施。两年多来，规划纲要实施总体进展良好，主要目标符合预期进度，重点任务进展顺利，为全面实现"十三五"规划目标任务奠定了坚实基础。

（一）规划体系及实施工作耦合更加紧密。总的看，国家规划、地方规划和专项规划，以及作为规划重要支撑的重大工程项目，构成了完整的规划体系。从"十三五"规划编制到实施，规划体系不断完善，各层级规划间的协调性有效增强。一是国家规

划、地方规划有机协调。国家规划强化对地方规划方向布局的引导,使规划主要指标、重点任务和政策以及重大工程项目有机结合。二是总体规划、专项规划衔接紧密。20个重点专项规划与国家总体规划首次实现同步编制、同年报批,推进力度明显加大。截至目前,绝大部分可考核指标完成进度符合规划要求,各项重点任务全面有序推进,实施成效明显。三是重大工程项目形成有力支撑。"十三五"规划纲要确定的165项重大工程项目,98%以上进展顺利,符合预期。一大批标志性工程建成投运,有效发挥了稳增长、调结构、补短板、惠民生的支撑作用,对实现高质量发展、建设现代化经济体系的推动作用逐步显现。

(二)深入贯彻落实新发展理念取得良好成效。新发展理念政策体系不断完善,激励机制不断健全,成为引领和推动高质量发展的战略指引和根本遵循。一是创新发展步伐加快。体制机制创新迈出新步伐,"放管服"改革持续深化,营商环境日益改善。世界银行《2019营商环境报告》将今年中国营商环境位列全球第46位,比上年提升32位。创新驱动发展战略深入实施,2017年科技进步贡献率达到57.5%,全员劳动生产率超过10万元/人。二是协调发展持续推进。"三大战略"、"四大板块"协同推进,形成了一批城市群和增长极。2017年常住人口和户籍人口城镇化率分别提高到58.5%和42.4%,3000多万非户籍人口进城落户。三是绿色发展成效明显。生态文明体制改革深入推进,美丽中国建设步伐加快,"十三五"前两年节能减排和生态环保主要规划指标均符合预期。四是开放发展实现新突破。外贸发展方式加快转变,"一带一路"建设进展顺利。全面实行准入前国民待遇加负面清单管理模式,新设8个自由贸易试验区开展差别化探索,成功举办首届中国国际进口博览会。五是共享发展取得新进展。"十三五"前两年累计实现2529万贫困人口脱贫,贫困发生率由2015年底的5.7%降至2017年底的3.1%。财政性教育经费支出占GDP的比重保持在4%以上。城镇登记失业率和调查失业率分别控制在4%左右和5%左右。

(三)供给侧结构性改革深入推进。"三去一降一补"取得阶段性成效,供给体系适应性和灵活性不断增强。一是去产能成效显著。"十三五"以来,累计退出钢铁产能1.45亿吨以上,煤炭产能前两年累计退出5.4亿吨。工业产能利用率2017年回升到77%。二是结构性去杠杆稳步推进。宏观杠杆率企稳,今年6月末保持在去年底249%的水平。工业企业资产负债率连续下降,今年8月末降至56.6%。三是去库存已见成效。截至今年8月末,全国336个地级及以上城市中,商品住宅可售面积去化周期在18个月以内的有281个,多数回归合理区间。四是降成本持续发力。连续三年减税降费均超过1万亿元,两年半来社会物流总费用占GDP比重降低1.5个百分点。今年前8个月,规模以上工业企业每百元主营业务收入中成本下降0.35元。五是补短板力度不断加大。"十三五"以来,重点领域补短板持续加力,农业、生态环保、民生和社会领域投资增速均快于整体投资增速。六是新旧动能转换持续推进。传统产业转型升级步伐加快,新动能逐渐发展壮大。据有关部门测算,2015—2017年我国经济发展新动能指数分别为123.5、156.7和210.1,2017年全国"三新"(新产业、新业态、新商业模式)经济增加值同比增长14.1%,占GDP的比重达到15.7%。

(四)重点任务和主要指标完成情况总体符合进度要求。两年多来,经济保持中高速增长,创新引领作用进一步发挥,发展协调性不断增强,生态环境总体改善,人民生活水平普遍提升,改革开放持续推进。规划纲要确定的4大类25项主要指标(预期性指标12项,约束性目标13项)中,有2项指标提前完成,19项指标符合预期进度。从地方情况看,各地区"十三五"规划指标完成情况与全国基本相同,绝大多数地区的规划指标达标率超过80%,极少数也在70%左右。

二、"十三五"规划纲要实施遇到的困难和问题

中期评估也反映出规划纲要实施过程中存在一些困难和问题,少数目标任务不及预期,一些长期积累的深层次结构性问题尚未有效解决,规划纲要顺利实施还遇到一些新的困难和问题。

(一)规划纲要部分目标任务不及预期

部分规划指标完成情况没有达到预期进度,重点专项规划、165项重大工程项目和地方规划在实施中还存在一些困难和问题。

25项规划指标有4项不及预期。一是服务业增加值比重(预期性指标),"十三五"前两年均为51.6%,今年上半年提高至54.3%,2020年要达到56%的规划目标仍需付出努力。二是研发(R&D)经费投入强度(预期性指标),前两年分别为2.11%

和2.13%，2020年要达到2.5%的规划目标难度较大。三是新增建设用地规模(约束性指标)，前两年已达控制目标的48.4%，实现控制目标必须采取更严的措施。四是地表水劣Ⅴ类水体比例(约束性指标)，2017年底降至8.3%，今年上半年降至6.9%，2020年要实现降至5%以下的规划目标仍有难度。上述指标不及预期，有客观因素的影响，也与工作力度不够、统计核算体系不健全等因素有关。此外，20个重点专项规划有的进展缓慢，165项重大工程项目中个别项目推进滞缓。

从地方规划编制和实施情况看，由于编制不够科学合理，实施环境变化和相关政策调整，致使少数规划指标出现偏离。

(二)规划纲要实施遇到的困难和问题

经济社会发展中新旧矛盾交织叠加，规划纲要实施遇到一些困难和问题，需引起高度重视，努力研究解决。

1. 有效需求回落叠加世界经济放缓向供给传导，经济下行压力有所加大。两年多来，受国内外发展环境变化和经济发展周期性因素影响，投资、消费增速有所回落，出口增速出现波动。特别是固定资产投资增速下滑较多。同时，有效需求回落开始向供给传导，今年以来工业增加值和企业利润增速有所放缓，企业库存和应收账款有所上升。实体经济发展新老问题相互交织，要素成本偏高、税费负担较重、融资困难和部分政策叠加等矛盾显现，加剧了企业经营困难，经济下行压力有所加大。

2. 结构性矛盾新旧交织，协调发展面临新情况。两年多来，发展的协调性有所增强，但地区、城乡、行业、企业等发展不平衡不协调问题依然存在，且出现一些新问题和新情况。一是东西发展协调性增强，但南北分化开始显现。近几年经济增速南快北慢，经济总量占比南升北降，人才流动南进北出，新动能成长南强北弱。二是城乡差距缩小趋势放缓。城乡融合发展体制机制尚在探索形成之中，城乡间要素流动不畅和公共资源配置不均问题依然比较突出。三是工业特别是制造业比重下降过快。2007年我国制造业占GDP比重为32.9%，“十三五”前两年降至30%以下，2017年为29.3%。工业及制造业贷款比重偏低，与其经济地位不相匹配。四是上下游行业逐渐分化。近些年工业利润主要集中在上游原材料等行业，而中下游一些行业成本攀升，增速回落或利润下滑，生产经营面临较多困难。五是大中小企业差距有所拉大。国有和大型企业情况相对较好，一些民营企业和小微企业在生产经营中遇到不少困难。

3. 新旧动能接续任务艰巨，创新引领和驱动作用有待进一步加强。传统产业比重依然较大，且大多处于产业链中低端，转型升级任务艰巨。过去五年，装备制造业和高技术制造业增加值占规模以上工业比重上升7.7个百分点，虽然新动能增长较快，但体量依然较小，难以发挥经济发展的支撑作用。研发投入低，基础研究弱，自主创新能力还不强。科技成果转化率不高。特别是关键核心技术“卡脖子”问题凸显。

4. 部分领域风险积聚不容忽视，防范风险系统传导任务艰巨。两年多来，财政、金融、房地产等领域风险防范取得积极进展，但隐患依然较多，需引起高度重视。一是当前我国宏观杠杆率仍然偏高，非法金融、P2P爆雷、债市违约、股票质押平仓、人民币贬值等风险交织叠加，防范引发系统传导任务艰巨。二是地方政府隐性债务隐蔽性强，财政资金使用效率有待进一步提升，有的地方财政拮据。三是热点城市房价偏高，部分三四线城市房价小幅上涨，房价反弹压力依然存在。大量资金通过各种渠道进入房地产领域，积累了较高风险。另外，粮食、油气等潜在风险应予关注。近三年，粮食产量“两减一平”，阶段性结构性过剩局面发生了新变化，虽然粮食自给率达98%，但仍处于紧平衡状态，且品种结构有缺口。石油、天然气对外依存度偏高；新能源、可再生能源占比仍然较低。

5. 经济与社会发展不平衡仍较突出，群众幸福感获得感有待进一步增强。民生领域仍然存在一些短板，公共服务总量不足、质量不优问题依然存在，政府投入加大与群众获得感还不同步。一是脱贫攻坚任务十分繁重。目前全国还有建档立卡贫困人口3000多万，贫困县679个，多为“三区三州”深度贫困地区和特殊贫困群体。产业、就业、教育扶贫，以及易地扶贫搬迁等方面都存在一些困难和问题，因灾、因病等返贫压力较大。二是生态文明建设任重道远。长期以来粗放型经济发展方式尚未根本扭转，能源结构调整仍不到位，部分地区环境改善基础还不稳固。空气、水体、土壤等方面污染仍然较多。生态补偿、碳排放交易等市场化长效机制尚未形成，政府主导、企业主体、公众参与的机制有待进一步完善。三是民生领域还存在一些短板。就业结构性矛盾显现，去产能职工分流安置压力较大。教育资源配置不均衡，城乡地区间差异较大，中西部农村地区特别是老少边穷地区教育基础薄弱，大中城市“入园难”“择校热”“大班额”问题比较突出，高等教育质量有待提升，职业教育吸引力不强。收入分配结构仍不够合理。城乡居民基础养老金水平较低。居家养老服务体系不健全，医养结合刚刚起步，有护理条件的养老机构床位不足。医疗保障水平偏低，基层特别是农村医疗机构薄弱，看病难、看病贵矛盾仍比较突出。

6. *部分领域改革开放有待进一步深化，构建发展新体制仍需加大力度。*制约社会主义市场经济体制健全完善的一些深层次体制性问题尚未完全解决，市场化、法治化发展环境有待进一步优化。一是国有企业改革有待继续深化，国有资产管理体制有待进一步完善，国有经济布局有待进一步调整。二是财税体制改革尚需深入推进，预算编制和执行还不够科学精准、约束力不够强，少数基层财政运行困难，税收法定原则落实不够。三是金融体系改革有待加快。金融与实体经济失衡矛盾较为突出。企业融资难融资贵仍未有效缓解。资本市场改革尚需深化，基础性制度建设要加强。此外，市场营商环境尚需不断完善，土地管理、房地产市场、社会领域等方面的改革有待继续深入，进一步扩大对外开放政策落实也要加大力度。

三、“十三五”规划纲要实施面临的新形势、新要求和新机遇、新挑战

两年多来，国内外形势发生重大变化。从国内看，党的十九大提出了新思想新目标新任务，对进一步推动规划纲要顺利实施提出新的更高要求。从国外看，国际环境错综复杂，不确定不稳定因素增多，特别是中美经贸摩擦带来的风险和挑战，须引起高度关注、积极主动应对。

*（一）对标对表新时代新思想新目标新要求，围绕社会主要矛盾和经济发展阶段重大变化，加快构建现代化经济体系，着力推动高质量发展。*党的十九大明确提出，中国特色社会主义进入新时代，社会主要矛盾已经转化为人民日益增长的美好生活需要和不平衡不充分的发展之间的矛盾，经济已由高速增长阶段转向高质量发展阶段，要建设现代化经济体系，并对改革开放作出新的战略部署。从“十三五”规划纲要中期评估调研情况看，各方面都在按这个要求作出积极调整，有的地方在规划实施中进一步突出质量效益等方面指标的权重，细化考核监测的要求；有的地方强化三大攻坚战实施力度，根据地方实际出台了有针对性的政策措施；有的地方积极对接国家区域发展战略，在基础设施建设、产业布局、人才流动等方面加强地区间协作；有的地方大力推进国企国资、放管服、事业单位等改革，不断优化营商环境；有的地方进一步扩大对外开放，主动对接“一带一路”建设，积极推进自贸区建设。但对照党的十九大提出的目标任务，还存在差距或不适应的问题。要按照习近平新时代中国特色社会主义思想和党的十九大精神，对标对表高质量发展要求，围绕构建现代化经济体系，着力从深化改革扩大开放、完善体制机制等方面下更多功夫，为实现高质量发展创造良好的制度环境。

*（二）国际环境发生重大变化，中美经贸摩擦和全球经济增速放缓，对我形成风险与挑战。*世界政治经济正在经历深刻变革，不稳定不确定因素增多，风险挑战增加。一是中美经贸摩擦对我造成影响。美国单方面挑起经贸摩擦，并有向其他领域延伸的迹象。中美经贸摩擦还将影响全球经济复苏。二是发达经济体宏观政策外溢效应将影响全球经济。美国缩表、加息、减税和挑起经贸摩擦，欧盟准备退出量化宽松政策等，影响全球大宗商品市场和金融市场，世界经济复苏进程更加曲折艰难。近期，IMF 和 OECD 等国际组织下调对全球经济增长的预期。三是科技革命和产业变革带来的挑战与机遇并存。新技术、新产业、新业态、新模式层出不穷，深刻地影响着我们的生产方式、生活方式和社会治理。

未来两年，虽然国内外环境日益复杂严峻，经济社会发展面临不少困难和挑战，但应当看到，我国仍然处在大有可为的历史机遇期，要保持战略定力，坚决维护多边贸易体制，更加积极主动地参与全球治理，为我国发展争取更加有利的国际环境，努力闯出一条有中国特色的现代化道路。同时还要看到，当前我国经济稳定健康发展的基本面没有变，改革开放 40 年的积累使我国发展的韧性、潜力和回旋余地都比较大，两年来规划纲要实施打下了坚实基础，特别是有以习近平同志为核心的党中央坚强领导，全国各族人民齐心协力，一定能够克服任何艰难险阻，夺取全面建成小康社会伟大胜利。

四、"十三五"规划纲要顺利实施的建议

未来两年是实现全面建成小康社会宏伟目标的决胜阶段,推进规划纲要顺利实施意义重大。下一步,我们要更加紧密地团结在以习近平同志为核心的党中央周围,坚持以习近平新时代中国特色社会主义思想为指导,全面贯彻党的十九大和十九届二中、三中全会精神,按照党中央统筹推进"五位一体"总体布局、协调推进"四个全面"战略布局的要求,坚持稳中求进工作总基调,坚持新发展理念,以供给侧结构性改革为主线,贯彻落实高质量发展要求,围绕现代化经济体系建设,统筹稳增长、促改革、调结构、惠民生、防风险各项工作,保持经济运行在合理区间,聚焦稳就业、稳金融、稳外贸、稳外资、稳投资、稳预期(以下简称"六稳")工作,提振市场信心,努力实现"十三五"规划纲要各项目标任务,确保如期全面建成小康社会,为开启全面建设社会主义现代化国家新征程奠定坚实基础。

(一)坚持和加强党中央集中统一领导,把思想和认识统一到党中央的决策和部署上来。辩证看待国内外环境变化,深刻认识经济发展的规律和特点,切实把思想和认识统一到党中央对当前形势的判断上来,把行动统一到党中央对经济社会发展工作的各项部署上来,深入学习贯彻习近平新时代中国特色社会主义思想特别是经济思想,稳定预期,提振信心,坚持深化市场化改革,扩大高水平开放,为"十三五"规划纲要顺利实施创造良好条件。

(二)针对中期评估中发现的问题,按照高质量发展新要求,进一步推动规划纲要主要目标和重大任务顺利实现。切实发挥中期评估的作用,坚持问题导向和目标导向,针对中期评估中暴露的困难和问题,对标对表党的十九大提出的新目标新任务新要求,督促有关部门和地方采取更加有力的对策措施,努力改进工作,坚决实现"十三五"规划目标。一是对于不及预期的指标和任务,要深入分析原因,立足于加大工作力度,力争在今后两年赶上工作进度。如经努力最后确实无法完成,应实事求是地作出解释和说明,维护规划纲要的权威性和严肃性。二是对由于编制不够科学合理、实施环境变化和政策调整出现偏离的指标,要实事求是,合理调整规划指标。三是对于已经提前完成的指标,在执行过程中可提出更高要求,争取到"十三五"期末取得更好的结果。

(三)坚持深化供给侧结构性改革,着力振兴实体经济。密切关注国内外环境变化,夯实实体经济特别是制造业根基,努力扩大有效需求,有效应对经济下行压力。一是继续深入推进供给侧结构性改革,优化存量资源配置,加强高效增量供给,有效提升供给体系质量。二是积极扩大有效需求,保持经济平稳健康可持续发展,推动经济转型升级和发展方式根本性转变。三是进一步加强和改善宏观调控,强化各项政策的统筹协调和部门协同配合,把握好政策出台的时机、力度和节奏,发挥好政策协同效应。同时,加强政策预研和储备,有效应对各种风险和挑战。四是营造有利于企业特别是民营企业持续健康发展的生态环境。继续减轻企业税费负担。加大减税降费力度,普惠性地降低企业负担,增强企业获得感。着力解决企业融资难融资贵问题。加强货币、财政、产业等方面政策的协调配合,改革和完善金融体系监管考核和内部激励机制,用"几家抬"的方式解决民营及中小微企业融资难、融资贵问题。营造公平竞争环境。坚持权利、机会和规则平等,进一步破除对民营企业各方面的限制和障碍,建立更加公开、透明、稳定、可预期的政策体系,保护企业家人身和财产安全,弘扬企业家精神,增强企业家信心。完善政策执行方式。提高政府部门履职水平,加强政策协调性,细化、量化政策措施,在政策执行过程中避免简单化,不搞"一刀切"。

(四)坚持居安思危,保障和维护国家经济安全。充分发挥体制优势,聚焦薄弱环节,加大投入保障和工作推进力度,筑牢国家经济安全保障网。一是维护产业安全。保持制造业的合理比重,及早谋划产业链的重塑,加强重大、关键、核心技术攻关研发,有效维护国家产业安全。二是确保粮食安全。树立科学的粮食安全观,调整和完善"高产量、高库存、高进口"背景下的部分农业政策,进一步"藏粮于地""藏粮于民""藏粮于技",保护和激励农民种粮和农业科技人员服务"三农"积极性,增强高效协同的粮食安全保障能力。三是保障能源安全。大力发展可再生能源和新能源,走自主创新和低碳化发展道路。牢牢抓住"一带一路"建设重大机遇,充分利用"两个市场""两种资源",扩大对外油气合作,构建多元多点多渠道供应保障体系,积极参与全球能源治理,努力保障国家能源安全和油

气稳定供应。

（五）全力以赴坚决打赢三大攻坚战，助力全面建成小康社会。夯实现有基础，着眼于长远的制度性建设，确保三大攻坚战的成果得到人民认可、经得起历史检验。一是坚决打赢防范化解重大风险攻坚战。重点防控金融风险，坚持结构性去杠杆，把握好去杠杆的节奏和力度，保持流动性合理充裕，满足实体经济资金需求。防范化解地方政府隐性债务风险，加快处置隐性债务。加快建立促进房地产市场健康发展长效机制。二是坚决打赢精准脱贫攻坚战。进一步向深度贫困地区和特殊贫困人口聚焦发力，提高脱贫质量，巩固扶贫成果。把脱贫攻坚与乡村振兴战略紧密结合起来。三是坚决打赢污染防治攻坚战。打好蓝天、碧水和净土保卫战，确保主要污染物排放总量大幅减少，生态环境质量总体改善。完善污染防治和生态修复重点领域配套政策，吸引社会资本多渠道广泛参与。从长远看，要加快经济转型升级和发展方式转变，实现绿色发展。

（六）加大补短板工作力度，促进经济社会协调发展。加快推动基本公共服务均等化，筑牢民生保障底线，不断增进民生福祉，让发展成果更好地惠及广大人民群众。一是加快构建区域协调发展新机制。深化区域合作机制，探索建立跨地区投资、生态保护、资源开发等相关的利益补偿、分配和成果共享机制，增强区域发展协调性。二是统筹推进乡村振兴战略和新型城镇化战略。促进农村一二三产业深度融合，深化农村各项改革，加快推进农业农村现代化。推进新型城镇化高质量发展，坚持产城融合发展，加快农业转移人口市民化进程，推动城乡要素配置合理化、基本公共服务均等化、基础设施联通化、产业发展融合化、居民收入均衡化。三是深化社会治理创新。坚持以人民为中心的发展思想，提高社会治理社会化、法治化、智能化、专业化水平。切实加强社区基层治理，发挥好基层管理体制的作用。集中力量解决好人民群众关心最直接最现实的住房、就业、教育、社保、医疗、养老、食品药品安全等突出问题，不断提高基本公共服务水平和社会保障质量，让群众有更多获得感、幸福感、安全感。

（七）坚定不移推进改革开放，激发经济增长内生动力和活力。今年是改革开放40周年。要深入贯彻落实党中央推进改革开放的一系列重大决策部署，切实把发挥好市场在资源配置中决定性作用和更好发挥政府作用的要求落到实处。一是蹄疾步稳推动各领域改革向纵深发展。坚持市场化、法治化改革方向，以完善产权制度和要素市场化配置为重点，把握好政府职能的边界，切实管好“看得见的手”。持续深入推进财税金融、国企国资、科技创新、商事制度、土地、能源、交通、住房、价格、汇率形成机制、社会信用、人才发展等重点领域改革，加强系统集成，放大改革综合效应。二是在更高水平、更宽领域、更深层次、按更高标准、以更大力度推进全方位高水平对外开放。扎实推进“一带一路”建设，主动扩大进口，持续放宽市场准入，稳步扩大金融等服务业对外开放。支持自由贸易试验区深化改革创新，加快探索建设中国特色自由贸易港进程，打造对外开放新高地。

“十三五”规划纲要经全国人大审议批准，具有法律效力。要切实加强对规划纲要实施的跟踪监督，把五年规划纲要中期评估与年度计划审查和经济监督结合起来，落实好“十三五”时期建立的规划纲要实施年度监测机制，推动规划纲要顺利实施，并为制定“十四五”规划纲要做好准备。加快立法进程，做好法律立改废释工作，为规划实施提供良好的法律保障和制度环境，推动经济高质量发展和社会全面进步。

对“十三五”规划纲要实施中期评估报告的意见和建议

12月27日，十三届全国人大常委会第七次会议审议了国家发展和改革委员会主任何立峰受国务院委托作的关于《中华人民共和国国民经济和社会发展第十三个五年规划纲要》实施中期评估报告，共有53人次发言。现根据会议发言情况，将常委会组成人员和列席会议人员的主要意见整理如下。

常委会组成人员普遍认为，“十三五”规划纲要各项目标任务进展顺利，总体符合预期，取得了来之不易的成绩，为全面建成小康社会奠定了坚实基础。同时实施中还存在一些问题和挑战，必须认真应对、有效解决。大家强调，面对错综复杂的国际环境和艰巨繁重的国内改革发展稳定任务，要始终坚持党中央对经济工作的集中统一领导，全面贯彻党的十九大精神和中央经济工作会议精神，紧扣重要战略机遇期新内涵，坚持稳中求进工作总基调，坚定信心，把握主动，保持战略定力，坚定不移办好自己的事，推进“十三五”规划顺利收官，确保如期实现第一个百年奋斗目标并顺利开启第二个百年奋斗目标新征程。审议中，大家还提出了一些具体意见和建议。

一、正确认识规划纲要实施面临的新形势新要求

许多出席人员指出，“十三五”规划纲要实施两年多来，国内外形势发生重大变化。从国内看：1. 党的十九大作出中国特色社会主义进入新时代的重大政治判断，确立习近平新时代中国特色社会主义思想的指导地位，对经济社会发展作出新的战略部署；2. 供给侧结构性改革深入推进，改革开放力度不断加大，经济由高速增长阶段转向高质量发展阶段；3. 经济运行稳中有变、变中有忧，下行压力有所加大。从国际看：1. 美国单方面挑起中美经贸摩擦，并有从贸易向技术、人才、金融延伸的迹象；2. 美欧等发达经济体货币政策全面紧缩，美联储2018年4次加息，欧盟计划2019年退出宽松货币政策，其宏观政策的外溢效应将扰动全球金融市场和大宗商品市场，新兴经济体可能出现资本外流、本币贬值、汇率波动的局面，世界经济复苏进程更加艰难曲折；3. 过去10年全球主权债务增长26%，其中发达经济体增长41%，新兴经济体增长12%，如此大规模的主权债务对于世界政治经济来说是一颗“定时炸弹”。同时，全球潜在增长率也在下滑。

出席人员普遍认为，我国经济持续健康发展的基本面没有变，有足够的韧性、潜力和回旋余地，仍处于并将长期处于重要战略机遇期。要对标对表新时代新思想新任务，紧扣重要战略机遇期新内涵，围绕社会主要矛盾和经济发展阶段重大变化，加快建立与推动高质量发展相适应的规划体系、指标体系、考核体系，扎实推进“十三五”规划纲要实施。“十三五”规划纲要实施已进入后半程，要做好充分准备，增强忧患意识，坚持问题导向和底线思维，提前研判风险点，制定相应预案，防范国内经济调整、中美经贸摩擦、世界经济增速放缓发生叠加作用。

二、努力完成规划纲要各项目标任务

许多出席人员指出，“十三五”规划纲要实施总体良好，但也有少数目标任务未及预期，其中一些是与创新驱动、高质量发展、打好污染防治攻坚战等战略部署密切相关的重要指标。1. 服务业增加值比重、研发经费投入强度2项预期性指标和新增建设用地规模、地表水劣Ⅴ类水体比例2项约束性指标，按照目前进度要按时完成的难度很大；2. 部分重点专项规划进展缓慢；3. 165项重大工程项目中个别项目进展迟缓。

许多出席人员指出，科技创新是破解我国关键核心技术受制于人的根本途径，纲要中有关科技创新的指标和专项都是针对我国发展中的突出短板设立的，必须加大投入力度，加快实施进度，确保如期完成，并根据新一轮科技革命的发展形势，及时开展新的规划布局。一些出席人员提出，针对进展缓慢、未及预期的指标和项目，要逐项制定推进方案，建立目标责任制和跟踪督导机制，加强动态监测和分析研判，加大组织协调和监督落实力度，力争在今后两年赶上进度。对于经过努力确实无法完成的目标任务，要实事求是作出解释说明，维护规划纲要的严肃性和约束力。有的出席人员提出，因环境条件变化等原因导致实施情况偏离较大的指标，应审慎稳妥地进行合理调整。

三、创新和完善宏观调控

许多出席人员提出，要加强宏观政策的统筹协调和部门政策的协同配合，把握好政策出台和执行的时机、力度和节奏，营造公平、公开、可预期的政策体系，通过优化政策组合增强宏观调控的整体效果。一些出席人员提出，要实施更大规模减税、更明显降费，普惠性降低企业负担，建立更加科学合理的税负衡量标准，使减负力度与企业获得感相一致。一些出席人员提出，要完善扩大内需特别是消费需求方面的政策措施，积极培育新的消费热点、培育中等收入群体，拓展教育、育幼、养老、医疗、文化、旅游等服务消费，提升产品服务质量，改善消费环境，促进形成强大国内市场。一些出席人员指出，对市场影响比较大的政策出台前，应广泛征求意见，科学充分论证，给相关行业和企业留有合理准备时间。

四、坚持以供给侧结构性改革为主线

许多出席人员指出，我国经济运行主要矛盾仍然是供给侧结构性的，新旧动能接续任务艰巨。要把供给侧结构性改革作为治本之策，贯彻“巩固、增强、提升、畅通”八字方针，更多运用市场化、法治化手段，推动改善供给体系，提高经济发展质量。一些出席人员提出，要强化创新引领和驱动，发挥企业在创新中的主体作用，加强知识产权保护和运用，建立有效的创新激励机制和产学研一体化创新机制，解决科技和产业“两张皮”问题，推动人工智能、互联网、大数据等战略性新兴科技同实体经济有机结合，培育和发展新的产业集群，不断提升产业链水平。一些出席人员指出，“十三五”期间制造业比重下降过快，已经降到 30% 以下，工业投资增速从 2012 年的 20% 回落到 2017 年的 3.6%，2017 年新增工业中长期贷款余额占比仅为 6.4%，与其经济地位严重不匹配。要高度警觉经济“脱实向虚”、制造业“空心化”的倾向，加快传统制造业技术改造和设备更新，推动先进制造业和现代服务业深度融合，坚定不移建设制造强国。一些出席人员指出，民营企业当前发展遇到一些困难，要毫不动摇支持民营企业发展，建立公平开放透明的市场规则和法治化营商环境，坚决破除不合理的限制和障碍，依法保护民营企业家人身安全和财产安全，充分激发非公有制经济活力和创造力。

五、继续打好三大攻坚战

部分出席人员提出，防范化解重大风险攻坚战，重点是防范金融风险。应坚持结构性去杠杆的基本思路，在防范金融市场异常波动的同时，保持流动性合理充裕，满足实体经济资金需求。一些出席人员指出，一些地方政府隐性债务规模较大，部分地方 PPP 项目机制不健全，投资额度和预期效果都不清楚，有的地方预算内可安排资金连债务利息都无法负担。建议进一步摸清地方政府隐性债务底数，建立绩效和风险评估体系，稳妥处理地方政府债务风险，做到坚定、可控、有序、适度。

部分出席人员提出，脱贫攻坚战要向深度贫困地区和特殊贫困人口聚焦发力，加强各类扶贫项目资金绩效管理，改善贫困地区生产生活条件，着力增强脱贫意志、提升造血功能，进一步提高脱贫质量、巩固脱贫成果。一些出席人员指出，农村脱贫工作取得巨大成就的同时，城市贫困人口问题日渐凸显，现有城市贫困人口总量与农村建档立卡贫困人口大体相当，而且没有土地依托，缺乏政策覆盖，各类生活刚性支出更多。建议尽快明确城市贫困人口认定标准和认定程序，建立完善保障救助机制，确保到 2020 年城乡贫困人口共同实现脱贫。

部分出席人员指出，“十三五”规划纲要 25 项主要指标中，涉及资源环境的有 10 项，并且都是约束性指标，必须扎扎实实推进，不折不扣完成，不能因经济下行压力加大而放松环保要求。一些出席人员提出，要把打好污染防治攻坚战同优化产业和能源结构结合起来，加快发展节能环保产业，全面节约能源资源，协同推动经济高质量发展和生态环境高水平保护。

六、加大重点领域补短板力度

一些出席人员指出，要坚持农业农村优先发展，切实抓好农业特别是粮食生产，推动“藏粮于地、藏粮于民、藏粮于技”的各项政策措施落实落地，确保国家粮食安全。一些出席人员指出，区域发展东强西弱、南强北弱的格局未得到有效扭转，部分指标还有分化加剧趋势。2015 年至 2017 年，人均 GDP 最高的 5 个省份与最低的 5 个省份，差距从 2.8 倍扩大到 3.2 倍。有的省份内部，如珠三角与粤东西北，苏南、苏中与苏北的差距也在拉大。要坚持“全国一盘棋”，统筹推进西部大开发、东北全面振兴、中部地区崛起、东部率先发展，推动深化区域合作，探索建立跨地区利益补偿和成果共享机制，不断增强区域发展协调性。一些出席人员提出，要集中力量解决好事关人民群众切身利益的就业、教育、医疗、养老、住房等突出问题，加强对“老、幼、残”三大群体的关注和关爱，强化社会政策兜底保障功能，不断提升人民群众获得感、幸福感、安全感。

七、坚定不移推进改革开放

许多出席人员提出，要深入学习领会习近平总书记在庆祝改革开放 40 周年大会上的重要讲话精神，全面贯彻落实党中央关于全面深化改革、推动全方位对外开放的重大决策部署，将改革开放进行到底。一些出席人员提出，要坚持市场化、法治化改革方向，围绕政府与市场关系这一核心问题，把握好政府职能边界，加大产权保护力度，完善要素市场化配置,夯实社会主义市场经济基础。一些出席人员提出,要深化财税体制改革,建立权责清晰、财力协调、区域均衡的财政体系和税法统一、税负公平、调节有度的税收体系。一些出席人员提出,要深化国资国企改革,加快实现从管企业向管资本转变,优化国有经济布局,激发国有企业经营活力。一些出席人员提出,要深化金融体制改革,以金融体系结构调整优化为重点,促进金融回归本源、聚焦主业,提升金融服务实体经济的意愿和能力。

许多出席人员提出,共建"一带一路"是扩大高水平对外开放的重大举措,要进一步加大推进力度,同各方一道打造国际交流合作新平台,推动"一带一路"建设走深走实、落地生根。一些出席人员提出,要加大对企业"走出去"的服务协调力度,支持在海外开办高新技术企业或者投资建设创新项目,鼓励企业就地吸引使用优秀人才、学习转化先进技术。一些出席人员提出,要研究构建境外风险的识别、防控和应急体系,加强与沿线国家的协商配合,帮助"走出去"的企业有效防范和化解各类风险。

关于2017年度中央预算执行和其他财政收支审计查出问题整改情况的报告

——2018年12月24日在第十三届全国人民代表大会常务委员会第七次会议上

审计署审计长　胡泽君

全国人民代表大会常务委员会:

受国务院委托,我向全国人大常委会报告2017年度中央预算执行和其他财政收支审计查出问题的整改情况,请予审议。

党中央、国务院高度重视整改工作。习近平总书记在中央审计委员会第一次会议上强调,各地区各部门特别是各级领导干部要积极主动支持配合审计工作,依法自觉接受审计监督,认真整改审计查出的问题,深入研究和采纳审计提出的建议,完善各领域政策措施和制度规则。李克强总理主持召开国务院常务会议专题研究部署整改工作,要求制定台账、明确时间表,集中攻关、确保销账,并加大督促检查。有关部门、单位和地方认真学习贯彻习近平总书记在中央审计委员会第一次会议上的重要讲话精神,按照国务院常务会议要求,全面落实十三届全国人大常委会第三次会议关于"扎实做好整改工作,坚持问题导向,强化主体责任,严肃追责问责"的审议意见,扎实推进审计查出问题的整改工作,自觉接受审计跟踪检查,同时以整改为契机,进一步推动深化改革,建立健全相关长效机制。

一、整改工作总体推进情况

(一)审计机关加强跟踪检查。按照国务院要求,审计署向有关部门、单位和地方印发了整改通知和详细问题清单,并按照"谁审计谁负责跟踪检查"的原则,组织各级审计机关对照问题清单,按项逐条跟踪检查整改情况,涉及80多个中央部门、31个省[①]和2300多家单位,重点检查整改措施的真实性和效果,督促对整改进展慢的问题制定针对性措施。

(二)被审计单位认真落实整改主体责任。有关部门、单位和地方通过召开党委(组)会、专题业务会等研究部署整改工作,按要求建立整改台账,逐条研究整改措施,落实责任主体,层层压实责任。有的地方要求审计查出问题整改要比照巡视整改进行。很多部门和地方成立了由主要负责同志任组长的整改工作领导小组,有7个部门还专门制定了整改分工方案,并将整改工作纳入督查督办,实时跟踪整改进度,限时整改到位。同时,深入剖析问题原因,认真研究采纳审计建议,着力破除体制机制性障碍,堵塞管理漏洞,建立健全长效机制。

(三)主管部门切实履行监督管理责任。有关主管部门认真指导、监督本行业扎实推进整改,并建立部门间整改协调机制,形成整改合力。如国资委出台《关于督促中央企业整改审计问题工作方案(试行)的通知》(国资厅财管〔2018〕475号),要求"整改全覆盖、问题零容忍",全委联动督导整改,针

① 对省级行政区统称为省,地市级行政区统称为市,县区级行政区统称为县。

对重点问题进行跟踪督导。国务院扶贫办会同财政部印发《关于认真做好扶贫审计发现问题整改工作的通知》(国开办司发〔2018〕33 号),督促各地坚决纠正违规问题,期间约谈了两个县的主要负责人。有的还举一反三,开展全行业整治行动,从体制机制上巩固整改成果。

二、审计查出问题的整改情况

截至 2018 年 10 月底,有关部门、单位和地方通过上缴国库、补征税款、收回贷款、归还原资金渠道、统筹盘活、调账等,整改问题金额 2955.58 亿元,制定完善相关规章制度 2944 项,问责处理 3299 人次。

(一)中央决算草案和预算管理审计查出问题的整改情况。

财政部、国家发展改革委和有关地方已整改 7.66 亿元,完善预算管理、税收征管、行政审批等方面制度 8 项。

1. 关于中央决算草案编制不够准确完整的问题。

一是少计中央一般公共预算收支问题。财政部正在研究加强对通过退库方式安排资金的管理。对国际金融组织赠款,正在研究制定办法纳入一般公共预算管理。对中央返还地方的税收 3.01 亿元,已列入决算。

二是重大事项披露不充分问题。对中央政府投资基金有关情况,财政部已向全国人大财经委报告,正在研究预算草案反映的具体方式;对政府投资基金注资和特别国债到期续作情况,已在决算中披露。

三是部分收支事项列示不细化问题。对进出口环节增值税、消费税收入及退税情况,已在决算中按税种分 4 个科目列示,并细化补助地方的其他支出,同时要求细化中央基建投资决算。

2. 关于预算分配管理存在薄弱环节的问题。

一是预算安排与存量资金盘活统筹衔接不够问题。财政部督促相关部门加快预算执行,及时调剂部门预算,对执行较慢的项目调减下年度预算,减少结转资金;按规定收回结余,6 个部门和 13 家所属单位已上交 1.14 亿元,其他部门正在与财政部进一步沟通协商。对无法按计划实施或超期未开工的项目,国家发展改革委督促加快建设进度或调整投资计划,有 9 个项目已开工、6 个作出调整,1 个项目的 1.17 亿元财政补助已缴回国库,另 2 个项目正在履行调整手续。财政部要求各部门编制 2019 年部门预算时,充分准确预计资金结转情况,加大统筹力度。

二是预算分配标准不够明确或执行不严格问题。财政部制定修订管理办法,明确相关专项转移支付的分配因素、权重,涉及的 24 项专项转移支付中,除 1 项已清理整合外,1 项已完成办法修订,22 项正在抓紧推进。对分配标准不细化或不合理的专项转移支付和投资专项,财政部已研究调整补助办法,编制 2019 年预算时将审慎从严核定补助标准;国家发展改革委将提前在公告中明确资金安排具体比例、档次划分和定额标准等。对未严格执行规定办法和标准问题,财政部将严格按照因素法分配资金,优化因素设置、严控特殊事项;国家发展改革委明确和细化补助标准,将强化中央基建投资与下达任务量详细核算,对不符合条件的 17 个项目,已调减 6 个项目投资 2515 万元,对资金已全部支出的 4 个项目加强事后监管,完善 1 个项目的备案手续,6 个项目单位整改了失信行为。

三是部分预算安排和下达不够规范问题。对预算级次不清问题,财政部督促相关部门将补助地方支出转列转移支付或调整使用方向等,并核减其 2019 年部门预算中编报的补助地方支出;国家发展改革委将进一步提前年度投资计划编制,尽早确定中央本级和补助地方投资规模。对预算编制不细化问题,财政部将进一步细化转移支付预算,提高年初落实到地区的比例。对预算下达不及时问题,财政部将从严控制代编预算的范围和规模,规范使用程序,督促相关部门加强预算执行管理;对转移支付预算,财政部将严格按时限下达,国家发展改革委要求各地方、部门提前报送投资计划草案,做好项目储备,加快计划下达。

四是国有资本经营预算范围不够完整问题。财政部梳理了尚未纳入预算的中央部门和单位所属非金融类一级企业户数及财务情况,研究起草了进一步扩大中央国有资本经营预算实施范围的初步工作方案。

五是部门间对接还不够顺畅问题。国家发展改革委已将 3092 亿元中央基建投资明确到地方,相当于上年执行数的 78.4%。财政部请国家发展改革委协助做好中央基建投资对地方转移支付 2019 年至 2021 年支出规划和 2019 年预算编制工作,国家发展改革委将中央基建投资计划下达文件同步抄送财政部并强化对账工作。两部门将进一步提高计划编制的准确性和精细化程度,优化审核流程,加快审核速度,缩短下达时间。

3. 关于转移支付管理仍不够完善的问题。

一是具有指定用途的转移支付占比仍较高问题。财政部正在研究完善中央对地方转移支付制度,已形成初步报告。

二是专项转移支付退出机制不完善问题。财政部正在修订相关资金管理办法,明确实施期限或退出条件,除2项专项转移支付已整合外,3项已完成修订、9项已起草修订稿,其他38项正结合机构改革、完善转移支付制度和相关领域改革等抓紧推进,力争年底前完成。编制2019年预算时,财政部进一步增强专项转移支付评估的完整性和科学性,将评估结果作为转移支付取消、调整或整合的重要参考。

三是部分转移支付安排交叉重叠问题。相关部门进一步加强统筹,财政部将建立查重机制,加强投资计划审核,减少拼盘支持、重复安排、多头支持等问题。对高标准农田建设,财政部正会同农业农村部整合相关资金;对两个投资专项安排同一地区重大项目前期工作经费问题,国家发展改革委将从2019年起只在一个专项中安排。

4. 关于部分财税领域改革有待深化的问题。

一是预算绩效评价不到位问题。财政部进一步扩大绩效评价范围,健全绩效指标体系,推进评价结果公开,2018年对51项(比上年增加16项)重大政策和项目开展评价,已向全国人大提交15项的评价结果,以及中央部门182个项目的自评结果。国家发展改革委2018年对安排地方的投资支出,按专项填报绩效目标,并要求各地方、各部门2019年在申报投资计划草案时填报绩效目标。对部门预算绩效评价问题,相关部门通过增设或细化二三级绩效指标、组织专家评审等,提高指标科学性、有效性,并组织专人复审、排查指标和开展不定期检查等,提高自评结果的真实性、准确性。

二是中央政府投资基金管理不规范问题。财政部会同有关部门研究加强基金设立的统筹协调,规范设立程序,推动整合同类或同一领域基金,尽快制定统一的管理办法;对两只基金投资同一公司问题,财政部会同国家发展改革委,要求基金管理机构加强尽职调查,避免与其他中央政府投资基金投资同一个项目。对中国政企合作投资基金未充分发挥政策引导作用问题,财政部发文督促基金管理机构充实项目储备,加快项目审批和资金拨付,提高运营水平,已累计拨付165.45亿元,占到位资本金的23%。

三是税收优惠政策后续管理不到位问题。财政部印发《税收优惠政策评估规范(试行)》(财办〔2018〕19号),对相关工作作出规定。为解决加速折旧政策未覆盖一些新兴制造业问题,财政部会同税务总局发布覆盖所有行业的《关于设备器具扣除有关企业所得税政策的通知》(财税〔2018〕54号),明确对新购进单价不超过500万元的固定资产,允许一次性税前扣除。税务总局通过制发配套政策、修改报表、辅导培训、宣传解读等,促进优惠政策落实。

(二)中央部门预算执行审计查出问题的整改情况。

审计的57个中央部门本级及365家所属单位已整改47.26亿元,完善规章制度36项。

1. 关于预决算编报还不够准确问题。对多申领资金问题,1个部门和4家所属单位上缴国库5504.52万元,4个部门和5家所属单位通过调整预算、加强管理等整改1.05亿元;对代编预算等问题,相关部门将严格按照规定完整编制各级次预算;对决算草案多列支出、少计收入等问题,2个部门和4家所属单位归还原资金渠道1665.74万元,20个部门和54家所属单位调账16.96亿元,6个部门和6家所属单位完善了预决算编报。

2. 关于资金资产管理还不够规范问题。对账外存放或套取资金等问题,4家所属单位归还原资金渠道2024.84万元,1个部门和1家所属单位将2210.76万元纳入账内核算,2家所属单位通过追回资金等整改16.55万元;对违规理财、出借资金等问题,1个部门归还原资金渠道920.91万元,1个部门和1家所属单位收回借款4707万元,2个部门和10家所属单位通过清退理财产品、严格制度执行等整改2.02亿元;对未严格执行"收支两条线"问题,5个部门和26家所属单位已上缴国库2亿元,1个部门和4家所属单位通过分年度上缴国库等整改1731.69万元;对违规处置资产或闲置浪费等问题,12个部门和30家所属单位通过报批、收回、清理处置等整改2.53亿元。

3. 关于"三公"经费和会议费管理不严问题。因公出国(境)方面,1个部门和6家所属单位归还了由其他单位承担的费用96.5万元,相关部门将加强预算管理,增强出国(境)团组的计划性。公务用车方面,相关单位正在推进公车改革,6个部门和10家所属单位已清退、处置违规配备或使用的公务用车54辆,3个部门和10家所属单位完善了制度,相关部门将进一步加强公务用车购置及运行维护费预算管理。会议和培训方面,相关部门将进一步加强计划管理,严格执行有关规定,7个部门和4家所属单位归还了由其他单位承担的费用235.64万元。对违规发放津贴补贴和兼职取酬等问题,2个部门和10家所属单位已清退543.53万元,7个部门和19家所属单位通过约谈相关人员、停止兼职行为等加强了管理。

4. 关于依托管理职能或利用行业影响力违规收费问题。3家单位将取得的收入72.79万元上缴国库或退回,5个部门和72家所属单位已取消违规开展的资格考试、质量检测、评比表彰等活动,继续开展的将停止收费,并进一步规范管理。

(三)重大专项资金和民生工程审计查出问题的整改情况。

1. 关于乡村振兴相关资金方面的问题。对土地确权资金结存量大、农村土地确权登记颁证率较低等问题,有关地方加快数据汇交进度、及时拨付资金,3个省已拨付资金9.62亿元;一些地方通过县级自查、市级核查、省级统一验收方式提高农村土地确权颁证率,其中3个省已颁发证书364.9万份,青海的颁证率达96%。对省级农业信贷担保机构部分业务不符合标准问题,相关机构积极拓展政策性业务,化解存量政策外业务,加大对农业新型经营主体的扶持,其中2个省2018年新增贷款在保余额中,符合标准的已分别达84%和94%。对一些地方未出台粪污资源化利用绩效考核办法等问题,相关地区相继出台考核办法;5个县制定了资源化利用实施方案,加大财政投入力度,逐步提高粪污资源化利用率,其中3个县预计将达80%。

2. 关于医疗保险基金方面的问题。有关地方通过补充拨付资金等整改9521万元,完善规章制度8项。对一些地方统筹和保障不到位问题,1个省已统一城乡居民医保药品目录,2个省通过深化机构改革完成整改;对125.9万人未参加城乡居民医保或未享受保费补贴问题,均已纳入医保或予以补助;对职工医保基金未实行属地管理问题,10家企业的职工医保已纳入属地管理,其他11家企业所在地方政府已出台制度文件,积极推进相关工作;对未及时拨付医保费用问题,已拨付到位或列入下半年拨款计划。

3. 关于工程项目薪酬方面的问题。有关地方和项目单位边审边改、即审即改,已为3.4万多名农民工发放欠薪5.94亿元,处理处分182人。各地积极建立欠薪应急处置机制,完善农民工工资保证金和欠薪应急周转金等制度,促进联合惩戒措施落地生效。

4. 关于结构调整专项奖补资金方面的问题。对违规获取或使用奖补资金问题,有关地方单位和企业通过退回资金、统筹不同年度资金、调账等整改6.3亿元。对奖补资金结存问题,有关地方指导企业制定职工安置方案、加快资金拨付,2家企业已归还或拨付7.68亿元。

5. 关于保障性安居工程方面的问题。各地已整改594亿元,处理处分525人次,制定完善相关制度和措施494项。对挤占挪用、违规获取或闲置空置资金和住房问题,通过追缴、归还、拨付或调账等整改416.75亿元,有177.12亿元已明确使用计划,将按工程进度拨款;通过清理退出、提高租金、补收差价和完善政策等整改住房1.73万套,有11.72万套空置住房已分配使用、明确分配方案或正在办理手续。对后续监管未及时跟进问题,已对3.18万户不再符合条件的家庭取消资格或调整待遇,有2.03万套住房清理退出、提高租金或补收差价等,追回资金1332.35万元。对无法办理竣工验收备案问题,有693个项目已补办完善建设审批手续,进行竣工验收备案。

(四)三大攻坚战相关审计查出问题的整改情况。

1. 关于防范化解重大风险方面的问题。

一是地方政府债务风险防控问题。对一些地区违规举债或提供担保问题,3个地区通过财政资金偿还或项目市场化运作等纠正14.32亿元。对政府债券筹集资金闲置问题,8个地区已拨付15.95亿元,其他地区正加快项目建设。对一些地方落实债务管理要求不到位问题,4个地区通过调整融资模式、补充增信措施、更换融资产品等完善后续融资方式,保障重点项目建设资金接续,其他地区正与债权人协商解决;5个地区已完成政府融资担保情况摸排,其他地区正在推进统计摸排工作。目前,各地正在按照财政部统一部署,健全政府债务台账制度,做好债务统计监测和报告工作。

二是金融风险防控问题。对国有银行违规向房地产行业提供融资和个人消费贷款流入楼市股市问题,住房城乡建设部、人民银行、银保监会等部门开展专项整治,有关金融机构通过收回贷款、调账等整改219.83亿元,其余141.04亿元已制定清收计划。对期限错配风险问题,有关金融机构依照资管新规调整业务模式,优化产品结构,定期开展流动性压力测试,压降错配程度。对网络贷款风险管控问题,重庆市将注册地与经营地分离的机构落地问题纳入整治重点，涉及的12家小额网贷公司均已落地重庆；互联网金融风险专项整治工作领导小组、银保监会要求限期整改无资质小贷公司校园贷问题，开展P2P网络借贷机构合规检查，P2P网贷机构已暂停校园贷。

三是基本养老保险基金支付风险防控问题。对一些地方省级统筹不到位问题，4个省出台了省级调剂金制度或提高省级调剂金比例，2个省加大了财政补助力度。对占用财政资金等弥补基金缺口现象，有关地方通过归还原资金渠道、补拨财政资金等整改。对少缴或欠缴保费问题，3个省补缴3171.36万元。

2. 关于扶贫政策落实和资金管理方面的问题。有关地方已整改154.89亿元，推动落实精准扶贫政策措施151项，完善扶贫政策制度185项，处理处分649人次。

一是一些地方扶贫工作不够扎实问题。有关地方积极推进建立与贫困户利益联结，通过收回资金、归还原资金渠道、加强拨后监督、补签带动贫困户协议等整改10.92亿元；对直接发放给贫困户的3.15亿元"造血"资金，通过调整扶贫项目收益分配方案、细化贫困户帮扶措施等整改；对用于景观修建、外墙粉饰的540多万元，有关地方已追回资金、规范资金使用、严格项目管理；对资金缺口问题，各地通过借款或统筹资金等补齐缺口2.97亿元，并加快项目建设，确保如期完成搬迁任务；对虚报脱贫数据问题，有关地方加大项目招投标、建设进度等信息公开力度，进一步健全接受扶贫捐款等项目管理和资金使用办法；对超标准接待问题，相关资金已全部追回，处理处分23人。

二是扶贫政策落实不够精准问题。对建档立卡数据不够完整准确、部分贫困户未按规定享受补贴等问题，国务院扶贫办开展建档立卡数据更新和贫困识别常态化管理，加强与各行业部门数据交换比对；有关地方向符合条件的贫困家庭子女、危房改造户等补发或退还费用2.86亿元，有的地方还主动扩大范围自查，促进补助到位。对一些地方易地扶贫搬迁规划不合理、配套不齐全等问题，国务院扶贫办会同相关主管部门完善带贫减贫机制，指导各地做好产业扶贫规划；有关地方严格执行易地扶贫搬迁规定，完善产业扶持等配套制度，加快项目建设。对脱贫标准把握不准或未按规范验收问题，有关地方逐一核查、细化脱贫人口收入计算办法，规范脱贫退出公示公开程序和档案管理。对"三区"教师扶贫专项计划落实不到位问题，教育部商财政部印发《关于做好2018年"三区"人才支持计划教师专项计划有关实施工作的通知》（教师厅〔2018〕4号），要求有关地方严把支教教师选派条件，确保按时上岗，相关地区正按要求推动工作。

三是地方涉农资金统筹整合试点推进不畅问题。有关地方健全协调机制，细化财政涉农资金统筹整合使用方案，通过约谈通报、加强项目调度、完善项目库建设等，加快方案实施和项目建设进度，下拨使用结存资金、收回盘活无法实施项目资金或结余等88.52亿元。

四是扶贫资金和项目监管粗放问题。有关地方逐一核实，已追回资金11.17亿元，并通过加强后续管理、调整实施方案、完善审批手续等整改15.95亿元，处理处分243人；对闲置资金，各地已归还原资金渠道或收回借款等11.75亿元；对长期闲置或未达目标的项目，有关地方通过修补损毁设施、补种苗木、补发物资、落实后期管护责任等整改2.66亿元。

3. 关于污染防治资金和项目方面的问题。有关地方已整改63.98亿元，完善规章制度8项，处理处分8人。

一是生态环境保护协同机制不够健全问题。湖北王英水库下游城市主动与水库管理局和上游城市沟通协调，将建立联合整治工作机制，促进跨区域污染防治，上游养殖企业已完成整改2家、关停4家。农业农村部将打击电鱼确定为"中国渔政亮剑2018"系列专项执法行动重点内容，联合公安、市场监管等部门，对电鱼设备生产、销售及电商平台等开展检查，没收、取缔违禁渔具；建立渔业行政执法与公安刑事司法衔接机制，严厉打击非法捕捞行为。

二是开发管控不够到位问题。自然资源部启动长江经济带国土空间用途管制和纠错机制研究，加快编制相关国土空间规划，推动违规设立的开发区逐步退出；105个开发区污水集中处理设施或配套设备已经建成。对小水电开发强度较大问题，水利部、国家发展改革委、能源局联合开展长江经济带农村小水电生态环境突出问题全面排查，水利部派出10个工作组在全国开展农村小水电建设管理专项检查和调研；有关地方组织推进小水电整改拆除。对5个国家重要湖泊水质问题，有关地方突出抓好总磷总氮控制，加快化工企业关停，开展印染、电镀等行业整治，落实"河长制"、"湖长制"，打造环湖生态保护圈。

三是专项资金和项目绩效不高问题。有关地

方通过上缴国库、归还原资金渠道、统筹盘活、补拨资金、终止合同等整改 63.98 亿元。对项目未按期开(完)工或建成后效果不佳问题,有关地方倒排工期,加快施工进度,其中 88 个项目已开(完)工,5 个已建成项目开始发挥效益。

(五)重大政策措施落实跟踪审计查出问题的整改情况。

1. 关于制造业增值税抵扣链条不够完善问题。除已纳入小规模纳税人自行开具增值税专用发票试点范围的行业外,税务总局还将继续选择条件成熟的行业纳入试点,扩大政策覆盖面。各级税务机关创新发票服务举措,为纳税人升级开票系统、变更税控设备、领用增值税发票等提供便利,并做好辅导和培训。

2. 关于一些地方营商环境不够优化问题。对"放管服"事项改革不到位问题,2 个省已整合 13 项投资项目报建审批事项,2 个省已清理 5 项前置审批,2 个省停止或减少 2 项行政审批,4 个省实现建设项目在线审批、监管和服务,1 个部门所属单位取消其违规批准的行业技能鉴定资格。对违规继续征收行政事业性收费问题,2 个省的 3 家单位公示停止 3 项收费,清退 184.95 万元、上缴国库 1202.79 万元。对收取或转嫁费用问题,12 个省的相关部门已停止收费,退还费用 1.59 亿元。对违规预留或未及时清退企业保证金问题,9 个省全面清查、逐笔梳理,已清退 6.55 亿元,其他保证金正在联系相关企业办理清退手续。

3. 关于一些重大工程项目推进较慢问题。国家发展改革委进一步细化"十三五"规划纲要相关专栏的具体任务,已分解细化 10 项任务,明确了时间表和路线图,有的已将重点区域明确到县级单位;13 项任务已完善规章制度,健全监测监督机制。

4. 关于创新创业相关制度还不完善问题。科技部等 5 部门认真落实《中共中央办公厅、国务院办公厅印发〈关于深化项目评审、人才评价、机构评估改革的意见〉的通知》、《国务院关于优化科研管理提升科研绩效若干措施的通知》(国发〔2018〕25 号)等文件精神,联合发布《关于开展清理"唯论文、唯职称、唯学历、唯奖项"专项行动的通知》(国科发政〔2018〕210 号),对清理范围、方向等作出具体部署。对专利授权转化率低的问题,国家发展改革委会同相关部门正在研究措施,着力破解影响创新创业发展的政策瓶颈,教育部等积极推动科技成果资产评估项目备案。未对外投资的 6 支创业投资引导基金中,有 4 支已开始投资运营,另外 2 支正在积极寻找投资对象。

5. 关于政务信息系统整合和安全管理未有效落实问题。政务信息系统整合共享推进落实工作领导小组多次召开专题会议,加强统筹协调,有序推动相关工作,正在研究制定国家政务信息系统项目管理办法,推动解决多头审批、信息孤岛等问题,并会同财政部、中央网信办对政务信息系统资源共享和网络安全要求落实情况进行联合考核。国务院办公厅分批次印发国务院部门数据共享责任清单,对整合共享和清单落实情况开展专项督查,并纳入 2018 年国务院大督查内容,推动相关部门进行整改。

6. 关于淘汰落后产能不够到位问题。吉林、云南制定计划并组织分批次清理,其中吉林 30 万吨产能煤矿已关闭,云南 315 万吨水泥产能已停产,另 135 万吨水泥项目已完成产能置换。

(六)金融和企业审计查出问题的整改情况。

相关金融机构已整改 1489.05 亿元,中央企业已整改 127 亿元,共完善规章制度 2023 项,处理处分 1996 人次。

1. 关于改革试点任务未及时完成问题。涉及的 9 个具体问题中,有 8 个通过加快制定企业改革实施方案、修订制度落实董事会职权改革试点等完成整改。

2. 关于违规决策和经营问题。对违规办理业务、向"两高一剩"行业融资、虚增存款规模等问题,有关国有银行通过收回贷款、调账等整改 1488.66 亿元,其余 724.72 亿元正按计划逐步清收。对中央企业多计利润问题,涉及的 194 个具体问题中,有 189 个通过调账、补税等完成整改。对违规决策造成损失和风险等问题,有关企业通过健全内部控制制度、完善决策及风险控制体系、落实事前审批与事中事后监管等进行整改,共完善制度 1165 项,增收节支和统筹盘活资金 97.47 亿元。

3. 关于违反中央八项规定精神等问题。相关中央企业和国有银行要求责任人员将旅游、兼职取酬等费用退回,并通过组织处理、扣减薪酬、禁入限制、纪律处分、移送司法机关等严肃追责问责,追回或归还资金 6227.88 万元,处理处分 622 人次。

(七)审计移送的重大违纪违法问题线索查处情况。

有关部门正在组织调查或已立案查处,并针对线索集中领域研究完善改革举措,加大整顿打击力度。对侵吞扶贫资金问题,已追缴、核减资金 3658 万元,剔除优亲厚友、识别不精准的建档立卡贫困人口,处理处分责任人 81 名,完善制度 6 项;对涉众类金融乱象,银保监会、人民银行、公安部等部门开展专项整治,部署全国非法集资案件处置 3 年攻坚工作,有关部门和地方共同研判风险、强化源头治理,完善监测预警、向社会发布风险提示,做好查处、维稳等工作;对偷逃税问题,税务总局组织查补税款 247.70 亿元,配合公安机关抓捕 75 人,并进一步加强成品油、白酒等消费税的征管;对国有企业管理中存在的问题,有关部门已处理处分 30 人,挽回损失 2 亿多元,进一步建立健全资产处置、投资融资等重大决策制度,制定中央企业违规经营投资责任追究办法等。

(八)审计建议落实情况。

1. 关于提高财政资源配置效率的建议。一是财政部等进一步深化财税体制改革,合理确定地方税种,通过立法授权适当扩大地方税收管理权限;加快非税收入立法进程,推进清理收费改革,适当下放部分非税收入管理权限;在基本不改变中央和地方及地区间分配格局的前提下,推进转移支付改革;积极推动预算法实施条例修订。二是进一步优化财政支出结构,中央财政专项扶贫资金进一步向深度贫困地区聚焦发力,增量资金重点用于“三区三州”等深度贫困地区;2018 年中央财政安排大气、水、土壤污染防治资金同比增长 19%,规模为近年最大;落实创新驱动发展战略,实施科技人员职务科技成果转化现金奖励个人所得税优惠政策,扩大创业投资税收优惠实施范围;保障和改善民生,巩固落实义务教育经费保障机制,划转部分国有资本充实社保基金,深化公立医院综合改革。三是认真贯彻落实《中共中央国务院关于全面实施预算绩效管理的意见》,制定相关配套政策措施,推进构建全方位预算绩效管理格局,建立全过程预算绩效管理链条,完善全覆盖预算绩效管理体系,硬化预算绩效管理约束。

2. 关于夯实基础推动高质量发展的建议。一是有关部门进一步巩固“放管服”改革成效,财政部集中公布了全国政府性基金和行政事业性收费、政府定价的经营服务性收费目录清单,加大乱收费典型案例曝光力度,做好涉企收费投诉处理工作;国家发展改革委全面梳理行政审批及核准事项,新取消 1 个行政许可事项;税务总局推出多项“营改增”配套政策措施,开展多轮政策辅导,帮助纳税人更充分享受改革红利。二是持续转变国资监管机构职能,深化国有资本授权经营体制改革和混合所有制改革,推动中央企业整合重组;进一步优化产业结构,严控非主业投资和金融业开展,促进中央企业做强做优实业主业;推动去库存、清应收、降杠杆,减少企业法人户数、压缩管理层级。三是推进中央财政科技计划和科研项目资金管理改革,修订完善科研资金管理制度,扩大科研经费使用自主权试点;开展减轻科研人员负担专项行动,改进科研项目经费管理和评价制度,切实增强科研人员成就感、获得感。

3. 关于完善打好三大攻坚战相关措施的建议。一是认真贯彻党中央、国务院关于防范化解地方政府隐性债务风险的部署要求,研究制定配套措施,坚决遏制隐性债务增量,有序推进隐性债务存量化解,制定融资平台公司市场化转型等办法,健全债务管理长效机制;人民银行、银保监会等部门深入整治银行业市场乱象,取缔非法金融机构,防范和处置非法集资,规范整顿“现金贷”等互联网金融,并出台一系列文件,弥补制度短板、提升监管效能;已在全国层面建立并实施企业职工基本养老保险基金中央调剂制度,作为实现养老保险全国统筹的第一步,人力资源社会保障部、财政部正在抓紧研究养老保险全国统筹方案。二是在全国范围内开展扶贫领域作风问题专项治理,着力解决“四个意识”不强、责任落实不到位、工作措施不精准、资金管理使用不规范等问题;建立扶贫、纪检监察、财政等部门的沟通协调机制,丰富和完善扶贫开发大数据,推动信息共享和政策衔接,形成监督合力。三是进一步扩大横向生态补偿试点范围,有关地方共同实施赤水河流域跨省横向补偿,有的制定了省内水环境、水污染等生态补偿制度;进一步强化生态环境修复和污染源头治理,对国家重点湖泊生态保护项目开展精确调度,严控投资方向和工程质量,着力改善水质。

4. 关于健全激励干事创业相关配套制度的建议。一是有关部门结合深化机构改革,正在清理、修订现行法规制度,将经实践检验效果良好的经验和做法予以固化。二是有关部门和地方认真贯彻落实中共中央办公厅印发的《关于进一步激励广大干部新时代新担当新作为的意见》,结合本单位、本地区实际制定实施意见,充分调动和激发干部队伍的积极性、主动性、创造性。三是有关部门加快制定和完善权责清单,如国家发展改革委进一步完善权责事项办事指南,将权责事项全部纳入政务服务大厅一口受理、网上办理、全程督办,减少自由裁量;海关总署印发《海关权力和责任清单管理办法》(署法发〔2018〕58 号),实行动态调整,并制定权力运行流程图,方便群众办事。

三、其他正在整改中的问题及下一步安排

除上述情况外,由于体制机制改革、客观环境变化及历史遗留等原因,部分问题的整改仍在持续推进,尚需一定时日。主要有以下几种情况:

(一)涉及重大改革事项,需通过深化改革稳步推进。如对具有指定用途的转移支付占比仍较高等问题,其彻底解决有赖于现代财政体系的健全完善,短期内难以一步到位;对国有资本经营预算范围不够完整问题,由于部分中央部门所属企业产权归属不清、主营业务不突出、市场化程度不高,需逐步纳入预算范围;对部分"放管服"事项改革不到位问题,由于涉及地方部门职能调整划转,个别地方在线审批监管平台与各信息系统尚未完全实现互联互通。

(二)涉及较复杂外部环境,需结合实际审慎处理。有的问题是长期形成的,有的问题依存的政策法规有所调整,有的对应的经济环境发生较大变化,整改时不宜"一刀切",需要根据形势发展变化相机抉择。如对少缴或欠缴基本养老保险基金问题,有关地方将按照国务院统一部署处理;对部分地方欠缴矿山环境恢复保证金等问题,因国家政策调整暂时不宜追缴,一些财力薄弱地区重复申领的补助资金,已统筹用于公益林管护、生态补偿脱贫等,无力归还原资金渠道;对开发管控不够到位问题,一些开发区的形成具有长期性,需分阶段有序清退。

(三)涉及多部门或多主体协调,需履行相关必要程序。如对部分中央部门出租出借房产、结余资金未及时清理等问题,需有关方面进一步厘清产权关系、审批资金清缴手续等;对保障性安居工程无法办理竣工验收备案问题,由于工程项目竣工验收程序复杂,加之前期准备不足,有关部门补齐手续的过程较长,短期内难以整改到位;对违规举债或担保问题,因个别地区受财力限制、需履行相关程序等,正与债权人沟通协商;对国有资产损失问题,有关中央企业正在通过经济手段协商解决或申请强制执行,也需要履行仲裁或司法程序。

对这些问题的整改,有关部门、单位和地方已作出安排和承诺。一是加大改革创新力度。对重大改革事项,结合党和国家机构改革,深入开展调查研究,形成管当前、利长远、可操作性强的意见和方案,并上报党中央、国务院审批。对一些具体事项,待机构改革到位后,尽快推进整改。二是加快有关工作进度。分类施策,对整改难度不大的问题,加快相关工作流程,争取尽快整改到位;对历史遗留或涉及诉讼等问题,加强与主管部门、司法机关等沟通协调,稳步推进整改。三是加强跟踪督促检查。审计机关将继续加强跟踪检查,督促被审计单位进一步落实整改主体责任,推动有关主管部门认真履行监督管理责任,确保整改效果。

我们将更加紧密地团结在以习近平同志为核心的党中央周围,高举中国特色社会主义伟大旗帜,以习近平新时代中国特色社会主义思想为指导,全面贯彻落实党的十九大和十九届二中、三中全会精神,自觉接受全国人大的指导和监督,进一步巩固和深化整改工作,建立健全长效机制,为决胜全面建成小康社会、加快建设社会主义现代化国家、实现中华民族伟大复兴的中国梦而奋斗!

对 2017 年度中央预算执行和其他财政收支审计查出问题整改情况报告的意见和建议

12 月 27 日,十三届全国人大常委会第七次会议审议了审计署审计长胡泽君受国务院委托作的 2017 年度中央预算执行和其他财政收支审计查出问题整改情况的报告,共有 16 人次发言。现根据会议发言情况,将常委会组成人员和列席会议人员的主要意见整理如下。

出席人员普遍认为,党中央、国务院高度重视审计查出问题的整改工作。今年 5 月,习近平总书记主持召开中央审计委员会第一次会议并发表重要讲话,对审计查出问题整改工作提出明确要求。全国人大常委会连续 4 年听取审议审计查出问题整改情况的报告,已经成为制度化安排。国务院采取

有力措施，制定台账、集中攻关、确保销账，加强督促检查，严肃追责问责，完善制度措施，整改效果逐年向好。出席人员充分肯定国务院及其有关部门的整改工作。大家指出，要深入学习贯彻习近平总书记在中央审计委员会第一次会议上的重要讲话精神，进一步拓展审计监督广度和深度，加大对党中央重大政策措施贯彻落实情况的审计力度，推进审计查出问题整改工作制度化长效化，督促有关部门加强预算管理，完善转移支付，落实好减税降费措施，保障经济社会健康发展。审议中，大家还提出了一些具体意见和建议。

一、强化重点领域审计

有的出席人员指出，刚刚闭幕的中央经济工作会议对明年经济工作提出进一步"稳就业、稳金融、稳外贸、稳外资、稳投资、稳预期"，明确宏观政策要强化逆周期调节，继续实施积极的财政政策和稳健的货币政策。建议围绕"积极的财政政策要加力提效"，加强对减税降费、地方政府债务风险、三大攻坚战重点战役等重点领域、重点问题的审计监督，确保"六稳"政策措施落地见效。有的出席人员指出，金融服务业快速发展，新的金融工具不断涌现。一些新型金融工具冲击市场运行规则，甚至成为违法犯罪的载体。建议加强对新型金融工具的审计，及早发现不合规行为，推动金融工具创新在合法合规前提下进行，保证金融业健康发展。有的出席人员提出，近年来社保、医保骗保事件时有发生，引起社会高度关注，应加强社保、医保领域审计监督工作。建议要加强对社保、医保基金项目的审计监督，解决管理不规范、责任不明确、违规违纪等问题；要运用大数据思维，筛查比对相关项目信息，对各级政府落实社保、医保政策、制度运行情况进行全过程监督，及时发现存在的突出问题。

二、加大绩效审计力度

有的出席人员指出，应进一步强化绩效审计监督，提高财政资金使用效率和效益。建议国务院及有关部门要全面落实党中央、国务院关于全面实施预算绩效管理的意见，认真查找审计查出的资金资产闲置、建成项目未产生效益等问题产生的体制机制原因，围绕提高财政资金使用效率和效益加强绩效管理，采取有效措施推进整改。审计部门要加强对专项资金绩效和政策执行情况的审计，强化对审计查出预算绩效问题整改监督力度，并在向人大常委会报告年度审计工作报告和审计查出问题整改情况的报告时予以重点反映。有的出席人员指出，目前，各部门预算绩效评价普遍依靠第三方机构，评价方法、标准不尽相同，评价质量良莠不齐。建议相关部门按照党中央、国务院要求，细化预算绩效评价的标准和程序，提高评价结果的真实性和准确性。

三、加强审计结果运用

有些出席人员指出，一些审计查出问题处理过程中，对有关责任单位和负责人的追责问责偏"宽松软"，顶风违纪违法、屡审屡犯情况仍时有发生。要进一步落实主体责任和主管责任，对有问题的单位和个人要依法依规严肃问责，对屡审屡犯的单位和个人要加重追责力度，切实发挥追责问责的惩戒警示作用。一些出席人员指出，历年来的审计工作报告、审计查出问题整改情况报告提到的预算安排和下达不规范、落实政府债务管理要求不到位、专项转移支付占比较高等问题，反映出财政管理体制机制方面存在的深层次问题。建议审计部门和有关部门把审计查出突出问题作为深化财税改革、完善预算管理的重点，从体制机制深挖原因，加快出台审计查出问题整改长效机制办法。有的出席人员建议，加强审计结果的运用，将审计查出问题整改工作与政府预算管理工作结合起来，把审计结果作为国务院编制预算草案、人大审查批准预算调整方案的重要依据，将整改工作成果运用到2019年预算编制和2019年—2021年滚动预算编制中，切实解决预算编制不够准确完整、挤占挪用财政资金、专项资金和项目绩效不高、重大工程项目推进较慢等问题。

四、形成监督合力

有的出席人员指出，审计是党和国家监督体系的重要组成部分，要充分发挥人大监督、社会监督对审计工作的支持和促进作用，形成合力，更好发挥审计监督实效。有的出席人员指出，按照报告机制要求，审计查出问题整改情况的报告应重点反映审计查出"突出问题"的整改情况，而不是"审计查出问题"的整改情况。建议进一步聚焦突出问题，改进报告内容。有的出席人员指出，报告应更加精准细化，表述应更加规范严谨。如报告中有关"正在整改中的问题”和“查出问题的整改情况”的内容，均应列明涉及的问题、整改金额及整改时限等情况。报告附件 2 中央预算单位 2017 年度预算执行等审计结果公告问题的整改情况，应明确标明整改工作是否完成。有些出席人员指出，应进一步落实审计结果公告制度，充实完善审计结果公告内容，将审计查出问题和整改情况、追责问责等情况及时全面向社会公布。

关于财政医疗卫生资金分配和使用情况的报告

——2018 年 12 月 24 日在第十三届全国人民代表大会常务委员会第七次会议上

财政部部长　刘　昆

全国人民代表大会常务委员会：

受国务院委托，我向全国人大常委会报告国家财政医疗卫生资金分配和使用情况，请予审议。

一、近年来财政医疗卫生资金投入和使用的基本情况

人民健康是民族昌盛和国家富强的重要标志。党的十八大以来，各级财政部门按照党中央、国务院决策部署和全国人大有关要求，坚持把医疗卫生放在重要位置，健全投入机制，加大保障力度，优化支出结构，为推动医疗卫生事业发展和深化医药卫生体制改革提供了有力支撑。

（一）投入机制不断健全，保障范围逐步明晰。

根据医疗卫生发展面临的新形势和各级各类医疗卫生机构特点，逐步建立健全政府主导、多渠道筹措医疗卫生经费的体制机制。对公立医院，其运行成本主要通过服务收费和财政补助进行补偿，政府主要承担其基本建设和设备购置、重点学科发展、人才培养、离退休人员费用和政策性亏损等支出；对基层医疗卫生机构，基本医疗服务主要通过医疗保障付费和个人付费补偿，基本公共卫生服务通过基本公共卫生服务经费保障机制补偿，政府主要承担其基本建设、设备购置支出，以及按照“核定任务、核定收支、绩效考核补助”办法核定的人员经费和业务经费；对专业公共卫生机构，政府承担其基本建设、设备购置等发展建设支出，并根据人员编制、经费标准、服务任务完成及考核情况等足额安排人员经费、公用经费和业务经费。

同时，合理划分中央与地方医疗卫生领域财政事权和支出责任，地方政府对医疗卫生事业发展改革承担主要投入责任，中央政府按照基本公共服务均等化要求加大对困难地区的转移支付力度。鼓励多渠道筹集医疗卫生资金，在基本医疗卫生服务领域坚持政府主导，在非基本医疗卫生服务领域激发市场活力，充分调动社会办医积极性，支持社会力量提供多层次多样化医疗服务。

（二）保障力度不断加大，支出结构持续优化。

2013—2017 年，全国财政医疗卫生（含计划生育，下同）累计支出 59502 亿元，年均增幅 11.7%，比同期全国财政支出增幅高出 2 个百分点。其中，2017 年全国财政医疗卫生支出 14451 亿元，较 2013 年增加 5156 亿元，增长 55.5%，占全国财政支出的比重达到 7.1%，较 2013 年提高 0.5 个百分点。2018 年全国财政预算安排医疗卫生支出 15291 亿元，较上年增加 840 亿元，增幅高于全国财政支出 2.5 个百分点，占全国财政支出的比重达到 7.3%。在总量快速增长的同时，各级财政按照医改部署要求，供需兼顾、突出重点，持续优化支出结构。

1. 加大供需双方投入力度。

我国医疗卫生事业发展始终坚持供需兼顾，既坚持以公立医疗卫生机构为主体，不断完善医疗卫生服务体系，又坚持中国特色的社会医疗保险模式，持续提升医疗保障水平。

对于供方，2013—2017 年，财政投入由 4893 亿元增加到 7550 亿元，年均增长 11.5%，占财政医疗卫生支出的 52.2%。其中，政府按照“建设靠政府，运行靠服务”的原则，从基本建设、设备购置等六个方面对符合区域卫生规划的公立医院予以补助。2017 年，各级财政对公立医院的直接补助达到 2378 亿元，较 2013 年增长 83.3%。

对于需方，政府连年加大对医疗保障的支持力度，在较短时间内编织了全世界最大的医疗保障网，包括城乡居民基本医疗保险和职工基本医疗保险在内的基本医疗保险覆盖人群超过 13 亿人，参保率达到 95% 以上。2013—2017 年，各级财政对城乡

居民医疗保险补助由3282亿元增加到4919亿元，年均增长10.6%。此外，中央财政2013—2017年累计安排城乡医疗救助补助资金725亿元，对符合条件的困难居民给予参保资助和医疗费用救助，有效缓解了因病致贫、因病返贫问题。

2. 促进基本医疗卫生服务均等化。

2013—2017年，中央财政对中西部地区医疗卫生转移支付资金由1961亿元增加到3095亿元，年均增长12.1%，且呈现持续增长趋势，中西部地区人均财政卫生经费不断提高。2017年，中央财政对地方医疗卫生转移支付中，86.3%的资金投向中西部地区，有力地促进了基本医疗卫生服务均等化。

3. 引导财政资金和资源下沉基层。

按照"强基层"的要求，努力引导资金和资源下沉基层。2013—2017年，各级财政对城市社区卫生服务中心、乡镇卫生院等基层医疗卫生机构的直接补助由1059亿元增加到1808亿元，年均增长14.3%，占基层医疗卫生机构总收入的44.2%。在2017年各级财政对供方的直接投入中，投向县乡两级医疗卫生机构的资金占67.5%。同时，中央财政每年专门安排资金支持"全科专业住院医师规范化培训""农村订单定向免费培养医学生"等基层卫生健康人才培养项目，引导优秀人才和优质资源下沉，着力提升基层医疗卫生服务水平。

4. 支持疾病预防和健康促进工作。

2013—2017年，中央财政公共卫生服务补助资金从408.5亿元增加到587.2亿元，累计补助2496亿元，支持将基本公共卫生服务人均财政补助标准由30元提高至50元，免费向城乡居民提供的基本公共卫生服务项目由11类增加至14类，支持开展针对艾滋病、结核病等重大传染性疾病的防控工作。2017年，各级财政投向疾病预防、健康促进等方面的资金达1886亿元，是2013年的1.6倍。

与此同时，各级财政持续压减医疗卫生领域行政支出。随着近年来通过压减"三公"经费、提升行政效率，卫生健康行政支出占比持续下降，使更多的财政资金用于医疗卫生机构和医疗保障体系的建设发展。

(三)投入成效不断显现，健康水平稳步提升。

1. 医疗卫生机构服务能力不断提升。

各类医疗卫生机构全面发展，服务能力不断提升。截至2017年底，全国医疗卫生机构总数达到98.7万个，比2013年增加1.2万个，其中医院总数达到3.1万个，比2013年增加约6000个；全国医疗卫生机构床位794万张，比2013年增加175.8万张。2013—2017年，我国每千人口医疗卫生机构床位数由4.6张增加到5.7张，每千人口执业(助理)医师由2人增加到2.4人，每千人口注册护士由2人增加到2.7人。

2. 个人卫生费用支出占比不断下降。

财政投入推动医改不断深化，群众就医需求持续释放，健康获得感不断增强。2017年，全国医疗卫生机构总诊疗人次达81.8亿人次，比2013年增加8.7亿人次；全国医疗卫生机构入院人数24436万人，比2013年增加5221万人；个人卫生支出占卫生总费用比重下降到28.8%，较2013年的33.9%下降5.1个百分点，为近20年来最低水平。尤其是2017年全面取消已实施60余年的药品加成制度，医药费用过快增长的势头得到初步遏制，2017年全国公立医院医疗费用增长率为9.1%，将增长幅度控制在10%以下。

3. 公共卫生服务水平更加均衡。

全国基本实现了每县建好1—2所县级公立医院(含中医院)以及乡乡有卫生院、村村有卫生室，超过84%的城乡居民15分钟就能够到达医疗机构，医疗卫生服务可及性明显提高。面向全体城乡居民免费提供统一的基本公共卫生服务项目，公共卫生服务均等化程度进一步提升。94.7%的城市和93.8%的县(市、区)开展分级诊疗试点，家庭医生签约覆盖率达到42.5%，重点人群签约覆盖率达到70.4%，城乡居民逐步享受到一体化、连续性的基本医疗卫生服务。

4. 人民健康水平稳步提高。

我国人均预期寿命由2010年的74.8岁提高到2017年的76.7岁。2013—2017年，婴儿死亡率由9.5‰下降到6.8‰，5岁以下儿童死亡率由12‰下降到9.1‰，孕产妇死亡率由23.2/10万人下降到19.6/10万人，提前实现了联合国千年发展目标。通过实施国家免疫规划等重大公共卫生服务项目，将可预防传染病发病率降至历史最低水平，有力地提高了人民群众的健康水平。

二、加强财政医疗卫生资金管理的主要措施和存在的问题

按照党中央、国务院决策部署，近年来，财政部会同国家卫生健康委等相关部门，认真落实预算法等法律法规，坚持依法理财、科学理财、民主理财，积极采取措施加强财政医疗卫生资金管理，增强资

金绩效，严肃财经纪律，着力提高资金分配使用的科学性、规范性和有效性。

（一）规范事权划分。

按照党中央、国务院决策部署，针对当前医疗卫生领域财政事权和支出责任划分不够完整、不够明确和不够科学等问题，研究制定《医疗卫生领域中央与地方财政事权和支出责任划分改革方案》，经党中央、国务院同意，以国务院办公厅名义印发（国办发〔2018〕67 号），从 2019 年 1 月 1 日起实施。进一步明确了各级政府在医疗卫生领域的财政事权和支出责任，适度加强中央权责，明确将全国性或跨区域的重大传染病防控等重大公共卫生服务上划为中央财政事权，由中央财政承担支出责任，初步构建了中央领导、权责清晰、依法规范、运转高效的医疗卫生领域财政事权和支出责任划分模式。

（二）完善制度建设。

完善行业会计制度，研究制定医院和基层医疗卫生机构执行《政府会计制度》的补充规定和衔接规定，为进一步规范各级各类医疗卫生机构会计行为明确制度依据。制定专项资金管理办法，财政部会同国家卫生健康委等部门按照一个专项对应一个资金管理办法的原则，制定了公共卫生服务、医疗服务能力提升等多个项目的资金管理办法，坚持用制度管钱管事管人，扎紧制度笼子，对资金分配、下达、使用等各个环节予以规范。建立内部控制体系，督促各级各类医疗卫生机构加强内部控制，将经济活动管控关口前移，从制度上堵塞风险漏洞。

（三）严格预算管理。

加强财务预算管理，财政部研究出台《关于加强公立医院财务和预算管理的指导意见》，推行全面预算管理，强化医院成本核算，促进规范公立医院收支运行，着力提高公共医疗资源的利用效率。狠抓预算执行进度，中央财政按照当年医疗卫生转移支付预算执行数的 70% 以上向各地提前下达下一年度转移支付资金，增强地方预算编制的完整性。同时，采取紧盯重点项目、约谈通报、预算安排与支出进度挂钩等措施，督促地方和部门加快预算执行。各地也按照有关要求，改进医疗卫生支出预算编制工作，狠抓预算执行，取得了明显效果。

（四）推进项目整合。

针对医疗卫生领域项目过多、管理分散、资金不能统筹使用等问题，财政部按照完善转移支付制度管理要求，对医疗卫生领域转移支付项目进行清理、整合和归并，逐步增加因素法分配比重，扩大地方政府资金分配使用和项目实施管理的自主权。中央财政补助资金由财政部会同国家卫生健康委等部门参考补助任务、补助标准、绩效考评结果等因素分配，由各地按政策规定并结合当地实际情况统筹安排，提高财政资金使用效益。

（五）强化绩效管理。

扩大绩效目标管理范围，从 2016 年起对国家卫生健康委部门预算所有项目编报绩效目标，率先实现项目绩效目标管理全覆盖。开展重点项目绩效评价，连续 8 年对基本公共卫生服务项目开展绩效评价，连续 3 年对公立医院综合改革情况开展绩效评价。强化绩效评价结果应用，将绩效考核结果作为分配补助资金的重要因素，建立补助资金分配与绩效评价结果挂钩机制。国家卫生健康委“公共卫生专项任务经费”项目绩效评价报告自 2015 年起报送全国人大常委会参阅。

（六）狠抓监督检查。

自觉接受人大监督，全面加强审计监督，财政部将财政医疗卫生经费使用管理纳入督导检查范围。加强财政监督和审核，定期委托财政部驻各地专员办、财政部预算评审中心，对全科医生特设岗位计划试点、基本药物制度、城乡居民医保等转移支付资金进行核查，及时发现问题并有针对性地整改，较好地发挥了监督检查的作用。积极推进预决算公开，将财政医疗卫生资金管理办法和中央财政补助资金分配结果按规定及时向社会公开，主动接受社会监督，力争让每一分财政资金都在阳光下运行。

总的来看，当前我国医疗卫生资金投入使用呈现出机制逐步健全、总量持续增长、结构日趋优化、效益不断提高的良好态势，但也面临一些问题和挑战，需要在下一步工作中着力加以解决。一是改革措施仍需加强。医改政策整体协调性有待进一步增强，医疗、医保、医药改革还需进一步联动，药品、耗材价格虚高问题仍较突出，人事薪酬改革相对滞后，医务人员技术劳务价值还没有得到充分体现，一些地区推进医保支付方式改革进展不及预期。二是可持续性压力加大。医疗费用快速增长给医保基金平稳运行带来较大压力，2017 年职工医保统筹基金和城乡居民医保基金分别有一些统筹地区出现当期赤字，个别统筹地区甚至出现历年累计赤字。三是费用结构有待优化。卫生总费用花在大医院相对较多，流向基层医疗卫生机构相对较少；各地人均卫生总费用差异较大，区域间医疗卫生服务水平仍欠均衡；公立医院医疗收入中，体现医务人员劳务价值的诊察、治疗、手术、护理等收入占比较低。四是绩效管理亟待加强。部分资金使用单位绩效管理理念尚未牢固树立，管理制度不够完善，重立项、轻绩效的问题仍然存在。体现医疗卫生行业特点的绩效指标体系尚不健全，绩效指标设置的针对性、科学性及其评价结果的有效性有待提高。

三、下一步工作打算

下一步，财政部将会同国家卫生健康委等有关部门以习近平新时代中国特色社会主义思想为指导，全面贯彻党的十九大和十九届二中、三中全会精神，牢固树立“四个意识”，坚定“四个自信”，践行“两个维护”，全面贯彻党中央、国务院决策部署，落实全国人大常委会审议意见，坚持稳中求进工作总基调，紧扣我国社会主要矛盾变化，坚持新发展理念，坚持以人民为中心的发展思想，积极发挥财政职能作用，推动完善国家健康政策，大力支持实施健康中国战略，围绕医改重点任务，进一步加大投入力度，优化支出结构，全面实施绩效管理，提高资金使用效益，推动建立适合我国国情的、可持续的医疗卫生投入长效保障机制。

（一）坚持公益属性，支持构建基本医疗卫生制度。

坚持为人民健康服务的宗旨和基本医疗卫生的公益属性，以保障人民健康为中心，以人人享有基本医疗卫生服务为根本出发点和落脚点，建立健全覆盖城乡居民的中国特色基本医疗卫生制度。进一步加大各级财政对基本医疗卫生的投入力度，把基本医疗卫生制度作为公共产品向全民提供，着力解决人民群众反映强烈的突出问题。完善与公立医院发展相适应的政府投入办法，全面落实政府对符合区域卫生规划的公立医院投入政策，指导地方在清理甄别的基础上稳妥化解符合条件的公立医院长期债务。着力推进机制创新，围绕改革的关键环节和重点领域，加快完善分级诊疗、现代医院管理、全民基本医保、药品供应保障、综合监管等五项制度。同时，通过深化改革推动形成合理的医疗资源布局、有序的就医诊疗秩序和科学的价格形成机制，促使医疗卫生资金的分配结构更加优化，使用效益更加显著。

（二）坚持“三医”联动，促进深化医药卫生体制改革。

坚持目标和问题双导向，遵循“保基本、强基层、建机制”的医改原则，支持在全面推广福建三明等医改典型经验的基础上，下大力气统筹推进医疗、医保、医药“三医”联动。以强化区域医疗卫生规划、优化医疗卫生资源布局、推进医疗机构人事薪酬制度改革、加强医疗机构绩效考核以及理顺医疗服务价格形成机制和比价关系为抓手，建立结构优化、运行高效的医疗服务体系；以推进医保支付方式改革为抓手，大力推进国家组织药品集中采购和使用试点，加大改革力度治理高值医用耗材，进一步提高医保基金使用效率，建立专业化经办、多层次支撑、可持续运行的全民医保体系；以充分发挥市场激励机制和促进药价公开透明为抓手，建立价格合理、供应充分、规范有序的药品供应保障体系。通过“三医”联动，综合施策，进一步健全医疗费用控制机制，坚决遏制医疗费用不合理和过快增长势头。

（三）坚持政府主导，健全医疗卫生多元筹资机制。

科学厘清医疗卫生领域政府和市场的关系，明确政府、社会与个人以及各级政府之间的责任，建立健全政府主导的医疗卫生多元筹资机制，更好地满足医疗卫生事业发展的需要。公共卫生服务主要通过政府筹资提供，基本医保和基本医疗服务由政府、社会和个人三方合理分担费用，特需医疗服务由个人自付或通过商业保险支付。进一步完善非营利性和营利性医院的分类管理办法，在人才引进、资产权益、税收优惠、融资服务等方面细化社会办医支持政策，充分发挥市场机制作用，激发社会资本投资医疗卫生事业的积极性，努力形成公立与社会办医疗机构相互促进、共同发展的格局。

（四）坚持精准施策，推进医疗卫生领域脱贫攻坚。

坚决贯彻落实党中央、国务院关于打赢脱贫攻坚战的决策部署，坚持精准扶贫精准脱贫基本方略，按照健康扶贫工作的总体要求，突出重点地区、重点人群、重点病种，进一步加强统筹协调和资源整合，加大健康扶贫投入力度，采取有效措施提升农村贫困人口医疗保障水平和贫困地区医疗卫生服务能力。按照“大病集中救治一批、慢病签约服务管理一批、重病兜底保障一批”的要求，对患有大病和长期慢性病的贫困人口实行分类分批救治，将健康扶贫落实到人、精准到病。统筹基本医保、大病保险、医疗救助等保障措施，着力减轻农村贫困人口医疗费用负担，切实防止因病致贫、因病返贫。

（五）坚持绩效管理，提升医疗卫生资金使用效益。

坚持加大投入与深化改革同步推进，加强管理与提高绩效紧密结合，不断提高财政资金使用效益。严格执行预算法等法律法规，加强制度建设，提高资金使用管理的科学性和规范性。继续优化整合医疗卫生项目，从源头上避免财政资金的重复投入和低效使用。全面推进预算绩效管理，强化“花钱必问效、无效必问责”的理念，加强对重大医疗卫生投入政策的绩效评估，加快完善覆盖预算编制、执行全过程的绩效管理机制，将绩效评价结果与项目资金分配挂钩。进一步严肃财经纪律，完善监督机制，自觉接受人大和社会各界监督。

医疗卫生投入是保障人民健康、推动医疗卫生事业发展的物质基础，也是公共财政的重要职能。我们要更加紧密地团结在以习近平同志为核心的党中央周围，以习近平新时代中国特色社会主义思想为指导，认真贯彻落实党的十九大和十九届二中、三中全会精神，按照党中央、国务院决策部署，根据全国人大常委会的审议意见，切实改进和加强工作，努力在解决人民群众看病难看病贵问题上不断取得新进展，进一步增强人民群众的健康获得感。

对财政医疗卫生资金分配和使用情况报告的意见和建议

12 月 27 日，十三届全国人大常委会第七次会议审议了财政部部长刘昆受国务院委托作的关于财政医疗卫生资金分配和使用情况的报告，共有 56 人次发言。28 日上午，举行联组会议结合审议该报告进行专题询问，共有 11 人次发言询问。栗战书委员长出席联组会议并讲话，王晨副委员长主持会议，国务院副总理孙春兰和有关方面负责同志到会应询。现根据会议发言和询问情况，将常委会组成人员和列席会议人员的主要意见整理如下。

出席人员普遍认为，人民健康是民族昌盛和国家富强的重要标志，医疗卫生是保障人民健康的重大民生事业。全国人大常委会把财政医疗卫生资金这项重要民生支出作为监督工作重点，听取审议国务院专项工作情况报告，并结合审议该报告开展专题询问，体现了贯彻落实党中央决策部署的信心和决心，回应了人民群众的关切和期待。出席人员充分肯定国务院和各地区、各部门的工作成效，普遍赞成这个报告。同时强调，我国医药卫生体制改革已经步入深水区，财政医疗卫生资金的分配和使用还存在一些问题，人民群众对看病难、看病贵问题的反映仍然比较强烈。大家强调，要全面贯彻落实习近平总书记重要论述和指示要求，坚持问题导向，全面实施绩效管理，提高财政医疗卫生资金使用效益，沿着党中央确定的改革方向持续发力，走出一条符合中国国情的卫生与健康发展道路。审议中，大家还提出了一些具体意见和建议。

一、适应新时代新要求，构建中国特色基本医疗卫生制度

部分出席人员提出，新时代人民群众期盼全方位全周期的卫生健康服务，对财政医疗卫生资金的分配和使用提出了新的更高要求。要进一步贯彻落实新时代党的卫生与健康工作方针，遵循大卫生大健康理念和“保基本、强基层、建机制”的医改原则，不断强化政策统筹，加大投入力度，建立稳定可持续的财政投入机制和多元化的社会筹资机制，优化支出结构，实施绩效管理，发挥好财政资金对医药卫生体制改革的支持和保障作用，推动医疗卫生资金从治病向预防和健康拓展、从大城市大医院向基层医疗机构下沉，全方位全周期保障人民群众健康。

二、持续加大投入力度，优化支出结构

有些出席人员提出，当前城乡医疗资源分配不均衡，一些大城市医院人满为患，外地患者占到四成，乡镇卫生院却门庭冷落，基层医疗卫生服务供给不足，医护人员、医疗资源匮乏问题突出。建议：1. 坚持以强基层为重点，明确科学合理均衡配置医护人员和医疗资源的标准，统筹城乡医疗卫生资源配置，有序推进医疗联合体建设。2. 通过培训、交流、轮岗等多种方式逐步缩小城乡医务人员在能力水平和薪酬待遇上的差距，完善以全科医生为重点的基层人才培养机制，让人才愿意来、留得住。

部分出席人员提出，报告反映在经常性卫生总费用中，预防服务费用占比仅为6.6%，远低于医疗服务费用。有研究显示，1块钱的预防投入最后产生的效益相当于9到10块钱的治疗费用，并且可以免除很多痛苦。建议：1. 加大对公共卫生、疾病预防、健康管理等方面的投入，为人民群众的身体健康筑牢第一道防线。2. 积极推广职业病筛查、慢性病防范、定期体检等工作，早发现、早预防，让医疗卫生资金起到事半功倍的作用。3. 健全疾病防控的财政保障机制，对疾病防控公共卫生服务项目按基本和特殊分类管理，基本项目由中央和省级财政直接保障，因地制宜的特殊项目由基层财政负担。

有的出席人员提出，要持续加大对西部地区、基层偏远地区、贫困地区公立医院的财政投入力度，落实党中央关于打赢脱贫攻坚战、实施乡村振兴战略等重大决策部署。还有出席人员强调，在健康扶贫中，既要发挥财政资金的基本保障作用，也要防止产生吊高"胃口"等问题，尽量减少负面效应。一些出席人员建议，深入挖掘民间有价值的中医理论技术，发挥中医药在治疗慢性病、中老年疾病、治未病等方面的独特作用。

三、支持公立医院改革

部分出席人员指出，取消药品加成、控制医药费用等改革成效显著，但同时公立医院收支压力增大，财政补助和医疗服务价格调整难以补偿相应支出缺口。建议：1. 进一步完善对公立医院的财政补偿机制，分步化解历史债务，切实保障医务人员的基本薪酬和提供公共服务所必需的设施条件，为公立医院坚持公益属性、破除创收机制创造良好条件。2. 建立符合医疗行业特点的人事薪酬制度，完善绩效评价体系，体现多劳多得、优劳优酬。3. 扩大公立医院管理自主权，健全现代医院管理制度，推进医院管理信息公开透明，促进公立医院良性运行。4. 合理规划公立医院布局，严格管控公立医院无序扩张，加强服务质量监督和预算决算审计监督。

四、完善多元筹资机制

部分出席人员指出，要处理好医疗卫生领域中政府与市场的关系，明确政府、社会、个人之间的责任，建立健全政府主导的多元医疗卫生筹资机制。有的出席人员提出，要强化政府的保障责任，根据人民群众的医疗卫生服务需求、人口老龄化趋势、医疗科技发展等因素，建立稳定规范可持续的财政投入机制，加强医疗卫生投入的中长期规划。有的出席人员提出，要全面落实医药卫生领域中央与地方财政事权和支出责任划分改革方案的要求，明确中央和地方政府的医疗卫生财政投入责任，健全各级政府分类补偿、分级负担的财政投入机制，缓解地方财政压力。

一些出席人员强调，近年来医疗卫生总费用增长高于同期经济增长和城乡居民人均可支配收入增幅，城乡居民医保基金筹资主要依赖财政资金，财政投入的可持续性面临考验；连续多年提高医保个人筹资标准，一些群众参保意愿下降。建议：1. 健全合理分担、稳定可持续的筹资机制，根据经济社会发展和居民收入情况，合理确定财政补助与个人缴费比例，并实行动态调整。2. 加强医保支付方式改革，全面推开按病种付费，合理控制医疗费用的上涨。3. 加大对恶意骗保行为的打击力度，完善监控体系，同时尽快建立科学有效的激励约束机制，促进个人、医疗卫生机构主动控费，从源头上遏止骗保行为。4. 利用现代化手段对医保定点机构诊疗过程和费用支出情况进行全流程监管。

五、提高资金绩效管理

一些出席人员提出，医疗卫生领域事权多样化，涉及部门领域跨度大，要提高项目安排和资金下达的透明度，加大医疗卫生资金投入统筹协调力度，合理高效利用资金。部分出席人员提出，应进一步完善医疗卫生转移支付项目的分配方法，扩大地方政府资金分配使用和项目实施管理的自主权，通过制定任务清单等形式加强工作指导和绩效考核。有的出席人员提出，实际工作中专项转移支付的资金拨付与项目实施之间存在"时差"问题，要改革转移支付工作机制，重大公共卫生项目争取做到实施方案和项目资金同时下达。部分出席人员建议，完善财政投入绩效评价指标体系，全面动态反映医疗卫生事业行业特点和政策目标，加快第三方评估工作进程。有的出席人员提出，强化绩效评价结果运用，在资金分配上体现奖惩因素，真正发挥绩效考核的杠杆作用。

一些出席人员提出，要推进基本公共卫生、个人健康状况、医疗卫生服务等数据互联互通，为政策制定、资金监管、科学研究提供有力支撑。有些出席人员提出，要强化医保基金运行监控和风险预警，充分运用大数据手段提升监管能力，加强医保基金中长期精算，确保基金安全。有的出席人员提出，医保基金虽总体结余，但由于统筹层次低，不能有效调剂，导致有些地方医保基金仍然入不敷出。应适时提高医保统筹层级，切实提升医保基金使用效益。有的出席人员建议，进一步扩大医疗保障覆盖范围，重视研究城镇流动人口、下岗失业职工等弱势群体的参保问题。

联组会议上，常委会组成人员就医药卫生体制改革工作进展、财政医疗卫生资金投向、公立医院改革的困难和举措、贫困地区和贫困人口健康扶贫、疫苗全周期管理、中医药传承发展等问题进行了专题询问。国务院副总理孙春兰到会听取意见、回答询问，财政部、国家卫生健康委、国家发展改革委、国家医保局、国家中医药局等有关部门负责人也到会应询。

关于发展海洋经济加快建设海洋强国工作情况的报告

——2018 年 12 月 24 日在第十三届全国人民代表大会常务委员会第七次会议上

国家发展和改革委员会主任　何立峰

全国人民代表大会常务委员会：

我国既是陆地大国，也是海洋大国。发展海洋经济、加快建设海洋强国，符合我国经济社会发展规律和世界发展潮流，关系现代化建设和中华民族伟大复兴的历史进程。进入新时代，要进一步关心海洋，认识海洋，向海而兴，向海图强，推动我国海洋强国建设不断取得新成就。

一、深刻学习领会习近平总书记关于建设海洋强国的重要论述

以习近平同志为核心的党中央高度重视海洋工作。2013 年，十八届中央政治局就建设海洋强国进行第八次集体学习，习近平总书记发表重要讲话。党的十九大明确提出要坚持陆海统筹，加快建设海洋强国。习近平总书记关于海洋强国建设的重要论述，指明了推进海洋强国建设的方向和路径，是做好海洋相关工作的根本遵循。

（一）提高站位，坚定不移地推进海洋强国建设。

21 世纪，人类进入了综合开发利用海洋与保护治理海洋并重的新时期，海洋在保障国家总体安全、促进经济社会发展、生态文明建设、文化繁荣振兴中的战略地位更加突出。贯彻落实习近平总书记关于建设海洋强国的重要论述，要着眼于中国特色社会主义事业全局，统筹国内国际两个大局，坚持陆海统筹，坚持走依海富国、以海强国、人海和谐、合作共赢的发展道路，通过和平、发展、合作、共赢方式，扎实推进海洋强国建设。

（二）质量为要，做强海洋经济支撑海洋强国建设。

现代化的海洋经济是建设海洋强国的重要支撑。贯彻落实习近平总书记关于建设海洋强国的重要论述，要着力改变海洋经济粗放发展的现状，走高质量发展之路，进一步提高海洋开发能力，优化海洋产业结构，构建现代海洋产业体系。要调整近岸海域国土空间布局，拓展蓝色经济空间，推动海洋经济由近岸海域向深海远洋极地延伸，提高海洋经济对国民经济贡献率，更好保障国家能源、食物、水资源等安全。

（三）生态为本，把海洋生态文明建设放在更加重要位置。

海洋生态文明建设是国家生态文明建设的重要组成部分，功在当代、利在千秋。贯彻落实习近平总书记关于建设海洋强国的重要论述，要更加突出生态文明建设，坚持人与自然和谐共生、开发和保护并重、污染防治和生态修复并举，尊重海洋、顺应海洋、保护海洋，维护海洋自然再生产能力，严格保护、科学开发利用海洋资源，推动海洋开发方式向循环利用型转变，守护好蓝色家园，构建美丽和谐之海。

（四）创新为先，把海洋科技作为海洋发展的主攻方向。

海洋科技发达是海洋强国的重要标志，海洋竞争实质上是高科技竞争，海洋开发的深度取决于科技水平的高度。贯彻落实习近平总书记关于建设海洋强国的重要论述，要紧紧抓住推进海洋经济转型过程中亟需的核心技术和关键共性技术，加大研究开发力度，重点在深水、绿色、安全等海洋高技术领域取得突破，牢牢掌握海洋科技发展主动权，着

力推动海洋科技向创新引领型转变。

(五)开放为平台,构建互利共赢的涉海合作新格局。

海洋在对外开放中作用重要。贯彻落实习近平总书记关于建设海洋强国的重要论述,要在坚定维护国家海洋权益的同时,推进建设21世纪海上丝绸之路,深度参与全球海洋治理,共同构建合作共赢的伙伴关系,推动世界各国加强海上合作、共享海洋,把深海极地等打造成各方深化海洋合作的新疆域。

二、客观分析我国发展海洋经济、建设海洋强国的总体情况

经过多年发展,我国海洋经济实力大幅提升,海洋产业体系比较完整,海洋科学技术水平不断提升,海洋资源开发能力持续增强,为建设海洋强国打下了坚实基础。

一是海洋经济快速发展,产业结构调整升级。2012年以来,我国海洋经济保持较快增长,年均增速达到7.2%,高于同期经济平均增幅。2017年,海洋经济总量达到7.76万亿元,占国内生产总值的9.4%。海洋产业体系日趋完善,结构不断优化,海洋三次产业结构由2012年的5.3∶46.8∶47.9调整到2017年4.6∶38.8∶56.6。以海洋渔业、海洋交通运输、海洋工程建筑、海洋油气、海洋船舶、海洋化工等为支柱的传统产业转型步伐加快,以滨海旅游等为主导的海洋服务业支撑带动作用不断提升,以海洋生物医药、海水利用、海洋可再生能源等为引领的海洋新兴产业加快培育。海洋渔业结构进一步调整,海洋捕捞与海水养殖比例从2012年的44∶56调整为2017年的36∶64,人工鱼礁建设支持力度加大,建成国家级海洋牧场示范区64个。港口集装箱吞吐量超过全球的四分之一,海运量超过全球的三分之一,全球货物、集装箱吞吐量排名前十的港口中我国均占7个(含香港),拥有船队规模(含方便旗船)位居全球第三,占世界运力总量的13%。世界造船大国地位进一步巩固,海洋工程装备总装建造进入世界第一方阵。近5年滨海旅游业增加值年均增速达12.1%,海洋生物医药增加值年均增速达16.2%,海上风电累计装机容量2791兆瓦,建成国家级海洋高技术产业基地8个。

二是海洋经济布局优化,国际合作不断拓宽。从经济基础、区位条件、资源禀赋看,我国海洋经济从北到南,形成了三大各具特色的海洋经济区。北部海洋经济区以港口物流、海洋船舶、海水淡化、海水养殖、海洋生物医药等产业为主;东部海洋经济区的海工装备、海上风电、港口物流、海洋服务业等产业比较发达;南部海洋经济区成为海洋旅游、远洋渔业、海洋文化产业、水产品加工与养殖等产业的集聚区。2017年,北部、东部、南部三大海洋经济区海洋生产总值分别达到24638亿元、22952亿元、30022亿元,比2012年分别增长36.5%、48.4%、80.2%。21世纪海上丝绸之路建设开启新篇章,海洋经济"走出去"步伐持续加快,2017年我与海上丝绸之路沿线国家海运贸易总额同比增长13.5%,海洋领域外资准入限制进一步放宽,涉海领域全方位开放格局初步形成。

三是海洋科技自主创新能力持续增强,产业化水平明显提高。一批涉海关键技术和重大项目建设取得突破,对海洋强国建设的支撑能力大幅提升,拓展了我国开发利用海洋的空间。"蛟龙"号、"深海勇士"号等载人潜水器以及深海遥控无人潜水器作业系统海试成功。已具备500米以内浅海油气开发装备的自主设计建造能力,自主设计建造的全球最先进超深水双钻塔半潜式平台"蓝鲸1号"成功在南海试采可燃冰,南极深冰芯钻探第一次试钻成功。海洋科学综合考察船等国家重大科技基础设施通过验收。涉海重大基础设施日益完善,世界最长的跨海交通工程港珠澳大桥正式通车。青岛董家口10万吨/日海水淡化工程等建成投产。完全自主研发的兆瓦级潮流能发电机组稳定发电并网运行超过17个月,百千瓦级波浪能装置能量转换效率达到国际先进水平,首台实海况仪器设备供电温差能样机研制成功。全球首个基于多靶点协同机制的抗阿尔兹海默症的"海洋寡糖"971药物研制成功。

四是海洋发展顶层设计逐步深化,政策体系日趋完善。"国家+地方""综合+专项"涉海规划政策体系初步建立。国家层面相继制定实施全国海洋经济发展五年规划和渔业、船舶、海工、港口、科技兴海等专项规划,出台了金融、产业等领域支持政策,每年发布中国海洋经济发展报告、统计公报等。试点示范有序推进,山东、浙江、广东和福建、天津海洋经济发展试点深入推进,积累了一批可复制可推广的改革创新经验,启动建设海洋经济发展示范区,支持建设海洋经济创新发展示范城市,深层次、特色化的涉海体制机制创新初见成效。海洋空间管理和用途管制逐步加强,《国务院关于加强滨海湿地保护严格管控围填海的通知》出台实施,

国家和省级海洋主体功能区划编制出台，全国近30%的近岸海域和37%的大陆岸线纳入生态保护红线管控范围，累计建立各级海洋保护区270余处，面积1200多万公顷。海洋生态环境保护修复力度加大，近岸海域污染防治方案、南海重点海域生态保护规划发布实施，“蓝色海湾”“南红北柳”“生态岛礁”等重大生态修复工程加快推进，“十三五”以来中央财政累计投入奖补资金52.17亿元。

在肯定成绩的同时，对标对表习近平总书记关于建设海洋强国的重要论述，对照党中央、国务院关于建设海洋强国的目标，对比发达国家海洋开发的情况，我国海洋经济发展仍处于相对较低水平。一是海洋开发利用层次总体不高，海洋经济主要以传统产业为主，新兴产业占比不高，对深海资源的认知和开发能力有限。二是海洋资源环境约束加剧，滨海湿地减少，海洋垃圾污染问题逐步显现，防灾减灾能力有待提高。三是海洋科技创新能力亟待提升，海洋基础研究较为薄弱，海洋科技核心技术与关键共性技术自给率低，创新环境有待进一步优化。四是陆海统筹发展水平整体较低，陆海空间功能布局、基础设施建设、资源配置等协调不够，区域流域海域环境整治与灾害防治协同不足。

三、采取有力措施进一步推动海洋经济发展和海洋强国建设

以习近平新时代中国特色社会主义思想为指导，全面贯彻党的十九大和十九届二中、三中全会精神，落实党中央、国务院决策部署，坚持稳中求进工作总基调，坚持新发展理念，按照高质量发展的要求，统筹推进“五位一体”总体布局和协调推进“四个全面”战略布局，以供给侧结构性改革为主线，坚持陆海统筹、创新驱动、生态优先、提质增效，走依海富国、以海强国、人海和谐、合作共赢的发展道路，力争早日把我国建设成为海洋经济发达、海洋科技领先、海洋生态良好、海洋文化先进的海洋强国，在实现中华民族伟大复兴的历史进程中发挥重要作用。

*一是完善顶层设计，出台加快建设海洋强国的政策举措。*强化海洋强国建设的制度供给，建立海洋经济高质量发展指标体系，提出优化海洋产业结构、提高海洋经济质量效益等方面的政策措施。加强统筹协调，结合海洋经济发展“十三五”规划中期评估和“十四五”规划编制，深化研究论证，探索统筹陆海资源配置、产业布局、生态环境保护的有效路径。加快涉海法律研究制定和修订，完善配套制度和部门规章。

*二是融入重大战略，不断拓展优化海洋经济空间布局。*北部海洋经济区要对接服务京津冀协同发展，优化港口资源配置，提高科技创新能力，带动环渤海地区合作发展。东部海洋经济区要主动融入长三角一体化发展，建设大宗商品储备加工交易基地和国际海事航运服务基地，提高江海联运水平，促进长江经济带发展。南部海洋经济区要把握粤港澳大湾区建设机遇，密切珠三角与香港、澳门在海洋领域的合作，共建世界级港口群；深入落实海南全面深化改革开放举措，支持海南逐步探索、稳步推进中国特色自由贸易港建设，建设国家深海基地南方中心。推进“一带一路”建设海上合作，密切与沿线国家和地区战略对接。加强海洋开发服务保障能力建设，提高海上执法、搜救、海运保障、防灾减灾等水平。

*三是加速动能转换，推动海洋经济实现高质量发展。*着力构建现代海洋产业体系，壮大海洋生物医药、海水淡化与综合利用、海洋可再生能源、海洋高端装备、海洋信息服务等战略性新兴产业，带动海洋传统产业绿色转型升级，形成一批具有国际竞争力的优势产品，促进海洋产业迈向全球价值链中高端。加快建设世界一流的现代海洋港口，优化全国沿海港口布局，完善港口基础设施，稳步建设大型专业化码头和深水航道，推进海运领域扩大开放，提升邮轮服务质量和效率。积极推动现代化海洋牧场建设，探索以近浅海海洋牧场和深远海养殖为重点的现代化海洋渔业发展新模式。拓展提升海洋旅游业，支持海洋特色文化产业发展。健全海洋经济统计核算制度，提升海洋经济监测评估能力，建立海洋经济调查体系，制定和修订海洋国家标准和行业标准。

*四是强化用途管制，构建陆海一体保护利用新格局。*结合国土空间规划编制，开展海岸带资源调查监测，制定实施海岸带综合保护利用规划，以保护优先、集约利用为导向，统筹处理好开发与保护的关系，进一步明确海岸带空间功能划分和管控原则，优化海岸带开发保护利用格局，强化落实海岸带空间管控政策措施。严格保护海洋资源，加强海洋生态环境保护和监管，严守生态红线，强化整治修复，坚决打好渤海综合治理攻坚战。积极应对海洋垃圾和塑料问题，提高重大海域污染事件应急处置能力。实施最严格的围填海管控措施，除国家重大战略项目外，全面停止新增围填海审批，加快处

理围填海历史遗留问题。加强海岸线保护修复，优化近岸海域开发布局，科学控制开发强度，逐步构建陆海统筹、区域联动的海洋生态环境保护修复和污染联防联控机制，形成绿色可持续的海洋生态环境，努力实现人海和谐。

五是实施科技攻关，突破一批涉海关键核心技术。实施重大科技计划项目，优化科技创新平台布局，构建开放共享的创新网络，重点发展深水、绿色、安全的海洋高新技术，集中力量突破关键环节，加快构建政策牵引、企业主体、应用导向、军民融合、产学研结合的海洋科技创新体系，增强科技创新供给和技术装备支撑。尽快完成"蛟龙探海""雪龙探极""全球海洋立体观测网"等重大工程论证。深化海洋基础科学研究。

六是开展试点示范，创新海洋管理体制机制。围绕推动海洋经济发展的重点领域和关键环节，深化改革创新，建立健全海洋管理体制机制。促进海洋经济要素市场化配置，改进和加强海洋经济发展相关金融服务，加大涉海绿色金融产品创新，推动海洋信息资源共享，鼓励民营企业参与海洋资源开发，营造公平竞争环境，有效激发各类市场主体活力。深入推进海洋经济发展示范区、海洋经济创新发展示范城市等建设，鼓励结合各自基础条件和比较优势，围绕重点方向开展体制机制创新先行探索，为其他地区提供引领示范。

长期以来，全国人大常委会高度重视、大力支持发展海洋经济、建设海洋强国，给予了有力的监督、鞭策、指导。我们将更加紧密地团结在以习近平同志为核心的党中央周围，牢固树立"四个意识"，坚定"四个自信"，坚决维护习近平总书记党中央的核心、全党的核心地位，坚决维护党中央权威和集中统一领导，在全国人大及其常委会监督支持下，不忘初心、牢记使命，锐意进取、攻坚克难，推动我国海洋经济发展、海洋强国建设不断取得新的更大成就。

对发展海洋经济加快建设海洋强国工作情况报告的意见和建议

12月27日，十三届全国人大常委会第七次会议审议了国家发展和改革委员会主任何立峰受国务院委托作的关于发展海洋经济加快建设海洋强国工作情况的报告，共有32人次发言。现根据会议发言情况，将常委会组成人员和列席会议人员的主要意见整理如下。

出席人员普遍认为，坚持陆海统筹、加快建设海洋强国，是党的十九大作出的重大部署，事关民族生存发展和国家兴衰安危。为推动党中央决策部署贯彻落实，全国人大常委会综合运用执法检查和听取审议专项报告两种方式，从保护和开发两个维度开展监督。大家指出，在党中央领导下，相关方面统筹谋划海洋经济发展，加强顶层规划设计，提出支持促进举措，推动试点示范项目建设，做了大量卓有成效的工作。大家强调，要深入学习贯彻习近平总书记关于建设海洋强国的重要论述，坚决维护我国海洋权益，大力发展海洋高新技术，打造现代化的海洋经济，推动海洋强国建设不断取得新成就。审议中，大家还提出了一些具体意见和建议。

一、加强海洋强国建设顶层设计

部分出席人员认为，经过多年努力，我国海洋经济实力大幅提升，已发展成为海洋经济大国，但距离海洋强国还有较大差距，要进一步加强顶层设计，完善统筹谋划，发挥整体协同效应。1. 从国家整体经济社会发展规划的高度开展陆海统筹发展规划的顶层设计，重点围绕推动陆海产业协同发展、强化陆海生态环境一体化保护、实现陆海资源统筹和高效利用等谋划部署，将重大举措编入"十四五"规划纲要。2. 推动海洋经济发展规划同区域发展战略相衔接，将北、东、南三大海洋经济区发展同京津冀协同发展、雄安新区建设、长三角区域一体化、粤港澳大湾区、海南自由贸易试验区等重大区域发展战略实施工作有机结合起来，指导11个沿海省份按照全国总体规划，结合自身特色编制本地方海洋经济发展规划，探索符合实际的海洋经济发展路径。3. 在全国海洋经济发展五年规划和一系列专项规划基础上，加快制定发展海洋经济建设海洋强国的指导意见，协调各地区各部门实施规划的具体工作。

有些出席人员提出，研究在亚太经合组织、东南亚国家联盟以及“金砖五国”等外交平台基础上，构建区域性海洋发展协同机制，为我国发展海洋经济创造良好外部环境。有的出席人员提出，应提升我国海洋维权能力，提高参与海洋开发的企业和公民的风险防范意识。

二、加快海洋产业转型升级

有些出席人员认为，我国海洋渔业、运输、工程、化工等产业发展基本是以条块为主规划，缺乏统筹，资源整合不够。建议尽快编制我国海洋产业发展规划，突出海洋产业“增优势、补短板”，推进“全球一流”海洋港口建设和“互联网＋海洋”、“大数据＋海洋”等计划实施，提升海洋运输产业效益，培育壮大海洋装备制造、海洋生物制药、海水淡化、海洋可再生能源等新兴产业，聚力推进海港与临港产业群、海洋生物与资源产业群、海洋金融与信息产业群建设。有些出席人员提出，应抓好海洋国际合作，助力有竞争力的海洋产业，如海水淡化及相关装备制造产业等“走出去”，参与国际竞争与合作、增强海洋产业综合实力和竞争力。有的出席人员认为，海洋产业发展资金需求量大、周期长、风险高，需要完善金融服务体系。应鼓励各类金融机构开展促进海洋经济发展的金融业务，发挥政策性金融的示范引领作用，壮大船舶海洋工程装备的融资租赁业务，发展若干涉海融资担保机构，支持航运保险业务，加快构建多层次、广覆盖、可持续的海洋经济金融服务体系。有的出席人员提出，国家战略层面已将海洋产业作为挖掘新动能的主力，但微观政策层面的建设相对落后，造成上有战略、下无策略的局面。相关部门和地方各级政府应从与海洋产业相关的生产、消费、金融、监管等各方面微观主体入手，加快完善与之配套的市场、技术、人才、服务等制度。

有些出席人员建议，应统筹国内外资源大力发展海岛经济。国内方面，沿海无人居住海岛有被自然风化、侵蚀的风险，科学合理的开发更有利于保护海岛和维护我国海洋主权、权益。

三、落实科技兴海战略

有些出席人员提出，应围绕海洋资源开发和海洋经济转型升级急需的核心技术、关键装备，集中力量进行攻关，尽快实现国产化、产业化。有些出席人员建议，发挥国家实验室的引领作用，加快海洋国家实验室建设和支持力度，尽快启动新一代海洋科学卫星、全球海洋观测网、大洋钻探船等大科学设施建设。有的出席人员认为，未来海洋发展最重要的基础设施是信息基础设施。应统筹海洋信息数据的获取、存储、处理、应用各个环节，加快提升海洋基础信息数据搜集能力，建设海洋基础数据中心，推进数据整合和开发利用。有的出席人员提出，应加大海洋人才培养力度，进一步整合高校、科研院所等海洋科研教学资源，鼓励“双一流”大学设立海洋学院和海洋专业，加大海洋人才培养力度，加强与国外海洋研究领域优秀科研机构、领军人才交流合作的力度。有的出席人员指出，国家加大对海洋科技投入，带来了海洋科研空前繁荣的局面，基本上沿海地区都在发展海洋科研和教育机构，有条件的高校基本上都设立海洋特色学院，现有各类海洋学院、海洋研究所数量已经破百，这种发展热潮背后一定程度存在低水平重复建设，研究机构各自为战、重复建设等问题，海洋科研投入产出比不高。建议国家对海洋科技研发和教育机构建设进行合理布局，切实增强海洋研究的合力。有的出席人员认为，加强海洋教育特别是对中小学生海洋知识教育，是为海洋强国提供智力支撑和人才支撑的基础性工作。目前海洋教育还没有全面纳入国民教育体系，内地中小学海洋教育更是薄弱，缺乏专门的海洋教育学科和专家队伍。建议尽快制定国家海洋教育发展规划，组织专家学者编写各层次、各类型的海洋教育教材和普及读物，让海洋教育进学校、进教材、进课堂，推动大学、研究机构加快海洋教育学科的建设。

四、完善海洋法律法规体系

有些出席人员认为，海洋基本法已经列入十三届全国人大常委会立法规划，应当用好这次听取审议专项报告和开展监督调研的成果，深入研究海洋基本法立法思路和突出问题，推进法律草案起草工作，尽快提请常委会审议。有些出席人员提出，海洋基本法是海洋领域的基础性法律，难以对发展海洋经济作出细致规定。目前我国海洋领域已经有海域使用管理法、海洋环境保护法、海岛保护法、领海及毗连区法、专属经济区和大陆架法、深海海底区域资源勘探开发法等专门法律，建议根据海洋基本法确定的原则，整合各专项法律的有关规定，研究论证制定海洋经济法。

关于生育保险和职工基本医疗保险合并实施试点情况的总结报告

——2018 年 12 月 23 日在第十三届全国人民代表大会常务委员会第七次会议上

全国人民代表大会常务委员会：

生育保险制度自建立以来，对维护职工生育保障权益、促进妇女公平就业、均衡用人单位负担发挥了重要作用。为适应社会经济发展新形势新要求，党的十八届五中全会和国家“十三五”规划纲要提出“将生育保险和基本医疗保险合并实施”。根据《全国人民代表大会常务委员会关于授权国务院在河北省邯郸市等 12 个试点城市行政区域暂时调整适用〈中华人民共和国社会保险法〉有关规定的决定》（以下简称《授权决定》），国务院办公厅于 2017 年 1 月印发了《生育保险和职工基本医疗保险合并实施试点方案》（国办发〔2017〕6 号），组织 12 个城市开展生育保险和职工基本医疗保险（以下简称“两项保险”）合并实施试点。国家医保局近期会同有关方面组织各试点城市对试点工作进行了总结评估，认为通过实施试点，生育保险覆盖面扩大，基金共济能力增强，监管水平提高，经办服务水平提升，享受待遇更加便利，达到了预期目标，适于全国推开，并根据《授权决定》关于“对实践证明可行的，修改完善有关法律规定”的要求，建议对社会保险法第六十四条、第六十六条关于生育保险基金单独建账、核算以及编制预算的规定进行修改。现将有关情况报告如下：

一、两项保险合并实施试点工作推进顺利

人力资源社会保障部会同财政部、原国家卫生计生委成立了试点工作领导小组，认真落实国办发〔2017〕6 号文件要求，完善配套政策，加强组织指导，积极稳妥推进试点。2017 年 2 月，在安徽省合肥市联合召开试点工作会议，进行动员部署；2017 年 3 月，联合印发《关于做好生育保险和职工基本医疗保险合并实施试点有关工作的通知》（人社厅发〔2017〕29 号），对试点工作做出周密安排，确保如期启动试点。各试点城市按照全国人大常委会《授权决定》、国务院总体部署和三部委统一要求，遵循“保留险种、保障待遇、统一管理、降低成本”的总体思路，科学制定方案，扎实做好工作，确保改革部署落实到位。今年机构改革后，国家医保局加大业务指导和工作调度，牵头继续推进试点工作，并认真组织试点城市和有关专家开展总结评估，会同有关部门积极研究下一步推进工作的总体考虑。

（一）高度重视，保障有力。建立了由人力资源社会保障部（机构改革后为国家医保局）、财政部、国家卫生计生委（机构改革后为国家卫生健康委）组成的部际工作机制。各试点城市认真贯彻落实中央部署要求，把两项保险合并实施试点工作列入重要议事日程，专门建立组织机构和工作机制，建立了人力资源社会保障、财政、卫生计生等部门共同参与的协调议事机制。大部分城市由市长或常务副市长任试点工作领导小组组长，统筹组织试点工作。所在省份负责组织、协调，指导试点工作，形成了群策群力的良好工作局面。

（二）周密谋划，精心组织。各试点城市深入区县调研摸底，广泛听取多方意见，严格按照全国人大常委会《授权决定》、国办发〔2017〕6 号、人社厅发〔2017〕29 号等文件要求，结合自身实际制定了切实可行的试点实施方案。为确保国家方案落地，各试点城市把牢政策底线，做好风险管控，研究制定试点实施细则和具体推进计划，明确时间表和路线图，把试点工作列入重点工作考核范围。各试点城市都按要求在 2017 年 6 月底前启动试点。

（三）注重宣传，助力改革。各地及时准确解读政策，充分利用各种新闻媒体广泛开展宣传，深入用人单位讲解政策措施，把意义讲清，把政策措施讲透，把合并实施后参保就医的程序讲明，特别是把合并实施不增加缴费负担、不降低待遇水平等重要内容广而告之，及时回应群众关切，为改革创造了有利的社会环境。

（四）加强调度，科学评估。试点过程中，地方按月对参保人数、待遇享受、基金运行、服务管理等

方面开展摸底调查，全面掌握情况，做好运行分析。人力资源社会保障部、国家医保局先后组织在合肥市、郑州市、泰州市召开试点工作交流会，在威海市召开试点城市自评工作交流会，总结经验，分析问题，指导试点工作。相关部门加强调研督导，及时掌握试点进展，组织试点城市开展自评，委托人力资源社会保障部劳动和社会保障科学研究院开展总结评估。

二、两项保险合并实施试点取得积极成效

两项保险合并实施试点事关广大人民群众特别是参保女职工的切身利益，涉及面广，社会关注度高。为准确客观反映试点工作成效，经组织开展系列评估，各方普遍肯定试点成效，认为两项保险合并实施有利于提高行政效率，降低管理运行成本，增强生育保障功能，确保参保人生育待遇，试点方案提出的“四统一、一不变”政策落到实处，取得实效。

（一）统一参保登记，扩大了生育保险覆盖面。参加职工基本医疗保险的在职职工同步参加生育保险，覆盖面扩展到所有用人单位及其职工。试点全面启动1年后，12个试点城市参保人数1510万人，比试点前增长12.6%，明显高于同期全国5.5%的增长水平。此外，还促进了小微企业参保，如泰州市生育保险参保人数增加6.3%，但参保单位数增加了35.7%，增量中大多数为小微企业。

（二）统一基金征缴和管理，加强了基金共济能力。将生育保险基金并入职工基本医疗保险基金统一管理，对生育保险基金不再单独建账、核算，与职工基本医疗保险基金合并编制预算，按照两项保险缴费比例之和确定新的费率，提高了基金征缴效率，基金“打通”使用提高了共济能力。针对全面两孩政策实施后，生育保险基金支出大幅增加，连续两年出现当期收不抵支等情况，12个试点城市充分发挥两项保险合并实施带来的共济效应，有效缓解了基金赤字问题。

（三）统一医疗服务管理，强化了生育医疗服务行为监管。试点城市通过两项保险统一协议管理、统一支付目录、统一直接结算，实现医疗服务一体化管理，不仅方便了参保职工就医结算，还提高了生育医疗服务监管水平。如晋中市通过统一直接结算生育医疗费用，报销周期最长缩短了8个月；沈阳市等地实现两项保险使用统一监控体系，实时审核结算数据。

（四）统一经办和信息服务，优化了管理服务，方便了参保单位和职工。试点城市通过两项保险统一经办，整合信息系统，提高了参保、征缴等经办管理的效率，实现了参保人员生育、医疗结算同窗口受理、一站式办结，有利于深入推进生育医疗费用支付方式改革。通过“数据多跑路”，让“群众少跑腿”，既方便了参保单位和个人办理业务和享受服务，又节约了经办运行成本。如郑州市通过“互联网+”方式，企业通过手机APP客户端直接办理生育保险待遇申报等项目；内江市实现生育津贴申领“只跑一次”，极大地方便了参保人。

（五）确保生育保险待遇不变，实现了改革平稳衔接。试点城市严格按现行法律法规落实参保人员生育医疗费和生育津贴等待遇，所需资金从职工基本医疗保险基金支付。通过确保生育保险待遇不变、提高待遇享受便捷性、开展多种形式宣传，打消了部分参保人的顾虑，营造了良好的改革氛围。改革前后平稳衔接，社会反响普遍较好，试点城市调查显示，群众对两险合并实施的待遇保障、经办服务、管理水平等各项措施表示满意。

三、两项保险合并实施具备全面推开条件

试点城市的成功实践，证明了党的十八届五中全会和“十三五”规划纲要提出的“将生育保险和医疗保险合并实施”的科学性，证明了调整社会保险法相关条款可以为两项保险合并实施提供充分的法治保障，验证了国办发〔2017〕6号文件各项政策措施的可行性。从总结评估情况和各方的反映看，两项保险合并实施具备全面推开条件。

（一）能更好保障职工权益，且不增加个人和单位负担。两项保险合并实施后，生育保险个人不缴费的政策没有改变，原有的生育保险待遇不受影响，且有利于让更多职工享受到生育待遇。用人单位缴费负担不增加，且可以通过统一参保登记、统一基金征缴管理，提高社保基金管理效能。

（二）能加强基金共济，更好应对长期风险。2016年国家全面实施两孩政策，生育保险基金支出大幅增加。国务院有关部门及时应对，人力资源社会保障部、财政部、原国家卫生计生委于2018年3

月联合印发《关于做好当前生育保险工作的意见》（人社部发〔2018〕15号），指导地方通过费率动态调整、提高基金使用效率等，确保全面两孩政策实施后职工生育待遇保障和基金稳健运行。随着全面两孩政策效应的逐步释放和生育保险相关工作的加强，2018年以来生育保险基金已经实现当期收支基本平衡，为全面推进两项保险合并实施创造了有利条件。两项保险合并实施后，基金共济能力将进一步增强，更有利于制度稳定运行，更有利于适应人口、经济和社会发展面临的新形势、新变化和新要求。

（三）地方和部门普遍支持，社会各方高度认同。征求意见过程中，各省、自治区、直辖市和新疆生产建设兵团普遍赞同全面推开两项保险合并实施。国务院相关部门、全国总工会、全国妇联等单位普遍认为，两项保险合并实施是推进建立更加公平更可持续社会保障制度的一项成功改革尝试，按照“保留险种、保障待遇、统一管理、降低成本”的思路推开，有利于生育保险稳定可持续发展。

（四）试点探索形成了成熟的制度经验和法律保障依据。试点达到了国务院提出的“通过先行试点探索适应我国经济发展水平、优化保险管理资源、促进两项保险合并实施的制度体系和运行机制”的目的，证明国办发〔2017〕6号文件确定的主要政策科学可行，符合社会保险制度改革完善方向；形成了一套成熟的制度政策和运行模式，可以用于全面推开。试点实践证明，调整适用《中华人民共和国社会保险法》第六十四条、第六十六条关于生育保险基金单独建账、核算以及编制预算的规定，将生育保险基金并入职工基本医疗保险基金征缴和管理，可以为两项保险合并实施提供充分的法律依据，体现了全国人大常委会授权法律调整的严谨权威，为推动修改社会保险法相关条款创造了条件。目前，国家医保局、财政部、司法部在广泛征求有关单位和地方人民政府意见的基础上，研究起草了《中华人民共和国社会保险法修正草案》，待按程序报批后提请全国人大常委会审议。

四、下一步工作考虑

为确保两项保险合并实施在全国顺利推开，国家医保局会同相关部门在认真调研、广泛征求意见的基础上，起草了《关于全面推进生育保险和职工基本医疗保险合并实施的意见（稿）》（以下简称《意见》）。待全国人大常委会审议通过社会保险法相关修正草案后，国家医保局将及时按程序报请国务院印发《意见》，指导地方做好两项保险合并实施工作，完善生育保险政策措施，确保广大参保人合法权益和制度长期稳定可持续运行。

以上报告，请予审议。

关于全国农村承包土地的经营权和农民住房财产权抵押贷款试点情况的总结报告

——2018年12月23日在第十三届全国人民代表大会常务委员会第七次会议上

全国人民代表大会常务委员会：

2015年12月27日，第十二届全国人民代表大会常务委员会第十八次会议通过决定，授权国务院在部分试点县（市、区）行政区域分别暂时调整实施有关法律规定，并于2017年12月27日延长授权至2018年12月31日，为开展农村承包土地的经营权和农民住房财产权（以下简称“两权”）抵押贷款试点提供了重要法律支撑。根据会议安排，现将三年来“两权”抵押贷款试点情况报告如下。

一、试点情况及主要成效

“两权”抵押贷款试点是党的十八届三中全会确定的重点改革任务。国务院深入贯彻以习近平同志为核心的党中央决策部署，认真学习领会和贯彻落实全国人大常委会授权决定，督促指导人民银行等部门和地方政府主动作为，抓紧明确改革任务和重点举措，加大工作力度，稳妥有序推进“两权”抵押贷款试点。

（一）加强统筹协调，完善试点工作制度。人民银行联合财政部、原农业部等11个部门成立试点工作指导小组，指导各试点地区成立工作小组，加强组织领导。多次召开专题会议、开展专题培训，全面部署推进试点工作，并进行实地调研，加大督导力度。出台《农民住房财产权抵押贷款试点暂行办法》和《农村承包土地的经营权抵押贷款试点暂行办法》，明确"两权"抵押条件、贷款管理、风险处置、配套措施，为金融机构开办业务提供指引。建立"两权"抵押贷款专项统计制度，加强数据统计和跟踪监测，并定期开展评估。

（二）成员单位通力协作，持续增强政策合力。中央农办、原农业部牵头推动建立完善多级联网的农村产权交易平台。截至2018年9月末，222个试点地区建立了农村产权流转交易平台。原农业部积极推进农村集体产权制度改革，切实推进确权登记颁证工作。原国土资源部推动将宅基地制度改革试点扩大至33个县（市、区），要求各地加快推进"房地一体"的宅基地使用权和集体建设用地使用权确权登记颁证工作，规范集体土地价格评估。财政部设立农村土地承包经营权确权登记颁证专项转移支付，牵头建立健全全国农业信贷担保体系，完善中央财政农业保险保费补贴政策。原银监会指导派出机构在不良贷款容忍度等方面对"两权"抵押贷款作出特殊安排，并督促银行业金融机构简化贷款管理流程。原保监会推动开展农业贷款保证保险、助农贷款履约保证保险等业务。发展改革委、住房城乡建设部、税务总局、原林业局、原法制办积极为试点提供支持。

（三）地方政府担当实干，畅通抵押物融资链条。一是探索破解抵押物价值评估难题。试点地区政府因地制宜，推动开展抵押物价值评估。通过引入第三方评估机构、组建评估专家库和金融机构自评估等，丰富价值评估方式。二是完善贷款风险补偿和缓释机制。截至2018年9月末，190个农村承包土地的经营权抵押（以下简称农地抵押）贷款试点地区、48个农民住房财产权抵押（以下简称农房抵押）贷款试点地区设立了风险补偿基金，140个农地抵押贷款试点地区、29个农房抵押贷款试点地区成立了政府性担保公司，以出资额为限提供风险补偿或担保代偿，有效分担金融机构开办"两权"抵押贷款业务风险。三是探索市场化抵押物处置机制。针对农地抵押，各地探索形成了贷前抵押物"预处置"、第三方回购、多方合作共同处置等模式，统筹解决抵押变现、价值评估、风险防控等问题。针对农房抵押，各地在保障农民基本居住权基础上，逐步探索司法处置、村民内部协议转让等处置模式。

（四）金融机构积极探索，创新金融产品和服务。有关金融机构制定"两权"抵押贷款管理办法或实施细则，将"两权"纳入抵押品范围，并对绩效评价、资源配置、信贷授权等作出专门安排，推动试点工作提质增量扩面。截至2018年9月末，试点地区已有1193家金融机构开办农地抵押贷款业务，330家金融机构开办农房抵押贷款业务。同时，积极创新抵押贷款模式，创新推出"两权"为单一抵押的贷款、"'两权'+多种经营权组合抵押"、"'两权'+农业设施权证"、"农户联保+'两权'反担保"等模式，进一步释放"两权"抵押担保权能。

（五）"两权"抵押贷款试点取得积极成效。截至2018年9月末，全国232个试点地区农地抵押贷款余额520亿元，同比增长76.3%，累计发放964亿元；59个试点地区农房抵押贷款余额292亿元，同比增长48.9%，累计发放516亿元。一是进一步盘活农村资源资产。推动土地流转规模明显增加，促进农业经营由分散的小农生产逐步向适度规模经营转变。黑龙江省15个农地抵押贷款试点地区耕地流转率较试点前提高6个百分点。二是推动缓解"三农"领域融资难融资贵问题。试点以来，融资额度显著提高，效率有效提升，成本逐步下降。普通农户贷款额度由试点前的最高10万元提高至50万元，对新型农业经营主体的贷款额度由试点前的最高1000万元提高至2000万元—5000万元不等。同时，下放贷款审批权限，简化审批流程，优化利率定价和还款方式，农户申贷后最快2天即可获得贷款。三是支持农户增收致富。截至2018年9月末，试点地区农地抵押和农房抵押贷款余额中用于农业和其他生产经营的分别占99%、78%。通过"两权"抵押贷款，新型农业经营主体融资可得性明显提升，对普通农户的带动作用持续增强。湖南省启动试点以来，"两权"抵押贷款已累计支持全省近3万个农业经营主体。

二、试点工作中存在的主要困难

（一）颁证进度有待进一步加快。截至2018年9月末，45个农地抵押贷款试点地区农村承包土地已确权但尚未颁发土地承包经营权证，27个农房抵押贷款试点地区农民住房所有权颁证率低于50%。土地承包经营权证和农民住房所有权证未完全发放给农民，个别试点地区仍积压在乡镇或村委会，制约农村承包土地流转和农民住房交易，影响其抵押融资权能的实现。

（二）抵押农房流转和处置难度较大。根据相关规定，允许进城落户农民在本集体经济组织内部自愿有偿退出或转让宅基地。实践中，集体经济组织内部很难找到符合条件的受让人，农民住宅流转受到较大限制。

（三）试点到期后需做好法律衔接。“两权”抵押贷款业务以物权法、担保法、农村土地承包法等法律为支撑。中央关于“三权分置”的意见明确承包农户有权依法依规就承包土地经营权设定抵押，但上述法律相关条款仍在修订。部分试点地区担心，如试点到期法律制度难以有效衔接，基层执行时可能出现争议。

三、下一步工作安排

农村土地所有权、承包权、经营权“三权分置”改革的推进使农地抵押贷款前置条件已经具备，农地抵押贷款业务形成了包括确权颁证、交易流转、抵押物价值评估和处置等在内的完整闭环，农地抵押贷款全面推开条件已经成熟。农房抵押贷款在各地发展极不平衡，且宅基地制度改革尚未完成、缺乏司法处置的法律依据，农房流转和处置仍面临较大障碍，农房抵押贷款未形成有效闭环。下一步，对农地抵押和农房抵押贷款宜区别对待。

（一）农村土地承包法修正案通过后全面推广农地抵押贷款业务。目前，农村土地承包法正在修订。2018 年 10 月 22 日，第十三届全国人大常委会第六次会议对农村土地承包法修正案草案进行“二审”，草案对“承包方可以用承包土地经营权向金融机构融资担保。第三方通过流转取得的土地经营权，经承包方或其委托代理人书面同意，可以向金融机构融资担保。具体由国务院有关部门规定”的法律修改建议已有体现，将提请全国人大常委会“三审”。如“三审”顺利通过，2018 年底试点结束时，农地抵押贷款业务法律障碍基本消除，人民银行将及时出台《农村承包土地的经营权抵押贷款管理办法》，明确农地抵押贷款业务的抵押条件、贷款管理、风险处置和配套措施等问题，会同有关方面加大工作力度，做好全国推广工作。

（二）将农房抵押贷款试点纳入宅基地制度改革统筹考虑。《中共中央、国务院关于实施乡村振兴战略的意见》提出，“探索宅基地所有权、资格权、使用权‘三权分置’”。目前宅基地“三权分置”整体改革方案仍在研究中，农房抵押贷款业务拟纳入宅基地“三权分置”改革的大盘子统筹考虑。鉴于农房抵押贷款试点取得了初步成效，拟充分吸纳试点经验，发挥农房抵押融资功能，有条件的地区可在风险可控前提下，继续稳妥探索宅基地使用权抵押。2018 年 12 月 31 日后，物权法第一百八十四条和担保法第三十七条相关规定恢复施行。在宅基地“三权分置”改革取得实质性进展基础上，再视情考虑物权法、担保法修改问题。

有关部门和试点地区政府将认真做好抵押登记、抵押物处置、风险补偿等配套支持工作，实现存量农房抵押贷款业务平稳过渡，保障抵押权人合法权益。同时，要高度关注试点业务可能产生的风险，加强对金融机构的指导，坚决杜绝“两权”抵押物处置可能导致的农民失地、失房、失去生活保障等社会问题。

全国人大常委会专门审议“两权”抵押贷款试点情况总结报告，充分体现了对试点工作的高度重视和大力支持。国务院将认真贯彻党中央决策部署和全国人大常委会审议意见，扎实工作，深化改革，加强组织领导，完善制度安排，为推进农村改革、助力乡村振兴提供更有力的金融支持。

以上报告，请予审议。

关于农村土地征收、集体经营性建设用地入市、宅基地制度改革试点情况的总结报告

——2018 年 12 月 23 日在第十三届全国人民代表大会常务委员会第七次会议上

全国人民代表大会常务委员会：

党中央、国务院高度重视农村土地制度改革。习近平总书记指出，土地制度是国家的基础性制度，农村土地制度改革是个大事，涉及的主体、包含

的利益关系十分复杂，必须审慎稳妥推进。李克强总理强调，要坚持从实际出发，因地制宜，深化农村土地制度改革试点，赋予农民更多财产权利，更好保护农民合法权益。按照党中央、国务院决策部署和中央全面深化改革工作安排，根据全国人民代表大会常务委员会有关授权决定，自然资源部会同有关地方和部门组织开展了农村土地征收、集体经营性建设用地入市、宅基地制度改革试点工作。现将试点情况报告如下：

一、改革试点的基本情况和主要成效

党的十八届三中全会对农村土地征收、集体经营性建设用地入市、宅基地制度改革作出重要部署。2014年12月，习近平总书记先后主持召开中央全面深化改革领导小组第七次会议和中央政治局常委会会议，审议通过《关于农村土地征收、集体经营性建设用地入市、宅基地制度改革试点工作的意见》（以下简称《意见》）。12月31日，中共中央办公厅、国务院办公厅印发了《意见》。由于试点突破了有关法律规定，2015年2月27日，十二届全国人大常委会第十三次会议审议通过《关于授权国务院在北京市大兴区等三十三个试点县（市、区）行政区域暂时调整实施有关法律规定的决定》，授权在试点地区暂时调整实施《中华人民共和国土地管理法》（以下简称《土地管理法》）、《中华人民共和国城市房地产管理法》（以下简称《城市房地产管理法》）有关法律规定，授权期限截至2017年12月31日。

按照党中央、国务院部署要求，2015年3月23日至25日，原国土资源部召开试点工作部署暨培训会议，正式启动农村土地征收、集体经营性建设用地入市、宅基地制度改革试点（以下简称农村土地制度改革三项试点）工作。同年6月，原国土资源部会同中央农办、发展改革委、财政部、原农业部等相关部门，逐一研究批复试点地区实施方案。一个试点地区只开展一项试点，其中集体经营性建设用地入市和宅基地制度改革试点各15个，土地征收制度改革试点3个。2016年9月，原中央全面深化改革领导小组决定将土地征收制度改革和集体经营性建设用地入市扩大到全部33个试点县（市、区）。2017年11月，原中央全面深化改革领导小组决定将宅基地制度改革拓展到全部33个试点县（市、区）。为更好显化农村土地制度改革三项试点工作的整体性、系统性、协同性和综合效益，与《土地管理法》修改工作做好衔接，2017年11月4日，十二届全国人大常委会第三十次会议决定，授权在试点地区暂时调整实施有关法律规定的期限延长至2018年12月31日。试点过程中，党中央、国务院出台一系列重要文件，特别是每年的中央1号文件对农村土地制度改革三项试点工作提出新任务，明确新要求。中央改革办对农村土地制度改革三项试点开展了3次专项督察，指出存在问题，提出整改意见建议，推动改革试点不断深化。2018年11月28日、12月10日，国务院第32次常务会议、中央政治局常委会会议先后听取了试点情况汇报。

4年来，根据党中央、国务院统一部署，在全国人大及其常委会有力监督下，原国土资源部研究制定了《农村土地征收、集体经营性建设用地入市和宅基地制度改革试点实施细则》；印发了《关于深化统筹农村土地制度改革三项试点工作的通知》，落实中央对试点工作的新部署；财政部等有关部门出台《农村集体经营性建设用地入市土地增值收益调节金征收使用管理办法》等配套制度，完善试点配套政策。原国土资源部先后召开3次动员部署会议，举办2次培训班和4次现场交流会议，统一思想认识，交流试点经验，破解政策难题；先后派出11名司局级干部参与各省（区、市）试点工作领导小组、派出44名处级干部到各试点县（市、区）挂职，直接参加试点工作；先后开展2次专项督察，分析问题并提出整改措施。自然资源部成立以来，继续推动农村土地制度改革三项试点工作，多次召开部长办公会、部长专题会研究；2018年5月，召开农村土地制度改革三项试点工作推进会议，交流经验、分析问题、部署工作；7月开展全面督察，14个督察组对每一个试点地区作出全面评估，肯定成绩、指出问题，并要求抓好整改落实；对中央改革办提出的督察意见和整改要求，及时组织力量认真整改，确保改革试点取得实效。

各试点地区认真落实党中央、国务院决策部署，在坚持习近平总书记强调的“不能把农村土地集体所有制改垮了，不能把耕地改少了，不能把粮食产量改下去了，不能把农民利益损害了”的前提下，坚持问题导向，因地制宜，解放思想，大胆探索，坚持顶层设计与基层探索的良性互动，加强统筹协调，形成了一批可复制、可推广、利修法的制度创新成果。截至目前，33个试点县（市、区）已按新办法实施征地1275宗、18万亩；集体经营性建设用地已入市地块1万余宗，面积9万余亩，总价款约257亿元，收取调节金28.6亿元，办理集体经营性建设用地抵押贷款228宗、38.6亿元；腾退出零星、闲置的宅基地约14万户、8.4万亩，办理农房抵押贷款5.8万宗、111亿元。

（一）推动了城乡统一的建设用地市场建设。赋予集体建设用地与国有建设用地同等权能，将集体经营性建设用地纳入国有建设用地市场进行公开交易，充分发挥了市场在土地资源配置中的决定性作用，实现了城乡土地平等入市、公平竞争。集体经营性建设用地入市培植了市场信心，激发了农村土地资源活力，社会和市场对于入市集体土地的接受程度逐步提高。江苏武进以出让方式取得集体经营性建设用地资产成功上市，首次在最高层级资本市场上得到认可。

（二）增强了农村产业发展用地保障能力。通过农村土地制度改革三项试点，将存量集体建设用地盘活后优先在农村配置，为乡村振兴增添了动力。浙江德清、河南长垣、山西泽州、辽宁海城等地通过集体建设用地调整入市建设乡（镇）工业园区，为促进乡村产业集聚、转型发展提供了有效平台。福建晋江通过"指标置换、资产置换、货币补偿、借地退出"等4种方式腾退宅基地6345亩，为农村产业发展提供了较为充足的用地空间。

（三）增加了农民土地财产收入。33个试点县（市、区）征地补偿安置标准比法定补偿标准普遍提高30%—50%，增加的征地补偿费用全部由财政列支。集体经营性建设用地入市进一步显化了集体土地价值，试点地区共获得入市收益178.1亿元。浙江德清已入市集体经营性建设用地183宗、1347亩，农村集体经济组织和农民获得净收益2.7亿元，惠及农民18万余人，覆盖面达65%。宅基地制度改革通过解决历史遗留问题，保障了农民土地权益，形成了多样的农民住房保障形式，有效满足了农民的多元化居住需求。农房抵押、有偿退出、流转等制度设计，增加了农民财产性收入。

（四）提升了农村土地利用和治理水平。通过集体土地权属调查、登记发证，完善村庄规划，夯实了农村土地管理基础。违法用地大幅减少，耕地得到更好保护，农村土地节约集约利用水平明显提升。试点地区多项改革措施协同发力，在确保试点任务有序推进的同时，也健全了集体经济组织，增强了基层组织的凝聚力，调动了农民参与集体资产管理和乡村公共事务管理的积极性。很多试点地区建立了村民事务理事会，通过集体讨论、集体决策、集体执行，激发农民自主管理农村土地的主动性和责任心。

农村土地制度改革三项试点工作在取得显著成效的同时，也存在一些问题和不足。从面上来看，33个试点县（市、区）的改革推进不够平衡，一些试点地区试点项目数量不够多；一些试点地区村级土地利用规划编制、宅基地确权登记颁证等基础工作还比较薄弱。从点上来看，三项改革试点样本分布不够均衡，土地征收制度改革试点相对不足，33个试点县（市、区）实施的1275宗征地项目中，有918宗（占72%）集中在河北定州、上海松江、浙江义乌、福建晋江、山东禹城等5个试点地区。从内容上来看，平衡国家、集体、个人三者之间收益的有效办法还不够多；宅基地"三权分置"的探索和实践还不够充分。

二、改革试点中涉及的重点问题和修法建议

试点过程中，自然资源部坚决贯彻落实《意见》和全国人大常委会有关授权决定要求，坚持问题导向，组织专门力量对试点中的突出问题进行攻关，试点形成的制度性成果可为《土地管理法》、《城市房地产管理法》修改提供依据。

（一）关于土地征收制度。

一是缩小土地征收范围。《意见》要求，探索制定土地征收目录，严格界定公共利益用地范围。大部分试点地区参照《国有土地上房屋征收与补偿条例》，采用概括与列举相结合的方式制定了土地征收目录，并且将土地利用总体规划确定的城镇建设用地范围内为实施城市规划进行建设界定为公共利益用地。综合改革探索和《国有土地上房屋征收与补偿条例》确定的征收范围，建议：明确因政府组织实施基础设施建设、公共事业、成片开发建设等六种情形需要用地的，可以征收集体土地。其中成片开发可以征收土地的范围限定在土地利用总体规划确定的城镇建设用地范围内。

二是规范土地征收程序。《意见》要求，探索形成多层次多种形式的土地征收民主协商机制，与被征地的村集体经济组织（或村民小组）中绝大多数成员就补偿标准等内容达成书面协议、征地补偿安置资金和社会保障费用落实后方可启动土地征收程序。试点实践中，试点地区从依法公平维护和保障被征地农民合法权益出发，在征前、征中、征后等环节建立了风险评估、民主协商、补偿安置、纠纷调处、后续监管等程序。探索了土地征收

民主协商机制，对是否征地和补偿安置进行协商，20 个试点要求对补偿安置进行协商，9 个试点对是否征地和补偿安置均进行协商。因此，建议：要求市、县人民政府在征地前先与农民签订土地补偿安置协议，落实补偿安置资金，充分体现被征地农民的知情权、参与权、监督权。个别确实难以达成协议的，应当在申请征地时如实说明，供审批机关决策参考。

三是完善对被征地农民的合理、规范、多元保障机制。《意见》要求，合理确定土地征收补偿标准，按规定足额支付土地补偿费、安置补助费、地上附着物和青苗补偿费等费用，安排被征地农民的社会保障费用。涉及征收农民住房的，要探索保障和改善农民居住条件的多种安置途径。符合条件的被征地农民全部纳入养老、医疗等城镇社会保障体系。试点实践中，试点地区基本以“户有所居”为基础确定征收农民房屋的补偿标准，浙江德清、重庆大足等地将被征地农民全部纳入城镇职工或城镇居民养老、医疗等社会保障体系。因此，建议：征收农用地的土地补偿费、安置补助费标准由各地制定公布区片综合地价确定；农民住房不再作为地上附着物补偿，而是作为专门的住房财产权给予公平合理补偿；将被征收土地的农民纳入相应的医疗、养老等城镇社会保障体系，切实保障被征地农民长远生计。

(二)关于集体经营性建设用地入市。

一是明确入市的条件和范围。《意见》要求，存量农村集体建设用地中，土地利用总体规划和城乡规划确定为工矿仓储、商服等经营性用途的土地，在符合规划、用途管制和依法取得的前提下，可以出让、租赁、入股。试点实践中，试点地区形成了比较完整的工作制度和政策体系，建立了集体经营性建设用地入市管理办法和交易规则，目前交易较为活跃。部分试点地区建议，允许在符合规划和用途管制的前提下，新增集体建设用地也可以入市。因此，建议：对土地利用总体规划等法定规划确定为工业、商业等经营性用途，并经依法登记的集体建设用地，允许土地所有权人通过出让、出租等方式交由单位或者个人使用。

二是明确集体经营性建设用地入市规则和监管措施。《意见》要求，统一国有建设用地与农村集体经营性建设用地市场交易规则，建立农村集体经营性建设用地公开交易的平台和制度。试点实践中，试点地区普遍参照国有建设用地交易制度，建立了集体经营性建设用地入市后的管理措施。因此，建议：为维护土地管理秩序，明确要求集体建设用地使用权人严格按照土地利用总体规划等法定规划确定的用途使用土地；集体经营性建设用地使用权的最高年限、登记等，参照同类用途的国有建设用地执行。

(三)关于宅基地管理制度。

一是健全宅基地权益保障方式。《意见》要求，科学确定“一户一宅”的分配原则，改革农民住宅用地取得方式，探索农民住房保障在不同区域户有所居的多种实现形式，健全农民住房保障机制。试点实践中，试点地区因地制宜探索户有所居的多种实现形式：传统农区实行“一户一宅”；在土地利用总体规划确定的城镇建设用地规模范围内，通过建设新型农村社区、农民公寓和新型住宅小区保障农民“一户一房”。因此，建议：对人均土地少、不能保障“一户一宅”的地区，允许县级人民政府在尊重农村村民意愿的基础上采取措施，保障其实现户有所居的权利。

二是完善宅基地审批制度。《意见》要求，改革宅基地审批制度，使用存量建设用地的，下放至乡级政府审批；使用新增建设用地的，下放至县级政府审批。试点实践中，试点地区下放宅基地审批权限，并将相关环节全部纳入便民服务体系。浙江义乌等地还结合“最多跑一次”改革，实现申请更便利，审批更智能。但考虑到农民建住宅主要以盘活存量为主，且为确保耕地保护红线和促进节约集约用地，对新增建设用地的农转用审批尚不具备下放条件。因此，建议：下放使用存量宅基地审批权，明确农村村民申请宅基地的，由乡(镇)人民政府审核批准，但涉及占用农用地的，应当依法办理农转用审批手续。

三是探索宅基地有偿使用和自愿有偿退出机制。《意见》要求，对因历史原因形成超标准占用宅基地和一户多宅的，以及非本集体经济组织成员通过继承房屋等占有的宅基地，由农村集体经济组织主导，探索有偿使用。允许进城落户农民在本集体经济组织内部自愿有偿退出或转让宅基地。试点实践中，试点地区对宅基地有偿使用和自愿有偿退出做了多种尝试。如湖北宜城依据宅基地使用对象的身份及宅基地利用现状，对超占部分按照时段、面积、区域等标准收取有偿使用费；云南大理对利用宅基地上住房从事客栈餐饮等经营活动的由集体按使用面积收取土地收益金；江西余江、安徽金寨对退出宅基地或放弃建房进城购房的农户实行购房补贴；宁夏平罗探索建立农村老年人“以地养老”模式，允许农村老人自愿将宅基地、房屋、承包经营权退回集体，置换养老服务。因此，建议：原则规定鼓励进城落户的农村村民依法自愿有偿退出宅基地。

此外，2018年中央1号文件作出探索宅基地所有权、资格权、使用权“三权分置”的改革部署后，山东禹城、浙江义乌和德清、四川泸县等试点地区结合实际，探索了一些宅基地“三权分置”模式。但是，目前试点范围比较窄，试点时间比较短，尚未形成可复制、可推广的制度经验，且各有关方面对宅基地所有权、资格权、使用权的权利性质和边界认识还不一致，有待深入研究。因此，建议在实践中进一步探索宅基地“三权分置”问题，待形成比较成熟的制度经验后再进行立法规范。

以上建议，已在《中华人民共和国土地管理法》、《中华人民共和国城市房地产管理法》修正案（草案）中予以体现。

以上报告，请予审议。

关于个人所得税专项附加扣除有关情况的报告

——2018年12月24日在第十三届全国人民代表大会常务委员会第七次会议上

财政部部长　刘　昆

全国人民代表大会常务委员会：

《个人所得税专项附加扣除暂行办法》（以下简称《办法》）已经党中央、国务院同意，并报全国人大常委会备案。受国务院委托，现将有关情况报告如下，请予审议。

一、《办法》的研究制定过程

今年8月31日，十三届全国人大常委会第五次会议通过了新修改的《中华人民共和国个人所得税法》，新个人所得税法第六条规定：“专项附加扣除，包括子女教育、继续教育、大病医疗、住房贷款利息或者住房租金、赡养老人等支出，具体范围、标准和实施步骤由国务院确定，并报全国人民代表大会常务委员会备案。”

为贯彻落实新个人所得税法有关规定，按照党中央、国务院决策部署，财政部、税务总局会同有关部门对专项附加扣除有关问题作了深入研究，在广泛听取意见、反复研究论证、认真测算推敲的基础上，按照政策范围明确清晰、扣除标准科学合理、测算依据准确公平、征管操作简便易行的原则，起草形成了《个人所得税专项附加扣除暂行办法（征求意见稿）》。

10月18日，财政部、税务总局就《办法》向国务院有关部门和各省、自治区、直辖市人民政府征求意见；10月20日—11月4日向社会公开征求意见。在公开征求意见期间，财政部、税务总局还多次召开座谈会，听取了部分全国人大代表和政协委员、国务院有关部门、地方财税部门、专家学者的意见。截至11月4日征求意见结束，共收到社会公众反馈意见16527条。

财政部、税务总局会同有关部门，对意见进行了逐条梳理研究，合理的意见尽可能吸收采纳，主要包括：一是子女教育方面，将技工教育纳入子女教育扣除范围；二是继续教育方面，将学历继续教育扣除年限限定为不超过4年；三是大病医疗方面，允许纳税人发生的医药费用支出由本人或其配偶扣除，未成年子女的医药费用支出可以选择由其父母一方扣除，并将扣除限额由6万元提高至8万元；四是住房贷款利息方面，明确夫妻双方婚前分别购买住房发生的首套住房贷款利息扣除办法；五是住房租金方面，适当提高住房租金扣除标准。对一些暂不具备操作条件的意见，也将作为以后改进的方向。

目前，《办法》已经以国务院名义印发，并依法向全国人大常委会备案，向社会公开发布。

二、《办法》的主要内容

《办法》包括总则、子女教育、继续教育、大病医疗、住房贷款利息、住房租金、赡养老人、保障措施、附则等共9章32条，主要内容包括：

（一）子女教育。扣除范围包括纳税人子女在全日制学历教育阶段（包括义务教育、高中阶段教育、高等教育）的支出、子女年满3岁至小学入学前处于学前教育阶段的支出。扣除标准为每孩每月扣除1000元。扣除方式为父母选择由其中一方按每孩每月1000元扣除,也可选择由双方分别按每孩每月500元扣除。

(二)继续教育。扣除范围包括纳税人在中国境内接受学历(学位)继续教育和非学历继续教育(包括技能人员职业资格继续教育、专业技术人员职业资格继续教育)发生的支出。扣除标准为学历继续教育每月扣除400元,扣除期限不能超过48个月(4年);非学历继续教育在取得相关证书的当年扣除3600元。扣除方式为接受继续教育的纳税人本人扣除。个人接受本科(含)以下学历(学位)继续教育,可以选择由其父母扣除,也可以选择由本人扣除。

(三)大病医疗。扣除范围包括在一个纳税年度内,由个人负担的医药费用支出超过1.5万元的部分。个人负担的医药费用支出是指与基本医保相关的,在医保目录内扣除医保报销后个人负担的医药费用。扣除标准为在每年8万元的限额内据实扣除。扣除方式为纳税人发生的医药费用支出可以选择由本人或其配偶一方扣除;未成年子女发生的医药费用支出可以选择由其父母一方扣除。

(四)住房贷款利息。扣除范围为纳税人本人或配偶发生的首套住房贷款利息支出。首套住房贷款是指享受首套住房贷款利率的住房贷款。扣除标准为每月扣除1000元,扣除期限最长不超过20年。扣除方式为夫妻双方可以选择由其中一方扣除,年度内不得调整。夫妻双方婚前分别购买住房的,婚后可以选择其中一套住房,由购买方每月扣除1000元,也可以由夫妻双方对各自住房分别扣除500元。

(五)住房租金。扣除范围包括纳税人在主要工作城市没有自有住房而发生的住房租金支出。夫妻双方主要工作城市相同的,只能由一方扣除。纳税人及其配偶在一个纳税年度内不能同时分别享受住房贷款利息和住房租金专项附加扣除。扣除标准分三档,直辖市、省会(首府)城市、计划单列市及国务院确定的其他城市为每月1500元;除上述城市外,市辖区户籍人口大于100万人的城市为每月1100元,市辖区户籍人口小于100万人的城市为每月800元。扣除方式为由签订租赁合同的承租人扣除。

(六)赡养老人。扣除范围包括纳税人赡养60岁以上父母的支出,当祖父母或外祖父母的子女已经去世,纳税人赡养祖父母或外祖父母的支出也可扣除。扣除标准为独生子女每月扣除2000元;非独生子女与其兄弟姐妹分摊每月2000元的扣除额度,其中每人分摊的扣除额度不得超过1000元。可以由赡养人平均分摊或约定分摊,也可以由被赡养人指定分摊。约定或指定分摊均须签订书面分摊协议,指定分摊优先于约定分摊。扣除方式为由承担赡养义务的纳税人扣除。

(七)保障措施。一是信息共享。明确公安、教育、民政等单位有责任和义务向税务部门提供或协助核实专项附加扣除有关信息,税务部门可以利用这些信息对纳税人申报情况进行比对和核验。二是协助核查。明确纳税人任职单位所在地、经常居住地、户籍所在地的公安派出所、居民委员会或者村民委员会等有关单位和个人应当协助核查。

此外,《办法》还明确专项附加扣除政策从明年1月1日起实施,今后还将根据教育、医疗、住房、养老等民生支出变化情况,适时调整专项附加扣除范围和标准。

建立综合与分类相结合的个人所得税制是我国前所未有的重大税制改革,也是一项重要的减税措施,实施专项附加扣除政策是个人所得税改革的最大亮点和难点,对完善收入分配制度、更好保障和改善民生、激发居民消费潜力具有重要意义。我们要更加紧密地团结在以习近平同志为核心的党中央周围,以习近平新时代中国特色社会主义思想为指导,认真贯彻落实党中央、国务院决策部署,按照全国人大常委会审议通过的新个人所得税法要求,加强协调配合,推进信息共享,完善征管办法,优化办税流程,强化政策解读,营造良好氛围,确保《办法》明年1月1日如期顺利实施,惠及广大人民群众。

全国人民代表大会常务委员会法制工作委员会关于2018年备案审查工作情况的报告

——2018年12月24日在第十三届全国人民代表大会常务委员会第七次会议上

全国人大常委会法制工作委员会主任　沈春耀

全国人民代表大会常务委员会：

现将2018年开展备案审查工作的情况报告如下，请予审议。

备案审查制度是保障宪法法律实施、维护国家法制统一的宪法性制度。根据宪法和立法法、监督法的规定，国务院制定的行政法规，地方人大及其常委会制定的地方性法规，以及最高人民法院、最高人民检察院制定的司法解释，应当报送全国人大常委会备案。全国人大常委会对报送备案的法规、司法解释进行审查，对与宪法法律相抵触的法规、司法解释有权予以撤销、纠正。

过去一年，国务院、最高人民法院、最高人民检察院以及有立法权的地方人大及其常委会认真贯彻全面依法治国的要求，依照法定权限和程序开展行政法规、地方性法规、司法解释制定和报送备案工作，为确保党中央决策部署贯彻落实、推动和保障宪法法律实施、完善中国特色社会主义法律体系、维护国家法制统一发挥了重要作用。从备案审查工作情况看，行政法规、地方性法规、司法解释的内容总体上是适应实际需要的，是符合宪法法律的。

在全国人大常委会领导下，法制工作委员会与全国人大有关单位协同配合，深入学习贯彻习近平总书记关于全面依法治国的新理念新思想新战略，按照党中央提出的“有件必备、有备必审、有错必纠”的要求，积极开展备案审查工作，加大监督纠正力度，加强备案审查制度和能力建设，为全国人大常委会依法履行备案审查职责提供服务保障，备案审查工作取得了新进展。

一、关于落实“有件必备”情况

一年来，制定机关共向全国人大常委会报送备案行政法规、地方性法规、司法解释1238件，其中行政法规40件，省级地方性法规640件，设区的市地方性法规483件，自治条例和单行条例33件，经济特区法规24件，司法解释18件。据不完全统计，截至2018年11月底，制定机关共向全国人大常委会报送备案现行有效行政法规、地方性法规、司法解释12397件，其中行政法规755件，省级地方性法规6083件，设区的市地方性法规3519件，自治条例和单行条例995件，经济特区法规335件，司法解释710件。行政法规、地方性法规、司法解释基本实现了有件必备。按照法治原则，只要规范性文件的制定主体属于人大监督对象，这些主体制定的各类规范性文件就都应当纳入人大备案审查范围。

政府规章是地方政府规范性文件的重要表现形式，依法加强对政府规章的备案审查，是地方人大开展备案审查工作的重要内容。为推进政府规章备案审查工作，2018年2月，法制工作委员会向北京、天津、上海、重庆等四个直辖市和深圳、珠海、汕头、厦门等四个经济特区市人大常委会发函，要求发挥先行先试作用，督促梳理全部现行有效的政府规章，并探索形成切实可行的备案工作机制。目前，四个直辖市和四个经济特区市共梳理出现行有效的政府规章1235件，正抓紧开展规章的纸质和电子报备工作。

根据立法法等有关规定，最高人民法院、最高人民检察院有权制定司法解释，地方人民法院、地方人民检察院无权制定司法解释和司法解释性质文件。实践中地方“两院”制定了许多规范性文件，其中有不少是属于审判、检察工作范围的内容，直接涉及公民的权利义务。有的地方人大常委会已将这些文件纳入备案审查范围，有的则尚未纳入。法制工作委员会就此开展调研，与有关方面进行沟通。

党的十八届四中全会提出，把所有规范性文件纳入备案审查范围。拟从明年开始，逐步推动将地方政府规章和其他规范性文件以及地方“两院”制定的有关规范性文件全部纳入人大备案审查范围，以备案全覆盖带动审查全覆盖，以审查全覆盖实现监督全覆盖，重点是将影响老百姓切身利益、直接涉及公民权利义务的各类规范性文件依法纳入人大备案审查范围。

二、关于落实"有备必审"情况

保证党中央令行禁止，保障宪法法律实施，保护公民法人合法权利，是实行备案审查制度、开展备案审查工作的初衷所在、职责所在。我们综合运用依职权审查(即主动审查)、依申请审查、专项审查等方式，依法对行政法规、地方性法规、司法解释等规范性文件开展合宪性、合法性、适当性审查，组织开展专项清理工作，推动解决上下不一致、配套不及时、规定不到位等问题，切实维护国家法制统一。

(一)贯彻全国人大常委会有关决议精神，推动生态环保方面规范性文件全面清理工作

打好污染防治攻坚战，是党中央确定的"三大攻坚战"之一。2018年7月，全国人大常委会召开会议，听取审议大气污染防治法执法检查报告并开展专题询问，审议通过《关于全面加强生态环境保护依法推动打好污染防治攻坚战的决议》。《决议》明确提出："抓紧开展生态环境保护法规、规章、司法解释和规范性文件的全面清理工作，对不符合不衔接不适应法律规定、中央精神、时代要求的，及时进行废止或修改。"常委会办公厅向有关方面发函，要求做好生态环境保护法规、规章、司法解释等规范性文件的全面清理工作。法制工作委员会向各省(区、市)人大常委会发出《关于加强加快大气污染防治和生态环境保护地方立法工作的意见》，督促抓紧制定完善大气污染防治方面的地方性法规。

各省(区、市)人大常委会对生态环保法规清理工作高度重视，认真贯彻党中央决策部署和全国人大常委会决议精神，在2017年工作基础上，扩大法规清理工作范围，坚持工作力度不减缓、清理对象不遗漏，持续深入开展生态环保法规清理工作，并督促本省(区、市)政府抓紧开展生态环境保护地方政府规章和规范性文件的全面清理工作。目前，31个省(区、市)均已反馈清理工作情况。经过一年多持续努力，各地清理发现存在与上位法规定不一致等问题需要研究处理的法规共1029件，目前已总共修改514件、废止83件，还有432件已列入立法工作计划，拟抓紧修改或者废止。同时，各地严格按照全国人大常委会执法检查报告要求，大力开展大气污染防治条例的制定、修改工作，目前28个省(区、市)人大常委会已经完成大气污染防治地方性法规制定、修改工作，其中新制定大气污染防治条例15件、修改13件，其余3个地方拟于12月底前完成相关立法任务。总的来看，各地积极开展生态环保法规清理和制定工作，举措有力，取得明显成效；但同时也存在个别地方认识不到位、贯彻落实不坚决、工作进展缓慢等问题。

(二)通过备案审查工作，积极推动解决社会关注的现实问题

向全国人大常委会提出对法规、司法解释的审查建议，是立法法、监督法赋予公民的一项重要权利，也是人民群众对法规、司法解释制定工作进行监督的一个重要渠道。2018年，法制工作委员会共收到公民、组织涉及规范性文件的各类来信来函4578件，可以明确为审查建议的有1229件，其中属于全国人大常委会备案审查范围的有112件，占9.1%。112件审查建议中，建议对行政法规进行审查的5件，占4.5%；建议对地方性法规进行审查的63件，占56.3%；建议对司法解释进行审查的44件，占39.2%。没有收到有关国家机关提出的审查要求。

对收到的审查建议，我们逐一进行登记、研究。对不属于全国人大常委会审查范围的审查建议，通过备案审查衔接联动机制转送有关方面研究处理，并对审查建议的办理情况进行跟踪。审查建议办理完毕后，及时向审查建议人反馈研究处理情况。2018年共对22件审查建议书面反馈了研究情况和处理结果。

近年来收到的审查建议中，有不少是针对道路交通管理的地方性法规和规章提出的，涉及对车辆采取限行、限号措施以及将处理违章作为机动车年检前提条件等方面的规定。法制工作委员会2018年集中开展了对道路交通管理地方性法规、部门规章的审查研究，重点审查研究其中有关道路交通管理措施和行政处罚、行政强制的规定是否符合上位法，是否不当限制公民权利或者增加公民义务，在此基础上与一些地方人大常委会及公安部、生态环境部作了沟通。下一步，将针对审查研究中发现的问题，与制定机关深入沟通并督促解决。

全国政协十三届一次会议期间，有全国政协委员提出提案，建议对收容教育制度进行合宪性审查。收容教育制度的主要法律依据是1991年七届全国人大常委会第二十一次会议通过的《关于严禁卖淫嫖娼的决定》。该《决定》第四条第二款规定："对卖淫、嫖娼的，可以由公安机关会同有关部门强制集中进行法律、道德教育和生产劳动，使之改掉恶习。期限为六个月至二年。具体办法由国务院规定。"国务院据此制定了《卖淫嫖娼人员收容教育

办法》。制定该《决定》主要是为了补充修改当时的刑法和治安管理处罚条例的有关规定，制定程序和内容均符合宪法规定。后来的情况是，《决定》规定的刑事方面内容，在1997年修改刑法时已经被吸收到刑法之中；但《决定》规定的收容教育制度作为行政措施继续有效，并一直延续至今。今年，我们会同有关部门开展了联合调研，了解收容教育制度实施情况，召开座谈会听取相关单位和部分人大代表、政协委员和专家学者的意见，并书面征求了有关单位的意见。总的看，收容教育制度实施多年来，在维护社会治安秩序、教育挽救卖淫嫖娼人员、遏制不良社会风气蔓延等方面发挥了积极作用。但是，随着我国经济社会的快速发展和民主法治建设的深入推进，特别是2013年废止劳动教养制度后，情况发生了很大变化。近年来，收容教育措施的运用逐年减少，收容教育人数明显下降，有些地方已经停止执行。通过调研论证，各有关方面对废止收容教育制度已经形成共识，启动废止工作的时机已经成熟。为了深入贯彻全面依法治国精神，我们建议有关方面适时提出相关议案，废止收容教育制度。

（三）通过备案审查工作，对一些有不同认识的问题加强研究和跟踪

备案审查工作中遇到的问题，不少是法规、司法解释等规范性文件在制定和实施中有不同认识、需要准确把握法律和政策界限的问题。例如，有关方面通过出台规范性文件，建立信用惩戒制度，推动社会信用体系建设；同时也引发了一些滥用信用惩戒侵犯公民隐私权和其他合法权益的担忧。又如，一些地方相继制定"地方金融条例"，带来了对金融管理是否属于国家立法专属事项、地方金融立法是否影响金融市场统一的不同认识。针对这些情况，我们加强对有关规范性文件的审查研究，跟踪了解有关立法动态，防止出现侵犯公民合法权利的情况，防止出现超越立法权限和违背上位法规定的情形。

三、关于落实"有错必纠"情况

对备案审查工作中发现的问题，法制工作委员会认真开展审查研究，通过与制定机关沟通、提出书面研究意见等方式，加大监督纠正力度，推动相关问题妥善解决。

（一）对有关规范性文件中存在的问题及时予以督促纠正和妥善处理

根据公民审查建议，推动最高人民法院对婚姻法司法解释（二）第二十四条进行修改完善。2018年1月，最高人民法院发布《关于审理涉及夫妻债务纠纷案件适用法律有关问题的解释》，对夫妻共同债务的认定标准和举证责任分配进行了细化和完善，有关问题得到妥善解决。

根据公民审查建议，对最高人民法院关于审理破坏野生动物资源刑事案件的解释将"驯养繁殖物种"纳入有关"珍贵、濒危野生动物"范围的规定，进行审查研究。根据有关组织审查建议，对最高人民法院关于适用公司法的规定（二）中有关公司股东、董事清算责任的规定，进行审查研究。经沟通，最高人民法院已启动工作，拟对上述有关司法解释的内容进行修改完善。

根据公民审查建议，对最高人民检察院《人民检察院民事诉讼监督规则（试行）》有关"当事人对一审民事判决、裁定未提出上诉而向人民检察院申请监督的，人民检察院不予受理"的规定，进行审查研究。经沟通，最高人民检察院已停止执行该规定，并明确当事人针对人民法院作出的已经发生法律效力的一审民事判决、裁定提出的监督申请，无论是否提出过上诉，只要符合民事诉讼法第二百零九条规定，均应依法受理。

根据公民审查建议，对河北省人大常委会《关于促进农作物秸秆综合利用和禁止露天焚烧的决定》中有关"露天焚烧秸秆没有当事人的，由农业经营主体承担责任，可以对农业经营主体主要负责人处罚款"的规定，进行审查研究。经沟通，河北省人大常委会表示将对该规定进行修改完善。

根据公民审查建议，对《上海市道路交通管理条例》关于"机动车在本市有道路交通违法行为逾期未接受处理记录累积达到五起以上的，可以先予扣留机动车行驶证"的规定，进行审查研究。经沟通，上海市人大常委会表示将对该规定进行修改完善。

（二）对2017年法规纠正情况进行跟踪督促

为了加大监督纠正力度，2018年2月，法制工作委员会向有关地方人大常委会发出督办函，对有关地方性法规进行修改、废止的落实情况开展"回头看"，督促有关方面加快工作进度，及时完成。

2017年2月，我们发出书面研究意见，要求有关地方人大常委会对审计条例中直接规定以审计结果作为政府投资建设项目竣工结算依据和规定建设单位应当在招标文件中载明或者在合同中约定以审计结果作为竣工结算依据的内容予以修改或者废止。有11个省（区、市）、8个设区的市、2个

经济特区的法规存在上述问题。经督促,各地均已完成相关法规修改、废止工作。

2017 年 9 月,我们发出书面研究意见,要求有关地方人大常委会对人口与计划生育条例中关于“超生即辞退”等控制措施和处理规定作出修改。有 7 个省的地方性法规存在上述问题。经督促,各地均已完成相关法规修改工作。

2017 年 11 月,我们发出书面研究意见,要求有关地方人大常委会对有关著名商标制度的地方性法规予以清理,适时废止。有 8 个省(区、市)、3 个设区的市制定了关于著名商标的地方性法规。经督促,各地均已完成相关法规废止工作。2018 年,针对个别地方采取变通规避方式,以地方商标协会名义继续开展地方著名商标评比认定的情况,我们及时督促有关方面予以纠正。

(三)推动各有关方面加大备案审查工作力度

为了落实备案审查全覆盖的要求,我们着力推动各有关方面加强对法规、司法解释以外规范性文件的审查工作力度。对公民、组织直接向全国人大常委会提出对这些文件进行审查的建议,转送有关方面审查研究并推动及时作出处理。

根据公民审查建议,对《江苏省工程建设项目招标范围和规模标准规定》有关问题进行研究,认为属于地方政府规章与国务院部门规章不一致问题,依法应由国务院裁决。我们将该件审查建议转交司法部研究处理,根据反馈情况,该规定与国务院部门规章不一致的问题已经得到解决。

根据公民审查建议,对湖南省司法厅《关于“四大类”外司法鉴定事项管理有关问题的通知》有关问题进行研究,认为该通知关于“四大类”外司法鉴定事项登记管理有关规定,与《全国人大常委会关于司法鉴定管理问题的决定》相抵触。我们督促湖南省人大常委会依法予以纠正,并建议司法部督促地方政府司法行政部门立即停止办理“四大类”外司法鉴定机构的登记工作。根据反馈情况,湖南省司法厅已将全省“四大类”外司法鉴定机构全部注销,清理到位;司法部已督促 28 个省(区、市)司法行政部门停止“四大类”外司法鉴定机构的登记,19 个省(区、市)对已登记的机构予以注销,下一步将下发通知进一步规范司法鉴定登记管理活动。

根据公民审查建议,对浙江省高级人民法院《关于部分罪名定罪量刑情节及数额标准的意见》中有关非医学需要鉴定胎儿性别一定条件下构成非法行医罪的规定,以及浙江省人民检察院、浙江省高级人民法院、浙江省公安厅联合发布的《关于非医学需要鉴定胎儿性别行为适用法律的若干意见》进行研究,认为上述意见有关内容是对刑法具体应用问题所作的解释,违背了《全国人大常委会关于加强法律解释工作的决议》及立法法关于审判工作中具体应用法律问题的解释应当由最高人民法院作出、其他审判机关不得作出具体应用法律问题的解释的规定,属于应当清理的带有司法解释性质的文件。我们督促最高人民法院、最高人民检察院、浙江省人大常委会及时予以纠正。根据反馈情况,相关规定已经停止执行。

四、通过备案审查衔接联动机制开展相关工作

法制工作委员会积极参与、建立并完善与中央办公厅、司法部、中央军委办公厅之间的备案审查衔接联动机制,在移交审查建议、共商研究意见、共享工作信息、共同培训研讨、协调解决问题等方面逐步建立起常态化工作机制。2018 年向有关方面转送审查建议 14 件。同时,积极探索建立与最高人民法院、最高人民检察院、地方人大常委会之间的备案审查工作联系机制,充分有效运用备案审查衔接联动机制,通过座谈会、共同调研等方式推动纠正存在问题的规范性文件。督促有关方面加强对规章、行政规范性文件以及地方“两院”规范性文件进行监督,确保实现规范性文件备案审查全覆盖。

2018 年 8 月,司法部将备案审查工作中发现的存在问题的 43 件地方性法规一揽子转送法制工作委员会研究处理。经初步研究,其中 15 件存在与法律或行政法规不一致、缺乏上位法依据增设行政审批事项等问题,其他 28 件存在与国家有关政策要求不一致等问题,下一步深入研究后,将通过适当形式督促有关地方予以纠正。

我们还大力加强全国统一的备案审查信息平台建设和国家法律法规数据库建设,推动地方人大加快信息平台建设并与全国人大实现互联互通,推动地方建立人大常委会听取和审议备案审查专项工作报告制度,建立备案审查工作信息公开机制,加强有关宣传工作,开展有关理论研讨等。

五、2019 年工作考虑和安排

持续加强备案审查工作。按照“有件必备、有备必审、有错必纠”的要求,进一步加强备案审查工

作，保证党中央令行禁止，保障宪法法律实施。贯彻落实党的十九大和十九届二中、三中全会精神，开展合宪性审查工作，确保法规、司法解释与宪法规定、宪法精神相符合。继续认真做好对法规、司法解释的审查、研究、处理、反馈工作。加大对地方性法规主动审查工作力度，重点审查生态环境保护等领域法规。认真研究处理公民、组织对法规、司法解释提出的审查建议，积极回应社会关切。

推动实现备案审查工作制度化、信息化、智能化。出台并实施备案审查工作规定，提高备案审查工作制度化、规范化水平，为地方人大备案审查工作提供指导。落实备案审查衔接联动机制，完善备案审查工作情况报告制度，更好发挥备案审查制度功效，捍卫社会主义法治尊严。尽快建成全国统一的备案审查信息平台和国家法律法规数据库，实现互联互通。巩固完善全国人大备案审查信息平台的电子备案、在线审查等功能，拓展信息平台的数据收集和立法服务功能，提升备案审查工作效率和水平。

继续做好生态环保法规清理等重要工作。强化跟踪监督，通过调研和督促督办、函询通报等多种形式，继续做好生态环境保护规范性文件清理工作，确保地方及时完成有关地方性法规的制定、修改工作。认真总结清理工作经验，全面梳理清理工作中发现的问题，有针对性采取措施推动解决。

加强备案审查理论研究和宣传工作。有计划、有重点、有步骤地组织开展备案审查理论研究，为完善备案审查制度、推进备案审查实践提供理论支撑。密切关注规范性文件制定和实施中的普遍性、倾向性问题，组织开展专题研究。加大备案审查工作宣传力度，讲好“备案审查故事”，增强社会对备案审查工作的了解和支持，共同维护社会主义法治统一和权威。

二、审查和批准决算，听取和审议计划、预算执行情况和审计工作报告

全国人民代表大会常务委员会关于批准 2017 年中央决算的决议

（2018 年 6 月 22 日第十三届全国人民代表大会常务委员会第三次会议通过）

第十三届全国人民代表大会常务委员会第三次会议听取了财政部部长刘昆受国务院委托作的《国务院关于 2017 年中央决算的报告》和审计署审计长胡泽君受国务院委托作的《国务院关于 2017 年度中央预算执行和其他财政收支的审计工作报告》。会议结合审议审计工作报告，对 2017 年中央决算（草案）和中央决算报告进行了审查。会议同意全国人民代表大会财政经济委员会提出的审查结果报告，决定批准 2017 年中央决算。

关于 2017 年中央决算的报告

——2018 年 6 月 20 日在第十三届全国人民代表大会常务委员会第三次会议上

财政部部长　刘昆

全国人民代表大会常务委员会：

我受国务院委托，向全国人大常委会提出 2017 年中央决算报告和中央决算草案，请审查。

一、2017 年中央决算情况

2017 年，在以习近平同志为核心的党中央坚强领导下，各地区各部门牢固树立政治意识、大局意识、核心意识、看齐意识，以习近平新时代中国特色社会主义思想为指导，全面深入贯彻党的十九大精神，坚持稳中求进工作总基调，坚持新发展理念，坚持以提高发展质量和效益为中心，以推进供给侧结构性改革为主线，按照党中央、国务院决策部署，认真落实十二届全国人大五次会议各项决议要求，统筹推进稳增长、促改革、调结构、惠民生、防风险各项工作，经济运行稳中向好态势持续发展，改革开放全面深化，经济结构继续优化，质量效益明显提升，风险管控稳步推进，市场信心显著增强，社会大局保持稳定。在此基础上，财政改革发展各项工作取得新进展，中央决算情况总体较好。根据预算法第七十九条规定，重点报告以下情况：

（一）中央一般公共预算收支决算情况。

2017 年，中央一般公共预算收入 81123.36 亿元，为预算的 103.2%。加上从中央预算稳定调节基金以及中央政府性基金预算、中央国有资本经营预算调入 1633.37 亿元，收入总量为 82756.73 亿元。中央一般公共预算支出 94908.93 亿元，完成预算的 99.1%。加上补充中央预算稳定调节基金 3347.8 亿元，支出总量为 98256.73 亿元。收支总量相抵，中央财政赤字 15500 亿元，与预算持平。与向十三届全国人大一次会议报告的执行数相比，中央一般公共预算收入增加 4.33 亿元，主要是在库款报解整理期，进口货物增值税和消费税、专项收入等增加。中央财政调入资金增加 0.02 亿元，主要是

中央政府性基金预算调入一般公共预算增加。中央一般公共预算支出减少168.06亿元，主要是年终据实结算项目地方上解数额增加，相应冲减中央对地方税收返还。收入增加和支出减少合计172.41亿元，已包含在上述补充中央预算稳定调节基金的3347.8亿元中。

在实施大规模减税降费情况下，中央财政收入增长超出预期，是我国经济持续稳中向好、发展质量和效益提升的综合反映。从收入决算具体情况看，税收收入75697.15亿元，为预算的107.5%；非税收入5426.21亿元，为预算的66.2%。税收收入中，国内增值税28166.02亿元，为预算的104.9%，主要是工业生产者价格指数涨幅高于预期；国内消费税10225.09亿元，为预算的99.6%；进口货物增值税、消费税和关税合计18968.52亿元，为预算的119.4%，主要是进口商品量价齐增，一般贸易进口大幅高于预期；企业所得税20422.79亿元，为预算的104.4%，主要是企业经营效益好于预期；个人所得税7180.73亿元，为预算的111.2%，主要是居民收入增长较快；车辆购置税3280.67亿元，为预算的115.1%，主要是汽车销售量增长超出预期；出口货物退增值税、消费税13870.37亿元，为预算的106.7%，主要是出口增长高于预期。

从支出决算具体情况看，中央本级支出29857.15亿元，完成预算的100.9%；中央对地方税收返还和转移支付65051.78亿元，完成预算的99.1%。中央本级支出中，教育支出1548.39亿元，完成预算的101.9%；科学技术支出2826.96亿元，完成预算的99.5%；外交支出519.67亿元，完成预算的95.2%，主要是执行中收回以前年度结余资金，相应抵减当年支出；国防支出10226.35亿元，完成预算的100%；公共安全支出1848.94亿元，完成预算的100.6%；一般公共服务支出1271.46亿元，完成预算的100.9%；粮油物资储备支出1597.48亿元，完成预算的108.2%，主要是稻谷、小麦最低收购价利息费用补贴等据实结算项目支出增加；债务付息支出3777.69亿元，完成预算的100.8%。中央对地方税收返还和转移支付中，税收返还8022.83亿元，完成预算的87.8%，主要是根据全面推开营改增试点后调整中央与地方增值税收入划分过渡方案有关税收返还政策据实安排；一般性转移支付35145.59亿元，完成预算的100.3%，其中，均衡性转移支付增长8.3%，老少边穷地区转移支付增长19.7%；专项转移支付21883.36亿元，完成预算的101.9%，主要用于加大农业、教育、社保、医疗、就业、生态环保、住房保障等重点领域投入力度。

中央预备费预算500亿元，实际支出60.7亿元，用于大气污染成因与治理攻关等方面，剩余的439.3亿元全部转入中央预算稳定调节基金。

2017年，中央一般公共预算支出结余836.07亿元（含中央预备费结余439.3亿元），加上超收2511.73亿元（含政府性基金实际多调入一般公共预算的0.37亿元），合计3347.8亿元，全部用于补充中央预算稳定调节基金。2017年初中央预算稳定调节基金余额1422.17亿元，加上上述补充的3347.8亿元、按规定用中央政府性基金结转资金补充的68.49亿元，2017年末中央预算稳定调节基金余额为4838.46亿元，2018年调入预算2130亿元后余额为2708.46亿元。

2017年，中央一般公共预算使用以前年度结转资金安排的支出1090.96亿元，其中，中央本级使用337.86亿元，中央对地方转移支付使用753.1亿元。中央预算周转金规模没有发生变化，2017年末余额为354.03亿元，主要用于调剂预算年度内季节性收支差额。

2017年，中央财政发行国债40096亿元，其中内债39812.37亿元、外债283.63亿元，筹措资金除用于到期国债还本外，其余均由中央财政统筹安排使用。发行的内债中，储蓄国债3215.28亿元，平均发行期限为4.08年；记账式国债36597.09亿元，平均发行期限为7.79年。2017年国债还本25401.36亿元，其中内债25176.18亿元、外债225.18亿元。年末国债余额为134770.15亿元，包括内债余额133447.43亿元、外债余额1322.72亿元，控制在全国人大批准的国债余额限额141408.35亿元以内。

2017年，中央本级“三公”经费财政拨款支出合计43.6亿元（包括基本支出和项目支出安排的经费），比预算数减少17.87亿元，主要是中央部门贯彻落实中央八项规定精神和国务院“约法三章”有关要求，从严控制和压缩“三公”经费支出，以及受客观因素影响，部分因公出国（境）、外事接待任务未实施，公务用车支出大幅减少。其中，因公出国（境）经费16.83亿元，减少1.99亿元；公务用车购置及运行费23.17亿元，减少11.87亿元；公务接待费3.6亿元，减少4.01亿元。

2017年，中央基建投资支出5075.74亿元，其中，中央本级支出1133.38亿元，对地方转移支付3942.36亿元，主要用于保障性安居工程、水利等“三农”建设、交通能源等重大基础设施、“一带一路”建设和区域协调发展、节能环保与生态建设等方面。

（二）中央政府性基金预算收支决算情况。

2017 年，中央政府性基金收入 3824.77 亿元，为预算的 103.2%。加上 2016 年结转收入 298.5 亿元，收入总量为 4123.27 亿元。中央政府性基金支出 3669.19 亿元，完成预算的 91.6%，主要是民航发展基金等部分基金执行中一些基建项目未完成审批，不具备实施条件。其中，中央本级支出 2683.6 亿元，对地方转移支付 985.59 亿元。中央政府性基金收支决算数均与执行数持平。

中央政府性基金收大于支 454.08 亿元。其中，结转下年继续使用 385.59 亿元；单项政府性基金结转超过当年收入 30% 的部分合计 68.49 亿元，按规定补充中央预算稳定调节基金。

（三）中央国有资本经营预算收支决算情况。

2017 年，中央国有资本经营收入 1244.27 亿元，为预算的 96.5%。加上 2016 年结转收入 128.03 亿元，收入总量为 1372.3 亿元。中央国有资本经营支出 1001.71 亿元，完成预算的 86.3%，主要是 2017 年国有资本经营预算收入规模下降，同时调入一般公共预算比例提高，支出规模相应减少，其中，中央本级支出 766.34 亿元，对地方转移支付 235.37 亿元。向一般公共预算调出 257 亿元。结转下年支出 113.59 亿元。中央国有资本经营收支决算数均与执行数持平。

按照预算法和国务院有关规定，对 2017 年中央财政的部分收支事项实行权责发生制核算，包括预算已经安排当年应支未支的工资和社保资金、国库集中支付年终结余以及国务院批准的其他特殊事项等。有关具体情况已向全国人大常委会专门书面报告。对上述资金，财政部将在预算执行中加强管理，及时拨付，尽快发挥资金效益。

2017 年中央一般公共预算、政府性基金预算、国有资本经营预算的预算数、决算数及其对比分析，详见中央决算草案。草案在报国务院审定、提请全国人大常委会审查之前，已经国务院审计部门审计，并根据审计意见作了相应修改。

二、认真落实各项财税政策，有力促进了经济发展和民生改善

2017 年，我们坚决贯彻党中央、国务院决策部署，按照全国人大有关决议要求和批准的预算，有效实施积极的财政政策，提高政策精准性有效性，加大对供给侧结构性改革、扶贫、基本民生、生态环保等重点领域保障力度，促进了经济社会持续健康发展。

（一）深入推进供给侧结构性改革，提升经济发展质量。

加强财税政策对供给侧结构性改革的支持，促进结构优化升级与新动能加快成长。一是落实“三去一降一补”重点任务。及时拨付专项奖补资金 222 亿元，钢铁、煤炭去产能年度目标任务超额完成，37.7 万分流职工得到妥善安置。淘汰停建缓建煤电产能 6500 万千瓦。优化中央国有资本经营预算支出方向，大力支持中央企业处置“僵尸企业”，解决国有企业“三供一业”等历史遗留问题。落实和完善企业兼并重组、债权转让核销等相关政策，有序推进市场化法治化债转股工作，年末规模以上工业企业资产负债率下降 0.6 个百分点。二是深化农业供给侧结构性改革。实施绿色生态导向的农业补贴制度改革。完善粮食等重要农产品价格形成机制和收储制度，多渠道消化政策性粮棉油库存。支持完成粮改饲面积超过 1300 万亩，耕地轮作休耕制度试点 1200 万亩。全国农业信贷担保体系初步形成，累计为 4.9 万多个农业项目担保贷款总额超过 400 亿元。在 13 个粮食主产省选择 200 个产粮大县，面向适度规模经营农户开展农业大灾保险试点。加强农田水利基础设施建设，农业综合开发建设高标准农田 2500 万亩，高效节水灌溉面积新增 2165 万亩。三是培育壮大新动能。全面落实中央财政科技计划和科研项目资金管理改革举措，运用市场化方式促进科技成果转化。继续支持智能制造、工业强基、绿色制造工程和首台（套）重大技术装备保险补偿。加快集成电路、新材料等制造业重点领域发展。推动新能源汽车产业做优做强，全年推广约 80 万辆。启动创业投资和天使投资有关税收政策试点，在 30 个城市深入开展小微企业创业创新基地城市示范，积极发挥财政资金引导作用，激发社会主体活力。规范推行政府和社会资本合作（PPP）模式，鼓励民营企业参与。

（二）着力实施减税降费，进一步降低实体经济成本。

树立放水养鱼意识，多措并举，促进企业降本增效。一是持续推进减税。落实和完善营改增试点政策，简并增值税税率结构，将增值税税率由四档减至 17%、11% 和 6% 三档，将农产品等税率从 13% 降至 11%，同时进一步改进和优化纳税服务，帮助企业应抵尽抵、充分受益。出台扩大享受企业所得税优惠的小型微利企业范围、提高研发费用在企业所得税税前加计扣除比例等政策，发挥其在促

进经济转型升级、支持小微企业发展、鼓励科技创新等方面的多重效应。全年新增减税超过3800亿元。二是加大清费力度。清理规范了一批政府性基金和行政事业性收费，加上地方自主清理的政府性收费，全年涉及减收超过1900亿元。此外，相关部门出台了清理规范经营服务性收费、推进网络提速降费、降低企业用能和物流成本等措施，全年减轻社会负担超过4400亿元。三是打造收费目录清单全国"一张网"。在有关部门网站汇总公布中央和地方政府性基金和行政事业性收费目录清单、中央和地方政府定价的收费目录清单，健全乱收费投诉处理机制，用公开透明和社会监督遏制乱收费。

（三）加强基本民生保障，持续增强人民群众获得感。

践行以人民为中心的发展思想，继续增加民生投入，完善相关支出政策和机制。一是支持发展公平优质教育。统一城乡义务教育学生"两免一补"政策，1400万进城务工农民工随迁子女实现相关教育经费可携带。全面改善8万余所义务教育薄弱学校基本办学条件。支持实施第三期学前教育行动计划和高中阶段教育普及攻坚计划。完善职业教育和培训体系，推进产教融合、校企合作。博士研究生国家助学金资助标准每生每年提高了3000元。二是深化医药卫生体制改革。全面推开公立医院综合改革，取消了实行60多年的药品加成政策。开展生育保险和职工基本医疗保险合并实施试点。城乡居民基本医疗保险财政补助标准由每人每年420元提高到450元。基本公共卫生服务项目年人均财政补助标准由45元提高到50元。三是加强就业和社会保障工作。完善就业创业政策体系，促进多渠道就业创业，城镇新增就业1351万人。机关事业单位和企业退休人员基本养老金标准提高了约5.5%，并按时足额发放。出台划转部分国有资本充实社保基金实施方案。整合设立困难群众救助补助资金，惠及全国7797万困难群众。提高优抚对象等人员抚恤和生活补助标准，惠及全国860万优抚对象。支持棚户区改造开工609万套，改造农村危房190.6万户。中央财政增加阶段性财力补助规模，确保困难地区财政运转和基本民生兜底。四是推动完善公共文化服务体系。进一步改善城乡公共文化设施，49863家公益性文化设施向社会免费开放。实施中华优秀传统文化传承发展工程，支持世界文化遗产、大遗址、全国重点文物等保护项目2310个和国家级非物质文化遗产代表性项目811个。

（四）聚焦深度贫困地区，支持脱贫攻坚取得决定性进展。

贯彻精准扶贫、精准脱贫基本方略，进一步集中资源、突出重点，大力支持脱贫攻坚。一是加大扶贫资金投入。2017年中央财政补助地方专项扶贫资金861亿元，比2016年增长30.3%。有关一般性转移支付和农业、教育等领域专项转移支付也加大了对贫困地区投入力度。同时，安排地方政府债券额度600亿元，用于改善贫困地区生产生活条件。二是支持推进分类施策。将贫困县涉农资金统筹整合使用试点扩大至全部832个贫困县，全年整合资金3286亿元，由贫困县根据脱贫需要因地制宜统筹使用资金。完善资金使用管理机制，规范资产收益扶贫，积极支持产业扶贫、教育扶贫、生态扶贫等。推进农村低保与扶贫开发有效衔接，进一步加强兜底保障。三是强化扶贫资金监管。修订完善财政专项扶贫资金管理办法和绩效评价办法，开展财政扶贫资金专项检查。全年减少农村贫困人口1289万，超额完成年度减贫任务。

（五）大力支持生态文明建设，持续改善生态环境质量。

牢固树立绿水青山就是金山银山的理念，加大生态环保治理力度。一是加强大气、水、土壤污染防治。着力打好蓝天保卫战，中央财政大气污染防治资金比2016年增长43%，支持落实京津冀及周边、长三角、珠三角地区大气污染防治重点任务。在12个城市开展北方地区冬季清洁取暖试点。推动重点区域和长江、黄河、南水北调工程上游及汉江等重点流域水污染防治。在51个畜牧大县启动实施畜禽粪污资源化利用项目。支持全面开展土壤污染状况详查，强化土壤污染管控和修复。二是稳步推进生态保护。国家重点生态功能区转移支付规模达到627亿元，全国享受重点补助的县域达819个。加大祁连山生态环境保护支持力度，推动妥善解决历史遗留问题。在6省（区）开展第二批山水林田湖草生态保护和修复工程试点。落实新一轮退耕还林还草、新一轮草原生态保护补助奖励和天然林保护全覆盖政策，支持全面停止天然林商业性采伐。三是加强生态文明制度建设。完善流域上下游横向生态保护补偿机制，深入推进新安江、东江等流域开展横向生态保护补偿试点。支持建立国家公园体制、开展排污权有偿使用和交易等试点。

三、坚持依法理财，扎实做好财政改革和管理工作

2017年，我们深入贯彻实施预算法，落实预算审查监督重点向支出预算和政策拓展有关要求，持续深化财税体制改革，更好发挥财政在国家治理中的基础和重要支柱作用。

（一）增强预算法治意识，进一步严格规范预算管理。

将预算法各项要求落实到预算管理工作各方面，实施全面规范、公开透明的预算制度。一是完善重点支出保障机制。对教育、科技等重点支出，根据项目需求结合财力状况统筹安排、优先保障，确保发展的合理需要。二是优化转移支付结构。中央对地方一般性转移支付规模继续扩大，占转移支付总额的比重提高至61.6%，并向财力薄弱地区和贫困地区倾斜。专项转移支付项目数量减至76项，比2016年减少18项。三是健全政府预算体系。将新增建设用地土地有偿使用费等3项政府性基金转列一般公共预算，取消排污费等以收定支、专款专用的规定，中央国有资本经营预算调入一般公共预算的比例提高到22%。四是加大预算公开力度。首次在中国政府网、财政部门户网站集中公开中央预算、中央部门预算和中央对地方转移支付预算，方便人大代表和社会公众监督。公开部门预算的中央部门增加到105个，公开内容更加细化，公开时间比2016年提前8天。

（二）深入推进预算绩效管理，提高资金使用效益。

强化绩效导向，完善绩效管理体系，推动提升财政支出效能。一是扩大绩效管理范围。绩效管理从一般公共预算逐步拓展到部分政府性基金、国有资本经营预算项目以及部分政府投资基金，从项目支出拓展到部门整体支出。二是贯穿预算管理全过程。绩效目标管理实现一般公共预算中央部门本级项目和中央对地方专项转移支付全覆盖，并初步建立绩效目标与预算资金同步批复下达机制。绩效执行监控试点拓展至所有中央部门。组织中央部门对所有项目和专项转移支付开展绩效自评。三是重点绩效评价常态化。继续组织第三方对重点民生政策和重大项目开展绩效评价，优先选择教育、文化、科技、环保等领域重点项目进行评价，被评价项目数量和涉及金额均较2016年大幅增加。同时组织对中央财政经济建设支出和国家储备财政支持政策开展绩效评估。部分评估评价结果已在政策调整和预算安排时得到应用。2017年重点绩效评价和专项转移支付绩效自评工作正在抓紧进行，93个中央部门的182个项目绩效自评结果在部门决算草案中反映，15个重点政策和项目绩效评价报告随同2017年决算报送全国人大常委会参阅。

（三）完善财政体制和税收制度，加快建立现代财政制度。

加大改革力度，加强改革督察，财税体制改革向纵深拓展，现代财政制度建设取得重要阶段性成果。一是完善财政体制。分领域推进中央与地方财政事权和支出责任划分改革，外交领域改革方案出台实施，教育、医疗卫生等领域改革稳步推进。指导省级财政部门合理划分省以下财政事权和支出责任。结合财政体制、税制改革进展情况，研究制定中央和地方收入划分改革方案以及健全地方税体系改革方案。二是深化税制改革。巩固营改增成果，废止营业税暂行条例，修改增值税暂行条例。继续深化资源税改革，水资源税改革试点扩大到10个省份。出台个人收入和财产信息系统建设总体方案。三是推进税收立法。落实税收法定原则，配合做好税收立法工作，烟叶税法、船舶吨税法出台，耕地占用税法、车辆购置税法、资源税法、关税法等立法工作深入开展。

（四）依法规范地方政府举债行为，防范化解政府债务风险。

认真落实党中央、国务院有关决策部署，进一步加强地方政府债务风险防控。一是坚决遏制隐性债务增量。及时完善监管政策，印发有关文件，严格禁止地方政府借融资平台公司、PPP、政府投资基金、政府购买服务等名义变相举债。二是严查违法违规融资担保行为。加强地方政府债务常态化监督，组织核查部分市县和金融机构违法违规融资担保问题，依法查处，问责到人，对典型案例公开通报。三是支持地方依法举债。在严堵“后门”的同时，进一步开好“前门”。强化地方政府债务限额管理，继续开展地方政府债务风险评估和预警。试点发行地方政府土地储备专项债券、政府收费公路专项债券，保障重点领域合理融资需求。2017年，地方政府发行一般债券23619.35亿元，偿还当年到期一般债券2414.5亿元，年末地方政府一般债务余额103631.79亿元。地方政府发行专项债券19961.59亿元，当年没有专项债券到期，年末地方政府专项债务余额61468.01亿元。2017年末，地方政府债务余额合计165099.8亿元，控制在全国人大批准的

余额限额188174.3亿元以内。

四、强化问题导向，进一步提高财政预算管理水平

2017年预算执行效果较好，同时还存在一些需要解决的问题，审计也指出了存在的不足。

我们对此高度重视，特别是对审计查出问题严肃认真进行整改，深入研究和采纳审计提出的建议，深化改革，完善机制，努力提升财政预算管理水平。一是深化部门预算管理改革。加强部门全口径预算管理，加大当年预算和结转资金的统筹力度。完善预算支出定额标准体系，健全支出标准动态调整机制。强化项目支出预算管理，严格项目立项程序，建立项目动态评估清理机制。扩大项目预算评审范围，推进提高项目预算编报质量。硬化预算约束，严控预算追加。二是加强预算统筹安排。明确一般公共预算统一保障履行公共服务职能。加强政府性基金预算、国有资本经营预算和一般公共预算的衔接，努力减少资金安排交叉重复。进一步完善和丰富国有资本经营预算编报，增强完整性，提高国有资本经营收益上缴财政的比例。推动社会保险基金精算平衡，提高相关基金自求平衡能力。三是规范转移支付管理。与财政事权和支出责任划分改革相衔接，研究完善中央对地方转移支付体系。增强一般性转移支付在缩小地区间财力差异方面的作用，提高地方统筹使用资金能力。严格专项转移支付资金分配和使用管理，健全专项定期评估和退出机制，加强对专项的绩效考核。四是全面实施预算绩效管理。制定全面实施绩效管理的指导性文件。逐步将绩效管理覆盖所有财政资金，深度融入预算编制执行。健全绩效指标和标准体系，改进绩效评价方式方法，推进绩效信息公开，加强绩效监督问责。五是完善中央基建投资管理。提高中央基建投资预算编制的准确性和到位率。推动中央基建投资计划提前下达，进一步做好投资计划和预算编制下达的衔接。健全中央基建投资绩效管理制度。六是防范化解地方政府债务风险。采取有效措施，坚决遏制隐性债务增量，积极稳妥化解隐性债务存量。加强监督问责，从严整治举债乱象，严肃查处违法违规融资担保行为。七是改进决算编报。贯彻落实预算法和中办印发的《关于人大预算审查监督重点向支出预算和政策拓展的指导意见》，进一步改进决算编报工作。推动中央一般公共预算支出按经济性质分类编列到款。

今年以来，我国经济运行延续稳中向好态势，财政收入持续增长，重点支出得到较好保障。1—5月，全国一般公共预算收入86650亿元，同比增长12.2%，其中中央一般公共预算收入41880亿元，同比增长15.3%；全国一般公共预算支出82695亿元，同比增长8.1%，其中中央本级支出11945亿元，同比增长7%。考虑到国内外环境仍存在一些不确定不稳定因素，价格因素增收作用可能减弱，实施新一轮减税降费政策等影响，后期财政收支平衡依然存在压力，实现全年预算目标需要付出较大努力。

下一步，我们将认真贯彻落实中央经济工作会议和十三届全国人大一次会议精神，坚持稳中求进工作总基调，坚持新发展理念，围绕推动高质量发展，实施好积极的财政政策。重点做好以下工作。一是加强预算执行管理。根据党和国家机构改革后有关中央部门设置和职能配置情况，调整优化预算管理，强化支出项目统筹，加强与有关部门的协调配合，促进事业发展和提高政府整体效能。从严管理财政资金，保障资金安全。强化预算执行动态监控和分析，督促地方和部门加快预算执行进度，提高财政资金使用效益。落实好深化增值税改革、进一步减少涉企收费等措施。二是支持打好三大攻坚战。继续依法加强限额内地方政府债务管理，着力防控地方政府隐性债务风险。严格坚持现行扶贫标准，强化扶贫资金整合，进一步提高整合深度和质量，实施扶贫资金绩效管理。研究细化相关举措，集中资金支持打好污染防治重大战役，促进生态环境质量总体改善。同时，坚定实施乡村振兴、区域协调发展等国家重大战略。三是做好民生保障工作。坚持尽力而为、量力而行，着力保基本、兜底线。出台实施企业职工基本养老保险基金中央调剂制度方案，实现基金安全可持续和财政负担可控，确保各地养老金按时足额发放。指导地方完善县级基本财力保障机制，进一步下沉财力，增强困难地区和基层政府保工资、保运转、保基本民生的能力。四是加快财税体制改革。加快出台修改后的预算法实施条例。研究制定交通运输、环境保护等领域中央与地方财政事权和支出责任划分改革方案。推进综合与分类相结合的个人所得税制度改革。推进地方税体系建设。抓紧制定中央与地方收入划分改革方案。抓紧完成消费税法、印花税法、关税法等草案的起草工作。稳步推进中央党政机关和事业单位经营性国有资产集中统一监管试点。建立健全国有资产报告机制，推进落实金融

企业国有资产专项报告和国有资产综合报告相关工作。

我们将更加紧密地团结在以习近平同志为核心的党中央周围，以习近平新时代中国特色社会主义思想为指导，全面深入贯彻落实党的十九大和十九届二中、三中全会精神，认真落实本次会议审议意见，扎实做好财政预算工作，促进经济社会持续健康发展，为决胜全面建成小康社会、夺取新时代中国特色社会主义伟大胜利、实现中华民族伟大复兴的中国梦作出新贡献。

全国人民代表大会财政经济委员会关于2017年中央决算草案审查结果的报告

——2018年6月20日在第十三届全国人民代表大会常务委员会第三次会议上

全国人大财政经济委员会主任委员　徐绍史

全国人民代表大会常务委员会：

第十三届全国人民代表大会财政经济委员会听取了财政部受国务院委托所作的《关于2017年中央决算的报告》和审计署受国务院委托所作的《关于2017年度中央预算执行和其他财政收支的审计工作报告》，并结合审计工作报告，对2017年中央决算草案进行了初步审查。现将审查结果报告如下。

2017年中央一般公共预算收入81123亿元，为预算的103.2%，增长7.1%，加上从中央预算稳定调节基金、中央政府性基金预算、中央国有资本经营预算调入1634亿元，收入总量为82757亿元；中央一般公共预算支出94909亿元，完成预算的99.1%，增长5.3%，加上补充中央预算稳定调节基金3348亿元，支出总量为98257亿元；收支总量相抵，中央财政赤字15500亿元，与预算持平。2017年中央对地方转移支付支出57029亿元，完成预算的100.9%，增长8.0%，其中，一般性转移支付35146亿元，完成预算的100.3%，增长10.0%；专项转移支付21883亿元，完成预算的101.9%，增长5.1%。2017年末，中央国债余额134770.15亿元，控制在全国人大批准的余额限额之内。中央预算稳定调节基金余额为4838亿元。

中央政府性基金收入3825亿元，为预算的103.2%，增长6.4%。中央政府性基金支出3669亿元，完成预算的91.6%，增长9.2%。中央国有资本经营预算收入1244亿元，为预算的96.5%，下降13.0%；中央国有资本经营预算支出1002亿元，完成预算的86.3%，下降30.9%。因在京中央机关事业单位养老保险经办工作从2017年12月开始启动，当年未编制中央社会保险基金预算，相应地2017年未编报中央社会保险基金决算。上述收支增减变化的原因，决算报告和草案中作了说明。

2017年中央决算草案与十三届全国人大一次会议审查批准的2017年中央预算执行情况比较，一般公共预算收入增加4亿元、支出减少168亿元，增收减支合计172亿元，已补充中央预算稳定调节基金；中央政府性基金收支、国有资本经营收支决算数与执行数持平。

财政经济委员会认为，2017年在以习近平同志为核心的党中央坚强领导下，国务院及其财政等部门认真学习贯彻习近平新时代中国特色社会主义思想和党的十九大精神，按照党中央确定的方针政策和十二届全国人大五次会议提出的各项要求，贯彻实施预算法，坚持稳中求进工作总基调，坚持新发展理念，以推进供给侧结构性改革为主线，实施更加积极有效的财政政策，加大减税降费力度，优先保障脱贫攻坚、生态环保、民生改善等重点领域支出，深化财税体制改革，加强预算管理，提高财政资金使用绩效，较好地完成了全国人大批准的中央预算。财政经济委员会建议全国人大常委会批准国务院提出的《2017年中央决算(草案)》。

同时，财政经济委员会认为，2017年中央决算和审计工作报告也反映出预算执行和管理中存在的一些问题，主要是：部分收支决算与预算仍存在较大差异，预算编制科学性有待加强，部分预算执行不够严格和规范；决算草案编报需要按照预算法要求进一步改进完善；指定了用途的一般性转移支付占比仍较高，专项转移支付统筹整合不到位，定期评估和退出机制还不完善；政府投资基金设立缺乏统筹规划，管理不够规范，个别基金发挥政策引导作用不够；预算绩效评价工作有待加强，评价覆盖面不够宽,评价方式有待完善,结果运用不够充分,对预算绩效的审计工作有待加强;部分地方政府隐性债务风险不容忽视,对违法违规举借债务的追责问责力度需要进一步加强;审计查出问题整改的长效机制有待进一步健全完善等。

审计署紧紧围绕党和国家中心工作,对2017年度中央预算执行、中央决算和其他财政收支依法开展审计,指出了中央决算草案和预算管理、重大专项资金和民生工程、三大攻坚战、重大政策措施落实中存在的突出问题,提出了审计建议,较好履行了审计监督职能。建议有关部门和地方要高度重视审计查出的问题和审计署提出的建议,认真扎实做好整改工作,国务院年底前向全国人大常委会报告全面整改情况。

为深入贯彻落实党中央的决策部署,全面贯彻实施预算法和全国人大有关决议要求,进一步做好财政预算工作,财政经济委员会提出以下意见建议:

(一)推进深化财税改革

继续深化财税体制机制改革,进一步理顺中央和地方财政事权与支出责任划分,抓紧制定中央和地方收入划分改革方案,充分调动中央和地方两个积极性。优化财政资源配置方式,提高财政资金分配和使用的公正性、针对性和有效性,使财政政策更加聚力增效。提高一般性转移支付的比重,降低专项转移支付的比重。按照深化党和国家机构改革的决定要求,进一步统筹整合同一领域、使用方向相近的专项支出,发挥好财政专项资金的政策效果。加快健全专项转移支付定期评估和退出机制,取消大专项套小专项,取消政策到期、绩效低下的专项。严格规范政府投资基金管理,对中央政府投资基金的政策效果进行全面评估,更好发挥政府投资基金的引导作用。加快落实企业职工基本养老保险基金中央调剂制度,积极防控地方养老保险基金收支风险。高度重视预算法实施条例的修订工作,今年年内应当颁布实施。

(二)改进预算、决算工作

预算报告、决算报告要进一步反映重点支出、专项转移支付、重大投资项目资金的使用及绩效情况,更好体现党中央重大方针政策和决策部署的落实情况,更好落实预算法的有关要求。进一步完善和丰富政府性基金预算、国有资本经营预算、社会保险基金预算编报的内容。做好中央社会保险基金预算编制、执行和决算工作。加强预算支出标准体系建设,完善预算项目库建设。进一步依法编报中央一般公共预算支出的经济性质分类决算草案。中央对地方转移支付决算草案,要逐项说明资金分配、使用和绩效的情况。2019年提交审查的部门预算、决算草案,应当研究增加并细化部门国有资产配置、人员编制及基本支出等情况说明。积极推进财政信息管理系统一体化建设,建立覆盖各级财政的预算执行动态监控体系,强化对预算执行的全过程管理。

(三)全面实施预算绩效管理

将预算绩效管理覆盖所有财政资金,贯穿预算管理全过程,做到花钱必问效、无效必问责。围绕贯彻落实党中央重大方针政策和决策部署,细化预算绩效目标,进一步增强绩效评价指标的科学性和合理性。改进完善预算绩效评价工作机制,提高外部评价的比重,积极推进由具有合格资质的第三方开展绩效评价,增强评价的客观性和公正性。进一步推动绩效评价结果的运用,建立健全预算绩效评价结果与预算安排、政策调整等挂钩的激励约束机制。切实加强中央基本建设投资绩效管理工作。建立预算绩效评价结果向社会公开、接受社会监督的机制。

(四)积极防范和化解地方政府隐性债务风险

认真贯彻落实党中央关于防范和化解地方政府隐性债务风险的各项要求,坚决遏制隐性债务增量,积极稳妥化解隐性债务存量。抓紧制定出台地方政府融资平台公司市场化转型办法。依法健全债务违约处置机制,防范处置风险的风险。地方各级人大及其常委会要加强对政府举债融资的监督,防止在政府预算之外举债融资。加快出台地方政府债务信息公开办法,切实增强透明度和市场约束性。继续对有关地方政府及所属企事业单位、金融机构违法违规举债融资行为依法追责,并公开曝光。

(五)切实做好审计查出问题的整改工作

进一步加大对党中央重大政策措施贯彻落实情况跟踪审计力度,加大对经济社会运行中各类风险隐患揭示力度,加大对重点民生资金和项目审计力度,加强对预算绩效的审计监督。深入分析审计查出问题的原因,区分违法违规问题、体制机制问题、历史遗留问题、发展与改革过程中产生的新问题等不同情况,有针对性地提出整改的措施和要求,并对整改情况持续开展跟踪核查。对预算执行中存在的资金使用不规范等问题,要进行切实整改,防止类似情况再次发生。要强化被审计查出问题的主管部门和地方政府的整改主体责任,相关部门和地方的整改和问责情况要及时向社会公开。

国务院应进一步督促有关部门和地方认真落实整改责任，坚持问题导向，改革体制机制，堵塞制度漏洞，严肃追责问责。

以上报告，请予审议。

关于 2017 年度中央预算执行和其他财政收支的审计工作报告

——2018 年 6 月 20 日在第十三届全国人民代表大会常务委员会第三次会议上

审计署审计长　胡泽君

全国人民代表大会常务委员会：

我受国务院委托，报告 2017 年度中央预算执行和其他财政收支的审计情况，请予审议。

根据党中央、国务院部署和审计法律法规，审计署对 2017 年度中央预算执行和其他财政收支情况进行了审计。审计中，我们坚持以习近平新时代中国特色社会主义思想为指导，全面贯彻党的十九大和十九届二中、三中全会精神，认真执行十二届全国人大五次会议决议，落实全国人大常委会审议意见和全国人大财经委审查意见，贯彻新发展理念，落实"三个区分开来"的重要要求，聚焦打好三大攻坚战，着力推动供给侧结构性改革和"三去一降一补"任务落实，深入推进党风廉政建设和反腐败斗争，促进经济社会持续健康发展。现将审计结果报告如下：

2017 年，在以习近平同志为核心的党中央坚强领导下，各地区各部门认真贯彻党中央、国务院决策部署，全面深化改革开放，创新和完善宏观调控，高质量发展取得良好开端。从审计情况看，中央预算执行情况总体较好，财政保障能力进一步增强。

——经济保持平稳运行，质量效益持续提升。经济运行保持在合理区间，经济实力稳步提高。以供给侧结构性改革为主线，持续深化放管服改革，扎实推进"三去一降一补"，大力发展新兴产业，深入实施创新驱动发展战略，结构调整对经济发展的支撑作用明显。

——着力打好三大攻坚战，补短板强弱项取得明显成效。强化地方政府债务限额管理，加强金融监管统筹协调。中央财政补助地方专项扶贫资金比上年增长 30.3%，1289 万农村贫困人口实现脱贫。中央本级节能环保、社会保障和就业、教育等支出分别增长 18.6%、12.4%、7%，享受国家重点生态功能区转移支付的县域增至 819 个。

——积极财政政策有效实施，财税体制改革不断深化。中央财政一般公共预算收入和支出分别增长 7.1%、5.3%，保障了重点领域发展需要。营改增全面推开，小微企业税收优惠措施有效落实，全年为各类市场主体减负超 1 万亿元。13 个省[①]制定了中央与地方财政事权和支出责任划分改革方案。

——审计查出问题整改成效较好，体制机制进一步健全。对上一年度审计查出的问题，各地区、部门和单位按照党中央、国务院部署，认真落实整改主体责任，审计署按项、逐条跟踪督促。目前，审计查出的突出问题都得到了整改，推动制定完善规章制度 2000 多项。

一、中央决算草案和预算管理审计情况

重点审计了财政部具体组织中央预算执行和编制中央决算草案、发展改革委组织分配中央基建投资情况。财政部编制的中央决算草案列示的决算收支表明，2017 年，中央一般公共预算收入总量 82756.73 亿元、支出总量 98256.73 亿元，赤字 15500 亿元；预算稳定调节基金年底余额 4838.46 亿元；政府性基金收入 3824.77 亿元、支出 3669.19 亿元；国有资本经营收入 1244.27 亿元、支出 1001.71 亿元。从审计情况看，财政部、发展改革委深化财税体制改革，加强预算和计划管理，优化财政支出结构，优先保障基本民生和重点项目，预算管理水平和财政资金使用绩效有所提高。存在的主要问题：

（一）中央决算草案编制不够准确完整。

1. 少计中央一般公共预算收支 20.13 亿元。一是以退库方式安排资金 16.53 亿元，未作收支反

① 本报告对省级行政区统称为省，地市级行政区统称为市，县级行政区统称为县。

映;二是国际金融组织赠款未纳入预决算,涉及收支3.6亿元;三是核算不准确,将收回的农业保险保费补助支出3.01亿元,抵减税收返还支出3.01亿元。

2. 两个重大事项披露不充分。未单独反映政府投资基金中央财政2017年出资358.11亿元及收益分配,6964亿元中央特别国债2017年8月到期续作情况。

3. 部分收支事项列示不细化。收入方面,未分税种列示进出口环节增值税、消费税收入及退税情况。支出方面,执行中调整为补助地方支出的70.11亿元直接列入"其他支出";中央基本建设支出中,部分本级支出只列示到类级科目,转移支付未按投资专项分项列示。

审计指出问题后,财政部在决算中增加了中央对地方税收返还3.01亿元,披露了政府投资基金注资和特别国债续作情况,细化了进出口环节税收及退税、补助地方其他支出以及中央基本建设支出等情况。

(二)预算分配管理存在薄弱环节。

1. 预算安排与存量资金盘活统筹衔接不够。一是财政部对累计结转42.3亿元的48个项目,仍安排预算49.01亿元,年底结转增至59.11亿元;13个部门及18家所属单位结余3.43亿元未及时上交。二是发展改革委安排支持的18个项目无法按计划实施或超过1年未开工,地方未及时申请调整,导致中央基建投资2.55亿元闲置。三是17个部门未将4160个项目结转资金86.65亿元统筹纳入部门预算。

2. 预算分配标准不够明确或执行不严格。一是未明确规定分配因素或权重,涉及24项专项转移支付。二是分配标准不细化或不合理,涉及1项专项转移支付、3个投资专项,资金33.33亿元。三是分配中未严格执行规定的办法和标准,涉及一般性转移支付、7项专项转移支付、11个投资专项,资金2501.12亿元,如发展改革委超出标准向16个项目多安排4794.9万元,低于标准向23个项目少安排5163.4万元,向不符合条件的17个项目分配1.26亿元。

3. 部分预算安排和下达不够规范。一是预算级次不清,在5个部门的项目支出中安排补助地方支出20.86亿元;有133.38亿元对地方的基建投资,在执行中被调整为中央本级支出。二是预算编制不细化,22项专项转移支付预算编制时未落实到具体地区,其中11项连续2年以上未落实。三是预算下达不及时,9个部门的19个项目预算至12月才追加,下达的1.46亿元当年全部结转。转移支付中,财政部和发展改革委分别有3833.03亿元、212.18亿元未在规定时间内下达,40项专项提前下达比例偏低,其中24项全部未提前下达。

4. 国有资本经营预算范围不够完整。截至2017年底,中央部门所属事业单位的4900余户企业中,有4100余户(占83%)尚未纳入国有资本经营预算范围,当年净利润约240亿元。

5. 部门间对接还不够顺畅。发展改革委未及时将对地方的投资专项予以细化,财政部估算编制的年初预算与发展改革委实际下达计划差异较大,有18个地区多346.77亿元,其余18个地区少213.15亿元;财政部未及时将发展改革委安排的35.68亿元投资计划批复到部门年初预算,年底形成结转15.07亿元。抽查3519.61亿元投资发现,从下达计划到下达预算平均耗时74天。

(三)转移支付管理仍不够完善。

1. 具有指定用途的转移支付占比仍较高。2017年中央对地方转移支付中,专项转移支付占比下降1个百分点,但一般性转移支付中有37项12434.42亿元资金指定了用途,加上专项转移支付,地方无法统筹使用的资金占比仍达60%。

2. 专项转移支付退出机制不完善。现有76项专项转移支付中,52项未明确规定实施期限或退出条件,支出项目只增不减的格局尚未根本改变。定期评估覆盖面较窄,2017年仅对32项专项转移支付开展评估,其中11项评估内容不完整。

3. 部分转移支付安排交叉重叠。主要是对同类事项或支出通过多个渠道安排资金。一是多本预算安排,如对旅游基础设施建设等事项,一般公共预算和政府性基金预算分别安排24.6亿元、29.76亿元。二是多个部门安排,如对11类具体事项,财政部、发展改革委分别安排1570.6亿元、472.6亿元。三是多个专项安排,财政部2项专项转移支付和发展改革委2个投资专项,均安排资金用于高标准农田建设;发展改革委2个投资专项安排同一地区重大项目前期工作经费,涉及1950万元。

(四)部分财税领域改革有待深化。

1. 预算绩效评价不到位。主要是实际推进中存在评价覆盖面小、指标不细化、自评不严格等问题。2017年,财政部对16个中央本级项目支出进行了绩效评价,项目资金覆盖面仅1.38%,结果也未全部公开;发展改革委未按要求对分配的中央本级项目开展绩效目标管理。抽查还发现,8 个部门 24 个项目的绩效目标脱离实际或指标不够细化;8 个部门 14 个项目自评结果不实,其中资金使用率自评 100% 的 2 个项目实际支出为零。

2. 中央政府投资基金管理不规范。由于基金设立采取一事一议方式,对政策目标、职能划分等缺乏统筹规划,审计发现国家新兴产业创业投资引导基金和先进制造产业投资基金分别投资同一公司 4 亿元、15 亿元。个别基金未充分发挥政策引导作用,如中国政企合作投资基金 2016 年 3 月成立,截至 2017 年底到位资金中有 639 亿元(占 88.7%)未投资项目,用于购买理财产品。

3. 税收优惠政策后续管理不到位。财政部尚未建立税收优惠政策定期评估机制,无法全面掌握执行效果,不利于政策调整完善。如固定资产加速折旧政策未覆盖一些新能源、新材料等新兴制造业,2017 年由国税征管的制造业企业仅有 1.71 万户享受了此项优惠。

审计指出问题后,财政部出台了税收优惠政策定期评估相关规定。对其他问题,财政部、发展改革委等部门正在整改。

二、中央部门预算执行审计情况

重点审计了 57 个中央部门本级及所属 365 家单位,涉及财政拨款预算 2115.99 亿元(占这些部门财政拨款预算总额的 35.28%)。审计结果表明,2017 年度部门预算管理不断加强,预算执行总体较好,财政资金使用绩效有所提高。审计发现的主要问题:

一是预决算编报还不够准确。涉及 35 个部门和 81 家所属单位、金额 35.04 亿元。其中:6 个部门和 9 家所属单位编报预算时,虚报项目内容或人员等多申领资金 2.16 亿元;11 个部门和 11 家所属单位存在代编预算等问题 12.62 亿元;28 个部门和 64 家所属单位的决算草案存在多列支出、少计收入等问题,涉及 20.26 亿元。

二是资金资产管理还不够规范。涉及 23 个部门和 89 家所属单位、金额 11.25 亿元。其中:1 个部门和 10 家所属单位账外存放或通过虚假票据等套取资金 4409.55 万元;4 个部门和 11 家所属单位违规理财或出借资金等 2.58 亿元;7 个部门和 31 家所属单位未严格执行"收支两条线"规定,涉及租金等收入 5.4 亿元;16 个部门和 40 家所属单位部分资产违规处置或闲置浪费等,涉及 2.83 亿元。

三是"三公"经费和会议费管理不严问题在一些部门依然存在。涉及 34 个部门和 101 家所属单位、金额 5721.71 万元。因公出国(境)方面,5 个部门和 1 家所属单位超计划、超限量、超人数安排出国团组 113 个;4 个部门和 10 家所属单位无预算、超预算列支或转由其他单位承担出国(境)费用 852.86 万元。公务用车方面,6 家所属单位未按规定完成公车改革;10 个部门和 25 家所属单位超标准超编制、违规或变相配备、未按规定使用公务用车等 240 辆;2 个部门和 2 家所属单位无预算、超预算、超标准支出公务用车购置及运行维护费 649.76 万元。会议和培训管理方面,11 个部门和 18 家所属单位无计划、计划外召开会议或举办培训等 578 个;3 个部门和 17 家所属单位违规在非定点饭店或京外召开会议 98 个;12 个部门和 12 家所属单位超预算、超标准、超范围列支,或转由其他单位承担会议费、培训费 2808.91 万元。此外,还有 10 个部门和 29 家所属单位存在违规发放津贴补贴、违规兼职或取酬等问题,涉及 1204.04 万元。

四是一些部门和单位依托管理职能或利用行业影响力违规收费。涉及 5 个部门和 75 家所属单位、金额 1.69 亿元。其中:62 家所属单位通过组织资格考试、开展检测等取得收入 1.61 亿元;5 个部门和 14 家所属单位开展评比表彰、举办论坛等收费 829.56 万元。

审计指出问题后,有关部门和单位通过归还资金原渠道、上缴国库、调整账目等方式整改 5.06 亿元,清退超编制或违规占用其他单位公务用车 10 辆,出台和完善制度 5 项。

三、重大专项资金和民生工程审计情况

(一)乡村振兴相关资金审计情况。重点调查了 9 个省农村土地承包经营权确权、28 个省农业信贷担保体系建设和 8 个省畜禽养殖业粪污资源化利用等 3 项重点工作的推进情况。截至 2017 年底,全国已完成土地确权面积 11.59 亿亩,投入 584 亿多元设立农业信贷担保机构 528 个,畜禽粪污处理综合利用率有所提高,但有些工作进展较慢,部分政策落实与要求还有较大差距。截至 2018 年 2 月底,9 个省土地确权资金累计结存 61.46 亿元(占收到额的 44%),部分闲置 1 年以上,7 个省土地承包经营权证颁证率最高 12%、最低为零;抽查 7 个省级

农业信贷担保机构2017年5月后开展的66亿多元担保业务中，符合规定标准的仅占22%、最低7%；7个省未出台粪污资源化利用绩效考核办法，由于养殖业与种植业对接困难，抽查5个县2017年产生的1395.61万吨畜禽粪污中，仅34.2万吨（占2.5%）作为有机肥利用。审计指出问题后，有关地方和部门正在整改。

（二）医疗保险基金审计情况。截至2017年底，审计的9个省基本建立大病保险、疾病应急救助等制度，将4100多家医院纳入跨省异地就医结算系统，城乡居民政策范围内住院费报销比例比上年平均提高2个百分点，但一些地方统筹和保障还不到位，3个省尚未实现新农合与城镇居民医保药品目录、筹资政策等"六统一"；9个省43个市县的125.9万人未参加城乡居民医保或未能按政策享受新农合保费补贴。4个省21家企业的166.65万名职工医保基金未实行属地管理；2个省的3个市未及时拨付医保费用9500多万元。审计指出问题后，相关地方已拨付大病保险1319万元。

（三）工程项目薪酬发放审计调查情况。审计抽查了19个省188个工程项目，推动为3.4万余名农民工追回欠薪5.94亿元、问责182人。从抽查情况看，欠薪的原因主要是有的地方超财力投资工程、前期工作不到位、工程款拨付不及时；一些施工企业为竞揽工程，超越自身实力先行垫付建设资金，后因资金不足而欠薪；落实工资保证金、工资专用账户等保障政策也不到位。

（四）结构调整专项奖补资金审计情况。重点抽查了22个省和2户企业收到的工业企业结构调整专项奖补资金管理使用情况。总的看，相关资金管理使用逐步规范，有力推动了化解过剩产能，但仍发现有4家地方单位和1户企业将7亿元违规用于偿债、理财、发放在职人员工资等，2户企业以虚假材料申报违规获取2954万元；有17个省多报或少报去产能职工安置人数5.07万人，加之有些地方未按要求明确奖补范围，导致16.91亿元结存或无法分配。审计指出问题后，有关地方和企业正在整改。

（五）全国保障性安居工程跟踪审计情况。重点抽查了全国1.77万个项目，涉及投资2.52万亿元。从审计情况看，各地积极探索建立和完善多主体供给、多渠道保障、租购并举的住房制度，大力推进项目建设，群众居住条件明显改善，但部分资金和住房仍存在被挤占挪用、违规获取或空置等问题，涉及资金30.84亿元、住房16.87万套，还有620.46亿元未及时安排使用。后续监管也未及时跟进，3.53万户不再符合保障条件的家庭仍享受住房2.75万套和补贴1384.43万元；1211个项目建成后因手续不完备无法办理竣工验收备案。审计指出问题后，有关地方已追回或盘活资金等26.07亿元，取消或调整保障待遇1.68万户，收回和加快分配住房8602套。

四、三大攻坚战相关审计情况

为贯彻落实党中央、国务院部署，审计署先后印发了关于加强审计监督推动打好三大攻坚战的3个实施意见，各项审计都高度关注相关重点任务推进情况。

（一）防范化解重大风险相关审计情况。重点关注了地方政府债务、金融运行和基本养老保险基金支付等风险及防范情况。

1. 地方政府债务风险防控情况。在2017年持续组织开展地方政府债务审计基础上，2018年一季度重点审计了5个省本级、36个市本级和25个县级政府债务的管理情况，截至2018年3月底这些地方出台债务管理制度132项。2017年7月全国金融工作会议后，相关地区风险防范意识进一步增强，举债冲动得到有效遏制，违规举债问题明显减少，目前债务风险正得到有序有效防控，但仍发现5个地区2017年8月以后违规举债32.38亿元，还有3个地区政府违规提供担保9.78亿元；11个地区发行的政府债券筹集资金中，有39.22亿元结存在财政部门，其中29.2亿元闲置1年以上。一些地方落实债务管理要求还不到位，有14个地区化解债务方式过于简单，造成重点项目建设资金接续不畅等；5个省本级尚未筹建债务大数据监测平台，14个市县未按要求全面摸排融资担保行为或未按时整改到位，5个市县未将政府购买服务等事项纳入监测范围。审计指出问题后，有关地方正在整改。

2. 金融风险防控情况。各项审计都关注了金融风险防范化解情况。从审计情况看，金融机构和有关企业风险防控工作持续加强，监管部门也加大了对高风险行业和领域整治力度。审计发现，9家大型国有银行违规向房地产行业提供融资360.87亿元，抽查的个人消费贷款中也有部分实际流入楼市股市；一些金融机构通过发行短期封闭式理财产品吸收资金，用于投资长期项目等，存在期限错配风险。网络贷款领域风险管控还不到位,抽查在重庆注册的29家网络小额贷款公司中,有12家主要在浙江等地经营,以规避实际经营地区的准入审查,由此导致的网络客户信用识别不精准、非法冒用他人名义借贷等问题较突出;抽查60家"现金贷"机构发现,其中40家无从业资质,有的以学生为主要客户,存在较大隐患。审计指出问题后,有关方面正在整改,8家银行已收回贷款等45.86亿元。

3. 基本养老保险基金支付风险防控情况。截至2017年底,审计的9个省企业职工基本养老保险基金累计结余1.82万亿元,同比增长12.8%,总体收大于支,但省级统筹在一些地方落实还不到位,6个省有60个市2017年当期结余554.25亿元,而省内其他45个市当期缺口460.55亿元。32个市存在通过占用财政资金和失业保险基金、向银行贷款等方式弥补基金缺口的现象。还有4个省存在违规调整缴费基数下限等问题,造成少缴或欠缴保费11.94亿元。审计指出问题后,相关地方和单位已收回财政资金8000多万元。

(二)扶贫政策落实和资金管理审计情况。组织重点审计了21个省的312个国定贫困县(含114个深度贫困县),抽查2500多个乡镇、8000多个行政村,走访2.9万多户家庭,涉及资金1500多亿元。总的看,各地区各部门积极贯彻落实党中央、国务院决策部署,脱贫攻坚取得重大进展,贫困地区生产生活条件显著改善,贫困群众获得感明显增强。审计发现的主要问题:

1. 一些地方扶贫工作还不够扎实。主要表现为形式主义、弄虚作假及违反中央八项规定精神。其中:37个县把10.92亿元投向企业、合作社和大户,但未与贫困户建立利益联结;13个县将3.21亿元产业扶贫等"造血"资金直接发放给贫困户;5个县将540多万元用于景观修建、外墙粉饰等;4个县在易地扶贫搬迁范围、建设标准等环节层层加码,形成资金缺口2.97亿元,原定任务也未完成;12个市县存在虚报脱贫数据等问题;12个市县扶贫工作中存在超标准接待问题,涉及1700多万元。

2. 有的扶贫政策落实不够精准。96个地区建档立卡数据不够完整、准确,50多万贫困户(人)未按规定享受助学金、危房改造等补贴2.86亿元;23个地区易地扶贫搬迁规划不合理、配套不齐全等,影响2万多贫困户(人)安置;30个地区脱贫标准把握不准或未按规范验收,将"两不愁、三保障"未落实的8万多贫困人口认定为脱贫。"三区"教师扶贫专项计划落实不到位,2017年有160多个贫困县未获安排支教教师,3万多名支教教师中有71%是从贫困县选派到贫困县。

3. 一些地方涉农资金统筹整合试点推进不畅。25个县的19亿多元未按规定纳入统筹整合范围;23个县纳入统筹整合的70多亿元实际仍专款专用;4个县将已挪作他用的1.8亿元纳入统筹整合范围,影响数据真实性。

此外,部分扶贫资金和项目监管仍较粗放,有28.11亿元被骗取套取或挪用,举借的11.75亿元闲置,还有261个项目(投资2.88亿元)长期闲置或未达目标。

审计指出问题后,有关部门和地方已追回或盘活6.64亿元,完善规章制度74项,处理处分231人。

(三)污染防治资金和项目审计情况。重点开展了长江经济带生态环境保护审计和46个地区领导干部自然资源资产离任审计。审计结果表明,有关地区和领导干部认真落实自然资源资产管理和生态环境保护责任,长江经济带"共抓大保护、不搞大开发"取得一定成效,生态环境质量有所改善,但仍发现一些问题:

1. 生态环境保护协同机制仍不够健全,跨地区、跨领域防控仍是难点。如湖北重要水源地王英水库地跨3市县,上游地区污染治理不够到位,下游虽多次通报上游,始终未有效解决。网络销售电鱼机等问题缺乏监管,影响对非法电鱼的打击整治效果,近4年非法电鱼案件年均增长8.8%,破坏长江流域水生态系统健康。

2. 开发管控不够到位,生态修复尚未达到预期。抽查发现,长江经济带11个省现有开发区中,8个是2016年以来未经批准新建的,62个坐落在国家重点生态功能区或与自然保护区等重叠,176个未建设污水集中处理设施或配套设施不完备;小水电开发强度较大,10个省累计建成2.41万座,平均每万平方公里118座,最小间距仅100米。持续整治的5个国家重要湖泊,由于统筹治理不到位等,2017年湖水水质仍为Ⅳ类及以下。

3. 部分资金和项目绩效不高。有关地区少征或违规使用相关资金177.25亿元,62.79亿元专项资金闲置1年以上;206个污染防治和生态修复项目未按期开(完)工,43个项目建成后效果不佳。

审计指出问题后,有关地方已整改14.14亿元,完善制度62项,处理处分105人。

五、重大政策措施落实跟踪审计情况

2017年以来,全国共跟踪审计7.53万个项目,抽查7.66万个单位,推动下达和落实、收回沉淀和统筹安排资金506.59亿元,促进减少或清退收费等122.08亿元,推动新开(完)工或加快进度项目5789个,促进建立健全规章制度1076项,相关地方和部门处理处分2514人。近期审计发现的主要问题:

(一)制造业增值税抵扣链条还需进一步完善。调查营改增等落实情况发现,实施营改增试点以来,累计减税超过2万亿元,其中简易征收等过渡性优惠政策对于保证试点行业税负只减不增发挥了积极作用,但也增加了开具增值税普通发票的上游企业数量,使一些接受增值税普通发票的下游制造企业无法用于抵扣,相关政策还需进一步完善。

(二)一些地方营商环境不够优化。11个部门和地区的11项放管服事项改革不到位,2个地区的3家单位违规继续征收行政事业性收费1387.74万元,12个省的27个部门向2000多家单位收取或转嫁审批前置中介等费用4.57亿元,还有9个地区的23家单位违规预留或未及时清退企业保证金16.72亿元。

(三)一些重大工程项目推进较慢。对"十三五"规划纲要中的20个重大工程项目(占规划总数的12%)审计发现,截至2018年3月底,由于未及时制定具体方案或任务清单、未分解落实责任、未出台配套政策等,10个项目的41项任务有部分具体事项进展较慢,不利于任务如期完成。

(四)创新创业相关制度还不完善。主要是科研项目预算和经费管理不完全适应科研创新的需要,科研考核评价机制难以有效发挥激励作用,重论文和外语、轻创新成果实际应用和转化的问题仍然存在。抽查4个高校双创示范基地2016年4614项专利授权发现,平均转化率不足7%。抽查11个省36支创业投资引导基金中,有6支从未对外投资,涉及资金7.8亿元。

(五)政务信息系统整合和安全管理要求未有效落实。2017年7月至9月,对71家中央部门3188个政务信息系统(总投资375.19亿元)审计发现,4个部门信息系统存在重复开发问题,416个系统仅在司局甚至处室内部应用,部分系统未确定安全等级或未按规定进行安全管理。

(六)淘汰落后产能不够到位。吉林1处30万吨/年煤矿产能未按规定退出;云南违规新增水泥产能450万吨。

审计指出问题后,有关地方和部门正在整改。

六、金融和企业审计情况

主要审计了9家大型国有银行和35户央企。结果表明,这些金融机构和企业能够贯彻落实相关政策措施,不断深化改革,完善法人治理结构,提升经营管理水平,实现国有资产保值增值。审计发现的主要问题:

(一)部分改革试点任务未及时完成。4户纳入国有资本投资运营公司试点、落实董事会职权试点或混合所有制改革试点的企业未及时制定有关工作方案或具体细则;4户未在规定时间内完成本企业全面深化改革实施方案的制定完善工作。

(二)违规决策和经营问题仍较突出。有3家大型国有银行违反程序、违规承诺等办理信贷、理财业务945.99亿元,违规向"两高一剩"行业等提供融资1222.29亿元,虚增存款规模45.1亿元。审计35户央企发现,2016年多计利润28.65亿元,占同期利润的0.77%;有175项重大经济决策事项涉嫌违规或盲目决策等,556项经营管理事项不够规范,共造成资产损失、损失风险和闲置等203.67亿元。

(三)违反中央八项规定精神等问题依然存在。30户央企和3家大型国有银行购买礼品、旅游和违规兼职取酬等3.06亿元;21户央企超标准购车3405.14万元、超标准乘坐交通工具768.32万元;7户央企下属单位的142人违反廉洁从业规定,存在经商办企业等问题,涉及金额6.4亿元。

审计指出问题后,有关金融机构和企业补缴税款9100万元,推动增收节支和挽回损失25亿元,制定和修订制度1742项,处理处分1883人。

七、审计移送的重大违纪违法问题线索情况

上述各项审计中,发现并移送重大问题线索300多起,涉及公职人员500多人,造成损失浪费340多亿元。主要特点:

(一)"微腐败"侵害群众利益。共发现此类重

大问题线索 50 多起，主要是侵占扶贫、涉农、社保、环保等民生资金，涉案人员多为基层公职人员。如扶贫审计发现，32 个市县及有关单位的 153 名干部(其中乡镇村干部 110 人)利用职务便利优亲厚友等，侵吞扶贫资金等 3700 多万元。

(二)涉众类金融乱象亟待整治。共发现非法集资、地下钱庄等重大问题线索 40 多起，主要是一些不法团伙通过快速增值、保本高息等虚假承诺宣传，或幕后操纵标的物市场行情，诱骗社会公众参与，如善林(上海)金融信息服务有限公司及其关联企业非法高息集资数百亿元，审计移送后，公安机关已介入侦查。

(三)涉税违法问题不容忽视。共发现此类重大问题线索 50 多起，涉嫌偷逃税款 270 多亿元，集中在成品油、进口农产品、白酒、手机等领域，主要是利用税收征管漏洞，通过虚构销售业务、串通定价等，虚开发票抵扣以偷逃税款。特别是在成品油领域，相关涉案企业跨省联手操作，形成一套完整的虚假抵扣链条，相关监管核查也存在薄弱环节。

(四)国有企业管理中滥用职权违规操作等问题仍然存在。共发现此类问题 27 起，造成国有资产损失等 60 多亿元。主要是低价转让国有资产、违规开展融资性贸易或对外出借资金等，有的企业领导人员还利用职务之便为特定关系人谋取不当利益。

八、审计建议

从审计情况看，对照建设现代化经济体系、实现高质量发展的要求，财政资金提质增效尚有较大空间，一些基础性关键领域改革还需加快推进，重大任务相关配套措施还需健全完善，正向激励、容错纠错和约束管控等机制还需同步发力。为此，应进一步加大改革开放力度，完善各领域政策措施和制度规则，在改革举措的落地见效上下更大功夫。

(一)切实提高财政资源配置效率。一是统筹考虑中央与地方财政事权和支出责任划分、税收制度改革和税收政策调整，健全地方税体系，优化转移支付制度，健全专项转移支付定期评估和退出机制，加快转移支付立法，尽快修订预算法实施条例。二是进一步优化财政支出结构，加大对扶贫、污染防治、创新创业、民生等重点领域的支持力度。三是全面实施绩效管理，加大财政资金统筹力度，建立绩效评价结果与预算调整和政策调整挂钩机制，明确部门和地区主要负责人绩效评价考核第一责任人责任，切实推进财政提质增效。

(二)夯实基础推动高质量发展。一是巩固扩大放管服改革成效，切实遏制违规收费，完善营改增相关配套措施，加快推行营商环境评价体系，充分激发各类市场主体活力。二是建立健全各类国有资产监管法律法规体系，加快国有经济布局优化、结构调整、战略性重组，聚焦实体经济，突出和做强主业。三是深化科技体制改革，推动产、学、研融合，加大对领军企业牵头实施的重大科技项目的扶持力度，改进科研考核评价激励政策，提高科研成果转化效率。

(三)完善打好三大攻坚战相关措施。一是切实防范地方政府债务风险，积极稳妥化解存量、严控增量。结合金融监管机构改革，统筹抓好金融领域风险防范，完善金融机构绩效评价体系，完善对问题金融机构、非法金融活动有序处置的相关法律法规，推进网络贷款领域风险专项整治。尽快建立企业职工基本养老保险基金中央调剂制度及配套措施，积极推进养老保险全国统筹。二是深入开展扶贫领域专项整顿，严肃惩处贪污侵占、虚报冒领等行为，加强跨部门涉贫信息整合共享，精准施策、强化监管，提高扶贫资金和项目绩效。三是健全生态环境保护协同机制，进一步扩大横向生态补偿试点范围，强化生态环境修复源头治理。

(四)健全激励干事创业的相关配套制度。认真落实中共中央办公厅《关于进一步激励广大干部新时代新担当新作为的意见》要求，结合深化党和国家机构改革，一是全面清理、废止、修订不利于改革发展和干事创业的法规制度，对经过实践检验效果良好但尚未明确法律依据的事项，优先制定相关制度予以规范和扶持，尽快补齐制度短板。二是将完善容错纠错机制与整治不作为问题相结合，明确界定容错范围、严格落实纠错措施，进一步将“三个区分开来”的重要要求落到实处。三是加快制定和完善权责清单，依法制权限权，切实加大追责问责力度。

本报告反映的是中央预算执行和其他财政收支审计发现的主要问题，有关具体情况以附件形式印送各位常委会组成人员，并向社会公告。下一步，审计署将认真督促整改，国务院将在年底前向全国人大常委会专题报告整改情况。

我们将更加紧密地团结在以习近平同志为核心的党中央周围，高举中国特色社会主义伟大旗帜,以习近平新时代中国特色社会主义思想为指导,全面贯彻落实党的十九大和十九届二中、三中全会精神,自觉接受全国人大的指导和监督,依法履行审计监督职责,锐意进取、尽责担当,为决胜全面建成小康社会、加快推进社会主义现代化、实现中华民族伟大复兴的中国梦而奋斗!

对中央决算报告和审计工作报告的意见和建议

6月21日,十三届全国人大常委会第三次会议审议了财政部部长刘昆受国务院委托作的关于2017年中央决算的报告、审计署审计长胡泽君受国务院委托作的关于2017年度中央预算执行和其他财政收支的审计工作报告,共有90人次发言。现根据会议发言情况,将常委会组成人员和列席会议人员的主要意见整理如下。

出席人员普遍认为,2017年,在以习近平同志为核心的党中央坚强领导下,国务院及其有关部门认真贯彻党中央决策部署和十二届全国人大五次会议要求,贯彻实施预算法,坚持稳中求进工作总基调,坚持新发展理念,以推进供给侧结构性改革为主线,实施更加积极有效的财政政策,加大减税降费力度,优先保障重点领域支出,较好地完成了全国人大批准的中央预算。审计机关紧紧围绕党和国家中心工作依法开展审计,查出了一批突出问题,提出了审计建议,认真履行了审计监督职能。出席人员对决算报告、审计工作报告以及全国人大财经委提出的审查结果报告表示赞成。大家指出,要认真贯彻党的十九大关于加快建立现代财政制度的部署要求,继续深化财税体制改革,改进预算、决算工作,确保预算安排和政策更好地服务党和国家工作大局。大家强调,要深入贯彻习近平总书记在中央审计委员会第一次会议上的讲话精神,落实党中央对审计工作的要求,依法全面履行审计监督职责,认真做好审计查出问题的整改工作,加强对违纪违法行为的问责追责,完善各领域政策措施和制度规则。审议中,大家还提出了一些具体意见和建议。

部分出席人员提出,要有效实施积极的财政政策,提高政策精准性,加大对供给侧结构性改革、脱贫攻坚、生态环保、基本民生等重点领域保障力度。有的出席人员指出,扶贫资金的社会关注度很高,要提高精细化管理水平,加强使用绩效评估,让好的政策真正惠及贫困人口。针对骗取和挪用扶贫资金等问题,要持续开展财政扶贫资金专项检查,查补机制漏洞,严惩违法违规行为。一些出席人员指出,我国财政性教育经费投入水平偏低,结构性短板问题明显。建议进一步完善财政教育投入稳定增长机制,优化教育经费支出结构,加大学前教育、现代职业教育等领域资金投入力度,从支持硬件建设更多转向支持软件建设,改变教育财政投入"重物轻人"的状况。一些出席人员指出,养老保险全国统筹推进情况不容乐观,有些地方省级统筹只制定了统筹办法,省级调剂金尚未到位。有关部门和地方要加快步伐,尽快实现养老保险基金省级统筹,落实养老保险基金中央调剂制度,积极防控地方养老保险基金收支风险。有的出席人员提出,决算草案反映2017年一些污染防治支出较2016年负增长,建议对此认真研究,持续加大环保投入,切实保障打好污染防治攻坚战。有的出席人员提出,要围绕深化农业供给侧结构性改革,充分发挥财政资金引领作用,因地制宜推广政府与社会资本合作、政府购买服务等方式,撬动更多金融和社会资本投向农业农村,全面实施绿色生态导向的农业补贴制度改革,推动形成农业绿色生产方式。

部分出席人员提出,要进一步完善一般公共预算、政府性基金预算、国有资本经营预算、社会保险基金四本预决算编报管理,努力做到有机衔接,不断细化、公开透明。有的出席人员指出,部分收支项目决算与预算差距较大,报告或草案中应作详细说明,转移支付决算中应说明项目设置和资金安排分配的依据。有的出席人员提出,在今后提交审查的部门预决算草案中,应当增加并细化部门国有资产配置、人员编制及基本支出等情况说明。一些出席人员指出,要按照人大预算审查监督重点向支出预算和政策拓展的要求,改进决算报告方式,充分反映积极财政政策实施情况、"三大攻坚战"等重点支出情况和重大项目资金使用情况的内容,充实相关数据,增强决算报告的可审性。有的出席人员指出,国有资本经营预决算相对薄弱,存在覆盖不完整、标准不统一、使用管理不规范、与一般公共预算交叉重复等问题。建议明确界定国有资本经营预算范围,科学合理编制预算,提高国有资本收益上缴比例。有些出席人员提出,应积极推进财政信息管理系统一体化建设，建立覆盖各级财政的预算执行动态监控体系，运用现代信息技术加强对财政资金的全程监管。

一些出席人员提出，应全面实施预算绩效管理，尽快制定全国统一的预算绩效管理制度办法，积极拓展绩效管理范围，稳步扩大重点绩效评价范围，做到“花钱必问效、无效必问责”。有些出席人员指出，一些中央部门预算绩效目标设定脱离实际，评价指标也不够细化。应细化预算绩效目标，分类制定预算绩效指标和评价标准体系，增加量化评价指标，进一步增强预算绩效评价的科学性、合理性。有的出席人员指出，目前预算绩效评价以部门自评为主，独立性和客观性有待加强。应完善预算绩效评价工作机制，提高外部评价比重，积极推进由具有合格资质的第三方开展绩效评价。有的出席人员指出，政府投资基金运行不够规范，效果参差不齐。要加强政府投资基金绩效管理，对中央政府投资基金的政策效果进行全面评估，建立科学合理的动态调整退出机制，更好发挥政府投资基金的引导作用。有的出席人员提出，要建立健全预算绩效评价结果与预算安排、政策调整等挂钩的激励约束机制，使预算安排与绩效评价结果紧密结合，推动绩效评价结果得到充分有效运用。

许多出席人员指出，预决算管理存在一些多年难以纠正的老问题，根本上需要通过深化财税体制改革加以解决。要进一步理顺中央与地方财政事权和支出责任划分，抓紧制定中央和地方收入划分改革方案，明确时间表和路线图，真正破解预算管理中的体制机制障碍。有的出席人员指出，2017 年中央对地方的专项转移支付项目数量减少，但资金规模有增无减，一般性转移支付中有超过 1.2 万亿元资金指定了用途，地方无法统筹使用的资金占比仍达 60%；部分转移支付交叉重复，一些项目完成率低，造成财政资金浪费。要下决心解决专项转移支付规模较大问题，压减专项转移支付和指定用途的一般性转移支付规模，进一步整合同一领域、使用方向相近的专项支出，增加地方可统筹使用的财力。有些出席人员指出，要加强对专项的组织实施和监督，完善转移支付项目评估办法，研究建立退出机制，打破项目和资金只增不减的固化格局。一些出席人员提出，修改后的预算法实施已近四年，配套的预算法实施条例尚未修改。国务院及其有关部门要引起重视，加强协调，争取今年年内完成条例修改工作。有的出席人员提出，到 2020 年完成落实税收法定原则改革任务，时间非常紧迫。有关部门要加快工作步伐，及时将各项税收法律草案提请全国人大常委会审议，确保如期完成改革任务。

许多出席人员指出，要积极防范和化解地方政府债务特别是隐性政府债务风险，摸清底数，遏制增量，消化存量。有些出席人员指出，一些地方政府融资平台市场化转型滞后，政府和企业责任不够清晰，政府举债融资成本上升，还本付息压力加大。要抓紧制定出台地方政府融资平台公司市场化转型办法，严格禁止地方政府借融资平台公司、政府与社会资本合作（PPP）、政府投资基金、政府购买服务等形式违规变相举债。有的出席人员指出，有关部门对此应加强指导，提出明确要求，对局部地区可能出现的政府债务风险事件应制定应对预案，依法健全债务违约处置机制，避免出现“化解风险的风险”。有的出席人员提出，要加快出台地方政府债务信息公开办法，推进地方政府债务公开，切实增强透明度和市场约束性。对已出台的控制地方政府债务的政策措施效果进行评估，及时研究和解决实施中出现的新情况新问题。

许多出席人员指出，审计机关要按照中央审计委员会第一次会议精神，加大对地方政府债务、扶贫政策及资金、重点支出和重大投资项目绩效、国有企业、国有金融机构的审计力度，注重从完善体制机制层面提出审计建议。一些出席人员指出，要加强预算绩效审计监督，探索建立绩效问责机制，硬化预算绩效责任约束，把绩效评价作为今后决算报告和审计工作报告的一个重要内容。有的出席人员指出，要梳理明确审计查出问题的性质，区分违法违规问题、体制机制问题、改革过程中产生的新问题等不同情况，有针对性地提出整改措施和要求，并对整改情况持续开展跟踪核查。有些出席人员指出，国务院要责成有关方面扎实做好整改工作，坚持问题导向，强化主体责任，严肃追责问责，整改和问责情况要及时主动向社会公开，接受社会监督，并于年底前向全国人大常委会报告整改情况。

关于今年以来国民经济和社会发展计划执行情况的报告

——2018 年 8 月 28 日在第十三届全国人民代表大会常务委员会第五次会议上

国家发展和改革委员会主任　何立峰

全国人民代表大会常务委员会：

受国务院委托，我向全国人大常委会报告今年以来国民经济和社会发展计划执行情况，请审议。

今年以来，面对错综复杂的国内外形势，以习近平同志为核心的党中央统揽全局、运筹帷幄，始终牢牢把握发展全局和战略主动，各地区各部门以习近平新时代中国特色社会主义思想为指导，全面贯彻党的十九大和十九届二中、三中全会精神，深入落实党中央、国务院各项决策部署，坚持稳中求进工作总基调，贯彻新发展理念，认真执行十三届全国人大一次会议审议批准的《政府工作报告》和 2018 年国民经济和社会发展计划，落实全国人大财政经济委员会的审查意见，落实高质量发展要求，以供给侧结构性改革为主线，着力打好防范化解重大风险、精准脱贫、污染防治三大攻坚战，加快改革开放步伐，统筹推进稳增长、促改革、调结构、惠民生、防风险各项工作，上半年经济保持了总体平稳、稳中向好态势。主要宏观调控指标处在合理区间，经济结构持续优化，防范化解金融风险取得初步成效，生态环境改善，人民群众获得感、幸福感、安全感增强。

（一）创新和完善宏观调控，经济运行保持在合理区间。落实《政府工作报告》和计划报告总体要求以及宏观经济政策取向，坚持在区间调控的基础上加强定向调控、相机调控、精准调控。主要宏观指标总体稳定。上半年国内生产总值同比增长 6.8%，连续 12 个季度稳定在 6.7%—6.9% 的区间。前 7 个月居民消费价格温和上涨 2%。就业形势保持稳定，城镇新增就业 880 万人，同比多增 25 万人；二季度末，全国城镇登记失业率为 3.83%，同比下降 0.12 个百分点；7 月份全国城镇调查失业率为 5.1%。国际收支基本平衡，7 月底外汇储备保持在 3.1 万亿美元左右。内需结构持续优化。消费提质扩容积极推进，前 7 个月社会消费品零售总额增长 9.3%，其中网上商品零售额增长 29.1%，信息、文化、旅游等消费旺盛。固定资产投资增长 5.5%，其中民间投资、制造业投资分别增长 8.8%、7.3%，农业、教育、卫生等领域投资分别增长 15.5%、9%、11.8%。三次产业发展协同性较好。农业种养结构调整优化，夏粮再获丰收，夏播基本结束，秋粮作物长势正常。规模以上工业增加值增长 6.6%，上半年服务业增加值增长 7.6%，生产性服务业强劲扩张。发用电、货运量等实物量指标较快增长。

（二）聚焦补短板强弱项，三大攻坚战扎实推进。按照《政府工作报告》和计划报告“坚决打好防范化解重大风险、精准脱贫、污染防治三大攻坚战”的要求，各部门聚焦重点，有针对性地开展相关工作。重点领域风险总体可控。在金融机构资产管理、地方政府隐性债务、房地产等方面出台一系列防风险举措，结构性去杠杆有序推进，上半年市场化债转股新落地项目 253.8 亿元，宏观杠杆率增速放缓，金融乱象得到初步遏制，部分野蛮生长的金融控股公司风险化解取得积极进展，影子银行风险得到有效控制，金融风险从发散状态向收敛状态转变。财政金融运行总体稳健，前 7 个月财政收入增长 10%，7 月末广义货币（M_2）余额增长 8.5%，社会融资规模存量增长 10.3%。房地产市场调控持续加强，70 个大中城市住宅销售价格总体得到较好控制。精准扶贫精准脱贫力度加大。革命老区、民族地区、边疆地区和集中连片特困地区脱贫攻坚加快推进，新增资金、项目、举措进一步向“三区三州”等深度贫困地区倾斜。易地扶贫搬迁中央预算内投资和中央财政补助地方财政专项扶贫资金已全部下达，产业、就业、教育、健康、生态、金融、网络等扶贫重点工作扎实开展。生态环境持续改善。全国生态环境保护大会对新时代推进生态文明建设作了全面部署。打赢蓝天保卫战三年行动计划出台，前 7 个月全国细颗粒物（$PM_{2.5}$）平均浓度同比下降 8.9%。水、土壤污染防治行动深入开展，主要污染物排放继续减少。重大生态保护修复工程有序推进。农村人居环境整治三年行动启动实施。

（三）以主动开放促深化改革，市场活力和发展动力持续释放。习近平总书记在博鳌亚洲论坛 2018 年年会、庆祝海南建省办经济特区 30 周年大会、上合组织青岛峰会上发表重要讲话，宣示了进一步深化改革、扩大开放的坚定决心。各部门认真贯彻习近平总书记讲话精神，落实《政府工作报告》和计划报告“深化基础性关键领域改革”、“推动形成全面开放新格局”要求，改革开放取得新突破。对外开放范围扩展层次提升。坚持把共建“一带一路”打造成为顺应经济全球化潮流的最广泛国际合作平台，国际产能合作、基础设施互联互通等重点领域工作扎实推进。支持海南全面深化改革开放的指导意见公布实施。全国和自贸试验区两个外资准入负面清单修订出台。汽车、日用消费品等进口关税下调。前 7 个月以人民币计价的货物进出口增长 8.6%，其中出口、进口分别增长 5%、12.9%；以美元计价的实际利用外资增长 5.5%；对外投资增长 14.1%。重点领域改革纵深推进。党和国家机构改革全面实施。“放管服”改革持续深化，“证照分离”改革试点扩围，“多证合一”改革深入推进，深化“互联网＋政务服务”推进政务服务“一网、一门、一次”改革方案出台，企业开办时间、证明事项进一步压减，营商环境进一步改善。产权保护制度和要素市场化配置机制进一步完善，重大涉产权冤错案件甄别纠正工作取得实质性突破，居民用气门站价格全面理顺。国企改革持续深化，国有资本投资运营公司和混合所有制改革试点示范带动作用持续显现。财税金融改革深入实施，中央和地方财政事权和支出责任划分改革分领域推进，环境保护税顺利开征，金融监管体制进一步完善，原油期货成功推出，A 股正式纳入明晟(MSCI)指数。

（四）深入推进供给侧结构性改革，促进实体经济转型升级取得新成效。按照《政府工作报告》和计划报告提出的“把发展经济的着力点放在实体经济上，持续深化供给侧结构性改革”的要求，相关部门采取一系列有效措施，供给侧结构性改革取得积极进展。供给体系存量调整、增量优化。以处置“僵尸企业”为抓手，坚持用市场化法治化手段去产能，严控“地条钢”死灰复燃，严控电解铝等新增产能。推动煤炭等优质产能释放，加快天然气产供储销体系建设，保障市场平稳运行。供给结构优化改善，前 7 个月高技术制造业、装备制造业增加值分别增长 11.6%、9%，快于整体工业；上半年工业产能利用率为 76.7%，同比提高 0.3 个百分点。实体经济效益提升。下调制造业、交通运输等行业增值税税率，统一增值税小规模纳税人标准，实施定向降准等措施，降低部分政府性基金征收标准，进一步清理规范行政事业性收费和经营服务性收费，继续阶段性降低社会保险费率，加大物流、网络等降费力度，减税降费对促进发展、扩大税源、惠及企业与群众的效应不断显现。上半年，规模以上工业企业利润增长 17.2%；每百元主营业务收入中成本费用同比下降 0.4 元；主营业务收入利润率为 6.51%，提高 0.41 个百分点；资产负债率为 56.6%，下降 0.4 个百分点。企业经营活动总体平稳。7 月份制造业采购经理指数为 51.2%，连续 24 个月位于荣枯线以上；非制造业商务活动指数为 54%，连续 11 个月保持在 54% 以上的较高景气区间。

（五）强化创新第一动力作用，新动能快速成长壮大。按照《政府工作报告》和计划报告“加快建设创新型国家”要求，相关部门进一步扎实开展工作，创新对实体经济的引领和支撑作用不断强化。深入实施创新驱动发展战略。全面创新改革试验成效继续显现，科技创新中心、综合性国家科学中心、重大科技基础设施等建设提速，国家科技重大专项深入实施，5G 标准制定取得关键性进展，高性能服务器 CPU 等重点领域科技创新实现突破。科技体制改革持续深化，鼓励首台(套)重大技术装备示范应用等政策出台实施，上半年技术合同成交额增长 31.3%。军民融合创新示范区建设启动。加快打造大众创业万众创新升级版。大众创业万众创新示范基地建设扎实推进，专业化众创空间加快发展，创业投资企业和天使投资个人税收优惠试点政策推广到全国，前 7 个月全国日均新设企业 1.83 万户。不断壮大新产业新业态新模式。国家级战略性新兴产业基金设立，产业集群建设研究推进。工业互联网、智能光伏产业发展三年行动计划出台，“智慧海洋”工程建设方案实施。前 7 个月战略性新兴产业增加值增长 8.6%，新能源汽车、集成电路、工业机器人产量分别增长 68.6%、14.5%、21%。数字经济与实体经济加速融合，共享经济、平台经济等正在向企业生产、居民生活广泛渗透。

（六）统筹推动城乡区域协调发展，优势互补良性互动更加明显。按照《政府工作报告》和计划报告要求，各部门贯彻落实乡村振兴战略重大举措和区域协调发展战略，城乡区域协调发展再上新台阶。城乡融合发展体制机制不断完善。乡村振兴战略规划(2018—2022 年)编制出台，农业供给侧结构性改革稳步推进，农村一二三产业融合发展成效显现。粮食不合理库存加快消化。新型城镇化质量提升，进城落户门槛持续放宽，区域性中心城市要素吸纳能力增强。区域发展重大战略统筹实施。“一带一路”建设引领沿海、沿边、内陆地区联动发展。京津冀协同发展迈出坚实步伐，河北雄安新区规划纲要出台实施，北京城市副中心加快建设，疏解北京非首都功能有力有序有效推进。长江经济带发展共抓大保护、不搞大开发的理念日益深入人心，生态环境保护修复、转型发展、体制机制改革等方面继续取得积极进展。粤港澳大湾区规划建设稳步推进。中西部地区发展较快，东北地区经济企稳回暖，东部地区新动能继续集聚。对口支援、对口合作、承接产业转移、飞地经济等深入推进。新增长点增长极加快培育。自贸试验区、国家级新区、综合配套改革试验区、国家自主创新示范区、国家高新区、国家级经开区等重点功能平台引领效应凸显。

（七）着力保障和改善民生，发展成果更多更公平惠及人民群众。按照《政府工作报告》和计划报告“提高保障和改善民生水平”要求，各部门扎实开展重点工作，努力满足人民日益增长的美好生活需要。居民收入稳定增长。上半年全国居民人均可支配收入同比增长6.6%，其中城镇、农村居民人均可支配收入分别增长5.8%、6.8%。重点群体就业得到较好保障。就业优先战略和积极就业政策有序推进，终身职业技能培训制度全面推行。截至7月1日，高校毕业生签约率达68.6%，与去年同期基本持平。农村劳动力转移就业稳步增长，退役军人就业安置工作积极推进。基本公共服务均等化水平进一步提高。各地结合实际加快出台基本公共服务规划、行动方案或实施清单，企业职工基本养老保险基金中央调剂制度建立，公共服务工程重点向革命老区、民族地区、边疆地区、贫困地区倾斜，社会救助制度不断完善。退休人员基本养老金、失业人员失业保险金、城乡居民基础养老金和医保财政补助水平继续提高。在全国推开医保异地直接结算。抗癌药降价、短缺药品供应保障、普惠性幼儿园、母婴设施建设等群众关切的问题加快推进。住房保障持续加强。上半年棚户区改造新开工362.7万套，农村危房改造开工108.6万户。住房租赁市场加快培育，农村集体经营性建设用地建设租赁住房试点工作有序开展。

总的看，今年以来，面对错综复杂的国内外环境，我们主动积极应对一系列风险挑战，保持了经济平稳增长，提高了发展质量效益，增进了人民福祉，既保持了“稳”、也实现了“进”，经济发展韧性包容性不断增强，推动高质量发展取得积极进展。经济结构进一步优化，改革开放进一步深化，创新驱动进一步增强，人民生活水平进一步提高。这是以习近平同志为核心的党中央正确领导的结果，是习近平新时代中国特色社会主义思想特别是经济思想生动实践的结果，是全党全国各族人民紧跟核心、共同奋斗的结果。成绩来之不易，需要倍加珍惜。

在经济运行总体平稳的同时，必须看到当前经济运行稳中有变，面临一些新问题新挑战，外部环境发生明显变化，国内深层次结构性矛盾和问题在外部冲击下趋于显性化，社会、民生、生态环保等领域一些矛盾和问题犹存。

综合来看，上半年经济延续稳中向好发展态势，经济增长、就业、价格总水平、国际收支平衡等主要指标保持在合理区间，财政收入、环境保护、民生保障等体现经济发展质量和效益的指标进一步改善，计划完成情况总的是好的。同时也要清醒认识到，国内一些长期存在的结构性矛盾和问题与外部环境冲击交织叠加，保持经济平稳健康发展的难度有所加大。对照十三届全国人大一次会议审议通过的2018年国民经济和社会发展计划总表，当前能耗强度、空气质量、水环境质量、棚户区改造等约束性指标完成进展顺利；经济增长、就业、物价、货物进出口等主要预期目标经过努力能够完成；但完成消费、社会融资规模存量、城镇居民人均可支配收入等指标仍需付出更大努力。

做好下半年经济工作，要更加紧密地团结在以习近平同志为核心的党中央周围，以习近平新时代中国特色社会主义思想为指导，全面贯彻党的十九大和十九届二中、三中全会精神，加强党对经济工作的集中统一领导，落实中央经济工作会议和《政府工作报告》各项部署以及十三届全国人大一次会议要求，根据全国人大常委会和财经委关于经济工作的意见建议认真改进工作。坚持稳中求进工作总基调，坚持新发展理念，按照高质量发展要求，围绕现代化经济体系建设，坚持以供给侧结构性改革为主线，统筹推进稳增长、促改革、调结构、惠民生、防风险各项工作。在保持经济社会大局稳定的基础上，持续深化改革和扩大开放，保持经济运行在合理区间，切实打好防范化解重大风险、精准脱贫、污染防治三大攻坚战，在强化创新驱动、提升质量效益、保障改善民生、积极扩大内需等方面取得扎实进展,保持经济平稳健康发展和社会和谐稳定。要抓住主要矛盾,采取针对性强的措施加以解决。加强统筹协调,形成政策合力,精准施策,扎实细致重点做好以下工作。

(一)加强宏观政策统筹协调保持经济平稳健康发展。制定推动高质量发展的意见,加快构建推动高质量发展的指标体系、政策体系、标准体系、统计体系、绩效评价、政绩考核办法。坚持实施积极的财政政策和稳健的货币政策,提高政策的前瞻性、灵活性、有效性。财政政策要在扩大内需和结构调整上发挥更大作用,认真落实已出台的减税降费各项措施,加大对稳增长、调结构、补短板、强弱项等方面的支持。把好货币供给总闸门,保持流动性合理充裕和金融稳定运行,切实推进缓解实体经济特别是小微企业融资难融资贵问题。做好稳就业、稳金融、稳外贸、稳外资、稳投资、稳预期工作。

(二)扩大国内有效需求。发挥有效投资对优化供给结构的关键性作用,充分发挥各级政府投资引导带动作用,在防风险的前提下加强确有必要、关系国计民生的在建项目资金保障,推进"十三五"规划纲要 165 项重大工程项目落地。积极吸引扩大民间投资,切实落实激发民间投资活力各项政策措施,规范有序推广 PPP 模式。完善促进消费的体制机制,进一步放宽服务消费领域市场准入。培育壮大消费新增长点,落实好降低汽车、日用消费品进口关税政策。切实加强对食品、药品、工业产品和消费品市场监管,严厉打击假冒伪劣,营造让人民群众放心的市场消费环境。

(三)把补短板作为当前深化供给侧结构性改革的重点任务。加大基础设施领域补短板的力度。加快推进国家科技重大专项和科技创新 2030—重大项目实施,坚持企业主体、产学研用相结合,形成关键核心技术攻坚体制。着力壮大新动能,发展一批战略性新兴产业集群,落实好数字经济发展政策,大力发展现代服务业。加快推动"双创"再上新水平,促进新产业新业态加快发展。打通去产能的制度梗阻,坚持用市场化法治化手段推动落后过剩产能退出,加大"僵尸企业"破产清算重整力度,妥善做好职工安置和债务处置工作。推动降成本各项政策取得实效,确保全年为企业和个人减税 8000 多亿元及为市场主体减轻非税负担 3000 多亿元。

(四)扎实有效推进三大攻坚战。切实防范化解重大风险,把防范化解金融风险和服务实体经济更好结合起来,坚定做好去杠杆工作,把握好力度和节奏,协调好各项政策出台时机,通过机制创新,提高金融服务实体经济的能力和意愿。落实好防范化解地方政府隐性债务风险政策措施。下决心解决好房地产市场问题,坚持因城施策,促进供求平衡,合理引导预期,整治市场秩序,坚决遏制房价上涨,加快建立促进房地产市场平稳健康发展的长效机制。大力推进精准脱贫,加快落实打赢脱贫攻坚战三年行动计划,强化深度贫困地区脱贫攻坚工作。推动污染防治取得新进展,持续加大大气、水、土壤污染防治工作力度,坚决打赢蓝天保卫战。

(五)加大重点难点领域改革力度。继续研究和推出一批管用见效的重大改革举措。精准发力深化"放管服"改革,结合机构改革加快转变政府职能,全面实施全国统一的市场准入负面清单制度,大幅压减工业产品生产许可证。着力完善产权制度,加快审理公布一批有代表性、有影响力的产权纠纷申诉案件。加快人才、土地等要素市场化配置改革,推动石油天然气管网运营机制、配售电改革。加快推进国企国资改革在重点领域和关键环节取得新突破。大力支持民营经济发展。积极稳妥推进财税金融体制改革。

(六)加快落实对外开放重大举措。推动共建"一带一路"向纵深发展,继续落实首届"一带一路"国际合作高峰论坛成果。拓展多元化市场稳定外贸。主动扩大进口,落实扩大进口促进对外贸易平衡发展的政策措施,精心办好首届中国国际进口博览会。创造更有吸引力的外商投资环境,落实扩大开放、大幅放宽市场准入的重大举措,坚决保护在华外资企业合法权益。积极稳妥推进对外投资,完善以备案为主的对外投资管理制度,继续支持有条件的企业"走出去"。

(七)激发城乡区域发展新活力。统筹推进城乡融合发展和区域板块联动,促进协调协同发展。组织实施乡村振兴战略规划(2018—2022 年),抓紧编制地方规划和专项规划,推进农业供给侧结构性改革。推动新型城镇化高质量发展,持续推进农业转移人口市民化,加快城市群一体化体制机制建设。落实区域协调发展新举措,建立更加有效的区域协调发展新机制。

(八)做好民生保障和社会稳定工作。把稳定就业放在更加突出位置,确保工资、教育、社保等基本民生支出。稳步提升居民收入水平,持续推进城乡居民增收试点和收入分配领域配套改革,促进科研人员、技能人才、新型职业农民等重点群体增收。补齐公共服务供给短板，建立健全国家基本公共服务标准体系，加大对民族地区、边疆地区和集中连片特困地区的公共资源配置力度。完善社会保障体系，全面实施全民参保计划，扎实推进新的三年棚改攻坚计划，继续开展农村危房改造。做实做细做深社会稳定工作。密切监控有关重要产品市场供需和价格变化，做好市场保供和物价稳定工作。

下半年面临的风险挑战有所增多，经济社会发展任务十分繁重，我们要深入学习贯彻习近平新时代中国特色社会主义思想特别是经济思想，切实把思想和行动统一到党中央对当前经济形势的判断和工作部署上来。各地区各部门要切实增强“四个意识”、坚定“四个自信”，坚定不移贯彻党的十九大作出的各项战略部署，认真落实十三届全国人大一次会议审议批准的《政府工作报告》和计划报告，自觉接受全国人大的监督，尽心尽责把各项工作做好，确保实现全年经济社会发展的目标任务。

对今年以来国民经济和社会发展计划执行情况报告的意见和建议

8月29日，十三届全国人大常委会第五会议审议了国家发展和改革委员会主任何立峰受国务院委托作的关于今年以来国民经济和社会发展计划执行情况的报告、财政部部长刘昆受国务院委托作的关于今年以来预算执行情况的报告，共有64人次发言。现根据会议发言情况，将常委会组成人员和列席会议人员对计划执行情况报告的主要意见整理如下。

出席人员普遍认为，今年以来，面对日益错综复杂的国内外形势和中美经贸摩擦等严峻挑战，以习近平同志为核心的党中央统揽全局、坚强领导，全国上下齐心协力、共同奋斗，经济保持总体平稳、稳中向好态势。在肯定成绩的同时，也要清醒认识到，我国发展的外部环境正在发生明显变化，一些不确定因素造成的负面影响和冲击不容低估，经济运行稳中有变，下半年任务将更为艰巨。大家强调，国务院及各部门、各方面要认真贯彻落实党中央对当前经济形势的判断和作出的部署，以落实党中央提出的稳就业、稳金融、稳外贸、稳外资、稳投资、稳预期的“六个稳”为目标和重点，坚定发展信心，保持战略定力，着力办好自己的事，确保完成全年经济社会发展任务。审议中，大家还提出了一些具体意见和建议。

一、深化对经济社会发展形势的认识

部分出席人员指出，今年以来经济运行在合理区间，比原来预想的要好，概括起来：一是总体稳定，二是稳中有进，三是稳中向好。“稳”在宏观指标、生产供给、国内需求、开放型经济等方面总体稳定，“进”在产业结构、需求结构、区域结构、动力结构不断优化，“好”在质量效益进一步提升。一些出席人员指出，经济运行稳中有变，“变”的趋势要密切关注。进入二季度以来，特别是6月份和7月份，经济数据出现了比较大的变化，下行压力不容忽视，国内长期积累的结构性矛盾相互交织叠加，面临的风险挑战明显增多。要深刻认识当前经济社会发展中各种问题的长期性、复杂性，采取更加有力有效的措施加以应对。

二、把握好宏观调控的节奏和力度

部分出席人员提出，要提高综合运用政策工具的水平，这方面还有不少可以改进的地方。比如，光伏产业补贴政策突然被取消，导致该行业40%企业停产，100万人转岗；有的地方频繁调整节能环保标准，简单采取关停手段，造成了大量环保投资浪费、不少企业关门；有的地方房地产调控政策多变，过多依靠限购、限贷、限售、限价等行政手段，导致新房和二手房价格倒挂等乱象。调控政策应做到有松有紧、有扶有压，政策执行要留有一定缓冲期，营造公开公正透明、稳定持续可预期的政策环境。一些出席人员指出，政策发挥效应需要经过很多层级、很多部门、很多环节，在放管服、营改增、减税降费、放宽市场准入等方面出现了一些宏观数据和微观感受不匹配的问题，对此要认真研究解决，进一步疏通政策传导机制，加快政策落地见效。

三、努力扩大国内有效需求

部分出席人员指出，今年以来，三大需求均有所放缓，供需走势出现偏离。特别是消费作为内需最重要、最稳定的部分增长乏力，今年上半年社会消费品零售总额仅增长 9.4%，为 2004 年以来同期最低增速。最近出现所谓“消费降级”的讨论，虽然有所偏颇，但也反映了一些深层次问题，需要认真研究解决。1. 城乡居民收入特别是城镇居民可支配收入增长缓慢。上半年全国居民人均可支配收入实际增长 6.6%，城镇居民人均可支配收入增长 5.8%，都没有跑赢 GDP。与此同时，居民收入分配差距未见明显缩小，自 2003 年以来我国的基尼系数一直保持在 0.46 以上，最近两年连续反弹；全国居民高低收入组的收入倍差还在逐年扩大，2017 年达 10.9 倍。2. 城镇化速度放缓。近五年来我国城镇化率增速有所放缓，2017 年的城镇化率 58% 是指常住人口，户籍人口城镇化率只有 42%，其中还包含约 2 万个镇、2 亿人口的“镇民”。现在有一种声音认为我国城镇化水平已经很高，应当“逆城镇化”。这不符合现代城市发展规律，也不利于扩大内需。3. 高房价对居民消费造成“挤出效应”。据研究，住房贷款占存款的比例每增加 1 个百分点，居民消费支出就下降 0.2 个百分点。目前房贷占我国居民负债 60% 以上，一些居民背着沉重的房贷，想消费也不敢花钱。4. 消费环境不理想。具体表现在产品缺乏安全性，服务质量不高，有毒有害食品药品、旅游恶性事件屡禁不绝，还有最近发生的顺风车司机杀人案等，都在损害我国消费环境，降低消费需求或者导致消费流向境外。

部分出席人员指出，今年上半年固定资产投资增长 6%，增速为 2000 年以来最低点，特别是西部 12 个省区有 6 个固定资产投资增速低于全国平均水平，其中西北 5 省区有 4 个是负增长。还要看到，上半年基建投资增速比一季度回落 5.7 个百分点，一些在建项目因后续融资困难有可能形成“半拉子”工程。要发挥好政府投资引导作用，激发民间投资活力，加大基础设施领域补短板的力度，督促“十三五”规划确定的重点项目及早开工并加快建设进度。尽快出台新一轮的西部大开发实施意见，加大对欠发达地区特别是西部地区路、水、电等重点基础设施建设的投入力度，补上历史欠账。一些出席人员提出，要避免以扩内需、补短板的名义把许多不应该建的项目又兜进来，坚持从国家发展战略、国土开发、项目回报等方面综合考虑、科学规划投资项目，注重打基础、利长远。

四、着力振兴实体经济

部分出席人员指出，近年来，资金紧缺、原材料价格大幅上涨、环保和人工成本增加等诸多问题“碰头”，实体经济面临的困难和问题更为严峻。要认真研究，尽快出台有针对性的解困措施。1. 切实减轻企业负担。重点降低企业税费负担和制度性交易成本，继续降低人工、物流、财务、用能等成本，建立督促检查机制，确保各项降本减负措施落到实处。2. 加大金融对实体经济的支持力度。通过改革创新，提高金融服务实体经济的能力和意愿，发展多层次金融服务体系，加大对中小企业金融支持的力度，拓宽中小企业直接融资渠道，做好相关税费减免和融资担保工作。支持国内新生的“独角兽”企业在国内上市，已经在国外上市的优质企业，可以通过中国存托凭证（CDR）实现部分股权回国上市。下半年企业债将集中到期，要注意防范可能产生的违约风险，下大气力解决实体经济困难和金融风险并存的问题。3. 用法治保障实体经济发展。完善产权保护法律制度，尽快清理、修改和废止不利于产权保护的法规文件，甄别纠正侵犯产权案件。全面落实支持非公有制经济发展的政策措施，加快实施市场准入负面清单制度，破除各方面的歧视性限制和隐性障碍，提振民间资本投资和发展信心。

五、防范化解金融风险

部分出席人员指出，目前我国宏观杠杆率还是居高不下，融资担保、小额贷款、P2P 平台等类金融机构已经接近 4 万家，涉众风险加剧，监管不力凸显。1. 政策法规不完善。类金融机构监管法律法规和政策体系建设滞后。以小贷行业为例，2008 年银监会下发《关于小额贷款公司试点的指导意见》（银监发〔2008〕23 号）后，就开始研究制定《小额贷款公司管理办法》，2014 年将草案征求意见，但至今尚未出台。2. 监管能力不适应。目前融资租赁等类金融机构业务经营和监管规则制定的职责归属银保监会，但具体监管工作由地方政府金融工作部门承担，各地人力、物力都难以满足日常监管需要。建议：1. 积极推进法制建设。围绕深化金融体制改革、规范金融市场秩序、完善金融产品体系，加快对相关法律法规规章的梳理和修改完善。2. 优化中央和地方的监管职责。建立"中央指导、地方主导"的监管工作模式和相应的风险分担机制,完善全国性的实时监测和风险预警体系,加快实现对类金融机构监管和风险防控的规范化和常态化。

六、增强创新力、发展新动能

部分出席人员指出,我国企业自主创新能力不强、核心技术受制于人的局面尚未根本转变,关键领域技术设备达到或者接近国际先进水平的比例仅有15%,芯片等重要零部件80%以上依赖进口。建议"十三五"期间在创新驱动发展方面要聚焦三个重点:1. 突破"卡脖子"的关键核心技术,围绕核心电子器件、高端通用芯片、高端机械装备、基础软件等重点组织力量,集中攻关。重视应用研究投入增速远高于基础研究投入增速的现象,加强基础科学研究,突破核心技术背后的关键问题。2. 精选优势项目,提早谋划新布局,做好国家科技重大专项与科技创新2030重大项目的有机衔接,形成远近结合、梯次接续的系统布局。3. 强化成果应用,以企业为主体和市场化为方向,加快构建"产学研政金"共同参与的创新体系,实现从基础研究、应用研究到工程化、产业化全链条无缝衔接。加大对国产创新技术成果转化应用的政策支持力度,政府采购要率先垂范,带头使用,以使用促创新。

关于今年以来预算执行情况的报告

——2018年8月28日在第十三届全国人民代表大会常务委员会第五次会议上

财政部部长　刘　昆

全国人民代表大会常务委员会:

受国务院委托,我向全国人大常委会报告今年以来预算执行情况,请审议。

一、预算执行基本情况

今年以来,面对错综复杂的国内外形势,各地区各部门在以习近平同志为核心的党中央坚强领导下,以习近平新时代中国特色社会主义思想为指导,全面贯彻党的十九大和十九届二中、三中全会精神,认真贯彻中央经济工作会议精神和《政府工作报告》部署,落实十三届全国人大一次会议关于预算的决议,坚持稳中求进工作总基调,贯彻新发展理念,落实高质量发展的要求,以供给侧结构性改革为主线,着力打好防范化解重大风险、精准脱贫、污染防治三大攻坚战,加快改革开放步伐,经济保持了总体平稳、稳中向好态势,主要宏观调控指标处在合理区间,经济结构持续优化,防范化解金融风险取得初步成效,生态环境改善,人民群众获得感、幸福感、安全感增强。在此基础上,预算执行情况较好。

(一)一般公共预算执行情况。

今年以来,受经济运行稳中向好、工业生产者出厂价格涨幅保持较高水平、市场主体数量继续快速增加,以及部分地区将上年末收入延后至一季度入库等因素影响,财政收入总体保持较快增长。1—7月,全国一般公共预算收入121791.35亿元,比去年同期(下同)增长10%。从构成看,税收收入107709.18亿元,增长14%,占一般公共预算收入比重达到88.4%,比去年全年提高4.7个百分点。与经济运行密切相关的主要税种均保持较快增长。在落实降低增值税税率等减税政策的基础上,受工商业、服务业保持较高景气度,以及部分产品价格上涨等带动,国内增值税增长14.9%,其中工业增值税、商业增值税、改征增值税分别增长11%、19.6%、17.2%。受企业效益持续改善、居民收入稳步增加等带动,企业所得税、个人所得税分别增长13.4%、20.6%。受一般贸易进口保持较快增长等带动,进口环节税收增长9.8%。以上税种增收合计拉高全国财政收入增幅10个百分点。非税收入14082.17亿元,下降13.4%,其中受落实降费措施等影响行政事业性收费收入下降20.1%。从级次看,中央一般公共预算收入58497.04亿元,为预算的68.5%,增长11.6%。地方一般公共预算本级收入63294.31亿元,增长8.5%。31个省(自治区、直辖市)中,收入实现两位数增长的有14个,个位数增长的有13个,收入下降的有4个。从行业看,第二、三产业税收保持协调较快增长,分别增长

14.9%、12.9%，比去年全年分别提高2.8个、3个百分点。多数行业税收保持较快增长，制造业、建筑业、批发和零售业、交通运输仓储和邮政业、信息传输软件和信息技术服务业、房地产业税收分别增长14%、21.3%、17.6%、14.7%、14.1%、17.9%。从季度和月度情况看，全国一般公共预算收入一季度增长13.6%，二季度增长8%，累计增速呈明显放缓态势；4、5、6月收入增速逐月回落，分别增长11%、9.7%、3.5%。7月份全国一般公共预算收入增长6.1%，其中中央收入增长1.2%。后几个月，进一步落实已出台的降低增值税税率、部分行业实施增值税期末留抵退税，以及促进小微企业发展、鼓励创新创业等税收优惠措施，还将持续带来财政减收。

根据十三届全国人大一次会议批准的预算，2018年全国一般公共预算支出209830亿元，增长7.6%，仍保持较高的财政投入力度和强度。预算执行中，中央财政对中央部门预算执行情况按日监测、按旬报告、定期通报，对地方财政部门加强考核和有针对性的督导，推动相关政策落实和加快财政支出进度。1—7月，全国一般公共预算支出125536.5亿元，增长7.3%，支出进度达到59.8%，比序时进度快1.5个百分点。其中：中央一般公共预算本级支出17911.86亿元，完成预算的55.2%，增长8.4%；地方一般公共预算支出107624.64亿元，增长7.1%。中央对地方税收返还和转移支付44220.58亿元，增长7.8%，完成预算的62.9%。重点领域支出保障有力，教育、科学技术、社会保障和就业、医疗卫生与计划生育、节能环保等支出分别增长7%、16.1%、10.2%、8.9%、9.7%。中央基建投资预算下达4944.65亿元，占预算的92%。

(二)政府性基金预算执行情况。

1—7月，全国政府性基金收入36680.34亿元，增长29.2%。其中：中央政府性基金收入2207.79亿元，下降9.1%，主要是中央特别国债经营基金财务收入同比减少；地方政府性基金本级收入34472.55亿元，增长32.8%，其中国有土地使用权出让收入增长35.1%。全国政府性基金支出33223.19亿元，增长33.2%。其中：中央政府性基金本级支出915.02亿元，增长0.9%；地方政府性基金相关支出32308.17亿元，增长34.4%，其中国有土地使用权出让收入相关支出增长37%。

(三)国有资本经营预算执行情况。

1—7月，全国国有资本经营预算收入821.24亿元，增长16.8%。其中：中央国有资本经营预算收入232.67亿元，增长6.5%；地方国有资本经营预算本级收入588.57亿元，增长21.5%。全国国有资本经营预算支出862.12亿元(含用上年结余安排)，增长56.6%。其中：中央国有资本经营预算本级支出396.64亿元，增长171.6%，主要是金融企业国有资本经营预算支出已全部执行；地方国有资本经营预算支出465.48亿元，增长15.1%。

(四)社会保险基金预算执行情况。

据人力资源社会保障部统计，1—6月，全国社会保险基金收入37006.3亿元，增长17.9%。全国社会保险基金支出29300.8亿元，增长18.8%。截至6月底，基金累计结余85120.5亿元。

总的看，今年以来预算执行情况较好，有力地保障了党中央、国务院重大政策的贯彻落实。同时，财政运行和预算执行中也存在一些问题，我们将高度重视，积极采取措施加以解决。

二、落实十三届全国人大一次会议预算决议情况

国务院有关部门认真贯彻预算法和《关于人大预算审查监督重点向支出预算和政策拓展的指导意见》，落实全国人大预算决议要求，聚力增效实施积极的财政政策，深化财税体制改革，狠抓预算执行和绩效管理，强化地方政府债务风险防控，有力促进了经济社会持续健康发展。

(一)着力支持打好三大攻坚战。

一是积极防范化解地方政府债务风险。严控地方政府隐性债务风险。组织核查部分地区违法违规举债担保问题并按规定严肃处理，公开通报一批典型案例。进一步完善监管政策，从规范金融企业对地方政府和国有企业投融资行为、加强对企业发行债券的监管等方面入手，坚决遏制隐性债务增量。平衡好防风险和稳增长的关系，今年地方政府债务限额比去年增加2.18万亿元，以保障地方重大公益性项目建设融资需求。丰富债券品种，试点发行地方政府棚户区改造专项债券。继续推进存量政府债务置换，缓解地方政府集中偿债压力，1—7月各地共发行置换债券10866.16亿元。二是大力支持脱贫攻坚。1—7月全国财政专项扶贫支出2244.52亿元，增长38.9%。中央财政补助地方专项扶贫资金1060.95亿元已全部拨付，增加的200亿元资金重点用于支持“三区三州”等深度贫困地区。严格按照规定的范围和标准推进贫困县涉农资金整合试点，进一步提高整合实效。建立扶贫资

金动态监控机制，对所有用于脱贫攻坚的资金探索建立总台账，及时监控各级、各地、各类资金安排使用情况。出台扶贫项目资金绩效管理办法，提高扶贫项目资金使用效益。调整规范易地扶贫搬迁融资方式，严控扶贫领域融资风险。三是加大污染防治力度。中央财政预算安排大气、水、土壤三项污染防治资金合计405亿元，投入力度为近年来最大。1—7月全国财政污染防治支出967.53亿元，增长16.5%。启动长江经济带生态保护修复奖励政策，引导地方建立横向生态保护补偿机制，促进共抓大保护。继续支持农村环境综合整治、重点行业节能减排等工作。环境保护税顺利开征，费税制度实现平稳转换。

（二）深化供给侧结构性改革。

一是支持破除无效供给。继续支持做好钢铁、煤炭行业化解过剩产能中的职工安置工作，1—7月累计安排专项奖补资金50.3亿元。有序推进解决“三供一业”等国有企业历史遗留问题、支持中央企业处置“僵尸企业”和治理特困企业工作。二是加快发展壮大新动能。落实创新驱动发展战略，1—7月全国财政用于应用研究、基础研究支出分别为858.2亿元、300.7亿元，增长55.5%、11.4%。狠抓中央财政科技计划管理改革和科研项目资金管理改革举措落实，实施科技人员职务科技成果转化现金奖励个人所得税优惠政策，进一步激发科研人员创新创造活力。创业投资、天使投资税收优惠政策试点范围扩大到全国。高新技术企业和科技型中小企业亏损结转年限由5年延长至10年。取消企业委托境外研发费用不得加计扣除限制。调整完善新能源汽车推广补贴政策，提高补贴技术门槛、优化补贴标准。三是大力降低实体经济成本。加大减税降费力度，进一步减轻市场主体负担。降低制造业等行业增值税税率，出台统一增值税小规模纳税人标准、提高企业设备器具扣除标准、扩大享受减半征收企业所得税优惠政策的小型微利企业范围等减税措施，清理规范一批行政事业性收费，降低残疾人就业保障金等部分政府性基金征收标准。延长阶段性降低企业职工基本养老保险单位缴费比例、失业保险及工伤保险费率，以及企业住房公积金缴存比例政策期限，允许符合条件的地区再下调工伤保险费率20%或50%。

（三）统筹推动城乡区域协调发展。

一是支持实施乡村振兴战略。全面实行“大专项＋任务清单”管理方式，提升资金使用精准性、指向性和实效性。完善粮食等重要农产品价格形成机制和收储制度，推动消化稻谷、玉米等政策性粮食库存。推进农业发展提质增效，支持扩大耕地轮作休耕制度试点、创建国家现代农业产业园、开展产业兴村强县示范行动、电子商务进农村综合示范等工作，加强农田水利建设。深化农村综合改革，进一步扶持壮大农村集体经济，将“一事一议”财政奖补机制与改善农村人居环境有机结合起来，深入开展农村综合性改革试点试验，激发农村发展活力。二是支持实施区域协调发展战略。发挥转移支付制度作用，推进地区间基本公共服务均等化。继续扩大中央对地方一般性转移支付规模，加快缩小地区间人均财力差异。进一步下沉财力，大幅增加老少边穷地区转移支付、县级基本财力保障机制奖补资金，增强困难地区和基层政府保工资、保运转、保基本民生的能力。专项转移支付资金也加大了对发展薄弱和财政困难地区的支持力度。

（四）切实保障和改善民生。

一是支持发展公平而有质量的教育。中央财政教育转移支付的84.4%投向了中西部地区，并向困难地区、贫困地区倾斜。1—7月全国财政普通教育、职业教育支出分别为14765.45亿元、1418.24亿元，增长7.6%、6.6%。落实城乡义务教育经费保障机制，加快推进全面改善贫困地区义务教育薄弱学校基本办学条件，支持实施第三期学前教育行动计划、高中阶段教育普及攻坚计划、现代职业教育质量提升计划，推进中央和地方高校“双一流”建设。二是加强社会保障工作。出台实施企业职工基本养老保险基金中央调剂制度，确保各地养老金及时足额发放。加快落实划转部分国有资本充实社保基金方案，5家试点中央企业的划转工作基本完成，2个试点省份正积极推进。建立城乡居民基本养老保险待遇确定和基础养老金正常调整机制，提高城乡居民基础养老金水平。在36个城市开展居家和社区养老服务改革第三批试点。支持地方做好低保、特困人员救助供养、临时救助、流浪乞讨救助、孤儿基本生活保障等工作。三是提高医疗保障水平。城乡居民基本医疗保险财政补助标准提高40元，一半用于提高大病保险保障水平。持续深化公立医院综合改革，支持卫生健康人才培养培训。完善基层医疗卫生机构绩效工资政策，扩大内部分配自主权。四是加大住房保障力度。中央财政及时拨付城镇保障性安居工程专项资金1278亿元，支持城市棚户区改造、公租房配套基础设施建设、发放租赁补贴等。1—7月，全国棚户区改造开工406.7万套，开工率70%。继续支持建档立卡贫困户等四类重点对象危房改造。五是推动文化体育事业发展。深入实施文化惠民工程，支持5万余所公共文化设施免费开放。加强文化遗产保护，促进中华优秀传统文化传承发展和中华文化走出去。支持全民健身设施建设和赛事活动，推动大型体育场馆向社会免费或低收费开放。同时，取消包括抗癌药在内的部分药品进口关税，降低汽车整车及零部件、部分日用消费品等进口关税，更好满足人民群众生活需要。

（五）深化财税体制改革。

一是加快中央与地方财政事权和支出责任划分改革。出台基本公共服务领域中央与地方共同财政事权和支出责任划分改革方案、医疗卫生领域中央与地方财政事权和支出责任划分改革方案，推进教育、科技、生态环境等领域财政事权和支出责任划分改革。二是深化转移支付制度改革。优化结构，中央对地方一般性转移支付预算占全部转移支付预算的比重进一步提高到62.7%。整合同一领域内的专项，专项数量减至73项，并健全专项评估和退出机制。研究完善中央对地方转移支付制度，在一般性转移支付下设立共同财政事权分类分档转移支付。三是强化预算绩效管理。绩效目标管理范围从一般公共预算拓展到政府性基金预算、国有资本经营预算。组织对中央本级项目和中央对地方所有专项转移支付项目全面开展绩效自评，并对自评结果进行抽查，促进提高自评质量。扩大重点绩效评价范围，大力推进绩效信息公开。四是推进税制改革和税收立法。改革个人所得税制度，个人所得税法修正案草案提请全国人大常委会审议并向社会公开征求意见。落实税收法定原则，加快推进车辆购置税、资源税等税种立法工作。同时，积极推进预算法实施条例修订工作。五是做好向全国人大常委会报告国有资产管理情况工作。落实国务院向全国人大常委会报告国有资产管理情况制度，建立健全国有资产报告工作体制机制，编制2017年度国有资产综合报告和金融企业国有资产专项报告。

三、下一步财政重点工作安排

我们将认真贯彻党中央、国务院决策部署，坚持稳中求进工作总基调，保持经济社会大局稳定，深入推进供给侧结构性改革，支持打好三大攻坚战，加快建设现代化经济体系，推动高质量发展。积极财政政策要更加积极，提高政策的前瞻性、灵活性、有效性，在扩大内需和结构调整上发挥更大作用，做好稳就业、稳金融、稳外贸、稳外资、稳投资、稳预期工作，确保实现经济社会发展的目标任务。重点做好以下工作：

（一）促进经济运行保持在合理区间。

密切关注经济运行状况，根据形势变化相机预调微调、定向调控，更有效服务实体经济。在进一步落实好年初出台的各项减税降费政策的同时，将企业研发费用加计扣除比例提高到75%的政策由科技型中小企业扩大至所有企业，对已确定的先进制造业、现代服务业等增值税留抵退税返还的1130亿元在9月底前基本完成，加快国家融资担保基金出资到位和投资运营，对拓展小微企业融资担保规模、降低费用取得明显成效的地方给予奖补，持续为企业减负，优化营商环境。及时下达预算和拨付资金，强化库款"削峰填谷"管理，推动地方和部门加快预算执行。把补短板作为当前深化供给侧结构性改革的重点任务，加大基础设施领域补短板的力度，督促和指导地方加快新增债券发行节奏，保障必要的在建工程项目建设。继续推进存量政府债务置换，支持地方腾出财力用于扩大有效投资。规范推广政府和社会资本合作(PPP)模式，吸引扩大民间投资。同时，做好民生保障工作，把稳定就业放在更加突出的位置，确保工资、教育、社保等基本民生支出，强化深度贫困地区脱贫攻坚工作。

（二）支持建设现代化经济体系。

深入实施创新驱动发展战略，坚持需求导向和问题导向，完善财政科技资源配置机制。继续支持提升制造业供给质量体系和产业链整体竞争力。加快建立新增耕地指标和城乡建设用地增减挂钩节余指标跨省域调剂机制，所得收益全部用于巩固脱贫攻坚成果和支持实施乡村振兴战略。加大环境治理力度，扩大中央财政支持北方地区冬季清洁取暖试点范围，支持重点城市黑臭水体治理和中西部地区实施污水处理提质增效三年行动，继续开展重大生态系统保护修复。

（三）推进落实重要改革举措。

落实基本公共服务领域中央与地方共同财政事权和支出责任划分改革方案。继续加快推进分领域财政事权和支出责任划分改革，推动出台交通运输、科技、生态环境等领域改革方案。出台全面实施预算绩效管理的制度性文件，构建全方位、全过程、全覆盖的预算绩效管理体系。完善国有金融资本管理，不断提高管理的科学化、规范化、市场化和专业化水平。推动加快建立促进房地产市场平稳健康发展长效机制。统筹推进中央党政机关和事业单位经营性国有资产集中统一监管试点,以及国有资本投资、运营公司改革试点工作。建立健全国有资产报告机制,确保国有资产管理情况报告按时完成。

(四)强化地方政府债务管理。

坚定做好去杠杆工作,把握好力度和节奏。坚持标本兼治,依法依规管控地方政府债务风险。坚决遏制隐性债务增量,督促整改政府投资基金、PPP、政府购买服务中的不规范行为,严禁各种违法违规担保和变相举债。妥善化解隐性债务存量,省级政府对本辖区债务负总责,省级以下政府各负其责,重点加强对高风险地区债务化解力度。进一步完善地方建设项目和资金管理,强化财政约束,有效抑制地方不具还款能力的项目建设。持续保持高压监管态势,建立健全跨部门联合惩戒机制,严肃问责地方政府、国有企业、金融机构、中介机构违法违规融资担保行为,做到终身问责、倒查责任。研究出台加快融资平台公司市场化转型、地方政府债务信息公开等制度办法,加快推进权责发生制政府综合财务报告制度改革,健全债务管理长效机制。

我们将更加紧密地团结在以习近平同志为核心的党中央周围,以习近平新时代中国特色社会主义思想为指导,认真贯彻党中央、国务院决策部署,按照十三届全国人大一次会议的有关决议要求和全国人大常委会的审议意见,勇于担当、真抓实干,推动财政改革发展持续取得新进展,为完成全年经济社会发展主要目标任务、决胜全面建成小康社会作出新贡献!

对今年以来预算执行情况报告的意见和建议

8月29日,十三届全国人大常委会第五次会议审议了财政部部长刘昆受国务院委托作的关于今年以来预算执行情况的报告、国家发展和改革委员会主任何立峰受国务院委托作的关于今年以来国民经济和社会发展计划执行情况的报告,共有64人次发言。现根据会议发言情况,将常委会组成人员和列席会议人员对预算执行情况的报告主要意见整理如下。

出席人员普遍认为,今年以来,面对错综复杂的国内外形势特别是中美经贸摩擦等严峻挑战,在以习近平同志为核心的党中央坚强领导下,全国上下齐心协力、共同奋斗,着力打好三大攻坚战,经济保持总体平稳、稳中向好态势,预算执行情况较好,收入平稳较快增长,重点支出保障有力,党中央、国务院各项决策部署正在扎实推进。要认真做好下半年预算执行和财政管理工作,进一步优化支出结构,加快预算资金拨付和执行进度,抓紧落实减税降费各项措施,提高财政资金使用效率,积极稳妥防范和化解地方政府债务风险。审议中,大家还提出了一些具体意见和建议。

一些出席人员指出,今年以来,全国一般公共预算收入比去年同期增长10%,财政收入总体保持较快增长,稳中向好,但仍有一些问题不容忽视:1. 财政收入增速放缓和区域发展不平衡问题。4、5、6月全国一般公共预算收入增速逐月回落;一、二季度累积增速呈明显放缓态势,收入情况不够平滑稳定,下半年财政收入增长压力可能加大。全国31个省(自治区、直辖市)中,近一半的省份没有达到收入增长的平均水平,而且有4个省份收入还是下降的。2. 企业特别是实体经济企业减税获得感不强。营改增、国地税合并等改革措施弥补了以前税收征管的漏洞,促使一些企业必须依法严格纳税,削弱了减税政策产生的效果。这也从另一方面说明现有的税费仍有减负的空间。建议:1. 有关部门要认真实施好减税降费具体方案,广泛宣传减税降费政策,全面落实结构性减税政策。2. 加大力度清理涉企收费,确保政策落实到位。3. 加快实施划转国有资本充实社会保险基金政策,继续阶段性降低社会保费率,减轻企业负担。

一些出席人员指出,1—7月全国一般公共预算支出基本上按照十三届全国人大一次会议批准的预算执行,支出进度达到59.8%,但支出结构不尽合理。科学技术、文化体育与传媒、节能环保、农林水等项目支出的执行率偏低,执行数分别为预算数的52.2%、47.7%、49.7%、53.1%。教育支出仅比去年同期增长了7%,不仅低于其他项目支出水平,还低于全国一般公共预算平均支出0.3个百分点。要进一步增强财政预算执行的约束力,提高财政管理水平和财政资金的使用效益。有的出席人员指出,尽管财政扶贫投入力度不断加大,1-7月全国财政专项扶贫支出2244.52亿元,增长38.9%。但一些地方在扶贫工作中动用财政投入造“景点”,一个村只有几户、十几户贫困户，就投入几百万甚至更多的财政扶贫资金，导致贫困户和贫困边缘户、贫困村和贫困边缘村之间心理失衡，反映比较强烈。扶贫财政投入不仅要加大，更要注重精准，严格把握投入标准和脱贫标准，避免用扶贫资金“堆”大户、强村，避免“形象工程”、“政绩工程”。有的出席人员指出，预算执行报告应补充关于重大投资项目预算及执行等相关材料，细化对中央和地方重大投资项目预算及执行情况的说明，有利于人大更直观、具体掌握党中央重大决策部署的落实情况。

一些出席人员提出，要进一步深化财税体制改革，抓紧研究制定科学合理的中央和地方收入划分改革方案和地方税体系改革方案。有的出席人员指出，营改增全面推开后，培育地方税的需求显得更为迫切。建议结合对营改增中央和地方五五分成政策的调整，推进消费税改革，将消费税从生产批发环节转到零售环节，作为地方的主体税种。有的出席人员提出，我国社会保险、社会保障等领域的基金管理运行机制还需要改进。比如在医疗保险方面，国际惯例是免费医疗型国家按照年度预算平衡原则运营，社会保险型国家则按照年度收支平衡原则运营，都不会产生大量结余。而我国医疗保险基金结余超过万亿元人民币，一方面巨额资金沉淀，另一方面企业反映缴费压力大，群众也认为看病贵的问题没有很好解决。再比如，福利彩票公益金来源于彩民购买福利彩票的资金，不属于税收，也不是国有企业的利润，从性质上应该用于扶老、助残、救孤、济困的社会福利事业。现在把一部分彩票公益金拿来补充全国社会保障基金，用于养老保险支出的储备，这同资助困难群体的公益性质不完全相符。对这类问题，应当深入研究，深化改革。

许多出席人员指出，目前我国地方政府法定限额内的债务风险总体可控，但化解风险压力依然较大：1. 部分地方政府在法定限额以外通过政府投资基金、政府和社会资本合作（PPP）、政府购买服务等方式，违法违规或变相举借债务上新项目、铺新摊子的问题比较严重。2. 今年下半年，一些地方政府开始步入偿还债务高峰期，面临偿还能力不足的问题。3. 脱贫攻坚、污染防治等领域支出增长，一些地方面临新增债务压力。建议：1. 严格落实地方政府债务预算管理和限额管理规定，坚决遏制隐性债务增量，管控好新增项目融资的金融“闸门”，督促整改政府投资基金、PPP、政府购买服务中的不规范行为，继续严格查处违法违规融资担保行为。2. 大力盘活存量财政资金，优先利用以往年度财政结余资金和项目结转资金偿还一部分债务。高负债地区尤其要树立过紧日子思想，严控一般性支出，优化支出结构，积极筹措资金清偿到期债务。3. 根据地方政府提供公共服务和发展经济的需要，加强财政承受能力评估论证和建设项目可行性研究，科学制定资金筹措方案，保障重大公益性项目的合理融资需求。

三、检查法律实施情况

全国人民代表大会常务委员会执法检查组关于检查《中华人民共和国种子法》实施情况的报告

——2018年2月23日在第十二届全国人民代表大会常务委员会第三十三次会议上

全国人大常委会副委员长 张宝文

全国人民代表大会常务委员会：

种业是国家重要的战略性核心产业，是保障国家粮食安全和主要农产品有效供给的重要基础。习近平总书记指出，“要下决心把民族种业搞上去，抓紧培育具有自主知识产权的优良品种，从源头上保障国家粮食安全”。全国人大常委会高度重视现代种业发展，在新修订的种子法实施一年多即开展执法检查。张德江委员长对此次检查作出重要批示：“种子法是实现依法治种，推动现代种业发展的基本遵循。全面实施种子法，对于贯彻落实以习近平同志为核心的党中央深入推进农业供给侧结构性改革的战略部署，进一步推动种业体制改革，促进农业提质增效和绿色发展，牢牢把握粮食安全主动权，确保主要农产品有效供给，保障农民持续增收，具有重要意义。要精心组织好种子法执法检查，突出问题导向，重点检查种质资源保护、育种科技创新、非主要农作物品种登记、种业安全审查、种子生产经营和质量监管、植物新品种权保护等情况，进一步提升种业自主创新能力，确保国家种业安全，推动农业农村经济社会健康发展。”

这次检查由吉炳轩副委员长和我担任组长。2017年9月2日，检查组听取了农业部、国家林业局、国家发展改革委、科技部、财政部等5个部门的汇报。7月至11月，检查组分别赴河北、江西、海南、四川、陕西、甘肃等6省开展检查，并委托北京、内蒙古、辽宁等12个省区市人大常委会对本行政区种子法实施情况进行检查，赴中国农业科学院、中国农业大学、湖北省调研，听取有关企业和育种专家对推动种业科技创新的意见，国家烟草专卖局、国家中医药管理局提供了贯彻实施种子法的相关情况。现将检查情况报告如下：

一、贯彻实施种子法取得初步成效

修订后的种子法颁布实施以来，国务院和地方各级政府高度重视，采取多种形式广泛开展普法宣传，依法加强种质资源保护，提升育种创新能力，规范种子生产经营，强化种子市场监管，优化种业发展环境，为深化种业体制改革、促进现代种业持续健康发展提供了有力的法治保障。

（一）种质资源保护不断加强

目前，我国共保存农作物种质资源48万份、草种6000多份、菌种8000多份、烟草种5600多份。全国第三次种质资源普查和采集工作进展顺利，新发现作物种质资源2.5万份，创制多抗、肥水高效利用资源1500多份。为加强林木种质资源保护与利用，国家林业局制定了全国林木种质资源调查收集与保存利用规划，目前23个省区市和龙江森工开展了林木种质资源普查工作。启动了国家林木种质资源设施保存库主库和分库建设，目前已确定99处国家级林木种质资源库，保存林木种质资源4万多份。

（二）种业科研体制改革逐步深入

2016年，我国主要农作物良种基本实现全覆盖，水稻、小麦、大豆品种实现自主选育。种业科研体制改革向纵深发展，国务院有关部门依据种子法制定了《关于深化种业人才发展和科研成果权益改革试点政策的指导意见》、《主要林木育种科技创新规划（2016—2025年）》，依法推动育种人才向企业流动，成果加快向企业转化，育种成果收益向研发团队或育种者倾斜。育繁推一体化种子企业科研投入持续增加，2016年企业投入育种科研经费34亿元，占企业销售收入的5.6%，较"十二五"期间提高3个百分点，目前企业创新的种质资源不断增加，拥有的审定品种数量和授权品种数量已超过科研单位。

（三）种子监管职责加强

种子法明确了基层种子种苗执法机构的地位，理顺了关系。目前，全国共有农作物种子管理机构3000多个，实现了省市县三级全覆盖，共有林木种苗管理机构2211个，1500多个市县林木种苗机构受委托开展执法工作。全国设定品种审定绿色通道及联合体试验300多组，品种区试容量较2015年增加4倍以上；建立全国统一的品种登记信息平台，发布了21个作物的1430个品种登记公告；新增植物新品种保护作物67种，缩短受理年限，放开品种权测试。内蒙古、辽宁、黑龙江等地根据供给侧结构性改革要求，将优质、专用、高抗、适宜机械化等作为绿色品种审定的重要内容。甘肃、河北等地成立了专门的植物新品种保护机构，安徽省依法将植物新品种权监管权扩大到市县农业主管部门。吉林、江苏、河南等地依法停止推广销售种性严重退化的品种。湖南、湖北、江西等地依法落实省级救灾备荒种子储备责任，确保救灾备荒种子储得进、管得住、调得出、用得上。北京、山东等地推动建立省际种子案件协查、联合办案机制，开展区域性种子市场监管。

（四）支持种业发展力度加大

"十三五"以来，国家组织实施了"七大农作物育种"重点专项，2016年以来累计实施41项，落实中央财政资金20.9亿元。积极推进甘肃玉米、四川水稻和海南南繁三大国家级育制种基地建设，中央财政安排甘肃玉米、四川水稻制种基地建设投资6.04亿元，2015年以来投入南繁基地建设项目资金4.5亿元，海南已完成26.8万亩保护区、5.3万亩核心区的划定和确权工作。1998年以来，累计安排中央预算内投资67亿元用于农作物种子工程。制定实施制种大县奖励政策，2016年共落实35个制种大县奖励资金。四川、甘肃、福建等15个省市开展了由财政给予保费补贴的制种保险，品种由水稻、玉米、小麦拓展到马铃薯及蔬菜制种。在林木种苗方面，1998年以来，国家累计投入资金59.8亿元，安排了4036个种苗工程项目，国家重点林木良种基地全部纳入支持范围。

（五）配套法规规章逐步完善

22个省区市人大常委会已经启动与种子法配套的地方性法规制修订工作。农业部制修订主要农作物品种审定、种子生产经营许可管理、种子标签管理、非主要农作物品种登记等11个部门规章和规范性文件，启动农作物种质资源管理等配套规章的修订工作。国家林业局制修订林木种子生产经营许可证管理、国家林木种质资源库管理、林业植物新品种权保护行政执法等7个部门规章和规范性文件，各地制修订各类管理办法44个、林木种苗地方标准112项。国家烟草专卖局制定了烟草种子管理办法，出台了烟草种子抗性鉴定、检验检疫、繁育技术等标准。

在贯彻实施种子法过程中，各地还注重鼓励和引导贫困户开展种子种苗繁育，推动制种产业成为脱贫攻坚产业，种业脱贫效果初步显现。四川省127个贫困村发展水稻、油菜制种产业，制种面积7.41万亩，年增收4854万元，江西省兴国县参与制种的贫困户有1153户、5025亩，户均增收8000元，湖北省竹溪县发展红豆杉、桂花、紫荆等苗木花卉基地5.5万亩，吸纳4700户贫困户参与，年户均增收1万元。

二、贯彻实施种子法存在的主要问题

总体看，国务院和地方各级政府积极贯彻实施修订后的种子法，种子法确定的基本制度和各项法律规定得到了较好落实，但执法检查中也发现了一些问题，主要是现代种业发展的基础依然薄弱，育种原始创新能力和企业核心竞争力仍显不足，基层种子执法和市场监管能力有待提升。

一是种质资源保护形势不容乐观。当前，我国种质资源保护与利用尚不能完全适应现代种业发展的需要，种质资源本底不清问题尚未得到根本解决，种质资源普查工作进展不快。种质资源的原生境和非原生境保护力度仍需加强，现有种质资源库圃保存容量不够、覆盖面不广，野生资源原生境保护设施需要完善，优异基因资源的精准鉴定和发掘利用滞后，现有48万份种质资源精准鉴定不足2%。一些地方品种和农作物野生近缘种丧失速度加快，部分野生种质资源流失问题需要引起重视。一些林木良种基地发展后劲不足，良种选育材料有限。

二是种业科技创新能力仍显不足。育种科研资源分散，高水平创新人才缺乏，基础性、公益性育种研究比较薄弱，稳定的财政投入机制尚未建立。一些育种项目以完成任务为目标，科研与市场脱节，低水平重复多，具有大规模推广价值的突破性品种少。新品种审定的差异要求较小，优质高产品种种植集中度不够，不利于满足市场的多样化需求和推动农民增收。科研院所、高等院校与企业的利益联结不够紧密，育种成果评价、收益分配和成果转化机制有待进一步完善。育种专家普遍反映，由于种子法中实质性派生品种制度缺失，育种中出现的修饰性、模仿性品种多，品种的同质化问题十分突出，科研水平高的育种者普遍存在知识产权能否保护住的后顾之忧，担心育种科研成果被剽窃，对鼓励原始创新极为不利。

三是种子产业聚集度有待提高。我国种业的市场化改革起步晚、基础弱，种业发展集成度低、集中度低的问题依然存在。修订后种子法颁布实施以来，种子生产经营企业散弱小问题得到了一定缓解，目前全国持证种子企业数量4300家，较5年前减少了50%，国内前50强种子企业市场占有率达到了35%，种子企业育种科研投入也有了较大提升，但与种业发达国家相比仍有很大差距，目前世界种业前10强企业的营业总收入占到全球种子市值的66%。我国企业科研投入也低于种业发达国家企业10%的水平。检查中发现，多数种子企业通过购买品种方式开展生产经营，经营产品同质性强，有些是委托代繁代销，具有原始创新能力的企业少。

四是一些地方市场监管能力弱。一些地方没有按照种子法要求明确县级种子执法主体监管职责，农业综合执法、种子专业执法存在一定业务交叉。全国有59%的基层种苗管理机构合署办公，超过三分之一的县没有专门的种苗管理机构。中药材种子管理部门不够明确，监管体系尚不健全，中药材的质量安全工作亟待加强。基层种子种苗管理队伍执法能力和业务素质参差不齐，一些执法人员对新种子法的学习、理解不够深入，执法能力不足和监管不到位问题并存。一些基层种子种苗管理机构工作经费匮乏，缺乏必要的执法装备和检测设备，难以满足种子市场监管的任务要求。对无证生产经营种子、套牌侵权等违法行为难以进行刑事追究。

五是种业发展保障措施仍需强化。一些地方反映，制种基地的农田基础设施建设投入较大，基地规模与常年制种面积存在差距，种业提升工程中央投资占比较低。目前被纳入奖励范围的制种大县数量有限，需要扩大规模。同时，受多年耕作、重茬严重、水肥管理粗放等因素影响，一些制种基地开始出现耕地质量下降问题，而现有财政扶持资金有限，难以顾及地力改善、修复土壤质量问题。制种保险发展缓慢，缺乏制种保险中央财政补贴政策，投保农户自缴保费压力较大。

三、进一步贯彻实施种子法的建议

各地普遍反映，新修订的种子法坚持问题导向，在制度设计方面针对性强，是一部好法律，今后的主要任务，就是要不折不扣地贯彻实施。要立足于深入推进农业供给侧结构性改革，聚焦薄弱环节，补齐短板，按照种子法的要求，加快现代种业制度的建立。

（一）夯实种业发展基础

坚持用法治方式推动现代种业发展，夯实现代种业发展基础。一是依法加强种质资源保护和利用。进一步加快已获批复的国家作物种质库建设进度，抓紧做好设计工作，尽早开工建设。鼓励和支持有条件的地方建设种质资源库圃，加强地方品种的普查、收集、保存和利用。加大种质资源普查和保护经费投入，设立种质资源精准鉴定专项经费，推动种质资源创新。依法明确国家重点保护的野生种质资源范围，加强原生境保护，防止资源流失。完善种质资源信息共享体系，推动有效利用。二是依法落实种业发展政策措施。国务院有关部门早日印发实施现代种业提升工程建设规划，强化财政投入和政策扶持，推动现代种业重大基础设施建设。拓宽种业投入渠道，引导种业基金、金融资金和社会资本投入种业发展，建立多元化的种业投入机制。三是依法完善现代种业管理体系。健全完善职责明确的现代种业管理体系，利用好品种审定"绿色通道"，支持联合体开展品种试验，促进育繁推一体化种子企业做大做强。不断完善品种审定标准，落实非主要农作物品种登记制度，依法明确省级农业主管部门的登记和管理职责。完善种业安全审查机制，依法开展种业领域外商投资项目审查工作。

（二）提升种业自主创新能力

坚持将推动育种创新，促进产学研结合、育繁推一体化发展作为提升种业核心竞争力的关键环节。一是加强对基础性、公益性育种研究的支持力度。根据基础性育种研究长期性、系统性的特点，推动建立以公共财政为主的稳定高效的投入机制。二是着力提升企业育种创新能力。发挥种子企业贴近市场的优势，支持企业主导或参与育种科研攻关，强化育种创新的市场导向，打造一批育种能力强的现代种业集团。支持企业以项目为载体，以利益为纽带，与科研院所、高等院校联合建立研发平台，建立利益共享、风险共担的育种创新机制，加大联合攻关、协同创新力度。三是不断深化种业科技体制改革。国务院有关部门要加快编制出台科技创新2030年重大项目种业自主创新工程实施方案，根据基础性研究和商业化育种的不同特点，对重大基础性育种研究，依托国家重点实验室等实行首席科学家制，对商业化育种，以育繁推一体化企业为实施主体，以管理模式创新推动育种科研创新。

（三）确保良种供应安全

坚持将推动制种基地建设作为确保供种数量和质量安全，提高良种供应保障能力的重要举措。一是加大良种繁育基地建设力度。加快国家南繁生物育种专区建设，把海南南繁基地建设成为我国高水平的科研育种基地。加大制种大县支持力度，扩大奖励范围并实现常态化。将种子加工和储备设施、土壤修复等纳入种业提升工程扶持范围，降低项目配套比例。加大对林木良种基地改扩建的支持力度。二是推动制采种机械设备的研发和推广。引导科研机构加快研发适合国情的制采种农机装备，依法落实制采种机械购置补贴，支持发展专业化农机服务，推动农机农艺配套，提升制采种的机械化水平。三是建立制种基地轮作休耕补偿机制。在保障供种数量安全的前提下，将主要农作物制种基地分批纳入全国轮作休耕试点范围，推动解决制种基地耕地质量退化问题。四是制定出台制种保险保费补贴办法。将主要粮食作物制种保险纳入中央财政保费补贴目录，加大中央财政补贴力度，提高保障水平。

（四）加强基层监管能力建设

坚持将加强县级种子种苗管理机构建设作为补齐市场监管短板，确保用种安全的重要措施。一是进一步加大种子法宣传贯彻力度，提高基层执法人员的法规政策水平和执法工作能力。二是依法明确执法主体和监管责任。各级政府要认真落实法律规定，依法落实农业综合执法机构或受委托种子种苗管理机构的执法主体地位，进一步健全县级种苗管理机构。要建立属地执法责任制，强化基层种子管理机构的日常监管职责。县级种子管理机构和农业综合执法机构要有效衔接，既防止重复执法，又防止出现执法真空。三是要切实保障基层种子种苗管理机构工作经费。加强基层种子监管的信息化建设，实现种子质量的全程可追溯。

（五）加强知识产权保护

坚持将加强种业科技成果知识产权保护，作为提升现代种业创新能力，促进种业可持续发展的重要保障。要严格执法，进一步加大对套牌侵权、假冒授权品种、侵犯植物新品种权等违法行为的打击力度，切实保障品种权人的合法权益。明确侵犯植物新品种权的罪名，增加刑事处罚手段。出台关于非法经营种子犯罪的相关司法解释，明确犯罪构成要件，简化诉讼程序，优化取证措施。尽快修订植物新品种保护条例，将实质性派生品种保护制度作为重要内容，为调动和保护原始创新积极性提供有力的法治保障。积极推动建立涵盖种质资源、育种技术、植物新品种权保护、植物专利保护、商标保护等多方面、多层次的知识产权保护体系，先行评估论证，条件成熟时启动立法。

此外，为进一步落实修订后的种子法关于种子储备、种子进口、行业标准等法律规定，国务院及相关部门应加快制定或修改相关配套法规规章，各地要结合地方种业发展实际，及时制定或修改贯彻实施种子法实施办法等地方性法规，确保修订后的种子法的新制度、新规范落实到位。烟草、中药材种子参照种子法实施管理要提上日程，有人管事，不能掉队。要进一步明确烟草、中药材种子质量监管主体和责任，理顺管理关系，要进一步加强烟草、中药材种子管理的配套制度建设。

种子法是保证国家种业安全的重要法律，是推动建立种业强国的重要保障。我们要在以习近平同志为核心的党中央坚强领导下，认真贯彻党的十九大精神和习近平新时代中国特色社会主义思想，牢固树立绿色发展理念，坚定实施创新驱动发展战略，全面贯彻实施种子法，深化农业供给侧结构性改革，确保国家粮食安全和生态安全，促进现代种业持续健康发展。

以上报告，请审议。

全国人民代表大会常务委员会执法检查组关于检查《中华人民共和国统计法》实施情况的报告

——2018 年 6 月 20 日在第十三届全国人民代表大会常务委员会第三次会议上

全国人大常委会副委员长　王东明

全国人民代表大会常务委员会：

《中华人民共和国统计法》(以下简称统计法)是我国唯一的一部统计法律，为科学、有效组织统计工作提供了基本法律遵循。党和国家高度重视统计工作，党的十八大以来，以习近平同志为核心的党中央提出了一系列关于统计改革发展的新思想、新论断、新举措。党的十九大报告和 2017 年中央经济工作会议作出"完善统计体制""加快形成推动高质量发展的统计体系"的重大部署。为贯彻党中央精神，促进统计法更好实施，根据 2018 年监督工作计划，全国人大常委会开展了统计法执法检查，现将情况报告如下。

一、执法检查的工作情况

统计法执法检查是十三届全国人大常委会开展的执法检查项目，常委会领导同志高度重视，栗战书委员长专门作出重要批示："统计是经济社会发展重要的基础性工作，是宏观调控的重要依据。这次统计法执法检查，要以习近平新时代中国特色社会主义思想为指导，认真落实党中央关于统计改革发展的决策部署，督促法律各项规定有效落实，加快形成推动高质量发展的统计体系，着力增强统计数据的真实性、准确性、完整性和及时性，全面提升统计能力和服务水平。"

为做好这次执法检查工作，今年全国"两会"结束不久，财经委即组成调研组，先后赴广西、广东、甘肃、四川、上海、浙江等 6 省(区、市)进行前期调研，听取地方人大、政府、企业、民众关于统计法贯彻实施、地方统计工作情况介绍，征求对开展执法检查工作的意见和建议。同时，走访国务院相关部门、召开座谈会，了解关于国家统计、部门统计工作的情况，听取意见和建议。在此基础上，提出了执法检查的重点内容。

4 月 23 日，执法检查组召开第一次全体会议，传达学习栗战书委员长重要批示，听取国家统计局、发展改革委、工业和信息化部、财政部、人力资源社会保障部、生态环境部、农业农村部、人民银行、海关总署、国务院扶贫办贯彻实施统计法情况的汇报，王东明副委员长对执法检查工作作了动员部署。会后，吉炳轩、陈竺和王东明副委员长分别带领由财经委组成人员、全国人大代表组成的执法检查小组，赴河北、黑龙江、江苏、湖南、贵州、宁夏等 6 个省(区)的 15 个地市、16 个区县，听取地方政府和有关部门的汇报，实地走访 40 家企业、14 个乡镇和街道的统计机构，与 15 户居民、农户、个体工商户面对面交流，随机抽查了 5 家企业的统计数据填报情况，在全面检查统计法贯彻实施情况的基础上，重点了解完善统计体制、提高统计数据质量、发挥统计监督职能以及完善统计法等方面的情况。此外，还委托天津、山西、内蒙古、辽宁、山东、河南、四川等 7 个省(区、市)人大常委会对本地区统计法实施情况进行自查。5 月 28 日，3 个检查小组集中传达学习了栗战书委员长 5 月 7 日关于执法检查工作的讲话精神，交流执法检查情况。6 月 1 日，执法检查组召开第二次全体会议，研究执法检查报告，总结执法检查工作。

二、统计法实施的基本情况

统计法制定于 1983 年，并先后于 1996 年和 2009 年两次修订。统计法实施以来，国务院及其相关部门认真执行相关法律规定，做了大量工作。特别是党的十八大以来，中办、国办等印发了《关于深化统计管理体制改革提高统计数据真实性的意见》《统计违纪违法责任人处分处理建议办法》等 6 个统计改革文件，国务院及其有关部门和地方各级政府认真贯彻党中央关于统计改革发展的决策部署，部分具体工作任务已经完成，少数长期任务正在有序推进。总的看，统计工作较好地发挥了服务经济社会发展的重要作用。

(一)宣传贯彻统计法，制定完善配套法规规章。统计法的学习宣传贯彻和配套法规规章制度受到各方面的重视。一是强化法律学习宣传。国务院部署相关部门、各级地方政府加强对统计法的学习宣传教育。国家统计局连续制定实施七个统计普法五年规划，对统计人员开展统计法律法规轮训，增强依法统计的意识和能力。江苏实现地方党政领导统计法律法规培训全覆盖，湖南通过推送手机短信向全省领导干部、统计人员宣传统计法，宁夏通过电视栏目直播全面解读统计法。二是建立健全统计法律制度。国务院在先期颁布经济、农业、污染源普查，土地调查等统计法规后，2009 年以来相继出台了《统计法实施条例》和《全国人口普查条例》，有力地促进了统计法的实施。国家统计局、生态环境部、人民银行、海关总署等部门分别制定部门规章或规范性文件，为开展统计工作提供制度保障。各省（区、市）都制定了地方性法规，2009 年统计法修订后，黑龙江、上海、浙江等 20 个省（区、市）又作了修改完善。

（二）坚持依法统计，发挥统计服务经济社会发展的作用。各级政府及其有关部门贯彻新发展理念，围绕深化供给侧结构性改革等重大战略部署，搜集、储存、处理、提供、公布丰富的统计数据。一是国家统计有力有效。国家统计局组织开展国情国力普查、常规国家统计调查和重大专项调查，建立全面建成小康社会监测、京津冀协同发展监测等统计监测制度，定期向党中央、国务院报告经济运行和重大政策措施实施进展情况。二是部门统计有序开展。人力资源社会保障部开展就业扶贫和去产能职工安置情况专项监测，建立 31 个大中城市就业形势分析月报制度。海关总署开展外贸企业统计调查工作，了解企业经营、贸易、成本、订单和信心的动态情况。生态环境部、人民银行、国务院扶贫办等围绕“三大攻坚战”开展统计监测，及时反映工作进展情况。三是地方统计扎实推进。各地着力统计管理体制改革，强化制度建设。在承担大量国家统计调查任务的同时，较好地完成了繁重的地方统计任务。这些统计活动，对科学决策和宏观管理发挥了重要的基础性作用，也为广大人民群众了解经济社会发展状况、为企业获取市场信号，提供了大量数据信息。

（三）加强统计基础建设，不断完善统计体系。统计系统着力夯实基层基础，持续创新统计指标和评价体系，扎实推进信息化建设。一是国家统计、部门统计、地方统计机构和队伍建设不断加强。目前，国家统计局在所有省级、市级和 851 个县级行政区依法设有调查队，总编制 1.96 万人。国务院相关部门依法设有统计机构或者配备专职统计人员。各省级、市级和绝大多数县级政府都依法设有独立的统计机构，共有编制 8.26 万人。二是统计标准、调查制度不断完善。以《国民经济行业分类》为基础建立 38 项国家统计标准，2009 年以来实施居民可支配收入、应对气候变化、全国网上零售额、绿色发展统计等多项新的统计调查制度。地方统计调查项目不断完善，贵州创新建立大扶贫、大数据、大生态统计监测，开展新经济统计报表制度试点工作。三是国民经济核算体系不断改进。实施《中国国民经济核算体系（2016）》，推出季度国内生产总值核算，将研发支出计入国内生产总值，建立新产业、新业态、新商业模式（以下简称“三新”）增加值核算和能源核算制度。四是数据采集和传输的信息化水平不断提高。目前 110.4 万家“四上”企业（规模以上工业、资质以上建筑业、限额以上批零住餐业、规模以上服务业企业）已实现在国家联网直报平台报送数据；价格、就业等调查已实现由调查员手持电子终端现场采集实时上传数据；第三次全国农业普查首次在全国范围开展遥感测量农作物面积。57 个国务院部门建立网上报送系统，工业和信息化部建立“民爆统计信息管理系统”平台，农业农村部建立农业综合统计信息采集系统等联网直报平台，提高数据报送效率和质量。

（四）加大统计监督力度，严肃查处统计违法行为。各级统计部门筑牢监督网络，坚持依法治统。一是加强执法力量。国家统计局于 2017 年 4 月成立统计执法监督局，建设统计执法骨干人才库。河北、四川等 16 个省（区、市）设立省级统计执法监督机构。二是完善监督机制。国家统计局构建起由统计违法举报、统计执法“双随机”抽查、执法检查规范等制度组成的统计执法监督体系。三是建立诚信体系。发展改革委、国家统计局、人民银行等 27 个部门于 2017 年联合印发《关于对统计领域严重失信企业及其有关人员开展联合惩戒的合作备忘录》，截至今年 5 月底，已公示统计严重失信企业 57 家，由相关部门在政府采购、企业融资、项目审核等多方面予以约束和惩戒。四是加大执法检查力度。2017 年至今年 4 月底，国家统计局检查和查处 72 起重大统计违法案件，涉及 26 个省（区、市）、33 个市（州）、70 个县（市、区、旗）、2051 家企业和 2942 个固定资产投资项目，约谈告诫相关责任人 129 人次，处分处理 79 人次。2017 年地方各级统计机构共立案查处 7479 起统计违法案件，行政处罚 5961

家企业，处分162人次。

三、贯彻实施统计法存在的主要问题

从执法检查的情况看，各地各部门反映统计法实施中仍然存在一些突出问题，主要有以下方面。

（一）个别干部法治意识淡薄，统计造假、弄虚作假屡禁不止。为确保统计数据真实、准确、完整、及时，统计法明确规定统计机构和人员依法独立行使职权，任何单位和个人不得在数据上弄虚作假。检查中，大家反映，统计数据的虚报瞒报、拒报迟报、漏报重报、代填代报等统计造假、弄虚作假在一些地方和单位仍然存在。一是少数地方未能树立正确政绩观，搞攀比、争位次，在数据上做文章。有的地方把统计机构作为地方计划目标完成的直接责任单位给予压力，有的采取多种方式对统计部门和人员、调查对象及其主管部门进行干预，影响统计数据的真实准确。二是一些地方制定目标脱离实际，有的还层层加码，甚至直接向企业下达任务，当任务难以完成时，就在源头数据上弄虚作假。有的要求企业按指定数据填报，有的代替企业报送虚假数据，有的甚至编造虚假企业和投资项目。三是受增长速度基数累积效应影响，导致数据基数年年抬高，数据“水分”年年增大。四是一些统计调查对象为了资质考核、争取融资、骗税逃税等，虚报瞒报甚至拒报。2017年以来，国家统计局根据举报线索核查数据异常的2051家企业和2942个固定资产投资项目，有1195家企业、2775个投资单位的统计数据存在编造、虚报，一些企业、项目统计数据的编造、虚报倍数还很高。国家统计局执法检查规模以上工业企业统计数据发现，天津滨海新区临港经济区、内蒙古开鲁县、辽宁西丰县违法企业平均虚报率分别高达56倍、10倍和6.7倍。

（二）未严格执行统计调查项目审批、备案规定，报表多乱、重复交叉、数出多门的问题比较突出。统计法关于调查项目应当审批、备案，不得重复的规定在实际工作中没有认真贯彻，统计项目设立随意性大，加之一些能够通过行政记录取得的数据仍然实施统计调查，导致统计报表多乱。一些地方反映，国务院部门要求基层单位和企业填报的统计报表多、指标繁、频次高，内容和指标重复交叉。一是报表多乱。2017年国家统计局要求基层填报的常规和专项调查指标共有4878个。经国家统计局审批、备案的67个部门288项统计调查项目的统计指标，由2009年的8.96万个上升到2017年的11.26万个，未严格履行审批、备案程序的指标由6172个上升至8589个。很多基层单位反映，统计调查对象要向不同的上级部门填报报表，而报表的统计指标口径、填报时点、计算方法、资料来源不尽一致。以计算机、电子通信行业分类为例，有的省统计部门按照《国民经济行业分类》相关项目进行统计，工信部门按照《电子信息产业行业分类目录》统计，发改部门则依据高新技术产业目录进行统计，分类口径不一致。二是重复交叉。由于缺乏权威的部门协调机制和有效的制约手段等，加之部门统计调查项目不严格履行审批、备案，导致统计调查重复交叉。国家统计局根据2017年8月数据排查汇总，33个部门的60个统计调查项目与国家统计调查项目的主要内容重复交叉。三是数出多门。部门统计数据未按规定履行协商程序即向社会公布，与国家统计数据重复交叉，甚至不一致，造成数据“打架”。另外，一些地方反映，民间统计调查活动的管理办法至今尚未出台，相关部门对民间机构从事统计调查管理的法律依据不充分。少数民间调查机构发布的调查结果偏离实际，既容易误导公众，也对政府公信力造成负面影响。

（三）法律规定落实不到位，统计信息共享推进迟缓。统计法关于建立健全统计信息共享机制，国家统计局依法组织领导和协调全国的统计工作，指导部门统计业务工作的规定落实不到位。多年来，各部门建立了各自的统计调查系统和数据库，但部门间数据难以共享，形成大量的“信息孤岛”，造成统计资料使用效率不高，资源浪费严重。一是国家统计局的业务指导职能权威性不够，缺乏强有力的保障措施，难以有效协调部门统计。二是一些部门往往以行业特殊、保密规定等为由不愿按要求提供统计资料，加上有些部门的部分数据不够准确，更不愿提供。三是部门统计标准、方法、口径和数据来源不一致，共享数据难以对接，即使提供了也难以归集和使用。四是缺乏数据共享的统一平台，没有统一接口和数据库，无法统一归集、存储、处理和开发利用。

（四）统计执法监督受到各种制约，处罚偏松偏软。党中央提出的防范和惩治统计造假、弄虚作假的要求落实不到位。监督检查和违法处罚不力，存在偏松偏软的问题。一是统计执法权威性不够，近50%的省尚未设立独立的执法监督机构，市县更突出，地方执法力量不足，少数执法人员的执法意识和责任心不强。同时，还存在对统计执法不理解、不支持、不配合的现象。山东高密市抵制、阻碍、拒绝国家统计执法检查，严重干扰违法案件的查处。二是各地查处统计违纪违法的自觉性不强、主动性不高，不敢执法、不愿执法的现象不同程度存在，有的压案不查，有的瞒案不报，导致许多案件未得到有效查处。三是对统计违纪违法行为责任追究不到位，处罚处理偏轻，发挥警示教育作用不足。党政同责压力传导不够，局面尚未形成。宁夏灵武市未严格落实2015年国家统计执法责任追究的要求，2017年再度发生严重统计违法行为。

（五）统计体系滞后于新时代高质量发展的需要。随着我国社会主义市场经济转型发展不断深入，长期延续的统计指标体系、方法制度、调查方式等，难以客观及时反映经济社会发展的深刻变化，亟需作出调整完善，统计能力建设亟待加强和提升。一是统计数据体系不适应。反映经济建设多，反映社会发展少；反映总量速度多，反映结构调整和转型升级少；反映新动能和质量效益也不充分。二是统计数据缺口较大。比如，目前我国服务业比重已达51.6%，但是服务业统计中调查范围覆盖不全，特别是服务业资产负债指标、新金融相关统计指标缺失。三是反映“三新”经济总体规模、运行情况等方面还有差距。如对智能制造、共享经济等新经济活动尚未充分反映。四是数据采集能力不足。现行的数据采集方式对政府行政记录、企业经营数据资料采集不足，对大数据、云计算、物联网等现代信息技术的研究和开发利用滞后。五是基层基础建设欠账多。特别是乡镇的统计工作未受到足够重视，队伍建设、经费保障和能力素质提升等亟需加强。

执法检查中，有些部门反映，一些地方行政干预多，统计机构和统计人员受干扰，难以坚持独立调查、独立监督、独立报告。地方统计局与国家调查队仍没有完全落实职责分工，存在重复调查、重复统计。国家统计与部门统计互为补充的统计体系亟需调整完善。抽样调查与重大国情国力普查有待更好衔接，常规调查统计与专项调查统计需要进一步优化。地方和部门普遍反映，统计法实施以来，虽已作了两次修订，但仍难以适应当前的实际需要，有必要进一步修改完善。

四、进一步贯彻实施统计法的建议

中国特色社会主义进入新时代，给统计工作提出了新的更高要求。推进统计法的深入实施，要以习近平新时代中国特色社会主义思想为指导，深入贯彻党的十九大和十九届二中、三中全会精神，全面落实新发展理念，切实提高统计数据质量，突出服务创新驱动、绿色发展和转型升级，为实现高质量发展、打赢“三大攻坚战”、决胜全面建成小康社会提供坚强的统计保障。为此，执法检查组提出以下建议。

（一）增强统计法治观念，营造良好统计环境。各地区、各部门在统计工作中要落实全面依法治国的要求，进一步贯彻实施好统计法及相关法律法规。要进一步加强普法宣传，推广典型经验，切实增强领导干部、统计人员和统计对象的统计法治观念，营造全社会统计法治氛围。各级政府要深入贯彻新发展理念，落实高质量发展要求，牢固树立正确的政绩观，制定科学合理、符合实际的发展目标，不唯GDP论英雄，不搞总量和速度等指标考核排名，纠正把统计机构作为地方计划目标完成的直接责任单位等影响统计独立性的做法，完善考核评价机制，加强统计工作法治建设。

（二）加大统计执法监督力度，确保统计数据质量。数据质量是统计的生命，要从源头保证统计数据真实准确。一是建立健全统计督察制度。加强对各地区各部门遵守统计法律法规的监督，维护统计机构和统计人员依法独立行使职权不受干扰、不受侵犯。二是加大统计违法行为惩治力度，强化国家统计执法权威。推动部门和地方严格执行党中央关于统计工作的决策部署，加大对统计违法案件查处力度，严格依法依纪追究统计造假、弄虚作假责任人的党纪政纪责任，落实统计造假弄虚作假“一票否决制”，公开曝光典型违法案例。三是集中清理统计报表多乱的问题。建议国家统计局从现在起用一年左右的时间完成梳理国家、部门和地方统计调查项目和指标的任务，对不适合经济社会发展的进行调整，对重复交叉、多头布置的进行整合。四是加强国家统计、部门统计和地方统计基础建设，增强统计力量，对没有依法设立独立统计机构的地方政府，国务院应要求其限期改正。鼓励通过政府购买服务等创新统计工作方式，各级财政应当切实做好统计经费保障工作。

（三）推进统计数据共享，提高统计信息使用效率。按照党中央要求，改革现行全面报表统计制度，完善基础数据库，建立统计数据共享平台，推动统计信息共享。一是尽快出台“政府部门间统计信息共享管理办法”，强化国家统计局牵头的部际联席会议制度及其指导协调的权威性。增强部门统计数据共享意识和责任，明确统计数据共享原则、内容、方式，打通"信息孤岛"。二是由国家统计局会同有关部门，抓紧建立统一的统计标准体系，为构建部门间统计信息共享数据库提供基础保障。三是抓紧建设国家统计信息共享平台，改造升级国家统计局已有的"国家数据库"，结合第四次全国经济普查工作，2020年6月前实现通过统一平台采集部门统计数据，共享行政记录，统计数据互联共享。四是严格依法审批、备案部门统计调查项目，建立健全部门统计工作协调机制，推动国家统计机构与各部门共同制定统计调查项目，增强统计项目和指标设置的科学性。

（四）完善统计体制，构建现代化统计调查体系。国务院及其有关部门要严格按照党中央加快形成推动高质量发展的统计体系要求，按时完成各项改革任务。一是建立和完善反映供给侧结构性改革、"三大攻坚战"和全面建成小康社会的统计指标体系。二是健全"三新"统计调查体系。完善统计分类，拓展统计内容和数据来源。加快推进固定资产投资统计改革，优化服务业生产指数编制方法，完善网上零售、服务消费、跨境电商、自贸区等统计调查。三是健全统计监测体系。完善居民收支统计和住房统计监测制度，加强对社会变迁和科技进步的统计监测。四是创新统计调查方法。改进数据采集、传输、汇总、处理和开发利用方式，在保障数据安全的基础上，大力推动互联网、大数据、云计算、物联网等现代信息技术以及遥感、地理信息系统、全球定位系统在统计工作中的应用，加快统计信息化建设。五是坚决落实党中央关于"完善统计体制"的决策部署，坚持问题导向，勇于探索，在总结省级以下统计机构垂直管理改革试点经验的基础上，适当扩大试点范围，为适时在全国推行创造条件。

（五）修改完善统计法律法规。当前，中国特色社会主义事业进入新时代，改革开放面临新形势、新任务，迫切要求统计法制建设与时俱进。特别是党中央对改革完善统计体制作出了一系列重大决策部署，应当通过法定程序转化为国家意志。执法检查中，各地区各部门也提出对统计法作出适当修改的建议。为此，建议将统计法修改列入十三届全国人大常委会立法规划。同时，建议国务院按照统计法的规定，抓紧制定出台民间统计调查活动管理办法。

让我们更加紧密地团结在以习近平同志为核心的党中央周围，认真贯彻习近平新时代中国特色社会主义思想和党的十九大精神，全面推进"五位一体"总体布局，协调推进"四个全面"战略布局，进一步深入贯彻实施统计法，扎实工作，全面提高统计数据真实性、准确性、完整性、及时性，为推进国家治理体系和治理能力现代化、夺取新时代中国特色社会主义伟大胜利而努力奋斗。

以上报告，请审议。

统计法执法检查组在听取黑龙江省政府情况汇报会上的讲话提纲

（2018年5月24日　哈尔滨）

全国人大常委会副委员长　陈　竺

同志们：

很高兴来到辽阔的龙江大地。这次来的主要任务是了解统计法在黑龙江的贯彻实施情况。前两天，检查组先后到大庆、哈尔滨两地的部分企业、区县、乡镇、社区、村屯、住户以及基层统计部门进行了实地检查，了解统计法实施情况和对统计工作的意见和建议。刚才，乌日图同志传达了栗战书委员长的重要批示，介绍了本次执法检查的总体安排。黑龙江对这次执法检查工作非常重视，做了认真准备和精心安排。今天王文涛省长到会并亲自作了报告，可以说这是对检查组工作的大力支持和对全省统计工作的高度重视。省有关部门围绕执法检查的重点内容，有针对性地作了汇报，反映情况和问题实事求是，对修改完善统计法、进一步做好统计工作提出了一些很好的意见和建议，听了以后很受启发。

从今天座谈会和前两天的实地检查情况看，我们认为，黑龙江省委、省人大、省政府在贯彻落实中央关于深化统计管理体制改革的决定方面行动迅速、措施有力，制定了相应的贯彻实施意见，为落实党中央关于统计改革发展的决策部署和提高统计工作水平提供了制度保障。在贯彻实施统计法方面,省里重点加强对统计调查对象和各级领导干部的统计法普法教育,完善地方性统计法规制度,为依法开展统计工作创造了良好环境。在提升统计数据质量方面,强化源头数据采集审核,建立了数据质量控制和评估制度,通过开展统计执法检查查处一批统计违法案件,对统计违法行为起到一定的震慑作用。加强统计基础建设,统计力量不断增强,统计生产方式不断变革,广大的统计工作人员在完成国家统计调查任务和服务地方经济社会发展方面做出了积极贡献。

下面,结合本次执法检查和自己的一些思考,我就深入贯彻实施统计法和进一步做好统计工作讲两方面的意见。

一、要充分认识统计工作在党和国家事业中的重要作用

（一）统计是经济社会发展的重要综合性基础性工作。统计承担着对经济社会发展情况进行统计调查、统计分析,提供统计资料和统计咨询意见,实行统计监督的重要职能,统计数据是党和国家实行科学决策和宏观管理的重要依据。随着互联网、大数据、云计算的发展,数据已经成为重要的战略性资源,加强统计分析,重视数据应用,特别是大数据的应用,定量、定性分析相结合来分析形势、研究政策、作出决策,已经成为现代治理的重要特征和提升治理能力的重要手段。同时,统计数据作为经济社会信息主体也已成为最重要的公共产品之一,“基于统计的管理”正在向经济社会发展的各个层面渗透。比如公共服务机构进行管理服务,企业参与市场竞争,专家学者开展课题研究,广大群众从事生产生活等,都越来越离不开统计数据。统计工作在经济社会发展中的晴雨表、测量仪、指示器和风向标的作用正日益凸显。重视统计、运用统计、加强统计正逐渐成为社会共识。

（二）统计是贯彻落实党和国家重大决策部署的重要支撑。贯彻落实党的十九大作出的重大决策部署,统筹推进“五位一体”总体布局,协调推进“四个全面”战略布局,推动经济向高质量发展,提高保障和改善民生水平,推进国家治理体系和治理能力现代化水平,都必须有真实准确、完整及时的统计数据作支撑和扎实的统计工作作保障。比如践行新发展理念,需要有反映其内涵、明确其方向,可量化、可评估、可预测的统计指标体系和统计结果作支撑;实现高质量发展,建设现代化经济体系,需要有与之相适应的指标体系、政策体系、统计体系、标准体系、绩效评价和政绩考核体系来衡量;打好三大攻坚战,需要统计分析金融、财政等领域的重大风险,需要摸清算准扶贫、脱贫的情况,需要密切监测生态环境的变化,这些都离不开统计工作的强力支撑。黑龙江正在围绕做好“三篇大文章”聚焦发力,同样需要扎实的统计工作为省里科学决策和高效推动各方面工作作保障。

（三）做好统计工作是落实中央关于深化统计体制改革的职责所在。党的十八大以来,习近平总书记多次就统计工作发表重要讲话、作出重要指示批示,强调统计是经济社会发展重要的基础性工作,明确要求深化统计管理体制改革,完善统计法律法规,加强统计执法监督,不断提高统计数据质量。十八届三中全会明确提出加快建立国家统一的经济核算制度、编制全国和地方资产负债表、探索编制自然资源资产负债表等三大核算改革任务,“十三五”规划纲要明确提出建立现代统计调查体系。进入新时代,党的十九大作出“完善统计体制”的重大部署,去年中央经济工作会议明确要求加快形成推动高质量发展的统计体系。中央深改组通过了《关于深化统计管理体制改革提高数据真实性的意见》《统计违纪违法责任人处分处理建议办法》等6部重要统计改革文件。可见,统计工作的重要性被提到前所未有的高度。这次执法检查就是全国人大常委会贯彻党中央决策部署的重要举措。我们要以习近平新时代中国特色社会主义思想为指导,积极落实中央关于统计改革发展的决策部署,推动统计工作更好服务经济社会发展。这是我们当前一项重要而紧迫的任务,必须高度重视并切实做好。

二、要以统计法执法检查为契机深入推进依法统计依法治统

法律的生命力在于实施,法律的权威也在于实施。执法检查是人大监督的法定形式和重要途径,是推动法律贯彻实施、推进法治国家建设的重要抓手。栗战书委员长指出,人大执法检查就是“法律巡视”,是行使宪法法律赋予的监督权、保证法律得到有效实施的一把“利剑”。刚才,乌日图同志讲了,这次来龙江主要是了解统计法的具体实施情况和总体判断,发现问题、研究措施、提出

建议,不是直接检查地方政府和有关部门及其有关方面的工作。同时,到地方开展执法检查,也希望能够推动地方进一步增强依法统计依法治统的观念,推动统计法更好的贯彻实施,力促制约统计工作开展的关键问题能够得到很好的解决。关于贯彻落实统计法和做好统计工作,我提几点建议供大家参考。

一是要全面贯彻实施好统计法。统计法自1983年12月六届全国人大常委会第三次会议审议通过以来,已经进行了两次修订。现行统计法规定了政府统计工作中具有总括性、原则性、纲领性、方向性的重大制度和重大事项,在规范、引导、保障和推动统计工作方面发挥了重要作用,对推动经济社会发展发挥了重要作用,实践证明是一部好法。去年颁布的《统计法实施条例》对统计法的原则规定作了进一步细化、明确和充实完善,明确了与统计工作有关各方在防范和惩治统计造假、弄虚作假中的责任,为确保统计数据真实准确提供了强有力的保障。开启新征程,充分发挥统计在了解国情国力、服务经济社会发展中的重要作用,适应党和国家事业发展对统计工作的新要求,我们必须全面落实统计法,推动统计法每项规定都能够落地生根、严格执行,大家共同努力加快建立起法律完备、普法深入、执法严格、惩戒有力的统计法治体系。

二是要着力解决统计工作中存在的突出问题。从这两天实地检查、座谈交流,以及前期调研了解到的情况看,统计法在贯彻实施中还有一些短板和弱项,存在一些亟须解决的问题。主要是,有的地区干预统计机构和统计人员独立调查、独立报告,统计数据质量不高、统计造假问题屡禁不止。比如,辽宁2011年至2014年所辖市、县累计虚增财政收入占同期近五分之一;内蒙古调减的2016年一般公共预算收入和2016年规模以上工业增加值,分别占到同期的26.3%和40%;天津滨海新区也调减了2016年GDP,调减近三分之一。虽然地方主动挤水分体现了发展观念的转变,但不可否认的是,统计造假给地方政府公信力带来很大影响。还有部分领域统计数据存在缺口,新产业、新业态、新商业模式(三新)统计工作需要加强;统计体制、统计监督、统计能力建设等方面与新时代统计发展要求还有差距等等。这些问题既是面上的共性问题,在黑龙江也不同程度的存在,刚才几个部门谈到的统计违法成本小、适应三新指标体系和健全统计管理体制的任务还很重,部门统计数据共享存在障碍,等等。对于这些问题,希望黑龙江能够高度重视,结合本地实际,抓住影响法律实施的关键问题、制约统计工作的重点问题、危害数据质量的突出问题,统筹谋划、综合施策,秉持法治思维、善用法治方式,不断提升统计数据质量和统计工作服务发展的水平。

三是要积极为统计工作创造良好环境。中央深改组通过的《关于深化统计管理体制改革提高统计数据真实性的意见》等系列文件,是统计改革和发展的基本遵循,为加快推进统计改革、提高数据质量指明了方向,要深入学习和贯彻落实。从地方来说,首要的是树立正确的政绩观。习近平总书记强调,不要把国家确定的调控目标作为各地经济增长的底线,更不要相互攀比甚至层层加码。各级领导干部要认真学习贯彻总书记关于统计工作的重要讲话精神,按照经济社会发展规律和本地区实际情况科学制定发展目标,努力追求有效益、有质量、可持续的经济发展,同时不断完善政绩考核指标,改进政绩考核办法,营造良好的统计生态。要进一步完善统计体制,落实好地区生产总值统一核算改革,健全三新统计调查体系,围绕"三去一降一补"、三大攻坚战、乡村振兴战略等国家重大决策部署开展统计监测,提高统计工作服务科学决策和治理能力现代化的水平。要注重加强统计基础建设,进一步完善统计机构设置,强化统计力量,加强统计培训,提高统计人员的专业化和统计方式的现代化,积极探索建立政府统计与部门统计信息共享的制度措施,为高效开展统计工作打下良好基础。

对本次执法检查中大家提出的关于修改完善统计法、改进统计工作的意见和建议,执法检查组都作了记录,并将带回去认真研究吸收,充分反映到执法检查报告中。这次执法检查得到了省委、省人大、省政府及有关部门的大力支持,为检查组在龙江顺利开展工作创造了良好的工作和生活条件。在此,我代表检查组向大家表示衷心感谢!

我就说这些。谢谢大家!

在全国人大常委会统计法执法检查组第一次全体会议上的讲话

（2018 年 4 月 23 日，根据记录整理）

全国人大常委会副委员长 王东明

对统计法实施情况进行检查，是十三届全国人大常委会组织开展的第一项执法检查，是 2009 年统计法修订之后由全国人大常委会牵头组织开展的首次全国性的统计法执法检查，也是全国人大常委会贯彻习近平新时代中国特色社会主义思想、贯彻党的十九大精神、贯彻党中央决策部署的重要举措。这次执法检查的重大意义，要从以下几个方面来认识：一是有助于推动高质量发展。党的十九大作出了我国社会主要矛盾发生变化的重大论断。随着主要矛盾的变化，我国经济发展已经从过去的高速增长阶段转向高质量发展阶段。转型升级、实现三大变革、建立现代化经济体系，已经成为当前和今后一个时期我国经济工作的基本取向、基本追求。高质量发展不是一句空话，必须建立相应的指标体系、政策体系、统计体系、标准体系、绩效评估考核体系，等等。二是有助于推动打好三大攻坚战。打好三大攻坚战，是以习近平同志为核心的党中央作出的重大决策部署，是决胜全面建成小康社会、开启现代化建设新征程的必须完成的任务，意义十分重大。今天参加会议的部门，包括了打好三大攻坚战的牵头部门和主要参与部门，都作了比较详实的介绍，包括口头汇报和提供的书面材料，我这里就不再详细阐述了。三是有助于推动统计体制改革、提高统计质量、提高国家治理体系和治理能力现代化水平。统计工作的意义超出了统计工作本身。加强统计分析，重视数据应用，特别是大数据的应用，定量、定性分析相结合来分析形势、研究政策、作出决策，已经成为现代管理的重要特征。党中央去年就作出了深化统计体制改革、提高统计质量的重大决策部署。

对搞好这次执法检查，全国人大常委会非常重视，栗战书委员长作出重要批示，刚才，徐绍史同志作了传达。委员长的重要批示进一步指出了统计工作在全局工作中的重要地位，明确了开展这次执法检查的指导思想、着力重点、工作要求，为我们开展执法检查工作指明了方向。我们一定要认真学习领会、切实贯彻落实。乌日图同志介绍了这次执法检查工作的前期准备情况和下一步的总体安排。统计局、发改委、工信部、人社部、生态环境部、人民银行、扶贫办等部门汇报了贯彻实施统计法的有关情况，也提出了很好的意见建议。财政部、农业农村部、海关总署提供了书面的情况介绍。这些情况和材料为我们加强对统计法实施情况的了解，做好执法检查工作奠定了好的基础。下面我讲三点意见。

一、充分认识统计工作的重要作用，切实增强依法做好统计工作的责任感和使命感

统计是经济社会发展的重要综合性基础性工作，承担着对经济社会发展情况进行统计调查、统计分析，提供统计资料和统计咨询意见，实行统计监督的重要职能。统计数据是国家宏观调控和科学决策管理的重要依据。随着互联网、大数据、云计算的发展，数据已经成为重要战略性资源，数字化治理也成为治国理政的重要手段。统计工作在经济社会发展中的晴雨表、测量仪、指示器和风向标的作用日益凸显。同时，统计数据作为经济社会信息主体也已成为最重要的公共产品之一，“基于统计的管理”正在向经济社会发展的各个层面渗透。公共服务机构进行管理服务，企业进行市场竞争，专家学者开展课题研究，广大群众从事生产生活等，都越来越离不开统计数据。重视统计、运用统计逐渐成为社会共识。党的十九大吹响了决胜全面建成小康社会、迈向社会主义现代化国家新征程的集结号。贯彻落实党的十九大精神，推进新时代中国特色社会主义建设，统筹推进“五位一体”总体布局、协调推进“四个全面”战略布局，推动经济向高质量发展，提高保障和改善民生水平，推进国家治理体系和治理能力现代化水平，必须有真实准

确、完整及时的统计数据作支撑，必须有扎实的统计作保障。

党和国家历来高度重视统计工作。党的十八大以来，习近平总书记多次发表重要讲话、作出重要指示批示，强调统计是经济社会发展重要的基础性工作，是宏观调控的重要依据，必须防范统计造假、弄虚作假，确保统计资料真实准确、完整及时；明确要求深化统计管理体制改革，完善统计法律法规，加强统计执法监督，不断提高统计数据质量。党的十九大作出"完善统计体制"的重大部署，十八届三中全会明确提出加快建立国家统一的经济核算制度、编制全国和地方资产负债表、探索编制自然资源资产负债表等三大核算改革任务，去年中央经济工作会议明确要求加快形成推动高质量发展的统计体系，"十三五"规划纲要明确提出建立现代统计调查体系。党中央先后印发《关于深化统计管理体制改革提高数据真实性的意见》《统计违纪违法责任人处分处理建议办法》等6部重要统计改革文件，这在我们党和国家的历史上还是少有的。统计工作的重要性被提到了前所未有的高度，统计事业发展进入新时期新阶段，面临新形势新任务新要求。贯彻落实好习近平新时代中国特色社会主义思想和党中央决策部署，依法推动统计工作更好服务经济社会发展，是摆在我们面前一项重要而紧迫的任务，必须高度重视并切实做好。

二、坚持问题导向，突出工作重点，推动统计法有效实施

法律的生命力在于实施，法律的权威也在于实施。执法检查是人大监督的法定形式和重要途径，是推动法律贯彻实施、推进法治国家建设的重要抓手。统计法是统计活动的根本遵循，充分发挥统计在了解国情国力、服务经济社会发展中的重要作用，适应新时代党和国家事业发展对统计工作的新要求，必须严格贯彻、全面落实统计法，坚持依法统计，坚持依法治统，建立健全法律完备、普法深入、执法严格、惩戒有力的统计法治体系。全国人大常委会历来高度重视统计法及其实施工作，1983年12月六届全国人大常委会第三次会议审议通过统计法，1996年对统计法进行了修改，2004年底全国人大常委会对修改后的统计法实施情况进行了检查，这次执法检查也直接推动了统计法2009年的修订。统计法的实施对于规范、引导、保障和推动统计工作发挥了重要作用，对于推动经济社会发展也发挥了重要作用。我们在地方工作的时候都有体会，刚才几个部门介绍情况也使我们感受到，这些年国务院、各部门、各地方在这方面做了大量工作。同时，从刚才大家介绍的情况和前期调研了解到的情况看，统计法的贯彻实施也还没有完全到位，还有一些短板、弱项，还存在一些不足，还有一些亟须解决的问题，包括一些地方干预统计机构和统计人员独立调查、独立报告，统计造假问题屡禁不止，统计数据的质量还需要进一步提高，部分领域统计数据还存在缺口，特别是几个部门都谈到了完善适应新产业、新业态、新商业模式的指标体系和健全统计管理体制的任务还很重，这方面还有很大差距，等等。为全面了解统计法实施的情况，监督和促进政府依法加强统计工作，进一步落实法律有关制度和规定，加强统计法治建设，十三届全国人大常委会决定开展这次统计法执法检查。

准确查找出法律实施中的问题并督促有关方面加以解决，是执法检查取得实效的关键。这次执法检查，要紧紧抓住影响法律实施的关键问题、制约统计工作的重点问题、危害数据质量的突出问题，深入研究，"对症下药"，补齐普法、执法工作中的短板，加强法律实施薄弱环节建设，推进统计法全面深入实施。前一阶段全国人大财经委已经做了大量工作，各有关方面也都做了很多工作，为检查做了比较充分的准备，工作方案也明确了这次检查的重点内容。根据调研掌握的情况，在全面检查统计法贯彻实施情况的基础上，要重点突出以下几个方面：

*一是完善统计体制的情况。*统计体制是统计法规范的重要内容。完善统计体制是党的十九大从提高党的执政能力和水平的高度，从健全党和国家监督体系的高度作出的重大部署。这次执法检查，要重点了解统计体制适应新时代经济社会发展要求，加强"三新"（新产业、新业态、新商业模式）经济统计工作，推动高质量发展的统计体系的情况，统计工作在助推三大攻坚战方面的情况，各级政府依法设置统计机构、配备统计人员、保障统计工作的情况，统计调查项目及制度方法科学设置、国家统计与部门统计在机构协作、信息共享方面的情况。

*二是统计数据质量的情况。*统计数据质量是统计工作的生命线。贯彻实施统计法，最根本的目的是保障统计资料的真实性、准确性、完整性和及

时性。这次执法检查，要重点了解统计数据质量情况，特别是源头数据的质量，以及与之密切相关的统计机构、统计人员独立调查、独立报告、独立监督的情况，统计调查对象依法落实统计调查任务方面的情况。

三是统计监督职能发挥的情况。统计监督是统计的一项基本任务，是统计法确立的一项法定职权。统计监督职能发挥的好不好，直接影响统计数据质量和统计服务经济社会发展的水平。这次执法检查，要重点了解统计监督职能发挥情况，包括统计对经济社会发展的监测评价作用和统计违法案件的调查处理情况。

四是关于完善统计法的问题。按照监督法的规定，执法检查的一项重要任务是对有关法律提出修改完善的建议。统计法实施已经35年，最近一次修改也已9年，而这30多年正是改革发展的重要时期，最近这几年特别是党的十八大以来，全面深化改革不断深入，经济社会发展面临很多新情况、新问题，法律规定能不能适应新时代经济社会发展的需要，是否有利于推动深化改革、扩大开放，推动深化统计改革、强化统计监督等等，各方面都比较关注。所以，这次执法检查还要注意收集有关方面对统计法本身的意见建议，在认真研究的基础上，严肃认真审慎地提出统计法是否需要修改完善的有关意见建议。

三、扎实做好执法检查工作，确保人大监督取得实效

全国人大及其常委会监督“一府一委两院”的工作和宪法法律的实施，是人民代表大会制度的内在要求和制度安排，体现了国家一切权力属于人民的宪法原则。习近平总书记多次就做好人大监督工作发表重要讲话，提出明确要求，强调要加强和改进监督工作，抓住人民群众普遍关心的突出问题，把宪法法律赋予的监督权用起来，实行正确监督、有效监督，推动党中央重大决策部署贯彻落实。总书记的重要讲话和重要指示，为我们做好新形势下人大监督工作指明了方向，提供了根本遵循。

这次执法检查是换届后的第一项执法检查，我们要在以习近平同志为核心的党中央坚强领导下，以习近平新时代中国特色社会主义思想为指导，全面贯彻党的十九大和十九届二中、三中全会精神，落实十三届全国人大一次会议要求，按照栗战书委员长在最近几次重要会议上的讲话精神，坚持“依照法定职责、限于法定范围、遵守法定程序”的原则，依法行使监督权，开好头、起好步，扎实做好执法检查工作，确保取得实效。今天的会议是执法检查组第一次全体会议，标志着统计法执法检查工作正式开始，各项工作都将有序开展。这次执法检查涉及部门多、时间紧、任务重，各方关注、比较敏感，大家要以严肃认真的精神和良好的精神状态，投入到执法检查工作中。

一要加强学习。统计法执法检查是一项法律性、政策性、专业性都很强的工作。检查组的同志要认真学习领会习近平总书记关于统计工作的重要论述和党中央关于统计工作的决策部署、有关要求，以及栗战书委员长的重要批示，吃透精神、学懂弄通，确保常委会统计法执法检查工作的正确方向；学习掌握统计法及相关业务知识，结合执法检查重点，有针对性地学，带着问题思考，做到心中有数；我们在座的不少同志，包括我在内，都是人大新兵，要注意学习人大议事规则和工作程序，准确把握人大工作的特点和要求，做到严格依照法定权限、法定程序履职尽责。财经委和国家统计局为这次执法检查整理提供了丰富的参阅资料，大家要认真学习，做好准备。

二要注重实效。监督工作重在实效。人大执法检查不能走过场，不能流于形式。今天会后，各小组将分赴各地开展检查。检查要坚持问题导向，突出重点，深入调查研究，根据统计法的特点，采取与之相适应的方式方法，真正做到深入实际、深入基层、深入群众，多听取基层统计人员的意见，多发挥人大代表的作用，多了解基层群众的呼声，务求全面真实地了解统计法实施的基本情况，掌握第一手资料。检查工作中，既要总结贯彻实施统计法好经验好做法，也要注意发现法律实施中带有普遍性的问题，并认真分析产生问题的原因，深入研究解决问题的办法，认真负责地提出有针对性、可操作的意见建议。

三要精心组织。作为本届全国人大常委会的第一项执法检查，各方都很关注，而且时间紧任务重。要以“三严三实”的精神，严谨细致地做好执法检查的各项工作。虽然前一段时间大家已经做了很多工作，也都有信心完成好这次执法检查任务，但我还是要强调，这次执法检查非同一般，意义重大，今天会后，全国人大财经委要会同有关方面，在前一段工作的基础上进一步细化工作流程、方式方法、工作步骤、人员调配等等，进一步细化部署，并

以适当方式加强各检查小组的培训、调度、沟通、交流。财经委的同志特别是绍史同志和有关负责同志要进一步加强统筹协调。参加执法检查的每一位同志都要认真准备、全身心投入,各个环节都要搞好衔接。虽然时间紧,但一定要高质量完成任务,不能为了赶进度而草率收工。这也是本届人大执法检查开好头、起好步的重要要求。

四要密切配合。人大开展执法检查,不是为了检查而检查,而是要通过监督法律实施情况,支持、督促国务院及有关部门和地方加强和改进工作,推动经济社会更好发展;要通过执法检查形成工作合力,推动解决一些问题,特别是解决一些长期得不到解决的问题。因此,希望有关部门和单位积极配合执法检查,客观真实地反映情况,提出建议,全国人大常委会办公厅各局室和财经委办事机构要在组织协调、新闻宣传报道、后勤保障等方面全力配合,共同完成好这次执法检查任务。

最后,我还要特别强调一下,检查组要严格遵守中央八项规定及实施细则精神和坚决反对"四风"的要求,严格遵守全国人大常委会委员长会议组成人员贯彻落实中央八项规定和实施细则的办法,认真贯彻栗战书委员长在近期几次会议上多次强调的加强全国人大常委会自身建设的重要指示,轻车简从、廉洁自律、严格要求,树立好的形象,注重工作实效,通过大家共同努力,使统计法执法检查取得圆满成功。

对检查统计法实施情况报告的意见和建议

6月22日,十三届全国人大常委会第三次会议审议了全国人大常委会副委员长王东明作的全国人大常委会执法检查组关于检查统计法实施情况的报告,共有36人次发言。现根据会议发言情况,将常委会组成人员和列席人员的主要意见整理如下。

出席人员普遍认为,统计是经济社会发展重要的基础性工作,是宏观调控的重要依据。以习近平同志为核心的党中央高度重视统计工作,提出了一系列关于统计改革发展的新思想、新论断、新举措。党的十九大报告和2017年中央经济工作会议作出"完善统计体制""加快形成推动高质量发展的统计体系"的重大部署。国务院及其有关部门认真贯彻实施统计法,较好地发挥了统计工作服务经济社会发展的重要作用。同时也要看到,法律实施中仍存在一些突出问题,统计造假屡禁不止、统计调查交叉重复、统计信息共享不足、执法监督力度不够等,都说明法律责任和要求没有完全落实到位。大家强调,要认真落实党中央关于统计改革发展的决策部署,增强统计法治观念,严格落实法律各项规定,确保统计数据真实、准确、完整、及时,加快形成推动高质量发展的统计体系。审议中,大家还提出了一些具体意见和建议。

部分出席人员认为,应切实增强统计法治观念,按照"谁执法谁普法"的要求,全力做好统计法普法宣传教育,积极推动全社会了解、熟悉、遵守、维护统计法,为更好开展统计工作营造良好法治环境。有的出席人员指出,少数地方政府未能树立正确政绩观,制定发展目标脱离实际、层层加码,个别领导干部甚至在统计数据上弄虚作假。应着力加强对领导干部学法守法的普及教育,完善干部政绩考核评价指标体系,纠正单纯以经济增长速度评定政绩的偏向,增强领导干部带头遵守统计法律法规的自觉性和主动性。有的出席人员指出,一些地方虚报瞒报、拒报迟报、漏报重报、代填代报统计数据现象仍然存在。应有针对性地加强对统计人员和统计调查对象知法守法的宣传教育,不断提高他们做好统计工作的法律意识,从源头上保证统计数据的真实性、准确性。有的出席人员提出,普法宣传应创新方式方法,充分利用微博、微信公众号、微电影等新媒体、新平台开展宣传活动,从小处切入,宣传守法模范,通报违法典型,努力增强普法实效。

部分出席人员提出,统计工作应服从服务于党和国家重大战略部署,围绕"五位一体"总体布局,贯彻新发展理念,加快建立科学完备的现代统计调查体系。有的出席人员提出,应建立和完善反映供给侧结构性改革、三大攻坚战、全面建成小康社会的统计指标体系,加大资源消耗、环境损害、生态效益、产能过剩、科技创新、安全生产、新增债务等统计指标权重,引导和推动高质量发展。有的出席人员提出,应加快建立国家统一的经济核算制度,编制全国和地方资产负债表、自然资源资产负债表等,完善居民收支、住房、就业等方面情况统计监测制度,准确反映国民经济整体布局和运行情况,为宏观经济决策提供可靠的数据支撑,推动解决我国发展面临的突出矛盾和问题。有的出席人员提出,应进一步健全对新产业、新业态、新商业模式的统计调查体系,完善统计分类,拓展统计内容和数据来源,加快推进固定资产投资统计改革,优化服务业生产指数编制方法,完善网上零售、服务消费、跨境电商、自贸区等领域统计调查,对各种类型的新经济活动进行充分反映。

部分出席人员提出,应尽快健全统一领导、分级负责的统计管理体制,增强国家统计局对全国统计工作组织领导和协调能力,强化上级统计机构对下级统计机构的业务指导和监督管理,增强统计调查整体能力。有的出席人员提出,应从国家层面统筹统计调查工作,依法科学设立统计调查项目,严格执行统计调查项目审批和备案规定,着力解决报表多乱、重复交叉、数出多门的问题。有的出席人员提出,在总结省级以下统计机构垂直管理改革试点经验的基础上,应进一步扩大试点范围,适时在全国推广。有的出席人员提出,基层统计是统计数据的源头,但目前存在基层统计力量薄弱、基础建设欠账较多等问题,严重影响统计工作质量。应提高对基层统计的支持保障水平,加大经费投入,改善基层工作条件,加强对基层统计工作人员的业务培训,切实筑牢统计工作的基础。有的出席人员提出,应积极创新统计调查方法,改变单纯依靠传统指标统计、报表统计的状况,充分运用大数据、云计算、互联网等先进信息技术手段,不断提升统计调查效能和统计数据质量。

部分出席人员指出,各部门统计调查体系和数据库各自独立,难以共享,资源浪费严重。应大力推进部门间统计数据互联共享,完善基础数据库,建立统计数据共享平台,坚决打通"信息孤岛",提高统计信息使用效率。有的出席人员提出,应加强政府部门电子化行政记录应用,实现统计与公安、民政、财政、税务、市场监管等部门在管理、服务和统计信息上的共享。有的出席人员提出,应逐步提高统计信息公开程度和范围,使统计数据更好服务经济、科研、教育等社会各领域。

部分出席人员认为,应加强统计执法监督,加大惩治力度,对各种统计违法违纪行为实行零容忍,及时严肃查处各类统计数据造假案件。有的出席人员提出,应建立健全统计督查制度,加强对各地区各部门遵守统计法律法规的监督,保障统计机构和统计人员依法、独立履行职责,保障统计工作不受干扰、不受侵犯。有些出席人员提出,统计、纪检监察、组织、司法、审计等应加强配合,对统计造假、弄虚作假责任人依法依纪作出严肃处理。有的出席人员提出,应加大公开曝光统计造假典型案例的力度,积极推进统计诚信体系建设。

部分出席人员提出,统计法自2009年第二次修改以来,已经实施近10年,各方面情况发生了很大变化。应适应新时代、新形势、新要求,尽快启动统计法第三次修改工作。有的出席人员提出,应进一步明确统计造假行为的法律责任,加大处罚力度,提高违法成本。有的出席人员提出,应明确统计信息共享的权责条款,增加相关部门有条件获取统计数据的明确授权规则,以及统计部门有条件向其他部门提供统计数据的业务规则,为政府部门之间统计信息共享提供法律依据。有些出席人员指出,应更加注重维护国家统计数据的权威性和公信力,抓紧制定出台民间统计调查活动管理办法,依法依规加强对民间机构发布统计数据行为的管理。

全国人民代表大会常务委员会执法检查组关于检查《中华人民共和国大气污染防治法》实施情况的报告

——2018年7月9日在第十三届全国人民代表大会常务委员会第四次会议上

全国人大常委会委员长 栗战书

全国人民代表大会常务委员会:

生态环境是关系党的使命宗旨的重大政治问题,也是关系民生的重大社会问题。环境问题解决得好不好,已经成为全面建成小康社会能否得到人民认可的关键。党的十八大以来,以习近平同志为核心的党中央高度重视生态文明建设,提出一系列重大战略思想,作出一系列重大决策部署,坚决向污染宣战,力度之大、措施之实、成效之明显,前所未有。习近平总书记在全国生态环境保护大会上强调,打好污染防治攻坚战,重中之重是坚决打赢蓝天保卫战,还老百姓蓝天白云、繁星闪烁。十三届全国人大常委会成立后,紧紧围绕党中央决策部署和习近平总书记关于打好污染防治攻坚战的指示要求，把大气污染防治法执法检查作为今年监督工作的重中之重，认真部署、精心组织，目的是通过法律实施监督，保证党中央重大决策部署贯彻落实，保证法律得到全面有效实施，推动解决人民群众关注的突出环境问题，以法律的武器治理污染，用法治的力量保卫蓝天。

按照大气污染防治法执法检查工作安排，这次执法检查组由我担任组长，王晨、沈跃跃、丁仲礼副委员长、杨振武秘书长和环资委高虎城主任委员任副组长，成员由全国人大常委会委员、环资委委员和部分全国人大代表共32人组成。5月至6月，执法检查组分为4个小组，我和三位副委员长带队，分别赴河南、内蒙古、山西、陕西、山东、河北、安徽、江苏等8个省（区）开展执法检查工作，检查组深入到26个地市，共召开29次座谈会，听取了地方政府和有关部门的汇报，实地查看了107个单位和项目。同时，委托其他23个省（区、市）人大常委会开展自查，实现了执法检查全覆盖。期间，执法检查组召开三次会议，听取了国务院及有关部门实施大气污染防治法情况汇报，4个检查小组工作情况介绍，讨论执法检查报告稿并听取国务院及有关部门意见。

这次执法检查有几个突出特点：一是深入学习贯彻习近平生态文明思想，检查组所到之处，我和几位副委员长带头宣讲，并号召各方面以实际行动确保党中央关于打赢蓝天保卫战的决策部署落到实处。二是始终坚持“依法”原则，执法检查全过程、各方面都以法律为依据为准绳。三是充分发挥“法律巡视”监督利剑作用，敢于动真碰硬，开展随机抽查，深入查找重点地区、重点领域、重点行业存在的突出问题。四是创新检查方式，召开五级人大代表和群众代表、专家学者座谈会，倾听民意、集中民智；把重要的法律条款梳理为调查问卷，推动政府部门和企业负责人学法用法普法；同省（区）人大常委会就法律实施情况初步交换意见，上下协力推动法律全面有效实施。

一、法律实施的总体情况

党的十八大以来，各地区各部门坚决贯彻党中央决策部署，认真贯彻落实大气污染防治法，深入实施大气污染防治行动计划，大气污染防治工作取得积极进展。2017年，全国338个地级及以上城市可吸入颗粒物（PM_{10}）平均浓度比2013年下降22.7%；京津冀、长三角、珠三角等重点区域细颗粒物（$PM_{2.5}$）平均浓度分别下降39.6%、34.3%、27.7%，珠三角区域细颗粒物（$PM_{2.5}$）平均浓度连续三年达标。全国空气质量总体改善，重点区域明显好转，人民群众的获得感明显提升。

（一）全社会生态环境保护的意识明显增强

一是各级政府对大气污染防治工作的重视程度不断提高，把大气污染防治作为推动高质量发展的重大政治任务部署推进，强化考核问责。中央财政加大资金投入，5年累计安排大气污染防治专项资金528亿元。各相关部门分工协作、共同发力，出台20余项价格、财税、金融等经济政策，支持大气污染防治工作顺利开展。二是企业治污的自觉性和主动性不断提高，越来越多的企业认识到加强环境保护既是发展大局需要，也符合自身长远利益，依法治污、保护生态环境的法治意识和主体意识逐步增强。三是人民群众依法参与和监督污染治理的积极性明显提高，环保社会组织和志愿者队伍不断壮大，公众关心环保、参与环保、监督环保的行动更加自觉。

（二）大气污染防治的法治保障进一步强化

一是落实法律制度。推行以排污许可制为核心的固定污染源环境管理制度改革，出台《排污许可管理办法（试行）》，加强固定污染源全过程管理和多污染物协同控制。完善责任目标考核制度，印发大气污染防治行动计划实施情况考核办法和实施细则，约谈大气环境问题突出的地方政府。二是推进标准制定修订工作。全面实施新修订的环境空气质量标准。制定修订火电、钢铁、水泥等20多个行业大气污染物排放标准，在重点区域执行特别排放限值。全面实施国五机动车排放标准和清洁油品标准，发布国六车用油品标准和轻型汽车排放标准。三是健全部门规章和地方性法规。各部门出台100多件配套规章及规范性文件，各级人大及其常委会加强立法和监督，河南、陕西、河北等近20个省份发布实施大气污染防治条例，浙江、安徽等省对机动车污染防治进行专项立法。四是强化环境执法和司法。中央环保督察力度大、效果好，实现31个省（区、市）全覆盖。加强生态环境行政执法与刑事司法衔接，出台相关办法和司法解释，推进环境公益诉讼，联合督办查办大案要案，严肃追究刑事责任。2017年，全国实施按日连续处罚、查封扣押、限产停产、移送行政拘留及移送涉嫌污染犯罪五类案件近4万件，涉大气案件占比近30%，比2016年增长75%。

（三）依法推进大气污染治理工作力度不断加大

一是坚持源头治理，调整优化产业结构和能源结构。五年来，全国累计退出钢铁产能超过1.7亿吨、煤炭产能8亿吨、水泥产能2.3亿吨；煤炭消费比重下降8.1个百分点，清洁能源比重提高6.3个百分点。二是提升大气环境管理能力。完成国家环境空气质量监测事权上收，初步建成由国控、省控、市控三级近5000个监测点位组成的覆盖全国地级及以上城市的环境空气质量监测网。加快推进大气重污染成因与治理集中攻关，强化大气污染治理科技支撑。三是建立健全重点区域联防联控机制。生态环境部会同有关部门和地方政府建立重污染天气联合应对工作机制，建成京津冀及周边、长三角、珠三角区域空气质量预测预报中心。四是强化重点领域大气污染防治措施。全国完成超低排放改造的燃煤机组超过7亿千瓦，占燃煤机组总装机容量的71%。淘汰黄标车和老旧车2000多万辆，推广应用新能源车超过180万辆。京津冀及周边地区完成煤改气、煤改电470多万户，整治涉气“散乱污”企业6.2万家。

二、法律实施中存在的主要问题

（一）结构性污染问题较为突出

大气污染防治法第二条规定防治大气污染应当以改善大气环境质量为目标，坚持源头治理，规划先行，转变经济发展方式，优化产业结构和布局，调整能源结构。检查中发现，部分地区产业结构偏重、布局偏乱，能源结构调整不到位，运输结构不合理，成为大气污染的主因。山东省传统产业占全部工业的70%，重化工业占传统工业的70%。河北邯郸“城中有钢”，石家庄“煤电围城”等问题突出。内蒙古包头重化企业围城，全市建成区面积不足总面积的1%，但集聚了全市约90%的钢铁产能、89%的火电装机和90%的稀土产量。“2+26”城市、长三角、汾渭平原等区域的单位国土面积煤炭消耗量是全国平均水平的4—6倍。2017年河南省煤炭消费量占一次能源消费比重达到73.6%，高出全国13个百分点。以柴油车为主的公路运输承担了全国约78%的货物发送量、48.6%的货物周转量，柴油货车污染排放占机动车排放总量的60%以上。据统计，河北省有柴油货车135.9万辆，占全国柴油货车总量的8%；山东省有柴油货车172.8万辆，占全国柴油货车总量的10.2%，居全国首位。

（二）部分配套法规和标准制定工作滞后

配套法规不健全。大气污染防治法第十九条要求排污许可的具体办法和实施步骤由国务院规定。目前，国务院排污许可管理条例尚未出台。大气污染防治法第五十八条规定的机动车和非道路移动机械环境保护召回制度没有落实，第七十八条规定的有毒有害大气污染物名录尚未出台。不少大气污染较重的地市尚未制定地方性法规。2015年修改立法法以来，截至2017年12月，新赋予地方立法权的274个设区的市、自治州和不设区的地级市仅出台了14件大气环境保护地方性法规。

标准体系不完善。一是部分标准缺失，监管缺乏法律依据。大气污染防治法第三十七条明确禁止进口、销售和燃用不符合质量标准的石油焦，但相应产品质量标准缺失。第四十六条规定，工业涂装企业应当使用低挥发性有机物含量的涂料，但相关限值标准尚未制定。制药、农药、包装印刷等行业排放标准缺失。多数地方未根据本地的环境质量改善要求，制定严于国家的地方排放标准。二是部分标准修订滞后。大气污染防治法第十二条规定，大气污染物排放标准的执行情况应当定期进行评估，根据评估结果对标准适时进行修订。当前执行的《大气污染物综合排放标准》、《恶臭污染物排放标准》、《工业炉窑大气污染排放标准》都是上世纪九十年代发布实施，修订工作严重滞后。

（三）大气污染监督管理制度落实不到位

排污许可制度没有落实到位。大气污染防治法第十九条明确要求排放工业废气的企业应当取得排污许可证，但许可证发放范围没有涵盖全部排污企业，部分企业固定污染源未纳入监管。例如，安徽芜湖2017年对火电、造纸、水泥、印染等14个行业，仅发放52张排污许可证；江苏徐州对火电、造纸、钢铁等10个行业仅核发124张排污许可证。有些地方排放总量底数不清，大气污染物排放量与环境质量改善之间的关系研究不够。统一估算大气污染排放总量的技术标准和推荐的技术手段有待完善。

环境监测制度落实有差距。大气污染防治法第二十三条要求环境保护主管部门负责建设与管理大气环境质量监测网。但一些东中部区县和西部大气污染严重城市监控点少、监控网布局不合理。个别地方环境质量监测弄虚作假。例如，山西省临汾市出现大气环境质量造假窝案，2017年4月至2018年4月，6个国控站点被人为干扰上百次，监测数据严重失真。第二十五条规定重点排污单位应当对自动监测数据的真实性和准确性负责。检查中发现，有的企业监测数据不准确，影响治污实效。陕西金堆城钼业股份有限公司不如实公开自动监测数据,检查组现场检测发现测量浓度与标准样品浓度差异远超误差范围,不符合技术规范。企业在线自动监测设备缺乏国家统一的技术质量认证标准。

环境信息公开制度缺乏系统规范。大气污染防治法多个条款对政府和企业环境信息公开提出明确要求。虽然政府环境信息公开平台已经建立,但是环境监测、污染源监控、监督管理等信息系统兼容互通性不强,信息共享不够。重点企业排污信息公开不到位,公开信息不完整、不准确、不及时。

(四)重点领域大气污染防治措施执行不够有力

工业污染控制力度不够。大气污染防治法第四十三条规定,钢铁、建材、有色金属、石油、化工等企业生产过程中排放粉尘、硫化物和氮氧化物的,应当采取清洁生产工艺,配套建设除尘、脱硫、脱硝等装置。检查中发现,包头市亚新隆顺特钢有限公司炼钢车间废气收集处理不到位,烟气无组织排放问题突出;山东省铁雄冶金科技有限公司建设了脱硫脱硝设施,但通过旁路烟囱排放部分未处理烟气。一些地方存在不符合产业政策的“散乱污”企业和产业布局不合理的企业群,治污设施简陋甚至没有治污设施,不能达标排放。河南省郑州市发现存在废渣冶炼“散乱污”企业,洛阳市相邻三个乡镇形成家具制造企业群达400家以上,粉尘污染突出,影响周边居民生活环境。

民用散煤污染控制不力。大气污染防治法第三十六条规定,地方各级人民政府应当加强民用散煤的管理。散煤燃烧效率低、污染重。我国北方地区每年冬季取暖消耗2亿多吨散煤,据有关部门测算,1吨散煤排放污染物相当于10—15吨电煤。山西省散煤年消费量2000余万吨,存在散煤替代进展缓慢、洁净焦不合格等问题。陕西省关中地区每年散煤燃烧量达2000万吨以上,城市老旧小区、棚户区、城乡结合部和农村地区散煤燃烧大量存在,相关治理工作尚未有效开展。

机动车污染和油品质量监管不到位。大气污染防治法第四章对机动车污染控制、车辆监管、油品质量等作了专节规定。一些重型柴油车未安装污染控制装置或者污染控制装置不符合要求,不能达标排放。一些地方和部门对重型柴油车准入把关不严,监管力量不足、监管不到位,车辆不正常安装和使用污染控制装置等违法情况比较普遍;个别地方存在机动车排放检验机构数据造假现象;一些城市划定了高污染车辆禁行区和非道路移动机械禁用区,没有有效执法监管和处罚;一些地区油品质量源头管控存在漏洞,对成品油无证生产单位、非法调和成品油行为监管不到位,对流通领域的普通柴油没有明确监管部门、缺乏监管依据。2017年,有关部门在天津、廊坊、唐山、保定、邢台等五市开展的柴油质量抽检中,合格率仅为47%。

扬尘污染防治监督管理不精细。大气污染防治法第六十八条到第七十二条对扬尘污染防治作出规定,明确了地方各级政府和住建、环卫、交通、国土等有关部门的监管职责,建设施工、矿山开采等单位的污染防治责任,规定了扬尘污染防治具体措施。地方政府对城市扬尘精细化管理不够,有关部门在依法管控施工工地,打击矿山开采、建材加工等企业违法行为方面不到位。河南省安阳市下堡村北侧山体采石作业没有扬尘治理设施和措施,已开采区域没有开展生态修复。鄂尔多斯市露天煤矿抑尘措施普遍不足,扬尘问题突出。西安浐灞生态区雁鸣湖项目,260多亩的施工地面未采取覆盖、洒水等抑尘措施。此外,一些地方为迎接检查,存在突击采取防尘措施的现象。

秸秆综合利用不足。大气污染防治法第七十六条要求建立秸秆收集、贮存、运输和综合利用服务体系。目前一些地区秸秆的收贮运配套政策措施不足,没有建立有效的秸秆收贮体系,严重制约了秸秆的综合利用。近年来,东北地区在春播秋收季节多次因秸秆焚烧造成大面积重污染天气。

(五)执法监管和司法保障有待加强

执法监管不到位。一是部门联动协作不够。大气污染防治监管中存在职能分散、职能交叉、职责不清等问题,部门协调联动、考核问责等工作机制尚未健全。比如,在机动车污染防治中,有的地方公安、环保、交通等部门配合不力,排放不达标车辆长期行驶无人监管。2018年1—5月,安徽省公安机关开展了专项整治行动,共查处逾期未检验交通违法行为14.7万起,逾期未办理报废手续交通违法行为864起。一些地方反映,公安交管部门道路执法没有充分运用机动车尾气遥感监测结果。在北方地区冬季清洁取暖工作中,民用散煤污染控制、清洁能源供应等方面部门协同推进不足。二是部门监管工作滞后。大气污染防治法第一百一十三条规定,对驾驶排放检验不合格的机动车上路行驶的,由公安交通管理部门依法予以处罚。但直到2017年5月1日,公安部交管局才增设超标排放处罚全国统一代码,各地实施进展不一,存在超标车辆异地处罚难的问题。一些地方反映，对超标排放机动车的处罚措施仅限于行政罚款，起不到威慑作用。三是行政执法不统一。按日计罚、查封扣押、限产停产、行政拘留等法律强制措施的执法规范和解释不足，造成基层执法人员执法依据不充分；行政强制措施地区之间、企业之间执行不统一，有的企业反映不公平。四是基层执法监管能力不足。生态环境执法监管能力建设水平层层递减，基层生态环境执法人员少、装备差、专业素质低，与日益繁重的执法监管任务不相适应的问题突出。

司法保障作用发挥不充分。公安机关、检察机关和审判机关在犯罪主体认定、证据采信标准等方面理解不一致。不同地区对刑事处罚标准掌握不统一。大气污染违法行为调查取证难，鉴定机构少、费用高、周期长，环境司法技术支撑能力不强，影响司法办案工作效率。

（六）法律责任不落实

政府责任和部门监管责任落实不到位。不少地方主动承认治理工作存在"上热、中温、下冷"现象，污染治理压力和责任逐级递减及"政热企冷"等问题较为突出。有的地方在项目把关、破解难题、执法监督等方面缺乏真抓实干的决心和狠劲。汾渭平原近年来$PM_{2.5}$浓度不降反升，2017年汾渭平原$PM_{2.5}$年平均浓度为68微克/立方米，采暖季$PM_{2.5}$平均浓度为100微克/立方米，优良天数比例均值为50.6%，在全国排位靠后。山西曾将焦化产能调整重组作为振兴产业的重要措施，但调整重组效果十分有限。陕西治污降霾年度行动方案确定的任务完成情况不够理想，相关考核问责不严，发挥作用有限。

企业治污主体责任落实不到位。大气污染防治法规定了企业事业单位和其他生产经营者应当防止、减少大气污染，对所造成的损害依法承担责任。部分企业污染防治不主动、不自觉，管理粗放，设施不健全，超标排污问题突出。陕西延长石油兴化化工有限公司、河南郑州天能碳素有限公司不正常运行大气污染防治设施，污染问题突出。河南安阳红岩铁合金有限公司、河北立马燃气公司防治污染设施不健全，无组织排放严重。一些企业采取"昼伏夜出"等方式逃避监管，违法偷排等现象屡禁不止，甚至被责令停产整治却违法恢复生产。

三、原因分析

存在上述问题的原因是多方面的，关键是一些地方和部门没有正确处理好环境保护和经济发展的关系，没有全面有效实施大气污染防治法。

（一）对绿色发展理念的认识存在差距

一些地方政府及其相关部门对绿水青山就是金山银山的绿色发展理念没有学深悟透，没有正确处理好环境保护与经济发展的关系，没有把生态文明的理念、原则、目标融入到当地经济社会发展各方面，仍然延续传统的粗放型发展模式和做法。一些地方对打赢大气污染防治攻坚战的紧迫性和艰巨性认识不到位，习惯于纵向分析看成效，缺乏横向比较找差距的工作自觉性；打苦仗、硬仗的思想准备不足，需要深挖治污潜力；满足于自身空气质量达标，对区域联防联控的责任重视不够。

（二）生态环境保护法律学习宣传运用缺乏力度

一些地区环境保护法律的宣传普及形式比较单一、范围窄、内容不全面不深入，学习不系统，培训走过场，法律知识学用脱节，普法效果不明显。执法检查期间的问卷调查显示，一些地方政府部门和企业没有组织好对大气污染防治法的学习宣传，部门负责人对法律的了解和认识模糊，企业干部职工对法律主要制度规定不了解。有的地方没有充分用好地方立法权，没有及时从本地实际出发制定出台地方性法规或规章。政府部门依法监管的观念有待提高，企业依法治污缺乏自觉性，人民群众运用法律武器维护自身合法权益的意识要进一步增强。

（三）大气污染治理的长效机制尚未健全

一是投入保障机制不完善。企业环境成本没有实现内部化，治污投入不足；中央与地方、地方不同层级政府之间环境保护财政事权和支出责任的划分，需要进一步清晰、合理和规范；财政资金分配机制有待完善，地方存在"等靠要"的思想。二是政策缺乏系统性协同性。在大气污染防治工作中没有充分运用经济手段，市场机制作用发挥不显著。价格、财税、金融等经济政策和环保信用评价体系尚未形成"组合拳"，对企业治污的激励约束不够。三是科技支撑能力不强。精准治霾研究有待深入，城市细颗粒物源解析及排放控制、臭氧污染形成机理及应对措施、雾霾预报预警等方面的基础研究亟待加强。

此外，工作中存在作风不扎实的问题。检查中发现，一些地方政府和部门在汇报和自查报告中谈工作成绩多，对问题说得少、缺乏深入分析研究。检查组看到的多是以治理成效和经验为主的好典型，随机抽查企业发现不同程度地存在违法问题。一些地方不同层级防治污染的工作要求“上下一般粗”，安排部署多、政策文件多、口头表态多，实际工作中的落实情况层层递减。一些地方治污主要靠上面推动和外在约束，工作的主动性有待提高，责任落得不实，治理成效不稳固。

四、意见和建议

大气污染防治法强化了政府和企业的法律责任，加大了违法处罚力度，具有很强的针对性、可操作性和可执行性。要全面有效实施大气污染防治法，依法推动解决大气污染突出问题，努力提升人民群众的蓝天幸福感。

（一）坚决贯彻落实习近平生态文明思想

习近平生态文明思想聚焦人民群众感受最深刻、要求最迫切的突出环境问题，从根本上扭转了多年存在的一些不正确的发展理念，对生态文明建设进行了顶层设计和全面部署，是推进生态文明建设、建设美丽中国的强大思想武器。各国家机关要以习近平生态文明思想为科学指引，统一认识、凝心聚力，牢固树立绿水青山就是金山银山的绿色发展理念，自觉把经济社会发展同生态文明建设统筹起来，把生态文明建设重大部署和重要任务落到实处，推动形成人与自然和谐发展现代化建设新格局，不断满足人民日益增长的优美生态环境需要。各级人大及其常委会要把生态文明建设作为重要领域，建立健全最严格最严密的生态环境保护法律制度，大力推动生态环境保护法律制度全面有效实施，推动党中央关于打赢蓝天保卫战决策部署的贯彻落实。

（二）严格实施大气污染防治法

强化源头控制。要大力调整“四个结构”（产业结构、能源结构、运输结构、用地结构）。一是调整优化产业结构和布局，重点区域严禁钢铁、焦化、电解铝等高耗能、高污染行业新增产能。提高污染排放标准，加大钢铁等重点行业落后产能淘汰力度。加快推进城市建成区内水泥、平板玻璃、焦化、化工等重污染企业的搬迁改造。全面整治“散乱污”企业及集群。二是调整优化能源结构，增加清洁能源使用，落实可再生能源发电全额保障性收购政策。大力推进煤炭清洁高效利用，严格落实重点区域煤炭消费总量控制目标。大力推进散煤治理，以保障北方地区冬季清洁取暖为重点，因地制宜、多措并举，稳步推进“煤改气”、“煤改电”工作，到2020年采暖季前，在保障能源供应的前提下，基本完成京津冀及周边地区、汾渭平原的平原地区生活和冬季取暖散煤替代。三是调整优化运输结构，以中长距离大宗产品运输为突破口，减少公路运输量，增加铁路运输量，建成清洁高效、环境友好的货物运输体系。四是优化调整用地结构，推进面源污染治理。加快实施防风固沙绿化工程。推进露天矿山综合整治，重点区域原则上禁止新建露天矿山建设项目，对污染环境、破坏生态、乱采滥挖的露天矿山要依法关闭。加强扬尘综合治理，严格施工扬尘管理，2018年底前各地建立管理清单；加强道路扬尘综合整治，实施重点区域降尘考核。加强秸秆综合利用和氨排放控制，切实加强秸秆禁烧管控。确保到2020年，全国秸秆综合利用率达到85%。控制农业源氨排放，实现化肥农药使用量负增长。强化畜禽粪污资源化利用，减少氨挥发排放。

严格落实各项法律制度。国务院有关部门要认真对照大气污染防治法，逐条梳理落实情况，尽快建立健全相关制度措施。一是落实工业企业污染物达标排放要求。各相关部门要依法大力整治排放不达标企业，限期实现污染物达标排放。对于无法实现达标排放、治理无望的企业要坚决依法关停。要强化综合整治，加强对中小企业燃煤、施工扬尘、餐厨油烟、农业面源污染等的监督管理，深挖治污潜力。二是落实监测制度。完善环境监测监控网络，到2020年底前确保实现东中部区县和西部大气污染严重城市的区县监测站点全覆盖。督促企业进行自动监控，2018年底前，重点排污单位全部安装自动在线监控设备并同生态环境主管部门联网，依法公开排污信息。生态环境部门要强化对监测数据质量控制，依法严惩环境监测数据弄虚作假行为。三是落实信息公开制度。生态环境部门要依法公开各类标准和大气环境质量状况信息，公开污染治理措施、重污染天气应对、环保违法处罚等信息，督促企业向社会及时公布自行监测和污染排放情况，为人民群众参与监督创造条件。四是落实机动车船污染防治各项规定。工业、市场、生态环境等监管部门要严厉打击生产销售环保不达标车辆、机动车排放检验机构检测弄虚作假行为，严厉打击生产、销售和使用非标车（船）用燃料行为，彻底清除黑加油站点。生态环境部门要完善机动车遥感监测网络，对在用柴油车排放情况进行联网监测。公安、生态环境等部门要认真落实大气污染防治法关于超标车处罚的规定，采取多种措施提高违法成本、加大处罚力度。

(三)加快制定配套法规规章和标准

一是完善配套法规。在2019年底前出台排污许可管理条例,对固定污染源实施全过程管理和多污染物协同控制,按行业、地区、时限核发排污许可证。2020年,将排污许可证制度建设成为固定源环境管理核心制度,实现"一证式"管理。市场监管等部门要加快建立机动车和非道路移动机械环境保护召回制度,生态环境等部门要在2018年底前依法制定并公布有毒有害大气污染物名录。二是完善标准体系。2019年底前,市场监管、生态环境等部门要制定符合大气环境保护要求的涂料、油墨等产品挥发性有机物含量限值强制性国家标准,加快制定石油焦质量标准。生态环境部门要尽快评估、及时修改完善《恶臭污染物排放标准》、《大气污染物综合排放标准》、《工业炉窑大气污染排放标准》等滞后的大气污染排放标准。大气污染防治重点地区要积极制定严于国家污染物排放标准的地方标准。三是完善地方性法规。鼓励地方在大气污染防治领域先于国家进行立法。2018年底前,各省级人大及其常委会要制定或修改大气污染防治相关条例,结合本地实际进一步明确细化上位法规定,增强法律的操作性、规范性、约束性,实现大气污染防治地方性法规全覆盖。

(四)加强对法律实施的监督

各级人大及其常委会要围绕到2020年生态环境质量总体改善、主要污染物排放总量大幅减少的总体目标,把大气污染防治作为重点工作领域,持续开展执法检查、跟踪监督、听取审议工作报告、专题询问等,督促国务院及其有关部门、地方各级政府严格落实环境保护目标责任制,加大财政投入力度,改善大气环境质量,坚决依法推动打好污染防治攻坚战、打赢蓝天保卫战。国务院各相关职能部门要加大执法监管力度,加强基层执法能力建设,积极推进生态环境保护综合执法,依法惩处各类违法行为,推动企业全面履行治污责任。法院、检察院、公安、司法行政、生态环境等部门要共同推进环境司法工作,健全环境保护行政执法和刑事司法衔接机制,完善调查取证、责任认定、鉴定评估、处罚标准等制度,依法严惩重罚环境违法犯罪行为。对于这次执法检查中发现的突出违法问题,要纳入中央环保督察"回头看"范畴,落实法律责任,依法严肃处理。各省(区、市)要举一反三,严格依法对检查发现的问题逐一进行整改。国务院及其有关部门、各级地方政府要按照"谁执法谁普法"的原则,加强大气污染防治法律知识和科学知识宣传普及,引导公众增强法治意识、生态意识、环保意识、节约意识,自觉践行绿色生活。

(五)进一步强化科技支撑

科技、生态环境等部门要加强重点区域、重点领域大气污染关键问题的科技攻坚,组织开展对臭氧等大气污染物成因及治理技术攻关,为科学决策、精准治污提供有力支撑。加快大气污染防治成熟新技术、新材料、新模式推广,尽快实现先进实用的污染治理设备国产化。推动环境监测技术进步和自主创新,鼓励和推进环境监测系统及监测设备的重点研发专项。科技、工信、生态环境等部门要加强对中小企业的科技服务,推动环境治理技术水平的整体提升。

同志们,打赢蓝天保卫战是打好污染防治攻坚战的重中之重,时间紧、任务重、难度大。我们要在以习近平同志为核心的党中央坚强领导下,以习近平生态文明思想为方向指引和根本遵循,全面有效实施大气污染防治法,坚持以法律的武器治理污染,用法治的力量保卫蓝天,为提升生态文明,决胜全面建成小康社会、建设美丽中国作出贡献。

以上报告,请审议。

以法律的武器治理污染　用法治的力量保卫蓝天

——在大气污染防治法执法检查组第一次全体会议上的讲话

中共中央政治局常委、全国人大常委会委员长　栗战书

(2018年5月7日)

同志们:

根据党中央批准的《全国人大常委会2018年监督工作计划》,今年对大气污染防治法实施情况进行检查。

刚才,王勇同志代表国务院介绍了贯彻实施大气污染防治法的情况,传堂同志也介绍了有关情

况,全国人大环资委,生态环境部、发展改革委、工信部、财政部、农业农村部的负责同志作了发言,讲得都很好;公安部、司法部、住房城乡建设部,市场监管总局、国家能源局、中国气象局,以及最高人民法院、最高人民检察院提供了书面材料,我都同意。这里,我讲两个方面的意见。

首先讲一下这次执法检查的任务。主要是三项:

一是推动习近平新时代中国特色社会主义思想特别是关于生态文明建设思想的贯彻落实。生态文明建设是习近平新时代中国特色社会主义思想的重要组成部分。党的十八大以来,习近平总书记就生态文明建设发表一系列重要讲话,提出了一系列重大战略思想。总书记关于"绿水青山就是金山银山""像对待生命一样对待生态环境""保护生态环境就是保护生产力,改善生态环境就是发展生产力""小康全面不全面,生态环境质量是关键"等"金句",已家喻户晓、深入人心,在全党全国各族人民中形成了高度共识。党的十九大将坚持人与自然和谐共生作为坚持和发展新时代中国特色社会主义基本方略之一,强调要牢固树立社会主义生态文明观,把"美丽"作为社会主义现代化强国的重要目标。习近平总书记关于生态文明建设的重要思想,内涵丰富、博大精深,体现了对人类文明发展规律、中国特色社会主义建设规律的深刻把握,体现了时刻心系人民的赤子情怀,体现了对中华民族永续发展的历史担当。我们要通过执法检查,推动习近平新时代中国特色社会主义思想特别是关于生态文明建设思想的进一步贯彻落实,使之贯穿到社会主义经济、政治、文化、社会建设之中,用以引领和规范我们的生产生活行为,推动全党全国自觉贯彻落实新发展理念,形成共同促进生态文明建设的强大合力。

二是推动党中央关于大气污染治理决策部署的贯彻落实。党的十八大以来,以习近平同志为核心的党中央把生态文明建设纳入中国特色社会主义"五位一体"总体布局和"四个全面"战略布局,全面加强大气、水、土壤污染防治,决心之大、力度之大、成效之大前所未有。党的十八大闭幕后不久,以习近平同志为核心的党中央就发出坚决向污染宣战的号令。2013 年 4 月,习近平总书记主持中央政治局常委会会议,明确要求抓紧研究大气污染防治行动计划。同年 9 月,经中央政治局常委会会议审议通过,国务院正式发布大气污染防治行动计划——"大气十条",这是中央开展系统治理污染的首个行动计划。近年来习近平总书记每次考察北京、天津、河北,研究雄安新区规划建设,都对大气污染特别是雾霾治理工作作出重要指示。2016 年 12 月,习近平总书记主持召开十八届中央财经领导小组第十四次会议,专题研究推进北方地区冬季清洁取暖等问题。党的十九大报告把污染防治作为全面建成小康社会"三大攻坚战"之一,明确提出"要坚决打好防范化解重大风险、精准脱贫、污染防治的攻坚战,使全面建成小康社会得到人民认可、经得起历史检验"。2017 年底中央经济工作会议上,习近平总书记再次就打好污染防治攻坚战作出全面部署。今年 4 月召开的十九届中央财经委员会第一次会议,习近平总书记又对打赢蓝天保卫战、打好柴油货车污染治理攻坚战等作出部署,明确了今后一个时期我国污染防治工作的目标任务。按照党中央决策部署,全国上下攻坚克难、扎实工作,国务院及其有关部门、地方各级政府将大气污染治理作为产业结构调整的重要抓手,积极化解钢铁、煤炭过剩产能,不断优化能源结构,加强重点行业、"散乱污"工业企业治理,加大机动车污染防治工作力度,全面推进秸秆资源化利用,严厉打击超标排放大气污染物等违法行为,取得了实实在在的成效。全国人大及其常委会在推进生态文明建设中要主动作为,依法履行宪法法律赋予的职责,通过加强对环保领域法律实施的监督和对政府环保工作的监督,保证党中央关于环境保护和污染防治的重大决策部署贯彻落实,保证法律得到全面有效实施,推动解决人民群众关注的突出环境问题,为保护生态环境、建设美丽中国作出应有贡献。

三是推动大气污染防治法法律责任的全面落实。应该说,这几年推进大气污染防治的力度是大的,督促责任落实的措施是有力的,效果也是好的。2017 年,全国 338 个地级及以上城市 PM_{10} 比 2013 年下降 22.7%,京津冀、长三角、珠三角 $PM_{2.5}$ 分别下降 39.6%、34.3%、27.7%,珠三角区域连续三年稳定达标,优良天数比例分别增加了 19 个百分点、11 个百分点和 8 个百分点。北京市 $PM_{2.5}$ 平均浓度同比下降 20.5%,为 58 微克/立方米,重污染天数同比减少 41%。这些数据充分说明新大气污染防治法贯彻实施和相关工作取得了明显成效。同时,我们也要看到,我国大气环境形势依然严峻,城市环境空气质量超标严重,季节性、区域性大气污染问题突出,2017 年全国 338 个地级及以上城市空气质量达标的仅占 29%。大气环境质量离党中央的要求、人民群众的期待还有比较大的差距。大气污染防治中还存在的这些问题，一个重要的原因，就是法律规定的大气环境保护目标责任制和考核评价制度，以及政府及有关部门环境保护责任还有待进一步落实到位。企业法律责任的落实问题，也是做好大气污染防治工作的基础。在2014年执法检查中"企业治污主体责任不落实"是一个突出问题。近两年开展的中央环保督查中，也发现了大量企业违法排污行为，这说明企业的法律责任仍需不断压实。这次执法检查，就是要推动地方政府和部门切实负起防治大气污染、改善大气环境质量的责任，推动各方面落实责任、聚焦责任，促进法律责任、领导责任、工作责任的全面落实，扭转"有法不依、执法不严、违法不究"的问题，将生态环境质量"只能更好、不能变坏"作为责任底线，科学制定发展规划，加大治污投入，积极调整产业结构和能源结构，淘汰落后产能，推动大气环境质量不断好转。大气污染防治工作涉及多个部门，要加强部门协调联动，各个部门都要切实负起责任，加强配合，形成合力。人大及其常委会是立法机关，负有监督法律实施的责任。如果执法检查浮于表面，监督工作蜻蜓点水，现实中存在的大量违法现象和突出问题发现不了，那么，就说明人大及其常委会没有履行好自己的职责，作为执法检查的主体，也应承担相应的责任。在执法检查中，要大力宣传普及大气污染防治法，让人民群众充分认识到治理大气污染是全社会的共同责任，与每个人的行为密切相关，每个人都要积极行动起来，践行绿色低碳的生活方式，自觉履行环境保护和大气污染防治义务。

下面，再讲一下这次执法检查的具体要求。提这么五点：

*一要把握好监督原则。*我在十三届全国人大常委会第一次会议上谈了人大监督工作的原则，其中一点，就是正确认识人大的职权性质和范围，把握"依法"二字，坚持"依照法定职责、限于法定范围、遵守法定程序"的原则，对"一府一委两院"的工作不能越俎代庖，真正在宪法法律范围内履职尽责。人大开展环保领域执法检查，这既不同于中央环保督查，也不同于环保部门行政执法。对于检查中发现的具体问题、具体案件，可以作为麻雀剖析梳理，但不能直接处理。这个原则，要切实把握好；同时，人大执法检查是在行使宪法法律赋予的监督权，是"法律巡视"，是保证法律得到有效实施的一把"利剑"。执法检查过程就是进行监督的过程。执法检查必须严格，监督必须有力度，这也是一个原则，也要切实体现好。以上两点，我不担心头一条原则把握不好，担心的是第二条原则体现不够，担心检查、监督中出现"粗、宽、松、软"的问题。因此，这次执法检查，一定要深入查找法律实施中存在的突出问题，维护宪法法律威严，推动法律的全面有效实施。要善于发现法律实施中存在的具体问题特别是典型问题，以典型案件的发现带动面上问题的解决；要用法治思维来开展执法检查，善于抓问题的本质，不能把属于法律范畴的问题一般化、行政化，不能把违法行为视为一般性的工作过失，一切以法律为依据为准绳来开展执法检查；要敢于动真碰硬，客观公正地反映执法检查中发现的问题，督促地方、部门和企业认真整改纠正违法行为，不能碍于情面"放水"、粉饰、打埋伏。

*二要突出重点。*突出重点问题、重点区域、重点领域，推动解决突出环境问题，推动实现习近平总书记在中央经济工作会议上提出的"明显降低$PM_{2.5}$浓度，明显减少重污染天数，明显改善大气环境质量，明显增强人民的蓝天幸福感"的目标要求。2015年全国人大常委会对大气污染防治法的修订，重点充实了修订后的环境保护法和"大气十条"相关内容，特别是增加和完善充实了党中央打赢蓝天保卫战的决策部署和法律制度，被称为"史上最严"的大气污染防治法。党中央确定的蓝天保卫战主战场，就是我们检查的重点地区；同党中央治理大气污染部署密切相关的法律制度执行情况，就是我们检查的重点内容。比如，2015年修法时专门增加"重点区域大气污染联合防治"一章，共七条规定。我们这次检查，就要以京津冀及周边、长三角、汾渭平原等为重点地区，推动各地强化联防联控。比如，修法时对控车减煤、特别是提高油品和燃煤治理作了全面系统的规定，专门规定加强民用散煤管理，禁止销售不达标散煤，还对重型柴油车安装污染控制装置提出了明确要求。我们就要重点检查这些制度的实施情况，推动各地方贯彻落实党中央关于北方地区冬季清洁取暖、柴油货车污染治理等决策部署。比如，修法时完善了源头治理各项规定，增加了环境信息公开、引导公众有序参与监督等制度，进一步强化政府责任，明确企业义务，加大对污染违法行为的处罚力度，等等。我们就要督促各地区各部门推进全民共治，加强源头防治，提高污染排放标准，强化排污者责任，进一步健全环保信用评价、信息强制性披露、严惩重罚等制度，以法律的武器治理污染，用法治的力量保卫蓝天。

*三要坚持问题导向。*执法检查不是搞综合考核考评，不是评先进，不对地方、部门或某项工作作

全面评价。执法检查就是要发现问题,不能走过场,不能搞评功摆好那一套。在执法检查中,尽管也要了解面上的情况,但重点是把问题找准找具体,真发现问题,发现真问题;尽管也要总结法律实施的成效和经验,但重点是发现那些影响法律实施、制约治污实效、损害群众利益的突出问题。要坚持什么问题突出就重点检查什么问题,哪里问题突出就去哪里检查,掌握大气污染防治第一手资料,找到法律实施中存在问题的症结所在。在找准问题的基础上深入研究,查清病灶,对症下药,提出务实有效的意见、建议。要着眼长远,推动大气污染防治向纵深发展。比如,近年全国在治理细颗粒物污染方面收到成效,但也出现了臭氧浓度上升的趋势,对这样的新情况新问题,要推动有关方面纳入重要议事日程深入研究,提出治理措施。

四要精心组织。以往历届全国人大常委会在组织开展执法检查方面都积累了许多宝贵经验,特别是十二届全国人大常委会持续加强和改进执法检查工作,探索形成了包括选题、组织、报告、审议、整改、反馈六个环节的"全链条"工作流程。这些好经验好做法,十三届全国人大常委会要继承下来、坚持下去,在实践中进一步完善发展。这次执法检查也按六个环节来安排。由我担任执法检查组组长,王晨、沈跃跃、丁仲礼等3位副委员长、杨振武秘书长和高虎城主任委员任副组长,分成4个检查小组赴部分地方实地检查,同时委托其他省级人大常委会开展自查,实现执法检查"全覆盖"。在8月份的全国人大常委会会议上,我将向常委会报告执法检查情况,会议要结合审议报告开展专题询问。对于执法检查报告提出的建议和常委会组成人员的审议意见,国务院及其有关部门在6个月内向常委会报告研究处理情况。如有必要,常委会将安排听取审议。从现在到8月底只有3个多月时间,完成实地检查、起草执法检查报告、准备专题询问等工作,时间十分紧迫。执法检查组、有关部门和工作人员要按照常委会监督工作计划和执法检查方案的部署,落实责任,积极配合,保证各环节工作环环相扣、依次递进,确保本次执法检查顺利完成。

五要严格执行中央八项规定精神。4月17日,本届全国人大常委会第二次委员长会议审议通过了委员长会议组成人员贯彻落实中央八项规定和实施细则的办法。我们要从维护以习近平同志为核心的党中央权威和集中统一领导的政治高度,坚决贯彻落实中央八项规定和实施细则精神,严格执行委员长会议相关规定的要求,坚决反对"四风",坚决杜绝形式主义、官僚主义。到地方检查要轻车简从、厉行节约,陪同和随行工作人员要控制在规定人数,交通、住宿、餐饮都要符合标准,不得接受礼品,不得借检查之机去风景名胜观光游览,切实把对地方的负担和影响减到最小。执法检查组的同志都是国家权力机关组成人员,有的是高级领导干部,更要严以律己、以身作则,展现新一届全国人大常委会的新气象新风貌。

全国人大环资委会同有关部门做了比较充分的准备,开展了深入细致的调查研究,提供了丰富详实的参阅资料,请参加这次执法检查的同志认真研究,增强执法检查的针对性和实效性。

借此机会,我也对国务院及有关部委和单位,最高人民法院、最高人民检察院高度重视、积极配合全国人大常委会的执法检查工作,对全国人大代表、地方各级人大常委会给予的大力支持,表示衷心感谢!希望大家共同努力,认真做好这次执法检查,为打赢蓝天保卫战作出应有贡献。

《中国人大》2018年第10期

在大气污染防治法执法检查组第二次全体会议上的讲话

(2018年6月15日)

栗战书

同志们:

今天,我们用一整天时间听取了4个检查小组赴8个省区检查情况的汇报,还有10位同志作了发言,对各地贯彻实施大气污染防治法的总体情况有了初步了解。

检查组第一次全体会议以来,各检查小组围绕贯彻落实习近平新时代中国特色社会主义思想特别是生态文明思想,围绕贯彻落实党中央关于打赢蓝天保卫战的决策部署，围绕全面有效实施大气污染防治法，开展了严肃认真、严格细致、卓有成效的工作。检查中，大家坚持问题导向，聚焦突出环境问题和重点区域领域，精心组织实施，创新方式方法，以法律为准绳，敢于动真碰硬，在不长的时间里，大体上摸清了法律实施的基本情况，发现了存在的突出问题，对带有普遍性的问题进行了原因分析，提出了一些务实可行的建议。总的看，检查已经取得阶段性成果，发挥出“法律巡视”的监督利剑作用。这次检查，每个组都邀请全国人大代表参加，他们工作生活在第一线，了解基层实际情况，在检查工作中发挥了重要作用。在此，我代表全国人大常委会对各位代表表示衷心感谢。下面，结合大家发言，我讲几点意见。

第一，要清醒判断大气污染防治和法律实施的总体形势。从检查情况看，国务院及其有关部门，各地党委、人大、政府和有关部门，深入学习宣传贯彻习近平新时代中国特色社会主义思想特别是生态文明思想，认真实施大气污染防治法，切实加大工作力度，取得了明显成效，大气环境质量持续改善。过去五年，我国经济总量增长41%，主要污染物排放总量下降了10%以上；能源结构、产业结构明显改善，煤炭消费比重下降8.1个百分点，清洁能源比重提高6.3个百分点，服务业对经济增长的贡献率达到60%左右；重点地区$PM_{2.5}$平均浓度下降30%以上，重点城市重污染天数减少了一半，人民群众的蓝天幸福感持续提升。

这些成绩的取得，关键是有以习近平同志为核心的党中央坚强领导，有习近平生态文明思想的科学指引。党的十八大以来，以习近平同志为核心的党中央，把生态文明建设作为统筹推进“五位一体”总体布局和协调推进“四个全面”战略布局的重要内容，开展一系列根本性、开创性、长远性工作，推动生态环境保护发生历史性、转折性、全局性变化。这些工作和变化，在各个地方都有充分体现，我们在执法检查中也有深切感受。

在刚才的汇报和发言中，许多同志都讲到，各地党委、人大、政府对生态文明建设高度重视，群众的环保意识明显增强，全社会都参与到污染防治中。比如，中央环保督察中，群众举报成为案件线索的重要来源。全国人大常委会办公厅信访局提供的5月份来信来访汇总材料，列举了8封比较典型的群众来信，都是关于环境污染的。从治理成效看，这些年大中型企业加强技术改造、严格排放控制，对大气环境改善起到了关键性作用。还有北方冬季取暖的散煤替代，目前大中城市基本做到了集中取暖，一些中小城市和乡村也在有序推进“煤改电”、“煤改气”。城市餐饮油烟治理、道路和工地扬尘治理、新能源车发展、农村面源污染治理、秸秆焚烧治理等都采取了一些措施，也取得了明显进展。

在肯定成绩的同时，也要清醒看到污染治理形势依然严峻。正如习近平总书记所指出的：“我国生态环境质量持续好转，出现了稳中向好趋势，但成效并不稳固，稍有松懈就有可能出现反复，犹如逆水行舟，不进则退。”这里，我举两组数字：一是去年我国GDP达到82.7万亿元，却消耗了近45亿吨标准煤，单位GDP能耗约为发达国家的2倍。二是全国338个地级以上城市空气质量达标的不到三分之一。总的讲，我国经济总量增长与能源资源消费增长和污染物排放总量增加并未完全脱钩，污染排放总量大，环境承载能力已经达到或突破上限。大气环境质量离党中央的要求、离法律规定的要求、离人民群众的期待还有很大的差距。各地在检查中也发现了一些问题。比如，“产业结构偏重、能源结构偏煤”在8个省区都比较典型。比如，法律宣传学习不够，法治意识不强，法律武器还没有用起来。几个组搞了大气污染防治法的问卷调查，都是基本知识，但多数政府部门和企业负责人得分不高。比如，有的地方和企业存在假治理、走过场、应付检查的情况。一些地方政府领导责任长期不落实，中央环保督察发现的问题、约谈的问题，到现在也没整改。检查组随机抽查和暗访发现，有的地方监管部门“跑风漏气”，听说检查组要来，干脆让问题集中的园区、工厂、工地、市场关门上锁；有的企业不依法安装在线监控等环保设施，装了设施也不运行，流于形式；有的超标排放、无组织排放甚至故意偷排。还有，大家提到环保工作基础不实、底数不清，配套法规和标准建设滞后，“散乱污”企业治理不力，等等。

我们开展执法检查，就是要从法律上查找问题、抓住问题、解决问题。对于检查中发现的这些问题，要按照大气污染防治法的主要规定认真分类归纳，以法律为准绳深入分析研究，清醒判断污染防治和法律实施的总体形势。

第二，要以习近平生态文明思想为根本遵循，分析问题症结，推动法律全面有效实施。深入学习宣传、贯彻落实习近平新时代中国特色社会主义思想特别是生态文明思想，既是本次执法检查的重要任务，也是做好这次执法检查、推动打赢蓝天保卫战的指引和遵循。我们这次检查，就是学习宣传、贯彻落实习近平生态文明思想的具体行动。

习近平总书记早在河北、福建、浙江、上海等地工作期间，就对保护生态环境进行过深入思考，作出过重要论述。1985年，他主持制订《正定县经济、技术、社会发展总体规划》时就特别强调："宁肯不要钱，也不要污染，严格防止污染搬家、污染下乡。"那个时候各地都在集中精力发展经济、搞招商引资，很少关注环境保护，也没有这方面的意识。在闽东工作时，他提出发展生产的"山海经"，强调"什么时候闽东的山都绿了，什么时候闽东就富裕了。"在浙江工作期间，他指出："不重视生态的政府是不清醒的政府，不重视生态的领导是不称职的领导，不重视生态的企业是没有希望的企业，不重视生态的公民不能算是具备现代文明意识的公民。"他还在浙江提出了著名的"两山论"，即"既要绿水青山、又要金山银山，实际上绿水青山就是金山银山。"党的十八大以来，习近平总书记带领全党不懈探索、深刻回答了生态文明建设的重大理论和实践问题，提出了一系列新理念新思想新战略，成为习近平新时代中国特色社会主义思想的有机组成部分。习近平生态文明思想，坚持问题导向，聚焦人民群众感受最深刻、要求最迫切的突出环境问题，从根本上扭转了多年存在的一些不正确发展理念，对生态文明建设进行了顶层设计和全面部署。习近平生态文明思想是我们党对人类文明发展规律、自然规律、经济社会发展规律的高度概括和重大贡献，是推进生态文明、建设美丽中国的强大思想武器。

我们分析研究大气污染防治工作中的问题，都能在习近平生态文明思想中，在大气污染防治法的各项规定中找到答案。可以归纳为两个方面：一是从思想认识上讲，没能正确处理好经济发展和环境保护的关系。二是从法治保障上讲，没有严格认真地落实大气污染防治法的各项规定。

在思想认识方面。生态环境问题，本质上是发展方式和消费方式问题。**大气污染防治法就是一部促进发展方式、消费方式、生产方式、生活方式转变的法律。**习近平总书记所说的"绿水青山就是金山银山"，深刻阐述了环境保护和经济发展的辩证统一关系。绿水青山是金山银山的前提和可能性。没有绿水青山，就没有金山银山；牺牲绿水青山，金山银山就成了无根之木、无源之水，发展也失去了意义。有的地方为了眼前利益和局部利益，不愿也不敢下决心转变发展方式、调整经济结构，甚至提出"经济要不要发展、群众要不要吃饭、社会要不要稳定"，认为保护环境会影响经济发展，会影响人民生活水平提高，会影响社会稳定，这实际上是把绿水青山与金山银山对立起来。这种认识在大气污染防治上也有明显表现。只有保住绿水青山，经济才能长远发展，群众才能生活得舒心安心，社会才能长期和谐稳定。资源能源利用不仅要考虑人类和当代需要，也要考虑大自然和后人需要，焚林而田、竭泽而渔的事不能再干了。

人与自然的关系是人类社会的最基本关系，人与自然是相生相伴的生命共同体。保护自然就是保护人类，维护生态就是造福自己。**大气污染防治法就是一部顺应自然、保护自然的法律，也是保护人类自己的法律。**我们讲"人定胜天"，是说我们可以认识大自然的规律性，规避和战胜自然灾害，不是说要控制和驾驭大自然，任意向大自然索取。大量污染气体超标排放，既是对大自然的过度掠夺，也是对大自然的恶劣毒害。这次在内蒙古达拉特旗检查"银肯塔拉沙漠治理项目"，他们说从过去的"沙进人退"到"人进沙退"，再到现在的"绿进沙退"，取得了更加和谐、更可持续的治理效果。这充分说明习近平总书记"人与自然和谐共生"和"保护优先、自然恢复"的理念已经深入人心。

习近平总书记说："环境就是民生，青山就是美丽，蓝天也是幸福。"这就是以人民为中心的发展思想。**大气污染防治法就是一部维护民生、造福于民的法律。**我们既要创造物质财富和精神财富满足人民日益增长的美好生活需要，也要提供更多的优质生态产品满足人民日益增长的优美生态环境需要，两者不可偏废。有的同志认为，发达国家在工业化进程中都出现过人均消耗4吨标准煤的发展阶段，环境污染也是发展中不可避免的现象。但是，我们是社会主义国家，是拥有13亿多人的发展中国家。我们的发展不能是单纯的经济发展，不能走先污染后治理的老路，不能吃祖宗的饭砸子孙后代的锅。我们的发展必须是可持续的，必须是惠民利民为民的，必须是人与自然和谐的，必须要算大账、算长远账、整体账、综合账。要下决心调整经济结构、产业结构、能源结构、运输结构、用地结构，减少污染排放，还老百姓蓝天白云、繁星闪烁。同时，空气环境治理得好不好，不仅要看监测数据、排放标准、完成指标，还要重视老百姓的感受，使环境质量数据和群众切身感受一致起来，让老百姓参与和监督，让老百姓满意和认可。这就是习近平总书记"良好生态环境是最普惠的民生福祉"的根本要求。

在法治保障方面。大气污染防治工作中存在这样那样的问题，一个很重要的原因就是没有严格依法办事、依法行政、依法生产经营,没有把法律规定的责任落实到位。习近平总书记说:"保护生态环境必须依靠制度、依靠法治。"大气污染防治法是一部贯彻习近平生态文明思想的法律,也是一部具有强制力和可操作性、"长着牙齿"的法律。我曾经讲过,大气污染防治法的129条,每一条都是经验教训的总结,每一条都凝聚着人民群众的期待,每一条都意味着责任担当。法律是有牙齿的,但一些执行法律的人没有让法律的牙齿"咬合",只是露出了牙齿而没有真正咬下去。

我们制定一部严格的法律,让法律长出"牙齿",各国家机关和全社会就要把法律用起来,让法律发挥出其应有的作用。有的同志认为,大气污染防治法的许多条文是宣示性、倡导性的,不具备强制力;有的同志认为,法律的一些禁止性规定没有规定相应的法律责任,追责没有依据等。这样的观点是片面的。制度的生命在于执行,法律的权威在于实施。法律的每一项制度和要求都具有法律效力,当务之急是把法律贯彻好、实施好。要按照"有权必有责、有责必担当、失责必追究"的原则,继续完善制度配套,强化法律制度执行,使法律的每一项规定都能得到有效实施。在这方面,人大要按照党中央要求发挥好职能作用,进一步完善法律和配套法规,让法律制度更加严密。同时,要加大监督力度,通过执法检查、听取审议工作报告、专题询问等形式,督促有关方面落实法律责任,推动各地区各部门健全责任制,让制度成为刚性约束和不可触碰的高压线,让法律武器真正发挥其强大的威慑力。

第三,要按照务实、深刻、简练、有针对性的要求,起草好执法检查报告稿和决议草案稿。这次执法检查去了8个省区,还委托其他23个省(区、市)人大常委会开展自查,实现了执法检查的全国覆盖。目前已经形成了4个执法检查分报告,要在此基础上,结合各地人大常委会的自查报告,尽快起草形成执法检查报告稿。

*一要提升政治站位。*全面贯彻习近平新时代中国特色社会主义思想特别是生态文明思想,坚持和体现党的领导,发挥人大的职能作用,确保党中央关于打赢蓝天保护战的决策部署落在实处。

*二要体现人大执法检查特点。*人大的执法检查报告不同于中央环保督察报告,要认真对照法律规定总结成绩、查找问题、分析原因、提出建议。大气污染防治法的规定大体上可以概括为六个方面:一是结构调整,比如调整优化经济结构、产业结构、能源结构、运输结构、用地结构等;二是标准体系,比如各地反映环境保护和污染排放方面的标准存在缺失、过时、冲突、含糊的问题;三是制度配套,法律要求国务院及其有关部门和地方制定配套法规和实施细则,建立健全环境保护目标责任制和考核评价制度等;四是主体责任,政府、企业、公民都有防治污染的责任;五是强化执法监督;六是法律责任追究。要围绕这几个方面,把查找出来的问题分分类,看法律规定的约束性要求有没有落实,各类法规和标准有没有制定出台,治理措施有没有到位,执法主体有没有依法履职,法律责任有没有有效落实,违法行为有没有严格追究等。

*三要多用事实说话。*通过案例和数据说明法律实施的实际情况,追根溯源、透过现象看本质,分析说明法律规定是否实施、法律责任是否落实,以及没有落实的主要原因。当然,案例和数据必须准确、翔实、有说服力,该点名的要点名,不能遮遮掩掩、语焉不详,这样才能真正形成压力。

*四要有针对性地提出建议。*对于存在的问题,要从思想认识、发展理念、责任担当、制度措施、工作作风等方面深挖原因和根源,把问题和原因讲清楚讲透彻。要紧紧围绕法律提出建议,推动各国家机关和全社会进一步增强法治意识、压实法律责任、有效实施法律。这次执法检查的监督对象是"一府两院",应当主要针对国务院及其有关部门和"两高"提出建议,督促他们研究改进工作、完善制度措施。

*五要简洁朴实。*执法检查报告不一定面面俱到,篇幅不必太长,主题要鲜明,层次要清晰,逻辑要严密,问题和建议要准确,文字要精炼。

6月27日,我们将召开执法检查组第三次全体会议,研究执法检查报告稿和决议草案稿。7月份我们要专门加开一次全国人大常委会会议,审议大气污染防治法执法检查报告并开展专题询问,同时审议作出相关决议。之所以专门加开一次常委会会议,就是为了贯彻落实习近平总书记指示要求,贯彻落实党中央决策部署,为打好污染防治攻坚战、打赢蓝天保卫战作出人大的贡献。这是本届全国人大常委会牢固树立和践行"四个意识"、紧紧围绕党和国家工作大局依法履职的重要体现,也是加大监督工作力度、增强执法检查针对性和实效性的积极探索。希望执法检查组全体同志和有关方面抓紧工作,密切配合,起草好执法检查报告稿和决议草案稿,为常委会会议审议做好各项准备工作。

在山西省政府关于大气污染防治法实施情况汇报会上的讲话

（2018 年 5 月 15 日）

王 晨

同志们：

这次来山西的主要任务是开展大气污染防治法执法检查。对大气污染防治法开展执法检查，是全国人大常委会贯彻落实党中央重大决策部署的具体举措，是今年全国人大常委会监督工作的一个重点。栗战书委员长高度重视，亲自担任执法检查组的组长。5 月 7 日上午执法检查组召开第一次全体会议，栗战书委员长发表重要讲话，对做好执法检查工作提出了明确要求。山西省委、省人大、省政府十分重视此次执法检查，省委书记、省人大常委会主任骆惠宁同志主持今天的会议。刚才，全国人大环资委副主任委员王洪尧同志代表执法检查组介绍了此次执法检查的主要任务和有关要求。副省长贺天才同志代表山西省政府全面介绍了贯彻实施大气污染防治法的有关情况，有关部门结合工作职责作了很好的发言，既讲成绩和进展，也谈到在法律实施中存在的困难和问题，有针对性地提出了意见建议，对我们开展好这次执法检查工作很有帮助。下面，我就深入贯彻实施大气污染防治法及做好这次执法检查工作，讲几点意见。

一、深入学习贯彻习近平新时代中国特色社会主义思想，全面推动党中央关于大气污染防治决策部署的贯彻落实

党的十八大以来，以习近平同志为核心的党中央把生态文明建设纳入中国特色社会主义“五位一体”总体布局和“四个全面”战略布局，全面加强大气、水、土壤污染防治，决心之大、力度之大、成效之大前所未有。习近平总书记就生态文明建设发表一系列重要讲话，提出许多具有根本性全局性战略性的新思想新理念新要求，这是习近平新时代中国特色社会主义思想的重要内容，是新时代建设生态文明的理论指导、行动指南和基本遵循。党的十九大报告将坚持人与自然和谐共生作为坚持和发展新时代中国特色社会主义基本方略之一，强调要牢固树立社会主义生态文明观，把“美丽”作为社会主义现代化强国的重要目标，对建设生态文明和美丽中国作出了战略部署。报告把污染防治作为全面建成小康社会的三大攻坚战之一，明确提出“要坚决打好防范化解重大风险、精准脱贫、污染防治的攻坚战，使全面建成小康社会得到人民认可、经得起历史检验”。2017 年底在中央经济工作会议上，习近平总书记就打好污染防治攻坚战作出全面部署，在今年 4 月的十九届中央财经委员会第一次会议上，习近平总书记又对打好污染防治攻坚战作出进一步部署，强调要打七场标志性的重大战役，重点是打赢蓝天保卫战，要求进一步明显降低 $PM_{2.5}$ 浓度，明显减少重污染天数，明显改善大气环境质量，明显增强人民的蓝天幸福感。

全国人大常委会坚决贯彻党中央决策部署，积极回应人民群众呼声，认真行使立法、监督、决定等职权，为生态文明建设提供有力法治保障。全国人大常委会已连续五年开展大气污染防治领域的执法检查、专题调研等监督工作，并将立法和监督工作相结合，2015 年对大气污染防治法进行了修订，重点充实了修订后的环境保护法和“大气十条”相关内容，特别是增加和完善充实了党中央关于打赢蓝天保卫战的决策部署和法律制度，法律的针对性、可操作性和可执行性明显增强，有媒体称其为“史上最严”的大气污染防治法。

十三届全国人大常委会在履职第一年就开展大气污染防治法执法检查，目的就是要突出全面实施大气污染防治法的重要意义，以法律的武器治理污染，用法治的力量保卫蓝天。我们要按照栗战书委员长的讲话要求，通过这次执法检查，推动习近平新时代中国特色社会主义思想特别是关于生态文明建设思想的贯彻落实，使之贯穿到经济、政治、文化、社会建设之中，推动全党全国自觉贯彻落实新发展理念，形成促进生态文明建设的强大合

力。推动党中央关于大气污染防治决策部署得到全面贯彻落实，保证法律得到全面有效实施。推动各级政府和部门切实担负起防治大气污染、改善大气环境质量的法律责任，扭转“有法不依、执法不严、违法不究”的问题，为打赢蓝天保卫战、建设美丽中国作出应有贡献。

二、全面贯彻实施大气污染防治法，依法推动解决大气污染突出问题

去年 6 月，习近平总书记在视察山西时发表重要讲话，对山西经济社会发展取得的成绩和各项工作给予充分肯定。习近平总书记指出，山西各方面建设和发展迈上新征程，山西政治生态已经由“乱”转“治”，山西发展已经由“疲”转“兴”，希望山西广大干部群众紧紧抓住机遇，勇于改革创新，果敢应对挑战，善于攻坚克难，不断推动各项事业向前发展。近年来，山西省委、省人大、省政府坚决贯彻习近平总书记重要讲话精神，坚决贯彻落实党中央关于生态文明建设的一系列决策部署，大力推进能源结构优化，推行煤炭消费减量和清洁化利用，加强重点行业、“散乱污”工业企业治理，加大机动车污染防治工作力度，大气污染防治取得积极进展。

同时，我们也要看到，山西省的大气污染形势依然严峻，防治任务依然艰巨。山西省 11 个设区市中，太原、阳泉、长治、晋城等 4 个城市属于京津冀及周边地区“2 + 26”城市，对区域污染传输贡献较为突出；吕梁、晋中、临汾、运城等 4 个城市近年来空气质量仍在下降，已取代珠三角地区成为蓝天保卫战新的重点区域之一。目前，山西全省的优良天数比例不到 60%，特别是在其他重点区域环境空气质量明显改善的情况下，山西省 2016 年 $PM_{2.5}$、PM_{10}平均浓度同比分别升高 7.1%、11.2%，2017 年 $PM_{2.5}$平均浓度下降 1.7%，PM_{10}平均浓度上升 0.9%，二氧化硫平均浓度为 56 微克/立方米，是全国唯一一个二氧化硫平均浓度超标的省份。分析其原因，固然有山西长期以来作为全国的能源生产和消费大省，能源结构以煤为主、工业结构偏重化工以及地形和气候条件不利等客观因素，但也有推进力度不够、责任落实不到位等主观原因。正如中央环保督察指出的，山西省一些领导干部对生态环境保护工作摆位不够，重发展、轻保护的观念没有得到有效扭转。一些地方面对突出环境问题强调客观因素多、主动作为少，漠视群众环境诉求。一些地方不作为、慢作为问题多见，不少问题都是在上级督促或媒体曝光后，才被动应对，有的甚至被多次督查约谈后，仍行动迟缓。生态环境部已先后就大气污染防治问题约谈了吕梁、临汾、运城、长治、晋城、阳泉等地方政府主要负责同志。

希望山西省以习近平新时代中国特色社会主义思想为指引，深入学习贯彻党的十九大精神和习近平总书记视察山西时的重要讲话精神，牢固树立社会主义生态文明观，坚决贯彻党中央决策部署，坚持以人民为中心的发展思想，顺应人民群众对美好生活的向往，坚持久久为功，以更大的力度、更实的措施推进大气污染防治工作，打好污染防治攻坚战，打赢蓝天保卫战。

*一是切实履行好党中央赋予的建设资源型经济转型综合配套改革试验区重大使命，扎实推进绿色发展。*习近平总书记指出，实现资源型地区经济转型发展，形成产业多元支撑的结构格局，是山西经济发展需要深入思考和突破的重大课题。党中央赋予山西建设国家资源型经济转型综合配套改革试验区的重大任务。山西省要通过深化供给侧结构性改革、创新驱动、营造良好营商环境、全面深化改革推动经济转型发展，解决制约发展的结构性、体制性、素质性矛盾和问题，真正走出一条产业优、质量高、效益好、可持续的发展新路。要牢记绿水青山就是金山银山，加快建设绿色山西，在环境污染综合治理、自然生态保护修复、资源节约集约利用、完善生态文明制度体系等方面采取超常规措施，全方位、全地域、全过程开展生态环境保护，形成绿色发展、绿色消费的体制机制和社会氛围。

*二是严格落实大气污染防治责任，运用法治手段保护大气环境。*新修订的大气污染防治法进一步细化了大气环境保护目标责任制和考核评价制度，明确了政府及其有关部门环境保护责任。地方政府要切实担负起防治大气污染、改善大气环境质量的责任，将生态环境质量“只能更好、不能变坏”作为责任底线，科学制定发展规划，加大治污投入，积极调整产业结构和能源结构，淘汰落后产能，推动大气环境质量不断好转。污染物达标排放是企业事业单位必须履行的法律责任，也是做好大气污染防治工作的基础。“企业治污主体责任不落实”是上次执法检查中的一个突出问题，中央环保督查中也发现不少企业违法排污问题。比如，山西省焦化、钢铁等行业污染排放控制不力，提标改造任务没有按时完成。一些企业违法排污屡禁不止，有的已完成提标改造的焦化企业不能稳定达标，烟粉尘无组织排放严重。还有一

些企业设备落后、污染防治设施水平较低。这次执法检查就是要推动各方面严格落实法律责任,压实企业主体责任,确保法律的各项规定得到有效贯彻实施。

三是依法推进大气污染突出问题的解决。新修订的大气污染防治法对控车减煤、特别是对提高油品和燃煤质量做了全面系统的规定,专门规定加强民用散煤管理,禁止销售不达标散煤,还对重型柴油车安装污染控制装置提出了明确要求。燃煤和柴油货车污染是山西省大气污染防治面临的突出问题。山西单位面积耗煤量约为全国平均水平的5倍,二氧化硫、氮氧化物、烟粉尘排放总量、单位面积排放负荷、单位GDP排放强度等均在全国排名靠前。山西的散煤户均用量较京津冀地区多1倍,且用煤多为劣质煤,散煤污染已经成为$PM_{2.5}$的第一大污染源。同时,作为煤炭、焦化、冶炼大省,山西物料运输量巨大,并且绝大部分都依赖于公路运输。由于重型柴油货车排放的尾气与扬尘叠加,造成了严重的公路交通运输污染,群众反映强烈。这次执法检查要重点检查与党中央治理大气污染部署密切相关的法律制度执行情况,推动各地方贯彻落实党中央关于北方地区冬季清洁取暖、柴油货车污染治理等决策部署。希望山西按照党中央的决策部署,加快实施煤炭消费总量控制和清洁能源替代利用措施,推广煤炭清洁高效利用,强化散煤污染管控,逐步解决燃煤污染问题。要把柴油货车污染治理放到重要位置,统筹油、路、车治理,确保柴油货车污染排放总量明显下降。要加快调整运输结构,增加铁路货运量,减少公路运输比例,切实减少机动车污染。

三、精心组织,扎实做好人大执法检查工作

人大执法检查是行使宪法法律赋予的监督权、保证法律得到有效实施的有力武器,有如“利剑”。我们要坚持“依照法定职责、限于法定范围、遵守法定程序”的原则,在宪法法律范围内认真履职尽责;要突出执法检查必须严格、监督必须有力度的要求,扎实开展大气污染防治法执法检查,切实维护宪法法律尊严,推动法律全面有效实施。

一、突出问题导向。习近平总书记明确指出,把党的十九大精神落到实处,迫切需要广泛深入开展调查研究,把存在的困难和矛盾摸清摸透,把各项工作做实做好。我们要全面贯彻落实党中央关于加强调查研究的决策部署,深入地方,深入实际,掌握污染治理和法律实施情况的第一手资料。既要认真总结法律实施的成效和经验,更要发现那些影响法律实施、制约治理实效、损害群众利益的突出问题,并在此基础上进行深入分析、认真研究,提出务实可行有效的意见建议,推动大气污染防治向纵深发展。

二、推动法律的宣传普及。执法检查的过程是宣传法律、普及法律的过程。要通过这次执法检查,督促各级政府和企业认真学习贯彻习近平新时代中国特色社会主义思想特别是关于生态文明建设思想和党中央决策部署,认真学习贯彻环境保护相关法律,切实承担起防治大气污染、改善环境质量的法律责任。要推动全社会积极行动起来,从自己做起,践行绿色低碳的生活方式,自觉履行环境保护和大气污染防治义务。

三、严格执行中央八项规定精神。执法检查要坚决落实中央八项规定和实施细则,轻车简从、严格自律、简化形式、注重实效,坚决杜绝形式主义、官僚主义;要深入基层、深入群众、深入实际,多听取地方同志、人大代表和群众的意见,与省里的同志一道把执法检查工作做好。

最后,我代表检查组对山西省委、省人大、省政府对这次执法检查的高度重视和精心安排表示感谢!

在大气污染防治法执法检查组第三次全体会议上的讲话

(2018年6月27日)

王　晨

同志们:

今天,我们召开全国人大常委会大气污染防治法执法检查组第三次全体会议。这次执法检查是今年全国人大常委会监督工作的重中之重。栗战

书委员长亲自担任执法检查组组长,两次带队赴地方开展工作,还将在常委会会议上作执法检查报告,主持专题询问。经委员长会议研究,将在 7 月上旬加开一次常委会会议,专门听取审议执法检查报告并作出相关决议。这些都充分表明本届全国人大常委会贯彻党中央决策部署、全面加强生态环境保护、推动依法打好污染防治攻坚战的坚定态度和决心。

自 5 月 7 日检查工作正式启动以来,常委会执法检查组和受委托开展自查的省级人大常委会按照工作计划安排,扎实开展实地检查和自查,全面了解情况,深入剖析问题。除常委会和专门委员会组成人员外,还有 16 位全国人大代表参加了这次执法检查,发挥了重要作用。国务院及其有关部门、各地区积极配合这次执法检查。在各方面共同努力下,检查工作进展顺利,比较全面地掌握了法律实施情况,同时推动了各地学习宣传、贯彻落实习近平生态文明思想,推动了大气污染防治法全面有效实施。前一阶段工作已经取得初步成果,发挥了人大执法检查的监督作用。

刚才,全国人大环资委主任委员高虎城同志介绍了执法检查报告和决议草案的起草情况和主要内容,与会同志进行了认真讨论,提出了不少有价值的意见和建议,国务委员王勇同志作了讲话。大家讲得都很好。这里,我就下一步工作讲两点意见。

第一,以习近平生态文明思想为指引,紧紧围绕大气污染防治法,认真修改完善执法检查报告稿和决议草案稿。环资委在汇总各方面检查情况的基础上,经过认真研究,起草了执法检查报告稿和决议草案稿。大家总体上赞成这两个稿子,同时提出了一些修改建议。下一步,要认真研究吸收大家的意见建议,把稿子修改好完善好。

*一要全面贯彻习近平生态文明思想。*栗战书委员长在检查组第一次全体会议上指出,学习宣传、贯彻落实习近平新时代中国特色社会主义思想特别是生态文明思想,是这次执法检查的首要任务,也是做好这次检查工作、推动打赢蓝天保卫战的科学指引和根本遵循。栗战书委员长在河南、内蒙古检查期间,都亲自宣讲习近平生态文明思想,号召大家深刻领会、深入贯彻这一重要思想,以实际行动确保党中央的决策部署落在实处。各检查小组在实地检查过程中,都积极采取多种方式推动各地学习贯彻习近平生态文明思想。

党的十八大以来,以习近平同志为核心的党中央带领全党开展了一系列根本性、开创性、长远性工作,推动生态文明建设从实践到认识发生了历史性、转折性、全局性变化,形成了习近平生态文明思想,成为习近平新时代中国特色社会主义思想的重要组成部分。习近平生态文明思想,是我们党对人类文明发展规律、自然规律、经济社会发展规律的高度概括和重大贡献,是推进生态文明、建设美丽中国的强大思想武器。5 月 18 日至 19 日,党中央在北京召开全国生态环境保护大会,这是我国生态文明建设和生态环境保护发展历程中召开的规格最高、规模最大、影响最广、意义最深的历史性会议。习近平总书记出席会议并发表重要讲话,系统阐述并深刻回答了生态文明建设的重大理论和实践问题,对全面加强生态文明建设、打好污染防治攻坚战作出再部署,提出新要求。这次大会的重大理论成果,就是正式确立了习近平生态文明思想;这次大会的重大实践成果,就是以习近平同志为核心的党中央发出了打好污染防治攻坚战的总攻令。根据这次大会精神,近日党中央、国务院出台了《关于全面加强生态环境保护坚决打好污染防治攻坚战的意见》,要求深入贯彻习近平生态文明思想,全面加强党对生态环境保护的领导;提出了总体目标、基本原则和重点任务举措。其中,提出了从 2018 年到 2020 年的一系列约束性指标,明确了打好污染防治攻坚战的时间表、路线图、任务书,也为我们做好这次执法检查工作,确保大气污染防治法全面有效实施指明了努力方向,提出了明确要求。

我们起草修改执法检查报告和决议草案稿,一定要以习近平生态文明思想为指引,牢固树立"四个意识",提升政治站位和全局观念,深入学习领会、全面贯彻落实习近平生态文明思想和党中央决策部署。要突出体现这次检查的首要任务是推动学习贯彻习近平生态文明思想。要对照习近平生态文明思想和党中央决策部署查找存在的问题,深入分析深层次的原因和根源,提出完善制度、改进工作的建议。

*二要紧扣大气污染防治法的各项规定。*在检查组第二次全体会议上,栗战书委员长指出,大气污染防治法是一部促进发展方式、消费方式、生产方式、生活方式转变的法律,是一部顺应自然、保护自然、保护人类自己的法律,是一部维护民生、造福于民的法律。2015 年 8 月全国人大常委会修订这部法律时,充实了修订后的环境保护法和"大气十条"的原则内容,将党中央决策部署以法律制度形式规定下来,突出源头治理,强化法律责任,加大处

罚力度,让法律“长了牙齿”。目前的主要问题是法律的牙齿没有真正“咬合”,没有完全落到实处、发挥出应有的作用。人大的执法检查不同于中央环保督察,不同于有关部门工作检查,必须紧扣法律,坚持以法律为准绳,确保法律的每一项规定都能得到有效实施。

检查中,我们发现了许多问题,各地区各部门和人大代表、群众代表也反映了许多问题。产生这些问题的最重要原因,就是没有严格依法办事、依法行政、依法生产经营,没有把法律规定的责任落实到位。全国人大常委会的执法检查报告应该是紧扣法律条文、聚焦法律责任的报告,是体现人大工作特点、发挥监督利剑作用的报告,是以事实为依据、以法律为准绳的报告。请环境与资源保护委员会和有关部门按照这个原则,进一步修改完善执法检查报告稿,充分体现出人大特色和法律要求。

三要有重点、有针对性地提出建议。这次执法检查的监督对象是“一府两院”,建议应主要针对国务院及其有关部门和“两高”提出,督促有关方面研究改进工作、完善制度措施。要围绕党中央决策部署和重点任务提出建议,不必面面俱到,也不宜过于原则。这次中央出台的《意见》,就充分体现了重点突出、要求明确的特点。比如,打赢蓝天保卫战就是聚焦“散乱污”企业、散煤、柴油货车治理等方面,提出了明确目标、任务和时限要求。我们要围绕党中央确定的这些重点任务,从制度建设和加强监督上提出相关建议。同时,要紧扣法律规定提出建议,推动各国家机关和全社会进一步增强法治意识、压实法律责任、有效实施法律。比如,大气污染防治法第36条对民用散煤和推广节能环保型炉灶作了规定。我国北方地区每年冬季取暖要消耗2亿多吨散煤,1吨散煤排放污染物相当于15吨电煤,这是很大一块污染源。可以建议尽快出台民用散煤强制性质量标准,采取有效措施推广节能环保型炉灶。现在的报告稿提出,各省级人大及其常委会要加快制定修改大气污染防治条例,能否明确一个完成这项任务的时间点?总之,报告提出的建议要突出重点、有针对性,能明确的尽量明确,能具体的尽量具体,能提前的尽量提前。

第二、以高度负责、周密细致的态度,认真做好常委会第四次会议的各项准备工作。加开这次常委会会议,主要是出于三点考虑:

一是以实际行动贯彻落实习近平生态文明思想和党中央决策部署。到2020年全面建成小康社会,是我们党向人民作出的庄严承诺,打好污染防治攻坚战是决胜全面建成小康社会的三大攻坚战之一,关系到全面建成小康社会能否得到人民认可、经得起历史检验。现在到2020年还有不到3年的时间,任务繁重,时间紧迫,各国家机关要把思想和行动统一到党中央的决策部署上来。特别是全国生态环境保护大会刚召开不久,党中央、国务院《关于全面加强生态环境保护坚决打好污染防治攻坚战的意见》刚刚出台。在这个时间节点上专门加开一次常委会会议,听取审议大气污染防治法执法检查报告并作出相关决议,充分体现了本届全国人大常委会牢固树立和践行“四个意识”,坚决维护以习近平同志为核心的党中央权威和集中统一领导,坚决贯彻落实党中央决策部署的思想自觉和行动自觉。

二是推动大气污染防治法全面有效实施,为打赢蓝天保卫战作出人大应有的贡献。污染防治是一项系统工程,各国家机关和全社会都负有相应职责和义务。其中,人大作为国家权力机关,肩负着完善环保法律制度、推动依法治污的光荣使命。要切实履行宪法法律赋予的职责,充分发挥人民代表大会制度的特点和优势,推动各地区各部门各方面尊法学法守法用法,以法律的武器治理污染,以法治的力量保卫蓝天。

三是积极探索加大监督力度,增强执法检查的针对性和实效性。执法检查是人大开展监督的重要形式,是保证法律有效实施的重要手段。我们要继承和坚持历届全国人大常委会的宝贵经验和成功做法,不断创新完善执法检查工作机制,把人大监督作用充分发挥出来,加大监督力度,增强监督实效,督促法律责任落实到位,为做好新时代人大监督工作进行积极探索,积累有益经验。

希望执法检查组全体同志和有关方面充分认识加开这次常委会会议的重要意义,抓紧工作,密切配合,认真做好各项准备工作。尽快修改完善执法检查报告稿和决议草案稿。工作要尽量往前赶,如果稿子比较成熟了,可以考虑把报告和决议草案提前发给常委会组成人员,方便大家做好准备,提高审议质量。认真准备若干参阅资料。党中央国务院关于打好污染防治攻坚战的重要文件和规定,4个检查小组的分组报告,23个省(区、市)的自查报告,随机抽查情况报告,国务院和地方有关配套法规和标准的制定情况等都可以作为参阅材料印发,让大家充分了解情况。精心组织专题询问。这是本届全国人大常委会开展的第一次专题询问,栗战书委员长将主持并讲话。要认真准备参考问题,供常委会组成人员参考，并做好与国务院和有关部门的工作协调。为了增强监督实效、真正形成压力，请有关方面研究一下能否采用直播的形式，或者制作一期特别节目，在电视和网络上播出。认真做好后续跟踪监督工作。常委会会议后，要督促有关方面认真落实执法检查报告和常委会组成人员的审议意见，加强和改进工作，确保执法检查取得实实在在的效果。

全国人民代表大会常务委员会执法检查组关于检查《中华人民共和国传染病防治法》实施情况的报告

——2018 年 8 月 28 日在第十三届全国人民代表大会常务委员会第五次会议上

全国人大常委会副委员长　王　晨

全国人民代表大会常务委员会：

传染病防治工作是重要的民生工程，事关人民群众的身体健康和生命安全，事关国民经济发展和社会稳定。党的十八大以来，以习近平同志为核心的党中央从时代发展前沿和国家战略全局高度，把人民健康放在优先发展战略地位，提出了实施健康中国战略。习近平总书记针对卫生与健康工作包括传染病的防治工作，发表了一系列重要讲话。习近平总书记强调，“要坚定不移贯彻预防为主方针，坚持防治结合、联防联控、群防群控，努力为人民群众提供全生命周期的卫生与健康服务”。根据全国人大常委会监督工作计划，全国人大常委会执法检查组于今年 5 月至 7 月对传染病防治法进行了执法检查。这次执法检查充分体现了全国人大常委会围绕国家发展战略大局和人民群众关心的热点问题开展监督工作这一重要思路，同时也是保障人民群众健康，推动健康中国建设的重要举措。现在，我代表执法检查组向常委会作报告。

一、执法检查的工作情况

全国人大常委会对这次传染病防治法执法检查高度重视，中共中央政治局常委、全国人大常委会委员长栗战书作出重要批示，指出“检查组要坚持以习近平新时代中国特色社会主义思想为指导，精心准备，突出重点，深入基层，了解实情，督促有关方面切实抓好传染病防治工作，进一步落实好传染病防治法的各项规定，更好保障人民群众的健康，切实推动健康中国建设。”根据这一指示精神，教科文卫委员会前期召集国务院相关部门进行座谈，初步了解相关情况，协助常委会做好执法检查有关工作，并于 4 月份赴河南、湖北开展了调研工作。在此基础上，全国人大常委会制定执法检查工作方案，紧密结合传染病防治法的规定和当前传染病防治工作中存在的突出问题，确定十项重点检查内容，并成立传染病防治法执法检查组，由全国人大常委会副委员长王晨、艾力更·依明巴海、陈竺、蔡达峰任组长，教科文卫委员会主任委员李学勇任副组长，成员包括信春鹰等 10 位全国人大常委会委员和教科文卫委员会委员，同时还邀请 14 位全国人大代表参加。

5 月 3 日，执法检查组召开了第一次全体会议，对执法检查作了具体部署。国家卫生健康委员会、农业农村部、教育部、财政部等 4 个部门负责同志在会上作了有关工作汇报，人力资源和社会保障部、海关总署、国家市场监督管理总局等有关负责同志出席会议并提供书面汇报材料。5 月至 7 月，执法检查组分为四个小组，由四位副委员长带队，分别赴内蒙古、吉林、福建、广东、四川、云南、陕西、新疆等 8 个省（区）开展执法检查。各检查小组在工作中，坚持问题导向，突出重点，深入基层，力求通过执法检查发现问题、解决问题、改进工作，共检查了 24 个市（州、县），召开了 18 场地方座谈会和专题汇报会，听取了地方政府和有关部门的情况汇报；实地查看 13 家医院，16 家省市区县级疾病预防控制中心，23 家社区卫生服务中心、乡镇卫生院、村卫生室，11 所中小学、幼儿园。各执法检查组广泛听取各方面意见和建议，深入调查了解了传染病防治法的实施情况，分别形成了分组报告。在汇总各方面情况后，形成了执法检查报告（稿）。7 月 25 日，执法检查组召开第二次全体会议，讨论执法检查报告（稿），同时听取了国务院有关部门的意见，并对执法检查报告（稿）作出进一步修改完善。

二、贯彻实施传染病防治法的基本情况

检查组认为，传染病防治法自颁布实施以来，对我国预防、控制和消除传染病的发生与流行，保障人民群众身体健康，发挥了重要作用。国务院及其有关部门、地方各级政府认真贯彻实施传染病防治法，在健全体系、提升能力、完善机制、强化保障等方面，积极采取措施，不断加大力度，传染病防治工作取得明显成效。检查过程中，各地普遍反映，“传染病防治法是一部好法、管用的法”。近年来，由于依法防控，措施得当，全国没有发生传染病的大规模暴发流行。

（一）法律宣传普及活动广泛开展

国务院及有关部门认真组织学习传染病防治法，努力营造全社会共同关注传染病防治的法治氛围，引导和动员广大群众参与传染病防治工作。各级政府采取多种形式开展传染病防治法的宣传普及工作，定期通过各种媒体、健康讲座等形式向公众普及传染病防治知识；充分发挥爱国卫生运动优势，通过开展环境卫生整治、病媒生物防控、卫生城市城镇创建等活动，宣传传染病防治法。传染病防治相关部门加强对工作人员的法律法规培训和知识普及、技能培训。这些法律宣传普及活动取得了积极的效果。

（二）配套法规和标准体系建设逐步完善

推进传染病防治的配套法规、部门规章和制度建设。国务院修订了《疫苗流通和预防接种管理条例》等行政法规。国务院有关部门相继出台《关于进一步加强疫苗流通和预防接种管理工作的意见》等政策文件，修订了《血站管理办法》、《消毒管理办法》等与传染病防治密切相关的部门规章。制定和修订了相关标准，其中包括18项传染病诊断相关标准，14项病媒生物控制相关标准，12项医院感染控制标准。各省（区、市）也相继出台多部地方性法规和政府规章，进一步健全传染病防治各项制度，为依法依规开展传染病防治工作发挥重要作用。

（三）各项防控措施取得积极效果

一是国务院将重大传染病的防控工作列入重要议事日程。国务院印发或多个部门联合印发了艾滋病、结核病、血吸虫病、包虫病、病毒性肝炎等“十三五”防治规划。卫生部门与重点省份就包虫病、艾滋病、血吸虫病等防治工作建立省部联动或区域联防联控机制。二是国务院逐年加大财政投入。如2013年至2017年，中央财政对实施免疫规划和艾滋病、结核病、血吸虫病、包虫病防治等重大公共卫生项目的专项补助资金由56亿元增加到96亿元，年均增长14.4%；中央财政通过基建投资支持地方疾控中心建设，累计安排补助资金136亿元，使疾病预防控制体系基础设施条件得到明显改善。三是针对重大传染病制定基本医疗保险和医疗救助政策，将耐多药肺结核、艾滋病机会性感染纳入新型农村合作医疗大病保障范围，医疗费用予以减免。同时，还实施了包括传染病防治在内的健康扶贫工程。四是加强传染病防治的科技支撑，实施艾滋病和病毒性肝炎等传染病防治科技重大专项，在监测检测、预警溯源、应急救治等方面取得了突破性进展。

上述这些措施取得了积极的效果。据统计，近年来，全国传染病疫情总体形势稳中有降。甲乙类传染病年报告发病率、死亡率分别控制在227/10万和1.42/10万以下，平均年报告发病率较上一个五年下降11%。国家免疫规划疫苗接种率持续保持在90%以上，防控儿童乙肝病毒感染取得突出成就，艾滋病全国整体疫情控制在低流行水平，结核病死亡率稳步下降，绝大部分疫苗所针对的传染病发病率降至历史最低水平。成功应对了人感染H7N9禽流感等新发传染病及中东呼吸综合征、寨卡病毒病和黄热病等输入性疫情，未发生传染病大规模流行。2015年广东省面对全国第一例输入性中东呼吸综合征，反应迅速，措施得力，及时有效控制疫情，取得良好的社会反响。

（四）防控能力和水平明显提高

省、市、县三级卫生监督网络进一步健全，医疗卫生机构传染病防治分类监督综合评价工作全面推进，围绕传染病综合管理、疫情报告和控制、医疗废物处置等8项内容，实施分类监管、综合评价和跟踪问效。国务院积极推进传染病防治信息化建设，建立了传染病动态监测大数据监测分析平台。我国已建成世界上最大规模的传染病网络直报系统。县级以上疾病预防控制机构100%实现传染病网络直报，传染病报告时效从过去的5天缩短为4小时，县级以上医疗机构网络报告率达96%，基层医疗机构网络报告率为85%，传染病漏报率持续下降。生物安全实验室建设取得明显进展，三级实验室已达41家，今年1月我国首个生物安全四级实验室开始运行，标志着我国已具备较为完善的高致病性病原检测和研究的安全防护能力。突发急性传染病快速检测技术大幅度提高，已经具备在72小时内检测

300余种病原体的能力。突发疫情的应对能力持续加强,在23个省份布局建立的4类37支国家卫生应急队伍,已成为有效应对国内外重大公共卫生事件、突发事件的骨干力量。

(五)部门协作、依法监督得到加强

各级政府初步建立了联防联控机制,卫生、农业、海关、交通运输等部门共同协作,在应对人畜共患传染病、口岸公共卫生事件等方面取得了积极的效果。一些历史上鼠疫等重点传染病流行省份还建立了区域联防联控机制。相关部门认真履职,加强对传染病防治相关工作的监督。卫生部门充分发挥监督执法在传染病防治工作中的作用,以问题为导向,开展医疗废物处置等专项监督检查,加大对违法行为的查处力度;药品监督管理部门努力改进对药品质量的监管;教育部门将传染病防治工作纳入学校专项督导检查内容,严防严控学校传染病风险;农业部门每年对重大动物疫情的防治工作进行专门部署并开展检查等。

三、法律实施中存在的主要问题

(一)传染病防治形势依然严峻、任务仍然艰巨

当前,传统传染病威胁持续存在,新发传染病不断出现,防治传染病面临双重挑战的基本格局没有改变。一是人口跨境、跨区域大规模流动加剧传染病传播风险,流动人口容易成为传染病易感人群,防治措施难以完全落实。例如,据呼和浩特海关反映,经常在内蒙古口岸从事跨境运输的外籍交通行业从业人员病毒性肝炎、梅毒等传染病总体患病率高达30%,境内传染风险很大。二是活畜、活禽的调运,缺乏有效的检疫监管措施,易造成人畜共患病的传播蔓延。三是不安全性行为的增加导致艾滋病、梅毒等性传播疾病蔓延的趋势未得到有效遏制。据统计,目前全国艾滋病总体上虽然呈低流行态势,但感染人数持续上升,经性传播已是主要传播途径,以2017年第二季度为例,全国经性途径传播占比为93.7%。四是生态环境的破坏,使一些新病种的出现逐年加快,传染病防治情况愈加复杂,传染病防治难度持续增加。五是人感染高致病性禽流感等新发传染病和埃博拉出血热等输入性传染病的隐患时刻存在,几乎每1至2年就有新的疫情出现,且难以早期发现和处置,病死率较高,严重威胁着经济社会发展和人民群众生命安全。

应当清醒地看到,我国整体传染病防治能力和水平还有待提升,一些重大传染病的发病率还比较高,一些地区和一些重大传染病的防治基础还不牢固,传染病患者的救治和保障水平还比较有限。同时,地区之间、城乡之间的防治能力还存在比较明显的差距,特别是一些贫困地区、基层地区的防治工作存在不少隐患。

(二)传染病防治工作存在薄弱环节

第一,疾控机构的能力与承担的职责不相适应。传染病防治法第十八条对各级疾病预防控制机构在传染病预防控制中应当履行职责作出八项具体规定。但在检查中,各地普遍反映,一些基层疾控机构基础设施落后、检测设备缺乏、业务能力有待提高等问题较为突出。例如新疆霍尔果斯作为重要口岸城市,目前无专业疾病预防控制机构,相关工作和基本公共卫生职能由市人民医院的一个科室负责,传染病监测检验能力明显不足。同时,一些地方的市、县级疾控机构实验室能力远未达到国家标准,与日益繁重的传染病防治任务不相适应,影响了基层传染病防治执法能力和水平。例如,云南省的县级疾控机构实验室设备平均达标率仅为58.49%。

第二,人员队伍建设亟待加强。多地反映,部分疾控机构特别是基层人员编制多年来未做过调整,无法满足现有工作的需要,一些疾控机构人员和医疗机构从事传染病专业医务人员队伍不稳定,近年人才流失比较严重。例如,四川甘孜州疾控中心近年来引进本科生26人,已有14人辞职,泸定县引进本科生3人,有2人辞职。

第三,基层网底不牢,传染病防治能力比较脆弱,对疫情的及早发现、及时报告、妥善处置等能力有限。各地普遍反映,学校、托幼机构专业卫生人员配备不足,与国务院批准发布的《学校卫生工作条例》规定的600:1的标准差距较大,相当数量的中小学没有按规定设置校医室或保健室。有的学校主体责任意识不强,防治措施不到位,加之专业人员缺乏、能力不足,学生聚集性疫情时有发生。例如,2017年7月至11月,湖南桃江县四中发生校园结核病聚集疫情,共报告患者83例。疫情发生的主要原因是有关单位责任不落实,学校未建立晨午检、因病缺课登记和病因追踪制度,学生密度大,教室通风不良;教育部门对学校传染病防控重视不够;疾控机构和医疗机构没有认真追踪患者真实信息,分析疫情;县政府及其有关部门对事件响应不及时,没有及时提供筛查和处置经费。此次事件中的有关负责人已受到党纪政纪处理。又如,广东省

有些地区的病毒性肝炎、肺结核发病率仍高于全国平均水平。

第四,人畜共患传染病防治存在隐患。近年来我国人感染人畜共患传染病病例不断增多,严重危及人民群众身体健康。例如,最近以来,我国黑龙江省、内蒙古自治区陆续发生了人感染炭疽病疫情,对此要高度警惕,积极应对。检查发现,一些基层动物疫病防治机构基础设施、实验室诊断检测能力和队伍力量薄弱,影响了动物疫情监测和防治工作全面开展,不能适应我国动物疫病病种多、病原复杂、流行范围广的特点。在落实传染病防治法第三十六条关于"动物防疫机构和疾病预防控制机构,应当及时互相通报动物间和人间发生的人畜共患传染病疫情以及相关信息"的规定方面存在差距,有些地方存在地方保护主义,对动物疫病和人畜共患病存在瞒报、漏报、推诿扯皮问题。同时,近年来我国城乡各地养犬数量大量增加,犬只伤人、致死事件时有发生。据统计,2017 年狂犬病居全国传染病报告死亡数第四位,发病 516 例,死亡 502 例。虽然多地出台了犬只管理的地方性法规和规章,但职责涉及农业、公安、卫生等多个部门,存在责任落实不到位、工作衔接有漏洞,一些制度如办理养犬证和动物疫苗接种等规定流于形式,监管部门重事后处置、轻事前监管等问题,人民群众对此反映强烈。

(三)少数生产经营企业还存在严重违法违规行为

少数传染病防治相关产品生产经营企业法制意识、责任意识、诚信意识和质量意识淡薄,甚至违法违规、涉嫌犯罪,对人民群众的生命健康造成极大威胁。例如,不久前发生的长春长生生物科技有限公司违法违规生产疫苗案件就是一个典型案例。我国药品管理法已对药品(包括疫苗)的生产经营作出明确法律规定,传染病防治法第十五条也规定:"用于预防接种的疫苗必须符合国家质量标准。"但该企业却公然违反法律和相关法规、制度的规定,逐利枉法,违反国家药品标准和药品生产质量管理规范,在生产人用冻干狂犬病疫苗过程中,存在擅自变更生产工艺、编造虚假生产检验记录、销毁证据等违法行为,情节严重,性质恶劣,涉嫌犯罪,必须彻底查清真相,依法从重处罚,切实加强监管,保障人民健康。

(四)相关保障措施落实不到位

部分地区经费保障机制不健全,还没有完全建立传染病防治长期、稳定的投入保障机制,存在"财神跟着瘟神走"的现象,影响了防治工作的可持续发展。一些地方特别是部分经济欠发达地区,对公共卫生服务事业投入不足,疾控机构的人员和运行经费未能完全纳入财政预算,防治人员津贴得不到落实,人畜共患病源头防控保障不够。陕西省疾控中心缺乏相应的水电等日常维护经费,各项资金缺口每年约 1800 万元。部分保障政策不衔接,不落地。例如 2017 年发改委财政部印发通知,要求自 2017 年 4 月 1 日起全面取消疾控机构卫生检测费、预防性体检费和委托性卫生防疫费等三项收费,通知中提出由地方财政予以保障,但相关政策未能衔接,地方财政补助未能到位,对疾控机构日常运转造成较大影响。许多地方反映财政补助资金至今未能到位。

医疗机构承担了大量传染病防治任务,因缺乏明确的补偿机制或政策,只能依靠医疗业务收入进行补偿,以医养防,挫伤了公立医院开展传染病防治工作的积极性。部分传染病医院生存比较困难,缺乏符合传染病防治工作特点的特殊补偿政策。重大传染病患者的救治费用保障水平还比较有限。一些地方虽然出台了政策将结核病等重大传染病纳入医疗保障范畴,但保障水平不高。以结核病为例,一些地方普通肺结核门诊治疗费用没有纳入报销范围。耐多药结核病虽然纳入了新农合重大疾病保障范围,但由于治疗总费用高(约 8 至 10 万元),按照政策报销比例,一些患者自付费用仍超过其承受能力,结果造成治疗中断。这也是我国结核病患者发现和治疗率偏低的主要原因之一。

(五)传染病防治的法制建设还不完善

执法检查发现,传染病防治法部分条款已经不能适应当前传染病防治工作的实际需要。例如,新突发传染病发生时密切接触者的隔离缺乏明确法律依据,不能依法采取强制隔离措施及时控制其流行;该法部分条款有义务规定没有法律后果,法律责任部分有些条款存在处罚过轻、违法成本低、警示作用不强、操作性弱等情况。1991 年制定的传染病防治法实施办法一直未作修改,相关内容同样存在与形势和需要不相适应的问题。另外,相关法律法规修订滞后。如国境卫生检疫法及其实施细则是上世纪 80 年代制定的,一直沿用至今,未对内容进行过实质性修改。目前境内发现外籍传染病患者,相关的防治和管理等措施缺乏明确的法律依据。学校卫生工作条例是 1990 年经国务院批准,由原国家教委、卫生部发布并实施的,距今已近 30 年,许多规定已不适应当前工作实际。还有一些部门规章出台较早，与传染病防治现实工作脱节，需要抓紧修订。在疫苗生产流通使用等方面还存在制度缺陷，需要抓紧完善。

（六）传染病防治法的宣传普及不够深入

相关部门缺乏更为积极、有效的宣传手段，与广泛发挥全社会力量参与传染病防治工作的目标还有较大差距。很多社会公众对传染病防治法及传染病防治知识缺乏了解，主动防治意识不强，一些不正确的健康知识、观点和做法在部分地方和人群中流行，有关部门对此要高度重视，有针对性地积极应对。对传染病防治法第十条关于开展预防传染病的健康教育方面的规定还没有落实到位，传染病防治宣传的力度和效果有待加强。传染病防治相关单位在对其工作人员进行传染病防治知识、技能培训以及预防院内感染有关规定等方面还存在差距。部分医务人员对传染病防治法的规定不了解，传染病主动防治意识不足。一些学校未全面落实关于对学生进行健康知识和传染病预防知识的教育方面的规定。

（七）体制机制建设有待加强

相关部门对传染病防治工作重点环节、重点措施的监督检查和业务指导不够经常化，还缺乏力度，责任落实不到位。例如，吉林长春长生公司问题疫苗案件就暴露出监管部门对违法违规生产、流通等环节的监管仍然存在漏洞，地方政府和监管部门失职失察，个别工作人员严重渎职。卫生部门对传染病防治法第五十三条规定的应当对传染病防治工作履行的六项监督检查职责需要进一步强化。有些地方的传染病联防联控工作机制需要完善。一些地区主要是针对重大传染病疫情暴发而设立的该机制，在无疫情或疫情低发时期，各部门缺乏信息沟通共享等机制，部门间日常信息通报、疫情会商和协同处置配合等方面有待加强。对一些需要多部门联合防治的人畜共患传染病，如布鲁氏菌病、包虫病等，关口前移的工作力度不够，缺乏积极的协同配合。在一些地区落实传染病防治法第四十八条关于“发生传染病疫情时，疾病预防控制机构可以进入传染病疫点、疫区进行调查、采集样本、技术分析和检验”及第四十条关于必要时可采取紧急措施的规定方面在现实中存在不顺畅、不及时的情况。有的地方疾控机构只有在公安或畜牧兽医部门的支持配合下才能进入疫点、疫区。

产生上述七个方面问题的主要原因：一是有的地方政府还没有牢固树立以人民为中心的发展思想，未能处理好传染病防治工作与经济社会持续、健康、稳定发展之间的关系；没有将健康融入所有政策，把传染病防治工作纳入国民经济和社会发展计划，制定切实可行的传染病防治规划并组织实施。二是一些地方政府部门对传染病防控工作的新形势认识不足，对法律理解掌握不透彻，对法律规定的一些重要责任落实不到位。三是一些地方政府特别是县级政府由于财政困难等原因，对传染病防控工作的保障水平不高，特别是对基层网底的防控能力建设重视不够，影响了传染病防治整体效果。四是少数企业守法生产经营意识差，道德诚信缺失，唯利是图，有法不依，规章制度流于形式，导致不合格产品流入市场，危害人民健康。

四、进一步深入贯彻传染病防治法的建议

针对这次执法检查中发现的问题，检查组对进一步贯彻实施传染病防治法提出以下建议：

（一）强化政府领导，进一步落实传染病防治责任

各级政府要高度重视传染病防治工作，坚持以习近平新时代中国特色社会主义思想为指导，牢固树立以人民为中心的发展思想，深入贯彻落实习近平总书记关于卫生与健康工作的重要指示精神。要依法落实传染病防治工作的领导责任、保障责任、协调责任和监督责任，加大传染病防治工作力度，推动各项任务的落实。进一步推进政府领导、部门协作、联防联控、全社会参与的传染病防治机制建设，切实防止重大传染病流行。进一步加强监督检查，督促疾病预防控制机构、医疗机构、基层医疗卫生机构以及卫生监督机构依法落实传染病防治工作中的各项职责，实现预防、治疗和监督管理有效衔接。要注重加大对违反传染病防治法行为的查处力度，有法必依，违法必究，严格落实传染病防治法中关于追究法律责任的各项规定。

（二）巩固和提高传染病防治保障水平

继续加强财政保障力度。特别是要加强对基层传染病防治工作的支持和保障力度，把加强各级特别是基层疾控机构能力建设和人才队伍建设列入重要议事日程。各级政府要落实对公立医院的投入责任，支持其加强传染病防治能力建设，落实其承担传染病防治任务的经费补偿，加大对人畜共

患病防治工作的支持保障力度。改革和逐步完善患者医疗保障政策，减轻传染病患者医疗费用负担。加大特定传染病困难人群的医疗救助，将患严重特定传染病的困难人群纳入救助范围。进一步加强国家传染病防治科技支撑，重点开展防治策略和关键技术研究、药物与疫苗等重点产品研制、传染病防治效果评价等应用性研究。优先支持西部、民族、边境、贫困地区传染病防治机构基础设施建设，配置必要的检验检测设备。进一步加强综合监督体系建设，提高传染病防治监督执法能力和水平，促进传染病防治相关法律法规落实到位。加强卫生应急指挥、管理、协同、预案等体系建设，不断提高应对突发公共卫生事件能力。

(三)加强传染病的重点防控措施

要坚持预防为主的工作方针，推动关口前移，科学防控。一是大力抓好基层的疫情监测和报告。市、县两级疾病预防控制机构要严格实施国家和省市有关疾病监测与报告的法律法规，进一步规范和完善传染病监测与报告制度。同时，城市社区、农村乡村的卫生机构要不断强化传染病防治意识。疾控和医疗机构要通过高效运转的传染病疫情监测和报告体系，准确掌握疫情动态，做到早预防，早发现，早干预。二是改革和完善疫苗管理体制，巩固和提高国家免疫规划疫苗接种率。各级政府和有关部门要认真贯彻落实习近平总书记对吉林长春长生生物疫苗案件的重要批示精神和8月16日的中共中央政治局常委会会议精神，始终把疫苗的安全和质量放在第一位，强化疫苗生产、流通和使用的全链条监管，全方位、全周期地加大监管力度，形成安全管理的长效机制。进一步强化企业主体责任，加强制度建设，依法严惩违法违规行为，切实为人民群众的生命健康把好关。要继续落实好免疫规划任务，提高基础免疫接种率和接种质量，消除免疫空白，尤其要抓好流动儿童的接种工作。要健全国家免疫规划疫苗调整机制，遴选部分质量安全、效益突出、财政可负担的第二类疫苗纳入国家免疫规划。三是针对重点领域和疾病采取更为积极的措施。要提升艾滋病检测和抗病毒治疗质量，全面落实传染病防治法第二十四条关于“各级人民政府应当加强艾滋病的防治工作，采取预防、控制措施，防止艾滋病的传播”的规定；提高结核病患者特别是耐多药结核病患者的保障水平，扩大规范化诊治覆盖面，提高患者发现率和治愈率；明确牵头部门，农业、卫生、公安等相关部门要进一步形成合力，切实加强对社会反映强烈的养犬问题的管理，降低狂犬病的发病率。要加大对学校、托幼机构传染病防治工作的支持和监督力度，落实各项防治制度。四是积极采取措施应对人畜共患病的严峻形势，加强对活畜禽饲养、宰杀、运输和销售的全链条监管，加大疫情监测力度，加强部门协作，提高人畜共患传染病防控水平。五是加强临床医务人员传染病知识培训和医疗机构传染病防治的规范运作，提升临床医务人员的传染病诊断、监测、预警能力。重视加强传染病专科医院能力建设，充分发挥其在传染病防治中的特殊作用。六是注重抓好生态环境、大型工程项目以及血站、饮用水、食品生产和销售等各个环节的传染病防治工作。

(四)抓紧完善传染病防治法治建设

抓紧研究修订传染病防治法、国境卫生检疫法等相关法律。建议国务院抓紧修订传染病防治法实施办法、国境卫生检疫法实施细则、学校卫生工作条例等行政法规，与当前的传染病防治工作形势相衔接。例如，学校卫生工作条例要进一步明确学校与当地医疗卫生机构职责，理顺关系，形成防治合力。认真研究地方所提建议。如在相关法律法规中明确对故意传播艾滋病等重大传染病的法律责任、约束手段或追究办法；明确医疗卫生机构和艾滋病、梅毒等传染病患者的强制告知义务，保护利害关系人的合法权益；规范在华外籍传染病病例管理；明确传染病人密切接触者强制隔离的标准和补偿办法；按照属地化原则，由学校所在地疾控机构负责学校传染病防治工作的指导和监管；充分利用医院和基层医疗卫生机构资源，采用购买服务等方式，补充学校卫生人员不足问题等。建议进一步完善疫苗管理的相关制度规则，明晰和落实监管责任，明确监管事权，建立质量安全追溯体系。加大传染病防治法律法规知识宣传力度，增强普法的针对性和实效性，提高人民群众的传染病防治意识和自我保护能力。

(五)加大对边境地区、口岸地区传染病防治工作的支持力度

随着大规模人员流动和国际贸易往来增多，疾病跨境传播风险增高，传染病防治任务更加繁重。我国一些边境地区与多国接壤，边民往来频繁；一些口岸地区对外开放程度高、商业贸易往来频繁。近年来，输入性霍乱、艾滋病、脊髓灰质炎、登革热、疟疾等传染病时有发生。对此，应高度重视，积极采取防治措施。同时，部分边境地区经济社会发展总体水平不高，地方财力薄弱，难以独立支撑传染病防治体系建设和应对严峻的传染病防治形

势。例如，新疆的南疆是结核病的重点防治区域，目前没有一家传染病医院。建议中央财政加大对边境地区的传染病防治投入，支持地方统筹利用转移支付资金，加强防治体系建设，保障工作经费，筑牢防止输入性传染病的第一道防线，服务国家发展大局。

传染病防治工作责任重大，意义深远。我们要以习近平新时代中国特色社会主义思想为指导，贯彻落实党中央关于健康中国战略的决策部署，从以人民为中心的发展思想出发，站在维护经济社会发展大局的高度，牢固树立责任意识，增强法治意识，抓好、抓实传染病防治工作，保障人民群众的身体健康和生命安全。

以上报告，请审议。

在全国人大常委会传染病防治法执法检查组第一次全体会议上的讲话

（2018 年 5 月 3 日）

中共中央政治局委员、全国人大常委会副委员长　王　晨

同志们：

根据《全国人大常委会 2018 年监督工作计划》，将对传染病防治法进行执法检查。这是十三届全国人大常委会开局之年的一个重要执法检查项目，也是继 2013 年全国人大常委会听取国务院传染病防治工作报告并进行专题询问后，在传染病防治领域的又一次监督工作，充分体现了全国人大常委会对这一涉及人民群众身体健康和生命安全问题的高度重视。

会议开始时，蔡达峰副委员长传达了栗战书委员长的重要批示并介绍了执法检查工作安排，李学勇主任委员介绍了前期调研主要情况。我们要认真学习领会栗战书委员长的重要批示精神，充分认识开展传染病防治法执法检查的重要意义，高度重视，精心组织，扎实工作，务求实效，高质量地完成这次执法检查工作。刚才，国家卫生健康委员会、农业农村部、教育部、财政部的负责同志作了关于贯彻实施传染病防治法情况的汇报，人力资源和社会保障部、海关总署、国家市场监督管理总局等部门提供了书面汇报材料。国务院及其相关部门对此次执法检查十分重视，积极配合，做了认真准备，汇报的情况和提供的材料对开展执法检查很有帮助，请参加执法检查的同志们认真研读。下面，我讲几点意见。

一、坚持以习近平新时代中国特色社会主义思想指导传染病防治工作和本次执法检查工作

习近平总书记从时代发展前沿和国家战略全局高度，创造性地把马克思主义基本原理和我国卫生健康工作实际相结合，提出了实施健康中国战略、完善国民健康政策等一系列新思想、新理论，作出了一系列新判断、新部署，成为习近平新时代中国特色社会主义思想的重要组成部分。特别是党的十九大报告和习近平总书记 2016 年在全国卫生与健康大会上的重要讲话，为推动健康中国建设指明了方向。我们要认真学习贯彻习近平新时代中国特色社会主义思想，全面深刻领会精神实质和丰富内涵，准确理解和把握核心要义，在卫生健康工作包括传染病防治工作中全面贯彻落实，指导我们执法检查的全过程。

一是坚持党对卫生与健康工作的领导。党的十九大报告指出，“坚持党对一切工作的领导。”前不久胜利闭幕的十三届全国人大一次会议通过的宪法修正案中将“中国共产党领导是中国特色社会主义最本质的特征”写入宪法。这是对马克思主义政党建设理论的运用和发展，是对共产党执政规律和社会主义建设规律认识的深化。我们要牢固树立“四个意识”，不断增强“四个自信”，坚决维护习近平总书记的核心地位，坚决维护党中央权威和集中统一领导，自觉在思想上政治上行动上同以习近平同志为核心的党中央保持高度一致，在卫生与健康工作特别是传染病防治工作中始终牢记习近平总书记指出的“推进健康中国建设，是我们党对人民的郑重承诺”，始终坚持正确政治方向，切实履行职责，推动各项任务落实，保障人民群众身体健康和生命安全。

二是坚持预防为主的工作方针，坚持因病施策、科学防控。习近平总书记指出，“预防是最经济

最有效的健康策略”，“要坚定不移贯彻预防为主方针，坚持防治结合、联防联控、群防群控，努力为人民群众提供全生命周期的卫生与健康服务”。预防为主是新中国成立以来历次卫生工作方针中唯一没有改变的内容。我们必须继承和坚持这一长期以来实践证明行之有效的做法。传染病防治是典型的公共产品，它的效益不仅是在内部，更是在外部，将使整个社会受益。传染病防治工作就像公安、消防一样，没出问题就是最大的成绩。这几年没有发生大的疫情，这个成绩值得充分肯定。坚持预防为主的工作方针，要注意关口前移，按照规律办事，科学防治疾病。重点在三个环节上做好工作：一是控制传染源，二是切断传播途径，三是保护易感人群。要坚持防治结合，加强各系统特别是医疗和疾控系统的衔接。对于有疫苗的传染病种，要加强疫苗预防接种工作；对于没有疫苗的病种，防治工作中要做好宣传教育，这也可以有效保护易感人群。总之，要因病施策、科学防控，用最佳的科学有效措施取得最佳的健康成效。各级政府要进一步完善传染病防治工作的投入保障机制，确保财政投入，落实经费保障。

*三是坚持政府牵头，部门协作联动，同时注重发挥广大卫生与健康工作者的主力军作用。*习近平总书记强调卫生与健康工作要坚持联防联控、群防群控。这一基本原则对于传染病防治工作来说尤为重要。传染病防治工作不是一个部门的事情，必须要有多部门的协同配合并建立长期有效的工作机制，相关部门各司其职，形成合力。要广泛动员全社会的力量积极参与，共同做好传染病的防治工作。2016 年，习近平总书记在全国卫生与健康大会上指出，“长期以来，我国广大卫生与健康工作者弘扬‘敬佑生命、救死扶伤、甘于奉献、大爱无疆’的精神，全心全意为人民服务，特别是在面对重大传染病威胁、抗击重大自然灾害时，广大卫生与健康工作者临危不惧、义无反顾、勇往直前、舍己救人，赢得了社会广泛赞誉。”各级党委和政府要关心爱护广大卫生健康工作者，采取切实措施帮助他们改善工作生活条件，充分调动广大卫生健康工作者的积极性，推动全社会形成尊医重卫的良好氛围，共同开创包括传染病防治工作在内的我国卫生和健康事业新局面。

二、传染病防治问题事关大局，做好传染病防治工作责任重大

传染病防治工作关系到人民群众的身体健康和生命安全，关系到经济社会发展和国家安全稳定。近年来，党中央高度重视传染病防治工作，传染病防治法等法律法规体系不断健全，传染病防治体系基本建立，防治能力全面提升，工作机制逐渐完善，保障措施不断加强，传染病防治工作取得明显成效。但是我们也要清醒地认识到，与传染病防治的严峻形势相比，各方面工作还需要进一步改进和加强，防治工作中的一些薄弱环节、困难和问题还需要抓紧解决，传染病防治法的一些规定和要求还需要进一步落实到位。

据初步掌握的情况以及刚才听了相关部门的介绍，当前的传染病防治工作现状主要有以下两个特点：

*第一，传染病防治形势依然严峻。*一是来自传统传染病和新发传染病的双重压力。传统传染病威胁持续存在，新发传染病不断出现，近 10 年来我国几乎每一至两年就有 1 种新发传染病出现，许多新发传染病起病急，早期发现及诊断较为困难，缺乏特异性防治手段，早期病死率较高。二是人口大规模流动增加了防治工作难度。流动人口容易成为传染病的易感人群，预防接种等防控措施较难落实。频繁的国际商贸往来加剧了传染病跨国界传播风险。三是环境和生产生活方式的变化增加了传染病防治工作的复杂性。一些地区令人堪忧的城乡环境卫生状况以及传统的生产生活方式，使一些人畜共患病持续发生。不安全性行为的增加导致梅毒发病数逐年上升，艾滋病新增病例绝大多数都是经性途径传播。

*第二，做好传染病防治工作任重道远。*我国地域辽阔，人口众多。要保障13 亿多人民群众的身体健康和生命安全，困难之多、任务之艰巨是世界上其他任何国家都难以比拟的。从了解的情况看，一方面，长效工作机制有待进一步完善。一些地区存在重应急、轻预防的倾向和公立医院“以医养防”的现象。联防联控机制有待进一步加强，传染病源头控制、重点人群防控等方面的责任措施落实还不到位。传染病防控的社会管理政策措施相对滞后，发挥社会力量参与传染病防治工作的机制有待完善。预防传染病的健康教育还需要加强，一些新闻媒体对传染病防治法规定的无偿开展传染病防治和公共卫生教育的公益宣传责任有待进一步落实。另一方面，工作中还存在一些薄弱环节。疾病预防控制机构特别是基层机构的人员业务能力、待遇水平、基础设施条件与日益繁重的防病任务不相适应。边境地区的疾病防控措施需要进一步加强。

学校、托幼机构校医和保健人员配备不足的问题仍比较突出。部分医务人员传染病防治知识不足，传染病诊断能力和报告意识有待提高，对医务人员的职业卫生防护和传染病宣传教育还需进一步加强。在传染病引起的医源性感染方面的防控措施需要完善。

总体来看，传染病防治工作时刻不能松懈。一旦出现问题导致传染病的大范围暴发流行，不仅会给人民群众的生命财产带来重大损失，也会给国家经济社会发展和安全稳定等带来不可估量的灾难。历史上和现实中都有很多这方面的经验和教训。我们必须对做好传染病防治工作的重要性、艰巨性、复杂性和长期性有清醒认识，必须从以人民为中心的发展思想出发，站在维护经济社会发展大局的高度，牢固树立责任意识，持之以恒地抓好传染病防治工作。因此，全国人大常委会开展传染病防治法执法检查，督促政府相关部门进一步落实好传染病防治法的各项规定，十分及时和必要。

三、突出重点，确保执法检查取得实效

监督权是宪法法律赋予人大及其常委会的一项重要职权。党中央高度重视人大监督工作，党的十八大以来，习近平总书记多次对做好人大监督工作作出重要指示，提出明确要求。做好人大监督工作，对于确保党中央重大决策部署得到贯彻落实，确保法律法规得到有效实施，具有十分重要的意义。执法检查是人大监督的法定形式和重要途径，也是人大推动法律贯彻实施、推进法治国家建设的主要抓手。我们要按照全面依法治国的要求，维护宪法和法律权威，坚持“依照法定职责、限于法定范围、遵守法定程序”的原则，加大执法检查工作力度，改进执法检查方式方法，在实践中进一步深化对执法检查的认识，不断积累新的有益经验。一要坚持党的领导。执法检查必须坚持党的领导，坚决贯彻党的方针政策，推动中央重大决策部署、国家法律得到贯彻落实，保证党通过国家政权机关实施对国家和社会的领导。二要坚持依法行使职权。必须严格按照法定职权和法定程序，确定执法检查的对象、范围和内容，依法进行监督检查，增强针对性、实效性和权威性。三要坚持问题导向。执法检查要增强问题意识，抓住影响法律实施的关键问题、制约事业发展的重点问题、损害群众利益的突出问题，深入研究、对症“下药”，从而推动问题解决、工作改进、法律实施。四要坚持监督与支持相统一。围绕党和国家工作大局开展执法检查，正确处理监督与支持的关系，寓支持于监督之中，形成推动工作的合力。

近年来，国务院高度重视人大监督工作。国务院领导同志在全国人大常委会作专项工作报告，多次参加常委会联组会议，回答询问、听取意见，参加常委会执法检查组会议。国务院有关部门依法认真配合人大开展监督工作，积极改进和加强相关工作。这些都充分体现了政府对人大负责、受人大监督的精神，是加快建设法治政府的具体体现。

传染病防治法执法检查是今年全国人大常委会监督工作的一个重点。这次执法检查必须坚持全面客观、求真务实的原则，既要充分肯定各级政府的工作成绩，更要聚焦问题，坚持问题导向，这是实行正确监督、有效监督的基础和前提。我们既要治标又要治本，要抓住突出问题、矛盾和薄弱环节，深入分析原因，提出切实可行的意见建议，推动国务院及相关部门切实加强和改进相关工作。

四、精心准备，认真做好执法检查各项工作

这次由艾力更·依明巴海、陈竺、蔡达峰副委员长和我带队参加执法检查工作。今天会议以后，各检查小组将分赴 8 个省份开展检查。希望同志们认真履行宪法和法律赋予的职权，以对人民高度负责的精神，切实做好传染病防治法执法检查的各项工作。

一要加强学习，精心准备。执法检查是一项法律性和政策性很强的工作。传染病防治法涉及许多制度规定和新的知识。我们要以习近平新时代中国特色社会主义思想为指导，全面贯彻党的十九大精神，牢固树立“四个意识”，深刻领会栗战书委员长对这次执法检查的重要批示精神，努力掌握有关法律和政策以及相关专业知识，进一步了解我国传染病防治工作情况，突出工作重点，为搞好这次执法检查工作做好充分的思想准备和工作准备。

二要密切配合，深入调研。由于传染病防治工作涉及的部门较多，有关方面可能会有各种不同的意见建议。希望大家能够向执法检查组客观反映存在的困难和问题，有针对性地提出意见建议。检查组要深入群众、深入基层、深入实际，既要检查条件好的地区和单位，又要检查条件比较艰苦、问题比较突出的地区和单位，广泛听取各方面的意见建议。要按照执法检查方案中提出的重点问题以及

刚才李学勇同志在介绍情况中提出的需要关注的问题等,全面深入地了解有关情况,认真进行分析研究,切实推动解决重点难点问题。

三要加强引导,做好宣传。对于传染病防治问题,社会各方面比较关心,新闻媒体也较为关注。各有关方面要按照全国人大常委会对执法检查工作新闻宣传的要求,做好新闻报道工作。一方面要及时、客观地反映传染病防治法实施进展情况及存在的问题;另一方面也要配合这次执法检查,推动全社会学习普及传染病防治法,进一步推动传染病防治法的贯彻实施。

从现在到8月下旬常委会会议召开只有三个多月时间,要完成实地检查、形成执法检查报告等工作,时间是比较紧张的;从听取审议执法检查报告到再次听取审议处理情况报告,约半年时间,主要是研究落实执法检查报告和常委会会议审议意见,任务同样也比较重。全国人大常委会办公厅、全国人大教科文卫委员会要落实方案部署,加强统筹安排,按照时间节点,抓紧做好各项工作。国务院有关部门、各省级人大常委会要与执法检查组积极配合,密切协作,确保执法检查顺利进行。

同志们,今年是十三届全国人大及其常委会的开局之年,让我们以习近平新时代中国特色社会主义思想为指导,共同做好传染病防治法执法检查,增强执法检查实效,确保法律贯彻执行,切实保障人民群众身体健康和公众安全。

在广东省政府关于传染病防治法实施情况汇报会上的讲话

（2018 年 7 月 18 日）

中共中央政治局委员、全国人大常委会副委员长　王　晨

同志们:

传染病防治工作责任重大,是关系人民群众生命健康和经济社会稳定发展的大事。贯彻落实习近平新时代中国特色社会主义思想特别是习近平总书记关于卫生与健康工作的一系列重要指示精神,全国人大常委会今年对传染病防治法的实施情况进行检查,这是十三届全国人大常委会开局之年监督工作的一项重要内容,充分说明全国人大常委会对这一涉及人民群众身体健康和生命安全问题的高度重视。

根据安排,我们这个检查小组由我带队,于7月17日至20日在广东省开展传染病防治法实施情况的检查。全国人大教科文卫委员会副主任委员刘谦同志在会议开始时传达了栗战书委员长的重要批示,介绍了这次执法检查的主要目的和重点内容。广东省人大常委会主任、党组书记李玉妹同志主持今天的会议,我们听取了广东省副省长林少春同志代表省政府作的传染病防治法实施情况的汇报以及省政府有关部门在各自领域贯彻传染病防治法情况的汇报。大家的汇报准备充分、内容全面,既讲成绩,也讲问题和建议,体现了工作实际,也反映了对传染病防治工作的深入思考。检查组的成员就一些问题与大家进行了交流互动。今天这个座谈会使我们对广东省贯彻实施传染病防治法的工作有了一个总体上的了解。会后,我们还要到一些市县,到传染病防治的相关单位进一步了解情况。

广东省是我国改革开放的先行地,地处改革开放的前沿,是中国第一经济大省,又是第一人口大省,也是我国对外交往和贸易的重要窗口。国际经济合作与交流广泛,商业贸易往来频繁。这些特点都决定了广东省的传染病防治工作任务艰巨,工作压力较大,责任也重大。在省委、省政府的领导下,广东省认真贯彻实施传染病防治法,在强化领导、健全制度、完善机制、科学防控、建设体系、履行职责等方面进行了积极探索,创造了许多好的经验,形成了一些符合地方实际的有效做法。近年来,广东省传染病疫情总体比较平稳,传染病防控措施有序有效。特别是成功应对了登革热、流感、手足口病、诺如病毒感染等突发疫情;对埃博拉病毒、中东呼吸综合征、寨卡病毒等输入性疫情,有效防范、快速反应、妥善处置,使其传播风险得到有效遏制,成功将疫情拒于国门之外。另外,在结核病、艾滋病等重大传染病的防控方面也取得了明显成效。广东省在防控传染病方面有经验,有特色,有

成效。这些成效的取得,是省委、省政府贯彻落实习近平新时代中国特色社会主义思想特别是习近平总书记关于卫生与健康工作的一系列重要指示精神的具体体现,是贯彻实施传染病防治法、依法开展传染病防治工作的成果,是各部门及从事传染病防治工作的同志们共同努力、拼搏奋斗的结果。

刚才大家在发言中,也反映了工作中遇到的一些困难和问题,特别是基层防控机构硬件建设、防控人员队伍建设、财政投入等方面依然面临着一些难题,开展传染病防治工作还有很大压力和难度。这些困难和问题,要分两个方面看。一方面,有些属于全国共性的问题,需要从国家层面上完善政策措施,特别是加大对民族地区、边境地区、贫困地区在传染病防控方面的扶持力度。全国人大常委会的执法检查,主要目的就是发现法律实施中的一些关键的带有普遍性的问题,督促和推动有关部门在宏观层面上完善政策措施,深入贯彻执行好法律的各项规定。另一方面,大家反映的问题中,有的也需要地方各级政府在思想认识上更加重视,在依法履职上更加认真负责,努力推动问题的解决。

对于大家的意见建议,检查组将认真梳理和研究,充分反映在执法检查报告中。下面,我就进一步深入贯彻实施好传染病防治法讲几点意见。

一、坚持以习近平新时代中国特色社会主义思想为指导,切实抓好包括传染病防治在内的卫生与健康工作

党的十八大以来,习近平总书记提出了实施健康中国战略、完善国民健康政策等一系列新思想、新理念,作出了一系列新判断、新部署,成为习近平新时代中国特色社会主义思想的重要组成部分。特别是党的十九大报告和习近平总书记 2016 年在全国卫生与健康大会上的重要讲话,为发展卫生事业、保障人民群众健康、推动健康中国建设指明了方向。我们要坚持以习近平新时代中国特色社会主义思想为指导,在卫生与健康工作包括传染病防治工作中全面准确贯彻落实。

习近平总书记指出,“推进健康中国建设,是我们党对人民的郑重承诺”。“预防是最经济最有效的健康策略”,“要坚定不移贯彻预防为主方针,坚持防治结合、联防联控、群防群控,努力为人民群众提供全生命周期的卫生与健康服务”。习近平总书记的这些重要讲话精神,我们要全面贯彻于传染病防治工作中。例如,习近平总书记强调的“预防为主”的方针,对于传染病防治工作来说有尤为重要。“预防为主”是新中国成立以来历次卫生工作方针中唯一没有改变的内容。在传染病防治工作中,我们必须继承和坚持这一长期以来实践证明行之有效的做法。同时,预防也是最主动、最有效、最经济的手段。预防工作做好了,做到位了,就可以避免传染病的大范围暴发流行,避免因传染病给人民群众生命财产和经济社会发展带来的不可估量的损失。坚持“预防为主”的方针,要注意关口前移,按照规律办事,科学防治疾病。重点在三个环节上做好工作:一是控制传染源,二是切断传播途径,三是保护易感人群。要坚持防治结合,加强各系统特别是医疗和疾控系统的衔接。对于有疫苗的传染病种,要加强疫苗预防接种工作;没有疫苗的病种,防治工作中要做好宣传教育,这也可以有效保护易感人群。总之,要因病施策、科学防控,用最佳的科学有效措施取得最佳的健康成效。各级政府还要进一步完善传染病防治工作的投入保障机制,确保财政投入,落实经费保障。

习近平总书记还强调,卫生与健康工作要坚持联防联控、群防群控。这是我们传染病防治工作的基本经验和应当遵循的重要原则。传染病防治工作不是一个部门的事情,必须要有多部门的协同配合,建立长效工作机制,相关部门各司其职,形成合力。要努力形成政府主导、部门合作、社会参与的传染病防治工作机制。关于这一点,广东已经有了很好的工作基础并取得了成效,希望省政府及相关部门继续高度重视,认真总结经验,不断完善联防联控工作机制。此外,还要广泛动员全社会力量积极参与,共同做好传染病的防治工作。在传染病的联防联控、群防群控工作中,特别要注重工作机制的长效性。据了解,在有些地方传染病防治联防联控机制还没有形成常态化,甚至有时候只是流于形式,往往出现随着疫情高发而加强,随着疫情低发而弱化的现象。

二、充分认识传染病防治的形势和任务,以高度的政治责任感抓好、抓实传染病防治工作

党的十八大以来,以习近平同志为核心的党中

央高度重视传染病防治工作,传染病防治法律法规体系不断健全,传染病防治体系基本建立,防治能力全面提升,工作机制逐渐完善,保障措施不断加强,传染病防治工作取得明显成效。我国的传染病疫情形势总体平稳,未发生重大传染病的暴发和流行。在个别省市发生的局部疫情,由于依法应对、处置及时、措施得当,没有造成大范围的疫情暴发。同时,也要看到,传染病仍然严重威胁人民群众的身体健康和生命安全,传染病防治形势依然严峻,防治工作任务复杂艰巨。各方面工作还需要进一步改进和加强,防治工作中的一些薄弱环节、困难和问题还需要抓紧解决,传染病防治法的一些规定和要求还需要进一步落实到位。

刚才听了大家介绍的情况,结合前期了解到的情况,当前我国传染病防治工作现状主要有以下两个特点:

第一,传染病防治形势依然严峻。一是来自传统传染病和新发传染病的双重压力。传统传染病威胁持续存在,新发传染病不断出现,近 10 年来我国几乎每 1 至 2 年就有 1 种新发传染病出现,许多新发传染病起病急,早期发现及诊断较为困难,缺乏特异性防治手段,早期病死率较高。二是人口大规模流动增加了防治工作难度。流动人口容易成为传染病的易感人群,预防接种等防控措施较难落实。频繁的国际商贸往来加剧了传染病跨国界传播风险。三是环境和生产生活方式的变化增加了传染病防治工作的复杂性。一些地区令人堪忧的城乡环境卫生状况以及传统的生产生活方式,使一些人畜共患病持续发生。不安全性行为的增加导致梅毒发病数逐年上升,艾滋病新增病例绝大多数都是经性途径传播的。

第二,做好传染病防治工作任重道远。我国地域辽阔,人口众多,要保障 13 亿多人民群众的身体健康和生命安全,困难之多、任务之艰巨是世界上其他任何国家都难以比拟的。这次执法检查组来广东之前,在北京召开了第一次全体会议,听取了国家卫生健康委等部门的工作汇报;全国人大教科文卫委员会也开展了一些前期调研工作。据初步掌握的情况,传染病防治法实施中还存在一些薄弱环节和需要研究解决的问题。比如,一些地方基层政府和相关部门的重视程度还有待提高,传染病防治宣传教育工作还需要持续深入地开展,传染病防治法相关配套法规和规章还有待健全和落实,联防联控和部门协作机制还有待完善,稳定的经费保障机制还有待依法落实,基层传染病防控设施和队伍建设还有待加强,传染病防控的科学研究和疫情检测能力还有待进一步增强,一些地方学校、幼儿园的传染病防控工作还需要进一步重视和加强等等。

总体来看,传染病防治工作一刻不能松懈。一旦出现问题,导致传染病的大范围暴发流行,不仅会给人民群众的生命财产带来重大损失,也会给国家经济社会发展和安全稳定等带来不可估量的灾难。历史上和现实中都有很多这方面的经验和教训。因此,这次全国人大常委会开展传染病防治法执法检查,督促政府相关部门进一步落实好法律的各项规定,十分及时和必要。希望各级政府进一步提高对传染病防治形势的认识,加强对传染病防治工作的推进力度,切实履行职责,开拓防控思路,创新防控手段,提高防控效率,保障人民群众身体健康和生命安全。

三、切实增强传染病防治法治意识,继续贯彻实施传染病防治法各项规定

传染病防治法自 1989 年开始实施,2004 年进行了全面修订,2013 年又作出了修正案。这部法律对于预防、控制和消除传染病的发生与流行、保障公众健康特别是在应对新发传染病等方面发挥了重要作用。很多制度设计和规定,发挥着规范、管理、制约等作用,是我们从事传染病防治工作以及制定各项政策法规所依据的基本法律。

为了使传染病防治工作更有力度、更加规范,进一步提升防治能力,在今后的传染病防治工作中要强化法律武器,切实增强传染病防治法治意识,用法治来引领、规范和保障传染病防治的各项工作。政府及相关部门要积极营造良好的法制环境,带头落实好法律的相关规定。传染病防治相关单位要严格遵循传染病防治的法律法规,牢固树立主体责任意识,确保传染病防治工作到位。要借鉴近年来国际上和我国各地区有益经验,加强风险监测预警,突出预防为主的原则,实行社会共治,扎实有效地推进体制机制建设。特别要针对基层薄弱环节加大投入力度和能力建设,堵住传染病防控链条中的各项漏洞,保障人民群众健康。

广东是我国南方的重要门户,做好广东的传染病防控工作,把住传染病输入和传播关口,不仅能

够保障地方人民群众的身体健康，对于全国来说都具有重要意义。希望广东继续深入贯彻传染病防治法，在传染病防治工作中取得更大成绩，在推动和保障“健康中国”和“健康广东”的建设中再上新台阶。

对检查传染病防治法实施情况报告的意见和建议

8 月 30 日上午，十三届全国人大常委会第五次会议审议全国人大常委会副委员长王晨作的全国人大常委会执法检查组关于检查传染病防治法实施情况的报告，共有 50 人次发言。现根据会议发言情况，将常委会组成人员和列席人员的主要意见建议整理如下。

出席人员普遍认为，传染病防治工作是重要的民生工程，事关人民群众的身体健康和公共卫生安全，事关国民经济发展和社会稳定。开展传染病防治法执法检查，是全国人大常委会贯彻习近平新时代中国特色社会主义思想、推动实施健康中国战略的重要举措。国务院及其有关部门、地方各级政府认真贯彻实施传染病防治法，积极采取措施，不断加大力度，有效防控了传染病的发生和流行，传染病防治法贯彻实施情况总体是好的。同时，也清醒地看到，我国传统传染病防治形势依然严峻，新发传染病时有发生。前不久发生的吉林长春长生公司问题疫苗案件，既暴露出监管不到位等诸多漏洞，也反映出疫苗生产流通使用等方面存在的制度缺陷。出席人员强调，要严格落实传染病防治法的各项规定，坚持预防为主、防治结合，联防联控、群防群控，加强对违法行为的惩处和对失职行为的问责，加快完善疫苗药品监管长效机制，坚决守住公共安全底线，切实保障最广大人民群众的身体健康和生命安全。审议中，大家还提出了一些具体意见和建议。

一、强化政府责任，完善防控机制

部分出席人员认为，各级政府应牢固树立以人民为中心的发展思想，依法落实传染病防治工作的各项责任，健全部门间联防联控工作机制。一些出席人员建议，加强传染病防治体系、工作机制、保障措施等方面的研究，做好顶层设计，形成工作合力，确保各部门及卫生防疫机构间及时沟通、协调配合、准确预警、科学处置疫情。有的出席人员提出，应继续完善疫情信息通报制度，确保信息共享，实现联防联治。

二、强化宣传，增强传染病防治意识

部分出席人员提出，应进一步加大对传染病防治知识和相关法律法规的宣传力度，增强传染病防治意识。有的出席人员建议，将宣传日活动与日常健康教育相结合，拓展宣传教育的广度和深度，多层次，多途径，多形式地做好宣传工作，普及健康知识和传染病防治知识，提升全社会的传染病防治意识，努力构建和完善政府领导、部门合作、社会参与的传染病防治长效机制。一些出席人员指出，艾滋病感染越来越年轻化、群体化，虽然国家设立了艾滋病日，并采取了系列措施，但对艾滋病预防教育宣传手段严重缺乏，许多人对艾滋病传播途径、预防措施等知识知之甚少，应开展多种形式宣传艾滋病预防知识。

三、加强对疫苗生产销售流通环节管理

部分出席人员强调，接种疫苗是预防传染病最有效的方式，少数传染病防治相关产品生产经营企业法治意识、责任意识、诚信意识和质量意识淡薄，甚至违法违规、涉嫌犯罪，对人民群众的生命健康造成极大威胁。建议改革和完善疫苗管理体制，落实监管责任，加强疫苗生产过程现场检查，建立质量安全追溯体系，落实产品风险报告制度。有的出席人员提出，加强疫苗监管能力化建设，尽快建立一支职业化、专业化的疫苗监察队伍。有的出席人员提出，应进一步强化疫苗制售企业主体责任，加强制度建设，通过提高违法成本、终身禁业等手段，依法严惩违法违规行为。有的出席人员建议，国家第一类疫苗的省级招标采购工作程序复杂，成本高，流程长，经常导致第一类疫苗暂时性短缺，儿童不能及时得到接种，要尽快改进疫苗流通和预防接

种管理机制，实现由国家统一采购一类疫苗。

四、加强人畜共患病防治工作

部分出席人员指出，人畜共患传染病病例近年来不断增多，严重危及人民群众身体健康。建议把防控战线前移，从传染源源头入手，通过有效控制动物疫病，加大对动物免疫和管理投入等手段，切实降低向人传播的风险。有的出席人员提出，应提高对人畜共患病科技支撑能力。目前人畜共患病的关键核心技术尚未突破，缺乏快速、便捷的实用检测技术。应加大对人畜共患病实验室建设、诊断检测能力、免疫与扑杀投入。有的出席人员指出，我国对动物疫病一直采取控制为主的防治策略。随着养殖规模化程度提高，以控制为主的防治思路已经难以满足动物疫病防控的需要。建议建立动物疫病净化制度，有效消灭重点区域、重点动物的疫病。有的出席人员提出，高致病性禽流感、布鲁氏菌病等疫情，超过九成是由活畜禽调运引发。目前活畜禽长距离调运依然频繁，动物疫病传播风险居高不下。建议完善高风险动物移动监管制度，对高风险动物大范围、长距离活体运输实施管控，鼓励畜禽企业“规模养殖、集中屠宰、冷链运输、冷鲜上市”，降低疫病传播风险。

五、推动重大传染病防控“关口前移”

一些出席人员指出，随着大规模人员流动和国家贸易往来增多，输入性传染源防控压力增大。建议从国家层面加强与周边国家的合作与联系，特别是建立跨境信息平台，建立传染病跨境联防联控机制。同时，加大对边境地区疾病控制的投入，严把境外传染病疫情输入的第一道防线。有的出席人员提出，应加强口岸卫生检验能力的建设。加强口岸免疫能力分子生物学等快速检测设备的配置和实验室的建设，构建重点和区域常规三级卫生检验网络。

六、夯实工作基础，进一步提高保障水平

有的出席人员认为，传染病防控最根本、最基础的工作在基层。基层疾控机构作为传染病防控前沿阵地，在加强传染病防治教育、有效控制传染源、及时反馈疫情信息、科学管理流动人口等方面发挥了重要作用。目前基层防治能力与所承担的防控职责还不相适应，比较突出的问题是专业人员缺乏，基础设施落后，监测检测能力不强，经费保障不足。建议应进一步落实传染病防治法的相关规定，突出强基础、补短板，完善政策措施，健全长效机制，加大对防疫设备、设施的投入。有的出席人员提出，目前许多公立医院承担的传染病防治工作相关经费投入只能依靠医疗业务收入来补偿。建议明确传染病防治医疗机构的公共卫生职能定位，由公共财政保障其防治传染病方面的经费开支。一些出席人员指出，学校和幼托机构人员较多且集中，环境相对封闭，成为传染病等公共卫生事件的重灾区。当务之急是解决好学校和幼托机构卫生保健人员的配置问题。建议着力解决好学校和幼托机构卫生保健人员的配置问题。通过政府购买服务的方式，由有条件的医疗机构来承担部分工作，同时进一步加大对学校老师和卫生保健人员的培训。

七、加大传染病防治队伍建设

部分出席人员指出，由于任务重、待遇低，疾控专业人才流失严重，目前各级疾控机构普遍存在人员少，年龄大，能力不足问题。建议国家在政策、机制层面统筹解决疾控机构人员编制、工资待遇、发展空间等问题，打造一支稳定的传染病防治队伍。一些出席人员建议，应完善传染病防治机构人才招聘制度，给予基层聘用专业人才更多自主权，同时要严把进人质量关，强化从业资格。一些出席人员提出，要加强传染病防治人员培训，通过定向培养、在职培训和引进人才等形式不断提高传染病防治队伍整体素质。一些出席人员建议，应制定预防医学专科、卫生检测专科生培养计划，加强卫生防疫后备人才培养。有的出席人员提出，中医在防治传染病方面有着悠久历史，要高度重视和充分发挥中医药在防治传染病方面的作用和优势。应加强对传染病防治机构中医防治科室建设的支持力度，真正发挥中医药在传染性疾病防治方面的作用。

八、统筹做好相关法律修订工作

部分出席人员提出，现行的传染病防治法虽于2004年、2013年进行过两次修订，但是关于法律责

任的规定操作性不够强，对违法行为的处罚过轻，同时，与这部法相配套的《传染病防治法实施办法》是1991年制定的，一直没有修改。还有的出席人员提出，上个世纪八十年代制定发布国境卫生检疫法及其实施细则一直沿用至今，没有进行过实质性的修改，对外不能和国际卫生条例相衔接，对内不能适应我国扩大对外开放的新形势、新要求，建议修改完善传染病防治法及相关的法律法规。

全国人民代表大会常务委员会执法检查组关于检查《中华人民共和国防震减灾法》实施情况的报告

——2018年10月24日在第十三届全国人民代表大会常务委员会第六次会议上

全国人大常委会副委员长 艾力更·依明巴海

全国人民代表大会常务委员会：

防震减灾工作是重要的民生工程，事关人民群众生命和财产安全，事关国民经济发展和社会稳定。我国是世界上地震灾害最严重的国家之一，具有地震多、分布广、强度大、灾害重的特点。唐山、汶川等地发生的特大地震，给我们带来了深刻的启示和沉痛的教训。党的十八大以来，以习近平同志为核心的党中央从国家战略安全的高度出发，针对防震减灾工作，作出一系列重要指示。习近平总书记强调，坚持以人民为中心的发展理念，坚持以防为主、防灾抗灾救灾相结合，全面提升综合防灾能力，为人民生命财产安全提供坚实保障。长期以来，党和国家为防御和减轻地震灾害，做了大量工作。开展防震减灾法执法检查，是以习近平新时代中国特色社会主义思想为指导，贯彻落实习近平总书记关于防灾减灾救灾重要论述的实际行动和举措。根据全国人大常委会监督工作计划，全国人大常委会组成执法检查组于今年7月至9月开展了防震减灾法执法检查。现在，我代表执法检查组向常委会作报告。

一、执法检查的工作情况

全国人大常委会对这次防震减灾法执法检查高度重视，中共中央政治局常委、全国人大常委会委员长栗战书作出重要批示，指出“检查组要坚持问题导向，突出重点、精心组织，对照法律、查找差距，依法督促有关方面全面履行防震减灾法定职责，切实做好新时期防震减灾工作，为全面提升全社会防震减灾综合能力，保护人民生命和财产安全，促进经济社会可持续发展提供有力法治保障。”

为做好这次执法检查工作，全国人大教科文卫委员会和社会建设委员会组成调研组赴云南开展了前期调研。在此基础上，常委会制订了执法检查方案，成立了执法检查组。紧密结合防震减灾法的规定和当前防震减灾工作中存在的突出问题，确定了十项重点检查内容。检查组由全国人大常委会副委员长张春贤、蔡达峰和我担任组长，教科文卫委员会主任委员李学勇、社会建设委员会主任委员何毅亭任副组长，部分全国人大常委会委员和教科文卫委员会委员、社会建设委员会委员参加检查，同时还邀请部分全国人大代表参加了赴地方的执法检查。

7月17日，执法检查组召开了第一次全体会议，传达学习了习近平总书记关于防灾减灾救灾的重要论述和栗战书委员长的批示，对执法检查工作作了具体部署。国家应急管理部、发展改革委、教育部、财政部、住房和城乡建设部5个部门负责同志在会上作了实施防震减灾法的情况汇报。7月至9月，执法检查组分为三个小组，分别由三位副委员长带队，赴吉林、江西、湖北、四川、甘肃、新疆等6省（区）开展执法检查。此外，还委托河北、山西、内蒙古、辽宁、安徽、福建、河南、广东、重庆、陕西等10个省（区、市）人大常委会在本行政区域内进行检查。

检查组深入基层，在省（区）、市（州）、县召开了多场座谈会和专题汇报会，并全面检查法律规定的各级人民政府防震减灾规划、地震应急预案等文件的制定情况，实地检查了安全示范社区、农村危房改造（安居工程）、学校校安工程、地震灾后重建社区和地震台网中心、地震监测台站、地震应急指挥中心、地震应急救援队伍、应急避难场所、防震减灾教育基地等。执法检查组广泛听取各方面意见和建议,深入开展群众访谈和问卷调查,以全面检查各级政府落实防震减灾法定责任,强化防震减灾组织领导和条件保障,完善地震监测预防救援体系,增强全社会防震减灾能力的情况。各检查小组分别形成了检查报告,10个省(区、市)人大常委会提交了检查报告。在汇总各方面情况的基础上,形成了执法检查报告(稿)。9月25日,执法检查组召开第二次全体会议,总结执法检查工作,听取了国务院有关部门的意见,对执法检查报告(稿)作出进一步修改完善。

二、贯彻实施防震减灾法的基本情况

检查组认为,2008年汶川特大地震后,全国人大常委会对防震减灾法进行了全面修订完善,对防震减灾规划、地震监测预报、地震灾害预防、地震应急救援、地震灾后过渡性安置和恢复重建、监督管理等作了更全面的规范。国务院及其有关部门、地方各级政府认真履行法定职责,制定实施防震减灾规划,建立了防震减灾四级规划体系,为防震减灾工作提供有力保障。防震减灾法对建立防震减灾工作体制机制、防御和减轻地震灾害、最大限度保护人民生命财产安全、保障经济社会持续发展发挥了重要作用。

(一)加强配套制度建设,防震减灾法律法规体系不断完善

防震减灾法修订后,积极推进防震减灾的配套法规、部门规章和制度建设。国务院有关部门、省(区、市)人大、政府及地震部门召开专题会议,全面部署防震减灾法宣传贯彻实施工作,督促有关方面抓紧进行防震减灾规范性文件的制定或修改,收到了良好成效。目前全国31个省(区、市)均完成了防震减灾地方法规制定或修订工作。济南、合肥、唐山等设区的市也制定了防震减灾条例。目前,我国现已有防震减灾方面法律1部,行政法规5部,部门规章7部,省级地方性法规41部,省级地方政府规章46部,市级地方性法规10部和市级政府规章20部。

(二)法律宣传普及活动广泛开展

各地普遍开展形式多样的防震减灾宣传教育活动。制定实施"六五""七五"普法规划,深入推进普法宣传教育工作。以"5·12"防灾减灾日等重点时段为契机,开展主题教育活动,推进地震应急检查及应急演练常态化,广泛普及防震减灾科学知识与避险自救互救知识,不断提高公众防灾减灾意识和能力。印发《中小学幼儿园应急疏散演练指南》,要求中小学、幼儿园定期开展安全演练,提升学校应急疏散的组织和管理水平,强化师生安全意识和应急避险能力。

(三)地震监测预报能力得到提升

一是优化监测台网布局。目前已经建成了覆盖中国大陆及周边海域的地震观测台网,全国绝大部分地区地震监测能力达到2.5级,地震重点防御区和人口密集的城市达到1.5级。国内地震2分钟左右完成自动速报,实时服务用户上亿人次。

二是强化震情监测管理。积极推动地震科技进步,实施国家地震科技创新工程。发射首颗地震电磁监测试验卫星"张衡一号",减灾卫星、无人飞机、大数据和遥感技术得到广泛应用。在川滇等地建设了地震科学实验场,在新疆、甘肃等地建成主动源探测试验场,开展地震短临预测方法和观测技术试验与检验,取得多项创新性和实用性研究成果。

三是强化震情跟踪研判。落实观测异常核实制度,实施跨部门、多学科震情联合会商,划定年度全国地震危险区。十年来,有56次5级以上浅源地震发生在当年划定的地震年度危险区内,云南景谷、新疆精河、云南墨江等地在地震发生前,地震部门及时向地方政府报送了震情会商研判意见,提前演练和准备,切实取得了减灾效果。

四是建设地震预警系统。首都圈、福建沿海和川滇部分地区具备了地震预警和烈度速报信息快速发布能力。推进火山监测预警系统和南海海啸预警中心建设。在20余条共计6642公里的高速铁路布设了新一代地震监测预警系统。

(四)地震灾害预防体系建设不断加强

一是开展震灾风险识别和评估,加强震灾风险规避和管控。发布实施了第五代全国地震区划图,全面消除不设防地区。开展地质灾害点、环境风险、病险水库、公路安防、危险桥梁等基础设施隐患排查与治理。推进城市活动断层探察、震害预测等基础性工作。目前完成82个城市的地震活动断层探测与地震危险性评价、131条地震活动断层填图、200多个城市地震小区划,国土利用、城乡规划建设依据更加科学,为在城市建设中避让地震地质不利地段打下了基础。

二是推进城乡建设工程抗震设防。严格新建建筑抗震设防监管,将新建建筑抗震设防纳入工程质量监管体系,依法提高学校、医院等人员密集场所抗震设防要求,减隔震新技术、新型建筑材料

逐步推广应用，新建建筑抗震设防水平不断提升。推进老旧建筑抗震排查和鉴定加固工作，全国有条件的地区开展了摸底排查工作，把城市危房改造纳入棚改政策范围，逐步解决部分老旧房屋抗震隐患。

三是大力推进农村危房改造工作。将保障贫困户住房安全作为当前农村危房改造工作的首要任务，统筹开展农房抗震改造，加强农房抗震宣传与技术指导，向广大农民宣传和普及抗震设防常识。党的十八大以来，累计安排补助资金 1625 亿元，支持了 1659 万户贫困农户改造危房。事实证明，改造后农房抗震性能显著提升，新疆、四川等地农村抗震民居在多次强震中经受住了考验。

四是基本完成中小学校舍安全工程。2009 年至 2012 年校安工程实施期间，全国共排查鉴定学校 37.5 万所，单体建筑物 217 万栋，校舍面积 14.5 亿平方米，摸清了中小学校舍场址分布、建筑质量和安全状况。加固校舍 1.3 亿平方米，新建重建校舍 2.2 亿平方米，对 4000 多所学校实施了迁移避险，基本消除了 D 级危房。全国中小学校校舍抗震加固、提高综合防灾能力得以基本实现。

（五）地震应急救援能力进一步提高

一是建立和完善地震应急预案体系，强化地震应急准备。目前全国各省、市、县政府及各级防震减灾领导小组均编制了本地区、本部门的地震应急预案，各级各类地震应急预案达 30 余万件。出台应急避难场所相关国家标准，建成各类避难场所 2.27 万余个，可容纳 1.6 亿人。推进应急物资储备体系建设，建成各级救灾物资储备库 2319 个，在地震高发区确保震后 12 小时之内受灾群众能得到有效救助。

二是加强应急救援力量建设。各地基本建立起党委领导、政府主导、部门协同、军地联动，社会力量广泛参与的地震应急协调联动机制。形成了以解放军、武警和消防为突击力量，以医疗救护、专业搜救和科研管理等机构人员为专业力量，以社会工作者、志愿者和基层灾害信息员为辅助力量的应急救援队伍。建成 20 余万人的专业地震救援队伍。国家地震救援队先后实施了 21 次国内外重大救援行动。

三是全力抗震救灾。玉树、芦山、鲁甸、九寨沟等重特大地震发生后，第一时间派出专业力量赶赴灾区开展人员搜救、伤员救治和卫生防疫。及时研判余震趋势，发布灾区烈度分布图。迅速抢修交通、电力、通讯、供水、供气等基础设施，及时排除崩塌、滑坡、泥石流等次生灾害隐患。组织引导志愿者有序参与救灾活动。

（六）地震灾后过渡性安置和恢复重建成效显著

地震发生后，紧急调运物资，妥善安置受灾群众，拨付救灾资金，开展灾后保险理赔。2009 年以来，中央财政震后拨付生活补助资金 38.4 亿元，紧急转移安置 351.1 万人次。

灾区各级政府及时编制地震灾后恢复重建总体规划，国务院有关部门加强政策指导和项目资金、技术支持，调查工程结构震害特征、地震地质灾害，修订发布灾区地震动参数区划图。汶川地震恢复重建三年任务两年完成，在借鉴汶川地震恢复重建经验基础上，玉树、芦山、鲁甸等地震灾区恢复重建取得重大进展，城乡面貌发生了巨大变化，彰显了中国特色社会主义制度的优越性。

三、法律实施中存在的主要问题

虽然防震减灾法贯彻实施取得了很大成绩，但还存在一些亟待研究解决的问题，法律有些规定还没有完全落实到位，主要有以下几个方面。

（一）地震形势依然严峻，防震减灾任务艰巨

进入 21 世纪以来，我国大陆及周边地区进入了相对的地震活跃期，地震的数量明显增多，分布范围明显增大，我国的防震减灾形势非常严峻。特别是最近十年，是地震灾害造成人员伤亡和社会影响最严重的十年。据统计，我国地震死亡人数占全部自然灾害死亡人数的 52%，为众灾之首。目前，我国东部地区近 20 年未发生 6 级以上地震，超出上世纪以来 6 级地震最长历史平静期，我国西部地区仍处于强烈地震活跃时段。不仅如此，我国大陆国土面积 58% 以上、近 55% 的人口处于 7 度以上地震高风险区，这样的震灾风险，远高于美国、欧洲等国家和地区。同严峻的地震形势相比，我国在地震监测预报、建设工程抗震设防和地震应急救援能力等方面都还存在明显不足。

（二）城市老旧房屋、农村民居未达到抗震设防要求的占比依然较大

防震减灾法第四十条明确对城乡民居抗震设防提出了要求。检查中发现，我国民居抗震设防能力不足的状况仍没有根本改变。据有关部门统计，我国城市有许多老旧房屋还没有抗震除险加固，抗震能力较弱；农村也有众多农居还没有达到抗震设防要求。第五代全国地震区划图确定的强制性抗

震设防要求在广大农村地区贯彻还不到位。如：吉林松原是8度高烈度区，也是国务院确定的地震重点监视防御区。松原宁江区5.7级地震后，经住建、民政等部门鉴定，农村受损房屋6442户，但从实际情况看，还有很多接近临界水平的边缘户、房屋年久失修并有改造意愿的困难户未能列入改造计划，可能成为重大的风险隐患。目前在四川凉山等地的一些县区，虽然处于地震重点监视防御区和重点危险区，但仍有超过50%的农村房屋未经抗震改造，有的县农村D级危房仍然达数万套，极易造成“小震大灾”的悲剧。各级政府引导支持政策没有完全落实，扶持资助力度不大，缺乏抗震设计规范技术指导，加之农民受经济条件制约不愿加大建房成本投入，对地震抱有侥幸心理，致使房屋普遍抗震性能偏低。

（三）地震观测环境和监测设施保护力度不够

防震减灾法第二十三条、第二十四条规定依法保护地震监测设施和地震观测环境，新建、扩建、改建建设工程应当避免对地震监测设施和地震观测环境造成危害。但检查中发现，近年来随着经济社会发展和城市化进程的加快，地震监测设施和地震观测环境受到不利影响乃至破坏的情况时有发生，给地震监测预报工作造成严重影响。如作为国家级中心台的南昌地震台，因周边地铁施工，为满足地电场观测最小安全距离的地磁规范要求需迁址重建，连续观测记录被迫中断；四川松潘地震台的水氡观测点受道路施工影响，观测井断流，水氡观测被迫终止。据统计，全国有1100余个测震台站、800余个地球物理台站，约有三分之一的地震台站受到不同程度影响，约有五分之一的地震台站受到严重干扰，108个地震台站被迫搬迁，积累多年的宝贵观测资料被迫中断、废弃，直接影响地震监测预测工作的正常进行。

（四）一些重大基础设施、重大生命线工程地震风险突出

防震减灾法第三十九条对已经建成的重大建设工程和可能产生严重次生灾害的建设工程的抗震设防提出了特殊的要求。检查中了解到，有的交通、电力、通讯、供气、供油等重大基础设施、生命线工程建设时期比较早，设防水平低，有的横跨地震断层，未采取专门的抗断和柔性措施，基本没有地震预警服务和紧急关闭等措施。一旦发生强烈地震，还可能引发严重的次生灾害，后果不堪设想。随着国家综合实力的不断提升，需要尽快提高这些重大基础设施、生命线工程的抗震能力，落实相关地震预警、紧急关闭等防范措施。

（五）科技对地震事业发展支撑有待强化

防震减灾法第十一条、第四十三条对国家鼓励、支持防震减灾科学技术研究作了规定。防震减灾面对的是一系列世界性的科学技术难题。我国地震科技工作虽然取得了很大进步，但地震科技基础性工作相对薄弱，与国家经济社会发展和广大人民群众的要求还不相适应，与国际先进水平相比还存在较大差距。比如，地震观测、探测和实验能力不足，大震危险性评估和巨灾风险评估等重大关键科技问题尚未解决；中国大陆有400多条可能发生强震的活动断裂，目前仅对十几条大型断裂开展了大比例尺填图和综合研究；地震科技创新型人才、学术领军人才和优秀技术人才不足，人才培养、交流和使用机制有待完善等。需要尽快改变这种现状，增强地震科技创新能力，提高防震减灾工作的科技含量。

（六）防震减灾法的宣传普及不够深入

防震减灾法第四十四条明确规定了政府及有关组织宣传普及防震减灾知识的义务和责任。但检查中发现，社会公众防震减灾意识与高震灾风险的国情要求相比还不相适应。还缺乏更为切实、有效的宣传手段，利用新媒体等手段进行宣传的力度还不够，有些宣传还停留在营造氛围的层面上，宣传的针对性和时效性有待加强。新闻媒体在主动宣传防震减灾法和防震减灾知识方面还不够。社会公众对防震减灾法律和知识的知晓率不高，预防为主和主动减灾的社会氛围还没有完全形成。比如，检查组在一些省的随机调查问卷显示，有的地区超过半数的答卷民众不能掌握基本的地震避险知识。

产生上述问题的主要原因有：一是有些地方政府还没有牢固树立以人民为中心的发展理念，未能处理好防震减灾工作与经济发展之间的关系，对防震减灾工作面临的新形势新任务认识不足，对法律规定的一些重要责任落实不到位。二是有些干部“重救灾轻预防、重应急轻常态”的思想还依然存在。认为“防灾做得好，不如救灾表现好”。由于“防”的工作见效慢、周期长，常常被忽视或摆在次要位置。三是一些部门和地方对建设工程抗震设防的管理理念还有待转变。国务院在推进“放管服”改革中，明确将地震安全性评价由行政审批改为强制安全性评估，并明确了建设者、评估者、监管者以及政府相关部门的责任与权限。国务院还在2017年修订了《地震安全性评价管理条例》。

在检查中发现，有的地方工作人员存在着“不审批就相当于不须管理”的思想，导致地震安全性评价工作陷入停顿或呈现“空白”状态。四是相关法律制度和体制机制不够完善。地震监测预警、减震隔震等新技术近年来在实践中得到推广应用，但尚缺乏明确的法律制度予以规范；在抗震救灾中，如何组织社会力量发挥作用，相应机制有待建立健全等。

四、对进一步深入贯彻实施防震减灾法的建议

针对这次执法检查中发现的问题，检查组对进一步贯彻实施防震减灾法提出以下建议：

（一）深入开展普法和科普宣传，增强全社会防震减灾意识

全面实施防震减灾素质提升工程，以增强全社会防震减灾意识和社会参与度为目标，推进建立防震减灾宣传教育长效机制，推进防震减灾科普宣传和法治教育全覆盖。进一步加强防震减灾科普宣传作品创作和载体建设，扎实做好重点人群特别是青少年防震减灾宣传教育。充分发挥地震遗址遗迹的警示教育作用，建设和利用好各类科普场馆及防震减灾示范点，开展示范创建，以点带面。开展综合减灾示范社区、防震减灾示范社区、防震减灾科普示范学校、防震减灾科普教育基地建设。增强学校、医院、社区等人员密集场所人员的防震减灾意识和自救互救能力。加强云计算、大数据等信息技术与防震减灾业务的融合应用，不断提升社会公众防震减灾意识和能力。

（二）加强防震减灾科学研究和新技术的开发运用

加大国家对地震科技的投入力度，加快实施地震科技创新工程，加强地震科学基础研究、地震行业关键技术和共性技术的研究，着力解决全局性、战略性的重大科技问题。全面探察地震活动断层，建设地震科学实验场，搭建海洋地震观测平台。动员全社会科技力量，推动与高等院校、科研院所以及企业的合作攻关，加强应用研究，强化前瞻性研究，争取实现引领型、原创型成果重大突破。

加强大陆地震构造、地震成因和成灾机理的研究，为地震监测预报、震害防御提供理论基础；发展地震监测预测预警技术，建设标准化、集约化的地震监测预测预警业务平台，为有效减轻地震灾害提供支撑。

推进新型建筑材料与减隔震技术研发和应用，攻克关键材料、关键节点抗震等核心技术。推广抗震房屋的建筑设计规范，在建设工程抗震设计、施工中广泛使用新材料、新技术、新方法，确保建设工程的抗震安全。研究成果尽快应用于建设工程抗震设防参数确定、地基抗震处理、地质灾害防治和活断层合理避让，为重大工程建设、地震灾后恢复重建、城镇和农居建设提供科学依据。

（三）加大对城市老旧房屋、农村民居抗震设防工作的支持

地区之间、城乡之间的防震能力还存在比较明显的差距，特别是一些贫困地区民居还存在不少隐患。有些地震高风险地区受地方政府财力支持不足等影响，尚未有能力开展抗震排查工作，对不符合抗震设防标准的建筑底数不清。农村地区自建住房抗震设防标准较低，存在较大地震安全风险。数据表明，历次破坏性地震灾害损失中农村民居占比较高。建议各级政府进一步加大对贫困、多震地区的城市老旧房屋、农村民居抗震改造的扶持力度，提升抗震能力，全面改变“城市高风险、农村不设防”的局面。各级政府应当加强城市老旧房屋抗震加固情况的摸底排查和监督检查，对农村民居抗震设防给予资金支持和技术指导。为解决财政支持资金不足的问题，可以采取多种措施加大支持力度，结合富民安居工程、棚户区改造工程、精准扶贫工程等，一并解决城镇老旧房屋和农村民居抗震设防问题。

（四）加大地震监测设施和观测环境的保护力度

无干扰的地震观测环境和优良的监测设施是获取高质量观测数据的基础。各级政府要重视地震监测设施和观测环境的保护，正确处理好经济发展与防震减灾关系、观测环境保护和开发建设的关系。尽快将地震台站建设、观测环境保护纳入土地总体规划和城乡建设规划，避免对地震监测环境造成干扰，同时做好观测站点标识和环境、设施保护的警示标志。多部门联合依法打击破坏地震监测设施和危害地震观测环境等违法行为，确保地震台网、观测设施等安全有效运行。引导、支持社会公众主动参与地震监测设施保护。

（五）加强统筹协调，推进综合减灾能力建设

各级政府要加强部门之间信息资源共享，做到信息平台互通，推进地震、地质等自然灾害风险隐患、预警、灾情以及救灾工作动态等信息共享。

要完善部门间联动机制，地震、气象、水利、交通、建设等单位要建立完善的应急协调联动机制，切实增强资源统筹能力、快速反应能力和紧急处置能力。灾情发生后，能够第一时间启动灾情研判会商、人员调度、物资调配等应急措施。要统筹应急能力建设，各地应当优化辖区内救灾物资储备布局，推进不同灾患的应急物资、应急设施、应急通信、应急交通等一体化建设，做到“各灾通用”“一备多用”。

（六）进一步完善防震减灾法律法规体系和体制机制建设

适时修订防震减灾法。防震减灾法修订实施十年来，我国经济社会发展迅速，各方面情况变化显著，防震减灾法律制度也应当与时俱进。一是习近平总书记对防灾减灾救灾提出了一系列重要指示要求，其精髓要义应当写进防震减灾法，作为防震减灾工作的根本遵循和指导。二是防震减灾实践更加丰富，在地震预警、风险防范、活动断层探测与避让、应急管理、社会参与等方面积累了很多新成果新经验，需要总结提炼，上升为法律制度。三是针对新一轮的机构改革、职能转变以及“放管服”举措调整，就防震减灾法有关内容进行修改完善，理顺部门管理体制。

进一步推动防震减灾法配套制度的完善。“放管服”改革后，对建设工程抗震设防要求监管和重大建设工程实施地震强制安全性评估提出了新的要求。构建完善的地震区划、强制评估和区域评价的抗震设防要求制度体系是地震安全性评价管理体系的内在要求。建议国务院进一步加大对相关部门的督导力度，以尽快适应“放管服”改革要求。加强对社会力量参与防震减灾规范引导，进一步出台地震灾害保险相关制度，明确职责，充分调动社会力量参与，改变对财政的过度依赖，推动多层次风险分担，促进减灾能力建设。“十三五”期间国家地震烈度速报与预警工程将建成投用，地震预警信息发布等与人民群众安全和社会稳定息息相关的具体工作，亟需予以规范。

（七）保持常备不懈，提升“防大震救大灾”的应急救援能力

强化各级政府和领导干部“宁可千日不震、不可一日不防”的忧患意识和责任意识，提高防震减灾各责任主体运用法治思维、法治方式推动工作、解决问题的能力。完善各级防震减灾规划实施机制，全面提升全社会防震减灾综合能力。进一步完善各级政府的地震应急预案，国务院有关方面要高度重视省级政府制定的地震应急预案，做到预案切实能用、管用；进一步提升应急物资储备和调配能力，加强体系建设；进一步规范地震临时安置、灾后重建、理赔偿付等一系列事关灾区社会稳定，缩短灾区恢复正常生产、生活所需时间的政策性举措和工作规范。

防震减灾工作责任重大，意义深远。经济社会的繁荣发展、人民群众的美好生活，都离不开坚强有力的地震安全保障，我们要以这次执法检查为契机，以习近平新时代中国特色社会主义思想为指导，深入贯彻习近平总书记关于防灾减灾救灾的重要论述，坚持以人民为中心的发展理念，弘扬生命至上、安全第一的思想，进一步抓好防震减灾法的贯彻实施，大力推进新时代防震减灾现代化建设，全面提升综合减灾能力，切实减轻地震灾害风险，为人民群众生命财产安全提供更加有力的支撑和保障。

以上报告，请审议。

对检查防震减灾法实施情况报告的意见和建议

10月25日下午，十三届全国人大常委会第六次会议审议全国人大常委会副委员长艾力更·依明巴海作的全国人大常委会执法检查组关于检查防震减灾法实施情况的报告，共有47人次发言。现根据会议发言情况，将常委会组成人员和列席人员的主要意见建议整理如下。

出席人员普遍认为，防震减灾法是民生领域的重要法律，与人民群众的幸福感和安全感密切相关。法律实施以来，各地区各部门落实规定坚决有力，推进工作扎实有序，为防御和减轻地震灾害付出了艰苦努力，取得了积极成效。大家强调，我国目前处于相对的地震活跃期，形势非常严峻，防震减灾任务十分艰巨。国务院和有关方面要全面履行防震减灾法定职责，在地震监测预报、建设工程抗震设防、地震应急救援能力等方面夯实基础、补齐短板，全面提升全社会防震减灾综合能力，最大

限度保护人民生命和财产安全,保障经济社会可持续发展。大家指出,防震减灾法执法检查报告总结成绩客观全面,分析问题准确深入,意见建议务实中肯,国务院和有关方面要认真研究处理并及时反馈整改落实情况。审议中,大家还提出了一些具体意见和建议。

一、增强防震减灾意识

出席人员普遍认为,习近平总书记对防灾减灾救灾提出了一系列重要指示、重要论述,是引领防震减灾事业发展的根本遵循,应深入学习领会,认真贯彻"两个坚持""三个转变"的指示要求,全面落实防震减灾法的各项规定,把防震减灾融入到生产生活的各方面,推动防震减灾工作展现新气象、实现新作为。部分出席人员提出,我国具有地震多、强度大、分布广、灾害重的特点,应进一步增强忧患意识,努力防范和化解地震灾害风险。部分出席人员提出,应进一步加强对"防"的重视,树立正确的政绩导向,对积极做好预防工作、有效减轻灾害损失的地区和部门要予以关注和表彰,对预防工作不力、导致或加剧损失的单位和人员要追究责任。部分出席人员提出,地震灾害具有明显的地域性,应根据不同区域的实际情况分类施策,在地震频发的地区多下功夫,科学配置防震减灾资源。部分出席人员提出,应树立综合防灾减灾的理念,加强地震、气象、水利等部门的协同联动,注重发挥市场机制和社会力量作用,不断提升抵御自然灾害的综合防范能力。部分出席人员提出,应加大对防震减灾法和防震减灾科学知识的宣传普及力度,结合"5·12"全国防灾减灾日、"7·28"唐山大地震纪念日等时间节点,开展形式多样的宣传教育活动,促进提高全民防震减灾意识和自救互救能力。

二、加强地震监测工作

部分出席人员提出,地震监测是一项重要的基础性工作,只有进行长期的数据积累,才能更好地分析研判和预报预警。应进一步加强地震监测台网建设和管理,提高密度,优化布局,依法打击干扰破坏行为,确保地震监测台网安全有效运行。一些出席人员提出,活断层是地震产生破坏最大的地带,活断层沿线是地震灾害最集中、人员伤亡最严重的区域,汶川地震中受到严重破坏的北川县城就处于断层之上。应加强对地下断层结构的监测评估,探明活断层的位置及其地震危险性,把"地下搞清楚"的工作做好做扎实。一些出席人员提出,桥梁、水库、油田、核电站等重大基础设施的地震监测信息十分宝贵,特别是遭受过强震的重大工程在地震下的运行状况和数据,对同类及其他工程的抗震设计、安全评价、应急方案等具有重要参考价值。建议有关部门加强这方面数据和案例的统计和分析,建立统一规范、信息共享的重大工程抗震数据库。有的出席人员提出,有关地震监测设施和观测环境的很多规范是上世纪六七十年代制定的,目前已经不符合实际情况,比如在观测点一公里之内不允许有铁路、公路、输电网,现在很难找到满足这样要求的观测点,而且随着技术设备抗干扰水平的提高,也没有必要达到这样的条件。建议尽快修改完善,建立符合地震监测观测实际需要的制度规范。

三、筑牢建设工程抗震设防基础

许多出席人员提出,地震灾害中人员伤亡和经济损失主要是建筑物倒塌而造成的,提高建筑物的抗震性能,可以有效防止、减少人员伤亡和财产损失,是防震减灾的关键所在。一些出席人员提出,我国存在抗震隐患的建筑存量巨大。建议有关部门和各地政府开展抗震排查,尽快摸清不符合抗震设防标准的建筑底数,加大对城市老旧房屋、农村民居抗震改造的扶持力度,推进城乡一体化抗震设防管理,坚决避免出现"小震大灾"。一些出席人员提出,由于历史原因,部分重大工程建设在地震带上,容易因地震引发次生灾害,造成重大损失。应尽快研究提出应对措施,能迁移的迁移,能加固的加固,确保抗震安全不出问题。今后在选址建设重要基础设施和重大生命线工程时,应认真听取地震部门和相关领域专家的意见,尽量避让地质灾害严重的区域。一些出席人员提出,"放管服"改革将建设工程地震安全性评价由行政审批改为强制安全性评估后,有关部门的监管措施应迅速跟上,督促建设单位、设计单位、施工单位、监理单位等方面认真落实法定责任,严格执行相关标准,把地震安全性评价、抗震设防规范等强制性要求不折不扣地落实到工程建设中。一些出席人员提出,我国现行抗震设防标准偏低,难以满足防震减灾形势需要,建议尽快提高。

四、完善应急救援体系

部分出席人员提出,组建国家应急管理部是党中央深化党和国家机构改革的重要举措,应以此为契机,整合优化应急力量和资源,不断完善灾害预警、信息共享、应急响应、社会动员等运行机制。一些出席人员提出,应急救援方面还存在一些突出问题,比如,城乡人口集中居住区应急避难场所分布不足,场所建设与管护分离,保障水平不高;应急物资储备规划布局不尽合理,物资调用和补充机制还需完善;应急预案普遍停留在纸面上,缺乏有效的实操演练;等等。这些都应抓紧研究改进。一些出席人员提出,应从人员、设备、基地、训练四个方面入手,加强应急救援队伍建设,不断提高其专业化水平:1. 提高应急救援队伍中工程、医疗等专业人员担任士官尤其是高级士官的比例,培养长期从事应急救援工作的专业骨干;2. 加大地震救援设备投入,为救援队配备生命体征探测仪、搜救犬等;3. 建设应急救援训练基地,创造模拟地震灾害各种场景的条件;4. 科学制定训练计划,组织开展地震救援模拟训练。

五、提升防震减灾综合能力

一些出席人员提出,省一级地震局属于国家地震局直管,市县一级地震部门则由地方政府管理,机构设置上五花八门,有的隶属政府办,有的同应急办、防震减灾办合署办公,这容易导致权责不清、运行不畅、工作脱节等问题,影响防震减灾工作的整体效率。建议在此次机构改革中,理顺地震系统的纵向间关系,将国家、省、市县地震部门作为一个整体,统筹划分各级机构职能,保证工作队伍不散、工作力量不减,推动形成工作合力。

一些出席人员提出,目前防震减灾工作经费缺口较大,2015年国务院行政审批改革以后,补缺的经费被削减,特别是在西部欠发达地区,许多基层地震部门的经费只能维持机关运转。建议国务院有关部门加强顶层设计,落实对省级地震部门的双重财务保障体制要求,加大对中西部省份防震减灾工作的支持力度,使财政经费能够保证地震部门履行监测预报、震情跟踪、宣传教育等职能的需要。

一些出席人员提出,西部一些省份属于地震活跃地带,能够提供更多的研究样本和更多的实践机会,是培养专业人才的好地方,但由于经济和待遇差距,面临一旦成才即流失的尴尬局面。建议在工资待遇、职务晋升等方面出台优惠政策,稳定人才队伍,鼓励专业人才留在西部从事地震相关工作,同时研究建立东西部防震减灾专业人才交流合作机制。

一些出席人员提出,国家应加大对地震科技的投入,加强地震科学基础研究,支持地震行业关键技术、共性技术的联合攻关和成果转化,推进新型建筑材料与减隔震技术的研发和应用。有的出席人员提出,海底地震引发的海啸是非常严重的灾害,2011年日本福岛核泄漏事故就是地震引发海啸造成的,应引以为鉴,加强这方面的科学研究。

六、健全防震减灾法律制度

部分出席人员提出,修订后的防震减灾法实施近10年,各方面情况有了很大变化,一些规定已经不适应新形势需要。建议适时修改防震减灾法,贯彻习近平总书记关于防灾减灾救灾的重要指示、重要论述,总结提炼近年来防震减灾工作中取得的成功经验,将之上升为法律制度。有的出席人员提出,应加快出台应急救援、灾害过渡性安置、恢复重建、建设工程防震设防管理等方面的配套法规,形成防震减灾法律制度体系。

全国人民代表大会常务委员会执法检查组关于检查《中华人民共和国农产品质量安全法》实施情况的报告

——2018年10月24日在第十三届全国人民代表大会常务委员会第六次会议上

全国人大常委会副委员长 吉炳轩

全国人民代表大会常务委员会:

根据全国人大常委会监督工作计划,全国人大常委会执法检查组于今年5月至9月对农产品质量安全法进行了执法检查。中共中央政治局常委、全国人大常委会委员长栗战书同志对执法检查高度重视,作出重要批示:“实施食品安全战略,让人民吃得放心,是党的十九大提出的明确要求。农产品质量安全是食品安全的基础和源头,全面贯彻实施农产品质量安全法,对于确保人民群众身体健康和生命安全,不断满足人民日益增长的美好生活需要,具有重要意义。要精心组织好农产品质量安全法执法检查,坚持以习近平新时代中国特色社会主义思想为指导,用最严谨的标准、最严格的监管、最严厉的处罚、最严肃的问责,严把从农田到餐桌的每一道防线,切实保障广大人民群众'舌尖上的安全'。"

这次执法检查由张春贤、吉炳轩、武维华副委员长担任组长,农业与农村委员会陈锡文主任委员任副组长,成员由全国人大常委会委员、农委委员和部分全国人大代表共21人组成。6月25日,执法检查组召开了第一次全体会议,传达学习了栗战书委员长重要批示,听取了农业农村部、财政部、生态环境部、市场监管总局贯彻实施农产品质量安全法情况的汇报。7—8月,执法检查组分为三个小组,由三位副委员长带队,分别赴辽宁、青海、山东、广西、重庆、四川等6个省(区、市)21个地市,听取地方政府和有关部门的汇报,实地走访了63家单位,并在南宁市暗访了7家农贸市场,检查农产品质量安全法实施情况。此外,还委托河北等11个省(区)人大常委会分别对本行政区域内贯彻实施农产品质量安全法的情况进行自查。7月25日,执法检查组召开了农业投入品管理使用座谈会,听取农业农村部相关司局、中化集团等单位的意见建议。8月,开展了农产品质量安全问卷调查。9月21日,执法检查组召开第二次全体会议,讨论执法检查报告(稿)并听取了国务院有关部门的意见。现将检查情况报告如下:

一、法律实施情况

(一)各级政府重视程度明显提升

农产品质量安全法颁布实施以来,国务院及其有关部门、地方各级政府认真贯彻实施农产品质量安全法,依法加强监管,扎实推进农产品质量安全各项工作。2011年以来,国务院每年均将加强食用农产品质量安全监管纳入食品安全年度重点工作进行安排部署,把农产品质量安全工作纳入省级政府质量考核和食品安全工作考核,并先后修订了《兽药管理条例》、《农药管理条例》、《生猪屠宰管理条例》、《饲料和饲料添加剂管理条例》等行政法规。国务院有关部门配套制定了《农产品产地安全管理办法》等部门规章和规范性文件。所有省份均将农产品质量安全工作纳入政府年度绩效考核内容,已有18个省份出台了地方性法规。近年来,我国未发生重大农产品质量安全事件,主要农产品监测合格率保持在96%以上,2017年达到97.8%,2018年上半年达到98.1%(按照2017年同口径统计)。

(二)标准体系建设有序推进

2016年1月,国务院专题研究部署了"十三五"期间食品安全标准体系建设工作。国务院有关部门组建了农药残留、兽药残留、畜禽屠宰食品安全国家标准评审委员会,编制和实施了相关方案。各地也持续加强技术规范和操作规程等地方标准的制修订工作。截至目前,共制定发布农业国家标准和行业标准13540项,其中国家标准7309项,行业标准6231项。国家标准中有4442项农药残留限量标准,1548项兽药残留限量标准,基本涵盖了我国常用农兽药品种和主要食用农产品。积极推进标准化生产和农产品品牌建设,已创建蔬菜水果茶叶标准园、热作产品标准化生产示范园、畜禽标准化示范场和水产健康养殖示范场1.8万个,建成绿色食品原料标准化生产基地678个。截至2017年,全国主要作物绿色防控技术应用面积超过5.5亿亩,绿色防控覆盖率达27.2%。依托"三品一标"(无公害农产品、绿色食品、有机农产品和农产品地理标志)发展建立的优质品牌农产品发展迅速,全国"三品一标"企业总数4.3万家,产品总数12.2万个,实物总量、生产面积不断扩大。着力推进农产品追溯制度建设。国务院有关部门印发了《加快推进追溯体系建设的意见》和《农产品质量安全追溯管理办法(试运行地区适用)》,制定了配套制度和技术标准,建成国家农产品质量安全追溯管理信息平台,并在四川、山东、广东三个省开展试运行。推进"国家食品安全示范城市""国家农产品质量安全县"创建(简称"双安双创"活动)。目前,活动已覆盖全国所有省份的67个城市322个县(市),4.3亿人口,生产总值约占全国一半。

(三)农产品产地环境保护力度加大

国务院先后印发实施了大气、水、土壤污染防治行动"三个十条",坚决向污染宣战,净化农产品产地环境。国务院有关部门印发实施了《全国土壤污染状况详查总体方案》,全面开展土壤详查,调查土壤污染底数;在江苏、湖南、河南3省开展了耕地土壤环境质量类别划分试点;在湖南长株潭地区重金属污染区休耕20万亩;实施农业面源污染防治攻坚战,启动果菜茶有机肥替代化肥、典型流域农业面源污染综合治理试点。全国525个产粮油大县出台了土壤环境保护方案，所有省份完成了土壤污染治理和修复规划编制。严格投入品管理和使用。农业部门分期分批对高毒农药采取了禁限用措施，先后禁止39种高毒农药，限定高毒农药只能在棉花等非食用作物上使用，高毒农药的使用量占农药使用总量的比重下降到2%以下。兽药生产全面实施标准化管理，禁止人用重要抗菌药用于兽药。对高毒农药和兽药分别实行定点经营、实名购买制度和二维码追溯制度。组织实施了农药化肥"零增长"行动，连续三年实现农药使用量负增长，测土配方施肥基本覆盖全国所有县级农业行政区。开展了农膜回收行动，建设了100个农膜回收利用示范县，重点用膜区域地膜当季回收率接近80%。

(四)监管责任落实力度不断加强

加强风险监测预警。农业部门制定了农产品质量安全监测管理办法，对重点农产品和农业投入品开展例行监测、专项监测和监督抽查，国家农产品质量安全例行监测范围扩大到155个大中城市、109个品种、122项指标，覆盖主要城市、产区和品种；组建了农产品质量安全风险评估专家委员会，认定了105家风险评估实验室和148家风险评估试验站，对主要农产品的风险隐患问题开展摸底排查和专项评估。市场监管部门自2016年起，加强食用农产品抽检监测力度，要求全国各市县开展基层食用农产品抽检，2016年、2017年均安排76.5万批次。2018年继续加大农产品抽检监测力度，涉及48个食品类别，151个检验项目，安排市县级监管部门农产品抽检任务83万批次。深入开展专项整治。针对突出问题，相关部门持续多年开展农药及农药残留、"瘦肉精"、生鲜乳、兽用抗菌药、生猪屠宰、"三鱼两药"(三鱼指大菱鲆、乌鳢、鳜鱼，两药指孔雀石绿和硝基呋喃)和农资打假等专项整治行动，严厉打击违法违规行为。完善信息发布和应急处置机制。农业部门制定了农产品质量安全信息发布管理办法，对例行监测结果、执法典型案例等通过部网站、新闻发布会等方式向社会公布。食品药品监管部门建立了抽检信息每周定期公布制度，每月公布具体产品抽检信息，每季度公布全国抽检汇总分析情况。相关部门开展全天舆情监测，完善突发事件应急预案，建立了快速反应、协同应对的应急机制。依法落实属地管理责任。目前，所有省(区、市)、88%的地市、75%的县(区、市)、97%的乡镇建立了农产品质量安全监管机构，落实监管人员11.7万人；71.1%的地市、56.6%的县和21.9%的乡镇已安排专项监管经费；30个省(区、市)、276个地市和2332个县(区、市)开展了农业综合执法工作。全国共有农产品质检机构3293家，检测人员3.2万人，实现了农产品检测体系市、县基本覆盖。

二、发现主要问题

从执法检查情况看，农产品质量安全法实施中仍存在一些问题，主要有以下方面：

(一)确保农产品质量安全的基础依然薄弱

长期以来，我国农业的工作着力点主要放在保证农产品数量上，对质量安全的关注度不够，在生产、流通等环节都存在风险隐患，农产品质量安全事件时有发生。从生产环节看，我国有2亿多农户，户均耕地只有7亩多，6000多万生猪养殖户，年出栏量500头以上的规模养殖比例仅占44%。在相当一段时期内一家一户的小农生产仍是我国农业生产的主要形式。生产经营主体小而分散，组织化程度低，农业投入品使用不规范，农产品分级和包装技术水平低，制约了农产品的标准化生产和追溯管理，制约了农产品质量安全水平的提升，也增加了监管难度。从流通环节看，我国农产品加工、冷链运输、储藏等技术水平低，冷链运输能力不足，果蔬、肉类、水产品的流通腐损率分别达到25%—30%、12%、15%，给市场监管带来风险；当前我国农产品流通格局呈"买全国、卖全国"的状况，活鸡、活猪、活鱼等长途贩运、现宰现吃，导致运输途中非法添加、疫病传播，加大了质量安全风险；农贸市场等仍是农产品主要销售场所，散装农产品标签不规范、进销台账不规范不齐全比较普遍，对流动摊贩缺乏监管。一些公众对农产品质量安全知识和安全状况信息缺乏科学认知，而且随着互联网和信息化的发展，农产品质量安全的个别问题、局部问题，往往会通过网络等传播途径，迅速发酵蔓延影响到全局。若处置不当会影响到民生、产业发展甚至社会和谐稳定，亟需加强科普宣传，引导消费者理性地看待农产品质量安全问题。例如，2018年上半年，网络上先后出现"吃草莓容易感染诺如病毒"、"喝茶等于喝农药"等多组谣言，使得一些消费者无所适从。2015年爆出的"毒草莓"谣言致使当年全国多个地方草莓滞销。北京昌平草莓温室大棚草莓日销量下降了82%，两周时间便损失了2600余万元。

(二)农产品产地环境污染形势仍很严峻

农产品质量安全法第十八条明确禁止违反法

律、法规的规定向农产品产地排放或者倾倒废水、废气、固体废物和其他有毒有害物质。在检查中发现,各地对农产品生产环境安全把关不严。一方面,一些地区特别是重金属矿区周边耕地内源性重金属污染问题突出,社会反映强烈。如湖南省花垣县血铅事件、江西省九江市镉米事件、河南省新乡市镉麦事件。另一方面,工业“三废”和城市生活垃圾等外源污染不断向农业农村扩散,加剧了土壤污染。当前我国中度和重度污染土壤约占 2.6%,轻微污染约占 11%,耕地中度和重度污染占 2.9%,且部分地区污染速度仍在加快。受污染耕地底数不清,2014 年公布的全国土壤污染状况调查结果为点位超标率,具体受污染耕地的分布和面积均不清楚,导致各地对受污染耕地安全利用、严格管控和治理修复任务难以分解和落地。部分城市排污口设置不合法、污水管网不配套、雨污分流不到位、污水处理能力不足等现象普遍,全国二分之一以上的园区依托城镇污水处理厂处理工业废水,不少园区存在“散乱污”企业,严重影响周边农用地质量。农业面源污染和污灌区土壤污染也很严重。

(三)农业投入品使用管理还很不规范

农产品质量安全法第十九条规定农产品生产者应当合理使用化肥、农药、兽药、农用薄膜等化工产品,防止对农产品产地造成污染;第二十五条明确农业生产者应严格执行农业投入品使用安全间隔期或者休药期的规定,防止危害农产品质量安全;第三十三条规定含有违禁药物成分或农兽药残留超标的农产品禁止销售。在检查中,各地普遍反映,投入品的质量安全及科学使用是当前农产品质量安全监管的难点问题,法律规定很难落实到位,存在诸多安全隐患。假冒伪劣问题依然突出。当前,假冒伪劣产品坑农害农事件仍时有发生,虚假宣传等新型诈骗手段层出不穷。非法添加隐性成分问题严重。近年来,湖北省、广西壮族自治区、河南省都发生过销售假农资案件。近年农药市场抽查结果表明,质量不合格产品的比例 10% 左右,甚至存在生产经营禁限用农药的现象。肥料、农药、农膜、兽药等投入品不合理使用现象还很普遍。我国农作物亩均化肥用量 21.9 公斤,远高于亩均 8 公斤的世界平均水平。农药兽药使用不规范问题突出,超剂量、超范围用药现象普遍,还存在使用非兽药等其他未经评价的投入品现象。2017 年,我国农药平均利用率仅为 38.8%,欧美发达国家为 50%—60%。“违禁超限”问题仍较突出。根据近几年对市场上销售的农产品监督抽查和风险监测,发现部分种类食用农产品仍然存在“违禁超限”问题。2018 年上半年国家农产品质量安全例行监测结果表明,乌鳢中禁用硝基呋喃类药物和孔雀石绿仍少量存在,豇豆中限用高毒农药克百威残留超标等老问题依然存在,新增参数监测还发现香蕉中吡唑醚菌酯农药残留超标和禽蛋中氟喹诺酮类禁用药物检出等新问题。2015 年,山东省利津县就曾发生违法使用“瘦肉精”饲养肉牛的案件。

(四)监管体制机制还有待进一步完善

农产品质量安全涉及从农田到餐桌等诸多环节,监管权限分散在农业、商务、环保、卫生、市场监管、公安等诸多部门,部门之间配合难以做到无缝衔接,还存在监管漏洞。食用农产品从田间到进入批发零售市场或者生产加工企业的运输、储存等环节和场地的部门监管职责尚未明确,监管难的问题还不同程度存在。农业部门和市场监管部门分别对产地准出和市场准入做出了具体规定,但在实践中产地准出与市场准入衔接仍然不畅,发现问题难以追溯至生产源头。农业部门、市场监管部门、公安部门之间的信息共享机制有待进一步强化,行政执法和刑事司法衔接机制不畅。例如,2017 年 8 月,山东省寿光市发生的“毒大葱”事件就直接反映出执法监督存在空白、产地准出和市场准入缺乏衔接等问题。

(五)监管执法工作仍然存在薄弱环节

检验检测制度执行还不完全到位。农产品质量安全法第三十五条要求充分利用现有的符合条件的检测机构,但目前检验检测机构数量众多,分属农业、市场监管、卫生、商务等部门,缺乏统一的发展规划,低水平重复建设情况比较普遍。特别是对一些大中城市的鲜活农产品批发市场监管不到位,同时一些市县级检验检测机构的检验检测能力还相对落后,甚至还有一些县级检测机构因经费不足而无法运行。农产品质量安全法第三十四条要求不得重复抽查,但一些地方反映,在实际工作中多头检测、重复检测问题仍很突出。基层监管体系还需要进一步健全。在检查中发现,基层监管人员不足、工作经费不够、监管能力不强、基础设施条件差、检测设备配备数量少、检测人员专业素质低等问题普遍存在,而且越到基层越突出,约四分之一的县尚未建立监管机构,农产品生产大县大多缺乏农产品质量安全执法经费。一些县级监管机构同时承担着检测、执法任务,在编人员少,流动性大,监管执法工作难以有效开展。乡镇一级大部分是加挂名称,没有专职人员编制,监管人员匮乏,有的镇(街)监管机构甚至只有1名兼职人员。大部分乡镇监管机构不具备实验室检测能力,监测手段主要是快速检测,而快检只做定性分析,无法进行定量分析,存在着“检不了、检不出、检不准”等问题。一些省份村级没有设立农产品质量安全协管员,监管“最后一公里”的问题没有解决。认证体系作用发挥还很不够。农产品质量安全法第三十二条明确生产者可以申请使用农产品质量安全标志,但当前认证体系多头管理、多重标准、重复认证、重复收费的问题没有解决,目前有机食品的认证机构有70多家,部分认证机构存在违规行为,认证监管还需加强。追溯体系还有待加快完善。当前,农产品质量安全追溯体系总体上仍然处于起步阶段,整体水平不高,在推进过程中仍存在着监管部门缺乏协调配合、追溯信息平台衔接不够、信息不能共享、生产经营主体参与意愿不高、消费者追溯习惯尚未形成等问题。

(六)农产品质量安全的法治建设亟需加强

标准体系仍需完善。农产品质量安全法第十一条要求国家建立健全农产品质量安全标准体系,并明确农产品质量安全标准是强制性的技术规范。但当前我国农业标准体系与建立最严谨的标准、与农业高质量发展和绿色发展的要求相比,还有较大差距。目前仍有近百种农药、几十种兽药未制定残留限量标准,小作物、水产品及小动物的农兽药残留限量标准缺乏,四分之三以上农药在农产品中的残留监管缺乏统一的国家和行业标准。还有一部分农兽药虽然规定了限量值,但相应的检测方法还不完全配套。政府属地管理责任和监管部门监管责任落实还不到位。农产品质量安全法第三条、第四条、第五条对各级政府及其有关部门的监管职责作出了规定,在检查中发现,一些政府及其相关部门对农产品质量安全重视不够,存在重视产业忽视产品,重视数量忽视质量,重视保供给忽视保安全的倾向。有的部门监管不到位,流于形式,一些质量安全问题不是由政府部门在监管中发现,而是由媒体首先曝光,或者发生安全事件后才进行查处。今年7月央视报道的“黑龙江甜瓜‘增甜剂’”新闻,就暴露出政府责任履行不到位,缺乏有效监管的问题。此外,农产品质量安全法第十条关于加强农产品质量安全知识宣传的规定落实不到位,法律宣传的力度和效果有待加强。生产经营者的主体责任落实也不到位。农产品质量安全法的第二十四条、第二十五条、第二十六条、第二十八条、第三十七条对生产经营者的主体责任作出了明确规定,在检查中发现,目前仍有部分生产经营者对法律法规存在了解不深、认识模糊的情况,生产经营者的诚信意识、道德意识、法治意识特别是主体责任意识不强。少数生产经营者受经济利益驱动,制假售假、掺杂使假、违规添加使用有毒有害物质等行为屡禁不止。一些生产经营者还没有建立健全内部质量安全管理制度,生产、用药、销售、投入品出入库等记录缺乏或不完整不规范,出现问题后溯源困难。一些生产经营者缺乏应有的知识和技术,传统的生产经营意识还很浓厚,存在滥用农药兽药、不执行休药期规定等现象。农产品质量安全法也需要进行修订。各地普遍反映,农产品质量安全法制定实施12年以来,从未进行过修订,有些条款已明显不适应当前农产品质量安全监管形势,一些新问题甚至处于无法可依状态。一些法律条文的操作性不强,实施难度大。法律责任部分有些条款存在处罚过轻、违法成本太低等问题。食用农产品质量安全的分段监管和两法并行的实际情况造成食用农产品在产地准出和市场准入过程中的产品属性发生转变,容易产生执法过程中的监管缝隙。农产品质量安全法和食品安全法对食用农产品监管要求存在不一致情况,实践中部分地方出现两法混用、择法而用的现象。配套法规需要健全。目前仍有13个省(区、市)尚未出台配套的农产品质量安全地方性法规。化肥使用、进口食品、质量追溯、准出准入衔接、部分农业废弃物处置等法律法规都还不完善。

上述问题反映出一些地方政府及其相关部门对农产品质量安全的重视不够,认识也有差距,对新形势下我国农产品领域的主要矛盾的变化把握不准,没有把农业绿色发展摆在突出位置,对质量安全的关注和投入不足;农业生产经营方式仍未发生根本性变化,传统农户仍是农业生产经营的基本主体,大部分农业生产经营仍然延续传统的粗放型发展模式和做法,农业现代化水平不高;农产品质量安全法与相关法律法规衔接不够,难以达到全覆盖监管的要求;全社会对农产品质量安全的参与程度不够,尚未形成社会共治的格局。

三、群众意见反映

2018年7月20日,执法检查组在南宁市安排由国家、自治区、市三级人大工作人员和有关部门工作人员组成的两个小组对7个农产品交易市场进行了暗访，通过与经营者消费者当面交流、自选蔬菜进行检测等多种形式深入调查农产品质量安全情况，听取人民群众对农产品质量安全状况的认识和评价。8 月 1—31 日，执法检查组在中国人大网和西交民巷 23 号、农民日报、中国农产品质量安全、农安天地四个微信公众号就农产品质量安全问题进行了问卷调查，共回收有效问卷 3676 份。

在暗访和问卷调查中，多数群众认为我国农产品质量安全整体水平有了很大的提高，好质量、高质量的农产品大量涌现，低质、劣质、假冒伪劣的农产品大幅减少，市场监管也越来越规范，农产品质量安全整体形势越来越好，64.28% 的受访者对我国农产品质量安全总体形势比较乐观。但也有不少群众对农产品质量安全仍有疑惑，有 32.1% 的受访者认为总体形势很严峻，有 56.01% 的受访者听到过周边近年来发生了农产品中毒事件。

在与群众交谈中，一些群众反映：现在人们对吃的问题、喝的问题不放心，吃米要多淘，不是一遍两遍，而是三遍五遍甚至更多，把米油都冲洗掉了，米的香味和筋道也就没有多少了；吃菜要多泡，即从市场上买回来的蔬菜，心里没底，总担心有农药残留，就先放在水池里或水盆里泡，也不是泡三五分钟、十来分钟，而是一两个小时，甚至更长，已经成了一种心理障碍，认为泡了就可以把残留的农药泡出来，吃着才能放心；吃肉也要先泡后煮，放在凉水里浸泡一个多小时，然后再下锅去煮，而要煮的时间长一些，这也把肉味煮没了，鲜味煮掉了，但只有这样做心里才安稳；吃瓜吃果要去皮，认为瓜果皮上农药残留很多，去了皮才放心；认为吃干果，带壳的果实才放心，因为能去掉果壳，食用里边的果仁，农药可能进不去，如核桃、花生、瓜子等倍受青睐；吃茶要多冲，甚至头道茶不去喝，谓之洗茶，洗去农药残留，但饮茶者也多知道靠洗茶之法农药残留是洗不掉的，但还是要洗一洗，以去去心病；认为吃菜吃根比吃叶好，因根在地下，农药喷洒不到，但也知道土壤中仍有农药残留，可总觉得根块总比茎叶的农药要少一些。不论是肉、菜、果，认为吃色暗一些的比色鲜一些的要放心，因为食物的本色是不会太鲜艳的，而太鲜艳的颜色看着就让人害怕，不知道是用什么有毒有害的化学用剂搞出来的。面太白了，米太亮了，不知道是加了什么东西成了这样俊俏靓丽模样，暗一点，则是物之本色，心里才踏实。认为吃小比吃大好，长的太大的东西，用现代技术催起来的瓜果肉蛋吃着心里也不踏实，鸡蛋小比大好，萝卜、白菜、瓜果、西红柿也是觉得小了更安全些，而超常之大，吃起来心里也发怵。认为吃乱比吃齐好，任何一种物品都有大小强弱之别，这是物竞天择的一般规律，而所有禽蛋鱼虾瓜果蔬菜都齐齐整整，一模一样，心里也犹疑，这是怎么整出来的呢？

以上这些心态，也是心理因素，不好也不对，至少不全对。现代科学技术，农牧渔业产品规模化、标准化生产，整齐划一的东西很多，不能认为就有问题。对于吃面粉，就无可选择，是不能洗、不能泡的。总的来说，面粉太白了，人们也犯嘀咕，会认为是加了漂白剂。现代化的科学技术，使农产品的体形、个头、口感、质地都发生了一些变化，大了、肥了、亮了并非就不好。但由此一定要看到，人们的这种心理是对我们的一些农产品的质量安全不放心，疑虑太多，而我们确有一些有毒有害的农产品进了市场，上了餐桌，害了人们，尽管是少数，可能是极少数，但“一”颗老鼠屎，坏了一锅“汤”，确实是让人不放心，又担心，这是需要引起高度重视的。

此外，群众还反映，现在农作物、畜产品产量大幅提高了，但有些产品吃面少面味、吃肉少肉味、吃菜少菜味、吃蛋少蛋味，总觉得味道不正或差了不少，这也是一个需要重视的问题，要在提升农产品的高产优质上下些功夫。大家对一些农产品质量安全的判断标准不一，甚至相互矛盾，如对转基因农产品还普遍存在疑惑忧虑，不知道是好还是不好，说法不一，莫衷一是。在调查中，大家对农兽药超标、违法违规使用添加剂和重金属超标等问题都很关注，其中关注度最高的是农药残留超标（44.21%）和违法违规使用添加剂（28.26%）问题。认为有毒有害农药残留、重金属含量超标、大气污染物沉降、水污染灌溉侵蚀是造成农产品质量安全问题的主要原因，认为确保农产品质量安全需要综合施策，要治土、治水、治污，科学使用化肥，严格控制农药，并要依靠科学技术来支撑；要解决好土的问题、水的问题、肥的问题和治虫的问题。

群众获取农产品质量安全信息的主要渠道是网络等新兴媒体和报刊、电视等传统媒体。主要通过政府宣传获取信息的为 42.87%，但对检测机构（39.72%）、政府部门（32.54%）等官方渠道提供的信息比较认可，对销售商（0.35%）和生产企业（0.84%）提供的信息认可程度低。群众购买农产品的主要渠道是超市（45.59%）和农贸市场（45.4%），农产品质量是选择购买场所（65.78%）和影响购买行为（71.6%）的主要因素。

大家对农产品的质量和品质越来越关注，虽然普通农产品（68.5%）仍是大家主要购买的品种，但对无公害农产品（44.67%）和绿色农产品（43.58%）购买量在逐步增加。消费者对认证农产品的认可程度不是很高，53.78%的受访者较为认可，42.98%的受访者表示担忧或不认可，农产品品牌的影响力、号召力和竞争力仍有待提升，品牌强农工作任务艰巨。

不少群众认为农业投入品使用不当（32.56%）和政府部门监管力度不够（31.47%）是造成农产品质量安全问题的主要原因，认为强化产地环境保护加强投入品管理（30.9%）和严格市场准入（25.44%）是监管部门最需加强的工作。有一多半的群众（55.99%）不了解农产品质量安全法，需要进一步加大对农产品质量安全法的宣传力度。

受访者普遍认为提高违法成本建立健全行政执法和刑事司法相衔接机制（42.11%）、健全信用制度（20.84%）、建立追溯制度（15.13%）是下一步修改完善农产品质量安全法的重点。

四、依法监督建议

（一）需要进一步增强全社会农产品质量安全意识

当前，我国农业发展正从数量扩张向质量提升转变，农产品质量安全正处在由“乱”到“治”的转型期，吃得安全、优质、营养、健康已经成为人民群众对美好生活的新期待，对农产品质量安全问题越来越关注，我们必须对农产品质量安全工作的艰巨性、复杂性、长期性有充分认识并积极应对。各级政府要以习近平新时代中国特色社会主义思想为指导，认真学习贯彻习近平总书记关于食品安全工作特别是农产品质量安全工作的重要论述，严格落实“四个最严”（最严谨的标准、最严格的监管、最严厉的处罚、最严肃的问责）的要求，加快完善统一权威的监管体制和制度，坚决守住农产品安全底线，维护广大人民群众身体健康；要认真落实普法责任，提高宣传工作的针对性和时效性，全面普及农产品质量安全法律法规和基本知识，增强生产经营者的第一责任人意识和守法意识，提高公众对农产品质量安全知识的知晓度和自我防护能力；要积极动员社会各方参与保障农产品质量安全，鼓励群众监督和社会监督，支持和引导舆论监督，着力构建农产品质量安全社会共治格局；要高度重视并妥善应对农产品质量安全虚假信息和谣言传言，为维护好农产品质量安全创造良好的社会氛围。

（二）需要切实做好现代农业建设的基础性工作

农产品质量安全水平与农业现代化水平密切相关。要把农产品质量安全作为转变农业发展方式、加快现代农业建设的关键环节，坚持源头治理、标本兼治，加快推进农业转型升级和现代农业发展，尽快构建现代农业产业体系、生产体系和经营体系，不断提高我国农业优质化、绿色化、品牌化水平。要把住生产环境安全关。要在2018年底完成土壤环境质量调查，摸清农用地土壤污染的面积、分布及其对农产品质量的影响，实施农用地分类管理，着力推进安全利用，有针对性地治理污染农用地；严格管控重污染耕地用途，禁止种植食用农产品；严厉打击涉重金属非法排污企业，切断镉等重金属进入农田的链条，降低重金属超标风险。要深入实施水污染防治行动计划，加快工业、农业、生活污染源的水生态系统整治。全面整治农村生态环境，加强农业面源污染防治，建立工业和城镇污染向农业转移防控机制，构建农业农村污染防治制度体系，加强农村环境整治和农业环境突出问题治理，加快补齐农业农村生态环境保护突出短板，保护好“米袋子”“菜篮子”“水缸子”和“城市后花园”。要提高农民的组织化程度，要加快培育新型农业经营主体，构建扶持新型经营主体发展的政策支持体系，不断培育壮大以种养大户、家庭农场、农民合作社和龙头企业为主体的新型农业经营主体，发展适度规模经营，以规模化推动标准化；要引导新型农业经营主体与小农户建立紧密利益联结机制，带动扶持小农户发展，通过经营组织形式创新、农业社会化服务和政策引导等方式，把一家一户的小农生产纳入标准化轨道。要推进生产基地建设，加快划定粮食生产功能区和重要农产品生产保护区，大规模推进高标准农田建设；加快构建综合配套、便捷高效的农业社会化服务体系，健全生产者补贴制度和主产区利益补偿机制，不断提高农业综合生产能力。要优化养殖业空间布局，大力发展绿色生态健康养殖，推动现代化海洋牧场建设。要加快推进农产品品牌建设，提高准入门槛，严格审核认证，提升品牌质量，大力培育“三品一标”农产品；扎实推进对品牌农产品证后监督工作,强化淘汰退出机制,确保品牌农产品持续符合标准规范要求;严厉打击伪造、冒用、超范围使用农产品质量标识等违法行为,切实维护获证企业合法权益。

(三)需要切实抓好农产品产销全程依法严格管理

要围绕农产品质量安全的薄弱环节、重点领域,加强产销全程管控,严防、严管、严控风险,保证广大人民群众吃得放心、安心。要进一步完善标准体系。建议国务院及其有关部门落实最严谨的标准的要求,加强农产品质量安全标准制修订工作,废止与农业绿色发展不适应的标准,制定农兽药残留、畜禽加工、饲料安全、农业转基因等国家标准;完善促进农业产业发展和依法行政的行业标准,并及时完善配套检验检测方法;制定农产品产地初加工及冷链物流标准,尽快实现农产品生产有标可依、产品有标可检、执法有标可判。要进一步强化投入品监管。在生产环节,鼓励生产厂家进行生产技术、生产工艺创新,优化产品结构,创制符合农业高质量发展、绿色发展需求的新产品。在流通环节,督促经营者落实农业投入品经营台账制度,探索建立定点专营制度和实行追溯管理。在监管环节,重点围绕禁限用农药和兽药销售和使用、生产中非法添加有毒有害物质等关键环节,加大监督抽查力度,实行检打联动,依法从严从重查处违法违规行为。在使用环节,加强投入品科学使用的培训和指导,引导生产者安全合理使用投入品,督促生产者严格落实间隔期休药期规定。要深入开展化肥农药负增长行动和兽用抗菌药治理行动,加快淘汰剧毒、高毒、高残留农药,加强饲用抗生素替代品的研发和使用,积极推广统防统治、绿色防控、配方施肥和高效低毒农兽药使用等新技术新方法,严禁剧毒、高毒农药用于蔬菜、瓜果、茶叶、中草药等农作物的生产。加强农膜污染治理,全面推广加厚地膜,加快农膜回收体系建设,重点用膜区地膜残留量接近零增长。要进一步推进追溯体系建设。把推动建立覆盖从田间到餐桌全过程的追溯体系,作为规范农产品生产行为和提升农产品质量安全水平的重要手段;尽快建立健全全国统一的农产品质量安全追溯管理信息平台,探索建立数据交换与信息共享机制,推动各地、各行业已建的追溯平台互联互通、信息共享,实现农产品源头可追溯、流向可跟踪、信息可查询、责任可追究。推进实施食用农产品特别是商品活畜禽产地加工(集中屠宰)、冷链运输。

(四)需要抓紧抓好各级监管体系建设

要进一步健全监管执法体制。各级政府要切实担负起属地管理责任,进一步厘清各职能部门的监管职责,严密监管链条,推动各部门间建立无缝对接的监管机制,避免出现职能交叉或监管空白的现象,杜绝监管死角和盲区,加快构建覆盖农产品生产、加工、流通全过程既统一协调又相互制约的监管体系。各职能部门既要守土有责,在职责范围内监管到位,又要密切配合,加强沟通协调,防止出现推诿扯皮;建立健全产地准出与市场准入、行政执法与刑事司法衔接机制,完善联席会商、信息通报、案件移送、涉案产品处置等协作机制,严格落实农产品质量安全法和食品安全法中关于追究法律责任的各项规定,增强监管的及时性、针对性和实效性。要进一步加强基层监管执法能力建设。农产品质量安全监管的关键在县、重点在乡、基础在村。要深化农业执法体制改革,整合组建农业综合执法机构,进一步加强农产品质量特别是县级农产品质量监管。要加大乡镇监管机构建设和管理,尽快制定出台相应的规范和标准,全面加强执法条件建设和人才培养,配备必要的交通工具、调查取证设备、速测设备等现代执法装备,加大法律知识和执法实务培训力度,切实解决农产品质量安全监管一线的实际困难;推动各地落实好村级监管员的待遇问题,明晰职责、工作机制,加强村级监管员培训。要进一步加强检测体系建设。要充分整合市场监管、农业、海关等政府部门的检测资源,实现资源共享,防止重复建设,同时要探索通过政府购买服务等方式,发挥好第三方检测机构的作用。要强化检测机构的能力建设和人才队伍建设,健全检测工作机制,确保检验活动公正、客观,检验结果及时、准确。要进一步强化投入保障。要依法将农产品质量安全监管、检测、执法等工作经费纳入各级财政预算,充分保障农产品质量安全监管工作的正常开展。要对罚款收入实行收支两条线管理,避免出现以罚代管的现象。

(五)需要适时修订和完善农产品质量安全法律法规

要加快农产品质量安全法律法规体系建设,依靠法治保护农产品质量安全。建议启动农产品质量安全法的修订工作,在修订中突出质量导向和全程监管,拓宽法律调整范围,明确部门职责,健全监管制度,加大处罚力度,解决违法成本低等问题;与食品安全法及相关法律法规做好衔接,保证法律的系统性和完整性。要加快完善配套法律法规。建议加快修改动物防疫法等相关法律,加快制定和完善污染防治、资源综合利用、质量追溯等方面的法律法规,加快修订兽药管理条例、饲料和饲料添加剂管理条例等行政法规,研究制定肥料、农膜管理条例。要推动完善地方性法规。各省级人大及其常委会要结合本地实际进一步细化上位法的规定,制定或修改农产品质量安全相关条例,增强法律的操作性、规范性、约束性。

保证人民群众吃得安全放心,是最基本的民心工程、民生工程。在新形势下做好农产品质量安全工作任务艰巨,使命光荣。我们要以习近平新时代中国特色社会主义思想为指导,贯彻落实党中央关于食品安全战略和乡村振兴战略的决策部署,牢固树立以人民为中心的理念,顺应人民新期待,全面有效实施农产品质量安全法,坚定信心、真抓实干,为推动农业提质增效、确保人民群众舌尖上的安全做出贡献。

以上报告,请审议。

对检查农产品质量安全法实施情况报告的意见和建议

10月25日下午,十三届全国人大常委会第六次会议审议全国人大常委会副委员长吉炳轩作的全国人大常委会执法检查组关于检查农产品质量安全法实施情况的报告,共有47人次发言。现根据会议发言情况,将常委会组成人员和列席人员的主要意见建议整理如下。

出席人员普遍认为,农产品质量安全法是民生领域的重要法律,与人民群众的幸福感安全感息息相关。开展农产品质量安全法执法检查,是全国人大常委会贯彻落实党的十九大精神和习近平总书记关于"实施健康中国战略"重要论述的重要举措,对于确保人民群众身体健康和生命安全,不断满足人民日益增长的美好生活需要,具有十分重要的意义。国务院及其有关部门、地方各级政府认真贯彻实施农产品质量安全法,依法加强监管,扎实推进农产品质量安全各项工作,农产品质量安全整体水平明显提高,总体态势稳中向好。同时,也要清醒地看到,我国农产品质量安全仍然存在一些薄弱环节和风险隐患,前不久发生的"非洲猪瘟"事件就暴露出监管环节中出现的诸多问题。出席人员强调,要严格落实农产品质量安全法的各项规定,把农产品质量安全作为转变农业发展方式、加快现代农业建设的关键环节,坚持源头治理、标本兼治,用最严谨的标准、最严格的监管、最严厉的处罚、最严肃的问责,严把从农田到餐桌的每一道防线,切实保障广大人民群众"舌尖上的安全"。审议中,大家还提出了一些具体意见和建议。

一、强化宣传引导,增强安全意识

部分出席人员认为,应根据不同部门和群体的特点开展有针对性的普法宣传,突出重点领域、重点行业,把正面宣传与舆论监督结合起来,不断增强全社会特别是农产品生产经营者的守法意识和安全意识,在全社会营造重视支持农产品质量安全工作的良好氛围。有的出席人员指出,近年来,网络上充斥着不少关于农产品质量安全的虚假信息和谣言,混淆视听,有的给相关农业产业造成损失。建议发挥专家的权威作用,通过公益报告、讲座、网上答疑等多种形式加强对农产品质量安全科普宣传,提高社会公众对农产品质量安全的科学认知度,依法严肃惩治涉农产品的造谣传谣行为。有的出席人员提出,转基因食品和农作物一直受到广大人民群众的高度关注,建议有关部门加大对转基因食品安全性的研究,及时提出相关意见,回应社会关切。

二、加强源头治理

部分出席人员强调,要把农产品产地环境保护和源头治理作为确保农产品质量安全的重中之重,统筹做好土壤、灌溉用水、种子、农业投入品的管理工作,下大力气加强土壤污染和水污染防治。有的出席人员指出,目前国家标准中有四千多项农药残留限量标准、一千五百多项兽药残留限量标准,都要进行检测难度很大。建议农业农村部门对国内生产的、进口的高毒、剧毒、高残留的农药进行梳理,通过取缔、限产、限进口等手段加强管控,同时加快完善并出台农药、兽药、化肥、除草剂残留国家统一标准。有的出席人员强调,整顿饲料行业是治理餐桌污染的重要环节。应对饲料生产企业的配方进行严格审查,依法严惩违法添加行为。有的出席人员指出，有机肥成本高、见效慢，农民自己沤肥又缺乏技术指导，致使有机肥使用积极性不高。建议国家对施用有机肥、农家肥的农民进行补贴，提高农民施用农家肥的积极性。部分出席人员建议，县乡农技推广人员应加大对绿色农业的推广普及力度，指导规范农民合理使用化肥、农药、兽药、农用薄膜等化工产品。

三、推进农业标准化生产

部分出席人员提出，我国农产品生产主体多、分布散，农产品质量安全基础薄弱，应转变农业发展方式，建立现代农业体系，走农业规模化、集约化、专业化道路，从根本上保证农产品质量安全。部分出席人员指出，应建立起以农产品生产经营企业为龙头，农民专业合作社、家庭农场为主体的现代农业组织结构，积极把分散的小农户组织起来，组建专业化的技术服务团队、质量管理团队、营销团队，大力推进种植养殖业标准化生产。有的出席人员提出，我国水产品生产主要依靠近岸近海养殖，由于海水环境污染等因素导致海产品品质不高。目前相关部门正在探索研究深蓝渔业养殖技术，建议国家在政策、科技等方面加以扶植。有的出席人员建议，要积极开展农产品质量安全品牌创建活动，提升标准化生产的质量，打造农产品精品品牌。

四、提升农产品质量安全监管水平

部分出席人员强调，应加快完善农产品质量安全监管体系建设，强化农业部门监管主体责任，厘清监管职责，整合监管力量，强化部门协作，不断提高监管效能，认真落实农产品质量安全责任追究制度。理顺相关部门间的权责与职能划分，避免出现监管方面的漏洞和重叠。有的出席人员建议，应督促指导农产品生产基地、企业和批发市场建立自检体系，同时发挥好专业合作社、协会的积极作用，共同推进农产品质量安全。部分出席人员强调，农产品流通环节的质量管理对于保证农产品质量安全至关重要，应引导、鼓励、支持各级各类农产品销售企业加强质量安全意识，推行“市场准入”制度，严把流通关。部分出席人员提出，应切实加大对农产品监管体系建设资金的投入力度，将农产品质量检验检测和执法经费纳入地方财政预算，保障农产品质量安全监管工作正常开展。有的出席人员强调，要强化检测、执法监管队伍建设，加大培训力度，充实工作力量，提高基层检测人员和执法监管人员的待遇，尽快扭转当前检测、执法监管力量薄弱的局面。有的出席人员建议，应加大对民用便携食品安全检测仪器的研发，方便老百姓自行对一些蔬菜、食品的农药残留进行检测，更好发挥群众监督作用。

五、健全农产品质量安全追溯体系

有的出席人员提出，现在按一家一户打签方式采集农产品信息，实际效果不尽理想。建议充分利用现代化的互联网和大数据技术手段，将农业产业化的经营、专业化的检测、全过程的监管结合起来，构建从源头到末端的全流程的信息化管理体系。有的出席人员建议，将农产品的质量安全追溯体系建设和信用体系建设结合起来，打通相关部门的信息平台，对一些诚信缺失的生产经营者以适当的形式予以公布，更好发挥追溯体系的作用。

六、统筹做好相关法律修订工作

部分出席人员提出，农产品质量安全法自 2006 年颁布至今已有 12 年，一直未作修改，与之相对应的食品安全法和标准化法已经完成修订工作。从目前实施情况来看，很多规定已经不适应农产品质量安全管理形势的要求，很难依法执法，甚至无法可依。建议尽快启动对农产品质量安全法的修改完善工作，特别是在法律条款中突出质量导向和全程监管，加大处罚力度，解决违法成本偏低问题，以更好与食品安全法等相关法律衔接。同时，加快制定和修改与农产品质量安全相关的配套法规、部门规章等。

全国人民代表大会常务委员会执法检查组关于检查《中华人民共和国海洋环境保护法》实施情况的报告

——2018 年 12 月 24 日在第十三届全国人民代表大会常务委员会第七次会议上

全国人大常委会副委员长 沈跃跃

全国人民代表大会常务委员会：

我国是海洋大国，大陆海岸线 1.8 万多公里、海岛岸线 1.4 万多公里、主张管辖海域总面积 300 万平方公里。保护海洋生态环境是加快建设海洋强国、实现人海和谐共生的根本要求和基础保障。以习近平同志为核心的党中央高度重视海洋事业发展和海洋生态环境保护。党的十八大作出了建设海洋强国的重大部署，党的十九大明确提出“坚持陆海统筹，加快建设海洋强国”。党中央将渤海综合治理列入打好污染防治攻坚战七场标志性的重大战役之一，要求三年时间明显见成效。习近平总书记就加快建设海洋强国和海洋生态环境保护发表一系列重要论述，为做好海洋生态环境保护工作提供了科学指引和根本遵循。开展海洋环境保护法执法检查，是十三届全国人大常委会深入学习贯彻习近平生态文明思想，坚决依法推动打好污染防治攻坚战的实际行动和重要举措。根据全国人大常委会 2018 年监督工作计划，全国人大常委会执法检查组于今年 9 月至 10 月对海洋环境保护法贯彻实施情况进行了监督检查。现将检查情况报告如下：

一、执法检查工作情况和主要特点

全国人大常委会对这次执法检查高度重视，中共中央政治局常委、全国人大常委会委员长栗战书同志作出重要批示：“保护海洋生态环境是生态文明建设的重要组成部分，也是加快建设海洋强国的重要内容。海洋环境保护法执法检查，要坚持以习近平生态文明思想为指导，认真贯彻落实党中央关于全面加强生态环境保护、坚决打好污染防治攻坚战的部署，按照全国人大常委会决议要求，坚持问题导向，严格落实依法原则，紧扣法律开展检查，督促有关方面严格落实法律责任，促进法律全面有效实施，依法保护和改善海洋生态环境，保护海洋资源，保障人体健康，为推动高质量发展，建设美丽中国作出贡献。”对做好海洋环境保护法执法检查提出了明确要求。

为做好这次执法检查工作，全国人大环资委赴地方和有关部委开展了前期调研。常委会制订了执法检查方案，成立了由中共中央政治局委员、全国人大常委会副委员长王晨同志，全国人大常委会副委员长白玛赤林、丁仲礼和我担任组长，全国人大环资委主任委员高虎城任副组长，成员由全国人大常委会委员、环资委委员和部分全国人大代表共 32 人组成的执法检查组。8 月 27 日，执法检查组召开第一次全体会议，学习贯彻习近平生态文明思想和总书记关于海洋生态环境保护的重要论述，传达栗战书委员长重要批示精神，王晨同志就做好执法检查工作提出要求。9 月至 10 月，执法检查组分为 4 个小组，分别赴天津、河北、辽宁、浙江、福建、山东、广东、海南等 8 个省（市）开展执法检查工作。检查组深入到 24 个地市，共召开 29 次座谈会，听取了地方政府和有关部门的汇报，与五级人大代表、专家学者、基层执法人员和企业代表进行深入交流，现场开展法律知识问卷调查，并采取实地检查与随机抽查相结合的方式，深入相关企业、港口码头和入海河道，实地查看了 135 个单位和项目。同时委托上海、江苏、广西等 3 个省（区、市）人大常委会对本行政区域内海洋环境保护法的贯彻实施情况进行检查。执法检查组还听取了国务院及有关部门贯彻实施海洋环境保护法情况，各个检查小组工作情况汇报，听取国务院及有关部门意见并研究讨论执法检查报告稿。

这次执法检查有几个突出的特点：一是大力宣传贯彻习近平生态文明思想。检查组所到之处，带头宣讲习近平生态文明思想，引导各方面以实际行动推动党中央关于生态文明建设和加快建设海洋强国决策部署落到实处。二是持续推动《全国人大常委会关于全面加强生态环境保护依法推动打好污染防治攻坚战的决议》的落实，发扬钉钉子精神，坚持一抓到底。三是紧扣法律开展执法检查，坚持以法律为依据为准绳，对标法律制度规定，加强法律宣传普及，督促和推动“一府两院”依法行政、公正司法。四是坚持问题导向，敢于动真碰硬，组织开展问卷调查和随机抽查，深入查找重点地区、重点领域、重点行业存在的突出问题。五是坚持立行立改，督促推动有关地方和部门深入研究分析存在的突出问题，举一反三，切实整改到位。

二、法律贯彻实施的总体情况

党的十八大以来，各地区各部门坚持以习近平生态文明思想为指导，坚决贯彻落实党中央决策部署，认真贯彻实施海洋环境保护法，不断加大工作力度，海洋生态环境保护取得了积极成效。我国管辖海域海水水质状况整体改善，海底沉积物质量状况总体良好，Ⅳ类和劣Ⅳ类水质海水面积连续 5 年呈下降趋势，由 2012 年的 9.3 万平方公里减少到 2017 年的 5.2 万平方公里。

（一）提高政治站位，海洋生态环境保护意识明显增强

国务院及其有关部门加强海洋生态环境保护工作，发布渤海综合治理攻坚战行动计划，制定全国海洋主体功能区规划和近岸海域污染防治方案等，严格管控围填海，加强海洋生态保护修复，2012 年以来中央财政直接安排财政专项资金 110 多亿元支持海域、海岛和海岸带整治修复工作。沿海各省（区、市）政府将海洋生态环境保护作为重大政治任务来抓，浙江省、福建省、上海市推动环境治理从以陆为主向海陆联治转变，努力当好新时代生态文明和海洋强国建设的排头兵。河北省、江苏省、山东省把做好海洋生态环境保护作为建设经济强省（市）和美丽家园的有效途径。天津市、海南省主要领导亲自抓自然保护区违法建筑整改，对执法检查指出问题立行立改。辽宁省、广东省、广西壮族自治区对中央环保督察和国家海洋督察反馈问题整改落实真抓实干，各沿海地市举一反三，不断加大海洋污染治理和生态保护力度。

（二）完善配套法规，深入推进海洋环境保护制度建设

国务院及其有关部门出台防治海洋工程建设项目污染损害海洋环境等 7 部行政法规、16 件部门规章和 100 多件规范性文件，发布 200 余项标准规范，依法建立海洋生态保护红线等 20 余项基本管理制度。全国 11 个沿海省（区、市）都发布实施了海洋生态环境保护及相关配套地方性法规或政府规章，广西、上海等地专门立法保护沿海沙滩和珍稀动植物资源等，山东、江苏等地出台海洋生态补偿管理办法。福建省率先在全国开展海洋环保目标责任制考核，海南和浙江全省推进湾长制管理。

（三）加大源头管控，统筹推进近岸海域环境综合整治

一是加强陆源污染防控。在渤海全面启动入海排污口溯源排查，大力推进排污口清理整治，积极推进沿海地级以上城市污水处理厂提标改造，全国 90% 以上的劣Ⅴ类主要入海河流已编制“一河一策”精准治理方案。浙江省进一步加强入海排污口管理，计划全部纳入在线监测。二是严格近岸近海开发管控。2017 年起在渤海率先暂停围填海受理与审批，天津、河北、辽宁、山东等环渤海省（市）不断提升海域管控能力。沿海 11 个省（区、市）全部完成海洋生态保护红线划定，全国约 30% 的近岸海域和 37% 的大陆岸线纳入红线管控范围。三是强化海上污染防控。2018 年修订船舶水污染物排放标准，建立船舶油污损害赔偿基金，开展水产健康养殖示范创建，严格控制海洋捕捞强度。四是积极推进海洋生态保护与修复。建立各级各类海洋保护区 271 处，约占全国管辖海域面积 4.1%。组织开展“蓝色海湾”、“南红北柳”等重大海洋生态修复工程，恢复退化滨海湿地面积 4 万多公顷。大力开展增殖放流，创建 64 个国家级海洋牧场示范区。

（四）提升基础能力，不断加大执法监管和司法保障力度

一是初步建成海洋环境监测网络。逐步建成国家、省、市、县四级海洋环境监测机构体系，初步形成“空—天—海”立体化监测预警体系。二是持续提升应急处置和监管能力。制定海洋石油勘探开发溢油、海洋核应急监测等应急预案，组织实施油气开发平台和海底输油管道风险源排查，建立海上溢油全天候监管体系。三是不断加强督察和执法监管。中央环保督察和海洋督察有力推动地方各级政府落实“党政同责、一岗双责”，解决了一批海洋环境保护突出问题。全国各级海洋执法部门连续开展“碧海”专项执法行动，实施全海域石油勘探开发定期巡航执法，加快推进海洋保护区和海洋工程环境保护执法示范建设。四是强化司法保障和协调联动。最高法出台海洋生态环境损害赔偿等司法解释和指导性意见，将涉海洋生态环境保护海事行政案件、海洋开发利用案件和陆源污染海洋案件纳入海事法院专门管辖。环保、交通、海洋、公安等部门推动建立行政执法和刑事司法衔接机制。

各级检察机关发挥职能作用，督促行政机关依法履职，共同推动形成综合保护海洋生态环境的多元格局。

三、法律实施中存在的主要问题及原因分析

当前，我国近岸局部海域污染较为严重，海洋生态环境形势依然严峻。全国约十分之一的海湾受到严重污染，大陆自然岸线保有率不足40%，约42%的海岸带区域资源环境超载，部分地区红树林、珊瑚礁、滨海湿地等生态系统破坏退化问题较为严重，赤潮、绿潮等生态灾害多发频发，溢油、危化品泄漏等环境风险持续加大。

（一）入海排污口设置与管理问题突出

海洋环境保护法第30条对入海排污口的设置与管理提出明确要求。检查中发现，入海排污口设置不规范、监管不严等问题较为突出。一是入海排污口底数不清。相关职能部门对入海排污口认定不一致，入海排污口监管较为混乱。海南、上海等多地上报的入海排污口数量与国家海洋督察中排查出的入海污染源数量存在较大差距，大量入海污染源未纳入监管。二是入海排污口审批把关不严，非法设置和不合理设置排污口问题比较突出。不少地方违规下放排污口审批，一些排污口设置在保护区，有的未按环评要求深海排放。三是事中事后监管不到位，达标排放率较低。入海排污口备案管理办法未及时出台，备案程序不规范，事中事后监管不到位问题较为普遍。辽宁省重点入海排污口达标排放率不足70%，天津市综合入海排污口近五年超标率达55%以上。

（二）陆源污染防治力度不够

一是入海河流污染负荷较重。海洋环境保护法第31条要求相关职能部门加强入海河流管理，使入海河口水质处于良好状态。2017年，我国入海河流水质整体状况为中度污染，21%的入海河流断面为劣Ⅴ类水质。广东省珠江口海域汇聚了全省入海污染物总量的83%，练江、深圳河等入海河流均为劣Ⅴ类水质。二是城镇农村污水直排问题突出。海洋环境保护法第34、35、37、40条对城市管网建设和污水排放、农业农村面源污染防治等作出规定。检查中发现，城市污水管网建设滞后、乡镇污水处理设施运行不稳定、农业农村面源污染严重等问题在沿海地区较为普遍。三是近岸固体废物污染问题较为普遍，海漂生活垃圾和岸滩堆存工业废物未得到有效处理。广西北海市诚德镍业有限公司大量强碱性冶炼废渣堆填侵占滩涂约600亩，瑞德环保科技有限公司以废渣综合利用之名进行违规倾倒。

（三）海上污染防控措施执行不到位

一是船舶及有关作业活动污染防治措施不足。海洋环境保护法第八章规定了船舶及有关作业活动污染防治措施。检查发现，部分地方与港口相连的市政排污管网建设滞后，港口污染物接收设施与城市公共转运、处置设施衔接不畅，船舶含危险化学品污染物及生活污水的接收设施不完善，岸线溢油应急清除能力和回收处置能力建设相对滞后。一些港口陆上污染物接收处置费用偏高，船舶违法排放污染物追究不力，偷排超排现象较为普遍。二是海水养殖污染管控措施不到位。海洋环境保护法第28条明确要求海水养殖场建设应当进行环境影响评价，防止海洋污染。广东省近90%的养殖用海未纳入海域使用管理，大多数新建、改建、扩建海洋养殖场未按要求开展环境影响评价，各级渔业、环保和海洋部门均未将海水养殖废水排放纳入监管范围。浙江省慈溪市海湾非法养殖1.2万亩，多年来地方政府缺少监管。三是违法采砂问题比较突出。海洋环境保护法第46条严格限制采挖砂石行为。检查中发现，非法盗采海砂问题比较普遍、屡禁不止。福建省近两年办结“碧海”案件595宗，其中海域违法采砂破坏海洋生态环境案570宗，占95.8%。

（四）海洋生态保护与修复工作相对滞后

海洋环境保护法第三章对海洋生态保护作出专门规定，检查中发现，海洋生态保护优先原则落实不够，海洋生态服务功能退化严重。一是大规模违法违规围填海活动严重破坏海洋生态系统。长期以来的大规模违法违规围填海活动，使得滨海湿地大面积减少，自然岸线锐减，生态退化和资源闲置浪费问题突出。河北省2002年以来累计填海造地3万多公顷，空置率68%，大陆自然岸线保有率不足15%，远低于35%的国家要求。受旅游及周边开发建设项目影响，海南省三亚湾部分岸段出现沙滩黑化和岸线侵蚀现象。二是海洋自然保护区保护不力。各地普遍存在海洋自然保护区选划积极性不高、机构人员难以落实、经费投入缺乏保障和监督管理不严等问题。广西、江苏等地在自然保护区内的非法建设问题突出。三是海洋生态保护修复缺乏顶层设计，制度建设相对滞后。海洋生态保护修复缺乏统一规划和科学布局，重大整治修复项目主要根据地方申请安排，相关整治修复标准规范

不完善。海洋生态补偿力度不够，海洋生态损害赔偿缺乏可量化标准，缺少引入社会资本参与生态保护修复的有效机制。

（五）海洋环境监督管理制度落实不到位

一是海洋环境质量标准体系不完善。海洋环境保护法第 10 条规定“国家根据海洋环境质量状况和国家经济、技术条件，制定国家海洋环境质量标准。”现行海洋环境质量标准参数采用全国统一指标限值，未充分考虑河口、近岸和远海等不同海域的水动力学、生物和化学等背景状况，特别是在具有陆海过渡特征的河口海湾生态系统中难以适用。海洋环境保护法第 11 条规定“国家和地方水污染物排放标准的制定，应当将国家和地方海洋环境质量标准作为重要依据之一”。地方普遍反映，陆海污染治理标准统筹不够，现行排海的污染物排放标准一律按照排入江河的污染物排放标准执行，无法满足海洋环境保护实际要求。二是重点海域排污总量控制制度落实不到位。1999 年海洋环境保护法修改时明确规定在重点海域实施排污总量控制制度，但该项制度尚处于基本方法完善阶段，未形成区域、流域和海域衔接联动的有效模式。三是海洋环境监视监测制度落实有差距。海洋环境保护法第 14—16 条对海洋环境监视监测制度建设作出具体规定。检查发现，海洋监测业务体系陆海统筹不够，近岸海域、入海河流及排污口、重要海洋功能区和生态敏感区监测点位较少，监测评价技术标准不统一，部门间监测数据可比性较差。四是海洋环境污染事故防范和应急处置制度建设相对滞后。海洋环境保护法第 17—19 条、第 50—54 条对海洋环境污染事故防范和应急处置作出详细规定。我国石化、装备制造、钢铁等重化工业大多在沿海地区集中布局，结构性海洋环境风险大。山东东营附近海域作为我国的主要产油区，该海域石油类浓度为渤海最高。河北省海域平均每年发生溢油 3.4 次，前不久福建省泉州市发生的碳九泄漏对海洋环境造成影响。大部分沿海地区应对重特大污染事故专项资金保障不足、部门间应急联动协作能力不强、立体监视监测体系不健全、应急反应机制不完善等问题突出。五是环境信息公开制度缺乏系统规范。海洋环境保护法第 6 条、第 16 条对信息管理和公开作出具体规定。当前涉海工程环境信息公开缺乏明确的规范和要求，公开范围和力度不大，难以满足社会公众知情权。信息共享机制亟待健全，各级政府和部门间信息系统兼容互通性不强。

（六）科技支撑有待加强

海洋生态本底、环境污染基线和海洋开发情况调查等基础工作薄弱，陆海统筹污染控制、近海资源环境承载能力、生态与环境损害评估等理论和方法研究滞后，海洋生态系统管理、海洋生态恢复、污染物总量控制、海洋生态灾害防治、海洋生态监测与评价等领域的共性技术、关键技术和前瞻技术研发不够。执法监管技术手段落后，利用互联网、大数据、云计算等现代科技和信息技术管海治海能力亟待提高。

（七）海洋生态环境保护法律法规不完善

海洋环境保护法第 3、第 30、第 56 条明确要求制定的重点海域排污总量控制制度实施办法、陆源污染物深海离岸排放排污口设置具体办法和海洋可倾倒废弃物名录尚未出台。防治海洋工程、海岸工程建设项目污染损害海洋环境两个条例均为 10 多年前制定，海洋倾废管理条例为 30 多年前制定，难以适应当前管理实际需要。多个省市地方性法规、规章或规范性文件部分条款与上位法或国家有关规定不一致，存在违法违规下放审批权等问题。各地普遍呼吁尽快修改海洋环境保护法。

存在上述问题的原因是多方面的。一是学习贯彻习近平生态文明思想还需进一步加强。一些地区和部门对绿水青山就是金山银山的绿色发展理念没有学深悟透，政绩观有偏差，重开发轻保护的观念尚未得到根本扭转，海洋环境保护主动性自觉性不高。二是法治意识淡薄，依法保护海洋生态环境存在差距。国务院相关职能部门协调配合不力，在执法监管中存在粗宽松软问题。不少地方政府及其相关部门存在法律责任落实不到位、审批放水、执法不严和行政不作为等问题。三是海洋生态环境保护的长效机制不健全不完善。海洋环境保护成本内部化不够，海洋生态环境保护机制建设存在碎片化、分散化、部门化现象，条块分割、多头管理、权责不一致等问题突出。四是海洋执法监管能力整体不强。海洋生态环境监管负荷重、难度大、专业性强、硬件要求高，现有监管队伍难以有效支撑日益增加的精细化、专业化管理需求，部门间、地方间资源配置不均衡问题较为突出，越到基层监管能力越薄弱。

四、意见和建议

（一）深入学习贯彻习近平生态文明思想，进一步加大依法保护海洋生态环境工作力度

各地区各部门要深入学习贯彻习近平生态文明思想，牢固树立“四个意识”，始终做到“两个维护”，坚决贯彻党中央决策部署，坚决扛起生态文明

建设的政治责任、领导责任和监管责任，以生态环境质量“只能更好、不能变坏”作为责任底线，以突出生态环境问题作为主攻方向，层层传导治理压力，压紧压实治理责任。要牢固树立和贯彻绿色发展理念，按照保护优先、适度开发、陆海统筹、节约利用的原则，大力推进沿海地区产业结构转型升级，不断优化近岸海域空间布局，科学管控开发强度，着力培育绿色产业，推动高质量发展。要牢固树立依法治海理念，建立健全最严格最严密的海洋生态环境保护法律制度，大力推动法律有效实施，推动党中央决策部署贯彻落实，确保渤海综合治理攻坚战三年见到实效，确保2020年近岸海域水质优良比例达到70%左右。

（二）强化陆海统筹，全面整治入海污染源

一是加强入海排污口监管。制定入海排污口备案管理办法，规范入海排污口设置，强化事中事后监管。开展入海排污口全面溯源排查，加强直排海污染源建档、清理等工作。二是强化流域环境和近岸海域污染综合治理。坚持河海兼治原则，以近岸海域水质考核、总量控制等制度建设为抓手，以劣Ⅴ类入海河流为重点，加大城市和农业农村污染防治力度，强化入海河流综合治理，确保2020年底前国控入海河流基本消除劣Ⅴ类水体。三是加强海水养殖污染治理。加强海洋渔业环境治理，加快推进养殖水域滩涂规划编制和政府发布工作，全面清理整治非法和不符合分区管控要求的海水养殖项目。进一步加强海洋渔船“双控”和海洋渔业资源总量管理。四是加强船舶港口和岸滩污染整治。严格执行船舶水污染物排放控制标准，做好船、港、城之间污染物转移、处置设施衔接。加强海洋垃圾污染防治。运用科技手段强化船舶污染物排放监测监管，严厉打击船舶违法排放污染物行为。五是强化海洋工程污染防治和海洋倾废管理。健全完善海洋石油勘探开发、围填海等海洋工程和海洋倾废全过程监管体系，加快推进海上排污许可制度建设，进一步强化海洋工程环保设施、临时性海洋倾废区管理，严厉打击非法盗采海砂行为。

（三）坚持保护优先，加强海洋生态保护与修复

一是划定并严守海洋生态保护红线。严格执行生态保护红线管控要求，2020年底前，依法拆除清理占用红线区的违规工程、设施和项目。二是实施最严格围填海管控措施。严控新增围填海造地，除国家重大战略项目外，全面停止新增围填海项目审批；加快处理围填海历史遗留问题，引导符合产业政策的项目消化存量围填海资源；从严公开处置一批典型案件，对涉案人员依法依纪严肃追责，发挥警示作用。三是严格国土空间用途管制，强化海岸带保护和自然保护区建设。研究制定海岸带综合保护利用规划。实施滨海湿地分级保护和总量管控，分期分批发布重要滨海湿地名录并落实到具体地块，确保滨海湿地面积不减少、生态质量不退化。制定海洋生态保护修复技术指南，推进河口海湾和海岸带综合整治修复方案编制实施，加强海洋自然保护区能力建设，强化南海岛礁及周边海洋生态环境保护。

（四）提高风险意识，严密防控海洋生态灾害和突发事故

开展全国海洋生态环境风险评估和区划工作，建立海洋环境灾害及重大突发事件风险排查和评估体系，构建风险信息库，建立信息共享机制。2019年底前完成环渤海区域涉危化品等重点企业突发环境事件和海上溢油污染近岸海域风险评估以及环境应急预案备案工作。在海洋生态灾害高发海域、重点海水浴场、滨海旅游区等区域，加强海洋赤潮、绿潮等生态灾害和突发污染事件早期预警监测和应急监测。持续深入推进各级海洋环境灾害突发事件应急处置能力建设，加大专项保障资金投入力度，建立海洋应急立体监视监测体系，强化专业应急队伍和装备配置。

（五）全面深化改革，提升海洋生态环境保护治理能力

一是深化海洋生态文明体制改革。推动建立反映市场供求和资源稀缺程度、体现生态价值和代际补偿的资源有偿使用和生态补偿制度。加快建立健全湾长制，完善海洋生态文明绩效评价考核和责任追究制度，将近岸海域水质考核纳入党政领导干部综合考评体系。二是统筹优化海洋生态保护和污染防治工作机制。推进中央和地方在海洋环境保护方面的财政事权和支出责任划分。建立健全军地和多部门协调联动、行政执法与刑事司法有效衔接机制。强化海洋生态损害司法鉴定机构、标准及人员管理等机制建设。推进海洋生态环境保护数据信息汇交、集成分析和共享。三是提升海洋生态环境监测监管能力。加快按海域设置监管机构，按机构改革要求和管理职责需求合理配置监管监测力量。完善海陆一体化生态环境综合监测监管体系，加大船舶、港口等基础设施建设硬实力投入。四是强化科技支撑。建设渤海生态环境保护与治理研究平台，加强陆海统筹污染防治、滨海湿地生态保护修复、近海资源环境承载能力等理论和技术方法研究。推广成熟先进污染治理和近岸海域生态修

复适用技术。运用互联网、大数据、云计算、智能化等科技手段提升海洋生态环境监管技术水平。

（六）建设法治海洋，完善海洋生态环境保护法律法规

坚持用最严格最严密的法律制度保护海洋生态环境。尽快启动海洋环境保护法修改程序，做好与水污染防治法、固体废物污染环境防治法等有关法律的衔接，细化充实重点海域联防联控等法律制度，强化陆源排放、海水养殖、船舶等污染防治措施，明确地方各级政府、有关部门和相关企业法律责任，加大对违法行为惩处力度。按照法律规定及时制定出台配套法规，及时修改不适应现行管理要求的海洋倾废管理条例、防治陆源污染损害海洋环境管理条例等行政法规。加快修订和完善海洋环境质量标准和污染物入海排放标准。鼓励有立法权的地方各级人大及其常委会结合本地实际细化上位法规定，制修订海洋环境保护地方性法规。及时清理与上位法不相符的地方性法规规章和规范性文件。

同志们，呵护好绿水青山、蓝天白云、碧海银滩，是我们推动经济高质量发展、满足人民群众美好生活期盼的必由之路，必须坚持不懈，久久为功。我们要以习近平新时代中国特色社会主义思想特别是生态文明思想为指导，牢固树立绿色发展理念，坚决贯彻落实党中央决策部署，依法推动海洋环境保护工作，坚决打好污染防治攻坚战，为加快建设海洋强国、建设美丽中国作出贡献。

以上报告，请予审议。

在全国人大常委会海洋环境保护法执法检查组第一次全体会议上的讲话

（2018 年 8 月 27 日）

王　晨

同志们：

根据 2018 年监督工作计划，全国人大常委会今年将对海洋环境保护法实施情况进行检查。

刚才，沈跃跃副委员长传达了栗战书委员长的重要批示，我们一定要认真学习领会，切实抓好贯彻落实。丁仲礼副委员长介绍了执法检查方案，部署了海洋环境保护法执法检查工作。全国人大环资委主任委员高虎城同志介绍了环资委前期工作情况。生态环境部、自然资源部、交通运输部、农业农村部有关负责同志作了发言，大家讲得都很好；发展改革委、财政部和最高人民法院、最高人民检察院负责同志提供了书面材料。下面，我讲几点意见。

一、深入贯彻落实习近平生态文明思想，坚决打好污染防治攻坚战

党的十八大以来，以习近平同志为核心的党中央高度重视生态文明建设和生态环境保护工作，谋划开展一系列根本性、开创性、长远性工作，推动生态文明建设和生态环境保护从实践到认识发生历史性、转折性、全局性变化，系统形成了习近平生态文明思想，是推进生态文明、建设美丽中国的强大思想武器和行动指南。今年 5 月召开的全国生态环境保护大会上，习近平总书记系统阐述并深刻回答了生态文明建设的重大理论和实践问题，对全面加强生态文明建设、打好污染防治攻坚战作出再部署，提出新要求，明确要求各级人大及其常委会要把生态文明建设作为重点工作领域，开展执法检查，定期听取并审议同级政府工作情况报告。6 月，党中央、国务院出台了《关于全面加强生态环境保护坚决打好污染防治攻坚战的意见》，明确了打好污染防治攻坚战的时间表、路线图、任务书。

7 月 9 日至 10 日，全国人大常委会专门加开第四次会议，听取审议栗战书委员长作的大气污染防治法执法检查报告并作出《关于全面加强生态环境保护依法推动打好污染防治攻坚战的决议》，这充分体现了本届常委会坚决维护习近平总书记核心地位、坚决维护党中央权威和集中统一领导的鲜明政治态度，以实际行动坚决贯彻落实习近平生态文明思想，依法履职尽责，以法律武器治理污染，用法治力量保护生态环境。今年全国人大常委会还听取和审议了国务院 2017 年度环境状况和环境保护

目标完成情况的报告、研究处理固体废物污染环境防治法执法检查报告及审议意见情况的报告。继开展大气污染防治法后，现在又进行海洋环境保护法执法检查，一年内就生态环保法律开展两次执法检查，这是以前没有过的，是全国人大常委会依法推动生态环境保护、打好污染防治攻坚战的具体举措和实际行动。

做好这次执法检查工作，我们要以习近平生态文明思想为指导，在党中央集中统一领导下，自觉把经济社会发展同生态文明建设统筹起来，加快构建生态文明体系，全面推动绿色发展，着力解决突出生态环境问题，依法打好污染防治攻坚战，不断满足人民日益增长的优美生态环境需要，加快建设美丽中国。

二、坚决贯彻落实党中央决策部署，依法保护海洋生态环境

我国既是陆地大国，也是海洋大国，拥有1.8万多公里大陆海岸线、1.4万多公里岛屿岸线、300万平方公里主张管辖海域，拥有广泛的海洋战略利益。党中央高度重视海洋事业发展和海洋生态环境保护。党的十八大作出了建设海洋强国的重大部署。党的十九大明确提出"坚持陆海统筹，加快建设海洋强国"，"加快水污染防治，实施流域环境和近岸海域综合治理"。党中央、国务院印发的《关于全面加强生态环境保护坚决打好污染防治攻坚战的意见》明确要求打好渤海综合治理攻坚战。全国人大常委会将海洋环境保护法执法检查列入今年的监督工作计划，目的就是通过执法检查推动法律贯彻实施，贯彻落实党中央决策部署，依法保护海洋生态环境。

一是推动各地学习宣传贯彻习近平生态文明思想，贯彻落实党中央关于加快建设海洋强国的战略部署。党的十八大以来，习近平总书记就推动建设海洋强国和海洋生态环境保护发表一系列重要讲话，作出一系列重要指示批示，强调"要进一步关心海洋、认识海洋、经略海洋，推动我国海洋强国建设不断取得新成就"，"把海洋生态文明建设纳入海洋开发总布局之中，坚持开发和保护并重、污染防治和生态修复并举，科学合理开发利用海洋资源，维护海洋自然再生产能力"，"加快建设世界一流的海洋港口、完善的现代海洋产业体系、绿色可持续的海洋生态环境"。2018年4月13日，习近平总书记在庆祝海南建省办经济特区30周年大会上的讲话中指出："要严格保护海洋生态环境，建立健全陆海统筹的生态系统保护修复和污染防治区域联动机制"。习近平总书记还就取消入海排污口审批、渤海环境污染、滨海湿地保护、围填海和海洋生态保护区建设等多次作出重要批示指示。贯彻落实习近平总书记重要批示精神，全国人大常委会把海洋环境保护法列入今年的执法检查计划，我们要将其作为重点任务，务必完成好。

二是宣传普及法律，树立法律的权威。党领导人民治理国家的基本方式是依法治国。全国人大常委会就某部法律开展执法检查，本身就是向各级国家机关和全社会释放一个信号，要高度重视这部法律的实施及相关的工作，必须增强贯彻执行法律的自觉性和主动性。要通过这次执法检查，深入宣传普及海洋环境保护法，推动机关、企业、社区、农村认真学习海洋环境保护法等法律。各级政府特别是执法部门要全面贯彻执行法律；企业要认真学习与其经营相关的规定，自觉履行法律责任；要推动全社会学习法律的主要精神和内容。有立法权的地方人大和政府，要从本地实际出发，制定出台一些更加明确、更加具体、更加严格的地方性法规，让法律法规制度从上到下越来越细，操作性、规范性、约束性越来越强。

三是督促"一府两院"依法行政、公正司法。我们开展执法检查，不是代替"一府两院"行使行政权、司法权，而是严格依照法定职责、限于法定范围、遵守法定程序，督促和推动"一府两院"依法行政、公正司法。在这次执法检查中，要善于运用法治思维和法治方式，紧紧围绕法律开展检查，着重检查入海排污口设置与管理、重点海域排污总量控制、海域生态保护红线等重要法律制度措施的落实情况，以及海洋环境监督管理和海洋生态保护等工作，督促有关方面严格落实法律责任，把法律规定的各项要求落到实处，使之成为刚性约束和不可触碰的高压线。要充分发挥执法检查的监督作用，敢于动真碰硬，督促有关国家机关改进工作、完善制度、有效实施法律。各级政府及其有关部门也要以此为契机，进一步强化责任担当，依法有效履职，推动各类污染者承担法定的污染防治责任，解决海洋生态环境保护中存在的突出问题。

四是推动法律全面有效实施，促进法律制度完善。海洋环境保护法是1982年8月23日五届全国人大常委会第二十四次会议审议通过的，1999年进行了全面修订，2013年、2016年和2017年又进行了三次修正。1998年曾对海洋环境保护法开展了执

法检查，此后 20 年未再开展过对这部法律的执法检查。当前，我国加快实施建设海洋强国战略，对海洋环境保护工作提出了新的更高要求，新一轮机构改革也对海洋环境保护管理体制作出重大调整。这次执法检查要积极适应新形势新要求，认真总结法律实践经验，在推动法律贯彻落实的同时，注重发现法律制度与实际情况不适应、同其他法律不协调等问题。要广泛听取各地区各部门、人大代表、人民群众及各方面对完善法律的意见建议，为修改完善海洋环境保护法做准备。

三、精心组织，扎实工作，确保执法检查工作取得实效

全国人大常委会高度重视这次执法检查，栗战书委员长专门作出重要批示，沈跃跃、艾力更·依明巴海、丁仲礼和我四位副委员长带队进行检查，全国人大环资委和常委会办公厅等有关单位事先做了大量准备工作。我们要以高度负责的精神和求真务实的态度，切实把这次执法检查工作做好。

一要认真学习，加强学习。海洋环境保护法执法检查是一项法律性、政策性、专业性都很强的工作。检查组同志要深入学习贯彻习近平生态文明思想和习近平总书记关于海洋环境保护工作的重要论述，认真学习海洋环境保护法，领会法律的立法宗旨和原则目标，结合执法检查重点有针对性地学习，带着问题思考，做到心中有数，使执法检查工作有的放矢。全国人大环资委会同有关部门提供了丰富详实的参阅资料，会后还将安排相关的专家讲座，请参加这次执法检查的同志认真研究学习，增强执法检查的针对性和实效性。

二要坚持问题导向，抓住突出问题。执法检查要总结法律实施的成效和经验，但重点是发现那些影响法律实施、制约工作发展、损害群众利益的突出问题。要坚持问题导向，什么问题突出就重点检查什么问题，哪里问题突出就去那里检查，掌握海洋环境保护第一手资料，找到法律实施中存在问题的症结所在。在找准问题的基础上深入研究，查清病灶，对症下药，提出务实有效的意见建议，推动做好海洋环境保护工作。

三要通力合作，形成合力。近年来，沿海地区各地人大在执法检查工作中积累了很多好的经验和做法，检查组要与地方人大的同志多商量、多沟通，多听取各级人大代表的意见，加强相互配合。全国人大开展执法检查是对“一府两院”的监督和支持，有关单位和部门要全面客观反映情况，按照执法检查工作方案要求，从法律实施上认真对照法律制度规定，查找存在的问题，分析产生的原因，并附上典型案例，共同做好海洋环境保护法执法检查。

四要严格执行中央八项规定精神。检查组要坚决贯彻落实中央八项规定和实施细则精神，按照《全国人民代表大会常务委员会委员长会议组成人员贯彻落实中央八项规定和实施细则的办法》要求，轻车简从，廉洁自律，简化形式，注重实效。

在浙江省政府关于海洋环境保护法实施情况汇报会上的讲话

（2018 年 10 月 12 日）

王　晨

同志们：

开展海洋环境保护法执法检查是今年全国人大常委会监督工作的一个重点，是贯彻习近平生态文明思想、打好污染防治攻坚战的具体举措和实际行动。栗战书委员长高度重视，对做好执法检查工作专门作出批示。刚才，全国人大环资委主任委员高虎城同志传达了批示精神，代表执法检查组介绍了这次执法检查的主要任务和有关要求。浙江省委、省人大、省政府高度重视此次执法检查，省委书记、省人大常委会主任车俊同志主持今天的会议，副省长高兴夫同志全面介绍了浙江省贯彻实施海洋环境保护法的有关情况，省有关部门负责同志结合工作职责作了很好的发言，既讲工作成绩和进展，也谈到在法律实施中存在的困难和问题，有针对性地提出了意见建议。省人大代表、专家学者和基层执法人员也对贯彻落实海洋环境保护法、加强

海洋环境保护工作提出了意见建议。这对我们开展好这次执法检查工作很有帮助。下面，我就深入贯彻实施海洋环境保护法及做好这次执法检查工作，讲三点意见。

一、以习近平生态文明思想为指导，全面贯彻落实党中央关于生态环境保护的决策部署

党的十八大以来，以习近平同志为核心的党中央高瞻远瞩、不懈探索，深刻回答了为什么建设生态文明、建设什么样的生态文明、怎样建设生态文明等重大理论和实践问题，系统形成了习近平生态文明思想。习近平生态文明思想是习近平新时代中国特色社会主义思想的重要组成部分，有力指导生态文明建设和生态环境保护取得历史性成就、发生历史性变革。在今年5月召开的全国生态环境保护大会上，习近平总书记系统阐述了生态文明建设的重大理论和实践问题，对全面加强生态文明建设、打好污染防治攻坚战作出再部署，提出新要求。

保护海洋生态环境是生态文明建设的重要组成部分，也是加快海洋强国建设的重要内容。党中央高度重视海洋事业发展和海洋生态环境保护。党的十八大作出建设海洋强国的重大部署。党的十九大明确提出“坚持陆海统筹，加快建设海洋强国”，“加快水污染防治，实施流域环境和近岸海域综合治理”。党中央、国务院出台的《关于全面加强生态环境保护坚决打好污染防治攻坚战的意见》中，明确要求要全面整治入海污染源，严格控制海水养殖等造成的海上污染，推进海洋垃圾防治和清理，打好渤海综合治理攻坚战。习近平总书记曾长期在福建、浙江、上海等沿海地区工作，高度重视海洋生态环境保护，就推动建设海洋强国和海洋生态环境保护发表一系列重要讲话，就入海排污口审批、渤海环境污染、滨海湿地保护、围填海和海洋生态保护区建设等多次作出重要批示指示。贯彻落实习近平总书记重要批示精神，全国人大常委会把海洋环境保护法列入今年的执法检查计划。我们要提高政治站位，增强“四个意识”，坚定“四个自信”，坚决维护习近平总书记的核心地位，坚决维护党中央权威和集中统一领导，在思想上政治上行动上同以习近平同志为核心的党中央保持高度一致，贯彻落实党中央决策部署，认真负责地做好此次执法检查工作。

这次执法检查是在大气污染防治法执法检查之后，十三届全国人大常委会开展的第二部生态环保法律的执法检查，一年内就两部生态环保法律开展执法检查，力度不小，充分体现了全国人大常委会依法推进生态文明建设，以法律的武器治理污染、用法治的力量保卫生态环境的坚定信心和决心。十三届全国人大常委会成立以来，坚决贯彻党中央决策部署，认真行使立法、监督、决定等职权，4月听取审议了关于2017年度环境状况和环保目标完成情况的报告；6月听取审议了关于研究处理固体废物污染环境防治法执法检查报告及审议意见情况的报告；7月9日至10日专门加开常委会第四次会议，听取和审议栗战书委员长作的大气污染防治法执法检查报告，并作出《关于全面加强生态环境保护依法推动打好污染防治攻坚战的决议》，以实际行动学习宣传和贯彻落实习近平生态文明思想，为加强生态文明建设贡献人大力量。我们要坚持以习近平生态文明思想为指导，贯彻绿水青山就是金山银山的新理念新思想，认真贯彻落实党中央关于全面加强生态环境保护、坚决打好污染防治攻坚战的决策部署，按照全国人大常委会决议要求，推动各级政府和部门切实担负起海洋环境保护的法律责任，贯彻落实海洋环境保护法，依法保护和改善海洋生态环境、保护海洋资源，不断满足人民日益增长的优美生态环境需要，为建设美丽中国作出贡献。

二、认真贯彻实施海洋环境保护法，依法保护海洋生态环境

浙江是海洋大省，也是海洋经济强省，浙江管辖海域面积26万平方公里，是陆域面积的2.6倍，海岸线长度居全国前列，也是全国海岛最多的省份。可以说，海洋是浙江的宝贵财富，也是未来进一步发展的重要空间、巨大潜力和显著优势。多年来，浙江省委、省政府按照习近平总书记提出的“秉承浙江精神，干在实处、走在前列、永立潮头”的重要指示精神，以“八八战略”为总纲，深入学习、深入领会、率先践行“绿水青山就是金山银山”的发展理念，坚持“一张蓝图绘到底”“一任接着一任干”，大力推进生态浙江、美丽浙江建设，是生态文明建设的排头兵，为践行习近平新时代中国特色社会主义思想提供了“浙江经验”。浙江省委、省人大、省政府高度重视海洋环境保护工作，早在2003年就作出了《关于建设海洋经济强省的若干意见》，强调要

“高度重视海洋资源综合开发和生态环境保护”。2004年,浙江在全国率先颁布实施省级地方性法规《浙江省海洋环境保护条例》,让海洋环境保护法的有关内容与地方实际结合得更紧密,更便于落实。近年来,浙江出台了各类涉及海洋环境保护的地方性法规、政府规章及规范性文件,制定了《浙江省碧海生态建设行动计划》《浙江省海洋生态环境保护“十三五”规划》等多项规划,实施了海洋生态建设示范区建设,划定了海洋生态保护红线,海域环境保护相关制度措施不断完善。浙江是全国首先实施“河长制”的省份,2017年又率先在全省实施“湾长制”。浙江按照“陆海统筹、河海兼顾”的原则,将治污水、防洪水、排涝水、保供水、抓节水的“五水共治”向海域延伸,积极推进近岸海域污染治理,既改善了陆地水生态环境,也有效减少入海河流污染排放,这些好的经验值得大力推广。

在看到成绩的同时,也要认识到我国海洋生态环境保护形势不容乐观,近岸海域污染还比较严重。在全国入海排污口检查中发现,不少入海排污口位于海洋保护区、重要滨海湿地、重要渔业水域等生态敏感区域,全国设置不合理的近2000余个,约占总数的四分之一。入海污染源种类多、数量大,全国21%的入海河流断面为劣五类水质,26.7%的排污口超标排放。2017年面积在100平方公里以上的44个大中型海湾中,20个海湾水质全年均出现劣四类。全国海洋生态环境保护中存在的问题,有的在浙江也有所体现。在中央环保督查和国家海洋督查中也发现,浙江近岸海域水质较差,象山港、乐清湾、三门湾水质大部分为劣四类,杭州湾水质也存在一些亟待解决的问题。养殖污染问题较为突出,一些养殖场未经审批违法养殖,养殖尾水直排海域,加重了水体的富营养化,浙江近岸海域是全国赤潮发生较频繁的区域之一。

海洋生态环境是建设海洋强省的重要依托。让人民群众享受碧海蓝天、洁净沙滩,让人民群众吃上绿色、安全、放心的海产品,是海洋强省建设的必然要求。希望浙江同志牢记习近平总书记的指示和嘱托,增强“四个意识”、坚定“四个自信”,坚决做到“两个维护”,在已有工作基础上,认真贯彻实施海洋环境保护法律法规,进一步把海洋环境保护好、发展好,推动海洋环境保护工作再上一个新台阶。

一是以更高标准和水平打造“绿水青山就是金山银山”的浙江样板。习近平总书记在浙江工作期间,对浙江发展有一系列创新性、前瞻性的思考和探索,为形成习近平新时代中国特色社会主义思想打下了重要的理论和实践基础。浙江成为习近平新时代中国特色社会主义思想的重要萌发地,是“绿水青山就是金山银山”理念的发源地和率先实践地。希望浙江按照习近平总书记提出的“在提升生态环境质量上要更进一步、更快一步,努力建设美丽浙江”的要求,坚定不移沿着“八八战略”指引的路子走下去,以更高标准、更高水平推进美丽浙江建设,开创生态文明建设和环境保护新局面,让“绿水青山就是金山银山”成为浙江的靓丽名片。

二是切实落实责任,依法推动海洋生态环境保护工作。海洋环境保护法规定了各级政府及相关部门的监管责任,企业的主体责任和公众的社会责任,海洋环境保护中存在的各种问题,一个很重要的原因就是法律规定的责任没有落实到位。有的地方和部门对海洋生态环境保护工作重视不够、投入不足,工作推进不力,破坏海洋生态环境的行为屡禁不止。有的地方压力传导层层衰减现象比较突出。部分企业守法意识淡薄,公众海洋环境保护意识不强等情况普遍存在。在不久前召开的中央全面依法治国委员会第一次会议上,习近平总书记指出,要压实地方落实全面依法治国的责任,确保党中央关于全面依法治国的决策部署落到实处。这次执法检查,要以事实为依据,以法律为准绳,以生态环境质量“只能更好、不能变坏”为责任底线,推动地方各级政府及其职能部门聚焦责任、落实责任,把海洋生态文明建设摆在更加突出的位置,依法推动各类污染者承担法定污染防治责任。

三是落实法律制度,推动解决突出问题。习近平总书记指出,保护生态环境必须依靠制度、依靠法治。这次执法检查要深入贯彻实施海洋环境保护法,严格落实依法原则,依据法律规定开展检查。海洋环境保护法规定了入海排污口设置与管理、重点海域排污总量控制、海域生态保护红线、海洋环境保护规划、海洋生态保护补偿等重要法律制度,通过执法检查,要强化法律制度的刚性约束,把各项法律要求落实到位,筑牢不可触碰的法律高压线。

三、认真组织,扎实做好人大执法检查工作

在全国生态环境保护大会上,习近平总书记明确要求,各级人大及其常委会要把生态文明建设作

为重点工作领域，开展执法检查，定期听取并审议同级政府工作情况报告。栗战书委员长在全国人大常委会第四次会议上强调，人大执法检查是行使宪法法律赋予的监督权、保证法律得到有效实施的重要举措。我们要发挥好执法检查的监督作用，扎实开展好海洋环境保护法执法检查，推动法律全面有效实施。

一是突出问题导向，强调监督实效。执法检查要注意总结法律实施的成效和经验，但重点是发现那些影响法律实施、制约工作发展、损害群众利益的突出问题。要针对我国海洋生态环境保护的严峻形势，坚持问题导向，突出重点区域，以防治陆源污染物、海岸和海洋工程建设项目等为重点领域，认真查找海洋生态环境保护方面存在的突出问题，深入分析原因，提出完善制度、改进工作的建议，依法改善海洋生态环境。

二是宣传普及法律，树立法律的权威。执法检查的一个重要任务就是推动法律宣传普及。海洋环境保护法是1982年8月23日五届全国人大常委会第二十四次会议审议通过的，1999年进行了全面修订，2013年、2016年和2017年又进行了三次修正。1998年全国人大常委会开展海洋环境保护法执法检查后，有20年未再开展过对这部法律的执法检查。我们之前了解到，这部法律在全社会普及宣传还不够。要通过这次执法检查，深入宣传普及海洋环境保护法，推动党政机关特别是执法机关全面贯彻执行法律；推动企业认真学习与其经营相关的法律规定，自觉履行法律责任；让群众学习、了解法律的主要精神和内容，推动形成全社会尊法、知法、守法、用法的良好氛围。

三是推动法律全面有效实施，促进法律制度完善。随着我国建设海洋强国战略的加快实施，对海洋环境保护工作提出了新的更高要求，新一轮机构改革对海洋环境保护管理体制作出了重大调整。这次执法检查在推动海洋环境保护法宣传贯彻落实的同时，也要发现法律制度与实际情况不适应、同其他法律不协调等问题。希望浙江就进一步完善海洋环境保护法提出好的意见建议。也希望有立法权的地方人大和政府，从本地实际出发，制定出台一些更加明确、更加具体、更加严格的地方性法规，让海洋环境保护法律规定更具操作性、规范性和约束性。

四要严格执行中央八项规定精神。坚决贯彻落实中央八项规定和实施细则，轻车简从、严格自律、简化形式、注重实效，坚决杜绝形式主义、官僚主义；要深入基层、深入群众、深入实际，多听取地方同志、人大代表和群众的意见，与省里的同志一道把执法检查工作做好。

在全国人大常委会海洋环境保护法执法检查组第三次全体会议上的讲话

（2018年11月20日）

王　晨

同志们：

开展海洋环境保护法执法检查是十三届全国人大常委会深入学习贯彻习近平生态文明思想、坚决依法推动打好污染防治攻坚战的一项重要举措，也是今年全国人大常委会监督工作的重点任务之一。栗战书委员长对海洋环境保护法执法检查高度重视，专门作出重要批示。根据全国人大常委会海洋环境保护法执法检查工作方案安排，今天我们召开全国人大常委会海洋环境保护法执法检查组第三次全体会议，听取国务院有关部门、最高人民法院、最高人民检察院和中央军委后勤保障部有关负责同志对执法检查报告稿的意见和建议，共同研究起草修改好执法检查报告。

自8月27日执法检查工作正式启动以来，全国人大常委会执法检查组和受委托开展自查的省级人大常委会按照工作计划，扎实开展执法检查和自查，全面了解情况，深入剖析法律实施中存在的问题，认真提出意见建议。除常委会和专门委员会组成人员外，还有15位全国人大代表参加了这次执法检查，在检查中发挥了重要作用。国务院及有关部门、各地区积极配合这次执法检查，在各方面共同努力下，检查工作进展顺利，比较全面地掌握了法律实施情况，推动了各地学习宣传、贯彻落实习近平生态文明思想，推动了海洋环境保护法的实施,可以说前一阶段工作取得初步成果,发挥了人大执法检查的法律监督作用。

刚才,全国人大环资委主任委员高虎城同志介绍了执法检查报告起草情况和主要内容。环资委在汇总各方面情况基础上,经过认真研究,拿出了执法检查报告稿。与会国务院各部门、“两高”负责同志作了发言,大家总体上都赞成这个稿子,也提出了一些建设性的意见建议。环资委要认真研究并吸收大家的意见建议,把执法检查报告修改完善好。下面,我就做好下一步工作讲几点意见。

第一,深入学习贯彻习近平生态文明思想和习近平总书记关于建设海洋强国的重要论述精神。党的十八大以来,我国海洋生态环境保护工作取得前所未有的显著成效,这根本在于有以习近平同志为核心的党中央坚强领导,在于有习近平新时代中国特色社会主义思想的科学指引。党中央高度重视海洋事业发展和海洋生态环境保护,作出一系列决策部署,将渤海综合治理列为打好污染防治攻坚战七场标志性的重大战役之一,明确要求 3 年时间明显见成效。习近平总书记就推动建设海洋强国和海洋生态环境保护发表一系列重要论述,为我们做好海洋生态环境保护工作提供了指引和遵循。

学习宣传贯彻习近平生态文明思想和习近平总书记关于建设海洋强国的重要论述精神,是这次执法检查的首要任务。我们进行执法检查,起草执法检查报告,要坚持以习近平新时代中国特色社会主义思想为指导,牢固树立“四个意识”,不断增强“四个自信”,坚决维护习近平总书记的核心地位,坚决维护党中央权威和集中统一领导,始终在思想上政治上行动上同以习近平同志为核心的党中央保持高度一致。要深入学习领会、全面贯彻落实习近平生态文明思想和党中央决策部署,突出体现这次检查的首要任务,对照党中央决策部署查找存在的问题,分析产生问题的深层次原因,提出完善制度、改进工作的意见和建议。

学习贯彻习近平生态文明思想,要坚定不移、久久为功,要有“咬定青山不放松”、将生态环境保护进行到底的精神和干劲。特别是在国际环境不确定性增加、改革发展面临一些新任务新挑战、经济下行压力加大的情况下,这一点尤为重要。那种认为“环境治理力度过大、环保成本增加,致使经济下行”的观点是错误的。对加强生态环境保护不能有任何迟疑和动摇。党的十八大以来的实践充分说明,绿水青山就是金山银山,呵护好绿水青山、蓝天白云、碧海银滩,是我们推动经济提质增效、满足人民群众美好生活期盼的必由之路。全面加强环境保护,不仅推动产业结构优化升级、提高发展质量和效益,而且促进节能环保产业的发展,使经济社会发展更可持续、更具活力。做好生态环境保护工作,实现高质量发展,不是一朝一夕可以完成的,不能一遇到困难就想退回老路,只要坚持正确方向,坚持稳中求进工作总基调,持之以恒处理好发展与保护的关系,把握好度,使之相互促进,我们就能实现既定目标。总之,我们要坚定不移贯彻习近平生态文明思想,增强政治定力,在理念上不含糊、工作上不放松,按照党中央决策部署,加大海洋环境保护力度,坚决打好污染防治攻坚战,推动建设美丽中国。

第二,紧紧围绕海洋环境保护法的各项规定找准问题。人大的执法检查不同于中央环保督查,不同于有关部门的工作检查,必须坚持以法律为准绳,检查法律规定的约束性要求有没有落实,各类标准规范有没有制定出台,治理措施有没有依法执行到位,执法主体有没有依法履职,法律责任有没有严格追究,确保法律的每一项规定都能得到有效实施。检查中我们发现了一些问题,各地区、各部门和各级人大代表、群众代表也反映了不少问题,产生这些问题的重要原因是没有严格依法办事、依法行政、依法生产经营,没有把法律规定的责任落实到位。全国人大常委会的执法检查报告应该是严格依据法律条文、聚焦法律责任的报告,是体现人大工作特点、发挥人大法律监督作用的报告,是以事实为依据、以法律为准绳的报告,请环资委和有关部门按照这个原则修改好执法检查报告稿,充分体现法律要求和人大特色。

第三,突出重点、有针对性地提出意见建议。执法检查的监督对象是“一府两院”,有关建议也主要针对国务院及有关部门、“两高”提出,督促有关方面完善制度措施、推动和改进工作。我们要围绕党中央决策部署和重点任务,从制度建设和加强监督上提出相关建议。建议不必面面俱到,也不宜过于原则,要重点突出、务实可行,是依法必须做到,也是经过努力能够做到的。这次执法检查的重点包括入海排污口设置与管理、重点海域排污总量控制、海域生态保护红线、海岸和海洋工程建设项目等,我们也实地查看了入海河流治理、滨海湿地保护、海湾综合整治、海岸线修复、海水养殖污染防治等情况。请环资委和有关部门对照党中央关于生态文明建设和加快建设海洋强国的决策部署、重点任务和法律要求，对照此次执法检查的重点，进一步充实细化报告提出的意见建议，能明确的尽量明确，能具体的尽量具体。

第四，认真做好执法检查审议和后续跟踪监督。执法检查组全体同志和有关方面要抓紧工作，密切配合，认真做好各项准备工作。要尽快修改完善执法检查报告稿，工作尽量往前赶，如果稿子比较成熟了，可以考虑把报告提前印发常委会组成人员，以便大家做好准备，提高审议质量。党中央国务院关于加快建设海洋强国和海洋生态环境保护的重要文件，4 个检查小组的分报告、3 个省（市、区）的自查报告、问卷调查报告、随机抽查报告、国务院和地方有关配套法规和标准的制定情况等可以考虑根据需要作为参阅资料印发，便于大家充分了解情况。要认真做好后续的跟踪监督工作，常委会会议后，环资委要加强与国务院有关部门的沟通协调，督促有关方面认真落实执法检查报告和常委会组成人员的审议意见，加强和改进工作，确保执法检查取得实实在在的效果。

对检查海洋环境保护法实施情况报告的意见和建议

12 月 27 日，十三届全国人大常委会第七次会议审议了全国人大常委会副委员长沈跃跃作的全国人大常委会执法检查组关于检查海洋环境保护法实施情况的报告，共有 26 人次发言。现根据会议发言情况，将常委会组成人员和列席人员的主要意见整理如下。

出席人员普遍认为，坚持陆海统筹、加快建设海洋强国，是党的十九大作出的重大部署，事关民族生存发展和国家兴衰安危。为推动党中央决策部署贯彻落实，全国人大常委会综合运用执法检查和听取审议专项报告两种方式，从保护和开发两个维度开展监督。检查海洋环境保护法实施情况，是十三届全国人大常委会在履职开局之年进行的第二次生态环境保护领域执法检查，是常委会深入学习贯彻习近平生态文明思想、坚决依法推动打好污染防治攻坚战的实际行动和重要举措。大家充分肯定执法检查组的工作，高度评价执法检查报告，希望国务院及其有关部门对执法检查报告提出的意见认真研究处理。大家强调，要坚持以习近平生态文明思想为指导，把保护海洋生态环境作为加强生态文明建设、打好污染防治攻坚战的重要内容，依法保护和改善海洋生态环境，保护海洋资源，保障人体健康，为推动高质量发展，建设美丽中国作出贡献。审议中，大家还提出了一些具体意见和建议。

一、牢固树立绿色发展理念、强化海洋环境保护意识

部分出席人员指出，执法检查中发现一些地方依然存在向海要地、向海要利、向海排污的问题，工作中重开发、轻保护，对保护海洋环境认识不清、重视不足、态度不够坚决，等等，反映出绿色发展理念不够牢固，政绩观有偏差。要真正把习近平生态文明思想学深悟透、入脑入心，体现在行动上，落实到工作中，切实贯彻好党中央保护生态环境决策部署。有些出席人员指出，从执法检查和问卷调查了解的情况看，海洋环境保护法律法规学习宣传力度不够，一些地方和部门领导干部、企业负责人对海洋环境保护法定职责不清楚，越到基层越薄弱，群众保护海洋环境、依法维护自身权益的意识有待加强。应切实补好普法宣传教育这块“短板”，提升全社会的海洋保护意识和法治意识。

二、加大源头管控，坚决防控陆源污染

有些出席人员指出，海洋环境污染的根子主要在陆地，改善海洋环境质量的关键在于加强陆地点源和面源污染治理，实现达标排放。有的出席人员指出，陆源污染物总量巨大，来源多样，长江每年有 9000 多亿立方米水量入海，其中总氮含量始终超标；沿海地区工业密度大，规模大，而且大量是重化工企业和产业基地，同时人口密集，许多近海中小城镇和乡村的生活垃圾和污水处理能力不足，设备设施陈旧，污染物直接排入海域。要下决心整治陆地污染源的排放，用好法律、行政、经济等综合手段，高度重视防范采油炼油、化工等行业的环境污染突发事件。同时应抓好海上污染的控制，重点解决船舶油污和生活垃圾处理排放问题。有的出席

人员指出，目前对入海污染物排放管理都是按江河淡水污染物排放标准来执行，与海洋环境的客观要求相比不够科学。例如海洋环境对总氮污染物比较敏感，而淡水污染物排放标准对总氮含量要求相对宽松；近海地区工业企业和城市排放污染物入海距离近，污染物降解时间短。建议对入海污染物排放标准问题进行系统深入研究，建立健全科学合理的污染排放标准体系，做好防污治污基础性工作。有的出席人员建议，国务院及有关部门应总结和借鉴大气、水、土壤污染防治行动计划的经验，研究出台国家碧海保护行动计划的“海十条”，按照陆海统筹、联动护海原则，建立陆海一体化的海洋生态环境治理体系，构建“源头护海、河海共治、联动净海、从严管海、生态用海”的海洋生态环境保护新格局。

三、坚持保护优先，加快修复海洋生态

有些出席人员认为，应高度重视我国近海海洋生态环境保护严峻形势，切实加大海洋生态修复力度。有的出席人员指出，围海填海造地和大规模近岸开发建设，对海洋生态造成的破坏严重，必须实施最严格的围填海管控制度，对新上围填海项目从严把关，坚决防止化整为零、层层下放，对违法违规填海造地的行为严肃查处，不能以罚代管、以罚代批。有的出席人员指出，目前我国海岸线的利用普遍粗放，自然岸线越来越少、人工岸线越来越多，如环渤海湾区内有40多个码头，用地粗放、效率低下、重复建设现象突出。建议科学划定、严格坚守海洋生态红线，整合现有的港口码头，减少生产岸线，严控近岸房地产开发，依法处理违法采海沙行为等，加快恢复自然岸线。有的出席人员认为，滨海湿地保护形势严峻，一是滨海湿地面积减少，2003年到2013年，我国滨海湿地面积减少136.12万公顷，占总量的22.91%；二是滨海湿地的保护体系不健全，沿海11省（区、市）已经建立自然保护区、湿地公园等各类保护地126个，其中滨海湿地仅占24%，远低于43.51%的全国湿地平均保护率。国务院有关部门和有关地方政府应进一步强化对滨海湿地保护措施，加大保护力度。

四、深化体制机制改革，提升海洋环境保护能力

有的出席人员认为，海洋环境保护体制机制还不健全，反映市场供求和资源稀缺程度、体现生态价值和代际补偿的海洋资源有偿使用、生态损害赔偿和生态补偿制度尚未真正建立，海洋环境的价值未得到科学评估和合理体现，导致海洋环境保护成本内部化不足、生态保护得不到应有回报，制约了基层政府和企业保护海洋环境的积极性；海洋生态环境保护体制机制存在碎片化、分散化、部门化现象，涉海部门条块分割、多头管理、交叉管理依然存在，协同机制作用发挥不明显，空间规划重叠冲突、地方规划朝令夕改等问题依然存在。应加大改革力度，加强海洋生态保护能力建设。有的出席人员提出，按照新一轮机构改革方案，海洋环境保护职能由海洋管理部门划归生态环境部门，但实际操作中划转生态环境部门的编制和人员偏少，福建、广东等地的省级海洋部门向生态环境部门转移的编制和人员只有4名，江苏省只有2名，部分已进行机构改革的地级市只转隶1—2名，许多县级海洋部门因为以前没有配备专职海洋环保人员而出现无人可转的情况，导致一些地方生态环境部门面临“下不了海”的困难。建议进一步加强机构改革的统筹协调，优先划转海洋环境监测、执法、应急和科研等支撑力量，确保海洋环保工作不掉队。同时应督促各相关部门履行“管行业必须管环保”职责，落实好保护海洋生态环境的“一岗双责”。有的出席人员提出，监测能力“上强下弱”的情况较为普遍，沿海地区县一级普遍缺乏独立开展海洋环境监测的能力，没有监测机构、技术队伍和经费支持；许多基层海洋环境监测仍主要采取乘船出海手工监测方式，手段传统，能力单一，卫星遥感、生态浮标、无人机、无人船等先进监测技术设备的运用严重不足，渔业资源、浮游生物、保护区资源等数据资料匮乏。建议在国家层面进一步加强指导和支持，对重点监测区域特别是基层加大投入，加强专项能力建设，切实提高海洋环境监测预警能力。

五、加快立法步伐，完善海洋生态环境保护法律法规

有些出席人员指出，检查中各地普遍反映海洋环境保护法的一些制度规定与实际情况不适应、同其他法律不协调。近年来对海洋环境保护法的几次修改，主要是配合“放管服”改革进行的打包修改，与法律配套的行政法规也都是10年前甚至更早时间制定的。建议国务院有关部门抓紧启动海洋环境保护法修改工作，尽快修改完善相关配套法

规。有的出席人员提出，对围填海项目的审批和管理主要适用海域使用管理法，建议在修改海洋环境保护法过程中对海域使用管理法进行同步修改。有的出席人员指出，立法法对法律配套法规的制定时限作出了规定，明确要求未能按时出台的应向全国人大常委会说明情况。此次执法检查发现有一些法律明确要求制定的配套法规没有按时出台，还有多个省、市的地方性法规、规章或者规范性文件部分条款与上位法或者国家有关规定不一致，存在违法违规下放审批权等问题。各地方要继续做好生态环境保护法规清理等工作，全国人大有关专门委员会和常委会工作机构要加大监督工作力度，维护国家法制统一。还有出席人员指出，2017 年为支持行政审批制度改革修改了海洋环境保护法，将入海排污口位置审批改为备案，当时提出可以通过制定规范和标准等方式，加强事中事后监管，但各地实际监管参差不齐。要加快建立完备严格的入海排污口备案管理程序、措施和实施机制，真正把备案管理落实到位。

四、规范性文件备案审查

国务院行政法规目录

（42 件）

法规名称	公布时间	报备时间	施行时间	立法形式
快递暂行条例	2018-3-2	2018-3-2	2018-5-1	制定
中华人民共和国计量法实施细则	2018-3-19	2018-3-19	2018-3-19	修改
中华人民共和国河道管理条例	2018-3-19	2018-3-19	2018-3-19	修改
中华人民共和国防治海岸工程建设项目污染损害海洋环境管理条例	2018-3-19	2018-3-19	2018-3-19	修改
水库大坝安全管理条例	2018-3-19	2018-3-19	2018-3-19	修改
城市供水条例	2018-3-19	2018-3-19	2018-3-19	修改
城市房地产开发经营管理条例	2018-3-19	2018-3-19	2018-3-19	修改
中华人民共和国森林法实施条例	2018-3-19	2018-3-19	2018-3-19	修改
中华人民共和国人民币管理条例	2018-3-19	2018-3-19	2018-3-19	修改
物业管理条例	2018-3-19	2018-3-19	2018-3-19	修改
中华人民共和国知识产权海关保护条例	2018-3-19	2018-3-19	2018-3-19	修改
病原微生物实验室生物安全管理条例	2018-3-19	2018-3-19	2018-3-19	修改
中华人民共和国濒危野生动植物进出口管理条例	2018-3-19	2018-3-19	2018-3-19	修改
防治海洋工程建设项目污染损害海洋环境管理条例	2018-3-19	2018-3-19	2018-3-19	修改
土地调查条例	2018-3-19	2018-3-19	2018-3-19	修改
防治船舶污染海洋环境管理条例	2018-3-19	2018-3-19	2018-3-19	修改
消耗臭氧层物质管理条例	2018-3-19	2018-3-19	2018-3-19	修改
中华人民共和国海关事务担保条例	2018-3-19	2018-3-19	2018-3-19	修改
中华人民共和国招标投标法实施条例	2018-3-19	2018-3-19	2018-3-19	修改
中华人民共和国私营企业暂行条例	2018-3-19	2018-3-19	2018-3-19	废止
中华人民共和国水污染防治法实施细则	2018-3-19	2018-3-19	2018-3-19	废止
地质勘查资质管理条例	2018-3-19	2018-3-19	2018-3-19	废止
种畜禽管理条例	2018-3-19	2018-3-19	2018-3-19	废止
劳动教养试行办法	2018-3-19	2018-3-19	2018-3-19	废止
奥林匹克标志保护条例	2018-6-28	2018-6-28	2018-7-31	修改
人力资源市场暂行条例	2018-6-29	2018-6-29	2018-10-1	制定
医疗纠纷预防和处理条例	2018-7-31	2018-7-31	2018-10-1	制定
全国经济普查条例	2018-8-11	2018-8-11	2018-8-11	修改
卫星地面接收设施接收外国卫星传送电视节目管理办法	2018-9-18	2018-9-18	2018-9-18	修改

续表

法规名称	公布时间	报备时间	施行时间	立法形式
有线电视管理暂行办法	2018-9-18	2018-9-18	2018-9-18	修改
中药品种保护条例	2018-9-18	2018-9-18	2018-9-18	修改
卫星电视广播地面接收设施管理规定	2018-9-18	2018-9-18	2018-9-18	修改
反兴奋剂条例	2018-9-18	2018-9-18	2018-9-18	修改
易制毒化学品管理条例	2018-9-18	2018-9-18	2018-9-18	修改
国务院关于经营者集中申报标准的规定	2018-9-18	2018-9-18	2018-9-18	修改
外国企业常驻代表机构登记管理条例	2018-9-18	2018-9-18	2018-9-18	修改
戒毒条例	2018-9-18	2018-9-18	2018-9-18	修改
残疾预防和残疾人康复条例	2018-9-18	2018-9-18	2018-9-18	修改
行政区划管理条例	2018-10-10	2018-10-10	2019-1-1	制定
国务院关于行政区划管理的规定	2018-10-10	2018-10-10	2019-1-1	文中废止
中华人民共和国消防救援衔标志式样和佩带办法	2018-11-6	2018-11-6	2018-11-6	制定
专利代理条例	2018-11-6	2018-11-6	2019-3-1	修改
中华人民共和国个人所得税法实施条例	2018-12-18	2018-12-18	2019-1-1	修改

北京市地方性法规目录

（15 件）

法规名称	通过或批准时间	公布时间	报备时间	施行时间	立法形式
北京市大气污染防治条例	2018 年 3 月 30 日北京市第十五届人民代表大会常务委员会第三次会议修改	2018-3-30	2018-8-23	2018-3-30	修改
北京市实施《中华人民共和国大气污染防治法》办法	在《北京市大气污染防治条例》中被明文予以废止	2018-3-30	2018-8-23	2018-3-30	文中废止
北京市水污染防治条例	2018 年 3 月 30 日北京市第十五届人民代表大会常务委员会第三次会议修改	2018-3-30	2018-8-23	2018-3-30	修改
北京市实施《中华人民共和国防洪法》办法	2018 年 3 月 30 日北京市第十五届人民代表大会常务委员会第三次会议修改	2018-3-30	2018-8-23	2018-3-30	修改
北京市水利工程保护管理条例	2018 年 3 月 30 日北京市第十五届人民代表大会常务委员会第三次会议修改	2018-3-30	2018-8-23	2018-3-30	修改
北京市实施《中华人民共和国种子法》办法	2018 年 3 月 30 日北京市第十五届人民代表大会常务委员会第三次会议修改	2018-3-30	2018-8-23	2018-3-30	修改
北京市实施《中华人民共和国野生动物保护法》办法	2018 年 3 月 30 日北京市第十五届人民代表大会常务委员会第三次会议修改	2018-3-30	2018-8-23	2018-3-30	修改
北京市森林资源保护管理条例	2018 年 3 月 30 日北京市第十五届人民代表大会常务委员会第三次会议修改	2018-3-30	2018-8-23	2018-3-30	修改
北京市机动车停车条例	2018 年 3 月 30 日北京市第十五届人民代表大会常务委员会第三次会议通过	2018-3-30	2018-8-29	2018-5-1	制定
北京市国家工作人员宪法宣誓组织办法	2018 年 3 月 30 日北京市第十五届人民代表大会常务委员会第三次会议修改	2018-3-30	2018-8-29	2018-3-30	修改
北京市查处非法客运若干规定	2018 年 5 月 31 日北京市第十五届人民代表大会常务委员会第四次会议通过	2018-5-31	2018-8-29	2018-7-1	制定

续表

法规名称	通过或批准时间	公布时间	报备时间	施行时间	立法形式
北京市非机动车管理条例	2018年9月28日北京市第十五届人民代表大会常务委员会第七次会议通过	2018-9-28	2018-11-12	2018-11-1	制定
北京市实施《中华人民共和国道路交通安全法》办法	2018年9月28日北京市第十五届人民代表大会常务委员会第七次会议修改	2018-9-28	2018-11-12	2018-9-28	修改
北京市人民代表大会常务委员会关于市人民政府机构改革涉及地方性法规规定的行政机关职责调整问题的决定	2018年11月23日北京市第十五届人民代表大会常务委员会第九次会议通过	2018-11-23	2019-3-11	2018-11-24	制定
北京市气象灾害防御条例	2018年11月23日北京市第十五届人民代表大会常务委员会第九次会议通过	2018-11-23	2019-3-11	2019-1-1	制定
北京市小规模食品生产经营管理规定	2018年12月27日北京市第十五届人民代表大会常务委员会第十次会议通过	2018-12-27	2019-3-11	2019-7-1	制定

天津市地方性法规目录

（57件）

法规名称	通过或批准时间	公布时间	报备时间	施行时间	立法形式
天津市实施宪法宣誓制度办法	2018年3月29日天津市第十七届人民代表大会常务委员会第二次会议修改	2018-3-29	2018-3-29	2018-3-29	修改
天津市人民代表大会常务委员会关于加强滨海新区与中心城区中间地带规划管控建设绿色生态屏障的决定	2018年5月28日天津市第十七届人民代表大会常务委员会第三次会议通过	2018-5-28	2018-5-28	2018-5-28	制定
天津市物业管理条例	2018年5月28日天津市第十七届人民代表大会常务委员会第三次会议修改	2018-5-28	2018-5-28	2018-5-28	修改
天津市人民代表大会常务委员会讨论、决定重大事项的规定	2018年7月25日天津市第十七届人民代表大会常务委员会第四次会议修改	2018-7-25	2018-7-25	2018-7-25	修改
天津市公共文化服务保障与促进条例	2018年9月29日天津市第十七届人民代表大会常务委员会第五次会议通过	2018-9-29	2018-9-29	2018-11-1	制定
天津市实施《中华人民共和国种子法》办法	2018年9月29日天津市第十七届人民代表大会常务委员会第五次会议修改	2018-9-29	2018-9-29	2018-11-1	修改
天津市特种设备安全条例	2018年9月29日天津市第十七届人民代表大会常务委员会第五次会议通过	2018-9-29	2018-9-29	2018-11-1	制定
天津市大气污染防治条例	2018年9月29日天津市第十七届人民代表大会常务委员会第五次会议修改	2018-9-29	2018-9-29	2018-9-29	修改
天津市海洋环境保护条例	2018年9月29日天津市第十七届人民代表大会常务委员会第五次会议修改	2018-9-29	2018-9-29	2018-9-29	修改
天津市海域使用管理条例	2018年9月29日天津市第十七届人民代表大会常务委员会第五次会议修改	2018-9-29	2018-9-29	2018-9-29	修改
天津市矿产资源管理条例	2018年9月29日天津市第十七届人民代表大会常务委员会第五次会议修改	2018-9-29	2018-9-29	2018-9-29	修改
天津市建筑节约能源条例	2018年9月29日天津市第十七届人民代表大会常务委员会第五次会议修改	2018-9-29	2018-9-29	2018-9-29	修改

续表

法规名称	通过或批准时间	公布时间	报备时间	施行时间	立法形式
天津市防洪抗旱条例	2018 年 9 月 29 日天津市第十七届人民代表大会常务委员会第五次会议修改	2018-9-29	2018-9-29	2018-9-29	修改
天津市河道管理条例	2018 年 9 月 29 日天津市第十七届人民代表大会常务委员会第五次会议修改	2018-9-29	2018-9-29	2018-9-29	修改
天津市预防和治理校园欺凌若干规定	2018 年 11 月 21 日天津市第十七届人民代表大会常务委员会第六次会议通过	2018-11-21	2018-11-21	2018-11-21	制定
天津市促进精神文明建设条例	2018 年 11 月 21 日天津市第十七届人民代表大会常务委员会第六次会议通过	2018-11-21	2018-11-21	2019-1-1	制定
天津市预算审查监督条例	2018 年 11 月 21 日天津市第十七届人民代表大会常务委员会第六次会议通过	2018-11-21	2018-11-21	2019-1-1	制定
天津市人民代表大会常务委员会关于市人民政府机构改革涉及地方性法规规定的行政机关职责调整问题的决定	2018 年 11 月 21 日天津市第十七届人民代表大会常务委员会第六次会议通过	2018-11-21	2018-11-21	2018-11-22	制定
天津市消费者权益保护条例	2018 年 11 月 21 日天津市第十七届人民代表大会常务委员会第六次会议修改	2018-11-21	2018-11-21	2019-1-1	修改
天津市产品质量监督条例	2018 年 11 月 21 日天津市第十七届人民代表大会常务委员会第六次会议修改	2018-11-21	2018-11-21	2019-1-1	修改
天津市实施《中华人民共和国水法》办法	2018 年 11 月 21 日天津市第十七届人民代表大会常务委员会第六次会议修改	2018-11-21	2018-11-21	2019-1-1	修改
天津市水污染防治条例	2018 年 11 月 21 日天津市第十七届人民代表大会常务委员会第六次会议修改	2018-11-21	2018-11-21	2019-1-1	修改
天津市植物保护条例	2018 年 12 月 14 日天津市第十七届人民代表大会常务委员会第七次会议修改	2018-12-14	2018-12-14	2018-12-14	修改
天津市农药管理条例	2018 年 12 月 14 日天津市第十七届人民代表大会常务委员会第七次会议修改	2018-12-14	2018-12-14	2018-12-14	修改
天津市客运出租汽车管理条例	2018 年 12 月 14 日天津市第十七届人民代表大会常务委员会第七次会议修改	2018-12-14	2018-12-14	2018-12-14	修改
天津市计量管理条例	2018 年 12 月 14 日天津市第十七届人民代表大会常务委员会第七次会议修改	2018-12-14	2018-12-14	2018-12-14	修改
天津市河道管理条例	2018 年 12 月 14 日天津市第十七届人民代表大会常务委员会第七次会议修改	2018-12-14	2018-12-14	2018-12-14	修改
天津市实施《中华人民共和国水土保持法》办法	2018 年 12 月 14 日天津市第十七届人民代表大会常务委员会第七次会议修改	2018-12-14	2018-12-14	2018-12-14	修改
天津市城市供水用水条例	2018 年 12 月 14 日天津市第十七届人民代表大会常务委员会第七次会议修改	2018-12-14	2018-12-14	2018-12-14	修改
天津市节约用水条例	2018 年 12 月 14 日天津市第十七届人民代表大会常务委员会第七次会议修改	2018-12-14	2018-12-14	2018-12-14	修改
天津市农业机械管理条例	2018 年 12 月 14 日天津市第十七届人民代表大会常务委员会第七次会议修改	2018-12-14	2018-12-14	2018-12-14	修改
天津市渔业管理条例	2018 年 12 月 14 日天津市第十七届人民代表大会常务委员会第七次会议修改	2018-12-14	2018-12-14	2018-12-14	修改
天津市人才流动条例	2018 年 12 月 14 日天津市第十七届人民代表大会常务委员会第七次会议修改	2018-12-14	2018-12-14	2018-12-14	修改
天津市就业促进条例	2018 年 12 月 14 日天津市第十七届人民代表大会常务委员会第七次会议修改	2018-12-14	2018-12-14	2018-12-14	修改

续表

法规名称	通过或批准时间	公布时间	报备时间	施行时间	立法形式
天津市爱国卫生工作条例	2018 年 12 月 14 日天津市第十七届人民代表大会常务委员会第七次会议修改	2018-12-14	2018-12-14	2018-12-14	修改
天津市档案管理条例	2018 年 12 月 14 日天津市第十七届人民代表大会常务委员会第七次会议修改	2018-12-14	2018-12-14	2018-12-14	修改
天津市道路交通安全管理若干规定	2018 年 12 月 14 日天津市第十七届人民代表大会常务委员会第七次会议修改	2018-12-14	2018-12-14	2018-12-14	修改
天津市安全技术防范管理条例	2018 年 12 月 14 日天津市第十七届人民代表大会常务委员会第七次会议修改	2018-12-14	2018-12-14	2018-12-14	修改
天津市失业保险条例	2018 年 12 月 14 日天津市第十七届人民代表大会常务委员会第七次会议修改	2018-12-14	2018-12-14	2018-12-14	修改
天津市殡葬管理条例	2018 年 12 月 14 日天津市第十七届人民代表大会常务委员会第七次会议修改	2018-12-14	2018-12-14	2018-12-14	修改
天津市城乡规划条例	2018 年 12 月 14 日天津市第十七届人民代表大会常务委员会第七次会议修改	2018-12-14	2018-12-14	2018-12-14	修改
天津市地下空间规划管理条例	2018 年 12 月 14 日天津市第十七届人民代表大会常务委员会第七次会议修改	2018-12-14	2018-12-14	2018-12-14	修改
天津市实施《中华人民共和国防空法》办法	2018 年 12 月 14 日天津市第十七届人民代表大会常务委员会第七次会议修改	2018-12-14	2018-12-14	2018-12-14	修改
天津市历史风貌建筑保护条例	2018 年 12 月 14 日天津市第十七届人民代表大会常务委员会第七次会议修改	2018-12-14	2018-12-14	2018-12-14	修改
天津市土地管理条例	2018 年 12 月 14 日天津市第十七届人民代表大会常务委员会第七次会议修改	2018-12-14	2018-12-14	2018-12-14	修改
天津市物业管理条例	2018 年 12 月 14 日天津市第十七届人民代表大会常务委员会第七次会议修改	2018-12-14	2018-12-14	2018-12-14	修改
天津市矿产资源管理条例	2018 年 12 月 14 日天津市第十七届人民代表大会常务委员会第七次会议修改	2018-12-14	2018-12-14	2018-12-14	修改
天津市绿化条例	2018 年 12 月 14 日天津市第十七届人民代表大会常务委员会第七次会议修改	2018-12-14	2018-12-14	2018-12-14	修改
天津市市容和环境卫生管理条例	2018 年 12 月 14 日天津市第十七届人民代表大会常务委员会第七次会议修改	2018-12-14	2018-12-14	2018-12-14	修改
天津市燃气管理条例	2018 年 12 月 14 日天津市第十七届人民代表大会常务委员会第七次会议修改	2018-12-14	2018-12-14	2018-12-14	修改
天津市供热用热条例	2018 年 12 月 14 日天津市第十七届人民代表大会常务委员会第七次会议修改	2018-12-14	2018-12-14	2018-12-14	修改
天津市建筑市场管理条例	2018 年 12 月 14 日天津市第十七届人民代表大会常务委员会第七次会议修改	2018-12-14	2018-12-14	2018-12-14	修改
天津市建筑节约能源条例	2018 年 12 月 14 日天津市第十七届人民代表大会常务委员会第七次会议修改	2018-12-14	2018-12-14	2018-12-14	修改
天津市建设工程施工安全管理条例	2018 年 12 月 14 日天津市第十七届人民代表大会常务委员会第七次会议修改	2018-12-14	2018-12-14	2018-12-14	修改
天津市促进大数据发展应用条例	2018 年 12 月 14 日天津市第十七届人民代表大会常务委员会第七次会议通过	2018-12-14	2018-12-14	2019-1-1	制定
天津市非物质文化遗产保护条例	2018 年 12 月 14 日天津市第十七届人民代表大会常务委员会第七次会议通过	2018-12-14	2018-12-14	2019-1-1	制定
天津市地名管理条例	2018 年 12 月 14 日天津市第十七届人民代表大会常务委员会第七次会议修改	2018-12-14	2018-12-14	2019-3-1	修改

河北省地方性法规目录

（60件）

法规名称	通过或批准时间	公布时间	报备时间	施行时间	立法形式
河北省种子管理条例	2018年3月29日河北省第十三届人民代表大会常务委员会第二次会议通过	2018-3-29	2018-4-28	2018-6-1	制定
秦皇岛市制定地方性法规条例	2017年12月22日秦皇岛市第十四届人民代表大会第二次会议通过，2018年3月29日河北省第十三届人民代表大会常务委员会第二次会议批准	2018-4-2	2018-4-28	2018-7-1	制定
秦皇岛市物业管理条例	2017年10月27日秦皇岛市第十四届人民代表大会常务委员会第五次会议通过，2018年3月29日河北省第十三届人民代表大会常务委员会第二次会议批准	2018-4-3	2018-4-28	2018-7-1	制定
沧州市城市绿化管理条例	2017年10月27日沧州市第十四届人民代表大会常务委员会第四次会议通过，2018年3月29日河北省第十三届人民代表大会常务委员会第二次会议批准	2018-4-3	2018-4-28	2018-6-1	制定
保定市工业遗产保护与利用条例	2017年12月15日保定市第十五届人民代表大会常务委员会第五次会议通过，2018年3月29日河北省第十三届人民代表大会常务委员会第二次会议批准	2018-4-3	2018-4-28	2018-7-1	制定
邢台市河道采砂管理条例	2017年11月29日邢台市第十五届人民代表大会常务委员会第五次会议通过，2018年3月29日河北省第十三届人民代表大会常务委员会第二次会议批准	2018-4-8	2018-4-28	2018-6-1	制定
邯郸市村庄建设条例	2017年10月30日邯郸市第十五届人民代表大会常务委员会第五次会议通过，2018年3月29日河北省第十三届人民代表大会常务委员会第二次会议批准	2018-4-10	2018-4-28	2018-6-1	制定
邯郸市村镇规划建设管理条例	在《邯郸市村庄建设条例》中被明文予以废止	2018-4-10	2018-4-28	2018-6-1	文中废止
邯郸市节约能源条例	2017年10月30日邯郸市第十五届人民代表大会常务委员会第五次会议废止，2018年3月29日河北省第十三届人民代表大会常务委员会第二次会议批准废止	2018-4-12	2018-4-28	2018-4-12	废止
邯郸市城市绿化条例	2017年10月30日邯郸市第十五届人民代表大会常务委员会第五次会议修改，2018年3月29日河北省第十三届人民代表大会常务委员会第二次会议批准修改	2018-4-12	2018-4-28	2018-5-1	修改
邯郸市客运出租汽车管理条例	2017年10月30日邯郸市第十五届人民代表大会常务委员会第五次会议修改，2018年3月29日河北省第十三届人民代表大会常务委员会第二次会议批准修改	2018-4-12	2018-4-28	2018-5-1	修改
邯郸市水网建设与保护条例	2017年10月30日邯郸市第十五届人民代表大会常务委员会第五次会议修改，2018年3月29日河北省第十三届人民代表大会常务委员会第二次会议批准修改	2018-4-12	2018-4-28	2018-5-1	修改

续表

法规名称	通过或批准时间	公布时间	报备时间	施行时间	立法形式
邯郸市城市供水用水管理条例	2017年10月30日邯郸市第十五届人民代表大会常务委员会第五次会议修改,2018年3月29日河北省第十三届人民代表大会常务委员会第二次会议批准修改	2018-4-12	2018-4-28	2018-5-1	修改
邯郸市城市排水与污水处理条例	2017年10月30日邯郸市第十五届人民代表大会常务委员会第五次会议修改,2018年3月29日河北省第十三届人民代表大会常务委员会第二次会议批准修改	2018-4-12	2018-4-28	2018-5-1	修改
邯郸市城市供热条例	2017年10月30日邯郸市第十五届人民代表大会常务委员会第五次会议修改,2018年3月29日河北省第十三届人民代表大会常务委员会第二次会议批准修改	2018-4-12	2018-4-28	2018-5-1	修改
邯郸市建筑垃圾处置条例	2017年10月30日邯郸市第十五届人民代表大会常务委员会第五次会议修改,2018年3月29日河北省第十三届人民代表大会常务委员会第二次会议批准修改	2018-4-12	2018-4-28	2018-5-1	修改
邯郸市城市市容和环境卫生条例	2017年10月30日邯郸市第十五届人民代表大会常务委员会第五次会议修改,2018年3月29日河北省第十三届人民代表大会常务委员会第二次会议批准修改	2018-4-12	2018-4-28	2018-5-1	修改
邯郸市居住证条例	2017年10月30日邯郸市第十五届人民代表大会常务委员会第五次会议修改,2018年3月29日河北省第十三届人民代表大会常务委员会第二次会议批准修改	2018-4-12	2018-4-28	2018-5-1	修改
河北省水污染防治条例	2018年5月31日河北省第十三届人民代表大会常务委员会第三次会议修改	2018-5-31	2018-6-26	2018-9-1	修改
河北省种畜禽管理条例	2018年5月31日河北省第十三届人民代表大会常务委员会第三次会议废止	2018-5-31	2018-6-26	2018-5-31	废止
河北省实施《中华人民共和国气象法》办法	2018年5月31日河北省第十三届人民代表大会常务委员会第三次会议修改	2018-5-31	2018-6-26	2018-5-31	修改
河北省实施《中华人民共和国招标投标法》办法	2018年5月31日河北省第十三届人民代表大会常务委员会第三次会议修改	2018-5-31	2018-6-26	2018-5-31	修改
河北省母婴保健条例	2018年5月31日河北省第十三届人民代表大会常务委员会第三次会议修改	2018-5-31	2018-6-26	2018-5-31	修改
河北省计量监督管理条例	2018年5月31日河北省第十三届人民代表大会常务委员会第三次会议修改	2018-5-31	2018-6-26	2018-5-31	修改
河北省实施《中华人民共和国水土保持法》办法	2018年5月31日河北省第十三届人民代表大会常务委员会第三次会议修改	2018-5-31	2018-6-26	2018-5-31	修改
河北省实施《中华人民共和国森林法》办法	2018年5月31日河北省第十三届人民代表大会常务委员会第三次会议修改	2018-5-31	2018-6-26	2018-5-31	修改
河北省人大常委会关于促进农作物秸秆综合利用和禁止露天焚烧的决定	2018年5月31日河北省第十三届人民代表大会常务委员会第三次会议修改	2018-5-31	2018-6-26	2018-5-31	修改
河北省陆生野生动物保护条例	2018年5月31日河北省第十三届人民代表大会常务委员会第三次会议修改	2018-5-31	2018-6-26	2018-5-31	修改
河北省人民代表大会常务委员会议事规则	2018年5月31日河北省第十三届人民代表大会常务委员会第三次会议修改	2018-5-31	2018-6-26	2018-5-31	修改
河北省人民代表大会常务委员会组成人员守则	2018年5月31日河北省第十三届人民代表大会常务委员会第三次会议修改	2018-5-31	2018-6-26	2018-5-31	修改

续表

法规名称	通过或批准时间	公布时间	报备时间	施行时间	立法形式
河北省实施宪法宣誓制度办法	2018 年 5 月 31 日河北省第十三届人民代表大会常务委员会第三次会议修改	2018-5-31	2018-6-26	2018-5-31	修改
石家庄市公共文明行为条例	2018 年 4 月 25 日石家庄市第十三届人民代表大会常务委员会第十一次会议通过，2018 年 5 月 31 日河北省第十三届人民代表大会常务委员会第三次会议批准	2018-6-4	2018-6-26	2018-7-1	制定
承德市制定地方性法规条例	2018 年 2 月 7 日承德市第十四届人民代表大会第三次会议通过，2018 年 5 月 31 日河北省第十三届人民代表大会常务委员会第三次会议批准	2018-6-7	2018-6-26	2018-6-7	制定
秦皇岛市长城保护条例	2017 年 12 月 18 日秦皇岛市第十四届人民代表大会常务委员会第六次会议通过，2018 年 5 月 31 日河北省第十三届人民代表大会常务委员会第三次会议批准	2018-6-5	2018-6-26	2018-9-1	制定
唐山市地方立法条例	2018 年 2 月 11 日唐山市第十五届人民代表大会第三次会议修改，2018 年 5 月 31 日河北省第十三届人民代表大会常务委员会第三次会议批准修改	2018-6-6	2018-6-26	2018-7-1	修改
沧州市地方立法条例	2018 年 2 月 11 日沧州市第十四届人民代表大会第三次会议通过，2018 年 5 月 31 日河北省第十三届人民代表大会常务委员会第三次会议批准	2018-6-1	2018-6-26	2018-7-1	制定
河北省促进企业技术创新条例	2018 年 7 月 27 日河北省第十三届人民代表大会常务委员会第四次会议通过	2018-7-27	2018-9-10	2018-9-1	制定
河北省地方立法条例	2018 年 7 月 27 日河北省第十三届人民代表大会常务委员会第四次会议修改	2018-7-27	2018-9-10	2018-9-1	修改
河北省工会劳动法律监督条例	2018 年 7 月 27 日河北省第十三届人民代表大会常务委员会第四次会议通过	2018-7-27	2018-9-10	2018-12-1	制定
河北省人民代表大会常务委员会关于促进农作物秸秆综合利用和禁止露天焚烧的决定	2018 年 5 月 31 日河北省第十三届人民代表大会常务委员会第三次会议《关于修改部分法规的决定》修改，2018 年 7 月 27 日河北省第十三届人民代表大会常务委员会第四次会议批准修改	2018-7-27	2018-9-10	2018-8-1	修改
河北省实施《中华人民共和国红十字会法》办法	2018 年 7 月 27 日在河北省第十三届人民代表大会常务委员会第四次会议修改	2018-7-27	2018-9-10	2018-9-1	修改
承德市水源涵养功能区保护条例	2018 年 4 月 27 日承德市第十四届人民代表大会常务委员会第九次会议通过，2018 年 7 月 27 日河北省第十三届人民代表大会常务委员会第四次会议批准	2018-7-31	2018-9-10	2018-10-1	制定
河北省地下水管理条例	2018 年 9 月 20 日河北省第十三届人民代表大会常务委员会第五次会议修改	2018-9-20	2018-10-15	2018-11-1	修改
河北省老年人权益保障条例	2018 年 9 月 20 日河北省第十三届人民代表大会常务委员会第五次会议通过	2018-9-20	2018-10-15	2018-12-1	制定
河北省老年人保护条例	在《河北省老年人权益保障条例》中被明文予以废止	2018-9-20	2018-10-15	2018-12-1	文中废止
河北省人民代表大会常务委员会关于加强人民法院执行工作的决议	2018 年 9 月 20 日河北省第十三届人民代表大会常务委员会第五次会议通过	2018-9-20	2018-10-15	2018-9-20	制定
河北省人民代表大会常务委员会关于进一步加强人民法院执行工作的决议	在《河北省人民代表大会常务委员会关于加强人民法院执行工作的决议》中被明文予以废止	2018-9-20	2018-10-15	2018-9-20	文中废止

续表

法规名称	通过或批准时间	公布时间	报备时间	施行时间	立法形式
石家庄市国家建设项目审计条例	2018 年 6 月 27 日石家庄市第十四届人民代表大会常务委员会第十二次会议修改，2018 年 9 月 20 日河北省第十三届人民代表大会常务委员会第五次会议批准修改	2018-9-27	2018-10-15	2018-11-1	修改
石家庄市人才发展促进条例	2018 年 8 月 29 日石家庄市第十四届人民代表大会常务委员会第十三次会议通过，2018 年 9 月 20 日河北省第十三届人民代表大会常务委员会第五次会议批准	2018-9-25	2018-10-15	2018-11-1	制定
唐山市房地产交易管理条例	2018 年 4 月 25 日唐山市第十五届人民代表大会常务委员会第十四次会议通过，2018 年 9 月 20 日河北省第十三届人民代表大会常务委员会第五次会议批准	2018-9-29	2018-10-15	2019-1-1	制定
唐山市城市房地产交易管理条例	在《唐山市房地产交易管理条例》中被明文予以废止	2018-9-29	2018-10-15	2019-1-1	文中废止
廊坊市市容和环境卫生条例	2018 年 6 月 28 日廊坊市第七届人民代表大会常务委员会第九次会议通过，2018 年 9 月 20 日河北省第十三届人民代表大会常务委员会第五次会议批准	2018-9-30	2018-10-15	2018-12-1	制定
衡水湖水质保护条例	2018 年 8 月 28 日市第六届人民代表大会常务委员会第十二次会议通过，2018 年 9 月 20 日河北省第十三届人民代表大会常务委员会第五次会议批准	2018-10-8	2018-10-15	2019-3-1	制定
河北省人民代表大会常务委员会关于加强扬尘污染防治的决定	2018 年 10 月 19 日河北省第十三届人民代表大会常务委员会第六次会议通过	2018-10-19	2018-11-14	2018-11-1	制定
河北省人民代表大会常务委员会关于进一步提升行政审批效能的决定	2018 年 10 月 19 日河北省第十三届人民代表大会常务委员会第六次会议通过	2018-10-19	2018-11-14	2018-11-1	制定
河北省促进绿色建筑发展条例	2018 年 11 月 23 日河北省第十三届人民代表大会常务委员会第七次会议通过	2018-11-23	2019-1-16	2019-1-1	制定
河北省人民代表大会常务委员会关于河北雄安新区中级人民法院和河北省人民检察院雄安新区分院人事任免的暂行办法	2018 年 11 月 23 日河北省第十三届人民代表大会常务委员会第七次会议通过	2018-11-23	2019-1-16	2018-11-23	制定
石家庄市水土保持条例	2018 年 8 月 29 日石家庄市第十四届人民代表大会常务委员会第十三次会议修改，2018 年 11 月 23 日河北省第十三届人民代表大会常务委员会第七次会议批准修改	2018-11-27	2019-1-16	2018-11-27	修改
石家庄市河道管理条例	2018 年 8 月 29 日石家庄市第十四届人民代表大会常务委员会第十三次会议修改，2018 年 11 月 23 日河北省第十三届人民代表大会常务委员会第七次会议批准修改	2018-11-27	2019-1-16	2018-11-27	修改
邢台市城乡生活垃圾处理一体化管理条例	2018 年 10 月 29 日，邢台市第十五届人民代表大会常务委员会第十五次会议通过，2018 年 11 月 23 日，河北省第十三届人民代表大会常务委员会第七次会议批准	2018-11-29	2018-1-16	2019-1-1	制定
邯郸市减少污染物排放条例	2018 年 8 月 30 日邯郸市第十五届人民代表大会常务委员会第十一次会议修改，2018 年 1 月 23 日河北省第十三届人民代表大会常务委员会第七次会议批准修改	2018-12-17	2019-1-16	2018-12-17	修改

续表

法规名称	通过或批准时间	公布时间	报备时间	施行时间	立法形式
邯郸市城市绿化条例	2018年8月30日邯郸市第十五届人民代表大会常务委员会第十一次会议修改，2018年11月23日河北省第十三届人民代表大会常务委员会第七次会议批准修改	2018-12-17	2019-1-16	2018-12-17	修改
邯郸市城市房地产交易管理条例	2018年8月30日邯郸市第十五届人民代表大会常务委员会第十一次会议废止，2018年11月23日河北省第十三届人民代表大会常务委员会第七次会议批准废止	2018-12-17	2019-1-16	2018-12-17	废止
张家口市城市绿化条例	2018年10月23日张家口市第十四届人民代表大会常务委员会第十四次会议通过，2018年11月23日河北省第十三届人民代表大会常务委员会第七次会议批准	2018-12-21	2019-1-16	2019-2-1	制定

山西省地方性法规目录

（35件）

法规名称	通过或批准时间	公布时间	报备时间	施行时间	立法形式
晋中市禁止燃放烟花爆竹规定	2017年10月31日晋中市第四届人民代表大会常务委员会第十次会议通过，2018年1月22日山西省第十二届人民代表大会常务委员会第四十三次会议批准	2018-1-23	2018-1-25	2018-1-23	制定
大同市智慧城市促进条例	2017年10月31日大同市第十五届人民代表大会常务委员会第八次会议通过．2018年1月22日山西省第十二届人民代表大会常务委员会第四十三次会议批准	2018-1-25	2018-1-25	2018-5-1	制定
太原市大气污染防治条例	2017年12月26日太原市第十四届人民代表大会常务委员会第八次会议通过，2018年3月30日山西省第十三届人民代表大会常务委员会第二次会议批准	2018-4-3	2018-4-25	2018-5-1	制定
太原市生态环境保护条例	2017年12月26日太原市第十四届人民代表大会常务委员会第八次会议通过，2018年3月30日山西省第十三届人民代表大会常务委员会第二次会议批准	2018-4-3	2018-4-25	2018-5-1	制定
大同市电梯安全条例	2017年12月26日大同市第十五届人民代表大会常务委员会第十一次会议通过，2018年3月30日山西省第十三届人民代表大会常务委员会第二次会议批准	2018-4-8	2018-4-25	2018-6-1	制定
长治市辛安泉饮用水水源地保护条例	2017年12月28日山西省长治市第十四届人大常委会第七次会议通过，2018年3月30日山西省第十三届人民代表大会常务委员会第二次会议批准	2018-4-17	2018-4-25	2018-7-1	制定
阳泉市城市绿化条例	2018年2月7日阳泉市第十五届人民代表大会常务委员会第十次会议通过，2018年3月30日山西省十三届人民代表大会常务委员会第二次会议批准	2018-4-23	2018-4-25	2018-7-1	制定
阳泉市道路交通安全管理条例	2018年2月7日阳泉市第十五届人民代表大会常务委员会第十次会议通过，2018年3月30日山西省十三届人民代表大会常务委员会第二次会议批准	2018-4-23	2018-4-25	2018-7-1	制定

续表

法规名称	通过或批准时间	公布时间	报备时间	施行时间	立法形式
山西省家庭教育促进条例	2018 年 5 月 31 日山西省第十三届人民代表大会常务委员会第三次会议通过	2018-5-31	2018-6-25	2018-9-1	制定
云冈石窟保护条例	2018 年 3 月 1 日大同市第十五届人民代表大会常务委员会第十二次会议通过，2018 年 5 月 31 日山西省第十三届人民代表大会常务委员会第三次会议批准	2018-6-8	2018-6-25	2018-8-1	制定
大同市云冈石窟保护管理条例	在《云冈石窟保护条例》中被明文予以废止	2018-6-8	2018-6-25	2018-8-1	文中废止
山西省人民代表大会常务委员会关于在全省省级以上开发区推广山西转型综合改革示范区授权经验的决定	2018 年 8 月 3 日山西省第十三届人民代表大会常务委员会第四次会议通过	2018-8-3	2018-8-27	2018-8-3	制定
山西省平遥古城保护例	2018 年 9 月 30 日山西省第十三届人民代表大会常务委员会第五次会议修改	2018-9-30	2018-10-24	2018-12-3	修改
山西省人民代表大会常务委员会关于促进农作物秸秆综合利用和禁止露天焚烧的决定	2018 年 9 月 30 日山西省第十三届人民代表大会常务委员会第五次会议通过	2018-9-30	2018-10-24	2018-9-30	制定
山西省人民代表大会常务委员会关于长治市部分行政区划调整若干问题的决定	2018 年 9 月 30 日山西省第十三届人民代表大会常务委员会第五次会议通过	2018-9-30	2018-10-24	2018-9-30	制定
山西省节约能源条例	2018 年 9 月 30 日山西省第十三届人民代表大会常务委员会第五次会议修改	2018-9-30	2018-10-24	2018-9-30	修改
山西省城乡规划条例	2018 年 9 月 30 日山西省第十三届人民代表大会常务委员会第五次会议修改	2018-9-30	2018-10-24	2018-9-30	修改
山西省人民防空工程建设条例	2018 年 9 月 30 日山西省第十三届人民代表大会常务委员会第五次会议修改	2018-9-30	2018-10-24	2018-9-30	修改
山西省汾河流域水污染防治条例	2018 年 9 月 30 日山西省第十三届人民代表大会常务委员会第五次会议修改	2018-9-30	2018-10-24	2018-9-30	修改
山西省重点工业污染监督条例	2018 年 9 月 30 日山西省第十三届人民代表大会常务委员会第五次会议修改	2018-9-30	2018-10-24	2018-9-30	修改
山西省减少污染物排放条例	2018 年 9 月 30 日山西省第十三届人民代表大会常务委员会第五次会议修改	2018-9-30	2018-10-24	2018-9-30	修改
山西省林木种子条例	2018 年 9 月 30 日山西省第十三届人民代表大会常务委员会第五次会议修改	2018-9-30	2018-10-24	2018-9-30	修改
山西省实施《中华人民共和国野生动物保护法》办法	2018 年 9 月 30 日山西省第十三届人民代表大会常务委员会第五次会议修改	2018-9-30	2018-10-24	2018-9-30	修改
山西省农业环境保护条例	2018 年 9 月 30 日山西省第十三届人民代表大会常务委员会第五次会议修改	2018-9-30	2018-10-24	2018-9-30	修改
山西省丹河流域水污染防治条例	2018 年 9 月 30 日山西省第十三届人民代表大会常务委员会第五次会议废止	2018-9-30	2018-10-24	2018-9-30	废止
山西省五台山风景名胜区环境保护条例	2018 年 9 月 30 日山西省第十三届人民代表大会常务委员会第五次会议废止	2018-9-30	2018-10-24	2018-9-30	废止
晋城市文明行为促进条例	2018 年 6 月 28 日晋城市第七届人民代表大会常务委员会第十六次会议通过，2018 年 9 月 30 日山西省第十三届人民代表大会常务委员会第五次会议批准	2018-9-30	2018-10-24	2018-10-1	制定

续表

法规名称	通过或批准时间	公布时间	报备时间	施行时间	立法形式
吕梁市中小学校幼儿园规划建设条例	2018年8月23日吕梁市第三届人民代表大会常务委员会第二十七次会议通过，2018年9月30日山西省第十三届人民代表大会常务委员会第五次会议批准	2018-10-11	2018-10-24	2018-11-1	制定
吕梁市机动车和非道路移动机械排气污染防治条例	2018年8月23日吕梁市第三届人民代表大会常务委员会第二十七次会议通过，2018年9月30日山西省第十三届人民代表大会常务委员会第五次会议批准	2018-10-11	2018-10-24	2018-11-1	制定
晋中市餐厨废弃物管理条例	2018年6月28日晋中市第四届人民代表大会常务委员会第十七次会议通过，并于2018年9月30日经山西省第十三届人民代表大会常务委员会第五次会议批准	2018-10-11	2018-10-24	2019-1-1	制定
大同市建设项目预防性卫生监督管理办法	2018年6月28日大同市第十五届人民代表大会常务委员会第十五次会议废止，2018年9月30日山西省第十三届人民代表大会常务委员会第五次会议批准废止	2018-10-17	2018-10-24	2018-10-17	废止
大同市集市贸易市场管理条例	2018年6月28日大同市第十五届人民代表大会常务委员会第十五次会议废止，2018年9月30日山西省第十三届人民代表大会常务委员会第五次会议批准废止	2018-10-17	2018-10-24	2018-10-17	废止
山西省大气污染防治条例	2018年11月30日山西省第十三届人民代表大会常务委员会第七次会议修改	2018-11-30	2019-1-8	2019-1-1	修改
山西省农作物种子条例	2018年11月30日山西省第十三届人民代表大会常务委员会第七次会议修改	2018-11-30	2019-1-8	2019-3-1	修改
山西省实施《中华人民共和国村民委员会组织法》办法	2018年11月30日山西省第十三届人民代表大会常务委员会第七次会议修改	2018-11-30	2019-1-8	2019-1-1	修改
太原市生活垃圾分类管理条例	2018年8月31日太原市第十四届人民代表大会常务委员会第十五次会议通过，2018年11月30日山西省第十三届人民代表大会常务委员会第七次会议批准	2018-12-5	2019-1-8	2019-2-1	制定

内蒙古自治区地方性法规目录

（51件）

法规名称	通过或批准时间	公布时间	报备时间	施行时间	立法形式
内蒙古自治区企业国有资产监督管理条例	2018年3月31日内蒙古自治区第十三届人民代表大会常务委员会第二次会议通过	2018-3-31	2018-5-31	2018-6-1	制定
呼和浩特市古树名木保护条例	2017年12月15日呼和浩特市第十四届人民代表大会常务委员会第四十三次会议通过，2018年3月31日内蒙古自治区第十三届人民代表大会常务委员会第二次会议批准	2018-4-19	2018-5-31	2018-6-1	制定
鄂温克族自治旗立法条例	2018年2月7日鄂温克族自治旗第十三届人民代表大会第二次会议修改，2018年3月31日内蒙古自治区第十三届人民代表大会常务委员会第二次会议批准修改	2018-4-27	2018-5-31	2018-3-31	修改

续表

法规名称	通过或批准时间	公布时间	报备时间	施行时间	立法形式
乌兰察布市岱海、黄旗海保护条例	2017年12月29日乌兰察布市第三届人民代表大会常务委员会第三十五次会议通过，2018年3月31日内蒙古自治区第十三届人民代表大会常务委员会第二次会议批准	2018-5-10	2018-5-31	2018-7-1	制定
通辽市罕山国家级自然保护区条例	2017年12月15日通辽市第四届人民代表大会常务委员会第三十五次会议通过，2018年3月31日内蒙古自治区第十三届人民代表大会常务委员会第二次会议批准	2018-5-21	2018-5-31	2018-7-1	制定
内蒙古自治区物业管理条例	2018年5月31日内蒙古自治区第十三届人民代表大会常务委员会第五次会议修改	2018-5-31	2018-6-29	2018-8-1	修改
内蒙古自治区人民代表大会代表建议、批评和意见办理法	2018年5月31日内蒙古自治区第十三届人民代表大会常务委员会第五次会议修改	2018-5-31	2018-6-29	2018-5-31	修改
内蒙古自治区农村牧区集体经济组织审计条例	2018年5月31日内蒙古自治区第十三届人民代表大会常务委员会第五次会议废止	2018-5-31	2018-6-29	2018-5-31	废止
内蒙古自治区司法工作人员违法办案责任追究条例	2018年5月31日内蒙古自治区第十三届人民代表大会常务委员会第五次会议废止	2018-5-31	2018-6-29	2018-5-31	废止
内蒙古自治区乡镇企业条例	2018年5月31日内蒙古自治区第十三届人民代表大会常务委员会第五次会议废止	2018-5-31	2018-6-29	2018-5-31	废止
内蒙古自治区嘎查村财务管理条例	2018年5月31日内蒙古自治区第十三届人民代表大会常务委员会第五次会议废止	2018-5-31	2018-6-29	2018-5-31	废止
内蒙古自治区境内黄河流域水污染防治条例	2018年5月31日内蒙古自治区第十三届人民代表大会常务委员会第五次会议废止	2018-5-31	2018-6-29	2018-5-31	废止
内蒙古自治区境内西辽河流域水污染防治条例	2018年5月31日内蒙古自治区第十三届人民代表大会常务委员会第五次会议废止	2018-5-31	2018-6-29	2018-5-31	废止
包头市大气污染防治条例	2018年3月9日包头市第十五届人民代表大会常务委员会第二次会议修改，2018年5月31日内蒙古自治区第十三届人民代表大会常务委员会第五次会议批准修改	2018-6-26	2018-6-29	2018-10-1	修改
内蒙古自治区农牧业机械化促进条例	2018年7月26日内蒙古自治区第十三届人民代表大会常务委员会第六次会议修改	2018-7-26	2018-8-27	2018-7-26	修改
内蒙古自治区实施《中华人民共和国节约能源法》办法	2018年7月26日内蒙古自治区第十三届人民代表大会常务委员会第六次会议修改	2018-7-26	2018-8-27	2018-7-26	修改
内蒙古自治区实施《中华人民共和国森林法》办法	2018年7月26日内蒙古自治区第十三届人民代表大会常务委员会第六次会议修改	2018-7-26	2018-8-27	2018-7-26	修改
内蒙古自治区水土保持条例	2018年7月26日内蒙古自治区第十三届人民代表大会常务委员会第六次会议修改	2018-7-26	2018-8-27	2018-7-26	修改
内蒙古自治区呼伦湖国家级自然保护区条例	2018年7月26日内蒙古自治区第十三届人民代表大会常务委员会第六次会议修改	2018-7-26	2018-8-27	2018-7-26	修改
内蒙古自治区气象条例	2018年7月26日内蒙古自治区第十三届人民代表大会常务委员会第六次会议修改	2018-7-26	2018-8-27	2018-7-26	修改
内蒙古自治区气象灾害防御条例	2018年7月26日内蒙古自治区第十三届人民代表大会常务委员会第六次会议修改	2018-7-26	2018-8-27	2018-7-26	修改
内蒙古自治区地方煤矿管理条例	2018年7月26日内蒙古自治区第十三届人民代表大会常务委员会第六次会议废止	2018-7-26	2018-8-27	2018-7-26	废止

续表

法规名称	通过或批准时间	公布时间	报备时间	施行时间	立法形式
内蒙古自治区苏木、乡、民族乡、镇人民政府工作条例	2018年7月26日内蒙古自治区第十三届人民代表大会常务委员会第六次会议废止	2018-7-26	2018-8-27	2018-7-26	废止
内蒙古自治区农牧民负担监督管理条例	2018年7月26日内蒙古自治区第十三届人民代表大会常务委员会第六次会议废止	2018-7-26	2018-8-27	2018-7-26	废止
内蒙古自治区国有企业厂长(经理)离任审计条例	2018年7月26日内蒙古自治区第十三届人民代表大会常务委员会第六次会议废止	2018-7-26	2018-8-27	2018-7-26	废止
内蒙古自治区种畜禽管理条例	2018年7月26日内蒙古自治区第十三届人民代表大会常务委员会第六次会议废止	2018-7-26	2018-8-27	2018-7-26	废止
内蒙古自治区盐业管理条例	2018年7月26日内蒙古自治区第十三届人民代表大会常务委员会第六次会议废止	2018-7-26	2018-8-27	2018-7-26	废止
内蒙古自治区锡林郭勒草原国家级自然保护区管理条例	2018年7月26日内蒙古自治区第十三届人民代表大会常务委员会第六次会议废止	2018-7-26	2018-8-27	2018-7-26	废止
包头市水土保持条例	2018年4月27日包头市第十五届人民代表大会常务委员会第三次会议修改,2018年7月26日内蒙古自治区第十三届人民代表大会常务委员会第六次会议批准修改	2018-8-24	2018-8-27	2018-8-24	修改
包头市环境保护条例	2018年4月27日包头市第十五届人民代表大会常务委员会第三次会议废止,2018年7月26日内蒙古自治区第十三届人民代表大会常务委员会第六次会议批准废止	2018-8-24	2018-8-27	2018-8-24	废止
内蒙古自治区老年人权益保障条例	2018年10月13日内蒙古自治区第十三届人民代表大会常务委员会第八次会议通过	2018-10-13	2018-11-16	2019-1-1	制定
内蒙古自治区实施《中华人民共和国老年人权益保障法》办法	在《内蒙古自治区老年人权益保障条例》中被明文予以废止	2018-10-13	2018-11-16	2019-1-1	文中废止
内蒙古自治区公路工程质量监督条例	2018年10月13日内蒙古自治区第十三届人民代表大会常务委员会第八次会议通过	2018-10-13	2018-11-16	2018-12-1	制定
鄂尔多斯市农村牧区人居环境治理条例	2018年8月24日鄂尔多斯市第四届人民代表大会常务委员会第五次会议通过,2018年10月13日内蒙古自治区第十三届人民代表大会常务委员会第八次会议批准	2018-10-26	2018-11-16	2019-1-1	制定
内蒙古大兴安岭汗马国家级自然保护区条例	2018年9月6日呼伦贝尔市第四届人民代表大会常务委员会第五次会议通过,2018年10月13日内蒙古自治区第十三届人民代表大会常务委员会第八次会议批准	2018-10-29	2018-11-16	2019-1-1	制定
呼和浩特市房屋使用安全管理条例	2018年6月28日呼和浩特市第十五届人民代表大会常务委员会第四次会议通过,2018年10月13日内蒙古自治区第十三届人民代表大会常务委员会第八次会议批准	2018-11-8	2018-11-16	2019-1-1	制定
内蒙古自治区人民代表大会常务委员会关于自治区人民政府机构改革涉及自治区地方性法规规定的行政机关职责调整问题的决定	2018年11月9日内蒙古自治区第十三届人民代表大会常务委员会第九次会议通过	2018-11-9	2018-11-9	2018-11-10	制定
内蒙古自治区预算审查监督条例	2018年12月6日内蒙古自治区第十三届人民代表大会常务委员会第十次会议通过	2018-12-6	2019-1-14	2019-1-1	制定
内蒙古自治区人民代表大会常务委员会审查监督自治区本级预算办法	在《内蒙古自治区预算审查监督条例》中被明文予以废止	2018-12-6	2019-1-14	2019-1-1	文中废止

续表

法规名称	通过或批准时间	公布时间	报备时间	施行时间	立法形式
内蒙古自治区大气污染防治条例	2018 年 12 月 6 日内蒙古自治区第十三届人民代表大会常务委员会第十次会议通过	2018-12-6	2019-1-14	2019-3-1	制定
内蒙古自治区促进科技成果转化条例	2018 年 12 月 6 日内蒙古自治区第十三届人民代表大会常务委员会第十次会议修改	2018-12-6	2019-1-14	2019-3-1	修改
内蒙古自治区湿地保护条例	2018 年 12 月 6 日内蒙古自治区第十三届人民代表大会常务委员会第十次会议修改	2018-12-6	2019-1-14	2018-12-6	修改
内蒙古自治区珍稀林木保护条例	2018 年 12 月 6 日内蒙古自治区第十三届人民代表大会常务委员会第十次会议修改	2018-12-6	2019-1-14	2018-12-6	修改
内蒙古自治区实施《中华人民共和国野生动物保护法》办法	2018 年 12 月 6 日内蒙古自治区第十三届人民代表大会常务委员会第十次会议修改	2018-12-6	2019-1-14	2018-12-6	修改
内蒙古自治区环境保护条例	2018 年 12 月 6 日内蒙古自治区第十三届人民代表大会常务委员会第十次会议修改	2018-12-6	2019-1-14	2018-12-6	修改
内蒙古自治区实施《中华人民共和国环境影响评价法》办法	2018 年 12 月 6 日内蒙古自治区第十三届人民代表大会常务委员会第十次会议修改	2018-12-6	2019-1-14	2018-12-6	修改
赤峰市地下水保护条例	2018 年 10 月 31 日赤峰市第七届人民代表大会常务委员会第五次会议通过，2018 年 12 月 6 日内蒙古自治区第十三届人民代表大会常务委员会第十次会议批准	2018-12-26	2019-1-14	2019-3-1	制定
巴彦淖尔市城市市容和环境卫生管理条例	2017 年 12 月 29 日巴彦淖尔市第四届人民代表大会常务委员会第六次会议通过 2018 年 12 月 6 日内蒙古自治区第十三届人民代表大会常务委员会第十次会议批准	2019-1-2	2019-1-14	2019-3-1	制定
乌兰察布市物业管理条例	2017 年 12 月 29 日乌兰察布市第三届人民代表大会常务委员会第三十五次会议通过，2018 年 12 月 6 日内蒙古自治区第十三届人民代表大会常务委员会第十次会议批准	2019-1-7	2019-1-14	2019-3-1	制定
呼和浩特市城市绿化条例	2018 年 8 月 31 日呼和浩特市第十五届人民代表大会常务委员会第五次会议修改，2018 年 12 月 6 日内蒙古自治区第十三届人民代表大会常务委员会第十次会议批准修改	2019-1-11	2019-1-14	2019-1-11	修改
呼和浩特市封山育林管理办法	2018 年 8 月 31 日呼和浩特市第十五届人民代表大会常务委员会第五次会议修改，2018 年 12 月 6 日内蒙古自治区第十三届人民代表大会常务委员会第十次会议批准修改	2019-1-11	2019-1-14	2019-1-11	修改
呼和浩特市机动车排气污染防治条例	2018 年 8 月 31 日呼和浩特市第十五届人民代表大会常务委员会第五次会议修改，2018 年 12 月 6 日内蒙古自治区第十三届人民代表大会常务委员会第十次会议批准修改	2019-1-11	2019-1-14	2019-1-11	修改
呼和浩特市大气污染防治管理条例	2018 年 8 月 31 日呼和浩特市第十五届人民代表大会常务委员会第五次会议修改，2018 年 12 月 6 日内蒙古自治区第十三届人民代表大会常务委员会第十次会议批准修改	2019-1-11	2019-1-14	2019-1-11	修改

辽宁省地方性法规目录

（56 件）

法规名称	通过或批准时间	公布时间	报备时间	施行时间	立法形式
辽阳市优化营商环境条例	2017 年 11 月 29 日辽阳市第十五届人民代表大会常务委员会第三十七次会议通过，2018 年 1 月 19 日辽宁省第十二届人民代表大会常务委员会第三十九次会议批准	2018-2-1	2018-1-19	2018-2-1	制定
辽阳市城市市容和环境卫生管理条例	2017 年 11 月 29 日辽阳市第十五届人民代表大会常务委员会第三十七次会议通过，2018 年 1 月 19 日辽宁省第十二届人民代表大会常务委员会第三十九次会议批准	2018-2-1	2018-1-19	2018-2-1	制定
锦州市海岸带保护与利用管理条例	2017 年 11 月 20 日锦州市第十五届人民代表大会常务委员会第四十四次会议通过，2018 年 1 月 19 日辽宁省第十二届人民代表大会常务委员会第三十九次会议批准	2018-2-5	2018-1-19	2018-3-1	制定
锦州市大气污染防治条例	2017 年 12 月 25 日锦州市第十五届人民代表大会常务委员会第四十五次会议通过，2018 年 1 月 19 日辽宁省第十二届人民代表大会常务委员会第三十九次会议批准	2018-2-5	2018-1-19	2018-3-1	制定
丹东市地热水资源保护管理条例	2017 年 11 月 29 日丹东市第十五届人民代表大会常务委员会第三十次通过，2018 年 1 月 19 日辽宁省第十二届人民代表大会常务委员会第三十九次会议批准	2018-2-28	2018-1-19	2018-3-1	制定
丹东鸭绿江口湿地国家级自然保护区管理条例	2017 年 11 月 29 日丹东市第十五届人民代表大会常务委员会第三十七次会议修改，2018 年 1 月 19 日辽宁省第十二届人民代表大会常务委员会第三十九次会议批准修改	2018-2-28	2018-1-19	2018-3-1	修改
辽宁省实施《中华人民共和国森林法》办法	2018 年 3 月 27 日辽宁省第十三届人民代表大会常务委员会第二次会议修改	2018-3-27	2018-3-27	2018-3-27	修改
辽宁省机动车污染防治条例	2018 年 3 月 27 日辽宁省第十三届人民代表大会常务委员会第二次会议修改	2018-3-27	2018-3-27	2018-3-27	修改
辽宁省农作物种子条例	2018 年 3 月 27 日辽宁省第十三届人民代表大会常务委员会第二次会议修改	2018-3-27	2018-3-27	2018-3-27	修改
辽宁省地质环境保护条例	2018 年 3 月 27 日辽宁省第十三届人民代表大会常务委员会第二次会议修改	2018-3-27	2018-3-27	2018-3-27	修改
辽宁省实施《中华人民共和国土地管理法》办法	2018 年 3 月 27 日辽宁省第十三届人民代表大会常务委员会第二次会议修改	2018-3-27	2018-3-27	2018-3-27	修改
辽宁省古生物化石保护条例	2018 年 3 月 27 日辽宁省第十三届人民代表大会常务委员会第二次会议修改	2018-3-27	2018-3-27	2018-3-27	修改
辽宁省乡镇企业环境保护管理条例	2018 年 3 月 27 日辽宁省第十三届人民代表大会常务委员会第二次会议废止	2018-3-27	2018-3-27	2018-3-27	废止
辽宁省禁止选择胎儿性别终止妊娠规定	2018 年 3 月 27 日辽宁省第十三届人民代表大会常务委员会第二次会议修改	2018-3-27	2018-3-27	2018-3-27	修改
盘锦市城乡容貌和环境卫生管理条例	2017 年 12 月 27 日盘锦市第七届人民代表大会常务委员会第三十二届会议审议通过，2018 年 1 月 19 日辽宁省第十二届人民代表大会常务委员会第三十九次会议批准	2018-3-28	2018-1-19	2018-5-1	制定

续表

法规名称	通过或批准时间	公布时间	报备时间	施行时间	立法形式
鞍山市制定地方性法规条例	2017年12月29日鞍山市第十五届人民代表大会常务委员会第四十七次会议修改，2018年3月27日辽宁省第十三届人民代表大会常务委员会第二次会议批准修改	2018-4-12	2018-3-27	2018-4-12	修改
鞍山市城市绿化管理条例	2017年12月29日鞍山市第十五届人民代表大会常务委员会第四十七次会议修改，2018年3月27日辽宁省第十三届人民代表大会常务委员会第二次会议批准修改	2018-4-12	2018-3-27	2018-4-12	修改
鞍山市城市市容和环境卫生管理条例	2017年12月29日鞍山市第十五届人民代表大会常务委员会第四十七次会议修改，2018年3月27日辽宁省第十三届人民代表大会常务委员会第二次会议批准修改	2018-4-12	2018-3-27	2018-4-12	修改
鞍山市节约能源条例	2017年12月29日鞍山市第十五届人民代表大会常务委员会第四十七次会议修改，2018年3月27日辽宁省第十三届人民代表大会常务委员会第二次会议批准修改	2018-4-12	2018-3-27	2018-4-12	修改
鞍山市环境保护条例	2017年12月29日鞍山市第十五届人民代表大会常务委员会第四十七次会议修改，2018年3月27日辽宁省第十三届人民代表大会常务委员会第二次会议批准修改	2018-4-12	2018-3-27	2018-4-12	修改
鞍山市道路运输条例	2017年12月29日鞍山市第十五届人民代表大会常务委员会第四十七次会议修改，2018年3月27日辽宁省第十三届人民代表大会常务委员会第二次会议批准修改	2018-4-12	2018-3-27	2018-4-12	修改
鞍山市城市管理综合行政执法条例	2017年12月29日鞍山市第十五届人民代表大会常务委员会第四十七次会议修改，2018年3月27日辽宁省第十三届人民代表大会常务委员会第二次会议批准修改	2018-4-12	2018-3-27	2018-4-12	修改
辽宁省人民代表大会常务委员会讨论、决定重大事项的规定	2018年5月31日辽宁省第十三届人民代表大会常务委员会第三次会议修改	2018-5-31	2018-5-31	2018-5-31	修改
辽宁省国家工作人员宪法宣誓组织办法	2018年5月31日辽宁省第十三届人民代表大会常务委员会第三次会议修改	2018-5-31	2018-5-31	2018-5-31	修改
中国（辽宁）自由贸易试验区条例	2018年7月25日辽宁省第十三届人民代表大会常务委员会第四次会议通过	2018-7-25	2018-7-25	2018-10-1	制定
辽宁省气象灾害防御条例	2018年7月25日辽宁省第十三届人民代表大会常务委员会第四次会议通过	2018-7-25	2018-7-25	2018-10-1	制定
新宾满族自治县饮用水水源保护条例	2017年12月9日新宾满族自治县第九届人民代表大会第一次会议通过，2018年5月31日辽宁省第十三届人民代表大会常务委员会第三次会议批准	2018-10-11	2018-5-31	2018-11-1	制定
辽宁省司法鉴定条例	2018年10月11日辽宁省第十三届人民代表大会常务委员会第五次会议通过	2018-10-11	2018-10-11	2019-1-1	制定
辽宁省预算审查监督条例	2018年10月11日辽宁省第十三届人民代表大会常务委员会第五次会议通过	2018-10-11	2018-10-11	2019-1-1	制定
辽宁省预算审批监督条例	在《辽宁省预算审查监督条例》中被明文予以废止	2018-10-11	2018-10-11	2019-1-1	文中废止

续表

法规名称	通过或批准时间	公布时间	报备时间	施行时间	立法形式
辽宁省行政审批中介服务管理条例	2018年10月11日辽宁省第十三届人民代表大会常务委员会第五次会议通过	2018-10-11	2018-10-11	2019-1-1	制定
辽宁省社会组织管理条例	2018年10月11日辽宁省第十三届人民代表大会常务委员会第五次会议通过	2018-10-11	2018-10-11	2019-1-1	制定
辽宁省开发区条例	2018年10月11日辽宁省第十三届人民代表大会常务委员会第五次会议通过	2018-10-11	2018-10-11	2019-1-1	制定
辽宁省经济技术开发区管理规定	在《辽宁省开发区条例》中被明文予以废止	2018-10-11	2018-10-11	2019-1-1	文中废止
辽宁省矿产资源管理条例	2018年10月11日辽宁省第十三届人民代表大会常务委员会第五次会议修改	2018-10-11	2018-10-11	2018-10-11	修改
辽宁省大伙房饮用水水源保护条例	2018年10月11日辽宁省第十三届人民代表大会常务委员会第五次会议修改	2018-10-11	2018-10-11	2018-10-11	修改
抚顺市消费者权益保护办法	2018年6月28日抚顺市第十六届人民代表大会常务委员会第四次会议废止，2018年10月11日辽宁省第十三届人民代表大会常务委员会第五次会议批准废止	2018-10-11	2018-10-11	2018-10-11	废止
抚顺市科学技术普及条例	2018年6月28日抚顺市第十六届人民代表大会常务委员会第四次会议废止，2018年10月11日辽宁省第十三届人民代表大会常务委员会第五次会议批准废止	2018-10-11	2018-10-11	2018-10-11	废止
抚顺市小流域开发治理条例	2018年6月28日抚顺市第十六届人民代表大会常务委员会第四次会议废止，2018年10月11日辽宁省第十三届人民代表大会常务委员会第五次会议批准废止	2018-10-11	2018-10-11	2018-10-11	废止
抚顺市乡镇农业事业站管理条例	2018年6月28日抚顺市第十六届人民代表大会常务委员会第四次会议废止，2018年10月11日辽宁省第十三届人民代表大会常务委员会第五次会议批准废止	2018-10-11	2018-10-11	2018-10-11	废止
抚顺市基础教育投入条例	2018年6月28日抚顺市第十六届人民代表大会常务委员会第四次会议废止，2018年10月11日辽宁省第十三届人民代表大会常务委员会第五次会议批准废止	2018-10-11	2018-10-11	2018-10-11	废止
抚顺市制定地方性法规条例	2018年8月29日抚顺市第十六届人民代表大会常务委员会第五次会议修改，2018年10月11日辽宁省第十三届人民代表大会常务委员会第五次会议批准修改	2018-10-11	2018-10-11	2018-10-11	修改
沈阳市安全生产条例	2018年8月24日沈阳市第十六届人民代表大会常务委员会第四五次会议修改，2018年10月11日辽宁省第十三届人民代表大会常务委员会第五次会议批准修改	2018-10-22	2018-10-11	2019-1-1	修改
丹东市城市供热条例	2018年5月29日丹东市第十六届人民代表大会常务委员会第五次会议通过，2018年10月11日辽宁省第十三届人民代表大会常务委员会第五次会议批准	2018-10-23	2018-10-11	2018-11-1	制定

续表

法规名称	通过或批准时间	公布时间	报备时间	施行时间	立法形式
大连市殡葬管理条例	2018年6月27日大连市第十六届人民代表大会常务委员会第四次会议通过,2018年10月11日辽宁省第十三届人民代表大会常务委员会第五次会议批准	2018-10-24	2018-10-11	2018-12-1	制定
阜新市城市市容和环境卫生管理条例	2018年8月28日阜新市第十六届人民代表大会常务委员会第六次会议通过,2018年10月11日辽宁省第十三届人民代表大会常务委员会第五次会议批准	2018-10-24	2018-10-11	2019-3-1	制定
本溪市城市公共交通条例	2018年7月31日本溪市第十六届人民代表大会常务委员会第五次会议修改,2018年10月11日辽宁省第十三届人民代表大会常务委员会第五次会议批准修改	2018-10-29	2018-10-11	2018-10-29	修改
沈阳市多规合一条例	2018年6月22日沈阳市第十六届人民代表大会常务委员会第四次会议通过,2018年10月11日辽宁省第十三届人民代表大会常务委员会第五次会议批准	2018-11-6	2018-10-11	2018-12-1	制定
辽宁省人口与计划生育条例	2018年11月28日辽宁省第十三届人民代表大会常务委员会第七次会议修改	2018-11-28	2018-11-28	2018-11-28	修改
辽宁省水污染防治条例	2018年11月28日辽宁省第十三届人民代表大会常务委员会第七次会议通过	2018-11-28	2018-11-28	2019-2-1	制定
辽宁省辽河流域水污染防治条例	在《辽宁省水污染防治条例》中被明文予以废止	2018-11-28	2018-11-28	2019-2-1	文中废止
辽宁省节约用水条例	2018年11月28日辽宁省第十三届人民代表大会常务委员会第七次会议通过	2018-11-28	2018-11-28	2019-2-1	制定
辽宁省绿色建筑条例	2018年11月28日辽宁省第十三届人民代表大会常务委员会第七次会议通过	2018-11-28	2018-11-28	2019-2-1	制定
鞍山市城镇绿化条例	2018年10月30日鞍山市第十六届人民代表大会常务委员会第八次会议通过,2018年11月28日辽宁省第十三届人民代表大会常务委员会第七次会议批准	2018-12-5	2018-11-28	2019-1-1	制定
沈阳市物业管理条例	2018年10月25日沈阳市第十六届人民代表大会常务委员会第六次会议修改,2018年11月28日辽宁省第十三届人民代表大会常务委员会第七次会议批准修改	2018-12-7	2018-11-28	2019-1-1	修改
朝阳市水资源管理条例	2018年10月25日朝阳市第十一届人民代表大会常务委员会第五次会议通过,2018年11月28日辽宁省第十三届人民代表大会常务委员会第七次会议批准	2018-12-11	2018-11-28	2019-5-1	制定
阜新市优化营商环境条例	2018年10月30日阜新市第十六届人民代表大会常务委员会第八次会议通过,2018年11月28日辽宁省第十三届人民代表大会常务委员会第七次会议批准	2018-12-19	2018-11-28	2019-3-1	制定
阜新市温泉水资源保护条例	2018年10月30日阜新市第十六届人民代表大会常务委员会第八次会议通过,2018年11月28日辽宁省第十三届人民代表大会常务委员会第七次会议批准	2018-12-19	2018-11-28	2019-6-1	制定
本溪市城市供热管理条例	2018年9月26日本溪市第十六届人民代表大会常务委员会第七次会议通过,2018年11月28日辽宁省第十三届人民代表大会常务委员会第七次会议批准	2019-1-2	2018-11-28	2019-5-1	制定

吉林省地方性法规目录

（52 件）

法规名称	通过或批准时间	公布时间	报备时间	施行时间	立法形式
吉林省城镇饮用水水源保护条例	2018 年 1 月 22 日吉林省第十二届人民代表大会常务委员会第四十次会议修改	2018-1-22	2018-2-8	2018-1-22	修改
吉林省组织实施宪法宣誓制度办法	2018 年 3 月 30 日吉林省第十三届人民代表大会常务委员会第二次会议修改	2018-3-30	2018-4-24	2018-3-30	修改
吉林省黑土地保护条例	2018 年 3 月 30 日吉林省第十三届人民代表大会常务委员会第二次会议通过	2018-3-30	2018-4-24	2018-7-1	制定
长春市燃气管理条例	2017 年 12 月 22 日长春市第十五届人民代表大会常务委员会第六次会议修改，2018 年 3 月 30 日吉林省第十三届人民代表大会常务委员会第二次会议批准修改	2018-4-4	2018-4-24	2018-5-1	修改
白山市城市建筑外立面管理条例	2017 年 12 月 27 日白山市第八届人民代表大会常务委员会第八次会议通过，2018 年 3 月 30 日吉林省第十三届人民代表大会常务委员会第二次会议批准	2018-4-8	2018-4-24	2018-5-1	制定
辽源市煤矿文化遗产保护条例	2017 年 11 月 28 日辽源市第八届人民代表大会常务委员会第六次会议通过，2018 年 3 月 30 日吉林省第十三届人民代表大会常务委员会第二次会议批准	2018-4-8	2018-4-24	2018-5-1	制定
松原市制定地方性法规条例	2018 年 1 月 15 日松原市六届人民代表大会第二次会议通过，2018 年 3 月 30 日吉林省第十三届人民代表大会常务委员会第二次会议批准	2018-4-9	2018-4-24	2018-4-10	制定
延边朝鲜族自治州老年人权益保障条例	2018 年 1 月 13 日延边朝鲜族自治州第十五届人民代表大会第三次会议修改，2018 年 3 月 30 日吉林省第十三届人民代表大会常务委员会第二次会议批准修改	2018-4-10	2018-4-24	2018-4-10	修改
延边朝鲜族自治州城市住宅区物业管理条例	2018 年 1 月 13 日延边朝鲜族自治州第十五届人民代表大会第三次会议废止，2018 年 3 月 30 日吉林省第十三届人民代表大会常务委员会第二次会议批准废止	2018-4-10	2018-4-24	2018-4-10	废止
长春市城市绿化条例	2017 年 12 月 22 日长春市第十五届人民代表大会常务委员会第六次会议修改，2018 年 3 月 30 日吉林省第十三届人民代表大会常务委员会第二次会议批准修改	2018-4-16	2018-4-24	2018-4-16	修改
长春市城市客运出租汽车管理条例	2017 年 12 月 22 日长春市第十五届人民代表大会常务委员会第六次会议修改，2018 年 3 月 30 日吉林省第十三届人民代表大会常务委员会第二次会议批准修改	2018-4-16	2018-4-24	2018-4-16	修改
长春市市政设施管理条例	2017 年 12 月 22 日长春市第十五届人民代表大会常务委员会第六次会议修改，2018 年 3 月 30 日吉林省第十三届人民代表大会常务委员会第二次会议批准修改	2018-4-16	2018-4-24	2018-4-16	修改
长春市城市建设档案管理条例	2017 年 12 月 22 日长春市第十五届人民代表大会常务委员会第六次会议修改，2018 年 3 月 30 日吉林省第十三届人民代表大会常务委员会第二次会议批准修改	2018-4-16	2018-4-24	2018-4-16	修改

续表

法规名称	通过或批准时间	公布时间	报备时间	施行时间	立法形式
长春市机动车停车场管理条例	2017年12月22日长春市第十五届人民代表大会常务委员会第六次会议修改,2018年3月30日吉林省第十三届人民代表大会常务委员会第二次会议批准修改	2018-4-16	2018-4-24	2018-4-16	修改
长春市气象灾害防御条例	2017年12月22日长春市第十五届人民代表大会常务委员会第六次会议修改,2018年3月30日吉林省第十三届人民代表大会常务委员会第二次会议批准修改	2018-4-16	2018-4-24	2018-4-16	修改
长春市体育经营活动管理条例	2017年12月22日长春市第十五届人民代表大会常务委员会第六次会议修改,2018年3月30日吉林省第十三届人民代表大会常务委员会第二次会议批准修改	2018-4-16	2018-4-24	2018-4-16	修改
长春市劳动力市场管理条例	2017年12月22日长春市第十五届人民代表大会常务委员会第六次会议废止,2018年3月30日吉林省第十三届人民代表大会常务委员会第二次会议批准废止	2018-4-16	2018-4-24	2018-4-16	废止
前郭尔罗斯蒙古族自治县非物质文化遗产保护条例	2017年12月24日前郭尔罗斯蒙古族自治县第十八届人民代表大会第二次会议通过,2018年5月30日吉林省第十三届人民代表大会常务委员会第三次会议批准	2018-6-1	2018-6-26	2018-6-1	制定
吉林省统计管理条例	2018年7月27日吉林省第十三届人民代表大会常务委员会第四次会议修改	2018-7-27	2018-8-24	2018-12-1	修改
吉林省技术市场条例	2018年7月27日吉林省第十三届人民代表大会常务委员会第四次会议通过	2018-7-27	2018-8-24	2018-9-1	制定
吉林省技术市场管理条例	在《吉林省技术市场条例》中被明文予以废止	2018-7-27	2018-8-24	2018-9-1	文中废止
长春市著名商标认定和保护条例	2018年4月27日长春市第十五届人民代表大会常务委员会第十次会议废止,2018年7月27日吉林省第十三届人民代表大会常务委员会第四次会议批准废止	2018-8-10	2018-8-29	2018-8-10	废止
长春市波罗湖湿地保护若干规定	2018年4月27日长春市第十五届人民代表大会常务委员会第十次会议废止,2018年7月27日吉林省第十三届人民代表大会常务委员会第四次会议批准废止	2018-8-10	2018-8-29	2018-8-10	废止
长春净月潭风景名胜区保护管理条例	2018年4月27日长春市第十五届人民代表大会常务委员会第十次会议修改,2018年7月27日吉林省第十三届人民代表大会常务委员会第四次会议批准修改	2018-8-10	2018-8-29	2018-8-10	修改
吉林市城市房地产开发经营管理条例	2017年11月28日吉林市第十六届人民代表大会常务委员会第九次会议修改,2018年7月27日吉林省第十三届人民代表大会常务委员会第四次会议批准修改	2018-8-23	2018-8-24	2019-1-1	修改
吉林市地方立法条例	2018年1月19日吉林市第十六届人民代表大会第三次会议通过,2018年7月27日吉林省第十三届人民代表大会常务委员会第四次会议批准	2018-8-23	2018-8-24	2018-8-23	制定
吉林市人民代表大会及其常务委员会立法条例	在《吉林市地方立法条例》中被明文予以废止	2018-8-23	2018-8-24	2018-8-23	文中废止
吉林市知名商标认定和保护条例	2018年5月28日吉林市第十六届人民代表大会常务委员会第十四次会议废止,2018年7月27日吉林省第十三届人民代表大会常务委员会第四次会议批准废止	2018-8-23	2018-8-29	2018-8-23	废止

续表

法规名称	通过或批准时间	公布时间	报备时间	施行时间	立法形式
吉林市松花湖国家级风景名胜区管理条例	2018年5月28日吉林市第十六届人民代表大会常务委员会第十四次会议废止，2018年7月27日吉林省第十三届人民代表大会常务委员会第四次会议批准废止	2018-8-23	2018-8-29	2018-8-23	废止
松原市饮用水水源保护条例	2018年3月6日松原市第六届人民代表大会常务委员会第九次会议通过，2018年9月21日吉林省第十三届人民代表大会常务委员会第六次会议批准	2018-9-21	2018-10-16	2019-1-1	制定
吉林省农作物种子条例	2018年9月21日吉林省第十三届人民代表大会常务委员会第六次会议通过	2018-9-21	2018-10-19	2019-1-1	制定
吉林省农作物种子管理条例	在《吉林省农作物种子条例》中被明文予以废止	2018-9-21	2018-10-19	2019-1-1	文中废止
吉林省测绘地理信息条例	2018年9月21日吉林省第十三届人民代表大会常务委员会第六次会议通过	2018-9-21	2018-10-19	2019-1-1	制定
吉林省测绘条例	在《吉林省测绘地理信息条例》中被明文予以废止	2018-9-21	2018-10-19	2019-1-1	文中废止
吉林省公路水运工程质量和安全生产条例	2018年9月21日吉林省第十三届人民代表大会常务委员会第六次会议通过	2018-9-21	2018-10-19	2019-1-1	制定
四平市小广告发布管理规定	2018年5月31日四平市第八届人民代表大会常务委员会第十四次会议通过，2018年9月21日吉林省第十三届人民代表大会常务委员会第六次会议批准	2018-9-26	2018-10-19	2018-11-1	制定
长春市老年人权益保障条例	2018年6月29日长春市第十五届人民代表大会常务委员会第十一次会议通过，2018年9月21日吉林省第十三届人民代表大会常务委员会第六次会议批准	2018-9-28	2018-10-16	2018-10-1	制定
长春市城市供热管理条例	2018年8月31日长春市第十五届人民代表大会常务委员会第十三次会议通过，2018年9月21日吉林省第十三届人民代表大会常务委员会第六次会议批准	2018-9-29	2018-10-16	2018-10-1	制定
长春莲花山生态旅游度假区管理条例	2018年6月29日长春市第十五届人民代表大会常务委员会第十一次会议修改，2018年9月21日吉林省第十三届人民代表大会常务委员会第六次会议批准修改	2018-10-9	2018-10-19	2018-11-1	修改
长春市散装水泥管理条例	2018年6月29日长春市第十五届人民代表大会常务委员会第十一次会议修改，2018年9月21日吉林省第十三届人民代表大会常务委员会第六次会议批准	2018-10-10	2018-10-19	2018-11-1	修改
白山市城市户外广告和招牌设置管理条例	2018年6月29日白山市第八届人民代表大会常务委员会第十三次会议通过，2018年9月21日吉林省第十三届人民代表大会常务委员会第六次会议批准	2018-10-8	2018-10-16	2018-12-1	制定
吉林省人民代表大会常务委员会关于省机构改革涉及地方性法规规定的有关机关职责调整问题的决定	2018年11月30日吉林省第十三届人民代表大会常务委员会第八次会议通过	2018-11-30	2018-12-11	2018-11-30	制定
白山市市政设施管理条例	2018年9月6日白山市第八届人民代表大会常务委员会第十四次会议通过，2018年11月30日吉林省第十三届人民代表大会常务委员会第八次会议批准	2018-12-6	2018-12-11	2019-2-1	制定

续表

法规名称	通过或批准时间	公布时间	报备时间	施行时间	立法形式
四平市城市绿化条例	2018 年 9 月 28 日四平市第八届人民代表大会常务委员会第十六次会议通过，2018 年 11 月 30 日吉林省第十三届人民代表大会常务委员会第八次会议批准	2018-12-6	2018-12-11	2019-1-1	制定
前郭尔罗斯蒙古族自治县查干湖自然保护区管理条例	2017 年 12 月 24 日前郭尔罗斯蒙古族自治县第十八届人民代表大会第二次会议修改，2018 年 11 月 30 日吉林省第十三届人民代表大会常务委员会第八次会议批准修改	2018-12-12	2018-12-19	2018-12-12	修改
吉林省农业环境保护管理条例	2018 年 11 月 30 日吉林省第十三届人民代表大会常务委员会第八次会议废止	2018-11-30	2018-12-28	2018-11-30	废止
吉林省农业资源综合管理条例	2018 年 11 月 30 日吉林省第十三届人民代表大会常务委员会第八次会议废止	2018-11-30	2018-12-28	2018-11-30	废止
吉林省著名商标认定和保护条例	2018 年 11 月 30 日吉林省第十三届人民代表大会常务委员会第八次会议废止	2018-11-30	2018-12-28	2018-11-30	废止
吉林省档案条例	2018 年 11 月 30 日吉林省第十三届人民代表大会常务委员会第八次会议修改	2018-11-30	2018-12-28	2018-11-30	修改
吉林省松花江流域水污染防治条例	2018 年 11 月 30 日吉林省第十三届人民代表大会常务委员会第八次会议修改	2018-11-30	2018-12-28	2018-11-30	修改
吉林伊通火山群国家级自然保护区管理条例	2018 年 11 月 30 日吉林省第十三届人民代表大会常务委员会第八次会议修改	2018-11-30	2018-12-28	2018-11-30	修改
吉林省民用建筑节能与发展新型墙体材料条例	2018 年 11 月 30 日吉林省第十三届人民代表大会常务委员会第八次会议修改	2018-11-30	2018-12-28	2018-11-30	修改
吉林省燃气管理条例	2018 年 11 月 30 日吉林省第十三届人民代表大会常务委员会第八次会议修改	2018-11-30	2018-12-28	2018-11-30	修改
吉林向海国家级自然保护区管理条例	2018 年 11 月 30 日吉林省第十三届人民代表大会常务委员会第八次会议修改	2018-11-30	2018-12-28	2018-11-30	修改
吉林省全民健身条例	2018 年 11 月 30 日吉林省第十三届人民代表大会常务委员会第八次会议修改	2018-11-30	2018-12-28	2018-11-30	修改
吉林省实施《中华人民共和国人民防空法》办法	2018 年 11 月 30 日吉林省第十三届人民代表大会常务委员会第八次会议修改	2018-11-30	2018-12-28	2018-11-30	修改

黑龙江省地方性法规目录

（199 件）

法规名称	通过或批准时间	公布时间	报备时间	施行时间	立法形式
鹤岗市人民代表大会及其常务委员会立法条例	2017 年 12 月 29 日鹤岗市第十六届人民代表大会第二次会议通过，2018 年 4 月 26 日黑龙江省第十三届人民代表大会常务委员会第三次会议批准	2018-4-26	2018-5-2	2018-4-26	制定
伊春市人民代表大会及其常务委员会立法条例	2017 年 12 月 26 日伊春市第十四届人民代表大会第二次会议通过，2018 年 4 月 26 日黑龙江省第十三届人民代表大会常务委员会第三次会议批准	2018-4-26	2018-5-2	2018-7-1	制定

续表

法规名称	通过或批准时间	公布时间	报备时间	施行时间	立法形式
黑龙江丰林国家级自然保护区管理条例	2018年4月26日黑龙江省第十三届人民代表大会常务委员会第三次会议	2018-4-26	2018-5-2	2018-4-26	修改
黑龙江呼中国家级自然保护区管理条例	2018年4月26日黑龙江省第十三届人民代表大会常务委员会第三次会议	2018-4-26	2018-5-2	2018-4-26	修改
黑龙江牡丹峰国家级自然保护区管理条例	2018年4月26日黑龙江省第十三届人民代表大会常务委员会第三次会议	2018-4-26	2018-5-2	2018-4-26	修改
黑龙江南瓮河国家级自然保护区保护条例	2018年4月26日黑龙江省第十三届人民代表大会常务委员会第三次会议	2018-4-26	2018-5-2	2018-4-26	修改
黑龙江双河国家级自然保护区管理条例	2018年4月26日黑龙江省第十三届人民代表大会常务委员会第三次会议	2018-4-26	2018-5-2	2018-4-26	修改
黑龙江省人民代表大会常务委员会关于暂停实施《黑龙江省国有重点林区条例》的决定	2018年4月26日黑龙江省第十三届人民代表大会常务委员会第三次会议通过	2018-4-26	2018-5-2	2018-5-2	制定
黑龙江省义务兵征集、优待、退役安置条例	2018年4月26日黑龙江省第十三届人民代表大会常务委员会第三次会议废止	2018-4-26	2018-5-2	2018-4-26	废止
黑龙江省实施〈中华人民共和国村民委员会组织法〉办法	2018年4月26日黑龙江省第十三届人民代表大会常务委员会第三次会议废止	2018-4-26	2018-5-2	2018-4-26	废止
黑龙江省统计监督处罚条例	2018年4月26日黑龙江省第十三届人民代表大会常务委员会第三次会议废止	2018-4-26	2018-5-2	2018-4-26	废止
黑龙江省实施〈中华人民共和国农业技术推广法〉办法	2018年4月26日黑龙江省第十三届人民代表大会常务委员会第三次会议废止	2018-4-26	2018-5-2	2018-4-26	废止
黑龙江省出版管理条例	2018年4月26日黑龙江省第十三届人民代表大会常务委员会第三次会议废止	2018-4-26	2018-5-2	2018-4-26	废止
黑龙江省标准化条例	2018年4月26日黑龙江省第十三届人民代表大会常务委员会第三次会议废止	2018-4-26	2018-5-2	2018-4-26	废止
黑龙江省水路运输管理条例	2018年4月26日黑龙江省第十三届人民代表大会常务委员会第三次会议废止	2018-4-26	2018-5-2	2018-4-26	废止
黑龙江省发展中医药条例	2018年4月26日黑龙江省第十三届人民代表大会常务委员会第三次会议废止	2018-4-26	2018-5-2	2018-4-26	废止
黑龙江省无线电管理条例	2018年4月26日黑龙江省第十三届人民代表大会常务委员会第三次会议废止	2018-4-26	2018-5-2	2018-4-26	废止
黑龙江省风景名胜区管理条例	2018年4月26日黑龙江省第十三届人民代表大会常务委员会第三次会议废止	2018-4-26	2018-5-2	2018-4-26	废止
黑龙江省河道管理条例	2018年4月26日黑龙江省第十三届人民代表大会常务委员会第三次会议修改	2018-4-26	2018-5-2	2018-4-26	修改
黑龙江省文物管理条例	2018年4月26日黑龙江省第十三届人民代表大会常务委员会第三次会议修改	2018-4-26	2018-5-2	2018-4-26	修改
黑龙江省技术市场管理条例	2018年4月26日黑龙江省第十三届人民代表大会常务委员会第三次会议修改	2018-4-26	2018-5-2	2018-4-26	修改
黑龙江省实施《中华人民共和国城市居民委员会组织法》办法	2018年4月26日黑龙江省第十三届人民代表大会常务委员会第三次会议修改	2018-4-26	2018-5-2	2018-4-26	修改
黑龙江省水利工程管理条例	2018年4月26日黑龙江省第十三届人民代表大会常务委员会第三次会议修改	2018-4-26	2018-5-2	2018-4-26	修改
黑龙江省边境管理条例	2018年4月26日黑龙江省第十三届人民代表大会常务委员会第三次会议修改	2018-4-26	2018-5-2	2018-4-26	修改

续表

法规名称	通过或批准时间	公布时间	报备时间	施行时间	立法形式
黑龙江省农业环境保护管理条例	2018 年 4 月 26 日黑龙江省第十三届人民代表大会常务委员会第三次会议修改	2018-4-26	2018-5-2	2018-4-26	修改
黑龙江省环境保护条例	2018 年 4 月 26 日黑龙江省第十三届人民代表大会常务委员会第三次会议修改	2018-4-26	2018-5-2	2018-4-26	修改
黑龙江省爱国卫生条例	2018 年 4 月 26 日黑龙江省第十三届人民代表大会常务委员会第三次会议修改	2018-4-26	2018-5-2	2018-4-26	修改
黑龙江省野生动物保护条例	2018 年 4 月 26 日黑龙江省第十三届人民代表大会常务委员会第三次会议修改	2018-4-26	2018-5-2	2018-4-26	修改
黑龙江省石油天然气勘探开发环境保护条例	2018 年 4 月 26 日黑龙江省第十三届人民代表大会常务委员会第三次会议修改	2018-4-26	2018-5-2	2018-4-26	修改
黑龙江省航道管理条例	2018 年 4 月 26 日黑龙江省第十三届人民代表大会常务委员会第三次会议修改	2018-4-26	2018-5-2	2018-4-26	修改
黑龙江省体育场所管理条例	2018 年 4 月 26 日黑龙江省第十三届人民代表大会常务委员会第三次会议修改	2018-4-26	2018-5-2	2018-4-26	修改
黑龙江省城市房地产开发管理条例	2018 年 4 月 26 日黑龙江省第十三届人民代表大会常务委员会第三次会议修改	2018-4-26	2018-5-2	2018-4-26	修改
黑龙江省实施《中华人民共和国人民防空法》条例	2018 年 4 月 26 日黑龙江省第十三届人民代表大会常务委员会第三次会议修改	2018-4-26	2018-5-2	2018-4-26	修改
黑龙江省矿产资源管理条例	2018 年 4 月 26 日黑龙江省第十三届人民代表大会常务委员会第三次会议修改	2018-4-26	2018-5-2	2018-4-26	修改
黑龙江省反不正当竞争条例	2018 年 4 月 26 日黑龙江省第十三届人民代表大会常务委员会第三次会议修改	2018-4-26	2018-5-2	2018-4-26	修改
黑龙江省计量条例	2018 年 4 月 26 日黑龙江省第十三届人民代表大会常务委员会第三次会议修改	2018-4-26	2018-5-2	2018-4-26	修改
黑龙江省档案管理条例	2018 年 4 月 26 日黑龙江省第十三届人民代表大会常务委员会第三次会议修改	2018-4-26	2018-5-2	2018-4-26	修改
黑龙江省失业保险条例	2018 年 4 月 26 日黑龙江省第十三届人民代表大会常务委员会第三次会议修改	2018-4-26	2018-5-2	2018-4-26	修改
黑龙江省献血条例	2018 年 4 月 26 日黑龙江省第十三届人民代表大会常务委员会第三次会议修改	2018-4-26	2018-5-2	2018-4-26	修改
黑龙江省制止不正当价格行为和牟取暴利条例	2018 年 4 月 26 日黑龙江省第十三届人民代表大会常务委员会第三次会议修改	2018-4-26	2018-5-2	2018-4-26	修改
黑龙江省清真食品生产经营管理条例	2018 年 4 月 26 日黑龙江省第十三届人民代表大会常务委员会第三次会议修改	2018-4-26	2018-5-2	2018-4-26	修改
黑龙江省实施《中华人民共和国防洪法》条例	2018 年 4 月 26 日黑龙江省第十三届人民代表大会常务委员会第三次会议修改	2018-4-26	2018-5-2	2018-4-26	修改
黑龙江省母婴保健条例	2018 年 4 月 26 日黑龙江省第十三届人民代表大会常务委员会第三次会议修改	2018-4-26	2018-5-2	2018-4-26	修改
黑龙江省绿色食品管理条例	2018 年 4 月 26 日黑龙江省第十三届人民代表大会常务委员会第三次会议修改	2018-4-26	2018-5-2	2018-4-26	修改
黑龙江省发展乡镇企业条例	2018 年 4 月 26 日黑龙江省第十三届人民代表大会常务委员会第三次会议修改	2018-4-26	2018-5-2	2018-4-26	修改
黑龙江省产品质量条例	2018 年 4 月 26 日黑龙江省第十三届人民代表大会常务委员会第三次会议修改	2018-4-26	2018-5-2	2018-4-26	修改

续表

法规名称	通过或批准时间	公布时间	报备时间	施行时间	立法形式
黑龙江省劳动力市场管理条例	2018年4月26日黑龙江省第十三届人民代表大会常务委员会第三次会议修改	2018-4-26	2018-5-2	2018-4-26	修改
黑龙江省会计管理条例	2018年4月26日黑龙江省第十三届人民代表大会常务委员会第三次会议修改	2018-4-26	2018-5-2	2018-4-26	修改
黑龙江省实施《中华人民共和国气象法》办法	2018年4月26日黑龙江省第十三届人民代表大会常务委员会第三次会议修改	2018-4-26	2018-5-2	2018-4-26	修改
黑龙江省农业机械管理条例	2018年4月26日黑龙江省第十三届人民代表大会常务委员会第三次会议修改	2018-4-26	2018-5-2	2018-4-26	修改
黑龙江省涉案物价格鉴证条例	2018年4月26日黑龙江省第十三届人民代表大会常务委员会第三次会议修改	2018-4-26	2018-5-2	2018-4-26	修改
黑龙江省草原条例	2018年4月26日黑龙江省第十三届人民代表大会常务委员会第三次会议修改	2018-4-26	2018-5-2	2018-4-26	修改
黑龙江省野生药材资源保护条例	2018年4月26日黑龙江省第十三届人民代表大会常务委员会第三次会议修改	2018-4-26	2018-5-2	2018-4-26	修改
黑龙江省兴凯湖国家级自然保护区管理条例	2018年4月26日黑龙江省第十三届人民代表大会常务委员会第三次会议修改	2018-4-26	2018-5-2	2018-4-26	修改
黑龙江省五大连池世界地质公园保护条例	2018年4月26日黑龙江省第十三届人民代表大会常务委员会第三次会议修改	2018-4-26	2018-5-2	2018-4-26	修改
黑龙江省气象灾害防御条例	2018年4月26日黑龙江省第十三届人民代表大会常务委员会第三次会议修改	2018-4-26	2018-5-2	2018-4-26	修改
黑龙江省民办教育促进条例	2018年4月26日黑龙江省第十三届人民代表大会常务委员会第三次会议修改	2018-4-26	2018-5-2	2018-4-26	修改
黑龙江省城市市容和环境卫生管理条例	2018年4月26日黑龙江省第十三届人民代表大会常务委员会第三次会议修改	2018-4-26	2018-5-2	2018-4-26	修改
黑龙江省公共场所和特种行业治安管理条例	2018年4月26日黑龙江省第十三届人民代表大会常务委员会第三次会议修改	2018-4-26	2018-5-2	2018-4-26	修改
黑龙江省建设工程勘察设计条例	2018年4月26日黑龙江省第十三届人民代表大会常务委员会第三次会议修改	2018-4-26	2018-5-2	2018-4-26	修改
黑龙江省劳动保障监察条例	2018年4月26日黑龙江省第十三届人民代表大会常务委员会第三次会议修改	2018-4-26	2018-5-2	2018-4-26	修改
黑龙江省松花江流域水污染防治条例	2018年4月26日黑龙江省第十三届人民代表大会常务委员会第三次会议修改	2018-4-26	2018-5-2	2018-4-26	修改
黑龙江省节约能源条例	2018年4月26日黑龙江省第十三届人民代表大会常务委员会第三次会议修改	2018-4-26	2018-5-2	2018-4-26	修改
黑龙江省旅游条例	2018年4月26日黑龙江省第十三届人民代表大会常务委员会第三次会议修改	2018-4-26	2018-5-2	2018-4-26	修改
黑龙江省电力设施建设与保护条例	2018年4月26日黑龙江省第十三届人民代表大会常务委员会第三次会议修改	2018-4-26	2018-5-2	2018-4-26	修改
黑龙江省地质环境保护条例	2018年4月26日黑龙江省第十三届人民代表大会常务委员会第三次会议修改	2018-4-26	2018-5-2	2018-4-26	修改
黑龙江省畜禽屠宰管理条例	2018年4月26日黑龙江省第十三届人民代表大会常务委员会第三次会议修改	2018-4-26	2018-5-2	2018-4-26	修改
黑龙江省农田水利条例	2018年4月26日黑龙江省第十三届人民代表大会常务委员会第三次会议修改	2018-4-26	2018-5-2	2018-4-26	修改

续表

法规名称	通过或批准时间	公布时间	报备时间	施行时间	立法形式
黑龙江省促进散装水泥发展条例	2018年4月26日黑龙江省第十三届人民代表大会常务委员会第三次会议修改	2018-4-26	2018-5-2	2018-4-26	修改
黑龙江省农村公路条例	2018年4月26日黑龙江省第十三届人民代表大会常务委员会第三次会议修改	2018-4-26	2018-5-2	2018-4-26	修改
黑龙江省辐射污染防治条例	2018年4月26日黑龙江省第十三届人民代表大会常务委员会第三次会议修改	2018-4-26	2018-5-2	2018-4-26	修改
黑龙江省邮政条例	2018年4月26日黑龙江省第十三届人民代表大会常务委员会第三次会议修改	2018-4-26	2018-5-2	2018-4-26	修改
黑龙江省促进中小企业发展条例	2018年4月26日黑龙江省第十三届人民代表大会常务委员会第三次会议修改	2018-4-26	2018-5-2	2018-4-26	修改
黑龙江挠力河国家级自然保护区管理条例	2018年4月26日黑龙江省第十三届人民代表大会常务委员会第三次会议修改	2018-4-26	2018-5-2	2018-4-26	修改
黑龙江省高速公路管理条例	2018年4月26日黑龙江省第十三届人民代表大会常务委员会第三次会议修改	2018-4-26	2018-5-2	2018-4-26	修改
黑龙江省实施《中华人民共和国水法》条例	2018年4月26日黑龙江省第十三届人民代表大会常务委员会第三次会议修改	2018-4-26	2018-5-2	2018-4-26	修改
黑龙江省科学技术进步条例	2018年4月26日黑龙江省第十三届人民代表大会常务委员会第三次会议修改	2018-4-26	2018-5-2	2018-4-26	修改
黑龙江省道路交通安全条例	2018年4月26日黑龙江省第十三届人民代表大会常务委员会第三次会议修改	2018-4-26	2018-5-2	2018-4-26	修改
黑龙江省安全生产条例	2018年4月26日黑龙江省第十三届人民代表大会常务委员会第三次会议修改	2018-4-26	2018-5-2	2018-4-26	修改
黑龙江省道路运输条例	2018年4月26日黑龙江省第十三届人民代表大会常务委员会第三次会议修改	2018-4-26	2018-5-2	2018-4-26	修改
黑龙江省森林防火条例	2018年4月26日黑龙江省第十三届人民代表大会常务委员会第三次会议修改	2018-4-26	2018-5-2	2018-4-26	修改
黑龙江省动物防疫条例	2018年4月26日黑龙江省第十三届人民代表大会常务委员会第三次会议修改	2018-4-26	2018-5-2	2018-4-26	修改
黑龙江省垦区条例	2018年4月26日黑龙江省第十三届人民代表大会常务委员会第三次会议废止	2018-5-2	2018-5-2	2018-5-2	废止
牡丹江市人民代表大会及其常务委员会立法条例	2017年12月28日牡丹江市第十六届人民代表大会第二次会议通过，2018年4月26日黑龙江省第十三届人民代表大会常务委员会第三次会议批准	2018-5-2	2018-5-2	2018-6-1	制定
牡丹江市制定地方性法规工作规则	在《牡丹江市人民代表大会及其常务委员会立法条例》中被明文予以废止	2018-5-2	2018-5-2	2018-6-1	文中废止
双鸭山市中心城区山体绿线保护管理条例	2018年2月28日双鸭山市第十六届人民代表大会常务委员会第八次会议通过，2018年4月26日黑龙江省第十三届人民代表大会常务委员会第三次会议批准	2018-5-2	2018-5-2	2018-7-1	制定
齐齐哈尔市人民代表大会及其常务委员会立法条例	2017年12月29日齐齐哈尔市第十六届人民代表大会第二次会议通过，2018年4月26日黑龙江省第十三届人民代表大会常务委员会第三次会议批准	2018-5-3	2018-5-2	2018-6-1	制定
齐齐哈尔市制定地方性法规的规定	在《齐齐哈尔市人民代表大会及其常务委员会立法条例》中被明文予以废止	2018-5-3	2018-5-2	2018-6-1	文中废止

续表

法规名称	通过或批准时间	公布时间	报备时间	施行时间	立法形式
黑龙江省法治宣传教育条例	2018年6月28日黑龙江省第十三届人民代表大会常务委员会第四次会议通过	2018-6-28	2018-6-29	2018-9-1	制定
黑龙江省农作物种子管理条例	2018年6月28日黑龙江省第十三届人民代表大会常务委员会第四次会议废止	2018-6-28	2018-6-29	2018-6-28	废止
黑龙江省林木种子管理条例	2018年6月28日黑龙江省第十三届人民代表大会常务委员会第四次会议废止	2018-6-28	2018-6-29	2018-6-28	废止
黑龙江省河道管理条例	2018年6月28日黑龙江省第十三届人民代表大会常务委员会第四次会议修改	2018-6-28	2018-6-29	2018-6-28	修改
黑龙江省城市民族工作条例	2018年6月28日黑龙江省第十三届人民代表大会常务委员会第四次会议修改	2018-6-28	2018-6-29	2018-6-28	修改
黑龙江省水利工程管理条例	2018年6月28日黑龙江省第十三届人民代表大会常务委员会第四次会议修改	2018-6-28	2018-6-29	2018-6-28	修改
黑龙江省农业环境保护管理条例	2018年6月28日黑龙江省第十三届人民代表大会常务委员会第四次会议修改	2018-6-28	2018-6-29	2018-6-28	修改
黑龙江省农业综合开发管理条例	2018年6月28日黑龙江省第十三届人民代表大会常务委员会第四次会议修改	2018-6-28	2018-6-29	2018-6-28	修改
黑龙江省森林管理条例	2018年6月28日黑龙江省第十三届人民代表大会常务委员会第四次会议修改	2018-6-28	2018-6-29	2018-6-28	修改
黑龙江省野生动物保护条例	2018年6月28日黑龙江省第十三届人民代表大会常务委员会第四次会议修改	2018-6-28	2018-6-29	2018-6-28	修改
黑龙江省人工增雨防雹管理条例	2018年6月28日黑龙江省第十三届人民代表大会常务委员会第四次会议修改	2018-6-28	2018-6-29	2018-6-28	修改
黑龙江省建设工程勘察设计条例	2018年6月28日黑龙江省第十三届人民代表大会常务委员会第四次会议修改	2018-6-28	2018-6-29	2018-6-28	修改
黑龙江省土地监察条例	2018年6月28日黑龙江省第十三届人民代表大会常务委员会第四次会议修改	2018-6-28	2018-6-29	2018-6-28	修改
黑龙江省公路条例	2018年6月28日黑龙江省第十三届人民代表大会常务委员会第四次会议修改	2018-6-28	2018-6-29	2018-6-28	修改
黑龙江省体育经营活动管理条例	2018年6月28日黑龙江省第十三届人民代表大会常务委员会第四次会议修改	2018-6-28	2018-6-29	2018-6-28	修改
黑龙江省档案管理条例	2018年6月28日黑龙江省第十三届人民代表大会常务委员会第四次会议修改	2018-6-28	2018-6-29	2018-6-28	修改
黑龙江省土地管理条例	2018年6月28日黑龙江省第十三届人民代表大会常务委员会第四次会议修改	2018-6-28	2018-6-29	2018-6-28	修改
黑龙江省实施《中华人民共和国防洪法》条例	2018年6月28日黑龙江省第十三届人民代表大会常务委员会第四次会议修改	2018-6-28	2018-6-29	2018-6-28	修改
黑龙江省母婴保健条例	2018年6月28日黑龙江省第十三届人民代表大会常务委员会第四次会议修改	2018-6-28	2018-6-29	2018-6-28	修改
黑龙江省绿色食品管理条例	2018年6月28日黑龙江省第十三届人民代表大会常务委员会第四次会议修改	2018-6-28	2018-6-29	2018-6-28	修改
黑龙江省产品质量条例	2018年6月28日黑龙江省第十三届人民代表大会常务委员会第四次会议修改	2018-6-28	2018-6-29	2018-6-28	修改
黑龙江省职业教育条例	2018年6月28日黑龙江省第十三届人民代表大会常务委员会第四次会议修改	2018-6-28	2018-6-29	2018-6-28	修改

续表

法规名称	通过或批准时间	公布时间	报备时间	施行时间	立法形式
黑龙江省劳动力市场管理条例	2018年6月28日黑龙江省第十三届人民代表大会常务委员会第四次会议修改	2018-6-28	2018-6-29	2018-6-28	修改
黑龙江省体育发展条例	2018年6月28日黑龙江省第十三届人民代表大会常务委员会第四次会议修改	2018-6-28	2018-6-29	2018-6-28	修改
黑龙江省人口与计划生育条例	2018年6月28日黑龙江省第十三届人民代表大会常务委员会第四次会议修改	2018-6-28	2018-6-29	2018-6-28	修改
黑龙江省实施《中华人民共和国气象法》办法	2018年6月28日黑龙江省第十三届人民代表大会常务委员会第四次会议修改	2018-6-28	2018-6-29	2018-6-28	修改
黑龙江省建筑市场管理条例	2018年6月28日黑龙江省第十三届人民代表大会常务委员会第四次会议修改	2018-6-28	2018-6-29	2018-6-28	修改
黑龙江省测绘管理条例	2018年6月28日黑龙江省第十三届人民代表大会常务委员会第四次会议修改	2018-6-28	2018-6-29	2018-6-28	修改
黑龙江省涉案物价格鉴证条例	2018年6月28日黑龙江省第十三届人民代表大会常务委员会第四次会议修改	2018-6-28	2018-6-29	2018-6-28	修改
黑龙江省奶业条例	2018年6月28日黑龙江省第十三届人民代表大会常务委员会第四次会议修改	2018-6-28	2018-6-29	2018-6-28	修改
黑龙江省农业机械管理条例	2018年6月28日黑龙江省第十三届人民代表大会常务委员会第四次会议修改	2018-6-28	2018-6-29	2018-6-28	修改
黑龙江省野生药材资源保护条例	2018年6月28日黑龙江省第十三届人民代表大会常务委员会第四次会议修改	2018-6-28	2018-6-29	2018-6-28	修改
黑龙江省草原条例	2018年6月28日黑龙江省第十三届人民代表大会常务委员会第四次会议修改	2018-6-28	2018-6-29	2018-6-28	修改
黑龙江省罚没和扣押财物管理条例	2018年6月28日黑龙江省第十三届人民代表大会常务委员会第四次会议修改	2018-6-28	2018-6-29	2018-6-28	修改
黑龙江省建设工程质量监督管理条例	2018年6月28日黑龙江省第十三届人民代表大会常务委员会第四次会议修改	2018-6-28	2018-6-29	2018-6-28	修改
黑龙江省兴凯湖国家级自然保护区管理条例	2018年6月28日黑龙江省第十三届人民代表大会常务委员会第四次会议修改	2018-6-28	2018-6-29	2018-6-28	修改
黑龙江省反窃电条例	2018年6月28日黑龙江省第十三届人民代表大会常务委员会第四次会议修改	2018-6-28	2018-6-29	2018-6-28	修改
黑龙江省气象灾害防御条例	2018年6月28日黑龙江省第十三届人民代表大会常务委员会第四次会议修改	2018-6-28	2018-6-29	2018-6-28	修改
黑龙江省城市市容和环境卫生管理条例	2018年6月28日黑龙江省第十三届人民代表大会常务委员会第四次会议修改	2018-6-28	2018-6-29	2018-6-28	修改
黑龙江省农村可再生能源开发利用条例	2018年6月28日黑龙江省第十三届人民代表大会常务委员会第四次会议修改	2018-6-28	2018-6-29	2018-6-28	修改
黑龙江省防沙治沙条例	2018年6月28日黑龙江省第十三届人民代表大会常务委员会第四次会议修改	2018-6-28	2018-6-29	2018-6-28	修改
黑龙江省节约能源条例	2018年6月28日黑龙江省第十三届人民代表大会常务委员会第四次会议修改	2018-6-28	2018-6-29	2018-6-28	修改
黑龙江省劳动保障监察条例	2018年6月28日黑龙江省第十三届人民代表大会常务委员会第四次会议修改	2018-6-28	2018-6-29	2018-6-28	修改
黑龙江省旅游条例	2018年6月28日黑龙江省第十三届人民代表大会常务委员会第四次会议修改	2018-6-28	2018-6-29	2018-6-28	修改

续表

法规名称	通过或批准时间	公布时间	报备时间	施行时间	立法形式
黑龙江省电力设施建设与保护条例	2018 年 6 月 28 日黑龙江省第十三届人民代表大会常务委员会第四次会议修改	2018-6-28	2018-6-29	2018-6-28	修改
黑龙江省石油天然气田治安保卫条例	2018 年 6 月 28 日黑龙江省第十三届人民代表大会常务委员会第四次会议修改	2018-6-28	2018-6-29	2018-6-28	修改
黑龙江省畜禽屠宰管理条例	2018 年 6 月 28 日黑龙江省第十三届人民代表大会常务委员会第四次会议修改	2018-6-28	2018-6-29	2018-6-28	修改
黑龙江省农民专业合作社条例	2018 年 6 月 28 日黑龙江省第十三届人民代表大会常务委员会第四次会议修改	2018-6-28	2018-6-29	2018-6-28	修改
黑龙江省农田水利条例	2018 年 6 月 28 日黑龙江省第十三届人民代表大会常务委员会第四次会议修改	2018-6-28	2018-6-29	2018-6-28	修改
黑龙江省消防条例	2018 年 6 月 28 日黑龙江省第十三届人民代表大会常务委员会第四次会议修改	2018-6-28	2018-6-29	2018-6-28	修改
黑龙江省促进散装水泥发展条例	2018 年 6 月 28 日黑龙江省第十三届人民代表大会常务委员会第四次会议修改	2018-6-28	2018-6-29	2018-6-28	修改
黑龙江省森林公园管理条例	2018 年 6 月 28 日黑龙江省第十三届人民代表大会常务委员会第四次会议修改	2018-6-28	2018-6-29	2018-6-28	修改
黑龙江省学校安全条例	2018 年 6 月 28 日黑龙江省第十三届人民代表大会常务委员会第四次会议修改	2018-6-28	2018-6-29	2018-6-28	修改
黑龙江省农村公路条例	2018 年 6 月 28 日黑龙江省第十三届人民代表大会常务委员会第四次会议修改	2018-6-28	2018-6-29	2018-6-28	修改
黑龙江省城市供热条例	2018 年 6 月 28 日黑龙江省第十三届人民代表大会常务委员会第四次会议修改	2018-6-28	2018-6-29	2018-6-28	修改
黑龙江省促进中小企业发展条例	2018 年 6 月 28 日黑龙江省第十三届人民代表大会常务委员会第四次会议修改	2018-6-28	2018-6-29	2018-6-28	修改
黑龙江省防震减灾条例	2018 年 6 月 28 日黑龙江省第十三届人民代表大会常务委员会第四次会议修改	2018-6-28	2018-6-29	2018-6-28	修改
黑龙江挠力河国家级自然保护区管理条例	2018 年 6 月 28 日黑龙江省第十三届人民代表大会常务委员会第四次会议修改	2018-6-28	2018-6-29	2018-6-28	修改
黑龙江省城市清除冰雪条例	2018 年 6 月 28 日黑龙江省第十三届人民代表大会常务委员会第四次会议修改	2018-6-28	2018-6-29	2018-6-28	修改
黑龙江省城乡规划条例	2018 年 6 月 28 日黑龙江省第十三届人民代表大会常务委员会第四次会议修改	2018-6-28	2018-6-29	2018-6-28	修改
黑龙江省湿地保护条例	2018 年 6 月 28 日黑龙江省第十三届人民代表大会常务委员会第四次会议修改	2018-6-28	2018-6-29	2018-6-28	修改
黑龙江省森林防火条例	2018 年 6 月 28 日黑龙江省第十三届人民代表大会常务委员会第四次会议修改	2018-6-28	2018-6-29	2018-6-28	修改
黑龙江省城镇燃气管理条例	2018 年 6 月 28 日黑龙江省第十三届人民代表大会常务委员会第四次会议修改	2018-6-28	2018-6-29	2018-6-28	修改
黑龙江省食品安全条例	2018 年 6 月 28 日黑龙江省第十三届人民代表大会常务委员会第四次会议修改	2018-6-28	2018-6-29	2018-6-28	修改
鹤岗市城乡规划条例	2018 年 3 月 21 日鹤岗市第十六届人民代表大会常务委员会第九次会议通过，2018 年 6 月 28 日黑龙江省第十三届人民代表大会常务委员会第四次会议批准	2018-6-28	2018-6-29	2018-6-28	制定

续表

法规名称	通过或批准时间	公布时间	报备时间	施行时间	立法形式
大庆市物业管理条例	2018年5月11日大庆市第十届人民代表大会常务委员会第十二次会议通过,2018年6月28日黑龙江省第十三届人民代表大会常务委员会第四次会议批准	2018-7-3	2018-6-29	2018-9-1	制定
七台河市城市公园条例	2018年3月16日七台河市第十一届人民代表大会常务委员会第十次会议通过,2018年6月28日黑龙江省第十三届人民代表大会常务委员会第四次会议批准	2018-7-3	2018-6-29	2018-8-8	制定
黑龙江茅兰沟国家级自然保护区管理条例	2018年4月27日伊春市第十四届人民代表大会常务委员会第十次会议通过,2018年6月28日黑龙江省第十三届人民代表大会常务委员会第四次会议批准	2018-7-4	2018-6-29	2018-9-1	制定
黑龙江省各级人民代表大会常务委员会规范性文件备案审查条例	2018年8月24日黑龙江省第十三届人民代表大会常务委员会第五次会议	2018-8-24	2018-9-3	2018-12-1	制定
黑龙江省人民代表大会常务委员会组成人员守则	2018年8月24日黑龙江省第十三届人民代表大会常务委员会第五次会议修改	2018-8-24	2018-9-3	2018-8-24	修改
黑龙江省国家工作人员宪法宣誓办法	2018年8月24日黑龙江省第十三届人民代表大会常务委员会第五次会议	2018-8-24	2018-9-3	2018-9-1	修改
哈尔滨市城市供水条例	2018年6月27日哈尔滨市第十五届人民代表大会常务委员会第十五次会议修改,2018年8月24日黑龙江省第十三届人民代表大会常务委员会第五次会议批准修改	2018-8-24	2018-9-3	2018-10-1	修改
黑龙江省节约用水条例	2018年10月26日黑龙江省第十三届人民代表大会常务委员会第七次会议通过	2018-10-26	2018-10-31	2019-1-1	制定
黑龙江省电梯安全条例	2018年10月26日黑龙江省第十三届人民代表大会常务委员会第七次会议通过	2018-10-26	2018-10-31	2019-1-1	制定
哈尔滨市人大常委会关于禁止燃放烟花爆竹的决定	2018年8月21日哈尔滨市第十五届人民代表大会常务委员会第十六次会议通过,2018年10月26日黑龙江省第十三届人民代表大会常务委员会第七次会议批准	2018-10-26	2018-10-31	2018-12-1	制定
哈尔滨高新技术产业开发区条例	2018年8月21日哈尔滨市第十五届人民代表大会常务委员会第十六次会议废止,2018年10月26日黑龙江省第十三届人民代表大会常务委员会第七次会议批准废止	2018-10-26	2018-10-31	2018-10-26	废止
哈尔滨市城市房地产市场管理条例	2018年8月21日哈尔滨市第十五届人民代表大会常务委员会第十六次会议废止,2018年10月26日黑龙江省第十三届人民代表大会常务委员会第七次会议批准废止	2018-10-26	2018-10-31	2018-10-26	废止
哈尔滨市统计管理条例	2018年8月21日哈尔滨市第十五届人民代表大会常务委员会第十六次会议废止,2018年10月26日黑龙江省第十三届人民代表大会常务委员会第七次会议批准废止	2018-10-26	2018-10-31	2018-10-26	废止
哈尔滨市促进科技成果转化条例	2018年8月21日哈尔滨市第十五届人民代表大会常务委员会第十六次会议废止,2018年10月26日黑龙江省第十三届人民代表大会常务委员会第七次会议批准废止	2018-10-26	2018-10-31	2018-10-26	废止
哈尔滨市木材经营加工管理条例	2018年8月21日哈尔滨市第十五届人民代表大会常务委员会第十六次会议废止,2018年10月26日黑龙江省第十三届人民代表大会常务委员会第七次会议批准废止	2018-10-26	2018-10-31	2018-10-26	废止

续表

法规名称	通过或批准时间	公布时间	报备时间	施行时间	立法形式
哈尔滨市法律援助条例	2018年8月21日哈尔滨市第十五届人民代表大会常务委员会第十六次会议废止,2018年10月26日黑龙江省第十三届人民代表大会常务委员会第七次会议批准废止	2018-10-26	2018-10-31	2018-10-26	废止
哈尔滨市城市房屋权属登记条例	2018年8月21日哈尔滨市第十五届人民代表大会常务委员会第十六次会议废止,2018年10月26日黑龙江省第十三届人民代表大会常务委员会第七次会议批准废止	2018-10-26	2018-10-31	2018-10-26	废止
哈尔滨市有线电视条例	2018年8月21日哈尔滨市第十五届人民代表大会常务委员会第十六次会议废止,2018年10月26日黑龙江省第十三届人民代表大会常务委员会第七次会议批准废止	2018-10-26	2018-10-31	2018-10-26	废止
哈尔滨市建设工程安全生产管理条例	2018年8月21日哈尔滨市第十五届人民代表大会常务委员会第十六次会议废止,2018年10月26日黑龙江省第十三届人民代表大会常务委员会第七次会议批准废止	2018-10-26	2018-10-31	2018-10-26	废止
哈尔滨市职业介绍和劳动用工条例	2018年8月21日哈尔滨市第十五届人民代表大会常务委员会第十六次会议废止,2018年10月26日黑龙江省第十三届人民代表大会常务委员会第七次会议批准废止	2018-10-26	2018-10-31	2018-10-26	废止
哈尔滨市政府绩效管理条例	2018年8月21日哈尔滨市第十五届人民代表大会常务委员会第十六次会议废止,2018年10月26日黑龙江省第十三届人民代表大会常务委员会第七次会议批准废止	2018-10-26	2018-10-31	2018-10-26	废止
齐齐哈尔市燃气管理办法	2018年9月27日齐齐哈尔市第十六届人民代表大会常务委员会第十七次会议废止,2018年10月26日黑龙江省第十三届人民代表大会常务委员会第七次会议批准废止	2018-10-30	2018-10-31	2018-10-30	废止
齐齐哈尔市酒类管理条例	2018年9月27日齐齐哈尔市第十六届人民代表大会常务委员会第十七次会议废止,2018年10月26日黑龙江省第十三届人民代表大会常务委员会第七次会议批准废止	2018-10-30	2018-10-31	2018-10-30	废止
齐齐哈尔市市容和环境卫生管理条例	2018年9月27日齐齐哈尔市第十六届人民代表大会常务委员会第十七次会议修改,2018年10月26日黑龙江省第十三届人民代表大会常务委员会第七次会议批准修改	2018-10-30	2018-10-31	2018-10-30	修改
齐齐哈尔市城市排水设施管理条例	2018年9月27日齐齐哈尔市第十六届人民代表大会常务委员会第十七次会议修改,2018年10月26日黑龙江省第十三届人民代表大会常务委员会第七次会议批准修改	2018-10-30	2018-10-31	2018-10-30	修改
齐齐哈尔市河道管理条例	2018年9月27日齐齐哈尔市第十六届人民代表大会常务委员会第十七次会议修改,2018年10月26日黑龙江省第十三届人民代表大会常务委员会第七次会议批准修改	2018-10-30	2018-10-31	2018-10-30	修改
齐齐哈尔市水资源管理条例	2018年9月27日齐齐哈尔市第十六届人民代表大会常务委员会第十七次会议修改,2018年10月26日黑龙江省第十三届人民代表大会常务委员会第七次会议批准修改	2018-10-30	2018-10-31	2018-10-30	修改

续表

法规名称	通过或批准时间	公布时间	报备时间	施行时间	立法形式
齐齐哈尔市再生资源回收利用管理条例	2018年9月27日齐齐哈尔市第十六届人民代表大会常务委员会第十七次会议修改,2018年10月26日黑龙江省第十三届人民代表大会常务委员会第七次会议批准修改	2018-10-30	2018-10-31	2018-10-30	修改
齐齐哈尔市旅游条例	2018年9月27日齐齐哈尔市第十六届人民代表大会常务委员会第十七次会议修改,2018年10月26日黑龙江省第十三届人民代表大会常务委员会第七次会议批准修改	2018-10-30	2018-10-31	2018-10-30	修改
齐齐哈尔市档案管理条例	2018年9月27日齐齐哈尔市第十六届人民代表大会常务委员会第十七次会议修改,2018年10月26日黑龙江省第十三届人民代表大会常务委员会第七次会议批准修改	2018-10-30	2018-10-31	2018-10-30	修改
牡丹江市餐厨废弃物管理条例	2018年9月12日牡丹江市第十六届人民代表大会常务委员会第十一次会议通过,2018年10月26日黑龙江省第十三届人民代表大会常务委员会第七次会议批准	2018-10-31	2018-10-31	2019-6-1	制定
黑龙江省实施《中华人民共和国种子法》条例	2018年12月27日黑龙江省第十三届人民代表大会常务委员会第八次会议通过	2018-12-27	2019-1-2	2019-2-1	制定
黑龙江省人民代表大会常务委员会大兴安岭地区工作委员会工作条例	2018年12月27日黑龙江省第十三届人民代表大会常务委员会第八次会议修改	2018-12-27	2019-1-2	2018-12-27	修改
黑龙江省大气污染防治条例	2018年12月27日黑龙江省第十三届人民代表大会常务委员会第八次会议修改	2018-12-27	2019-1-2	2018-12-27	修改
哈尔滨市全民体育健身条例	2018年11月2日哈尔滨市第十五届人民代表大会常务委员会第十七次会议修改,2018年12月27日黑龙江省第十三届人民代表大会常务委员会第八次会议批准修改	2018-12-27	2019-1-2	2018-12-27	修改
哈尔滨市档案管理条例	2018年11月2日哈尔滨市第十五届人民代表大会常务委员会第十七次会议修改,2018年12月27日黑龙江省第十三届人民代表大会常务委员会第八次会议批准修改	2018-12-27	2019-1-2	2018-12-27	修改
哈尔滨市河道管理条例	2018年11月2日哈尔滨市第十五届人民代表大会常务委员会第十七次会议修改,2018年12月27日黑龙江省第十三届人民代表大会常务委员会第八次会议批准修改	2018-12-27	2019-1-2	2018-12-27	修改
哈尔滨市新型墙体材料发展应用和建筑节能管理条例	2018年11月2日哈尔滨市第十五届人民代表大会常务委员会第十七次会议修改,2018年12月27日黑龙江省第十三届人民代表大会常务委员会第八次会议批准修改	2018-12-27	2019-1-2	2018-12-27	修改
哈尔滨市农业机械化促进条例	2018年11月2日哈尔滨市第十五届人民代表大会常务委员会第十七次会议修改,2018年12月27日黑龙江省第十三届人民代表大会常务委员会第八次会议批准修改	2018-12-27	2019-1-2	2018-12-27	修改
哈尔滨市城市道路管理条例	2018年11月2日哈尔滨市第十五届人民代表大会常务委员会第十七次会议修改,2018年12月27日黑龙江省第十三届人民代表大会常务委员会第八次会议批准修改	2018-12-27	2019-1-2	2018-12-27	修改

续表

法规名称	通过或批准时间	公布时间	报备时间	施行时间	立法形式
哈尔滨市侵华日军第七三一部队旧址保护条例	2018年11月2日哈尔滨市第十五届人民代表大会常务委员会第十七次会议修改，2018年12月27日黑龙江省第十三届人民代表大会常务委员会第八次会议批准修改	2018-12-27	2019-1-2	2018-12-27	修改
哈尔滨市养犬管理条例	2018年11月2日哈尔滨市第十五届人民代表大会常务委员会第十七次会议修改，2018年12月27日黑龙江省第十三届人民代表大会常务委员会第八次会议批准修改	2018-12-27	2019-1-2	2018-12-27	修改
哈尔滨市城乡规划条例	2018年11月2日哈尔滨市第十五届人民代表大会常务委员会第十七次会议修改，2018年12月27日黑龙江省第十三届人民代表大会常务委员会第八次会议批准修改	2018-12-27	2019-1-2	2018-12-27	修改
哈尔滨市城市绿化条例	2018年11月2日哈尔滨市第十五届人民代表大会常务委员会第十七次会议修改，2018年12月27日黑龙江省第十三届人民代表大会常务委员会第八次会议批准修改	2018-12-27	2019-1-2	2018-12-27	修改
佳木斯市电梯安全条例	2018年11月15日佳木斯市第十六届人民代表大会常务委员会第十四次会议通过，2018年12月27日黑龙江省第十三届人民代表大会常务委员会第八次会议批准	2018-12-28	2019-1-2	2019-1-1	制定
绥化市城市公园条例	2018年10月16日绥化市第四届人民代表大会常务委员会第十三次会议通过，2018年12月27日黑龙江省第十三届人民代表大会常务委员会第八次会议批准	2018-12-28	2019-1-2	2019-3-1	制定
哈尔滨市查处假冒巡游出租汽车若干规定	2018年11月2日哈尔滨市第十五届人民代表大会常务委员会第十七次会议通过，2018年12月27日黑龙江省第十三届人民代表大会常务委员会第八次会议批准	2018-12-29	2019-1-2	2019-2-1	制定
鸡西市城市市容和环境卫生管理条例	2018年9月4日鸡西市第十五届人民代表大会常务委员会第十四次会议通过，2018年12月27日黑龙江省第十三届人民代表大会常务委员会第八次会议批准	2019-1-4	2019-1-2	2019-3-1	制定

上海市地方性法规目录

（40件）

法规名称	通过或批准时间	公布时间	报备时间	施行时间	立法形式
上海市信访条例	2018年5月24日上海市第十五届人民代表大会常务委员会第四次会议修改	2018-5-24	2018-6-20	2018-6-1	修改
上海市社会治安综合治理条例	2018年5月24日上海市第十五届人民代表大会常务委员会第四次会议修改	2018-5-24	2018-6-20	2018-6-1	修改
上海市促进中小企业发展条例	2018年5月24日上海市第十五届人民代表大会常务委员会第四次会议修改	2018-5-24	2018-6-20	2018-6-1	修改
上海市拆除违法建筑若干规定	2018年5月24日上海市第十五届人民代表大会常务委员会第四次会议修改	2018-5-24	2018-6-20	2018-6-1	修改
上海市城市管理行政执法条例	2018年5月24日上海市第十五届人民代表大会常务委员会第四次会议修改	2018-5-24	2018-6-20	2018-6-1	修改

续表

法规名称	通过或批准时间	公布时间	报备时间	施行时间	立法形式
上海市地下空间规划建设条例	2018年5月24日上海市第十五届人民代表大会常务委员会第四次会议修改	2018-5-24	2018-6-20	2018-6-1	修改
上海市供用电条例	2018年5月24日上海市第十五届人民代表大会常务委员会第四次会议修改	2018-5-24	2018-6-20	2018-6-1	修改
上海市安全生产条例	2018年5月24日上海市第十五届人民代表大会常务委员会第四次会议修改	2018-5-24	2018-6-20	2018-6-1	修改
上海市实施《中华人民共和国突发事件应对法》办法	2018年5月24日上海市第十五届人民代表大会常务委员会第四次会议修改	2018-5-24	2018-6-20	2018-6-1	修改
上海市街道办事处条例	2018年5月24日上海市第十五届人民代表大会常务委员会第四次会议修改	2018-5-24	2018-6-20	2018-6-1	修改
上海市城乡规划条例	2018年5月24日上海市第十五届人民代表大会常务委员会第四次会议修改	2018-5-24	2018-6-20	2018-6-1	修改
上海市台湾同胞投资权益保护规定	2018年5月24日上海市第十五届人民代表大会常务委员会第四次会议修改	2018-5-24	2018-6-20	2018-6-1	修改
上海市华侨权益保护条例	2018年5月24日上海市第十五届人民代表大会常务委员会第四次会议修改	2018-5-24	2018-6-20	2018-6-1	修改
上海市单用途预付消费卡管理规定	2018年7月27日上海市第十五届人民代表大会常务委员会第五次会议通过	2018-7-27	2018-8-21	2019-1-1	制定
上海市实施宪法宣誓制度办法	2018年7月27日上海市第十五届人民代表大会常务委员会第五次会议修改	2018-7-27	2018-8-21	2018-7-27	修改
上海市职业教育条例	2018年11月22日上海市第十五届人民代表大会常务委员会第七次会议修改	2018-11-22	2018-12-13	2019-3-1	修改
上海市住宅物业管理规定	2018年11月22日上海市第十五届人民代表大会常务委员会第七次会议修改	2018-11-22	2018-12-13	2019-3-1	修改
上海市社会救助条例	2018年11月22日上海市第十五届人民代表大会常务委员会第七次会议通过	2018-11-22	2018-12-13	2019-5-1	制定
上海市宗教事务条例	2018年11月22日上海市第十五届人民代表大会常务委员会第七次会议修改	2018-11-22	2018-12-13	2019-3-1	修改
上海市河道管理条例	2018年11月22日上海市第十五届人民代表大会常务委员会第七次会议修改	2018-11-22	2018-12-13	2019-1-1	修改
上海市计量监督管理条例	2018年11月22日上海市第十五届人民代表大会常务委员会第七次会议修改	2018-11-22	2018-12-13	2019-1-1	修改
上海市公共汽车和电车客运管理条例	2018年11月22日上海市第十五届人民代表大会常务委员会第七次会议修改	2018-11-22	2018-12-13	2019-1-1	修改
上海市旅游条例	2018年11月22日上海市第十五届人民代表大会常务委员会第七次会议修改	2018-11-22	2018-12-13	2019-1-1	修改
上海市实施《中华人民共和国气象法》办法	2018年11月22日上海市第十五届人民代表大会常务委员会第七次会议修改	2018-11-22	2018-12-13	2019-1-1	修改
上海市人民代表大会常务委员会关于本市机构改革涉及地方性法规规定的行政机关职责调整问题的决定	2018年11月22日上海市第十五届人民代表大会常务委员会第七次会议通过	2018-11-22	2018-12-13	2018-11-23	制定
上海市人民代表大会常务委员会关于支持和保障长三角地区更高质量一体化发展的决定	2018年11月22日上海市第十五届人民代表大会常务委员会第七次会议通过	2018-11-22	2018-12-13	2019-1-1	制定

续表

法规名称	通过或批准时间	公布时间	报备时间	施行时间	立法形式
上海市大气污染防治条例	2018年12月20日上海市第十五届人民代表大会常务委员会第八次会议修改	2018-12-20	2019-1-3	2019-1-1	修改
上海市环境保护条例	2018年12月20日上海市第十五届人民代表大会常务委员会第八次会议修改	2018-12-20	2019-1-3	2019-1-1	修改
上海市实施《中华人民共和国土地管理法》办法	2018年12月20日上海市第十五届人民代表大会常务委员会第八次会议修改	2018-12-20	2019-1-3	2019-1-1	修改
上海市水产养殖保护规定	2018年12月20日上海市第十五届人民代表大会常务委员会第八次会议修改	2018-12-20	2019-1-3	2019-1-1	修改
上海市饮用水水源保护条例	2018年12月20日上海市第十五届人民代表大会常务委员会第八次会议修改	2018-12-20	2019-1-3	2019-1-1	修改
上海市供水管理条例	2018年12月20日上海市第十五届人民代表大会常务委员会第八次会议修改	2018-12-20	2019-1-3	2019-1-1	修改
上海市河道管理条例	2018年12月20日上海市第十五届人民代表大会常务委员会第八次会议修改	2018-12-20	2019-1-3	2019-1-1	修改
上海市实施《中华人民共和国防震减灾法》办法	2018年12月20日上海市第十五届人民代表大会常务委员会第八次会议修改	2018-12-20	2019-1-3	2019-1-1	修改
上海市民防条例	2018年12月20日上海市第十五届人民代表大会常务委员会第八次会议修改	2018-12-20	2019-1-3	2019-1-1	修改
上海市绿化条例	2018年12月20日上海市第十五届人民代表大会常务委员会第八次会议修改	2018-12-20	2019-1-3	2019-1-1	修改
上海市市容环境卫生管理条例	2018年12月20日上海市第十五届人民代表大会常务委员会第八次会议修改	2018-12-20	2019-1-3	2019-1-1	修改
上海市建筑市场管理条例	2018年12月20日上海市第十五届人民代表大会常务委员会第八次会议修改	2018-12-20	2019-1-3	2019-1-1	修改
上海市轨道交通管理条例	2018年12月20日上海市第十五届人民代表大会常务委员会第八次会议修改	2018-12-20	2019-1-3	2019-1-1	修改
上海市城乡规划条例	2018年12月20日上海市第十五届人民代表大会常务委员会第八次会议修改	2018-12-20	2019-1-3	2019-1-1	修改

江苏省地方性法规目录

（108件）

法规名称	通过或批准时间	公布时间	报备时间	施行时间	立法形式
江苏省开发区条例	2018年1月24日江苏省第十二届人民代表大会常务委员会第三十四次会议通过	2018-1-24	2018-2-12	2018-5-1	制定
江苏省经济技术开发区管理条例	在《江苏省开发区条例》中被明文予以废止	2018-1-24	2018-2-12	2018-5-1	文中废止
江苏省广播电视管理条例	2018年1月24日江苏省第十二届人民代表大会常务委员会第三十四次会议通过	2018-1-24	2018-2-12	2018-5-1	制定
江苏省测绘地理信息条例	2018年1月24日江苏省第十二届人民代表大会常务委员会第三十四次会议通过	2018-1-24	2018-2-12	2018-5-1	制定

续表

法规名称	通过或批准时间	公布时间	报备时间	施行时间	立法形式
江苏省测绘条例	在《江苏省测绘地理信息条例》中被明文予以废止	2018-1-24	2018-2-12	2018-5-1	文中废止
江苏省太湖水污染防治条例	2018 年 1 月 24 日江苏省第十二届人民代表大会常务委员会第三十四次会议修改	2018-1-24	2018-2-12	2018-5-1	修改
泰州市市区烟花爆竹燃放管理条例	2017 年 12 月 26 日泰州市第五届人民代表大会常务委员会第六次会议通过,2018 年 1 月 24 日江苏省第十二届人民代表大会常务委员会第三十四次会议批准	2018-2-2	2018-2-12	2018-8-1	制定
苏州市公共汽车客运管理条例	2017 年 12 月 25 日苏州市第十六届人民代表大会常务委员会第八次会议修改,2018 年 1 月 24 日江苏省第十二届人民代表大会常务委员会第三十四次会议批准修改	2018-2-2	2018-2-12	2018-3-1	修改
苏州市内河交通安全管理条例	2017 年 12 月 25 日苏州市第十六届人民代表大会常务委员会第八次会议修改,2018 年 1 月 24 日江苏省第十二届人民代表大会常务委员会第三十四次会议批准修改	2018-2-2	2018-2-12	2018-3-1	修改
苏州市道路运输条例	2017 年 12 月 25 日苏州市第十六届人民代表大会常务委员会第八次会议修改,2018 年 1 月 24 日江苏省第十二届人民代表大会常务委员会第三十四次会议批准修改	2018-2-2	2018-2-12	2018-3-1	修改
苏州市集贸市场管理条例	2017 年 12 月 25 日苏州市第十六届人民代表大会常务委员会第八次会议修改,2018 年 1 月 24 日江苏省第十二届人民代表大会常务委员会第三十四次会议批准修改	2018-2-2	2018-2-12	2018-3-1	修改
苏州市档案条例	2017 年 12 月 25 日苏州市第十六届人民代表大会常务委员会第八次会议修改,2018 年 1 月 24 日江苏省第十二届人民代表大会常务委员会第三十四次会议批准修改	2018-2-2	2018-2-12	2018-3-1	修改
苏州市禁止猎捕陆生野生动物条例	2017 年 12 月 25 日苏州市第十六届人民代表大会常务委员会第八次会议修改,2018 年 1 月 24 日江苏省第十二届人民代表大会常务委员会第三十四次会议批准修改	2018-2-2	2018-2-12	2018-3-1	修改
苏州市湿地保护条例	2017 年 12 月 25 日苏州市第十六届人民代表大会常务委员会第八次会议修改,2018 年 1 月 24 日江苏省第十二届人民代表大会常务委员会第三十四次会议批准修改	2018-2-2	2018-2-12	2018-3-1	修改
苏州市阳澄湖水源水质保护条例	2017 年 12 月 25 日苏州市第十六届人民代表大会常务委员会第八次会议修改,2018 年 1 月 24 日江苏省第十二届人民代表大会常务委员会第三十四次会议批准修改	2018-2-2	2018-2-12	2018-3-1	修改
苏州市渔业管理条例	2017 年 12 月 25 日苏州市第十六届人民代表大会常务委员会第八次会议废止,2018 年 1 月 24 日江苏省第十二届人民代表大会常务委员会第三十四次会议批准废止	2018-2-2	2018-2-12	2018-3-1	废止
南通市人才发展促进条例	2017 年 12 月 25 日南通市第十五届人民代表大会常务委员会第九次会议通过,2018 年 1 月 24 日江苏省第十二届人民代表大会常务委员会第三十四次会议批准	2018-2-5	2018-2-12	2018-8-1	制定
淮安市周恩来纪念地保护条例	2017 年 12 月 19 日淮安市第八届人民代表大会常务委员会第八次会议通过,2018 年 1 月 24 日江苏省第十二届人民代表大会常务委员会第三十四次会议批准	2018-2-6	2018-2-12	2018-3-5	制定

续表

法规名称	通过或批准时间	公布时间	报备时间	施行时间	立法形式
盐城市畜禽养殖污染防治条例	2017 年 11 月 29 日盐城市第八届人民代表大会常务委员会第六次会议通过，2018 年 1 月 24 日江苏省第十二届人民代表大会常务委员会第三十四次会议批准	2018-2-7	2018-2-12	2018-5-1	制定
江苏省实施宪法宣誓制度办法	2018 年 3 月 28 日江苏省第十三届人民代表大会常务委员会第二次会议修改	2018-3-28	2018-4-24	2018-3-28	修改
江苏省大气污染防治条例	2018 年 3 月 28 日江苏省第十三届人民代表大会常务委员会第二次会议修改	2018-3-28	2018-4-24	2018-5-1	修改
江苏省通榆河水污染防治条例	2018 年 3 月 28 日江苏省第十三届人民代表大会常务委员会第二次会议修改	2018-3-28	2018-4-24	2018-5-1	修改
江苏省辐射污染防治条例	2018 年 3 月 28 日江苏省第十三届人民代表大会常务委员会第二次会议修改	2018-3-28	2018-4-24	2018-5-1	修改
江苏省环境噪声污染防治条例	2018 年 3 月 28 日江苏省第十三届人民代表大会常务委员会第二次会议修改	2018-3-28	2018-4-24	2018-5-1	修改
江苏省固体废物污染环境防治条例	2018 年 3 月 28 日江苏省第十三届人民代表大会常务委员会第二次会议修改	2018-3-28	2018-4-24	2018-5-1	修改
江苏省机动车排气污染防治条例	2018 年 3 月 28 日江苏省第十三届人民代表大会常务委员会第二次会议修改	2018-3-28	2018-4-24	2018-5-1	修改
江苏省长江水污染防治条例	2018 年 3 月 28 日江苏省第十三届人民代表大会常务委员会第二次会议修改	2018-3-28	2018-4-24	2018-5-1	修改
江苏省物业管理条例	2018 年 3 月 28 日江苏省第十三届人民代表大会常务委员会第二次会议修改	2018-3-28	2018-4-24	2018-5-1	修改
江苏省工程建设管理条例	2018 年 3 月 28 日江苏省第十三届人民代表大会常务委员会第二次会议修改	2018-3-28	2018-4-24	2018-5-1	修改
江苏省城市绿化管理条例	2018 年 3 月 28 日江苏省第十三届人民代表大会常务委员会第二次会议修改	2018-3-28	2018-4-24	2018-5-1	修改
江苏省城市房地产交易管理条例	2018 年 3 月 28 日江苏省第十三届人民代表大会常务委员会第二次会议修改	2018-3-28	2018-4-24	2018-5-1	修改
江苏省城乡规划条例	2018 年 3 月 28 日江苏省第十三届人民代表大会常务委员会第二次会议修改	2018-3-28	2018-4-24	2018-5-1	修改
江苏省农业综合开发管理条例	2018 年 3 月 28 日江苏省第十三届人民代表大会常务委员会第二次会议修改	2018-3-28	2018-4-24	2018-5-1	修改
江苏省渔业管理条例	2018 年 3 月 28 日江苏省第十三届人民代表大会常务委员会第二次会议修改	2018-3-28	2018-4-24	2018-5-1	修改
江苏省渔业港口和渔业船舶管理条例	2018 年 3 月 28 日江苏省第十三届人民代表大会常务委员会第二次会议修改	2018-3-28	2018-4-24	2018-5-1	修改
江苏省海域使用管理条例	2018 年 3 月 28 日江苏省第十三届人民代表大会常务委员会第二次会议修改	2018-3-28	2018-4-24	2018-5-1	修改
江苏省妇女权益保障条例	2018 年 3 月 28 日江苏省第十三届人民代表大会常务委员会第二次会议通过	2018-3-28	2018-4-24	2018-6-1	制定
江苏省实施《中华人民共和国妇女权益保障法》办法	在《江苏省妇女权益保障条例》中被明文予以废止	2018-3-28	2018-4-24	2018-6-1	文中废止
南京市紫金科技人才创业特别社区条例	2018 年 1 月 19 日南京市第十五届人民代表大会常务委员会第三十九次会议废止，2018 年 3 月 28 日江苏省第十三届人民代表大会常务委员会第二次会议批准废止	2018-4-4	2018-4-24	2018-4-4	废止

续表

法规名称	通过或批准时间	公布时间	报备时间	施行时间	立法形式
徐州市制定地方性法规条例	2018年1月10日徐州市第十六届人民代表大会第二次会议修改,2018年3月28日江苏省第十三届人民代表大会常务委员会第二次会议批准修改	2018-4-8	2018-4-24	2018-6-1	修改
连云港市地方立法条例	2018年1月10日连云港市第十四届人民代表大会第二次会议通过,2018年3月28日江苏省第十三届人民代表大会常务委员会第二次会议批准	2018-4-8	2018-4-24	2018-7-1	制定
淮安市制定地方性法规条例	2018年1月9日淮安市第八届人民代表大会第二次会议通过,2018年3月28日江苏省第十三届人民代表大会常务委员会第二次会议批准	2018-4-10	2018-4-24	2018-5-1	制定
江苏省农村集体资产管理条例	2018年5月31日江苏省第十三届人民代表大会常务委员会第三次会议通过	2018-5-31	2018-6-29	2018-10-1	制定
无锡市不动产登记条例	2018年4月26日无锡市第十六届人民代表大会常务委员会第九次会议通过,2018年5月31日江苏省第十三届人民代表大会常务委员会第三次会议批准	2018-5-31	2018-6-29	2018-8-1	制定
无锡市房屋登记条例	在《无锡市不动产登记条例》中被明文予以废止	2018-5-31	2018-6-29	2018-8-1	文中废止
无锡市土地登记条例	在《无锡市不动产登记条例》中被明文予以废止	2018-5-31	2018-6-29	2018-8-1	文中废止
苏州市人民代表大会常务委员会讨论、决定重大事项的规定	2018年4月28日苏州市第十六届人民代表大会常务委员会第十一次会议修改,2018年5月31日江苏省第十三届人民代表大会常务委员会第三次会议批准修改	2018-6-14	2018-6-29	2018-7-1	修改
苏州市节约用水条例	2018年4月28日苏州市第十六届人民代表大会常务委员会第十一次会议修改,2018年5月31日江苏省第十三届人民代表大会常务委员会第三次会议批准修改	2018-6-14	2018-6-29	2018-7-1	修改
江苏省授予荣誉公民称号条例	2018年7月27日江苏省第十三届人民代表大会常务委员会第四次会议修改	2018-7-27	2018-8-22	2018-9-1	修改
无锡市国有企业领导人员离任审计条例	2018年6月28日无锡市第十六届人民代表大会常务委员会第十一次会议废止,2018年7月27日江苏省第十三届人民代表大会常务委员会第四次会议批准废止	2018-7-27	2018-8-22	2018-9-1	废止
苏州市房屋使用安全管理条例	2018年6月26日苏州市第十六届人民代表大会常务委员会第十二次会议修改,2018年7月27日江苏省第十三届人民代表大会常务委员会第四次会议批准修改	2018-8-6	2018-8-22	2019-1-1	修改
徐州市停车场管理条例	2018年6月26日徐州市第十六届人民代表大会常务委员会第十四次会议通过,2018年7月27日江苏省第十三届人民代表大会常务委员会第四次会议批准	2018-8-7	2018-8-22	2018-10-1	制定
淮安市文明行为促进条例	2018年6月20日淮安市第八届人民代表大会常务委员会第十三次会议通过,2018年7月27日江苏省第十三届人民代表大会常务委员会第四次会议批准	2018-8-9	2018-8-22	2018-10-1	制定
连云港市文明行为促进条例	2018年6月29日连云港市第十四届人民代表大会常务委员会第十一次会议通过,2018年7月27日江苏省第十三届人民代表大会常务委员会第四次会议批准	2018-8-10	2018-8-22	2018-10-1	制定

续表

法规名称	通过或批准时间	公布时间	报备时间	施行时间	立法形式
南京市城市绿化条例	2018年6月27日南京市第十六届人民代表大会常务委员会第四次会议修改，2018年7月27日江苏省第十三届人民代表大会常务委员会第四次会议批准修改	2018-8-13	2018-8-22	2018-9-1	修改
南京市固体废物污染环境防治条例	2018年6月27日南京市第十六届人民代表大会常务委员会第四次会议修改，2018年7月27日江苏省第十三届人民代表大会常务委员会第四次会议批准修改	2018-8-13	2018-8-22	2018-9-1	修改
南京市防洪堤保护管理条例	2018年6月27日南京市第十六届人民代表大会常务委员会第四次会议修改，2018年7月27日江苏省第十三届人民代表大会常务委员会第四次会议批准修改	2018-8-13	2018-8-22	2018-9-1	修改
南京市汤山旅游资源保护条例	2018年6月27日南京市第十六届人民代表大会常务委员会第四次会议修改，2018年7月27日江苏省第十三届人民代表大会常务委员会第四次会议批准修改	2018-8-13	2018-8-22	2018-9-1	修改
南京市水资源保护条例	2018年6月27日南京市第十六届人民代表大会常务委员会第四次会议修改，2018年7月27日江苏省第十三届人民代表大会常务委员会第四次会议批准修改	2018-8-13	2018-8-22	2018-9-1	修改
南京市中小学幼儿园用地保护条例	2018年6月27日南京市第十六届人民代表大会常务委员会第四次会议修改，2018年7月27日江苏省第十三届人民代表大会常务委员会第四次会议批准修改	2018-8-13	2018-8-22	2018-9-1	修改
南京市管线管理条例	2018年6月27日南京市第十六届人民代表大会常务委员会第四次会议通过，2018年7月27日江苏省第十三届人民代表大会常务委员会第四次会议批准	2018-8-13	2018-8-22	2018-9-1	制定
江苏省地方志工作条例	2018年9月21日江苏省第十三届人民代表大会常务委员会第五次会议通过	2018-9-21	2018-10-16	2018-12-1	制定
无锡市排水管理条例	2018年8月29日无锡市第十六届人民代表大会常务委员会第十二次会议修改，2018年9月21日江苏省第十三届人民代表大会常务委员会第五次会议批准修改	2018-9-21	2018-10-16	2018-11-1	修改
无锡市蠡湖景区条例	2018年8月29日无锡市第十六届人民代表大会常务委员会第十二次会议修改，2018年9月21日江苏省第十三届人民代表大会常务委员会第五次会议批准修改	2018-9-21	2018-10-16	2018-11-1	修改
无锡市供水条例	2018年8月29日无锡市第十六届人民代表大会常务委员会第十二次会议修改，2018年9月21日江苏省第十三届人民代表大会常务委员会第五次会议批准修改	2018-9-21	2018-10-16	2018-11-1	修改
宿迁市古黄河马陵河西民便河水环境保护条例	2018年8月31日宿迁市第五届人民代表大会常务委员会第十一次会议通过，2018年9月21日江苏省第十三届人民代表大会常务委员会第五次会议批准	2018-9-27	2018-10-16	2019-1-1	制定
徐州市质量促进条例	2018年8月30日徐州市第十六届人民代表大会常务委员会第十七次会议通过，2018年9月21日江苏省第十三届人民代表大会常务委员会第五次会议批准	2018-9-28	2018-10-16	2018-11-1	制定
常州市公共汽车客运条例	2018年8月30日常州市第十六届人民代表大会常务委员会第十二次会议通过，2018年9月21日江苏省第十三届人民代表大会常务委员会第五次会议批准	2018-9-29	2018-10-16	2019-3-1	制定

续表

法规名称	通过或批准时间	公布时间	报备时间	施行时间	立法形式
苏州市养犬管理条例	2018年8月24日苏州市第十六届人民代表大会常务委员会第十四次会议修改,2018年9月21日江苏省第十三届人民代表大会常务委员会第五次会议批准修改	2018-9-29	2018-10-16	2019-1-1	修改
镇江市消防条例	2018年8月24日镇江市第八届人民代表大会常务委员会第十二次会议通过,2018年9月21日江苏省第十三届人民代表大会常务委员会第五次会议批准	2018-9-29	2018-10-16	2018-12-1	制定
泰州市电力保护条例	2018年8月15日泰州市第五届人民代表大会常务委员会第十一次会议通过,2018年9月21日江苏省第十三届人民代表大会常务委员会第五次会议批准	2018-9-29	2018-10-16	2019-1-1	制定
盐城市革命遗址和纪念设施保护条例	2018年8月15日盐城市第八届人民代表大会常务委员会第十四次会议通过,2018年9月21日江苏省第十三届人民代表大会常务委员会第五次会议批准	2018-9-30	2018-10-16	2018-12-1	制定
江苏省环境保护条例	2018年11月23日江苏省第十三届人民代表大会常务委员会第六次会议废止	2018-11-23	2018-12-17	2018-11-23	废止
江苏省人民代表大会常务委员会议事规则	2018年11月23日江苏省第十三届人民代表大会常务委员会第六次会议通过	2018-11-23	2018-12-17	2019-1-1	制定
江苏省人民代表大会常务委员会工作条例	在《江苏省人民代表大会常务委员会议事规则》中被明文予以废止	2018-11-23	2018-12-17	2019-1-1	文中废止
江苏省人民代表大会常务委员会组成人员守则	在《江苏省人民代表大会常务委员会议事规则》中被明文予以废止	2018-11-23	2018-12-17	2019-1-1	文中废止
江苏省奖励和保护见义勇为人员条例	2018年11月23日江苏省第十三届人民代表大会常务委员会第六次会议修改	2018-11-23	2018-12-17	2019-1-1	修改
江苏省湖泊保护条例	2018年11月23日江苏省第十三届人民代表大会常务委员会第六次会议修改	2018-11-23	2018-12-17	2018-11-23	修改
江苏省水利工程管理条例	2018年11月23日江苏省第十三届人民代表大会常务委员会第六次会议修改	2018-11-23	2018-12-17	2018-11-23	修改
江苏省水资源管理条例	2018年11月23日江苏省第十三届人民代表大会常务委员会第六次会议修改	2018-11-23	2018-12-17	2018-11-23	修改
江苏省防洪条例	2018年11月23日江苏省第十三届人民代表大会常务委员会第六次会议修改	2018-11-23	2018-12-17	2018-11-23	修改
江苏省人民代表大会常务委员会关于加强饮用水源地保护的决定	2018年11月23日江苏省第十三届人民代表大会常务委员会第六次会议修改	2018-11-23	2018-12-17	2018-11-23	修改
江苏省水库管理条例	2018年11月23日江苏省第十三届人民代表大会常务委员会第六次会议修改	2018-11-23	2018-12-17	2018-11-23	修改
江苏省全民义务植树条例	2018年11月23日江苏省第十三届人民代表大会常务委员会第六次会议修改	2018-11-23	2018-12-17	2018-11-23	修改
江苏省野生动物保护条例	2018年11月23日江苏省第十三届人民代表大会常务委员会第六次会议修改	2018-11-23	2018-12-17	2018-11-23	修改
江苏省矿产资源管理条例	2018年11月23日江苏省第十三届人民代表大会常务委员会第六次会议修改	2018-11-23	2018-12-17	2018-11-23	修改
江苏省地质环境保护条例	2018年11月23日江苏省第十三届人民代表大会常务委员会第六次会议修改	2018-11-23	2018-12-17	2018-11-23	修改

续表

法规名称	通过或批准时间	公布时间	报备时间	施行时间	立法形式
江苏省发展新型墙体材料条例	2018年11月23日江苏省第十三届人民代表大会常务委员会第六次会议修改	2018-11-23	2018-12-17	2018-11-23	修改
江苏省散装水泥促进条例	2018年11月23日江苏省第十三届人民代表大会常务委员会第六次会议修改	2018-11-23	2018-12-17	2018-11-23	修改
江苏省农业生态环境保护条例	2018年11月23日江苏省第十三届人民代表大会常务委员会第六次会议修改	2018-11-23	2018-12-17	2018-11-23	修改
江苏省内河水域船舶污染防治条例	2018年11月23日江苏省第十三届人民代表大会常务委员会第六次会议修改	2018-11-23	2018-12-17	2018-11-23	修改
江苏省绿色建筑发展条例	2018年11月23日江苏省第十三届人民代表大会常务委员会第六次会议修改	2018-11-23	2018-12-17	2018-11-23	修改
江苏省大气污染防治条例	2018年11月23日江苏省第十三届人民代表大会常务委员会第六次会议修改	2018-11-23	2018-12-17	2018-11-23	修改
江苏省机动车排气污染防治条例	2018年11月23日江苏省第十三届人民代表大会常务委员会第六次会议修改	2018-11-23	2018-12-17	2018-11-23	修改
江苏省人民代表大会常务委员会关于促进农作物秸秆综合利用的决定	2018年11月23日江苏省第十三届人民代表大会常务委员会第六次会议修改	2018-11-23	2018-12-17	2018-11-23	修改
徐州市市容和环境卫生管理条例	2018年10月24日徐州市第十六届人民代表大会常务委员会第十九次会议修改，2018年11月23日江苏省第十三届人民代表大会常务委员会第六次会议批准修改	2018-11-28	2018-12-17	2019-1-1	修改
徐州市无偿献血条例	2018年10月24日徐州市第十六届人民代表大会常务委员会第十九次会议修改，2018年11月23日江苏省第十三届人民代表大会常务委员会第六次会议批准修改	2018-11-28	2018-12-17	2019-1-1	修改
苏州市旅游条例	2018年10月25日苏州市第十六届人民代表大会常务委员会第十五次会议修改，2018年11月23日江苏省第十三届人民代表大会常务委员会第六次会议批准修改	2018-11-28	2018-12-17	2019-3-1	修改
南通市烟花爆竹燃放管理条例	2018年9月29日南通市第十五届人民代表大会常务委员会第十五次会议通过，2018年11月23日江苏省第十三届人民代表大会常务委员会第六次会议批准	2018-11-28	2018-12-17	2019-5-1	制定
宿迁市社会信用条例	2018年10月30日宿迁市第五届人民代表大会常务委员会第十二次会议通过，2018年11月23日江苏省第十三届人民代表大会常务委员会第六次会议批准	2018-11-28	2018-12-17	2019-3-5	制定
苏州市禁止猎捕陆生野生动物条例	2018年10月25日苏州市第十六届人民代表大会常务委员会第十五次会议修改，2018年11月23日江苏省第十三届人民代表大会常务委员会第六次会议批准修改	2018-11-28	2018-12-17	2019-2-1	修改
苏州市阳澄湖水源水质保护条例	2018年10月25日苏州市第十六届人民代表大会常务委员会第十五次会议修改，2018年11月23日江苏省第十三届人民代表大会常务委员会第六次会议批准修改	2018-11-28	2018-12-17	2019-2-1	修改
苏州市危险废物污染环境防治条例	2018年10月25日苏州市第十六届人民代表大会常务委员会第十五次会议修改，2018年11月23日江苏省第十三届人民代表大会常务委员会第六次会议批准修改	2018-11-28	2018-12-17	2019-2-1	修改

续表

法规名称	通过或批准时间	公布时间	报备时间	施行时间	立法形式
苏州市城市绿化条例	2018年10月25日苏州市第十六届人民代表大会常务委员会第十五次会议修改，2018年11月23日江苏省第十三届人民代表大会常务委员会第六次会议批准修改	2018-11-28	2018-12-17	2019-2-1	修改
苏州市湿地保护条例	2018年10月25日苏州市第十六届人民代表大会常务委员会第十五次会议修改，2018年11月23日江苏省第十三届人民代表大会常务委员会第六次会议批准修改	2018-11-28	2018-12-17	2019-2-1	修改
苏州市航道管理条例	2018年10月25日苏州市第十六届人民代表大会常务委员会第十五次会议废止，2018年11月23日江苏省第十三届人民代表大会常务委员会第六次会议批准废止	2018-11-28	2018-12-17	2019-2-1	废止
南京市地下文物保护条例	2018年10月31日南京市第十六届人民代表大会常务委员会第七次会议通过，2018年11月23日江苏省第十三届人民代表大会常务委员会第六次会议批准	2018-11-29	2018-12-17	2019-3-1	制定
南京市地下文物保护管理规定	在《南京市地下文物保护条例》中被明文予以废止	2018-11-29	2018-12-17	2019-3-1	文中废止
南京市国家公祭保障条例	2018年10月31日南京市第十六届人民代表大会常务委员会第七次会议通过，2018年11月23日江苏省第十三届人民代表大会常务委员会第六次会议批准	2018-11-29	2018-12-17	2018-12-13	制定
镇江市农村公路条例	2018年10月31日镇江市第八届人民代表大会常务委员会第十三次会议通过，2018年11月23日江苏省第十三届人民代表大会常务委员会第六次会议批准	2018-11-29	2018-12-17	2019-3-1	制定
淮安市市容管理条例	2018年10月30日淮安市第八届人民代表大会常务委员会第十七次会议通过，2018年11月23日江苏省第十三届人民代表大会常务委员会第六次会议批准	2018-11-29	2018-12-17	2019-1-1	制定
扬州市非物质文化遗产保护条例	2018年10月11日扬州市第八届人民代表大会常务委员会第十四次会议通过，2018年11月23日江苏省第十三届人民代表大会常务委员会第六次会议批准	2018-11-29	2018-12-17	2019-1-1	制定
无锡市文明行为促进条例	2018年10月24日无锡市第十六届人民代表大会常务委员会第十三次会议通过，2018年11月23日江苏省第十三届人民代表大会常务委员会第六次会议批准	2018-11-30	2018-12-17	2019-3-5	制定
连云港市集中式饮用水水源保护条例	2018年10月31日连云港市第十四届人民代表大会常务委员会第十三次会议通过，2018年11月23日江苏省第十三届人民代表大会常务委员会第六次会议批准	2018-12-3	2018-12-17	2019-3-1	制定
连云港市海洋牧场管理条例	2018年10月31日连云港市第十四届人民代表大会常务委员会第十三次会议修改，2018年11月23日江苏省第十三届人民代表大会常务委员会第六次会议批准修改	2018-12-3	2018-12-17	2018-12-3	修改
泰州市历史文化名城名镇保护条例	2018年10月23日泰州市第五届人民代表大会常务委员会第十二次会议通过，2018年11月23日江苏省第十三届人民代表大会常务委员会第六次会议批准	2018-12-4	2018-12-17	2019-3-1	制定

浙江省地方性法规目录

（49 件）

法规名称	通过或批准时间	公布时间	报备时间	施行时间	立法形式
浙江省组织实施宪法宣誓制度办法	2018年3月31日浙江省第十三届人民代表大会常委会第二次会议修改	2018-3-31	2018-4-3	2018-3-31	修改
湖州市电梯使用安全条例	2017年12月29日湖州市第八届人民代表大会常务委员会第七次会议通过，2018年3月31日浙江省第十三届人民代表大会常务委员会第二次会议批准	2018-4-1	2018-5-25	2018-4-1	制定
温州市电梯安全条例	2017年12月28日温州市第十三届人民代表大会常务委员会第七次会议通过，2018年3月31日浙江省第十三届人民代表大会常务委员会第二次会议批准	2018-4-9	2018-5-25	2018-5-1	制定
杭州市流动人口服务管理规定	2017年12月27日杭州市第十三届人民代表大会常务委员会第八次会议通过，2018年3月31日浙江省第十三届人民代表大会常务委员会第二次会议批准	2018-4-16	2018-5-25	2018-7-1	制定
杭州市流动人口服务管理条例	在《杭州市流动人口服务管理规定》中被明文予以废止	2018-4-16	2018-5-25	2018-7-1	文中废止
杭州市客运出租汽车管理条例	2017年12月27日杭州市第十三届人民代表大会常务委员会第八次会议修改，2018年3月31日浙江省第十三届人民代表大会常务委员会第二次会议批准修改	2018-4-16	2018-5-25	2018-5-1	修改
金华市农村生活垃圾分类管理条例	2017年12月28日金华市第七届人民代表大会常务委员会第九次会议通过，2018年3月31日浙江省第十三届人民代表大会常务委员会第二次会议批准	2018-4-16	2018-5-25	2018-6-5	制定
舟山市城市绿化条例	2017年12月29日舟山市第七届人民代表大会常务委员会第九次会议通过，2018年3月31日浙江省第十三届人民代表大会常务委员会第二次会议批准	2018-4-16	2018-5-25	2018-7-1	制定
嘉兴市大运河世界文化遗产保护条例	2017年12月27日嘉兴市第八届人民代表大会常务委员会第六次会议通过，2018年3月31日浙江省第十三届人民代表大会常务委员会第二次会议批准	2018-4-17	2018-5-25	2018-8-1	制定
嘉兴市住房租赁管理若干规定	2017年12月27日嘉兴市第八届人民代表大会常务委员会第六次会议通过，2018年3月31日浙江省第十三届人民代表大会常务委员会第二次会议批准	2018-4-17	2018-5-25	2018-8-1	制定
宁波市广播电视管理条例	2017年12月26日宁波市第十五届人民代表大会常务委员会第八次会议通过，2018年3月31日浙江省第十三届人民代表大会常务委员会第二次会议批准	2018-4-28	2018-5-25	2018-6-1	制定
宁波市有线广播电视管理条例	在《宁波市广播电视管理条例》中被明文予以废止	2018-4-28	2018-5-25	2018-6-1	文中废止
宁波市居家养老服务条例	2018年1月20日宁波市第十五届人民代表大会第三次会议通过，2018年3月31日浙江省第十三届人民代表大会常务委员会第二次会议批准	2018-4-28	2018-5-25	2018-10-1	制定

续表

法规名称	通过或批准时间	公布时间	报备时间	施行时间	立法形式
浙江省人民代表大会常务委员会任免国家机关工作人员条例	2018年5月31日浙江省第十三届人民代表大会常务委员会第三次会议修改	2018-5-31	2018-7-3	2018-5-31	修改
杭州市预算监督条例	2018年4月27日杭州市第十三届人民代表大会常务委员会第十一次会议废止，2018年5月31日浙江省第十三届人民代表大会常务委员会第三次会议批准废止	2018-6-12	2018-7-3	2018-6-12	废止
杭州市蔬菜农药残留监督管理条例	2018年4月27日杭州市第十三届人民代表大会常务委员会第十一次会议废止，2018年5月31日浙江省第十三届人民代表大会常务委员会第三次会议批准废止	2018-6-12	2018-7-3	2018-6-12	废止
杭州市城市国际化促进条例	2018年4月27日杭州市第十三届人民代表大会常务委员会第十一次会议通过，2018年5月31日浙江省第十三届人民代表大会常务委员会第三次会议批准	2018-6-12	2018-7-3	2018-8-1	制定
宁波市地理信息资源管理条例	2018年4月24日宁波市第十五届人民代表大会常务委员会第十二次会议通过，2018年5月31日浙江省第十三届人民代表大会常务委员会第三次会议批准	2018-6-15	2018-7-15	2018-9-1	制定
浙江省各级人民代表大会常务委员会讨论决定重大事项的规定	2018年7月27日浙江省第十三届人民代表大会常务委员会第四次会议修改	2018-7-27	2018-8-15	2018-9-1	修改
浙江省志愿服务条例	2018年7月27日浙江省第十三届人民代表大会常务委员会第四次会议修改	2018-7-27	2018-8-15	2018-9-1	修改
金华市养犬管理规定	2018年6月29日金华市第七届人民代表大会常务委员会第十三次会议通过，2018年7月27日浙江省第十三届人民代表大会常务委员会第四次会议批准	2018-8-13	2018-9-17	2018-12-31	制定
温州市市容和环境卫生管理条例	2018年6月27日温州市第十三届人民代表大会常务委员会第十二次会议修改，2018年7月27日浙江省第十三届人民代表大会常务委员会第四次会议批准修改	2018-8-15	2018-9-17	2018-9-1	修改
宁波市气象灾害防御管理条例	2018年6月27日宁波市第十五届人民代表大会常务委员会第十三次会议修改，2018年7月27日浙江省第十三届人民代表大会常务委员会第四次会议批准修改	2018-8-16	2018-9-17	2018-8-16	修改
宁波市档案工作条例	2018年6月27日宁波市第十五届人民代表大会常务委员会第十三次会议修改，2018年7月27日浙江省第十三届人民代表大会常务委员会第四次会议批准修改	2018-8-16	2018-9-17	2018-8-16	修改
宁波市户外广告管理条例	2018年6月27日宁波市第十五届人民代表大会常务委员会第十三次会议废止，2018年7月27日浙江省第十三届人民代表大会常务委员会第四次会议批准废止	2018-8-16	2018-9-17	2018-8-16	废止
湖州市文明行为促进条例	2018年6月28日湖州市第八届人民代表大会常务委员会第十二次会议通过，2018年7月27日浙江省第十三届人民代表大会常务委员会第四次会议批准	2018-9-5	2018-9-29	2018-10-1	制定
浙江省华侨权益保护条例	2018年9月30日浙江省第十三届人民代表大会常务委员会第五次会议通过	2018-9-30	2018-10-22	2018-12-1	制定
浙江省交通建设工程质量和安全生产管理条例	2018年9月30日浙江省第十三届人民代表大会常务委员会第五次会议通过	2018-9-30	2018-10-22	2018-12-1	制定

续表

法规名称	通过或批准时间	公布时间	报备时间	施行时间	立法形式
浙江省交通建设工程质量和安全生产管理办法	在《浙江省交通建设工程质量和安全生产管理条例》中被明文予以废止	2018-9-30	2018-10-22	2018-12-1	文中废止
杭州市公共场所控制吸烟条例	2018年8月21日杭州市第十三届人民代表大会常务委员会第十三次会议通过，2018年9月30日浙江省第十三届人民代表大会常务委员会第五次会议批准	2018-10-20	2018-11-8	2019-1-1	制定
杭州市萧山湘湖旅游度假区条例	2018年8月21日杭州市第十三届人民代表大会常务委员会第十三次会议通过，2018年9月30日浙江省第十三届人民代表大会常务委员会第五次会议批准	2018-10-20	2018-11-8	2019-1-1	制定
绍兴古城保护利用条例	2018年8月29日绍兴市第八届人民代表大会常务委员会第十五次会议通过，2018年9月30日浙江省第十三届人民代表大会常务委员会第五次会议批准	2018-11-15	2019-1-15	2019-1-1	制定
浙江省保障"最多跑一次"改革规定	2018年11月30日浙江省第十三届人民代表大会常务委员会第七次会议通过	2018-11-30	2018-12-12	2019-1-1	制定
浙江省粮食安全保障条例	2018年11月30日浙江省第十三届人民代表大会常务委员会第七次会议通过	2018-11-30	2018-12-12	2019-1-1	制定
浙江省实施《中华人民共和国慈善法》办法	2018年11月30日浙江省第十三届人民代表大会常务委员会第七次会议通过	2018-11-30	2018-12-12	2019-1-1	制定
浙江省土地利用总体规划条例	2018年11月30日浙江省第十三届人民代表大会常务委员会第七次会议修改	2018-11-30	2018-12-25	2018-11-30	修改
浙江省基本农田保护条例	2018年11月30日浙江省第十三届人民代表大会常务委员会第七次会议修改	2018-11-30	2018-12-25	2018-11-30	修改
浙江省土地整治条例	2018年11月30日浙江省第十三届人民代表大会常务委员会第七次会议修改	2018-11-30	2018-12-25	2018-11-30	修改
浙江省森林管理条例	2018年11月30日浙江省第十三届人民代表大会常务委员会第七次会议修改	2018-11-30	2018-12-25	2018-11-30	修改
浙江省城市市容和环境卫生管理条例	2018年11月30日浙江省第十三届人民代表大会常务委员会第七次会议修改	2018-11-30	2018-12-25	2018-11-30	修改
浙江省饮用水水源保护条例	2018年11月30日浙江省第十三届人民代表大会常务委员会第七次会议修改	2018-11-30	2018-12-25	2018-11-30	修改
浙江省普陀山风景名胜区条例	2018年11月30日浙江省第十三届人民代表大会常务委员会第七次会议修改	2018-11-30	2018-12-25	2018-11-30	修改
浙江省发展新型墙体材料条例	2018年11月30日浙江省第十三届人民代表大会常务委员会第七次会议修改	2018-11-30	2018-12-25	2018-11-30	修改
温州市文明行为促进条例	2018年10月30日温州市第十三届人民代表大会常务委员会第十四次会议通过，2018年11月30日浙江省第十三届人民代表大会常务委员会第七次会议批准	2018-12-13	2018-12-25	2019-1-1	制定
嘉兴市户外广告和招牌设置条例	2018年10月12日嘉兴市第八届人民代表大会常务委员会第十三次会议通过，2018年11月30日浙江省第十三届人民代表大会常务委员会第七次会议批准	2018-12-14	2018-12-25	2019-3-1	制定
杭州市城市轨道交通管理条例	2018年10月30日杭州市第十三届人民代表大会常务委员会第十四次会议通过，2018年11月30日浙江省第十三届人民代表大会常务委员会第七次会议批准	2018-12-13	2019-1-11	2019-3-1	制定

续表

法规名称	通过或批准时间	公布时间	报备时间	施行时间	立法形式
衢州市餐厨垃圾管理条例	2018年9月29日衢州市第七届人民代表大会常务委员会第十二次会议通过，2018年11月30日浙江省第十三届人民代表大会常务委员会第七次会议批准	2018-12-11	2019-1-11	2019-3-1	制定
衢州市电梯安全条例	2018年9月29日衢州市第七届人民代表大会常务委员会第十二次会议通过，2018年11月30日浙江省第十三届人民代表大会常务委员会第七次会议批准	2018-12-11	2019-1-11	2019-5-1	制定
绍兴会稽山香榧群保护规定	2018年11月1日绍兴市第八届人民代表大会常务委员会第十七次会议通过，2018年11月30日浙江省第十三届人民代表大会常务委员会第七次会议批准	2018-12-18	2019-1-15	2019-3-1	制定
宁波市科学技术普及条例	2018年10月26日宁波市第十五届人民代表大会常务委员会第十五次会议通过，2018年11月30日浙江省第十三届人民代表大会常务委员会第七次会议批准	2018-12-19	2019-1-15	2019-3-1	制定
舟山市户外广告和招牌设置管理条例	2018年10月29日舟山市第七届人民代表大会常务委员会第十六次会议通过，2018年11月30日浙江省第十三届人民代表大会常务委员会第七次会议批准	2018-12-20	2019-1-11	2019-5-1	制定
丽水市南明湖保护管理条例	2018年9月29日丽水市第四届人民代表大会常务委员会第十二次会议通过，2018年11月30日浙江省第十三届人民代表大会常务委员会第七次会议批准	2018-12-20	2019-1-15	2019-3-1	制定

安徽省地方性法规目录

（81件）

法规名称	通过或批准时间	公布时间	报备时间	施行时间	立法形式
安徽省邮政条例	2018年3月30日安徽省第十三届人民代表大会常务委员会第二次会议修改	2018-4-2	2018-4-2	2018-4-2	修改
安徽省城市建设监察条例	2018年3月30日安徽省第十三届人民代表大会常务委员会第二次会议修改	2018-4-2	2018-4-2	2018-4-2	修改
安徽省农村公路条例	2018年3月30日安徽省第十三届人民代表大会常务委员会第二次会议修改	2018-4-2	2018-4-2	2018-4-2	修改
安徽省蚕种管理条例	2018年3月30日安徽省第十三届人民代表大会常务委员会第二次会议修改	2018-4-2	2018-4-2	2018-4-2	修改
安徽省实施《中华人民共和国防洪法》办法	2018年3月30日安徽省第十三届人民代表大会常务委员会第二次会议修改	2018-4-2	2018-4-2	2018-4-2	修改
安徽省实施《中华人民共和国水法》办法	2018年3月30日安徽省第十三届人民代表大会常务委员会第二次会议修改	2018-4-2	2018-4-2	2018-4-2	修改
安徽省水工程管理和保护条例	2018年3月30日安徽省第十三届人民代表大会常务委员会第二次会议修改	2018-4-2	2018-4-2	2018-4-2	修改
安徽省抗旱条例	2018年3月30日安徽省第十三届人民代表大会常务委员会第二次会议修改	2018-4-2	2018-4-2	2018-4-2	修改

续表

法规名称	通过或批准时间	公布时间	报备时间	施行时间	立法形式
安徽省湿地保护条例	2018年3月30日安徽省第十三届人民代表大会常务委员会第二次会议修改	2018-4-2	2018-4-2	2018-4-2	修改
安徽省气候资源开发利用和保护条例	2018年3月30日安徽省第十三届人民代表大会常务委员会第二次会议修改	2018-4-2	2018-4-2	2018-4-2	修改
安徽省气象灾害防御条例	2018年3月30日安徽省第十三届人民代表大会常务委员会第二次会议修改	2018-4-2	2018-4-2	2018-4-2	修改
安徽省实施《中华人民共和国水土保持法》办法	2018年3月30日安徽省第十三届人民代表大会常务委员会第二次会议修改	2018-4-2	2018-4-2	2018-4-2	修改
安徽省农业生态环境保护条例	2018年3月30日安徽省第十三届人民代表大会常务委员会第二次会议修改	2018-4-2	2018-4-2	2018-4-2	修改
安徽省湖泊管理保护条例	2018年3月30日安徽省第十三届人民代表大会常务委员会第二次会议修改	2018-4-2	2018-4-2	2018-4-2	修改
安徽省著名商标认定和保护条例	2018年3月30日安徽省第十三届人民代表大会常务委员会第二次会议废止	2018-4-2	2018-4-2	2018-4-2	废止
宣纸保护和发展条例	2017年12月26日宣城市第四届人民代表大会常务委员会第六次会议通过，2018年3月30日安徽省第十三届人民代表大会常务委员会第二次会议批准	2018-4-20	2018-4-2	2018-10-1	制定
池州市河道采砂管理条例	2017年12月14日池州市第三届人民代表大会常务委员会第三十九次会议通过，2018年3月30日安徽省第十三届人民代表大会常务委员会第二次会议批准	2018-4-16	2018-4-2	2018-5-1	制定
合肥市水环境保护条例	2018年4月27日合肥市第十六届人民代表大会常务委员会第三次会议修改，2018年6月1日安徽省第十三届人民代表大会常务委员会第三次会议批准修改	2018-6-8	2018-6-4	2018-7-1	修改
合肥市环境噪声污染防治条例	2018年4月27日合肥市第十六届人民代表大会常务委员会第三次会议修改，2018年6月1日安徽省第十三届人民代表大会常务委员会第三次会议批准修改	2018-6-8	2018-6-4	2018-7-1	修改
合肥市水资源管理办法	2018年4月27日合肥市第十六届人民代表大会常务委员会第三次会议修改，2018年6月1日安徽省第十三届人民代表大会常务委员会第三次会议批准修改	2018-6-8	2018-6-4	2018-7-1	修改
合肥市城市节约用水管理条例	2018年4月27日合肥市第十六届人民代表大会常务委员会第三次会议修改，2018年6月1日安徽省第十三届人民代表大会常务委员会第三次会议批准修改	2018-6-8	2018-6-4	2018-7-1	修改
合肥市城市绿化管理条例	2018年4月27日合肥市第十六届人民代表大会常务委员会第三次会议修改，2018年6月1日安徽省第十三届人民代表大会常务委员会第三次会议批准修改	2018-6-8	2018-6-4	2018-7-1	修改
合肥市控制义务教育阶段学生非正常辍学的规定	2018年4月27日合肥市第十六届人民代表大会常务委员会第三次会议修改，2018年6月1日安徽省第十三届人民代表大会常务委员会第三次会议批准修改	2018-6-8	2018-6-4	2018-7-1	修改
合肥市市区义务教育阶段学校规划建设的规定	2018年4月27日合肥市第十六届人民代表大会常务委员会第三次会议修改，2018年6月1日安徽省第十三届人民代表大会常务委员会第三次会议批准修改	2018-6-8	2018-6-4	2018-7-1	修改

续表

法规名称	通过或批准时间	公布时间	报备时间	施行时间	立法形式
合肥市中小学校学生人身伤害事故预防与处理条例	2018年4月27日合肥市第十六届人民代表大会常务委员会第三次会议修改,2018年6月1日安徽省第十三届人民代表大会常务委员会第三次会议批准修改	2018-6-8	2018-6-4	2018-7-1	修改
合肥市劳动用工条例	2018年4月27日合肥市第十六届人民代表大会常务委员会第三次会议修改,2018年6月1日安徽省第十三届人民代表大会常务委员会第三次会议批准修改	2018-6-8	2018-6-4	2018-7-1	修改
合肥市统计管理条例	2018年4月27日合肥市第十六届人民代表大会常务委员会第三次会议修改,2018年6月1日安徽省第十三届人民代表大会常务委员会第三次会议批准修改	2018-6-8	2018-6-4	2018-7-1	修改
合肥市市容和环境卫生管理条例	2018年4月27日合肥市第十六届人民代表大会常务委员会第三次会议修改,2018年6月1日安徽省第十三届人民代表大会常务委员会第三次会议批准修改	2018-6-8	2018-6-4	2018-7-1	修改
合肥市价格监督检查条例	2018年4月27日合肥市第十六届人民代表大会常务委员会第三次会议废止,2018年6月1日安徽省第十三届人民代表大会常务委员会第三次会议批准废止	2018-6-8	2018-6-29	2018-7-1	废止
合肥市义务兵征集、优待和退伍安置办法	2018年4月27日合肥市第十六届人民代表大会常务委员会第三次会议废止,2018年6月1日安徽省第十三届人民代表大会常务委员会第三次会议批准废止	2018-6-8	2018-6-29	2018-7-1	废止
合肥市城市公共汽车客运管理条例	2018年4月27日合肥市第十六届人民代表大会常务委员会第三次会议通过,2018年6月1日安徽省第十三届人民代表大会常务委员会第三次会议批准废止	2018-6-8	2018-6-29	2018-7-1	废止
合肥市体育市场管理条例	2018年4月27日合肥市第十六届人民代表大会常务委员会第三次会议废止,2018年6月1日安徽省第十三届人民代表大会常务委员会第三次会议批准废止	2018-6-8	2018-6-29	2018-7-1	废止
合肥市学前教育管理条例	2018年4月27日合肥市第十六届人民代表大会常务委员会第三次会议废止,2018年6月1日安徽省第十三届人民代表大会常务委员会第三次会议批准废止	2018-6-8	2018-6-29	2018-7-1	废止
宿州市城镇绿化条例	2018年4月27日宿州市第五届人民代表大会常务委员会第三次会议修改,2018年6月1日安徽省第十三届人民代表大会常务委员会第三次会议修改	2018-6-20	2018-6-4	2018-6-20	修改
黄山市松材线虫病防治条例	2018年4月17日黄山市第七届人民代表大会常务委员会第三次会议通过,2018年6月1日安徽省第十三届人民代表大会常务委员会第三次会议批准	2018-6-26	2018-6-4	2018-8-1	制定
淮南市城市绿化条例	2018年4月18日淮南市第十六届人民代表大会常务委员会第三次会议修改,2018年6月1日安徽省第十三届人民代表大会常务委员会第三次会议批准修改	2018-6-28	2018-6-4	2018-6-28	修改
淮南市城市市容和环境卫生管理条例	2018年4月18日淮南市第十六届人民代表大会常务委员会第三次会议修改,2018年6月1日安徽省第十三届人民代表大会常务委员会第三次会议批准修改	2018-6-28	2018-6-4	2018-6-28	修改
淮南市采煤塌陷地治理条例	2018年4月18日淮南市第十六届人民代表大会常务委员会第三次会议修改,2018年6月1日安徽省第十三届人民代表大会常务委员会第三次会议批准修改	2018-6-28	2018-6-4	2018-6-28	修改

续表

法规名称	通过或批准时间	公布时间	报备时间	施行时间	立法形式
淮南市防御雷电灾害条例	2018年4月18日淮南市第十六届人民代表大会常务委员会第三次会议修改,2018年6月1日安徽省第十三届人民代表大会常务委员会第三次会议批准修改	2018-6-28	2018-6-4	2018-6-28	修改
淮南市市政设施管理条例	2018年4月18日淮南市第十六届人民代表大会常务委员会第三次会议修改,2018年6月1日安徽省第十三届人民代表大会常务委员会第三次会议批准修改	2018-6-28	2018-6-4	2018-6-28	修改
淮南市城市集中供热管理条例	2018年4月18日淮南市第十六届人民代表大会常务委员会第三次会议修改,2018年6月1日安徽省第十三届人民代表大会常务委员会第三次会议批准修改	2018-6-28	2018-6-4	2018-6-28	修改
淮南市城市保障性住房条例	2018年4月18日淮南市第十六届人民代表大会常务委员会第三次会议修改,2018年6月1日安徽省第十三届人民代表大会常务委员会第三次会议批准修改	2018-6-28	2018-6-4	2018-6-28	修改
淮南市城市管理条例	2018年4月18日淮南市第十六届人民代表大会常务委员会第三次会议修改,2018年6月1日安徽省第十三届人民代表大会常务委员会第三次会议批准修改	2018-6-28	2018-6-4	2018-6-28	修改
淮南市开发建设项目环境保护条例	2018年4月18日淮南市第十六届人民代表大会常务委员会第三次会议废止,2018年6月1日安徽省第十三届人民代表大会常务委员会第三次会议批准废止	2018-6-28	2018-6-4	2018-6-28	废止
阜阳市城市绿化条例	2018年4月26日阜阳市第五届人民代表大会常务委员会第十一次会议修改,2018年6月1日安徽省第十三届人民代表大会常务委员会第三次会议批准修改	2018-6-29	2018-6-4	2018-7-1	修改
宣城市敬亭山风景名胜区条例	2018年4月27日宣城市第四届人民代表大会常务委员会第九次会议修改,2018年6月1日安徽省第十三届人民代表大会常务委员会第三次会议批准修改	2018-6-29	2018-6-4	2018-6-29	修改
蚌埠市龙子湖景区条例	2018年4月27日蚌埠市第十六届人民代表大会常务委员会第三次会议修改,2018年6月1日安徽省第十三届人民代表大会常务委员会第三次会议批准修改	2018-7-2	2018-6-4	2018-7-2	修改
蚌埠市城镇绿化条例	2018年4月27日蚌埠市第十六届人民代表大会常务委员会第三次会议修改,2018年6月1日安徽省第十三届人民代表大会常务委员会第三次会议批准修改	2018-7-2	2018-6-4	2018-7-2	修改
滁州市琅琊山风景名胜区条例	2018年4月20日滁州市第六届人民代表大会常务委员会第三次会议修改,2018年6月1日安徽省第十三届人民代表大会常务委员会第三次会议批准修改	2018-7-2	2018-6-4	2018-7-2	修改
铜陵市城市绿化条例	2018年4月27日铜陵市第十六届人民代表大会常务委员会第三次会议修改,2018年6月1日安徽省第十三届人民代表大会常务委员会第三次会议批准修改	2018-7-2	2018-6-4	2018-7-2	修改
安庆市天柱山风景名胜区条例	2018年4月10日安庆市第十七届人民代表大会常务委员会第四次会议通过,2018年6月1日安徽省第十三届人民代表大会常务委员会第三次会议批准	2018-7-10	2018-6-4	2018-9-1	制定
安徽省公证条例	2018年7月27日安徽省第十三届人民代表大会常务委员会第四次会议修改	2018-7-30	2018-7-31	2018-9-1	修改

续表

法规名称	通过或批准时间	公布时间	报备时间	施行时间	立法形式
安徽省公路安全保护条例	2018 年 7 月 27 日安徽省第十三届人民代表大会常务委员会第四次会议通过	2018-7-30	2018-7-31	2019-5-1	制定
安徽省公路路政管理条例	在《安徽省公路安全保护条例》中被明文予以废止	2018-7-30	2018-7-31	2019-5-1	文中废止
安徽省促进科技成果转化条例	2018 年 9 月 29 日安徽省第十三届人民代表大会常务委员会第五次会议修改	2018-9-30	2018-9-30	2019-1-1	修改
安徽省实施《中华人民共和国农业技术推广法》办法	2018 年 9 月 29 日安徽省第十三届人民代表大会常务委员会第五次会议修改	2018-9-30	2018-9-30	2019-1-1	修改
安徽省大气污染防治条例	2018 年 9 月 29 日安徽省第十三届人民代表大会常务委员会第五次会议修改	2018-9-30	2018-9-30	2018-11-1	修改
黄山风景名胜区管理条例	2018 年 9 月 29 日安徽省第十三届人民代表大会常务委员会第五次会议修改	2018-9-30	2018-10-22	2018-11-1	修改
九华山风景名胜区管理条例	2018 年 9 月 29 日安徽省第十三届人民代表大会常务委员会第五次会议修改	2018-9-30	2018-10-22	2018-11-1	修改
亳州市城市绿化条例	2018 年 8 月 24 日亳州市第四届人民代表大会常务委员会第十六次会议通过,2018 年 9 月 29 日安徽省第十三届人民代表大会常务委员会第五次会议批准	2018-10-16	2018-9-30	2018-12-1	制定
芜湖市烟花爆竹燃放管理条例	2018 年 8 月 30 日芜湖市第十六届人民代表大会常务委员会第五次会议通过,2018 年 9 月 29 日安徽省第十三届人民代表大会常务委员会第五次会议批准	2018-10-17	2018-9-30	2019-1-1	制定
宿州市饮用水水源地保护条例	2018 年 8 月 29 日宿州市第五届人民代表大会常务委员会第六次会议通过,2018 年 9 月 29 日安徽省第十三届人民代表大会常务委员会第五次会议批准	2018-10-18	2018-9-30	2019-1-1	制定
淮南市燃放烟花爆竹管理规定	2018 年 8 月 23 日淮南市第十六届人民代表大会常务委员会第五次会议通过,2018 年 9 月 29 日安徽省第十三届人民代表大会常务委员会第五次会议批准	2018-10-18	2018-9-30	2019-1-1	制定
池州市燃放经营烟花爆竹管理条例	2018 年 8 月 20 日池州市第四届人民代表大会常务委员会第六次会议通过,2018 年 9 月 29 日安徽省第十三届人民代表大会常务委员会第五次会议批准	2018-10-18	2018-9-30	2019-1-1	制定
宣城市文明行为促进条例	2018 年 8 月 29 日宣城市第四届人民代表大会常务委员会第十一次会议通过,2018 年 9 月 29 日安徽省第十三届人民代表大会常务委员会第五次会议批准	2018-10-19	2018-9-30	2019-1-1	制定
黄山市太平湖风景名胜区条例	2018 年 8 月 21 日黄山市第七届人民代表大会常务委员会第五次会议通过,2018 年 9 月 29 日安徽省第十三届人民代表大会常务委员会第五次会议批准	2018-10-23	2018-9-30	2019-1-1	制定
安徽省多元化解纠纷促进条例	2018 年 11 月 23 日安徽省第十三届人民代表大会常务委员会第六次会议通过	2018-11-26	2018-11-26	2019-1-1	制定
安徽省淮河流域水污染防治条例	2018 年 11 月 23 日安徽省第十三届人民代表大会常务委员会第六次会议修改	2018-11-26	2018-11-26	2019-1-1	修改
安徽省实施《中华人民共和国野生动物保护法》办法	2018 年 11 月 23 日安徽省第十三届人民代表大会常务委员会第六次会议修改	2018-11-26	2018-11-26	2019-1-1	修改

续表

法规名称	通过或批准时间	公布时间	报备时间	施行时间	立法形式
合肥市大气污染防治条例	2018年10月26日合肥市第十六届人民代表大会常务委员会第六次会议修改,2018年11月23日安徽省第十三届人民代表大会常务委员会第六次会议批准修改	2018-12-6	2018-11-26	2019-1-1	修改
六安市燃放烟花爆竹管理条例	2018年9月26日六安市第五届人民代表大会常务委员会第六次会议通过,2018年11月23日安徽省第十三届人民代表大会常务委员会第六次会议批准	2018-12-6	2018-11-26	2019-2-1	制定
芜湖市电梯安全管理条例	2018年10月31日芜湖市第十六届人民代表大会常务委员会第六次会议通过,2018年11月23日安徽省第十三届人民代表大会常务委员会第六次会议批准	2018-12-6	2018-11-26	2019-3-1	制定
淮北市电梯安全条例	2018年10月26日淮北市第十六届人民代表大会常务委员会第六次会议通过,2018年11月23日安徽省第十三届人民代表大会常务委员会第六次会议批准	2018-12-7	2018-11-26	2019-1-1	制定
滁州市扬尘污染防治条例	2018年10月26日滁州市第六届人民代表大会常务委员会第六次会议通过,2018年11月23日安徽省第十三届人民代表大会常务委员会第六次会议批准	2018-12-7	2018-11-26	2019-1-1	制定
蚌埠市实施《中华人民共和国大气污染防治法》办法	2018年10月31日蚌埠市第十六届人民代表大会常务委员会第六次会议通过,2018年11月23日安徽省第十三届人民代表大会常务委员会第六次会议批准	2018-12-10	2018-11-26	2019-2-1	制定
阜阳市燃放烟花爆竹和大盘香管理条例	2018年10月25日阜阳市第五届人民代表大会常务委员会第十六次会议通过,2018年11月23日安徽省第十三届人民代表大会常务委员会第六次会议批准	2018-12-10	2018-11-26	2019-1-1	制定
安庆市危险化学品安全管理条例	2018年10月21日安庆市第十七届人民代表大会常务委员会第八次会议通过,2018年11月23日安徽省第十三届人民代表大会常务委员会第六次会议批准	2018-12-12	2018-11-26	2019-5-1	制定
安徽省实施《中华人民共和国慈善法》办法	2018年12月21日安徽省第十三届人民代表大会常务委员会第七次会议通过	2018-12-24	2018-12-24	2019-2-1	制定
蚌埠市非物质文化遗产条例	2018年10月31日蚌埠市第十六届人民代表大会常务委员会第六次会议通过,2018年12月21日安徽省第十三届人民代表大会常务委员会第七次会议批准	2018-12-27	2018-12-24	2019-3-1	制定
阜阳市生活垃圾管理条例	2018年11月30日阜阳市第五届人民代表大会常务委员会第十七次会议通过,2018年12月21日安徽省第十三届人民代表大会常务委员会第七次会议批准	2018-12-28	2018-12-24	2019-3-1	制定
合肥市地下管线条例	2018年10月26日合肥市第十六届人民代表大会常务委员会第六次会议通过,2018年12月21日安徽省第十三届人民代表大会常务委员会第七次会议批准	2018-12-29	2018-12-24	2019-3-1	制定
马鞍山市燃放烟花爆竹管理条例	2018年12月7日马鞍山市第十六届人民代表大会常务委员会第七次会议通过,2018年12月21日安徽省第十三届人民代表大会常务委员会第七次会议批准	2019-1-3	2018-12-24	2019-2-1	制定

福建省地方性法规目录

（46 件）

法规名称	通过或批准时间	公布时间	报备时间	施行时间	立法形式
福建省海域使用管理条例	2018 年 3 月 31 日福建省第十三届人民代表大会常务委员会第二次会议修改	2018-3-31	2017-4-8	2018-3-31	修改
福建省城市园林绿化管理条例	2018 年 3 月 31 日福建省第十三届人民代表大会常务委员会第二次会议修改	2018-3-31	2017-4-8	2018-3-31	修改
福建省农业生态环境保护条例	2018 年 3 月 31 日福建省第十三届人民代表大会常务委员会第二次会议修改	2018-3-31	2017-4-8	2018-3-31	修改
福建省森林条例	2018 年 3 月 31 日福建省第十三届人民代表大会常务委员会第二次会议修改	2018-3-31	2017-4-8	2018-3-31	修改
福建省人民代表大会常务委员会组成人员守则	2018 年 3 月 31 日福建省第十三届人民代表大会常务委员会第二次会议修改	2018-3-31	2017-4-8	2018-3-31	修改
福建省人民代表大会常务委员会关于进一步推进数字福建建设的决定	2018 年 5 月 31 日福建省第十三届人民代表大会常务委员会第三次会议通过	2018-5-31	2018-6-8	2018-5-31	制定
福建省国家工作人员宪法宣誓办法	2018 年 5 月 31 日福建省第十三届人民代表大会常务委员会第三次会议修改	2018-5-31	2018-6-8	2018-5-31	修改
福建省无线电管理条例	2018 年 5 月 31 日福建省第十三届人民代表大会常务委员会第三次会议修改	2018-5-31	2018-6-8	2018-5-31	修改
宁德市城市停车场建设管理条例	2018 年 3 月 31 日宁德市第四届人民代表大会常务委员会第十次会议通过，2018 年 5 月 31 日福建省第十三届人民代表大会常务委员会第三次会议批准	2018-6-6	2018-6-20	2018-10-1	制定
莆田市中小学校幼儿园规划建设条例	2018 年 2 月 27 日莆田市第七届人民代表大会常务委员会第九次会议通过，2018 年 5 月 31 日福建省第十三届人民代表大会常务委员会第三次会议批准	2018-6-14	2018-6-20	2018-9-1	制定
三明市东牙溪和薯沙溪水库饮用水水源保护条例	2018 年 6 月 21 日三明市第十三届人民代表大会常务委员会第十一次会议通过，2018 年 7 月 26 日福建省第十三届人民代表大会常务委员会第四次会议批准	2018-7-26	2018-8-6	2018-10-1	制定
福建省人民代表大会常务委员会关于学习宣传和贯彻实施《中华人民共和国宪法》的决定	2018 年 7 月 26 日福建省第十三届人民代表大会常务委员会第四次会议通过	2018-7-27	2018-8-6	2018-7-27	制定
福建省生态公益林条例	2018 年 7 月 26 日福建省第十三届人民代表大会常务委员会第四次会议通过	2018-7-27	2018-8-7	2018-11-1	制定
福建省台湾船舶停泊点管理办法	2018 年 7 月 26 日福建省第十三届人民代表大会常务委员会第四次会议修改	2018-7-27	2018-8-6	2018-7-27	修改
福州市海上丝绸之路史迹保护条例	2018 年 4 月 27 日福州市第十五届人民代表大会常务委员会第十一次会议通过，2018 年 7 月 26 日福建省第十三届人民代表大会常务委员会第四次会议批准	2018-8-10	2018-8-16	2018-10-1	制定

续表

法规名称	通过或批准时间	公布时间	报备时间	施行时间	立法形式
福州市绿化保护带若干规定	2018年4月27日福州市第十五届人民代表大会常务委员会第十一次会议修改，2018年7月26日福建省第十三届人民代表大会常务委员会第四次会议修改	2018-8-10	2018-8-16	2018-8-10	修改
福州市园林绿化管理条例	2018年4月27日福州市第十五届人民代表大会常务委员会第十一次会议修改，2018年7月26日福建省第十三届人民代表大会常务委员会第四次会议修改	2018-8-10	2018-8-16	2018-8-10	修改
福州市湿地保护管理办法	2018年4月27日福州市第十五届人民代表大会常务委员会第十一次会议修改，2018年7月26日福建省第十三届人民代表大会常务委员会第四次会议修改	2018-8-10	2018-8-16	2018-8-10	修改
福建省人民代表大会常务委员会关于省人民政府机构改革涉及地方性法规规定的行政机关职责调整问题的决定	2018年9月30日福建省第十三届人民代表大会常务委员会第六次会议通过	2018-9-30	2018-10-17	2018-10-1	制定
福建省物业管理条例	2018年9月30日福建省第十三届人民代表大会常务委员会第六次会议修改	2018-9-30	2018-10-17	2019-1-1	修改
福建省生态文明建设促进条例	2018年9月30日福建省第十三届人民代表大会常务委员会第六次会议通过	2018-9-30	2018-10-17	2018-11-1	制定
福建省事业单位人事争议处理规定	2018年9月30日福建省第十三届人民代表大会常务委员会第六次会议废止	2018-9-30	2018-10-17	2018-9-30	废止
福建省菌菇菌种管理规定	2018年9月30日福建省第十三届人民代表大会常务委员会第六次会议废止	2018-9-30	2018-10-17	2018-9-30	废止
福建省技术市场管理条例	2018年9月30日福建省第十三届人民代表大会常务委员会第六次会议废止	2018-9-30	2018-10-17	2018-9-30	废止
福建省关于律师执行职务的若干规定	2018年9月30日福建省第十三届人民代表大会常务委员会第六次会议废止	2018-9-30	2018-10-17	2018-9-30	废止
福建省城市房屋拆迁管理条例	2018年9月30日福建省第十三届人民代表大会常务委员会第六次会议废止	2018-9-30	2018-10-17	2018-9-30	废止
福建省行政监察案件移送规定	2018年9月30日福建省第十三届人民代表大会常务委员会第六次会议废止	2018-9-30	2018-10-17	2018-9-30	废止
龙岩市文明行为规范条例	2018年7月31日龙岩市第五届人民代表大会常务委员会第十次会议通过，2018年9月30日福建省第十三届人民代表大会常务委员会第六次会议批准	2018-10-1	2018-10-29	2019-1-1	制定
南平市饮用水水源保护办法	2018年7月31日南平市第五届人民代表大会常务委员会第十四次会议通过，2018年9月30日福建省第十三届人民代表大会常务委员会第六次会议批准	2018-10-11	2018-10-29	2018-12-1	制定
厦门市海域使用管理规定	2018年6月29日厦门市第十五届人民代表大会常务委员会第十四次会议修改，2018年9月30日福建省第十三届人民代表大会第六次会议批准修改	2018-10-15	2018-10-31	2018-11-1	修改
厦门市无居民海岛保护与利用管理办法	2018年6月29日厦门市第十五届人民代表大会常务委员会第十四次会议修改，2018年9月30日福建省第十三届人民代表大会第六次会议批准修改	2018-10-15	2018-10-31	2018-11-1	修改

续表

法规名称	通过或批准时间	公布时间	报备时间	施行时间	立法形式
厦门市海洋环境保护若干规定	2018年6月29日厦门市第十五届人民代表大会常务委员会第十四次会议修改，2018年9月30日福建省第十三届人民代表大会第六次会议批准修改	2018-10-15	2018-10-31	2018-11-1	修改
厦门市风景名胜资源保护管理条例	2018年6月29日厦门市第十五届人民代表大会常务委员会第十四次会议修改，2018年9月30日福建省第十三届人民代表大会第六次会议批准修改	2018-10-15	2018-10-31	2018-11-1	修改
厦门市城市供水节水条例	2018年6月29日厦门市第十五届人民代表大会常务委员会第十四次会议修改，2018年9月30日福建省第十三届人民代表大会第六次会议批准修改	2018-10-15	2018-10-31	2018-11-1	修改
福建省拥军优属条例	2018年11月23日福建省第十三届人民代表大会常务委员会第七次会议修改	2018-11-23	2018-12-5	2018-11-23	修改
福建省林业有害生物防治条例	2018年11月23日福建省第十三届人民代表大会常务委员会第七次会议通过	2018-11-23	2018-12-5	2019-1-1	制定
福建省大气污染防治条例	2018年11月23日福建省第十三届人民代表大会常务委员会第七次会议通过	2018-11-23	2018-12-5	2019-1-1	制定
福建省促进散装水泥发展条例	2018年11月23日福建省第十三届人民代表大会常务委员会第七次会议修改	2018-11-23	2018-12-5	2018-11-23	修改
福建省促进中小企业发展条例	2018年11月23日福建省第十三届人民代表大会常务委员会第七次会议修改	2018-11-23	2018-12-5	2018-11-23	修改
福建省节约能源条例	2018年11月23日福建省第十三届人民代表大会常务委员会第七次会议修改	2018-11-23	2018-12-5	2018-11-23	修改
龙岩市饮用水水源保护条例	2018年9月14日龙岩市第五届人民代表大会常务委员会第十一次会议通过，2018年11月23日福建省第十三届人民代表大会常务委员会第七次会议批准	2018-11-26	2018-12-5	2019-3-1	制定
泉州市中山路骑楼建筑保护条例	2018年8月30日泉州市第十六届人民代表大会常务委员会第十五次会议通过，2018年11月23日福建省第十三届人民代表大会常务委员会第七次会议批准	2018-11-30	2018-12-5	2019-1-1	制定
南平市河岸生态地保护规定	2018年9月27日南平市第五届人民代表大会常务委员会第十六次会议通过，2018年11月23日福建省第十三届人民代表大会常务委员会第七次会议批准	2018-11-30	2018-12-5	2019-1-1	制定
漳州市城市公共停车管理规定	2018年8月23日漳州市第十六届人民代表大会常务委员会第十三次会议通过，2018年11月23日福建省第十三届人民代表大会常务委员会第七次会议批准	2018-11-30	2018-12-14	2019-1-1	制定
莆田市东圳库区水环境保护条例	2018年8月30日莆田市第七届人民代表大会常务委员会第十二次会议通过，2018年11月23日福建省第十三届人民代表大会常务委员会第七次会议批准	2018-12-3	2018-12-14	2019-1-1	制定
福州市建筑垃圾管理规定	2018年8月30日福州市第十五届人民代表大会常务委员会第十三次会议通过，2018年11月23日福建省第十三届人民代表大会常务委员会第七次会议批准	2018-12-14	2018-12-21	2019-1-1	制定

江西省地方性法规目录

（68 件）

法规名称	通过或批准时间	公布时间	报备时间	施行时间	立法形式
江西省禁毒条例	2018 年 4 月 2 日江西省第十三届人民代表大会常务委员会第二次会议通过	2018-4-2	2018-4-12	2018-9-1	制定
江西省湖泊保护条例	2018 年 4 月 2 日江西省第十三届人民代表大会常务委员会第二次会议通过	2018-4-2	2018-4-12	2018-6-1	制定
江西省司法机关错案责任追究条例	2018 年 4 月 2 日江西省第十三届人民代表大会常务委员会第二次会议废止	2018-4-2	2018-4-12	2018-4-2	废止
宜春市立法条例	2018 年 1 月 10 日宜春市第四届人民代表大会常务委员会第三次会议通过，2018 年 4 月 2 日江西省第十三届人民代表大会常务委员会第二次会议批准	2018-4-3	2018-4-27	2018-4-3	制定
新余市仙女湖水体保护条例	2017 年 12 月 25 日新余市第九届人民代表大会常务委员会第九次会议通过，2018 年 4 月 2 日江西省第十三届人民代表大会常务委员会第二次会议批准	2018-4-9	2018-4-27	2018-6-1	制定
景德镇市御窑厂遗址保护管理条例	2017 年 11 月 30 日景德镇市第十五届人民代表大会常务委员会第八次会议通过，2018 年 4 月 2 日江西省第十三届人民代表大会常务委员会第二次会议批准	2018-4-10	2018-4-27	2018-5-1	制定
九江市立法条例	2018 年 1 月 9 日九江市第十五届人民代表大会常务委员会第三次会议通过，2018 年 4 月 2 日江西省第十三届人民代表大会常务委员会第二次会议批准	2018-4-13	2018-4-27	2018-4-13	制定
萍乡市燃气管理条例	2017 年 12 月 22 日萍乡市第十五届人民代表大会常务委员会第八次会议通过，2018 年 4 月 2 日江西省第十三届人民代表大会常务委员会第二次会议批准	2018-4-18	2018-4-27	2018-6-1	制定
抚州市文明行为促进条例	2017 年 11 月 23 日抚州市第四届人民代表大会常务委员会第八次会议通过，2018 年 4 月 2 日江西省第十三届人民代表大会常务委员会第二次会议批准	2018-4-19	2018-4-27	2018-6-1	制定
江西省房屋登记条例	2018 年 5 月 31 日江西省第十三届人民代表大会常务委员会第三次会议废止	2018-5-31	2018-6-27	2018-5-31	废止
江西省建设项目环境保护条例	2018 年 5 月 31 日江西省第十三届人民代表大会常务委员会第三次会议废止	2018-5-31	2018-6-27	2018-5-31	废止
江西省实施《中华人民共和国节约能源法》办法	2018 年 5 月 31 日江西省第十三届人民代表大会常务委员会第三次会议修改	2018-5-31	2018-6-27	2018-5-31	修改
江西省实施《中华人民共和国招标投标法》办法	2018 年 5 月 31 日江西省第十三届人民代表大会常务委员会第三次会议修改	2018-5-31	2018-6-27	2018-5-31	修改
江西省技术市场管理条例	2018 年 5 月 31 日江西省第十三届人民代表大会常务委员会第三次会议修改	2018-5-31	2018-6-27	2018-5-31	修改
江西省促进科技成果转化条例	2018 年 5 月 31 日江西省第十三届人民代表大会常务委员会第三次会议修改	2018-5-31	2018-6-27	2018-5-31	修改
江西省科技创新促进条例	2018 年 5 月 31 日江西省第十三届人民代表大会常务委员会第三次会议修改	2018-5-31	2018-6-27	2018-5-31	修改

续表

法规名称	通过或批准时间	公布时间	报备时间	施行时间	立法形式
江西省采石取土管理办法	2018 年 5 月 31 日江西省第十三届人民代表大会常务委员会第三次会议修改	2018-5-31	2018-6-27	2018-5-31	修改
江西省物业管理条例	2018 年 5 月 31 日江西省第十三届人民代表大会常务委员会第三次会议修改	2018-5-31	2018-6-27	2018-5-31	修改
江西省实施《中华人民共和国水土保持法》办法	2018 年 5 月 31 日江西省第十三届人民代表大会常务委员会第三次会议修改	2018-5-31	2018-6-27	2018-5-31	修改
江西省河道采砂管理条例	2018 年 5 月 31 日江西省第十三届人民代表大会常务委员会第三次会议修改	2018-5-31	2018-6-27	2018-5-31	修改
江西省森林公园条例	2018 年 5 月 31 日江西省第十三届人民代表大会常务委员会第三次会议修改	2018-5-31	2018-6-27	2018-5-31	修改
江西武夷山国家级自然保护区条例	2018 年 5 月 31 日江西省第十三届人民代表大会常务委员会第三次会议修改	2018-5-31	2018-6-27	2018-5-31	修改
江西省人口与计划生育条例	2018 年 5 月 31 日江西省第十三届人民代表大会常务委员会第三次会议修改	2018-5-31	2018-6-27	2018-5-31	修改
江西省爱国卫生工作条例	2018 年 5 月 31 日江西省第十三届人民代表大会常务委员会第三次会议修改	2018-5-31	2018-6-27	2018-5-31	修改
江西省实施《中华人民共和国母婴保健法》办法	2018 年 5 月 31 日江西省第十三届人民代表大会常务委员会第三次会议修改	2018-5-31	2018-6-27	2018-5-31	修改
江西省水产种苗条例	2018 年 5 月 31 日江西省第十三届人民代表大会常务委员会第三次会议修改	2018-5-31	2018-6-27	2018-5-31	修改
江西省农业生态环境保护条例	2018 年 5 月 31 日江西省第十三届人民代表大会常务委员会第三次会议修改	2018-5-31	2018-6-27	2018-5-31	修改
江西省审计条例	2018 年 5 月 31 日江西省第十三届人民代表大会常务委员会第三次会议修改	2018-5-31	2018-6-27	2018-5-31	修改
吉安市水库水质保护条例	2018 年 4 月 23 日吉安市第四届人民代表大会常务委员会第十二次会议通过,2018 年 5 月 31 日江西省第十三届人民代表大会常务委员会第三次会议批准	2018-6-11	2018-6-27	2018-10-1	制定
宜春市温汤地热水资源保护条例	2018 年 4 月 18 日宜春市第四届人民代表大会常务委员会第十三次会议通过,2018 年 5 月 31 日江西省第十三届人民代表大会常务委员会第三次会议批准	2018-6-13	2018-6-22	2018-9-1	制定
上饶市农村居民住房建设管理条例	2017 年 12 月 29 日上饶市第四届人民代表大会常务委员会第九次会议通过,2018 年 5 月 31 日江西省第十三届人民代表大会常务委员会第三次会议批准	2018-6-15	2018-6-28	2018-7-1	制定
江西省气候资源保护和开发利用条例	2018 年 7 月 27 日江西省第十三届人民代表大会常务委员会第四次会议通过	2018-7-27	2018-8-15	2018-10-1	制定
江西省电信条例	2018 年 7 月 27 日江西省第十三届人民代表大会常务委员会第四次会议修改	2018-7-27	2018-8-17	2018-10-1	修改
江西省实施《中华人民共和国煤炭法》办法	2018 年 7 月 27 日江西省第十三届人民代表大会常务委员会第四次会议修改	2018-7-27	2018-8-17	2018-7-27	修改
江西省促进发展新型墙体材料条例	2018 年 7 月 27 日江西省第十三届人民代表大会常务委员会第四次会议修改	2018-7-27	2018-8-17	2018-7-27	修改
江西省实施《中华人民共和国防洪法》办法	2018 年 7 月 27 日江西省第十三届人民代表大会常务委员会第四次会议修改	2018-7-27	2018-8-17	2018-7-27	修改
江西省河道管理条例	2018 年 7 月 27 日江西省第十三届人民代表大会常务委员会第四次会议修改	2018-7-27	2018-8-17	2018-7-27	修改

续表

法规名称	通过或批准时间	公布时间	报备时间	施行时间	立法形式
江西省水利工程条例	2018年7月27日江西省第十三届人民代表大会常务委员会第四次会议修改	2018-7-27	2018-8-17	2018-7-27	修改
江西省法制宣传教育工作条例	2018年7月27日江西省第十三届人民代表大会常务委员会第四次会议修改	2018-7-27	2018-8-17	2018-7-27	修改
江西省实施《中华人民共和国会计法》办法	2018年7月27日江西省第十三届人民代表大会常务委员会第四次会议修改	2018-7-27	2018-8-17	2018-7-27	修改
江西省庐山风景名胜区管理条例	2018年7月27日江西省第十三届人民代表大会常务委员会第四次会议修改	2018-7-27	2018-8-17	2018-7-27	修改
江西省三清山风景名胜区管理条例	2018年7月27日江西省第十三届人民代表大会常务委员会第四次会议修改	2018-7-27	2018-8-17	2018-7-27	修改
江西省井冈山风景名胜区管理条例	2018年7月27日江西省第十三届人民代表大会常务委员会第四次会议修改	2018-7-27	2018-8-17	2018-7-27	修改
江西省渡口管理条例	2018年7月27日江西省第十三届人民代表大会常务委员会第四次会议修改	2018-7-27	2018-8-17	2018-7-27	修改
江西省古树名木保护条例	2018年7月27日江西省第十三届人民代表大会常务委员会第四次会议修改	2018-7-27	2018-8-17	2018-7-27	修改
江西省文物保护条例	2018年7月27日江西省第十三届人民代表大会常务委员会第四次会议修改	2018-7-27	2018-8-17	2018-7-27	修改
江西省机动车排气污染防治条例	2018年7月27日江西省第十三届人民代表大会常务委员会第四次会议修改	2018-7-27	2018-8-17	2018-7-27	修改
江西省人民代表大会常务委员会关于政府规章设定罚款限额的规定	2018年7月27日江西省第十三届人民代表大会常务委员会第四次会议修改	2018-7-27	2018-8-17	2018-7-27	修改
江西省实施《中华人民共和国人民防空法》办法	2018年7月27日江西省第十三届人民代表大会常务委员会第四次会议修改	2018-7-27	2018-8-17	2018-7-27	修改
江西省档案管理条例	2018年7月27日江西省第十三届人民代表大会常务委员会第四次会议修改	2018-7-27	2018-8-17	2018-7-27	修改
江西省防震减灾条例	2018年7月27日江西省第十三届人民代表大会常务委员会第四次会议修改	2018-7-27	2018-8-17	2018-7-27	修改
江西省实施《中华人民共和国气象法》办法	2018年7月27日江西省第十三届人民代表大会常务委员会第四次会议修改	2018-7-27	2018-8-17	2018-7-27	修改
江西省气象灾害防御条例	2018年7月27日江西省第十三届人民代表大会常务委员会第四次会议修改	2018-7-27	2018-8-17	2018-7-27	修改
江西省消防条例	2018年7月27日江西省第十三届人民代表大会常务委员会第四次会议修改	2018-7-27	2018-8-17	2018-7-27	修改
新余市畜禽养殖污染防治条例	2018年4月26日新余市第九届人民代表大会常务委员会第十三次会议通过，2018年7月27日江西省第十三届人民代表大会常务委员会第四次会议批准	2018-8-1	2018-8-17	2018-9-1	制定
赣州市城市道路车辆通行管理规定	2018年6月28日赣州市第五届人民代表大会常务委员会第十三次会议通过，2018年7月27日江西省第十三届人民代表大会常务委员会第四次会议批准	2018-8-10	2018-8-17	2018-9-1	制定
江西省家庭教育促进条例	2018年9月30日江西省第十三届人民代表大会常务委员会第六次会议通过	2018-9-30	2018-10-12	2018-12-1	制定
抚州市住宅区物业管理条例	2018年7月31日抚州市第四届人民代表大会常务委员会第十三次会议通过，2018年9月30日江西省第十三届人民代表大会常务委员会第六次会议批准	2018-10-26	2018-11-6	2019-1-1	制定

续表

法规名称	通过或批准时间	公布时间	报备时间	施行时间	立法形式
南昌市文明行为促进条例	2018 年 8 月 28 日南昌市第十五届人民代表大会常务委员会第十六次会议通过，2018 年 9 月 30 日江西省第十三届人民代表大会常务委员会第六次会议批准	2018-10-26	2018-11-8	2019-1-1	制定
宜春市生活垃圾分类管理条例	2018 年 10 月 10 日宜春市第四届人民代表大会常务委员会第十七次会议通过，2018 年 11 月 2 日江西省第十三届人民代表大会常务委员会第八次会议批准	2018-11-12	2018-11-27	2019-1-1	制定
江西省实施河长制湖长制条例	2018 年 11 月 29 日江西省第十三届人民代表大会常务委员会第九次会议通过	2018-11-29	2018-12-5	2019-1-1	制定
九江市城市湖泊保护条例	2018 年 9 月 27 日九江市第十五届人民代表大会常务委员会第十四次会议通过，2018 年 11 月 2 日江西省第十三届人民代表大会常务委员会第八次会议批准	2018-12-1	2018-12-5	2019-5-1	制定
九江市城区烟花爆竹燃放管理条例	2018 年 9 月 27 日九江市第十五届人民代表大会常务委员会第十四次会议修改，2018 年 11 月 2 日江西省第十三届人民代表大会常务委员会第八次会议批准修改	2018-12-1	2018-12-5	2018-12-1	修改
吉安市烟花爆竹燃放管理条例	2018 年 10 月 31 日吉安市第四届人民代表大会常务委员会第十五次会议通过，2018 年 11 月 29 日江西省第十三届人民代表大会常务委员会第九次会议批准	2018-12-14	2019-1-15	2019-1-1	制定
上饶市大坳水库饮用水水源保护条例	2018 年 10 月 30 日上饶市第四届人民代表大会常务委员会第十七次会议通过，2018 年 11 月 29 日江西省第十三届人民代表大会常务委员会第九次会议批准	2018-12-25	2019-1-15	2019-1-1	制定
江西仰天岗国家森林公园保护条例	2018 年 10 月 26 日新余市第九届人民代表大会常务委员会第十六次会议通过，2018 年 11 月 29 日江西省第十三届人民代表大会常务委员会第九次会议批准	2018-12-26	2019-1-15	2019-1-1	制定
鹰潭市信江饮用水水源保护条例	2018 年 9 月 27 日鹰潭市第九届人民代表大会常务委员会第二十次会议通过，2018 年 11 月 29 日江西省第十三届人民代表大会常务委员会第九次会议批准	2018-12-27	2019-1-15	2019-6-1	制定
赣南客家围屋保护条例	2018 年 11 月 6 日赣州市第五届人民代表大会常务委员会第十六次会议通过，2018 年 11 月 29 日江西省第十三届人民代表大会常务委员会第九次会议批准	2019-1-28	2019-2-1	2019-3-1	制定

山东省地方性法规目录

（146 件）

法规名称	通过或批准时间	公布时间	报备时间	施行时间	立法形式
山东省机动车排气污染防治条例	2018 年 1 月 23 日山东省第十二届人民代表大会常务委员会第三十五次会议修改	2018-1-23	2018-2-12	2018-1-23	修改
山东省实施《中华人民共和国环境影响评价法》办法	2018 年 1 月 23 日山东省第十二届人民代表大会常务委员会第三十五次会议修改	2018-1-23	2018-2-12	2018-1-23	修改

续表

法规名称	通过或批准时间	公布时间	报备时间	施行时间	立法形式
山东省实施《中华人民共和国固体废物污染环境防治法》办法	2018年1月23日山东省第十二届人民代表大会常务委员会第三十五次会议修改	2018-1-23	2018-2-12	2018-1-23	修改
山东省环境噪声污染防治条例	2018年1月23日山东省第十二届人民代表大会常务委员会第三十五次会议修改	2018-1-23	2018-2-12	2018-1-23	修改
山东省南水北调工程沿线区域水污染防治条例	2018年1月23日山东省第十二届人民代表大会常务委员会第三十五次会议修改	2018-1-23	2018-2-12	2018-1-23	修改
山东省湖泊保护条例	2018年1月23日山东省第十二届人民代表大会常务委员会第三十五次会议修改	2018-1-23	2018-2-12	2018-1-23	修改
山东省实施《中华人民共和国渔业法》办法	2018年1月23日山东省第十二届人民代表大会常务委员会第三十五次会议修改	2018-1-23	2018-2-12	2018-1-23	修改
山东省实施《中华人民共和国野生动物保护法》办法	2018年1月23日山东省第十二届人民代表大会常务委员会第三十五次会议修改	2018-1-23	2018-2-12	2018-1-23	修改
山东省森林和野生动物类型自然保护区管理办法	2018年1月23日山东省第十二届人民代表大会常务委员会第三十五次会议修改	2018-1-23	2018-2-12	2018-1-23	修改
山东省农业机械管理条例	2018年1月23日山东省第十二届人民代表大会常务委员会第三十五次会议修改	2018-1-23	2018-2-12	2018-1-23	修改
山东省黄河河道管理条例	2018年1月23日山东省第十二届人民代表大会常务委员会第三十五次会议修改	2018-1-23	2018-2-12	2018-1-23	修改
山东省道路运输条例	2018年1月23日山东省第十二届人民代表大会常务委员会第三十五次会议修改	2018-1-23	2018-2-12	2018-1-23	修改
山东省气象灾害防御条例	2018年1月23日山东省第十二届人民代表大会常务委员会第三十五次会议修改	2018-1-23	2018-2-12	2018-1-23	修改
山东省教育督导条例	2018年1月23日山东省第十二届人民代表大会常务委员会第三十五次会议修改	2018-1-23	2018-2-12	2018-1-23	修改
山东省小清河流域水污染防治条例	2018年1月23日山东省第十二届人民代表大会常务委员会第三十五次会议废止	2018-1-23	2018-2-12	2018-1-23	废止
山东省陆上石油勘探开发环境保护条例	2018年1月23日山东省第十二届人民代表大会常务委员会第三十五次会议废止	2018-1-23	2018-2-12	2018-1-23	废止
山东省电视管理暂行条例	2018年1月23日山东省第十二届人民代表大会常务委员会第三十五次会议废止	2018-1-23	2018-2-12	2018-1-23	废止
烟台市城市供水条例	2017年12月12日烟台市第十七届人民代表大会常务委员会第六次会议通过，2018年1月23日山东省第十二届人民代表大会常务委员会第三十五次会议批准	2018-1-23	2018-2-12	2018-5-1	制定
烟台市安全生产监督管理条例	2017年12月12日烟台市第十七届人民代表大会常务委员会第六次会议通过，2018年1月23日山东省第十二届人民代表大会常务委员会第三十五次会议批准	2018-1-23	2018-2-12	2018-5-1	制定
济宁市城市绿化条例	2017年12月22日济宁市第十七届人民代表大会常务委员会第八次会议通过，2018年1月23日山东省第十二届人民代表大会常务委员会第三十五次会议批准	2018-1-23	2018-2-12	2018-5-1	制定

续表

法规名称	通过或批准时间	公布时间	报备时间	施行时间	立法形式
泰山风景名胜区生态保护条例	2017年12月26日泰安市第十七届人民代表大会常务委员会第六次会议通过，2018年1月23日山东省第十二届人民代表大会常务委员会第三十五次会议批准	2018-1-23	2018-2-12	2018-5-1	制定
聊城市水环境保护条例	2018年1月2日聊城市第十七届人民代表大会常务委员会第七次会议通过，2018年1月23日山东省第十二届人民代表大会常务委员会第三十五次会议批准	2018-1-23	2018-2-12	2018-5-1	制定
德州市城乡容貌和环境卫生管理条例	2017年11月17日德州市第十八届人民代表大会常务委员会第六次会议通过，2018年1月23日山东省第十二届人民代表大会常务委员会第三十五次会议批准	2018-1-24	2018-2-12	2018-2-1	制定
德州市湿地保护条例	2017年11月17日德州市第十八届人民代表大会常务委员会第六次会议通过，2018年1月23日山东省第十二届人民代表大会常务委员会第三十五次会议批准	2018-1-24	2018-2-12	2018-2-2	制定
菏泽市物业管理条例	2017年12月25日菏泽市第十九届人民代表大会常务委员会第七次会议通过，2018年1月23日山东省第十二届人民代表大会常务委员会第三十五次会议批准	2018-1-26	2018-2-12	2018-5-1	制定
潍坊市大气污染防治条例	2017年12月12日潍坊市第十七届人民代表大会常务委员会第七次会议通过，2018年1月23日山东省第十二届人民代表大会常务委员会第三十五次会议批准	2018-1-31	2018-2-12	2018-5-1	制定
潍坊市燃放烟花爆竹管理条例	2017年12月12日潍坊市第十七届人民代表大会常务委员会第七次会议通过，2018年1月23日山东省第十二届人民代表大会常务委员会第三十五次会议批准	2018-2-1	2018-2-12	2018-10-1	制定
山东省人民代表大会常务委员会关于授权省及设区的市人民政府为保障国家重大外事活动筹备和举办工作规定临时性行政措施的决定	2018年3月29日山东省第十三届人民代表大会常务委员会第二次会议通过	2018-3-29	2018-4-16	2018-3-29	制定
山东省人民代表大会常务委员会组成人员守则	2018年3月29日山东省第十三届人民代表大会常务委员会第二次会议修改	2018-3-29	2018-4-16	2018-3-29	修改
山东省实施宪法宣誓制度办法	2018年3月29日山东省第十三届人民代表大会常务委员会第二次会议修改	2018-3-29	2018-4-16	2018-3-29	修改
济南市城市建筑垃圾管理条例	2018年2月27日济南市第十六届人民代表大会常务委员会第十一次会议通过，2018年3月29日山东省第十三届人民代表大会常务委员会第二次会议批准	2018-3-29	2018-4-16	2018-5-1	制定
日照市饮用水水源地保护条例	2018年3月6日日照市第十八届人民代表大会常务委员会第八次会议通过，2018年3月29日山东省第十三届人民代表大会常务委员会第二次会议批准	2018-3-30	2018-4-16	2018-7-1	制定
临沂市蒙山保护条例	2018年1月12日临沂市第十九届人民代表大会常务委员会第二次会议通过，2018年3月29日山东省第十三届人民代表大会常务委员会第二次会议批准	2018-3-31	2018-4-16	2018-7-1	制定
山东省人民代表大会常务委员会议事规则	2018年6月1日山东省第十三届人民代表大会常务委员会第三次会议修改	2018-6-1	2018-6-7	2018-6-1	修改

续表

法规名称	通过或批准时间	公布时间	报备时间	施行时间	立法形式
青岛市湿地保护条例	2018年5月4日青岛市第十六届人民代表大会常务委员会第九次会议通过,2018年6月1日山东省第十三届人民代表大会常务委员会第三次会议批准	2018-6-1	2018-6-7	2018-8-1	制定
淄博市孝妇河流域水污染防治管理办法	2018年4月28日淄博市第十五届人民代表大会常务委员会第十四次会议废止,2018年6月1日山东省第十三届人民代表大会常务委员会第三次会议批准废止	2018-6-1	2018-6-7	2018-6-1	废止
淄博市工业炉窑大气污染防治办法	2018年4月28日淄博市第十五届人民代表大会常务委员会第十四次会议废止,2018年6月1日山东省第十三届人民代表大会常务委员会第三次会议批准废止	2018-6-1	2018-6-7	2018-6-1	废止
淄博市雷电灾害防御管理办法	2018年4月28日淄博市第十五届人民代表大会常务委员会第十四次会议废止,2018年6月1日山东省第十三届人民代表大会常务委员会第三次会议批准废止	2018-6-1	2018-6-7	2018-6-1	废止
威海市海岸带保护条例	2018年4月24日威海市第十七届人民代表大会常务委员会第九次会议通过,2018年6月1日山东省第十三届人民代表大会常务委员会第三次会议批准	2018-6-4	2018-6-7	2018-7-1	制定
山东省无线电管理条例	2018年7月27日山东省第十三届人民代表大会常务委员会第四次会议修改	2018-7-27	2018-8-10	2018-9-1	修改
济南市12345市民服务热线条例	2018年6月28日济南市第十六届人民代表大会常务委员会第十六次会议通过,2018年7月27日山东省第十三届人民代表大会常务委员会第四次会议批准	2018-7-27	2018-8-10	2018-9-1	制定
济南市城市绿化条例	2018年6月28日济南市第十六届人民代表大会常务委员会第十六次会议修改,2018年7月27日山东省第十三届人民代表大会常务委员会第四次会议批准修改	2018-7-27	2018-8-13	2018-7-27	修改
济南市城市供水条例	2018年6月28日济南市第十六届人民代表大会常务委员会第十六次会议修改,2018年7月27日山东省第十三届人民代表大会常务委员会第四次会议批准修改	2018-7-27	2018-8-13	2018-7-27	修改
济南市矿产资源管理规定	2018年6月28日济南市第十六届人民代表大会常务委员会第十六次会议修改,2018年7月27日山东省第十三届人民代表大会常务委员会第四次会议批准修改	2018-7-27	2018-8-13	2018-7-27	修改
济南市人民代表大会常务委员会关于废止济南市机动车排气污染防治条例的决定	2018年6月28日济南市第十六届人民代表大会常务委员会第十六次会议通过,2018年7月27日山东省第十三届人民代表大会常务委员会第四次会议批准	2018-7-27	2018-8-10	2018-7-27	废止
青岛市崂山风景区条例	2018年7月3日青岛市第十六届人民代表大会常务委员会第十次会议修改,2018年7月27日山东省第十三届人民代表大会常务委员会第四次会议批准修改	2018-7-27	2018-8-13	2018-7-27	修改
青岛市轨道交通条例	2018年7月3日青岛市第十六届人民代表大会常务委员会第十次会议修改,2018年7月27日山东省第十三届人民代表大会常务委员会第四次会议批准修改	2018-7-27	2018-8-10	2018-7-27	修改
山东省水污染防治条例	2018年9月21日山东省第十三届人民代表大会常务委员会第五次会议修改	2018-9-21	2018-10-16	2018-12-1	修改
山东省农村公路条例	2018年9月21日山东省第十三届人民代表大会常务委员会第五次会议修改	2018-9-21	2018-10-16	2018-12-1	修改

续表

法规名称	通过或批准时间	公布时间	报备时间	施行时间	立法形式
山东省学生体质健康促进条例	2018年9月21日山东省第十三届人民代表大会常务委员会第五次会议通过	2018-9-21	2018-10-16	2018-11-1	制定
山东省盐业管理条例	2018年9月21日山东省第十三届人民代表大会常务委员会第五次会议废止	2018-9-21	2018-10-16	2018-9-21	废止
山东省公路规费征收管理条例	2018年9月21日山东省第十三届人民代表大会常务委员会第五次会议废止	2018-9-21	2018-10-16	2018-9-21	废止
山东省机关事业单位及国有企业法定代表人离任审计条例	2018年9月21日山东省第十三届人民代表大会常务委员会第五次会议废止	2018-9-21	2018-10-16	2018-9-21	废止
山东省土地登记条例	2018年9月21日山东省第十三届人民代表大会常务委员会第五次会议废止	2018-9-21	2018-10-16	2018-9-21	废止
山东省私营企业和个体工商户权益保护条例	2018年9月21日山东省第十三届人民代表大会常务委员会第五次会议废止	2018-9-21	2018-10-16	2018-9-21	废止
山东省民用建筑节能条例	2018年9月21日山东省第十三届人民代表大会常务委员会第五次会议修改	2018-9-21	2018-10-16	2018-9-21	修改
山东省城乡规划条例	2018年9月21日山东省第十三届人民代表大会常务委员会第五次会议修改	2018-9-21	2018-10-16	2018-9-21	修改
山东省物业管理条例	2018年9月21日山东省第十三届人民代表大会常务委员会第五次会议修改	2018-9-21	2018-10-16	2018-9-21	修改
泰山风景名胜区保护管理条例	2018年9月21日山东省第十三届人民代表大会常务委员会第五次会议修改	2018-9-21	2018-10-16	2018-9-21	修改
山东省供热条例	2018年9月21日山东省第十三届人民代表大会常务委员会第五次会议修改	2018-9-21	2018-10-16	2018-9-21	修改
山东省建设工程勘察设计管理条例	2018年9月21日山东省第十三届人民代表大会常务委员会第五次会议修改	2018-9-21	2018-10-16	2018-9-21	修改
山东省城市建设管理条例	2018年9月21日山东省第十三届人民代表大会常务委员会第五次会议修改	2018-9-21	2018-10-16	2018-9-21	修改
山东省道路运输条例	2018年9月21日山东省第十三届人民代表大会常务委员会第五次会议修改	2018-9-21	2018-10-16	2018-9-21	修改
山东省信息化促进条例	2018年9月21日山东省第十三届人民代表大会常务委员会第五次会议修改	2018-9-21	2018-10-16	2018-9-21	修改
山东省村务公开条例	2018年9月21日山东省第十三届人民代表大会常务委员会第五次会议修改	2018-9-21	2018-10-16	2018-9-21	修改
济南市人民代表大会常务委员会关于济南新旧动能转换先行区行政管理事项的决定	2018年8月30日济南市第十六届人民代表大会常务委员会第十七次会议通过，2018年9月21日山东省第十三届人民代表大会常务委员会第五次会议批准	2018-9-21	2018-10-16	2018-10-1	制定
泰安市城市绿化条例	2018年8月29日泰安市第十七届人民代表大会常务委员会第十一次会议通过，2018年9月21日山东省第十三届人民代表大会常务委员会第五次会议批准	2018-9-21	2018-10-16	2018-11-1	制定
莱芜市文明行为促进条例	2018年8月30日莱芜市第十八届人民代表大会常务委员会第十二次会议通过，2018年9月21日山东省第十三届人民代表大会常务委员会第五次会议批准	2018-9-21	2018-10-16	2018-10-1	制定
临沂市文明行为促进条例	2018年8月28日临沂市第十九届人民代表大会常务委员会第十四次会议通过，2018年9月21日山东省第十三届人民代表大会常务委员会第五次会议批准	2018-9-21	2018-10-16	2019-1-1	制定

续表

法规名称	通过或批准时间	公布时间	报备时间	施行时间	立法形式
淄博市国土绿化条例	2018年8月29日淄博市第十五届人民代表大会常务委员会第十六次会议修改，2018年9月21日山东省第十三届人民代表大会常务委员会第五次会议批准修改	2018-9-25	2018-10-16	2018-9-25	修改
淄博市林木保护管理规定	2018年8月29日淄博市第十五届人民代表大会常务委员会第十六次会议修改，2018年9月21日山东省第十三届人民代表大会常务委员会第五次会议批准修改	2018-9-25	2018-10-16	2018-9-25	修改
淄博市生猪屠宰管理办法	2018年8月29日淄博市第十五届人民代表大会常务委员会第十六次会议修改，2018年9月21日山东省第十三届人民代表大会常务委员会第五次会议批准修改	2018-9-25	2018-10-16	2018-9-25	修改
淄博市土地监察条例	2018年8月29日淄博市第十五届人民代表大会常务委员会第十六次会议修改，2018年9月21日山东省第十三届人民代表大会常务委员会第五次会议批准修改	2018-9-25	2018-10-16	2018-9-25	修改
淄博市基本农田保护办法	2018年8月29日淄博市第十五届人民代表大会常务委员会第十六次会议修改，2018年9月21日山东省第十三届人民代表大会常务委员会第五次会议批准修改	2018-9-25	2018-10-16	2018-9-25	修改
淄博市市容和环境卫生管理办法	2018年8月29日淄博市第十五届人民代表大会常务委员会第十六次会议修改，2018年9月21日山东省第十三届人民代表大会常务委员会第五次会议批准修改	2018-9-25	2018-10-16	2018-9-25	修改
淄博市水资源保护管理条例	2018年8月29日淄博市第十五届人民代表大会常务委员会第十六次会议修改，2018年9月21日山东省第十三届人民代表大会常务委员会第五次会议批准修改	2018-9-25	2018-10-16	2018-9-25	修改
淄博市大武水源地水资源管理办法	2018年8月29日淄博市第十五届人民代表大会常务委员会第十六次会议修改，2018年9月21日山东省第十三届人民代表大会常务委员会第五次会议批准修改	2018-9-25	2018-10-16	2018-9-25	修改
淄博市太河水库饮用水源地保护管理条例	2018年8月29日淄博市第十五届人民代表大会常务委员会第十六次会议修改，2018年9月21日山东省第十三届人民代表大会常务委员会第五次会议批准修改	2018-9-25	2018-10-16	2018-9-25	修改
淄博市萌山水库保护管理条例	2018年8月29日淄博市第十五届人民代表大会常务委员会第十六次会议修改，2018年9月21日山东省第十三届人民代表大会常务委员会第五次会议批准修改	2018-9-25	2018-10-16	2018-9-25	修改
淄博市田庄水库保护管理条例	2018年8月29日淄博市第十五届人民代表大会常务委员会第十六次会议修改，2018年9月21日山东省第十三届人民代表大会常务委员会第五次会议批准修改	2018-9-25	2018-10-16	2018-9-25	修改
淄博市燃气管理条例	2018年8月29日淄博市第十五届人民代表大会常务委员会第十六次会议修改，2018年9月21日山东省第十三届人民代表大会常务委员会第五次会议批准修改	2018-9-25	2018-10-16	2018-9-25	修改
淄博市水土保持若干规定	2018年8月29日淄博市第十五届人民代表大会常务委员会第十六次会议修改，2018年9月21日山东省第十三届人民代表大会常务委员会第五次会议批准修改	2018-9-25	2018-10-16	2018-9-25	修改
淄博市粘土砖瓦生产用地管理规定	2018年8月29日淄博市第十五届人民代表大会常务委员会第十六次会议废止，2018年9月21日山东省第十三届人民代表大会常务委员会第五次会议批准废止	2018-9-25	2018-10-16	2018-9-25	废止

续表

法规名称	通过或批准时间	公布时间	报备时间	施行时间	立法形式
威海市文明行为促进条例	2018 年 8 月 29 日威海市第十七届人民代表大会常务委员会第十一次会议通过，2018 年 9 月 21 日山东省第十三届人民代表大会常务委员会第五次会议批准	2018-9-26	2018-10-16	2019-1-1	制定
聊城市大气污染防治条例	2018 年 8 月 30 日聊城市第十七届人民代表大会常务委员会第十二次会议通过，2018 年 9 月 21 日山东省第十三届人民代表大会常务委员会第五次会议批准	2018-9-26	2018-10-16	2018-12-1	制定
菏泽市非物质文化遗产条例	2018 年 8 月 28 日菏泽市第十九届人民代表大会常务委员会第十五次会议通过，2018 年 9 月 21 日山东省第十三届人民代表大会常务委员会第五次会议批准	2018-10-1	2018-10-16	2018-12-1	制定
山东省反家庭暴力条例	2018 年 11 月 30 日山东省第十三届人民代表大会常务委员会第七次会议通过	2018-11-30	2018-12-25	2019-1-1	制定
山东省环境保护条例	2018 年 11 月 30 日山东省第十三届人民代表大会常务委员会第七次会议修改	2018-11-30	2018-12-25	2019-1-1	修改
山东省石油天然气管道保护条例	2018 年 11 月 30 日山东省第十三届人民代表大会常务委员会第七次会议通过	2018-11-30	2018-12-25	2019-3-1	制定
山东省军事设施保护条例	2018 年 11 月 30 日山东省第十三届人民代表大会常务委员会第七次会议修改	2018-11-30	2018-12-25	2019-1-1	修改
山东省学校安全条例	2018 年 11 月 30 日山东省第十三届人民代表大会常务委员会第七次会议通过	2018-11-30	2018-12-25	2019-1-1	制定
山东省台湾同胞投资保护条例	2018 年 11 月 30 日山东省第十三届人民代表大会常务委员会第七次会议通过	2018-11-30	2018-12-25	2019-1-1	制定
山东省人民代表大会常务委员会讨论决定重大事项的规定	2018 年 11 月 30 日山东省第十三届人民代表大会常务委员会第七次会议修改	2018-11-30	2018-12-25	2019-1-1	修改
山东省大气污染防治条例	2018 年 11 月 30 日山东省第十三届人民代表大会常务委员会第七次会议修改	2018-11-30	2018-12-25	2018-11-30	修改
山东省海洋环境保护条例	2018 年 11 月 30 日山东省第十三届人民代表大会常务委员会第七次会议修改	2018-11-30	2018-12-25	2018-11-30	修改
山东省地质环境保护条例	2018 年 11 月 30 日山东省第十三届人民代表大会常务委员会第七次会议修改	2018-11-30	2018-12-25	2018-11-30	修改
山东省实施《中华人民共和国环境影响评价法》办法	2018 年 11 月 30 日山东省第十三届人民代表大会常务委员会第七次会议修改	2018-11-30	2018-12-25	2018-11-30	修改
山东省人民代表大会常务委员会关于实施刑事诉讼法若干问题的决议	2018 年 11 月 30 日山东省第十三届人民代表大会常务委员会第七次会议废止	2018-11-30	2018-12-25	2018-11-30	废止
山东省人民代表大会常务委员会关于刑事案件办案期限问题的决议	2018 年 11 月 30 日山东省第十三届人民代表大会常务委员会第七次会议废止	2018-11-30	2018-12-25	2018-11-30	废止
山东省人民代表大会常务委员会关于批准《省人民政府关于对省府各工作部门一般工作人员开除公职处分审批权限修改意见》的决定	2018 年 11 月 30 日山东省第十三届人民代表大会常务委员会第七次会议废止	2018-11-30	2018-12-25	2018-11-30	废止
山东省人大常委会关于认真学习贯彻民法通则的决议	2018 年 11 月 30 日山东省第十三届人民代表大会常务委员会第七次会议废止	2018-11-30	2018-12-25	2018-11-30	废止

续表

法规名称	通过或批准时间	公布时间	报备时间	施行时间	立法形式
山东省人大常委会关于贯彻实施《中华人民共和国村民委员会组织法(试行)》的决定	2018年11月30日山东省第十三届人民代表大会常务委员会第七次会议废止	2018-11-30	2018-12-25	2018-11-30	废止
山东省人民代表大会常务委员会关于坚决制止乱收费罚款和各种摊派的决议	2018年11月30日山东省第十三届人民代表大会常务委员会第七次会议废止	2018-11-30	2018-12-25	2018-11-30	废止
山东省人民代表大会常务委员会关于深入贯彻实施《中华人民共和国全民所有制工业企业法》的决议	2018年11月30日山东省第十三届人民代表大会常务委员会第七次会议废止	2018-11-30	2018-12-25	2018-11-30	废止
济南市绩效管理条例	2018年11月1日济南市第十六届人民代表大会常务委员会第十九次会议通过,2018年11月30日山东省第十三届人民代表大会常务委员会第七次会议批准	2018-11-30	2018-12-25	2018-12-1	制定
青岛市资源综合利用若干规定	2018年9月7日青岛市第十六届人民代表大会常务委员会第十一次会议废止,2018年11月30日山东省第十三届人民代表大会常务委员会第七次会议批准废止	2018-11-30	2018-12-25	2018-11-30	废止
青岛市资源节约条例	2018年9月7日青岛市第十六届人民代表大会常务委员会第十一次会议废止,2018年11月30日山东省第十三届人民代表大会常务委员会第七次会议批准废止	2018-11-30	2018-12-25	2018-11-30	废止
青岛市流动人口计划生育管理办法	2018年9月7日青岛市第十六届人民代表大会常务委员会第十一次会议废止,2018年11月30日山东省第十三届人民代表大会常务委员会第七次会议批准废止	2018-11-30	2018-12-25	2018-11-30	废止
青岛市实施《中华人民共和国水土保持法》的若干规定	2018年9月7日青岛市第十六届人民代表大会常务委员会第十一次会议废止,2018年11月30日山东省第十三届人民代表大会常务委员会第七次会议批准废止	2018-11-30	2018-12-25	2018-11-30	废止
青岛市暂住人口管理条例	2018年9月7日青岛市第十六届人民代表大会常务委员会第十一次会议废止,2018年11月30日山东省第十三届人民代表大会常务委员会第七次会议批准废止	2018-11-30	2018-12-25	2018-11-30	废止
青岛市道路货物运输行业管理条例	2018年9月7日青岛市第十六届人民代表大会常务委员会第十一次会议废止,2018年11月30日山东省第十三届人民代表大会常务委员会第七次会议批准废止	2018-11-30	2018-12-25	2018-11-30	废止
青岛市海域使用管理条例	2018年9月7日青岛市第十六届人民代表大会常务委员会第十一次会议废止,2018年11月30日山东省第十三届人民代表大会常务委员会第七次会议批准废止	2018-11-30	2018-12-25	2018-11-30	废止
青岛市民营科技企业条例	2018年9月7日青岛市第十六届人民代表大会常务委员会第十一次会议废止,2018年11月30日山东省第十三届人民代表大会常务委员会第七次会议批准废止	2018-11-30	2018-12-25	2018-11-30	废止
青岛市水路运输行业管理条例	2018年9月7日青岛市第十六届人民代表大会常务委员会第十一次会议废止,2018年11月30日山东省第十三届人民代表大会常务委员会第七次会议批准废止	2018-11-30	2018-12-25	2018-11-30	废止
青岛市促进企业技术创新条例	2018年9月7日青岛市第十六届人民代表大会常务委员会第十一次会议废止,2018年11月30日山东省第十三届人民代表大会常务委员会第七次会议批准废止	2018-11-30	2018-12-25	2018-11-30	废止

续表

法规名称	通过或批准时间	公布时间	报备时间	施行时间	立法形式
青岛市环境噪声管理规定	2018年9月7日青岛市第十六届人民代表大会常务委员会第十一次会议修改,2018年11月30日山东省第十三届人民代表大会常务委员会第七次会议批准修改	2018-11-30	2018-12-25	2018-11-30	修改
青岛市城市节约用水管理条例	2018年9月7日青岛市第十六届人民代表大会常务委员会第十一次会议修改,2018年11月30日山东省第十三届人民代表大会常务委员会第七次会议批准修改	2018-11-30	2018-12-25	2018-11-30	修改
青岛市档案管理条例	2018年9月7日青岛市第十六届人民代表大会常务委员会第十一次会议修改,2018年11月30日山东省第十三届人民代表大会常务委员会第七次会议批准修改	2018-11-30	2018-12-25	2018-11-30	修改
青岛市全民义务植树条例	2018年9月7日青岛市第十六届人民代表大会常务委员会第十一次会议修改,2018年11月30日山东省第十三届人民代表大会常务委员会第七次会议批准修改	2018-11-30	2018-12-25	2018-11-30	修改
青岛市大气污染防治条例	2018年9月7日青岛市第十六届人民代表大会常务委员会第十一次会议修改,2018年11月30日山东省第十三届人民代表大会常务委员会第七次会议批准修改	2018-11-30	2018-12-25	2018-11-30	修改
青岛市生活饮用水源环境保护条例	2018年9月7日青岛市第十六届人民代表大会常务委员会第十一次会议修改,2018年11月30日山东省第十三届人民代表大会常务委员会第七次会议批准修改	2018-11-30	2018-12-25	2018-11-30	修改
青岛市森林防火条例	2018年9月7日青岛市第十六届人民代表大会常务委员会第十一次会议修改,2018年11月30日山东省第十三届人民代表大会常务委员会第七次会议批准修改	2018-11-30	2018-12-25	2018-11-30	修改
青岛市畜禽屠宰管理条例	2018年9月7日青岛市第十六届人民代表大会常务委员会第十一次会议修改,2018年11月30日山东省第十三届人民代表大会常务委员会第七次会议批准修改	2018-11-30	2018-12-25	2018-11-30	修改
青岛市机动车排气污染防治条例	2018年9月7日青岛市第十六届人民代表大会常务委员会第十一次会议修改,2018年11月30日山东省第十三届人民代表大会常务委员会第七次会议批准修改	2018-11-30	2018-12-25	2018-11-30	修改
青岛市无居民海岛管理条例	2018年9月7日青岛市第十六届人民代表大会常务委员会第十一次会议修改,2018年11月30日山东省第十三届人民代表大会常务委员会第七次会议批准修改	2018-11-30	2018-12-25	2018-11-30	修改
青岛市海洋环境保护规定	2018年9月7日青岛市第十六届人民代表大会常务委员会第十一次会议修改,2018年11月30日山东省第十三届人民代表大会常务委员会第七次会议批准修改	2018-11-30	2018-12-25	2018-11-30	修改
青岛市河道管理条例	2018年9月7日青岛市第十六届人民代表大会常务委员会第十一次会议修改,2018年11月30日山东省第十三届人民代表大会常务委员会第七次会议批准修改	2018-11-30	2018-12-25	2018-11-30	修改
青岛市机动车驾驶员培训管理条例	2018年9月7日青岛市第十六届人民代表大会常务委员会第十一次会议修改,2018年11月30日山东省第十三届人民代表大会常务委员会第七次会议批准修改	2018-11-30	2018-12-25	2018-11-30	修改
青岛市建筑废弃物资源化利用条例	2018年9月7日青岛市第十六届人民代表大会常务委员会第十一次会议修改,2018年11月30日山东省第十三届人民代表大会常务委员会第七次会议批准修改	2018-11-30	2018-12-25	2018-11-30	修改

续表

法规名称	通过或批准时间	公布时间	报备时间	施行时间	立法形式
青岛市学前教育条例	2018年9月7日青岛市第十六届人民代表大会常务委员会第十一次会议修改,2018年11月30日山东省第十三届人民代表大会常务委员会第七次会议批准修改	2018-11-30	2018-12-25	2018-11-30	修改
青岛市气象灾害防御条例	2018年9月7日青岛市第十六届人民代表大会常务委员会第十一次会议修改,2018年11月30日山东省第十三届人民代表大会常务委员会第七次会议批准修改	2018-11-30	2018-12-25	2018-11-30	修改
青岛市价格条例	2018年9月7日青岛市第十六届人民代表大会常务委员会第十一次会议修改,2018年11月30日山东省第十三届人民代表大会常务委员会第七次会议批准修改	2018-11-30	2018-12-25	2018-11-30	修改
青岛市胶州湾保护条例	2018年9月7日青岛市第十六届人民代表大会常务委员会第十一次会议修改,2018年11月30日山东省第十三届人民代表大会常务委员会第七次会议批准修改	2018-11-30	2018-12-25	2018-11-30	修改
青岛市养老服务促进条例	2018年9月7日青岛市第十六届人民代表大会常务委员会第十一次会议修改,2018年11月30日山东省第十三届人民代表大会常务委员会第七次会议批准修改	2018-11-30	2018-12-25	2018-11-30	修改
淄博市城乡建设档案管理条例	2018年10月25日淄博市第十五届人民代表大会常务委员会第十七次会议通过,2018年11月30日山东省第十三届人民代表大会常务委员会第七次会议批准	2018-12-3	2018-12-25	2019-1-1	制定
东营市湿地保护条例	2018年10月26日东营市第八届人民代表大会常务委员会第十四次会议通过,2018年11月30日山东省第十三届人民代表大会常务委员会第七次会议批准	2018-12-3	2018-12-25	2019-2-1	制定
东营市文明行为促进条例	2018年10月26日东营市第八届人民代表大会常务委员会第十四次会议通过,2018年11月30日山东省第十三届人民代表大会常务委员会第七次会议批准	2018-12-3	2018-12-25	2019-1-1	制定
烟台市节约用水条例	2018年11月6日烟台市第十七届人民代表大会常务委员会第十五次会议通过,2018年11月30日山东省第十三届人民代表大会常务委员会第七次会议批准	2018-12-3	2018-12-25	2019-3-1	制定
潍坊市青州古城保护条例	2018年10月31日潍坊市第十七届人民代表大会常务委员会第十七次会议通过,2018年11月30日山东省第十三届人民代表大会常务委员会第七次会议批准	2018-12-3	2018-12-25	2019-1-1	制定
日照市文明行为促进条例	2018年10月26日日照市第十八届人民代表大会常务委员会第十三次会议通过,2018年11月30日山东省第十三届人民代表大会常务委员会第七次会议批准	2018-12-3	2018-12-25	2019-1-1	制定
德州市文物保护条例	2018年9月18日德州市第十八届人民代表大会常务委员会第十四次会议通过,2018年11月30日山东省第十三届人民代表大会常务委员会第七次会议批准	2018-12-3	2018-12-25	2019-1-1	制定
枣庄市饮用水水源保护条例	2018年10月26日枣庄市第十六届人民代表大会常务委员会第十三次会议通过,2018年11月30日山东省第十三届人民代表大会常务委员会第七次会议批准	2018-12-4	2018-12-25	2019-3-1	制定
泰安市烟花爆竹燃放管理条例	2018年10月31日泰安市第十七届人民代表大会常务委员会第十二次会议通过,2018年11月30日山东省第十三届人民代表大会常务委员会第七次会议批准	2018-12-4	2018-12-25	2019-1-1	制定

续表

法规名称	通过或批准时间	公布时间	报备时间	施行时间	立法形式
聊城市禁止燃放烟花爆竹条例	2018 年 11 月 2 日聊城市第十七届人民代表大会常务委员会第十四次会议通过，2018 年 11 月 30 日山东省第十三届人民代表大会常务委员会第七次会议批准	2018-12-4	2018-12-25	2019-1-1	制定
滨州市城镇容貌和环境卫生管理条例	2018 年 9 月 12 日滨州市第十一届人民代表大会常务委员会第十四次会议通过，2018 年 11 月 30 日山东省第十三届人民代表大会常务委员会第七次会议批准	2018-12-4	2018-12-25	2019-1-1	制定
菏泽市城乡规划条例	2018 年 10 月 29 日菏泽市第十九届人民代表大会常务委员会第十六次会议通过，2018 年 11 月 30 日山东省第十三届人民代表大会常务委员会第七次会议批准	2018-12-7	2018-12-25	2019-1-1	制定

河南省地方性法规目录

（44 件）

法规名称	通过或批准时间	公布时间	报备时间	施行时间	立法形式
郑州市文明行为促进条例	2017 年 12 月 21 日郑州市第十四届人民代表大会常务委员会第三十三次会议通过，2018 年 3 月 31 日河南省第十三届人民代表大会常务委员会第二次会议批准	2018-4-23	2018-4-28	2018-7-1	制定
洛阳市城市绿线管理条例	2017 年 12 月 28 日洛阳市第十四届人民代表大会常务委员会第三十五次会议通过，2018 年 3 月 31 日河南省第十三届人民代表大会常务委员会第二次会议批准	2018-4-16	2018-4-28	2018-6-1	制定
安阳市城市绿化条例	2017 年 8 月 31 日安阳市第十三届人民代表大会常务委员会第三十次会议通过，2018 年 3 月 31 日河南省第十三届人民代表大会常务委员会第二次会议批准	2018-4-18	2018-4-28	2019-1-1	制定
鹤壁市城市市容和环境卫生管理条例	2017 年 10 月 31 日鹤壁市第十三届人民代表大会常务委员会第三十一次会议通过，2018 年 3 月 31 日河南省第十三届人民代表大会常务委员会第二次会议批准	2018-4-17	2018-4-28	2018-7-1	制定
新乡市城市绿化条例	2017 年 12 月 15 日新乡市第十二届人民代表大会常务委员会第三十次会议通过，2018 年 3 月 31 日河南省第十三届人民代表大会常务委员会第二次会议批准	2018-4-17	2018-4-28	2018-6-1	制定
河南省气候资源保护与开发利用条例	2018 年 6 月 1 日河南省第十三届人民代表大会常务委员会第三次会议通过	2018-6-4	2018-6-20	2018-10-1	制定
河南省治理货物运输车辆超限超载条例	2018 年 6 月 1 日河南省第十三届人民代表大会常务委员会第三次会议通过	2018-6-4	2018-6-20	2018-9-1	制定
河南省人民代表大会常务委员会组成人员守则	2018 年 6 月 1 日河南省第十三届人民代表大会常务委员会第三次会议修改	2018-6-4	2018-6-20	2018-6-4	修改
河南省国家工作人员宪法宣誓办法	2018 年 6 月 1 日河南省第十三届人民代表大会常务委员会第三次会议修改	2018-6-4	2018-6-20	2018-7-1	修改
许昌市中心城区河湖水系保护条例	2018 年 4 月 25 日许昌市第七届人民代表大会常务委员会第十次会议通过，2018 年 6 月 1 日河南省第十三届人民代表大会常务委员会第三次会议批准	2018-6-18	2018-7-4	2018-10-1	制定

续表

法规名称	通过或批准时间	公布时间	报备时间	施行时间	立法形式
驻马店市城市绿化条例	2018年4月26日驻马店市第四届人民代表大会常务委员会第八次会议通过，2018年6月1日河南省第十三届人民代表大会常务委员会第三次会议批准	2018-6-28	2018-7-4	2018-8-1	制定
洛阳市建设项目审计条例	2018年4月12日洛阳市第十四届人民代表大会常务委员会第三十九次会议废止，2018年6月1日河南省第十三届人民代表大会常务委员会第三次会议批准废止	2018-7-3	2018-7-4	2018-7-3	废止
河南省老年人权益保障条例	2018年7月27日河南省第十三届人民代表大会常务委员会第五次会议通过	2018-7-30	2018-8-14	2019-1-1	制定
河南省老年人保护条例	在《河南省老年人权益保障条例》中被明文予以废止	2018-7-30	2018-8-14	2019-1-1	文中废止
商丘市市区饮用水水源保护条例	2018年6月28日商丘市第五届人民代表大会常务委员会第八次会议通过，2018年7月27日河南省第十三届人民代表大会常务委员会第五次会议批准	2018-9-3	2018-9-10	2019-1-1	制定
河南省人民代表大会常务委员会关于全面加强生态环境保护依法推动打好污染防治攻坚战让中原更加出彩的决议	2018年9月29日河南省第十三届人民代表大会常务委员会第六次会议通过	2018-9-29	2018-10-23	2018-9-29	制定
河南省云台山景区保护条例	2018年9月29日河南省第十三届人民代表大会常务委员会第六次会议修改	2018-9-30	2018-10-23	2018-9-30	修改
河南省信阳南湾水库饮用水水源保护条例	2018年9月29日河南省第十三届人民代表大会常务委员会第六次会议修改	2018-9-30	2018-10-23	2018-9-30	修改
河南省固体废物污染环境防治条例	2018年9月29日河南省第十三届人民代表大会常务委员会第六次会议修改	2018-9-30	2018-10-23	2018-9-30	修改
河南省实施《中华人民共和国水法》办法	2018年9月29日河南省第十三届人民代表大会常务委员会第六次会议修改	2018-9-30	2018-10-23	2018-9-30	修改
河南省林地保护管理条例	2018年9月29日河南省第十三届人民代表大会常务委员会第六次会议修改	2018-9-30	2018-10-23	2018-9-30	修改
河南省义务植树条例	2018年9月29日河南省第十三届人民代表大会常务委员会第六次会议修改	2018-9-30	2018-10-23	2018-9-30	修改
河南省森林防火条例	2018年9月29日河南省第十三届人民代表大会常务委员会第六次会议修改	2018-9-30	2018-10-23	2018-9-30	修改
河南省实施《中华人民共和国渔业法》办法	2018年9月29日河南省第十三届人民代表大会常务委员会第六次会议修改	2018-9-30	2018-10-23	2018-9-30	修改
河南省地质环境保护条例	2018年9月29日河南省第十三届人民代表大会常务委员会第六次会议修改	2018-9-30	2018-10-23	2018-9-30	修改
河南省黄河工程管理条例	2018年9月29日河南省第十三届人民代表大会常务委员会第六次会议修改	2018-9-30	2018-10-23	2018-9-30	修改
河南省实施《中华人民共和国野生动物保护法》办法	2018年9月29日河南省第十三届人民代表大会常务委员会第六次会议修改	2018-9-30	2018-10-23	2018-9-30	修改
河南省建设项目环境保护条例	2018年9月29日河南省第十三届人民代表大会常务委员会第六次会议修改	2018-9-30	2018-10-23	2018-9-30	修改
河南省减少污染物排放条例	2018年9月29日河南省第十三届人民代表大会常务委员会第六次会议修改	2018-9-30	2018-10-23	2018-9-30	修改
开封市文物保护条例	2018年8月31日开封市第十四届人民代表大会常务委员会第三十二次会议通过，2018年9月29日河南省第十三届人民代表大会常务委员会第六次会议批准	2018-10-30	2018-11-5	2019-1-1	制定

续表

法规名称	通过或批准时间	公布时间	报备时间	施行时间	立法形式
洛阳市集中供热条例	2018年8月30日洛阳市第十四届人民代表大会常务委员会第四十一次会议通过，2018年9月29日河南省第十三届人民代表大会常务委员会第六次会议批准	2018-10-22	2018-11-5	2019-1-1	制定
平顶山市城市绿化条例	2018年8月30日平顶山市第十届人民代表大会常务委员会第四十次会议通过，2018年9月29日河南省第十三届人民代表大会常务委员会第六次会议批准	2018-11-1	2018-11-5	2019-1-1	制定
新乡市城市市容和环境卫生管理条例	2018年8月24日新乡市第十二届人民代表大会常务委员会第三十五次会议通过，2018年9月29日河南省第十三届人民代表大会常务委员会第六次会议批准	2018-11-1	2018-11-5	2019-1-1	制定
焦作市城市绿化条例	2018年8月29日焦作市第十二届人民代表大会常务委员会第五十次会议通过，2018年9月29日河南省第十三届人民代表大会常务委员会第六次会议批准	2018-11-5	2018-11-5	2019-1-1	制定
河南小秦岭国家级自然保护区条例	2018年8月28日三门峡市第七届人民代表大会常务委员会第九次会议通过，2018年9月29日河南省第十三届人民代表大会常务委员会第六次会议批准	2018-10-26	2018-11-5	2018-12-1	制定
信阳市城市道路交通安全设施管理条例	2018年8月28日信阳市第五届人民代表大会常务委员会第十一次会议通过，2018年9月29日河南省第十三届人民代表大会常务委员会第六次会议批准	2018-10-31	2018-11-5	2019-1-1	制定
周口市淮阳龙湖保护条例	2018年8月28日周口市第四届人民代表大会常务委员会第十次会议通过，2018年9月29日河南省第十三届人民代表大会常务委员会第六次会议批准	2018-10-30	2018-11-5	2019-1-1	制定
河南省志愿服务条例	2018年11月29日河南省第十三届人民代表大会常务委员会第七次会议通过	2018-11-30	2018-12-13	2019-3-1	制定
河南省人民代表大会常务委员会关于省人民政府机构改革涉及地方性法规规定的行政机关职责调整问题的决定	2018年11月29日河南省第十三届人民代表大会常务委员会第七次会议通过	2018-11-30	2018-12-13	2018-11-30	制定
安阳市城镇居民二次供水条例	2018年10月31日安阳市第十四届人民代表大会常务委员会第一次会议通过，2018年11月29日河南省第十三届人民代表大会常务委员会第七次会议批准	2019-1-3	2019-1-28	2019-6-1	制定
漯河市城乡规划条例	2018年10月30日漯河市第七届人民代表大会常务委员会第十四次会议通过，2018年11月29日河南省第十三届人民代表大会常务委员会第七次会议批准	2019-1-8	2019-1-28	2019-3-1	制定
鹤壁市地下水保护条例	2018年10月29日鹤壁市第十一届人民代表大会常务委员会第一次会议通过，2018年11月29日河南省第十三届人民代表大会常务委员会第七次会议批准	2019-1-10	2019-1-28	2019-5-1	制定
许昌市城乡规划条例	2018年10月30日许昌市第七届人民代表大会常务委员会第十四次会议通过，2018年11月29日河南省第十三届人民代表大会常务委员会第七次会议批准	2019-1-14	2019-1-28	2019-5-1	制定
南阳市城市市容和环境卫生管理条例	2018年8月30日南阳市第五届人民代表大会常务委员会第三十七次会议通过，2018年11月29日河南省第十三届人民代表大会常务委员会第七次会议批准	2019-1-14	2019-1-28	2019-5-1	制定

续表

法规名称	通过或批准时间	公布时间	报备时间	施行时间	立法形式
郑州市政府投资项目管理条例	2018年10月26日郑州市第十五届人民代表大会常务委员会第一次会议修改,2018年11月29日河南省第十三届人民代表大会常务委员会第七次会议批准修改	2019-1-22	2019-1-28	2019-1-22	修改

湖北省地方性法规目录

(56件)

法规名称	通过或批准时间	公布时间	报备时间	施行时间	立法形式
湖北省消费者权益保护条例	2018年1月18日湖北省第十二届人民代表大会常务委员会第三十二次会议通过	2018-1-18	2018-2-8	2018-5-1	制定
湖北省实施《中华人民共和国消费者权益保护法》办法	在《湖北省消费者权益保护条例》中被明文予以废止	2018-1-18	2018-2-8	2018-5-1	文中废止
湖北省风景名胜区条例	2018年1月18日湖北省第十二届人民代表大会常务委员会第三十二次会议通过	2018-1-18	2018-2-8	2018-5-1	制定
黄冈市违法建设治理条例	2017年10月25日黄冈市第五届人民代表大会常务委员会第七次会议通过,2018年1月18日湖北省第十二届人民代表大会常务委员会第三十二次会议批准	2018-2-1	2018-2-9	2018-4-1	制定
孝感市城市绿化条例	2017年10月31日孝感市第六届人民代表大会常务委员会第七次会议通过,2018年1月18日湖北省第十二届人民代表大会常务委员会第三十二次会议批准	2018-2-1	2018-2-12	2018-5-1	制定
十堰市生态文明建设条例	2017年12月27日十堰市第五届人民代表大会常务委员会第六次会议通过,2018年1月18日湖北省第十二届人民代表大会常务委员会第三十二次会议批准	2018-2-8	2018-2-23	2018-5-1	制定
黄石市房屋安全管理条例	2017年10月25日黄石市第十四届人民代表大会常务委员会第七次会议通过,2018年1月18日湖北省第十二届人民代表大会常务委员会第三十二次会议批准	2018-2-9	2018-2-12	2018-5-1	制定
恩施土家族苗族自治州星斗山国家级自然保护区管理条例	2018年1月8日恩施土家族苗族自治州第八届人民代表大会第二次会议修改,2018年3月30日湖北省第十三届人民代表大会常务委员会第二次会议批准修改	2018-4-9	2018-5-9	2018-5-1	修改
黄石市生态控制线管理条例	2017年12月26日黄石市第十四届人民代表大会常务委员会第八次会议通过,2018年3月30日湖北省第十三届人民代表大会常务委员会第二次会议批准	2018-4-27	2018-5-11	2018-7-1	制定
武汉市防洪管理规定	2017年11月22日武汉市第十四届人民代表大会常务委员会第七次会议修改,2018年3月30日湖北省第十三届人民代表大会常务委员会第二次会议批准修改	2018-5-11	2018-5-29	2018-5-11	修改
武汉市水土保持条例	2017年11月22日武汉市第十四届人民代表大会常务委员会第七次会议修改,2018年3月30日湖北省第十三届人民代表大会常务委员会第二次会议批准修改	2018-5-11	2018-5-29	2018-5-11	修改

续表

法规名称	通过或批准时间	公布时间	报备时间	施行时间	立法形式
武汉市湖泊管理条例	2017年11月22日武汉市第十四届人民代表大会常务委员会第七次会议修改,2018年3月30日湖北省第十三届人民代表大会常务委员会第二次会议批准修改	2018-5-11	2018-5-29	2018-5-11	修改
武汉东湖风景名胜区条例	2017年11月22日武汉市第十四届人民代表大会常务委员会第七次会议修改,2018年3月30日湖北省第十三届人民代表大会常务委员会第二次会议批准修改	2018-5-11	2018-5-29	2018-5-11	修改
武汉市森林资源管理办法	2017年11月22日武汉市第十四届人民代表大会常务委员会第七次会议修改,2018年3月30日湖北省第十三届人民代表大会常务委员会第二次会议批准修改	2018-5-11	2018-5-29	2018-5-11	修改
武汉市湿地自然保护区条例	2017年11月22日武汉市第十四届人民代表大会常务委员会第七次会议修改,2018年3月30日湖北省第十三届人民代表大会常务委员会第二次会议批准修改	2018-5-11	2018-5-29	2018-5-11	修改
武汉市环境保护条例	2017年11月22日武汉市第十四届人民代表大会常务委员会第七次会议废止,2018年3月30日湖北省第十三届人民代表大会常务委员会第二次会议批准废止	2018-5-11	2018-5-29	2018-5-11	废止
武汉市城市排水条例	2017年11月22日武汉市第十四届人民代表大会常务委员会第七次会议废止,2018年3月30日湖北省第十三届人民代表大会常务委员会第二次会议批准废止	2018-5-11	2018-5-29	2018-5-11	废止
武汉市街道办事处条例	2017年12月29日武汉市第十四届人民代表大会常务委员会第八次会议修改,2018年3月30日湖北省第十三届人民代表大会常务委员会第二次会议批准	2018-5-11	2018-5-29	2018-6-15	修改
随州市城乡饮用水水源保护条例	2018年1月6日随州市第四届人民代表大会第三次会议通过,2018年3月30日湖北省第十三届人民代表大会常务委员会第二次会议批准	2018-5-17	2018-5-29	2018-8-1	制定
恩施土家族苗族自治州硒资源保护与利用条例	2018年1月8日恩施土家族苗族自治州第八届人民代表大会第二次会议通过,2018年3月30日湖北省第十三届人民代表大会常务委员会第二次会议批准	2018-5-29	2018-6-11	2018-8-1	制定
湖北省气候资源保护和利用条例	2018年5月31日湖北省第十三届人民代表大会常务委员会第三次会议通过	2018-5-31	2018-6-25	2018-8-1	制定
湖北省广播电视条例	2018年5月31日湖北省第十三届人民代表大会常务委员会第三次会议通过	2018-5-31	2018-6-25	2018-8-1	制定
长阳土家族自治县人口与计划生育条例	2018年3月7日长阳土家族自治县第九届人民代表大会第四次会议第二次修改,2018年5月31日湖北省第十三届人民代表大会常务委员会第三次会议批准修改	2018-6-26	2018-7-11	2018-6-26	修改
长阳土家族自治县森林资源保护条例	2018年3月7日长阳土家族自治县第九届人民代表大会第四次会议通过,2018年5月31日湖北省第十三届人民代表大会常务委员会第三次会议批准	2018-6-26	2018-7-11	2018-9-1	制定
武汉市气象灾害防御条例	2017年12月29日武汉市第十四届人民代表大会常务委员会第八次会议通过,2018年5月31日湖北省第十三届人民代表大会常务委员会第三次会议批准	2018-6-30	2018-7-11	2018-8-1	制定

续表

法规名称	通过或批准时间	公布时间	报备时间	施行时间	立法形式
湖北省人民代表大会常务委员会关于深入开展扫黑除恶专项斗争的决定	2018 年 7 月 26 日湖北省第十三届人民代表大会常务委员会第四次会议通过	2018-7-26	2018-8-20	2018-7-26	制定
湖北省国家工作人员宪法宣誓组织办法	2018 年 7 月 26 日湖北省第十三届人民代表大会常务委员会第四次会议修改	2018-7-26	2018-8-20	2018-8-1	修改
荆门市城市建筑垃圾管理条例	2018 年 6 月 28 日荆门市第九届人民代表大会常务委员会第十三次会议通过,2018 年 7 月 26 日湖北省第十三届人民代表大会常务委员会第四次会议批准	2018-8-23	2018-9-13	2018-11-1	制定
黄冈市城市市容和环境卫生管理条例	2018 年 6 月 27 日黄冈市第五届人民代表大会常务委员会第十三次会议通过,2018 年 7 月 26 日湖北省第十三届人民代表大会常务委员会第四次会议批准	2018-9-5	2018-9-13	2018-12-1	制定
湖北省河道采砂管理条例	2018 年 9 月 30 日湖北省第十三届人民代表大会常务委员会第五次会议通过	2018-9-30	2018-10-18	2018-12-1	制定
湖北省天然林保护条例	2018 年 9 月 30 日湖北省第十三届人民代表大会常务委员会第五次会议通过	2018-9-30	2018-10-18	2018-12-1	制定
中国（湖北）自由贸易试验区条例	2018 年 9 月 30 日湖北省第十三届人民代表大会常务委员会第五次会议通过	2018-9-30	2018-10-18	2019-1-1	制定
湖北省实施《中华人民共和国全国人民代表大会和地方各级人民代表大会代表法》办法	2018 年 9 月 30 日湖北省第十三届人民代表大会常务委员会第五次会议修改	2018-9-30	2018-10-18	2018-10-1	修改
五峰土家族自治县农村公路条例	2018 年 4 月 26 日五峰土家族自治县第九届人民代表大会第四次会议通过,2018 年 7 月 26 日湖北省第十三届人民代表大会常务委员会第四次会议批准	2018-10-8	2018-10-18	2018-12-1	制定
五峰土家族自治县乡村公路条例	在《五峰土家族自治县农村公路条例》中被明文予以废止	2018-10-8	2018-10-18	2018-12-1	文中废止
五峰土家族自治县森林资源保护条例	2018 年 4 月 26 日五峰土家族自治县第九届人民代表大会第四次会议修改,2018 年 7 月 26 日湖北省第十三届人民代表大会常务委员会第四次会议批准修改	2018-10-8	2018-10-18	2018-10-8	修改
鄂州市湖泊保护条例	2018 年 7 月 6 日鄂州市第八届人民代表大会常务委员会第十二次会议通过,2018 年 7 月 26 日湖北省第十三届人民代表大会常务委员会第四次会议批准	2018-10-19	2018-11-12	2019-1-1	制定
襄阳市城市生活垃圾治理条例	2018 年 6 月 27 日襄阳市第十七届人民代表大会常务委员会第十一次会议通过,2018 年 9 月 30 日湖北省第十三届人民代表大会常务委员会第五次会议批准	2018-10-25	2018-11-22	2019-1-1	制定
武汉市客运出租汽车管理条例	2018 年 6 月 26 日武汉市第十四届人民代表大会常务委员会第十三次会议通过,2018 年 7 月 26 日湖北省第十三届人民代表大会常务委员会第四次会议批准	2018-11-15	2018-12-6	2019-1-1	制定
武汉市城市客运出租汽车管理条例	在《武汉市客运出租汽车管理条例》中被明文予以废止	2018-11-15	2018-12-6	2019-1-1	文中废止
武汉市政府投资项目审计条例	2018 年 4 月 27 日武汉市第十四届人民代表大会常务委员会第十一次会议修改,2018 年 7 月 26 日湖北省第十三届人民代表大会常务委员会第四次会议批准修改	2018-11-15	2018-12-6	2018-11-15	修改

续表

法规名称	通过或批准时间	公布时间	报备时间	施行时间	立法形式
武汉市计划生育管理办法	2018年4月27日武汉市第十四届人民代表大会常务委员会第十一次会议废止,2018年7月26日湖北省第十三届人民代表大会常务委员会第四次会议批准废止	2018-11-15	2018-12-6	2018-11-15	废止
武汉市物业管理条例	2018年6月26日武汉市第十四届人民代表大会常务委员会第十三次会议修改,2018年7月26日湖北省第十三届人民代表大会常务委员会第四次会议批准修改	2018-11-18	2018-12-6	2019-1-1	修改
湖北省大气污染防治条例	2018年11月19日湖北省第十三届人民代表大会常务委员会第六次会议修改	2018-11-19	2018-12-6	2019-6-1	修改
湖北省人民代表大会常务委员会关于省人民政府机构改革涉及省本级地方性法规规定的行政机关职责调整问题的决定	2018年11月19日湖北省第十三届人民代表大会常务委员会第六次会议通过	2018-11-19	2018-12-6	2018-11-20	制定
湖北省实施《中华人民共和国野生动物保护法》办法	2018年11月19日湖北省第十三届人民代表大会常务委员会第六次会议修改	2018-11-19	2018-12-6	2018-11-20	修改
湖北省地质环境管理条例	2018年11月19日湖北省第十三届人民代表大会常务委员会第六次会议修改	2018-11-19	2018-12-6	2018-11-20	修改
湖北省水污染防治条例	2018年11月19日湖北省第十三届人民代表大会常务委员会第六次会议修改	2018-11-19	2018-12-6	2018-11-20	修改
湖北省环境保护条例	2018年11月19日湖北省第十三届人民代表大会常务委员会第六次会议废止	2018-11-19	2018-12-6	2018-11-20	废止
湖北省城市环境噪声管理条例	2018年11月19日湖北省第十三届人民代表大会常务委员会第六次会议废止	2018-11-19	2018-12-6	2018-11-20	废止
湖北省神农架自然资源保护条例	2018年11月19日湖北省第十三届人民代表大会常务委员会第六次会议废止	2018-11-19	2018-12-6	2018-11-20	废止
湖北省公共文化服务保障条例	2018年11月19日湖北省第十三届人民代表大会常务委员会第六次会议通过	2018-11-19	2018-12-17	2019-2-1	制定
荆州市长湖保护条例	2018年8月30日荆州市第五届人民代表大会常务委员会第十三次会议通过,2018年9月30日湖北省第十三届人民代表大会常务委员会第五次会议批准	2018-11-30	2018-12-17	2019-4-1	制定
宜昌市电动自行车管理条例	2018年10月31日宜昌市第六届人民代表大会常务委员会第十三次会议通过,2018年11月19日湖北省第十三届人民代表大会常务委员会第六次会议批准	2018-12-4	2018-12-19	2019-5-1	制定
十堰市户外广告和招牌设置管理条例	2018年10月31日十堰市第五届人民代表大会常务委员会第十二次会议通过,2018年11月19日湖北省第十三届人民代表大会常务委员会第六次会议批准	2018-12-5	2018-12-19	2019-3-1	制定
孝感市住宅小区物业管理条例	2018年8月31日孝感市第六届人民代表大会常务委员会第十四次会议通过,2018年11月19日湖北省第十三届人民代表大会常务委员会第六次会议批准	2018-12-7	2018-12-21	2019-3-1	制定
襄阳市文明行为促进条例	2018年10月31日襄阳市第十七届人民代表大会常务委员会第十三次会议通过,2018年11月19日湖北省第十三届人民代表大会常务委员会第六次会议批准	2018-12-18	2019-1-7	2019-3-1	制定

续表

法规名称	通过或批准时间	公布时间	报备时间	施行时间	立法形式
黄石市饮用水水源地保护条例	2018年10月25日黄石市第十四届人民代表大会常务委员会第十四次会议通过，2018年11月19日湖北省第十三届人民代表大会常务委员会第六次会议批准	2018-12-19	2019-1-9	2019-5-1	制定
咸宁市城区山体保护条例	2018年10月25日咸宁市第五届人民代表大会常务委员会第十三次会议通过，2018年11月19日湖北省第十三届人民代表大会常务委员会第六次会议批准	2018-12-28	2019-1-18	2019-7-1	制定

湖南省地方性法规目录

（48件）

法规名称	通过或批准时间	公布时间	报备时间	施行时间	立法形式
湖南省实施《中华人民共和国固体废物污染环境防治法》办法	2018年1月17日湖南省第十二届人民代表大会常务委员会第三十五次会议通过	2018-1-17	2018-2-5	2018-5-1	制定
湖南省学校学生人身伤害事故预防和处理条例	2018年3月31日湖南省第十三届人民代表大会常务委员会第三次会议通过	2018-3-31	2018-5-7	2018-7-1	制定
湖南省中小学校学生人身伤害事故预防与处理条例	在《湖南省学校学生人身伤害事故预防和处理条例》中被明文予以废止	2018-3-31	2018-5-7	2018-7-1	文中废止
张家界市全域旅游促进条例	2018年2月28日张家界市第七届人民代表大会常务委员会第十一次会议通过，2018年3月31日湖南省第十三届人民代表大会常务委员会第三次会议批准	2018-4-2	2018-5-7	2018-5-1	制定
永州市人民代表大会及其常务委员会立法条例	2018年1月6日永州市第五届人民代表大会第二次会议通过，2018年3月31日湖南省第十三届人民代表大会常务委员会第三次会议批准	2018-4-8	2018-5-7	2018-6-1	制定
湘西土家族苗族自治州老司城遗址保护条例的决定	2018年1月5日湘西土家族苗族自治州第十四届人民代表大会第二次会议修改，2018年3月31日湖南省第十三届人民代表大会常务委员会第三次会议批准修改	2018-4-8	2018-5-7	2018-4-8	修改
常德市人民代表大会及其常务委员会制定地方性法规条例	2017年12月30日常德市第七届人民代表大会第二次会议通过，2018年3月31日湖南省第十三届人民代表大会常务委员会第三次会议批准	2018-4-13	2018-5-7	2018-5-1	制定
湘潭市人民代表大会及其常务委员会制定地方性法规条例	2018年1月6日湘潭市第十五届人民代表大会第二次会议通过，2018年3月31日湖南省第十三届人民代表大会常务委员会第三次会议批准	2018-4-18	2018-5-7	2018-6-1	制定
怀化市人民代表大会及其常务委员会立法条例	2018年1月6日怀化市第五届人民代表大会第二次会议通过，2018年3月31日湖南省第十三届人民代表大会常务委员会第三次会议批准	2018-4-18	2018-5-7	2018-4-18	制定
湖南省人民代表大会常务委员会关于深入学习宣传和贯彻实施《中华人民共和国宪法》的决议	2018年5月31日湖南省第十三届人民代表大会常务委员会第四次会议通过	2018-5-31	2018-6-21	2018-5-31	制定
湖南省地方立法条例	2018年5月31日湖南省第十三届人民代表大会常务委员会第四次会议修改	2018-5-31	2018-6-21	2018-5-31	修改

续表

法规名称	通过或批准时间	公布时间	报备时间	施行时间	立法形式
麻阳苗族自治县饮用水水源保护条例	2017年1月22日麻阳苗族自治县第七届人民代表大会第二次会议通过，2018年5月31日湖南省第十三届人民代表大会常务委员会第四次会议批准	2018-7-31	2018-8-22	2018-10-1	制定
湖南省审计监督条例	2018年7月19日湖南省第十三届人民代表大会常务委员会第五次会议修改	2018-7-19	2018-7-24	2018-7-19	修改
湖南省实施《中华人民共和国防震减灾法》办法的决定	2018年7月19日湖南省第十三届人民代表大会常务委员会第五次会议修改	2018-7-19	2018-7-24	2018-7-19	修改
湖南省渔业条例	2018年7月19日湖南省第十三届人民代表大会常务委员会第五次会议修改	2018-7-19	2018-7-24	2018-7-19	修改
湖南省人民代表大会常务委员会关于政府规章设定罚款限额的决定	2018年7月19日湖南省第十三届人民代表大会常务委员会第五次会议通过	2018-7-19	2018-7-24	2018-9-1	制定
湖南省实施《中华人民共和国水土保持法》办法	2018年7月19日湖南省第十三届人民代表大会常务委员会第五次会议修改	2018-7-19	2018-7-24	2018-7-19	修改
湖南省实施《中华人民共和国防洪法》办法	2018年7月19日湖南省第十三届人民代表大会常务委员会第五次会议修改	2018-7-19	2018-7-24	2018-7-19	修改
湖南省洞庭湖区水利管理条例	2018年7月19日湖南省第十三届人民代表大会常务委员会第五次会议修改	2018-7-19	2018-7-24	2018-7-19	修改
湖南省野生动植物资源保护条例	2018年7月19日湖南省第十三届人民代表大会常务委员会第五次会议修改	2018-7-19	2018-7-24	2018-7-19	修改
湖南省东江湖水环境保护条例	2018年7月19日湖南省第十三届人民代表大会常务委员会第五次会议修改	2018-7-19	2018-7-24	2018-7-19	修改
湖南省风景名胜区条例	2018年7月19日湖南省第十三届人民代表大会常务委员会第五次会议修改	2018-7-19	2018-7-24	2018-7-19	修改
湖南省武陵源世界自然遗产保护条例	2018年7月19日湖南省第十三届人民代表大会常务委员会第五次会议修改	2018-7-19	2018-7-24	2018-7-19	修改
湖南省南岳衡山风景名胜区保护条例	2018年7月19日湖南省第十三届人民代表大会常务委员会第五次会议修改	2018-7-19	2018-7-24	2018-7-19	修改
湖南省崀山风景名胜区保护条例	2018年7月19日湖南省第十三届人民代表大会常务委员会第五次会议修改	2018-7-19	2018-7-24	2018-7-19	修改
湖南省紫鹊界梯田梅山龙宫风景名胜区保护条例	2018年7月19日湖南省第十三届人民代表大会常务委员会第五次会议修改	2018-7-19	2018-7-24	2018-7-19	修改
湖南省韶山风景名胜区条例	2018年7月19日湖南省第十三届人民代表大会常务委员会第五次会议修改	2018-7-19	2018-7-24	2018-7-19	修改
湖南省物业管理条例	2018年7月19日湖南省第十三届人民代表大会常务委员会第五次会议通过	2018-7-19	2018-7-31	2019-1-1	制定
长沙市城市绿化条例	2017年6月27日长沙市第十五届人民代表大会常务委员会第十七次会议通过，2018年7月19日湖南省第十三届人民代表大会常务委员会第五次会议批准	2018-7-30	2018-8-22	2018-10-1	制定
长沙市城市绿化管理条例	在《长沙市城市绿化条例》中被明文予以废止	2018-7-30	2018-8-22	2018-10-1	文中废止
湖南省人民代表大会议事规则	2018年9月30日湖南省第十三届人民代表大会常务委员会第六次会议修改	2018-9-30	2018-10-29	2018-9-30	修改
湖南省人民代表大会常务委员会议事规则	2018年9月30日湖南省第十三届人民代表大会常务委员会第六次会议修改	2018-9-30	2018-10-29	2018-9-30	修改

续表

法规名称	通过或批准时间	公布时间	报备时间	施行时间	立法形式
长沙市养犬管理条例	2018年8月30日长沙市第十五届人民代表大会第十八次会议通过,2018年9月30日湖南省第十三届人民代表大会常务委员会第六次会议批准	2018-10-15	2018-10-31	2019-5-1	制定
湘西土家族苗族自治州边城历史文化名镇保护条例	2018年8月27日湘西土家族苗族自治州第十四届人民代表大会常务委员会第十一次会议通过,2018年9月30日湖南省第十三届人民代表大会常务委员会第六次会议批准	2018-10-15	2018-10-30	2018-11-1	制定
岳阳市机动车停车条例	2018年7月20日岳阳市第八届人民代表大会常务委员会第十二次会议通过,2018年9月30日湖南省第十三届人民代表大会常务委员会第六次会议批准	2018-10-19	2018-11-12	2019-5-1	制定
益阳市农村村民住房建设管理条例	2018年8月31日益阳市第六届人民代表大会常务委员会第十二次会议通过,2018年9月30日湖南省第十三届人民代表大会常务委员会第六次会议批准	2018-10-25	2018-11-16	2019-1-1	制定
邵阳市城市绿化条例	2018年7月31日邵阳市第十六届人民代表大会常务委员会第十五次会议通过,2018年9月30日湖南省第十三届人民代表大会常务委员会第六次会议批准	2018-11-2	2018-11-4	2019-1-1	制定
常德市城乡生活垃圾管理条例	2018年8月31日常德市第七届人民代表大会常务委员会第十五次会议通过,2018年9月30日湖南省第十三届人民代表大会常务委员会第六次会议批准	2018-11-2	2018-11-16	2019-1-1	制定
湖南省地质环境保护条例	2018年11月30日湖南省第十三届人民代表大会常务委员会第八次会议修改	2018-11-30	2018-12-5	2019-1-1	修改
湖南省森林防火若干规定	2018年11月30日湖南省第十三届人民代表大会常务委员会第八次会议通过	2018-11-30	2018-12-20	2019-1-1	制定
湖南省湘江保护条例	2018年11月30日湖南省第十三届人民代表大会常务委员会第八次会议修改	2018-11-30	2018-12-29	2018-11-30	修改
湖南省人民代表大会常务委员会讨论、决定重大事项的规定	2018年11月30日湖南省第十三届人民代表大会常务委员会第八次会议修改	2018-11-30	2018-12-29	2019-1-1	修改
湘潭市城市绿化条例	2018年9月28日湘潭市第十五届人民代表大会第十二次会议通过,2018年11月30日湖南省第十三届人民代表大会常务委员会第八次会议批准	2018-12-4	2018-12-20	2019-1-1	制定
株洲市工业遗产保护条例	2018年10月26日株洲市第十五届人民代表大会常务委员会第十七次会议通过,2018年11月30日湖南省第十三届人民代表大会常务委员会第八次会议批准	2018-12-10	2018-12-20	2019-5-1	制定
怀化市城市公园条例	2018年10月26日怀化市第五届人民代表大会第十七次会议通过,2018年11月30日湖南省第十三届人民代表大会常务委员会第八次会议批准	2018-12-10	2018-12-30	2019-3-1	制定
永州市历史文化名城名镇名村保护条例	2018年10月31日永州市第五届人民代表大会常务委员会第十五次会议通过,2018年11月30日湖南省第十三届人民代表大会常务委员会第八次会议批准	2018-12-12	2018-12-30	2019-4-1	制定
张家界市八大公山国家级自然保护区条例	2018年10月26日张家界市第七届人民代表大会常务委员会第十五次会议通过,2018年11月30日湖南省第十三届人民代表大会常务委员会第八次会议批准	2018-12-17	2018-12-29	2019-3-1	制定

续表

法规名称	通过或批准时间	公布时间	报备时间	施行时间	立法形式
岳阳市东洞庭湖国家级自然保护区条例	2018 年 9 月 27 日岳阳市第八届人民代表大会常务委员会第十四次会议通过,2018 年 11 月 30 日湖南省第十三届人民代表大会常务委员会第八次会议批准	2018-12-18	2018-12-30	2019-3-1	制定
郴州市历史文化名城名镇名村保护条例	2018 年 10 月 30 日郴州市第五届人民代表大会常务委员会第十二次会议通过,2018 年 11 月 30 日湖南省第十三届人民代表大会常务委员会第八次会议批准	2018-12-20	2018-12-29	2019-3-1	制定
娄底市湄江风景名胜区条例	2018 年 9 月 30 日娄底市第五届人民代表大会常务委员会第十四次会议通过,2018 年 11 月 30 日湖南省第十三届人民代表大会常务委员会第八次会议批准	2018-12-25	2018-12-30	2019-2-1	制定

广东省地方性法规目录

（75 件）

法规名称	通过或批准时间	公布时间	报备时间	施行时间	立法形式
广东省人民代表大会常务委员会关于在中国（广东）自由贸易试验区和复制推广“证照分离”改革试点具体做法的区域调整实施本省有关地方性法规规定的决定	2018 年 1 月 22 日广东省第十二届人民代表大会常务委员会第三十八次会议通过	2018-1-22	2018-2-5	2018-1-22	制定
珠海市物业管理条例	2017 年 11 月 22 日珠海市第九届人民代表大会常务委员会第九次会议废止,2018 年 1 月 22 日广东省第十二届人民代表大会常务委员会第三十八次会议批准废止	2018-1-25	2018-2-13	2018-3-15	废止
广东省法治宣传教育条例	2018 年 3 月 30 日广东省第十三届人民代表大会常务委员会第二次会议修改	2018-3-30	2018-4-12	2018-5-1	修改
广东省人民代表大会常务委员会关于在各地级以上市调整实施《广东省道路运输条例》有关规定的决定	2018 年 3 月 30 日广东省第十三届人民代表大会常务委员会第二次会议通过	2018-3-30	2018-4-18	2018-3-30	制定
惠州市罗浮山风景名胜区条例	2017 年 12 月 29 日惠州市第十二届人民代表大会常务委员会第十次会议通过,2018 年 3 月 30 日广东省第十三届人民代表大会常务委员会第二次会议批准	2018-4-9	2018-4-18	2018-5-1	制定
湛江市历史建筑保护条例	2017 年 12 月 28 日湛江市第十四届人民代表大会常务委员会第十一次会议通过,2018 年 3 月 30 日广东省第十三届人民代表大会常务委员会第二次会议批准	2018-4-10	2018-4-19	2018-6-1	制定
潮州市黄冈河流域水环境保护条例	2018 年 1 月 11 日潮州市第十五届人民代表大会常务委员会第十次会议通过,2018 年 3 月 30 日广东省第十三届人民代表大会常务委员会第二次会议批准	2018-4-10	2018-4-19	2018-6-1	制定
广州市生活垃圾分类管理条例	2017 年 12 月 27 日广州市第十五届人民代表大会常务委员会第十一次会议通过,2018 年 3 月 30 日广东省第十三届人民代表大会常务委员会第二次会议批准	2018-4-16	2018-5-3	2018-7-1	制定

续表

法规名称	通过或批准时间	公布时间	报备时间	施行时间	立法形式
广州市停车场条例	2017年12月27日广州市第十五届人民代表大会常务委员会第十一次会议通过,2018年3月30日广东省第十三届人民代表大会常务委员会第二次会议批准	2018-4-20	2018-5-3	2018-10-1	制定
东莞市饮用水源水质保护条例	2017年12月29日东莞市第十六届人民代表大会常务委员会第九次会议通过,2018年3月30日广东省第十三届人民代表大会常务委员会第二次会议批准	2018-4-27	2018-5-16	2018-7-1	制定
广东省地方志工作条例	2018年5月31日广东省第十三届人民代表大会常务委员会第三次会议通过	2018-5-31	2018-6-7	2018-7-1	制定
广东省实施宪法宣誓制度办法	2018年5月31日广东省第十三届人民代表大会常务委员会第三次会议修改	2018-5-31	2018-6-14	2018-6-1	修改
广东省人口与计划生育条例	2018年5月31日广东省第十三届人民代表大会常务委员会第三次会议修改	2018-5-31	2018-6-19	2018-5-31	修改
广东省职业教育条例	2018年5月31日广东省第十三届人民代表大会常务委员会第三次会议通过	2018-5-31	2018-6-19	2018-9-1	制定
茂名市露天矿生态公园保护管理条例	2018年4月12日茂名市第十二届人民代表大会常务委员会第十五次会议通过,2018年5月31日广东省第十三届人民代表大会常务委员会第三次会议批准	2018-6-7	2018-7-2	2018-9-1	制定
深圳市司法鉴定条例	2018年3月30日深圳市第六届人民代表大会常务委员会第二十四次会议废止,2018年5月31日广东省第十三届人民代表大会常务委员会第三次会议批准废止	2018-6-11	2018-7-5	2018-6-11	废止
揭阳市生活垃圾管理条例	2018年4月4日揭阳市第六届人民代表大会常务委员会第十三次会议通过,2018年5月31日广东省第十三届人民代表大会常务委员会第三次会议批准	2018-6-13	2018-7-4	2018-9-1	制定
肇庆市端砚石资源保护条例	2018年3月6日肇庆市第十三届人民代表大会常务委员会第八次会议通过,2018年5月31日广东省第十三届人民代表大会常务委员会第三次会议批准	2018-10-24	2018-11-2	2019-1-1	制定
广东省实施《中华人民共和国残疾人保障法》办法	2018年7月26日广东省第十三届人民代表大会常务委员会第四次会议修改	2018-7-26	2018-8-8	2018-9-1	修改
广东省国防教育条例	2018年7月26日广东省第十三届人民代表大会常务委员会第四次会议通过	2018-7-26	2018-8-8	2018-9-1	制定
汕头市城镇中小学校规划建设和保护条例	2018年6月28日汕头市第十四届人民代表大会常务委员会第十四次会议废止,2018年7月26日广东省第十三届人民代表大会常务委员会第四次会议批准废止	2018-7-27	2018-8-15	2018-9-1	废止
广州市社会工作服务条例	2018年5月30日广州市第十五届人民代表大会常务委员会第十四次会议通过,2018年7月26日广东省第十三届人民代表大会常务委员会第四次会议批准	2018-8-6	2018-8-22	2019-1-1	制定
广州市公路路政管理条例	2018年5月30日广州市第十五届人民代表大会常务委员会第十四次会议废止,2018年7月26日广东省第十三届人民代表大会常务委员会第四次会议批准废止	2018-8-8	2018-8-21	2018-8-8	废止
广州市水利工程设施保护规定	2018年5月30日广州市第十五届人民代表大会常务委员会第十四次会议废止,2018年7月26日广东省第十三届人民代表大会常务委员会第四次会议批准废止	2018-8-8	2018-8-22	2018-8-8	废止

续表

法规名称	通过或批准时间	公布时间	报备时间	施行时间	立法形式
广州市农药管理规定	2018年5月30日广州市第十五届人民代表大会常务委员会第十四次会议废止，2018年7月26日广东省第十三届人民代表大会常务委员会第四次会议批准废止	2018-8-8	2018-8-22	2018-8-8	废止
广州市建筑条例	2018年5月30日广州市第十五届人民代表大会常务委员会第十四次会议废止，2018年7月26日广东省第十三届人民代表大会常务委员会第四次会议批准废止	2018-8-8	2018-8-22	2018-8-8	废止
广东省铁路安全管理条例	2018年9月30日广东省第十三届人民代表大会常务委员会第五次会议通过	2018-9-30	2018-10-15	2018-12-1	制定
汕尾市革命老区红色资源保护条例	2018年9月10日汕尾市第七届人民代表大会常务委员会第十六次会议通过，2018年9月30日广东省第十三届人民代表大会常务委员会第五次会议批准	2018-10-8	2018-10-17	2018-12-1	制定
江门市户外广告设施和招牌设置管理条例	2018年7月31日江门市第十五届人民代表大会常务委员会第十四次会议通过，2018年9月30日广东省第十三届人民代表大会常务委员会第五次会议批准	2018-10-10	2018-10-25	2018-12-1	制定
东莞市生态文明建设促进与保障条例	2018年7月27日东莞市第十六届人民代表大会常务委员会第十五次会议通过，2018年9月30日广东省第十三届人民代表大会常务委员会第五次会议批准	2018-10-16	2018-11-2	2019-1-1	制定
东莞市出租屋治安与消防安全管理条例	2018年7月27日东莞市第十六届人民代表大会常务委员会第十五次会议通过，2018年9月30日广东省第十三届人民代表大会常务委员会第五次会议批准	2018-10-16	2018-11-2	2018-12-1	制定
韶关市野外用火管理条例	2018年8月15日韶关市第十四届人民代表大会常务委员会第十七次会议通过，2018年9月30日广东省第十三届人民代表大会常务委员会第五次会议批准	2018-10-16	2018-12-20	2019-1-1	制定
梅州市森林火源管理条例	2018年7月31日梅州市第七届人民代表大会常务委员会第十八次会议修改，2018年9月30日广东省第十三届人民代表大会常务委员会第五次会议批准修改	2018-10-22	2018-11-2	2018-10-22	修改
肇庆市扬尘污染防治条例	2018年8月30日肇庆市第十三届人民代表大会常务委员会第十三次会议通过，2018年9月30日广东省第十三届人民代表大会常务委员会第五次会议批准	2018-10-24	2018-11-2	2019-1-1	制定
深圳市养犬管理条例	2018年6月27日深圳市第六届人民代表大会常务委员会第二十六次会议修改，2018年9月30日广东省第十三届人民代表大会常务委员会第五次会议批准修改	2018-10-29	2018-12-10	2018-10-29	修改
深圳市实施《中华人民共和国人民防空法》办法	2018年6月27日深圳市第六届人民代表大会常务委员会第二十六次会议修改，2018年9月30日广东省第十三届人民代表大会常务委员会第五次会议批准修改	2018-10-29	2018-12-10	2018-10-29	修改
阳江市漠阳江流域水质保护条例	2018年8月7日阳江市第七届人民代表大会常务委员会第十六次会议通过，2018年9月30日广东省第十三届人民代表大会常务委员会第五次会议批准	2018-11-30	2018-12-21	2018-12-30	制定
广东省大气污染防治条例	2018年11月29日广东省第十三届人民代表大会常务委员会第七次会议通过	2018-11-29	2018-12-13	2019-3-1	制定
广东省人才发展条例	2018年11月29日广东省第十三届人民代表大会常务委员会第七次会议通过	2018-11-29	2018-12-13	2019-1-1	制定

续表

法规名称	通过或批准时间	公布时间	报备时间	施行时间	立法形式
广东省建设项目环境保护管理条例	2018年11月29日广东省第十三届人民代表大会常务委员会第七次会议废止	2018-11-29	2018-12-17	2018-11-29	废止
广东省农业环境保护条例	2018年11月29日广东省第十三届人民代表大会常务委员会第七次会议废止	2018-11-29	2018-12-17	2018-11-29	废止
广东省采石取土管理规定	2018年11月29日广东省第十三届人民代表大会常务委员会第七次会议废止	2018-11-29	2018-12-17	2018-11-29	废止
广东省珠江三角洲水质保护条例	2018年11月29日广东省第十三届人民代表大会常务委员会第七次会议废止	2018-11-29	2018-12-17	2018-11-29	废止
广东省珠江三角洲城镇群协调发展规划实施条例	2018年11月29日广东省第十三届人民代表大会常务委员会第七次会议废止	2018-11-29	2018-12-17	2018-11-29	废止
广东省各级人民代表大会常务委员会规范性文件备案审查条例	2018年11月29日广东省第十三届人民代表大会常务委员会第七次会议通过	2018-11-29	2018-12-17	2019-1-1	制定
广东省各级人民代表大会常务委员会规范性文件备案审查工作程序规定	在《广东省各级人民代表大会常务委员会规范性文件备案审查条例》中被明文予以废止	2018-11-29	2018-12-17	2019-1-1	废止
广东省爱国卫生工作条例	2018年11月29日广东省第十三届人民代表大会常务委员会第七次会议修改	2018-11-29	2018-12-17	2019-1-1	修改
广东省养老服务条例	2018年11月29日广东省第十三届人民代表大会常务委员会第七次会议通过	2018-11-29	2018-12-17	2019-1-1	制定
广东省环境保护条例	2018年11月29日广东省第十三届人民代表大会常务委员会第七次会议修改	2018-11-29	2018-12-18	2018-11-29	修改
广东省东江水系水质保护条例	2018年11月29日广东省第十三届人民代表大会常务委员会第七次会议修改	2018-11-29	2018-12-18	2018-11-29	修改
广东省西江水系水质保护条例	2018年11月29日广东省第十三届人民代表大会常务委员会第七次会议修改	2018-11-29	2018-12-18	2018-11-29	修改
广东省韩江流域水质保护条例	2018年11月29日广东省第十三届人民代表大会常务委员会第七次会议修改	2018-11-29	2018-12-18	2018-11-29	修改
广东省饮用水源水质保护条例	2018年11月29日广东省第十三届人民代表大会常务委员会第七次会议修改	2018-11-29	2018-12-18	2018-11-29	修改
广东省跨行政区域河流交接断面水质保护管理条例	2018年11月29日广东省第十三届人民代表大会常务委员会第七次会议修改	2018-11-29	2018-12-18	2018-11-29	修改
广东省机动车排气污染防治条例	2018年11月29日广东省第十三届人民代表大会常务委员会第七次会议修改	2018-11-29	2018-12-18	2018-11-29	修改
广东省民用核设施核事故预防和应急管理条例	2018年11月29日广东省第十三届人民代表大会常务委员会第七次会议修改	2018-11-29	2018-12-18	2018-11-29	修改
广东省风景名胜区条例	2018年11月29日广东省第十三届人民代表大会常务委员会第七次会议修改	2018-11-29	2018-12-18	2018-11-29	修改
广东省水利工程管理条例	2018年11月29日广东省第十三届人民代表大会常务委员会第七次会议修改	2018-11-29	2018-12-18	2018-11-29	修改
广东省湿地保护条例	2018年11月29日广东省第十三届人民代表大会常务委员会第七次会议修改	2018-11-29	2018-12-18	2018-11-29	修改
广东省实施《中华人民共和国海洋环境保护法》办法	2018年11月29日广东省第十三届人民代表大会常务委员会第七次会议修改	2018-11-29	2018-12-18	2018-11-29	修改
广东省实施《中华人民共和国噪声污染防治法》办法	2018年11月29日广东省第十三届人民代表大会常务委员会第七次会议修改	2018-11-29	2018-12-18	2018-11-29	修改

续表

法规名称	通过或批准时间	公布时间	报备时间	施行时间	立法形式
广东省固体废物污染环境防治条例	2018 年 11 月 29 日广东省第十三届人民代表大会常务委员会第七次会议修改	2018-11-29	2018-12-20	2019-3-1	修改
广东省实施《中华人民共和国土壤污染防治法》办法	2018 年 11 月 29 日广东省第十三届人民代表大会常务委员会第七次会议通过	2018-11-29	2018-12-21	2019-3-1	制定
广东省实施《中华人民共和国招标投标法》办法	2018 年 11 月 29 日广东省第十三届人民代表大会常务委员会第七次会议修改	2018-11-29	2018-12-24	2019-3-1	修改
韶关市烟花爆竹燃放安全管理条例	2018 年 8 月 15 日韶关市第十四届人民代表大会常务委员会第十七次会议修改，2018 年 11 月 29 日广东省第十三届人民代表大会常务委员会第七次会议批准修改	2018-12-10	2019-1-15	2018-12-10	修改
茂名市城市市容和环境卫生管理条例	2018 年 10 月 30 日茂名市第十二届人民代表大会常务委员会第十九次会议通过，2018 年 11 月 29 日广东省第十三届人民代表大会常务委员会第七次会议批准	2018-12-11	2019-1-7	2019-3-1	制定
云浮市畜禽养殖污染防治条例	2018 年 11 月 6 日云浮市第六届人民代表大会常务委员会第十三次会议通过，2018 年 11 月 29 日广东省第十三届人民代表大会常务委员会第七次会议批准	2018-12-17	2019-1-4	2019-3-1	制定
广州市水务管理条例	2018 年 9 月 29 日广州市第十五届人民代表大会常务委员会第十七次会议修改，2018 年 11 月 29 日广东省第十三届人民代表大会常务委员会第七次会议批准修改	2018-12-21	2019-1-17	2018-12-21	修改
广州市森林公园管理条例	2018 年 9 月 29 日广州市第十五届人民代表大会常务委员会第十七次会议修改，2018 年 11 月 29 日广东省第十三届人民代表大会常务委员会第七次会议批准修改	2018-12-21	2019-1-17	2018-12-21	修改
广州市白云山风景名胜区保护条例	2018 年 9 月 29 日广州市第十五届人民代表大会常务委员会第十七次会议修改，2018 年 11 月 29 日广东省第十三届人民代表大会常务委员会第七次会议批准修改	2018-12-21	2019-1-17	2018-12-21	修改
广州市绿化条例	2018 年 9 月 29 日广州市第十五届人民代表大会常务委员会第十七次会议修改，2018 年 11 月 29 日广东省第十三届人民代表大会常务委员会第七次会议批准修改	2018-12-21	2019-1-17	2018-12-21	修改
广州市社会医疗保险条例	2018 年 9 月 29 日广州市第十五届人民代表大会常务委员会第十七次会议修改，2018 年 11 月 29 日广东省第十三届人民代表大会常务委员会第七次会议批准修改	2018-12-21	2019-1-17	2018-12-21	修改
广州市饮用水水源污染防治规定	2018 年 9 月 29 日广州市第十五届人民代表大会常务委员会第十七次会议修改，2018 年 11 月 29 日广东省第十三届人民代表大会常务委员会第七次会议批准修改	2018-12-21	2019-1-17	2018-12-21	修改
河源市农村生活垃圾治理条例	2018 年 10 月 8 日河源市第七届人民代表大会常务委员会第二十一次会议通过，2018 年 11 月 29 日广东省第十三届人民代表大会常务委员会第七次会议批准	2018-12-25	2019-1-15	2019-5-1	制定
潮州市扬尘污染防治条例	2018 年 8 月 30 日潮州市第十五届人民代表大会常务委员会第十五次会议通过，2018 年 11 月 29 日广东省第十三届人民代表大会常务委员会第七次会议批准	2018-12-27	2019-1-17	2019-1-15	制定

广西壮族自治区地方性法规目录

（44 件）

法规名称	通过或批准时间	公布时间	报备时间	施行时间	立法形式
广西壮族自治区电信设施建设与保护条例	2018 年 3 月 29 日广西壮族自治区第十三届人民代表大会常务委员会第二次会议通过	2018-3-29	2018-3-30	2018-6-1	制定
南宁市道路交通安全条例	2018 年 1 月 18 日南宁市第十四届人民代表大会常务委员会第十次会议通过，2018 年 3 月 29 日广西壮族自治区第十三届人民代表大会常务委员会第二次会议批准	2018-4-11	2018-5-10	2018-8-1	制定
梧州市停车场建设和管理条例	2017 年 12 月 21 日梧州市第十四届人民代表大会常务委员会第九次会议通过，2018 年 3 月 29 日广西壮族自治区第十三届人民代表大会常务委员会第二次会议批准	2018-4-15	2018-5-10	2018-7-1	制定
钦州市饮用水水源保护条例	2017 年 12 月 28 日钦州市第五届人民代表大会常务委员会第十二次会议通过，2018 年 3 月 29 日广西壮族自治区第十三届人民代表大会常务委员会第二次会议批准	2018-4-15	2018-5-10	2018-7-1	制定
崇左市左江花山岩画文化景观保护条例	2018 年 1 月 12 日崇左市第四届人民代表大会第三次会议通过，2018 年 3 月 29 日广西壮族自治区第十三届人民代表大会常务委员会第二次会议批准	2018-4-16	2018-5-10	2018-7-15	制定
柳州市城市绿化条例	2017 年 12 月 27 日柳州市第十四届人民代表大会常务委员会第九次会议通过，2018 年 3 月 29 日广西壮族自治区第十三届人民代表大会常务委员会第二次会议批准	2018-4-18	2018-5-10	2018-5-1	制定
广西壮族自治区少数民族语言文字工作条例	2018 年 5 月 31 日广西壮族自治区第十三届人民代表大会常务委员会第三次会议通过	2018-5-31	2018-6-1	2018-8-1	制定
广西壮族自治区实施宪法宣誓制度办法	2018 年 5 月 31 日广西壮族自治区第十三届人民代表大会常务委员会第三次会议修改	2018-5-31	2018-6-1	2018-5-31	修改
龙胜各族自治县自治条例	2018 年 1 月 19 日广西壮族自治区龙胜各族自治县第十六届人民代表大会第三次会议修改，2018 年 5 月 31 日广西壮族自治区第十三届人民代表大会常务委员会第三次会议批准修改	2018-5-31	2018-7-31	2018-5-31	修改
三江侗族自治县自治条例	2018 年 1 月 11 日三江侗族自治县第十六届人民代表大会第三次会议修改，2018 年 5 月 31 日广西壮族自治区第十三届人民代表大会常务委员会第三次会议批准修改	2018-6-15	2018-7-31	2018-6-15	修改
北海市涠洲岛生态环境保护条例	2018 年 2 月 26 日北海市第十五届人民代表大会常务委员会第十二次会议通过，2018 年 5 月 31 日广西壮族自治区第十三届人民代表大会常务委员会第三次会议批准	2018-6-20	2018-7-13	2018-7-1	制定
南宁市大明山保护管理条例	2018 年 1 月 18 日南宁市第十四届人民代表大会常务委员会第十次会议通过，2018 年 5 月 31 日广西壮族自治区第十三届人民代表大会常务委员会第三次会议批准	2018-6-25	2018-7-13	2018-8-1	制定

续表

法规名称	通过或批准时间	公布时间	报备时间	施行时间	立法形式
广西壮族自治区促进科技成果转化条例	2018 年 7 月 27 日广西壮族自治区第十三届人民代表大会常务委员会第四次会议修改	2018-7-27	2018-7-31	2018-10-1	修改
北海市合浦汉墓群保护条例	2018 年 4 月 13 日北海市第十五届人民代表大会常务委员会第十三次会议通过，2018 年 7 月 27 日广西壮族自治区第十三届人民代表大会常务委员会第四次会议批准	2018-8-7	2018-9-5	2018-9-1	制定
恭城瑶族自治县传统村落保护条例	2018 年 2 月 8 日恭城瑶族自治县第七届人民代表大会第三次会议通过，2018 年 7 月 27 日广西壮族自治区第十三届人民代表大会常务委员会第四次会议批准	2018-8-9	2018-9-14	2018-10-1	制定
南宁市昆仑关保护管理条例	2018 年 3 月 28 日南宁市第十四届人民代表大会常务委员会第十二次会议通过，2018 年 7 月 27 日广西壮族自治区第十三届人民代表大会常务委员会第四次会议批准	2018-8-22	2018-9-5	2018-10-1	制定
广西壮族自治区红树林资源保护条例	2018 年 9 月 30 日广西壮族自治区第十三届人民代表大会常务委员会第五次会议通过	2018-9-30	2018-10-8	2018-12-1	制定
广西壮族自治区森林和野生动物类型自然保护区管理条例	2018 年 9 月 30 日广西壮族自治区第十三届人民代表大会常务委员会第五次会议修改	2018-9-30	2018-10-8	2018-9-30	修改
广西壮族自治区实施《中华人民共和国水法》办法	2018 年 9 月 30 日广西壮族自治区第十三届人民代表大会常务委员会第五次会议修改	2018-9-30	2018-10-8	2018-9-30	修改
广西壮族自治区道路运输管理条例	2018 年 9 月 30 日广西壮族自治区第十三届人民代表大会常务委员会第五次会议修改	2018-9-30	2018-10-8	2018-9-30	修改
广西壮族自治区土地监察条例	2018 年 9 月 30 日广西壮族自治区第十三届人民代表大会常务委员会第五次会议修改	2018-9-30	2018-10-8	2018-9-30	修改
广西壮族自治区河道管理规定	2018 年 9 月 30 日广西壮族自治区第十三届人民代表大会常务委员会第五次会议修改	2018-9-30	2018-10-8	2018-9-30	修改
广西壮族自治区殡葬管理条例	2018 年 9 月 30 日广西壮族自治区第十三届人民代表大会常务委员会第五次会议修改	2018-9-30	2018-10-8	2018-9-30	修改
广西壮族自治区气象条例	2018 年 9 月 30 日广西壮族自治区第十三届人民代表大会常务委员会第五次会议修改	2018-9-30	2018-10-8	2018-9-30	修改
广西壮族自治区气象灾害防御条例	2018 年 9 月 30 日广西壮族自治区第十三届人民代表大会常务委员会第五次会议修改	2018-9-30	2018-10-8	2018-9-30	修改
广西壮族自治区水文条例	2018 年 9 月 30 日广西壮族自治区第十三届人民代表大会常务委员会第五次会议修改	2018-9-30	2018-10-8	2018-9-30	修改
广西壮族自治区防震减灾条例	2018 年 9 月 30 日广西壮族自治区第十三届人民代表大会常务委员会第五次会议修改	2018-9-30	2018-10-8	2018-9-30	修改
广西壮族自治区南宁青秀山保护条例	2018 年 9 月 30 日广西壮族自治区第十三届人民代表大会常务委员会第五次会议修改	2018-9-30	2018-10-8	2018-9-30	修改

续表

法规名称	通过或批准时间	公布时间	报备时间	施行时间	立法形式
广西壮族自治区实施《中华人民共和国节约能源法》办法	2018年9月30日广西壮族自治区第十三届人民代表大会常务委员会第五次会议修改	2018-9-30	2018-10-8	2018-9-30	修改
广西壮族自治区海洋环境保护条例	2018年9月30日广西壮族自治区第十三届人民代表大会常务委员会第五次会议修改	2018-9-30	2018-10-8	2018-9-30	修改
广西壮族自治区特种行业治安管理条例	2018年9月30日广西壮族自治区第十三届人民代表大会常务委员会第五次会议修改	2018-9-30	2018-10-8	2018-9-30	修改
广西壮族自治区河道采砂管理条例	2018年9月30日广西壮族自治区第十三届人民代表大会常务委员会第五次会议修改	2018-9-30	2018-10-8	2018-9-30	修改
北海市沿海沙滩保护条例	2018年7月19日北海市第十五届人民代表大会常务委员会第十五次会议通过，2018年9月30日广西壮族自治区第十三届人民代表大会常务委员会第五次会议批准	2018-10-12	2018-11-3	2018-11-1	制定
百色市市容和环境卫生管理条例	2018年6月28日百色市第四届人民代表大会常务委员会第十七次会议通过，2018年9月30日广西壮族自治区第十三届人民代表大会常务委员会第五次会议批准	2018-10-19	2018-11-3	2019-1-1	制定
来宾市北之江流域水资源保护条例	2018年7月16日来宾市第四届人民代表大会常务委员会第十八次会议通过，2018年9月30日广西壮族自治区第十三届人民代表大会常务委员会第五次会议批准	2018-10-19	2018-11-3	2019-1-1	制定
广西壮族自治区人民代表大会常务委员会人事任免办法	2018年11月28日广西壮族自治区第十三届人民代表大会常务委员会第六次会议修改	2018-11-28	2018-12-3	2018-11-28	修改
广西壮族自治区民族教育促进条例	2018年11月28日广西壮族自治区第十三届人民代表大会常务委员会第六次会议通过	2018-11-28	2018-12-3	2019-1-1	制定
广西壮族自治区大气污染防治条例	2018年11月28日广西壮族自治区第十三届人民代表大会常务委员会第六次会议通过	2018-11-28	2018-12-3	2019-1-1	制定
广西壮族自治区乡村规划建设管理条例	2018年11月28日广西壮族自治区第十三届人民代表大会常务委员会第六次会议通过	2018-11-28	2018-12-3	2019-5-1	制定
贺州市停车场建设和管理条例	2018年8月30日贺州市第四届人民代表大会常务委员会第十五次会议通过，2018年11月28日广西壮族自治区第十三届人民代表大会常务委员会第六次会议批准	2018-12-6	2018-12-24	2019-1-1	制定
防城港市公共汽车客运管理条例	2018年10月19日防城港市第六届人民代表大会常务委员会第二十次会议通过，2018年11月28日广西壮族自治区第十三届人民代表大会常务委员会第六次会议批准	2018-12-12	2018-12-24	2019-3-1	制定
河池市城市建筑垃圾管理条例	2018年6月14日河池市第四届人民代表大会常务委员会第十六次会议通过，2018年11月28日广西壮族自治区第十三届人民代表大会常务委员会第六次会议批准	2018-12-13	2018-12-24	2019-1-1	制定

续表

法规名称	通过或批准时间	公布时间	报备时间	施行时间	立法形式
南宁市公园条例	2018年7月26日南宁市第十四届人民代表大会常务委员会第十四次会议通过，2018年11月28日广西壮族自治区第十三届人民代表大会常务委员会第六次会议批准	2018-12-14	2018-12-24	2019-1-1	制定
北海市重点历史文化街区保护条例	2018年9月20日北海市第十五届人民代表大会常务委员会第十六次会议通过，2018年11月28日广西壮族自治区第十三届人民代表大会常务委员会第六次会议批准	2018-12-14	2018-12-24	2018-12-30	制定

海南省地方性法规和海南经济特区法规目录

（32件）

法规名称	通过或批准时间	公布时间	报备时间	施行时间	立法形式
海南省人民代表大会常务委员会任免海南省监察委员会副主任、委员暂行办法	2018年1月21日海南省第五届人民代表大会常务委员会第三十五次会议修改	2018-1-21	2018-1-21	2018-1-21	修改
海南省人民代表大会常务委员会关于实施海南省总体规划的决定	2018年4月3日海南省第六届人民代表大会常务委员会第三次会议通过	2018-4-3	2018-4-3	2018-4-3	制定
海南经济特区土地管理条例	2018年4月3日海南省第六届人民代表大会常务委员会第三次会议修改	2018-4-3	2018-4-3	2018-4-3	修改
海南经济特区林地管理条例	2018年4月3日海南省第六届人民代表大会常务委员会第三次会议修改	2018-4-3	2018-4-3	2018-4-3	修改
海南省城乡规划条例	2018年4月3日海南省第六届人民代表大会常务委员会第三次会议修改	2018-4-3	2018-4-20	2018-4-3	修改
海南省人民代表大会常务委员会关于加强重要规划控制区规划管理的决定	2018年4月3日海南省第六届人民代表大会常务委员会第三次会议通过	2018-4-3	2018-4-3	2018-4-3	制定
海南省人民代表大会常务委员会关于加强重点景区、沿海重点区域规划管理的决定	在《海南省人民代表大会常务委员会关于加强重要规划控制区规划管理的决定》中被明文予以废止	2018-4-3	2018-4-3	2018-4-3	文中废止
海南省实施宪法宣誓制度办法	2018年4月3日海南省第六届人民代表大会常务委员会第三次会议修改	2018-4-3	2018-4-3	2018-4-3	修改
乐东黎族自治县城乡容貌和环境卫生管理条例	2018年2月7日乐东黎族自治县第十五届人民代表大会第四次会议通过，2018年4月3日海南省第六届人民代表大会常务委员会第三次会议批准	2018-4-3	2018-4-3	2018-4-10	制定
海口市电梯安全管理若干规定	2018年1月11日海口市第十六届人民代表大会常务委员会第十次会议通过，2018年4月3日海南省第六届人民代表大会常务委员会第三次会议批准	2018-4-16	2018-4-27	2018-6-1	制定
海南省实施《中华人民共和国海域使用管理法》办法	2018年4月3日海南省第六届人民代表大会常务委员会第三次会议修改	2018-5-15	2018-5-15	2018-5-15	修改

续表

法规名称	通过或批准时间	公布时间	报备时间	施行时间	立法形式
海南省湿地保护条例	2018年5月29日海南省第六届人民代表大会常务委员会第四次会议通过	2018-5-29	2018-5-29	2018-7-1	制定
海口市生活垃圾分类管理办法	2018年7月6日海口市第十六届人民代表大会常务委员会第十六次会议通过，2018年8月2日海南省第六届人民代表大会常务委员会第五次会议批准	2018-8-10	2018-8-27	2018-11-1	制定
三亚市烟花爆竹燃放安全管理规定	2018年6月29日三亚市第七届人民代表大会常务委员会第十六次会议通过，2018年8月2日海南省第六届人民代表大会常务委员会第五次会议批准	2018-9-27	2018-10-22	2019-1-1	制定
海南省人口与计划生育条例	2018年9月30日海南省第六届人民代表大会常务委员会第六次会议修改	2018-9-30	2018-9-30	2018-10-1	修改
海南省矿产资源管理条例	2018年9月30日海南省第六届人民代表大会常务委员会第六次会议修改	2018-9-30	2018-9-30	2018-11-1	修改
海南省农作物种子管理条例	2018年9月30日海南省第六届人民代表大会常务委员会第六次会议通过	2018-9-30	2018-10-8	2018-11-1	制定
海南省河长制湖长制规定	2018年9月30日海南省第六届人民代表大会常务委员会第六次会议通过	2018-9-30	2018-9-30	2018-11-1	制定
海口市湿地保护若干规定	2018年8月24日海口市第十六届人民代表大会常务委员会第十七次会议通过，2018年9月30日海南省第六届人民代表大会常务委员会第六次会议批准	2018-10-10	2018-10-25	2018-11-1	制定
三亚市爱国卫生管理办法	2018年8月30日三亚市第七届人民代表大会常务委员会第十七次会议通过，2018年9月30日海南省第六届人民代表大会常务委员会第六次会议批准	2018-11-26	2018-12-3	2019-1-1	制定
海南省人民代表大会常务委员会关于省人民政府机构改革涉及地方性法规规定的行政机关职责调整问题的决定	2018年12月1日海南省第六届人民代表大会常务委员会第七次会议通过	2018-12-1	2018-12-1	2018-12-1	制定
海南省自然保护区条例	2018年12月1日海南省第六届人民代表大会常务委员会第七次会议修改	2018-12-1	2018-12-19	2018-12-1	修改
海南省农产品质量安全条例	2018年12月1日海南省第六届人民代表大会常务委员会第七次会议修改	2018-12-1	2018-12-19	2018-12-1	修改
海南省无公害瓜果菜保护管理规定	2018年12月1日海南省第六届人民代表大会常务委员会第七次会议废止	2018-12-1	2018-12-19	2018-12-1	废止
海南省天然橡胶保护管理暂行条例	2018年12月1日海南省第六届人民代表大会常务委员会第七次会议废止	2018-12-1	2018-12-19	2018-12-1	废止
海南经济特区道路旅游客运管理若干规定	2018年12月1日海南省第六届人民代表大会常务委员会第七次会议修改	2018-12-1	2018-12-1	2019-1-1	修改
中国（海南）自由贸易试验区商事登记管理条例	2018年12月26日海南省第六届人民代表大会常务委员会第八次会议通过	2018-12-26	2018-12-28	2019-1-1	制定
海南经济特区企业法人登记管理条例	在《中国（海南）自由贸易试验区商事登记管理条例》中被明文予以废止	2018-12-26	2018-12-28	2019-1-1	文中废止
海南经济特区禁毒条例	2018年12月26日海南省第六届人民代表大会常务委员会第八次会议修改	2018-12-26	2018-12-26	2019-1-1	修改
海南省大气污染防治条例	2018年12月26日海南省第六届人民代表大会常务委员会第八次会议通过	2018-12-26	2018-12-26	2019-3-1	制定

续表

法规名称	通过或批准时间	公布时间	报备时间	施行时间	立法形式
海口市龙塘饮用水水源保护规定	2018 年 10 月 29 日海口市第十六届人民代表大会常务委员会第十八次会议通过，2018 年 12 月 1 日海南省第六届人民代表大会常务委员会第七次会议批准	2018-12-10	2019-1-4	2019-1-1	制定
海口市龙塘饮用水源环境保护管理规定	在《海口市龙塘饮用水水源保护规定》中被明文予以废止	2018-12-10	2019-1-4	2019-1-1	文中废止
海口市城市环境卫生管理办法	2018 年 10 月 29 日海口市第十六届人民代表大会常务委员会第十八次会议修改，2018 年 12 月 1 日海南省第六届人民代表大会常务委员会第七次会议批准修改	2018-12-10	2019-1-4	2018-12-10	修改
海口市城市供水排水节约用水管理条例	2018 年 10 月 29 日海口市第十六届人民代表大会常务委员会第十八次会议修改，2018 年 12 月 1 日海南省第六届人民代表大会常务委员会第七次会议批准修改	2018-12-10	2019-1-4	2018-12-10	修改
海口市历史文化名城保护条例	2018 年 10 月 29 日海口市第十六届人民代表大会常务委员会第十八次会议修改，2018 年 12 月 1 日海南省第六届人民代表大会常务委员会第七次会议批准修改	2018-12-10	2019-1-4	2018-12-10	修改

重庆市地方性法规目录

（41 件）

法规名称	通过或批准时间	公布时间	报备时间	施行时间	立法形式
重庆市著名商标认定和保护条例	2018 年 3 月 29 日重庆市第五届人民代表大会常务委员会第二次会议废止	2018-3-29	2018-3-29	2018-3-29	废止
重庆市森林建设促进条例	2018 年 3 月 29 日重庆市第五届人民代表大会常务委员会第二次会议废止	2018-3-29	2018-3-29	2018-3-29	废止
重庆市林业行政处罚条例	2018 年 3 月 29 日重庆市第五届人民代表大会常务委员会第二次会议废止	2018-3-29	2018-3-29	2018-3-29	废止
重庆市实施《中华人民共和国种子法》办法	2018 年 3 月 29 日重庆市第五届人民代表大会常务委员会第二次会议废止	2018-3-29	2018-3-29	2018-3-29	废止
酉阳土家族苗族自治县饮用水水源保护条例	2018 年 1 月 15 日酉阳土家族苗族自治县第十七届人民代表大会第二次会议修改，2018 年 3 月 29 日重庆市第五届人民代表大会常务委员会第二次会议批准修改	2018-4-19	2018-5-7	2018-4-19	修改
秀山土家族苗族自治县饮用水水源保护条例	2018 年 1 月 15 日秀山土家族苗族自治县第十七届人民代表大会第二次会议通过，2018 年 3 月 29 日重庆市第五届人民代表大会常务委员会第二次会议批准	2018-5-8	2018-5-11	2018-7-1	制定
重庆市城市房地产开发经营管理条例	2018 年 7 月 26 日重庆市第五届人民代表大会常务委员会第四次会议修改	2018-7-26	2018-7-26	2018-7-26	修改
重庆市水路运输管理条例	2018 年 7 月 26 日重庆市第五届人民代表大会常务委员会第四次会议修改	2018-7-26	2018-7-26	2018-7-26	修改
重庆市航道管理条例	2018 年 7 月 26 日重庆市第五届人民代表大会常务委员会第四次会议修改	2018-7-26	2018-7-26	2018-7-26	修改

续表

法规名称	通过或批准时间	公布时间	报备时间	施行时间	立法形式
重庆市公路管理条例	2018年7月26日重庆市第五届人民代表大会常务委员会第四次会议修改	2018-7-26	2018-7-26	2018-7-26	修改
重庆市实施《中华人民共和国渔业法》办法	2018年7月26日重庆市第五届人民代表大会常务委员会第四次会议修改	2018-7-26	2018-7-26	2018-7-26	修改
重庆市环境保护条例	2018年7月26日重庆市第五届人民代表大会常务委员会第四次会议修改	2018-7-26	2018-7-26	2018-7-26	修改
重庆市大气污染防治条例	2018年7月26日重庆市第五届人民代表大会常务委员会第四次会议修改	2018-7-26	2018-7-26	2018-7-26	修改
重庆市市容环境卫生管理条例	2018年7月26日重庆市第五届人民代表大会常务委员会第四次会议修改	2018-7-26	2018-7-26	2018-7-26	修改
重庆市城市园林绿化条例	2018年7月26日重庆市第五届人民代表大会常务委员会第四次会议修改	2018-7-26	2018-7-26	2018-7-26	修改
重庆市市政设施管理条例	2018年7月26日重庆市第五届人民代表大会常务委员会第四次会议修改	2018-7-26	2018-7-26	2018-7-26	修改
重庆市风景名胜区条例	2018年7月26日重庆市第五届人民代表大会常务委员会第四次会议修改	2018-7-26	2018-7-26	2018-7-26	修改
重庆市河道管理条例	2018年7月26日重庆市第五届人民代表大会常务委员会第四次会议修改	2018-7-26	2018-7-26	2018-7-26	修改
重庆市防汛抗旱条例	2018年7月26日重庆市第五届人民代表大会常务委员会第四次会议修改	2018-7-26	2018-7-26	2018-7-26	修改
重庆市水文条例	2018年7月26日重庆市第五届人民代表大会常务委员会第四次会议修改	2018-7-26	2018-7-26	2018-7-26	修改
重庆市水资源管理条例	2018年7月26日重庆市第五届人民代表大会常务委员会第四次会议修改	2018-7-26	2018-7-26	2018-7-26	修改
重庆市实施《中华人民共和国水土保持法》办法	2018年7月26日重庆市第五届人民代表大会常务委员会第四次会议修改	2018-7-26	2018-7-26	2018-7-26	修改
重庆市大足石刻保护条例	2018年7月26日重庆市第五届人民代表大会常务委员会第四次会议修改	2018-7-26	2018-7-26	2018-7-26	修改
重庆市实施《中华人民共和国母婴保健法》办法	2018年7月26日重庆市第五届人民代表大会常务委员会第四次会议修改	2018-7-26	2018-7-26	2018-7-26	修改
重庆市计量监督管理条例	2018年7月26日重庆市第五届人民代表大会常务委员会第四次会议修改	2018-7-26	2018-7-26	2018-7-26	修改
重庆市绿化条例	2018年7月26日重庆市第五届人民代表大会常务委员会第四次会议修改	2018-7-26	2018-7-26	2018-7-26	修改
重庆市林地保护管理条例	2018年7月26日重庆市第五届人民代表大会常务委员会第四次会议修改	2018-7-26	2018-7-26	2018-7-26	修改
重庆市森林防火条例	2018年7月26日重庆市第五届人民代表大会常务委员会第四次会议修改	2018-7-26	2018-7-26	2018-7-26	修改
重庆市气象条例	2018年7月26日重庆市第五届人民代表大会常务委员会第四次会议修改	2018-7-26	2018-7-26	2018-7-26	修改
重庆市电信条例	2018年7月26日重庆市第五届人民代表大会常务委员会第四次会议修改	2018-7-26	2018-7-26	2018-7-26	修改
重庆市招标投标条例	2018年7月26日重庆市第五届人民代表大会常务委员会第四次会议修改	2018-7-26	2018-7-26	2018-7-26	修改
重庆市历史文化名城名镇名村保护条例	2018年7月26日重庆市第五届人民代表大会常务委员会第四次会议通过	2018-7-26	2018-8-2	2018-9-1	制定

续表

法规名称	通过或批准时间	公布时间	报备时间	施行时间	立法形式
酉阳土家族苗族自治县殡葬管理条例	2018年7月12日酉阳土家族苗族自治县第十七届人民代表大会第三次会议通过，2018年7月26日重庆市第五届人民代表大会常务委员会第四次会议批准	2018-8-1	2018-8-6	2018-10-1	制定
重庆市公共汽车客运条例	2018年9月29日重庆市第五届人民代表大会常务委员会第五次会议通过	2018-9-29	2018-9-29	2019-1-1	制定
重庆市宪法宣誓实施办法	2018年9月29日重庆市第五届人民代表大会常务委员会第五次会议修改	2018-9-29	2018-9-30	2018-10-1	修改
重庆市人民代表大会常务委员会讨论决定重大事项的规定	2018年9月29日重庆市第五届人民代表大会常务委员会第五次会议修改	2018-9-29	2018-9-29	2018-10-1	修改
重庆市人大常委会关于市人民政府机构改革涉及地方性法规规定的行政机关职责调整问题的决定	2018年10月19日重庆市第五届人民代表大会常务委员会第六次会议通过	2018-10-19	2018-10-19	2018-10-23	制定
重庆市民用航空条例	2018年11月30日重庆市第五届人民代表大会常务委员会第七次会议通过	2018-11-30	2018-11-30	2019-1-1	制定
重庆市民用机场保护条例	在《重庆市民用航空条例》中被明文予以废止	2018-11-30	2018-11-30	2019-1-1	文中废止
重庆市植物检疫条例	2018年11月30日重庆市第五届人民代表大会常务委员会第七次会议修改	2018-11-30	2018-11-30	2019-1-1	修改
重庆市全民健身条例	2018年11月30日重庆市第五届人民代表大会常务委员会第七次会议通过	2018-12-3	2018-12-10	2019-1-1	制定
重庆市燃放烟花爆竹管理条例	2018年12月29日重庆市第五届人民代表大会常务委员会第八次会议修改	2018-12-29	2018-12-29	2019-2-1	修改

四川省地方性法规目录

（64件）

法规名称	通过或批准时间	公布时间	报备时间	施行时间	立法形式
四川省电信设施建设和保护条例	2018年3月29日四川省第十三届人民代表大会常务委员会第二次会议通过	2018-3-29	2018-4-24	2018-5-1	制定
四川省宪法宣誓制度实施办法	2018年3月29日四川省第十三届人民代表大会常务委员会第二次会议修改	2018-3-29	2018-4-24	2018-3-29	修改
四川省人民代表大会常务委员会关于汶川特大地震中有成员伤亡家庭再生育的决定	2018年3月29日四川省第十三届人民代表大会常务委员会第二次会议废止	2018-3-29	2018-4-24	2018-3-29	废止
成都市著名商标认定和保护规定	2018年1月10日成都市第十六届人民代表大会常务委员会第三十八次会议废止，2018年3月29日四川省第十三届人民代表大会常务委员会第二次会议批准废止	2018-4-3	2018-4-27	2018-4-3	废止
遂宁市城市管理条例	2017年11月27日遂宁市第七届人民代表大会常务委员会第十四次会议通过，2018年3月29日四川省第十三届人民代表大会常务委员会第二次会议批准	2018-4-3	2018-4-27	2018-7-1	制定

续表

法规名称	通过或批准时间	公布时间	报备时间	施行时间	立法形式
资阳市立法条例	2018年1月4日资阳市第四届人民代表大会第二次会议通过,2018年3月29日四川省第十三届人民代表大会常务委员会第二次会议批准	2018-4-8	2018-4-24	2018-4-8	制定
北川羌族自治县立法条例	2018年1月17日北川羌族自治县第四届人民代表大会第三次会议通过,2018年3月29日四川省第十三届人民代表大会常务委员会第二次会议批准	2018-4-8	2018-5-2	2018-7-1	制定
德阳市城市管理条例	2017年12月23日德阳市第八届人民代表大会常务委员会第七次会议通过,2018年3月29日四川省第十三届人民代表大会常务委员会第二次会议批准	2018-4-18	2018-4-27	2018-7-1	制定
绵阳市水污染防治条例	2017年12月26日绵阳市第七届人民代表大会常务委员会第八次会议通过,2018年3月29日四川省第十三届人民代表大会常务委员会第二次会议批准	2018-4-25	2018-5-31	2018-7-1	制定
四川省《中华人民共和国全国人民代表大会和地方各级人民代表大会代表法》实施办法	2018年5月31日四川省第十三届人民代表大会常务委员会第四次会议修改	2018-5-31	2018-6-25	2018-5-31	修改
四川省农作物种子管理条例	2018年5月31日四川省第十三届人民代表大会常务委员会第四次会议修改	2018-5-31	2018-6-25	2018-7-1	修改
四川省航道条例	2018年5月31日四川省第十三届人民代表大会常务委员会第四次会议通过	2018-5-31	2018-6-25	2018-8-1	制定
广元市白龙湖亭子湖保护条例	2018年4月20日广元市第七届人民代表大会常务委员会第十二次会议通过,2018年5月31日四川省第十三届人民代表大会常务委员会第四次会议批准	2018-6-8	2018-6-25	2018-9-1	制定
阿坝藏族羌族自治州立法条例	2017年12月29日阿坝藏族羌族自治州第十二届人民代表大会第二次会议通过,2018年5月31日四川省第十三届人民代表大会常务委员会第四次会议批准	2018-6-11	2018-6-25	2018-8-1	制定
达州市莲花湖湿地保护条例	2018年2月28日达州市第四届人民代表大会常务委员会第十二次会议通过,2018年5月31日四川省第十三届人民代表大会常务委员会第四次会议批准	2018-6-13	2018-6-25	2018-7-1	制定
马边彝族自治县实施《四川省人口与计划生育条例》的变通规定	2018年1月20日马边彝族自治县第九届人民代表大会第三次会议修改,2018年5月31日四川省第十三届人民代表大会常务委员会第四次会议批准修改	2018-7-1	2018-6-25	2018-7-1	修改
峨边彝族自治县实施《四川省人口与计划生育条例》的变通规定	2018年2月9日峨边彝族自治县第九届人民代表大会第三次会议修改,2018年5月31日四川省第十三届人民代表大会常务委员会第四次会议批准修改	2018-7-1	2018-6-25	2018-7-1	修改
四川省老年人权益保障条例	2018年7月26日四川省第十三届人民代表大会常务委员会第五次会议制定	2018-7-26	2018-8-24	2018-10-1	制定
四川省老年人合法权益保障条例	在《四川省老年人权益保障条例》中被明文予以废止	2018-7-26	2018-8-24	2018-10-1	文中废止
四川省《中华人民共和国文物保护法》实施办法	2018年7月26日四川省第十三届人民代表大会常务委员会第五次会议修改	2018-7-26	2018-8-24	2018-7-26	修改

续表

法规名称	通过或批准时间	公布时间	报备时间	施行时间	立法形式
四川省《中华人民共和国母婴保健法》实施办法	2018年7月26日四川省第十三届人民代表大会常务委员会第五次会议通过	2018-7-26	2018-8-24	2018-7-26	修改
四川省固体废物污染环境防治条例	2018年7月26日四川省第十三届人民代表大会常务委员会第五次会议通过	2018-7-26	2018-8-24	2018-7-26	修改
四川省教育督导条例	2018年7月26日四川省第十三届人民代表大会常务委员会第五次会议通过	2018-7-26	2018-8-22	2018-11-1	制定
四川省物业管理条例	2018年7月26日四川省第十三届人民代表大会常务委员会第五次会议修改	2018-7-26	2018-8-22	2018-7-26	修改
四川省劳动和社会保障监察条例	2018年7月26日四川省第十三届人民代表大会常务委员会第五次会议修改	2018-7-26	2018-8-22	2018-7-26	修改
四川省城市园林绿化条例	2018年7月26日四川省第十三届人民代表大会常务委员会第五次会议修改	2018-7-26	2018-8-22	2018-7-26	修改
甘孜藏族自治州实施《四川省人口与计划生育条例》的变通规定	2018年1月7日甘孜藏族自治州第十二届人民代表大会第二次会议修改，2018年7月26日四川省第十三届人民代表大会常务委员会第五次会议批准修改	2018-8-2	2018-8-24	2018-8-2	修改
阿坝藏族羌族自治州藏语言文字条例	2017年12月29日阿坝藏族羌族自治州第十二届人民代表大会第二次会议通过，2018年7月26日四川省第十三届人民代表大会常务委员会第五次会议批准	2018-8-6	2018-8-24	2018-9-1	制定
阿坝藏族羌族自治州实施《四川省城乡环境综合治理条例》的补充规定	2017年12月29日阿坝藏族羌族自治州第十二届人民代表大会第二次会议通过，2018年7月26日四川省第十三届人民代表大会常务委员会第五次会议批准	2018-8-6	2018-8-24	2018-9-1	制定
宜宾市城市地下管线管理条例	2018年6月19日宜宾市第五届人民代表大会常务委员会第十四次会议通过，2018年7月26日经四川省第十三届人民代表大会常务委员会第五次会议批准	2018-8-15	2018-8-24	2018-10-1	制定
四川省促进科技成果转化条例	2018年9月30日四川省第十三届人民代表大会常务委员会第六次会议修改	2018-9-30	2018-10-25	2019-1-1	修改
四川省统计管理条例	2018年9月30日四川省第十三届人民代表大会常务委员会第六次会议修改	2018-9-30	2018-10-25	2018-9-30	修改
四川省邮政条例	2018年9月30日四川省第十三届人民代表大会常务委员会第六次会议修改	2018-9-30	2018-10-25	2018-9-30	修改
四川省《中华人民共和国节约能源法》实施办法	2018年9月30日四川省第十三届人民代表大会常务委员会第六次会议修改	2018-9-30	2018-10-25	2018-9-30	修改
四川省蚕种管理条例	2018年9月30日四川省第十三届人民代表大会常务委员会第六次会议修改	2018-9-30	2018-10-25	2018-9-30	修改
四川省自然保护区管理条例	2018年9月30日四川省第十三届人民代表大会常务委员会第六次会议修改	2018-9-30	2018-10-25	2018-9-30	修改
成都市烟花爆竹燃放管理规定	2018年8月31日成都市第十七届人民代表大会常务委员会第四次会议修改，2018年9月30日四川省第十三届人民代表大会常务委员会第六次会议批准修改	2018-10-11	2018-10-25	2018-10-11	修改
成都市城乡规划条例	2018年8月31日成都市第十七届人民代表大会常务委员会第四次会议修改，2018年9月30日四川省第十三届人民代表大会常务委员会第六次会议批准修改	2018-10-11	2018-10-25	2018-10-11	修改

续表

法规名称	通过或批准时间	公布时间	报备时间	施行时间	立法形式
成都市养老服务促进条例	2018年8月31日成都市第十七届人民代表大会常务委员会第四次会议修改,2018年9月30日四川省第十三届人民代表大会常务委员会第六次会议批准修改	2018-10-11	2018-10-25	2018-10-11	修改
成都市摩托车管理规定	2018年8月31日成都市第十七届人民代表大会常务委员会第四次会议修改,2018年9月30日四川省第十三届人民代表大会常务委员会第六次会议批准修改	2018-10-11	2018-10-25	2018-10-11	修改
成都市市容和环境卫生管理条例	2018年8月31日成都市第十七届人民代表大会常务委员会第四次会议修改,2018年9月30日四川省第十三届人民代表大会常务委员会第六次会议批准修改	2018-10-11	2018-10-25	2018-10-11	修改
成都市建设施工现场管理条例	2018年8月31日成都市第十七届人民代表大会常务委员会第四次会议修改,2018年9月30日四川省第十三届人民代表大会常务委员会第六次会议批准修改	2018-10-11	2018-10-25	2018-10-11	修改
成都市历史建筑和历史文化街区保护条例	2018年8月31日成都市第十七届人民代表大会常务委员会第四次会议修改,2018年9月30日四川省第十三届人民代表大会常务委员会第六次会议批准修改	2018-10-11	2018-10-25	2018-10-11	修改
成都市户外广告和招牌设置管理条例	2018年8月31日成都市第十七届人民代表大会常务委员会第四次会议修改,2018年9月30日四川省第十三届人民代表大会常务委员会第六次会议批准修改	2018-10-11	2018-10-25	2018-10-11	修改
成都市饮用水水源保护条例	2018年8月31日成都市第十七届人民代表大会常务委员会第四次会议修改,2018年9月30日四川省第十三届人民代表大会常务委员会第六次会议批准修改	2018-10-11	2018-10-25	2018-10-11	修改
成都市节约用水管理条例	2018年8月31日成都市第十七届人民代表大会常务委员会第四次会议修改,2018年9月30日四川省第十三届人民代表大会常务委员会第六次会议批准修改	2018-10-11	2018-10-25	2018-10-11	修改
成都市《中华人民共和国渔业法》实施办法	2018年8月31日成都市第十七届人民代表大会常务委员会第四次会议修改,2018年9月30日四川省第十三届人民代表大会常务委员会第六次会议批准修改	2018-10-11	2018-10-25	2018-10-11	修改
泸州市白酒历史文化遗产保护和发展条例	2018年8月28日泸州市第八届人民代表大会常务委员会第十四次会议通过,2018年9月30日四川省第十三届人民代表大会常务委员会第六次会议批准	2018-10-12	2018-10-25	2018-12-1	制定
四川省人民代表大会常务委员会关于省人民政府机构改革涉及地方性法规规定的行政机关职责调整问题的决定	2018年11月3日四川省第十三届人民代表大会常务委员会第七次会议通过	2018-11-3	2018-11-8	2018-11-4	制定
四川省禁毒条例	2018年12月7日四川省第十三届人民代表大会常务委员会第八次会议修改	2018-12-7	2018-12-20	2019-1-1	修改
成都国家自主创新示范区条例	2018年12月7日四川省第十三届人民代表大会常务委员会第八次会议通过	2018-12-7	2018-12-20	2019-1-1	制定
四川省著名商标认定和保护条例	2018年12月7日四川省第十三届人民代表大会常务委员会第八次会议废止	2018-12-7	2018-12-20	2018-12-7	废止
四川省人民代表大会常务委员会关于加强行政执法与刑事司法衔接工作的决定	2018年12月7日四川省第十三届人民代表大会常务委员会第八次会议通过	2018-12-7	2018-12-20	2018-12-7	制定

续表

法规名称	通过或批准时间	公布时间	报备时间	施行时间	立法形式
四川省《中华人民共和国大气污染防治法》实施办法	2018年12月7日四川省第十三届人民代表大会常务委员会第八次会议通过	2018-12-7	2018-12-20	2019-1-1	修改
攀枝花市城市市容和环境卫生管理条例	2018年10月25日攀枝花市第十届人民代表大会常务委员会第十四次会议通过,2018年12月7日四川省第十三届人民代表大会常务委员会第八次会议批准	2018-12-10	2018-12-20	2019-3-1	制定
雅安市青衣江流域水环境保护条例	2018年9月27日雅安市第四届人民代表大会常务委员会第十七次会议通过,2018年12月7日四川省第十三届人民代表大会常务委员会第八次会议批准	2018-12-10	2018-12-20	2019-1-1	制定
眉山市市容和环境卫生管理条例	2018年10月23日眉山市第四届人民代表大会常务委员会第十七次会议通过,2018年12月7日四川省第十三届人民代表大会常务委员会第八次会议批准	2018-12-12	2018-12-20	2019-1-1	制定
内江市城市园林绿化条例	2018年10月23日内江市第七届人民代表大会常务委员会第二十二次会议通过,2018年12月7日四川省第十三届人民代表大会常务委员会第八次会议批准	2018-12-12	2018-12-20	2019-3-1	制定
乐山市集中式饮用水水源保护管理条例	2018年10月23日乐山市第七届人民代表大会常务委员会第十七次会议通过,2018年12月7日四川省第十三届人民代表大会常务委员会第八次会议批准	2018-12-12	2018-12-20	2019-1-1	制定
南充市城市道路车辆通行管理条例	2018年10月31日南充市第六届人民代表大会常务委员会第十六次会议通过,2018年12月7日四川省第十三届人民代表大会常务委员会第八次会议批准	2018-12-13	2018-12-20	2019-3-1	制定
巴中市石窟保护条例	2018年10月23日巴中市第四届人民代表大会常务委员会第十四次会议通过,2018年12月7日四川省第十三届人民代表大会常务委员会第八次会议批准	2018-12-13	2018-12-20	2019-3-1	制定
广安市城乡污水处理条例	2018年10月17日广安市第五届人民代表大会常务委员会第十五次会议通过,2018年12月7日四川省第十三届人民代表大会常务委员会第八次会议批准	2018-12-13	2018-12-20	2019-3-1	制定
德阳市物业管理条例	2018年10月16日德阳市第八届人民代表大会常务委员会第十五次会议通过,2018年12月7日四川省第十三届人民代表大会常务委员会第八次会议批准	2018-12-17	2018-12-20	2019-4-1	制定
资阳市安岳石刻保护条例	2018年10月16日资阳市第四届人民代表大会常务委员会第十七次会议通过,2018年12月7日四川省第十三届人民代表大会常务委员会第八次会议批准	2018-12-18	2018-12-20	2019-2-1	制定
自贡市井盐历史文化保护条例	2018年10月11日自贡市第十七届人民代表大会常务委员会第十八次会议通过,2018年12月7日四川省第十三届人民代表大会常务委员会第八次会议批准	2018-12-25	2018-12-26	2019-3-1	制定

贵州省地方性法规目录

（49 件）

法规名称	通过或批准时间	公布时间	报备时间	施行时间	立法形式
贵州省人口与计划生育条例	2018 年 3 月 30 日贵州省第十三届人民代表大会常务委员会第二次会议修改	2018-3-30	2018-4-18	2018-3-30	修改
贵州省实施《中华人民共和国归侨侨眷权益保护法》办法	2018 年 3 月 30 日贵州省第十三届人民代表大会常务委员会第二次会议修改	2018-3-30	2018-4-18	2018-3-30	修改
贵州省教师条例	2018 年 3 月 30 日贵州省第十三届人民代表大会常务委员会第二次会议修改	2018-3-30	2018-4-18	2018-3-30	修改
贵州省流动人口服务管理条例	2018 年 3 月 30 日贵州省第十三届人民代表大会常务委员会第二次会议废止	2018-3-30	2018-4-18	2018-3-30	废止
印江土家族苗族自治县非耕地开发管理条例	2018 年 1 月 11 日印江土家族苗族自治县第八届人民代表大会第二次会议废止，2018 年 3 月 30 日贵州省第十三届人民代表大会常务委员会第二次会议批准废止	2018-4-10	2018-4-18	2018-4-10	废止
遵义市海龙屯保护条例	2017 年 11 月 1 日遵义市第五届人民代表大会常务委员会第五次会议通过，2018 年 3 月 30 日贵州省第十三届人民代表大会常务委员会第二次会议批准	2018-4-16	2018-5-2	2018-7-1	制定
贵阳市社区戒毒康复条例	2017 年 10 月 31 日贵阳市第十四届人民代表大会常务委员会第六次会议通过，2018 年 3 月 30 日贵州省第十三届人民代表大会常务委员会第二次会议批准	2018-4-18	2018-5-2	2018-6-3	制定
贵阳市城市轨道交通条例	2017 年 10 月 31 日贵阳市第十四届人民代表大会常务委员会第六次会议通过，2018 年 3 月 30 日贵州省第十三届人民代表大会常务委员会第二次会议批准	2018-4-18	2018-5-2	2018-6-1	制定
务川仡佬族苗族自治县龙潭古寨保护条例	2018 年 1 月 16 日务川仡佬族苗族自治县第八届人民代表大会第二次会议通过，2018 年 3 月 30 日贵州省第十三届人民代表大会常务委员会第二次会议批准	2018-4-18	2018-5-2	2018-7-1	制定
黔南布依族苗族自治州天然林保护条例	2017 年 12 月 21 日黔南布依族苗族自治州第十四届人民代表大会常务委员会第五次会议通过，2018 年 3 月 30 日贵州省第十三届人民代表大会常务委员会第二次会议批准	2018-5-18	2018-6-6	2018-6-1	制定
贵州省酒类生产流通管理条例	2018 年 5 月 31 日贵州省第十三届人民代表大会常务委员会第三次会议废止	2018-5-31	2018-6-6	2018-5-31	废止
贵州省个体工商户私营企业条例	2018 年 5 月 31 日贵州省第十三届人民代表大会常务委员会第三次会议废止	2018-5-31	2018-6-6	2018-6-1	废止
黔南布依族苗族自治州民族医药保护发展条例	2018 年 2 月 8 日黔南布依族苗族自治州第十四届人民代表大会第三次会议通过，2018 年 5 月 31 日贵州省第十三届人民代表大会常务委员会第三次会议批准	2018-7-13	2018-7-27	2018-8-1	制定

续表

法规名称	通过或批准时间	公布时间	报备时间	施行时间	立法形式
关岭布依族苗族自治县森林资源保护管理条例	2018年2月4日关岭布依族苗族自治县第十届人民代表大会第三次会议通过，2018年5月31日贵州省第十三届人民代表大会常务委员会第三次会议批准	2018-6-12	2018-7-5	2018-8-1	制定
贵州省林木种苗条例	2018年8月2日贵州省第十三届人民代表大会常务委员会第四次会议通过	2018-8-2	2018-8-22	2018-10-1	制定
贵州省林木种苗管理条例	在《贵州省林木种苗条例》中被明文予以废止	2018-8-2	2018-8-22	2018-10-1	文中废止
贵阳市大数据安全管理条例	2018年6月5日贵阳市第十四届人民代表大会常务委员会第十三次会议通过，2018年8月2日贵州省第十三届人民代表大会常务委员会第四次会议批准	2018-8-16	2018-9-4	2018-10-1	制定
贵阳市蔬菜基地建设保护办法	2018年8月2日贵州省第十三届人民代表大会常务委员会第四次会议废止	2018-8-17	2018-9-4	2018-8-17	废止
安顺市亚鲁王非物质文化遗产保护条例	2018年8月2日贵州省第十三届人民代表大会常务委员会第四次会议批准	2018-8-20	2018-9-4	2019-1-1	制定
黔东南苗族侗族自治州施秉喀斯特世界自然遗产保护条例	2018年1月9日黔东南苗族侗族自治州第十四届人民代表大会常务委员会第二次会议通过，2018年8月2日贵州省第十三届人民代表大会常务委员会第四次会议批准	2018-8-24	2018-9-4	2018-10-1	制定
沿河土家族自治县古茶树保护条例	2018年1月9日沿河土家族自治县第八届人民代表大会第二次会议通过，2018年8月2日贵州省第十三届人民代表大会常务委员会第四次会议批准	2018-8-29	2018-9-4	2019-1-1	制定
贵阳市健康医疗大数据应用发展条例	2018年8月29日贵阳市第十四届人民代表大会常务委员会第十五次会议通过，2018年9月20日贵州省第十三届人民代表大会常务委员会第五次会议批准	2018-10-9	2018-11-5	2019-1-1	制定
铜仁市梵净山保护条例	2018年8月30日铜仁市第二届人民代表大会常务委员会第十三次会议通过，2018年9月20日贵州省第十三届人民代表大会常务委员会第五次会议批准	2018-10-12	2018-11-16	2019-1-1	制定
黔南布依族苗族自治州水书文化保护条例	2018年8月23日黔南布依族苗族自治州第十四届人民代表大会常务委员会第十次会议通过，2018年9月20日贵州省第十三届人民代表大会常务委员会第五次会议批准	2018-11-9	2018-11-16	2019-1-1	制定
毕节市百里杜鹃风景名胜区条例	2018年8月23日毕节市第二届人民代表大会常务委员会第十二次会议通过，2018年9月20日贵州省第十三届人民代表大会常务委员会第五次会议批准	2018-11-12	2018-11-16	2018-12-1	制定
贵州省国有林场条例	2018年11月29日贵州省第十三届人民代表大会常务委员会第七次会议通过	2018-11-29	2018-12-26	2019-1-1	制定
贵州省大气污染防治条例	2018年11月29日贵州省第十三届人民代表大会常务委员会第七次会议修改	2018-11-29	2018-12-25	2018-11-29	修改
贵州省绿化条例	2018年11月29日贵州省第十三届人民代表大会常务委员会第七次会议修改	2018-11-29	2018-12-25	2018-11-29	修改
贵州省森林条例	2018年11月29日贵州省第十三届人民代表大会常务委员会第七次会议修改	2018-11-29	2018-12-25	2018-11-29	修改
贵州省土地管理条例	2018年11月29日贵州省第十三届人民代表大会常务委员会第七次会议修改	2018-11-29	2018-12-25	2018-11-29	修改

续表

法规名称	通过或批准时间	公布时间	报备时间	施行时间	立法形式
贵州省夜郎湖水资源环境保护条例	2018年11月29日贵州省第十三届人民代表大会常务委员会第七次会议修改	2018-11-29	2018-12-25	2018-11-29	修改
贵州省林地管理条例	2018年11月29日贵州省第十三届人民代表大会常务委员会第七次会议修改	2018-11-29	2018-12-25	2018-11-29	修改
贵州省渔业条例	2018年11月29日贵州省第十三届人民代表大会常务委员会第七次会议修改	2018-11-29	2018-12-25	2018-11-29	修改
贵州省地质环境管理条例	2018年11月29日贵州省第十三届人民代表大会常务委员会第七次会议修改	2018-11-29	2018-12-25	2018-11-29	修改
贵州省风景名胜区条例	2018年11月29日贵州省第十三届人民代表大会常务委员会第七次会议修改	2018-11-29	2018-12-25	2018-11-29	修改
贵州省气象灾害防御条例	2018年11月29日贵州省第十三届人民代表大会常务委员会第七次会议修改	2018-11-29	2018-12-25	2018-11-29	修改
贵州省红枫湖百花湖水资源环境保护条例	2018年11月29日贵州省第十三届人民代表大会常务委员会第七次会议修改	2018-11-29	2018-12-25	2018-11-29	修改
贵州省赤水河流域保护条例	2018年11月29日贵州省第十三届人民代表大会常务委员会第七次会议修改	2018-11-29	2018-12-25	2018-11-29	修改
贵州省水土保持条例	2018年11月29日贵州省第十三届人民代表大会常务委员会第七次会议修改	2018-11-29	2018-12-25	2018-11-29	修改
贵州省森林防火条例	2018年11月29日贵州省第十三届人民代表大会常务委员会第七次会议修改	2018-11-29	2018-12-25	2018-11-29	修改
贵州省生态文明建设促进条例	2018年11月29日贵州省第十三届人民代表大会常务委员会第七次会议修改	2018-11-29	2018-12-25	2018-11-29	修改
贵州省水资源保护条例	2018年11月29日贵州省第十三届人民代表大会常务委员会第七次会议修改	2018-11-29	2018-12-25	2018-11-29	修改
贵州省水污染防治条例	2018年11月29日贵州省第十三届人民代表大会常务委员会第七次会议修改	2018-11-29	2018-12-25	2018-11-29	修改
贵州省新型墙体材料促进条例	2018年11月29日贵州省第十三届人民代表大会常务委员会第七次会议修改	2018-11-29	2018-12-25	2018-11-29	修改
贵州省民用建筑节能条例	2018年11月29日贵州省第十三届人民代表大会常务委员会第七次会议修改	2018-11-29	2018-12-25	2018-11-29	修改
贵州省牲畜屠宰条例	2018年11月29日贵州省第十三届人民代表大会常务委员会第七次会议修改	2018-11-29	2018-12-25	2018-11-29	修改
贵州省人民代表大会常务委员会关于省人民政府机构改革涉及省地方性法规规定的行政机关职责调整问题的决定	2018年11月29日贵州省第十三届人民代表大会常务委员会第七次会议通过	2018-11-29	2018-12-26	2018-12-1	制定
遵义市湘江保护条例	2018年10月31日遵义市第五届人民代表大会常务委员会第十三次会议通过,2018年11月29日贵州省第十三届人民代表大会常务委员会第七次会议批准	2018-12-10	2019-1-3	2019-3-1	制定
六盘水市村寨规划条例	2018年8月30日六盘水市第八届人民代表大会常务委员会第十三次会议通过,2018年11月29日贵州省第十三届人民代表大会常务委员会第七次会议批准	2018-12-11	2019-1-3	2019-3-1	制定
黔东南苗族侗族自治州锦屏文书保护条例	2018年8月30日黔东南苗族侗族自治州第十四届人民代表大会常务委员会第十二次会议通过,2018年11月29日贵州省第十三届人民代表大会常务委员会第七次会议批准	2018-12-29	2019-1-3	2019-3-1	制定

云南省地方性法规目录

（73 件）

法规名称	通过或批准时间	公布时间	报备时间	施行时间	立法形式
云南省禁毒条例	2018 年 3 月 31 日云南省第十三届人民代表大会常务委员会第二次会议修改	2018-3-31	2018-4-2	2018-6-1	修改
云南省水利工程管理条例	2018 年 3 月 31 日云南省第十三届人民代表大会常务委员会第二次会议通过	2018-3-31	2018-4-8	2018-5-1	制定
普洱市古茶树资源保护条例	2017 年 12 月 20 日普洱市第三届人民代表大会常务委员会第三十六次会议通过，2018 年 3 月 31 日云南省第十三届人民代表大会常务委员会第二次会议批准	2018-4-3	2018-4-9	2018-7-1	制定
玉溪市森林防火条例	2017 年 12 月 27 日玉溪市第四届人民代表大会常务委员会第三十四次会议通过，2018 年 3 月 31 日云南省第十三届人民代表大会常务委员会第二次会议批准	2018-4-11	2018-4-23	2018-6-1	制定
昭通市城市管理条例	2017 年 12 月 21 日昭通市第四届人民代表大会常务委员会第七次会议通过，2018 年 3 月 31 日云南省第十三届人民代表大会常务委员会第二次会议批准	2018-4-23	2018-4-27	2018-6-1	制定
临沧市人民代表大会及其常务委员会制定地方性法规条例	2017 年 12 月 29 日临沧市第三届人民代表大会第五次会议通过，2018 年 3 月 31 日云南省第十三届人民代表大会常务委员会第二次会议批准	2018-4-23	2018-5-2	2018-4-23	制定
文山壮族苗族自治州人民代表大会及其常务委员会立法条例	2018 年 1 月 18 日文山壮族苗族自治州第十四届人民代表大会第二次会议通过，2018 年 3 月 31 日云南省第十三届人民代表大会常务委员会第二次会议批准	2018-4-25	2018-4-27	2018-4-25	制定
昆明市道路交通安全条例	2018 年 2 月 11 日昆明市第十四届人民代表大会常务委员会第八次会议修改，2018 年 3 月 31 日云南省第十三届人民代表大会常务委员会第二次会议批准修改	2018-5-4	2018-5-9	2018-7-1	修改
昆明市非物质文化遗产保护条例	2017 年 12 月 22 日昆明市第十四届人民代表大会常务委员会第六次会议通过，2018 年 3 月 31 日云南省第十三届人民代表大会常务委员会第二次会议批准	2018-5-4	2018-5-9	2018-7-1	制定
云南省兰坪白族普米族自治县文化遗产保护条例	2018 年 1 月 22 日云南省兰坪白族普米族自治县第十四届人民代表大会第二次会议通过，2018 年 3 月 31 日云南省第十三届人民代表大会常务委员会第二次会议批准	2018-5-11	2018-5-15	2018-6-9	制定
云南省昭通大山包黑颈鹤国家级自然保护区条例	2018 年 5 月 30 日云南省第十三届人民代表大会常务委员会第三次会议修改	2018-5-30	2018-5-30	2018-5-30	修改
云南省实行宪法宣誓制度组织办法	2018 年 5 月 30 日云南省第十三届人民代表大会常务委员会第三次会议修改	2018-5-30	2018-5-30	2018-5-30	修改
曲靖市建设工程施工现场管理条例	2018 年 4 月 27 日曲靖市第五届人民代表大会常务委员会第三次会议通过，2018 年 5 月 30 日云南省第十三届人民代表大会常务委员会第三次会议批准	2018-6-1	2018-6-21	2018-8-1	制定

续表

法规名称	通过或批准时间	公布时间	报备时间	施行时间	立法形式
昆明市流动人口服务管理条例	2017年12月22日昆明市第十四届人民代表大会常务委员会第六次会议通过,2018年5月30日云南省第十三届人民代表大会常务委员会第三次会议批准	2018-6-4	2018-6-19	2018-6-4	修改
昆明市流动人口管理条例	在《昆明市流动人口服务管理条例》中被明文予以废止	2018-6-4	2018-6-19	2018-6-4	文中废止
昆明市城镇排水与污水处理条例	2017年12月22日昆明市第十四届人民代表大会常务委员会第六次会议通过,2018年5月30日云南省第十三届人民代表大会常务委员会第三次会议批准	2018-6-4	2018-6-19	2018-6-4	制定
昆明市城市排水管理条例	在《昆明市城镇排水与污水处理条例》中被明文予以废止	2018-6-4	2018-6-19	2018-6-4	文中废止
昆明市建设区域性国际中心城市促进条例	2018年4月27日昆明市第十四届人民代表大会常务委员会第九次会议通过,2018年5月30日云南省第十三届人民代表大会常务委员会第三次会议批准	2018-6-4	2018-6-19	2018-6-4	制定
昆明市献血条例	2018年4月27日昆明市第十四届人民代表大会常务委员会第九次会议通过,2018年5月30日云南省第十三届人民代表大会常务委员会第三次会议批准	2018-6-4	2018-6-19	2018-9-1	制定
昆明市雷电灾害防御条例	2018年4月27日昆明市第十四届人民代表大会常务委员会第九次会议废止,2018年5月30日云南省第十三届人民代表大会常务委员会第三次会议批准废止	2018-6-4	2018-6-19	2018-6-4	废止
云南省漾濞自治县城乡规划建设管理条例	2018年1月19日云南省漾濞彝族自治县第十六届人民代表大会第二次会议通过,2018年3月31日云南省第十三届人民代表大会常务委员会第二次会议批准	2018-6-5	2018-6-25	2018-8-1	制定
云南省元江哈尼族彝族傣族自治县文化遗产保护条例	2018年1月23日云南省元江哈尼族彝族傣族自治县第十七届人民代表大会第二次会议通过,2018年5月30日云南省第十三届人民代表大会常务委员会第三次会议批准	2018-8-4	2018-8-9	2018-10-1	制定
云南省澜沧拉祜族自治县水资源保护管理条例	2018年1月20日云南省澜沧拉祜族自治县第十五届人民代表大会第二次会议通过,2018年5月30日云南省第十三届人民代表大会常务委员会第三次会议批准	2018-8-29	2018-9-3	2018-9-1	制定
云南省楚雄彝族自治州彝医药条例	2017年12月29日云南省楚雄彝族自治州第十二届人民代表大会第二次会议通过,2018年5月30日云南省第十三届人民代表大会常务委员会第三次会议批准	2018-8-29	2018-10-24	2018-9-1	制定
云南省公路路政条例	2018年7月26日云南省第十三届人民代表大会常务委员会第四次会议通过	2018-7-26	2018-8-6	2018-10-1	制定
云南省公路路政管理条例	在《云南省公路路政条例》中被明文予以废止	2018-7-26	2018-8-6	2018-10-1	文中废止
云南省石林彝族自治县阿诗玛文化传承与保护条例	2018年2月12日云南省石林彝族自治县第十七届人民代表大会第二次会议通过,2018年7月26日云南省第十三届人民代表大会常务委员会第四次会议批准	2018-7-31	2018-9-11	2018-10-1	制定
云南省西盟佤族自治县文化遗产保护条例	2018年1月19日云南省西盟佤族自治县第十二届人民代表大会第二次会议通过,2018年7月26日云南省第十三届人民代表大会常务委员会第四次会议批准	2018-8-10	2018-8-16	2018-10-1	制定

续表

法规名称	通过或批准时间	公布时间	报备时间	施行时间	立法形式
红河哈尼族彝族自治州非物质文化遗产项目代表性传承人保护条例	2018年4月25日红河哈尼族彝族自治州第十二届人民代表大会常务委员会第二次会议通过,2018年7月26日云南省第十三届人民代表大会常务委员会第四次会议批准	2018-8-20	2018-8-23	2018-9-1	制定
云南省德宏傣族景颇族自治州民族教育条例	2018年2月6日云南省德宏傣族景颇族自治州第十五届人民代表大会第一次会议通过,2018年7月26日云南省第十三届人民代表大会常务委员会第四次会议批准	2018-10-8	2018-11-16	2018-11-1	制定
云南省生物多样性保护条例	2018年9月21日云南省第十三届人民代表大会常务委员会第五次会议通过	2018-9-21	2018-9-21	2019-1-1	制定
昆明市文明行为促进条例	2018年8月30日昆明市第十四届人民代表大会常务委员会第十一次会议通过,2018年9月21日云南省第十三届人民代表大会常务委员会第五次会议批准	2018-9-30	2018-10-12	2018-12-1	制定
昆明市城市轨道交通管理条例	2018年8月30日昆明市第十四届人民代表大会常务委员会第十一次会议修改,2018年9月21日云南省第十三届人民代表大会常务委员会第五次会议批准修改	2018-9-30	2018-10-12	2018-11-1	修改
保山市龙陵松山战役战场遗址保护条例	2018年8月30日保山市第四届人民代表大会常务委员会第十二次会议通过,2018年9月21日云南省第十三届人民代表大会常务委员会第五次会议批准	2018-10-18	2018-10-18	2019-1-1	制定
迪庆藏族自治州香格里拉城市管理条例	2018年7月20日迪庆藏族自治州第十三届人民代表大会常务委员会第十次会议通过,2018年9月21日云南省第十三届人民代表大会常务委员会第五次会议批准	2018-10-9	2018-10-22	2018-11-1	制定
关于停止适用《云南省文山壮族苗族自治州文山国家级自然保护区管理条例》等4件单行条例有关条款的决定	2018年10月22日云南省第十三届人民代表大会常务委员会第六次会议通过	2018-10-22	2018-10-22	2018-10-22	制定
云南省大气污染防治条例	2018年11月29日云南省第十三届人民代表大会常务委员会第七次会议通过	2018-11-29	2018-11-29	2019-1-1	制定
云南省杞麓湖保护条例	2018年11月29日云南省第十三届人民代表大会常务委员会第七次会议修改	2018-11-29	2018-11-29	2019-3-1	修改
云南省外商投资勘查开采矿产资源条例	2018年11月29日云南省第十三届人民代表大会常务委员会第七次会议废止	2018-11-29	2018-11-29	2018-11-29	废止
云南省土地登记条例	2018年11月29日云南省第十三届人民代表大会常务委员会第七次会议废止	2018-11-29	2018-11-29	2018-11-29	废止
云南省职业病防治条例	2018年11月29日云南省第十三届人民代表大会常务委员会第七次会议废止	2018-11-29	2018-11-29	2018-11-29	废止
云南省盐业管理条例	2018年11月29日云南省第十三届人民代表大会常务委员会第七次会议废止	2018-11-29	2018-11-29	2018-11-29	废止
云南省实施《中华人民共和国水法》办法	2018年11月29日云南省第十三届人民代表大会常务委员会第七次会议修改	2018-11-29	2018-11-29	2018-11-29	修改
云南省水文条例	2018年11月29日云南省第十三届人民代表大会常务委员会第七次会议修改	2018-11-29	2018-11-29	2018-11-29	修改
云南省水土保持条例	2018年11月29日云南省第十三届人民代表大会常务委员会第七次会议修改	2018-11-29	2018-11-29	2018-11-29	修改

续表

法规名称	通过或批准时间	公布时间	报备时间	施行时间	立法形式
云南省地质环境保护条例	2018年11月29日云南省第十三届人民代表大会常务委员会第七次会议修改	2018-11-29	2018-11-29	2018-11-29	修改
云南省土地管理条例	2018年11月29日云南省第十三届人民代表大会常务委员会第七次会议修改	2018-11-29	2018-11-29	2018-11-29	修改
云南省发展新型墙体材料条例	2018年11月29日云南省第十三届人民代表大会常务委员会第七次会议修改	2018-11-29	2018-11-29	2018-11-29	修改
云南省散装水泥促进条例	2018年11月29日云南省第十三届人民代表大会常务委员会第七次会议修改	2018-11-29	2018-11-29	2018-11-29	修改
云南省实施《中华人民共和国农业技术推广法》办法	2018年11月29日云南省第十三届人民代表大会常务委员会第七次会议修改	2018-11-29	2018-11-29	2018-11-29	修改
云南省气象灾害防御条例	2018年11月29日云南省第十三届人民代表大会常务委员会第七次会议修改	2018-11-29	2018-11-29	2018-11-29	修改
云南省气象条例	2018年11月29日云南省第十三届人民代表大会常务委员会第七次会议修改	2018-11-29	2018-11-29	2018-11-29	修改
云南省会计条例	2018年11月29日云南省第十三届人民代表大会常务委员会第七次会议修改	2018-11-29	2018-11-29	2018-11-29	修改
云南省自然保护区管理条例	2018年11月29日云南省第十三届人民代表大会常务委员会第七次会议修改	2018-11-29	2018-11-29	2018-11-29	修改
云南省阳宗海保护条例	2018年11月29日云南省第十三届人民代表大会常务委员会第七次会议修改	2018-11-29	2018-11-29	2018-11-29	修改
云南省城市建设管理条例	2018年11月29日云南省第十三届人民代表大会常务委员会第七次会议修改	2018-11-29	2018-11-29	2018-11-29	修改
云南省城市房地产开发交易管理条例	2018年11月29日云南省第十三届人民代表大会常务委员会第七次会议修改	2018-11-29	2018-11-29	2018-11-29	修改
云南省建设工程勘察设计管理条例	2018年11月29日云南省第十三届人民代表大会常务委员会第七次会议修改	2018-11-29	2018-11-29	2018-11-29	修改
云南省森林条例	2018年11月29日云南省第十三届人民代表大会常务委员会第七次会议修改	2018-11-29	2018-11-29	2018-11-29	修改
云南省绿化造林条例	2018年11月29日云南省第十三届人民代表大会常务委员会第七次会议修改	2018-11-29	2018-11-29	2018-11-29	修改
云南省道路运输条例	2018年11月29日云南省第十三届人民代表大会常务委员会第七次会议修改	2018-11-29	2018-11-29	2018-11-29	修改
云南省滇池保护条例	2018年11月29日云南省第十三届人民代表大会常务委员会第七次会议修改	2018-11-29	2018-11-29	2018-11-29	修改
云南省旅游条例	2018年11月29日云南省第十三届人民代表大会常务委员会第七次会议修改	2018-11-29	2018-11-29	2018-11-29	修改
云南省母婴保健条例	2018年11月29日云南省第十三届人民代表大会常务委员会第七次会议修改	2018-11-29	2018-11-29	2018-11-29	修改
云南省建设工程抗震设防管理条例	2018年11月29日云南省第十三届人民代表大会常务委员会第七次会议修改	2018-11-29	2018-11-29	2018-11-29	修改
云南省人口与计划生育条例	2018年11月29日云南省第十三届人民代表大会常务委员会第七次会议修改	2018-11-29	2018-11-29	2018-11-29	修改
云南省防震减灾条例	2018年11月29日云南省第十三届人民代表大会常务委员会第七次会议修改	2018-11-29	2018-11-29	2018-11-29	修改
云南省药品管理条例	2018年11月29日云南省第十三届人民代表大会常务委员会第七次会议修改	2018-11-29	2018-11-29	2018-11-29	修改

续表

法规名称	通过或批准时间	公布时间	报备时间	施行时间	立法形式
云南省职业介绍条例	2018年11月29日云南省第十三届人民代表大会常务委员会第七次会议修改	2018-11-29	2018-11-29	2018-11-29	修改
云南省科学技术进步条例	2018年11月29日云南省第十三届人民代表大会常务委员会第七次会议修改	2018-11-29	2018-11-29	2018-11-29	修改
云南省实验动物管理条例	2018年11月29日云南省第十三届人民代表大会常务委员会第七次会议修改	2018-11-29	2018-11-29	2018-11-29	修改
云南省促进民族自治地方科学技术进步条例	2018年11月29日云南省第十三届人民代表大会常务委员会第七次会议修改	2018-11-29	2018-11-29	2018-11-29	修改
云南省技术市场管理条例	2018年11月29日云南省第十三届人民代表大会常务委员会第七次会议修改	2018-11-29	2018-11-29	2018-11-29	修改
云南省文化市场管理条例	2018年11月29日云南省第十三届人民代表大会常务委员会第七次会议修改	2018-11-29	2018-11-29	2018-11-29	修改
云南省人民代表大会常务委员会关于省人民政府机构改革涉及省的地方性法规规定的行政机关职责调整问题的决定	2018年11月29日云南省第十三届人民代表大会常务委员会第七次会议通过	2018-11-29	2018-11-29	2018-11-30	制定
临沧市城乡清洁条例	2018年10月11日临沧市第四届人民代表大会常务委员会第五次会议通过，2018年11月29日云南省第十三届人民代表大会常务委员会第七次会议批准	2018-12-12	2018-12-20	2018-12-12	制定

西藏自治区地方性法规目录

（20件）

法规名称	通过或批准时间	公布时间	报备时间	施行时间	立法形式
西藏自治区人民代表大会常务委员会关于大气污染物和水污染物适用税额的决定	2018年1月18日西藏自治区第十届人民代表大会常务委员会第三十八次会议通过	2018-1-18	2018-2-15	2018-1-1	制定
西藏自治区劳动安全卫生条例	2018年3月30日西藏自治区第十一届人民代表大会常务委员会第二次会议废止	2018-4-10	2018-4-16	2018-4-10	废止
西藏自治区商品交易市场管理条例	2018年3月30日西藏自治区第十一届人民代表大会常务委员会第二次会议废止	2018-4-10	2018-4-16	2018-4-10	废止
西藏自治区实施《中华人民共和国集会游行示威法》办法	2018年3月30日西藏自治区第十一届人民代表大会常务委员会第二次会议修改	2018-4-10	2018-4-17	2018-4-10	修改
西藏自治区人民代表大会常务委员会关于严厉打击“赔命金”违法犯罪行为的决定	2018年3月30日西藏自治区第十一届人民代表大会常务委员会第二次会议修改	2018-4-10	2018-4-17	2018-4-10	修改
西藏自治区人大常委会关于自治区人民政府规章设定罚款限额的规定	2018年3月30日西藏自治区第十一届人民代表大会常务委员会第二次会议修改	2018-4-10	2018-4-17	2018-4-10	修改
西藏自治区实施宪法宣誓制度办法	2018年3月30日西藏自治区第十一届人民代表大会常务委员会第二次会议修改	2018-4-10	2018-4-17	2018-4-10	修改

续表

法规名称	通过或批准时间	公布时间	报备时间	施行时间	立法形式
西藏自治区人民代表大会常务委员会议事规则	2018年3月30日西藏自治区第十一届人民代表大会常务委员会第二次会议修改	2018-4-10	2018-4-17	2018-4-10	修改
拉萨市制定地方性法规条例	2017年12月29日拉萨市第十一届人民代表大会第八次会议修改,2018年3月30日西藏自治区第十一届人民代表大会常务委员会第二次会议批准修改	2018-4-10	2018-4-16	2018-6-1	修改
日喀则市人民代表大会议事规则	2018年1月16日日喀则市第一届人民代表大会第五次会议通过,2018年3月30日西藏自治区第十一届人民代表大会常务委员会第二次会议批准	2018-4-10	2018-4-16	2018-4-10	制定
西藏自治区司法鉴定管理条例	2018年7月27日西藏自治区第十一届人民代表大会常务委员会第五次会议通过	2018-8-1	2018-8-27	2018-10-1	制定
日喀则市城镇供水用水条例	2018年8月23日日喀则市第一届人民代表大会常务委员会第二十九次会议通过,2018年9月29日西藏自治区第十一届人民代表大会常务委员会第六次会议批准	2018-9-29	2018-10-23	2019-1-1	制定
西藏自治区环境保护条例	2018年9月29日西藏自治区第十一届人民代表大会常务委员会第六次会议修改	2018-10-23	2018-10-23	2018-12-1	修改
西藏自治区人民代表大会常务委员会关于自治区人民政府机构改革涉及地方性法规规定的行政机关职责调整问题的决定	2018年11月27日西藏自治区第十一届人民代表大会常务委员会第七次会议通过	2018-11-27	2018-12-11	2018-12-1	制定
西藏自治区实施《中华人民共和国促进科技成果转化法》办法	2018年11月27日西藏自治区第十一届人民代表大会常务委员会第七次会议修改	2018-12-3	2018-12-11	2019-3-1	修改
拉萨市村庄规划建设管理条例	2018年10月25日拉萨市第十一届人民代表大会常务委员会第十四次会议通过,2018年11月27日西藏自治区第十一届人民代表大会常务委员会第七次会议批准	2018-12-3	2018-12-11	2019-1-1	制定
拉萨市拉鲁湿地国家级自然保护区管理条例	2018年10月25日拉萨市第十一届人民代表大会常务委员会第十四次会议修改,2018年11月27日西藏自治区第十一届人民代表大会常务委员会第七次会议批准修改	2018-12-3	2018-12-11	2019-1-1	修改
日喀则市城乡规划条例	2018年11月30日日喀则市第一届人民代表大会常务委员会第三十二次会议通过,2018年12月24日西藏自治区第十一届人民代表大会常务委员会第八次会议批准	2018-12-25	2018-12-31	2019-3-1	制定
日喀则市河道采砂管理条例	2018年11月30日日喀则第一届人民代表大会常务委员会第三十二次会议通过,2018年12月24日西藏自治区第十一届人民代表大会常务委员会第八次会议批准	2018-12-25	2018-12-31	2019-3-1	制定
西藏自治区大气污染防治条例	2018年12月24日西藏自治区第十一届人民代表大会常务委员会第八次会议通过	2018-12-27	2018-12-31	2019-3-1	制定

陕西省地方性法规目录

（40 件）

法规名称	通过或批准时间	公布时间	报备时间	施行时间	立法形式
安康市烟花爆竹燃放管理条例	2017 年 7 月 19 日安康市第四届人民代表大会常务委员会第四次会议通过，2017 年 9 月 29 日陕西省第十二届人民代表大会常务委员会第三十七次会议批准	2017-10-30	2018-4-23	2018-2-1	制定
渭南市城市市容和环境卫生条例	2017 年 10 月 26 日渭南市第五届人民代表大会常务委员会第十二次会议通过，2017 年 11 月 30 日陕西省第十二届人民代表大会常务委员会第三十八次会议批准	2017-12-21	2018-4-2	2018-1-1	制定
西安市大气污染防治条例	2017 年 10 月 24 日西安市第十六届人民代表大会常务委员会第六次会议修改，2017 年 11 月 30 日陕西省第十二届人民代表大会常务委员会第三十八次会议批准修改	2018-2-7	2018-4-2	2018-3-1	修改
陕西省实施宪法宣誓制度组织办法	2018 年 3 月 31 日陕西省第十三届人民代表大会常务委员会第二次会议修改	2018-3-31	2018-3-31	2018-3-31	修改
陕西省优化营商环境条例	2018 年 3 月 31 日陕西省第十三届人民代表大会常务委员会第二次会议通过	2018-3-31	2018-3-31	2018-5-1	制定
商洛市农村居民饮水安全管理条例	2017 年 12 月 6 日商洛市第四届人民代表大会常务委员会第五次会议通过，2018 年 3 月 31 日陕西省第十三届人民代表大会常务委员会第二次会议批准	2018-5-9	2018-7-19	2018-10-1	制定
宝鸡市饮用水水源地保护条例	2017 年 12 月 29 日宝鸡市第十五届人民代表大会常务委员会第八次会议通过，2018 年 3 月 31 日陕西省第十三届人民代表大会常务委员会第二次会议批准	2018-5-28	2018-7-19	2018-8-1	制定
西安市集中供热条例	2017 年 12 月 17 日西安市第十六届人民代表大会常务委员会第八次会议修改，2018 年 3 月 31 日陕西省第十三届人民代表大会常务委员会第二次会议批准修改	2018-6-25	2018-7-4	2018-7-1	修改
陕西省实施《中华人民共和国环境影响评价法》办法	2018 年 5 月 31 日陕西省第十三届人民代表大会常务委员会第三次会议修改	2018-5-31	2018-5-31	2018-5-31	修改
陕西省放射性污染防治条例	2018 年 5 月 31 日陕西省第十三届人民代表大会常务委员会第三次会议修改	2018-5-31	2018-5-31	2018-5-31	修改
陕西省野生植物保护条例	2018 年 5 月 31 日陕西省第十三届人民代表大会常务委员会第三次会议修改	2018-5-31	2018-5-31	2018-5-31	修改
陕西省森林公园条例	2018 年 5 月 31 日陕西省第十三届人民代表大会常务委员会第三次会议修改	2018-5-31	2018-5-31	2018-5-31	修改
陕西省实施《中华人民共和国水法》办法	2018 年 5 月 31 日陕西省第十三届人民代表大会常务委员会第三次会议修改	2018-5-31	2018-5-31	2018-5-31	修改
陕西省水工程管理条例	2018 年 5 月 31 日陕西省第十三届人民代表大会常务委员会第三次会议修改	2018-5-31	2018-5-31	2018-5-31	修改
陕西省实施《中华人民共和国防洪法》办法	2018 年 5 月 31 日陕西省第十三届人民代表大会常务委员会第三次会议修改	2018-5-31	2018-5-31	2018-5-31	修改

续表

法规名称	通过或批准时间	公布时间	报备时间	施行时间	立法形式
陕西省河道管理条例	2018 年 5 月 31 日陕西省第十三届人民代表大会常务委员会第三次会议修改	2018-5-31	2018-5-31	2018-5-31	修改
陕西省水土保持条例	2018 年 5 月 31 日陕西省第十三届人民代表大会常务委员会第三次会议修改	2018-5-31	2018-5-31	2018-5-31	修改
陕西省渭河流域管理条例	2018 年 5 月 31 日陕西省第十三届人民代表大会常务委员会第三次会议修改	2018-5-31	2018-5-31	2018-5-31	修改
陕西省果业条例	2018 年 5 月 31 日陕西省第十三届人民代表大会常务委员会第三次会议修改	2018-5-31	2018-5-31	2018-5-31	修改
安康市化龙山国家级自然保护区条例	2018 年 4 月 24 日安康市第四届人民代表大会常务委员会第十次会议通过，2018 年 5 月 31 日陕西省第十三届人民代表大会常务委员会第三次会议批准	2018-6-27	2018-7-16	2018-9-1	制定
榆林市城镇环境卫生管理条例	2018 年 3 月 31 日榆林市第四届人民代表大会常务委员会第十五次会议通过，2018 年 5 月 31 日陕西省第十三届人民代表大会常务委员会第三次会议批准	2018-7-9	2018-9-3	2018-10-1	制定
西安市文明行为促进条例	2018 年 4 月 28 日西安市第十六届人民代表大会常务委员会第十一次会议通过，2018 年 5 月 31 日陕西省第十三届人民代表大会常务委员会第三次会议批准	2018-8-15	2018-9-3	2018-9-1	制定
咸阳市湿地公园保护管理条例	2018 年 6 月 27 日咸阳市第八届人民代表大会常务委员会第十三次会议通过，2018 年 7 月 26 日陕西省第十三届人民代表大会常务委员会第四次会议批准	2018-8-22	2018-11-15	2018-12-1	制定
铜川市城市生活饮用水二次供水管理条例	2018 年 6 月 27 日铜川市第十六届人民代表大会常务委员会第十二次会议通过，2018 年 7 月 26 日陕西省第十三届人民代表大会常务委员会第四次会议批准	2018-8-24	2018-9-3	2018-12-1	制定
西安市公共汽车客运条例	2018 年 6 月 29 日西安市第十六届人民代表大会常务委员会第十二次会议通过，2018 年 7 月 26 日陕西省第十三届人民代表大会常务委员会第四次会议批准	2018-10-18	2018-11-21	2018-12-1	制定
陕西省奖励和保护见义勇为人员条例	2018 年 9 月 28 日陕西省第十三届人民代表大会常务委员会第五次会议修改	2018-9-28	2018-9-28	2018-11-1	修改
陕西省人力资源市场条例	2018 年 9 月 28 日陕西省第十三届人民代表大会常务委员会第五次会议通过	2018-9-28	2018-9-28	2019-1-1	制定
陕西省人才市场条例	在《陕西省人力资源市场条例》中被明文予以废止	2018-9-28	2018-9-28	2019-1-1	文中废止
陕西省劳动力市场条例	在《陕西省人力资源市场条例》中被明文予以废止	2018-9-28	2018-9-28	2019-1-1	文中废止
陕西省气候资源保护和利用条例	2018 年 9 月 28 日陕西省第十三届人民代表大会常务委员会第五次会议通过	2018-9-28	2018-9-28	2019-1-1	制定
铜川市烟花爆竹燃放管理条例	2018 年 8 月 30 日铜川市第十六届人民代表大会常务委员会第十三次会议通过，2018 年 9 月 28 日陕西省第十三届人民代表大会常务委员会第五次会议批准	2018-10-17	2018-11-16	2019-1-1	制定
延安市退耕还林成果保护条例	2018 年 8 月 30 日延安市第五届人民代表大会常务委员会第十一次会议通过，2018 年 9 月 28 日陕西省第十三届人民代表大会常务委员会第五次会议批准	2018-11-1	2018-11-16	2018-12-1	制定

续表

法规名称	通过或批准时间	公布时间	报备时间	施行时间	立法形式
西安市城市饮用水源污染防治管理条例	2018年8月31日西安市第十六届人民代表大会常务委员会第十三次会议修改，2018年9月28日陕西省第十三届人民代表大会常务委员会第五次会议修改	2018-11-2	2018-12-4	2018-11-2	修改
西安市黑河饮水系统保护条例	2018年8月31日西安市第十六届人民代表大会常务委员会第十三次会议修改，2018年9月28日陕西省第十三届人民代表大会常务委员会第五次会议修改	2018-11-2	2018-12-4	2018-11-2	修改
西安市城市污水处理和再生水利用条例	2018年8月31日西安市第十六届人民代表大会常务委员会第十三次会议修改，2018年9月28日陕西省第十三届人民代表大会常务委员会第五次会议修改	2018-11-2	2018-12-4	2018-11-2	修改
西安市城市供水用水条例	2018年8月31日西安市第十六届人民代表大会常务委员会第十三次会议修改，2018年9月28日陕西省第十三届人民代表大会常务委员会第五次会议修改	2018-11-2	2018-12-4	2018-11-2	修改
西安市扬尘污染防治条例	2018年8月31日西安市第十六届人民代表大会常务委员会第十三次会议修改，2018年9月28日陕西省第十三届人民代表大会常务委员会第五次会议修改	2018-11-2	2018-12-4	2018-11-2	修改
西安市特种设备安全条例	2018年8月31日西安市第十六届人民代表大会常务委员会第十三次会议通过，2018年9月28日陕西省第十三届人民代表大会常务委员会第五次会议批准	2018-11-6	2018-11-15	2018-12-1	制定
渭南市住宅物业管理条例	2018年8月22日渭南市第五届人民代表大会常务委员会第十八次会议通过，2018年9月28日陕西省第十三届人民代表大会常务委员会第五次会议批准	2018-11-7	2018-11-20	2019-1-1	制定
陕西省城市管理综合执法条例	2018年11月30日陕西省第十三届人民代表大会常务委员会第八次会议通过	2018-11-30	2018-11-30	2019-3-1	制定
陕西省企业工资集体协商条例	2018年11月30日陕西省第十三届人民代表大会常务委员会第八次会议通过	2018-11-30	2018-11-30	2019-3-1	制定
宝鸡市烟花爆竹销售燃放安全管理条例	2018年10月30日宝鸡市第十五届人民代表大会常务委员会第十三次会议通过，2018年11月30日陕西省第十三届人民代表大会常务委员会第八次会议批准	2018-12-21	2019-2-11	2019-2-1	制定

甘肃省地方性法规目录

（39件）

法规名称	通过或批准时间	公布时间	报备时间	施行时间	立法形式
甘肃省组织实施宪法宣誓制度办法	2018年3月30日甘肃省第十三届人民代表大会常务委员会第二次会议修改	2018-3-30	2018-4-2	2018-3-30	修改
甘肃省规章设定罚款限额规定	2018年3月30日甘肃省第十三届人民代表大会常务委员会第二次会议通过	2018-3-30	2018-4-2	2018-5-1	制定
甘肃省人民代表大会常务委员会关于政府规章设定罚款限额的规定	在《甘肃省规章设定罚款限额规定》中被明文予以废止	2018-3-30	2018-4-2	2018-5-1	文中废止

续表

法规名称	通过或批准时间	公布时间	报备时间	施行时间	立法形式
甘肃省经纪人管理暂行条例	2018年3月30日甘肃省第十三届人民代表大会常务委员会第二次会议废止	2018-3-30	2018-4-24	2018-3-30	废止
甘肃省城乡集市贸易管理办法	2018年3月30日甘肃省第十三届人民代表大会常务委员会第二次会议废止	2018-3-30	2018-4-24	2018-3-30	废止
甘肃省著名商标认定和保护条例	2018年3月30日甘肃省第十三届人民代表大会常务委员会第二次会议废止	2018-3-30	2018-4-24	2018-3-30	废止
甘肃省饲料和饲料添加剂管理条例	2018年3月30日甘肃省第十三届人民代表大会常务委员会第二次会议废止	2018-3-30	2018-4-24	2018-3-30	废止
甘肃省林业生态环境保护条例	2018年3月30日甘肃省第十三届人民代表大会常务委员会第二次会议废止	2018-3-30	2018-4-24	2018-3-30	废止
甘肃白水江国家级自然保护区管理条例	2018年3月30日甘肃省第十三届人民代表大会常务委员会第二次会议废止	2018-3-30	2018-4-24	2018-3-30	废止
甘肃莲花山国家级自然保护区管理条例	2018年3月30日甘肃省第十三届人民代表大会常务委员会第二次会议废止	2018-3-30	2018-4-24	2018-3-30	废止
甘肃兴隆山国家级自然保护区管理条例	2018年3月30日甘肃省第十三届人民代表大会常务委员会第二次会议废止	2018-3-30	2018-4-24	2018-3-30	废止
连城国家级自然保护区条例	2018年1月9日兰州市第十六届人民代表大会常务委员会第十一次会议修改,2018年3月30日甘肃省第十三届人民代表大会常务委员会第二次会议批准修改	2018-5-7	2018-5-24	2018-5-7	修改
兰州市南北两山绿化管理条例	2018年1月9日兰州市第十六届人民代表大会常务委员会第十一次会议修改,2018年3月30日甘肃省第十三届人民代表大会常务委员会第二次会议批准修改	2018-5-7	2018-5-24	2018-5-7	修改
兰州市城市园林绿化管理办法	2018年1月9日兰州市第十六届人民代表大会常务委员会第十一次会议修改,2018年3月30日甘肃省第十三届人民代表大会常务委员会第二次会议批准修改	2018-5-7	2018-5-24	2018-5-7	修改
兰州市全民义务植树办法	2018年1月9日兰州市第十六届人民代表大会常务委员会第十一次会议修改,2018年3月30日甘肃省第十三届人民代表大会常务委员会第二次会议批准修改	2018-5-7	2018-5-24	2018-5-7	修改
兰州市公共场所控制吸烟条例	2018年1月9日兰州市第十六届人民代表大会常务委员会第十一次会议修改,2018年3月30日甘肃省第十三届人民代表大会常务委员会第二次会议批准修改	2018-5-7	2018-5-24	2018-5-31	修改
白银市封山禁牧管理办法	2017年11月21日白银市第九届人民代表大会常务委员会第八次会议通过,2018年5月31日甘肃省第十三届人民代表大会常务委员会第三次会议批准	2018-6-20	2018-7-10	2018-7-1	制定
甘肃省甘南藏族自治州旅游条例	2018年1月9日甘南藏族自治州第十六届人民代表大会第二次会议修改,2018年5月31日甘肃省第十三届人民代表大会常务委员会第三次会议批准修改	2018-6-27	2018-7-20	2018-6-27	修改
甘肃省甘南藏族自治州城乡环境卫生综合治理条例	2018年1月9日甘南藏族自治州第十六届人民代表大会第二次会议通过,2018年5月31日甘肃省第十三届人民代表大会常务委员会第三次会议批准	2018-6-27	2018-7-26	2018-6-27	制定
金昌市人民代表大会及其常务委员会立法程序规则	2018年1月18日金昌市第八届人民代表大会第二次会议通过,2018年5月31日甘肃省第十三届人民代表大会常务委员会第三次会议批准	2018-6-29	2018-7-9	2018-6-29	制定

续表

法规名称	通过或批准时间	公布时间	报备时间	施行时间	立法形式
甘肃省临夏回族自治州人民代表大会及其常务委员会立法条例	2018年1月7日临夏回族自治州第十五届人民代表大会第二次会议通过,2018年5月31日甘肃省第十三届人民代表大会常务委员会第三次会议批准	2018-8-8	2018-9-3	2018-8-8	制定
甘肃省城乡规划条例	2018年7月28日甘肃省第十三届人民代表大会常务委员会第四次会议修改	2018-7-28	2018-8-21	2018-9-1	修改
甘肃省风景名胜区条例	2018年7月28日甘肃省第十三届人民代表大会常务委员会第四次会议修改	2018-7-28	2018-8-21	2018-9-1	修改
甘肃省林业有害生物防治条例	2018年7月28日甘肃省第十三届人民代表大会常务委员会第四次会议通过	2018-7-28	2018-8-21	2018-9-1	制定
甘肃省森林病虫害防治检疫条例	在《甘肃省林业有害生物防治条例》中被明文予以废止	2018-7-28	2018-8-21	2018-9-1	文中废止
甘肃省林木种苗管理条例	2018年7月28日甘肃省第十三届人民代表大会常务委员会第四次会议修改	2018-7-28	2018-8-21	2018-9-1	修改
甘肃省实施《中华人民共和国防沙治沙法》办法	2018年7月28日甘肃省第十三届人民代表大会常务委员会第四次会议修改	2018-7-28	2018-8-21	2018-9-1	修改
兰州市机动车排气污染防治条例	2018年4月24日兰州市第十六届人民代表大会常务委员会第十三次会议通过,2018年7月28日甘肃省第十三届人民代表大会常务委员会第四次会议批准	2018-8-13	2018-9-3	2018-10-1	制定
金昌市市政公用设施管理条例	2018年3月26日金昌市第八届人民代表大会常务委员会第十次会议通过,2018年7月28日甘肃省第十三届人民代表大会常务委员会第四次会议批准	2018-8-15	2018-9-30	2018-10-1	制定
甘肃省公路路政管理条例	2018年9月21日甘肃省第十三届人民代表大会常务委员会第五次会议修改	2018-9-21	2018-10-8	2018-12-1	修改
甘肃省自然保护区条例	2018年9月21日甘肃省第十三届人民代表大会常务委员会第五次会议通过	2018-9-21	2018-10-15	2019-1-1	制定
甘肃省自然保护区管理条例	在《甘肃省自然保护区条例》中被明文予以废止	2018-9-21	2018-10-15	2019-1-1	文中废止
甘肃省麦积山风景名胜区条例	2018年9月21日甘肃省第十三届人民代表大会常务委员会第五次会议通过	2018-9-21	2018-10-15	2018-12-1	制定
甘肃省麦积山风景名胜区保护管理条例	在《甘肃省麦积山风景名胜区条例》中被明文予以废止	2018-9-21	2018-10-15	2018-12-1	文中废止
白银市城市地下综合管廊管理办法	2018年6月22日白银市第九届人民代表大会常务委员会第十五次会议通过,2018年9月21日甘肃省第十三届人民代表大会常务委员会第五次会议批准	2018-10-15	2018-11-23	2018-10-15	制定
甘肃省大气污染防治条例	2018年11月29日甘肃省第十三届人民代表大会常务委员会第七次会议通过	2018-11-29	2018-12-5	2019-1-1	制定
甘肃省实施《中华人民共和国野生动物保护法》办法	2018年11月29日甘肃省第十三届人民代表大会常务委员会第七次会议修改	2018-11-29	2018-12-18	2019-1-1	修改
甘肃省查处生产销售假冒伪劣商品行为条例	2018年11月29日甘肃省第十三届人民代表大会常务委员会第七次会议通过	2018-11-29	2018-12-18	2019-1-1	制定
甘肃省查处生产、销售假冒伪劣商品行为条例	在《甘肃省查处生产销售假冒伪劣商品行为条例》中被明文予以废止	2018-11-29	2018-12-18	2019-1-1	文中废止
甘肃省广告条例	2018年11月29日甘肃省第十三届人民代表大会常务委员会第七次会议通过	2018-11-29	2018-12-18	2019-1-1	制定

续表

法规名称	通过或批准时间	公布时间	报备时间	施行时间	立法形式
甘肃省广告监督管理条例	在《甘肃省广告条例》中被明文予以废止	2018-11-29	2018-12-18	2019-1-1	文中废止
酒泉市饮用水水源地保护条例	2018年9月19日酒泉市第四届人民代表大会常务委员会第十五次会议通过,2018年11月29日甘肃省第十三届人民代表大会常务委员会第七次会议批准	2018-12-11	2019-1-2	2019-1-1	制定
兰州市什川古梨树保护条例	2018年6月28日兰州市第十六届人民代表大会常务委员会第十四次会议通过,2018年11月29日甘肃省第十三届人民代表大会常务委员会第七次会议批准	2018-12-12	2019-1-3	2019-3-1	制定
平凉市烟花爆竹燃放管理规定	2018年8月29日平凉市第四届人民代表大会常务委员会第十二次会议通过,2018年11月29日甘肃省第十三届人民代表大会常务委员会第七次会议批准	2018-12-20	2019-1-14	2019-4-1	制定
武威市防沙治沙条例	2018年10月13日武威市第四届人民代表大会常务委员会第十四次会议通过,2018年11月29日甘肃省第十三届人民代表大会常务委员会第七次会议批准	2019-1-9	2019-1-16	2019-3-1	制定

青海省地方性法规目录

（64 件）

法规名称	通过或批准时间	公布时间	报备时间	施行时间	立法形式
青海省户外广告管理条例	2018年3月30日青海省第十三届人民代表大会常务委员会第二次会议废止	2018-3-30	2018-4-25	2018-3-30	废止
青海省个体工商户和私营企业权益保护条例	2018年3月30日青海省第十三届人民代表大会常务委员会第二次会议废止	2018-3-30	2018-4-25	2018-3-30	废止
青海省实施《中华人民共和国节约能源法》办法	2018年3月30日青海省第十三届人民代表大会常务委员会第二次会议通过	2018-3-30	2018-4-25	2018-3-30	修改
青海湖流域生态环境保护条例	2018年3月30日青海省第十三届人民代表大会常务委员会第二次会议通过	2018-3-30	2018-4-25	2018-3-30	修改
青海省实施《中华人民共和国水法》办法	2018年3月30日青海省第十三届人民代表大会常务委员会第二次会议通过	2018-3-30	2018-4-25	2018-3-30	修改
青海省饮用水水源保护条例	2018年3月30日青海省第十三届人民代表大会常务委员会第二次会议通过	2018-3-30	2018-4-25	2018-3-30	修改
青海省道路运输管理条例	2018年3月30日青海省第十三届人民代表大会常务委员会第二次会议通过	2018-3-30	2018-4-25	2018-3-30	修改
青海省气象条例	2018年3月30日青海省第十三届人民代表大会常务委员会第二次会议通过	2018-3-30	2018-4-25	2018-3-30	修改
青海省湟水流域水污染防治条例	2018年3月30日青海省第十三届人民代表大会常务委员会第二次会议通过	2018-3-30	2018-4-25	2018-3-30	修改
青海省地震安全性评价管理条例	2018年3月30日青海省第十三届人民代表大会常务委员会第二次会议通过	2018-3-30	2018-4-25	2018-3-30	修改
青海省绿化条例	2018年3月30日青海省第十三届人民代表大会常务委员会第二次会议通过	2018-3-30	2018-4-25	2018-3-30	修改
青海省实施《中华人民共和国森林法》办法	2018年3月30日青海省第十三届人民代表大会常务委员会第二次会议通过	2018-3-30	2018-4-25	2018-3-30	修改

续表

法规名称	通过或批准时间	公布时间	报备时间	施行时间	立法形式
海北藏族自治州档案管理条例	2018年1月17日海北藏族自治州第十四届人民代表大会第三次会议修改,2018年3月30日青海省第十三届人民代表大会常务委员会第二次会议批准修改	2018-4-18	2018-4-25	2018-4-18	修改
海北藏族自治州森林管护条例	2018年1月17日海北藏族自治州第十四届人民代表大会第三次会议修改,2018年3月30日青海省第十三届人民代表大会常务委员会第二次会议批准修改	2018-4-18	2018-4-25	2018-4-18	修改
海北藏族自治州畜牧业基础设施管护条例	2018年1月17日海北藏族自治州第十四届人民代表大会第三次会议修改,2018年3月30日青海省第十三届人民代表大会常务委员会第二次会议批准修改	2018-4-18	2018-4-25	2018-4-18	修改
海北藏族自治州城镇市容和环境卫生管理条例	2018年1月17日海北藏族自治州第十四届人民代表大会第三次会议修改,2018年3月30日青海省第十三届人民代表大会常务委员会第二次会议批准修改	2018-4-18	2018-4-25	2018-4-18	修改
海北藏族自治州城镇绿化管理条例	2018年1月17日海北藏族自治州第十四届人民代表大会第三次会议修改,2018年3月30日青海省第十三届人民代表大会常务委员会第二次会议批准修改	2018-4-18	2018-4-25	2018-4-18	修改
海北藏族自治州人民代表大会及其常务委员会立法程序规定	2018年1月17日海北藏族自治州第十四届人民代表大会第三次会议通过,2018年3月30日青海省第十三届人民代表大会常务委员会第二次会议批准	2018-4-18	2018-4-25	2018-5-1	制定
海北藏族自治州矿产资源管理条例	2018年1月17日海北藏族自治州第十四届人民代表大会第三次会议废止,2018年3月30日青海省第十三届人民代表大会常务委员会第二次会议批准废止	2018-4-18	2018-4-25	2018-4-18	废止
海南藏族自治州人民代表大会及其常务委员会立法程序规定	2018年1月18日海南藏族自治州第十四届人民代表大会第三次会议通过,2018年3月30日青海省第十三届人民代表大会常务委员会第二次会议批准	2018-4-18	2018-4-25	2018-5-1	制定
果洛藏族自治州人民代表大会及其常务委员会立法程序规定	2018年1月16日果洛藏族自治州第十四届人民代表大会第三次会议通过,2018年3月30日青海省第十三届人民代表大会常务委员会第二次会议批准	2018-4-25	2018-4-25	2018-5-1	制定
玉树藏族自治州人民代表大会及其常务委员会立法程序规定	2018年1月16日玉树藏族自治州第十四届人民代表大会第三次会议通过,2018年3月30日青海省第十三届人民代表大会常务委员会第二次会议批准	2018-4-25	2018-4-25	2018-5-1	制定
循化撒拉族自治县城镇市容和环境卫生管理条例	2018年2月2日循化撒拉族自治县第十七届人民代表大会第三次会议通过,2018年3月30日青海省第十三届人民代表大会常务委员会第二次会议批准	2018-2-2	2018-4-25	2018-6-1	制定
循化撒拉族自治县县城市容和环境卫生管理条例	在《循化撒拉族自治县城镇市容和环境卫生管理条例》中被明文予以废止	2018-2-2	2018-4-25	2018-6-1	文中废止
果洛藏族自治州畜禽防疫条例	2018年1月16日果洛藏族自治州第十四届人民代表大会第三次会议废止,2018年3月30日青海省第十三届人民代表大会常务委员会第二次会议批准废止	2018-4-25	2018-4-25	2018-3-30	废止
青海省人民代表大会常务委员会任免国家机关工作人员办法	2018年5月31日青海省第十三届人民代表大会常务委员会第三次会议修改	2018-5-31	2018-6-26	2018-5-31	修改

续表

法规名称	通过或批准时间	公布时间	报备时间	施行时间	立法形式
青海省实行国家工作人员宪法宣誓制度办法	2018年5月31日青海省第十三届人民代表大会常务委员会第三次会议修改	2018-5-31	2018-6-26	2018-5-31	修改
玉树藏族自治州农牧民负担管理条例	2018年3月12日玉树藏族自治州第十三届人民代表大会第四次会议废止，2018年5月31日青海省第十三届人民代表大会常务委员会第三次会议批准废止	2018-6-20	2018-6-26	2018-6-20	废止
玉树藏族自治州城镇暂住人口管理条例	2018年3月12日玉树藏族自治州第十三届人民代表大会第四次会议废止，2018年5月31日青海省第十三届人民代表大会常务委员会第三次会议批准废止	2018-6-20	2018-6-26	2018-6-20	废止
玉树藏族自治州发展个体私营经济条例	2018年3月12日玉树藏族自治州第十三届人民代表大会第四次会议废止，2018年5月31日青海省第十三届人民代表大会常务委员会第三次会议批准废止	2018-6-20	2018-6-26	2018-6-20	废止
海东市人民代表大会及其常务委员会立法条例	2018年3月20日海东市第二届人民代表大会第四次会议通过，2018年5月31日青海省第十三届人民代表大会常务委员会第三次会议批准	2018-6-20	2018-6-26	2018-7-1	制定
海西蒙古族藏族自治州人民代表大会及其常务委员会立法程序规定	2018年3月28日海西蒙古族藏族自治州第十四届人民代表大会第四次会议通过，2018年5月31日青海省第十三届人民代表大会常务委员会第三次会议批准	2018-6-20	2018-6-26	2018-7-1	制定
化隆回族自治县森林管护条例	2018年3月16日化隆回族自治县第十七届人民代表大会第四次会议修改，2018年5月31日青海省第十三届人民代表大会常务委员会第三次会议批准修改	2018-6-21	2018-6-26	2018-6-21	修改
西宁市大气污染防治条例	2018年2月8日西宁市第十六届人民代表大会第四次会议修改，2018年5月31日青海省第十三届人民代表大会常务委员会第三次会议批准修改	2018-6-22	2018-6-26	2018-6-22	修改
西宁市防御雷电灾害条例	2018年2月8日西宁市第十六届人民代表大会第四次会议修改，2018年5月31日青海省第十三届人民代表大会常务委员会第三次会议批准修改	2018-6-22	2018-6-26	2018-6-22	修改
西宁市殡葬管理条例	2018年2月8日西宁市第十六届人民代表大会第四次会议修改，2018年5月31日青海省第十三届人民代表大会常务委员会第三次会议批准修改	2018-6-22	2018-6-26	2018-6-22	修改
西宁市全民义务植树条例	2018年2月8日西宁市第十六届人民代表大会第四次会议修改，2018年5月31日青海省第十三届人民代表大会常务委员会第三次会议批准修改	2018-6-22	2018-6-26	2018-6-22	修改
西宁市水资源管理条例	2018年2月8日西宁市第十六届人民代表大会第四次会议修改，2018年5月31日青海省第十三届人民代表大会常务委员会第三次会议批准修改	2018-6-22	2018-6-26	2018-6-22	修改
西宁市市容环境卫生管理条例	2018年2月8日西宁市第十六届人民代表大会第四次会议修改，2018年5月31日青海省第十三届人民代表大会常务委员会第三次会议批准修改	2018-6-22	2018-6-26	2018-6-22	修改
西宁市建设工程抗震设防要求和地震安全性评价管理条例	2018年2月8日西宁市第十六届人民代表大会第四次会议修改，2018年5月31日青海省第十三届人民代表大会常务委员会第三次会议批准修改	2018-6-22	2018-6-26	2018-6-22	修改

续表

法规名称	通过或批准时间	公布时间	报备时间	施行时间	立法形式
西宁市城市园林绿化管理条例	2018年2月8日西宁市第十六届人民代表大会第四次会议修改,2018年5月31日青海省第十三届人民代表大会常务委员会第三次会议批准修改	2018-6-22	2018-6-26	2018-6-22	修改
西宁市档案管理条例	2018年2月8日西宁市第十六届人民代表大会第四次会议修改,2018年5月31日青海省第十三届人民代表大会常务委员会第三次会议批准修改	2018-6-22	2018-6-26	2018-6-22	修改
西宁市城市房屋拆迁管理条例	2018年2月8日西宁市第十六届人民代表大会第四次会议废止,2018年5月31日青海省第十三届人民代表大会常务委员会第三次会议批准废止	2018-6-22	2018-6-26	2018-6-22	废止
西宁市城市广场管理条例	2018年2月8日西宁市第十六届人民代表大会第四次会议废止,2018年5月31日青海省第十三届人民代表大会常务委员会第三次会议批准废止	2018-6-22	2018-6-26	2018-6-22	废止
海东市城市管理条例	2018年6月27日海东市第二届人民代表大会常务委员会第十二次会议通过,2018年8月1日青海省第十三届人民代表大会常务委员会第四次会议批准	2018-8-15	2018-8-20	2018-9-1	制定
黄南藏族自治州城镇市容和环境卫生管理条例	2018年5月30日黄南藏族自治州第十五届人民代表大会第四次会议修改,2018年8月1日青海省第十三届人民代表大会常务委员会第四次会议批准修改	2018-8-15	2018-8-20	2018-10-1	修改
海北藏族自治州水资源管理条例	2018年1月17日海北藏族自治州第十四届人民代表大会第三次会议修改,2018年8月1日青海省第十三届人民代表大会常务委员会第四次会议批准修改	2018-8-17	2018-8-20	2018-8-17	修改
海北藏族自治州水利工程管护条例	2018年1月17日海北藏族自治州第十四届人民代表大会第三次会议修改,2018年8月1日青海省第十三届人民代表大会常务委员会第四次会议批准修改	2018-8-17	2018-8-20	2018-8-17	修改
青海省电信设施建设与保护条例	2018年9月18日青海省第十三届人民代表大会常务委员会第六次会议通过	2018-9-18	2018-9-27	2018-12-1	制定
青海省矿产资源管理条例	2018年9月18日青海省第十三届人民代表大会常务委员会第六次会议通过	2018-9-18	2018-9-27	2018-9-18	修改
青海省实施《中华人民共和国草原法》办法	2018年9月18日青海省第十三届人民代表大会常务委员会第六次会议通过	2018-9-18	2018-9-27	2018-9-18	修改
青海省湿地保护条例	2018年9月18日青海省第十三届人民代表大会常务委员会第六次会议通过	2018-9-18	2018-9-27	2018-9-18	修改
青海省实施《中华人民共和国环境保护法》办法〉	2018年9月18日青海省第十三届人民代表大会常务委员会第六次会议通过	2018-9-18	2018-9-27	2018-9-18	废止
青海省实施《中华人民共和国渔业法》办法	2018年9月18日青海省第十三届人民代表大会常务委员会第六次会议通过	2018-9-18	2018-9-27	2018-9-18	废止
青海省实施《中华人民共和国野生动物保护法》办法〉	2018年9月18日青海省第十三届人民代表大会常务委员会第六次会议通过	2018-9-18	2018-9-27	2018-9-18	废止
门源回族自治县森林保护管理条例	2018年6月25日门源回族自治县第十七届人民代表大会第四次会议通过,2018年9月18日青海省第十三届人民代表大会常务委员会第六次会议批准	2018-9-28	2018-9-27	2018-11-1	制定
门源回族自治县森林管护条例	在《门源回族自治县森林保护管理条例》中被明文予以废止	2018-9-28	2018-9-27	2018-11-1	文中废止

续表

法规名称	通过或批准时间	公布时间	报备时间	施行时间	立法形式
西宁市环境保护条例	2018年8月30日西宁市第十六届人民代表大会常务委员会第十三次会议通过，2018年9月18日青海省第十三届人民代表大会常务委员会第六次会议批准	2018-9-29	2018-9-27	2018-9-29	修改
西宁市林业管理条例	2018年8月30日西宁市第十六届人民代表大会常务委员会第十三次会议通过，2018年9月18日青海省第十三届人民代表大会常务委员会第六次会议批准	2018-9-29	2018-9-27	2018-9-29	修改
青海省大气污染防治条例	2018年11月28日青海省第十三届人民代表大会常务委员会第七次会议通过	2018-11-28	2018-12-12	2019-2-1	制定
青海省实施《中华人民共和国大气污染防治法》办法	在《青海省大气污染防治条例》中被明文予以废止	2018-11-28	2018-12-12	2019-2-1	文中废止
青海省燃气管理条例	2018年11月28日青海省第十三届人民代表大会常务委员会第七次会议通过	2018-11-28	2018-12-12	2019-3-1	制定
青海省农村公路条例	2018年11月28日青海省第十三届人民代表大会常务委员会第七次会议通过	2018-11-28	2018-12-12	2019-1-1	制定
西宁市电梯安全条例	2018年10月25日西宁市第十六届人民代表大会常务委员会第十四次会议通过，2018年11月28日青海省第十三届人民代表大会常务委员会第七次会议批准	2018-12-14	2018-12-12	2019-1-1	制定
西宁市建设绿色发展样板城市促进条例	2018年10月25日西宁市第十六届人民代表大会常务委员会第十四次会议通过，2018年11月28日青海省第十三届人民代表大会常务委员会第七次会议批准	2018-12-14	2018-12-12	2019-1-1	制定
互助土族自治县公路管护条例	2018年3月14日互助土族自治县第十七届人民代表大会第四次会议第二次修改，2018年11月28日青海省第十三届人民代表大会常务委员会第七次会议批准修改	2018-12-13	2018-12-12	2018-12-13	修改
互助土族自治县施行《中华人民共和国婚姻法》补充规定	2018年3月14日互助土族自治县第十七届人民代表大会第四次会议修改，2018年11月28日青海省第十三届人民代表大会常务委员会第七次会议批准修改	2018-12-13	2018-12-12	2018-12-13	修改

宁夏回族自治区地方性法规目录

（33件）

法规名称	通过或批准时间	公布时间	报备时间	施行时间	立法形式
宁夏回族自治区人民代表大会常务委员会人事任免工作条例	2018年3月28日宁夏回族自治区第十二届人民代表大会常务委员会第二次会议修改	2018-4-3	2018-4-3	2018-4-3	修改
宁夏回族自治区实施宪法宣誓制度办法	2018年3月28日宁夏回族自治区第十二届人民代表大会常务委员会第二次会议通过	2018-4-3	2018-4-3	2018-4-3	制定
宁夏回族自治区实施宪法宣誓办法	在《宁夏回族自治区实施宪法宣誓制度办法》中被明文予以废止	2018-4-3	2018-4-3	2018-4-3	文中废止

续表

法规名称	通过或批准时间	公布时间	报备时间	施行时间	立法形式
宁夏回族自治区私营企业工会条例	2018 年 3 月 28 日宁夏回族自治区第十二届人民代表大会常务委员会第二次会议废止	2018-4-3	2018-4-3	2018-4-3	废止
宁夏回族自治区文化市场管理条例	2018 年 3 月 28 日宁夏回族自治区第十二届人民代表大会常务委员会第二次会议废止	2018-4-3	2018-4-3	2018-4-3	废止
银川市人民代表大会常务委员会讨论决定重大事项条例	2017 年 10 月 24 日银川市第十五届人民代表大会常务委员会第七次会议修改,2018 年 3 月 28 日宁夏回族自治区第十二届人民代表大会常务委员会第二次会议通过	2018-3-29	2018-4-3	2018-5-1	制定
银川市人民代表大会常务委员会讨论、决定重大事项条例	在《银川市人民代表大会常务委员会讨论决定重大事项条例》中被明文予以废止	2018-3-29	2018-4-3	2018-5-1	文中废止
宁夏回族自治区污染物排放管理条例	2018 年 5 月 29 日宁夏回族自治区第十二届人民代表大会常务委员会第三次会议修改	2018-5-29	2018-5-31	2018-5-29	修改
宁夏回族自治区实施《中华人民共和国节约能源法》办法	2018 年 5 月 29 日宁夏回族自治区第十二届人民代表大会常务委员会第三次会议修改	2018-5-29	2018-5-31	2018-5-29	修改
宁夏回族自治区绿色建筑发展条例	2018 年 7 月 27 日宁夏回族自治区第十二届人民代表大会常务委员会第四次会议通过	2018-7-27	2018-7-30	2018-9-1	制定
银川市建筑垃圾管理条例	2018 年 4 月 28 日银川市第十五届人民代表大会常务委员会第十二次会议修改,2018 年 7 月 27 日宁夏回族自治区第十二届人民代表大会常务委员会第四次会议批准修改	2018-7-27	2018-7-30	2018-10-1	修改
银川市餐饮服务业环境污染防治条例	2018 年 4 月 28 日银川市第十五届人民代表大会常务委员会第十二次会议通过,2018 年 7 月 27 日宁夏回族自治区第十二届人民代表大会常务委员会第四次会议批准	2018-7-30	2018-7-30	2018-10-1	制定
银川市饮食娱乐业环境污染防治条例	在《银川市餐饮服务业环境污染防治条例》中被明文予以废止	2018-7-30	2018-7-30	2018-10-1	文中废止
宁夏回族自治区促进科技成果转化条例	2018 年 9 月 14 日宁夏回族自治区第十二届人民代表大会常务委员会第五次会议修改	2018-9-14	2018-10-8	2018-11-1	修改
关于宁夏空间发展战略规划的决议	2018 年 9 月 14 日宁夏回族自治区第十二届人民代表大会常务委员会第五次会议修改	2018-9-14	2018-10-8	2018-9-14	修改
关于促进民族团结进步创建活动的决定	2018 年 9 月 14 日宁夏回族自治区第十二届人民代表大会常务委员会第五次会议修改	2018-9-14	2018-10-8	2018-9-14	修改
宁夏回族自治区民族教育条例	2018 年 9 月 14 日宁夏回族自治区第十二届人民代表大会常务委员会第五次会议修改	2018-9-14	2018-10-8	2018-9-14	修改
宁夏回族自治区奶产业发展条例	2018 年 9 月 14 日宁夏回族自治区第十二届人民代表大会常务委员会第五次会议修改	2018-9-14	2018-10-8	2018-9-14	修改
宁夏回族自治区清真食品管理条例	2018 年 9 月 14 日宁夏回族自治区第十二届人民代表大会常务委员会第五次会议修改	2018-9-14	2018-10-8	2018-9-14	修改

续表

法规名称	通过或批准时间	公布时间	报备时间	施行时间	立法形式
石嘴山市城市餐厨垃圾管理条例	2018年7月27日石嘴山市第十四届人民代表大会常务委员会第十二次会议通过，2018年9月14日宁夏回族自治区第十二届人民代表大会常务委员会第五次会议批准	2018-9-18	2018-10-8	2019-1-1	制定
银川市电梯使用安全条例	2018年6月27日银川市第十五届人民代表大会常务委员会第十四次会议通过，2018年9月14日宁夏回族自治区第十二届人民代表大会常务委员会第五次会议批准	2018-9-20	2018-10-8	2018-11-1	制定
银川市文明行为促进条例	2018年8月29日银川市第十五届人民代表大会常务委员会第十五次会议通过，2018年9月14日宁夏回族自治区第十二届人民代表大会常务委员会第五次会议批准	2018-9-20	2018-10-8	2018-11-1	制定
银川市水资源管理条例	2018年8月29日银川市第十五届人民代表大会常务委员会第十五次会议修改，2018年9月14日宁夏回族自治区第十二届人民代表大会常务委员会第五次会议批准修改	2018-9-20	2018-10-8	2018-11-1	修改
银川市城市供水节水条例	2018年8月29日银川市第十五届人民代表大会常务委员会第十五次会议修改，2018年9月14日宁夏回族自治区第十二届人民代表大会常务委员会第五次会议批准修改	2018-9-20	2018-10-8	2018-11-1	修改
银川市农村环境保护条例	2018年8月29日银川市第十五届人民代表大会常务委员会第十五次会议修改，2018年9月14日宁夏回族自治区第十二届人民代表大会常务委员会第五次会议批准修改	2018-9-20	2018-10-8	2018-11-1	修改
银川市机动车排气污染防治条例	2018年8月29日银川市第十五届人民代表大会常务委员会第十五次会议修改，2018年9月14日宁夏回族自治区第十二届人民代表大会常务委员会第五次会议批准修改	2018-9-20	2018-10-8	2018-11-1	修改
银川市基本农田保护规定	2018年8月29日银川市第十五届人民代表大会常务委员会第十五次会议修改，2018年9月14日宁夏回族自治区第十二届人民代表大会常务委员会第五次会议批准修改	2018-9-20	2018-10-8	2018-11-1	修改
固原市烟花爆竹燃放管理条例	2018年8月29日固原市第四届人民代表大会常务委员会第十四次会议通过，2018年9月14日宁夏回族自治区第十二届人民代表大会常务委员会第五次会议批准	2018-9-28	2018-10-8	2018-11-1	制定
宁夏回族自治区预算审查监督条例	2018年11月29日宁夏回族自治区第十二届人民代表大会常务委员会第七次会议通过	2018-11-29	2018-12-6	2019-1-1	制定
宁夏回族自治区人民代表大会常务委员会预算监督条例	在《宁夏回族自治区预算审查监督条例》中被明文予以废止	2018-11-29	2018-12-6	2019-1-1	文中废止
宁夏回族自治区生态保护红线管理条例	2018年11月29日宁夏回族自治区第十二届人民代表大会常务委员会第七次会议通过	2018-11-29	2018-12-6	2019-1-1	制定

续表

法规名称	通过或批准时间	公布时间	报备时间	施行时间	立法形式
宁夏回族自治区老年人权益保障条例	2018 年 11 月 29 日宁夏回族自治区第十二届人民代表大会常务委员会第七次会议修改	2018-11-29	2018-12-6	2019-1-1	修改
宁夏回族自治区湿地保护条例	2018 年 11 月 29 日宁夏回族自治区第十二届人民代表大会常务委员会第七次会议修改	2018-11-29	2018-12-6	2019-1-1	修改
宁夏回族自治区实施《中华人民共和国工会法》办法	2018 年 11 月 29 日宁夏回族自治区第十二届人民代表大会常务委员会第七次会议修改	2018-11-29	2018-12-6	2019-1-1	修改
自治区人民代表大会常务委员会关于自治区人民政府机构改革涉及自治区的地方性规定的行政机关职责调整问题的决定	2018 年 11 月 29 日宁夏回族自治区第十二届人民代表大会常务委员会第七会议通过	2018-11-29	2018-12-6	2018-11-29	制定
固原市北朝隋唐墓地保护条例	2018 年 10 月 31 日固原市第四届人民代表大会常务委员会第十六次会议通过，2018 年 11 月 29 日宁夏回族自治区第十二届人民代表大会常务委员会第七会议批准	2018-11-30	2018-12-6	2019-1-1	制定
吴忠市城乡容貌和环境卫生治理条例	2018 年 9 月 26 日吴忠市第五届人民代表大会常务委员会第十二次会议通过，2018 年 11 月 29 日宁夏回族自治区第十二届人民代表大会常务委员会第七会议批准	2018-12-5	2018-12-6	2019-1-1	制定

新疆维吾尔自治区地方性法规目录

（43 件）

法规名称	通过或批准时间	公布时间	报备时间	施行时间	立法形式
木垒哈萨克自治县生态环境保护条例	2018 年 1 月 20 日木垒哈萨克自治县第十七届人民代表大会第三次会议通过，2018 年 3 月 30 日新疆维吾尔自治区第十三届人民代表大会常务委员会第二次会议批准	2018-4-16	2018-5-9	2018-6-1	制定
乌鲁木齐市寄递物流安全管理条例	2017 年 12 月 5 日乌鲁木齐市第十六届人民代表大会常务委员会第六次会议通过，2018 年 3 月 30 日新疆维吾尔自治区第十三届人民代表大会常务委员会第二次会议批准	2018-4-20	2018-5-9	2018-6-1	制定
库尔勒经济技术开发区条例	2018 年 1 月 16 日巴音郭楞蒙古自治州第十四届人民代表大会第二次会议通过，2018 年 3 月 30 日新疆维吾尔自治区第十三届人民代表大会常务委员会第二次会议批准	2018-6-1	2018-6-12	2018-7-1	制定
库尔勒经济技术开发区管理条例	在《库尔勒经济技术开发区条例》中被明文予以废止	2018-6-1	2018-6-12	2018-7-1	文中废止
伊犁河流域生态环境保护条例	2018 年 1 月 16 日伊犁哈萨克自治州第十四届人民代表大会第二次会议废止，2018 年 3 月 30 日新疆维吾尔自治区第十三届人民代表大会常务委员会第二次会议批准废止	2018-6-6	2018-6-10	2018-6-6	废止

续表

法规名称	通过或批准时间	公布时间	报备时间	施行时间	立法形式
伊犁哈萨克自治州伊犁河额尔齐斯河渔业资源保护条例	2018年1月16日伊犁哈萨克自治州第十四届人民代表大会第二次会议废止,2018年3月30日新疆维吾尔自治区第十三届人民代表大会常务委员会第二次会议批准废止	2018-6-6	2018-6-10	2018-6-6	废止
新疆维吾尔自治区人民代表大会常务委员会人事任免办法	2018年5月20日新疆维吾尔自治区第十三届人民代表大会常务委员会第三次会议修改	2018-5-20	2018-6-10	2018-5-20	修改
新疆维吾尔自治区人民代表大会常务委员会议事规则	2018年5月20日新疆维吾尔自治区第十三届人民代表大会常务委员会第三次会议修改	2018-5-20	2018-6-10	2018-5-20	修改
新疆维吾尔自治区人民代表大会常务委员会组成人员守则	2018年5月20日新疆维吾尔自治区第十三届人民代表大会常务委员会第三次会议修改	2018-5-20	2018-6-10	2018-5-20	修改
哈密市制定地方性法规条例	2018年1月16日哈密市第一届人民代表大会第三次会议通过,2018年5月20日新疆维吾尔自治区第十三届人民代表大会常务委员会第三次会议批准	2018-6-6	2018-6-25	2018-6-6	制定
克孜勒苏柯尔克孜自治州立法条例	2018年1月16日克孜勒苏柯尔克孜自治州第十四届人民代表大会第二次会议通过,2018年5月20日新疆维吾尔自治区第十三届人民代表大会常务委员会第三次会议批准	2018-6-15	2018-6-28	2018-7-1	制定
阿勒泰地区生态环境保护条例	2018年1月16日伊犁哈萨克自治州第十四届人民代表大会第二次会议通过,2018年5月20日新疆维吾尔自治区第十三届人民代表大会常务委员会第三次会议批准	2018-7-18	2018-7-20	2018-7-18	修改
吉木乃县萨吾尔山冰川水资源保护区域管理条例	2018年1月16日伊犁哈萨克自治州第十四届人民代表大会第二次会议通过,2018年5月20日新疆维吾尔自治区第十三届人民代表大会常务委员会第三次会议批准	2018-7-18	2018-7-20	2018-7-18	修改
新疆维吾尔自治区农村扶贫开发条例	2018年7月27日新疆维吾尔自治区第十三届人民代表大会常务委员会第四次会议通过	2018-7-27	2018-8-5	2018-8-1	制定
新疆维吾尔自治区人民代表大会常务委员会关于加强自治区地方政府性债务管理监督的决定	2018年7月27日新疆维吾尔自治区第十三届人民代表大会常务委员会第四次会议通过	2018-7-27	2018-9-1	2018-7-27	制定
新疆维吾尔自治区人民代表大会常务委员会关于停止适用与《中华人民共和国自然保护区条例》不一致的地方性法规和单行条例有关条款的决定	2018年7月27日新疆维吾尔自治区第十三届人民代表大会常务委员会第四次会议通过	2018-7-27	2018-9-1	2018-7-27	制定
乌鲁木齐市轨道交通管理条例	2018年4月8日乌鲁木齐市第十六届人民代表大会常务委员会第十次会议通过,2018年7月27日新疆维吾尔自治区第十三届人民代表大会常务委员会第四次会议批准	2018-8-29	2018-9-1	2018-10-1	制定
新疆维吾尔自治区实施《中华人民共和国反恐怖主义法》办法	2018年9月5日新疆维吾尔自治区第十三届人民代表大会常务委员会第五次会议修改	2018-10-9	2018-10-10	2018-10-9	修改

续表

法规名称	通过或批准时间	公布时间	报备时间	施行时间	立法形式
新疆维吾尔自治区去极端化条例	2018 年 9 月 5 日新疆维吾尔自治区第十三届人民代表大会常务委员会第五次会议修改	2018-10-9	2018-10-10	2018-10-9	修改
新疆维吾尔自治区实施宪法宣誓制度办法	2018 年 9 月 21 日新疆维吾尔自治区第十三届人民代表大会常务委员会第六次会议通过	2018-9-21	2018-10-10	2018-10-1	制定
新疆维吾尔自治区自然保护区管理条例	2018 年 9 月 21 日新疆维吾尔自治区第十三届人民代表大会常务委员会第六次会议修改	2018-9-21	2018-10-10	2018-9-21	修改
新疆维吾尔自治区煤炭石油天然气开发环境保护条例	2018 年 9 月 21 日新疆维吾尔自治区第十三届人民代表大会常务委员会第六次会议修改	2018-9-21	2018-10-10	2018-9-21	修改
新疆维吾尔自治区环境保护条例	2018 年 9 月 21 日新疆维吾尔自治区第十三届人民代表大会常务委员会第六次会议修改	2018-9-21	2018-10-10	2018-9-21	修改
新疆维吾尔自治区实施《中华人民共和国森林法》办法	2018 年 9 月 21 日新疆维吾尔自治区第十三届人民代表大会常务委员会第六次会议修改	2018-9-21	2018-10-10	2018-9-21	修改
新疆维吾尔自治区义务植树条例	2018 年 9 月 21 日新疆维吾尔自治区第十三届人民代表大会常务委员会第六次会议修改	2018-9-21	2018-10-10	2018-9-21	修改
新疆维吾尔自治区野生植物保护条例	2018 年 9 月 21 日新疆维吾尔自治区第十三届人民代表大会常务委员会第六次会议修改	2018-9-21	2018-10-10	2018-9-21	修改
新疆维吾尔自治区实施《中华人民共和国渔业法》办法	2018 年 9 月 21 日新疆维吾尔自治区第十三届人民代表大会常务委员会第六次会议修改	2018-9-21	2018-10-10	2018-9-21	修改
新疆维吾尔自治区人民代表大会常务委员会关于全面加强生态环境保护依法推动打好污染防治攻坚战的决定	2018 年 9 月 21 日新疆维吾尔自治区第十三届人民代表大会常务委员会第六次会议通过	2018-9-21	2018-10-10	2018-9-21	制定
新疆维吾尔自治区酒类管理条例	2018 年 9 月 21 日新疆维吾尔自治区第十三届人民代表大会常务委员会第六次会议废止	2018-9-21	2018-10-10	2018-9-21	废止
江布拉克景区保护管理条例	2018 年 3 月 16 日昌吉回族自治州第十五届人民代表大会常务委员会第十次会议通过，2018 年 9 月 21 日新疆维吾尔自治区第十三届人民代表大会常务委员会第六次会议批准	2018-10-24	2018-10-26	2019-1-1	制定
克拉玛依市大风灾害防御条例	2018 年 8 月 29 日克拉玛依市第十四届人民代表大会常务委员会第十六次会议通过，2018 年 9 月 21 日新疆维吾尔自治区第十三届人民代表大会常务委员会第六次会议批准	2018-10-17	2018-10-26	2019-4-1	制定
新疆维吾尔自治区食品小作坊、小餐饮店、小食杂店和食品摊贩管理条例	2018 年 11 月 30 日由新疆维吾尔自治区第十三届人民代表大会常务委员会第七次会议通过	2018-11-30	2018-12-25	2019-6-1	制定
新疆维吾尔自治区大气污染防治条例	2018 年 11 月 30 日新疆维吾尔自治区第十三届人民代表大会常务委员会第七次会议通过	2018-11-30	2018-12-25	2019-1-1	制定
新疆维吾尔自治区邮政条例	2018 年 11 月 30 日新疆维吾尔自治区第十三届人民代表大会常务委员会第七次会议修改	2018-11-30	2018-12-25	2019-1-1	修改

续表

法规名称	通过或批准时间	公布时间	报备时间	施行时间	立法形式
新疆维吾尔自治区人民代表大会议事规则	2018年11月30日新疆维吾尔自治区第十三届人民代表大会常务委员会第七次会议修改	2018-11-30	2018-12-25	2018-11-30	修改
新疆维吾尔自治区人民代表大会代表议案处理办法	2018年11月30日新疆维吾尔自治区十三届人民代表大会常务委员会第七次会议通过	2018-11-30	2018-12-25	2019-1-1	制定
新疆维吾尔自治区人民代表大会代表议案和建议、批评、意见办理办法	在《新疆维吾尔自治区人民代表大会代表议案处理办法》中被明文予以废止	2018-11-30	2018-12-25	2019-1-1	文中废止
新疆维吾尔自治区人民代表大会代表建议、批评、意见办理规则	2018年11月30日新疆维吾尔自治区十三届人民代表大会常务委员会第七次会议通过	2018-11-30	2018-12-25	2019-1-1	制定
伊犁河谷生态环境保护条例	2018年6月23日伊犁哈萨克自治州第十四届人民代表大会常务委员会第十三次会议通过，2018年11月30日新疆维吾尔自治区第十三届人民代表大会常务委员会第七次会议批准	2019-3-18	2019-3-20	2019-4-1	制定
伊犁哈萨克自治州渔业资源保护条例	2018年6月23日伊犁哈萨克自治州第十四届人民代表大会常务委员会第十三次会议通过，2018年11月30日新疆维吾尔自治区第十三届人民代表大会常务委员会第七次会议批准	2019-3-18	2019-3-20	2019-4-1	制定
新疆维吾尔自治区卡拉麦里山有蹄类野生动物自然保护区管理条例	2018年12月29日新疆维吾尔自治区第十三届人民代表大会常务委员会第八次会议修改	2018-12-29	2019-1-10	2018-12-29	修改
乌鲁木齐市机动车和非道路移动机械排气污染防治条例	2018年8月9日乌鲁木齐市第十六届人民代表大会常务委员会第十三次会议通过，2018年11月30日新疆维吾尔自治区第十三届人民代表大会常务委员会第七次会议批准	2018-12-14	2019-1-10	2019-1-1	制定
乌鲁木齐市大气污染防治条例	2018年8月9日乌鲁木齐市第十六届人民代表大会常务委员会第十三次会议修改，2018年11月30日新疆维吾尔自治区第十三届人民代表大会常务委员会第七次会议批准修改	2018-12-14	2019-1-10	2019-1-1	修改
乌鲁木齐市湿地保护条例	2018年8月9日乌鲁木齐市第十六届人民代表大会常务委员会第十三次会议修改，2018年11月30日新疆维吾尔自治区第十三届人民代表大会常务委员会第七次会议批准修改	2018-12-14	2019-1-10	2019-1-1	修改
巴音郭楞蒙古自治州物业管理条例	2018年8月24日巴音郭楞蒙古自治州第十四届人民代表大会常务委员会第十二次会议通过，2018年12月29日新疆维吾尔自治区第十三届人民代表大会常务委员会第八次会议批准	2019-2-15	2019-2-18	2019-3-1	制定

深圳经济特区法规目录

（29 件）

法规名称	通过或批准时间	公布时间	报备时间	施行时间	立法形式
深圳经济特区审计监督条例	2018 年 1 月 12 日深圳市第六届人民代表大会常务委员会第二十二次会议修改	2018-1-17	2018-2-8	2018-1-17	修改
深圳经济特区政府投资项目审计监督条例	2018 年 1 月 12 日深圳市第六届人民代表大会常务委员会第二十二次会议修改	2018-1-17	2018-2-8	2018-1-17	修改
深圳经济特区政府投资项目管理条例	2018 年 1 月 12 日深圳市第六届人民代表大会常务委员会第二十二次会议修改	2018-1-17	2018-2-8	2018-1-17	修改
深圳经济特区国家自主创新示范区条例	2018 年 1 月 12 日深圳市第六届人民代表大会常务委员会第二十二次会议通过	2018-1-17	2018-2-8	2018-3-1	制定
深圳经济特区沙头角边境特别管理区管理条例	2018 年 1 月 12 日深圳市第六届人民代表大会常务委员会第二十二次会议通过	2018-1-17	2018-2-8	2018-3-1	制定
深圳经济特区食品安全监督条例	2018 年 1 月 12 日深圳市第六届人民代表大会常务委员会第二十二次会议通过	2018-1-19	2018-2-6	2018-5-1	制定
深圳市人民代表大会常务委员会关于阶段性暂停征收欠薪保障费的决定	2018 年 3 月 30 日深圳市第六届人民代表大会常务委员会第二十四次会议通过	2018-3-30	2018-4-27	2018-3-30	制定
深圳市人民代表大会常务委员会关于暂时调整适用《深圳经济特区政府投资项目管理条例》有关规定的决定	2018 年 6 月 27 日深圳市第六届人民代表大会常务委员会第二十六次会议通过	2018-6-27	2018-8-8	2018-6-27	制定
深圳市人民代表大会常务委员会关于暂时调整适用和暂时停止适用《深圳经济特区道路交通安全管理条例》等法规有关规定的决定	2018 年 6 月 27 日深圳市第六届人民代表大会常务委员会第二十六次会议通过	2018-6-27	2018-8-8	2018-6-27	制定
深圳经济特区城市园林条例	2018 年 6 月 27 日深圳市第六届人民代表大会常务委员会第二十六次会议通过	2018-7-3	2018-8-8	2018-7-3	修改
深圳经济特区市容和环境卫生管理条例	2018 年 6 月 27 日深圳市第六届人民代表大会常务委员会第二十六次会议通过	2018-7-3	2018-8-8	2018-7-3	修改
深圳经济特区实施《印刷业管理条例》若干规定	2018 年 6 月 27 日深圳市第六届人民代表大会常务委员会第二十六次会议通过	2018-7-3	2018-8-8	2018-7-3	修改
深圳经济特区环境噪声污染防治条例	2018 年 6 月 27 日深圳市第六届人民代表大会常务委员会第二十六次会议通过	2018-7-3	2018-8-8	2018-7-3	修改
深圳经济特区禁止食用野生动物若干规定	2018 年 6 月 27 日深圳市第六届人民代表大会常务委员会第二十六次会议通过	2018-7-3	2018-8-8	2018-7-3	修改
深圳经济特区促进全民健身条例	2018 年 6 月 27 日深圳市第六届人民代表大会常务委员会第二十六次会议通过	2018-7-3	2018-8-8	2018-7-3	修改
深圳经济特区医疗急救条例	2018 年 6 月 27 日深圳市第六届人民代表大会常务委员会第二十六次会议通过	2018-7-4	2018-8-8	2018-10-1	制定
深圳经济特区环境保护条例	2018 年 12 月 27 日深圳市第六届人民代表大会常务委员会第二十九次会议通过	2018-12-27	2019-1-17	2018-12-27	修改
深圳经济特区环境噪声污染防治条例	2018 年 12 月 27 日深圳市第六届人民代表大会常务委员会第二十九次会议通过	2018-12-27	2019-1-17	2018-12-27	修改

续表

法规名称	通过或批准时间	公布时间	报备时间	施行时间	立法形式
深圳经济特区建设项目环境保护条例	2018年12月27日深圳市第六届人民代表大会常务委员会第二十九次会议通过	2018-12-27	2019-1-17	2018-12-27	修改
深圳经济特区机动车排气污染防治条例	2018年12月27日深圳市第六届人民代表大会常务委员会第二十九次会议通过	2018-12-27	2019-1-17	2018-12-27	修改
深圳经济特区饮用水源保护条例	2018年12月27日深圳市第六届人民代表大会常务委员会第二十九次会议通过	2018-12-27	2019-1-17	2018-12-27	修改
大亚湾核电厂周围限制区安全保障与环境管理条例	2018年12月27日深圳市第六届人民代表大会常务委员会第二十九次会议通过	2018-12-27	2019-1-17	2018-12-27	修改
深圳经济特区海域污染防治条例	2018年12月27日深圳市第六届人民代表大会常务委员会第二十九次会议通过	2018-12-27	2019-1-17	2018-12-27	修改
深圳经济特区水资源管理条例	2018年12月27日深圳市第六届人民代表大会常务委员会第二十九次会议通过	2018-12-27	2019-1-17	2018-12-27	修改
深圳经济特区控制吸烟条例	2018年12月27日深圳市第六届人民代表大会常务委员会第二十九次会议通过	2018-12-27	2019-1-17	2018-12-27	修改
深圳经济特区建筑节能条例	2018年12月27日深圳市第六届人民代表大会常务委员会第二十九次会议通过	2018-12-27	2019-1-17	2018-12-27	修改
深圳经济特区河道管理条例	2018年12月27日深圳市第六届人民代表大会常务委员会第二十九次会议通过	2018-12-27	2019-1-17	2018-12-27	修改
深圳经济特区梧桐山风景名胜区条例	2018年12月27日深圳市第六届人民代表大会常务委员会第二十九次会议通过	2018-12-27	2019-1-17	2018-12-27	修改
深圳经济特区知识产权保护条例	2018年12月27日深圳市第六届人民代表大会常务委员会第二十九次会议通过	2019-1-3	2019-1-20	2019-3-1	制定
深圳经济特区加强知识产权保护工作若干规定	在《深圳经济特区知识产权保护条例》中被明文予以废止	2019-1-3	2019-1-20	2019-3-1	文中废止

珠海经济特区法规目录

（3件）

法规名称	通过或批准时间	公布时间	报备时间	施行时间	立法形式
珠海经济特区海域海岛保护条例	2018年11月30日珠海市第九届人民代表大会常务委员会第十七次会议通过	2019-1-16		2019-5-1	制定
珠海经济特区无居民海岛开发利用管理规定	2018年11月30日珠海市第九届人民代表大会常务委员会第十七次会议通过	2019-1-16		2019-5-1	制定
珠海经济特区旅游条例	2018年11月30日珠海市第九届人民代表大会常务委员会第十七次会议通过	2019-1-19		2019-3-1	制定

汕头经济特区法规目录

（5 件）

法规名称	通过或批准时间	公布时间	报备时间	施行时间	立法形式
汕头经济特区公园广场条例	2018 年 6 月 28 日汕头市第十四届人民代表大会常务委员会第十四次会议通过	2018-6-28	2018-7-5	2018-10-1	制定
汕头经济特区城镇中小学校幼儿园规划建设和保护条例	2018 年 6 月 28 日汕头市第十四届人民代表大会常务委员会第十四次会议通过	2018-7-27	2018-8-7	2018-9-1	制定
汕头经济特区审计监督条例	2018 年 8 月 27 日汕头市第十四届人民代表大会常务委员会第十五次会议修改	2018-8-27	2018-8-28	2018-8-27	修改
汕头经济特区村民住宅建设用地管理条例	2018 年 12 月 27 日汕头市第十四届人民代表大会常务委员会第十九次会议废止	2018-12-27	2018-12-28	2018-12-27	废止
汕头经济特区城市绿化条例	2018 年 12 月 27 日汕头市第十四届人民代表大会常务委员会第十九次会议修改	2018-12-27	2018-12-28	2018-12-27	修改

厦门经济特区法规目录

（6 件）

法规名称	通过或批准时间	公布时间	报备时间	施行时间	立法形式
厦门经济特区园林绿化条例	2018 年 6 月 29 日厦门市第十五届人民代表大会常务委员会第十四次会议通过	2018-7-2	2018-7-10	2018-8-1	制定
厦门经济特区城市园林绿化条例	在《厦门经济特区园林绿化条例》中被明文予以废止	2018-7-2	2018-7-10	2018-8-1	文中废止
厦门市人民代表大会常务委员会组成人员守则	2018 年 6 月 29 日厦门市第十五届人民代表大会常务委员会第十四次会议通过	2018-7-2	2018-7-10	2018-7-2	制定
厦门市人民代表大会常务委员会关于深入学习宣传和贯彻实施《中华人民共和国宪法》的决定	2018 年 8 月 24 日厦门市第十五届人民代表大会常务委员会第十六次会议通过	2018-8-31	2018-9-6	2018-8-31	制定
厦门市人民代表大会常务委员会关于全面加强大气污染防治的决定	2018 年 11 月 29 日厦门市第十五届人民代表大会常务委员会第十九次会议通过	2018-12-3	2018-12-14	2018-12-3	制定
厦门经济特区轨道交通条例	2018 年 12 月 21 日厦门市第十五届人民代表大会常务委员会第二十次会议通过	2018-12-24	2019-1-9	2019-2-1	制定

司法解释目录

（26 件）

发布单位	名称	通过情况	公布时间	施行时间	立法形式
最高人民法院	最高人民法院关于适用《中华人民共和国行政诉讼法》的解释（法释〔2018〕1 号）	2017 年 11 月 13 日最高人民法院审判委员会第 1726 次会议通过	2018-2-6	2018-2-8	制定
最高人民法院	最高人民法院关于执行《中华人民共和国行政诉讼法》若干问题的解释（法释〔2000〕8 号）	2017 年 11 月 13 日最高人民法院审判委员会第 1726 次会议通过	2018-2-6	2018-2-8	文中废止
最高人民法院	最高人民法院关于适用《中华人民共和国行政诉讼法》若干问题的解释（法释〔2015〕9 号）	2017 年 11 月 13 日最高人民法院审判委员会第 1726 次会议通过	2018-2-6	2018-2-8	文中废止
最高人民法院	最高人民法院关于审理涉及夫妻债务纠纷案件适用法律有关问题的解释（法释〔2018〕2 号）	2018 年 1 月 8 日最高人民法院审判委员会第 1731 次会议通过	2018-1-16	2018-1-18	制定
最高人民法院	最高人民法院关于执行和解若干问题的规定（法释〔2018〕3 号）	2017 年 11 月 6 日最高人民法院审判委员会第 1725 次会议通过	2018-2-22	2018-3-1	制定
最高人民法院	最高人民法院关于执行担保若干问题的规定（法释〔2018〕4 号）	2017 年 12 月 11 日最高人民法院审判委员会第 1729 次会议通过	2018-2-22	2018-3-1	制定
最高人民法院	最高人民法院关于人民法院办理仲裁裁决执行案件若干问题的规定（法释〔2018〕5 号）	2018 年 1 月 5 日最高人民法院审判委员会第 1730 次会议通过	2018-2-22	2018-3-1	制定
最高人民法院、最高人民检察院	最高人民法院、最高人民检察院关于检察公益诉讼案件适用法律若干问题的解释（法释〔2018〕6 号）	2018 年 2 月 23 日最高人民法院审判委员会第 1734 次会议、2018 年 2 月 11 日最高人民检察院第十二届检察委员会第 73 次会议通过	2018-3-1	2018-3-2	制定
最高人民法院	最高人民法院关于人民法院通过互联网公开审判流程信息的规定（法释〔2018〕7 号）	2018 年 2 月 12 日最高人民法院审判委员会第 1733 次会议通过	2018-3-4	2018-9-1	制定
最高人民法院、最高人民检察院	最高人民法院、最高人民检察院关于涉以压缩气体为动力的枪支、气枪铅弹刑事案件定罪量刑问题的批复（法释〔2018〕8 号）	2018 年 1 月 25 日最高人民法院审判委员会第 1732 次会议、2018 年 3 月 2 日最高人民检察院第十二届检察委员会第 74 次会议通过	2018-3-8	2018-3-30	制定
最高人民检察院	最高人民检察院关于指派、聘请有专门知识的人参与办案若干问题的规定（试行）（高检发释字〔2018〕1 号）	2018 年 2 月 11 日最高人民检察院第十二届检察委员会第七十三次会议通过	2018-3-24	2018-3-24	制定
最高人民法院	最高人民法院关于严格规范民商事案件延长审限和延期开庭问题的规定（法释〔2018〕9 号）	2018 年 4 月 23 日最高人民法院审判委员会第 1737 次会议通过	2018-4-25	2018-4-26	制定
最高人民法院	最高人民法院关于仲裁机构"先予仲裁"裁决或者调解书立案、执行等法律适用问题的批复（法释〔2018〕10 号）	2018 年 5 月 28 日最高人民法院审判委员会第 1740 次会议通过	2018-6-5	2018-6-12	制定
最高人民法院	最高人民法院关于设立国际商事法庭若干问题的规定（法释〔2018〕11 号）	2018 年 6 月 25 日最高人民法院审判委员会第 1743 次会议通过	2018-6-27	2018-7-1	制定

续表

发布单位	名称	通过情况	公布时间	施行时间	立法形式
最高人民法院	最高人民法院关于适用《中华人民共和国民法总则》诉讼时效制度若干问题的解释(法释〔2018〕12号)	2018年7月2日最高人民法院审判委员会第1744次会议通过	2018-7-18	2018-7-23	制定
最高人民法院	最高人民法院关于适用《中华人民共和国保险法》若干问题的解释(四)(法释〔2018〕13号)	2018年5月14日最高人民法院审判委员会第1738次会议通过	2018-7-31	2018-9-1	制定
最高人民法院	最高人民法院关于上海金融法院案件管辖的规定(法释〔2018〕14号)	2018年7月31日最高人民法院审判委员会第1746次会议通过	2018-8-7	2018-8-10	制定
最高人民法院	最高人民法院关于人民法院确定财产处置参考价若干问题的规定(法释〔2018〕15号)	2018年6月4日最高人民法院审判委员会第1741次会议通过	2018-8-28	2018-9-1	制定
最高人民法院	最高人民法院关于互联网法院审理案件若干问题的规定(法释〔2018〕16号)	2018年9月3日最高人民法院审判委员会第1747次会议通过	2018-9-6	2018-9-7	制定
最高人民法院、最高人民检察院	最高人民法院、最高人民检察院关于办理虚假诉讼刑事案件适用法律若干问题的解释(法释〔2018〕17号)	2018年1月25日最高人民法院审判委员会第1732次会议、2018年6月13日最高人民检察院第十三届检察委员会第二次会议通过	2018-9-26	2018-10-1	制定
最高人民法院	最高人民法院关于公证债权文书执行若干问题的规定(法释〔2018〕18号)	2018年6月25日最高人民法院审判委员会第1743次会议通过	2018-9-30	2018-10-1	制定
最高人民法院、最高人民检察院	最高人民法院、最高人民检察院关于修改《关于办理妨害信用卡管理刑事案件具体应用法律若干问题的解释》的决定(法释〔2018〕19号)	2018年7月30日最高人民法院审判委员会第1745次会议、2018年10月19日最高人民检察院第十三届检察委员会第七次会议通过	2018-11-28	2018-12-1	修改
最高人民法院	最高人民法院关于审查知识产权纠纷行为保全案件适用法律若干问题的规定(法释〔2018〕21号)	2018年11月26日最高人民法院审判委员会第1755次会议通过	2018-12-12	2019-1-1	制定
最高人民法院	最高人民法院关于知识产权法庭若干问题的规定(法释〔2018〕22号)	2018年12月3日最高人民法院审判委员会第1756次会议通过	2018-12-27	2019-1-1	制定
最高人民检察院	最高人民检察院关于认定累犯如何确定刑罚执行完毕以后"五年以内"起始日期的批复(高检发释字〔2018〕2号)	2018年12月25日最高人民检察院第十三届检察委员会第十二次会议通过	2018-12-28	2018-12-30	制定
最高人民法院	最高人民法院关于审理建设工程施工合同纠纷案件适用法律问题的解释(二)(法释〔2018〕20号)	2018年10月29日最高人民法院审判委员会第1751次会议通过	2018-12-29	2019-2-1	制定

五、特别行政区报送备案的法律目录

香港特别行政区法律目录

（共 37 件）

1.《追加拨款（2016-2017 年度）条例》（2018 年第 1 号条例）

2.《2018 年印花税（修订）条例》（2018 年第 2 号条例）

3.《2018 年公司（修订）条例》（2018 年第 3 号条例）

4.《2018 年打击洗钱及恐怖分子资金筹集（金融机构）（修订）条例》（2018 年第 4 号条例）

5.《2018 年税务（修订）条例》（2018 年第 5 号条例）

6.《2018 年银行业（修订）条例》（2018 年第 6 号条例）

7.《2018 年保护濒危动植物物种（修订）条例》（2018 年第 7 号条例）

8.《2018 年雇佣（修订）条例》（2018 年第 8 号条例）

9.《2018 年行车隧道（政府）（修订）条例》（2018 年第 9 号条例）

10.《2018 年应课税品（修订）条例》（2018 年第 10 号条例）

11.《2018 年水务设施（修订）条例》（2018 年第 11 号条例）

12.《2018 年税务（修订）（第 2 号）条例》（2018 年第 12 号条例）

13.《2018 年税务（修订）（第 3 号）条例》（2018 年第 13 号条例）

14.《2018 年联合国（反恐怖主义措施）（修订）条例》（2018 年第 14 号条例）

15.《2018 年医生注册（修订）条例》（2018 年第 15 号条例）

16.《2018 年中医药（修订）条例》（2018 年第 16 号条例）

17.《2018 年成文法（杂项规定）条例》（2018 年第 17 号条例）

18.《2018 年印花税（修订）（第 2 号）条例》（2018 年第 18 号条例）

19.《2018 年拨款条例》（2018 年第 19 号条例）

20.《2018 年税务（修订）（第 4 号）条例》（2018 年第 20 号条例）

21.《2018 年雇佣（修订）（第 2 号）条例》（2018 年第 21 号条例）

22.《2018 年海员俱乐部法团（修订）条例》（2018 年第 22 号条例）

23.《广深港高铁（一地两检）条例》（2018 年第 23 号条例）

24.《2018 年税务（修订）（第 5 号）条例》（2018 年第 24 号条例）

25.《2018 年道路交通（修订）条例》（2018 年第 25 号条例）

26.《2018 年联合国制裁（修订）条例》（2018 年第 26 号条例）

27.《2018 年税务（修订）（第 6 号）条例》（2018 年第 27 号条例）

28.《2018 年人体器官移植（修订）条例》（2018 年第 28 号条例）

29.《2018 年税务（修订）（第 7 号）条例》（2018 年第 29 号条例）

30.《2018 年雇佣（修订）（第 3 号）条例》（2018 年第 30 号条例）

31.《2018 年税务（修订）（第 8 号）条例》（2018 年第 31 号条例）

32.《2018 年税务（修订）（第 9 号）条例》（2018 年第 32 号条例）

33.《2018 年渡轮服务（修订）条例》（2018 年第 33 号条例）

34.《私营医疗机构条例》（2018 年第 34 号

条例）

35.《2018年公司（修订）（第2号）条例》（2018年第35号条例）

36.《追加拨款（2017－2018年度）条例》（2018年第36号条例）

37.《旅游业条例》（2018年第37号条例）

澳门特别行政区法律目录

（共19件）

1. 修改《市区房屋税规章》（第1/2018号法律）

2.《取得非首个居住用途不动产的印花税》（第2/2018号法律）

3. 修改经十二月三十日第66/94/M号法令核准的《澳门保安部队军事化人员通则》（第3/2018号法律）

4. 修改第9/2012号法律《存款保障制度》（第4/2018号法律）

5.《调整出生津贴金额》（第5/2018号法律）

6. 修改第4/2010号法律《社会保障制度》（第6/2018号法律）

7.《海域管理纲要法》（第7/2018号法律）

8.《聘用残疾人士的税务优惠》（第8/2018号法律）

9.《设立市政署》（第9/2018号法律）

10.《取得机动车辆特别税务优惠》（第10/2018号法律）

11. 修改五月十七日第2/93/M号法律《集会权及示威权》（第11/2018号法律）

12.《长者权益保障法律制度》（第12/2018号法律）

13. 修改第3/2004号法律《行政长官选举法》（第13/2018号法律）

14.《治安警察局》（第14/2018号法律）

15.《废止离岸业务法律制度》（第15/2018号法律）

16.《调整退休金及抚恤金的最低薪俸点》（第16/2018号法律）

17. 修改第10/2012号法律《规范进入娱乐场和在场内工作及博彩的条件》（第17/2018号法律）

18. 修改《澳门公共行政工作人员通则》（第18/2018号法律）

19.《2019年财政年度预算案》（第19/2018号法律）

人事任免

· 第十三届全国人民代表大会第一次会议
· 特辑
· 常委会工作安排和会议议程日程
· 委员长讲话
· 立法工作
· 批准公约和条约
· 监督工作
· 人事任免
· 代表工作
· 对外交往
· 专门委员会工作
· 常委会相关活动
· 大事记

第十二届全国人民代表大会常务委员会第三十二次会议决定任免、批准任免、任免名单

全国人民代表大会常务委员会任命名单

（2018 年 1 月 30 日第十二届全国人民代表大会常务委员会第三十二次会议通过）

任命何新为届全国人民代表大会常务委员会副秘书长。

全国人民代表大会常务委员会任免名单

（2018 年 1 月 30 日第十二届全国人民代表大会常务委员会第三十二次会议通过）

一、任命张志杰、宋寒松、许山松、尹伊君为最高人民检察院检察委员会委员。

二、免去王景琦（女）的最高人民检察院检察员职务。

第十二届全国人民代表大会常务委员会第三十三次会议决定任免、批准任免、任免名单

全国人民代表大会常务委员会批准任命的名单

（2018 年 2 月 24 日第十二届全国人民代表大会常务委员会第三十三次会议通过）

批准任命王建武为中国人民解放军选举委员会委员。

全国人民代表大会常务委员会免职名单

（2018 年 2 月 24 日第十二届全国人民代表大会常务委员会第三十三次会议通过）

一、免去夏道虎的最高人民法院审判委员会委员、审判监督庭庭长、审判员职务。

二、免去王少南、孙基刚的最高人民法院审判员职务。

全国人民代表大会常务委员会免职名单

（2018 年 2 月 24 日第十二届全国人民代表大会常务委员会第三十三次会议通过）

一、免去宫鸣的最高人民检察院检察委员会委员、检察员职务。

二、免去贺湘君(女)的最高人民检察院检察员职务。

全国人民代表大会常务委员会批准任命的名单

(2018 年 2 月 24 日第十二届全国人民代表大会常务委员会第三十三次会议通过)

一、批准任命敬大力为北京市人民检察院检察长。

二、批准任命宫鸣为天津市人民检察院检察长。

三、批准任命丁顺生为河北省人民检察院检察长。

四、批准任命杨景海为山西省人民检察院检察长。

五、批准任命李琪林为内蒙古自治区人民检察院检察长。

六、批准任命于天敏为辽宁省人民检察院检察长。

七、批准任命杨克勤为吉林省人民检察院检察长。

八、批准任命高继明为黑龙江省人民检察院检察长。

九、批准任命张本才为上海市人民检察院检察长。

十、批准任命刘华(女)为江苏省人民检察院检察长。

十一、批准任命贾宇为浙江省人民检察院检察长。

十二、批准任命薛江武(女)为安徽省人民检察院检察长。

十三、批准任命霍敏为福建省人民检察院检察长。

十四、批准任命田云鹏为江西省人民检察院检察长。

十五、批准任命陈勇为山东省人民检察院检察长。

十六、批准任命顾雪飞为河南省人民检察院检察长。

十七、批准任命王晋为湖北省人民检察院检察长。

十八、批准任命游劝荣为湖南省人民检察院检察长。

十九、批准任命林贻影为广东省人民检察院检察长。

二十、批准任命崔智友为广西壮族自治区人民检察院检察长。

二十一、批准任命路志强为海南省人民检察院检察长。

二十二、批准任命贺恒扬为重庆市人民检察院检察长。

二十三、批准任命冯键为四川省人民检察院检察长。

二十四、批准任命傅信平为贵州省人民检察院检察长。

二十五、批准任命李宁为云南省人民检察院检察长。

二十六、批准任命朱雅频为西藏自治区人民检察院检察长。

二十七、批准任命杨春雷为陕西省人民检察院检察长。

二十八、批准任命朱玉为甘肃省人民检察院检察长。

二十九、批准任命闫柏(纳西族)为青海省人民检察院检察长。

三十、批准任命时侠联为宁夏回族自治区人民检察院检察长。

三十一、批准任命李永君为新疆维吾尔自治区人民检察院检察长。

全国人民代表大会常务委员会决定任免的名单

(2018 年 2 月 24 日第十二届全国人民代表大会常务委员会第三十三次会议通过)

免去陆慧英(女)的中华人民共和国驻马里共和国特命全权大使职务;

任命朱立英为中华人民共和国驻马里共和国特命全权大使。

(2018 年 5 月 31 日国家主席习近平根据全国人大常委会的决定召回和派遣)

免去李杰的中华人民共和国驻密克罗尼西亚联邦特命全权大使职务；

任命黄峥为中华人民共和国驻密克罗尼西亚联邦特命全权大使。

（2018年5月31日国家主席习近平根据全国人大常委会的决定召回和派遣）

免去杨优明的中华人民共和国驻赞比亚共和国特命全权大使职务；

任命李杰为中华人民共和国驻赞比亚共和国特命全权大使。

（2018年5月31日国家主席习近平根据全国人大常委会的决定召回和派遣）

免去魏文华的中华人民共和国驻喀麦隆共和国特命全权大使职务；

任命王英武为中华人民共和国驻喀麦隆共和国特命全权大使。

（2018年7月9日国家主席习近平根据全国人大常委会的决定召回和派遣）

免去符华强的中华人民共和国驻吉布提共和国特命全权大使职务；

任命卓瑞生为中华人民共和国驻吉布提共和国特命全权大使。

（2018年8月8日国家主席习近平根据全国人大常委会的决定召回和派遣）

免去邹肖力的中华人民共和国驻希腊共和国特命全权大使职务；

任命章启月（女）为中华人民共和国驻希腊共和国特命全权大使。

（2018年9月7日国家主席习近平根据全国人大常委会的决定召回和派遣）

免去刘全的中华人民共和国驻瓦努阿图共和国特命全权大使职务。

（2018年9月7日国家主席习近平根据全国人大常委会的决定召回）

免去张晋雄的中华人民共和国驻苏里南共和国特命全权大使职务；

任命刘全为中华人民共和国驻苏里南共和国特命全权大使。

（2018年9月7日国家主席习近平根据全国人大常委会的决定召回和派遣）

免去卞建强的中华人民共和国驻几内亚共和国特命全权大使职务；

任命黄巍为中华人民共和国驻几内亚共和国特命全权大使。

（2018年9月25日国家主席习近平根据全国人大常委会的决定召回和派遣）

免去马克卿（女）的中华人民共和国驻捷克共和国特命全权大使职务；

任命张建敏为中华人民共和国驻捷克共和国特命全权大使。

（2018年9月25日国家主席习近平根据全国人大常委会的决定召回和派遣）

第十三届全国人民代表大会常务委员会第一次会议决定任免、批准任免、任免名单

全国人民代表大会常务委员会任命名单

（2018年3月21日第十三届全国人民代表大会常务委员会第一次会议通过）

任命信春鹰（女）、韩晓武、郭雷、古小玉、郭振华、柯良栋、何新为第十三届全国人民代表大会常务委员会副秘书长。

全国人民代表大会常务委员会任免名单

（2018年3月21日第十三届全国人民代表大会常务委员会第一次会议通过）

一、免去刘昆的全国人民代表大会常务委员会预算工作委员会主任职务；

任命史耀斌为全国人民代表大会常务委员会预算工作委员会主任。

二、免去李飞的第四任全国人民代表大会常务委员会香港特别行政区基本法委员会主任职务；

任命沈春耀为第四任全国人民代表大会常务委员会香港特别行政区基本法委员会主任。

三、免去李飞的第四任全国人民代表大会常务委员会澳门特别行政区基本法委员会主任职务；

任命沈春耀为第四任全国人民代表大会常务委员会澳门特别行政区基本法委员会主任。

全国人民代表大会常务委员会任命名单

（2018 年 3 月 21 日第十三届全国人民代表大会常务委员会第一次会议通过）

一、任命刘金国、杨晓超、李书磊、徐令义、肖培、陈小江为国家监察委员会副主任。

二、任命王鸿津、白少康、邹加怡（女）、张春生、陈超英、侯凯、姜信治、凌激、崔鹏、卢希（女）为国家监察委员会委员。

第十三届全国人民代表大会常务委员会代表资格审查委员会主任委员、副主任委员、委员名单

（2018 年 4 月 27 日第十三届全国人民代表大会常务委员会第二次会议通过）

主任委员

吴玉良

副主任委员

齐　玉　郭振华　张少琴

委　员（按姓名笔划为序）

邓　丽（女）　邓　凯　龙庄伟（苗族）
李　锐（回族）　杨成熙　汪鸿雁（女）
卓新平（土家族）　徐延豪　曹鸿鸣

第十三届全国人民代表大会常务委员会第二次会议决定任免、批准任免、任免名单

全国人民代表大会常务委员会任命名单

（2018 年 4 月 27 日第十三届全国人民代表大会常务委员会第二次会议通过）

一、任命谢勇为第十三届全国人民代表大会监察和司法委员会委员。

二、任命刘政奎为第十三届全国人民代表大会财政经济委员会委员。

三、任命车秀兰（女）为第十三届全国人民代表大会教育科学文化卫生委员会委员。

四、任命陈紫萱（女）为第十三届全国人民代表大会华侨委员会委员。

五、任命葛会波为第十三届全国人民代表大会农业与农村委员会委员。

六、任命许振超为第十三届全国人民代表大会社会建设委员会委员。

全国人民代表大会常务委员会任免名单

（2018 年 4 月 27 日第十三届全国人民代表大会常务委员会第二次会议通过）

一、免去刘贵祥的最高人民法院第一巡回法庭庭长职务；

任命裴显鼎为最高人民法院第一巡回法庭庭长。

二、任命姜伟为最高人民法院第四巡回法庭庭长。

三、免去姜启波的最高人民法院立案庭庭长职务；

任命郑学林为最高人民法院立案庭庭长，免去其环境资源审判庭庭长职务。

四、任命颜茂昆为最高人民法院审判监督庭庭长。

五、免去康瑛、陈朝仑的最高人民法院审判员职务。

全国人民代表大会常务委员会免职名单

（2018 年 4 月 27 日第十三届全国人民代表大会常务委员会第二次会议通过）

一、免去徐显明的最高人民检察院副检察长、检察委员会委员职务。

二、免去卢希（女）、宋寒松的最高人民检察院检察委员会委员、检察员职务。

三、免去张忠、陈正云、关福金、杨书文、张雪昆、韩国光、孙文磊、董妍（女）、张伟、孙勇、赵东平、田书彩（女）、曹希国、王德光、程大贵、张鹏宇、马海滨、王利民、霍亚鹏（女）、王芳（女）、黄璞、顾华（女）、于小平、史维军、王庆豹、王猛、马玮、牛正良、李增福、曹书君、孙忠诚、向泽选、任长义、郑在义、杨洪川、柳晞春、许道敏、韩耀元、肖中扬、詹复亮、杨兴国、董同会、赵武安、丁英华、吴旭明、宗克华、阿儒汗、孙明、周晓永、张华昌、杨静（女）、胡健泼、杨钊（女）、陈雷、段家星、韩英（女）、刘洪林、窦闽（女）、赵珉（女）、秦snb、陈方联的最高人民检察院检察员职务。

全国人民代表大会常务委员会决定任免的名单

（2018 年 4 月 27 日第十三届全国人民代表大会常务委员会第二次会议通过）

免去吴杰的中华人民共和国驻乍得共和国特命全权大使职务；

任命李津津为中华人民共和国驻乍得共和国特命全权大使。

（2018 年 8 月 8 日国家主席习近平根据全国人大常委会的决定召回和派遣）

任命刘洪洋为中华人民共和国驻马拉维共和国特命全权大使。

（2018 年 8 月 8 日国家主席习近平根据全国人大常委会的决定派遣）

任命康勇为中华人民共和国驻也门共和国特命全权大使。

（2018 年 9 月 7 日国家主席习近平根据全国人大常委会的决定派遣）

免去刘豫锡的中华人民共和国驻多哥共和国特命全权大使职务。

（2018 年 9 月 7 日国家主席习近平根据全国人大常委会的决定召回）

免去旷伟霖的中华人民共和国驻非盟使团团长、特命全权大使职务；

任命刘豫锡为中华人民共和国驻非盟使团团长、特命全权大使。

（2018 年 9 月 7 日国家主席习近平根据全国人大常委会的决定召回和派遣）

免去崔志伟的中华人民共和国驻黑山特命全权大使职务；

任命刘晋为中华人民共和国驻黑山特命全权大使。

（2018年9月7日国家主席习近平根据全国人大常委会的决定召回和派遣）

任命周海成为中华人民共和国驻瓦努阿图共和国特命全权大使。

（2018年9月7日国家主席习近平根据全国人大常委会的决定派遣）

免去刘洪洋的中华人民共和国驻东帝汶民主共和国特命全权大使职务。

（2018年11月9日国家主席习近平根据全国人大常委会的决定召回）

免去黄屏的中华人民共和国驻津巴布韦共和国特命全权大使职务。

（2019年4月4日国家主席习近平根据全国人大常委会的决定召回）

免去徐飞洪的中华人民共和国驻罗马尼亚特命全权大使职务。

（2019年4月4日国家主席习近平根据全国人大常委会的决定召回）

第五任全国人民代表大会常务委员会香港特别行政区基本法委员会组成人员名单

（2018年6月22日第十三届全国人民代表大会常务委员会第三次会议通过）

主　任

沈春耀

副主任

谭惠珠（女）　张　勇

委　员（按姓名笔划为序）

刘廼强　陈　冬　陈弘毅　武　增（女）

莫树联　黄玉山　黄柳权　梁美芬（女）

韩大元

第十三届全国人民代表大会常务委员会第三次会议决定任免、批准任免、任免名单

全国人民代表大会常务委员会任命名单

（2018年6月22日第十三届全国人民代表大会常务委员会第三次会议通过）

任命史耀斌为第十三届全国人民代表大会财政经济委员会副主任委员。

全国人民代表大会常务委员会任免名单

（2018年6月22日第十三届全国人民代表大会常务委员会第三次会议通过）

一、免去张荣顺的第四任全国人民代表大会常务委员会澳门特别行政区基本法委员会副主任、全国人民代表大会常务委员会法制工作委员会副主任职务；

任命张勇为第四任全国人民代表大会常务委员会澳门特别行政区基本法委员会副主任。

二、免去王振民、徐泽的第四任全国人民代表大会常务委员会澳门特别行政区基本法委员会委

员职务；

任命陈端洪、黄柳权为第四任全国人民代表大会常务委员会澳门特别行政区基本法委员会委员。

全国人民代表大会常务委员会免职名单

（2018 年 6 月 22 日第十三届全国人民代表大会常务委员会第三次会议通过）

免去邹加怡（女）的国家监察委员会委员职务。

全国人民代表大会常务委员会任免名单

（2018 年 6 月 22 日第十三届全国人民代表大会常务委员会第三次会议通过）

一、任命杨万明为最高人民法院副院长、审判委员会委员、审判员。

二、免去沈德咏的最高人民法院副院长、审判委员会委员、审判员职务。

三、免去李琪的最高人民法院审判员职务。

全国人民代表大会常务委员会任免名单

（2018 年 6 月 22 日第十三届全国人民代表大会常务委员会第三次会议通过）

免去刘季幸的中国人民解放军军事法院院长职务；

任命刘立根为中国人民解放军军事法院院长。

全国人民代表大会常务委员会任免名单

（2018 年 6 月 22 日第十三届全国人民代表大会常务委员会第三次会议通过）

一、任命童建明为最高人民检察院副检察长、检察委员会委员。

二、任命陈国庆为最高人民检察院副检察长。

三、免去张德利的最高人民检察院检察委员会委员、检察员职务。

四、免去鲜铁可、谢鸣的最高人民检察院检察员职务。

全国人民代表大会常务委员会免职名单

（2018 年 6 月 22 日第十三届全国人民代表大会常务委员会第三次会议通过）

免去李晓峰的中国人民解放军军事检察院检察长职务。

全国人民代表大会常务委员会决定任免的名单

（2018年6月22日第十三届全国人民代表大会常务委员会第三次会议通过）

任命巢卫东为中华人民共和国驻多哥共和国特命全权大使。

（2018年9月7日国家主席习近平根据全国人大常委会的决定派遣）

免去张汉晖的中华人民共和国驻哈萨克斯坦共和国特命全权大使职务；

任命张霄为中华人民共和国驻哈萨克斯坦共和国特命全权大使。

（2018年9月7日国家主席习近平根据全国人大常委会的决定召回和派遣）

任命张润为中华人民共和国驻多米尼加共和国特命全权大使。

（2018年9月7日国家主席习近平根据全国人大常委会的决定派遣）

免去曲星的中华人民共和国驻比利时王国特命全权大使职务；

任命曹忠明为中华人民共和国驻比利时王国特命全权大使。

（2018年9月25日国家主席习近平根据全国人大常委会的决定召回和派遣）

免去史忠俊的中华人民共和国常驻联合国维也纳办事处和其他国际组织代表、特命全权大使职务；

任命王群为中华人民共和国常驻联合国维也纳办事处和其他国际组织代表、特命全权大使。

（2018年9月25日国家主席习近平根据全国人大常委会的决定召回和派遣）

免去余劲松（女）的中华人民共和国驻塞舌尔共和国特命全权大使职务；

任命郭玮（女）为中华人民共和国驻塞舌尔共和国特命全权大使。

（2018年11月9日国家主席习近平根据全国人大常委会的决定召回和派遣）

免去岳斌的中华人民共和国驻塔吉克斯坦共和国特命全权大使职务；

任命刘彬为中华人民共和国驻塔吉克斯坦共和国特命全权大使。

（2019年1月4日国家主席习近平根据全国人大常委会的决定召回和派遣）

全国人民代表大会常务委员会关于接受张荣顺辞去第十三届全国人民代表大会常务委员会委员等职务的请求的决定

（2018年6月22日第十三届全国人民代表大会常务委员会第三次会议通过）

根据《中华人民共和国全国人民代表大会组织法》第二十三条第三款“常务委员会的组成人员不得担任国家行政机关、审判机关和检察机关的职务；如果担任上述职务，必须向常务委员会辞去常务委员会的职务”的规定，第十三届全国人民代表大会常务委员会第三次会议决定：接受张荣顺辞去第十三届全国人民代表大会常务委员会委员及全国人民代表大会宪法和法律委员会委员职务的请求，报请第十三届全国人民代表大会第二次会议确认。

第十三届全国人民代表大会常务委员会第五次会议决定任免、批准任免、任免名单

全国人民代表大会常务委员会免职名单

（2018年8月31日第十三届全国人民代表大会常务委员会第五次会议通过）

免去郑淑娜（女）、王超英的全国人民代表大会常务委员会法制工作委员会副主任职务。

全国人民代表大会常务委员会任免名单

（2018年8月31日第十三届全国人民代表大会常务委员会第五次会议通过）

一、任命罗东川为最高人民法院副院长、审判委员会委员、审判员。

二、免去胡云腾的最高人民法院第二巡回法庭庭长职务。

三、任命贺小荣为最高人民法院第二巡回法庭庭长，免去其民事审判第二庭庭长职务。

四、免去南英、徐家新、刘合华的最高人民法院审判委员会委员、审判员职务。

五、免去宫邦友的最高人民法院审判员职务。

全国人民代表大会常务委员会免职名单

（2018年8月31日第十三届全国人民代表大会常务委员会第五次会议通过）

免去曹康、鲁晓刚的最高人民检察院检察员职务。

全国人民代表大会常务委员会决定任免的名单

（2018年8月31日第十三届全国人民代表大会常务委员会第五次会议通过）

免去王文天的中华人民共和国驻老挝人民民主共和国特命全权大使职务；

任命姜再冬为中华人民共和国驻老挝人民民主共和国特命全权大使

（2018年11月9日国家主席习近平根据全国人大常委会的决定召回和派遣）

任命肖建国为中华人民共和国驻东帝汶民主共和国特命全权大使。

（2018年11月9日国家主席习近平根据全国人大常委会的决定派遣）

免去齐前进的中华人民共和国驻阿拉伯叙利亚共和国特命全权大使职务；

任命冯飚为中华人民共和国驻阿拉伯叙利亚共和国特命全权大使。

（2018年11月9日国家主席习近平根据全国人大常委会的决定召回和派遣）

任命李健为中华人民共和国驻布基纳法索特命全权大使。

（2018年11月9日国家主席习近平根据全国人大常委会的决定派遣）

免去熊波的中华人民共和国驻柬埔寨王国特命全权大使职务；

任命王文天为中华人民共和国驻柬埔寨王国特命全权大使。

（2018年12月7日国家主席习近平根据全国人大常委会的决定召回和派遣）

任命熊波为中华人民共和国驻越南社会主义共和国特命全权大使。

（2018年12月7日国家主席习近平根据全国人大常委会的决定派遣）

免去张吉明的中华人民共和国驻冈比亚共和国特命全权大使职务；

任命马建春为中华人民共和国驻冈比亚共和国特命全权大使。

（2018年12月7日国家主席习近平根据全国人大常委会的决定召回和派遣）

免去杨万明的中华人民共和国驻阿根廷共和国特命全权大使职务；

任命邹肖力为中华人民共和国驻阿根廷共和国特命全权大使。

（2019年1月4日国家主席习近平根据全国人大常委会的决定召回和派遣）

免去李金章的中华人民共和国驻巴西联邦共和国特命全权大使职务；

任命杨万明为中华人民共和国驻巴西联邦共和国特命全权大使。

（2019年1月4日国家主席习近平根据全国人大常委会的决定召回和派遣）

免去王镝的中华人民共和国驻科威特国特命全权大使职务。

（2019年1月4日国家主席习近平根据全国人大常委会的决定召回）

免去于福龙的中华人民共和国驻阿曼苏丹国特命全权大使职务；

任命李凌冰（女）为中华人民共和国驻阿曼苏丹国特命全权大使。

（2019年1月4日国家主席习近平根据全国人大常委会的决定召回和派遣）

免去杨广玉的中华人民共和国驻阿尔及利亚民主人民共和国特命全权大使职务；

任命李连和为中华人民共和国驻阿尔及利亚民主人民共和国特命全权大使。

（2019年1月4日国家主席习近平根据全国人大常委会的决定召回和派遣）

免去叶皓的中华人民共和国驻斯洛文尼亚共和国特命全权大使职务；

任命王顺卿为中华人民共和国驻斯洛文尼亚共和国特命全权大使。

（2019年1月4日国家主席习近平根据全国人大常委会的决定召回和派遣）

免去李连和的中华人民共和国驻苏丹共和国特命全权大使职务。

（2019年2月3日国家主席习近平根据全国人大常委会的决定召回）

免去姜瑜（女）的中华人民共和国驻阿尔巴尼亚共和国特命全权大使职务；

任命周鼎为中华人民共和国驻阿尔巴尼亚共和国特命全权大使。

（2019年2月3日国家主席习近平根据全国人大常委会的决定召回和派遣）

免去傅聪的中华人民共和国常驻联合国日内瓦办事处和瑞士其他国际组织副代表、特命全权裁军事务大使职务。

（2019年2月3日国家主席习近平根据全国人大常委会的决定召回）

第十三届全国人民代表大会常务委员会第六次会议决定任免、批准任免、任免名单

全国人民代表大会常务委员会任命名单

（2018年10月26日第十三届全国人民代表大会常务委员会第六次会议通过）

任命刘俊臣为全国人民代表大会常务委员会法制工作委员会副主任。

全国人民代表大会常务委员会免职名单

（2018年10月26日第十三届全国人民代表大会常务委员会第六次会议通过）

一、免去胡云腾的最高人民法院审判委员会委员职务。

二、免去甘雯的最高人民法院审判员职务。

全国人民代表大会常务委员会免职名单

（2018年10月26日第十三届全国人民代表大会常务委员会第六次会议通过）

一、免去李如林的最高人民检察院副检察长、检察委员会委员职务。

二、免去许山松的最高人民检察院检察委员会委员、检察员职务。

全国人民代表大会常务委员会批准免职的名单

（2018年10月26日第十三届全国人民代表大会常务委员会第六次会议通过）

批准免去闫柏的青海省人民检察院检察长职务。

全国人民代表大会常务委员会决定任免的名单

（2018年10月26日第十三届全国人民代表大会常务委员会第六次会议通过）

任命欧箭虹（女）为中华人民共和国驻萨尔瓦多共和国特命全权大使。

（2018年12月7日国家主席习近平根据全国人大常委会的决定派遣）

免去于红（女）的中华人民共和国驻尼泊尔特命全权大使职务；

任命侯艳琪（女）为中华人民共和国驻尼泊尔特命全权大使。

（2019年1月4日国家主席习近平根据全国人大常委会的决定召回和派遣）

任命李名刚为中华人民共和国驻科威特国特命全权大使。

（2019年1月4日国家主席习近平根据全国人大常委会的决定派遣）

免去杨健（女）的中华人民共和国驻文莱达鲁萨兰国特命全权大使职务；

任命于红（女）为中华人民共和国驻文莱达鲁萨兰国特命全权大使。

（2019年2月3日国家主席习近平根据全国人大常委会的决定召回和派遣）

免去郁红阳的中华人民共和国驻土耳其共和国特命全权大使职务；

任命邓励为中华人民共和国驻土耳其共和国特命全权大使。

（2019年2月3日国家主席习近平根据全国人大常委会的决定召回和派遣）

任命马新民为中华人民共和国驻苏丹共和国特命全权大使。

（2019年2月3日国家主席习近平根据全国人大常委会的决定派遣）

免去陈波（女）的中华人民共和国驻波斯尼亚和黑塞哥维那特命全权大使职务；

任命季平为中华人民共和国驻波斯尼亚和黑塞哥维那特命全权大使。

（2019 年 2 月 3 日国家主席习近平根据全国人大常委会的决定召回和派遣）

免去李满长的中华人民共和国驻塞尔维亚共和国特命全权大使职务；

任命陈波（女）为中华人民共和国驻塞尔维亚共和国特命全权大使。

（2019 年 2 月 3 日国家主席习近平根据全国人大常委会的决定召回和派遣）

免去崔爱民的中华人民共和国驻安哥拉共和国特命全权大使职务；

任命龚韬为中华人民共和国驻安哥拉共和国特命全权大使。

（2019 年 4 月 4 日国家主席习近平根据全国人大常委会的决定召回和派遣）

免去张海舟的中华人民共和国驻保加利亚共和国特命全权大使职务。

（2019 年 4 月 4 日国家主席习近平根据全国人大常委会的决定召回）

第十三届全国人民代表大会常务委员会第七次会议决定任免、批准任免、任免名单

全国人民代表大会常务委员会任命名单

（2018 年 12 月 29 日第十三届全国人民代表大会常务委员会第七次会议通过）

任命胡晓犁为第十三届全国人民代表大会常务委员会副秘书长。

全国人民代表大会常务委员会任命名单

（2018 年 12 月 29 日第十三届全国人民代表大会常务委员会第七次会议通过）

任命武增（女）为全国人民代表大会常务委员会法制工作委员会副主任。

全国人民代表大会常务委员会任免名单

（2018 年 12 月 29 日第十三届全国人民代表大会常务委员会第七次会议通过）

一、任命罗东川为最高人民法院知识产权法庭庭长。

二、任命林文学为最高人民法院民事审判第二庭庭长。

三、任命王旭光为最高人民法院环境资源审判庭庭长，免去其最高人民法院第三巡回法庭副庭长职务。

四、任命郭修江为最高人民法院行政审判庭副庭长，免去其最高人民法院第一巡回法庭副庭长职务。

五、任命虞政平为最高人民法院审判监督庭副庭长，免去其最高人民法院第三巡回法庭副庭长职务。

六、任命郃中林为最高人民法院第二巡回法庭副庭长。

七、任命万永海为最高人民法院第二巡回法庭副庭长，免去其最高人民法院第五巡回法庭副庭长职务。

八、任命李成玉、何抒、刘雅玲（女）为最高人民法院第三巡回法庭副庭长。

九、任命孔玲（女）为最高人民法院第四巡回法庭副庭长、审判员。

十、任命包剑平（女）为最高人民法院第四巡回法庭副庭长。

十一、任命魏文超、汪国献为最高人民法院第五巡回法庭副庭长。

十二、任命何莉（女）、骆电为最高人民法院第六巡回法庭副庭长。

十三、任命王闯为最高人民法院知识产权法庭副庭长，免去其最高人民法院民事审判第三庭副庭长职务。

十四、任命周翔、李剑为最高人民法院知识产权法庭副庭长。

十五、免去李卫星的最高人民法院刑事审判第一庭副庭长、审判员职务。

十六、免去徐静（女）的最高人民法院刑事审判第五庭副庭长、审判员职务。

十七、免去苗有水、冯小光的最高人民法院第二巡回法庭副庭长职务。

十八、免去李广宇、王锦亚的最高人民法院第四巡回法庭副庭长职务。

十九、免去刘竹梅（女）的最高人民法院第五巡回法庭副庭长职务。

二十、免去张明、杨永清的最高人民法院第六巡回法庭副庭长职务。

二十一、任命马岚（女）、王敏（女）、王亚凯（女）、王启全、毛洁（女）、田心则、朱晶晶（女）、仲伟珩、孙明秋（女）、孙建国（女）、严捷、苏敏（女）、苏蓓（女）、李小梅（女）、李慧涛、杨华（女）、杨迪（女）、杨蕾（女）、何鹏、宋冰、张颖（女）、张若瑶（女）、张鑫萌（女）、郁琳（女）、郑薇（女）、段凰（女）、郭慧、黄鹏、章政、嵇晶晶（女）、傅蕾（女）、谢勇、潘洁（女）、薛美琴（女）、魏磊（女）、焦彦、岑宏宇（女）、刘晓军、徐卓斌、凌宗亮、张晓阳、徐燕如、张宏伟、刘晓梅（女）、童海超、唐小妹（女）、佘朝阳（女）、邓卓、崔宁、任晓兰（女）、詹靖康、高雪（女）为最高人民法院审判员。

二十二、免去王卫的最高人民法院审判员职务。

全国人民代表大会常务委员会免职名单

（2018年12月29日第十三届全国人民代表大会常务委员会第七次会议通过）

一、免去张仲芳的最高人民检察院检察委员会委员职务。

二、免去姚燕（女）的最高人民检察院检察员职务。

全国人民代表大会常务委员会决定任免的名单

（2018年12月29日第十三届全国人民代表大会常务委员会第七次会议通过）

任命李松为中华人民共和国常驻联合国日内瓦办事处和瑞士其他国际组织副代表、特命全权裁军事务大使。

（2019年2月3日国家主席习近平根据全国人大常委会的决定派遣）

免去史明德的中华人民共和国驻德意志联邦共和国特命全权大使职务；

任命吴恳为中华人民共和国驻德意志联邦共和国特命全权大使。

（2019年4月4日国家主席习近平根据全国人大常委会的决定召回和派遣）

免去何向东的中华人民共和国驻南苏丹共和国特命全权大使职务；

任命华宁为中华人民共和国驻南苏丹共和国特命全权大使。

（2019年4月4日国家主席习近平根据全国人大常委会的决定召回和派遣）

免去孙保红（女）的中华人民共和国驻肯尼亚共和国特命全权大使职务；

任命吴鹏为中华人民共和国驻肯尼亚共和国特命全权大使。

（2019年4月4日国家主席习近平根据全国人大常委会的决定召回和派遣）

任命郭少春为中华人民共和国驻津巴布韦共和国特命全权大使。

（2019年4月4日国家主席习近平根据全国人

大常委会的决定派遣）

免去肖清华的中华人民共和国驻吉尔吉斯共和国特命全权大使职务；

任命杜德文（女）为中华人民共和国驻吉尔吉斯共和国特命全权大使。

（2019年4月4日国家主席习近平根据全国人大常委会的决定召回和派遣）

任命姜瑜（女）为中华人民共和国驻罗马尼亚特命全权大使。

（2019年4月4日国家主席习近平根据全国人大常委会的决定派遣）

任命董晓军为中华人民共和国驻保加利亚共和国特命全权大使。

（2019年4月4日国家主席习近平根据全国人大常委会的决定派遣）

附：

全国人民代表大会常务委员会决定任免的名单

（2017年6月27日第十二届全国人民代表大会常务委员会第二十八次会议通过）

免去陈晓东的中华人民共和国驻新加坡共和国特命全权大使职务。

（2018年4月2日国家主席习近平根据全国人大常委会的决定召回）

全国人民代表大会常务委员会决定任免的名单

（2017年9月1日第十二届全国人民代表大会常务委员会第二十九次会议通过）

免去刘结一的中华人民共和国常驻联合国代表、特命全权大使职务。

（2018年3月5日国家主席习近平根据全国人大常委会的决定召回）

免去王鲁彤的中华人民共和国驻新西兰特命全权大使兼驻库克群岛特命全权大使、驻纽埃特命全权大使职务.

（2018年4月2日国家主席习近平根据全国人大常委会的决定召回）

全国人民代表大会常务委员会决定任免的名单

（2017年11月4日第十二届全国人民代表大会常务委员会第三十次会议通过）

免去马明强的中华人民共和国驻孟加拉人民共和国特命全权大使职务；

任命张佐为中华人民共和国驻孟加拉人民共和国特命全权大使。

（2018年3月5日国家主席习近平根据全国人大常委会的决定召回和派遣）

免去孙立杰的中华人民共和国驻乌兹别克斯坦共和国特命全权大使职务；

任命姜岩（女）为中华人民共和国驻乌兹别克斯坦共和国特命全权大使。

（2018年3月5日国家主席习近平根据全国人大常委会的决定召回和派遣）

免去魏瑞兴的中华人民共和国驻立陶宛共和国特命全权大使职务；

任命申知非为中华人民共和国驻立陶宛共和国特命全权大使。

（2018年3月5日国家主席习近平根据全国人大常委会的决定召回和派遣）

免去张越的中华人民共和国驻利比里亚共和国特命全权大使职务；

任命付吉军为中华人民共和国驻利比里亚共和国特命全权大使。

（2018年4月2日国家主席习近平根据全国人大常委会的决定召回和派遣）

免去戚振宏的中华人民共和国驻巴林王国特命全权大使职务。

（2018年5月4日国家主席习近平根据全国人大常委会的决定召回）

全国人民代表大会常务委员会决定任免的名单

（2017年12月27日第十二届全国人民代表大会常务委员会第三十一次会议通过）

免去马朝旭的中华人民共和国常驻联合国日内瓦办事处和瑞士其他国际组织代表、特命全权大使职务；

任命俞建华为中华人民共和国常驻联合国日内瓦办事处和瑞士其他国际组织代表、特命全权大使。

（2018年3月5日国家主席习近平根据全国人大常委会的决定召回和派遣）

任命马朝旭为中华人民共和国常驻联合国代表、特命全权大使。

（2018年3月5日国家主席习近平根据全国人大常委会的决定派遣）

免去张卫东的中华人民共和国驻冰岛共和国特命全权大使职务；

任命金智健为中华人民共和国驻冰岛共和国特命全权大使。

（2018年3月5日国家主席习近平根据全国人大常委会的决定召回和派遣）

任命洪小勇为中华人民共和国驻新加坡共和国特命全权大使。

（2018年4月2日国家主席习近平根据全国人大常委会的决定派遣）

免去马福林的中华人民共和国驻中非共和国特命全权大使职务；

任命陈栋为中华人民共和国驻中非共和国特命全权大使。

（2018年4月2日国家主席习近平根据全国人大常委会的决定召回和派遣）

免去刁鸣生的中华人民共和国驻贝宁共和国特命全权大使职务；

任命彭惊涛为中华人民共和国驻贝宁共和国特命全权大使。

（2018年4月2日国家主席习近平根据全国人大常委会的决定召回和派遣）

免去徐坚的中华人民共和国驻波兰共和国特命全权大使职务；

任命刘光源为中华人民共和国驻波兰共和国特命全权大使。

（2018年4月2日国家主席习近平根据全国人大常委会的决定召回和派遣）

任命吴玺（女）为中华人民共和国驻新西兰特命全权大使兼驻库克群岛特命全权大使、驻纽埃特命全权大使。

（2018年4月2日国家主席习近平根据全国人大常委会的决定派遣）

免去牛清报的中华人民共和国驻牙买加特命全权大使职务；

任命田琦为中华人民共和国驻牙买加特命全权大使。

（2018年4月2日国家主席习近平根据全国人大常委会的决定召回和派遣）

免去董晓军的中华人民共和国驻乌拉圭东岸共和国特命全权大使职务；

任命王刚为中华人民共和国驻乌拉圭东岸共和国特命全权大使。

（2018年4月2日国家主席习近平根据全国人大常委会的决定召回和派遣）

任命安瓦尔为中华人民共和国驻巴林王国特命全权大使。

（2018年5月4日国家主席习近平根据全国人大常委会的决定派遣）

免去边燕花（女）的中华人民共和国驻突尼斯共和国特命全权大使职务；

任命汪文斌为中华人民共和国驻突尼斯共和国特命全权大使。

（2018年5月4日国家主席习近平根据全国人大常委会的决定召回和派遣）

免去夏煌的中华人民共和国驻刚果共和国特命全权大使职务；

任命马福林为中华人民共和国驻刚果共和国

特命全权大使。

(2018 年 5 月 4 日国家主席习近平根据全国人大常委会的决定召回和派遣)

免去刘显法的中华人民共和国驻肯尼亚共和国特命全权大使职务；

任命孙保红(女)为中华人民共和国驻肯尼亚共和国特命全权大使。

(2018 年 5 月 31 日国家主席习近平根据全国人大常委会的决定召回和派遣)

免去孙保红(女)的中华人民共和国驻加纳共和国特命全权大使职务；

任命王世廷为中华人民共和国驻加纳共和国特命全权大使。

(2018 年 7 月 9 日国家主席习近平根据全国人大常委会的决定召回和派遣)

免去王世廷的中华人民共和国驻马拉维共和国特命全权大使职务。

(2018 年 8 月 8 日国家主席习近平根据全国人大常委会的决定召回)

免去田琦的中华人民共和国驻也门共和国特命全权大使职务。

(2018 年 9 月 7 日国家主席习近平根据全国人大常委会的决定召回)

免去洪小勇的中华人民共和国驻越南社会主义共和国特命全权大使职务。

(2018 年 12 月 7 日国家主席习近平根据全国人大常委会的决定召回)

注：这是 2018 年 3 月 5 日、4 月 2 日、5 月 4 日、5 月 31 日、7 月 9 日、8 月 8 日、9 月 7 日、12 月 7 日国家主席习近平根据第十二届全国人大常委会第二十八次会议、第二十九次会议、第三十次会议、第三十一次会议通过的决定任免的驻外大使名单。

代表工作

- 第十三届全国人民代表大会第一次会议
- 特辑
- 常委会工作安排和会议议程日程
- 委员长讲话
- 立法工作
- 批准公约和条约
- 监督工作
- 人事任免
- 代表工作
- 对外交往
- 专门委员会工作
- 常委会相关活动
- 大事记

一、代表议案审议

全国人民代表大会监察和司法委员会关于第十三届全国人民代表大会第一次会议主席团交付审议的代表提出的议案审议结果的报告

（2018年10月26日第十三届全国人民代表大会常务委员会第六次会议通过）

全国人民代表大会常务委员会：

第十三届全国人民代表大会第一次会议主席团交付监察和司法委员会审议代表议案21件，共涉及13项立法，其中，13件要求制定法律9项，8件要求修改法律4项。

代表提出议案，是履行代表职责，参加行使国家权力的重要方式。我委本着对代表高度负责的精神，认真做好代表议案办理工作。一是及时建议将议案提出的有关立法项目列入十三届全国人大常委会立法规划。二是转请中央政法委、最高人民检察院、司法部、公安部等单位就议案办理提出意见。三是结合我委立法、监督等工作，对议案提出的有关项目开展调研。四是积极邀请提出议案的有关代表参加专题调研等，加强与代表的联系沟通。2018年9月20日，我委召开第3次全体会议对代表议案逐件进行审议。现将审议结果报告如下：

一、4件议案提出的1项立法，拟于年内提请常委会审议

1. 关于制定社区矫正法的议案4件。目前，司法部已将社区矫正法草案报送国务院，拟于年内提请全国人大常委会审议。

二、11件议案提出的7项立法，已经列入十三届全国人大常委会立法规划

2. 关于制定法律援助法的议案1件。

3. 关于制定公共法律服务法的议案1件。

4. 关于制定看守所法的议案1件。

5. 关于修改治安管理处罚法的议案2件。

6. 关于修改道路交通安全法的议案3件。

7. 关于修改律师法的议案2件。

8. 关于修改人民警察法的议案1件。

制定法律援助法，确定由我委牵头起草，我委将抓紧起草工作，按期完成起草任务。公共法律服务中的律师、公证、人民调解等法律服务，已经制定相应法律，议案提出的有关法律援助的内容，我委将在起草法律援助法时一并研究。其他5项立法，确定由我委负责联系，我委将提前介入起草工作，及时掌握进展情况和立法中的重大问题，督促有关部门抓紧工作，在起草中认真研究代表所提建议，适时提请全国人大常委会审议。

三、6件议案提出的5项立法，建议条件成熟时再研究制定法律

9. 关于制定司法鉴定法的议案2件。

10. 关于制定警务辅助人员法的议案1件。

11. 关于制定人民检察院法律监督法的议案1件。

12. 关于制定多元化纠纷解决促进法的议案1件。

13. 关于制定矛盾纠纷化解法的议案1件。

上述立法，有的正处在改革试点中，有的在其他相关立法中已经作出原则规定并出台了一系列规范性文件，建议继续积累实践经验，待条件成熟时再研究制定法律。

上述21件议案的主要内容及具体审议意见，详见附件。

以上报告，请审议。

全国人民代表大会监察和司法委员会

2018年10月22日

全国人民代表大会财政经济委员会关于第十三届全国人民代表大会第一次会议主席团交付审议的代表提出的议案审议结果的报告

（2018年10月26日第十三届全国人民代表大会常务委员会第六次会议通过）

全国人民代表大会常务委员会：

第十三届全国人民代表大会第一次会议主席团交付全国人大财经委审议的代表提出的议案68件，其中要求制定法律的议案45件、修改法律的议案23件。将内容相同或相近的归类后，共有44个立法项目。

按照常委会关于代表议案办理工作的要求，4月2日，全国人大财经委召开代表议案办理工作会议，邀请国务院有关部委、最高人民法院等22个部门的同志商议议案办理工作，并就提出议案初步处理意见做了分工。各部门高度重视代表所提议案，在议案办理过程中，通过向领衔代表发征求意见函或当面交谈、电话沟通等方式征求意见。全国人大财经委认真研究议案初步处理意见，还就一些重点议案处理情况组织专题调研，进一步听取代表对议案办理工作的意见，在充分征求各方面意见的基础上对每件议案分别提出了处理意见。9月29日，全国人大财经委召开第十二次全体会议，对议案进行了审议。现将审议结果报告如下：

一、1件议案提出的1个立法项目已由全国人大常委会会议审议通过

1. 关于修改个人所得税法的议案1件。

二、17件议案提出的10个立法项目已列入十三届全国人大常委会立法规划或2018年立法工作计划，建议起草单位加快工作进程，按时完成立法任务

要求修改法律的议案11件

2. 关于修改计量法的议案2件。
3. 关于修改产品质量法的议案2件。
4. 关于修改商业银行法的议案1件。
5. 关于修改企业破产法的议案2件。
6. 关于修改民用航空法的议案1件。
7. 关于修改铁路法的议案2件。
8. 关于修改审计法的议案1件。

要求制定法律的议案6件

9. 关于制定社会信用法的议案4件。
10. 关于制定空域法的议案1件。
11. 关于制定航天法的议案1件。

三、21件议案提出的9个立法项目确有立法必要，建议有关部门加强调研起草工作，待草案成熟时，争取列入全国人大常委会年度立法工作计划安排审议

要求修改法律的议案7件

12. 关于修改票据法的议案3件。
13. 关于修改信托法的议案1件。
14. 关于修改港口法的议案1件。
15. 关于修改政府采购法的议案1件。
16. 关于修改价格法的议案1件。

要求制定法律的议案14件

17. 关于制定质量促进法的议案11件。
18. 关于制定物业管理法的议案1件。
19. 关于制定国债法的议案1件。
20. 关于制定城市管理法的议案1件。

四、29 件议案提出的 24 个立法项目，建议通过进一步加大现行法律法规执法力度，或对立法开展调研论证，改进工作，解决议案所提问题

（一）对 19 件议案提出的 15 个立法项目，建议通过进一步加大现行相关法律法规执法力度，解决议案所提问题

21. 关于制定财政法的议案 2 件。我国一直高度重视财税法制建设，基本建立了包括预算、税收、国库、资产、会计等领域的财税法律制度体系。建议按照落实税收法定原则要求，积极推进财税立法工作。

22. 关于制定数字经济法（大数据法、大数据发展法）的议案 3 件。我国大数据发展仍处于起步阶段，数字经济的定义和范围，数据权属、权利、交易等规则需要在实践中逐步完善，建议国家发展改革委、工业和信息化部等部门先行完善相关法律法规，待条件成熟后再考虑是否制定综合性法律。同时，建议在制定个人信息保护法中规范数据权利的保护。

23. 关于制定网络贷款管理法的议案 1 件。中国人民银行正在牵头制定非存款类放贷组织条例，将进一步规范民间借贷，建议在起草工作中认真研究议案所提问题，促进网络借贷健康发展。

24. 关于制定自主品牌促进法的议案 1 件。议案提出的品牌培育、建设和保护等问题，在商标法等法律制度已有规定，建议国家知识产权局加大执法力度，深入实施商标品牌战略，发挥品牌对经济的引领作用。

25. 关于制定金融控股公司法的议案 1 件。中国人民银行正会同相关部门起草金融控股公司监督管理试行办法。建议积极推动试行办法出台，并在试点实践中不断积累经验，在此基础上推进金融控股公司监管立法。

26. 关于制定金融机构破产法的议案 1 件。建议中国人民银行、中国银保监会等部门在充分总结实践经验的基础上，修改完善相关法律法规，加快制定金融机构风险处置条例，确保风险处置措施与司法破产程序的有序衔接。

27. 关于制定国民经济和社会发展计划审批监督法的议案 1 件。监督法、全国人大常委会关于加强经济工作监督的决定等法律已规定了计划审查、批准、监督、调整的基本程序，以及审查的重点内容。全国人大财经委也于 2016 年就加强人大财经监督工作开展专题调研。建议通过完善现行法律和相关决定加强对国民经济和社会发展计划的审批监督。

28. 关于修改烟草专卖法的议案 1 件。针对议案提出的烟草专卖公司利用市场支配地位从事搭售香烟的问题，建议有关部门加大烟草专卖法、反垄断法等法律法规的执行力度，调整优化烟草商业企业的业务流程，强化烟草营销监管。

29. 关于制定互联网金融监管法（互联网金融法）的议案 2 件。建议金融监管部门等在执行现行法律法规的基础上，结合互联网金融的特性，研究完善现行法律法规，并就适应互联网金融发展要求，研究提出制定专门的互联网金融监管法的意见。

30. 关于制定普惠金融促进法的议案 1 件。建议中国人民银行、中国银保监会等有关部门继续推动出台非存款类放贷组织条例、私募投资基金管理暂行条例等法规规章，积极完善相关制度，创造有利于普惠金融发展的市场环境。

31. 关于制定快递业促进法的议案 1 件。《快递暂行条例》颁布不久，建议待施行一段时间后，再考虑修改为快递条例或者制定法律。

32. 关于制定彩票法的议案 1 件。建议财政部及有关部门在《彩票管理条例》和《彩票管理条例实施细则》施行基础上，根据彩票管理实践的发展与改革需要进一步完善相关制度，解决议案提出的虚报套取彩票资金、违规利用互联网销售彩票等问题。

33. 关于制定公益广告促进法的议案 1 件。建议市场监管总局等部门认真落实广告法、《公益广告促进和管理暂行办法》等法律、法规和规章，解决议案所提问题。

34. 关于制定新经济形态流通法的议案 1 件。刚颁布的电子商务法，已吸收了议案中提出的规范电子商务活动的意见。此外，中国人民银行等部门发布的《关于促进互联网金融健康发展的指导意见》，对议案中提出的规范互联网金融、网络借贷等方面的建议，已有相应的规定。

35. 关于制定网络预约出租汽车管理法的议案 1 件。建议交通运输部门推动修改完善《道路运输条例》，完善相关管理制度，解决议案所提网络预约出租车行业的监管问题。

（二）对 10 件议案提出的 9 个立法项目，建议进一步调研论证，制定完善相关政策，解决议案所提问题

36. 关于制定物流法的议案 2 件。采取综合性

的物流立法形式，还是对目前有关物流的法律法规加以整合，需进一步研究论证。建议国家发展改革委、商务部等部门根据物流业发展中长期规划，促进物流业规范发展，适时提出相关意见。

37. 关于制定共享单车管理法的议案 1 件。建议交通运输部门开展共享单车立法研究工作，积极探索共享单车相关管理制度，解决议案提出的共享单车无序投放、停放混乱、押金退费难等问题。

38. 关于制定社会组织税收管理法的议案 1 件。建议财税部门认真落实现行社会组织税收优惠政策，并结合财税体制改革，统筹研究完善社会组织税收政策问题，解决议案提出的有关税收优惠政策散乱、覆盖面不广的问题。

39. 关于制定企业权益保护法的议案 1 件。公司法等法律虽对企业权益保护已有规定，但实际经济工作中损害企业权益的情况时有发生，建议工业和信息化部等部门深入调研论证，采取有效措施，进一步维护企业合法权益。

40. 关于制定企业国有资产交易法的议案 1 件。建议国务院国资委等部门结合国企国资改革，深入开展立法研究工作，健全完善企业国有资产交易管理制度，有效促进国有资产保值增值，防范国有资产流失的问题。

41. 关于修改标准化法的议案 1 件。议案提出的与食品安全法衔接问题，新修订的标准化法已明确规定，“法律、行政法规和国务院决定对强制性标准的制定另有规定的，从其规定”，食品安全法关于食品安全标准为强制性标准的规定作为例外规定，应当优先适用。

42. 关于制定公共资源交易管理法的议案 1 件。议案提出的公共资源交易市场体制不完善，监管不到位的问题已经引起了国家有关部门的高度重视，国家发展改革委会同有关部门颁布实施了《公共资源交易平台管理暂行办法》，但在实践中仍存在着体制不顺、力度不够等问题，建议国家发展改革委、财政部及相关国有资产管理部门加强统筹协调，积极推进相关立法工作。

43. 关于修改商标法的议案 1 件。在市场经济特别是经济全球一体化背景下，商标标识不宜通过强制性政策和行政手段保证中文商标应用比率。建议国家知识产权局等有关部门通过宣传、鼓励、引导企业使用并注册中文商标，鼓励和支持民族品牌发展，解决议案所提问题。

44. 关于修改证券投资基金法的议案 1 件。中国证监会已经发布了《关于证券投资基金投资资产支持证券有关事项的通知》，建议在依法合规和有效防范风险的基础上，进一步研究公募基金专门投资不动产资产支持证券的相关制度。

以上报告，请审议。

全国人民代表大会财政经济委员会

2018 年 10 月 22 日

全国人民代表大会外事委员会关于第十三届全国人民代表大会第一次会议主席团交付审议的代表提出的议案审议结果的报告

（2018 年 10 月 26 日第十三届全国人民代表大会常务委员会第六次会议通过）

全国人民代表大会常务委员会：

第十三届全国人民代表大会第一次会议主席团交付外事委员会审议的代表议案有 1 件，即 31 名代表提出的“关于制定《国家边界法》的议案”（第 0322 号）。

一、议案情况

第 0322 号议案认为，随着边海防建设发展全面进入新时代，现有边海防政策法规不接轨、不规范、不系统的问题比较突出，严重影响边海防建设发展。建议积极推进制定《国家边界法》，为拓展新时代国家利益提供统一完备的法律保障，为提升边海防工作水平提供根本法律遵循，为建立完善边海防法律法规体系提供母法统筹，促进我国边海防对外开放并与世界接轨。议案提出了立法的指导思想以及立法应重点把握的问题。

依照全国人民代表大会议案处理办法的规定，

外事委员会分别征求有关部门意见,并赴海南省、西藏自治区开展调研。

二、外事委员会审议意见

9 月 30 日,外事委员会第四次全体会议审议第 0322 号代表议案。现将审议结果报告如下:

党的十八大以来,以习近平同志为核心的党中央对边海防工作高度重视,作出一系列重大决策部署,推动边海防建设取得历史性成就,引领边海防事业进入新时代。第 0322 号议案体现了人大代表对维护国家领土主权和安全、促进边境地区稳定和发展等问题的高度关注,也反映了边海防实践中的挑战和问题。办理好这项议案,回应现实关切,妥善处理有关立法问题,有利于应对我国边海防面临的新挑战和新问题。

外事委员会在综合各方面意见后认为,在陆地和海洋两个方向上分别制定法律对国家边界的有关问题进行规范是比较适宜的。第 0322 号议案涉及的主要内容在边界和海洋领域的相关立法工作中已有不同程度的体现。目前,陆地国界法和海洋基本法已被列入第十三届全国人大常委会立法规划,有关部门正在稳步推进相关立法工作。

下一步,外事委员会将继续推进陆地国界法立法工作,并密切关注海洋基本法立法进程。

以上报告,请审议。

全国人民代表大会外事委员会

2018 年 10 月 22 日

全国人民代表大会农业与农村委员会关于第十三届全国人民代表大会第一次会议主席团交付审议的代表提出的议案审议结果的报告

(2018 年 10 月 26 日第十三届全国人民代表大会常务委员会第六次会议通过)

全国人民代表大会常务委员会:

第十三届全国人民代表大会第一次会议主席团交付全国人民代表大会农业与农村委员会审议的代表议案共 13 件,涉及 7 个立法项目。

按照代表议案办理的有关法律规定和全国人大常委会关于代表议案办理工作的要求,农业与农村委员会就代表议案办理广泛征求中央和国务院有关部门及有关人大代表的意见,结合委员会的立法和监督工作,认真落实代表议案办理工作。2018 年 8 月 27 日,农业与农村委员会第四次全体会议对代表议案进行了审议。现将审议结果报告如下:

一、6 件议案提出修改森林法和渔业法,已列入十三届全国人大常委会立法规划,争取尽快提请全国人大常委会审议

1. 关于修改森林法的议案 5 件。按照有关立法工作安排,全国人大农业与农村委员会已牵头组织国务院相关部门组成森林法修改起草领导小组和工作小组,目前正在抓紧进行修订草案的起草工作。修订工作以习近平新时代中国特色社会主义思想为指导,坚持绿水青山就是金山银山,坚持生态保护优先、绿色发展的基本方针,加快新时代林业现代化建设,以立法规范和促进森林资源可持续发展,维护森林生态资源安全,推动森林生态文明建设和现代林业发展。在修订草案起草过程中,我委通过邀请调研、参加会议等多种方式,直接听取议案领衔代表的意见建议。我委将进一步加快修订草案起草工作进程,争取尽快提请全国人大常委会审议。

2. 关于修改渔业法的议案 1 件。修改渔业法已列入十三届全国人大常委会立法规划,由农业农村部负责起草。目前,渔业法修订草案稿经过多次修改完善,各方面主要意见已基本达成一致。农业农村部表示,将认真研究代表议案提出的意见建议,继续修改完善修订草案,推动解决有关问题,争取尽快将修订草案提请国务院审议。我委已提前介入,参与立法调研和有关问题的研究,下一步将继续积极推动渔业法修改工作。

二、1 件议案提出制定农村金融法，建议继续开展立法调研

3. 关于制定农村金融法的议案 1 件。司法部、农业农村部、中国银保监会认为，将农村金融发展和规范纳入法制化轨道，有利于进一步形成支持农村金融改革发展的合力，服务农业现代化、脱贫攻坚和乡村振兴战略。也有的部门提出，金融是现代经济的核心，具有风险高、流动性强等特点，农村金融问题应当纳入整个国家的金融体系予以规范和管理。十二届全国人大农业与农村委员会已经组织开展了农村金融立法前期调研和法律草案起草工作。我委将按照中央关于发展农村金融的指示精神，配合中央金融改革的决策部署，继续开展农村信贷、农业保险等农村金融领域立法问题的研究，促进和引导更多金融资源支持乡村振兴战略的实施。

三、6 件议案提出的 4 个立法项目，建议通过修改、制定相关法律法规或改进相关工作，解决议案提出的问题

4. 关于制定气象灾害防御法的议案 1 件。中国气象局于 2013 年启动气象灾害防御法的立法研究工作，并形成了立法研究报告和草案文本。司法部认为，在已有气象法、突发事件应对法、气象灾害防御条例、人工影响天气管理条例等法律法规的前提下，是否有必要制定专门的气象灾害防御法，需要进一步研究论证。我委认为，修改气象法已列入十三届全国人大常委会立法规划，可将气象灾害防御的有关问题在气象法修改中予以体现，为气象灾害防御工作提供有益的法律支撑。

5. 关于制定农产品批发市场法的议案 1 件。国家发展和改革委、商务部、农业农村部认为，农产品批发市场是我国农产品流通的重要渠道，对增加流通和保障市场供应发挥重要作用。当前我国农产品批发市场在快速发展的同时存在公益性界定不明确、规划布局不合理、市场管理不规范、市场主体合法权益难以得到保障等问题，有必要专门立法解决农产品批发市场在发展中遇到的相关问题。商务部、农业农村部认为，制定专门法律的条件已经成熟。国家发展和改革委建议相关部门先行研究起草农产品批发市场管理条例，根据条例实施情况，适时制定农产品批发市场法。我委同意国家发展和改革委的意见。

6. 关于制定防止虐待动物法的议案 3 件。司法部、农业农村部认为，反对虐待动物、保护动物，是社会文明进步的要求，近年来，我国动物保护法律制度日渐完善，畜牧法、野生动物保护法、生猪屠宰条例、实验动物管理条例等有关法律法规对动物保护都有规定，动物保护应当充分考虑我国经济社会发展现状，以及其中涉及的民族、宗教和伦理道德等多方面因素。司法部建议，有关部门应当在加强依法保护动物的舆论宣传、循序渐进解决动物保护问题的同时，结合议案提出的意见和建议，对进行专门立法的必要性、立法时机等进行研究论证。农业农村部认为，对于当前反映突出的动物保护问题，建议在相关法律法规修订时一并考虑，待立法条件成熟时，再推动专门的动物保护立法。我委同意上述意见。

7. 关于废止乡镇企业法的议案 1 件。农业农村部认为，乡镇企业为我国经济社会发展做出了重大历史贡献。现阶段乡镇企业虽然发生了一些变化，但这类企业仍是农民就业创业办企业的本质特征没有变。乡镇企业法与其他市场主体法律并不矛盾，解决的是农村集体经济组织和农民创办企业的特殊性问题，是农村各类企业的促进法，可以与其他法律相互补充。司法部认为，是否废止乡镇企业法，应当在统筹考虑该法与其他市场主体法律之间的关系，以及乡镇企业目前的基本情况、存在问题的基础上确定。我委同意上述意见。

以上报告，请审议。

全国人民代表大会农业与农村委员会

2018 年 10 月 22 日

全国人民代表大会宪法和法律委员会关于第十三届全国人民代表大会第一次会议主席团交付审议的代表提出的议案审议结果的报告

（2018 年 12 月 29 日第十三届全国人民代表大会常务委员会第七次会议通过）

全国人民代表大会常务委员会：

第十三届全国人民代表大会第一次会议主席团交付宪法和法律委员会审议的代表提出的议案共 104 件，涉及 34 个立法项目、1 项授权决定。其中，建议修改法律的 62 件，涉及 19 个立法项目；建议制定法律的 41 件，涉及 15 个立法项目；作出授权决定的 1 件。

宪法和法律委员会、法制工作委员会以习近平新时代中国特色社会主义思想为指导，贯彻落实党的十九大和十九届二中、三中全会精神，尊重代表主体地位，高度重视议案办理工作，将议案办理工作与编制十三届全国人大常委会立法规划和法律草案修改工作紧密结合起来，提高办理工作实效，进一步改进立法工作。一是继续将健全议案办理工作机制作为基础性工作来抓，总结实践经验，完善议案办理工作程序、办理时限，规范和改进议案办理工作。二是继续拓展代表参与立法工作的渠道，在起草研究、立法调研、通过前评估，以及立法规划编制等工作中，逐一研究代表议案所提意见建议，注重邀请相关代表参加。今年共邀请 24 人次参加上述活动。三是认真梳理议案所提意见建议，及时研究和积极吸收采纳。如在人民法院组织法、人民检察院组织法、人民陪审员法、电子商务法、土壤污染防治法等法律草案审议修改过程中，吸收采纳议案所提主要意见建议；50 件议案涉及的修改地方各级人民代表大会和地方各级人民政府组织法、行政处罚法、人民防空法等 14 个立法项目，已列入十三届全国人大常委会立法规划。四是健全与代表的联系沟通机制，提高议案办理工作的针对性。在办理有关议案过程中，通过电话、短信等方式保持与代表联系，及时向代表介绍有关立法工作进展和议案办理工作情况，在充分交流沟通下研究提出议案办理意见。

宪法和法律委员会于 12 月 4 日召开会议，对 104 件议案的办理意见进行了审议。现将审议结果报告如下：

一、16 件议案涉及的 6 个立法项目，已由全国人大常委会审议通过

1. 关于修改人民法院组织法的议案 1 件

修订后的人民法院组织法于 2018 年 10 月 26 日由十三届全国人大常委会第六次会议通过。议案提出的主要建议，如完善框架结构，补充专门法院、法官员额制的规定，调整法院人事制度等，在修订后的人民法院组织法中已吸收采纳。

2. 关于修改人民检察院组织法的议案 1 件

修订后的人民检察院组织法于 2018 年 10 月 26 日由十三届全国人大常委会第六次会议通过。议案提出的完善检察官遴选规定的建议，在修订后的人民检察院组织法中已作原则规定。议案提出的具体建议主要涉及检察官法的相关规定，检察官法修订草案于 2017 年 12 月由十二届全国人大常委会第三十一次会议进行了初次审议，2018 年 12 月十三届全国人大常委会第七次会议进行再次审议，议案提出的完善检察官遴选规定的建议，在草案二次审议稿中作了体现。

3. 关于制定人民陪审员法的议案 2 件

人民陪审员法于 2018 年 4 月 27 日由十三届全国人大常委会第二次会议通过。议案提出的主要意见建议，如对保障人民陪审员合法权利、保护人民陪审员人身安全作出明确规定，加强对人民陪审员的培训等，已在人民陪审员法中吸收采纳。

4. 关于制定土壤污染防治法的议案 2 件

土壤污染防治法于 2018 年 8 月 31 日由十三届全国人大常委会第五次会议通过。议案提出的主要意见建议，如设立专门章节和条款认定土壤污染责任及责任人，增加公布土壤环境质量信息的规定，建立强制性的土壤污染风险管控标准，建立健全土壤监督检查体系，加大对土壤污染违法行为的处罚力度等，在土壤污染防治法中作了体现。

5. 关于制定电子商务法的议案4件

电子商务法于2018年8月31日由十三届全国人大常委会第五次会议通过。议案提出的主要意见建议,如明确电子商务经营者的范围,建立多元共治的管理模式,营造公平有序的竞争环境,加强个人信息保护和交易安全保障,明确各方主体责任,处理好电子商务法与民法总则、消费者权益保护法等法律的关系等,在电子商务法中作了体现。

6. 关于修改刑事诉讼法的议案6件

2018年10月26日十三届全国人大常委会第六次会议通过了关于修改刑事诉讼法的决定。议案提出的主要意见建议,如做好与监察法衔接等,在修改决定中已吸收采纳。

二、17件议案涉及的3个立法项目,已提请全国人大常委会审议

7. 关于修改法官法的议案2件

法官法修订草案于2017年12月由十二届全国人大常委会第三十一次会议进行了初次审议,2018年12月十三届全国人大常委会第七次会议进行再次审议。议案提出的落实司法体制改革相关内容的建议,在草案二次审议稿中作了体现,宪法和法律委员会、法制工作委员会还将在修订草案的后续审议修改工作中继续认真研究。

8. 关于修改民法总则的议案1件

9. 关于修改物权法或者编纂民法典物权编的议案3件

10. 关于修改合同法的议案1件

11. 关于修改担保法的议案2件

12. 关于修改侵权责任法或者编纂民法典侵权责任编的议案3件

13. 关于修改继承法的议案1件

14. 关于制定人格权法的议案1件

15. 关于编纂民法典物权编、侵权责任编、继承编的议案1件

民法典各分编草案于2018年8月由十三届全国人大常委会第五次会议进行了初次审议。根据民法典编纂工作计划,2018年12月十三届全国人大常委会第七次会议对民法典合同编草案、侵权责任编草案进行再次审议,民法典各分编的其他编拟于之后的常委会会议分别进行审议。2019年12月,将民法总则同经审议完善后的各分编草案合并形成民法典草案提请审议。对于议案提出的有关意见建议,已在民法典各分编草案的编纂工作中研究考虑,宪法和法律委员会、法制工作委员会将在民法典各分编草案和民法典草案的审议修改工作中继续认真研究。

16. 关于修改证券法的议案2件

证券法修订草案于2015年4月、2017年4月由十二届全国人大常委会第十四次会议、第二十七次会议进行了两次审议。2015年12月,根据党中央的决策部署,全国人大常委会通过了关于授权国务院在实施股票发行注册制改革中调整适用证券法有关规定的决定,实施期限为二年。2018年2月,全国人大常委会再次作出决定,将期限延长二年至2020年2月29日;同时提出明确要求,国务院应当及时总结实践经验,于延长期满前,提出修改法律相关规定的意见。议案提出的主要意见建议,如提高股票发行上市条件的包容性,规范上市公司分红行为,完善投资者保护制度及上市公司退市制度,赋予证券监督管理机构更多执法权限等,在证券法修订草案二次审议稿中已经体现。对于议案提出的相关意见建议,将请国务院有关部门进行认真研究、提出完善相关法律规定的具体方案,并将在修订草案的审议修改工作中继续认真研究考虑。

三、50件议案涉及的14个立法项目,已列入本届全国人大常委会立法规划;并对列入一、二类立法项目的,落实牵头起草单位,督促抓紧起草、研究论证工作

17. 关于修改地方各级人民代表大会和地方各级人民政府组织法的议案3件

修改地方各级人民代表大会和地方各级人民政府组织法已列入十三届全国人大常委会立法规划,由委员长会议提请审议,法制工作委员会牵头起草。

18. 关于修改公司法的议案7件

为了落实党中央完善产权保护制度的部署要求,修改公司法已列入十三届全国人大常委会立法规划,由委员长会议提请审议,法制工作委员会牵头起草。2018年10月26日十三届全国人大常委会第六次会议通过了关于修改公司法的决定,这次修改只涉及完善公司股份回购制度的规定,议案提出的放宽上市公司回购制度的建议已被采纳。

19. 关于修改行政处罚法的议案3件

修改行政处罚法已列入十三届全国人大常委

会立法规划，由委员长会议提请审议，法制工作委员会牵头起草。

20. 关于修改人民防空法的议案 1 件

修改人民防空法已列入十三届全国人大常委会立法规划，由国务院、中央军委提请审议，中央有关部门牵头起草。

21. 关于修改行政复议法的议案 1 件

修改行政复议法已列入十三届全国人大常委会立法规划，由国务院提请审议，司法部牵头起草。

22. 关于制定军民融合促进法的议案 1 件

制定军民融合发展法已列入十三届全国人大常委会立法规划，由国务院、中央军委提请审议，中央有关部门牵头起草。

23. 关于制定行政程序法的议案 1 件

行政程序方面的立法项目已列入十三届全国人大常委会立法规划。目前，行政许可法、行政处罚法、行政复议法、行政强制法等法律，对一些重要行政行为的实施程序作了规定，确立了公开、公平、公正的程序原则，建立了听证、告知、回避、期限、审执分离等基本程序制度。

24. 关于制定个人信息保护法的议案 4 件

制定个人信息保护法已列入十三届全国人大常委会立法规划，由委员长会议提请审议，法制工作委员会牵头起草。

25. 关于制定个人信用法的议案 1 件

社会信用方面的立法项目已列入十三届全国人大常委会立法规划。

26. 关于制定数据安全保护法的议案 1 件

制定数据安全法已列入十三届全国人大常委会立法规划，由委员长会议提请审议，法制工作委员会和中央有关部门牵头起草。

27. 关于制定家庭教育法的议案 1 件

家庭教育方面的立法项目已列入十三届全国人大常委会立法规划。

28. 关于修改刑法的议案 19 件

刑法修正案已列入十三届全国人大常委会立法规划，由委员长会议提请审议，法制工作委员会牵头起草。

29. 关于修改仲裁法的议案 4 件

修改仲裁法已列入十三届全国人大常委会立法规划，由国务院提请审议，司法部牵头起草。

30. 关于制定强制执行法的议案 3 件

制定民事强制执行法已列入十三届全国人大常委会立法规划，由最高人民法院提请审议、牵头起草。

对于上述议案提出的意见建议，宪法和法律委员会、法制工作委员会将会同有关方面在相关立法工作中认真研究。

四、8 件议案涉及的 4 个立法项目，将会同有关方面积极推进立法进程，建议适时纳入立法规划或者立法工作计划

31. 关于修改国防法的议案 1 件

32. 关于修改行政强制法的议案 1 件

33. 关于修改民事诉讼法的议案 5 件

34. 关于修改行政诉讼法的议案 1 件

五、12 件议案涉及的 7 个立法项目，有的可待条件成熟时纳入立法规划或者年度立法工作安排，有的可在相关法律的起草或者修改等工作中统筹考虑

35. 关于修改立法法的议案 2 件

36. 关于修改反分裂国家法的议案 1 件

37. 关于制定非战争军事行动法的议案 1 件

38. 关于制定商法通则的议案 4 件

39. 关于修改军事设施保护法的议案 1 件

40. 关于制定国家司法救助法或刑事被害人救助法的议案 2 件

41. 关于制定刑罚执行法的议案 1 件

六、关于作出授权决定的议案 1 件

42. 关于授权探索设立跨行政区划法院检察院决定的议案 1 件

对于议案所提意见建议，宪法和法律委员会、法制工作委员会在人民法院组织法修订草案、人民检察院组织法修订草案审议修改工作中进行了认真研究，将根据党中央有关决策部署，对全国人大常委会作出有关授权决定、修改相关法律规定予以统筹考虑。

以上报告，请审议。

全国人民代表大会宪法和法律委员会

2018 年 12 月 24 日

全国人民代表大会教育科学文化卫生委员会关于第十三届全国人民代表大会第一次会议主席团交付审议的代表提出的议案审议结果的报告

（2018年12月29日第十三届全国人民代表大会常务委员会第七次会议通过）

全国人民代表大会常务委员会：

第十三届全国人民代表大会第一次会议主席团交付教育科学文化卫生委员会审议的代表议案49件，其中要求立法的议案48件（涉及26个立法项目），要求授权试点的议案1件。49件议案中，涉及教育领域的24件，科技领域的6件，文化领域的6件，人口卫生领域的13件。

按照代表议案办理有关规定和栗战书委员长关于认真做好代表议案工作的重要指示精神，我委高度重视代表议案办理，努力提高议案办理质量和实效。一是认真部署落实。制定具体工作方案，在不同阶段专门召开3次会议，对每件议案认真分析，研究评估，吸收建议，推动落实。二是及时协商办理。召开座谈会同有关部门商议议案办理工作，并督促有关部门提出议案办理初步意见。三是深入调查研究。结合我委立法、监督等工作开展调研，邀请提出议案的有关代表参加，并对一些议案开展了专题调研。四是统筹考虑安排。及时建议将议案提出的有关立法项目列入十三届全国人大常委会立法规划。五是加强沟通联系。通过面对面交谈、电信沟通等方式，征求每件议案领衔代表和部分附议代表对议案办理情况的意见，做到件件有回音。2018年11月21日，我委召开第六次全体会议对代表议案进行认真审议，艾力更·依明巴海副委员长参加会议并发表审议意见。现将审议结果有关情况报告如下：

一、27件议案提出的10个立法项目已列入十三届全国人大常委会立法规划

（一）18件议案提出的5个立法项目列入立法规划第一类项目。

1. 关于制定学前教育法的议案11件。
2. 关于制定文化产业促进法的议案2件。
3. 关于修改专利法的议案2件。
4. 关于修改档案法的议案1件。
5. 关于修改药品管理法的议案2件。

（二）6件议案提出的3个立法项目列入立法规划第二类项目。

6. 关于修改职业教育法的议案2件。
7. 关于修改教师法的议案3件。
8. 关于修改学位条例的议案1件。

（三）3件议案提出的2个立法项目列入立法规划第三类项目。

9. 关于制定家庭教育法的议案2件。
10. 关于制定人工智能发展法的议案1件。

上述2个立法项目，我委将会同相关委员会和有关方面抓紧开展立法调研，加快立法进程。

二、11件议案提出的7个立法项目，确有立法的必要，建议有关部门加强立法研究论证，待条件成熟时争取列入全国人大常委会年度立法工作计划

11. 关于制定终身教育法的议案2件。
12. 关于制定长城保护法的议案1件。
13. 关于制定药师法的议案4件。
14. 关于制定执业护士法的议案1件。
15. 关于修改科学技术普及法的议案1件。
16. 关于修改国境卫生检疫法的议案1件。
17. 关于在教育法中增加健康教育法条的议案1件。

三、10 件议案提出的 9 个立法项目，建议有关部门通过修改或制定相关法律法规、加大现有法律法规的执法监督力度或改进相关工作来解决议案所提出的问题

18. 关于制定国家教育考试法的议案 1 件。

19. 关于制定科技促进法的议案 1 件。

20. 关于制定人才发展促进法的议案 1 件。

21. 关于制定中国传统村落保护法的议案 2 件。

22. 关于加快制定国民健康法的议案 1 件。

23. 关于制定抗菌药物管理法的议案 1 件。

24. 关于制定人体器官捐献与移植法的议案 1 件。

25. 关于制定公共场所禁烟法的议案 1 件。

26. 关于修改义务教育法将学前教育纳入义务教育范围的议案 1 件。

四、1 件议案提出 1 项授权试点决定，建议有关部门抓紧研究修改相关法律，及时提请全国人大常委会审议

27. 关于全国人大授权国务院探索建立药品专利链接制度和开展药品专利期补偿制度试点的议案 1 件。

以上报告，请审议。

全国人民代表大会教育科学文化卫生委员会

2018 年 12 月 24 日

全国人民代表大会华侨委员会关于第十三届全国人民代表大会第一次会议主席团交付审议的代表提出的议案审议结果的报告

（2018 年 12 月 29 日第十三届全国人民代表大会常务委员会第七次会议通过）

全国人民代表大会常务委员会：

第十三届全国人民代表大会第一次会议主席团交付全国人民代表大会华侨委员会审议的议案有 6 件（第 39、172、173、189、219、243 号），内容均为制定华侨权益保护法。议案提出，党的十九大确定的“广泛团结联系海外侨胞和归侨侨眷，共同致力于中华民族伟大复兴”的任务和使命，对做好新时代侨务工作提出了新的更高要求，通过立法规范、保障华侨各项权益，不仅是广大海外侨胞的现实需求，也是推动实现中华民族伟大复兴中国梦的迫切需要；目前制定华侨权益保护法已具备法理基础，地方相关立法实践也积累了一定经验，侨界立法愿望强烈并形成了广泛共识，建议将华侨权益保护法列入十三届全国人大常委会立法规划，并尽快开展相关立法工作。

华侨委员会对代表议案高度重视，认为 6 件议案由 208 名代表提出，在近 3000 名代表中占有不小的比例；议案反映了海外侨胞和归侨侨眷的呼声，具有一定的侨界民意基础；推进华侨权益保护立法，对于凝聚侨心侨力同圆共享中国梦、更好服务党和国家工作大局具有重要意义。为积极回应代表呼声，华侨委员会开展了一系列工作。一是组织拟写立项报告，建议将制定华侨权益保护法列入十三届全国人大常委会立法规划；二是认真收集、整理和研究常委会第二次会议听取审议国务院关于华侨权益保护工作情况报告时提出的意见和建议；三是由白玛赤林副委员长和华侨委员会几位负责同志分别带队，赴上海、浙江、福建、贵州等省市继续就华侨权益保护立法涉及的有关问题开展调研；四是通过侨务外事活动，及时了解海外侨胞权益保护情况并听取有关意见和建议；五是加强同有关涉侨部门和地方人大侨委沟通联系，共同研究华侨权益保护立法等工作。8 月，在各方面不懈努力下，华侨权益保护立法项目被列入十三届全国人大常委会立法规划并经党中央批准。华侨委员会随即召开会议，传达学习了栗战书委员长有关讲话精神，研究讨论了下一步开展华侨权益保护立法工作

相关事宜。10月,召开由31个省、自治区、直辖市及南京、青岛、厦门等重点侨乡市人大侨委负责同志110多人参加的全国人大侨委工作座谈会,认真学习贯彻习近平总书记关于全面依法治国新理念新思想新战略和关于侨务工作的重要论述,认真学习贯彻栗战书委员长在全国人大常委会立法工作会议、第二十四次全国地方立法工作座谈会、全国人大常委会深入学习贯彻习近平总书记关于坚持和完善人民代表大会制度的重要思想交流会等会议活动中的讲话精神,围绕华侨权益保护立法问题,研究探讨新时代侨务立法工作的方法和路径。

在以上工作的基础上,10月17日,华侨委员会召开会议对6件议案进行了审议。华侨委员会认为,议案提出的将华侨权益保护法列入十三届全国人大常委会立法规划的建议已经得到采纳,华侨委员会接下来的任务是,认真学习领会栗战书委员长有关讲话和指示精神,进一步开展好华侨权益保护问题调查研究。华侨委员会将持续加强理论学习,坚定地用习近平新时代中国特色社会主义思想和党的十九大精神武装头脑、指导实践、推动工作,深入学习贯彻习近平总书记关于坚持和完善人民代表大会制度的重要思想,深入学习贯彻习近平总书记关于侨务工作的重要论述,根据党中央决策部署,把握凝聚侨心侨力同圆共享中国梦的新时代侨务工作主题,回应海外侨胞和归侨侨眷新期待,有计划、有步骤地推进华侨委员会各项工作。

以上报告,请审议。

全国人民代表大会华侨委员会

2018年12月24日

全国人民代表大会环境与资源保护委员会关于第十三届全国人民代表大会第一次会议主席团交付审议的代表提出的议案审议结果的报告

(2018年12月29日第十三届全国人民代表大会常务委员会第七次会议通过)

全国人民代表大会常务委员会:

第十三届全国人民代表大会第一次会议主席团交付环境与资源保护委员会(以下简称环资委)审议的代表议案共41件,由海南、河北2个代表团和13个代表团部分代表1143人次提出。其中建议制定或修改法律的议案40件,涉及24个立法项目;建议全国人大常委会进行法律实施监督检查的议案1件,涉及1部法律。

按照有关法律规定和常委会关于代表议案办理工作的要求,环资委高度重视代表议案办理,制定了议案办理工作方案,认真抓好落实。一是召开议案办理座谈会,邀请国务院22个部门共同商议议案办理工作;二是及时建议将议案提出的有关立法项目列入第十三届全国人大常委会立法规划;三是加强与代表的沟通联系,邀请提出议案的代表参加环资委相关立法工作;四是对一些重点议案会同有关部门开展调查研究,召开座谈会,进一步听取意见建议;五是向提出议案的代表团负责同志和代表面对面反馈办理情况,通报办理意见,做到41件议案件件有回音、有着落。

2018年12月10日,环资委召开第十次全体会议对代表议案进行审议,现将审议结果报告如下:

一、5件代表议案提出的1个立法项目已经提请第十三届全国人大常委会第七次会议审议

1. 关于修改土地管理法的议案5件。

二、16件代表议案提出的8个立法项目已经列入第十三届全国人大常委会立法规划

2. 关于修改固体废物污染环境防治法的议案1件。

修改固体废物污染环境防治法已经列为第十三届全国人大常委会立法规划一类项目,由国务

院提请审议，环资委负责联系审议。国务院有关部门正在抓紧工作，拟于明年提请全国人大常委会审议。

3. 关于制定长江保护法等议案5件。

4. 关于制定南极活动与环境保护法的议案2件。

制定长江保护法和南极活动与环境保护法已经列为第十三届全国人大常委会立法规划一类项目，由环资委负责牵头起草和提请审议。环资委将抓紧工作，按期完成任务。

5. 关于制定原子能法的议案1件。

6. 关于制定国家公园法的议案1件。

制定原子能法和国家公园法已经列为第十三届全国人大常委会立法规划二类项目，由国务院提请审议，环资委负责联系审议。环资委已提前介入起草工作，及时掌握进展情况和立法中的重难点问题，督促有关部门抓紧工作，在起草中认真研究代表所提建议，适时提请全国人大常委会审议。

7. 关于制定生物安全法的议案2件。

8. 关于制定资源综合利用法的议案2件。

9. 关于制定湿地保护法的议案2件。

生物安全立法、资源综合利用立法、湿地保护立法已经列为第十三届全国人大常委会立法规划三类项目。环资委高度重视生物安全立法，已经开展前期研究论证工作，将根据形势发展需要，积极促进启动立法程序。环资委正在抓紧资源综合利用和湿地保护立法的研究论证及相关立法推进工作。

三、5件代表议案提出的3个立法项目确有立法必要，建议继续研究论证，条件成熟时列入全国人大常委会年度立法工作计划

10. 关于制定无线电频谱资源管理法的议案2件。

11. 关于修改可再生能源法的议案2件。

12. 关于制定核损害赔偿法的议案1件。

环资委将继续推动制定无线电频谱资源管理法、修改可再生能源法、制定核损害赔偿法的前期研究论证工作，条件成熟时，建议全国人大常委会将这三个立法项目列入年度立法工作计划。

四、14件代表议案提出的12个立法项目，建议完善相关法律和配套法规，加强现行相关法律实施力度，开展立法前期调研论证工作

13. 关于制定垃圾分类法等议案2件。

14. 关于制定商品包装管理法的议案1件。

15. 关于制定地下水资源保护法的议案1件。

16. 关于制定新能源汽车管理法的议案1件。

17. 关于制定生态文明建设促进法的议案1件。

18. 关于制定绿色建筑法的议案1件。

19. 关于制定乡村清洁法的议案1件。

20. 关于制定海岸带管理法的议案1件。

21. 关于制定湖泊保护法的议案1件。

22. 关于修改环境保护法的议案2件。

23. 关于制定耕地质量保护法的议案1件。

24. 关于修改野生动物保护法的议案1件。

以上代表议案所提出的意见和建议，环资委已认真研究办理，与议案提出代表进行沟通交流并征求了国务院有关部门的意见。综合各方面意见，环资委认为代表议案中提出的问题，有的需要完善相关法律及配套法规政策，有的需要认真研究论证，有的需要加强现行法律法规的实施力度。建议国务院有关部门加大对上述代表议案所提建议的研究力度，并根据代表议案的要求，对涉及的管理职责划分、顶层制度设计等内容深入研究论证，为未来制定或完善相关法律法规奠定坚实基础，创造有利条件。

五、1件代表议案提出的1个监督项目，建议法律执行一段时间后再开展

25. 关于开展环境保护法执法检查的议案1件。

2015年1月1日新修改的环境保护法实施后，从2016年开始，全国人大常委会组织开展了环境保护法、固体废物污染环境防治法、大气污染防治法、海洋环境保护法等法律实施情况的检查。建议在

环境保护法实施一段时间后再次开展执法检查，以更好地促进该法的有效贯彻执行。

以上报告，请审议。

全国人民代表大会环境与资源保护委员会

2018年12月24日

全国人民代表大会社会建设委员会关于第十三届全国人民代表大会第一次会议主席团交付审议的代表提出的议案审议结果的报告

（2018年12月29日第十三届全国人民代表大会常务委员会第七次会议通过）

全国人民代表大会常务委员会：

第十三届全国人民代表大会第一次会议主席团交付社会建设委员会审议的22件议案，由11个代表团681名代表提出，共涉及18个立法项目，其中：关于制定法律（8部）的议案9件，关于修改法律（10部）的议案13件。主要围绕未成年人保护、妇女权益保障、老年人权益保障、体育、社会管理、劳动和社会保障等7个方面内容。

社会建设委员会高度重视代表议案办理工作。制定具体的工作方案；发函征求12个方面的办理建议；通过向领衔代表发函、电话联系或当面沟通等方式深入了解代表意见；召开座谈会和实地调研，逐件研究代表议案，推进办理工作。12月17日，社会建设委员会召开第三次全体会议，对议案进行了审议。现将审议结果报告如下：

一、7件议案提出的7个立法项目已纳入十三届全国人大常委会立法规划，起草单位将在保证立法质量的前提下，加快工作进程，按规划或计划要求报请全国人大常委会审议

（一）关于制定法律的议案1件

1. 关于制定社会救助法的议案1件。

（二）关于修改法律的议案6件

2. 关于修改未成年人保护法的议案1件（在修改未成年人保护法和预防未成年人犯罪法时，一并考虑关于制定反校园欺凌法、未成年人司法法议案所提问题）。

3. 关于修改村民委员会组织法的议案1件（围绕完善任期，已提请审议）。

4. 关于修改城市居民委员会组织法的议案1件（围绕完善任期，已提请审议）。

5. 关于修改治安管理处罚法（涉及未成年人权益保护问题）的议案1件。

6. 关于修改老年人权益保障法的议案1件。

7. 关于修改体育法的议案1件。

二、4件议案提出的3个立法项目有立法必要，建议有关部门加强调研和起草工作，条件成熟时，纳入全国人大常委会年度立法工作计划

（一）关于制定法律的议案1件

8. 关于制定职业技能开发法的议案1件。

（二）关于修改法律的议案3件

9. 关于修改妇女权益保障法的议案2件（一并考虑关于制定女职工劳动保护法议案所提问题）。

10. 关于修改社会保险法的议案1件。

三、6件议案提出的4个立法项目，建议在修改完善相关法律时，一并考虑

11. 关于制定反校园欺凌法的议案1件（在修改未成年人保护法和预防未成年人犯罪法时，一并考虑）。

12. 关于制定未成年人司法法的议案2件（在修改未成年人保护法和预防未成年人犯罪法时，一并考虑）。

13. 关于制定女职工劳动保护法的议案1件（在修改妇女权益保障法时，一并考虑）。

14. 关于修改收养法的议案2件（在编纂民法典的婚姻家庭编中的收养一章时，一并考虑）。

四、1件议案提出的1个立法项目，建议通过加大现行法律法规实施力度，解决议案所提问题

15. 关于制定企业民主管理法的议案1件。工会法对工会和职工参与民主管理已经作出明确规定。2012年施行的企业民主管理条例进一步细化了以职工代表大会为基本形式的企业民主管理制度。建议有关方面加大对工会法和企业民主管理条例的贯彻执行力度，开展相关法律法规实施的调研和监督，解决现实中存在的问题，确保企业民主管理规范化制度化法治化。

五、4件议案提出的3个立法项目，建议有关部门对议案所提建议和相关问题进行分析研究，开展调研论证

16. 关于制定文明促进法的议案1件。树立鲜明的道德价值导向，规范公民文明行为，倡导公民文明新风，是弘扬社会主义核心价值观的需要，有利于依法治国和以德治国相结合。建议有关方面认真研究议案内容，适时开展文明行为促进法立项调研和论证工作。

17. 关于制定社会组织法的议案1件。对制定社会组织法，相关部门认为，2016年中办、国办已出台《关于改革社会组织管理制度促进社会组织健康有序发展的意见》，制定《社会组织登记管理条例》已纳入《国务院2018年立法工作计划》。建议《社会组织登记管理条例》出台后，结合条例实施情况，再对社会组织法立法立项开展研究论证。

18. 关于修改劳动合同法的议案2件。相关部门认为，社会有关方面对劳动合同法实施效果存在多种看法，对如何修改该法也有多种意见。鉴于该法的修改涉及用人单位和广大职工的切身利益，社会关注度高，建议有关方面深入调查、研究论证、分析评估，广泛征求和收集各方意见和建议，待条件成熟时，提出修改完善建议。

以上报告，请审议。

全国人民代表大会社会建设委员会

2018年12月24日

二、代表建议办理

以对人民高度负责的精神，扎实做好代表建议办理工作

——在十三届全国人大一次会议代表建议、批评和意见交办会上的讲话

（2018 年 4 月 18 日）

全国人大常委会秘书长　杨振武

今天，我们在这里召开全国人大代表建议交办会，深入学习习近平新时代中国特色社会主义思想，贯彻落实十三届全国人大一次会议精神和李克强总理、栗战书委员长指示精神，研究部署十三届全国人大一次会议代表建议办理工作，向在京的承办单位统一交办大会期间代表提出的建议。

党中央历来高度重视人大代表工作。党的十八大以来，习近平总书记就做好人大代表选举工作、更好发挥人大代表作用发表一系列重要讲话，作出一系列重要指示，为我们做好新时代人大代表工作指明了方向。全国人大常委会把推动代表建议办理工作作为支持代表依法履职的重要环节，每年都听取办公厅和有关方面关于代表建议办理情况的报告，并印发全体代表。这些年来，每年都确定一批重点督办建议，由全国人大有关专门委员会负责督办，推动解决问题、完善政策。国务院连续 5 年召开国务院常务会议，专题听取全国人大代表建议和全国政协委员提案办理工作情况的汇报，研究部署国务院部门承办代表建议工作。最高人民法院和最高人民检察院也通过召开电视电话会议等形式，对办理代表建议提出明确要求。各承办单位认真办理代表建议，努力使办理过程成为国家机关转变作风、联系群众、改进工作的过程。十二届全国人大期间，代表们提出的 41353 件建议得到认真研究办理，推动解决了一批人大代表关注、人民群众关心的重点难点问题，代表建议在推动科学决策、民主决策、依法决策方面发挥出重要作用，同时形成了有效的建议办理机制，积累了宝贵的工作经验，这些机制、经验要继续坚持下去并完善发展。

十三届全国人大一次会议期间，代表们依法执行代表职务，提出了 7139 件建议。全国人大常委会办公厅会同有关方面，对今年代表提出的建议进行了认真梳理和分析，形成了代表建议交办意见。刚才，郭振华同志简要通报了十二届全国人大代表建议办理工作情况和今年大会期间代表建议提出情况及交办意见，李宝荣同志对国务院承办代表建议的部门和单位提出了要求。他们的讲话我都赞成。这里，我就做好今年的代表建议办理工作再强调几点。

第一，提高政治站位，进一步增强做好代表建议办理工作的责任感。我国是工人阶级领导的、以工农联盟为基础的人民民主专政的社会主义国家，国家的一切权力属于人民。习近平总书记指出，“我国社会主义民主是维护人民根本利益的最广泛、最真实、最管用的民主。”我国人民享有的民主，不仅有完整的制度程序，而且有丰富的参与实践，不仅有选举、投票的民主形式，也有决策之前进行充分协商的民主权利，不仅有进行民主选举的权利，也有进行民主决策、民主管理、民主监督的权利。在我国，人民当家作主具体地、现实地体现在中国共产党执政和国家治理中，具体地、现实地体现在党和国家机关各方面、各层级的工作中，具体地、现实地体现在人民对自身利益的实现和发展中。习近平总书记在十

三届全国人大一次会议上强调:“我们要以更大的力度、更实的措施发展社会主义民主,……确保人民享有更加广泛、更加充分、更加真实的民主权利,让社会主义民主的优越性更加充分地展示出来。”总书记的重要讲话,为进一步发展我国人民民主指明了前进方向。

人民代表大会制度是坚持党的领导、人民当家作主、依法治国有机统一的根本政治制度安排。人大代表是国家权力机关的组成人员,是党和国家联系人民群众的重要桥梁和纽带。栗战书委员长在十三届全国人大常委会第一次会议上强调,人大及其常委会代表人民行使国家权力,根本职责是在党的领导下,支持和保证人民当家作主。要更好发挥代表联系人民群众的桥梁纽带作用,把人民群众的意见反映上来,把人民群众的智慧集中起来,使常委会的工作生动体现社会实践的发展,更好顺应人民群众对美好生活的向往。

代表对各方面工作提出建议,是依法执行代表职务、反映人民群众意见的重要形式。认真研究办理代表建议,是各国家机关的法定职责,是尊重人民主体地位、支持代表依法履职的重要体现,也是自觉接受代表和人民监督的重要内容。十三届全国人大代表有2980名,代表全国13亿多人民的利益和意志,参加行使国家权力。在代表大会会议期间,代表们认真审议议案、报告,提出代表议案、建议,行使选举权、表决权,全国人大常委会、国务院、最高人民法院、最高人民检察院和有关部门分别派出工作人员到会听取审议意见、回答代表提问,根据代表们的意见完善报告和议案。大会结束后,有关单位认真研究办理代表提出的议案和建议,解决人大代表和人民群众关心的热点难点问题。这些都是中国特色社会主义民主的重要内容,是人民当家作主的生动诠释。我们要切实提高政治站位,从坚持人民主体地位、更好发挥代表作用、发展中国特色社会主义民主政治的高度,充分认识做好代表建议办理工作的重要意义,把办理代表建议与转变工作作风和推动改进工作有效结合起来,把我国人民民主的制度优势更好发挥出来,努力做到民有所呼、我有所应。

第二,完善代表建议办理机制,进一步加强沟通协调。习近平总书记强调,“各级国家机关加强同人大代表的联系、加强同人民群众的联系,是实行人民代表大会制度的内在要求,是人民对自己选举和委派代表的基本要求。”我国的人大代表来自人民,植根人民,代表建议来自人民群众反映的问题、表达的意愿。根据全国人大常委会办公厅的统计分析,今年的代表建议中,很多建议是由专业技术人员代表、农民代表和一线工人代表提出的,非常接地气;六成以上建议是代表通过专题调研、视察、座谈、走访等形式形成的,集中了人民群众的意见和智慧;近一半的代表建议中提出,希望承办单位在办理过程中加强与代表的沟通联系。办理代表建议,是国家机关加强同代表的联系、同人民群众的联系的重要方面和有效渠道。

近年来,许多承办单位在办理过程中,注重加强与代表的沟通联系,坚持“文来文往”和“人来人往”有机结合,加强与代表面对面的沟通协商,深入了解情况,共商解决办法。有些部门还邀请代表参加会议部署或实地调研,更大程度让代表参与了解部门工作,从而使建议更有针对性和可行性。从近些年代表们反馈的情况看,办理过程中全方位、多层次、多样化的深入细致沟通,增加了代表们的参与感,提升了代表们的满意度,也有效增进了国家机关与代表和人民群众的感情,提高建议办理的效率、质量。

各承办单位要认真总结推广以往行之有效的经验做法,将加强沟通作为办好代表建议的重要环节,创新沟通联系机制,拓宽沟通联系渠道,全面深入地了解代表意图,通过召开情况通报会、政府公开、提供相关资料等方式将工作最新进展及时告知代表。要真诚坦率地向代表介绍本单位和部门的职能职责、工作流程,帮助代表知情知政、了解情况。对于将近5000件需要多家单位共同办理的建议,相关承办单位要加大协作力度,共同研究解决,形成办理合力。

今年的建议办理还有一个特殊情况。十三届全国人大一次会议通过了国务院机构改革方案。目前,国务院机构改革方案正在实施过程中,涉及撤并有关机构、整合有关部门,还有一些部门的职能发生调整变动,这或多或少地会给代表建议办理工作带来一定影响。希望有关单位在建议办理中认真做好工作衔接,加强新老部门间的沟通协调,避免出现断档,保证建议件件有着落、有回音。要统筹研究,明确时效,加强督办推进,确保代表建议办理工作不因机构调整受到影响。

第三,聚焦中心工作,进一步增强代表建议办理的实效。今年是全面贯彻落实党的十九大精神的开局之年,也是十三届全国人大及其常委会依法履职的第一年。从代表所提建议内容上看，代表们高度关注党的十九大决策部署的贯彻实施，所提建议集中在打好三大攻坚战、实施乡村振兴战略、推动经济高质量发展以及保障和改善民生等方面，仅围绕三大攻坚战提出的代表建议就达 709 件，约占建议总数的 10%。这些建议，对于我们贯彻落实党中央决策部署、加强和改进相关工作，都是非常有益的参考。2 月 7 日，李克强总理在听取办理全国人大代表建议和政协委员提案情况汇报时，明确要求各部门针对新一届代表和委员关注的焦点、提出的建议和提案，以对人民高度负责的态度做好办理工作，推动进一步提高政府工作的针对性。各承办单位要把办理代表建议与贯彻落实党的十九大重大决策部署有机结合起来，与全面落实十三届全国人大一次会议作出的决定决议、确定的目标任务有机结合起来，对代表建议反映比较集中的问题，要认真深入调查研究，充分吸收采纳代表所提建议中的合理部分，汇聚人民群众的聪明才智，积极回应代表的关切。要通过办理代表建议凝聚社会共识，破解改革难题，促进有关国家机关不断改进工作，为夺取决胜全面建成小康社会伟大胜利奠定良好基础。

今年，全国人大常委会办公厅紧紧围绕党和国家的中心工作，在与有关方面充分协商的基础上，确定了 20 项重点督办建议，分别涉及坚决打好三大攻坚战、大力实施乡村振兴战略、保障改善民生和社会发展等领域。对这些重点督办建议，希望各承办单位主要负责同志高度重视，组织力量研究办理，努力解决实际问题，完善政策措施，取得实实在在的成效。全国人大有关专门委员会要按照栗战书委员长在专门委员会负责同志会议上的讲话精神，会同常委会办公厅加大协调监督力度。同时，各单位也要继续将代表反映较为集中、同本部门工作重点相契合的建议确定为内部重点办理建议，争取通过重点建议办理工作，解决一批关系群众切身利益的重点难点问题，推动建议办理工作不断取得新成效。

需要强调的一点是，办理建议要注重把解决实际问题同让代表满意结合起来。对现阶段能解决的问题要及时解决并积极创造条件解决；对暂时不能解决、需要下一步综合解决的，要向代表讲清时间表和路线图；对一些近期难以解决或暂时难以见到成效的问题，要及时向代表汇报情况，实事求是解释说明，取得代表的理解和支持；对不同的意见要虚心听取、认真考虑。在建议办理过程中，全国人大常委会办公厅要做好协调服务工作，对有些代表对建议办理不满意、需要承办单位再与代表沟通联系的，以及有关方面需要协调联系代表一起调研的，要及时有效地做好沟通协调工作。要畅通承办单位和代表的双向沟通联系渠道，使代表和承办单位的同志能方便有效地沟通，还要加强对建议办理工作的督促力度，保证代表建议按时办理答复。

同志们，让我们更加紧密地团结在以习近平同志为核心的党中央周围，高举中国特色社会主义伟大旗帜，深入学习贯彻习近平新时代中国特色社会主义思想和党的十九大精神，认真贯彻落实十三届全国人大一次会议精神，以对人民高度负责的精神，扎实做好代表建议办理工作，把中国特色社会主义政治制度优势更好地发挥出来，提高人民群众的获得感、幸福感、安全感，为推动党和国家各项事业发展作出更大贡献。

《中国人大》2018 年第 8 期

全国人民代表大会常务委员会办公厅关于第十三届全国人民代表大会第一次会议代表建议、批评和意见办理情况的报告

——2018 年 12 月 24 日在第十三届全国人民代表大会常务委员会第七次会议上

全国人大常委会副秘书长　信春鹰

全国人民代表大会常务委员会：

现在，我代表常委会办公厅报告十三届全国人大一次会议期间代表提出的建议、批评和意见（以下简称建议）办理情况。

全国人大常委会深入学习贯彻习近平总书记关于坚持和完善人民代表大会制度的重要思想，积极推动代表建议办理工作，努力做到民有所呼、我有所应。栗战书委员长强调，办理代表建议是保障代表依法履职的重要内容，体现了中国式民主的特点和优势。要进一步提升代表建议办理实效，真正推动解决实际问题，将人民代表大会制度的优越性更好发挥出来，让人民群众的呼声和期盼有着落、有回应。

一、代表建议提出和交办情况

十三届全国人大一次会议期间，代表们认真履行宪法和法律赋予的职责，向大会提出建议 7139 件。今年代表提出建议主要有以下几个特点：一是紧扣贯彻落实党中央重大决策部署，建议内容聚焦打好三大攻坚战、实施乡村振兴战略、推动经济高质量发展、保障和改善民生等方面。二是紧扣回应人民群众重大关切，反映人民群众愿望和呼声，代表通过视察、调研、座谈、走访等形式形成的建议有 4402 件，占建议总数的 61.7%。三是代表通过提出建议方式积极参与管理国家事务。今年是十三届全国人大代表依法履职的第一年。大会期间共有 2546 名代表提出建议，其中初任代表提出建议 4499 件，占建议总数的 63%；以代表团名义提出建议 126 件，涉及 18 个代表团。

十三届全国人大一次会议闭幕后，常委会办公厅加强对代表建议的分析，形成综合分析报告，拟定交办意见，召开代表建议交办会，将 7139 件代表建议统一交由 200 家承办单位研究办理。杨振武秘书长出席会议并讲话，对办理工作作出部署、提出要求。同时，在征求各方面意见的基础上，经秘书长办公会议讨论通过，确定 20 项重点督办建议，涉及 192 件代表建议，交由 36 家承办单位重点办理，全国人大 7 个专门委员会负责督办。

二、代表建议办理工作更加制度化、规范化

承办代表建议的有关机关、组织认真履行法定职责，把办理代表建议与转变作风、改进工作有机结合起来，加强同人大代表、人民群众的联系，完善办理机制，规范办理程序，主要做法有以下几个方面。

（一）领导同志亲自部署、直接参与建议办理工作。中共中央办公厅高度重视习近平总书记参加有关代表团审议时代表提出建议的办理工作，努力在党的总书记与代表之间、领袖与人民群众之间架设起“便捷的桥梁”。李克强总理连续 5 年主持召开国务院常务会议，听取国务院部门办理代表建议情况的汇报，要求以对人民高度负责的态度做好办理工作。很多承办单位的主要负责同志在党组会、部务会上专题研究、部署代表建议办理工作。交通运输部、文化和旅游部、公安部、市场监督管理总局、证监会、退役军人事务部等单位主要负责同志或分管领导亲自带队调研，邀请代表座谈，面对面听取代表意见，着力推动问题解决。据不完全统计，今年承办单位就重点督办建议和内部重点建议办理赴 20 多个省（区、市）开展了 30 多次实地调研。全国人大有关专门委员会加大督办、协调力度，推动代表建议办理取得实效。

（二）加强同代表的沟通联系，深入分析代表建议，更好回应代表关切。很多承办单位将百分之百与提出建议的代表沟通作为办理答复的必经程序，通过电话短信、邮件传真、登门走访、调研座谈等多种形式，进一步深入听取代表的意见建议，了解基层实际情况和存在的问题，提高办理代表建议的针对性和实效性。发展改革委在办理代表建议过程中与代表沟通 1082 次，召开座谈会 10 次，开展专题调研 14 次，上门沟通 18 次。铁路总公司、税务总局分别同提出建议的代表沟通 445 人次和 240 余人次。最高人民法院、最高人民检察院、财政部把加强同代表的联系与办理代表建议结合起来，依托门户网站开通服务全国人大代表的网络平台，及时向代表通报建议办理进展情况，为保障代表知情知政提供各类信息资料。自然资源部等单位在办理代表建议前，认真研究建议内容，分析代表关注的焦点问题，有针对性地提出办理方案和工作措施。卫生健康委将代表建议内容归纳为 20 个大类、169 个子类，形成 3.5 万字的专题研究报告。科技部将代表建议汇编成册并印发本系统各单位，供研究制定政策措施时参考。交通运输部对承办的代表建议开展专题研究，形成《2018 年代表建议情况分析报告》和《2013—2018 年代表多年反复建议原因分析专题报告》。农业农村部、税务总局结合全国人大常委会立法、监督工作安排，形成农产品质量安全、乡村振兴战略、税务税收工作等代表建议专项分析报告。

（三）积极探索提高代表建议办理质量的机制举措。一是突出办理重点。各承办单位认真办理全国人大常委会办公厅确定的 20 项重点督办建议，推动一批关系人民群众切身利益的问题得到解决。同时，结合部门职责和工作，将代表反映集中、社会普遍关注的问题作为内部重点办理建议，推动改进相关工作。据不完全统计，承办代表建议数量较多的 30 家单位共确定内部重点办理建议 111 件。工业和信息化部共确定 31 件内部重点办理建议，占承办建议总数的 11.8%。住房和城乡建设部将完善外来人口住房保障政策等 13 件代表建议作为重点，有针对性地加强办理。二是积极推动承诺事项落实。多年来，承办单位在答复代表时表示建议所提问题已列入规划计划、有待进一步落实的占总数的约 60%。一些承办单位建立答复承诺事项台账，持续推进落实，以实效取信于民。最高人民法院对承诺事项实行二次答复，及时向代表通报相关工作最新进展。农业农村部对需要继续落实的事项实行滚动办理，确保事事有着落。三是有序推进代表建议工作公开。许多承办单位利用门户网站等平台，公开代表建议办理答复和建议办理工作情况，自觉接受代表和人民群众监督。国家能源局办理的 202 件、林业和草原局办理的 135 件代表建议答复全部公开。卫生健康委、生态环境部代表建议答复公开率分别达到 98% 和 90%。

三、代表建议办理工作取得新的成效

十三届全国人大一次会议期间代表提出的建议已经全部办理完毕并答复代表。从办理结果看，代表建议所提问题得到解决或计划逐步解决的占建议总数的 75.8%。各有关方面尊重人民主体地位，支持代表依法履职，增强建议办理实效，切实推动解决问题，代表联系人民群众的桥梁纽带作用进一步发挥，人民代表大会制度的优越性进一步彰显。

一是围绕打好三大攻坚战，推动党中央决策部署贯彻落实。今年大会期间，代表们就打好三大攻坚战提出建议 709 件，占建议总数的约 10%。常委会办公厅将强化金融监管统筹协调，加大深度贫困地区精准扶贫力度，高质量完成易地扶贫搬迁建设任务，推动贫困地区交通扶贫，解决突出环境问题，完善生态保护补偿机制等 6 项共 65 件代表建议列为重点督办建议。经过各方面共同努力，相关工作取得重大进展。人民银行会同有关方面开展网络借贷、互联网资产管理、虚拟货币交易等互联网金融风险专项整治，研究出台规范金融机构资产管理业务、推进金融业综合统计、加强非金融企业投资金融机构监管等制度规范。扶贫办等单位在起草和落实《关于打赢脱贫攻坚战三年行动的指导意见》等文件的过程中，认真研究采纳代表建议，认为代表意见建议都是宝贵的“智慧库”和“信息源”，是脱贫攻坚的“催化剂”和“助推器”。发展改革委结合办理代表建议，推动易地扶贫搬迁由“求进度、重项目建设”向“求质量、重脱贫实效”转变。财政部、水利部推动贫困农村水利设施建设步伐，2018 年用于贫困地区的中央财政水利设施建设补助资金比 2017 年增加 56.1%。生态环境部等单位落实《打赢蓝天保卫战三年行动计划》，加快煤电机组超低排放改造，扩大中央财政支持北方地区冬季清洁取暖试点城市范围。

二是围绕全面依法治国，推动法治中国建设。十三届全国人大一次会议审议通过宪法修正案，实现了现行宪法的与时俱进、完善发展。代表们提出加强宪法教育和实施以及制定修改法律、推进法治建设方面的建议 300 余件。司法部等单位认真研究采纳代表建议，开展“弘扬宪法精神　增强宪法意识”活动，制定法治宣传教育考核评估指标体系，落实媒体公益普法制度，推动宪法学习宣传教育全覆盖。全国人大常委会法工委和有关方面认真梳理代表提出的立法建议，为研究编制十三届全国人大常委会立法规划提供重要参考，在推进民法典编纂、研究制定英雄烈士保护法等法律时邀请相关代表参与立法调研和评估。最高人民法院、最高人民检察院首次牵头办理重点督办建议，积极解决代表广泛关注的问题，在基本解决执行难、推进公益诉讼改革等方面取得积极进展。

三是围绕推动经济高质量发展，深化供给侧结构性改革。工业和信息化部承办“加强新一代人工智能技术开发和应用，促进与实体经济深度融合”重点督办建议，出台《促进新一代人工智能产业发展三年行动计划（2018—2020 年）》，发布《人工智能标准化白皮书 2018》，会同有关方面成立中国人工智能产业发展联盟。商务部针对代表提出的加大对自贸试验区建设支持力度的建议，编制 2018 年版负面清单，将外资准入特别管理措施缩短至 45 项；大力推动自贸试验区改革试点经验复制推广。

发展改革委出台《关于建立特色小镇和特色小城镇高质量发展机制的通知》，建立规范纠偏机制、典型引路机制、服务支撑机制。财政部、银保监会等单位针对代表反映强烈的小微企业、民营企业融资难、融资贵问题，推进完善财税政策措施，对高新技术企业实行税收优惠及企业研发费用优惠政策，设立融资担保基金，加大对实体经济转型升级的金融支持力度。农业农村部邀请代表就实施乡村振兴战略进行座谈，开展专题调研，努力推动乡村振兴早见成效。

四是围绕保障和改善民生，增强人民获得感幸福感安全感。历年来，民生方面的代表建议数量最多、占比最高。今年，科教文卫体类和社会及公共事务类建议有2375件，占建议总数的33.3%。针对代表提出的适度提高城乡居民养老保险补助标准的建议，人力资源社会保障部会同有关单位出台指导意见等文件，确定城乡居民基本养老保险待遇，建立基础养老金正常调整机制，将2018年基础养老金最低标准提高到88元。针对代表提出的将收入低的重度病残人员纳入低保对象的建议，民政部会同有关方面制订实施意见，对农村低保、特困人员救助供养、临时救助等保障性扶贫措施进行优化，提高了政策的针对性和可操作性。教育部结合办理代表建议，制定《关于学前教育深化改革规范发展的若干意见》，部署开展校外培训机构专项治理行动，印发《关于规范校外培训机构发展的意见》，对校外培训机构的设置标准、审批登记、培训行为、市场监管等作出明确规定。

全国人大常委会办公厅认真落实常委会部署要求，努力为代表建议的提出和办理做好协调服务工作。研究修改《全国人民代表大会代表建议、批评和意见处理办法》，进一步推动代表建议工作制度化、规范化。认真梳理和交办闭会期间代表建议、委员长主持部分代表座谈会时代表提出的建议、委员长会议组成人员和常委会委员联系代表时转交的建议，及时向代表报告承办单位研究处理情况。各选举单位代表联络工作机构精心组织代表开展专题调研、集中视察等闭会期间活动，密切代表同人民群众的联系，认真负责地为代表提出建议、参加建议办理活动提供服务保障。

今年的代表建议办理工作基本完成。我们将深入学习贯彻习近平总书记关于坚持和完善人民代表大会制度的重要思想，继续完善工作机制和方式方法，着力在协助代表提高建议提出质量和督促承办单位提高建议办理质量上做文章，推动代表建议工作再上新的台阶，更好发挥人民代表大会这一主要民主渠道的作用。

国务院扶贫开发领导小组办公室关于第十三届全国人民代表大会第一次会议代表建议、批评和意见办理情况的报告

——2018年12月24日在第十三届全国人民代表大会常务委员会第七次会议上

国务院扶贫开发领导小组办公室主任　刘永富

全国人民代表大会常务委员会：

根据会议安排，我就国务院扶贫办办理十三届全国人民代表大会一次会议代表建议等情况，作简要汇报。

一、精心组织，认真做好今年代表建议办理工作

今年，十三届全国人大一次会议交由扶贫办办理的代表建议252件，其中，主办75件，会同办理156件，参阅21件。代表们围绕40个方面，提出了500多条具体建议。具有3个特点：一是建议数量较去年增加40%，体现了代表对脱贫攻坚的高度关注。二是聚焦重点问题，扶贫资金监管、深度贫困、政策完善、内生动力、产业扶贫等是代表关注的热点，占六成以上，有很强的针对性和指导性。三是2020年后扶贫工作、缓解相对贫困和城市贫困、脱贫攻坚与乡村振兴战略衔接等问题，成为新的增长点，代表建议具有前瞻性。

扶贫办认真学习贯彻习近平新时代中国特色社会主义思想和党的十九大精神，落实全国人大常委会、国务院关于代表建议办理工作的要求，把办好代表建议作为政治任务纳入整体工作部署，把提高办理质量放在首位，通过落实责任、深入沟通、重点调研、强化督办和主动公开，有力有序推进建议办理，不断增强工作主动性和实效性。

一是落实办理责任。全国两会闭幕后，扶贫办认真传达学习全国“两会”精神和代表建议交办会议精神，召开专题会议，部署建议办理工作，结合工作实际，制定代表建议和重点建议办理工作实施方案。要求党组同志带队开展重点督办建议调研，带领相关业务司共同研究重要问题，办理工作由业务骨干主要是处级干部承担，重点件由司局级干部直接上手。建立定期通报制度，提出月度办理计划，建立台账动态管理，在时间结点通报督促，既确保办理质量，又保证办理时效。

二是加强沟通调研。坚持实事求是、开诚布公的态度，做到负责任地办理。对于目前暂不具备解决条件的，充分沟通，争取理解。据统计，今年 A 类和 B 类答复超过 80%。我们对承诺解决的 B 类答复建立台账，推动后续落实。加大重点督办建议调研力度，今年三分之一的重点建议由党组同志带队调研。通过调研座谈、电话沟通、邮件往来等方式，所有建议答复前与代表进行沟通。从反馈情况看，代表对办理工作及答复意见均表示认可。

三是推进答复公开。按照建议办理结果公开要求，我们研究制定《国务院扶贫办办理建议提案工作规定》，将建议公开列入信息主动公开基本目录，在门户网站开设建议公开专栏，全面推进办理结果向社会公开，公开比例达到 80%，主动接受代表、公众监督，督促进一步提升办理质量。

二、聚焦代表关注重点，推进脱贫攻坚取得实效

全国人大常委会高度重视脱贫攻坚，党的十八大以来，两次进行专题询问，栗战书委员长多次作出指示，各位副委员长十分关心。全国人大代表持续关注，近三年，扶贫办共承办代表建议 710 件。我们深切感受到，代表们关注的重点问题，正是脱贫攻坚的关键环节。代表们提出的建议、批评和意见，对推进脱贫攻坚工作发挥了重要作用。对人大代表的意见建议，扶贫办在工作实践中认真研究、吸收采纳，不断推进中央脱贫攻坚决策部署落实和重点工作向纵深发展。

一是围绕脱贫攻坚总体目标，推进中央决策部署落实。2016 年以来，代表们围绕完善政策机制、抓好落地落实等提出了 148 项建议。结合中央全面深化改革的要求，我们建立了脱贫攻坚责任、政策、投入、动员、监督、考核等六大体系。通过实施精准扶贫精准脱贫基本方略，强化组织保障，推进完善建档立卡、驻村帮扶和“五个一批”等重点工作取得实效，连续三年超额完成年度减少 1000 万贫困人口的任务。及时研究解决新情况新问题，适时出台新举措，2016 年至 2018 年，习近平总书记分别主持召开东西部扶贫协作、深度贫困地区脱贫攻坚、打好精准脱贫攻坚战座谈会，研究部署做好东西部扶贫协作和对口支援、深度贫困地区脱贫攻坚和脱贫攻坚三年行动，脱贫攻坚沿着正确方向前进。

二是围绕加强扶贫投入和监管，创新完善体制机制。脱贫攻坚以来，人大代表共提出了 190 条关于加大扶贫资金投入和监管方面的建议。扶贫办积极与财政部等有关部门协调，连续三年实现每年新增资金 200 亿元，2018 年首次实现中央财政专项扶贫资金年度过千亿。累计发放扶贫小额信贷 5200 多亿元。财政涉农资金统筹整合使用试点扩大到所有贫困县，基本保障了脱贫攻坚投入的需要。2018 年，扶贫办印发《关于县级脱贫攻坚项目库建设的指导意见》，指导各地聚焦“两不愁、三保障”，完善县级脱贫攻坚项目库，强化项目论证和储备，有效促进“钱等项目”转变为“项目等钱”。会同财政部印发《关于完善扶贫资金项目公告公示制度的指导意见》，要求扶贫资金分配结果实行公告公示。目前，中央财政专项扶贫资金分配结果已全部公告到县，省级资金分配结果公告比例 90% 以上。扶贫资金违纪违规问题明显减少，审计查出问题金额占抽查资金比例由 2013 年的 36.3% 下降到 2018 年的 6%，其中违纪违规问题金额由 15.7% 下降到 1%。

三是围绕深度贫困地区如何脱贫，不断加大攻坚力度。今年全国人大常委会将“加大深度贫困地区精准扶贫力度”列为重点建议督办，明确由扶贫办牵头负责。扶贫办认真研究制定工作方案和调研计划，对主办的 6 件建议逐一开展调研，主要负责同志和分管负责同志分别带队，会同相关部门认真研究办理。为了把代表们反映的聚焦深度攻坚的

建议落到实处，扶贫办从今年开始，将“向深度贫困地区倾斜支持情况”列入全国东西部扶贫协作考核和中央单位定点扶贫工作考核，我们还督促各地各部门向深度贫困地区脱贫攻坚聚焦发力，目前已有26个中央部门出台了27个支持深度贫困地区脱贫攻坚的政策文件。

四是围绕激发贫困群众内生动力，开展扶贫扶志扶智行动。扶贫先扶志，治贫先治愚，激发贫困群众内生动力，增强自我发展能力，是近年来人大代表关心的重点之一。在深入调研和征求意见基础上，扶贫办会同中央组织部、中央宣传部、中央文明办等12个部门印发了《关于开展扶贫扶志行动的意见》，代表们提出的加强扶志教育宣传、改进帮扶方式、移风易俗等建议，在这个文件中都作出了部署安排。围绕贫困群众发展产业和就业需要，加大职业教育、职业培训力度，落实资助政策，帮助贫困家庭子女掌握务工就业技能。加强贫困村脱贫致富带头人培育培养，支持贫困劳动力参加职业技能培训，将贫困群众培育成为有本领、懂技术、肯实干的劳动者。激发贫困群众通过劳动和参与摆脱贫困，实行有劳有得、多劳多得的正向激励，树立勤劳致富、脱贫光荣的价值取向和政策导向，切实增强贫困群众自我发展能力，确保持续稳定脱贫。

三、自觉接受人大监督，坚决打赢脱贫攻坚战

党的十八大以来，以习近平同志为核心的党中央，把脱贫攻坚摆到治国理政的重要位置，习近平总书记亲自部署、亲自挂帅、亲自出征、亲自督战，脱贫攻坚取得了决定性进展。贫困地区经济社会全面发展，基础设施和公共服务建设步伐加快，生产生活条件明显改善，脱贫能力显著提升，干部作风明显转变。脱贫攻坚不仅创造了我国扶贫史上的最好成绩，而且为实施乡村振兴战略奠定了良好基础，为全球减贫事业作出了重大贡献，彰显了中国共产党领导的政治优势和社会主义制度优势，更加坚定了“四个自信”。

2018年，是全面贯彻落实党的十九大精神的开局之年，中央把精准脱贫攻坚战作为三大攻坚战之一继续高位推进，保持良好态势。在党中央的坚强领导下，通过各方面共同努力，预计到今年年底，我国现行标准下的农村贫困人口将减少85%以上，贫困村将退出80%左右，贫困县将摘帽50%左右。下一步，扶贫办将继续深入学习贯彻习近平新时代中国特色社会主义思想和党的十九大精神，坚决贯彻中央脱贫攻坚决策部署，认真做好今后两年的脱贫攻坚工作。

一是决战决胜脱贫攻坚。目前，脱贫攻坚总体态势良好，但要实现全面胜利，仍然存在一些实际困难和突出问题，比如“两不愁三保障”还存在一些突出问题，深度贫困地区的贫困状况还没有根本改变，工作上仍然存在不到位的问题。我们将继续保持工作力度和政策强度，坚持目标标准，确保如期全面打赢脱贫攻坚战，兑现庄严承诺，坚决维护以习近平同志为核心的党中央权威。

二是做好与乡村振兴战略衔接。贫困地区继续坚持以脱贫攻坚统揽经济社会发展全局，将如期实现脱贫攻坚目标作为首要政治任务，确保目标不变，靶心不散。乡村振兴的相关政策措施，优先在脱贫摘帽县实施，保持政策支持力度，巩固脱贫攻坚成果，确保稳定脱贫。

三是研究2020年后扶贫战略。打赢脱贫攻坚战，只是历史性消除了绝对贫困。我国将长期处于社会主义初级阶段，缓解相对贫困将是长期任务。扶贫是体现我们党的宗旨和社会主义制度优越性的重要标志，是解决社会主要矛盾的重要措施，我们将会同有关部门，认真总结脱贫攻坚经验，及早谋划2020年后减贫战略。

借此机会，衷心感谢全国人大常委会和全国人大代表对脱贫攻坚的支持和监督。再过两个多月，十三届全国人大二次会议即将召开，我们欢迎人大代表继续对脱贫攻坚提出宝贵意见和建议，我们将一如既往地认真办理，不断推进改进工作。

三、代表资格审查

全国人民代表大会常务委员会公告

〔十二届〕第三十号

中央军委联合参谋部军人代表大会决定罢免房峰辉的第十二届全国人民代表大会代表职务。河南省人大常委会决定接受孟伟辞去第十二届全国人民代表大会代表职务。依照《中华人民共和国全国人民代表大会和地方各级人民代表大会代表法》的有关规定,房峰辉、孟伟的代表资格终止。依照《中华人民共和国全国人民代表大会和地方各级人民代表大会选举法》的有关规定,孟伟的第十二届全国人民代表大会环境与资源保护委员会副主任委员职务相应终止。

截至目前,第十二届全国人民代表大会实有代表2896人。

特此公告。

全国人民代表大会常务委员会

2018年2月24日

第十二届全国人民代表大会常务委员会代表资格审查委员会关于个别第十二届全国人民代表大会代表的代表资格的报告

(2018年2月24日第十二届全国人民代表大会常务委员会第三十三次会议通过)

全国人民代表大会常务委员会:

由解放军选出的第十二届全国人民代表大会代表、中华人民共和国中央军事委员会委员、中共中央军事委员会原委员、中央军委联合参谋部原参谋长房峰辉,因涉嫌行贿、受贿犯罪,2018年1月17日,中央军委联合参谋部召开军人代表大会决定罢免其第十二届全国人民代表大会代表职务。依照《中华人民共和国全国人民代表大会和地方各级人民代表大会代表法》的有关规定,房峰辉的代表资格终止。

由河南省选出的第十二届全国人民代表大会代表、全国人大环境与资源保护委员会副主任委员、中国环境科学研究院原院长孟伟,因涉嫌严重违纪,被责令辞去第十二届全国人民代表大会代表职务。2018年1月20日,河南省第十二届人大常委会第三十三次会议决定接受其辞职。依照《中华人民共和国全国人民代表大会和地方各级人民代表大会代表法》的有关规定,孟伟的代表资格终止。

以上代表资格变动事宜报请全国人民代表大会常务委员会审议通过并予以公告。

本次全国人民代表大会个别代表的代表资格变动后,第十二届全国人民代表大会实有代表2896人。

以上报告,请审议。

第十二届全国人民代表大会

常务委员会代表资格审查委员会

2018年2月23日

全国人民代表大会常务委员会办公厅关于第十三届全国人民代表大会代表选举工作情况的报告

——2018 年 2 月 23 日在第十二届全国人民代表大会常务委员会第三十三次会议上

全国人大常委会副秘书长　信春鹰

全国人民代表大会常务委员会：

根据宪法和有关法律的规定，按照《第十二届全国人民代表大会第五次会议关于第十三届全国人民代表大会代表名额和选举问题的决定》，第十三届全国人大代表于 2018 年 1 月选出。截至 2018 年 1 月底，各省、自治区、直辖市和香港特别行政区、澳门特别行政区、台湾省、中国人民解放军等 35 个选举单位先后召开会议，共选举产生第十三届全国人大代表 2980 名。现将第十三届全国人大代表选举工作的有关情况报告如下：

一、关于第十三届全国人大代表选举工作的总体情况

选举全国人大代表是国家重要政治活动。以习近平同志为核心的党中央高度重视全国人大代表选举工作。习近平总书记多次发表重要讲话、作出重要指示，要求确保选举工作风清气正、选举结果人民满意。在以习近平同志为核心的党中央坚强领导下，依纪依法严肃查处湖南衡阳破坏选举案、辽宁拉票贿选案，彰显了党中央坚定不移推进全面依法治国、坚决维护人民代表大会制度尊严的鲜明态度和坚定决心。2017 年 2 月，中共中央转发中共全国人大常委会党组关于做好第十三届全国人大代表选举工作的有关意见，对选举工作作出部署、提出要求。习近平总书记的重要指示、党中央的决策部署，为做好第十三届全国人大代表选举提供了根本遵循，保证了选举工作正确政治方向。

全国人大常委会贯彻落实党中央决策部署，根据宪法、选举法的有关规定，制定有关法律文件，主持第十三届全国人大代表的选举，指导各选举单位做好代表选举工作。2017 年 4 月 27 日，第十二届全国人大常委会第二十七次会议审议通过了《第十三届全国人民代表大会代表名额分配方案》《第十三届全国人民代表大会少数民族代表名额分配方案》《台湾省出席第十三届全国人民代表大会代表协商选举方案》。

各选举单位坚持以习近平新时代中国特色社会主义思想为指导，深入贯彻落实党的十九大和十九届一中、二中全会精神，坚持党的领导、人民当家作主、依法治国有机统一，严格贯彻执行宪法和有关法律，认真做好第十三届全国人大代表的选举工作。通过选举，把拥护中国共产党的领导，拥护中国特色社会主义制度，牢固树立政治意识、大局意识、核心意识、看齐意识，模范遵守宪法法律，密切联系群众，在本职工作中发挥带头作用，自觉遵守社会公德，廉洁自律，公道正派，勤勉尽责，具备履职意愿和履职能力，具有良好社会形象，得到群众广泛认同的人选选举为第十三届全国人大代表。

2017 年 12 月中旬至 2018 年 1 月，31 个省、自治区、直辖市的人民代表大会会议，香港特别行政区的选举会议，澳门特别行政区的选举会议，由各省、自治区、直辖市和中央国家机关、中国人民解放军中的台湾省籍同胞组成的协商选举会议，中国人民解放军的军人代表大会会议，共选举产生第十三届全国人大代表 2980 名。

在选出的代表中，少数民族代表 438 名，占代表总数的 14.70%，全国 55 个少数民族都有本民族的代表；归侨代表 39 名；连任代表 769 名，占代表总数的 25.81%。与十二届相比，妇女代表 742 名，占代表总数的 24.90%，提高了 1.5 个百分点；一线工人、农民代表 468 名（其中有 45 名农民工代表），占代表总数的 15.70%，提高了 2.28 个百分点；专业技术人员代表 613 名，占代表总数的 20.57%，提高了 0.15 个百分点；党政领导干部代表 1011 名，占代表总数的 33.93%，降低了 0.95 个百分点。总体来看，第十三届全国人大代表具有广泛的代表性，保证了各地区、各民族、各方面都有适当数量代表的要求。

二、关于香港、澳门特别行政区选举第十三届全国人大代表的工作

第十二届全国人大第五次会议通过的《中华人民共和国香港特别行政区选举第十三届全国人民代表大会代表的办法》和《中华人民共和国澳门特别行政区选举第十三届全国人民代表大会代表的办法》规定，香港特别行政区、澳门特别行政区选举第十三届全国人大代表由全国人大常委会主持。香港特别行政区、澳门特别行政区应选第十三届全国人大代表的名额分别为36名、12名。香港特别行政区、澳门特别行政区分别成立第十三届全国人大代表选举会议，选举产生第十三届全国人大代表。同时规定，参选人在代表参选人登记表中应当作出声明：拥护中华人民共和国宪法和特别行政区基本法，拥护“一国两制”方针政策，效忠中华人民共和国和特别行政区；未直接或者间接接受外国机构、组织、个人提供的与选举有关的任何形式的资助。2017年9月1日，第十二届全国人大常委会第二十九次会议分别通过香港特别行政区、澳门特别行政区第十三届全国人大代表选举会议成员名单。

受全国人大常委会的委托，全国人大常委会副委员长兼秘书长王晨赴香港、澳门分别主持了香港、澳门第十三届全国人大代表的选举工作。2017年11月22日、24日，香港选举会议、澳门选举会议分别举行第一次全体会议，根据全国人大常委会委员长会议的提名，推选产生了主席团。2017年12月17日、19日，澳门选举会议、香港选举会议分别举行第二次全体会议，香港选出36名第十三届全国人大代表，澳门选出12名第十三届全国人大代表。

三、关于选举台湾省第十三届全国人大代表的工作

根据《台湾省出席第十三届全国人民代表大会代表协商选举方案》，台湾省暂时选举第十三届全国人大代表13名，由各省、自治区、直辖市和中央国家机关、中国人民解放军中的台湾省籍同胞组成的协商选举会议选举产生，协商选举会议由全国人大常委会委员长会议指定召集人召集。2017年10月16日，第十二届全国人大常委会第一百零二次委员长会议指定黄志贤为台湾省出席第十三届全国人大代表协商选举会议召集人。截至2017年12月上旬，各推选单位严格按照民主程序，通过召开台胞代表会议等多种方式，共协商选定了121名协商选举会议代表。2018年1月22日至25日，台湾省出席第十三届全国人大代表协商选举会议在北京举行，采用差额选举和无记名投票的方式，选举产生13名台湾省第十三届全国人大代表。

第十三届全国人大代表的选举工作，坚持党的领导，坚持发扬民主，坚持严格依法办事，坚持严明换届纪律，在各地方、各部门的共同努力下，圆满顺利进行，实现了预期的目标，为在新时代发展社会主义民主政治，保障人民当家作主，加强国家政权建设，长期坚持、不断完善人民代表大会制度奠定了坚实基础。

按照法律规定，全国人大常委会代表资格审查委员会已经对当选的第十三届全国人大代表的代表资格进行审查，提请第十二届全国人大常委会第三十三次会议确认并公布代表名单。

全国人民代表大会常务委员会公告

〔十二届〕第三十一号

根据《中华人民共和国全国人民代表大会和地方各级人民代表大会选举法》《中国人民解放军选举全国人民代表大会和县级以上地方各级人民代表大会代表的办法》《第十二届全国人民代表大会第五次会议关于第十三届全国人民代表大会代表名额和选举问题的决定》《中华人民共和国香港特别行政区选举第十三届全国人民代表大会代表的办法》《中华人民共和国澳门特别行政区选举第十三届全国人民代表大会代表的办法》和第十二届全国人民代表大会常务委员会第二十七次会议通过的《第十三届全国人民代表大会代表名额分配方案》《第十三届全国人民代表大会少数民族代表名额分配方案》《台湾省出席第十三届全国人民代表大会代表协商选举方案》的规定，在全国人民代表

大会常务委员会的主持下，各省、自治区、直辖市、香港特别行政区、澳门特别行政区和中国人民解放军等35个选举单位共选举产生中华人民共和国第十三届全国人民代表大会代表2980名。第十二届全国人民代表大会常务委员会第三十三次会议根据代表资格审查委员会提出的审查报告，确认2980名代表的代表资格全部有效。

现将第十三届全国人民代表大会代表名单予以公布。

全国人民代表大会常务委员会

2018年2月24日

中华人民共和国第十三届全国人民代表大会代表名单

（2980名，各选举单位选出的代表均按姓名笔划排列）

北京市（55名）

于志刚　马一德　王　全　王　铮　方复全
厉　莉（女）　田春艳（女，满族）　冯乐平（女）　任　鸣　伊　彤（女，满族）
刘加军　刘　伟　刘振所　齐　玫（女，满族）　闫傲霜（女）
杜德印　李　伟　李俊丰　李　勇　李晓林
杨万明　杨元庆　吴素芳（女）　吴　晨　邱　勇
何福胜　张　工　张礼斌　张建东　张硕辅
陈立人　陈吉宁　林建华　罗　瀛（女，满族）　周立云
庞丽娟（女）　赵　郁　赵晓燕（女）　侯湛莹（女）　秦　飞
班宇侠（女，回族）　夏伟东　夏林茂　顾　晋　徐　滔（女）
高子程　谈绪祥　阎建国　敬大力　韩永进
程　京　靳　伟　雷　军　蔡　奇　戴天方

天津市（42名）

才　华　马　杰（女，回族）　王小云（女）　王胜明　王洪海
王　艳（女，回族）　孔晓艳（女）　邓　凯　邓修明　叶赞平
冯忠华　巩建丽（女）　刘　巍　齐　玉　关牧村（女，满族）
孙丰源　李　刚　李建成　李　响　李家俊
李鸿忠　李　巍　杨　光　杨茂荣　杨宝玲（女）
肖怀远　邱立成　张伯礼　张国清　张智龙
苑广睿　周振海　周潮洪（女）　段春华　宫　鸣
高玉葆　高憬宏　郭红静（女）　席　真　温　娟（女）
谢津秋（女）　鲍迎祥

河北省（125名）

丁绣峰　于　泳　于普松　乞国艳（女）　卫彦明
马永平（女，回族）　马加友　王凤巧（女）　王凤英（女）　王东峰
王立彤　王　刚　王连灵（女）　王连增　王沪宁
王树华　王　峰　尤立增　方金华（女）　方建平

尹立云(女)　邓沛然　龙庄伟(苗族)　卢庆国　田永君
田纯刚　冯丽朝(女)　冯敬坤(女)　吕志成　刘春香(女,回族)
刘贵芳(女)　安际衡　祁万利　祁春风(满族)　许　勤
孙宝厚　纪清巨　杜彦良　李长庚　李志刚
李丽华(女)　李沈明　李　征　李宝忠　李彦平(女)
李素环(女)　李　博　李　强　杨伟坤(女)　杨国占
杨树安　杨剑宇　杨震生　时清霜　吴相君
何金英(女)　张少琴　张东河　张　业　张汝财
张　军(女)　张丽侠(女,回族)　张利民(满族)　张青彬　张淑芬(女)
张富民(满族)　张瑞书　张　静(女)　陈凤珍(女)　陈　平
陈　刚　陈建华　陈春芳　陈树波　陈福利
邵利民　武卫东　武志永　范照兵　尚金锁
明　海　周文涛　周光权　周松勃　周淑英(女)
庞永辉　郑玉晓(女)　郑喜兰(女)　孟建民　赵治海
郝俊海　荣久华　哈明江(回族)　侯二河　侯华梅(女)
祝淑钗(女)　袁红梅(女)　袁桐利　柴会恩(女)　党晓龙
倪海琼　徐　佐　徐建华　郭建仁　郭建英
郭建增　郭素萍(女)　黄立军　梅世彤　曹汝涛
曹宝华　常丽虹(女)　崔海霞(女)　梁惠玲(女)　葛会波
董晓宇　韩树旺　温秀玲(女)　靳灵展(女)　詹国海
鲍守坤　潘敬东　魏立华　魏志民　籍　涛(蒙古族)

山西省(70 名)

卫小春　马瑞燕(女)　王文保　王立伟　王　成
王金南　王俊飚　王润梅(女)　王娟玲(女)　王雅丽(女)
牛三平　双少敏(女)　古小玉　申纪兰(女)　田永东
丛　斌　冯　冰(回族)　冯　军　邢利民　吕春祥
朱晓东　任建华　刘予强　刘　正　刘志宏
刘宏新　刘　锋　刘　鹤　许小红(女)　孙　涛
李志强　李春生　李秋喜　李晋平　李桂琴(女)
杨林花(女)　杨振武　杨景海　杨勤荣　杨　蓉(女)
吴　恒　邱水平　辛　琰(女)　张宏祥　张建国
陈振亮　武宏文　武　涛　郑连生　赵立欣(女)
赵春雷　郝　旭　胡玉亭　姜四清　姚武江
骆惠宁　栗翠田　贾樟柯　高丙伟　高建民
高祥明　郭凤莲(女)　郭迎光　黄庆学　阎少泉(女)
阎美蓉(女)　董　林　楼阳生　雷健坤(女)　褚旭亮

内蒙古自治区(58 名)

于立新(蒙古族)　于旭波　习近平　马春雨　王欣会(女)
王　波　王俊祥(蒙古族)　王晓红(女)　戈　明(蒙古族)　乌日图(蒙古族)
布小林(女,蒙古族)　史玉东　代喜院(鄂伦春族)　冯玉臻　冯艳丽(女)
邢界红(女)　刘亚声(女)　刘会成　刘丽芬(女)　刘奇凡

那顺孟和(蒙古族)　李玉良　李全文　李纪恒　李国琴(女)
李荣禧　李琪林　李翠枝(女)　杨飞云　杨宗仁(蒙古族)
吴云波(蒙古族)　吴　英(女)　张建民　张晓兵　张继新
张　磊　张骥翼　陈　良(蒙古族)　奇巴图(蒙古族)　呼和巴特尔(蒙古族)
周义哲　孟　和(蒙古族)　孟宪东　赵会杰(女,满族)　赵江涛(蒙古族)
郝茂荣(蒙古族)　费东斌　娜仁图雅(女,蒙古族)　索曙辉(达斡尔族)
贾润安　高世宏　郭艳玲(女)　梅　花(女,鄂温克族)
龚明珠(蒙古族)　朝勒孟(蒙古族)　傅　莹(女,蒙古族)　薛志国　霍照良(蒙古族)

辽宁省(102 名)

于天敏　马晓红(女)　王力威　王　丽(女)　王作英(女)
王尚典　王　悦(女,回族)　王家娟(女)　王德佳　支艳茹(女)
文　广(蒙古族)　田树槐　白春礼(满族)　白雪峰　冯玉萍(女)
冯艳玲(女)　冯淑玲(女,满族)　兰建勇　朱苏荣(女)　朱朝治(满族)
庄　艳(女)　刘　宏(女)　刘宏艳(女,蒙古族)　刘　征　刘政奎
关志鸥(满族)　米忠义(回族)　许安标　孙元华(女,朝鲜族)　孙东明
孙志浩　孙　铁　李士伟(满族)　李天书　李和忠
李宗胜　李春建　李桂杰(女,满族)　李景玉(满族)　李　潞(女)
杨　松(女)　杨忠林(蒙古族)　杨学明　杨洁篪　杨　彬
来　鹤(蒙古族)　肖盛峰　吴玉良　吴京耕(蒙古族)　吴艳良
余功斌　张世超　张成中　张学群　张　珂
张柏楠　张　艳(女,满族)　张桂平(女)　张桂芹(女)　张海涛
陈求发(苗族)　陈秀艳(女)　陈　健　陈继壮　陈温福
武文飞(女)　林永忠　金京哲(朝鲜族)　庞　辉(女)　官启军(女,满族)
郎奎平　孟庆海　赵乐韬　赵明枝(女,满族)　赵爱军
郝春荣(女)　柳　磊　侯漫路(女)　姜有为　栗生锐(满族)
贾文勤(女)　徐　颂　高　伟　高　琛(女)　高颖明(满族)
郭　凯　郭洪泉　郭　雷　唐一军　唐廷波
涂　冬　鹿新弟　韩秋香(女,满族)　韩恩厚　谢金红(女)
裴伟东　廖建宇　谭成旭　肇颖斌(女,满族)　潘利国
戴长冰　戴继双

吉林省(64 名)

丁照民　于中赤　王子联　王立平　王廷双
王　冰(满族)　王江滨(女)　王金行　王艳凤(女)　王　润
王家骐　车秀兰(女)　巴音朝鲁(蒙古族)　朴松烈(朝鲜族)　朱桂艳(女)
华金良　华树成　刘云志　刘长龙　刘化文
刘丽岩(女)　刘　非　刘　峰　刘益春　齐嵩宇
安桂武　孙丰月　孙春兰(女)　孙树祯　李圣范(朝鲜族)
李秀林　李明伟　李彩云(女)　杨小天　杨志今
杨克勤　谷凤杰(女)　初建美(女)　张立军　张伯军
张宝艳(女)　邵志豪　林　武　图　门(蒙古族)　金红光(朝鲜族)
金寿浩(朝鲜族)　金振吉(朝鲜族)　金雄(朝鲜族)　郑秋林　赵龙虎(朝鲜族)

赵　彪	咸顺女(女,朝鲜族)	秦　和(女,满族)	钱万成	徐艳茹(女)
徐留平	高桂英(女)	郭乃硕	陶治国	寇　昉
韩福春	景俊海	曾范涛(满族)	谢忠岩	

黑龙江省(92 名)

于　飞	马　旭(满族)	马清辉(女)	丰晓敏(女)	王守聪
王　军	王进喜	王金会	王秋实	王宪魁
王常松	方同华	甘荣坤	石时态	石嘉兴(满族)
田立坤	白亚琴(女)	冯　燕(女)	伍　辉(女)	刘　杰
刘海玲(女)	刘　蕾(女,赫哲族)	孙雨飞(女)	孙艳玲(女,满族)	孙　喆
孙　斌	李大义	李玉刚	李永莱	李亚兰(女)
李　坤	李建强	李振国	李海涛	李　寅
杨　晶(女,回族)	杨　震	何　新	冷友斌	宋宏伟
宋　波	张子林	张庆伟	张　军	张志祥
张雨浦(回族)	张海英(女)	张家文(蒙古族)	张常荣	张敬华(女)
张　斌	张　慧(女,鄂伦春族)	陆　昊	陈佐东	陈述涛(满族)
陈锡文	苗　秀(女)	岳国君	金东浩(朝鲜族)	周　玉
郑功成	赵文龙	赵乐际	赵　铭(满族)	胡亚枫
胡　江	贾大风	贾红涛	贾　君	徐贤淑(女,朝鲜族)
徐建国	徐绍史	高　永	高向秋(女)	高　岩
高春艳(女)	高继明	郭成宇(女)	曹永鸣(女)	康志军
董文琴(女)	韩　库	韩振东	焦　云	谢宝禄
鲍文波	静　波	谭　琳(女)	翟友财	翟清斌
鞠秀芹(女)	魏　春(女)			

上海市(59 名)

丁光宏	丁仲礼	马　兰(女)	王　伟(女)	王安忆(女)
王秀峰	王建宇	王俊峰	王　霞(女,蒙古族)	朱芝松
朱国萍(女)	朱建弟	刘小兵	刘　艳(女)	刘晓云
刘新华(回族)	汤　亮	许立荣	许宁生	寿子琪
花　蓓(女,回族)	李　丰	李　林	李　斌	李　强
吴光辉	应　勇	沈春耀	沈　彪	宋元俊
张本才	张兆安	陈　力	陈国民	陈鸣波
陈　虹	陈晶莹(女)	陈　靖	邵志清	杭迎伟
杲　云	金　锋	周燕芳(女)	顾　军	柴闪闪
徐如俊	徐　征	徐珏慧(女)	殷一璀(女)	唐海龙
黄迪南	曹可凡	曹立强	章伟民	董传杰
廖国勋(土家族)	廖昌永	樊　芸(女)	潘向黎(女)	

江苏省(150 名)

丁　纯	马秋林	王天琦	王立科(满族)	王立峰
王吉永	王　江	王红军	王　芳(女)	王连春

王利平	王贻芳	王　秦	王维峰	王　超
王强众	王静成	王嘉鹏	王　巍	车　捷
尹中卿	龙　翔	史立军	付红玲(女)	邢青松
吉炳轩	吉桂凤(女)	权太琦(女)	吕　建	朱小坤
朱　晶(女)	庄毓敏(女)	刘　华(女)	刘怀平	刘忠斌(回族)
刘锦兰	刘　璠	闫丽娟(女)	孙桂泉	孙景南(女)
孙飘扬	杜小刚	李叶红(女)	李　生	李亚平
李学勇	李承霞(女)	李鸿彬	李甦雁(女)	李　晴
李楠楠(女)	李　薇(女)	杨庚豹	杨恒俊	杨　震
肖　伟	吴向东	吴国平	吴政隆	吴惠芳
何健忠	佘才高	余瑞玉(女)	冷　溶	汪　泉
沈仁芳	宋　勇	张叶飞	张立祥	张近东
张春生	张　勇	张晓北	张爱军	张常宁(女)
张道衡	张　雷	陆永泉	陆亚萍(女)	陈　立
陈丽芬(女)	陈　杰	陈蒙蒙	陈锦石	陈　源
陈静瑜	陈震宁	陈　澄(女)	陈　鑫	招启柏
欧阳华	周立成	周素明	周铁根	周善红
郑葵阳	项雪龙	赵　伟(女)	胡　冶	胡明春
柯　军	段　俊(女)	皇甫立同	侯学元	昝圣达
娄勤俭	费少云	秦光蔚(女)	聂永平	莫元花(女)
夏道虎	钱加艳(女)	钱凯法	徐一平	徐华勤
徐　莹	徐郭平	徐镜人	殷　勇	翁孟勇
凌　屹	高苏娟(女)	高毅进	郭新明	唐金海
唐慧娟(女)	曹鸿鸣	崔桂亮	崔根良	银　燕
葛　菲(女)	葛道凯	蒋宇霞(女)	蒋卓庆	韩立明(女)
焦新安	鲁培军	鲁　曼(女)	谢志成	蓝绍敏
窦希萍(女,满族)	蔡达峰	蔡丽新(女)	蔡　昉	熊思东
缪瑞林	潘雪平	戴元湖	戴雅萍(女)	戴　源

浙江省(94 名)

丁列明	于跃敏(女)	马卫光	马荣荣	王　晨
王辉忠	王滨梅(女)	王　巍	元茂荣	车　俊
方中华	方剑乔	方　敏(女)	尹学群	邓　丽(女)
叶诗文(女)	叶新华	吕世明	刘　廷	刘建明
刘建超	刘　锐(女)	孙　军	孙国文	李书福
李占国	李玲蔚(女)	杨金龙	步正合	吴晓东
邱光和	余红艺(女)	邹晓东	汪　康	沈　岩
沈满洪	沈德法	张天任	张世方	张苏军
张　兵	张咏梅(女)	张治芬(女)	张建超	张　耕
陈乃科	陈　玮(女)	陈宗年	陈保华	陈爱珠(女)
陈爱莲(女)	姒健敏	林天干	林　毅	欧　其
罗卫红(女)	周忠莲(女)	周　慧(女)	郑亚莉(女)	郑坚江
郑　杰	郑裕财	胡少先	胡成中	胡季强
胡海峰	柯建华(女)	钟海燕(女,畲族)	俞学文	袁家军

袁　晶(女)　贾　宇　夏永祥　钱三雄　徐文光
徐立毅　徐宇宁　徐冠巨　翁丽芬(女)　席　文
黄政仁　黄美媚(女)　崔　巍(女)　章国强　梁黎明(女)
葛明华　葛益平　蒋胜男(女)　温　暖　裘东耀
窦树华　蔡继明　滕宝贵　潘美儿(女)

安徽省(113 名)

丁士启　丁宏锁(女)　于丕涛　王传霖　王孝巧(女)
王　诚　王建伟　王绍南　王祖伟　王容川
王萌萌(女)　王翠凤(女)　尤　权　牛朝诗　方志宏
尹同跃　孔晓宏　孔　涛　邓向阳　左　俊
卢　平　卢凌保　叶露中　包信和　闪亚彬(回族)
吕　卉(女)　吕亮功　朱明春　朱读稳　任千里
刘汉如　刘庆峰　刘　丽(女)　刘秀云(女)　刘荣玉(女)
刘　琴(女,回族)　刘　惠　许继伟　孙正东　孙其信
孙学龙　杜延安　杜应流　李小莉(女)　李卫华
李国英　李素萍(女)　李爱青　李祥斌　李锦斌
杨　军　杨　杰　杨善林　杨善竑(女)　吴友胜
吴永利　吴梅芳(女)　沈素琍(女)　张凡华　张天培
张冬云　张孝成　张来辉　张宏姝(女)　张荣珍(女)
张　莉(女)　张　箭　陆胜祥　陈先志　陈冰冰
陈　林　陈建银(女)　陈　静(女)　罗　平(女)　罗建国
岳喜环(女)　金葆康　周建军　周福庚　赵玉秀(女)
赵皖平　胡启生　姚顺武　贺懋燮　袁　亮
耿学梅(女)　徐恒秋(女)　徐淙祥　徐　辉　凌　云(女)
高　莉(女)　黄春燕(女)　曹仁贤　崔建梅(女)　章昌平
梁金辉　彭　寿　董开军　韩再芬(女)　程恩富
程　鼎　程寒飞　储小芹(女)　谢广祥　谢国明
雍成瀚　窦晓玉(女)　鲜铁可　潘保春　薛江武(女)
戴启远　檀结庆　魏　臻

福建省(69 名)

丁世忠(回族)　于伟国　王光远　王洪祥　王　培
王　毅　尤猛军　邓力平　卢玉胜　叶双瑜
付贤智　冯鸿昌　兰平勇(畲族)　兰　臻(女,畲族)　则　悟
庄稼汉　刘　远　刘学新　刘献祥　许维泽
严　正　李建辉　李钺锋　吴金笔　吴偕林
余红胜　沈跃跃(女)　张广敏　张玉珍(女)　张志军
张沁荣(女)　张林顺　张　荣　张　璐(女)　陆銮眉(女)
陈国鹰　陈家东　陈紫萱(女)　林文耀　林华忠
林兴禄　林腾蛟　郑奎城　郑家建　赵　静(女)
柳　红(女)　侯艳梅(女)　洪　杰　洪　波　徐　科(女)
翁国星　郭　军(女)　郭晶晶(女)　郭锡文　唐登杰

黄茂兴　黄爱民(女)　黄　蕾(女,高山族)　康　涛　章联生
栗　琼(女,土家族)　舒　婷(女)　曾云英(女)　曾静萍(女)　雷金玉(女,畲族)
黎立璋　潘　越(女)　薛玉凤(女)　霍　敏

江西省(81名)

于秀明　于金镒　于集华　马叶江(满族)　马志武(回族)
王少玄　王水平　王爱和　支月英(女)　毛伟明
孔发龙　左香云　卢天锡　叶仁荪　田云鹏
史文清(蒙古族)　冯　帆(女)　兰念瑛(女,畲族)　宁　钢　朱　虹
邬成香(女)　刘光萍(女)　刘　奇　刘金接　刘建洋
刘德培　许小英(女)　许　锐　孙新阳　李江河
李秀香(女)　李洪亮　杨贵平　肖利平　余　梅(女)
张小平　张　伟(女)　张国新　张金涛　张鸿星
张婧婧(女)　张景辉　张智富　陈康平　陈隆梅(女)
陈赣飞　林印孙　林彬杨　罗小云　罗来昌
罗胜联　周　萌　周新民　郑　浩　胡可明
胡梅英(女)　胡　强　信春鹰(女)　袁政海　栗战书
夏文勇　郭达文　郭　安　黄文生　黄俐波(女)
黄菊花(女)　黄路生　梅　亦(女)　鹿心社　葛晓燕(女)
董晓健　喻春梅(女)　曾文明　温　菲　谢来发
谢建辉　雷燕琴(女,畲族)　蔡细春(女)　熊建明　魏后凯
魏洪义

山东省(175名)

丁玉华　于安玲(女)　于金明　于晓明　于海田
万连步　马化彬(回族)　马传先(女,回族)　马传凯(回族)　马　波(回族)
王一君　王士岭　王文涛　王玉志　王　刚
王红星　王忠林　王金书　王学斌　王威东
王钦峰　王秋玲(女)　王修林　王　勇　王桂波
王晓洁(女)　王晓菲(女)　王　凌(女)　王　娟(女)　王雪梅(女)
王银香(女)　王随莲(女)　王　雁(女)　王瑞霞(女,回族)　王新杰
王新春　王　巍　车　轼　牛宝伟　仇冰玉
文冬(回族)　孔凡群　孔　怡(女)　卢　林　史伟云
仪爱文(女)　印萍(女,满族)　司留启　毕宏生　庄文忠
刘文玲(女)　刘庆民　刘兴云　刘英才(女)　刘学敏(女)
刘学景　刘修文　刘莉莉(女)　刘晓静(女)　刘家义
齐玉祥　齐家滨　江必新　池建美(女)　许传江
许振超　许富华(女)　孙丕恕　孙伟(女)　孙建博
孙继业　苏成云　杜振新　李久存　李长青
李亚新(女)　李希信　李希勇　李　玮　李学海
李树朋　李树睦(回族)　李　峰　李宽端　李雪芹(女)
李湘平　李登海　李　群　李燕(女)　吴立新
吴　娟(女)　邱亚夫　余孝忠　邹　宁　汪鸿雁(女)

沈志强	宋文新(女)	宋军继	宋远方	张广营(回族)
张卫国	张术平	张甲天	张永明	张永霞(女)
张志勇	张武宗	张金海	张学政	张建伟
张建华	张宪省	张桂玉	张海军	张海波
张　通	张梦雪(女)	张淑琴(女)	张　惠(女)	张新文
张　毅	陈　飞	陈　勇	陈恩明	陈雪萍(女)
陈辐宽	卓长立(女)	尚瑞芬(女)	金　晶(女,回族)	周云杰
周建军	周厚健	周洪江	郑月明	郑淑娜(女)
孟凡利	赵冬苓(女)	赵　峰	赵豪志	郝　芳
胡桂花(女)	侯　军	姜卫东	宫明杰	姚建年
秦玉峰	袁俊洲	耿遵珠	莫照兰(女,壮族)	夏兆纪
徐国权	徐锦庚	殷鲁谦	高明芹(女)	郭金才
郭爱玲(女)	郭　锐	梅建华	曹金萍(女)	龚　正
崔贵海	崔洪刚	韩立平	韩荣照	韩　峰
程　林	傅明先	解维俊	满慎刚	窦延丽(女,回族)
蔡玲(女)	谭先国	谭旭光	樊丽明(女)	魏德东

河南省(172名)

丁福浩	丁　巍	万鄂湘	马文芳	马玉璞
马玉霞(女)	马豹子	王天宇	王中立	王东伟
王东京	王　刚	王寿平	王杜娟(女)	王保存
王　铁	王　绣(女)	王银良(回族)	王朝阳	王登喜
王新伟	王　馨(女)	牛书成	方运舟	孔昌生
石迎军	石聚彬	卢克平	田克恭	史秉锐
冯琪雅(女)	宁建华(女)	宁雅秋(女,满族)	司富春	邢京龙(回族)
吕妙霞(女)	吕金虎(回族)	朱是西	朱焕然	朱　婷(女)
朱献福	乔秋生	乔　彬	任正晓	刘文新
刘志华(女)	刘尚进	刘宛康	刘春良	刘香莲(女)
刘勇军	刘振伟	刘　谦	羊　毅(女,回族)	江寿林
汤玉祥	安　伟	安　康	许为钢	孙运锋
孙志平	买世蕊(女,回族)	李士强	李文慧	李东艳(女)
李亚萍(女)	李光宇	李　伟	李红霞(女)	李连成
李　灵(女)	李英杰	李　炜	李树建	李留法
李　涛	李海燕(女)	李　崇	李　勤(女)	杨来法
杨雪梅(女)	吴元全	吴远大	吴　健	吴　浩
何　红(女,回族)	汪中山	沙宝琴(女,回族)	宋丰年	宋虎振
宋殿宇	宋　静(女)	张延明	张全收	张丽晓(女)
张建慧	张家祥	张清海	张维宁	张雷明
陈国桢	陈润儿	邵长金	武维华	欧阳昌琼
郅　慧(女)	尚朝阳	金不换	周　弘(女)	周崇臣
周　强	庞国明	赵启三	赵国祥	赵　昭(女,回族)
赵素萍(女)	赵剡水	赵鸿涛(女)	胡五岳	胡中辉
胡　荃	胡道才	郜秀菊(女)	侯清国	俞章法
姜　明	姚忠良	秦英林	顾雪飞	党永富

钱　铭	徐　光	徐衣显	徐济超	徐　晓(女)
徐诸金	徐德全	翁杰明	高阿莉(女)	高建军
高新才	郭红旗(回族)	郭建华(女)	郭振华	郭　浩
陶光辉	黄久生	黄玉梅(女)	黄　艳(女)	龚立群
龚建明	梁　兵	葛树芹(女)	蒋毓勤(女)	程　芳(女,满族)
舒　庆(满族)	游　弋	谢伏瞻	谢经荣	路俊霞(女)
詹文龙	裴春亮	廖华歌(女)	阚全程	熊维政
樊会涛	薛景霞(女)	霍好胜	霍金花(女)	霍晓丽(女)
穆为民	魏　明			

湖北省(118名)

丁烈云	于清明	万卫星	万　勇	马少斌(回族)
马新强	王玉玲(女)	王　立	王立山	王远鹤
王　岚(女)	王建清	王　玲(女)	王　莉(女)	王　晋
王晓东	王能干	毛宗福	亢德芝(女)	邓秀新
左中一	龙正才	冯　丹(女)	边　专	吉明东
吕文艳(女)	庄光明	刘发英(女,土家族)	刘自明	刘江东
刘芳震(土家族)	刘启俊	刘　超(女)	刘锦秀(女)	闫大鹏
闫子贝	许方盛	孙开林	孙　兵	李　杰
李国璋	李秉恒	李　莉(女)	李培林	李　静(女,武汉)
李　静(女,襄阳)	李　霞(女)	杨玉华(女)	杨　芳(女,苗族)	杨祉刚
杨　俊(女)	杨　琴(女,土家族)	杨德芹(女,土家族)	肖黎春	吴海涛
邱丽新(女,满族)	何大春	何兰田	余少华	沈方勇
沈艳芬(女,土家族)		宋庆礼(土家族)	张凤英(女)	张文喜
张金华	张春贤	张柏青	张家胜	张　辉
张　锐	张锦岚	陈义龙	陈凤翔	陈华元
陈新武	陈燎原	范秉衡	罗　杰	郄英才
周文霞(女)	周汉生	周洪宇	赵锡伟	郝明金
胡五清	胡为义	胡胜云	钮新强	禹　诚(女)
姚　鹃(女)	秦顺全	袁伟霞(女)	夏恒建	顾想平
徐华铮(女)	徐显明	高友东	郭永红(女)	谈民强
黄坤明	黄望明	黄楚平	龚定荣	崔永辉
娇　勇	章　锋	阎　志	梁庆凯	董卫民
蒋超良	程　桔(女)	程梦醒(女)	傅德辉	舒　健
赖秀福	窦贤康	蔡学恩	熊永俊	

湖南省(118名)

丁小兵	王少峰	王岐山	王怀军(女,土家族)	王　填
文爱华	石建辉	龙晓华(女,苗族)	龙献文(苗族)	田红旗(女)
圣　辉	成新湘(女)	朱立锋	朱登云(女,苗族)	伍新滨(女)
向长江	向伟艺(土家族)	刘小平	刘飞香	刘　军
刘志仁	刘妍清(女)	刘事青	刘和生	刘革安
刘莲玉(女)	刘维朝	刘德辉	江天亮(土家族)	许达哲

许仲秋	阳卫国	阳海玲(女)	杜美霜(女)	杜家毫
李小红(女)	李江南	李建安	李建新	杨尚真(侗族)
杨　莉(女)	杨懿文	肖又香(女)	吴金水	吴继发
吴端华	邹文辉	邹　彬	沈昌健	张灼华
张学武	张晓庆(女)	张　涤	张　琳(女)	陈文浩
陈向群	陈勇彪	陈　晋	苗振林	欧阳赏莲(女)
卓新平(土家族)	金进尧	周文对	周玲慧(女)	周　敏(女)
周清和	周德睿	郑建新	单晓明(女)	屈　胜(女)
孟庆强	赵应云	胡伟林	胡建文	胡春华
胡春莲(女)	胡美娥(女,苗族)	胡贺波	种衍民	姚劲波
秦玥飞	秦爱玲(女,苗族)	袁友方	袁延文	袁建良
聂鹏举	徐云波	徐远冰	郭小芹(女)	唐永博
唐纯玉(女,瑶族)	唐　岳	黄小玲(女)	黄　河	曹志强
曹慧泉	龚曙光	庹勤慧(女,土家族)	梁稳根	彭　祁(女)
彭际淼(土家族)	董中原	蒋昌忠	蒋建宇	韩永文
傅　奎	童路雯(女,土家族)	游劝荣	谢　勇	谢资清(女)
鄢福初	雷冬竹(女)	廖仁旺	廖晓军	谭泽勇(苗族)
谭祖安	黎志宏	戴立忠		

广东省(162 名)

丁　明	马化腾	马兴瑞	王义东	王世琴(女)
王亚东	王光亚	王志民	王学成	王建军
王玲娜(女)	王　胜	王　涛	王景武	王瑞军
王筱虹(女)	韦庆兰(女,壮族)	方利旭	尹兆林	邓振龙
卢　馨(女)	叶牛平	叶梅芬(女)	丘　海	白映玉(女)
冯玉宝	冯　毅	宁　凌	朱列玉	朱　伟
庄　建	刘小权(女)	刘广河	刘若鹏	刘绍喜
刘　毅	米雪梅(女)	安　然(女)	许志晖	孙建国
孙媛媛(女)	麦教猛	苏荣欢	李小兰(女)	李小琴(女)
李义虎	李　飞	李书玉	李玉妹(女)	李世平
李东生	李兰(女)	李先兰(女)	李杏玲(女)	李丽丽(女)
李　希	李秉记	李金东	李金波	李　铁
李清泉	李舒强	李静海	杨飞飞	杨　华
杨明芳(女,土家族)	杨珍(女)	杨绪松	肖胜方	吴玉莲(女)
吴列进	吴清平	吴惜伟	吴　翔(女)	何桂芳(瑶族)
佘丹青	余雪琴(女)	沈禧娜(女)	宋尔卫	张传卫
张红伟	张志良	张　丽(女)	张荣顺	张　晓
张晓明	陆东福	陈广浩	陈旭斌	陈如桂
陈建华	陈海仪(女)	陈斯喜	陈瑞爱(女)	陈颖宇
范中杰	林少春	林水栖	林贻影	林　勇
明　生	罗　俊	罗　振	周海波	郑剑戈
郑晓松	赵建社	柯云峰	段宇飞	饶文霖(女)
施克辉	姜建军	姚奕生	袁玉宇	袁志敏
钱春阳	徐建贤	殷昭举	殷焕明	翁一岚(女)

郭　姣(女)　郭　锋　黄龙云　黄业斌　黄汉标
黄礼辉　黄达昌　黄建平　黄细花(女)　黄贵松
黄炳章　黄晓渝(女)　黄海桥　曹燕明(女)　龚稼立
阎　武　梁　桃　梁维东　梁德标　彭唱英(女)
董明珠(女)　程　萍(女)　焦兰生　曾小敏(女)　曾庆洪
曾香桂(女)　温国辉　温艳嫦(女)　温湛滨　温锦玲(女)
温鹏程　谢　坚　谢舒雯(女)　蔡卫平　蔡仲光
廖贵平　熊晓冬(女)　缪国乐　樊庆峰　黎　霞(女)
潘丽梅(女,壮族)　戴运龙

广西壮族自治区(89 名)

马空(苗族)　王华生　王跃飞　韦年洲(壮族)　韦红梅(女,壮族)
韦振益(壮族)　韦朝晖(女,壮族)　韦　韬(壮族)　邓大玉(女,苗族)　邓桂芳(女,壮族)
甘楚林　卢献匾(壮族)　冯海燕(女,壮族)　兰　燕(女,瑶族)　朱惠英(女)
刘入源　刘宏武　关　礼　许燕妮(女)　农卫红(女,壮族)
农　融(壮族)　孙大伟　孙　燕(女)　牟玉昌　李延强
李克强　李杰云　李　康(女,壮族)　吴　刚(侗族)　吴　炜
吴洁秋(女,壮族)　何良军　邹升廷(仫佬族)　陆弟敏(壮族)　陆爱益(女,壮族)
陈东辉　陈仲南　陈　武(壮族)　陈　坤(女)　陈建军(壮族)
陈保善(壮族)　林少群(女,壮族)　林文雄(壮族)　林　冠(壮族)　易　捷
罗金仁(壮族)　罗　艳(女)　罗朝阳(壮族)　周异决(壮族)　周红波周炼(壮族)
郑军里(瑶族)　房灵敏　祝雪兰(女,瑶族)　秦春成　班华忠(壮族)
班忠柏(壮族)　莫小峰(女,壮族)　莫华福　郭以录(壮族)　唐　农
唐锦波(壮族)　黄世勇(壮族)　黄花春(女,壮族)　黄利婷(女,京族)　黄炳峰(毛南族)
黄海龙(壮族)　黄海昆　黄　超(女,壮族)　梅世文　崔智友
崔　瑜(女)　彭石华(苗族)　彭清华　揣小勇　覃建宁(女,壮族)
覃　鸿(女,壮族)　曾光安　温枢刚　雷应敏　雷　洪(女)
廖玉英(女,壮族)　廖爱莲(女,壮族)　谭　斌　翟京宋(壮族)　樊一平(壮族)
潘文道(壮族)　潘桂仙(女,壮族)　潘萍(女,壮族)

海南省(25 名)

王长仁　王书茂　毛超峰　邓小刚　邓泽永(苗族)
吕彩霞(女)　吕　薇(女)　朱洪武(黎族)　刘　平　刘赐贵
许　俊　杨　莹(女)　肖　捷　吴　月(女,黎族)　沈晓明
张业遂　阿　东(回族)　陈　飘(黎族)　苻彩香(女,黎族)　罗保铭
符小琴(女,黎族)　符宣朝　韩金光　蓝佛安　廖虹宇

重庆市(61 名)

马善祥(回族)　王小万　王卫东　王　赋　王　毅
石淑兰(女,苗族)　史浩飞　冉　慧(女,土家族)　朱华荣　朱明跃(土家族)
华晓丽(女)　向晓波　刘玉亭　刘希娅(女)　刘钟俊
刘桂平　刘家奇　江小涓(女)　许仁安　孙宪忠

杜黎明	李延萍(女)	李绍玉(女,苗族)	李春奎	李　秋(女)
李殿勋	杨　帆(女)	杨临萍(女)	吴存荣	吴彦婴(女)
别必亮	何毅亭	沈金强	沈铁梅(女)	张兴海
张　轩(女)	张　杰	张绍勇	张　健	陈金山
陈敏尔	陈　雍(满族)	周少政	周　勇	郑向东
修长智	贺恒扬	莫恭明	高　钰(女)	郭永宏
唐良智	黄玉林	曹清尧	韩德云	释身振
谢德体	蒲彬彬	骞芳莉(女)	谭平川	谭建兰(女,土家族)
潘复生				

四川省(148 名)

于会文(满族)	马　华(藏族)	王一宏	王凤朝	王东明
王　宁	王永兰(女,彝族)	王全兴	王　兆(女)	王安兰(女,羌族)
王　波	王树江	王晓梅(女)	王　瑛(女)	王雁飞
王　麒(女)	毛珍芳(女,彝族)	丹珠昂奔(藏族)	尹　力	甘华田
石玉东	叶　壮	甲登·洛绒向巴(藏族)		冯　键
吉克石乌(女,彝族)		吉狄马加(彝族)	尧德中	朱世宏
朱鹤新	乔进双梅(女,彝族)	任晓春	刘汉元	刘廷安
刘旭光	刘守民	刘作明	刘　忠	刘　超
刘　强	江吉村(藏族)	江　勇	许　州	许唯临
苏嘎尔布(彝族)	杜玉波	杜紫平	李为民	李　君
李树林	李海鹰	李家洋	李　飚	李曙光
杨先农	杨　伟	杨自力	杨兴平	杨克宁(藏族)
杨建德	杨帮武	杨　铿	肖友才(藏族)	吴小怡(女)
吴　旭(女)	吴洪英(女)	吴桂华(女)	吴群刚	里　赞
何　平	何学彬(女)	何树平	何　敏(女)	余　东
余绍容(女,羌族)	余　彬(彝族)	邹自景	邹　瑾	汪其德
汪　洋	张为人	张　平	张　彤	张国芬(女)
陆文俊	阿　来(藏族)	陈文华	陈吉明	陈光志
陈张铭	陈　朗(女)	陈　琳(女)	陈新有	苟兴龙
范　波	范锐平	易家祥	罗良娟(女)	罗佳明
罗朝运	罗　强	罗　霞(女)	周仲荣	周晓强
郑建英(女)	郑晓幸	宗永祥	降初(藏族)	赵大春
赵思学(女)	赵宪庚	赵　勇	赵　萍(女)	赵　辉
查玉春(女)	侯　蓉(女)	姜希猛	贺光玉(女)	贺　泓
耿新翠(女)	耿福能	徐延豪	徐玖平	徐　萍(女)
高红卫	郭亨孝	唐川平	唐　燕(女)	陶勋花(女)
黄小军	黄　波	黄　毅	曹建明	崔兴国
崔　鹏	符宇航(女)	庹庆明	梁益建	彭传新
蒋小松	蒋卫平(白族)	蒋丽英(女)	程并强	曾　娜(女)
曾　卿	新甲旦真(藏族)	蔡光洁(女)	魏学峰	魏　琴(女)

贵州省(72 名)

丁薛祥	王　伟	王　勇	韦　波(布依族)	韦祖英(女,苗族)

文正友(彝族)　左文学　石丽平(女,苗族)　石蓉(女,苗族)
石慧芬(女,仡佬族)　吕惊雷　任贤良　华　茜(女,侗族)
向　巧(女,苗族)　刘　多(女)　刘远坤(苗族)　孙永春　孙志刚
孙登峰　李飞跃(侗族)　李再勇(仡佬族)　李　刚　李　建(土家族)
杨永英(女,布依族)　杨　林(土家族)　杨昌芹(女,苗族)　吴明兰(女,布依族)
吴胜华(布依族)　何光亮(苗族)　何　琳(女)　余必丽(女,布依族)　余维祥
宋水仙(女,水族)　宋宝安　张集智　张德芹　陈少波(土家族)
陈少荣　陈训华　陈　华(彝族)　陈　晏　欧阳武
欧阳黔森　罗应和(苗族)　罗　强(苗族)　罗　鹏　罗　毅(布依族)
周绍军(仡佬族)　郑传玖　孟平红(女,布依族)　查　艳(女)　姜　涛
宫蒲光　袁昌选(侗族)　袁　周　夏红民　晏婉萍(女)
徐　元　殷红梅(女)　高卫东　黄东兵　黄定承(苗族)
庹必光　谌贻琴(女,白族)　韩德洋　傅信平　曾　丽(女,苗族)
雷　艳(女,苗族)　赫　捷　廖成臣(侗族)　霍　涛　魏树旺

云南省(91名)

刀晓勤(女,傣族)　卫　岗(傣族)　马正山(独龙族)　王长林(女,哈尼族)　王树芬(女,藏族)
王砚蒙(女,傣族)　王耕捷　王喜良　车　耶(哈尼族)　邓进秀(瑶族)
玉　龙(女,布朗族)　朱有勇　朱兆云(女)　齐建新(藏族)　许　虹(女)
许　雷　农宁安(壮族)　阮成发　杜小光(白族)　李文辉(傈僳族)
李　宁　李孝轩　李秀梅(女,拉祜族)　李秀领　李国伟
李金莲(女,傈僳族)　李树仙(女,彝族)　李　梅(女,彝族)　李　彪　杨小平
杨　军　杨　杰　杨洪波(白族)　杨莲英(女,苗族)　杨晓雪(女,白族)
杨　健(白族)　杨　斌(彝族)　杨照辉　邱　江(仡佬族)　余小勤(女,怒族)
张之政(彝族)　张守攻　张秀兰(女,苗族)　张岩松　张　莉(女,哈尼族)
张益俊(阿昌族)　张　慧(女)　张德华　陆永耀(壮族)　陆俊华
陈卫东　陈文琴(女,彝族)　陈科含(女,回族)　陈　豪　武　怡
拉玛·兴高(彝族)　范永贞(女,纳西族)　林文勋　罗红江(傣族)　罗阿英(女,基诺族)
罗　珺(女,彝族)　罗　萍(女,哈尼族)　和段琪(纳西族)　郑　艺　宗国英
线晓云(女,德昂族)　赵云柱(彝族)　赵永平　胡阿罗(女,彝族)　胡胜宝(普米族)
段文泉　侯建军　姜建萍(女,傣族)　袁　驷　袁海波
高道权　郭大进　郭　进(彝族)　郭声琨　陶　春(彝族)
曹庆华(哈尼族)　董保同　蒋立虹(女,彝族)　韩　梅(女,苗族)　番跃平(景颇族)
甄兰芳(女,回族)　雷光锋　窦正宝　谭德才　戴世宏
魏金龙(佤族)

西藏自治区(20名)

王拥军　扎西江村(珞巴族)　白玛赤林(藏族)　刘国荣　齐扎拉(藏族)
次仁措旦(女,藏族)　米玛国吉(藏族)　吴英杰　卓嘎(女,藏族)
旺　堆(藏族)　果　果(藏族)　泽仁永宗(女,藏族)　赵克志　洛桑江村(藏族)
格桑卓嘎(女,藏族)　格桑德吉(女,门巴族)　郭庆平
彭　措(藏族)　景汉朝　普布顿珠(藏族)

陕西省(68 名)

丁云祥	上官吉庆	卫　华(女)	马玉红(女)	马宝平
王树国	王勇超	王曼利(女)	王超英	方　兰(女)
方红卫	方　燕(女)	石光银	田浩荣	史贵禄
白鹤祥	宁启水	巩保雄	吕建中	朱静芝(女)
刘小燕(女)	刘生荣	刘志让	刘国中	刘宽忍
孙　维(女)	李明远	李春临	李晓东	李　智
杨长亚	杨春雷	杨　悦	吴普特	何金碧
何　菲(女)	沈　泉	宋亚平(女)	宋张骏	张文堂
张承祖(回族)	张　挺	周卫健(女)	郑光照	赵　平
赵明翠(女)	赵季平	赵俊民	赵　超	郝世玲(女)
胡和平	胡春霞(女)	昝林森	贺　荣(女)	贾平凹
徐立平	徐启方	高　岭	郭汶霞(女)	郭晓燕(女)
龚冠宇	崔荣华(女)	梁　桂	韩　正	雷温芳(女)
褚锦锋	熊群力	薛占海		

甘肃省(54 名)

马天龙(东乡族)	马世忠	马百龄(回族)	马利民(回族)	马晖玲(女,回族)
马银萍(女)	王　刚	王秀兰(女)	王奋彦	王玺玉
王　涛	仁青东珠(藏族)	旦正草(女,藏族)	田　成	朱　玉
朱　纪	刘　昆	刘昌林	刘忠军	苏伯民
苏海明	李忠科	杨元忠	杨伟军	杨　艳(女,回族)
杨晓渡	杨海蓉(女,裕固族)	杨维俊	吴仰东	宋关祀
张海波	张智军	张锦林	范冬云(女)	范　鹏
林　铎	尚伦生	郑彩琴(女)	姜成英(女)	袁　斌
高步明	高虎城	郭玉芬(女)	郭　玫(女)	唐仁健
唐晓明	黄　强	康　军	梁倩娟(女)	
董彩云(女,保安族)		韩显明	富康年	谢生瑞

嘉木样·洛桑久美·图丹却吉尼玛(藏族)

青海省(21 名)

马乙四夫(撒拉族)	马福昌(回族)	王予波	王国生	王建军
扎西多杰(藏族)	孔庆菊(女,藏族)	白加扎西(藏族)	毕生忠	李在元
沙　沨(女,回族)	张永利	张光荣	张晓容	阿生青(女,土族)
陈　希	孟　海(蒙古族)	夏吾卓玛(女,藏族)	韩晓武	程立峰
滕佳材				

宁夏回族自治区(21 名)

万新恒	马玉山	马汉成(回族)	马恒燕(女,回族)	马慧娟(女,回族)
王东新	方　敏(女,满族)	石泰峰	许　宁	许传智

李郁华　李　锐(回族)　杨玉经(回族)　吴玉才(回族)　陈　竺
陈春平　邵俊杰　金汝彬(回族)　咸　辉(女,回族)　喜清江(回族)
潘　锋(回族)

新疆维吾尔自治区(61名)

乃依木·亚森(维吾尔族)　马学军(东乡族)　王　刚　王　刚
王艳清(女)　木合亚提·加尔木哈买提(哈萨克族)　木沙江·努尔墩(维吾尔族)
木沙·买买提(维吾尔族)　尤良英(女)　牙生·司地克(维吾尔族)
艾力更·依明巴海(维吾尔族)　艾克拜尔·麦提那斯尔(维吾尔族)
叶尔江·朱安汗(哈萨克族)　史大刚　尼牙孜·阿西木(维吾尔族)
朱海仑　刘宝增　刘海星　米克拉依·依布拉音(女,维吾尔族)
孙金龙　孙春旺　如克亚木·麦提赛地(女,维吾尔族)
买买提明·卡德(维吾尔族)　买买提明·阿不都艾尼(维吾尔族)
麦麦提·居马(维吾尔族)　李　伟　李　彬(回族)
吾尔尼沙·卡得尔(女,维吾尔族)　肖开提·依明(维吾尔族)
何星亮　库尔玛什·斯尔江(哈萨克族)　库尔班·尼亚孜(维吾尔族)
闵晓青(女,俄罗斯族)　张承义(回族)　张　雁(女)　张　新
阿不都热克甫·吐木尼牙孜(维吾尔族)　阿达来提·艾再孜(女,维吾尔族)
阿迪力·阿不都热扎克(维吾尔族)　陈全国　陈　亮
努尔·买买提(维吾尔族)　拉齐尼·巴依卡(塔吉克族)
迪力夏提·柯德尔汗(柯尔克孜族)　罗东川　帕尔哈提·肉孜(维吾尔族)
凯赛尔·阿不都克热木(维吾尔族)　周旭勇　法蒂玛(女,乌孜别克族)
赵金龙　哈尼巴提·沙布开(哈萨克族)　祖木热提·吾布力(女,维吾尔族)
热依扎·巴合道列提(女,哈萨克族)　贾尔恒·阿哈提(塔塔尔族)　徐　涛
郭晓红(女,锡伯族)　雪克来提·扎克尔(维吾尔族)　崔久秀(女)
彭家瑞　普尔巴·图格杰加甫(蒙古族)　廖朝阳

香港特别行政区(36名)

马逢国　马豪辉　王庭聪　王敏刚　卢瑞安
叶国谦　田北辰　邝美云(女)　朱叶玉如(女)　李引泉
李应生　李君豪　吴秋北　吴亮星　张俊勇
陈亨利　陈　勇　陈振彬　陈曼琪(女)　陈智思
林龙安　林顺潮　郑耀棠　胡晓明　洪为民
姚祖辉　黄友嘉　黄玉山　雷添良　蔡素玉(女)
蔡　毅　廖长江　谭志源　谭耀宗　颜宝铃(女)
霍震寰

澳门特别行政区(12名)

刘艺良　吴小丽(女)　何雪卿(女)　陆　波　林笑云(女)
施家伦　贺一诚　高开贤　容永恩(女)　萧志伟
崔世平　黎世祺

台湾省(13 名)

许　沛(女)	邹振球	张晓东	张　雄	陈云英(女)
陈　军(女,高山族)		林　青(女)	黄志贤	符之冠
梁志强	曾力群(女)	蔡培辉	廖海鹰	

中国人民解放军(269 名)

丁来杭	丁国林	于志坚	于忠福	于　峰(满族)
于　巍(女)	习朝峰	马伟明	马和帕丽(女,哈萨克族)	
马顺南	王　力	王小鸣	王天目	王长江
王长河	王文全	王　方(女,蒙古族)	王玄玉	王　宁
王亚平(女)	王再杰	王成男	王　伟	王全理
王　军	王秀峰	王启繁	王国新(蒙古族)	王明孝
王　波	王宝华(女)	王建国	王　树	王复兴(纳西族)
王洪尧	王　娜(女)	王振国	王晓霞(女)	王　健(女)
王　海	王海斗	王海龙	王家胜	王教成
王辉山	王辉青	王献军	方　向	尹　东
尹德健	孔　军	古清月(女)	厉延明	石香元
石　晓	叶　青	田忠良	田学峰	付　宁(女)
付国强	白文奇(蒙古族)	冯　玮	冯　毅	兰　政
戎贵卿	朱正友	朱　诚	朱　程	朱富海
庄炳坤	刘日明	刘石磊(女,满族)	刘永刚	刘永坚
刘光斌	刘　伟	刘伟修	刘　旭	刘季幸
刘京菊(女)	刘绍亮	刘　健	刘家国	刘粤军
刘　源	刘德伟	齐虎广	米合伦沙·阿不都(女,维吾尔族)	
安兆庆(锡伯族)	许利强	许其亮	许忠发	孙建国
孙　健	严　锋	苏保成	杜　刚	杜　岗
李士生	李永生	李　伟	李　军	李运田
李秀宝	李作成	李尚福	李　明	李　勇
李　鸿(女)	李　超	李道明	杨　扬(女,苗族)	杨成熙
杨丽霞(女,白族)	杨初格西(藏族)	杨　征	杨　诚	杨　倩(女)
杨祥国	杨磊(土家族)	肖冬松	吴少华	吴永亮
吴兴丰	吴社洲	吴杰明	吴国华	吴昌洁(女)
吴春利	吴海波	吴颖霞(女)	邱月潮	何卫东
何仁学	何宏军	何　雷	余海龙	冷志义
辛崇东	辛　毅	汪海江	沙子呷(彝族)	沈金龙
宋　丹	宋　学	宋春雳	宋　琨	宋善玉
宋普选	张又侠	张小燕(女)	张义瑚	张升民
张文仁	张　平	张明珠(女)	张学宇	张学锋
张洪英(女)	张洪贺	张烈英	张雄伟	张　潇(女)
阿不都克里木·哈里克(维吾尔族)		陈平华	陈香美(女)	陈俊林
陈剑飞	陈炳艳	陈　勇	陈家静	陈雪礼
陈道祥	陈黎明	武　文	武仲良	苗　华

苗润奇　范承才　范骁骏　罗亚中　周丰林(白族)
周亚宁　周吴刚　周松和　周建波　周　健
郑卫平　郑俊杰　宝　林(蒙古族)　郎友良　孟中康
降巴克珠(藏族)　赵岩泉　赵宗岐　赵　贺　赵瑞宝
胡昌明　战厚顺　钟志明　钟绍军　侯　云
侯胜亮　饶开勋(回族)　姜国平　姜　勇　秦生祥
袁　远(女)　袁誉柏　莫俊鹏　索朗扎西(藏族)　贾廷安
贾建成　贾俊明　顾祥兵　柴绍良　党增龙
钱树民　徐云鹏　徐西盛　徐向华　徐兴林
徐建锋　徐起零　殷方龙　凌　希　凌焕新
高东垒　高　波　郭晓东(蒙古族)　郭普校　涂伟明
黄克超　黄连珍(女)　黄　铭　黄　鑫　曹国侯
曹京宜(女)　曹新元　崔玉玲(女)　康春元　康晓晖
梁　阳　梁剑涛(女)　彭　勃　董正宏　蒋永馨(女)
蒋庆群　蒋建新　蒋漠祥　韩卫国　韩晓东
韩　鹏　程　坚　程　诚(女)　谢正谊　谢贻平
蒲永能　蔡红霞(女)　管延密　廖正良　谭本宏
谭　民　缪　中　缪　静(女)　樊代明　黎火辉
潘佳瑛(女)　魏凤和

第十二届全国人民代表大会常务委员会代表资格审查委员会关于第十三届全国人民代表大会代表的代表资格的审查报告

(2018 年 2 月 24 日第十二届全国人民代表大会常务委员会第三十三次会议通过)

全国人民代表大会常务委员会：

根据《中华人民共和国全国人民代表大会和地方各级人民代表大会选举法》《中国人民解放军选举全国人民代表大会和县级以上地方各级人民代表大会代表的办法》《第十二届全国人民代表大会第五次会议关于第十三届全国人民代表大会代表名额和选举问题的决定》《中华人民共和国香港特别行政区选举第十三届全国人民代表大会代表的办法》《中华人民共和国澳门特别行政区选举第十三届全国人民代表大会代表的办法》和第十二届全国人民代表大会常务委员会第二十七次会议通过的《第十三届全国人民代表大会代表名额分配方案》《第十三届全国人民代表大会少数民族代表名额分配方案》《台湾省出席第十三届全国人民代表大会代表协商选举方案》，在全国人民代表大会常务委员会的主持下，2017 年 12 月中旬至 2018 年 1 月，31 个省、自治区、直辖市的人民代表大会会议，香港特别行政区的选举会议，澳门特别行政区的选举会议，由各省、自治区、直辖市和中央国家机关、中国人民解放军中的台湾省籍同胞组成的协商选举会议，中国人民解放军的军人代表大会会议，共选举产生中华人民共和国第十三届全国人民代表大会代表 2980 名。

全国人民代表大会代表是最高国家权力机关组成人员，代表人民的利益和意志，依法参加行使国家权力，使命光荣、责任重大。各选举单位坚持以习近平新时代中国特色社会主义思想为指导，深入贯彻落实党的十九大和十九届一中、二中全会精神，坚持党的领导、人民当家作主、依法治国有机统一，严格贯彻执行宪法和有关法律，认真做好第十三届全国人大代表的选举工作。各选举单位选出的第十三届全国人民代表大会代表具有广泛的代表性，保证了各地区、各民族、各方面都有适当数量代表的要求。在选出的代表中，少数民族代表 438

名，占代表总数的 14.70%，全国 55 个少数民族都有本民族的代表；归侨代表 39 名；连任代表 769 名，占代表总数的 25.81%。与十二届相比，妇女代表 742 名，占代表总数的 24.90%，提高了 1.5 个百分点；一线工人、农民代表 468 名（其中有 45 名农民工代表），占代表总数的 15.70%，提高了 2.28 个百分点；专业技术人员代表 613 名，占代表总数的 20.57%，提高了 0.15 个百分点；党政领导干部代表 1011 名，占代表总数的 33.93%，降低了 0.95 个百分点。

根据《中华人民共和国全国人民代表大会和地方各级人民代表大会选举法》和《中华人民共和国全国人民代表大会组织法》的规定，全国人民代表大会常务委员会代表资格审查委员会依法对当选代表是否符合宪法、法律规定的代表的基本条件，选举是否符合法律规定的程序，以及是否存在破坏选举和其他当选无效的违法行为进行了审查。经审查，35 个选举单位的第十三届全国人民代表大会代表的选举符合法律规定，2980 名代表的代表资格全部有效，提请全国人民代表大会常务委员会确认并公布代表名单。

以上报告，请审议。

第十二届全国人民代表大会
常务委员会代表资格审查委员会
2018 年 2 月 23 日

全国人民代表大会常务委员会公告

〔十三届〕第一号

贵州省第十三届人大常委会第三次会议补选史耀斌为第十三届全国人民代表大会代表。第十三届全国人民代表大会常务委员会第三次会议根据代表资格审查委员会提出的报告，确认史耀斌的代表资格有效。

截至目前，第十三届全国人民代表大会实有代表 2981 人。

特此公告。

全国人民代表大会常务委员会
2018 年 6 月 22 日

第十三届全国人民代表大会常务委员会代表资格审查委员会关于个别代表的代表资格的报告

（2018 年 6 月 22 日第十三届全国人民代表大会常务委员会第三次会议通过）

全国人民代表大会常务委员会：

2018 年 5 月 31 日，贵州省第十三届人大常委会第三次会议补选全国人大常委会预算工作委员会主任、全国人大常委会机关党组成员史耀斌为第十三届全国人民代表大会代表。经第十三届全国人民代表大会常务委员会代表资格审查委员会审查，史耀斌的代表资格有效，提请全国人民代表大会常务委员会确认并予以公告。

本次全国人民代表大会个别代表的代表资格变动后，第十三届全国人民代表大会实有代表 2981 人。

以上报告，请审议。

第十三届全国人民代表大会
常务委员会代表资格审查委员会
2018 年 6 月 19 日

全国人民代表大会常务委员会公告

〔十三届〕第二号

湖南省人大常委会决定接受向长江辞去第十三届全国人民代表大会代表职务。依照《中华人民共和国全国人民代表大会和地方各级人民代表大会代表法》的有关规定，向长江的代表资格终止。

第十三届全国人民代表大会代表丁玉华因病去世。全国人民代表大会常务委员会对丁玉华代表的去世表示哀悼。丁玉华的代表资格自然终止。

截至目前，第十三届全国人民代表大会实有代表2979人。

特此公告。

全国人民代表大会常务委员会

2018年8月31日

第十三届全国人民代表大会常务委员会代表资格审查委员会关于个别代表的代表资格的报告

（2018年8月31日第十三届全国人民代表大会常务委员会第五次会议通过）

全国人民代表大会常务委员会：

由湖南省选出的第十三届全国人民代表大会代表，湖南省华兴实业发展有限公司董事长，湖南省邵阳市隆回县岩口镇向家村村委会主任向长江，因违反殡葬管理条例修建豪华坟墓，隐瞒曾被刑事处罚的事实，被责令辞去第十三届全国人民代表大会代表职务。2018年7月19日，湖南省第十三届人大常委会第五次会议决定接受其辞职。依照《中华人民共和国全国人民代表大会和地方各级人民代表大会代表法》的有关规定，向长江的代表资格终止。

由山东省选出的第十三届全国人民代表大会代表，三角集团有限公司党委书记、董事长，三角轮胎股份有限公司董事长丁玉华，因病于2018年6月13日去世。代表资格审查委员会对丁玉华代表的去世表示哀悼。丁玉华的代表资格自然终止。

以上代表资格变动事宜报请全国人民代表大会常务委员会审议通过并予以公告。

本次全国人民代表大会个别代表的代表资格变动后，第十三届全国人民代表大会实有代表2979人。

以上报告，请审议。

第十三届全国人民代表大会
常务委员会代表资格审查委员会

2018年8月27日

全国人民代表大会常务委员会公告

〔十三届〕第三号

河南省人大常委会决定接受王铁辞去第十三届全国人民代表大会代表职务。依照《中华人民共和国全国人民代表大会和地方各级人民代表大会代表法》的有关规定，王铁的代表资格终止。

截至目前，第十三届全国人民代表大会实有代表2978人。

特此公告。

全国人民代表大会常务委员会

2018年10月26日

第十三届全国人民代表大会常务委员会代表资格审查委员会关于个别代表的代表资格的报告

（2018 年 10 月 26 日第十三届全国人民代表大会常务委员会第六次会议通过）

全国人民代表大会常务委员会：

由河南省选出的第十三届全国人民代表大会代表，河南省人大常委会原党组副书记、副主任王铁，因涉嫌严重违纪违法，被责令辞去第十三届全国人民代表大会代表职务。2018 年 9 月 29 日，河南省第十三届人大常委会第六次会议决定接受其辞职。依照《中华人民共和国全国人民代表大会和地方各级人民代表大会代表法》的有关规定，王铁的代表资格终止。

以上代表资格变动事宜报请全国人民代表大会常务委员会审议通过并予以公告。

本次全国人民代表大会个别代表的代表资格变动后，第十三届全国人民代表大会实有代表 2978 人。

以上报告，请审议。

第十三届全国人民代表大会
常务委员会代表资格审查委员会
2018 年 10 月 22 日

全国人民代表大会常务委员会公告

〔十三届〕第四号

青海省第十三届人大常委会第七次会议补选刘宁为第十三届全国人民代表大会代表。第十三届全国人民代表大会常务委员会第七次会议根据代表资格审查委员会提出的报告，确认刘宁的代表资格有效。

江苏省人大常委会决定接受缪瑞林辞去第十三届全国人民代表大会代表职务。陕西省人大常委会决定接受上官吉庆辞去第十三届全国人民代表大会代表职务。新疆维吾尔自治区人大常委会决定接受张承义辞去第十三届全国人民代表大会代表职务。依照《中华人民共和国全国人民代表大会和地方各级人民代表大会代表法》的有关规定，缪瑞林、上官吉庆、张承义的代表资格终止。

第十三届全国人民代表大会代表郑晓松去世。全国人民代表大会常务委员会对郑晓松代表的去世表示哀悼。郑晓松的代表资格自然终止。

截至目前，第十三届全国人民代表大会实有代表 2975 人。

特此公告。

全国人民代表大会常务委员会
2018 年 12 月 29 日

第十三届全国人民代表大会常务委员会代表资格审查委员会关于个别代表的代表资格的报告

（2018 年 12 月 29 日第十三届全国人民代表大会常务委员会第七次会议通过）

全国人民代表大会常务委员会：

2018 年 11 月 28 日，青海省第十三届人大常委会第七次会议补选青海省委副书记、省长刘宁为第十三届全国人民代表大会代表。经第十三届全国人民代表大会常务委员会代表资格审查委员会审查,刘宁的代表资格有效,提请全国人民代表大会常务委员会确认并予以公告。

由江苏省选出的第十三届全国人民代表大会代表,江苏省原副省长缪瑞林,因涉嫌严重违纪违法,被责令辞去第十三届全国人民代表大会代表职务。2018 年 11 月 23 日,江苏省第十三届人大常委会第六次会议决定接受其辞职。由陕西省选出的第十三届全国人民代表大会代表,陕西省西安市委原副书记、原市长上官吉庆,因违纪违法,被责令辞去第十三届全国人民代表大会代表职务。2018 年 11 月 30 日,陕西省第十三届人大常委会第八次会议决定接受其辞职。由新疆维吾尔自治区选出的第十三届全国人民代表大会代表,新疆维吾尔自治区昌吉州党委原副书记、原州长张承义,因涉嫌严重违纪违法,被责令辞去第十三届全国人民代表大会代表职务。2018 年 11 月 30 日,新疆维吾尔自治区第十三届人大常委会第七次会议决定接受其辞职。依照《中华人民共和国全国人民代表大会和地方各级人民代表大会代表法》的有关规定,缪瑞林、上官吉庆、张承义的代表资格终止。

由广东省选出的第十三届全国人民代表大会代表,中央人民政府驻澳门特别行政区联络办公室主任郑晓松,于 2018 年 10 月 20 日去世。代表资格审查委员会对郑晓松代表的去世表示哀悼。郑晓松的代表资格自然终止。

以上代表资格变动事宜报请全国人民代表大会常务委员会审议通过并予以公告。

本次全国人民代表大会个别代表的代表资格变动后,第十三届全国人民代表大会实有代表 2975 人。

以上报告,请审议。

第十三届全国人民代表大会
常务委员会代表资格审查委员会
2018 年 12 月 23 日

对外交往

· 第十三届全国人民代表大会第一次会议
· 特辑
· 常委会工作安排和会议议程日程
· 委员长讲话
· 立法工作
· 批准公约和条约
· 监督工作
· 人事任免
· 代表工作
· 对外交往
· 专门委员会工作
· 常委会相关活动
· 大事记

一、委员长国内外事活动

张德江与北欧和波罗的海国家议长举行集体会谈

新华社北京1月8日电　全国人大常委会委员长张德江8日在人民大会堂与联合访华的北欧和波罗的海国家议会领导人举行集体会谈。芬兰议长洛赫拉、挪威议长托马森、冰岛议长西格富松、爱沙尼亚议长内斯托尔、拉脱维亚议长穆尔涅采、立陶宛议长普兰茨凯蒂斯、瑞典第一副议长芬内等参加会谈。

张德江说，中国同北欧和波罗的海国家传统友谊深厚，合作基础扎实，特别是近年来各国积极参与"一带一路"建设，合作发展态势良好。习近平主席高度重视发展中国同北欧和波罗的海国家的友好合作关系。中国愿同北欧和波罗的海国家一道，本着相互尊重、平等相待、包容互鉴的精神，把双方关系发展好。

张德江说，此次各国议会领导人联合访华是双方交往的重要创新，也表明了双方加强合作的强烈愿望。加强双方立法机关友好合作，一是增进相互了解，筑牢合作的政治基础。双方应本着相互尊重、求同存异、面向未来、合作共赢的原则，尊重对方的核心利益和重大关切，尊重彼此对发展道路的选择。二是加强经验交流，完善合作的法律基础。双方要加强立法和治国理政经验交流，完善法律保障，支持政府加强战略对接合作，支持中欧早日达成投资协定，使务实合作项目尽快落地，让人民获得更多实实在在的利益。三是促进人文交流，巩固合作的民意基础。双方要发挥自身优势，鼓励两国在教育、旅游、青年、体育等广泛领域开展合作，增进人民间的理解和友谊，广泛团结社会各界友好力量，巩固双方合作的民意和社会基础。希望双方以此为开端，共同打造中国全国人大同北欧和波罗的海国家议会交流互鉴、增进互信、凝心聚力、助推合作的新平台，共同促进双方关系新发展。

张德江还介绍了中共十九大的情况。

在座的各国议会领导人表示，很高兴在中共十九大召开后不久即联合访华，钦佩中国取得的巨大发展成就和承担的重要国际责任。北欧和波罗的海国家愿与中国携手，加强立法机关交往，共同应对气候变化、环境保护等挑战，密切在多边场合的协调配合，推动绿色发展。

全国人大常委会副委员长兼秘书长王晨参加会谈。

张德江会见法国总统马克龙

人民日报北京1月9日电　全国人大常委会委员长张德江9日在人民大会堂会见了法国总统马克龙。

张德江说，近年来两国高层交往密切，政治互信增强，务实合作取得不少具有突破性和示范意义的成果。习近平主席此次与总统先生的会晤成果必将引领中法关系取得新的发展。中国全国人大同法国议会长期保持良好合作关系，下一步双方的首要任务是落实两国元首达成的重要共识，加强立法机关交流，为促进务实合作和人员往来提供更好的法律和政策支持，推动两国地方积极主动参与中法友好，为促进两国全面战略伙伴关系发展做出更大贡献。

马克龙说，我这次访华的目的是与习近平主席共同规划法中关系的未来，法方支持两国立法机关加强交往，推动各领域合作。

张平参加会见。

张德江会见加蓬参议长米勒布

新华社北京 1 月 17 日电 全国人大常委会委员长张德江 17 日在人民大会堂会见了加蓬参议长米勒布。

张德江说，加蓬是中国在非洲的传统友好国家和重要合作伙伴，两国各领域合作成果显著。双方要落实好两国元首达成的重要共识，进一步丰富中加全面合作伙伴关系内涵，推动两国关系取得更多实实在在的成果，更好造福两国和两国人民。中国全国人大重视发展与加蓬参议院和国民议会的友好关系，愿进一步密切交往，增进政治互信，推动经贸合作，促进人文交流，加强立法监督、治国理政等交流互鉴，为深化中加全面合作伙伴关系作出更大贡献。

米勒布说，加方高度重视发展对华关系，愿同中国全国人大加强交流合作，推动两国友好关系和务实合作迈上新台阶。

张平参加会见。

张德江与阿拉伯议会议长苏莱米举行会谈

新华社北京 1 月 23 日电 全国人大常委会委员长张德江 23 日在人民大会堂与阿拉伯议会议长苏莱米举行会谈。

张德江说，中国同阿拉伯国家友谊源远流长，是好朋友、好伙伴、好兄弟。双方政治上相互尊重、经济上互利合作、文化上交流互鉴，在涉及彼此核心利益问题上相互支持。2016 年 1 月，习近平主席成功访问阿盟总部，提出中阿共建“一带一路”，共同实施促进稳定、创新合作、产能对接、增进友好四大行动，揭开了中阿关系的新篇章。中方愿与阿拉伯国家共同努力，推动中阿传统友谊取得更加丰硕的成果。

张德江说，去年 7 月，习近平主席在巴勒斯坦总统阿巴斯访华期间提出了中方推动解决巴勒斯坦问题的四点主张。中方坚定支持巴人民恢复民族合法权利的正义事业，理解阿拉伯国家在耶路撒冷地位问题上的关切和诉求，支持阿拉伯国家为推动和平解决巴勒斯坦问题所做的一切努力。中方愿同阿拉伯国家保持沟通与协调，共同致力于推动巴勒斯坦问题早日得到全面、公正、持久解决，维护地区和平稳定。

张德江说，议长先生此访是中国全国人大与阿拉伯议会的首次正式交往，对于丰富中阿关系内涵具有重要意义。希望双方以此为契机，开展形式多样的交流合作，为促进中阿战略合作关系深入发展作出积极贡献。

苏莱米说，阿中友好有着悠久的历史。近年来，双方战略互信日益巩固，互利合作不断加强。阿拉伯国家赞赏中方在推动中东和平进程方面发挥的重要作用，赞同并积极响应中方为推动解决巴勒斯坦问题提出的四点主张。阿拉伯议会愿加强与中国全国人大的友好交往，积极推动阿中政治、经济、人文等各领域合作深入发展。

全国人大常委会副委员长兼秘书长王晨参加会谈。

张德江与智利参议长萨尔迪瓦举行会谈

新华社北京 1 月 29 日电 全国人大常委会委员长张德江 29 日在人民大会堂与智利参议长萨尔迪瓦举行会谈。

张德江说，参议长先生首次访华是在 30 多年前、中国实施改革开放政策不久，此后又多次访华，目睹了中国的发展变化。今年是中国改革开放 40 周年，这些年特别是中共十八大以来，中国经济社会发展取得历史性成就。希望此访有助于你了解新时代的中国。

张德江说，智利是中国在拉美和亚太地区的重要合作伙伴，在发展对华关系上长期走在中拉关系前列。过去两年，习近平主席和巴切莱特总统实现

互访，推动两国关系进入全面战略伙伴关系新阶段。中国保持智利第一大贸易伙伴地位，双方顺利完成自贸升级，各领域合作不断扩大，在多边事务中保持密切配合。中方始终从战略高度重视发展同智利的关系，愿同智方共同努力，积极落实两国元首达成的重要共识，推动中智全面战略伙伴关系持续向前发展。

张德江说，智利是第一个同中国全国人大建立交流机制的拉美国家，两国立法机关迄今已举行了11次机制交流会议，为增进了解、促进合作发挥了积极作用。中国全国人大重视进一步加强与智利议会的友好交往，希望双方继续立足两国关系大局，着眼增进两国人民福祉，深化务实合作，促进共同发展。一是相互支持。要坚定支持对方维护本国核心利益和实现发展振兴，走符合本国国情的发展道路，支持对方办好自己的事情。二是共享机遇。要积极作为，加快政府间合作协议的批准进程，为企业合作、投资合作提供优质友好、法制健全的投资环境，切实保障双方投资者合法权益。三是共应挑战。要加强治国理政经验交流互鉴，在互学互鉴中共同提高，更好地应对各种风险和挑战。

萨尔迪瓦说，通过多次访华，见证了中国改革开放以来的巨大变化。智方始终高度重视对华关系，将积极参与“一带一路”建设，加强与中方在国际事务中的配合。智利议会愿深化与中国全国人大的友好交往，充分发挥双方交流机制的作用，助力两国关系发展。他重申，智方将一如既往恪守一个中国原则。

全国人大常委会副委员长兼秘书长王晨参加会谈。

张德江会见英国首相特雷莎·梅

人民日报北京2月1日电　全国人大常委会委员长张德江1日在人民大会堂会见了英国首相特雷莎·梅。

张德江说，2015年习近平主席成功访英，开启了中英关系“黄金时代”。习近平主席此次与首相女士的会晤必将推动中英面向21世纪全球全面战略伙伴关系取得更大发展。中国全国人大与英国议会定期交流富有成效，促进了相互了解和合作。两国立法机关应积极推动落实两国领导人达成的重要共识，保持友好交往，开展立法、监督、治国理政等方面交流互鉴，为增进政治互信、拓展经贸合作、扩大人文交流创造良好的政策和法律环境，共同促进中英关系“黄金时代”顺利发展。

特雷莎·梅说，英方高度重视英中关系，支持两国立法机关友好交往，愿加强与中方在各领域交流合作。

王晨参加会见。

张德江与毛里求斯国民议会议长哈努曼吉会谈

新华社北京2月2日电　全国人大常委会委员长张德江2日在人民大会堂与毛里求斯国民议会议长哈努曼吉举行会谈。

张德江说，中国与毛里求斯传统友谊深厚。长期以来，两国关系始终健康顺利发展。双方政治互信不断增强，各领域务实合作成果丰硕，在国际和地区事务中密切配合。习近平主席高度重视发展中国同非洲友好合作关系。中非合作论坛约翰内斯堡峰会召开两年多来，中毛积极落实峰会成果，不仅促进了毛里求斯及非洲发展，也带动了中非合作转型升级。希望双方继续用好中非合作论坛和“一带一路”两大平台，全面推进中毛友好合作，更好造福两国和两国人民。

张德江说，中国全国人大同毛里求斯国民议会长期保持良好的合作关系。今天我们签署了两国立法机关合作谅解备忘录，这将对加强新时代中毛立法机关交往起到重要作用。希望双方继续加强高层及各专门委员会之间的交往，积极开展治国理政经验交流，在涉及彼此核心利益和重大关切问题上相互支持，不断巩固两国关系的政治基础；支持本国政府为深化两国关系出台相应政策举措，为双方务实合作提供可靠的法律和政策支持；积极发挥广泛联系人民的优势，促进双方文化、教育、旅游等领域交流，不断夯实两国友好的社会基础。

张德江表示相信，通过双方共同努力，中毛两国立法机关交流合作将不断迈上新台阶，为增进两国人民相互了解和友谊、推动两国关系发展发挥更大作用。

哈努曼吉说,毛里求斯视中国为亲密朋友,长期坚定奉行一个中国政策。毛里求斯国民议会重视发展与中国全国人大的友好关系,愿以双方合作谅解备忘录的签署为契机,进一步加强各层级交往,积极推动经贸、文化、旅游、清洁能源、基础设施建设等领域务实合作,为两国关系发展注入新的活力。

张德江和哈努曼吉还共同出席了中国全国人大与毛里求斯国民议会合作谅解备忘录的签字仪式。

全国人大常委会副委员长兼秘书长王晨参加上述活动。

张德江会见蒙古国家大呼拉尔副主席恩赫阿木格楞

新华社北京 2 月 6 日电 全国人大常委会委员长张德江 6 日在人民大会堂会见出席中蒙议会定期交流机制会议的蒙古国家大呼拉尔副主席恩赫阿木格楞。

张德江说,中蒙山水相依,中蒙友好符合两国和两国人民的根本利益。习近平主席高度重视发展中蒙全面战略伙伴关系。中国全国人大愿与蒙古国家大呼拉尔一道,用好定期交流机制平台,着力加强交流合作,尊重彼此核心利益和重大关切,夯实两国关系政治基础;分享治国理政和立法经验,完善务实合作的法律保障,扩大两国友好的社会基础,为双方更好把握方向、抓住机遇、面向未来,实现中蒙关系更快更好发展作出贡献。

恩赫阿木格楞说,蒙古国家大呼拉尔愿加强与中国全国人大的友好交往,助力两国关系发展。

向巴平措参加会见。

栗战书会见喀麦隆总统比亚

新华社北京 3 月 23 日电 全国人大常委会委员长栗战书 23 日在人民大会堂会见了喀麦隆总统比亚。

栗战书表示,近年来中喀两国关系始终保持健康稳定,传统友谊得到传承发展。22 日习近平主席与总统先生举行了富有成果的会谈,为新时期中喀关系作出了顶层设计、指明了方向。新一届中国全国人大愿加强同喀麦隆议会的友好交往,当前的首要任务是推动落实两国元首达成的重要共识。两国立法机构应加大相互政治支持、持续优化合作环境、夯实合作民意基础,使双方合作更好惠及两国人民,为两国关系发展作出新的更大贡献。

比亚祝贺栗战书当选全国人大常委会委员长,高度赞赏中国对非政策,感谢中方对喀麦隆长期一贯支持,愿支持两国立法机构加强交往,推动两国关系进一步发展。

栗战书会见美国联邦参议员戴恩斯一行

新华社北京 3 月 28 日电 全国人大常委会委员长栗战书 28 日在人民大会堂会见了美国联邦参议员戴恩斯一行。

栗战书说,中美关系对于两国和国际社会都具有重要意义。正如习近平主席指出的,对中美两国来说,合作是唯一正确的选择,共赢才能通向更好的未来。希望双方坚持从战略高度和全局角度看待和处理中美关系,加强战略沟通,聚焦对话合作,管控分歧和敏感问题,确保中美关系始终沿着正确轨道向前发展。

栗战书说,中美立法机构合作基础良好。中国全国人大愿与美国国会充分发挥交流机制的作用,坦诚交流对话,尊重彼此核心利益和重大关切,增进各层次深入了解,推动各领域务实合作,助力中美关系发展。

戴恩斯一行表示,美中关系至关重要,愿为促进双方互信和合作多做工作。

全国人大常委会秘书长杨振武参加会见。

栗战书会见纳米比亚总统根哥布

人民日报北京3月30日电　全国人大常委会委员长栗战书30日在人民大会堂会见了纳米比亚总统根哥布。

栗战书表示，中纳友好源远流长，近年来传统友谊日益巩固，合作硕果累累。昨天习近平主席与总统先生举行了富有成果的会谈，将中纳关系提升为全面战略合作伙伴关系，规划了双方合作蓝图。中国全国人大愿同纳米比亚议会一道，落实好两国元首达成的重要共识，加强友好往来，坚定支持以中非合作论坛和"一带一路"建设为引领的中非互利合作，为双方投资者提供更好的投资环境和法律保障，巩固和扩大中纳友好的民意和社会基础，推动两国关系在新时代取得更大发展。

根哥布高度赞赏中国对非政策，表示愿在新的起点上深化两国关系，加强各领域务实合作，支持两国立法机构开展交流。

栗战书会见津巴布韦总统姆南加古瓦

人民日报北京4月4日电　全国人大常委会委员长栗战书4日在人民大会堂会见了津巴布韦总统姆南加古瓦。

栗战书表示，中津是风雨同舟的真朋友、合作共赢的好伙伴、越走越近的好兄弟。昨天习近平主席同总统先生举行了富有成果的会谈，共同宣布建立中津全面战略合作伙伴关系，为新时期两国关系发展指明了方向。中国全国人大愿同津巴布韦议会一道，全面落实两国元首重要共识，以中非合作论坛北京峰会和"一带一路"建设为契机，充分发挥自身职能作用，加强立法交流，为双方企业合作和人员往来提供良好的法律保障和便捷的政策服务，不断推动中津友好合作迈上新台阶。

姆南加古瓦表示十分钦佩中国的发展成就，支持两国立法机构加强合作，继续坚定奉行一个中国原则。

曹建明参加会见。

栗战书分别会见蒙古国总理呼日勒苏赫和奥地利总统范德贝伦

人民日报北京4月9日电　全国人大常委会委员长栗战书9日在人民大会堂分别会见蒙古国总理呼日勒苏赫和奥地利总统范德贝伦。

在会见呼日勒苏赫时，栗战书表示，2014年习近平主席访问蒙古国，中蒙关系提升为全面战略伙伴关系，为两国关系发展指明了方向。近年来两国各领域合作不断深化，中国已成为蒙古国最重要的贸易伙伴、投资来源国和援助提供国。中方愿同蒙方一道，保持高层交往，尊重双方关切，丰富经贸合作内涵，夯实两国关系的民意基础。两国立法机构要发挥议会定期交流机制平台作用，分享治国理政和立法经验，服务国家关系发展大局。

呼日勒苏赫表示，蒙方高度重视对华关系，支持"一带一路"倡议，恪守一个中国原则，愿深化双方经贸领域合作，支持两国立法机构开展交流。

在会见范德贝伦时，栗战书表示，昨天习近平主席同总统先生举行会谈，中奥建立友好战略伙伴关系。今年是中国改革开放40周年，我们坚定不移坚持经济全球化，维护贸易自由化和多边贸易体制，贸易保护主义是没有出路的。中方愿同奥方一道，落实好两国元首达成的重要共识，增进政治互信，加强对话交流，理解和照顾彼此核心利益和重大关切，深化包括"一带一路"建设在内的各领域合作，推动夯实两国友好的社会基础，为新时代两国关系发展做出积极贡献。

范德贝伦表示，奥方高度重视对华关系，支持两国立法机构开展交流，对中国发展有信心，愿深化两国在经贸等各领域的合作。

奥地利总理库尔茨及全国人大常委会副委员长沈跃跃参加会见。

栗战书会见荷兰首相吕特

新华社北京 4 月 12 日电 全国人大常委会委员长栗战书12 日在人民大会堂会见了荷兰首相吕特。

栗战书表示，近年来，中荷关系之所以能够快速平稳发展，最重要的经验就是双方坚持把政治互信放在优先地位，相互尊重对方核心利益、重大关切和发展道路，不搞冷战思维；坚持通过对话协商处理分歧问题，不搞“麦克风外交”；坚持扩大互惠合作造福两国人民，不搞我赢你输。中国全国人大愿同荷兰议会一道，落实好习近平主席与首相先生会见时达成的重要共识，为两国务实合作提供法律保障，共同促进经济全球化，推动两国关系百尺竿头更进一步。

吕特高度赞赏中国扩大对外开放的重大举措，表示荷方支持自由贸易，愿加强两国在包括“一带一路”建设在内的各领域合作。

张春贤参加会见。

栗战书会见密克罗尼西亚联邦国会议长西米纳

新华社北京 4 月 23 日电 全国人大常委会委员长栗战书 23 日在人民大会堂会见密克罗尼西亚联邦国会议长西米纳。

栗战书说，中方赞赏密方长期坚定奉行一个中国政策。中方一贯主张，国家不分大小、强弱、贫富，都是国际社会的平等一员，不能以大欺小、以强凌弱、以富压贫。今年是习近平主席提出共建“一带一路”倡议 5 周年。中密双方要认真落实两国元首达成的建立相互尊重、共同发展战略伙伴关系的重要共识，深化包括共建“21 世纪海上丝绸之路”在内的各领域务实合作，加强两国立法机构往来和治国理政经验交流，更好造福两国人民。

西米纳表示，密方重视发展对华关系，坚定奉行一个中国原则，支持“一带一路”倡议，愿加强两国立法机构交流，促进双边关系发展。

吉炳轩参加会见。

栗战书会见哈萨克斯坦议会下院副议长伊希姆巴耶娃

新华社北京 4 月 23 日电 全国人大常委会委员长栗战书 23 日在人民大会堂会见哈萨克斯坦议会下院副议长伊希姆巴耶娃。

栗战书说，今年是习近平主席提出“一带一路”倡议 5 周年。哈萨克斯坦是丝绸之路经济带从中国向西延伸的第一站，是中国同沿线国家进行产能合作的第一个对象国，也是沿线国家中进行发展战略对接的第一个国家。中共十九大为中国发展开辟更加光明的前景，也将为中哈深化战略务实合作带来新的重要机遇。中国全国人大愿与哈萨克斯坦议会加强交流合作，推动落实两国元首达成的各项共识，为共建“一带一路”和构建中哈命运共同体提供立法支持，营造良好环境。

伊希姆巴耶娃说，哈议会愿与中国全国人大密切友好往来，支持两国发展战略对接，推动哈中传统友谊不断发扬光大。

栗战书与爱尔兰众议长奥法乔尔举行会谈

新华社北京 4 月 27 日电 全国人大常委会委员长栗战书 27 日在人民大会堂与爱尔兰众议长奥法乔尔举行会谈。

栗战书说，两国堪称不同幅员规模、社会制度、文化传统国家友好相处典范。今年是中国改革开放 40 周年。明年是中爱建交 40 周年。中方愿同爱方一道，继续深化政治互信，照顾彼此核心利益与重大关切，推动中爱互惠战略伙伴关系健康稳定发展。希望双方乘势而上，推动贸易、投资、科技等领域合作迈上新台阶，寻找自贸试验区和自由贸易港建设合作新亮点，打造“一带一路”框架内合作新增长点，更好地造福两国和两国人民。

栗战书说，不久前，习近平主席在博鳌亚洲论坛年会宣布了一系列新的扩大开放重大举措。中爱两国同为经济全球化、贸易自由化的坚定支持者，应继续共同维护多边自由贸易体制，反对保护主义，推动建设开放型世界经济。中国始终从战略高度和长远角度审视和发展中欧关系，坚定支持一个团结、稳定、繁荣、开放的欧盟。希望爱方继续发挥独特影响和建设性作用，为中欧关系健康稳定发展作出更大贡献。

栗战书说，立法机构交流合作是增进两国互信与合作的重要渠道。人民代表大会制度是中国的根本政治制度。中国人大实行直接选举与间接选举相结合的选举制度，妥善解决了民主与集中、民主与效率的矛盾，在保证了人民当家作主的同时，保证了国家政权的高效运转。中国全国人大愿同爱尔兰议会继续密切各层级友好往来，在平等相待和相互尊重基础上开展对话合作，加强治国理政经验交流，了解和尊重彼此在重大问题上的立场关切，维护好双边关系发展的政治基础。积极促进两国民众间的理解和友谊，夯实中爱关系的社会基础。

奥法乔尔说，爱方赞赏中方在习近平主席领导下取得的巨大发展成就，尊重中国人民选择的发展道路和社会制度。爱尔兰议会愿加强与中国全国人大的友好交往，支持两国各领域互利合作，为爱中互惠战略伙伴关系的提升发挥积极作用。

全国人大常委会副委员长王晨参加会谈。

栗战书会见日本文部科学大臣林芳正

新华社北京5月3日电 全国人大常委会委员长栗战书3日在人民大会堂会见了日本文部科学大臣林芳正率领的日中友好议员联盟代表团。

栗战书表示，中日两国是一衣带水的邻邦，谁也离不开谁。两国长期交往的历史证明，互利合作符合双方根本利益，长期友好是唯一正确选择。我们牢记历史，但不是为了延续仇恨；日本也应牢记历史，汲取教训，避免重蹈历史覆辙。双方要客观理性看待彼此发展，落实好中日互为合作伙伴、互不构成威胁的政治共识，以史为鉴，面向未来，推动中日关系重回正轨。

栗战书说，立法机构交流是中日关系的重要组成部分。双方要进一步加强立法和治国经验交流，引领带动社会各界和民众客观理性看待中日关系，加强重点领域的合作，推动中日务实合作提质升级。欢迎日方参与“一带一路”建设，努力实现合作共赢。

日方表示，日中两国互为邻国，日中关系对双方都是最重要的双边关系。今年是日中和平友好条约缔结40周年。日中议联愿继承优良传统，为两国关系全面改善贡献力量。

栗战书会见德国总理默克尔

人民日报北京5月24日电 全国人大常委会委员长栗战书24日在人民大会堂会见了德国总理默克尔。

栗战书表示，在习近平主席和总理女士的重视和推动下，两国关系达到前所未有的水平。今年是中国改革开放40周年，习近平主席宣布了一系列深化改革、扩大开放的重大举措，双方要抓住机遇，拓展各领域合作。双方应共同努力，维护全球化和多边自由贸易体制。中国的人民代表大会制度最终落脚点是实现中国共产党领导、人民当家作主和依法治国的有机统一，实践证明这一制度符合中国国情，是一个好制度。两国立法机构要增进对彼此社会制度和发展道路的理解，分享立法经验，为双边关系发展增添正能量。

默克尔表示，德方高度重视对华关系，支持两国立法机构开展交流合作。

丁仲礼参加会见。

栗战书会见黑山议长布拉约维奇

新华社北京6月1日电　全国人大常委会委员长栗战书1日在人民大会堂会见了黑山议长布拉约维奇一行。

栗战书表示，中方珍视同黑山的传统友谊。两国关系多年来健康发展的一条重要经验，就是双方始终坚持国家不论大小一律平等，始终在涉及彼此核心和重大利益关切的问题上相互支持。希望双方以“一带一路”建设为“桥”，深化传统友谊，扎实推进大项目建设，进一步加强发展战略对接。中国全国人大愿同黑山议会加强交流，为两国日益密切的务实合作营造公平有序的法律环境，为推进两国人民友好往来和相互理解牵线搭桥。

布拉约维奇说，黑方重视发展对华关系，恪守“一个中国”原则，支持“一带一路”建设、“16+1合作”，愿深化两国立法机构合作。

万鄂湘参加会见。

栗战书会见吉尔吉斯斯坦总统热恩别科夫

人民日报北京6月7日电　全国人大常委会委员长栗战书7日在人民大会堂会见了吉尔吉斯斯坦总统热恩别科夫。

栗战书表示，中国和吉尔吉斯斯坦是好朋友、好邻居、好伙伴，昨天习近平主席同总统先生共同将中吉关系提升为全面战略伙伴关系，引领中吉关系进入了新时代。中国全国人大愿同吉议会一道，密切交流交往，加强治国理政经验交流，为“一带一路”合作这个打开共同繁荣之门的“金钥匙”做好法律和政策保障，支持加强两国安全合作，共同打击“东突”等“三股势力”，维护本地区安全稳定，积极推动两国人文和旅游合作，推动中吉全面战略伙伴关系高水平发展。

热恩别科夫表示，对华关系是吉优先方向，愿加强打击“三股势力”合作，支持“一带一路”倡议，支持两国立法机构交流。

郝明金参加会见。

栗战书会见哈萨克斯坦总统纳扎尔巴耶夫

人民日报北京6月8日电　全国人大常委会委员长栗战书8日在人民大会堂会见了哈萨克斯坦总统纳扎尔巴耶夫。

栗战书表示，昨天习近平主席与总统先生举行了富有成果的会谈，为新时代中哈关系发展描绘了宏伟蓝图。近年来，中哈共建“一带一路”取得丰硕成果，在国际上起到了良好示范作用，下一步双方要加强重大发展战略对接，深化各领域合作。两国立法机构要落实好两国元首达成的重要共识，保持密切往来，深化治国理政经验交流，服务实现各自国家战略目标，推动两国关系在更高水平上不断发展。

纳扎尔巴耶夫表示，哈方钦佩中国取得的伟大成就，感谢中方的长期支持，愿加强“一带一路”合作，支持打击“三股势力”，支持两国立法机构交流。

王东明参加会见。

栗战书分别会见玻利维亚总统莫拉莱斯、希腊议长武齐斯

新华社北京6月19日电　全国人大常委会委员长栗战书19日在人民大会堂分别会见了玻利维亚总统莫拉莱斯、希腊议长武齐斯。

在会见莫拉莱斯时，栗战书首先介绍了习近平新时代中国特色社会主义思想。栗战书表示，习近平主席与总统先生举行了富有成果的会谈，共同将中玻

关系提升为战略伙伴关系，引领中玻关系进入新时代。双方要落实好两国元首达成的重要共识，发挥各自优势，密切高层往来，加强务实合作，在彼此重大关切问题上相互理解支持。两国立法机构要加强友好往来，为双方发展与合作提供制度、法律保障和社会基础，把中玻关系打造成中拉关系、南南合作的典范。

莫拉莱斯表示，中国坚持大小国家一律平等，感谢中国对玻方的支持，双方在执政理念和国际事务上的立场相近，支持两国立法机构增加交流，加强相互借鉴。

在会见武齐斯时，栗战书表示，中希两国具有深厚传统友谊。在习近平主席和希方领导人共同引领下，双方以共建“一带一路”为龙头，全方位务实合作取得丰硕成果。中国全国人大愿同希腊议会加强交流合作，为共建“一带一路”营造良好法律和社会环境，推动中希全面战略伙伴关系深入发展。

武齐斯赞赏中国在习近平主席领导下取得的巨大发展成就，表示希方积极参与“一带一路”合作，愿成为欧中合作的桥梁。希望双方加强立法机构交流，促进两国友好交往和务实合作。

蔡达峰参加会见。

栗战书会见南非国民议会事务主席弗罗里克

新华社北京6月20日电　全国人大常委会委员长栗战书20日在人民大会堂会见南非国民议会事务主席弗罗里克。

栗战书说，习近平主席提出的真实亲诚理念和正确义利观在中非合作中得到很好践行，中非传统友谊结出新的硕果。越来越多的非洲朋友赞赏中国发展成就和经验。中方愿与包括南非在内的非洲国家加强治国理政经验交流，实现中非共同发展。

栗战书表示，中南关系是发展中国家和新兴市场国家友好合作的典范。希望两国以建交20周年为契机，携手办好金砖国家约堡峰会和中非合作论坛北京峰会，共同推进“一带一路”建设，加强立法机构交流合作，推动中南全面战略伙伴关系迈向更高水平。

弗罗里克说，中国是非洲国家真诚的朋友。南非愿与中方加强在中非合作论坛和金砖机制下的合作，推动两国关系全面发展。

陈竺参加会见。

栗战书与阿塞拜疆国民议会议长阿萨多夫举行会谈

新华社北京6月20日电　全国人大常委会委员长栗战书20日在人民大会堂与阿塞拜疆国民议会议长阿萨多夫举行会谈。

栗战书说，中阿建交以来，特别是习近平主席与阿利耶夫总统共同全面规划新时期中阿关系以来，在两国元首引领下，中阿关系始终健康稳定发展，各领域合作成果丰硕。今年是习近平主席提出“一带一路”倡议五周年。中方愿本着共商共建共享原则，在双方互补优势明显的领域开展更紧密合作。中方将一如既往支持阿方走符合本国国情的发展道路，支持阿方促进经济发展、实现国家富强的努力。中国将坚持扩大开放，打开国门搞建设，推动构建亚洲和人类命运共同体，同世界各国分享中国改革发展红利。

栗战书介绍了中国改革开放40年和中共十八大以来党和国家事业取得的伟大成就。他说，中国取得的历史性成就、发生的历史性变革，最根本的是有习近平新时代中国特色社会主义思想的指引和以习近平为核心的中共中央的坚强领导。经过长期探索和实践，我们建立了符合中国实际的包括人民代表大会制度在内的社会主义民主政治制度。人民代表大会制度坚持党的领导、人民当家作主、依法治国有机统一，能够确保统一高效组织和推进国家各项事业，团结全体人民朝着实现“两个一百年”奋斗目标、实现中华民族伟大复兴的中国梦共同奋斗。

栗战书表示，中国全国人大重视加强与阿塞拜疆国民议会的关系，双方要以落实两国元首达成的重要共识为主线，为经贸往来和企业投资提供法律保障。希望双方密切领导层、专门委员会和友好小组之间的交往，加强治国理政经验交流，支持两国教育、青年、旅游等人文交流和地方合作，不断增进人民之间的友好感情。

阿萨多夫说，阿中友好既体现在悠久的历史传统中，也体现在蓬勃开展的互利合作中。阿方是最早响应“一带一路”倡议的国家之一，期待与中方开展各领域务实合作，更好地造福两国和两国人民。阿国民议会愿为阿中世代友好作出更大贡献。

全国人大常委会副委员长武维华参加会谈。

栗战书会见尼泊尔总理奥利

人民日报北京 6 月 21 日电　全国人大常委会委员长栗战书 21 日在人民大会堂会见了尼泊尔总理奥利。

栗战书表示，昨天，习近平主席同总理先生会见，就两国关系发展进行战略规划，达成许多重要共识。双方应将这些共识转化为具体行动，在涉及彼此核心利益和重大关切问题上相互理解支持，加强发展战略对接，深化“一带一路”框架下合作。中国在探索发展道路过程中很重要的一条经验是全面加强党的领导，拥有一个坚强的领导核心，为国家发展创造稳定环境。两国立法机构要加强沟通交流和治国理政经验分享，为促进各领域合作作出应有贡献。

奥利高度评价习近平主席提出的人类命运共同体主张和中国周边外交政策，表示坚定奉行一个中国政策，支持“一带一路”倡议，支持两国立法机构加强交流。

白玛赤林参加会见。

栗战书会见法国总理菲利普

人民日报北京 6 月 25 日电　全国人大常委会委员长栗战书 25 日在人民大会堂会见了法国总理菲利普。

栗战书指出，今年 1 月习近平主席与马克龙总统的重要会晤为两国全面战略伙伴关系发展作出了规划。在推进多边主义、维护自由贸易、应对全球化挑战和谋求共同发展方面，中法两国立场相近，合作空间十分广阔。双方要落实好两国元首达成的重要共识，深化政治互信，增强机遇意识，推动务实合作和人文交流迈向更高水平。两国立法机构要密切友好往来，交流治国理政经验，为两国务实合作提供有力的法律和制度保障，为中法友谊打下更广泛、更坚实的社会基础。

菲利普表示，法方支持两国立法机构、地方政府层面交流，愿同中方在各领域开展合作，共同致力促进世界的和平与稳定。

曹建明参加会见。

栗战书与缅甸联邦议会议长兼民族院议长曼温凯丹举行会谈

新华社北京 6 月 27 日电　全国人大常委会委员长栗战书 26 日在人民大会堂与缅甸联邦议会议长兼民族院议长曼温凯丹举行会谈。

栗战书说，近年来，习近平主席与缅方领导人多次进行深入战略沟通，为两国全面战略合作指明了方向。发展中缅关系有两条经验值得重视和传承。第一条是传承好坚持好和平共处五项原则。和平共处五项原则是具有普遍意义的国际关系基本准则，为处理国与国关系提供了准绳和保障。中国坚持在和平共处五项原则基础上，支持缅甸探索走出一条符合自身国情的道路，支持缅甸人民实现和平稳定、发展繁荣的努力。第二条是巩固好发展好两国人民间的胞波情谊。中缅两国山水相连，胞波情谊源远流长。中方将按照习近平主席提出的亲诚惠容周边外交理念，同缅方一道努力，不断提升全面战略合作水平，永远做好邻居、好朋友、好伙伴。

栗战书指出，当前，中缅都面临发展经济、改善民生、带领人民过上幸福美好生活的重要任务。中共十九大确立了到新中国成立 100 周年时建成社会主义现代化强国的宏伟蓝图和路线图。我们愿同缅方巩固双边关系发展良好势头，支持彼此实现发展目标的努力。双方要密切配合，在“一带一路”合作框架内共建中缅经济走廊，落实好中方援助项目，重点支持发展农业、水利、教育、医疗等民生事业，增进民间友好。希望缅方切实采取措施，严防缅北冲突再次升级，保障中方边民及在缅北机构和人员安全。

栗战书表示，中国全国人大愿同缅甸议会保持高层互访势头，加强各专门委员会和中国地方人大与缅甸省邦议会之间的交往，就治国理政、立法以及为双方务实合作提供法律保障等重点工作交流经验。

曼温凯丹说，缅中睦邻友好不仅为两国和两国人民带来了福祉，也有利于地区的和平稳定。缅方钦佩中方的发展成就，期待学习中方的成功经验，愿与中方密切配合，深化各领域务实合作，把缅中胞波情谊维护好发展好。缅甸议会愿加强与中国全国人大的交往，共同为缅中友好世代传承作出不懈努力。

全国人大常委会副委员长艾力更·依明巴海参加会谈。

栗战书与俄罗斯联邦委员会主席马特维延科举行会谈

新华社北京7月5日电 全国人大常委会委员长栗战书4日在北京与俄罗斯联邦委员会主席马特维延科举行会谈，并共同主持中国全国人大同俄议会合作委员会第四次会议。

栗战书说，在习近平主席和普京总统的高度重视和亲自推动下，中俄关系持续快速发展，达到历史最好水平，迈入高水平、大发展的新时代。成熟稳定的中俄关系不仅是两国和两国人民的宝贵财富，也是世界和平稳定的重要支撑。面对复杂多变的国际形势，中方愿同俄方坚定不移深化全面战略协作伙伴关系，坚定捍卫两国自身和共同利益。

栗战书指出，习近平主席和普京总统宣布，今明两年为中俄地方合作交流年。地方合作在中俄关系中发挥着独特作用。双方应将推动落实两国元首共识作为首要任务，推动“一带一路”和欧亚经济联盟对接，推动两国更多地方建立合作关系，拓展合作广度和深度，为双方扩大贸易往来、深化大项目合作、打造合作新亮点提供法治保障，为国家关系发展注入强劲动力。

栗战书向俄方介绍了中国全国人大服务国家发展大局的情况。他说，坚持中国共产党领导，集中力量办大事是中国政治制度的独特优势。中国全国人大及其常委会始终围绕党和国家工作大局依法履职，推动中共中央决策部署贯彻落实，动员各方面力量实现国家发展目标。中方愿与俄方加强治国理政经验交流。

栗战书和马特维延科共同主持了中国全国人大同俄议会合作委员会第四次会议，会议就立法和地方合作举行圆桌会议。双方同意继续运用好这一交流机制，统筹规划两国立法机构合作的新思路新举措，进一步推动和加强地方、双边和多边机制下的合作，强化中俄经贸、人文等交流合作。

马特维延科表示，俄中是不结盟、不对抗、不针对第三方的新型国家关系的典范。俄议会愿与中国全国人大紧密合作，积极推动落实两国元首达成的重要共识，加强立法经验交流，支持地方深化合作，加强在多边议会组织框架内的合作，推动建立上海合作组织成员国立法机构合作机制，不断丰富俄中关系内涵。

全国人大常委会副委员长沈跃跃参加上述活动。

栗战书与日本众议长大岛理森举行会谈

新华社北京7月25日电 全国人大常委会委员长栗战书24日在人民大会堂与日本众议长大岛理森举行会谈。

栗战书说，今年是中日和平友好条约缔结40周年。不久前，习近平主席应约同安倍晋三首相通电话，双方达成本着和平友好条约精神、遵循四个政治文件原则，推动中日关系改善和发展的重要共识。在两国各方面共同努力下，中日关系重回正常发展轨道。回顾中日关系发展历程，我们要珍惜老一辈政治家开创的和平友好事业，推动中日关系发展行稳致远。一是双方要按照两国领导人达成的共识，牢牢把握和平、友好、合作的正确方向，相向而行，扎实推进两国关系改善进程。二是遵守好落实好中日和平友好条约等四个政治文件，以史为鉴，面向未来，确保中日关系健康发展，防止干扰和反复。三是中日应把对方发展作为更大机遇，深化务实合作，为中日战略互惠关系提供坚实基础。

栗战书表示，今年是中国改革开放40周年。习近平主席强调，中国开放的大门不会关闭，只会越开越大。不论中国发展到什么程度，都将始终不渝坚持和平发展道路，致力于构建人类命运共同体。中国出台了一系列扩大开放的具体举措，希望日方继续抓住中国新一轮扩大开放的重大机遇。中日还应加强在国际事务中的合作，共同维护经济全球化和贸易自由化，推动全球治理体系朝着更加公平合理的方向发展。

栗战书强调，中国全国人大愿与日本国会继续用好定期交流机制，加强立法、执法监督合作和政策沟通协调，交流治国理政经验，为推进中日友好合作提供法律和制度保障。双方要发挥优势积极推动地方合作，促进民间友好，不断巩固中日关系的民意基础。

大岛理森说，我们要在铭记历史的基础上开创日中关系新局面。加强对华互利合作是日本各界的普遍共识。日本国会愿加强与中国全国人大的交往，坦诚交流对话，促进民众间的相互理解，推动各领域务实合作，为日中关系发展作出新的贡献。

全国人大常委会副委员长张春贤参加会谈。

栗战书会见巴基斯坦参议院主席桑吉拉尼

新华社北京8月17日电　全国人大常委会委员长栗战书17日在人民大会堂会见巴基斯坦参议院主席桑吉拉尼。

栗战书说，中巴友好坚如磐石、历久弥新，始终得到两国人民发自内心的拥护和支持。近年来，双方积极落实习近平主席2015年访问巴基斯坦时两国领导人达成的共识，各领域合作取得长足进展。中巴关系应当成为睦邻友好的典范、地区和平稳定的支柱、“一带一路”国际合作的标杆。中国全国人大重视加强与巴参议院的交流合作，愿共同努力，始终做中巴友好的坚定捍卫者和积极推动者，推动中巴全天候战略合作伙伴关系迈上新台阶。

桑吉拉尼说，巴中友谊是巴基斯坦外交政策的基石。在新的形势下，巴方愿与中国继续加强各领域合作，共同应对双方面临的各种挑战。

吉炳轩参加会见。

栗战书会见马来西亚总理马哈蒂尔

人民日报北京8月20日电　全国人大常委会委员长栗战书20日在人民大会堂会见了马来西亚总理马哈蒂尔。

栗战书表示，中马两国是高度互信的战略伙伴和互利共赢的合作伙伴，中方高度赞赏总理先生支持“一带一路”倡议。今年是中国改革开放40周年。中国愿同周边国家分享发展机遇，实现共同繁荣。中国将坚定维护以世贸组织为核心的多边和自由贸易体制，坚定推动构建创新、开放、联动、包容的世界经济。相信在习近平主席和总理先生共同引领下，两国关系将达到新的更高水平。中国全国人大愿同马来西亚国会加强交往合作，为落实两国领导人共识和深化各领域合作提供法律上的保障。

马哈蒂尔表示，马新政府将继续致力于发展对华关系，深化两国合作，同中方一道推动两国关系迈上新台阶。

陈竺参加会见。

栗战书会见马里总统凯塔

人民日报北京8月31日电　全国人大常委会委员长栗战书31日在人民大会堂会见马里总统凯塔。

栗战书表示，中非是真诚伙伴。我们与非洲朋友的合作、支持非洲各国发展都是发自内心的。我们坚持互利共赢原则，坚持义利相兼、以义为先，更多考虑的是对非洲发展的支持。中方充分理解马方对和平安全问题的关切。正如习近平主席指出的，和平犹如空气和阳光，受益而不觉，失之则难存。没有和平，发展就无从谈起。没有稳定，繁荣也难以实现。中方坚定支持马方维护安全稳定的努力，愿在双边和中非合作论坛框架内加强合作，更好造福两国人民。

凯塔表示，相信中非合作论坛北京峰会将为非中互利合作注入新的强大动力。马里愿在“一带一路”框架下，不断加强两国务实合作水平。

艾力更·依明巴海参加会见。

栗战书会见马拉维总统穆塔里卡

人民日报北京9月1日电　全国人大常委会委员长栗战书1日在人民大会堂会见马拉维总统穆塔里卡。

在会见穆塔里卡时，栗战书表示，中国有句古话：“令之不行，政之不立”。中国共产党和新中国的历史都告诉我们，要治理好党和国家，保持党的团结统一至关重要，维护以习近平同志为核心的党中央权威和集中统一领导至关重要。中国经济社会发展取得历史性成就、实现历史性变革，根本的一条，就是在坚持党的领导这个重大原则问题上头脑清醒、眼睛明亮、立场坚定。中方支持马方走自主选择的发展道路，愿同马方开展治国理政经验交流，加强各领域务实合作，密切各层次友好往来，共同推动中马关系取得更大的发展。

穆塔里卡表示，对马中关系发展感到自豪，希望进一步加强各领域务实合作，推动双边关系发展。

王东明参加会见。

栗战书会见赞比亚总统伦古

人民日报北京9月1日电　全国人大常委会委员长栗战书1日在人民大会堂会见赞比亚总统伦古。

在会见赞比亚总统伦古时，栗战书表示，由老一辈领导人培育的中赞友谊代代相传、历久弥新，有着很高的政治定位和坚实的社会基础。今天，习近平主席和非洲富有远见的领导人，以及中非伟大的人民，正在“一带一路”倡议、中非合作论坛框架内，携手建造新的友谊与合作丰碑。中方将从中非、中赞友好大局出发，支持非洲推进工业化、农业现代化，推动非洲国家实现自主可持续发展。中国全国人大愿加强同赞国民议会的交流合作，积极为落实两国元首会晤共识和论坛北京峰会成果提供法律保障。

伦古表示，中非合作论坛北京峰会为非中合作提供了新机遇。赞方愿全力巩固赞中传统友谊，进一步加强各领域务实合作，推动两国关系迈上新台阶。

白玛赤林参加会见。

栗战书会见赤道几内亚总统奥比昂

人民日报北京9月2日电　全国人大常委会委员长栗战书2日在人民大会堂会见赤道几内亚总统奥比昂。

在会见奥比昂时，栗战书表示，中国和非洲在反殖民、争取民族独立斗争中相互支持，最清楚谁搞殖民主义，谁是互利合作的朋友。当前国际形势复杂演变，中非合作论坛北京峰会将向国际社会发出中非加强团结合作、共迎挑战的明确信号，有利于推动构建人类命运共同体。中方支持赤几方探索符合本国国情的发展道路和维护国家主权、领土安全的努力，愿同赤几方一道，按照习近平主席同总统先生规划的蓝图，认真落实峰会成果，推动两国全面合作伙伴关系取得新发展，共同维护公正合理的国际秩序。

奥比昂表示，中国是赤几和非洲可信赖的好伙伴。中非合作论坛北京峰会将成为推动非中命运共同体建设的重要加速器。

郝明金参加会见。

栗战书会见埃塞俄比亚总理阿比

人民日报北京9月2日电　全国人大常委会委员长栗战书2日在人民大会堂会见埃塞俄比亚总理阿比。

在会见阿比时，栗战书说，今年5月我访问埃塞期间，总理先生对发展同中国合作的积极态度，对中国历史文化和改革开放的了解，特别是对习近平主席治国理政思想的熟稔，给我留下了深刻印象。此次中非合作论坛北京峰会顺应经济全球化大趋势，契合各国促和平、谋发展的共同愿望，将谱写中非共建“一带一路”的新篇章。中方高度重视埃塞的关切，将继续加强在铁路、供水、机场等基础设施和金融、贸易、投资领域的合作，促进中埃全面战略合作伙伴关系迈上新台阶。

阿比表示，两国关系强劲，合作深入。相信中非合作论坛北京峰会将为非中和埃中合作共赢、共同发展开启新的里程碑。

沈跃跃参加会见。

栗战书会见纳米比亚总统根哥布

人民日报北京9月2日电　全国人大常委会委员长栗战书2日在人民大会堂会见纳米比亚总统根哥布。

在会见根哥布时，栗战书说，习近平主席提出的真实亲诚对非政策理念具体体现在：一是交朋友真，说到做到。二是搞合作实，注重实际效果。三是感情上亲，把非洲朋友当兄弟姐妹。四是处理问题诚，讲诚心、重诚信。中方赞赏总统先生坚定支持发展中非关系，多次为中非友好合作仗义执言。中方愿同纳方加强治国理政经验交流和在基础设施建设、产业发展、教育培训、文化旅游等领域合作，落实好两国元首达成的重要共识和中非合作论坛北京峰会成果，推动双边关系迈上新台阶。

根哥布表示，期待“一带一路”倡议和中非合作论坛北京峰会为纳中和非中关系开辟更广阔的前景。

沈跃跃参加会见。

栗战书会见乍得总统代比

人民日报北京9月5日电　全国人大常委会委员长栗战书5日在人民大会堂会见乍得总统代比。

在会见代比时，栗战书说，中非合作论坛北京峰会取得圆满成功，开启了世界上最大的发展中国家和发展中国家最集中的大陆团结合作的新征程。习近平主席的主旨讲话全面阐述加强对非关系的新理念新主张，宣布对非务实合作的新行动新举措，强调携手打造责任共担、合作共赢、幸福共享、文化共兴、安全共筑、和谐共生的中非命运共同体。中方将坚定支持非洲正义事业，同乍方一道落实好两国元首共识和峰会精神，加强能源、基础设施、荒漠化治理等领域合作，帮助包括乍得在内的非洲国家和人民发展经济、摆脱贫困、走上富裕。

代比说，中非合作论坛北京峰会成果丰硕。乍方期待在论坛框架下同中方深化互利合作，实现共同发展。

万鄂湘参加会见。

栗战书会见津巴布韦总统姆南加古瓦

人民日报北京9月5日电 全国人大常委会委员长栗战书5日在人民大会堂会见津巴布韦总统姆南加古瓦。

在会见津巴布韦总统姆南加古瓦时，栗战书表示，在刚刚闭幕的中非合作论坛北京峰会上，习近平主席宣布了一系列加强对非合作的新举措，强调打造更加紧密的中非命运共同体，向世界发出中非合作的时代强音。习近平主席提出对非关系中坚持做到"五不"，是真实亲诚理念和正确义利观的具体体现，进一步表明中国愿与非洲各国平等相待、携手前进的诚意和决心。中方愿同津方一道，落实好两国元首重要共识和峰会成果，深化基础设施、能源、金融等领域合作，加强党际交流，不断丰富中津全面战略合作伙伴关系内涵。

姆南加古瓦表示，中非合作论坛北京峰会的丰硕成果将让非洲各国受益。津方将抓住机遇，全面深化津中各领域务实合作。

武维华参加会见。

栗战书分别会见委内瑞拉总统马杜罗和乌拉圭副总统、国会主席兼参议长托波兰斯基

人民日报北京9月14日电 全国人大常委会委员长栗战书14日在人民大会堂分别会见委内瑞拉总统马杜罗和乌拉圭副总统、国会主席兼参议长托波兰斯基。

在会见马杜罗时，栗战书表示，中委是跨越大洋的真诚朋友、共同发展的战略伙伴。在习近平主席和总统先生共同引领下，两国政治上高度互信，国际事务中相互支持，务实合作成果丰硕。中方坚定支持委内瑞拉人民捍卫国家主权、民族尊严和发展权利，支持委内瑞拉走符合自身国情的发展道路，愿同委方积极落实两国元首重要共识，用好政治互信水平高、经济互补性强的优势，推动两国全面战略伙伴关系再上新台阶，共同推动建设新型国际关系、构建人类命运共同体。

马杜罗表示，委中是亲密朋友，两国真诚友好、相互信任、平等相待、优势互补。我此访就是要和习近平主席共同规划两国关系的未来，深化务实合作，将两国关系提升到更高水平。

在会见托波兰斯基时，栗战书表示，自2016年习近平主席和巴斯克斯总统共同宣布建立中乌战略伙伴关系以来，中乌关系步入历史最好时期，乌方在南方共同市场国家中率先同中方签署共建"一带一路"谅解备忘录，两国关系发展面临新的机遇。面对复杂多变的国际形势，中乌、中拉要深化在农业、贸易、旅游、体育等领域合作，共谋发展，共同维护多边主义和自由贸易体制，共同维护发展中国家共同利益。中国全国人大愿同乌拉圭国会加强友好往来，开展治国理政经验交流互鉴。

托波兰斯基表示，乌中关系发展对乌至关重要。愿积极参与"一带一路"建设，深化各领域合作，不断推进两国关系发展。

张春贤参加上述会见。

栗战书与乌兹别克斯坦最高会议立法院主席伊斯梅洛夫举行会谈

新华社北京9月18日电 全国人大常委会委员长栗战书18日在人民大会堂与乌兹别克斯坦最高会议立法院主席伊斯梅洛夫举行会谈。

栗战书说，丝绸之路见证了中乌人民的世代友好，两国元首引领着双边关系的发展方向。中乌建交26年来特别是建立全面战略伙伴关系以来，两国

关系始终保持在快车道上行驶，政治互信、经贸合作、人文交流、战略协作全面推进，成为安危与共的好邻居、真诚互信的好朋友、合作共赢的好伙伴。

栗战书说，5 年前习近平主席访问中亚时首次提出“一带一路”倡议，乌兹别克斯坦是最早支持、最早行动，也是最先取得收获的国家之一。前不久，贵国将落实“一带一路”倡议写入外交政策法令，充分表明对这一倡议的坚定支持和积极响应。中方愿与乌方密切配合，以共建“一带一路”为主线，不断深化各领域互利合作，推动两国关系发展取得更多实际成果。

栗战书说，中方高度重视与乌兹别克斯坦最高会议的友好合作关系，愿与乌方携手推动落实两国元首共识，进一步加强高层、专门委员会和友好小组之间的交往，加强治国理政、立法经验交流，就怎样通过立法服务国家发展大局和改革开放开展互学互鉴，为提升各领域合作水平创造良好法律、政策和人文环境。

伊斯梅洛夫说，在两国元首的关心和推动下，乌中各领域合作成果丰硕，乌中友好更加深入人心。乌兹别克斯坦最高会议期待进一步密切与中国全国人大的交流合作，学习中方在推进改革发展和加强法治建设方面的经验，加强地方立法机构的交往，通过完善立法为两国各领域互利合作提供法律保障。

全国人大常委会副委员长吉炳轩参加会谈。

栗战书前往越南驻华使馆吊唁陈大光主席逝世

新华社北京 9 月 27 日电　受中共中央总书记、国家主席习近平委托，中共中央政治局常委、全国人大常委会委员长栗战书 27 日下午前往越南驻华使馆，代表中共中央和中国政府吊唁越南国家主席陈大光逝世。

栗战书敬献花圈并在吊唁簿上题词，对陈大光主席逝世表示深切哀悼。栗战书表示，中方高度评价陈大光主席为发展中越两党两国关系所作重要贡献，习近平总书记、国家主席专门向阮富仲总书记发去唁电，正在访越的中共中央政治局常委、中央纪委书记赵乐际出席了在河内的悼念活动。中越互为友好邻邦和战略伙伴，中方愿同越方一道，弘扬传统友谊、增进政治互信、深化互利合作，推动中越两党两国关系不断发展。

越南驻华大使邓明魁感谢栗战书专程前来吊唁，表示愿同中方共同努力，落实双方高层共识，不断巩固和发展越中两党两国关系。

栗战书会见安哥拉总统洛伦索

人民日报北京 10 月 9 日电　全国人大常委会委员长栗战书 9 日在人民大会堂会见安哥拉总统洛伦索。

栗战书表示，今年是中安建交 35 周年。习近平主席高度重视中安友好合作，相信总统先生此访必将推动中安战略伙伴关系迈上新台阶。中安两国有很多共同立场、共同利益、共同责任，始终真诚友好、平等相待、相互支持、共同发展。双方要发挥互补优势、对接发展战略、拓展务实合作，共建“一带一路”，推动中非合作论坛北京峰会成果更多更好惠及双方人民。中国全国人大愿同安哥拉国民议会加强友好往来，推动两国元首重要共识的落实。

洛伦索表示，完全赞同中方对安中关系的评价，对双边关系未来充满信心。安方感谢中方为安实现国家发展梦想提供的无私帮助，愿同中方共同努力，不断深化安中战略伙伴关系。

曹建明参加会见。

栗战书会见越共中央政治局委员、越南公安部部长苏林

新华社北京 10 月 11 日电　中共中央政治局常委、全国人大常委会委员长栗战书 11 日在人民大会堂会见越共中央政治局委员、越南公安部部长苏林。

栗战书说，近年来，习近平总书记和阮富仲总

书记两次实现年内历史性互访，从战略高度为新时代发展中越关系指明了方向。中越同为社会主义国家，中方愿同越南党和政府一道，按照“十六字”方针和“四好”精神，进一步传承好中越传统友谊，建设好具有战略意义的中越命运共同体。希望双方公安部门贯彻落实好两党两国领导人的重要共识，认真规划、务实推进双边执法安全合作，为中越友好合作保驾护航，为巩固两党执政地位、维护两国国家安全和社会稳定作出新贡献。

苏林积极评价越中两党两国关系，表示愿不断加强越中执法安全各领域务实合作。

赵克志参加会见。

栗战书会见挪威国王哈拉尔五世

人民日报北京10月16日电　全国人大常委会委员长栗战书16日在人民大会堂会见挪威国王哈拉尔五世。

栗战书表示，友好合作是中挪关系的主旋律，中方高度赞赏挪威王室发挥的积极作用。在习近平主席和国王陛下共同推动下，两国政治互信增强，经贸投资扩大，民间交流活跃，各领域务实合作取得积极成果。双方要在相互尊重、平等相待、合作共赢基础上，推动中挪关系在新的历史时期实现更大发展，为两国人民带来更多福祉。中国全国人大愿同挪议会加强友好往来、立法合作和人文交流，共同落实好两国元首的重要共识。

哈拉尔五世表示，挪方高兴地看到中国经济社会不断取得巨大成就，愿同中方加强互信、增进了解、拓展合作，实现两国关系健康稳定发展。

艾力更·依明巴海参加会见。

栗战书会见柬埔寨参议院主席赛冲

新华社北京10月24日电　全国人大常委会委员长栗战书24日在人民大会堂会见柬埔寨参议院主席赛冲。

栗战书说，中国主张国家不分大小、强弱、贫富，一律平等，应相互尊重、平等相待。对周边国家，我们奉行习近平主席提出的亲诚惠容外交理念，致力于发展睦邻友好和互利合作。中柬关系堪称这方面的典范。今年是中柬建交60周年，中方将一如既往支持柬埔寨走符合本国国情的发展道路，愿加强在“一带一路”建设和农业、基础设施等领域合作，继续为柬保持稳定发展、改善人民生活提供积极帮助。中国全国人大愿加强与柬埔寨参议院和国会的友好关系，为推动双边关系的发展做出贡献。

赛冲说，柬中是可信赖的真朋友、好兄弟，愿推动柬中合作取得更多成果。

陈竺参加会见。

栗战书出席第八届北京香山论坛欢迎晚宴并发表演讲

人民日报北京10月24日电　中共中央政治局常委、全国人大常委会委员长栗战书24日晚出席第八届北京香山论坛欢迎晚宴，并发表演讲。

栗战书说，北京香山论坛旨在增信释疑、凝聚共识、扩大合作，自创办以来已逐步发展成为亚太地区重要的高端防务安全对话平台。

栗战书表示，习近平主席指出：“世界繁荣稳定是中国的机遇，中国发展也是世界的机遇。”中国改革开放40年取得的历史性成就、发生的历史性变革，是中国人民众志成城、砥砺奋进的结果。中国的改革开放之路，是中国与外部世界的合作共赢之路。

栗战书强调，在当今“地球村”时代，没有哪个国家能够独立应对人类面临的各种挑战，也没有哪个国家能够退回到自我封闭的孤岛。中国始终高举合作共赢、多边主义、结伴不结盟的旗帜。中国绝不走国强必霸的老路，无论发展到什么程度，永远不称霸。中国始终主张通过平等对话与协商，按照规则和共识妥善解决国际问题。“一带一路”倡议已成为广受欢迎的国际合作平台，一大批项目落地生根，沿线国家民众从中不断得到实惠。

栗战书指出，中美两国关系发展最深刻的一条经验和启示是，中美合则两利、斗则俱伤，合作是双方唯一正确选择。中美双边贸易绝不是美国向中国输送财富的“单行道”。事实上，美国从中美经贸合作中获取了巨大的经济利益。双方应相向而行，通过对话磋商妥善解决两国关系中存在的问题，确保中美关系沿着正确轨道向前发展。

栗战书强调，世界上只有一个中国，台湾是中国不可分割的一部分。有的国家在台湾问题上采取了一系列错误做法，损害台海和平稳定，也威胁着地区和平安宁，我们对此坚决反对。我们将继续坚持“和平统一、一国两制”方针，以最大诚意、尽最大努力争取和平统一的前景。同时，我们坚决维护国家主权和领土完整，有坚定的意志、充分的信心和足够的能力，挫败任何形式的“台独”分裂图谋。

栗战书在演讲中还阐述了中方在朝鲜半岛核问题和南海问题上的原则立场。

栗战书会见日本首相安倍晋三

人民日报北京 10 月 26 日电　全国人大常委会委员长栗战书 26 日在人民大会堂会见日本首相安倍晋三。

栗战书表示，中日关系长期健康稳定发展，符合两国和两国人民的根本利益，符合地区和国际社会的普遍期待。今年是中日和平友好条约缔结 40 周年，两国关系处于承前启后的重要节点。在习近平主席和日方领导人的共同引领下，中日关系重回正常轨道，呈现积极向好势头。双方应当增强历史使命感和责任感，在中日四个政治文件基础上，落实好两国高层政治共识，坚持和平共处、世代友好大方向，增进政治互信，扩大互利合作，发展民间友好，实现中日关系行稳致远的目标。中国全国人大愿加强中日立法机构各层级往来，为两国关系发展提供政治、法律和政策支持。

安倍晋三表示，日方高度重视对华关系，欢迎中国发展。愿以日中和平友好条约缔结 40 周年为契机，同中方密切高层往来，推进各领域合作，推动日中关系进入发展新阶段。

白玛赤林参加会见。

栗战书会见萨尔瓦多总统桑切斯

人民日报北京 11 月 2 日电　全国人大常委会委员长栗战书 2 日在人民大会堂会见萨尔瓦多总统桑切斯。

栗战书表示，萨尔瓦多作出政治决断同中华人民共和国建交，符合国际大义和世界大势，也符合萨国家和人民根本利益。双方要在习近平主席和总统先生共同引领下，筑牢政治基础，在“一带一路”框架下加强合作，造福两国人民。中国全国人大愿与萨各界加强交流，增进了解，推动形成支持中萨友好的广泛社会共识。

桑切斯表示，我这次访华，亲身体会到中国人民对萨尔瓦多朋友加兄弟般的友好情谊。我同习近平主席谈得很好，达成了许多共识和成果，加深了双方坚定推动萨中关系发展的共同意愿。萨方将恪守一个中国原则，积极参与共建“一带一路”，同中方加强包括立法机构在内的各领域交流合作。

王东明参加会见。

栗战书分别会见多米尼加总统梅迪纳、巴基斯坦总理伊姆兰·汗

人民日报北京 11 月 3 日电　全国人大常委会委员长栗战书 3 日在人民大会堂分别会见多米尼加

总统梅迪纳、巴基斯坦总理伊姆兰·汗。

在会见梅迪纳时，栗战书表示，中多建交顺应时代潮流，有利于在国际上维护原则、弘扬大义，在合作中促进共同发展、增进民生福祉，是义利兼得的好事。中方愿与多方一道，在习近平主席和总统先生的共同引领下，以共建“一带一路”为契机，推进友好合作。中国举办国际进口博览会就是要展示扩大对外开放的决心，同各方分享中国发展机遇，欢迎多方积极参与。中国全国人大愿同多议会密切联系，推动落实两国元首共识。

梅迪纳表示，多方高度评价中国发展的巨大成就，认同中国共产党“以人民为中心”的执政理念，赞赏中方在国际上主张合作共赢。多方将恪守一个中国原则，同中方加强合作，开展两国立法机构的友好交往。

在会见伊姆兰·汗时，栗战书表示，2015 年习近平主席对巴基斯坦进行历史性访问，将双边关系提升为全天候战略合作伙伴关系。昨天，习近平主席同总理先生会见，为下一步中巴关系发展规划了蓝图，指明了方向。双方要落实两国领导人共识，加强各领域友好往来，共建“一带一路”，推进中巴经济走廊建设，深化全天候战略合作伙伴关系，打造新时代更加紧密的中巴命运共同体。中国全国人大愿加强与巴议会交流合作，为两国关系持续快速发展作出积极贡献。

伊姆兰·汗表示，巴中是铁杆朋友，两国人民情深谊厚。巴方希望借鉴中方在治国理政和扶贫反腐等领域的成功经验，致力于深化中巴经济走廊建设，加强两国议会、政党和人民之间的友好交流。

武维华参加上述会见。

栗战书与阿联酋联邦国民议会议长古拜希举行会谈

新华社北京 11 月 5 日电　全国人大常委会委员长栗战书 5 日在人民大会堂与阿联酋联邦国民议会议长古拜希举行会谈。

栗战书说，中阿友好源远流长。今年 7 月，习近平主席成功访问阿联酋，在中阿关系史上具有里程碑意义。访问期间，双方宣布中阿建立全面战略伙伴关系，并共同规划各领域合作的行动路线图，为两国关系未来发展指明了方向。中方愿同阿方携手，积极落实两国领导人的共识，继续加大相互政治支持，推进“一带一路”共建合作，扩大人文交流，推动中阿友好更好惠及两国人民。

栗战书说，今天上午，首届中国国际进口博览会在上海开幕，这是迄今为止世界上第一个以进口为主题的国家级展会。习近平主席出席开幕式并发表主旨演讲，向世界宣示中国推动更高水平开放的脚步不会停滞！中国推动建设开放型世界经济的脚步不会停滞！中国推动构建人类命运共同体的脚步不会停滞！提出世界各国开放合作、共同发展的中国倡议，宣布中国进一步扩大开放的五方面举措，表明了中国全面深化改革、推动新一轮高水平对外开放的坚定决心。中国愿与包括阿联酋在内的世界各国共同努力，推动经济全球化朝着更加开放、包容、普惠、平衡、共赢的方向发展。

栗战书说，中阿全面战略伙伴关系的建立对两国立法机构合作提出更高要求，中国全国人大与阿联酋联邦国民议会的合作已站在新的起点上。双方要加强各层级友好往来，密切在立法、监督等方面的交流互鉴，发挥立法机构职能作用，为两国合作提供法律保障；要大力弘扬传统友谊，推动文化、旅游、教育等领域合作，夯实中阿关系的社会基础。

古拜希说，中国已成为维护世界和平稳定、推动世界经济发展的重要力量。阿方将发展对华关系作为外交优先方向，希望同中方深化在政治、经济、文化、反恐等各领域的合作。阿联酋联邦国民议会愿与中国全国人大加强交流合作，进一步推动两国人民之间的友好往来，不断丰富阿中关系内涵。

会谈前，栗战书与古拜希共同签署了中国全国人大与阿联酋联邦国民议会合作谅解备忘录。

全国人大常委会副委员长艾力更·依明巴海参加上述活动。

栗战书会见俄罗斯总理梅德韦杰夫

人民日报北京 11 月 7 日电 全国人大常委会委员长栗战书 7 日在人民大会堂会见俄罗斯总理梅德韦杰夫。

栗战书表示，在习近平主席和普京总统的引领下，中俄全面战略协作伙伴关系迈入新时代，各领域合作取得丰硕成果，为当今世界大国关系树立了典范，为推动建设新型国际关系、构建人类命运共同体作出重要贡献。中俄是具有巨大发展潜力和国际影响的国家，双方要落实好两国元首共识，进一步加强战略协作，深化各领域友好互利合作，共同维护国际公平正义和世界和平稳定。两国立法机构要充分发挥职能，为中俄关系持续高水平发展提供法律保障。

梅德韦杰夫表示，俄中关系处于历史最好时期，两国在各领域的合作前景广阔。俄中有责任共同维护多边主义和自由贸易，为世界和平稳定与发展繁荣贡献力量。

曹建明参加会见。

栗战书会见古巴国务委员会主席兼部长会议主席迪亚斯-卡内尔

人民日报北京 11 月 8 日电 全国人大常委会委员长栗战书 8 日在人民大会堂会见古巴国务委员会主席兼部长会议主席迪亚斯-卡内尔。

栗战书表示，习近平主席曾指出，中古两党两国关系是患难之交、信义之交、兄弟之交。不论国际风云如何变幻，中方始终把中古长期友好摆在重要位置，按照习近平主席提出的对古方针，坚定不移深化肝胆相照的友谊、坚定不移开展互利双赢的合作、坚定不移做改革发展的伙伴。中国全国人大愿同古巴全国人大一道，落实好两国元首达成的重要共识，加强交流合作，互学互鉴，推动中古关系在新时期实现新的更大发展。

迪亚斯-卡内尔表示，古巴感谢中方在古巴社会主义建设事业中长期给予的坚定支持。古巴党、政府和人民继续坚定致力于传承和巩固同中方的特殊友好关系。希望两国立法机构加强交往。

丁仲礼参加会见。

栗战书与葡萄牙议长罗德里格斯举行会谈

新华社北京 11 月 19 日电 全国人大常委会委员长栗战书 19 日在人民大会堂与葡萄牙议长罗德里格斯举行会谈。

栗战书说，中葡 1979 年建交以来，双边关系始终健康稳定发展。回顾近 40 年来的历程，高水平的政治互信成为中葡关系发展的一大突出特点，在开放中扩大合作、在合作中共同发展成为中葡关系发展的一条成功经验。如今，两国关系成熟稳定、充满活力，在各领域的合作前景广阔。中方愿同葡方一道，发挥好高层交往特别是元首外交的政治引领作用，继续在涉及彼此核心利益和重大关切的问题上相互理解和支持，积极推进共建“一带一路”等领域的互利合作，密切在国际事务中的沟通协作，推动中葡关系深入发展。

栗战书说，今年是中国改革开放 40 周年。开放已经成为当代中国的鲜明标识。在刚刚举行的亚太经合组织第二十六次领导人非正式会议上，习近平主席出席系列活动并发表重要讲话，就把握世界经济发展正确方向、探索国际社会有效治理提出坚持开放、发展、包容、创新、规则导向的 5 项主张，强调中国在实现自身发展的同时，将为世界各国共同繁荣作出重大贡献。今年以来，中国已经宣布一系列新的对外开放举措。欢迎包括葡萄牙在内的世界各国分享中国发展机遇、实现互利共赢。

栗战书说，中国全国人大愿同葡萄牙议会开展更加机制化、系统化的交流与合作，为全面推进国家关系发挥积极作用。要进一步扩大双方高层、各专门委员会和友好小组之间的往来，加强治国理政经验交流，助力两国关系发展和各自国内法治建设；要充分发挥立法机构特点和优势，为两国互利合作营造良好的政策环境，从法律上保障投资者和相关人员的合法权益；要积极支持人文交流和地方合作，不断夯实中葡友好的社会基础。

罗德里格斯说，葡萄牙人民对中国人民怀着友好感情。在葡中社会各界的共同推动下，两国关系深入发展，在政治、经济、人文和国际事务等各领域开展了更加紧密的合作。葡萄牙议会愿加强与中国全国人大的交流与合作，继续为葡中友好事业添砖加瓦。

全国人大常委会副委员长张春贤参加会谈。

栗战书会见越南祖国阵线中央主席陈青敏

新华社北京11月27日电　全国人大常委会委员长栗战书27日在北京会见越南祖国阵线中央委员会主席陈青敏。

栗战书在会见时说，中越是山水相连的好邻居、志同道合的好同志。自去年11月习近平总书记访问越南以来，双方积极落实两党两国领导人共识，推动各领域合作取得新进展。今年是中国改革开放40周年，也是中越建立全面战略合作伙伴关系10周年，中方将秉持共商共建共享原则，与越方一道，持续推进全方位互利合作，特别是“一带一路”同“两廊一圈”对接，共同建设具有战略意义的命运共同体。中国全国人大愿同越南祖国阵线加强交流，为中越关系持续发展做出新贡献。

陈青敏说，越方愿与中方进一步深化互利合作，加强治党治国理政经验交流，推动越中全面战略合作伙伴关系不断发展。

沈跃跃参加会见。

栗战书与土耳其大国民议会议长耶尔德勒姆举行会谈

新华社北京12月3日电　全国人大常委会委员长栗战书3日在人民大会堂与土耳其大国民议会议长耶尔德勒姆举行会谈。

栗战书说，古往今来，古老的丝绸之路使中土结下不解之缘，共建“一带一路”将两国更紧密地联结在一起。中土发展阶段相似，存在广泛共同利益，合作潜力很大。今年以来，习近平主席同埃尔多安总统两次会晤，就发展两国关系及重大国际地区问题达成重要共识，为新时代中土关系发展作出战略规划和顶层设计。中方始终从战略高度和长远角度看待中土战略合作关系，愿同土方进一步加强战略互信，坚定支持对方走符合自身国情的发展道路，深化互利合作，推动中土关系迈上新台阶。

栗战书说，刚刚在阿根廷召开的二十国集团领导人峰会引起国际社会高度关注。习近平主席在峰会上发表重要讲话，阐述了中方在世界经济、贸易和投资、气候变化等重大全球性问题上的基本立场，提出了坚持开放合作、维护多边贸易体制，坚持伙伴精神、加强宏观政策协调，坚持创新引领、挖掘经济增长动力，坚持普惠共赢、促进全球包容发展的中国方案。中国改革开放40年来取得了巨大发展成就，但仍是世界上最大的发展中国家。我们要努力实现“两个一百年”奋斗目标，实现中华民族伟大复兴的中国梦，让人民过上更富足的日子。中国奉行的是和平外交政策，主张的是相互尊重、合作共赢，致力于同各国发展友好合作关系，这正是习近平主席倡导的构建新型国际关系、构建人类命运共同体的核心要义。

栗战书说，中国全国人大愿同土耳其大国民议会加强交流合作，将推动落实两国元首共识作为首要任务，积极开展各层次友好往来，为两国各领域务实合作提供法律保障，为中土战略合作关系发展作出更大贡献。

耶尔德勒姆说，土中友好源远流长。当前，两国关系发展良好，在共建“一带一路”、经贸、铁路、旅游、反恐等领域合作前景广阔。土耳其坚定奉行一个中国政策，支持中国打击恐怖主义。两国立法机构应进一步加强友好交往，积极支持各领域务实合作，为两国关系发展注入新的活力。

全国人大常委会副委员长白玛赤林参加会谈。

栗战书与泰国立法议会主席蓬贝举行会谈

新华社北京12月12日电　全国人大常委会委员长栗战书12日在人民大会堂与泰国立法议会主席蓬贝举行会谈。

栗战书说，中泰地理相邻、血缘相亲、文化相通、经济相融，友好合作关系一直走在中国与邻国关系的前列。中泰一家亲，给两国和两国人民带来实实在在的好处。今年以来，双方积极落实去年9月习近平主席同巴育总理厦门会晤达成的共识，各领域合作持续深入发展。双方要继续加强"一带一路"倡议同"泰国4.0"、"东部经济走廊"等发展战略对接，加强互联互通建设，开展好基础设施、产能、互联网金融、高科技、旅游等领域合作，推动地方合作，促进共同发展。

栗战书说，中国的发展离不开世界，世界的发展也需要中国。今年是中国改革开放40周年。习近平主席指出中国开放的大门不会关闭，只会越开越大，并宣布了一系列扩大开放的具体举措，这将为各国提供更多机遇。中方将按照习近平主席提出的构建人类命运共同体的理念，坚持在更高水平上实施对外开放，谋求同各国尤其是周边邻国实现共同发展、共同繁荣。泰国是东盟重要成员，明年将担任东盟轮值主席国，中方愿全力支持泰方工作，共同落实中国—东盟自由贸易协定和《中国—东盟战略伙伴关系2030年愿景》，推动澜湄合作、中国—东盟关系和东亚合作取得更大发展。

栗战书说，中国全国人大与泰国立法议会在各自国家政治生活中发挥着重要作用，希望双方共同落实好两国领导人共识，保持各层级友好往来，加强治国理政经验交流互鉴，为中泰各领域合作顺利发展提供坚实法律保障，为中泰全面战略合作伙伴关系深入发展作贡献。双方要发挥人大代表、议员广泛联系群众的优势，团结和凝聚社会各界力量，推动中泰一家亲好上加好、亲上加亲。

蓬贝说，泰中友好源远流长，两国各领域交往十分紧密。泰方积极响应"一带一路"倡议，愿与中方加强互联互通建设和经贸往来，深化在科创、教育、旅游等领域合作。泰国立法议会愿与中国全国人大密切交往，为两国关系发展作出贡献。

全国人大常委会副委员长张春贤参加会谈。

栗战书会见厄瓜多尔总统莫雷诺

人民日报北京12月13日电　全国人大常委会委员长栗战书13日在人民大会堂会见厄瓜多尔总统莫雷诺。

栗战书表示，在习近平主席和总统先生的共同引领下，中厄两国政治互信程度高，民间友好基础牢，务实合作蓬勃开展，给两国人民带来了实实在在的好处。中方愿同厄方一道，落实好两国元首重要共识，拓展双边关系的广度、深度和高度，始终做真诚互信、共同发展、世代友好、南南合作的好伙伴。中国全国人大愿同厄国民代表大会保持密切往来，互学互鉴，增进了解，让中厄友好更加深入人心。

莫雷诺表示，厄中是志同道合的朋友。厄方敬佩中国发展道路和成就，认为这不仅造福中国人民，也促进了全人类共同发展进步。厄方希望两国成为互利合作的好伙伴，支持双方立法机构开展交往。

吉炳轩参加会见。

二、委员长出国访问

栗战书对埃塞俄比亚、莫桑比克和纳米比亚进行正式友好访问

栗战书将访问埃塞俄比亚、莫桑比克和纳米比亚

新华社北京5月4日电　应埃塞俄比亚人民代表院议长穆菲丽哈特和联邦院议长克里娅、莫桑比克议长马卡莫、纳米比亚国民议会议长卡贾维维的邀请，全国人大常委会委员长栗战书将于5月9日至18日对埃塞俄比亚、莫桑比克和纳米比亚进行正式友好访问。

栗战书对埃塞俄比亚进行正式友好访问

新华社亚的斯亚贝巴5月12日电　应埃塞俄比亚人民代表院议长穆菲丽哈特和联邦院议长克里娅邀请，全国人大常委会委员长栗战书9日至12日对埃塞俄比亚进行正式友好访问，在亚的斯亚贝巴分别会见总统穆拉图、总理阿比，同穆菲丽哈特和克里娅举行会谈。

在会见穆拉图时，栗战书首先转达了习近平主席的亲切问候，积极评价穆拉图为促进中埃友好作出的贡献。栗战书说，我担任全国人大常委会委员长后首次出访就来到埃塞，体现了中方对发展中埃关系、中非关系的高度重视。中埃关系迈入了全面战略合作伙伴关系新阶段，今年9月召开的中非合作论坛北京峰会将为两国合作拓展新的空间。中方愿同埃塞一道，深化政治互信，加强务实合作，不断把两国友谊和合作提升到新水平。穆拉图表示，埃塞感谢中方长期以来给予的宝贵支持。当前两国关系处于历史最好时期，愿同中方共同努力，把全面战略合作伙伴关系发展好，更好造福两国和两国人民。

会见阿比时，栗战书就中国政治制度和发展道路与对方深入交流，介绍了中共十八大以来以习近平同志为核心的党中央治国理政经验和实践。他说，五年前，习近平主席提出对非合作的真实亲诚理念和正确义利观，把中国自身发展同助力非洲发展结合起来，永远做非洲的真诚朋友和可靠伙伴。埃塞是中国在非洲的重要伙伴，双方务实合作在中非乃至南南合作中都具有示范意义。中方坚定支持埃塞走符合本国国情的发展道路，支持埃塞为发展经济、维护稳定所作的努力。希望双方继续加强在“一带一路”和中非合作论坛框架下的合作，发挥好亚吉铁路的经济大动脉作用，积极打造沿线经济走廊，推进工业园区建设、油气资源开发等合作，培育两国务实合作新亮点。欢迎埃塞积极参与11月在上海举办的首届中国国际进口博览会。希望双方加强在非洲和平与安全等国际和地区问题上的沟通协调，加大在涉及彼此核心利益和重大关切问题上的相互支持。阿比说，埃塞同中国的友好关系坚如磐石。习近平主席治国理政思想对埃塞和非洲国家发展都具有重要指引和借鉴意义。实施中非“十大合作计划”、共建“一带一路”给非洲带来了实实在在的利益。愿同中方继续深化在基础设施建设、金融、旅游、人力资源培训等领域合作。

同穆菲丽哈特和克里娅会谈时，栗战书介绍了中国人民代表大会制度和全国人大及其常委会的相关情况。他说，人民代表大会制度是中国的根本政治制度，最大特点和优势是坚持中国共产党领导、人民当家作主、依法治国有机统一。我们愿同埃塞联邦议会共同努力，不断优化务实合作的法治

环境。中国全国人大将于年内举办面向非洲的发展中国家议员研讨班，欢迎埃塞派代表参加。穆菲丽哈特和克里娅表示，新一届埃塞联邦议会重视加强同中国全国人大的合作，愿学习中国发展经验，共同推动经贸、地方、人文交流。

访问期间，栗战书与阿比见证了双方合作文件的签署，与两位议长签署了中国全国人大与埃塞俄比亚人民代表院、联邦院合作谅解备忘录。栗战书还考察了埃塞科技部数据中心，中方合作和援建的亚吉铁路、亚的斯亚贝巴轻轨。

栗战书会见非盟委员会代理主席夸第

新华社亚的斯亚贝巴 5 月 12 日电　正在埃塞俄比亚进行正式友好访问的全国人大常委会委员长栗战书 11 日在亚的斯亚贝巴会见非盟委员会代理主席夸第并考察非盟总部。

栗战书说，中非有深厚的传统友谊根基，又有共同的发展振兴梦想，始终是休戚与共的命运共同体。在习近平主席提出的真实亲诚理念和正确义利观指引下，中非“十大合作计划”顺利推进，建成了一批重大合作项目，给非洲国家和人民带来了实实在在的利益。中共十九大描绘了中国发展蓝图，在 2020 年全面建成小康社会的基础上，到 2035 年基本实现社会主义现代化，2050 年建成社会主义现代化强国，实现“两个一百年”奋斗目标。非盟正在大力推进《2063 年议程》，中非合作潜力巨大。中国乐见一个团结、和平、繁荣的非洲，愿与非洲国家进一步开展全方位、宽领域、多层次、多渠道的务实合作，包括在“一带一路”和中非合作论坛框架下推进各领域合作取得更多丰硕成果。今年 9 月在北京举办中非合作论坛峰会，中非领导人将共商中非合作大计，规划新时代中非合作蓝图，在更高水平上实现中非合作共赢、共同发展。相信在双方共同努力下，一定能把本次峰会办成加强中非团结合作、推动中非共同发展的历史性盛会。

栗战书积极评价非盟在促进非洲联合自强和一体化进程中发挥的重要作用。他说，中方高度重视发展同非盟的关系，愿在力所能及范围内，支持非盟加强自身机构、维和能力和民生保障建设，支持非盟积极引领非洲一体化进程，在国际和地区事务中发挥更大作用，维护非洲团结和共同利益。

夸第欢迎栗战书访问象征非中高水平合作的非盟总部大楼，感谢中国对非盟的大力支持。他说，中国的和平发展给非洲带来巨大战略机遇，提供了新的选择。非盟《2063 年议程》同“一带一路”倡议高度契合，应当形成合力。非盟愿积极参与中非合作论坛北京峰会，希望同中方深化全方位合作，期待中方在基础设施、教育、科技等领域进一步加大对非支持力度。

双方还就非洲地区形势等问题深入交换了意见。

栗战书对莫桑比克进行正式友好访问

新华社马普托 5 月 15 日电　应莫桑比克议长马卡莫邀请，全国人大常委会委员长栗战书 12 日至 15 日对莫桑比克进行正式友好访问，在马普托与总统纽西、议长马卡莫分别举行会见会谈，出席在非中资企业座谈会、2018 年非洲孔子学院联席会议开幕式、莫中文化中心暨孔子学院和传媒艺术学院教学楼项目奠基仪式、莫“万村通卫星电视项目”启动仪式，考察中莫农业技术示范中心、中国援建的马普托跨海大桥。

会见纽西时，栗战书首先转达了习近平主席的诚挚问候。栗战书说，中莫深厚的传统友谊，植根于反抗帝国主义、殖民主义的斗争中，成长壮大于携手合作、共同发展的征程上。中莫是全天候朋友，几代领导人为此付出了极大努力。2016 年，两国元首将中莫关系提升为全面战略合作伙伴关系，迎来了两国关系发展的新时代。中国将按照习近平主席提出的对非工作真实亲诚理念和正确义利观，支持莫方走自主可持续的发展道路，真心诚意帮助莫方发展振兴。

栗战书介绍了改革开放 40 年来中国保持政治稳定、社会安定和经济发展的经验和做法。他说，这主要得益于坚持中国共产党的全面领导，发挥社会主义制度优越性，落实以人民为中心的发展理念，走符合中国自身实际的发展道路。中方愿与莫方加强治国理政经验交流，落实好两国元首达成的重要共识，发挥好政治互信、经济互补、人民友好三大优势，运用好共建“一带一路”、中非合作论坛、中国—葡语国家经贸合作论坛三大平台，鼓励支持中国企业到莫投资兴业，把中莫传统友谊和政治互信转化为更多务实合作成果。

纽西高度评价了中共十八大以来在习近平主席的领导下中国各项事业取得的成就，表示愿积极参与“一带一路”建设，深化双边农业、能源、制造业、旅游、基础设施等领域的合作，把双方全面合作推向新的水平。

与马卡莫会谈时，栗战书阐述了习近平新时代中国特色社会主义思想特别是关于社会主义民主政治建设的理论，介绍了中国人民代表大会制度，表示中国全国人大愿与莫议会保持各层级友好往来，落实好双方已签署的合作文件，办好议员研讨班、行政能力研修班，推动两国立法机构交流合作提质升级。希望莫议会积极发挥作用，营造良好法治和投资环境，为更多中资企业来莫投资发展创造便利条件。马卡莫表示，莫议会愿同中国全国人大加强全方位对话交流，在涉及彼此核心利益问题上相互支持，使立法机构成为推动国家关系发展的建设性力量。

栗战书出席了在非中资企业座谈会，他希望在非企业认真贯彻习近平主席提出的对非工作真实亲诚理念和正确义利观，服务服从于国家外交大局，体现和贯彻新发展理念，履行必要的社会责任，遵守当地法律法规，尊重当地风俗习惯，树立良好的中国形象、中国企业形象、中国公民形象，为深化中非全面友好合作贡献力量。在出席2018年非洲孔子学院联席会议开幕式的致辞中，栗战书说，孔子学院属于中国，也属于世界。希望非洲孔子学院立足中非友好、知识共享、文化交流这个根本，既要宣传中国文化、讲好中国故事，也要向国内介绍非洲，当好中非人文交流的使者。

栗战书还向莫桑比克民族英雄纪念碑敬献花圈。

栗战书对纳米比亚进行正式友好访问

新华社温得和克5月18日电 应纳米比亚国民议会议长卡贾维维邀请，全国人大常委会委员长栗战书15日至17日对纳米比亚进行正式友好访问，在温得和克会见总统根哥布、开国总统努乔马，与卡贾维维和全国委员会主席门萨分别举行会谈。

会见根哥布时，栗战书转达了习近平主席的诚挚问候，介绍了党的十八大以来我国取得的历史性成就，习近平新时代中国特色社会主义思想的形成、内涵和指导意义。栗战书说，今年3月，总统先生成功访华，习近平主席与你共同决定将双边关系提升为全面战略合作伙伴关系，开启了中纳关系新时代。希望双方共同努力，在“一带一路”和中非合作论坛框架下加强政策沟通和规划对接，推进基础设施建设和产能合作，更好造福两国人民。中方赞赏纳维护非洲团结的努力，愿与纳加强在国际和地区问题上的沟通协调。

栗战书还阐述了我国对当前一些国际热点问题的原则立场，并应询详细介绍了习近平主席为缓解朝鲜半岛紧张局势、推动实现半岛无核化所作的努力。他说，习近平主席提出构建人类命运共同体。在全球化不断发展的大背景下，世界各国你中有我、我中有你，要平等相待、同舟共济，共同维护和平与发展，应对人类面临的各种挑战。中方愿同贵国共同努力，使两国老一辈领导人开创的中纳友好事业不断焕发出新的活力，支持和帮助包括纳米比亚在内的非洲国家探索符合本国国情的道路，发展经济，改善民生，实现非洲崛起这一人类发展史上的奇迹。

根哥布说，纳中两国有深厚的传统友谊，也是平等相待的合作伙伴。纳人民十分清楚，中国是真朋友、好伙伴。纳愿同中方保持密切高层交往，全面加强贸易投资、基础设施建设、能源开发等领域务实合作，使纳中全面战略合作伙伴关系之路越走越宽广。

会见努乔马时，栗战书转达了习近平主席的良好祝愿。他说，您是非洲资深政治家，始终致力于中纳友好事业。努乔马回忆了同中国领导人的友好交往历史，表示纳中兄弟般的友谊历久弥坚。

在同卡贾维维、门萨会谈时，栗战书介绍了中国人民代表大会制度。他说，实践证明，坚持中国共产党领导、人民当家作主、依法治国相统一的这一制度符合中国国情，表示双方立法机构合作要把推动落实两国元首重要共识作为首要任务，为经贸往来、企业投资等务实合作创造良好法治环境，加强治国理政经验交流，推进地方合作和民间交往，强化青年、妇女交流，夯实两国友好的民意基础。

卡贾维维、门萨表示，感谢中国对纳争取独立的宝贵支持。纳方愿在双方签署的合作谅解备忘录框架下，加强同中国全国人大的各层级友好往来，助力纳中关系发展。

栗战书慰问了“光明行”义诊活动受益患者和中纳医务人员。他说，揭去患者眼前的纱布，是一个象征性动作，背后蕴涵着中纳两国的深厚情谊，也是中国开展对非卫生援助的缩影。希望援非医务工作者发扬“敬佑生命、救死扶伤、甘于奉献、大爱无疆”的精神，努力使当地民众从两国卫生合作中获得实实在在的好处。

栗战书还出席中方援纳野生动物保护物资交接仪式，考察纳米比亚电信公司控制和指挥中心。

栗战书委员长访问埃塞俄比亚、莫桑比克、纳米比亚情况的书面报告

全国人民代表大会常务委员会：

2018 年 5 月 9 日至 18 日，全国人大常委会委员长栗战书应邀对埃塞俄比亚、莫桑比克、纳米比亚进行正式友好访问，并访问总部设在亚的斯亚贝巴的非洲联盟委员会。全国人大外事委员会主任委员张业遂、环境与资源保护委员会主任委员高虎城、外事委员会副主任委员陈国民、全国人大常委会办公厅研究室主任宋锐、外交部部长助理陈晓东陪同出访。现将主要情况报告如下。

栗战书委员长访问非洲三国，是今年党和国家对非重大外交行动之一。在当前国内和国际形势背景下，此访具有十分重要的意义。一是宣介习近平新时代中国特色社会主义思想和党的十九大精神。党的十九大确立了习近平新时代中国特色社会主义思想的历史地位，开启了全面建设社会主义现代化国家新征程。当今中国日益走近世界舞台的中央，吸引着世界上越来越多的目光。栗战书委员长访问非洲三国，积极宣介习近平新时代中国特色社会主义思想和党的十九大精神，有利于维护我国发展的重大战略机遇期，推动构建人类命运共同体。二是贯彻习近平主席提出的对非政策理念和决策部署。今年是习主席提出真实亲诚对非政策理念和正确义利观 5 周年，也是习主席在中非合作论坛约翰内斯堡峰会上提出的中非“十大合作计划”收官之年。9 月将在北京召开新一届中非合作论坛峰会，规划新时代中非合作蓝图。栗战书委员长此访，正值中非关系承上启下、继往开来的重要时刻，有利于为习主席年内访非和中非合作论坛北京峰会做准备，为中非关系发展注入新动力。三是推动落实习近平主席同三国领导人达成的重要共识。2016 年以来，习近平主席分别与三国领导人举行会谈，决定将双边关系提升为全面战略合作伙伴关系，中埃、中莫、中纳关系发展站在新的起点上。栗战书委员长此访以推动落实习近平主席与三国领导人的重要共识为主线，深化双方在共建“一带一路”和中非合作论坛框架下的务实合作。四是按照党中央外交总体布局，深化对非友好合作。当今世界正处于大发展大变革大调整时期，和平与发展大势不可逆转，同时贸易保护主义、单边主义有所抬头，挑战和问题不少，竞争日趋激烈。非洲是国际政治体系中的重要力量，是具有巨大发展潜力的地区。发展对非关系始终是我国外交总体布局的重要基础。栗战书委员长此访贯彻党中央对非工作部署，表明了中方深化对非友好合作、支持非洲发展振兴、携手应对全球性挑战的立场和决心。五是完善全国人大对外交往格局。此次非洲三国之行是栗战书委员长就任后首次出访，也是全国人大常委会委员长首次访问莫桑比克，时隔 10 年和 7 年再次访问埃塞俄比亚、纳米比亚，开启了双方立法机构合作的新篇章，进一步深化了全国人大与非洲国家议会的友好交往。

栗战书委员长访问非洲三国，日程紧凑、重点突出、内容丰富，开展各类活动 36 场次。访问期间，栗战书委员长分别会见埃塞俄比亚总统穆拉图和总理阿比、莫桑比克总统纽西、纳米比亚总统根哥布和开国总统努乔马，与埃人民代表院议长穆菲丽哈特和联邦院议长克里娅、莫议长马卡莫、纳国民议会议长卡贾维维和全国委员会主席门萨举行会谈，在亚的斯亚贝巴会见非盟委员会代理主席夸第，就政治关系、经贸合作、立法机构交往以及共同关心的国际和地区问题深入交换意见。出席在非中资企业座谈会，参加中非人文交流活动，考察我国在往访国援建项目和经贸合作项目，广泛接触三国政府、议会官员及社会各界人士，还亲切看望驻往访三国使馆、驻非盟使团工作人员和医疗队、孔子学院、中资机构、留学生代表等。访问取得圆满

成功,达到了“巩固友谊、深化互信、促进合作、共谋发展”的预期目的。

非洲三国和非盟高度重视、热烈欢迎栗战书委员长的访问,给予热情接待、积极报道和高度评价,一致认为栗战书委员长此访,不仅表达了中国人民兄弟般的深情厚谊,而且带来了促进双边互利合作的务实举措,是一次友谊之旅、合作之旅、共赢之旅。

一、深入开展治国理政经验交流,向非洲发出中国声音、宣介中国道路和中国制度

访问期间,栗战书委员长利用各种场合讲好中国故事,与往访国领导人开展治国理政经验交流,客观生动地介绍中国的发展道路、发展成就、发展经验和民主政治建设、中国共产党自身建设、人民代表大会制度等,受到对方的高度评价和积极回应。

栗战书委员长深入介绍党的十八大以来在以习近平同志为核心的党中央领导下,我国取得的历史性成就、发生的历史性变革。他说,过去5年多来,以习近平同志为核心的党中央团结带领全党全国人民,统筹推进“五位一体”总体布局,协调推进“四个全面”战略布局,开创了各项事业新局面,中国特色社会主义进入了新时代。2013年到2017年,中国经济总量年均增长7.1%,累计脱贫人口达6千万;研究提出1800多项改革举措,取得重大突破性进展;坚持全面从严治党,反腐败决心之大、力度之大、成效之大前所未有,营造了风清气正的政治环境。党的十八大以来中国之所以取得历史性成就、发生历史性变革,根本在于有习近平总书记这个党的核心、人民领袖、军队统帅掌舵领航,有习近平新时代中国特色社会主义思想的科学指引。

栗战书委员长积极宣介中国改革开放的成就、经验和新的举措。他揭示中国改革开放40年保持政治稳定、社会安定和经济发展的重要原因是,坚持中国共产党的全面领导,发挥社会主义制度优越性,落实以人民为中心的发展理念,走符合中国实际的发展道路。他说,中国共产党领导是中国特色社会主义最本质的特征。在中国,共产党是领导一切的,是最高政治领导力量。坚持党的领导,最根本的是维护党中央的权威和集中统一领导。各级党的组织和国家机关都要自觉同党中央保持高度一致,坚决贯彻党中央决策部署。中国还有8个民主党派,他们都接受中国共产党的领导,是参政党,不是反对党。中国共产党作出重大决策前,都要广泛听取各民主党派和各方面的意见建议。中国共产党和各民主党派肝胆相照、荣辱与共,共同致力于建设中国特色社会主义。他指出,世界上没有完全相同的发展道路和制度模式。发展经验可以互相借鉴,但不能完全照搬。各国要从本国国情和实际出发,探索和完善适合自身的发展道路。

栗战书委员长深入阐释党的十九大精神特别是习近平新时代中国特色社会主义思想的基本内涵、指导意义。他说,党的十八大以来,以习近平同志为核心的党中央以全新的视野,深化对共产党执政规律、社会主义建设规律、人类社会发展规律的认识,在理论探索和实践发展的基础上,取得了重大理论创新成果,创立了习近平新时代中国特色社会主义思想。这一重要思想是马克思主义中国化的最新成果,是党章和宪法确立的党和国家的指导思想,是引领中国共产党和国家事业走向未来、夺取中国特色社会主义伟大胜利的指路明灯。党的十九大描绘了决胜全面建成小康社会、开启全面建设社会主义现代化国家新征程的宏伟蓝图。到2020年,中国将全面建成小康社会、实现第一个百年奋斗目标;在此基础上,再奋斗15年,到2035年基本实现社会主义现代化;到本世纪中叶即新中国成立100周年时,把中国建设成为富强民主文明和谐美丽的社会主义现代化强国。

栗战书委员长介绍习近平总书记的执政理念、执政风格、领袖风范及对当今世界重大问题的洞察和把握。他指出,在伟大的历史实践中,确立了习近平总书记在全党和全国人民中、在中国特色社会主义进程中、在我国历史发展中的核心地位,具有重大而深远的意义和影响。他说,习近平总书记年轻时到中国西部山区插队7年,先后担任过地方各级主要负责人,对老百姓怀有深厚感情,对国情和实际非常了解。习总书记具有卓越的领袖风范、高超的领导艺术、深厚的为民情怀、宽广的世界眼光,在全党全国人民中享有崇高威望,也受到许多国家领导人的赞誉。在党的十九届一中全会上,习近平同志全票当选为党的总书记、中央军委主席;在十三届全国人大一次会议上,2970名全国人大代表全票选举习近平同志为国家主席、国家中央军委主席,这充分反映了13亿中国人民的共同心愿和意志。在以习近平同志为核心的党中央坚强领导下,中国各族人民正满怀信心为实现中华民族伟大复兴的中国梦不懈奋斗。

栗战书委员长应对方要求,介绍中国共产党加

强自身建设的有关情况。他说,中国共产党之所以保持生机活力,能够长期执政,受到人民拥护,很重要一点就是注重加强自身建设。首先,党从成立之日起就把全心全意为人民服务作为根本宗旨和奋斗目标,一代又一代的中国共产党人不忘初心、牢记使命,始终把人民利益放在第一位。其次,有一个好的党内民主制度和严格的党内纪律,实行民主集中制,坚持民主基础上的集中和集中指导下的民主相结合,坚持“四个服从”,保证党中央政令畅通,避免议而不决、决而不行的问题。第三,中国共产党具有自我净化、自我完善、自我革新、自我提高的能力。党的各级组织定期召开民主生活会、组织生活会,开展批评与自我批评,纠正思想、作风等方面存在的问题。党内不允许有宗派、小圈子、利益集团,坚决反对和惩治腐败,如果党内出现了这些问题,只要发现就坚决查处。

栗战书委员长还介绍人民代表大会制度。他说,人民代表大会制度作为中国的根本政治制度,坚持中国共产党的领导、人民当家作主、依法治国有机统一,确保中国共产党统一高效领导和组织推进国家各项事业,团结动员全体人民朝着党确定的目标共同奋斗。他说,中国有五级人民代表大会,实行直接选举与间接选举相结合的选举制度。五级人大代表共 262 万名,其中县乡两级人大代表近 250 万名,占代表总数的 95%,这些代表是由近 9 亿选民一票一票直接选出来的。中国的人大代表具有广泛的代表性和坚实的民意基础,不脱离本职岗位或工作,在联系人民群众、反映社会关切方面具有独特优势。他强调,全国人大及其常委会开展立法、监督工作时,通过多种途径听取人民群众和社会各界的意见建议,并认真研究采纳。这样能够保证人大制定的法律和作出的决定行得通、立得住,得到大多数人民拥护,得到有效贯彻执行。

非洲三国领导人纷纷表示,一直将中国视为发展伙伴和学习榜样。中国改革开放 40 年来取得的历史性成就令人惊叹和钦佩,积累的丰富经验和做法弥足珍贵。中国的和平发展给非洲带来巨大战略机遇,也提供了新的道路选择。有的国家领导人说,习近平主席不仅是中国领导人,也是具有世界影响力的重要领导人。当今世界就需要有习主席这样的大国领袖承担更多责任、发挥更大作用。有的国家领导人表示,通读了《习近平谈治国理政》第一、二卷。习主席提出的一系列治国理政新理念新思想新战略,不仅对中国发展有指导意义,而且对非洲国家和发展中国家都具有学习和借鉴意义。三国领导人普遍表示,愿学习借鉴中国在改革发展、减贫脱贫、执政党建设、反腐败等方面的经验。相信沿着中国的发展足迹,借鉴中国的有益经验,能够帮助本国解决面临的问题。

二、巩固与往访国的传统友谊,夯实国家关系发展的政治基础

栗战书委员长此次访问的非洲三国,都是我传统友好国家和全面战略合作伙伴。埃塞俄比亚素有“非洲屋脊”之称,是东部非洲大国和非盟总部所在地,我与埃塞关系走在中非关系前列,堪称南南合作典范。莫桑比克是南部非洲的重要门户,由两国几代领导人共同缔造的传统友谊是双方的宝贵财富。纳米比亚是非洲大陆最后一个获得民族独立的国家,建交以来中纳关系持续快速发展,已成为“全天候”朋友和伙伴。

在会见三国总统时,栗战书委员长分别向他们转达了习近平主席的亲切问候,并高度评价双边关系发展成果。他指出,中非近代以来有着相似的历史经历,都遭受过帝国主义、殖民主义侵略和压迫,都为争取民族解放、国家独立进行了不屈不挠的斗争。中国为非洲民族独立斗争提供了坚定支持和无私帮助,非洲朋友把中国抬进了联合国。无论国际风云如何变幻,中国永远不会忘记非洲朋友,始终作非洲的可靠伙伴。他说,中国与三国关系都处于历史最好时期,要进一步提升政治互信和务实合作水平,把双方老一辈领导人培育的传统友谊发扬光大。他表示,中方坚定支持三国走符合本国国情的发展道路,坚定支持三国政府维护稳定、发展经济、推进改革的努力。双方要加强在国际和地区问题上的沟通协调,在涉及彼此核心利益和重大关切问题上相互坚定支持。

栗战书委员长介绍习近平主席关于发展中非关系的重要思想。他说,党的十八大以来习近平主席高度重视发展中非关系,担任国家主席后首访就选择非洲,5 年来多次主持或参加对非双边、多边外交活动,先后与 130 多人次非洲国家领导人会见会谈,对中非合作提出一系列具有前瞻性的理念方针,作出一系列规划部署,为中非关系发展指明了方向。在真实亲诚理念和正确义利观指引下,中非“十大合作计划”顺利推进,帮助非洲国家发展经济、消除贫困、改善民生,给非洲人民带来了实实在在的利益。他指出,构建人类命运共同体,是习近平外交思想的核心和精髓。在全球化不断发展的

大背景下，世界各国你中有我、我中有你，要平等相待、同舟共济，共同维护和平与发展，应对人类面临的各种挑战。中非历来是休戚与共的命运共同体，中方始终把自身发展同助力非洲发展紧密结合起来，致力于实现中非合作共赢、共同发展，实现非洲崛起这一人类发展史上的奇迹。

栗战书委员长强调，中非合作论坛是中非集体对话的重要平台和务实合作的有效机制。在今年9月召开的中非合作论坛北京峰会上，中非领导人将再次聚首，共商中非合作大计。中方将出台一系列推进中非合作的新举措，为非洲发展提供更有针对性的支持和帮助。相信在各方共同努力下，一定能把本届峰会办成加强中非团结合作、推动中非共同发展的历史性盛会。栗战书委员长分别向三国领导人转交了习近平主席亲署的中非合作论坛北京峰会邀请函。三国领导人欣然应允。

三国领导人请栗战书委员长转达对习近平主席的良好祝愿。一致表示，中国是可信赖的好朋友和真诚合作的好伙伴，中国对非政策是建立在平等相待、相互尊重、互利共赢基础上的，受到非洲国家和人民的欢迎。感谢中方长期以来给予的宝贵支持和无私帮助，期待与中方在更广泛领域加强务实合作。埃总理阿比说，埃中友好关系处于历史最高水平，坚如磐石、牢不可破。莫总统纽西表示，莫中友好历史悠久，中国是莫最好、最可靠的朋友。纳总统根哥布说，纳米比亚人民十分清楚，中国是真朋友、好伙伴。

栗战书委员长积极评价非盟在促进非洲联合自强和一体化进程中发挥的重要作用。在会见非盟代理主席夸第时，栗战书委员长说，中方高度重视发展同非盟的关系，愿在力所能及范围内，支持非盟加强自身机构、维和能力和民生保障建设，支持非盟积极引领非洲一体化进程，在国际和地区事务中发挥更大作用。中国乐见一个团结、和平、繁荣的非洲，愿与非洲国家进一步开展全方位、宽领域、多层次、多渠道的务实合作。非盟代理主席夸第欢迎栗战书委员长访问象征非中高水平合作的非盟总部大楼，感谢中国对非盟的大力支持，表示非盟《2063年议程》同“一带一路”倡议高度契合，应当形成合力。

栗战书委员长还同三国领导人和非盟委员会代理主席就安理会改革、可持续发展议程、经济全球化和自由贸易等共同关心的问题深入交换意见，一致表示要维护好中非共同利益和发展中国家整体利益。栗战书委员长还应询详细介绍了习近平主席为缓解朝鲜半岛紧张局势、推动实现半岛无核化所作的努力。

三、推动中非共建“一带一路”，实现共赢共享发展

习近平主席提出共建“一带一路”倡议5年来，得到国际社会积极响应和广泛支持，已有80多个国家和国际组织同中国签署了合作协议，一大批合作项目落地生根，取得令人瞩目的成绩。栗战书委员长此次非洲三国之行的重要目的之一，就是推动往访三国积极参与“一带一路”建设。访问期间，栗战书委员长多次强调，习近平主席提出的“一带一路”倡议是发展的倡议、合作的倡议、开放的倡议、共赢的倡议，为中国和沿线国家发展带来了巨大机遇。中方愿将“一带一路”建设与非洲国家发展战略协调对接，结合各自国家经济社会发展需要，找准利益契合点和合作突破口，积极培育双边经贸合作的新亮点。

埃塞俄比亚是“一带一路”连接非洲的桥梁和纽带，是中非产能合作先行先试的示范国家之一，已加入亚洲基础设施投资银行。栗战书委员长向埃方领导人表示，中埃经贸合作基础良好、前景广阔，希望双方尽早签署“一带一路”合作谅解备忘录，将两国传统友好转化为更多务实合作成果。访埃期间，栗战书委员长与阿比总理共同见证了双方有关合作文件签字仪式，考察了亚吉铁路、亚的斯亚贝巴轻轨、埃科技部数据中心等合作项目。他强调，亚吉铁路作为中非“十大合作计划”重要早期收获之一，是中非共建“一带一路”的样板工程。要发挥好亚吉铁路的经济大动脉作用，积极打造沿线经济走廊，推动工业园区建设、油气资源开放等合作。

莫桑比克是21世纪海上丝绸之路的自然延伸，在中非共建“一带一路”中区位优势明显。为推动中莫互利合作优化结构、转型升级，栗战书委员长提出，要运用好共建“一带一路”、中非合作论坛、中国—葡语国家经贸合作论坛三大平台，深化两国农业、能源、制造业、旅游、基础设施等领域合作。栗战书委员长考察中国援建的马普托跨海大桥，勉励中莫员工精诚合作、努力拼搏，把大桥建成中非合作的标志性工程。栗战书委员长十分关心中莫农业领域合作。在考察中莫农业技术示范中心时，他强调，莫桑比克土地肥沃、气候适宜、水系便利，两国开展农业合作的潜力巨大。合作的关键是同莫方需求相契合，帮助莫方解决粮食自给，丰富农产

品供应，促进出口创汇和农民增收。他同中莫两国农业专家和官员进行深入探讨，提出了务实可行的合作建议。

纳米比亚资源丰富，素有“战略金属储备库”之称，经济发展水平在西南部非洲位居前列，正处于转型发展的关键阶段。栗战书委员长同纳方领导人交流时指出，目前中纳贸易规模不大，但两国发展战略高度契合，经济合作优势互补，深化互利合作的愿望非常强烈。他表示，中方愿加强同纳方政策沟通和规划对接，抓紧落实双方关注的重点项目，充分挖掘合作潜力。愿支持和帮助纳加强机场、港口、供水等基础设施建设，鼓励中国企业参与纳能源资源开发、旅游等领域合作，帮助纳创造就业、加快发展。

栗战书委员长的建议得到三国领导人积极回应。他们普遍认为，与中方的互利合作已成为促进国家经济发展、改善人民生活的重要助力，表示愿积极参与“一带一路”建设，充分发挥中非合作论坛机制作用，与中方开展长期战略性合作。欢迎更多中国企业前来创业发展，并愿为此创造良好环境、提供更多便利。

访莫期间，栗战书委员长在马普托出席在非中资企业座谈会，与 26 家驻非中资企业负责人交流探讨加强中非经贸合作的思路和举措。栗战书委员长深刻阐述实施走出去战略的重大意义，充分肯定中国企业走进非洲取得的显著成就。他强调，今年是改革开放 40 周年，习近平主席在博鳌亚洲论坛 2018 年年会开幕式上，郑重宣示“中国开放的大门不会关闭，只会越开越大”，提出了中国扩大开放一系列新的重大举措。这是新时代我国对外开放的一个新的起点。希望在非中资企业深刻理解党中央高度重视和加强对非合作的重大意义，自觉提高政治站位，服从服务于外交大局，把贯彻党中央对非决策部署同企业走进非洲紧密结合起来，不断提升走出去的质量和水平。一要贯彻好习近平主席提出的真实亲诚理念和正确义利观。坚持“先予后取、多予少取”，不要急功近利，真心诚意与非方合作，实打实地推动合作项目见到成效。二要贯彻好习近平主席提出的创新、协调、绿色、开放、共享的新发展理念。既要做好贸易、援助、工程承包等传统合作项目，也要创新合作模式，培育新的合作亮点。要注重保护当地生态环境，取得企业和当地都满意的合作效果。三要履行必要的社会责任，遵守当地法律法规，尊重当地风俗习惯，树立良好的中国形象、中国企业形象、中国公民形象。四要增强风险意识。非洲一些国家政局不稳、债务问题突出、法律不完备、政策变化大等问题，给中资企业发展带来隐患和风险。要加强分析研判和应对准备，努力防范和化解各类风险。五要相互理解、相互配合、相互支持。树立协作意识和“一盘棋”思想，“抱团出海”“抱团取暖”，在法律和政策范围内开展合理竞争，不要相互拆台、搞恶性竞争，共同维护好投资创业环境。

四、密切立法机构友好往来，促进交流合作提质升级

深化同往访国立法机构的交流合作，是栗战书委员长此访的重要任务。与三国议会领导人会谈时，栗战书委员长强调，在国家关系高水平发展的新形势下，立法机构合作要突出重点、提质升级。一要服从服务于国家关系发展大局，把推动落实两国领导人达成的重要共识作为首要任务，形成更多实实在在的合作成果。二要加强双方在营商环境、税收征管、人员签证、劳动许可、货物通关等方面的法律和政策交流对接，不断优化两国务实合作的法治环境。三要保持立法机构各层级交往的良好势头，密切代表与议员之间以及专门委员会、友好小组、办事机构之间的对话交流，加强治国理政经验交流和互鉴。四要发挥立法机构及其组成人员联系广泛、影响力大的优势，促进两国地方合作、民间往来和人文交流，夯实国家关系发展的民意基础。栗战书委员长表示，今年将在中国举办面向非洲的发展中国家议员研讨班，欢迎三国议会派员参加。访问期间，栗战书委员长同埃塞俄比亚、纳米比亚议会领导人分别签署立法机构合作谅解备忘录。

三国议会领导人完全赞同栗战书委员长的建议，表示愿进一步深化与中国全国人大的交流合作，加强定期磋商和信息沟通，学习和分享发展经验，深化双方在经贸、文化、旅游、教育、妇女、青年等方面的交流合作，使立法机构合作成为推动国家关系发展的建设性力量。

五、促进人文交流蓬勃发展，拉近中非人民心与心的距离

人民之间的友好交往永远是中非关系发展的牢固基石。访问期间，栗战书委员长同三国领导人和政府官员就密切人文交流达成重要共识，还出席

多场人文交流活动。在马普托，栗战书委员长参加中国援建的莫中文化中心暨孔子学院和传媒艺术学院教学楼项目奠基仪式，出席“2018 年非洲孔子学院联席会议”开幕式并致辞。他说，国之交在于民相亲，民相亲在于心相通。民心的沟通，重要的是文化的交流，而语言又是文化交流最便捷的工具。孔子学院以面向全球开展汉语教学，促进文化交流为己任，在中非人民之间架起了一道道亮丽的文化之桥、友谊之桥和心灵之桥。他强调，非洲孔子学院要抓住难得的历史机遇，立足中非友好、知识共享、文化交流这个根本，创新教学方式方法，更好服务中非友好合作大局。一要宣传中国文化，讲好中国故事，既要介绍中国的历史文化传统，也要介绍当代中国的国情特点、经济社会发展情况，向非洲朋友展现真实、立体、全面的中国。二要坚持相互尊重，推动交流互鉴，当好中非人文交流的使者，让中国人民更好地了解非洲、认识非洲、热爱非洲，推动中非人民相互尊重、相互交流、相互学习。三要突出经世致用，助力非洲发展，紧扣中非合作发展大局，结合非洲各国发展实际，为当地培养更多的语言、技术等人才，不断厚植中非务实合作基础。

栗战书委员长在莫出席“万村通卫星电视项目”启动仪式，同当地村民亲切交流；在温得和克参加“光明行”义诊活动，慰问援外的中国医务人员和手术后复明的纳米比亚患者，还出席中方援纳野生动物保护物资交接仪式。他说，中非合作一定要着眼于两国人民的关切和期望，多开展一些惠民生、暖民心的务实合作，帮助非洲人民解决实际困难，从中非合作中得到更多幸福感和获得感。凡是有利于增进人民友好的事，我们都要积极支持，把中非传统友谊一代一代传下去。

以上报告，请审议。

栗战书访问朝鲜

栗战书将访问朝鲜

新华社北京 9 月 4 日电　中共中央对外联络部新闻发言人 4 日在北京宣布，应朝鲜劳动党中央委员会和朝鲜民主主义人民共和国政府邀请，中共中央政治局常委、全国人大常委会委员长栗战书作为习近平总书记、国家主席的特别代表将率中国党政代表团于 9 月 8 日访问朝鲜，并出席朝鲜建国 70 周年庆祝活动。

栗战书会见金正恩

转交习近平总书记亲署函

人民日报平壤 9 月 9 日电　9 月 9 日，中共中央总书记、国家主席习近平特别代表，中共中央政治局常委、全国人大常委会委员长栗战书在平壤会见了朝鲜劳动党委员长、国务委员会委员长金正恩。

栗战书首先转达习近平对金正恩的亲切问候并转交亲署函。习近平在亲署函中指出，朝鲜建国 70 年以来，在金日成同志、金正日同志和委员长同志坚强领导下，朝鲜党和人民奋力推进社会主义建设事业，取得了不平凡的成就。当前，委员长同志正带领朝鲜党和人民，全面贯彻落实新战略路线，致力于发展经济、改善民生，在社会主义建设各个领域不断取得新的成就。

习近平强调，维护好、巩固好、发展好中朝关系始终是中国党和政府坚定不移的方针。今年以来，委员长同志同我先后三次会晤，达成重要共识，掀开了中朝关系发展新篇章。我愿同委员长同志一道，加强对中朝关系规划指引，落实好双方重要共识，推动中朝关系实现更大发展。

栗战书表示，朝鲜建国 70 周年是朝鲜党、国家和人民的一件大喜事，习近平总书记高度重视，派我作为特别代表率中国党政代表团访问朝鲜并出席庆祝活动，代表中国党、政府和人民向朝鲜党、政府和人民表示热烈祝贺和诚挚祝福。我一踏上美丽友好的朝鲜国土，就得到了朝鲜人民的热情欢迎，亲身感受到了朝鲜人民对中国人民的深情厚谊。

栗战书强调，今年对于中朝关系是具有特殊重要历史意义的一年。习近平总书记和金正恩委员长三次会晤，共叙中朝传统友谊，共商发展中朝关系大计，推动和引领中朝关系迈入新的历史阶段。无论国际和地区形势如何变化，中国党和政府致力于巩固发展中朝关系的坚定立场不会变，中国人民对朝鲜人民的友好情谊不会变，中国对社会主义朝鲜的支持不会变。我此访旨在落实习近平总书记同委员长同志达成的重要共识，加强双方高层战略沟通，开展各领域友好交流合作，就新形势下进一步巩固和发展中朝传统友谊深入交换看法，共创中朝关系更加美好的未来。

双方就地区和半岛形势交换意见，栗战书说，实现半岛持久和平和无核化，是大势所趋、人心所向。中方始终坚持半岛无核化目标、维护半岛和平稳定、通过对话协商解决问题。我们高度评价朝方为推动半岛形势朝着和平稳定方向发展所做的积极努力，希望朝美双方落实首脑会晤共识，相向而行，维护和平对话的大势。中方愿继续同有关各方一道，为政治解决半岛问题发挥建设性作用。

金正恩对习近平致亲署函表示感谢，并请栗战书转达对习近平的亲切问候和良好祝愿。金正恩说，您作为习近平总书记同志的特别代表率中国党政代表团来访，体现了总书记同志和中国党、政府、人民的友好情谊，给我们的建国70周年庆祝活动增光添彩，令朝鲜党、政府和人民深受感动和鼓舞。

金正恩表示，两党两国老一辈领导人缔造和培育的朝中传统友谊是我们最可宝贵的财富。今年我同总书记同志三次会晤，亲身感受到了朝中传统友谊的宝贵和温暖。无论国际风云如何变幻，我和朝鲜党、政府都将坚定不移地传承并尽全力发展朝中友谊。当前朝鲜正在实施新战略路线，集中精力发展经济，希望学习中方的丰富经验，进一步拓展各领域交流合作，共同推动两国的社会主义事业发展。朝方坚持朝美首脑新加坡会晤共识，并为此采取了措施，希望美方采取相应行动，共同推动半岛问题政治解决进程。

栗战书访问朝鲜并出席朝鲜建国70周年庆祝活动

人民日报平壤9月10日电 9月8日至10日，应朝鲜劳动党中央委员会和朝鲜民主主义人民共和国政府邀请，中共中央政治局常委、全国人大常委会委员长栗战书作为习近平总书记、国家主席的特别代表率中国党政代表团访问朝鲜，并出席朝鲜建国70周年庆祝活动。

8日下午，栗战书会见了朝鲜最高人民会议常任委员会委员长、朝鲜劳动党中央政治局常委金永南。栗战书说，中朝传统友谊是两党两国老一辈领导人亲自缔造和精心培育的，是双方共同的宝贵财富。中国党和政府坚持从战略高度和长远角度看待和把握中朝关系，致力于维护好、巩固好、发展好中朝关系。我们愿同朝方一道，落实两党两国最高领导人共识，推动中朝关系迈上新台阶，造福两国人民，为地区和平稳定发展作出新的更大贡献。中国全国人大愿同朝鲜最高人民会议加强沟通交流，为推进两国立法机构建设和促进双边关系发展作出应有贡献。

栗战书表示，回顾中国改革开放40年来探索符合本国国情发展道路的历程，全面加强党的领导、拥有一个坚强的领导核心，坚持以人民为中心的发展思想，在立足国情的基础上放眼世界、始终坚持改革开放，这三条经验尤为重要。当前，中国人民在以习近平同志为核心的党中央坚强领导下，以习近平新时代中国特色社会主义思想为指导，正在为实现“两个一百年”奋斗目标、实现中华民族伟大复兴的中国梦而努力奋斗。中朝同为社会主义国家，有很多相通的理念，希望双方加强经验交流，互学互鉴，共创两国社会主义事业更加美好的未来。

金永南说，在金正恩委员长和习近平总书记同志的亲自推动下，两国老一辈领导人缔造和培育的朝中传统友谊提升到了新的更高水平，展现出令人振奋的广阔前景。栗战书同志作为习近平总书记同志的特别代表率中国党政代表团出席朝建国70周年庆祝活动，带来了中国党、政府、人民的友好情谊，给朝中友谊注入新的活力。当前朝鲜正在全面实施新战略路线，我们希望借鉴中方的经验，愿同中方携手，以此访为契机，落实好两党最高领导人共识，进一步深化两国各领域交流合作。

会见后，栗战书和金永南共同出席了朝方为中国党政代表团举行的欢迎招待会，并观看了朝方为各国代表团和平壤市民举办的音乐舞蹈综合演出。

此前，栗战书前往锦绣山太阳宫，向金日成主席和金正日总书记塑像敬献了花篮。

9日，栗战书应邀出席朝鲜建国70周年庆祝活动，与金正恩等朝党和国家领导人以及平壤各界群众一起，上午在金日成广场观看了庆祝活动游行，当晚共同观看了大型团体操表演《辉煌的祖国》，共庆佳节，共享喜悦。随后，栗战书出席了朝鲜劳动党中央副委员长崔龙海代表朝方举行的国庆招待会。

10日上午，栗战书率中国党政代表团参谒了中朝友谊塔，敬献花篮并在留言簿上题词，深切缅怀在抗美援朝战争中牺牲的中国人民志愿军烈士。

栗战书还参观了平壤教员大学，同师生们亲切交谈。栗战书说，今天是中国的教师节，向平壤教员大学的老师们表示慰问，希望学校教职员工做中朝友谊的友好使者，为中朝友谊世代传承作贡献。

栗战书抵达平壤时，崔龙海及朝各界数千名身着节日盛装的欢迎群众在机场迎接。

金正恩再次会见栗战书并为中国党政代表团举行欢迎活动

新华社平壤9月11日电　9月10日，朝鲜劳动党委员长、国务委员会委员长金正恩再次会见正在访问朝鲜的中共中央总书记、国家主席习近平特别代表，中共中央政治局常委、全国人大常委会委员长栗战书，并为栗战书及其率领的中国党政代表团举行专场文艺演出和盛大欢迎招待会。

会见时，金正恩表示，在朝鲜民主主义人民共和国建立70周年这个最重要的节日期间，习近平总书记同志派您作为特别代表率中国党政代表团来访，充分体现了习近平总书记和中国党、政府、人民对我本人和朝鲜党、政府、人民的深厚情谊。我们把你们作为最重要的贵宾尽最大诚意款待，希望让你们感受到我们的特殊友好情谊，也向两党两国人民和世界展示朝中友谊牢不可破、历久弥坚。亲手缔造朝中友谊的两国老一辈领导人如果看到今天这样的友好画面，一定会倍感欣慰。我们要以此访为重要契机，进一步加强在各个领域的交流合作，为增进两国人民福祉、促进地区和平繁荣做出贡献。

栗战书表示，我作为习近平总书记、国家主席的特别代表，率领中国党政代表团踏上朝鲜国土的那一刻起，就感受到了朝鲜党和人民的盛情和诚意，始终沉浸在中朝友好的浓厚氛围中。金正恩委员长同志在繁忙的庆祝活动期间，两次会见我们，并为我们举行专场文艺演出和欢迎招待会。这一切，都让我们充分感受到了委员长同志和朝鲜党、政府、人民对习近平总书记和中国党、政府、人民的真挚情谊。在习近平总书记和委员长同志亲自推动下，根深叶茂的中朝友谊焕发新的生机活力，迈进了新的历史阶段。我们愿同朝方同志一道，携手落实两党两国最高领导人重要共识，加强治国理政经验互学互鉴和各领域交流合作，共同推进两国社会主义事业前进。

会见后，栗战书与金正恩和夫人李雪主一同观看了朝鲜劳动党中央委员会为习近平总书记、国家主席的特别代表栗战书访问朝鲜举办的“中朝友谊万古长青”专场文艺演出。在悬挂着中朝两国国旗的万寿台艺术剧场，朝鲜国家功勋合唱团的艺术家们用汉语表演了《长江之歌》、《红旗飘飘》、《爱我中华》等脍炙人口的中国经典歌曲，以及《阿里郎》等朝鲜民族乐曲。演出最后以《朝中友谊万古长青》乐曲结尾，配以朝鲜几代领导人与中国领导人友好交往的珍贵历史画面，深情表达了朝鲜人民对中朝传统友谊继续传承、发扬光大的热切期盼和良好祝愿，引起了现场观看的中国党政代表团、中国驻朝使馆人员和朝各界群众的强烈共鸣，全场报以经久不息的热烈掌声。

在观众的欢呼声中，栗战书与金正恩夫妇共同走上舞台，与演员握手。

演出前，栗战书和金正恩夫妇与中国党政代表团全体成员合影留念。

演出结束后，栗战书和金正恩夫妇共同出席金正恩为中国党政代表团举行的盛大招待会。

朝鲜劳动党中央副委员长崔龙海代表朝鲜劳动党中央委员会和朝鲜国务委员会致欢迎辞，表示愿同中国同志一道，落实金正恩委员长和习近平总书记今年三次会晤达成的重要共识，推动朝中传统友好关系与时俱进，不断得到提升。

栗战书结束访问离开平壤前，朝鲜劳动党中央副委员长李洙墉、朝鲜劳动党中央政治局候补委员金与正专门到百花园迎宾馆话别。崔龙海、李洙墉、金与正等朝党政干部及数千名身着民族服装的朝鲜民众到机场欢送。

三、对外定期交流机制

中日(参院)交流机制第7次会议、中日(众院)合作委员会第10次会议

2018年1月21日至24日,全国人大常委会副委员长陈竺率全国人大代表团访问日本并出席中日(参院)交流机制第7次会议和中日(众院)合作委员会第10次会议。代表团主要成员有全国人大常委会副秘书长、法律委员会副主任委员李飞,全国人大教科文卫委员会副主任委员王宪魁,全国人大环资委副主任委员卫留成,全国人大常委会副秘书长窦树华,全国人大外事委副主任委员、中日友好小组组长、中日议会交流机制常务副主席曹卫洲,全国人大内司委副主任委员陈秀榕,全国人大农委副主任委员刘振伟,全国人大财经委委员姚胜,全国人大外事委委员景文春等。访日期间,陈竺副委员长分别会见了日本国会众议长大岛理森、参议长伊达忠一、内阁官房长官菅义伟、自民党干事长二阶俊博、公明党代表山口那津男及日中友好七团体负责人。陈竺副委员长与日本参议院政策审议会会长爱知治郎分别主持中日(参院)交流机制第7次会议两个阶段会议,与日本众议院运营委员长古屋圭司分别主持中日(众院)合作委员会第10次会议两个阶段会议。双方在交流机制会议上就中日关系、议会交往、人文交流、环境保护、防震减灾等以及共同关心的地区和国际问题进行深入交流。

中蒙议会交流机制第2次会议

2018年2月6日,中蒙议会交流机制第2次会议在北京举行。会议分两个阶段举行,由全国人大常委会副委员长向巴平措与蒙古国家大呼拉尔副主席恩赫阿木格楞分别主持。全国人大外事委副主任委员、全国人大中蒙友好小组组长、交流机制中方常务副主席曹卫洲,民委副主任委员吴仕民、法律委副主任委员苏泽林、财经委副主任委员彭森、教科文卫委委员张和平、环资委委员杨庚宇、农委委员张晓山和蒙方6名议员出席。在三个半小时的会谈中,双方就中蒙关系、议会交往、经贸合作、大气污染防治等议题坦诚交换了意见。

中欧议会交流机制第41次会议

2018年5月7日至10日,应全国人大—欧洲议会关系小组邀请,欧洲议会对华关系代表团团长乔·莱恩率代表团一行16人访华并参加中欧议会交流机制第41次会议。在京期间,全国人大常委会副委员长曹建明会见并宴请;外事委员会副主任委员张志军主持交流机制会议,财经委副主任委员熊群力、环资委委员翁孟勇、法工委副主任王超英和外事委委员陈福利与欧方7位议员及欧盟驻华大使史伟参加。双方就中欧关系、立法机构交往、中共十九大、十三届全国人大一次会议、网络安全立法、数字经济合作、各自发展情况等深入交换了意见。工信部副部长罗文、外交部欧洲司司长陈旭、网信办网安局巡视员兼副局长杨春艳分别会见。除北京外,代表团还访问了浙江省杭州市。

中塞立法机关合作委员会第一次会议

2018年5月14日至23日，全国人大常委会副委员长曹建明率全国人大代表团访问塞尔维亚、克罗地亚和罗马尼亚。在塞期间，曹建明副委员长与塞国民议会副议长阿尔西奇共同主持中塞立法机关合作委员会第一次会议。全国人大外事委员会副主任委员张志军，农业和农村委员会副主任委员王宪魁，常委会副秘书长、监察和司法委员会副主任委员韩晓武，宪法和法律委员会副主任委员丛斌，财政经济委员会副主任委员郭庆平，教育科学文化卫生委员会副主任委员杨志今，外事委员会委员罗艳以及中国驻塞尔维亚大使李满长参加了会议。塞议会外委会主席、塞中议员友好小组主席奥布拉多维奇等60多名议员出席会议。双方就中塞关系、立法机关交往、经贸、农业、人文等领域务实合作以及治国理政和法治建设经验等深入交换看法。

中法(参议院)交流机制第8次会议

2018年7月1日至8日，应全国人大中法友好小组邀请，法国参议院法中友好小组主席雷纳尔率法参议院代表团一行8人访问北京、武汉、南京和上海，并在南京出席中法(参议院)交流机制第8次会议。在京期间，全国人大常委会副委员长曹建明会见并宴请，外事委副主任委员孙建国等参加；国家能源局副局长李凡荣、文物局副局长胡冰分别会见。在南京，孙建国副主任委员主持交流机制第8次会议，全国人大教育科学文化卫生委员会副主任委员杨志今、财政经济委员会委员徐如俊、外事委员会委员刘健、环境和资源保护委员会委员张通、宪法和法律委员会委员于志刚，江苏省人大常委会常务副主任魏国强、安徽省人大常委会副主任谢广祥、湖北省人大常委会副主任刘晓鸣、上海市人大常委会副主任沙海林、浙江省人大常委会副主任李卫宁及法方7位议员等参加。双方就中法关系、立法机构交往、应对逆全球化和经贸合作、能源转型和生态可持续发展、文化遗产保护、南海问题及中法地方合作等议题广泛、深入交换意见。

中俄议会合作委员会第4次会议

2018年7月3日至5日，俄罗斯联邦委员会主席马特维延科应邀率团访华并出席中俄议会合作委员会第4次会议。4日下午，习近平主席会见；4日晚，栗战书委员长主持中俄议会合作委员会第4次会议第二阶段会议并举行欢迎宴会，沈跃跃副委员长参加。同日上午，第4次会议第一阶段会议一般性议题和立法圆桌会议在两个会场同时举行。张业遂主任委员主持一般性议题讨论，外事委副主任委员傅莹、财经委委员刘修文、重庆市人大常委会主任张轩、黑龙江省人大常委会副主任范宏等参加。财经委副主任委员谢经荣主持立法圆桌会议，双方围绕对中小企业立法支持、电子商务法、森林保护与立法等议题充分交换意见。

中韩议会交流机制第11次会议

2018年9月18日至21日，孙建国副主任委员一行10人随同丁仲礼副委员长访韩并出席中韩议会交流机制第11次会议，外事委员会刘健委员参团访问。20日下午，丁仲礼副委员长和李柱荣副议长共同出席中韩议会交流机制第 11 次会议。中方代表团全体成员和驻韩国大使邱国洪，及韩国国会议员金盛赞、李锡玄、沈载权、尹相直、南仁顺、崔敬焕、吴济世、姜孝祥、宋喜卿参加。会议由金盛赞和孙建国共同主持，双方就中韩关系，议会交往，半岛局势，萨德问题，经贸、环保、人文交流合作，中国固体废物污染环境防治、森林保护立法，韩国可再生能源发展、核电利用等进行了深入交流。

中加议会交流机制主席会晤（机制框架内）

2018 年 10 月 20 日至 26 日，应全国人大中加议会协会邀请，加拿大议会加中议会协会共同主席戴伊参议员、佩斯基索利多众议员一行 5 人访问北京。22 日上午，王晨副委员长会见代表团，陈国民副主任委员、李义虎委员陪见。当日，陈国民副主任委员与代表团举行中加议会协会主席会晤并宴请。对外友协副会长谢元、外交学会副会长赵卫平分别会见并宴请。代表团还参观了北京冬奥组委等。

中智议会政治对话委员会第 12 次会议、中阿议会政治对话委员会第 3 次会议

2018 年 11 月 3 日至 11 日，应智利众议长费尔南德斯和阿根廷众议长蒙索邀请，全国人大外事委副主任委员、中国—阿根廷议会政治对话委员会主席、全国人大中国—阿根廷友好小组副组长鲁培军一行6 人赴智利、阿根廷分别出席中智议会政治对话委员会第 12 次会议和中阿议会政治对话委员会第 3 次会议。代表团主要成员有全国人大常委会副秘书长、教科文卫委委员、全国人大中国—智利友好小组副组长古小玉，全国人大外事委委员石香元、陈福利。在智期间，参议长蒙特斯、代众议长穆雷特、代外长瓦尔迪维亚分别会见，中智议会政治对话委员会智方主席科特主持交流机制会议，10 余名智议员出席。代表团调研了中远海运公司智利办事处和中国建设银行智利分行，赴瓦尔帕莱索访问了智国会。在阿期间，众议长蒙索、外交部对外政策副国务秘书斯劳维嫩分别会见，参院阿中友好小组主席帕伊斯参议员和众院阿中友好小组主席波列多众议员共同主持交流机制会议，约 40 名阿议员出席。代表团调研了阿第一所公立全日制中西文双语学校。代表团与两国中资企业代表分别举行了座谈。我驻智利大使徐步、驻阿根廷使馆参赞王晓林参加了相关活动。

中肯议会交流机制第一次会议

2018 年 11 月 11 日至 15 日，应肯尼亚国民议会肯中议员友好小组邀请，以全国人大常委会委员、全国人大外事委副主任委员、全国人大中肯议会交流机制中方主席陈国民为团长的全国人大代表团一行 6 人访问肯尼亚。代表团成员有全国人大常委会委员、全国人大财经委委员、全国人大常委会预算工作委员会副主任刘修文，全国人大常委会委员、全国人大民族委员会委员、全国人大教科文卫委员会办公室主任周敏。在内罗毕，代表团分别拜会肯国民议会议长穆图里、参议长卢萨卡，会见外交部常务行政副部长纳姆瓦姆巴；启动中肯议会交流机制并举行第一次会议，就中肯关系、议会交往、各自国内形势以及推动两国在经贸、教育、文化等领域的合作等议题进行深入交流；与肯国民议会国防与外交委员会举行工作会谈。在蒙巴萨，蒙郡议长卡特里和全体议员在郡议会大厅为代表团举行欢迎仪式，陈国民致辞并就中肯地方合作等回答议员的提问；出席卡特里议长的欢迎午宴。访肯期间，代表团与中国电建等 9 家中资企业座谈，乘坐蒙内铁路并考察起始站、调度中心和赖茨港，走访四达时代内罗毕总部和蒙巴萨营业厅。

中法(国民议会)交流机制第9次会议

2018年11月26日至30日,应法国国民议会法中友好小组邀请,全国人大外事委员会副主任委员张志军率全国人大代表团一行6人访问法国并举行中法(国民议会)交流机制第9次会议。代表团主要成员有全国人大财经委员会委员刘政奎和外事委员会委员陈福利等。法国国民议会主席费朗为代表团举行欢迎冷餐会,出席交流机制会议开幕式并致辞。国民议会法中友好小组主席陈文雄主持交流机制会议,6位法中友好小组成员参加。陈文雄主席与法参院法中友好小组主席雷纳尔共同为代表团举行欢迎晚宴。国民议会外事委员会主席德萨尔内会见代表团。代表团还分别与国民议会共和国前进党党团主席勒让德尔、激进左翼议员梅朗雄、法外交部亚大司司长马修会晤。根据法方安排,代表团访问了卢瓦尔大区索米尔市,来自卢瓦尔大区的国民议会法中友好小组成员、外事委员会委员圣—保罗、索米尔市市长古莱特分别会见代表团,并就中法地方交流和企业合作进行沟通。代表团赴当地医疗护理企业、西红柿培植基地、菌类养殖厂、城堡博物馆、法国国家马术学院、酿酒企业等交流,陈文雄主席与圣—保罗议员陪同代表团在卢瓦尔及索米尔访问。驻法国大使翟隽与代表团工作交流,李萍参赞全程参加访问活动,中国国际电视台法语频道报道了代表团访问特别是交流机制会议情况。

中英议会交流机制第9次会议

2018年11月7日至10日,应全国人大中英友好小组邀请,英国议会跨党派中国小组主席理查德·格雷厄姆率该小组代表团一行7人访问北京,并出席中英议会交流机制第9次会议。在京期间,全国人大常委会副委员长王晨会见,外事委员会副主任委员陈国民、宪法和法律委员会副主任委员胡可明参加。外事委员会副主任委员、全国人大中英议会交流机制常务副主席傅莹主持交流机制第9次会议,宪法和法律委员会副主任委员胡可明、常委会预算工作委员会副主任刘修文、环境与资源保护委员会委员矫勇、外事委员会委员李义虎等参加。双方就中英关系、议会交往,“一带一路”框架下合作,应对气候变化,香港、台湾、南海问题等共同关心的议题广泛、深入交换意见。外交部欧洲司司长陈旭,国务院发展研究中心副主任、中国国际发展知识中心第一副主任张来明分别会见;代表团还赴亚投行与英方官员交流,赴北京大学国际关系学院与师生座谈,并参观了故宫博物院和明园新领域教育学校。

中加议会交流机制第22次会议

2018年12月6日至8日,应加拿大议会加中议会协会邀请,全国人大常委会委员、外事委员会副主任委员、中加议会交流机制中方常务副主席陈国民率全国人大代表团一行6人赴加拿大出席中加议会交流机制第22次会议。代表团成员有全国人大常委会委员、全国人大教科文卫委员会委员徐延豪,全国人大常委会委员、全国人大环资委委员翁孟勇,全国人大财经委委员蔡玲。访加期间,代表团应邀旁听参议院全体会议,富里参议长向全体参议员介绍代表团时,全场鼓掌欢迎;出席中加议会交流机制第二十二次会议,就中加关系、立法机构交流以及推动两国在经贸、农业、能源等领域务实合作等议题进行深入交流;出席加方举行的欢迎午宴和早餐会;为多做工作,陈国民与包括加议会议联小组主席麦金蒂、国际贸易部长卡尔、环境与气候变化部长麦肯娜和小型企业及出口促进部长伍凤仪在内的20多名参众议员进行接触并深入交流,会见加外交部亚洲事务助理副部长博比亚什,应约与佩斯基索利多共同主席通电话。驻加大使卢沙野参加了主要会见、会谈活动。

四、发表的谈话、声明

全国人大外事委员会负责人就美国“2019 财年国防授权法案”涉华消极内容发表谈话

2018 年 8 月 14 日，全国人大外事委员会负责人就美国“2019 财年国防授权法案”涉华消极内容发表谈话，全文如下：

8 月 13 日，美国国会“2019 财年国防授权法案”经美国总统特朗普签署成法。该法包含要求制定“全政府对华战略”、支持扩大美台军事交往和对台售武、收紧中国对美投资审查、提交涉香港和南海形势报告等多项涉华消极条款。中国全国人大对此表示强烈愤慨和坚决反对，并将保留采取相关措施的权利。

上述法案涉华内容无视当今世界和平发展大势，充斥冷战思维和零和博弈过时观念，严重违反一个中国原则和中美三个联合公报规定，影响中美经贸、人文等领域合作，损害中国主权、安全利益，毒化中美关系氛围。美方如果实施有关条款，必将对中美关系大局和两国相关领域交流合作包括双方立法机关交往带来严重损害。

相互尊重是国与国相处之正道。作为全球前两大经济体，合作是中美唯一正确选择，也是国际社会的普遍期待。我们敦促美方正确看待中国发展和中美关系，恪守一个中国原则和中美三个联合公报规定，慎重妥善处理有关问题，不得实施有关涉华消极条款，做中美关系的积极推动者而不是破坏者。

中国人大网 2018 年 8 月 14 日

就美国“2018 年对等进入西藏法案”全国人大外事委员会发表声明

新华社北京 12 月 20 日电 美东时间 12 月 19 日，美国国会“2018 年对等进入西藏法案”经美国总统签署成法。该法案诋毁中国西藏对外开放政策，以所谓“对等原则”鼓噪对有关中方官员采取歧视性签证政策，违背国际关系基本准则，粗暴干涉中国内政，伤害中国人民的感情，并向“藏独”势力发出严重错误信号。中国全国人大对此表示强烈愤慨和坚决反对。

西藏事务纯属中国内政，不容任何外国势力干涉。中国西藏和其他四省藏区对各国人士是开放的。2015 年以来仅美国访藏人员就将近 4 万人次，其中包括中国全国人大接待的多批美国国会议员代表团。同时，由于当地特殊的地理和气候条件等因素，中国政府依法依规对外国人入藏采取一定管理措施，这是完全必要、无可厚非的。美方有关法案对中方的指责罔顾事实、充满偏见，我们对此绝不接受。如果美方将该法付诸实施，必将给两国各领域交流合作包括双方立法机关交往带来严重损害，中方也必将采取有力措施坚决维护自身利益。

中国对外开放的大门只会越开越大，西藏也会越来越开放。中方欢迎更多外国人士到中国西藏地区访问、旅游、经商，这一政策不会改变，但前提是必须严格遵守中国法律和相关规定、履行必要手续。

我们敦促美方充分认清涉藏问题的高度敏感

性，切实恪守在涉藏问题上作出的承诺，停止利用涉藏问题干涉中国内政，同时采取有效措施消除上述法案带来的不利影响，更不得实施该法，以避免严重损害中美关系和两国在重要领域的合作。

《人民日报》2018 年 12 月 21 日

专门委员会工作

· 第十三届全国人民代表大会第一次会议
· 特辑
· 常委会工作安排和会议议程日程
· 委员长讲话
· 立法工作
· 批准公约和条约
· 监督工作
· 人事任免
· 代表工作
· 对外交往
· 专门委员会工作
· 常委会相关活动
· 大事记

第十三届全国人民代表大会民族委员会2018年工作总结

（2018年12月25日第十三届全国人民代表大会民族委员会第四次会议通过）

十三届全国人大民族委员会成立以来，在全国人大及其常委会领导下，深入学习贯彻习近平新时代中国特色社会主义思想，全面贯彻落实党的十九大和十九届二中、三中全会精神，贯彻落实中央民族工作会议和十三届全国人大一次会议精神，坚持党的集中统一领导，坚持中国特色解决民族问题的正确道路，认真履行宪法和法律赋予的职责，紧紧围绕党和国家工作大局和全国人大常委会中心任务开展工作，取得了积极进展。

一、深入学习贯彻习近平新时代中国特色社会主义思想

始终把学习贯彻习近平新时代中国特色社会主义思想作为首要政治任务，作为做好人大民族工作的根本保证。召开4次民族委员会会议、3次分党组会议，举办9次专题讲座，集中传达学习习近平新时代中国特色社会主义思想和党的十九大精神，习近平总书记关于坚持和完善人民代表大会制度的重要思想和关于民族工作的重要论述，形成3份分党组学习情况报告、8份简报。委员会组成人员撰写学习体会8篇，在《民族法制通讯》上发表。

通过学习，委员会组成人员进一步增强了“四个意识”，始终在政治立场、政治方向、政治原则、政治道路上同以习近平同志为核心的党中央保持高度一致；进一步坚定了“四个自信”，坚定不移坚持和完善人民代表大会制度；进一步增强了“五个认同”，铸牢中华民族共同体意识，坚定不移维护国家统一和民族团结；进一步强化了纪律规矩意识，模范遵守宪法和法律。栗战书委员长在《十三届全国人大民族委员会分党组第一次会议情况》上批示要求，机关党组注意收集汇总各分党组有关情况，必要时纳入机关党组的报告报党中央。

二、认真组织开展专题调研

栗战书委员长在十三届全国人大专门委员会负责同志会议上强调指出，民族委员会要围绕全面贯彻党的民族政策和我国民族区域自治制度、促进民族地区发展进行调研，着力推动深化民族团结进步教育，打好民族地区脱贫攻坚战。根据《全国人大常委会2018年监督工作计划》，组织实施了全国人大常委会民族教育发展情况和脱贫攻坚工作情况专题调研。全国人大常委会对这两项专题调研高度重视，栗战书委员长、王晨副委员长亲自审定了调研方案，曹建明副委员长任专题调研组组长。共组成13个调研小组，分赴贵州、四川、广西、重庆等13个省（区、市）开展实地调研，形成13份调研分报告和2份专题调研报告。民族教育发展情况专题调研报告印发十三届全国人大常委会第七次会议。脱贫攻坚工作情况专题调研报告提交2019年2月份常委会审议。

民族教育是党的民族工作的重要内容，是党的教育事业的重要组成部分。曹建明副委员长在贵州省调研时强调，做好新时代民族教育工作，必须以习近平新时代中国特色社会主义思想为指导，坚持以习近平同志为核心的党中央坚强领导，准确把握民族教育的内涵定位和发展方向，大力培育和弘扬社会主义核心价值观，充分发挥民族教育在民族地区经济社会发展中的推动作用。调研组认为，党的十八大以来，在以习近平同志为核心的党中央坚强领导下，民族教育发展取得巨大进步，截至2017年，全国各级各类学校共有少数民族在校学生2918.59万人，占全国在校学生总数的10.73%，超出少数民族占全国总人口的比重，55个少数民族都有了自己的研究生，各族师生中华民族共同体意识不断增强；指出民族教育投入不足、发展不均衡、教师队伍建设滞后、职业教育办学水平不高等问题仍然是制约民族教育发展的重要因素；提出要全面贯

彻党的教育方针和民族政策、推动民族教育均衡发展、加强各民族教师队伍建设、提升职业教育发展水平、加强双语教育服务管理、完善民族教育相关规定，努力推动民族教育跨越式发展。

脱贫攻坚是党中央为实现全面建成小康社会宏伟目标作出的重大决策部署，是保障各族人民共享改革发展成果、实现共同富裕的重大举措。曹建明副委员长在四川省调研时指出，打好脱贫攻坚战，实现贫困群众对美好生活的向往，体现了我们党的初心和使命。我们一定要以对党中央和人民高度负责的态度，把深度贫困地区的脱贫攻坚作为一项重要政治任务和第一民生工程来抓，加强组织领导，压实工作责任，狠抓政策落实，确保在既定时间完成深度贫困地区的脱贫攻坚任务。调研组认为，民族地区脱贫攻坚取得了重大进展，2017 年民族地区剩余贫困人口 1032 万人，比 2015 年减少 781 万人，减贫率为 43.1%，贫困发生率从 2015 年的 12.1% 下降到 2017 年的 6.9%，同时民族地区面临脱贫攻坚任务艰巨、基础设施欠账较多、脱贫成效巩固提升难等困难和问题，全国贫困人口的三分之一、近一半的深度贫困村，“三区三州”以及 14 个集中连片特困地区的 11 个都在民族地区，民族地区农村贫困发生率高于全国 3.7 个百分点；提出要进一步突出精准施策、集中优势力量、抓实扶贫产业、激发内生动力、强化组织保障，着力推进国务院及其有关部门贯彻落实党中央关于打赢脱贫攻坚战的重大决策部署，确保少数民族和民族地区如期全面建成小康社会。

调研组所提意见建议受到高度重视。四川省精准施策综合帮扶凉山州全面打赢脱贫攻坚战，从产业和就业、教育事业发展、医疗卫生事业发展等 12 个方面提出 34 条政策措施；向凉山州 11 个深度贫困县选派脱贫攻坚综合帮扶工作队，实行“一县一队”精准帮扶。青海、西藏等省（区）党委、人大、政府负责同志审阅了调研报告，推动了工作的开展。

赴海南、浙江等省，就全面贯彻党的民族政策、促进民族地区经济社会发展等进行了调研。

三、举办第四期少数民族全国人大代表学习班

举办少数民族全国人大代表学习班是提高少数民族全国人大代表依法履职能力的有效途径，也是民族委员会的一项重点工作。9 月 3 日至 5 日，在山东省青岛市成功举办第四期少数民族全国人大代表学习班。栗战书委员长作出重要批示，强调“要加强对代表的政治引导，使其正确履行代表职责。曹建明副委员长出席开班式并讲话。民族委员会分党组专门召开会议，贯彻落实常委会领导同志批示精神，研究提出具体举措。邀请白春礼主任委员、丹珠昂奔副主任委员、郭振华委员作了《科技发展与脱贫攻坚》《习近平关于新时代民族问题的重要论述》《深入学习领会习近平总书记关于人大制度、民主法治的重要论述》专题讲座，到青岛上合峰会会址、海信集团、青岛港以及青岛市城市规划展览馆等地开展现场教学。来自全国 29 个省（区、市）的 90 多位少数民族全国人大代表和民族委员会组成人员参加。学习班取得圆满成功。

*一是提高政治站位。*代表们进一步增强了“四个意识”，坚定了“四个自信”，坚决维护习近平总书记党中央核心、全党核心地位，坚决维护党中央权威和集中统一领导。坚持和完善人民代表大会制度、民族区域自治制度，坚决贯彻落实党的十九大对做好新时代人大工作和民族工作的重大决策部署。深刻认识中国特色社会主义道路的鲜明特点和独特优势，切实铸牢共产主义理想信念的思想根基。牢固树立正确的国家观、民族观、历史观、文化观、宗教观，铸牢中华民族共同体意识，不断增进“五个认同”。严守政治纪律和政治规矩，努力提高依法履职能力。

*二是不忘初心使命。*1957 年，全国人大民族委员会在青岛召开民族工作座谈会，周恩来总理作了题为《关于我国民族政策的几个问题》的重要讲话，深刻分析中国民族问题的特点，阐述中国共产党的民族政策，是民族工作的纲领性文件。时隔 61 年，全国人大民族委员会在青岛举办少数民族全国人大代表学习班，对于深入学习贯彻习近平总书记关于民族工作的重要论述，传承发扬党的民族工作优良传统，做好新时代人大民族工作具有重要历史现实意义。

*三是明确努力方向。*代表们亲眼看到青岛港全自动化集装箱码头正迈入“无人时代”的奇迹，切身体验了我国改革开放 40 年取得的辉煌成就；现场观摩上合峰会这一重大主场外交的举办场地，亲身感受了我国大步走近世界舞台中央的自信姿态和坚定步伐；听取海信集团和青岛市的发展建设历程介绍，深刻领会了中国特色社会主义制度的巨大优越性，拓宽了视野，增长了见识，开阔了思路，同时也深刻感受到了民族地区与沿海地方的发展差距，

增强了努力为加快家乡发展做贡献的紧迫感和使命感。

栗战书委员长在学习班情况报告上再次作出重要批示，强调要不断总结、积累培训、学习的经验，为下一步办好学习班指明了方向。

四、召开人大民族工作座谈会

根据全国人大2018年度会议计划，10月28日，在全国人大会议中心召开人大民族工作座谈会。会议主题是：深入学习习近平新时代中国特色社会主义思想和党的十九大精神，深入学习贯彻习近平总书记关于坚持和完善人民代表大会制度的重要思想和关于民族工作的重要论述，深入学习贯彻中央民族工作会议、十三届全国人大一次会议精神和栗战书委员长关于人大民族工作的重要指示批示精神，按照党中央和全国人大常委会对做好新时代人大民族工作的部署要求，听取意见建议，推动新时代人大民族工作不断取得新进展。曹建明副委员长出席会议并讲话。民族委员会组成人员及天津、内蒙古、吉林等15个省（区、市）人大常委会负责同志参加。

曹建明副委员长在讲话中强调，做好新时代人大民族工作，必须坚持党的集中统一领导，确保人大民族工作的正确政治方向；必须着眼于贯彻落实“十三五”规划和全面建成小康社会，促进民族地区跨越式发展；必须不断提高民族工作法治化水平，切实提高依法治理民族事务的能力；必须坚持深化民族团结进步教育，推动铸牢中华民族共同体意识，加强各民族交往交流交融，努力谱写新时代人大民族工作的新篇章。

与会同志交流了许多好经验好做法。如立法工作方面，云南省注重以立法推动生态文明建设，37个民族自治地方的173件单行条例中，有关生态和资源保护的占60%以上。新疆维吾尔自治区人大常委会制定《新疆维吾尔自治区实施〈中华人民共和国反恐怖主义法〉办法》《去极端化条例》《民族团结进步工作条例》等地方性法规，依法打击暴力恐怖活动，推进去极端化，坚定不移维护民族团结和国家统一。如监督工作方面，内蒙古自治区人大常委会采取“解剖麻雀”的方式上下联动对精准脱贫工作进行监督，聘请智库专家参与，形成25个问题清单，建立问题清单销号制，切实增强了监督实效。贵州省人大常委会每年开展一次民族区域自治“一法两规定”执行情况的监督检查，促进监督工作机制化常态化。大家还提出了一些意见建议，主要是全国人大常委会、民族委员会要加强对地方人大民族工作的指导，特别是要加强顶层设计，引领地方立法工作积极稳妥开展，进一步强化对民族区域自治法贯彻实施情况的监督检查，推动国务院有关部门制定完善配套规章、具体措施和办法，加强民族团结进步教育和城市民族工作调研，加强对地方人大民族工作干部培训等。在十三届全国人大的开局之年召开人大民族工作座谈会，交流学习，听取意见，对于各级人大民族工作部门领导干部统一思想、熟悉情况、共同做好新时代人大民族工作发挥了积极作用。

五、举办第二十一期全国人大民族工作干部学习班

11月14日至16日，在陕西省西安市举办第二十一期全国人大民族工作干部学习班。主题是深入学习贯彻习近平新时代中国特色社会主义思想和党的十九大精神，学习贯彻习近平总书记关于坚持和完善人民代表大会制度的重要思想和关于民族工作的重要论述，学习贯彻栗战书委员长的重要讲话精神，进一步增强“四个意识”，坚定“四个自信”，强化责任担当，努力提高做好新时代人大民族工作的能力和水平，不断推进我国民族团结进步事业。民族委员会主任委员、副主任委员，30个省（区、市）及5个计划单列市人大民族工作部门及办事机构负责同志，29个自治州人大常委会负责同志，陕西省人大民族工作部门有关同志参加。组织安排了5场专题讲座，开展了内容丰富的现场教学。

白春礼主任委员在讲话中强调，人大民族工作干部必须深入学习贯彻习近平总书记关于坚持和完善人民代表大会制度的重要思想，必须深入学习贯彻习近平总书记关于民族工作的重要论述，切实坚定对中国特色社会主义政治制度的自信，始终坚持和不断发展人民代表大会制度和民族区域自治制度，不断巩固和加强平等团结互助和谐的社会主义民族关系。丹珠昂奔副主任委员全面阐述了习近平总书记对马克思主义民族理论的创新和发展。机关党组成员、全国人大常委会办公厅研究室主任宋锐同志系统阐述了习近平总书记关于坚持和完善人民代表大会制度的重要思想“十个坚持”主要内容，传达学习了栗战书委员长关于深入学习研究宣传贯彻总书记重要思想的要求。国务院扶贫办综合司司长苏国霞、国家民委经济发展司副司长冯

常海详细介绍了党的十八大以来民族地区经济社会发展和脱贫攻坚取得的巨大成就，深入解读了党中央关于推动民族地区发展的战略部署。

学员们到西安博物院、航天推进技术研究院、学习巷社区等地开展了现场教学，深刻领略了汉唐古都蕴藏的深厚历史文化底蕴，亲身感受了我国大力弘扬“两弹一星”精神和载人航天精神、推进创新驱动发展战略、加快建设科技强国的重大意义，面对面了解了西安市加强城市多民族社区管理创新，营造各民族共居、共学、共事、共乐良好环境的生动实践和典型经验。

学习班期间，组织召开了自治州人大常委会负责同志座谈会，围绕“抓住关键领域立法，保障经济社会发展”“强化监督实效，促进改革发展任务落实”“搭建代表履职平台，紧密联系人民群众”等进行了交流，提出了加大对民族地区帮扶力度、加强基层人大编制配备、加强对各级干部民族政策和民族理论的培训力度等建议，为进一步做好工作提供了有益借鉴。

六、认真研究办理代表建议

2018 年，民族委员会督办的重点督办建议共 4 项含 34 件代表建议，即加大深度贫困地区精准扶贫力度的建议、高质量完成易地扶贫搬迁建设任务的建议、推动贫困地区交通扶贫的建议和推进农村公路建设的建议。民族委员会在认真总结以往督办经验的基础上，制定了督办工作方案。坚持把督办工作与委员会工作相结合，积极参加国务院扶贫办、交通运输部等建议承办单位组织的调研；主动与提建议代表、承办单位和建议涉及地方联系沟通；及时就加强建议办理工作提出意见。目前，各承办单位都结合工作实际，制定了办理方案，出台了办理举措，有序推进落实。25 个部门出台了 26 个支持深度贫困地区脱贫攻坚的政策文件。2018 年，中央财政专项扶贫资金安排新增资金 120 亿元支持“三区三州”深度贫困地区，占增量资金的 60%。交通运输部印发的《农村公路服务乡村振兴决胜全面建成小康社会三年行动计划（2018—2022 年）》和正在起草的《农村公路条例》，均充分采纳了代表建议。重点督办建议办理工作取得实实在在的效果。

民族委员会负责办理的代表建议 2 件，即“关于修改民族区域自治法的建议”（第 5499 号，单独办理）和“关于对制定‘中华人民共和国民族团结进步促进法’进行可行性研究的建议”（第 2953 号，参阅办理）。根据党中央和全国人大常委会关于民族工作的重大决策部署，结合民族工作实际，在深入总结研究和加强与代表联系沟通的基础上，提出建议全国人大常委会法工委在拟定立法规划时，对民族区域自治法等法律是否作相应修改一并统筹考虑的意见，并及时答复代表。代表们对民族委员会的建议办理工作，均表示满意。

七、加强与有关部门、地方人大和全国人大代表的联系

1. 加强与有关部门联系沟通。与中央统战部、国家民委、全国政协民宗委、北京市人民政府共同举办“2018 年首都各民族人士迎春茶话会”，唱响“中华民族一家亲，同心共筑中国梦”的时代主题。与国家民委、国务院扶贫办、教育部等单位多次座谈，就开展专题调研、办理代表建议等沟通情况，交流意见，共同做好相关工作。

2. 加强与地方人大的联系交流。曹建明副委员长出席 2018 年中西部十七省（区、市）人大民族工作座谈会并讲话，强调要牢固树立“四个意识”、牢牢把握“八个坚持”，不折不扣把以习近平同志为核心的党中央关于民族工作重大决策部署落实到人大民族工作的全过程、各方面，对于人大民族工作部门强化政治建设，统一思想认识起到了重要作用。与会同志切身感受了西藏自治区团结稳定的局面和经济社会发展取得的辉煌成就，进一步坚定了走中国特色解决民族问题的正确道路的信心和决心。民族委员会积极支持西藏自治区人大筹办会议，与人大主要负责同志就会议主题等进行沟通，取得良好效果。接待湖北、北京、广西等 12 个省（区、市）人大常委会及人大民族工作部门负责同志的来访。参加自治区、自治州、自治县成立庆祝活动，深入了解民族工作情况，积极宣传党的民族政策。

3. 加强与代表的联系。认真贯彻《关于全国人大常委会委员联系全国人大代表的意见（试行）》，邀请全国人大代表参加专题调研、少数民族全国人大代表学习班和全国人大民族工作干部学习班等活动，拓宽代表知情知政渠道，支持代表依法正确履职。委员会组成人员在本地区、本部门开展相关工作时，注意加强与全国人大代表联系，虚心听取意见，帮助反映问题。

4. 办好《民族法制通讯》。全年共刊出 4 期，约

26万字。积极创新办刊方式、强化组稿审稿工作、加强通讯员队伍建设,不断提高《民族法制通讯》编辑出版水平,增强针对性、时效性和可读性。

八、参与做好外事工作

根据全国人大常委会统一安排,应邀组团出访缅甸、泰国两国。出访团组积极主动宣传习近平总书记关于民族工作的重要论述,介绍我国人民代表大会制度、民族区域自治制度和民族地区经济社会发展取得的伟大成就,讲好"中华民族一家亲、同心共筑中国梦"的民族团结故事,增进了全国人大民委与缅泰两国议会相关机构的沟通了解。

陪同常委会领导出访科摩罗、坦桑尼亚两国,参加接待津巴布韦、哈萨克斯坦、缅甸、巴基斯坦等国来访团组,接待国家民委"2018'一带一路'国家民族政策与实践研修班""2018发展中国家民族政策与实践研修班"学员。充分发挥委员会组成人员及办事机构同志熟悉民族工作的优势,广泛宣传党中央、全国人大常委会关于民族工作的重大决策部署,介绍少数民族和民族地区经济社会发展取得的巨大成就,讲好中国民族团结进步故事,增进了解互信,加强务实合作,维护祖国统一,推动全国人大与有关国家议会友好关系的发展。

九、加强自身建设

1. 加强委员会建设。坚持把党的政治建设摆在首位,深入学习贯彻习近平新时代中国特色社会主义思想和党的十九大精神,学习贯彻习近平总书记关于坚持和完善人民代表大会制度的重要思想和关于民族工作的重要论述,始终在政治立场、政治方向、政治原则、政治道路上同以习近平同志为核心的党中央保持高度一致。分党组充分发挥把方向、管大局、保落实的重要作用,深入贯彻落实党的十九大精神和十三届全国人大一次会议精神,及时修改《全国人民代表大会民族委员会工作规则》,制定《全国人大民族委员会联系全国人大代表办法(试行)》,明确坚持以习近平新时代中国特色社会主义思想为指导、铸牢中华民族共同体意识等重大原则,明确联系服务代表的措施机制。严格遵守党章党规党纪,严格执行中央八项规定及其实施细则精神,在调研、举办学习班等重要工作方案中都明确纪律要求并加强监督检查,注重实干实效,持续深入改进作风。

2. 加强办事机构建设。办事机构认真贯彻落实新时代党的建设总要求和全面从严治党各项要求,积极开展"不忘初心、牢记使命"主题教育,推进"两学一做"学习教育常态化制度化。组织党员干部赴天津周恩来邓颖超纪念馆开展主题党日活动,参观"伟大的变革——庆祝改革开放40周年大型展览",牢固树立"四个意识",坚定"四个自信"。认真组织参加全国人大机关党风廉政宣传教育周活动和民委机关党支部警示教育周活动,坚持开展集体学习,坚持支部书记讲党课,坚持逐级全员签订党风廉政建设责任书,强化纪律教育,增强党章党规党纪意识。编印《全国人大民族委员会办事机构工作制度汇编》并把2018年确定为制度执行年,强化制度执行情况监督检查,坚持用制度管人管事,建立长效机制。办事机构干部队伍建设得到加强,工作质量和水平明显提高,风清气正、积极向上的良好工作氛围进一步巩固。

第十三届全国人民代表大会宪法和法律委员会2018年工作总结

(2019年1月10日第十三届全国人民代表大会宪法和法律委员会第三十五次会议通过)

2018年3月13日,十三届全国人大一次会议根据宪法修正案的有关规定,表决产生了全国人大宪法和法律委员会。3月14日,宪法和法律委员会召开第一次全体会议,开始履行职责。

一年来,在党中央和全国人大及其常委会领导下,宪法和法律委员会认真学习贯彻习近平新时代中国特色社会主义思想,全面贯彻落实党的十九大和十九届二中、三中全会精神,牢固树立"四个意识",增强"四个自信",坚决维护习近平总书记党中央的核心、全党的核心地位,坚决维护党中央权威和集中统一领导，坚持党的领导、人民当家作主、依法治国有机统一，恪尽职守，扎实工作，在做好法律案统一审议等工作的同时，认真研究、推动落实党中央和宪法法律赋予的新使命新职责，较好完成各项任务。

一、深刻领会和把握设立宪法和法律委员会的重要意义

习近平总书记在党的十九大报告中提出，完善人大专门委员会设置，加强宪法实施和监督，推进合宪性审查工作，维护宪法权威。栗战书委员长强调，要健全宪法监督机制，推进合宪性审查工作，健全备案审查制度，确保所有法规规章、司法解释和各类规范性文件符合宪法规定和宪法精神；健全宪法解释机制，加强宪法解释工作，积极回应社会关切，努力实现宪法的稳定性和适应性的统一。王晨副委员长指出，设立宪法和法律委员会，从专门委员会层面上加强宪法方面的职能和工作，目的是为了弘扬宪法精神，增强宪法意识，加强宪法实施和监督，推进合宪性审查工作。

一年来，宪法和法律委员会通过召开分党组会议、组织专题讲座、开展集体学习，深入学习贯彻习近平总书记关于坚持和完善人民代表大会制度的重要思想、关于全面依法治国的新理念新思想新战略、关于宪法的重要论述，认真学习领会栗战书委员长、王晨副委员长的重要讲话精神，统一思想认识，不断提高政治站位，深感使命光荣、责任重大。我们深刻认识到委员会担负的政治职责和法律职责，准确把握关于设立宪法和法律委员会的重要意义：

一是，有利于坚持党的领导，巩固党的执政地位。我国宪法以根本法的形式反映了党带领人民进行革命、建设、改革取得的成果，确立了党的领导地位，确立了习近平新时代中国特色社会主义思想在国家政治和社会生活中的指导地位，确立了社会主义制度和中国特色社会主义道路。党的领导是中国特色社会主义的本质特征。我们讲依宪治国、依宪执政本质上不同于西方的“宪政”，不能以西方的坐标系来衡量我国的宪法和法治道路。宪法和法律委员会必须旗帜鲜明讲政治，毫不动摇坚持党的领导，始终在思想上政治上行动上同以习近平同志为核心的党中央保持高度一致，自觉把党的领导贯穿于履职工作全过程和各方面，依法开展合宪性审查，保证立法的正确政治方向，保证每一部法律都符合宪法精神、反映人民意愿、得到人民拥护，确保党的路线方针政策和党中央的决策部署得到全面贯彻落实，切实巩固党的执政地位。

二是，有利于总结实践经验，推进宪法实施和监督。宪法是国家的根本法，是治国安邦的总章程，是全国各族人民、一切国家机关和武装力量、各政党和各社会团体、各企业事业组织根本的活动准则。党的十八大以来，习近平总书记多次强调坚持依法治国首先要坚持依宪治国、坚持依法执政首先要坚持依宪执政，对实施宪法阐明一系列重大论断、作出一系列重大部署、提出一系列重大举措，为加强宪法实施和监督、推进合宪性审查工作，指明了前进方向，提供了根本遵循。全国人大常委会积极推进宪法实施有关工作：设立国家宪法日，实行宪法宣誓制度，加强宪法宣传教育，大力弘扬宪法精神；实施宪法规定的特赦制度，在中国人民抗日战争暨世界反法西斯战争胜利 70 周年之际，作出对部分服刑罪犯实行特赦的决定；制定国家勋章和国家荣誉称号法，落实宪法规定的国家功勋荣誉表彰制度；制定国歌法，同此前已经施行的国旗法、国徽法一道，维护宪法确立的国家重要象征和标志的尊严。这些工作，为加强宪法实施和监督提供了有益经验、打下了坚实基础。宪法和法律委员会必须认真总结宪法实施和监督实践的有益经验，增强宪法意识，做好统筹谋划，把推进宪法有效实施和维护宪法权威作为依法履职的重要内容，加强合宪性审查工作，把全面贯彻实施宪法提高到一个新水平。

三是，有利于坚持人民当家作主，发展社会主义民主政治。我国宪法是一部充分体现人民共同意志、充分保障人民民主权利、充分维护人民根本利益的好宪法，是党的主张和人民意愿的有机结合，是全体人民根本利益的集中体现。中国特色社会主义进入新时代，我国社会的主要矛盾已经转化为人民日益增长的美好生活需要和不平衡不充分的发展之间的矛盾，人民群众对美好生活的向往逐渐向民主、法治、公平、正义、安全、环境等方面拓展。这对坚持和完善人民代表大会制度、建设社会主义法治国家都提出了新要求。宪法和法律委员会必须认真履行宪法和法律赋予的各项职责，坚持宪法精神和原则，坚持人民主体地位，把人民对美好生活的向往作为奋斗目标，着力解决好人民最关心最直接最现实的利益问题，不断满足人民群众对法治的新需求和新期待，以切实保障实现人民当家作主，推进社会主义民主政治建设。

四是，有利于依法保障深化改革，推进实现国家治理体系和治理能力现代化。按照“两个一百年”的奋斗目标，党的十九大提出到2035年“法治国家、法治政府、法治社会基本建成，各方面制度更加完善，国家治理体系和治理能力现代化基本实现”；到本世纪中叶即建国一百年时“实现国家治理体系和治理能力现代化。”这一宏伟目标对立法工作提出了更高要求。法治是国家治理体系和治理能力现代化的重要依托。实现全面深化改革总目标，必须加强宪法实施，厉行法治，保证各项重大改革在法治轨道上推进。宪法和法律委员会必须坚守宪法原则，秉持法治精神，在立法工作中坚决破除一切不合时宜的思想观念和体制机制弊端，突破利益固化的藩篱，积极推进构建系统完备、科学规范、运行有效的制度体系，为全面深化改革提供坚实的制度保障。宪法和法律委员会必须切实履行法定职责，确保规范性文件与宪法法律相一致，维护国家法制统一，用宪法法律引领改革、凝聚共识，推动落实各项重大改革举措，在法治下推进改革，在改革中完善法治，不断推进国家治理体系和治理能力现代化。

二、积极稳妥推进宪法实施和监督工作

十三届全国人大常委会第三次会议作出了关于宪法和法律委员会职责问题的决定，明确委员会在行使原法律委员会统一审议法律草案等职责的同时，增加推动宪法实施、开展宪法解释、推进合宪性审查、加强宪法监督、配合宪法宣传等工作职责。宪法和法律委员会围绕做好宪法有关工作，召开内部务虚会，就如何依法履职进行专题讨论和深入研究。王晨副委员长出席会议并作出重要指示，提出明确要求。大家一致认为，我国宪法是党领导人民制定的，是党的主张和人民意志的高度统一。全社会对于贯彻实施新修改的宪法，对于加强宪法实施和监督，高度关注，充满期待。宪法和法律委员会的各项工作与宪法密切相关，具有高度的政治性、法律性、理论性、实践性，必须按照党中央的决策部署，在全国人大常委会的领导下，稳步推进和提高，依法履行好宪法方面的相关工作职责。

一年来，宪法和法律委员会准确把握职能定位，严格遵照宪法和法律的规定行权履职，积极稳妥推进宪法实施和监督工作。

一是，做好监察法草案统一审议工作，全面准确贯彻落实宪法修正案精神。深化国家监察体制改革，是以习近平同志为核心的党中央作出的事关全局的重大政治体制改革。十三届全国人大一次会议修改宪法的一个重要内容设立国家监察委员会，并规定监察机关的职权和工作制度。制定第一部监察法，是贯彻落实党的十九大精神，深化国家监察体制改革的关键步骤，是宪法和法律委员会成立后的第一项重大立法任务。十三届全国人大一次会议期间，宪法和法律委员会坚持以宪法为依据，全力以赴做好监察法草案统一审议工作，广泛听取、深入研究、认真回应全国人大代表的意见建议，全面准确落实宪法有关规定和精神，审慎提出法律草案修改稿和审议结果报告，为大会顺利通过监察法筑牢宪法基础。

二是，严格按照宪法规定，在法律案统一审议中认真研究和回应与宪法有关的问题。对提请常委会审议的每部法律草案是否符合宪法进行审议，认真研究、妥善处理、及时回应各方面对宪法问题的重大关切，确保常委会通过的法律、作出的决定决议与宪法的原则、规定、精神保持一致，推进以宪法为核心的中国特色社会主义法律体系不断完善。比如，在统一审议英雄烈士保护法草案过程中，针对英雄烈士的范围问题，根据宪法序言精神和人民英雄纪念碑碑文，明确提出将英雄烈士的范围确定为近代以来，为国家、为民族、为人民作出牺牲和贡献的英烈先驱和革命先行者，重点是中国共产党、人民军队和新中国光辉历程中涌现出的无数英雄烈士。又如，在统一审议《关于在上海设立金融法院的决定（草案）》过程中，认真研究并遵循宪法和人民法院组织法对于专门人民法院的有关规定，参照设立其他专门法院的实践，提出由全国人大常委会作出在上海设立金融法院的决定，并对法官的任免、案件管辖范围及法律监督等提出符合宪法精神的审议意见。再如，在统一审议刑事诉讼法修正草案、人民法院组织法修订草案、人民检察院组织法修订草案的过程中，对法律修改权限和程序是否符合宪法规定，进行反复研究，认真分析，提出了符合宪法精神的审议意见和处理办法。

三是，深入开展宪法学习，进一步夯实履职基础。宪法和法律委员会加强学习，立足自身建设，不断提高履职能力，为更好履职夯实基础。认真学习领会习近平总书记关于宪法的重要论述，组织逐条通读宪法全文，深入开展宪法有关理论问题专项研究，把握宪法精髓、领悟宪法精神；组织开展合宪性问题内部专题研讨，积极推进合宪性审查工作机制建设，加强宪法实施和监督；赴杭州“五四宪法”

历史资料陈列馆集体参观，现场开展学习交流，深刻体悟党和国家老一辈领导人对于宪法的深刻认识和卓越贡献，从源头中汲取力量，从历史中获得启发，不忘初心，牢记使命，进一步坚定宪法自信，增强宪法自觉。我们根据宪法法律和有关决定，及时修改完善委员会工作规则，抓紧研究起草履行有关宪法工作职责的议事规则，进一步健全工作机制，规范议事程序，打牢依法履职的制度基础，以制度提升履职能力。

四是，配合做好宪法宣传工作，大力弘扬宪法精神。全国人大常委会组织一系列重要活动，推动宪法学习宣传。3 月 27 日举行“深入学习宣传和贯彻实施宪法”座谈会、9 月 7 日召开全国人大常委会立法工作会议、9 月 15 日召开第二十四次全国地方立法工作座谈会、9 月 26 日举行“深入学习贯彻习近平总书记关于坚持和完善人民代表大会制度的重要思想”交流会、12 月 4 日第五个宪法日举行“深入学习贯彻实施宪法坚定不移推进改革开放”座谈会，栗战书委员长出席各次会议并发表重要讲话，有力推动了宪法的学习宣传和贯彻实施。宪法和法律委员会积极参加相关活动，就学习贯彻习近平总书记关于宪法的重要论述、推动宪法的实施和监督在有关会议上作重点发言，汇报学习认识和体会，提出有关的工作思路和建议，积极配合做好宪法的宣传工作。委员会有关成员还赴香港出席国家宪法日宣传教育活动，并发表题为“国家宪法与改革开放40年”主旨演讲；赴延安出席陕西省国家宪法日座谈会并发表讲话；多次到中央国家机关、有关省（区、市）等进行宪法宣讲。这些工作，对于普及宪法知识、弘扬宪法精神、正确实施宪法、维护宪法权威起到了积极作用。

三、努力做好法律案统一审议工作

2018 年 8 月，党中央批准了十三届全国人大常委会五年立法规划，对本届立法工作作出安排部署，提出一类项目和二类项目共计 116 件。其中，一类立法项目安排新制定法律 33 件，修改法律 34 件，任务十分繁重。栗战书委员长在全国人大常委会立法工作会议上明确要求，宪法和法律委员会要履行好统一审议法律草案等工作职责，认真研究、积极吸收全国人大及其常委会组成人员意见和各方面意见。一年来，宪法和法律委员会认真贯彻落实党中央决策精神和常委会工作部署，尽职尽责做好法律案统一审议工作，加大立法工作力度，加快立法工作步伐，不断提高立法质量。共召开宪法法律委和法工委两委主任办公会议 6 次，召开宪法和法律委员会全体会议 34 次，对 35 件法律案（其中，法律草案 28 件，有关法律问题的决定草案 7 件）进行了统一审议，向全国人大及其常委会提出法律案修改稿 25 件、建议表决稿 30 件，各类审议报告 58 件；还对 11 件法律案和有关报告列入常委会会议议程提出了审议意见。其中，大会和常委会已审议通过新的法律 9 件，修改法律 47 件，通过有关法律问题的决定 7 件。

——推进反腐败国家立法，审议国家监察体制改革相关法律案。落实党的十九大关于深化国家监察体制改革的重大战略部署，在第十三届全国人大一次会议期间，将统一审议监察法草案作为宪法和法律委员会最主要、最重大的政治任务和立法任务，认真做好统一审议监察法草案工作，着重就监察委员会的职责、留置场所和留置后监察机关的义务、搜查程序和被调查人与涉案人员合法权利的保护等问题进行讨论，提出修改意见。审议刑事诉讼法修正草案和国际刑事司法协助法草案，重点从完善刑事诉讼与监察制度的衔接机制、建立刑事缺席审判制度、深化司法领域国际合作等角度对草案进行了分析研究，提出审议意见。

——深化国家机构改革，审议完善国家机构组织相关法律案。贯彻党和国家机构改革决策部署，统筹运用全面修法、打包修改、作出决定等方式，以法治手段对构建系统完备、科学规范、运行高效的国家机构职能体系提供保障。一是统筹考虑司法体制改革相关法律制度的调整完善，审议人民法院组织法修订草案、人民检察院组织法修订草案，审议人民陪审员法草案，推动落实法官员额制和司法责任制，着重从司法机关职权和组织机构、司法人员保护等角度提出审议意见。二是确认和巩固国家组织机构和干部人事制度改革新经验新成果。审议公务员法、法官法、检察官法修订草案、消防救援衔条例草案、村民委员会组织法和居民委员会组织法修正案草案、森林法等 7 部法律的修正案草案、野生动物保护法等 15 部法律的修正案草案、产品质量法等 17 部法律的修正案草案、关于在上海设立金融法院的决定、关于中国海警局履行海上维权执法职权的决定、关于国务院机构改革涉及法律规定的行政机关职责调整问题的决定等决定草案，以确保相关机构、职责、队伍等改革及时到位为目标，提出审议意见。三是根据“放管服”改革要求，在审议打包修改的法律案时，就涉及取消行政许可事项和优化服务、完善事中事后监管措施等条款提出修改意见。

——修改完善民事法律规范，审议民法典合同编、侵权责任编草案。按照民法典编纂工作“两步走”的计划，在民法典各分编草案整体提请全国人大常委会审议后，根据实际情况将草案各分编拆分成几个单元分别进行若干次审议和修改完善，对民法典合同编草案和侵权责任编草案进行了统一审议。在审议合同编草案时，提出调整合同编体例结构的意见，并对情势变更规则、保证方式的推定、保理合同、物业服务合同等，根据新的实践和需要，提出修改完善建议。在审议侵权责任编草案时，对确立“自甘风险”规则和“自助行为”制度、完善精神损害赔偿制度、规定侵犯知识产权的惩罚性赔偿制度等，进行认真审议，并对因劳务关系造成损害的责任承担、因高空坠物造成损害的责任承担等问题和关于网络侵权责任、医疗损害责任、生态环境损害责任等规定提出修改意见。

——适应建设现代化经济体系要求，审议社会主义市场经济制度相关法律案。一是，为维护市场秩序，规范市场运行，审议电子商务法草案，根据“创新是引领发展的第一动力”的要求，遵循规范经营与促进发展并重的思路，着重就规范电子商务经营者特别是平台经营者义务与责任、保证交易安全、保护用户和消费者权益等提出审议意见；审议公司法修正案草案，着重对股份回购的情形及方式、风险防范、债权人和投资者权益保障等问题，提出审议意见。二是，为加强产权保护，夯实社会主义市场经济法治基石，总结相关改革试点经验，审议农村土地承包法修正案草案，围绕处理好农民与土地关系的主线，着重就土地承包期限、土地承包经营权流转等问题，提出修改意见。在农村土地征收、集体经营性建设用地入市、宅基地管理等方面，建议继续延长有关改革试点期限。审议关于专利等知识产权案件诉讼程序若干问题的决定，统一知识产权案件裁判尺度，加强司法保护力度。三是，落实税收法定原则，坚持问题导向，完善税收制度，审议个人所得税法修正案草案，着重就基本减除费用标准和专项附加扣除的范围、标准等进行审议，建议在法律中明确应纳税所得范围和减免税情形，并增加规定国务院关于免税、减税的规定应当报全国人大常委会备案；审议耕地占用税法草案、车辆购置税法草案，着重就草案规定的税额和减免税、补税、退税等情形进行审议，建议明确相关表述的具体含义、标准和范围，并增加规定国务院关于减征或者免征的规定应当报全国人大常委会备案。

——深化医药卫生体制改革，审议医疗卫生健康领域法律案。坚持新形势下卫生与健康工作方针，审议基本医疗卫生与健康促进法草案，以人民为中心、为人民健康服务为根本点，保基本、强基层，着重就基层医疗服务能力建设、医疗卫生人员培养和保障、医保与医疗服务合作机制、药品研发与创新、医疗纠纷预防与处理等问题提出修改意见。审议关于延长药品上市许可持有人制度试点期限的决定，与药品管理法修改以及疫苗管理法的立法工作做好衔接和协调。

——加强生态环境保护，审议土壤污染防治法草案。贯彻落实党中央关于生态文明建设的重大改革决策部署，坚持预防为主、保护优先，统筹与环境保护法、大气污染防治法、水污染防治法等相关法律的关系，审议土壤污染防治法草案，对土壤污染的预防、普查、监管、水土一体污染防治、土壤污染修复和资金保障、违法行为的处罚措施等问题，进行了充分讨论，提出修改意见。

——坚持将社会主义核心价值观融入立法，审议英雄烈士保护法等法律案。在统一审议中，重点把握立法目标和价值导向、法律规范和道德规范的有机统一，着力推动社会主义核心价值观融入中国特色社会主义法律体系。审议英雄烈士保护法草案，贯彻落实崇尚、捍卫、学习、关爱英雄烈士的立法精神，积极回应人民群众关切，建议规范英雄烈士纪念祭扫活动，维护英雄烈士荣誉和权益，建立检察机关公益诉讼制度，对亵渎英雄烈士的行为规定追究法律责任，并就法律实施和普法宣传工作提出意见建议。

四、认真做好议案办理、对外交流和自身建设工作

（一）议案办理工作

十三届全国人大一次会议主席团交付宪法和法律委员会审议的代表提出的议案共104件，涉及34个立法项目、1项授权决定。其中，建议修改法律的62件，涉及19个立法项目；建议制定法律的41件，涉及15个立法项目；建议作出授权决定的1件。

宪法和法律委员会尊重代表主体地位，高度重视议案办理工作，将议案办理工作与编制十三届全国人大常委会立法规划和法律草案修改工作紧密结合起来，规范办理流程、完善办理时限、健全沟通机制、提高办理实效。宪法和法律委员会认真研究

代表议案建议,对104件议案的办理意见进行了审议。一年来,16件议案涉及的6个立法项目,已由全国人大常委会审议通过;17件议案涉及的3个立法项目,已提请全国人大常委会审议;50件议案涉及的14个立法项目,已列入本届全国人大常委会立法规划,并对列入一类、二类立法项目的,根据全国人大常委会立法工作会议精神,按“任务、时间、组织、责任”四落实的要求,督促落实牵头起草单位,抓紧研究论证和起草工作;8件议案涉及的4个立法项目,将会同有关方面积极推进立法进程,建议适时纳入立法规划或者立法工作计划;12件议案涉及的7个立法项目,有的可待条件成熟时纳入立法规划或者年度立法工作安排,有的可在相关法律的起草或者修改等工作中统筹考虑。

(二)对外交往工作

根据常委会外事工作安排,宪法和法律委员会代表团对俄罗斯、越南、柬埔寨三国进行了对口专门委员会的友好交流访问,这是宪法和法律委员会成立以来首次出访。访问的三国,都是我国重要近邻和“一带一路”沿线国家,具有重要战略意义。此访通过交流互鉴,推动落实国家领导人达成的重要共识,促进务实合作,为国家总体外交服务,达到了通过议会外交密切与周边国家往来、加强议会之间各层次交流、增进了解和互信、巩固人民友谊的目的。此外,参加常委会统一安排的议会间定期和对口交流活动,派员赴塞尔维亚、菲律宾、新西兰等国访问和赴韩国、俄罗斯、乌兹别克斯坦等国出席国际会议。先后参与接待外国议会访华团组12次,接待来自俄罗斯、英国、泰国、比利时、乌克兰、挪威等国议会、宪法法院、有关党派等代表团。

在对外交往中,宪法和法律委员会注意结合相关外事活动主题,充分介绍中国法治建设取得的成就和经验,积极宣传习近平新时代中国特色社会主义思想、人民代表大会制度和我国改革开放40年的巨大成就,努力讲好中国故事、宪法故事、立法故事,取得良好效果。

(三)自身建设

宪法和法律委员会把党的政治建设摆在首位,狠抓机关自身建设。一是加强政治学习。认真学习贯彻习近平新时代中国特色社会主义思想和党的十九大和十九届二中、三中全会精神,坚决维护习近平总书记核心地位,坚决维护以习近平同志为核心的党中央权威和集中统一领导,坚决服从全国人大常委会党组的领导,把讲政治贯穿到各项工作中。二是注重分党组建设。宪法和法律委员会分党组多次召开会议,对所担负的重要职责和工作任务,加强统一思想认识工作。充分发挥分党组的重要作用,确保立法的正确政治方向,确保完成好党中央交给的立法任务,把党的主张通过法定程序转化为国家意志。三是加强学习研究。按照职责定位要求,多次举行全体会议认真学习宪法,对一系列重大问题深入开展调查研究,分别就宪法宣誓制度立法、宪法学教材和教育、检察机关公益诉讼制度、健全金融法治体系、完善监狱管理制度等专题,形成研究报告,报送常委会领导。四是加强制度建设。修改完善委员会工作规则,坚持重大事项向上级请示报告,审议意见向部门反馈送达,邀请全国人大代表列席会议,及时开展法律实施效果评估等相关工作机制,推进法律案统一审议工作的规范化、制度化、程序化。严格执行中央八项规定和实施细则精神,大兴调查研究之风,坚决反对“四风”,做到清正廉洁,自觉接受监督。严格会风会纪,认真执行常委会有关要求,确保组成人员协调好工作安排,及时出席统一审议会议。

五、主要体会

通过一年来的工作,我们深切体会到,做好新时代的立法工作,全面落实立法规划提出的任务要求,必须认真贯彻党中央决策精神和常委会工作部署,加强调查研究,把立法要解决的问题找准,把有关情况了解清楚,把问题原因分析透彻,把立法中的不同意见考虑充分,把解决问题的方案研究妥当,审慎提出审议意见,切实履行好统一审议法律草案等工作职责。同时,积极适应新时代新形势新要求,在保证立法质量的前提下,不断加大立法工作力度,加快立法工作步伐,确保每一项立法都符合宪法精神、反映人民意志、得到人民拥护,为国家各方面事业发展提供及时、有力的法律支撑和保障。

(一)必须旗帜鲜明讲政治,始终坚持正确的政治方向

立法是国家重要的政治活动,只有旗帜鲜明讲政治,才能保证正确的政治方向。一年来,我们进行法律案的统一审议,加强和推进宪法法律实施,都自觉坚持党的领导,自觉贯彻落实党中央各项决策部署。对重大立法事项,立法涉及的重大体制、重大政策调整,以及需要由党中央研究决定的立法中的重大问题,都主动提请常委会党组向党中央请示报告,并保证中央决策的贯彻落实。比如,宪法和法律委员会作为中央全面依法治国委员会成员

单位,特别是作为立法工作协调小组成员单位,深入贯彻落实习近平总书记在纪念改革开放40周年大会上的重要讲话精神和对疫苗问题的重要批示,积极协调推动党中央交办的外商投资法、疫苗管理法两部重大立法项目的起草论证工作,取得积极进展。又如,在制定监察法、电子商务法、土壤污染防治法、民法典各分编、修改刑事诉讼法、农村土地承包法、公务员法、人民法院组织法、人民检察院组织法等过程中,通过常委会党组向党中央请示汇报9件次,对党中央作出的决策部署,不折不扣地贯彻到立法工作中。再如,贯彻落实中央全面依法治国委员会第一次会议精神和工作部署,按照中央依法治国办通知要求,系统梳理了全国人大及其常委会贯彻实施宪法的有关情况,并向各省(区、市)人大常委会发函了解相关情况,在此基础上形成《全国人大宪法和法律委员会关于宪法实施情况的报告》,并上报中央依法治国办。

(二)必须深入推进科学立法、民主立法、依法立法,努力提高立法质量,以良法促进发展、保障善治

提高立法质量是立法工作的永恒话题。社会实践没有止境,立法工作没有止境,提高立法质量也没有止境。宪法和法律委员会必须以提高立法质量为抓手,严守立法质量的最后一道关口,深入推进科学立法、民主立法,依法立法,保证人民群众在每一项法律制度中都感受到公平正义。

一要深入做好调查研究。宪法和法律委员会在依法履职过程中,围绕法律案中的重大制度安排和关键问题,加强和改进调查研究工作,多层次、多方位、多渠道调查了解情况,坚持走出去调研和请进来调研、综合调研和专题调研相结合,注重运用大数据等现代手段采集信息,力求将事物的实际情况调查清楚,将问题的本质和规律把握准确,将解决问题的思路对策研究透彻。比如,在审议土壤污染防治法草案时,为摸清楚各地方土壤污染及防治的具体情况,宪法和法律委员会负责同志带队赴江苏、浙江、河北、陕西等地调研,听取环保、农业、国土等部门、土壤污染风险管控和修复企业、部分全国人大代表、专家学者的意见,把各地方情况了解清楚,又在信息归集的基础上进行综合分析和深入研究。通过调研,把结论和决策建立在扎实可靠的客观实际情况基础上。

二要深入把握法律调整的社会关系。深入把握法律调整的社会关系,是科学立法的核心环节,也是遵循立法规律的必然要求。当前我国正处于全面深化改革的攻坚阶段,体制机制深刻变革,法律所调整的社会关系也呈现出复杂性、多样性、变动性。必须深入研究清楚所调整的社会关系的性质和特征,从一般到个别,透过现象看本质,针对最需要规范的社会问题,采用最适当的调整方法,确保制度设计精准有效。比如,为修改好、完善好基本医疗卫生与健康促进法草案,宪法和法律委员会负责同志随同栗战书委员长赴云南,就巩固深化医药卫生体制改革成果和经验,均衡、合理、科学地配置医疗资源,促进医疗资源的综合利用和实现共享,确保我国医疗卫生事业的公益性等问题,开展立法调研。宪法和法律委员会全体成员还集体赴有关省市,深入社区卫生服务中心、乡镇卫生院、村卫生室等基层一线调研,了解制度具体运行情况和涉及的法律关系,努力使这部卫生与健康领域第一部基础性、综合性法律,能切实引领和推动深化医药卫生体制改革。

三要加强立法决策量化论证。注重充分运用大数据助力立法决策,注重获取和运用数据,加强对数据的研究和分析,“用数据说话、用数据决策”,实现精细化治理。比如,在耕地占用税法审议过程中,要求有关部门提供农民建房交税的基本数据,在此基础上深入研究,审慎提出审议意见,确保立法决策科学、精准。在个人所得税法研究修改过程中,通过网络向社会征求意见,根据法律案的不同内容,对55631位网民和25封群众来信提出的意见,按照提出时间、地域分布、争议焦点等进行量化分析,并在此基础上进行深入分析,力图更准确地把握社情民意,确保提出符合实际的审议意见。

(三)必须积极回应社会关切,让人民群众在每一项法律制度中都感受到公平正义

法治建设必须牢牢把握社会公平正义这一价值追求,努力让人民群众在每一项法律制度中都感受到公平正义。宪法和法律委员会在履职过程中坚持以人民为中心,紧扣经济社会发展实际和人民群众关切,从人民群众最关心最直接最现实的利益问题入手,找准利益的矛盾点、交汇点,从法律制度上充分体现发展为了人民、发展依靠人民、发展成果由人民共享,努力增强人民群众的获得感、幸福感、安全感。比如,疫苗接种关系人民群众生命健康,关系公共卫生安全和国家安全,长春长生问题疫苗案件引发全民关注,习近平总书记多次作出重要指示批示。宪法和法律委员会认真贯彻落实习近平总书记重要指示精神,积极回应人民群众关切,在审议基本医疗卫生与健康促进法草案过程

中,围绕疫苗管理中存在的突出问题,积极回应人民群众对疫苗问题的重大关切,提出单独制定疫苗管理法的建议,推动落实监管责任、企业主体责任,建立质量安全追溯体系,努力做到人民有所呼、立法有所应。又如,农村土地承包法修改过程中,坚持尊重农民群众意愿,制度设计重在惠农富农、利国安民。删除了法律草案中关于承包方全家迁入城市转为非农业户口的,应当将承包地交回发包方的规定,解除农民进城的后顾之忧。再如,为破除电商垄断痼疾,在电子商务法草案审议中,充分吸收平台内经营者、消费者、业内人士、专家学者的意见,对电子商务平台经营者的行为和责任予以明确规范。

(四)必须善于协调各方意见,在确保立法质量的前提下,加快立法工作步伐

加强立法工作组织协调,是发挥人大及其常委会主导作用的内在要求。立法往往涉及多个部门、触动多方利益,只有加强立法统筹协调,才能兼顾各方面意见,协调好各方关系,解决好各类矛盾和问题,平衡好各方利益和诉求,从而更好规范各类主体的行为,保障人民群众利益。特别是落实党中央全面深化改革任务,打赢"三大攻坚战",立法工作时间紧、任务重,必须按照栗战书委员长的指示精神,加快立法工作步伐,不能因为还有不同意见就犹豫不决,该下决心就下决心。宪法和法律委员会在审议法律案过程中,对于法律关系复杂、各方争议较大的问题,坚持深入调研、反复论证,广泛听取各方意见,促使各方达成共识,努力做到周密稳妥。同时,为保证繁重的立法任务顺利完成,经常加班加点,通过加开会议、延长会期等方式,既确保统一审议工作依法按程序进行,又能根据党中央精神提出扎实的研究意见或审议意见,供常委会适时作出政治决断、法律决断,加快立法工作步伐,提高立法工作效率,推动重要法律案如期出台。比如,在个人所得税法修改过程中,对起征点数额等问题,各方意见分歧较大。根据党中央决策精神,我们在审议过程中加强与财政部、税务总局、预算工作委员会等部门沟通协调,对常委会委员做好解释说明工作,努力使各方达成一致意见,保证了法律及时修改通过,保证人民群众早日享受改革红利,得到实惠。

一年来,宪法和法律委员会工作在顺利开局、取得进展的同时,也存在不足。在法律草案审议中与有关部门的协调还需进一步加强;立法调研方法有待改进,需要进一步加强"定量"的数据分析;理论研究有待强化,需要进一步加强对宪法实施监督中的有关重大理论问题和立法中一些深层次共性问题的研究;宪法宣传和立法宣传需要继续推进,进一步增强讲好中国宪法故事、立法故事的主动性和自觉性;统一审议工作的规范化、程序化、精细化程度还需进一步提高等。

第十三届全国人民代表大会监察和司法委员会 2018 年工作总结

(2019 年 1 月 29 日第十三届全国人民代表大会监察和司法委员会第四次会议通过)

2018 年,全国人大监察和司法委员会坚持以习近平新时代中国特色社会主义思想为指导,贯彻落实党的十九大和十九届二中、三中全会精神,深入学习贯彻习近平总书记关于坚持和完善人民代表大会制度的重要思想,在全国人大及其常委会领导下,积极适应改革要求,认真履行法定职责,稳步推进各项工作,实现良好开局。

一、主要工作

(一)加强理论武装,确保正确政治方向。委员会认真学习习近平新时代中国特色社会主义思想,树牢"四个意识",坚定"四个自信",坚决维护习近平总书记党中央的核心、全党的核心地位,坚决维护党中央权威和集中统一领导。采取多种方式不断把学习贯彻引向深入。通过学习,结合工作实际,我们深刻认识到监察和司法委员会联系的国家监委、最高人民法院、最高人民检察院、公安部、国家安全部、司法部等单位都是"刀把子"单位,担负着维护国家政治安全和社会稳定的重要职责。我们必须深刻领会习近平总书记关于坚持和完善人民代表大会制度的重要思想,认真落实栗战书委员

长的具体要求，提升政治站位和政治能力，依法履行好监察和司法委员会各项工作职责。

（二）做好机构改革相关工作。根据党中央《深化党和国家机构改革方案》，全国人大内务司法委员会更名为全国人大监察和司法委员会，在继续履行原司法方面职责基础上，增加“三句话”职责，即“配合深化国家监察体制改革、完善国家监察制度体系、推动实现党内监督和国家机关监督有机统一”，同时将原内务方面职责划转新组建的全国人大社会建设委员会。我们认真落实党中央机构改革方案，按期完成了机构改革相关工作，并在社会委办事机构设立前，为社会委履职做好服务保障工作，切实做到机构改革期间，思想不乱、队伍不散、工作不断。

委员会通过召开分党组会议、全体会议，组织专题讲座、开展专题研讨等形式，充分认识设立全国人大监察和司法委员会的重要意义，深刻领会深化国家监察体制改革的目的，是强化“两个维护”、加强党对反腐败工作的集中统一领导。分别举办全国人大监察司法工作培训班和座谈会，组织各省区市人大内司委负责人认真学习习近平总书记有关重要讲话。吴玉良同志两次授课，全面介绍国家监察体制改革和监察法制定有关情况。委员会准确把握党内监督和国家监察一体两面、纪委监委合署办公的实际情况，反复酝酿，提出在履职第一年开展人大监察工作要坚持“审慎稳妥，不可冒进”的思路，得到常委会领导同志肯定，为各级人大探索开展相关工作提供了重要遵循。

（三）扎实开展监督工作。协助常委会听取和审议最高人民法院关于解决“执行难”和最高人民检察院关于加强民事诉讼和执行活动法律监督的专项工作报告，并首次对“两高”开展专题询问。为做好相关工作，我委与“两高”加强沟通协调，畅通联系渠道；运用社会问卷调查和调阅检察院监督案卷等方法，深入了解实情；梳理人民群众普遍关注的“执行难”和民事执行法律监督热点问题，制定专题询问工作方案。在常委会第六次会议上，周强、张军同志以及公安部、司法部、财政部等有关部门负责人到会应询。专题询问引起各大媒体聚焦和社会各界广泛关注，社会反响很好。

完成“七五”普法决议实施情况专题调研。走访司法部，赴北京、浙江、贵州并委托6省人大内司委调研，了解“七五”普法决议实施情况，形成全国人大常委会关于“七五”普法决议执行情况的报告，印发常委会第五次会议。

此外，我委还对十二届全国人大常委会听取和审议的关于全面深化司法体制改革、开展网络安全“一法一决定”执法检查等报告的落实情况进行了解和关注，督促有关方面改进工作。

（四）稳步推进立法工作。配合完成十三届全国人大常委会立法规划编制工作，听取联系单位意见，提出列入立法规划的立法项目建议。立法规划颁布后，及时梳理涉及我委的17个立法项目，主动联系相关责任单位，制定工作进度计划。根据常委会领导同志要求，认真研究部分学者有关建议，推动将修改监狱法列入全国人大常委会2019年立法工作计划预备审议项目。

启动法律援助法立法工作。法律援助法由我委牵头起草。我委成立相关部门负责同志参加的起草工作领导小组，组建办公室和工作专班。收集整理12万字立法参阅资料，并赴外地调研。目前，各项工作正在有序推进。

统筹做好其他立法工作。一是先期审议关于专利等案件诉讼程序若干问题的决定草案，为常委会审议做好准备。二是配合宪法法律委、社会委、法工委做好人民法院组织法、人民检察院组织法、法官法、检察官法、国际刑事司法协助法、刑事诉讼法、未成年人保护法和预防未成年人犯罪法等法律草案的审议、修改工作。三是加强与国家监委、司法部等单位联系，派员参加政务处分法、监察官法起草工作，积极推动社区矫正法立法进程。

（五）加强与代表的联系。拓宽代表参与委员会工作的渠道，邀请代表参加全国人大监察司法工作座谈会和有关调研活动。重视代表所提建议，及时与代表面对面沟通，深入听取意见。我委刘海星副主任委员就其联系代表情况专门撰写报告，栗战书委员长批示给予肯定，要求将报告印发委员长会议组成人员。

认真办理十三届全国人大一次会议主席团交付审议的21件议案，议案审议结果报告经常委会第六次会议审议后全票通过。督办“基本解决执行难”和“全面推进检察机关提起公益诉讼工作”2项重点建议，办结人大代表建议和政协委员提案各1件，得到代表委员好评。

（六）完成对外交流任务。我委代表团访问巴西、美国，与两国国会议员交流，并深入社区实地考察社区矫正制度。访美期间，代表团分别会见美国国会参众两院重要议员，就贸易摩擦、南海岛礁建设、涉台涉藏、禁毒国际合作等双方共同关注的问题交换意见，阐明我方立场，赢得美方议员的理解。

接待泰国议会相关委员会来华访问，委派组成人员参加 G20 议长会议和中亚五国议员研讨会并作专题发言，会见巴西驻华大使。2018 年，委员会组成人员共参加外事活动 10 人次。

（七）注重调查研究。立法和监督工作既要有顶层设计的战略思维，又要有"接地气"的实践思考。一年来，我们把调查研究放在重要位置。委员会成立后即走访国家监委、最高人民法院、最高人民检察院、公安部、国家安全部和司法部，并与 24 个地方人大内司委座谈交流，听取做好相关工作的意见建议。曹建明、郝明金副委员长带队赴安徽、江苏、上海、吉林、黑龙江等地调研法院、检察院有关工作情况。吴玉良同志带队赴河北、广东等地调研，围绕贯彻落实监察法梳理出 11 个主要问题。栗战书、赵乐际、杨晓渡等领导同志分别作出批示，国家监委逐条研究并书面回复我委。监察室组建后，与国家监委有关部门两次座谈，与驻全国人大机关纪检监察组进行沟通，赴山西、内蒙古、北京、浙江、江苏了解纪检监察工作情况，提出相关政策建议，推动监察体制改革和监察法贯彻实施。

一年来，委员会组成人员 27 人次赴 17 个省区市调研，深入法庭、看守所、留置场所、社区矫正中心以及乡镇、街道等，广泛听取一线工作人员、基层人大代表和普通群众的意见，力求了解和反映基层的真实情况。

（八）抓好自身建设。按照习近平总书记关于"建设让党中央放心、让人民群众满意的模范机关"的要求，针对专门委员会特点，努力建设好"两支队伍"。

加强委员会组成人员队伍建设。发挥好委员会分党组作用，及时学习传达有关重要讲话和文件精神，帮助组成人员完成角色转换，增强履职意识和能力。委员会全体组成人员积极参与常委会各项工作和会议，认真审议各项议案和报告，尽职尽责，发挥了老同志的作用。

加强委员会办事机构队伍建设。针对办事机构工作人员年轻化、高学历、朝气蓬勃的特点，积极开展"不忘初心、牢记使命"主题教育、纪念马克思诞辰 200 周年系列活动，参观"伟大的变革——庆祝改革开放 40 周年大型展览"等，坚定干部理想信念。组织干部参加委员会调研，参与筹备有关会议，在实践锻炼中提升服务保障水平。坚持严管厚爱，加强对干部的日常管理和监督，结合正反两方面典型案例，定期开展廉政讲评活动，努力培养一支忠诚、干净、担当的办事机构队伍。

一年来，我们在适应改革新要求的探索中实现了良好开局，但也存在一些不足，主要是：落实党中央《深化党和国家机构改革方案》中对监察司法委提出的"三句话"职责要求还有差距；对如何进一步提高对"两院"的监督实效分析研究不够；对地方人大对口委员会工作指导不够。

二、工作体会

2018 年是监察司法委履职的第一年。回顾一年来的工作，关于做好人大监察和司法工作，有以下几点体会。

（一）必须提高政治站位，做到"两个维护"。党政军民学，东西南北中，党是领导一切的。监察司法委联系的监察和政法工作，是加强党的集中统一领导，维护国家安全和社会稳定的重要政治性工作。坚持党的领导是我们做好工作的最高原则、最大优势，必须树牢"四个意识"，坚决做到"两个维护"，确保在政治立场、政治方向、政治原则、政治道路上同以习近平同志为核心的党中央保持高度一致。在开展有关监察和司法方面的立法、监督等工作中，要以有利于加强党对监察和司法工作的领导为宗旨，从党和国家事业大局出发谋划和推进工作。

（二）必须找准职责定位，当好全国人大及其常委会的参谋助手。我委是全国人大常设的一个专门机构，在全国人大及其常委会领导下，协助开展监督等工作。在具体履行职责时，要严格依照监督法有关规定开展监督，不缺位不越位，审慎稳妥，寓支持和服务于监督之中。要增强监督的专业性，充分发挥专门委员会人才荟萃的优势，少说外行话，不做外行事，找准问题的关节点，使被监督者心悦诚服。要加强跟踪监督，及时了解有关单位改进工作的情况，推动问题真正解决，避免监督工作中的官僚主义、形式主义。

（三）必须坚持集体行使职权，发挥全体组成人员的作用。委员会现有 21 名组成人员，来自纪检、司法、军队、科研、民主党派等不同领域，都有较高理论水平和丰富工作经验。我们坚持集体行使职权，凡委员会重大工作或重大事项，通过召开分党组或者委员会会议等方式，听取组成人员意见，实行集体讨论，集体决定。在具体工作中，根据组成人员工作经历和专业特长，既有适当分工，又强调全员参与，优势互补，发挥全体委员的作用。

第十三届全国人民代表大会财政经济委员会2018年工作总结

（2019年1月30日第十三届全国人民代表大会财政经济委员会第二十二次会议通过）

2018年是全面贯彻党的十九大精神的开局之年，也是第十三届全国人大财政经济委员会（以下简称财经委）履职的第一年。在全国人大及其常委会领导下，在陈竺、王东明副委员长指导下，财经委坚持以习近平新时代中国特色社会主义思想为指导，认真贯彻落实党的十九大、十九届二中、三中全会、中央经济工作会议和十三届全国人大一次会议精神，围绕落实全国人大常委会2018年工作要点和立法、监督工作计划，依法履职，勤勉尽责，圆满完成了各项工作任务，人大财经工作实现良好开局。

一、提高政治站位，以习近平新时代中国特色社会主义思想为根本遵循推进工作

财经委坚持以习近平新时代中国特色社会主义思想为指导，深入学习贯彻习近平总书记关于坚持和完善人民代表大会制度的重要思想、习近平新时代中国特色社会主义经济思想、全面依法治国新理念新思想新战略，用马克思主义中国化最新成果武装头脑、指导实践、推动工作。

一是坚持党的领导，牢牢把握人大财经工作正确政治方向。财经委旗帜鲜明讲政治，始终坚持党的集中统一领导，始终在思想上政治上行动上同以习近平同志为核心的党中央保持高度一致，树牢“四个意识”、坚定“四个自信”坚决做到“两个维护”。通过分党组会议、全体会议、主任委员办公会议及时传达学习习近平总书记重要讲话和中央重要会议精神，交流学习体会，讨论落实举措，进一步统一思想，提高认识，吃透中央精神，确保党中央的路线方针和决策部署在人大财经工作中得到全面落实。严格执行请示报告制度，把党的领导贯穿到人大财经工作的全过程和各方面。

二是勇于担当作为，推动人大财经工作适应新形势担当新使命。中国特色社会主义进入新时代，我国经济已由高速增长阶段转向高质量发展阶段，对人大财经工作提出了新的更高要求。财经委在谋划和推进人大财经工作中，遵照栗战书委员长关于做好人大工作“五个牢牢把握”、“三个紧紧扣住”的要求，深刻认识新时代我国经济社会发展的基本特征和规律，适应社会主要矛盾新变化，顺应人民新期待，围绕统筹推进“五位一体”总体布局、协调推进“四个全面”战略布局的要求，全面加强财经领域立法、监督、议案审议、调查研究和对外交往等工作，不断开创新时代人大财经工作新局面。

三是坚持依法履职，确保人大财经工作严格依法按程序办事。财经委准确把握专门委员会的性质和定位，按照民主集中制原则，严格依法履职尽责。坚持开好财经委全体会议和主任委员办公会议，在民主审议、平等讨论的基础上，集体行使职权、集体决定问题。坚持依法立法，按照宪法及法律规定的权限和程序起草和审议有关财经法律草案。坚持依法监督，依照法定职责、限于法定范围、遵守法定程序开展监督工作，确保不缺位、不越位、不错位。坚持求真务实，改进工作作风，创新工作思路，完善工作机制，提高工作效率，不断提升人大财经工作质量。

二、提高立法质量，加快推进财经立法工作

深入贯彻习近平总书记关于全面依法治国的新理念新思想新战略，准确把握做好新时代立法工作的基本要求，全面落实十三届全国人大常委会立法规划，为加快完善社会主义市场经济体制提供坚实有力的法治保障。

一是研究完善社会主义市场经济法律制度。遵照栗战书委员长“财经委要在完善社会主义市场经济法律制度上多下功夫”的指示精神，对完善社会主义市场经济法律制度开展研究。邀请国家发展改革委、司法部等8个部门的同志和有关专家学

者进行座谈，听取意见建议。研究提出《关于完善社会主义市场经济法律制度的意见和建议》，从加强产权保护、推动经济转型、健全市场机制、完善宏观调控、促进区域协调发展、扩大对外开放等方面提出完善相关法律制度的建议。栗战书委员长对财经委报告作出重要批示，报告所提意见在常委会立法规划中得到较好体现。

二是研究提出常委会立法规划中财经立法项目建议，认真落实立法规划。以对建设现代化经济体系起支撑作用、现实中迫切需要、社会关注度高的立法项目为重点，组织开展立法调研，向常委会提出今后五年财经立法项目的建议，并积极承担其中一些重要的财经法律草案起草任务。制定了关于落实十三届全国人大常委会立法规划的任务分解方案，做好牵头起草的期货法和企业破产法（修改）“四落实”工作，做到目标明确、人员到位、保障有力，积极推动立法规划的有效落实。

三是做好电子商务法、证券法（修改）、期货法牵头起草及审议后续工作。以上 3 部法律草案均由上届财经委牵头起草。电子商务法已经 8 月份常委会第五次会议审议通过，该法是电子商务领域的综合性、基础性法律，着力促进电子商务健康有序可持续发展，切实维护消费者合法权益。证券法修订草案已经常委会二审，财经委有关负责同志率调研组就证券法修改重点问题和常委会关于注册制改革授权决定落实情况先后赴上海、深圳调研，推动证券法修改和注册制改革试点等工作。继续开展期货法起草工作，赴云南进行立法调研，召开起草组成员单位座谈会，将草案报常委会办公厅征求国务院办公厅意见，积极推进立法进程。

四是做好有关法律案的联系审议工作。财经委召开全体会议对公司法修正案、个人所得税法修正案、车辆购置税法草案和耕地占用税法草案进行审议并提出审议意见，上述 4 部法律案已经常委会审议通过。对外商投资法进行重点审议，专门召开座谈会听取有关部门关于外商投资法起草进展情况、主要内容、重点难点问题和工作安排的介绍，召开全体会议对草案进行审议并提出审议意见，该法草案已经常委会两次审议，将提请十三届全国人大二次会议审议。召开座谈会听取有关部门关于资源税法草案起草情况的介绍并提出修改建议，召开全体会议审议该法草案，就法律名称、增加立法宗旨、完善税收优惠授权规定和水资源税征收试点授权等提出意见和建议。召开全体会议审议城市房地产管理法修正案草案，建议在总结农村土地改革试点经验的基础上，修改完善土地管理法，同时对城市房地产管理法有关条款作相应修改。

五是做好有关立法项目的提前介入工作。根据常委会立法规划和 2018 年立法工作计划，对海上交通安全法（修改）、出口管制法、电信法、铁路法（修改）等立法项目，加强与有关部门的联系沟通，召开座谈会并组成调研组赴地方调研，了解草案起草进展情况、主要内容，研究重点难点问题。对有关部门关于出口管制法、税收征收管理法（修改）等 10 余件法律法规草案征求意见稿，进行认真研究并反馈意见建议。

三、注重监督实效，加强计划、预算、决算审查和经济工作监督

配合全国人民代表大会对计划、预算进行审查，配合全国人大常委会听取和审议计划和预算执行情况报告、中央决算报告、审计工作报告和“十三五”规划纲要实施中期评估报告，按季度召开经济形势分析会，对经济运行情况进行跟踪监督，及时提出意见建议。

一是完成 2017 年计划执行情况和 2018 年计划草案的审查工作。十三届全国人大一次会议期间，在上届财经委初步审查的基础上，新一届财经委结合各代表团的意见，对 2017 年计划执行情况和 2018 年计划草案继续进行审查，向大会主席团提交《第十三届全国人民代表大会财政经济委员会关于 2017 年国民经济和社会发展计划执行情况与 2018 年国民经济和社会发展计划草案的审查结果报告》，经大会主席团会议审议通过后印发全体代表并向社会公布。配合 8 月份常委会第五次会议听取和审议国务院关于今年以来国民经济和社会发展计划执行情况的报告做好相关工作，徐绍史主任委员就上半年经济运行情况向委员长会议作了专题汇报，并向常委会提供参阅材料。

二是完成 2017 年预算执行情况和 2018 年预算草案以及 2017 年中央决算审查工作，推进落实预算审查监督重点向支出预算和政策拓展的改革任务。在预算工委的协助下，财经委完成对 2017 年预算执行情况和 2018 年预算草案的审查，向十三届全国人大一次会议主席团提交《第十三届全国人民代表大会财政经济委员会关于 2017 年中央和地方预算执行情况与 2018 年中央和地方预算草案的审查结果报告》。配合 6 月份常委会第三次会议听取和审议国务院关于 2017 年中央决算的报告、2017 年度中

央预算执行和其他财政收支的审计工作报告,对中央决算进行初步审查。配合8月份常委会第五次会议听取和审议国务院关于今年以来预算执行情况的报告、12月份常委会第七次会议听取和审议国务院关于审计查出问题整改情况的报告、12月份常委会第七次会议听取和审议国务院关于提请审议授权提前下达部分新增地方政府债务限额的议案,开展相关工作。10月中旬,为贯彻落实党中央重大决策部署,做好实施中共中央办公厅《关于人大预算审查监督重点向支出预算和政策拓展的指导意见》的工作,财经委、预算工委和财政部在山东济南联合召开人大预算审查监督重点拓展改革工作座谈会,加强人大对政府预算全口径审查、全过程监督,提高人大预算审查监督的针对性和有效性。

三是开展"十三五"规划纲要实施中期评估专项调研。为配合12月份常委会第七次会议听取和审议国务院关于"十三五"规划纲要实施中期评估报告,财经委开展专项调研。陈竺、王东明副委员长,全国人大民委、教科文卫委、环资委、农业农村委和社会委有关负责同志,以及部分全国人大代表参加调研。调研组在京召开4场座谈会,听取国务院18个部门、全国工商联和4家研究机构的情况介绍,并就重点专项规划、重大项目、与地方规划衔接等问题专题座谈。分赴黑龙江、北京、新疆、广东、福建等地调研,并分别在北京、乌鲁木齐和深圳市召开3场地方人大财经委片区座谈会,全面听取全国31个省(区、市)"十三五"规划纲要实施情况及中期评估工作有关情况的介绍。委托有关研究机构,就"防范化解重大风险""改善营商环境"、"国际环境风险与挑战"、"民生改善"等开展专题研究。在此基础上,形成财经委关于"十三五"规划纲要实施中期评估的专项调研报告,作为会议文件提交常委会,徐绍史主任委员在12月份常委会第七次会议上作报告。调研报告认为,"十三五"规划纲要实施总体进展顺利,但也遇到了一些困难和问题,在深入分析后两年面临的形势、对表对标新思想新目标新要求的基础上,建议把思想和认识进一步统一到党中央的决策部署上来,进一步推动规划纲要主要目标和重大任务顺利实现,坚持深化供给侧结构性改革,着力振兴实体经济,保障和维护国家经济安全,坚决打赢三大攻坚战,加大补短板工作力度,坚定不移推进改革开放。调研报告得到常委会的肯定,对推动顺利实现"十三五"规划目标、全面建成小康社会将发挥积极作用。

四是加强和改进季度经济形势分析工作。按季度召开了三次经济形势分析会,注重探索创新,发挥实效。加大前期准备工作力度,广泛听取有关部门、行业协会、企业和专家意见,专程赴全国工商联听取民营企业意见,先后在京召开13场座谈会,赴上海、广东、福建、河南、江苏等地开展调研,召开4场片区座谈会,累计听取31个省(区、市)的经济运行情况介绍和意见建议。重点关注苗头性、倾向性和潜在性问题,就经济下行压力加大、地区行业企业分化、实体经济困难、中美经贸摩擦、深化改革开放、推动高质量发展等提出意见建议,形成分析报告上报委员长会议,徐绍史主任委员向委员长会议作了专门汇报。财经委分析报告连同三大需求增速放缓、财政金融风险、实体经济困难、房地产问题4个专题报告一并印发常委会会议参阅,得到充分肯定。

四、坚持问题导向,精心组织开展统计法执法检查

根据常委会2018年监督工作计划,财经委承担了统计法执法检查的具体组织实施工作。常委会对这次执法检查非常重视,栗战书委员长专门作出重要批示,吉炳轩、陈竺、王东明三位副委员长担任执法检查组组长,9位财经委组成人员和9位全国人大代表参加了检查。为做好执法检查工作,财经委组成调研组,先后赴广西等6省(区、市)进行前期调研,听取地方人大、政府、企业、公众关于统计法贯彻实施、地方统计工作和开展执法检查的意见和建议。同时,召开部门座谈会,了解关于国家统计、部门统计工作的情况,听取意见和建议,财经委主要负责同志带队赴国家统计局座谈了解情况,对重点问题深入调研。在此基础上,提出了执法检查的重点和实施方案。执法检查组在听取10个部门关于贯彻实施统计法情况的汇报后,吉炳轩、陈竺、王东明三位副委员长分别率执法检查小组赴河北、黑龙江、江苏、湖南、贵州、宁夏等6个省(区)开展实地检查,召开汇报会、座谈会,实地走访市县、乡镇、社区和企业,与基层统计工作人员、城镇居民和农户进行交流,随机抽查统计调查对象的统计数据填报情况,深入了解统计法在地方的实施情况。执法检查组还委托天津等7个省(区、市)人大常委会对本地区统计法实施情况进行自查。在全面检查统计法实施情况的基础上,重点检查统计体制、统计数据质量、统计监督职能作用和统计相关法律法规等方面的情况,对表对标中央决策部署和法律规

定,认真梳理存在问题,点名曝光违法案例。针对存在的问题,执法检查报告提出了增强统计法治观念,营造良好统计环境;加大统计执法监督力度,确保统计数据质量;推进统计数据共享,提高统计信息使用效率;完善统计体制,构建现代化统计调查体系;修改完善统计法律法规等建议。王东明副委员长代表执法检查组在6月份召开的常委会第三次会议上作了关于检查统计法实施情况的报告。财经委加强跟踪督查,推动有关部门改进工作、解决实际问题,增强监督工作实效。

五、坚持求真务实,开展专项调研和专题研究

完善工作机制,创新工作方法,扎实开展调查研究。结合财经委工作规则修订工作,完善财经调研工作机制。把相关调研分为三类:一是配合常委会听取和审议国务院专项工作报告开展的专项调研;二是结合财经委重点工作就经济社会发展重大课题开展的专题调研;三是财经委组成人员结合自身情况,对一些热点、重点问题持续跟踪、分析、预测研判开展的课题调研。统筹调研安排,提高工作效率,常采用"一题多地"、"一地多题"方式进行调研。对于一些涉及面广、宏观重大的专题,分片区召开座谈会,使了解掌握的情况更加真实更加全面,取得了良好效果。

*一是开展发展海洋经济加快建设海洋强国专项调研。*为配合12月份常委会第七次会议听取和审议国务院关于发展海洋经济加快建设海洋强国工作情况的报告,财经委成立调研组,对我国海洋经济发展情况进行了专项调研。调研组在北京召开座谈会,听取国家发展改革委、自然资源部等部门和企业、部分研究机构、专家学者的意见建议,赴广东等8省(市)开展实地调研,委托天津、浙江、福建、广西等省(区、市)人大财经委开展专题调研。王东明副委员长指导并参加了调研工作。调研报告全面总结了我国发展海洋经济加快建设海洋强国的基本情况和取得的新成就,深入分析了我国海洋经济存在的发展方式粗放、结构不尽合理、科技基础薄弱、海洋生态环境形势依然严峻、海洋基础设施建设滞后等问题,提出了加强顶层设计,加快海洋产业转型升级、推动海洋科技创新、强化涉海基础设施建设、加强海洋生态环境保护力度、强化涉海综合管理、完善海洋法律法规体系等建议,为常委会审议提供了重要参考。

*二是开展加强国有资产管理情况专项调研。*配合常委会听取和审议国务院关于加强国有资产管理情况的报告,5月上旬,财经委、预算工委、财政部等在河北共同召开建立向人大报告国有资产管理情况制度座谈会。5月至8月,预算工委、财经委组成调研组赴宁夏、深圳及部分金融机构就国有资产管理情况、金融企业国有资产管理情况进行调研。9月,财经委召开全体会议,初步审议国务院关于2017年度国有资产管理情况综合报告和金融企业国有资产管理专项报告,研究讨论预算工委、财经委提出的关于金融企业国有资产管理情况的调研报告。10月份常委会第六次会议听取和审议该专项工作报告,这是建立向人大报告国有资产管理情况制度以来,常委会第一次听取和审议国务院关于国有资产管理情况的报告。

*三是开展财政医疗卫生资金分配和使用情况专项调研。*配合常委会听取和审议国务院关于财政医疗卫生资金分配和使用情况的报告并开展专题询问,预算工委、财经委和教科文卫委组成调研组,赴安徽、福建就财政医疗卫生资金分配和使用情况进行了调研,王东明副委员长参加了调研活动。在广泛深入调研基础上,调研组提出了《国家财政医疗卫生资金分配和使用专项调研报告》并提交常委会会议。12月份常委会第七次会议听取和审议该专项工作报告,形成的调研报告为常委会审议和专题询问提供了丰富素材和重要参考。

*四是开展自由贸易试验区建设情况专题调研。*财经委成立专题调研组,在京召开座谈会,听取国家发展改革委、商务部等11个部门和有关专家的意见,先后赴上海、河南、辽宁、海南、福建等地开展实地调研,并委托天津、浙江等5省(市)人大财经委提交调研报告。陈竺、王东明副委员长指导并参加了调研工作。完成的调研报告全面回顾了自贸试验区建设进展情况,深入分析了目前自贸试验区面临的主要问题,提出了切实把试验任务落实到位、健全完善试验的体制机制、打造国际一流的营商环境、强化自贸试验区的法制保障等意见建议。

六、增强责任意识,提高代表议案建议办理工作质量

十三届全国人大一次会议主席团交付财经委

审议的代表提出的议案68件。"两会"结束后，财经委即召开代表议案办理工作会议，会同有关部门认真研究代表议案内容，通过发征求意见函、当面交流、电话沟通等方式征求领衔代表意见，就一些重点议案处理情况组织专题调研，对每件议案提出处理意见。召开财经委全体会议对议案进行审议，形成审议结果报告。10月份常委会第六次会议审议通过了财经委议案审议结果的报告。完成了常委会办公厅转交的4件代表建议的办理工作和4项35件重点督办建议的督办工作。将代表建议办理任务落实到专人负责，明确办理的时限、程序和要求，召开重点督办建议工作会议，建立督办联系工作机制，积极参加办理单位组织的调研、座谈，当面向代表汇报情况，不断改进方式方法，提高办理的质量和水平。

七、服务外交大局，务实开展对外交往

财经委在外事工作中，深入学习贯彻习近平外交思想，坚持服从服务国家外交工作大局，按照全国人大常委会外事工作计划，充分发挥财经委在财经领域的专业优势，有针对性地开展对外交往。

新一届财经委成立以来，共有组成人员20余人次陪同常委会领导同志出访或参加全国人大其他代表团组织的出访、国际会议、会见会谈等外事活动。财经委先后接待了欧洲议会、英国议会和澳大利亚议会相关委员会5个访华团组，相关副委员长出席会见。在对外交往中，注重宣传我改革开放特别是党的十八大以来经济社会发展取得的历史性成就、发生的历史性变革，宣传人民代表大会制度及其优越性，主动介绍我国全面深化改革扩大开放、"一带一路"建设、优化营商环境等方面的新举措新成果，就促进国际投资和贸易自由化便利化、维护世界多边贸易体系、加强金融监管合作、推进欧亚互联互通战略与"一带一路"倡议紧密合作等达成广泛共识。

财经委组团赴俄罗斯、蒙古开展立法机构间交流，与两国议会及对口专门委员会、政府有关部门以及工商界人士会见会谈，重点就税收制度、预算监督、社保制度、营商环境、"一带一路"倡议与两国发展战略对接等情况进行沟通交流，介绍我国经济社会发展情况和新时代深化改革扩大开放的重要举措。组团赴塞浦路斯和希腊就破产法立法进行交流，分别与两国议会有关专门委员会、双边友好小组（协会）、政府有关部门、会计师和律师事务所等就破产法有关问题进行了深入交流，了解两国破产法律制度和实施情况，增进了与议会对口专门委员会之间的立法交流和联系。

八、注重建章立制，从严从实加强自身建设

财经委注重加强自身建设，坚持政治学习和工作提升两手抓，推进党务、业务、队伍统筹融合发展，以自身建设的新成效为做好人大财经工作提供坚实保障。

一是财经委分党组切实履行管党治党政治责任。分党组认真贯彻落实全面从严治党要求，充分发挥把方向、管大局、保落实的重要作用。按照党中央推进"两学一做"学习教育常态化制度化的要求，认真组织参加常委会、机关党组安排的专题学习，召开6次分党组会议及多次全体会议及时传达学习习近平总书记重要讲话精神，用习近平新时代中国特色社会主义思想武装头脑、指导实践、推动工作。认真组织开好财经委分党组民主生活会，王东明副委员长出席会议并讲话，分党组成员聚焦主题深入查摆问题、明确努力方向、制定整改措施，达到了进一步统一思想、凝聚力量的目的。王东明副委员长、分党组负责同志高度重视财经委办事机构和党支部自身建设，多次出席党支部组织的专题学习、党建述职等活动并给予指导，党支部战斗堡垒作用不断增强。带头严守政治纪律和政治规矩，严格遵守中央八项规定及其实施细则精神，力戒形式主义、官僚主义，持续巩固提升作风建设取得的成效。

二是狠抓制度化规范化建设力促工作提质增效。根据宪法和法律规定，在总结历届财经委经验和做法的基础上，制定了《第十三届全国人民代表大会财政经济委员会工作规则》，经财经委全体会议通过并报请常委会领导同志批准后实施，为委员会依法履职提供了制度规范。围绕全国人大常委会"一个要点、两个计划"，研究制定财经委2018年工作要点及其分解落实方案，确定了7个方面的24项重点工作，按照"任务、人员、时间、责任"四落实原则细化落实方案，并按月汇总报告各项工作进展情况，精心组织，扎实推进，确保各项工作按时、保质落到实处。

三是努力创造条件加强干部队伍建设。常委会有关领导同志、分党组成员、委员会组成人员高

度重视财经委机关党员干部队伍建设,在日常工作和党建活动中指导学习、完善制度、鼓舞干劲,激励干部队伍以更加奋发有为的状态投入人大财经工作。徐绍史主任委员与办事机构各室分别进行集体谈心座谈,了解情况、听取意见和建议,督促改进工作,关心干部成长,通过交流,进一步统一了思想、提高了认识、坚定了信心、明确了责任、强化了担当。财经委有关负责同志联系各室业务,指导办事机构进一步提高工作质量和效率,形成传帮带的良好工作氛围。

九、加强交流协同,共同谋划推进新时代人大财经工作

2018 年 12 月,经全国人大常委会办公厅批准,财经委、预算工委在北京召开了全国人大财经工作座谈会。全国人大常委会领导同志高度重视本次会议,栗战书委员长作出重要批示。陈竺、王东明副委员长出席会议并讲话。徐绍史主任委员、史耀斌主任分别作了主旨发言。全国 31 个省(区、市)和 5 个计划单列市、10 个副省级省会城市的人大财经(工)委、预算(工)委的负责同志参加会议并交流经验。座谈会以习近平新时代中国特色社会主义思想为指导,共同谋划推进新时代人大财经工作。会议认为,人大财经工作要以习近平新时代中国特色社会主义思想为指导,深入学习贯彻习近平总书记关于坚持和完善人民代表大会制度的重要思想和习近平新时代中国特色社会主义经济思想,紧紧围绕贯彻新发展理念,扎实推进人大财经立法和监督等工作,勇于担当作为,不断开拓创新,推动人大财经工作再上新台阶,为实现“两个一百年”奋斗目标、实现中华民族伟大复兴的中国梦做出新的更大贡献。座谈会结束后,就做好新时代人大立法和监督工作举办了十三届全国人大财经干部第一期培训班。

财经委积极加强与地方人大的联系,人大财经工作形成了相互支持、相互促进、共同谋划、共同提升的良好局面。财经委、预算工委联合召开了 2 次全国性专题会议,努力推动中央有关重大决策部署落到实处。换届以来,财经委负责同志先后与 11 个地方人大的领导同志及财经委、预算工委的负责同志座谈交流,听取意见建议,并对做好地方人大财经工作给予支持。财经委有关负责同志还分别应邀赴青海、云南参加西北、西南地区人大财经工作座谈会,共同探讨人大财经工作。

一年来,在全国人大及其常委会领导下,人大财经工作紧紧围绕党和国家工作大局,贯彻落实党中央决策部署,推进财经立法、监督等各项工作,取得了新进展、新成效。同时,我们也清醒地认识到,新时代新形势新任务对人大财经工作提出了新的更高的要求。与党中央对做好新时代经济工作的要求相比,与人民群众对美好生活的向往相比,与人大代表对人大工作的要求相比,人大财经工作还存在不足和差距。财经立法还要在提高质量、加快完善社会主义市场经济法律制度上多下功夫,财经监督还要在增强实效、促进经济高质量发展、建设现代化经济体系上进一步加强和改进,调查研究的组织协调和工作方式方法还有待进一步改进和完善,加强与人大代表的联系、回应人民群众的关切还需要把人大财经工作做得更细更实。我们将按照党中央决策部署和全国人大及其常委会要求,虚心听取人大代表和各方面的意见,自觉接受人民监督,依法履职尽责,认真改进工作。

第十三届全国人民代表大会教育科学文化卫生委员会 2018 年工作总结

(2019 年 1 月 10 日第十三届全国人民代表大会教育科学文化卫生委员会第九次会议通过)

2018 年是全面贯彻党的十九大精神的开局之年,也是十三届全国人大及其常委会依法履职的第一年。教科文卫委坚持以习近平新时代中国特色社会主义思想为指导,坚决贯彻党中央重大决策部署,认真落实十三届全国人大一次会议精神和全国人大常委会各项工作要求,坚持党的领导、人民当家作主、依法治国有机统一,认真履行宪法和法律赋予的职责,加强自身建设,完成了各项立法、监

督、代表议案审议、调查研究、对外交往等工作任务，实现了良好开局。

一、认真学习贯彻习近平新时代中国特色社会主义思想和党的十九大精神，提高政治站位强化责任担当

新一届全国人大教科文卫委组成后，坚持把政治建设摆在首位，牢牢把握正确的政治方向，努力提高政治站位。认真学习贯彻习近平新时代中国特色社会主义思想和党的十九大、十九届二中三中全会精神，坚决维护习近平总书记权威和核心地位，坚决维护党中央权威和集中统一领导，切实增强“四个意识”、坚定“四个自信”，在思想上政治上行动上同以习近平同志为核心的党中央保持高度一致。加强理论武装，增强思想自觉，召开委员会全体会议和分党组会议、主任委员会办公会议，认真学习贯彻习近平总书记关于坚持和完善人民代表大会制度的重要思想，关于依宪执政、依法治国的重要论述，关于新时代教科文卫事业改革发展的重要讲话精神，用习近平新时代中国特色社会主义思想武装头脑、指导实践、推动工作。坚决贯彻落实党中央重大决策部署，认真落实全国人大常委会和栗战书委员长的工作要求，围绕优先发展教育、创新驱动发展、建设文化强国、推进健康中国建设等国家重大战略，研究立法规划建议，制定立法规划落实方案，提出社会主义核心价值观入法举措，扎实做好教育、科技、文化、卫生和健康领域的有关立法和监督工作。按照栗战书委员长提出的“紧紧扣住贯彻落实党中央重大决策部署，紧紧扣住回应人民群众重大关切，紧紧扣住厉行法治、推进全面依法治国”要求和对人大教科文卫工作作出的重要批示精神，强化责任担当，明确目标定位，积极主动作为，依法履职进位，在历届教科文卫委打下的良好工作基础上，对新一届教科文卫委工作作出统筹考虑、整体安排，认真做好开局之年各项工作，确保党中央重大决策得到坚决贯彻和有效落实，使党的领导体现在人大教科文卫工作的具体实践中。

二、围绕立法规划推进立法工作

围绕党和国家工作大局，落实常委会立法规划和年度立法计划，推动和配合做好4项立法提请常委会审议工作，对12项立法工作作出部署并开展专题调研。

积极研究提出立法规划项目建议。高度重视立法规划研究制定工作，专门听取十届、十一届、十二届主任委员和部分委员关于立法工作等方面的意见和建议，赴有关部委走访听取意见，到有关地方和基层一线开展调研，研究代表议案、建议以及相关调研报告，多次召开专门会议进行讨论。在此基础上，向全国人大常委会提出立法项目具体建议，其中有12项被列入十三届全国人大常委会立法规划第一类和第二类立法项目。

认真制定立法规划落实方案。认真学习贯彻全国人大常委会立法工作会议精神，按照“四落实”要求，研究制定了立法规划落实方案。成立落实规划领导小组，明确每一项立法任务的具体时间安排和落实步骤。把责任落实到人，明确每一项立法任务由委员会一位负责同志牵头、至少两位委员重点参与，并要求每一位委员都要全程参与一项立法。召开落实立法规划领导小组第一次会议，重点就教科文卫委负责牵头起草的科技进步法和执业医师法立法项目进行安排部署，启动相关修改工作。

贯彻落实社会主义核心价值观入法要求。贯彻落实党中央《社会主义核心价值观融入法治建设立法修法规划》，结合工作实际，深入研究社会主义核心价值观建设在教科文卫领域的立法需求，提出贯彻落实举措。栗战书委员长对教科文卫委报送的有关情况反映作出重要批示，指出“凡有必要增加社会主义核心价值观条款的，都应入法”。我们召开分党组会议和委员会会议认真贯彻批示精神，研究落实在教科文卫领域立法起草、论证、协调、审议过程中社会主义核心价值观的融入问题。

积极推进疫苗管理立法相关工作。认真贯彻落实习近平总书记重要指示精神和党中央决策部署，按照常委会领导的批示要求，积极配合国务院有关部门和常委会法工委，认真研究疫苗管理立法，做好研究起草工作。专门召开座谈会，就疫苗管理法草案听取有关部门、企业和专家的意见和建议。及时召开委员会会议，对草案进行认真审议，提出审议意见。疫苗管理法草案已提请常委会第七次会议审议。

切实做好有关法律草案审议和立法调研。根据全国人大常委会立法规划和2018年立法工作计划，加强重点立法项目调研工作。认真研究药品管理法修订问题，针对药品上市许可持有人改革试点、问题疫苗案件等突出问题，提出完善药品管理、继续延长授权试点、加强疫苗立法等建议。药品管

理法修正案草案已提请常委会第六次会议审议。先后赴广东、北京等地开展修改专利法调研，召开委员会会议审议法律修正案草案，提出完善专利审查和授权机制、加大对侵犯专利权的惩治力度、加强新形势下专利制度战略研究等审议意见。专利法修正案草案已提请常委会第七次会议审议。赴四川、北京、广东和教育部、清华大学、北师大等地方、部门和高校开展制定学前教育法、修订学位条例、职业教育法、教师法等立法调研，广泛听取各方面意见建议。赴云南、黑龙江开展修改档案法调研，就重点问题和修改思路听取意见建议。提前介入制定文化产业促进法和修改著作权法、文物保护法工作，参加有关部门组织召开的座谈会，了解有关情况，提出意见和建议，推动立法进程。

继续推动修改完善基本医疗卫生与健康促进法草案。基本医疗卫生与健康促进法由上届全国人大教科文卫委牵头起草，是我国卫生健康领域的基础性、综合性法律，已提请十二届全国人大常委会初次审议。为做好继续审议工作，我们配合常委会法工委联合召开座谈会，研究协调有关重大问题，推动草案提请常委会第六次会议再次审议。常委会领导高度重视此项立法工作，11 月 28 日至 12 月 1 日栗战书委员长赴云南深入开展立法调研，听取各级人大代表、基层医疗卫生工作人员和群众对基本医疗卫生与健康促进法草案的意见建议，有力推进立法工作。

三、聚焦重点领域开展监督工作

紧紧围绕党和国家中心任务，聚焦人民群众重大关切，协助全国人大常委会做好 4 项监督工作，包括开展传染病防治法执法检查、防震减灾法执法检查，听取和审议国务院关于坚持创新驱动发展深入推进国家科技重大专项情况的报告、关于推动城乡义务教育一体化发展提高农村义务教育水平工作情况的报告。

围绕推进健康中国建设，协助常委会开展传染病防治法执法检查。做好传染病防治是实现健康中国目标的重要保障，责任重大、意义深远。为协助常委会做好传染病防治法执法检查，我们认真贯彻落实栗战书委员长批示精神，扎实开展前期调研，深入了解法律实施中的重点问题，详细制定执法检查方案并确定重点检查内容，配合常委会办公厅做好组织和实施工作。召开委员会会议和有关座谈会，深入研究执法检查工作和相关问题，认真草拟执法检查报告。执法检查组分别由王晨、艾力更·依明巴海、陈竺、蔡达峰等 4 位副委员长带队，分赴 8 个省区开展实地检查，并由王晨副委员长代表执法检查组向常委会第五次会议作报告。常委会组成人员充分肯定执法检查工作和报告，提出要严格落实传染病防治法的各项规定，坚持预防为主、防治结合，联防联控、群防群控，加强对违法行为的惩处和对失职行为的问责，坚决守住公共卫生安全底线。

围绕保安全防风险，协助常委会开展防震减灾法执法检查。为督促国务院及其有关部门全面履行防震减灾法定职责，提高防震减灾工作法治化、规范化和现代化水平，教科文卫委和社会委共同协助全国人大常委会开展防震减灾法执法检查。栗战书委员长高度重视，作出重要批示。检查组由张春贤、艾力更·依明巴海、蔡达峰 3 位副委员长带队，分赴 6 个省区实地检查实施情况，艾力更·依明巴海副委员长代表执法检查组向常委会第六次会议作执法检查报告。常委会组成人员在肯定执法检查工作和报告的同时，认为防震减灾法的实施对防御和减轻地震灾害发挥了积极作用，提出国务院和有关方面要进一步全面履行防震减灾法定职责，在地震监测预报、建设工程抗震设防、地震应急救援能力等方面继续夯实基础、补齐短板，全面提升全社会防震减灾综合能力，最大限度地保护人民生命和财产安全，保障经济社会可持续发展。

围绕推进创新驱动发展战略，协助常委会听取和审议国务院关于坚持创新驱动发展深入推进国家科技重大专项情况的报告。为常委会听取和审议这项报告做好准备，艾力更·依明巴海副委员长带队赴上海调研。我们组织调研组，先后赴广东和北京开展科技重大专项实施情况的调研；召开委员会会议，预先听取审议科技部的报告，提出修改意见。教科文卫委提出，要认真贯彻落实习近平总书记关于创新驱动发展的重要思想，进一步从战略的高度深刻认识实施科技重大专项、增强自主创新能力的重要性，力争在重大技术瓶颈和关键核心技术上尽早取得突破，加强科技重大专项的成果推广应用和产业化，深化体制机制改革，完善组织管理，为保障经济社会发展和国家安全提供战略支撑。为督促落实常委会审议意见和整改建议，于 2018 年 11 月底召开委员会会议听取科技部会同有关部门整改落实的报告，提出了进一步落实创新驱动发展战略实施科技重大专项的意见，相关材料已印发常委会第七次会议。

围绕贯彻落实教育优先发展，协助常委会听取和审议国务院关于推动城乡义务教育一体化发展提高农村义务教育水平工作情况的报告。为常委会听取和审议这项报告做好准备，我委积极主动与教育部联系召开座谈会，听取部门和专家意见；赴贵州、重庆、辽宁开展实地调研，深入研究重点问题；召开委员会会议，听取审议教育部的报告，提出修改意见。教科文卫委提出，要高度重视城乡义务教育存在的差距，合理规划城乡义务教育布局，加大对乡村义务教育的扶持力度，提高乡村教师待遇保障，着力解决教育的“乡村弱”和“城镇挤”问题，努力让每个孩子都能享有公平而有质量的教育。

根据常委会2018年监督工作安排，我委认真做好关于文化遗产工作情况专项报告的后续工作。同时，还积极参与了全国人大财经委和常委会预算工委关于财政医疗卫生资金分配与使用情况的监督工作，参与了全国人大财经委关于“十三五”规划纲要实施情况的中期评估工作。

四、注重质量实效办理代表议案建议

第十三届全国人民代表大会第一次会议主席团交付教科文卫委审议的代表议案49件，其中要求立法的议案48件(涉及26个立法项目)，要求授权试点的议案1件。49件议案中，涉及教育领域的24件，科技领域的6件，文化领域的6件，人口卫生领域的13件。

扎实开展代表议案办理工作。按照代表议案办理有关规定和栗战书委员长关于认真做好代表议案工作的重要指示精神，高度重视代表议案办理，努力提高议案办理质量和实效。一是认真部署落实。制定具体工作方案，在不同阶段专门召开3次会议，对每件议案认真分析，研究评估，吸收建议，推动落实。二是及时协商办理。召开座谈会同有关部门商议议案办理工作，并督促有关部门提出议案办理初步意见。三是深入调查研究。结合立法、监督等工作开展调研，邀请提出议案的有关代表参加，并对一些议案开展了专题调研。四是统筹考虑安排。及时建议将议案提出的有关立法项目列入十三届全国人大常委会立法规划。五是加强沟通联系。通过面对面交谈、电信沟通等方式，征求每件议案领衔代表和部分附议代表对议案办理情况的意见，做到件件有回音。

适时提交代表议案审议结果报告。召开第六次委员会会议对代表议案办理结果进行审议，形成议案审议结果报告。报告已经常委会第七次会议审议通过。27件议案提出的10个立法项目已列入十三届全国人大常委会立法规划；11件议案提出的7个立法项目，确有立法的必要，建议有关部门加强立法研究论证，待条件成熟时争取列入全国人大常委会年度立法工作计划；10件议案提出的9个立法项目，建议有关部门通过修改或制定相关法律法规、加大现有法律法规的执法监督力度或改进相关工作来解决议案所提出的问题；1件议案提出1项授权试点决定，建议有关部门抓紧研究修改相关法律，及时提请全国人大常委会审议。

认真督办代表建议。对交付有关部门办理的关于专项治理校外培训机构、减轻中小学生课外负担、关于中医药事业传承发展、关于建立0—3岁托幼服务体系、关于推动中国传统工艺振兴等建议进行重点督办，与有关部门积极沟通，联合开展调研，认真听取代表意见和建议，跟踪了解工作进展，督促有关方面做好建议办理工作，并形成督办报告。

五、密切联系沟通加强协同合作

加强与地方人大和有关部门的沟通联系，及时了解部门和地方工作情况，是我们提高质量效率、协同推进工作的重要环节。

加强与地方人大教科文卫委的工作联系。本届全国人大教科文卫委成立以来，陆续与部分来京的地方人大同志进行工作座谈，深入交流教科文卫领域的立法、监督、议案工作以及自身建设等情况。赴已出台地方性法规的省份开展立法调研，研究借鉴地方立法经验。提前沟通，与有关地方同步开展监督工作，形成合力，提高监督实效。为更好地促进与地方人大之间的集中交流学习，12月5日至6日在北京组织召开全国人大暨各省(区、市)人大教科文卫委员会工作座谈会。栗战书委员长对人大教科文卫委工作作出重要批示，提出明确要求，指明工作方向。艾力更·依明巴海副委员长出席会议并讲话，也对做好专委会工作提出要求。教科文卫委李学勇主任委员作了工作讲话。各省、自治区、直辖市和计划单列市人大教科文卫委主要负责同志参加会议并进行了工作交流。会议达到了统一思想、深化认识、开拓视野、加强交流的预期成效。

加强与有关部门的工作配合和沟通协调。注重与全国人大机关各有关部门的内部工作配合，认真落实常委会领导指示精神，积极配合办公厅做好常委会有关会议和立法监督等工作的具体落实。

与社会委共同做好防震减灾法执法检查,协助财经委、常委会预算工委做好有关专项工作监督,配合宪法法律委和常委会法工委做好有关立法调研与协调。积极参加有关专委会召开的专题会议。同时,加强与国务院有关部门和相关单位的沟通协调,通过主动走访、邀请座谈、共同调研等方式与教育部、科技部、文化和旅游部、卫生健康委等部门进行工作交流,交换意见,取得共识,加强监督,协同推进有关工作。

六、开展对外交往做好对口交流

根据常委会统一部署和有关安排,发挥人大对外交往特点和优势,加强立法机构对口交流,陪同参加常委会领导的重要外事活动和出访,认真开展专委会层面的对外交流。

接待波兰众议院体育旅游委员会代表团访华,深化两国对口专门委员会间友好交往;接待百名优秀中国政府奖学金留学生访问全国人大,帮助来华留学生增进对中国发展道路和人民代表大会制度的了解;应约会见德国联邦议院议员,介绍中国基本医疗卫生制度和中医药事业发展等情况;会见国际唱片业协会负责人,交流中国音乐产业发展及版权保护情况。组团访问德国、黑山和瑞士,交流借鉴立法经验,探讨立法机构友好合作,宣传人民代表大会制度和中国道路经验,促进相互了解;派团赴蒙古出席亚洲议员人口与发展会议,赴哈萨克斯坦出席投资青年国际研讨会暨亚洲论坛执委会,阐述我国人口形势及政策的基本情况、应对老龄化方面的主要措施,关注各国立法动态与经验。派员参与全国人大常委会组织的与外国议会的友好小组活动、定期机制交流活动和其他外事活动。通过对外交往,宣示制度自信,讲好人大故事,特别是教科文卫等领域的发展成就,促进双方交流,深化友好合作。

七、加强自身建设提升履职能力

按照以习近平同志为核心的党中央全面从严治党的要求和全国人大常委会党组的部署,新一届教科文卫委以党的建设为统领,全面加强自身建设,着力提高依法履职能力和水平,提升工作质量和效率。

坚持把政治建设摆在首位。加强分党组建设,发挥分党组"把方向、管大局、保落实"重要作用,落实全面从严治党要求,严肃党内政治生活,重大问题、重要工作提请分党组讨论审议,重大事项及时向常委会党组请示汇报,切实保证党对人大教科文卫工作的领导。截至 2018 年底,共召开分党组会议 8 次。加强政治学习,认真学习贯彻习近平总书记关于坚持和完善人民代表大会制度的重要思想,认真学习宪法和有关法律,认真学习习近平总书记在纪念马克思诞辰 200 周年大会、两院院士大会、全国教育大会、庆祝改革开放 40 周年大会以及政治局集体学习等会议上的重要讲话,认真学习栗战书委员会重要讲话和批示精神。通过学习,提高了政治站位,增强了工作使命感和责任感。加强作风建设,严格遵照常委会领导指示和有关规定,积极参加常委会会议、委员会会议以及其他履职活动。严格遵守八项规定,改进工作作风,密切联系群众,加强联系所在选举地区单位的全国人大代表,搞好调查研究,提高依法履职能力和水平。

注重建章立制完善工作机制。一是建立委员会负责同志重点联系和组织推动落实的工作机制。根据工作需要、个人情况,按照全面参与、各有侧重的总体原则,明确委员会各位负责同志重点联系的领域,同时确定教育、科技、文化、卫生健康各领域组织推动落实相关工作的负责同志。二是充分发挥委员专长、调动履职积极性。根据工作需要和个人意愿、熟悉领域、专业特长等,明确各位委员参加相关领域的工作。在立法规划落实方案中,请各位委员按照至少参与一项立法的原则,结合所长,选择参与具体立法项目。这种既有所分工、又强调合作的工作机制,努力发挥委员会组成人员的专业优势,充分调动工作积极性,为有力推进各项工作奠定了良好基础。三是进一步加强办事机构建设。以办事机构党支部建设为抓手,通过讲授党课、研究工作、日常交流等方式,加强工作指导,严格工作要求,充分调动工作积极性、主动性、创造性,抓好办事机构干部队伍政治和业务能力建设,提升办事机构集体参谋助手和服务保障能力。

回顾过去一年的工作,我们深切体会到,做好新时代人大教科文卫委工作,必须坚持以习近平新时代中国特色社会主义思想为指导,坚定不移坚持党中央集中统一领导,坚决贯彻落实党中央和全国人大常委会党组决策部署;坚持以人民为中心,推动解决人民群众最关心最直接最现实的利益问题,努力保障和改善民生;坚持紧扣社会主要矛盾的深刻转化,着力解决好教科文卫领域发展不充分不平衡的问题;坚持立法与改革决策相衔接,推动立法主动适应改革和经济社会发展需要；坚持科学立法、民主立法、依法立法，着力提高立法质量；坚持正确监督、有效监督、依法监督，着力增强监督实效。

一年来，尽管我们的工作取得了一些进步和成效，但与新形势下党中央的要求相比，和人民的期待相比，还有不少不足和薄弱环节。比如，立法回应社会关切的针对性要进一步增强，立法调研要更加深入；监督过程中问题导向要更加明确，监督方式有待进一步创新，跟踪督办机制还有待完善；与代表联系沟通的广度和深度还要更加深化；委员会组成人员适应人大工作特点的能力和水平还有待进一步提升，等等。对这些不足和差距，我们将在今后的工作中切实加以改进。

第十三届全国人民代表大会外事委员会 2018年工作总结

（2018年12月28日第十三届全国人民代表大会外事委员会第七次会议通过）

2018年是十三届全国人大外事委员会依法履职的第一年。在全国人大及其常委会的领导下，外事委坚持以习近平新时代中国特色社会主义思想为科学指引，深入学习党的十九大和十九届一中、二中、三中全会和十三届全国人大一次会议精神，认真贯彻习近平总书记关于坚持和完善人民代表大会制度的重要思想、习近平外交思想，紧紧围绕党和国家工作大局、全国人大及其常委会中心任务，贯彻落实栗战书委员长的重要指示精神和王晨副委员长的明确要求，稳妥推进涉外立法，积极开展对外交往，着力加强学习调研和自身建设，各项工作实现良好开局。

一、积极稳妥推进涉外立法、监督、条约审议、代表议案和代表建议办理工作

外事委坚持党对立法工作的领导，自觉将党的路线方针政策和重大决策部署贯彻落实到立法中，积极贯彻落实党中央确定的立法工作目标和任务，确保每一项立法都体现党的主张，反映人民意志。

（一）深入贯彻落实总体国家安全观，积极稳妥开展相关立法工作

继续稳妥推进陆地国界法的立法工作进程。十二届全国人大外事委牵头起草陆地国界法工作，形成了草案稿，取得阶段性成果。本届外事委把继续修改完善陆地国界法草案稿并尽早提请审议作为最重要的立法任务。委员会组成人员全面熟悉陆地国界法的立法相关情况，深入了解重点难点问题。2018年重点完成以下工作：一是推动陆地国界法列入十三届全国人大常委会的立法规划，认真研究制定立法工作的细化方案。二是报送外事委关于陆地国界法的立法工作方案和相关情况说明。三是组织3个立法调研组分别赴云南、西藏和广西，征集地方的意见建议。

此外，委员会组成人员认真参与国际刑事司法协助法二审草案稿的修改完善工作。该法已于2018年10月经全国人大常委会审议通过。

（二）认真审议国际条约议案，积极参与全球治理变革进程

根据宪法和有关法律，全国人大常委会决定批准和废除同外国缔结的条约和重要协定，外事委对拟提请全国人大常委会审议的国际条约议案先行审议，并提出审议报告供常委会会议参考。2018年，外事委按照法定程序和工作惯例，不断探索和改进工作程序，全面梳理刑事司法协助条约背景材料，认真做好条约议案的预先审议工作，为常委会顺利审议国际条约议案提供服务保障。

2018年共审议了4件国际条约议案，其中3件为双边条约，分别为《中华人民共和国和巴巴多斯引渡条约》《中华人民共和国和格林纳达关于刑事司法协助的条约》《中华人民共和国和格林纳达引渡条约》，1件多边公约，为《上海合作组织反极端主义公约》。

（三）积极办理代表议案和建议，充分发挥人大代表作用

十三届全国人大一次会议主席团交付外事委办理的代表议案1件、代表建议1件，分别是“关于

制定《国家边界法》的议案”、“关于加快出台《中华人民共和国陆地国界法》的建议”。

外事委将上述议案和建议与陆地国界法立法、涉海法律执法调研等工作相结合，按照法定程序制定工作方案，征求相关部门意见，及时向领衔代表反馈情况、回复意见，向常委会提交审议结果报告。各项办理工作程序规范、结论清楚、答复及时，切实保障了人大代表的权利，办理结果反映了代表关切。

此外，外事委还协助常委会办公厅办理一件关于加快边境管理立法工作的政协提案。

（四）认真开展涉外法律实施情况的调研工作，积极回应社会关切

为回应人大代表和国务院有关部门多年关切和社会广泛呼吁，十二届全国人大外事委结合出境入境管理法、护照法实施情况开展调研，本届外事委再次组织调研组赴江苏、上海进行调研，并多次召开专题研讨会和工作层座谈会，邀请国家移民管理局、外交部、原国务院侨办、常委会法工委等部门交流研讨，全面掌握情况，厘清思路。从政治、经济、安全、社会发展等多角度出发，深入剖析有关问题，明确立场，提出对策建议。经过调研论证，外事委与相关部门就进一步加强调查研究，探索制定相应的实施细则，分步走、逐个解决重点问题达成共识。

近年来，人大代表和社会各界广泛关注涉海法律实施问题。委员会组成人员就领海及毗连区法、专属经济区和大陆架法的实施情况先后赴海南、山东开展专题调研，了解相关法律的实施情况、存在的重点难点问题，并围绕构建海洋法治体系、维护海洋权益研提意见。

（五）研复国务院和地方起草有关法规、规范性文件草案的意见，加强立法沟通联系

一年来，外事委共收到包括“一带一路”法治建设工作规划与国际论坛成果文件、广西边境地区居民出境入境管理办法（草案）、全国人大常委会备案审查工作规范（征求意见稿）、外交部涉外法律工作交流协商机制议题、关于批准《选择法院协议公约》等 20 余件来函。对于这些函件，外事委高度重视，在深入研究的基础上分别回复有关单位，提出意见和建议。

二、积极开展对外交往工作

全力服务好常委会领导外事活动。委员会有关组成人员陪同栗战书委员长访问埃塞俄比亚、莫桑比克和纳米比亚三国、会见外宾 106 人次，陪同副委员长出访 9 人次、会见外宾 18 人次。

稳步推进议会交流机制，拓展工作思路、创新交流形式。着力推进与外国议会对口委员会交流，宣介中国制度和政策，增进了解、弘扬友好、推动合作。

全年共邀请接待 16 个国家和欧洲议会的 21 个代表团访华，举行机制交流会议 15 次，组织 8 个全国人大代表团访问 11 个国家。委员会组成人员 9 次率团、5 次参团出席国际和地区议会组织会议，应约会见其他部门邀请来访的外国议员、政要、媒体人士、知名人士及驻华使节 59 次。

（一）深入学习贯彻党的十九大精神和习近平外交思想，推动构建新型国际关系和人类命运共同体

以交流机制为平台，从立法机构角度提出推动落实元首共识、加强务实合作的建议，为大国关系总体稳定发展贡献力量。以中俄地方交流年为契机，成功举办中俄议会合作委员会第四次会议，主动设置议题，持续推进长江中下游与伏尔加河上游地方合作；继续与美国会各层级开展交往；作为《中日和平友好条约》缔结 40 周年首场纪念活动，全国人大代表团访问日本，与日本国会两院开展交流机制活动；赴法国举行中法（国民议会）交流机制第九次会议，赴加拿大举行中加议会交流机制第二十二次会议，重点就维护多边主义，共同应对单边贸易保护主义等问题作深入交流；精心组织全国人大各专委会负责人与北欧和波罗的海七国议会领导人集体座谈；邀请英国议会下院外委会代表团、法国参院法中友好小组代表团访华，针对对方关注努力增信释疑。

（二）立足立法机构本职，注重立法信息分享和治国理政经验交流，讲好中国故事

发挥立法机构优势，围绕立法职能开展治国理政经验交流。优化交流机制布局，加强立法、监督经验交流，宣传我立法进展，注意收集有关法律立改释废国外好的做法。在中俄立法圆桌会上就中小企业促进法、电子商务法、森林保护立法等充分交流，探讨法律信息共享的制度性安排。结合环保相关法律等 2018 年常委会工作重点，在访问日本、韩国及参与接待北欧和波罗的海国家议长联合访华时，将环境保护法或固体废物污染环境防治法列为议题，开展专项交流；以 2018 中法环境年为契机，与法国就环保、气候变化相关立法深入对话。

对外交流过程中，积极宣介人民代表大会制度

及全国人大及其常委会推进民主法治建设的新思路新成就。安排韩国、伊朗、克罗地亚、莫桑比克等团组访问东部沿海城市、老挝国会外委会代表团参观雄安新区。

外事委组成人员在出席亚洲议会大会、亚欧议会伙伴会议、各国议会联盟第 139 届大会、"瓦尔代"国际辩论俱乐部年会等国际和地区会议期间，利用一切机会，阐释中方立场，发出中国声音，增进国际社会对我国内外政策的理解。

(三)助力"一带一路"走深走实，为我国企业"走出去"创造有利的营商环境

加大对"一带一路"沿线国家议会工作力度，推动"一带一路"倡议与蒙古"草原之路"、智利"2025投资计划"、阿根廷"智慧融入世界"等发展战略对接

继续把促进务实合作作为对外交往的重要抓手，为中资企业在海外发展办实事、解难事、做好事，推动往访国为双方务实合作提供法律保障和政策便利。全国人大代表团在访问肯尼亚和马拉维、加拿大和哥斯达黎加期间或之前，分别举行中资企业座谈会，及时梳理企业诉求并整理成问题清单并译交外方，推动肯、马议会尽快批准《避免双重征税协定》等法律文件，采取切实措施解决中资企业务工人员办理两国工作签证中遇到的问题。代表团对"一带一路"重要早期收获蒙内铁路以及四达时代、中非棉业等民企进行深入调研，提出进一步完善蒙内铁路法制保障、加大对在非优秀民企的融资支持等建议。全国人大代表团访问智利、阿根廷时提出深化经贸合作的具体建议，希着重加强投融资法律环境及贸易争端处理方式的交流，为中资企业在市场准入、劳务许可、签证等方面遇到的实际问题争取便利。

(四)发挥对外交往窗口作用，在涉华重大和敏感问题上积极发声

外事委负责人就美国《2019 财年国防授权法案》发表谈话，严正驳斥了该法案中要求制定"全政府对华战略"、扩大美台军事交往和对台军售、收紧对中国在美投资审查等多项消极条款。外事委负责人就美国会拟通过所谓《2018 年对等进入西藏法案》致函美国会参院外委会和"美中工作小组"有关议员，促其谨言慎行，维护中美关系大局。在该法案签署成法当日，外事委即发表声明，对美方粗暴干涉中国内政表达强烈不满和坚决反对，绝不接受美方罔顾事实、充满偏见的指责，敦促美方充分认识涉藏问题的敏感性，切实恪守在涉藏问题上作出的承诺，停止利用涉藏问题干涉中国内政，同时采取有效措施消除该法案带来的不利影响，更不得实施该法，以避免严重损害中美关系和两国在各领域的合作。

三、精心做好大会发言人工作

2018 年是换届年，大会议程多，舆论对修宪、监察法、机构改革等问题高度关注。外事委认真筹备大会开幕前的新闻发布会，充分宣传党的十九大后召开的本次大会的背景和历史意义，就修宪意义、制定监察法意义、税收法定、环保立法、立法计划等回应关切，充分反映人大工作，突出人大特色。同时，不回避重大敏感问题，就修宪内容、机构改革、房地产税、国防预算、中美关系、所谓"中国威胁论"和输出"中国模式"、朝鲜半岛局势等作出回应，受到广泛关注和报道。

四、加强与地方人大联系

注重加强与地方人大联系，于 2018 年 10 月底在江西省南昌市举办人大外事(工作)委员会培训班，邀请 31 个省区市人大对口委员会负责人参加。通过认真学习、深入交流习近平总书记关于坚持和完善人民代表大会制度的重要思想、习近平外交思想和栗战书委员长重要讲话精神，加深了认识，提高了站位，取得良好实效。培训班还就充分发挥人大对外交往优势，进一步加强全国人大与地方人大的工作协同，做好新形势下人大对外交往工作提出许多有益的建议。

2018 年，外事委负责人先后会见了北京、安徽、湖北、辽宁、四川、河北、西藏等 10 个省区市人大常委会分管外事的负责人及对口委员会负责人，就立法调研、对外交往工作进行了深入交流，加强相互沟通联系。

五、加强自身建设，提高履职能力

一年来，外事委切实把坚持党的领导贯穿于外事委工作的各方面和全过程。委员会组成人员深入学习贯彻习近平总书记关于全面从严治党的重要论述，坚持以习近平新时代中国特色社会主义思想武装头脑、统领和指导委员会工作；专题学习贯彻习近平总书记关于坚持和完善人民代表大会制

度的重要思想;牢固树立“四个意识”,坚定坚持“四个自信”,坚决维护习近平总书记党中央的核心、全党的核心地位,坚决维护以习近平同志为核心的党中央权威和集中统一领导。

委员会组成人员把学习调研作为转变角色、加强自身建设的基础,认真参加履职培训,深入学习中央对外方针政策和中国特色社会主义法律体系。为尽快熟悉委员会的立法和条约审议工作,2018 年结合陆地国界立法、领海及毗连区法、专属经济区和大陆架法的实施情况专题调研及批约工作,举办了 7 次专题讲座,对相关问题进行深入研讨,取得较好效果。

高度重视作风建设,立法调研、外事活动严格执行中央八项规定及其实施细则精神。注重加强干部队伍建设,分党组成员参加双重组织生活,指导办事机构深入开展“不忘初心、牢记使命”主题教育,严格按照习近平总书记关于做到“一个带头”、做好“三个表率”、建设“模范机关”的总体要求,围绕中央和国家机关党的政治建设推进会明确的六项重点工作任务,紧密结合外事委机关党建工作实际,细化贯彻落实的具体措施。

第十三届全国人民代表大会华侨委员会 2018 年工作总结

(2018 年 12 月 28 日第十三届全国人民代表大会华侨委员会第五次会议通过)

2018 年是全党全国人民深入贯彻党的十九大精神开局之年,也是十三届全国人大各项工作起步之年。在全国人大常委会领导下,全国人大华侨委员会以习近平新时代中国特色社会主义思想为指导,深入贯彻落实党的十九大和十九届二中、三中全会精神,坚持党的领导、人民当家作主、依法治国有机统一,紧紧围绕党和国家工作大局,按照全国人大常委会的统一部署,深入学习贯彻习近平总书记关于侨务工作的重要论述和指示精神,切实履行宪法法律赋予的各项职责,积极开拓进取,扎实开展工作,不断提升工作能力和水平,努力开创新时代人大侨务工作新局面。

一、始终坚持以习近平新时代中国特色社会主义思想为指导扎实推进人大侨务工作

一年来,华侨委员会以习近平新时代中国特色社会主义思想为指导,按照新时代党的建设总要求,努力提高政治站位,进一步增强政治能力,大力加强委员会自身建设,确保委员会各项工作沿着正确的政治方向不断向前推进。

(一)注重委员会理论武装。华侨委员会深入学习领会习近平新时代中国特色社会主义思想和党的十九大精神,深入学习贯彻习近平总书记全面依法治国新理念新思想新战略和关于侨务工作的重要论述,认真学习贯彻栗战书委员长讲话和指示精神、十三届全国人大一次会议精神,坚持把党的政治建设摆在首位,树牢“四个意识”,坚定“四个自信”,坚决做到“两个维护”,旗帜鲜明讲政治,在思想上政治上行动上始终同以习近平同志为核心的党中央保持高度一致,自觉维护党的团结统一,严守党的政治纪律和政治规矩,确保人大侨务工作在党的领导下依法推进,确保不折不扣贯彻落实党中央决策部署。积极参加常委会组织的专题讲座、会议和活动,不断加深对党中央决策部署的理解和认识,加强对中国特色社会主义法治理论、宪法和有关法律的学习贯彻,注重培养专业能力、专业精神,加强对涉侨法律问题的研究探讨,进一步增强法治观念,推动委员会工作提高到新水平。

(二)注重委员会党建工作。本届华侨委员会分党组成立以来,按照分党组工作规则,认真履行管党治党的政治责任,突出抓好思想政治工作,坚决贯彻落实党中央的决策部署和常委会党组的工作要求,把坚持党的领导贯彻到委员会工作的各方面和全过程。对重大方向性、原则性、政治性问题集体研究、民主决策,充分发挥分党组在委员会工作中把方向、管大局、保落实的作用。分党组党员领导干部以身作则,以上率下,坚定理想信念,增强宗旨意识,严守党的政治纪律和政治规矩,认真学习贯彻党章党规,严格遵守中央八项规定及其实施细则和常委会组成人员守则,依法履行宪法和法律

赋予的职责,加强同全国人大代表的联系。指导办事机构党支部把常委会党组和机关党组关于全面从严治党的要求贯彻到各项工作中,进一步加强办事机构党建工作和干部队伍建设,较好地发挥参谋助手和服务保障作用。

二、认真研究华侨权益保护立法问题

本届以来,华侨委员会按照全面依法治国的总体要求,围绕十三届全国人大一次会议期间代表所提关于华侨权益保护立法的议案,适应世情、国情、侨情的发展变化,在往届工作的基础上,推动华侨权益保护立法列入十三届全国人大常委会立法规划,为完善新时代中国特色社会主义法律体系作出努力。

(一)积极开展华侨权益保护立法论证工作。一是提出将制定华侨权益保护法列入常委会立法规划的建议。本届华侨委员会认真总结历届华侨委员会工作经验和做法,在广泛征求各方面意见的基础上,起草了华侨权益保护立法项目建议报告,提出立法思路和相关建议。二是积极参与华侨权益保护法的立项论证工作。按照全国人大立法工作机制,华侨委员会对立项论证工作做了充分准备,将代表议案审议和以往的调查研究相结合,围绕华侨权益保护立法的必要性、可行性、拟解决的突出问题,以及关注度较高的问题等进行了系统梳理和研究论证,办事机构负责同志受委员会委托在立项论证座谈会和立法规划稿征求意见会上就上述问题作了较为充分的说明。三是在听取审议华侨权益保护情况专项报告工作中将华侨权益保护立法问题作为一项重要内容。从华侨委员会先行审议国务院侨办关于华侨权益保护工作情况报告,到常委会听取和审议该报告,华侨委员会将华侨权益保护立法问题作为研究重点之一,组织力量汇总整理常委会出席人员对于相关问题的审议意见,开展有针对性的研究,为华侨权益保护立法列入常委会五年立法规划做准备。

(二)深入领会常委会领导指示和立法规划要求。2018 年 5 月,白玛赤林副委员长来华侨委员会与部分组成人员和办事机构工作人员座谈,对华侨权益保护立法工作提出要求。7 月,栗战书委员长针对华侨权益保护立法工作专门作出重要指示。8 月,经党中央批准的十三届全国人大常委会立法规划将华侨权益保护立法列入第三类项目,充分体现了党中央和全国人大常委会对华侨权益保护立法工作的重视。华侨委员会及时召开专题会议,组成人员围绕华侨权益保护立法问题以及下一阶段的工作部署积极建言献策。10 月,全国人大侨委工作座谈会在北京召开,王光亚主任委员就华侨权益保护立法问题作了主题讲话,提出要深入贯彻落实习近平总书记关于全面依法治国新理念新思想新战略,深刻学习领会习近平总书记关于侨务工作重要论述的科学内涵和核心要义,准确把握新时代侨务法治建设的基本要求,以习近平新时代中国特色社会主义思想为引领,以落实立法规划为重点,深入开展人大侨务工作。部分省市介绍了地方开展华侨权益保护立法工作相关情况,与会人员围绕华侨权益保护立法问题展开交流讨论,就华侨权益保护的重点、难点问题进行深入研究,进一步统一思想、提高认识。座谈会对于全国各级人大侨委共同推进新时代人大侨务工作具有重要意义。

(三)鼓励支持地方开展华侨权益保护立法工作。华侨委员会鼓励和支持地方先行先试、探索创新。继广东、福建、上海、湖北、南京等省市制定华侨权益保护条例之后,浙江省人大常委会于 2018 年 9 月审议通过了浙江省华侨权益保护条例。6 月,浙江省人大民族宗教华侨外事委员会负责同志,专门到全国人大沟通交流有关情况,华侨委员会提出有关修改意见建议。北京、天津、山东、海南等地已将制定本地华侨权益保护条例列入了本级人大常委会立法规划或计划,其他一些省区市华侨权益保护立法工作也在积极推进。

三、不断强化涉侨监督工作

本届以来,华侨委员会认真履行宪法法律赋予的职责,围绕中心、服务大局,坚持问题导向,不断强化新时代人大涉侨监督工作。

(一)认真审议华侨权益保护情况专项工作报告。2017 年底,十二届华侨委员会在组织实施常委会华侨权益保护情况专题调研、综合整理各调研组和委托省区市调研情况及各方面意见建议的基础上,向常委会提交了专题调研报告。据此,华侨委员会提出将听取和审议国务院关于华侨权益保护情况专项工作报告列入常委会 2018 年监督工作计划的建议。2018 年 4 月,常委会在安排此项议程时,正值党和国家机构改革关键时期,华侨委员会指示办事机构积极与有关部门沟通联系,最后经常委会办公厅与有关方面协商确定,按照原计划由中央统战部副部长、国务院侨办主任许又声代表国务院向常委会作专项工作报告。为此,华侨委员会召开会议先期听取国务院侨办关于华侨权益保护工作情况报告。报告从我国华侨权益保护工作取得的主要成效、存在的主要困难和问题、下一步工作安排、关于研究制定华侨权益保护法的建议等方面介绍了有关情况。华侨委员会组成人员和特邀与会人员提出了推动华侨权益保护立法、研究解决华侨身份证件、明确身份认定条件、完善引才引智机制等方面的意见和建议。对此,国务院侨办予以认真研究并对专项工作报告作了修改完善,经修改的专项工作报告在常委会审议时引起积极反响,有 4 位副委员长、32 位常委会委员和专委会组成人员,还有 6 位全国人大代表共 42 位出席人员发表了审议意见。大家普遍认为,专项工作报告全面总结了十八大以来我国华侨权益保护工作,既肯定了成绩,也指出了存在的困难和问题,围绕落实党中央决策部署和宪法关于华侨权益保护的规定,明确了改进和加强今后工作的思路和举措。华侨委员会组织办事机构专门汇总梳理相关意见建议,供华侨委员会负责同志参阅。

(二)有效开展专项工作报告跟踪监督。按照全国人大的监督工作程序,国务院应在六个月内对全国人大常委会送达的专项工作报告审议意见提出研究处理的反馈报告。为督促国务院有关部门抓好审议意见的落实工作,华侨委员会于 2018 年 10 月召开第四次全体会议,先行听取并审议了国务院侨办《关于落实全国人大常委会对华侨权益保护工作情况报告审议意见的报告》,会议同意该报告并向常委会提交审议意见,建议将报告印发常委会第六次会议。

(三)认真做好涉侨信访工作。按照全国人大机关信访工作办法的规定,华侨委员会办事机构对涉侨来信逐一登记,并将符合要求的来信转送办公厅信访局处理。对涉侨来访人员做好耐心细致的接待、解释等工作。全年共转办群众来信 200 余件次。

四、做好代表议案审议、建议办理工作

本届以来,华侨委员会从党和国家工作大局出发,从维护海外侨胞和归侨侨眷根本利益出发,结合常委会工作部署和委员会工作计划,认真履职尽责,切实做好代表议案审议、建议办理工作,做到对代表负责,对海外侨胞和归侨侨眷负责。

(一)认真审议办理涉侨议案。十三届全国人大一次会议主席团交付华侨委员会审议的议案共 6 件,内容均为制定华侨权益保护法。议案提出,目前制定华侨权益保护法已具备法理基础,地方相关立法实践也积累了一定的经验,侨界立法愿望强烈并形成了广泛共识,建议将华侨权益保护法列入十三届全国人大常委会立法规划,并尽快开展相关立法工作。根据工作总体安排,华侨委员会将代表议案审议工作与推动华侨权益保护立法工作紧密结合,相继开展一系列调研、论证等工作。在此基础上,华侨委员会第四次会议对代表议案进行了审议,并向常委会提交了议案审议结果报告。报告认为,议案提出的将华侨权益保护法列入立法规划的建议已经得到采纳,华侨委员会接下来的任务是,认真学习领会栗战书委员长有关讲话和指示精神,采取多种形式进一步做好华侨权益保护立法的调查研究工作。议案审议结果报告已经 2018 年 12 月的常委会第七次会议审议通过。

(二)精心办理代表建议。华侨委员会收到十三届全国人大一次会议代表建议共 7 件。按照有关规定,华侨委员会对代表建议进行办前分析,梳理相关问题,制定工作方案,确定时间节点,落实任务责任,并对侨务扶贫情况开展调研的建议制定办理工作承诺事项台账,确保相关工作有序开展。对于华侨权益保护方面的代表建议,华侨委员会把办理工作与常委会听取审议专项工作报告、立法调研论证等紧密结合,使建议办理工作的针对性和实效性明显提高;对于侨务扶贫方面的代表建议,华侨委员会在赴福建、贵州等地调研时,专门前往当地华侨农场及有关乡镇,了解困难归侨侨眷脱贫解困进程。办理过程中,华侨委员会及时与提建议的代表进行沟通,听取其对建议答复及办理工作的反馈;对于代表建议所涉内容因条件限制短期内难以解决的,认真做好说明解释工作,争取代表的理解和支持。

五、深入开展涉侨调查研究工作

本届以来,华侨委员会认真贯彻党和国家侨务政策,围绕党和国家工作大局,密切关注海内外侨情的新情况、新特点、新变化,紧紧抓住当前海外侨胞和归侨侨眷反映集中的热点、难点问题深入开展调查研究,扎实做好调研的统筹安排、方案拟定、组织实施、报告起草等各项工作,注重理论研究探讨,调查研究工作取得新成效。

(一)常委会领导重视涉侨调研工作。2018 年

5月，由白玛赤林副委员长带队，罗保铭副主任委员、王辉忠委员参加的调研组赴上海市和浙江省，就华侨权益保护及涉侨法律法规实施情况开展调研。调研组认真听取两地侨务工作情况介绍，深入创新创业园区、侨资企业和社区实地考察，与回国创新创业的华侨华人、侨资企业负责人以及社区侨务工作者座谈交流，详细了解侨情新变化、侨务工作新进展以及海外侨胞和归侨侨眷反映比较突出的华侨权益保护问题，充分征求各方面的意见和建议，形成有关调研报告，取得了良好成效。

（二）围绕华侨权益保护立法问题开展调研。福建省侨务资源丰富，2016年制定了华侨权益保护条例，在华侨权益保护立法方面积累了经验。2018年6月，由王光亚主任委员带队，贾廷安副主任委员，陈紫萱、董传杰委员参加的调研组，赴福建省围绕华侨权益保护立法问题进行调研。调研组通过座谈、走访和考察，掌握了第一手材料，在调研报告中着重就做好涉侨立法工作、着力解决华侨权益保护面临的突出问题进行了分析，提出了有针对性的意见和建议。

（三）聚焦侨务扶贫开展调研走访活动。结合代表提出的关于加强侨务扶贫工作的建议，2018年9月，由黄龙云副主任委员带队，陈立、蒋谟祥委员参加的调研组，赴贵州省重点就侨务扶贫工作情况开展调研。此次调研，走入县镇村看望慰问7户归侨侨眷家庭，深入了解贫困归侨侨眷脱贫致富面临的困难和问题，进一步摸清了精准扶贫工作机制运行情况，针对贫困归侨侨眷精准扶贫、精准脱贫等问题提出了相关建议，形成有针对性的调研报告。12月，受王光亚主任委员委托，办事机构负责同志按照工作计划走访慰问了广东省华侨农场困难归侨侨眷。

（四）加强侨务法治建设理论研究。根据华侨委员会工作安排，办事机构就华侨权益保护立法需要解决的主要问题进行分析研究，梳理出三大类9个问题，为立法决策提供参考；同时，注意收集有关专家学者及海内外侨胞的研究成果，开展理论研究。华侨委员会作为中国人大制度理论研究会单位理事积极承担有关课题研究，董中原副主任委员撰写了《深入贯彻习近平关于侨务工作的重要论述，不断开创全国人大华侨委员会工作新局面》的理论文章，按时提交中国人大制度理论研究会。

（五）反映工作动态、交流工作经验。一年来，共编辑印发4期《人大侨委通讯》，发送1900余册，在反映人大侨务工作动态、交流人大侨委工作经验、开展涉侨理论研究、介绍侨务法律法规、为地方提供参阅材料等方面发挥了积极作用。

六、积极开展侨务外事和侨务对台工作

本届以来，华侨委员会认真学习习近平外交思想，深刻领会中央关于外交工作的战略部署，以中央外事工作会议精神为指导，按照全国人大外事工作统一安排，以“广泛团结联系海外侨胞和归侨侨眷，共同致力于中华民族伟大复兴”为中心任务，认真做好组团出访、接待来访、参加常委会领导会见会谈等外事工作。

（一）积极参加常委会外事活动。2018年4月，王光亚主任委员陪同栗战书委员长会见爱尔兰众议长欧法雷尔一行。10月，贾廷安副主任委员陪同白玛赤林副委员长赴土耳其出席第三届欧亚国家议长会议，访问奥地利并赴瑞士日内瓦出席各国议会联盟第139届大会和金砖国家议会论坛。11月，曹鸿鸣副主任委员陪同张春贤副委员长出访柬埔寨、泰国、巴基斯坦。11月底，王光亚主任委员率全国人大代表团赴土耳其出席亚洲议会大会。12月，曹鸿鸣副主任委员陪同以泰国立法议会主席蓬贝为团长的泰国立法议会代表团访问北京市、江苏省、福建省。

（二）认真开展“走出去”工作。2018年6月，罗保铭副主任委员率团出访新西兰和菲律宾，访问期间积极宣传习近平总书记关于侨务工作的重要论述和指示精神，深入了解两国侨情及特点，加深了与当地主要侨团的联系，与我驻外使领馆就领事侨务工作进行了深入交流，同时相机开展了议会外交活动。华侨委员会派员参加了5月底在巴拿马举行的第18届全球华侨华人促进中国和平统一大会和9月在匈牙利举行的欧洲华侨华人社团联合会第20届大会，深入考察侨情、慰问侨胞，了解侨团建设、侨胞生存发展以及侨胞参与支持“一带一路”建设等情况，努力做好促进侨社团结和谐、加强联谊联络、更好凝聚侨心的工作。

（三）扎实做好“请进来”工作。华侨委员会先后邀请南非、美国、加拿大、柬埔寨、老挝等国侨领回国访问，安排考察了江苏省、河北省雄安新区、环京产业区、天津市等地，向代表团介绍当前我国政治经济社会发展现状和改革开放40年来取得的巨

大成就，宣传我国人民代表大会制度和人大工作、侨务立法及侨务政策等，与代表团成员进行了座谈交流。其中，南非侨领与江苏省有关部门的合作已经起步，比如，与江苏省金陵商务旅行社已签订文旅合作项目协议，江苏南京旅游职业学院也将派遣学生赴南非实习等。

2018 年国庆节期间，华侨委员会举行了有十几个国家百余名侨领参加的国庆座谈会，王光亚主任委员主持座谈会并重点宣讲了党的十九大和十三届全国人大一次会议精神、我国“一带一路”倡议以及国内发展形势，增进海外侨胞对祖(籍)国的了解与感情，积极评价广大海外侨胞对祖国建设的巨大贡献并鼓励他们增进团结、加强交流、共筑中国梦，在海内外侨界取得积极反响。华侨委员会还接待了其他涉侨部门和我驻外使领馆推荐的海外侨胞和港澳台同胞代表团组 10 余批，约 200 余人；发送各类涉侨贺电 20 余份、唁电 4 份。

(四)继续开展“侨助冬奥”主题外事活动。华侨委员会在 2015 年至 2017 年安排泰国、菲律宾、德国、匈牙利、斯洛伐克等国侨领代表团访问河北张家口的基础上，进一步拓展侨务外事工作领域。2018 年，根据相关侨团的意愿，协助荷兰侨领联系对张家口市崇礼县、张北县开展对口扶贫捐赠，把侨务外事工作做实做细。

华侨委员会有关负责同志还参加了纪念司徒美堂先生诞辰 150 周年座谈会，2018 年“文化中国·全球华人音乐会”，北京市侨联庆祝中华人民共和国成立 69 周年侨胞联谊会，2018 年全球华侨华人年度评选颁奖典礼，第九届海外华裔及港澳台地区青少年“中国寻根之旅”夏令营北京集结营开营式等活动。

七、密切与归侨代表、涉侨部门及地方人大侨委的联系

本届以来，华侨委员会从自身工作定位出发，加强与归侨代表、各涉侨机构、地方人大侨委的沟通联系，努力推动形成侨务工作合力。

(一)加强与全国人大归侨代表的联系。华侨委员会坚持尊重代表主体地位，主动邀请归侨代表参与委员会工作，积极为他们依法履职、参政议政提供服务保障。2018 年 5 月，邀请归侨代表陈乃科参加在浙江的调研活动。6 月，邀请归侨代表郑奎城参加在福建的座谈活动。10 月，邀请归侨代表蒋毓勤参加在北京召开的全国人大侨委工作座谈会。这些活动，加强了与归侨代表的联系，有利于更好发挥归侨代表反映侨声、维护侨益、汇聚侨智的作用，得到全国人大归侨代表的肯定和好评。

(二)密切与中央涉侨部门的联系。华侨委员会注重加强与中央涉侨部门的沟通协调、团结合作，定期通报工作、交流侨务信息，共同推进新形势下侨务工作的开展。王光亚主任委员、董中原副主任委员会见了中央统战部副部长、国务院侨办主任许又声一行，就侨务工作和华侨权益保护有关问题交换了意见。应中央涉侨部门的邀请，委员会有关负责同志出席了第十次全国归侨侨眷代表大会开幕式、闭幕式，参加了全国政协办公厅、中央统战部、国务院侨办、国务院港澳办、国务院台办举办的 2018 年国庆招待会、中国侨联举办的“纪念改革开放四十周年座谈会”。委员会还派员参加了中国侨联主办的 2018 年习近平总书记关于侨务工作重要论述研讨会，参加了中国和平统一促进会九届二次理事大会成立 30 周年庆祝大会，出席了中央统战部定期召开的海外侨情通报会。

(三)加强与地方人大侨委的联系。换届以来，华侨委员会注重加强同地方人大侨委的联系沟通，共同做好人大侨务工作。2018 年 10 月在北京召开全国人大侨委工作座谈会，邀请全国 31 个省区市和南京、厦门、青岛等市人大侨委及办事机构主要负责同志共 110 人参加会议，密切了与地方人大的联系沟通、交流互动。一年来，先后接待福建、北京、安徽、湖北、湖南、辽宁、江苏、四川、河北、浙江、黑龙江、内蒙古、广州等省区市人大常委会及侨委负责同志来华侨委员会交流座谈，共同探讨做好新时代人大侨务工作和推进华侨权益保护立法工作。

总结一年来的工作，我们深刻认识到，同党和国家的要求相比，同常委会领导的要求和各方面工作需要相比，同广大归侨侨眷和海外侨胞的期待相比，我们的工作还存在差距和不足。主要是涉侨立法、监督、调研等工作有待进一步深入，议案建议办理质量和效率还有待进一步提高，与涉侨部门的沟通联系有待进一步密切，委员会及办事机构能力建设还有待进一步加强等。华侨委员会高度重视这些问题，将认真听取各方面意见建议，加强自身建设，力求在新的一年里各项工作迈上一个新台阶。

第十三届全国人民代表大会环境与资源保护委员会2018年工作总结

（2019年1月14日第十三届全国人民代表大会环境与资源保护委员会第十一次会议通过）

2018年是全面贯彻落实党的十九大精神的开局之年，是十三届全国人大及其常委会依法履职的第一年。新一届全国人大环资委在全国人大及其常委会的坚强领导下，高举中国特色社会主义伟大旗帜，以习近平新时代中国特色社会主义思想为指导，认真学习贯彻习近平总书记关于坚持和完善人民代表大会制度的重要思想和习近平生态文明思想，全面贯彻落实党的十九大和十九届二中、三中全会精神，坚持党的领导、人民当家作主、依法治国有机统一，坚持旗帜鲜明讲政治，全面加强分党组和委员会政治建设，树牢"四个意识"，坚定"四个自信"，坚决做到"两个维护"。环资委深入贯彻落实全国人大常委会工作部署和栗战书委员长指示要求，依法推动打好污染防治攻坚战，以法律的武器治理污染，用法治的力量保护生态环境。在沈跃跃、丁仲礼副委员长指导下，积极做好环境资源保护领域立法、监督、代表、对外交往等各项工作，切实履行宪法和法律赋予的职责。一年来，环资委共召开各类座谈会182次，举办专题辅导讲座6次，赴地方开展执法检查和调研42次，形成执法检查报告、各类调研报告、论证材料、参阅资料和重要文稿等436篇，各方面工作实现良好开局。

一、认真学习贯彻习近平新时代中国特色社会主义思想，旗帜鲜明讲政治，树牢"四个意识"，坚定"四个自信"，坚决做到"两个维护"

2018年，环资委先后召开分党组会议和委员会会议共13次，坚持将学习贯彻习近平新时代中国特色社会主义思想作为加强政治建设的首要任务，坚持原原本本学，全面把握"八个明确"和"十四个坚持"的丰富内涵，切实在学深悟透上下功夫，在学懂弄通做实上下功夫，用习近平新时代中国特色社会主义思想武装头脑、指导实践、推动工作。换届伊始的2018年4月，环资委率先召开以"学习贯彻习近平新时代中国特色社会主义思想和党的十九大精神，依法打好污染防治攻坚战，全面推进生态文明法治建设"为主题的全国人大环境与资源保护座谈会，深刻分析新时代新任务新要求，提升政治站位，强化责任担当，牢牢把握人大环资委工作正确的政治方向。坚持将学习、研究、宣传、贯彻习近平总书记关于坚持和完善人民代表大会制度的重要思想作为做好人大工作的根本保证，2018年9月参加了在河北石家庄召开的深入学习贯彻习近平总书记关于坚持和完善人民代表大会制度的重要思想交流会后，分党组迅速召开会议，传达学习中共中央政治局常委、全国人大常委会委员长栗战书在这次会议上的重要讲话精神，并交流学习认识和体会，深刻领会这一重要思想的时代意义、理论意义、实践意义，准确把握其科学内涵、基本特征和本质要求，进一步增强做好新时代人大工作的责任感使命感。坚持将深入学习宣传贯彻习近平生态文明思想和全国生态环境保护大会精神作为依法履职的重要职责，先后召开3次分党组会议和多次委员会会议深入学习研究、交流心得体会、指导工作实践，及时传达学习中央办公厅关于秦岭北麓违建别墅整治情况的有关通报和栗战书委员长重要讲话精神，不断增强生态环境保护的思想自觉和行动自觉，充分体现环资委作为承担生态文明法治建设和监督工作的专门委员会义不容辞的责任，有关报告得到栗战书委员长的批示肯定。坚持将贯彻落实习近平总书记重要指示批示作为树牢"四个意识"、践行"两个维护"的检验标尺，狠抓贯彻落实，第一时间研究部署落实总书记指示批示的具体行动举措。2018年12月，习近平总书记、栗战书委员长等中央领导同志作出有关生物安全问题的重要批示后，沈跃跃副委员长率领环资委第一时间召开有中央和国务院相关部门负责同志参加的座谈会，深入贯彻落实习近平总书记关于加快立法步伐的重要批示精神和栗战书委员长要求部署，研究制定立法工作方案，以最坚决的态度、最有力的措施推进立法工作，以实际行动坚决践行“两个维护”。

二、积极践行习近平生态文明思想，坚决落实党中央决策部署和全国人大常委会工作部署，依法推动打好污染防治攻坚战

党的十九大报告提出，坚决打好污染防治攻坚战。环资委全力配合常委会做好常委会第四次会议决议草案起草审议有关工作并督促贯彻落实，为助力打好污染防治攻坚战贡献人大力量。

（一）积极配合常委会做好第四次会议有关工作，起草决议草案并配合审议出台。经党中央批准，7 月 9 日至 10 日，十三届全国人大常委会专门加开第四次会议，以实际行动学习宣传和贯彻落实习近平生态文明思想和全国生态环境保护大会精神。环资委积极配合常委会做好第四次会议各项工作，协助常委会作出依法推动打好污染防治攻坚战的相关决议。按照常委会领导的指示要求，环资委会同办公厅研究室等工作机构认真研究论证、多方听取意见、反复修改完善，起草了决议草案，配合常委会第四次会议审议并作出了《关于全面加强生态环境保护依法推动打好污染防治攻坚战的决议》。决议强调要以习近平生态文明思想为指引和遵循，以党的领导为根本政治保障，用好法律武器，坚持以人民为中心，严格依法监督，强调监督实效，以法律的武器治理污染，用法治的力量保护生态环境。

（二）制定落实工作安排，深入贯彻落实常委会第四次会议精神。常委会第四次会议刚刚结束的 7 月 11 日，沈跃跃副委员长专程到环资委机关，就贯彻落实常委会第四次会议精神与委员会领导共同研究落实意见，提出明确要求。环资委研究制定了《关于贯彻落实全国人大常委会第四次会议精神的有关安排》，召开分党组会议和委员会全体会议深入学习贯彻习近平生态文明思想，贯彻落实常委会第四次会议精神，聚焦打好污染防治攻坚战，进一步细化下半年环境资源领域的立法调研、执法检查等相关工作，推动各级人大及其环资委贯彻落实决议和栗战书委员长重要讲话精神，扎实推进执法检查报告及审议意见整改落实，积极推动地方人大环境与资源保护立法和监督工作。

（三）督促整改落实，推动常委会决议全面有效贯彻实施。栗战书委员长强调“开展执法检查，发现问题是关键，整改落实是目的”。环资委认真研究贯彻落实常委会第四次会议精神，按照决议要求，对照执法检查报告及审议意见，列出问题清单、任务清单和责任清单，会同有关单位督促各地区各部门明确任务书、时间表，一项一项任务抓好落实，一个一个问题推动解决，及时完成整改任务，完善法规制度，推动改进工作。为更好推动大气污染防治法和决议全面有效贯彻实施，环资委向常委会建议听取和审议国务院关于研究处理大气污染防治法执法检查报告和审议意见情况以及有关决议落实情况的报告，配合常委会督促各地各部门依法对生态环境保护法规规章、规范性文件、司法解释等进行全面清理。加强与地方人大的上下联动，推动各地人大落实常委会第四次会议精神。13 个省（区）人大常委会在 2018 年内制定或修改了共 13 件大气污染防治地方性法规。各地人大常委会通过执法检查、听取审议报告、专题询问等监督形式，督促政府及有关部门严格落实法律法规，依法推动解决突出生态环境问题，推动生态环境保护法律制度全面有效实施。

三、深入贯彻习近平总书记指示要求，充分发挥人大立法主导作用，积极做好环境资源领域立法工作

环资委深入学习贯彻以习近平同志为核心的党中央推进全面依法治国、加强和改进新时代立法工作的重要部署，坚决贯彻落实党中央有关生态环境保护的决策部署，按照常委会的要求，提前谋划，提出立法规划项目建议；按照党中央确定的重要立法任务和栗战书委员长在立法工作会议的讲话精神，把握做好新时代立法工作的基本要求，积极开展牵头起草、联系审议和研究论证工作。

（一）及时提出立法规划项目建议，形成落实立法规划任务的工作方案。为贯彻落实国家生态战略、海洋战略，落实总体国家安全观，环资委向常委会提出了制定长江保护法、南极活动与环境保护法、生物安全法等 13 项立法项目建议，其中 10 项被列入十三届全国人大常委会立法规划。立法规划交由环资委承担相应工作任务共计 15 项，包括牵头起草并提请审议 3 项，联系审议 8 项，研究论证 4 项。根据栗战书委员长在全国人大常委会立法工

作会议上关于“按照‘任务、时间、组织、责任’四落实的要求，拟定具体起草工作计划和工作方案”的重要指示，环资委召开全体会议审议通过了《全国人大环境与资源保护委员会关于落实〈十三届全国人大常委会立法规划〉任务的工作方案》，明确了落实立法规划任务的指导思想和原则，成立了领导小组和工作小组，制定了工作方案和计划，着力提高立法质量，加快立法工作步伐。

（二）贯彻落实习近平总书记关于长江保护重要讲话精神，起草长江保护法。推动长江经济带发展是以习近平同志为核心的党中央作出的重大决策，是关系国家发展全局的重大战略。长江经济带要走生态优先、绿色发展的道路，就需要立法先行。长江保护法列为立法规划一类项目。沈跃跃、丁仲礼副委员长高度重视长江保护法起草工作，组织环资委学习习近平总书记关于长江保护重要讲话精神，多次出席长江保护立法座谈会，听取意见和建议。环资委全体成员组成立法领导小组，先后赴长江上、中、下游的湖北、重庆、上海三地及青海、广东等地开展调研。调研中共召开15次座谈会，听取了长江流域（包括长江经济带）共19个省市区人大、政府及其有关部门、人大代表、专家及企业家、基层执法人员等关于长江保护的立法意见和建议，并在京召开两次相关部委座谈会，充分听取部委及专家意见。目前已经形成长江保护法的草案初稿。

（三）认真贯彻落实十三届全国人大常委会立法规划，启动南极立法。习近平总书记高度重视南极事务，指示要求：“认识南极、利用南极、保护南极。”南极立法是维护国家南极权益，规范南极活动，为南极活动提供法制保障的重要途径。沈跃跃、丁仲礼副委员长在北京召开座谈会，听取自然资源部、外交部等部门专题汇报，对立法工作的重难点问题和方法步骤作出指示。沈跃跃副委员长带队赴上海调研，听取讲座，开展交流。环资委委托自然资源部起草法律草案建议稿及说明，召开南极立法座谈会与有关议案办理座谈会，并赴吉林与领衔代表进行了面对面的交流。12月底，自然资源部将法律草案建议稿送交环资委后，环资委将尽快修改完善，形成法律草案征求意见稿。

（四）贯彻落实习近平总书记关于生物安全立法的指示，积极推进生物安全立法工作。生物安全是国家安全的重要组成部分。生物安全立法研究论证已列为十三届全国人大常委会立法规划三类项目。在环资委提出生物安全立法规划项目建议时，沈跃跃副委员长对论证工作提出要求，并始终关注工作进展。立法规划发布后，环资委赴上海、吉林两地召开生物安全立法议案办理座谈会，深入听取全国人大代表、有关部门、专家、企业的意见建议；组织召开生物安全立法研究论证座谈会，听取国务院有关单位对生物安全工作的情况汇报及立法意见建议。12月22，环资委召开生物安全立法座谈会，沈跃跃副委员长出席并讲话。

（五）按照立法规划要求，完成土壤污染防治法立法任务，开展环境噪声污染防治法修改工作，联系推动固体废物污染环境防治法修改。制定土壤污染防治法，依法保护土壤环境，是党中央确定的重要任务，是保障人民群众“吃得放心”的民生工程。环资委牵头起草了土壤污染防治法草案，经常委会3次审议，在8月常委会会议上全票通过，有力保障了土壤与水、气、声、渣等污染防治工作协同推进。全力做好土壤污染防治法宣传贯彻工作，12月12日，环资委与生态环境部联合召开土壤污染防治法实施座谈会，沈跃跃副委员长出席并讲话。环境噪声污染防治法修改列为立法规划一类项目，12月20日，环资委听取生态环境部关于前期起草工作的汇报，并委托生态环境部与有关部门提供法律修改建议稿。为加快落实中央提出的普遍推行垃圾分类制度、加快推进畜禽养殖废弃物处理和资源化、禁止洋垃圾入境和推进固体废物进口管理制度改革等要求，用最严格的制度、最严密的法治，织密织严“法制网”，4月至5月，沈跃跃副委员长带队赴生态环境部、住房城乡建设部和北京市开展调研，听取固体废物污染环境防治法修改进展情况的报告。环资委提前介入起草工作，加强与国务院有关部门的联系和沟通协调，积极推动固体废物污染环境防治法修改进程。

（六）按照立法规划要求，开展土地管理法修改、原子能法、国家公园法联系审议工作，湿地立法、资源综合利用立法研究论证工作。土地管理法修改列为立法规划一类项目，是党中央确定的重点改革任务。环资委按照立法规划的要求，提前介入起草工作，加强沟通协调，积极推动土地管理法修正案草案稿的修改完善。环资委听取自然资源部关于修改情况的汇报，并赴湖南、贵州、吉林、黑龙江进行调研，听取意见。12月11日，环资委第十次全体会议审议通过了对修正案草案的审议意见，报送常委会。原子能法、国家公园法列为立法规划二类项目。环资委听取国务院有关部门汇报法律起草工作进展，督促尽快按程序提请审议，并赴甘肃省开展国家公园法立法调研。资源综合利用和湿地立法研究论证列为立法规划三类项目。环资委成立了研究论证领导小组，制定工作方案，听取工作进展汇报。

党的十八大以来，以习近平同志为核心的党中央高度重视备案审查工作，十八届三中、四中全会决定均提出加强备案审查制度建设的要求。今年环资委收到全国人大常委会办公厅送来的需要备案审查的地方性法规共155件。根据《全国人大环资委法案室法规备案审查工作方案》，已经依法按程序完成对相关领域法规的备案审查工作。

四、以法律的武器治理污染，用法治的力量保护生态环境，扎实做好环境资源领域监督工作

环资委紧紧围绕习近平总书记关于打好污染防治攻坚战的指示要求，坚持问题导向，发扬钉钉子精神，通过执法检查、专题询问、听取专项报告和跟踪督查等多种方式持续发力强化监督，保证党中央决策部署贯彻落实，保证法律得到全面有效实施，推动解决人民群众关注的突出环境问题。

*（一）积极配合常委会开展大气污染防治法执法检查和专题询问。*打赢蓝天保卫战是打好污染防治攻坚战的重中之重。全国人大常委会认真学习贯彻习近平生态文明思想和全国生态环境保护大会精神，把检查大气污染防治法实施情况摆在监督工作的突出位置。中共中央政治局常委、全国人大常委会委员长栗战书同志亲自担任执法检查组组长，先后带队赴河南省和内蒙古自治区开展执法检查工作，并在常委会第四次会议上作执法检查报告。中共中央政治局委员、全国人大常委会副委员长王晨同志，全国人大常委会副委员长沈跃跃、丁仲礼同志及杨振武秘书长、环资委主任委员任执法检查组副组长，检查组深入河南、内蒙古、山西、陕西、河北、山东、江苏、安徽等8个省（区）开展执法检查工作，委托其他23个省（区、市）人大常委会开展自查，实现了31个省（区、市）执法检查全覆盖。执法检查组深入学习贯彻并带头宣讲习近平生态文明思想，坚持依法原则，紧扣法律开展检查，突出问题导向，敢于动真碰硬，注重监督实效，督促各方面严格落实法律责任，充分发挥了法律监督利剑作用。环资委集中全部工作力量紧密配合常委会开展了大气污染防治法执法检查，共选派16位委员会组成人员和十几名工作人员参加执法检查工作。常委会第四次会议以联组会议方式开展了大气污染防治专题询问，环资委结合常委会执法检查情况，研究提出了询问参考问题建议。栗战书委员长主持了专题询问，询问紧扣法律规定和实际问题，紧紧抓住大气污染防治主要矛盾，充分反映人民群众关切，依法推动大气污染突出问题的解决。在执法检查开展过程中，环资委认真贯彻落实栗战书委员长在人民群众来信上的重要批示要求，坚持民有所呼我有所应，组成2个调研组，先后到云南、江苏通过座谈、暗访等方式深入开展调查研究，从法律的角度进行剖析，形成报告及时上报栗战书委员长。

*（二）配合常委会开展海洋环境保护法执法检查。*保护海洋生态环境是加快建设海洋强国、实现人海和谐共生的根本要求和基础保障。为贯彻落实习近平生态文明思想和总书记重要指示批示精神，继大气污染防治法后，常委会又对海洋环境保护法开展执法检查。一年内就生态环保法律开展两次执法检查，这是前所未有的，充分体现了全国人大常委会坚决贯彻党中央决策部署，依法推进生态文明建设的坚定信心和坚强决心。中共中央政治局常委、全国人大常委会委员长栗战书同志高度重视，专门作出重要批示，对做好执法检查工作提出明确要求。中共中央政治局委员、全国人大常委会副委员长王晨同志，沈跃跃、白玛赤林、丁仲礼同志担任执法检查组组长，环资委主任委员任副组长，成员由全国人大常委会委员、环资委委员和部分全国人大代表共32人组成，分成四个检查小组，赴海南、浙江、天津、辽宁、山东、福建、河北、广东等8个省（市）进行实地检查，同时委托上海、江苏、广西3个省（区、市）人大常委会进行自查，做到沿海省份全覆盖。这次执法检查大力宣传贯彻习近平生态文明思想，持续推动常委会第四次会议精神和决议贯彻落实，坚持问题导向，严格落实依法原则，有力地推动了有关部门和地方深入研究改进工作并完善相关制度。

*（三）配合常委会听取审议国务院关于2017年度环境状况和环境保护目标完成情况报告。*常委会听取审议年度环境状况和环境保护目标完成情况报告是环境保护法的明确要求。针对2017年有2项年度环保目标未完成，多年积累的生态环境问题仍然十分突出，生态环境保护仍滞后于经济社会发展的现实紧迫性，环资委按照监督法有关规定，持续加大跟踪监督力度，依法督促和推动国务院及其有关部门树牢和践行绿水青山就是金山银山理念，加快推动绿色、循环、低碳发展，坚持源头防治、

群防群治，坚决打好污染防治攻坚战，解决大气、水、土壤污染等突出问题，确保2020年实现主要污染物排放总量大幅减少、生态环境质量总体改善的目标任务。

（四）配合常委会做好固体废物污染环境防治法执法检查报告及审议意见情况的跟踪监督工作。治理固体废物污染是打好污染防治攻坚战的重要内容。十三届全国人大常委会将固体废物污染环境防治法执法检查的后续跟踪监督列入2018年监督工作计划，以钉钉子精神推进有关方面改进工作。沈跃跃副委员长率环资委调研组先后到生态环境部、住房城乡建设部和北京市调研固体废物污染防治情况，督促国务院及其有关部门认真贯彻党中央决策部署，全面落实法律责任，扎实推进执法检查报告和审议意见提出问题的整改落实，严厉打击固体废物非法转移倾倒等行为，坚决禁止洋垃圾入境，着力推进生活垃圾分类处理，加快形成绿色发展方式和生活方式，从根本上解决垃圾围城、围村等突出生态环境问题，不断提高固体废物污染防治工作法治化水平。

五、充分发挥代表主体作用，创新代表议案和建议办理方式

党的十九大提出要支持和保证人民通过人民代表大会行使国家权力。习近平总书记就支持和保障代表依法履职，密切国家机关同人大代表、人民群众的联系等多次做出重要论述、提出明确要求。中共中央政治局常委、全国人大常委会委员长栗战书同志在石家庄会议上强调，要贯彻群众路线，密切常委会同人大代表、人大代表同人民群众的联系。环资委坚持以人民为中心，高度重视发挥代表作为党和国家联系人民群众的重要桥梁和纽带作用，不断深化拓展代表参与常委会、委员会工作的内容和形式，认真做好议案和建议办理工作。

（一）高度重视代表参与常委会和委员会工作。环资委注重同代表的密切联系，支持代表参加有关立法和监督工作。在大气污染防治法执法检查、海洋环境保护法执法检查中共邀请30名全国人大代表参加执法检查工作，检查组在各地还召开五级人大代表座谈会，广泛听取全国人大代表、基层人大代表和群众的意见建议，发挥人大代表在了解民情、反映民意、集中民智方面的作用。委员会组成人员积极参加所在选举单位组织的代表活动，定期联系基层全国人大代表，12名常委会委员共联系29名全国人大代表，加强沟通交流，增强联系实效。

（二）创新代表议案办理工作。栗战书委员长反复强调，办理代表议案是保障代表依法履职的重要内容。第十三届全国人民代表大会第一次会议主席团交付环资委审议的代表提出的议案共41件，提出议案的包括海南省、河北省2个代表团和来自13个代表团的人大代表1143人次。按照有关法律规定和常委会关于代表议案办理工作的要求，环资委高度重视代表议案的办理，创新议案办理工作方式，认真抓好落实。一是召开议案办理座谈会，邀请国务院22个部门共同商议议案办理工作；二是积极建议将议案提出的有关立法项目列入十三届全国人大常委会立法规划；三是加强与代表的沟通联系，邀请提出议案的代表参加环资委相关立法工作；四是对一些重点议案会同有关部门开展调查研究，召开座谈会，进一步听取意见建议；五是与提案代表团负责同志和议案提出代表面对面反馈办理情况，通报办理意见，进一步听取意见建议，做到41件议案件件有回音、有着落。代表们纷纷表示，全国人大环资委联系实际深入基层，与提案代表面对面交流办理议案，是对代表履职的最大鼓舞。今后，将继续联系基层群众，发挥代表作用，提高履职能力，争取提出质量更高、更有针对性的议案。

（三）高度重视代表建议督办和办理工作。环资委不断提高政治站位，将认真研究办理代表建议作为履行法定职责，自觉接受代表和人民监督的重要内容，进一步增强做好代表建议办理工作的责任感。今年全国人大常委会办公厅交付环资委办理的代表建议案6件，督办重点处理代表建议案3类41件，滚动督办重点处理代表建议案1件。环资委加大对代表建议的办理和督办力度，成立了代表建议办理工作领导小组，制定了《十三届全国人大一次会议交办代表建议办理及重点建议督办工作方案》，召开了重点办理建议督办工作座谈会，派员参加有关部门组织的实地调研，加强与代表面对面的沟通协商，深入了解情况，认真研究落实代表提出的意见建议，共商解决办法，积极推动解决有关问题。环资委负责承办的6件代表建议，已按规定按时答复代表。

六、积极开展对外交往工作

按照全国人大2018年外事工作计划及全国人大常委会办公厅安排，环资委深入学习贯彻习近平外交思想，高虎城主任委员随栗战书委员长访问埃

塞俄比亚、莫桑比克、纳米比亚并考察非盟总部，率团赴瑞士出席议会世贸大会2018年年会，接待了到访的新加坡环境及水源部部长，应邀会见卢森堡驻华大使，多次陪同委员长会见外宾。环资委派代表团赴芬兰参加了第十三次北极地区议员大会，代表团认真落实习近平总书记关于加大对极地、深海、网络、外空等新兴领域规则制定的参与的要求，积极宣传我国北极政策，增进与北极国家的交流与友谊，取得良好效果。党的十九大报告提出建立以国家公园为主体的自然保护地体系，国家公园和湿地立法项目已经纳入全国人大常委会立法规划，为做好相关工作，环资委派代表团赴马来西亚和菲律宾访问，与两国议会、政府和专家就环境与资源保护立法及实践进行座谈交流，并实地调研有关国家公园和湿地项目，访问成效显著。环资委派员随全国人大代表团赴韩国出席中韩议会定期交流机制第十一次会议，赴比利时出席第十届亚欧议会伙伴会议，赴阿根廷出席20国集团议长会议，赴科摩罗、坦桑尼亚访问，还派员出席了在国内召开的第七届世界环保大会、第三次发展中国家议员研讨班、中法议会定期交流机制第八次会议、中英议会交流机制第九次会议等活动，均顺利完成各项任务。

七、不断加强与地方人大联系

加强全国人大环资委与地方人大及其环资委之间的交流，有利于推动各级人大环资委统一思想认识，积极主动作为，不断提升人大环境资源立法监督工作水平。环资委通过召开全国座谈会、面对面深入交流、深化工作联系等方式，不断加强对地方人大环资委立法、监督等工作的指导和沟通交流，推动形成工作合力。

（一）加强指导培训，召开全国人大环境与资源保护座谈会。4月中旬，环资委召开以“学习贯彻习近平新时代中国特色社会主义思想和党的十九大精神，依法打好污染防治攻坚战，全面推进生态文明法治建设”为主题的全国人大环境与资源保护座谈会。沈跃跃副委员长出席会议并作重要讲话，丁仲礼副委员长出席会议，对做好2018年环境与资源保护立法和监督工作作出指导并提出明确要求。会议通报了全国人大环资委2018年工作安排并举办专题讲座，窦树华副主任委员、常委会法工委和生态环境部有关负责同志分别就加强和改进人大监督工作、我国环境保护立法的基本制度、打好污染防治攻坚战全面推进美丽中国建设进行了辅导。

（二）加强沟通交流，深化各级人大环资委之间的工作联系。一年来，高虎城主任委员和有关副主任委员、委员先后与黑龙江、辽宁、广西、新疆、青海、天津、上海、甘肃、西藏等省（区、市）人大常委会和环资委负责同志进行了面对面深入座谈，在大气污染防治法和海洋环境保护法执法检查过程中与相关省（区、市）人大及环资委座谈交流（共计21个省份），通过加强沟通交流，深化工作联系，推动地方人大环资委结合本地实际做好环境资源相关立法监督工作。

（三）加强上下联动，推动人大工作形成合力。环资委在配合常委会开展执法检查、听取国务院有关工作报告、委员会专题调研中，均委托有关省（区、市）人大共同开展工作。全国人大常委会和各地人大上下联动，大气污染防治法执法检查范围覆盖全国31个省（区、市），海洋环境保护法执法检查覆盖了全国11个沿海省（区、市）。在立法和监督工作中，充分听取地方人大意见建议，加强上下联动，推动形成工作的合力。

八、持续加强委员会自身建设

环资委认真学习贯彻习近平新时代中国特色社会主义思想特别是习近平生态文明思想和党的十九大精神，分党组切实履行管党治党政治责任，坚决落实全面从严治党主体责任，不断加强作风建设，严格执行中央八项规定精神及其实施细则要求，坚持把思想政治建设摆在首位，在委员会充分发挥把方向、管大局、保落实的政治保证作用，团结带领委员会全体组成人员，求真务实、砥砺奋进，为贯彻落实党中央、中共全国人大常委会党组的决策部署履行政治保障职责。机关党支部切实履行基层党建工作主体责任，认真落实全面从严治党要求，团结带领环资委机关全体党员干部，精心组织“不忘初心、牢记使命”专题组织生活会和“不忘初心，重温入党志愿书”主题党日活动，邀请组织关系在环资委机关党支部的沈跃跃同志参加主题党日活动并讲党课，进一步强化全体党员理想信念、树牢“四个意识”、坚定“四个自信”，坚决做到“两个维护”。推动主体责任和监督责任深入落实。党支部紧扣环资委中心工作，深入研究、积极探索，创建“党政业务相融合，凝心聚力筑美丽”的支部工作法，将党建、行政和业务工作深度融合，团结和带领全体党员干部认真做好立法、监督、代表议案建议办理和其它各项服务保障工作，为坚决打赢蓝天保卫战、打好污染防治攻坚战、推动生态文明建设迈上新台阶履职尽责。环资委机关全体党员干部以更加饱满的工作热情,锐意进取,担当尽责,形成积极向上、团结奋进的生动局面和良好精神风貌,为委员会开展各项工作提供优质、高效、可靠的服务保障。

第十三届全国人民代表大会农业与农村委员会2018年工作总结

(2018年12月23日第十三届全国人民代表大会农业与农村委员会第五次会议通过)

2018年是新一届农业与农村委员会依法履职的开局之年。一年来,在全国人大及其常委会领导下,委员会坚持以习近平新时代中国特色社会主义思想为指导,全面学习贯彻党的十九大精神,认真贯彻落实十三届全国人大一次会议精神,紧紧围绕党和国家工作大局,紧紧围绕全国人大及其常委会中心工作,充分发挥委员会工作法定性、专业性、经常性特点,依法履行职责,扎实开展工作,确保本届委员会履职开好局起好步。

一、以党的政治建设为统领加强委员会党的建设

新一届委员会分党组成立后,坚持把思想政治建设摆在首位,深入学习贯彻习近平总书记关于坚持和完善人民代表大会制度的重要思想,认真学习贯彻落实栗战书委员长在十三届全国人大一次会议上的重要讲话,充分认识在全国人大各专门委员会设立分党组的重要意义,切实提高加强委员会党的建设的思想自觉和行动自觉,确保党中央决策部署和全国人大及其常委会工作要求在委员会工作中得到全面贯彻和有效落实。

委员会分党组专题学习领会习近平新时代中国特色社会主义思想和党的十九大精神,深入学习领会习近平总书记关于坚持和完善人民代表大会制度的重要思想,认真学习领会栗战书委员长在十三届全国人大常委会党组会、立法工作会等会议上的讲话精神,不断提高做好委员会工作的政治站位和理论水平,牢固树立“四个意识”,坚定“四个自信”,坚决维护习近平总书记在党中央和全党的核心地位,坚决维护党中央权威和集中统一领导,自觉在思想上政治上行动上同以习近平同志为核心的党中央保持高度一致。

委员会分党组坚决执行全国人大常委会党组的各项决定,坚决落实栗战书委员长对做好专门委员会工作提出的各项要求,发挥好把方向、管大局、保落实的重要作用,通过完善工作规则,制定工作计划,做好统筹协调,认真组织落实,积极推进委员会各项工作,确保党中央决策部署和常委会党组决定得到贯彻落实。分党组成员按照职责分工,分别牵头负责立法、执法检查、专题调研、议案建议办理等工作,改进方式方法,注重工作实效,带队深入基层,广泛听取意见,积极回应代表关切,切实发挥带头作用,团结带领委员会组成人员,把委员会党的建设和各项工作提高到新水平。

二、扎实推进涉农立法开局良好

2018年,委员会按照全国人大常委会立法规划,配合做好农村土地承包法修正案草案审议工作,积极开展乡村振兴促进法、森林法、动物防疫法等的起草、修改工作,主动介入粮食安全保障法等法律的起草工作。

(一)配合做好农村土地承包法修正案草案审议工作

农村土地承包法修改是本届全国人大常委会继续审议的立法项目,我委积极配合做好修正案草案的修改完善工作。委员会先后召开主任委员办公会议和全体会议研究农村土地承包法修改问题,并就农村土地“三权分置”等重点问题多次与宪法和法律委员会、法制工作委员会沟通,共同完善修正案草案。与宪法和法律委员会、法制工作委员会联合召开座谈会,听取有关专家和相关部门对修正案草案的意见建议,还专门召开座谈会听取专家意见,深入了解林地、草地的承包经营情况。委员会负责同志两次参加宪法和法律委员会全体会议,提

出完善修正案草案的修改建议。农村土地承包法修正案草案经十三届全国人大常委会第七次会议审议通过后，委员会将继续做好法律宣传普及工作。

（二）大力推进森林法修改工作

森林法修改已列入全国人大常委会立法规划，由我委负责牵头起草修订草案。今年4月以来，委员会以习近平生态文明思想为指导，坚持保护优先，坚持问题导向，抓紧时间，大力推进修订草案起草工作。一是深入开展调研。先后赴福建等11省（区市）调研，广泛听取地方人大、政府及有关部门、林业系统干部职工、林农和专家学者的意见建议，特别是基层全国人大代表和林业工作人员的意见，为修法奠定了扎实的民意基础。二是反复研究修改。认真研究各方面意见形成修订草案稿，多次与有关部门沟通协调，反复修改完善。委员会三次召开全体会议讨论研究修法的原则、重点和具体条文，不断完善修订草案稿。三是广泛征求意见。9月将修订草案征求意见稿印发各省（区市）人大农委、中央和国务院有关部门、有关科研单位和高等院校、专家学者征求意见，根据各方面意见反复修改，并就争议较大的问题与有关部门沟通，形成森林法修订草案稿，12月经委员会全体会议审议并原则通过，已报全国人大常委会办公厅征求国务院意见，拟在收到反馈意见后抓紧修改完善，按计划提请审议。

（三）积极推进乡村振兴促进法起草工作

制定乡村振兴促进法已列入全国人大常委会立法规划，由我委负责牵头起草法律草案。委员会以习近平新时代中国特色社会主义思想为指导，认真贯彻落实党的十九大精神，按照2018年中央一号文件的要求，积极推进乡村振兴促进法起草工作。一是认真开展前期研究准备工作。及时收集整理并认真学习习近平总书记关于乡村振兴的重要论述，认真学习十九大报告有关乡村振兴的内容和国家《乡村振兴战略规划（2018—2022年）》，对现行有效的8部促进法进行汇编分析，对境外有关乡村振兴的立法进行梳理研究，为起草工作提供参考。二是广泛听取各方面意见。6月委员会组织召开全国人大农业与农村工作座谈会，围绕推动实施乡村振兴战略、搞好乡村振兴立法听取各省（区市）人大农委意见。9月以后，委员会到10省（区）开展实施乡村振兴战略专题调研时，专门听取地方对制定乡村振兴促进法的意见。还两次召开座谈会，听取中央和国务院20多个单位对制定乡村振兴促进法的立法目的、指导思想、基本原则、主要内容等的意见建议，并进行讨论交流。三是抓紧起草法律草案框架。在认真听取并研究各方面意见的基础上，根据中央有关文件精神和要求，抓紧研究提出乡村振兴促进法草案框架，正抓紧起草乡村振兴促进法草案初稿。

（四）稳步开展动物防疫法修改工作

动物防疫法修改已列入全国人大常委会立法规划，由我委负责牵头起草修订草案。针对当前动物疫情形势，委员会加快工作进度。4月听取农业农村部有关司局关于修改动物防疫法有关情况的汇报，6月召开委员会全体会议听取农业农村部关于动物防疫法实施情况的汇报，提出修改法律的意见建议。先后赴广东、贵州开展调研，听取地方政府及有关部门、检测机构、养殖和屠宰经营主体及农民群众的意见。梳理动物防疫法执法调研过程中收集的修法建议并进行研究。10月根据各方意见形成动物防疫法修订草案初稿。目前正抓紧对修法涉及的几个主要问题进行专题研究，同时对修订草案初稿进行完善。

委员会还认真做好相关涉农立法的提前介入工作。对列入全国人大常委会立法规划、由国务院有关部门牵头负责的制定粮食安全保障法、修改渔业法等，委员会根据起草工作进展情况提前介入，积极推动。委员会成立不久就听取国家粮食和物资储备局关于粮食安全保障法起草情况的汇报，就推进立法提出意见建议，积极参加起草领导小组和工作小组的工作；专门召开会议听取中储粮集团公司关于中央储备粮有关情况的汇报，并就涉及立法的问题进行研究。积极参加农业农村部组织的渔业法修改调研，关注农村集体经济组织立法，主动开展研究工作。

三、切实推动涉农监督取得实效

2018年，委员会坚持将实施乡村振兴战略和打赢脱贫攻坚战作为监督工作主线，按照栗战书委员长在十三届全国人大常委会第一次会议上关于加强人大监督工作的指示精神，在组织实施、创新方法、增强实效方面积极探索。

（一）开展农业供给侧结构性改革工作情况调研

听取并审议国务院关于构建现代农业体系深化农业供给侧结构性改革工作情况的报告，是十三届全国人大常委会依法履行监督职责的第一项工作任务。为确保报告如期提交4月份召开的全国人大常委会第二次会议审议，委员会成立次日即召开全体会议，听取农业农村部汇报代国务院起草的报告稿，委员会组成人员就推动构建现代农业产业体系、生产体系和经营体系等提出了修改意见。会后，吉炳轩副委员长和委员会负责同志分别率调研组赴黑龙江等7省(区)开展调研，广泛听取基层意见建议。4月委员会向常委会会议提交了关于构建现代农业体系深化农业供给侧结构性改革工作情况的调研报告。

报告围绕夯实乡村振兴产业基础、强化乡村振兴科技人才支撑、构建乡村振兴绿色生态保障、完善乡村振兴扶持政策、优化乡村振兴市场环境、筑牢乡村振兴社会根基等六个方面提出22条推动改进工作建议。常委会组成人员对报告给予肯定，有的同志发言时指出，农委的调研报告是个非常好的报告，特别是提出的几点建议充分体现了习近平总书记关于"三农"工作的重要论述，坚决贯彻党中央关于乡村振兴战略决策部署，对推动农业农村现代化提出了有针对性的意见建议。常委会审议意见及时送国务院有关部门研究落实。10月国务院办公厅向全国人大常委会转报了农业农村部落实整改工作情况的报告，有效推动有关问题的解决。

(二)组织实施农产品质量安全法执法检查

按照全国人大常委会2018年监督工作计划，委员会协助常委会组织实施了农产品质量安全法执法检查。栗战书委员长对执法检查做出重要批示："实施食品安全战略，让人民吃得放心，是党的十九大提出的明确要求。农产品质量安全是食品安全的基础和源头，全面贯彻实施农产品质量安全法，对于确保人民群众身体健康和生命安全，不断满足人民日益增长的美好生活需要，具有重要意义。要精心组织好农产品质量安全法执法检查，坚持以习近平新时代中国特色社会主义思想为指导，用最严谨的标准、最严格的监管、最严厉的处罚、最严肃的问责，严把从农田到餐桌的每一道防线，切实保障广大人民群众'舌尖上的安全'。"这次执法检查由张春贤、吉炳轩、武维华副委员长担任组长，10月吉炳轩副委员长向常委会会议报告了检查情况。

在组织实施执法检查过程中，委员会认真贯彻落实栗战书委员长在大气污染防治法执法检查会议上关于切实搞好执法检查的重要讲话精神，深入查找法律实施存在的突出问题，依法开展"法律巡视"。一是敢于动真碰硬，严格落实监督职责。委员会组成人员先后随同常委会领导同志到辽宁等6省(区市)的21个地市，实地走访63家单位，听实话、摸实情、查实况。在南宁市检查期间对7个农产品交易市场进行暗访，与消费者、经营者零距离接触，准确掌握法律贯彻实施情况。二是创新方式方法，反映群众所期所盼。为深入了解群众对农产品质量安全状况的认识和评价，委员会开展了网上问卷调查，累计收回有效问卷3676份，这是涉农法律执法检查的首次探索。执法检查报告反映和回应群众呼声，专门体现群众意见，常委会组成人员给予充分肯定，普遍认为报告语言生动朴实，很接地气。三是突出问题导向，查找问题症结。为确保执法检查真发现问题、发现真问题，委员会坚持问题导向，针对群众反映集中的农兽药超标、违规使用添加剂等问题，专门召开农业投入品管理使用座谈会，深入了解农药、兽药、饲料、化肥等投入品的生产销售和管理使用情况，在找准问题的基础上深入研究、查清病灶、对症下药，提出务实有效建议，推动执法检查取得实效。

(三)开展乡村振兴战略实施情况专题调研

开展乡村振兴战略实施情况调研，是十三届全国人大常委会成立后新增列入监督工作计划的专题调研项目，由我委负责组织实施。委员会认真研究制定调研工作方案，报栗战书委员长、王晨副委员长批示同意，明确了推动乡村产业振兴、人才振兴、文化振兴、生态振兴、组织振兴的调研重点。下半年，吉炳轩、武维华副委员长分别带队赴广东、浙江、海南开展调研，委员会组成人员先后赴江西等10省调研。调研组深入基层了解情况，在贵州，调研组聚焦湄潭农村改革实践；在广东，调研组先后到8县9镇11村进行实地考察，广泛听取基层干部群众意见；在浙江调研还将专题调研与督办重点建议相结合，并邀请相关全国人大代表参与调研。调研组还注意听取各方面对制定乡村振兴促进法的意见建议，为立法做好准备工作。

委员会根据调研了解的情况，向12月召开的全国人大常委会第七次会议提交了专题调研报告，从进一步推动解决城乡区域发展不平衡不协调问题、完善城乡深度融合发展的扶持政策、发挥农民推动乡村振兴的主体作用、构建一二三产融合发展的乡村产业体系、强化农业农村生态环境综合整治、加强乡村振兴法律制度建设等方面提出建议。2019年第3期《求是》刊登了该调研报告。

(四)开展脱贫攻坚工作情况专题调研

开展脱贫攻坚专题调研是全国人大常委会围绕打好决胜全面建成小康社会三大攻坚战持续开展的一项监督工作，由我委与全国人大民委共同负责组织实施，这是全国人大常委会继 2017 年听取审议国务院关于脱贫攻坚工作情况报告、开展专题询问后，再次将监督工作重点聚焦打赢脱贫攻坚战，也是紧紧围绕党和国家工作大局开展监督工作的具体实践。为做好调研工作，我委与民族委员会一起认真研究确定调研重点，继续关注推动贫困地区如期完成脱贫攻坚任务，同时注重消除绝对贫困后农村欠发达地区如何实现乡村振兴。曹建明、吉炳轩、武维华副委员长带队，农委和民委组成人员参加，分别赴四川、青海等 16 省（区）调研，其中既有去年调研过的省份，调研组注意结合去年情况持续推动有关问题解决；又有沿海发达省份，调研组着重关注脱贫攻坚与乡村振兴的衔接情况。2019 年 2 月，武维华副委员长向全国人大常委会第八次会议报告了专题调研情况，会议对专题调研报告进行了审议，这是多年来的第一次。专题调研报告从坚持以高度的政治责任感推进脱贫攻坚、集中力量支持深度贫困地区脱贫攻坚、建立可持续发展的产业体系、切实解决突出问题、进一步激发内生动力、加强作风建设、建立巩固脱贫攻坚的长效机制等方面，提出进一步打好脱贫攻坚战的意见和建议，助力打好脱贫攻坚战。

（五）组织动物防疫法执法调研

为加快动物防疫法修改工作，委员会在组织开展农产品质量安全法执法检查的同时，开展了动物防疫法执法调研。委员会及时召开全体会议听取农业农村部关于实施动物防疫法和法律修改有关情况的汇报。10 月，根据执法调研情况形成执法调研报告，已作为参阅资料提交常委会第六次会议。报告针对存在的问题，从推动净化重点动物疫病、加强活畜禽移动调运监管、规范兽药使用管理、强化兽医队伍建设、夯实基层动物防疫基础、落实养殖者防疫主体责任等方面，对全面贯彻实施动物防疫法，不断提升动物疫病防控能力和水平提出了意见建议。

四、认真做好涉农议案建议办理工作

十三届全国人大一次会议主席团交付我委审议的代表议案共 13 件，涉及 7 个立法项目，其中制定法律 4 部，修改法律 2 部，废止法律 1 部。按照代表议案办理的法律规定和全国人大常委会关于议案办理工作的要求，委员会认真梳理有关法律法规和政策，征求中央和国务院有关部门意见，深入分析议案涉及的 7 个立法项目的必要性和可行性，逐一提出了办理意见。8 月委员会召开全体会议审议并通过代表议案审议结果报告；10 月向全国人大常委会第六次会议报告了议案审议结果。

十三届全国人大一次会议期间，共有 2 件关于农村土地承包法修改和森林法修改的建议由我委承办。委员会认真研究，加强与代表和有关部门的沟通，及时提出答复和协办意见，在修改两部法律的过程中注意研究吸纳代表建议提出的意见，切实提高办理质量。

2018 年，全国人大常委会办公厅交付我委督办的重点建议有实施乡村振兴战略、加强农产品质量安全追溯体系建设、支持农民工返乡创业三项，共涉及代表建议 30 件。委员会坚持将重点建议督办作为委员会密切联系代表、密切联系群众的重要途径，及时制定督办工作方案，明确工作职责，确保督办工作取得实效。5 月召开座谈会对国务院承办单位办理重点建议提出明确要求，6 月赴浙江省开展"实施乡村振兴战略"重点建议督办调研，还参加了农业农村部赴山东省开展的"加强农产品质量安全追溯体系建设"重点建议办理调研。三项重点建议均已由国务院承办单位及时答复代表，代表对委员会督办工作和国务院办理意见表示满意。

五、积极开展对外交往

根据全国人大常委会 2018 年外事工作计划，委员会代表团访问德国和匈牙利，就农村土地法律制度、财政金融支农政策、农业合作社发展等问题，分别与两国议员进行座谈交流，先后访问两国农业部，考察德国的中央合作银行、土地抵押银行、合作社协会和匈牙利的家庭农场、农产品加工企业等。代表团认真遵守各项廉政规定和外事纪律，圆满完成出访任务。

根据全国人大常委会外事工作安排，委员会组成人员分别陪同栗战书委员长等领导同志出访、会见外宾，全程陪同土耳其议长在华访问期间活动，通过会谈交流，积极宣传农村改革四十年取得的伟大成就和党的十九大提出的乡村振兴战略，讲好中国故事，增进了解，加深互信。

委员会负责同志分别会见应中联部邀请访华的新阿塞拜疆党干部考察团和土库曼斯坦多党联合考察团，就实施乡村振兴战略、打赢脱贫攻坚战、修改森林法、制定粮食安全保障法、农业规模经营等进行座谈交流。

新一届委员会成立以来，注重加强与地方人大和有关单位的联系和工作交流,6月,委员会成立不久,就组织召开全国人大农业农村工作座谈会,与各省(区市)人大农委的同志交流工作体会和经验,吉炳轩、武维华副委员长出席会议。委员会负责同志还先后接待湖南、西藏等7省(区)人大及农委负责同志前来沟通情况,交流工作。全年编印《人大农业与农村工作》58期,扩大了委员会工作交流。委员会组成人员还分别参加栗战书委员长等常委会领导同志带队开展的调研工作,参加财经委员会、宪法和法律委员会组织的有关涉农调研以及农业农村部组织的农村集体产权制度改革情况督查调研等活动。

一年来,在全国人大及其常委会领导下,新一届委员会组成人员积极开展工作,在各方面共同努力下,委员会工作取得了一定成绩,但还存在一些不足,今后要加大立法协调力度,着力提高立法质量和效率;拓展专题调研的深度,进一步提升监督工作的针对性。

第十三届全国人民代表大会社会建设委员会2018年工作总结

(2018年12月17日第十三届全国人民代表大会社会建设委员会第三次会议通过)

过去一年,是十三届全国人大履职的第一年,也是社会建设委员会成立的第一年。一年来,社会委以落实栗战书委员长两次批示精神为主线,在探索中前进,在尝试中创新,工作思路逐步明确,各项任务如期完成,圆满实现良好开局,长期规划更加清晰,为充分发挥职能作用和长远发展奠定了坚实基础。

一、2018年主要工作

十三届全国人大一次会议以来,在以习近平同志为核心的党中央坚强领导下,在全国人大常委会的安排部署下,社会委全面贯彻党的十九大和十九届二中、三中全会精神,以习近平新时代中国特色社会主义思想为指导,学习贯彻习近平总书记关于坚持和完善人民代表大会制度的重要思想特别是关于社会建设的重要论述,奋发作为、开拓进取,按照栗战书委员长"抓住几件事先做起来"的要求,启动9个立法项目,组织1次执法检查,办理39件议案建议,开展2次外事活动,召开3次全委会,进行12次调研,制定10项规章制度,与21个单位建立工作联系,各项工作全面开展,实现了高点起步、高效运转。

(一)围绕学习贯彻习近平新时代中国特色社会主义思想特别是关于社会建设重要论述,安排落实3项主要举措

社会委增强"四个意识",坚定"四个自信",坚决做到"两个坚决维护",把学习贯彻习近平新时代中国特色社会主义思想作为首要政治任务,在学懂弄通做实上下功夫,进一步加强理论武装,提高政治站位,增强工作能力,以理论清醒保证政治坚定,以思想自觉引领行动自觉。

撰写一篇理论文章。深入学习、全面梳理习近平总书记关于社会建设重要论述,围绕党的十九大提出的"更好推动人的全面发展、社会全面进步"这一重大命题,研究撰写了理论学习文章,系统阐释"重要论述"的核心要义、丰富内涵和重大意义,深刻分析新时代社会建设的价值导向、方法路径、总体目标和主要任务,对社会委工作思路、框架和重点作了统筹考虑、整体安排。

编辑一套辅导书籍。编辑完成《习近平总书记关于社会建设重要论述摘编》,分领域分时间详细整理汇总与社会委职责相关的重要论述和部分中央文件,涵盖了社会委工作的各方面,同时编辑完成《社会建设委员会相关法律汇编》,为开展工作提供了科学指南和法律基础。

开展一次专题学习。组织召开社会委分党组会议,专题学习领会习近平新时代中国特色社会主义思想,学习习近平总书记关于坚持和完善人民代表大会制度的重要思想特别是关于社会建设的重要论述,带动全委员会"来一个大学习",自觉用与时俱进的指导思想武装头脑、统领社会委各项工作。

(二)聚焦落实立法规划和立法工作会议部署要求,切实抓好社会领域9个立法项目

党中央《深化党和国家机构改革方案》明确提

出“推进社会领域法律制度建设”的任务要求。《十三届全国人大常委会立法规划》和常委会立法工作会议部署了社会委承担的9个立法项目。社会委高度重视、精细把握，扎实推进相关立法工作。

制定立法项目任务分解方案。召开委员会会议学习立法工作会议精神，深入研究社会委承担的9个立法项目和有关工作安排。制定贯彻落实立法规划的《实施方案》，按照“四落实”要求，制作相应的“任务分解图表”，区分作为牵头起草单位和提请审议机关的立法项目，以及作为负责联系单位的立法项目，明确了组织形式、责任分工、任务目标、时间进度，为高质量高效率落实立法规划提供了依据和保证。

修改未成年人保护法律制度。未成年人是中国特色社会主义事业的接班人。社会委高度重视以法律保障未成年人合法权益，促进未成年人健康成长，统筹考虑《未成年人保护法》《预防未成年人犯罪法》的修改工作。制定修法工作方案，成立领导小组，整合专家建议稿并逐条修改完善，形成《未成年人保护法》修订草案（稿）。分送有关单位多方面征求意见，组成调研组听取基层一线建议，形成修订草案（第二稿）。正同步研究《预防未成年人犯罪法》，争取 2019 年一并提请常委会会议审议。

抓紧《体育法》修改前期工作。根据新时代体育事业发展需要，突出群众性、文化性、竞技性等特征，注重冬奥会等时间节点，合理安排《体育法》修改工作。同国家体育总局举行座谈会，赴河北省调研体育法实施情况。办理国家体育总局《关于深化体育体制机制改革的意见》、《体育强国战略实施纲要》征求意见稿，重点对加快推进《体育法》修改工作、完善体育法律法规建设、强化依法治体等内容进行研究并及时函复，确定《体育法》修改初步思路。

协同推进负责联系的立法项目。加强同牵头起草单位的沟通协调，区分轻重缓急，紧盯打赢精准脱贫攻坚战、决胜全面建成小康社会的历史任务，督促民政部抓紧《社会救助法》起草，开展立法调研，与法工委召开座谈会，研究推进相关工作。主动联系退役军人事务部，推动《退役军人保障法》立法工作进程，对《退役军人保障法（草案）》研究提出修改意见。积极配合中组部、民政部、法工委等单位，研究《村民委员会组织法》《城市居民委员会组织法》，明确“两步走”修改思路，第一步将“两委”任期由3年改为5年，第二步研究修改其他内容。同时，与应急管理部、民政部、法工委等有关部门召开座谈会，联系督促推动《安全生产法》、《老年人权益保障法》、《妇女权益保障法》修改工作。

积极应对临时提出的立法任务。为实现立法决策同改革决策相统一，工作规范同法律规范相衔接，对近 20 件有关方面提出的社会建设和立法工作的建议和文件，迅速反应、研究审议、及时答复。对应急管理部、司法部、公安部、人力资源社会保障部分别送交的《综合性消防救援队伍消防救援衔条例（草案）》、《殡葬管理条例（草案）》、《道路交通安全法（草案）》、《社会保险经办管理服务条例（草案）》，有关方面送交的“关于推动高质量发展”、“关于建立更加有效的区域协调发展新机制”、“关于惠台政策”、“关于国有企业退休人员社会化管理”、“关于网络安全和信息化”、“关于生育保险和职工基本医疗保险合并”等材料进行认真研究，从劳动就业、特殊群体保护等社会领域法制角度，及时提出意见建议，发挥职能作用。其中，根据社会委提出的审议意见和研究建议，《消防救援衔条例》经修改完善已通过实施；“构建和谐的劳动关系”等意见已被完整采纳。

（三）着眼发挥好“法律巡视”监督利剑作用，组织开展 1 次执法检查

按照常委会 2018 年监督工作计划，社会委联合教科文卫委，组织实施《防震减灾法》执法检查。张春贤、艾力更·依明巴海、蔡达峰 3 位副委员长率领执法检查组赴四川等 6 个省（区），深入基层、深入一线，实地检查法律实施情况。紧扣法律规定，坚持问题导向，敢于动真碰硬，推动有关部门和地方落实法律责任，加强改进工作，最大限度保护人民生命和财产安全。在掌握第一手资料基础上，系统分析法律实施现状和存在的主要问题，提出有针对性、可操作的意见建议，形成了执法检查报告，提请常委会会议审议，并交有关方面研究处理，为更准确、更有效地实施法律，切实改进工作提供了约束和动力。

（四）回应人大代表和人民群众关切，审议办理 39 件代表议案和建议

社会委深入贯彻习近平总书记关于“更好发挥人大代表作用”的重要指示，认真落实栗战书委员长在部分全国人大代表座谈会上的讲话要求，以对人民高度负责的精神，抓紧抓实代表议案审议和建议办理。同时，认真研究完成 2 件政协提案办理工作。

完成 22 件代表议案审议工作。十三届全国人大一次会议交付社会委的 22 件议案，由 11 个代表

团681名代表联名提出，主要针对未成年人保护、妇女权益保障、老年人权益保障、体育、社会管理、劳动和社会保障等7个方面，共涉及18个立法项目。社会委高度重视代表提出的议案，围绕有关议案发函征求12个方面意见，赴人力资源和社会保障部了解社会保障领域法律实施情况，赴江苏等地调研《社会保险法》实施情况。认真研究吸纳代表议案中的相关内容，充分体现在《社会委贯彻落实立法规划实施方案》中。对全部议案提出审议意见，形成《议案审议结果报告》，已经常委会第7次会议审议通过。

完成17件代表建议办理工作。十三届全国人大一次会议交付社会委的17件代表建议，由11个代表团的37位代表提出，主要涉及《未成年人保护法》、《预防未成年人犯罪法》、《村民委员会组织法》等3部法律的8个方面。社会委加强重点督办，与承办单位联合开展调研，督促承办单位认真办理，解决实际问题。督促配合民政部完成“提高养老院服务质量”重点督办建议的办理工作。全部建议已办理完毕，并向相关代表逐一函复办理结果，提出建议的代表均表示满意。

（五）服务国家发展和外交工作大局，组织开展2次对外交流活动

社会委坚持贯彻习近平外交思想和中央外事工作会议精神，按照常委会统一部署，积极探索开展委员会层面的对外交往。通过“一来一往”取得了务实有效成果，为加强同外国议会的多层次友好交往作出了积极努力。

组织外事出访。以全国人大高层次访问为引领，圆满完成了赴白俄罗斯、吉尔吉斯斯坦两国的组团出访。同两国社会救助、社会保障、未成年人保护等部门座谈，了解了相关领域法律制定、实施和有关工作开展情况。实地考察退伍军人和劳动福利中心、儿童康复中心等，为社会委开展立法、监督等工作提供了参考和借鉴。

接待外事来访。作为中俄两国高层密切交往的延伸，社会委落实栗战书委员长与俄联邦委员会主席达成的重要共识，精心筹备“俄罗斯联邦委员会社会政策委员会代表团”来访接待工作。张春贤副委员长会见了代表团。委员会层面就社会保险、青年政策、体育等议题进行深入探讨，促进双方多领域交流，达成了加强沟通、深化合作共识。

配合有关部门访问。结合实际工作，积极配合对口部门联合访问。围绕“青少年权益保护专业能力建设”、“青少年发展权益法律政策”主题，受共青团中央邀请，赴香港、台湾开展交流培训，为《未成年人保护法》修改提供借鉴。结合《体育法》修改，受国家体育总局邀请，赴希腊参加“第24届世界体育法大会”，学习各国经验，拓宽视野、开拓思路，推动修法工作。

（六）紧密结合工作职责任务，开展12次调查研究

开展多方面深层次调研。围绕立法工作，突出牵头起草的立法项目和2018年提请审议的立法项目，分别就《未成年人保护法》、《体育法》、《村民委员会组织法》、《城市居民委员会组织法》、《社会救助法》、《安全生产法》等法律制定修改工作，赴上海、黑龙江、湖南、山西等地进行立法调研。围绕监督工作，赴重庆调研《就业促进法》及相关法律实施情况，为2019年执法检查做好准备。围绕重点建议督办工作，赴江苏、浙江进行养老问题调研，确保准确及时答复代表，提高建议办理质量。围绕法律研究工作，赴辽宁、福建、广东、河北、云南调研《劳动法》、《社会保险法》、《慈善法》实施情况，为系统研究相关法律和后续完善法律打下了基础。12次调研覆盖了社会委主要职责的主要方面，为当前及今后工作提供了重要支撑。

（七）牢记打铁必须自身硬，全面加强自身建设

社会委坚持以党的政治建设为统领，全面加强思想、组织、纪律、作风、能力、制度等各方面建设，努力练好履职尽责、做好工作的“内功”。

加强组织建设。及时成立分党组，开展专题学习，发挥示范引领作用，注重对社会委工作的研究指导。办事机构成立党支部，召开第一次全体党员大会，安排部署相关工作。坚持党建与工作相结合、相促进，通过开展主题教育、理论学习等形式，进一步坚定理想信念，提升工作水平，发挥党组织战斗堡垒作用和党员先锋模范作用。

加强制度建设。为提升工作规范化制度化水平，研究制定《社会建设委员会议事规则》，为组成人员科学依法依规议事提供了依据。按照必需、适用、系统的要求，高效率、高质量制定了《社会委加强保密工作相关规定》、《社会委文件管理及传阅办法》、《社会委档案管理使用规定》等9项规章制度，基本形成了完整的制度体系。

落实《社会委议事规则》。今年3月份社会建设委员会设立后，召开3次委员会会议（每季度一次），研究讨论委员会工作。第一次会议，系统梳理了习近平总书记关于社会建设的重要论述，学习传达栗战书委员长批示精神，明确了社会委的主要职

责任务和工作要求。第二次会议，深入学习全面依法治国有关内容，按照栗战书委员长批示、《十三届全国人大常委会立法规划》、立法工作会议精神，部署立法任务，制定了贯彻落实立法规划的《实施方案》。第三次会议，讨论通过《社会委议事规则》、《议案审议结果报告》和《村民委员会组织法》、《城市居民委员会组织法》（修正草案）的审议意见，总结了 2018 年工作，研究了 2019 年工作要点。

落实机关建设要求。充分发挥办事机构的集体参谋助手和服务保障作用。及时召开全体工作人员会议，对机关建设提出明确要求。经过有计划高强度努力，社会委办事机构 13 个大类 36 个子类的筹建事项已经就绪，机关工作全面正常有序运转。启动编辑第一部《社会建设委员会年鉴》。加强纪律建设、作风建设和干部队伍建设，形成廉洁自律、团结协作、奋发进取的良好氛围。

回顾过去一年的工作，我们清醒地认识到，社会委工作中还存在差距和不足。在决胜全面建成小康社会的形势任务下，立法工作节奏还不够快，紧迫性不足；监督方式运用不充分，有待进一步丰富；新闻宣传和理论研究需要进一步加强。社会委高度重视这些问题，将在新一年工作中，自觉接受监督，不断加强和改进各项工作。

二、第一年履职的体会

通过一年的工作实践，我们对习近平总书记关于坚持和完善人民代表大会制度的重要思想特别是关于社会建设的重要论述有了更深刻的认识，对人民群众在社会领域的美好生活愿望有了更全面的了解，对人大系统社会建设工作有了更精准的把握。

（一）习近平新时代中国特色社会主义思想是社会建设工作的根本遵循，必须深入贯彻习近平总书记关于社会建设的重要论述，不断提升社会建设的科学性、前瞻性、系统性

党的十八大以来，以习近平同志为核心的党中央对社会建设高度重视，习近平总书记发表了一系列重要讲话，提出了许多具有战略性全局性根本性的重要思想，对我国社会主要矛盾、奋斗目标、发展理念进行了深刻分析，对劳动就业、社会保障、社会事务、群团组织、安全生产等提出了系统要求，为社会建设各方面工作指明了方向。社会委推进社会领域法治建设，关键是理解和落实好习近平总书记关于社会建设的重要论述，在学懂弄通做实上下功夫，切实把习近平总书记的指示精神和党中央的决策部署贯彻到立法、监督等工作实践中去，确保学习成果落地生根。

（二）以人民为中心的发展思想是社会建设工作的科学指南，必须聚焦保障和改善民生，不断提升人民群众的幸福感、获得感、安全感

人民是历史的创造者，是决定党和国家前途命运的根本力量。设立社会建设委员会是党中央统筹推进“五位一体”总体布局的重大举措，是以社会建设命名的专门委员会，从成立开始就带着以人民为中心的“基因”和改善民生的使命。必须把人民对美好生活的向往作为奋斗目标，践行全心全意为人民服务的根本宗旨，突出劳动就业、社会保障、特殊群体权益保障等重点领域，深入基层调研，广泛听取人民群众意见建议，做到民有所呼、我有所应。根据新时代新形势新任务，加强立法工作，推动法律有效实施，为更好推动人的全面发展、社会全面进步、满足人民日益增长的美好生活需要提供法治保障。

（三）改革开放是社会建设工作的重要动力，必须发扬开拓创新精神，不断提升推进工作的自觉性、主动性、创造性

2018 年是改革开放 40 周年。改革开放是决定当代中国命运的关键一招，也是决定实现“两个一百年”奋斗目标、实现中华民族伟大复兴的关键一招。社会委是党和国家机构改革的重要成果，是在新一轮全面深化改革和对外开放背景下设立的。一方面，社会委职责广泛，涉及许多改革任务，必须坚持立法决策与改革决策相统一，及时通过立法等形式保证改革进程。另一方面，作为新设立的委员会，很多工作都是开创性的。必须以改革开放精神，锐意进取、抓紧工作，决不能因为社会委成立最晚而工作迟缓。

常委会相关活动

· 第十三届全国人民代表大会第一次会议

· 特辑

· 常委会工作安排和会议议程日程

· 委员长讲话

· 立法工作

· 批准公约和条约

· 监督工作

· 人事任免

· 代表工作

· 对外交往

· 专门委员会工作

· 常委会相关活动

· 大事记

一、制度建设

关于人大预算审查监督重点向支出预算和政策拓展的指导意见

为贯彻落实党的十八届三中全会关于加强人大预算决算审查监督职能的要求，实现人大预算审查监督重点向支出预算和政策拓展，根据党中央决策部署和预算法、监督法等法律规定，现提出如下指导意见。

一、重要意义

审查批准预算、决算和监督预算执行是宪法和预算法、监督法等法律赋予全国人大及其常委会、地方各级人大及其常委会的重要职权。人大依法开展预算审查监督，对规范预算行为、促进依法行政、推动经济社会发展，发挥了重要作用。同时也要看到，过去政府预算审核管理和人大预算审查监督的重点主要是赤字规模和预算收支平衡状况，对支出预算和政策关注不够，对财政资金使用绩效和政策实施效果关注不够，不利于发挥政策对编制支出预算的指导和约束作用，不利于提高人大预算审查监督的针对性和有效性。

党的十八大以来，以习近平同志为核心的党中央就人大制度和人大工作提出一系列新论断新举措新要求，为在新的历史条件下坚持、完善、发展人民代表大会制度，加强和改进人大预算审查监督工作，提供了科学理论指导和行动指南。实施人大预算审查监督重点向支出预算和政策拓展，是依法加强和改进人大预算审查监督工作的内在要求，是建立和完善中国特色社会主义预算审查监督制度的重要举措，是提高财政资金使用绩效和政策实施效果的客观需要，也是对预算法、监督法关于人大预算决算审查监督特别是支出预算和政策审查监督规定的细化深化。人大加强对支出预算和政策的审查监督，有利于强化政策对支出预算的指导和约束作用，使预算安排和政策更好地贯彻落实党中央重大方针政策和决策部署；有利于加强和改善宏观调控，有效发挥财政在宏观经济管理中的重要作用；有利于提高支出预算编制质量和预算执行规范化水平，实施全面规范、公开透明的预算制度；有利于加强对政府预算的全口径审查和全过程监管，更好发挥财政在国家治理中的基础和重要支柱作用，更好发挥人民代表大会制度支撑国家治理体系和治理能力的根本政治制度作用。

二、总体要求

全国人大及其常委会、地方各级人大及其常委会在开展预算审查监督重点向支出预算和政策拓展工作中，要深入学习贯彻党的十九大精神，以习近平新时代中国特色社会主义思想为指导，坚持党的领导、人民当家作主、依法治国有机统一，以宪法和预算法、监督法等法律为依据，坚持正确监督、有效监督，加强对支出预算和政策的审查监督，提高针对性和有效性，推进依法行政、依法理财，保障党中央重大方针政策和决策部署的贯彻落实。

1. 坚持党中央集中统一领导。旗帜鲜明讲政治，坚持党总揽全局、协调各方的领导核心作用，把坚持党的领导首先是坚持党中央集中统一领导作为首要原则，把维护习近平总书记的核心地位、维护党中央权威和集中统一领导摆在讲政治的首要位置，增强政治意识、大局意识、核心意识、看齐意识，自觉在思想上政治上行动上同以习近平同志为核心的党中央保持高度一致，向党中央看齐，向党的理论和路线方针政策看齐，向党中央决策部署看齐，认真负责、不折不扣执行党中央决策部署，使党的主张通过法定程序成为国家意志，使支出预算和政策更好体现和落实党中央决策部署，保障党的路线方针政策在国家工作中得到全面贯彻和有效执行。

2. 坚持围绕和服务党和国家大局。牢牢把握中国特色社会主义进入新时代、我国社会主要矛盾已经转化为人民日益增长的美好生活需要和不平衡不充分的发展之间的矛盾,坚持稳中求进工作总基调,紧紧围绕统筹推进"五位一体"总体布局和协调推进"四个全面"战略布局,坚定不移贯彻落实新发展理念,主动适应经济发展新常态,坚持以推进供给侧结构性改革为主线,开展支出预算和政策审查监督工作,使财政预算和政策更好服务于党和国家中心工作,推动经济社会持续健康发展。

3. 坚持以人民为中心的发展思想。把人民群众对美好生活的向往作为奋斗目标,推进完善支出预算和政策,着力保障和改善民生,推动解决制约全面建成小康社会的短板和瓶颈问题,推动解决人民群众普遍关心的热点难点问题,使改革发展成果更多惠及全体人民,不断增强人民群众的获得感、幸福感。

4. 坚持依法开展审查监督。严格按照宪法和预算法、监督法等法律赋予的预算审查监督职权,通过法定程序、运用法定方式,加强支出预算和政策审查监督工作,提高审查监督的针对性和有效性。坚持监督与支持相统一,人大通过依法加强预算审查监督,推动政府依法行政、依法理财。

5. 坚持问题导向。紧紧围绕贯彻落实党中央重大方针政策和决策部署,结合人大代表和人民群众普遍关心的热点难点问题、审计查出的突出问题、制约事业发展的关键问题等,加强对相关支出预算和政策的审查监督,提出有效、可行的意见建议,着力推动解决突出矛盾,推动建立健全解决问题的长效机制。加强对支出绩效和政策目标落实情况的监督,推动建立健全预算绩效管理机制。

6. 坚持积极探索与扎实推进相结合。立足我国基本国情、经济社会发展阶段及财政预算管理水平,既扎实做好基础性工作,为深入实施改革举措创造条件,又适应新的形势和任务要求,认真研究总结预算审查监督经验做法和规律,深化拓展支出预算和政策审查监督的内容,探索创新方式方法,确保改革取得成效。

三、主要内容

政府预算反映国家的战略、规划、政策,反映政府的职责、活动范围、方向。支出政策是政府根据党中央重大方针政策和决策部署、预算法等法律规定制定的财政支出安排措施,包括财政支出的方向、规模、结构和管理制度等。支出预算是政府根据党中央重大方针政策和决策部署、预算法等法律规定,按照规定的程序、方法和标准编制的,对各种支出作出统筹安排,并报经本级人民代表大会审查批准后执行的财政支出计划。人大通过审查监督支出预算和政策,保障党中央重大方针政策和决策部署的贯彻落实。

按照党中央改革部署要求和预算法、监督法规定,人大对支出预算和政策开展全口径审查和全过程监管。主要内容包括:

1. 支出预算的总量与结构。审查支出预算总量,重点审查预算安排是否符合党中央确定的年度经济社会发展目标、国家宏观调控总体要求、国民经济和社会发展相关规划、中期财政规划,审查支出政策的可持续性,更好发挥政府职能作用。审查支出预算结构,重点审查支出预算和政策是否体现党中央就各重要领域提出的重大方针政策和决策部署要求,切实提高财政资金配置效率。

2. 重点支出与重大投资项目。加强对重点支出与重大投资项目的审查,保障党中央重大方针政策和决策部署确定的重点支出与重大投资项目。推动政府健全重点支出与重大投资项目决策机制,合理确定重点支出与重大投资项目范围。加强对重点支出与重大投资项目执行情况的监督,督促实现支出绩效和政策目标。

3. 部门预算。重点审查监督部门预算贯彻落实党中央重大方针政策和决策部署情况;部门预算编制的完整性情况;项目库建设、项目支出预算与支出政策衔接匹配情况;部门重大项目支出绩效目标设定、实现及评价结果应用情况;审计查出问题整改落实情况等。

4. 财政转移支付。重点审查监督贯彻党中央重大方针政策和决策部署情况,转移支付与财政事权和支出责任划分的匹配情况;转移支付对促进实现各地区财政平衡及基本公共服务均等化情况;专项转移支付的清理整合情况;专项转移支付的整体绩效情况。监督转移支付预算执行和政策实施,重点是预算批准后在法律规定时间内批复下达以及资金使用绩效与政策实施效果情况等。

5. 政府债务。硬化地方政府预算约束,坚决制止无序举债搞建设,规范举债融资行为。结合地方政府债务规模、全国经济发展水平等情况,合理评估全国政府债务风险水平。地方政府债务审查监督要重点审查地方政府债务纳入预算管理的情况;

要根据各地的债务率、利息负担率、新增债务率等风险评估指标体系，结合债务资金安排使用和偿还计划，评价地方政府举债规模的合理性。积极稳妥化解累积的地方政府债务风险，坚决遏制隐性债务增量，决不允许新增各类隐性债务。

加强对政府预算收入编制的审查。政府预算收入编制要与经济社会发展水平相适应，与财政政策相衔接，根据经济政策调整等因素科学预测。强化对政府预算收入执行情况的监督，推动严格依法征收，不收"过头税"，防止财政收入虚增、空转。推动依法规范非税收入管理。

四、主要程序和方法

全国人大及其常委会、地方各级人大及其常委会要按照总结、继承、完善、提高的原则，在巩固完善现有程序和方法基础上，进一步探索健全程序，创新方式方法，提高可操作性和运转效率，提高审查监督的针对性和有效性。

1. 认真贯彻落实党中央重大方针政策和决策部署。要深入学习贯彻习近平新时代中国特色社会主义思想和党的十九大精神，认真学习贯彻中央全会、中央经济工作会议、中央政治局会议等重要会议精神，明确目标任务，掌握部署要求，做好预算审查监督工作。坚持党对人大预算审查监督工作的领导，全国人大及其常委会开展预算审查监督工作中的重要事项和重要问题要及时向党中央请示报告，地方人大及其常委会开展预算审查监督工作中的重要事项和重要问题要及时向本级党委请示报告。

2. 充分听取意见建议。每年在政府预算草案编制前，应当通过召开座谈会、通报会等多种形式，认真听取本级人大代表、专家智库等社会各界关于重点支出、重大投资项目、重大支出政策等方面的意见建议。各级人大常委会预算工作委员会等工作机构要结合听取意见建议情况，与本级政府财政等部门密切沟通，认真研究提出关于年度预算的分析报告。

3. 深入开展专题调研。全国人大及其常委会、地方各级人大及其常委会应当根据年度工作要点和监督工作计划，听取和审议政府关于重点支出预算和政策专项工作报告，开展重点支出预算和政策专题调研，提出有针对性、前瞻性和可行性的意见建议。

4. 探索就重大事项或特定问题组织调查。根据预算法，各级人大和县级以上各级人大常委会可以就预算、决算中的重大事项或特定问题组织调查。根据《全国人大常委会关于加强中央预算审查监督的决定》，经全国人大常委会委员长会议专项批准，人大常委会预算工作委员会可以对各部门、各预算单位、重大建设项目的预算资金使用和专项资金的使用进行调查，政府有关部门和单位应当积极协助、配合。全国人大及其常委会、地方各级人大及其常委会就重大事项或特定问题组织调查，要按照前面第一项规定要求，向党中央或者本级党委请示报告。

5. 探索开展预算专题审议。人大财政经济委员会每年对预算草案进行初步审查时，应根据中央经济工作会议精神，结合人大常委会年度监督工作重点、人大代表和人民群众关心的热点难点问题、审计查出的突出问题等，对有关支出预算和政策开展专题审议。政府有关部门负责人应到会听取意见，回答询问。人大有关的专门委员会可以结合开展执法检查、听取政府专项工作报告等，对相关领域部门预算草案、相关重点支出和重大投资项目、有关转移支付资金和政策开展调查研究，更好发挥人大专门委员会的专业特点和优势。根据需要，可以引入社会中介机构为人大预算审查监督工作提供服务。

6. 推动落实人大及其常委会有关预算决算决议。通过听取报告、开展专题调研、组织代表视察等形式，推动政府及其有关部门积极落实本级人民代表大会及其常委会有关预算决算的决议。人大常委会预算工作委员会等工作机构应当听取政府财政等部门落实预算决算决议的工作安排情况通报，并将有关情况发送本级人大代表。

7. 及时听取重大财税政策报告。对于事关全国或者本级行政区域内经济社会发展全局、涉及群众切身利益的重大财税政策，各级政府在政策出台前应当向本级人大常委会报告。预算执行中，政府财政等部门出台增加收入或者支出、减少收入的政策措施，需要进行预算调整的，应当及时向本级人大常委会预算工作委员会等工作机构通报有关情况，依法编制预算调整方案，报本级人大常委会审查批准。

8. 加快推进预算联网监督工作。要适应信息社会发展要求，加快推进预算联网监督工作，实现预算审查监督信息化和网络化。要充分利用预算联网平台，加强对支出预算和政策的审查监督，提升审查监督内容的翔实性和时效性，增强审查监督工作的针对性和有效性。

五、组织保障

各级党委要进一步提高对推进人大预算审查监督重点向支出预算和政策拓展改革重要性的认识，加强组织领导，把握工作方向，及时研究解决改革中遇到的新情况新问题，支持和保证人大依法行使监督权，确保各项措施落实到位。

全国人大及其常委会、地方各级人大及其常委会要牢固树立“四个意识”，切实增强责任感使命感，依法加强对支出预算和政策的审查监督，通过法定程序贯彻落实好党中央重大方针政策和决策部署。人大财政经济委员会、有关的专门委员会、常委会预算工作委员会等工作机构要积极作出安排，深入扎实开展审查监督工作。在政府预算草案编制前和编制过程中，人大常委会预算工作委员会等工作机构要加强与政府财政等部门的沟通，及时将听取人大代表和社会各界意见建议的情况反馈给政府财政等部门，使预算草案更好地回应人大代表和社会各界的意见建议。在对预算草案初步方案及上一年预算执行情况进行初步审查中，人大财政经济委员会依法提出初步审查意见，本级政府财政部门应当结合初步审查意见对预算草案和报告作进一步修改完善。各级人民代表大会上，各代表团、人大财政经济委员会、有关的专门委员会应当着重围绕党中央重大方针政策和决策部署对预算草案进行审查，保持预算的统一性和完整性。应当及时向社会公开对支出预算和政策的有关审查监督情况。

各级政府要主动接受同级人大及其常委会的监督，积极创造条件，认真落实改革措施。要按照党的十八届三中全会关于“审核预算的重点由平衡状态、赤字规模向支出预算和政策拓展”的要求，积极改进完善预算报告、决算报告和预算草案、决算草案编报工作。预算报告、决算报告应当重点报告贯彻落实党中央重大方针政策和决策部署的主要情况，报告重大支出政策和税收政策调整变化情况，报告收入、支出安排及赤字、债务规模等财政总量政策与国家及本区域年度经济社会发展目标、宏观调控要求的一致性情况，报告支出预算、决算和政策实施的主要情况，报告重大投资项目的安排和实施情况。逐步改变相关重点支出与财政收支增幅或生产总值层层挂钩、先确定各领域支出总额再安排具体项目的做法。支出预算原则上要反映各项支出预算安排的政策依据、标准、支出方向及绩效目标等情况，增强重大增支政策出台的预期性。支出决算要重点报告和反映支出预算调整情况、支出完成预算情况、重大项目的资金使用绩效与政策实施效果情况。支出预算和决算要列示重大政府投资计划和重大投资项目表。进一步完善和丰富政府性基金预算、国有资本经营预算和社会保险基金预算的编报。在保持预算报告、财政预算草案纸质文件提供方式基础上，探索以电子化方式提供预算文件。各级审计机关研究提出下一年度审计监督重点内容和重点项目时，应当征求本级人大常委会预算工作委员会等工作机构的意见建议，形成监督合力。各级审计机关应当加强对专项资金绩效和政策执行的审计监督，并在向本级人大常委会报告年度预算执行和其他财政收支的审计工作报告时予以重点反映，为人大常委会开展支出决算和政策审查监督提供支持服务。各级政府财政、审计等部门和各预算部门单位，要积极做好落实改革措施的具体工作。要进一步推进预算公开透明，主动接受社会监督。

地方各级人大及其常委会、地方各级政府要在认真贯彻落实党中央重大方针政策和决策部署的基础上，按照地方党委工作安排，加强对支出预算总量与结构、重点支出与重大投资项目、部门预算、财政转移支付、地方政府债务等的审查监督，并结合本地区实际，探索创新方式方法，健全完善程序机制，不断提高人大预算审查监督针对性和有效性，不断提升政府依法行政、依法理财水平。

《人民日报》2018 年 3 月 7 日

二、副委员长和秘书长讲话及有关文稿

努力开创公共图书馆事业新局面

——在宣传贯彻《中华人民共和国公共图书馆法》座谈会上的讲话

（2018 年 1 月 17 日）

王　晨

同志们：

2017 年 11 月 4 日，第十二届全国人大常委会第三十次会议高票通过了《中华人民共和国公共图书馆法》，2018 年 1 月 1 日起正式施行。公共图书馆法是党的十九大之后在文化领域出台的首部法律，体现了以习近平同志为核心的党中央坚定中国特色社会主义文化自信、推动社会主义文化繁荣兴盛的决策部署，也体现了公共图书馆事业在中国特色社会主义文化建设中的重要地位，体现了公共图书馆在新时代满足人民日益增长的美好生活需要的重要作用。公共图书馆法的问世，历史性地成为我国历经百余年的公共图书馆事业跨入新时代的重要标志。

党的十八届四中全会作出全面依法治国的战略部署，明确要求建立健全坚持社会主义文化前进方向、遵循文化发展规律、有利于激发文化创造活力、保障人民基本文化权益的文化法律制度。全国人大常委会坚决贯彻落实党中央决策部署，高度重视保障人民基本文化权益的公共文化立法工作。2016 年底，全国人大常委会通过了《中华人民共和国公共文化服务保障法》，2017 年 3 月 1 日起正式施行，这是我国文化领域第一部具有综合性、全局性、基础性的法律，为我国现代公共文化服务体系建设指明了方向。与此同时，全国人大常委会高度重视加快推进公共图书馆法的立法工作。经过各方面长期努力，公共图书馆法的立法工作最终完成，我国文化法治建设结出了新的硕果，文化法律体系建设又向前迈进了一大步。

今天，我们在这里召开宣传贯彻公共图书馆法座谈会，就是要以实际行动贯彻落实党的十九大精神，以习近平新时代中国特色社会主义思想为指导，认真学习、深刻领会公共图书馆法的重要意义，全面理解、准确把握公共图书馆法的核心要义，广泛动员、周密部署公共图书馆法的贯彻实施，大力推动公共图书馆事业在法治轨道上取得新进展、迈上新台阶。

刚才，各参会单位负责同志、公共图书馆业界代表和专家学者代表都作了很好的发言，既有对法律重要意义的阐发，又有对法律内容的解读，还有对法律贯彻实施的建议。大家都讲得很好，对今后在全社会实施好这部法律将起着重要的推动作用。下面，我讲几点意见。

一、充分认识颁布实施公共图书馆法的重要意义

习近平总书记指出，“实现中华民族伟大复兴的中国梦，物质财富要极大丰富，精神财富也要极大丰富。”党的十九大报告提出，“满足人民过上美好生活的新期待，必须提供丰富的精神食粮。”公共图书馆是书籍的宝库，贮藏着人类智慧的结晶，是人民获取精神食粮、陶冶道德情操、增长知识技能的重要场所，对于丰富人民精神文化生活、推动学习型社会建设、提高公民科学文化素质和社会文明程度具有十分重要的作用。

作为人类社会文明发展的产物，公共图书馆150 多年前首先出现在英美国家，二十世纪初公共

图书馆制度进入我国。新中国成立后，党和国家一直十分重视公共图书馆的建设发展。改革开放特别是党的十八大以来，我国公共图书馆事业蓬勃发展。截至 2016 年底，我国共有县级以上公共图书馆 3153 个，民办图书馆 50 个，藏书总量 9 亿多册（件），电子图书约 8.9 亿册。2016 年，公共图书馆年总流通约 6.6 亿人次，书刊外借近 5.5 亿册次，举办各种读书活动 14 万多次，极大地丰富了人民群众精神文化生活。随着中国特色社会主义进入新时代，公共图书馆事业站在了新的历史方位上，面临着发展的新机遇新任务，迫切需要通过加强法制建设来保障和推动。公共图书馆法的颁布实施，把公共图书馆事业纳入了法治轨道。我们要站在历史的新起点上，充分认识和把握公共图书馆法颁布实施对推动公共图书馆事业在新时代实现新发展、新跨越的重要意义。

第一，落实了宪法有关规定。我国现行宪法规定，国家发展为人民服务、为社会主义服务的文学艺术事业、新闻广播电视事业、出版发行事业、图书馆博物馆文化馆和其他文化事业，开展群众性的文化活动。图书馆被明确写入了宪法，是宪法确立的为人民服务、为社会主义服务的重要公共文化设施。通过制定公共图书馆法，规定各级政府对发展公共图书馆事业承担的保障责任，规范各级公共图书馆面向社会公众提供的服务，使宪法确立的有关发展文化事业、图书馆事业的原则得以具体落实，推动了宪法实施，也为完善以宪法为核心的中国特色社会主义法律体系作出了贡献。

第二，指明了新时代我国公共图书馆事业的发展方向。中国特色社会主义进入新时代，意味着中国特色社会主义道路、理论、制度、文化不断发展，意味着更好地推动人的全面发展、社会全面进步。公共图书馆法开宗明义，昭示立法宗旨是保障公民基本文化权益，提高公民科学文化素质和社会文明程度，传承人类文明，坚定文化自信；明确了公共图书馆是我国公共文化服务体系的重要组成部分，传承发展中华优秀传统文化、继承革命文化、发展社会主义先进文化是公共图书馆的本质功能；明确了公共图书馆服务坚持平等、开放、共享的原则。法律对我国公共图书馆事业在新时代朝什么方向前进、坚守什么发展原则和服务理念，在坚定文化自信、推动社会主义文化繁荣兴盛中承担什么历史重任，发挥什么社会功能，作出了明确的规定和指引。

第三，顺应了新时代社会主要矛盾转化的历史要求。党的十九大作出了中国特色社会主义进入新时代，我国社会主要矛盾已经转化为人民日益增长的美好生活需要和不平衡不充分的发展之间的矛盾的重大历史判断。满足人民日益增长的美好生活需要，必须提供丰富的精神文化食粮，必须着力解决好文化需求保障不平衡不充分的问题。公共图书馆法从几个层面作出规定，顺应了我国社会主要矛盾转化对公共图书馆事业提出的新要求。在解决发展不平衡方面，法律规定了国家扶持革命老区、民族地区、边疆地区和贫困地区公共图书馆事业发展的基本原则，明确了促进公共图书馆服务向城乡基层延伸的重点任务，明确了公共图书馆服务强化对未成年人、老年人、残疾人等特殊群体的人文关怀，为解决公共图书馆服务城乡、区域、人群发展不平衡提供了法律遵循。在解决发展不充分方面，公共图书馆法要求各级政府加大对公共图书馆事业的投入，加强固定馆舍和流动服务设施、自助服务设施建设，形成覆盖城乡、便捷实用的公共图书馆服务网络，同时鼓励学校、科研机构等其他类型的图书馆向社会公众开放；要求各级公共图书馆践行平等、开放、共享的服务理念，通过免费提供基本服务、建立健全数字化网络化服务体系和配送体系、改善服务条件、建立反馈机制，加强各级各类图书馆的交流合作和联合服务等措施，为向人民群众提供更加充分的公共图书馆服务奠定了坚实基础。

第四，明确了新时代公共图书馆在坚定中国特色社会主义文化自信、推动社会主义文化繁荣兴盛伟大事业中的历史责任。没有高度的文化自信，就没有中华民族伟大复兴；文化的繁荣兴盛，是高度的文化自信的力量源泉。公共图书馆事业作为我国公共文化服务体系的重要组成部分，在传承发展中华优秀传统文化、弘扬革命文化、发展社会主义先进文化的伟大事业中，承担着独特而重要的历史责任。公共图书馆法明确了公共图书馆通过以文献信息收集、整理、保存并向公众提供利用为核心的服务，推动、引导全民阅读，履行社会教育职能，这是新时代公共图书馆培育和践行社会主义核心价值观，在提高人民思想觉悟、道德水准、文明素养上发挥作用的职业担当。古代典籍是中华优秀传统文化的记录载体，是公共图书馆传承人类文明、保存历史记录的功能体现，法律对公共图书馆的古籍保护、研究、宣传和利用作出专门规定，一方面要求公共图书馆加强对馆藏古籍的保护，另一方面要求通过多种方式加强古籍的宣传和利用，让古籍里的文字活起来，让古籍承载着的优秀传统文化中的思想观念、人文情怀、道德规范转化为时代精神，体现了公共图书馆在促进优秀传统文化创造性转化、创新性发展上的历史责任。

书籍是人类智慧的结晶,优秀作品更是集中了思想精华、透射着社会进步。党的十八大以来,在以习近平同志为核心的党中央坚强领导下,文学艺术界、出版界提供了许许多多的“图书精品”。公共图书馆法在第二十六条中给出了出版单位应当向公共图书馆交存正式出版物的规定。这就让广大人民群众能够在公共图书馆这个平台上,可以更加便捷、免费、充分地从这些“图书精品”中感受到中国特色社会主义发展和建设的伟大成就,了解到我们党带领人民不断从胜利走向胜利的伟大事业,体现了公共图书馆在弘扬社会主义核心价值观上所具有的独特作用,进而推动社会主义文化的繁荣兴盛。

第五,构筑了我国公共图书馆管理、运行、服务的基本制度体系。依法管理和运行公共图书馆,是现代公共图书馆事业发展的基本规律。公共图书馆法在总结提炼我国公共图书馆事业现行政策和实践经验的基础上,构筑了规范公共图书馆管理、运行和服务的基本制度体系,如规定县级以上人民政府应当设立公共图书馆,明确公共图书馆应当具备的条件,将县级人民政府建设公共图书馆总分馆体系上升为法定责任,将公共图书馆免费开放和免费提供基本服务固化为法律制度,建立了政府购买公共图书馆服务、指导和支持公共图书馆志愿服务、公共图书馆捐赠者命名等引导和鼓励社会力量参与公共图书馆建设的制度,对于公共图书馆的未成年人服务、服务公示、服务反馈、读者个人信息保护、建立法人治理结构等诸多重要问题,都作出了明确具体的规定。公共图书馆法的内容,鲜明地体现了以人民为中心的立法导向,我国的公共图书馆事业从此走上依法治理的道路,公共图书馆的管理、运行和服务有了基本法律规范。

二、全面深入推动公共图书馆法贯彻实施

习近平总书记指出,“‘天下之事,不难于立法,而难于法之必行。’如果有了法律而不实施、束之高阁,或者实施不力、做表面文章,那制定再多法律也无济于事。全面推进依法治国的重点应该是保证法律严格实施,做到‘法立,有犯而必施;令出,唯行而不返’。”现在,公共图书馆法已经颁布实施,我们面临的主要任务是要把它贯彻好实施好,让法律的各项规定成为工作中的生动实践。这里,我要强调一下在法律贯彻实施中需要注意和把握的几个问题:

一是要广泛深入地学习、宣传、普及公共图书馆法。各级政府和有关部门要落实“谁执法谁普法”的普法责任制,将公共图书馆法作为“七五”普法的重要内容加以部署和推进。公共图书馆法首先规范的是政府责任,因此,各级政府和有关部门要在学法、懂法、用法上起表率作用。文化主管部门和其他相关部门要立即着手组织公共图书馆从业人员和相关人员系统深入地学法普法,要把学习掌握公共图书馆法和学习贯彻党的十九大精神紧密结合起来,深刻理解依法发展公共图书馆事业对建设新时代中国特色社会主义文化的重要意义,对满足人民群众美好生活需要的重要作用,强化从业人员的法治思维和法治观念,深刻认识自身承担的社会责任和职业使命,提高为人民群众提供更高质量、更为充分的公共图书馆服务的自觉性。新闻媒体要精心组织好公共图书馆法的宣传报道,以老百姓易于接受的生动活泼的形式阐释法条、剖析案例、解疑释难,让公共图书馆法的精神和规定入脑入心,从而更好地实现人民群众享受公共图书馆服务的权益。各级公共图书馆及相关公共文化机构要把法律的宣传普及融入到日常服务和活动中,既注重开展普法宣传活动,更要通过依法开展公共图书馆服务身体力行地展现和传播法律精神。高等院校、科研单位的有关专家学者要加强对公共图书馆法和法律宣传普及的专题研究,在法律的宣讲、解读、释义工作中发挥重要作用,帮助社会公众和从业人员更好地理解认知公共图书馆法。总之,要通过广泛深入的学习宣传,让全社会了解公共图书馆法的理念、原则和规定,为法律的贯彻落实奠定坚实基础。

二是要坚持有法必依、执法必严、违法必究,确保法律的规定落到实处。公共图书馆法主要是规范政府和公共图书馆行为的法律,各级政府首先要强化建设法治政府、服务型政府的意识,严格履行法律规定的责任,全面落实县级以上人民政府将公共图书馆事业纳入本级国民经济和社会发展规划、将公共图书馆建设纳入城乡规划和土地利用总体规划、将所需经费列入本级政府预算并及时足额拨付。各级公共图书馆要提高认识,强化依法管理、运行和提供服务的意识,维护和保障社会公众利用公共图书馆、享受公共图书馆服务的权益。公共图书馆法明确规定了法律责任,违反法律都要承担法律责任。在这一点上,一定要引起高度重视。各级

人大要根据法律的规定，积极发挥监督职能，适时开展监督工作，督促和支持政府及有关部门依法履职、改进工作，推动法律的正确有效实施。新闻媒体、社会公众要依法加强对政府保障公共图书馆事业、公共图书馆提供服务的舆论监督、社会监督。全社会要形成氛围、形成合力，确保法律的规定落到实处。

三是抓紧抓好加强服务体系建设、提高服务效能这一主要任务。健全完善的服务体系、提供优质高效的服务是公共图书馆充分发挥功能的基础和前提。目前，设施不完善、服务效能不高等问题在一些地方、特别是基层地区还不同程度地存在，在解决发展不平衡不充分方面仍面临着艰巨任务。要正视我国公共图书馆事业与国际标准存在的差距。按照国际图书馆协会联合会的标准，每 5 万人应有一座公共图书馆，人均藏书量应达到 2—3 册，年新增藏书量应为 0.25—0.3 册，而我国目前每 43 万人有一个公共图书馆，人均藏书量为 0.65 册，年新增藏书量为 0.04 册。一些革命老区、民族地区、边疆地区和贫困地区公共图书馆服务工作和面向未成年人、老年人、残疾人等特殊群体的公共图书馆服务工作更为薄弱。我们要在法律的保障和推动下，实现跨越式发展，尽快弥补这些差距。要抓紧建立覆盖城乡、便捷实用的公共图书馆服务网络，要通过建立健全数字化服务网络和配送体系、改善服务条件、整合服务资源等措施，向人民群众提供更加充分、更高质量的服务。同时，要采取有效措施，切实让公共图书馆的资源用起来、“活”起来，为促进人的全面发展和提高社会文明程度提供有力支撑。要坚持问题导向，以解决问题为落脚点，着力推动服务体系建设，推动公共图书馆标准化、均等化建设，推动公共图书馆按照公益性、基本性、均等性、便利性的要求向社会公众提供服务，增强人民群众的文化获得感和幸福感。

四是要大力促进全民阅读活动深入开展。习近平总书记深刻指出，“读书可以让人保持思想活力，让人得到智慧启发，让人滋养浩然之气。”党的十八大以来，“开展全民阅读活动”已经成为党中央的一项重要决策部署。“十三五”规划纲要把“推动全民阅读”确定为提升国民文明素质的一项重要工作。国务院自 2014 年起，每年都把“倡导（或者大力推动）全民阅读”写进政府工作报告。公共图书馆是知识的“加油站”，是建设学习型社会的“推进器”，对于推动全民阅读活动深入开展发挥着不可替代的重要作用。公共图书馆法明确规定，公共图书馆“应当将推动、引导、服务全民阅读作为重要任务”，并要求公共图书馆“通过开展阅读指导、读书交流、演讲诵读、图书互换共享等活动，推广全民阅读”，以法律的形式确定了公共图书馆开展全民阅读活动的责任义务。从根本上讲，这部法律作出的关于公共图书馆设立、运行、服务等规定，都是为了让人民群众充分利用公共图书馆的资源，从中汲取力量和智慧，进而推动人的全面发展、社会全面进步，说到底都是为了服务全民阅读。公共图书馆法的颁布实施，为开展社会教育、培养公民阅读兴趣、养成阅读习惯提供了载体、搭建了平台，为推动全民阅读活动深入开展、建设学习型社会、提高国民素质和社会文明程度建立了长效保障机制。因此，各级政府和公共图书馆机构一定要把促进全民阅读活动作为法律贯彻实施中的一个重要任务抓紧抓好，使我国全民阅读水平不断提升、持续发展，走进世界先进行列。

五是要加强法律配套制度建设。公共图书馆事业的持续健康发展，不仅需要一部国家层面的法律，还要形成以公共图书馆法为核心，多方位、多层次、系统完备的制度体系，我们要为此进行不懈努力。公共图书馆法确立了多项制度，如公共图书馆的设立、变更、终止登记制度，古籍保护和利用制度，总分馆制度，等等。这些制度的落地需要配套法规、规章和实施细则对其方法、程序等事项加以细化，国务院有关部门要抓紧这方面的工作。地方人大和政府要结合当地实际，制定地方性法规和政府规章，推动公共图书馆法贯彻实施。

在贯彻实施法律和做好公共图书馆工作中，我们应当研究借鉴国外有益经验。现代意义上的公共图书馆制度已经有 100 多年的发展历史。据了解，全世界已有 80 多个国家和地区出台了 200 余部相关法律法规，在公共图书馆工作的一些方面，国外已经积累了有益经验。例如，英国、美国在图书馆总分馆建设方面，德国、法国在理事会制度方面，韩国、日本、俄罗斯在社会化和捐赠制度方面，都已经有了较为成熟的制度模式。我们既要立足国情，也要放眼国际，积极研究借鉴国外有益经验和做法，以更加开阔的视野进一步做好我国的公共图书馆工作。

三、再接再厉，进一步推进文化立法工作

党的十八大以来，在以习近平同志为核心的党

中央坚强领导下，我国文化立法工作以前所未有的力度和速度得以推进。十二届全国人大及其常委会迎难而上，敢于担当，真抓实干，在立法规划中增加了文化方面法律的比重，在实践中通过不懈努力，使我国文化立法工作取得了突破性进展。张德江委员长在十二届全国人大常委会第三十次会议上的讲话中指出，“本届全国人大常委会大力加强文化法律制度建设，先后制定电影产业促进法和公共文化服务保障法，修改文物保护法和档案法，本次会议又审议通过了公共图书馆法，改变了文化领域立法长期以来较为薄弱的局面。”

同时也要看到，总体上文化方面法律的数量仍然较少，在现行有效法律中的占比仅为2.66%（截至2017年12月27日，现行有效法律共263部）。而且，已有的文化方面的法律主要集中在文化事业方面，文化产业方面的法律相对较少，尚未形成系统完备的文化法律制度，这与文化建设在中国特色社会主义事业“五位一体”总体布局中的重要地位是不相称的，与建设社会主义文化强国的奋斗目标是不相适应的。我们要进一步增强责任感和使命感，根据党中央决策部署找准文化立法工作的结合点、切入点，突出抓重点、补短板、强弱项，坚持科学立法、民主立法、依法立法，着力提升立法质效，尽快形成与新时代中国特色社会主义文化建设的重要战略地位相匹配、健全完善的文化法律制度，为建设社会主义文化强国提供更加坚实有力的法治支撑。

同志们，公共图书馆法的颁布实施，标志着公共图书馆事业发展进入了新阶段。让我们深入学习宣传贯彻党的十九大精神，自觉以习近平新时代中国特色社会主义思想武装头脑、指导实践、推动工作，提高政治站位，把握历史方位，锐意进取，埋头苦干，大力推动公共图书馆法全面深入实施，努力开创公共图书馆事业新局面，进一步加强文化法治建设，担负起新时代赋予的新使命，为建设社会主义文化强国、铸就中华文化新辉煌、实现人民对美好生活的向往作出新的更大贡献。

在第十二届全国人大教科文卫委员会第四十六次会议上的讲话

（2018年2月8日）

王　晨

同志们：

很高兴来参加这次会议，审议第十二届全国人大教科文卫委员会工作报告。这个报告稿比较全面客观地回顾了教科文卫委员会五年来在立法监督等各方面的工作，是一个实事求是的好报告。大家刚才在审议时，充分肯定了教科文卫委员会的工作，充分肯定了柳斌杰主任委员的工作，同时对下一届教科文卫委员会的立法监督等工作提出了一些很有见地的意见和建议。按照委员长会议组成人员的分工，我和陈竺副委员长联系教科文卫委员会。下面我讲几点意见。

党的十九大报告指出，十八大以来的五年，是党和国家发展进程中极不平凡的五年，这个判断也切合教科文卫委员会过去五年来走过的道路。可以说，这五年是全国人大教科文卫委员会工作取得突出成绩的五年。*一是设立教科文卫委员会分党组，党的建设得到加强。*2016年，由全国人大常委会党组提出并经中央组织部批准，在全国人大各专门委员会首次设立分党组，这在全国人大历史上是第一次。教科文卫委员会分党组认真学习贯彻习近平新时代中国特色社会主义思想，坚决贯彻落实党中央决策部署，自觉接受常委会党组的领导，坚决执行常委会党组作出的决定，切实履行管党治党的政治责任，主动向常委会党组汇报立法、监督等工作中的重大问题和重要事项，及时组织传达学习中央文件精神，不断提高履职能力，发挥了把方向、管大局、保落实的重要作用。*二是积极推动立法进程，充分发挥立法的引领和推动作用。*本届教科文卫委员会共推动制定或修改法律12部，基本完成十二届全国人大常委会立法规划中教科文卫方面一、二类立法项目，特别是牵头修改了红十字会法，牵头起草了公共文化服务保障法和基本医疗卫生与健康促进法等综合性、基础性的重要法律草案，填补了文化和卫生领域立法的空白，进一步完善了我国教科文卫领域的法律制度。*三是大力协助常委会开展监督工作，着力提升监督实效。*本届教科文卫委员会共协助常委会开展 7 次执法检查，听取和审议 7 个专项工作报告，开展 4 项专题询问，参与“十三五”规划纲要 4 个专题调研，同时还认真做好跟踪监督工作。其中，张德江委员长担任 2 次执法检查组组长，亲自主持 3 次专题询问。教科文卫委员会为此做了大量认真细致而富有探索性的工作，为推动人大常委会监督工作规范化、制度化作出了重要贡献。四是认真办理代表议案和建议，加强同人大代表和人民群众的联系。五年来，教科文卫委员会共审议代表议案 345 件，办理、重点督办代表建议 126 件，是专门委员会中数量比较多的。在办理代表议案和建议过程中，教科文卫委员会坚持开展代表议案专题调研，坚持邀请代表参与委员会工作，坚持将议案建议办理工作与立法监督工作紧密结合起来，努力做到民有所呼、我有所应，取得了比较好的效果。十二届全国人大常委会第 31 次会议上教科文卫委员会提交的议案审议结果报告获全票通过，说明大家的努力得到了常委会组成人员的充分肯定。五是密切同地方人大教科文卫委员会联系，促进上下互动。工作报告稿提到教科文卫委员会召开了 5 次全国性工作座谈会，每年一次，每次会议都侧重不同专题，交流工作经验，征求地方人大对全国人大教科文卫委员会工作意见建议，充分发挥了整体合力作用。六是积极开展国际交流，宣传人大制度。做好“请进来”、“走出去”工作，通过各种国际交流活动，积极宣介人民代表大会制度，讲好人大故事，既借鉴国外有益经验，又积极发出中国声音，提供中国方案，贡献中国智慧。

总之，五年来，教科文卫委员会在立法、监督、议案办理、对外交往、地方人大联系以及委员会自身建设等方面做了大量工作，取得了可喜成绩，有很多宝贵经验可以总结。柳斌杰同志作为主任委员，和各位同志一道勠力同心、紧密团结，为全国人大教科文卫领域工作作出了重要贡献。这些成绩的取得，是以习近平同志为核心的党中央坚强领导的结果，是全国人大常委会党组和张德江委员长关心、重视和领导的结果，同时也是教科文卫委员会全体组成人员依法履职、勤勉尽责的结果，是教科文卫委员会办事机构全体工作人员当好参谋、扎实服务的结果。借此机会，我向柳斌杰主任委员、向各位副主任委员和各位委员、向工作机构各位同志致以敬意。

党的十八大以来，以习近平同志为核心的党中央带领全国各族人民坚持和发展中国特色社会主义，坚持党的领导、人民当家作主、依法治国有机统一，推动人民代表大会制度理论与实践创新，人民代表大会制度的根本政治制度作用得到更好发挥，中国特色社会主义民主政治的优越性得到充分彰显。在党和国家制度建设这一大背景下，教科文卫委员会所做的工作就具有了更大的意义，今后前行的步伐一定会更加坚定、更加自信、更加有力。

中国特色社会主义进入新时代，我国社会主要矛盾已经转化为人民日益增长的美好生活需要和不平衡不充分的发展之间的矛盾。我国社会主要矛盾的历史性变化，对我们党和国家的工作提出了新要求，对教科文卫领域各项工作提出了新要求。2018 年是全面贯彻落实党的十九大精神的开局之年，是改革开放 40 周年，是实施“十三五”规划承上启下的关键一年，也是全国人大的换届之年。委员长会议已经原则通过 2018 年工作要点、立法工作计划和监督工作计划，立法规划正在酝酿研究之中。教科文卫委员会要认真学习贯彻习近平新时代中国特色社会主义思想和党的十九大精神，密切联系人大工作实践，总结并用好五年来的有益经验，砥砺前行，奋发进取，进一步做好 2018 年各项工作。工作报告稿提出了 2018 年的工作建议，新一届教科文卫委员会成立后可能还会有所调整，但教科文卫委员会今年还是要围绕贯彻落实党的十九大精神，围绕贯彻落实党中央的重大决策部署和全国人大常委会党组的有关决议决定来履职尽责，开展有关工作。

五年弹指一挥间。我联系教科文卫委员会，一直关注着教科文卫委员会的工作。我认为，十二届全国人大教科文卫委员会是一个团结奋斗、凝聚人心的好集体，有一个依法办事、认真负责的办事机构。“人事有代谢，往来成古今。”现在即将面临换届，有些委员今年 3 月就要离开人大工作岗位，或者转岗，或者退休。在这里，我代表张德江委员长和李建国副委员长，代表委员长会议组成人员，对在换届时离开人大工作岗位的同志表示感谢！希望大家不忘初心，发挥余热，一以贯之关心人大工作，心系教科文卫事业，继续建言献策。

最后，我就委员会今后工作再讲几点，与大家共勉。

一要旗帜鲜明讲政治。要始终坚持党的领导特别是党中央集中统一领导，牢固树立政治意识、大局意识、核心意识、看齐意识，认真学习贯彻习近平新时代中国特色社会主义思想，坚决维护习近平总书记在党中央和全党的核心地位、维护党中央权威和集中统一领导，自觉在思想上高度认同，政治上坚决维护，组织上自觉服从，行动上紧紧跟随，在政治立场、政治方向、政治原则、政治道路上同以习近平同志为核心的党中央保持高度一致，并坚决落实到行动中，确保通过人民代表大会制度保证党的路线方针政策和决策部署在国家工作中得到全面贯彻和有效执行。

二要坚持以人民为中心。教科文卫领域的每一项工作，都涉及民生，涉及人民群众关心的事情。我们要始终把人民利益放在第一位，贯彻以人民为中心的发展思想，不断解决好人民最关心最直接最现实的利益问题，让改革发展成果更多更公平地惠及全体人民。要支持和保障人民通过人民代表大会行使国家权力，加强人民当家作主制度保障。

三要有拼搏、担当、奉献精神。一个国家和民族，贫穷落后固然可怕，但更可怕的是精神空虚，失去了理想信念。毛泽东同志讲过，“人是要有一点精神的。”革命年代如此，中国特色社会主义进入新时代亦是如此。要有奉献精神，有一颗为党为人民矢志奋斗的心，不畏艰苦付出，不患得患失。要有担当精神，敢于担当责任，敢于坚持原则，敢于旗帜鲜明，敢于探索开拓。要有革命乐观主义精神。我国发展不平衡不充分的问题还很突出，工作还面临不少困难和挑战，我们要振奋精神，昂扬向上，努力完成好党中央交给我们的各项任务。

同志们，当前我国正处于一个大有可为的历史机遇期。躬逢伟大新时代，让我们紧密团结在以习近平同志为核心的党中央周围，拿出勇气、鼓足干劲，奋力创造出无愧于历史、无愧于时代的新业绩，大踏步走向更加美好的未来。

在十三届全国人大宪法和法律委员会第一次全体会议上的讲话

（2018年3月14日）

王　晨

同志们：

3月13日上午，十三届全国人大一次会议举行第四次全体会议。会议经表决产生了十三届全国人大宪法和法律委员会主任委员、副主任委员和委员，标志着十三届全国人大宪法和法律委员会正式组成，这在全国人大历史上具有十分重要的意义。今天，按照大会的工作安排，在这里召开宪法和法律委员会第一次全体会议，审议监察法草案。在此，我代表栗战书同志、代表大会主席团其他常务主席向十三届全国人大宪法和法律委员会组成人员表示祝贺！

本次大会通过了中华人民共和国宪法修正案，已公布施行。宪法修正案中有一条重要的修改，就是将全国人大“法律委员会”修改为“宪法和法律委员会”。在3月13日的全体会议上，通过了关于设立十三届全国人大专门委员会的决定和表决办法。十三届全国人大宪法和法律委员会，正是根据宪法修正案的有关规定和全国人大的有关决定设立的，共有19名组成人员。

在全国人大设立的专门委员会中，名称上标明“宪法”，这是第一次。设立“宪法和法律委员会”，具有非同寻常的意义。这是贯彻落实党的十九大和十九届一中、二中、三中全会精神的重要举措，是深化党和国家机构改革、健全全国人大专门委员会制度的重要安排。党的十九大提出，完善人大专门委员会设置，加强宪法实施和监督，推进合宪性审查工作，维护宪法权威。党的十九届二中全会专题研究宪法修改并通过中央修宪建议。党的十九届三中全会通过《中共中央关于深化党和国家机构改革的决定》和《深化党和国家机构改革方案》。深化党和国家机构改革是推进国家治理体系和治理能力现代化的一场深刻变革。党和国家机构职能体系是中国特色社会主义制度的重要组成部分，是我们党治国理政的重要保障。将“法律委员会”更名为“宪法和法律委员会”，有利于完善全国人大专门委员会设置，有利于加强宪法实施和监督工作。

从专门委员会层面上加强宪法方面的职能和工作，目的是为了弘扬宪法精神，增强宪法意识，维护宪法权威,加强宪法实施和监督,推进合宪性审查工作。“法律委员会”更名为“宪法和法律委员会”后,按照党中央的要求,在继续承担统一审议法律草案工作的基础上,增加推动宪法实施、开展宪法解释、推进合宪性审查、加强宪法监督、配合宪法宣传等职责。统一审议法律草案仍然是宪法和法律委员会的重要职责;同时,增加宪法方面的工作职责。希望并相信宪法和法律委员会的同志们旗帜鲜明讲政治,依法履职尽责任,完成党和人民赋予的光荣使命和重要任务。

全国人大组织法规定,法律委员会统一审议向全国人民代表大会或者全国人民代表大会常务委员会提出的法律草案。立法法进一步规定,列入全国人民代表大会会议议程的法律案,由法律委员会根据各代表团和有关专门委员会的审议意见,对法律案进行统一审议,向大会主席团提出关于法律草案的审议结果报告和法律草案修改稿。法律草案修改稿经各代表团审议,由法律委员会根据各代表团的审议意见进行修改,提出法律草案表决稿,由大会主席团提请大会全体会议表决。

同志们,十三届全国人大一次会议议题多、会期长、任务重,其中一项十分重要的立法任务,就是要审议和通过监察法。深化国家监察体制改革,是以习近平同志为核心的党中央作出的事关全局的重大政治体制改革,制定监察法是党的十九大明确提出的重大立法任务,是深化国家监察体制改革的重要内容和关键步骤。习近平总书记和党中央对此高度重视,强调这部法律的政治性和规范性都很强,要认真审议讨论,制定一部高质量的监察法,为构建集中统一、权威高效的国家监察体系奠定法制基础。按照有关法律规定,宪法和法律委员会在本次大会审议监察法草案中承担统一审议法律草案的任务。这是本次大会安排在3月13日先行依法产生宪法和法律委员会组成人员的重要原因。按照大会日程安排,今天下午召开十三届全国人大宪法和法律委员会第一次全体会议,主要任务就是要统一审议监察法草案,提出法律草案修改稿和审议结果报告。这是当前宪法和法律委员会最主要、最重要的政治任务和立法任务,相信同志们一定能够完成好任务。

按照宪法规定,宪法和法律委员会同民族委员会、财政经济委员会等其他专门委员会一样,都是全国人大的专门委员会。在全国人大闭会期间,受全国人大常委会的领导。十三届全国人大共设10个专门委员会,比过去增加1个,更名2个,进一步健全了专门委员会制度。未来五年,宪法和法律委员会如何履行宪法方面的工作职责,这是一个新课题。希望大家按照党中央决策部署,在全国人大常委会党组领导下,始终坚持正确政治方向,逐步探索、总结、推进和提高。

同志们,统一审议好监察法草案,为大会顺利通过监察法打好基础,宪法和法律委员会责任重大,使命光荣。我们要全面贯彻党的十九大和十九届一中、二中、三中全会精神,以习近平新时代中国特色社会主义思想为指导,牢固树立政治意识、大局意识、核心意识、看齐意识,坚决维护习近平总书记党中央的核心、全党的核心地位,坚决维护党中央权威和集中统一领导,切实把思想和行动统一到党中央精神和决策部署上来,以高度的政治责任感和强烈的历史使命感,聚精会神地把统一审议监察法草案的任务完成好,为本次大会顺利审议通过监察法作出积极贡献!

牢记使命担当　扎实履职尽责

——在十三届全国人大专职常委座谈会上的讲话

(2018年4月26日)

王　晨

党的十八大以来,以习近平同志为核心的党中央高度重视和全面加强对人大工作的领导,人大制度理论和实践创新取得重大成果,人大工作取得历史性成就。党的十八大报告提出,要“优化常委会、专委会组成人员知识和年龄结构,提高专职委员比例,增强依法履职能力”;党的十八届四中全会《决定》明确要求,要“增加有法治实践经验的专职常委比例”;党的十九大报告提出,要“优化人大常委会和专门委员会组成人员结构”；十九届三中全会通过的《中共中央关于深化党和国家机构改革的决定》提出，要“健全人大组织制度和工作制度”。为贯彻落实党中央决策部署，根据新时代人大工作需要，经报党中央同意，决定参照十届全国人大时的做法，在十三届全国人大常委会委员中配备一些比较年轻、具有法治等领域实践经验的同志。中央有关部门经过反复酝酿，从一些中央国家机关、高等院校、科研院所中推荐了专职常委人选，履行法定程序后，共9位同志当选为十三届全国人大常委会委员。同时，根据本人情况和工作需要，将这些同志安排到相应的专门委员会工作。9位专职常委同志来自法律、经济、社会、环保等领域，都比较年轻，学历也都比较高，相当一部分同志具有教授、副教授、研究员、高级工程师、高级经济师等专业技术职务，具有比较扎实的专业功底和实践经验。专职常委为全国人大工作注入了新鲜血液，增添了有生力量，对于进一步做好全国人大及其常委会的工作，将发挥积极促进作用；对于推进人大组织制度和干部制度创新、加强全国人大机关建设，也具有重要意义。

配备专职常委工作的必要性、重要性，可以从三个方面来认识。第一，这是以习近平同志为核心的党中央的决策部署，是党中央为更好地坚持和完善人民代表大会制度、加强人大工作而采取的一项重要举措。第二，这是被实践证明的行之有效的做法。十届全国人大以来，专职常委制度的实践，推动了人大组织制度创新和工作水平提升，也培养了一批优秀干部。第三，这是推进人大制度和人大工作创新发展的改革举措。配备专职常委，具有改革的性质，已经有了较好的机制和做法。当然，也还需要进一步探索完善，为健全人大组织制度和工作制度积累经验、夯实基础。

十三届全国人大及其常委会已经开始履职，各专门委员会都已经开展工作。本届人大任期的五年，正处于“两个一百年”奋斗目标的历史交汇期。党的十九大描绘了实现“两个一百年”奋斗目标和中华民族伟大复兴中国梦的宏伟蓝图。以习近平同志为核心的党中央正团结带领全党全国人民，为决胜全面建成小康社会、夺取新时代中国特色社会主义伟大胜利不懈奋斗。新时代新征程新任务，给人大工作提出新的更高要求，我们要有新作为新气象新进展。

习近平总书记在十三届全国人大一次会议上发表重要讲话，开宗明义就指出：“一切国家机关工作人员，无论身居多高的职位，都必须牢记我们的共和国是中华人民共和国，始终要把人民放在心中最高的位置，始终全心全意为人民服务，始终为人民利益和幸福而努力工作。”习总书记深刻阐述了中国人民的伟大民族精神，要求以更大的力度、更实的措施做好各方面工作，进一步指明了党和国家事业前进方向。栗战书委员长在十三届全国人大一次会议上发表的讲话，围绕维护宪法尊严、履行宪法使命、保证宪法实施，作出了“四个不动摇”的鲜明宣示，提出新一届全国人大及其常委会的主要任务；在随后召开的常委会第一次会议上，阐述了做好新时代人大工作必须牢牢把握的五条重大原则，对常委会、专门委员会组成人员提出了五个方面的明确要求；3月29日，主持召开十三届全国人大专门委员会负责同志会议，就进一步发挥好专门委员会职能、做好专门委员会工作、加强专门委员会自身建设提出明确要求。我们要认真学习领会习近平总书记重要讲话精神，不断加强习近平新时代中国特色社会主义思想的理论武装，学习领会栗战书委员长讲话精神，结合人大工作实际贯彻好落实好，确保新一届全国人大常委会、各专门委员会工作开好局、起好步。

*第一，不断增强“四个意识”，始终坚持坚定正确的政治方向。*全国人大及其常委会是在党中央领导下的重要政治机关，坚持正确政治方向是关系人大工作的根本性问题，无论是在人大工作多年的同志，还是新进入人大工作的同志，都要始终把准把牢人大工作“方向盘”。我们要不断增强“四个意识”，坚决维护习近平总书记权威和核心地位，坚决维护以习近平同志为核心的党中央权威和集中统一领导，始终在思想上政治上行动上同以习近平同志为核心的党中央保持高度一致。在全国人大，增强“四个意识”、落实党中央部署，绝不是一句口号，而是实实在在的政治要求、工作任务。我们在开展人大各项工作时，要毫不动摇地坚持党的领导，首先是坚持党中央集中统一领导，要紧紧围绕党和国家工作大局谋划和推进工作，严格执行请示报告制度，坚决贯彻落实好以习近平同志为核心的党中央各项决策部署，坚决贯彻落实全面从严治党要求，不折不扣贯彻党的路线方针政策，坚决完成党中央交给我们的各项任务。在坚持党的领导、坚定不移走中国特色社会主义政治发展道路、坚持和完善人民代表大会制度这些重大原则问题上，必须坚持“严”的要求、“严”的标准，做到头脑清醒、立场坚定、旗帜鲜明，严守政治纪律和政治规矩，始终做到

坚守政治信仰、站稳政治立场、把准政治方向,始终做政治上的明白人。

第二,加强思想理论武装,不断提高自身政治站位。首先要持续深入学习贯彻习近平新时代中国特色社会主义思想,这既是重大政治任务,也是做好新时代人大工作的根本保证。习近平新时代中国特色社会主义思想是党和国家的指导思想,是推进各项事业、做好各项工作的科学指引和行动指南。我们要坚持以习近平新时代中国特色社会主义思想统领人大工作,特别是要学习好、领会好、贯彻好习近平总书记关于坚持和完善人民代表大会制度的重要思想,进一步提高做好新时代人大工作的政治站位和理论水平,增强长期坚持、不断完善人民代表大会制度的责任感使命感。人大工作的政治性、法律性、政策性、专业性、程序性都很强,涉及的内容也很广。做好人大工作,既要政治过硬,又要本领高强。我们要始终把学习摆在重要位置,在加强政治思想学习的同时,以时不我待的精神状态加紧对各方面知识的学习,不断丰富知识储备,优化知识结构,提升工作本领。要认真学习宪法、宣传宪法,带头弘扬宪法精神,维护宪法权威,捍卫宪法尊严,保证宪法实施;认真学习有关法律和议事规则,抓紧熟悉全国人大及其常委会的组织、职责和运行程序,不断深化对人大工作规律的认识,提高运用法治思维和法治方式推动工作的能力;认真学习政治、经济、文化、社会、生态文明等方面的知识,特别是要抓紧学习与工作和履职相关的专业知识,干什么学什么,缺什么补什么,努力成为适应人大工作需要的专家和多面手。

第三,加强调查研究,始终保持同人民群众的密切联系。习近平总书记指出,"人民代表大会制度之所以具有强大生命力和显著优越性,关键在于它深深植根于人民之中。"我们在全国人大常委会工作,必须坚持人民主体地位,牢固树立为人民服务的宗旨,自觉贯彻党的群众路线,从群众中来、到群众中去,一切为了人民,一切依靠人民。人大代表是人民代表大会的主体,是党和国家联系人民群众的重要桥梁。我们要充分发挥代表作用,密切联系代表,支持和保障代表依法履职。保持同人民群众、人大代表的密切联系。要大兴调查研究之风,调查研究对人大工作来讲,不仅是基本工作方法,更是法定的工作职责。要紧扣党中央决策部署,紧扣人民群众关注的问题,紧扣人大立法和监督工作,深入基层、深入实践开展调研,及时掌握新情况、新问题、新变化,把人民群众的意见反映上来,把人民群众的智慧集中起来,提出高质量的意见、建议,推动解决实际问题。开展调查研究,提出议案和建议,审议议案报告,都要坚持以人民为中心,从全体人民的根本利益、长远利益、整体利益出发,从全局和大局出发,不能凭个人好恶来表达意见,更不能在工作中掺杂个人利益。

第四,加强团结协作,齐心协力做好全国人大常委会和专委会各项工作。人大工作是一个统一的整体,大量工作涉及不同部门,需要各方面加强团结协作,共同完成好党和人民交给我们的工作任务。希望各位专职常委同志珍惜为党和人民工作的机会,不断增强责任感和使命感,自觉接受全国人大常委会党组织的领导,依法履行职责,落实好全面从严治党要求。工作中,要注意加强同其他常委会委员、专门委员会组成人员之间的团结协作,相互支持、相互尊重、相互配合;要注意向其他同志虚心学习,学习他们的经验、知识、作风。还要注意加强与专门委员会办事机构,以及全国人大机关各部门之间的沟通协调,形成合力把工作做好。全国人大机关党组和有关专门委员会要关心专职常委,给他们交任务、压担子,多安排专职常委参加有关工作和活动,充分发挥专职常委的聪明才智和积极作用。

第五,加强作风建设,始终作忠诚干净担当的表率。作为全国人大常委会委员、专门委员会委员,使命光荣、责任重大。包括专职常委在内的每一位委员同志,都要牢记自己的职责和使命,保持良好的精神状态,自觉发挥在作风建设方面的"头雁"作用,恪尽职守、甘于奉献,开拓创新、担当进取,求真务实、严谨细致,忠实履行好宪法和法律赋予的各项职责。要自觉增强纪律意识和规矩意识,坚持严于律己、以身作则,按制度办事、按程序办事,严格贯彻中央八项规定和实施细则要求,坚决反对"四风",落实好廉洁从政规定,坚守底线、追求高标准,自觉作廉洁自律的表率,作严肃党内政治生活的表率,永葆清正廉洁的政治本色。要严格遵守会议纪律和请假制度,积极参加常委会、专门委员会会议,参加常委会、专门委员会组织的执法检查等活动。希望每位专职常委都能在工作和生活中严格要求自己,从迈开人大工作的第一步开始,就把道路走正走好,真正做到行稳致远。

党和人民选择我们到全国人大来工作,是对我们极大的信任和重托。我们要本着对党和人民事业高度负责的态度,不忘初心、牢记使命,全身心投入人大工作,以奋发有为的精神状态、昂扬向上的工作热情、严谨细致的工作作风，认真做好各项工作，不断提高工作质量和水平，为长期坚持、不断完善人民代表大会制度，为决胜全面建成小康社会、夺取新时代中国特色社会主义伟大胜利作出应有的贡献。

在法工委处级以上干部会议上的讲话

（2018 年 4 月 28 日）

王　晨

同志们：

今年 3 月召开的十三届全国人大一次会议，在以习近平同志为核心的党中央坚强领导下，在各方面的共同努力下，圆满顺利完成了各项预定议程和任务，取得了一系列丰硕成果。大会高票通过宪法修正案和监察法，标志着党中央交给全国人大的两项重大政治任务和重大立法任务圆满完成。法制工作委员会、大会秘书处法案组为大会审议通过两项重要法律案作了大量艰巨繁重、卓有成效的具体工作，功不可没。在这里，我代表栗战书委员长和全国人大常委会党组来看望大家，向法工委全体同志表示衷心的感谢！

十三届全国人大常委会已经开始履行职责。栗战书委员长在十三届全国人大一次会议、十三届全国人大常委会第一次会议、常委会党组会议和委员长会议、深入学习宣传和贯彻实施宪法座谈会、全国人大专门委员会负责同志会议上，都作了重要讲话，讲话充分体现了习近平新时代中国特色社会主义思想和党的十九大精神，对做好新一届全国人大及其常委会工作、做好全国人大机关工作提出了明确的原则和要求，我们要认真学习领会、全面贯彻落实。

按照常委会党组和委员长会议确定的分工，我联系全国人大宪法和法律委员会、外事委员会，主要涉及立法工作和对外交往工作。大会期间，宪法和法律委员会举行第一次全体会议，我参加会议并就如何做好宪法和法律委员会组成后的工作提出要求。大会闭幕后，我一直希望找时间同法工委的同志们开个座谈会。十二届全国人大期间，我担任常委会副委员长兼秘书长，2015 年 6 月后兼任机关党组书记，同法工委的同志们有过很多工作接触和交流，不论是法工委的工作成果还是领导班子、干部队伍，都给我留下了深刻印象。2013 年和 2014 年，我连续两年参加法工委分别在西安和上海举办的全国地方立法工作研讨会。2016 年 12 月，围绕巡视整改工作，我到法工委听取情况汇报并作讲话。2017 年 4 月，就法工委主要负责同志职务调整事项，我受全国人大常委会党组委托到法工委主持工作交接。这一次来和大家座谈，主要是想就如何贯彻落实党中央部署要求和栗战书委员长讲话精神、进一步做好立法工作，对法工委提一些希望和要求。

过去的五年，在以习近平同志为核心的党中央坚强领导下，全国人大常委会全面贯彻党的十八大、十九大和历次中央全会精神，深入学习贯彻习近平新时代中国特色社会主义思想，紧紧围绕统筹推进“五位一体”总体布局和协调推进“四个全面”战略布局，认真履行宪法法律赋予的职责，全面开创人大工作新局面，推动人大制度完善发展，人大工作取得历史性成就，为做好新一届常委会工作提供了宝贵经验。

法工委作为全国人大常委会法制方面的工作机构，是全国人大及其常委会履行立法职责的重要工作团队和依托力量。在整个全国人大机关，法工委处在立法工作第一线，直接担负着为全国人大及其常委会行使国家立法权当好参谋助手、提供服务保障的重要职责，在全面依法治国、建设社会主义法治国家中发挥着积极作用，使命光荣、责任重大。法工委这支队伍是彭真、习仲勋、彭冲、王汉斌等老一辈领导人一手带出来的，历来有讲政治、打硬仗、“甘做苦力班子”的光荣传统和优良作风，是党中央和常委会党组十分重视和信赖、经常委以重任的立法工作力量。

党的十八大以来，面对日益繁重艰巨的立法工作任务，法工委在全国人大常委会党组和机关党组的领导下，坚决维护习近平总书记在党中央和全党的核心地位，坚决维护以习近平同志为核心的党中央权威和集中统一领导，不折不扣贯彻党中央重大决策部署，坚持正确政治方向，认真履职尽责，积极开展工作，在拟订立法规划计划、起草法律草案，做好审议服务、凝聚立法共识，完善立法工作机制和程序，推进科学立法、民主立法、依法立法等方面，做了大量扎实有效的工作。特别是在健全保证宪法实施的法律制度、加快国家安全法治建设、积极推进编纂民法典、加强社会主义市场经济立法等系列立法工作方面，在开展国家监察体制改革试点、妥善处理辽宁拉票贿选案有关问题、加强备案审查工作等大事要事上，不畏难、敢担当、善作为，为全国人大及其常委会行使职权、履行职责奠定了坚实的工作基础，提供了有效的服务保障。

在一个多月前召开的十三届全国人大一次会议上，大会秘书处各大组同志全力以赴投入大会工作，直接参与和见证了许多大事要事。在一次大会上，同时审议通过宪法修正案和监察法两项重要法律案，这在全国人大会议历史上是多年不曾有过的。遇到这种情况，可以说赶上了一次难得的工作机会；同时，也确实有很大压力和挑战。习近平总书记对开好大会高度重视，专门作出重要指示。十九届二中全会专门研究宪法修改，作出决策部署、提出明确要求。法工委、大会秘书处法案组的同志们对党忠诚、政治坚定，敢于担当、甘于奉献，顽强拼搏、连续作战，有不少同志特别是国家法室的一些同志连续数月紧张工作，按照目标要求、路线图、时间表和保密纪律，高质量地完成了各项任务，创造出新的工作先例和宝贵经验，表现出很高的政治素质、扎实的业务能力和昂扬的精神风貌，为大会圆满完成两项重大任务作出了贡献。

除立法工作外，法工委在人大选举工作、监督工作、对外交往、法律宣传、联系指导地方人大开展立法工作等方面，也做了大量工作，发挥了重要作用。在机关党的建设方面，贯彻全面从严治党要求，坚持以政治建设为统领，坚持立法工作和党建工作两手抓、两促进，探索创新示范和优秀支部工作法等先进经验，走在了机关党建工作前列。

五年来，全国人大及其常委会制定法律 25 部，修改法律 127 件次，通过有关法律问题和重大问题的决定 46 件次，作出法律解释 9 件，立法工作呈现出“数量多、分量重、节奏快、效果好”的特点。这是党中央坚强领导、常委会党组直接指导的结果。从工作层面来说，这与法工委的努力、付出和贡献是分不开的。常委会党组对法工委的工作是充分肯定的，对法工委领导班子和干部队伍建设是非常关心的。今年 1 月，张德江委员长和常委会其他领导同志在法工委五年工作总结报告上作了批示，给予热情鼓励和鞭策，希望再接再厉，不断取得新成绩、作出新贡献。

面向未来，新时代坚持和发展中国特色社会主义对人大工作、对立法工作提出了许多新要求，各方面的立法需求和期待很多。这是重视法治建设和立法工作的好现象、好趋势，同时也意味着全国人大及其常委会的立法任务将更加艰巨，法工委的工作担子更重了、责任更重了。因此，今天就同大家一起分析立法工作面临的形势，思考如何做好新时代立法工作特别是新一届全国人大常委会开局之年的立法工作、如何加强法工委队伍建设等问题，以便使我们的工作和队伍不断适应新形势新任务新要求，能够更好完成任务、更好发挥作用。

一、以习近平新时代中国特色社会主义思想为引领，充分认识新时代人大立法工作面临的新形势新任务新要求，切实增强责任感、使命感

党的十九大确立了习近平新时代中国特色社会主义思想的历史地位，提出了决胜全面建成小康社会、开启全面建设社会主义现代化国家新征程的奋斗目标。党的十九大报告在论述习近平新时代中国特色社会主义思想内涵、新时代坚持和发展中国特色社会主义基本方略、“两个一百年”奋斗目标任务以及各方面工作部署中，把法治提升到前所未有的战略高度、摆在前所未有的突出地位。报告明确提出成立中央全面依法治国领导机构，加强对法治中国建设的统一领导。对加强立法工作提出了许多新要求：包括完善以宪法为核心的中国特色社会主义法律体系；发挥人大及其常委会在立法工作中的主导作用；推进科学立法、民主立法、依法立法，以良法促进发展、保障善治；提出要加强宪法实施和监督，推进合宪性审查工作，维护宪法权威。我们要深刻认识到，新时代坚持和发展中国特色社会主义、“五位一体”总体布局、“四个全面”战略布局、国家治理体系和治理能力现代化以及各方面事业和工作的全面发展、深入推进，已经并将继续给人大工作特别是立法工作提出新的更高要求，这是时代发展、事业发展、实践发展的客观要求。

今年 1 月召开的党的十九届二中全会，专门研究宪法修改问题。习近平总书记在全会上作了重要讲话，会议审议通过了《中共中央关于修改宪法部分内容的建议》。这充分体现了以习近平同志为核心的党中央对宪法修改的高度重视，充分体现了

对依法治国、依宪治国的高度重视。3月11日，十三届全国人大一次会议通过了《中华人民共和国宪法修正案》。这次宪法修改，把党的十九大确定的重大理论观点和重大方针政策特别是习近平新时代中国特色社会主义思想载入国家根本法，体现党和国家事业发展新成就新经验新要求，在总体保持我国宪法连续性、稳定性、权威性的基础上推动宪法与时俱进、完善发展，为新时代坚持和发展中国特色社会主义、实现"两个一百年"奋斗目标和中华民族伟大复兴的中国梦提供有力宪法保障。党的十九届二中全会和不久前印发的《中共中央关于深入学习宣传和贯彻实施〈中华人民共和国宪法〉的意见》，要求以这次宪法修改为契机，深入推进科学立法、严格执法、公正司法、全民守法，坚持有法可依、有法必依、执法必严、违法必究，把依法治国、依宪治国工作提高到一个新水平。这对人大工作特别是立法工作提出了新的更高要求。

党的十九届三中全会审议通过了《中共中央关于深化党和国家机构改革的决定》和《深化党和国家机构改革方案》。十三届全国人大一次会议审议批准了《国务院机构改革方案》。深化党和国家机构改革，涉及机构名称变化、职责任务、体制机制等一系列调整变化，其中有许多内容涉及法律规定，需要制定或者修改有关法律，从法治上确保机构改革顺利进行，确保有关机构依法行使职权、履行职责、开展工作。全国人大常委会既要保证在国家机构改革过渡期按照"先立后破，不立不破"的要求，统筹解决好相关法律的调整适用和有效衔接，确保相关机构依法履职"不间断、无空挡"，同时又要根据机构改革的要求抓紧制定或者修改相关法律，确保在法治轨道上推进各项事业和各项工作。全国人大自身也有机构改革事项，即：增加一个专门委员会，为"社会建设委员会"；将"内务司法委员会"更名为"监察和司法委员会"；将"法律委员会"更名为"宪法和法律委员会"。落实党的十九届三中全会精神，十三届全国人大一次会议通过的宪法修正案，将宪法第70条中规定的"法律委员会"修改为"宪法和法律委员会"。设立全国人大宪法和法律委员会，这在全国人大历史上是第一次，具有重要意义。看上去只是变更了一个名称，实际上赋予了深刻的内涵。按照党的十九届三中全会通过的《党和国家机构改革方案》的精神，全国人大宪法和法律委员会在继续承担统一审议法律草案工作的基础上，增加推动宪法实施、开展宪法解释、推进合宪性审查、加强宪法监督、配合宪法宣传等职责。今后，宪法和法律委员会如何履行相关工作职责，如何加强和改进全国人大宪法方面的工作，这是十三届全国人大常委会面临的一个新课题。我们要按照习近平总书记在党的十九届二中全会上的重要讲话精神和党中央的有关决策部署，按照栗战书委员长讲话精神，逐步探索、总结、推进和提高。

中国特色社会主义进入新时代，党和国家事业将创造新辉煌，我国法治建设将续写新篇章。习近平总书记指出，"随着中国特色社会主义事业不断发展，法治建设将承载更多使命、发挥更为重要的作用。"这就深刻地指明了我国法治建设的发展趋势和方向，意味着立法工作只能加强、不能削弱，只能发展、不能停步。今后五年，落实党的十九大确定的一系列改革发展稳定任务、党的十八届三中和四中全会改革举措需要继续完成的立法任务、十九届三中全会提出的深化党和国家机构改革相关立法修法任务等，都将成为立法工作的重中之重。我们要以习近平新时代中国特色社会主义思想为指导，积极适应新时代坚持和发展中国特色社会主义的新形势新任务新要求，不忘初心、牢记使命，奋发有为、不辱使命，以时不我待、只争朝夕的精神状态在立法工作中取得新成绩、夺取新胜利。

二、法工委作为全国人大常委会的立法参谋助手和服务保障工作团队，要在完成新任务、担当新使命、开创新局面中发挥重要作用

习近平总书记指出，"今天，摆在我们面前的一项重大历史任务，就是推动中国特色社会主义制度更加成熟更加定型，为党和国家事业发展、为人民幸福安康、为社会和谐稳定、为国家长治久安提供一整套更完备、更稳定、更管用的制度体系。"栗战书委员长在十三届全国人大常委会第一次会议上强调，本届全国人大及其常委会，要在以习近平同志为核心的党中央坚强领导下，深入学习贯彻习近平新时代中国特色社会主义思想，坚持以这一根本指导思想统领人大工作。栗战书委员长还强调，做好新时代人大工作，根本在于习近平新时代中国特色社会主义思想的科学指引，根本在于以习近平同志为核心的党中央的坚强领导，根本在于坚持走中国特色社会主义政治发展道路，根本在于长期坚持、不断完善人民代表大会制度，根本在于坚持党的领导、人民当家作主、依法治国有机统一。

2018年是全面贯彻党的十九大精神的开局之年，也是十三届全国人大及其常委会依法履职的第一年。委员长会议通过了全国人大常委会2018年工作要点和立法、监督两个工作计划，对2018年的常委会工作作出全面部署和安排。我们要按照“一个要点、两个计划”，把本届常委会开局之年的任务特别是立法任务完成好。关于立法工作，这里强调几个重点方面。

一是坚决贯彻落实党中央关于立法工作的决策部署。坚持党对立法工作的全面领导，确保完成党中央确定的重要立法项目和工作任务。今年党中央确定的重大立法事项有十多项，都同全国人大的立法工作有关，这是今年立法工作的重中之重。党中央在全面深化改革、坚持社会主义核心价值观、乡村振兴战略、网络安全和信息化、产权保护等方面还提出不少新的立法任务和要求。我们要牢固树立“四个意识”，坚持突出重点、统筹兼顾，着力提高立法质量，认真做好向党中央请示报告工作，以立法工作的实际行动和成果交出一份让党和人民满意的答卷。

二是积极推进、及早完成与深化党和国家机构改革有关的修法任务。深化党和国家机构改革同立法工作紧密相连，需要对现行法律的有关规定作出相应的修改完善。初步分析，机构改革事项涉及法律规定的数量多、内容多、情况各异，且改革到位还有一个过程，要在短时间内完成所有的修法工作，客观上是难以一下子做到的。因此，4月召开的常委会第二次会议，先由全国人大常委会作出一个决定，以解当前工作之急需。“决定”明确：现行法律规定的行政机关职责和工作，《国务院机构改革方案》确定由组建后的行政机关或者划入职责的行政机关承担的，在有关法律规定尚未修改之前，调整适用有关法律规定，由组建后的行政机关或者划入职责的行政机关承担；相关职责尚未调整到位之前，由原承担该职责和工作的行政机关继续承担。地方各级行政机关承担法律规定的职责和工作需要进行调整的，按照上述原则执行。这个决定解了“燃眉之急”，是有力、有效的，但仍是过渡性措施，下一步还需要按照深化党和国家机构改革的精神和要求把有关法律规定修改好、完善好，做到严格依法行政、依法办事。在十三届全国人大常委会第二次会议上，国务院提出了一个“打包”修法的议案，常委会经审议通过了关于修改国境卫生检疫法等6部法律的决定。下一步，还将有若干次“打包”修法、可能涉及几十部法律的任务。机构改革修法工作将是一个持续动态的过程，这是今年立法工作一个重点方向，需要抓紧推进。

三是抓紧制定十三届全国人大常委会立法规划。制定立法规划计划，是党中央加强对立法工作领导的重要形式，也是全国人大常委会在党中央领导下发挥好立法工作主导作用的重要抓手。近年来，各个方面提出了许多立法项目和立法需求，包括立改废释项目和由常委会作出相关决定等事项。对这些项目和工作，我们要从党和国家事业全局出发，紧密结合法治建设实际，通盘考虑，认真研究，科学论证，集思广益，在此基础上提出本届常委会立法规划，明确未来五年立法工作的思路原则、项目任务和责任单位，提出贯彻落实立法规划的要求。制定立法规划是今年常委会工作和法工委工作中的一项重点任务，需要抓紧工作、及早提出和推进。

四是抓紧做好民法典编纂立法工作。编纂民法典，是党的十八届四中全会提出的重要任务，是一项工作量很大的立法项目。2017年3月，十二届全国人大五次会议审议通过了民法总则，民法典编纂立法工作取得重要阶段性成果。按照党中央确定的“两步走”工作方案，常委会及时启动民法典各分编的编纂立法工作，这项任务也已经列入全国人大常委会2018年工作要点和立法工作计划。目前，工作总体进展良好，已经形成征求意见稿，正在征求各方面意见。法工委提出的工作时间表是2018年8月将草案整体提请常委会审议；之后，分拆几个单元在今年和明年的常委会会议上进行若干次审议；工作目标是要在2020年的大会审议通过。希望同志们坚定信心、再接再厉，兢兢业业、扎扎实实，努力完成好编纂民法典这一在法治中国建设中具有重大标志意义的立法任务。

三、以党的政治建设为统领，全面加强法工委自身建设，建设政治强、业务精、作风硬、品德好的新时代立法干部队伍和人才队伍

伟大的斗争，宏伟的事业，需要高素质的干部。全国人大机关的立法工作力量主要集中在法工委，这支队伍人数多、任务重，各方期待也很高。常委会审议和通过的法律，作出的有关法律问题和重大问题的决定，基础怎样、质量怎样、效果怎样，在相当程度上取决于法工委的工作状况，取决于法工委

干部的能力水平。面对党和国家立法事业的不断推进和发展，面对新时代日益繁重的立法工作任务，要把加强法工委队伍建设作为百年大计，坚持立足当前、着眼长远，加强谋划、持续推进，树立正确导向、注重实践锻炼，积极创造条件，促进形成人才辈出的良好局面。做好立法工作，加强队伍建设，需要着重抓好以下几个方面。

（一）坚持以习近平新时代中国特色社会主义思想指导立法工作。党的十八大以来，习近平总书记围绕全面依法治国、建设社会主义法治国家，提出一系列新理念新思想新战略，拓展了中国特色社会主义法治道路和中国特色社会主义法治体系的科学内涵、基本特征和本质要求，丰富和发展了中国特色社会主义法治理论，具有很强的思想性、战略性、前瞻性、指导性。法治思想是习近平新时代中国特色社会主义思想的重要组成部分，为新时代立法工作提供了科学理论指引和行动指南。我们要深入学习贯彻习近平总书记关于全面依法治国特别是关于立法工作的一系列重要论述，不断提高理论武装水平，强化政治担当，增强政治定力，自觉在思想上政治上行动上同以习近平同志为核心的党中央保持高度一致。始终坚持用习近平新时代中国特色社会主义思想指导立法实践、推动立法工作，在破解立法难题时，要从习近平新时代中国特色社会主义思想中找立场、找方法、找答案，不断增强立法工作的方向性、原则性、时代性和针对性。

（二）坚决维护以习近平同志为核心的党中央权威和集中统一领导，把坚持党中央集中统一领导贯彻于立法工作全过程和各方面。这是立法工作必须遵循的重大政治原则，也是我国立法工作的基本规律。坚持党对立法工作的领导，就是要把坚持和贯彻党中央对立法工作的集中统一领导作为立法工作第一要务和根本要求，贯彻到立法工作全过程和各方面。全国人大及其常委会首先是政治机关，立法活动是国家重要的政治活动，政治属性是立法工作第一属性。必须牢固树立"四个意识"，坚定"四个自信"，做到"四个服从"。必须在立法工作中不折不扣贯彻党中央重大决策部署。认真学习、深刻领会党中央推进各领域各方面事业和工作的精神并贯彻落实到立法工作中，确保党的主张通过法定程序成为国家意志，成为全社会一体遵循的行为规范和活动准则。必须严格执行请示报告制度。人大工作中重大立法项目和重要立法工作，有关专门委员会、常委会工作机构要及时向常委会党组请示报告，由常委会党组向党中央请示报告。法工委要做好与之相关的工作。

（三）全面增强立法工作本领，不断提高当好参谋助手、做好服务保障的质量和水平。习近平总书记指出，立法是为国家定规矩、为社会定方圆的神圣工作，立法人员必须具有很高的思想政治素质，具备遵循规律、发扬民主、加强协调、凝聚共识的能力。我学习理解，习近平总书记对立法人员提出了三个方面的能力要求。一是坚定政治立场和政治方向的能力。思想政治素质高，就是要有坚定的理想信念、正确的政治立场、扎实的理论水平，始终坚持立法工作正确政治方向。二是认识和把握立法规律的能力。提高立法质量，很重要的一点是遵循和体现规律的要求。法律所规范调整的经济社会关系是客观的，有其内在规律性。认识和把握规律的重要途径是加强调查研究。立法调研不仅要了解真实情况，更重要的是进行研究，从个别到一般，透过现象看本质，提出方案，作出决策，解决问题。这样才能使制定出来的法律符合规律，经得起实践和历史的检验。三是协调和处理不同意见的能力。利益多元化，立法诉求是多方面的，经常遇到不同意见。协调和处理好各方面的意见，必须坚持科学立法、民主立法、依法立法，坚持广开言路、兼听则明，努力寻求最大公约数。要充分尊重常委会组成人员的意见，广泛听取各方面意见，善于协调平衡处理各种利益关系，切实维护最广大人民的根本利益。

（四）贯彻落实全面从严治党要求，为做好立法工作提供坚强政治保证。法工委领导班子要切实担负起管党治党政治责任，把法工委这支队伍建设好。必须坚持把党的政治建设摆在党的建设首位。坚持政治属性是立法工作第一属性的定位，做到信念过硬、政治过硬、责任过硬、能力过硬、作风过硬。持之以恒加强学习，善于学习。法工委的同志们要积极适应新形势新要求，主动研究新情况新问题，努力成为新时代立法工作和本职岗位的"行家里手"。要落实全面从严治党"两个责任"。扎实推进"两学一做"学习教育常态化制度化，深入开展"不忘初心、牢记使命"主题教育，严守政治纪律和政治规矩，自觉做政治上的"明白人"。抓住"关键少数"，加强领导班子自身建设，法工委各级领导干部要认真履行第一责任人职责和"一岗双责"，以身作则，严以律己，率先垂范，抓好工作带好队伍。要吸取以往个别干部出问题的教训，持之以恒正风肃纪，营造风清气正的干事创业环境。要大力倡导和弘扬"甘做苦力班子"的优良传统、"坚定奉献团结严谨”的工作作风、“精细精准”的工匠精神。以对人民负责、对法律负责、对历史负责的严肃态度和敬畏之心,崇尚实干、一丝不苟,甘于寂寞、甘居幕后,勇于担当、不辱使命,不断提高打造法律精品的能力和水平。

法工委这支队伍,有几个特点给我留下较深的印象。一是全局高度,对党、对人民、对国家高度负责和敢于担当;二是专家造诣,有相当专业、比较深厚的功底和素养;三是工匠品格,严谨细致、一丝不苟、精益求精;四是奉献精神,吃苦耐劳、不求名利、无怨无悔。希望同志们继续发扬光大。同时还要积极适应新形势新要求。比如做好新时代立法工作,必须加强立法宣传工作。甘居幕后、甘做无名英雄的精神是宝贵的,应当充分肯定;同时,还要敢讲、会讲,善于发声,学会运用新媒体,积极主动引导舆论舆情,讲好中国故事、中国人大故事、中国立法故事,把党中央高度重视和大力推进法治建设的新成就、把全国人大及其常委会加强立法工作的新成果更多更好地展现出来、传播出去。

要进一步加强立法工作人才队伍建设,创新人才成长机制,着力培养一批国家级立法工作领军人才、骨干人才和专业人才。常委会党组和机关党组一直高度重视法工委干部队伍和人才队伍建设。今后将一如既往地重视和支持立法工作队伍和人才队伍建设。要贯彻党管干部、党管人才原则,坚持德才兼备、以德为先,按照信念坚定、为民服务、勤政务实、敢于担当、清正廉洁的好干部标准,深入研究立法工作队伍、人才队伍建设的特点和需求,支持法工委加强领导班子建设、干部队伍和人才队伍建设,为做好新时代立法工作、加快建设社会主义法治国家提供有力的组织保障和人才支撑。

同志们!十三届全国人大及其常委会的立法工作已经开局,让我们更加紧密地团结在以习近平同志为核心的党中央周围,以习近平新时代中国特色社会主义思想为指引,牢牢把握新时代立法工作的新机遇,弘扬奋斗精神,激发奋进力量,为开创新时代立法工作新局面作出更大贡献!

全面推进建立和实施国有资产管理情况的报告制度

——在全国人大财经委、全国人大常委会预工委、财政部举办的国有资产管理情况报告制度座谈会上的讲话

(2018 年 5 月 7 日)

王　晨

同志们:

今天,我们在河北省石家庄市召开建立政府向本级人大常委会报告国有资产管理情况制度座谈会,会议的主题是:深入学习领会习近平总书记重要指示和中共中央《关于建立国务院向全国人大常委会报告国有资产管理情况制度的意见》(以下简称《意见》)精神,深入贯彻落实十三届全国人大一次会议和栗战书委员长批示精神,交流经验,部署工作,推动地方建立政府向本级人大常委会报告国有资产管理情况的制度,全面推进建立和实施国有资产管理情况的报告制度。

习近平总书记高度重视建立国有资产管理情况报告制度,在十九届中央全面深化改革领导小组第一次会议审议《意见》时发表重要讲话,确定了《意见》的主要精神和重要原则。2017 年 12 月,中共中央印发《意见》,部署建立国务院向全国人大常委会报告国有资产管理情况制度。这是贯彻落实党的十八届三中全会“加强人大预算决算审查监督、国有资产监督职能”要求的重要改革举措,是以习近平同志为核心的党中央加强人大国有资产监督职能的重要决策部署。《意见》全面贯彻党的十九大精神,以习近平新时代中国特色社会主义思想为指导,坚持党的领导、人民当家作主、依法治国有机统一,对国务院报告国有资产管理情况的报告方式、报告框架、报告重点,全国人大常委会的审议程序、审议重点、组织保障等作出了具体部署,对地方建立政府向本级人大常委会报告国有资产管理情况制度也提出了明确要求。

栗战书委员长十分重视和关心国有资产管理情况报告制度工作,刚才徐绍史主任委员传达了栗委员长专门就贯彻实施《意见》所作出的重要批示。批示要求各级人大及其常委会要以习近平新时代

中国特色社会主义思想为指导，认真贯彻落实这一制度，建立起多层次多角度、既相互分工又有机衔接的人大国有资产报告和监督机制；要坚持依法报告、依法监督，坚持从实际出发，着力解决国有资产底数不清、人大监督所需信息不够充分等突出问题；要健全组织制度和工作制度，衔接预算决算审查监督特别是国有资本经营预算决算、部门预算决算审查监督，精心组织审议，及时总结完善经验，不断推进国有资产管理情况报告的规范化程序化。

这次会议是一次学习《意见》的会议，我们要认真学习习近平总书记的重要指示精神，学习栗战书委员长的重要批示精神，深入学习和准确把握《意见》的要求；这次会议也是一次交流经验的会议，部分先行建立国有资产管理情况报告制度并开展工作的地方人大和政府将介绍工作经验和有益做法，进行交流探讨；这次会议还是一次部署工作的会议，我们将研究部署地方建立国有资产管理情况报告制度工作，明确时间表、路线图和相关要求。下面，我讲三点意见。

一、充分认识建立国务院向全国人大常委会报告国有资产管理情况制度的重大意义

建立国务院向全国人大常委会报告国有资产管理情况的制度，是党中央关于国有资产管理和治理的基础性制度安排，是推进国家治理体系和治理能力现代化的重要举措，对于管好用好国有资产，更好发挥国有资产效益、造福人民，对于建设和发展新时代中国特色社会主义，具有重大的现实意义和深远的历史意义。

（一）建立国有资产管理情况报告制度，是党中央推进国有资产管理体制改革、实现国有资产治理现代化的重大举措

我国是公有制为主体的社会主义国家，国有企业是中国特色社会主义的重要物质基础和政治基础，国有资产在推动经济社会发展、保障和改善民生、保护生态环境等方面发挥着重要作用。党的十八大以来，我国在国有资产管理改革方面取得了新的重大成就，国有资产规模和效益得到了进一步提升。但同时我们也要看到，国有资产管理还存在底数不够清楚、管理比较分散、权责利不对称等突出问题，国有资产绩效还不高，损失、浪费现象仍然不少，国有资产人为流失时有发生。加强和完善国有资产管理，保护国有资产权益，合理配置和有效利用国有资产，提高经济和社会效益，对于促进国民经济持续稳定协调发展，实现"两个一百年"奋斗目标、实现中华民族伟大复兴的中国梦，都具有重大意义。

建立国务院向全国人大常委会报告国有资产管理情况的制度，是加强党对经济工作集中统一领导的内在要求，是习近平新时代中国特色社会主义经济思想在国资领域的重要体现。《意见》立足于党的十八届三中全会提出的全面深化改革的总目标，即完善和发展中国特色社会主义制度，推进国家治理体系和治理能力现代化，通过深化国有资产管理改革，实现全部国有资产统一报告，提升国有资产治理能力。《意见》从解决国有资产底数不够清楚入手，通过具体制度的设计建立起国有资产一本完整账、向人民提交一本明白账。这有利于促进政府更好地改进国有资产管理，完善国有资产管理体制，解决国有资产管理比较分散、难以完整准确掌握各类国有资产总体情况的问题；有利于推进完善国有资产统计制度和会计制度，建立全口径国有资产数据库等国有资产治理的基础性工作，解决国有资产统计制度、会计制度不够规范等问题；有利于提高政府国有资产管理能力，让国有资产更好地服务国家战略目标，提高国有资产的经济社会效益。

（二）建立国有资产管理情况报告制度，是党中央加强人大国有资产监督职能、充分发挥人民代表大会制度根本政治制度作用的重大决策部署

我国宪法和法律规定，国务院代表国家行使国有资产所有权并负有管理职责。全国人大常委会行使监督国务院工作的职权；国务院在全国人民代表大会闭会期间，对全国人大常委会负责并报告工作。党的十八大以来，以习近平同志为核心的党中央高度重视发挥人民代表大会制度这一根本政治制度的作用，高度重视有效发挥人大监督职能，对人大工作特别是监督工作提出了许多新的更高的要求。在党中央集中统一领导下，国务院向全国人大常委会报告国有资产管理情况工作取得了积极进展。全国人大常委会听取国务院关于国有企业改革和国有资产管理等专项工作报告，对推动政府改进国有企业和国有资产管理发挥了重要作用。但也要看到，向人大报告国有资产管理情况还没有形成系统规范的制度，内容覆盖不够完整，报告的主要是国资委所管理企业的国有资产管理情况，还没有完全覆盖其他企业国有资产，例如国有金融企业、国有企业境外资产情况等；行政事业性国有资

产、自然资源类国有资产管理情况,没有纳入报告范畴。国有资产管理情况报告的程序也不够规范,人大国有资产监督所需信息不够充分、监督不够有力、职能发挥还不够充分,亟待从制度上加以完善。

党的十八届三中全会提出,“加强人大预算决算审查监督、国有资产监督职能。”2014 年,中共中央办公厅和国务院办公厅印发贯彻落实党的十八届三中全会决定重要举措分工方案,将“建立国务院向全国人大常委会报告国有资产管理情况制度”作为“加强人大预算决算审查监督、国有资产监督职能”的一项重要改革举措,列为第 146 项。从十八届三中全会以来,一直将其作为改革项目不断推进。

建立国务院向全国人大常委会报告国有资产管理情况的制度,是发挥人民代表大会制度根本政治制度作用的重要制度设计,是落实宪法规定的人大监督权的重要形式,是实现人大国有资产监督制度化、规范化的重要改革举措。建立国有资产管理情况报告制度,有利于解决长期以来人大对国有资产监督缺乏科学化系统化制度安排,监督所需信息不够充分等突出问题。建立国有资产管理情况报告制度也对完善国有资产管理和监督法律制度提出了要求,有利于推动国有资产相关立法,健全国有资产管理和监督法律制度。

(三)建立国有资产管理情况报告制度,是党中央坚持人民当家作主、落实以人民为中心的发展思想的重要体现

国有资产属于国家所有即全民所有,是全体人民共同的宝贵财富。通过人大加强对国有资产管理情况的监督,拓宽了人民群众全面了解、有序参与国有资产管理事务的渠道。

党的十八大以来,以习近平同志为核心的党中央坚持以人民为中心的发展思想,强调不忘初心、牢记使命。建立国务院向全国人大常委会报告国有资产管理情况制度,就是从深入贯彻以人民为中心的发展思想出发,是实现人民当家作主宪法原则在国有资产管理事务方面的具体体现,是保障人民当家作主制度设计的重要组成部分。《意见》关于向人大报告全口径国有资产的“明白账”、关于推进公开透明等要求,有利于保障人民对国有资产管理情况的知情权、参与权,有利于让国有资产管理在阳光下运行,使国有资产更好地服务发展、造福人民,有利于维护和实现人民的共同利益,增强对国有资产的信任,厚植对党、对国家、对中国特色社会主义制度的自信。

二、准确把握贯彻实施《意见》的基本要求

中国特色社会主义进入了新时代,进一步做好人大工作,根本在于习近平新时代中国特色社会主义思想的科学指引,根本在于以习近平同志为核心的党中央的坚强领导,根本在于坚持走中国特色社会主义政治发展道路,根本在于长期坚持、不断完善人民代表大会制度,根本在于坚持党的领导、人民当家作主、依法治国有机统一。各级人大及其常委会在贯彻实施《意见》过程中,要牢牢把握以上“五个根本”,准确把握以下基本要求:

(一)坚持党的领导

党的十八大以来,以习近平同志为核心的党中央全面加强和改善党对人大工作的领导,不断推进人大制度和人大工作完善发展。建立国务院向全国人大常委会报告国有资产管理情况制度,国务院的报告工作,全国人大常委会的审议和监督工作,都要始终在党中央集中统一领导下进行。必须旗帜鲜明讲政治,切实增强“四个意识”,始终在政治立场、政治方向、政治原则、政治道路上同以习近平同志为核心的党中央保持高度一致,把维护习近平总书记核心地位和权威、维护以习近平同志为核心的党中央权威和集中统一领导摆在首要位置,自觉在以习近平同志为核心的党中央集中统一领导下履行职责、开展工作。

要紧紧围绕统筹推进“五位一体”总体布局、协调推进“四个全面”战略布局,坚持把国有资产管理情况报告和监督工作放到党和国家工作大局中来谋划和推进。必须严格执行请示报告制度,各级人大常委会要严肃认真向党中央或同级党委报告贯彻落实《意见》开展相关工作的情况,确保党中央关于国有资产的重大决策部署得到有效贯彻落实。

(二)坚持依法治国

党的十八大以来,以习近平同志为核心的党中央把依法治国纳入“四个全面”战略布局,摆在更加突出的位置。建立国务院向全国人大常委会报告国有资产管理情况的制度,旨在实现报告工作和审议监督工作的规范化程序化。因此,贯彻落实《意见》,必须坚持依法报告、依法监督。各级人大及其常委会要做到正确监督,正确认识人大职权的性质和范围,牢牢把握“依法”二字,坚持“依照法定职责、限于法定范围、遵循法定程序”的原则。严格按照宪法和地方各级人民代表大会和地方各级人民

政府组织法、监督法、预算法、企业国有资产法等法律关于监督职权的规定，严格按照宪法和相关法律关于监督程序、监督方式的规定，依法履行监督职责，确保各项工作在法治轨道上有序开展。

《意见》是党中央关于推进国有资产改革、加强国有资产监督的基础性制度，特别是《意见》中有一些创制性制度安排，需要我们按照立法与改革相统一、相衔接的要求，在实践中加强国有资产相关立法。一方面使《意见》确立的创制性制度转化为法律制度，使党的主张通过法定程序成为国家意志；另一方面要补短板、填空白，健全国有资产相关法律法规，使国有资产事业发展和重大改革于法有据。

（三）坚持问题导向

建立国务院向全国人大常委会报告国有资产管理情况制度，加强人大国有资产监督职能，要增强问题意识，强化问题导向，把发现问题、研究问题、解决问题贯穿于监督的全过程。要着力解决好国有资产底数不够清楚、管理不够公开透明、人大监督所需信息不够充分和监督不够有力以至国有资产人为流失、无效损耗、效益发挥不充分等突出问题。要勇于担当、敢于监督，对发现的问题要紧盯不放，不畏难、不避险，提出意见、要求。要以完善各类国有资产管理体制机制为目标，推进国有资产治理体系建设，避免简单地就事论事，头痛医头、脚痛医脚。要从制度建设入手，力争取得实效。

（四）坚持全口径、全覆盖

全口径、全覆盖就是要将所有的国有资产包括各类、各级、境内境外国有资产都纳入报告范围。确立和实行这一原则，首先是由建立国有资产管理情况报告制度的基本任务所决定的。同时，也是党中央加强对国有资产管理工作集中统一领导的内在要求。长期以来，各类国有资产的管理基础和管理水平差异较大，企业国有资产的情况相对比较清楚，行政事业性国有资产不易说清楚，国有自然资源更加复杂。底数不清不仅影响人大国有资产监督职能的发挥，也会影响党中央关于国有资产改革发展的决策部署。因此，《意见》明确要求“实现全口径、全覆盖”，综合报告要全面反映各类国有资产基本情况。

各级地方贯彻落实《意见》，制定国有资产管理情况报告制度或者工作方案时，必须坚持全口径、全覆盖的方向，首先建立起覆盖各类，包括境内境外所有国有资产的全口径报告框架，不留大的空白。在报告类别方面，包括国有自然资源，应当看到国务院有关部门的工作还是有一定基础的，特别是十三届全国人大一次会议通过的国务院机构改革方案，第一条就是组建自然资源部，要加强国有自然资源的统一管理，这为全口径报告创造了条件。虽然目前反映全部自然资源国有资产还有一定困难，但报告中还是要报，内容可以逐步充实。

总之，全口径、全覆盖是目标、是方向，必须坚持。具体操作上，坚持稳步推进，可以先易后难、循序渐进，根据完善各类国有资产管理体制机制进展情况，逐步充实报告内容，不断提高报告质量。要在全口径报告框架的基础上，制定健全各类国有资产报告范围和内容的时间表，细化工作要求，加快实现全面、准确掌握所有国有资产情况的目标。

（五）坚持全方位监督

习近平总书记在中央全面深化改革领导小组审议《意见》时指出，国有资产监督应该是全方位的。全方位就是不留死角，通过改进完善人大监督体制机制，建立完整统一的国有资产监督体系，形成一整套行之有效的国有资产监督具体制度和工作机制。

具体来说，在监督内容上，不仅要掌握国有资产的底数和基本管理情况，也要在此基础上推动解决突出问题。在国有资产监督方式和手段上，要对国有资产管理情况报告反映的重大问题、多次反映的问题等，综合运用专题询问、质询和特定问题调查等手段，坚持跟踪问效、一抓到底。在监督环节上，不仅要加强事后监督，也要加强事前、事中监督。要按照《意见》关于“建立全口径国有资产数据库，建立全口径国有资产信息共享平台，实现相关部门单位互联互通”等要求，充分利用人大预算联网监督系统，实现国有资产信息的共享，拓展预算联网监督功能。要研究建立国有资产的日常报告制度和重大事项报告制度，支持人大及其常委会及时了解最新情况，以尽早发现可能存在的问题。要更加注重人大常委会审议意见的研究处理和存在问题的整改与问责，采取有力措施促进政府真正改进工作。在监督力量上，首先要强化人大自身监督力量，同时也要充分借助外部监督力量，把权力机关的监督与审计监督、社会监督更加有效地结合起来，延伸监督链条，形成监督合力。

（六）坚持公开透明

习近平总书记在中央全面深化改革领导小组审议《意见》时指出，监督就要在规定的范围公开，让人民来监督，确保国有资产安全。监督法明确规定“各级人民代表大会常务委员会行使监督职权的情况，向社会公开”，确立了人大常委会行使监督权的公开性原则。

要健全国有资产报告和监督的公开机制，通过国有资产管理情况报告和监督工作,密切同人民群众的联系,使国有资产监督破题更准、建议更实、力度更强,使人民群众更加关心和积极参与国有资产管理和监督工作,真正实现好、维护好、发展好最广大人民的根本利益。当然,国有资产种类较多、情况复杂,按照相关法律需要保密的事项,要严格按照法律规定执行,处理好公开与依法保密的关系。

三、认真做好贯彻落实《意见》的有关工作

中央《意见》印发后,全国人大常委会、国务院有关部门和各省、自治区、直辖市积极行动,建立制度、开展工作,取得了重要进展。

全国人大常委会在2018年监督工作计划中,决定10月听取和审议国务院关于加强国有资产管理情况的报告,重点听取和审议金融类企业国有资产管理情况的报告。全国人大常委会预算工作委员会和全国人大财政经济委员会已经启动专题调研工作。经全国人大常委会领导同志批准,全国人大财经委、常委会预算工委在第一时间以两委名义印发关于学习贯彻中央意见的通知,要求省级人大相关机构加强学习、落实《意见》要求,积极推进工作。常委会预算工委研究起草贯彻落实中央《意见》的实施意见,将在本次座谈会上征求地方人大的意见。国务院确定由财政部牵头今年国有资产管理情况报告工作,财政部、国资委、自然资源部等相关部门高度重视,认真组织学习并积极开展落实工作。各省、自治区、直辖市也高度重视,都已经制订落实《意见》工作方案,对今年听取报告作出安排,有的地方已经出台制度,有的正在抓紧起草。

同志们,我们要在前期工作的基础上,继续努力,提高政治站位,进一步做好贯彻落实《意见》各项工作。

(一)加强学习,深刻领会。首先是认真学习文件精神,确保国有资产报告和监督工作的正确方向。要深入学习习近平新时代中国特色社会主义思想,确保党的基本理论、基本路线、基本方略在国有资产报告和监督工作中得到全面贯彻。要系统学习党中央关于国有资产管理和监督工作的政策文件和改革措施,学习宪法、监督法和预算法、企业国有资产法等法律,准确把握各类国有资产及其管理的特点和要求,不断增强做好工作的能力和本领。

(二)统一部署,着力推进。《意见》明确提出,县级以上地方要根据本地实际情况,建立政府向本级人大常委会报告国有资产管理情况制度。各级党委、人大、政府都必须对此高度重视、提高认识,将建立政府向本级人大常委会报告国有资产管理情况制度作为一项重要政治任务和改革任务,尽快结合本地实际建立起来。今年,省、自治区、直辖市都要建立,所有地市级今年也要争取建立报告制度,2019年扩大到有条件的县级地方,2020年实现全覆盖。党中央的《意见》具有重大意义和重大作用,我们这个时间表也是实事求是、循序渐进的,不能向后拖,一定要抓紧落实。全国人大常委会要加强对地方人大常委会的工作指导,可以通过工作机构之间建立工作联系机制、召开座谈会和研讨会等方式,就落实中央《意见》进行交流指导;通过讲解《意见》精神、加强工作培训、回复地方征求意见等方式,指导地方准确把握《意见》的核心要义,支持地方加快建立国有资产管理情况报告制度。上级人大常委会要加强对下级人大常委会的工作指导。国务院相关部门要做好落实《意见》的各项工作。财政部作为国务院综合报告和专项报告的牵头部门,要按照时间要求和工作计划做好报告起草工作,国资委、自然资源部等相关部门单位要按照有关要求及时、准确、完整提供所管理的国有资产现状及管理情况,以便汇总向人大提交符合《意见》要求的高质量的国有资产管理情况报告。

(三)正确监督,有序展开。要切实肩负起宪法和法律赋予人大的监督职能,坚持正确监督、有效监督。人大加强对政府工作的监督,目的是帮助改进工作、解决问题,保证党中央的重大决策部署得到有效贯彻实施,与政府工作的根本目标是一致的。监督也是对政府工作的支持,以形成和加强改进工作的合力。应当处理好监督与支持的关系,既敢于监督又善于监督,寓支持于监督之中。国有资产管理情况复杂,一些问题涉及体制机制改革,不可能一蹴而就。各级人大常委会在听取和审议国有资产管理情况报告时,要坚持实事求是,不可操之过急,也不能随意"放水",要与政府加强沟通协调,确保国资管理改革完善有序推进。

(四)分工落实,加强协作。各级人大常委会要根据各类国有资产不同的性质、目标、管理体制和基础工作情况,分类施策,细化监督重点。要落实内部责任分工,做好监督调研和审议准备工作。各级政府也要切实承担起报告主体责任,按照全口径、全覆盖、高标准、高质量的要求把报告工作做好,向人大和全社会提交一本完整的"明白账"。要明确牵头部门、制订详细方案、积极组织推进,认真

做好报告基础工作。人大与政府之间要建立沟通协调机制,加强各层面的沟通协调,确保信息畅通,及时研究解决遇到的新情况新问题。

同志们,今年是贯彻党的十九大精神的开局之年,是贯彻实施党中央《意见》的第一年。让我们更加紧密地团结在以习近平同志为核心的党中央周围,坚持以习近平新时代中国特色社会主义思想为指导,坚决贯彻落实党中央决策部署,扎实做好各项工作,确保国有资产管理情况报告制度开好头、起好步,为管好用好国有资产,使国有资产更好地服务发展、造福人民,作出我们应有的贡献!

加强立法工作　为改革开放提供有力法治保障

——在河北法治建设调研座谈会上的讲话

(2018 年 5 月 9 日)

王　晨

习近平总书记在党的十九届一中全会上强调指出,要在全党大兴调查研究之风,调查研究是做好工作的基本功。实践证明,贯彻落实党的十九大和十九届一中、二中、三中全会精神,贯彻落实党中央关于人大工作的各项决策部署,必须加强调查研究。

今天上午,召开以"加强法治建设,推进改革开放"为主题的调研座谈会,王东峰书记和陈刚、范照兵等同志发表了很好的意见,使我们很受启发,很有收获。这次来河北调研,主要有两项任务,一是受栗战书委员长委派,参加由全国人大财经委、全国人大常委会预工委、财政部在河北省人大协助下组织召开的"建立政府向本级人大常委会报告国有资产管理情况制度"座谈会,落实党中央提出的建立国务院向全国人大常委会报告国有资产管理情况制度的意见。这是党中央的一项重大决策部署,要抓紧在全国推动落实。二是到石家庄和雄安新区进行调研。这几天,先后到了河北省人大预算联网查询室,了解预算联网监督系统运行情况,共同研究进一步推进相关工作。在石家庄市行政审批局,调研立法推动行政审批制度改革情况,了解有关法律法规修改后的实施效果。在正定县正定镇"人大代表之家"和塔元庄村"人大代表联络站",了解基层人大在加强代表法、组织法等法律学习、提高人大代表履职能力、发挥代表作用等方面采取的改革创新措施。在雄安新区考察了市民服务中心和核心区概貌。市民服务中心的建设符合创新、环保、实用、适用的要求,符合新发展理念,体现了国际最新观念。面对核心区,想到即将发生的历史性变化,一个新的城市将在这里崛起,代表着中国城市未来发展的方向,使人感慨万千、激动不已。

党的十八大以来,以习近平同志为核心的党中央推进全面深化改革和全面依法治国取得历史性成就。习近平总书记围绕改革与法治作出一系列重要论述,指出:"改革和法治如鸟之两翼、车之双轮。""我们要坚持改革决策和立法决策相统一、相衔接,立法主动适应改革需要,积极发挥引导、推动、规范、保障改革的作用,做到重大改革于法有据,改革和法治同步推进,增强改革的穿透力。"习近平总书记的这些重要论述,充分体现了协调推进"四个全面"战略布局的精神和要求,充分阐明了新时代法治建设和改革开放紧密结合、协调推进的关系,具有重大指导和引领意义。我们要认真学习领会,深刻理解把握,坚决贯彻落实。法治建设与改革开放紧密结合、协调推进,这是我国经济社会发展取得巨大成就的重要原因之一。此次调研了解到的河北省在法治建设和改革开放中取得的成绩,也从生动鲜活的实践角度说明完善法治、促进改革开放的重要作用。

党的十九大对加强法治建设、推进改革开放作出了新部署、提出了新要求。我们要高度重视法治思维和法治方式,进一步加强立法工作,及时做好涉及改革的法律立改废释,坚持立法主动适应改革需要,充分发挥立法引导、推动、规范、保障改革的作用。今年是改革开放 40 周年,要以更加完善的法治建设推动更大力度的改革开放,取得更大成果。下面,结合调研了解到的情况,讲几点意见。

一、认真学习贯彻习近平新时代中国特色社会主义思想，充分认识法治建设和改革开放紧密结合、协调推进的重要意义

党的十九大确立了习近平新时代中国特色社会主义思想的历史地位，十三届全国人大一次会议通过的《宪法修正案》确立了习近平新时代中国特色社会主义思想在国家和社会生活中的指导地位，具有重大的现实意义和深远的历史意义。党的十九大报告在论述习近平新时代中国特色社会主义思想丰富内涵、新时代坚持和发展中国特色社会主义基本方略、“两个一百年”奋斗目标任务以及工作部署中，都包括全面深化改革、全面依法治国方面的重要内容。改革和法治，是时代的呼唤，是人民的期盼，是实现宏伟奋斗目标的必由之路。

回顾改革开放的历程，一个突出的特点是改革开放同法治建设从一开始就是紧密结合在一起的。1978 年 12 月，党的十一届三中全会作出了把党和国家工作中心转移到经济建设上来、实行改革开放的历史性决策，开启了改革开放历史新时期，同时，确立了发展社会主义民主、健全社会主义法制的基本方针。1979 年 7 月，五届全国人大二次会议通过七部重要法律，即地方组织法、选举法、人民法院组织法、人民检察院组织法、刑法、刑事诉讼法、中外合资经营企业法，这充分表明了中国决心实行社会主义法治和对外开放的坚定意志。我国的法治建设与改革开放相辅相成、相伴而行，为改革开放和社会主义现代化建设提供了有力法治保障。同时，在改革开放和社会主义现代化建设进程中，开辟、坚持和拓展了中国特色社会主义法治道路，逐步形成并不断完善以宪法为核心的中国特色社会主义法律体系，法治建设取得了巨大成就。从立法数量上看，我国现行有效法律 265 件，在世界各国中数量也是比较多的；从立法质量上看，通过加强科学立法、民主立法、依法立法，我国立法质量不断提高。

当前，全面深化改革、扩大开放，贯彻新发展理念、建设现代化经济体系、深化供给侧结构性改革、加快建设创新型国家、实施区域协调发展战略、推动形成全面开放新格局、深化党和国家机构改革等，各方面新的深化改革扩大开放举措都需要有力的法治保障。如关于推进党和国家机构改革，党中央从一开始就重视其中的法律问题，要求认真研究布局，做好法治保障。十三届全国人大一次会议通过了国务院机构改革方案。今年 4 月底召开的十三届全国人大常委会第二次会议，通过了全国人大常委会关于国务院机构改革涉及法律规定的行政机关职责调整问题的决定，解决了相关法律修改以前机构设立、职责调整的合法性问题。这次常委会同时“打包”修改了国境卫生检疫法等 6 部法律，今年还将加紧对其他法律进行修改。

面对未来发展任务，党的十九大和十九届二中、三中全会对坚持全面深化改革和推动形成全面开放新格局作出重要部署，依法治国在党和国家工作全局中的地位更加突出、作用更加重大。习近平总书记指出，“随着中国特色社会主义事业不断发展，法治建设将承载更多使命、发挥更为重要的作用。”这深刻指明了我国法治建设的发展趋势和方向，意味着立法工作只能加强、不能削弱，只能发展、不能停步。全面依法治国是中国特色社会主义的本质要求和重要保障，新时代坚持和发展中国特色社会主义对法治建设、对立法工作提出了新要求，各方面的立法需求和期待很多，人大立法工作任务将更加繁重艰巨。做好人大立法工作，必须坚持立法和改革相衔接、相统一，确保重大改革于法有据，这是党的十八大以来人大立法工作的突出特点，我们要坚决贯彻党中央关于改革的决策部署，认真行使好国家立法职权，在总结以往经验的基础上，继续做好与改革相关的立法工作，在法治下推进改革，在改革中完善法治，为推进各领域各方面改革开放提供有力法治支持和保障。

二、全国人大及其常委会、有立法权的地方人大及其常委会以立法形式支持、推动和保障相关改革

（一）全国人大及其常委会以立法形式支持、推动和保障相关改革

面对全面深化改革、全面依法治国的新形势新任务新要求，全国人大及其常委会坚持以习近平同志为核心的党中央集中统一领导，不断增强“四个意识”，牢固树立“四个自信”，坚决贯彻落实党中央决策部署，创新工作方式，主动适应改革发展需要，立法工作具有以下几个特点：

一是始终在党中央坚强领导下进行。习近平总书记、党中央高度重视立法工作，作出一系列重大决策和重要指示。全国人大常委会党组自觉坚

持党中央对立法工作的集中统一领导，重大立法事项及时向党中央报告。党的十八大以来，全国人大常委会党组向党中央请示报告重要立法项目和立法工作重大事项的数量明显增加。这是党的十八大以后作出的新的制度性安排。

二是立法工作取得一系列重要成果。党的十八大以来，全国人大及其常委会的立法工作呈现出“数量多、分量重、节奏快”的特点，共制定法律25部，修改法律127件次，通过有关法律问题和重大问题的决定46件次，作出法律解释9件，成绩来之不易。在法律的立改废释和重大问题决定工作中，我们都注意贯彻和体现改革开放的部署和精神。

三是通过立法支持和保障改革。全国人大常委会坚决贯彻党中央作出的相关领域改革决策部署，通过作出授权决定和改革决定，为局部地区或者特定领域试验试点工作提供法律支持和保障。“打包”修改法律，统筹修改部分法律中同类或者相关的规定。在立法工作中，坚持法治思维、法治方式，勇于作为、善于创新，运用多种方法，保证改革顺利推进，做到重大改革于法有据，做到立法主动适应改革需要。

为推进国家监察体制改革，根据党中央统一决策部署，2016年12月，全国人大常委会先作出决定在北京市、山西省、浙江省开展深化国家监察体制改革试点工作；2017年11月，根据试点情况，全国人大常委会再次作出决定将试点工作在全国各地推开；2018年3月，十三届全国人大一次会议审议通过《宪法修正案》和《监察法》，标志着新的国家监察制度正式确立。

对改革实践条件尚不成熟的，由全国人大常委会依法作出授权决定或者改革决定，是近年来运用较多的立法形式。党的十八大以来，全国人大常委会贯彻落实党中央决策部署，依法先后作出了关于自由贸易试验区、行政审批制度改革、农村土地制度改革、金融体制改革、司法体制改革、公务员制度改革、社会保险制度改革、军官制度改革、武警部队改革、机构改革等23件授权决定和改革决定，在局部地区或者特定领域进行改革试验试点，不仅为改革提供了法律支持，也为完善法律体系积累了经验。对不适应改革要求的法律规定，对实践证明行之有效的改革成果，我们及时修改或者制定相关法律，确保在法治轨道上推进改革。五年多来，全国人大常委会先后16次“打包”修法，共修改法律101件次。

（二）更好发挥有立法权的地方人大及其常委会的作用

新时代加强法治建设、推进改革开放，也要求更好地发挥有立法权的地方人大及其常委会在推进地方立法方面的作用。2015年修改立法法，赋予设区的市地方立法权。《宪法修正案》将设区的市的地方立法权载入国家根本法。近年来，各地积极行使立法权，取得一批重要成果。截至2017年底，在立法法修改后新获得地方立法权的274个市（州），已制定地方性法规595件。

新形势下，地方立法在保证国家法律实施、促进经济社会发展、保障改革开放等方面要进一步增强主动性、创造性，保证党中央改革发展稳定方针政策和决策部署贯彻执行，保证宪法法律有效实施。同时，地方立法也要注意用良法促进善治，制定符合实际的、管用的、有效的良法，防止部门利益法制化的不良倾向，提高立法质量。河北省在地方立法方面有许多好的做法，积累了宝贵经验，全国人大常委会将进一步加强与河北省人大的沟通、联系、指导，支持河北改革开放和法治建设。

（三）深入调研了解立法需求，积极支持雄安新区建设

建设雄安新区，是以习近平同志为核心的党中央作出的一项重大历史性战略选择，是千年大计、国家大事，具有重大的现实意义和深远的历史意义。全国人大常委会高度重视雄安新区建设，积极支持雄安新区建设、管理、发展。日前，党中央、国务院批复同意了《河北雄安新区规划纲要》，明确提出要“依据国家有关法律法规和本规划纲要，研究推进雄安新区规划条例立法”，“对符合我国未来发展方向、对全国起重要示范带动作用，对雄安新区经济社会发展有重要影响的体制机制改革创新在新区先行先试”。全国人大常委会将积极支持雄安新区推进新区规划条例立法等法治建设工作，积极支持雄安新区改革开放新举措新尝试。

这次来河北进行调研的重要目的之一，是结合人大工作特点，深入了解雄安新区在建设和管理中有关立法方面的需求，调研如何从立法的角度积极支持新区建设。具体有哪些立法需求，哪些现行法律法规规定不能满足雄安新区建设管理的需要，全国人大常委会法工委要会同有关方面仔细梳理，认真研究，搞好对接，及时推进。在调研和座谈中，大家在这方面提出了一些很好的设想和意见建议，可能涉及全国人大、国务院、部门和地方等不同层级的法律规范，应该统筹安排、通盘考虑。涉及的有

关法律法规和规范性文件,需要修改的及时修改、需要作出决定的及时作出决定、需要授权的进行授权、需要暂时停止适用的按程序暂时停止适用。对雄安新区建设和管理涉及法律法规的事项和工作,希望大家群策群力,共同出主意、想办法,研究提出方案。贯彻落实党中央决策部署,共同推进雄安新区规划建设各项工作,把雄安新区建设好、管理好、发展好,是我们的共同责任。

让我们更加紧密地团结在以习近平同志为核心的党中央周围,在党中央集中统一领导下,进一步加强立法工作,为改革开放提供有力法治保障,为推进全面依法治国、实现党的十九大确定的目标任务,为在新时代坚持和发展中国特色社会主义、实现"两个一百年"奋斗目标和中华民族伟大复兴的中国梦作出更大的贡献。

在 2018 中国国际大数据产业博览会开幕式上的讲话

(2018 年 5 月 26 日)

王　晨

尊敬的各位嘉宾,

女士们,先生们,朋友们:

大家上午好!

在这生机勃发、绿意盎然的初夏时节,我们与世界各国的嘉宾相聚在"多彩贵州""爽爽贵阳",共同出席 2018 中国国际大数据产业博览会,共谋推动大数据国家战略,机会非常难得、令人欢欣鼓舞。习近平主席专门发来贺信,充分体现了党中央、国务院对大数据发展的高度重视和对贵州的亲切关怀。在此,谨对 2018 中国国际大数据产业博览会的举行表示热烈的祝贺!向各位中外嘉宾表示热烈的欢迎!

当今世界,信息技术创新日新月异,数字化、网络化、智能化深入发展,在推动经济社会发展、促进国家治理体系和治理能力现代化、满足人民日益增长的美好生活需要方面发挥着越来越重要的作用。2017 年 12 月,习近平总书记深刻指出,"大数据是信息化发展的新阶段。随着信息技术和人类生产生活交汇融合,互联网快速普及,全球数据呈现爆发增长、海量集聚的特点,对经济发展、社会治理、国家管理、人民生活都产生了重大影响"。习近平总书记要求我们要"审时度势、精心谋划、超前布局、力争主动,深入了解大数据发展现状和趋势及其对经济社会发展的影响,加快完善数字基础设施,推进数据资源整合和开放共享,构建以数据为关键要素、以创新为主要引领和支撑的数字经济"。习近平新时代中国特色社会主义思想,特别是习总书记关于大数据发展的一系列重要讲话精神,为我国大数据发展指明了方向,提供了根本遵循。

大数据是信息化发展的新阶段,世界各国都把推进数字经济作为实现创新发展的重要动能。中国拥有全球最庞大的数据生产群体,网民数量、移动电话用户数量居世界第一,是名符其实的数据资源大国。我国先后颁布了《关于积极推进"互联网 +"行动的指导意见》、《促进大数据发展行动纲要》、《大数据产业发展规划》,以及深化制造业与互联网融合发展等一系列重大政策,发布了《大数据应用蓝皮书》。通过各方的共同努力,我国大数据保持了良好的发展势头,一些关键技术不断取得突破,一些重要行业领域应用不断深化,涌现出一大批大数据新企业、新产品、新服务、新业态、新价值。中国贵州大数据产业博览会自 2015 年成功举办以来,已打造成为中国最具国际化和产业化的高端专业平台。特别是通过近几年的发展,贵州大数据产业已走在了全国前列,成为一张靓丽的新名片。一棵郁郁葱葱的"智慧树"正茁壮成长,一个价值连城的"钻石矿"正闪烁光芒。2018 数博会以"数化万物 · 智在融合"为主题,将集中展示我国乃至全球大数据产业发展的最新成果。通过这次盛会,相信各位来宾能够充分亲身感受贵州大数据发展速度,"数字中国"的发展质量。当前,中国经济已由高速增长阶段转向高质量发展阶段,必须贯彻创新、协调、绿色、开放、共享的新发展理念,以大数据、云计算、物联网等新技术、新产业、新模式作为支撑。下面我就"加快大数据创新应用，推动经济社会高质量发展”谈几点认识，与大家交流。

一要推动大数据产业创新发展。我国网络购物、移动支付、共享经济等新业态、新模式蓬勃发展，走在了世界前列。随着各领域对信息化、智能化等深层次应用技术需求的逐渐增大，将继续推动大数据采集、存储、分析、流通等各环节技术创新与升级。我们要瞄准世界科技前沿，整合各方资源力量，加快大数据核心技术攻关，建立自主可控的大数据产业链、价值链和生态系统。要利用大数据等信息技术推动信息资源开放、共享，发展众包设计，用户参与设计、云设计等新兴研发模式，大力培育大数据核心业态、关联业态、衍生业态，推动数据处理加工交易、智能终端产品制造、电子商务等产业创新发展。要坚持数据开放、市场主导，以数据为纽带促进产学研深度融合，形成数据驱动型创新体系和发展模式，培育造就一批大数据领军企业，助力实体经济发展。

二要构建以数据为关键要素的数字经济。随着网络强国战略、国家大数据战略、“互联网+”行动计划等一系列重大战略和行动的实施，我国数字经济发展进入快车道，数字经济总量已超过22万亿元，约占GDP比重的30%。我们要持续用力、久久为功，把发展大数据作为深化供给侧结构性改革的重要内容，作为实施创新驱动发展战略的重要途径，推动实体经济和数字经济一体发展，加快互联网、大数据、人工智能同实体经济的深度融合，构建以数据为关键要素的数字经济。要深入实施工业互联网创新发展战略，系统推进工业互联网基础设施和数据资源管理体系建设，发挥数据的基础资源作用和创新引擎作用，加快形成以创新为主要引领和支撑的数字经济。要以大数据引领工业转型升级，努力提升制造全过程、产业全链条、产品全生命周期的网络化、数字化和智能化水平，推动中国制造向中国创造转变，努力实现由制造大国向制造强国转变。

三要运用大数据提升政府治理能力。大数据不仅是一场技术革命，一场经济变革，也是一场国家治理的变革，正有力地推动着国家治理体系和治理能力走向现代化，日益成为社会管理、政府治理的“幕僚高参”。随着经济社会快速发展，特别是中国特色社会主义进入新时代，社会各方面、各领域迫切需要政府治理加快向开放治理、协同治理、主动服务、精细管理转变，这就要求我们要建立健全大数据辅助科学决策和社会治理的机制，推进政府管理和社会治理模式创新，开展区块链技术应用示范，推进智慧公安、智慧交通、智慧城管、智慧信用、政府治理大数据应用，构建起“用数据说话、用数据决策、用数据管理、用数据创新”的体制机制，以大数据助推权力制约无缝化、政府决策科学化、政务管理精准化、公共服务多样化、治理模式多元化。还要以推行电子政务、智慧城市建设等为抓手，推动技术融合、业务融合、数据融合，打通信息壁垒，形成覆盖全国、统筹利用、统一接入的数据共享大平台，实现跨层级、跨地域、跨系统、跨部门、跨业务的协同管理和服务，形成社会治理强大合力。

四要运用大数据促进保障和改善民生。这既是新时代发展的内在要求，也是大有可为的广阔舞台。我们要坚持以人民为中心的发展思想，推进“互联网+教育”、“互联网+医疗”、“互联网+文化”等加快发展，让“百姓少跑腿、数据多跑路”“最多跑一次”“服务到家”等大数据政务服务品牌叫得更加响亮，切实增强人民群众的大数据获得感，不断提升公共服务质量。要紧盯民生领域的突出矛盾和问题，强化民生服务，弥补民生短板，推进教育、就业、社保、医药卫生、住房、交通等领域的大数据普及应用，深度开发各类便民服务，让人民群众感受到大数据发展带来的便利生活。要紧盯重点民生领域监管，加强精准扶贫、民生保障、社会救助、生态环境等领域的大数据运用，为打赢脱贫攻坚战、建设美丽中国，让大数据更好地服务社会、造福民众，不断满足人民群众对美好生活的向往。

五要持续加强大数据安全保障能力建设。数据安全是产业发展的基础，没有数据安全，就不可能有产业的可持续发展。我们要建立健全大数据及网络安全态势感知体系、应用体系、产业体系，加强政务、金融、税务、社保、能源、交通、海关、医疗等重要公共信息系统的安全技术防护，推进大数据交易、工业大数据、区块链应用、量子保密通信应用、人工智能等行业的大数据安全应用示范，大力提升技术创新能力、产业支撑能力、安全监管和保护能力。要建立大数据安全防护体系，加强大数据信息安全制度建设和关键信息基础设施安全保护，强化国家关键数据资源保护能力，增强数据安全预警和溯源能力，实现对重要数据资源和信息的精准保护。要加快完善法律、制度体系，加强政策、监管、法律的统筹协调，加快法规制度建设。要健全完善数据资源确权、开放、流通、交易相关制度和技术规范，完善数据产权保护制度。要加大对技术专利、数字版权、数字内容产品及个人隐私等的保护力度，维护广大人民群众利益、社会稳定、国家安全。

女士们、先生们，大数据不仅对中国来说是一个历史性机遇，同时也是推动全球经济发展的重要机遇。展望未来，中国愿同世界各国一道，秉持开放、合作、包容、普惠的原则，共享发展机遇，致力于发展大数据等新一代信息技术，致力于深化全球大数据应用，致力于构建全球网络空间命运共同体，依靠信息技术革命持续推动经济全球化，实现世界各国的共同繁荣发展。

最后，祝本次大会取得圆满成功，祝各位来宾身体健康、工作顺利！

做好新时代人大预算审查监督重点拓展改革工作

（2018 年 10 月 16 日）

王　晨

今年 3 月，经党中央同意，中共中央办公厅印发实施《关于人大预算审查监督重点向支出预算和政策拓展的指导意见》（以下简称《指导意见》）。这是以习近平同志为核心的党中央加强人大工作、健全人大制度、促进我国经济健康稳定发展的一项重要改革决策部署，对加强和拓展人大预算审查监督工作具有重要指导意义。我们要坚持以习近平新时代中国特色社会主义思想为指导，认真学习领会和贯彻落实党中央决策部署，切实履行人大监督职责，做好新时代人大预算审查监督重点拓展改革工作。

一、深刻认识做好新时代人大预算审查监督重点拓展改革工作的重要作用

党的十八大提出，加强对政府全口径预算决算的审查和监督。党的十八届三中全会提出，加强人大预算决算审查监督、国有资产监督职能。党的十九届三中全会进一步提出，加强人大对预算决算、国有资产管理等的监督职能。在党的全国代表大会报告和中央全会决定等重要文件中，专门就加强人大预算决算审查监督职能提出明确要求、作出一系列重要部署，充分表明以习近平同志为核心的党中央对加强人大预算审查监督的高度重视，充分表明加强人大预算审查监督的必要性、迫切性和重要作用。

实施人大预算审查监督重点拓展改革，有利于更好地贯彻落实党中央重大方针政策和决策部署。习近平总书记指出，“人大要把宪法法律赋予的监督权用起来，坚持监督和支持相结合，确保法律法规得到有效实施，确保党中央重大决策部署贯彻落实。”审查批准预算、决算和监督预算执行，是宪法法律赋予各级人大及其常委会的重要职权。按照党中央要求，根据宪法和预算法、监督法等法律规定，人大对支出预算和政策开展全口径审查、全过程监管，完善程序和方法，有利于让支出预算和政策更好地贯彻落实党中央重大方针政策和决策部署。

实施人大预算审查监督重点拓展改革，有利于有效发挥财政在国家治理中的基础和重要支柱作用。以往政府预算审核管理和人大预算审查监督的重点主要是赤字规模和预算收支平衡状况，预算管理存在着重收入轻支出、重投入轻产出、重分配轻执行等情况。做好这项改革工作，有利于加强和改善宏观调控，提高支出预算编制质量和预算执行规范化水平，为更好发挥财政在国家治理中的基础和重要支柱作用提供制度保障。

实施人大预算审查监督重点拓展改革，有利于更好地发挥人民代表大会制度根本政治制度作用。作为建立和完善中国特色社会主义预算审查监督制度的重要举措，这项改革有利于将坚持党的领导、人民当家作主、依法治国真正打通、有机统一。做好这项改革工作，使预算编制和预算执行更好贯彻党中央决策部署，有利于更好发挥党总揽全局、协调各方的领导核心作用；能够更好倾听人民呼声，回应人民期待，进一步完善人民当家作主的运行机制、实现方式和途径；在推进改革过程中，以宪法和预算法、监督法等法律为依据，坚持用法治思维和法治方式推进改革，有利于依法管理国家事

务，推进全面依法治国。

实施人大预算审查监督重点拓展改革，有利于健全党和国家监督体系。在党中央的集中统一领导下，人大监督是国家监督体系中的重要方面。人大预算审查监督作为人大制度和人大工作的重要组成部分，推动完善预算制度、深化预算改革、严格预算管理、规范预算行为，是健全党和国家监督体系的内在要求，是把权力关进制度笼子的重要环节和有效措施。

二、全面把握人大预算审查监督重点拓展改革的总体要求、主要内容和程序方法

《指导意见》对各级人大及其常委会的预算审查监督重点拓展改革作出了全面部署，政治站位高，内容丰富，措施有力，要求明确。我们要全面把握这项改革的总体要求、主要内容和程序方法。

（一）把握人大预算审查监督重点拓展改革的总体要求。《指导意见》对人大加强支出预算和政策审查监督提出了总体要求，明确了改革的重要原则和基本方法，必须思想上认识到位、工作中贯彻落实。

坚持党中央集中统一领导。各级人大是党领导下的政治机关，必须旗帜鲜明讲政治，不断增强“四个意识”，自觉坚定“四个自信”，坚决维护习近平总书记的核心地位，坚决维护党中央权威和集中统一领导，始终在思想上政治上行动上同以习近平同志为核心的党中央保持高度一致。人大预算审查监督重点拓展改革工作要在党中央集中统一领导下扎实推进，预算审查监督中的重要事项和重要问题，要及时请示报告。

坚持围绕和服务党和国家大局。要自觉服从服务于统筹推进“五位一体”总体布局和协调推进“四个全面”战略布局，把人大预算审查监督重点拓展改革工作放到党和国家大局、本地区中心任务中去思考、谋划和推进。

坚持以人民为中心的发展思想。人大预算审查监督重点拓展改革要把实现人民群众对美好生活的向往作为工作方向，密切同人民群众的联系，深入了解民情，提出有针对性的意见建议，推动完善支出预算和政策，着力保障和改善民生，使改革发展成果更多惠及全体人民。

坚持依法开展审查监督。人大预算审查监督重点拓展改革要严格按照宪法和预算法、监督法等法律规定，依照法定职责、限于法定范围、遵守法定程序，以法律为依据，督促政府及其有关部门贯彻落实党中央重大方针政策和决策部署，全面贯彻实施预算法，强化预算约束，提高财政资金使用绩效和政策实施效果。

坚持问题导向。人大预算审查监督重点拓展改革要结合人大代表和人民群众普遍关心的热点难点问题、审计查出的突出问题、制约事业发展的关键问题等，找准支出预算和政策审查监督的着力点、切入点、追踪点，加大工作力度，持续跟踪监督，推动建立健全解决问题的长效机制。

坚持积极探索与扎实推进相结合。要从实际出发，立足我国国情、经济社会发展阶段和财政预算管理水平，既扎实做好基础性工作，又认真研究总结预算审查监督经验做法和规律，积极探索创新，推动改革任务顺利完成。

（二）把握人大预算审查监督重点拓展改革的主要内容。《指导意见》明确提出，按照党中央改革部署要求和预算法、监督法规定，人大对支出预算和政策开展全口径审查和全过程监管。全口径审查，就是人大要对一般公共预算、政府性基金预算、国有资本经营预算、社会保险基金预算进行审查，特别是要加强对支出预算和政策的审查，实现审查范围和内容的全覆盖。全过程监管，就是人大预算监督要从过去的以对政府提交的预算草案、预算执行结果报告的“事后”监督为主，进一步向预算草案编制前和政策制定前的“事前”环节延伸，进一步加大对预算执行过程和政策实施过程的“事中”环节的监督力度，做到事前监督、事中监督、事后监督各环节紧密衔接、相互贯通。

在预算草案编制前，人大常委会预算工委等工作机构应当根据党中央决策部署和预算法规定，结合人大常委会开展执法检查、听取政府专项工作报告提出的审议意见，根据人大代表、人大常委会组成人员、财经委等专门委员会组成人员关于预算的意见建议，提出改进完善预算草案、报告编报的具体意见建议，并及时与政府财政部门等进行沟通。在预算执行过程中，要依法加强对预算执行情况和政策实施情况的监督。要建立常态化监督机制，充分利用预算联网监督系统平台，通过线上查询与线下跟踪调研相结合等方式，善于在预算执行的过程中发现问题，按程序向政府有关方面反映问题，推动政府及有关部门完善制度、堵塞漏洞、改进工作。要进一步加强事后监督，加大对审

计查出突出问题整改情况的监督力度,改进创新具体方式方法,推动强化追责问责,提高支出绩效和政策实施效果。

人大对支出预算和政策实施全口径审查、全过程监管,主要内容包括五个方面。一是支出预算的总量与结构。审查重点是贯彻落实党中央重大方针政策和决策部署,正确处理好政府与市场的关系,使市场在资源配置中起决定性作用、更好发挥政府作用;支持坚决打好“三大攻坚战”,以供给侧结构性改革为主线,支持优化产业结构,推动经济高质量发展,建设现代化经济体系。二是重点支出与重大投资项目。审查重点是推动政府健全重点支出与重大投资项目决策机制,合理确定重点支出与重大投资项目范围等。三是部门预算。审查重点是部门贯彻落实党中央重大方针政策和决策部署的情况。四是财政转移支付。审查重点是一般性转移支付促进实现地区间基本财力均衡及基本公共服务均等化的情况,专项转移支付支撑党中央重大决策部署实施的情况等。五是政府债务。审查重点是合理评估全国政府债务风险水平,评价地方政府举债规模的合理性;地方政府债务纳入预算管理的情况;硬化地方政府预算约束,坚决制止无序举债搞建设;积极稳妥化解累积的地方政府债务风险,坚决遏制隐性债务增量,决不允许新增各类隐性债务。

人大预算审查监督重点向支出预算和政策拓展后,仍然要加强对政府预算收入的审查和监督,重点是政府预算收入编制要与经济社会发展水平相适应,与财政政策相衔接;要推动严格依法征收,不收“过头税”,防止财政收入虚增、空转;推动依法规范非税收入管理等。

(三)运用好人大预算审查监督重点拓展改革的程序方法。《指导意见》对加强支出预算和政策审查监督的主要程序和方法从八个方面作了规定,主要包括认真贯彻落实党中央重大方针政策和决策部署,充分听取意见建议,深入开展专题调研,探索就重大事项或特定问题组织调查,探索开展预算专题审议,推动落实人大及其常委会有关预算决算决议,及时听取重大财税政策报告,加快推进预算联网监督工作等内容。

其中,《指导意见》明确提出“认真贯彻落实党中央重大方针政策和决策部署”。党中央的重大方针政策和决策部署是政府制定政策、编制预算的重要依据,是人大开展支出预算和政策审查监督的重要遵循,人大加强支出预算和政策审查监督的目的就是要保障党中央重大方针政策和决策部署的贯彻落实。《指导意见》明确提出“深入开展专题调研”。开展支出预算和政策审查监督重点拓展改革工作,增强审查监督的力度、深度和针对性、有效性,要求我们必须深入开展调查研究,把实际情况摸准摸透,增强工作主动性和前瞻性。《指导意见》明确提出“加快推进预算联网监督工作”。要实现预算审查监督信息化和网络化,充分利用预算联网平台加强对支出预算和政策的审查监督,提升审查监督内容的翔实性和时效性。

推进人大预算审查监督重点拓展改革工作,要综合运用好各种法定的审查监督程序和方法,提高可操作性和运转效率,总结交流推广有效做法和成功经验,增强监督实效,使人大预算审查监督更有力度、更具权威。

三、切实增强责任感和使命感,依法履职,担当作为

《指导意见》印发后,人大预算审查监督重点向支出预算和政策拓展改革工作取得了初步成效。要在前期工作基础上,全面深入抓好《指导意见》贯彻落实。

加强理论武装,提高履职能力。要深入学习贯彻习近平新时代中国特色社会主义思想,学习贯彻习近平总书记关于坚持和完善人民代表大会制度的重要思想,用科学理论武装头脑、指导实践、推动工作。要学习掌握《指导意见》精神,深刻理解和把握改革的出发点和落脚点,深刻理解和把握人大预算审查监督重点拓展的各项要求,为推进改革工作打好坚实基础。

落实改革措施,确保工作实效。地方人大在全面准确把握《指导意见》精神基础上,应结合本地实际制定实施意见,将改革要求落到实处。今年年底前各省(区、市)要制定出台实施意见。要与加强人大预算决算审查监督、国有资产监督职能等其他改革措施和实施预算法紧密结合,统筹推进,务求实效。

加强沟通配合,形成工作合力。在党中央集中统一领导下,人大要加强与政府及其财政、审计等部门的沟通。全国人大财经委、全国人大常委会预算工委、财政部、审计署在贯彻落实党中央改革措施工作中承担重要职责,是贯彻落实的“第一棒”,对地方具有重要的示范导向和推动作用。我们要

同心协力,共同做好改革任务落实工作。

完善工作机制,加强队伍建设。贯彻落实人大预算审查监督重点拓展改革工作,需要各级人大创新方式方法,健全完善与人大预算审查监督工作特点相适应的工作机制。要把预算审查监督工作干部队伍建设作为加强人大监督的基础性工作来抓,有目标、有重点、有步骤地推进实施。

做好新时代人大预算审查监督重点向支出预算和政策拓展改革工作意义重大,责任重大。我们要坚持以习近平新时代中国特色社会主义思想为指导,坚决贯彻落实党中央决策部署,依法履职,敢于担当,善于作为,发扬钉钉子精神,确保人大预算审查监督重点向支出预算和政策拓展改革取得成效,为推进依法行政、依法理财,充分发挥国家权力机关的重要职能作用,推进国家治理体系和治理能力现代化做出新贡献。

(本文为中共中央政治局委员、全国人大常委会副委员长王晨2018年10月16日在人大预算审查监督重点向支出预算和政策拓展改革工作座谈会上的讲话,有删节。)

加强文明交流互鉴　建设更加美好世界

——在太湖世界文化论坛第五届年会开幕式上的致辞

(2018年10月18日)

王　晨

尊敬的各位嘉宾,
女士们、先生们、朋友们:

大家上午好!

今天,来自世界各地的朋友们相聚北京,共同出席太湖世界文化论坛第五届年会。习近平主席专门发来贺信,深刻阐明了文明交流互鉴对促进人类文明进步和世界和平发展的重要作用,充分体现了中国愿同国际社会一道,推动不同文明相互尊重、和谐共处,携手分享发展机遇、应对共同挑战,建设更加美好世界的真诚愿望。在此,谨对年会的召开表示衷心的祝贺!对与会各位嘉宾表示诚挚的欢迎!

太湖世界文化论坛是中国创立的一个高层次、非官方的国际文化论坛,旨在加强中外文化交流,推动不同文明对话与合作,共建和谐文化与和谐世界。作为一个开放、包容、多元的高端文化交流平台,论坛一直受到中外各界人士特别是学术、文化、媒体等各界朋友们的高度认可和支持。本届年会以“文化对话:构建人类命运共同体”为主题,旨在从促进人类文明交流的角度,围绕如何构建人类命运共同体,建设持久和平、普遍安全、共同繁荣、开放包容、清洁美丽的世界,从理论到实践进行深入研讨。我们相信,各位嘉宾的热情参与、深入交流,各位嘉宾提出的真知灼见,定会为促进世界文化共同繁荣提供重要动力,为推进世界各国交流合作作出积极贡献。

当今世界正在经历百年未有之大变局,孤立主义、民粹主义、贸易保护主义等思潮不断抬头,世界和平与发展面临的挑战越来越严峻。但青山遮不住,毕竟东流去,和平与发展仍是时代的主题。世界潮流,浩浩荡荡,和平发展大势不可逆转。面对人类面临的共同挑战,中国国家主席习近平提出了构建人类命运共同体的重大倡议,得到了国际社会的广泛认同和支持,并已被写入联合国决议。文化是人类的精神家园,是全世界的共同财富。构建人类命运共同体,要以文化的力量支撑和传播人类命运共同体的理念,以心灵的相通深化共同发展的基础。我们要促进和而不同、兼收并蓄的文明交流,以文明交流超越文明隔阂、文明互鉴超越文明冲突、文明共存超越文明优越。

习近平主席在联合国教科文组织总部发表演讲时指出:“文明因交流而多彩,文明因互鉴而丰富。文明交流互鉴,是推动人类文明进步和世界和平发展的重要动力。”在人类历史的长河中,不同文明间的交流互鉴,始终驱动着思想进步,不断为社会、经济、政治的发展注入活力。古人说,“夫物之不齐,物之情也。”差异是客观存在,平等、尊重、包容,是互学互鉴的前提。实践证明,任何强制推行自己文化和价值观的行为,最终都将招致反对。每个国家、每个民族不分强弱、不分大小,其思想文化都应该得到承认和尊重。我们要充分认识和理解不同文明的丰富内涵,承认并尊重世界文明的多样性，肯定各种文明的独特价值，实现“各美其美，美人之美，美美与共，天下大同”。

女士们、先生们、朋友们！

五千年的悠久历史，孕育了生生不息的中华民族和中华文化，凝结了全体人民的智慧结晶。中华优秀传统文化是实现中华民族伟大复兴的重要基石，也为构建人类命运共同体、实现世界共同发展提供了丰富的思想源泉。中华民族一直追求和传承和平、和睦、和谐的坚定理念，这种“和”文化贯穿中华文明发展的始终，融入了中国人立身、处事的日常生活，也指引着中国治国理政和参与国际事务的行为方式。中国人民几千年来一贯弘扬的是“和而不同”、“己所不欲，勿施于人”、“己欲立而立人，己欲达而达人”的理念，追求的是“天下为公”的博大情怀。

今天，中国人民正在为实现中华民族伟大复兴的中国梦而奋斗，中国人民的梦想和世界各国人民的梦想息息相通。与世界各国人民同心协力，推动构建人类命运共同体，正是中国致力于做世界和平的建设者、全球发展的贡献者和国际秩序的维护者，为维护世界和平、促进共同发展贡献中国智慧和中国方案的实际行动。为此，提出以下四点倡议：

第一，始终坚持相互尊重、兼收并蓄。世界文化的旺盛活力，源于其差异性和多样性。只有相互尊重，才能和平共处；只有兼收并蓄，才能共同进步。我们应站在促进全人类发展的高度，以包容的胸怀，尊重、保持和维护文化的多样性，在差异性中求共识，在多样性中促进步，推动人类文明不断繁荣发展。

第二，促进传统文化的创造性转化和创新性发展。文化凝结着过去，连接着未来，在传承中创新，才能不断开创文化发展的新局面。世界各国传统文化都面临着创新发展、与时俱进的时代课题。要坚持把优秀传统文化的精神标识提炼出来、展示出来，把优秀传统文化中具有当代价值、世界意义的文化精髓提炼出来、展示出来，充分发挥优秀传统文化在文明交流中的重要作用。

第三，加强文化交流，扩大民众参与。“国之交在于民相亲，民相亲在于心相通”。我们应广泛开展多种形式的文化交流活动，通过展览、文学、影视、音乐等形式，加强各国在各种文化类型上的交流与合作，更加注重扩大各国民众的普遍参与，为文明交往牵线搭桥，为文化发展注入不竭动力。

第四，推进“一带一路”建设的文化相融。古丝绸之路在东西方的文明交往中发挥了重要作用，是人类文明的辉煌见证。“一带一路”建设，遵循共商共建共享原则，是互尊互信、互学互鉴、合作共赢、共同繁荣的发展之路，也必将成为一条增进各国人民相互了解和友谊、推动不同文明相互交流和融合的进步之路。我们应发扬古丝绸之路所蕴含的文化精神，推动共建“一带一路”，为促进全球共同发展繁荣作出贡献。

女士们、先生们、朋友们！

构建人类命运共同体，需要各国人民携手努力，进一步加强文化交流，为共建共享美好世界提供智慧和力量。希望本届年会能够扩大和深化各方关于人类命运共同体的共识，为促进各国交流合作，建设持久和平、共同繁荣的世界，贡献出深厚的文化力量。

在第六届中国—中亚合作论坛上的致辞

（2018 年 12 月 12 日，扬州）

王　晨

尊敬的博罗诺夫第一副总理，
尊敬的伊布拉希姆副总理，
尊敬的各位来宾，
女士们、先生们、朋友们：

大家上午好！

欢迎各位来到美丽的江苏扬州，出席第六届中国－中亚合作论坛。首先，我谨代表中国政府，向所有长期致力于中国和中亚国家友好合作的各界人士表示衷心感谢和崇高敬意！

今年是中国同中亚国家建交 26 周年。26 年来，在双方领导人的战略引领和亲自推动下，中国同中亚国家关系经受住了国际风云变幻的考验，收获了丰硕的合作成果，树立了相互尊重、公平正义、合作共赢的新型国际关系典范。

——我们是真诚互信的好邻居。中国同中亚国家相互尊重，平等相待，传统友谊历久弥新。中国同所有中亚国家都建立了战略伙伴关系，为双方各领域合作不断走向深入创造了重要条件。

——我们是守望相助的好朋友。长期以来，中国同中亚国家在主权、安全、领土完整等涉及彼此核心利益的问题上相互坚定支持，在国际和地区事务中密切协调配合，携手应对地区安全威胁，特别是合作打击“三股势力”，有力捍卫了双方共同利益。

——我们是互利合作的好伙伴。中国同中亚国家务实合作的长足进步促进了各自经济社会发展，为双方民众带来实实在在的好处。中国已经成为中亚国家最主要的贸易、投资和产能合作伙伴之一。双方合作潜力巨大、前景广阔。

各位来宾，各位朋友，

本届论坛以“融汇丝路文明，深化合作共赢”为主题。众所周知，中亚是中国“一带一路”倡议的诞生地。2013 年，习近平主席在访问哈萨克斯坦期间首次提出建设“丝绸之路经济带”的重大倡议，共建“一带一路”由此发端。5 年来，中国同中亚国家共建“一带一路”合作全面走向深入，已经成为双方合作的主线。双方在经贸、产能、互联互通、能源、安全、人文等优先合作领域取得一大批重要早期收获，为双边关系发展注入强劲动力。

经贸方面，中国已成为中亚国家最主要的贸易和投资合作伙伴之一。双方贸易总额已从建交之初的每年 5 亿美元跃升到现在的每年约 300 亿美元，增长近 60 倍。2017 年，中国同中亚国家贸易额近 360 亿美元，同比增长近 20%。今年 1 至 9 月，中国同中亚国家贸易额达 304.9 亿美元，同比增长 19%，发展势头令人鼓舞，给彼此带来实实在在的好处。

产能方面，中国同中亚国家的合作成果丰硕，有效助推中亚各国产业结构优化升级，促进当地经济发展。中哈商定总金额超过 270 亿美元的 50 多个产能合作项目，其中汽车组装线、聚丙烯等 4 个项目已完工，11 个项目在建。中吉成立专门的产能合作机制，正在落实首批重点合作项目。中乌煤矿改造、工业园和农业产业园项目顺利推进，钢铁、机械、玻璃等产能合作快速落地。中塔纺织厂、水泥厂、炼油厂等项目在当地取得了良好的经济效益和社会效益。

互联互通方面，中国与中亚国家已开通边境口岸 9 个，航线近 20 条。中方企业在乌承建的中亚第一长铁路隧道“安格连－帕普”隧道正式通车，在塔建设的“亚湾－瓦赫达特”铁路隧道提前竣工，利用中国两优资金建设的塔乌公路、中塔公路一期，使“高山之国”天堑变通途。中吉乌公路实现常态化运营，中哈打通陆海联运通道和“中国西部－欧洲西部”公路网。目前，中欧班列已累计开行超过 1.1 万列，运行线路 65 条，通达欧洲 15 个国家的 44 个城市。中亚作为欧亚大陆桥的地位更加突出。

能源方面，中国同中亚国家能源合作优势互补，为中亚各国创造就业、改善民生、发展经济发挥重要作用。中哈原油管道和中国－中亚天然气管道 ABC 三条管线保持良好运行，各方在平等互利基础上不断扩大能源贸易规模，提升能源合作水平。中方参与建设的吉尔吉斯斯坦达特卡－克明输变电工程、南北电网改造，塔吉克斯坦杜尚别 2 号火电站、中央直辖区 500 千伏输变电线等项目有效解决了当地供暖供电等问题。中方还同中亚国家深化油气上游勘探、炼化加工和装备制造等产业合作，积极探讨清洁能源合作，致力于提升各国能源工业发展综合水平和实现可持续发展。

安全方面，双方坚持合作打击“三股势力”，在防范恐怖分子回流、情报共享、能力建设等方面密切配合。同时，中国同中亚国家在“一带一路”框架下积极开展安全保障合作。这对促进本地区普遍安全和共同繁荣具有重要现实意义。

人文方面，中国已同中亚国家结成近 50 对友好省州（市）关系。2017 年，中国与中亚国家人员往来超过 62 万人次。中亚国家来华留学生总数超过 2.8 万名。双方媒体、智库和青年交往不断增多，传统友好日益深入人心。

女士们、先生们、朋友们，

当今世界正处于大发展大变革大调整时期，我们面临的是百年未有之大变局。新形势下，中国与中亚国家深化传统友好合作关系既面临新机遇，也面临新挑战。作为中国同中亚友好交往的见证者、参与者和建设者，如何发展双方范围更广、水平更高、层次更深的友好合作关系，是我们现实而紧迫的共同课题。为此，我提出以下建议：

我们要坚定不移地巩固政治互信。中国坚持和平、友好、合作的外交政策，秉持亲诚惠容的周边外交理念，愿同中亚国家认真落实双方领导人达成的重要共识，致力于同中亚国家和谐相处、共同发展、世代友好。

我们要坚定不移地深化共建“一带一路”合作。中方将继续本着共商共建共享原则和平等相待、互利共赢的精神，以打造更加紧密的命运共同体为目标，进一步开拓思路，加强同中亚国家发展战略对接，不断深化经贸、投资、产能、互联互通、能源、金融等领域合作，使双方高水平政治互信和经济互补优势转化为更多务实合作成果，惠及各国和各国人民。上个月，首届中国国际进口博览会在上海成功举行，中亚国家代表团踊跃参加，而且收获颇丰。正如习近平主席在开幕式上强调的那样，中国开放的大门不会关闭，只会越开越大！中国同中亚国家合作的机会将越来越多，中国同中亚国家关系的明天将更加美好。

我们要坚定不移地加强执法安全合作。恐怖主义等挑战严重威胁地区和平与发展。中国与中亚国家都是恐怖主义受害者，也是国际反恐合作的重要参与方和贡献方。中方愿继续本着相互尊重、平等互利的原则，同中亚国家不断加强双多边执法安全合作，践行共同、综合、合作、可持续的安全观，加强沟通协调，携手打击“三股势力”、贩毒、跨国有组织犯罪等，切实维护各自国家和整个地区的安全稳定。

我们要坚定不移地推进民心相通。中方愿同中亚国家社会各界开展更加广泛的交流，通过互办形式多样的交流活动，丰富合作内容，吸引更多民众关注和参与，促进文化、教育、科技、卫生、体育、旅游、媒体、地方等领域合作大发展。特别是进一步加强青年交流，把世代友好的接力棒一代代传下去，让青年成为双方友好事业的坚定支持者、积极建设者和真正受益者。

我们要坚定不移地密切国际合作。中方愿同中亚国家进一步加强在国际和地区事务中的协调配合，推动建立以合作共赢为核心的新型国际关系，维护地区安全稳定。中国将继续支持中亚国家在国际事务中发挥更大作用，愿同中亚国家同心协力，构建人类命运共同体，建设持久和平、普遍安全、共同繁荣、开放包容、清洁美丽的世界！

各位来宾，各位朋友，

扬州有 2500 多年的历史，是中国文化名城。作为京杭大运河的发祥地，扬州有着“中国运河第一城”的美誉。各朝名流纷纷踏访扬州，留下大量名篇佳作。优越的地理位置和深厚的文化底蕴使扬州成为“陆上丝绸之路”与“海上丝绸之路”的重要交汇点，商贾云集，富甲一方。今天的江苏和扬州同样是长江经济带的重要一环，位于中国对外开放的前沿，正积极参与“一带一路”建设，加快构建全面开放新格局。在扬州召开中国 - 中亚合作论坛具有特殊意义。

古老的“丝绸之路”曾极大地促进了东西方物质与文化的交流。我们应该向那些在大漠戈壁中勇敢跋涉并开辟丝路的先贤们致敬。令人感到欣慰的是，和平合作、开放包容、互学互鉴、互利共赢的“丝路精神”已经成为我们共同的财富。今天，我们在倚江望海的扬州古城，共话传统友谊，共谋合作大计，我们将获得更多发展与合作的机遇。让我们携起手来，同舟共济，团结协作，使我们的友谊变得更加牢固，让我们的合作取得更多成果。

在南京大屠杀死难者国家公祭仪式上的讲话

（2018 年 12 月 13 日）

王　晨

同胞们，同志们，朋友们：

今天，我们在这里隆重举行南京大屠杀死难者国家公祭仪式，缅怀南京大屠杀死难者，缅怀所有惨遭日本侵略者杀戮的死难同胞，缅怀为中国人民抗日战争胜利献出生命的革命先烈和民族英雄，缅怀同中国人民携手抗击日本军国主义献出生命的国际战士和友人，宣示中国人民牢记历史、不忘过去，珍爱和平、开创未来的坚定立场，表达中国人民坚定不移走和平发展道路的崇高愿望。

81 年前的今天，日本侵略者制造了惨绝人寰的南京大屠杀惨案。在那个令人刻骨铭心的冬天，30 万同胞生灵涂炭，民众家破人亡，妇女遭到蹂躏残害，儿童死于非命。南京大屠杀幸存者夏淑琴老人等 10 位幸存者参加了今天的公祭仪式，当年侵华日军闯入夏淑琴家中，残杀了她的 7 位亲人。美国牧师约翰·马吉用手中的摄像机拍摄到了夏家死难的现场，记录了夏淑琴老人一家的悲惨遭遇。这些历史铁证如山，山河为之泣血，举国为之悲愤，世界为之震惊,成为人类文明永远抹不去的黑暗记忆。

在南京大屠杀那些腥风血雨的日子里,约翰·拉贝等手无寸铁的西方正义人士留在南京,冒着生命危险以各种方式保护和救济难民,抗议和阻止日军暴行,竭尽所能实行人道主义救援。他们的义举,在人类文明史上谱写了人道主义非凡赞歌,中国人民将永远铭记。

在这庄严的时刻,可以告慰遇难同胞和抗战先烈的是,在民族生死存亡的历史关头,中国共产党肩负民族希望,成为抗战中坚,中国人民同仇敌忾、共御外侮,以血肉之躯筑起拯救民族危亡、捍卫民族尊严的钢铁长城,赢得了中国人民抗日战争的伟大胜利,并为世界反法西斯战争胜利作出了重大贡献。

在这庄严的时刻,可以告慰遇难同胞和抗战先烈的是,世界反法西斯战争胜利后,日本侵略者制造的灭绝人性的大屠杀惨案和反人类罪行,受到国际正义的严正审判和人类良知的普遍唾弃,双手沾满中国人民鲜血的日本战犯被永远钉在了历史的耻辱柱上。

在这庄严的时刻,可以告慰遇难同胞和抗战先烈的是,和平始终是人类社会的普遍期待和殷切向往,和平与发展是当今时代的主题,也是时代的命题。战争是一面镜子,能够让人更好认识和平的珍贵。中华民族热爱和平,中国人民深知和平之可贵,我们将坚定不移走和平发展道路,永远做世界和平的建设者、全球发展的贡献者、国际秩序的维护者。

在这庄严的时刻,可以告慰遇难同胞和抗战先烈的是,新中国成立以来特别是改革开放40年来,在中国共产党坚强领导下,中国人民谱写了国家和民族发展的壮丽史诗。党的十八大以来,在以习近平同志为核心的党中央坚强领导下,党和国家事业发生了历史性变革,取得了历史性成就。党的十九大描绘了中国发展的宏伟蓝图,只要我们坚持以习近平新时代中国特色社会主义思想为指导,全面贯彻落实党中央各项决策部署,坚定不移全面深化改革、扩大对外开放,中国特色社会主义一定会迎来更加美好的明天。

昭昭前事,惕惕后人。今年是中日和平友好条约缔结40周年。40年来,正是因为有许许多多中日友好人士的努力,南京大屠杀的历史真相得以传播,和平友好的正确理念得以彰显。中日是近邻,中日关系稳定发展符合双方利益,对地区和世界具有重要影响。双方要从两国人民根本利益出发,以史为鉴,面向未来,准确把握和平、友好、合作大方向,共同为世界和平和人类进步事业作出贡献。

同胞们、同志们、朋友们!我们缅怀逝者、告慰先烈、感恩友人、昭告世界,经过长期努力,中国特色社会主义进入了新时代。全党全国人民将更加紧密地团结在以习近平同志为核心的党中央周围,以习近平新时代中国特色社会主义思想为指导,为决胜全面建成小康社会、实现中华民族伟大复兴的中国梦不懈奋斗。中国人民愿同世界各国人民一道,推动构建人类命运共同体,共同创造人类更加美好的未来!

(以上是王晨同志出席中共中央、国务院12月13日上午在南京隆重举行的2018年南京大屠杀死难者国家公祭仪式上的讲话。)

在第四期少数民族全国人大代表学习班上的讲话

(2018年9月3日)

全国人大常委会副委员长　曹建明

各位代表、同志们:

举办第四期少数民族全国人大代表学习班,是今年全国人大代表培训工作的一项重要内容。全国人大常委会高度重视,栗战书委员长作出重要批示,强调**一定要注意加强对少数民族代表的政治引导,使其正确履行代表职责**。我们一定要抓好贯彻落实,认真办好这次学习班,强化政治建设,深化民族团结进步教育,铸牢中华民族共同体意识,提高代表依法正确履职能力,努力开创新时代人大民族工作新局面,为实现中华民族伟大复兴的中国梦作出新的更大贡献。

下面,我谈三点体会,与同志们交流。

一、深入学习贯彻习近平新时代中国特色社会主义思想特别是习近平总书记关于人民代表大会制度和民族工作的重要论述，始终在思想上政治上行动上同以习近平同志为核心的党中央保持高度一致

党的十八大以来，在以习近平同志为核心的党中央坚强领导下，伴随着党和国家各项事业发生历史性变革，人大工作取得历史性成就，人民代表大会制度理论和实践创新取得重大成果，民族工作创新推进，社会主义民主政治建设迈出重大步伐。党的十九大鲜明提出，中国特色社会主义进入新时代。我们要深入学习贯彻习近平新时代中国特色社会主义思想和党的十九大精神，深入学习贯彻十三届全国人大一次会议精神，加强思想理论武装，提高政治站位，为做好新时代人大工作特别是人大民族工作奠定坚实基础。

第一，牢固树立“四个意识”，坚决维护习近平总书记党中央核心、全党核心地位，坚决维护党中央权威和集中统一领导。维护党中央权威和集中统一领导，是我国革命、建设、改革的重要经验，是一个成熟的马克思主义执政党的重大建党原则。栗战书委员长指出，党中央权威是具体的而不是抽象的。维护习近平总书记的核心地位，就是维护党中央权威；维护党中央权威，首先要维护习近平总书记的核心地位。维护以习近平同志为核心的党中央权威和集中统一领导，是党和国家前途命运所系，是全国各族人民根本利益所在。人大代表肩负着党和人民的期待与重托，依法行使国家权力，必须坚持党的领导这个重大政治原则。十三届全国人大一次会议表决通过的宪法修正案，将习近平新时代中国特色社会主义思想和中国共产党领导是中国特色社会主义最本质的特征载入宪法，符合国家和民族最高利益。我们要坚持以习近平新时代中国特色社会主义思想为指导，牢固树立“四个意识”，始终在政治立场、政治方向、政治原则、政治道路上同以习近平同志为核心的党中央保持高度一致，不断巩固和发展好各族人民心向党的生动局面。

第二，坚定“四个自信”，坚定不移坚持和完善人民代表大会制度。习近平总书记指出，人民代表大会制度是坚持党的领导、人民当家作主、依法治国有机统一的根本政治制度安排，必须长期坚持、不断完善。实践充分证明，人民代表大会制度是符合中国国情和实际、体现社会主义国家性质、保证人民当家作主、保障实现中华民族伟大复兴的好制度，是一套有效保证能干事、干好事、干成事的政治制度。党的十八大以来，习近平总书记就坚持和完善人民代表大会制度、发展社会主义民主政治提出一系列具有重大理论和实践创新意义的新理念新思想新战略，是习近平新时代中国特色社会主义思想的重要组成部分，为我们坚持和完善人民代表大会制度、做好新时代人大工作指明了前进方向、提供了根本遵循。栗战书委员长多次强调，要深入学习贯彻习近平新时代中国特色社会主义思想，长期坚持、不断完善人民代表大会制度，做好新时代人大工作。人大代表是人民代表大会的主体，是坚持和完善人民代表大会制度的主力军。我们要深入学习贯彻习近平总书记关于人民代表大会制度的重要论述，深刻认识人民代表大会制度的科学内涵、基本特征和本质要求，增强坚持和完善人民代表大会制度的自觉性和坚定性。要充分发挥密切联系群众的优势，大力宣传人民代表大会制度和人大工作，让国家根本政治制度深入人心。要认真贯彻党中央和全国人大常委会关于做好新时代人大工作的要求，加强和改进立法、监督等工作，推动人大工作在新时代有新担当新作为。

第三，增强“五个认同”，铸牢中华民族共同体意识，坚定不移维护国家统一和民族团结，推动各民族交往交流交融。民族团结是各族人民的生命线。党的十八大以来，习近平总书记反复强调要积极培育中华民族共同体意识，全面贯彻党的民族政策，深化民族团结进步教育。党的十九大把铸牢中华民族共同体意识正式写入党章，实现了民族工作指导思想的与时俱进。十三届全国人大一次会议通过的宪法修正案，强调维护和发展各民族的平等团结互助和谐关系。铸牢中华民族共同体意识，是新时代民族工作的主基调主旋律，是实现中华民族伟大复兴中国梦的根本前提和内在要求，是各民族共同的责任。在我们国家漫长的历史进程中，各族人民密切交往、相互依存、休戚与共，形成了中华民族多元一体的格局，共同推动了国家发展和社会进步。历史深刻表明，坚持打牢中华民族共同体的思想基础，使各族人民增强对伟大祖国、中华民族、中华文化、中国共产党、中国特色社会主义的五个认同，构建各民族共有精神家园，是我们国家的统一之基、民族团结之本、精神力量之源。各位少数民

族全国人大代表多数来自民族地区，有的还在从事民族工作，与少数民族群众联系紧密，在铸牢中华民族共同体意识、维护国家统一和民族团结上不仅有自身的优势，更有一份沉甸甸的、义不容辞的责任。一要正确履行代表职责，深刻领会无论少数民族干部还是汉族干部，都是党和国家的干部，都要以党和国家事业为重、以造福各族人民为念，切实做到明辨大是大非的立场特别清醒、维护民族团结的行动特别坚定、热爱各族群众的感情特别真诚，以身作则、矢志不渝维护国家统一和民族团结。二要带头宣传贯彻落实党的民族政策，深入开展民族团结进步教育，大力弘扬社会主义核心价值观和中华优秀传统文化，引导各族群众牢固树立各民族水乳交融、唇齿相依、休戚相关、荣辱与共的观念，牢固树立正确的祖国观、民族观、宗教观、文化观、历史观，不断增强"五个认同"。三要厘清处理好本民族自我认同和中华民族整体意识的关系，讲大局、讲团结、讲责任，坚持和发扬各民族心连心、手拉手的好传统，坚决反对大汉族主义和狭隘民族主义，坚决反对一切危害国家统一和民族团结的言行，促进各民族交往交流交融，筑牢民族团结、社会稳定、国家统一的钢铁长城，共同实现中华民族伟大复兴。

二、准确把握做好新时代人大民族工作的基本要求，确保党中央关于民族工作重大决策部署落到实处

我国是统一的多民族国家，960 多万平方公里国土面积中，155 个民族自治地方占 64%；少数民族人口 1 亿多，占总人口的 8.49%。处理好民族问题、做好民族工作，是关系祖国统一和边疆巩固的大事，是关系民族团结和社会稳定的大事，也是关系国家长治久安和中华民族繁荣昌盛的大事。我国民族关系总体和谐，这充分说明我们民族工作是成功的，中国特色解决民族问题的道路是正确的。

党的十八大以来，习近平总书记把握历史经纬，立足战略全局，就加强和改进新时代民族工作作出一系列重要论述，深刻回答了民族工作的根本方向、根本任务、根本原则、根本制度、根本方法等重大问题，是对我们党民族工作经验和中国特色社会主义民族理论的丰富和发展，是习近平新时代中国特色社会主义思想在民族工作领域的具体体现，书写了马克思主义民族理论与中国民族问题实际相结合的新篇章，为做好新时代民族工作提供了根本遵循。我们要深刻领会，坚决贯彻落实党中央关于民族工作重大决策部署，准确把握做好新时代人大民族工作的基本要求，努力开创新时代人大民族工作新局面。

第一，必须始终坚持党对民族工作的集中统一领导，确保人大民族工作的正确政治方向。党的领导是民族工作成功的根本保证，也是各民族大团结的根本保证。要深入学习贯彻习近平总书记关于民族工作的重要论述，做到"八个坚持"：即坚持党的领导，坚持中国特色社会主义道路，坚持维护祖国统一，坚持各民族一律平等，坚持和完善民族区域自治制度，坚持各民族共同团结奋斗、共同繁荣发展，坚持打牢中华民族共同体的思想基础，坚持依法治国，坚定不移走中国特色解决民族问题的正确道路。要深入学习领会新党章和宪法关于铸牢中华民族共同体意识、维护和发展各民族的平等团结互助和谐关系的相关内容，全面贯彻党的民族政策，加强各民族交往交流交融，促进各民族像石榴籽一样紧紧抱在一起，共同团结奋斗、共同繁荣发展。要把党对民族工作的集中统一领导贯穿到人大工作和代表履职的始终，坚持请示汇报制度，坚持依法按程序办事，确保党中央关于民族工作的重大决策部署不折不扣落地落实。

第二，必须服务党和国家工作大局，推动各民族共同团结奋斗、共同繁荣发展。人大民族工作是人大工作的重要组成部分，涉及社会主义经济、政治、文化、社会、生态文明建设各个方面。开创人大民族工作新局面，关键的一条就是必须自觉服从服务于党和国家的工作大局，自觉服从服务于全国人大常委会中心工作。要自觉把立法、监督、调研等各项工作，放到统筹推进"五位一体"总体布局和协调推进"四个全面"战略布局，放到实现"两个一百年"奋斗目标和中华民族伟大复兴中国梦的战略全局去研究、去思考、去把握，把党的路线方针政策特别是党的十九大提出的各项目标任务贯彻落实到人大民族工作的全过程、各环节，确保党的主张通过法定程序成为国家意志，确保党领导人民有效治理国家。要高举各民族大团结的旗帜，深化"三个离不开"的思想，增强"五个认同"，不断巩固和发展平等团结互助和谐的社会主义民族关系，守护好民族团结这一我国各族人民的生命线。要结合人大职责和民族工作实际，全力推进民族地区、深度贫

困地区打好精准脱贫攻坚战，确保少数民族和民族地区如期全面建成小康社会，确保各族人民共享改革开放成果。

第三，必须全面推进依法治国，用法律保障民族团结，提高依法治理民族事务水平。依法治理民族事务是全面依法治国的重要内容，是坚持中国特色解决民族问题正确道路的关键环节，也是党和国家民族工作的一条基本经验。只有全面推进依法治国，各族群众自觉按法律办事，民族团结才有保障，民族关系才会牢固。一是要坚持依法治理民族事务首先要坚持依宪治理民族事务。宪法明确规定中华人民共和国各民族一律平等、各民族自治地方都是中华人民共和国不可分离的部分、中华人民共和国公民有维护国家统一和全国各民族团结的义务等重大原则。十三届全国人大一次会议通过的宪法修正案又充实完善了爱国统一战线和民族关系的内容，强调"国家保障各少数民族的合法的权利和利益，维护和发展各民族的平等团结互助和谐关系"。这些规定，为依法治理民族事务提供了根本法制保障，是全国各族人民必须遵守的根本活动准则。二是要落实好民族区域自治法。民族区域自治法是实施宪法规定的民族区域自治制度的基本法律，是依法治理民族事务的重要遵循。要坚持和完善民族区域自治制度，打牢各民族团结进步的制度基石。要切实做到坚持统一和自治相结合、坚持民族因素和区域因素相结合，深刻认识团结统一是国家的最高利益，是各族人民的共同利益，是实行民族区域自治的前提和基础；深刻认识民族区域自治不是某个民族独享的自治，民族自治地方也不是某个民族独有的地方，我国所有民族自治地方都是中国共产党领导下的地方，都是中华人民共和国的地方，都是全国各族人民共同拥有的地方，确保国家法律在民族自治地方有效实施，依法保障自治地方行使自治权。三是要加强对民族工作法律法规和政策执行情况的监督检查，依法保障各民族公民合法权益，依法妥善处理影响民族团结的矛盾纠纷，切实维护法律权威，不断提高依法治理民族事务水平。

第四，必须充分发挥人大监督职能，切实增强监督实效。人民代表大会制度的重要原则和制度设计的基本要求，就是任何国家机关及其工作人员的权力都要受到制约和监督。加强人大监督，是发展社会主义民主政治的重要内容，是全面推进依法治国、建设社会主义法治国家的必然要求。一要深刻认识人民代表大会制度的监督属性，切实用好宪法法律赋予的监督权。当前，民族工作法律法规体系已经比较健全。现行有效的 265 件法律中，有 90 件涉及民族事务。现行有效的 755 件行政法规中，有 68 件涉及民族事务。民族自治地方制定了 139 件自治条例、753 件单行条例、64 件变通和补充规定。人大民族工作履职的重点要着眼于推动党的民族政策和民族工作法律法规的贯彻落实，着眼于推进依法治理民族事务。二要实行正确监督，始终坚持党的领导，严格按照法定职权和法定程序进行监督，既敢于监督又善于监督，正确处理监督与支持的关系，形成加强和改进工作的合力。三要增强监督的针对性，紧紧围绕党和国家工作大局和全国人大常委会中心工作，围绕依法保障各民族的合法权利和利益开展监督，推动解决各族群众普遍关心的突出问题，维护国家统一和民族团结。四要增强监督实效。栗战书委员长在大气污染防治法执法检查组第一次全体会议上指出，如果执法检查工作中对明显的问题未发现、未处置，要进行追责，要承担责任。这对做好人大监督工作提出了新的更高要求。必须强化问题导向，完善监督机制，加大监督力度，切实防止"粗、宽、松、软"等问题，确保监督工作取得实实在在的效果。五要加强统筹协调，完善工作机制，形成党委领导、政府负责、有关部门协同配合、全社会通力合作的民族工作格局，形成共同做好民族工作的合力，确保各项政策措施落实到位。

三、牢记职责使命，提高履职能力，推动人大工作特别是人大民族工作不断取得新成效

本届人大任期的五年，正处于"两个一百年"奋斗目标的历史交汇期，人大代表使命光荣，责任重大。在此，我就代表依法正确履职再强调几点。

第一，必须提高政治站位，把牢方向。栗战书委员长强调，人大及其常委会代表人民行使国家权力，根本职责是在党的领导下，支持和保证人民当家作主。人民代表大会制度是我国的根本政治制度。全国人大及其常委会首先是在党中央领导下的重要政治机关，每一项职权、每一项工作都包含着政治。旗帜鲜明讲政治，提高站位，坚持正确政治方向是关系人大工作的根本性问题。要坚持把思想和行动统一到党中央决策部署上来，紧紧围绕党和国家工作大局，确定人大工作的思路和重点任

务，推动人大工作不断取得新的进展。作为少数民族全国人大代表，在维护国家统一和民族团结这个重大问题上，必须立场坚定，旗帜鲜明。在各项工作中都要坚持从最广大人民根本利益出发，从维护国家统一和民族团结的大局出发，努力推进党的民族政策、宪法和民族区域自治法的贯彻落实，维护和发展“中华民族一家亲、同心共筑中国梦”的良好局面。

第二，必须加强学习，增强本领。人大工作是党和国家事业的重要组成部分，政治性、法律性、程序性都很强，还具有专门化、专业化、精细化的特点。对于全国人大代表来说，加强学习、增强本领，是依法履行职责、做好人大工作的必然要求，也是一项基本功。我们在座的各位代表大部分是新代表，学习的任务更重、更紧迫。要在学懂弄通做实习近平新时代中国特色社会主义思想上狠下功夫，以科学理论武装头脑、指导实践、推动工作。要带头学习宣传贯彻宪法和法律，自觉做尊崇宪法、学习宪法、遵守宪法、维护宪法、运用宪法的表率，提高运用法治思维和法治方式推动工作的能力。要广泛学习各方面知识，跟上时代步伐，全方位提升理论水平和能力素养。要发扬理论联系实际的马克思主义学风，做到学以致用、用以促学、学用相长。

第三，必须加强调查研究，密切联系人民群众。人大代表是党和国家联系人民群众的重要桥梁。对人大代表来讲，加强调查研究具有特殊重要的意义，它既是密切联系群众的重要方式，又是代表法规定的法定义务。要把调查研究摆在履职尽责、改进工作的重要位置，积极参加常委会、专门委员会组织的调研活动，积极在本职工作中、日常生活中开展调研。要突出调研重点，紧扣党中央决策部署和全国人大常委会中心工作、紧扣国家统一和民族团结的大局、紧扣少数民族群众和民族地区关心关注的问题、紧扣人大立法和监督工作确定选题，增强针对性。要注重调研实效，在全面掌握、深入研究调研材料的基础上，认真撰写调研报告和议案建议，及时准确反映人民群众的呼声和诉求，提出高质量的意见建议，为有关部门决策提供参考。要坚持以人民为中心，开展调查研究、审议议案报告、提出议案和建议，都要坚持人民主体地位，坚持从全体人民的根本利益、长远利益、整体利益出发，从全局和大局出发，不能凭个人好恶来表达意见，更不能在工作中掺杂个人利益。要改进调研作风，轻车简从，深入实际、深入基层、深入群众，老老实实拜人民为师，向人民学习，把人民群众的首创经验和智慧力量汇集起来，不断提高调查研究水平，夯实依法履职的群众基础、实践基础。

第四，必须加强作风建设，树立良好形象。习近平总书记反复强调，作风建设永远在路上。栗战书委员长多次就加强全国人大作风建设提出要求，强调要持之以恒正风肃纪，严格执行中央八项规定及其实施细则，严守会议和工作纪律，注重实干实效，切实防止形式主义、官僚主义特别是各种新表现新动向。十三届全国人大代表中，少数民族代表438名，比上一届多29名，占代表总数的14.7%，平均每7个代表里就有1位少数民族代表，这在全国1亿多少数民族中是极高的政治身份，也肩负着极大的政治责任。人大代表的一举一动、一言一行，都受到各族群众各方面的关注。人大代表的作风，直接关系国家权力机关的形象，关系人民群众对人民代表大会制度的信赖。要牢记自己的职责使命，珍惜人民赋予的权力，以身作则，严格要求，带头改作风转作风。严格执行中央八项规定及其实施细则要求，严格遵守全国人大有关制度规定，正确认识代表权利和义务的统一，正确处理从事个人职业活动与执行代表职务的关系，正确行使民主权利，知敬畏、存戒惧、守底线，自觉接受监督，自觉做忠诚干净担当的表率。要严格遵守会议纪律和请假制度，按时参加代表大会会议，根据安排列席常委会会议，积极参加有关学习培训、执法检查、调查研究活动，忠实履行宪法和法律赋予的各项职责。

各位代表，同志们，中国特色社会主义进入新时代，我们比历史上任何时期都更接近、更有信心和能力实现中华民族伟大复兴的目标。让我们更加紧密地团结在以习近平同志为核心的党中央周围，戮力同心，锐意进取，埋头苦干，不断提高人大工作水平，为坚持和完善人民代表大会制度，为推进我国民族团结进步事业，为决胜全面建成小康社会、实现中华民族伟大复兴的中国梦作出新的更大贡献！

坚持以人民为中心的发展思想努力实现社会委工作高点起步、良好开局

（2018 年 6 月 21 日）

张春贤

设立全国人大社会建设委员会，是以习近平同志为核心的党中央贯彻落实党的十九大精神、加强人大工作的重大举措，是深化党和国家机构改革、完善国家最高权力机关机构设置的重要内容，对于统筹推进“五位一体”总体布局，加强社会建设，创新社会管理，更好保障和改善民生，推进社会领域法治建设，具有深刻的历史和现实意义。社会建设委员会是全国人大十个专门委员会中唯一一个直接根据“五位一体”总体布局中的“社会建设”命名的委员会，是 1998 年 3 月全国人大农业与农村委员会成立以后 20 年来全国人大首个新设的专门委员会，是全国人大在中国特色社会主义进入新时代、“两个一百年”奋斗目标进入历史交汇期、我国由高速增长阶段转入高质量发展阶段的崭新时代背景下设立的第一个专门委员会。我们要充分认识其重大意义，切实增强做好社会建设委员会工作的思想自觉与行动自觉。

一、深入学习贯彻习近平新时代中国特色社会主义思想

战书同志在十三届人大常委会第一次会议上强调：“十三届人大及其常委会，要在以习近平同志为核心的党中央坚强领导下，深入学习贯彻习近平新时代中国特色社会主义思想，坚持以这一根本思想统领人大工作”。

党的十八大以来，面对国际国内“两个百年未有之大变局”，面对世情、国情、党情的深刻变化，面对各种复杂严峻的挑战，习近平总书记旗帜鲜明地坚持马克思主义指导地位，直面矛盾，正本清源，创造性地将马克思主义立场观点方法运用于“四个伟大”和“两个革命”的卓越实践，形成了与伟大时代交相辉映的理论。习近平新时代中国特色社会主义思想，是马克思主义中国化的最新成果，是党章和宪法确定的党和国家指导思想，是引领我们党、我们国家走向未来、夺取中国特色社会主义新胜利的根本指南。

作为人大的同志，学习贯彻习近平新时代中国特色社会主义思想，首先要学习贯彻好习近平总书记关于人民代表大会制度的重要思想。党的十八大以来，习近平总书记就坚持和完善人民代表大会制度提出一系列新理念新思想新战略，极大丰富和拓展了人民代表大会制度的科学内涵、基本特征和本质要求，这些都是习近平新时代中国特色社会主义思想的重要组成部分，标志着党对人民代表大会制度的规律性认识达到新的高度。我们要以习近平总书记关于人民代表大会制度的重要思想为统领，落实好战书同志“五个牢牢把握”的要求，坚定人民代表大会制度自信，切实把新时代人大工作提高到新的水平。

作为社会建设委员会的同志，还要学习贯彻好习近平总书记关于社会建设的重要论述。社会建设是“五位一体”总体布局和“四个全面”战略布局的重要组成部分，关系社会公平正义，关系人民对美好生活向往的实现，关系全面建成小康社会、全面建设社会主义现代化强国。关于社会建设，马克思主义经典著作有很多论述，至今还有重要意义。在马克思主义理论体系中，“人的自由全面发展”是一个重要内容，认为“每个人的自由全面发展是一切人的自由全面发展的条件”。马克思、恩格斯在深入研究人类社会发展规律的基础上提出的一个重要设想就是，在社会主义条件下，社会应该“给所有的人提供健康而有益的工作，给所有的人提供充裕的物质生活和闲暇时间，给所有的人提供真正的充分的自由”。这些实际上都是关于社会建设的思想。

党的十八大以来，以习近平同志为核心的党中央对社会建设高度重视，习近平总书记发表了一系列重要讲话，提出了许多具有战略性全局性根本性的重要思想。初步梳理有 7 个方面：一是提出不忘初心、牢记使命，高举中国特色社会主义伟大旗帜，

牢固树立道路自信、理论自信、制度自信、文化自信,实现中华民族伟大复兴的中国梦;二是提出中国特色社会主义进入新时代,我国社会主要矛盾已经转化为人民日益增长的美好生活需要和不平衡不充分的发展之间的矛盾;三是提出坚持以人民为中心的发展思想,人民对美好生活的向往就是我们的奋斗目标,必须始终把人民利益摆在至高无上的地位,让改革成果更多更公平惠及全体人民,不断促进人的全面发展、全体人民共同富裕;四是提出坚持共享发展的理念,坚持全民共享、全面共享、共建共享、渐进共享,不断满足人民日益增长的美好生活需要,使全体人民有更多获得感、幸福感、安全感;五是提出在发展中保障和改善民生,树立底线思维,抓住人民最关心最直接最现实的利益问题,既尽力而为、又量力而行,优先发展教育事业,提高就业质量和人民收入水平,加强社会保障体系建设,坚决打赢脱贫攻坚战,实施健康中国战略,在幼有所育、学有所教、劳有所得、病有所医、老有所养、住有所居、弱有所扶上不断取得新进展;六是提出公平正义是中国特色社会主义的内在要求,共同富裕是中国特色社会主义的根本原则,社会和谐是中国特色社会主义的本质属性,全面深化改革必须以促进社会公平正义、增进人民福祉为出发点和落脚点;七是提出完善中国特色社会主义社会治理体系,打造共建共治共享的社会治理格局,提高社会治理社会化、法治化、智能化、专业化水平。习近平总书记关于社会建设的思想,核心是坚持以人民为中心的发展思想。党的十九大报告把"坚持以人民为中心"作为新时代十四条基本方略之一,进一步丰富和发展了中国特色社会主义人民观。这些重要讲话和论述,深刻回答了新时代社会主义社会建设面临的重大理论和实践课题,是习近平新时代中国特色社会主义思想的重要内容,是我们做好新时代社会建设领域工作的理论指导、行动指南和重要遵循。我们要真正把总书记的这些重要思想落实到工作中去,深入研究在立法、监督等工作中如何体现以人民为中心的发展思想,如何落实共享发展的理念,如何通过法治的方式不断满足人民日益增长的美好生活需要,不断保障和改善民生,不断加强和创新社会治理,不断促进社会公平正义、促进人的全面发展、促进全体人民共同富裕,为新时代社会建设提供坚强法治保障。

我们这一届社会建设委员会正好处于"两个一百年"奋斗目标的历史交汇期,面临新的形势和任务。一方面,统揽"四个伟大"、统筹推进"五位一体"总体布局、协调推进"四个全面"战略布局,对我们的工作提出了新的更高的要求;另一方面,我们也面临矛盾凸显期和改革深水区的挑战,面临人民群众在民主、法治、公平、正义等方面需求日益增长的挑战,面临人们思想独立性、活跃性、差异性明显增强的挑战,面临网络等新媒体快速发展、凝聚社会共识的难度显著增加的挑战,这些都迫切需要不断加强社会领域的法律制度建设。要认清党和国家所赋予重大的历史任务,认清自己所肩负的重大历史责任,以昂扬的精神状态投入到工作中去,真正作出我们应有的贡献。

二、以开拓创新精神做好社会建设委员会各项工作

战书同志在十三届全国人大专门委员会负责同志会议上指出,全国人大是最高国家权力机关,专门委员会是最高国家权力机关的重要组成部分。还特别指出,专门委员会是依照法律规定,按照专业化、经常化要求设立的机构,承担着大量的立法、监督等工作,是全国人大及其常委会履行职责的重要基础和保障。这深刻阐明了专委会工作的重要性。

做好社会建设委员会工作,首先要弄清楚专门委员会的职责。《宪法》规定的专门委员会的职责是"研究、审议和拟订有关议案"。《全国人民代表大会组织法》规定了五项工作:一是审议议案;二是提出议案;三是审议同宪法、法律相抵触的有关法规、规章、命令等;四是审议有关质询案;五是调查研究,提出建议。这是1982年制定的,后来实践中又有发展。实际上是五项工作,即:起草法律草案,执法检查,专题调研,审议代表议案,办理督办建议。

具体到社会建设委员会,《深化党和国家机构改革方案》规定的主要职责是:"研究、拟订、审议劳动就业、社会保障、民政事务、群团组织、安全生产等方面的有关议案、法律草案,开展有关调查研究,开展有关执法检查等"。最近根据中央编办关于调整全国人大机关机构编制的通知,人大常委会办公厅明确了社会建设委员会办事机构的"三定"方案,社会建设委员会设办公室、社会事务室、工青妇室、劳动就业和社会保障室4个正局级机构。综合起来,社会建设委员会的职责可以概括为五个方面、五项工作,五个方面是:劳动就业、社会保障、社会事务(包括社会管理、民政事务、体育等)、群团组织(包括群团工作以及老年人、妇女、儿童、青少年权

益保护等)、安全生产;五项工作是:起草法律草案、执法检查、专题调研、审议代表议案、办理督办建议。

工作中要着重把握四个方面:

1. 围绕中心、服务大局。专门委员会的工作要紧紧围绕党和国家大局和全国人大及其常委会中心工作来谋划和推进。对社会建设委员会来讲,首先是贯彻好习近平新时代中国特色社会主义思想特别是关于社会建设的重要思想。其次是贯彻好党的十九大精神特别是关于社会建设的部署要求,具体就是十九大报告的七条部署(优先发展教育事业,提高就业质量和人民收入水平,加强社会保障体系建设,坚决打赢脱贫攻坚战,实施健康中国战略,打造共建共治共享的社会治理格局,有效维护国家安全)和"七个有所"(幼有所育、学有所教、劳有所得、病有所医、老有所养、住有所居、弱有所扶),其中有四条部署(就业、社会保障、社会治理、脱贫攻坚)和"三个有所"(劳有所得、老有所养、弱有所扶)与社会建设委员会有关。第三是落实好人大常委会关于今年工作的"一要点、两计划"。要紧紧围绕这些部署和要求来行使法定职责,做好各项工作。

2. 摸清底数、高点起步。作为新成立的专门委员会,一开始就要高起点、有高度。要尽快摸清五个方面立法和法律实施的情况,认真借鉴其他专门委员会的经验,确保高点起步、良好开局。初步梳理,目前劳动就业、社会保障、社会事务、群团组织、安全生产等五个方面一共有 29 部法律。我们要了解法律执行情况,实施中存在哪些突出问题,需不需要修改;还有哪些领域需要立法,立法要解决什么突出问题,有关方面工作基础如何,等等。

高点起步,很重要的是站位要高。要站在"五位一体"总体布局的高度,从社会建设的大角度来考虑问题,既要围绕五个方面、五项工作来谋划推进,又不要过于局限,特别是调查研究要放宽视野,抓住社会反映强烈、有全局意义的问题,深入研究社会建设的法治保障问题。

今年已经时间过半,当前的首要任务是尽快启动和运转起来。要抓紧开展各项工作,加快建立工作机构、充实工作人员,加快制定各项工作制度,明确分工和职责。要围绕拟开展的重点立法项目,加快立法调研工作。21 件代表议案的办理答复也要抓紧,在规定时间内高质量完成好。按照"一要点、两计划",今年社会建设委员会立法、监督的任务不多,但熟悉社会建设委员会的工作,摸清五个方面五项工作的底数,搞好五年的谋划设计,有大量工作要做。大家要紧张起来,尽快适应和开展新的工作,努力使社会建设委员会有一个良好的开局。

3. 遵循规律、把握特点关于人大工作规律,归纳起来有这么几点:一是人大工作的"五性":即政治性、政策性、专业性、规范性、程序性;二是专门委员会的"三性":法定性、专业性、经常性;三是立法要把握和遵循"两个规律"、做到"两个更",即把握和遵循经济社会发展客观规律、法律体系内在规律,把法律所要调整、规范的社会关系研究得更透彻一些,把法律规定可能产生的效果考虑得更全面一些。

本届人大最大的特点就是处于"两个一百年"奋斗目标的历史交汇期,前半段实现第一个百年奋斗目标,全面建成小康社会;后半段开启第二个百年奋斗目标,开启全面建设社会主义现代化强国新征程。我们谋划各项工作都要以此为前提。2020 年前,立法、监督等各项工作要紧紧围绕"三大攻坚战"来谋划和展开,为"跨越非常规的现阶段特有的关口"作出贡献。

4. 统筹谋划、突出重点。由于人大工作的特殊性,稍不注意就容易做虚、流于形式。如何避免这一点,关键是要加强统筹谋划,选准和抓好重点。有了重点,工作就有效果,自然也就有了亮点。

一是统筹好五个方面工作。五个方面立法情况各有不同、各有特点,有的可能是需要补上立法的空白点,有的可能是以修订为主,还有一些领域可能已经有众多单行法,那就要在系统化上做文章,解决法律规范交叉重复、不衔接不协调甚至冲突的问题,这本身也是"完善以宪法为核心的中国特色社会主义法律体系"的要求。

二是统筹好五年工作。对五年的立法、监督等工作,从一开始就争取有一个系统的、长远的考虑,提出明确的思路和重点。当前要在深入调研的基础上,抓紧研究社会建设领域的五年立法规划项目。这关系到这一届社会建设委员会五年工作的全局。关于监督工作,社会建设委员会要考虑一个五年的总体思路,特别要选一些对经济社会发展有促进、有触动的项目,也可以围绕一个大的领域,每年搞其中一个题目。

三是统筹好前后两段工作。即 2020 年之前的两年半和之后的两年半的工作。

四是统筹好立法、监督和其他各项工作。立法是硬任务,必须牢牢把握立项、起草、审议等几个关键环节,加强对立法工作的组织协调,强化协同配合;尤其要抓住立法质量这个关键,在科学立法、民主立法、依法立法上下功夫，把社会主义核心价值观融入立法修法全过程，让立出来的法顺应规律、管用有效，真正做到以良法促进发展、保障善治。监督对法律实施有重要意义，同时也是一项讲究艺术和智慧的工作，要综合运用专项工作报告、专门执法检查、专题调研、专题询问等多种监督方式，针对不同监督项目精心选择监督方式，使监督更真实、更深入、更有力度。要推进立法和监督相结合、相促进，通过执法检查，发现存在问题，提出修法建议。要认真做好审议代表议案、办理督办建议的工作，这个过程也是发现存在问题、促进立法和监督工作的过程。国际交流合作和对外交往要加强谋划和设计，选好交往项目，做好精心准备，取得好的效果。作为新成立的委员会，还要重视做好新闻宣传工作，主动加强与服务联系部门、地方人大相关专门委员会的交流沟通，创造良好的外部环境。

五是统筹好社会建设委员会与各有关方面的关系。

三、以党的建设为统领，加强委员会自身建设

1. *要把加强党的政治建设摆在首位*。党的十九大报告提出了新时代党的建设总要求，与以前相比，主要有三个变化：一是提出坚持和加强党的全面领导，二是明确以党的政治建设为统领，三是提出党建工作新格局，即全面推进党的政治建设、思想建设、组织建设、作风建设、纪律建设，把制度建设贯穿其中，深入推进反腐败斗争。专委会开展各项工作，都要把党的政治建设摆在首位。要牢固树立政治意识、大局意识、核心意识、看齐意识，严明政治纪律和政治规矩，坚决维护习近平总书记党中央的核心、全党的核心地位，坚决维护党中央权威和集中统一领导，自觉在政治立场、政治方向、政治原则、政治道路上同以习近平同志为核心的党中央保持高度一致。要把学习贯彻习近平新时代中国特色社会主义思想作为首要任务，不断提高政治站位和理论水平，以此来武装头脑、指导实践、推动工作。要切实把党中央集中统一领导体现在人大工作各方面和全过程，不折不扣完成党中央各项决策部署，用好的实际效果真正维护以习近平同志为核心的党中央权威。要充分发挥分党组作用，自觉接受常委会党组的领导，确保专委会各项工作在全国人大及其常委会领导下顺利进行。要组织开展好“不忘初心、牢记使命”主题教育，推进“两学一做”学习教育常态化制度化，增强党内政治生活的政治性、时代性、原则性、战斗性。要严格执行中央八项规定和实施细则，加强请示报告制度，常委会会议和专委会重要会议严格按有关要求执行，严格请假制度。

2. *要着力加强学习调研*。要抓紧学习与履行岗位职责密切相关的知识，首要的是学好习近平总书记关于社会建设的重要论述，要在中央文献研究室编写的《习近平关于社会主义社会建设论述摘编》的基础上，根据社会建设委员会五个方面职责，抓紧组织编写一本更加系统、更加集中的习近平总书记关于社会建设的重要论述汇编，作为今后工作的重要遵循；在此基础上，择时组织一次专题学习，提升和统一大家的认识。要在调研上多下功夫，跟踪研究社会建设新情况新问题，可以考虑选择一些关系长远和全局的题目进行深入调研，及时发现问题，提出立法和监督建议，为做好工作打下坚实基础。

3. *要力争理论和实践的双成果*。深入学习理解习近平总书记关于社会建设的重要思想，加强这方面的理论研究，力争取得重要理论成果；同时也要深入开展调查研究，不断研究社会建设领域的新情况新问题，力争在法律制度保障上取得重要的实践成果。

4. *要有新气象新作为*。习近平总书记指出，新时代要有新气象，更要有新作为。新成立的社会建设委员会更要有新气象新作为。社会建设委员会的各位同志经验都很丰富，都为党和国家事业作出过重要贡献。不管是专职还是兼职，社会建设委员会都是大家可以发挥自身优势和作用的重要平台。有人说，人大虽不是火线，但绝不是二线。希望大家继续保持“热线”工作的状态，思想上不懈怠、要求上不放松、标准上不降低，集中精力，发挥自身优势，保持开拓创新的劲头。同时要尽快熟悉人大、适应人大，以人大的方式做好人大工作。

党中央、人大常委会党组对成立社会建设委员会高度重视，社会各方面也充满期待。社会领域法治建设无论理论探索还是具体实践，都具有强劲需求和广阔空间。希望大家珍惜这个历史机遇，用好这个平台，为第一届社会建设委员会有一个良好的开局，为开创新时代人大工作新局面作出我们应有的贡献。

现代种业要为现代农业服务

（2018 年 1 月 8 日）

吉炳轩

农业生产有六大基本要素：一是土，二是种，三是水，四是肥，五是耘，六是温。土，就是土地、耕地、土壤，不同的土地、土质种植不同的农作物，要因地制宜，因土制宜。种，就是种子，要适地，适天、适人、适市场需要，做到高产、稳定，优质、高效，并能抗病、抗虫、抗灾。水，就是水利条件，旱了能浇，涝了能排，并能节约用水，科学用水，还要保护水资源，保护水环境。肥，就是合理用肥，科学用肥，始终保持地力，使土壤肌体健康，永远年轻，而不能掠夺式经营。耘，就是耕作技术，田间管理，也是栽培技术，即科学种田，用先进的科学技术进行农作物的耕作和管理，以在有限的土地上，获取更多的收成和取得更大的效益，并能保护好土地和各类资源及生态环境，做到天地人和谐共生、和谐发展。温，就是温度，气候条件，适时而作，应时而作，并能用一定的科技手段来调节控制作物生产所需要的温度，如地膜覆盖、设施装备等。这六大要素仅是就农业耕作而言，其中种子是很重要的一个方面。

我们提出要发展现代种业，目的是为发展现代农业服务的。现代农业同传统农业不同，现代种业同传统种业也不同。简单说，传统农业是由一家一户来从事生产经营的小农经济，是自给自足、自种自吃的小生产；而现代农业则是社会化的大生产，是同科学技术、生产企业、市场营销连为一体的综合生产经营。我们现在正处于由传统农业，即一家一户小生产，向现代农业的社会化大生产过渡的时期，我们的时代责任就是要推动这个过渡平稳而顺利地较快完成，使我们的农业走上现代化的发展之路。什么是现代农业，现代农业有什么标志或条件？我把它简要概括为八化：

第一个是实现农业水利化。水利化是建设农业现代化的可靠基础。确保粮食生产旱涝保收、高产稳产优质，必须着力解决靠天收的问题，否则就永远处于被动局面。要掌握农业生产的主动权，核心是两条：一条是了解自然规律，顺应自然规律，学会与天合作，做到天地友好和谐；另一条是完善生产设施，改善生产条件，特别是水利设施、灌溉条件。粮食生产除了种子，即在有好种的前提下，最基本的条件是土壤、水分和阳光，水分和阳光极为重要，而水利对粮食增产的贡献率则达到 40% 以上。频繁发生的水患和干旱灾害不停地告诫我们，农田水利基础设施不足仍是影响农业稳定发展和国家粮食安全的重大制约，没有大水利就没有大农业、大粮仓、大生态。水利具有很强的公益性、基础性、战略性，历代善治国者均以治水为重，善为国者必先除水旱之害。我们要高度重视水利工程建设，把现代水利建设作为关系经济安全、生态安全、国家安全的战略举措，着力解决旱涝保收的问题，着力解决靠天吃饭的问题。现阶段的水利现代化，不是简单地灌排系统建设，而是要在全力抓好大规模水利工程建设的同时，全面构建充满活力、富有效率、更加开放、有利于科学发展的水利体制机制，不断完善适合我国国情水情的水利发展模式，保护水资源，优化水环境，以水资源的可持续利用来支撑和保障经济社会又好又快发展。

第二个是要实现农业机械化。机械化是建设农业现代化的最大动力。农业机械是农村生产力中的关键因素，是实现传统农业向现代农业转变的重要载体。在农业发展的历史进程中，每一次生产力的极大提高，都与生产工具的出现和改良息息相关。特别是农业机械的装备使用，实现了人力畜力所不能达到的生产效率，降低了劳动强度和生产成本，进一步解放和发展了农村生产力。改革开放以来，我国农业机械化进入历史上发展最好时期，发展速度显著增快、发展质量显著提高、地位作用显著增强，实现了农业机械化发展由初级阶段到中级阶段的重大跨越，农业生产方式由人力畜力为主向机械作业为主的历史性跨越。但也一定要十分清醒地看到，我国农机装备差、技术层级低、装备结构不合理、运用基础设施条件差的问题依然存在。经济作物机械化许多环节还是空白，农机服务规模小、组织化程度低，农机技术自主创新能力弱，新产品新技术有效供给不足，等等，在农业机械装备上，我们还有很大一截距离。应该十分清醒地认识到，在统筹推进工业化、信息化、城镇化、农业现代化进程中，农民对农机作业的需求越来越迫切，农业发展对农机应用的依赖越来越明显，机械化对建设现代农业的作用越来越突出。发展现代农业，就要大力推动农机科技进步，积极推广增产增效型、资源节约型和环境友好型农机技术，重点推广节种、节水、节肥、节药、节地、节能农机新技术，促进薄弱环节农机技术实现新突破。应加快发展农机装备制造业，加强现代农机基础和前沿技术研究，开发具有自主知识产权的多功能、智能化、经济型农机装备科研成果，在田间作业、设施栽培、健康养殖、精深加工、储运保鲜等环节取得新进展。

第三个是实现农业科技化。科技化是建设农业现代化的根本保障。科学技术是第一生产力，农业科技进步已经成为转变农业增长方式、推进农业现代化建设的先导力量。人类历史发展表明，一部农业发展史就是农业科技进步史，每一次农业科技的重大突破，都带来了农业发展新的飞跃。我国以不到世界7%的耕地，养活占世界21%的人口，关键就在于紧紧依靠农业科技自主创新来不断促进农业生产力发展。当前，发展现代农业受到的自然资源制约日益凸显，继续靠增加自然资源投入来增加农产品产出的余地已越来越小。在耕地面积持续减少、淡水资源短缺不可逆转的趋势下，农业发展对科技的依赖程度越来越高。建设现代农业，就要始终坚持科技兴农，大力研发推广先进适用技术，不断提高农业生产科技含量，向良种良法要产量，向科学技术要效益，加快促进科技成果向现实生产力转化。农业科技涵盖广泛，粮食种植、蔬菜种植、畜牧养殖、产业发展等，都要依靠科学技术。只有不断强化科技支撑，才能更好地推动农业加快发展、促进农民持续增收。要进一步深化农业科技体制改革，打破部门、区域、学科界限，有效整合科技资源，建立协同创新机制，从科研、试验、示范、推广等环节入手，推动产学研、农科教紧密结合。利用农业科技来改造农业、经营农业、管理农业，走出一条依靠科技进步不断提高土地产出率、资源利用率和劳动生产率的农业现代化发展道路。要把良种良法创新作为核心任务，力争通过几年的努力，使各个种植区域、各种粮经作物都有一批具有自主知识产权、品性达到国际先进水平的作物良种，使不同地区、不同作物和不同积温带农作物都有适合的高产栽培技术模式。

第四个是实现农业合作化。合作化是建设农业现代化的必要条件。生产力决定生产关系，生产关系反过来又作用于生产力。以家庭承包经营为基础、统分结合的双层经营体制，符合我国现阶段农业生产特点，适应当前农业生产力发展要求。它突破了“一大二公”、“大锅饭”的旧体制，确立以户为单位的家庭承包经营的新型农业耕作模式，促进了劳动生产率提高，推动了农村经济加快发展。实践证明，这一制度有利于农业生产力发展，有利于维护农民利益，是党和国家农村政策的基石，必须毫不动摇地予以坚持。在稳定这一大政策的前提下，实行农村土地所有权、承包权、经营权三权分置，进一步深化农村经济体制改革，完善土地经营方式，必将进一步推动农村生产力有新的发展，农村面貌也将有新的更大变化。需要进一步看到的是，随着农业生产力不断进步，现代农机的应用，先进科技的推广，农业产业化建设的推进，对农业经营制度提出了新要求。生产关系如何适应农业现代化，如何实现更大范围内的资源重组，如何实现更大范围的规模化生产，已经十分尖锐而紧迫地摆在我们面前。全国各地已经探索出了许多好的路子，譬如各种类型的农业合作社、家庭农场、种粮大户、农业产业龙头企业基地建设等。开展农业生产合作是发展现代农业的必由之路，需要加大支持引导力度，帮助解决困难问题，不断提高农民合作组织的发展水平，推动农村经济加快发展。农业合作社建设一定要坚持从实际出发，立足当地资源优势、产业基础和市场条件，按照业务种类、服务对象和农民意愿，特别要充分尊重农民意愿，发展适合当地实际的合作组织。要坚持多元发展，引导和支持基层组织、农村能人、龙头企业等积极参与农村合作组织建设。

第五个是实现农业产业化。产业化是建设农业现代化的重要支撑。在传统农业中，农业生产、销售、加工多是处于分离状态的。这种分离状态下的农业，从一定意义上来讲，形不成真正的产业。农民生产的产品大部分自己使用，少部分进入市场，由于农民不是真正的产业主体，难以获得相应的市场话语权，导致农产品商品化程度低，价格长期低位徘徊。农业产业化程度低，已经成为影响农业发展、农民收入增长、农村生活水平提高的重要因素。建设现代农业，必须要把农业产业化放在十分重要的位置，要以农业产业化来支撑农业现代化。推进农业产业化建设，能够把农业生产的产前、产中、产后等环节有机结合起来，把分散的农户组织起来、分散的作业统一起来、分散的经营联合起来，使生产规模化、产品商品化、流通市场化成为可能,使千千万万的“小农户”、“小生产”与纷繁复杂的“大市场”、“大需求”联系起来,为广大农民进入市场构筑起畅通牢固的桥梁。建设农业现代化,就需要大力推进农业产业化发展,以打造大龙头、大链条、大产业、大品牌为目标,加快构建现代农业产业体系。应加快生产基地建设,推广“龙头企业 + 合作社 + 农户”经营模式,引导和支持农民专业合作组织、村集体经济组织、农业技术推广部门、专业大户、农民经纪人等各类市场主体积极参加生产基地建设。鼓励支持龙头企业根据需求建设优质粮、肉蛋奶、瓜菜、糖料、饲草、水产、山特产品基地,提高基地建设规模、生产总量及专业化水平。要着力培育壮大龙头企业,鼓励支持农产品加工企业引进先进适用的生产加工设备,改造升级贮藏、保鲜、烘干、精选、分级、包装等设施装备,支持企业以资本运营和优势品牌为纽带,开展跨区域、跨行业、跨所有制的联合与合作,推进优势产品向优势企业集中、优势企业向优势产业和优势区域集聚,打造一批在市场上叫得响、占有率高的名牌产品,积极参与国际竞争,占领更多市场。

第六个是实现农村城镇化。城镇化是建设农业现代化的可靠载体。城镇化和农业现代化都是农村、农业发展的路径和手段,二者相互依托、相互促进。农业现代化是城镇化发展的基础和根基;城镇化是发展现代农业的条件和载体。当前制约农业现代化的因素有很多,其中很重要的一个因素就是农业产业经营规模不足。一家一户的分散经营,很难发挥大型农业机械的作用,还不利于组织基础设施建设,更不利于推广先进适用技术和农业产业化经营,只有实现农业产业适度规模经营,才能为农业现代化开辟更为广阔的发展道路。要实行农业生产适度规模经营就会产生大量富余农村劳动力,而城镇是二、三产业的集聚地,是吸纳农村富余劳动力的蓄水池。推进城镇化建设,能够为农民提供教育、科技、文化等良好公共服务,全面提高农村劳动者素质,培养造就有文化、懂技术、会经营的新型农民,为发展现代农业提供强大的人才智力支持。城镇化建设包括基础设施建设、产业发展、民生改善、生态建设等诸多方面,涵盖经济、政治、社会、文化、生态等诸多因素。推进城镇化建设,能够把经济建设、政治建设、文化建设、社会建设和生态文明建设统一起来,统筹规划、协调推进,真正做到经济发展、政治安宁、文化繁荣、社会稳定、生态文明。

第七个是实现经营市场化。现代农业依靠市场来决定农业生产,是分工分业的社会化生产经营。历史上传统农业更多的是靠行政手段来指导农业生产,实行指令性购销政策,是一家一户的小生产经营,体现为典型的吃饭农业。现在取消了农业税,废除了统购统销,按照市场需求进行种植,并采取惠农政策,把农业生产逐步推向市场经济,靠市场来调节生产。这些年农业生产稳定发展、农民收入稳定增长、农村社会和谐安定,与现行农村政策,即按照农业生产规律和农产品市场规律来办事有很大关系。传统农业与现代农业最本质的区别就在于是否按照市场规律办事。只有打破农业生产封闭半封闭的自然状态,让农业生产与市场需求对接起来,让农业生产经受市场经济考验,才能更好更快地推动农业发展进步。市场化是传统农业走向现代农业的必由之路,是现代农业的基本特征,只有推进市场化建设,让市场在资源配置中发挥关键性作用,才能增强现代农业发展活力。发展现代农业必须高度重视农业生产的市场化问题,既要发挥市场调节生产、促进生产发展、配置资源的巨大作用,更要有能力、有办法管住市场、管好市场,避免农产品尤其是粮食价格大起大落、粮食市场波动震荡。要认真研究价格体系问题,健全农产品价格保护制度,确保农产品价格不大起大落;要认真研究粮食收储问题,优化粮食等大宗农产品储备品种结构和区域布局,加快构建供给稳定、储备充足、调控有力、运转高效的粮食安全保障体系;要认真研究运输和销售问题,统筹规划农产品市场流通网络布局,重点支持重要农产品集散地、优势农产品产地市场建设;要认真研究市场监管问题,加强农产品收购、流通、销售等环节交易和价格行为的监管,充分发挥其稳定价格、引导供求、平抑市场波动等作用;要认真研究产品质量问题,积极推进农业标准化生产,抓紧制定一批农产品生产管理急需的质量安全标准和规范,不断提高农产品质量安全水平。

第八个是实现发展生态化。现代农业的发展需要生态环境的改善作支撑,不注重生态文明的现代农业就不可能实现可持续发展。要十分清醒地看到,现在能源、资源供给矛盾已十分突出,水、土壤、空气污染也十分严重,森林减少,草原退化、水土流失、土地沙化、地质灾害频发、湿地湖泊萎缩、地面沉降等问题仍很严峻,粮食安全、淡水安全、能源安全面临严重挑战,人口、资源、环境的矛盾日益突出。只有大力推进生态文明建设,努力走绿色循环低碳发展道路，才能实现持续健康发展。人民群众热切期盼“舌尖上的安全”，期盼清洁空气、洁净饮水、良好气候、优美环境。建设现代农业最基本的是必须让老百姓喝上干净的水、呼吸新鲜的空气、享用绿色的植被、吃上放心的食物，能生活在宜居的环境中。建设现代农业，必须坚持可持续发展为基本指导思想，着力保护和改善农业生态环境，调整优化农业结构及其功能，实现农业经济系统、农村社会系统、自然生态系统的同步优化，把现代农业的发展建立在生态环境良性循环基础之上，做到生态保护和农业资源可持续利用。

农民当前最需要什么样的良种

（2018年1月8日）

吉炳轩

不论是培育种子，还是经营种子，乃至依法保护种业发展，最根本的是要有良种。要育出良种，销售良种，保护良种。

何为良种？当前农民最需要什么样的良种？

根据我国目前的农业生产实际和市场需求，我感觉到有以下几条标准：

1. 要能高产。

高产丰收问题始终是农业生产的一个根本问题，这是由我国人多地少、农业资源有限的实际所决定的。不要认为我国连续十多年粮食丰收，库里装不下了，市场粮价也下跌了，就认为我们的粮食吃不完了，就多了去了，产量就可以压下来了。这样看问题就会大错特错。我们的粮食还是不足的，这一点一定要心里清楚。我们所需要的粳米和食用油用粮还有很大缺口，食用油用粮，特别是油用大豆，还需要大量进口。我们现在的所谓粮食涨库，主要是玉米多了，这是结构性矛盾，需要进行种植结构的调整，而不是不要高产。玉米即使压缩种植面积，也要着重于高产。也正因为这些年玉米种植成效明显，有大量的良种种植，使玉米产量普遍每亩在1400斤以上，许多农田达到2000斤的亩产，才使玉米的生产出现了供大于求的局面。水稻如果没有袁隆平高产杂交水稻种子的普及和推广，我们的稻米供应也是严重不足的。中国的国情决定了，要在有限的耕地上产出更多的收成，这是一条需要长期坚持的原则，也是战略。良种要能高产，高产需要良种，这仍然是第一位的。

2. 要能优质。

粮食高产仅是一个方面，另一个方面就是优质。随着经济的发展，人们的消费水平也在发生变化，而且是很大的变化，正在由温饱向富裕迈进。小康同温饱的要求是不一样的。短缺经济时代，人们为吃饱肚子而奔波，能吃口饱饭就心满意足了，也就不大追求食物的品质。现在则不同了，人们不仅是要吃饱的问题，而是还要吃好、穿好、住好、行好，而且还要看好、玩好、听好，生活标准大大提高了。这是历史的发展进步，也是改革开放的成效，是好事。要满足人们不断增长变化的新需求，就要着力去提高各类农作物的品质。就粮食、水果、蔬菜来说，人们还是钟情于品质高的。中原地区的小麦，东北地区的大米，一些知名的品牌之所以受欢迎、价格高，而且销路广，就在于品质好。还有一些地区的苹果、大枣、西瓜、香瓜和一些蔬菜多少年来市场波动不大，始终深受欢迎，也在于品质好。入口农作物的品质主要是口感、质感和营养成分，即好吃好看有营养，我们应努力去培育这样的良种。有些作物、果蔬产量和质量有些矛盾，产量高，质量会低；而质量低，往往产量较高。怎样做到高产优质，这是良种培育需要着力攻关的问题。我们的法律就要保护高产优质的良种培育，保护具有地域优势的特色种业发展。

高产了，优质了，富有特色了，也才能高效。良种的意义最终要体现在效益上，靠效益来衡量和反映。

3. 要能适地。

再好的种子都有其地域性，放之四海而皆可用的种子是没有的。农作物受天时、地利的影响很大，土壤条件不同，气温寒热不同，雨水多寡不同，风力大小不同，适者就生存，不适者淘汰，这是生物生存法则，天工造物就是这个规矩。再好的种子，离开了适宜它的地理环境，到其他地域去种植，如果不去进行培育改良，就会不服水土。不论是引进良种，培育良种，推广良种，都必须要坚持适地原则，即培育、改良、推广自己这个地区最适宜的品种。我们现在引进了不少种子，这些种子都是很好的，但引进来后效果如何，必须做适应性实验，而不能盲目推广。种子不能搞简单地拿来主义。培育种子不能走捷径，认为哪里的种子好了，就买回来，大肆推广。这不是说种子不能引进，而是要积极引进，但一定要经过适应性的实验，还要进行改良，否则会出问题的。红薯、玉米、棉花、苹果有许多农作物都不是中国原产的，而是从南美洲经欧洲，或者西域一些国家引进的，但进入中国后，都是经过实地种植，不断适应和改良以后，才成了中国当家的农作物。有些农作物适应期还不是一年两年、一代两代完成的，而是经过几代、十几代，甚至更长的时间才完成的。积极引进优良品种，结合当地水肥气候等条件，培育改良出自己的优良品种，这是需要努力做好的。

4. 要能抗病。

不论什么样的农作物都有病害，动物和植物都是一样的，人得病，植物也得病。人的病有内因和外因两种因素，内因有基因遗传问题。人体素质因不同的基因传递，有的抵抗能力减弱、免疫功能下降，用中医的话来说，就是正气不足，而抵挡不住外邪入内，正气足了，外邪就进不了体内，也就得不了病。外因有气候、环境、工作、饮食、灾害等种种原因，导致人体不适，甚至发生了病痛。植物同样，有些病是基因传递而来的，即在种子的基因中就有这个病，也是世世代代传了下来；有的是地力、肥力不足，水土不适，或风力不够，阳光不足所致。植物的很多病有的是自身抵抗能力不足而生的，也有的是外力侵害所致的，特别是恶劣的气候条件，阴雨连绵、低温寡照、闷热潮湿等自然条件不利，以及大气污染、土壤污染、水系污染等，给植物带来了疾病。特别是现在因污染而带来的病很多，直接影响到农作物的产量和品质。解决污染不是种子的问题，是人的工作问题、环境保护问题。但在不利的环境条件下，种子的培育也要研究这个问题，怎样能增强种子的免疫功能，增强抗病的能力，这个关一定要攻，攻破了就是造福人类的大功一件。农业生产要研究在工业社会的条件下的生产发展问题，种子培育也要能够跟上。这同人一样，整天生活在大气污染的环境中，就必须要增强抗病的能力，否则就生存不下去。

5. 要能防虫。

虫灾虫害，现在是农作物的大灾大害。我的房后有一点空闲之地，原先种植的是草，我开辟出了一小块，种了几种蔬菜，还栽了几棵树。蔬菜有韭菜、大葱、茄子、辣椒、秋葵、豆角、黄瓜、西红柿、胡萝卜、白菜、小青菜等，当然是根据季节不断调整来种，每样都不多，有的几棵、几十棵，也是一种兴趣，还是一种试验，也是观察了解蔬菜的各种灾害疾病。果树有桃、杏、苹果、核桃、石榴、无花果，也都是小树，但也都挂了果，少者一棵、多者两棵，也不是靠它来吃果，而是为了观察了解，当然也是一种生活情趣。还有几株葡萄，葡萄下边还种了几棵草莓。这些蔬菜、果树，从播种、栽种，到发芽、成长、开花、结果，我爱人都是很精心的，比在一般菜园里、果园里投放的精力要大得多，也细致得多。我是坚持不用农药治虫的，但虫灾十分严重。蔬菜从小苗出来，除了韭菜、大葱、蒜苗和胡萝卜没有多少虫害，其他蔬菜全部受到虫害的侵蚀。各种各样的虫都有，从小苗吃到壮苗，再吃到开花结果，一年下来基本上是给虫子种的蔬菜，有的蔬菜是绝收的，象白菜、白萝卜都是给虫子种的，我从来没有收获过。果树也是一样，人吃的没有虫吃得多，没有一种水果不被虫吃的。虫太厉害了，怎么办？除了药物防治，生物防治外，能不能在种子上做点文章，培育出抗虫的种子来？药物防治危害甚大，药了虫也害了人，鸟和蜜蜂也深受其害，几遭灭种之灾。这是个需要抓紧解决，而又是需要长久科研的问题，也是要害问题。

6. 要能耐灾。

农业生产年年有灾，这是自然规律，也是自然法则，没有灾害的年景是没有的，所谓的风调雨顺，无病无灾是相对于较大的灾害而言的灾害较少较轻的年份。农业收成就是在同自然灾害的斗争中获得的。农民讲“龙口夺食，虎口夺粮”，就说的是同自然灾害的斗争而夺取了粮食丰收。一个“夺”字，说明了自然灾害的频繁和严重。自然灾害属于天道，人们管不住。什么时候会有什么灾害，人说了不算，但大体还是有规律可循，是能够预防或抗争的。我们的许多农业技术的运用，就是在同自然灾害的斗争中产生并发展和逐步规范的。如作物种植的沟栽法、畦栽法、埂栽法、合理密植法、培土法、锄地法、灌溉法、晒地法等，都是在防备和抗拒自然灾害。正因为我们积累了丰富的抗拒自然灾害的办法，才能不断去夺取农业的丰收，保证了人们有饭吃、有衣穿、有活干，能够安居乐业的好局面。除了农业设施和耕作技术，种子的抗灾能力也是一个很重要的方面。如矮化密植的小麦、水稻等优良品种，就可以抗风灾、抗倒伏，这是种子的作用。玉米、谷子也是一样，好的玉米、谷子品种，可以靠自己的根茎次生根，俗称霸王鞭，紧紧抓在地上，也可以抗倒伏，而不惧风的侵害。优良品种应是能够耐灾抗灾的品种，而不能是弱不禁风、经不起风吹雨打的品种或费水而不经旱的品种。

种业发展也要现代化

（2018年1月8日）

吉炳轩

中国是个农业大国，有丰富的农业生产经验，用18亿亩耕地，养活了13亿人口，这本身就是一个了不起的奇迹，是靠辛劳汗水和精耕细作的生产劳作换来的。在农业生产中，我们现在有丰富的植种、选种、育种和新品种交流、推广的经验，但历史上没有种业这个概念，即没有把种子作为一个产业来发展，但对种子则是高度重视的。过去主要是选种、育种和推广好的作物品种，而且是政府主导和农民自觉相结合，两种手段同时并用，当然也有市场因素，但很少发挥企业的作用，企业参与的很少，主要是些粮商、粮贩顺便经营。

历史记载，水稻的种植就发展大的轨迹来看，是从南方向北方逐步推广的。当然个别地区也有例外，如东北吉林、黑龙江在唐代渤海国时，即今天的黑龙江东宁一带就已种植水稻，这当不是唐时或唐以前从南方过去的。但就中原和华北地区来说，水稻的种植是从北宋时逐步北移的。水稻是宋朝的主要粮食作物，宋太宗时，江北诸州学习南方种植水稻。河北沿边屯田使何承矩曾调集各州军士一万八千多人，在雄、莫、霸等州建造水田，引种江南早稻，获得成功。此后，河北、河东、京西等路都逐步推广种稻。南方农民多年来培育出很多优良的稻种，宋太宗时，福建南剑州水稻有金黍、赤鲜、先黄、金牛、青龙、虎皮、女儿等十多个好品种。洛阳有和尚稻等好品种。苏州有师婆粳、箭子稻等好品种。其中箭稻品种最佳，每年都要运送到东京一些作为贡米。其次是小麦种植的南下推广。小麦是北方的主要粮食作物，北宋时逐渐向南方推广种植。宋太宗时，江南、两浙、荆湖、岭南、福建诸州种稻的地区，从淮北地区得到麦种，开始种植小麦，同时也种植粟、黍、豆等农作物。最后是茶树在南方的普遍种植。北宋时，茶叶销量激增，南方茶叶大量运往北方。茶叶市场的旺盛刺激了茶叶的生产，南方各地普遍种植茶树。淮南、江南、荆湖、福建和川蜀地区，种茶的农户极多。茶叶的制作分为片茶和末茶两种，茶叶的制作技术也大为提高。到了南宋时期，北方大部地区被金占领，随着朝廷的南迁，劳动人民也大批南迁，文化也随之南迁，农业的种植技术也同时南迁，南北方在农业种植上也直接进行交流，进一步开发了农田，推动了南方农业的发展。仍拿稻麦来说。水稻是南宋第一位的粮食作物，种植更为普遍。经过农民长期的培育，南宋水稻品种繁多，仅两浙路六七个州县，就有籼稻（籼音仙 xiān）、粳稻（粳音经 jīng）一百四十多种，糯稻五十多种，其中有一些是当时的优良品种。北宋时移植到中国南方的占城稻，南宋时普遍种植，成为早籼稻的主要品种。各地农民根据本地的土壤和气候条件，又从占城稻原种培育出新的良种。占城稻成为广大民众常年食用的主要粮食。浙西路平江府适宜栽种粳稻，所产粳米“玉粒香甜，为天下之甲”。浙东、江东的农民还培育出好几种抗涝、耐寒、耐旱的水稻良种。池州的农民还栽种从高丽传来的“黄粒稻”，稻芒长，谷粒饱满，是一种少见的良种。

成书于高宗绍兴年间陈敷所著的《农书》，总结了两浙路农民的耕作经验。陈敷指出，种植水稻，必须先治好秧田，在秋冬就再三深耕，使其经受霜打雪冻，土壤酥碎，明年春再进行肥耕。种子必须经过拣选，用鳗鲡（音蛮丽 mān lí）鱼头骨熬汁浸泡。播种前，在秧田撒上石灰，以防除螟虫。陈敷还注意到各地施肥的方法，作了详细的介绍。为了解决“田土种三五年，其力已乏”，“地力减退”的问题，提出，只要用肥料来治理，土壤就可更加精熟肥美，地力也保持新壮。书中记载了婺州、衢州的农民，家家户户收蓄粪土，堆成一座座小山，市井之间，扫拾无遗，所以土膏肥美，稻根耐旱，米粒精壮。书中还记载了苏州的农民用河泥作肥料，士人毛珝（音许 xǔ）《吴门田家十咏之一》曾写道：“竹罾（音曾 zēng）两两夹河泥，近郭沟渠此最肥，载得满船归插种,胜如贾贩岭南归。”生动地描写了当地农民积肥的情景。两浙路农民在秋收后耕田,来年二月又耕,称为“耖田”(耖音绍 chào)。由于深耕熟犁,土细如面,大暑时节,决塍放水,让太阳曝晒,能使苗根坚固,称为“靠田”(即搁田或烤田)。苗身既固,没有倒伏的危险,再车水入田,叫做“还水”。再次灌水后,遇旱不枯;稻子长高,再耙田几遍,直到收获。优良品种的培育和耕作技术的精细,促进了水稻单位面积产量的提高。北宋时,南方种稻地区已开始种麦,但直到宋朝南迁以前,长江流域和沿海地区种麦仍然很少。南宋高宗时,北方人口的大量南迁,江浙、湖湘、闽广诸路出现了“西北流寓之人遍满”的局面。北方来的人爱吃面食,因而麦价激增,拥有麦子者大获其利,倍于种稻。加上酿酒和军队的马料都需要大量麦子,官府曾三令五申地劝诱民间种麦,官府的屯田、营田也大面积种植。佃客交租只有秋课,种麦的收获全归佃客,更加促进了佃客种麦。到南宋后期,麦子的种植在江南已经相当普遍,除两广以外,两浙、两湖、江东、江西、福建、四川等路,大多在水稻收割后种上麦子,有的地区还种植春小麦,正月播种,夏季收割。棉花的种植,北宋时,还局限于气候较热的两广和福建。南宋时,有关植棉的记载逐渐增多。如1192年,有的地方官在漳州的《劝农文》中,还要求百姓多种吉贝(棉花)、麻苎,说“可供备衣著,免被寒冻。”到南宋后期,棉花栽培区迅速扩大,越过了南岭山脉和东南丘陵,北向长江和淮河流域推进。元初王祯《农书》说,南宋后期,棉花“种艺制作之法,骎骎(音亲 qīn)北来,江淮、川蜀既获其利”。南方农民初步掌握了一套植棉技术,每年农历二三月开始播下棉籽,棉苗出土后,每月锄草三次。棉一棵有一百二十个棉铃,才算“上品”,而棉花的纤维长度要有一寸左右。成书于1273年的《农桑辑要》一书,记述了棉花的栽培法,这是南宋后期农民种植棉花的经验总结。

从这些零星的史料中可以看出,农业耕作技术的交流,农作物品种的交流,丰富了农业生产,提高了粮食产量,满足了人民所需,也推动了经济发展,而其中,种子首当其冲,其次是栽培技术。而这些交流是政府推动和农民自发相结合的,两者缺一不可,其中种子的贩运和经营是必不可缺的中间环节,而且是十分重要的一环。

我之所以辑谈这些历史琐碎之事,是想说明一个问题,即种业的发展,需要政府、企业、农民三者有机结合起来,政府要主导,企业要主力,农民要主动,三位一体,才能发展起来、壮大起来,走出一条现代种业发展之路。江西赣兴种业有限公司创新发展种子生产和经营,我感到他们一些做法很好。他们构建了立足江西,辐射湖南、安徽、湖北等周边省份的营销网络。公司每年召开500多场次的技术服务培训会,累计培训农户达10多万人次,发放各类配套技术服务资料几十万份。2013年起,每年组织植种大户到江西农业大学进行专场技术培训,聘请江西农业大学权威教授给种植户授课。2015年公司加大服务转型力度,在全省重点乡镇建立了10多个技术综合服务站,建立种、肥、药一体化模式,为种植户提供种植全套方案,提供一站式配套服务。公司还大力度的进行科研投入,每年通过国家和省级审定的品种数量都名列前茅。公司在兴国的生产团队有员工12人,其中高级农艺师有2人,农艺师有5人,所有员工都有10年以上杂交水稻植种经验,都热爱杂交水稻植种专业。同时,每一个基地村公司还培养了1-2个生产技术人员,实行绩效管理,为植种生产提供技术保障。植种生产开始前,所需的一切物资,由公司统一采购,以成本价赊销给植种农户使用。浸种播种开始,公司技术人员吃住在基地,为基地农户提供浸播种、秧田管理、大田定向栽培、激素喷施、除杂保纯、人工授粉等全程的技术指导,为农户植种生产提供可靠的技术保障。特别是公司在整个生产过程中,为每户农户提供300元/亩的无息生产借款;灾害性天气造成绝收的,公司提供600元/亩的补偿;新组合(品种)试种的实行2500元/亩的保底收入;种子收晒后公司统一收购,种子款一次性结算,从未向农户打白条,让植种户放心生产。这是现代种业公司化运作的成功经验,需要支持和推广。当然,最终的目的是要植出好种来,以发挥更大的作用,产生更大的效益。

从江西赣兴种业公司创新发展的一些做法,使我联想起30多年前的一件往事。

1982年,我在孟津县朝阳公社任党委书记,进行小流域综合治理,除了工程措施外,还需要植树造林,进行绿化,以改变小的气候环境。朝阳公社,即现在的朝阳乡,处于邙山岭上,十年十旱,没有树苗基地,只能到岭下的邻县水田去买。过去买回来的种苗,年年栽树不见树,我们那时形容是,山下的树苗栽到山上:“头年青,二年黄,三年见阎王”,主要是不服水土,成活率很低。岭上栽树,必须要有适应岭上旱地土壤的树种,也就是必须要在旱地育苗。为此,我们就决定自己育苗,第一年育苗,第二年栽树,一年集中育苗,一年集中栽树,一次性完成任务。我专门带领林业技术人员到几百公里外的许昌地区购买了载重四吨的一大汽车的桐树根。桐树是用根截条的培育方法。当时，每根十公分长、手中指般粗细的桐树根是一块钱一根，一截根就是一棵苗。虽然买回了一汽车的十公分一截、十根种一捆的树根，可以育上百亩地的树苗，但对于全乡来说，全部绿化还是不够的，但再多买，乡里实在没钱。这一车树根还是从乡镇企业要的钱，是企业做的贡献。当时乡里办个企业也很不容易，也不能去多要钱。乡里有个林业技术员，叫赵林泽，是西北农大毕业的大学生，专学林业育苗的，但分配到乡里工作后，几十年始终没能发挥出专业技能的作用。他向我提出，一支根可以育出三棵苗，并向我拍了胸脯，保证做到。他说平生所用，没有用上，这一次一定要实现夙愿，为植树造林做点贡献。乡里干部都不相信他的奇想，我也半信半疑，但我坚信科技的力量，知识的能量，就决定交给他去干。当时选了一个政治条件好、群众积极性高，支部力量也强，较易于组织发动的北陈村去做育苗基地。我同赵林泽同志在村里同群众商量，群众愿意拿出土地来育树苗，但都不同意赵林泽把一支树根截为三截的做法，认为那是胡来、瞎折腾，死活都不同意。为了使群众接受，我就同几十户育苗户签了协议，说育苗成功，收入全归农民，公社分文不取；育苗失败，公社负责赔偿，按当年当地粮食最高产量，农户要粮给粮，要钱给钱，责任人是我这个公社书记。我同农民的利益挂起钩来，让林业技术员放手去干，而农民又没有了后顾之忧。

这个林业技术员确实有本事，也十分尽心尽力，吃住在苗圃里。他先是用火炕摧芽，就象育红薯苗那样，建了几个大火坑，把一寸来长的树根，一根一根、密密麻麻，竖立在温床上，等萌芽后再一根一根移栽在苗圃里。育苗的土地也是精细整理的，起垅挖沟，施足底肥。种根栽在垅上。每棵根挖一个小坑，把一寸长的萌了芽的树根立在坑中，培上土，然后在坑上覆一个象小帽子大小的塑料布，我给它叫小地膜。因当时没有力量搞塑料棚，连小塑料棚也搞不起，就只能用小地膜覆盖，保温、保墒。一连几百亩的土地，全是星星点点的小白块，犹如满天繁星。一些农民在技术员的指导下，每天用小树枝敲打被水蒸气糊住的地膜，细心观察每截树根的发芽生长情况。待到发芽出叶，叶子顶住了地膜，就把地膜剪开，让树芽钻出地膜，而地膜仍然压在树苗的根部，继续起保温保墒的作用。就是在这样精心护理下，上百亩的苗圃齐刷刷长出桐树苗，到了秋季可以带叶栽树的时候，都窜出了近一丈来高，而且皮是黑的，根部又粗又壮，同平原地带的桐树苗有很大区别，我们戏称为“猪尾巴”树苗，即下粗上细，十分茁壮。就是靠育苗的科学技术，解决了全乡的植树造林用苗问题，而且还是本地培育的，适合本地生长的树苗。这是科技的威力，科学育种的威力，是科技工作者辛勤劳动的成果。当地农民用这种方法育的树苗，当年树苗和树根每棵均收入二元钱，每亩地的收入都在 2000 元左右，当时堪称奇迹。农民们乐坏了。结果不用发动，就兴起了一个户学户、村学村的育苗高潮，而我则又担心，苗育多了怎样销出去，就劝告农民们不要盲目发展，但许多农民认为来钱快、有利可图，还是坚持育了，比上年多出了几倍的土地拿出来育苗。好在植树造林年年搞，县里也支持，农民还是赚了几年林木育苗的钱。

这是一件往事，也是一件小事，但我由此得出了一个结论：科学技术可以使通常认为不可能的事情而成为可能；农民最讲的是实惠、实利、实际，空话无凭，眼见为实，他们只相信见到的事实和得到的利益；当领导的，推广先进技术，做群众工作，发动群众去创业，要同农民想到一块，干到一块，连成一体，使他们没有顾虑，能真正得到好处，这才能信你、服你，才能把工作推开；要尊重知识、尊重人才，为科技工作者提供一切条件，让他们放开手脚去进行科研和推广，而责任领导要担，这样才能多出科技成果；推广新的科学技术要有一定的条件和物质装备，这才能更为顺利，更为有效，才会有更大的效益。对于赵林泽这样的林业技术员，那时没有奖金，也不能提拔，因为根本没有位置和机会，几十年一贯制，绝大多数干部是没有升迁的想法的，当时也没有同农民的利益挂钩，而且是赚了归农民，赔了乡里偿，我能做到就是让他当了年度的先进工作者，发给了一张纸质的奖章，仅此而已。但他很满足，认为自己的平生所学真正发挥了一点作用，也就值了。这就是我们可爱、质朴，而又辛劳的基层科技工作者。我敬仰他们。我至今仍怀念这样的技术员，而且希望基层这样有创见的、敢突破的技术人员越多越好。

讲这件往事，也是想说明，发展现代种业，需要政府来主导，党政领导都要高度重视。要充分调动和发挥科研单位，科技工作者的积极性、创造性，使他们没有顾虑和负担地放开手脚大胆地去工作，给他创新创造提供一切条件，失败了也不要紧，科学研究哪能次次成功呢？所有的科技创新成果都是在无数次失败中而获得的，没有失败，也就不可能有成功,这是科学研究的规律,关键是要锲而不舍,不断探索前进。要推广农业、林业生产的先进科学技术,推广优良品种,包括植种,都要注意引导农民,教育农民,让农民有热情、有激情、有积极主动性,而这个热情、激情、积极主动性的最有效办法,就是能够得到收益,而且是高于传统种植,普通种子的收益,这才能让现代种业发展起来,把优良品种推广出去。更为重要的一点是,要注意充分发挥好种子企业的作用,这是传统种业所没有的。现代种子企业,既懂科技,又懂农民,还懂市场,它连着市场,连着农民,还连着科研单位的科技工作者,还能加大对种业发展的投入,包括科研的投入,各类育种、植种的现代设施的投入。我们要大力支持种子企业的发展,以充分发挥他们的作用,尽快把现代种业发展起来。

现代农业的发展,需要现代种业,而不论现代农业还是现代种业,都需要产业化发展,都需要现代农业产业。发展现代种业,也要产业化。我们在江西种子法执法检查中,看了瑞金的棚式蔬菜基地,对于种菜技术来说,这都是很常见的,山东、河南、江苏等地很普遍,而且水平都很高,而我最感兴趣的是他的产业化运作,产业化发展。这个企业不但向市场提供了大量的优质蔬菜,在当地进行现代蔬菜种植的科学示范和展示,而且还提供了大量的优良品种,并从日本、荷兰,以色列引进好的蔬菜品种,在瑞金进行种植繁育,做到了科研、企业、农户、市场等有效衔接,有机统一,这是种业发展的一个方向。

随着农业生产的发展,人们生活水平的提高和农业科技的进步,农业生产中出现了示范农业、观光农业、展示农业,把农业产业同科技推广、同产业化发展、同农业旅游很好地结合起来,这是很有意义的,是现代农业发展进步的表现。现在棚式农业、设施农业很发达,在有限的耕地上,不惧环境条件的影响,而搞出高效优质的各种农产品来,充分挖掘和展现农业的发展潜力,这是令人十分兴奋的。红薯每颗可以培育出四十斤、五十斤,甚至七八十斤;一个南瓜可以长到二三百斤,一个西瓜也可以长到一百多斤乃至二百来斤;一粒小麦分蘖率可以达到四五十株;一根丝瓜可以长到三米长,乃至四米长;一棵西红柿可以覆盖十几平米,结出数百个果;一棵黄瓜可以让其不停地开花结果,把蔓盘起来继续长下去;辣椒、茄子可以长成树,桔子、柚子可以栽进盆,而且都能硕果累累。现代设施农业、科技农业的威力是无限的,潜力是无限的,这是科技的威力,科技的潜力。

农业的潜力有多大,怎样去挖掘?从设施农业来看,主要看投入问题和研发问题。大投入肯定会有大产出,多研发肯定就有多成果。设施农业是个发展方向,可以节水、节地、抗灾,而不受自然环境的限制,还能保证农作物的质量和特质。问题在于目前还一次性投入太大,而产出的经济效益同巨额投资相比,短时间还差额巨大,大范围、大面积推广在现阶段还是办不到的。但做为一种试验,研究、创新、深度开发,为以后提供技术储备,则仍然是十分需要的。作为农业后续开发、当代农业展示,还是要积极鼓励、大力支持。对于试验农业,更要大力支持,支持鼓励农业科技工作者敢想、敢试、敢干,不成功也不要紧。培育一个种子至少也得十来年,有的几十年,但未必都能成功,而成功者则是在多次不成功中得到的。失败是成功之母,这对科学试验来说,也是一个普遍的规律和原则。农业生产就是实验的生产,这个实验就包含试验和实践两个方面。大胆试验,积极实践,这是正确的道路。科技工作者们要敢于"异想天开",当然这个异想天开不是凭空想象,而是有大量的理论储备和经验积累,是在一定的实践基础上的"异想天开"。试验就是努力去做把过去和现在没有的、不可能的事情成为将来有的和可能的。对于示范农业,则是需要推广普及的,可先搞出一个示范田、示范区,乃至示范乡、示范县,进行一定规模的区域种植,进行规范化的栽培,以推广优良品种和先进的农业科学技术,这是需要重点抓好,大力支持的。搞好示范园,带动一大片,推广优良的品种和先进的科学技术,都要通过示范带动。我们的农业科技工作者,都应该有自己的科技示范田,这是推广先进的农业科学技术最有效的手段。做给农民看,带着农民干。农民最讲实际,他亲眼看到了,就会去积极学习并仿照。优良品种进入大田广为种植,科技指导还必须要跟上,如果不进行技术指导,有些好的品种可能就产生不了好的效果,会影响优良品种的推广。因管理不当,好种子白瞎了的事情也不少。好种子一定要种好、管好。对于农民来说,千好万好,他看到的是丰产了又丰收了,取得了好的效益,这才能服人。

改革的内在动力源自思想观念

——农业供给侧结构改革的调研与思考(一)

(2018年4月12日)

吉炳轩

农业供给侧结构改革涉及到众多方面,是一个十分庞杂的系统工程,需要上下齐动,各方努力。从调研的情况看,需要市场来引领,政府来推动,农民来主导,人才来经营,企业来参与,科技来支撑,政策来激励,法律来保障。而这八个方面要协调作用,共同发力,都需要认识的明确,思想的自觉,都有改革的内在积极性才行。要顺利推进农业供给侧结构改革,各有关方面都必须要进一步解放思想,转变观念,认清农业农村发展的大势和方向。

中国特色社会主义进入了一个新时代,这个新时代有许多新的特征和新的变化,整个经济社会发展都呈现出了新气象和新需求。就农业生产来说,最大的特征和变化,就是要由传统农业而走向现代农业,由一家一户经营的小生产而走上社会化经营的大生产,由满足自身需要的自给自足型经济而走向以经营为目的的市场经济。简单说,就是由温饱型的农业生产经营而走上富裕发达型的农业生产经营。这个转变是客观而实在的,是改革开放以来农村发展的历史成果,是由一定的量变到质变的飞跃,也是广大农民的迫切愿望和实际行动,更是进一步发展农村生产力的必须。农业的供给侧结构改革,就是在顺应这种转变,推动这种转变,以加快我国农业现代化建设的步伐。

推进农业供给侧结构改革就是要适应农业现代化建设发展的需要,加快推进构建现代农业产业体系、生产体系、经营体系,培育乡村发展新动能,提高农业创新力,增强农业竞争力,发展农业生产力,走出具有中国特色的现代农业展发展之路,加快实现由农业大国向农业强国转变。推进农业供给侧结构改革,要同振兴乡村战略统一起来,为乡村振兴提供支持。具体到改革的目标和任务来说,当前一个时期,就是要确保国家粮食安全,围绕市场需求变化,以增加农民收入、保障有效供给为主要目标,以提升农业发展质量为主攻方向,以体制改革和机制创新为根本途径,优化农业产业体系、生产体系、经营体系,提高土地产出率、资源利用率、劳动生产率,促进农业农村发展由过度依赖资源消耗、主要满足粮食的需求,向追求绿色生态可持续、更加注重满足质的需求转变。要优化产品产业结构,着力推进农业提质增效:统筹调整粮经饲种植结构,发展规模高效养殖业,做大做强优势特色产业,进一步优化农业区域布局,全面提升农产品质量和食品安全水平,积极发展适度规模经营,建设现代农业产业园区,积极参与国际农产品贸易和竞争;要推行绿色生产方式,增强农业可持续发展能力:推进农业清洁生产,实施农业节水工程,治理农业环境污染,加强生态工程建设;要大力发展新产业新业态,拓宽乡村振兴农民富裕之路:大力发展各类农牧渔业产品深加工、精加工产业,加快发展现代食品产业,积极发展乡村旅游产业,统筹发展农村商贸流通服务业,加快推进农村电商发展;要强化科技创新驱动,引领现代农业加快发展:加强农业科技研发,强化农业科技推广,完善农业科技创新激励机制,开发农村人力资源,提升农业科技园区的示范水平;要持续改善农业生产条件,提升农村公共服务水平:加强农田基本建设,提高农业装备水平,进行乡村环境整治,推进美丽宜居乡村建设,扎实开展脱贫攻坚,完善农村公共服务,提高农民生活水平;要稳定和完善惠农政策,进一步调动农民的积极性、创造性:完善农业补贴制度,稳定完善粮食价格政策,继续加大财政投入,探索搞活农村金融,活化农村资源,完善产权制度等。

深化农村改革的事情很多,需要统筹协调,一件一件来办,各有关方面应相互配合,共同推进。要使改革顺利进行,除了强有力的领导和一些政策引导外,最为关键的是要增强改革的主动性和责任感,要使干部、农民和有关方面都能认识到农业供给侧结构改革的必要性、紧迫性而增强积极性、创造性,敢于从实际出发大胆探索前进。所以,要把深化农村改革搞好,首先需要把我们的思想观念转变好。要教育广大农村干部和群众,以及涉农单位干部职工都能清醒认识到,改革开放40年来,经过持续不断地发展，我国的农业农村已经进入了一个新的历史发展阶段，我国农业的主要矛盾已由总量不足而转变为结构性矛盾，突出表现为阶段性供过于求和供给不足并存，矛盾的主要方面在供给侧。当前较为突出的问题是：农产品供求结构失衡，农业生产要素配置不合理，资源环境压力加大，农民收入持续增长乏力，生产成本不断上升而市场价格一直低迷，部分产品库存增大而销售不畅，小生产不适应大市场，小经营难抗衡大风浪，农产品国际市场竞争力不强等，这些已经影响了农业的发展、农民的增收和农村面貌的加快改变。而要解决这些问题，就必须要进行供给侧结构改革。

任何一个经济发展阶段都有其发展的环境和条件及面临的困难和问题。40 年来的改革开放，40 年来的快速发展，我们积累了一定的资本，累积了雄厚的基础，但同时也出现了一些资源破坏、生产超量、产能过剩、耗能过大、污染严重等种种问题，加上国际环境各种复杂因素的变化、国际贸易的风云变幻，在我们的经济发展中又出现了结构性、适应性等一系列新的情况和问题。现在不是产品多了少了的问题，也不是人们的消费强了弱了的问题。大量的产品压库、滞销，不是这些产品市场不需要，已经饱和了，而是生产出来的一些东西不适应消费者多样化选择的需求问题，是质量不高、样式不新、适应性不强的问题；也有一些是更新换代跟不上、技术含量不够高、实用功能不齐全的问题。总的是产品不适应时代的变化、供给不适应消费者需求的问题。这都是结构性问题和适应性问题。不论国际市场、还是国内市场，消费空间仍然是广阔的，需求仍然是很大的。当然，还有个购买力的问题，但购买力和消费水平同经济的发展是紧密相连的，互为一体的。经济发展了，收入提高了，购买力也就强了，消费也就旺盛了。反过来消费旺盛了，就又能促进生产的发展。现在消费不旺，有购买力下降的问题，但更重要的是产品的结构不合理、不对路的问题。我们由高度集中统一政府规划配置资源的计划经济，而逐步走向靠市场来调节配置资源的市场经济，这是需要一个过程的。尽管路子已经走出来的，但仍然有许许多多的计划经济的思想观念、机制障碍和习惯做法，或多或少在经济活动中仍然起着作用。一放就乱，一管就死的教训还在不停地重复着。怎样发展社会主义的市场经济和管理经济运行，我们已经探索出了一条成功道路，积累了丰富的经验，但还仍然有许多难题需要去破解。宏观管控与微观搞活，理论上讲出来容易，但在实际操作中，搞得恰到好处则是很难的。现在运行中的最大难题仍然是计划与市场、调控与放开这对矛盾，我们的改革就是要去着力解决好这对矛盾，调结构、上水平，活市场、扩消费，都需要把这个问题解决好，做到活而不乱，管而不僵。

就农业供给侧结构改革来说，解放思想，转变观念，就是要转到以市场为导向，按照市场需求来组织生产，运用市场手段来配置各种资源上来。当前，农业生产经营的市场还在发育之中，通过市场来配置资源还有许多障碍，农业生产所需的资金和一些生产资料、一些科学技术等，还没有完全进入市场，所以市场还需要进一步培育，市场的运行规则也需要进一步完善。但作为现代农业的发展来说，最终是要通过市场来组织生产和配置资源的，所以，深化农村改革，特别是进行农业供给侧结构改革，必须要两眼盯着市场，一切围绕市场，运用市场手段来推动现代农业的发展。以市场为导向来组织生产和配置资源，就要观察市场、了解市场、研究市场，努力去把握市场规律，这才知道该种什么、该养什么、该加工生产什么。市场经营始终就是多了多了、少了少了问题，这是一般市场规律。特别是农牧渔业产品的经营，这个规律十分普遍，可以说经常发生。以猪肉为例，大体三四年一个周期，多一年，少一年，不多不少有两年。多了卖不掉，猪肉就掉价；少了市场供应就不足，就涨价；不多不少市场就稳定，价格就适中。一年多了，养猪的就会减少；而一年少了，养猪的就会增多。包括鸡肉、鸡蛋都有这个问题。牛、羊肉不太明显，但也有多了、多了，少了、少了的轻微波动。主要原因是猪肉、鸡肉、鸡蛋需求量大，相对来讲，牛肉羊肉的需求量是区域性的，全国性的市场较小。蔬菜也有这个问题，大葱、大蒜、黄姜，包括萝卜、白菜都经常出现多了、多了，少了、少了的问题。粮食生产波动较小。土豆既是蔬菜，又是粮食，波动较大，主要是作为食品加工不够，作为蔬菜就供大于求。水稻、小麦、谷子等波动也有，相对较小，一方面是总量一直适度吃紧，并不是特别过剩；另一方面是有政府托底，保护价格支撑。但近些年玉米多了，出现了涨库、陈化现象。这也是市场规律在起作用。还有一个重要原因是国际粮价低于国内保护价，进口的粮食多了，冲击了国内粮食市场。市场经济就是如此，同等质量的产品，价格低的就有竞争优势，而价格高的、成本高的，就会处于劣势。我们的粮食生产成本，要比西方发达国家高，所以在国际竞争中就不占优势。所以，农牧渔业生产要走向市场经济，就必须要关注市场变化，力争主动去适应这个变化。这是必须要解决的一个问题。一定要研究市场规律，谁把握住了这个规律，谁就能争得主动。

同时，也要看到，市场经济很无情，而且不纯粹是自然发生的，有时是有人为的干预和操纵成分的，诸如屯积聚奇、哄抬物价等，都是恶意的市场竞争行为。市场经济在竞争之中有丑恶的东西，为赚钱而不择手段的事经常发生。这就需要管理市场、监督市场，防止操纵市场、干扰市场的行为发生。国际市场我们管不了，但可以采取防范措施。国内市场应该能够管住，关键是要管理得活，不能再重复一管就死，一放就乱的老路。市场经济也不是放任自流，而是有管理的自由流动，这是需要真本事的。市场有波动，这是正常现象，但不能形成巨澜。统筹国际国内两种资源，用好国际国内两个市场，这里面内容很多，具体到一户农民、一个企业是管不了那么多的，很容易跟风赶潮或随风摇摆，但作为社会管理者来说，就一定要研究这些市场的起伏变化，找出规律性的东西，给农户和企业提供较为准确有益的信息，提出指导性的意见，并拿出防范和化解市场风险的有效措施。这是农业供给侧结构改革应该做到的。农民要转变观念，管理者也要转变观念，都围绕着市场来考虑问题，使我们的现代农业能够健康顺利地向前发展。

确保粮食安全始终是重中之重

——农业供给侧结构改革的调研与思考(二)

(2018 年 4 月 13 日)

吉炳轩

推动农业供给侧结构改革，一定要把确保我国粮食安全做为重中之重，不能有任何疏忽和放松，更不能轻视和削弱。

粮食定，天下定；粮食丰，市场稳。这是古今中外几千年来被实践反复证明了的真理。近些年来，由美国的金融风波而引发的全球经济动荡，波及到世界各地，国际竞争更为激烈，全球经济增速放缓，增长压力增大，但我国人心安定、市场平稳，仍是一派蓬勃发展的好景象，可谓世界风云变幻，风景这边独好。这是什么原因？因素有很多，简单说，坚强的政治领导、优越的社会制度、有效的经济举措，这是至为关键的。除此之外，与我国粮食连续十多年丰收高产也是有密切关系的。粮食连年丰收，库存十分充盈，基本物价稳定。人民有饭吃，供应又充足，市场很稳定，社会也就可以安定下来。这是粮食的重大功劳。千万不可简单地认为，进入了工业社会、信息社会，靠发达的现代工业和高科技的信息产业就可以富裕发达起来、和谐安宁下来。没有现代工业体系支撑，现代高科技产业发展，肯定强大不起来，也富裕不起来，要强大和富裕，就必须要大力发展现代工业和现代高科技产业，这是肯定的，也是必须的。但必须要十分清醒地看到，在我们这样一个人口大国，现代工业、高科技产业的发展，必须要依靠稳固的农业，特别是充裕的粮食作为根基。没有稳固的农业，可靠的粮食作为支撑，什么业也难以发展起来。一些小的国家，依靠国际市场，搞一两个、四五个大规模的工业或高科技产业就可以致富发达，而我们这样一个 13 亿多人口的大国不行。首要的是必须要有饭吃，而且饭碗还必须要端在自己手上，有饭吃了，能吃饱、吃好了，其他产业、行业才能蓬蓬勃勃发展起来。粮食是保安全打根基的，对于这一点，任何时候都要保持一个十分清醒地头脑。

我国粮食生产十多年持续丰收，出现了 12 连增、13 连增，可能还会出现 14 连增、15 连增，形势确实是喜人的。但一定要十分清醒地看到，不要认为我国粮食连年丰收，库里装不下了，市场供应也十分充足，我们的农业基础就牢固了，粮食问题就过关了。在粮食问题上，我们始终都不敢言过关，始终都要高度重视而不可有任何松懈和麻痹。一定要看到，当今人类社会，可能在相当长的一段时期内，粮食不足始终是个世界性难题。一些发达国家地多人少，且土地肥沃，占有自然资源多，农业的机械化、科技化水平也高，在粮食需求上一直是剩余的，如美国、加拿大、欧洲、南美洲的一些国家和地区。但就全球来说，亚洲、非洲多是缺粮的。南美洲、北美洲，包括非洲还有粮食增长的潜力，即使这些潜能都挖掘出来，也无法解决世界性粮食紧缺问题。地球上的资源就这么多，不论是耕地资源，还是水利资源，都是有限的，不可能会越来越多。粮食的产能也是有限的，很难满足人口的增长和一些工业生产对粮食的需求，至少在一定时期内这个难题还难以解决。未来的出路有两条：一条是依靠先进的科学技术，大搞集约农业，设施农业，在较少的土地和空间里能产生更大的效益。现在一些集约农业、设施农业已经有了很大成效，以色列及北欧一些国家就搞得很好。另一条是人类生活的较大改变，食物的构成有了新的品种，即不主要依靠粮食，或大部分不依靠粮食，而是食用其他物品，也能获取同粮食一样的能量和身体所需。这也是可行的。但就现阶段来说，地球人类的食物来源还主要依靠粮食，包括肉蛋奶，也需要靠一定的粮食来转化。没有粮食是不行的！

具体到我国来说，人多地少，农业资源已经开发的差不多了，黄河、长江流域的耕地也已连续不断地耕作了至少 7000 年有余，这是从考古发现中证明了的农耕文明的时间。在中国这块土地上，依靠精耕细作和一定的科学技术及良好的政策环境，能解决十几亿人口的吃饭问题，就是了不起的奇迹。我国再靠增加土地资源增加粮食的难度很大。粮食增长的潜力是有的，潜力就在集约农业的装备水平里、现代科技里、良种良法里，但这都需要较大的投入和农业生产条件的改善。科学技术的武装、农业装备设施的建设和生产条件的改善是需要大投入的，只有大投入才能高产出，但目前我们还难以完全办到，还需要精细耕耘劳作和优惠政策激励，通过调动广大农民的积极性来保持粮食的高产稳产。集约农业、精细农业、设施农业，依靠高科技来发展农业，是我们前进的方向，但这需要时间，需要投入，也需要生产关系的调整和完善，短时间内还不可能完全办到。就目前我国的粮食生产环境来说，要保持在一定程度上的高产稳产还有大量工作要做，如果做得不好，高产稳产则是难以保障的。诸如农田水利设施条件的完善提高问题，抵御自然灾害的能力增强问题，水资源的合理开发利用和节约问题，土壤污染的预防治理问题，机械化水平的提高升级问题，科学技术研发推广问题，等等，这些方面同发达国家相比，同粮食增长的需求来说，我们都还有许多不足，必须要抓紧解决。

确保粮食安全的任务是很重的。简要说，有粮食产量上的安全。粮食生产不仅仅是为了人们吃饭的口粮，还有饲料用粮，食用油用粮，生物制品用粮，一些工业生产用粮等等。从现阶段的发展水平来看，各方面的用粮算大账，每人每年需要 800 斤左右粮食，全国需要粮食每年大体在 12000 亿斤到 13000 亿斤，而且还是要过紧日子，即还需要进口一部分食用油用粮和饲料用粮。这些年，我国粮食产量一直保持在年产 12000 亿斤以上，日子过得很不错，但仍然需要进口大量的大豆和食用油，也还要进口一些粳米。目前，我国大豆的进口依存度大体在 80%，食用油进口的依存度也在 60% 以上。更应看到，我们的粮食较为富足的日子是建立在党的好的农村政策基础之上的，是站在各地各级党和政府高度重视粮食生产之上的，是站在广大农民的勤劳耕作之上的，也包括站在有能力拿出一些外汇从国际市场上购买一些粮食之上的。通过进口一些食用油和大豆等，以弥补我国粮食不足和结构不合理的问题，这也是必要而可以的。但需要清楚的是，就国际粮食市场来说，斗争和风险则是始终存在的。双方关系好了，贸易正常了，什么都好办。如果关系不正常了，贸易环境恶化了，就会断了粮路，到那时再去重视粮食生产，危害已经有了，损失也就更大了。所以，我国粮食生产，保持一定的总量，做到高产、稳产还是必须的。同时还应该看到的是，粮食安全不仅仅是产量、数量上的安全，还有结构上的安全。目前我国粮食生产结构上的安全问题十分突出，食用油用粮大量缺口。

关于粮食安全，简单分类来看，一个是口粮安全。主要是小麦、水稻、谷子、小杂粮，也包括一部分玉米和一部分土豆的生产，这些作物品种都是人们的生活食用粮，是要确保的。这些方面的粮食生产，目前应该说基本上是能够满足的，或者说是过得去的，可能粳米有欠缺，但我看不是主要矛盾，糙米作为口粮也是好的，只是口感不同而已。一个是食用油用粮安全。主要是大豆、花生、油菜等油料作物的生产，目前供不应求。可以说，食用油用粮很不安全，油料不足，主要是大豆生产严重不足，导致食用油大量依赖进口，大豆也大量进口。这是生产结构不合理所致，同时也是国际大豆价格低，而我们的大豆生产成本高，单产低，出油率也低，在价格上失去了竞争优势，比较效益不好，导致农民种豆积极性不高。此外还有一个是饲料用粮安全。主要是玉米、大豆、麦麸等。现在饲料用粮也有问题，总的看现在玉米种的多了，产量也高，饲料用粮玉米不缺，而且还大大剩余，但由于大豆生产不足，豆粕也就严重不足，优质复合饲料也需要进口大豆，这也是结构性的问题。此外还有工业用粮安全，现在工业用玉米是剩余的，工业用粮、生物制品用粮问题不是很大。

目前我国粮食安全结构性矛盾比较突出，这是供给侧结构改革关于种植结构调整的一个重点，同时也是一个难点。引导和鼓励农民较大规模种植大豆容易，但这需要减掉一部分麦地、玉米地，甚至稻田地，而这样做就会影响整个粮食产量。耕地就那么多，种麦就不能种豆，种瓜就不能种果，种经济作物多了，势必要挤占粮田。如果调整不当，导致粮食总量不足也是要出问题的。而且大豆产量较低，效益也比较差，种大豆远不如种小麦、水稻、玉米收入多，改麦、改谷或改稻为豆，农民收入也会减少，这也是个问题。这个矛盾需要破解，也需要资金投入、政策优惠和技术支撑，包括高产品种的培育等，这需要一个过程。此外，粮食安全还有质量安全问题，而且已成为十分迫切而重要的问题。要解决好土壤污染、大气污染、水污染，农药、化肥的过量使用等，这些问题或多或少给一些区域性的粮食生长造成了危害，也使粮食品质出了问题。确保粮食安全，还要确保粮食无公害、无污染，以保证人的健康需求。这方面的工作也很多。此外，还有收储安全，运输安全等。粮食安全收储必须跟上，而且能够保质保量，做到不霉变、少陈化、保供应；粮食运输必须通畅，能够随时调运，及时上市。一些地方粮食卖不掉，存不上，有储备能力不足问题，也有运输不畅问题，是多种因素的结果，并不全是粮食多了。所以，确保粮食安全需要做的事情很多。

推动农业供给侧结构改革，在粮食安全问题上一定要保持一个十分清醒地头脑，统筹考虑粮食的生产问题和结构调整问题。

富裕农民要多业发展

——农业供给侧结构改革的调研与思考（三）

（2018 年 4 月 15 日）

吉炳轩

研究农业供给侧结构改革不能仅仅局限于粮食生产或粮棉油等农作物种植结构的一般调整，而是要从富裕农民着眼，种养加、贸工农统筹考虑，目的是推进农业现代化建设，实现城乡一体化发展，同实施乡村振兴战略统一起来，为乡村振兴服务，而不是简单地多种什么少种什么的问题。

发展现代农业，推动城乡一体化发展，实施乡村振兴战略，使广大农民进入全面小康社会，并阔步向第二个一百年的奋斗目标前进，必须要十分重视农业产业化的发展。产业化是建设农业现代化的重要支撑。在传统农业生产经营中，生产、加工、销售多是处于分离状态的。农民生产的产品大部分自己使用，只有少部分进入市场，由于农民不是真正的产业主体，难以获得相应的市场话语权，导致农产品商品化程度低，价格长期低位徘徊。农业农村农民缺乏产业支撑，这是影响农业发展、农民增收和农村面貌改变和生活水平较快提高的一个十分重要的因素。千百年来的实践证明，在我国人多地少的情况下，绝大多数地区人均仅一亩多一点的耕地，一个五口之家，仅靠种植业，不管种什么，一家一户是很难真正富裕起来的。而只有实现产业化发展，使农业种植成为产业链条中的一环，实现了适度规模经营和农村劳动力的转移，二三产业蓬勃发展起来，多数农民才能够普遍富裕起来，这已是被改革开放以来无数生动实践所证明了的真理。推进农业产业化建设，能够把农业生产的产前、产中、产后等环节有机结合起来，通过产业把分散的农户联络起来、组织起来，把分散的合作和经营统一起来、联合起来，使生产规模化、产品商品化、流通市场化，使千千万万的“小农户”、“小生产”与纷繁复杂的“大市场”、“大需求”联系起来，为广大农民进入市场筑起畅通而坚固的桥梁。改革开放以来，我国凡农业产业和其他产业发展快、发展好的农村，都很快富裕了起来，有不少地方的生活水平超过了城市，建成了不少“乡村都市”，农民过上了比城市的幸福指数还要高的现代生活，而这美好生活的支撑多依靠的是产业。江苏、浙江、广东、山东、上海和北京郊区等地有许许多多依靠产业致富的典型，陕西、河南、湖南、湖北等各个省区市也都有一批这样的典型。这些典型都在证明一条真理：实施乡村振兴战略，发展现代农业、富裕广大农民需要产业来支撑；实现农业现代化、农村乡镇化、城乡发展一体化，没有产业不行！

推动农业供给侧结构改革，来促进农业产业化发展，就农业种植业、养殖业、加工业来说，可做的文章就很多：诸如粮棉油产品生产加工销售产业，畜牧渔产品生产加工销售产业，瓜果蔬产品生产加工销售产业，林竹木产品生产加工销售产业等等，还有许多具有地域气候条件等特色的农林牧渔产品的生产加工销售产业等。这些人们生活所必须的农林牧渔产品,生产加工销售自古以来都有,但多数没有形成一个大的产业,而是小农经济作坊式的生产加工和销售,农民生产加工多是自用,只是把剩余部分拿到市场上去换几个小钱,形不成产业,也没有市场的竞争力和话语权。改革开放以来,随着市场经济的发展,有许多农林牧渔产品形成了产业,一些粮食加工、油料加工、食品加工、山特产品加工、各种肉类加工等,都形成了很大的销往全国各地的乃至世界不少地方的龙头企业,带动了一定区域内的农户、牧民种植和养殖,并都形成了一定的规模和专业,取得了很好的经济效益,也富裕了一方农民。山东就有各类农业产品的生产企业20000多家,规模以上的龙头企业就有8000多家,其中产品销售收入超亿元的就有2000多家。河南的食品加工业已经发展到20多个门类,20多个行业,火腿肠、面粉、方便面、面制速冻食品等产量居全国首位,产品销往全国各地,有的销往国外。江苏的农产品加工企业很多,也有一大批骨干企业,带动了大量农民致富。四川眉山市有个东坡泡菜产业园,专门从事泡菜的种植、加工和销售。园内已有企业60家,其中国家级龙头企业4家,省级龙头企业9家,已创建中国驰名商标7个,省级著名商标11个,四川品牌7个。2016年这个产业园泡菜的加工量达到152万吨,实现产值145亿元,有2.6万农民到泡菜企业务工,农民成了工人,人均月收入3000元以上,园区还带动周边15万农户种植蔬菜,成为泡菜企业的生产基地。一个小小的泡菜,做成了一个大产业、大品牌,形成了大市场。一个口味,一碟小菜,一个产业,一个名牌,一个基地,一个园区,发展到建成了一个城区,带动了十几万农民致富,而且企业还增收,国家还增税,而爱好吃泡菜的人又满足了口福,可谓一举多得。小小泡菜就能做成大产业,而其他农牧林渔等产品呢?我个人的看法,只要用心去做,都是可以形成产业的。农业产业化生产,不但能提高农业经济效益,增加农民收入,而且还可以促进农村劳动力向城镇转移,实现农村分工分业,催生农村二、三产业发展,消除城乡差别。

最近,我在陕西就农业供给侧结构改革进行调研,也发现了许多以产业兴农、富农的好典型。就农业种植业来说,陕西的苹果产业就做的很好。陕西一些市县村镇的冬枣产业、葡萄产业、蔬菜产业做的也很好。如:

陕西绿盈盈现代农业产业园区位于泾阳县桥底镇官苗村,主要从事现代农业蔬菜生产种植、试验、示范、加工包装、观光旅游开发和育苗工作。园区规划面积5000亩,包括桥底镇官苗村、寨子沟村、刘孟村,除了蔬菜生产外,还经营:农作物花卉、苗木种植、销售,农业生产资料、农机具销售,畜禽、水产养殖及技术服务,园林绿化服务,观光农业旅游开发,农业信息、咨询服务,农业科技开发、技术服务、技术转让,沼气工程设计、施工、开发、销售、安装,新型能源项目、节能设备服务,生态工程建设服务等。园区规模设施完善,科技体系齐全,生产条件优越,组织方式先进,种植技术成熟。该园区注意优化产业布局,设置有生产区、养殖区、观光采摘区、冷链物流区、办公区。园区内建有现代化智能育苗温室1座,年可供应蔬菜种苗1500万株,产值400万元;建有高标准日光温室大棚30栋,钢架结材的连体温室生产大棚20栋,5000吨的气调冷库2座、储藏室2座,农机具库房及车辆存放棚1栋,蔬菜配送中心1栋,蔬菜配送运输车1辆,育苗配送车1辆,沼液配送车2辆,有效保障鲜菜蔬果和苗木及时配送。该园区实行公司化运作,以"专注现代农业"为主题,不断完善优质蔬菜种苗繁育、冷链物流、净菜配送、技术推广为一体的产业链条,突出打造统一规划建设、统一管理使用、统一技术标准、统一栽培管理、统一绿色防控、统一标识品牌的"七统一"运作体系,基本形成了规模化种植、标准化生产、商品化处理、品牌化销售、产业化经营。公司以"龙头企业+专业合作社+协会+农户"的合作方式运作和经营,在优质蔬菜种苗及栽培技术服务、引进和示范各类新特蔬菜新品种方面,坚持推广无公害标准化栽培技术;在开展蔬菜栽培技术培训等方面与5家合作社及协会形成良好合作关系,辐射带动合作社及农户发展蔬菜种植达5000亩,带动农户500余户,年均可吸纳周边富裕劳动力2000人阶段性从业,人均增收可在6000元以上。

瓜坡镇君沙现代农业园位于渭南市瓜坡镇君沙村。该村有13个村民小组、677户、2575人,耕地3980亩,其中,建档立卡贫困户100户332人。这个园区是集科技推广、设施菜果种植、休闲采摘、观光、农业体验、仓储为一体的现代化农业示范园区。园区经营主体为华州区君朝拳心大白菜专业合作社,该社成立于2010年,是一个集蔬菜新品种、新技术示范推广和设施蔬菜种植、销售及蛋鸡养殖为一体的现代化农业服务型组织,注册资金600万元,出资社员132户,另有松散型社员50余户,占君沙村蔬菜种植户的94%。园区采取“合作社＋农户”的运作模式经营，实行统一流转土地、统一标准建棚、统一农资供应、统一技术管理、统一产品销售的“五统一”生产经营管理。近年来，该园区积极实施产业结构调整，建成高效设施蔬菜基地1160亩（其中日光温室765亩，大拱棚395亩），温室种植黄瓜、番茄、辣椒、草莓等，拱棚种植豆角、西葫芦、辣椒、莴笋等。2017年园区内生产新鲜蔬菜6980吨，实现销售收入2884万元，纯利润达1363万元。园区建有占地5亩的蔬菜交易市场一个、储量千吨的气调库一座、200平方米农产品检测室一间，蔬菜销售形象店一个、电商销售平台一个。已初步形成集设施菜果种植、休闲采摘、冷储加工、包装配送、电商销售，产供销于一体的新型现代农业基地。园区围绕“治土、治水、治肥、治药、治添加剂”绿色发展理念进行建设，推广“菜—畜—沼”一体化生态种植模式，采用病虫害绿色防控、秸秆生物反应、水肥一体等新型生产技术应用。全园配套自动卷帘机、膜下滴灌设施2000余套，安装太阳能振频式杀虫灯、防虫网、黄板等绿色防控设施800余套。园区生产全部用鸡粪做底肥，生产的圣女果、辣子、番茄、豆角获得国家级绿色农产品认证，注册了“君朝”牌蔬菜，已成为当地一个知名品牌。黄瓜、圣女果、辣子、番茄、豆角平均每亩效益4万元，其中水果西红柿普罗旺斯年亩产效益达4.5万元，草莓年亩产效益达5万余元，各种蔬菜、水果供不应求，深受大中城市消费者欢迎，远销四川、甘肃、湖北、新疆、广东等省份。园区的发展，不仅解决了本村剩余劳动力就业问题，还带动了周边南沙、瓜底、庙前等村800余户发展设施蔬菜或在园区打工，为当地农业产业结构调整、农民增收、农业增效起到了很好的促进作用。

陕西雅泰乳业有限公司是一家集奶牛、奶山羊饲养、标准化牧场建设和高端婴幼儿配方乳粉研发、生产、销售为一体的现代化、全产业链乳品企业，也是陕西省农业产业化重点龙头企业。该企业位于泾阳县王桥镇，成立于2004年12月，占地60000平方米，投资2.08亿元。企业目前拥有智能化奶粉工艺生产线4条，年设计生产能力30000吨。建有千头牛场2个，奶山羊养殖基地6个，奶站39个，全部实现机械化挤奶，确保了奶源质量。年收购生鲜乳1.22万吨，奶农实现收入5124万元。先后与协作单位合作研发了雅泰龙德全脂奶粉、婴幼儿奶粉及学生、孕妇、中老年奶粉等15个产品，在西安、武汉、江西等地成立了销售公司，在淘宝天猫网站开了旗舰店。2017年奶粉产量达到1589吨，实现收入7134万元。2017年，雅泰乳业充分发挥龙头企业带动作用，采取“统一饲喂标准、统一防疫和养殖技术、统一订单收购、统一奶源管理，保护价全部收购”的“四统一保”模式，带领广大贫困户发展奶山羊养殖，实现脱贫致富。截至目前，雅泰乳业带动全县8个镇130个村5800多户群众发展奶山羊30000多只，其中1400户贫困户发展奶山羊近9000只，户均年收入达到6000元以上，为推进农业强、农民富、农村美注入了新的动力和活力。

推动农业产业化发展，不仅仅是农林牧渔等产品的生产加工和销售，农村可以形成产业的资源十分丰富，需要去很好地开发利用。如乡村文化、乡村旅游等，包括青山绿水、竹木花果、地域风俗，特色饮食等，都是可以开发利用成为产业的丰富资源。我国文化的根基在农村，因为我国在历史上是个农业国，农耕文化根深叶茂，十分丰富，这一资源开发出来，可以做出许许多多的产业。现在较为简单的就有刺绣、编织、木刻、烙画、版画、雕塑、剪纸，各类戏曲、艺术，以及烧造、印染、造纸，等等。农村文化产品的种类很多，内容十分丰富，如果能够精心打造，形成产业，其效益则是相当可观的，可使一部分农民从土地中解放出来，走上具有传统特色的文化艺术产品的生产之路。现在一些省区已经有了这样的专业村镇，发展势头很好。农村旅游更是前景广阔。好山好水好风光和深厚的历史文化积淀也多在广大农村，关键在于如何去开放和经营。

袁家村位于咸阳市礼泉县烟霞镇九嵕山南麓，是一个很小的山村。全村只有62户285人，耕地也只有620亩。上世纪七八十年代，在党支部书记郭裕禄同志带领下发展农业和乡镇企业，已成为全国闻名的小康明星村。从2007年开始，袁家村在新任党支部书记郭占武的带领下，大力发展乡村旅游，使全村实现了共同富裕。目前，该村村民年人均纯收入在5万元以上。特别值得一提的是，脱贫攻坚战役打响后，袁家村党支部决定在本村村民已全部富裕的基础上，要以“一村带十村”帮助周边村子创办农民股份合作社，搭建农民创业平台，带领周边贫困群众脱贫致富。袁家村第二次创业发展，走的是农村文化旅游的道路，自2007年以来，他们从村民的日常生活中挖掘资源，从乡村的传统习俗中挖掘资源，在一片荒沟荒地和旧厂区的废墟上建成了关中印象体验地旅游景区，使关中民俗文化再现神韵。而乡村文化旅游又为周边群众提供了广阔的创业机遇。袁家村党支部通过农民学校对周边贫困群众进行教育和培训,使其具有服务意识和经营能力,然后提供优惠政策和基本条件,让他们分期分批低成本或无成本进入创业致富的平台。他们通过扩大旅游景区,开发旅游景点,增多服务摊位,将更多的旅游景点小吃、工艺品摊位零月租提供给有技能、有志向的贫困群众,对他们加入旅游产业降低门槛,并进行定期帮扶指导,让他们利用特长自食其力,并发展致富。近年来,在袁家支部的帮扶下,饮食作坊一条街上的麻花坊、豆花坊等 12 户贫困户先后当上了老板,过上了富裕的小康生活。袁家村助力脱贫的另一项成功经验和做法是将优势产业项目进行增资扩股,创办股份合作社。他们成立脱贫攻坚股份公司,将资金打包,通过合作经营、风险共担、收益共享,实现利益再分配,达到共同富裕的目的。袁家村和陕西信合、邮政储蓄银行合作,帮助有意愿及征信合格的周边 125 户贫困群众申请贷款,将发放的贷款以股金的形式在袁家股份合作社入股,创办养殖、种植和农产品作坊合作社,进行保底分红,使更多的贫困群众享受到袁家村发展的红利。目前,袁家村"党支部 + 合作社 + 乡村旅游"的扶贫模式已吸纳贫困人口 193 人,月工资在平均 1500 元左右,为老弱病残贫困户提供摊点 108 个,年收入均在万元以上。村上计划再在西安、咸阳的分店用 100 户商铺、作坊,吸纳 200 户贫困户入股,实现 200 户贫困户持续稳定脱贫。袁家村还计划通过贫困户入股每股 3 万元的形式,带动烟霞镇 899 户贫困户全部参与,整体脱贫。

渭南葡萄产业园是一个集品种研发、技术推广、采摘体验为一体的现代农业综合园区。园区按照"现代农业导向、特色小镇融合、田园风光衬托、生态景观点缀、休闲旅游融合"的思路,已建成"四纵三横"骨架路网、3000 亩避雨设施栽培示范园、生态观光大棚、万米葡萄长廊、三贤酒庄等。园区生产实行统一管理、统一技术、统一架型、统一用药、统一施肥、统一销售,实现生产标准化、产业规模化、科技高新化、机制市场化、园区景观化、城乡一体化,先后获评国家葡萄产业技术体系综合示范基地、全国青少年科普示范基地、全国休闲农业与乡村旅游示范点、国家 4A 级旅游景区。园区以葡萄产业园为核心,全力打造田园风光、生态果乡田园综合体。目前已形成 6 个主题鲜明的功能板块:"浪漫风情区",主要建设红酒小镇、演艺广场、浪漫花海、三贤酒庄等,使其成为感受异域风情、婚纱摄影的天堂;"酒庄文化区"主要建设五层城堡酒庄,地下两层储酒参观,地上三层酿酒品酒;"休闲观光区"主要建设温泉酒店,让游客体验葡萄田间的红酒洗浴;"休闲观光区"主要建设生态餐厅、歇歇吧、单膜温室连为一体,集合餐饮、休闲多种功能,让游客在冬季体验生态绿色的慢生活;"农业体验区",主要建设葡萄博览园、采摘园、智慧农业中心,进行新品种培育推广、高科技种植示范,展示现代农业的魅力;"健身娱乐区",引水入园,借势造景,打造葡萄水系。渭南葡萄产业园有五大特点:规模大。规划面积 20 万亩,分为核心区、带动区和辐射区,核心区占地面积 5000 亩。品种多。园区培育有 2000 多个品种,堪称葡萄的海洋,可以尝遍千种各色葡萄味,赏尽万颗红绿青紫果。品质优,采用"Y"型架及"三带"整枝技术,避雨栽培,生物杀虫,主施有机肥,品质达到国家绿色食品标准。融合好。坚持"三产融合"、"园区 + 旅游",立足第一产业用地性质,采用第二产业管理模式,附加第三产业服务功能。文化厚。园区所在的下邽镇是铜佛之都、葡萄之乡、三贤故里,有许多文化遗存可以挖掘利用。目前,这个园区还在发展建设之中,全部建成后可带动一方产业发展,大批农民致富。现在葡萄种植的规模已经大见成效。

此外,农业产业发展也不仅仅限于"农"字,诸如信息产业、中介产业、物流产业、仓储产业、建筑产业、运输产业等等,农村农民都是可以做的,而且也正在做,有的做的也很好,也很大,也很有影响。只要引导得好,组织得好,支持服务得好,农村的各类产业一定能够兴旺发达起来。

当前,发展农村产业、农业产业,最大的困难是信息、技术、人才、资金四大问题,各级政府部门有责任把这些问题解决好。这些问题解决了,农村农业的各类产业就可以兴旺发达起来,我国农村将会呈现出一个更加朝气蓬勃兴旺发达的新局面。

莫让忧虑成忧患

——关于环境保护与农产品质量安全的调研与思考(一)

(2018年7月4日)

吉炳轩

影响农产品质量安全的因素很多,需要综合治理。就大宗农产品来说,主要来自于土壤污染、水污染、大气污染和化肥过量及农药残留,这是一个较为普遍的问题。农产品加工产品中的问题,有饲料的霉变、饲料中的不当或过量添加剂而影响到肉蛋奶的质量,使肉蛋奶中存有对人体有害的物质;有生产加工时的不当添加剂对人的健康造成的潜在危害;有加工工艺不精、不细,包装、冷藏、运输不当,而造成的细菌感染、变质等。瓜果菜还有个收获期不当,成熟度不够,运输、保鲜、保质不妥等问题。总之,问题可分三大类:一是污染问题,土壤污染、水污染、大气污染;还有化肥的过量使用、农药的使用不当,而致有毒有害、质量下降等问题;二是生产经营问题,包括工艺流程,添加剂、保鲜、储运等方面出现的问题;三是市场监管问题,监管不严、不力、不细、不到位,包括标准不明,把关不严,大而化之,"差不多"、"无所谓"思想,这都是问题的根源。

确保农产品质量安全需要综合施策,就是要治土、治水、治污,科学使用化肥,严格控制农药,并要依靠科学技术来支撑,解决好土的问题、水的问题、肥的问题和治虫的问题;就是加强对企业生产和市场经营的管理,制定科学全面的标准体系和严密的生产工艺、严格的监测体系,任何一个环节都能把住关、把好关,不使有毒有害和不合格的产品进入市场。这是一个很大的系统工程,工作量是很大的。

实施乡村振兴战略,是党中央的重大的决策。乡村振兴战略内容很多,其中确保国家粮食安全、农民增收、社会安康是很重要的方面,而确保国家粮食安全、农民增收、社会安康有一个基本的要求,也是必要条件,就是要确保农产品的质量安全。只有高质量的、安全可靠的农产品,也才能有粮食安全,也才能实现农民增收和社会安康。

就全国的农产品质量安全来说,自《农产品质量安全法》贯彻实施十多年来,整体水平有了很大提高,好质量、高质量的农产品大量涌现,低质、劣质、假冒伪劣的农产品及其食品大量减少,整体形势是越来越好,而且市场的监管也越来越规范,这是需要充分肯定的。对农产品质量安全问题,我们应该有信心,只要坚持强有力地抓下去,就会越来越好。

国以农为本,民以食为天。人类社会最基本的需求是吃喝拉撒睡,柴米油盐茶。即使物质十分丰盈,不为吃喝而发愁,人的基本需求也仍然是衣食住行乐,其中吃穿用始终都是最重要的。吃饱穿暖是基本需求,吃好穿好也是高需求中的根本需求。人类社会不论怎样发展,不论发达到何种程度,吃穿用都是最基本的,必不可缺的。

民以食为天是千古不破之真理,这个"食"不但要吃饱、吃好,更重要的是吃得安全,吃得放心,能吃出健康而不是毛病。改革开放以来,通过四十年的快速发展,我们的经济社会进入了一个新时代,反映在基本生活吃的问题上,就是解决了温饱问题,可以说是彻底解决了温饱,由过去吃不上饭、吃不饱饭,而能吃上了饭、吃饱了饭,不再为衣食无着而发愁。我们现在进行脱贫攻坚,按标准线所划定的所有的贫困户,没有一户是吃不上饭或吃不饱饭的,而是要使其随着经济社会的发展,也能吃得更好,生活得更好。现在人民的生活追求,不仅是吃得饱的问题,而且还要吃得好,吃得精,吃得美,吃得新鲜可口有营养,能吃出健康、快乐和长寿的问题,不是仅仅为了肚皮,还要享受口福,满足味求。这是新时代人们基本生活追求的一个鲜明特征。新时代有新变化,也有新需求和新烦恼,这个新需求和新烦恼在吃穿用的方面,就是要能安全、健康、优质,而不能使人吃喝出毛病来。

人的生命健康是人生最大的事情。生命是本源,健康是根基,只有有了强壮的躯体,健康的身心,才能很好地学习、工作和去追求创造美好的新生活。病魔缠身,就无法安心学习工作,甚至连生活质量都没有,也就没有幸福可言,而是无尽的烦恼和痛苦。人的生命健康取决于各种因素,有遗传基因问题,有天灾人祸问题,有各种疾病的侵扰问题,还有精神情绪忧思感伤等各种问题,其中因饮食不当而致病影响人的身体健康则也是一个很重要的方面。中国传统医学有个理论:“病是吃出来的”。俗语中也常说“病从口入”,“祸从口出”,就是吃了毛病,说出了祸患。病是吃出来的,有吃得不饱、不好,营养不良造成的,而这种疾病现在不多。现在吃出来的病主要是有吃的过于精细,导致营养不均衡而出现的一些毛病;有吃的太过肥腻,导致营养过剩而出现的一些疾病;有吃的过于挑剔,太偏太单而导致的疾病;有吃的不合需要,任着性子来吃,想吃就吃,不想吃就不吃,饥饱不定,甚至海吃海喝而导致的疾病等。这些均属于生活节律不规矩、生活习惯不得当所致,这些方面因此而得病的不少。因生活而致病的问题,还有的是工作环境不良所致,有的是工作节奏过快和压力过大所致,也有的是个人生活缺乏规律、安排不当所致等。这些问题多需要靠自我克服和调节。这里特别需要提出的,也是值得高度重视的,是一些吃了不安全不健康的食物所导致的病患。

从现在的一些疾病可以看出,有些病是吃了有毒有害的粮食、蔬菜、水果及肉蛋奶食品而得。尽管一些有毛病的食物少有吃下去就很快死人的,但其有毒有害物质残留在人的身体内,或在人的身体内持续发挥作用,不知什么时候就会酿成疾病。土壤污染,农药残留,化肥滥用,水的污染,大气的污染,对农产品、水产品、畜牧产品所造成的危害,最后又通过食物这个渠道而进入人体,最终来毒害人类。这个危害或潜在的危害是存在的。因有毒有害食物吃出来的病不少。还有些病是喝出来的,酗酒致病,甚至喝死,每年都有这样的情况发生,当然这属另一类的问题。还有一类喝出来的病,就是牛奶、羊奶,饮料、茶叶中的有毒有害物质。有些是生产中出的问题,有些是加工中出的问题,但不管是什么问题,都是有毒有害给闹的。这些喝出来的病,有的即时就会出现,如头晕、恶心、跑肚拉稀等,有的则会潜伏在体内,持续很长时间慢慢发挥毒害作用。还有些病是闻出来的,即有毒有害气体,这也属于另一类性质的问题,因大气污染而导致人的疾病也已成为一大问题,而且是十分突出的问题。

据有关资料介绍,“现在食品技术专家和食品企业家们正忙于促使我们的食品色香味俱佳,在食品加工中加入越来越多的化学物质,特别是人工合成的化学成剂,日益给食品卫生和安全带来危机。以美国为例:每年在食品里补充进5亿美元的化学合成物——2500多种添加剂。仅1979年,每个美国人平均消费掉7磅添加剂,几乎是1970年的2倍。现在食物供应一年要耗费400万磅染料,为1940年的16倍。”“各种漂白剂,使食品洁如玉、白如雪;各种染色剂、芳香剂,使人垂涎欲滴,口颊生香。就在这些背后,隐藏着看不见的杀手,浪费大量人力、财力,破坏了大量的营养素。各种化学合成剂有损人类健康,诱发多种疾病,包括恶性肿瘤等。”“现代农业耗费大量能源,很多能源浪费四处散逸,污染了土地、河流、湖泊和海洋。”“化学杀虫剂的广泛使用,已使害虫家族的天生抗药力越来越强,已知有309种虫子、螨扁虱等对一种或几种化学杀虫剂具有抗药力。化学药品使用越来越多,越来越毒,害虫也随之更加有害。杀虫剂的广泛使用,对土地的生态平衡具有‘可怕’的影响,它摧毁了土壤中的细菌和各种生物,造成土壤更大量的流失和对环境更大的污染,及对粮食、蔬菜的污染。”“美国的身心疾病剧增和信息革命是并行不悖的。这当然有多方面的因素,如遗传、空间拥挤、人口流离失所、移居现象增多、环境污染、生活节奏紧张等。美国每5个人中有1人,也就是全国有4000万人,正在为各种身心疾患接受治疗。身心疾病已发展成为流行病,美国的精神病防治比警察还多。”“在美国,死于癌症、心脏病等的人数占死亡总数的比例,1900年为12%,1940年为38%,1976年为59%,而到1986年,每两个美国人中就有一人因心血管病而死亡。”“人类生活的所有层次受到各种大规模的污染是问题的症结所在。污染对人体的致命影响实在可怕:纽约城内出租汽车司机血液里的一氧化碳含量很高,他们不能输血给心脏病患者。婴儿找不到未受农药、化学残余物和其他致癌物质污染的牛奶,连人乳中也存在污染,婴儿配膳中也有含毒的铅沉淀。”“大多数癌症是由人为环境因素造成的,如食物防腐剂、添加剂和有毒化学物质等。”

这里谈的主要是美国的情况,但这些问题,在工业化的进程中,多数工业国家普遍存在。在工业发达的环境里,越来越多的人患有癌症、心脏病和其他慢性疾病。各类污染、大量垃圾,不断沿着社会能源渠道积累起来后,便会引起大量各种身体功能失调的现象。人类的本质和天性是不能适应高度的工业化石油化废弃物污染的环境的。

现在人们对吃的问题、喝的问题不放心,吃米要多淘,不是一遍两遍,而是三遍五遍甚至更多,把米油都冲洗掉了,米的香味和筋道也就没有多少了;吃菜要多泡,即从市场上买回来的蔬菜,心里没底，总担心有农药残留，就先放在水池里或水盆里泡，也不是泡三五分钟、十来分钟，而是一两个小时，甚至更长，已经成了一种心理障碍，认为泡了就可以把残留的农药泡出来，吃着才能放心；吃肉也要先泡后煮，放在凉水里浸泡一个多小时，然后再下锅去煮，而要煮的时间长一些，这也把肉味煮没了，鲜味煮掉了，但只有这样做心里才安稳；吃瓜吃果要去皮，认为瓜果皮上农药残留很多，去了皮才放心；认为吃干果，带壳的果实才放心，因为能去掉果壳，食用里边的果仁，农药可能进不去，如核桃、花生、瓜子等倍受青睐；吃茶要多冲，甚至头道茶不去喝，谓之洗茶，洗去农药残留，但饮茶者也多知道靠洗茶之法农药残留是洗不掉的，但还是要洗一洗，以去去心病；认为吃菜吃根比吃叶好，因根在地下，农药喷洒不住，但也知道土壤中仍有农药残留，可总觉得根部总比茎叶的农药要少一些。不论是肉、菜、果，认为吃色暗一些的比色鲜一些的要放心，因为食物的本色是不会太鲜艳的，而太鲜艳的颜色看着就让人害怕，不知道是用什么有毒有害的化学用剂搞出来的。面太白了，米太亮了，不知道是加了什么东西成了这样俊俏靓丽模样，暗一点，则是物之本色，心里才踏实。认为吃小比吃大好，长的太大的东西，用现代技术催起来的瓜果肉蛋吃着心里也不踏实，鸡蛋小比大好，萝卜、白菜、瓜果、西红柿也是觉得小了更安全些，而超常之大，吃起来心里也发怵。认为吃乱比吃齐好，任何一种物品都有大小强弱之别，这是物竞天泽的一般规律，而所有禽蛋鱼虾瓜果蔬菜都齐齐整整，一模一样，心里也犹疑，这是怎么整出来的呢？

以上这些心态，也是心理因素，不好也不对，至少不全对。现代科学技术，农牧渔业产品规模化、标准化生产，整齐划一的东西很多，不能认为就有问题。对于吃面粉，就无可选择，是不能洗、不能泡的。总的来说，面粉太白了，人们也犯嘀咕，会认为是加了漂白剂。现代化的科学技术，使农产品的体形、个头、口感、质底都发生了一些变化，大了、肥了、亮了并非就不好。但由此一定要看到，人们的这种心理是对我们的一些农产品的质量安全不放心，疑虑太多，而我们确有一些有毒有害的农产品，进了市场，上了餐桌，害了人们，尽管是少数，可能是极少数，但“一颗老鼠屎，坏了一锅粥”，确实是让人不放心，又担心，这是需要引起高度重视的。

莫让忧虑成忧患。

确保农产品的质量安全是很大的事情，是关乎人的生命健康的大事，必须下大功夫来抓，必须严格依法来抓。更重要的是，一定要看到，这件事如果抓得不好，使人民对我们的管理能力、执政能力失去信心，从而丢掉了民心，那将是最可怕的。

掘水找源　治病求根

——关于环境保护与农产品质量安全的调研与思考（二）

（2018年7月6日）

吉炳轩

确保农产品质量安全是一项长期的任务，也是一项十分艰巨的任务，因为现在还有大量的问题存在，农产品质量不安全的问题仍很突出，始终都不能掉以轻心。就《农产品质量安全法》的贯彻实施来说，还需要进一步健全质量标准体系，进一步完善市场准入制度，进一步加强全程追溯管理，进一步健全应急处置机制，进一步强化安全责任追究，进一步完善法律法规。这是依法来确保农产品质量安全需要进一步做好的工作。就工作层面来说，需要做好的工作就更多了，而且难度都很大，任务十分艰巨。

掘水找源，治病求根，农产品的质量安全问题同掘井找水、治病救人是一个道理，要解决农产品的质量不安全问题，就要先找准影响农产品质量安全的原因是什么。

当前，影响农产品质量安全的主要问题是有毒有害物质残留在农产品体内。这些有毒有害物质大体有以下几个方面：

一是有毒有害农药残留。

农作物的生长是很艰难的，要同自然界的各种灾害抗争，也是适者生存，不适者淘汰。农作物的天灾很多，有风灾，雹灾、雨灾、雪灾、霜灾、冰冻灾害等这些气候条件所造成的灾害。除此之外，还有病灾和虫灾，特别是虫灾的危害是很大的，有些甚至是毁灭性的，如蚜虫灾害、蝗虫灾害、红蜘蛛灾害、黑粘虫灾害等，对农作物的危害多是毁灭性的。一旦发生了这样的虫灾，如果治理不及时，农作物不但难以正常生长，而且会吸吃干净，全部死亡。这样的灾害年年都有，需要时时防治。现在的农作物，不论是粮食、棉花、油料、瓜菜、水果等，没有虫害的很少。地下虫害、叶面虫害、根茎虫害、果实虫害，等等，什么样的虫害都有，不用农药防治，就很难有所收成。防治虫害的手段很多，有人工防治、生物防治、物理防治等，但就大田来说，普遍的还是药物防治。虫是很厉害的，也是适者生存，不适者淘汰，遵循物竞天择的法则，抗药性也在一代一代增强，有许多农药对现代虫子已起不了多大作用。特别是毒性小的农药，虽残留一些对人体伤害不大，但也杀不死虫子。而要把虫子杀死，毒性就要强烈，但把虫子杀死了，残留在农产品中的一些有毒有害物质也就对人体造成了伤害。农药毒素的残留，这是当前农产品的最大的一个不安全问题。

二是重金属含量超标。

现在，我们的多数农作物还是在大田的土地里生长的，虽然已有不少高科技的设施蔬菜和瓜果，在温室里进行栽培，有的还是无土栽培，进行工厂化生长，但就市场需求来说，则是少之又少的，大田和大棚土壤栽培仍是主要的。蔬菜的温室栽培比较多，对于土壤的管理相对于野外田地要容易些。而粮食作物的种植则基本上全是大田栽培，要饱受一些土壤污染之害。土壤污染是人类社会快速进入工业化后出现的一个突出问题。现在我国土壤污染的情况如何，还没有进行过详细逐片逐块地的普查，目前还没有这方面的具体数据。这方面问题焦点的形成，是几年前新闻报道湖南个别地块的镉大米敲响了警钟。这是经新闻报道后，通过舆论监督手段而发现和技术手段检测出来的问题。但全国的土壤污染面积有多大？土壤中的有害重金属物质有多少？对农作物的危害有多大？这多还是未知数。也有一些数据，是在抽样调查基础上推断的。据有关资料介绍，从抽样调查的情况看，有些地方的耕地污染物超标率为 10.2%，其中镉污染最为普遍，此外还有砷、铜、铅等。据有关部门数据显示，全国大概有 1.2 亿亩耕地有潜在的生态风险，不利于农作物安全种植。土壤污染的问题是个客观存在，对农作物产品质量安全的危害也是个客观存在，至于对人体有什么危害，现在还说不很清楚，而且有些危害不是吃下去就立竿见影见效的，需要一个较长的时期才能显现出来。因土壤污染而造成农作物的重金属含量超标，进而影响到人的身体健康，这是个不能回避和忽视的问题，需要搞清楚。这也是人们担忧的问题之一。

三是大气污染物沉降。

对于大气污染，人们目前感到危害最大的是空气质量差，引起呼吸道和肺部不适，甚至带来眼睛不适。这是人们的直观感受，是大气污染给人体带来的直接危害。植物也是生命，大气污染在危害人的生命健康的同时，也在污染着各类植物，农作物更是深受其害。至于大气污染给农作物的生长带来哪些影响？是产量的影响？质量的影响？甚至有变异的影响等，这方面的研究还不多。但从理论上来说，农作物的生长要靠种、土、水、气和光，这些基本的要素，也是基本的条件缺一不可，少了哪一样，农作物都不能健康顺利成长。空气质量对农作物的生长影响是很大的。农作物也有吐故纳新的呼吸运动，通常讲的是白天阳光普照，就吸进二氧化碳，而吐出氧气，到了夜晚，则吸进氧气，吐出二氧化碳，这一吸一吐，也是一吸一呼，来使植物生长，开花、结实，并积累养分。即使粮食作物、瓜果蔬菜已经成熟了，也仍然在呼吸，照样吐故纳新，否则就没有了生命，也就不会再繁衍生息下去。老农民都知道，小麦成熟后，为阻止小麦养分倒流，在收割前几天，有水利条件的就浇上一水，叫“送老水”，就是靠水的淹浸，使小麦根部尽快死亡，防止小麦籽粒的养分倒流回到茎根上去，以使小麦籽粒饱满，淀粉充裕，获得丰收。现在苹果的保鲜技术，就是用塑料薄膜密封，放在适宜的温度下，以延缓苹果的新陈代谢，也就是让苹果在存放中呼吸的慢一些，以使保鲜的时间长一些。土豆、红薯等农作物的保鲜也是一个道理。食用鲜玉米的保鲜更是如此，把玉米棒子掰下来，用开水煮一下，然后速冻，使玉米丧失了呼吸的能力，成了僵尸玉米，通过冷冻保鲜。这些都说明，空气对植物是至关重要的，空气的质量也影响着农作物的质量，大气的污染也同样在影响着农产品的质量品质，尤其是质量安全问题。对这一问题也要加强研究，因为这个危害是潜在的，在短期内是看不出来的，但我们也需要早知道、早预防，对存在的问题也需要早解决。

四是水污染灌溉浸浊。

由于水污染给农作物造成的危害，也是一个十分突出的问题。农作物的生长离不开水，而且不同的水质浇灌出来的农作物其特点、品质都是不一样的，有的甚至差别很大。不同的水土条件、气候条件，生长出不同的农作物，这是人们都熟知的一般道理。一方水土产一方物，一方水土养一方人。好土好水好气候，农作物的品质就高，营养也好，而差的水质土质和气候条件，生长出来的农作物品质就差。农作物离不开水，而且要靠水滋养，水是农业的命脉。农作物所需的水有天上雨雪之水，地上江河湖泊之水和地下井泉之水。我不知道现在的水污染程度如何，从所走到过的地方，能看到的一些水面，很少有不被污染的江河湖泊，只是好坏优劣程度不同罢了，已很少看到清澈甘甜、令人心旷神怡的水了。水污染是工业化所带来的一个突出问题。我在黑龙江工作过，黑龙江江河湖泊很多，其中大的水系，黑龙江、乌苏里江、兴凯湖污染较小或少有污染，主要原因是地广人稀，周边没有工业废水排放，城镇也少，生活污水的排放也多，用这些水浇灌而生产出来的大米就好吃，当然，米好吃还有气候、土壤等因素。而松花江就不同了，沿江两岸城镇密布，人口密度非常大，且大型工业设施也多，江水的污染程度就比黑龙江、乌苏里江和兴凯湖要重得多。但由于地处东北，相对于中原、华东一带，人口密度还是少的，污染的程度也还是轻的。我国一些高原地区，偏远地区、深山老林之中，污染很少，主要是住人很少，有的甚至少有人烟。人多居住在江河湖泊的川谷、周边和中下游平原地区，而这里的水则是极易被污染的。我国的农业生产也主要集中在这些地区，土壤污染严重的也是这些地区。地下水的污染也与地表水的污染有直接关联，地表水污染严重，地下水也难于幸免。空气污染严重，天上雨水也干净不了。由于水污染而造成的农产品质量安全危害也是显而易见的，对人体健康所造成的危害也是潜在的，这是不容置疑和忽视的一个大问题。

除了以上四个方面的问题，人们的消费心理，还有一个对转基因农产品的疑虑问题。转基因农产品是好是坏，目前仍是个争论不休的话题，好的一面是产量提高了，抗病抗虫抗灾的能力增强了。以大豆为例，我们进口的美国转基因大豆，产量高，抗病能力强，出油率也高，价格也便宜，这是我们国内大豆在国际市场竞争中处于劣势的主要原因。转基因农产品产量高，抗病能力强，这也是转基因作物受生产者欢迎的主要原因。投入小，产出多，效益好，自然就受到生产者的欢迎。这是价值规律、利益关系在驱动。但转基因毕竟是植物一种变异，虽不是变类，但也是变种、变性。这种变了种、变了性的植物，其质量品质有什么变化？人吃了以后对身体有什么影响？现在还是个说不清楚的问题。目前还没有人能理直气壮有根有据地讲转基因农产品对人体没有任何危害，但也没有人能拿出确凿的证据来证明转基因农产品对人的生命健康所造成的直接危害。这在目前还是个争论不休的问题，仍是公说公有理，婆说婆有理。但不论是好是坏，都还需要有力的证明，这大概还需要一定的时间。实践是检验真理的唯一标准，好坏优劣要靠实证说话。转基因问题回避不了，因为已经纷纷扬扬吵了一段时间，人民群众都知道了这个问题，心中都有一些疑虑，甚至出现了恐惧心理，一说到转基因产品就不舒服。有的生产厂家也看到了这一点，就在其产品上专门注明“非转基因产品”，以使消费者放心。尽管转基因产品对人体的危害没有任何确凿的实证，但这个疑惑忧虑的消费心理是存在的。心理上的危害，也是危害，对这个问题也要高度重视，能够科学地讲清楚说明白。没有问题，能够高产、抗病、抗虫、抗灾，何乐而不为呢！如果有问题，哪怕是一丁点问题，也要讲清楚，并努力攻关，着手解决。

在执法检查和调查研究中，还发现一个问题，人们普遍反映，现在吃面少面味，吃肉少肉味，吃菜少菜味，吃蛋也少蛋味。特别是一些上了年纪的人，总感觉现在面粉没有过去的面粉好吃，不筋道、不柔和了；牛羊肉鸡鸭鱼肉也是一样，总感到味道差了不少。这可能是过去日子苦，感觉什么都好吃；现在物质丰富了，嘴也刁了，追求也高了。这应是一个原因。但相比较而言，工厂化饲养的鸡，鱼塘里规模化养的鱼，的确没有农村满院跑的溜达鸡和江河湖泊里捕捞的野鱼好吃，这是不争的事实。西红柿、黄瓜更明显，总感到现在的一些西红柿没有西红柿味，一些黄瓜没了黄瓜味，至于差在哪里，没有指标衡量，就是口感不同，觉得味道不正。中老年人有对比，感觉最明显。口感变了，质量如何呢？这方面也缺乏具体的指标评价体系，但在人的心理上，包括一些舆论上，也认为工厂化养的鸡及下的蛋同农村家养的鸡和下的蛋营养就不同，认为还是家养笨养的好。猪肉羊肉也是如此，只要带上一个“野”字就是好的。野山猪、野山羊的肉价就要比一般的猪肉羊肉价高出一大截。现代化的高科技种植和饲养技术，使农产品、畜产品产量大幅度提高，生产周期也大大缩短。过去养一群鸡，几头猪、几只羊，多需要一年乃至两年的时间才能出栏，而现在在三两个月、四五个月就可出栏，且个头还很大，产量还很高。农产品的种植,特别是蔬菜瓜果的种植,通过设施农业技术,地可不分东西南北,温可不惧温凉寒暑,通过现代化的设施均可种植,而且品相还很好,产量还很高。但质量如何?口感欠佳是肯定的,当然不是全部农产品,而是一些农产品。但就是这"一些"农产品,也使人心中有了疑虑,对农产品的质量安全,至少是质量不高,产生了疑虑。这虽谈不上农产品质量安全问题,但产高质劣或产高质降,也是需要重视的一个问题。我们应在农产品的产高质优上下功夫。

垃圾要走变废为宝之路

——关于环境保护与农产品质量安全的调研与思考(三)

(2018 年 7 月 6 日)

吉炳轩

土地是万物之根、之母、之基。我们把土地比作母亲,就是因为土地就像母亲那样生育了万物,滋养了万物,成就了万物。

土地是最为宝贵的。

所有的农产品都离不开土地,粮食作物,各类蔬菜、瓜果、林木、花草,都是靠土地生养的,土地的质量如何,决定着农产品的生长和质量。一些农产品质量不高的问题,有毒有害物质的残存问题,有相当一部分来自于被污染的土地或被破坏的土地。土地的污染和破坏主要来自于工业生产的废水,特别是一些有毒有害的废水排放而侵蚀土地;一些建筑垃圾,生活垃圾的堆放、流失和侵蚀;现代农业生产的地膜破碎残留和一些生活用的塑料袋子的随意丢弃而进入农田;化肥、农药的使用过量而腐蚀土地;连续不断地农业耕作而又不改良肥沃土地致使地力下降,各种有机成分失衡等。工业废水、生活污水,各种垃圾对土地的污染,使土地被一些有毒有害物质侵蚀,而又进入农作物之中。特别是一些农产品重金属超标,产品质量下降,口感变差等,多是这些废水、废物惹的祸。竭地力而连作,不仅造成农作物减产而且质量也大幅下降。特别是依靠化肥来促使农作物生长,而使土地板结、腐蚀,生产出来的农作物品质也是很差的,象黄瓜、西红柿、西瓜、甜瓜这一类生食入口的产品,就十分明显,有的甚至难以下咽。

对土地污染,特别是耕地污染的问题要高度重视。现在有一些地区,特别是大中型城市周边地区,一些工矿企业附近,耕地已成为土壤污染的重灾区,呈无机有机复合污染的局面,其接纳和自然净化能力已接近或超出其极限。

值得关注的是,土壤污染呈转移扩散之势,出现了由工业向农业扩散、城区向农村蔓延、地表向地下渗透、上游向下游转移、水土污染向食物链延伸的趋势。土壤污染成因也十分复杂,自然成因与人类活动共同造成了土壤污染。长期的水污染、大气污染、固体废弃物污染、农用化学物质污染,加剧了部分地区土壤重金属的富集。城市及工矿业发达地区,土壤重金属多源自矿石冶炼和工业"三废"排放;在农业区域,污水灌溉、大气沉降和长期过度施用化肥、农药等引起的农业面源污染是土壤重金属累积的主要途径。此外,垃圾废弃物随意堆放和填埋,既占压土地又破坏土壤腐解能力,恶化土壤理化性状。土壤污染危害十分严重:会造成土壤有机质含量下降、土壤板结、影响农作物产量与品质,对粮食安全带来隐患。值得注意的是,土壤重金属污染具有累积性、潜伏性和不可逆性特点,通过农作物的吸收、富集及食物链中的生物放大作用导致食品重金属污染,对人体健康危害极大。

治理土地污染,特别是耕地污染,已经到了刻不容缓的地步,应作为一项关乎国计民生的重大工程来抓。要下决心治理土地被工业社会各类废弃物所污染形成的多病之身,就必须要清洁土地,活化土地,营养土地。我国能在较少的人均耕地上养活占世界人口五分之一的庞大人口,靠的就是保护土地,滋养土地,采取精耕细作之术。我国是一个农业大国,中华文明就其传统来说,也可称之为农耕文明。在中华大地上,黄河流域、长江流域的土地从考古发现来看,至少已耕作了 7000 年,甚至更为久远。在这块土地上,一年一季或两季甚至三季,连续不断地耕种了 7000 年,土地仍然肥沃优美,还能生长哺育出各类茂盛优质的作物,靠的是什么？靠的就是对土地的热爱、保护、滋养和医治，使这块丰美的土地永葆健康之体，永葆旺盛活力。

老祖宗为我们留下了丰富而宝贵的治土经验，我看至今还是管用的。就拿垃圾来说，现在成了祸害，是污染土地的一个重要因素，但有一些垃圾，特别是人的生活垃圾，处理好了，反而是土地的宝贝，是土地的高级营养品。搞农业的人都知道，重视积肥和施肥是我国古代农业的重要特点之一，也是精耕细作生态农艺的重要组成部分。我国农业几千年来长期耕种而没有衰败，重视施肥是一个很重要的因素，或者说是主要因素。我国古代有“惜粪如惜金”“用粪如用药”之说。肥料，古代称为粪；施肥，古代称为粪田。施肥能使刚硬难耕之地变得肥美，能生长出更加茂盛的植物。为土地上粪施肥具有提高地力、培肥土壤的作用。此外，用粪肥田还可以改造土壤，使贫脊的土地肥沃；可以改土，能够提高地力，使坏地变好地；可以使土地增强蓄水保墒、透气增温的能力，以抗拒水旱之害。

我国古代的肥料，主要来自家庭生活中的废弃物，即现在的生活垃圾，也就是农产品中人畜不能利用的部分，以及江河、阴沟中的污泥，人畜的粪便等，这些本都是无用之物，但积之为肥，则成了庄稼之宝。所以我国历来都十分重视积肥和施肥，并认为这是变废为宝、化无用为有用的一个重要方法。元代农学家王祯在《农书》中说：“夫扫除之秽，腐朽之物，人视之而轻忽，田得之而膏泽，唯务本者知之，所谓惜粪如惜金也。”《知本提纲》说：“何如广积粪壤，人既轻忽而不争，田得膏润而生息，变臭为奇，化恶为美，丝谷倍收，蔬果倍茂，衣食并足。”我国古代特别重视废弃物的利用，凡可以利用的，差不多都要用作肥料，所以我国古代肥料种类特别多，这些我们通称之为农家肥。战国时，我国已使用人粪尿、畜粪、杂草、草木灰等作肥料。秦汉时期，蚕矢、缫蛹汁、骨汁、豆萁、河泥等用作肥料已见于记载，其中厩肥使用特别发达。我国曾出土过这一时期的连厕猪圈，这种猪圈的发现，反映了当时对养猪积肥的重视，也反映了养猪积肥在我国有着悠久历史。魏晋南北朝时期，除了使用上述的肥料外，又将旧墙土和栽培绿肥作为肥料，其中栽培绿肥，在我国肥料发展史上具有重要的意义，它为我国开辟了一个取之不尽、用之不竭的再生肥料来源。到宋元时期，一些无机肥料如石灰、石膏、硫黄等也开始在农业生产上应用。据统计，这一时期的肥料约有45种，其中饼肥和无机肥的使用，是这一时期的新发展。明清时期，随着多熟种植的飞速发展，对肥料的需要也空前增加，千方百计扩大肥源，成为这一时期的迫切需要，肥料的种类也因此不断扩大，肥料已扩大到12大类130多种。可见我国古代肥料种类的丰富，其中有机肥料占绝大多数，从而形成了我国施用肥料以有机肥为主、无机肥为辅的特点。

我国古代不但重视积肥，同时也重视肥料的沤制加工，借以提高肥效。其主要方法有：一是杂肥沤制。战国时，我国中原地区已利用夏季高温将田里的杂草沤烂作肥料。南宋陈旉《农书》还介绍了另一种沤肥方法：将簸下来的谷壳以及腐藁败叶，积在池中，再收聚洗碗肥水、淘米泔水等进行沤渍，时间一长，便腐烂成泥，肥效很高。明代在太湖地区沤制肥料的办法是将紫云英或蚕豆的茎秆和豆壳等用河泥拌匀堆积沤制，这种方法叫“窖花草”和“窖蚕豆姆”，现在南方称之为窖草塘泥。二是厩肥堆制。就是靠牛马驴骡和猪羊的蹄子来踏，把一些草和土垫在圈舍之中，让牲畜践踏成肥，大体七八天到半个月起出一次，堆起来再沤制，这样的肥料非常好。古书中这方面的记载很多，过去农村也是常用的，至今还有一些农村在用，但已不多了。三是饼肥发酵。这也是高级肥料，用花生、油菜、棉籽等油料作物，榨油后的渣子，以及红薯、土豆滤粉后的渣滓，还有一些柴草、秸秆等，都可以通过堆积发酵，成为粪肥。四是烧制火粪和配制粪丹。烧制火粪是积制泥土肥的方法，做法有两种：一是将“扫除之土，烧燃之灰，簸扬之糠秕，断槁落叶积而焚之”，这和现在烧制焦泥灰的办法有点相似；二是“积土同草木堆叠烧之，土热冷定，用碌碡碾细用之”，这和今日的熏土已完全相同了。配制粪丹，是一种高浓度的混合肥料，主要原料有人粪、畜粪、禽粪、麻饼、豆饼、黑豆、动物尸体及内脏、毛血等，外加无机肥料如黑矾、砒信和硫黄。混合后，放在土坑中封起来，或放在缸里密封后埋于地下，待腐熟后，晾干敲碎待用。这种肥料，肥效极高，粪丹一斗，可当大粪十石，还有杀虫之功效，一般都作种肥用。这是我国炼制浓缩的混合肥料，也可称为复合肥。

这次执法检查，在滨州，我们到了山东博华高效生态农业科技有限公司。这家公司成立于2012年3月，占地6万余亩，拥有三万亩标准化生态林场、有机果蔬生产基地、食用菌菌包及农副产品加工生产线、农机专业合作社及2家全资子公司，涉及微生物菌剂研发与土壤改善、园林苗木选育及景观工程、花卉培育、食用菌养殖、生态畜禽水产养殖、有机果蔬、休闲农业旅游等业务，拥有“三品一标”认证产品 13 个，参于制定团体标准 4 项、地方标准 7 项、行业标准 1 项、国家标准 1 项，制定食品安全企业标准 8 项，先后获得国家农业综合标准化示范区、全国休闲农业与乡村旅游星级企业、山东省农业标准化生产基地、山东省生态循环农业示范区等荣誉称号，入选全国农村创业创新园区（基地）目录。这是一个很好的公司，特别值得关注的是，这家公司引进了国外现代微生物发酵、有机防控等先进技术，替代传统化学农药、化肥，并采用物联网监控、农业追溯系统，全面监控生产经营各个环节，打造从田间到餐桌的安全链条，真正做到“环境有监测，操作有规程，生产有记录。”现代微生物发酵、有机防控技术，说得直白、通俗一点，就是农家粪现代化科技制作方式，即用现代科学的微生物技术，制造出了营养、活化、保护土地的高级营养品。这一生物制肥技术，开辟出了一条农业有机肥的生产和使用的新路子，如果能够通过不断验证、完善，做到批量生产，推广开来，我国的农业发展可能会出现一个新局面，再上一个新台阶。

在滨洲，我曾提出过一个建议：希望能研究建立土壤保健医院，即对我们的所有农田进行体检，建立健康档案。要对我们的所有耕地全部进行检测，检测其土质、土性，是刚、是柔，是硬、是软，是黏、是沙，是酸、是碱等，知道我们土地的土性和质能，来决定最能生长出什么高品质的产品，特别是具有地方特色高品质产品，以更好地发挥我们的土地优势。土不同，物有别，关键是要用科学的手段，把我们的土性土质土能搞清楚，而不是盲目种植，或仅靠世代沿习下来的习惯来种植。要检测我们土地的地力情况，即各种有机成分的含量，知道什么多、什么少，什么富余、什么欠缺，做到所有的土地都能做到配方施肥，使我们的土地得到合理的营养，产出高品质的产品。要检测我们土地中的各种有害物质，有毒物质，找出各种有害、有毒物质的来源，以便做到对症治疗。如果能够把这个健康档案建立起来，就像人的体检一样，隔三五年体检一次，记录在案，分析对比，并用于指导我们的农业生产，我们的农业生产、农产品质量就会心中有数，有效而植。这是一项基础性的工作，也是一项十分有益的、十分重要的工作，早晚都要做，现在应该着手做起来。

保护好我们的大地母亲

——关于环境保护与农产品质量安全的调研与思考（四）

（2018 年 7 月 8 日）

吉炳轩

我国传统农业耕作把种地比作医生给病人治病，讲究精心细致，而且还要“对症下药”，根据不同的土地，不同的土质，采取不同的方法。

成书于战国末期的《吕氏春秋·任地》篇就记载，传说中的神农后稷曾问话：“你能把洼地改造成高地吗？你能把劣土除掉而代之以湿润的土壤吗？你能使土地状况合宜并用垄沟排水吗？你能使种子播得深浅适度并在土里保持湿润吗？你能使田里的杂草不滋长蔓延吗？你能使你的田地吹遍和风吗？你能使谷物节多而茎秆坚挺吗？你能使庄稼穗大而且坚实均匀吗？你能使谷禾籽粒饱满而麸皮又薄吗？你能使谷米多油性而吃着有咬劲吗？这些应该怎样做到呢？”一连提到了十来个问题。涉及整地、改土、排水、播种、除草、通风、培植、提高产能、提高品质等诸多方面。文中也同时提出了十分明确的耕作原则，就是：刚硬的土地要使它柔和，柔和的土地要使它刚硬；休耕的土地就需要频种，频种的土地就需要休耕；贫瘠的土地要使它肥沃起来，过于肥沃的土地要使它贫瘠一些；坚实的土地要使它疏松，疏松的土地要使它坚实；过湿的土地要使它干燥，干燥的土地要使它湿润。这些话看似简单，但讲出了农业生产的根本，就是首先解决好土的问题，不同的土质要采取不同的耕作和种植方法。就栽培技术来说，要因地制宜，既要利用好土地，又要保护好土地。文中明确提出，高处的土地，不要把庄稼种在田垄上；低洼的田地，不要把庄稼种在垄沟里。播种之前要耕耙五次，播种之后锄耘五次，一定要做得仔细彻底。耕种的深度，以见到湿土为准，这样，田里就不生杂草，又没有各种害虫，今年种谷子，就收好谷子；明年种麦子，就收好麦子。耜的长度六尺，是为了用来测定田垄的宽窄；它的刃宽八寸，是为了用来挖出标准的垄沟。锄的柄长一尺，这是作物行距的标准；它的刃宽六寸，这是为了便于间苗。土地，可以使它肥沃，也可以使它贫瘠。耕地一定要趁湿润，这样可使土质疏松，苗根扎得坚固；锄地一定要在旱时，这样可使地表松软，保持土壤肥力。土地耕几次、锄几次，农具的宽窄、深浅都有明确要求，包括怎样进行田间管理，也有技术规范。这些虽属经验之谈，但是有科学道理的，有些做法至今还是管用的。

二

我国是一个山丘多平原小、人口多耕地少的国家，为了发展农业生产，我们的祖先对一系列不宜种植的土地进行了开发，对大量不宜种植的土壤进行了改良，从而开垦出了大量的耕地，建造出了大量的良田，为农业生产提供了必要的生产基地，同时也在土地利用和土壤改良方面积累了丰富的经验。

历代被用来开发利用的土地，包括丘陵山地、河湖滩地、滨海滩涂等，这些荒芜的土地种类不同，开发的方式也不一样。最初人们对丘陵山地的利用只是顺坡而种，称为畲田。这种田地水土流失十分严重，一般只能种三年，就不能再继续种下去，需要重新整治。这是山地利用的原始形态。宋代出现了一种新的山地利用方式，就是依山的坡度、等高线筑成堤埂，埂内开成农田。有了堤埂的包围，也就有了很好的防止水土流失作用。这样整治土地，将垦山用山同治水治土结合起来，做到了既开垦了耕地，又保护了山体，防止了水土流失，效果非常好。这种山田层层而上尤如阶梯，因此被称为梯田。梯田之名，最初见于宋代范成大的《骖鸾录》中。现在广西、湖南、贵州等一些地方古人为我们开出来的层层梯田，不但年年稻米飘香，而且成了一道靓丽的风景，成了知名的农田旅游胜地。还有一种方法，就是将山地分层利用，其做法是：所开之山，自上而下划分为七层，五层以下可以开种，即先开底层，逐渐而上。这样山上的泥肥在下雨时不致流失而可留于下层的田中，旁边可再修山涧，筑些堤坝，用以蓄水以便灌溉之用。这样做既开了山、用了山，又防止了水土流失，是一种巧妙的山地利用法。

利用河湖滩地增加农田，是长江流域的重要措施，主要方式是筑堤挡水卫田，所筑之堤起着“内以围田，外以围水”的作用，这种田因而被称为围田，也叫圩田。圩田起先修筑比较简单，后来发展成堤岸、涵闸、沟渠相结合的圩田。这种圩田“如大城，中有河渠，外有门闸，旱则开闸，引江水之利，潦则闭闸，拒江水之害”，昔日的荒滩弃地，一变而成为“旱涝不及，为农美利”的肥沃良田。北宋时的安徽当涂、芜湖两县圩岸连接起来长达240余公里。南宋时，太湖周边的圩田多达1498所。圩田对当时扩大耕地面积，增加粮食生产，起了相当大的作用。当然，现在来看，也是利弊相连的，无限制地圩田，会影响河湖蓄水、排水、泄水能力，导致洪涝灾害。此外，还有淤田、柜田、沙田等，都是因地制宜的滩地利用方式。对海涂滩地的利用方法，多采取的是筑堤挡潮，继后加以改造利用。“田边开沟，以注雨潦，旱则灌溉”，这是开沟排盐、蓄淡灌溉的耕作措施。由于海涂滩地含盐分很高，一开始不能种庄稼，所以必须经过一个脱盐的过程。措施是“初种水稗，斥卤既尽，可为稼田”，就是利用生物措施来脱盐。经过这样治理，“其稼收比常田，利可十倍”，收益是很明显的。

对于土壤，我国古代已认识到“土壤气脉，其类不一，肥沃硗埆，美恶不同”。同时也认识到不同的土壤，是可以用不同的方法来治理的。“虽土壤异宜，顾治之如何耳，治之得宜，皆可成就”。

以稻洗盐是最早使用的治盐碱方法，这种方法巧妙地将种稻和洗盐二者结合起来，并收到既种稻又改土的双重成效。战国西门豹治邺时，曾应用这种方法，并取得了“终古斥卤（盐碱土），生之稻粱”的成效。这个方法以后为历代所沿用。开沟排盐也是被利用来治理盐碱地的一个古老的方法。战国时，《吕氏春秋·任地》中就提出“你能让土洁净（不含过量的盐碱），用沟洫来洗土吗？”并记述了开沟排盐的措施。开沟排盐的措施比较简单，就是田边开沟，降低田中水位，不使盐碱上泛。这种办法一直为后世所沿用。淤灌压盐也是战国时期出现的一种治理盐碱地的方法。秦王嬴政元年（公元前246年）在修建郑国渠时，就曾“用注填阏之水，溉泽卤之地”，治理好了大片盐碱地，使关中一些碱卤之地变成沃野良田，被人称为“天下陆海之地”。宋代神宗熙宁时期，河南、河北、山西、陕西治理盐碱地，也采用了这一办法。据记载：“深、冀、沧、瀛间，惟大河、滹沱、漳水所淤，方为美田。淤淀不至处，悉是斥卤。”说明用这一用淤溉之法治理盐碱地是相当有效的。除此之外,还有绿肥治碱、种树治碱等方法,这都是生物治盐碱的有效措施。还有深翻治碱,这是通过深耕来压碱。这些方法多流行于明清时期,据一些地方志记载,都有明显的成效。

冷浸田是分布于南方的酸性土壤,土温较低,缺磷、钾元素,因而影响水稻的生长及产量的提高。改良冷浸田是提高水稻产量的重要途径。改良的办法,一是深耕熏土,以提高土温。宋代陈旉《农书》中说:"山川原隰多寒,经冬深耕,放水干涸,雪霜冻冱,土壤苏碎;当始春,又遍布朽薙腐草败叶以烧治之,则土暖而苗易发作,寒泉虽冽,不能害也。若不然,则寒泉常侵,土脉冷而苗稼薄矣。"二是冬耕冻垡。同治《桂阳县志》载:"近山田水寒……至冬维蓄水犁田,无复栽种,若冬干则来岁收歉。"三是施用石灰、骨灰治理。这一措施可以中和酸性土壤,补充磷、钾元素,还可以疏松土壤,多见于地方志的记载,效果也很明显。此外,还有利用烤田治理冷浸田的。历史记载说:"新昌、嵊县有冷田,不宜早禾,夏至前后始插秧。秧已成科,更不用水,任烈日暴,土拆裂,不恤也。至七月尽八月初得雨,则土苏烂而禾茂长,此时无雨,然后汲水灌之。若日暴未久,而得水太早,即稻科冷瘦,多不丛生。"

二

通过轮作、复种农业技术来提高土地利用率和单位面积产量,这是古代农业生产中的重要措施。这种措施战国时期已经出现,《吕氏春秋·任地》中讲的"今兹美禾,来兹美麦",就是讲今年种禾、明年种麦的禾麦轮作。东汉郑玄在《周礼·薙氏》注中说:"又今俗间谓麦下为荑下,言芟荑其麦,以其下种禾豆也。"说明轮作又有发展,已形成了禾—麦—豆轮作的两年三熟了。在汉代谷麦豆等作物轮作的基础上,到魏晋南北朝时期便形成了一种以豆科作物为中心的轮作种植制度,它包括豆科作物同禾谷类作物的禾豆轮作制和豆科绿肥同其他作物轮作的绿肥轮作制。

北魏时期的著名农学家贾思勰在《齐民要术》中对轮作方式做了系统的总结,明确提出:多数作物不宜连作,需要轮作。如"谷田必须岁易"(须年年换茬)(《种谷篇》);"麻欲得良田,不用故墟"(不能用重茬地)(《种麻篇》);"稻无所缘,唯岁易为良"(《水稻篇》)。谷子连作就会"莠多而收薄",麻连作就会"有点叶夭折之患",稻连作就会"草稗俱生,芟而不死"。书中阐明了农作物合理轮作的重要性,并指出轮作具有消灭杂草、减轻病虫害、提高产量的作用。采用绿肥轮作制是种"美田之法",《齐民要术·耕田》说:"凡美田之法,绿豆为上,小豆、胡麻次之。悉皆五六月中穊种,七月、八月犁稀杀之,为春谷田,则亩收十石,其美与蚕矢、熟粪同。"这是利用夏闲地种植绿肥,秋翻后次年种谷,其肥效与蚕矢和熟粪相媲美,又能获得"亩收十石"的产量。在我国农业生产中有意识地将豆科作物纳入轮作制,实行用养结合、以田养田,这是我国生物养地的创造和极其宝贵的经验。

唐宋时期,北方人口大量南移,一向地广人稀的江南地区,却出现了人多地少的情况。北人南移,又增加了对南方麦子的需要,麦价也因此猛涨。为了解决这个矛盾,江南地区开始利用稻田的农闲时期来种小麦,这样便在南方形成了稻麦一年两熟制。这种耕作制首先出现于唐代的云南,到宋代才发展到长江下游。据《吴郡图经续记》记载,苏州地区已"刈麦种禾(稻),一岁再熟"。宋代,除稻麦轮作制外,还有稻油菜、稻蚕豆、稻蔬菜的轮作方式。南宋陈旉在《农书》中说:"早田获刈才毕,随即耕治晒暴,加粪壅培,而种豆麦蔬茹",即是江南当时推行这种耕作制的反映。这种耕作制在江南的形成,在经济上和农学上都有重要的意义。第一,它增加了复种指数,提高了土地利用率,为当时增加粮食来源,缓和耕地不足,开辟了一条新的途径;第二,它起到了水旱轮作,熟化土壤的作用,对保持和提高地力具有较好功效。所以陈旉称这种耕作制度,既有"熟土壤而肥沃之"的提高地力的作用,又有"以省来岁功役,且其收足,又以助岁计也"的经济意义,至今仍是江南稻区的主要种植制度。

北方,因其气温条件不及南方,所以主要推行三年四熟制和两年三熟制,种植的基本形式是以粮食为主,适当加入养地作物,配以油料作物和秋杂粮。清代刘贵阳在《说经残稿》中说:"坡地(俗谓平壤为坡地)二年三收,初次种麦,麦后种豆,豆后种蜀黍、谷子、黍、稷。……涝地(俗谓污下地为涝地)二年三收,亦如坡地,惟大秋种䅟子……麦后亦种豆",反映的是北方旱地种植的情况。

在明清时期发展多熟种植的同时,又创造了一种综合利用水陆资源和农作物资源的生态农业。这种农业经营,最初见于明代嘉靖年间的常熟地区。据《常昭合志稿·轶闻》记载:当地有谭晓、谭昭兄弟俩,善于经营,见当地湖田低洼,常遭水淹,乡民弃耕逃散,便雇用乡民来开垦湖田,将最低之地凿而为池,稍高之地围而为田,岁入比一般田地高三倍，又在池中养鱼，池上设架养猪养鸡，粪用以喂鱼，围堤上间种梅、桃等果树，低洼地中种菰、茈、菱、芡，收入又比田地所入高三倍，谭氏兄弟因此致富。这种“粮—畜—渔—果—菜”的综合经营方式，便是最初的人工生态农业。后来这种经营方式传到了浙江嘉湖地区，当地人根据自己的资源特点，采用了以农养畜，以畜促农，以桑养蚕，蚕矢养鱼，以鱼粪肥桑的经营方式，巧妙地将水陆资源和动植物资源结合起来循环利用，取得了土壮田肥、粮丰桑茂的可喜成果。继而又在珠江三角洲地区发展起来，当地也采用养鱼、种桑、种稻、养蚕相结合的办法经营，形成了桑基鱼塘的生态系统，并取得了明显的生态和经济效益。清光绪《高明县志》载：“将洼地挖深，泥复四周为基，中凹下为塘，基六塘四，基种桑，塘蓄鱼，桑叶饲蚕，蚕屎饲鱼，两利俱全，十倍禾稼。”除桑基外，还有果基、稻基、蔗基、菜基等。这便是我国人工生态农业的创造发明，受到人们高度的评价和赞扬。

三

我国北方是一个常年降雨量偏少的地区，而且降雨分布不匀，春季播种需水季节，又干旱多风，土壤水分蒸发很快，因此防御干旱便成了北方地区土壤耕作中的一个首要任务。最初采用的耕作方式是“深耕疾耰”（《国语·鲁语》）、“深耕熟耰”（《庄子·则阳》）。并要求“深殖之度，阴土必得”（《吕氏春秋·任地》），即深耕见到底墒，这样有利于土壤多蓄纳水分，并促进作物根系深扎。耰是一种用于打碎土块的木榔头，这里是指用木榔头将土块打碎。疾耰就是耕后很快将土块打碎，熟耰就是将土块打得细细的，借以减少土壤水分的蒸发。这是最初用来保墒的耕耰耕地法。耕耰结合到汉代又发展为耕耰结合的耕地法，《氾胜之书》说：“凡麦田，常以五月耕，六月再耕，七月勿耕，谨摩（耱）平以待时种。”耱是一种无齿耙，是一种用牛拖拉的碎土农具，这里所指使用耱将土块耙碎，将地面耙平。其碎土、平地、收墒的功效要比耰法高得多。

魏晋时期，耕耰耱法进一步发展成了耕耙耱相结合的抗旱保墒法。这种抗旱耕作方法，在嘉峪关的魏晋壁画中，有明确的操作图像。北魏贾思勰在《齐民要术·耕田》中对这种耕法的具体操作作了说明：第一，耕地的适期应以土壤的墒情为准。书中说：“凡耕高下田，不问春秋，必须燥湿得所为佳。”所谓“燥湿得所”，就是土壤中所含水分适中，这时破土容易，土壤易碎散，耕地牛不乏力。如遇水旱不调，就要坚持“宁燥勿湿”的原则，因为“燥耕虽块，一经得雨，地则粉解”；“湿耕坚培，数年不佳”，即湿耕容易形成僵块，破坏土性，造成跑墒，会影响好几年的耕作。第二，耕地的深度应以耕作时期的不同而不同。书中说，“初耕欲深，转地欲浅”，因为“耕不深，地不熟，转不浅，动生土也”。这是因为黄河流域秋季作物已经收获，秋冬深耕有利于接纳雨水和冬雪，也有利于冻融风化土壤；而春夏之季，正值黄河流域的旱季，气温渐高，水分蒸发量大，转耕（第二次耕）不浅，就会翻起生土而造成土块大小不一，破坏土壤结构引起跑墒，影响播种。第三，耕后耙耱，抗旱保墒。书中说“春既多风，若不寻劳（即耙耱），地必虚燥（即跑墒）”；“再劳地熟，旱亦保泽也”；“小小旱不至全损，何者，缘盖耱数多故也”。在耙耱时间的具体掌握上，书中说“春耕寻手劳”；“秋耕待白背劳”，“耕而不劳，不如作暴”。意思是耕后不耙耱，还不如不耕，就让它白地晒着好。第四，犁欲廉，劳欲再。对耕劳作业的具体操作上，书中特别强调“犁欲廉，劳欲再”。“犁欲廉”，就是耕条要小，这样才能将地耕透，不留大隔条。“劳欲再”，就是耕后要一再耙耱地，这样才能达到“再劳地熟，旱亦保泽”的目的。此外，耕后用挞。挞是用以覆种镇压的农具。书中说：“凡春种欲深，宜曳重挞；夏种欲浅，直置自生。”春种曳挞是为了使种土相着，提墒保苗，夏种不挞是为了防止下雨时土发硬，苗难出土。至此我国北方旱地耕作技术体系已定型成熟，通过耕耙耱挞的耕作达到了抗旱保墒的目的，为北方旱地在缺雨的条件下，也能发展农业，夺得粮食丰收创造了条件。中国北方耕耙耱挞的耕作技术，包括中耕锄耘，是最能代表我国传统农业中精耕细作的一种农业技术措施。

北魏以后，耕作中特别重视耙的作用，提倡多耙和细耙。金元时期的农书《韩氏直说》载：“古农法，犁一摆（耙）六。今人只知犁深为全功，不知摆细为全功。耙功不到，土粗不实。下种后，虽见苗，立根在粗土，根土不相着，不耐旱，有悬死、虫咬、干死等诸病。耙功到，土细又实，立根在细实土中；又碾过，根土相着，自耐旱，不生诸病”。多耙、细耙具有保墒耐旱的作用，保证种子安全出苗，苗后良好生长，同时还有减少虫害和病害的作用，这表明北方的旱地耕作在抗旱保墒方面达到了更成熟、更完善的程度。播种后的中耕锄地同播种前的耕耙耱整地一样也具有保墒的重要作用，所以古代在农业生产中同样重视中耕锄地。《齐民要术·种谷篇》

说:锄者,非止除草,乃地熟而实多,糠薄而米香。特别是在春季,其作用主要是松土和保墒。书中说:“春锄起地,夏为除草。”为了达到中耕的要求,保证中耕的质量,当时又创造了不同的中耕农具,形成了配套的中耕技术。这种耕耙耱锄相结合的耕作技术,为北方旱作抗旱保墒,争取粮食丰收创造了良好的条件。从世界农业科技发展史上来看,这种精湛的、细致的耕作技术,确实是一种了不起的创造。

四

我国古代一直主张“多粪肥田”,同时也提倡“用粪得理”。用现代的话来说就是合理施肥。怎样做才算合理施肥?我国古人指出,合理施肥就是肥料种类的选择是否适合土壤的性质,肥料的施用量、施用时间、施用方法是否合适等等。

南宋陈旉在《农书》中说:“皆相视其土之性类,以所宜粪而粪之,斯得其理矣。但谚谓之粪药,以言用粪犹药也。”指出施用肥料要因土而异,看土施肥。元代王祯在《农书》中说:“然粪田之法,得其中则可,若骤用生粪,及布粪过多,粪力峻热,即烧杀物,反为害矣。”这是指施肥的量要适中,施用的肥料要腐熟。宋元以后,在农业生产中我国一直贯彻这种合理施肥的原则。明代袁黄《宝坻劝农书》说:“紧土(黏土)缓土(沙土)宜用河泥,寒土(酸性土)则宜用石灰及草灰。”《沈氏农书》说:“羊粪宜于地,猪壅宜于田,灰忌壅地,为其剥肥,灰宜壅田,取其松泛。”这些都是因地制宜的施肥方式。《吴兴掌故集》说:“湖(浙江湖州)之老农言,下粪不可太早,太早而后力不接,交秋多缩而不秀。初种时必以河泥作底,其力虽慢而长,伏暑时稍下灰或菜饼,其力亦慢而不迅速,立秋后交处暑,始下大肥壅,则其力倍而穗长矣。”这是因时制宜的施肥方式。《沈氏农书》说:“麦要浇子,菜要浇花。”《齐民四术》说:“凡粪麦,小麦粪于冬,大麦粪于春社,故有‘大麦粪芒,小麦粪桩’之谚。”这是说不同的作物,要有不同的施肥方法,也就是说施肥要讲究因物制宜。

清代杨屾在《知本提纲》中把历史的这些经验总结为“施肥三宜”,即时宜、土宜、物宜。书中说:“时宜者,寒热不同,各应其候。春宜人粪、牲畜粪,夏宜草粪、泥粪、苗粪,秋宜火粪,冬宜骨蛤、皮毛粪之类是也。土宜者,气脉不一,美恶不同,随土用粪,如因病下药。如阴湿之地,宜用火粪,黄壤宜用渣粪,沙土宜用草粪、泥粪,水田宜用皮毛蹄角及骨蛤粪,高燥之地宜用猪粪之类是也。相地历验,自无不宜。又有碱卤之地,不宜用粪,用则多成白晕,诸禾不生。物宜者,物性不齐,当随其情,即如稻田宜用骨蛤、蹄角粪、皮毛粪,麦、粟宜用黑豆粪、苗粪,菜蔬宜用人粪、油渣粪之类是也。皆贵在因物验试,各适其性而收自信矣。”“施肥三宜”,充分显示了我国古代在施肥技术上的精细和科学,这也是我国古代对肥料科学的一个重大的贡献。

南方水稻栽培中的看苗施肥是施肥技术中的一个杰出的成就。据《沈氏农书》记载,这是产生于明清时期杭嘉湖平原的一项施肥技术。书中说:“盖田上生活,百凡容易,只有接力一壅,须相其时候,察其颜色,为农家最紧要机关。”这里说的“相其时候,察其颜色”,指的是水稻生长的发育阶段和营养状况。书中说:“下接力,须在处暑后,苗做胎时,在苗色正黄之时。如苗色不黄,断不可下接力,到底不黄,到底不可下也。若苗茂密,度其力短,俟抽穗之后,每亩下饼三斗,自足接其力。切不可未黄先下,致好苗而无好稻。”“做胎”,是指孕穗。苗做胎是指幼穗分化,也正是单季晚稻从营养生长向生殖生长转变的时期,稻苗叶色由浓绿转淡,即书中所说“苗色正黄之时”,辨识稻苗需要施用追肥的标志。这一时期,如果叶色不转淡,表明稻苗这时贮存的养分还足,或是还未从营养生长向生殖生长转化,故不能贸然施追肥,否则就会恋青、倒伏,造成“有好苗而无好稻”的结果。书中又说,“无力之家,既苦少壅薄收;粪多之家,每患过肥谷秕,究其根源,总为壅嫩苗之故”,进一步指出了看苗施肥的重要性。这种以苗色黄与不黄来决定施肥不施肥的方法,是建立在对水稻生长发育的生理有深刻认识的基础上的,因而是十分科学的,这也是我国施肥技术上的一个杰出成就。

我在这里不惜笔墨从一些古老农书和有关资料中辑录这些古代的治土整田和施肥做法,并加上自己的一些理解和体会,目的是想说明,我国在丰富的农业生产实践中,积累了十分丰富的治土经验,这是十分宝贵的文化资源,也是技术资源,不能让其沉睡、浪费,在现代化的进程中被泯灭。人类社会进入工业化后,都先后经历了对土地的污染和修复的过程,我们的土地也在经历这个过程。据一些农业地质调查结果显示,在一些地区的抽样调查中显示,一些工业生产的废渣、废气、废水而导致废地区土壤中铜、铅、锌、锡、汞、镉等重金属元素明显累积,局部污染十分严重,土壤治理已是迫在眉睫。我们现在有了测土技术,可以测出土壤中的各种有机和有害成分，找准病根，对症下药，运用好祖宗们为我们积累的丰富经验和现代科学技术，来打一场土地治理的战役，使我们的“母亲”更加健壮美丽，更好地哺育她的子孙——亿兆世间生灵。

在全国人大财经工作座谈会上的讲话

（2018 年 12 月 12 日　北京）

全国人大常委会副委员长　陈　竺

同志们：

大家上午好！非常高兴参加这次座谈会。今天，全国各省区市、副省级城市、计划单列市人大财经委、预算工委的负责同志，齐聚北京，相互交流，共商大计，共促发展。这次会议，是在新时代新形势下推进人大财经工作的一次重要会议。

全国人大常委会栗战书委员长高度重视人大财经工作，在本次座谈会前专门作出重要批示。下面，我宣读栗战书委员长重要批示：

中国特色社会主义进入新时代，我国经济已由高速增长阶段转向高质量发展阶段，这对全国人大财经委的工作提出了新的更高要求。希望全国人大财经委全面贯彻习近平新时代中国特色社会主义思想，贯彻新发展理念，在提高立法质量的基础上，坚持适当加快立法步伐的原则，紧紧围绕统筹推进“五位一体”总体布局、协调推进“四个全面”战略布局的要求，紧跟时代脉搏，紧扣实践需求，全面加强相关领域立法、监督、议案审查审议、调查研究和对外交往等工作。分党组要全面加强专委会自身建设，增强“四个意识”，做到“两个维护”，全力以赴抓好党中央交办任务的落实，确保党的主张通过法定程序成为国家意志。

栗战书委员长的重要批示，为新时代人大财经工作指明了前进方向，提出了明确要求，使我们人大财经战线广大工作者无比振奋，备受鼓舞！更感使命光荣、责任重大！

换届以来，全国人大财经委、预算工委在全国人大及其常委会领导下，以习近平新时代中国特色社会主义思想为指导，围绕党中央决策部署贯彻落实，积极开展人大财经工作，围绕完善社会主义市场经济法律制度，加强财经领域的立法；审查国民经济和社会发展计划和政府预算决算；听取审议国务院国有资产管理情况报告，召开国有资产管理情况报告制度和预算审查监督重点拓展改革两次全国性座谈会；组织开展统计法执法检查；上半年经济形势分析报告向委员长会议作专题汇报并印发常委会组成人员参阅；组织开展“十三五”规划纲要实施中期评估报告、发展海洋经济加快建设海洋强国、自贸试验区建设等专题调研，相继办成了几件大事，圆满完成各项计划安排，实现了开门红。近一年来，地方各级人大财经部门以开拓创新的精神面貌，扎实苦干的工作作风，创造性地开展工作，各方面都取得了丰硕成果，积累了宝贵经验，开创了良好局面。成绩来之不易，向同志们表示祝贺！希望大家认真学习深刻领会栗战书委员长的重要批示精神，再接再厉，鼓足干劲，推动人大财经工作再上新台阶。

*要认真学习贯彻习近平新时代中国特色社会主义思想。*习近平新时代中国特色社会主义思想是马克思主义中国化最新成果，是党和国家必须长期坚持的指导思想，是新时代坚持和发展中国特色社会主义的科学指引和行动指南。特别是习近平总书记关于坚持和完善人民代表大会制度的重要思想，为做好新时代人大工作指明了方向、提供了遵循，也是做好人大财经工作的基本原则和根本要求。

*要切实加强财经立法，提高立法质量。*根据全面深化改革的要求，加快立法步伐，以完善产权制度和要素市场化配置为重点，加强财经立法，实现产权有效激励、要素自由流动、价格反应灵活、竞争公平有序、企业优胜劣汰，完善社会主义市场经济制度及其法律体系。妥善处理好改革与立法的关系，充分发挥立法在扩大改革开放中的引领和推动作用，依法保障市场在资源配置中起决定性作用。围绕建设现代化经济体系，牢牢把握提高立法质量这个关键，坚持科学立法、民主立法，实现良法善治。

*要切实加强财经工作监督，增强监督实效。*用好用足法定监督职权，增强监督工作的针对性、实效性，确保法律法规得到有效实施，确保党中央重大决策部署贯彻落实，实现依法监督、正确监督、精

准监督、有效监督。积极回应人民群众重大关切，密切与人民群众联系，认真办理代表议案建议，做好议案审查审议工作。

*要切实加强财经调研工作，解决实际问题。*调研要深入基层、深入群众、深入实际，找到问题关键和症结，提出切实可行的意见建议，推进经济高质量发展和现代化经济体系建设。把满足人民日益增长的美好生活需要作为奋斗目标，紧跟时代脉搏，紧扣实践需求，解决实际问题。

*要切实加强议案建议办理，密切与人民群众联系。*提出议案建议是人民代表履职的重要形式，是反映民声民情的重要窗口。我们要高度重视议案办理工作，加大与部门沟通协调力度，办理要实，答复要实，措施要实，想方设法提升代表满意度。

*要切实加强自身建设与联系交流，提高人大财经工作质量和水平。*加强组织建设与能力建设，全面提升人大工作质量。加强全国人大与地方各级人大财经工作的联系、交流、协同，及时调研、总结、推广地方各级人大财经工作的好经验、好做法。

希望同志们进一步增强“四个意识”，坚定“四个自信”，做到“两个维护”，与时俱进，积极探索，大胆创新，奋发有为，为推进完善人民代表大会制度和民主法治建设，为全面建成小康社会、全面建设社会主义现代化强国进而实现中华民族伟大复兴中国梦作贡献！

预祝全国人大财经工作座谈会圆满成功！

在全国人大财经工作座谈会上的讲话

（2018 年 12 月 12 日　北京）

王东明

中国特色社会主义进入新时代，我国经济由高速增长阶段转向高质量发展阶段。召开一次全国座谈会，人大财经工作战线的同志们齐聚一堂，总结交流经验，共同谋划和推动新时代人大财经工作，很有必要，也很有意义。栗战书委员长对这次会议高度重视，并作出重要批示，指出人大财经工作要适应新的更高要求，深入贯彻习近平新时代中国特色社会主义思想，贯彻新发展理念，紧紧围绕统筹推进“五位一体”总体布局、协调推进“四个全面”战略布局，全面加强相关领域立法、监督、议案建议办理、调查研究和对外交往等工作。栗战书委员长的重要批示，对做好新时代人大财经工作具有重大意义，我们要认真学习领会，深入贯彻落实，努力做好工作。刚才，陈竺副委员长宣读了栗战书委员长的重要批示并讲话。下面，我根据栗战书委员长的重要批示精神再谈几点意见，供大家参考。

一、深入学习贯彻习近平总书记关于坚持和完善人民代表大会制度的重要思想，坚定制度自信

党的十八大以来，以习近平同志为核心的党中央高度重视、全面加强党对人大工作的领导，推动人大工作取得历史性成就。习近平总书记就坚持和完善人民代表大会制度、发展社会主义民主政治发表一系列重要论述，科学阐述了国家根本政治制度的历史必然、特点优势、实践要求，标志着我们党对人民代表大会制度的规律性认识达到一个新的高度，为做好新时代人大工作提供了根本遵循。经党中央批准，全国人大常委会专门召开学习交流会，并出台意见对学习贯彻作出安排部署。栗战书委员长发表重要讲话，对深刻认识习近平总书记关于坚持和完善人民代表大会制度重要思想的重大意义、准确把握其核心要义、深入贯彻落实等提出明确要求。作为人大工作者，我们要深入学习贯彻落实，着力提升认识，坚定信心和决心。

*（一）提升对社会主义民主政治的认识，坚定走中国特色社会主义政治发展道路的信心和决心。*习近平总书记指出，人民当家作主是社会主义民主政治的本质和核心。发展社会主义民主政治就是要体现人民意志、保障人民权益、激发人民创造活力，用制度体系保证人民当家作主。改革开放 40 年来，在党的领导下，我国社会主义民主政治建设取得历史性成就，成功开辟拓展和坚持了中国特色社会主义政治发展道路，社会主义民主政治展现出巨大的优越性。实践充分证明，中国特色社会主义政治发展道路，是近代以来中国人民长期奋斗历史逻

辑、理论逻辑、实践逻辑的必然结果，是坚持党的本质属性、践行党的根本宗旨的必然要求。政治制度在国家的各种制度中处于关键环节。我们要坚定对中国特色社会主义制度的自信，首先就要坚定对中国特色社会主义政治制度的自信，坚定走中国特色社会主义政治发展道路的信心和决心。

（二）提升对人民代表大会制度的认识，坚定长期坚持并不断完善人民代表大会制度的信心和决心。人民代表大会制度是中国特色社会主义制度的重要组成部分，也是支撑国家治理体系和治理能力的根本政治制度安排。人民代表大会制度作为我国的根本政治制度，不是凭空设想出来的，也不是从外国照搬过来的，而是我们党把马克思主义基本原理同中国具体实际相结合、领导人民经过长期奋斗和探索得来的。六十多年的实践充分证明，人民代表大会制度是符合中国国情和实际、体现社会主义国家性质、保证人民当家作主、保障实现中华民族伟大复兴的好制度。习近平总书记强调，在政治制度模式上，就是要咬定青山不放松、任尔东西南北风。我们要从根本政治制度安排的定位认识把握人民代表大会制度，坚持党的领导、人民当家作主、依法治国三者有机统一，进一步坚定信心和决心，切实坚持好、实践好、发展好、完善好人民代表大会制度。

（三）提升对人大财经工作定位的认识，坚定做好新时代人大财经工作的信心和决心。做好人大财经工作的前提是找准定位。一是要把人大财经工作放到国家民主法治建设中去谋划推进。人大财经工作是人民代表大会制度在财经领域的具体实践，是宪法和法律赋予人民代表大会制度的重要职责。新中国第一部宪法“五四宪法”就规定，全国人民代表大会具有制定法律、决定国民经济计划、审查和批准预算决算等法定职权。这一规定明确了人大财经工作的基础性内容，贯穿于我国民主法治建设全过程。我们要自觉将人大财经工作融入国家民主法治建设和人民代表大会制度与时俱进发展进程中加以推进。

二是要把人大财经工作放到实现“两个一百年”奋斗目标中去谋划推进。党的十九大报告描绘了全面建成小康社会、基本实现现代化和建设社会主义现代化强国的宏伟蓝图，提出了“两个一百年”奋斗目标和实现这一目标的战略部署。人大财经工作要自觉围绕“两个一百年”奋斗目标和十九大战略部署去谋划、推动，为实现目标任务提供法治保障。我们要立足于我国社会主义初级阶段的基本国情，坚定不移把发展作为党执政兴国的第一要务，紧紧围绕统筹推进“五位一体”总体布局、协调推进“四个全面”战略布局，着力贯彻落实新发展理念，着力推动经济高质量发展，着力建设现代化经济体系。

三是要把人大财经工作放到党和国家经济工作大局中去谋划推进。人大财经工作是党和国家经济工作的重要组成部分，同时又有别于政府的经济工作。人大财经工作不是具体组织实施经济活动，而是在党的领导下依法通过立法和监督等主要方式，侧重经济法律制度顶层设计，发挥立法的引领和推动作用；侧重监督政府落实中央经济决策部署，对政府经济工作形成有力的监督和支持。人大财经工作就是要根据法定职权、依照法定程序，保证党对经济工作的主张在国家经济工作中得到有效贯彻落实。

二、以习近平新时代中国特色社会主义经济思想统领新时代人大财经工作

党的十八大以来，面对极其复杂的国内外环境，我国经济保持了平稳运行、稳中有进的发展态势，经济发展质量和效益不断提升，取得举世瞩目的巨大成就。总结成功经验，最根本、最重要的在于有习近平新时代中国特色社会主义思想的科学指引，有以习近平同志为核心的党中央的坚强领导。五年多来，以习近平同志为核心的党中央统揽全局、把握主动，对经济发展形势做出了科学判断，对经济工作做出了正确决策，对发展思路做出了及时调整，成功驾驭了我国经济发展大局。在这个过程中，习近平总书记就经济社会发展提出了一系列新思想新观点新论断，形成了以新发展理念为主要内容的习近平新时代中国特色社会主义经济思想。这一重要思想系统回答了新时代中国特色社会主义经济发展的时代背景、根本立场、政治保障、制度基础、主题主线、发展理念、发展路径、内外关系和工作方法等一系列重大问题，是推动我国经济发展实践的理论结晶，为推进新时代我国经济持续健康发展提供了科学指南和根本遵循。作为人大财经工作者，我们要立足新时代历史方位，深入学习领会其重大意义和理论内涵，以这一重要思想统领新时代人大财经工作，切实贯彻落实到人大财经工作的各方面和全过程。

（一）深入学习领会加强党对经济工作集中统一领导的思想，着力加强党对人大财经工作的领导。习近平总书记强调，中国特色社会主义最本质的特征是中国共产党领导，中国特色社会主义制度的最大优势是中国共产党领导；坚持党的领导，发挥党总揽全局、协调各方的领导核心作用，是我国社会主义市场经济体制的一个重要特征；党中央必须对经济工作负总责、实施全面领导，做好经济领域重大工作的顶层设计、总体布局、统筹协调、整体推进、督促落实，等等。这些重要论述丰富和发展了对中国特色社会主义本质特征的认识，为推动我国经济发展提供了根本政治保证。人大财经工作要提高政治站位，始终在思想上政治上行动上同以习近平同志为核心的党中央保持高度一致，努力通过法定程序使党对经济工作的主张成为国家意志，通过加强财经工作监督确保党的重大经济决策部署得到有效贯彻落实。

（二）深入学习领会以人民为中心的发展思想，着力保障和改善民生，增进人民福祉。习近平总书记站在马克思主义的根本立场上，强调坚持以人民为中心的发展思想，坚持人民主体地位，顺应人民群众对美好生活的向往，不断实现好、维护好、发展好最广大人民根本利益；坚持把增进人民福祉、促进人的全面发展、朝着共同富裕方向稳步前进，作为经济发展的出发点和落脚点；坚持在发展中保障和改善民生，坚决打赢脱贫攻坚战，等等。这些重要论述丰富和发展了对社会主义生产目的的认识，为推动我国经济发展提供了强大动力。人大财经工作要始终坚持一切为了人民、一切依靠人民、一切由人民检验，充分调动人大代表和人民群众的积极性、主动性和创造性，紧扣社会主要矛盾变化，通过财经立法和监督，聚焦保障和改善民生，补齐民生短板，不断增强人民的获得感幸福感安全感，更好地实现人民对美好生活的向往。

（三）深入学习领会适应把握引领经济发展新常态的思想，着力贯彻落实新发展理念。习近平总书记综合分析世界经济周期和我国发展阶段性特征，提出我国经济发展进入新常态的重大论断，强调新常态下我国经济发展表现出速度变化、结构优化、动力转换三大特点，即增长速度从高速转向中高速，经济结构调整从增量扩张为主转向调整存量、做优增量并举，发展动力从主要依靠资源和低成本劳动力等要素投入转向主要依靠创新驱动。为了适应把握引领新常态，习近平总书记创造性地提出五大新发展理念，强调依靠创新发展解决动力问题，依靠协调发展解决不平衡问题，依靠绿色发展解决人与自然和谐问题，依靠开放发展解决内外联动问题，依靠共享发展解决社会公平正义问题。这些重要论述丰富和发展了对社会主义市场经济发展规律的认识，为推动我国经济发展提供了根本遵循。人大财经工作要把适应把握引领新常态，作为当前和今后一个时期我国经济发展的大逻辑，既要客观分析、积极应对当前经济下行压力，也要充分认识我国经济发展长期向好的基本面没有变，经济韧性好、潜力足、回旋余地大的基本特征没有变，经济结构调整优化的态势没有变，牢牢把握住经济发展大势，坚定做好经济社会发展工作的信心。

（四）深入学习领会使市场在资源配置中起决定性作用和更好发挥政府作用的思想，着力完善社会主义市场经济体制，推动形成改革开放新格局。习近平总书记指出，经济体制改革是全面深化改革的重点，核心问题是处理好政府和市场的关系，使市场在资源配置中起决定性作用，更好发挥政府作用；要继续在社会主义基本制度与市场经济的结合上下功夫，既要“有效的市场”，也要“有为的政府”，努力形成市场作用和政府作用有机统一、相互补充、相互协调、相互促进的格局，等等。这些重要论述丰富和发展了社会主义市场经济理论，为推动我国经济发展和经济体制改革指明了方向。人大财经工作要牢牢抓住处理好政府和市场关系这一核心问题，坚持市场化改革方向，通过财经立法和监督更好地顺应、服务改革，更好地引领、推动改革，继续深入推进经济体制改革，不断完善社会主义市场经济体制，发挥经济体制改革对全面深化改革的牵引作用，推动形成改革开放新格局。

（五）深入学习领会适应主要矛盾变化完善宏观调控的思想，着力深入推进供给侧结构性改革。习近平总书记在党的十九大报告中深刻指出，我国社会主要矛盾已经转化为人民日益增长的美好生活需要和不平衡不充分的发展之间的矛盾。社会主要矛盾变化对完善宏观调控提出了新要求。我国经济运行面临的突出矛盾和问题，虽然有周期性、总量性因素，但根源是重大结构性失衡，矛盾的主要方面在供给侧，主要表现在供给结构不能适应需求结构的变化。习近平总书记有针对性地提出推进供给侧结构性改革，强调用改革的办法推进结构调整，减少无效和低端供给，扩大有效和中高端供给，增强供给结构对需求变化的适应性和灵活性；强调供给侧和需求侧是管理和调控宏观经济的两个基本手段，二者不是非此即彼的替代关系，而是既对立又统一的辩证关系，等等。这些重要论述丰富和发展了对中国特色社会主义市场经济规律性的认识，为科学实施宏观调控指明了方向。人大财经工作要坚持以推进供给侧结构性改革为主线，通过财经立法和监督，促进产品和服务供给质量提升，持续释放内需增长潜力，进一步加强和改善宏观调控，为构建市场机制有效、微观主体有活力、宏观调控有度的经济体制提供法治保障。

（六）深入学习领会坚持问题导向部署经济发展新战略的思想，着力建设现代化经济体系，推动经济高质量发展。习近平总书记坚持鲜明问题导向，强调我国经济已由高速增长阶段转向高质量发展阶段，既要跨越转变发展方式、优化经济结构、转换增长动力等常规性的、长期性的关口，还要跨越打好防范化解重大风险、精准脱贫、污染防治"三大攻坚战"等非常规的、我国经济发展现阶段特有的关口；强调建设现代化经济体系是跨越关口的迫切要求和我国发展的战略目标，必须把发展经济的着力点放在实体经济上，把提高供给体系质量作为主攻方向，显著增强我国经济质量优势，等等。这些重要论述丰富和发展了对我国经济发展阶段性特征的认识，为推动我国经济高质量发展提出了科学的战略目标。人大财经工作要坚持问题导向，从中国国情出发，从现实矛盾出发，围绕推进高质量发展和建设现代化经济体系，围绕更好实施创新驱动发展战略、乡村振兴战略、区域协调发展战略等一系列重大经济发展新战略，谋划做好财经立法和监督等工作，推动经济发展实现质量变革、效率变革、动力变革，努力实现更高质量、更有效率、更加公平、更可持续的发展。

（七）深入学习领会坚持正确工作策略和方法的思想，着力坚持稳中求进工作总基调，不断取得新进展和新突破。习近平总书记指出，稳中求进工作总基调是治国理政的重要原则和做好经济工作的方法论，必须正确处理稳和进的关系，提高宏观调控的针对性和精准度；要保持战略定力、坚持久久为功、坚持底线思维，充分考虑困难和问题，做好应对最坏情况的准备，发扬钉钉子精神，积小胜为大胜，一步一个脚印向前迈进，坚决防范各种风险特别是系统性风险，等等。这些重要论述丰富和发展了中国特色社会主义国家治理理论，为推动我国经济发展提供了正确方法论。人大财经工作要实施正确的工作策略和方法，坚持稳中求进工作总基调，着眼于通过完善法律制度、建立健全体制机制，密切结合各地实际，在调查研究上下更大功夫，一部法律一部法律地盯，一个专题一个专题地抓，努力在提高立法质量、增强监督实效上不断取得新进展、实现新突破。

习近平新时代中国特色社会主义经济思想，是习近平新时代中国特色社会主义思想的重要组成部分，对做好我国经济工作具有重大理论意义和实践意义。作为人大财经工作者，我们要深入学习领会，密切结合实际，真正做到武装头脑、指导实践、推动工作，努力开创新时代人大财经工作新局面。

三、紧紧围绕贯彻新发展理念，扎实推进人大财经立法和监督

新发展理念是习近平新时代中国特色社会主义经济思想的主要内容，也是关系我国发展全局的一场深刻变革。习近平总书记明确指出，按照新发展理念推动我国经济社会发展，是当前和今后一个时期我国发展的总要求和大趋势；五大发展理念是不可分割的整体，相互联系、相互贯通、相互促进，要一体坚持、一体贯彻。习近平总书记关于新发展理念的重要论述，鲜明体现了新发展理念是管全局、管根本、管长远的战略性思想，其所揭示的经济发展规律是对我国社会主要矛盾变化的深刻反映，是我们破解发展难题、增强发展动力、厚植发展优势的行动指南，也是我们跨越高质量发展关口的根本遵循。新时代人大财经工作要紧紧围绕五大新发展理念谋划开展。

（一）践行创新发展理念，推进人大财经立法和监督。创新是引领发展的第一动力，创新发展注重的是解决发展动力问题。人大财经立法和监督要抓住创新这个牵动经济社会发展全局的"牛鼻子"，聚焦落实创新驱动发展战略。在立法方面，通过制定电子商务法等法律，规范和促进新技术、新业态、新商业模式发展；修改反垄断法、铁路法、电力法，制定电信法、航天法、航空法，逐步放开市场准入，打破行业垄断，促进公平竞争；适应科技发展新趋势，加快人工智能等方面相关经济立法进程。在监督方面，审查五年规划、年度计划预算以及监督执行情况，要重点关注反映创新水平的指标完成情况，重点关注财政科技资金使用情况，重点关注知识产权保护政策落实情况，适时开展创新驱动发展战略相关专题调研和执法检查。

最大的创新是改革，是释放改革红利。人大财经工作要积极落实党中央全面深化改革的决策部

署，大力推动重点领域和关键环节改革。通过推动深化产权制度改革，加大产权保护力度，夯实社会主义市场经济基础；通过推动深化要素市场改革，最大限度地发挥市场决定价格的作用，加快实现要素市场化配置；通过推动深化财政体制改革，加快推进中央与地方财政事权和支出责任划分改革，建立权责清晰、财力协调、区域均衡的中央和地方财政关系；通过推动深化税制改革，不断调整优化税收功能，加快建立税法统一、税负公平、调节有度的税制体系；通过推动深化国企改革，转换经营机制，优化国有经济布局，激发国有企业经营活力；通过推动深化金融改革，促进金融业回归本原、聚焦主业，切实提升服务实体经济的能力和效率。

（二）践行协调发展理念，推进人大财经立法和监督。协调是持续健康发展的内在要求，协调发展注重的是解决发展不平衡问题。人大财经立法和监督要聚焦到地区、城乡、所有制、国防军队建设等重点方面的发展不平衡不充分问题。在立法方面，可通过修改制定城乡规划、城市管理等方面法律，统筹城乡协调发展，加快区域协调发展的顶层设计，推动建立健全更加有效的区域协调发展机制；加快制定军民融合发展法，统筹经济建设和国防建设，推进军民深度融合发展。在监督方面，通过计划预算审查、专题调研，重点推进京津冀协同发展、长江经济带发展和“一带一路”建设三大战略，支持革命老区、民族地区、边疆地区发展，特别是要聚焦打赢精准脱贫攻坚战，重点关注贫困地区发展；监督乡村振兴战略实施情况，促进城乡公共资源均衡配置，不断缩小城乡发展差距；实施好国务院向全国人大常委会报告国有资产管理情况制度，不断加强对国有资产监督力度；对中小企业促进法开展执法检查并进行专题询问，落实习近平总书记民营企业座谈会重要讲话精神，促进小微企业和民营企业健康发展。

（三）践行绿色发展理念，推进人大财经立法和监督。绿色是永续发展的必然条件和人民对美好生活追求的重要体现，绿色发展注重的是解决人与自然和谐问题。人大财经立法和监督要以习近平生态文明思想为指导，牢固树立“绿水青山就是金山银山”的观念，把绿色发展理念贯彻落实到各项工作中。在立法方面，要积极推进资源税法、耕地占用税法、能源法制定修订工作以及资源综合利用、空间规划等方面的立法工作。在监督方面，通过听取专项工作报告、专题调研等方式，推进产业结构调整、能源结构调整、交通运输结构调整，从根本上推进资源节约和环境保护；审查批准五年规划和年度计划，开展规划实施情况中期评估和监督计划执行情况，要重点关注资源环境约束指标制定的科学性以及完成情况，对经济发展的评价要更加突出体现绿色发展、高质量发展要求。

（四）践行开放发展理念，推进人大财经立法和监督。开放是国家繁荣发展的必由之路，开放发展注重的是解决发展内外联动问题。人大财经立法和监督要在推动形成对外开放新格局上有更大作为。在立法方面，可通过修改企业破产法，规范市场行为和市场退出，完善市场体制机制；制定期货法，修改证券法、商业银行法，完善金融法律制度，深化金融体制改革，防范化解重大金融风险；制定增值税法、消费税法、关税法等，修改税收征收管理法等，落实税收法定原则，深化税收制度改革；制定外商投资法、出口管制法，及时废止或修订与国家对外开放大方向和大原则不符的法律法规，全面实行准入前国民待遇加负面清单管理制度，优化企业营商环境，坚持维护国家安全与扩大对外开放相协调。在监督方面，坚定不移落实习近平总书记关于进一步扩大对外开放的战略部署，适时听取发展海洋经济建设海洋强国、加快外贸转型升级建设贸易强国、自由贸易试验区和自由贸易港建设、推进“一带一路”建设等专项工作报告，推动提高对外开放质量，发展更高层次的开放型经济。

（五）践行共享发展理念，推进人大财经立法和监督。共享是中国特色社会主义的本质要求，共享发展注重的是解决社会公平正义问题。人大财经立法和监督要坚持以人民为中心的发展理念，顺应人民群众对美好生活的向往，推动实现发展为了人民、发展依靠人民、发展成果由人民共享。在立法方面，可通过修改产品质量法，提高供给质量，更好地满足人民群众的消费需求；修改个人所得税法，切实增加居民收入；加快推进行业协会商会、社会信用等方面的立法，构建社会共建共享基础。在监督方面，高度重视解决跨越“中等收入陷阱”问题，推动加快收入分配制度改革，扩大中等收入群体，逐步形成橄榄形分配格局；加快推进基本公共服务均等化，加大对城乡困难群众的帮扶力度，坚决打赢脱贫攻坚战，确保广大人民群众同步进入小康社会；高度重视代表议案建议办理工作，把人民群众的呼声充分体现在立法和监督工作当中；加强人大预决算审查监督，管好人民钱袋子；突出监督重点，进一步加大监督力度，推动解决人大代表、人民群众普遍关心的问题，取得党和人民满意的结果。

四、进一步做好新时代人大财经工作的基本要求

（一）自觉接受党的领导，坚定正确政治方向。人大财经工作具有鲜明的政治属性，必须把讲政治摆在首位。要进一步增强“四个意识”，坚定“四个自信”，坚决维护习近平总书记的核心地位，坚决维护党中央权威和集中统一领导，始终在思想上政治上行动上同以习近平同志为核心的党中央保持高度一致，确保党的路线方针政策和党中央决策部署在人大财经工作中全面贯彻、有效执行。要及时就工作中的重大问题和重大事项向同级党委党组请示。全国人大财经委分党组要充分发挥把方向、管大局、保落实的作用，切实加强党对人大财经工作的领导，及时向常委会党组请示报告重大事项。

（二）落实科学立法要求，完善立法体制机制。立法要统筹协调利益关系，财经立法尤其如此，要聚焦矛盾的焦点实行科学立法。一要加强财经立法的统筹规划和顶层设计，分清轻重缓急，突出立法重点，坚持立改废释并举，使法律准确反映经济社会发展要求，符合立法规律和现实国情，发挥好立法的引领和推动作用。二要不断完善立法体制机制，充分体现人大及其常委会在立法工作中的主导作用，建立专门委员会立法专家顾问制度，健全立法评估机制，提高立法的针对性、及时性、系统性和可操作性。三要高度重视运用法治思维和法治方式推进经济体制改革，实现立法和改革决策相衔接，做到重大经济改革于法有据。四要适当加快立法步伐。对党中央批准的立法规划中的重大财经立法任务，要全力以赴抓好落实，确保按时出台。要按照栗战书委员长重要批示的要求，在提高立法质量的基础上，适当加快立法步伐，对第三类立法项目或者没有列入立法规划的项目，只要是适应形势发展需要、经过认真研究论证、条件基本具备的，也可争取纳入年度立法工作计划，适时启动立法程序。

（三）落实民主立法要求，充分反映人民呼声。人大财经立法一般都涉及改革发展稳定重大问题，事关人民群众切身利益，要广泛协商，广纳群言、广集民智。一要进一步完善由立法机关主导，有关部门参加，人大代表、专家学者、企事业单位、团体组织和人民群众共同参与的立法工作机制。二要认真研究人大代表的意见建议，把立法工作与议案建议办理工作更加紧密地结合起来，积极创造条件提高代表参与度。三要积极开展立法协商，完善立法听证、论证制度，建立基层立法联系点，反映基层立法意见建议。四要健全公布法律草案征求意见机制和公众意见采纳情况反馈机制，重视网络民意表达，积极回应广大群众诉求。

（四）落实依法立法要求，维护国家法制统一。要严格按照法定立法权限和立法程序推进人大财经立法工作，切实开展合宪性审查和合法性审查，不断完善立法备案审查和监督制度。地方人大财经立法要将维护全国法制统一作为首要原则。要贯彻“不抵触、有特色、可操作”的要求，继续在深化经济体制改革、推动经济高质量发展、城乡建设与管理、生态环境保护等重点领域开展立法工作。在坚持依法立法的同时也要鼓励立法方式创新。近年来一些地方通过建立工作机制加强区域协同立法。比如，京津冀优先协同推动交通一体化、生态环保、产业升级转移等三个重点领域立法，沪苏浙皖三省一市签订关于深化长三角地区人大常委会地方立法工作协同协议等，作出了有益探索。

（五）善用改革创新方法，全面推进财经监督等重点工作。人大财经工作要把宪法法律赋予的监督权用起来，要敢于监督、善于监督；要坚持监督与支持相结合，实施正确监督、有效监督。要综合运用执法检查、专题询问、专题调研等多种方式，推动人大财经监督工作法治化、制度化和规范化。要积极推进健全地方政府债务管理体制、加强人大预算联网监督、改进审计查出突出问题整改情况向人大常委会报告机制等创新举措的落实，进一步落实人大预算审查监督重点向支出预算和政策拓展、各级政府向同级人大常委会报告国有资产管理情况等制度安排。在监督工作中，地方各级人大进行了大量的有益探索和实践，形成许多好经验好做法，为全国提供了良好借鉴。做好新时代人大财经工作，要继续发扬改革创新的成功经验，创造性地全面推进财经立法、监督、议案建议办理、调查研究和对外交往等工作。

（六）真抓实干、干出成效。习近平总书记强调，社会主义是干出来的，新时代也是干出来的。人大履职要勇于担当尽责。每位人大财经工作者，都要把依法履职的责任时刻扛在肩上，把财经立法监督工作牢牢抓在手上。只要是党中央和同级党委交付的工作任务，都要不折不扣确保完成；只要是改革发展需要、人民群众期盼、属于人大职权范围内的事项，都应当大胆推进。要争做新时代的奋斗者和实干家，争做改革开放的推动者和促进派，在本职岗位上真抓实干、埋头苦干，创造出无愧于人民、无愧于时代的工作业绩。多年来，各级人大

财经工作战线的同志们依法履职、开拓创新，做了大量卓有成效的工作。今后要进一步密切全国各级人大财经委、预算工委的联系，加强指导、培训和交流，形成做好新时代人大财经工作的合力。

同志们！新时代赋予人大财经工作新使命，新征程呼唤人大财经工作新作为！希望全体人大财经工作者，珍视为党和国家工作的机会，牢牢把握历史机遇，勇于担当作为，不断开拓创新，积极推动新时代人大财经工作取得新成效、开创新局面，把习近平总书记关于坚持和完善人民代表大会制度的重要思想和习近平新时代中国特色社会主义经济思想，变成丰富鲜活生动的社会实践，为促进我国经济持续健康发展，为长期坚持和不断完善人民代表大会制度作出新的更大贡献！

以习近平新时代中国特色社会主义经济思想为统领　扎实做好新时代人大财经工作

王东明

中国特色社会主义进入新时代，我国经济由高速增长阶段转向高质量发展阶段。适应新形势新要求，人大财经工作要深入贯彻习近平新时代中国特色社会主义思想和党的十九大精神，落实栗战书委员长对人大财经工作的批示要求，紧紧围绕统筹推进“五位一体”总体布局、协调推进“四个全面”战略布局，积极践行新发展理念，全面加强财经立法、监督、议案建议办理、调查研究和对外交往等工作，为促进我国经济持续健康发展，为长期坚持和不断完善人民代表大会制度作出新的更大贡献。

一、深入学习贯彻习近平总书记关于坚持和完善人民代表大会制度的重要思想，坚定制度自信

党的十八大以来，以习近平同志为核心的党中央高度重视、全面加强党对人大工作的领导，推动人大工作取得历史性成就。习近平总书记就坚持和完善人民代表大会制度、发展社会主义民主政治发表一系列重要论述，科学阐述了国家根本政治制度的历史必然、特点优势、实践要求，标志着我们党对人民代表大会制度的规律性认识达到一个新的高度，为做好新时代人大工作提供了根本遵循。我们要深入学习贯彻习近平总书记关于坚持和完善人民代表大会制度的重要思想，着力提升认识，坚定信心和决心。

（一）提升对社会主义民主政治的认识，坚定走中国特色社会主义政治发展道路的信心和决心。习近平总书记指出，人民当家作主是社会主义民主政治的本质和核心。发展社会主义民主政治就是要体现人民意志、保障人民权益、激发人民创造活力，用制度体系保证人民当家作主。改革开放40年来，在党的领导下，我国社会主义民主政治建设取得历史性成就，成功开辟拓展和坚持了中国特色社会主义政治发展道路，社会主义民主政治展现出巨大的优越性。实践充分证明，中国特色社会主义政治发展道路，是近代以来中国人民长期奋斗历史逻辑、理论逻辑、实践逻辑的必然结果，是坚持党的本质属性、践行党的根本宗旨的必然要求。政治制度在国家的各种制度中处于关键环节。我们要坚定对中国特色社会主义制度的自信，首先就要坚定对中国特色社会主义政治制度的自信，坚定走中国特色社会主义政治发展道路的信心和决心。

（二）提升对人民代表大会制度的认识，坚定长期坚持并不断完善人民代表大会制度的信心和决心。人民代表大会制度是中国特色社会主义制度的重要组成部分，也是支撑国家治理体系和治理能力的根本政治制度安排。人民代表大会制度作为我国的根本政治制度，不是凭空设想出来的，也不是从外国照搬过来的，而是我们党把马克思主义基本原理同中国具体实际相结合、领导人民经过长期奋斗和探索得来的。六十多年的实践充分证明，人民代表大会制度是符合中国国情和实际、体现社会主义国家性质、保证人民当家作主、保障实现中华民族伟大复兴的好制度。习近平总书记强调，在政治制度模式上，就是要咬定青山不放松、任尔东西南北风。我们要从根本政治制度安排的定位认识把握人民代表大会制度，坚持党的领导、人民当家作主、依法治国三者有机统一，进一步坚定信心和决心，切实坚持好、实践好、发展好、完善好人民代

表大会制度。

（三）提升对人大财经工作定位的认识，坚定做好新时代人大财经工作的信心和决心。做好人大财经工作的前提是找准定位。一是要把人大财经工作放到国家民主法治建设中去谋划推进。人大财经工作是人民代表大会制度在财经领域的具体实践，是宪法和法律赋予人民代表大会制度的重要职责。新中国第一部宪法"五四宪法"就规定，全国人民代表大会具有制定法律、决定国民经济计划、审查和批准预算决算等法定职权。这一规定明确了人大财经工作的基础性内容，贯穿于我国民主法治建设全过程。我们要自觉将人大财经工作融入国家民主法治建设和人民代表大会制度与时俱进发展进程中加以推进。

二是要把人大财经工作放到实现"两个一百年"奋斗目标中去谋划推进。党的十九大报告描绘了全面建成小康社会、基本实现现代化和建设社会主义现代化强国的宏伟蓝图，提出了"两个一百年"奋斗目标和实现这一目标的战略部署。人大财经工作要自觉围绕"两个一百年"奋斗目标和十九大战略部署去谋划、推动，为实现目标任务提供法治保障。我们要立足于我国社会主义初级阶段的基本国情，坚定不移把发展作为党执政兴国的第一要务，紧紧围绕统筹推进"五位一体"总体布局、协调推进"四个全面"战略布局，着力贯彻落实新发展理念，着力推动经济高质量发展，着力建设现代化经济体系。

三是要把人大财经工作放到党和国家经济工作大局中去谋划推进。人大财经工作是党和国家经济工作的重要组成部分，同时又有别于政府的经济工作。人大财经工作不是具体组织实施经济活动，而是在党的领导下依法通过立法和监督等主要方式，侧重经济法律制度顶层设计，发挥立法的引领和推动作用；侧重监督政府落实中央经济决策部署，对政府经济工作形成有力的监督和支持。

二、以习近平新时代中国特色社会主义经济思想统领新时代人大财经工作

党的十八大以来，面对极其复杂的国内外环境，我国经济保持了平稳运行、稳中有进的发展态势，经济发展质量和效益不断提升，取得举世瞩目的巨大成就。总结成功经验，最根本、最重要的在于有习近平新时代中国特色社会主义思想的科学指引，有以习近平同志为核心的党中央的坚强领导。五年多来，以习近平同志为核心的党中央统揽全局、把握主动，对经济发展形势做出了科学判断，对经济工作做出了正确决策，对发展思路做出了及时调整，成功驾驭了我国经济发展大局。在这个过程中，习近平总书记就经济社会发展提出了一系列新思想新观点新论断，形成了以新发展理念为主要内容的习近平新时代中国特色社会主义经济思想。这一重要思想系统回答了新时代中国特色社会主义经济发展的政治保障、制度基础、主题主线、发展理念、发展路径、内外关系和工作方法等一系列重大问题，是推动我国经济发展实践的理论结晶，为推进新时代我国经济持续健康发展提供了科学指南和根本遵循。作为人大财经工作者，我们要立足新时代历史方位，深入学习领会其重大意义和理论内涵，以这一重要思想统领新时代人大财经工作，切实贯彻落实到人大财经工作的各方面和全过程。

（一）深入学习领会加强党对经济工作集中统一领导的思想，着力加强党对人大财经工作的领导。习近平总书记强调，坚持党的领导，发挥党总揽全局、协调各方的领导核心作用，是我国社会主义市场经济体制的一个重要特征；党中央必须对经济工作负总责、实施全面领导，做好经济领域重大工作的顶层设计、总体布局、统筹协调、整体推进、督促落实，等等。这些重要论述丰富和发展了对中国特色社会主义本质特征的认识，为推动我国经济发展提供了根本政治保证。人大财经工作要提高政治站位，始终在思想上政治上行动上同以习近平同志为核心的党中央保持高度一致，努力通过法定程序使党对经济工作的主张成为国家意志，通过加强财经工作监督确保党的重大经济决策部署得到有效贯彻落实。

（二）深入学习领会以人民为中心的发展思想，着力保障和改善民生，增进人民福祉。习近平总书记站在马克思主义的根本立场上，强调坚持以人民为中心的发展思想，坚持人民主体地位，顺应人民群众对美好生活的向往，不断实现好、维护好、发展好最广大人民根本利益；坚持把增进人民福祉、促进人的全面发展、朝着共同富裕方向稳步前进，作为经济发展的出发点和落脚点；坚持在发展中保障和改善民生，坚决打赢脱贫攻坚战，等等。这些重要论述丰富和发展了对社会主义生产目的的认识，为推动我国经济发展提供了强大动力。人大财经工作要始终坚持一切为了人民、一切依靠人民、一

切由人民检验，充分调动人大代表和人民群众的积极性、主动性和创造性，紧扣社会主要矛盾变化，通过财经立法和监督，聚焦保障和改善民生，补齐民生短板，不断增强人民的获得感幸福感安全感，更好地实现人民对美好生活的向往。

（三）深入学习领会适应把握引领经济发展新常态的思想，着力贯彻落实新发展理念。习近平总书记综合分析世界经济周期和我国发展阶段性特征，提出我国经济发展进入新常态的重大论断，强调新常态下我国经济发展表现出速度变化、结构优化、动力转换三大特点，即增长速度从高速转向中高速，经济结构调整从增量扩张为主转向调整存量、做优增量并举，发展动力从主要依靠资源和低成本劳动力等要素投入转向主要依靠创新驱动。为了适应把握引领新常态，习近平总书记创造性地提出五大新发展理念，强调依靠创新发展解决动力问题，依靠协调发展解决不平衡问题，依靠绿色发展解决人与自然和谐问题，依靠开放发展解决内外联动问题，依靠共享发展解决社会公平正义问题。这些重要论述丰富和发展了对社会主义市场经济发展规律的认识，为推动我国经济发展提供了根本遵循。人大财经工作要把适应把握引领新常态，作为当前和今后一个时期我国经济发展的大逻辑，既要客观分析、积极应对当前经济下行压力，也要充分认识我国经济发展长期向好的基本面没有变，经济韧性好、潜力足、回旋余地大的基本特征没有变，经济结构调整优化的态势没有变，牢牢把握住经济发展大势，坚定做好经济社会发展工作的信心。

（四）深入学习领会使市场在资源配置中起决定性作用和更好发挥政府作用的思想，着力完善社会主义市场经济体制，推动形成改革开放新格局。习近平总书记指出，经济体制改革是全面深化改革的重点，核心问题是处理好政府和市场的关系，使市场在资源配置中起决定性作用，更好发挥政府作用；要继续在社会主义基本制度与市场经济的结合上下功夫，既要“有效的市场”，也要“有为的政府”，努力形成市场作用和政府作用有机统一、相互补充、相互协调、相互促进的格局，等等。这些重要论述丰富和发展了社会主义市场经济理论，为推动我国经济发展和经济体制改革指明了方向。人大财经工作要牢牢抓住处理好政府和市场关系这一核心问题，坚持市场化改革方向，通过财经立法和监督更好地顺应、服务改革，更好地引领、推动改革，继续深入推进经济体制改革，不断完善社会主义市场经济体制，发挥经济体制改革对全面深化改革的牵引作用，推动形成改革开放新格局。

（五）深入学习领会适应主要矛盾变化完善宏观调控的思想，着力深入推进供给侧结构性改革。习近平总书记在党的十九大报告中深刻指出，我国社会主要矛盾已经转化为人民日益增长的美好生活需要和不平衡不充分的发展之间的矛盾。社会主要矛盾变化对完善宏观调控提出了新要求。我国经济运行面临的突出矛盾和问题，虽然有周期性、总量性因素，但根源是重大结构性失衡，矛盾的主要方面在供给侧，主要表现在供给结构不能适应需求结构的变化。习近平总书记有针对性地提出推进供给侧结构性改革，强调用改革的办法推进结构调整，减少无效和低端供给，扩大有效和中高端供给，增强供给结构对需求变化的适应性和灵活性；强调供给侧和需求侧是管理和调控宏观经济的两个基本手段，二者不是非此即彼的替代关系，而是既对立又统一的辩证关系，等等。这些重要论述丰富和发展了对中国特色社会主义市场经济规律性的认识，为科学实施宏观调控指明了方向。人大财经工作要坚持以推进供给侧结构性改革为主线，通过财经立法和监督，促进产品和服务供给质量提升，持续释放内需增长潜力，进一步加强和改善宏观调控，为构建市场机制有效、微观主体有活力、宏观调控有度的经济体制提供法治保障。

（六）深入学习领会坚持问题导向部署经济发展新战略的思想，着力建设现代化经济体系，推动经济高质量发展。习近平总书记坚持鲜明问题导向，强调我国经济已由高速增长阶段转向高质量发展阶段，既要跨越转变发展方式、优化经济结构、转换增长动力等常规性的、长期性的关口，还要跨越打好防范化解重大风险、精准脱贫、污染防治“三大攻坚战”等非常规的、我国经济发展现阶段特有的关口；强调建设现代化经济体系是跨越关口的迫切要求和我国发展的战略目标，必须把发展经济的着力点放在实体经济上，把提高供给体系质量作为主攻方向，显著增强我国经济质量优势，等等。这些重要论述丰富和发展了对我国经济发展阶段性特征的认识，为推动我国经济高质量发展提出了科学的战略目标。人大财经工作要坚持问题导向，从中国国情出发，从现实矛盾出发，围绕推进高质量发展和建设现代化经济体系，围绕更好实施创新驱动发展战略、乡村振兴战略、区域协调发展战略等一系列重大经济发展新战略，谋划做好财经立法和监督等工作，推动经济发展实现质量变革、效率变革、动力变革，努力实现更高质量、更有效率、更加公平、更可持续的发展。

（七）深入学习领会坚持正确工作策略和方法的思想，着力坚持稳中求进工作总基调，不断取得新进展和新突破。习近平总书记指出，稳中求进工作总基调是治国理政的重要原则和做好经济工作的方法论，必须正确处理稳和进的关系，提高宏观调控的针对性和精准度；要保持战略定力、坚持久久为功、坚持底线思维，充分考虑困难和问题，做好应对最坏情况的准备，发扬钉钉子精神，积小胜为大胜，一步一个脚印向前迈进，坚决防范各种风险特别是系统性风险，等等。这些重要论述丰富和发展了中国特色社会主义国家治理理论，为推动我国经济发展提供了正确方法论。人大财经工作要实施正确的工作策略和方法，坚持稳中求进工作总基调，着眼于通过完善法律制度、建立健全体制机制，密切结合各地实际，在调查研究上下更大功夫，一部法律一部法律地盯，一个专题一个专题地抓，努力在提高立法质量、增强监督实效上不断取得新进展、实现新突破。

三、紧紧围绕贯彻新发展理念，扎实推进人大财经立法和监督

新发展理念是习近平新时代中国特色社会主义经济思想的主要内容，也是关系我国发展全局的一场深刻变革。新时代人大财经工作要紧紧围绕五大新发展理念谋划开展。

（一）践行创新发展理念，推进人大财经立法和监督。在立法方面，通过制定电子商务法等法律，规范和促进新技术、新业态、新商业模式发展；修改制定反垄断法、电信法、航天法等法律，进一步放开市场准入，打破行业垄断，促进公平竞争；适应科技发展新趋势，加快人工智能等方面立法进程。在监督方面，审查五年规划、年度计划和预算，要重点关注反映创新水平的指标完成情况，重点关注财政科技资金使用情况，重点关注知识产权保护政策落实情况，适时开展创新驱动发展战略相关专题调研和执法检查。

最大的创新是改革，是释放改革红利。人大财经工作要积极落实党中央全面深化改革的决策部署，大力推动重点领域和关键环节改革。通过推动深化产权制度改革，加大产权保护力度，夯实社会主义市场经济基础；通过推动深化要素市场改革，最大限度地发挥市场决定价格的作用，加快实现要素市场化配置；通过推动深化财政体制改革，加快推进中央与地方财政事权和支出责任划分改革，建立权责清晰、财力协调、区域均衡的中央和地方财政关系；通过推动深化税制改革，不断调整优化税收功能，加快建立税法统一、税负公平、调节有度的税制体系；通过推动深化国企改革，转换经营机制，优化国有经济布局，激发国有企业经营活力；通过推动深化金融改革，促进金融业回归本原、聚焦主业，切实提升服务实体经济的能力和效率。

（二）践行协调发展理念，推进人大财经立法和监督。在立法方面，通过修改制定城乡规划、城市管理等方面法律，统筹城乡协调发展，推动建立健全更加有效的区域协调发展机制；加快制定军民融合发展法，统筹经济建设和国防建设，推进军民深度融合发展。在监督方面，通过计划预算审查、专题调研，重点推进京津冀协同发展、长江经济带发展和“一带一路”建设三大战略，支持革命老区、民族地区、边疆地区发展，特别是要聚焦打赢精准脱贫攻坚战，重点关注贫困地区发展；监督乡村振兴战略实施情况，促进城乡公共资源均衡配置，不断缩小城乡发展差距；实施好国务院向全国人大常委会报告国有资产管理情况制度，不断加强对国有资产监督力度；对中小企业促进法开展执法检查并进行专题询问，落实习近平总书记民营企业座谈会重要讲话精神，千方百计改善营商环境，推动解决融资难、融资贵、税费负担重等突出问题，促进小微企业和民营企业健康发展。

（三）践行绿色发展理念，推进人大财经立法和监督。在立法方面，通过修改制定资源税法、耕地占用税法、能源法等，推进资源综合利用和环境保护。在监督方面，通过听取专项工作报告、专题调研等方式，推进产业结构调整、能源结构调整、交通运输结构调整，从根本上推进资源节约和环境保护；审查批准五年规划和年度计划，开展规划实施情况中期评估，要重点关注资源环境约束指标制定的科学性以及完成情况，对经济发展的评价要更加突出体现绿色发展、高质量发展要求。

（四）践行开放发展理念，推进人大财经立法和监督。在立法方面，通过修改企业破产法，规范市场行为和市场退出，完善市场体制机制；修改制定期货法、证券法、商业银行法等，深化金融体制改革，防范化解重大金融风险；修改制定增值税法、消费税法、税收征收管理法等，落实税收法定原则，深化税收制度改革；制定外商投资法、出口管制法，及时废止或修订与国家对外开放大方向和大原则不符的法律法规，全面实行准入前国民待遇加负面清单管理制度，优化企

业营商环境,坚持维护国家安全与扩大对外开放相协调。在监督方面,坚定不移落实习近平总书记关于进一步扩大对外开放的战略部署,适时听取发展海洋经济建设海洋强国、加快外贸转型升级建设贸易强国、自由贸易试验区和自由贸易港建设、推进“一带一路”建设等专项工作报告,推动提高对外开放质量,发展更高层次的开放型经济。

(五)践行共享发展理念,推进人大财经立法和监督。在立法方面,通过修改产品质量法,提高供给质量,更好地满足人民群众的消费需求;加快推进行业协会商会、社会信用等方面的立法,构建社会共建共享基础。在监督方面,高度重视解决跨越“中等收入陷阱”问题,推动加快收入分配制度改革,扩大中等收入群体,逐步形成橄榄形分配格局;加快推进基本公共服务均等化,加大对城乡困难群众的帮扶力度,坚决打赢脱贫攻坚战,确保广大人民群众同步进入小康社会;高度重视代表议案建议办理工作,把人民群众的呼声充分体现在立法和监督工作当中;加强人大预决算审查监督,管好人民钱袋子;突出监督重点,进一步加大监督力度,推动解决人大代表、人民群众普遍关心的问题,取得党和人民满意的结果。

新时代赋予人大财经工作新使命,新征程呼唤人大财经工作新作为!广大人大财经工作者要依法履职尽责,勇于担当作为,不断开拓创新,真抓实干、干出成效。人大财经工作要坚持正确政治方向,以习近平新时代中国特色社会主义经济思想为统领,坚持科学立法、民主立法、依法立法,实施正确监督、有效监督,为落实新发展理念、推动经济高质量发展再立新功。

《中国人大》2018 年第 24 期

在 2018 年第一期全国县级人大常委会主任学习班上的讲话

(2018 年 4 月 16 日)

杨振武

同志们:

今天,全国人大常委会办公厅举办 2018 年第一期全国县级人大常委会主任学习班。首先,我代表栗战书委员长、王晨副委员长,向大家表示热烈的欢迎和诚挚的问候!

本期学习班的主要任务,是以习近平新时代中国特色社会主义思想为指引,深入学习贯彻党的十九大和十九届一中、二中、三中全会精神,深入学习贯彻十三届全国人大一次会议精神,学习人大工作有关法律制度、交流人大工作好经验好做法,进一步增强责任感使命感,提高政治站位和理论水平,共同做好新时代人大工作。今天是学习班的开班式,借此机会,我向大家通报一下十三届全国人大一次会议精神和全国人大常委会有关工作情况,并就做好新时代人大工作与大家进行交流,既是一次共同学习,也是一个简短动员。

一、关于十三届全国人大一次会议的主要情况

刚刚结束不久的十三届全国人大一次会议,是一次高举中国特色社会主义伟大旗帜、全面贯彻习近平新时代中国特色社会主义思想和党的十九大精神的大会,是一次民主、团结、求实、奋进的大会。会议完成了宪法修改的崇高任务,审议通过了监察法、国务院机构改革方案,审议批准了政府工作报告和其他报告,选举和决定任命了新一届国家机构领导人员,通过法定程序把党的十九大确定的目标任务转化为国家意志,把党中央决策部署体现和落实到国家各项工作中,进一步凝聚新时代共识,汇聚起奋进新时代的磅礴力量,鼓舞亿万人民朝着宏伟目标奋勇前进。我们要在以习近平同志为核心的党中央坚强领导下,以习近平新时代中国特色社会主义思想为指导,深入学习贯彻十三届全国人大一次会议精神,全面落实十三届全国人大一次会议作出的决定决议、确定的目标任务,把十三届全国人大一次会议取得的丰硕成果,转化为做好新时代党和国家各项工作的强劲动力。

在这次会议上,习近平同志全票当选为中华人民共和国主席、中华人民共和国中央军事委员会主席,这是近 3000 名全国人大代表的集体意

志，是13亿多中国人民的共同心愿，充分反映了习近平总书记在全党全军全国各族人民中的崇高威望。党的十八大以来，以习近平同志为核心的党中央，团结带领全党全国各族人民，砥砺前行、励精图治，推动党和国家事业取得历史性成就、发生历史性变革，中国特色社会主义进入了新时代。在伟大的历史实践中，习近平总书记成为全党拥护、人民爱戴、当之无愧的党的核心、军队统帅、人民领袖，这是历史的选择、人民的信赖、时代的重托。在新时代中国特色社会主义征程上，有习近平总书记举旗定向、掌舵领航，我们就一定能够实现“两个一百年”奋斗目标和中华民族伟大复兴的中国梦。

会议期间，习近平总书记分别参加内蒙古、广东、山东、重庆、解放军和武警部队代表团审议，同代表们坦诚交流、凝聚共识、擘画未来，提出了许多新思想新论断新要求。在3月20日的闭幕会上，习近平总书记发表重要讲话，开宗明义地提出了“一个牢记、三个始终”的要求，强调一切国家机关工作人员，无论身居多高的职位，都必须牢记我们的共和国是中华人民共和国，始终要把人民放在心中最高的位置，始终全心全意为人民服务，始终为人民利益和幸福而努力工作，充分彰显了我们党全心全意为人民服务的根本宗旨。总书记在讲话中深刻阐述了中国人民的伟大民族精神，指出中国人民是具有伟大创造精神、伟大奋斗精神、伟大团结精神、伟大梦想精神的人民，强调伟大民族精神是我们坚定中国特色社会主义道路自信、理论自信、制度自信、文化自信的底气，也是我们风雨无阻、高歌行进的根本力量。总书记在讲话中，立足我国发展新的历史方位，强调把党的十九大描绘的宏伟蓝图变为现实，是一场新的长征，要求以更大的力度、更实的措施做好各方面工作，再次向全党全国各族人民发出了开创中国特色社会主义事业新局面的动员令。习近平总书记在会议期间的重要讲话，充分展现了真挚的为民情怀、非凡的远见卓识、强烈的政治担当，进一步指明了党和国家事业的前进方向。我们要深入学习领会习近平总书记重要讲话精神，始终同以习近平同志为核心的党中央保持高度一致，牢固树立人民情怀，大力弘扬伟大的民族精神，紧紧围绕党和国家大局和党中央决策部署，始终为了人民利益和幸福，勤勉尽责、担当有为、扎实工作，为实现伟大目标砥砺奋进，努力完成党和人民交给我们的任务和使命。

这次大会最重要的成果和贡献之一，就是通过宪法修正案，实现我国宪法的与时俱进、完善发展。这次宪法修改是在以习近平同志为核心的党中央正确领导下，充分发扬民主，广泛凝聚共识，严格依法按程序进行的。会议期间，全体代表对修改宪法的认识高度一致，对具体修改内容的认识高度一致，大会高票通过宪法修正案，充分说明修改宪法是时代所趋、事业所需、民心所向。宪法修正案共21条，全面体现了党和人民在实践中取得的重大理论创新成果、实践创新成果、制度创新成果。修正案的每一条内容都很重要，这里我着重讲一讲其中的4个方面。一是确立了习近平新时代中国特色社会主义思想在国家政治和社会生活中的指导地位，反映了全国各族人民的共同意愿，体现了党的主张和人民意志的统一，进一步巩固了全党全国人民团结奋斗的共同思想基础。二是充实了坚持和加强中国共产党全面领导的内容，将“中国共产党领导是中国特色社会主义最本质的特征”写入宪法总纲第一条，有利于在全体人民中强化党的领导意识，有效把党的领导落实到国家工作全过程和各方面，确保党和国家事业始终沿着正确方向前进。三是修改了国家主席任职方面的有关规定，健全中国共产党、中华人民共和国、中国人民解放军领导人“三位一体”领导体制的制度安排，为新时代推进改革开放和社会主义现代化建设提供有力的政治保证。四是增加了有关监察委员会的各项规定，明确了国家监察委员会和地方各级监察委员会的性质、地位、人员组成、领导体制、工作机制等，为成立各级监察委员会、有效行使监察权提供了宪法依据。这次宪法修改，对于更好坚持和维护以习近平同志为核心的党中央权威和集中统一领导，推进全面依法治国、推进国家治理体系和治理能力现代化，具有十分重大的意义和极其深远的影响。

会议审议批准的政府工作报告和计划、预算报告，全国人大常委会工作报告，最高人民法院工作报告，最高人民检察院工作报告，总结了过去5年我国取得的历史性成就和进步，明确了今年国家各方面工作的基本思路和主要任务，提出了全面落实党的十九大决策部署的施工蓝图。代表们在审议常委会工作报告时，对十二届全国人大及其常委会的工作给予了充分肯定，高度评价人大工作取得的历史性成就，并对十三届全国人大的工作寄予了很高的期望。栗战书委员长在闭幕会上的讲话中，代表全体常委会组成人员表示，党和国家事业蓬勃发展，给人大工作提出了新的更高要求。十三届全国人大及其常委会要认清使命、奋发有为，切实肩负起新时代长期坚持、不断完善人民代表大会制度的崇高使命；要切实增强“四个意识”，自觉把党的领导贯穿人大工作始终；要依法行使立法权、监督权、决定权、任免权，敢于担当、善于作为，切实履行好党和人民赋予的光荣职责，更好发挥人大代表作用，使全国人大及其常委会成为全面担负起宪法法律赋予的各项职责的工作机关，成为同人民群众保持密切联系的代表机关。

贯彻落实党的十九大和十九届三中全会关于深化党和国家机构改革的重大决策部署，本次大会审议批准了国务院机构改革方案；决定十三届全国人大设立10个专门委员会，增设社会建设委员会，将法律委员会更名为宪法和法律委员会，将内务司法委员会更名为监察和司法委员会。这次机构改革，着力推进重点领域和关键环节的机构职能优化和调整，力度之大、范围之广、触及的利益关系之复杂，都十分少有，是一场系统性、整体性、重构性变革。大会结束后，国务院机构改革立即实施、有序推进。全国人大各专门委员会已依法履职，开始工作。按照立法与改革决策相衔接、相统一的原则，全国人大常委会正在研究国务院机构改革涉及的相关法律问题，准备作出改革期间有关部门依法行使职权、保证工作衔接的决定；对于需要制定或修改法律的，要求有关部门及时启动相关程序，依法提请常委会审议。

会议审议通过的监察法，贯彻落实党中央关于深化国家监察体制改革的重大决策部署，明确国家监察机关作为行使国家监察职能、开展反腐败工作专责机关的性质地位和职责，赋予监察机关必要的权限并严格规范监察程序，为构建集中统一、权威高效的中国特色国家监察体制，实现对所有行使公权力的公职人员监察全覆盖，确保反腐败工作夺取压倒性胜利提供了坚强法治保证。根据监察法，国家监察委员会由全国人大产生，对全国人大及其常委会负责，并接受其监督；地方各级监察委员会由本级人大产生，对本级人大及其常委会和上一级监察委员会负责，并接受其监督。人大及其常委会如何正确、有效开展对本级监察委员会的监督，是一个新的课题，需要在工作中依法积极探索、积累经验。

这次大会上，新当选的国家机构领导人员和组成人员进行了宪法宣誓。习近平主席在出席大会的近3000名全国人大代表共同见证下，面对13亿多全国人民，庄严进行宪法宣誓，充分体现了习近平同志作为党、国家、军队最高领导人尊崇宪法、维护宪法、恪守宪法的高度政治自觉，充分体现了以习近平同志为核心的党中央坚持依宪治国、依宪执政、维护宪法权威的坚定意志和坚强决心。这是中华人民共和国历史上国家主席首次进行的宪法宣誓，是宪法宣誓制度实行以来首次在全国人民代表大会会议上举行国家机构领导人员的宪法宣誓，对于在全社会弘扬宪法精神、彰显宪法权威，激励和教育国家工作人员忠于宪法、遵守宪法、维护宪法，加强宪法实施，具有重大而深远的意义。各级人大及其常委会要根据修订后的全国人大常委会关于实行宪法宣誓制度的决定，对本行政区域实行宪法宣誓制度的有关规定和办法作出相应修改，组织好宪法宣誓活动。

二、换届以来全国人大常委会的有关工作和今年主要工作安排

大会结束后，十三届全国人大常委会立即召开了常委会党组第一次会议、第一次委员长会议和常委会第一次会议。栗战书委员长分别主持会议并讲话，对深入学习贯彻习近平新时代中国特色社会主义思想，长期坚持不断完善人民代表大会制度，做好新时代全国人大常委会工作提出明确要求。委员长在常委会第一次会议上的讲话中强调，在人大工作中要全面贯彻习近平新时代中国特色社会主义思想，特别要在五个重大问题上正确把握住、始终把握好，即牢牢把握坚持党的领导这个重大政治原则，牢牢把握人民代表大会作为国家权力机关的准确定位，牢牢把握坚持人民当家作主这个社会主义民主政治的本质和核心，牢牢把握依法治国这个党领导人民治理国家的基本方略，牢牢把握民主集中制这个国家政权的组织原则和活动准则。委员长对常委会组成人员依法履职提出五点要求，一要吃透中央精神，确保常委会工作的正确方向；二要深入调查研究，充分发挥代表的桥梁纽带作用；三要尽职尽责，积极参与常委会工作；四要正确行使民主权利，真正代表人民意志；五要改进和转变作风，体现良好精神风貌。委员长提出的“五个牢牢把握”和“五点要求”，进一步丰富了人民代表大会制度理论，明确了人大工作正确方向和重要任务，对于各级人大及其常委会开展工作都具有指导意义。

大会结束以来，还召开了两个重要会议。十

三届全国人大一次会议通过宪法修正案的当天，中央下发《中共中央关于深入学习宣传和贯彻实施〈中华人民共和国宪法〉的意见》（中发〔2018〕10号）。为学习贯彻党中央文件要求和习近平总书记关于宪法的重要讲话精神，经报党中央批准，3月27日，全国人大常委会办公厅和有关部门共同召开深入学习宣传和贯彻实施宪法座谈会，栗战书委员长出席会议并讲话。委员长在讲话中，就学习宣传和贯彻实施宪法中的五个重要问题作出深刻阐述，强调要把宪法确立的国家指导思想落实到国家政治和社会生活中去，确保党的长期执政和国家长治久安，确保宪法确立的国家根本任务、发展道路、奋斗目标的全面贯彻，在宪法统领下推进全面依法治国，支持和保证人民当家作主，使国家根本法的作用得到充分发挥，为新时代党和国家事业发展提供坚强的宪法保障。委员长从四个方面对加强宪法学习宣传提出明确要求：一要抓住党员领导干部这个"关键少数"，推动领导干部带头尊崇宪法、学习宪法、遵守宪法、维护宪法、运用宪法；二要加强宪法理论研究，增强我国宪法的时代特色和实践特色，特别是要把宪法研究同人大制度和人大工作理论研究有机结合起来，相互促进，多出成果；三要丰富宪法宣传教育形式，使宪法走入日常生活、走入人民群众；四要做好解疑释惑工作，积极回应社会关切。这个讲话，与委员长在十三届全国人大一次会议闭幕会上的讲话中提出的保证宪法实施必须坚持的"四个不动摇"是相互贯通的，都把维护宪法尊严、保证宪法实施摆在国家政治生活和法治建设的重要位置，都对学习宣传和贯彻实施宪法的重大意义和任务要求作出了深刻阐述，对于弘扬宪法精神，增强宪法意识，维护宪法权威，推动宪法实施，以这次修改宪法为契机，把全面实施宪法提高到新的水平，具有重要意义。

为进一步加强全国人大专门委员会建设，保证各专门委员会工作顺利衔接、有序开展，保证新任比例达77%的专门委员会组成人员尽快适应人大工作岗位需要，3月29日，召开了十三届全国人大专门委员会负责同志会议，栗战书委员长出席会议并讲话。委员长强调，专门委员会履行职责、开展工作，必须以习近平新时代中国特色社会主义思想为指引，紧紧围绕党和国家工作大局和全国人大及其常委会中心工作来谋划和推进，更好发挥专门委员会在新时代人大工作中的重要作用。委员长针对专门委员会具备的法定性、专业性、经常性特点，从做好立法、监督、代表、对外交往、调查研究、自身建设等方面，对专门委员会工作提出了要求，进一步凝聚了共识、明确了方向，为做好新一届全国人大工作，夯实了基础。

关于常委会今年的主要工作，十二届全国人大常委会委员长会议于去年年底原则通过了2018年常委会工作要点和立法、监督工作计划，已经作出了初步安排。大会结束后，贯彻习近平总书记重要讲话精神和栗战书委员长讲话精神，按照十三届全国人大一次会议审议通过的宪法修正案、决议决定和各项报告，我们对"一个要点、两个计划"进行了调整，将在最近召开的委员长会议上审议通过。总的看，今年常委会的工作节奏很快，任务饱满，都是紧紧围绕党和国家工作大局部署和展开的，紧锣密鼓地落实党的十九大确定的目标任务。

在立法方面，拟安排审议23个法律案，包括制定民法典各分编、英雄烈士保护法、基本医疗卫生与健康促进法、土壤污染防治法、电子商务法、耕地占用税法、车辆购置税法、资源税法等，修改人民法院组织法、人民检察院组织法、法官法、检察官法、刑事诉讼法、农村土地承包法、土地管理法、专利法、固体废物污染环境防治法等，还要根据全面深化改革需要，做好与国家监察体制改革、国务院机构改革等相关的立法工作，依法作出相关授权决定和改革决定。在监督方面，计划检查统计法、传染病防治法、大气污染防治法、防震减灾法、农产品质量安全法、海洋环境保护法等6部法律的实施情况；除听取和审议计划、预决算监督报告外，还安排听取和审议国务院关于深化农业供给侧结构性改革、深入推进国家科技重大专项、提高农村义务教育水平、加强国有资产管理、财政医疗卫生资金分配和使用情况等9个专项工作报告，听取和审议国务院关于"十三五"规划纲要实施中期评估报告；听取和审议最高人民法院关于人民法院解决"执行难"工作情况的报告、最高人民检察院关于人民检察院加强对民事诉讼和执行活动法律监督工作情况的报告。还安排3次专题询问，开展5项专题调研。代表工作方面，坚持和完善常委会联系代表、代表联系人民群众制度，密切常委会同人民群众的联系。精心安排代表履职学习，认真办理代表议案建议，加强代表履职管理监督，切实提高代表政治素质和依法履职能力。做好人大对外交往、新闻舆论、理论研究、自身建设等工作。全国人大常委会将继续加强与地方人大的联系指导，举办地方人大常委会负责同志学习班，完成新一轮全国省、市、县三级人大常委会负责同志集中培训，加强对地方人大立法、监督等工作的指导，共同推动人大工作完善发展。

三、努力做好新时代人大工作

中国特色社会主义进入新时代，新时代意味着新起点新要求，新时代呼唤着新气象新作为。从党的十九大到二十大，正值“两个一百年”奋斗目标的历史交汇期。实现第一个百年奋斗目标，并在全面建成小康社会的基础上，朝着全面建设社会主义现代化国家的新征程进发，全面深化改革、全面依法治国、全面从严治党将深入推进，这给全国人大和地方各级人大提出新的更高的要求，赋予重大的历史责任。县级人大及其常委会作为地方国家权力机关，是地方国家政权的重要组成部分，在国家治理体系中具有重要的基础性地位。党的十八大以来，在以习近平同志为核心的党中央坚强领导下，在全国人大及其常委会的不懈推动下，在地方各级党委、人大的共同努力下，县级人大工作和建设取得长足进展，组织机构更加健全，工作力量大大加强，行使职权更加到位，这些都为新时代做好县级人大工作奠定了坚实基础。希望县级人大及其常委会的同志们进一步增强责任感使命感，全面担负起宪法法律赋予的各项职责，努力做好县级人大各项工作，为长期坚持、不断完善人民代表大会制度，作出新的更大贡献。

这里，我就做好新时代人大工作提几点意见，与大家交流。

*第一，坚定制度自信，始终坚持人大工作的正确政治方向。*人大及其常委会是国家权力机关，是十分重要的政治机关，每一项职权、每一项工作都包含着政治。坚持和完善人民代表大会制度、做好新时代人大工作，必须旗帜鲜明讲政治，坚定坚持党的领导、人民当家作主、依法治国有机统一，坚定不移走中国特色社会主义政治发展道路。中国特色社会主义的伟大实践、改革开放40年来取得的辉煌成就、这些年来“中国之治”与“西方之乱”的鲜明对比，无不雄辩地证明：中国的发展道路和制度具有独特的优势，人民代表大会制度作为国家根本政治制度，是一套有效保证能干事、干好事、干成事的政治制度。我们讲坚定“四个自信”，首先就要坚定对中国特色社会主义政治发展道路的自信、对中国政治制度的自信、对人民代表大会制度的自信。在涉及政治立场、政治方向、政治原则、政治道路的重大原则问题上必须立场坚定、旗帜鲜明，面对错误思潮和模糊认识能够挺身而出、敢于斗争。要把坚持“三者有机统一”贯彻到人大工作的全过程、各方面，首先要坚持党的领导特别是党中央集中统一领导。要牢固树立“四个意识”，坚决维护习近平总书记权威和核心地位，坚决维护以习近平同志为核心的党中央权威和集中统一领导，自觉在思想上政治上行动上同以习近平同志为核心的党中央保持高度一致。要坚决贯彻党中央和同级党委决策部署，严格执行请示报告制度，人大工作中的重大问题和重要事项，必须及时向党委请示报告。

*第二，依法履职尽责，积极探索创新。*党和国家事业的蓬勃发展，为人大工作与时俱进提供了时代机遇。党的十九大明确提出，要支持和保证人大依法行使立法权、监督权、决定权、任免权，使各级人大及其常委会成为全面担负起宪法法律赋予的各项职责的工作机关。各级人大及其常委会要深入贯彻党的十九大精神，担当作为，务实创新，认真做好人大各项工作，保证党中央决策部署在本行政区域内落地生根，保证人民当家作主在国家政治生活和社会生活中落到实处。县级人大及其常委会除了没有立法权外，其他方面的职权和工作与上级人大及其常委会都是相通的、相近的。要把宪法法律赋予的监督权用起来，围绕党和国家工作大局，结合地方实际，坚持问题导向，完善监督工作方式方法，加强跟踪监督，推动解决人大代表、人民群众普遍关心的热点难点问题，保证法律法规有效实施，让人民群众有更多的获得感、幸福感、安全感。在开展监督工作中要注意把握好“依法”二字，坚持“遵照法定职责、限于法定范围、遵守法定程序”的原则。要依法行使重大事项决定权，认真贯彻执行党中央关于健全人大讨论决定重大事项制度的文件要求，在同级党委的领导下做好讨论决定重大事项工作，推进科学决策、民主决策、依法决策。要依法行使人事任免权，坚持党管干部原则与人大依法行使选举任免权的统一，确保党组织推荐的人选成为国家机构领导人员。县级人大处在民主法治建设的第一线，履职中面对的各种情况更为新鲜、生动，有时也很复杂，需要在依法履职的前提下积极探索创新，因地因时制宜地开展工作。以往基层人大工作中形成的好经验好做法，有不少上升到法律、形成为制度。希望县级人大能够继续依法探索创新、积累完善经验，为相关法律制度的修改完善

提供参考。

第三，密切联系群众，充分发挥代表作用。各级国家机关加强同人大代表的联系、加强同人民群众的联系，是实行人民代表大会制度的内在要求，是人民对自己选举和委派代表的基本要求。党的十九大明确提出要更好发挥人大代表作用，强调要使各级人大及其常委会成为同人民群众保持密切联系的代表机关。人大及其常委会要把充分发挥代表作用作为做好新时代人大工作的重要基础，把加强同人大代表和人民群众的联系作为对人民负责、受人民监督的重要内容，把密切常委会同代表联系、代表同人民群众联系的制度落到实处。要畅通代表联系人民群众渠道，扩大人民有序政治参与，使重大工作和重大决策更加识民情、接地气，努力做到民有所呼、我有所应。县级人大代表是直接选举产生的，与选民的关系最为密切，对基层实际的感受更为真切。要充分发挥这一优势，通过办理代表建议，邀请代表参加常委会和专门委员会活动，组织代表开展专题调研、集中视察、代表小组活动等方式，更好地了解民情、反映民意、集中民智。同时，要把加强代表思想政治作风建设、提高代表素质能力摆在突出位置，督促代表积极履职尽责，模范遵守宪法法律，自觉接受人民监督。

第四，加强自身建设，不断提高履职能力水平。打铁必须自身硬。党的十九大特别强调，我们党既要政治过硬，也要本领高强。人大的工作涉及方方面面，既有政治性、政策性、法律性很强的特点，也有专门化、专业化、精细化的特点，没有几把刷子、没有过硬本领是很难履好职尽好责的，更谈不上开创工作新局面。我们要有知识不足、本领不足、能力不足的危机感，有时不我待、只争朝夕的紧迫感，加强学习，加强实践，全面增强本领。加强学习，最核心的任务是学好党的十九大精神，特别要学好习近平新时代中国特色社会主义思想，切实打好履职尽责的思想、政治和理论基础。要认真学习党中央的重大决策部署，学习党中央关于人大工作的政策文件和改革举措，吃透中央精神；认真学习宪法和法律，学习人大议事规则和工作程序，准确掌握人大工作的特点和要求，确保严格依法履职；还要着眼需要，结合实际，广泛学习各方面知识，不断提高自身综合素质。加强实践，最重要的就是大兴调查研究之风，尽可能地多到基层和一线去、到代表和群众中去，认真开展调查研究，向人民群众学习，集中人民群众的智慧，使人大工作既通“天线”，又接“地气”。要大力倡导实事求是、求真务实的作风，始终保持奋发有为的精神状态，扎扎实实开展工作，在同级党委领导下，努力把人大工作做好，抓出成效来。

最后，祝学习班取得圆满成功，祝大家身体健康、学习愉快！

在十三届全国人大第一期代表学习班上的讲话

（2018 年 5 月 8 日）

杨振武

各位代表，同志们：

今天，全国人大常委会办公厅在北京举办十三届全国人大第一期代表学习班。首先，我代表栗战书委员长、王晨副委员长，向参加学习的各位代表和有关选举单位的同志们表示热烈的欢迎和诚挚的问候！

党的十八大以来，以习近平同志为核心的党中央高度重视、全面加强党对人大工作的领导，人大制度理论和实践创新取得重大成果，人大工作取得历史性成就。习近平总书记就坚持和完善人民代表大会制度、发展社会主义民主政治、建设社会主义法治国家，多次作出重要讲话和指示，提出一系列新理念新思想新战略，这都成为习近平新时代中国特色社会主义思想的重要组成部分。做好新时代人大工作，必须以习近平新时代中国特色社会主义思想为指导，把总书记关于人大制度和民主法治建设的指示要求贯彻落实到人大工作的各方面、全过程。十三届全国人大一次会议结束后，栗战书委员长先后在常委会第一次会议、深入学习宣传和贯彻实施宪法座谈会、全国人大专门委员会负责同志会议上作出讲话，对学习贯彻习近平新时代中国特色社会主义思想，长期坚持、不断完善人民代表大会制度，做好新时代全国人大及其常委会各方面工作，提出了明确要求。我们举办这期代表学习班，就是要深入学习贯彻习近平新时代中国特色社会主义思想，学习贯彻栗战书委员长讲话精神，进一步提高政治站位，增强履职能力，更好担负起宪法法律赋予的神圣职责。

我也是人大工作的一名新兵，这段时间以来一直在抓紧学习习近平总书记重要讲话和栗战书委员长讲话精神。借今天这个机会，我谈一些自己的学习体会，与各位代表交流。

第一，旗帜鲜明讲政治，始终坚持人大工作正确的政治方向。习近平总书记反复强调讲政治的极端重要性，指出“政治问题，任何时候都是根本性的大问题。”人民代表大会制度是我国的根本政治制度。全国人大及其常委会首先是在党中央领导下的重要政治机关，每一项职权、每一项工作都包含着政治。人大代表肩负着党和人民的期待和重托，依法参加行使国家权力，是很严肃的政治任务、很神圣的政治使命。旗帜鲜明讲政治，坚持正确政治方向是关系人大工作的根本性问题，必须始终高度重视、深刻领会，牢牢把握准把握好。维护习近平总书记核心地位是当代中国最大的政治。作为全国人大代表，必须牢固树立“四个意识”，坚决维护习近平总书记权威和核心地位、坚决维护以习近平同志为核心的党中央权威和集中统一领导，不断增强忠诚核心、拥戴核心、维护核心、紧跟核心的思想自觉和行动自觉，始终在政治立场、政治方向、政治原则、政治道路上坚定同以习近平同志为核心的党中央保持高度一致。

讲政治不是抽象的而是具体的，不只看表态，更要看行动、看成效。具体来说，代表出席代表大会会议，审议各项议案、报告，参加常委会组织的会议和活动时，都要深刻认识到这是党和人民交给我们的政治任务，是宪法法律赋予我们的神圣职责，要以党中央精神统一思想、统一行动、统一步调，坚持从最广大人民根本利益出发，通过依法履职，保证党的主张和人民意志高度统一，保证党中央决策部署在国家和社会生活中得到全面贯彻落实。无论是审议发言，还是提出议案和建议，都要从讲政治的高度、从党和国家大局出发来考量和把握。法律和决议决定一经审议通过，即成为国家意志，必须带头遵守和执行，不能公开发表反对意见。要绷紧政治纪律和政治规矩这根弦，决不允许对党中央的大政方针说三道四，决不允许公开发表同党中央精神相违背的言论。

第二，坚定人民代表大会制度自信，增强履职责任感使命感。人民代表大会制度是坚持党的领导、人民当家作主、依法治国有机统一的根本政治制度安排。在中国实行人民代表大会制度，是中国共产党和中国人民历经千辛万苦、付出巨大代价取得的伟大成就，是党和人民在人类政治制度史上的伟大创造。60多年来特别是改革开放40年来，人民代表大会制度不断与时俱进、完善发展，在党和国家事业发展的历史进程中展现出巨大的政治优势和组织功效。实践充分证明，人民代表大会制度作为国家根本政治制度，是符合中国国情和实际、体现社会主义国家性质、保证人民当家作主、保障实现中华民族伟大复兴的好制度，是一套有效保证能干事、干好事、干成事的政治制度。放眼当今世界，由于政治发展道路选择错误而导致社会动荡、国家分裂、发展停滞的例子比比皆是，西式民主乱象丛生、信任危机迭出。“中国之治”与“西方之乱”形成鲜明对比。中国特色社会主义的伟大实践、中国经济社会发展取得的辉煌成就，向全世界展示了中国信心、中国方案、中国前景，展现了中国道路、中国制度的蓬勃生机和活力。我们坚定中国特色社会主义制度自信，首先要坚定对中国特色社会主义政治制度的自信、对人民代表大会制度的自信。

人大代表是人民代表大会的主体，是坚持和完善人民代表大会制度的主力军。要进一步深化对人民代表大会制度的科学内涵、基本特征和本质要求的认识，切实增强走中国特色社会主义政治发展道路的自觉性和坚定性，增强坚持和完善人民代表大会制度的自觉性和坚定性。在政治发展道路等关系国家根本和全局的重大问题上，要始终保持头脑清醒、立场坚定、旗帜鲜明。作为人大代表，不仅要自己学习、熟知和坚信人民代表大会制度，还要发挥工作和生活在人民群众之中的优势，通过多种方式，大力宣传人大制度和人大工作，增进全社会对国家根本政治制度的自信。面对一些错误认识和行为，也要挺身而出、敢于发声，坚决捍卫人民代表大会制度的权威和尊严。

第三，锲而不舍抓学习，全面增强本领。重视和加强学习是我们党的优良传统和推动事业发展的成功经验。习近平总书记多次强调，“事业发展没有止境，学习就没有止境”，指出“中国共产党人依靠学习走到今天，也必然依靠学习走向未来”。总书记号召“全党来一个大学习”，不仅是对全党的要求，也是对全体公职人员的要求。五年多来，总书记带领中央政治局身体力行、率先垂范，十八届中央政治局共开展43次集体学习，十九届中央政治局短短半年多来就已经组织5次集体学习，党中央为我们作出了榜样。本届全国人大常委会高度重视学习。3月20日上午，大会闭幕之后，栗战书委员长主持召开常委会党组第一次会议，就立即学习习近平总书记在大会闭幕会上的重要讲话。常委会党组已经确立学习机制，每次党组会议的第一个议题，固定为传达学习习近平总书记重要讲话和指示批示精神，传达学习党中央重要会议活动和文件精神。4月24日，常委会第二次会议前，专门安排一整天时间举行常委会组成人员履职学习专题讲座。栗战书委员长主持并讲话，强调要以习近平新时代中国特色社会主义思想为指导，按照习近平总书记提出的"大兴学习之风"的要求，坚持和完善各项学习制度，加强学习、增强本领，为做好新时代人大工作筑牢思想基础、提高能力水平。人大工作涉及经济、政治、文化、社会、生态文明建设方方面面，政治性、法律性、程序性都很强，还具有专门化、专业化、精细化的特点，没有几把刷子、没有过硬本领是很难履行好职责的。对全国人大代表来说，加强学习既是贯彻落实党中央决策部署的重要体现，又是依法执行代表职务的客观需要。特别是十三届全国人大代表中有70%多为新任代表，迫切需要加强学习，尽快熟悉人大情况，掌握履职所需知识，适应人大工作需要。

我们要把学习当成一种生活态度、一种工作责任、一种精神追求，锲而不舍狠抓学习，一刻不停增强本领。一要深入学习贯彻习近平新时代中国特色社会主义思想和党的十九大精神，努力在学懂弄通做实上下功夫，夯实做好新时代人大工作的思想、政治和理论基础。二要认真学习党中央的重大决策部署，学习党中央关于人大工作的政策文件和改革举措，吃透党中央精神，增强结合实际贯彻落实的本领。三要带头学习宪法和法律，把深入学习宣传贯彻宪法作为重大政治任务，作为履职的基本功和必修课。要全面准确领会和把握这次宪法修正案的核心要义和精神实质，坚定宪法自信，弘扬宪法精神，维护宪法尊严，推动宪法实施。要认真学习以宪法为统帅的中国特色社会主义法律体系，特别是立法法、监督法、选举法、代表法、全国人大组织法、议事规则等与人大工作密切相关的法律，严格依照法定权限和程序行使权力、履行职责，提高运用法治思维和法治方式推动工作的能力。四要广泛学习各方面知识，不断增加知识储备、加快知识更新、优化知识结构，跟上时代进步的潮流。在广学博学的基础上，也要注意突出重点，有针对性地学习掌握那些与做好人大工作、履行岗位职责密切相关的知识，坚持干什么学什么、缺什么补什么，努力使自己成为行家里手、内行领导。学习的目的全在于运用。要发扬理论联系实际的马克思主义学风，带着问题学，做到干中学、学中干，学以致用、用以促学、学用相长。

第四，脚踏实地搞调研，密切联系人民群众。调查研究是谋事之基、成事之道，是做好各项工作的基本功。习近平总书记高度重视调查研究，反复强调要在全党大兴调查研究之风。栗战书委员长在常委会第一次会议上，明确提出要深入调查研究，充分发挥代表桥梁纽带作用。对于人大代表来说，加强调查研究具有特殊重要的意义，它既是密切联系人民群众的重要方式，又是代表法规定的法定义务。人大代表来自人民、服务人民，扎根于人民群众之中，与人民群众有着天然的、紧密的联系，这也是人民代表大会制度的独特优势。代表法第四条列举了代表应当履行的义务，其中第四项就是加强履职学习和调查研究，不断提高执行代表职务的能力。现在科技越来越发达，获取信息的渠道越来越多，但这些都不能代替亲力亲为的实地调研。直接与基层干部群众接触，面对面地了解情况和讨论问题，对我们在认识上和感受上所起的作用和间接听汇报、看材料是完全不同的。希望每一位人大代表把加强调查研究摆在重要位置，扑下身子、沉到一线，迈开步子、走出院子，到车间码头，到田间地头，到市场社区，亲自察看、亲身体验，把人民群众的心愿和呼声反映上来，把人民群众的创新和智慧汇集起来，夯实依法履职的群众基础、实践基础。

调查研究要有针对性、实效性。要紧扣贯彻落实党的十九大精神需要推进的重点任务，紧扣人民群众关心关注的问题，紧扣人大立法和监督工作，确定调研重点，调研次数不求数量多少，主要是有效；调研题目不求面面俱到，主要是精准，关键是坚持问题导向，突出人大特点，反映真实情况。既要积极参加常委会统一组织的调研活动，也要发挥代表小组作用，发挥代表互补优势开展调研。代表在本职工作中、日常生活中，都可以随时调研。无论是哪种调研方式，都要做"有心人"，带着对群众的感情，同群众面对面交流、心贴心沟通，多听多想，以小见大、集零成整，从群众的一句句朴实话语中，从生活的点点经验体会中，把握民生关切和真知灼见，进而体现在履职工作中。要在全面掌握、深入研究调研材料的基础上，认真撰写调研报告和议案建议，及时准确地反映人民群众的呼声和诉求，提出建设性的意见和建议，为有关部门决策提供参考。

第五，持之以恒转作风，树立代表良好形象。党的十八大以来，党中央高度重视、持续狠抓作风建设，习近平总书记以身作则、率先垂范，全党言出纪随、久久为功，坚定不移落实中央八项规定精神，驰而不息纠正“四风”，推动党风政风根本好转，赢得人民群众普遍称赞。党的十九大之后，总书记多次就进一步纠正“四风”、加强作风建设作出重要指示和批示，向全党全社会释放出作风建设必须经常抓、抓经常的强烈信号。人大代表的作风，直接关系国家权力机关的形象，关系人民群众对人民代表大会制度的信赖。十三届全国人大有 2980 名代表，平均每 46 万人产生一名全国人大代表。这是极高的政治身份，也是极大的责任要求。人大代表应该用更高的标准严格要求自己，在作风建设中发挥“头雁”作用。2016 年 1 月，党中央专门就加强和改进人大代表、政协委员有关工作发出通知，对加强代表管理工作提出明确要求。我们一定要珍惜人民赋予的权力，带头改作风转作风，忠实履行宪法法律赋予的各项职责，努力在全社会树立人大代表的良好形象。

要模范遵守宪法和法律，自觉遵守社会公德，廉洁自律，公道正派，勤勉尽责，发挥好模范带头作用。要自觉增强纪律意识和规矩意识，严格执行中央八项规定和实施细则要求，坚决反对“四风”，言行举止符合代表身份。要正确处理从事个人职业活动与执行代表职务的关系，不得利用执行代表职务干涉具体司法案件或者招标投标等经济活动牟取个人利益；在参加会议期间和参加履职活动时，不得拉关系、办私事、变相从事商业活动等。要紧扣主题、贴近实际，讲实话、出实招、办实事、求实效。要保持良好会风，严格遵守会议纪律，专心致志参加会议，认真审议和讨论各项议案。在上个月举行的常委会履职专题讲座和常委会第二次会议上，栗战书委员长再次强调了会风会纪问题，指出，常委会和专门委员会组成人员按时参加常委会会议，是代表人民的意志和利益依法行使职权，这既是权利，更是义务和责任，不允许无故缺席，这要作为本届常委会的一条纪律要求。经研究，对常委会、专门委员会组成人员提出明确要求：在常委会举行会议期间，除特殊情况外，不安排出国（境）访问、国内出差、交流讲学等工作，不参加其他会议、活动，根据常委会会议会期安排的规律，提前做出统筹，合理安排时间，按照常委会会议日程安排，认真参加常委会会议和专题讲座。如因病或其他特殊原因确需请假的，必须按照有关规定，严格履行请假手续。这些要求对于人大代表参加代表大会会议、列席常委会会议也是适用的。

各位代表，同志们！党和人民选择我们当全国人大代表，是对我们最大的信任。我们要本着对党和人民事业高度负责的态度，始终保持奋发有为的精神状态，不忘初心、牢记使命，锐意进取、开拓创新，为新时代长期坚持、不断完善人民代表大会制度作出应有的贡献。

这里，我也表个态，全国人大机关作为全国人大及其常委会依法履职的集体参谋助手和服务班子，将认真负责地为全国人大代表做好服务保障工作，大家有什么意见建议，有什么工作和生活中的困难困惑，可以随时提出来，我们会尽力为大家排忧解难。

最后，预祝学习班取得圆满成功，祝大家身体健康、学习愉快！

在全国省市两级人大常委会负责同志学习班上的总结讲话

（2018 年 5 月 24 日）

杨振武

同志们：

经过 3 天的紧张学习，在大家的共同努力下，全国省市两级人大常委会负责同志学习班圆满完成各项任务，今天就要结束了。23 日上午，栗战书委员长专程来到学习班看望大家并讲话，王晨副委员长陪同看望。栗战书委员长在讲话中，对加强学习和理论研究，提出了殷切期望，体现了全国人大常委会对学习培训的高度重视，极大鼓舞了大家的士气,调动了大家的学习热情。几天来,大家深入学习领会习近平新时代中国特色社会主义思想,学习领会党的十九大和十九届二中、三中全会精神,学习领会十三届全国人大一次会议精神和栗战书委员长在十三届全国人大一次会议闭幕会、常委会第一次会议等会议上的讲话精神,听取和学习王晨副委员长在开班式上的讲话,学习与人大工作密切相关的法律制度,围绕做好人大立法、监督等工作,听取专题讲座、进行交流研讨。大家普遍反映,学习班主题鲜明,内容丰富,组织有力,成效明显;大家通过学习,普遍感到收获很大。现在,我对学习班的情况作个小结。

大家一致认为,党的十八大以来,以习近平同志为核心的党中央高度重视、全面加强党对人大工作的领导,人民代表大会制度理论和实践创新取得重大成果,人大工作取得历史性成就,我国人民代表大会制度的根本政治制度作用得到更好发挥,社会主义民主政治的优越性得到充分彰显。习近平总书记就坚持和完善人民代表大会制度、发展社会主义民主政治、建设社会主义法治国家,多次作出重要讲话和指示,提出一系列新理念新思想新战略,这些都成为习近平新时代中国特色社会主义思想的重要组成部分,为我们长期坚持、不断完善人民代表大会制度,提供了科学理论指导和行动指南。做好新时代人大工作,必须以习近平新时代中国特色社会主义思想为指导,把习近平总书记关于人大制度和民主法治建设的重要指示要求贯彻落实到人大工作的各方面、全过程。

大家一致认为,十三届全国人大一次会议通过的宪法修正案,全面体现党和人民在实践中取得的重大理论创新成果、实践创新成果、制度创新成果,特别是确立了习近平新时代中国特色社会主义思想在国家政治和社会生活中的指导地位,充实了坚持和加强中国共产党全面领导的内容,修改了国家主席任职方面的有关规定,增加了有关监察委员会的各项规定,对于更好坚持和维护以习近平同志为核心的党中央权威和集中统一领导,对于推进全面依法治国、推进国家治理体系和治理能力现代化,具有重大意义和深远影响。大家表示,地方各级人大负有在本行政区域内保证宪法的遵守和执行的法定职责,要按照党中央有关要求,认真做好学习宣传和贯彻实施宪法工作,为充分发挥国家根本法作用,为新时代党和国家事业发展提供坚强宪法保障贡献力量。

大家一致认为,人民代表大会制度是坚持党的领导、人民当家作主、依法治国有机统一的根本政治制度安排。必须坚定坚持中国特色社会主义政治发展道路,坚定坚持"三者有机统一"。要坚持党中央集中统一领导,牢固树立"四个意识",坚决维护习近平总书记权威和核心地位,坚决维护以习近平同志为核心的党中央权威和集中统一领导,自觉在思想上政治上行动上同以习近平同志为核心的党中央保持高度一致。要坚持人民主体地位,密切联系人民群众,凝聚人民的智慧和力量,实现好、维护好、发展好最广大人民的根本利益,保证人民当家作主落实到国家政治生活和社会生活之中。要切实履行好党和人民赋予的光荣职责,敢于担当、善于作为,依法行使立法权、监督权、决定权、任免权,更好发挥人大代表作用,使人大及其常委会成为全面担负起宪法法律赋予的各项职责的工作机关,成为同人民群众保持密切联系的代表机关。

大家一致认为,党和国家事业的蓬勃发展,给人大工作提出了新的更高要求、赋予重大的历史责任。十三届全国人大一次会议以来,栗战书委员长多次在讲话中对学习贯彻习近平新时代中国特色社会主义思想和党的十九大精神,长期坚持、不断完善人民代表大会制度,做好新时代人大工作,提出明确要求。十三届全国人大常委会全面加强自身建设,特别是大力加强学习,深入开展调查研究,狠抓作风建设,为地方人大作出了表率。大家一致表示,要把加强学习作为做好人大工作的必修课、基本功,以高度的政治责任感和使命感,努力增强本领,扎实开展工作,切实加强人大制度理论研究和实践探索,为长期坚持、不断完善人民代表大会制度、推进社会主义民主法治建设作出应有的贡献,不辜负党和人民的信任和重托。

在交流研讨中,很多同志表示,全国人大及其常委会高度重视推动地方人大工作完善发展,提出加强县乡人大工作和建设的若干意见,并报请党中央转发;通过邀请省级人大常委会负责同志列席常委会会议,召开情况通报会,举办全国地方立法研讨会、座谈会,集中培训地方人大常委会负责同志和有关工作人员等方式,加强同地方人大的联系和交流,有力促进了地方人大履职能力和水平的提高,希望全国人大常委会继续加强对地方人大的联系、交流和工作指导,共同推进社会主义民主法治建设。大家还对做好新时代人大工作,提出了许多很好的意见和建议,全国人大常委会办公厅将认真研究吸收。

借此机会,我向大家通报一下十三届全国人大一次会议以来全国人大常委会的主要工作进展和常委会 2018 年工作的主要安排，供同志们了解全国人大的有关工作情况，以利于各级人大共同围绕党和国家工作大局统筹推进人大工作，形成整体合力，增强整体实效。

第一，关于十三届全国人大一次会议以来全国人大常委会的主要工作进展。2 个月来，我们先后召开了多个重要会议，对相关工作进行部署安排。大会结束后，全国人大常委会立即召开了常委会党组第一次会议、第一次委员长会议和常委会第一次会议。栗战书委员长主持会议并讲话，对深入学习贯彻习近平新时代中国特色社会主义思想，做好新时代全国人大常委会工作提出明确要求。栗战书委员长强调，在人大工作中要全面贯彻习近平新时代中国特色社会主义思想，特别要在五个重大问题上正确把握住、始终把握好，即牢牢把握坚持党的领导这个重大政治原则，牢牢把握人民代表大会作为国家权力机关的准确定位，牢牢把握坚持人民当家作主这个社会主义民主政治的本质和核心，牢牢把握依法治国这个党领导人民治理国家的基本方略，牢牢把握民主集中制这个国家政权的组织原则和活动准则。对常委会组成人员依法履职提出五点要求：一要吃透中央精神，确保常委会工作的正确方向；二要深入调查研究，充分发挥代表的桥梁纽带作用；三要尽职尽责，积极参与常委会工作；四要正确行使民主权利，真正代表人民意志；五要改进和转变作风，体现良好精神风貌。

经报党中央批准，3 月 27 日，全国人大常委会办公厅和有关方面共同召开深入学习宣传和贯彻实施宪法座谈会，栗战书委员长出席会议并讲话，就学习宣传和贯彻实施宪法中的五个重要问题作出深刻阐述，强调要把宪法确立的国家指导思想落实到国家政治和社会生活中去，确保党的长期执政和国家长治久安，确保宪法确立的国家根本任务、发展道路、奋斗目标的全面贯彻，在宪法统领下推进全面依法治国，支持和保证人民当家作主，使国家根本法的作用得到充分发挥，为新时代党和国家事业发展提供坚强的宪法保障，并从四个方面对加强宪法学习宣传提出明确要求。这个讲话，与栗战书委员长在十三届全国人大一次会议闭幕会上的讲话中提出的保证宪法实施必须坚持的“四个不动摇”是相互贯通的，都把维护宪法尊严、保证宪法实施摆在国家政治生活和法治建设的重要位置，对于弘扬宪法精神，把全面实施宪法提高到新的水平，具有重要意义。

为进一步加强全国人大专门委员会建设，保证各专门委员会工作顺利衔接、有序开展，保证新任比例达 77% 的专门委员会组成人员尽快适应人大工作岗位需要，3 月 29 日，召开了十三届全国人大专门委员会负责同志会议。栗战书委员长在会议上强调，专门委员会履行职责、开展工作，必须以习近平新时代中国特色社会主义思想为指引，紧紧围绕党和国家工作大局和全国人大及其常委会中心工作来谋划和推进，更好发挥专门委员会在新时代人大工作中的重要作用，针对专门委员会具备的法定性、专业性、经常性特点，从做好立法、监督、代表、对外交往、调查研究、自身建设等方面，对专门委员会工作提出了要求。

4 月 18 日，常委会办公厅还召开了代表建议、批评和意见交办会，研究部署十三届全国人大一次会议代表建议办理工作，向在京的承办单位统一交办大会期间代表提出的建议。

为使常委会组成人员尽快转换角色、提高履职能力和水平，4 月 24 日，常委会第二次会议召开前，拿出一整天的时间举办履职学习专题讲座。栗战书委员长在讲话中对为什么要重视和加强学习、学什么和怎么学，进行了深入阐发，强调要按照习近平总书记提出的“大兴学习之风”的要求，把学习作为一种追求，以求知若渴的欲望、刻苦钻研的精神、永不懈怠的态度投入到新的学习中，为做好新时代人大工作筑牢思想基础、提高能力水平。

第二，关于常委会 2018 年工作的主要安排。2018 年是全面贯彻落实党的十九大精神的开局之年，也是本届全国人大常委会依法履职的第一年，各方面工作任务艰巨而繁重。4 月 17 日召开的第二次委员长会议，根据十三届全国人大一次会议精神，调整完善了全国人大常委会 2018 年工作要点和立法、监督工作计划，并已正式印发执行。列入今年立法工作计划的法律案有 20 多件，有关授权决定和改革决定 10 件，作为预备项目需要研究起草的法律案也不少，还要抓紧研究编制本届五年立法规划。监督工作方面，安排 6 次执法检查，听取审议 17 个工作报告，开展 3 次专题询问、5 项专题调研，还要做好宪法实施监督的相关工作。代表工作、对外交往、新闻舆论、联系和指导地方人大、自身建设等方面，也都有大量工作任务和许多新要求。这些工作中，有很多都需要地方人大的大力支持和配合，包括向地方人大征询立法意见、请地方人大协同开展执法检查、到地方开展各项调研、委托省级人大常委会组织全国人大代表活动等。目前，全国人大常委会正在开展大气污染防治法执法检查，栗战书委员长担任组长，执法检查组分成4个小组，分赴8个省（区）进行检查，同时委托其他23个省（区、市）人大常委会对本行政区域内法律贯彻实施情况进行检查。请各省级人大常委会积极支持配合，做好相关工作。

同志们，做好新时代人大工作，责任重大，使命光荣。让我们更加紧密地团结在以习近平同志为核心的党中央周围，开拓创新、勤勉工作，为长期坚持、不断完善人民代表大会制度，为决胜全面建成小康社会、实现“两个一百年”奋斗目标、实现中华民族伟大复兴的中国梦不懈奋斗！

在2018年第二期全国县级人大常委会主任学习班上的讲话

（2018年6月12日）

杨振武

同志们：

今天，全国人大常委会办公厅举办2018年第二期全国县级人大常委会主任学习班。首先，我代表栗战书委员长、王晨副委员长，向大家表示热烈的欢迎和诚挚的问候！

十三届全国人大常委会把加强学习作为做好人大工作的必修课、基本功，摆在突出位置。栗战书委员长多次对加强学习、增强做好工作的能力和本领提出明确要求。4月24日，常委会第二次会议召开前，安排一整天的时间举办履职学习专题讲座。每次常委会党组会议，第一个议题固定为传达学习习近平总书记重要讲话和指示批示精神，传达学习党中央重要会议活动和文件精神，已形成机制。常委会党组今年还安排了5次专题集体学习。5月21日的第一次集体学习，用一整天的时间，专题学习习近平总书记关于人民代表大会制度的思想，党组成员每人发言30分钟，谈学习体会和落实建议。栗战书委员长主持这次学习并讲话，强调要原原本本学习习近平新时代中国特色社会主义思想特别是总书记关于人民代表大会制度的思想，确保贯彻落实到人大工作各方面和全过程；要以习近平新时代中国特色社会主义思想为指导，深化人民代表大会制度理论研究；要做好人大新闻舆论工作，宣传好习近平总书记关于人民代表大会制度的思想。

全国人大常委会在加强学习、提高履职能力的同时，也高度重视地方人大常委会负责同志的学习培训工作。常委会换届伊始就确定了今年内完成新一轮对全国省、市、县三级人大常委会负责同志集中培训的任务。刚才，春鹰同志介绍了地方人大常委会负责同志学习班的安排和执行情况。具有特殊意义的是，5月23日，栗战书委员长专门抽出时间，看望了参加全国省市两级人大常委会负责同志学习班的同志，再次强调了加强学习对于做好人大工作的重要性，对各级人大加强学习和理论研究提出了明确要求和殷切期望。

本期学习班的主要任务，就是深入学习习近平新时代中国特色社会主义思想，深入学习贯彻党的十九大和十九届一中、二中、三中全会精神，学习贯彻十三届全国人大一次会议精神，学习与人大工作密切相关的法律制度。今天是学习班的开班式，借此机会，我向大家通报一下换届以来全国人大常委会的主要工作进展和2018年主要工作安排，并就做好新时代人大工作谈谈自己的学习体会和感想，与大家交流。

两个多月来，全国人大常委会先后召开了多个重要会议，对相关工作进行部署安排。大会结束后，十三届全国人大常委会立即召开了常委会党组第一次会议、第一次委员长会议和常委会第一次会议。栗战书委员长分别主持会议并讲话，对深入学习贯彻习近平新时代中国特色社会主义思想，长期坚持、不断完善人民代表大会制度，做好新时代全国人大常委会工作提出明确要求。委员长在常委会第一次会议上的讲话中强调，在人大工作中要全面贯彻习近平新时代中国特色社会主义思想，特别要在五个重大问题上正确把握住、始终把握好，即牢牢把握坚持党的领导这个重大政治原则，牢牢把握人民代表大会作为国家权力机关的准确定位，牢牢把握坚持人民当家作主这个社会主义民主政治的本质和核心，牢牢把握依法治国这个党领导人民治理国家的基本方略，牢牢把握民主集中制这个国家政权的组织原则和活动准则。委员长对常委会组成人员依法履职提出五点要求，一要吃透中央精神，确保常委会工作的正确方向；二要深入调查研究，充分发挥代表的桥梁纽带作用；三要尽职尽责，积极参与常委会工作；四要正确行使民主权利，真正代表人民意志；五要改进和转变作风，体现良好精神风貌。委员长提出的“五个牢牢把握”和“五点要求”，不仅适用于全国人大的工作，对于地方各级人大及其常委会开展工作都具有重要指导意义。

为学习贯彻党中央关于深入学习宣传和贯彻实施宪法的文件要求和习近平总书记关于宪法的重要讲话精神，经报党中央批准，3 月 27 日，全国人大常委会办公厅和有关方面共同召开深入学习宣传和贯彻实施宪法座谈会，栗战书委员长出席会议并讲话。委员长在讲话中，就学习宣传和贯彻实施宪法中的五个重要问题作出深刻阐述，强调要把宪法确立的国家指导思想落实到国家政治和社会生活中去，确保党的长期执政和国家长治久安，确保宪法确立的国家根本任务、发展道路、奋斗目标的全面贯彻，在宪法统领下推进全面依法治国，支持和保证人民当家作主，使国家根本法的作用得到充分发挥，为新时代党和国家事业发展提供坚强的宪法保障。委员长还从四个方面对加强宪法学习宣传提出明确要求。这个讲话，与委员长在十三届全国人大一次会议闭幕会上的讲话中提出的保证宪法实施必须坚持的“四个不动摇”是相互贯通的，都把维护宪法尊严、保证宪法实施摆在国家政治生活和法治建设的重要位置，都对学习宣传和贯彻实施宪法的重大意义和任务要求作出了深刻阐述，对于弘扬宪法精神，增强宪法意识，维护宪法权威，推动宪法实施，以这次修改宪法为契机，把全面实施宪法提高到新的水平，具有重要意义。

为进一步加强全国人大专门委员会建设，保证各专门委员会工作顺利衔接、有序开展，保证新任比例达 77% 的专门委员会组成人员尽快适应人大工作岗位需要，3 月 29 日，召开了十三届全国人大专门委员会负责同志会议，栗战书委员长出席会议并讲话。委员长强调，专门委员会履行职责、开展工作，必须以习近平新时代中国特色社会主义思想为指引，紧紧围绕党和国家工作大局和全国人大及其常委会中心工作来谋划和推进，更好发挥专门委员会在新时代人大工作中的重要作用。针对专门委员会具备的法定性、专业性、经常性特点，委员长从做好立法、监督、代表、对外交往、调查研究、自身建设等方面，对专门委员会工作提出了要求，进一步凝聚了共识、明确了方向，为做好新一届全国人大工作夯实了基础。

4 月 18 日，常委会办公厅还召开了代表建议、批评和意见交办会，研究部署十三届全国人大一次会议代表建议办理工作，向在京的承办单位统一交办大会期间代表提出的建议。在各方面共同努力下，相关工作正在有条不紊地展开。

2018 年是全面贯彻落实党的十九大精神的开局之年，也是本届全国人大常委会依法履职的第一年，各方面工作任务艰巨而繁重。4 月 17 日召开的第二次委员长会议，根据十三届全国人大一次会议精神，调整完善了全国人大常委会 2018 年工作要点和立法、监督工作计划，并已正式印发执行。列入今年立法工作计划的法律案有 20 多件，包括制定民法典各分编、基本医疗卫生与健康促进法、土壤污染防治法、电子商务法等，修改人民法院组织法、人民检察院组织法、农村土地承包法、土地管理法、专利法等，作出有关授权决定和改革决定 10 件，作为预备项目需要研究起草的法律案也不少，还要抓紧研究编制本届五年立法规划。监督工作方面，计划检查统计法、传染病防治法、大气污染防治法、防震减灾法、农产品质量安全法、海洋环境保护法等 6 部法律的实施情况；除听取和审议计划、预决算监督报告外，还安排听取和审议国务院关于“十三五”规划纲要实施中期评估报告、关于深化农业供给侧结构性改革、深入推进国家科技重大专项、提高农村义务教育水平、加强国有资产管理、财政医疗卫生资金分配和使用情况等报告；听取和审议最高人民法院关于人民法院解决“执行难”工作情况的报告、最高人民检察院关于人民检察院加强对民事诉讼和执行活动法律监督工作情况的报告，总计要听取和审议 17 个工作报告；计划开展 3 次专题询问、5 项专题调研，还要做好宪法实施监督的相关工作。在代表工作、对外交往、新闻舆论、联系和指导地方人大、自身建设等方面，也都进行了工作部署。

总的看，今年常委会的工作节奏很快，任务饱满，都是紧紧围绕党和国家工作大局部署和展开的，紧锣密鼓地落实党的十九大确定的目标任务。4 月份举行的常委会第二次会议，审议了 6 件法律和决定草案，通过了其中的 5 件，涉及 8 部法律、2 个决定；听取审议了 4 个专项工作报告；通过代表资格审查委员会组成人员名单，还决定了其他人事任免事项。

这里，我着重介绍一下大气污染防治法执法检查工作情况。这项执法检查是今年常委会监督工作的重中之重。栗战书委员长亲自担任执法检查组组长，带队赴地方开展实地检查，并将在常委会会议上报告执法检查情况，主持专题询问。5月7日，栗战书委员长主持召开大气污染防治法执法检查组第一次全体会议，指出要“以法律的武器治理污染，用法治的力量保卫蓝天”。委员长在讲话中，特别强调要正确认识人大的职权性质和范围，把握“依法”二字，坚持“依照法定职责、限于法定范围、遵守法定程序”的原则，对“一府一委两院”的工作不能越俎代庖，真正在宪法法律范围内履职尽责，对于检查中发现的具体问题、具体案件，可以作为麻雀剖析梳理，但不直接处理；同时，人大执法检查是在行使宪法法律赋予的监督权，是“法律巡视”，是保证法律得到有效实施的一把“利剑”，执法检查过程就是进行监督的过程，执法检查必须严格，监督必须有力度，这也是一个原则，也要切实体现好，要避免检查、监督中出现“粗、宽、松、软”的问题。委员长的讲话，体现了全国人大常委会加强监督工作的明确思路，对于各级人大加强包括执法检查在内的人大监督工作，都具有鲜明的指导意义。5月下旬、6月上旬，栗战书委员长率检查组先后赴河南、内蒙古开展实地检查。每到一处，委员长都强调要认真学习贯彻习近平新时代中国特色社会主义思想特别是总书记关于生态文明建设的思想，紧紧围绕党中央打好污染防治攻坚战的决策部署，依法行使好监督职权；强调要紧扣法律规定查找问题，夯实法律责任；强调要坚持群众路线，把群众的感受和意见作为评判工作的重要标准。委员长还主持召开五级人大代表和群众代表座谈会，面对面进行交流，直接听取基层的呼声和建议。为增强此次执法检查的实效，全国人大常委会计划在7月份增加召开一次会议，审议执法检查报告，作出相关决议。这些，都是全国人大常委会监督工作中的创新举措。

全国人大及其常委会的工作，离不开地方人大的大力支持和配合。全国人大开展立法、监督、代表等工作，许多时候都要到县一级调研、听取意见，也借鉴了包括县级人大在内的地方人大的许多有益工作经验。在此，我向县级人大的各位同志表示感谢，也希望得到大家一如既往的支持。

同志们，中国特色社会主义进入新时代，新时代意味着新起点新要求，新时代呼唤着新气象新作为。从党的十九大到二十大，正值“两个一百年”奋斗目标的历史交汇期。实现第一个百年奋斗目标，并在全面建成小康社会的基础上，朝着全面建设社会主义现代化国家的新征程进发，全面深化改革、全面依法治国、全面从严治党将深入推进，这给全国人大和地方各级人大提出新的更高的要求，赋予重大的历史责任。县级人大及其常委会作为地方国家权力机关，是地方国家政权的重要组成部分，在国家治理体系中具有重要的基础性地位。党的十八大以来，在以习近平同志为核心的党中央坚强领导下，在全国人大及其常委会的不懈推动下，在地方各级党委、人大的共同努力下，县级人大工作和建设取得长足进展，组织机构更加健全，工作力量大大加强，行使职权更加到位，这些都为新时代做好县级人大工作奠定了坚实基础。希望县级人大及其常委会的同志们进一步增强责任感使命感，全面担负起宪法法律赋予的各项职责，努力做好县级人大各项工作，为长期坚持、不断完善人民代表大会制度，作出新的更大贡献。

这里，我就做好新时代人大工作提几点意见，与大家交流。

第一，坚定制度自信，始终坚持人大工作的正确政治方向。人大及其常委会是权力机关、工作机关、代表机关，它首先是政治机关，每一项职权、每一项工作都包含着政治。坚持和完善人民代表大会制度、做好新时代人大工作，必须旗帜鲜明讲政治，坚定坚持党的领导、人民当家作主、依法治国有机统一，坚定不移走中国特色社会主义政治发展道路。中国特色社会主义的伟大实践、改革开放40年来取得的辉煌成就、这些年来“中国之治”与“西方之乱”的鲜明对比，无不雄辩地证明：中国的发展道路和制度具有独特的优势，人民代表大会制度作为国家根本政治制度，是一套有效保证能干事、干好事、干成事的政治制度。我们讲坚定“四个自信”，首先就要坚定对中国特色社会主义政治发展道路的自信、对中国政治制度的自信、对人民代表大会制度的自信。在涉及政治立场、政治方向、政治原则、政治道路的重大原则问题上必须立场坚定、旗帜鲜明，面对错误思潮和模糊认识能够挺身而出、敢于斗争。

坚持党的领导是做好人大工作的重大政治原则和根本政治保证。把坚持“三者有机统一”贯彻到人大工作的全过程、各方面，最根本的是坚持党的领导特别是党中央集中统一领导。要牢固树立“四个意识”，坚决维护习近平总书记权威和核心地位，坚决维护以习近平同志为核心的党中央权威和集中统一领导，自觉在思想上政治上行动上同以习近平同志为核心的党中央保持高度一致。要坚决贯彻党中央和同级党委决策部署，严格执行请示报告制度，人大工作中的重大问题和重要事项，必须及时向党委请示报告。

第二，依法履职尽责，积极探索创新。党和国家事业的蓬勃发展，为人大工作与时俱进提供了时代机遇。党的十九大明确提出，要支持和保证人大依法行使立法权、监督权、决定权、任免权，使各级人大及其常委会成为全面担负起宪法法律赋予的各项职责的工作机关。各级人大及其常委会要深入贯彻党的十九大精神，担当作为，务实创新，认真做好人大各项工作，保证党中央决策部署在本行政区域内落地生根，保证人民当家作主在国家政治生活和社会生活中落到实处。县级人大及其常委会除了没有立法权外，其他方面的职权和工作与上级人大及其常委会都是相通的、相近的。要把宪法法律赋予的监督权用起来，把推动落实党中央决策部署和党委中心工作作为监督工作的着力点、落脚点，坚持既要“依法”又要“有力度”的原则，结合地方实际，坚持问题导向，完善监督工作方式方法，推动解决人大代表、人民群众普遍关心的热点难点问题，保证法律法规有效实施，让老百姓有更多的获得感、幸福感、安全感。要依法行使重大事项决定权，认真贯彻执行党中央关于健全人大讨论决定重大事项制度的文件要求，在同级党委的领导下做好讨论决定重大事项工作，推进科学决策、民主决策、依法决策。要依法行使人事任免权，坚持党管干部原则与人大依法行使选举任免权的统一，确保党组织推荐的人选成为国家机构领导人员。县级人大处在民主法治建设的第一线，履职中面对的各种情况更为新鲜、生动，有时也很复杂，需要在依法履职的前提下积极探索创新，因地因时制宜地开展工作。以往基层人大工作中形成的好经验好做法，有不少上升到法律、形成为制度。希望县级人大能够继续依法探索创新、积累完善经验，为相关法律制度的修改完善提供参考。

第三，密切联系群众，充分发挥代表作用。各级国家机关加强同人大代表的联系、加强同人民群众的联系，是实行人民代表大会制度的内在要求，是人民对自己选举和委派代表的基本要求。党的十九大明确提出要更好发挥人大代表作用，强调要使各级人大及其常委会成为同人民群众保持密切联系的代表机关。人大及其常委会要把充分发挥代表作用作为做好新时代人大工作的重要基础，把加强同人大代表和人民群众的联系作为对人民负责、受人民监督的重要内容，把密切常委会同代表联系、代表同人民群众联系的制度落到实处。要畅通代表联系人民群众渠道，扩大人民有序政治参与，使重大工作和重大决策更加识民情、接地气，努力做到民有所呼、我有所应。县级人大代表是直接选举产生的，与选民的关系最为密切，对基层实际的感受更为真切。要充分发挥这一优势，通过办理代表建议，邀请代表参加常委会和专门委员会活动，组织代表开展专题调研、集中视察、代表小组活动等方式，更好地了解民情、反映民意、集中民智。同时，要把加强代表思想政治作风建设、提高代表素质能力摆在突出位置，督促代表积极履职尽责，模范遵守宪法法律，自觉接受人民监督。

第四，加强自身建设，不断提高履职能力水平。打铁必须自身硬。党的十九大特别强调，我们党既要政治过硬，也要本领高强。人大的工作涉及方方面面，既有政治性、政策性、法律性很强的特点，也有专门化、专业化、精细化的特点，没有几把刷子、没有过硬本领是很难履好职尽好责的，更谈不上开创工作新局面。我们要有知识不足、本领不足、能力不足的危机感，有时不我待、只争朝夕的紧迫感，加强学习，加强实践，全面增强本领。加强学习，最核心的任务是学好习近平新时代中国特色社会主义思想和党的十九大精神，切实打好履职尽责的思想、政治和理论基础。要认真学习党中央的重大决策部署，学习党中央关于人大工作的政策文件和改革举措，吃透中央精神；认真学习宪法和法律，学习人大议事规则和工作程序，准确掌握人大工作的特点和要求，使自己成为人大工作的行家里手、内行领导；还要着眼需要，结合实际，广泛学习各方面知识，不断提高自身综合素质。加强实践，最重要的就是大兴调查研究之风。调查研究是人大工作的一个基本方法。要尽可能地多到基层和一线去、到代表和群众中去，深入细致开展调查研究，向人民群众学习，集中人民群众的智慧，推动解决人民群众最关心最直接最现实的利益问题，使人大工作既通“天线”，又接“地气”。要大力加强作风建设，严格纪律要求，坚持实事求是、求真务实，始终保持奋发有为的精神状态，扎扎实实开展工作，努力抓出成效。

最后，祝学习班取得圆满成功，祝大家身体健康、学习愉快！

在十三届全国人大第二期代表学习班上的讲话

（2018 年 7 月 17 日）

杨振武

各位代表，同志们：

今天，全国人大常委会办公厅举办十三届全国人大第二期代表学习班。首先，我代表栗战书委员长、王晨副委员长，向参加学习的各位代表和有关选举单位的同志们表示热烈的欢迎和诚挚的问候！

党的十八大以来，以习近平同志为核心的党中央高度重视、全面加强党对人大工作的领导，推动人大工作取得历史性成就。习近平总书记就坚持和完善人民代表大会制度、发展社会主义民主政治发表一系列重要讲话、作出一系列重要指示，提出了一系列具有重大理论和实践创新意义的新理念新思想新战略。这些重要思想，拓展了人民代表大会制度的科学内涵，标志着我们党对人民代表大会制度发展的规律性认识达到了一个新的高度，成为习近平新时代中国特色社会主义思想的重要组成部分，为坚持和发展人民代表大会制度、做好新时代人大工作指明了方向、提供了遵循。

5 月 21 日，全国人大常委会党组召开会议，用一整天时间专题学习习近平总书记关于人民代表大会制度的思想。栗战书委员长主持会议并讲话。各位党组成员提前学习，认真准备，谈了体会和建议，取得了很好的学习效果。委员长在讲话中，强调要把学习领会习近平新时代中国特色社会主义思想特别是总书记关于人民代表大会制度的思想，作为政治建设和理论武装的首要内容，作为履职的必修课、基本功，持续深入学习领会，不折不扣贯彻落实。

下面，我围绕学习领会习近平总书记关于人民代表大会制度的思想，谈几点认识和体会，作为本期学习班的一个开场白，与各位代表和同志们共同学习交流。

一、坚定人民代表大会制度自信

在一个国家的各种制度中，政治制度处于关键环节。实行什么样的政治制度模式，选择什么样的政治发展道路，是关系国家前途命运的根本性问题。在我国，坚持走中国特色社会主义政治发展道路，实行人民代表大会制度，是历史的选择、人民的选择，是实践充分证明的适合中国国情和实际的政治发展道路和根本政治制度。

*一是充分认识我国实行人民代表大会制度的历史必然性。*人民代表大会制度是党领导人民探索和确立的国家根本政治制度。习近平总书记指出：“在中国实行人民代表大会制度，是中国人民在人类政治制度史上的伟大创造，是深刻总结近代以后中国政治生活惨痛教训得出的基本结论，是中国社会 100 多年激越变革、激荡发展的历史结果，是中国人民翻身作主、掌握自己命运的必然选择。”近代以来，为了救亡图存，无数仁人志士孜孜不倦寻求解决中国问题的政治制度模式，但都失败了，是中国共产党领导人民把马列主义同中国实际相结合，在不断探索实践中形成了党领导的、人民当家作主的、民主集中制的人民代表大会制度。1954 年，一届全国人大一次会议在北京召开，标志着人民代表大会制度在全国范围内正式建立起来。人民代表大会制度的发展中也经历过曲折，特别是“文化大革命”期间，人民代表大会制度遭受严重破坏。1978 年，党的十一届三中全会实现了我们党和国家历史上具有深远意义的重大转折，明确提出发展社会主义民主，健全社会主义法制的基本方针，标志着人民代表大会制度进入崭新的发展时期。党的十八大以来，在以习近平同志为核心的党中央坚强领导下，全国人大及其常委会认真履行宪法法律赋予的职责，人大制度建设取得丰硕成果，人大工作取得历史性成就。回顾历史，我们深切感到，人民代表大会制度作为我国的根本政治制度，不是凭空想出来的，不是“飞来峰”，而是党领导人民历尽千辛万苦、付出各种代价取得的根本成就，来之不易，必须倍加珍惜和长期坚持。

*二是充分认识人民代表大会制度具有巨大的政治优势和组织功效。*总书记指出：“人民代表大会制度是符合中国国情实际、体现社会主义国家性质、保证人民当家作主、保障实现中华民族伟大复兴的好制度。”60 多年来，人民代表大会制度在党和

国家事业发展进程中发挥了极其重要的作用。在中国共产党的领导下，人民代表大会制度有力支持和保证了人民当家作主，团结和动员了全体人民以国家主人翁的姿态投身社会主义现代化建设，保证了各国家机关协调高效运转，保证了国家统一有效组织各项事业。总书记在庆祝全国人民代表大会成立60周年大会上的讲话中，明确提出用“八个能否”的标准来评价一个国家政治制度是否民主、有效。事实充分说明，人民代表大会制度符合中国国情和实际，具有鲜明特点和强大优势。1949年新中国成立时，中国GDP只有189亿美元，人均35美元，是世界上最贫穷落后的国家之一；2017年时已达到12.2万多亿美元，稳居世界第二，比排在第3、4、5位的日本、德国、法国的总和加起来还要多，人均超过8800美元。在这样一个有着13多亿人口、960多万平方公里土地、56个民族的国家，承受着世界上最巨大的人口、资源和环境压力，面临着最复杂国情的国家，却取得了长期、快速、持续的发展，这绝不是偶然，或者是仅仅得益于某些具体的举措，而是有着深层次的原因。这个深层次的原因就是中国共产党的领导，就是包括人民代表大会制度在内的中国特色社会主义政治制度的支撑。对于这样一个经过长期实践检验、能够保障我们战胜各种风险挑战的好制度，我们完全有理由充满自信，不断把人民代表大会制度这一根本政治制度的优势和特点更加充分地发挥出来，继续通过人民代表大会制度牢牢把国家和民族的前途命运掌握在自己手中。

二、牢牢抓住中国共产党领导这个本根

办好中国的事情，关键在党。习近平总书记指出：“我们治国理政的本根，就是中国共产党领导和社会主义制度。”这次宪法修正案把“中国共产党领导是中国特色社会主义最本质的特征”写入宪法总纲第一条，体现了党的领导是宪法确认和保障的最高原则。中国共产党领导是中国特色社会主义最本质的特征，是中国特色社会主义制度的最大优势，是我们同西方资本主义国家最大的区别。我们不仅要旗帜鲜明地大讲特讲，还要从依法治国和依宪治国、依宪执政的高度进行布局和谋划，真正跳出“历史周期率”、实现长期执政。我们开展任何工作，都要有利于维护党的领导，有利于维护党的执政地位，有利于维护党和国家长治久安。在这个问题上，我们要像总书记要求的那样：“脑子要特别清醒、眼睛要特别明亮、立场要特别坚定，绝不能有任何含糊和动摇。”

一是加强党对人大工作的领导。总书记指出：“坚持和完善人民代表大会制度，必须毫不动摇坚持中国共产党的领导。”中国共产党的领导，是理论逻辑、现实逻辑、历史逻辑的有机统一。党的十八大以来，以习近平同志为核心的党中央充分发挥党总揽全局、协调各方的领导核心作用，全面加强了党对人大工作和建设的领导。自2015年1月开始，习近平总书记连续4年主持召开中央政治局常委会会议，听取全国人大常委会党组工作汇报。这是坚持党中央集中统一领导、坚决维护党中央权威的制度性安排，并已载入党的十八届六中全会通过的《关于新形势下党内政治生活的若干准则》。总书记在首都各界纪念现行宪法公布施行30周年大会、全国人民代表大会成立60周年大会、中国共产党成立95周年大会、党的十九大等多个重要场合发表重要讲话、作出重要指示；党的十八大和十八届三中、四中、五中、六中全会，党的十九大和十九届二中、三中全会都对加强和改进人大工作作出重大部署、提出明确要求；党中央多次研究人大立法、监督等工作中的重大问题和重要事项，作出部署安排，提出明确要求，出台一系列有关人大工作和建设的重要指导性文件。这些重要讲话、重要论述和重大部署，指引和推动人大制度和人大工作与时俱进、完善发展，为新时代坚持和完善中国特色社会主义提供了更加坚实的制度保障。我们每一位人大代表都要深刻认识到，坚持党的领导，是实行人民代表大会制度的内在要求，是人民代表大会制度的重要特色和优势所在，也是做好新时代人大工作的根本保证。

二是紧紧围绕党中央决策部署依法行使职权。要把坚持党的领导体现到人大依法履职中，使人大及其常委会成为全面担负起宪法法律赋予的各项职责的工作机关。立法工作中，我们要紧扣党中央决策部署，制定好立法规划，精心谋划立法项目，把党中央要求、群众期盼、实际需要有机结合起来，立符合宪法的法律，立实际工作需要的法律，立改革发展管用的法律，立人民群众满意的法律。本届全国人大常委会履职以来，已制定人民陪审员法、英雄烈士保护法两部法律，打包修改国境卫生检疫法等六部法律。在监督工作中，要把党中央的决策部署要求作为着力点和落脚点，切实增强监督实效。7月9日至10日，根据战书委员长提议，我们特意加

开全国人大常委会第四次会议，听取并审议关于大气污染防治法执法检查报告，开展专题询问，并专门作出有关决议，目的就是推动习近平生态文明思想和党中央决策部署的贯彻落实，依法推动打好污染防治攻坚战。我们就是要通过人民代表大会制度保证党的路线方针政策和决策部署在国家工作中得到全面贯彻和有效执行。

三是把坚持党的领导体现在人大工作各方面和全过程。战书委员长多次强调：全国人大及其常委会是在党中央领导下的重要政治机关，必须坚持党的领导这个重大政治原则。在人大工作中坚持党的领导是全方位、全过程、无条件的，也是具体的、现实的。很重要的一点，就是坚持向党中央请示报告的制度，这主要体现在全国人大常委会党组每年向党中央报告工作；重要的立法项目、立法中的重大问题、监督工作中的重要事项等，都及时向党中央请示；全国人大及其常委会召开会议情况和常委会党组工作、学习情况，都及时向党中央报告。实践证明，只有经常地、主动地、及时地向党中央请示报告，才能确保人大工作始终沿着正确的方向前进；只有与以习近平同志为核心的党中央保持高度一致，才能真正做好人大的各项工作。在党的领导下，人大及其常委会认真履行职责，扎实工作，确保党的主张通过法定程序成为国家意志，确保党组织推荐的人选通过法定程序成为国家政权机关的领导人员，确保党通过国家政权机关实施对国家和社会的领导。

三、始终高举人民当家作主这面旗帜

人民是历史的创造者，是决定党和国家前途命运的根本力量。党的十八大以来，以习近平同志为核心的党中央提出以人民为中心的发展思想，反映了坚持人民主体地位的内在要求，彰显了人民至上的价值取向。坚持和完善人民代表大会制度，就必须坚持以人民为中心，就必须高举人民当家作主这面旗帜。

一是坚持人民对美好生活的向往就是我们的奋斗目标。习近平总书记在2012年11月同中外记者见面时说："人民对美好生活的向往，就是我们的奋斗目标。"这是对人民的庄严承诺，也是党长期执政条件下赢得人心、永续发展的根本要求。进入新时代，人民对美好生活的需要日益广泛，不仅对物质文化生活提出了更高要求，而且在民主、法治、公平、正义、安全、环境等方面的要求日益增长。这些新向往，对党和国家工作提出了许多新要求，也给人大工作提出了新目标任务。我们要从自身工作出发，更好满足人民日益增长的美好生活需要，更好推动人的全面发展、社会全面进步。

二是坚持人民主体地位，把人民当家作主真正落到实处。人民当家作主是社会主义民主政治的本质和核心。总书记强调，中国共产党领导人民实行人民民主，就是要保证和支持人民当家作主。保证和支持人民当家作主不是一句口号、不是一句空话，必须落实到国家政治生活和社会生活之中。要坚持国家一切权力属于人民的宪法理念，广泛动员和组织人民依照宪法和法律规定，通过各级人民代表大会行使国家权力，通过各种途径和形式管理国家；要扩大人民有序政治参与，健全民主制度，丰富民主形式，拓宽民主渠道，保证人民依法实行民主选举、民主协商、民主决策、民主管理、民主监督，保证人民依法享有广泛权利和自由，保障和实现人民意志、保障人民权益、激发人民创造活力。

三是保持同人民群众的密切联系。全国有260多万各级人大代表，人大代表是党和国家联系群众的重要渠道。人大代表要发挥植根群众的独特优势，把党的声音传递下去，把人民呼声反映上来，做到民有所呼、我有所应。人大代表提出议案和建议是执行代表职务的重要体现，也是联系人民群众的重要内容。十三届全国人大一次会议期间，代表们提出325件议案、7139件建议。4月18日，常委会办公厅召开全国人大代表建议交办会，向在京的承办单位统一交办了大会期间代表提出的建议。我们正在继续督促、追踪这些建议的办理情况，通过办理代表建议，推动解决一批实际问题。我们还建立了委员长会议组成人员、常委会委员联系全国人大代表制度，今后要继续坚持和完善，在常委会各项工作中充分发挥人大代表作用。要支持和保证代表依法履职，邀请代表列席人大常委会会议、参与执法检查、专题调研、办理议案建议等，让代表更多参与进来、深入下去，作用充分发挥出来，切实感受到参与管理国家事务的使命感、责任感。

四、坚定实施全面依法治国这个基本方略

习近平总书记指出，全面依法治国是中国特色社会主义的本质要求和重要保障。发展人民民主必须坚持依法治国、维护宪法法律权威，使民主制度化、法律化。党的十八大以来，以习近平同志

为核心的党中央从关系党和国家前途命运的战略全局高度来定位法治、布局法治、厉行法治,全面依法治国取得重大成就,社会主义民主法治建设迈出重大步伐。我们要深刻认识最高国家权力机关在社会主义法治国家建设中担负的重要职责,以实际行动助推全面依法治国迈上新台阶。

*一是全面推进依法治国必须走对路。*总书记指出:"中国特色社会主义法治道路是一个管总的东西。"全面推进依法治国,必须放在党和国家工作大局中来考虑、来谋划、来推进,必须从我国实际出发,走中国特色社会主义法治道路。在我国,法是党的主张和人民意志的集中体现。党领导人民制定宪法和法律,党领导人民执行宪法和法律,党自身也在宪法和法律范围内活动。坚持依法治国、依宪治国,就包括坚持宪法确定的中国共产党领导地位不动摇,坚持宪法确定的人民民主专政的国体和人民代表大会制度的政体不动摇。近年来,一些别有用心的人把法治作为"武器"和"招牌",大肆渲染西方法治理念和法治模式,其真实目的是企图从法治问题上打开缺口,否定党的领导和我国社会主义制度。在这样的大是大非面前,我们一定要保持政治清醒和政治自觉,任何时候任何情况下都不能有丝毫动摇。

*二是凡属重大改革都要于法有据。*全面推进依法治国,当前最紧迫的是要在法治下推进改革,在改革中完善法治。这既是重大理论问题,也是重大实践问题。我们要认真领会、全面落实总书记关于"凡属重大改革都要于法有据"的重要指示,坚持改革决策与立法决策相统一、相衔接,实践证明行之有效的改革成果,要及时转化为法律,充分发挥法律的规范、引导、保障和促进作用。实践条件还不成熟、需要先行先试的,要按照法定程序作出授权,在实践中继续探索、研究和总结。对不适应改革要求的法律法规,要及时修改和废止,决不让一些过时的法律条款成为改革的"绊马索"。

*三是依法治国实践要不断深化。*全面推进依法治国的总目标是建设中国特色社会主义法治体系,建设社会主义法治国家。全国人大及其常委会要在立法工作中发挥主导作用,坚持科学立法、民主立法、依法立法,以良法促进发展、保障善治。要围绕以宪法为核心的中国特色社会主义法律体系的完善发展,加强重点领域立法,提高立法质量,及时反映新时代党和国家事业发展要求,回应人民群众关切期待。要加强对法律实施的监督,保证法律责任落到实处,推动依法行政、依法监察、公正司法。前段时间,战书委员长亲自带队参加大气污染防治法执法检查,在工作中,委员长反复强调要把握"依法"二字,坚持"依照法定职责、限于法定范围、遵守法定程序"的原则,这些大家要认真学习和领会。

五、善于运用民主集中制这个基本原则

习近平总书记强调:"坚持和完善人民代表大会制度,必须坚持民主集中制。"民主集中制是我们党的组织原则,也是我们国家组织形式和活动方式的基本原则。做好人大工作,就必须善于运用民主集中制这个基本原则。

*一是准确理解民主集中制。*民主基础上的集中和集中指导下的民主有机结合,就是民主集中制的基本含义。人民代表大会统一行使国家权力,全国人民代表大会是最高国家权力机关,地方各级人民代表大会是地方国家权力机关。各级人民代表大会都由民主选举产生,对人民负责、受人民监督;各级国家行政机关、监察机关、审判机关、检察机关都由人民代表大会产生,对人大负责、受人大监督;国家机关实行决策权、执行权、监督权既有合理分工又有相互监督;在中央统一领导下,充分发挥地方主动性和积极性,保证国家统一高效组织推进各项事业。集中人民共同意志,代表人民根本利益,把国家、民族的前途命运掌握在人民手中,这也是我们国家能经得起风险、克服各种困难的可靠保证。

*二是切实贯彻民主集中制。*人民代表大会根据民主集中制原则,通过会议的形式,按照法定的程序,集体行使职权,集体决定问题。表决中,代表、委员都是一人一票,少数服从多数。会议表决议案,以全体组成人员的过半数通过。正是由于贯彻了民主集中制原则,才保证了人大制定的法律法规和作出的决议决定符合实际,具有合法性和权威性,形成既激发个人又依靠集体、既信任鼓励又批评监督、既包容失误又及时纠错、既团结协作又不违原则的良好政治生态。代表法规定,人大代表在履职时发表的一切言论不受法律追究,就是要营造这种畅所欲言的氛围。同时,一旦通过法律、形成决议,大家就要无条件服从和执行。代表或常委会组成人员充分发表意见,就是履职尽责,不能因为个人意见没有被采纳就对整个法律或决议进行否决。把个人意见同代表职责区分开来,是民主集中制原则的基本要求和生命所在。

各位代表,同志们!中国特色社会主义进入新时

代，我们要认真学习贯彻习近平总书记关于人民代表大会制度的思想，不负党和人民的期待，始终保持奋发有为的精神状态，不忘初心、牢记使命，为新时代长期坚持、不断完善人民代表大会制度作出应有的贡献。

这里，我也表个态，全国人大机关作为全国人大及其常委会依法履职的集体参谋助手和服务班子，将认真负责地为全国人大代表做好服务保障工作，大家有什么意见建议，有什么工作和生活中的困难困惑，可以随时提出来，我们会尽力研究解决。

最后，祝学习班取得圆满成功，祝大家身体健康、学习愉快！

改革开放40年来人民代表大会制度的发展和完善

——在十三届全国人大第三期代表学习班上的报告

（2018年9月17日）

杨振武

各位代表，同志们：

今年是改革开放40周年。1978年，党的十一届三中全会作出把党和国家工作中心转移到经济建设上来、实行改革开放的历史性决策，同时提出发展社会主义民主、健全社会主义法制，开启了改革开放新的历史时期，踏上了民主法治建设新的历史征程，人民代表大会制度和人大工作也进入一个新的发展阶段。40年来，改革开放取得举世瞩目的巨大成就，民主法治建设迈出坚实步伐，人民代表大会制度不断发展完善。特别是党的十八大以来，以习近平同志为核心的党中央高度重视人民代表大会制度建设，全面加强对人大工作的领导，人大工作取得历史性成就。习近平总书记就坚持和完善人民代表大会制度、发展社会主义民主政治发表一系列重要讲话、作出一系列重要指示，提出一系列具有重大理论和实践创新意义的重要思想，为坚持和发展人民代表大会制度、做好新时代人大工作指明了方向、提供了遵循。这些重要讲话和指示，也成为习近平新时代中国特色社会主义思想的重要组成部分。今天，我主要围绕学习领会习近平总书记关于坚持和完善人民代表大会制度的重要思想，谈一些认识与体会，与大家一起学习交流。

一、人民代表大会制度理论与时俱进、丰富发展

人民代表大会制度是中国共产党带领中国人民经过长期探索实践建立起来的，是保证人民当家作主的根本政治制度。这一制度借鉴苏维埃制度模式，植根中国的国情和实际，孕育和成熟于党领导人民进行大革命、土地革命、抗日战争、解放战争的伟大斗争中。现在瑞金以人民代表大会制度从这里走来为主题的中华苏维埃代表大会史料陈列馆，就展示了我们党对人民代表大会制度的大量初期探索。1948年8月7日，在石家庄召开的华北临时人民代表大会，也是人民代表大会制度的重要探索和实践。1954年第一届全国人民代表大会第一次会议的召开，标志着人民代表大会制度在全国范围内正式建立起来。在革命战争年代和新中国建立初期，毛泽东等老一辈领导人围绕探索建立适合中国国情的政权组织形式，进行了深入思考和丰富实践，形成了独具中国特色的人民代表大会制度理论。后来，由于"文化大革命"等"左"的错误，人民代表大会制度陷入停滞，甚至遭受严重破坏，人大工作也难以正常开展。在这种情况下，人民代表大会制度理论和实践自然谈不上什么发展。

党的十一届三中全会总结经验教训，提出为了保障人民民主，必须加强社会主义法制，使民主制度化、法律化，使这种制度和法律具有稳定性、连续性和极大的权威。使民主制度化、法律化，最重要的任务，就是坚持和完善人民代表大会制度，充分发挥国家根本政治制度的作用。由此，我们党把人民代表大会制度建设摆在重要位置，不断深化对人民代表大会制度的理论思考和实践创新。比如，党的十一届六中全会作出的关于建国以来党的若干历史问题的决议中指出，逐步建设高度民主的社会主义政治制度，是社会主义革命的根本任务之一。党的十四大、十五大、十六大报告都把坚持和完善人民代表大会制度作为建设社会主义民主政治的

重要内容。党的十七大报告指出，支持人民代表大会依法履行职能，善于使党的主张通过法定程序成为国家意志。

党的十八大以来，以习近平同志为核心的党中央不断推进人民代表大会制度理论与实践创新。习近平总书记在多个重要场合发表重要讲话、作出重要指示。党的十八大和十八届三中、四中、五中、六中全会都对坚持和完善人民代表大会制度、加强和改进人大工作作出重大部署、提出明确要求；党的十九大报告强调要加强人民当家作主制度保障，长期坚持、不断完善人民代表大会制度。党中央出台了一系列关于人大工作的重要指导性文件。这些重要讲话、重要论述和重大部署，丰富发展了人民代表大会制度的理论和实践，标志着我们党对人民代表大会制度的规律性认识达到了一个新的高度。

习近平总书记关于坚持和完善人民代表大会制度的重要思想，发展了马克思主义国家学说，拓展了人民代表大会制度的科学内涵、基本特征和本质要求，深刻阐明了中国特色社会主义政治发展道路、人民代表大会制度、人大工作等方面的一系列重大理论与实践问题。比如，总书记反复强调，坚持正确的政治发展道路是关系根本、关系全局的重大问题，必须坚定不移走中国特色社会主义政治发展道路。总书记深刻揭示我国实行人民代表大会制度的历史必然性，指出在中国实行人民代表大会制度，是中国人民在人类政治制度史上的伟大创造，这一制度具有巨大功效和组织优势，必须长期坚持、不断完善。总书记指出，人民代表大会制度是中国特色社会主义制度的重要组成部分，也是支撑中国国家治理体系和治理能力的根本政治制度，是坚持党的领导、人民当家作主、依法治国有机统一的根本政治制度安排；指出坚持和完善人民代表大会制度，必须毫不动摇坚持中国共产党的领导，必须保证和发展人民当家作主，必须坚持全面推进依法治国，必须坚持民主集中制。总书记对做好新时代人大工作指明了方向、作出了部署，提出以良法促进发展、保障善治，完善以宪法为核心的中国特色社会主义法律体系；把宪法法律赋予的监督权用起来，实行正确监督、有效监督；密切同人大代表和人民群众的联系，做到民有所呼、我有所应。

习近平总书记关于坚持和完善人民代表大会制度的重要思想是一个博大精深、系统科学的理论体系。这里，我只是简略地列出了一些重要论述。我们要把学习贯彻习近平总书记关于坚持和完善人民代表大会制度的重要思想，作为学习贯彻习近平新时代中国特色社会主义思想和党的十九大精神的重要内容，作为政治建设和理论武装的首要任务，作为履职的必修课、基本功，持续深入学习领会，不折不扣贯彻落实。经党中央批准，本月26日至27日，全国人大常委会办公厅将在河北石家庄召开深入学习贯彻习近平总书记关于坚持和完善人民代表大会制度的重要思想交流会，学习、研究、宣传、贯彻习近平总书记重要思想，加强学习研究实践成果交流。这对推动各级人大加强理论武装，牢固树立“四个意识”，提高政治站位，更好履行职责，共同提升人大工作水平，将起到重要推动作用。

这里，我要强调一下。现在社会上有些人受西方影响，总觉得西方的“三权鼎立”、“两院制”等什么都好，对我国的发展道路、政治制度，反而有“不识庐山真面目”的感觉。作为人大代表，一定要深刻认识人民代表大会制度的巨大优越性和强大功效，坚定人民代表大会制度自信，毫不动摇坚持人民代表大会制度，与时俱进完善人民代表大会制度。

二、健全完善人大代表选举制度，保证人民依法行使选举权利

选举人大代表是人民当家作主的重要体现，也是人民代表大会制度的重要基础。党的十一届三中全会后，适应新时期发展社会主义民主政治的需要，选举制度改革迈出重要步伐。1979年通过的选举法，在1953年选举法的基础上进行改革完善，进一步加强对选举权利的保障。此后，对选举法作过6次修改，逐步形成了一套适合我国国情、具有鲜明中国特色的人大代表选举制度。40年来健全完善选举制度的重大举措有：

一是将直接选举人大代表的范围扩大到县一级。我国的人大代表选举采取直接选举与间接选举相结合的原则。在改革开放前，直接选举范围仅限于乡、镇、市辖区、不设区的市。1979年选举法将直接选举人大代表扩大到县一级。目前，我国五级人大代表共262万多名。其中，直接选举产生的县乡两级人大代表247万多名，占各级人大代表总数的94.4%。

二是从等额选举发展到差额选举。改革开放前的选举大都采用等额选举的办法。1979年选举法对差额选举作出明确规定，各级人大代表选举中，候选人的名额应多于应选人的名额。与差额选举相联系，还逐渐完善了选民或代表联名提候选人

的制度,建立健全代表候选人与选民见面制度等,让人民更好行使民主选举的权利。

三是更好地实现人人平等、地区平等、民族平等。在人人平等方面。1953年制定选举法时,出于对实际情况的考虑,对农村与城市每一名代表所代表人口数规定了不同比例。改革开放后,适应经济社会发展变化和城乡人口结构比例的变化,逐步对城乡按不同人口比例选举人大代表的规定进行修改完善。2010年修改选举法,实行城乡按相同人口比例选举人大代表。在地区平等方面。在长期选举实践中,我国的人口小省(区)主要通过代表名额调剂,保证该地区产生的全国人大代表名额不至于过少。2010年修改选举法,首次明确各行政区域不论人口多少,都应有相同的地区基本名额数,都能选举一定数量的代表,以体现地区平等。在民族平等方面。选举法历来对少数民族的选举权利给予充分保障、作出照顾性规定。1979年选举法完善了各少数民族选举的有关规定,并明确规定人口再少的民族,也要有一名全国人大代表;1995年修改选举法时又增加规定了有关保障措施,更好地实现了民族平等。

选举制度的健全完善促进了社会主义民主政治的发展。从1979年到2018年,我国先后进行11次乡级人大代表直接选举,10次县级人大代表直接选举,选民参选率一直保持在90%左右;8次设区的市、自治州以上人大代表间接选举,顺利完成了各级人大的历次换届,产生了各级国家机关,为社会主义现代化建设提供了坚实的制度保证和组织基础。

党的十八大以来,以习近平同志为核心的党中央高度重视人大代表选举工作。总书记旗帜鲜明地指出:"无论是党委换届还是人大、政府、政协换届,都要体现工人阶级领导的、以工农联盟为基础的人民民主专政的国体,要保证基本群众代表比例";"在中国共产党领导的社会主义国家,一切权力属于人民,决不能依据地位、财富、关系分配政治权力!"总书记强调要加强对选举工作的监督,严明换届纪律,对违规违纪违法问题"零容忍"。在党中央正确领导下,依法查处了湖南衡阳破坏选举案、辽宁拉票贿选案等,维护了人民代表大会制度的权威和尊严。贯彻党中央要求,全国人大常委会通过修改选举法、出台相关指导性文件等,从制度上严把代表"入口关"、选举"组织关"和全过程"监督关",确保选举工作风清气正。

三、健全完善立法制度,形成并不断完善中国特色社会主义法律体系

改革开放之初,我国法治建设最突出的问题是"无法可依"。十一届三中全会指出,应当把立法工作摆到全国人大及其常委会的重要议程上来。根据改革开放各时期的形势任务要求和法治建设进展,党中央不断对立法工作提出新的任务和要求,不断推动立法工作取得新进展。40年来,我国的立法工作取得了举世瞩目的历史性成就。

(一)以宪法为核心的中国特色社会主义法律体系形成并不断完善

1979年7月,五届全国人大二次会议对1978年宪法作出修改,一次审议通过7部重要法律,拉开了新时期立法工作的序幕。上世纪八、九十年代,主要是抓紧制定出台各方面的基本法律和改革开放急需的法律,特别是注重加强经济立法。1997年,党的十五大提出到2010年形成中国特色社会主义法律体系的立法工作目标。在党中央坚强领导下,经过各方面共同努力,这个立法目标如期实现。法律体系的形成,既是一个里程碑,又是新的起点。完善中国特色社会主义法律体系是一项长期历史任务。随着党和国家事业的发展,特别是中国特色社会主义进入新时代,立法工作任务仍然艰巨繁重,呈现立法数量多、分量重、节奏快的特点。截至目前,我国现行有效法律267件、行政法规700多件、地方性法规1万余件。中国特色社会主义法律体系是中国特色社会主义制度的重要组成部分,是依法治国的基础和依据。我们要在以习近平同志为核心的党中央领导下,继续完善法律体系,为决胜全面建成小康社会、开启全面建设社会主义现代化国家新征程筑牢法治根基。

(二)立法体制机制日趋完备

改革开放40年来,立法体制机制经历了重大改革和完善,获得了长足的发展。主要包括:

一是坚持和加强党对立法工作的领导。40年来的立法工作成就是在党的领导下取得的。党领导立法,主要是政治领导和方向引领,确定立法目标任务和方针战略;通过批准立法规划,将重要立法项目列入中央政治局常委会或地方党委工作要点等,加强对立法工作的统筹规划和安排;领导重要法律法规的制定修改工作,听取人大常委会党组关于立法工作重要事项和重大问题的汇报,研究立法工作中的重大问题等。多年来,从中央到地方,

党领导立法工作的体制机制逐步健全完善。1991年,党中央出台了首个关于加强党对立法工作领导的文件。2016年,党中央又出台关于加强党领导立法工作的意见,进一步完善相关机制和举措。今年,党中央又成立了中央全面依法治国委员会,全面加强了对法治中国建设的集中统一领导。坚持和加强党对立法工作的领导,我认为最重要的就是在立法活动和立法工作中,坚决维护习近平总书记的权威和核心地位,坚决维护以习近平同志为核心的党中央权威和集中统一领导,始终在思想上政治上行动上同以习近平同志为核心的党中央保持高度一致。

二是建立健全统一而又分层次的立法体制。1954年宪法规定,全国人大是行使立法权的唯一立法机关。但实践证明,仅靠全国人大无法适应繁重的立法任务;改革开放以来,通过修改宪法、地方组织法等规定,逐步完善了立法体制。2000年制定了立法法,全面系统地规定了我国统一而又分层次的立法体制,明确了全国人大及其常委会与国务院、中央与地方之间在立法事项方面的具体划分;2015年又作出重要修改完善,赋予设区的市地方立法权。这一立法体制,符合我国国情,充分调动了各方主动性和积极性,提高了立法的针对性和有效性,经实践证明是行之有效的。

三是健全完善立法程序和机制。40年来,立法程序和机制不断得到健全和完善,立法活动日益规范。立法法对立法程序作出全面系统规定,明确提出法律案的主体,健全三审制、统一审议制度,完善表决通过制度,明确法律公布制度等,保证立法工作全过程、各方面实现有章可循。党的十八大以来,党中央对加强人大及其常委会在立法工作的主导作用,推进科学立法、民主立法、依法立法提出明确要求。贯彻落实党的十八届四中全会决定精神,2015年对立法法作出重要修改,完善相关工作机制。按照党中央要求,还建立健全了一批立法工作方面的制度,如建立专门委员会、常委会工作机构起草重要法律草案制度,完善法律草案向社会公布制度,建立基层立法联系点制度等,使我国的立法工作机制更加完备有效。

(三)立法工作理念和思路与时俱进

40年来,适应改革开放和社会主义现代化建设的需要,随着立法实践的不断深入,我国立法工作的理念和思路也在与时俱进、丰富完善。最突出的是两个方面:一是从强调速度、到注重质量、再到质量和效率并重。改革开放初期,人心思法,迫切需要在尽可能短的时间内解决有法可依的问题。邓小平同志提出:“现在立法的工作量很大,人力很不够,因此法律条文开始可以粗一点,逐步完善”,“修改补充法律,成熟一条就修改补充一条,不要等待‘成套设备’。总之,有比没有好,快搞比慢搞好”。那时,速度是立法工作的主旋律,在立法工作力量并不充足的情况下,抓紧研究起草、审议通过了一大批重要法律。随着大量法律的出台实施,提高立法质量成为立法工作的重大课题。党的十五大明确要求提高立法质量。九届全国人大期间,明确审议法律草案一般实行三审制,以增加审议时间,提高审议质量。公布法律草案征求意见、立法调研等提高立法质量的做法逐渐常态化、机制化。党的十八大后,习近平总书记鲜明指出“人民群众对立法的期盼,已经不是有没有,而是好不好、管用不管用、能不能解决实际问题;不是什么法都能治国,不是什么法都能治好国;越是强调法治,越是要提高立法质量。”十八届四中全会决定强调要“抓住提高立法质量这个关键”。贯彻落实党中央要求,全国人大及其常委会在立法工作中,坚持“能明确的尽量明确、能具体的尽量具体”原则,细化法律规范的具体内容,兼顾法律调整的利益关系,努力实现立法精细化。上个月,党中央批准了本届全国人大常委会立法规划。列入规划的一类项目有69件、二类项目47件,还有大量的三类项目和临时提请审议的项目,立法任务十分艰巨。对此,栗战书委员长指出,“要在保证立法质量的前提下加大工作力度、加快工作进度。”新时代人大立法工作呈现质量与效率并重的特点。

二是从突出单项或领域立法、到补齐立法短板、再到法律体系的系统科学、协调统一。改革开放初期,邓小平同志强调,“应该集中力量制定刑法、民法、诉讼法和其他各种必要的法律”。一批国家和社会生活迫切需要的重要法律相继出台,如刑法、刑事诉讼法、选举法、全国人大组织法、国务院组织法、地方组织等。适应改革开放和发展经济的要求,加强经济立法成为当时立法工作的重点,民法通则、经济合同法、中外合作经营企业法、公司法等一大批经济和民商事方面的法律相继出台,为建立社会主义市场经济体制提供了法律保障。从上世纪九十年代开始,注重加强社会领域立法,先后制定了一批社会管理、社会保障、特殊群体权益保护方面的法律。同时,环境保护领域的法律也越来越受到重视,并逐步健全起来。各领域立法加快推进,为构建法律体系提供了基础和条件。在这种背景下，党的十五大确立依法治国基本方略，明确提出到2010年形成中国特色社会主义法律体系。从此，立法工作更加注重计划性、系统性、协调性、一致性。围绕形成和完善法律体系，加快制定填补空白的重要法律，及时对原有法律进行修改完善。全国人大常委会建立健全了法规备案审查制度，有力地维护了法律体系、社会主义法制的权威和统一。

十三届全国人大成立以来，坚持以习近平新时代中国特色社会主义思想为引领，进一步加强改进新时代立法工作。履职半年来，常委会已制定法律4件，修改7件，作出法律问题的决定4件，其中大部分都与全面深化改革相关。审议通过的英雄烈士保护法、电子商务法、土壤污染防治法、关于修改个人所得税法的决定等，都是社会各方面普遍关注的重要法律。按照民法典编纂“两步走”的思路，在上一届通过民法总则的基础上，本届对民法典各分编草案进行了初次审议。9月7日，全国人大常委会召开立法工作会议，对落实经党中央批准的常委会立法规划作出全面部署。栗战书委员长作题为“以新担当新作为书写新时代立法工作新篇章”的讲话，强调要准确把握做好新时代立法工作的基本要求，围绕建设中国特色社会主义法治体系、建设社会主义法治国家，紧紧扣住贯彻落实党中央重大决策部署，紧紧扣住回应人民群众重大关切，紧紧扣住厉行法治、推进全面依法治国，发挥人大及其常委会在立法工作中的主导作用，加快立法工作步伐，不断完善以宪法为核心的、与推进国家治理体系和治理能力现代化相适应的中国特色社会主义法律体系。9月15日，在杭州举办了第24次全国地方立法工作座谈会，战书委员长出席会议并发表讲话，对加强改进地方立法工作提出了五个方面的重要要求。委员长的两个讲话，进一步明确了新时代立法工作的思路和举措，对开辟新时代立法工作新局面、继续完善发展法律体系具有重要意义。

四、创新完善人大监督制度，努力增强监督实效

监督宪法法律的实施，监督国家机关的工作，是宪法法律赋予国家权力机关的重要职权。宪法、全国人大组织法、地方组织法、预算法、审计法等法律中都对人大监督作出了规定。2006年制定的监督法，对各级人大常委会的监督工作作出了统一规范。各级人大及其常委会在实践中不断探索，逐步积累经验、统一认识，监督形式更加丰富，监督程序更加规范，监督实效进一步增强。

*一是加强对宪法法律的监督。*1954年宪法规定，全国人民代表大会监督宪法的实施，但缺乏具体规定。1982年宪法总结经验教训，完善宪法监督主体，在规定全国人大监督宪法实施的同时，赋予全国人大常委会“解释宪法，监督宪法的实施”职权，并对审查规范性文件合宪性作出初步规定。监督法将规范性文件备案审查确定为人大常委会经常性监督方式之一。党的十八届三中、四中全会都对完善全国人大及其常委会宪法监督制度，加强备案审查制度和能力建设等提出明确要求。党的十九大提出，加强宪法实施和监督，推进合宪性审查工作，维护宪法权威。在党中央领导下，宪法监督制度建设取得实质性进展。一是强化有关专门机构的设置和职能。十三届全国人大一次会议将全国人大“法律委员会”更名为“宪法和法律委员会”；十三届全国人大常委会第三次会议通过关于全国人大宪法和法律委员会职责问题的决定，增加其推动宪法实施、开展宪法解释、推进合宪性审查、加强宪法监督、配合宪法宣传等职责。二是完善备案审查制度。2015年修改立法法，增加规定全国人大有关专门委员会和常委会工作机构对规范性文件的主动审查，审查、研究情况的反馈和公开等；还完善了法规、司法解释备案审查工作规程（试行）等有关工作制度。在2017年全国人大常委会首次听取审议备案审查工作情况报告基础上，2018年常委会工作要点和立法工作计划中明确，按年度听取审议备案审查工作情况报告将制度化、常态化。

*二是坚持把保证法律有效实施作为推进全面依法治国的重要抓手。*执法检查是改革开放以来各级人大常委会的重大实践创新成果。上世纪80年代初，一些地方人大常委会针对一些领域存在的法律实施不力情况，开展法律法规实施情况监督检查的探索，之后这种监督方式在各地广泛运用。七届全国人大期间，全国人大常委会开始组织执法检查工作。八届、九届全国人大常委会出台有关规定和意见，加强执法检查制度建设。2006年监督法全面总结经验，将执法检查总结上升为各级人大常委会的经常性监督方式。党的十八大以来，全国人大常委会持续加强和改进执法检查工作。加大执法检查工作力度，着力健全执法检查工作机制，在实践中探索形成包括选题、组织、报告、审议、整改、反馈6个环节的“全链条”工作流程，进一步增强了人

大监督工作系统性、针对性和有效性。改革开放40年来,全国人大常委会累计检查百余部法律实施情况。

三是依法开展对有关国家机关的工作监督。1954年宪法即规定“一府两院”向人大报告工作的内容。1979年地方组织法和1982年宪法对听取审议工作报告制度作出规定。在很长一段时间里,地方各级人大常委会在实践中开展了工作评议、述职评议等多种形式的探索。2006年监督法对这些探索进行总结和规范,专章规定各级人大常委会听取审议“一府两院”专项工作报告。党的十八大以来,全国人大常委会进一步完善听取审议专项工作报告机制。比如,建立县级以上人民政府每年向本级人大常委会报告环境状况和环境保护目标完成情况的机制。2018年制定的监察法,还规定了各级人大常委会听取审议本级监察委员会的专项工作报告的内容。改革开放40年来,全国人大常委会共听取审议“一府两院”专项工作报告300多个。

四是预算决算审查监督机制不断健全完善。审查批准预算决算和监督预算执行,是宪法赋予人大及其常委会的一项重要职权。改革开放之初,对审查计划、预算没有专门法律进行规范,各级人大及其常委会主要依据宪法和地方组织法的规定开展工作,难度很大。完善相关程序和制度,成为历届全国人大及其常委会重点推进的工作。全国人大及其常委会制定完善预算法、审计法、监督法等,不断健全人大审查批准计划预算的程序和机制。党的十八大以来,全国人大及其常委会贯彻落实党中央关于加强计划、预算监督决策部署,2014年修改预算法,加强对政府全口径预算决算的审查和监督。着力创新完善预算决算审查监督工作机制,提出和制定了关于改进审计查出突出问题整改情况向全国人大常委会报告机制、建立国务院向全国人大常委会报告国有资产管理情况制度的意见等多个文件,推进人大预算联网监督,向着构建完整、规范、透明的预算制度迈出坚实步伐。

十三届全国人大成立以来,着力增强监督实效。栗战书委员长反复强调,要准确把握人大监督的政治定位、法律定位,既严格遵循“依法”二字,依照法定职责、限于法定范围、遵守法定程序,督促“一府一委两院”依法履职尽责,又要坚持问题导向,抓住突出问题持续发力,用好用足法定监督形式。要注重发挥人大执法检查“法律巡视”监督利剑功效,推动法律全面有效实施。要在增强监督工作的针对性、实效性上下功夫,敢于动真碰硬,客观公正反映发现的问题,用事实说话,拿法律对照,该点名要点名,杜绝监督中的“粗、宽、松、软”等情况。十三届全国人大常委会已先后听取审议11个有关工作报告,开展5个执法检查。特别是围绕党中央有关决策部署,开展大气污染防治法执法检查,专门召开常委会会议听取审议大气污染防治法执法检查报告,结合审议报告开展专题询问,并作出有关决议,打出了人大监督的有力“组合拳”,对新时代人大监督工作作出了新的探索。

五、健全完善代表制度,支持和保障代表依法履行职责

人大代表是国家权力机关的组成人员。人大工作能否取得积极成效,同人大代表履职尽责、发挥作用密不可分。改革开放以来,代表制度和代表工作逐步健全规范,不断创新完善。1992年通过的代表法对代表制度作了全面系统的规定,代表工作走上制度化、规范化的轨道。此后根据形势发展,代表法又作过3次修改,特别是2010年修改时,进一步明确代表的权利和义务并作出集中规定。2005年,党中央出台关于进一步发挥全国人大代表作用,加强全国人大常委会制度建设的若干意见,就如何充分发挥代表作用、增强代表工作实效作出了明确规定,代表制度和代表工作进入开拓完善、蓬勃发展的新阶段。2015年,党中央出台关于加强县乡人大工作和建设的若干意见,用较大篇幅就做好县乡两级人大代表工作提出具体有力措施,再次推动代表制度和代表工作迈上新的台阶。40年来代表制度和代表工作的发展完善,主要体现在以下几个方面。

一是建立和健全了代表议案和代表建议制度。1982年制定全国人大组织法时,对议案和建议作了区分规定。从1983年起,全国人大代表提案分为代表议案和代表建议,代表议案和代表建议制度正式建立。2005年的中央文件,对代表议案、建议的范围和办理程序作出明确规定,在此基础上,全国人大常委会办公厅又制定出台了全国人大代表议案处理办法,全国人大代表建议、批评和意见处理办法等工作文件,作出更加细化规定。这些年来,全国人大常委会和有关部门始终坚持在完善议案审议机制上下功夫,在提升建议办理质量上做文章,取得了让广大代表和人民群众满意的效果。

二是代表闭会期间活动更加规范有效。上世纪50年代,代表开展闭会期间活动的主要形式为代

表视察。改革开放以来，各级人大对代表闭会期间活动进行了探索。代表法将实践中的成熟做法上升为法律条文，单列一章对代表在闭会期间的活动作了系统规定。主要是：组成代表小组，开展活动；进行视察；应邀列席本级人大常委会会议和有关会议；采取多种方式听取和反映人民群众的意见；依法参加特定问题的调查委员会等。之后的代表法修改，又增加了开展专题调研的内容。现在，代表专题调研和集中视察活动已经制度化、规范化，代表对常委会和专门委员会活动的参与进一步扩大。

*三是代表执行职务得到全面保障。*代表法专设一章，对“代表执行职务的保障”作了规定，主要包括司法保障、时间和物质保障、服务保障等。实践中，自八届全国人大开始，设立了代表活动专项经费，并根据实际情况多次调整。各级人大常委会积极为代表执行代表职务提供服务，并逐步形成制度化安排，比如向代表通报常委会重要工作，向代表提供有关资料，有关法律草案印发代表征求意见，加强代表培训工作等。

*四是密切常委会同人大代表的联系。*加强同代表的联系，自觉接受代表监督，是做好常委会工作的内在要求和可靠保障。六届全国人大期间，出台了关于全国人大常委会加强同代表联系的几点意见。自此，全国人大常委会联系代表的渠道越来越畅通，实现代表列席常委会会议规范化机制化，健全法律草案征求代表意见制度，建立预算审查前听取人大代表和社会各界意见建议的机制，实现代表参加立法调研和评估、执法检查等活动常态化等。贯彻落实党的十八届三中全会改革举措，十二届全国人大常委会建立了委员长会议组成人员、常委会委员联系全国人大代表制度。本届常委会继续坚持委员长会议组成人员和常委会委员直接联系全国人大代表的制度，目前委员长会议16名组成人员直接联系的93名代表已经确定，常委会委员直接联系的347名代表也确定了。联系方式也在不断创新。栗战书委员长率队在内蒙古自治区开展执法检查，到江西、到浙江调研期间，都专门召开五级人大代表参加的座谈会，认真倾听人大代表意见建议。上个月召开的十三届全国人大常委会第五次会议期间，全国人大常委会办公厅邀请列席常委会会议的52名全国人大代表举行座谈会。栗战书委员长主持座谈会与代表深入交流，提出要形成每次常委会会议期间召开列席全国人大代表座谈会听取意见建议的机制。

*五是密切人大代表同人民群众的联系。*人大代表是党和国家联系群众的桥梁和纽带。多年来，各级人大代表在履职中积累了大量经验，建立起了代表联系群众的相关制度。贯彻落实党的十八届三中全会精神，2014年，全国人大常委会办公厅出台了关于通过网络平台密切代表同人民群众联系的实施意见，推动各级人大加强代表联系人民群众的工作平台和网络平台建设。2016年经党中央批准，又印发关于完善人大代表联系人民群众制度的实施意见，从6个方面就加强代表同人民群众的联系提出了一系列新要求新举措。地方各级人大结合实际出台了贯彻两个实施意见的措施办法，有力推动了人大代表联系群众工作规范化制度化。

六、健全完善人大组织体系和人大工作制度

各级人大及其常委会要真正有效担负起宪法法律赋予的职责，必须健全人大组织体系、完善人大工作制度。党的十一届三中全会后，党中央提出“必须根据民主集中制的原则加强各级国家机关的建设，使各级人民代表大会及其常设机构成为有权威的人民权力机关”，就推进各级人大及其常委会组织体系和工作制度建设采取了一系列有力措施。

*一是健全地方人大组织体系。*根据1954年宪法规定，地方人大不设常委会。1979年通过的关于修正宪法若干规定的决议和地方组织法，明确县级以上地方各级人大设立常委会。这是地方政权建设的一项重要改革，是健全人民代表大会制度的重大举措。40年来人大工作特别是地方人大工作取得的进展和成绩，与设立地方人大常委会是密不可分的。还有，设立乡、镇人民代表大会。1982年宪法按照政社分开原则，设立了乡镇人民代表大会和乡、镇人民政府。这样，全国从中央到乡镇就都设立了人民代表大会。1995年、2015年修改地方组织法时，又增加完善了乡镇人大主席和主席团的规定，进一步加强了乡镇人大工作。

*二是完善专门委员会设置。*1954年，根据宪法规定，全国人大设立了民族委员会、法案委员会、预算委员会、代表资格审查委员会4个委员会。根据1982年宪法规定，1983年六届全国人大设立民族委员会、法律委员会、财政经济委员会、教育科学文化卫生委员会、外事委员会、华侨委员会6个专门委员会。七届时增设内务司法委员会，八届增设环境与资源委员会，九届又增设农业与农村委员会。十三届全国人大一次会议进一步完善全国人大专门委

员会设置，将原来的法律委员会、内务司法委员会分别更名为宪法和法律委员会、监察和司法委员会，增设社会建设委员会。1986 年修改地方组织法时，规定省级、自治州、设区的市的人大可以设专门委员会。2015 年修改地方组织法时，进一步规定县级人大根据需要，可以设法制委员会、财政经济委员会等专门委员会。各专门委员会在本级人大及其常委会领导下，研究、审议和拟订有关议案，开展调查研究，提出建议，为人大及其常委会依法履职行权、科学民主决策发挥了重要作用。

三是优化人大常委会组成人员结构。优化人大常委会组成人员结构，是提高人大履职能力的重要方面。党中央高度重视和支持，党的十六大、十七大、十八大报告都对优化人大常委会组成人员的结构提出明确要求，党的十八届四中全会明确指出要"增加有法治实践经验的专职常委的比例"，党的十九大报告提出要"优化人大常委会和专门委员会组成人员结构"。各级人大不断推进相关工作，人大常委会组成人员年龄结构和知识结构日趋合理，专职委员比例进一步提高。十届和十三届全国人大常委会还设了年轻专职委员，提升了全国人大常委会委员的专业化、专职化、年轻化水平。

四是完善人大及其常委会工作制度。各级人大及其常委会集体行使职权，集中表现为开好人大会议和常委会会议。在宪法和全国人大组织法对全国人大及其常委会的会议制度进行原则规定的基础上，制定完善了全国人民代表大会议事规则和全国人大常委会议事规则，并出台了具体工作文件。同时，地方人大及其常委会也都普遍制定了自己的议事规则。国家权力机关的工作逐步走上制度化、程序化、规范化轨道。现在，各级人大及其常委会基本上做到了依法按期召开会议，依法按程序讨论决定问题。

历史给人以深刻启示。回顾改革开放 40 年来人民代表大会制度发展的光辉历程，我们认识到：必须坚持党的领导、人民当家作主、依法治国有机统一，牢牢抓住中国共产党领导这个本根，始终坚持正确政治方向；必须坚持以人民为中心，坚持国家一切权力属于人民的宪法理念，从法律上制度上保证和发展人民当家作主；必须坚持依法治国，充分发挥人大及其常委会在推进全面依法治国中的重要作用；必须坚持开拓创新，不断探索和完善人大工作体制机制，在中国特色社会主义伟大实践中紧跟时代步伐，积极推进人民代表大会制度和人大工作的与时俱进。

各位代表、同志们，党的十九大确立了习近平新时代中国特色社会主义思想的历史地位，开启了全面建设社会主义现代化国家新征程，进一步指明了党和国家事业的前进方向，同时对健全人民当家作主制度体系、发展社会主义民主政治作出重大部署，对做好新时代人大工作、深化依法治国实践提出明确要求。人民代表大会制度和人大工作站在新起点上，面临新的发展机遇。我们要认真学习贯彻习近平总书记关于坚持和完善人民代表大会制度的重要思想，紧密团结在以习近平同志为核心的党中央周围，始终保持奋发有为的精神状态，不忘初心、牢记使命，为新时代长期坚持、不断完善人民代表大会制度作出应有的贡献。

深入学习贯彻习近平总书记关于坚持和完善人民代表大会制度的重要思想　推动人民代表大会制度和人大工作完善发展

——在 2018 年第三期、第四期全国县级人大常委会主任学习班上的讲话

（2018 年 10 月 30 日、11 月 7 日）

杨振武

同志们：

首先，我代表栗战书委员长、王晨副委员长，向参加全国县级人大常委会主任学习班的各位同志表示热烈的欢迎和诚挚的问候！

借今天开班式的机会，我围绕深入学习贯彻习近平总书记关于坚持和完善人民代表大会制度的重要思想作个专题报告，这既是开班动员，也是学习交流。大家都知道，9月26日至27日，全国人大常委会办公厅在河北石家庄召开了深入学习贯彻习近平总书记关于坚持和完善人民代表大会制度的重要思想交流会。栗战书委员长出席会议并发表讲话，用"十个坚持"阐述了习近平总书记关于坚持和完善人民代表大会制度的重要思想的主要内容，深刻阐明了这一重要思想的时代意义、理论意义、实践意义，对各级人大学习好、研究好、宣传好、贯彻好这一重要思想提出了明确要求。全国人大、各省级人大，副省级城市和部分市、县人大的有关负责同志，部分全国人大代表等共215人参加会议。这次高规格、大范围的交流会，是人大深入学习贯彻习近平新时代中国特色社会主义思想的重要举措，是推动各级人大交流学习贯彻习近平总书记重要思想的经验和体会的一场"及时雨"。下面，我就这次会议精神和成果，结合自己的学习思考，谈三个方面的内容。

一、准确领会习近平总书记关于坚持和完善人民代表大会制度的重要思想，坚定正确方向

党的十八大以来，以习近平同志为核心的党中央高度重视、全面加强党对人大工作的领导。总书记就坚持和完善人民代表大会制度、发展社会主义民主政治发表一系列重要论述，拓展了人民代表大会制度的科学内涵、基本特征和本质要求，标志着我们党对人民代表大会制度的规律性认识达到了一个新的高度。总书记关于坚持和完善人民代表大会制度的重要思想，是习近平新时代中国特色社会主义思想的重要组成部分，科学阐述了国家根本政治制度的历史必然、特点优势、实践要求，明确提出了做好新时代人大工作的重大原则、思路举措、重点任务，为坚持好完善好发展好人民代表大会制度指明了方向、提供了遵循。栗战书委员长在交流会上的重要讲话，高屋建瓴、立意深远，讲话准确到位地将习近平总书记关于坚持和完善人民代表大会制度的重要思想概括为"十个坚持"。这里，我向大家原原本本地作个传达。

第一，坚持中国共产党的领导。党政军民学，东西南北中，党是领导一切的，是最高政治领导力量。必须坚持党总揽全局、协调各方的领导核心作用，维护党中央权威和集中统一领导，通过人民代表大会制度，保证党的路线方针政策和决策部署在国家工作中得到全面贯彻和有效执行，使党的主张通过法定程序成为国家意志，使党组织推荐的人选通过法定程序成为国家政权机关的领导人员，保证党领导人民有效治理国家。

第二，坚持走中国特色社会主义政治发展道路。这条道路是近代以来中国人民长期奋斗历史逻辑、理论逻辑、实践逻辑的必然结果，是坚持党的本质属性、践行党的根本宗旨的必然要求。坚持正确的政治发展道路是关系根本、关系全局的重大问题。我们需要借鉴人类政治文明的有益成果，但绝不照搬西方政治制度模式，绝不放弃我国社会主义政治制度的根本。

第三，坚持和完善人民代表大会制度。人民代表大会制度是坚持党的领导、人民当家作主、依法治国有机统一的根本政治制度安排，支撑中国国家治理体系和治理能力，集中体现社会主义民主政治的特点和优势。必须长期坚持、全面贯彻、不断发展人民代表大会制度，充分发挥国家根本政治制度作用，通过人民代表大会制度牢牢把国家和民族前途命运掌握在人民手中。

第四，坚持人民当家作主。人民当家作主是我们党矢志不渝的奋斗目标。发展社会主义民主政治就是要体现人民意志、保障人民权益、激发人民创造活力，用制度体系保证人民当家作主。必须坚持国家一切权力属于人民，坚持人民主体地位，支持和保证人民通过人民代表大会行使国家权力，发展更加广泛、更加充分、更加健全的人民民主，不断解决好人民最关心最直接最现实的利益问题。

第五，坚持全面依法治国。坚定不移走中国特色社会主义法治道路，建设中国特色社会主义法治体系，建设社会主义法治国家。通过人民代表大会制度，弘扬社会主义法治精神，依照人民代表大会及其常委会制定的法律法规来展开和推进国家各项事业和各项工作，保证人民平等参与、平等发展权利，维护社会公平正义，尊重和保障人权，实现国家各项工作法治化。

第六，坚持民主集中制。民主集中制是中国国家组织形式和活动方式的基本原则。坚持人民代表大会统一行使国家权力，实行决策权、执行权、监督权既有合理分工又有相互协调，保证国家机关依照法定权限和程序行使职权、履行职责，坚持在党

中央统一领导下，充分发挥地方主动性和积极性，保证国家统一高效组织推进各项事业。

第七，坚持全面贯彻实施宪法。坚持依法治国首先要坚持依宪治国，坚持依法执政首先要坚持依宪执政。全面贯彻实施宪法是建设社会主义法治国家的首要任务和基础性工作。必须把宣传和树立宪法权威作为全面推进依法治国的重大事项抓紧抓好，健全宪法实施监督机制和程序，把全面贯彻实施宪法提高到一个新水平。

第八，坚持以良法促进发展、保障善治。完善以宪法为核心的中国特色社会主义法律体系，把发展改革决策同立法决策更好结合起来，加强重要领域立法，确保国家发展、重大改革于法有据。抓住提高立法质量这个关键，推进科学立法、民主立法、依法立法，遵循和把握立法规律，使每一项立法都符合宪法精神、反映人民意志、得到人民拥护。

第九，坚持正确监督、有效监督。人民代表大会制度的重要原则和制度设计的基本要求，就是任何国家机关及其工作人员的权力都要受到制约和监督。在我们的政治体制中，人大就是要对"一府两院"起监督作用。人大要把宪法法律赋予的监督权用起来，坚持监督和支持相结合，确保法律法规得到有效实施，确保党中央重大决策部署贯彻落实。

第十，坚持民有所呼、我有所应。各级国家机关加强同人大代表的联系、加强同人民群众的联系，是实行人民代表大会制度的内在要求，是人民对自己选举和委派代表的基本要求。要紧紧抓住人民代表大会这一主要民主渠道，把加强同人大代表和人民群众的联系作为对人民负责、受人民监督的重要内容，虚心听取人大代表、人民群众意见和建议，积极回应社会关切，自觉接受人民监督。

这十个方面，是习近平总书记关于坚持和完善人民代表大会制度的重要思想的主要内容。其中，最核心的一条，就是坚持中国共产党的领导。栗战书委员长强调指出，坚持三者有机统一，最根本的是坚持党的领导，特别是坚持党中央集中统一领导。在坚持党的领导这个根本政治原则问题上，决不能有丝毫的含糊和动摇。人民代表大会制度是党领导人民建立发展起来的，是党支持和保证人民当家作主、实行依法治国的制度载体。各级人大是党领导下的政治机关，要始终坚持党的全面领导，坚决贯彻党中央和同级党委的决策部署，通过依法行使职权，保证在党的领导下依法治国、厉行法治，实现人民对美好生活的向往。在人大工作的同志对此要有深刻认识，坚守党的领导特别是党中央集中统一领导这条人大工作不可动摇的生命线，牢固树立"四个意识"，始终坚定"四个自信"，坚决维护习近平总书记权威和核心地位、坚决维护以习近平同志为核心的党中央权威和集中统一领导。

总书记关于人大制度和人大工作的重要论述还有很多，并且在不断丰富发展、与时俱进。我们要全面、持续、深入地学习领会总书记关于坚持和完善人民代表大会制度的重要思想，自觉用以指导和推进新时代人大工作。

二、全面认识党的十八大以来人大工作取得的历史性成就，坚定制度自信

党的十八大以来，在以习近平同志为核心的党中央坚强领导下，人民代表大会制度理论和实践创新取得丰硕成果，国家权力机关职能作用得到更好发挥。总书记讲："人大工作取得了历史性成就"。人大工作的历史性成就，是在习近平新时代中国特色社会主义思想科学指引下取得的，是习近平总书记关于坚持和完善人民代表大会制度的重要思想在实践中的生动体现。

（一）丰富和发展了依宪治国新实践

习近平总书记指出，宪法是国家的根本法，是治国安邦的总章程，具有最高的法律地位、法律权威、法律效力。党的十八大以来，以习近平同志为核心的党中央把宪法摆在全面依法治国十分突出的位置，提出一系列关于宪法的新理念新思想新战略，引领着新时代依宪治国新实践，开创了新时代依宪治国新局面。

一是实现了现行宪法的与时俱进、完善发展。现行宪法是 1982 年 12 月 4 日由五届全国人大五次会议通过并公布施行的。之后，全国人大曾先后作过 4 次修改。2018 年 3 月 11 日，在以习近平同志为核心的党中央正确领导下，按照中共中央关于修改宪法的建议，十三届全国人大一次会议高票通过宪法修正案，完成了宪法修改的崇高任务。这次修改，全面体现了自上一次修宪以来党和人民在中国特色社会主义建设和改革实践中取得的重大理论创新、实践创新、制度创新成果，确立了习近平新时代中国特色社会主义思想在国家政治和社会生活中的指导地位，调整充实了中国特色社会主义事业总体布局和第二个百年奋斗目标的内容，完善了依法治国和宪法实施举措，充实了坚持和加强中国共

产党全面领导的内容，增加有关监察委员会的各项规定等，体现了我们党依宪执政、依宪治国的理念，为新时代坚持和发展中国特色社会主义提供了有力宪法保障。

二是全面贯彻实施宪法。习近平总书记指出，宪法的生命在于实施，宪法的权威也在于实施，全面贯彻实施宪法是建设社会主义法治国家的首要任务和基础性工作，要坚持不懈抓好宪法实施工作。贯彻落实党中央决策部署，全国人大常委会先后通过关于设立国家宪法日的决定、关于实行宪法宣誓制度的决定、关于特赦部分服刑罪犯的决定，制定国家勋章和国家荣誉称号法、国歌法等。迄今已连续开展4个国家宪法日活动，宪法宣誓活动在全国各级国家机关普遍开展。十三届全国人大一次会议期间，新当选的国家主席、中央军委主席习近平同志和新当选的其他国家机关领导人员分别进行宪法宣誓，这是这一制度实行以来首次在全国人民代表大会上举行的宪法宣誓。这些宪法实施的重要制度和举措，对彰显宪法权威、弘扬宪法精神、提高全社会的宪法意识，发挥了重要作用。

三是加强宪法监督，树立宪法权威。宪法监督是保证宪法实施、维护宪法权威的重要制度形式。习近平总书记强调，必须把宣传和树立宪法权威作为全面推进依法治国的重大事项抓紧抓好，切实在宪法实施和监督上下功夫。贯彻落实党的十九大提出的"加强宪法实施和监督，推进合宪性审查工作，维护宪法权威"要求，十三届全国人大一次会议在原有法律委员会基础上设立宪法和法律委员会，进一步强化宪法在党和国家事业中的地位和作用。十三届全国人大常委会第三次会议还通过了关于全国人民代表大会宪法和法律委员会职责问题的决定，明确宪法和法律委员会增加推动宪法实施、开展宪法解释、推进合宪性审查、加强宪法监督、配合宪法宣传等工作职责，宪法监督制度建设取得实质性进展。

这里我再强调一下。今年3月，栗战书委员长在深入学习宣传和贯彻实施宪法座谈会上指出，乡级以上的党政机关工作人员都应当有组织地集中学习宪法，坚持原原本本、逐章逐条学宪法，真正吃透宪法精神、宪法原则、宪法规定。对县级人大的干部来说，宪法的条文、内容都是要应知应会的，希望大家把学习宪法作为基本课、必修课，真正抓紧抓实抓好。

（二）立法工作开拓新局面

总书记针对全面依法治国面临的新形势新任务新要求，鲜明地提出全面依法治国首先要有法可依，坚持立法先行，发挥立法引领和推动作用，以良法促进发展、保障善治。党的十八大以来，党中央全面加强对立法工作的领导。2016年修订出台了关于加强党领导立法工作的意见，为立法工作更好地坚持党的领导提供了重要遵循。今年，党中央成立了中央全面依法治国委员会，进一步加强了对法治中国建设的集中统一领导。在党中央的坚强领导下，立法工作呈现数量多、分量重、节奏快、效果好的特点。

一是加强重点领域立法。全国人大及其常委会加强重点领域立法，及时反映党和国家事业发展要求、人民群众关切期待，全面推进经济、政治、社会、文化、生态领域立法，着力加强国家安全领域立法。比如，贯彻落实总体国家安全观，加快国家安全法制建设，相继出台国家安全法、反间谍法、反恐怖主义法、网络安全法等9部国家安全领域重要法律。全面修订环境保护法，制定土壤污染防治法，修改水污染防治法、海洋环境保护法等，用最严格的法律制度保护生态环境。提出贯彻落实税收法定原则的实施意见，明确改革路径和到2020年相关立法工作安排，制定环境保护税法、烟叶税法、船舶吨税法，修改企业所得税法、个人所得税法，开展产权保护法律清理工作，进一步为社会主义市场经济发展提供法律保障。

二是以立法引领、保障和推动重大改革举措实施。立法与改革协调推进，成为党的十八大以来人大立法工作的一大时代特色。比如，为落实党的十八届三中、四中全会明确提出的重大改革举措，确保依法推进，十二届全国人大常委会及时调整立法规划，将应立法解决的重大改革举措列入规划，使立法项目在原有68件的基础上增加34件。十二届全国人大及其常委会共作出21件授权决定和改革决定，为改革先行先试提供法律支撑；通过15个统筹修改法律的决定，涉及修改法律95件次，持续推进行政审批、职业资格认定等方面改革。十三届全国人大常委会成立半年来，已先后审议通过多个有关改革的决定，第二次常委会会议上一次就安排了5项关于改革的立法项目和1个监督项目。

三是与时俱进完善立法体制。贯彻落实党中央决策部署，全国人大及时修改立法法，适应地方的实际需要，赋予所有设区的市地方立法权，同时明确其地方立法权限和范围，避免重复立法，维护国家法制统一。积极健全人大主导立法工作的体制机制。全国人大及其常委会加强对立法工作的组织协调，牢牢把握立项、起草、审议等关键环节的主导作用。加强综合性、全局性、基础性重要法律案的组织起草工作，及时出台建立健全全国人大专门委员会、常委会工作机构组织起草重要法律草案制度的实施意见。按照党中央要求，还建立健全了一大批立法工作方面的制度机制，如完善法律草案向社会公布制度，建立法律通过前评估制度、基层立法联系点制度等，使我国的立法工作机制更加完备有效。

十三届全国人大成立以来，坚持以习近平新时代中国特色社会主义思想为引领，进一步加强和改进新时代立法工作。半年多来，常委会已制定法律 6 件，修改 26 件，作出有关法律问题和重大问题的决定 7 件。审议通过的英雄烈士保护法、电子商务法、土壤污染防治法、关于修改个人所得税法的决定等，都是社会各方面普遍关注的重要法律。按照民法典编纂“两步走”的思路，在上一届通过民法总则的基础上，本届对民法典各分编草案进行了初次审议。今年 8 月，党中央批准了本届全国人大常委会立法规划。列入规划的一类项目有 69 件、二类项目 47 件，还有大量的三类项目和临时提请审议的项目，立法任务十分艰巨。9 月 7 日，全国人大常委会召开立法工作会议，对贯彻落实立法规划作出全面部署。栗战书委员长作题为《以新担当新作为书写新时代立法工作新篇章》的讲话，强调要准确把握做好新时代立法工作的基本要求，围绕建设中国特色社会主义法治体系、建设社会主义法治国家，发挥人大及其常委会在立法工作中的主导作用，加快立法工作步伐，不断完善以宪法为核心的、与推进国家治理体系和治理能力现代化相适应的中国特色社会主义法律体系。9 月 15 日，在杭州举办了第 24 次全国地方立法工作座谈会，栗战书委员长出席会议并发表讲话，对加强改进地方立法工作提出了五个方面的重要要求。委员长的两个讲话，进一步明确了新时代立法工作的思路和举措，对开辟新时代立法工作新局面、继续完善发展法律体系具有重要意义。

（三）监督工作取得新突破

习近平总书记指出，各级人大及其常委会要担负起宪法法律赋予的监督职责，维护国家法制统一、尊严、权威，加强对“一府两院”执法、司法工作的监督，确保法律、法规得到有效实施，确保行政权、审判权、检察权得到正确行使。全国人大及其常委会全面担负起法定监督职责，监督工作思路、内容、方式和机制等方面取得新发展，监督实效进一步增强。

一是健全执法检查工作机制。党的十八大以来，全国人大常委会把加强执法检查摆在监督工作突出位置，十二届、十三届全国人大常委会每年执法检查项目增加到 6 个，委员长会议组成人员百余人次带队进行检查，常委会、专门委员会组成人员和全国人大代表近千人次参加。自 2015 年起，委员长每年选择一个执法检查项目，担任检查组组长、带队赴地方检查。同时，着力健全执法检查工作机制，探索形成包括选题、组织、报告、审议、整改、反馈 6 个环节的“全链条”工作流程，执法检查的实效性、权威性不断增强。

二是改进和完善专题询问。出台改进完善专题询问的若干意见，要求提出问题切中要害、回答问题实事求是，“一问一答”反映人民群众呼声、回应人民群众关切。到常委会报告工作、回答询问的层级进一步提升，上一届有多位国务院副总理或国务委员来报告和应询。7 月份，全国人大常委会第四次会议举行联组会议，由栗战书委员长主持，就大气污染防治法执法检查报告进行了专题询问。在刚刚结束的十三届全国人大常委会第六次会议上，首次对“两高”工作进行了专题询问，最高人民法院院长周强、最高人民检察院检察长张军到会应询。六年多来，国务院负责同志和有关部门负责同志近 200 人次到会听取意见、回答询问。专题询问更有力度、更具权威，更好地起到了增强监督实效、推动改进工作的作用。

三是听取审议专项工作报告机制更加健全。全国人大常委会进一步完善听取审议专项工作报告机制。2014 年修订的环境保护法规定，县级以上人民政府应当每年向本级人大常委会报告环境状况和环境保护目标完成情况。自 2016 年起全国人大常委会每年都安排听取审议国务院相关专项工作报告。2017 年，党中央出台关于建立国务院向全国人大常委会报告国有资产管理情况制度的意见。刚结束的十三届全国人大常委会第六次会议听取审议了国务院关于 2017 年度国有资产管理情况的综合报告和关于 2017 年度金融企业国有资产的专项报告，这是该《意见》出台以来，国务院首次向全国人大常委会提交国有资产管理报告，具有开创性意义，今后这种做法将常态化。2018 年制定的监察法，还规定各级人大常委会听取审议本级监察委员会的专项工作报告的内容。

四是创新预算决算审查监督机制。修改预算法，充实加强人大预算决算审查监督的法律规定，推动建立全面规范透明、标准科学、约束有力的预算制度。改进审计查出突出问题整改情况向全国人大常委会报告机制，连续3年听取审议国务院整改情况报告。还提出了人大预算审查监督重点向支出预算和政策拓展的指导意见，完善预算审查前听取人大代表和社会各界意见建议机制，推进人大预算联网监督，实现对预算决算的全口径审查和对预算执行全过程的实时在线监督。

五是规范性文件备案审查工作取得重大进展。按照党的十八届四中全会决定关于加强备案审查制度和能力建设的要求，2015年修改立法法，增加规定全国人大有关专门委员会和常委会工作机构对规范性文件的主动审查；审查、研究情况的反馈和公开等。在有关工作制度上，全国人大常委会法工委制定了法规、司法解释备案审查工作规程（试行），对提出审查建议的公民、组织进行反馈的工作办法等。在2017年全国人大常委会首次听取审议备案审查工作情况报告基础上，2018年常委会工作要点和立法工作计划中明确，按年度听取审议备案审查工作情况报告将制度化、常态化。全国统一的备案审查信息平台建设也正在加快推进。

十三届全国人大成立以来，着力增强监督实效。栗战书委员长反复强调，要准确把握人大监督的政治定位、法律定位，既严格遵循"依法"二字，依照法定职责、限于法定范围、遵守法定程序，督促"一府一委两院"依法履职尽责，又要坚持问题导向，抓住突出问题持续发力，用好用足法定监督形式。要注重发挥人大执法检查监督利剑功效，推动法律全面有效实施。要在增强监督工作的针对性、实效性上下功夫，敢于动真碰硬，客观公正反映发现的问题，用事实说话，拿法律对照，该点名要点名，杜绝监督中的"粗、宽、松、软"等情况。十三届全国人大常委会已先后听取审议16个有关工作报告、5个执法检查报告。特别是围绕党中央关于打好三大攻坚战的决策部署，开展大气污染防治法执法检查，专门加开了一次常委会会议听取审议大气污染防治法执法检查报告，体现了对大气污染防治工作的高度重视。还结合审议报告开展了专题询问，并作出有关决议，推动打赢蓝天保卫战，打出了人大监督的有力"组合拳"，对新时代人大监督工作作出了新的探索。

（四）代表工作取得新进展

习近平总书记高度重视人大代表工作，明确要求要加强同人大代表联系，健全人大常委会组成人员联系本级人大代表机制，畅通社情民意反映和表达渠道，支持和保证人大代表依法履职。近些年来，全国人大常委会贯彻落实党中央关于加强和改进代表工作的部署要求，在深化和拓展代表工作方面迈出了坚实步伐、取得了明显成效。代表工作亮点很多，这里我只点印象比较深的三个方面。

一是密切常委会同人大代表的联系。贯彻落实党的十八届三中全会改革举措，十二届全国人大常委会建立了委员长会议组成人员、常委会委员联系全国人大代表制度。本届常委会继续坚持委员长会议组成人员和常委会委员直接联系全国人大代表的制度，目前已经确定委员长会议16名组成人员直接联系93名代表，常委会委员直接联系347名代表，其中多为基层人大代表。可以说，这就是和最基层代表的联系，和基层的"直通车"。联系方式也在不断创新。栗战书委员长率队在内蒙古自治区开展执法检查、到江西、浙江调研期间，都专门召开五级人大代表参加的座谈会，认真倾听人大代表意见建议。十三届全国人大常委会第五次会议期间，全国人大常委会办公厅邀请列席常委会会议的52名全国人大代表举行座谈会。栗战书委员长主持座谈会与代表深入交流，同时提出要形成每次常委会会议期间召开列席全国人大代表座谈会听取意见建议的机制。刚刚结束的常委会第六次会议期间，栗战书委员长主持座谈会，与列席会议的56名全国人大代表进行座谈交流。

二是密切人大代表同人民群众的联系。贯彻落实党的十八届三中全会精神，2014年，全国人大常委会办公厅出台了关于通过网络平台密切代表同人民群众联系的实施意见，推动各级人大加强代表联系人民群众的工作平台和网络平台建设。2016年经党中央批准，又印发关于完善人大代表联系人民群众制度的实施意见，从6个方面就加强代表同人民群众的联系提出了一系列新要求新举措。地方各级人大结合实际出台了贯彻两个实施意见的措施办法，有力推动了人大代表联系群众工作规范化制度化。

三是加强代表学习培训。这些年来，全国人大常委会着力完善代表学习培训制度，提出了基层全国人大代表任期内至少参加一次履职学习的目标。十三届全国人大成立半年多来，全国人大常委会办公厅已举办3期全国人大代表学习班，组织了1097名全国人大代表参加培训。9月在上海举行的第3期全国人大代表学习班，一次就组织了500多名全国人大代表参加培训，这么大的规模，在以往全国人大的代表培训工作中是从来没有过的。

(五)加强县乡人大工作和建设

党的十八大以来,以习近平同志为核心的党中央高度重视县域治理和基层政权建设,高度重视加强县乡人大工作和建设。全国人大常委会组织开展为期两年的专题调研,2015 年提出了加强县乡人大工作和建设的若干意见,报请党中央批准转发,同步修改地方组织法、选举法、代表法。地方人大的同志普遍认为,这是多年来推动地方人大建设力度最大的一次,解决了长期制约基层人大工作发展的一些突出难题。目前,县级人大常委会主任基本实现了专职配备,各地普遍增加了县级人大常委会组成人员名额,提高了专职组成人员比例;县级人大设立了法制、财政经济等专门委员会,一些地方还从实际出发,设立了民族、内务司法、城乡建设和环境保护等专门委员会。绝大多数乡镇人大实现了主席专职配备,许多地方还配备了专职副主席,不少乡镇人大设立了办公室。我们先后召开县乡人大工作和建设座谈会和经验交流会,对全国 2850 多个县(区、市)的人大常委会负责同志开展集中培训。大家参加的这个学习班,就是近年来全国人大常委会办公厅开展的第二轮县级人大常委会负责同志集中培训。今年将实现本轮县乡人大换届后全国县级人大常委会主任集中学习的全覆盖。经过各方面共同努力,县乡人大工作和建设呈现出新气象新风貌。对此,在座的同志应该都有最真切的感受和最深刻的体会。

党的十八大以来人大工作取得的历史性成就还有很多,比如,作出关于香港特别行政区行政长官普选问题的决定,主动释法遏制和打击"港独";维护人民代表大会制度尊严,依法严肃处理辽宁拉票贿选案等。习近平总书记指出,全国人大及其常委会把坚持党的领导、人民当家作主、依法治国真正打通、有机统一起来了。这是对党的十八大以来人大工作成就经验的充分肯定和深刻总结。在人大工作的同志要全面认识这些历史性成就,进一步坚定道路自信、理论自信、制度自信、文化自信,增强走中国特色社会主义政治发展道路的信心和决心,毫不动摇坚持、与时俱进完善人民代表大会制度。

三、学习研究宣传贯彻习近平总书记关于坚持和完善人民代表大会制度的重要思想,坚定前进步伐

学习研究宣传贯彻习近平总书记关于坚持和完善人民代表大会制度的重要思想,是各级人大的一项重要任务。栗战书委员长指出,"面对新形势新任务新要求,各级人大都要深入学习贯彻习近平新时代中国特色社会主义思想,特别是把学习研究宣传贯彻习近平总书记关于坚持和完善人民代表大会制度的重要思想摆在突出位置,在学懂弄通做实上下功夫,进一步加强理论武装,提高政治站位,增强工作能力,更好发挥国家权力机关作用。"就此,委员长提出了四条明确要求。*一是在加强学习方面*,要建立健全学习机制,突出总指引,坚持下功夫,强化硬约束。*二是在加强理论研究方面*,要坚持问题导向,理论联系实际,抓紧形成一批高质量研究成果。*三是在加强宣传方面*,要进一步加大力度、改进方式、增强实效。*四是在贯彻落实方面*,要紧扣大局,勇于担当,求真务实。我们要深入学习领会栗战书委员长要求,认真抓好落实。这里,我结合县级人大工作实际,再提几点具体要求。

(一)强化理论指引

习近平总书记关于坚持和完善人民代表大会制度的重要思想,回答了新时代坚持好完善好人民代表大会制度的重大课题。要把总书记的重要思想作为新时代人大制度和人大工作创新发展的"定海神针",以理论清醒保证政治坚定,以思想自觉引领行动自觉。要形成常态化长效化的学习制度,制定年度学习计划,明确目标任务,统筹安排学习主题、时间、形式,事先准备、精心组织,务求取得实效。要把学习贯彻习近平总书记关于坚持和完善人民代表大会制度的重要思想作为常委会党组会议或常委会会议的首要议题,做到习近平总书记发表的重要讲话,党中央召开的重要会议、出台的重要文件,人大常委会党组第一时间传达学习。本届全国人大常委会党组每次会议的第一项议程,都是传达学习总书记重要讲话和党中央重要会议、重要文件精神,这已经成为制度化安排。要立足人大工作实际,坚持学用结合、学以促用,重点围绕习近平总书记的指示要求和党中央决策部署,紧密结合本级党委决策部署、本地区中心工作和发展实际,有针对性地组织学习讨论,为地方经济社会发展和民主法治建设想办法、出实招。

(二)把牢政治方向

全国人大及其常委会是党中央领导下的重要政治机关,各级人大及其常委会也都是政治机关,每一项职权、每一项工作都包含着政治。必须旗帜鲜明讲政治,牢固树立"四个意识",始终坚定"四个自信",坚决维护习近平总书记权威和核心地位、坚

决维护以习近平同志为核心的党中央权威和集中统一领导，自觉在思想上政治上行动上同以习近平同志为核心的党中央保持高度一致。要健全并严格执行向本级党委请示报告制度，人大常委会党组定期向党委报告工作情况，人大重要会议、重要活动以及监督等工作中的重大问题、重大事项，都及时主动向党委请示报告，保证一切工作在党的领导下扎实推进。要充分发挥人大常委会党组在人大及其常委会中的领导核心作用，建立和完善党组工作、议事、决策等方面的制度规则，充分发挥党组把方向、管大局、保落实的重要作用。

（三）狠抓贯彻落实

在我国，县乡两级人大是最基层的国家权力机关，是人民代表大会制度的基础，在国家治理体系中处于十分重要的位置，发挥着十分重要的作用。栗战书委员长对基层人大工作十分关心，每次调研都到地方人大机关看一看，和地方人大的同志谈一谈，尽可能地安排去基层人大走一走。在福建调研时，栗战书委员长专门到比较偏远的政和县，和县人大机关的同志进行座谈。前不久，我陪同栗战书委员长到浙江调研，在调研中委员长指出"县乡人大工作大有可为"，"做好新时代人大工作，最主要的就是把县乡两级人大建设好，把人大工作的基础打坚实，把县级人大及其常委会、乡镇人大的作用充分发挥出来。"贯彻落实习近平总书记关于坚持和完善人民代表大会制度的重要思想，就是要勇于担当、善于作为，不断加快工作步伐，提升工作质量，充分发挥出国家权力机关的职能作用。

一要认真依法履职尽责，积极探索创新。宪法法律赋予县级人大许多重要职权，包括监督权、讨论决定重大事项权、人事任免权等。要把宪法法律赋予的监督权用起来，围绕党和国家工作大局，结合地方实际，坚持问题导向，完善监督工作方式方法，加强跟踪监督，推动解决人大代表、人民群众普遍关心的热点难点问题，保证法律法规有效实施，让人民群众有更多的获得感、幸福感、安全感。要依法行使重大事项决定权，认真贯彻执行党中央关于健全人大讨论决定重大事项制度的文件要求，在同级党委的领导下做好讨论决定重大事项工作，推进科学决策、民主决策、依法决策。县级人大处在民主法治建设的第一线，履职中面对的各种情况更为新鲜、生动，有时也很复杂，需要在依法履职的前提下积极探索创新，因地因时制宜地开展工作。以往基层人大工作中形成的好经验好做法，有不少上升到法律、形成为制度。希望县级人大能够继续依法探索创新、积累完善经验，为相关法律制度的修改完善提供参考。

二要密切联系群众，充分发挥代表作用。党的十九大明确提出要更好发挥人大代表作用，强调要使各级人大及其常委会成为同人民群众保持密切联系的代表机关。县级人大代表是直接选举产生的，与选民的关系最为密切，对基层实际的感受更为真切。希望大家充分发挥这一优势，通过办理代表建议，邀请代表参加常委会和专门委员会活动，组织代表开展专题调研、集中视察、代表小组活动等方式，更好地了解民情、反映民意、集中民智。建好用好人大代表联络站这个平台。现在各地普遍都设了代表联络站，形式灵活多样，名称上有叫代表活动室、代表工作站、代表之家等，代表进站接待群众实现了常态化。代表联络站是人大代表依法履职、联系群众的重要平台。代表在这里可以接待群众，听取群众意见；可以学习党中央精神和宪法法律，交流履职经验；可以组织开展视察、调研等活动，也可以议事和讨论。希望大家高度重视代表联络站建设，认真推广好经验、好做法，进一步推进规范化、制度化，更好发挥代表联络站的功能，真正使人大代表成为群众的"贴心人"、群众与政府之间的"连心桥"。

三要结合县级人大实际，增强人大宣传工作实效。县级人大常委会是最基层的人大常委会，同广大人民群众面对面打交道，是开展人大宣传工作的重要窗口。要聚焦习近平总书记关于坚持和完善人民代表大会制度的重要思想，聚焦党中央对人大工作的决策部署，聚焦人大各方面工作进展和成效，结合县级人大工作实际，进一步加大宣传力度，创新宣传方式，特别是注重运用互联网、微信公众号、手机APP等新媒体和信息技术，拓展人大宣传工作的广度和深度，推动全社会了解和参与人大工作，让这一国家根本政治制度深入基层、深入人心。

四要加强自身建设，不断提高履职能力水平。打铁必须自身硬。要坚持把政治建设摆在首位，全面加强思想、组织、制度、能力、作风等各方面建设，坚持不懈改作风转作风，不断提高工作效率，进一步增强履职能力。要认真贯彻落实习近平总书记关于"大兴调查研究之风"的重要指示精神，尽可能地多到基层和一线去、到代表和群众中去，认真开展调查研究，向人民群众学习，集中人民群众的智慧，做到"在天安门城楼上想问题、在田间地头找感觉"，使人大工作既通"天线"，又接"地气"。大力倡导实事求是、求真务实的作风，始终保持奋发有为的精神状态，扎扎实实开展工作，在同级党委领导下，努力把人大工作做好，抓出成效来。

同志们，中国特色社会主义进入新时代，各级人大及其常委会担负起新的历史使命，踏上了新的历史征程。做好新时代人大工作，必须牢固树立政治意识、大局意识、核心意识、看齐意识，坚决维护习近平总书记权威和核心地位，坚决维护以习近平同志为核心的党中央权威和集中统一领导。我们要依法履职尽责，积极开拓进取，自觉把人大各项工作紧紧扣在贯彻落实党中央重大决策部署上来，紧紧扣在回应人民群众重大关切上来，紧紧扣在厉行法治、推进全面依法治国上来，为长期坚持、不断完善人民代表大会制度，推动新时代人大工作不断开创新局面，为决胜全面建成小康社会、全面建设社会主义现代化国家、实现中华民族伟大复兴的中国梦作出新的贡献。

最后，祝学习班取得圆满成功，祝大家身体健康、学习愉快！

在纪念刘少奇同志诞辰 120 周年座谈会上的发言

（2018 年 11 月 23 日）

杨振武

各位领导，同志们：

今天，我们怀着无比崇敬的心情，纪念刘少奇同志诞辰 120 周年，深切缅怀他为党和国家事业建立的历史功勋，追思学习他的革命精神和崇高风范。

刘少奇同志是伟大的马克思主义者，伟大的无产阶级革命家、政治家、理论家，党和国家主要领导人之一，中华人民共和国开国元勋，是以毛泽东同志为核心的党的第一代中央领导集体的重要成员。1954 年 9 月，刘少奇同志当选为第一届全国人民代表大会常务委员会委员长。1959 年 4 月和 1965 年 1 月，刘少奇同志连续两次当选为国家主席。他始终坚持党的领导，带头贯彻执行党的路线方针政策，倡导民主，尊崇法治，为实现和保证人民当家作主付出了宝贵心血，为推进社会主义民主法治建设作出了卓越贡献。

*刘少奇同志为我国人民代表大会制度的探索建立作出了重大的历史性贡献。*从参加革命起，刘少奇同志就和老一辈领导人积极探索建立符合中国国情的政权组织形式。安源工人运动中，他领导改组工人俱乐部，按照民主集中制原则健全各级组织。抗日战争期间，他领导创建了华北、华中等地的抗日根据地政权。解放战争时期到新中国成立前后，他参与指导各地召开各界人民代表会议，为建立人民代表大会制度积累了实践经验。1951 年初在北京市第三届人民代表会议上，他指出，“人民代表会议与人民代表大会制度，是我们国家的基本制度，是人民民主政权的最好的基本的组织形式”。

1953 年起，在以刘少奇同志为主席的中央选举委员会指导下，在全国范围内开展了人口调查登记、选民登记、基层选举等工作，为在全国范围内建立人民代表大会制度做了重要准备。1954 年一届全国人大一次会议胜利召开，刘少奇同志在会上全面总结了党领导人民长期进行政权建设的经验，系统阐述了人民代表大会制度的基本原则和内容，第一次明确提出人民代表大会制度是我国的根本政治制度。在这次大会上，刘少奇同志当选为首任全国人大常委会委员长。

*刘少奇同志为新中国第一部宪法的制定和实施做了大量奠基性工作。*1954 年，毛泽东同志主持制定了中国历史上第一部人民民主专政的社会主义宪法。刘少奇同志作为宪法起草委员会委员，参与领导了宪法制定的全过程，发挥了重要作用。他多次主持宪法起草委员会会议，逐章逐节讨论和完善宪法草案，仅他个人就提出了 44 处修改意见，涉及 22 个条文，这些意见全部被采纳。1954 年 9 月 15 日，刘少奇同志代表宪法起草委员会在一届全国人大一次会议上作了关于宪法草案的报告，强调宪法草案是历史经验的总结，对新中国的国家性质、政治制度、人民的权利和义务、民族区域自治等作了详尽说明。9 月 20 日，大会经表决，全票通过了新中国第一部宪法，中国人民终于有了一部代表自己利益的、体现民主原则和社会主义原则的宪法。

刘少奇同志高度重视宪法实施工作，号召“我们全国各族人民必须按照宪法所规定的道路，在中国共产党的领导下，加强团结，继续努力，谦虚谨慎，戒骄戒躁，为保证宪法的完全实施而奋斗，为把我国建设成为一个伟大的社会主义国家而奋斗”。

他强调国家机关要带头贯彻实施宪法，指出：“一切国家机关都是为人民服务的机关，因此，他们在遵守宪法和保证宪法的实施方面，就负有特别的责任。”这些重要思想，对于当前推进依法治国、依宪治国，依然具有很强的指导意义。

刘少奇同志领导人民代表大会制度初创时期的人大工作取得了重要的开创性成就。在刘少奇同志主持下，一届全国人大及其常委会的立法、监督、代表等各项工作在探索中有序开展、不断完善，国家权力机关的作用得到充分发挥。

刘少奇同志十分重视立法工作，明确提出健全法制是国家工作中的一项迫切任务，要系统地制定比较完备的法律。他主持召开5次全国人民代表大会会议和109次常委会会议，参与领导制定了全国人民代表大会组织法、国务院组织法、地方各级人大和地方各级人民委员会组织法、兵役法、户口登记条例、军官服役条例等一大批重要的法律法令和决定决议，通过了发展国民经济的第一个五年计划、农业生产合作社示范章程等，为新中国法制建设奠定了坚实基础。

刘少奇同志多次强调要发挥人大对行政机关、审判机关、检察机关的监督作用，指出“各级人民政府的一切工作和一切活动应向各级人民代表会议作报告，并接受其质询与审议，重要的工作和活动还须先经过人民代表会议的讨论和决议，然后大家团结一致地去加以执行。”在他的领导下，一届全国人大及其常委会共听取审议“一府两院”工作报告40多次，较好发挥了人大的监督职能。

刘少奇同志特别注重发挥人大代表的作用，就任不久，就以全国人大常委会委员长的名义致信全国人大代表，希望他们把自己和群众的意见建议随时告知常委会。他指导建立了人大代表视察制度，定期组织全国人大代表到各地视察；推动设立全国人大代表办事处，为代表依法履职创造了更好的条件。他大力推动人大组织和制度建设，为人大及其常委会依法履职提供了有力保障。

刘少奇同志为制定和实施国家根本法、建立和实行国家根本政治制度作出的光辉业绩，永远铭刻在史册上。他领导建立的很多法律制度，在社会主义民主政治方面所作的实践探索和理论思考，不仅对当时的国家政治生活发挥了重要作用，也为后来的民主法治建设奠定了重要基础，是一笔弥足珍贵的历史财富。今天，我们纪念刘少奇同志诞辰120周年，就是要不忘初心、牢记使命，坚持以习近平新时代中国特色社会主义思想为指导，全面贯彻党的十九大精神，在以习近平同志为核心的党中央坚强领导下，坚持党的领导、人民当家作主、依法治国有机统一，长期坚持、不断完善人民代表大会制度，为实现“两个一百年”奋斗目标、实现中华民族伟大复兴的中国梦作出新贡献。

持续强化正风肃纪　推进全面从严治党

杨振武

习近平总书记关于开展警示教育的重要批示，表明了党中央正风肃纪的坚决态度，既体现了对中央和国家机关广大党员干部的严管厚爱，也对各级党组织提出了明确要求，为中央和国家机关党风廉政建设和反腐败斗争指明了方向。我们要贯彻落实中央和国家机关警示教育大会精神，按照中央和国家机关工委的要求，继续在常和长、严和实、深和细上下功夫，以永远在路上的执着不断把全国人大机关全面从严治党引向深入。

深刻认识开展警示教育的重要意义

党的十八大以来，以习近平同志为核心的党中央对中央和国家机关党风廉政建设和反腐败斗争高度重视，习近平总书记多次作出重要指示，提出明确要求。全国人大常委会机关党组一直高度重视警示教育工作，每年都开展警示教育系列活动。但是，机关近年来查处的一些违纪违法问题警示我们，机关党风廉政建设和反腐败工作仍不容懈怠，要时刻保持清醒头脑，始终坚持不歇脚、不松气，把全面从严治党抓实抓细。开展警示教育是机关全面从严治党的重要环节，对机关形成良好政治生态起着重要作用，对中央和国家机关全面从严治党的全局也会产生重要影响。要充分认识警示教育的特殊重要意义，切实增强思想自觉、政治自觉和行动自觉，带头担负起分管单位警示教育的重要职责，抓紧抓好警示教育这个有效举措，通过典型违纪案件通报，释放纪律的震慑力量，传递机关党组对违纪违法问题“零容忍”的坚定态度,引导党员干部知敬畏、存戒惧、守底线,始终远离纪律“高压线”。谁要是触碰了“高压线”,就要付出自己的代价。要充分发挥反面典型的警示教育作用,深刻剖析违纪违法问题的思想根源,举一反三、防患未然,不断增强纪律规矩意识,切实筑牢拒腐防变的思想堤坝,做到警钟长鸣。

坚定不移加强机关党的政治建设

违纪违法问题,从根子上说都是政治问题,这与少数党员干部政治根基不牢密切相关,与所在单位党组织抓党的政治建设不严不实密切相关。全国人大机关的工作是政治性很强的业务工作,也是业务性很强的政治工作,要始终把旗帜鲜明讲政治作为我们工作的生命线,片刻不放松、须臾不懈怠,不断加强和推进机关党的政治建设。要认真贯彻实习近平总书记对中央和国家机关党的政治建设重要批示以及中央和国家机关党的政治建设推进会精神,按照机关党组《关于印发〈全国人大机关学习贯彻栗战书委员长重要批示　进一步加强机关党的政治建设的实施意见〉的通知》安排,把讲政治的要求体现在贯彻落实党中央重大决策部署的工作上来,体现在为全国人大及其常委会依法履职提供参谋助手和服务保障的实际行动上来。要坚定政治信仰,坚持不懈用习近平新时代中国特色社会主义思想武装头脑,在学懂弄通做实上下功夫,使之成为坚定理想的“主心骨”、牢固信念的“压舱石”。要严守政治纪律和政治规矩,不断增强“四个意识”,自觉践行“两个维护”,严防“七个有之”,始终做政治上的明白人、老实人。如果政治上不明白,就会糊里糊涂犯错误。如果政治上不老实,最终就会吃大亏。要严格执行新形势下党内政治生活若干准则,机关党组成员和机关各级党员领导干部,无论职务高低,都要以普通党员身份严肃认真地参加所在党组织的组织生活会,接受党性锤炼。要严以修身立德,始终牢记为人民服务的宗旨,自觉同特权思想和特权现象作斗争,严格自律、慎独慎微,做到廉洁从政、廉洁修身、廉洁齐家,永葆共产党人清廉本色。

建设让党中央放心、让人民群众满意的模范机关

习近平总书记要求,中央和国家机关要建设让党中央放心、让人民群众满意的模范机关。全国人大机关是党中央领导下的重要政治机关,要建设成为模范机关,就要营造风清气正的政治生态,坚持“严”字当头,做到真管真严、敢管敢严、长管长严。机关党组对机关党的建设负领导责任,机关党委和机关纪委,机关各单位主要负责同志和纪检干部都要履行好主体责任和监督责任,把党风廉政建设责任抓在手中、扛在肩上,种好全面从严治党的“责任田”。7 月份,机关党组与机关各单位党组织签订了《全国人大机关落实全面从严治党要求责任书》,以“军令状”的形式让全面从严治党主体责任在机关各单位落地生根,今后哪里出了问题就要问责哪里的领导。各单位党组织要加强日常监督管理,坚持做好年节假期遵规守纪情况报告工作,强化对党员干部“8 小时”之外的监督,严格落实谈话提醒、批评教育月报制度,抓早抓小抓苗头,敢于担当尽责、勇于较真碰硬,发现问题及时提醒纠正,让“红红脸、出出汗”成为常态。要提醒党员干部,只要是外出吃饭,哪怕是好朋友邀请,也要搞明白谁请吃饭、谁花钱、都有谁、在哪里吃,千万不能有饭就吃、有酒就喝,稀里糊涂犯错误。我们没有人是在保险箱里的,如果警惕性不高、纪律的弦绷得不紧,就有可能违规违纪。同时,要开展排查防控廉政风险隐患“回头看”,并在机关内网上公开本单位廉政风险点、风险等级和防控措施,切实强化自我监督,自觉接受外部监督。机关纪委要与派驻纪检监察组积极沟通配合,坚持把纪律挺在前面,聚焦关键岗位和重点人员,加强监督检查,深化运用监督执纪“四种形态”,要坚持“一案双查”,对发现的违纪违法问题通报曝光,发挥反面典型警示教育作用,强化警示教育效果。

扎实开展警示教育活动

全国人大常委会机关党委印发了《关于认真学习贯彻中央和国家机关警示教育大会精神的通知》,对开展警示教育活动作了具体安排。活动期间,各单位组织召开警示教育专题会议,把警示教育大会精神传达到全体党员干部,主要负责同志作专门动员部署,提出具体要求。认真学习新修订的《中国共产党纪律处分条例》,机关邀请中央纪委有关同志作专题辅导,通过学习研讨,准确理解把握新规定新要求,把《条例》作为规范行为的准绳,切实增强贯彻执行的自觉性,把学习过程变成进一步加强纪律教育、强化纪律意识的过程。结合违纪违法典型案

例，认真对照检查，深刻吸取教训，做到全覆盖，防止“灯下黑”，消除监督盲区、监管“飞地”。积极组织开展行之有效的警示教育活动，通过观看纪律教育专题片、参观廉政教育基地、撰写心得体会、召开专题组织生活会等多种形式，加强学习教育。严格按照中央纪委的有关制度规定和派驻纪检监察组的具体要求，及时落实纪律处分决定，防止出现“打白条”现象，强化警示教育效果。按照栗战书委员长重要批示要求，全国人大常委会机关党组拟于明年开展机关内部巡视工作，各单位目前正积极开展自查自纠。下一步，全国人大机关将紧密结合本单位实际，坚持问题导向，突出特色，切实推动党风廉政建设取得新成效。

《紫光阁》2018 年第 12 期

大事记

- 第十三届全国人民代表大会第一次会议
- 特辑
- 常委会工作安排和会议议程日程
- 委员长讲话
- 立法工作
- 批准公约和条约
- 监督工作
- 人事任免
- 代表工作
- 对外交往
- 专门委员会工作
- 常委会相关活动
- 大事记

2018 年大事记

一　月

1 月 3 日　张平副委员长主持召开会议，听取中央本级预算联网监督系统试运行情况。

1 月 3 日—8 日　张宝文副委员长率调研组赴云南省就农村金融立法和农业供给侧结构性改革进行专题调研。调研组先后赴大理、西双版纳、昆明等地，实地考察农村一二三产业融合发展、现代农业技术研发、金融支农、特色农产品深加工和标准化生产、种质资源保护、生态保护区建设等情况，并召开座谈会听取云南省政府及有关部门对推动农村金融立法、深化农业供给侧结构性改革的意见和建议。

1 月 8 日　张德江委员长与北欧和波罗的海国家议会领导人举行集体会谈。芬兰议长洛赫拉、挪威议长托马森、冰岛议长西格富松、爱沙尼亚议长内斯托尔、拉脱维亚议长穆尔涅采、立陶宛议长普兰茨凯蒂斯、瑞典第一副议长芬内等参加会谈。王晨副委员长兼秘书长参加会谈。

10 日，国家主席习近平集体会见北欧和波罗的海国家议会领导人。芬兰议长洛赫拉、挪威议长托马森、冰岛议长西格富松、爱沙尼亚议长内斯托尔、拉脱维亚议长穆尔涅采、立陶宛议长普兰茨凯蒂斯、瑞典第一副议长芬内等。王晨副委员长兼秘书长参加会见。

1 月 9 日　张德江委员长会见法国总统马克龙。张平副委员长参加会见。

1 月 10 日　全国人大财政经济委员会计划审查小组召开会议，副委员长严隽琪、张平出席会议。

同日　全国人大财政经济委员会 2017 年经济运行情况座谈会召开，副委员长严隽琪、张平出席会议。

同日　十三届全国人大一次会议秘书处第一次筹备工作会议召开，王晨副委员长兼秘书长主持会议。

1 月 12 日　中共中央政治局召开会议，研究修改宪法部分内容的建议。中共中央总书记习近平主持会议。中共中央政治局听取了《中共中央关于修改宪法部分内容的建议》稿在党内外一定范围征求意见的情况报告，决定根据这次会议讨论的意见进行修改后将文件稿提请十九届二中全会审议。会议认为，宪法是国家的根本法，是治国安邦的总章程，是党和人民意志的集中体现。现行宪法颁布以来，在改革开放和社会主义现代化建设的历史进程中、在我们党治国理政实践中发挥了十分重要的作用。实践证明，我国现行宪法是符合国情、符合实际、符合时代发展要求的好宪法。会议指出，我们党高度重视宪法在治国理政中的重要地位和作用，明确坚持依法治国首先要坚持依宪治国，坚持依法执政首先要坚持依宪执政，把实施宪法摆在全面依法治国的突出位置，采取一系列有力措施加强宪法实施和监督工作，为保证宪法实施提供了强有力的政治和制度保障。会议认为，我国宪法以国家根本法的形式，确认了中国共产党领导中国人民进行革命、建设、改革的伟大斗争和根本成就，确立了工人阶级领导的、以工农联盟为基础的人民民主专政的社会主义国家的国体和人民代表大会制度的政体，确定了国家的根本任务、领导核心、指导思想、发展道路、奋斗目标，规定了中国共产党领导的多党合作和政治协商制度，规定了社会主义法治原则、民主集中制原则、尊重和保障人权原则，等等，反映了我国各族人民共同意志和根本利益。我国宪法确立的一系列制度、原则和规则，确定的一系列大政方针，具有显著优势、坚实基础、强大生命力，必须长期坚持、全面贯彻。会议指出，宪法修改是国家政治生活中的一件大事，是党中央从新时代坚持和发展中国特色社会主义全局和战略高度作出的重大决策，也是推进全面依法治国、推进国家治理体系和治理能力现代化的重大举措。为更好发挥宪法在新时代坚持和发展中国特色社会主义中的重要作用，需要对宪法作出适当修改，把党和人民在实践中取得的重大理论创新、实践创新、制度创新成果上升为宪法规定。党中央决定用一次全会专门讨论宪法修改问题，充分表明党中央对这次宪法修改的高度重视。会议认为，这次宪法修改要高举中国特色社会主义伟大旗帜，全面贯彻党的十九大精神，坚持以马克思列宁主义、毛泽东思想、邓小平理论、“三个代表”重要思想、科学发展观、习近平新时代中国特色社会主义思想为指导，坚持党的领导、人民当家作主、依法治国有机统一，体现党和国家事业发展的新成就新经验新要求，推动宪法与时俱进、完善发展，为新时代坚持和发展中国特色社会主义、实现“两个一百年”奋斗目标和中华民族伟大复兴的中国梦提供有力宪法保障。会议强调，宪法修改必须贯彻以下原则：坚持党的领导，坚持中国特色社会主义法治道路，坚持正确政治方向；严格依法按照程序进行；充分发扬民主、广泛凝聚共识，确保反映人民意志、得到人民拥护；坚持对宪法作部分修改、不作大改的原则，做到既顺应党和人民事业发展要求，又遵循宪法法律发展规律，保持宪法连续性、稳定性、权威性。

1月15日　中共中央政治局常务委员会全天召开会议，听取全国人大常委会、国务院、全国政协、最高人民法院、最高人民检察院党组工作汇报，听取中央书记处工作报告。中共中央总书记习近平主持会议并发表重要讲话。会议指出，党的领导是中国特色社会主义最本质的特征，是中国特色社会主义制度的最大优势，是决胜全面建成小康社会、夺取新时代中国特色社会主义伟大胜利的根本保证。事在四方，要在中央。坚持党的领导首先是坚持党中央集中统一领导。全党要牢固树立政治意识、大局意识、核心意识、看齐意识，把维护党中央权威和集中统一领导作为最高政治原则和根本政治规矩来执行。会议强调，党的十八大以来，中央政治局常委会、中央政治局连续3年听取全国人大常委会、国务院、全国政协、最高人民法院、最高人民检察院党组工作汇报和中央书记处工作报告，并将这项工作写入《关于新形势下党内政治生活的若干准则》和《中共中央政治局关于加强和维护党中央集中统一领导的若干规定》。实践证明，这是坚持党中央权威和集中统一领导的重要制度安排，十分必要、很有意义，必须坚持下去。会议认为，过去的一年，全国人大常委会、国务院、全国政协、最高人民法院、最高人民检察院党组自觉坚持党中央集中统一领导，认真贯彻党中央决策部署，围绕党和国家工作全局履职尽责，保证了党中央重大决策部署贯彻落实，推动各项工作取得了新进展新成效，为实现党和国家事业新发展作出积极贡献。同时，充分发挥党组的领导作用，严格贯彻民主集中制，自觉履行管党治党主体责任，加强党组自身建设，坚持不懈正风肃纪，在全面从严治党上发挥了表率作用。会议认为，过去的一年，中央书记处认真贯彻党中央决策部署，协助党中央推进全面从严治党部署要求贯彻落实，指导做好群团工作，推动党内法规完善实施，配合办好一系列重要会议和重大纪念活动，各方面工作取得了新成绩。会议强调，今年是贯彻党的十九大精神的开局之年，是改革开放40周年，是决胜全面建成小康社会、实施“十三五”规划承上启下的关键一年。全国人大常委会、国务院、全国政协、最高人民法院、最高人民检察院党组要增强“四个意识”，自觉同以习近平同志为核心的党中央保持高度一致，认真学习贯彻习近平新时代中国特色社会主义思想和党的十九大精神，把党的政治建设摆在首位，坚持正确的政治立场、政治方向、政治原则、政治道路，确保令行禁止、政令畅通。要坚持稳中求进工作总基调，大兴调查研究之风，提高决策和执行的科学性和有效性，以锐意进取、奋发有为的精神状态推动党中央大政方针和决策部署落地生根。要带头贯彻党章和《中共中央政治局关于加强和维护党中央集中统一领导的若干规定》，带头执行中央八项规定及其实施细则，严守政治纪律和政治规矩，抓好党组自身建设，推动全面从严治党向纵深发展。会议强调，在新的一年里，中央书记处要增强“四个意识”，自觉在中央政治局、中央政治局常委会领导下开展工作，自觉维护习近平总书记党中央的核心、全党的核心地位，把握学习宣传贯彻习近平新时代中国特色社会主义思想和党的十九大精神这条工作主线，观大势、谋全局、议大事，自觉服务大局，突出工作重点，推动党中央重要任务落实见效。

1月16日　中共十二届全国人大常委会党组召开会议，认真学习领会习近平总书记在十九届中央纪委二次全会上的重要讲话和全会精神，研究部署贯彻落实工作。全国人大常委会委员长、常委会党组书记张德江主持会议并讲话。会议指出，习近平总书记的重要讲话，着眼中国特色社会主义新时代，发出全面从严治党新号令，充分展现了坚定信仰信念、鲜明人民立场、顽强意志品质、强烈历史担当，为新时代开创全面从严治党新局面提供了重要遵循和前进方向。全国人大常委会党组要深入学习贯彻习近平总书记重要讲话精神，全面贯彻落实党的十九大和十九届中央纪委二次全会精神，以习近平新时代中国特色社会主义思想为指导，牢固树立政治意识、大局意识、核心意识、看齐意识，提高政治站位，强化政治担当，增强政治能力，全面落实新时代党的建设总要求，以永远在路上的执着在全国人大及其常委会把全面从严治党引向深入。会议强调，全国人大常委会党组要始终把党的政治建设摆在首位、作为统领，坚定自觉地维护习近平总书记在党中央和全党的核心地位，维护以习近平同志为核心的党中央权威和集中统一领导，在政治立场、政治方向、政治原则、政治道路上同以习近平同志为核心的党中央保持高度一致，确保党中央集中统一领导贯穿于人大工作各方面和全过程。要严守政治纪律和政治规矩，严格执行廉洁自律准则，巩固落实中央八项规定精神，坚决惩治不正之风和腐败问题，坚决反对和纠正“四风”，坚决反对特权思想、特权现象，坚决杜绝“七个有之”，切实做到“五个必须”。要全面担负起全面从严治党政治责任，率先搞好全国人大常委会党组自身建设，加强对全国人大常委会机关党组和各专门委员会分党组的领导，全面落实全面从严治党的总体要求和主要任务，切实提高党的建设质量，切实增强党组织的政治功能和组织功能，营造风清气正的良好政治生态。会议要求，全国人大常委会党组要坚持以人民为中心，贯彻党的群众路线，密切同人大代表、人民群众的联系，保持对人民的赤子之心。要广泛深入开展调查研究，紧紧抓住全面从严治党问题，紧紧抓住贯彻落实党的十九大精神需要解决的问题，紧紧抓住人大工作需要落实的问题，到人大代表中去，到人民群众中去，虚心听意见，认真察实情，切实把党中央的决策部署不折不扣地一项一项抓好贯彻落实。李建国、王胜俊、沈跃跃、吉炳轩、张平、向巴平措、艾力更·依明巴海参加会议。

1月17日　张德江委员长会见加蓬参议长米勒布。张平副委员长参加会见。

同日　宣传贯彻公共图书馆法座谈会召开。王晨副委员长兼秘书长出席座谈会并讲话。中宣部、文化部等11家单位的有关负责同志在会上作了发言。

同日　张平副委员长会见会长朴炳锡率领的韩国国会议员代表团，双方就中韩关系、立法机关交往及朝鲜半岛局势等问题交换了意见。

1月17日—24日　应越南国会主席阮氏金银、日本众议长大岛理森的邀请，陈竺副委员长率全国人大代表团出席在越南河内举行的亚太议会论坛第二十六届年会、访问日本并举行中日议会交流机制会议。在越南河内，陈竺参加了与越共中央总书记阮富仲的集体会见，并会见了越南国会主席阮氏金银、蒙古国国家大呼拉尔主席恩赫包勒德。在访问日本期间，陈竺在东京出席全国人大与日本国会众议院合作委员会第十次会议、与日本国会参议院交流机制第七次会议。

1月18日—19日　中国共产党第十九届中央委员会第二次全体会议举行。全会由中央政治局主持。中央委员会总书记习近平作了重要讲话。全会审议通过了《中共中央关于修改宪法部分内容的建议》，张德江就《建议（草案）》向全会作了说明。全会一致认为，党的十九大和十九届一中全会以来，在以习近平同志为核心的党中央坚强领导下，全党全国把学习宣传贯彻党的十九大精神作为首要政治任务，深入开展多种形式的学习宣传活动，兴起了学习贯彻党的十九大精神、习近平新时代中国特色社会主义思想热潮，为贯彻落实党的十九大提出的各项战略决策和工作部署提供了强大精神动力，全党全国各族人民思想更加统一、信心更加坚定、行动更加有力，党和国家各项事业呈现欣欣向荣的发展局面。全会认为，宪法是国家的根本法，是治国安邦的总章程，是党和人民意志的集中体现。现行宪法颁布以来，在改革开放和社会主义现代化建设的历史进程中、在我们党治国理政实践中发挥了十分重要的作用，有力坚持了中国共产党领导，有力保障了人民当家作主，有力促进了改革开放和社会主义现代化建设，有力推动了社会主义法治国家建设进程，有力维护了国家统一、民族团结、社会稳定。实践证明，我国现行宪法是符合国情、符合实际、符合时代发展要求的好宪法，是充分体现人民共同意志、充分保障人民民主权利、充分维护人民根本利益的好宪法，是推动国家发展进步、保证人民创造幸福生活、保障中华民族实现伟大复兴的好宪法，是我们国家和人民经受住各种困难和风险考验、始终沿着中国特色社会主义道路前进的根本法治保障。维护宪法尊严和权威，是维护国家法制统一、尊严、权威的前提，也是维护最广大人民根本利益、确保国家长治久安的重要保障。全会高度评价全面依法治国取得的成就。党的十八大以来，以习近平同志为核心的党中央以前所未有的力度推进全面依法治国进程，坚持依法治国、依法执政、依法行政共同推进，坚持法治国家、法治政府、法治社会一体建设，坚持依法治国和以德治国相结合，坚持依法治国和依规治党有机统一，抓住科学立法、严格执法、公正司法、全民守法关键环节，加快推进中国特色社会主义法治体系建设，法律规范体系、法治实施体系、法治监督体系、法治保障体系和党内法规体系建设相互促进、共同发展，社会主义法治国家建设取得了历史性成就。全会认为，我们党高度重视宪法在治国理政中的重要地位和作用，明确坚持依法治国首先要坚持依宪治国,坚持依法执政首先要坚持依宪执政,把实施宪法摆在全面依法治国的突出位置,采取一系列有力措施加强宪法实施和监督工作,为保证宪法实施提供了强有力的政治和制度保障。全会认为,我国宪法必须随着党领导人民建设中国特色社会主义实践的发展而不断完善发展。这是我国宪法发展的一个显著特点,也是一条基本规律。从 1954 年我国第一部宪法诞生至今,我国宪法一直处在探索实践和不断完善过程中。1982 年宪法公布施行后,根据我国改革开放和社会主义现代化建设的实践和发展,分别于 1988 年、1993 年、1999 年、2004 年进行了 4 次修改。实践表明,我国宪法是同党团结带领人民进行的实践探索紧密联系在一起的,随着时代进步、党和人民事业发展而不断完善。全会强调,由宪法及时确认党和人民创造的伟大成就和宝贵经验,以更好发挥宪法的规范、引领、推动、保障作用,是实践发展的必然要求。中国特色社会主义进入新时代,这是我国发展新的历史方位。根据新时代坚持和发展中国特色社会主义的新形势新任务,有必要对我国宪法作出适当的修改。自 2004 年修改宪法以来,党和国家事业又有了许多重要发展变化。特别是党的十八大以来,以习近平同志为核心的党中央团结带领全党全国各族人民毫不动摇坚持和发展中国特色社会主义,创立了习近平新时代中国特色社会主义思想,统筹推进"五位一体"总体布局、协调推进"四个全面"战略布局,推进党的建设新的伟大工程,推动党和国家事业取得历史性成就、发生历史性变革。党的十九大对新时代坚持和发展中国特色社会主义作出重大战略部署,确定了新的奋斗目标。为更好发挥宪法在新时代坚持和发展中国特色社会主义中的重大作用,需要对宪法作出适当修改,把党和人民在实践中取得的重大理论创新、实践创新、制度创新成果上升为宪法规定。全会认为,宪法修改是国家政治生活中的一件大事,是党中央从新时代坚持和发展中国特色社会主义全局和战略高度作出的重大决策,也是推进全面依法治国、推进国家治理体系和治理能力现代化的重大举措。这次宪法修改的总体要求是,高举中国特色社会主义伟大旗帜,全面贯彻党的十九大精神,坚持以马克思列宁主义、毛泽东思想、邓小平理论、"三个代表"重要思想、科学发展观、习近平新时代中国特色社会主义思想为指导,坚持党的领导、人民当家作主、依法治国有机统一,把党的十九大确定的重大理论观点和重大方针政策特别是习近平新时代中国特色社会主义思想载入国家根本法,体现党和国家事业发展的新成就新经验新要求,在总体保持我国宪法连续性、稳定性、权威性的基础上推动宪法与时俱进、完善发展,为新时代坚持和发展中国特色社会主义、实现"两个一百年"奋斗目标和中华民族伟大复兴的中国梦提供有力宪法保障。全会提出,这次宪法修改必须贯彻以下原则:坚持党的领导,坚持中国特色社会主义法治道路,坚持正确政治方向;严格依法按程序进行;充分发扬民主、广泛凝聚共识,确保反映人民意志、得到人民拥护;坚持对宪法作部分修改、不作大改的原则,做到既顺应党和人民事业发展要求,又遵循宪法法律发展规律,保持宪法连续性、稳定性、权威性。全会认为,宪法修改关系全局,影响广泛而深远。要贯彻科学立法、民主立法、依法立法的要求,注重从政治上、大局上、战略上分析问题,注重从宪法发展的客观规律和内在要求上思考问题,维护宪法权威性。全会强调,习近平新时代中国特色社会主义思想是马克思主义中国化最新成果,是当代中国马克思主义、21 世纪马克思主义,是党和国家必须长期坚持的指导思想。中国共产党领导是中国特色社会主义最本质的特征,是中国特色社会主义制度最大的优势,必须坚持和加强党对一切工作的领导。经济建设、政治建设、文化建设、社会建设、生态文明建设"五位一体"总体布局,创新、协调、绿色、开放、共享的新发展理念,到 2020 年全面建成小康社会、到 2035 年基本实现社会主义现代化、到本世纪中叶建成社会主义现代化强国的奋斗目标,实现中华民族伟大复兴,对激励和引导全党全国各族人民团结奋斗具有重大引领意义。坚持和平发展道路,坚持互利共赢开放战略,推动构建人类命运共同体,对促进人类和平发展的崇高事业具有重大意义。国家监察体制改革是事关全局的重大政治体制改革,是强化党和国家自我监督的重大决策部署,要依法建立党统一领导的反腐败工作机构,构建集中统一、权威高效的国家监察体系,实现对所有行使公权力的公职人员监察全覆盖。宪法是国家各项制度和法律法规的总依据,充实宪法的重大制度规定,对完善和发展中国特色社会主义制度具有重要作用。全会强调,宪法的生命在于实施,宪法的权威也在于实施。维护宪法权威,就是维护党和人民共同意志的权威;捍卫宪法尊严,就是捍卫党和人民共同意志的尊严;保证宪法实施,就是保证人民根本利益的实现。要以这次宪法修改为契机,深入推进科学立法、严格执法、公正司法、全民守法,坚持有法可依、有法必依、执法必严、违法必究,把依法治国、依宪治国工作提高到一个新水平。要在全党全社会深入开展尊崇宪法、学习宪法、遵守宪法、维护宪法、运用宪法的宣传教育活动,大力弘扬宪法精神,大力弘扬社会主义法治精神,不断增强人民群众宪法意识。要加强对宪法法律实施情况的监督检查,坚决纠正违宪违法行为。各级国家工作人员特别是领导干部要增强宪法观念,依照宪法法律行使职权、履行职责、开展工作,恪尽职守,廉洁奉公,自觉接受人民监督,通过自己的努力为宪法法律实施作出贡献,绝不允许以言代法、以权压法、逐利违法、徇私枉法。全国各族人民、一切国家机关和武装力量、各政党和各社会团体、各企业事业组织,都必须以宪法为根本的活动准则,都负有维护宪法尊严、保证宪法实施的职责,任何组织和个人都不得有超越宪法法律的特权,一切违反宪法法律的行为都必须予以追究。全会号召,全党同志要更加紧密地团结在以习近平同志为核心的党中央周围,以习近平新时代中国特色社会主义思想为指导,全面深入贯彻党的十九大精神和本次全会精神,牢固树立政治意识、大局意识、核心意识、看齐意识,坚定不移走中国特色社会主义法治道路,自觉维护宪法权威、保证宪法实施,为新时代推进全面依法治国、建设社会主义法治国家而努力奋斗。

1月21日—24日 应全国人大常委会委员长张德江邀请,阿拉伯议会议长迈沙勒·本·法哈姆·苏莱米率团访华。23日,张德江委员长与阿拉伯议会议长苏莱米举行会谈。王晨副委员长兼秘书长参加会谈。

1月22日 中共十二届全国人大常委会党组召开会议,认真学习领会习近平总书记在党的十九届二中全会上的重要讲话精神,研究全国人大常委会贯彻落实全会精神、做好宪法修改相关工作。全国人大常委会委员长、常委会党组书记张德江主持会议并讲话。会议认为,党的十八大以来,以习近平同志为核心的党中央以前所未有的力度推进全面依法治国进程,社会主义法治国家建设取得历史性成就。党中央把实施宪法摆在全面依法治国的突出位置,采取一系列有力措施加强宪法实施和监督工作,为保证宪法实施提供了强有力的政治和制度保障。全国人大及其常委会认真贯彻落实党中央决策部署、完善以宪法为核心的中国特色社会主义法律体系,作出设立国家宪法日的决定,实施宪法宣誓制度,加强法规备案审查工作,有效履行了监督宪法实施职责。会议指出,我国现行宪法是符合国情、符合实际、符合时代发展要求的好宪法,同时必须随着时代进步、党和人民事业发展而不断完善。修改宪法,是以习近平同志为核心的党中央从新时代坚持和发展中国特色社会主义全局和战略高度作出的重大决策,是推进全面依法治国、推进国家治理体系和治理能力现代化的重大举措。党的十九届二中全会通过关于修改宪法部分内容的建议,把党的十九大确定的重大理论观点和重大方针政策特别是习近平新时代中国特色社会主义思想载入国家根本法,体现了党和国家事业发展的新成就新经验新要求,在总体保持我国宪法连续性、稳定性、权威性的基础上推动宪法与时俱进、完善发展,对于更好发挥宪法在新时代坚持和发展中国特色社会主义中的重大作用,具有重要意义。会议强调,全国人大及其常委会在修改宪法工作中负有重大职责。要以习近平新时代中国特色社会主义思想为指导,坚持党的领导、人民当家作主、依法治国有机统一,牢固树立"四个意识",坚决贯彻落实党中央关于宪法修改的总体要求和原则,坚定不移把党中央集中统一领导贯穿于宪法修改工作全过程。要贯彻科学立法、民主立法、依法立法要求,根据党中央的建议形成宪法修正案,依照法定程序提请全国人民代表大会审议,使我国宪法更好体现人民意志、更好体现中国特色社会主义制度的优势、更好适应推进国家治理体系和治理能力现代化的要求。要以这次修改宪法为契机,深入推进科学立法、严格执法、公正司法、全民守法,加强对宪法法律实施情况的监督检查,推动依法治国、依宪治国工作提高到一个新水平。

同日 十二届全国人大常委会委员长会议召开第一百零八次会议,张德江委员长主持。会议决定,十二届全国人大常委会第三十二次会议于1月29日至30日举行。

1月23日 全国县乡两级人大换届选举工作联席会议第六次全体会议召开,王晨副委员长兼秘书长主持会议。

同日 全国人大财政经济委员会召开第70次全体会议,张平副委员长出席会议。

1月24日—25日 全国人大财政经济委员会召开第71次全体会议,副委员长严隽琪、张平出席会议。

1月26日 新疆维吾尔自治区十三届人大一次会议选举肖开提·依明为自治区人大常委会主任。

1月27日—2月2日 应全国人大常委会委员

长张德江邀请，智利参议长安德烈斯·萨尔迪瓦率团访华。29日，张德江委员长与智利参议长萨尔迪瓦举行会谈。王晨副委员长兼秘书长参加会谈。

1月28日　上海市十五届人大一次会议选举殷一璀为市人大常委会主任。

同日　安徽省十三届人大一次会议选举李锦斌为省人大常委会主任。

同日　江西省十三届人大一次会议选举鹿心社为省人大常委会主任。

同日　湖南省十三届人大一次会议选举杜家毫为省人大常委会主任。

1月29日—30日　十二届全国人大常委会举行第三十二次会议。

会议听取了中共中央政治局常委、宪法修改小组副组长栗战书作的中共中央关于修改宪法部分内容的建议的说明。在审议的基础上，会议印发全国人大法律委员会关于宪法修正案草案审议结果的报告。经过审议，会议决定将全国人民代表大会常务委员会关于提请审议宪法修正案草案的议案和宪法修正案草案提请十三届全国人大一次会议审议。

会议审议关于召开十三届全国人大一次会议的决定草案的议案，通过这个决定。按照这个决定，十三届全国人大一次会议于2018年3月5日在北京召开。

会议任命何新为第十二届全国人民代表大会常务委员会副秘书长。

会议还通过其他任免事项。

会议闭幕时，张德江委员长发表讲话。张德江说，本次常委会会议的议程十分重要，意义十分重大。会议期间，常委会组成人员认真学习、深刻领会习近平新时代中国特色社会主义思想，深入贯彻落实党的十九大和十九届二中全会精神，认真学习讨论中共中央关于修改宪法部分内容的建议，提高政治站位，强化使命担当，全票通过了全国人大常委会关于提请审议宪法修正案草案的议案和宪法修正案草案，决定提请十三届全国人大一次会议审议，圆满完成了党中央交付全国人大常委会的重大政治任务。张德江指出，会议通过的宪法修正案草案，把党的十九大确定的重大理论观点和重大方针政策特别是习近平新时代中国特色社会主义思想载入国家根本法，体现党和国家事业发展的新成就新经验新要求。贯彻落实党中央关于宪法修改的总体要求和原则，在总体保持我国宪法连续性、稳定性、权威性的基础上推动宪法与时俱进、完善发展，必将更好地发挥宪法的规范、引领、推动、保障作用，更好地为新时代坚持和发展中国特色社会主义、实现"两个一百年"奋斗目标和中华民族伟大复兴的中国梦提供有力宪法保障。张德江强调，全国人大常委会要以习近平新时代中国特色社会主义思想为指导，全面深入贯彻党的十九大和十九届二中全会精神，坚定坚持党的领导、人民当家作主、依法治国有机统一，以这次修宪为契机，全面担负起宪法法律赋予的各项职责，深入推进科学立法、严格执法、公正司法、全民守法，继续完善以宪法为核心的中国特色社会主义法律体系，加强对宪法法律实施情况的监督检查，推动依法治国、依宪治国工作提高到一个新水平。张德江说，这次会议作出决定，十三届全国人大一次会议于2018年3月在北京召开。从现在到大会召开，只有一个多月时间，要着力抓好以下工作：一是做好十三届全国人大代表资格审查工作，二是做好代表依法履职各项工作，三是做好十三届全国人大一次会议组织筹备工作，四是做好工作衔接，确保本届各项工作目标任务圆满完成，确保新一届全国人大及其常委会履职开好局起好步。（全文见本书第241页）

29日，十二届全国人大常委会第三十二次会议举行分组会议，审议中共中央关于修改宪法部分内容的建议，关于召开十三届全国人大一次会议的决定草案、任免案等。张德江委员长参加审议。

1月29日　十二届全国人大常委会委员长会议召开第一百零九次会议，张德江委员长主持。委员长会议确定，根据常委会会议的审议意见，对有关议案和草案作进一步审议修改后，提交第一百一十次委员长会议决定是否交付十二届全国人大常委会第三十二次会议闭幕会表决。

同日　天津市十七届人大一次会议选举段春华为市人大常委会主任。

同日　河北省十三届人大一次会议选举王东峰为省人大常委会主任。

同日　黑龙江省十三届人大一次会议选举张庆伟为省人大常委会主任。

同日　湖北省十三届人大一次会议选举蒋超良为省人大常委会主任。

同日　甘肃省十三届人大一次会议选举林铎为省人大常委会主任。

1月30日　中共中央政治局召开会议，听取和审议《中央政治局常委会听取和研究全国人大常委会、国务院、全国政协、最高人民法院、最高人民检察院党组工作汇报和中央书记处工作报告的综合情况报告》。中共中央总书记习近平主持会议。

会议对全国人大常委会、国务院、全国政协、最高人民法院、最高人民检察院党组和中央书记处2017年的工作给予充分肯定，同意其对2018年的工作安排。

会议认为，党的领导是中国特色社会主义最本质的特征，是全党全国各族人民共同意志和根本利益的体现，是决胜全面建成小康社会、夺取新时代中国特色社会主义伟大胜利的根本保证。坚持党的领导，首先要坚持维护党中央权威和集中统一领导。全党同志要牢固树立政治意识、大局意识、核心意识、看齐意识，把维护党中央权威和集中统一领导作为最高政治原则和根本政治规矩来执行，始终在思想上政治上行动上同以习近平同志为核心的党中央保持高度一致。

会议强调，今年是贯彻党的十九大精神的开局之年，是改革开放40周年，是决胜全面建成小康社会、实施“十三五”规划承上启下的关键一年。全国人大常委会、国务院、全国政协、最高人民法院、最高人民检察院党组要坚决维护党中央权威和集中统一领导，认真学习贯彻习近平新时代中国特色社会主义思想和党的十九大精神，以更好的精神状态和更高的工作水准，推动党中央大政方针和决策部署落地生根。要把党的政治建设摆在首位，抓好党组自身建设，认真履行全面从严治党主体责任，推动全面从严治党向纵深发展。中央书记处要自觉在中央政治局、中央政治局常委会领导下开展工作，把握学习宣传贯彻习近平新时代中国特色社会主义思想和党的十九大精神这条主线，进一步在协助党中央推进全面从严治党上聚焦发力，深入调查研究，推动党中央交办的任务落实见效。

同日　十二届全国人大常委会委员长会议召开第一百一十次会议，张德江委员长主持。会议研究提请常委会会议表决事项。

同日　十二届全国人大常委会举行宪法宣誓仪式。万鄂湘副委员长主持并监誓。十二届全国人大常委会第三十二次会议任命何新为全国人大常委会副秘书长，根据全国人大常委会关于实行宪法宣誓制度的决定进行宪法宣誓。全国人大机关有关负责同志参加了宣誓活动。

同日　北京市十五届人大一次会议选举李伟为市人大常委会主任。

同日　山西省十三届人大一次会议选举骆惠宁为省人大常委会主任。

同日　浙江省十三届人大一次会议选举车俊为省人大常委会主任。

同日　河南省十三届人大一次会议选举谢伏瞻为省人大常委会主任。

同日　四川省十三届人大一次会议选举王东明为省人大常委会主任。

同日　贵州省十三届人大一次会议选举孙志刚为省人大常委会主任。

同日　云南省十三届人大一次会议选举陈豪为省人大常委会主任。

同日　西藏自治区十一届人大一次会议选举洛桑江村为自治区人大常委会主任。

同日　陕西省十三届人大一次会议选举胡和平为省人大常委会主任。

1月31日　张德江委员长主持召开座谈会，听取部分全国人大代表对《全国人民代表大会常务委员会工作报告（征求意见稿）》的意见建议。马志武、周洪宇、程京、关牧村、郭建仁、阎少泉、吴国平、高明芹、郭建华、张雄等10位代表结合五年来的履职经历畅所欲言，对修改完善常委会工作报告稿、加强改进人大工作提出意见建议。张德江边听边记、不时插话，同大家亲切交流、深入讨论。代表们高度评价十二届全国人大及其常委会的工作，对常委会工作报告征求意见稿总体表示赞成，一致认为，全国人大常委会紧紧围绕党和国家工作大局依法履职，勇于担当、善于作为，立法效率和质量明显提升，坚持问题导向、回应人民群众关切，监督力度和实效进一步增强，积极推动地方人大工作完善发展，人大工作开创了新局面、取得了新成就。张德江说，十二届全国人大常委会坚持尊重代表主体地位，不断深化和拓展代表工作，支持和保障代表依法履职。连续五年在起草常委会工作报告的过程中，召开部分全国人大代表座谈会，听取代表的意见建议。这是常委会加强同代表联系、充分发挥代表作用的重要举措。张德江表示，十二届全国人大常委会所取得的工作成绩，根本在于以习近平同志为核心的党中央坚强领导，在于习近平新时代中国特色社会主义思想科学指引。十二届全国人大代表忠实代表人民的利益和意志，恪尽职守、勤勉工作，为发展社会主义民主政治、建设社会主义法治国家作出了积极贡献。张德江指出，人民代表大会制度是坚持党的领导、人民当家作主、依法治国有机统一的根本政治制度安排，必须长期坚持、不断完善。中国共产党领导是人民代表大会制度的本质要求和最大优势，是做好人大工作的根本保证和关键所在。我们要深入学习贯彻习近平新时代中国特色社会主义思想,牢固树立“四个意识”,不断增强“四个自信”,坚决维护习近平总书记权威和核心地位,坚决维护以习近平同志为核心的党中央权威和集中统一领导,全面担负起宪法法律赋予的各项职责,不折不扣贯彻落实党中央决策部署,做好人大各项工作,维护人民根本利益,推动人民代表大会制度与时俱进。王晨副委员长兼秘书长参加座谈会。

同日 内蒙古自治区十三届人大一次会议选举李纪恒为自治区人大常委会主任。

同日 辽宁省十三届人大一次会议选举陈求发为辽宁省人大常委会主任。

同日 吉林省十三届人大一次会议选举巴音朝鲁为省人大常委会主任。

同日 江苏省十三届人大一次会议选举娄勤俭为省人大常委会主任。

同日 福建省十三届人大一次会议选举于伟国为省人大常委会主任。

同日 山东省十三届人大一次会议选举刘家义为省人大常委会主任。

同日 广东省十三届人大一次会议选举李玉妹为省人大常委会主任。

同日 广西壮族自治区十三届人大一次会议选举彭清华为自治区人大常委会主任。

同日 海南省六届人大一次会议选举刘赐贵为省人大常委会主任。

同日 重庆市五届人大一次会议选举张轩为市人大常委会主任。

同日 青海省十三届人大一次会议选举王国生为省人大常委会主任。

同日 宁夏回族自治区十二届人大一次会议选举石泰峰为自治区人大常委会主任。

二　月

2 月 1 日 张德江委员长会见英国首相特雷莎·梅。王晨副委员长兼秘书长参加会见。

2 月 2 日 张德江委员长与毛里求斯国民议会议长哈努曼吉举行会谈。张德江和哈努曼吉还共同出席了中国全国人大与毛里求斯国民议会合作谅解备忘录的签字仪式。王晨副委员长兼秘书长参加上述活动。

2 月 3 日 沈跃跃副委员长会见毛里求斯国民议会议长哈努曼吉。

2 月 6 日 张德江委员长会见出席中蒙议会定期交流机制会议的蒙古国家大呼拉尔副主席鲁·恩赫阿木格楞。向巴平措副委员长参加会见。

同日 陈昌智副委员长会见匈牙利国会副主席洛托尔曹伊、副总理谢姆延一行。

同日 全国人大与蒙古国家大呼拉尔交流机制第二次会议举行。向巴平措副委员长与蒙古国家大呼拉尔副主席鲁·恩赫阿木格楞共同主持会议并作主旨发言。

同日 向巴平措副委员长会见蒙古国家大呼拉尔副主席鲁·恩赫阿木格楞。

2 月 7 日 中共中央统战部、全国人大民族委员会、国家民族事务委员会、全国政协民族和宗教委员会、北京市人民政府举行首都各民族人士迎春茶话会。向巴平措副委员长出席会议。

2 月 8 日 全国人大教科文卫委员会召开第 46 次全体会议,审议十二届全国人大教科文卫委员会工作报告。王晨副委员长兼秘书长、陈竺副委员长出席会议并讲话。

同日 全国人大财政经济委员会召开第 72 次全体会议,张平副委员长出席会议。

2 月 11 日 十二届全国人大常委会委员长会议召开第一百一十一次会议,张德江委员长主持。会议决定,十二届全国人大常委会第三十三次会议于 2 月 23 日至 24 日举行。

同日 十三届全国人大一次会议秘书处第二次筹备工作会议召开,王晨副委员长兼秘书长主持会议。

2 月 14 日 张德江委员长出席中共中央、国务院举行的 2018 年春节团拜会。

2 月 22 日 十二届全国人大常委会委员长会议召开第一百一十二次会议,张德江委员长主持。会议研究调整十二届全国人大常委会第三十三次会议议程日程。

2 月 23 日—24 日 十二届全国人大常委会举行第三十三次会议。

会议听取全国人大常委会法制工作委员会副主任张勇关于实行宪法宣誓制度的决定修订草案的说明。在审议的基础上,会议印发全国人大法律委员会关于实行宪法宣誓制度的决定修订草案审议结果的报告。经过审议，会议通过修订后的《全国人民代表大会常务委员会关于实行宪法宣誓制度的决定》。本决定自2018年3月12日起施行。

会议听取中国证券监督管理委员会主席刘士余关于关于延长授权国务院在实施股票发行注册制改革中调整适用《中华人民共和国证券法》有关规定期限的决定草案的说明。在审议的基础上，会议印发全国人大法律委员会对关于延长授权国务院在实施股票发行注册制改革中调整适用《中华人民共和国证券法》有关规定期限的决定草案审议结果的报告。经过审议，会议通过《全国人民代表大会常务委员会关于延长授权国务院在实施股票发行注册制改革中调整适用〈中华人民共和国证券法〉有关规定期限的决定》。本决定自2018年2月25日起施行。

会议通过《全国人民代表大会常务委员会关于撤销杨晶同志的国务委员、国务院秘书长职务的决定》。

会议原则通过全国人大常委会工作报告稿。委员长会议将根据审议意见对报告稿作必要修改完善后，提请十三届全国人大一次会议审议。委员长会议提议，由张德江委员长代表常委会向十三届全国人大一次会议作工作报告。

会议听取全国人大常委会代表资格审查委员会主任委员马馼关于十三届全国人大代表的代表资格的审查报告和关于个别代表的代表资格的报告。经过审议，会议通过了这两个报告。

会议听取全国人大常委会副秘书长信春鹰关于十三届全国人大代表选举工作情况的报告。会议印发关于十三届全国人大一次会议议程草案、主席团和秘书长名单草案、列席人员名单草案等议案的说明。会议通过十三届全国人大一次会议议程草案，决定提请十三届全国人大一次会议预备会议审议；通过十三届全国人大一次会议主席团和秘书长名单草案，决定提请十三届全国人大一次会议预备会议选举；通过十三届全国人大一次会议列席人员名单。

会议听取并审议张宝文副委员长作的全国人大常委会执法检查组关于检查种子法实施情况的报告。

会议印发全国人大代表团出席六国议长会议的书面报告，全国人大代表团出席亚太议会论坛第26届年会、访问日本并举行中日议会交流机制会议的情况报告。

会议批准任命中国人民解放军选举委员会个别委员的名单。

会议批准任命敬大力为北京市人民检察院检察长。批准任命宫鸣为天津市人民检察院检察长。批准任命丁顺生为河北省人民检察院检察长。批准任命杨景海为山西省人民检察院检察长。批准任命李琪林为内蒙古自治区人民检察院检察长。批准任命于天敏为辽宁省人民检察院检察长。批准任命杨克勤为吉林省人民检察院检察长。批准任命高继明为黑龙江省人民检察院检察长。批准任命张本才为上海市人民检察院检察长。批准任命刘华为江苏省人民检察院检察长。批准任命贾宇为浙江省人民检察院检察长。批准任命薛江武为安徽省人民检察院检察长。批准任命霍敏为福建省人民检察院检察长。批准任命田云鹏为江西省人民检察院检察长。批准任命陈勇为山东省人民检察院检察长。批准任命顾雪飞为河南省人民检察院检察长。批准任命王晋为湖北省人民检察院检察长。批准任命游劝荣为湖南省人民检察院检察长。批准任命林贻影为广东省人民检察院检察长。批准任命崔智友为广西壮族自治区人民检察院检察长。批准任命路志强为海南省人民检察院检察长。批准任命贺恒扬为重庆市人民检察院检察长。批准任命冯键为四川省人民检察院检察长。批准任命傅信平为贵州省人民检察院检察长。批准任命李宁为云南省人民检察院检察长。批准任命朱雅频为西藏自治区人民检察院检察长。批准任命杨春雷为陕西省人民检察院检察长。批准任命朱玉为甘肃省人民检察院检察长。批准任命闫柏为青海省人民检察院检察长。批准任命时侠联为宁夏回族自治区人民检察院检察长。批准任命李永君为新疆维吾尔自治区人民检察院检察长。

会议还通过其他任免事项。

会议闭幕时，张德江委员长发表讲话。张德江说，本次会议是十二届全国人大常委会最后一次例会。大家以对党和人民高度负责的态度，始终如一地认真履行职责，顺利完成了各项预定任务。张德江说，本次会议修订通过的关于实行宪法宣誓制度的决定，贯彻党的十九大和十九届二中全会精神，完善了誓词中有关奋斗目标的表述，增加了与监察委员会有关的内容，规定了宣誓仪式应当奏唱国歌。张德江指出，会议听取了关于十三届全国人大代表选举工作情况的报告，审议通过代表资格审查报告，确认35个选举单位选举的2980名代表的代表资格全部有效。在中央有关部门和各选举单位的共同努力下，十三届全国人大代表选举顺利完成，为新一届全国人民代表大会依法行使职权奠定了坚实基础。张德江指出，中央对杨晶同志严重违纪问题的处理决定，充分表明了以习近平同志为核心的党中央坚持全面从严治党的坚定决心和鲜明态度，全国人大常委会坚决拥护。依据宪法法律精神，本次会议通过了《全国人民代表大会常务委员会关于撤销杨晶同志的国务委员、国务院秘书长职务的决定》。张德江说，对种子法实施情况进行监督是本届常委会26次执法检查的收官之作。本次会议听取审议了执法检查报告。常委会组成人员充分肯定检查组工作，普遍赞成报告。张德江指出，本次会议审议并原则通过了全国人大常委会工作报告稿。审议中，常委会组成人员和列席会议的同志对过去五年的工作给予充分肯定，对工作报告稿表示赞成。大家一致认为，在以习近平同志为核心的党中央坚强领导下，十二届全国人大常委会全面贯彻落实党的十八大和十九大精神，以习近平新时代中国特色社会主义思想为指导，紧紧围绕党和国家工作大局依法履职，全面开创人大工作新局面，人民代表大会制度理论和实践创新取得重大成就，社会主义民主法治建设迈出重大步伐。张德江说，五年来，全国人大代表、常委会组成人员、各专门委员会组成人员和全国人大机关工作人员恪尽职守，为坚持和完善人大制度、加强和改进人大工作付出了不懈努力，作出了重要贡献。在此，我代表委员长会议组成人员表示崇高的敬意和衷心的感谢。张德江指出，十三届全国人大一次会议召开在即。开好这次会议，对贯彻落实习近平新时代中国特色社会主义思想和党的十九大精神，实现党中央确定的各项目标任务，保证党和国家事业承前启后、继往开来，具有十分重要的意义。要进一步把思想和行动统一到党中央的决策部署上来，确保十三届全国人大一次会议胜利召开、圆满成功。（全文见本书第243页）

23日，十二届全国人大常委会第三十三次会议举行分组会议，审议全国人大常委会工作报告稿。张德江委员长参加审议。

2月23日 十二届全国人大常委会委员长会议召开第一百一十三次会议，张德江委员长主持。会议听取有关议案和草案审议情况的汇报。委员长会议决定，将这些议案和草案提请常委会会议进一步审议修改后，提交第一百一十四次委员长会议决定是否交付十二届全国人大常委会第三十三次会议闭幕会表决。

2月24日 中共中央政治局就我国宪法和推进全面依法治国举行第四次集体学习。中国社会科学院学部委员、研究员李林同志就这个问题作了讲解，并谈了意见和建议。中共中央总书记习近平在主持学习时发表了讲话。习近平强调，决胜全面建成小康社会、开启全面建设社会主义现代化国家新征程、实现中华民族伟大复兴的中国梦，推进国家治理体系和治理能力现代化、提高党长期执政能力，必须更加注重发挥宪法的重要作用。要坚持党的领导、人民当家作主、依法治国有机统一，加强宪法实施和监督，把国家各项事业和各项工作全面纳入依法治国、依宪治国的轨道，把实施宪法提高到新的水平。习近平强调，中国共产党登上中国历史舞台后，在推进中国革命、建设、改革的实践中，高度重视宪法和法制建设。从建立革命根据地开始，我们党就进行了制定和实施人民宪法的探索和实践。新中国成立后，在我们党领导下，1954年9月召开的第一届全国人民代表大会第一次会议通过了《中华人民共和国宪法》，为巩固社会主义政权和进行社会主义建设发挥了重要保障和推动作用，也为改革开放新时期我国现行宪法的制定和完善奠定了基础。习近平指出，党的十一届三中全会开启了改革开放历史新时期，发展社会主义民主、健全社会主义法制成为党和国家坚定不移的方针。我国现行宪法即1982年宪法就是在这个历史背景下产生的。这部宪法深刻总结了我国社会主义建设正反两方面经验，适应我国改革开放和社会主义现代化建设、加强社会主义民主法制建设的新要求，确立了党的十一届三中全会之后的路线方针政策，把集中力量进行社会主义现代化建设规定为国家的根本任务，就社会主义民主法制建设作出一系列规定，为改革开放和社会主义现代化建设提供了有力法制保障。我国宪法是治国理政的总章程，必须体现党和人民事业的历史进步，必须随着党领导人民建设中国特色社会主义实践的发展而不断完善发展。习近平强调，回顾我们党领导的宪法建设史，可以得出这样几点结论。一是制定和实施宪法，推进依法治国，建设法治国家，是实现国家富强、民族振兴、社会进步、人民幸福的必然要求。二是我国现行宪法是在深刻总结我国社会主义革命、建设、改革的成功经验基础上制定和不断完善的，是我们党领导人民长期奋斗历史逻辑、理论逻辑、实践逻辑的必然结果。三是只有中国共产党才能坚持立党为公、执政为民，充分发扬民主，领导人民制定出体现人民意志的宪法，领导人民实施宪法。四是我们党高度重视发挥宪法在治国理政中的重要作用，坚定维护宪法尊严和权威，推动宪法完善和发展，这是我国宪法保持生机活力的根本原因所在。宪法作为上层建筑，一定要适应经济基础的变化而变化。习近平指出,我国宪法实现了党的主张和人民意志的高度统一,具有显著优势、坚实基础、强大生命力。宪法是国家根本法,是国家各种制度和法律法规的总依据。我们坚定中国特色社会主义道路自信、理论自信、制度自信、文化自信,要对我国宪法确立的国家指导思想、发展道路、奋斗目标充满自信,对我国宪法确认的中国共产党领导和我国社会主义制度充满自信,对我国宪法确认的我们党领导人民创造的社会主义先进文化和中华优秀传统文化充满自信。习近平强调,宪法具有最高的法律地位、法律权威、法律效力。我们党首先要带头尊崇和执行宪法,把领导人民制定和实施宪法法律同党坚持在宪法法律范围内活动统一起来。任何组织或者个人都不得有超越宪法法律的特权。一切违反宪法法律的行为,都必须予以追究。要加快形成完备的法律规范体系、高效的法治实施体系、严密的法治监督体系、有力的法治保障体系,形成完善的党内法规体系,用科学有效、系统完备的制度体系保证宪法实施。要完善宪法监督制度,积极稳妥推进合宪性审查工作,加强备案审查制度和能力建设。习近平指出,要加强宪法学习宣传教育,弘扬宪法精神、普及宪法知识,为加强宪法实施和监督营造良好氛围。宪法法律的权威源自人民的内心拥护和真诚信仰,加强宪法学习宣传教育是实施宪法的重要基础。要在全社会广泛开展尊崇宪法、学习宪法、遵守宪法、维护宪法、运用宪法的宣传教育,弘扬宪法精神,弘扬社会主义法治意识,增强广大干部群众的宪法意识,使全体人民成为宪法的忠实崇尚者、自觉遵守者、坚定捍卫者。要坚持从青少年抓起,把宪法法律教育纳入国民教育体系,引导青少年从小掌握宪法法律知识、树立宪法法律意识、养成遵法守法习惯。要完善国家工作人员学习宪法法律的制度,推动领导干部加强宪法学习,增强宪法意识,带头尊崇宪法、学习宪法、遵守宪法、维护宪法、运用宪法,做尊法学法守法用法的模范。

同日　十二届全国人大常委会委员长会议召开第一百一十四次会议,张德江委员长主持。会议研究有关人事事项。

同日　十二届全国人大常委会委员长会议召开第一百一十五次会议,张德江委员长主持。会议研究提请常委会会议表决事项。

同日　全国人大常委会发布公告。公告说,中央军委联合参谋部军人代表大会决定罢免房峰辉的十二届全国人大代表职务。河南省人大常委会决定接受孟伟辞去十二届全国人大代表职务。依照《中华人民共和国全国人民代表大会和地方各级人民代表大会代表法》的有关规定,房峰辉、孟伟的代表资格终止。依照《中华人民共和国全国人民代表大会和地方各级人民代表大会选举法》的有关规定,孟伟的十二届全国人大环境与资源保护委员会副主任委员职务相应终止。截至目前,十二届全国人大实有代表2896人。

同日　全国人大常委会发布公告。公告说,根据《中华人民共和国全国人民代表大会和地方各级人民代表大会选举法》《中国人民解放军选举全国人民代表大会和县级以上地方各级人民代表大会代表的办法》《第十二届全国人民代表大会第五次会议关于第十三届全国人民代表大会代表名额和选举问题的决定》《中华人民共和国香港特别行政区选举第十三届全国人民代表大会代表的办法》《中华人民共和国澳门特别行政区选举第十三届全国人民代表大会代表的办法》和十二届全国人大常委会第二十七次会议通过的《第十三届全国人民代表大会代表名额分配方案》《第十三届全国人民代表大会少数民族代表名额分配方案》《台湾省出席第十三届全国人民代表大会代表协商选举方案》的规定,在全国人大常委会的主持下,各省、自治区、直辖市、香港特别行政区、澳门特别行政区和中国人民解放军等35个选举单位共选举产生中华人民共和国第十三届全国人民代表大会代表2980名。十二届全国人大常委会第三十三次会议根据代表资格审查委员会提出的审查报告,确认2980名代表的代表资格全部有效。现将十三届全国人大代表名单予以公布。

三　月

3月2日　中共十二届全国人大常委会党组召开会议,学习贯彻习近平总书记在党的十九届三中全会上的重要讲话和全会精神。全国人大常委会委员长、常委会党组书记张德江主持会议并讲话。

会议指出,习近平总书记在党的十九届三中全会上代表中央政治局作了工作报告,发表了重要讲话。全会审议通过了拟向十三届全国人大一次会议推荐的国家机构领导人员人选建议名单和拟向全国政协十三届一次会议推荐的全国政协领导人员人选建议名单。全会审议通过了《中共中央关于深化党和国家机构改革的决定》和《深化党和国家机构改革方案》。这对全面加强党对一切工作的领导,坚持和完善中国特色社会主义制度,推进国家治理体系和治理能力现代化,对开好今年全国“两会”,贯彻落实党的十九大确定的大政方针和目标任务,对动员全党全国各族人民为决胜全面建成小康社会、夺取新时代中国特色社会主义伟大胜利而奋斗,具有十分重大的意义。

会议高度评价党的十九届一中全会以来,以习近平同志为核心的党中央,不忘初心、牢记使命,凝心聚力、真抓实干,在决胜全面建成小康社会、开启全面建设社会主义现代化国家新征程上迈出的新步伐,推动党和国家各项事业取得的新成绩。我们坚信,在习近平新时代中国特色社会主义思想的科学指引下,一定能够夺取新时代中国特色社会主义伟大胜利。

会议强调,深化党和国家机构改革,是以习近平同志为核心的党中央从党和国家事业全局高度作出的重大政治决策,是适应新时代中国特色社会主义发展要求提出的重大改革举措。我们要深刻领会深化党和国家机构改革的重大现实意义和深远历史意义,深刻认识深化党和国家机构改革的重要性和紧迫性,切实把思想和行动统一到党中央决策部署上来,把贯彻落实改革决定和改革方案作为重大政治任务,牢固树立“四个意识”,不断增强“四个自信”,坚决维护习近平总书记党中央的核心、全党的核心地位,坚决维护党中央权威和集中统一领导,不折不扣落实好深化党和国家机构改革任务。

会议要求,要全面贯彻落实习近平总书记在党的十九届三中全会上的重要讲话和全会精神,以对党和人民高度负责的态度,继续全力以赴、扎实细致地做好十三届全国人大一次会议的各项筹备工作,确保党的主张通过法定程序成为国家意志,确保党中央推荐的人选通过法定程序成为国家机构领导人员,确保大会圆满完成各项预定任务。

3月3日 十三届全国人大一次会议、政协十三届全国委员会一次会议党员负责人会议召开,习近平总书记作了重要讲话。

3月4日 十二届全国人大常委会委员长会议召开第一百一十六次会议,张德江委员长主持。会议研究提请大会预备会议选举和表决事项。这次委员长会议是十二届全国人大常委会最后一次委员长会议。依照宪法和全国人民代表大会组织法的规定,委员长会议负责处理全国人大常委会的重要日常工作。2013年3月以来,在以习近平同志为核心的党中央坚强领导下,十二届全国人大常委会委员长会议全面贯彻落实党的十八大、十九大和十九届一中、二中、三中全会精神,以习近平新时代中国特色社会主义思想为指导,坚持党的领导、人民当家作主、依法治国有机统一,紧紧围绕党和国家工作大局依法履职,为十二届全国人大及其常委会开创各项工作新局面作出了重要贡献。

同日 十三届全国人大一次会议举行预备会议。出席2951人,缺席29人,出席人数符合法定人数。十二届全国人大常委会委员长张德江主持会议。张德江宣布:十三届全国人大一次会议于3月5日召开,大会的各项准备工作已经全部就绪。张德江说,十三届全国人大一次会议的指导思想是:在以习近平同志为核心的党中央坚强领导下,高举中国特色社会主义伟大旗帜,深入贯彻落实党的十九大和十九届一中、二中、三中全会精神,以马克思列宁主义、毛泽东思想、邓小平理论、“三个代表”重要思想、科学发展观、习近平新时代中国特色社会主义思想为指导,增强“四个意识”,坚定“四个自信”,坚持党的领导、人民当家作主、依法治国有机统一,认真履行宪法和法律赋予的职责,圆满完成大会各项任务,将大会开成一个民主、团结、求实、奋进的大会,动员全国各族人民更加紧密地团结在以习近平同志为核心的党中央周围,万众一心、开拓进取、扎实工作,为决胜全面建成小康社会、夺取新时代中国特色社会主义伟大胜利、实现中华民族伟大复兴的中国梦不懈奋斗。

会议选举产生了由190人组成的大会主席团和秘书长。主席团成员有:丁仲礼、丁薛祥、乃依木·亚森、于伟国、万卫星、万鄂湘、习近平、马伟明、马逢国、王东明、王东峰、王光亚、王刚、王志民、王岐山、王沪宁、王国生、王砚蒙、王宪魁、王勇、王勇超、王晨、王银香、王毅、支月英、尤权、车俊、巴音朝鲁、邓丽、邓凯、艾力更·依明巴海、左中一、石泰峰、布小林、旦正草、叶诗文、史大刚、白玛赤林、白春礼、丛斌、冯淑玲、吉狄马加、吉炳轩、吕世明、朱国萍、向巧、刘艺良、刘远坤、刘昆、刘海星、刘家义、刘赐贵、刘鹤、齐玉、江天亮、许为钢、许立荣、许宁生、许其亮、孙志刚、孙春兰、苏嘎尔布、杜家毫、杜德印、李飞、李飞跃、李玉妹、李伟、李纪恒、李克强、李作成、李希、李学勇、李钺锋、李家俊、李鸿、李鸿忠、李斌、李强、李锦斌、李静海、杨洁篪、杨洪波、杨振武、杨晓渡、杨蓉、肖开提·依明、肖怀远、肖捷、吴月、吴玉良、吴英杰、邱勇、何健忠、何毅亭、邹晓东、冷溶、汪其德、汪洋、汪鸿雁、沙沨、沈春耀、沈跃跃、张又侠、张少琴、张升民、张平、张业遂、张庆伟、张军、张志军、张轩、张伯军、张春贤、张晓明、张毅、陆东福、陈全国、陈求发、陈希、陈武、陈竺、陈敏尔、陈锡文、陈豪、武维华、苗华、林建华、林铎、罗保铭、罗萍、罗毅、周强、郑军里、郑奎城、郑晓松、降巴克珠、赵龙虎、赵乐际、赵克志、赵宪庚、赵贺、郝明金、胡和平、胡春华、咸辉、哈尼巴提·沙布开、段春华、信春鹰、娄勤俭、洛桑江村、姚建年、贺一诚、骆惠宁、袁驷、栗战书、夏伟东、徐延豪、徐绍史、徐留平、殷一璀、高红卫、高虎城、郭声琨、黄久生、黄龙云、黄志贤、黄坤明、黄路生、曹建明、曹鸿鸣、雪克来提·扎克尔、康志军、鹿心社、彭清华、董中原、蒋超良、韩正、韩立平、傅莹、谢伏瞻、谢经荣、嘉木样·洛桑久美·图丹却吉尼玛、赫捷、蔡达峰、蔡奇、廖晓军、谭耀宗、魏凤和、魏后凯。秘书长为王晨。会议通过十三届全国人大一次会议议程。

同日　十三届人大一次会议主席团举行第一次会议。会议推选栗战书、陈希、王晨、曹建明、张春贤、沈跃跃、吉炳轩、艾力更·依明巴海、万鄂湘、陈竺为主席团常务主席。

随后,主席团会议在栗战书的主持下,通过十三届全国人大一次会议日程。根据会议日程,这次大会定于3月5日上午开幕,3月20日上午闭幕,会期15天半。会议通过大会全体会议的执行主席名单。

会议决定信春鹰、韩立平、姜信治、李宝荣、张业遂为大会副秘书长,张业遂兼任大会发言人。会议决定十三届全国人大一次会议表决议案的办法。会议决定代表提出议案的截止时间为3月14日12时。

同日　代表团、代表按法律规定讨论和提出议案或建议。

同日　十三届全国人大一次会议举行新闻发布会,大会发言人张业遂就大会议程和人大工作相关问题回答中外记者提问。

3月5日　《人民日报》发表题为《凝聚新时代的奋斗伟力》的社论,热烈祝贺十三届全国人大一次会议开幕。

3月5日—20日　十三届全国人大一次会议举行。

5日上午,十三届全国人大一次会议开幕。出席2970人,缺席10人,出席人数符合法定人数。会议执行主席是:栗战书、陈希、王晨、曹建明、张春贤、沈跃跃、吉炳轩、艾力更·依明巴海、万鄂湘、陈竺,由栗战书主持。会议听取国务院总理李克强作政府工作报告。报告共分三部分:一、过去五年工作回顾;二、2018年经济社会发展总体要求和政策取向;三、对2018年政府工作的建议。

根据会议议程,大会审查2017年国民经济和社会发展计划执行情况与2018年国民经济和社会发展计划草案的报告及2018年计划草案、2017年中央和地方预算执行情况与2018年中央和地方预算草案的报告及2018年全国预算草案。

会议听取十二届全国人大常委会副委员长兼秘书长王晨关于中华人民共和国宪法修正案草案的说明。王晨指出,宪法是国家的根本法,是治国安邦的总章程,是党和人民意志的集中体现。党的十八大以来,习近平总书记多次强调,坚持依法治国首先要坚持依宪治国,坚持依法执政首先要坚持依宪执政。宪法修改,是党和国家政治生活中的一件大事,是以习近平同志为核心的党中央从新时代坚持和发展中国特色社会主义全局和战略高度作出的重大决策,是推进全面依法治国、推进国家治理体系和治理能力现代化的重大举措。王晨说,我国现行宪法是符合国情、符合实际、符合时代发展要求的好宪法,为改革开放和社会主义现代化建设提供了根本法治保障,必须坚决维护、长期坚持、全面贯彻。宪法只有不断适应新形势、吸纳新经验、确认新成果、作出新规范,才具有持久生命力。根据新时代坚持和发展中国特色社会主义的新形势新实践,在总体保持我国宪法连续性、稳定性、权威性的基础上,有必要对我国宪法作出适当的修改。王晨指出,宪法修改是事关全局的重大政治活动和重大立法活动,必须在党中央集中统一领导下进行。党中央确定的这次宪法修改的总体要求是,高举中国特色社会主义伟大旗帜,全面贯彻党的十九大精神,坚持以马克思列宁主义、毛泽东思想、邓小平理论、"三个代表"重要思想、科学发展观、习近平新时代中国特色社会主义思想为指导,坚持党的领导、人民当家作主、依法治国有机统一,把党的十九大确定的重大理论观点和重大方针政策特别是习近平新时代中国特色社会主义思想载入国家根本法,体现党和国家事业发展的新成就新经验新要求,在总体保持我国宪法连续性、稳定性、权威性的基础上推动宪法与时俱进、完善发展,为新时代坚持和发展中国特色社会主义、实现"两个一百年"奋斗目标和中华民族伟大复兴的中国梦提供有力宪法保障。王晨说，贯彻和体现上述总体要求，这次宪法修改遵循以下原则：一是坚持党对宪法修改的领导；二是严格依法按程序推进宪法修改；三是充分发扬民主、广泛凝聚共识；四是坚持对宪法作部分修改、不作大改。在说明中央修宪建议和宪法修正案草案的形成过程后，王晨从 11 个方面介绍了宪法修正案草案的具体内容：确立科学发展观、习近平新时代中国特色社会主义思想在国家政治和社会生活中的指导地位；调整充实中国特色社会主义事业总体布局和第二个百年奋斗目标的内容；完善依法治国和宪法实施举措；充实完善我国革命和建设发展历程的内容；充实完善爱国统一战线和民族关系的内容；充实和平外交政策方面的内容；充实坚持和加强中国共产党全面领导的内容；增加倡导社会主义核心价值观的内容；修改国家主席任职方面的有关规定；增加设区的市制定地方性法规的规定；增加有关监察委员会的各项规定。

香港特别行政区行政长官林郑月娥、澳门特别行政区行政长官崔世安列席会议并在主席台就座。出席全国政协十三届一次会议的政协委员列席大会。中央和国家机关有关部门、解放军有关单位、各人民团体有关负责人列席或旁听了大会。各国驻华使节旁听了大会。

同日下午，各代表团召开全体会议进行审议。中共中央总书记、国家主席、中央军委主席习近平参加内蒙古团审议，中共中央政治局常委栗战书参加江西团审议，中共中央政治局常委、国务院副总理汪洋参加四川团审议，中共中央政治局常委、中央书记处书记王沪宁参加河北团审议，中共中央政治局常委、中央纪委书记赵乐际参加黑龙江团审议。

十二届全国人大常委会副委员长兼秘书长王晨参加浙江团审议。王晨说，党的十八大以来，以习近平同志为核心的党中央推动党和国家事业取得历史性成就，发生历史性变革。党的十九大以来，各领域工作取得重大进展。进入新时代，开拓新局面，取得新成就，根本在于习近平总书记作为党中央的核心、全党的核心掌舵领航，在于习近平新时代中国特色社会主义思想科学指引。李克强总理所作的政府工作报告，贯彻习近平新时代中国特色社会主义思想和党的十八大、十九大精神，是一个高举旗帜、求真务实的好报告，赞成政府工作报告。要加强党对经济工作的集中统一领导，保证我国经济沿着正确方向发展，贯彻好新发展理念，推动经济高质量发展。

十二届全国人大常委会副委员长沈跃跃参加福建团审议。沈跃跃说，赞同政府工作报告。党的十八大以来，在以习近平同志为核心的党中央坚强领导下，党和国家事业取得历史性成就、发生历史性变革。做好今年工作，要自觉坚持党中央集中统一领导，以习近平新时代中国特色社会主义思想为指导，全面贯彻十九大精神，切实增强"四个意识"，坚定"四个自信"，把党中央决策部署落地落实。妇联要提高政治站位，加强思想引领，把妇女群众团结在党的周围。围绕供给侧结构性改革，聚焦打好三大攻坚战，动员妇女为推动经济高质量发展做贡献。坚持以人民为中心，加强联系服务和维权工作，增强妇女的获得感幸福感安全感。深化妇联改革，不断增强政治性先进性群众性，带领妇女坚定跟党走、建功新时代。

十二届全国人大常委会副委员长吉炳轩参加江苏团审议。吉炳轩说，完全赞同李克强总理所作的政府工作报告。实施乡村振兴战略，是以习近平同志为核心的党中央从国家事业全局出发、着眼于实现"两个一百年"奋斗目标、顺应亿万农民对美好生活的向往作出的重大决策。农民的获得感和幸福感，决定着全面小康社会的成色和社会主义现代化的质量。实现第一个百年奋斗目标并向第二个百年奋斗目标迈进，最艰巨最繁重的任务在农村，最广泛最深厚的基础在农村，最大的潜力和后劲也在农村。要把农业农村优先发展作为现代化建设的重大原则，把振兴乡村作为实现中华民族伟大复兴的重大任务，以更大的决心、更明确的目标、更有力的举措，书写好中华民族伟大复兴的"三农"新篇章。

十二届全国人大常委会副委员长艾力更·依明巴海参加新疆团审议。艾力更·依明巴海说，政府工作报告客观务实，振奋人心，完全赞同。五年来，以习近平同志为核心的党中央准确把握复杂局势，科学判断，正确决策，使我国经济发展取得历史性成就、发生历史性变革。做好今后工作，要始终坚持以习近平新时代中国特色社会主义思想为指导，谋篇布局、推动工作。要牢固树立忧患意识、风险意识，特别是在新疆，反分裂斗争任务十分艰巨，要始终保持清醒头脑，聚焦总目标，打好组合拳，确保新疆社会稳定和长治久安。我们坚信，有习近平同志这个核心举旗定向、掌舵领航，有习近平新时代中国特色社会主义思想科学指引，有以习近平同志为核心的党中央坚强领导，"两个一百年"奋斗目标一定能早日实现,新疆的明天一定会更美好。

十二届全国人大常委会副委员长陈竺参加宁夏团审议。陈竺说,完全赞成政府工作报告。报告全面贯彻落实习近平新时代中国特色社会主义思想和党的十九大精神,实事求是地总结了五年来我国经济社会发展的辉煌成就,鼓舞人心、催人奋进;紧扣我国社会主要矛盾变化,按照高质量发展要求,对今年经济社会发展总体要求、政策取向和各项工作作出全面部署,科学合理、切实可行。是一份符合我国发展实际、反映人民群众期待、动员全国人民为决胜全面建成小康社会、夺取新时代中国特色社会主义伟大胜利努力奋斗的好报告。建议坚持创新发展驱动,积极培育、壮大经济新动能;围绕群众最关心、最直接的现实问题,补短板、惠民生;聚焦特殊贫困人口,实施精准健康扶贫。

6 日,各代表团召开代表小组会议或全体会议进行审议。

中共中央政治局常委、国务院总理李克强参加广西团审议,中共中央政治局常委、中央书记处书记王沪宁分别到香港团和澳门团与代表一起审议,中共中央政治局常委韩正参加陕西团审议。

同日,十三届全国人大一次会议举行记者会,邀请国家发展和改革委员会主任何立峰、副主任张勇、副主任宁吉喆就"创新和完善宏观调控,推动高质量发展"相关问题回答中外记者提问。

7 日,各代表团召开全体会议或代表小组会议进行审议。

中共中央总书记、国家主席、中央军委主席习近平到广东团与代表一起审议,中共中央政治局常委、国务院总理李克强到浙江团与代表一起审议,中共中央政治局常委栗战书到北京团与代表一起审议,中共中央政治局常委、国务院副总理汪洋到台湾团与代表一起审议,中共中央政治局常委、中央书记处书记王沪宁到贵州团与代表一起审议,中共中央政治局常委、中央纪委书记赵乐际到江苏团与代表一起审议,中共中央政治局常委韩正到天津团与代表一起审议。

十二届全国人大常委会副委员长兼秘书长王晨参加浙江团审议。王晨说,完全赞同、坚决拥护宪法修正案草案。这次修宪把党的十九大确定的重大理论观点和重大方针政策特别是习近平新时代中国特色社会主义思想载入国家根本法,把中国共产党领导是中国特色社会主义最本质的特征写入宪法《总纲》,修改国家主席任职方面的有关规定,增加有关监察委员会的各项规定等,体现了党和国家事业发展的新成就新经验新要求,体现了党的主张和人民意志的统一,体现了全国各族人民的共同意愿,有利于维护以习近平同志为核心的党中央权威和集中统一领导,有利于加强和完善国家领导体制,有利于新时代坚持和发展中国特色社会主义,有利于实现国家长治久安。

十二届全国人大常委会副委员长沈跃跃参加福建团审议。沈跃跃说,完全赞成宪法修正案草案和说明。这次修宪坚持以习近平同志为核心的党中央集中统一领导,全面贯彻党的十九大精神,体现党的主张与人民意志的有机统一,为新时代坚持和发展中国特色社会主义提供有力宪法保障。特别是确立习近平新时代中国特色社会主义思想在国家政治和社会生活中的指导地位,必将凝聚起全国各族人民为实现中国梦而奋斗的共同思想基础;把"中国共产党领导是中国特色社会主义最本质的特征"写进《总纲》,更好地把党的领导落实到国家工作全过程和各方面;修改国家主席任职方面的有关规定,是全党全国各族人民的共同心愿。增加监察委员会的各项规定和其他修改内容,都很有必要。我们要带头增加宪法意识,做尊法学法守法用法的模范。

十二届全国人大常委会副委员长吉炳轩参加江苏团审议。吉炳轩说,完全赞同宪法修正案草案。科学理论至关重要。理论的光明照耀着道路的宽广,理论的伟大成就着事业的辉煌。习近平新时代中国特色社会主义思想是马克思主义中国化最新成果,是党和人民实践经验和集体智慧的结晶,是中国特色社会主义理论体系的重要组成部分,是全党全国人民为实现中华民族伟大复兴而奋斗的行动指南。党的十九大党章修正案已经将其确立为党的指导思想。宪法中确立习近平新时代中国特色社会主义思想在国家政治和社会生活中的指导地位,体现了党的主张和人民意志的统一,明确了全党全国人民为实现中华民族伟大复兴而奋斗的共同思想基础,具有重大的现实意义和深远的历史意义。

十二届全国人大常委会副委员长艾力更·依明巴海参加新疆团审议。艾力更·依明巴海说,宪法是国家的根本法,宪法修改是国家政治生活中的一件大事,是党中央从新时代坚持和发展中国特色社会主义全局和战略高度作出的重大决策,也是推进全面依法治国、推进国家治理体系和治理能力现代化的重大举措。宪法修改全面贯彻了习近平新时代中国特色社会主义思想和党的十九大精神。

我们要把思想和行动统一到以习近平同志为核心的党中央对宪法修改的决策部署上来，牢固树立“四个意识”，坚定“四个自信”，坚定坚决维护习近平总书记的核心地位和权威，坚定不移维护党中央的集中统一领导和权威，切实把绝对忠诚、维护核心体现在宪法修改中。

十二届全国人大常委会副委员长万鄂湘参加河南团审议。万鄂湘说，结合学习习近平总书记日前参加政协界别联组会上有关“新型政党制度”重要论述和民革中央参与修宪内容建议协商有关情况发言说，修改宪法是从新时代坚持和发展中国特色社会主义全局和战略高度作出的重大决策，是推进全面依法治国、推进国家治理体系和治理能力现代化的重大举措。2017 年中共中央召开党外人士座谈会，专门就修改宪法部分内容的建议听取并充分吸收各方意见和建议。修正案草案内容体现了新时代的现实需要和决策的科学民主精神。我们要充分理解和认识这次修宪深远的时代和历史意义，以高度的政治责任感，正确履行宪法法律赋予的神圣职责和使命，投下自己庄严一票。

十二届全国人大常委会副委员长陈竺参加宁夏团审议。陈竺说，完全赞成和拥护宪法修正案草案。草案坚持党的领导、人民当家作主、依法治国有机统一，把习近平新时代中国特色社会主义思想载入国家根本法，体现了党的主张和人民意志的高度统一；从社会主义制度本质属性高度对坚持和加强中国共产党领导进行规定，有利于全方位落实中国共产党的领导，确保党和国家事业沿着正确方向不断前进；在国家主席任职规定上作出调整，是符合我国国情、保证党和国家长治久安的制度设计；增加有关监察委员会的规定，将为加强党对反腐败工作的统一领导，建立集中统一、权威高效的国家监察体系，实现对所有行使公权力的公职人员监察全覆盖，奠定坚实宪法基础。

同日，十三届全国人大一次会议举行记者会，邀请财政部部长肖捷，副部长史耀斌、胡静林就“财税改革和财政工作”相关问题回答中外记者提问。

同日，十三届全国人大一次会议举行记者会，邀请农业部部长韩长赋，农业部新闻发言人、办公厅主任潘显政就“实施乡村振兴战略　推动农业转型升级”的相关问题回答中外记者的提问。

同日，十三届全国人大一次会议举行记者会，邀请扶贫办主任刘永富就“打好精准脱贫攻坚战”的相关问题回答中外记者的提问。

8 日，各代表团召开全体会议和代表小组会议进行审议。

中共中央总书记、国家主席、中央军委主席习近平到山东团与代表一起审议，中共中央政治局常委、国务院总理李克强到辽宁团与代表一起审议，中共中央政治局常委、中央书记处书记王沪宁到安徽团与代表一起审议，中共中央政治局常委、中央纪委书记赵乐际到山西团与代表一起审议，中共中央政治局常委韩正到福建团与代表一起审议。

同日，十三届全国人大一次会议主席团常务主席第一次会议举行。大会主席团常务主席栗战书主持会议。会议听取了大会秘书处法案组组长沈春耀受大会秘书处委托作的关于宪法修正案草案审议情况的汇报，同意将审议情况的报告和宪法修正案草案修改稿提请大会主席团第二次会议审议。

同日，十三届全国人大一次会议主席团举行第二次会议。主席团常务主席栗战书主持会议。主席团会议听取了大会秘书处法案组组长沈春耀受大会秘书处委托作的关于宪法修正案草案审议情况的报告。会议决定将宪法修正案草案审议情况的报告和宪法修正案草案修改稿提请各代表团审议。

同日，十三届全国人大一次会议举行记者会，邀请外交部部长王毅就“中国外交政策和对外关系”回答中外记者提问。

9 日上午，各代表团召开代表小组会议或全体会议进行审议。

中共中央政治局常委栗战书到湖北团与代表一起审议，中共中央政治局常委、国务院副总理汪洋到上海团与代表一起审议，中共中央政治局常委韩正到河南团与代表一起审议。

同日下午，十三届全国人大一次会议举行第二次全体会议。会议执行主席是：张春贤、马逢国、巴音朝鲁、吴英杰、殷一璀、鹿心社、彭清华，由张春贤主持。会议听取周强院长作最高人民法院工作报告，曹建明检察长作最高人民检察院工作报告。

同日，十三届全国人大一次会议举行记者会，邀请中国人民银行行长周小川，副行长易纲，副行长、国家外汇管理局局长潘功胜就“金融改革与发展”相关问题回答中外记者提问。

10 日，各代表团召开全体会议和代表小组会议进行审议。

中共中央总书记、国家主席、中央军委主席习近平到重庆团与代表一起审议，中共中央政治局常委、国务院总理李克强到宁夏团与代表一起审议，中共中央政治局常委栗战书到云南团与代表一起审议，中共中央政治局常委、中央纪委书记赵乐际到西藏团与代表一起审议。

同日，十三届全国人大一次会议主席团常务主席第二次会议举行。大会主席团常务主席栗战书主持会议。

会议听取大会秘书处法案组组长沈春耀作的关于宪法修正案草案修改稿审议情况的汇报，同意将修改稿审议情况的报告和草案建议表决稿提请大会主席团第三次会议审议。

会议听取大会副秘书长信春鹰关于设立十三届全国人大专门委员会的决定草案代拟稿的汇报，关于十三届全国人大专门委员会主任委员、副主任委员、委员人选的表决办法草案代拟稿的汇报，决定将两个草案分别提请大会主席团第三次会议审议。

会议还听取信春鹰关于各代表团推选监票人情况的汇报，提出了总监票人建议人选。会议同意将总监票人、监票人名单草案提请大会主席团第三次会议审议。

同日，十三届全国人大一次会议主席团举行第三次会议。主席团常务主席栗战书主持会议。

会议听取大会秘书处法案组组长沈春耀关于宪法修正案草案修改稿审议情况的汇报。会议决定将审议情况的报告、草案建议表决稿和主席团公告稿提请各代表团审议。

根据全国人大组织法的规定，大会秘书处代拟了大会关于设立十三届全国人大专门委员会的决定草案。会议决定将草案提请各代表团审议。

会议决定将大会关于十三届全国人大专门委员会主任委员、副主任委员、委员人选的表决办法草案，提请各代表团审议。

根据全国人大议事规则的规定，全国人大有关专门委员会需要在大会期间审议监察法草案、审查国民经济和社会发展计划、审查中央和地方预算。会议决定将有关专门委员会主任委员、副主任委员、委员的人选提请各代表团酝酿。

同日，十三届全国人大一次会议举行记者会，邀请科技部部长万钢、政策法规与监督司司长贺德方、创新发展司司长许倞就"加快建设创新型国家"相关问题回答中外记者提问。

同日，十三届全国人大一次会议举行记者会，邀请国务院国资委主任肖亚庆，副秘书长、新闻发言人彭华岗就"国有企业改革发展"相关问题回答中外记者提问。

11日上午，各代表团召开全体会议或小组会议。

同日，十三届全国人大一次会议主席团常务主席第三次会议举行。大会主席团常务主席栗战书主持会议。

会议听取大会秘书处法案组组长沈春耀关于宪法修正案草案建议表决稿审议情况的汇报，同意将草案表决稿提请大会主席团第四次会议审议。

会议听取大会副秘书长信春鹰关于设立十三届全国人大专门委员会的决定草案审议情况的汇报，关于十三届全国人大专门委员会主任委员、副主任委员、委员人选的表决办法草案审议情况的汇报，决定将这两个草案分别提请大会主席团第四次会议审议。

会议听取大会副秘书长姜信治关于十三届全国人大有关专门委员会主任委员、副主任委员、委员的人选酝酿情况的汇报，决定将名单草案提请大会主席团第四次会议审议。

同日，十三届全国人大一次会议主席团举行第四次会议。主席团常务主席栗战书主持会议。

会议决定将宪法修正案草案表决稿，关于设立十三届全国人大专门委员会的决定草案，关于十三届全国人大专门委员会主任委员、副主任委员、委员人选的表决办法草案，十三届全国人大有关专门委员会主任委员、副主任委员、委员名单草案，提请大会全体会议表决。

同日下午，十三届全国人大一次会议举行第三次全体会议，会议执行主席是：王晨、刘家义、刘赐贵、张庆伟、胡和平、段春华、贺一诚，由王晨主持。

会议应出席代表2980人，出席2964人，缺席16人，出席人数符合法定人数。会议通过了由35名代表组成的总监票人、监票人名单。王少峰、杨艳为总监票人。根据十三届全国人大一次会议表决议案办法的规定，表决宪法修正案草案，采用无记名投票方式，以全体代表的三分之二以上赞成票通过。经过约40分钟的发票、写票、投票、计票，15时51分，工作人员宣读计票结果：赞成2958票，反对2票，弃权3票。

会议通过《中华人民共和国宪法修正案》。通过的宪法修正案共有21条。十三届全国人大一次会议主席团发布公告，宪法修正案予以公布施行。

会议听取张德江委员长作全国人大常委会工作报告。常委会工作报告分三部分，过去五年的主要工作，主要内容是：一是着力加强重点领域立法，完善以宪法为核心的中国特色社会主义法律体系。二是着力发挥立法引领和推动作用，确保重大改革于法有据、顺利实施。三是着力完善监督工作机制,加强对宪法法律实施和“一府两院”工作的监督。四是着力深化和拓展代表工作,充分发挥代表作用。五是着力推动人大制度完善发展,夯实国家政权建设和党长期执政基础。六是着力加强人大对外交往,服务中国特色大国外交。七是着力推进全国人大及其常委会党的建设,不断提高依法履职能力和水平。五年工作的主要体会,主要内容是:一是中国共产党领导是人民代表大会制度的本质要求和最大优势,必须坚定坚持以习近平同志为核心的党中央集中统一领导。二是党的指导思想是坚持和完善人民代表大会制度的科学指引和行动指南,必须全面贯彻习近平新时代中国特色社会主义思想。三是人民代表大会制度是中国人民当家作主的重要途径和最高实现形式,必须切实把人民当家作主落实到国家政治生活和社会生活之中。四是全面依法治国是中国特色社会主义的本质要求和重要保障,必须充分发挥人大及其常委会在全面推进依法治国中的重要作用。五是人民代表大会制度是中国特色社会主义制度的重要组成部分,必须毫不动摇坚持、与时俱进完善人民代表大会制度。今后一年工作的建议,主要内容是:一是继续加强立法工作。二是继续加强监督工作。三是继续加强代表工作。

同日,十三届全国人大一次会议举行记者会,邀请商务部部长钟山、副部长兼国际贸易谈判副代表王受文、副部长钱克明就“推动形成全面开放新格局,推动商务事业高质量发展”相关问题回答中外记者提问。

同日,十三届全国人大一次会议举行记者会,邀请十三届全国人大一次会议秘书处法案组组长、全国人大常委会法工委主任沈春耀,法案组副组长、全国人大常委会法工委副主任郑淑娜就“宪法修正案”相关问题回答中外记者提问。

12日,各代表团召开全体会议和代表小组会议。

中共中央总书记、国家主席、中央军委主席习近平到解放军和武警部队团与代表一起审议,中共中央政治局常委、国务院总理李克强到湖南团与代表一起审议,中共中央政治局常委栗战书到吉林团与代表一起审议,中共中央政治局常委、国务院副总理汪洋到新疆团与代表一起审议,中共中央政治局常委、中央书记处书记王沪宁到青海团与代表一起审议,中共中央政治局常委、中央纪委书记赵乐际到甘肃团与代表一起审议,中共中央政治局常委韩正到海南团与代表一起审议。

同日,十二届全国人大常委会副委员长万鄂湘参加河南团审议。万鄂湘说,完全赞成张德江委员长所作的常委会工作报告。5年来,在以习近平同志为核心的党中央坚强领导下,全国人大常委会聚焦中央重大战略部署,攻坚克难,答卷亮丽。以良法促发展保善治。特别是审议提出宪法修正案草案等一系列重大立法工作,意义重大深远。大会表决通过了宪法修正案,开启了中国特色社会主义民主法治时代新篇章。依法行使监督权,正确监督、有效监督。完善监督工作机制,创新监督工作方式,跟踪问效,维护国家法制统一。深化拓展代表工作,完善代表联系工作机制和平台,基层人大组织得到前所未有加强,将人民代表大会制度深深根植于人民之中。

同日,十三届全国人大一次会议举行记者会,邀请十二届全国人大内司委副主任委员王胜明、财经委副主任委员乌日图、教科文卫委副主任委员吴恒、环资委委员吕彩霞,全国人大常委会法工委副主任王超英、副主任许安标就“人大立法工作”相关问题回答中外记者提问。

同日,十三届全国人大一次会议举行记者会,邀请十二届全国人大财经委副主任委员尹中卿、教科文卫委副主任委员吴恒、环资委副主任委员袁驷、内司委委员郑功成,全国人大常委会预算工委副主任刘修文、常委会办公厅秘书局巡视员傅文杰就“人大监督工作”相关问题回答中外记者提问。

13日,十三届全国人大一次会议举行第四次全体会议。会议执行主席是:曹建明、王东峰、王国生、李伟、林铎、黄志贤、谢伏瞻,由曹建明主持。

会议听取十二届全国人大常委会副委员长李建国作关于监察法草案的说明。李建国说,制定监察法是贯彻落实党中央关于深化国家监察体制改革决策部署的重大举措;是坚持和加强党对反腐败工作的领导,构建集中统一、权威高效的国家监察体系的必然要求;是总结党的十八大以来反腐败实践经验,为新形势下反腐败斗争提供坚强法治保障的现实需要;是坚持党内监督与国家监察有机统一,坚持走中国特色监察道路的创制之举;是加强宪法实施,丰富和发展人民代表大会制度,推进国家治理体系和治理能力现代化的战略举措。李建国说,监察法立法工作遵循以下思路和原则:一是坚持正确政治方向;二是坚持与宪法修改保持一致;三是坚持问题导向;四是坚持科学立法、民主立法、依法立法。李建国说,监察法草案共分9章,包括总则、监察机关及其职责、监察范围和管辖、监察权限、监察程序、反腐败国际合作、对监察机关和监察人员的监督、法律责任和附则,共69条。包括7个方面主要内容:一是明确监察工作的指导思想和领导体制;二是明确监察工作的原则和方针;三是明确监察委员会的产生和职责;四是实现对所有行使公权力的公职人员监察全覆盖;五是赋予监察机关必要的权限;六是严格规范监察程序;七是加强对监察机关和监察人员的监督。

会议听取国务委员王勇关于国务院机构改革方案的说明。王勇说,这次国务院机构改革的具体内容如下,一是关于国务院组成部门调整,组建自然资源部,组建生态环境部,组建农业农村部,组建文化和旅游部,组建国家卫生健康委员会,组建退役军人事务部,组建应急管理部,重新组建科学技术部,重新组建司法部,优化水利部职责,优化审计署职责,监察部、国家预防腐败局并入国家监察委员会;二是关于国务院其他机构调整,组建国家市场监督管理总局,组建国家广播电视总局,组建中国银行保险监督管理委员会,组建国家国际发展合作署,组建国家医疗保障局,组建国家粮食和物资储备局,组建国家移民管理局,组建国家林业和草原局,重新组建国家知识产权局,调整全国社会保障基金理事会隶属关系,改革国税地税征管体制。王勇指出,总的看,这次国务院机构改革贯彻落实党的十九大和十九届三中全会精神,落实坚持和加强党的全面领导的要求,适应新时代我国社会主要矛盾变化,聚焦发展所需、基层所盼、民心所向,按照优化协同高效的原则,既立足当前也着眼长远,优化了国务院机构设置和职能配置,理顺了职责关系。改革后,国务院正部级机构减少8个,副部级机构减少7个。通过改革,国务院机构设置更加符合实际、科学合理、更有效率,必将为全面贯彻落实党的十九大部署的各项任务提供有力组织保障。

会议通过了《十三届全国人民代表大会第一次会议关于设立第十三届全国人民代表大会专门委员会的决定》,通过了《第十三届全国人民代表大会第一次会议关于第十三届全国人民代表大会专门委员会主任委员、副主任委员、委员人选的表决办法》。

会议通过十三届全国人大宪法和法律委员会主任委员、副主任委员、委员名单。宪法和法律委员会由19人组成,李飞为主任委员。副主任委员为沈春耀、江必新、丛斌、徐辉、胡可明、刘季幸、周光权。委员有:于志刚、王俊峰、闫傲霜、许安标、孙宪忠、吴浩、张荣顺、张勇、郑淑娜、钟志明、柴绍良。

会议通过十三届全国人大财政经济委员会主任委员、副主任委员、委员名单。财政经济委员会由23人组成,徐绍史为主任委员。副主任委员为刘源、张毅、尹中卿、熊群力、谢经荣、乌日图、刘新华、郭庆平。委员有:王力、王东京、吕薇、朱明春、庄毓敏、刘修文、孙宝厚、汪康、欧阳昌琼、周松和、徐如俊、骞芳莉、蔡玲、蔡继明。

14日,各代表团召开代表小组会议和全体会议。

同日,第十三届全国人大财政经济委员会审查计划报告和预算报告,分别提出关于计划报告和预算报告的审查结果报告。

同日,第十三届全国人大宪法和法律委员会召开全体会议,提出监察法草案审议结果的报告和草案修改稿。

15日,十三届全国人大一次会议主席团常务主席第四次会议举行。大会主席团常务主席栗战书主持会议。

会议听取大会副秘书长信春鹰关于政府工作报告审议和修改情况以及决议草案代拟稿的汇报。

会议听取全国人大财政经济委员会主任委员徐绍史关于2017年国民经济和社会发展计划执行情况与2018年国民经济和社会发展计划草案的审查结果报告有关情况的汇报、关于2017年中央和地方预算执行情况与2018年中央和地方预算草案的审查结果报告有关情况的汇报。

会议听取信春鹰关于2017年国民经济和社会发展计划执行情况与2018年国民经济和社会发展计划的决议草案代拟稿、关于2017年中央和地方预算执行情况与2018年中央和地方预算的决议草案代拟稿的汇报。

会议听取全国人大宪法和法律委员会主任委员李飞关于监察法草案审议结果的报告。

会议听取信春鹰关于国务院机构改革方案审议情况以及关于国务院机构改革方案的决定草案代拟稿的汇报、大会秘书处关于十三届全国人大一次会议选举和决定任命的办法草案代拟稿的汇报。

会议审议十三届全国人大一次会议主席团关于宪法宣誓的组织办法草案代拟稿。

会议同意将上述报告和决议草案、决定草案、办法草案、监察法草案修改稿等提请大会主席团第五次会议审议。

同日,十三届全国人大一次会议主席团举行第五次会议。会议决定将十三届全国人大一次会议关于政府工作报告、计划报告、预算报告的决议草案和监察法草案修改稿等提请各代表团审议。

会议听取全国人大财政经济委员会主任委员徐绍史关于2017年国民经济和社会发展计划执行情况与2018年国民经济和社会发展计划草案的审查结果报告。财政经济委员会认为,2017年国民经济和社会发展计划执行情况总体是好的,国务院提出的计划报告和2018年计划草案主要目标和工作安排总体可行,建议批准国务院提出的《关于2017年国民经济和社会发展计划执行情况与2018年国民经济和社会发展计划草案的报告》,批准2018年国民经济和社会发展计划草案。会议还听取全国人大财政经济委员会主任委员徐绍史关于2017年中央和地方预算执行情况与2018年中央和地方预算草案的审查结果报告。财政经济委员会认为,2017年中央和地方预算执行总体情况较好,国务院提出的2018年中央和地方预算草案总体可行,建议批准国务院提出的《关于2017年中央和地方预算执行情况与2018年中央和地方预算草案的报告》,批准2018年中央预算草案,同时批准地方政府一般债务余额限额123789.22亿元、地方政府专项债务余额限额86185.08亿元。会议通过这两个审查结果报告。会议决定将关于2017年国民经济和社会发展计划执行情况与2018年国民经济和社会发展计划的决议草案、关于2017年中央和地方预算执行情况与2018年中央和地方预算的决议草案,提请各代表团审议。

会议听取宪法和法律委员会主任委员李飞关于监察法草案审议结果的报告。会议决定将监察法草案修改稿提请各代表团审议。

会议决定将关于国务院机构改革方案的决定草案提请各代表团审议。

会议决定将十三届全国人大一次会议选举和决定任命的办法草案提请各代表团审议。

会议通过十三届全国人大一次会议主席团关于宪法宣誓的组织办法。

受中共中央委托,中共中央政治局委员、中央书记处书记、十三届全国人大一次会议主席团常务主席陈希就中共中央向十三届全国人大一次会议主席团推荐的新一届国家机构组成人员人选名单作了说明。陈希说,选举和决定任命新一届国家机构组成人员特别是国家机构领导人员,是这次大会的主要任务之一,也是关系全局的一件大事。习近平总书记和中共中央对推荐新一届国家机构组成人员特别是国家机构领导人员人选高度重视。在研究中共十九大人事安排时,已作了通盘考虑。在对中共十九届中央领导机构人选进行个别谈话调研的同时,就新一届国家机构领导人员有关人选,面对面听取了正省部级、军队正战区职以上中共党员主要负责同志和其他中共十八届中央委员的推荐意见和有关建议。中共中央认为,新一届国家机构领导人员人选的产生,要以马克思列宁主义、毛泽东思想、邓小平理论、“三个代表”重要思想、科学发展观、习近平新时代中国特色社会主义思想为指导,着眼于统筹推进“五位一体”总体布局和协调推进“四个全面”战略布局,着眼于完善和发展中国特色社会主义制度、推进国家治理体系和治理能力现代化,着眼于加强全国人大的工作,团结凝聚各方面力量;要坚持党管干部原则,坚持德才兼备、以德为先,坚持五湖四海、任人唯贤,坚持事业为上、公道正派,严把人选政治关、廉洁关、形象关;要积极稳妥推进国家高层领导的新老交替,新提名人选,应主要考虑本人的素质和条件,既看人选的德才素质、能力和一贯表现,也看人选的资历、经历和代表性,同时还要考虑工作需要和结构要求,人选中应有各方面的领导骨干,也应有特定方面的代表性人物,还应有女同志和少数民族同志。陈希说,中共中央按照上述原则,根据工作和班子结构需要以及个别谈话调研听取意见、组织掌握的情况,经过反复比选、统筹考虑,反复酝酿、多次沟通,充分听取意见,兼顾方方面面,统筹提出了新一届国家机构领导人员人选名单。对非中共人选,分别听取了中共中央统战部和各民主党派中央、全国工商联负责人的意见。对拟新提名的人选,中共人选结合十九届“两委”考察和省级领导班子换届进行了考察,非中共人选在民主党派中央、全国工商联换届考察基础上又专门进行了考察,有的通过适当方式在一定范围听取了意见,同时就党风廉政情况听取了中共中央纪委(监察部)的意见。经中共中央政治局常委会会议和中央政治局会议讨论,提出了新一届国家机构领导人员人选等建议名单。2月28日,中共中央召开民主协商会,就人选建议名单同各民主党派中央、全国工商联负责人和无党派人士代表进行了协商。中共十九届三中全会审议通过了人选建议名单。提请大会主席团审议的十三届全国人大常委会委员人选建议名单,是根据全国人大常委会的工作需要和结构要求,在各地各部门和各民主党派、全国工商联及其他有关方面推荐的基础上,经党内外反复酝酿、协商,中共中央政治局常委会会议和中央政治局会议研究提出的。国务院秘书长、各部部长、各委员会主任、中国人民银行行长、审计长人选建议名单，是在考察和听取各方面意见的基础上，经中共中央政治局常委会会议和中央政治局会议研究提出的。陈希说，这次全国人大换届，有一些同志由于年龄或工作变动等原因，没有继续提名。长期以来，他们为党和国家事业的发展辛勤工作，为改革开放和社会主义现代化建设做出了宝贵贡献，这次又以实际行动为实现国家机构组成人员的新老交替做出了新的贡献。让我们向他们表示崇高的敬意！

主席团会议决定将中华人民共和国主席人选，中华人民共和国中央军事委员会主席人选，十三届全国人大常委会委员长、副委员长、秘书长人选，中华人民共和国副主席人选作为主席团提名，提交各代表团酝酿协商。

16日，各代表团召开全体会议或小组会议。

同日，十三届全国人大一次会议主席团常务主席第五次会议举行。大会主席团常务主席栗战书主持会议。

会议听取大会副秘书长信春鹰关于国务院机构改革方案的决定草案审议情况的汇报，关于十三届全国人大一次会议选举和决定任命的办法草案审议情况的汇报，关于代表提出议案处理意见的报告；听取大会副秘书长姜信治关于中华人民共和国主席的人选，中华人民共和国中央军事委员会主席的人选，十三届全国人大常委会委员长、副委员长、秘书长的人选，中华人民共和国副主席的人选酝酿协商情况的汇报。

会议同意将上述决定草案、办法草案、报告和各项候选人名单草案提请大会主席团第六次会议审议。

同日，十三届全国人大一次会议主席团举行第六次会议。主席团常务主席栗战书主持会议。

会议决定将十三届全国人大一次会议关于国务院机构改革方案的决定草案提请大会全体会议表决。

会议决定将十三届全国人大一次会议选举和决定任命的办法提请大会全体会议表决。

会议听取大会副秘书长信春鹰关于十三届全国人大一次会议代表提出议案处理意见的报告。信春鹰说，根据大会主席团第一次会议决定的代表提出议案的截止时间，到3月14日12时，大会秘书处共收到代表提出的议案325件。其中，有关立法方面的322件，有关监督方面的1件，有关决定事项方面的2件。代表团提出的12件，代表联名提出的313件。信春鹰说，今年代表提出的议案，绝大多数为法律案。内容主要集中在以下几方面：一是完善国家机构组织法，为深化国家机构改革提供法律支持。二是适应建设现代化经济体系需要，完善市场经济法律制度。三是切实保障和改善民生，加强和创新社会治理。四是发展文化事业和文化产业，培育和践行社会主义核心价值观。五是加强生态文明建设，推动解决突出环境问题。大会秘书处对代表提出的议案逐件进行认真分析研究，认为没有需要列入本次会议审议的议案。大会秘书处建议，将代表提出的议案分别交由全国人大有关专门委员会审议。有关专门委员会对上述议案进行审议后，向全国人大常委会提出审议结果的报告，经全国人大常委会审议通过后印发十三届全国人大二次会议。大会秘书处向各专门委员会提出如下建议：一是深入研究代表议案提出的意见建议；二是更好发挥代表在立法、监督等工作中的作用；三是及时通报相关立法、监督工作进展。

会议通过关于十三届全国人大一次会议代表提出议案处理意见的报告。

会议决定将主席团第五次会议提出的中华人民共和国主席，中华人民共和国中央军事委员会主席，十三届全国人大常委会委员长、副委员长、秘书长，中华人民共和国副主席的人选作为正式候选人，提请大会全体会议选举。

同日，十三届全国人大一次会议举行记者会，邀请教育部部长陈宝生就“努力让每个孩子都能享有公平而有质量的教育”相关问题回答中外记者提问。

17日上午，十三届全国人大一次会议举行第五次全体会议。会议执行主席是：陈希、王东明、许其亮、张轩、娄勤俭、骆惠宁、蒋超良，由陈希主持。

会议通过《第十三届全国人民代表大会第一次会议关于国务院机构改革方案的决定》，批准了这个方案。

会议通过《第十三届全国人民代表大会第一次会议选举和决定任命的办法》。根据选举和决定任命的办法，中华人民共和国主席，中华人民共和国中央军事委员会主席，第十三届全国人民代表大会常务委员会委员长、副委员长、秘书长，中华人民共和国副主席进行等额选举。投票结束后，总监票人报告了发出和收回选票的情况，选举有效。习近平同志当选为中华人民共和国主席、中华人民共和国中央军事委员会主席。栗战书同志当选为第十三届全国人民代表大会常务委员会委员长。王岐山同志当选为中华人民共和国副主席。王晨、曹建明、张春贤、沈跃跃、吉炳轩、艾力更·依明巴海、万鄂湘、陈竺、王东明、白玛赤林、丁仲礼、郝明金、蔡达峰、武维华同志当选为第十三届全国人民代表大会常务委员会副委员长。杨振武同志当选为第十三届全国人民代表大会常务委员会秘书长。

根据十三届全国人大一次会议主席团关于宪法宣誓的组织办法,全体会议各项议程进行完毕后,举行中华人民共和国第十三届全国人民代表大会第一次会议宪法宣誓仪式。中华人民共和国主席、中华人民共和国中央军事委员会主席习近平宣誓。新当选的全国人大常委会委员长栗战书、新当选的国家副主席王岐山分别进行宪法宣誓,新当选的全国人大常委会副委员长、秘书长进行了集体宣誓。

同日上午,十三届全国人大一次会议主席团举行第七次会议。主席团常务主席栗战书主持会议。根据《中华人民共和国宪法》第六十二条的规定,中华人民共和国主席习近平向大会提出了国务院总理的人选,中华人民共和国中央军事委员会主席习近平向大会提出了中央军事委员会副主席、委员的人选,提请大会决定任命。

主席团会议分别决定将习近平提名的国务院总理的人选和中央军事委员会副主席、委员的人选,提请各代表团酝酿。

中共中央向大会主席团提出了国家监察委员会主任、最高人民法院院长、最高人民检察院检察长、十三届全国人大常委会委员的建议人选。主席团会议分别决定将上述人选作为主席团提名,提请各代表团酝酿协商。

同日下午,各代表团召开全体会议。

同日下午,十三届全国人大一次会议主席团常务主席第六次会议举行。大会主席团常务主席栗战书主持会议。

会议听取全国人大宪法和法律委员会主任委员李飞关于监察法草案修改稿修改意见的报告。会议同意将报告和草案建议表决稿提请大会主席团第八次会议审议。

会议听取十三届全国人大一次会议副秘书长姜信治关于国务院总理的人选,中华人民共和国中央军事委员会副主席、委员的人选,国家监察委员会主任的人选,最高人民法院院长的人选,最高人民检察院检察长的人选,十三届全国人大常委会委员的人选酝酿情况的汇报。会议同意将以上各项人选名单和候选人名单草案提请主席团第八次会议审议。

同日下午,十三届全国人大一次会议主席团举行第八次会议。主席团常务主席栗战书主持会议。

会议听取全国人大宪法和法律委员会主任委员李飞关于监察法草案修改稿修改意见的报告。会议通过这个报告,决定将监察法草案建议表决稿提请各代表团审议。

会议分别决定将国务院总理的人选,中华人民共和国中央军事委员会副主席、委员的人选名单提请大会全体会议决定任命。

会议分别决定将国家监察委员会主任、最高人民法院院长、最高人民检察院检察长人选作为正式候选人,提请大会全体会议选举。

会议决定将十三届全国人大常委会委员人选作为正式候选人,提请大会全体会议选举。

同日,十三届全国人大一次会议举行记者会,邀请环保部部长李干杰就“打好污染防治攻坚战”相关问题回答中外记者提问。

18 日上午,十三届全国人大一次会议举行第六次全体会议。会议执行主席是:沈跃跃、于伟国、车俊、石泰峰、孙志刚、杜家毫、李纪恒,由沈跃跃主持。

根据大会选举和决定任命的办法,决定国务院总理人选和中央军委副主席、委员人选用表决票,选举国家监察委员会主任、最高人民法院院长、最高人民检察院检察长、十三届全国人大常委会委员用选举票。

会议决定李克强为中华人民共和国国务院总理;许其亮、张又侠同志为中华人民共和国中央军事委员会副主席,魏凤和、李作成、苗华、张升民同志为中华人民共和国中央军事委员会委员。会议选举杨晓渡为中华人民共和国国家监察委员会主任,周强为中华人民共和国最高人民法院院长,张军为中华人民共和国最高人民检察院检察长。

159 人当选为十三届全国人大常委会委员。他们是:乃依木·亚森、于志刚、万卫星、卫小春、马志武、王长河、王光亚、王刚、王树国、王砚蒙、王胜明、王洪尧、王宪魁、王教成、王超英、王毅、乌日图、尹中卿、邓力平、邓丽、邓秀新、邓凯、古小玉、左中一、龙庄伟、田红旗、史大刚、白春礼、丛斌、包信和、冯军、冯忠华、吉狄马加、吕世明、吕建、吕彩霞、吕薇、朱明春、朱静芝、刘玉亭、刘远坤、刘季幸、刘修文、刘振伟、刘海星、刘源、齐玉、江小涓、许为钢、许安标、那顺孟和、孙其信、孙建国、杜小光、杜玉波、杜黎明、杜德印、李飞、李飞跃、李学勇、李晓东、李钺锋、李家洋、李培林、李康、李锐、李静海、李巍、杨成熙、杨志今、杨树安、杨震、肖怀远、吴月、吴玉良、吴立新、吴恒、邱勇、何毅亭、冷溶、汪鸿雁、沈春耀、宋琨、张少琴、张平、张业遂、张志军、张苏军、张伯军、张荣顺、张勇、张毅、陆东福、陈凤翔、陈文华、陈军、陈述涛、陈国民、陈斯喜、陈锡文、陈福利、姒健敏、林建华、欧阳昌琼、卓新平、罗保铭、罗毅、周洪宇、周敏、庞丽娟、郑功成、郑军里、郑淑娜、赵龙虎、赵宪庚、哈尼巴提·沙布开、信春鹰、洛桑江村、姚建年、贺一诚、秦顺全、袁驷、贾廷安、夏伟东、徐延豪、徐如俊、徐绍史、徐显明、徐辉、殷一璀、殷方龙、翁孟勇、高友东、高虎城、郭振华、郭雷、黄志贤、曹庆华、曹鸿鸣、龚建明、矫勇、彭勃、董中原、韩立平、韩晓武、韩梅、景汉朝、程立峰、傅莹、鲁培军、谢广祥、谢经荣、窦树华、嘉木样·洛桑久美·图丹却吉尼玛、蔡昉、鲜铁可、廖晓军、谭耀宗、熊群力。

根据大会主席团关于宪法宣誓的组织办法,全体会议各项议程进行完毕后,国务院总理李克强、国家监察委员会主任杨晓渡、最高人民法院院长周强、最高人民检察院检察长张军,分别进行了宪法宣誓;中央军委副主席、委员,全国人大常委会委员,分别进行了集体宣誓。

同日下午,各代表团召开全体会议。

同日下午,十三届全国人大一次会议主席团常务主席第七次会议举行。大会主席团常务主席栗战书主持会议。

会议听取大会副秘书长信春鹰关于全国人大常委会工作报告、最高人民法院工作报告、最高人民检察院工作报告审议和修改情况以及决议草案代拟稿的汇报。

会议听取大会副秘书长姜信治关于国务院副总理、国务委员、各部部长、各委员会主任、中国人民银行行长、审计长、秘书长的人选,十三届全国人大民族委员会、监察和司法委员会、教育科学文化卫生委员会、外事委员会、华侨委员会、环境与资源保护委员会、农业与农村委员会、社会建设委员会主任委员、副主任委员、委员的人选酝酿情况的汇报。

会议同意将上述决议草案和各项名单草案提请主席团第十次会议审议。

同日下午,十三届全国人大一次会议主席团举行第十次会议。主席团常务主席栗战书主持会议。

会议决定将关于全国人大常委会工作报告的决议草案提请各代表团审议。

会议决定将关于最高人民法院工作报告的决议草案、关于最高人民检察院工作报告的决议草案提请各代表团审议。

会议决定将国务院副总理、国务委员、各部部长、各委员会主任、中国人民银行行长、审计长、秘书长的人选,提请大会全体会议决定任命。

会议分别确定了十三届全国人大民族委员会、监察和司法委员会、教育科学文化卫生委员会、外事委员会、华侨委员会、环境与资源保护委员会、农业与农村委员会、社会建设委员会主任委员、副主任委员、委员的正式人选名单,提请大会全体会议表决。

19 日上午,十三届全国人大一次会议举行第七次全体会议。会议执行主席是:陈竺、李玉妹、李锦斌、陈全国、陈求发、陈豪,由陈竺主持。

会议根据国务院总理李克强的提名,决定韩正、孙春兰、胡春华、刘鹤为国务院副总理,魏凤和、王勇、王毅、肖捷、赵克志为国务委员。肖捷(兼)为国务院秘书长,王毅(兼)为外交部部长,魏凤和(兼)为国防部部长,何立峰为国家发展和改革委员会主任,陈宝生为教育部部长,王志刚为科学技术部部长,苗圩为工业和信息化部部长,巴特尔为国家民族事务委员会主任,赵克志(兼)为公安部部长,陈文清为国家安全部部长,黄树贤为民政部部长,傅政华为司法部部长,刘昆为财政部部长,张纪南为人力资源和社会保障部部长,陆昊为自然资源部部长,李干杰为生态环境部部长,王蒙徽为住房和城乡建设部部长,李小鹏为交通运输部部长,鄂竟平为水利部部长,韩长赋为农业农村部部长,钟山为商务部部长,雒树刚为文化和旅游部部长,马晓伟为国家卫生健康委员会主任,孙绍骋为退役军人事务部部长,王玉普为应急管理部部长,易纲为中国人民银行行长,胡泽君为审计署审计长。

根据专门委员会组成人员表决办法的规定,表决采用无记名按表决器的方式,分别表决通过了 8 个专门委员会组成人员名单。

民族委员会由 28 人组成,主任委员为白春礼。副主任委员为肖怀远、洛桑江村、乃依木·亚森、丹珠昂奔、李康、李锐、史大刚、那顺孟和、哈尼巴提·沙布开。委员有:王砚蒙、白文奇、吉狄马加、朴松烈、刘远坤、杜小光、李飞跃、杨成熙、吴月、卓新平、罗毅、周敏、郑军里、郭金才、郭振华、曹庆华、韩梅、嘉木样·洛桑久美·图丹却吉尼玛。

监察和司法委员会由 20 人组成,主任委员为吴玉良。副主任委员为王教成、张苏军、王胜明、徐显明、韩晓武、李钺锋、李伟、刘海星、高友东。委员有:王长河、王峰、叶赞平、朱海仑、刘德培、齐玉、张立军、陈勇、韩立平、鲜铁可。

教育科学文化卫生委员会由32人组成,主任委员为李学勇。副主任委员为冷溶、殷方龙、吴恒、杜玉波、杨树安、李静海、杨志今、刘谦、张平、邱勇。委员有:马旭、王铮、王巍、古小玉、左中一、田红旗、任鸣、刘云志、李巍、何雷、张洪贺、庞丽娟、贾平凹、徐延豪、高红卫、蒋立虹、韩永进、程恩富、赫捷、廖昌永、樊代明。

外事委员会由21人组成,主任委员为张业遂。副主任委员为傅莹、孙建国、张志军、鲁培军、陈凤翔、林建华、徐科、张伯军、陈国民。委员有:王巍、石香元、刘健、许立荣、李义虎、何福胜、陈晋、陈福利、罗艳、周弘、夏伟东。

华侨委员会由19人组成,主任委员为王光亚。副主任委员为罗保铭、贾廷安、黄龙云、张少琴、董中原、郭雷、曹鸿鸣。委员有:王树国、王贻芳、王辉忠、叶双瑜、宋琨、陈云英、陈立、陈军、郑奎城、董传杰、蒋漠祥。

环境与资源保护委员会由24人组成,主任委员为高虎城。副主任委员为王洪尧、陆东福、赵宪庚、龚建明、窦树华、吕彩霞、张守攻、袁驷。委员有:万卫星、王军、王秀峰、王金南、王毅、向巧、刘绍亮、沈岩、张光荣、张柏楠、张通、翁孟勇、娇勇、程立峰、谭琳。

农业与农村委员会由22人组成,主任委员为陈锡文。副主任委员为杜德印、王宪魁、廖晓军、李春生、龙庄伟、李家洋、刘振伟、王刚、蔡昉。委员有:王超英、冯忠华、刘玉亭、许为钢、李登海、张沁荣、张烈英、陈平华、周建军、赵立欣、彭勃、魏后凯。

社会建设委员会由24人组成,主任委员为何毅亭。副主任委员为邓凯、江小涓、景汉朝、宫蒲光、陈斯喜、李培林、任贤良、姚建年。委员有:马杰、王小云、邓丽、冯军、吕世明、江天亮、何星亮、汪鸿雁、金红光、郑功成、郎友良、孟建民、郭军、谢国明、詹文龙。

根据大会主席团关于宪法宣誓的组织办法,全体会议各项议程进行完毕后,国务院副总理、国务委员、秘书长,十三届全国人大专门委员会组成人员,国务院各部部长、各委员会主任、中国人民银行行长、审计长,分别进行了集体宣誓。

20日,十三届全国人大一次会议举行闭幕会。会议执行主席是:栗战书、王晨、曹建明、张春贤、沈跃跃、吉炳轩、艾力更·依明巴海、万鄂湘、陈竺、王东明、白玛赤林、丁仲礼、郝明金、蔡达峰、武维华、杨振武,由栗战书主持。

会议通过《中华人民共和国监察法》。

《中华人民共和国监察法》共9章,69条,包括:总则、监察机关及其职责、监察范围和管辖、监察权限、监察程序、反腐败国际合作、对监察机关和监察人员的监督、法律责任、附则。本法自公布之日起施行。《中华人民共和国行政监察法》同时废止。

会议通过《第十三届全国人民代表大会第一次会议关于政府工作报告的决议》、《第十三届全国人民代表大会第一次会议关于2017年国民经济和社会发展计划执行情况与2018年国民经济和社会发展计划的决议》、《第十三届全国人民代表大会第一次会议关于2017年中央和地方预算执行情况与2018年中央和地方预算的决议》、《第十三届全国人民代表大会第一次会议关于全国人大常委会工作报告的决议》、《第十三届全国人民代表大会第一次会议关于最高人民法院工作报告的决议》、《第十三届全国人民代表大会第一次会议关于最高人民检察院工作报告的决议》。

中共中央总书记、国家主席、中央军委主席习近平发表重要讲话。他表示,这次大会选举我继续担任中华人民共和国主席,我对各位代表和全国各族人民给予我的信任,表示衷心的感谢。担任中华人民共和国主席这一崇高职务,使命光荣,责任重大。我将一如既往,忠实履行宪法赋予的职责,忠于祖国,忠于人民,恪尽职守,竭尽全力,勤勉工作,赤诚奉献,做人民的勤务员,接受人民监督,决不辜负各位代表和全国各族人民的信任和重托。习近平强调,一切国家机关工作人员,无论身居多高的职位,都必须牢记我们的共和国是中华人民共和国,始终要把人民放在心中最高的位置,始终全心全意为人民服务,始终为人民利益和幸福而努力工作。习近平强调,中国人民在长期奋斗中培育、继承、发展起来的伟大民族精神,为中国发展和人类文明进步提供了强大精神动力。中国人民是具有伟大创造精神的人民,只要13亿多中国人民始终发扬这种伟大创造精神,我们就一定能够创造出一个又一个人间奇迹。中国人民是具有伟大奋斗精神的人民,只要13亿多中国人民始终发扬这种伟大奋斗精神,我们就一定能够达到创造人民更加美好生活的宏伟目标。中国人民是具有伟大团结精神的人民,只要13亿多中国人民始终发扬这种伟大团结精神,我们就一定能够形成勇往直前、无坚不摧的强大力量。中国人民是具有伟大梦想精神的人民,只要13亿多中国人民始终发扬这种伟大梦想精神,我们就一定能够实现中华民族伟大复兴。有这样伟大的人民，有这样伟大的民族，有这样的伟大民族精神，是我们的骄傲，是我们坚定中国特色社会主义道路自信、理论自信、制度自信、文化自信的底气，也是我们风雨无阻、高歌行进的根本力量。习近平指出，我国是工人阶级领导的、以工农联盟为基础的人民民主专政的社会主义国家，国家一切权力属于人民。我们必须始终坚持人民立场，坚持人民主体地位，虚心向人民学习，倾听人民呼声，汲取人民智慧，把人民拥护不拥护、赞成不赞成、高兴不高兴、答应不答应作为衡量一切工作得失的根本标准，着力解决好人民最关心最直接最现实的利益问题，让全体中国人民和中华儿女在实现中华民族伟大复兴的历史进程中共享幸福和荣光。习近平强调，人民有信心，国家才有未来，国家才有力量。中国特色社会主义进入了新时代，勤劳勇敢的中国人民更加自信自尊自强。中国这个古老而又现代的东方大国朝气蓬勃、气象万千，中国特色社会主义道路、理论、制度、文化焕发出强大生机活力，奇迹正在中华大地上不断涌现。我们对未来充满信心。我们要适应我国发展新的历史方位，紧扣我国社会主要矛盾的变化，高举中国特色社会主义伟大旗帜，坚持以马克思列宁主义、毛泽东思想、邓小平理论、"三个代表"重要思想、科学发展观、新时代中国特色社会主义思想为指导，坚持稳中求进工作总基调，坚持以人民为中心的发展思想，统揽伟大斗争、伟大工程、伟大事业、伟大梦想，统筹推进"五位一体"总体布局，协调推进"四个全面"战略布局，奋力开创新时代中国特色社会主义事业新局面。习近平强调，我们生活的世界充满希望，也充满挑战。中国人民历来富有正义感和同情心，历来把自己的前途命运同各国人民的前途命运紧密联系在一起，始终愿意尽最大努力为人类和平与发展作出贡献。中国将继续高举和平、发展、合作、共赢的旗帜，始终不渝走和平发展道路、奉行互利共赢的开放战略，为世界贡献更多中国智慧、中国方案、中国力量，推动建设持久和平、普遍安全、共同繁荣、开放包容、清洁美丽的世界，让人类命运共同体建设的阳光普照世界。习近平指出，中国共产党领导是中国特色社会主义最本质的特征，中国共产党是国家最高政治领导力量，是实现中华民族伟大复兴的根本保证。全国各党派、各团体、各民族、各阶层、各界人士要紧密团结在党中央周围，增强"四个意识"，坚定"四个自信"，万众一心向前进。中国共产党要担负起领导人民进行伟大社会革命的历史责任，必须勇于进行自我革命，坚持立党为公、执政为民，深入推进全面从严治党，坚决扫除一切消极腐败现象，始终与人民心心相印、与人民同甘共苦、与人民团结奋斗，永远保持马克思主义执政党本色，永远走在时代前列，永远做中国人民和中华民族的主心骨。我们要乘着新时代的浩荡东风，加满油，把稳舵，鼓足劲，让承载着13亿多中国人民伟大梦想的中华巨轮继续劈波斩浪、扬帆远航，胜利驶向充满希望的明天。（全文见本书第3页）

栗战书委员长发表了讲话。他表示完全赞成、坚决拥护习近平主席的重要讲话。习主席的重要讲话必将极大激励全国各族人民斗志，必将极大鼓舞我们万众一心胜利走向充满希望的明天。他说，习近平同志全票当选为中华人民共和国主席、中华人民共和国中央军事委员会主席，这是近3000名全国人大代表的集体意志，是13亿多全国各族人民的共同心愿。习近平同志是全党拥护、人民爱戴、当之无愧的党的核心、军队统帅、人民领袖，是新时代中国特色社会主义国家的掌舵者、人民的领路人。在以习近平同志为核心的党中央坚强领导下，在习近平新时代中国特色社会主义思想指引下，中国人民完全有信心、有能力实现中华民族伟大复兴的中国梦。栗战书说，这是一次高举中国特色社会主义伟大旗帜、全面贯彻习近平新时代中国特色社会主义思想和党的十九大精神的大会，是一次民主、团结、求实、奋进的大会。他代表十三届全国人大及其常委会，向张德江同志，向十二届全国人大常委会全体组成人员，向十二届全国人大代表，致以崇高的敬意。栗战书说，这次大会选举产生了十三届全国人大常委会，并选举我担任委员长。这是各位代表的信任。我们深感使命光荣、责任重大。我们将同全体代表一道，忠实贯彻党中央决策部署，忠实维护人民利益，忠实履行宪法法律赋予的各项职责，恪尽职守，勤勉工作，决不辜负各位代表的重托。栗战书说，宪法是国家的根本法，具有最高的法律地位、法律权威、法律效力。全国人大及其常委会必须坚持宪法确立的国家指导思想不动摇，必须坚持宪法确认的中国共产党领导地位不动摇，必须坚持宪法确立的国家根本任务、发展道路、奋斗目标不动摇，必须坚持宪法确立的人民民主专政的国体和人民代表大会制度的政体不动摇。栗战书说，党和国家事业蓬勃发展，给人大工作提出了新的更高要求。要认清使命、奋发有为，切实肩负起新时代长期坚持、不断完善人民代表大会制度的崇高使命；要切实增强"四个意识"，自觉把党的领导贯穿人大工作始终；要依法行使立法权、监督权、决定权、任免权，切实履行好党和人民赋予的光荣职责；要更好发挥人大代表作用，使全国人大及其常委会成为全面担负起宪法法律赋予的各项职责的工作机关，成为同人民群众保持密切联系的代表机关。（全文见本书第 17 页）

香港特别行政区行政长官林郑月娥、澳门特别行政区行政长官崔世安列席会议并在主席台就座。中央和国家机关有关部门、解放军有关单位、各人民团体有关负责人列席或旁听了大会。各国驻华使节旁听大会。

同日，十三届全国人大一次会议举行记者会，国务院总理李克强应大会发言人张业遂的邀请会见中外记者，并回答记者提问。国务院副总理韩正、孙春兰、胡春华、刘鹤参加。

3 月 19 日　栗战书委员长看望参加十三届全国人大一次会议新闻报道的中央主要媒体负责人和工作人员，代表大会主席团和十三届全国人大常委会，向参加人大会议报道的新闻工作者表示诚挚慰问和衷心感谢。他指出，今年大会新闻报道旗帜鲜明、导向正确，突出核心、浓墨重彩，大胆创新、精彩纷呈，起到了凝心聚力、鼓舞人心的作用，为大会胜利召开作出重要贡献。栗战书来到人民日报、新华社、光明日报、经济日报、中国日报、中央人民广播电台、中央电视台、中国国际广播电台等新闻媒体负责人和工作人员中间，同大家热情握手，表示问候。随后，栗战书走进设在人民大会堂一楼大厅的新华社两会新闻报道中心，仔细观看了微视频《誓言》、人工智能产品《“媒体大脑”带你看宪法宣誓》、新华社两会报道实时大数据展示、新华网“奋进新时代，筑梦新征程”两会融媒体专题等，看望正在这里紧张工作的采编和技术人员，与参加两会报道的新华社外籍记者亲切交谈。在观看了新华社制作的融媒体产品《“90 后”全国人大代表程桔：小丫回村当书记》后，栗战书对新闻媒体创新两会报道给予充分肯定。栗战书说，十三届全国人大一次会议是全面贯彻习近平新时代中国特色社会主义思想和党的十九大精神的一次十分重要的会议，是国家政治生活中的大事，举国关注，世界瞩目。在这次大会新闻报道中，中央主要新闻单位把握正确政治方向、舆论导向、价值取向，坚持团结稳定鼓劲、正面宣传为主，弘扬了主旋律，传播了正能量；充分报道习近平总书记参加代表团审议时发表的系列重要讲话，深入阐释习近平新时代中国特色社会主义思想，在广大代表和干部群众中引起强烈反响；精心设计、创新手段，以全媒体形式报道开幕式等重要活动，生动展现了大会盛况和新一届全国人大代表的崭新风貌。栗战书希望大家再接再厉，进一步宣传好习近平新时代中国特色社会主义思想，讲好中国故事、中国共产党故事、中国人大故事，更好发出中国声音、展现中国精神、提出中国主张，动员全国各族人民更加紧密地团结在以习近平同志为核心的党中央周围，为决胜全面建成小康社会，为实现“两个一百年”奋斗目标、实现中华民族伟大复兴的中国梦作出更大贡献。王晨副委员长等一同看望。

3 月 21 日　十三届全国人大常委会委员长会议召开第一次会议，栗战书委员长主持会议。会议决定，会后举行十三届全国人大常委会第一次会议。

会议研究确定十三届全国人大常委会副委员长联系全国人大专门委员会的分工。

会议研究十三届全国人大常委会第一次会议议程草案和日程安排，有关人事任免事项以及关于十三届全国人大常委会第一次会议任命人员进行宪法宣誓有关安排等。

同日　十三届全国人大常委会第一次会议举行。栗战书委员长主持会议。

会议任命信春鹰、韩晓武、郭雷、古小玉、郭振华、柯良栋、何新为第十三届全国人民代表大会常务委员会副秘书长。

会议免去刘昆的全国人民代表大会常务委员会预算工作委员会主任职务；任命史耀斌为全国人民代表大会常务委员会预算工作委员会主任。

会议免去李飞的第四任全国人民代表大会常务委员会香港特别行政区基本法委员会主任职务；任命沈春耀为第四任全国人民代表大会常务委员会香港特别行政区基本法委员会主任。

会议免去李飞的第四任全国人民代表大会常务委员会澳门特别行政区基本法委员会主任职务；任命沈春耀为第四任全国人民代表大会常务委员会澳门特别行政区基本法委员会主任。

会议任命刘金国、杨晓超、李书磊、徐令义、肖培、陈小江为国家监察委员会副主任，任命王鸿津、白少康、邹加怡、张春生、陈超英、侯凯、姜信治、凌激、崔鹏、卢希为国家监察委员会委员。

在完成各项议程后，栗战书发表讲话。栗战书强调，做好全国人大及其常委会的工作，根本在于习近平新时代中国特色社会主义思想的科学指引，根本在于以习近平同志为核心的党中央的坚强领导，必须坚持走中国特色社会主义政治发展道路，坚持党的领导、人民当家作主、依法治国有机统一，长期坚持、不断完善人民代表大会制度。栗战书说，十三届全国人大常委会的任期，正好在“两个一百年”奋斗目标的历史交汇期，这给人大工作提出新的更高要求，赋予重大的历史责任。要深入学习贯彻习近平总书记在十三届全国人大一次会议上的重要讲话精神，不忘初心、牢记使命，弘扬伟大民族精神，始终把人民放在心中最高位置，始终全心全意为人民服务，始终为人民利益和幸福而努力工作。栗战书强调，要坚持以习近平新时代中国特色社会主义思想统领人大工作，在重大问题上进一步统一思想，正确把握住、始终把握好。一要牢牢把握坚持党的领导这个重大政治原则，旗帜鲜明讲政治，切实增强“四个意识”，坚决维护习近平总书记权威和核心地位，坚决维护党中央权威和集中统一领导，确保人大工作始终在党中央领导下进行。二要牢牢把握人民代表大会作为国家权力机关的准确定位，依法行使宪法和法律赋予的立法权、监督权、决定权、任免权，真正做到依法尽职。三要牢牢把握坚持人民当家作主这个社会主义民主政治的本质和核心，进一步密切同人民群众的联系，实现好、维护好、发展好最广大人民的根本利益。四要牢牢把握依法治国这个党领导人民治理国家的基本方略，在党中央集中统一领导下推进立法，确保法律符合宪法精神、体现党的主张、反映人民意志。五要牢牢把握民主集中制这个国家政权的组织原则和活动准则，坚持集体行使职权、集体决定问题。在人大，为民用权和为党尽责是高度一致的，各项工作都要务求取得党和人民满意的效果。栗战书指出，十三届全国人大一次会议通过的宪法修正案，把党的十八大以来的重大理论创新、实践创新、制度创新成果写进宪法，确立了习近平新时代中国特色社会主义思想作为国家指导思想的地位。全国人大及其常委会要按照党中央统一部署，深入学习宣传宪法，使宪法精神家喻户晓、深入人心，使遵守宪法成为全体人民的自觉行动。要忠于宪法、遵守宪法、维护宪法，履行宪法使命，保证宪法实施，为新时代党和国家事业发展提供坚强的宪法保障。（全文见本书第 244 页）

同日　十三届全国人大常委会举行宪法宣誓仪式。全国人大常委会委员长栗战书主持并监誓。十三届全国人大常委会第一次会议任命了全国人大常委会副秘书长、预算工作委员会主任、第四任香港特别行政区基本法委员会主任和第四任澳门特别行政区基本法委员会主任。根据全国人大常委会关于实行宪法宣誓制度的决定，上述人员依法进行宪法宣誓。上午 11 时许，栗战书宣布宪法宣誓仪式开始。全体起立，同唱中华人民共和国国歌。领誓人、新任命的全国人大常委会副秘书长信春鹰手抚宪法，领诵誓词。新任命的全国人大常委会副秘书长韩晓武、郭雷、古小玉、郭振华、柯良栋、何新，预算工作委员会主任史耀斌，香港基本法委员会主任、澳门基本法委员会主任沈春耀跟诵誓词。全国人大机关有关负责同志参加宣誓活动。

同日　《人民日报》发表题为《肩负新使命，迈向新征程》社论，热烈祝贺十三届全国人大一次会议胜利闭幕。

3 月 22 日　艾力更·依明巴海副委员长出席白俄罗斯议员研讨班开班式并致辞。

3 月 23 日　栗战书委员长会见喀麦隆总统比亚。

同日　全国人大环境与资源保护委员会召开第一次全体会议，副委员长沈跃跃、丁仲礼出席会议。

3 月 27 日　深入学习宣传和贯彻实施宪法座谈会召开。栗战书委员长出席并讲话。栗战书强调修改宪法是为了更好地实施宪法，让文本上的宪法“活起来”“落下去”，充分发挥国家根本法的作用。要按照党中央统一部署，以习近平新时代中国特色社会主义思想为指导，在全社会开展深入学习宣传和贯彻实施宪法活动，普及宪法知识，弘扬宪法精神，使全体人民成为宪法的忠实崇尚者、自觉遵守者、坚定捍卫者。栗战书指出，十三届全国人大一次会议通过的宪法修正案，全面体现了党和人民在实践中取得的重大理论创新成果、实践创新成果、制度创新成果，更好适应了新时代中国特色社会主义伟大实践，对于进一步加强以习近平同志为核心的党中央权威和集中统一领导，推进国家治理体系和治理能力现代化，具有十分重大的意义和极其深远的影响。栗战书强调，宪法的生命在于实施，宪法的权威也在于实施。学习宣传和贯彻实施宪法，就是要把宪法确立的国家指导思想落实到国家政治和社会生活中去，确保党的长期执政和国家长治久安，确保宪法确立的国家根本任务、发展道路、奋斗目标的全面贯彻，在宪法统领下推进全面依法治国，支持和保证人民当家作主。栗战书指出，加强宪法学习宣传教育是实施宪法的重要基础。要抓住党员领导干部这个“关键少数”，推动领导干部带头尊崇宪法、学习宪法、遵守宪法、维护宪法、运用宪法；要加强宪法理论研究，增强我国宪法的时代特色和实践特色；要丰富宪法宣传教育形式，使宪法走入日常生活、走入人民群众；要做好解疑释惑工作，积极回应社会关切。栗战书强调，在以习近平同志为核心的党中央坚强领导下，体现了人民意志和中国共产党的正确主张的宪法，又由中国共产党领导全体人民保证它的实施，就一定能够在促进我国改革开放和社会主义现代化事业的胜利发展中发挥伟大的作用。（全文见本书第182页）

王晨副委员长主持会议。副委员长曹建明、万鄂湘、郝明金，秘书长杨振武出席会议。国家监察委员会、全国人大宪法和法律委员会、中宣部、司法部、教育部负责同志在座谈会上发言。

同日　王晨副委员长主持全国人大与美国国会议员代表团会谈。

3月28日　栗战书委员长会见美国联邦参议员戴恩斯一行。杨振武秘书长参加会见。

3月29日　十三届全国人大专门委员会负责同志会议举行，栗战书委员长出席会议并讲话。栗战书强调，专门委员会履行职责、开展工作，必须以习近平新时代中国特色社会主义思想为指引，必须紧紧围绕党和国家工作大局和全国人大及其常委会中心工作来谋划和推进，更好发挥专门委员会在新时代人大工作中的重要作用。栗战书说，按照党中央关于深化党和国家机构改革的决策部署，十三届全国人大一次会议决定本届设立10个专门委员会，使专门委员会的设置和职能更加符合新时代人大工作发展需要。全国人大专门委员会是依照宪法有关规定设立的，肩负着宪法和法律赋予的重要职责。在学习贯彻习近平新时代中国特色社会主义思想，坚决维护习近平总书记权威和核心地位，坚决维护以习近平同志为核心的党中央权威和集中统一领导这个根本问题上，各专门委员会必须立场坚定、旗帜鲜明，始终在政治立场、政治方向、政治原则、政治道路上同以习近平同志为核心的党中央保持高度一致。栗战书指出，专门委员会具有法定性、专业性、经常性的特点，要继承和发展历届全国人大专门委员会工作和建设的宝贵经验，坚持在法治轨道上推进各项工作，为提高全国人大及其常委会工作质量和水平，为新时代长期坚持、不断完善人民代表大会制度作出积极贡献。要贯彻落实党的十九大精神，按照全国人大常委会立法工作部署，认真做好法律草案起草和审议工作，着力研究破解立法中的焦点难点问题，注重从源头上提高立法质量。要组织实施好常委会执法检查、听取审议专项工作报告等监督工作，积极探索完善合宪性审查、预算审查监督等工作机制，加强跟踪监督，不断增强监督工作实效。要审议好、办理好代表议案建议，做好人大对外交往工作，扎实搞好调查研究，为全国人大及其常委会履行职责提供有力保障。栗战书强调，以党的建设为统领，全面加强自身建设，是做好专门委员会工作的重要抓手。要旗帜鲜明讲政治，牢固树立“四个意识”，严明政治纪律和政治规矩，严格请示报告制度。要持之以恒正风肃纪，严格执行中央八项规定及其实施细则，严守会议和工作纪律，注重实干实效，切实防止形式主义、官僚主义特别是各种新表现新动向。要注重建章立制、推动专门委员会工作规范化制度化。王晨副委员长主持会议。杨振武秘书长出席会议。

3月29日—30日　全国人大财政经济委员会召开2018年第一季度经济形势分析预备会，副委员长陈竺、王东明出席会议。

3月30日　栗战书委员会见纳米比亚总统根哥布。

四　　月

4月2日　栗战书委员长在北京市通州区张家湾镇，同首都群众一起参加义务植树活动。

同日　中华人民共和国全国人民代表大会常务委员会办公厅、国务院办公厅、中央军事委员会办公厅发布公告。公告说，在中华人民共和国第十三届全国人民代表大会第一次会议选举产生新一届国家领导人之后，承蒙许多国家的国家元首、政府首脑、议会议长、政府部门负责人，政党领导人、国际组织机构负责人，友好团体和友好人士，外国驻华使节，旅居国外的华人、华侨和香港、澳门特别行政区以及台湾同胞等向国家主席、中央军委主席习近平，国务院总理李克强，全国人大常务委员会委员长栗战书，国家副主席王岐山发来贺电、贺信，表示热烈的祝贺和良好的祝愿，中华人民共和国全国人民代表大会常务委员会办公厅、中华人民共和国国务院办公厅、中华人民共和国中央军事委员会办公厅受他们的委托，谨对此表示衷心的感谢。

4月4日　栗战书委员长会见津巴布韦总统姆

南加古瓦。曹建明副委员长参加会见。

4月8日—11日　吉炳轩副委员长率调研组在陕西省开展调研。调研组先后深入杨凌示范区、西安、咸阳、渭南等地进行调研,走访专业合作社、精准扶贫示范园、现代农业产业园、乡村旅游示范点等,了解农业产业结构和产品结构调整、一二三产业融合发展、巩固提升粮食产能、农产品流通体制改革、财政支农投入和农业补贴制度完善、农村金融改革和服务等情况,并分别召开座谈会,听取有关构建农业产业体系、促进农业可持续发展等方面意见建议。

4月9日　栗战书委员长分别会见蒙古国总理呼日勒苏赫和奥地利总统范德贝伦。沈跃跃副委员长参加会见。

4月10日—11日　万鄂湘副委员长率调研组在四川省就"助推西部发展,建设'一带一路'南向通道"开展重点考察调研。

4月11日　全国人大常委会副委员长曹建明、张春贤、沈跃跃、艾力更·依明巴海、王东明、白玛赤林,秘书长杨振武以及全国人大常委会、全国人大专门委员会部分组成人员,来到北京市丰台区北宫国家森林公园全国人大绿化基地参加义务植树活动。

4月11日—14日　武维华副委员长率调研组在陕西省就脱贫攻坚民主监督开展调研。

4月12日　栗战书委员长会见荷兰首相吕特。张春贤副委员长参加会见。

4月12日—14日　丁仲礼副委员长率调研组在安徽省围绕"深化长三角一体化合作,促进区域经济协调发展"主题开展调研。

4月14日—16日　郝明金副委员长率调研组在贵州省进行脱贫攻坚专题调研。

4月16日—19日　全国人大常委会办公厅举办2018年第一期全国县级人大常委会主任学习班,山西、广西、海南、青海4省(区)的296位县级人大常委会主任参加培训。杨振武秘书长出席开班式并讲话。在学习班上,全国人大常委会有关负责同志就深入学习贯彻党的十九大精神,加强人大立法、监督工作和地方组织法、选举法、代表法、监督法、预算法等专题作了讲座。

4月17日　十三届全国人大常委会委员长会议召开第二次会议,栗战书委员长主持会议。会议决定,十三届全国人大常委会第二次会议4月25日至27日举行。委员长会议听取关于第十三届全国人大常委会分组会议分组办法及召集人建议名单等有关工作安排意见的汇报。会议审议通过全国人大常委会2018年工作要点和立法、监督工作计划,原则通过了全国人大常委会委员长会议组成人员贯彻落实中央八项规定和实施细则的办法。

同日　栗战书委员长出席十九届中央国家安全委员会第一次会议。

同日　全国人大财政经济委员会召开第3次全体会议,王东明副委员长出席会议。

4月18日　十三届全国人大一次会议代表建议、批评和意见交办会召开。杨振武秘书长出席会议并讲话。今年大会期间代表们共提出建议7139件,其中有4499件建议是新当选代表提出的,占建议总数的63%;代表通过专题调研、视察、座谈、走访等形式形成的建议有4402件,占建议总数的61.7%;在打好三大攻坚战、实施乡村振兴战略、推动经济高质量发展以及保障和改善民生等方面,代表们普遍关注,建议比较集中。根据代表法的有关规定,今年代表提出的建议拟交由200个承办单位研究处理。承办建议数量较多的单位有:财政部、国家发展和改革委员会、教育部、农业农村部、工业和信息化部、人力资源和社会保障部。其中,代表建议需要多个部门共同办理的有4984件,占建议总数的69.8%。在广泛征求各方面意见的基础上,全国人大常委会办公厅确定了20项重点督办建议,涉及代表建议192件,交由财政部、国家发展和改革委员会、教育部等36家单位负责办理,其中承担牵头办理任务的单位18家,并请全国人大财政经济委员会等7个专门委员会负责督办。

4月18日—19日　全国人大环境与资源保护委员会召开以"学习贯彻习近平新时代中国特色社会主义思想和党的十九大精神,依法打好污染防治攻坚战,全面推进生态文明法治建设"为主题的全国人大环境与资源保护座谈会。副委员长沈跃跃、丁仲礼出席会议。31个省(自治区、直辖市)人大环资委和办事机构负责同志参加会议。

4月18日—20日　艾力更·依明巴海副委员长率调研组在上海市开展调研。调研组重点了解了上海市落实创新驱动发展战略,大力加强科技创新工作的情况;国家科技重大专项完成进度和执行情况;为推进科技创新和实施科技重大专项在体制机制方面的有益探索和经验;科技重大专项实施中需要解决的问题和建议;有关科技立法方面的意见和建议等。

4月20日—21日　栗战书委员长出席全国网络安全和信息化工作会议。

4 月 22 日 王晨副委员长与哈萨克斯坦议会下院副议长伊希姆巴耶娃举行会谈。

4 月 23 日 栗战书委员长会见密克罗尼西亚联邦国会议长西米纳。吉炳轩副委员长参加会见。

同日 栗战书委员长会见哈萨克斯坦议会下院副议长伊希姆巴耶娃。

同日 沈跃跃副委员长率调研组分别到生态环境部和住房城乡建设部调研固体废物污染防治工作情况。

同日 吉炳轩副委员长会见阿尔巴尼亚议会副议长希西率领的多党联合代表团。

同日 艾力更·依明巴海副委员长会见苏丹前国民议会议长法提赫等阿拉伯客人。

同日 全国人大教科文卫委员会召开第一次全体会议。艾力更·依明巴海副委员长出席会议并讲话。会议学习栗战书委员长在深入学习宣传和贯彻落实宪法座谈会、十三届全国人大专门委员会负责同志会议上的重要讲话精神和近期常委会党组会议、委员长会议精神,向各位委员报告了十三届全国人大一次会议主席团交付本委员会审议的代表议案情况,通报了各位副主任委员重点联系和组织落实的领域以及近期有关工作情况,听取并审议了文化和旅游部研究处理十二届全国人大常委会组成人员对国务院关于文化遗产工作情况报告的审议意见情况的报告。

同日 全国人大常委会统计法执法检查组第一次全体会议召开。此次执法检查的重点内容包括五个方面:一是各级政府及其部门落实党中央关于深化统计管理体制改革的决定、贯彻实施统计法、发挥统计作用、确保统计数据真实准确、可靠可信的主要措施,本部门承担的统计数据指标的主要类别和数量情况,特别是经济发展主要指标、民生主要指标统计核算的情况,存在的问题及改进措施建议;二是统计体制适应经济发展新常态的要求,加强新产业、新业态、新商业模式统计工作,推动高质量发展的统计体系的情况,统计工作在助力推进“三大攻坚战”方面的情况,统计调查项目及制度方法科学设置、统计在机构协作、信息共享方面的情况;三是统计数据质量和源头数据的情况,统计机构、统计人员独立调查、独立报告、独立监督的情况,统计调查对象依法落实统计调查任务方面的情况;四是各级政府依法设置统计机构、配备统计人员、保障统计工作的情况,统计监督职能发挥情况,统计对经济社会发展的监测评价作用,统计违法案件查处情况;五是统计法本身需要修改完善的内容和相关意见建议。检查组分成 3 个小组,在 4 月下旬至 5 月下旬分赴河北、黑龙江、江苏、湖南、贵州、宁夏 6 个省区开展检查,同时委托天津、山西、内蒙古、辽宁、山东、河南、四川 7 个省区市人大常委会分别对本行政区域内统计法实施情况进行检查。副委员长吉炳轩、陈竺、王东明出席会议。在听取了国家统计局、国家发展改革委等 7 部门关于统计法实施情况的汇报后,王东明副委员长发表讲话。

4 月 24 日 十三届全国人大常委会举行常委会组成人员第一次履职学习专题讲座。栗战书委员长主持并讲话,强调要以习近平新时代中国特色社会主义思想为指导,按照习近平总书记提出的“大兴学习之风”的要求,坚持和完善各项学习制度,加强学习、增强本领,为做好新时代人大工作筑牢思想基础、提高能力水平。栗战书指出,重视学习是我们党的优良传统和推进事业发展的成功经验。新时代坚持和发展中国特色社会主义,实现“两个一百年”奋斗目标,赋予我们党、赋予各国家机关重大历史责任,我们的学习任务不是轻了,而是更重了。加强学习是时代所需、任务所迫。习近平总书记号召“全党来一个大学习”,不仅是对全党的要求,也是对全体公职人员的要求。党中央在加强学习方面作出了榜样,全国人大常委会组成人员也要成为学习的模范。全国人大常委会向党中央看齐,就必须把学习贯穿始终,建设学习型人大常委会。栗战书强调,要从做好新时代人大工作的需要出发,全面地、系统地、富有探索精神地学习,既要突出学习重点,又要拓展学习领域。一要持续深入学习贯彻习近平新时代中国特色社会主义思想,牢固树立“四个意识”,确保党的基本理论、基本路线、基本方略和党中央决策部署在人大工作中得到全面落实;二要带头学习宣传宪法和法律,自觉作尊崇宪法、学习宪法、遵守宪法、维护宪法、运用宪法的表率,提高运用法治思维和法治方式推动工作的能力;三要主动广泛学习各方面知识,加快知识更新、优化知识结构、拓宽眼界和视野,全方位提升理论水平和能力素养。栗战书强调,要坚持学习的正确方向,通过学习提高把握政治大局和政治方向的能力水平,提高政治鉴别力和敏锐性。要坚持学习与思考统一,在广泛深入学习的基础上,对工作中发现的问题进行深入思考,形成更多加强和改进工作的真知灼见。要坚持学用结合,立足人大工作定位和特点,做到学以致用、用以促学、学用相长。要继承和发扬专题讲座这一好做法,进一步丰富学习内容,完善组织方式,把专题讲座办得更

好更有成效。(全文见本书第261页)

副委员长王晨、曹建明、张春贤、沈跃跃、吉炳轩、艾力更·依明巴海、万鄂湘、陈竺、王东明、白玛赤林、丁仲礼、郝明金、蔡达峰、武维华，秘书长杨振武和全国人大常委会委员、全国人大各专门委员会组成人员参加学习。这次专题讲座共四讲，全国人大常委会法工委主任、港澳基本法委主任沈春耀，全国人大常委会副秘书长信春鹰，全国人大宪法法律委主任委员李飞、全国人大常委会副秘书长韩晓武先后讲授了《中国宪法制度的若干问题》《全国人大常委会的组织制度和议事规则》《立法法与全国人大常委会的立法工作》《监督法和全国人大常委会的监督工作》。

4月24日—29日　应全国人大常委会委员长栗战书邀请，爱尔兰众议长肖恩·奥法乔尔率团访华。27日，栗战书委员长与爱尔兰众议长奥法乔尔举行会谈，王晨副委员长参加会谈。28日，吉炳轩副委员长会见爱尔兰众议长奥法乔尔一行。

4月25日—27日　十三届全国人大常委会举行第二次会议。

会议听取全国人大宪法和法律委员会副主任委员周光权关于人民陪审员法草案审议结果的报告。在审议的基础上，会议印发全国人大宪法和法律委员会关于人民陪审员法草案二次审议稿修改意见的报告。经过审议，会议通过《中华人民共和国人民陪审员法》。《中华人民共和国人民陪审员法》共32条，本法自公布之日起施行。2004年8月28日第十届全国人民代表大会常务委员会第十一次会议通过的《全国人民代表大会常务委员会关于完善人民陪审员制度的决定》同时废止。

会议听取全国人大宪法和法律委员会副主任委员胡可明关于英雄烈士保护法草案审议结果的报告。在审议的基础上，会议印发全国人大宪法和法律委员会关于英雄烈士保护法草案二次审议稿修改意见的报告。经过审议，会议通过《中华人民共和国英雄烈士保护法》。《中华人民共和国英雄烈士保护法》共30条，本法自2018年5月1日起施行。

会议听取司法部部长傅政华关于森林法等7部法律的修正案草案的说明。在审议的基础上，会议印发全国人大宪法和法律委员会关于森林法等7部法律的修正案草案审议结果的报告。经过审议，会议通过《全国人民代表大会常务委员会关于修改〈中华人民共和国国境卫生检疫法〉等六部法律的决定》。本决定自公布之日起施行。上述法律根据本决定作相应修改，重新公布。

会议听取全国人大常委会法制工作委员会主任沈春耀关于国务院机构改革涉及法律规定的行政机关职责调整问题的决定草案的说明。在审议的基础上，会议印发全国人大宪法和法律委员会关于国务院机构改革涉及法律规定的行政机关职责调整问题的决定草案审议结果的报告。经过审议，会议通过《全国人民代表大会常务委员会关于国务院机构改革涉及法律规定的行政机关职责调整问题的决定》。本决定自2018年4月28日起施行。

会议听取最高人民法院院长周强关于在上海设立金融法院的决定草案的说明。在审议的基础上，会议印发全国人大宪法和法律委员会对关于在上海设立金融法院的决定草案审议结果的报告。经过审议，会议通过《全国人民代表大会常务委员会关于设立上海金融法院的决定》。本决定自2018年4月28日起施行。

会议听取全国人大常委会法制工作委员会主任沈春耀关于刑事诉讼法修正草案的说明，并对这部法律草案进行初次审议。

会议听取并审议生态环境部部长李干杰关于2017年度环境状况和环境保护目标完成情况的报告，农业农村部部长韩长赋关于构建现代农业体系深化农业供给侧结构性改革工作情况的报告，国务院侨务办公室主任许又声关于华侨权益保护工作情况的报告。

会议审议最高人民法院关于人民陪审员制度改革试点情况的报告。

会议通过第十三届全国人大常委会代表资格审查委员会主任委员、副主任委员、委员名单。

会议任命谢勇为第十三届全国人民代表大会监察和司法委员会委员，刘政奎为第十三届全国人民代表大会财政经济委员会委员，车秀兰为第十三届全国人民代表大会教育科学文化卫生委员会委员，陈紫萱为第十三届全国人民代表大会华侨委员会委员，葛会波为第十三届全国人民代表大会农业与农村委员会委员，许振超为第十三届全国人民代表大会社会建设委员会委员。

会议免去刘贵祥的最高人民法院第一巡回法庭庭长职务；任命裴显鼎为最高人民法院第一巡回法庭庭长。任命姜伟为最高人民法院第四巡回法庭庭长。

会议免去徐显明的最高人民检察院副检察长、检察委员会委员职务。

会议还通过其他任免事项。

会议闭幕时，栗战书委员长发表讲话。栗战书说，英雄烈士是中华民族的脊梁，他们的事迹和精神是中华民族的共同历史记忆和社会主义核心价值观的重要体现。全国人大常委会贯彻习近平总书记重要指示精神和党中央决策部署，经过深入调研起草和审议，制定了英雄烈士保护法。各地区各部门各方面要认真学习宣传贯彻这部法律，依法加强对英雄烈士的保护，在全社会传承和弘扬英雄烈士精神、爱国主义精神，为实现“两个一百年”奋斗目标、实现中华民族伟大复兴的中国梦凝聚强大精神力量。栗战书指出，坚持立法和改革相衔接、相统一，确保重大改革于法有据，及时将改革成功经验上升为法律，是党的十八大以来人大立法工作的突出特点。本届常委会要坚决贯彻党中央关于改革的决策部署，在总结以往经验的基础上，继续做好与改革相关的立法工作，确保重大改革举措依法有序推进、落实到位，在法治下推进改革，在改革中完善法治。栗战书说，根据环境保护法的有关规定，本次会议听取审议了国务院关于 2017 年度环境状况和环境保护目标完成情况的报告。常委会组成人员充分肯定国务院及其有关部门为保护生态环境付出的巨大努力和取得的积极成效，同时指出生态环境问题仍然十分突出，必须引起高度重视，继续下大力气解决好，坚决打好污染防治攻坚战。栗战书指出，解决好“三农”问题是全党全国工作的重中之重，要加快构建现代农业产业体系、生产体系、经营体系，提高农业创新力、竞争力和全要素生产率，实现由农业大国向农业强国转变。栗战书说，要紧紧围绕党和国家工作大局，推动侨务工作改革创新，加强涉侨法治建设，做好各项为侨服务工作，最大限度凝聚侨心侨力。栗战书强调，2018 年是全面贯彻落实党的十九大精神的开局之年，也是本届全国人大常委会依法履职的第一年，各方面工作任务艰巨而繁重。要深入学习贯彻习近平新时代中国特色社会主义思想，在以习近平同志为核心的党中央坚强领导下，本着对党、对人民高度负责的态度，坚决贯彻落实党中央决策部署，按照“一个要点、两个计划”的部署安排，发扬不畏难、不避险的担当精神和肯吃苦、肯攀登的工作作风，撸起袖子加油干，忠实履行宪法法律赋予的各项职责，全力以赴做好今年常委会各项工作，确保本届工作开好局、起好步，不断提升人大工作质量和水平。（全文见本书第 249 页）

25 日，十三届全国人大常委会第二次会议举行分组会议，审议人民陪审员法草案、英雄烈士保护法草案等。栗战书委员长参加审议。

4 月 26 日 十三届全国人大常委会委员长会议召开第三次会议，栗战书委员长主持会议。委员长会议确定，根据常委会会议的审议意见，将相关议案建议表决稿提交常委会会议审议。

同日 全国人大机关召开十三届全国人大专职常委座谈会。王晨副委员长出席会议并讲话。杨振武秘书长主持会议。鲜铁可同志代表 9 位专职常委作了发言。全国人大 9 个专门委员会的领导同志，部分全国人大常委会副秘书长、机关党组成员，中央组织部有关部门的同志、中央纪委驻全国人大机关纪检组、有关专门委员会办公室、常委会办公厅有关单位负责同志、专职常委原所在单位组织人事部门负责同志出席会议。

4 月 27 日 十三届全国人大常委会委员长会议召开第四次会议，栗战书委员长主持会议。会议研究提请常委会会议表决事项。

同日 十三届全国人大常委会举行宪法宣誓仪式。王晨副委员长主持并监誓。下午 3 时 40 分，王晨宣布宪法宣誓仪式开始。全体起立，同唱中华人民共和国国歌。领誓人、新任命的代表资格审查委员会主任委员吴玉良手抚宪法，领诵誓词。新任命的代表资格审查委员会副主任委员齐玉、郭振华、张少琴，以及新任命的代表资格审查委员会委员、全国人大有关专门委员会个别委员跟诵誓词。全国人大机关有关负责同志参加了宣誓活动。

同日 全国人大常委会办公厅召开新闻发布会，全国人大常委会法制工作委员会、最高人民法院等相关部门负责人出席，分别回答了十三届全国人大常委会第二次会议通过的人民陪审员法、英雄烈士保护法、关于国务院机构改革涉及法律规定的行政机关职责调整问题的决定和关于设立上海金融法院的决定的有关问题。

五 月

5 月 3 日 栗战书委员长会见日本文部科学大臣林芳正率领的日中友好议员联盟代表团。

同日　全国人大环境与资源保护委员会召开第3次全体会议，沈跃跃副委员长出席会议。

同日　全国人大常委会传染病防治法执法检查组第一次全体会议召开。检查组分为4个小组，从5月上旬至6月中旬分别赴内蒙古、吉林、福建、四川等8个省、自治区开展检查。王晨副委员长出席会议并讲话。副委员长艾力更·依明巴海、陈竺、蔡达峰出席会议。

同日　王东明副委员长会见众议员、日本自民党政调会副会长木原诚二为团长的日本自民党"宏池会"年轻国会议员代表团。

5月7日　全国人大常委会大气污染防治法执法检查组第一次全体会议召开，栗战书委员长主持会议并发表讲话。他强调，要坚持以习近平新时代中国特色社会主义思想为指引，扎实做好大气污染防治法执法检查工作，依法推动解决大气污染突出问题，以法律的武器治理污染，用法治的力量保卫蓝天，确保以习近平同志为核心的党中央关于生态文明建设的决策部署得到全面贯彻落实。栗战书说，十三届全国人大常委会在履职第一年开展大气污染防治法执法检查，目的就是要突出全面实施大气污染防治法的重要意义，为打赢蓝天保卫战提供有力法治保障。要通过这次执法检查，推动习近平新时代中国特色社会主义思想特别是关于生态文明建设思想的贯彻落实，使之贯穿到经济、政治、文化、社会建设之中，推动全党全国自觉贯彻落实新发展理念，形成共同促进生态文明建设的强大合力。推动党中央关于环境保护和污染防治的重大决策部署得到切实贯彻，保证法律得到全面有效实施，解决人民群众关注的突出环境问题。推动各级政府和部门、企业全面落实防治大气污染、改善大气环境质量的法律责任，坚决守住生态环境质量"只能更好、不能变坏"的责任底线。大力宣传普及大气污染防治法，推动全社会牢固树立社会主义生态文明观，自觉履行环境保护和大气污染防治义务。栗战书强调，人大执法检查就是"法律巡视"，是行使宪法法律赋予的监督权、保证法律得到有效实施的一把"利剑"。做好新时代人大执法检查工作，一要把握好监督原则。执法检查是在行使宪法、法律赋予的监督权，执法检查的过程就是进行监督的过程。要把握"依法"二字，坚持把"依照法定职责、限于法定范围、遵守法定程序"作为重要原则。同时，也要体现坚持执法检查必须严格、监督必须有力度的原则，避免出现检查、监督中"粗、宽、松、软"的问题。二要突出重点。针对当前大气污染防治的重点区域、重点领域，深入检查相关法律制度实施情况，推动加强源头防治、联防联控、全民共治。三要坚持问题导向。抓住影响治污实效、损害群众利益的突出问题，查清病灶，对症下药，提出务实有效的意见建议。四要精心组织。做到各环节工作环环相扣、依次递进，确保执法检查顺利完成。五要严格执行中央八项规定精神。坚决杜绝形式主义、官僚主义，展现新一届全国人大常委会的新气象新风貌。（全文见本书第974页）副委员长沈跃跃、丁仲礼出席会议。国务院有关部门汇报了大气污染防治法贯彻实施情况。此次执法检查由栗战书委员长任组长。执法检查组组成4个小组分赴8个省（区）进行检查，同时委托其他23个省（区、市）人大常委会对本行政区域内法律贯彻实施情况进行检查。

5月7日—9日　全国人大财政经济委员会、全国人大常委会预算工作委员会、财政部在河北省石家庄市召开建立政府向本级人大常委会报告国有资产管理情况制度座谈会。王晨副委员长出席座谈会，并在河北省进行调研。调研期间，王晨来到河北省人大预算联网查询室，察看预算联网监督系统运行情况，对河北省人大贯彻改革要求，依法推进预算联网监督工作和建立国有资产管理情况报告制度取得的进展表示肯定，并共同研究进一步推进相关工作。在石家庄市行政审批局，调研立法推动行政审批制度改革情况，了解有关法律法规修改后的实施效果。在正定县正定镇"人大代表之家"和塔元庄村"人大代表联络站"，了解基层人大在加强代表法、组织法等法律学习、提高人大代表履职能力、发挥代表作用等方面采取的改革创新措施。在雄安新区考察了市民服务中心和核心区概貌，并召开座谈会听取意见。

5月7日—11日　沈跃跃副委员长率全国人大常委会执法检查组在山东省对大气污染防治法贯彻实施情况进行检查。

5月7日—13日　白马赤林副委员长率全国人大常委会执法检查组在上海市、浙江省就华侨权益保护情况、涉侨法律实施情况进行调研。

5月8日　曹建明副委员长会见欧洲议会对华关系代表团团长乔·莱嫩率领的欧洲议会对华关系代表团。该团系应全国人大—欧洲议会关系小组邀请访华，并出席中欧议会交流机制第41次会议。

5月8日—11日　吉炳轩副委员长率全国人大常委会执法检查组在湖南省对统计法贯彻实施情

况进行检查。检查组先后到岳阳、湘潭、株洲、长沙等地多家企业进行检查,召开相关单位和企业组成的座谈会,并听取湖南省政府相关部门的情况汇报,肯定了湖南在贯彻实施统计法方面所取得的成绩。

5 月 8 日—11 日 全国人大常委会办公厅举办十三届全国人大第一期代表学习班,全国 15 个选举单位的 277 名全国人大代表参加了学习。此次学习班学习内容包括我国的宪法制度、全国人大及其常委会的立法工作和监督工作、代表闭会期间活动与代表履职规范等。最高人民法院院长周强、最高人民检察院检察长张军分别就我国的审判制度与审判工作、检察制度与检察工作作了专题报告。学习班还安排了分组讨论、大会交流等环节。

5 月 8 日—18 日 艾力更·依明巴海副委员长率全国人大常委会执法检查组在新疆、四川对传染病防治法贯彻实施情况进行检查。

5 月 9 日 王东明副委员长会见欧洲议会国际贸易委员会主席贝恩德·朗格率领的代表团。

5 月 9 日—18 日 栗战书对埃塞俄比亚、莫桑比克和纳米比亚进行正式友好访问。

9 日—12 日,在访问埃塞俄比亚期间,栗战书拜会总统穆拉图,与人民代表院议长穆菲丽哈特和联邦院议长克里娅举行会谈,会见总理阿比。栗战书与阿比见证了双方合作文件的签署,与两位议长签署了中国全国人大与埃塞俄比亚人民代表院、联邦院合作谅解备忘录。栗战书还考察了埃塞科技部数据中心,中方合作和援建的亚吉铁路、亚的斯亚贝巴轻轨。11 日,栗战书委员长在亚的斯亚贝巴会见非盟委员会代理主席夸第并考察非盟总部。

12 日—15 日,在访问莫桑比克期间,栗战书拜会总统纽西,与议长马卡莫举行会谈,出席在非中资企业座谈会、2018 年非洲孔子学院联席会议开幕式、莫中文化中心暨孔子学院和传媒艺术学院教学楼项目奠基仪式、莫"万村通卫星电视项目"启动仪式,考察中莫农业技术示范中心、中国援建的马普托跨海大桥。栗战书还向莫桑比克民族英雄纪念碑敬献花圈。

15 日—17 日,在访问纳米比亚期间,栗战书拜会总统根哥布、开国总统努乔马,与国民议会议长卡贾维维和全国委员会主席门萨分别举行会谈。栗战书慰问了"光明行"义诊活动受益患者和中纳医务人员。还出席中方援纳野生动物保护物资交接仪式,考察纳米比亚电信公司控制和指挥中心。

5 月 11 日 全国人大教育科学文化卫生委员会召开第 2 次全体会议,蔡达峰副委员长出席会议。

5 月 14 日—17 日 蔡达峰副委员长率全国人大常委会执法检查组在内蒙古自治区对传染病防治法贯彻实施情况进行检查。检查组听取了自治区政府及有关部门关于实施传染病防治法情况的汇报,深入疾控中心、医院、村卫生室、学校等进行实地检查。

5 月 14 日—18 日 王东明副委员长率全国人大常委会执法检查组在河北省和宁夏回族自治区对统计法贯彻实施情况进行检查。

5 月 14 日—23 日 曹建明副委员长应邀率全国人大代表团赴塞尔维亚出席中塞立法机关合作委员会第一次会议并对塞尔维亚、克罗地亚、罗马尼亚进行友好访问。在访问塞尔维亚期间,会见议长戈伊科维奇、总理布尔纳比奇、检察长多洛瓦茨,与副议长阿尔西奇共同主持中塞立法机关合作委员会第一次会议,考察贝尔格莱德经济社会发展情况并参观诺维萨德国际农业博览会。在访问克罗地亚期间,会见总统基塔罗维奇、副议长雷伊奈尔,考察萨格勒布和杜布罗夫尼克—内雷特瓦省经济社会发展情况。在访问罗马尼亚期间,会见众议院议长德拉格内亚、参议院副议长曼达、众议院副议长约尔达凯、副总理兼对华合作部际协调委员会主席斯特凡、副总理伯查尔、最高检察院检察长拉泽尔,考察布加勒斯特、锡纳亚经济社会发展情况。

5 月 15 日 中央宣传部、中央和国家机关工委、全国人大常委会办公厅、教育部、司法部、全国普法办举办宪法学习宣传报告会首场报告,全国人大常委会副秘书长、机关党组副书记信春鹰作了"我国宪法修改的重点内容及其重大历史意义"的专题报告。在京党政机关干部和首都高校师生约 800 人参加了报告会。

5 月 15 日—17 日 王晨副委员长率全国人大常委会执法检查组在山西省对大气污染防治法贯彻实施情况进行检查。检查组先后到太原、晋中、阳泉等地进行检查,听取了山西贯彻实施大气污染防治法的情况汇报。

5 月 15 日—18 日 丁仲礼副委员长率全国人大常委会执法检查组在安徽省对大气污染防治法贯彻实施情况进行检查。

5 月 15 日—19 日 吉炳轩副委员长率全国人大常委会执法检查组在江苏省对统计法贯彻实施情况进行检查。

5 月 18 日 王晨副委员长会见法国国民议会第一副议长博纳尔。

5月21日　中共十三届全国人大常委会党组召开会议，专题学习习近平总书记关于人民代表大会制度的思想。全国人大常委会委员长、党组书记栗战书主持会议并讲话。

会议指出，党的十八大以来，以习近平同志为核心的党中央高度重视、全面加强党对人大工作的领导，推动人大工作取得历史性成就。习近平总书记就坚持和完善人民代表大会制度、发展社会主义民主政治提出一系列新理念新思想新战略，拓展了人民代表大会制度的科学内涵、基本特征和本质要求，标志着党对人民代表大会制度的规律性认识达到新的高度，为做好新时代人大工作指明了方向、提供了遵循。

会议强调，习近平总书记关于人民代表大会制度的思想博大精深，是习近平新时代中国特色社会主义思想的重要组成部分。通过学习，大家更加深刻认识到人民代表大会制度是党领导人民经过长期奋斗、艰辛探索取得的伟大成果，必须倍加珍惜、长期坚持；人民代表大会制度在党和国家事业发展的历史进程中，展现出巨大的政治优势和组织功效，必须坚定人民代表大会制度自信；人民代表大会制度是坚持党的领导、人民当家作主、依法治国有机统一的根本政治制度安排，在党中央集中统一领导下，通过人民代表大会制度把三者真正打通、有机统一起来；人民代表大会制度具有强大的生机和活力，必须适应时代要求，不断推动人民代表大会制度与时俱进、完善发展。

会议强调，坚持党的领导是做好人大工作的重大政治原则。要牢固树立“四个意识”，坚决维护习近平总书记权威和核心地位，坚决维护以习近平同志为核心的党中央权威和集中统一领导。要坚持以习近平新时代中国特色社会主义思想指导、统领人大工作，全面落实到人大工作各方面和全过程。要紧紧围绕党和国家工作大局，确定人大工作的思路和重点任务，确保党中央决策部署得到全面贯彻执行。要严格执行请示报告制度，重要会议、重大问题和重要事项及时向党中央请示报告。

会议提出，要进一步深化人大理论研究。紧紧围绕习近平总书记关于人民代表大会制度的新思想，加强研究阐释，统一思想行动。要紧紧围绕人大工作实践，认真总结提炼好经验好做法。要紧紧围绕人大制度建设和人大工作中的新情况新问题，研究提出改革完善的建议举措。要宣传好习近平总书记关于人民代表大会制度的思想，讲好中国人大故事，让国家根本政治制度深入人心。

王晨、张春贤、沈跃跃、吉炳轩、艾力更·依明巴海、王东明、白玛赤林和杨振武出席会议并发言。

5月21日—26日　陈竺副委员长率全国人大常委会执法检查组在黑龙江省、贵州省对统计法贯彻实施情况进行检查。

5月22日　中央宣传部、中央和国家机关工委、全国人大常委会办公厅、教育部、司法部、全国普法办举办宪法学习宣传报告会第二场报告会，全国人大宪法和法律委员会副主任委员、全国人大常委会法制工作委员会主任沈春耀作了“中国宪法制度的若干问题”的专题报告。在京党政机关干部和首都高校师生约800人参加了报告会。

5月22日—24日　全国省市两级人大常委会负责同志学习班举办，栗战书委员长出席省市两级人大常委会负责同志学习班结业式并作重要讲话，王晨副委员长出席开班式并发表讲话。全国31个省、自治区、直辖市的省市两级人大常委会负责同志、地区工作委员会负责同志共364人参加学习，一次性实现全国省市两级人大常委会负责同志学习培训全覆盖，这在全国人大学习培训工作历史上是第一次。

5月22日—25日　沈跃跃副委员长率全国人大常委会执法检查组在河北省对大气污染防治法贯彻实施情况进行检查。

5月23日—25日　王晨副委员长率全国人大常委会执法检查组在云南省对传染病防治法贯彻实施情况进行检查。检查组听取了云南省贯彻实施传染病防治法的情况汇报，先后到楚雄、昆明、曲靖等地进行检查。

5月23日—26日　蔡达峰副委员长率全国人大常委会执法检查组在陕西省对传染病防治法贯彻实施情况进行检查。检查组听取了陕西省和西安市、咸阳市、三原县等市、县政府及有关部门关于实施传染病防治法情况的汇报，并深入疾控中心、医院、社区卫生服务中心、村卫生室、学校、兽医站等进行实地检查。

5月23日—30日　应塔吉克斯坦和哈萨克斯坦两国议会下院邀请，艾力更·依明巴海副委员长率团对上述两国进行友好访问。在访问塔吉克斯坦期间，与议会下院议长祖胡罗夫举行会谈，分别会见总理拉苏尔佐达和议会各党派议员代表。在访问哈萨克斯坦期间，分别与议会下院议长尼格马图林和上院议长托卡耶夫举行会谈，与两院对华友好小组成员等进行交流。

5月24日　栗战书委员长会见德国总理默克

尔。丁仲礼副委员长参加会见。

5月24日—28日 栗战书委员长率全国人大常委会执法检查在河南省对大气污染防治法贯彻实施情况进行检查。检查组先后在河南省安阳市、郑州市、洛阳市,实地检查大气污染防治法实施情况。在钢铁、化工、电力、机械制造、新材料等企业,栗战书详细询问污染物排放标准,查看污染治理和监测设备,了解企业技术改造、节能减排情况。栗战书强调,要深入学习贯彻习近平新时代中国特色社会主义思想特别是关于生态文明建设的思想,全面有效实施大气污染防治法,夯实法律责任,依法标本兼治,用法律的武器护卫蓝天白云,提升百姓蓝天幸福感。栗战书强调,治理污染必须加强源头防治。要强化企业主体责任,推动企业依法生产、达标排放,加快转型升级,实现绿色发展。要加大监管力度,坚决整治和关停不达标企业。

栗战书来到省环保厅检查环境监测及重污染天气预警应急工作,到村民家中了解"电代煤""气代煤"情况,在建设工地查看扬尘污染防控,在遥感监测点、公交充电站了解机动车污染排放治理、新能源公交车使用推广。执法检查组还对部分企业和工地进行了突击暗访。栗战书指出,环境质量怎么样,老百姓的感受最直接、最强烈。污染治理成效怎么样,要由老百姓说了算,老百姓说好才是真好。要广泛宣传大气污染防治法律法规和政策措施,及时公开污染情况和治理成效,发动群众参与和监督,形成全社会共同治理的合力。

栗战书分别主持会议,与五级人大代表和群众代表座谈,听取河南省有关方面情况汇报,还到省人大常委会机关看望工作人员。他强调,党的十八大以来,以习近平同志为核心的党中央推动生态环境保护发生历史性、转折性、全局性变化,形成了习近平总书记关于生态文明建设的思想。这一重要思想从根本上扭转了多年存在的一些不正确发展理念,对生态文明建设进行了顶层设计和全面部署,着力推动解决人民群众最关心的突出生态环境问题,为建设美丽中国提供了指导和遵循。各级党政机关和全社会都要深入学习领会把握习近平总书记关于生态文明建设的思想,贯彻到各方面工作和生产生活中,坚决打赢蓝天保卫战。

栗战书指出,河南大气污染防治取得明显成效,同时存在不少问题,形势依然严峻。要把党中央要求和法律责任落到实处,勇于担当,动真碰硬,下大决心和大气力解决污染问题。要大力调整经济、产业、能源、运输结构,切实把污染物排放总量降下来,从根本上改善大气环境。各级人大要发挥职能作用,完善法律和地方性法规,加大监督力度,为大气污染防治提供法治保障。

5月25日 中央宣传部、中央和国家机关工委、全国人大常委会办公厅、教育部、司法部、全国普法办举办第三场宪法学习宣传报告会,司法部党组书记、副部长袁曙宏作了"习近平总书记关于宪法的重要论述和我国宪法的修改"的专题报告。在京党政机关干部和首都高校师生约800人参加了报告会。

同日 全国人大监察和司法委员会召开第2次全体会议,副委员长曹建明、郝明金出席会议。

5月27日 《人民日报》报道,沈跃跃副委员长率全国人大常委会执法检查组赴河北省对大气污染防治法贯彻实施情况进行检查。

5月28日—29日 沈跃跃副委员长率调研组到北京市,就做好固体废物污染环境防治工作和法律修改工作进行调研。调研组在北京市召开座谈会,听取市人大和政府有关情况介绍,听取人大代表、社区管理、农村环境整治等相关人员的意见建议。调研组还到市教委机关、东城区龙潭街道光明社区、通州区再生能源发电厂、顺义区高丽营一村、怀柔区渤海镇和雁栖镇等地调研。

5月29日 武维华副委员长会见奥地利国民议会副议长布雷斯为团长的奥中友协高级代表团。

5月31日 全国人大财政经济委员会召开第5次全体会议,陈竺副委员长出席会议。

六 月

6月1日 栗战书委员长会见黑山议长布拉约维奇一行。万鄂湘副委员长参加会见。

同日 全国人大常委会统计法执法检查组举行第二次全体会议,研究讨论执法检查报告,总结执法检查工作。副委员长吉炳轩、陈竺、王东明出席会议。

同日 全国人大环境与资源保护委员会召开第4次全体会议,沈跃跃副委员长出席会议。

6月2日—5日　栗战书委员长率全国人大常委会执法检查组在内蒙古自治区对大气污染防治法贯彻实施情况进行检查。检查组先后到呼和浩特、包头和鄂尔多斯实地检查大气污染防治法实施情况。在电力、钢铁、煤炭、化工、新能源汽车等企业,栗战书深入厂矿车间详细了解企业技术升级改造和节能减排情况。他指出,生态环境问题归根到底是经济发展方式问题。要坚持绿色发展,实行源头治理、综合施策。一方面在治理现有污染上下功夫,大力整治排放不达标企业和"散乱污"企业。另一方面在控制排放总量上下功夫,制定中长期规划,大力调整产业、能源结构,做好煤炭清洁高效利用这篇大文章。

栗战书强调,要以习近平总书记关于生态文明建设的思想为指引,坚决贯彻落实党中央决策部署,以夯实责任为抓手,推动大气污染防治法全面有效实施,持之以恒建设好祖国北疆生态安全屏障,确保人民群众享有更多蓝天白云。

栗战书十分关心群众冬季清洁取暖问题,专程来到社区查看燃煤改造设施,走进居民家中询问集中供暖情况,到企业了解清洁能源技术的研发推广。他强调,污染治理措施和成效要听取群众意见,看群众满意不满意。要因地制宜、多措并举解决群众清洁取暖问题,用好集中供热和气、电、光热等多种替代方式,减少散煤燃烧污染,保障群众温暖过冬。

内蒙古是我国北方重要的生态安全屏障。栗战书来到风沙源生态治理工程现场查看防沙固沙成效,并到自治区环保厅检查环境监测监控等工作。他强调,内蒙古要把保护好生态环境作为重大政治任务,践行"塞罕坝"精神,艰苦奋斗,久久为功,持续推进京津冀风沙源治理、"三北"防护林建设,加强荒漠化治理、湿地保护和污染防治,在祖国北疆构筑起一道万里绿色长城。

栗战书分别主持会议与五级人大代表和群众代表座谈,听取内蒙古有关方面情况汇报,到自治区人大常委会机关看望工作人员。栗战书强调,以习近平同志为核心的党中央对打好污染防治攻坚战作出了全面部署。要提升政治站位,强化政治责任,把习近平总书记的指示要求记在心里、扛在肩上、落实到实际工作中,坚决打赢蓝天保卫战。栗战书指出,大气污染防治法每一条都是经验教训的总结,每一条都凝聚着人民群众的期盼,每一条都意味着责任担当。要让法律深入人心,成为污染治理的有力武器,确保法律规定的政府责任、企业责任、公民责任落到实处,坚决纠正"有法不依、执法不严、违法不究"的情况。要发挥人大代表的桥梁纽带作用,及时反映群众呼声,集中人民智慧,推动形成全社会共同治理的良好局面。

执法检查组还对部分企业和工地进行了突击暗访,对有关部门负责人开展了法律知识问卷调查。

6月4日—6日　王晨副委员长率全国人大常委会执法检查组在陕西省对大气污染防治法贯彻实施情况进行检查。检查组先后到西安、咸阳、渭南等地进行检查,听取陕西省贯彻实施大气污染防治法情况汇报,与五级人大代表和群众、专家代表座谈。在陕西省环境监测中心站和咸阳市城市管理监督指挥中心,分别查看空气质量预测预警系统和城市数字化管理平台。在大唐灞桥热电厂、比亚迪汽车公司和中石油长庆石化公司,查看超低排放改造、挥发性有机物治理情况。在西咸新区,听取关于中深层地热能无干扰清洁供热技术介绍。检查组还来到中科院地球环境研究所,详细了解细颗粒物及挥发性有机物来源解析情况和研究成果。检查组还随机抽查了部分企业,对相关部门负责人开展了问卷调查。

6月4日—8日　曹建明副委员长率全国人大专题调研组在四川省就深度贫困地区的脱贫攻坚情况开展调研。调研组在成都市举行座谈会,深入甘孜、凉山等深度贫困地区实地调研。考察了7个乡镇、6个村、2所"一村一幼"以及多个牧旅融合产业、养殖种植等现代农业产业发展项目;深入9户村民家庭,了解贫困户和非贫困户的生产生活情况,广泛听取各方面意见和建议。

6月7日　栗战书委员长会见吉尔吉斯斯坦总统热恩别科夫。郝明金副委员长参加会见。

6月8日　栗战书委员长会见哈萨克斯坦总统纳扎尔巴耶夫。王东明副委员长参加会见。

6月10日—17日　应加拿大议会、美国国会邀请,王晨副委员长率全国人大代表团对上述两国进行访问。在访问加拿大期间,在渥太华,王晨分别会见加拿大参议院议长富里、外交部长弗里兰,与众议院副议长斯坦顿举行工作会谈。在温哥华,分别会见不列颠哥伦比亚省督奥斯汀、省长霍根、温哥华市长罗伯逊。在访问美国期间,在华盛顿分别会见美众议长瑞安、临时参议长哈奇、众院少数党领袖佩洛西,同众院美中工作小组拉森等众议员会谈,集体会见戴安斯等参议员;并会见代理国务卿沙利文。在波士顿会见马萨诸塞州议员,同塔夫茨大学弗莱彻法律与外交学院学者座谈。

6 月 11 日　曹建明副委员长会见泰国立法议会法律、司法程序和警察事务委员会代表团。

同日　十三届全国人大常委会委员长会议召开第五次会议，栗战书委员长主持会议。会议决定，十三届全国人大常委会第三次会议 6 月 19 日至 22 日举行。

6 月 11 日—14 日　丁仲礼副委员长率全国人大常委会执法检查组在江苏省对大气污染防治法贯彻实施情况进行检查。检查组还对相关部门负责人开展了问卷调查。

6 月 12 日—14 日　陈竺副委员长率全国人大常委会执法检查组在福建省对传染病防治法贯彻实施情况进行检查。检查组认真听取了福建省人民政府及有关部门关于贯彻实施传染病防治法的情况汇报，并前往福州、厦门等地，重点围绕传染病防治法普法宣传教育情况、传染病防治体系建设情况、经费保障机制和人员队伍建设情况等进行了实地检查。检查组还多次与全国人大代表、专家学者、相关机构负责人等交流座谈，听取意见建议。

6 月 12 日—14 日　2018 年第二期全国县级人大常委会主任学习班举行，安徽、湖北、四川 3 省的 387 位县级人大常委会主任参加了培训。在本期学习班上，全国人大常委会有关负责同志紧紧围绕深入学习贯彻习近平新时代中国特色社会主义思想和党的十九大精神，就健全人民当家作主制度体系、地方组织法和地方人大工作若干问题、做好人大预算审查监督工作、加强改进人大监督工作、更好发挥人大代表作用等专题作了讲座。

6 月 12 日—15 日　艾力更·依明巴海副委员长率全国人大常委会调研组在辽宁省就推动城乡义务教育一体化发展进行调研。

6 月 15 日　全国人大常委会大气污染防治法执法检查组第二次全体会议举行，栗战书委员长主持会议。会议听取 4 个检查小组赴 8 个省区检查法律实施情况的汇报，研究部署下一步工作。栗战书强调，要以习近平总书记关于生态文明建设的思想为指引和遵循，清醒判断大气污染防治总体形势，深入查找法律实施中存在的突出问题，查清病灶、对症下药，推动大气污染防治法全面有效实施，让法律制度成为刚性约束和不可触碰的高压线。栗战书说，大气污染防治法修订实施以来，为打赢蓝天保卫战提供了有力法治保障。各地区各部门依法治污的意识不断增强，按照党中央决策部署和法律规定，切实加大工作力度，重点城市重污染天数大幅减少，大气环境质量持续改善。同时要清醒看到，大气污染防治形势依然十分严峻，大气环境质量离党中央要求、人民群众期盼还有很大差距。这次执法检查发现，大气污染防治法的学习宣传不深入，配套法规和标准不完善，法律责任落实不到位，法律武器没有得到充分运用，成为影响污染防治成效的重要原因。栗战书强调，执法检查就是要真找准问题、真抓住问题、真解决问题，不能走过场，不能搞评功摆好那一套。要多用事实说话，客观真实反映情况和问题，典型违法事例要点名，敢于动真碰硬，督促有关方面认真纠正违法行为。要以法律为准绳，对照法律规定逐条梳理归纳查找出来的问题，体现人大执法检查特点。要提升政治站位，从思想认识、发展理念、责任担当、制度措施、工作作风等方面深挖原因和根源，把问题和原因讲清楚讲透彻。提出建议要重点突出、务实可行，既要推动改进工作、压实法律责任，又要完善制度机制，增强法治意识，发挥好执法检查的“法律巡视”监督利剑作用。栗战书指出，习近平总书记关于生态文明建设的思想是我们党对人类文明发展规律、自然规律、经济社会发展规律的高度概括和重大贡献，是推进生态文明、建设美丽中国的强大思想武器。要深入学习贯彻习近平总书记关于生态文明建设的思想，牢固树立绿水青山就是金山银山的理念，正确处理好经济发展与保护生态环境的关系，全面落实大气污染防治法，着力解决突出生态环境问题，推动打赢蓝天保卫战。（全文见本书第 977 页）副委员长沈跃跃、丁仲礼出席会议。

同日　全国人大财政经济委员会召开第 6 次全体会议，副委员长陈竺、王东明出席会议。

6 月 19 日　栗战书委员长分别会见玻利维亚总统莫拉莱斯、希腊议长武齐斯。蔡达峰副委员长参加会见。

同日　陈竺副委员长与南非国民议会事务主席弗罗里克举行会谈，双方就加强两国立法机关间交流合作、推动中南全面战略伙伴关系发展交换了意见。

6 月 19 日—22 日　十三届全国人大常委会举行第三次会议。

会议听取全国人大宪法和法律委员会副主任委员沈春耀关于关于全国人民代表大会宪法和法律委员会职责问题的决定草案的说明。在审议的基础上，会议印发全国人大宪法和法律委员会关于全国人民代表大会宪法和法律委员会职责问题的决定草案审议结果的报告。经过审议，会议通过《全国人民代表大会常务委员会关于全国人民代表大会宪法和法律委员会职责问题的决定》。

会议听取中国人民武装警察部队司令员王宁关于中国海警局履行海上维权执法职权的决定草案的说明。在审议的基础上，会议印发全国人大宪法和法律委员会对关于中国海警局履行海上维权执法职权的决定草案审议结果的报告。经过审议，会议通过《全国人民代表大会常务委员会关于中国海警局行使海上维权执法职权的决定》。本决定自2018年7月1日起施行。

会议听取全国人大宪法和法律委员会副主任委员丛斌关于电子商务法草案修改情况的汇报，全国人大宪法和法律委员会副主任委员沈春耀关于人民法院组织法修订草案、人民检察院组织法修订草案修改情况的汇报，并对这三部法律草案进行再次审议。

会议听取财政部部长刘昆关于个人所得税法修正案草案的说明，并对这部法律草案进行初次审议。

会议听取并审议财政部部长刘昆关于2017年中央决算的报告，全国人大财政经济委员会主任委员徐绍史关于2017年中央决算草案审查结果的报告，经过审议，会议通过《全国人民代表大会常务委员会关于批准2017年中央决算的决议》。

会议听取并审议审计署审计长胡泽君关于2017年度中央预算执行和其他财政收支的审计工作报告，科技部部长王志刚关于坚持创新驱动发展深入推进国家科技重大专项工作情况的报告，生态环境部部长李干杰关于研究处理固体废物污染环境防治法执法检查报告及审议意见情况的报告，王东明副委员长作的全国人大常委会执法检查组关于检查统计法实施情况的报告。

会议听取全国人大常委会代表资格审查委员会主任委员吴玉良作的关于个别代表的代表资格的报告。经过审议，会议通过这个审查报告。

会议审议栗战书委员长访问埃塞俄比亚、莫桑比克、纳米比亚情况的书面报告。

会议印发全国人大代表团赴塞尔维亚举行中塞立法机关合作委员会第一次会议并访问塞尔维亚、克罗地亚、罗马尼亚情况的书面报告，全国人大代表团访问塔吉克斯坦、哈萨克斯坦情况的书面报告。

会议任命史耀斌为第十三届全国人民代表大会财政经济委员会副主任委员。

会议通过第五任全国人民代表大会常务委员会香港特别行政区基本法委员会组成人员名单。

会议免去张荣顺的全国人民代表大会常务委员会法制工作委员会副主任职务，任免了第四任全国人民代表大会常务委员会澳门特别行政区基本法委员会部分组成人员。

会议免去邹加怡的国家监察委员会委员职务；任命杨万明为最高人民法院副院长、审判委员会委员、审判员，免去沈德咏的最高人民法院副院长、审判委员会委员、审判员职务；免去刘季幸的中国人民解放军军事法院院长职务，任命刘立根为中国人民解放军军事法院院长；任命童建明为最高人民检察院副检察长、检察委员会委员，任命陈国庆为最高人民检察院副检察长；免去李晓峰的中国人民解放军军事检察院检察长职务。

会议通过全国人民代表大会常务委员会关于接受张荣顺辞去全国人大常委会委员等职务的请求的决定。

会议还通过其他任免事项。

会议闭幕时，栗战书委员长发表讲话。栗战书说，本次会议贯彻党中央决策部署和十三届全国人大一次会议精神，依法作出关于全国人大宪法和法律委员会职责问题的决定、关于中国海警局行使海上维权执法职权的决定。常委会要统筹做好相关法律的立改废释工作，依法及时作出决定，为机构改革有序推进、按期完成提供法治保障。栗战书说，本次会议听取审议了2017年中央决算报告和审计工作报告，审查批准了中央决算。常委会组成人员对决算报告、审计工作报告以及全国人大财经委提出的审查结果报告表示赞成，指出要继续深化财税体制改革，加快修订预算法实施条例，改进预算、决算工作，依法全面履行审计监督职责，加强对违纪违法行为的问责追责，完善各领域政策措施和制度规则。栗战书指出，党的十八大以来，在以习近平同志为核心的党中央坚强有力领导下，重大科技专项实施取得显著成效。要着力突破重大技术瓶颈，加快推动重大专项成果应用和产业化，在前瞻性、战略性领域打好主动仗，深入总结重大专项实施经验，推动我国科研管理、政策保障、人才建设、产权保护等方面法律制度和政策体系不断完善。栗战书说，治理固体废物污染是打好污染防治攻坚战的重要内容。要全面落实法律责任，严厉打击固体废物非法转移倾倒等行为，推进生活垃圾分类处理，抓紧研究修改固体废物污染环境防治法，健全污染防治长效机制。栗战书说，检查统计法实施情况，是十三届全国人大常委会开展的第一个执法检查项目。要认真落实党中央关于统计改革发展的决策部署，增强统计法治观念，严格落实法律各项规定，确保统计数据真实、准确、完整和及时，加快形成推动高质量发展的统计体系。栗战书强调，加强对习近平总书记关于人民代表大会制度思想的学习研究宣传，是坚持和完善人民代表大会制度的重要基础，也是本届人大工作的重要任务。要深入学习习近平总书记关于人民代表大会制度的重要论述，进一步领会精神、掌握要领，同时加强研究阐释，自觉用这一科学理论统揽和指导人大各项工作。要加强对人民代表大会制度优势、特点和实践创新的研究宣传，推动人民代表大会制度和人大工作与时俱进、完善发展。要形成加强人大理论研究和新闻舆论工作的浓厚氛围，让国家根本政治制度深入人心。（全文见本书第 251 页）

会议结束后，十三届全国人大常委会举行第五次专题讲座，生态环境部部长李干杰作了题为《以习近平生态文明思想为指导，动员全社会力量建设美丽中国》的讲座，栗战书委员长主持讲座。

6 月 19 日—23 日 应全国人大常委会委员长栗战书邀请，阿塞拜疆国民议会议长阿萨多夫率团访华。20 日，栗战书委员长与阿塞拜疆国民议会议长阿萨多夫举行会谈。武维华副委员长参加会谈。

6 月 20 日 栗战书委员长会见南非国民议会事务主席弗罗里克。陈竺副委员长参加会见。

同日 栗战书委员长在张春贤副委员长报送的讲话稿上作出重要批示："此稿很好。社会建设委员会作为新设的专委会，其职责、具体工作以及运作方式，都需深入研究、积极探索。关键是理解和落实好习总书记关于社会建设的思想。有一个大体考虑后，抓住几件事先做起来。"

6 月 21 日 栗战书委员长会见尼泊尔总理奥利。白玛赤林副委员长参加会见。

同日 十三届全国人大常委会委员长会议召开第六次会议，栗战书委员长主持会议。会议决定，将有关草案的建议表决稿、代拟稿提交常委会会议审议。

6 月 22 日 十三届全国人大常委会委员长会议召开第七次会议，栗战书委员长主持会议。会议研究提请常委会会议表决事项。

同日 栗战书委员长向第五任全国人大常委会香港特别行政区基本法委员会组成人员颁发任命书。王晨副委员长主持颁发任命书仪式。十三届全国人大常委会第三次会议任命了第五任香港特别行政区基本法委员会组成人员：主任沈春耀，副主任谭惠珠、张勇，委员刘迺强、陈冬、陈弘毅、武增、莫树联、黄玉山、黄柳权、梁美芬、韩大元。香港特别行政区基本法委员会是全国人大常委会下设的工作委员会，组成人员共 12 人，由内地人士和香港人士各 6 人组成，任期 5 年。第四任香港特别行政区基本法委员会已经结束任期。

同日 全国人大常委会发布公告。公告说，贵州省第十三届人大常委会第三次会议补选史耀斌为十三届全国人大代表。第十三届全国人大常委会第三次会议根据代表资格审查委员会提出的报告，确认史耀斌的代表资格有效。截至目前，十三届全国人大实有代表 2981 人。

同日 十三届全国人大常委会举行宪法宣誓仪式。曹建明副委员长主持并监誓。十三届全国人大常委会第三次会议任命了全国人大财政经济委员会副主任委员、第五任全国人大常委会香港特别行政区基本法委员会组成人员和第四任全国人大常委会澳门特别行政区基本法委员会个别副主任、委员。根据全国人大常委会关于实行宪法宣誓制度的决定，上述人员依法进行宪法宣誓。曹建明宣布宪法宣誓仪式开始。全体起立，同唱中华人民共和国国歌。领誓人、新任命的第五任全国人大常委会香港特别行政区基本法委员会主任沈春耀手抚宪法，领诵誓词。新任命的全国人大财政经济委员会副主任委员史耀斌，第五任全国人大常委会香港特别行政区基本法委员会副主任谭惠珠，第五任全国人大常委会香港特别行政区基本法委员会副主任、第四任全国人大常委会澳门特别行政区基本法委员会副主任张勇，第五任全国人大常委会香港特别行政区基本法委员会委员和第四任全国人大常委会澳门特别行政区基本法委员会个别委员，以及十三届全国人大常委会第二次会议任命的全国人大教育科学文化卫生委员会个别委员跟诵誓词。全国人大机关有关负责同志参加了宣誓活动。

同日 全国人大环境与资源保护委员会召开第 5 次全体会议，副委员长沈跃跃、丁仲礼出席会议。

6 月 25 日 栗战书委员长会见法国总理菲利普。曹建明副委员长参加会见。

同日 全国人大常委会农产品质量安全法执法检查组第一次全体会议召开。此次执法检查重点突出五个方面：一是农产品质量安全标准体系建设情况，包括农产品产地环境、农业投入品、生产规范、产品质量、安全限量、检测方法、包装标识、储存运输等标准制修订情况，技术规范和操作规程制修订情况等；二是农产品产地管理情况，包括农产品生产区域分类管理情况、农产品基地建设情况、农产品生产环境保护与治理情况等；三是农产品生产过程管理和可追溯制度建设情况，包括农业投入品安全使用制度建设情况、农产品生产记录建立情况、产地准出制度执行情况、农产品的包装和标识制度执行情况、农产品品牌创建和管理情况等；四是农产品质量安全管理制度建立情况，包括公共财政投入保障、农产品质量安全信息发布、农产品质量安全市场准入、农产品质量安全监督检查、农产品质量安全事故报告和农产品质量安全责任追究等制度建设情况等；五是农产品质量安全监督检查制度执行情况，包括禁止进入市场销售的农产品制度的执行情况，农产品安全监测制度、监督性抽查制度和检测救济制度的执行情况等。

检查分成3个检查小组，在7月上旬至8月下旬分赴辽宁、山东、广西、重庆、四川、青海等6个省区市开展检查，同时委托河北、内蒙古、江苏、安徽、江西、河南、湖北、湖南、广东、陕西、新疆等11个省区人大常委会分别对本行政区域内贯彻实施农产品质量安全法的情况进行检查。副委员长张春贤、吉炳轩、武维华出席会议。在听取了农业农村部、财政部等部门关于农产品质量安全法实施情况的汇报后，吉炳轩副委员长发表讲话。

6月25日—27日　陈竺副委员长率全国人大常委会执法检查组在吉林省对传染病防治法贯彻实施情况进行检查。检查组听取了吉林省政府及有关部门关于实施传染病防治法情况的汇报，并在吉林市、长春市深入传染病医院、学校、血站、疾控中心、卫生监督所等进行实地检查。

6月26日　栗战书委员长与缅甸联邦议会议长兼民族院议长曼温凯丹举行会谈。艾力更·依明巴海副委员长参加会谈。

6月26日—27日　全国人大农业与农村委员会召开全国人大农业农村工作座谈会，深入学习贯彻党的十九大精神和习近平新时代中国特色社会主义思想，紧紧围绕实施乡村振兴战略，对做好新时代“三农”工作，制定乡村振兴法进行座谈研讨。副委员长吉炳轩、武维华出席会议，全国人大农委组成人员、部分省区市人大分管农委工作的常委会副主任、各省区市人大农委负责同志参加会议。座谈会上，全国人大农业与农村委员会主任委员陈锡文就将实施乡村振兴战略作为新时代“三农”工作的总抓手、中国社会科学院学部委员张晓山就农民专业合作社法修改的主要内容作了专题报告。与会同志围绕推动实施乡村振兴战略、研究制定乡村振兴法进行了座谈，交流做好新时代人大农业农村工作的经验和体会。

6月27日　全国人大常委会大气污染防治法执法检查组第三次全体会议召开，王晨副委员长主持会议。会议研究执法检查报告，部署下一步工作。副委员长沈跃跃、丁仲礼出席会议。

6月28日—29日　全国人大财政经济委员会召开经济形势运行座谈会，副委员长陈竺、王东明出席会议。

七　月

7月2日　十三届全国人大常委会委员长会议召开第八次会议，栗战书委员长主持会议。会议决定，十三届全国人大常委会第四次会议7月9日至10日举行。

同日　曹建明副委员长会见出席全国人大和法国参议院交流机制第八次会议的法国参议院法中友好小组主席克洛德·雷纳尔一行。

7月2日—6日　张春贤副委员长率全国人大常委会执法检查组在辽宁省对农产品质量安全法贯彻实施情况进行检查。检查组听取了辽宁省政府及有关部门关于实施农产品质量安全法情况的汇报，并在沈阳、鞍山、大连等地深入农产品基地、农资销售企业、农民专业合作社、农产品质量检测站等进行实地检查。

7月2日—6日　吉炳轩副委员长率全国人大常委会执法检查组在山东省对农产品质量安全法贯彻实施情况进行检查。检查组先后深入德州市、滨州市、济南市等地的农业企业、畜禽类食品生产加工企业、农民专业合作社、农产品生产基地、农业标准化产业园、基层农产品安全质量检测中心和畜牧兽医站，实地检查农产品质量安全标准体系建设、产地管理、生产过程管理、追溯体系建设、管理制度建设、监督检查制度执行等情况，并在济南、德州召开座谈会，分别听取山东省、德州市贯彻实施农产品质量安全法情况的汇报，以及修改完善法律的意见建议。执法检查期间，全国人大农业与农村委员会还对动物防疫法贯彻实施情况开展了执法调研。

7 月 3 日 栗战书委员长在河北省人大常委会报来的《关于全国人大常委会大气污染防治法执法检查组意见建议初步整改情况的报告》上作出重要批示:“开展执法检查,发现问题是关键,整改落实是目的。要深入贯彻习近平生态文明思想,从法律实施的角度找出原因,补上短板,确保大气污染防治法得到全面落实。办公厅可将河北省人大常委会的这份报告印发各省区人大常委会参阅。”

7 月 3 日—5 日 应全国人大常委会委员长栗战书邀请,俄罗斯联邦委员会主席马特维延科率团访华。4 日,栗战书委员长与俄罗斯联邦委员会主席马特维延科举行会谈,并共同主持中国全国人大同俄议会合作委员会第四次会议。沈跃跃副委员长参加上述活动。同日,王晨副委员长会见俄罗斯联邦委员会主席马特维延科。

4 日,国家主席习近平会见俄罗斯联邦委员会主席马特维延科。王晨副委员长参加会见。

7 月 3 日—8 日 武维华副委员长率全国人大常委会执法检查组在重庆市、四川省对农产品质量安全法贯彻实施情况进行检查。检查组听取了重庆市、四川省政府及相关部门贯彻实施农产品质量安全法情况的汇报,先后赴两地的 8 市区对水稻、蔬菜、水果生产基地、农业龙头企业、农药生产企业、农产品批发市场、农产品质量安全监管站和检测中心、动物卫生监督检查站、畜牧兽医站等进行了实地检查。执法检查期间,全国人大农业与农村委员会还对动物防疫法贯彻实施情况进行了执法调研。

7 月 5 日 全国人大与商务部联合举办中亚议员专题研讨班,艾力更 · 依明巴海副委员长出席开班式并致辞。

7 月 6 日 栗战书委员长看望全国人大机关各单位。

7 月 9 日—10 日 十三届全国人大常委会举行第四次会议。

会议听取全国人大环境与资源保护委员会主任委员高虎城关于全面加强生态环境保护依法推动打好污染防治攻坚战的决议草案的说明。在审议的基础上,会议印发全国人大环境与资源保护委员会关于全面加强生态环境保护依法推动打好污染防治攻坚战的决议草案审议和修改情况的汇报。经过审议,会议通过《全国人民代表大会常务委员会关于全面加强生态环境保护依法推动打好污染防治攻坚战的决议》。

会议听取并审议栗战书委员长作的全国人大常委会执法检查组关于检查大气污染防治法实施情况的报告。

会议闭幕时,栗战书委员长发表讲话。栗战书说,根据全国人大常委会议事规则的规定,适应工作需要,专门加开本次常委会会议,就是要以实际行动学习宣传和贯彻落实习近平生态文明思想与全国生态环境保护大会精神,贯彻党中央关于打好污染防治攻坚战的决策部署,为全面加强生态环境保护贡献人大力量。栗战书指出,会议听取审议大气污染防治法执法检查报告,并结合审议报告开展专题询问。常委会组成人员充分肯定执法检查组的工作,一致赞成执法检查报告。大家认为,国务院和各地区各部门坚决贯彻党中央决策部署,认真实施大气污染防治法,切实加大工作力度,取得明显成效,同时大气环境形势依然严峻。大家强调,要深入学习贯彻习近平生态文明思想,严格落实大气污染防治法等法律制度,推动政府、企业和全社会进一步树牢绿色发展理念,增强法治意识,自觉依法防治大气污染。要注重源头控制,大力调整优化产业结构、能源结构、运输结构、用地结构,突出抓好散煤燃烧、机动车排放等污染治理。要以空气质量明显改善为刚性要求,强化区域联防联控和重污染天气应对,把法律责任落到实处。栗战书说,会议作出关于全面加强生态环境保护依法推动打好污染防治攻坚战的决议,十分必要、十分及时。各地区各部门各方面要认真贯彻执行决议,在党中央集中统一领导下,加快构建生态文明体系,全面推动绿色发展,着力解决突出生态环境问题,依法打好污染防治攻坚战,不断满足人民日益增长的优美生态环境需要,加快建设美丽中国。栗战书强调,人大监督是党和国家监督体系的重要组成部分,是在党的领导下,代表国家和人民进行的具有法律效力的监督。监督的目的,是推动党中央决策部署贯彻落实,确保宪法法律全面有效实施,确保人民权益得到维护和实现。做好人大监督工作,要坚持党的领导,严格依法监督,强调监督实效,紧紧围绕保障党中央作出的重大决策部署的落实、实现党中央提出的重大目标任务来谋划和安排。要把事关改革发展稳定全局的重大问题和人民群众普遍关注的突出问题,作为监督工作的重点,坚持问题导向,查清病灶、对症下药,持之以恒、一抓到底,推动影响法律实施、制约工作发展、损害群众利益的突出问题得到有效解决。要充分发挥人大及其常委会各种监督形式的特点,形成监督合力,增强

监督实效，不断完善工作方式方法，使人大监督更有力度、更具权威。（全文见本书第253页）

9日，十三届全国人大常委会第四次会议举行分组会议，审议全国人大常委会执法检查组关于检查大气污染防治法实施情况的报告、全国人大常委会关于全面加强生态环境保护依法推动打好污染防治攻坚战的决议草案。栗战书委员长参加审议。

7月9日　十三届全国人大常委会委员长会议召开第九次会议，栗战书委员长主持会议。会议决定，将有关决议草案建议表决稿提交常委会会议审议。

7月10日　十三届全国人大常委会第四次会议举行联组会议，结合审议全国人大常委会执法检查组关于检查大气污染防治法实施情况的报告进行专题询问，栗战书委员长主持并讲话。

本次常委会会议在分组审议大气污染防治法执法检查报告的基础上，举行联组会议，开展专题询问。这是十三届全国人大常委会开展的第一次专题询问，也是此次执法检查的一个重要环节。

专题询问中，常委会委员袁驷、吕彩霞、程立峰、矫勇、王毅、冯军、周洪宇、姒健敏、吕建，列席会议的全国人大代表刘怀平、党永富、温娟，围绕国务院将采取哪些措施依法防治大气污染，落实打赢蓝天保卫战的决策部署；如何提升柴油货车污染治理、油品质量监管能力和力度，实现法律条款全面落实；加快调整优化产业结构和布局、淘汰落后产能、实施“乡村振兴战略”中，防治大气污染的具体措施；何时建立起全覆盖的企业大气污染物排放许可制度、如何健全更加严格的大气污染物排放标准体系；如何进一步改进未来我国大气污染防治的综合协调措施和制度安排，形成治污合力；建设和健全大气污染防治全民共治体系、加强法律学习宣传普及、加强环境执法司法等方面存在哪些瓶颈问题、将采取哪些措施等提出询问。

国务委员王勇和交通运输部、国家市场监督管理总局、工业和信息化部、生态环境部、国家发展改革委、司法部等有关部门负责人和最高人民法院、最高人民检察院负责同志到会应询，对所提问题一一作答。提问与回答有来有往，现场气氛热烈。

栗战书讲话指出，贯彻落实习近平生态文明思想、全面实施大气污染防治法、增强人民群众蓝天幸福感，是这次执法检查的经验体会，也是贯穿此次“法律巡视”的一条主线。全国人大常委会、“一府一委两院”都要牢固树立“四个意识”，提高政治站位，坚决贯彻党中央决策部署，共同努力，敢于担当，还老百姓蓝天白云、繁星闪烁。要以时不我待的紧迫感，加大力度、加快治理、加紧攻坚；要强化问题导向，标本兼治、重在治本；要结合各地污染防治实际，分类施策、精准发力；要加强各国家机关之间的协同配合，各尽其责，推动和保障生态环境保护领域各项法律、决议全面有效实施，为打好污染防治攻坚战作出应有的贡献。（全文见本书第264页）

王勇表示，近年来，我国大气污染防治工作取得明显成效，但形势依然严峻，工作任务仍很艰巨繁重。国务院及有关部门将以习近平生态文明思想为指导，全面贯彻全国生态环境保护大会部署，坚持新发展理念，坚持全民共治、源头防治、标本兼治，落实打赢蓝天保卫战三年行动计划，健全法规制度和科技标准体系，加强督察执法，加快构建大气污染防治长效机制，坚定不移地依法推进大气污染防治工作，打赢蓝天保卫战，明显增强人民群众蓝天幸福感。

同日　十三届全国人大常委会委员长会议召开第十次会议，栗战书委员长主持会议。会议研究提请常委会会议表决事项。

7月11日　十三届全国人大教科文卫委员会召开第三次会议。副委员长艾力更·依明巴海、蔡达峰出席会议并讲话。会议听取和审议了关于推动城乡义务教育一体化发展、提高农村义务教育水平工作情况的预报告，教育部孙尧副部长介绍了有关情况，包括：工作开展情况、取得的主要成效和存在的主要问题、下一步工作考虑。国家发展和改革委员会、财政部、人力资源和社会保障部、住房和城乡建设部有关负责同志到会听取意见。

7月11日—14日　张春贤副委员长率全国人大常委会执法检查组在青海省对农产品质量安全法贯彻实施情况进行检查。检查组先后赴西宁市城北区、大通回族土族自治县、海晏县、共和县、互助土族自治县，实地检查农副产品集散中心、肉食品屠宰加工企业、养殖厂、兽医站、种植基地、农产品质量安全检测中心等，详细了解情况，听取相关工作汇报，提出了意见建议。执法检查期间，全国人大农业与农村委员会还对动物防疫法实施情况开展了执法调研。

7月13日　全国人大环境与资源保护委员会与自然资源部召开立法座谈会，沈跃跃副委员长出席会议。

7月16日　全国人大常委会党组召开会议进行集体学习，学习习近平新时代中国特色社会主义思想，以“中国共产党的历史使命”为主题，围绕“历史使命、历史责任和我们的历史担当”进行专题讨论。全国人大常委会委员长、党组书记栗战书主持并讲话。

会议指出，关于中国共产党历史使命的论述，是习近平新时代中国特色社会主义思想的重要内容。中国共产党成立后，义无反顾肩负起实现中华民族伟大复兴中国梦的历史使命，进行了长期艰苦奋斗、接续奋斗，在不同时代书写了属于那个时代的壮丽篇章。中国共产党人的奋斗史，就是践行初心、实现使命的历史。

会议认为，实现共产主义是中国共产党的最高理想、最高纲领。正如习近平总书记所指出，“一个时代有一个时代的主题，一代人有一代人的使命”。从全面建成小康社会到基本实现现代化，再到全面建成社会主义现代化强国，是新时代中国特色社会主义发展的战略安排，实现这三个阶段的奋斗目标，也就是我们这一代中国共产党人的历史使命。在这一伟大实践中，全国人大及其常委会要把各项工作紧紧扣在贯彻落实党中央重大决策部署上来，紧紧扣在回应人民群众重大关切上来，紧紧扣在厉行法治、推进全面依法治国上来，为统筹推进“五位一体”总体布局、协调推进“四个全面”战略布局、实施国家重大战略、打好“三大攻坚战”履职尽责，为完成党的历史使命作出应有贡献。

会议强调，为完成历史使命、历史责任，十三届全国人大常委会党组、人大及其常委会必须要有历史担当。一要把坚持党的领导这个政治原则贯彻好，把党的领导体现和落实在人大工作的各方面全过程；二要把服务、支持和保障改革开放，实现新时代中国特色社会主义现代化强国建设的三阶段任务作为基本着眼点，切实发挥职能作用；三要以建设中国特色社会主义法治体系为总目标，为促进国家治理体系和治理能力现代化做出应有努力；四要以党的政治建设为统领，把全国人大常委会党组、人大及其常委会班子建设好、把干部队伍建设好。

会议要求，全国人大常委会党组要用习近平新时代中国特色社会主义思想武装头脑，增强“四个意识”，坚定“四个自信”，自觉加强政治建设，严格遵守政治纪律和政治规矩，确保以习近平同志为核心的党中央一锤定音、定于一尊的权威。要压实全面从严治党主体责任，严肃党内政治生活，认真执行中央八项规定，建设忠诚干净担当的人大机关干部队伍。

王晨、曹建明、张春贤、沈跃跃、吉炳轩、艾力更·依明巴海、王东明、白玛赤林和杨振武出席会议并发言。中央党校副校长谢春涛作专题报告。

7月16日—17日 全国人大财政经济委员会召开第8次、第9次全体会议，副委员长陈竺、王东明出席会议。

7月17日 王晨副委员长会见克罗地亚议会外委会主席科瓦齐率领的代表团。

同日 全国人大常委会防震减灾法执法检查组第一次全体会议召开。副委员长张春贤、艾力更·依明巴海出席会议。在听取了应急管理部、发展改革委等5部门关于防震减灾法实施情况的汇报后，艾力更·依明巴海副委员长发表讲话。

执法检查组于7月至9月分赴吉林、江西、湖北、四川、甘肃、新疆等6省区开展检查。同时委托河北、山西、内蒙古、辽宁、安徽、福建、河南、广东、重庆、陕西等10个省区市人大常委会分别对本行政区域内防震减灾法的实施情况进行检查。此次执法检查，在全面了解防震减灾法实施情况的基础上，重点检查各级政府落实防震减灾责任制，制定具体办法促进法律实施的情况，地震监测台网规划、建设和运行情况，建设工程特别是学校、医院和农村民居的抗震设防情况，抢险救灾、避难场所规划建设及震后恢复重建情况，加强防震减灾方面科学研究和新技术开发、运用的情况等。

同日 全国人大环境与资源保护委员会召开南极活动与环境保护法立法座谈会。副委员长沈跃跃、丁仲礼出席会议并讲话。

7月17日—19日 全国人大常委会办公厅举办十三届全国人大第二期代表学习班，杨振武秘书长出席开班式并讲话。天津、山西、辽宁等19个选举单位262名新任全国人大代表和18名连任代表深入学习领会习近平总书记关于人民代表大会制度的思想。最高人民法院院长周强、最高人民检察院检察长张军分别就我国的审判制度与审判工作、检察制度与检察工作作了专题报告。学习班还安排了分组讨论、大会交流和互动教学。

7月17日—20日 王晨副委员长率全国人大常委会执法检查组在广东省对传染病防治法贯彻实施情况进行检查。检查组听取了广东省实施传染病防治法情况汇报，先后在广州、惠州、深圳进行检查。在三地疾控中心查看了发现、检测、判断等疫情管理、应急处置情况。在广州市第八人民医院、惠州市中心人民医院了解规范治疗、隔离收治等情况。在广州市白云街社区卫生服务中心、惠州市博罗县龙溪街道社区卫生服务中心、观背村卫生站、深圳湾社区健康中心检查，了解基层医疗机构向城乡居民提供公共卫生服务及传染病诊治情况。在博罗县龙溪中学和深圳市康泰生物制品股份有限公司检查学校疫情防控和企业疫苗研发生产情况。

7月17日—24日　曹建明副委员长率全国人大调研组在安徽省、江苏省和上海市，就人民法院解决执行难工作情况开展调研。调研组先后听取安徽、江苏、上海三省（市）三级人民法院执行工作情况的汇报，实地观看三省（市）高级人民法院执行指挥中心演示汇报，考察合肥市蜀山区人民法院诉讼服务中心，与基层法官交流座谈，并在三地分别召开法院系统外有关执行联动单位、专家学者、律师等参加的座谈会，听取对人民法院执行工作的意见建议。

7月18日　全国人大环境与资源保护委员会召开长江保护法立法调研座谈会。沈跃跃副委员长出席会议并讲话。

7月18日—21日　吉炳轩副委员长率全国人大常委会执法检查组在广西壮族自治区对农产品质量安全法贯彻执行情况进行检查。检查组先后到钦州、崇左、凭祥、南宁四地，对大蚝、甘蔗、火龙果、杏鲍菇等标准化生产基地，屠宰和肉类加工公司，大型农产品批发市场以及多个食品药品检验中心（所）等进行实地检查。

7月18日—21日　艾力更·依明巴海副委员长率全国人大常委会执法检查组在江西省对防震减灾法贯彻实施情况进行检查。检查组多次召开座谈会，听取了省和南昌、九江、瑞昌等地的防震减灾情况汇报，就相关问题进行座谈，并全面检查法律规定的防震减灾规划、地震应急预案、工程建设标准等文件的制定情况。实地考察了地震监测台站、轨道交通公司、地震台网中心、地震应急指挥中心、应急避难场所、行政审批窗口、棚户区改造工程、防震减灾科普馆、学校校安工程和地震灾后重建社区，深入开展群众访谈和问卷调查。

7月19日—23日　栗战书委员长在江西调研。栗战书强调，要深入学习贯彻习近平新时代中国特色社会主义思想，紧跟党中央决策部署，紧紧围绕党和国家工作大局谋划、部署、推进人大工作，为打好“三大攻坚战”、决胜全面建成小康社会作出应有的贡献。

时值盛夏，栗战书来到赣州、南昌、九江、景德镇等地，同干部群众深入交流，了解地方经济社会发展和人大工作情况。在共和国摇篮瑞金，栗战书向红军烈士纪念塔敬献花篮，瞻仰革命旧址，参观中华苏维埃代表大会制度史陈列馆。红色追寻，激励人心、给人启迪。在同参观群众交谈时，栗战书说，我和大家一样很受教育。为了国家解放、民族独立、人民幸福，一代一代中国共产党人前赴后继，英勇牺牲，无私奉献。我们要继承先烈遗志，弘扬革命传统，在以习近平同志为核心的党中央坚强领导下，实现党的十九大提出的“三步走”战略目标。

栗战书十分关心老区脱贫攻坚工作。他专程来到瑞金市叶坪乡仰山村，走进村民家中看望慰问，在村医务室和村委会询问村民看病、社保、住房等情况。得知全村已经实现脱贫，他高兴地说，各级干部要积极履职尽责，出实招、办实事、见实效，坚决打赢脱贫攻坚战，让老百姓过上更加富裕幸福的生活。

近年来，江西贯彻新发展理念，走上高质量发展的轨道。栗战书先后来到新材料、新能源、电子信息、飞机制造等企业，调研产品研发、市场推广和企业发展情况，鼓励企业努力攻克核心技术，在自主创新上取得更多成果。他考察长江最美岸线建设情况，强调要贯彻好习近平总书记关于“共抓大保护，不搞大开发”的重要指示，加强区域协作共治，实现水美、岸美、产业美、环境美。他在景德镇御窑厂遗址了解陶瓷文物保护工作，到陶溪川陶瓷文化创意园实地调研，叮嘱要把传统文化瑰宝保护好、传承好，把现代陶瓷产业做大做强。

调研期间，栗战书同部分县委书记座谈交流，前往省人大常委会机关看望干部职工，并就人大工作如何服务党和国家工作大局，召开座谈会听取地方各级人大负责同志和人大代表的意见建议。他对江西省学习贯彻习近平总书记指示要求和党中央决策部署的工作给予充分肯定。栗战书强调，要把坚持党的领导贯彻和体现到人大工作各方面和全过程，确保每一项部署、每一项举措都自觉服从服务大局，保证党中央和同级党委的决策部署落实到位。要持之以恒加强人大自身建设，深入学习、研究、宣传、贯彻习近平总书记关于人民代表大会制度的论述，大兴调查研究之风，弘扬担当作为精神和求真务实作风。要充分发挥人大代表作用，更好了解民情、反映民意、集中民智，让人大工作更具活力。

7月23日—25日　沈跃跃副委员长率全国人大调研组，在重庆市就长江保护立法调研。调研组在重庆市分别召开有关座谈会，听取有关省市人大、政府及其相关部门以及人大代表、专家、企业家对长江保护法立法的意见建议，就贯彻落实全国人大常委会通过的《关于全面加强生态环境保护依法推动打好污染防治攻坚战的决议》和大气污染防治法执法检查报告及其审议意见的情况同地方人大进行交流，并赴实地调研。

7月23日—26日 郝明金副委员长率全国人大调研组在吉林省和黑龙江省就人民检察院民事诉讼和执行活动法律监督工作开展调研。调研组先后听取吉林、黑龙江两省三级人民检察院关于民事诉讼和执行活动法律监督工作情况的汇报，实地考察吉林市龙潭区人民检察院、船营区大东街道司法所、哈尔滨市道里区人民检察院，并与法院负责同志和专家学者、人大代表、律师等进行座谈，听取对人民检察院加强和改进民事诉讼和执行活动法律监督工作的意见建议。

7月23日—27日 应全国人大常委会委员长栗战书邀请，日本国会众议院议长大岛理森率团访华。24日，栗战书委员长与日本众议长大岛理森举行会谈。张春贤副委员长参加会谈。同日，王晨副委员长会见日本众议长大岛理森。

7月25日 全国人大常委会传染病防治法执法检查组第二次全体会议举行，研究执法检查报告，对做好执法检查后续工作提出要求。王晨副委员长出席会议并讲话。副委员长艾力更·依明巴海、陈竺、蔡达峰出席会议。

7月25日—27日 沈跃跃副委员长率全国人大调研组在湖北省就长江保护立法调研及湿地议案办理进行调研。调研组在湖北省分别召开有关座谈会，听取有关省市人大、政府及其相关部门的情况汇报和人大代表、专家、企业家对长江保护法立法及湿地议案办理的意见建议；就贯彻落实全国人大常委会第四次会议通过的大气污染防治法执法检查报告和决议同地方人大进行交流，并进行了实地调研。

7月25日—28日 栗战书委员长在福建省进行调研。八闽大地，充满生机活力。栗战书来到泉州、福州、南平等地，调研地方改革开放发展和人大工作情况。他首站来到晋江，参观城市展馆，考察民营企业，同干部群众和企业家座谈交流，深入了解“晋江经验”的丰富内涵和生动实践。栗战书强调，要以习近平新时代中国特色社会主义思想为指引，发挥人大在全面依法治国中的重要作用，为实现高质量发展、推进改革开放和社会主义现代化建设提供有力法治保障。

栗战书说，16年前，习近平同志总结提出“晋江经验”，为晋江乃至福建改革发展提供了制胜法宝和行动指南，到现在仍具有重大指导意义。习近平总书记在福建工作期间的创新理论和实践，是一笔宝贵的思想和精神财富，要常学常新、常用常新，在实践中不断深化认识，长期坚持好贯彻好。

如何让人民群众共享改革发展成果是栗战书始终关心的问题。他来到福州市晋安区了解环境整治和生态公园建设成效，赶赴南平市政和县梅坡村，同基层干部和群众唠家常、算收入、谈致富。听到村民们反映赶上了好时代，遇上了好政策，日子一天比一天好，他高兴地说，有党中央的坚强领导，我们一定能打赢脱贫攻坚战，把乡村建设得更美丽。党员干部要真心诚意为老百姓办实事，因地制宜发展特色经济。带动群众移风易俗，脱贫致富。

福建正在以高质量发展实现新赶超。栗战书来到新材料、新能源企业和物联网产业基地、大数据产业园，了解前沿科技，体验智能产品，考察数字经济发展情况。他勉励企业发扬敢为天下先、爱拼才会赢的精神，加快产业转型升级，提高自主创新能力。强调要重视新技术的实际应用，在应用中发现差距、解决问题、提升技术，形成技术创新和成果应用相互促进的有效机制。

调研期间，栗战书看望省人大机关干部职工，了解立法工作队伍建设和常委会会议审议情况，走进政和县人大常委会，调研县乡人大工作和建设情况，主持召开座谈会，听取福建省四级人大负责同志和部分人大代表的意见建议。栗战书说，人大及其常委会作为国家权力机关，处在民主法治建设的第一线，在全面依法治国中负有重大职责，承担着重要任务。要坚持党对立法工作的领导，发挥人大在立法工作中的主导作用，适应改革发展稳定需要，不断完善法律体系。地方立法要围绕大局，立足实际，努力体现地方特色。要用好宪法法律赋予的监督职权，敢于动真碰硬，扭住突出问题一抓到底，确保宪法法律有效实施，确保各项工作在法治轨道上运行。要大力推进法治宣传教育，弘扬宪法精神，增强全民法治观念。

7月25日—28日 王东明副委员长率全国人大调研组在安徽省就财政医疗卫生资金分配使用情况进行调研。

7月26日 中医药法实施一周年座谈会召开，艾力更·依明巴海副委员长出席会议并讲话。

同日 全国人大财政经济委员会召开自由贸易试验区工作情况座谈会，陈竺副委员长出席会议。

7月27日 白玛赤林副委员长会见多米尼加

参议员代表团。

7月27日—30日　蔡达峰副委员长率全国人大常委会执法检查组在吉林省对防震减灾法贯彻实施情况进行检查。

7月30日　沈跃跃副委员长率全国人大环资委调研组到生态环境部开展海洋环境保护法执法检查前期调研，召开座谈会听取有关部门的情况介绍，沈跃跃副委员长发表了讲话。生态环境部介绍了贯彻实施海洋环境保护法的总体情况，自然资源部、发展改革委、财政部、交通运输部、农业农村部等有关部门负责同志介绍了贯彻实施海洋环境保护法的有关情况，生态环境部华北、东北、华东、华南督察局介绍了中央环保督察涉及海洋环境保护的有关情况。

八　月

8月2日　张春贤副委员长会见墨西哥议会参议院外交委员会主席劳拉·罗哈斯一行。

8月2日—3日　全国人大常委会法制工作委员会备案审查信息平台建设现场推进会在广东省广州市召开。

8月10日　栗战书委员长在全国人大会议中心北戴河管理部视察，看望暑期休假的委员和机关干部职工，慰问暑期服务保障工作一线的干部职工。

8月12日—15日　沈跃跃副委员长率全国人大调研组在上海市就长江保护立法、南极立法、贯彻落实全国人大常委会第四次会议精神和《全国人大常委会关于全面加强生态环境保护依法推动打好污染防治攻坚战的决议》有关情况进行调研，并就海洋环境保护法执法检查、水污染防治法贯彻实施情况以及相关议案办理等开展相关工作。在上海市分别召开有关座谈会，听取有关省市人大、政府及其相关部门的情况汇报和人大代表、专家、企业家的意见建议，实地了解情况。

8月14日　全国人大外事委员会负责人就美国“2019财年国防授权法案”涉华消极内容发表谈话，全文如下：

8月13日，美国国会“2019财年国防授权法案”经美国总统特朗普签署成法。该法包含要求制定“全政府对华战略”、支持扩大美台军事交往和对台售武、收紧中国对美投资审查、提交涉香港和南海形势报告等多项涉华消极条款。中国全国人大对此表示强烈愤慨和坚决反对，并将保留采取相关措施的权利。

上述法案涉华内容无视当今世界和平发展大势，充斥冷战思维和零和博弈过时观念，严重违反一个中国原则和中美三个联合公报规定，影响中美经贸、人文等领域合作，损害中国主权、安全利益，毒化中美关系氛围。美方如果实施有关条款，必将对中美关系大局和两国相关领域交流合作包括双方立法机关交往带来严重损害。

相互尊重是国与国相处之正道。作为全球前两大经济体，合作是中美唯一正确选择，也是国际社会的普遍期待。我们敦促美方正确看待中国发展和中美关系，恪守一个中国原则和中美三个联合公报规定，慎重妥善处理有关问题，不得实施有关涉华消极条款，做中美关系的积极推动者而不是破坏者。

8月16日　全国人大财政经济委员会召开第10次全体会议，王东明副委员长出席会议。

8月17日　栗战书委员长会见巴基斯坦参议院主席桑吉拉尼。吉炳轩副委员长参加会见。

同日　曹建明副委员长会见韩国国会外交统一委员会委员长姜硕镐率领的代表团。

同日　十三届全国人大常委会委员长会议召开第十一次会议，栗战书委员长主持会议。会议决定，十三届全国人大常委会第五次会议8月27日至31日举行。

8月19日—23日　张春贤副委员长率全国人大常委会执法检查组在四川省对防震减灾法贯彻实施情况进行检查。检查组听取了四川省政府和部分市州政府的情况汇报，与部分专家学者、媒体及救援组织代表进行座谈，在成都市、攀枝花市、凉山彝族自治州等地深入地震监测台站、企业、社区、学校等场所进行实地检查，并对部分防震重点单位贯彻落实法律情况进行了随机抽查。

8月19日—24日　艾力更·依明巴海副委员长率全国人大常委会执法检查组在新疆维吾尔自治区对防震减灾法贯彻实施情况进行检查。检查组召开座谈会，听取了自治区和昌吉州、呼图壁县等地的防震减灾情况汇报，就相关问题进行座谈，并全面检查法律规定的防震减灾规划、地震应急预案、工程建设标准等文件的制定情况。实地考察了地震监测台站、地震台网中心、地震应急指挥中心、应急避难场所、富民安居工程、防震减灾科普馆、学校校安工程等,深入开展群众访谈和问卷调查。

8 月 20 日 栗战书委员长会见马来西亚总理马哈蒂尔。陈竺副委员长参加会见。

8 月 20 日—24 日 蔡达峰副委员长率全国人大常委会执法检查组在甘肃省对防震减灾法贯彻实施情况进行检查。

8 月 24 日 中共中央总书记、国家主席、中央军委主席、中央全面依法治国委员会主任习近平主持召开中央全面依法治国委员会第一次会议并发表重要讲话。他强调,全面依法治国具有基础性、保障性作用,在统筹推进伟大斗争、伟大工程、伟大事业、伟大梦想,全面建设社会主义现代化国家的新征程上,要加强党对全面依法治国的集中统一领导,坚持以全面依法治国新理念新思想新战略为指导,坚定不移走中国特色社会主义法治道路,更好发挥法治固根本、稳预期、利长远的保障作用。

习近平指出,当前我国正处于实现"两个一百年"奋斗目标的历史交汇期,坚持和发展中国特色社会主义更加需要依靠法治,更加需要加强党对全面依法治国的领导。党中央决定成立中央全面依法治国委员会,是贯彻落实党的十九大精神、加强党对全面依法治国集中统一领导的需要,是研究解决依法治国重大事项重大问题、协调推进中国特色社会主义法治体系和社会主义法治国家建设的需要,是推动实现"两个一百年"奋斗目标、为中华民族伟大复兴中国梦提供法治保障的需要。要健全党领导全面依法治国的制度和工作机制,继续推进党的领导制度化、法治化,把党的领导贯彻到全面依法治国全过程和各方面,为全面建成小康社会、全面深化改革、全面从严治党提供长期稳定的法治保障。

习近平强调,党的十八大以来,党中央对全面依法治国作出一系列重大决策,提出一系列全面依法治国新理念新思想新战略,强调要坚持加强党对依法治国的领导,坚持人民主体地位,坚持中国特色社会主义法治道路,坚持建设中国特色社会主义法治体系,坚持依法治国、依法执政、依法行政共同推进,法治国家、法治政府、法治社会一体建设,坚持依宪治国、依宪执政,坚持全面推进科学立法、严格执法、公正司法、全民守法,坚持处理好全面依法治国的辩证关系,坚持建设德才兼备的高素质法治工作队伍,坚持抓住领导干部这个"关键少数",明确了全面依法治国的指导思想、发展道路、工作布局、重点任务。这些新理念新思想新战略,是全面依法治国的根本遵循,必须长期坚持、不断丰富发展。

习近平强调,今年委员会工作要点已经明确,各责任单位要抓好落实。要研究制定法治中国建设规划,统筹考虑我国经济社会发展状况、法治建设总体进程、人民群众需求变化等综合因素,使规划更科学、更符合实际。要全面贯彻实施宪法,在全社会深入开展尊崇宪法、学习宪法、遵守宪法、维护宪法、运用宪法宣传教育活动,弘扬宪法精神,加强宪法实施和监督。要推进科学立法工作,围绕党的十九大作出的重大战略部署以及深化党和国家机构改革涉及的立法问题,完善全国人大常委会和国务院的立法规划,加强重点领域立法。要加强法治政府建设,健全依法决策机制,深化行政执法体制改革,完善党政主要负责人履行推进法治建设第一责任人职责的约束机制。要深化司法体制改革,深入研究司法责任制综合配套改革方案,加快构建权责一致的司法权运行新机制。要推进法治社会建设,依法防范风险、化解矛盾、维护权益,加快形成共建共治共享的现代基层社会治理新格局,建设社会主义法治文化。要加强法治工作队伍建设和法治人才培养,更好发挥法学教育基础性、先导性作用,确保立法、执法、司法工作者信念过硬、政治过硬、责任过硬、能力过硬、作风过硬。

习近平指出,中央全面依法治国委员会要管宏观、谋全局、抓大事,既要破解当下突出问题,又要谋划长远工作,把主要精力放在顶层设计上。要增强"四个意识",坚定"四个自信",主动谋划和确定中国特色社会主义法治体系建设的总体思路、重点任务,做好全面依法治国重大问题的运筹谋划、科学决策,实现集中领导、高效决策、统一部署,统筹整合各方面资源和力量推进全面依法治国。要推动把社会主义核心价值观贯穿立法、执法、司法、守法各环节,使社会主义法治成为良法善治。要支持人大、政府、政协、监察机关、审判机关、检察机关依法依章程履行职责,各有关部门要扎扎实实做好工作,形成工作合力。要压实地方落实全面依法治国的责任,确保党中央关于全面依法治国的决策部署落到实处。要加强对工作落实情况的指导督促、考核评价,及时了解进展、发现问题、提出建议。委员会各协调小组要在各自领域发挥作用,加强对相关领域法治工作的协调。

中共中央政治局常委、中央全面依法治国委员会副主任李克强、栗战书、王沪宁出席会议。

中央全面依法治国委员会委员出席，中央和国家有关部门负责同志列席会议。

会议审议通过了《中央全面依法治国委员会工作规则》、《中央全面依法治国委员会2018年工作要点》，审议了《中华人民共和国人民法院组织法（修订草案）》、《中华人民共和国人民检察院组织法（修订草案）》，研究部署了委员会近期工作。

同日　白玛赤林副委员长会见波罗的海三国议会友好小组代表团。

8月27日　全国人大常委会海洋环境保护法执法检查组第一次全体会议召开，王晨副委员长出席会议并讲话。此次执法检查坚持问题导向，检查的重点内容包括5个方面：一是入海排污口设置与管理、重点海域排污总量控制、海域生态保护红线、海洋环境保护规划、海洋生态保护补偿和排污许可等主要法律制度措施落实情况；二是海洋环境监督管理和海洋生态保护基本情况，防治陆源污染物、海岸和海洋工程建设项目、倾倒废弃物和船舶及有关作业活动对海洋环境污染损害的基本情况；三是海洋环境保护配套法规规章和政策制定情况；四是法律实施中存在的主要问题及各方面对贯彻实施海洋环境保护法的意见和建议；五是对海洋环境保护法修改完善的意见和建议。执法检查组分成4个小组，在9月至10月分别赴天津、河北、辽宁、浙江、福建、山东、广东、海南8个省市开展检查，同时委托上海、江苏、广西3个省区市人大常委会对本行政区域内海洋环境保护法的实施情况进行检查。

同日　艾力更·依明巴海副委员长会见老挝国会外事委员会主任埃格萨旺·冯维希率领的代表团。

8月27日—31日　十三届全国人大常委会举行第五次会议。

会议听取全国人大宪法和法律委员会副主任委员徐辉关于电子商务法草案审议结果的报告。在审议的基础上，会议印发全国人大宪法和法律委员会关于电子商务法草案四次审议稿修改意见的报告。经过审议，会议通过《中华人民共和国电子商务法》。

《中华人民共和国电子商务法》共7章，89条，包括：总则、电子商务经营者、电子商务合同的订立与履行、电子商务争议解决、电子商务促进、法律责任、附则。本法自2019年1月1日起施行。

会议听取全国人大宪法和法律委员会副主任委员胡可明关于土壤污染防治法草案审议结果的报告。在审议的基础上，会议印发全国人大宪法和法律委员会关于土壤污染防治法草案三次审议稿修改意见的报告。经过审议，会议通过《中华人民共和国土壤污染防治法》。

《中华人民共和国土壤污染防治法》共7章，99条，包括：总则，规划、标准、普查和监测，预防和保护，风险管控和修复，保障与监督，法律责任，附则。本法自2019年1月1日起施行。

会议听取全国人大宪法和法律委员会副主任委员徐辉关于个人所得税法修正案草案审议结果的报告。在审议的基础上，会议印发全国人大宪法和法律委员会关于修改个人所得税法的决定草案修改意见的报告。经过审议，会议通过《全国人民代表大会常务委员会关于修改〈中华人民共和国个人所得税法〉的决定》。本决定自2019年1月1日起施行。自2018年10月1日至2018年12月31日，纳税人的工资、薪金所得，先行以每月收入额减除费用五千元以及专项扣除和依法确定的其他扣除后的余额为应纳税所得额，依照本决定第十六条的个人所得税税率表一（综合所得适用）按月换算后计算缴纳税款，并不再扣除附加减除费用；个体工商户的生产、经营所得，对企事业单位的承包经营、承租经营所得，先行依照本决定第十七条的个人所得税税率表二（经营所得适用）计算缴纳税款。《中华人民共和国个人所得税法》根据本决定作相应修改，重新公布。

会议听取外交部副部长乐玉成关于提请审议批准中华人民共和国和巴巴多斯引渡条约的议案的说明。经过审议，会议通过《全国人民代表大会常务委员会关于批准〈中华人民共和国和巴巴多斯引渡条约〉的决定》。

会议听取全国人大宪法和法律委员会副主任委员沈春耀关于刑事诉讼法修正草案修改情况的汇报，并对这部法律草案进行再次审议。

会议听取全国人大宪法和法律委员会副主任委员沈春耀关于民法典各分编草案的说明，财政部部长刘昆关于耕地占用税法草案和关于车辆购置税法草案的说明，应急管理部副部长黄明关于综合性消防救援队伍消防救援衔条例草案的说明，并对这四部法律草案进行初次审议。

会议听取全国人大常委会代表资格审查委员会主任委员吴玉良关于个别代表的代表资格的报告。经过审议，会议通过这个审查报告。

会议听取并审议国家发展和改革委员会主任何立峰关于今年以来国民经济和社会发展计划执

行情况的报告，财政部部长刘昆关于今年以来预算执行情况的报告，教育部部长陈宝生关于推动城乡义务教育一体化发展提高农村义务教育水平工作情况的报告，王晨副委员长作的全国人大常委会执法检查组关于检查传染病防治法实施情况的报告。

会议审议关于在部分地区和部分在京中央机关暂时调整适用公务员法有关规定情况的中期报告。

会议印发全国人民代表大会常务委员会专题调研组关于“七五”普法决议执行情况的调研报告。

会议印发全国人大代表团访问美国、加拿大情况的书面报告。

会议免去郑淑娜、王超英的全国人民代表大会常务委员会法制工作委员会副主任职务。

会议任命罗东川为最高人民法院副院长、审判委员会委员、审判员。

会议还通过其他任免事项。

会议闭幕时，栗战书发表讲话。栗战书说，本次会议审议通过了电子商务法。这部法律经过常委会 4 次审议，3 次向社会公布法律草案，充分听取和研究了各方面的意见建议。各有关方面要学习好、宣传好、落实好法律，依法保障各方主体的正当权益，有效维护市场秩序和公平竞争，推动电子商务持续健康发展。栗战书指出，制定土壤污染防治法，依法保护土壤环境，是党中央确定的重要任务，是保障人民群众“吃得放心、住得安全”的民生工程。各有关方面要全面贯彻实施生态环境领域各项法律，协同推进土壤及水、气、声、渣、光等污染防治工作，用法治的力量保护生态环境，坚决打好污染防治攻坚战。栗战书说，本次会议对个人所得税法作出第 7 次修改，推动个人所得税从分类税制向综合与分类相结合的税制转变，将 4 项劳动性所得纳入综合征税范围，调整优化了税率结构，提高了基本减除费用标准，把教育、医疗、住房、养老等与群众生活密切相关的支出设为专项附加扣除。国务院要抓紧制定完善配套法规，确保法律得到有效实施，进一步发挥好个人所得税在调节收入分配和促进经济社会发展中的作用。栗战书说，编纂民法典是党的十八届四中全会提出的重大立法任务，是完善中国特色社会主义法律体系的重要举措。常委会组成人员充分肯定民法典各分编的编纂工作，也提出了许多修改建议。下一步要继续深入审议各分编草案，确保到 2020 年制定出一部体例科学、结构严谨、规范合理、内容协调一致的中国特色社会主义民法典。栗战书说，本次会议听取审议了关于今年以来计划、预算执行情况的 2 个报告。常委会组成人员普遍认为，今年以来，面对日益错综复杂的国内外形势，以习近平同志为核心的党中央统揽全局、坚强领导，全国上下齐心协力、共同奋斗，经济保持总体平稳、稳中向好态势，预算执行情况较好，收入平稳较快增长，重点支出保障有力。大家强调，国务院及各部门、各方面要认真贯彻落实党中央对当前经济形势的判断和作出的部署，以落实稳就业、稳金融、稳外贸、稳外资、稳投资、稳预期“六稳”为目标和重点，坚定发展信心，保持战略定力，着力办好自己的事，确保完成全年经济社会发展目标任务。栗战书强调，全国人大常委会要坚决贯彻落实习近平总书记在中央全面依法治国委员会第一次会议上的重要讲话精神，坚持党中央对全面依法治国的集中统一领导，行使好宪法法律赋予的各项职权，担负起人大在全面依法治国中的使命职责。要发挥人大在立法工作中的主导作用，深入推进科学立法、民主立法、依法立法，在保证立法质量的前提下，加快立法步伐、提高立法效率，进一步完善中国特色社会主义法律体系，为决胜全面建成小康社会、开启全面建设社会主义现代化国家新征程筑牢法治根基。（全文见本书第 255 页）

会议结束后，十三届全国人大常委会举行第六次专题讲座，中国人民大学常务副校长、法学院教授王利明作了题为《我国民法典分编编纂中的几个问题》的讲座。栗战书委员长主持讲座。

8 月 29 日　栗战书委员长主持召开部分全国人大代表座谈会，就加强和改进全国人大工作、更好发挥人大代表作用听取代表意见建议。52 位列席十三届全国人大常委会第五次会议的全国人大代表参加座谈会。座谈会上，代表们纷纷发言，结合履职实践，围绕做好新时代人大工作、更好发挥人大代表作用，谈感受说体会提建议。栗战书边听边记，不时插话交流。他强调，要深入学习贯彻习近平新时代中国特色社会主义思想，吃透党中央精神，善于从大局和全局上思考问题、发表意见、提出建议，紧紧扣住贯彻落实党中央决策部署履行职责、做好工作。他说，大家对基层情况最熟悉，对党中央决策部署贯彻情况最了解，对人民群众的呼声感受最真切，提出了很好的意见和建议，我们将认真研究和采纳。栗战书指出，习近平总书记高度重视人大代表工作，对各级人大代表寄予殷切期望，就支持和保障代表依法履职，密切国家机关同人大代表、人民群众的联系等作出重要论述、提出明确要求，为做好新时代人大工作特别是代表工作提供了指引和遵循，我们要认真领会好、贯彻好、落实好。栗战书强调，支持和保障代表依法履职，更好发挥代表作用，是做好新时代人大工作的重大课题。全国人大常委会要遵循和把握代表工作规律，健全完善代表工作机制，自觉接受代表监督，依靠全国人大代表做好常委会各项工作。常委会工作机构要尊重代表主体地位，增强为代表服务的意识，认真做好各方面工作，为代表依法履职提供高质量的服务保障。栗战书希望代表们努力提升自身政治素养和履职能力。一要旗帜鲜明讲政治，牢固树立"四个意识"，坚定"四个自信"，自觉维护习近平总书记权威和核心地位，自觉维护党中央权威和集中统一领导。二要密切联系人民群众，把人民群众的意见建议及时反映上来，努力做到民有所呼、我有所应，同时要善于把党中央决策部署传达下去、落到实处，充分发挥好人大代表作为党和国家联系人民群众的桥梁和纽带作用。三要树立人大代表良好形象，珍视代表身份，模范遵守宪法和法律，带头遵守社会公德，自觉接受人民群众监督，在本职岗位上建功立业，在为民服务中担当尽责，为做好新时代人大工作贡献力量。（U 见本书第 271 页）

同日　栗战书委员长出席第十次全国归侨侨眷代表大会。

8 月 30 日　十三届全国人大常委会委员长会议召开第十二次会议，栗战书委员长主持会议。会议决定，将有关草案建议表决稿、代拟稿提交常委会会议审议。

同日　全国人大华侨委员会召开第 3 次全体会议，白马赤林副委员长出席会议。

8 月 31 日　栗战书委员长会见马里总统凯塔。艾力更·依明巴海副委员长参加会见。

同日　十三届全国人大常委会委员长会议召开第十三次会议，栗战书委员长主持会议。会议研究提请常委会会议表决事项。

同日　全国人大常委会发布公告。公告说，湖南省人大常委会决定接受向长江辞去十三届全国人大代表职务。依照《中华人民共和国全国人民代表大会和地方各级人民代表大会代表法》的有关规定，向长江的代表资格终止。十三届全国人大代表丁玉华因病去世。全国人大常委会对丁玉华代表的去世表示哀悼。丁玉华的代表资格自然终止。截至目前，十三届全国人大实有代表 2979 人。

同日　全国人大常委会办公厅举行新闻发布会，有关方面负责人就个人所得税法修改、电子商务法、土壤污染防治法等相关问题回答记者提问。

九　月

9 月 1 日　栗战书委员长会见马拉维总统穆塔里卡。王东明副委员长参加会见。

同日　栗战书委员长会见赞比亚总统伦古。白玛赤林副委员长参加会见。

9 月 2 日　栗战书委员长会见赤道几内亚总统奥比昂。郝明金副委员长参加会见。

同日　栗战书委员长会见埃塞俄比亚总理阿比。沈跃跃副委员长参加会见。

同日　栗战书委员长会见纳米比亚总统根哥布。沈跃跃副委员长参加会见。

9 月 2 日—6 日　张春贤副委员长率全国人大常委会执法检查组在湖北省对防震减灾法贯彻实施情况进行检查。检查组深入宜昌、恩施、武汉等地，听取市（州）、县（区）以及乡镇政府贯彻实施防震减灾法情况汇报，和部分专家学者、基层干部、人大代表座谈，实地考察省地震局、宜昌市减灾备灾中心等十多个单位，还随机到部分街道、学校、医院、应急避难场所、社区、基层应急救援机构检查，了解防震减灾知识普及、应急预案制定和演练、应急物资准备、住宅和公共设施抗震设防情况。

9 月 3 日　王晨副委员长会见挪威议会外交与国防委员会主席维特费尔特率领的代表团。

同日　陈竺副委员长会见德国联邦议院经济与能源委员会主席克劳斯·恩斯特一行。

9 月 3 日—4 日　全国人大财政经济委员会召开"十三五"规划纲要中期评估专题调研座谈会，副委员长陈竺、王东明出席座谈会。会议听取国务院有关部门、机构和专家学者的情况介绍，并进行座谈讨论。全国人大其他有关专门委员会、部分全国人大代表和部分省（区、市）人大财经委有关负责同志参加会议。

9 月 3 日—5 日　全国人大民族委员会在山东省青岛市举办第四期少数民族全国人大代表学习班，栗战书委员长作出重要批示，强调"一定要注意加强对少数民族代表的政治引导，使其正确履行代表职责。”曹建明副委员长出席开班式并讲话，29 个省（区、市）的近 70 位少数民族全国人大代表参加。栗战书委员长在学习班情况报告上再次作出重要批示，“要不断总结、积累培训、学习的经验。”

9 月 3 日—6 日 全国人大环境与资源保护委员会召开长江保护法立法座谈会，听取部分环境与资源保护委员会组成人员对长江保护法重点问题的意见。副委员长沈跃跃、丁仲礼出席会议。

9 月 4 日—11 日 应新西兰议长马拉德、菲律宾参议长索托邀请，吉炳轩副委员长率全国人大代表团访问上述两国。在访问新西兰期间，吉炳轩分别会见议长马拉德，同副议长托利和议会北亚友好小组成员会谈，会见新中关系促进委员会主席麦金农、国家党主席古德费洛和奥克兰市副市长卡什莫尔等。在访问菲律宾期间，吉炳轩分别会见众议长阿罗约和副众议长黄严辉，并同参议长索托举行会谈。

9 月 5 日 栗战书委员长会见乍得总统代比。万鄂湘副委员长参加会见。

同日 栗战书委员长会见津巴布韦总统姆南加古瓦。武维华副委员长参加会见。

9 月 7 日 全国人大常委会立法工作会议举行。栗战书委员长出席会议并讲话。他强调，要以习近平新时代中国特色社会主义思想为指导，深入贯彻落实习近平总书记关于全面依法治国的新理念新思想新战略，准确把握做好新时代立法工作的基本要求，全面落实十三届全国人大常委会立法规划，齐心协力、担当作为，书写新时代立法工作新篇章。栗战书指出，党的十八大以来，以习近平同志为核心的党中央从关系党和国家长治久安的战略高度来定位法治、布局法治、厉行法治，推动法治中国建设发生了历史性、转折性、全局性变化，取得了重大理论创新、实践创新、制度创新成果。习近平总书记关于全面依法治国的一系列新理念新思想新战略，关于立法工作的一系列重要论述和指示，为新时代全面依法治国提供了科学理论指导、开辟了广阔发展空间，为加强改进新时代立法工作指明了前进方向、确立了基本遵循。栗战书强调，法治兴则国兴，法治强则国强。未来五年是实现“两个一百年”奋斗目标的历史交汇期，全国人大常委会必须充分体现党和国家事业发展的新要求，积极回应人民群众对美好生活的新期待，在新的历史起点上不断完善以宪法为核心的、与推进国家治理体系和治理能力现代化相适应的中国特色社会主义法律体系。必须深刻认识新时代带来的新形势新变化，深刻认识新时代提出的新任务新要求，自觉把立法工作放在党和国家事业大局上来谋划、来推进，切实担负起时代赋予我们的崇高使命。栗战书指出，党中央已批准了十三届全国人大常委会立法规划。要准确把握做好新时代立法工作、完成立法规划的基本要求，加强和改进立法工作。一要坚持党中央对立法工作的集中统一领导，确保立法工作正确政治方向。二要发挥人大及其常委会在立法工作中的主导作用，形成工作合力，共同做好立法工作。三要增强工作紧迫感，在保证立法质量的前提下加大工作力度、加快立法工作步伐。四要健全责任机制，加强调查研究，加强协同配套，讲好立法故事，切实做好立法规划组织实施工作。（全文见本书第 761 页）

会议传达了立法规划有关情况。王晨副委员长主持会议。副委员长曹建明、张春贤、沈跃跃、艾力更·依明巴海、万鄂湘、陈竺、白玛赤林、丁仲礼、郝明金、蔡达峰出席。全国人大财经委、司法部、生态环境部、中央军委法制局、全国人大常委会法工委负责人作了发言。中央和国家机关、人民团体、有关行业组织以及各省（区、市）人大常委会负责人等参加会议。

9 月 8 日—10 日 应朝鲜劳动党中央委员会和朝鲜民主主义人民共和国政府邀请，中共中央政治局常委、全国人大常委会委员长栗战书作为中共中央总书记、国家主席习近平的特别代表率中国党政代表团访问朝鲜，并出席朝鲜建国 70 周年庆祝活动。

8 日下午，栗战书会见了朝鲜最高人民会议常任委员会委员长、朝鲜劳动党中央政治局常委金永南。会见后，栗战书和金永南共同出席了朝方为中国党政代表团举行的欢迎招待会，并观看了朝方为各国代表团和平壤市民举办的音乐舞蹈综合演出。此前，栗战书前往锦绣山太阳宫，向金日成主席和金正日总书记塑像敬献了花篮。

9 日，中共中央总书记、国家主席习近平特别代表，中共中央政治局常委、全国人大常委会委员长栗战书在平壤会见了朝鲜劳动党委员长、国务委员会委员长金正恩，转达习近平对金正恩的亲切问候并转交亲署函。

同日，栗战书应邀出席朝鲜建国 70 周年庆祝活动，与金正恩等朝党和国家领导人以及平壤各界群众一起，上午在金日成广场观看了庆祝活动游行，当晚共同观看了大型团体操表演《辉煌的祖国》，共庆佳节,共享喜悦。随后,栗战书出席了朝鲜劳动党中央副委员长崔龙海代表朝方举行的国庆招待会。

10日上午,栗战书率中国党政代表团参谒了中朝友谊塔,敬献花篮并在留言簿上题词,深切缅怀在抗美援朝战争中牺牲的中国人民志愿军烈士。栗战书还参观了平壤教员大学,同师生们亲切交谈。

同日,朝鲜劳动党委员长、国务委员会委员长金正恩再次会见正在访问朝鲜的中共中央总书记、国家主席习近平特别代表,中共中央政治局常委、全国人大常委会委员长栗战书,并为栗战书及其率领的中国党政代表团举行专场文艺演出和盛大欢迎招待会。

9月9日—18日　中国全国人大与各国议会联盟合作举办的第三次发展中国家议员研讨班举行。埃塞俄比亚、毛里求斯、莫桑比克、纳米比亚、巴基斯坦、斯里兰卡、坦桑尼亚等国的议员与中国全国人大代表和专家学者围绕"立法机构在实现可持续发展目标进程中的作用"等议题进行研讨。王晨副委员长出席开班式并致辞。开班式前,王晨会见了各国议会联盟秘书长马丁·纯贡,双方就加强中国全国人大与议联合作等进行了交流。

9月10日—13日　丁仲礼副委员长率全国人大常委会执法检查组在河北省对海洋环境保护法贯彻实施情况进行检查。检查组围绕执法检查工作重点,实地检查了小青龙河、戴河、饮马河等入海河流及秦皇岛港股份有限公司入海排污口的污染和治理情况,十里海养殖场海岸地区养殖污染情况,曹妃甸第七农场、昌黎县中心污水处理厂的污水处理设施运行情况,曹妃甸通用码头、首钢码头港口建设、压舱水管理及船舶污染情况,盾石新型建材公司废弃物综合利用、戴河海岸生态工程建设、南戴河岸滩修复工程、金海粮油工业有限公司污水排放、煤炭船舶装卸作业环境保护情况,秦皇岛监测中心站运行等情况,重点关注了沿海农村生活污水排放和处理等情况。检查组在唐山市先后召开河北省、唐山市政府及其有关部门座谈会,各级人大代表及专家学者、企业代表座谈会,秦皇岛市政府及其有关部门座谈会,就法律实施情况进行了座谈交流,听取了各方面对法律修改完善的意见和建议。检查期间,检查组还派出随机抽查小组进行抽查,并结合召开座谈会对海洋环境保护法律学习宣传普及情况进行了问卷调查。

9月10日—17日　曹建明副委员长率全国人大调研组在贵州省对民族工作情况特别是民族教育工作情况开展专题调研。调研组听取了贵州省关于民族教育工作的专题汇报,实地考察了兴义八中、兴义市万峰林民族学校、都匀市坝固民族小学、丹寨县扬武民族学校和松桃盘信镇后寨小学等中小学校,以及贵州民族大学、黔南民族师范学院、黔东南州民族职业学院等高等院校,全面深入了解贵州省民族教育工作开展的整体情况。

9月11日—13日　沈跃跃副委员长率全国人大常委会执法检查组在天津市对海洋环境保护法贯彻实施情况进行检查。检查组先后考察了河道入海口治理、水产养殖污染防治、船舶作业污染防治、海岸修复综合整治、湿地保护等情况,并与四级人大代表、专家、相关部门和企业代表进行了座谈。

9月11日—14日　王东明副委员长率全国人大调研组在山东省就发展海洋经济加快建设海洋强国工作情况进行调研。

9月11日—14日　白玛赤林副委员长率全国人大常委会执法检查组在山东省对海洋环境保护法贯彻实施情况进行检查。检查组召开座谈会,听取了山东省政府和相关部门情况汇报,并就法律贯彻实施和修改完善进行了座谈;深入相关企业、港口码头、重点河道,实地了解了入海排污口整治与管理、陆源污染治理、海洋生态保护、海洋保护区建设等情况;召开五级人大代表和基层执法人员座谈会,充分听取人大代表对法律贯彻实施及修改完善的意见和建议,深入了解海洋环境保护一线实际情况;开展了问卷调查,推动海洋环境保护法的学习宣传和贯彻实施;进行了随机抽查,全面深入了解法律实施中存在的突出问题。检查结束前,检查组与山东省人大相关负责同志就执法检查初步情况进行了交流。

9月11日—15日　王晨副委员长率全国人大常委会执法检查组在海南省对海洋环境保护法贯彻实施情况进行检查。检查组听取了海南省实施海洋环境保护法情况汇报,先后到海口、儋州、洋浦、乐东、三亚等地进行检查。在海口实地查看排海河流生态维护工作。在儋州了解养殖基地废水处理情况。在中石化海南炼油化工有限公司和金海纸浆有限公司,检查工业废水处理、入海排污口设置与管理情况。在洋浦环境监测站,查看入海排污口实时监测系统。在乐东、三亚检查城市污水处理、滨海湿地与红树林保护、海岸整治修复、深海科学与工程研究情况。

9月12日　栗战书委员长会见纳米比亚全国委员会主席门萨。

9月14日　栗战书委员长出席中国残疾人联

合会第七次全国代表大会。

同日　栗战书委员长分别会见委内瑞拉总统马杜罗和乌拉圭副总统、国会主席兼参议长托波兰斯基。张春贤副委员长参加上述会见。

9 月 15 日　第二十四次全国地方立法工作座谈会在浙江省杭州市召开。栗战书委员长出席会议并讲话。栗战书强调，要以习近平新时代中国特色社会主义思想和党的十九大精神为指导，总结改革开放 40 年来我国立法工作特别是地方立法工作的成就和经验，推动地方立法工作与时代同步伐、与改革同频率、与实践同发展，为完善中国特色社会主义法律体系、推动地方经济社会发展作出新贡献。栗战书指出，坚持党对立法工作的领导特别是党中央的集中统一领导，是立法工作的重大政治原则，也是做好立法工作的根本保证。改革开放 40 年来，有立法权的地方人大及其常委会在党中央和地方党委领导下，围绕党和国家中心工作，以宪法和法律为依据，紧密结合地方实际，积极探索和推进地方立法工作，制定一大批地方性法规，促进了地方治理方式转变和治理能力提升，为各地经济社会发展提供了重要的法制保障。地方立法体制不断完善，立法经验不断丰富，立法水平不断提高，也为坚持和完善人民代表大会制度、加强地方政权建设和地方人大工作夯实了基础。栗战书指出，地方立法是具有中国特色、特征鲜明的制度规范，在改革开放和现代化建设中发挥着重要的、独特的作用。中国特色社会主义进入新时代，地方立法工作必须顺应新时代新要求、呼应人民群众新关切、紧跟党中央新部署。要自觉把地方立法工作放在党和国家事业发展大局中来谋划、来推动，充分发挥地方性法规实施性、补充性、探索性功能，继续探索创新、开拓进取，推动新时代地方立法工作与时俱进、完善发展。栗战书强调，做好新时代地方立法工作，要深入学习贯彻习近平新时代中国特色社会主义思想，特别是习近平总书记关于全面依法治国、加强立法工作的重要论述精神，坚持党对立法工作的领导，坚持立法为民，坚持法制统一，坚持立法与改革发展相适应，突出地方特色，不断提高立法质量。要发挥人大及其常委会在立法工作中的主导作用，形成工作合力，凝聚各方智慧。要加强生态环境、社会主义核心价值观、社会民生等重点领域地方立法，努力从法治上增强人民群众的获得感、幸福感、安全感。要做好规范性文件备案审查工作和专项清理工作，维护国家法制的统一和权威。要以党的政治建设为统领加强地方立法队伍建设，全面提高做好新时代地方立法工作的本领。（全文见本书第 772 页）全国人大常委会秘书长、副秘书长，全国人大宪法和法律委员会、全国人大常委会法工委、各省区市人大常委会有关负责同志等参加会议。

9 月 15 日—16 日　栗战书委员长在浙江调研。栗战书到衢州柯城区府山街道人大代表联络站进行了调研，主持召开基层人大代表座谈会，到省人大机关看望并召开工作座谈会。栗战书强调，要以习近平新时代中国特色社会主义思想为指导，围绕中心服务大局，切实加强地方人大工作，为改革开放和社会主义现代化建设作出应有贡献。他指出，习近平总书记在浙江工作期间，就人大工作进行了深入思考和实践，强调做好人大工作要把握好坚持党的领导与发挥人大作用的关系、加快发展与法制保障的关系、依法办事与开拓创新的关系、监督与支持的关系、人大与人民群众的关系；对地方立法工作提出，要坚持党对立法工作的领导，坚持立法为民，发挥人大在立法中的主导作用，坚持法制统一，坚持立法与改革发展相适应，不断提高立法质量。这些重要论述和要求不仅对当时而且对现在都有重要指导意义，全国人大和地方各级人大都要认真学习领会，在实践中认真贯彻落实。

调研期间，栗战书参观了杭州“五四宪法”历史资料陈列馆，要求各级人大按照习近平总书记关于弘扬宪法精神、全面实施宪法的要求，深入开展宪法宣传教育活动，切实担负起加强宪法实施和监督的职责。栗战书还考察了衢州市行政服务中心、杭州市“梦想小镇”等特色小镇。

9 月 16 日—19 日　全国人大常委会办公厅在上海国家会计学院举办第十三届全国人大代表第三期履职学习班。北京、天津、河北等 33 个选举单位的 540 名代表参加学习。

9 月 16 日—21 日　沈跃跃副委员长率团访问罗马尼亚，并出席在圣彼得堡举行的第二届欧亚妇女论坛。16—19 日，在访问罗马尼亚期间，分别会见众议长德拉格内亚，总理登奇勒，社民党妇女组织主席、欧盟基金部部长普伦布。20—21 日，出席在圣彼得堡举行的第二届欧亚妇女论坛并讲话，还会见了俄联邦委员会主席马特维延科。

9 月 16 日—21 日　应缅甸联邦议会人民院和韩国国会邀请，丁仲礼副委员长率全国人大代表团访问上述两国并出席中韩议会定期交流机制会议。16—18 日，在访问缅甸期间，分别会见副总统敏瑞、联邦议会议长兼人民院议长蒂昆密、民族院议长曼温凯丹，同人民院副议长吞吞亨会谈。19—21 日，在访问韩国期间，分别会见议长文喜相、总理李洛渊，与副议长李柱荣共同参加中韩议会定期交流机制第十一次会议。

9月17日　王东明副委员长会见欧洲议会经济与货币事务委员会主席罗伯托·瓜尔蒂耶里率领的代表团一行。

9月17日—20日　白玛赤林副委员长率全国人大常委会执法检查组在福建省对海洋环境保护法贯彻实施情况进行检查。

9月18日　栗战书委员长与乌兹别克斯坦最高会议立法院主席伊斯梅洛夫举行会谈。吉炳轩副委员长参加会谈。

同日　王晨副委员长会见乌兹别克斯坦最高会议立法院主席伊斯梅洛夫。

同日　吉炳轩副委员长会见日本众议院议员、立宪民主党最高顾问海江田万里为团长的"日中21世纪之会"代表团一行。

9月19日　王晨副委员长会见英国议会下院外委会主席图根达特率领的代表团。

9月20日　中共中央、全国人大常委会、国务院、全国政协、中央军委发布关于庆祝宁夏回族自治区成立60周年的贺电。内容如下：

值此宁夏回族自治区成立60周年之际，中共中央、全国人大常委会、国务院、全国政协、中央军委向宁夏回族自治区各族干部群众和各界人士，向人民解放军驻宁夏部队指战员、武警宁夏部队官兵和政法干警，向所有关心支持宁夏回族自治区建设发展的同志们和朋友们，致以热烈的祝贺和亲切的慰问！

60年前宁夏回族自治区成立，是党的民族政策结出的丰硕成果，是我国民族关系史上的一座丰碑，开启了宁夏发展进步的历史新篇章。60年来特别是改革开放以来，宁夏实现了翻天覆地的历史性巨变。经济持续快速发展，基础设施日新月异，各项社会事业全面进步，人民生活水平大幅提升，脱贫攻坚胜利在望，社会保持和谐稳定。生态环境保护更加有力，祖国西北生态安全屏障作用得到发挥。民族区域自治制度不断完善，各族人民当家作主，各民族交往交流交融日益深入，宗教信仰自由得到充分尊重和保障，中华民族共同体意识更加牢固。党的建设全面加强，执政基础更加巩固。今天的宁夏，政通人和、欣欣向荣，各族干部群众手足相亲、守望相助，正斗志昂扬决胜全面建成小康社会，阔步行进在中国特色社会主义的康庄大道上。

六十载风雨同舟，一甲子春华秋实。宁夏回族自治区60年的辉煌成就来之不易，经验弥足珍贵。这是党中央、国务院正确领导的结果，是自治区历届党委和政府团结带领全区各族干部群众同心苦干的结果，是全国各族人民大力支援的结果。实践证明，只有坚持中国共产党领导，坚持中国特色社会主义，坚持民族区域自治制度，坚持铸牢中华民族共同体意识，才能实现宁夏发展进步，才能实现各民族平等团结互助和谐与共同繁荣。

中国特色社会主义进入新时代，宁夏同全国一样站在新的历史起点上。新时代要有新气象、新作为。加快宁夏经济社会发展步伐，维护好民族团结、宗教和顺的大好局面，是宁夏各族人民的根本利益所在，也是党中央和全国各族人民的共同愿望。党和国家历来对宁夏建设发展事业十分重视，对宁夏各族干部群众十分牵挂。特别是2016年习近平总书记视察宁夏作出重要指示，为进一步做好宁夏工作提供了重要遵循。希望宁夏各族干部群众始终高举中国特色社会主义伟大旗帜，以邓小平理论、"三个代表"重要思想、科学发展观、习近平新时代中国特色社会主义思想为指导，全面贯彻党的十九大和十九届二中、三中全会精神，牢固树立"四个意识"，坚定"四个自信"，坚决维护习近平总书记的核心地位、坚决维护党中央权威和集中统一领导，坚决贯彻落实党中央、国务院决策部署，努力实现经济繁荣、民族团结、环境优美、人民富裕，同全国一道进入全面小康社会，在实现"两个一百年"奋斗目标、实现中华民族伟大复兴中国梦的新征程上努力创造无愧于时代的新业绩！

驻宁夏人民解放军、武警部队和政法队伍是保卫祖国和维护宁夏社会安定的重要力量。要始终牢记使命、不负重托，继续发扬优良传统和作风，维护和促进民族团结，巩固和加强军政军民警民团结，为宁夏改革发展稳定再立新功。

让我们更加紧密地团结在以习近平同志为核心的党中央周围，统一思想，振奋精神，开拓创新、顽强拼搏，向着宁夏更加美好的明天奋勇前进！

祝宁夏回族自治区兴旺昌盛！

同日　全国人大社会建设委员会召开贯彻落实全国人大常委会立法工作会议精神座谈会。张春贤副委员长出席会议并讲话。

9月21日　全国人大常委会副委员长、中央代表团副团长曹建明率中央代表团四分团，带着以习近平同志为核心的党中央的亲切关怀和全国各族人民的美好祝福，在银川看望慰问各族各界干部群众。上午，曹建明一行来到神华宁煤集团公司，详细了解煤制油项目建设情况。在银川市军休所，曹建明与军队离退休老干部亲切交流。在六盘山高级中学，曹建明考察了校史馆和学生教室，并在学校操场与师生互动交流。下午，曹建明到永宁县闽宁镇视察脱贫攻坚产业培育情况，考察葡萄种植基地。曹建明看望慰问移民群众冯秀清一家，仔细询问全家生产生活情况。曹建明会见当地各族各界干部群众代表，并出席银川市庆祝宁夏回族自治区成立 60 周年座谈会。

同日 全国人大常委会农产品质量安全法执法检查组举行第二次全体会议，研究讨论执法检查报告稿，部署提请常委会审议的各项准备工作。副委员长张春贤、吉炳轩、武维华出席会议。在听取检查组成员和国务院有关部门的意见建议后，吉炳轩副委员长发表讲话。

同日 青海省十三届人大二次会议选举王建军为青海省人大常委会主任。

9 月 22 日—23 日 2018 年北京第七届世界环保大会召开，丁仲礼副委员长出席会议。

9 月 25 日 全国人大常委会防震减灾法执法检查组举行第二次全体会议，研究讨论执法检查报告稿，部署常委会审议前的各项准备工作。副委员长张春贤、艾力更·依明巴海出席会议。在听取了执法检查组成员和国务院有关部门意见建议后，艾力更·依明巴海副委员长发表讲话。

9 月 25 日—28 日 丁仲礼副委员长率全国人大常委会执法检查组在广东省对海洋环境保护法贯彻实施情况进行检查。

9 月 25 日—29 日 2018 年中西部十七省（区、市）人大民族工作座谈会在西藏自治区拉萨市召开。曹建明副委员长出席会议并讲话。

9 月 26 日—27 日 深入学习贯彻习近平总书记关于坚持和完善人民代表大会制度的重要思想交流会在河北省石家庄市举行。栗战书委员长出席会议并讲话。栗战书强调，要以习近平新时代中国特色社会主义思想为指导，在以习近平同志为核心的党中央集中统一领导下，推动人大制度和人大工作与时俱进、完善发展。

栗战书指出，党的十八大以来，以习近平同志为核心的党中央高度重视、全面加强党对人大工作的领导，推动人大工作取得历史性成就。习近平总书记就坚持和完善人民代表大会制度、发展社会主义民主政治发表一系列重要论述，成为习近平新时代中国特色社会主义思想的重要组成部分。各级人大要准确把握习近平总书记关于坚持和完善人民代表大会制度的重要思想，深刻认识其时代意义、理论意义、实践意义，深入学习研究宣传贯彻习近平总书记的重要思想，自觉用以指导和推进新时代人大工作。

栗战书强调，人民代表大会制度是党领导人民建立发展起来的。新时代坚持和完善人民代表大会制度，根本上是要坚持党的领导特别是坚持党中央集中统一领导，通过人民代表大会制度，保证党的理论和路线方针政策、决策部署得到全面贯彻落实。做好新时代人大工作，必须牢固树立政治意识、大局意识、核心意识、看齐意识，坚决维护以习近平同志为核心的党中央权威和集中统一领导，自觉把人大工作紧紧扣在贯彻落实党中央重大决策部署上来，紧紧扣在回应人民群众重大关切上来，紧紧扣在厉行法治、推进全面依法治国上来。（全文见本书第 191 页）

与会同志进行了交流研讨。栗战书还到河北省人大常委会看望机关干部并座谈交流。他强调，要把习近平总书记对河北发展的指示要求贯彻好落实好，凝神聚焦、担当作为，为加快建设新时代经济强省、美丽河北作出人大应有的贡献。王晨副委员长参加了上述活动。

9 月 27 日 受中共中央总书记、国家主席习近平委托，栗战书委员长前往越南驻华使馆，代表中共中央和中国政府吊唁越南国家主席陈大光逝世。

9 月 28 日 全国人大财政经济委员会召开 2018 年前三季度经济运行情况座谈会，副委员长陈竺、王东明出席会议。

9 月 30 日 栗战书委员长出席在烈士纪念日向人民英雄敬献花篮的仪式。

同日 栗战书委员长出席国庆招待会，热烈庆祝中华人民共和国成立六十九周年。

十 月

10 月 8 日—9 日 中共全国人大常委会党组 8 日下午至 9 日上午召开会议，围绕“改革开放 40 年的光辉历程”进行专题学习，中共中央政治局常委、全国人大常委会委员长、党组书记栗战书主持并讲话。

会议强调，要深入学习贯彻习近平新时代中国特色社会主义思想，深刻认识习近平总书记关于改革开放是决定当代中国命运的关键一招这个重大政治论断，深刻认识改革开放40年来坚持和完善人民代表大会制度取得的重大成就，深刻认识坚持和完善人民代表大会制度是新时代全面深化改革的重要任务，在以习近平同志为核心的党中央坚强领导下，为新时代推进改革开放和社会主义现代化建设、实现“两个一百年”奋斗目标作出应有贡献。

会议认为，以党的十一届三中全会为标志，中国开启了改革开放历史新征程。我们党在改革开放大潮中，开创和发展了中国特色社会主义，中国人民用双手书写了国家和民族发展的壮丽史诗。党的十八大以来，以习近平同志为核心的党中央以前所未有的决心和力度，把全面深化改革纳入“四个全面”战略布局，锐意推进经济体制、政治体制、文化体制、社会体制、生态文明体制和党的建设制度改革，把改革开放提升到新的战略高度。

会议指出，在改革开放中，人大工作坚持走中国特色社会主义政治发展道路，把坚持党的领导、人民当家作主、依法治国有机统一起来，全面加强了党对人大工作的领导，进一步确认了中国特色社会主义基本制度，人民当家作主得到了更好保证，切实加强了全面依法治国，确保了各项改革于法有据，推进人民代表大会制度不断完善发展，人民代表大会制度焕发出强大生机与活力。总结改革开放40年来人民代表大会制度的发展历程，最为根本的一点，就是党中央保持清醒头脑和政治定力，从我国国情和经济社会发展实际出发，稳步推进改革，使坚持和完善人民代表大会制度始终沿着正确方向前进。

会议强调，我国40年来快速发展靠的是改革开放，决胜全面建成小康社会、全面建设社会主义现代化国家也必须坚定不移依靠改革开放。长期坚持、不断完善人民代表大会制度，是新时代全面深化改革的重大任务。全国人大及其常委会要深入学习习近平新时代中国特色社会主义思想，全面贯彻习近平总书记关于坚持和完善人民代表大会制度的重要思想，不断完善中国特色社会主义法律体系，加强全国人大及其常委会自身建设，深刻理解和把握新时代、新思想、新矛盾、新目标提出的新要求，进一步增强道路自信、理论自信、制度自信、文化自信，推动人民代表大会制度与时俱进、完善发展。

王晨、曹建明、张春贤、沈跃跃、吉炳轩、艾力更·依明巴海、王东明、杨振武出席会议并发言。

10月8日—18日 白玛赤林副委员长率全国人大代表团赴土耳其安塔利亚出席第三届欧亚国家议长会议、访问奥地利、赴瑞士日内瓦出席各国议会联盟第139届大会和金砖国家议会论坛。8—9日，出席在土耳其安塔利亚举行的第三届欧亚国家议长会议。会议期间，白玛赤林分别会见了土耳其大国民议会议长耶尔德勒姆、哈萨克斯坦议会下院议长尼格马图林，就双边关系、立法机构交往及共同关心的问题交换了意见。34个亚欧国家的议会领导人与会。会议通过了联合声明。10—13日，在访问奥地利期间，同国民议会议长索博特卡、第三议长基茨穆勒和联邦议会副议长布鲁纳举行会见，出席基茨穆勒举行的欢迎宴会，并观摩了奥联邦议会全体会议。14—18日，出席在日内瓦举行的各国议会联盟第139届大会。100多个国家议会的1400余名代表参加本届议联大会。会议主题为“在创新和技术变革时代，议会在推动和平发展方面发挥的领导力”。会议期间，南非主办了金砖国家议会论坛，围绕“加强议会间合作、塑造公正包容的世界”进行交流。白玛赤林出席论坛并发言。还分别会见了泰国、加纳、蒙古国等国议会领导人。

10月9日 栗战书委员长会见安哥拉总统洛伦索。曹建明副委员长参加会见。

10月11日 栗战书委员长会见越共中央政治局委员、越南公安部部长苏林。

10月11日—14日 王晨副委员长率全国人大常委会执法检查组在浙江省对海洋环境保护法贯彻实施情况进行检查。检查组在杭州听取了浙江省实施海洋环境保护法情况汇报，与人大代表、专家学者和基层执法人员进行座谈。在嘉兴，检查入海排污口管理和在线监测、海上应急处置、海洋增殖放流、垃圾清理和白洋河治理等情况。在宁波，检查杭州湾海洋生态整治、湿地保护修复、水产养殖污染防治、梅山国际集装箱码头环保设施运行等情况，并赴北仑区河头村查看农业面源污染治理、农村生活污水处理情况。

10月15日 十三届全国人大常委会委员长会议召开第十四次会议，栗战书委员长主持会议。会议决定，十三届全国人大常委会第六次会议10月22日至26日举行。

10月15日—19日 沈跃跃副委员长率全国人大常委会执法检查组在辽宁省对海洋环境保护法贯彻实施情况进行检查。

10月16日 栗战书委员长会见挪威国王哈拉

尔五世。艾力更·依明巴海副委员长参加会见。

同日　丁仲礼副委员长会见莫桑比克议会国际关系委员会报告人安东尼奥·罗萨里奥·尼基西率领的代表团一行7人。

同日　中国共产党的优秀党员，忠诚的共产主义战士，党和国家民族工作的杰出领导人，维吾尔族人民的优秀儿子，中国人民政治协商会议第七届全国委员会副主席，原国务委员，第十届全国人民代表大会常务委员会副委员长司马义·艾买提同志，因病在北京逝世，享年84岁。

10月16日—17日　全国人大财政经济委员会、全国人大常委会预算工作委员会、财政部在山东省济南市联合召开人大预算审查监督重点向支出预算和政策拓展改革工作座谈会，王晨副委员长出席座谈会并讲话。

10月18日　全国人大财政经济委员会召开第13次全体会议，副委员长陈竺、王东明出席会议。

10月19日　全国人大外事委员会召开第5次全体会议，王晨副委员长出席会议。

10月22日　栗战书委员长出席中国工会第十七次全国代表大会。

同日　王晨副委员长会见加拿大议会加中议会协会共同主席戴伊和佩斯基索利多。

同日　张春贤副委员长会见柬埔寨人民党中央委员、柬埔寨青年联合会主席、国会第七委员会主席洪玛尼一行。

10月22日—26日　十三届全国人大常委会举行第六次会议。

会议听取全国人大宪法和法律委员会副主任委员沈春耀关于刑事诉讼法修正草案审议结果的报告。在审议的基础上，会议印发全国人大宪法和法律委员会关于修改刑事诉讼法的决定草案修改意见的报告。经过审议，会议通过《全国人民代表大会常务委员会关于修改〈中华人民共和国刑事诉讼法〉的决定》。本决定自公布之日起施行。《中华人民共和国刑事诉讼法》根据本决定作相应修改，重新公布。

会议听取全国人大宪法和法律委员会副主任委员沈春耀关于人民法院组织法修订草案审议结果的报告。在审议的基础上，会议印发全国人大宪法和法律委员会关于人民法院组织法修订草案三次审议稿修改意见的报告。经过审议，会议通过修订后的《中华人民共和国人民法院组织法》。

修订后的《中华人民共和国人民法院组织法》共6章，59条，包括：总则、人民法院的设置和职权、人民法院的审判组织、人民法院的人员组成、人民法院行使职权的保障、附则。本法自2019年1月1日起施行。

会议听取全国人大宪法和法律委员会副主任委员沈春耀关于人民检察院组织法修订草案审议结果的报告。在审议的基础上，会议印发全国人大宪法和法律委员会关于人民检察院组织法修订草案三次审议稿修改意见的报告。经过审议，会议通过修订后的《中华人民共和国人民检察院组织法》。

修订后的《中华人民共和国人民检察院组织法》共6章，53条，包括：总则、人民检察院的设置和职权、人民检察院的办案组织、人民检察院的人员组成、人民检察院行使职权的保障、附则。本法自2019年1月1日起施行。

会议听取全国人大宪法和法律委员会副主任委员周光权关于国际刑事司法协助法草案审议结果的报告。在审议的基础上，会议印发全国人大宪法和法律委员会关于国际刑事司法协助法草案二次审议稿修改意见的报告。经过审议，会议通过《中华人民共和国国际刑事司法协助法》。

《中华人民共和国国际刑事司法协助法》共9章，70条，包括：总则，刑事司法协助请求的提出、接收和处理，送达文书，调查取证，安排证人作证或者协助调查，查封、扣押、冻结涉案财物，没收、返还违法所得及其他涉案财物，移管被判刑人，附则。本法自公布之日起施行。

会议听取全国人大宪法和法律委员会副主任委员刘季幸关于综合性消防救援队伍消防救援衔条例草案审议结果的报告。在审议的基础上，会议印发全国人大宪法和法律委员会关于消防救援衔条例草案二次审议稿修改意见的报告。经过审议，会议通过《中华人民共和国消防救援衔条例》。

《中华人民共和国消防救援衔条例》共7章，28条，包括：总则，消防救援衔等级的设置，消防救援衔等级的编制，消防救援衔的首次授予，消防救援衔的晋级，消防救援衔的保留、降级和取消，附则。本条例自2018年10月27日起施行。

会议听取中国证监会主席刘士余关于公司法修正案草案的说明。在审议的基础上，会议印发全国人大宪法和法律委员会关于公司法修正案草案审议结果的报告。经过审议，会议通过《全国人民代表大会常务委员会关于修改〈中华人民共和国公司法〉的决定》。本决定自公布之日起施行。《中华人民共和国公司法》根据本决定作相应修改，重新公布。

会议听取司法部副部长赵大程关于野生动物保护法等15部法律的修正案草案的说明。在审议的基础上,会议印发全国人大宪法和法律委员会关于野生动物保护法等15部法律的修正案草案审议结果的报告。经过审议,会议通过《全国人民代表大会常务委员会关于修改〈中华人民共和国野生动物保护法〉等十五部法律的决定》。本决定自公布之日起施行。其15部法律根据本决定作相应修改,重新公布。

会议审议国务院关于全国人大常委会关于授权国务院在部分地方开展药品上市许可持有人制度试点和有关问题的决定实施情况的报告,并听取国家药品监督管理局局长焦红关于关于延长授权国务院在部分地方开展药品上市许可持有人制度试点期限的决定草案的说明。在审议的基础上,会议印发全国人大宪法和法律委员会对关于延长授权国务院在部分地方开展药品上市许可持有人制度试点期限的决定草案审议结果的报告。经过审议,会议通过《全国人民代表大会常务委员会关于延长授权国务院在部分地方开展药品上市许可持有人制度试点期限的决定》。本决定自2018年11月5日起施行。

会议听取最高人民法院院长周强关于专利等案件诉讼程序若干问题的决定草案的说明。在审议的基础上,会议印发全国人大宪法和法律委员会对关于专利等案件诉讼程序若干问题的决定草案审议结果的报告。经过审议,会议通过《全国人民代表大会常务委员会关于专利等知识产权案件诉讼程序若干问题的决定》。本决定自2019年1月1日起施行。

会议听取外交部副部长孔铉佑关于提请审议批准中华人民共和国和格林纳达关于刑事司法协助的条约的议案的说明、关于提请审议批准中华人民共和国和格林纳达引渡条约的议案的说明。经过审议,会议通过《全国人民代表大会常务委员会关于批准〈中华人民共和国和格林纳达关于刑事司法协助的条约〉的决定》、《全国人民代表大会常务委员会关于批准〈中华人民共和国和格林纳达引渡条约〉的决定》。

会议听取全国人大宪法和法律委员会副主任委员胡可明关于农村土地承包法修正案草案修改情况的汇报、全国人大宪法和法律委员会副主任委员丛斌关于基本医疗卫生与健康促进法草案修改情况的汇报,并对这两部法律草案进行再次审议。

会议听取全国人大常委会法制工作委员会主任沈春耀关于公务员法修订草案的说明,国家药品监督管理局局长焦红关于药品管理法修正草案的说明,并对这两部法律草案进行初次审议。

会议听取全国人大常委会代表资格审查委员会主任委员吴玉良关于个别代表的代表资格的报告。经过审议,会议通过这个审查报告。

会议审议国务院关于2017年度国有资产管理情况的综合报告,听取并审议财政部部长刘昆关于2017年度金融企业国有资产的专项报告,全国人大财政经济委员会副主任委员、全国人大常委会预算工作委员会主任史耀斌关于金融企业国有资产管理情况的调研报告,最高人民法院院长周强关于人民法院解决“执行难”工作情况的报告,最高人民检察院检察长张军关于人民检察院加强对民事诉讼和执行活动法律监督工作情况的报告,艾力更·依明巴海副委员长作的全国人大常委会执法检查组关于检查防震减灾法实施情况的报告,吉炳轩副委员长作的全国人大常委会执法检查组关于检查农产品质量安全法实施情况的报告。

会议分别听取全国人大监察和司法委员会主任委员吴玉良、财政经济委员会主任委员徐绍史、外事委员会主任委员张业遂、农业与农村委员会主任委员陈锡文关于十三届全国人大一次会议主席团交付本专门委员会审议的代表提出的议案审议结果的报告。经过审议,会议通过这四个报告。

会议印发全国人大代表团访问新西兰、菲律宾情况的书面报告,全国人大代表团访问缅甸、韩国并举行中韩议会定期交流机制第十一次会议情况的书面报告。

会议任命刘俊臣为全国人民代表大会常务委员会法制工作委员会副主任。

会议免去李如林的最高人民检察院副检察长、检察委员会委员职务。

会议批准免去闫柏的青海省人民检察院检察长职务。

会议还通过其他任免事项。

会议闭幕时,栗战书发表讲话。栗战书指出,深化司法体制改革,保证司法公正,提高司法公信力,是以习近平同志为核心的党中央作出的重大决策部署,是全面依法治国的重要任务。全国人大常委会高度重视通过立法、监督等工作推动和保障司法体制改革、促进司法公正。本次会议修改人民法院组织法和人民检察院组织法,通过立法确认和巩固司法体制改革成果,完善法院、检察院的设置和职权。修改刑事诉讼法、制定国际刑事司法协助法,健全刑事诉讼与监察的衔接机制,建立缺席审判等制度,为加强境外追逃追赃工作提供有力法律手段。审议通过关于专利等知识产权案件诉讼程序若干问题的决定,进一步强化知识产权司法保护,为建设科技强国创造良好法治环境。听取审议最高人民法院、最高人民检察院专项工作报告,并结合审议两个报告进行专题询问,这在全国人大常委会监督工作中是第一次,是加强人大对司法工作监督的积极探索。栗战书说,本次会议审议通过了关于修改野生动物保护法等 15 部法律的决定,这是本届全国人大常委会第二次对机构改革涉及的相关法律进行打包修改。要统筹做好与改革相关的法律修改工作,做到改革和立法相统一、相促进。国务院及有关部门要认真贯彻党中央关于深化党和国家机构改革的决策部署,依法有序推进改革,构建系统完备、科学规范、运行高效的国家机构职能体系。栗战书说,本次会议听取审议了国务院关于 2017 年度金融企业国有资产的专项报告,同时审议了 2017 年度国有资产管理情况的综合报告。这是落实党中央关于建立国务院向全国人大常委会报告国有资产管理情况制度的决策部署,首次开展此项工作。常委会组成人员普遍认为,要继续推进人大对国有资产监督的制度化、规范化,推动规范和改进国有资产管理。会议听取审议了农产品质量安全法执法检查报告和防震减灾法执法检查报告。常委会组成人员普遍赞成报告,提出要严格执行法律,切实保障广大人民群众"舌尖上的安全",全面提升全社会防震减灾综合能力。栗战书强调,十三届全国人大常委会坚持以习近平新时代中国特色社会主义思想和党的十九大精神为指导,坚决维护习近平总书记核心地位,坚决维护党中央权威和集中统一领导,紧扣贯彻落实党中央重大决策部署,紧扣回应人民群众重大关切,紧扣厉行法治、推进全面依法治国,认真行使法定职权,统筹部署、全面推进人大各项工作,实现了本届工作良好开局。要进一步振奋精神,紧张有序、精益求精地做好各项工作,圆满完成全年工作目标和任务。(全文见本书第 257 页)

会议结束后,十三届全国人大常委会举行第七次专题讲座,栗战书委员长主持。中国科学院院士谭铁牛作了题为《人工智能的创新发展与社会影响》的讲座。

23 日,十三届全国人大常委会第六次会议举行分组会议,审议关于修改刑事诉讼法的决定草案、人民法院组织法修订草案、人民检察院组织法修订草案、国际刑事司法协助法草案、消防救援衔条例草案等。栗战书委员长参加审议。

10 月 23 日 王晨副委员长会见印度议会印中友好小组主席德卡率领的议员代表团。

同日 江西省十三届人大二次会议选举刘奇为江西省人大常委会主任。

10 月 24 日 栗战书委员长出席第八届北京香山论坛欢迎晚宴,并发表演讲。栗战书说,北京香山论坛旨在增信释疑、凝聚共识、扩大合作,自创办以来已逐步发展成为亚太地区重要的高端防务安全对话平台。栗战书表示,习近平主席指出:"世界繁荣稳定是中国的机遇,中国发展也是世界的机遇。"中国改革开放 40 年取得的历史性成就、发生的历史性变革,是中国人民众志成城、砥砺奋进的结果。中国的改革开放之路,是中国与外部世界的合作共赢之路。栗战书强调,在当今"地球村"时代,没有哪个国家能够独立应对人类面临的各种挑战,也没有哪个国家能够退回到自我封闭的孤岛。中国始终高举合作共赢、多边主义、结伴不结盟的旗帜。中国绝不走国强必霸的老路,无论发展到什么程度,永远不称霸。中国始终主张通过平等对话与协商,按照规则和共识妥善解决国际问题。"一带一路"倡议已成为广受欢迎的国际合作平台,一大批项目落地生根,沿线国家民众从中不断得到实惠。栗战书指出,中美两国关系发展最深刻的一条经验和启示是,中美合则两利、斗则俱伤,合作是双方唯一正确选择。中美双边贸易绝不是美国向中国输送财富的"单行道"。事实上,美国从中美经贸合作中获取了巨大的经济利益。双方应相向而行,通过对话磋商妥善解决两国关系中存在的问题,确保中美关系沿着正确轨道向前发展。栗战书强调,世界上只有一个中国,台湾是中国不可分割的一部分。有的国家在台湾问题上采取了一系列错误做法,损害台海和平稳定,也威胁着地区和平安宁,我们对此坚决反对。我们将继续坚持"和平统一、一国两制"方针,以最大诚意、尽最大努力争取和平统一的前景。同时,我们坚决维护国家主权和领土完整,有坚定的意志、充分的信心和足够的能力,挫败任何形式的"台独"分裂图谋。栗战书在演讲中还阐述了中方在朝鲜半岛核问题和南海问题上的原则立场。

同日 栗战书委员长会见柬埔寨参议院主席赛冲。陈竺副委员长参加会见。

同日 十三届全国人大常委会委员长会议召开第十五次会议,栗战书委员长主持会议。会议决定，将有关草案、议案等提交常委会会议审议。

10月25日 十三届全国人大常委会第六次会议举行联组会议，审议“两高”专项工作报告，并围绕人民法院解决“执行难”工作、人民检察院加强对民事诉讼和执行活动法律监督工作开展专题询问。栗战书委员长参加审议和询问。曹建明副委员长主持会议。全国人大常委会委员张苏军、高友东、李钺锋、鲜铁可、李巍、于志刚、周敏、谭耀宗，列席会议的全国人大代表陈玮、马银萍、李勇，围绕如何合理确定“基本解决执行难”的标准，如何采取有针对性的举措在民事检察上实现更好作为，如何切实解决执行过程中查人找物难题，如何解决执行不能、受害人又很困难的案件，如何充分利用现代信息技术更好服务和保障执行工作，如何进一步提高对虚假诉讼的监督力度，如何更好规范律师、仲裁、公证行为防范虚假诉讼等提出询问。最高人民法院院长周强、最高人民检察院检察长张军和公安部、司法部、财政部等有关部门负责人到会应询，并回答了大家的询问。

栗战书在讲话中指出，对“两高”工作开展专题询问，这在全国人大常委会历史上还是第一次，既是贯彻党中央决策部署，支持和保障司法改革、促进司法公正的一个具体举措，也是常委会开展监督工作的一次积极探索和实践创新。人大对审判机关、检察机关工作的监督，体现了国家一切权力属于人民的宪法原则，目的是确保法律法规得到有效实施，维护司法公正和司法公信力。下一步加强和改进人大对司法工作的监督，要紧紧围绕党中央提出的重大改革任务来谋划和安排，要把维护社会公平正义、保障人民群众切身利益作为重点和目标，要坚持厉行法治、推进全面依法治国。希望“两高”认真系统地总结“基本解决执行难”工作经验，坚持党的领导，密切与有关方面的协作，进一步健全完善综合治理执行难工作格局，加强民事执行制度建设，加快社会诚信体系建设，完善执行监督工作机制，从根本上解决执行难问题。（全文见本书第276页）

周强表示，将认真梳理、吸收大家的意见建议，研究落实具体措施，充分发挥我国政治优势和制度优势，始终坚持党的领导，紧紧依靠人大及其常委会监督，攻坚克难，确保如期打赢“基本解决执行难”这场硬仗。要巩固阶段性成果，构建长效机制，为信用中国、法治中国建设作出积极贡献。

张军表示，全国检察机关将紧紧围绕党中央关于打好“三大攻坚战”等重大决策部署，以当事人、社会公众实实在在的获得感为目标，进一步转观念、抓办案、重效果、强队伍，将民事检察监督做得更实、富有成效，支持、监督人民法院民事审判和执行工作，补齐民事检察监督这个“短板”。

同日 栗战书委员长主持召开部分全国人大代表座谈会，听取代表们对人大工作、民主法治建设等方面的意见建议。56位列席十三届全国人大常委会第六次会议的全国人大代表参加座谈会。会上，代表们纷纷发言，结合履职实践和基层调研情况，谈感受说体会提建议。栗战书同大家热烈交流，深入讨论。栗战书强调，要自觉深入学习贯彻习近平新时代中国特色社会主义思想，始终牢记党和人民的重托，牢固树立“四个意识”，站稳政治立场，增强政治观念、法治观念、群众观念，更好发挥人大代表来自人民、植根人民的特点，履行好宪法法律赋予的神圣职责。他说，建立与列席常委会会议的人大代表座谈机制，是全国人大常委会联系代表、接受监督的重要举措。人大代表对基层实际情况最熟悉，对党中央决策部署和宪法法律实施情况最了解，对人民群众所思所想所盼最清楚，可以把基层情况、群众呼声、思考建议充分反映出来，推动国家机关改进工作。栗战书指出，人大代表是个光荣的称号，更是一份沉甸甸的责任。代表要把密切联系人民群众作为充分发挥作用、依法履职尽责的基本功，通过各种途径和形式深入开展调查研究，广泛听取群众意见建议，真正了解人民群众在想什么、忧什么、盼什么，号准人民群众的脉搏，汲取人民群众的智慧，当好党和国家密切联系人民群众的桥梁和纽带。栗战书希望代表要善于反映民意、汇聚民智，代表人民意志行使职权。要全面准确反映问题，有针对性地提出意见建议，把人民群众最关心、最迫切的愿望呼声反映上来，把基层实践中的成功经验和做法总结出来，坚持从大局和全局出发、从最广大人民根本利益出发考虑问题、提出建议、行使职权。栗战书要求，人大常委会和人大机关要为代表密切联系人民群众做好服务保障。要认真学习贯彻习近平总书记关于坚持和完善人民代表大会制度的重要思想，总结代表工作经验，健全完善代表联系人民群众的制度机制，拓宽代表联系群众渠道。要进一步提升代表议案、建议办理实效，完善代表建议处理反馈机制，真正推动解决实际问题。要持续扩大代表对常委会、专门委员会工作的参与，认真听取采纳代表提出的意见建议。要探索建立代表联系群众的有效机制，督促代表积极联系群众、自觉接受监督。（全文见本书第278页）王晨副委员长参加座谈。

10 月 26 日　栗战书委员长会见日本首相安倍晋三。白玛赤林副委员长参加会见。

同日　十三届全国人大常委会委员长会议召开第十六次会议,栗战书委员长主持会议。会议研究提请常委会会议表决事项。

同日　十三届全国人大常委会举行宪法宣誓仪式。张春贤副委员长主持并监誓。十三届全国人大常委会第六次会议任命刘俊臣为全国人大常委会法制工作委员会副主任。根据全国人大常委会关于实行宪法宣誓制度的决定,上述人员依法进行宪法宣誓。全国人大机关有关负责同志参加了宣誓活动。

同日　全国人大常委会发布公告。公告说,河南省人大常委会决定接受王铁辞去十三届全国人大代表职务。依照《中华人民共和国全国人民代表大会和地方各级人民代表大会代表法》的有关规定,王铁的代表资格终止。截至目前,十三届全国人大实有代表 2978 人。

同日　全国人大常委会办公厅举行新闻发布会,有关方面负责人就十三届全国人大常委会第六次会议通过的法律等有关问题回答记者提问。

10 月 28 日　全国人大民族委员会召开人大民族工作座谈会,曹建明副委员长出席会议。

10 月 29 日　栗战书委员长在张春贤副委员长报送的"社会建设委员会四个月来的主要工作"汇报稿上作出批示:"社会建设委员会工作抓得是紧的。所涉及社会领域的立法、修法事项,可大体分出轻重缓急,有序加以推进。"

10 月 29 日—11 月 2 日　郝明金副委员长应邀率全国人大代表团出席在阿根廷布宜诺斯艾利斯举行的二十国集团(G20)议长会议并对乌拉圭进行友好访问。在访问乌拉圭期间,会见总统巴斯克斯,同副总统、国会主席兼参议长托波兰斯基会谈。在阿根廷布宜诺斯艾利斯参加二十国集团议长会议并作主旨发言。与会期间,郝明金还分别会见阿根廷参议院临时参议长皮内多和俄罗斯国家杜马第一副主席梅利尼科夫。

10 月 30 日　中国现代民族工商业者的优秀代表,著名的社会活动家,中国民主建国会和中华全国工商业联合会的杰出领导人,中国共产党的亲密朋友,第八届、九届全国人民代表大会常务委员会副委员长,中国人民政治协商会议第六届、七届全国委员会副主席,中国民主建国会第三届中央委员会常务副主任委员,中华全国工商业联合会第五届、六届执行委员会副主席,第七届、八届执行委员会名誉主席,原中国光大(集团)总公司名誉董事长王光英同志,因病在北京逝世,享年 100 岁。

10 月 30 日—11 月 1 日　全国人大常委会办公厅举办 2018 年第三期全国县级人大常委会主任学习班。河北、江西、河南、湖南的 280 名县级人大常委会主任参加学习。杨振武秘书长出席开班式并作专题报告。

10 月 30 日—11 月 4 日　吉炳轩副委员长率全国人大调研组在广东省就实施乡村振兴战略和脱贫攻坚开展专题调研。调研组先后赴广州、清远、韶关等 3 市 8 县 9 镇 11 村和华南农业大学进行调研,实地考察乡村特色产业发展和产业精准脱贫、农村一二三产融合发展、农村电子商务、校企合作、基层组织建设、农村综合改革、村庄建设规划和环境整治、乡村文化建设与保护等情况,召开乡村振兴和脱贫攻坚工作座谈会,听取广东省政府及有关部门、基层人大代表、干部群众对推动实施乡村振兴战略,起草乡村振兴促进法,打赢脱贫攻坚战的意见和建议。

十一月

11 月 1 日—10 日　应柬埔寨国会主席韩桑林、泰国立法议会主席蓬佩、巴基斯坦国民议会议长阿萨德·凯瑟邀请,张春贤副委员长率团对三国进行正式友好访问。访问期间,张春贤副委员长会见柬埔寨参议院主席赛冲、国会主席韩桑林和首相洪森,会见泰国立法议会主席蓬佩和副总理威萨努,会见巴基斯坦参议院主席桑吉拉尼和国民议会议长凯瑟、副议长苏里,会见柬埔寨、泰国有关地方政府领导人,考察经济合作和社会发展项目,同三国各界人士广泛接触,共出席各类活动 45 场。

11 月 2 日　栗战书委员长会见萨尔瓦多总统桑切斯。王东明副委员长参加会见。

11 月 3 日　栗战书委员长分别会见多米尼加总统梅迪纳、巴基斯坦总理伊姆兰·汗。武维华副委员长参加上述会见。

11 月 3 日—10 日　应全国人大常委会委员长

栗战书邀请，阿联酋联邦国民议会议长阿迈勒·古拜希率团访华。5日，栗战书委员长与阿联酋联邦国民议会议长古拜希举行会谈。会谈前，栗战书与古拜希共同签署了中国全国人大与阿联酋联邦国民议会合作谅解备忘录。艾力更·依明巴海副委员长参加上述活动。

11月5日　全国人大常委会海洋环境保护法执法检查组第二次全体会议举行，研究讨论执法检查报告稿，部署提请常委会审议的各项准备工作。副委员长沈跃跃、白玛赤林、丁仲礼出席会议。

11月6日　王晨副委员长会见韩国21世纪韩中交流协会会长金汉圭率领的韩国青年国会议员代表团。

11月7日　栗战书委员长会见俄罗斯总理梅德韦杰夫。曹建明副委员长参加会见。

同日　全国人大环境与资源保护委员会召开生物安全立法座谈会，沈跃跃副委员长出席会议。

11月7日—8日　万鄂湘副委员长率全国人大调研组在福建省厦门市围绕“降低行政成本，优化营商环境，构建节约型社会”等议题进行调研。

11月7日—9日　全国人大常委会办公厅在福建省厦门市举办2018年第四期全国县级人大常委会主任学习班。内蒙古、辽宁、黑龙江、陕西、宁夏、新疆的565名县级人大常委会主任参加学习。杨振武秘书长出席开班式并讲话。

11月8日　栗战书委员长会见古巴国务委员会主席兼部长会议主席迪亚斯—卡内尔。丁仲礼副委员长参加会见。

同日　王晨副委员长会见英国议会跨党派中国小组主席格雷厄姆率领的代表团。

11月12日—16日　王东明副委员长率全国人大调研组在福建开展调研。调研组在厦门考察部分企业、港口、重点工程项目和自贸试验区建设等，在福州市召开“十三五”规划纲要中期评估专题调研座谈会，听取省级有关部门和专家学者的情况介绍，并进行座谈讨论。王东明副委员长在会上作了讲话。

11月13日　栗战书委员长在国家博物馆，参观“伟大的变革——庆祝改革开放40周年大型展览”。

11月13日—21日　应科摩罗和坦桑尼亚两国议会邀请，蔡达峰副委员长率团对上述两国进行友好访问。在科访问期间，同议长乌塞尼会谈，会见代总统萨鲁玛、代外长法特玛。在坦访问期间，同议长恩杜加伊会谈，会见总理马贾利瓦、桑给巴尔总统谢因、桑给巴尔人民代表会议议长毛利德。

11月14日—16日　全国人大民族委员会在陕西省举办第21期全国人大民族工作干部学习班。各省（区、市）人大民族工作部门负责同志等出席。

11月16日—17日　全国人大常委会办公厅举办2018年度人大新闻舆论干部培训班。31个省、自治区、直辖市人大常委会机关的新闻舆论工作负责人参加培训。

11月18日—20日　应全国人大常委会委员长栗战书的邀请，葡萄牙议会议长罗德里格斯率团访华。19日，栗战书委员长与葡萄牙议长罗德里格斯举行会谈。张春贤副委员长参加会谈。

11月20日　全国人大常委会海洋环境保护法执法检查组第三次全体会议举行。王晨副委员长出席会议并讲话。副委员长沈跃跃、白玛赤林出席会议，丁仲礼副委员长主持。会议研究了拟提请全国人大常委会审议的执法检查报告，听取了国务院有关部门和“两高”有关负责人的意见。

11月21日　全国人大教科文卫委第6次全体会议召开，艾力更·依明巴海副委员长出席会议。

同日　陈竺副委员长会见欧洲议会主席德瓦率领的欧中友好小组代表团一行。

11月24日　全国人大常委会委员长会议组成人员进行专题学习，学习习近平总书记在中央政治局第九次集体学习时的重要讲话，围绕人大立法监督工作保障和规范人工智能发展进行学习讨论，全国人大常委会委员长栗战书主持并讲话。

委员长会议组成人员认为，习近平总书记的重要讲话深刻阐述了发展新一代人工智能的重要意义、核心问题、关键举措，并专门就人工智能相关法律问题作出指示，提出要加强人工智能相关法律、伦理、社会问题研究，建立健全保障人工智能健康发展的法律法规、制度体系、伦理道德。总书记的重要讲话不仅为新时代科技创新和人工智能发展指明了方向、作出了部署，也对人大及其常委会助推我国新一代人工智能健康发展提出了具体要求。我们要认真学习领会，结合工作实际深入研究谋划，把总书记重要讲话精神落到实处。

委员长会议组成人员指出，人工智能是引领新一轮科技革命和产业变革的战略性技术，具有溢出带动性很强的“头雁”效应，将推动经济社会从数字化、网络化向智能化跃升。要增强科技创新的紧迫感和使命感，积极应对以人工智能为引领的新一轮科技革命和产业变革。要立足于自主创新，准确把握世界科技发展大势，把科技创新摆到更加重要位置，把加快发展新一代人工智能作为赢得全球科技竞争主动权的重要战略抓手，直面问题、迎难而上，推动我国科技和产业实现跨越发展。

委员长会议组成人员强调，必须坚持党对科技事业的领导，坚持走中国特色自主创新道路，加强统筹谋划，强化战略导向，力争在人工智能等重要科技领域跨越发展，加快实现整体科技水平从跟跑向并行、领跑的战略性转变。全国人大及其常委会的立法、监督等工作，也要围绕实现这一目标谋划和推进，推动完善科技体制机制，助力攻克关键核心技术，促进科技成果加快转化应用，推动建设一流科技人才队伍，着力提升人工智能等领域的自主创新能力，强化科技创新的战略支撑作用。

委员长会议组成人员指出，人工智能是影响面广的颠覆性技术，其“双刃剑”效应尤为明显，必须未雨绸缪，加强前瞻预防和约束引导，有效应对技术不确定性带来的新挑战，确保其安全、可靠、可控。全国人大相关专门委员会、工作机构和有关方面要及早动手，尽快行动，对人工智能涉及的法律问题进行深入调查研究，为相关立法工作打好基础、做好准备，促进人工智能健康规范有序发展。

副委员长王晨、曹建明、张春贤、沈跃跃、吉炳轩、艾力更·依明巴海、万鄂湘、陈竺、王东明、白玛赤林、丁仲礼、郝明金、武维华，秘书长杨振武参加学习并发言。

11 月 25 日—30 日 武维华副委员长率全国人大调研组在海南省就实施乡村振兴战略和脱贫攻坚工作开展专题调研。调研组先后到海口市、琼中县、五指山市、保亭县、琼海市等地，实地考察了美丽乡村建设、农民专业合作社发展、国有农场改革、旅游扶贫、生态补偿扶贫等情况，召开了乡村振兴和脱贫攻坚工作座谈会，听取海南省政府及有关部门、基层群众对实施乡村振兴战略、打赢脱贫攻坚战的意见和建议。

11 月 27 日 栗战书委员长会见越南祖国阵线中央委员会主席陈青敏。沈跃跃副委员长参加会见。

同日 张春贤副委员长会见俄罗斯联邦委员会社会政策委员会副主席亚历山大·格奥尔吉耶维奇·瓦尔佛洛梅耶夫率领的代表团。

11 月 28 日 王晨副委员长与四川省人大常委会负责同志座谈。

11 月 28 日—12 月 1 日 栗战书委员长在云南就制定基本医疗卫生与健康促进法开展立法调研。基本医疗卫生与健康促进法是我国卫生与健康领域的基础性、综合性法律。全国人大常委会已两次审议这部法律草案并向社会公开征求意见。为进一步集思广益把法律制定好，栗战书在昆明市、德宏州、保山市开展了深入调研。栗战书强调，要深入学习贯彻习近平新时代中国特色社会主义思想，紧紧围绕党中央决策部署和人民群众所盼所求所需，进一步加快推进民生领域立法，用完备的法治保障人民权益、增进民生福祉。

栗战书来到社区卫生服务中心，详细了解基层医疗卫生机构人员力量、设施条件、服务水平等情况；与就诊患者亲切交谈，询问他们就医方不方便、满不满意；仔细听取疫苗流通、管理、接种过程介绍，强调要用最严格的制度确保疫苗安全。在云南白药集团，栗战书考察企业生产经营和产品研发情况，希望他们把民族医药传承好发展好，为百姓提供更优质的产品。栗战书深入乡村卫生院，了解村民看病就医、卫生健康保障和家庭医生签约服务情况，嘱咐当地有关部门进一步加强乡村医疗基础设施建设，改善医疗卫生条件，有效提高人民群众健康水平。

在云南省人大常委会机关调研时，栗战书专门邀请10位各级人大代表座谈，听取他们对基本医疗卫生与健康促进法草案的意见建议。代表们结合实际踊跃发言，栗战书认真倾听并不时与代表讨论交流。他指出，制定基本医疗卫生与健康促进法，要认真贯彻习近平总书记关于健康中国战略的重要论述，树立大卫生、大健康观念，以保障人民健康为主线，推动均衡、合理、科学地配置和布局医疗资源，促进各级各类医疗资源综合利用、实现共享，为全方位全周期维护人民健康提供法治保障。

栗战书十分关心民族地区发展和脱贫攻坚工作。他来到国门口岸考察中缅经贸人员往来和跨境经济合作情况，在边防小学同教师和孩子们亲切交流，勉励他们为民族地区教育发展和中缅睦邻友好作贡献，走进村民家中唠家常、问收入、聊致富，还在村活动室同来自傣族、景颇族、白族、阿昌族、德昂族等民族的 8 位五级人大代表、基层干部进行了深入座谈。栗战书希望云南贯彻落实好习近平总书记重要指示要求，推动党中央决策部署落地见效，强调地方人大要通过立法、监督等工作，助力脱贫攻坚，促进民族团结，保护生态环境，推动“一带一路”建设，更好服务发展大局、回应民生关切。

调研期间，栗战书还参观了国立西南联大旧址和滇西抗战纪念馆。

十　二　月

12月3日—6日　应全国人大常委会委员长栗战书邀请，土耳其大国民议会议长比纳利·耶尔德勒姆率团访华。3日，栗战书委员长与土耳其大国民议会议长耶尔德勒姆举行会谈。白玛赤林副委员长参加会谈。

12月4日　在第五个国家宪法日到来之际，中共中央总书记、国家主席、中央军委主席习近平作出重要指示强调，坚持依法治国首先要坚持依宪治国，坚持依法执政首先要坚持依宪执政。我国现行宪法是在党的领导下，在深刻总结我国社会主义革命、建设、改革实践经验基础上制定和不断完善的，实现了党的主张和人民意志的高度统一，具有强大生命力，为改革开放和社会主义现代化建设提供了根本法治保障。党领导人民制定和完善宪法，就是要发挥宪法在治国理政中的重要作用。要用科学有效、系统完备的制度体系保证宪法实施，加强宪法监督，维护宪法尊严，把实施宪法提高到新水平。要在全党全社会深入开展尊崇宪法、学习宪法、遵守宪法、维护宪法、运用宪法的宣传教育活动，弘扬宪法精神，树立宪法权威，使全体人民都成为社会主义法治的忠实崇尚者、自觉遵守者、坚定捍卫者。

同日　全国人大常委会办公厅会同中央宣传部、司法部举行"深入学习贯彻实施宪法，坚定不移推进改革开放"座谈会。栗战书委员长出席座谈会并讲话强调，要深入学习贯彻落实习近平总书记关于宪法的重要讲话和指示批示精神，在以习近平同志为核心的党中央集中统一领导下，弘扬宪法精神，维护宪法权威。栗战书指出，改革开放40年来，宪法有力保障和推动了党和国家事业发展，贯彻实施宪法取得了宝贵经验。一是始终坚持宪法确认的中国共产党领导地位，坚持党对一切工作的领导，保证党领导人民有效治理国家。二是坚持以人民为中心，用制度体系保证人民当家作主，实现人民对美好生活的向往。三是按照宪法确定的国家根本任务、发展道路、奋斗目标，深入贯彻新发展理念，全面建设社会主义现代化强国。四是坚持走中国特色社会主义法治道路，不断深化依法治国实践，提高国家政治和社会生活法治化水平。五是坚定维护国家统一、民族团结、社会稳定。我国现行宪法是符合国情、符合实际、符合时代发展要求的好宪法，必须坚决维护、长期坚持、全面贯彻。栗战书强调，要以习近平新时代中国特色社会主义思想为指引，贯彻落实习近平总书记关于宪法的重要论述精神，不断完善以宪法为核心的中国特色社会主义法律体系，通过完备的法律规范体系，把文本上的宪法变成实践中的宪法。要加强对宪法法律实施情况的监督检查，推进合宪性审查工作，健全宪法解释机制，切实维护宪法尊严。要树立宪法权威，增强国家公职人员宪法意识，落实好法治宣传教育的制度化安排，创新宪法宣传教育工作，加强宪法理论研究，使宪法深入人心。（全文见本书第170页）王晨副委员长传达了习近平总书记重要指示并主持会议。中央宣传部、全国人大宪法和法律委员会、司法部、教育部、国务院发展研究中心、中国法学会、中国社会科学院有关负责同志和2018年度法治人物候选人代表在座谈会上发言。国家监察委员会主任杨晓渡，全国人大常委会副委员长曹建明、万鄂湘、郝明金出席座谈会。全国人大各专门委员会、全国人大常委会工作委员会负责同志，中央和国家机关有关部门负责同志，部分高校、科研院所和智库专家学者等参加座谈会。

12月5日—6日　全国人大暨各省（区、市）人大教科文卫委员会工作座谈会召开。栗战书委员长专门作出重要批示。栗战书委员长指出，中国特色社会主义进入新时代，我国社会主要矛盾变化的一个重要体现，就是人民对教育、科技、文化、卫生事业有了更高水平的要求。全国人大教科文卫委员会肩上责任重大、担子不轻。要全面贯彻习近平新时代中国特色社会主义思想，适应人民过上美好生活的新期待，认真做好相关领域立法、监督、议案审查审议、调查研究和对外交往等工作，为党中央关于优先发展教育事业、加快建设创新型国家、建设社会主义文化强国、实施健康中国战略的决策部署的落实提供法治保障。分党组要认真落实全面从严治党要求，切实担负起政治领导责任，加强自身建设和党员干部队伍建设，把党中央的决策部署贯彻好、落实好。会议首先传达了栗战书委员长的重要批示，并专门安排分组学习讨论。艾力更·依明巴海副委员长出席座谈会。

12月6日—10日　陈竺副委员长率全国人大代表团出席在伊朗德黑兰举行的第二次六国议长会议。会议围绕打击恐怖主义和加强区域互联互通两大主题展开讨论，通过了《德黑兰宣言》。会议期间，陈竺分别会见了伊朗伊斯兰议会议长拉里贾尼、巴基斯坦国民议会议长凯瑟。

12 月 10 日 中共中央、全国人大常委会、国务院、全国政协、中央军委发贺电，关于庆祝广西壮族自治区成立 60 周年。贺电说，值此广西壮族自治区成立 60 周年之际，中共中央、全国人大常委会、国务院、全国政协、中央军委向广西壮族自治区各族干部群众和各界人士，向人民解放军驻广西部队指战员、武警广西部队官兵和政法干警，向所有关心支持广西壮族自治区建设发展的同志们和朋友们，致以热烈的祝贺和亲切的慰问！

1958 年广西壮族自治区成立，是我国民族关系史上的一座丰碑，开启了广西各族干部群众在党的领导下共同当家作主、建设壮美广西的历史新篇章。60 年来特别是改革开放以来，广西实现了翻天覆地的历史性巨变。经济实力显著增强，基础设施日新月异，开放合作全面拓展，各项社会事业全面进步，脱贫攻坚取得决定性进展，各族人民生活水平显著提高，社会保持和谐稳定。生态文明建设成效显著，山清水秀生态美成为广西金字招牌，祖国南疆的生态安全屏障作用日益突出。民族区域自治制度优势充分发挥，中华优秀传统文化广泛弘扬，各民族交往交流交融更加深入，中华民族共同体意识更加牢固。党的建设全面加强，执政基础更加巩固。特别是广西始终坚持国家利益高于一切，始终屹立在保疆卫国第一线，主动融入和服务国家总体发展战略，为维护祖国领土完整和繁荣昌盛作出了重要贡献。今天的广西，红土地涌动滚滚春潮，北部湾迸发勃勃生机，各族人民心连心、手拉手，紧紧拧成一股绳，不断加快脱贫奔小康步伐，昂首阔步走在中国特色社会主义康庄大道上。

六十载风雨兼程，一甲子硕果累累。广西壮族自治区 60 年的辉煌成就来之不易，经验弥足珍贵。这离不开党中央、国务院的坚强领导，离不开全区各族干部群众的不懈奋斗，离不开全国人民的真情帮助。实践证明，只有坚持中国共产党领导，坚持中国特色社会主义，坚持全面深化改革开放，坚持民族区域自治制度，坚持铸牢中华民族共同体意识，才能实现广西发展进步，实现“中华民族一家亲，同心共筑中国梦”。

中国特色社会主义进入新时代，广西同全国一样站在新的历史起点上。党和国家历来高度重视广西发展，十分牵挂广西各族干部群众。特别是党的十八大以来，习近平总书记多次对广西工作作出重要指示批示，为进一步做好广西工作提供了重要遵循。希望广西各族干部群众始终高举中国特色社会主义伟大旗帜，以邓小平理论、“三个代表”重要思想、科学发展观、习近平新时代中国特色社会主义思想为指导，全面贯彻党的十九大和十九届二中、三中全会精神，牢固树立“四个意识”，坚定“四个自信”，坚决维护习近平总书记的核心地位、坚决维护党中央权威和集中统一领导，坚决贯彻落实党中央、国务院决策部署，解放思想、锐意进取、攻坚克难，扎实做好富民兴桂各项工作，努力在推动经济高质量发展上迈出新步伐，在保障和改善民生上取得新进展，在加强生态环境保护上见到新成效，在实施开放带动战略、助推“一带一路”建设上开创新局面，以大开放赢得大发展大跨越，同全国一道进入全面小康社会，在实现“两个一百年”奋斗目标、实现中华民族伟大复兴中国梦的新征程上作出新的更大的贡献！

驻广西人民解放军、武警部队和政法队伍是保卫边疆和维护广西社会安定的重要力量。要始终牢记使命、不负重托，继续发扬优良传统和作风，维护和促进民族团结，巩固和加强军政军民警民团结，为广西改革发展稳定再立新功。

让我们更加紧密地团结在以习近平同志为核心的党中央周围，不忘初心、牢记使命，守望相助、砥砺奋进，不断谱写新时代祖国南疆繁荣发展新篇章，开创八桂大地更加美好的未来！祝广西壮族自治区兴旺昌盛！祝广西各族人民幸福安康！全国各族人民大团结万岁！

同日 全国人大环境与资源保护委员会召开长江保护法立法座谈会，沈跃跃副委员长出席会议。

12 月 11 日—18 日 应全国人大常委会委员长栗战书的邀请，泰国立法议会主席蓬贝率团访华。12 日，栗战书委员长与泰国立法议会主席蓬贝举行会谈。张春贤副委员长参加会谈。

12 月 12 日 全国人大环境与资源保护委员会和生态环境部联合召开土壤污染防治法实施座谈会。沈跃跃副委员长出席会议并讲话。

12 月 12 日—13 日 全国人大财政经济委员会与全国人大常委会预算工作委员会联合召开“全国人大财经工作座谈会”。各省（区、市）、计划单列市和副省级城市人大财经委、预算（工）委负责同志参加会议。11 月 24 日，栗战书委员长作出批示：“中国特色社会主义进入新时代，我国经济已由高速增长阶段转向高质量发展阶段，这对全国人大财经委的工作提出了新的更高要求。希望全国人大财经委全面贯彻习近平新时代中国特色社会主义思想，贯彻新发展理念，在提高立法质量的基础上，坚持适当加快立法步伐的原则，紧紧围绕统筹推进'五位一体'总体布局，协调推进'四个全面'战略布局的要求，紧跟时代脉搏，紧扣实践需求，全面加强相关领域立法、监督、议案审查审议、调查研究和对外交往等工作。分党组要全面加强专委会自身建设，增强'四个意识'，做到'两个维护'，全力以赴抓好党中央交办任务的落实，确保党的主张通过法定程序成为国家意志。"副委员长陈竺、王东明出席会议。

12月12日—13日　王晨副委员长率全国人大调研组在江苏省调研。调研期间，王晨前往南京市人大常委会机关，召开座谈会听取市人大有关负责同志、人大代表和专家学者意见建议，全面了解近期《南京市国家公祭保障条例》制定通过情况。在扬州，王晨来到广陵区文昌花园社区，了解基层立法联系点情况，看望人大代表，还到市人大常委会机关听取意见建议。

12月13日　栗战书委员长会见厄瓜多尔总统莫雷诺。吉炳轩副委员长参加会见。

同日　中共中央、国务院在南京隆重举行2018年南京大屠杀死难者国家公祭仪式。王晨副委员长出席并讲话。

12月14日　十三届全国人大常委会委员长会议召开第十七次会议，栗战书委员长主持会议。会议决定，十三届全国人大常委会第七次会议12月23日至29日举行。

12月17日　十三届全国人大教科文卫委员会召开第7次全体会议。艾力更·依明巴海副委员长出席会议并讲话。会议传达学习了栗战书委员长的重要批示，审议了专利法修正案草案。司法部、国家知识产权局有关负责同志参加会议。

12月18日　栗战书委员长出席庆祝改革开放40周年大会。

12月19日　中国共产党的优秀党员，忠诚的共产主义战士，党和国家民族工作的杰出领导人，维吾尔族人民的优秀儿子，第八届、九届全国人民代表大会常务委员会副委员长铁木尔·达瓦买提同志，因病在北京逝世，享年92岁。

12月19日—21日　栗战书委员长出席中央经济工作会议。

12月19日—21日　吉炳轩副委员长在浙江省就实施乡村振兴战略和脱贫攻坚进行调研。

12月20日　就美国"2018年对等进入西藏法案"全国人大外事委员会发表声明。声明如下：美东时间12月19日，美国国会"2018年对等进入西藏法案"经美国总统签署成法。该法案诋毁中国西藏对外开放政策，以所谓"对等原则"鼓噪对有关中方官员采取歧视性签证政策，违背国际关系基本准则，粗暴干涉中国内政，伤害中国人民的感情，并向"藏独"势力发出严重错误信号。中国全国人大对此表示强烈愤慨和坚决反对。

西藏事务纯属中国内政，不容任何外国势力干涉。中国西藏和其他四省藏区对各国人士是开放的。2015年以来仅美国访藏人员就将近4万人次，其中包括中国全国人大接待的多批美国国会议员代表团。同时，由于当地特殊的地理和气候条件等因素，中国政府依法依规对外国人入藏采取一定管理措施，这是完全必要、无可厚非的。美方有关法案对中方的指责罔顾事实、充满偏见，我们对此绝不接受。如果美方将该法付诸实施，必将给两国各领域交流合作包括双方立法机关交往带来严重损害，中方也必将采取有力措施坚决维护自身利益。

中国对外开放的大门只会越开越大，西藏也会越来越开放。中方欢迎更多外国人士到中国西藏地区访问、旅游、经商，这一政策不会改变，但前提是必须严格遵守中国法律和相关规定、履行必要手续。

我们敦促美方充分认清涉藏问题的高度敏感性，切实恪守在涉藏问题上作出的承诺，停止利用涉藏问题干涉中国内政，同时采取有效措施消除上述法案带来的不利影响，更不得实施该法，以避免严重损害中美关系和两国在重要领域的合作。

12月21日　全国人大财政经济委员会召开第19次全体会议。陈竺副委员长出席会议。

12月22日　全国人大环境与资源保护委员会召开座谈会，落实中央领导同志有关生物安全问题批示。沈跃跃副委员长出席会议。

同日　全国人大教科文卫委员会召开第8次全体会议，副委员长艾力更·依明巴海、蔡达峰出席会议。

12月23日—29日　十三届全国人大常委会举行第七次会议。

会议听取全国人大宪法和法律委员会副主任委员胡可明关于农村土地承包法修正案草案审议结果的报告。在审议的基础上，会议印发全国人大宪法和法律委员会关于修改农村土地承包法的决定草案修改意见的报告。经过审议，会议通过《全国人民代表大会常务委员会关于修改〈中华人民共和国农村土地承包法〉的决定》。本决定自 2019 年 1 月 1 日起施行。《中华人民共和国农村土地承包法》根据本决定作相应修改并对条款顺序作相应调整,重新公布。

会议听取全国人大宪法和法律委员会副主任委员江必新关于耕地占用税法草案审议结果的报告。在审议的基础上,会议印发全国人大宪法和法律委员会关于耕地占用税法草案二次审议稿修改意见的报告。经过审议,会议通过《中华人民共和国耕地占用税法》,本法共 16 条,自 2019 年 9 月 1 日起施行。2007 年 12 月 1 日国务院公布的《中华人民共和国耕地占用税暂行条例》同时废止。

会议听取全国人大宪法和法律委员会副主任委员江必新关于车辆购置税法草案审议结果的报告。在审议的基础上,会议印发全国人大宪法和法律委员会关于车辆购置税法草案二次审议稿修改意见的报告。经过审议,会议通过《中华人民共和国车辆购置税法》。本法共 19 条,自 2019 年 7 月 1 日起施行。2000 年 10 月 22 日国务院公布的《中华人民共和国车辆购置税暂行条例》同时废止。

会议听取全国人大宪法和法律委员会副主任委员胡可明关于公务员法修订草案审议结果的报告。在审议的基础上,会议印发全国人大宪法和法律委员会关于公务员法修订草案二次审议稿修改意见的报告。经过审议,会议通过修订后《中华人民共和国公务员法》。

修订后《中华人民共和国公务员法》共 18 章, 113 条,包括:总则,公务员的条件、义务与权利,职务、职级与级别,录用,考核,职务、职级任免,职务、职级升降,奖励,监督与惩戒,培训,交流与回避,工资、福利与保险,辞职与辞退,退休,申诉与控告,职位聘任,法律责任,附则。本法自 2019 年 6 月 1 日起施行。

会议听取民政部部长黄树贤关于村民委员会组织法、城市居民委员会组织法修正案草案的说明。在审议的基础上,会议印发全国人大宪法和法律委员会关于村民委员会组织法、城市居民委员会组织法修正案草案审议结果的报告。经过审议,会议通过《全国人民代表大会常务委员会关于修改〈中华人民共和国村民委员会组织法〉〈中华人民共和国城市居民委员会组织法〉的决定》。本决定自公布之日起施行。上述两部法律根据本决定作相应修改,重新公布。

会议听取司法部部长傅政华关于产品质量法等 17 部法律的修正案草案的说明。在审议的基础上,会议印发全国人大宪法和法律委员会关于产品质量法等 17 部法律的修正案草案审议结果的报告。经过审议,会议通过《全国人民代表大会常务委员会关于修改〈中华人民共和国产品质量法〉等五部法律的决定》。本决定自公布之日起施行。上述五部法律根据本决定作相应修改,重新公布。

会议通过《全国人民代表大会常务委员会关于修改〈中华人民共和国电力法〉等四部法律的决定》。本决定自公布之日起施行。上述四部法律根据本决定作相应修改,重新公布。

会议通过《全国人民代表大会常务委员会关于修改〈中华人民共和国劳动法〉等七部法律的决定》。本决定自公布之日起施行。上述七部法律根据本决定作相应修改,重新公布。

会议通过《全国人民代表大会常务委员会关于修改〈中华人民共和国社会保险法〉的决定》。本决定自公布之日起施行。《中华人民共和国社会保险法》根据本决定作相应修改,重新公布。

会议听取自然资源部部长陆昊对关于再次延长授权国务院在北京市大兴区等三十三个试点县(市、区)行政区域暂时调整实施有关法律规定期限的决定草案的说明。在审议的基础上,会议印发全国人大宪法和法律委员会对关于再次延长授权国务院在北京市大兴区等三十三个试点县(市、区)行政区域暂时调整实施有关法律规定期限的决定草案审议结果的报告。经过审议,会议通过《全国人民代表大会常务委员会关于延长授权国务院在北京市大兴区等三十三个试点县(市、区)行政区域暂时调整实施有关法律规定期限的决定》。本决定自公布之日起施行。

会议听取财政部部长刘昆关于提请审议授权提前下达部分新增地方政府债务限额的议案的说明。在审议的基础上,会议印发全国人大财政经济委员会关于国务院关于提请审议授权提前下达部分新增地方政府债务限额的议案审议情况的报告。经过审议,会议通过《全国人民代表大会常务委员会关于授权国务院提前下达部分新增地方政府债务限额的决定》。本决定自公布之日起施行。

会议审议关于召开十三届全国人大二次会议的决定草案的议案,会议通过《全国人民代表大会常务委员会关于召开第十三届全国人民代表大会第二次会议的决定》。按照这个决定,十三届全国人大二次会议将于 2019 年 3 月 5 日在北京召开。

会议听取公安部副部长王小洪关于提请审议批准上海合作组织反极端主义公约议案的说明。经过审议,会议通过《全国人民代表大会常务委员会关于批准〈上海合作组织反极端主义公约〉的决定》。

会议听取全国人大宪法和法律委员会副主任委员刘季幸分别作的关于法官法修订草案、检察官法修订草案修改情况的汇报,全国人大宪法和法律委员会副主任委员沈春耀分别作的关于民法典合同编草案修改情况的汇报、关于民法典侵权责任编草案修改情况的汇报,并对这四部法律草案进行再次审议。

会议听取司法部部长傅政华关于外商投资法草案的说明,国家药品监督管理局局长焦红关于疫苗管理法草案的说明,财政部部长刘昆关于资源税法草案的说明,国家知识产权局局长申长雨关于专利法修正案草案的说明,自然资源部部长陆昊关于土地管理法、城市房地产管理法修正案草案的说明,并对这几部法律草案进行初次审议。

会议听取全国人大常委会代表资格审查委员会主任委员吴玉良关于个别代表的代表资格的报告。经过审议,会议通过这个审查报告。

会议听取全国人大宪法和法律委员会主任委员李飞、教科文卫委员会主任委员李学勇、华侨委员会主任委员王光亚、环境与资源保护委员会主任委员高虎城、社会建设委员会主任委员何毅亭分别作的关于十三届全国人大一次会议主席团交付本专门委员会审议的代表提出的议案审议结果的报告。经过审议,会议通过这五个报告。

会议分别听取全国人大常委会副秘书长信春鹰、国务院扶贫办主任刘永富关于十三届全国人大一次会议代表建议、批评和意见办理情况的报告。

会议听取并审议国家发展和改革委员会主任何立峰关于《中华人民共和国国民经济和社会发展第十三个五年规划纲要》实施中期评估报告,全国人大财政经济委员会主任委员徐绍史关于《中华人民共和国国民经济和社会发展第十三个五年规划纲要》实施中期评估的调研报告,审计署审计长胡泽君关于2017年度中央预算执行和其他财政收支审计查出问题整改情况的报告,财政部部长刘昆关于财政医疗卫生资金分配和使用情况的报告,国家发展和改革委员会主任何立峰关于发展海洋经济加快建设海洋强国工作情况的报告,沈跃跃副委员长作的全国人大常委会执法检查组关于检查海洋环境保护法实施情况的报告,全国人大常委会法制工作委员会主任沈春耀作的关于2018年备案审查工作情况的报告。

会议审议国务院关于生育保险和职工基本医疗保险合并实施试点情况的总结报告,关于全国农村承包土地的经营权和农民住房财产权抵押贷款试点情况的总结报告,关于农村土地征收、集体经营性建设用地入市、宅基地制度改革试点情况的总结报告。

会议听取财政部部长刘昆关于个人所得税专项附加扣除有关情况的报告。

会议印发全国人民代表大会常务委员会专题调研组关于民族教育发展情况、关于乡村振兴战略实施情况和关于地方政府隐性债务情况的调研报告。

会议印发全国人大代表团出席第三届欧亚国家议长会议、访问奥地利、出席各国议会联盟第139届大会和金砖国家议会论坛情况的书面报告,全国人大代表团出席二十国集团议长会议并访问乌拉圭情况的书面报告,全国人大代表团出席第二次六国议长会议总结报告,全国人大代表团访问柬埔寨、泰国、巴基斯坦情况的书面报告,全国人大代表团访问科摩罗、坦桑尼亚情况的书面报告。

会议任命胡晓犁为第十三届全国人民代表大会常务委员会副秘书长,任命武增为全国人民代表大会常务委员会法制工作委员会副主任。

会议还通过其他任免事项。

会议闭幕时,栗战书委员长发表讲话。栗战书说,坚决贯彻党中央改革决策部署,确保重大改革于法有据、顺利实施,是全国人大常委会的重要职责。本次会议三分之一左右的议程同改革密切相关,涉及多个领域的改革事项和20多部法律。一是修改农村土地承包法,审议国务院关于农村土地改革试点工作的两个总结报告,决定再次延长有关授权期限,初次审议土地管理法、城市房地产管理法修正案草案,推动农村土地制度改革取得重大进展;二是审议通过耕地占用税法、车辆购置税法,审议资源税法草案,听取个人所得税专项附加扣除有关情况报告,落实税收法定原则;三是全面修改公务员法,推动中国特色公务员制度改革完善;四是分别通过4个决定,对产品质量法等17部法律有关规定进行修改,统筹推进机构改革和"放管服"、医疗保险制度等改革。

栗战书指出,今年是实施"十三五"规划承上启下的关键一年,本次会议听取审议了国务院关于"十三五"规划纲要实施中期评估报告。大家强调,要全面贯彻党的十九大精神和党中央决策部署,坚定信心,把握主动,保持战略定力,坚定不移办好自己的事,推进"十三五"规划顺利收官。会议听取审议了海洋环境保护法执法检查报告和关于发展海洋经济加快建设海洋强国工作情况报告。常委会组成人员提出，要把保护海洋生态环境作为加强生态文明建设、打好污染防治攻坚战的重要内容，依法保护和改善海洋生态环境，保护海洋资源，保障人体健康。

栗战书说，本次会议在预算决算审查监督方面安排了3项议程，听取审议关于财政医疗卫生资金分配和使用情况报告，并开展专题询问，提出要建立稳定可持续的财政投入机制和多元化的社会筹资机制，全方位全周期保障人民群众健康；听取审议关于2017年度审计查出问题整改情况报告，提出要加大对党中央重大政策措施贯彻落实情况的审计力度，推进审计查出问题整改工作制度化长效化；作出授权国务院提前下达部分新增地方政府债务限额的决定，强调要规范政府举债融资机制，稳妥处理地方政府债务风险。会议听取审议了法工委关于2018年备案审查工作情况报告，下一步要更好发挥备案审查制度功效，捍卫社会主义法治尊严。

栗战书强调，全国人大及其常委会要深入学习贯彻习近平总书记在庆祝改革开放40周年大会、中央经济工作会议上的重要讲话精神，自觉担负起新时代改革开放赋予人大的历史使命，紧紧围绕党的十九大确定的奋斗目标和战略安排，服从服务于改革开放伟大实践，履职尽责、开拓进取，推动人大制度和人大工作与时俱进、完善发展(全文见本书第259页)。

会议结束后，十三届全国人大常委会举行第八次专题讲座，栗战书委员长主持。全国人大常委会副秘书长信春鹰作了题为《改革开放40年全国人大及其常委会的立法工作》的讲座。

12月24日 部分全国人大代表座谈会召开，王晨副委员长主持座谈会。54位列席十三届全国人大常委会第七次会议的全国人大代表参加座谈。会上，代表们纷纷发言，围绕常委会一年来履职情况、需要加强和改进的工作、起草好全国人大常委会工作报告稿等提出意见和建议。在认真听取大家发言后，栗战书委员长强调，人大代表责任重大、使命光荣，要以担当精神、饱满热情、良好作风履行代表职责，不辜负党和人民的重托。栗战书指出，今年是十三届全国人大及其常委会依法履职的第一年。在以习近平同志为核心的党中央坚强领导下，常委会深入学习贯彻习近平新时代中国特色社会主义思想和党的十九大精神，深入学习贯彻习近平总书记关于坚持和完善人民代表大会制度的重要思想，坚持党的领导、人民当家作主、依法治国有机统一，紧紧围绕党和国家工作大局，履职尽责、扎实工作，实现了本届工作的良好开局。全国人大代表积极参与常委会、专门委员会工作，提出许多好的意见建议，为做好新一届人大工作贡献了重要力量。栗战书指出，十三届全国人大二次会议的组织筹备工作已提上工作日程，希望代表们紧紧围绕党和国家工作大局，认真听取群众意见、呼声，结合自身工作实际和专业特长，在深入研究、反复论证的基础上提出高质量的议案和建议。要善于从政治上、大局上看待问题、分析问题，接地气、察民情、聚民智，审议好各项议案和报告，为圆满完成大会各项任务作贡献，要始终保持奋发有为的精神状态，求真务实、严谨细致，遵守会议纪律，发扬良好会风，时时处处发挥模范带头作用。有关工作机构要组织好代表集中视察、情况通报等活动，保证代表知情知政，为代表依法履职提供服务和保障。

12月27日 全国人大常委会召开省级人大常委会负责同志情况通报会，王晨副委员长主持会议，杨振武秘书长通报了有关情况。

12月28日 十三届全国人大常委会第七次会议举行联组会议，围绕审议国务院关于财政医疗卫生资金分配和使用情况的报告开展专题询问。栗战书委员长参加审议和询问。王晨副委员长主持会议。常委会委员和全国人大专委会委员吕薇、蔡玲、徐延豪、尹中卿、冯忠华、李锐、蒋立虹、庄毓敏、包信和，全国人大代表甘楚林、王江滨，围绕怎样评价深化医药卫生体制改革、解决人民群众看病难、看病贵等相关工作进展，去年1.4万多亿医疗卫生领域财政投入资金主要投向哪些方面，公立医院改革措施、困难和下一步打算，针对骗保事件计划采取哪些措施，如何加大对贫困地区和贫困人口健康扶贫，在加强疫苗管理、有效防止问题疫苗事件发生方面有何举措，如何推进中医药传承发展等提出询问。

国务院副总理孙春兰和财政部、国家卫生健康委、国家发展改革委、国家医保局、国家中医药局等有关部门负责人到会应询。

栗战书在讲话中指出，党的十八大以来，以习近平同志为核心的党中央对深化医疗卫生体制改革、实施健康中国战略作出了全面部署，提出了明确要求。国务院和各地区、各部门贯彻落实党中央决策部署，做了大量工作。实施健康中国战略、推进医疗卫生体制改革，必须全面贯彻落实习近平总书记重要论述和指示要求，坚持问题导向，全面实施绩效考核，提高财政医疗卫生资金使用效益，沿着党中央确定的改革方向持续发力，走出一条符合中国国情的卫生与健康发展道路。

栗战书强调，党中央对加强人大预算决算审查监督职能、提高财政资金使用绩效和政策实施效果提出了新的更高要求，全国人大常委会要深入学习领会、全面贯彻落实党中央要求，认真总结财政资金监督工作经验，进一步探索健全程序、创新方式方法、形成工作机制，进一步丰富监督形式、拓展监督内容、强化跟踪问效，加强人大对支出预算和政策的审查监督，全面推进预算绩效管理，切实发挥好人大监督职能作用。（全文见本书第 287 页）

孙春兰表示，新一届政府持续加大医疗卫生投入，为深化医改提供了保障。我们坚持以习近平新时代中国特色社会主义思想为指导，围绕解决看病难看病贵问题，以降低虚高药价为突破口，推进“三医联动”，深化重点领域改革，开展公立医院绩效考核，加强慢性病、职业病、地方病、艾滋病等防治，增强人民群众健康获得感。树立大卫生大健康理念，坚持预防为主、防治结合，管理和改革并重，统筹做好医疗、医保、医药等改革，促进人人享有基本医疗卫生服务。

同日　中共全国人大常委会党组举行会议，专题学习习近平总书记在庆祝改革开放 40 周年大会、在中央经济工作会议上的重要讲话精神，并结合人大工作实际，研究贯彻落实工作。中共中央政治局常委、全国人大常委会委员长、党组书记栗战书主持会议并讲话。

会议指出，习近平总书记在庆祝改革开放 40 周年大会上的重要讲话，是新时代改革开放再出发的动员令和宣言书，对于鼓舞和激励全党全国各族人民在新时代持续深入推进改革开放，为实现“两个一百年”奋斗目标、实现中华民族伟大复兴中国梦不懈奋斗，具有重大意义和深远影响。要认真学习领会重要讲话精神，不忘初心、牢记使命，切实增强推进新时代改革开放的思想自觉、政治自觉、行动自觉；要不断增强“四个自信”，坚定不移走改革开放之路，坚定对马克思主义的信仰，坚定对中国特色社会主义的信念，坚定对实现中华民族伟大复兴中国梦的信心，在新时代继续把改革开放推向前进；要牢固树立“四个意识”，始终坚持在党中央集中统一领导下推进改革开放，通过依法履职，确保党中央关于改革开放的重大举措落地见效；要进一步增强使命担当，不断完善中国特色社会主义法律体系，为全面深化改革、扩大对外开放作出人大应有贡献。

会议认为，习近平总书记在中央经济工作会议上的重要讲话，为做好明年乃至今后一段时期的经济工作，指明了努力方向，提供了根本遵循。要坚定不移坚持党对一切工作的领导，坚定不移坚持党中央集中统一领导，把“四个意识”“四个自信”“两个维护”贯彻到人大工作的方方面面，坚决做到令行禁止、落实到位。要把思想和行动统一到党中央对形势的判断、规律的把握和工作的部署上来，统筹部署、扎实做好明年人大各项工作。要推动深化供给侧结构性改革，助力继续打好“三大攻坚战”，支持和配合明年经济工作重点任务，为完成重点任务提供法治保障、作出应有贡献。要加强统筹谋划、协调推进，尽全力、抓重点，依法履职尽责，推动党中央确定的目标任务落到实处。

同日　十三届全国人大常委会委员长会议召开第十八次会议，栗战书委员长主持。会议听取有关草案和议案审议情况的汇报和关于新增人事任免事项的汇报。委员长会议决定，将上述草案、议案等提交常委会会议审议。

同日　全国人大华侨委员会召开第 5 次全体会议，白马赤林副委员长出席会议。

12 月 29 日　十三届全国人大常委会委员长会议召开第十九次会议，栗战书委员长主持会议。会议研究提请常委会会议表决事项。

同日　全国人大常委会发布公告。公告说，青海省第十三届人大常委会第七次会议补选刘宁为十三届全国人大代表。十三届全国人大常委会第七次会议根据代表资格审查委员会提出的报告，确认刘宁的代表资格有效。江苏省人大常委会决定接受缪瑞林辞去十三届全国人大代表职务。陕西省人大常委会决定接受上官吉庆辞去十三届全国人大代表职务。新疆维吾尔自治区人大常委会决定接受张承义辞去十三届全国人大代表职务。依照《中华人民共和国全国人民代表大会和地方各级人民代表大会代表法》的有关规定，缪瑞林、上官吉庆、张承义的代表资格终止。十三届全国人大代表郑晓松去世。全国人大常委会对郑晓松代表的去世表示哀悼。郑晓松的代表资格自然终止。截至目前，十三届全国人大实有代表 2975 人。

同日　十三届全国人大常委会举行宪法宣誓仪式，沈跃跃副委员长主持并监誓。胡晓犁手抚宪法，领诵誓词，武增跟诵誓词。全国人大机关有关负责同志参加了宣誓活动。

同日　栗战书委员长出席 2019 年新年戏曲晚会。